唐長孺文集

山居存稿三編

中華書局

一九八一年在武漢舉辦的辛亥革命七十周年國際學術討論會上

一九八〇年在日本講學

一九九一年八十壽辰與學生們的合影

前言

唐長孺先生（一九一一年七月四日——一九九四年十月十四日），江蘇吴江人，我國著名歷史學家。一九三二年畢業於上海大同大學文科，後於浙江南潯中學、上海聖瑪麗亞女子中學等多所學校任教，講授中國史地、國文、政治制度等課程。一九四〇年任上海光華大學歷史系講師，一九四二年春轉任湖南藍田國立師範學院史地系副教授，一九四四年受聘爲遷至四川樂山之國立武漢大學歷史系副教授，一九四六年晉升爲教授，此後長期執教於武漢大學。歷任武漢大學歷史系中國古代史教研室主任、魏晉南北朝隋唐史研究室主任、歷史系主任、中國三至九世紀研究所所長；兼任中國社會科學院歷史研究所研究員暨學術委員會委員、國務院古籍整理出版規劃小組成員、國家文物局古文獻研究室主任、中國史學會理事，中國唐史學會會長，中國敦煌吐魯番學會副會長，湖北省中國史學會會長，湖北省考古學會理事長、六朝史研究會名譽會長、中國魏晉南北朝史學會顧問等學術職務，亦曾擔任武漢市人民政府委員、九三學社中央委員暨武漢分社副主委等職。他學識淵博，精通文、史，於魏晉南北朝隋唐史、古籍整理、敦煌吐魯番文書整理與研究等領域皆有卓越貢獻，被海内外學術界公認爲二十世紀傑出的史學大家之一。

唐先生早年因家學淵源，於經史子集多所研習；而在上海南洋大學附中、光華大學附中以及大同大學求學期間，主修英俄語言文學、政治、法律、歷史、地理諸科，故於當時東西方之學術文化皆有瞭解或掌握。他初攻舊體詩詞，兼習崑曲、彈詞，曾在國學叢刊等發表絶慮、曉竹、解連環諸詞作，並先後翻譯海桑東遊録、元經世大典圖釋序、弗蘭克林自傳及賽珍珠大地系列兒子們續編分家、美國傳教士格雷比爾新中國等多種著作。同時研治宋遼金元史，自一九三五年至一九四〇年前後，於國學論衡、齊魯學報等發表箭内亘可敦城考駁議、耶律大石年譜、周文武陵考、蔑兒乞破滅年次考證等多篇論文。

受聘藍田國師，特别是於武漢大學執教期間，唐先生由於教學和科研工作的需要，在兼治遼金元史的同時，研究重心轉爲魏晉南北朝隋唐史諸領域。自二十世紀四十年代初至五十年代初，於燕京學報、歷史研究、學原、武漢大學社會科學季刊等發表論金代契丹文字之興廢及政治影響、蒙元前期漢文人進用之途徑及其中樞組織、敦煌所出郡姓殘葉題記、論五朝素族之解釋、清談與清議、唐代軍事制度之演變、白衣天子試釋、南朝的屯、邸、别墅及山澤占領、范長生與巴氏據蜀的關係等篇章。

一九五五年，唐先生所撰魏晉南北朝史論叢由三聯書店出版，對這一歷史時期許多前人未及或懸而未決的重大問題進行了研究，獲得了一系列富於啓迪性的結論或見解，在海内外學術界引起重要反響。陳寅恪先生曾致函稱賞，謂「寅恪于時賢論史之文多不敢苟同，獨誦尊作，輒爲心折」。論叢之問世，可視爲一九四九年以來我國史學界在充分占有諸種史料的基礎上，運用科學的歷史觀和方

法論，融會貫通，將考據學與理論探討彙爲一體，對這一歷史時期的田制和賦役制度、生產關係、階級結構、政治制度、兵制、民族問題、宗教及學術文化諸論題展開深入剖析的史學名著之一，也由此奠定了唐先生在中國中古史諸領域的學術地位。

二十世紀五十年代中期以後，唐先生又相繼撰著出版三至六世紀江南大土地所有制的發展（上海人民出版社一九五七年版）、唐書兵志箋正（科學出版社一九五七版）、魏晉南北朝史論叢續編（三聯書店一九五九年版）、魏晉南北朝史論拾遺（中華書局一九八三年版）和山居存稿（中華書局一九八九年版）等著作。並於歷史研究、中國史研究、文物、中華文史論叢、武漢大學學報、魏晉南北朝隋唐史資料及日本東方學、東方學報、東洋史研究等刊物發表均田制度的產生及其破壞、門閥的形成及其衰落、關於武則天統治末年的浮逃户、唐代宦官籍貫與南口進獻、漢末學術中心的南移與荆州學派、太平經與太平道、論南朝文學的北傳、錢塘杜治與三吴天師道的演變、魏晉南北朝の客と部曲、唐代の部曲と客等學術論文數十篇。特别是在其晚年目疾加重、身患癌症的情況下，以驚人的毅力撰著魏晉南北朝隋唐史三論（武漢大學出版社一九九二年版）一書，對其長期研究魏晉南北朝隋唐歷史做出理論性概括。他在東西方歷史比較研究的基礎上，對兩漢時期的社會性質進行了探討，提出了「亞洲型」封建社會的論斷；從依附關係的發展歷程即「客的卑微化與普遍化」入手，論證了「魏晉封建論」之重大問題；探討了南北朝時期南北方由於歷史條件的不同從而在社會經濟、政治制度、門閥體制、學術文化等方面產生的諸般差異；對唐代的變化逐一剖析，對唐代「南朝化」傾向之問題

進行了系統論述，進而對中國封建社會前期階段性發展之特質及演變趨勢等做出了新的詮釋。

唐先生在古籍整理和研究方面同樣做出了重要貢獻。他的唐書兵志箋正一書，對舊史記載做了一系列去僞存真的鑒别工作，條分縷析，糾正了兵志記載中的許多疏漏和錯誤。一九五七年，他被聘爲國務院古籍整理出版規劃小組成員；一九六〇年底，參加中華書局點校二十四史工作，承擔其中「北朝四史」（魏書、周書、北齊書、北史）的點校，出任武漢大學歷史系「北朝四史」點校小組組長。一九六三年，赴京主持點校「北朝四史」。前後歷時十載，終告完成。這一點校本，既充分參考前人成果，又多發前人之所未發。他不僅根據册府元龜、通典等增補傳本魏書禮、刑二志中之脱葉、脱文，同時所撰寫的校勘記，廣徵博引，按斷精審，將校勘與考訂有機結合，融古籍整理與歷史研究於一爐，被海内外學術界視爲古籍整理的「優秀成果和範本」。

唐先生歷來重視出土文物、文獻資料。早在二十世紀四十年代末即對新興的敦煌學多所關注。一九五七年四月至九月，他在北京參加中國科學院歷史研究所學術活動期間，於科學院圖書館閱讀敦煌文書縮微膠卷，抄録大量卡片；曾向歷史研究所所長尹達先生提出成立敦煌學研究室之建議，因故未果。二十世紀五十年代末至一九七四年前後，新疆維吾爾族自治區博物館文物考古隊及吐魯番地區文物保管所曾發掘清理吐魯番晉唐古墓葬近四百座，出土大量古代官私文書。唐先生敏鋭地意識到這批文書重要的學術價值，遂於一九七四年建議國家組織專門力量對之進行系統整理，並於一九七五年與國家文物局王冶秋局長、復旦大學譚其驤教授一道親赴新疆考察，在庫車古道上，唐先

生因路途顛簸，右眼視網膜脱落，竟致失明。同年，因唐先生之倡議，經國務院批准，受命主持成立「吐魯番出土文書整理組」。他不顧眼疾，全身心投入文書的整理與研究，帶領一批中青年學者，對近萬枚文書殘片逐一識讀，通過紙質、書體加以綴合、録文，並在悉心考訂的基礎上予以斷代和定名，十易寒暑，終將吐魯番古墓葬所出此批十六國至唐代的官私文書，古籍殘卷、佛道文獻等整理完畢。主編吐魯番出土文書釋文本一至十册； 圖文本一至四册，先後於文物出版社出版，使沉睡千年的古冢遺文公諸中外學人，並總結出一套科學的文書整理的規範和方法。唐先生又結合出土文書的整理，將之與中國中古史研究有機結合，主編敦煌吐魯番文書初探（武漢大學出版社一九八三年版）、敦煌吐魯番文書初探二編（武漢大學出版社一九九〇年版）。他所撰寫的吐魯番出土文書中所見高昌郡縣行政制度、唐肅代期間的伊西北庭節度使及留後、吐魯番所出唐代西州差兵文書跋、吐魯番文書中所見高昌郡軍事制度、唐貞觀十四年手實中的受田制度和丁中問題、唐西州諸鄉户口帳試釋、吐魯番文書中所見絲織手工業技術在西域各地的傳播、吐魯番文書所見的西州府兵等一系列有關出土文書與十六國至唐代歷史的重要專論，與新出文書之整理一道，將我國敦煌吐魯番學引向深入。

唐先生還致力於中國古代史教材建設與相關工具書的探索與研究。一九五五年，受高教部委託，主編中國通史（二）魏晉南北朝史講義及教學大綱； 同年，在武漢主持高教部魏晉南北朝史教材編寫會議； 一九六一年，應邀參加中國科學院哲學社會科學學部中國史稿審稿會議，負責審定魏晉南北朝隋唐部分。一九六五年八月，主編中國通史參考資料古代部分第三册（魏晉南北朝），由中華書局出版。二十世紀八十年代初，唐先生被聘爲中國大百科全書總編輯委員會委員，中國大百科全書中國歷史編輯委員會副主任、隋唐五代史卷主編，他除了對該卷之條目逐條細擬、審定之外，還親撰「隋」等長文辭條。他還曾創辦魏晉南北朝隋唐史資料等刊物，與其他多位著名學者一道，共同發起創建中國唐史學會、中國敦煌吐魯番學會等學術團體，爲我國史學研究的繁榮和發展做出了貢獻。

唐長孺先生一生筆耕不輟，著述宏富，在其長達半個多世紀的學術生涯中，於中國古代政治、經濟、典章制度、民族、社會、宗教、學術文化、出土文獻諸領域縱横馳騁，皆有建樹，且不斷開掘學術研究的新課題。唐先生治學，嚴謹認真，實事求是，一絲不苟，既踵事增華，博取衆家之長，復獨辟新徑，形成了自己獨特的治學理路和學術風格。他注重對史料的充分占有和辨析，注意新資料的挖掘和運用，對相關資料去僞存真，去粗取精，洞悉史實之間的因果聯繫是唐先生治史的重要特點之一。而這一特點既包含了中國傳統「實證」史學的優秀成分，又使之在新的歷史條件下展示出無窮的學術魅力。他同時善於以小見大，從具體問題入手，透過具體的乃至零碎的片斷的史料記載，揭示出重大的歷史問題；他注重「循名核實」，從相關詞義的變化洞悉歷史演變的脈絡，獲得事關全局的重要結論，如所撰晉書趙至傳中所見的曹魏士家制度、九品中正制度試釋、西晉户調式的意義、南朝的屯、邸、別墅及山澤占領、唐代色役管見等即是；他十分注意各種歷史現象之間的内在邏輯和有機關聯，如討論士族問題，則密切關注其蔭客、免役之特權；研究兵制問題，則旁及户籍制、身分制、色役制及部曲、奴婢等相關經濟社會之内容，由此及彼，由表及裏，在研究的深度和廣度上達到了很高的境界。他研究每一論題，必探其淵源和流變，通過長時段的考察，探尋其「變化與發展」。如有關魏晉時期江南的學風、魏晉至唐之官府工匠、魏晉南北朝的客與部曲、唐代的客户、南朝文學的北傳諸篇，或上溯兩漢以至戰國時代，或下延至兩宋時期，體現出廣闊的歷史視野。與此同時，唐先生在實證研究與理論探討、微觀研究與宏觀考察的結合上以及歷史與邏輯的統一上達到了新的高度。如晚年撰成的魏晉南北朝隋唐史三論之許多篇章即爲之樹立了典範。總之，唐先生成爲一代史學大家絶非偶然，與他的學養、學風，對史料與理論的高度重視以及不懈探求的學術精神密切相關。他晚年自題的聯語「著書敢期延歲月，湖山倘許小盤桓」，表達了他對人生的通達和學術的執著追求。且常謂：「史家『四才』須銘記，爲文切忌『急就章』」，這是他自勉之語，也是他教示學子之箴言。唐先生的學風、學術成就、學術理路和研究方法作爲二十世紀中國史學的優秀遺産之一，值得珍視和繼承。

由於唐先生的論著發表或出版於不同時期，有不少篇章已不易搜求；甚至一些專著也因出版經年，迄無再版，而於坊間難以獲見。他的相關論著，除魏晉南北朝史論叢、三至六世紀江南大土地所有制的發展、唐書兵志箋正、魏晉南北朝史論叢續編、魏晉南北朝史論拾遺、山居存稿、魏晉南北朝隋唐史三論等係他生前業已結集出版之外，尚有不少論文散見於各種報刊，另有一些手稿、講義、劄記等未公開刊行。爲滿足學術界的需要，繁榮學術研究，同時便於海內外學人相對全面地瞭解和研究唐先生的學術道路和學術思想，我們在中華書局的大力支持下，對其論著進行了一定程度和一定範圍的搜集、整理，結集爲八卷本唐長孺文集。

經審慎協商，唐長孺文集確定如下取捨標準：

（一）譯著暫不收録，但與古史相關的重要譯文酌情收録。

（二）先已發表，後又經作者親自修改、補充的論文，只收最後修訂稿，原刊不再收録，如武則天統治末年的浮逃户、北凉承平七年寫經題記與西域通往江南的道路、舊唐書中關於元和三年對策案的矛盾記載、貞觀十四年手實中的合受田等。

（三）個別時代色彩較濃的論文，暫不予收録。

（四）序跋類文章，酌情收録。

（五）講義類暫酌收一部分。手稿中國中古史大綱中卷、中國中古史大綱補編、中國近古史大綱（講稿）等，因卷軼浩瀚，眉批繁複，擬另行刊印。

唐長孺文集的校核、整理或加工，大致遵循如下原則：

（一）文集悉用通行規範繁體字豎排，全式標點，人名、地名、書名等標專名線。特殊情況下（如敦煌吐魯番文書録文）適當保留異體字、古今字；原屬内刊稿或未刊稿中尚難辨識的文字以□標出。

（二）作者生前已刊專著、論文，以原書、原文爲底本；原文或原稿有疑問處，或參考作者修訂本及手稿做較大增删改動者，則一律出按語加以説明（專著置於出版説明或整理附記中，論文置於文

末）。

（三）引文校核，一般依據作者所用版本或通行本，明顯錯訛處徑改；版本異文原則上不做改動。所引古籍、前人今人論著的指稱（如簡稱或其他習慣用法），不予統一，以保留原貌。

（四）除個別文章外，注釋一律採用脚注。凡援引作者已刊專著、論文的注釋，雖頁碼變動，原所示參見之頁碼、注碼等，仍舊保留，另注明文集本頁碼、注碼。

唐長孺文集各卷所收專著或大致篇目如次：

第一卷　魏晉南北朝史論叢

第二卷　魏晉南北朝史論叢續編、魏晉南北朝史論拾遺

第三卷　山居存稿

第四卷　魏晉南北朝隋唐史三論

第五卷　唐書兵志箋正（外二種：三至六世紀江南大土所有制的發展、魏晉南北朝史籍舉要）

第六卷　山居存稿續編

第七卷　山居存稿三編

第八卷　講義三種（秦漢三國史、魏晉南北朝史三章、魏晉南北朝隋唐史）。附唐長孺先生生平及學術編年

武漢大學中國三至九世紀研究所師生、歷史系相關同事和唐長孺先生的學生、子女等分別承擔

了唐長孺文集的整理或校核工作。茲大致條列，以志其事。第一卷，魏斌、劉安志、朱海；第二卷，劉安志、何德章、朱海；第三卷，凍國棟、何德章、劉安志、朱海、申萬里；第四卷，凍國棟、朱海、黄樓；第五卷，孫繼民、王延武、劉安志；第六卷、第七卷，朱雷、凍國棟、何德章、劉安志、朱海、申萬里、黄樓、姜望來；第八卷，唐剛卯。其中，唐長孺先生生平及學術編年與文集前言由凍國棟執筆。石墨林在文集各卷的複印、收寄等方面承擔了不少工作。

唐長孺文集的整理與出版，還獲得諸多單位和友人的幫助。唐先生不同時期的學生在文集的編選和清樣的審讀方面，也付出了勞績。先後參與這一工作的有張澤咸、張弓、李文瀾、王素、黄正建、孫曉林、李方諸先生。此外，一些學界同行或建言獻策，或幫助複製、翻拍唐長孺先生早年文稿，多方襄助，不能一一列名，謹在此一併表示衷心的感謝。

程千帆先生、啓功先生、金克木先生生前對唐長孺文集的出版均十分關心。啓功先生還曾抱病親爲題簽，令人感銘。

武漢大學中國三至九世紀研究所

二〇一〇年六月

目録

敦煌所出郡姓殘葉題記

右敦煌所出殘葉，北平圖書館藏，廿六年商務印書館印行，敦煌雜録輯入，擬題爲姓氏録。長孺按：本文中記年月貞觀八年五月十日壬辰，末云：「光禄大夫兼吏部尚書許國公士廉等奉勅令臣等定天下氏族，若不別條記，恐無所憑，準令許事訖件録如前。勅旨依奏。」考高士廉拜吏部尚書，舊唐書卷六五本傳在貞觀五年。其修氏族志則舊書卷四太宗紀、本傳，新書卷九五本傳，會要卷三六氏族條，通鑑卷一九五並紀此事。今録通鑑如下：

（貞觀十二年）正月乙未，吏部尚書高士廉、黄門侍郎韋挺、禮部侍郎令狐德棻、中書侍郎岑文本撰氏族志成，上之。先是，山東人士崔、盧、李、鄭諸族好自矜地望，雖累葉陵夷，苟他族欲與爲昏姻，必多責財幣，或捨其鄉里而妄稱名族，或兄弟齊列而更以妻族相陵。上惡之，命士廉等偏責天下譜諜，質諸史籍，考其真僞，辯其昭穆，第其甲乙，褒進忠賢，貶退姦逆，分爲九等。士廉等以黄門侍郎崔民幹爲第一。上曰：「漢高祖與蕭曹樊灌皆起閭閻布衣，卿輩至今推仰，以爲英賢，豈在世禄乎！高氏偏據山東，梁陳僻在江南，雖有人物，蓋何足言。況其子孫，才行衰薄，官爵陵替，而猶卬然以門地自負，販鬻松檟，依託富貴，棄廉忘恥，不知世人何爲貴之。今三品以上，或以德行，或以勳勞，或以文學，致位貴顯。彼衰世舊門，誠何足慕！而求與爲昏。雖多輸金帛，猶爲彼所偃蹇，我不知其解何也。今欲釐正訛謬，捨名取實，而卿曹猶以崔民幹爲第一，是輕我官爵而徇流俗之情也。」乃更命刊定，專以今朝品秩爲高下。於是以皇族爲首，外戚次之，降崔民幹爲第三。凡二百九十三姓，千六百五十一家，頒於天下。

此葉所記年月爲貞觀八年五月十日壬辰，而氏族志之修成頒布諸書並在十二年正月乙未，亦即十五日，此不合一也。氏族志分别九等以姓氏爲别，不以郡國爲綱，此不合二也。諸書並稱二百九十三姓，而此葉所記爲三百九十八姓，此不合三也。然則必非十二年頒行天下之氏族志矣。然本文多訛脱，考八年五月辛未朔，十日爲庚辰，則年月日三者必有一誤。高士廉之撰進頒行固在十二年，而其奉詔纂修及改定等第應在數年之前，頗疑此爲初稿之撮録，故云「準令許事訖件録」也。既非全本，故僅列郡望，不分等第。又經改修，故數目不同，要之此葉必與氏族志有關，又必於十二年進呈改定本之前頒之郡縣，則可推知也。此葉所列郡姓自晉陽以迄南安，凡六十六郡，雍域諸郡悉脱，訛奪甚多，或一字而分爲二，複姓而併爲一。然取太平寰宇記所列郡姓校之，亦有可資正謁者。如高平郡有檀氏，寰宇記作隸氏，會稽郡有鍾離氏，寰宇記單作鍾氏，以元和姓纂等姓氏書證之，並此本是而寰宇記非。又如潁川郡有庚氏，爲庾氏之譌，而寰宇記又音譌作于氏。東萊郡有盛氏，爲成公氏之誤合，而寰宇記又誤倒作公成氏。高平郡有郤氏，爲郗氏之譌，而寰宇記又譌作邵氏，此皆兩本同誤，而所誤不同，可參取以訂正者也。此類異同既多，而以元和姓纂所著郡望校之，亦時有乖違。姓纂既爲輯本，唐書世系表但著宗室宰相，或有漏略，固不得據此以疑彼。但其皎然可知者不妨取以互勘，余别有校釋，今不悉舉。兹篇所論，但取本葉所記二三事釋之，聊舉所知，非云考證也。

本文云：

今爲八千五郡，合三百九十五姓。

長孺按：千字爲十字之譌，可不待論。今列數得六十六郡，則雍州諸郡並已脱去也。此八十五郡者，既非巨唐之區畫，亦非先代之成數。劉知幾史通邑里篇云：

州郡則廢置無恒，名目則古今各異，而作者爲人立傳每云某所人也。其地皆取舊號，施之於今，欲求實録，不亦難乎？

又注云：

近代史爲王氏傳云瑯琊臨沂人，爲李氏傳云隴西成紀人之類是也，非惟王李二族久離本居，亦自當時無此郡縣，皆是晉魏以前舊名號。

此八十五郡者，正子玄所謂晉魏以前舊名號也。門閥非一時所成，地域亦非一代之制。譬如漢曰山陽，晉改高平，本一地也，而兩郡並列。陳置錢唐，隋改餘杭，亦一地也，而寰宇記復歧爲二。蓋郡望爲辨姓是族之事，而非分疆畫野之事，門閥有新舊，州郡有廢置，而但從舊稱，恥冠新號，約定俗成，百世不改。自魏晉以來仕宦之途，關於血統者固大，而關於地域者亦不細，因之某郡某姓爲不可移易之定名。史傳書之，世俗傳之，所以標某人之地位身價，固不必泥於土著。子玄所譏，施之唐人則可，若在南北朝時某人居於某地，遠不若某人出於某郡之重要，史册但録本望，不從土斷，亦自有其理由也。

本文云：

自今以後，明加禁約。前件郡姓出處，許其通婚媾。結婚之始，非舊類怠，必須精加研究，知其譜囊，相承不虛，然可爲匹。

長孺按：在南北朝時譜牒具有政治上與社會上之雙重作用。銓曹據之以分清濁，婚姻據之以定匹偶，而二者之間又有關聯，結婚巨室，非獨可以提高本人在社會上之身價，又可藉之取得政治上之地位，故王滿聯姻，沈隱侯以爲實駭物聽，蓋其事不獨爲一人之婚媾，而關乎當時政治與社會之組織者至深且巨也。然則爾時特明譜學固有其必要。周隋以降，山東江左之大姓已不復能保留其政治上之優越地位，而社會上之地位初未因之而降低，婚姻之自高位置，即其重要表示也。太宗之修氏族志意在改正此種社會心理。然政治之運用，以帝皇之權固無不可，至於有數百年傳統之社會組織，一旦欲撥去之，其事初非易矣。觀上引通鑑，太宗以山東舊門，官爵凌替，因欲以今朝冠冕駕於衰代舊門之上，豈知政治上之升降可以軍事上之勝敗決定，社會上之習俗則今代官秩猶不若販鬻松檟之重也。冊府元龜卷一五九貞觀十六年詔：

自有魏失御，齊氏云亡，市朝既遷，風俗陵替，燕趙右姓，多失衣冠之緒；齊韓舊族，或乖德義之風，名雖著於州閭，身未免於貧賤。自號膏粱之胄，不敦匹敵之儀，問名雖在於竊貲，結褵必歸於富室。乃有新官之輩，豐財之家，慕其祖宗，競乎婚媾，多納財貨，有如販鬻，或貶其家門，受屈於姻婭，或矜其舊望，無禮於舅姑，積習成俗，迄今未已。

按市朝既遷，山東大族不免貧賤者，關隴騎士由軍事上之勝利取得政治上之統治權也。自號膏粱之冑，不敦匹敵之儀者，山東大族自有社會上之優越地位也。事非一端，豈可混同？此詔在頒行氏族志之後四年，而所論與十二年告群臣言相同。則知崔民幹降爲三等無補於事也。新唐書卷九五高儉傳云：

後房玄齡魏徵李勣復與昏，故望不減。

詔所謂新官之輩、豐財之家，豈即指房魏諸公乎？然本文猶以婚姻之始，先須研究譜牒爲言，則太宗亦未始不認譜牒在婚姻上之作用，但不欲崔盧諸姓高出百家之上耳。

關於唐代結婚巨室之風與大族之自高位置，今不暇詳證，但剌取一事以明譜牒與婚姻之關係。太平廣記卷一六〇秀師言記條：

（崔曄小妻殷氏）謂軍佺曰：「崔家小娘子容德無比，年已及笄，供奉與把取家狀，到府日求秦晉之匹可乎？」軍佺依其請，至府以家狀歷抵士人門，曾無影響。後因謁鹽鐵李侍御，出家狀於懷袖中，鋪張几案上（下略）。

家狀者，世系表也。今元和姓纂尚多引唐人家狀。則知唐人議婚正如本文所云「知其譜囊，相承不虛，然可爲匹」也。又唐摭言卷三讌集條云：

（曲江大讌）其日公卿家傾城縱觀於此，有中東榻之選者十八九。

此爲中葉以後事，進士科之聲價日高，譜牒之作用漸減，雖有不願聯姻帝室之鄭覃，不願締婚相門之八寶崔氏(並見唐語林),而門閥之重實已次於進士科,上引太平廣記以家狀議婚,但習俗如此,非謂以此爲婚嫁惟一依據也。本文又云:

雖預三百九十八姓之限,而或媾官混雜,或從賤入良,營門雜户慕容高賈之類,雖有譜,亦不通。如有犯者剔除籍。

長孺按:媾官混雜即婚宦混雜之意。婚視門户,宦有清濁,如或不稱,足以降低其地位也。營門者,北魏有之。魏書卷三太宗紀永興三年四月戊寅:

河東蜀民黄思郭綜等率營部七十餘家内屬。

卷四下世祖紀太平真君五年六月:

北部民殺立義將軍衡陽公莫孤,率五千餘落北走,追擊於漠南,殺其渠帥,餘徙居冀相定三州爲營户。

卷七上高祖紀延興元年十月:

沃野統萬二鎮勅勒叛(中略)徙其遺迸於冀定相三州爲營户。

卷八世宗紀景明二年九月:

免壽春營户爲揚州民。

卷九三恩倖傳:

掃净、徐義恭,並彭城舊營人。

綜上所云，知營户皆以俘虜充，其地位低於平民。唐代已無此名號，但仍沿舊稱，與雜户並列爲賤民之一種。雜户者，唐六典卷六刑部都官郎中條：

凡反逆相坐，没其家爲官奴婢。一免爲番户，再免爲官户，三免爲雜户。

又唐律疏議卷三名例律：

雜户者，謂前代以來配隸諸司，職掌課役。

則雜户爲罪犯之家屬，或承前代之遺，或當時没入者也。其下慕容高賈四字，高疑商之誤。商人雖非賤民，要與衣冠有殊，故不能與巨室通譜。其慕容不可解，竊疑爲募客之誤，然二字連稱，以長孺之淺陋，實不能證爲賤民之稱。僅知客之一義，在唐代與部曲相等。唐律疏議卷六名例律：

稱部曲者，部曲妻及客女亦同。

同書卷一三户婚律：

客女謂部曲之女。

蓋客即部曲，故部曲之女稱爲客女也。

同書卷一四户婚律：

諸雜户不得與良人爲婚，違者杖一百。

又卷一三户婚律：

以妾或客女爲妻，以婢爲妾者徒一年半，各還正之。

據此則雜户與客並不得與良人爲婚，但客之地位稍高，故猶得爲妾耳。

長孺按：士庶之分，婚宦之别，魏晉以降，其制嚴備。今昔學人，論之已詳。徵之載籍，若斯之類並姬周之成法而非隆漢之遺制。遥隔千載而冥契如此，豈爾時社會組織之基礎固有相合者耶？隋唐混一天下，比之秦漢，而唐代進士科之浸重，則又戰國策士徒步取卿相之比。以故自宋以後，門閥衰微，譜牒家狀非獨與銓選無關，抑且與婚姻不涉，此亦中古一大變局也。向日以雷霆萬鈞之力摧抑之而未能者，不能不自歸於絶滅。所謂郡望，僅於婚嫁之際冠之名帖之上，已固不審其淵源，人亦莫問其真僞，然亦告朔之餼羊也。

（原載武漢日報一九四八年三月十四日）

白衣天子試釋

舊五代史卷一三八吐蕃傳（新五代史卷七四吐蕃傳同）：

沙州，梁開平中有節度使張奉，自號金山白衣天子。

敦煌所出有西漢金山國聖文神武白帝勅。蔣伯斧沙州文録、羅振玉莫高窟石室秘録著録。王重民教授於一九三五年十二月北平圖書館館刊九卷六號，發表金山國墜事零拾一文，根據大唐創業起居注及巴黎圖書館所藏若干敦煌所出遺文，考定建號白衣天子之故，其結論云：

秦隴爲李唐所自興，換言之，即唐家讖説爲秦隴人民所習聞。況瓜沙等州陷於吐蕃者百有餘年，既飽嘗外族壓迫之苦，故能於唐室之愛慕益深，而唐家舊讖保存與流行於該地者愈益不可磨滅。白雀、白衣二事，即李淵所賴以得天下，張奉復利用之作一朝天子也。……今觀敦煌卷手決所載「白衣爲王」、「白衣爲人王」，知其説在唐末時秦隴之地甚盛也。……

更總閲全書，（五涼流行之星占書）觀其所占之事，除外兵爲寇外，則有李氏、宋氏、劉氏等等爲主爲王。蓋此數氏者，並是五涼鼎族，其勢力足以左右社會，而白衣在諸鼎族中，其聲勢爲尤大；然則張奉之所以得天下，與夫所以自稱爲白衣天子之故，不難焕然冰釋矣。

按王君之意，似以白衣天子爲秦隴地方性之謡讖，李唐開國與張奉之稱帝並與之有關；至於此種謡讖之起於何時與其來源，則未有説明。長孺謹就史籍中有關此一問題者稍加申説，以質通人。

隋書卷三煬帝紀：

(大業)六年春正月癸亥朔，旦，有盜數十人，皆素冠練衣，焚香持華，自稱彌勒，入自建國門。監門者皆稽首。既而奪衛士杖，將爲亂，齊王暕遇而斬之，於是都下大索，與相連坐者千餘家。

五行志亦載此事，「素冠練衣」作「白練裙襦」。然則白衣冠，爲當時宗教上之服飾，而與佛教中彌勒降生之説有關也。同書卷四煬帝紀：

(大業九年十二月)丁亥，扶風人向海明舉兵作亂，稱皇帝，建元白烏。遣太僕卿楊義臣擊破之。

同書卷二三五行志：

其後復有桑門向海明於扶風自稱彌勒佛出世。潛謀逆亂，人有歸心者，輒獲吉夢，由是人皆惑之。三輔之士，翕然稱爲大聖，因舉兵反，衆至數萬，官軍擊破之。

按向海明自稱彌勒出世，煽惑三輔，與六年作亂於長安之彌勒教徒殆是一派，觀其建號白烏，尤可證其教之尚白，温大雅大唐創業起居注云：

開皇初，太原童謡云：「法律存，道德在，白旗天子出東海」，亦云白衣天子。故隋主恒服白衣，每向江都，擬於東海。

煬帝爲天台智者大師弟子，其服白衣殆亦與彌勒降生之佛教謡讖有關耶？同書又云：

其平旦，有僧俗姓李，獲白雀而獻之。至日未時，又有白雀來，止帝牙前樹上，左右復捕獲焉。

又載慧化尼歌辭：

東海十八子，八井喚三軍，手持雙白雀，頭上戴紫雲。

王君以此與張奉白雀歌相比對，以證張奉之效法唐家符瑞。今更以向海明之年號白烏證之，則知白爲彌勒教徒所崇拜之色，歌謡由此而起。李唐之與張奉同爲利用此流行之謡讖以鼓動人心耳。

流行三輔之彌勒教，在唐代似仍有之。舊唐書卷三六天文志下：

永隆二年九月一日，萬年縣女子劉凝静，乘白馬，著白衣，男子從者八九十人，入太史局，升令廳，牀坐勘問，比有何災異，太史令姚玄辯執之以聞。

按以地域及服飾言之，其爲彌勒教餘黨無疑。但以女子爲主，則又其變也。以白衣爲宗教服飾，更可遠溯北魏。魏書卷六九裴良傳：

時有五城郡山胡馮宜都、賀悦回成等，以妖妄惑衆，假稱帝號，服素衣，持白傘、白幡，率諸逆衆於雲臺郊抗拒王師。

按山胡即五部匈奴之後裔，居於河汾之間，山區之中。五城郡在今山西寧鄉縣北，其地有雲臺山。所云「以妖妄惑衆」，固不能即以爲彌勒教，然山胡之奉佛，則有可徵。梁釋慧皎高僧傳卷一三竺慧達傳：

竺慧達姓劉，本名薩阿，并州西河離石人。少好田獵，年三十一，忽如暫死，經日還蘇。備見地獄苦報。見一道人云：是其前世師，爲其説法訓誨，令出家往丹陽、會稽、吴郡，覓阿育王塔像，禮拜悔過，以懺先罪。既醒，即出家學道。改名慧達，精勤福業，唯以禮懺爲先。晉寧康中至京師。

梁書卷五四扶南國傳亦載其事云：

至孝武太元九年，……其後西河離石縣，有胡人劉薩何，遇疾暴亡。（下略同前條）

唐釋道宣續高僧傳卷二六釋慧達傳：

釋慧達姓劉，名窣和，本咸陽東北三城定陽稽胡也。先不事佛，目不識字，爲人兇頑，勇健多力，樂行獵射，爲梁城突騎，守於襄陽。父母兄弟三人並存，居家大富，豪役鄉里，縱横不理，後因酒會，遇疾命終，備覩地獄衆苦之相，廣有別傳，具詳聖蹟。達後出家，住於文成（城）郡，今慈州東南高平原，即其生地矣。見有廟像，戎夏敬禮，處於治下安民寺中，曾往吴越，備如前傳。至元魏太武太延元年，流化將訖，便事西返。……余以貞觀之初，歷游關表，故謁達之本廟，圖像儼肅，日有隆敬。自石、隰、慈、丹、延、綏、威、嵐等州並圖寫其形，所在供養，號爲劉師佛焉。因之懲革胡性，奉行誡約者殷矣。見姚道安制像碑。

又法苑珠林卷三八敬塔類記劉薩河禮鄮縣阿育王塔事，即本前傳。但云晉太康中，有并州離石人劉薩河云云。太康自爲寧康或太元之誤，可以無辯。卷一三敬佛類紀劉薩訶至涼州事，則又本之續傳。至其在夢中所見者，高僧傳云爲一道人，梁書作觀世音，法苑珠林作梵僧。傳聞既有不同，而道宣稱廣有別傳，則或加緣飾也。唯諸書並云離石人，而續傳云是定陽稽胡，此爲不同。但其行化之區實在山胡，或稽胡聚居之處，周書卷四九稽胡傳：

稽胡一曰步落稽，蓋匈奴别種，劉元海五部之苗裔也。或云山戎赤狄之後，自離石以西，安定以東，方七八百里，居山谷間。

與續傳所述區域相符。無論其究爲何地人，要之爲河汾之間以及陝北之胡人也。續高僧傳卷二五釋法通傳：

釋法通，龍泉石樓人，初在隰鄉，未染正法。衆僧行往，不達村閭，如有造者，以灰灑面。通雖處俗，情厭恒俗，以開皇末年，獨懷異概，超出意表，剃二男二女並妻之髮，被以法衣，陟道詣州，委僧尼寺，時有问者，通便答曰：「我捨枷鎖，志欲通法。」既達州寺，如前付囑，便求通化寺明法師度出家，於即遊化稽湖（胡），南自龍門，北至勝部，嵐、石、汾、隰，莫不從化。

按石樓，亦山胡或稽胡聚居地也。魏齊之世，屢見石樓胡，則法通亦胡人也。本傳雖云村閭之間尚未奉法，然州既有寺，又有衆僧來往，則大法流行已非一日。考離石，石樓，與五城郡之胡本爲一族。東晉之末，已有劉薩何之宣揚佛法，則後魏之末云佛教流行其地者，當非臆説。然則，上引裴良傳所載，以妖妄惑衆之白衣教徒，雖不可必其爲彌勒教，而亦有其可能也。又考劉薩何始居襄陽，繼入關中。太平寰宇記卷三五丹州雲巖縣條稱：有廢可野寺，爲劉薩何坐禪處。使其東赴江左，如梁書之説在太元九年之後，則永和太元之間，止釋道安弘教襄陽之時。而太元之初，又止錫關中。時代相值，豈亦聞風興慕者乎？安公提倡禪法，誓生兜率，高僧傳卷四本傳稱：苻堅遣使送結珠彌勒像，則薩何之坐禪，與彌勒净土之信仰或有關也。

綜上所述，如幸得無誤，則白衣天子之謡，本出於佛教中彌勒教徒之妖言，其起源當遠在元魏之世。其分布地區，則在關中以及河汾之間。故秦隴既多白衣之讖，而太原又有白旗或白衣天子之謡也。然彌勒降生之説，在當時流行全國，其在江南如傅大士之流，今不贅述。其在北方假彌勒以作亂者，實不限於關中及其近地，請更推論之。

考彌勒之崇拜，在北朝極爲普遍。王昶金石萃編北朝造像諸碑總論曰：「大抵所造者，釋迦、彌陀、彌勒，及觀音、勢至爲多。」而葉昌熾語石卷五亦云：「所刻之像，以釋迦、彌勒爲最多。」今以已見著録之造像計之，彌勒之數遠過彌陀或無量壽佛，則兜率天宫在社會上之勢力，恐當在西方極樂世界之上。湯錫予先生言：北朝釋教，本不脱漢世佛道色彩，則以普遍崇拜之彌勒，滲合妖妄之謡讖，以惑衆起事，固極自然之事也。元魏之世，沙門起事者史不絶書，今略徵其與彌勒信仰有關者。魏書卷七上高祖紀延興元年十一月：

妖賊司馬小君，聚衆反於平陵，齊州刺史、武昌王平原討平之。

同書卷三五元平原傳：

高祖時，妖賊司馬小君自稱晉後，聚黨三千餘人，號年聖君。攻破郡縣，殺害長吏。平原身自討擊，殺七人，擒小君送京師斬之。

同書卷七上高祖紀太和十四年五月：

沙門司馬惠御，自言聖王，謀破平原郡，擒獲伏誅。

按惠御之自稱聖王，小君之紀年聖君，疑皆與彌勒信仰有關。彌勒大成佛經（鳩摩羅什譯）：

爾時有轉輪聖王，名曰儴佉。……時城中有婆羅門主，名脩梵廉平，婆羅門女，名梵摩跋提，心性柔弱，彌勒託生，以爲父母。

長阿含卷六轉輪聖王脩行經：

時此大地，坦然平正，無有溝坑、丘墟、荆棘，亦無蚊虻蛇蚖、毒蟲。瓦石沙礫，變成琉璃。人民熾盛，五穀平賤，豐樂無極。是時當起八萬大城，城鄰比，雞鳴相聞。爾時有佛出世，名彌勒如來。……彼時有王名曰儴佉刹利水澆頭種。轉輪聖王典四天下，以正法治。

此外如彌勒下生經長阿含卷一八，中阿含卷一五，增一阿含卷四四，皆述及此擁有七寶之轉輪聖王。則惠御之自號聖王，小君之年號聖君，疑皆影射此釋迦懸記之轉輪聖王，以爲彌勒降生之先兆。蓋以中國固有之尊稱，附會釋典之名義也。魏書卷九肅宗紀，延昌四年六月：

沙門法慶，聚衆反於冀州，殺阜城令，自稱大乘。

同書卷一九元文遥傳：

時冀州沙門法慶，既爲妖幻，遂説渤海人李歸伯，歸伯合家從之。招率鄉人，推法慶爲主，法慶以歸伯爲十柱菩薩。……又合狂藥，令人服之，父子兄弟不相知識；唯以殺害爲事。於是聚衆殺阜城令，破渤海郡，殺害吏人。……兇衆遂盛，所在屠滅寺院，斬戮僧尼，焚燒經像。云：

「新佛出世，除去舊魔。」

按大乘之亂在於冀、瀛二州，今河北冀縣及河間縣也。蔓延三載，二州爲之虚耗。北齊書卷二一封隆之傳稱：「（法慶）自號大乘，衆五萬餘」，一呼而集者如此之多，則其教之潛行，已非一日。考其所行，固大悖於佛教，又廢寺殺僧，幾同滅法；然藉以號召大衆者，仍依託佛教經典之説。所云新佛出世，即指釋迦懸記之未來佛彌勒，而隋衆經目録疑僞部有彌勒成佛伏魔經，亦與掃蕩群妖之口號相應。至其父子兄弟不相識，以殺害爲事，則亦有徵。廣弘明集卷九甄鸞笑道論害親求道條：

老子消冰經云：「老子語尹喜曰：『若求學道，先去五情：一父母，二妻子，三情色，四財寶，五官爵，若除者與我西行。』喜精鋭，因斷七人首持來。老笑曰：『吾試子心，不可爲事，所殺非親，乃禽獸耳。』伏視七頭爲七寶，七屍爲七禽。喜疑反家，七親皆存。」又造立天地記曰：「老子化胡，胡王不伏，老子打殺胡王七子，國人一分。」

按消冰經與造立天地記，並爲佛教流行後道教徒所僞造，當時道流於佛家教義本多謬解。大乘教以妖妄之説附會佛經，正與此氣味相投，其飲人狂藥，使父子兄弟相殺害，殆即取尹喜害親求道之説，而廣行屠戮，則又老子打殺國王七子及國人一分之類耳。

大乘教之傳布不限於冀、瀛二州，且在元魏時雖旋平定，而實未消滅。舊唐書卷五五高開道傳：

先是有懷戎沙門高曇晟者，因縣令設齋，士女大集。曇晟與其僧徒五十人擁齋衆而反，殺縣令及鎮將，自稱大乘皇帝，立尼静宣爲邪輪皇后，建元爲法輪。

按懷戎縣在今察哈爾涿鹿縣之西南，傍桑乾河南岸，距冀、瀛二州已遠；但由建號大乘觀之，自爲一派也。

大乘教以及河北各地之以沙門起事者，雖不見有白衣之記載，且亦不必與關中及其近地之彌勒教派爲一支，而其有取於彌勒降生之説，加以妖妄之緣飾則同。隋書卷二三五行志（太平廣記卷二八五引廣古今五行記略同）：

（大業九年）帝在高陽，唐縣人宋子賢，善爲幻術，每夜樓上有光明，能變作佛形，自稱彌勒出世。又懸大鏡於堂上，紙素上畫爲蛇爲獸及人形。有人來禮謁者，轉側其鏡，遣觀來生形象，或映見紙上蛇形。子賢輒告云：「此罪業也，當更禮念。」又令禮謁，乃轉人形示之。遠近惑信，日數百千人，遂潛謀作亂，將爲無遮佛會，因舉兵，欲襲擊乘輿。事泄，鷹揚郎將以兵捕之。夜至其所，遶其所居，但見火坑，兵不敢進。郎將曰：「此地素無坑，止妖妄耳。」及進，無復火矣。遂擒斬之，並坐其黨羽千餘家。

續高僧傳卷二五釋曇選傳，稱曇選爲高陽人，唐初僧徒設齋會，曇選誡之曰：

自佛法東流，矯詐非少；前代大乘之賊，近時彌勒之妖；詿誤無識，其徒不一；聞爾結衆，恐壞我法；故力疾來問。

按唐縣在今縣稍北。高陽在今縣西，屬瀛州。距大乘教流行之冀縣及河間縣，相去甚近。宋子賢之自稱彌勒降生，或可推測亦大乘教之餘黨，以地域論之，殊爲可能也。然則彌勒教傳布之廣，與入人之深，從可知矣。

至於關中彌勒教派，尚白之意義，殊難明了；今姑妄爲解釋，非敢云定論也。續高僧傳卷四釋玄奘傳：

因既臥疾，開目閉目是大蓮花鮮白而至，又見偉相，知生佛前。……至五日中夜，弟子問曰：「和尚定生彌勒前不？」答曰：「決定得生。」

廣弘明集卷一五釋支遁彌勒贊：

晃晃凝素姿，結跏曜芳蓮。

太平御覽卷七九七引支僧載外國事曰：

和訶條國（九九九引作支訶條）在大海中，地方二萬里，大山名三漫屈，有石井，井中生千葉白蓮花數種，井邊石上四佛足迹，每月六齋日，彌勒菩薩常以諸天神禮佛迹，畢便飛去。國王長者常作金樹銀花、銀樹金花以供奉佛。

夫蓮花本爲佛教浄行之象徵，原非彌勒之所專有；然信仰彌勒者，特重白蓮，可以上引三事證之，則所以尚白者，恐由於尊重白蓮而然也。

今世相傳釋慧遠與十八高賢立白蓮社事，其說不經。湯錫予先生漢魏兩晉南北朝佛教史曾斥其妄，其第一理由即在蓮社之名解釋紛歧。愚謂白蓮之名，實假之彌勒教徒，當由造此說者，不辨彌勒、彌陀浄土之不同，意爲牽合而然。湯先生於佛教史三六七頁小注云：

按廬山怪異不經之傳説甚多。廬山蓮宗寶鑑卷四謂：有僞撰之廬山成道記，所言極不經。其中言遠公上生兜率。據四部叢刊本禪月集再遊東林寺詩小注曰：「傳記盡云安、遠、持、㒖、三車盡生兜率」云云。則遠升兜率之説，唐時已流行。

按遠公與劉遺民等，結誓共生西方，而唐末已訛爲上升兜率。禪月集稱傳記盡云，不知爲何等傳記。十八高賢傳已經宋陳舜俞等之删改，其原本如陳氏所云，往往乖謬者不知何如，疑亦云遠公上升兜率，此所以社立白蓮之名歟？

復次，宋代之吃菜事魔或明教經中西學人考定爲摩尼教，誠不可易，然其中實雜有彌勒教之成分。志磐佛祖統紀卷四十八引洪邁夷堅志稱：「所事佛衣白，引經中所謂白佛言世尊。」按經中所謂白佛言世尊，「白」，猶云告也，此作白色解，誠爲可笑；然其有衣白之佛，則是事實。沙畹著摩尼教流行中國考云（馮譯本七一頁）：

如中國之摩尼教徒依託佛教，應以其「明使」與佛教之無量光明阿彌陀佛相合，蓋此佛與伊蘭亦不無關係也。阿彌陀佛之色爲紅色，然其旁尚有一號白衣大士之觀音菩薩。夷堅志中之摩尼白佛，應於阿彌陀佛及觀音大士二佛中尋求之。此特就其依託之佛而言，其實此「白佛」在摩尼教中當然爲摩尼。

按沙畹氏，以明教依託之白佛，若取無量光明之意，則爲阿彌陀，若取白衣之故，則爲觀音。長孺則謂此白衣之佛，乃依託元魏以來流行中國之彌勒佛。當摩尼教流入中國後，以尚白相同，遂致混淆，或彼此受影響而難以分別。自宋以後，歷代禁邪教，往往以白蓮、白雲、明尊三家並稱。元末白蓮教領袖韓山童倡言：「天下大亂，彌勒佛下生。」而其子韓林兒之號小明王，其黨朱元璋之國號大明，經時賢考定，實取明教之義，即可知其關係。至於白蓮教之彌勒崇拜，顯爲元魏以降彌勒教之直系嫡傳，則無待於論證矣。

綜上所述，謹爲結論如此：

一、白衣爲彌勒教之服色，起源當在元魏之世。而白衣天子亦爲彌勒教之謠讖。

二、北朝沙門亂事多與彌勒教有關。

三、信仰彌勒者特重白蓮，所以尚白，恐取其意。而遠公白蓮社之傳説，殆亦受彌勒教之影響。

四、明教或吃菜事魔者所奉之白佛，當是依託彌勒。

長孺於佛教史所知甚淺。本題史實既晦，類多旁證，推測之辭，殊不足爲信讞，聊以補王君考證之所偶遺，且願質其是非焉。

（一九四八年四月四日寫於珞珈山，原載燕京學報第三十五期，一九四八年十二月）

敦煌所出唐代法律文書兩種跋

敦煌所出有關法律文書除若干唐律和唐律疏議、唐令、水部式等殘卷外，我見到的還有兩種，今稍加說明。

（一）斯一三四四號殘卷。　此卷首尾殘缺，題名已不見。其内容爲唐代詔勅的節文或勅條。開頭第一條勅文已缺，殘存年月，以下共十七條。每條下都記有年月日。紀年最早的爲咸亨五年（六七四年）七月十九日，最晚也就是殘存的第一條所記年月，爲開元元年（七一三年）二月十七日。〔一〕

我們知道唐代法制有律、令、格、式之别，但皇帝的詔勅可以隨時補充、變更已經編訂的律令格式。這些詔勅總有許多無關重要的廢話，而且一件詔勅中常常包含許多條文，所以必須把這些條文節録下來，以便檢查施用，這就叫做「勅節文」。在唐代文獻中我們常見「準某年月日勅節文」云云，宋初編訂的刑統還從唐代格勅等文獻中録下不少唐代勅節文。勅節文既然分條彙編，所以也叫做勅條。這裏十七條都記有年月日，第一個字總是「勅」，其形式和宋刑統中所引勅節文或勅條相同。這些有關法律的勅節文積累起來，過了一個時期便把它分類編輯，作爲法律的補充，唐代不斷修訂的

〔一〕開元元年即先天二年，是年十二月始改元，所以開元元年不能有二月。若非二月上脱十字，則後來追改。

「格」和「格後勅」便是這樣增删新舊「勅節文」或「勅條」而成的。〔一〕

卷中殘存的十七條内容很複雜。就史籍所記，唐代彙集的勅節文或者編入「格」，或者編爲格後勅，應都以尚書省二十四司分類。〔二〕這十七條中第一條「封户」，第二條「旌表孝義」，第四條「諸山隱逸人」是涉及户口逃亡的事，第十二條禁質賣男女（此條或可歸刑部都官郎中），第十三、十四兩條「逃亡户田宅」，第十五條「執衣白直」等雜役，第十七條「朝集使」（此條亦可歸吏部考功郎中），以上八條皆屬於户部郎中、員外郎的執掌；而第三條「禁長髮」，第五條「禁排山社」（第四條亦可歸入此類），應屬刑部郎中。第六條「降户營田」應屬兵部職方郎中或工部屯田郎中。第七條「諸蕃西胡」出入邊境事應屬刑部司門郎中，或涉及「興易」則應入户部金部郎中。〔三〕第八條「諸蕃部落首領」入朝應屬禮部主客郎中或兵部職方郎中。第九條禁「牂牁士風共行謎法」，不詳。第十條「招慰化外人及賊」，應屬兵部郎中。十一條内容包括了嶺南風俗四項，更可分屬數司。第十六條「諸州進物」給驛應屬兵部駕部郎中或户部度支郎中。如上所述，如果按唐代格勅編類，十七條很難歸到尚書二十四司中的哪一司。但内容雖複雜，所以歸納在一起應有其共同點，就十七條看來都是都督、州司、縣各

〔一〕唐會要卷三九；舊唐書卷三〇刑法志。

〔二〕舊唐書卷三〇刑法志。

〔三〕白氏六帖卷二四市格條引金部格云：「勅松、當、悉、維、翼等州熟羌每年十月已後即來彭州互市」云云，可知少數民族互市屬金部格。

級地方官所掌事務，因此，應是行於諸州縣的勅節文。然而這並非由沙州地方自己彙集的，因爲其中如「牂牁士風」、嶺南風俗、朝集等條與沙州無關，所以彙在一起，只能是作爲諸州共同的文件。像這類以州縣職司爲範圍的勅條彙編我在史籍上還没有發見有什麽記載。

十七條中只有二條亦見於他書。一是景龍二年（七〇八）九月二十日：「勅諸色應食實封家，封户一定已後，不得輒有移改。」本條亦見於唐會要卷九〇緣封雜記，但「實封」下無「家封户」三字。二是唐隆元年（七一〇）七月十九日：「勅逃人田宅，不得輒容賣買，其地任依鄉原價租充課役。有賸官收，〔一〕若逃人三年内歸者，還其賸物。其無田宅，逃經三年以上不還者，不得更令鄰保代出租課。」按唐大詔令集卷一一〇唐隆元年七月十九日誡勵風俗勅有云：「其逃人田宅，不得輒容賣買，其地在（應從殘卷作任）依鄉原例，〔二〕租納州縣倉，不得令租地人代出租課」，顯然這是同一勅文，但「租充課役」唐大詔令集作「租納州縣倉」，按文意是説承租逃人田宅者除納地租入官外，還承擔逃人的徭役，課役包括二者，似以殘卷文義較長，也更可以暴露統治者優恤其名，剥削其實的面貌。又詔令集删去「有賸官收」以下幾句，逕接「不得令租地人代出租課」，而照殘卷此句專指逃人無田宅者，又逃經三年而言，並非一件事。又把「鄰保」改爲「租地人」，這樣删改就抹殺了三年之内即使無田宅，鄰保也要代出租課的殘酷剥削。從這裏可以看出殘卷更接近於原文，而從校勘中也可以發見删改者的

〔一〕「有賸官收」當指田宅以外的物資，所以下面説「逃人三年内歸者，還其賸物」。

〔二〕鄉原例和鄉原價意同，即本鄉習慣之意。敦煌所出借貸文契常見鄉原或鄉元生利之語，猶言照本鄉習慣納息。

用心。

在均田制下，政府規定了鄰保的連環保制，把農民束縛在土地上，以便徵集租調。雖然上面所述詔勅似乎放寬了一些，但也只限於三年以外。唐會要卷八五天寶八載（七四九）勅云：「……其承前所有虚掛丁户，應賦租庸課税，令近親鄰保代輸者一切並停。」以後十四載（七五五）、乾元三年（七六〇）都有類似的詔勅，可見鄰保代輸的情况由於逃人在户籍上没有開除户口，也就始終存在。

其他諸條以我有限的閲讀範圍似尚未見記載，其中有一些可以和别的資料互證。

第二條　勅孝義之家，事須旌表（中略）或檢覆失實，並妄有申請者，里正、村正、坊正及同檢人等各決杖六十，所由官與下考。〔證聖元年（六九五）四月九日〕

封建政權要旌表合乎封建道德的孝義之家乃是常事，但這裏却要嚴厲懲罰「妄有申請者」，這就隱蔽着一個問題。我們知道所謂旌表，在物質上的利益就是免除徭役，或給與官職，因此孝義成爲一條避役入官的道路。朝野僉載卷三記載着如下兩件事：

東海孝子郭純喪母，每哭則群鳥（太平廣記二二八引作烏，是）大集，使驗有實，旌表門閭。後訪乃是孝子每哭即散餅食於地，群烏争來食之。後如此（廣記作後數如此，是），烏聞哭聲以爲度，莫不競湊，非有靈也。

河東孝子王燧家，貓犬互乳其子。州縣上言，遂蒙旌表。乃是貓犬同時産子，取貓兒置狗窠中，狗子置貓窠内（兩「狗」字廣記並作犬），慣食其乳，遂以爲常，殆不可以異論也。

這兩件事大致就發生在武后時，上引勅文可能與此有關。這裏反映了封建道德的虚僞性，另一方面也反映了徭役的嚴重。

第三條　勅長髮等宜令州縣嚴加禁斷。其女婦識文解字堪理務者並預送比校内職。〔咸亨五年（六七四）七月十九日〕

按勅文所指長髮即彌勒教徒。唐大詔令集卷一一三蘇頲禁斷妖訛等勅：〔一〕

（上略）比有白衣長髮，假託彌勒下生，因爲妖訛，廣集徒侶，稱解禪觀，妄説災祥，或别作小經，詐云佛説，或輒蓄弟子，號爲和尚，多不婚娶，眩惑閭閻，觸類實繁，蠹政爲甚。刺史縣令，職在親人，拙於撫馭，是生姦宄。自今已後，宜嚴加捉搦，仍令按察使察採，如州縣不能覺察，所由長官並量狀貶降。〔開元三年（七一五）十一月十七日〕

這一道勅也就是新唐書卷五玄宗紀開元三年十一月乙未「禁白衣長髮會」所本。朝野僉載卷五：「景雲中有長髮賀玄景，自稱五戒賢者，同爲妖妄者十餘人，於陸渾山中結草舍，幻惑愚人子弟，傾家産事之。」可以知道在唐初「長髮」亦即彌勒教派相當流行。這個教派在裝束上的特點除了長髮以外還有白衣。所以如此，我想就由於彌勒是「天」，是「居士」，不是浄髮黑衣的僧人。還是居士的彌勒，自然長髮白衣，教徒也就以此自異於一般僧徒。

〔一〕册府元龜卷一五九開元三年十一月乙未詔同，但長髮作青髮，誤。

的宗教組織形式。隋書卷三煬帝紀大業六年（六一〇）：

正月癸亥朔旦，有盗數十人皆素冠練衣（五行志作白練裙襦），焚香持華，自稱彌勒，入自建國門。監門者皆稽首。既而奪衛士仗，將爲亂。齊王暕遇而斬之。於是都下大索，與相連坐者千餘家。

大業九年（六一三）扶風桑門向海明和唐縣宋子賢領導的起義都稱彌勒下生，〔一〕可知隋末農民大起義時有這個教派的活動。隋末彌勒教派的起義雖然給鎮壓了，但在唐初仍然繼續活動，而且組織很廣泛，因此統治者要一再加以鎮壓。這裏反映了即使在唐初，階級鬥争一刻也没有停止過。彌勒教派以後和摩尼教相結合便是宋代的「吃菜事魔」，而元末農民大起義中起了組織作用的彌勒教、明尊教都是由更早的彌勒教派繼承和發展而來。

第四條　勅諸山隱逸人非規避等色，不須禁斷，仍令所由覺察，勿使廣聚徒衆。〔長安二年（七〇二）七月廿八日〕

按山林隱逸應即是山人、隱士，唐代對於山人隱士頗爲提倡，已成爲仕宦的一條道路，流傳的「終南捷徑」之嘲便可知之，本來無須降勅指明「不須禁斷」。所以要降勅便因爲涉及「規避」和「廣聚徒

〔一〕並見隋書卷一八五行志下。隋書中不云長髮是因爲古人本來長髮，並非特殊標識。唐代所以加以長髮名目，是因爲長髮而又自稱和尚，即蓄髮的僧人，便成爲特點了。

衆」，也即是在於區別統治者認爲自己人的山人隱士和反抗統治者的逃亡入山的人民群衆。所謂規避即規避賦役、地租，〔二〕所謂「廣聚徒衆」就是組織鬥争。我們知道在武后統治時户口逃亡的情況是十分嚴重的。陳伯玉文集卷八上蜀川安危事三條稱：

今諸州逃走户有三萬餘在蓬、渠、果、合、遂等州山林之中，不屬州縣，土豪大族阿隱相容，徵歛驅役，皆入國用。其中遊手惰業亡命之徒，結爲光火大賊，依憑林險，巢穴其中。若以甲兵捕之，則鳥散山谷；如州縣怠慢則劫殺公行。比來訪聞，有人説逃在其中者，攻城劫縣，徒衆日多。誠可特降嚴加勅令，州縣長官與使人設法大招此户，則劫賊徒黨自然除殄。

陳子昂上書在聖曆元年（六九八），所述情況雖止蜀中，實際上逃亡問題的嚴重普遍存在。舊唐書卷八八韋嗣立傳武后時上疏稱「今天下户口，亡逃過半」，唐會要卷八五逃户載證聖元年（六九五）李嶠上表稱：「今天下之人，流散非一，或違背軍鎮，或因緣逐糧，苟免歲時，偷避徭役。此等浮衣寓食，積歲淹年，王役不供，簿籍不掛，或出入關防，或往來山澤，非直課調虚蠲，闕於恒賦，亦自誘動愚俗，堪爲禍患。」這裏説明逃亡遍及全國，陳子昂所説逃亡者在山林之中，李嶠也説「往來山澤」，蜀川方面已經産生小規模的武裝暴動，「攻城劫縣，徒衆日多」，李嶠也憂心忡忡地怕「誘動愚俗，堪爲禍患」。這一些都説明勅條所指的有所「規避」的山林隱逸人實即是逃亡人民。

〔二〕唐會要卷八三租税上（又見籍帳）天寶元年（七四二）正月一日赦文云：「如聞百姓之内，有户高丁多，苟爲規避，父母現在，乃别籍異居，宜令州縣勘會。其一家之中有十丁已上者放兩丁征行賦役……。」可知規避專指規避賦役。

第六條　勅如聞桑乾、定襄兩都督府管內八州降户及党項等，至春聽向夏州南界營田，秋收後勒還。〔景龍二年（七〇八）六月九日〕

按新唐書卷四三下地理志羈縻州關內道下「定襄都督府（貞觀四年（六三〇）析頡利部爲二，以左部置，僑治寧朔）領州四」。「桑乾都督府（龍朔三年（六六三）分定襄置，僑治朔方）領州四。」兩都督府所屬八州都以突厥降户置。當貞觀四年頡利可汗戰敗後，北突厥歸唐部落的處理是有争執的，温彦博安置在邊界的建議得到採納。舊唐書卷一九四突厥傳載群臣反覆辯論之辭，温彦博曾説：「我援護之，收居內地，稟我指揮，教以禮法，數載之後，盡爲農民。」温彦博的建議唐人認爲是錯誤的，但移居邊地，使突厥人逐漸由畜牧生産轉向農業生産的預測却部分地實現的。傳又稱：「初咸亨中突厥諸部落來降附者，多處之豐、勝、靈、夏、朔、代等六州，謂之降户。〔一〕默啜至是（武后時），又索此降户及單于都護府之地，兼請農器種子……遂盡驅六州降户數千帳，並種子四萬餘碩，農器三千事以與之。」由此可見居於北邊的突厥人在一個不長的時間內已經接受了農耕生産技術。勅條所説八州降户和党項向夏州南界營田事，更可以説明農業在內徙突厥、党項人的生産中已成爲主要的生産部門。

勅條紀年在景龍二年（七〇八），此時突厥與唐正在作戰。如突厥傳所云武后已允其請，六州降

〔一〕按傳稱咸亨中疑誤。考突厥傳及卷八四裴行儉傳均稱單于都護府所屬突厥部落在調露元年（六七九）有一次規模較大的反抗，永隆元年（六八一）爲裴行儉所鎮壓，復降唐，咸亨間（六七〇——六七四）並無大批突厥來降之事。

户全部交還默啜，那麽黄河南岸不應該還有降户存在，桑乾、定襄兩都督府所管降户既歸突厥，[一]更不可能向夏州營田。由此可見突厥傳所云「盡驅六州降胡數千帳」歸默啜是誇大了的。景龍年間，雙方雖在交戰，而處於唐境的突厥人仍然按照舊例向夏州南界營田，春來秋去，也表示這部分突厥人民與邊境漢族人民間的關係是友好的。

第九條　勅諸蕃商胡若有馳逐，任於内興易，不得入蕃，仍令邊州關、津、鎮、戍嚴加捉搦。其貫屬西、庭、伊等州府者，驗有公文，聽於本貫已東來往。〔垂拱元年(六八五)八月廿八日〕

按唐代首都長安和廣州、揚州等大城市均有頗多如勅條所説的「諸蕃商胡」經商，這一點已爲人所熟知，無須贅述。但是在唐代法令中我們還没有見到准許「胡人」在内地經商的明確規定。按照唐代法律，對於唐人與所謂「蕃胡」間的貿易是有嚴格禁令的。唐律疏議卷八衛禁律：

諸越度緣邊關塞者徒二年，共化外人私相交易若取與者，一尺徒二年半，三匹加一等，十五

[一] 按桑乾都督府隸單于都護府，定襄都督府隸夏州都督府，其所屬降户即六州降户之一部分。史籍對「六州胡」「六州降户」常有混淆。細尋之，實有三：一、六胡州應指靈州都督府所屬以「西突厥」降附部落所置的魯、麗、契、塞、含、依六州。二、貞觀時之六州降户，即指定襄、雲中兩都督府。舊唐書突厥傳所云「又分頡利之地六州，左置定襄都督府，右置雲中都督府」(會要卷七三，册府元龜卷九九一並同)，蓋初置時兩都督府所屬有六州。三、默啜所索之六州降户，即高宗時居於豐、勝、靈、夏、朔、代等六州之突厥人。二與三所稱「六州」各有所指，但其人大體上皆爲北突厥，亦即舊頡利可汗所屬部落人民，一則不但「六州」不能混淆，而且其人本西突厥所屬部落。至於勅條所云兩都督府八州降户，則又專指兩都督所屬之八個小州，其範圍小於默啜所指的六州。

匹加役流。

疏議還特别説明「若共化外蕃人私相交易，謂市買、博易或取蕃人之物及將物與蕃人」。如果這條法律真的執行，那就等於禁止唐人與所謂「蕃人」的任何商業關係。在下一條律文的疏議中還指出「其化外人越度入境，與化内交易，得罪並與化内人越度交易同，仍奏聽勅」，這就是説不但唐人不得越過邊境與「化外人」交易，「化外人」同樣也不準入境與唐人交易。這一條勅文肯定諸蕃商胡「任於内興易」，止不準入蕃，是與律文不盡相符的，〔一〕但却比較符合於實際情況。我們不能説這條勅文就是「諸蕃商胡」獲得在唐境進行貿易的法律根據，但在一定程度上明確了「蕃胡」在内地進行貿易的權利。

勅條區别了一般「諸蕃商胡」，亦即唐境外的「蕃胡」與唐境内西、庭、伊等州府有籍貫的「諸蕃商胡」。對於貫屬上述諸州府者不僅允許他們「來」，而且也允許「往」，所以限於「本貫已東」，實際上也是防止「入蕃」。這裏説明這些州府既是唐境，因而著籍「蕃胡」亦視爲唐人。

第十五條　勅官人執衣白直若不納課，須役(役)正身。採取及造物者，計所納物，不得多於本課，亦不得追家人、車、牛、馬、驢、雜畜等折功役使及雇人代役。其市史壁師之徒，聽於當州縣供官人市買，里正、佐史、坊正等隨近驅使，不妨公事者亦聽。諸司官駈使典吏亦准此。其州縣雜職緣公廨

〔一〕按疏議此條雖似解釋律文「私與禁兵器者絞，共爲婚姻者流二千里」，但實際上並不限於禁兵器，因爲也解釋了上文唐人「共化外人私相貿易」的律文，説明「化外人」私相貿易也同樣處理。

役使情願出課者亦準白直例。〔萬歲通天元年(六九六)五月六日〕

這一條是有關唐代雜徭的資料。唐會要卷八六市大中五年(八五一)八月條云:

又準户部格式,其市吏(應作史)壁師之徒,聽於當州縣供官人市買。

顯然户部格式即以這條勑節文編入,〔一〕會要所引户部格不是全文,只是關於市史、壁師的一句話而已。

執衣、白直是伺候地方官的徭役,通典卷三五稱:「諸州縣之官流外九品以上,皆給白直」,又稱:「諸州縣官流內九品以上及在外監五品以上皆給執衣。」白直、執衣的役使既然遍及各級地方官,尤以所給白直人數之多,〔二〕在唐初是嚴重的徭役。我們知道在當時的社會條件下,隋末農民大起義的一個巨大成果就是迫使封建統治者不得不考慮調整徭役制度,因此在唐代由見役轉爲納資的傾向很明顯。但是這個調整要經過一段較長時期。通典卷三五説白直、執衣之役「初以民丁中男充爲之,役使不得踰境,後皆捨其身而收其課,課入所配之官,遂爲恒制」,可見在更早的時期還是見役。而從勑條看來,至遲在萬歲通天元年(六九六)已有納課代役之制,而且還推廣到白直以外的「州縣雜職緣公廨役使」的各種雜徭。但是從勑條看來,這時見役還是較多的,而且承擔的義務不僅如通典所説執衣僅是「隨身驅使,典執筆硯」,而和白直都有「採取及造物」,而且要求交納的所採取及所造之物還超

〔一〕「式」字疑爲衍文。

〔二〕據通典二品官有四十人,降至九品還有四人。執衣二品十八人,降至八九品三人。

過了納資數。甚至連家內的人和畜力都可以隨便徵發「折功役使」。〔一〕這一些殘酷壓榨對於生產力是有損害的，通過統治者自己的招供使我們獲得較具體的認識。

白直在玄宗統治時大致如通典所説轉爲納資。會要卷九一引天寶五載（七四六）三月二十日勅：

郡縣官人及公廨白直，天下約計一載破十萬丁已上。一丁每月輸錢二百八文，每至月初，當處徵納送縣，來往數日功程，在於百姓，尤是重役。其郡縣白直計數多少，請用料錢，加税充用。其應差丁充白直，望請並停，一免百姓艱辛，二省國家丁壯。

按會要此條是有錯誤的，照語氣看來應是臣僚奏請，不是勅，所以有「望請並停」之句。據通典卷三五，這個奏請是被採納的，從此「不得配丁爲白直」。這裏一個轉變是由見役爲主到以納資爲主，由部分被徵發者納資到普遍加税而免去白直之役。不管怎樣，統治者總歸要剥削，轉變也只是剥削方法上的差異。但應該承認由見役到納資是對生産有利的。

第十六條　勅諸州進物入京都，並令本州自雇脚送。如口味不堪久停及僻小州無脚處，□安西已來，依舊給傳驛。〔景雲二年（七一一）閏六月十日〕

按勅條所指「進物入京都」應指貢品。新唐書卷七六后妃傳玄宗貴妃楊氏條云：「妃嗜荔支，必欲生致之。乃置騎傳送，走數千里，味未變，已至京師。」這件事爲人所熟知，舊唐書楊貴妃傳不載，但

〔一〕執衣白直分爲三番，即每年服役四個月。折功役使是折合四個月的服役日，役使家中人口和畜力，名義上這樣做可以抵折服役之期，即縮短了服役期，但必然給人民生産帶來更大的損害。

卻是唐人的傳説，這裏用不着考證。今據這條勅文，在景雲二年(七一一)已經確定口味不堪久停的貢品給傳驛，不在「自雇脚送」的規定之内。荔支屬於此類，由此可見這倒不是玄宗爲貴妃新興的特例，而是從來就這樣。封建帝皇爲了口腹之欲，勞民傷財本是屢見不鮮之事，不必由於玄宗對楊貴妃的寵異，至多是所進之物與貴妃之嗜好有關而已。

以上，就十七條中介紹了一部分，有一些是比較重要的有關唐代歷史的補充資料，而除了二條見於記載以外，其餘一直没有利用過。

這個文件還使我們可以具體地理解由唐代律令格式轉變爲勅令格式的過程。

(二)斯四六七三殘卷。這也是未曾見過的唐代法律文書殘卷，前後殘缺，無題名，共存五條，第五條已殘。此件每條卜不記年月，逐條都冠以「一」字，而不像前件冠以「勅」字。按照唐代形式，這種冠以「一」字的文件常常就一件事分列諸條，稱爲「條流」「條件」「申明」。「條流」「條件」「申明」通常由臣僚議訂。但此件卻包含着各不相聯的五條條文。其中也有見於詔勅的，已殘的第五條便見於唐大詔令集。今引殘件如卜，以便比對。

□□□□勅推事，多爲酷法，乃有懸枷着

(上　　缺)脱衣逈立，連霄忍凍，轉動□

(上　　　　缺)房小舍，墐户塞窗，數□

(上　　　　　缺)與脱枷(下缺)

唐大詔令集卷八二高宗永徽六年（六五五）十一月法司及別勑推事並依律文詔：〔一〕

（上略）今既科格咸備，憲制久行，訊鞫之法，律條具載，深文之吏，猶乖遵奉，肆行慘虐，曾靡人心。在含氣之倫，稟柔脆之質，乃有懸枷著樹，經日不解，脱衣迥立，連宵忍凍，動轉有礙，食飲乖節，殘酷之事，非復一途，楚痛切心，何求不得，念及於此，深以矜懷。（中略）自今以後，内外法司及別勑推事並依律文勿更別爲酷法（下略）。

殘件第五條與此爲同一文件無疑，但殘件有所删改。前面略去，因爲與實際施行無關。而多了「別勑推事多爲酷法」一句。第二行上缺五字應爲「樹，經日不解」，末一字爲「有」字，第三行上缺六字，可補以「礙，食飲乖節」，而第六字和以下所缺都出於詔書之外。勑節文可以删節前後無關緊要語，却不能容許擅自改動、增添文句。這裏有兩種可能，一是唐大詔令集、册府元龜所無諸語乃是由於所録詔書已經删節，二是殘件並非直録勑文，而是根據勑文擬定的文件。從開頭不書勑，又不記年月看來，第二種情況較爲近於事實。

其他各條，雖然還没有找到很明顯的詔勑原文，但也有可以比類的跡象。第二條云：

一宿霄行道，男女交雜，因此聚會，並宜禁斷，其隣保徒一年，里正决杖一百。

按册府元龜卷一五九革弊門開元十九年（七三一）四月癸未詔：

〔一〕册府元龜卷一五一慎罰同，又見全唐文卷一一標題作禁酷刑及匿名書詔。

（上略）近日僧徒，此風尤甚……因其聚會，便有宿宵，左道不常，異端斯起，自今已後，僧尼除講律之外，一切禁斷。

殘件中「宿霄」之霄應改作宵，想是佛教晚上齋會的名詞。〔一〕開元詔書可能就是殘卷此條的根據。第三條云：

一州縣職在親人，百姓不合凌忽，其有欲害及毆所部者，承前已令斬決。若有犯者，先決一百，然後禁身奏聞。其内外官人有恃其班秩故犯，情狀可責者，文武六品以下，勳官二品以下并蔭人，并聽量情決杖，仍不得過六十。若長官無，聽通判官應致敬者決。雍、洛寄住及訴競人亦准此。其清官並國子助教、太學四門博士及副二（疑是丞貳之訛）通判官、録事、參軍、折衝府司馬各於本任長官，並不得決限。

按唐律疏議卷一七賊盜律有「謀殺府主等官」條，卷二一鬭訟律本有「毆制使、府主、縣令」、「佐職統屬毆長官」、「毆府主、縣令、父母」諸條。這裏不擬贅引。殘件所稱「承前已令斬決」，是指斬和決杖

〔一〕太平寰宇記卷八汝州葉縣條開元二十一年議廢仙州，中書侍郎崔沔議説仙州「逃亡所歸，頗成泉藪，舊多劫盜，兼有宿宵，所以往來患之」。以「宿宵」與「劫盜」並舉，而且還和逃亡户有關。可知宿宵這種宗教性的集會也可以利用爲人民集結反抗力量的一種組織，所以統治者要加以禁止。唐會要卷七〇州縣改置上仙州條也録崔沔議，却把「兼有宿宵」改成「兼有宿寇」。我想王溥不至於不知道宿宵的意思，可能是清代館臣妄改。

二種處罰。所謂「先決一百」是不見律文的。〔一〕這種措施實際反映了在民憤日深的情況下統治者企圖加重刑罰來鎮壓人民的反抗。殘件這一條還把州縣官這種決杖的權力擴大到對待六品以下官人等等(應是指所屬境内非統屬的官吏),這是爲律文所未及的補充,其目的在於維護地方官的威權。

這一條補充的法律亦見於其他記載。宋刑統卷二一鬭訟律「毆制使、刺史、縣令」條云:

　準刑部格,州縣職左監臨,〔二〕百姓尤資禮奉,其有謀殺及毆並咆悖凌忽者先決杖一百。若殺皆斬,不在赦原之限。

這裏「若殺皆斬」之殺似指謀殺及毆致死而言。殘件所云「欲害及毆所部已令斬決」雖也包括斬和決二種處刑,但「若有犯者,先決一百」正是見於殘件的法外之刑。從刑統所引,我們知道這一條已編入刑部格,作爲正式法律了。刑統所引之格應是開元格,則此件當在開元重訂格之先。第四條云:

　一私造違樣綾錦,勘當得實,先決杖一百,造意者徒三年。自造及挑文客織并居停主人,并□二年半,惣不得官當蔭贖。踏碓人及村正、坊正、里正各決杖八十。毛褐作文者不得服用,買

〔一〕唐會要卷四〇君上慎恤稱:「總章二年(六六九)五月十一日。上以常法外先決杖一百,各致殞斃。乃下詔曰:『别令於律外決杖一百者,前後總五十九條,決杖既多,或至於死。其五十九條内有盜竊及蠹害尤甚者今後量留一十二條,自餘四十七條並宜停。』開元十二年四月勅:『比來犯盜,先決一百,雖非死刑,大半殞斃。言念於此,良用惻然。今後抵罪人合杖,勅杖並從寬,決杖六十。』」可知這是律外加刑,而且實際上等於死刑。

〔二〕「左」疑當作「在」。

賣違者並没官。有人糺者物入糺人，官與市取。其勅賜者聽與應服用人。如管内□□者官司量事貶附（降）。

按唐大詔令集卷一〇八禁約上開元二年（七一四）七月禁奢侈服用勅：〔一〕

（上略）天下更不得採取珠玉，刻鏤器玩，造作錦繡、珠繩，織成帖縚二色，綺、綾、羅作龍鳳禽獸等異文字及竪欄錦文者，違者決一百，受雇工匠降一等科之。兩京及諸州舊有官織錦坊悉停。

所謂「違樣綾錦」應即指開元二年詔書中所説的各種花樣。所稱「先決杖一百」也見於詔書。但殘件却更爲詳盡地規定了徒刑，並把處罰推廣到諸有關的人們和三正，推廣到「毛褐作文者」。册府元龜卷一五九革弊門開元十七年（七二九）三月己巳詔：

違樣綾錦等頻有處分，如聞尚未懲革，宜令府縣申明前勅，一切禁斷。所由長官不存捉搦，量事貶降。

這條勅文所云前勅應即指上引開元二年勅。殘件或即是所云前勅的「申明」。皇帝忽然要節儉，工匠和商人乃至「踏碓人」都得倒霉，然而這位在剛登上寶座時裝作節儉的玄宗却正是唐代最奢侈的皇帝。

殘卷一共五條，除第一條限止犯贓官吏申訴尚未檢得相關文獻外，其他四條都有可以互相印證的資料。第二、四、五三條大致是依據勅文而作出的具體處刑規定。有一些是律所未及的，也有律文

〔一〕册府元龜卷五六節儉門開元二年七月戊戌詔同。「竪欄錦文」作「堅攔錦文」，應從唐大詔令集。

原有規定而加重的。有關勅文都在開元前，而第三條據宋刑統引刑部格亦應是開元格。因此可以推定殘件年代至遲應早於開元二十五年（七三七）編定開元新格之先。其形式可能是「申明」「條流」之類，但未敢斷言。

後記： 我於一九五七年在科學院圖書館抄録斯坦因盗竊去的敦煌資料（膠卷）。對這兩種文書隨即寫了極其粗疏的考釋，即本文。考釋主要在於找尋與文書内容可以互證的資料，並稍加説明。至於唐代律令格式之修訂經過與此兩種文書的關係應該另外研究，這裏不擬多談。在寫成此文後，知道日本仁井田陞氏對這兩種文書曾發表過論文，尚未得見。今就舊作略加删改發表。其中一定有不少錯誤，希望同志們指正。

（一九六三年四月四日，原載中華文史論叢第五輯，一九六四年六月）

高昌郡紀年

東晉咸和二年（三二七），前涼始置高昌郡，以後經歷了前秦、後涼、西涼、北涼，高昌一直是涼州的一個郡。四四二年，北涼殘餘勢力沮渠無諱、安周弟兄據有高昌，他稱的是涼王，劉宋授與他們的官銜是涼州刺史，高昌和涼州的州郡統屬關係仍然没有變。自建郡至沮渠安周承平十八年（四六〇）爲柔然所滅，高昌郡時代經歷了一百三十四年。這一百三十四年處於中國歷史上僅有的一個混亂的時代，歷史事件發生的時間往往不易查明，有關高昌郡的史籍記載又非常貧乏和零碎。幾年前，我參加整理吐魯番所出文書，其中一部分即是高昌郡時代文書。爲了便於考查當時發生的與高昌郡直接或間接有關的史實，初步搜輯諸書所見，按年序列。由於這是一種年表，主要目的是盡可能的弄清楚某一史事的時間，涉及到的問題很多，這裏一般不加考證。

三〇一　辛酉　晉永寧元年

正月，張軌爲護羌校尉、涼州刺史。

按晉書惠帝紀不載；張軌傳只記永寧元年，不記月；通鑑繫於本年正月，當有所本。今後凡通鑑所記年月，雖不知所本，但不能斷爲必誤者，皆從之，不再説明。

三一四　甲戌　晉建興二年

五月，張軌卒，子寔繼立。

三一六　丙子　晉建興四年

四月，賊曹佐高昌隗瑾進言於張寔，請開納群言。〔一〕　按州的僚屬例由屬郡所謂「人士」中辟舉，這時高昌尚未立郡，但當地人已被闢爲涼州的賊曹佐，可知它的地位和郡相等。

三一七　丁丑　晉建興五年

二月，劉曜據長安，西晉亡。三月，晉元帝於建康稱晉王，改元建武；次年三月稱帝，改元太興，但前涼仍用建興年號。

三二〇　庚辰　東晉太興三年　前涼建興八年

六月，張寔被刺卒，弟茂繼立。

三二四　甲申　東晉太寧二年　前涼建興十二年

五月，張茂卒，寔子駿繼立。西域長史李柏擊叛將趙貞，爲貞所敗。　按此事通鑑不載。晉書張駿傳稱「西域長史李柏請擊叛將趙貞，爲貞所敗」。張駿傳採取不同史料，没有排比整理，故叙事顛倒重複，此事誤記於劉曜攻石生（咸和三年，三二八）之後。三二七年（咸和二年）趙貞

〔一〕晉書卷八六張軌附子寔傳。

已被張駿所擒（見下），哪有三一八年又敗李柏之理，知必在三二四年五月張駿初立至三二七年之間，今附記於本年。傳文此條但稱「叛將趙貞」，據另條（見下）知是駐高昌的戊己校尉。

三二七　丁亥　東晉咸和二年　前涼建興十五年

張駿攻高昌，擒戊己校尉趙貞，始置高昌郡。　按此事通鑑不載。初學記卷八引梁顧野王輿地廣記，稱：「咸和二年，置高昌郡，立田地縣。」晉書張駿傳稱：「初戊己校尉趙貞不附於駿，至是，駿擊擒之，以其地爲高昌郡。」記於劉曜攻取涼河南地（指今甘肅黃河以南）之後，所謂「至是」，即指此時。劉曜取河南地，晉書成帝紀繫於咸和二年十月，通鑑卷九三同。張駿傳雖多錯亂，但此節叙事先後並不誤，與輿地廣記的記年基本相符。

三三〇　庚寅　東晉咸和五年　前涼建興十八年

九月，後趙石勒稱皇帝。十二月，張駿使長史馬詵奉圖，送高昌、于闐、鄯善、大宛使。　按通鑑不載，事見晉書石勒載記下，記於石勒稱帝及石勒將郭敬侵東晉襄陽後。晉書成帝紀勒稱帝及寇襄陽都是本年八月（御覽一二〇引十六國春秋後趙録，稱帝在九月，通鑑九四同），十二月記「張駿稱臣於石勒」，今繫於此月。又按高昌這時是涼州屬郡，不可能向後趙派遣使者，車師前部也不應稱爲高昌。疑因高昌新立郡，張駿送的是高昌圖，原文當作「奉高昌圖，送于闐、鄯善、大宛使」，載記或載記所據史料「圖送高昌」四字誤倒。

三三五　乙未　晉咸康元年　前涼建興二十三年

張駿使其將楊宣伐龜茲、鄯善。　按晉書張駿傳稱：「又使其將楊宣率衆越流沙，伐龜茲、鄯善，於是西域並降。鄯善王元孟獻女，號曰美人，立賓遐觀以處之。焉耆、前部、于闐王並遣使獻方物。」這段敘事年月不明。通鑑九五記於咸康元年（三三五）歲末，當因不知在哪一月。但通鑑根據什麽定在本年並未説明。今檢御覽一二四引十六國春秋稱八年「十二月，鄯善王元孟獻女，殊好，號曰美人，立賓遐觀」。張駿在位的八年即東晉咸和六年（三三一）。據張駿傳，鄯善王獻女即在楊宣西伐之後，則西伐自必也在這年，與通鑑不合。疑御覽的「十二月」乃十二年之訛。張駿在位的十二年正是咸康元年（三三五），通鑑所據可能就是十六國春秋，今姑從之。

三四五　乙巳　東晉永和元年　前涼建興三十三年

張駿分武威等十一郡爲涼州，以世子重華爲刺史；分興晉等八郡爲河州，以寧戎校尉張瓘爲刺史；分敦煌、晉昌、高昌、西域都護、戊己校尉、玉門大護軍三郡、三營爲沙州，以西胡校尉楊宣爲刺史。十二月，遣沙州刺史楊宣西伐焉耆，其王龍熙降。〔一〕　按通鑑九七永和元年十二月記「張駿伐焉耆降之」，接敘「是歲，分武威等十一郡爲涼州」云云。檢晉書穆帝紀本年十二月記「張駿伐焉耆」，通鑑十二月條自即出於穆帝紀。

分三州事晉書張駿傳但云「又分州西界三郡置沙州，東界六郡置河州」。晉書地理志也有記

〔一〕魏書卷九九張寔附子駿傳。

載，但多訛脱。魏書張寔附張駿傳最詳，通鑑所記即本魏書，止略去列舉的許多郡名。這件事究在何時，尚難確定。通鑑泛云是歲，即因不知在哪一月。據晉書焉耆傳，楊宣伐焉耆時已是沙州刺史，如穆帝紀不誤，則應在本年十二月之前。但是否確在永和元年也難確定。通鑑所以置於「此歲」，可能出於魏書明言分立三州時，「以世子重華爲涼州刺史」，而晉書張駿傳又明言「永和元年，以世子重華爲五官中郎將、涼州刺史」也。但魏書張寔傳在記分立三州後，緊接如下一段：「始置諸祭酒、郎中、大夫、謁者之官，官號皆擬天朝而微辨其名。舞六佾，建豹尾，車服旌旗一如王者。」而御覽一二四引十六國春秋稱：「二十一年，始置百官，官號皆擬天朝，車服旌旗一如王者。」顯然，魏書此段也出於十六國春秋。張駿在位之二十一年即晉建元二年（三四四）。既然分三州在「始置百官」前，而「始置百官」在建元二年，則分立三州不能晚於此年。晉書張駿傳也有類似的一段，叙於分立河、沙二州前，也似同一年事。如上所述，分涼州爲三州，沙州始置也可能在上一年（三四四）甲辰。

三七二　壬申　東晉咸安二年　前涼升平十六年

張天錫廢世子大懷爲高昌郡公，立次子大豫爲世子。　按通鑑一〇四晉太元元年（三七六）五月記天錫「黜世子大懷而立嬖妾之子大豫」。晉書張天錫傳叙其事於天錫「獻書大司馬桓温，克六年夏誓同大舉（伐前秦）」之前。所謂「六年」乃指晉海西公之太和六年（三七一，此年十一月桓温廢海西公，簡文帝立，改元咸安）。御覽一二四引十六國春秋前涼録：「八年……與桓温書，克其年大舉，都會上邽。十年，以世子懷爲使持節、鎮西將軍、高昌郡公，次子太豫爲世子，豫母焦氏爲左夫人。」天錫在位之八年即晉太和五年（三七〇），十年即晉咸安二年（三七二）。三書互異。太元元年（三七六）五月前秦攻涼，八月前涼滅亡，通鑑此節追叙天錫「荒於酒色，不親庶務」，並非以廢大懷即此年事。晉書張氏諸傳叙事多顛倒，今從御覽所引十六國春秋。

三七六　丙子　東晉太元元年　前涼升平二十年

五月，前秦苻堅遣將苟萇等率兵攻涼州；八月，秦兵至姑臧，天錫降，前涼亡。九月，苻堅以梁熙爲涼州刺史、領護西羌校尉，鎮姑臧，高昌楊幹爲高昌太守。按「高昌楊幹爲高昌太守」只見於通鑑一〇四，通鑑叙秦滅前涼事甚詳，多不見晉書，必據十六國春秋前秦録或車頻秦書之類。「楊幹」自即見於苻堅載記及呂光載記之高昌太守楊翰。通鑑後文亦作「楊翰」。「幹」「翰」不知孰是，故兩存。又此時已廢沙州，高昌仍屬涼州。

三八二　壬午　晉太元七年　前秦建元十八年

前秦大司農東海公陽、散騎侍郎王皮、尚書郎周虓謀反。事覺，徙陽於涼州之高昌郡，徙皮、虓於朔方之北。九月，車師前部王彌寘、鄯善王休密馱入朝於秦。彌寘等請年年貢獻。苻堅令三年一貢，九年一朝。彌寘等又請爲向導，伐西域。於是以驍騎將軍呂光爲持節、都督西討諸軍事，配兵七萬以伐西域。按此年前晉書苻堅載記上已記「鄯善王、車師前部王來朝」，當是一事（下詳）。出三藏記八釋道安摩訶鉢羅若波羅密經抄序稱：「會建元十八年正，車師前部王彌第來朝，其國師字鳩摩羅跋提獻梵大品一部。」彌第即彌寘，紀年與載記、通鑑合。唯通鑑置於九月，而此稱「建元十八年正」，「正」下當脱「月」字。出三藏記九四阿含抄序：「有外國沙門字因提麗，先賚前部國，秘之佩身，不以示人。其王彌弟求得諷之，遂得布此。余於壬午歲八月東省先師廟於鄴寺，令鳩摩羅佛提執梵本，佛念、佛護爲譯，僧守、曇究、僧睿筆受，至冬十月乃訖。」「壬午」亦即晉太元七年（三八二），鳩摩羅佛提即車師國師鳩摩羅跋提。此經於此年八月已開譯，則彌寘來朝自必在八月前。疑彌寘入秦實在上年（三八一）冬，本年正月朔入朝，所謂「朝正」。載記記於命呂光伐西域事前，乃是追述苻堅發兵由來，通鑑之「九月」亦當是呂光受任出兵之月。

三八三　癸未　晉太元八年　前秦建元十九年

正月，呂光發長安。加鄯善王休密馱使持節、散騎常侍、都督西域諸軍事、寧西將軍，車師前部彌寘使持節、平西將軍、西域都護，率其國兵，爲光先導。

五月，苻堅大舉攻晉。呂光行至高昌，聞堅攻晉，欲更須後命。部將杜進勸進軍。光進兵至焉耆，其王泥流率其旁國請降。十一月，晉敗秦軍於淝水。十二月，堅還長安。呂光軍至龜兹，其王帛純拒守。

三八四　甲申　晉太元九年　前秦建元二十年

是年春夏間鮮卑慕容垂、慕容沖、羌姚萇等並起反秦，前秦瓦解。七月，呂光大敗龜兹、姑墨、温宿、尉頭及獪胡等兵於龜兹城西，帛純逃奔，王侯降者三十餘國，遂入其城。及立帛純弟震爲王。西域諸王皆來歸附，上漢所賜節傳，光皆表而易之。

三八五　己酉　東晉太元十年　前秦建元二十一年

三月，吕光率衆自龜兹東還。九月，至宜禾。凉州刺史梁熙謀閉境拒之。高昌太守楊翰請拒守高梧谷口，如以爲遠，則守伊吾關。熙不從。光進至高昌，楊翰迎降。又敗梁熙軍於安彌。武威太守彭濟執熙以降。光入姑臧，自領凉州刺史、護羌校尉。長安久爲慕容沖所圍，是年五月，苻堅出城至五將山。閏五月爲姚萇所俘，爲萇縊死。

三八九　己丑　東晉太元十四年　後凉麟嘉元年

二月，吕光稱三河王，改元麟嘉。

三九四　甲午　東晉太元十九年　後凉麟嘉六年

七月，群議以高昌雖在西垂，地居形勝，外接强虜，易生翻復，宜遣子弟鎮之。吕光乃以子覆爲使節、鎮西將軍、都督玉門已西諸軍事、西域大都護，鎮高昌，命大臣子弟隨之。按晉書吕光載記叙此事在吕光親攻乞伏乾歸、彭奚念，取抱罕之後，太元二十一年（三九六）光稱天王之前。據晉書乞伏乾歸載記稱「吕光率衆十萬，將伐乾歸」，記於太元十七年（三九二）後，則吕覆鎮高昌必在三九二——三九六間。通鑑一〇八記於本年七月，當是據十六國春秋。

三九六　丙申　東晉太元二十一年　後凉龍飛元年

呂光稱天王，國號大涼，改元龍飛。

三九七　丁酉　東晉隆安元年　後涼龍飛二年

四月，盧水胡沮渠蒙遜起兵反呂光。五月，蒙遜兄男成推後涼建康（郡治在今甘肅酒泉西南）太守段業爲大都督、龍驤大將軍、涼州牧、建康公，改元神璽。

三九八　戊戌　東晉隆安二年　後涼龍飛三年

四月，後涼敦煌太守孟敏降段業，業以敏爲沙州刺史，以李暠爲效穀令。敏尋卒，敦煌護軍馮翊郭謙、沙州治中敦煌索仙等推暠爲寧朔將軍、敦煌太守。段業以暠爲安西將軍、敦煌太守、領護西胡校尉。　按李暠被推爲敦煌太守，通鑑一一一於隆安四年（四〇〇）正月李暠拒索嗣條追叙，晉書李玄盛傳記於段業稱涼王前（隆安三年，三九九）。御覽一二四引十六國春秋在段業之神璽二年，即本年，與晉書合，今從之。

三九九　己亥　東晉隆安三年　後涼承康元年

二月，段業稱涼王，改元天璽。十二月，呂光病，立子紹爲天王。光死，紹庶兄纂殺紹自立，改元咸寧。

四〇〇　庚子　東晉隆安四年　西涼庚子元年

正月，段業使索嗣代李暠爲敦煌太守，暠拒戰，索嗣敗走。段業殺索嗣，遣使謝暠，分敦煌之涼興、烏澤二縣，晉昌之宜禾縣爲涼興郡，進暠爲都督涼興已西諸軍事、鎮西將軍。十一月，晉昌太守唐瑤移檄六郡，推李暠爲大都督、大將軍、涼公、領秦涼二州牧、護羌校尉。暠改元庚子。是年秋，求法僧法顯等十人自張掖至敦煌，得李暠供給，渡沙河。又經鄯善至烏彝（焉耆）。同行僧智嚴、慧簡、慧嵬返向高昌求行資。法顯等七人於次年到于闐。　按李暠拒索嗣，通鑑一一一記於本年正月，晉書李盛玄傳記於「隆安四年」，即本年前。李暠稱涼公，晉書安帝紀及本傳皆在本年，通鑑及御覽一二四引十六國春秋西涼録皆在本年十一月。唯宋書氐胡傳於隆安四年五月記於沮渠蒙遜殺段業建元永安之後，稱「是月，敦煌太守李暠亦起兵，自號冠軍大將軍、西胡校尉、沙州刺史，太守如故，稱庚子」。紀年雖同，而紀月及官稱與諸書並不同，據晉書李玄盛傳，李暠先曾「進號冠軍」，段業亦曾授以敦煌太守、領西胡校尉官，事尚在拒索嗣前，疑宋書誤。

法顯法稱智嚴等三僧赴高昌求行資。呂光於太元十九年（三九四）命其子呂覆鎮高昌，至此已七年。三九九年呂光死後，姑臧子姪相争，不聞有呂覆。而隆安元年（三九七）段業已自立於建康，次年又據張掖，敦煌、晉昌並降於業，高昌東路已絶，呂覆及隨行之大臣子弟之下落不明，而此時李暠方圖自立，亦無暇西顧。智嚴等至高昌時，高昌統治者爲誰，不明，有可能仍是呂覆。

四〇一　辛丑　東晉隆安五年　西涼庚子二年　北涼永安元年

二月，後涼呂隆殺呂纂，自立爲天王，改年神鼎。四月，沮渠蒙遜起兵攻段業；五月，蒙遜入張掖，殺業；梁中庸等推蒙遜爲使持節、大都督、大將軍、六州牧、張掖公，建號永安。九月，蒙遜所部酒泉、涼寧二郡降李暠。　按晉書安帝紀、魏書沮渠蒙遜傳、通鑑一一二記蒙遜殺段業自立，並在本年，唯宋書氐胡傳在隆安四年（四〇〇）五月，則蒙遜之永安元年與李暠之庚子元年同在四〇〇年。檢御覽一二四引十六國春秋北涼録稱「（永安）四年，秦遣鴻臚梁斐拜遜鎮西大將軍、開府儀同三司、沙州牧、西海公」。通鑑一一二記姚興遣使授官爵在晉元興元年（四〇二），使者梁構（「梁」下脱「斐張」二字）至張掖在次年（四〇三）八月。如諸書所記蒙遜永安元年當晉隆安五年（四〇一），則四〇三爲永安三年，與御覽所引北涼録不合。如宋書所記蒙遜建元永安在晉隆安四年（四〇〇），則元興三年（四〇三）正當蒙遜之永安四年，與御覽所引合。氐胡傳所記似非無據，但單文孤證，且與其他事迹比較，亦多抵觸，姑此條存疑。

酒泉、涼寧二郡降李暠，晉書沮渠蒙遜載記不記年月，止云：「蒙遜以吕隆既降於秦，酒泉、涼寧二郡叛降李玄盛。」姚興使姚碩德統軍攻後涼，圍姑臧，吕隆降，晉書安帝紀、御覽一二三引十六國春秋後秦録並在本年九月，故通鑑一一二記二郡降李暠事於本年九月吕隆降後秦後。

四〇二　壬寅　東晉元興元年　西涼庚子三年　北涼永安二年

後秦姚興遣使拜秃髮傉檀爲車騎將軍、廣武公，沮渠蒙遜爲鎮西將軍、沙州刺史、西海侯，李暠爲安西將軍、高昌侯。　按此事晉書姚興載記上記於北魏攻陷柴壁後，後秦使齊難入姑臧迎吕隆前。魏書姚萇傳魏陷柴壁在魏天興五年（四〇二）九月，御覽一二五引十六國春秋後涼録齊難迎吕隆在後涼神鼎三年癸卯（四〇三）。故通鑑記於本年，但不知在哪一月。又遣使在本年，其到張掖見蒙遜實在次年（四〇三）七月齊難入姑臧後，見晉書沮渠蒙遜載記，唯御覽一二四引十六國春秋北涼録，以爲在北涼之永安四年，已見上。疑此時李暠已據有高昌，故以爲封爵。

四〇三　癸卯　東晉元興二年　西涼庚子四年　北涼永安三年

南涼秃髮傉檀及北涼沮渠蒙遜屢攻姑臧，吕隆請迎於姚興，興遣將齊難率兵迎隆。八月，齊難至姑臧，隆宗族及民萬户隨軍遷長安，後涼亡。齊難以司馬王尚行涼州刺史，配兵三千，鎮姑臧。

四〇五　乙巳　東晉義熙元年　西涼建初元年　北涼永安五年

正月，李暠稱大都督、大將軍、涼公、領秦涼二州牧、護羌校尉，改元建初。遣使間行上表建康。五月，李暠自敦煌遷居酒泉。鄯善、車師前部王遣使李暠，貢其方物。按鄯善、前部遣使事，晉書李玄盛傳記於李暠遷酒泉後，沮渠蒙遜來侵，戰於安彌之前。沮渠蒙遜來侵事在義熙二年（四〇六）九月，宋書氐胡傳、通鑑一一四並同，則遣使必在四〇五——四〇六間。

四〇六　丙午　東晉義熙二年　西涼建初二年　北涼永安五年

六月，姚興以秃髮傉檀代王尚爲涼州刺史。九月，蒙遜襲李暠，至安彌。按秃髮傉檀爲涼州刺史，通鑑卷一一四記於本年六月，宋書氐胡傳記於義熙元年（四〇五）五月李暠遷酒泉後。考御覽一二六引十六國春秋南涼録事在傉檀弘昌四年（即義熙元年）六月。晉書姚興載記上叙胡威請留王尚之辭，云「臣州奉國五年」，乃自隆安五年（四〇一）姚碩德攻姑臧，九月吕隆降後秦起算，至義熙元年（四〇五），首尾五年。疑通鑑誤。

四〇七　丁未　東晉義熙三年　西涼建初三年　北涼永安七年

李暠以前表未報，復遣沙門法泉間行奉表至建康。按晉書李玄盛傳不記年，據表中稱「臣以其歲（義熙元年，四〇五）進師酒泉……時移節邁，荏苒三年」之語，知在本年。通鑑一一四亦記於本年，止云「其歲」，也因不知在哪一月。表中有云「西招城郭之兵，北引丁零之衆，冀憑國威，席卷河隴」。所云「城郭之兵」即指西域，丁零即高車。但這裏可能是泛指北方諸部。其下又云「敦煌郡大衆殷，制御西域，管轄萬里，爲軍國之本。輒以次子讓爲寧朔將軍、西夷校尉、敦煌太守，統攝崐裔，緝寧殊方」。所稱「制御西域」「統攝崐裔」等語均示西涼「管轄」西域之關係。

四〇八 戊申 東晉義熙四年 西涼建初四年 北涼永安八年

十一月，禿髮傉檀先已去王號，至是復稱涼王，改元嘉平。按通鑑一一四、晉書安帝紀、御覽一二六引十六國春秋南涼録並同。

四一〇 庚戌 東晉義熙六年 西涼建初六年 北涼永安十年

三月，禿髮傉檀與沮渠蒙遜戰於窮泉，傉檀大敗，蒙遜進圍姑臧，徙八千餘户而去。傉檀畏蒙遜，遷於樂都。焦朗、侯諶等據姑臧，降於蒙遜，亦稱臣於李暠。六月，沮渠蒙遜伐西涼，敗西涼世子歆於馬廟，擒其將朱元虎。李暠以銀二千斤、金二千兩贖元虎，蒙遜歸之，遂與暠結盟而還。按窮泉之戰晉書安帝紀記於本年三月，通鑑一一五於三月窮泉戰後接叙傉檀遷樂都，焦良據姑臧事。宋書氏胡傳亦記於本年。晉書禿髮傉檀載記、通鑑並言焦朗降於蒙遜，宋書氏胡傳稱朗「稱臣於李暠」。李暠與蒙遜馬廟之戰，諸書不載，獨見於通鑑，當有所本。晉書李玄盛傳於第二次上表建康（四〇七）後稱：「蒙遜每年侵寇不止，玄盛志在以德撫其境内，但與通和立盟，弗之校也。」當即指此役。

四一一　辛亥　東晉義熙七年　西涼建初七年　北涼永安十一年

二月，沮渠蒙遜攻拔姑臧，執焦朗，以其弟挐爲秦州刺史，鎮姑臧。旬餘而挐死，命從祖益子繼之。八月，蒙遜輕騎襲西涼，糧盡返，暠遣子歆追擊，大敗之，擒其將沮渠百年。按沮渠蒙遜據姑臧，晉書沮渠蒙遜載記接叙於「焦朗據姑臧自立」之下，通鑑一一六記於本年二月，所據不明；宋書氏胡傳記於八年（四一二），或是因蒙遜稱河西王在八年，追叙前事。李暠敗蒙遜事，晉書李玄盛傳不記年月，安帝紀記於義熙七年十月，通鑑一一六記此事較詳，其置於八月，必有所本。

四一二　壬子　東晉義熙八年　西涼建初八年　北涼玄始元年

十月，沮渠蒙遜遷姑臧；十一月，稱河西王，改元玄始。

四一五　乙卯　東晉義熙十一年　西涼建初十一年　北涼玄始四年

五月，西秦王乞伏熾磐襲湟河，太守沮渠漢平降。司馬隗仁勒壯士百餘據南門樓，力屈被擒。隗仁在西秦五年，始得返。蒙遜以爲高昌太守，爲政有威惠之稱，然頗以愛財爲失。〔一〕

〔一〕晉書卷一二九沮渠蒙遜載記。

按隗仁在西秦五年，自本年下數，至晉元熙元年（四一九）首尾五年，其時西涼未亡，高昌尚爲西涼所有，即計足五年，至元熙二年（四二〇）五月，西涼仍未亡。隗仁爲高昌太守，至早亦當在宋永初二年、北涼玄始十一年（四二一）蒙遜攻下敦煌，西涼滅亡之後。隗仁當是高昌人，張寔時有高昌隗瑾爲前涼賊曹佐。隗姓爲高昌豪族。

四一七　丁巳　東晉義熙十三年　西涼建初十三年　北涼玄始六年

二月，李暠卒，子歆繼爲大都督、大將軍、涼公、領涼州牧、護羌校尉，改年嘉興。四月，李歆大敗沮渠蒙遜於鮮支澗。七月，晉軍入長安，姚泓降，後秦亡。　按李暠死於本年二月，晉書安帝紀、御覽一二四引十六國春秋西涼録並同；宋書氐胡傳在本年五月當誤。鮮支澗之戰，安帝紀及通鑑並在四月，氐胡傳在六月，未知孰是。

四一八　戊午　東晉義熙十四年　西涼嘉興二年　北涼玄始七年

九月，蒙遜攻西涼，芟秋稼而還。十月，晉以李歆爲持節、都督七郡諸軍事、鎮西大將軍、護羌校尉、酒泉公。十一月，赫連勃勃敗晉軍，據長安。是年，沮渠蒙遜遣使稱藩於晉。　按七郡乃高昌等七郡，見下。通鑑一一八此條下胡注以爲「敦煌、酒泉、晉興、建康、涼興、及歆父暠所置會稽、廣夏」，誤。

四二〇　庚申　東晉元熙二年　宋永初元年　西涼嘉興四年　北涼玄始九年

六月，劉裕代晉稱帝，國號宋。七月，以李歆爲使持節、都督高昌、敦煌、晉昌、酒泉、西海、玉門、堪泉七郡諸軍事、護羌校尉、征西大將軍、酒泉公。李歆聞蒙遜東攻浩亹，乘虚攻張掖。蒙遜回軍，敗歆於都瀆澗，歆勒兵再戰，又敗於蓼泉，歆被殺。蒙遜遂入蓼泉。歆弟敦煌太守恂與諸子棄郡奔北山。蒙遜以索嗣子元緒爲敦煌太守。九月，郡人宋承、張弘復迎恂入敦煌，推恂爲冠軍將軍、涼州刺史，改元永建。十月，蒙遜使世子政德攻恂，不下。　按李歆官爵詳見宋書氏胡傳，同書高祖紀下事在七月甲辰，但云「鎮西將軍李歆進號征西將軍」。蓋他官皆晉所授，此時不過進軍號而已。晉書安帝紀稱鎮西將軍，不加大，而李歆傳作「鎮西大將軍」，疑晉書宋書二紀皆脱「大」字。李恂再入敦煌，改年永建，止見通鑑一一九。沙洲圖經故堤條引十六國春秋稱嘉興四年九月郡人宋承義、張弘推恂爲冠軍將軍、涼州刺史，不云改元。其下又稱「至五年春，蒙遜率衆二萬攻敦煌」，五年亦指嘉興五年，則十六國春秋似以李恂襲用嘉興年號。通鑑當别有所本。蒙遜攻李恂，通鑑及沙州圖經引十六國春秋並記於九月李恂再入敦煌後，不别記月，此據宋書氏胡傳。

四二一　辛酉　宋永初二年　西涼永建二年　北涼玄始十年

正月，沮渠蒙遜率衆二萬攻敦煌。三月，蒙遜築堤壅水，以灌敦煌，李恂乞降，不許。武衛將軍宋承、廣武將軍張弘舉城降，恂自殺，西涼亡。於是鄯善王比龍入朝，西域三十六國皆稱臣貢獻。十月，宋以蒙遜爲使持節、散騎常侍、都督涼州諸軍事、鎮軍大將軍、開府儀同三司、涼州刺史、張掖公。十二月，蒙遜所署晉昌太守唐契反，蒙遜遣子政德攻契。　按宋書氏胡傳，蒙遜攻敦煌在三年正月，三年指宋永初三年，顯爲二年之誤。通鑑一一九在永初二年，沙州圖經引十六國春秋在嘉興五年，亦即永初二年。蒙遜引水灌敦煌，宋承、張弘開門降，通鑑及氐胡傳並在三月，沙州圖經引十六國春秋在二月，又稱「左長史宋承義、武衛將軍張弘」，官號與氐胡傳不同。據氐胡傳引水灌城，數十日不下，當是二月引水灌城，三月宋承、張弘降。唐契之反蒙遜，通鑑在永初二年十二月。宋書氐胡傳稱三年正月，蒙遜攻敦煌，三月李恂自殺，十二月唐契反。蒙遜攻敦煌及李恂自殺雖在二年，此作三年實誤，但政德攻下敦煌，氐胡傳及通鑑並在宋景平元年（四二三）（通鑑在是年四月，氐胡傳在三月），政德攻唐契似不得經一年餘之久，則又似唐契叛蒙遜實在永初三年（四二二）之十二月，氐胡傳以李氏之亡在三年雖誤，而唐契之叛在三年則不誤。

四二二　壬戌　宋永初三年　北涼玄始十一年

隗仁爲高昌太守，當在本年或稍後。

沮渠蒙遜從弟京聲西游于闐求經。東歸至高昌郡，求得觀世音、彌勒二觀經各一卷，即於高昌譯爲漢文。　按出三藏記卷二云：「觀彌勒菩薩上升兜率天經一卷，觀世音觀經一卷；禪要祕密治病經二卷，孝建二年於竹園寺譯出；佛母盤泥洹經一卷，孝建二年於鐘山定林寺譯出。右四部凡五卷。宋孝武帝時，僞河西王從弟沮渠安陽侯於京都譯出。前二觀在高昌郡久已譯出，於彼賫來京都。」同書卷一五有沮渠安陽侯傳，京聲其名，安陽侯其爵，稱禪要於河西譯出，微異。二觀得於高昌，並即於高昌譯出，知高昌佛法已盛。京聲游于闐及返高昌，不知確在何年。

上年西涼亡後，稱西域諸國朝貢，至早當不越本年，其返高昌求得二觀經並譯出更在其後，今並繫於本年。

四二三　癸亥　宋景平元年　北涼玄始十二年

二月，沮渠蒙遜遣使朝宋，以蒙遜爲侍中，都督涼秦河沙四州諸軍事、驃騎大將軍、領護匈奴中郎將、西夷校尉、涼州牧、河西王，開府、持節如故。四月，沮渠政德攻克晉昌，唐契及弟和攜甥李寶奔伊吾，招集遺民，至二千餘家，臣於柔然，柔然封契爲伊吾王。八月，柔然寇北涼，蒙遜遣政德拒之，軍敗被殺。　按政德攻下晉昌，氐胡傳在三月，通鑑一一九在四月。御覽一二四引十六國春秋西涼録，李寶於敦煌破後，被俘遷姑臧，「歲餘，隨舅唐契北奔伊吾」。魏書李寶傳即本西涼録但於「北奔伊吾」下增「臣於蠕蠕，其遺民歸附者稍至二千」語。然李寶既遷姑臧，唐契本是西涼之晉昌太守，降北涼後仍授故官，豈得同奔伊吾？又李寶於永初二年（四二一）三月被俘，若「歲餘」奔伊吾，則當是永初三年（四二二），其時唐契仍在晉昌，時間亦不符。蓋李寶當是先奔晉昌，晉昌破後，與唐契兄弟同奔伊吾。諸書皆漏略李寶奔晉昌一事，遂不可通。

四二四　甲子　宋元嘉元年　北涼玄始十三年

七月，西秦乞伏熾磐遣太子暮末率征北將軍木弈干等步騎三萬，出貂渠谷，攻河西白草嶺、臨松郡皆破之，執蒙遜從弟成都、從子白蹄、頗羅，徙民二萬餘口而還。智猛自天竺攜大涅般經至高昌。蒙遜遣使高昌，取此梵本，命曇無讖譯出。　按西秦取北涼白草嶺、臨松郡，宋書氏胡傳不記月，通鑑一二〇繫於七月，其云太子暮末率「征北將軍木弈干步騎三萬」及「徙民二萬餘口」皆氏胡傳所無，而氏胡傳所云執蒙遜從弟白蹄則通鑑置於次年四月，知通鑑别有所本。西秦於義熙十年（四一四）滅南涼，次年攻下北涼湟河郡，擒沮渠漢年，至此，又攻下監松郡，蒙遜頗受威脅。上年柔然又敗殺蒙遜子政德，北涼西北邊亦不安。而此時夏赫連勃勃盡有後秦故地，兵勢方盛。故蒙遜稱臣於夏，用其年號。吐魯番新出文書有真興六年（即本年，四二四）、七年紀年。此事史籍不載，賴文書推知。

出三藏記卷八大涅槃經記「其梵本是東方道人智猛從天竺將來，暫憩高昌。有天竺沙門曇無讖……遊方觀化，先在敦煌。河西王……躬統大衆，西定敦煌……請迎詣州，安止内苑。遣使高昌，取此梵本，命讖譯出」。據同書卷一五智猛傳，「於甲子歲（即本年），發足天竺」，其至高昌，至早在本年末或次年（四二五）。蒙遜遣使高昌取此經梵本，命曇無讖譯出更在其後，今並記於本年。

四二六　丙寅　宋元嘉三年　北涼玄始十五年

三月，宋改蒙遜驃騎大將軍爲車騎大將軍。蒙遜世子興國遣使上表請周易及子集諸書，宋文帝並賜之，合四百七十五卷。蒙遜又就司徒王弘求搜神記，弘寫與之。八月，西秦乞伏熾磐伐河西，至廉川，遣太子暮末等步騎三萬攻西安，不克，又攻番禾。蒙遜發兵御之，且遣使説夏主，使乘虚襲枹罕。夏主遣征南大將軍呼盧古將騎二萬攻苑川。車騎大將軍韋伐將騎三萬攻南安。

熾磐聞之，引歸。　按宋改蒙遜軍號及請書事，通鑑不載，見宋書氏胡傳，氏胡傳不記何月，宋書太祖紀改軍號在三月，亦不載請書事。此年西秦攻北涼事只見通鑑一二〇，夏自九月攻苑川、南安，十一月又攻枹罕、湟河、西平，通鑑記之甚詳，可知北涼實借夏力以御西秦。赫連勃勃已於上年（四二五）八月死，其時爲赫連昌之承光二年，北涼當仍稱臣於夏。

四二八　戊辰　宋元嘉五年　北涼承玄元年

六月，北涼改元承玄。十二月，蒙遜使朝貢於魏。　按上年北魏拓跋燾攻取夏都統萬，赫連昌奔上邽，昌弟定亦棄長安奔上邽。本年正月，北魏又擒赫連昌於安定。赫連定於平涼繼位，雖曾敗魏軍，再取長安，其勢已弱，故蒙遜遣使與魏通好。通鑑一二一元嘉五年十二月不記此事，而記於次年十二月，當誤。此等事必出於魏書，檢魏書世祖紀下，實在神䴥元年。即本年十二月。

四二九　己巳　宋元嘉六年　北涼承玄二年

五月，沮渠蒙遜攻西秦枹罕，六月大敗，世子興國被擒。蒙遜以穀三十萬斛贖興國，不許，乃立菩提爲世子。十二月，使宋獻方物。　按上年四月乞伏熾磐死，子暮末繼位，蒙遜乘喪攻西秦樂都；十二月，又攻西平，本年正月拔西平。通鑑一二一記述甚詳，不見他書。攻枹罕及興國被擒事亦見宋書氏胡傳，但不記何月，通鑑叙事亦較詳，疑皆本西秦録。涼、秦連兵不解，蒙遜雖通使北魏，恐猶未顯絶夏。十二月使宋，見宋書太祖紀。

四三〇　庚午　宋元嘉七年　北涼承玄三年

十一月，北魏拓拔燾攻夏，大敗夏軍，取平涼、安定。赫連定奔上邽。沮渠蒙遜遣尚書郎宗舒、左常侍高猛奉表於魏。是年，宋未知興國被擒，以興國爲冠軍將軍、河西王世子。　按魏書世祖紀不記使人姓名，具見沮渠蒙遜傳，但云「神䴥中」。據所載表文，有云：「前後奉表，貢使相望，去者杳然，寂無旋返。」又云「往年侍郎郭祇等還，奉被詔書」，似早已數次遣使未達，其使者得還涼者前此爲侍郎郭祇，當即見於世祖紀神䴥元年（四二八）十二月之事，表稱「往年」亦合。宗舒等使魏，傳稱「神䴥中」，通鑑定爲即指紀所載本年十二月事，當是。宋授興國官，宋書文帝紀不記，見氐胡傳，不記月。文帝紀於上年十二月記「河南國（指吐谷渾）、西河（當是河西倒誤）王遣使獻方物」，本年正月記「以吐谷渾慕容璝爲征西將軍、沙州刺史」，疑授興國官亦在正月，紀略去。

四三一　辛未　宋元嘉八年　北涼承玄四年（六月改義和）

正月，夏赫連定攻西秦南安，乞伏暮末出降，西秦亡。四月，夏主赫連定避魏，欲渡河西擊蒙遜。五月，至治城峽口，濟未半，爲吐谷渾慕容璝所邀，見獲。六月，沮渠蒙遜喜赫連定之擒，改年義和。八月，蒙遜遣子安周入侍於魏。九月，魏遣兼太常李順持節拜河西王蒙遜假節、加侍中、都督涼州及羌戎軍事、行征西大將軍、太傅、涼州牧、涼王，王涼州之武威、張掖、敦煌、酒泉、西海、金城、西平七郡。　按赫連定被擒，魏書世祖紀在六月，宋書氐胡傳在五月，通鑑從魏書。據魏書沮渠傳，蒙遜於是年改元義和，當是因定之擒而改，則五月擒定，六月改元，於理爲近，故從氏胡傳。

四三二　壬申　宋元嘉九年　魏延和元年　北涼義和二年

七月，蒙遜遣使於宋，獻方物。宋以沮渠菩提爲冠軍將軍、河西王世子。是年，魏李順復奉使至涼。因求罽賓沙门曇無讖，蒙遜留不遣，仍殺之。　按七月使宋獻方物，見宋書文帝紀，授菩提官，見氏胡傳，通鑑一二二並不載。魏使李順求曇無讖事，見魏書李順傳。

四三三　癸酉　宋元嘉十年　魏延和二年　北涼義和三年（四月改元永和）

四月，沮渠蒙遜卒，子牧犍繼立，改年永和。〔一〕九月，魏使李順拜牧犍使持節、侍中、都督涼沙河三州西域羌戎諸軍事、車騎將軍、開府儀同三司、領護西戎校尉、涼州刺史、河西王。

四三四　甲戌　宋元嘉十一年　魏延和三年　北涼永和二年

五月，沮渠牧犍上表於宋，並請謚蒙遜爲武宣。宋遣使吊祭，加謚，以牧犍爲持節、散騎常侍、都督涼秦河沙四州軍事、征西大將軍、領護匈奴中郎將、西夷校尉、涼州刺史、河西王。　按牧犍上表於宋請謚及授官，並見氏胡傳。文帝紀授牧犍官在五月，官爵有省略。通鑑一二二據紀繫於五月，官爵據氏胡傳。

〔一〕「永和」當是「承和」之誤，見陳垣：中國佛教史籍概論卷二高僧傳條。

四三五　乙亥　宋元嘉十二年　魏太延元年　北涼永和三年

二月，柔然、焉耆、車師諸國遣使朝魏。魏遣散騎侍郎王恩生、許綱等使西域。恩生等出高昌。是時闞爽自爲高昌太守。恩生等始度流沙，爲柔然所執。

按魏書世祖紀上但云「遣使者二十輩使西域」，不記王恩生、許綱名。西域傳序則云：「太延中，魏德益以遠聞，西域龜茲、疏勒、烏孫、悦般、渴槃陁、鄯善、焉耆、車師、粟特諸國王始遣使來獻。世祖……欲不遣使，有司奏：『九國不憚遐險，遠貢方物，當與其進，安可豫抑後來。』乃從之，於是始遣行人王恩生、許綱等西使。恩生出流沙，爲蠕蠕所執，竟不果達。」據世祖紀上九國朝獻事在太延三年（四三七）二月，則恩生出使亦應在此年。然觀序文仍以王恩生等爲首次出使西域之使節，據世祖紀上於本年五月及二年八月並記使西域，而三年無文。即記載偶缺，恩生等出使實在三年，亦即首次出使西域。且魏書高昌傳稱「太延中，遣散騎侍郎王恩生使高昌，爲蠕蠕所執」，車師傳稱「世祖初，始遣使朝獻，詔行人王恩生、許綱等出使。恩生等始度流沙，爲蠕蠕所執」。並以恩生等爲首次出使，故通鑑記王恩生等出使於本年，但通鑑又並移延和三年九國朝獻於本年，似誤。

魏書高昌傳稱「世祖時有闞爽者，自爲高昌太守」，其下即記王恩生出使事。「自爲」者，非由北涼任命。闞氏本高昌大姓，疑蒙遜死後，闞爽即自稱太守，牧犍無如之何。〔一〕

〔一〕梁書卷五四高昌傳云：「高昌國，闞氏爲主，其後爲河西王沮渠茂虔弟無諱襲破之，其王闞爽奔於芮芮。」闞爽稱王，只此一見。

魏書車伊洛傳「車伊洛，焉耆胡也，世爲東境部落帥，恒修職貢。世祖錄其誠款，延和中，授伊洛平西將軍，封前部王；賜絹一百匹、綿一百斤、綉衣一具、金帶靴帽」。按車伊洛自當爲車師人，此云焉耆胡誤。魏書世祖紀上本年始記車師朝獻，此前未見，似不得有延和中授車伊洛官爵事，但或記載漏略。

四三六　丙子　宋元嘉十三年　魏太延二年　北涼永和四年

閏十一月，沮渠牧犍遣使朝貢於魏。　按見魏書世祖紀上。沮渠牧犍傳：「牧犍遣其將軍沮渠旁周朝京師。世祖遣侍中古弼、尚書李順賜其侍臣衣服有差，並徵世子封壇入侍。牧犍乃遣封壇朝於京師。」封壇入魏在次年。此年閏十一月來朝之涼使當即沮渠旁周，次年賀正後返涼，古弼、李順使涼同行或稍後。

四三七　丁丑　宋元嘉十四年　魏太延三年　北涼永和五年

十一月，魏遣散騎侍郎董琬、高明賫錦帛，出鄯善，招撫九國。琬過九國，北行至烏孫國。其王得朝廷所賜，甚悦，謂琬曰：「傳聞破洛那、者舌皆思魏德，欲稱臣致貢，但患其路無由耳。今使君等既到此，可往二國，副其慕仰之誠。」琬於是自向破洛那，遣明使者舌，烏孫王爲發導譯達二國。琬等宣詔慰賜之。已而琬、明東還，烏孫、破洛那之屬遣使與琬俱來貢獻者十有六國。是年，沮渠牧犍世子封壇來朝於魏，牧犍又遣使於宋，獻方物，又獻周生子十三卷、時務論十二卷、三國總略二十卷、俗問十一卷、十三州志十卷、文檢六卷、四科傳四卷、燉煌實錄十卷、涼書十卷、漢皇德傳二十五卷、亡典七卷、魏駮九卷、謝艾集八卷、古今字二卷、乘丘先生三卷、周髀一卷、皇帝王歷三合紀一卷、趙敺傳并甲寅元歷一卷、孔子讚一卷、合一百五十四卷。牧犍又求晉、趙起居注諸雜書數十件，宋並與之。　按董琬、高明事見魏書西域傳序，不記年月，據烏孫傳稱「太延三年，遣使者董琬等使其國」，知在三年。通鑑記於本年十一月，乃因魏書世祖紀上於十一月書「破洛那、者舌國各遣使朝獻」，故即附於此月。然破洛那、者舌之使與琬俱來，則董琬等出使必遠在其前。世祖紀上於上年八月記「遣使六輩使西域」，本年無出使事，疑董琬等奉命實在上年八月，其至烏孫、破洛那、者舌乃在本年，其返代在本年十一月。牧犍遣使獻方物，宋書文帝紀記於本年十二月。獻書見氐胡傳。

四三九　己卯　宋元嘉十六年　魏太延五年　北涼永和七年

六月，北魏拓跋燾攻北涼，七月，圍姑臧。九月，沮渠牧犍降。又遣奚眷攻張掖、酒泉。沮渠牧犍弟酒泉太守無諱、張掖太守宜得西奔晉昌。　按宋書氐胡傳稱：「茂虔弟安彌縣侯無諱先爲征西將軍、沙州刺史、都督建康以西諸軍事、酒泉太守，第六弟武興縣侯儀德爲征西將軍、秦州刺史、都督丹嶺以西諸軍事、張掖太守。燾既獲茂虔，遣軍擊儀德，棄城奔無諱。於是無諱、儀德擁家户西就從弟敦煌太守唐兒。」魏書世祖紀上稱無諱奔晉昌，與此不同。

四四〇　庚辰　宋元嘉十七年　魏太延六年（六月改爲太平真君）

正月，沮渠無諱攻酒泉；三月，酒泉陷；繼攻張掖不克，還據酒泉。八月，無諱請降於魏。

四四一　辛巳　宋元嘉十八年　魏太平真君二年

正月，魏拜沮渠無諱爲征西大將軍、涼州牧、酒泉王。四月遣奚眷攻酒泉。五月，無諱從弟敦煌太守沮渠唐兒反無諱，無諱留從弟天周守酒泉，反攻唐兒，殺之，遂留敦煌。七月，奚眷圍酒泉，十月，酒泉陷，獲天周。無諱在敦煌，懼不自立，謀渡流沙，遣安周率五千人西擊鄯善。會魏使者自天竺、罽賓還，俱會鄯善，勸比龍拒之。安周攻不能克。按魏書世祖紀和沮渠牧犍傳不叙沮渠唐兒反無諱，無諱自酒泉反攻敦煌事，就像奚眷圍酒泉時，無諱仍在酒泉，則城陷之後，無諱何以得脱，又怎麽能使安周西攻鄯善，安周攻鄯善時，無諱又在何處，都不好解釋。宋書氏胡傳叙述甚明。

四四二　壬午　宋元嘉十九年　魏太平真君三年

四月，無諱棄敦煌，西渡流沙。未至而鄯善王比龍率衆奔且末，其世子降安周。無諱遂據鄯善。李暠孫寶自伊吾進據敦煌，與唐契並遣使附魏。唐契爲柔然所逼，率衆西攻高昌。高昌太守闞爽遣使詐降無諱，欲令無諱與唐契相擊。八月無諱留從子豐周守鄯善，自將家户經焉耆赴之。柔然遣部帥阿若率騎救闞爽，至白力城，唐契戰死。唐契弟和收餘衆，奔車師前部。無諱既至而唐契已死，闞爽遂拒無諱。九月，無諱遣將衛興奴詐降爽，夜襲高昌，爽奔柔然。無諱遂留高昌。先是，無諱遣常侍氾儁奉表於宋，獻方物。是年六月，宋以無諱爲持節、散騎常侍、都督涼河沙三州諸軍事、征西大將軍、領護匈奴中郎將、西夷校尉、涼州刺史、河西王。按魏書唐和傳稱唐和：「收餘衆，奔前部王國。時沮渠安周屯橫截城，和攻拔之，斬安周兄子樹。又克高寧、白力二城，斬其戍主，遣使言狀……和後與前部王車伊洛擊破安周，斬首三百。」又魏書車伊洛傳，伊洛「規欲歸闕，沮渠無諱斷路，伊洛與無諱連戰，破之」。又按本年四月無諱棄敦煌西渡流沙，李寶與唐契本在伊吾，這時乘機進占敦煌，即遣使附魏，與唐契遣使附魏當即一事。唐契爲柔然所逼，西入高昌，即在其後不久。八月，無諱至高昌而唐契已死。唐和傳稱「和率騎五百攻高昌」，而唐契於白力戰死，故和得「收其餘衆，奔前部王國」。但宋書氏胡傳稱契死後，「部曲奔無諱」。魏書車伊洛傳稱無諱死後（四四四），伊洛曾「招喻李寶弟欽等五十餘人，送詣敦煌」，魏書車師傳載車伊洛上表於魏，稱「臣國自無諱所攻擊，經今八載」。唐和傳及車伊洛傳所記戰事不都在本年。又按宋授沮渠無諱官爵，通鑑一二四記於九月，考異云：「宋本紀（指宋書文帝紀）封爵在六月，傳（指宋書氏胡傳）在九月末，今從傳。」無諱上表建康，宋遣使無諱，往來必經由吐谷渾、益州，道路艱遠。疑無諱上表尚在敦煌，使者到達建康，宋授官爵在六月，宋書文帝紀不誤。九月乃宋使到高昌時，氏胡傳亦不誤。

四四三　癸未　宋元嘉二十年　魏太平真君四年　北涼承平元年

是年，沮渠無諱改年承平。按無諱改年承平歷見於承平三年乙酉沮渠安周造像碑，承平十三年乙未沮渠封戴墓誌，承平十五年丁酉寫經題記。知承平記年始於本年癸未。在此以前，無諱或仍沿用永和年號。

四四四　甲申　宋元嘉二十一年　魏太平真君五年　北涼承平二年

夏，沮渠無諱死，弟安周立。安周奪無諱子乾壽兵，車師前部王車伊洛遣使招乾壽，乾壽率户五百奔車師前部，伊洛送之代京，又招李寶弟欽等五十餘人，送詣敦煌。伊洛率部衆二千餘人攻高昌。九月，宋以安周爲持節、散騎常侍、都督涼河沙三州諸軍事、領西域戊己校尉、涼州刺史、河西王。

按無諱卒於本年夏，見魏書沮渠牧犍傳。安周奪乾壽兵，乾壽奔車師事見魏書車伊洛傳。伊洛所送李寶弟欽等當即唐契死後歸附沮渠無諱之「餘部」。宋授安周官爵據宋書文帝紀在本年九月。文帝紀稱：「以大沮渠安周爲征西將軍、涼州刺史、封河西王。」宋書氐胡傳敘官爵較詳，而無「征西將軍」軍號。當時刺史、都督例加軍號，前沮渠無諱已加征西大將軍，安周初立，或去「大」字，似無不加軍號之理。但宋書孝武紀大明三年（四五九）十月所授安周官爵，又止「征虜將軍」，軍號遠低於征西將軍，不知何故。又授安周官有「領西域戊己校尉」，而無「領護匈奴中郎將」，即因安周據有高昌之故。氐胡傳載授無諱官爵詔云：「克紹遺業，保據方隅。」而授安周官爵詔則云「亡土失師，孤立異所，而能招率殘寡」云云，顯有不同，亦因前詔乃據無諱尚在敦煌而言，此詔乃對已遷高昌而言。

四四五　乙酉　宋元嘉二十二年　魏太平真君六年　北涼承平三年

四月，魏使散騎常侍萬度歸發涼州已西兵擊鄯善。八月，萬度歸至鄯善，執其王真達送代京。是年，沮渠安周於高昌造寺立碑。涼州沙門釋曇學、威德等八僧先於于闐得賢愚經，還至高昌。集爲一部。本年大饑荒，死者無限。　按萬度歸攻鄯善事見魏書世祖紀下及同書鄯善傳。前年（四四二）八月沮渠無諱自鄯善進軍高昌，曾留其弟豐周守鄯善，此時恐已撤離。所云鄯善王真達疑即前王比龍之世子。魏攻鄯善之故，乃因其斷絶西域道路。魏書西域傳序稱：「涼州既平，鄯善國以唇亡齒寒，自然之道也，今武威爲魏所滅，次及我也。若通其使人，知我國事，取亡必近，不如絶之，可以支久。乃斷遮行路，西域貢獻，歷年不入。後平鄯善，行人乃通。」以爲鄯善斷西域道路即在魏取涼州之後，通鑑一二四從之。其實魏取涼州，在四三九年，據鄯善傳，四四一年沮渠安周攻鄯善，魏使自西域返者尚會於鄯善，勸其王比龍拒守，豈有斷遮行路之事？鄯善傳於比龍世子降沮渠安周後，接稱：「其後，魏遣使西域，道出其國，（以上十一字原缺，據通志卷一九六鄯善條補）鄯善人頗剽劫之，令不得通。」可證斷阻行路必在四四二年之後，西域傳序及通鑑並誤。

賢愚經的譯出，出三藏記集有兩條記載，卷二賢愚經條云：「宋元嘉二十二年出。」又云：「宋文帝時，涼州沙門釋曇學、威德於于闐國得此梵本，於高昌郡譯出。天安寺釋弘宗傳。」卷九賢愚經記較詳，稱：「河西沙門釋曇學、威德等，凡有八僧，結志遊方，遠尋經典。於于闐大寺遇般遮於瑟之會……於是競習胡音，析以漢語，精思通譯，各書所聞。還至高昌，乃集爲一部。既而逾越流沙，賫到涼州……元嘉二十二年，歲在乙酉，始集此經。京師天安寺沙門釋弘宗者……隨師河西……躬睹其事。」

饑荒見高僧傳卷一二釋法進傳，稱：「後三年，景環（即沮渠無諱）卒，弟安周續立。但歲饑荒，死者無限。」以下敘法進至「深窮窟餓人所聚之處」，捨身自割以飼餓人事。此次饑荒，雖或因天災，但頻年戰爭，不得生産，亦是一因。

四四八 戊子 宋元嘉二十五年 魏太平真君九年 北涼承平六年

五月，魏以交趾公韓拔爲假節、征西將軍、領護西戎校尉、鄯善王，鎮鄯善，賦役其民，比之郡縣。焉耆剽劫魏使，魏命成周公萬度歸攻焉耆，詔車師前部王車伊洛與唐和率所部會度歸。伊洛留子歇守交河城，與唐和會度歸於焉耆東界，說降柳驢以東六城，又共攻拔波居羅城。自沮渠無諱入高昌以來，與車師前部累年攻戰，至是，沮渠安周乘虛引柔然三道圍攻交河。歇固守不降。 八月，萬度歸大敗焉耆軍，陷員渠城，其王車尸鴆那奔龜茲。十二月，魏命度歸進攻龜茲，度歸令唐和守焉耆，置焉耆鎮。 按魏攻鄯善、焉耆、龜茲事見魏書世祖紀下及西域傳。四四五年八月萬度歸已執鄯善王真達送代京，然世祖紀下太平真君八年（四四七）十二月仍有「鄯善遣子八賈」之文，則仍自有王。本年五月，乃以韓拔爲鄯善王，而命度歸攻焉耆。焉耆傳稱「度歸入焉耆東界」，故車伊洛、唐和得與度歸會師。唐和傳稱「和奉詔會度歸，諭下柳驢以東六城，因共擊波居羅城拔之」，亦即車伊洛傳所云「討破焉耆東關七城」。至八月，萬度歸告捷魏廷。沮渠安周引柔然攻車師前部，雖不知何時，但既云「乘虛」，當即在本年車伊洛出兵焉耆之後不久，故車伊洛傳稱安周招降車歇，謂「爾父已投大魏，爾速歸首」。所謂「投大魏」，即指伊洛出兵焉耆，與萬度歸會師事。

四五〇　庚寅　宋元嘉二十七年　魏太平真君十一年　北涼承平八年

沮渠安周攻陷交河城，車歇走奔其父伊洛於焉耆東界。伊洛收集遺衆一千餘家歸焉耆鎮。遣使上書於魏，稱：「臣國自無諱所攻擊，經今八歲，人民饑荒，無以存活。賊今攻臣甚急，臣不能自全，遂捨國東奔，三分免一，即日已到焉耆東界，思歸天闕，幸垂賑救。」魏乃開焉耆倉以給之。

按沮渠安周攻陷交河事見魏書車伊洛傳及同書車師傳。魏書西域傳已缺，以北史補，疑北史有删節。安周引柔然攻交河在四四八年，至本年始陷，故車伊洛傳稱「歇固守，連戰久之」，首尾經三年。而自太平真君三年（四四二）沮渠無諱始入高昌，即與車伊洛相攻，至本年（四五〇）達八年之久，故上書稱「臣國自無諱所攻擊，經今八載」。車伊洛傳稱「伊洛收集遺散一千餘家歸焉耆鎮」，車師傳載車夷落上表稱「捨國東奔，三分免一」，則車師前部當時户數爲三千餘家。

四五一　辛卯　宋元嘉二十八年　魏太平真君十二年（六月改年正平）　北涼承平九年

六月，車伊洛子歇入代京。唐和亦詣代京。　按魏書世祖紀下本年六月記「車師國遣子入侍」，車伊洛傳稱：「正平元年，詔伊洛曰：『歇年尚幼，能固守城邑，忠節顯著，朕甚嘉之，可遣歇詣闕。』伊洛令歇將弟波利等十餘人赴都。」所云「遣子入侍」即「遣歇詣闕」。唐和入代京見本傳，疑即與車歇同行。

四五二　壬辰　宋元嘉二十九年　魏正平二年（二月改永平，十月改興安）　北涼承平十年

正月，車伊洛至代京，魏賜以妻妾、奴婢、田宅、牛羊，拜上將軍。　按見車伊洛傳，稱「正平二年，伊洛朝京師」。本年二月，拓跋燾被殺，南安王餘即位，改年永平，今稱正平，知必是正月事。

四五九　己亥　宋大明三年　魏太安五年　北涼承平十七年

十月，沮渠安周遣使於宋獻方物，宋以安周爲征虜將軍、涼州刺史。事見宋書孝武紀，同書氏胡傳但記本年獻方物，不記授官。　按元嘉二十一年（四四四）宋授安周官爵據文帝紀已是「征西將軍、涼州刺史」，不應十餘年後降號征虜，疑必有誤。

四六〇　庚子　宋大明四年　魏和平元年　北涼承平十八年

柔然攻高昌，滅沮渠氏，以闞伯周爲高昌王。　按魏書高昌傳稱：「和平元年，爲蠕蠕所并，蠕蠕以闞伯周爲高昌王。」通鑑卷一二九稱「殺沮渠安周」，不知何據。

（原載魏晉南北朝隋唐史資料第三輯，一九八一年三月）

唐貞觀十四年手實中的受田制度和丁中問題

貞觀十四年（六四〇）手實殘卷出吐魯番阿斯塔那七八號墓，共八段，〔一〕先後次序不明。其中（一）李石住户手實，（二）安苦咖延户手實，（三）缺名殘手實所記「貞觀十四年九月」的年月均完整；（四）缺名殘手實紀年殘存「年九月」三字，也可知是同時申報；（五）（六）（七）（八）四段年月均殘，據字跡和前四段同係一人所書。因知原來當是某鄉各户手實聯寫成卷。像這樣聯寫成卷的手實過去部分發表過阿斯塔那三五號墓所出武周載初元年（六八九）高昌縣甯和才等户手實。〔二〕載初手實背面騎縫蓋有高昌縣印和押字，當是縣司據各鄉上送的手實轉録成卷，而此件却無縣印，疑是當鄉里正所録。

今轉録原件如下：〔三〕

（一）李石住户手實

〔前缺〕

〔一〕見吐魯番出土文書第四册。
〔二〕文物一九七三年第一〇期。
〔三〕吐魯番出土文書第四册。

1 □年卅七丁男
2 □年肆拾丁妻
3 □[安]海年拾伍中男
4 □[肆]黄男
5 □女
6 □□□[八]十畝未受
7 牒被責當户手實，具注如前，更加減，〔一〕若後虚妄，
8 求受罪，謹牒。
9 貞觀十四年九月　日户主李石住牒

（二）安苦咖延户手實

〔前缺〕

1 女善面年陸
2 女苦旦睦年叁
3 合受田八十畝　六畝半已受　七十三畝半未受

〔一〕「更加減」句「更」下當脱「無」字。

4 地一段肆畝捌拾步城西二[　　]

5 桃二畝陸拾步[　　]

6 牒被責當户手實[具][　　]

7 貞觀十四年九月　日安苦咖延牒

(三)缺名手實一

〔前缺〕

1 [　　]亥，求受重罪，謹牒。

2 □觀十四年九月[　　]

(四)缺名手實二

〔前缺〕

1 [　　]十七畝未受

2 [　　]索德隆　南白寺　西[　　]

3 [　　][東]官　南司空明岳　西道[　　]

4 [　　]東舍里塔　南麴保悦　西王寺[　　]

5 [　　]東李善守　南官　西道　北[　　]

6 [　　]畝在辛興

7 具注如前更無
8 謹牒。
9 年九月

（五）缺名（妻張）手實

〔前缺〕

1 妻張年肆拾
2 男阿谷奮年貳拾
3 妻曹年拾伍 中女
4 男甯毗年拾陸 中男
5 妻曹年拾貳 □□
6 男苻梨願年拾叁 □□
7 男庶斤年拾 中男
8 男摩薩年柒 小男
9 男屈知年壹 黄團

〔後缺〕

（六）缺名（女黑婢）手實

〔前缺〕

1 女黑婢年伍（小女）

2 女端英年壹（黃女）

3 奴□富年叁（小奴）

〔中缺〕

4 □婢

5 婢豊女年肆拾伍（丁婢）

6 婢海香年叁（小婢）

7 十畝未受

〔後缺〕

（七）缺名（老男）手實

〔前缺〕

1 陸（老男）

2 伍（老妻）

3 拾壹（老男）

4 □拾捌丁男

5 □貳拾貳丁妻

6 □年拾陸中□

7 □拾肆中男

8 □小女

9 □黄女

10 □老奴

〔後缺〕

（八）缺名（中男）手實

〔前缺〕

1 □肆中男

2 □丁寡

〔中缺〕

3 □拾貳丁奴

4 □拾捌丁奴

5 □伍拾丁婢

6 □拾壹丁婢
7 □拾叁丁婢
8 □伍拾柒丁婢
9 □伍丁婢

〔後缺〕

以上録手實八段。除(一)、(二)外,(三)殘存牒文尾部、(四)殘存田畝四至及殘牒文;(五)至(八)均殘存户内人口。不能排斥(三)、(四)兩殘件和(五)至(八)四殘件有綴合之可能,也即是自(三)以下各段不一定每段爲一户的手實。但既不能斷定,今姑作爲每段一户。

史籍記載,貞觀十四年八月癸酉侯君集平高昌,〔一〕本年八月丙寅朔,癸酉是八日,距九月申報手實不過月餘,這是唐置西州後第一次調查户口、田畝,對於唐初西州設置後的一些措施提供了珍貴的史料。本文擬就手實中所見授田制度和丁中制度提出一些不成熟的意見。

一　貞觀十四年手實中的「合受田」問題

貞觀十四年手實中有二户記合受田數字:

〔一〕 兩唐書太宗紀。

①□□□八十畝未受　　（李石住户）

②合受田八十畝六畝半已受 七十三畝半未受　　（安苦咖延户）

李石住户「八十畝」上所缺當爲「合受田」三字，此二户同爲「合受田八十畝」。此外，阿斯塔那一〇三號墓所出唐貞觀年間（六四〇——六四九）西州某鄉殘手實也有「合受田八十畝」的記載，今録如下：〔一〕

〔前缺〕

1 □今年三□

2 合受田八十畝田一畝半已受 七十八畝半未受

3 地一段一畝半城北三□

4 北詣尉安相

5 牒：被責當户手實，注□

6 合注求受重罪。謹牒

7 貞□

〔一〕吐魯番出土文書第四册。

與本件同出有貞觀十八年(六四四)的户口帳和注有「世業」的户籍，本件紀年又殘存「貞」字，其爲貞觀年間手實無疑。按吐魯番新出手實據紀年及同出文書推定在貞觀年間者共十三件，七件有受田數字，而記「合受田八十畝」的就有如上三件，可知初置西州時，申報手實中合受田八十畝的人户較多。受田相同，在一般情況下由於户内受田丁口相同，所以合受田八十畝的人户較多表明這類受田丁口相同的人户較多。而且組成這類人户的家内成員大致應該比較簡單。然而，值得注意的是，就我們目前所能見到的西州籍帳中，除上引三件外，就再也不見有「合受田八十畝」的人户了。爲什麽這類人户在貞觀十四年或稍後較爲多見，而貞觀晚年以後却忽然不見了呢？難道這是偶然麽？

我們首先需要解釋的問題是這些「合受田八十畝」的人户有多少户内合受田人口，根據的是哪一朝法令。日本土肥義和氏曾據唐令，試行推算安苦咰延户内丁口受田情況，作出A、B、C三種推斷，〔一〕認爲安苦咰延户合受田八十畝符合於唐令規定。當時這一殘卷和其他手實籍帳尚未整理發表，限於資料條件，土肥氏的推斷只能如此。現在作爲論據的資料續有發見，這個問題就需要重新考慮了。

「合受田八十畝」是否合乎唐令規定，必須依據本户户内人口應受田的規定推算，土肥義和氏據安苦咰延手實作了這種推算。但安苦咰延手實所記户内人口殘缺不全，推算出來的畢竟只是假定。

〔一〕土肥義和貞觀十四年九月西州安苦咰延手實について——その特徵と歷史の背景，鈴木俊先生古稀紀念東洋史論叢，山川出版社，一九七五年。

李石住户手實所記户内人口可能是完整的。〔一〕假定本户手實一行的卌七歲丁男即户主李石住自己，户内一丁妻肆拾歲，一中男十五歲，一黄男四歲已下，又一當是黄女。舊唐書卷四八食貨志録武德七年（六二四）令云：

丁男、中男給一頃，篤疾、廢疾給四十畝，寡妻妾三十畝，若爲户者加二十畝。

此後，開元七年（七一九）、開元二十五年（七三七）的田令均與武德令基本相同。但上引武德令很簡略，須要以開元令補充。據武德令，李石住户内丁男户主一人合受田一頃（口分八十畝，世業二十畝），西州是狹鄉，通典卷二録開元二十五年令云「若狹鄉，新受者減寬鄉口分之半」，則所受口分應減半爲四十畝。據唐令，李石住户内丁男一人，合受口分田四十畝，世業田二十畝，共六十畝（園宅地一畝不計）。户内中男一人，止十五歲，唐制十六歲爲中。又據唐六典卷三户部郎中員外郎條所載給田之制，稱「中男年十八已上者亦依丁男給」，十八已下的中男不給田。〔二〕因此，據唐令，李石住户内只有丁男一人受田六十畝，與「合受田八十畝」不合。

〔一〕李石住户手實亦「前缺」，但由於這是各户手實聯寫的卷子，所缺的可能是另一户手實，也可能是有關的牒文，並非該户内人口有缺。此外，假使缺的正是李石住户内人口，按法令也無法推算出「合受田八十畝」。

〔二〕唐六典雖所據爲開元七年令，但武德令必已作如此規定。文獻通考卷二稱：「（武德）七年，始定均田賦税，凡天下丁男十八已上者給田一頃。」按武德令二十一歲始成丁，不得云「丁男十八已上」，疑「丁男」下脱「及中男」三字。通考雖有脱文，「十八已上者」五字也足以説明馬端臨所見之武德七年令與開元令同，亦有中男年十八已上受田的規定。

由於前缺，是否李石住户内也人口不全，這個卌七歲丁男並非户主李石住，前缺了户主甚至户主外還缺了其他人口。假使如此，則本户合受田的數字就得相應增加。我們也不妨推算一下。假使前面缺的户主李石住是老男，據唐六典卷三所載給田之制：

老男、篤疾、廢疾以四十畝，寡妻妾以三十畝，若爲户者則減丁之半。

「減丁之半」即五十畝。又據通典卷二所載開元二十五年令，老男户主等「各給永業田二十畝，口分田二(「三」之訛)十畝。則「減丁之半」五十畝爲永業田二十畝，口分三十畝。狹鄉口分減半給，爲十五畝，則此老男户主應受田三十五畝。假定李石住户内有老男户主一，丁男一，合應受田九十五畝(老男户主三十五畝加丁男受田六十畝，園宅地一畝不計)，超過了八十畝之數。更不須推算假定所缺户主李石住也是丁男或所缺尚有其他應受田的人口了。

據李石住户推算，貞觀十四年手實中的「合受田八十畝」不合乎唐令規定，因而並非唐代的受田制度。

我們今再據唐以前歷朝均田制中受田規定試行推算。

據魏書卷一一〇食貨志所載太和九年(四八五)均田令，男夫十五以上即受田，又已婚婦女給婦田，李石住户内有受田資格者爲丁男丁妻夫婦二人，又十五歲的男安海一人。據令：諸男夫年十五已上受露田四十畝，婦人二十畝，寬鄉加倍給，狹鄉不給倍田。又桑土之鄉男夫一人給桑田二十畝。西州是桑土狹鄉，李石住户一丁男，一丁妻應受露田四十畝、婦田二十畝，桑田二十畝，合共八十畝。

又有十五歲男一人，依令亦應受露田四十畝，桑田二十畝，共六十畝。兩共相加，本户合受田一百四十畝之多，顯然不合。問題在於這個十五歲男安海，手實明記他是中男。北魏均田令没有明確記載丁中年限，據令文稱「諸男夫十五已上」，十五歲即在「諸男夫」之内，似即以十五歲成丁。而且自魏至隋都没有中男與丁男同樣受田的規定，手實既以十五歲爲中，所以不受田。因此，這裏是個入丁年限問題。如果上面論證不誤，排除了十五歲中男受田，則李石住户一丁男、一丁妻合受田八十畝，符合於北魏受田規定。

隋書卷二四食貨志記北齊、周、隋受田之制云：

（北齊）河清三年（五六四）定令……男子十八以上，六十五已下爲丁；十六已上，十七已下爲中；六十六已上爲老，十五已下爲小。率以十八受田，輸租調……其方百里外及州人，一夫受露田八十畝，婦四十畝，奴婢依良人……土不宜桑者，給麻田，如桑田法。

（周）凡人口十已上，宅五畝；口九已上〔下〕，宅四畝；口五已下，宅三畝。有室者田百四十畝，丁者田百畝。

（隋）其丁男、中男永業露田，皆遵後齊之制。

按照北齊和隋制，一夫一婦受露田八十畝，桑田二十畝，婦田四十畝，與北魏寬鄉給倍田之制同。雖然隋書食貨志不言齊、隋有寬、狹鄉的區别，原令文亦當如魏制狹鄉露田減半，即不給倍田。如果以西州狹鄉露田應減半計算，則一丁男、一丁妻合受田八十畝（不計園宅地），與桑土狹鄉魏制同。又齊、隋都以十八歲進丁受田，李石住户内的十五歲中男肯定不能受田，本户合受田八十畝，與齊、隋受田規定吻合。

周制有室者一百四十畝，即一夫露田八十畝，桑田二十畝，又加婦田四十畝。狹鄉露田減半，一夫一婦合受田八十畝亦同。隋書述周制，不言丁中年限。據敦煌所出西魏大統十三年（五四七）計帳，〔一〕缺名户内兩口據實年進丁，均年十八；又白醜奴户内一男進丁，亦年十八，與齊、隋制並同，周進丁年限自必上承西魏。據「丁者田百畝」之文，知男以十八進丁受田亦與齊、隋同。

如上所述，李石住户手實所記「合受田八十畝」，作爲一丁男、一丁妻的受田額，與齊、周、隋三朝在内地推行的受田規定符合，除了丁中年限差異以外，也與北魏之制相符。

以上我們只據李石住户推算，因爲我們認爲本户手實所記户内丁口是完整無缺的。安苦㘅延户手實殘存人口都没有受田資格，假定前缺的户主安苦㘅延一丁男和其妻一丁妻，則合受田八十畝與李石住户同，無須多説。阿斯塔那一〇三號墓所出缺名手實，户内人口全部缺失，也可假定爲一丁男、一丁妻。這種一夫一妻組成的人户（包括老小等不受田人口）應當是較常見的。〔二〕

〔一〕池田温中國古代籍帳研究敦煌籍帳二，第一六〇、一六三頁。

〔二〕阿斯塔那一五號墓所出唐何延相等户家口籍（見吐魯番出土文書第四册）共二十九户，除八户户内人口已缺或不全，不能確定外，其他二十一户並是一夫一婦組成的人户（内寡、中、小、黄或有或無，與受田無關）。本件紀年雖缺，據同出文書，應屬唐初，可知這類人户是比較多的。

如上所述，貞觀十四年手實中兩户合受田八十畝，都可據北齊、周、隋乃至北魏的受田規定加以解釋。如據唐令解釋，則李石住户就扞格難通。在這裏却遇到一個難題，唐置西州後第一次責令人户申報手實，爲什麽不據本朝法令計算受田額，而據前朝制度呢？唯一可能的解釋就是麴氏高昌已實行均田制，北魏以來行之於内地的受田規定早爲高昌政權所採取。貞觀十四年人户申報手實仍據當地舊制計算合受田數，這從申報時間上看來是可能的。史籍記載，貞觀十四年（六四〇）八月癸酉平高昌，本年八月丙寅朔，癸酉是八日，九月申報手實，極而言之也不到二個月，時間非常緊迫。不難設想，在這不到二個月的時間内，很難使唐令中受田規定家喻户曉，從而依令申報户内受田額。而且辦理申報手實的基層胥吏即使不是仍高昌之舊，也多半是高昌土人，他們對於唐制當然同樣不熟悉。爲了迅速完成這次户口土地的調查，避免由於不熟悉新規定而産生的混亂，暫仍舊制是可能的，甚至是必要的。

當然，這裏首先必須證明，麴氏高昌曾實行均田。而這一點却還没有獲得可靠的證據。周書卷五〇高昌傳稱「賦税則計（田）輸銀錢，無者輸麻布」，〔一〕在吐魯番所出麴氏高昌時代文書中，計田輸銀錢、穀物的制度得到證實。這種賦税制度是和均田制不相適應的。此外，我們還發現高昌章和十一年（五四一）、延壽十四年（六三七）買田、園券，〔二〕似乎田、園買賣活動長期存在，契券上也看不出

〔一〕周書無「田」字，北史卷九七、通典卷一九一高昌傳並有，疑周書傳本脱去。
〔二〕章和買田券出阿斯塔那四八號墓，見吐魯番出土文書第三册。延壽買園券出阿斯塔那一五號墓，還有張元相買葡萄園券出阿斯塔那一四〇號墓，也屬高昌晚期券。以上二件均見吐魯番出土文書第四册。

有什麽限止。但據其他文書，我們知道麴氏高昌期間，土地買賣、轉移、請受都須向高昌王申請批准。關於麴氏高昌時期的土地制度尚未開展研究，目前還難以斷言是否曾實行均田制度，本文只是就貞觀十四年手實中的合受田數字問題提出一種可能的解釋而已。

二　貞觀手實中所見的中男下限問題

統一的唐王朝能够容許高昌舊制在一個較短時期内繼續行用麽？能够容許。暫仍舊制清楚地反映在丁中年限上。通典卷七丁中引武德七年（六二四）令云：

男女始生爲黄，四歲爲小，十六爲中，二十一爲丁，六十爲老。〔一〕

前面已經提出李石住户内的安海年十五，中男，與唐制不合，同件（五）缺名（妻張）手實殘存户内人口有「男甯毗年拾陸中男」、「男庶斤年拾中男」；又同件（七）缺名（老男）手實記中男二人，一年拾陸，一年拾肆。據此，貞觀十四年手實中反映的中男年限，起自十歲，上至十六歲，顯然與唐制不合，從吐魯番所出其他唐初籍帳中我們也同樣發見中男年限與唐制不合，而中男下限與上述手實也稍有出入。哈拉和卓三九號墓所出唐貞觀間（六四〇——六四九）户籍記「奴豐塠年拾肆，中奴」、「奴豐富年拾歲，小奴」。〔二〕

〔一〕以後入丁年齡有所提高，但在神龍（七〇五）以後。貞觀時承用武德之制。

〔二〕見吐魯番出土文書第六册，按本件紀年已缺，據籍中男名「世達」，田稱「世業」，不避太宗諱，又同出有唐貞觀二十一年（六四七）帳後籍，本件爲貞觀間户籍無疑。

十四稱中，與上述手實同；十歲稱小，却又不符。阿斯塔那四二號墓所出永徽元年（六五〇）某鄉户口帳第一段：〔一〕

〔前缺〕

1 口一百五，年十一已上

2 □一百六十五　小男

3 □卅　黄男

〔後略〕

按2、3兩行分記小男、黄男口數，則一行上缺部分應爲「口（若干）中男」，以下分書兩行，左邊「口一百五年十一已上」必是中男下限，右邊已缺，寫的當是「口（若干）年（若干）已上」。中男年齡所以分別書寫兩類，是由於待遇不同。猶如唐令分十六已上和十八已上。

我們現在難以斷定唐初行之於西州的中男下限究竟是十歲還是十一歲，却可以斷言自貞觀十四年（六四〇）至永徽二年（六五一）行之於西州的丁中制與武德令不合，也可以斷言，「中」的下限不出十至十一歲。這種與唐制不合的現象，我們也只能解釋爲高昌舊制的沿襲。

這種以十歲或十一歲作爲中男下限的制度，也像「合受田八十畝」一樣可以追溯到唐以前諸朝。

〔一〕叶魯番出土文書第六册。

敦煌所出西魏大統十三年(五四七)計帳記載劉文成户兩中男，一年十三，一年十一；侯老生户一中男，年十七；其天婆羅門户一中男年十五，一中女年十；缺名户内二口據實年進丁，均年十八；王皮亂户一中男年十一，一中女年十二；白醜奴户一男據實年進丁，年十八，二中女，一年十二，一年十，二中男，一年十二，一年十一。〔一〕很清楚，西魏之制是十歲至十七歲爲中，十八成丁。

西魏丁中制基本上沿用到隋初。隋書卷二四食貨志稱楊堅代周稱帝後，頒新令：

男女三歲以下爲黄，十歲已下爲小，十七已下爲中，十八已上爲丁，丁從課役，六十爲老，乃免。

所記丁中年限與大統計帳大致相符。但中的下限爲十一歲，與西魏計帳及貞觀手實稍有出入，而與永徽二年户口帳同；大統計帳中其天婆羅門年六十，仍書作白丁，未入老，微異。

這個所謂新令，與大統計帳基本相符，必是沿襲周制，所以就丁中制而言，實是舊制的重申，但上述丁中年限並没有行得好久。隋書食貨志稱開皇三年(五八三)「令軍人(即軍、民，唐避諱改)以二十一成丁」，雖没有説中的下限有無變化，當必相應提高。武德令大體旨在遵用開皇舊制，中男下限十六歲，必承開皇三年之舊。

隋初新令以十一歲爲中男下限之制雖不久即改，但直到唐代仍然留有痕跡。唐六典卷六刑部都

〔一〕池田温中國古代籍帳研究敦煌籍帳二，第一五八——一六四頁。

官郎中員外郎條敘官奴婢及番户、雜户的丁中年限爲「四歲已上爲小，十一已上爲中，二十以上爲丁」。中男下限爲十一歲正是舊制的殘留。

貞觀、永徽間見於西州籍帳的「中」的下限不論是十歲或十一歲總是遠承西魏、周、隋，而不是近遵唐制。這種現象又只能解釋爲暫仍高昌舊制。

三　唐制在西州的推行

「舊制」只能是「暫仍」，經過一個很短促的過程，受田和丁中都一律改從唐令。

受田制大致即在貞觀時改革。

阿斯塔那一五二號墓所出唐殘手實第一段：〔一〕

〔前缺〕

合應受田叁拾伍　五畝已受 卅畝未受

〔後缺〕

第二段牒文略。此件同出兼有麴氏高昌時期及唐代文書，唐代有紀年文書爲貞觀十九年（六四五），本件當亦是貞觀間手實。

〔一〕見吐魯番出土文書第四册。

哈拉和卓三九號墓所出唐貞觀年間（六四〇——六四九）西州高昌縣缺名手實。〔一〕

〔前缺〕

1 ［　　］已受

2 應受田陸拾壹畝　七十步居住□□

3 五□畝一百七十步未受

以下記世業田四至及牒文略。本件牒文末紀年殘存「貞」字，田稱「世業」，顯爲貞觀間手實。同墓所出唐□憙等户籍第一段：

〔前缺〕

1 一十畝卌步　□　□

2 ［　　］陸拾壹畝　［　　］居柱（住）園宅

3 五十畝［　　］未受

下田畝四至及□憙户內人口略。本件與上録貞觀間手實同出，大致亦在同時。

以上三件雖户內丁口已缺，但據受田數可以試行推算。

唐殘手實記「合應受田叁拾伍」。本户户主應是小、中、老男或寡妻妾，據開元七年和二十五年

〔一〕見吐魯番出土文書第六册。

令，這一類非丁男而爲户主的，應受田永業二十畝、口分三十畝，狹鄉口分減半爲十五畝，共三十五畝，園宅地不計。我們還可以唐西州柳中縣高寧鄉開元四年（七一六）籍中的索住洛户爲例：[一]

1　户主索住洛年陸拾歲　老男　下下户　不課户
2　妻令狐年伍拾捌歲　老男妻
3　男　仁　惠　年肆歲　小男先天貳年帳後新生附
4　　捌　畝　永　業
5　　捌　畝　肆　拾　步　已　受
6　應受田叁拾陸畝　　肆拾步居住園宅
7　　貳　拾　柒　畝　貳　伯　步　未　受

以下記田畝四至略。按本户户主索住洛是老男户主，户内一妻一小男均不受田。所云「應受田叁拾陸畝」，即老男户主所受的永業二十畝，加狹鄉口分十五畝，又一畝居住園宅。上舉唐殘手實的「合應受田叁拾伍（畝）」，與此索住洛户基本相同，僅不記居住園宅而已。這種受田叁拾伍或叁拾陸畝只能按唐令推算，與前朝法令不合。

受田陸拾壹畝較難明確。據北魏至隋的狹鄉受田規定，本户户主單丁未娶，應受桑田二十畝，正

[一] 池田温中國古代籍帳研究吐魯番籍帳三〇，第二四五頁。

田四十畝，園宅地一畝，共六十一畝。但六十一畝同樣可以據唐令推算。唐制不給婦田，丁男户主不管已未娶都應受永業二十畝，口分八十畝，狹鄉減半給四十畝，加園宅地一畝，也是六十一畝。雖然受田六十一畝的人户，據前朝受田規定與唐代受田規定同樣能夠解釋，但上引唐殘手實所記的應受田三十五畝已改從唐制，這兩件據唐令受田的可能性較大，而且也可以獲得旁證。阿斯塔那二七號墓所出唐開元四年（七一六）高昌縣安西鄉安樂里籍鄭某户：

1 户主鄭□

2 妻宋　年肆拾貳歲　丁妻

3 男先忌　年拾陸歲　中男先天貳年籍拾貳，開元叁年帳□□入拾陸從實

4 女先念　年陸歲　小女開元叁年帳後括附

5 □貳畝永業

6 壹拾貳畝肆拾步已受

7 應受田陸拾壹畝　肆拾步居住園宅

8 肆拾捌畝貳佰步未受

以下田畝四至略。本户户主鄭某妻爲丁妻，鄭某自當爲丁男。户内只有鄭某一人受田：一丁妻、一十六歲中男均不受田。「應受田陸拾壹畝」即丁男户主所受之永業二十畝、口分四十畝、園宅地一畝。貞觀年間之受田六十一畝人户，疑同此例。

如果上引三例據唐令受田的推斷不誤，則貞觀十四年之後不久，受田規定已改從唐制。丁中舊制一直沿襲到永徽二年（六五一），那時仍以十一歲爲中男下限，但也持續不了好久。阿斯塔那五號墓所出大致在高宗統治時的唐某鄉户口帳，〔一〕第一段有如下幾行，今略去前四行，録5行以下五行：

5　　　　　中男
6　　　　　年十□已上
7　　　　　年十六已上
8　　　　　男
9　　　　　男

本件「中男」後亦分列二行，7行記□若干「年十六已上」，6行「十」下恰缺一字。據同件第三段有「口　十一年十八已上」一行，〔二〕知第一段6行「十」下缺的是「八」字。至晚在這一年（可惜無法確知究是哪一年）中男下限已不是十一歲或十歲而是十六歲了。上限應是二十歲，所以有「十八已

〔一〕叶魯番出土文書第六册。本件紀年已缺，同墓所出有唐乾封二年（六六七）某鄉户口帳，總章元年（六六八）文書，本件年代當在高宗時。
〔二〕本件第三段行款不合規格，當是隨意書寫，又有後加的與户口帳無關的文字，但這一句和下一行的「口一百一十六丁」等都是户口帳的内容，雖是戲書，仍當録自户口帳。

上」的中男，這時已完全改從唐制無疑。其所以分列「十六已上」和「十八已上」是因爲待遇不同，上面已經提到唐制中男十八已上依丁男給田，唐會要卷八五團貌雜録：

武德九年（六二六）十一月，簡點使左僕射封德彝等以中男十八已上簡取入軍。勅旨已出，給事中魏徵執奏不可。

據此，知中男十八已上和已下這條界綫唐初已然，大概起自隋開皇三年（五八三），本年開始以二十一成丁。〔一〕西魏、北齊、周及隋初本來都以十八歲成丁。開皇三年後，十八歲已是中男，但與十六已上中男仍然在受田、服雜役上存在着區别。這條界綫在上引唐永徽二年西州某鄉户口帳上是劃在十六已上和已下的。

丁中舊制所以延續較久，可能和西州地區兵役、力役的繁重有關。

以上我們就貞觀十四年手實中所見的受田制度和丁中制度作了初步探討，發現很難按照唐令解釋，而與北魏至隋歷朝的制度基本相符。對於這一現象，我們假定爲麴氏高昌舊制的暫時沿襲，而麴氏高昌又是襲自中原諸王朝。這裡一個困難的問題是不能確證高昌已實行受田制度。

唐於貞觀十四年八月八日平高昌，九月中就普遍進行了户口、土地的調查，責令人户申報手實。

〔一〕隋書卷二四食貨志。

這裏充分表明統一王朝對西州的有效管理和較高的行政效率。

爲了迅速完成這種調查，曾經在受田（假定麴氏高昌時期有受田的話）與丁中年限上暫仍高昌舊制，但受田制幾乎立即改從唐制，丁中舊制大概延續了十年或更晚一些。我們知道，唐朝對於邊遠地區的土地、賦役制度並不强求與中原一致，西州設置後一個短時期内暫仍舊制是不足爲怪的。由於歷史形成的高昌地區和中原的緊密聯繫，由於統一王朝在西域的威信，西州很快就都遵行唐制。

（原載敦煌吐魯番文書初探，武漢大學出版社，一九八三年十月）

唐西州諸鄉户口帳試釋

新疆吐魯番的阿斯塔那和哈拉和卓一些墓葬出有唐西州諸鄉（部分可以明確爲高昌縣所屬，部分不明）里正申報當鄉户口帳殘片，據文書内容、形式、字跡及其它特點，經過初步整理及綴合，定爲十七件，分别按墓葬録入《吐魯番出土文書》，今列舉目次，並加編號如下：

〔一〕唐貞觀十八年（六四四）西州某鄉户口帳　阿斯塔那一〇三號墓

〔二〕唐西州某鄉户口帳一（草）　同右

〔三〕唐西州某鄉户口帳二　同右

〔四〕唐西州高昌縣寧戎鄉户口帳一　同右

〔五〕唐西州高昌縣寧戎鄉户口帳二　同右

〔六〕唐西州高昌縣武城鄉户口帳　同右

〔七〕唐貞觀年間（六四〇——六四九）西州某鄉户口帳　哈拉和卓一號墓

〔八〕唐永徽二年（六五一）西州某鄉户口帳　阿斯塔那四二號墓

〔九〕唐永徽二年（六五一）後西州某鄉户口帳　哈拉和卓三九號墓

〔十〕唐乾封二年（六六七）西州某鄉户口帳　阿斯塔那五號墓

〔十一〕唐西州某鄉户口帳三　阿斯塔那五號墓
〔十二〕唐西州某鄉户口帳四　同右
〔十三〕唐西州高昌縣順義鄉和平里户口帳　同右
〔十四〕唐西州高昌縣順義鄉禮讓等里户口帳算草　阿斯塔那七八號墓
〔十五〕唐西州某鄉某里(?)户口帳算草　同右
〔十六〕唐西州某鄉户口帳五　阿斯塔那三三〇號墓
〔十七〕唐西州高昌縣某鄉户口帳　阿斯塔那一八七號墓

這類簿帳過去從未發現，它將爲研究唐代籍帳制度和唐初西州户口比例、階級關係提供珍貴的資料。由於殘缺過甚，關於定名、帳式、内容都存在着不少不易明確解釋的問題，尚待進一步探討，本文只是作者在參加整理過程中形成的一些極不成熟的看法，聊備參考而已。

一　帳式及類别

上舉唐西州户口帳十七件，據形式大體可分爲四類，今分别説明並舉例如下：

1. 簡式

帳〖一〗至帳〖六〗六件同出阿斯塔那一〇三號墓。帳〖一〗紀年爲貞觀十八年（六四四）三月。帳〖二〗字跡與帳〖一〗相同；帳〖三〗殘存女口及賤口數字，與帳〖二〗同，乃一式二件，或彼是草稿，此是謄正本。這二件紀年雖缺，很可能和帳〖一〗同在貞觀十八年製成。其他三件均無紀年，形式相同，同出一墓，大概也在貞觀十八年左右。此六件帳式簡單，帳〖一〗、帳〖二〗較完整，今轉録如下：

帳〖一〗

〔前缺〕

1 合當鄉新舊□

2 一千二百□

3 六口新附

4 三百卌四雜任衛士老小三疾等

5 二百八十七白丁見輸

6 二百八十六〔一〕 舊

7 □人 新 附

8 □丁妻黄小女

9 □賤

〔一〕「八十六」原作「九十四」，塗改。

10 □□奴
11 □ 卌 二 婢三新 六十九舊
12 □戶口新舊老小良賤見輸白丁並皆依實後若漏妄連署之人依法罪謹牒
13 貞觀十八年三月　日里正陰曹曹牒
14 里正李□
15 里□

帳【二】

〔前缺〕
1 □□百五舊
2 戶一十七新
3 合當鄉新舊口二千六十四
4 一千九百八十二舊
5 八十二新
6 七百卄三雜任衛士及職資侍丁□〔一〕

〔一〕「七百卄三」本作「六百五十六」，圈去，傍改爲「七百卄三」。

7 二百七十三人　白丁 ▭ 〔一〕
8 二百□十七人　舊〔二〕
9 ☐六☐人　新
10 □百五十二老寡丁妻黄小女
11 一百一十六人　賤
12 □十九人　奴丁新〔三〕五十八舊
13 □□□人　婢三新五十四舊
14 ▭ 白丁並依實後若

〔後缺〕

上録兩件皆前缺，今據帳〖四〗、〖五〗、〖六〗都首出鄉名，次記當鄉新舊户數，又次低格分記若干户舊，若干户新，然後擡格總計當鄉户數，今舉帳〖四〗爲例：

帳〖四〗

1 寧戎

〔一〕「二」旁有「三」字，「七」旁有「卌」字，圈去。
〔二〕「□十七」本作「□四」，圈去，旁改爲「□十七」。
〔三〕「丁」當是「一」之誤。

2　□去年帳後已來新舊户

3　户三百七

4　四　新

5　十九

〔後缺〕

據此推知帳〖一〗缺失首四行，即1行鄉名，2行當鄉新舊户若干，3、4行若干户舊，若干户新；帳〖二〗僅缺二行，即1行鄉名及2行當鄉新舊户若干。帳〖四〗、〖五〗、〖六〗則殘存首部鄉名及户數。帳〖四〗存五行已見上引，帳〖五〗、〖六〗只存首二行。户口帳的第一大項是計户，計户只分新舊，不分丁、中、老、小、寡以及其他類别。這樣的計户形式，比照帳〖十三〗、〖十四〗（見後），帳式是非常簡單的。

第二大項是計口。其先後次序，帳〖一〗與帳〖二〗完全一致，都是在合計當鄉口數後，低格分行計舊新口若干；其次總計當鄉雜任、衛士、老小、三疾、職資、侍丁等不課和課丁不輸口若干；又次總計見輸白丁若干；又次總計女口若干；又次總計賤口若干，後低格分行計奴若干，婢若干。奴與婢下都小字注新若干、舊若干；最後是當鄉里正連署申報的牒文。〔一〕這種計口形式，比照帳〖七〗、〖八〗、

〔一〕唐制，五里爲一鄉，連署應有五名里正，今止帳〖一〗殘存二名，又殘存一「里」字。

〖九〗、〖十〗等，也是非常簡單的。牒文雖良賤並舉，實際却只計賤口總數，並無良口總數。雜任、衛士、老小、三疾下帳〖一〗用一「等」字概括帳〖二〗所有的「職資」、「侍丁」。這一項既有屬於不課口的老小、職資和三疾中的廢疾、篤疾，也有課丁不輸的雜任、衛士、殘疾、侍丁，置於一項下，不加區別，而且只有總數若干，並不分別計雜任若干、衛士若干等，甚至以老小包括老、中、小、黄，三疾包括待遇不同的廢疾、篤疾、殘疾；女口也同樣籠統總計若干，不分計丁妻老寡、中、小、黄女。總之，帳式十分簡單。據帳〖一〗牒文，這是由當鄉諸里正連署上報的文件，顯然，這種簡單形式並非脱略，而是上級要求就只如此。

2. 繁式

帳〖七〗、〖八〗、〖九〗、〖十〗、〖十一〗、〖十二〗、〖十六〗七件分别出阿斯塔那及哈拉和卓五座墓葬。帳〖七〗出哈拉和卓一號墓，同出兼有麴氏高昌時期和唐代文書，唐代文書紀年爲貞觀十四年（六四〇），本件年代大致在貞觀時。帳〖八〗出阿斯塔那四二號墓，同出有永徽二年（六五一）墓誌，據本件終制項下既有「廿三年」，又有「元年母亡」的記載，説明貞觀廿三年（六四九）及永徽元年（六五〇）父母亡者至造此帳時均喪服未滿，推斷造帳應即在永徽二年。〔二〕帳〖九〗出哈拉和卓三九號墓，同出有貞觀年間（六四〇——六四九）手實，本件内記「元年父（或母）亡」，又記「二年白直」，

〔二〕同出有永徽二年墓誌，文書不能晚於本年，故作此推斷。如據服制，則可能是永徽三年所寫。

推斷當寫於永徽二年後。帳〖十〗、〖十一〗、〖十二〗並出阿斯塔那五號墓，帳〖十〗有乾封二年（六六七）牒。同出又有麟德二年（六六五）、總章元年（六六八）文書，帳〖十一〗、帳〖十二〗大致亦當作於麟德、總章間（六六四——六七〇）。帳〖十六〗出阿斯塔那三三〇號墓，同出有咸亨三年（六七二）墓誌，但又有咸亨五年契券，當是合葬墓，另一人死於咸亨五年後。但本件年代疑不晚於高宗時。

以上七件的帳式除帳〖七〗外大致相同。由於殘缺，每件又斷裂爲若干碎片，雖據字跡及内容可斷爲一件，却很難確定各片的先後序列，而且諸帳均爲草稿，原來恐也未必一無錯誤。今比照第一類貞觀年間諸帳，户口大類别基本相同，只是在大類别下又細分子目而已。只有帳〖七〗大類和子目的分法和名稱與他件有較大差異，特别是最後總計各種牲口和車的數量，爲他件所無，而且越出了申報當鄉户口的範圍，此件存在的問題尚待研究。今録帳〖八〗、〖九〗、〖十〗三件如下：

帳〖八〗

（一）

〔前缺〕

1 口一百五十一已上

2 □一百六十五　小男

3 □卅黄男

〔後缺〕

（二）

〔前缺〕

1 口五

2 口七十七老男 口四年八十已上 口七十三年六十已上

3 口二廢疾男

4 男

5 口卌九職資

6 口二十二見□

7 口一十一前庭□

8 口一校尉

9 □三旅帥

10 口四隊正

11 口三隊副

12 口

〔後缺〕

（三）

〔前缺〕

1 ▯一飛□□

2 口一十二雲□□

3 口一十二武□□

〔後缺〕

（四）

〔前缺〕

1 ▯ 一百六年六十已上▯

2 ▯丁寡

3 □二篤疾妻

〔後缺〕

（五）

〔前缺〕

1 口一十三▯

2 口一百一十七▯

3 口一中女篤□

4 口一百六十二小女
5 口㊀卅七黄女
6 口三百卅七賤
7 口二老部曲
8 口一丁部曲
9 口一百五十二奴
10 口廿五老奴

11 口[卅]□□奴
12 口[　　　　][奴]

〔中缺〕

13 口[　　　　][奴]
14 口一百八十二[婢]
15 口一客女
16 口卅三老婢

17 □七十七丁婢

18 □卌中婢

19 □卅小婢

20 □一黄婢

21 □二百九十二□

22 □三縣佐

〔後缺〕

（六）

〔前缺〕

1 □九里正

2 □一州倉督

3 □□州倉史

〔後缺〕

（七）

〔前缺〕

1 囗二渠長
2 □烽帥
3 □道
4 □終制
5 □□廿三年□
6 口十~~廿~~□

〔後缺〕

（八）

〔前缺〕

口五元年母亡

〔後缺〕

（九）

〔前缺〕

1 （口四衛士入職資
2 口一終制入職資）

3 □七十五見在
4 □十課
5 口四破除
6 口三白丁死
7 口一白丁逃走　准式除
8 口五入不課
9 口一[白]丁□
〔後缺〕

（一〇）

〔前缺〕
1 [口]一百一十八從輸入不輸
2 □[白]丁入[殘][疾]
〔後缺〕

（一一）

〔前缺〕
1 □侍

2 [　　]任里正
3 [　　]入衛士
4 [　　]後加白直
5 [　　]白直

〔後缺〕

（一二）

〔前缺〕

1 □七[　　]
2 □五[　　]
3 □五[　　]
4 □卅三[　　]
5 去年計帳以來課不課輸[　　]
6 □[　　]

〔後缺〕

（一三）

〔前缺〕

1 □十三白□

2 □課，入不課

3 □見在

4 □輸

〔後缺〕

（一四）

〔前缺〕

1 □[生]?

2 □一見輸

3 □輸不輸交

4 口一百一十八從輸入不輸

5 口卅七從不輸[入]輸

6 去年計帳以來新附□

7 口七十□

〔後缺〕

（一五）

〔前缺〕

1 口一老男

2 口二老寡被□□

3 口一丁寡被符附

4 賤戶內附

5 從柳中縣附

6 內附

〔後缺〕

（二六）

〔前缺〕

1 四老

2 □九十五

〔後缺〕

帳〖九〗

（一）

〔前缺〕

1 □三□寡

2 口一十㊁□資妻

3 口五十㊁一丁寡

4 口三百（一十□）八丁妻

5 口二丁妾

6 口二篤疾妻

7 口廿一□男妻

8 口卅㊁一□女

二

9 口一百卅〇小女

10 口七十□女

11 □百□

〔後缺〕

（二）

〔前缺〕

1 □□百卌七　課

2 □□百九十一（二百九十五）〔一〕　九十三一　□　不課

3 口㊀一　佐史

4 口　三　里正

5 口廿一　㊁㊂㊄㊃侍丁

6 口九十□　衛士

7 口五十[　]直二年

8 口　四[　]直

9 口五十[　]二年白直

10 口一十□　□水

11 口　廿　四殘疾

〔一〕此行原寫作「□□二百九十五」，「九十五」圈去，旁改「九十三」，十旁又有一「十」字，三下有「一」字。最後一字未圈去，旁改「□□百九十一」。改文當爲「口二百九十一不課」。「課」疑爲「輸」之誤。以下雜任之「佐史」、「里正」、「衛士」、「白直」並屬「課丁不輸」。

〔後缺〕

（三）

〔前缺〕

1 口 ㊄ [   ]

2 口 一 （引）弘 [   ] 道

3 口 二 （引）弘 [   ] 道

4 口 一 遠□未還

5 口 一 州□生

6 口 二 放賤從良給復

7 口 一 十 一 終 制

8 口一元年七□内父亡

9 口一元年九□内父亡

10 口一元年四□内母亡

11 口一元年□□内母亡

12 口一 [   ]

〔後缺〕

帳〖十〗

（一）

〔前缺〕

1 □□□□人□□□□
2 □□□□人□□□□
3 四人新□□□□
4 三□□□□

〔後缺〕

（二）

〔前缺〕

1 □□□□□□［卅］三人　［小男］
2 一十五人　黄男
3 □百卌五人　女
4 三人婦（下殘）
5 廿一人丁寡妻

6 一十八人中□

7 □百八十□

8 □□[人]□

〔後缺〕

（三）

〔前缺〕

1 □人部□

2 三人丁

3 一人小

4 一百九人[賤]

5 五十四□

6 一□

〔後缺〕

（四）

〔前缺〕

1 三　　人　□(下殘)
2 廿　　□　　人
3 四　　人　　老　　婢
4 一　　十　　一　　人　　丁　　婢
5 四　　人

〔後缺〕

(五)

〔前缺〕

1 牒件通當鄉去年帳
2 □前謹牒
3 乾封二年十二月　　日里正牛義感
4 里

〔後缺〕

以上三件均高宗時所造帳，類目分得較細。由於全都殘缺破碎，又都是草稿，其中錯漏，我們察覺到的已有幾處，未能察覺到的更不知多少。各件殘片的先後次序難以確定，現在姑以諸帳相互補充比對，並參考源出唐制的日本延喜大帳式，試行排比，但對於本類帳式仍然存在着不少難以解決的問題。目前所能明確的僅僅下列五點：

一、諸帳都是以鄉爲單位的由五里正聯合申報的當鄉户口帳，必然如簡式帳〖四〗、〖五〗、〖六〗那樣首標鄉名，但本類諸帳均已缺失。

二、比照1類簡式帳〖二〗、〖四〗、〖五〗、〖六〗，3類分里草稿帳〖十三〗、〖十四〗及日本延喜大帳式，諸帳序列應都是先計户，後計口。但本類除帳〖十六〗外，計户部分均已缺失。

三、通過比對，我們知道本類諸帳不論計户或計口，都是先不課後課。〔一〕

四、我們又知道課口計數先課丁不輸，後課丁見輸。

五、諸帳均由當鄉五里正聯署申報。除帳〖十〗外，本類諸帳牒文均已缺失，但每件最後爲牒文無疑。

關於帳式先後序列，我們所能明確的只是這樣一個大概。根據這一大概的瞭解，用以推斷諸帳的先後序列當然是很不够的。特別是帳〖八〗。〔二〕

帳〖八〗現存碎片共二十一，經綴合爲十六段，由於整件碎裂，缺失很多，不相銜接；一片之中文字又多殘損，所以諸段之間，有的彼此關係比較清楚，有的却不易確證。舉個例説，帳〖八〗的一、二、三、四、五、六段是諸色不課口計數，一段爲中、小、黄男，二段2—4行爲老、廢疾（4行缺，應是篤疾）、職資，似乎相銜接，但二段1行却高一格書「口▭」，所缺的是哪種人口呢？高一格意味着

〔一〕 1類簡式良口中男、女口分列，先男後女，所以不課的女口在課丁見輸之後。女口畢，次及賤口故奴婢列最後。本類則女口、賤口均屬不課，列於課口之前。

〔二〕 帳〖七〗暫置不論。

包括下列老、廢疾、（篤疾）職資等不課口，爲什麽在老男前有這樣一個分類總數呢？高一格可能草稿偶誤，但即使與下平格，我們也想不出中、小、黄男與老男間還有什麽按年齡標準規定的不課口，至於老男按通例一般在中、小、黄男之前，如兩段銜接，這裏却在黄男後，也與通例不符。總之，一、二兩段是否銜接存在着問題，而且二段1行究竟寫的是哪一種人口，很難推斷。如果一段與二段不接，那麽一段不課口中、小、黄男的確切位置在哪裏，我們同樣不能推斷。

二段至五段20行記諸色不課口數，包括男口的老男、廢疾、篤疾、職資、及女口、賤口，至20行「口一黄婢」止。20行以下疑有脱漏，今録20至22行如下：

〔前略〕

20　口一黄婢

21　口二百九十二

22　口三縣佐

〔後缺〕

至20行黄婢，賤口已畢，亦即不課口畢，按例不課口賤口畢後，應擡格書「口若干課」。〔一〕本件20行後空一行，疑因寫到這裏時，課口總數還没有計算，因此空了一格。21行「口二百九十二」下缺的恐是「不

〔一〕參考延喜大帳式。

輸」或「白丁不輸」字。帳〖十二〗第二段：

〔前缺〕

1　口八十四不□

2　口十八衛士

3　▯白直

〔後缺〕

1行「不」下應脱「輸」字，衛士、白直並屬課丁不輸。帳〖九〗第二段：

〔前缺〕

1　□□百卌七　課

2　□□百九十一〔二〕　不課

3　口㊁一　佐　史、

4　口三　里　正、

5　口廿一　侍丁〔三〕

6　口九 ⊞　衛士、

〔二〕此處數字一再塗改，已在前録文照寫，今只寫改正數，上缺二字，應是「口二」。

〔三〕「侍丁」上原有「五四」二字，改爲「二三」，又圈去。録文已照描。

〔下略〕

按上引2行「不課」乃「不輸」之誤，以下佐史、里正、侍丁、衛士並課丁不輸。據上引及帳〖十二〗第一二段可以旁證帳〖八〗第五段20行下漏寫「口若干課」，而21行之「口二百九十二」則是不輸課丁數字。

帳〖八〗第六段至第七段1、2、3行自「里正」至「□道」，均屬不輸課丁中的雜任，與五段銜接。4行記終制口數，以下低格書5、6兩行及第八段殘存的一行都是終制項下又細分某年父亡（或母亡）的口數。據帳〖九〗第三段記終制，父母亡不僅記年，而且記月，按理只有年月並記，才能確知服闋日期，帳〖八〗記年不記月，疑是草稿疏漏。屬於課丁不輸的尚有衛士、侍丁、殘疾等已缺失。至於其他不輸色目見於别的户口帳如州縣學生、遠行未歸、放賤從良給復等，諸鄉或有或無，不一定缺失。

如上所述，帳〖八〗第二段至第八段雖中有缺失、脱漏和誤書，先後次序尚可銜接，當然銜接也還只是假定。

據第一二段5行及一四段6行並稱「去年計帳已來」云云，帳〖八〗可能和帳〖十〗一樣都是申報去年帳後户口帳，表明帳後發生的户口變動。據一四段6行「去年計帳已來新附」之文，即知此行之前記的是舊口，此行以下記的是新口。延喜大帳式分别記録「去年記帳定口若干」及「去年帳後已來新附口若干」，可以參證。檢延喜式，去年計帳定口（即舊口）及帳後已來新附口各有不課口、課口，並分列具體的諸色不課口和課丁不輸等名色，帳〖八〗如果也是這樣，就很難判斷二至八段所記諸色不課口及課丁不輸屬於舊口還是新附口，也有可能部分屬舊口，部分屬新附口。因此，即使二至八段根據序列先後原則似乎可以銜接，也未敢自信。

九段以下的先後序列更難確知。所記内容大致爲去年計帳已來發生的變化，包括破除、從課入不課、（應有「從不課入課」，已缺）、見輸、從輸入不輸、從不輸入輸諸項口數。這些變化應都屬於舊口。因爲新附口没有這些問題。延喜式不課口死亡、入課，課口死亡，入不課等只見於「去年計帳定口」即舊口項下，新附口項下無，可證。

記録帳後户口變化，應當也是先不課後課，這一點可以確定。今録第九段如下：

〔前缺〕

1　口四衛士入職資

2　口一終制入職資

3　口七十五見在

4　□十課

5　口四破除

6　口三白丁死

7　口一白丁逃走

8 口五入不課

9 口一白丁[　　]

〔後缺〕

很明顯，這是計帳後課口的變化。入破除的四口，三死一逃。入不課的有五口，此片只殘存「口一白丁」(下缺)。1、2兩行「口四衛士入職資」、「口一終制入職資」，也是「入不課」，是否因書寫地位不合被圈去，實應移在9行後呢？假使如此，入不課便有了六口，多了一口。這一問題暫置不論，總之，這一段記録了課口破除和入不課，兩項都有具體的分計。

第一〇段只有兩行，今録如下：

〔前缺〕

1 口一百一十八從輸入不輸

2 [　　]白丁入殘疾

〔後缺〕

又一一段：

〔前缺〕

1 [　　]侍

2 [　　]任里正

3　□□□　入衛士
4　□□□　後加白直
5　□□□　白直
〔後缺〕

這兩段應相銜接，入殘疾、任里正、入衛士、後加白直都是從輸入不輸。第一一段1行殘存末一「侍」字，應是「入親侍」，5行殘存「白直」疑亦後加白直之類，即帳後配充。

第一二段1、2、3行「口七」、「口五」、「口五」均缺具體名色，可能亦是「從輸入不輸」諸色，與第一一段相連。4行「口卌三」擡格書，疑缺文爲「白丁見輸」。到此爲止，課口諸項變動的具體分計已畢。5行記：

5　去年計帳已來課不課輸□□□□

「輸」下缺文當是「不輸口若干」，疑是舊口的總計，以下第一三段、一四段則是舊口各項變動的分別合計。第一三段1行殘存「十三白」三字，上下均有缺文，所缺何字不明。2行爲「課入不課」口數合計，3行「見在」數，4行殘存末一「輸」字，疑是「口若干見不輸」。第一四段1行殘存一「生」字。户口帳中除課丁不輸下有「州縣學生」外，未見末一字爲「生」的名色，而這段都是分項合計，不應闌入州縣學生口數，疑有誤。2行爲「見輸」口數總計。3行「輸不輸交」，不知何解。4行又見「口一百一十八從輸入不輸」，第一〇段記此數後又具體分計入殘疾等口數，此處只是諸色「從輸入不輸」的合計數。5行「口卅七從不輸入輸」，到這裏記舊口變動的數字已畢。6行轉入第二大項：

去年計帳已來新附

計新附口同樣先不課後課，第一五段1、2、3、4行「老男」、「老寡」、「丁寡」和已抹去的「賤口」均屬不課。5行「從柳中縣附」，何種名色不明。6行殘存末「内附」二字，應是少數族人，通典卷六賦稅下記開元二十五年令：「外蕃之人投化者，復十年。」帳〖八〗雖遠在其前，但開元令亦上承武德令。少數族人内遷給復十年，應屬課丁不輸。

如上所述，帳〖八〗第二至第八段（尚有難以安排的第一段和第一六段），有可能部分屬於新附口項下，但可以確知屬於新附口的僅第一五段。第一段不能確定與第二段銜接，也可能屬新附口。第一六段只有「四老」及「九十五」兩行，不能排斥其爲僅存的計户殘片。

帳〖八〗是諸帳中殘存最多也最難整理的一件。目前我們對於這類户口帳的知識很不够，瞭解非常粗略。日本延喜大帳式固然和繁式諸帳形式基本相同，但本件缺失既多，而且畢竟這是鄉帳，也不宜强爲比附，延喜式只能是一種旁證，雖然是很有價值的旁證。因此，我們上面試行重新安排的諸片序列和一些有關解釋肯定存在若干錯誤，當然談不上原件的復原。

帳〖九〗止殘存二段，爲不課口中的女口部分和課丁不輸中的雜任、衛士以至終制，序列按先不課後課的原則，並無疑問。

帳〖十〗末有乾封二年（六六七）里正牛義感等牒。内稱「牒件通當鄉去年帳」（下缺），申報的似只是去年帳後調查的户口。第一段1、2兩行只殘存一「人」字。3行殘存「四人新」三字，推知前面當有當鄉總口數若干，及若干人舊，已全缺。1、2兩行當是舊口中若干人不課，若干人課。3行「四人新」，4行殘存一「三」字，疑是新口中「三人不課」。第二段爲小、黄男及女口。3行「□二百卌五人女」，「□二」字非「二」即「三」，4行「三人婦」，女口中没有稱爲「婦」的名色，若論序列應是「老寡妻」或「老男妻」，疑有誤。5行丁寡妻，6行「一十八人中(女)」，7行殘存「百八十」數字，中女下本當是小女，但小女不應多於中女十倍，是否「中女」的數字不確呢？中女前没有丁妻，是否草稿把丁妻數寫在中女後了呢？若是丁妻數，又似太少。總之草稿殘缺，現在很難確知。

帳〖十〗最大的問題是第三、第四段。三段1行只殘存「人部」二字，推斷與「部」字相連的只有「部曲」，2、3兩行「丁」、「小」即指丁部曲，小部曲。但4行「一百九人」，下一字唯存右邊「戈」，若是「職」字，職資不可能有這樣多，疑是「賤」字的右下部。但總計賤口不可能在「部曲」之後，3、4兩行間有粘接縫，可能4、5、6行本在前，後人於背面作他文書時，〔一〕剪接舊紙，以致顛倒。假使如此，則5行「五十四」是奴的數字，6行殘存「一」字，及以下缺文爲老、丁、中、小、黄奴若干。然後接1、2、3行部曲，再接第四段。第四段1行「三人□」，或仍是某色部曲數。2行「廿□人」，爲婢，3行老婢，4行丁婢，5行「四人」，當是小婢，以下或當有黄婢、客女已缺。若如上說，則第三段分

〔一〕本件背面爲唐趙惡奴等户内丁口諸役文書。

兩片，次序當移易如下：

（三）

〔前缺〕

1 一百九人 賤

2 五十四 ▭

3 一 ▭

〔後缺〕

（四）

〔前缺〕

1 ▭ 部 ▭

2 三人丁

3 一人小

〔後缺〕

（五）

〔前缺〕

1 三 人 □（下殘）

2 廿□　人▯
3 四　人　老　婢
4 一　十一　人　丁　婢
5 四　人▯

〔後缺〕

以下第五段牒文改成第六段。這樣移動，似乎易於通讀，但關鍵的「賤」字尚在疑似之間，第三段剪接顛倒也只是推測，且奴數達五十四，而婢止二十餘，似亦不稱，今第三段姑仍原狀。

3. 分里式及算草

本類有帳〖十三〗、〖十四〗、〖十五〗。帳〖十三〗出阿斯塔那五號墓，同出有上録帳〖十〗乾封二年（六六七）户口帳及麟德、總章文書，本件當亦在高宗時。帳〖十四〗、〖十五〗爲算草，出阿斯塔那七八號墓，同出有唐貞觀十六年（六四二）嚴懷保妻石氏墓誌及貞觀十四年（六四〇）手實，但此墓夫婦合葬，嚴懷保屍在外，應是後死，則本件也不能確定在貞觀十六年前，然年代亦不致距離太遠。今録帳〖十三〗、〖十四〗如下：

帳〖十三〗

（一）

〔前缺〕

1 ［　　］和平里

2 ［　　］管户八十［　　］

3 ［　　］管户八［　　］

〔後缺〕

（二）

〔前缺〕

1 □八［　　］

2 户四［　　］

3 户四［　　］

4 户十［　　］

5 户二［　　］

6 户五十［　　］

7 户［　　］

8 户［　　］

9 合今年新舊户［　　］

10 口三百八十［　　］

11 ロ□百一□——

〔後缺〕

（三）

〔前缺〕

1 ——□老（下殘）

2 ——廢　□

〔後缺〕

（四）

〔前缺〕

1 ——中——

2 ——小——

3 ——四　九——

〔後缺〕

（五）

〔前缺〕

1 ——賤口

2 九（下殘）

3 十一（下殘）

4 六 老（下殘）

5 年

6 年

〔後缺〕

（六）

〔前缺〕

1 口 □百

2 口 一 十

3 口 廿

4 口 七 十 五

5 口 卌 五

6 口 一

7 口 六□

8 口 一 十 一

9 口一功□

10 口一□

11 □五□

12 □十三□

13 □一□

〔後缺〕

【十四】帳

〔前缺〕

1 順□

2 老□

3 次户□

4 小户尚□

5 和平

6 老户尚　寡户-

7 丁户尚尚尚尚尚尚尚　小户尚

8 次户-

9　禮讓　老尚

10　□□尚尚尚尚尚尚𡴀寡业

11　（小尚）

以上兩件，一是高昌縣順義鄉和平里户口帳，又一是高昌縣順義鄉所屬順義、和平、禮讓三里的計户算草。唐代籍帳都以鄉爲單位，但鄉却不置主管户口租調力役的鄉官，〔一〕這些職務分屬所管五個里的里正。據上引帳〔一〕和帳〔十〕牒文，户口帳是由五個里正聯署申報的。可以設想，在製定當鄉户口帳之先，每個里正必定要把本管一里的户口調查清楚，五里彙合統計，才按鄉造帳。帳〔十三〕應是順義鄉所管和平里的里正爲造順義鄉户口帳而提供的。本件殘缺已甚，但從殘存的片言單字看來，其形式爲先計户，次計口；先不課、後課；先不輸、後輸，與第二類繁式當鄉户口帳同。第一段至二段9行爲計户。10行11行可能是當里口若干及口若干不課。三、四、五三段並不課口。唯五段5、6兩行殘存一「年」字，此段是賤口，他帳並不計年齡，不知何解。六段共13行，9行存「口一功」三字，餘10行只殘存口數。「功」字下缺，若是「功曹」，不論州縣，應屬職資，則次序應移前。但並不能確定，且先後名色均不知，今暫列於後。

〔一〕貞觀九年（六三五）曾設置鄉長，鄉佐，十五年（六四一）廢罷，但有耆老（亦稱父老）一人。見通典卷三三鄉官條。按父老實不治事。

帳〖十四〗是順義鄉和平、禮讓等里的計户算草。必是在造順義鄉户口帳時根據諸里提供的分里帳，作此算草，以便合計當鄉諸色户口。帳〖十五〗與帳〖十四〗同出一墓，殘存三行，1行有「老小寡」三字，2、3行並是「點尚字」，〔一〕内容大致與帳〖十四〗同，但字跡似非一人所書，故定爲二件。

4. 損益帳式

帳〖十七〗出阿斯塔那一八七號墓，同墓所出有紀年文書最早爲垂拱三年（六八七），最晚爲天寶元年（七四三）。年代比其他各帳都晚。字跡工整，左邊蓋有「高昌縣印」，應是縣司所造正式籍帳，與上述當鄉户口帳形式不同。今録如下：

帳〖十七〗

〔前缺〕

1 三　人　黄　（下殘）

2 吴君定妻生女六念　員海隆妻生女

3 □　人　「　死　」

4 □　□　男　」

〔一〕「點尚字」是唐代計數方法，「尚」字共十筆（「ㄱ作二筆），每筆代表一個相等的數量，每畫一筆相當於下一筆，亦如今天畫「正」字點數。帳〖十四〗之「小户小」等於小户三，「老户尚」等於老户七。參蔣禮鴻敦煌變文字義通釋。

〔後缺〕

按其他諸户口帳都只有合計某項名色的數字，不具姓名，又增生屬新附，死屬破除，連在一起，他帳未見其例。1行記「三人黄」，2行只存二人。均是生女，疑1行「黄」下缺一「女」字，2行下缺「某人妻生女某」。既有新生黄女，當亦有新生黄男及其他新附口。3行記若干人死，4行記男口死亡數，其下當亦記姓名，既記男口死亡，自當有女口死亡數。死亡屬破除，而破除又有逃走等名色。凡此前後殘缺，不可確知。

這是否是專記帳後新附和破除的簿帳呢？吐魯番出有唐〔至德二載（七五七）?〕交河郡户口損益帳?〔二〕似屬此類，今録如下：

〔前缺〕

1 　　　　　　□　　□　　天拾叁載籍□□□

2 □奴𡢃載　拾　貳　歲　小男「□」　同前身死虚存應在

3 姑舍利載伍　拾　肆歲　丁女「□」　同前身死虚存應在

〔二〕池田温中國古代籍帳研究，第二六二頁。

4　男獻祥載　　叁　　歲　小男　天拾肆載帳後新生附

5　妻劉載　貳拾陸　　歲　□「□」

〔後缺〕

本件也是死亡與新生附連接記載，但却是逐戶記注，而帳〖十七〗至少是一個鄉的新附、破除合計。是否可能先有如上引的逐戶損益帳，又在此基礎上合爲如帳〖十七〗那樣的每鄉的戶口損益帳呢？

二　戶口帳和計帳

這類戶口帳，不論哪一種帳式，過去在吐魯番、敦煌等地從未發現，史籍也未見明文。帳的內容都是以鄉（或里）爲單位的戶口統計。帳〖一〗和帳〖十〗的牒文，說明本件是由里正申報上級（縣司）的當鄉諸色戶口數字，據此，我們稱之爲某鄉（或某里）戶口帳。

這些帳具有紀年的只有貞觀十八年（六四四）和乾封二年（六六七）兩件，其他可據內容推知的爲永徽二年（六五一）和永徽三年帳後。除帳〖十七〗年代較晚外，其他諸帳似都在唐初。至少可以認爲在那時諸鄉申報各項戶口的統計是一種經常性的制度。

統計諸色戶口數字是計帳的一項內容，甚至是計帳的主要組成部分。敦煌所出西魏大統十三年（五四七）計帳A部就具有這種統計當鄉新舊、男女、良賤、課不課、見輸課丁等諸色人口的部分。〔一〕日本現存古代計帳，如天平五年（七三三）右京計帳、神龜三年（七二六）山背國愛宕郡雲上里計帳、山背國隼人計帳等雖未見每里（相當於唐代的鄉）諸色户口總計，却每户都有本户去年計帳定口、帳後破除及新附口、今年計帳定口，並具不課口、課口、見輸見不輸的口數。〔二〕恰好相反，這些户口帳只書一鄉諸色户口合計數，而不具一家一户的人口。比較接近於這些户口帳式的（特别是「繁式」）是日本的所謂「大帳」，日本池田温氏曾經提到延喜大帳式和阿波國計帳，延喜大帳式文繁，今只引阿波國計帳如下：〔三〕

户壹拾貳不課

户叁耆老口舊

户陸小子口舊

户貳廢疾口舊

户壹寡妻口舊

户伍課

户貳進中男口舊

〔一〕池田温中國古代籍帳研究，第一四九——一五〇頁，第一五二——一五三頁。

〔二〕並見日本寧樂遺文上卷計帳類及大日本古文書第一卷所録。

〔三〕大日本古文書第一册，第五四九——五五〇頁。原注：「計帳年月未詳。」

户壹小子户内割得課丁口舊
户貳寡妻户内割得課丁口舊
都合今年計帳新舊定見户伍仟陸拾捌
户壹伯叁拾不課棄去年七
户壹佰貳拾壹舊
户壹八位
户壹拾捌耆老
户叁拾小子
户伍篤疾

本件只殘存計户部分，計口部分已缺，但可以推知與延喜大帳式一致。其計户部分可與帳〖十三〗、〖十四〗、〖十五〗互證。我們所見繁式諸帳計户部分已缺，我想應與阿波國計帳基本相符或類似。但這是國帳或大帳，日本之國相當於唐之州，而這些户口帳却只是以鄉爲單位的鄉帳。很明顯，這些户口帳是由里正申報縣司的，是否可能唐代有一套自下而上，以鄉爲基礎的縣成於州，州成於户部的這種類型的户口帳呢？這種類型的州帳是否相當於日本的國帳或大帳呢？

當然，這一類型的鄉帳申報的只是户口，那麼以此爲基礎的大帳——假如唐代也有大帳的話——是否也只有諸色户口統計呢？我們知道大統計帳即使只論A部除了諸色户口統計以外，還有租調税役和受田的統計，更不論逐户記名年身分及租調受田的B部了。至於日本延喜大帳式在帳末也有如下的徵收庸調物總額：

都合今年計帳，調絹、絁、布若干匹端，庸布若干段，其物若干斤。

阿波國計帳已殘缺，想必也同延喜式最後附上庸調物總額。唐代如有大帳，是否除主要記載户口之外也還有一個租調庸總額？然而作爲基層上報的鄉帳却没有這一項。

如果唐代也有像日本大帳型那樣以諸色户口統計爲主的州的計帳，這些計算户口的鄉帳，不管怎樣總爲造大帳型州帳提供可以依據的資料，而且甚至成爲它主要部分的組成部分。

日本延喜大帳式包括去年帳定户口，去年帳後户口變動，今年計帳定户口，共三大部分，已如上述。這些户口帳怎樣呢？帳〔一〕1行稱「合當鄉新舊」，帳〔二〕3行稱「合當鄉新舊口二千六十四」；帳〔一〕尾部牒文開頭幾個字已缺，參考1行，似可補爲：

〔牒件通當鄉〕户口新舊老小良賤見輸白丁並皆依實，後若漏妄，連署之人依法〔受〕罪。

謹牒。

帳〔二〕牒文已缺，推想亦同帳〔一〕。這二件申報的似乎只是本年户口，但都前有缺文，是否可能缺失去年帳後部分呢？帳〔四〕：

寧戎

2 □去年帳後已來新舊户

帳〖六〗：

1 武城鄉

2 合去年帳後已來

似乎申報的只是去年帳後户口變動情況，但後面全都缺失，是否在去年帳後户口之後缺失了本年户口呢？如果以帳〖一〗、〖二〗與帳〖四〗、〖六〗湊合起來（不嫌張冠李戴），豈非包括了去年帳後與今年計帳定口兩部分麽？帳〖八〗首尾皆缺，其中却一稱「去年計帳已來課不課」，再稱「去年計帳已來新附」，似乎申報的只是去年帳後户口變動，但仍難以確定。比較明確的是帳〖十〗，本件尾部牒文殘存如下語句：

1 牒件通當鄉去年帳

2 □前。謹牒。

1行「帳」下缺「後」字，帳〖十〗申報的像只是去年帳後的當鄉户口。根據這一牒文，似乎當鄉去年帳後的户口和今年帳定户口是分別申報的。假使此説可以成立，則帳〖一〗、帳〖二〗申報的是今年帳定户口，帳〖四〗、〖六〗、〖八〗則是去年帳後有了一些損益變化的户口。

從申報時間上我們還看到存在着差異。帳〖一〗牒文後記的年月爲「貞觀十八年（六四四）三月」，而帳〖十〗牒文記年月爲「乾封二年（六六七）十二月」。申報年月差異應該不是偶然。是前後制度有改變麽？是否由於申報内容有今年帳定户口和去年帳後户口之異呢？唐六典卷三户部郎中員外郎條稱：「每歲一造計帳，三年一造户籍。」注云：「諸造籍，起正月，畢三月。」[一]這裏説的雖是造籍期限，造計帳應亦相同，同書卷一尚書都省左右司郎中條稱諸州應上報朝廷的各項文書，包括計帳在内都「附計帳使納於都省，常以六月一日，都事集諸司令史對覆」。據此知由計帳使送往長安的計帳及其他文書必須於六月一日以前交納給尚書省。計帳使自本州出發之期，道里遠近不齊，可能很不一致，像西州那樣邊遠州，計帳使出發時期不能遲，上送的計帳必須如期在三月完成無疑。這裏却存在一個問題，帳〔一〕、〔二〕是里正向縣司申報的鄉帳，遲至三月，那時州帳勘造已畢，不僅對造帳起不了任何作用，而且今年户口，州司縣司已有新造計帳可憑，何須諸鄉申報。

是否可以認爲這些户口帳别有用途，與造帳無關。也許是這樣，但是把全部户口分類統計、造籍不需要，造差科簿也不需要，給田、青苗等簿更是文不對題，户口帳的内容和形式與計帳最接近，也只有造帳需要有這樣的户口統計資料。因此，三月州帳畢功時申報就不好解釋了。難道貞觀年間的造帳籍時間較晚麽？這一問題暫時只好存疑。

乾封二年帳的申報月份在十二月，正好趕上正月上旬縣司造帳的期限。但這裏却也有個問題。本件牒文説明申報的是去年帳後的户口統計。所謂「去年帳後」只可能指乾封元年三月帳畢之後。這個「去年帳」早在去年六月一日前納尚書都省。今年即乾封二年三月也已造了新帳，同樣於本年六

[一] 唐會要卷八五籍帳條引開元十八年（七三〇）十一月勑稱：「諸户籍三年一造，起正月上旬，縣司責手實計帳，赴州依式勘造。」

月一日前納尚書省訖。乾封二年十二月申報的帳後户口理當指本年三月帳定户口之後的損益變化，没有理由去追溯早已失效的隔年陳帳。我們推斷帳〖十〗牒文所謂「去年帳後」，實際上是指今年（即乾封二年）帳後，其所以寫成「去年帳後」可能是習慣用語，户口帳以及其他形式的鄉帳都是爲了縣司明年正月造籍造帳提供資料，〔一〕到了明年正月，本年帳當然已是去年帳了。

三　西州的不課口和奴婢部曲客女

户口帳式是先不課後課，不課的範圍法令有明文規定。通典卷七丁中引開元二十五年（七三七）户令云：

> 諸户主皆以家長爲之，户内有課口者爲課户，無課口者爲不課户。諸視流内九品以上官，及男子年二十以上（下），老男、廢疾、妻妾、部曲客女、奴婢皆爲不課户（口）。無夫者爲寡妻妾。

按「男子二十以上」不可通，「上」乃「下」之訛，二十以下指中、小、黄男；「廢疾」下脱「篤疾」；「皆爲不課户」的「户」乃「口」之訛，誰都知道部曲、奴婢隸屬於主人，不能獨立成户。所云「視流内九品以

〔一〕新唐書卷五一食貨志一稱：「凡里有手實，歲終，具民之年與地之闊陿爲鄉帳。鄉成於縣，縣成於州，州成於户部。又有計帳，具來歲課役，以報度支。」按食貨志綜合删改唐六典卷三、通典卷六等有關記載而成，意思很不清楚。所云「歲終」製訂的鄉帳具載居民名年和「地之闊陿」，和户口帳截然不同。那是另一種申報縣司爲明年造籍帳之用的鄉帳，也在十二月即歲終申報。

上官」即户口帳與其他籍帳中常見的「職資」。

户口帳中的不課口不外通典所引唐令，今不贅述，值得一提的是西州地區中男年歲下限問題。據帳〖八〗第一段1 行中男年歲下限爲十一歲，與唐武德七年令「十六爲中」不符，而上同北周、隋初之制。我們認爲這是唐初因襲麴氏高昌之舊。又據帳〖二〗5 至7 行，知中男年歲下限已改爲十六歲，與法令相符。這一問題我在吐魯番所出唐貞觀十四年手實中的受田制度與丁中問題一文中已作了探討，這裏從略。〔一〕又帳〖八〗第二段2 行老男分六十已上和八十以上，乃因八十歲給侍丁之故。〔二〕

天寶年間不課口在總人口中比例是非常之大的。通典卷七歷代盛衰户口記天寶十四載(七五五)户口數稱：

管口總五千二百九十一萬九千三百九

不課口　四千四百七十萬九百八十八

課　口　八百二十萬八千三百二十一

不課口占總口數的百分之八十四强。〔三〕由於殘缺，我們不能確知這批户口帳所反映的唐初自貞觀以

〔一〕 此文已收入本書。

〔二〕 唐六典卷三户部郎中員外郎條。

〔三〕 舊唐書卷九玄宗紀下天寶十三載，歲末稱「口五千二百八十八萬四百八十八，　四千五百二十一萬八千四百八十不課，七百六十六萬二千八百課」，不課口的比例更大於天寶十四載。

至高宗統治期間不課口在當鄉總口數的比例，我們估計大致要少一些。今按帳〖二〗女口「□百五十二」，「百」上必缺「九」字。〔一〕女口九百五十二加賤口一百十六，已得一千六十八。唐制一鄉五百户，以平均每户一丁計（見下節）則課丁共五百人，減去已知白丁見輸二百七十三人，則不輸課丁爲二百二十七人；本帳記不課男口與不輸課丁合計爲七百二十二人，七百二十二人減去不輸課丁二百二十七人，爲不課男口四百九十五人。女口及賤口合計一千六十八，加不課男口四百九十五，當鄉不課口共一千四百四十七人，占當鄉總口數百分之七十强。再就帳〖八〗殘存的諸色不課口數字試作一粗略推算，今列表如下：

唐永徽二年（六五一）西州某鄉户口帳不課口表

身分	類別		口數
良口男	中男	年（十六已上）	?
		年十一已上	一〇五
	小男		一六五
	黃男		三〇
	老男	年（八十已上）	?
		年六十已上	七七
	廢疾		二
	（篤疾）		?
	職資		四九
良口女	（老寡）	年（八十已上）	?
		年六十已上	一〇六
	丁寡		?
	篤疾妻		二
	?		一三
	（中女？）		一一七
	小女		一六二
	黃女		三七
	（丁妻）	原缺	?
賤口	奴		一五二
	婢		一八二
	部曲		三
	（客女）	原缺	?

〔一〕本帳記不課男口與不輸課丁合七百二十二，白丁見輸二百七十三，賤口一百十六，加女口九百五十二，共二千六十三，較總數只少一口，疑草稿偶誤。

據上表，除數字缺失之中男十六已上、老男八十以上及篤疾外，不課男口共四百二十四人。老男年八十已上及篤疾大概不過數人，當時十八歲進丁仍依高昌舊制，十六至十七歲的中男不會太多，大概不過數十人。〔二〕四百二十四加上缺失數字的三項，估計不課男口爲五百人左右。女口除數字缺失的老寡年八十已上，丁寡及名色和數字都缺的丁妻外，共四百三十八人。老寡八十已上不過數人，丁寡估計也不會太多，丁妻却是大量的，數字雖缺，我們本來可以據課丁數加以推斷，但恰好課丁數脱漏，只有一個不輸課丁二百九十二人的數字，這裏又只能據一鄉大致五百户，每户平均一丁計算，按唐初情況，似不算過高；又據上表，本件中、小、黄、老男合計約止四百人，那時以十八進丁，丁數可能多一些，但也不至遠多於全部不課男口，擬爲五百人也不算過低。這樣，課丁中有的單身無妻，估計丁寡及丁妻大致接近五百。已知女口數四百三十八，加丁妻五百，女口不超過一千人。〔三〕加不課男口五百，再加賤口三百三十七，不課口合一千八百三十七，取整數一千八百人。課口五百人加不課口，當鄉總口數合二千三百人。不課口占總口數百分之八十弱，高於帳〔二〕，而略低於天寶末年的不課口比例。

當然，我們的估計多少帶有主觀臆測的成分，但唐初西州不課口數占總口數的比例低於天寶末

〔二〕 帳〔十一〕第三段有「口十一年十八已上」一行，雖是隨意書寫，仍係抄自本件（見拙撰唐貞觀十四年手實中的受田制度和丁中問題，本文已收入本書）。這時已改從唐制，以二十一歲進丁，自十八至二十的中男當鄉止十一人，可以比較本件十六至十七的中男數。

〔三〕 男口不課和課口合計也是約一千人。

年，也許不致大誤。

還有個問題需要解釋一下。上文我們提到帳〔八〕第一、二段未必銜接，還提到並不排斥帳〔八〕可能包括去年帳後和今年帳定户口兩項，而上列表中却並未考慮這一點。其所以不考慮是因爲去年帳後發生的户口損益變化必然反映在今年帳上，今年帳即是據去年帳後損益情況製訂的，因而具體各色人口數字，不可能有多大出入。

值得注意的是唐初西州人口中奴婢占有相當高的比例。

唐代賤口包括奴婢和部曲、客女。簡式諸帳大抵在貞觀間，都不見部曲、客女，只有奴婢。帳〔二〕比較完整，當鄉總口數爲二千六十四，奴婢口一百一十六，其中奴五十九，婢五十七，占當鄉總口數百分之五點六。帳〔一〕總口數一千二百餘，奴婢合計數及奴數均缺，殘存婢數爲七十二，已占總口數百分之六。比照帳〔二〕、帳〔八〕，奴與婢數大致相等，那就占了總口數百分之十二，超過帳〔二〕一倍有餘。如上所述帳〔八〕賤口共三百三十七，其中奴一百五十二，婢一百八十二，此外有部曲三人。我們估計當鄉總人口數約二千三百人，賤口數（實即奴婢，部曲微不足道）占了百分之十四點七弱。

上舉三例，奴婢數量不同，但即使像帳〔二〕那樣占總口數的百分之五點六，也還是比較高的。我們還可以從吐魯番所出其他籍帳觀察唐初這一地區的奴婢數量。

1. 阿斯塔那七八號墓所出唐貞觀十四年（六四〇）李石住等手實。本件殘存八段，可能是八户。〔一〕其中兩户（假如每段爲一户的話）户内人口全缺。其他六户，除李石住户外，户内人口均不全，而家有奴婢的即有三户。

A. 缺名（女黑婢）户。前中後皆有缺文，户内人口不全，殘存六口，内奴婢四口，計小奴一，□（老）婢一，丁婢一，小婢一。小奴後中缺，可能中間尚有奴婢。

B. 缺名（老男）户。前後皆缺，户内人口不全，殘存十口，其中老奴一。由於後缺，可能尚有奴婢缺失。

C. 缺名（中男）户。前中後皆有缺文，户内人口不全，殘存九口，其中奴婢七口，計丁奴二，丁婢五。由於後缺，丁婢後可能尚有中小婢缺失。

2. 哈拉和卓一號墓所出唐西州高沙彌等户家口籍。〔二〕本件殘存七户，其中四户有奴婢，三户無。

A. 弟弟户。户内五口，内婢二口，一缺年歲，又一年廿一，當是丁婢。〔三〕

B. 辛延憙户。户内十一口，内婢一口，缺年。

C. □武仕户。户内三口，内婢一，殘存「年伍」，下缺，疑年伍拾餘，尚是丁婢。

〔一〕除李石住和安苦咖延兩户外，其他六段，有的只有牒文，有的只有家内人口，也有的只有田畝四至，有可能相互綴合，不能保證每段爲一户。

〔二〕參考附表一。本件紀年已缺，同墓兼出麴氏高昌及唐貞觀十四年（七四〇）文書。

〔三〕本件於「婢孝女」下接書「鼠□史□廿一」，上雖無婢字，既與婢連接書寫，知亦是婢。

D. 孟海仁户。户内十口，内奴婢四口，計小奴一、老奴一、中婢一、老婢一。

3. 哈拉和卓三九號墓所出唐貞觀二十一年（六四七）帳後□苟等户籍。本件殘存□苟一户，户内七口，内中奴一。

4. 同上墓所出唐貞觀年間（六四〇——六四九）户籍。本件殘存缺名（男世達）户一，户内人口不全，殘存八口，内奴婢六口，計中奴一、小奴二、黄奴一、丁婢二。

5. 同上墓所出唐□慶友等户家口田畝簿。〔一〕本件共二段，第二段三户均無奴婢，可能缺失；第一段殘存二户，均有奴婢。

A. 缺名户。户内人口不全。殘存三口，皆奴婢，計小奴一、丁婢一，又奴一年已缺。〔二〕

B. □慶友户。户内六口，内奴一（缺年），丁婢一。

以上據唐初籍帳五件，説明貞觀以及稍後一段時期西州擁有奴婢的人户是數見不鮮的。當然，擁有奴婢人户在全部人户中總還是少數，比如阿斯塔那一五號墓所出唐何延相等户家口籍也是唐初簿籍，二十九户中有奴婢的一户也没有。户口帳和其他籍帳所反映的情況僅僅説明唐初西州奴婢在當州全部人口中占有較高的比例而已。是哪些人户才擁有奴婢呢？豪族官僚自不待論，像上面所舉諸例，家有一、二奴婢的通常也不

〔一〕本件紀年已缺，與上引貞觀户籍及帳（八）同出，當是唐初簿帳。

〔二〕户内人口殘存「奴秋誠」年缺，其下「都真年十一」，應是小奴，另行起名缺、殘存「年卅三」字，既在小奴之下，疑是丁婢。

是一般農户。阿斯塔那五〇九號墓所出唐開元二十一年(七三三)西州蒲昌縣定户等案卷,存下上户四户,其中除一户無賤口外,老男韓君行户有丁部曲一人,餘二户各有一婢,一老婢、一丁婢。這雖是蒲昌縣一個鄉的情況,年代也較晚,但也可以參證西州下上户擁有個别奴婢或部曲的較多。杜佑説過,唐代人户大抵爲八、九等,〔一〕這一點在目前見到唐代户籍和差科簿上也可以證實,不論西州或沙州,下上户是比較少的。這幾家下上户所有的奴婢、部曲固然只是一名,但也不像是一般農民。至於上舉五件籍帳中,有的人户擁有奴婢四至六人,那就更不用説了。

唐初西州的奴婢毫無疑問是麴氏高昌遺留下來的。我們知道唐代内地奴婢仍有一定的數量,但在總人口中不可能有那樣高的比例,即使唐代以前也是如此。敦煌所出斯六一三號西魏大統十三年(五四七)計帳,在五十八男女課口中只有丁婢一人;不課口總數已缺,殘存女口計黄、小女和老寡妻、寡妻四十七人,而只有小婢一人。西魏時奴婢受田,還經常作爲賞口,其數量應較唐代爲多,但據大統計帳,那時瓜沙奴婢數量遠不能與唐初西州相比,至於唐代沙州户籍,年代一般較晚,奴婢在户籍上簡直絶無僅有,〔二〕就不待論了。

〔一〕通典卷六賦税下稱「税錢約得二百餘萬貫」,注云:「大約高等少,下等多,今一例爲八等以下户計之。」又於叙江南折租布後注云:「大約八等以下户計之。」

〔二〕沙州户籍上唯一著録奴婢的特例即人所熟知的,見於唐大曆四年(七六九)敦煌縣懸泉鄉宜禾里手實的索思禮户。這一家父任别將,應爲折衝,擁有丁奴三人(一已死),丁婢一人,但却列入下中户。

西州地區的奴婢可能直到玄宗統治時仍然比較多的。〔一〕但總的説來，永徽以後即有減少的跡象。這在户口帳上雖然還看不出來，我們試行考察一下高宗統治後期以後的出土籍帳，就不難看出這一跡象。

阿斯塔那三五號墓所出武周載初元年（六八九）高昌縣甯和才等户手實存二十四户，其中十六户人口缺失，餘八户中二户有賤口：即翟急生户有部曲一人、樂事一人；〔二〕康才寶户有丁婢一人。又同墓所出唐神龍三年（七〇七）高昌縣崇化鄉點籍樣，存五十户，僅一户有婢一人（缺名户）。〔三〕

我們還考察了吐魯番所出，自總章元年（六六八）至開元十九年（七三一）記有户口的籍帳十五件，共三十四户。其中家有奴婢的三户：1. 阿一八四號墓所出唐開元二年（七一四）帳後柳中縣康安住等户籍，内大女令狐伯香户有丁奴一；2. 阿一九二號墓所出唐奴安保等殘户籍缺名户有丁、中、黄奴各一人；3. 阿二一六號墓所出唐奴宜保等殘籍帳，殘存小奴三人。我們又據日本池田温氏中國古代籍帳研究所録日本收藏的主要是自武后以至玄宗開元間的西州籍帳十四件，〔四〕共

〔一〕阿斯塔那八三號墓出有唐先天二年隊頭汜承素申報當隊軍名牒及其他有關軍事文書七件。從這些文書中我們見到一支由良人、奴、部曲混合編制的隊伍，據汜承素牒，他所領的隊，包括破除、見在及點身不到人殘存三十九人，其中奴十一人，部曲五人，共十六人，良人二十三人，奴和部曲約占本隊五分之二。

〔二〕參考附表二。樂事見舊唐書卷一八六上酷吏侯思止傳。法令未見此種名色的依附人口。

〔三〕參考附表三。

〔四〕池田温中國古代籍帳研究，第二三五——二五五頁，録文一七——四八，内户口缺失的不計。

十九户。其中有奴及部曲者二户：A．録文三〇（二四五頁）唐開元四年（七一六）西州柳中縣高寧鄉籍缺名户，有丁奴二，老奴一；[一]B．録文三九（二五一頁）唐開元十六年（七二八）西州籍缺名户有丁部曲二、部曲妻一、丁部曲男三、中部曲男一（？），又一年叁拾玖，身分不明。

以上我們考察了載初手實、神龍點籍樣以及國内外所藏自高宗總章至玄宗開元間籍帳二十九件，計共一百十三户，家有奴婢部曲的八户，雖然仍占一定的比重，但較之貞觀及稍後籍帳中所見，有所減少。我們認爲這也是歷史傾向的反映。

從這些籍帳中，我們看到另一種情況，即部曲數字有所增加。部曲、客女作爲法定的賤口名稱大致在北周時，[二]唐律非常具體的規定了部曲的賤口身分和法律待遇，但史籍却絶未見到明確的有關記載。帳〖八〗永徽二年户口帳第一次出現與奴婢並列於賤口的部曲客女，數量很少，賤口三百三十七人中部曲只三人。麴氏高昌時期的出土文書上絶未見過部曲，肯定那時並没有稱爲「部曲」的賤口，所以也不見於帳〖一〗、〖二〗和其他貞觀間籍帳。帳〖八〗所記部曲客女數字是微不足道的，但却是籍帳上第一次出現，也是出土唐代文書中，第一次以法定賤口身分出現。帳〖十〗乾封二年户口帳

〔一〕本件殘存六户。
〔二〕周書卷六武帝紀下建德六年（五七七）十一月詔：「自永熙三年（五三四）七月已來，去年十月已前，東土之民，被抄略在化内爲奴婢者；及平江陵之後，良人没爲奴婢者，並宜放免。所在附籍，一同民伍。若舊主人猶須共居，聽留爲部曲及客女。」詔書明確説明部曲、客女是仍無户貫，與主人同居的釋放奴婢。

所記的部曲至少四人，而這一鄉的奴婢數遠少於帳〖八〗。據阿斯塔那三五號墓所出武周先漏新附部曲客女奴婢名籍被括附的賤口計奴二十三人，婢三十二人，部曲三人，客女六人，不明一人，此外還有樂事一人，共六十六人。其中部曲客女九人，占總人數百分之十四弱。這個比例較之帳〖八〗是大大提高了。

應當指出這些部曲客女和奴婢至少不小一部分是從寄莊括附的。〔一〕阿斯塔那一八七號墓所出唐奴婢部曲名籍殘存五行，今録如下：

〔前缺〕

1 ▭部曲馬▭　　部曲曹隆行□九

2 ▭廿六　奴典倉廿一　　奴元富廿一

3 ▭婢和勝卅八　㊛㊙㊫㊀㊇

4 ▭奴婢十並□京宅

〔一〕本件裂爲二段，第一段括附漏口三批，每一批後都有説明「右件口並漏」云云。第一批後的説明已殘，第二批的説明有云「已從寄莊處通(下缺)」，第三批後則云「寄莊已從(下缺)」，雖然殘缺，可以推知這批漏籍的部曲客女奴婢是從寄莊括附的。第二段只一批，後面的説明完整，稱：「右件部曲客女奴婢等先漏不附籍帳，今並見在，請從手實爲定，件録䍃名如前。」内不云「寄莊」，可知所録漏口分批括出，有的自寄莊括附，有的則是從一般居户中括附。

5 ▢▢四 部曲史▢▢

〔後缺〕

所謂「京宅」指長安宅，主人在長安和西州兩地有宅，本件是合計兩宅奴婢部曲的名籍。4行「奴婢」上當缺「部曲」二字，此行乃合計在京宅的部曲奴婢共十人，今殘存部曲二人，奴二人，婢二人，其一塗去。2行「廿六」上當缺一奴名，則奴三人，奴婢共五人，計部曲亦當有五人，始合十人的數字，因知前缺部曲三人。5行下當是計西州宅部曲奴婢數。5行當是二部曲，並殘，以下是否還有部曲，不可知，但必然還有奴婢。這一家兩地有宅，擁有部曲、奴婢至少有十餘人，當然不是尋常百姓，若非入仕西京的西州豪族，即家在長安，西州寄莊的高官。從這件名籍看來，在京宅的部曲數字超過了奴。當然這是個別的特例，而且前後殘缺，不能輕率論斷。但總的來説，武周以後，西州境内的奴婢有逐漸減少的趨勢，而部曲客女却有所增長，雖然數量仍然比奴婢少。

根據上引武周和開元時兩件名籍，我們看到不少奴婢、部曲客女聚集在一些豪强地主的田園莊宅内。他們是否從事生産勞動呢？我以爲其中有的只從事家内勞動，有的可能是主人的隨從和妾媵，但也有部分參加生産勞動，我們知道寄莊一般帶有土地的，從寄莊括出的奴婢、部曲客女可能是（不一定都是）莊田上的勞動者。

如上所述，我們初步探討了西州境内奴婢、部曲數量的升降。從上引籍帳中我們見到唐平高昌後一個時期内，西州的奴婢在人口中占有較大的比重，大致在百分之十左右。以後逐漸減少，但比較内地，即使比較地域較近的沙州，也仍較多。除法令外，不見於史籍記載的又一類法定「賤口」部曲却在永徽户口帳中出現，在奴婢數量逐漸下降的同時，他們的數量却在上升，雖然數量仍然很少。

四　課丁見輸和見不輸

唐代户口都分爲課和不課，課口中又分不輸與現輸。凡屬不輸，雖仍是課丁，却得全免課役或免役輸課，因此，承擔全部租調庸和徭役的只是見輸課丁。史籍記載户口只舉課與不課，不再分別課丁中的不輸與見輸。但籍帳是分別記載的，在這批户口帳中也是明確區分的。〔一〕帳〖一〗合計當鄉新舊口共一千二百餘，其中不課男口和不輸課丁雜任、衛士等共三百四十四，占總口數百分之二十八點六，見輸白丁二百八十七，占總口數百分之二十四弱。帳〖二〗合計當鄉新舊口二千六十四，其中不課男口和不輸課丁共七百二十三，占總口數百分之三十五，見輸白丁二百七十三，占總口數百分之十三。由於簡式帳把不課男口和不輸課丁合併計算，我們不知道當鄉課丁究有多少。帳〖一〗、〖二〗見輸白丁的比例，看來高於後來的有關籍帳，不僅帳〖一〗的百分之二十四可以説非常高，就是帳〖二〗的百分之十三也還是較高的。上引唐神龍三年（七〇七）高昌縣崇化鄉點籍樣，

〔一〕日本延喜大帳式課口分見不輸、見輸、半輸三類。

保存了四十九户的户口紀録，〔二〕計共二百十四口，〔三〕課丁只二十六人，占總人口百分之十二强。課丁中衛士有十六人之多（一户兼丁並充衛士），又二人不明。白丁只八人，其中可能還有例不記注的雜任，見輸白丁那就可能還不到八人。即使以八人計，也只占總口數百分之四還不到。

神龍點籍樣可能是個突出的例子，但神龍前後課丁比例偏低是帶有普遍性的。上面已引通典卷七歷代盛衰户口所記天寶十四載（七五五）户口，那時管口總五千二百九十一萬九千三百九，內課口八百二十萬八千三百二十一，占總口數百分之十六。課丁中如果減去雜任、衛士等不輸課丁，見輸課丁在總人口中的比例恐怕也低於帳〖二〗的百分之十三。

簡式帳不記不輸課丁數，只見於繁式帳。帳〖八〗第五段21及22行稱：

21　口二百九十二
22　口三　縣佐

按「縣佐」是雜任，以下六、七、八三段記里正、倉督等雜任及終制，都屬課丁不輸，因知21行下缺「不輸」二字，此鄉不輸課丁為二百九十二人。但本件當鄉總口、課口數及見輸課丁數已缺，不能確知其所占比例多少。又帳〖九〗第二段也有個不輸數字如下：

1　□□百卌七　課

〔二〕本件共五十户，一户全缺口數，今不計。又一户户内大小口總數已缺，下記諸口也不全，今只據殘存口數計算。參考附表三。
〔三〕按本件有三户記户内大小口總數和以下具體記户内人口，間有一口的出入，今並依所記每户總口數。

2　□□百九十一　不課

按2行數字原寫作「二百九十五」，經過一再塗改，今依改正數録寫，據原來數字，知「百」上缺「二」字。又自3行至11行爲佐史、里正、侍丁、衛士、白直、□水、〔一〕殘疾等，第三段1至12行爲「引□道」、「遠□未還」、〔二〕「州學生」、「從良給復」、終制等並屬課丁不輸。以上諸色不輸課丁下所記數字雖有殘缺，合計已得二百六十八，與二百九十一之數相去不遠，因知2行「不課」乃「不輸」誤寫，可以補正爲：

口二百九十一　不輸

但帳〖九〗也同樣缺失當鄉總口數和見輸課丁數，課口數殘存「百卌七課」四字，關鍵性的「百」上一字却缺失了，因此和帳〖八〗一樣，不能確知應輸課丁在當鄉總人口數中占多大比例。

對於帳〖八〗缺失的課丁數，我們曾據唐制一鄉五百户，假定該鄉五百户，每户一丁，得課丁五百，並結合本件殘存數字，估計當鄉總口數爲二千三百人，從而得出當鄉不課口占總口數百分之八十。如果估計當鄉課丁五百，不輸課丁二百九十二，見輸課丁二百八人，還不到總口數的百分之十。

帳〖九〗所記不輸課丁二百九十一，課丁總數「□百卌七」。據第一段4行，記當鄉丁妻三百八，則已婚課丁亦當爲三百八人。此外，還有單身未娶的課丁，不知多少。當鄉課丁少則三百四十七，至

〔一〕「水」上疑缺「平」或「知」字。
〔二〕「遠」下缺文當是「行」或「使」字。

多四百四十七。如果是三百四十七，則課丁不輸的已有二百九十一，見輸課丁只有五十六人，雖不知當鄉總人口多少，所占比例必然非常之低，即使像帳〔一〕那樣總口數只一千二百餘，也還不到百分之五。如果課口爲四百四十七，則應輸課丁爲一百五十六，占百分之十三，與帳〔二〕同。但這個總口數完全是假設。

帳〔九〕所記當鄉不輸課丁中，衛士多至九十餘，幾乎占了不輸課丁的三分之一。此外，白直也是大量的。

當然，諸鄉課口數與見輸課丁數是不平衡的，比如帳〔一〕課丁在總口數中的比例肯定很高，因爲應輸白丁數已高達當鄉總口數的百分之二十四。又如帳〔十二〕第二段1行記：

口　八　十　四　不　□

據2行記「□十八衛士」，3行記「白直」，很明顯，1行「不」下缺的是「輸」字。當鄉不輸課丁僅八十四人，那是非常少了。當鄉是個小鄉，各類人口都少，比如衛士止十八人，遠少於帳〔九〕的九十餘，而帳〔九〕反映的這個鄉也還不像是大鄉；又如一段2行「口一十二婢」，比帳〔十〕的「廿□人」還少一半。但無論如何可以肯定，這一鄉不輸課丁在總口數中的比例是很低的。

不輸課丁和見輸課丁比例高低，諸鄉不平衡，總的説來，似乎大鄉的不輸課丁比例高於小鄉，時代較後的高於較早的。

不輸課丁的名色繁多，見於户口帳的歸納起來大致爲衛士、雜任、侍丁、終制、殘疾、放良給復及遠行等。這些名色雖同屬不輸範圍，待遇却不相同，大致可以分爲兩類，一是課役全免，又一類是免役輸課（租調）。今略作解釋如下：

衛士、雜任課役俱免，〔一〕實際上是從役免課，唐律疏議卷一二脱户條疏議云：

見在役任者，謂身見在官驅使而户籍無名，雖脱户從漏口法，既見在役任，即無課調。若一年脱户，合杖六十。

「見在役任」的範圍很廣泛，正役、兵役、色役都可包括在内。衛士、雜任和見於户口帳的「遠□（遠行或遠使）」、「引□道」都是「在官驅使」，當然在「見在役任」之列，也都免除課調。

課役俱免的還有各項名色的給復，有狹鄉遷寬鄉、没落外蕃得還、外蕃之人投化以及孝子、順孫、義夫、節婦等。户口帳記有放良給復，通典卷六賦税下記各項給復的年限，稱：「諸部曲奴婢放附户貫復三年。」奴婢放良後，準法令應即附貫受田，〔二〕放良奴即是課丁，給復期内即屬不輸課丁。

又一類輸租調免役的不輸課丁見於户口帳的有侍丁、終制及殘疾。

〔一〕關於雜任，詳見拙撰吐魯番所出西州差兵文書跋，文已收入本書。

〔二〕唐西州柳中縣高寧鄉開元四年（七一六）籍大女白小尚户，白小尚十九歲，中女代母貫，母李小娘於開元三年死亡。後面有如下一句説明：「右件壹户放良，其口分田先被官收訖。」（池田温中國古代籍帳研究，第二四七頁）我們不知道本户哪一年放良，放良的可能是白小尚之父，李小娘之夫，也不知哪一年身死，李小娘以丁寡承户，母死女承，口分田爲什麽「先被官收」，不瞭解。但可知奴婢放良附貫按令式應給田。

通典卷七丁中引開元二十五年户令稱：「諸年八十及篤疾，給侍丁一人；九十，二人；百歲，五人。」帳〖八〗第一三段1行末殘存一「侍」字，上當缺「親」字，親侍亦即侍丁，帳〖八〗與「任里正」、「入衛士」、「後加白直」並列，在「從輸入不輸」數内。唐西州柳中縣高寧鄉開元四年（七一六）籍内江義宣户，年二十二歲。白丁親侍，下中户，課丁不輸。〔一〕按唐律疏議卷三犯死者非十惡條疏議云：

侍丁依令免役，唯輸調及租。

據此知侍丁乃免役輸租調。又唐大詔令集卷四改元天寶赦云：

侍丁者令其養老，孝假者矜其在喪，此王政優容，俾申情禮，而官吏不依令式，多雜役使，自今後不得更然。

赦文侍丁與孝假（即終制）並列，譴責官吏違反令式，仍然「多雜役使」，知終制和侍丁同屬免役輸課。我們也看到唐天寶間敦煌縣差科簿中侍丁、終制均各記注，表明此人例免差科。

帳〖八〗以「入殘疾」爲「從輸入不輸」。唐律疏議卷三應役無兼丁條疏議稱：

其殘疾既免丁役，亦非兼丁之限。

據此知殘疾免役。但仍應輸課。唐律疏議卷一二脱户條律文「脱口及增損年狀以免課役」云云，疏議云：

謂脱口及增年入老，減年入中小，及增狀入疾。其從殘疾入廢疾，從廢疾入篤疾。廢疾雖免

〔一〕見前條注。

課役，若入篤疾，即得侍人，故云「之類」，罪止徒三年。三疾待遇不同，廢疾、篤疾並免課役，所以列入不課口。而篤疾可以給侍，所以廢疾冒入篤疾有罪。殘疾的待遇，這裏没有説，從入廢疾有罪看來，待遇與廢疾得全免課役者不同，知與侍丁、終制同屬免役輸課。〔一〕亦屬課丁不輸。〔二〕

殘疾雖然免役，却仍被差充某些指定項目的雜徭或色役，他們常和中男一樣充當守城及倉庫門的門夫，〔三〕諸津渡船的渡子，〔四〕京兆府渭橋、河南府永濟橋的守橋夫。〔五〕唐天寶間敦煌縣差科簿中所載村正，幾乎全由中男充當，其中却也有一名殘疾。門夫、守橋、渡子和村正，可能被認爲無須體質健壯，所以徵及中男、殘疾，奇怪的是，事關軍防的烽子也以中男、殘疾充當。〔六〕也正像門夫、渡子、守橋那樣於令文有據，而非主管人疏忽的結果。

〔一〕日本養老賦役令殘疾與侍丁等「並免徭役」，不云免課役，也是免役輸課。見令集解卷一三〇。

〔二〕唐開元四年（七一六）沙州敦煌縣慈惠鄉籍户主董思勗，二十二歲，白丁，殘疾，户内只一寡母，無課口，户下却記注「課户見輸」。當是誤書。見池田温中國古代籍帳研究，第一七四頁。

〔三〕見通典卷三五禄秩。

〔四〕唐六典卷七工部水部郎中員外郎條。

〔五〕敦煌所出唐水部式，載鳴沙石室遺書第二册。

〔六〕敦煌所出伯二七五四號安西判集有一條關於烽堠的判，内稱：「比聞烽夫差遣，是殘疾中男，遠望必闕機宜，聞者即可心寒。」日本養老賦役令「凡令條之外雜徭」條集解：「唐令烽條云『取中男配烽子者，無（免之誤）雜徭故也』。」

侍丁、終制、殘疾仍須輸課，但却列入不輸課丁。在這裏我們有必要對唐代法令中的「課」和「輸」作一點解釋。唐六典卷三户部郎中員外郎條：

凡水旱蟲霜爲災害，則有分數：十分損四已上免租，損六已上免租調，損七已上課役俱免。若桑麻損盡者各免調。若已役已輸者，聽免其來年。凡丁新附於籍帳者，春附則課役並徵，夏附則免課從役，秋附則課役俱免。〔一〕

據此，課指租調，「已役已輸」之「輸」即指輸課。唐律疏議卷二八丁夫雜匠亡條，疏議云：「人有課役，謂或有課無役，或有役無課而全户亡者，亦如丁夫在役逃罪。」很清楚，課和役分爲兩項，課和輸却相連屬，輸租調謂之輸課。但籍帳上「不課」和「不輸」却截然不能相混，誰都知道「不課户」和「課户不輸」是兩類人户。大致法令提到課役時，與役對舉的課，僅指租調，但在廣泛意義上使用「課」字，却往往兼包課役。籍帳上的課户、課口與不課户、不課口，帳〖八〗所謂「從課入不課」之「課」即兼包課役而言。〔二〕

帳〖八〗所謂「從課入不課」指的是從課口入不課口，而非從輸課入不輸課，具體地說，即指丁男入老，入廢疾、篤疾，白丁入職資。〔三〕所謂「從輸入不輸」，也不僅指從輸課（租調）入不輸課，而是指

〔一〕通典卷六賦役下「雜任被解應附」條敘雜任被解「春季附者課役並徵」云云，與上引唐六典「凡丁新附」條同。

〔二〕魏書卷一一〇食貨志記均田令稱：「諸民年及課則受田。」隋書卷二四食貨志稱煬帝即位，「乃除婦人及奴婢、部曲之課」。這兩條所說的「課」只能解釋爲兼指課和役。

〔三〕帳〖八〗第九段1行「口四衛士入職資」，2行「口一終制入職資」，已圈去。按衛士和終制白丁都是不輸課丁，「入職資」即「從課入不課」。所以圈去，或是排列次序不當，或是其他錯誤。

從見輸課丁入不輸課丁，即入衛士、雜任、侍丁、終制、殘疾等。所謂「不輸」，對衛士、雜任而言，固然實際上指不輸租調（雖説「課役俱免」，而其人實現在役任）；對於侍丁、終制、殘疾，「不輸」却指的是免役。上面業已提到，侍丁等是要輸租調的。

帳〖八〗第一四段4行「口一百一十八從輸入不輸」，5行「口卅七從不輸[入]輸」。這一段記注是各項丁口身分變化的合計數，下面不記「從不輸入輸」的具體名色，但也不難知道，大致包括衛士未老出軍、〔一〕雜任被解附籍、〔二〕癃老篤疾亡故後的侍丁、孝假服滿、給復滿期，以及遠行歸來等。

帳〖八〗第一三段2行見「課入不課」，却未見「從不課入課」一項，必是原有今缺。我們知道中男轉丁是團貌造帳的要務，還有詐老、詐小，貌閱核實的丁口，〔三〕以及職資犯法除名等，〔四〕都是從不課

〔一〕敦煌所出伯三八七七號沙州敦煌縣懸泉鄉開元十年（七二二）籍内趙玄表户（池田温中國古代籍帳研究，第一八四頁）趙玄表五十八歲，白丁，課户見輸。據記注，其人本是衛士，開元九年九月放出軍。按趙放出軍時五十七歲，未老，放出軍的月份在九月，准式秋季附者課役俱免，但至次年，即已是「課户見輸」。

〔二〕見通典卷六賦税下。

〔三〕西魏大統十三年計帳已見據實年進丁的記載。沙州敦煌縣懸泉鄉開元十年籍（前注池田温書第一八〇頁）郭玄昉户男思宗，二十二歲，衛士，旁注「轉前籍年廿一，開元八年（七二〇）帳後皃（貌）加就實」，則上年即開元九年已轉丁。這就是減年避役之一例。

〔四〕唐律疏議卷三律文「除名者官爵悉除，課役從本色」，疏議云：「若犯除名者，謂出身以來，官爵悉除。課役從本色者，無蔭同庶人，有蔭從蔭例，故云『各從本色』。又依令，除名未敘人，免役輸庸，並不在雜傜及征防之限。」按據令文，除名的官吏仍然獲得免除征防雜傜的權利。但雖免正役，仍須納庸，原則上已是課户見輸。

入課的項目。

以上我們試行解釋户口帳中所見的「課」和「輸」。簡單地説，所謂「課」兼指課役，所謂「輸」也兼指課役，免租調叫做不輸，免役也叫做不輸。

五　餘論

以上各節，我們對這批新出的唐代西州諸鄉户口帳的形式、性質和内容試行探索，作出了一些極其粗疏的解釋和推論。

我們知道，唐代有一套極其嚴密的籍帳制度，每年由里正負責督令民户申報手實，以鄉爲單位，由縣到州每年造計帳，三年造籍。過去，我們從敦煌所出文書中見到了唐代户籍多件，手實僅止大曆四年（七六一）沙州敦煌縣懸泉鄉宜禾里手實一件，形式與户籍基本相同。吐魯番所出唐貞觀十四年（六四〇）李石住等户手實及武周載初元年（六九〇）甯和才等户手實反映了手實的原始形式。遺憾的是，不論敦煌或吐魯番都還未見確有證驗的唐代計帳。這批户口帳還不能説即是計帳，但却提供了重要的綫索，即唐代有一種分類統計式的籍帳，日本傳下來的延喜大帳式和阿波國大帳的形式和别的籍帳一樣，大致沿襲唐制。這種户口帳爲本州制定分類統計型計帳提供了諸色户口的數字和帳後變化的資料。

更爲可貴的是這批户口帳在一定程度上爲我們提供了唐初西州社會結構的統計資料。這份資料固然限於唐初西州一隅，但對於唐代全國社會結構也許仍然足資旁證。

毫無疑問，西州諸鄉的户口分布是不平衡的，在歷史發展過程中各種形態也是有變化的，一個鄉，一個特定時間的帳不能完整反映西州全部地區，更不能作爲唐置西州後（六四〇）一成不變的定型。但同樣毫無疑問，在不平衡狀態中我們可以察覺其共同點，在發展過程中更可以看到發生了那些變化，甚至可以多少看到整個的時代脈搏。

如前所述，户口帳反映了唐初西州的奴婢在全部人口中占有較大的比例，有些鄉高達百分之十以上。從其他唐初籍帳中我們發現擁有奴婢的人户也是比較多的。較高比例的奴婢數量在西州可能延續了相當長的時期，但自高宗統治中期以後的傾向是在減少。這一點從神龍三年（七〇七）點籍樣和其他出土籍帳中不難看到。雖然唐初西州奴婢數量較多是歷史的遺留，但奴隸生産制殘餘的進一步削弱不也是不可避免的時代傾向麽？

在唐律中明確規定其「賤口」身分和法律地位的部曲，幾乎在史籍中一無所見，在永徽二年（六五一）户口帳中他們初次出現，數量非常之少。自武后以至玄宗統治期間，在奴婢數量逐漸下降的同時，部曲客女稍有增長。具有强烈人身依附關係的部曲制在中原地區是過了時的，但西州之有部曲，顯然是從内地引進的。基本上在全國過了時的殘遺同樣在西州也没有獲得發展。然而這種奴隸數量減少，部曲客女開始出現和有所增長，倒像是中原地區經歷過的歷史過程再次在西州重演。

根據户口帳，我們相信唐初人户中丁户占絶大多數，〔一〕課丁在全部人口中諸鄉平均數較保守的估計不低於百分之二十。大約從武后以後到中宗、睿宗統治時代課丁數字大幅度下降。這是全國性的現象，當時曾有不少人提出户口逃亡問題。〔二〕據神龍三年點籍樣，西州同樣出現課丁大量損耗的現象。

課丁損耗不等於户口減少。我們知道，自貞觀以至天寶末年，户口持續增長，〔三〕西州地區也是一樣。貞觀十四年平高昌，史籍得户八千四十六，口三萬七千七百三十八。〔四〕這當是麴氏高昌户籍上的數字。貞觀十四年九月曾立即命令人户申報手實，較舊籍增減不詳。但可以肯定此後都在上升。元和郡縣志卷四〇隴右道西州條稱「開元户一萬一千六百四十七」，新唐書卷四〇地理志四隴右

〔一〕帳〖十四〗是高昌縣順義鄉所屬和平、順義等里計算諸色人户的算草，用「尚」字點數，「尚」字作爲十筆，每筆代表一户，5至8行爲和平里共九十一户，其中丁户共七十七户；9至11行爲禮讓里算草，10行上缺二字可能是「丁尚」二字，也可能是「丁户」，下有七個「尚」字加「㞢」，計七十五户，如所缺第二字爲「尚」，則是八十五户，此外老户十、寡户四、小户七，合共一百零六户或九十六户，據此可知唐初丁户占絶大多數，丁户至少每户一丁，有的家有兼丁，而老户中也可能有課丁。據此，我們估計唐初每户平均一丁並非過高。

〔二〕唐會要卷八五逃户條録證聖元年（六九五）李嶠上表，景雲二年（七一一）韓琬上疏；舊唐書卷八八韋思謙附子嗣立傳録則天時嗣立上疏，至謂「天下户口，亡逃過半，租調既減，國用不充」。

〔三〕唐會要卷八四户口數，册府元龜卷四八六户籍。

〔四〕舊唐書卷一九八高昌傳，唐會要卷九五高昌條同。新唐書卷二二一高昌傳作「户八千，口三萬」乃省文。通典卷七歷代盛衰户口記平高昌得户數同，而口數爲「一萬七千三十一」，必是脱誤。

道西州交河郡條稱「天寶元年爲郡……户萬九千一十六，口四萬九千四百七十六」。〔一〕又通典卷一七四州郡四交河郡條稱「户一萬一千一百九十三，口五萬三百一十四」。按通典記諸郡户口數，不計年代，這裏口數多至五萬餘，「五」字疑爲「四」字之訛。如上所述，天寶年間，西州户數比較唐平高昌時增長了一萬一千餘，口數增長了一萬二千。天寶户口數字，當然是長期歷年增長的結果。户口增長，但課丁在全部户口中的比例却是下降。中原地區是這樣，西州也是這樣。

課丁損耗的原因一是逃亡，二是從軍没落。唐初這兩項似乎並不嚴重。帳〖八〗第九段計課丁破除四人，「口三，白丁死；口一，白丁逃走准式除」。這個鄉賤口達三百卅七人之多，是個大鄉，但逃走破除者只一人。當然這只指准式破除的逃人，〔二〕實際上已逃而未被除的大概頗有其人，但無論如何當鄉逃走人數是不多的。武后以後，逃走和没落人口就很多了。這一點從吐魯番所出武后時期的征鎮名籍和一些籍帳中所記「逃走」、「没落」、「某某道行未還」等人數，便可知道。〔三〕而這些人幾乎全

〔一〕舊唐書卷七〇地理志三隴右道西州都督府條稱「天寶領縣五，户九千一十六，口四萬九千四百七十六」，户數「九千」上無「萬」字。按據元和志開元户數已達一萬一千餘，豈有天寶減損之理，知舊志「九千」上脱「萬」字。

〔二〕日本養老令户令云：「凡户逃走者令五保追訪，三周不獲除帳，其地還公。未還之間，五保及三等以上親均分佃食，租調代輸，三等以上親，謂同里居住者。户内口逃者，同户代輸，六年不獲亦除帳，地准上法。」（見令集解卷九户令）按日本令大都襲唐令。所謂「准式」，當即指三周、六年追訪不獲。

〔三〕見阿斯塔那五〇一號墓所出唐高宗某年西州高昌縣左君定等征鎮及諸色人名籍，這類記載又見於大谷三〇二一、三〇二七、二八四九等號文書（見西域文化研究敦煌吐魯番社會經濟資料下册）。

都是徵自白丁。

户口帳明確區分「見輸」與「不輸」兩類課丁。繁式帳詳細列舉諸色不輸課丁數。雖然西州地區的不輸課丁在全部課丁中究竟占多少比重，仍難確知，但據這些户口帳提供的殘缺不全的統計資料，與以後時期的唐代籍帳中有關記注相比較，看來不輸課丁數越到後來越多。這是因爲部分雜任或色役已成爲逃避重役，特别是兵役的道路。這就是開元九年（七二一）宇文融請急察色役僞濫，〔一〕和天寶五載停止配丁充當白直的原因。〔二〕

雜任中包含一些地主、高利貸者。神龍三年李嶠上疏便曾提到爲了避役，有些人「重賂貴近，補府若史」，〔三〕府和史是雜任。能够「重賂貴近」的當然是地主富人。通典卷三三鄉官稱：「驛有將（長），以州里富强之家主之。」驛長也是雜任，但却是丁賠累的苦差，所以上引李嶠疏中還提到那些「富强之家」，納賂求免，弄到「當道至無捉驛者」。至於里正，是封建政權基層的爪牙，法令規定，要

〔一〕舊唐書卷一〇五宇文融傳：「時（開元九年）天下户口逃亡，免（色之訛）役多僞濫，朝廷深以爲患，融乃陳便宜，奏請檢察僞濫，搜括逃户，玄宗納其言，因令融充使推勾。」唐會要卷八五逃户條稱：「開元九年正月二十八日監察御史宇文融請檢察色役僞濫，並逃户及籍田。」

〔二〕唐會要卷九一內外官料錢上稱：「（天寶）五載三月二十日勅，郡縣官人及公廨白直，天下約計一載破十萬丁已上，一丁每月輸錢二百八文……其郡縣白直，計數多少，請用料錢，加税充用。其應差丁充白直，望請並停，一免百姓艱辛，二省國家丁壯。」按此語氣，實係臣僚奏請，並非詔勅。內稱天下郡縣白直，一歲破十萬丁已上，在全部課丁中有很大比重。

〔三〕新唐書卷一二三李嶠傳。

用「勳官六品以下，白丁清平强幹者」充當，他們也多半是地主富人。〔一〕

這批户口帳最早的紀年爲貞觀十八年（六四四）。上距貞觀十四年唐置西州不過四年，户口帳和其他唐初籍帳文書的發現，使我們知道唐置西州後，立即對這一地處西域交通樞紐的重鎮進行了大量的形式不同的户口及田畝調查工作。我們知道，早在貞觀十四年（六四〇）九月，即平高昌後不到二個月的時間内，居民就普遍以手實形式申報了本户的丁口及田畝數量。大概也即按照令式每年造計帳，三年一次造籍。我們發現最早的户籍即在貞觀年間。分類統計的户口帳、各家各户的家口帳、以及只具户主姓名的家口帳等等大抵都在此時制訂。統一的封建國家幾乎刻不容緩地力圖全面地、翔實地掌握這一地區的人口數量、分布和土地占有狀態。人民、土地這兩項是唐皇朝徵收租調和徵發徭役的基礎。

從户口帳中我們得知置西州以後，在公元七世紀中期，唐皇朝不僅完整地按照唐制建立了州、縣兩級行政機構和鄉村基層組織，設立州縣學，建置渠道灌溉系統、烽堠系統，而且至少已經建立了前庭、岸頭兩個折衝府。〔二〕我們知道折衝府的衛士是由西州人充當的，毫無疑問，其中包括漢族和其他

〔一〕通典卷三鄉黨。關於里長人選，詳見孔祥星唐代里正，中國歷史博物館館刊，一九七九年第一期，第五八——五九頁。

〔二〕帳【一】、【二】已見衛士，那是貞觀十八年的帳。黄文弼高昌塼集九五爲唐神護墓表，稱「貞觀十八年歲次甲辰十月朔辛丑十五日乙卯西州交河縣民岸頭府旅帥唐神護」云云。唐神護卒於貞觀十八年，岸頭府的設置應在其前。岸頭府置於交河縣，置於高昌縣的前庭府大概也同時設置。永徽二年户口帳職資卅九人，其中十一人是前庭府的校尉、旅帥、隊正、隊副。

各族人民。雖然户口帳分類統計，不記姓名，不知道族姓，但阿斯塔那三五號墓所出武周載初元年（六八九）高昌縣甯和才等户手實中二名衛士，一是漢姓王隆海，又一是胡人康鹿獨；同墓所出唐神龍三年（七〇七）高昌縣崇化鄉點籍樣中十六名衛士，一名隊正，其中除焦、郭各一，鄭姓二爲漢族外，其他隊正一人曹姓，衛士十一人並是康、安、何、曹、石所謂昭武九姓，以及竹、白兩胡姓。這雖是後來的記載，仍可以推知早在設置折衝府之初就已這樣不分畛域。這裏充分表明西州地區是由當地漢族和各少數族人共同保衛的。以西州當地人特别是包含漢胡族姓一起組成的軍隊來保衛地方，表明唐朝是一個多民族的封建統一皇朝，也表明各族人民是擁護唐朝的統一的。

户口帳反映了唐朝全套的地方行政、土地賦役制度、軍事制度得以在西州順利推行，除了這套制度在當時歷史條件下有利於統一，有利於發展生産而外，另外還應當加上兩個因素，即歷史淵源和唐初相當高的行政管理效率。

附表一：哈拉和卓一號墓所出唐西州高沙彌等户家口籍表

户主	丁男	老男	中男	小男	黄男	老妻 丁妻 丁妾	老寡 丁寡	中女	小女	黄女	奴	婢	部曲	客女	備注
缺名	1			1 缺記男女					1			2			

續表

户主	丁男	老男	中男	小男	黄男	老妻丁妻丁妾	老寡丁寡	中女	小女	黄女	奴	婢	部曲	客女	備注
高沙彌	1					1△			1 或黄						△「□米年卅二」，所缺當是妻字。
何兔仁	1			1		1									
辛延憙	1	1		3	1	3			1			1			
□武仕	1			1 缺記男女								1			
孟懷信	1						1								
孟海仁	1 縣史				1	2	1		1		2	2			

附表二：阿斯塔那三五號墓所出武周載初元年（六八九）高昌縣甯和才等户手實户口表

户主	丁男	老男	中男	小男	黄男	老妻丁妻丁妾	老寡丁寡	丁女	中女	小女	黄女	奴	婢	部曲	客女	備注
甯和才				1 户主			1	1		2						二丁女、一小女籍後死

續表

户主	丁男	老男	中男	小男	黄男	老妻丁妻丁妾	老寡丁寡	丁女	中女	小女	黄女	奴	婢	部曲	客女	備注
王隆海	1衛士					1										1户主篤疾年五十一
史苟仁	1															
翟急生	1品子					1	1				1			1部曲 1△樂事		△小男
楊支香					1		1△									西州籍凡老寡、丁寡、中女爲户主者，皆稱大女。下不另注。
曹多富							1△									△曹多富年七十八爲户主。
康才寶	3			5△		2△		1△		2			1			△度弟妻年缺，今置於丁妻。△女勝姜「年貳」下缺，今置於丁女。△男玄應「年拾」下缺，未知中小，今姑作「小」。
康鹿獨	1衛士					1				2						本户後缺

以上載初元年手實，共二十四户，除殘缺外，今録八户。

附表三：阿斯塔那三五號墓唐神龍三年（七〇七）高昌縣崇化鄉點籍樣户口表

户主	丁男	老男	中男	小男	黃男	老妻 丁妻 丁妾	老寡 丁寡	大女	丁女	中女	小女	黃女	奴	婢	合計	備注
張慈善										1	1				2	按唐制年二十一成丁，神龍元年韋后曾表請二十二成丁，又張未嫁，應是中女，當户主係大女。
康義集				1							1				2	
魏雙尾							1								1	
陳思香							1		1			1			3	丁寡爲户主係大女
曹阿面											2				2	
安勝娘							1								1	丁寡爲户主係大女

續表

户主	丁男	老男	中男	小男	黄男	老妻丁妻丁妾	老寡丁寡	大女	丁女	中女	小女	黄女	奴	婢	合計	備注
安浮呴臺												1			1	
李醜奴				1											1	
康禄山	1		1	1	1	3△					1	1			9	△丁妻三，一爲中妻，一爲丁妾。
康陁延	1			2	2	1					1				7	按原文係總八口，今只七口。
康恩義				1			2		1	2	1				7	
何莫潘	2 衛士品子	1 職資				3					2	3			11	
康阿子	2 衛士	1				1	1		3		3				11	原文大小總九口，實爲十一口。
康迦衛	1 衛士														1	逃亡十年，田宅入公。

續表

户主	丁男	老男	中男	小男	黄男	老妻丁妻丁妾	老寡丁寡	大女	丁女	中女	小女	黄女	奴	婢	合計	備注
安德忠				1	2		1		2	1					7	原文大小總八口，實只七口。
康外何		1					1		2						4	原文係大小總三口，户主老寡未計入。
康那虔							3		1						4	
何無賀啝							1		4						5	
石浮啝盆		1				1					1				3	
竹畔德	2衛士			1		1	1		1		3				9	
竹熊子	1			1		1	2								5	
康阿醜							1		1		1	1			4	
石浮啝滿	1衛士			1		1					1				4	
陰阿孫							1								1	丁寡爲户主，係大女。

續表

户主	丁男	老男	中男	小男	黄男	老妻丁妻丁妾	老寡丁寡	大女	丁女	中女	小女	黄女	奴	婢	合計	備注
曹伏食	1	2	1			1				1	2				8	按另列丁弟尸羅年六十白丁，中男孫師年廿。
曹莫盆	1衛士														1	本户原文稱大小總七口，下只存「丁男」二字。
康壽感				1			2			1	3				7	
康演潘	1衛士			1	1	1			1		2	1			8	
安義師	1衛士			2		1	1		1		2				8	
蕭望仙				1			1		1						3	户主蕭望仙年三，乃黄男，原作小男。

續表

户主	安善才	缺名户	趙獨立	夏運達	劉戍	鄭思順	郭德仁	白胡仁
丁男	3（一勳官 一衛士）		1	1品子			1	1衛士
老男								
中男	1							
小男				1		1		1
黄男			1			1		1
老妻 丁妻 丁妾	2		1	1			1	1
老寡 丁寡		1				1	1	
大女								
丁女	1	1			1			1
中女		1					1	
小女			1	1			2	
黄女	1	2	1					
奴								
婢					1			
合計	5	5	5	4	2	3	6	5
備注	户主爲勳官年五十，後記丁男難及年卌衛士當作弟。又一丁缺。							

續表

户主	丁男	老男	中男	小男	黄男	老妻 丁妻 丁妾	老寡 丁寡	大女	丁女	中女	小女	黄女	奴	婢	合計	備注
郭桃葉							1			1					2	
曹玄恪	1 職資隊正			2		1						1			5	
郭忠敏				2			3								5	
安師奴															1	原「□小男」三字，下缺，此户不計。
焦僧住	1 衛士		1			1					4				7	按前係總八口，此缺一口。
李慶斌	1						1								2	按總口缺，「丁寡」以下缺。
缺名户	1						1								2	按此户殘缺，不計。

續表

户主	丁男	老男	中男	小男	黄男	老妻 丁妻 丁妾	老寡 丁寡	大女	丁女	中女	小女	黄女	奴	婢	合計	備注
白盲子	1						1								2	按原係大小總五口，今只存二。
郭君行	1 衛士			2			1		1						5	按原係大小總八口，今只存五。
鄭隆護	1 衛士														1	
鄭歡進	1 衛士					1									3	按原係大小總三口，今缺一口。
缺名户							1		2						3	

附表四：唐貞觀至武周諸墓所出籍帳户口表

文書編號及名稱	户主	丁男	老男	中男	小男	黃男	老妻 丁妻 丁妾	老寡 丁寡	丁女	中女	小女	黃女	奴	婢	備注
阿斯塔那七八號墓唐貞觀十四年（六四〇）李石住等手實	李石住	1		1		1	1					1			全
	安苦咰延										1	1			殘存
	缺名（妻張）	1		3	1	1	1			2					殘存，疑缺户主丁男。二中女已婚
	缺名（女黑婢）										1	1	1	3	殘存
	缺名（老男）	1	2	2			2（一老妻 一丁妻）				1	1	1		殘存
	缺名（中男）			1				1					2	5	殘存
哈拉和卓三九號墓唐貞觀二十一年（六四七）帳後□苟等户籍	□苟	1				1	2（一丁妻 一丁妾）				2		1		全
哈拉和卓三九號墓唐貞觀年間（六四〇——六四九）户籍	缺名					1					1		4	2	殘存
哈拉和卓三九號墓唐□喜等户籍	□喜	2					2				1				殘存

續表

文書編號及名稱	户主	丁男	老男	中男	小男	黃男	老妻丁妻丁妾	老寡丁寡	丁女	中女	小女	黃女	奴	婢	備注
哈拉和卓三九號墓唐□慶友等家口田畝簿	缺名												2	1	奴一寫明,又一奴、一婢並未注明,因在奴下,故推斷是奴婢。
	□慶友	1	1户主		(男或女)		1						1	1	
阿斯塔那五號墓唐殘户籍一	缺名	2衛士隊正,又一爲佐史			1		1								殘,二丁男,一爲隊正是職資,又一名年均缺,殘存「佐史」二字,應是丁。
	□進	1					1								丁妻殘存「□拾歲」二字,上疑缺「叁」字,乃丁妻。又一殘存「年」字。
阿斯塔那五號墓唐殘户籍二	缺名	1			1										殘,一小不知男女
阿斯塔那一七九號墓唐總章元年(六六八)帳後柳中縣籍	缺名(弟守洛)	1終制			2		1								殘,丁妻年十四不應已有二小男,當誤。
	康懷相	1衛士	1户主		2		2一老妻一丁妻		1 ?			1			殘,又一口年廿一,不知男女,今列丁女。

續表

文書編號及名稱	户主	丁男	老男	中男	小男	黃男	老妻丁妻丁妾	老寡丁寡	丁女	中女	小女	黃女	奴	婢	備注
阿斯塔那二二二號墓唐咸亨二年(六七一)高昌縣某鄉□仁等户籍	□仁														殘存四口,丁中俱缺。
	田隆德	1						1	2						
阿斯塔那五〇八號墓武周萬歲通天二年(六九七)帳後柳中縣籍	缺名			1				1							
阿斯塔那六七號墓武周趙小是户籍	趙小是	1						5							户主趙小是丁寡,又一老寡,三丁寡,一丁爲夫弟。
阿斯塔那六七號墓唐蒲昌縣王辰歡等户籍	王辰歡	1	1 户主				2 一老妻 一丁妻								原文「守丘」下殘存「年叁」二字,疑是丁男,「叁」下缺字。又一丁妻,即其妻。

(原載敦煌吐魯番文書初探,武漢大學出版社,一九八三年十月)

唐西州差兵文書跋

金祖同編流沙遺珍收吐魯番所出文書多件，其中圖版一爲唐代差兵文書，金釋頗有誤，今重録如下：

1　奉刺西州管内差兵一千二百人。準

2　敕唯取白丁、雜任，不言當州三衛。今奉金

3　牙軍牒，其三衛一色，在　敕雖復無文，

4　軍中異常要藉，若其不去，定闕

5　撓事。今若依牒差去，便是乖於　敕文；

6　若其固執不差，闕撓罪當極法。二塗

7　得失，若爲折衷？仰子鴻筆，決此狐疑。

本件無紀年，内稱「西州管内」云云，知是唐代文書。又據結尾「仰子鴻筆」語，似是試判命題。唐代應試科舉的判題與此不同，這只要翻檢一下文苑英華或全唐文所載諸判就知道。但「仰子鴻筆」是寫文章，像這類軍情緊急事項，不可能要求其僚佐或别的什麽人從容寫作來「決此狐疑」。唐代判題，或假設疑難，或取經史中所載有争議的事件，也有取當代實事，製題命判。本件出於西州，内容又是西

州差兵，可能曾發生此事，目前事已過去，就取作試判題，但試判對象並非應科舉的舉子。

本件雖是試判題，所敘案由乃是實事，對於瞭解唐代徵發兵士制度的變化具有很高的史料價值，今就一些問題，試作探討，藉求教正。

文書一開頭就説「奉刺西州管内差兵一千二百人」。唐六典卷一左右司郎中條稱：「諸司自相質問，其義有三，曰關、刺、移。」則刺是官府間往來公文的一種形式。這次差兵雖由别一官府以刺的形式通知西州（應是西州都督府），但仍然奉有勅書，故下文接着就説「準勅唯取白丁、雜任」云云。

按唐律疏議卷一六擅發兵條疏議云：

依令差兵十人以上並須銅魚勅書勘同，始合差發。若急須兵處，準程不得奏聞者，聽便差發，即須言上。

據此，唐制差兵十人以上，即須朝廷下銅魚符和勅書，勘合發兵。但軍情緊急，按日程不及奏聞的，也准許先行調發，然後奏聞。向西州要求差兵，當然道里遥遠，屬於「準程不得奏聞」之例。但如本件所述，似乎調發西州兵的主管人先已奏明朝廷，所以西州奉到勅書。

這個刺來自哪裏，文書不詳，據下文稱「今奉金牙軍牒」云云，可以知道差兵一千二百人是發往金牙軍前的。「刺」是否來自金牙軍，可以不問，牒來自金牙軍是明確的。牒是廣泛通用的公文形式，上行下、下申上都可稱牒，其區别僅在於下申上稱「謹牒」，平行或上行下稱「故牒」。從本件看來，西州對金牙軍是很尊重的，接到牒文稱「奉牒」；而金牙軍對西州却很嚴厲，牒稱「若其不差，定闕撓事」，儼然是上司口吻。金牙軍和西州究竟是什麼關係？

金牙本指突厥可汗牙帳所在，後來成爲地名。新唐書卷三高宗紀顯慶二年（六五七）十二月丁巳稱「蘇定方敗賀魯於金牙山」，山名金牙疑即以西突厥可汗牙帳所在得名。〔一〕唐代在這一帶置軍，名爲金牙，雖史籍無文，却是完全可能的。但一個軍的長官軍使，怎麼能以這樣命令式的牒文對待西州都督呢？西州又何以對金牙軍來牒如此惶恐，甚至以違牒和違勅相提並論呢？我們認爲這裏的金牙軍不可能是置於某地的一個軍。

在史籍中我們還見到金牙道的行軍。舊唐書卷五高宗紀永淳元年（六八二）四月辛未稱：

以裴行儉爲金牙道行軍大總管，與將軍閻懷旦等三總管兵分道討十姓突厥阿史那車薄。行儉未行而卒。安西副都護王方翼破車薄、咽麪，西域平。

裴行儉以金牙道大總管征西突厥事，亦見舊唐書卷八四裴行儉傳、新唐書卷三高宗紀永淳元年、卷一〇八裴行儉傳。行儉未行而卒，繼他指揮這次戰事的是王方翼，他只以安西副都護名義統率軍隊，没有繼任金牙道行軍大總管。因而金牙道行軍大總管府亦當隨行儉之死而解散。

此後，史籍上不見有關金牙道行軍及設置大總管的記載，但却見於員半千所撰蜀州青城縣令達奚思敬碑，文見全唐文卷一六五，稱：

〔一〕關於金牙山的所在，以及金牙山與弓月城、弓月部的關係，岑仲勉先生西突厥史料補闕及考證，日本松田壽男氏古代天山の歷史地理學的研究已有論證，亦各有得失，本文不擬涉及。

（垂拱）二年（六八六），授高陵縣主簿，以舊德起也。屬西方不静，北方多難，被奏充金牙道行軍司兵，事不獲已，遂即戎焉。君設策請拔碎葉、疏勒、于闐、安西四鎮，皆如所計。

碑文明確指出垂拱二年有一次金牙道行軍，罷四鎮也即是這次戰爭的終結。關於這次行軍，屢見於吐魯番所出文書。阿斯塔那一〇〇號唐上輕車都尉氾德達墓，出有唐永淳元年（六八二）氾德達飛騎尉告身和武周延載元年（六九四）氾德達輕車都尉告身，其延載元年告身云：

準垂拱二秊十一凮二〇　勅金牙軍拔于闐、安□、□
勒、碎葉等四鎮，每鎮酬勳一轉；破都歷嶺等陣，
共酬勳叁轉，總七轉。
西州氾德達　高昌縣
□可輕車都尉。

〔下略〕

關於這件告身，吳震同志已有文考證，指出告身中所云「金牙軍拔四鎮」事與達奚思敬碑所敘一致，〔二〕今不贅述。本文只取以說明金牙道行軍亦可簡稱金牙軍。流沙遺珍所載西州差兵文書中的「金牙軍牒」，亦即來自達奚思敬任職司兵參軍的金牙道行軍大總管府，差兵事即在垂拱初。

〔二〕見文物一九七五年八期吳震從吐魯番出土「氾德達告身」談唐碎葉鎮城。

轉爲飛騎尉。那時他以白丁應募，論功得飛騎尉。到垂拱初參加金牙道行軍，他應該以勳官飛騎尉的身分從征。這一次他又以軍功酬勳七轉，得輕車都尉。按唐制，白丁酬勳一轉爲武騎尉，七轉正是輕車都尉。但他在四年前已是飛騎尉了，由飛騎尉七轉應是上護軍而非輕車都尉。爲什麽四年前的飛騎尉勳不被承認呢？可能在先已被削奪。舊唐書卷八四劉仁軌傳記仁軌於麟德元年（六六四）上疏，提到自顯慶五年（六六〇）以後，東征歸來的將士不能獲得朝廷撫恤，相反却「枷鎖推禁，奪賜破勳」。高宗時的勳官還不像後來那樣被人賤視。而每次出征，授勳將士非常之多，因此朝廷要勘問僞濫，削奪那些被認爲假冒軍功而得的勳賞，汜德達的飛騎尉被削奪並非不可能。當然，這僅是一種推測，也可能別有什麽原因。總之，汜德達參加金牙軍，不是以勳官身分從征而仍以募人入伍。按照勅書「唯取白丁、雜任」的規定，汜德達很可能以白丁被差，在一千二百人之列。

據延載元年告身，與汜德達同甲授勳的尚有「都尉張貴卿等壹佰肆拾肆玍」，「都尉」上有缺文，參照永淳元年告身，所缺當是「某某府折衝（或果毅）」五字。同甲授勳的未必都是西州差兵，其中大概也有府兵衛士。按照告身格式，同甲一百四十四人應各具姓名及某州人，〔二〕由於這是抄件，已删去，因而不知道這批人是否都是西州人，或其中有多少西州人，但可以肯定決不止汜德達

〔二〕敦煌文物研究所收藏唐景雲二年（七一一）張君義驍騎尉告身即詳記某州某某等若干人。

一人。

在吐魯番所出其他文書中，我們也見到這次金牙道行軍的記載，阿斯塔那五〇一號墓所出唐征鎮人名籍記「一人金牙道行未還」，我以爲指的也是垂拱初的金牙道行軍。

按垂拱初的金牙道行軍不見記載，雖然據達奚思敬碑行軍大總管已開府置屬，誰任大總管却不知道。碑文説思敬於垂拱二年就任金牙道行軍司兵，時正值「西方不静，北方多難」，究竟當時發生了什麽事故呢？舊唐書卷一九四下西突厥傳阿史那彌射條云：

> 則天臨朝，十姓無主。數年，部落多散失。垂拱初，遂擢授彌射子左豹韜衛翊府中郎將元慶爲左玉鈐衛將軍，兼崑陵都護，令襲興昔亡可汗，押五咄六部落；步真子斛瑟羅爲右玉鈐衛將軍，兼濛池都護，押五弩失畢部落。

同書卷九七郭元振傳載元振上疏云：

> 往四鎮以他匐十姓不安，請册元慶爲可汗，竟不能招脅得十姓，却令元慶没賊，四鎮盡淪。

所云可與達奚思敬碑、延載元年氾德達告身及上引西突厥傳相參證。

如上所述，可知高宗、武后間，西突厥處於混亂狀態。造成這種情勢的原因既由於西突厥内部各不相屬，所謂「十姓無主」；也由於東突厥的復興。唐會要卷九四西突厥長壽二年（六九三）十月條稱：

> 西突厥十姓自垂拱以來，爲東突厥所侵掠，散亡略盡。

垂拱初，東突厥骨咄禄已盛，威脅十姓，導致部落散失是完全可能的。〔一〕大致散亡的部落不是北附骨咄禄，就南屬吐蕃，這就是所謂「西方不静，北方多難」的具體事實。當時四鎮處境困難。爲了安定西域，朝廷起用西突厥可汗後裔阿史那元慶和斛瑟羅以可汗和都護名義招撫諸部。垂拱初年的金牙道行軍當是護送元慶與斛瑟羅還領舊部並聲援四鎮。這一措施如郭元振所説並未收效，結果是「元慶没賊，四鎮盡淪」。〔二〕

當時西州差兵往金牙道行，勅書規定「唯取白丁、雜任」。這一千二百人是臨時徵發的差兵，唐六典卷五兵部稱：

凡天下諸州差兵募，取户殷丁多，人材驍勇。選前資官勳官部分强明堪統攝者，節級權補主帥以領之。

這批西州差兵亦即六典所説的「兵募」。徵發白丁充兵募見於法令，無須贅述，值得注意的是勅書還特别提出雜任和白丁同在差兵之列。這却是與法令相抵觸的非常措施。

〔一〕舊唐書卷一九四下西突厥傳阿史那步真條記此事作：「自垂拱以後，十姓部落頻被突厥默啜所侵掠，死散殆盡。」按垂拱年間，東突厥可汗爲骨咄禄，舊書作「默啜」，誤。但認爲西突厥部落死散由於東突厥侵掠，與會要同。資治通鑑卷二〇四武周天授元年（六九〇）記斛瑟羅入居内地，即採會要此條。胡注：「東突厥，謂骨篤（咄）禄等。」

〔二〕所謂「元慶没賊」之「賊」指的是誰，不詳。兩唐書西突厥傳都没有説元慶被俘，只説他回朝後被來俊臣誣陷被殺。據郭元振傳稱「吐蕃大將論欽陵請去四鎮兵，分十姓之地」，垂拱二年拔四鎮，實是屈從吐蕃之請，疑元慶亦爲吐蕃所俘。

早在西魏大統十三年（五四七）計帳（？）中就記有「雜任役」一項，具體名色是獵師、防閤、虞候，[一]他們都在官府中當差上值，不服兵役與正役。在唐代，據吐魯番所出諸鄉户口帳，[二]雜任包括佐、史、里正、倉督、倉史、白直、執衣以及州、縣學生、醫學生等，名目很多。按照唐代法令，雜任得免除課役，通典卷六賦役稱：

其雜任被解應附者，皆依本司解時日月據徵：諸春季附者課役並徵，夏季附者免課從役，秋季附者俱免。

凡充當各色雜任的只有在解除職務後，才按照解任的季節差别，分别給以課役全免、免課從役、課役並徵的不同處理。不言而喻，未解職的雜任是例免課役的。又唐律疏議卷二五諸詐自復除條疏議云：

謂詐爲雜任之類而得復免役使者，徒一年。

據此，知雜任是「復免役使」的，[三]所謂「役使」應包括正役、兵役、雜徭。

〔一〕池田溫中國古代籍帳研究敦煌籍帳二，第一五二——一五三頁。

〔二〕這些户口帳分别出自阿斯塔那一〇三號墓、五號墓、七八號墓、三三〇號墓、一八七號墓，哈拉和卓一號墓、三九號墓，凡十七件，已另文考釋。

〔三〕日本令集解卷九户令無課口者爲不課户條，集解有如下問答：「問：『舍人、史生、兵衛等之類，課役俱免，未知爲不課哉？』答：『雜任之類，任免無常，故不可爲不課也。又其全免之人，然亦不得爲課户，不注課不耳。』」日本雜任的具體名色當然與唐不同，但雜任課役俱免，必源於唐令。

由於充當雜任獲得免除課役權利，而且還是一種出身道路，因此至少其中某些名色不但争願投充，而且用賄賂以求補授。新唐書卷一二三李嶠傳神龍元年（七〇五）嶠上疏有云：

又重賂貴近，補府若史，移没籍産，以州縣甲等更爲下户，當道城鎮至無捉驛者。

府和史是官府胥吏，屬雜任一類。充當府、史要「重賂貴近」，有力重賂的當然是殷富之家。他們所以願充府、史，一個主要原因是藉此避役。敦煌掇瑣三一録唐代五言白話詩之一有云：

佐史非臺補，任官州縣上，未是好出身，□兒避征防。

這首詩可以和李嶠疏相印證。佐、史由地方官委任，不是吏部銓選，出身不好（但終究是出身，以後有機會可以補低級官員），所以願意充當，只是爲了「避征防」，即避兵役。

雜任名色繁多，苦樂不一，如李嶠所説，有的行賂求充，也有如「捉驛」則紛紛求免至於有些驛竟然没有人管。〔一〕有一些雜任名色隨着時代推移，苦樂發生變化，願充與求免亦隨之而異；服役辦法有的終年在官，有的分番，有的必須親自服役，有的可以納課代役，種種差異，非本文所能詳。但不管如何不同，總的説來，在法令上都免除課役，即不輸租調，不服兵役、勞役。

差兵及於雜任，表明垂拱年間，頻繁的征鎮之役，不僅非府兵所能承擔，而且徵募也不能限於白丁範圍之内。如前所引，唐六典規定差兵募的條件是「户殷丁多，人材驍勇」，實際上這一條早已不能

〔一〕通典卷三三鄉官條：「三十里置一驛，驛各有將（長？），以州里富强之家主之，以待行李。」注云：「自至德（七五六）之後，民貧不堪命，遂以官司掌焉。」驛長以富强之家充當，但賠累甚重，因此行賂降免户等，力求脱免。

執行。舊唐書卷八四劉仁軌傳載麟德二年(六六五)平百濟後上疏有云：

州縣發遣兵募，人身少壯，家有錢財參逐官府者，東西藏避，並即得脱；無錢參逐者，雖是老弱，推背即來。

可以知道，高宗時已難以從户殷丁多人户中徵發兵募了。劉仁軌只説有錢人家納賄求免，「東西藏避」，我想納賄充當某種雜任名色應是避役手法之一。雜任數量很多，足以容納一大批户殷丁多的白丁。通過種種避役道路剩下來的見役白丁貧弱者多，又要從他們身上攫取租調，徵發勞役，如果差兵只限於白丁，必然影響國庫的租調收入和勞役徵發。這次西州差兵的敕書越過法令規定，徵發及於雜任，其用意恐是：一、由於見役白丁特别是户殷丁多人户的白丁已嚴重不足，不能應付這類雖是臨時却經常會發生的征行之役；二、也許是企圖杜絶藉雜任之名以求影庇避役之風。

按照敕書，這次差兵只在白丁及雜任中取充，但金牙軍來牒却要求在敕書規定以外兼取「三衛」，牒文聲稱「三衛一色，在敕雖復無文，軍中異常要藉，若其不差，定闕撓事」。彷彿差兵强弱全在於差不差三衛，如果不差，誤了軍事，西州主管人(應是都督)要負「闕撓」之責。闕供兵馬器械，阻撓發兵，在律當以乏軍興論斬，[一]因此使西州主管人十分爲難。

[一] 唐律疏議卷一六擅興稱：「諸乏軍興者斬，故失罪等。」注云：「謂臨軍征討，有所調發而稽廢者。」律文説犯了乏軍興條，即使不是有意，故失罪也一律問斬。

三衛是皇室的親兵，禁衛宫殿，其名始見於北周。〔一〕唐制，親、勳、翊三衛規定以散官五品、勳官二品以上子孫充當，其制歷見於唐六典卷五兵部及兩唐書官志。充當三衛的照法令應以高級文武官僚的子孫充當。北周是關隴軍事集團極盛時代，當時三衛多半即由關隴貴族官僚的子孫充當。直到隋代，基本上也還如此。舊唐書卷五三李密傳：

魏司徒弼曾孫……祖曜，周太保、魏國公；父寬，隋上柱國、蒲山公……密以父蔭爲左親侍，嘗在仗下，煬帝顧見之……帝曰：「箇小兒視瞻異常，勿令宿衛。」他日，（宇文）述謂密曰：「弟聰令如此，當以才學取官，三衛叢脞，非養賢之所。」密大喜，因謝病。

李密出身關隴大貴族八柱國家，他蔭襲蒲山公，爲「左親侍」，亦即親衛。〔二〕唐代三衛雖然仍是高蔭，正如宇文述所説，隋代業已「三衛叢脞」，不如「以才學取官」，唐代三衛由於勳官日濫，成員更爲龐雜，一般貴族及文官子弟不願意由這條道路進身，充當三衛的大致都是高級武官及高勳的子孫。像西州那樣地區，高級文官非常少，五品武官及二品高勳却不乏其人，因而有一批充三衛的子弟是可能的。親衛和勳衛的父祖官資條件較高，大概很少，較多的是翊衛。〔三〕吐魯番所出唐（開元年代）西州

〔一〕續高僧傳卷二六釋静靄傳：「初武帝（周武帝）知靄志烈，欣欲見之，乃勑三衛二十餘人巡山訪氊衣道人。」

〔二〕隋書卷七〇李密傳稱「大業初，授親衛大都督」，那時府兵系統内大都督地位已較低。

〔三〕按敦煌所出唐天寶年代敦煌郡敦煌縣差科簿中有翊衛二十五人之多；唐天寶六載（七四七）敦煌郡敦煌縣龍勒鄉都鄉里户籍殘卷有老男户主翊衛三人，其中程什住、程仁貞乃弟兄；唐大曆四年（七六九）沙州敦煌縣懸泉鄉宜禾里手實亦見翊衛一人（以上諸件並見池田温中國古代籍帳研究、敦煌資料第一輯），敦煌籍帳中不見親衛、勳衛，推之西州當亦如是。

交河縣名山鄉差科簿見老男翊衛𣏌虔叡,〔一〕唐開元二年(七一四)五月西州都督府牒見三衛蘇才應。〔二〕阿斯塔那二二一號墓所出唐貞觀二十二年(六四八)勅内容爲處分三衛犯私罪及納資課、違番事。勅書雖是普頒諸州,觀本件有安西都護(此時設置在西州)行下屬縣符,也反映西州有一批三衛。值得注意的是勅文末有這樣一句,「其違番應配西(下缺)」,「西」下缺的應是「州」字,如果高宗統治時繼續採取懲罰措施,則西州還有一批流配來的三衛。

三衛一般是所謂「將門之子」,唐初承西魏、周、隋之後,按照傳統觀點,他們的作戰能力應較出自農民和普通地主的白丁、雜任爲强,理當作爲軍隊的骨幹力量。這可能是金牙軍爲什麽堅要西州差配三衛的原因。

應當説明,三衛的本職是宿衛宫廷,身在役任,不在點充兵募之限。唐六典卷五兵部郎中條:

凡諸衛及率府三衛貫京兆及河南、蒲、同、華、岐、陝、懷、汝、鄭諸州皆令番上,餘州納資而已。

西州三衛自應不番上,只是納資。上引勅書對西州三衛的譴責,僅是納資欠闕,不發生違番問題。但即使不番上宿衛,按法令他們仍然不能由地方點充征行。金牙軍要求西州差兵及於三衛,也是越過

〔一〕池田温中國古代籍帳研究籍帳、差科簿七八,第二八六頁。

〔二〕日本寧樂美術館藏西州蒲昌府文書,見日比野丈夫氏唐代蒲昌府文書の研究所引(載東方學報第三三輯)。按本件(日比野氏文列第二五號)稱「三衛蘇才應」充當薩捍烽的長探,其人又見第六件及第八件文書。

法令的非常規措施，所以勅書既未提到，西州也不敢輕率從事。

以上我們論證了文書所述西州差兵的年代和徵發雜任、三衛問題。我們認爲西州這次差兵的年代是垂拱二年（六八六）或二年左右。這一年爲了安撫西突厥，曾有一次金牙道的行軍，並曾設置金牙道行軍大總管府。文書中的金牙軍來牒即是金牙道大總管府的來牒。大總管體制隆重，西州可能受節制，所以對來牒十分尊重。

我們認爲差兵及於雜任，是不尋常的措施，其出現表示唐初軍事制度變化的跡象。

垂拱二年（六八六）以後，經過十一年，武周萬歲通天元年（六九六）九月，曾經徵發囚犯及「士庶家奴驍勇者」與侵入內地的契丹作戰。[一]徵發及於雜任和犯人、家奴，都表明按常規發府兵和差點白丁征行已難以應付當時的軍事形勢。但是差點雜任和徵發犯人、家奴應該説是有區别的，差點雜任還是帶有維護富裕者儘先揀點這一原則的意圖，而徵發犯人、家奴却表示兵士地位的低落。二者同樣超越了徵發法令，但從這裡却可以看出一個重要的變化。雜任作爲特殊的差兵對象似只此一見。以後包括雜任在内的諸項色役正如上引敦煌雜詩所云爲逃避「征防」的道路，封建統治者實際上已不想維護富裕者儘先揀點的原則了。

[一] 見資治通鑑卷二〇五萬歲通天元年九月條。參唐會要卷八六奴婢條；陳伯玉集卷八上軍國機要事。

金牙軍牒對三衛的高度重視，表明在唐初，世襲性的將門子弟仍被認爲理所當然的軍隊骨幹，這和後來「三衛益賤，人罕趨之」的情況，〔一〕也有顯著的差異。

（原載敦煌吐魯番文書初探，武漢大學出版社，一九八三年十月）

〔一〕新唐書卷四九上百官志上。

讀王梵志詩偶見

王梵志是唐代的一位具有頗大影響的通俗詩人，但宋以後他的詩集佚亡，連姓氏也湮没不彰。自從敦煌石室發現了多種王梵志詩殘卷以後，才引起了中外學者的注意，寫出了許多有關王梵志生平及其詩篇的專題論文，却還没有人將各種殘卷綜合整理，勒成一書。一九八三年，中華書局出版張錫厚同志的王梵志詩校輯，彌補了這個缺憾。快讀一過，偶有所見，草寫成文。

我對文學所知甚淺，王梵志詩在文學上的評價和在詩歌史中的地位，不敢妄有評論，本文只是就詩中反映的時代特點略考詩人生活的時代，以備參考而已。其中有些論點在張錫厚同志的唐代民間詩人王梵志考略（以下簡稱考略）中業已提出，也有一些見於中日學者的論文，本文僅作一點補充。限於學力，一定有不少錯誤，希望同志們教正。

關於王梵志創作年代的估計，中外學者存在着分歧，張氏王梵志考略文中業已列舉。大體上有三種意見：一是隋唐之間說，二是公元八世紀說，三是天寶、大曆說。最後一説甚至更推遲到晚唐、五代。張氏主張隋、唐之間說，我贊同這個論點。

隋唐之間說的根據是桂苑叢談和太平廣記卷八二異人二的王梵志條。二書叙事大體相同，張氏指出其差異只是叢談稱梵志「當隋之世」，生於衛州黎陽王家的林檎樹瘿中，而廣記則作「當隋文帝時」。叢談和廣記所記相同，叢談本條下注出史遺，而張氏據明野竹齋鈔本廣記本條下注「出逸史」。今按明談愷刊本此條下注實作「出史遺」，與叢談合。〔一〕新唐書卷四八藝文志史部雜文類，著録「史遺一卷」，不記撰人名，列於林恩補國史之後，補國史條下注「僖宗朝進士」，則史遺亦當爲唐末人著作。〔二〕同書卷四九藝文志丙部小説家類著録盧子史録，卷亡，又逸史三卷，注云「大中時」。〔三〕説郛卷二四有逸史，〔四〕第一節即是序（可能已删節），稱：

盧子既作史録畢，乃集聞見之異者目爲逸史焉。其間神化交化，幽冥感通，前定升沉，先見禍福，皆摭其實，補其缺而已。凡紀四十五條皆我唐之事。時大中元年（八四七）八月。

逸史的寫作年代和作者盧姓記載甚明，與史遺自是兩書。我以爲廣記所採實是史遺，可惜這部書已無可考，廣記所引似僅此一條，無從考訂其時代。

八世紀説和天寶以後説都不信任叢談和廣記這條記載。當然生在林檎樹癭中的記載是荒誕的，但無確證以前，就斷言生於隋時（或隋文帝時）的記載不足憑信，恐怕也是不合適的。

我們承認叢談或廣記所引史遺生於隋時之説，可以從他詩中反映的時代特點來推斷。

〔一〕清代重刻廣記並據談本，中華書局排印本此條卜注「明鈔本作『出逸史』」。
〔二〕新書藝文志史遺卜爲温大雅今上王業記，李延壽太宗政典三十卷，乃别自爲類。
〔三〕宋史卷一五九藝文志五子部小説家類著録盧氏逸史一卷，史遺已不見宋史藝文志。
〔四〕商務印書館據明鈔本排印本。

（一）當鄉何物貴詩（校輯二七頁）：當鄉何物貴，不過五里官。縣局南衙點，食並衆厨飡。文簿鄉頭執，餘者配雜看。差科取高户，賦役數千般。處分須平等，並檑出時難。職事無禄料，專仰筆頭鑽。管户無五百，雷同一概觀。愚者守直坐，黠者駁駁看。

按校輯者原注：「五里官。舊唐書職官志：『百户爲里，五里爲鄉』，五里官指一鄉之長。」據下文「管户無五百」之句，張氏注是。詩又稱「文簿鄉頭執」，此鄉頭亦即指一鄉之長。

（二）村頭語户主詩（校輯二八頁）：村頭語户主，鄉頭無處得。在縣用錢多，從吾相便貸。我命自貧窮，獨辦不可得。合村看我面，此度必須得。候衙空手去，定是搦你勒。

按詩中也提到鄉頭，即一鄉之長。以村頭即村正例之，則鄉頭自即鄉長或鄉正。這個五里官或鄉頭是真正的鄉官，第一首詩説他在縣令出堂（衙）時聽點身，就在縣厨喫飯；他拿着文簿，主管催征差科賦役。在第二首詩中説村頭（即村正）告訴户主，鄉頭在縣用錢多，便向村頭借貸，村頭貧窮不能應付，便向合村索取。如果空手回衙，一定會把你們抓走。〔一〕

然而像這樣一種實際管事，有權的鄉長或鄉正在唐代却只有一個很短暫的時期曾經存在。舊唐書卷四五輿服志引武德令稱：

諸州縣佐史、鄉正、里正、嶽瀆祝史、齋郎，并介幘、絳褠衣。

〔一〕此詩只是大意推測如此，「搦你勒」之「搦」，原注稱「原作『搦』」，我想釋作「搦」，可能是對的。在唐人引文中常見「搦捉」連文，即捕捉之意，張氏注亦是。

據此知武德七年頒令時有鄉正。按隋開皇初曾置五百家鄉正，理民間詞訟，至開皇十年（五九〇）始廢。〔一〕唐高祖制定律令旨在恢復開皇舊制，非止一端，設置鄉正，亦是此意。但大概不久即廢，而重置於貞觀。唐六典卷五户部郎中員外郎條，通典卷三鄉黨叙唐代鄉里組織，都只説置有里正、村正、坊正，没有設置主管一鄉之長。「催驅賦役」是里正的職司。唐六典所據是開元七年（七一九）令，通典是引開元二十五年（七三七）令，確知那時並無「五里官」的鄉頭。唯通典卷三三職官十五「鄉官」條稱：

大唐凡百户爲一里，里置正一人；五里爲一鄉，鄉置耆老一人，以耆年平正者，縣補之，亦曰父老。貞觀九年（六三五），每鄉置長一人，佐二人。至十五年（六四一）省。

據此知武德時所置的鄉正，貞觀初已廢，至貞觀九年置鄉長，十五年又廢，從此不再置。武德所置大概不過數年，貞觀所置鄉長自貞觀九年至十五年，前後亦僅七年。吐魯番所出唐初西州諸鄉申報户口賬，其中貞觀十八年（六四四）一件和乾封二年（六六七）一件尚存殘牒，均由本鄉的幾個里正聯署申報。〔二〕可知當時並無鄉長。至於耆老或父老不知何時設置，並無規定的職司，所以開元令文一字不提。

既然作爲五里責官的鄉正或鄉長只存在於唐初兩個時期，一是武德七年（六二四）左右，二是貞

〔一〕 事見通典卷三鄉黨，隋書卷四二李德林傳。

〔二〕 參考拙撰唐西州諸鄉户口帳試釋，載敦煌吐魯番文書初探，上引二件見第一二八——一二九頁，第一四八——一四九頁（參見本册第九七——九八頁，一一六——一一七頁。——編者）。

觀九年至十四年(六三五——六四一)。上引兩詩的寫作最晚不得晚於貞觀十四年。假使王梵志生於隋文帝仁壽間，至武德七年爲二十餘歲，至貞觀十四年則已近四十歲。假使他生於隋煬帝大業中(六一〇年左右)，至武德七年只是十一二歲的孩童，大概寫不出這樣成熟的詩篇，至貞觀十四年則將近二十歲，有此詩筆是可能的。

根據上引兩詩中反映的鄉村組織特點，王梵志只有生於隋時才趕得上。

如果王梵志生於隋大業中，身享高壽，那他可能晚及武后統治時期。天下浮逃人詩(校輯一七四頁)云：

天下浮逃人，不啻多一半。

可以肯定，浮逃户從來就不能斷絶，但嚴重到占全國户口半數以上却比較晚。陳伯玉集卷八上軍國利害事三條，其第三條云：

當今天下百姓，雖未窮困，軍旅之弊，不得安者向五六年矣，夫妻不得相保，父子不得相養。自劍以南，爰至河隴秦涼之間，山東則有青徐曹汴，河北則有滄瀛恒趙，莫不或被饑荒，或遭水旱，兵役轉輸，疾疫死亡，流離分散，十至四五，可謂不安矣。幸得陛下以仁聖之恩，憫其失業，所在邊境有兵戰之役，一切且停。遂使窮困之人，尚得與妻子相見，父子相保，各復其業，獲以救窮，人心稍安，殆半年矣。

按陳子昂上書在垂拱二年(六八六)。在先由於兵役和水旱之災，西南、西北邊州和黄河下游一

帶的人民「流離分散，十至四
書卷九諫雅州討生羌書，又提到
亡問題。但問題却日益嚴重起來。
人，流散非一二」，要求派遣御史到各地
已引起朝臣的關切。以後幾年，情況越
鳳閣舍人，上書論學校頹廢，刑罰酷濫，有
引王梵志詩相符。嗣立上疏時間，通鑑卷二
十餘載」，永淳元年（六八〇）至聖曆二年不足
十二年置勸農使安撫户口詔有云：

> 至如百姓逃散，良有所由。當天册、神功之
> 後，必有凶年，水旱相仍，逋亡滋甚。

詔書説逃亡情況的嚴重在武后天册、神功之後，時間

如上所述，逃亡問題的嚴重性，自武后垂拱以後
（七〇三）的一次全國性括浮逃。〔二〕雖然問題提出，早在

〔一〕見拙撰關於武則天統治末年的浮逃户，歷史研究一九六一年第

九六）以後，這是和契丹、突厥的戰爭相關的。王梵

（六八五），他年逾七十，到證聖元年（六九五），他已八

然不能否定他天賦獨厚，年逾耄耋仍然有一定的創作，

又相將歸去來詩（校輯一五八頁）云：

相將歸去來，閻浮不可停。婦人應重役，男

丸，兵滅地君營。血流遍荒野，白骨在邊庭。（

「婦人應重役」句下張氏注引通典食貨七載景雲二

曰：竊聞永淳之初，尹元貞任陝州雍縣，

路，蓋其常也。

按景雲爲睿宗年號。韓琬疏稱高宗永淳初（

人，已是常事。所謂「頃年」大致也可以推

後頻繁戰事的情況相符。

從浮逃問題的非常嚴重和婦人應

那時王梵志還健在，還能爲作，那麼

是否可以把浮逃過半與婦人

年齡上較爲合適，但據陳子昂

亡」。但到上書時已經「各復其業」，一度嚴重的流亡得以安定下來。同
「況當今山東饑，關隴弊，歷歲枯旱，人有流亡」，還只是一般地指出流
唐會要卷八五逃戶記載證聖元年（六九五）李嶠上表稱「天下之
二「督察檢校」，開始提出對流亡戶的處理意見，說明逃亡問題
越嚴重。舊唐書卷八八韋思謙附子嗣立傳，則天時，嗣立爲
「今天下戶口逃亡過半，租調既減，國用不足」。所言與上
六置於聖曆二年（六九九）十月。按疏稱「永淳以來二
十年，疑還得推遲幾年。唐大詔令集卷一一一開元

時（六九五——六九七），北狄、西戎作梗，大軍之

相符。

導致長安三年
應在萬歲登封（六

，假使生於大業末，到垂拱元年

嗣立上疏時將近九十了。我們當

年齡畢竟太高了。

征行。帶刀擬開煞，逢陣即相刑。將軍馬上

略）

年（七一一）監察御史韓琬陳時政疏云：

界內婦女修路，御史彈免之。頃年婦人役，修平道

六三二）縣令以婦人修路，被劾免職，而「頃年」役使婦

到武后晚期。婦人供役即因男子出征，這也和萬歲登封以

役這兩點看來，上引王梵志詩疑當寫於武后統治的晚年。如果

他創作的下限也即在此時。

人供役的現象提前到高宗晚年和武周初年呢？當然，這在王梵志的

所說垂拱間雖「人有流亡」，並不太嚴重。至於婦人供役，則韓琬已經明

確指出高宗統治的晚期還是作爲地方官的違法行爲而加以處分，其習以爲常乃是景雲二年之前不久的事，而詩人却正是作爲常事而寫入詩篇的。

王梵志詩提供了大量有關唐代社會的珍貴資料，考略以及其他學者已多論述，其中有些問題尚待進一步探討，非本文所能盡，這裏只是就王梵志的創作時代提出一些不成熟的意見。我的意見是王梵志應生於隋代（我傾向於生於隋末即煬帝大業末而不是文帝時）。其理由是只有生於隋代他的詩才能趕得上唐初設置鄉長或鄉正的短暫時期。如果有關浮逃人和婦人供役的詩確是他的作品，那是他年逾八十後的寫作。

（原載中國文化與中國哲學，東方出版社，一九八六年十二月）

唐先天二年(七一三)西州軍事文書跋

吐魯番阿斯塔那八三號墓出有唐先天二年及本年前後有關軍事文書共八件，具載吐魯番出土文書第八册。這一組文書涉及當時西州乃至本地區更大範圍的軍事形勢，地方軍隊組織以及奴和部曲的徵發等問題，爲研究唐代軍事制度提供了珍貴的資料，今轉録其中二件如下：

一　唐先天二年(七一三)八月七日張則等車牛文書

(一)

〔前缺〕

1 □□□□兩迴　張則下□乘，乘別兩迴。〔下殘〕

〔中缺〕

2 □□□□素下　氾貓下一乘一迴　氾素下兩乘□□

3 杜定下一乘

(二)

〔前缺〕

1 □□□□壹乘

2 右前件人車牛合取甘土，其人不

3 望請處分

4 先天二年八月七□

按本件記諸隊應出車牛承擔運輸任務的數額和次數。2行汜貓即汜貓子，汜素即汜承素，二人均是隊頭，見下引文書。1行張則，3行杜定亦當爲隊頭。二段1行應爲某隊頭下壹乘，人名已缺，2行「其人不」下當缺「到」字，乃當隊應出車牛不到，牒請處分。所取之「甘土」不詳，或是用以建築防禦物之某種泥土。

二 唐先天二年隊副王奉瓊牒爲通當隊兵破除見在及不到人事

（一）

〔前缺〕

1 人 曹破延

2 人 雜 破 除

3 蘇玄感 張收郝 杜秃塠 張和感 王且部曲阿

4 奴典倉 奴磨□ 姚孝順 已上抽入戰隊 李官寺

〔後缺〕

（二）

〔前缺〕

1 □□□　奴大吉　傳[　]

2 劇質奴什德被牒入武城隊　楊扣䣱[　]

3 韓善住已上里正　部曲趙豐洛轉事天山縣人麴洪感　成禮部曲白无難　王小叔　索僧□

〔下殘〕

4 □壽壽　王嘉積　史意奴毛德　高波子　張慈感已上人今日點身□[　]

〔後缺〕

（三）

〔前缺〕

1 [　]　人　見　□

2 □□□承素　副王奉瓊　史君竟　奴宜才　曹住洛　馬□□　部曲[　]

3 劉富多　車禿子　奴長保　奴孤易奴　萬禿禿　部曲[　]

4 奴富海　和闍利　奴阿師奴（下殘）

5 牒件通當隊兵[　]見在及不到人姓名如前謹牒

6 先天二年九月　日　副王奉瓊　牒

7　隊頭氾承素

按本件爲氾承素隊申報當隊破除、見在及不到人姓名的牒文。第一段1行前已殘缺，其曹破延一人列於2行若干人雜破除之前，上下均缺，不知所屬。3至4行殘存九人及二段1至2行趙豐洛以上殘存六人均屬破除人數。破除原因一段4行姚孝順下注「已上抽入戰隊」，與戰隊對稱的隊伍，有駐隊及輜重隊。通典卷一五七兵十「下營斥候並防捍及分布陣附」條引衛公李靖兵法有云：

若更堪齊頭行者，每統五隊，横列齊行，後統次之。加每統三百人，簡取二百五十人，分爲五隊，第一隊爲戰鋒隊，第二、第三隊爲戰隊，第四、第五隊爲駐隊，每隊隊頭一人，副隊頭一人。其下等五十人爲輜重隊，别著隊頭一人，副隊頭一人，擬戰日押輜重，遥爲聲援。

對前綫的戰鋒隊、戰隊而言，駐隊是策應及補充前鋒作戰，保衛營壘的隊伍，〔二〕對輜重隊而言，駐隊也是戰隊。氾承素所領之隊據上列文書(一)，負責出車乘運輸，基本上不出戰，應屬輜重隊。被除的另一原因，二段2行劇質奴什德下注云「被牒入武城隊」，無「已上」二字，被抽的似只奴什德一人。武城是高昌縣屬鄉名，據此似乎諸隊按鄉分别組成，是一種縣屬的地方軍。氾承素所領也應是高昌縣所屬某鄉的隊伍。

二段3行韓善住下注云「已上里正」，所云「已上」當包括2行的「楊拍䣛」。按里正是雜任，據

〔二〕通典卷一五七同條又云：「其駐隊不得輒動，前却打賊，退敗收軍，舉槍卷幅，一依教法。如營不牢固，無險可恃，即軍别量抽一兩隊充駐隊，使堅營壘。如其輜重牢固，不要防守，駐隊亦須出戰也。」

唐代律令，充當雜任者得免課役，當然也包括兵役的免除，〔二〕這也是破除原因之一。

二段3行部曲趙豐洛下注云「轉事天山縣麴洪感」。部曲本無獨立戶口，趙豐洛既已轉事天山縣人，亦即隨主附籍，當然在高昌縣的隊伍中予以破除。

4行張慈感下注「已上人今日點身□」，「點身」下當缺「不到」二字。所謂「已上」疑包括3行「成禮部曲白无難」等，則至少有八人點身不到。

三段1行記若干人見在，2至4行列舉十六人，不像有缺失。按照唐代軍隊編制，不論是府兵組織或包括非府兵的征行鎮防，都以五十人爲隊，本件所記有姓名的殘存兵士計破除十五人，點身不到八人，又其他一人（曹破延），加上見存十六人，共得四十人，雖然殘缺的究有幾人不明，大致與五十人爲隊的編制相符，但在先天二年九月申報時，却只有十六人見在。除了按律令給以破除之外，點身不到的八人可能多數是逃亡。我們不知道本隊於何時建置，却可以看到原來基本足額的隊伍到先天二年九月這支運輸隊已嚴重缺額。

三段5行「見在」上當缺「破除」二字。當隊隊頭是汜承素，但牒尾寫的却是「副王奉瓊牒」，太白陰經卷三隊將篇云：「主文書，知勞苦，明部分，行列疏密，並責成於副隊頭。」知起草行移文書正是副隊頭之責。〔一〕

〔二〕見拙撰西州差兵文書跋，載敦煌吐魯番文書初探，第四四六——四四七頁（參見本册第一八二——一九五頁。——編者）。

二　唐某隊牒爲通當隊兵死亡抽調見在事

（一）

〔前缺〕

1 陳思忠二人死

2 已上人抽入戰隊張古

3 奴□孔死　馬亮

4 □定柱・白毳□

5 □寅住・楊驗住

〔後缺〕

（二）

〔前缺〕

1 趙思直

2 甯和才・奴當

3 麴懷暕・魯才

〔一〕本條由孫繼民同志檢示。

4 胡輩上　汜積上・郭

5 人

6 隊頭汜貓子

7 王神・□

8 汜閔孝・

9 李君□・

10 奴

〔後缺〕

（三）

〔前缺〕

1 匡相・相木匠

什

2 馮汜・師

3 李□護□・歡

4 安

5 匡保・□

6 ▭ 奴秃·代肯 ▭
7 ▭ 謹□ ▭
8 ▭ 年二月 日 ▭

〔後缺〕

本件亦當是申報當隊兵破除、見在及不到人名牒。2段6行記「隊頭汜貓子」，亦見上列文書㈠先天二年張則等車牛文書，知當隊也是承擔運輸的隊伍。一段1至3行人名下或注「死」，或注「抽入戰隊」，均在破除人數内。3、4行間有空行，4至5行人名旁有墨點，當是點身標記，不知何以與破除人寫在同一紙片上。第二段1至4行諸人，姓名旁墨點或有或無，又4行胡輩、汜積下均注「上」字。如果不加點的爲不到人，則加點的已應召入隊，即應列於見在人數内，爲什麼列在一起，不明。5行只殘存一「人」字，當是記若干人見在，6行首列隊頭汜猫子，與上列文書二隊副王奉瓊牒見在人首列隊頭汜承素同。以下至10行人名旁均加墨點。〔一〕三段1至6行人名旁亦同。三段1行匡相相下注「木匠」，知此類隊伍亦主建築營造之事。8行紀年已缺殘存「二月日」三字，若非先天二年之二月，亦當在本年前後。

二段2行見「帘和才」，阿斯塔那三五號墓所出武周載初元年（六八九）高昌縣手實記「户主帘和

〔一〕10行「奴▭」墨點已缺。

才𡊮拾肆歲」，至先天二年（七一三）爲三十八歲。〔一〕

四　唐獨孤西豐等官兵破除見在殘文書

〔前缺〕

1 ［　　］官兵破除見［　　］
2 ［　　］人［　　］
3 ［　　］獨孤西豐［　　］
4 ［　　］市丞　史行［　　］
5 ［　　］年六十老　史君［　　］
6 ［　　］馮賣德　白奴［　　］

本件也是某隊通當隊官兵破除、見在人的文牒。1行「見」下缺「在」字。2行只殘存一「人」字，應爲若干人雜破除。3至6行均破除人名，4行缺文下注「市丞」，5行缺文下注「年六十老」，充當雜任和入老均例得免役。其他獨孤西豐等注已缺，破除原因不明。此下應有若干人見在，見在人姓名及牒尾署名及年月，今皆不見。但已是紙邊，或另紙書寫，亦未可知。

五　唐陰行感等殘名籍

〔一〕吐魯番考古記載西州徵物殘牒，見「所由里正甯和才」，紀年已缺，疑在先天二年後，被徵入隊時未充里正。

〔前缺〕

1 令狐□々 重名

2 只里正 陰行感老

3 奴尾奴二人安昌未

4 在

5 奴典倉（倒寫）

本件是記破除及不到人的筆録。無紀年，據5行倒寫「奴典倉」，見上列文書二先天二年隊副王奉瓊牒，應在同時或先後。1行「令狐□□」下注「重名」，疑一人重出。2行缺文下注「里正」，陰行感下注「老」，均例得免役。3行奴尾奴下注「二人安昌未」，「未」下疑缺「還」字，安昌爲天山縣城名，奴尾奴又見下列文書唐張師師等名籍，若是差赴安昌未還，則是點身不到的原因，並非破除。4行缺文下注殘存一「在」字，可能是「見在」。這是備用的筆録，所以不按牒文形式書寫，而且並未寫完。

以上四件並是有關當隊兵破除、見在及不到人的文書。

六　唐知白人安浮㖃盆等名籍

〔前缺〕

1 □十二日知白人安浮咄盆　康
2 □□通　毛大忠　張師師　獨狐阿北　趙圈□〔下殘〕
3 趙圈富　目知谷　奴典倉〔下殘〕
4 □咋叭、趙圈富　張師師〔下殘〕

〔中缺〕

5 □十三日知白
6 竹留師　二十四日知白人康鈹子
7 二十五日知白人史君　張仁歡　典倉　左尾□

本件爲知白人的上番名籍，紀年已缺，内奴典倉亦見上列文書二先天二年隊副王奉瓊牒，當在同時或前後。「知白」未見記載，可能指值日兵。1行、5行首均缺「二」字，名籍記的是二十二日至二十五日四日間的諸人番次，每日人數多少不同，二十二日特别多，但列於此日的2行見「趙圈□」，3、4行又兩見「趙圈富」，2行見「張師師」，4行又見「張師師」，同一人似不可能於同日再三上番。3、4行均有缺文，是否别有原因，不詳。二十五日之史君見上列文書四獨狐西豐等官兵破除見在殘文書，其人在破除之列，時間當晚於本件。

七　唐張師師等名籍

〔前缺〕

1 張師師　左尾住　奴七禄　陰師子　趙圈富　奴子　奴尾奴

2 曹破遮　康浮㖃延　安世郍　氾行同　張仁静

〔後缺〕

本件1行之張師師、趙圈富均見上列文書六知白人名籍，知白人名籍7行末之「左尾□」應即此件之「左尾住」，知與上件有密切關係。2行「曹破遮」，可能即前列土奉瓊牒二中之「曹破延」，「延」、「遮」形近，不知孰是？又奴尾奴見上列文書五張行感等殘名籍。像這類人名錯見於諸文書，説明時間都在先天二年（七一三）或本年前後，名籍均爲一些隊的兵籍。

以上我們迻録了同墓所出相關軍事文書七件，並稍加解釋。從這些文書中，我們知道西州存在着一種地方軍，其基層似乎是按鄉編隊。在史籍上我們還没有見過這種軍隊編制。文書紀年雖只見先天二年，但軍隊建置顯然早在其前。牒文中報破除、見在及不到人，所據的是原來的兵籍，破除人中有的是由於身充里正、市丞等雜任，有的是由於本年入老退伍。很明顯，他們在先天二年前並未充當雜任，或尚不到六十歲入老的年限，因而被點入軍，從先天二年六十歲退伍看來，這種軍隊至晚在先天元年業已建置，實際上必然還更早。

軍隊區分爲戰隊和輜重隊，乃是戰時行軍規制，帶有臨時性。征行隊伍一般在戰事結束後解散，兵士各歸原單位，府兵歸於各自所屬的軍府，兵募歸於鄉里。從這些文書中見到的以鄉爲單位的西州地方軍，似乎又有常備軍的性質，有舊兵籍可稽，得以按籍點身，核查人數；按征行規制，部分抽調入戰隊，部分承擔運輸，其合乎破除條例的給予破除，想必另點新兵。從軍隊區分爲戰隊和輜重隊這一點看來，屬於戰時征行規制，但其任務我想只是保衛地方，並不是遠征。兵士雖隸兵籍，平時各在本鄉務農，只在戰時徵集。

這種地方軍組織可能是西州特有的，但與後來内地諸州設置的團結兵或團練兵有類似之處。值得注意的是，這種軍隊是以當鄉百姓與奴、部曲一起組成的。在文書二王奉瓊牒中所見兵士，包括破除、見在及不到人（這是舊籍所記兵名），除缺失外，殘存四十人（二人只殘存「部曲」二字，缺姓名），其中奴十人，部曲五人，共十五人，一般百姓二十五人。奴和部曲幾乎占了殘存兵數的百分之四十，那是個很大的比例。在其他諸件中也見到奴和一般百姓並列。在待遇上似乎也很少區別，在文書六知白人名籍中，奴典倉兩次番上；在文書二王奉瓊牒中，這個奴典倉，還有奴磨□、王且部曲阿某和其他人一起被抽入戰隊。

發奴、發客在東晉時屢見，〔一〕唐代僅見於武則天統治時代。唐會要卷八六奴婢載萬歲通天元年（六九六）九月勅云：

士庶家僮僕，有驍勇者，官酬其直，並令討擊契丹。

又陳伯玉集卷八上軍國機要事云：

〔一〕呂誠之師兩晉南北朝史，上海古籍出版社一九八三年重印本，第一二九八——一二九九頁。

臣伏見恩制，免天下罪人及募諸色奴充兵討擊者，是捷急之計，非天子之兵。且比來刑獄久清，罪人全少；奴多怯弱，非慣征行，縱其募集，未足可用。

勑文稱「僮僕」，僮僕爲賤口泛稱，應包括奴和部曲。陳子昂稱「諸色奴」，通鑑卷二〇五本年九月記此事，作「士庶家奴」，當以原勑爲準，但内地部曲極少，實際所取恐怕均是奴。

「士庶家僮僕」乃私家占有的賤口，按法令，不承擔課役，當然不在簡點兵士之限。萬歲通天元年的發僮僕，陳子昂説是「捷急之計」用於應付猝發的戰事，本非常制。時至先天二年，上距萬歲通天十七年（六九六——七一三），我們看到西州存在着一支包括奴和部曲在内的地方軍。徵發及於奴和部曲，表明武周以後軍事行動頻繁，百姓大量逃亡，在白丁中徵發兵募的常規已不能應付當時的軍事形勢。人致在武則天的垂拱二年（六八六），西州奉勑差兵，「唯取白丁、雜任」。〔一〕雜任例免征行，却和白丁同在差兵之列，也即表明從白丁中徵發，已難滿足需要，必須徵及原來獲得免役權利的人。雜任往往出較富裕的人充當，藉以避役，特别是避兵役。〔二〕徵發雜任可能旨在維持點差兵士先富後貧的原則。〔三〕徵發及於奴和部曲，進一步表明徵發原則的破壞和兵士地位的低落。

除了一般的兵源枯竭問題以外，奴和部曲被點入軍，在西州又有它的特殊情況。

〔一〕金祖同編流沙遺珍圖版一唐西州差兵文書，參拙撰唐西州差兵文書跋，敦煌吐魯番文書初探（武大出版社）收録。
〔二〕金祖同編流沙遺珍圖版一唐西州差兵文書，參拙撰唐西州差兵文書跋，敦煌吐魯番文書初探（武大出版社）收録。
〔三〕唐律疏議卷一六擅興「揀點衛士征人」條疏議云：「揀點之法，財均者取强，力均者取富，財力又均先取多丁。」

根據吐魯番所出西州一些鄉的户口帳，奴婢有相當大的數量。阿斯塔那一〇三號墓所出唐貞觀十八年（六四四）西州高昌縣武城等鄉户口帳，當鄉總口數一千二百餘，奴婢合計數及奴數已缺，婢數爲七十二，已占總口數的百分之六，奴數據他鄉户口帳大致與婢數略同，也當占總人口百分之六左右。同墓所出唐西州某鄉户口帳一（草），當鄉總口數爲二千六十四，奴婢口一百一十六，其中奴五十九，婢五十七，占當鄉總口數百分之五點六。阿斯塔那四二號墓所出唐永徽元年（六五〇）後西州某鄉户口帳，當鄉總口數已缺，賤口共三百三十七，其中奴一百五十二，婢一百八十二，又部曲三人，雖然總口數已缺，奴和部曲所占比例是不小的。〔一〕由此可見西州從來就存在着相當多的奴和少量部曲，因而有可能在徵發白丁不足時作爲補充。

王奉瓊牒二段3行部曲趙豐洛下注「轉事天山縣人麴洪感」，趙豐洛身爲部曲，轉事他人，仍是部曲，身分不變。部曲是賤口，對主人有依附關係，不可能自由脱離原主，轉事新主。按照唐律，「轉易部曲事人，聽量酬衣食之直」，〔二〕意思是説主人將部曲轉事他人，得以接受作爲償付衣食之直的報酬，實際上等於買賣，所以不稱賣價而稱作「衣食之直」，只因爲部曲身分高於奴，主人對之没有完全

〔一〕阿斯塔那一〇三號所出唐貞觀十八年西州高昌縣武城等鄉户口帳及唐西州某鄉户口帳一見吐魯番出土文書第四册，阿斯塔那四二號墓所出唐永徽元年後西州某鄉户口帳見吐魯番出土文書第六册。參拙撰唐西州諸鄉户口帳試釋，載敦煌吐魯番文書初探一八一頁，内文書定名稍有出入，本文均依吐魯番出土文書改正。

〔二〕唐律疏議卷二名例「十惡反逆緣坐」條問答引唐令。

的人身占有。雖然如此，轉易事人之權仍然操之於主人。趙豐洛業已充兵，但主人仍然有權使之轉事天山縣人麴洪感，這只能表明，即使充兵，主人和部曲的關係並未消除。我們看到文書中凡是奴和部曲除個別外都必標明他們的身分，〔二〕奴都没有姓，有的還冠以主人的姓名，説明他們身分未變，依然各有主人。我們知道萬歲通天元年的發僮僕，是「官酬其直」，若非官贖爲良，也是改隸官府爲官奴或官户工作，他們對舊主不再存在從屬的關係，而西州這支地方軍中的奴和部曲却完全不同。趙豐洛轉事天山縣人當然在先天二年九月之前，可知這支軍隊雖然先已建立，有舊籍可稽，但組織是非常鬆弛的，平民可以充當雜任，部曲可以轉易事人，當然奴也可以由主人出賣。

這種以鄉爲單位包括白丁和奴、部曲的地方軍僅見於先天二年及本年左右的文書，此後是否繼續存在，我們不知道。

先天二年（七一三）前後西州究竟發生了什麽戰事，以致召集諸鄉隊伍，按照戰時規制，組織戰隊，準備迎敵呢？史籍上並没有明確記載，但我們仍可以綜合一些有關資料，加以推斷。

資治通鑑卷二一〇景雲二年（七一一）十二月癸卯記：「以興昔亡可汗阿史那獻爲招撫十姓使。」阿史那獻是西突厥可汗後裔，早在武周時，西突厥十姓被北突厥默啜可汗侵掠，部落離散。武周末至中宗時（六九九——七〇九）西突厥别部突騎施强盛，首領烏質勒及其子娑葛相繼統轄十姓部落。睿

〔二〕 上列文書六唐知白人安浮啕盆等名籍7行「典倉」上無「奴」字，奴典倉屢見，此恐是偶漏。

宗景雲間（七一〇——七一一）默啜進攻西突厥，娑葛被擒。阿史那獻受命招慰十姓，當因娑葛兵敗被擒，十姓離散之故。他奉命已在景雲二年十二月，到任必在次年，這年八月，睿宗傳位給玄宗，改元先天。唐會要卷七八節度使條稱：「先天元年十一月，史獻除伊西節度使、瀚海軍使。」據此則西州正在他管內。瀚海軍使例爲北庭都護的兼職。新唐書卷二一五下突厥傳下云：

長安中（七〇一——七〇四），以阿史那獻爲驍衛大將軍，襲興昔亡可汗、安撫招慰十姓大使、北庭大都護……未幾，擢獻磧西節度使。十姓部落都擔叛，獻擊斬之，傳首闕下，收碎葉已西帳落三萬内屬，璽書嘉獎。

本條記阿史那獻招慰十姓在長安中，當是誤會舊史記載，〔一〕但記官職有北庭大都護是不錯的。會要當是偶漏。磧西節度使即伊西節度使。新唐書卷六七方鎮表先天元年記「北庭都護領伊西節度等使」，即指阿史那獻。阿史那獻於景雲二年十二月被任爲招慰十姓大使，次年即先天元年十一月又被任爲北庭大都護、瀚海軍使，領伊西節度使。先天二年前後西州軍事活動正在他任内，當與娑葛敗亡後這一地區的軍事形勢有關。

阿史那獻進軍碎葉，斬都擔，事在開元二年（七一四）三月，新唐書卷五玄宗紀開元二年三月己亥

〔一〕舊唐書卷一九四下西突厥傳稱：「長安三年召還，累授行驍衛大將軍，襲父興昔亡可汗，充安撫招慰十姓大使。」長安三年乃自謫所崖州召還阿史那獻之年，以下乃「累授」的官職，不在一時，與景雲二年爲招慰十姓大使的記載本無不合。新書删去「累授」二字，就像以下官職都長安年間所授，實非。

記「磧西節度使阿史那獻執西突厥都擔」。都擔是西突厥部落首領。當默啜兵還，十姓部落離散之際，他大概意圖背唐而歸附默啜，不受招慰，因此阿史那獻進軍討伐。

平都擔在開元二年三月，唐軍西進必在元年（即先天二年）。正在這時，北突厥默啜可汗乘大軍西上之機，出兵進攻北庭，很可能與都擔相結，牽制唐軍。舊唐書卷八玄宗紀開元二年稱：

二月，突厥默啜遣其子同俄特勤率衆寇北庭都護府，右驍衛將軍郭虔瓘擊敗之，斬同俄於城下……閏月……己未，突厥默啜妹婿火拔頡利發石失畢與其妻來奔，封燕山郡王，授左衛員外大將軍。〔一〕

郭虔瓘挫敗北突厥攻圍北庭之軍在開元二年（七一四）二月，但突厥攻圍北庭實早在開元元年亦即先天二年（七一三）秋冬間，同書卷一〇三郭虔瓘傳載此次戰後，玄宗褒獎郭虔瓘等制，有如下一段話：

頃者柳中、金滿，偏師禦敵，蕭條窮漠之外，奔迫孤城之下。强寇益侵，援兵不至。既守而戰，自秋涉冬，櫪馬長嘶，戍人遠望。謀以十勝，成其九拒。遂能摧日逐之遺種，斬天驕之愛子。

從制書看到，戰爭開始，偏師禦敵，在西州的柳中，庭州的金滿。後來困守孤城，「自秋涉冬」，這裏的

〔一〕亦見舊唐書卷一九四上突厥傳。

秋冬顯然指開元元年的秋冬，因爲二年二月已敗突厥，上表奏捷了。據此知同俄特勤率領的北突厥軍早在開元元年（即先天二年）秋就已侵入柳中、金滿，遂即攻圍北庭。柳中屬西州，在高昌之東南。突厥軍當來自北方，進攻北庭，柳中在南，不當來路，大概是遊騎入境。高昌密邇柳中，所以先天二年八至九月間，形勢緊張，積極備戰。那時阿史那獻已出兵西征，不在北庭，郭虔瓘遂以「兼北庭都護」，守衛北庭。〔二〕開元二年二月郭虔瓘斬同俄特勤，擊敗北突厥軍；本年三月阿史那獻亦斬都擔，平定碎葉已西，兩處雖是各自爲戰，但實有密切的關係。

突厥攻圍北庭的戰事延及天山南麓的西州，在其他吐魯番出土文書中也可以看到。日本寧樂美術館藏蒲昌府文書多件，日比野丈夫氏曾撰文介紹並考釋。文書的時間大致爲開元二年（七一四）二月至八月間，其中，所見軍事活動與這次突厥攻圍北庭有關。〔三〕文書内容包括烽堠、偵察以及兵士傷亡、退、補等，日比野氏考證甚詳，不再贅述。這些文書雖然不妨推斷都在開元二年，但也涉及上年即開元元年的軍情。橋本氏藏第十八文書開元二年三月郭才感辭：

〔二〕舊唐書卷一〇三郭虔瓘傳載褒奬虔瓘制，虔瓘具銜爲「雲麾將軍、檢校右驍衛將軍、兼北庭都護、瀚海軍經略使、金山道副大總管、招慰營田等使」，似乎郭虔瓘在開元二年二月已代阿史那獻爲北庭都護，瀚海軍使，但册府元龜卷一三三帝王部褒功二記「開元二年六月丁卯，北庭大都護、瀚海軍使阿史那獻梟都擔首，獻於闕下」，則二年六月阿史那獻仍爲此官。疑所謂「兼北庭都護、瀚海軍經略使」，意謂代理，非正任。

〔三〕日比野丈夫唐代蒲昌府文書の研究，載東方學報三十三册，又新獲の唐代蒲昌府文書について，載東方學報四十五册。

1 □年三月　　日郭才感辭〔一〕
2 □感去年十一月番當懸泉烽長探
3 □十五日夜三更被賊，其時步走告報
4 □烽戍城堡爲雪深石龕因即兩脚
5 □□氣。身還？虞候帖後

〔後缺〕

日比野氏定其紀年應爲開元二年三月，所云「去年十一月」指開元元年十一月。這個番上懸泉烽充當長探的郭才感在此月十五日遇到敵人，他步行報告鄰近的烽戍城堡，却因雪深石龕，兩脚受傷。〔二〕開元元年十一月正是突厥攻圍北庭的緊張時刻，懸泉烽所在不詳，但總屬西州蒲昌府管内，〔三〕

〔一〕據日比野丈夫新獲の唐代蒲昌府文書について文轉録，東方學報四十五册第三七三——三七四頁。5行「氣」上墨塗一字，日比野氏釋作「遣」，「身」字似不缺，「還」字日比野氏作「退」，「帖後」日比野氏作「紹綾」。

〔二〕寧一頁開元二年五月府索才牒3行長探虞候郭才感下注「已上兩人因賊兩脚五指落」，日比野氏唐代蒲昌府文書の研究二五號文書以寧一頁及二七頁綴合，東方學報三十三册，第三七五頁。

〔三〕懸泉烽屢見蒲昌府文書，寧十頁乙稱：「賊在達匪、懸泉處」，又二十頁丙4行殘存「匪懸□」，當亦是達匪懸泉連文。新唐書卷四〇地理志隴右道伊州納職縣下：「有羅護守捉，又西南經達匪、草堆，百九十里至赤亭守捉，與伊西路合。」達匪烽或在達匪草堆。赤亭在蒲昌北，則達匪又在其東北。又阿斯塔那五一七號墓出有唐西州柳中縣牒爲勘達匪驛丁差行事，柳中今魯克沁，在蒲昌（今鄯善縣）西，與達匪草堆東西懸遠。達匪烽若即達匪驛所在之地，則懸泉烽亦當在蒲昌、柳中間。

可知突厥遊騎經常出入西州。

值得注意的是寧一頁開元二年五月府索才牒記諸烽長探内有「維磨長探，行客蘇仁義」，行客是本地無籍的客居者，多半是商人，按籍徵發丁男的兵役和勞役本來不能落到行客頭上。

這批蒲昌府文書有年月可稽的遲至開元二年八月，本年二月同俄特勤已死，次月突厥軍或降或走，戰事已基本結束，四月以後只是餘波。

這次軍事行動，可以追溯到景雲元年（七一〇）默啜西襲突騎施娑葛，次年十二月阿史那獻奉命招慰十姓，至開元二年（七一四）春，北突厥攻圍北庭被挫敗，西突厥十姓的亂事也被平定，戰事基本結束。先天二年即開元元年秋冬是本地區軍事最緊張的時期，北突厥軍侵入北庭治所金滿和西州的柳中，那時大軍西征，這裏只是「偏師禦敵」。突厥軍主攻的北庭不用說形勢緊迫，西州也處於嚴密警戒狀態。從上引先天二年八月、九月的文書中可以看到高昌縣諸鄉正在整編隊伍，充實戰隊，加緊運輸構築工事材料；從蒲昌府文書中也看到這年十一月懸泉烽受到突厥遊騎的威脅。從文書中見到的雖限於高昌縣和蒲昌府，實際上必然不是個别縣或軍府的行動，而是在西州都督指揮下西州境内的全面布防備禦措施。

在這樣全面防禦的軍事形勢下，我們看到了諸鄉隊伍中包括了相當比例的奴和部曲，還看到在諸烽充當長探的還有個别本地無籍的行客。這些本來不承擔國家兵役或勞役的人並被徵發，並非只是臨時性的措施，而是反映了唐代軍事制度變化過程中一種現象。不論是奴、部曲或行客，他們充兵或長探大致都是通過徵發制入伍的，却正好説明按照法令常規的徵發制難以適應當時的軍事形勢，也難以適應當時的社會經濟變化的形勢。

（原載敦煌吐魯番文書初探二編，武漢大學出版社，一九九〇年二月）

吐魯番文書中所見的西州府兵

唐代府兵制度近代學人已多論述，吐魯番文書中有大量有關資料，有一些可以證成已有的論斷，有一些可以補充史籍記載之不足，本文將就一些問題從資料上稍作分析，請研究唐代軍事制度的同志們指正。

一　西州折衝府的設置

早在二十年代羅振玉唐折衝府考補曾據沙州圖經及墓誌列舉置於西州的蒲昌、岸頭、前庭三府。那時限於資料，對於這三個府的設置年代未能詳言，見於吐魯番文書的天山府此時當然没有提到。西州四府中最早見於文書的是前庭府。阿斯塔那四二號墓所出唐永徽元年（六五〇）後某鄉户口帳的第二段所記當鄉職資有如下記載：〔一〕

〔前略〕

7　ロ一十一　前庭□

〔一〕吐魯番出土文書第六册，第二二五頁。

8 口一校尉

9 □三旅帥

10 口四隊正

11 口三隊副

〔後略〕

岸頭府最早見於阿斯塔那二二一號墓所出唐永徽三年（六五二）賢德失馬陪徵牒中的判語：〔一〕

〔前略〕

5 賢德失馬，符令陪備。

6 今狀雖稱付主領訖，官人

7 見領時，此定言注來了。

8 即依禄（録）牒岸頭府，謹問

9 文達領得以不？具報。

蒲昌府最早見於阿斯塔那四號墓所出唐龍朔元年（六六一）左憧憙買奴契，〔二〕内稱「前庭府衛士左憧憙，交用水練陸疋、錢五文，柳中縣五道鄉蒲昌府衛士張慶柱邊買奴壹人」。

〔一〕吐魯番出土文書第七册，第二六頁。

〔二〕吐魯番出土文書第六册，第四一〇頁。

天山府最早見於阿斯塔那一九一號墓所出唐軍府名籍：〔一〕

3 □年卌七　傔，前天山府果毅麴善因入京使，未迴，申州，請申省，未報。樣人高歡緒。

4 □　乾封元年從果毅趙刀行，未還，申州，未有處分。□人趙毛毛。

〔後略〕

本件紀年已缺，據内稱「乾封元年（六六六）」云云，必在此年後。此外，天山府文書見於阿斯塔那五〇九號墓者尤多。

四府之外，見於文書的還有個交河府，阿斯塔那三三八號墓所出唐顯慶三年（六五八）西州范歡進傭人上烽契，内稱「交河府衛士范歡進」（五册一四二頁），交河府只此一見。羅氏唐折衝府考補岸頭府條引唐唐神護墓誌稱「西州交河縣氏，岸頭府旅帥」，知岸頭府置於交河，因而亦被稱爲交河府，非正式府號。

四府名號始見的文書不晚於高宗時期，毫無疑問，其建置必各早於文書上始見之時。前庭、岸頭兩府始見於高宗即位之永徽初，建置自當在貞觀時。阿斯塔那一〇三號墓所出唐貞觀十八年（六四四）西州高昌縣武城等鄉户口帳記有三百卌四雜任、衛士、老小、三疾等（四册二一四頁）。這是當鄉不課男口和課丁不輸的數字，其中已有衛士。前庭府置在高昌，武城是高昌鄉名，可以推定前庭府這

〔一〕吐魯番出土文書第六册，第五六四頁。

一年業已建立。又同墓所出唐西州某鄉户口帳也有「七百廿三雜任、衛士及職資、侍丁（下缺）」的記載（四册二一七頁）。〔一〕本件紀年已缺，字跡與上件相似，可能同爲貞觀十八年高昌縣的諸鄉帳，原來彙爲一卷，則當鄉衛士亦當屬前庭府。

據上所録文書，可知在貞觀十四年平高昌、置西州後不久即已建置折衝府。剛平定一個割據政權即建立軍府，武裝當地土人，這表明西州地處西陲，當時西突厥尚强，爲了保衛西州這一西北前沿軍事重地，有必要迅速作好防禦部署，同時也表明統一皇朝對包括大量少數族人在内的西州人民的充分信任。從哈一號墓所出唐西州某鄉户口帳中我們看到折衝府的基層軍官自校尉以至隊副均按慣例由當地人充當，可以證明對新附地區各族人一視同仁的態度。

貞觀年間是否四府並置，我們不知道，但到高宗時無疑均已建立。

折衝府之下分團統率，團有校尉。府有大小，領團多少不等，唐律疏議卷一六擅興律征人冒名相代條疏議云：

依軍防令：「每一旅帥管兩隊正，每一校尉管兩旅帥……果毅、折衝隨所管校尉多少，通計爲罪。」每府管五校尉之處，亦有管四校尉、三校尉者。

從文書中我們看到至少有一個府領有五個團，阿斯塔那一九一號墓唐史衛智牒爲軍團點兵事（六册

〔一〕「七百廿三」是塗改後的數字。

五六二頁）：

〔前略〕

5　問五團：所通應
6　簡點兵尫弱、疾
7　病等諸色，不有
8　加減、隱没、遺漏
9　具盡已不？倧
10　[押字]示

本件紀年已缺，同墓所出文書有唐永隆元年（六八〇）軍團牒爲記注所屬衛士征鎮樣人及勳官籤符諸色事及唐永隆二年（六八一）衛士索天柱辭爲兄被高昌縣點充差行事。軍團牒第十三段17行押字「[押字]」與本件押字同，當在同時。又索天柱辭稱「永隆二年正月日校尉裴達團衛士索天柱」，這個「裴達」又見於永隆元年軍團牒十三段11行押字，作「旅帥裴通達」，則次年即陞爲校尉。索天柱訴辭是爲了兄智德被「高昌縣點充行」，要求「牒縣知」，可知他是高昌縣人，他的訴辭被批准，「别牒高昌、交河兩縣，其人等白丁兄弟，請不差行」，並且「牒前庭府準狀」，可知這個「校尉裴達團衛士」屬前庭府。本件押字也見於軍團牒，軍團牒之旅帥裴通達又即索天柱辭中之「校尉裴達」，而裴達團實屬前庭府，則本件之五團亦當是前庭府的五團。據此知前庭府統屬五個團即五校尉。

阿斯塔那五〇一號墓出有唐五團通當團番兵姓名牒（七册一八二頁），本件紀年亦缺，同出有唐垂拱間（六八五——六八八）某團通當團番兵牒，當在同時，府名不可考，疑亦是前庭府之五團。又阿斯塔那五〇八號墓出有武周天册萬歲二年（六九六）第一、第二團牒爲借馬驢食料事（七册二一六頁），可知團或以校尉名，或以數字序列。

我們推斷前庭府領有五團即五校尉，其他三府却不知道。阿斯塔那五〇九號墓武周天山府下張父團帖爲新兵造幕事5行稱「三團速造」，則張父（師）團爲天山府之第三團，但天山府是否也有五個團，不明。

據通典卷二九折衝府條、唐會要卷七二府兵條、新唐書兵志並稱三百人爲團，則一府五團合一千五百人，與六典卷二五折衝都尉條所云「垂拱中以千二百人爲上府，千人爲中府，八百人爲下府」之數不符，更何況通典及唐書兵志又稱府有校尉六人，則當有一千八百人，尤爲不合。因此我曾疑「三百」爲「二百」之訛。〔一〕日本濱口重國氏也持字訛之説，仁井田陞氏輯唐令拾遺即據濱口氏説逕改「三」爲「二」。若作「二百」固然能解釋得通，但不應諸書皆誤。我想可能有不同時期的差别，既無確證，只好闕疑。〔二〕據上引唐律疏議，一府至多五校尉，則前庭府應屬上府，其他三府所在地人口應較少於

〔一〕見拙著唐書兵志箋正卷一。

高昌（前庭府所在地、西州治所），可能是中、下府。估計四府衛士合計數約爲四千人，或無大謬。〔二〕舊唐書卷一九八高昌傳稱貞觀十四年（六四〇）平高昌，得户八千四十六，口三萬七千七百三十八。此後至開元、天寶間遞有增加，今據史籍所載，列表如下：

時間	户數	口數	出處
開元某年	一一六四七	？	元和郡縣志卷四〇隴右道西州條。
天寶元年（七四二）	一九〇一六	四九四七六	新唐書卷四〇地理志隴右道西州條〔三〕
？	一一一九三	五〇三一四	通典卷一七四雍州下交河郡條。〔四〕

〔一〕文苑英華卷四六四廢潼關雍洛州置開鄭汴許衛等州府判稱：「鄭州、汴州、許州可置八府，汝州可置二府，衛州可置五府，別兵皆一千五百人。」這是武周天授二年（六九一）以開、鄭等州爲王畿時的措施，雖然目的在於加强拱衛神都的兵力，但也可知上府一千二百人的垂拱定制，武周時就未必一概遵行。

〔二〕伯希和文書二〇〇五號沙州圖經有「昭武校尉、前行西州岸頭府果毅都尉」等句。按昭武校尉爲正六品上，果毅都尉根據上中下府分別爲從五品下，正六品上，從六品下。又唐六典卷二吏部侍郎條「凡任官階卑而擬高則曰守，階高而擬卑則曰行。」岸頭府果毅既稱「行」，則知品級低於昭武校尉，因而推知岸頭府爲下府。

〔三〕舊唐書卷四〇地理志隴右道西州中都督府條記天寶「户九千一十六，口四萬九千四百七十六」，口數與新志同，知户數上脱「一萬」二字。

〔四〕通典未記年，户數少於元和志之開元户，而口數却超過了新、舊唐書地理志之天寶元年口數，頗爲可怪，疑户數實爲「二萬一千一百九十三」，「二萬」訛作「一萬」，此是天寶十四載（七五五）户口數。

自貞觀十四年平高昌以後，户口增長的傾向是明顯的，但在最初二、三十年間不可能增長很多，西州四府基本上即在原有户口的基礎上建立。當時户數不盈一萬，口數不盈四萬，而在其中徵發四千至五千丁充當衛士，這項兵役應該説相當重，但在吐魯番所出當時的諸鄉户口帳中反映的情況似乎不盡然。哈拉和卓一號墓所出唐西州某鄉户口帳有如下記載（四册八頁）：

〔前略〕

11 □當鄉白丁、衛士三百卌五人

12 □ 十 七 人 衛士、隊□

13 □ 人 校尉、旅帥、隊副已上

14 四 人 侍 丁

15 六十人 見 在

16 二百六十八人白丁

17 ○○ 雜 任

以下自18行至23行列舉自醫學生至白直各項雜任，從略。

24 [ ]五十四人見在

〔後缺〕

當鄉衛士與白丁合計爲三百卌五人，除去白丁二百六十八人，則衛士（包括校尉、旅帥、隊副及侍丁）

共七十七人。〔一〕占全部白丁衛士數的百分之二十二、三。〔二〕本件紀年已缺，同出文書有紀年者兼有高昌延壽末及唐貞觀十四年（六四〇）應爲貞觀間初置軍府時文書。

哈拉和卓三十九號墓所出唐永徽二年（六五一）後某鄉户口帳第二段（六册一一三頁）：

1　□□百卌七　課
2　□□百九十一　不課
3　口㊁一佐史
4　口三里正
5　口廿一　侍丁
6　口九　十　□衛士
7　口五十　直二年

〔下略〕

本件是稿草，多處塗改，2行先寫作「□□二百九十五」，改「九十五」爲「九十三」，最後改爲「□□百九十一」，「百」上應仍是「二」字，大數不致有誤，「不課」應作「不輸」，觀下舉諸項皆雜任及衛士、白

〔一〕按15行衛士見在六十人，加侍丁四人，爲六十四人，校尉旅帥、隊副數字缺，應是三人，則止六十七人。疑「六十人」爲「七十人」之誤，也可能「白丁衛士三百卌五人」，「卌」爲「卅」之誤。

〔二〕本件記載類别很特殊，所謂「白丁」是否包括不輸與見輸，還是指衛士外的不輸課丁，不明。

丁可知。據此2行應作「口二百九十一不輸」。1行「百」上疑缺「四」字，應是「口四百卌七課」。〔一〕當鄉衛士九十□，假定爲九十五，占不輸課丁二百九十一的百分之三十二點六，占當鄉全部課丁四百卌七的百分之二十一點二。〔二〕

阿斯塔那五號墓所出唐某鄉户口帳第二段（六册三六〇頁）：

〔前缺〕

1 口八十四不□

2 口卌八衛士

3 ▭ 白 直

〔後缺〕

1行「不」下當缺「輸」字，衛士卌八人占不輸課丁八十四人的百分之四十五點二。課丁數與見輸課丁數已缺，無從推算，估計此鄉衛士在全部課丁數中所占比例當比前兩個鄉高。

根據上面極其粗略的推算，在上舉三個鄉中，衛士在不輸課丁中的百分比至多不到百分之五十，在全部課丁中大約在百分之二十至百分之三十間。唐初西州總計口數不到四萬，其中女口約居其

〔一〕本件第一段記當鄉丁妻三百八人，則已婚丁男亦當爲三百八人，文書中反映那時單身丁男相當多，合爲四百卌七人，或非無據。（參見拙撰唐西州諸鄉户口帳試釋，見敦煌吐魯番文書初探，第一九三頁）

〔二〕當鄉校尉、旅帥等當在職資，不在衛士九十餘數中，但人數很少，無關大體。

半，剩下至多二萬的男口，必須除去老中小黄男、職資、三疾、賤口（奴婢和部曲、客女）等不課口。職資、三疾爲數很少，老中小黄男和賤口却不在少數，這樣，課丁就不多了。如果衛士只占其中百分之二十至百分之三十，恐怕很難滿足四千人的約計。

我們再從三個鄉所出衛士的絶對數字來看，問題更爲明顯，三個鄉的衛士最多九十餘，最少僅三十八人。元和郡縣志卷四〇隴右道西州條記注西州有「鄉二十四」，〔一〕像上舉三鄉那樣衛士多不滿百，少不到四十，平均每鄉出衛士七十人，二十四鄉合計只能出衛士一千六百八十人，即使每鄉都出九十人也只有二千一百六十人，而四個府即使都是下府，也得有衛士三千二百人，相去甚遠，何況前庭肯定是上府。

對於這個問題，只能作一點推測性的解釋，一是具有衛士數的三個鄉恰巧都是人口稀少的小鄉。二是貞觀以至高宗初期在西州建立折衝府只統三或四校尉，兵員也不求足額，以後逐漸擴充，前庭府有五團已是高宗晚年的事了。三是蒲昌、天山兩府設置稍晚，貞觀至高宗初只有前庭、岸頭兩府，衛

〔一〕從吐魯番文書所見，僅高昌縣有寧大、安西、寧昌、順義、尚賢、太平、崇化、武城、寧戎、歸德等十鄉（西嶋定生吐魯番出土文書所見的均田制施行狀態，載中國經濟史研究）。元和志載，西州有五縣，前庭上縣、交河中下縣、柳中中下縣、蒲昌中下縣、天山上縣；新唐書地理志記縣的等級則不同，即前庭爲下縣、柳中下縣、交河中下縣、蒲昌中縣、天山下縣。若按元和志載，前庭與天山同爲上縣，其他三縣爲中下縣。高昌縣有十鄉，天山當相差不遠，另交河等三縣至少在十鄉之上，故五縣鄉數大大超過二十四鄉，其所以有如此差異，大概是因時期不同廢置無常之故。據元和志載，涼州鄉二十五、甘州鄉十七、沙州鄉十三，可見一州鄉數不會太多。本文姑取元和志載。

士不過二千至二千數百人，蒲昌、天山、柳中三縣分屬此二府地團，分擔兩府衛士的簡點，因而每鄉所出衛士也較少，而所引三個鄉的户口帳又恰都在貞觀間。〔一〕當然，三種解釋均無確據，只是姑爲之説而已。

二　揀點衛士的準則和實際

唐代揀點衛士的準則，律令具有條文。唐六典卷五尚書兵部郎中員外郎條：

總名爲衛士，皆取六品已下子孫，及白丁無職役者點充。

唐制，五品以上官的子孫按父祖官品高下及子和孫的關係分别選充親、勳、翊三衛，這是高級衛士，六品以下官的子孫便和白丁同樣按照規定準則點充衛士。這就是説，這種白丁和六品以下官的子孫同等待遇。唐律疏議卷一六擅興律揀點衛士征人不平條注云：「不平，謂捨富取貧、捨强取弱、捨多丁而取少丁。」疏議云：

揀點之法，財均者取强，力均者取富，財力又均，先取多丁。

谷霽光先生曾對律文作了分析，他據岑仲勉先生之説，認爲「唐律點府兵的標準，首先考慮資財，其次

〔一〕哈拉和卓一號墓和三十九號墓所出户口帳肯定在貞觀、永徽間，阿斯塔那五號墓所出户口帳紀年已缺，同墓所出有紀年文書雖最早爲麟德二年（六六五），但唐李賀子上阿郎、阿婆書其一有「廿年、廿一年」云云，必是貞觀廿年、廿一年，其第二書有「洛州兄弟」，第四書末稱「在洛州」。元和郡縣志卷五河南道河南府條稱洛州於「顯慶二年置東都」。李賀子上阿郎、阿婆書必作於貞觀至顯慶二年前。則此户口帳也可能時間較早。

材力，再其次丁口」，又説「所謂『六品以下子孫及白丁無職役者點充』的内容，就比較確定，唐皇朝是企圖從品官、富室中揀點衛士」。〔一〕這一分析，我認爲是正確的。但這是立法意圖，在實際施行中又怎樣呢？本文將就吐魯番文書中有關資料加以考察。

阿斯塔那四二號墓出有唐令狐鼠鼻等差科簿？（見吐魯番出土文書第六册二二二——二二四頁），裂爲三段，殘存姓名完具及缺名者共十六人，名下存户等記注的十三人，計中中户二，中下户三，下上户七，下中户一。一段12行：

雲騎尉田歡進年卌弟海德，年卅四，前庭府衛士。中下户。

本件明注爲衛士的只田海德一名，其人户内有兼丁、中下户。此外殘存勳官雲騎尉及武騎尉六人，其中二人「崑丘道行給復」，皆下上户，兼丁。四人在「六人不行」中（殘存四人），其一即上引田歡進，爲中下户，兼丁，又一人爲下上户，兼丁，一人爲下中户，單丁，又一缺記注。勳官可能原是衛士，也可能是兵募。其中一中下户，三下上户，均有兼丁；一下中户，單丁，又一不明。

如本件所見，衛士一人和可能原是衛士的六名勳官除一人爲下中户、單丁，一人不明外，皆下上户以上、家有兼丁。據文書題解，本件年代當在貞觀二十一年至二十三年間（六四七——六四九）。〔二〕

〔一〕谷霽光府兵制度考釋第一八四頁。
〔二〕吐魯番文書本件題解，據内有「十八年請送妹入京」，及「崑丘道行給復」之文，定年代爲貞觀二十一年至二十四年間，貞觀只二十三年，「四」爲「三」字之誤。

阿斯塔那五號墓出有唐趙惡奴等户内丁口課役文書（六册三二六——三三〇頁），殘存四段，姓名完具及姓名殘缺者共二十三户，今摘録其中户内有衛士者十一户：

（一）

3 趙惡奴 弟衛士前行

（二）

7 楊□□ 父老 一兄衛士前行 一兄白丁在下上户

3 □□□ 一弟 一兄衛

5 耿(?)□□ 一弟衛士前行 中下户

6 龍勝海 一兄衛士在 一兄白丁在 中下户

（三）

3 杜文遠 父勳官烽帥 一兄里正 下上户

4 陰安奴 父老 一弟白丁從行 一弟衛士在 一弟白丁外侍下上户

（四）

1 □苟奴衛士 父老 一弟曲長

2 衛懷德隊副 單身 上中户

3 三 人 岸 頭 曹迷□□

4　隊副孫善龍

本件明注爲衛士的六人，記有户等者四人，二爲中下户，二爲下上户，餘二人不明。隊副二人（應本是衛士），一爲上中户，一不明。又勳官烽帥一人，可能原是衛士，但不能確定。除衛懷德爲單身衛士外，其他並兼丁。本件所載注有户等的衛士，均在下上户以上，甚至有上中户隊副。題解據背面爲唐乾封二年（六六七）户口帳，本件年代應在乾封前。

阿斯塔那三三〇號墓出有唐趙須章等第三户丁名籍（六册四四六——四四八），〔一〕殘存二段，共六户八人，今摘録記有衛士的兩户如下：

（一）

3　年五十一　岸頭府衛士　闔□户（下殘）

（二）

1　□□塠年廿七　白丁　父老　西行　一姪來年丁　樣似牛□　第三户

2　兄隆隆年卅六　殘疾　下癃　次等

3　兄隆塠年卌二　岸頭府衛士（下殘）

按本件户主名下注「第三户」者五户，上列缺名岸頭府衛士、下注「第□户」，所缺自必爲「三」字。

〔一〕本件原標題爲唐趙須章等貌定簿，誤，今改題。

□□塠户下已注「第三户」，兩兄既同居合户，所以不注。關於第三户有同志提出兩種解釋：一，第三户即三等户，亦即上下户；二，由於三等户文書罕見，疑爲下户之第三等，即九等户或下下户。我認爲第一種解釋是對的。吐魯番文書中往往稱幾等户爲第幾户，如阿斯塔那三八〇號墓所出唐西州高昌縣和義坊等差科簿所見「第六户」及阿斯塔那五〇九號墓所出唐開元二十一（七三三）西州都督府案卷中「户當第六」語，即其例。今再檢文書又得兩例：

（一）阿斯塔那一六號墓所出唐趙尾塠配役文書（六册六二頁）：

〔前缺〕

1 ……六户（下殘）

2 ……趙尾塠年十五（下殘）

3 （上殘）右件人配酒……

4 （上殘）當仰應上……

〔後缺〕

按「六户」上當缺「第」字。本墓同出有唐貞觀二十一年（六四七）唐武悦墓表，此件年代必在唐初。

（二）阿斯塔那二一五號墓所出唐馮懷盛等夫役名籍（八册五二至五三頁），殘存三段，並記人名，其1行記馮懷盛等五人名，其下雙行夾注稱「已上第八户，各夫一人」，顯然，此第八户即八等户，亦即下中户。本件紀年已缺，同出唐殘書牘一有「今數載在交河郡」語，唐殘書牘二有「如日爲載」及

「八郡寧(宁)帖」語,必在天寶時,此件也不會很早。

前文所舉兩例並上二例,足證第三户即三等户亦即上下户。至於是否以户等高而可疑,則上引唐趙惡奴等户內丁口課役文書且有上中户之隊副,可爲旁證。

本件所見衛士二人並上下户,□隆埴家有兼丁,另一缺名衛士,下殘,不明。阿斯塔那六一號墓出有唐郭阿安等白丁名籍(六册四八〇頁),本件殘存四段,共三十七户,三十八丁;三段4行標下下户,知前三行三人爲下中户,5至8行四人爲下下户,均無衛士。其他三段諸人户等不明。第二段見衛士四人,摘録如下:

5　□住住廿七白丁　父衛士西行

9　張守仁廿七白丁　父衛士　一中

10　范寅貞廿四白丁　父老　一衛士　一囲

11　□僧奴五十九白丁　一衛士

四名衛士的户等雖不明,却可作一點推測。按本件三十八人中注單身者達二十三人之多,注缺不明者六人,單丁二人(一父老,一户內一中),父終制者一人。家有兼丁者六人,四人户內有衛士,二人父或子爲馬夫,其五人並在第二段,其一在三段1行必是下中户。當時户等評定家有兼丁者偏高,却集中在第二段,而四是衛士,因此我認爲均屬下上户。同墓所出有唐咸亨四年(六七三)海生墓誌,本件年代當在此前。

阿斯塔那三七六號墓出有唐欠田簿（六册五七四——五七六頁），本件殘存二段，内容爲記各户欠常、部田數。簿籍形式是諸户都按户等順序排列，一段共12行，3行標四等，知1、2兩行的兩户應屬三等，5至8行四户五人應屬四等，奇怪的是9行空行，却在行末寫上「陰永」二字，更奇怪的是10行標「上上户」，下11、12兩行兩户，都是品子。上上户即一等户，這在敦煌、吐魯番文書中從未見過，而且上標四等、下標六等，即使是上上户也應該標「一等」；一等應該列在最先，爲什麼放在本該是五等户的地位？而且字跡前後一致，不像是後人戲書，寫在一片紙上，也不是後人任意拼接。這個問題我們無法解釋。第二段1行標「六等」，以下2至7行列五户六人（2行賈行通與弟孝通分列兩行）。雖然本件存在着難以解釋的問題，但四、六等標題分明，仍然可以作爲衛士户等的依據。

前已説明，一段1、2兩行的兩户應屬三等即上下户，1行「□住行」，注已缺，是否衛士，不明。2行氷文行年廿五，注「衛士」（下記欠田數，略）。這又是一個上下户充衛士的例證。

四等户内4行「高峻端卌五，衛士」，以下三衛一人，勳官二人，府史一人。三衛非一般衛士，不論。勳官有可能原是衛士，也可能出於兵募。

二段首標六等即中下户，有衛士二人：一、「賈行通卅二，衛士」；二、「安妙何卅五，衛士」。

總計本件所見衛士四人，三等户一人，四等户一人，又勳官二人可能出於衛士；六等户二人。四名衛士是否有兼丁不明，因爲户内即使有兼丁而無欠田，簿籍不記。

阿斯塔那二〇九號墓出有武周牒爲請處分前庭府請折留衛士事（七册四五——四六頁），今録文如下：

〔前缺〕

1 暖者便

2 訖，具折留𤯔（人）姓名□□，其〇（日）來□

3 得前庭府主帥劉行感狀，稱上件人

4 兼丁厚暖，已勒留缶（正）𠥱（月）重上。其𠥱（月）

5 肆〇（日）具狀上州訖（？）者。又檢案内上件𤯔（人）

6 去□□□〇（日）

〔中缺〕

7 取來令差悔非陳

8 □準例入得□貸

9 倉準給訖。上叁

10 □重留五等

11 上其不到

12 如白主帥牒

13　白三日

按牒文但稱「折留生(人)」但由前庭府主帥請，被折留(即番滿更留重上)者當是前庭府衛士。牒文説這個或這些被折留衛士「兼丁厚暖」，判語有「重留五等」云云，「五等」疑缺「已上」二字，大概先曾規定折留滿番衛士，先取五等以上的家富多丁人員，前庭府狀與判均認爲這個或這些人是五等已上户，又是兼丁，符合這個條件。

阿斯塔那五〇九號墓出有開元二十一年(七三三)蒲昌縣定户等案卷，前爲狀文，17行標「肆户下上」，殘存四户、24行稱「户張君政年卌七衛士」。張君政没有園宅(賃房住)、車牛、奴婢，儲粟僅五石，却家有兼丁，因而被評爲下上户，且被點充衛士(詳下)。

日本書道博物館藏唐開元四年(七一六)西州柳中縣高寧鄉籍有如下記載：〔一〕

21　户主王孝順年拾壹歲　小男　代父貫　下下户、不課户

22　父盲秃年叁拾陸歲　衛士開元貳年帳後死

按王盲秃何年點充衛士，不明。其爲下下户有可能死後小男承户、定户時降等，當然這只是推測。

阿斯塔那二二八號墓出有唐開元十九年(七三一)西州柳中縣高寧鄉籍二段15行：

户主□者德□叁拾伍歲　衛士　下下户

〔一〕見日本池田温中國古代籍帳研究，第二四三頁。

日本龍谷大學藏大谷四〇三四號唐（開元年代？）西州籍：〔一〕

1　壹段步居住園宅

2　户主　年叁拾陸歲下下户　衛士

〔後缺〕

按本件紀年已缺，池田温氏擬在開元年代，形式近似。

如上所舉諸例，吐魯番文書中所見有户等可考的衛士，列於下下户者有兩例，並在開元時，其一已死，生前是否亦是下下户尚難斷言。下中户有勳官雲騎尉一人，是否本是衛士，亦不明。

以上引據很瑣碎，今列表如下：〔二〕

唐西州衛士户等及户内丁口表

户等	人數	姓名	户内丁	年代	見何文書
一	〇				
二	1	衛懷德	單身	乾封二年（六六七）前	阿五號墓唐趙惡奴等户内丁口課役文書（六册三二九頁）

〔一〕見日本池田温中國古代籍帳研究，第二五五頁。

〔二〕表中只列明注爲衛士者，勳官不列，隊正副爲折衝府基層軍官，大抵由衛士提陞，或入軍即被任命，與行軍時的隊正、副可能出自兵募，健兒不同，故仍列入。

續表

户等	人數	姓名	户內丁	年代	見何文書
三	3	缺名	不明	咸亨三年(六七二)前	阿三三〇號墓唐趙須章第三户丁名籍(六册四四六頁)
		兄隆塠	父老兄□塠白丁 兄隆隆丁殘疾	同右	同右(六册四四七頁)
		米文行	不明	開耀二年(六八二)前後	阿三七六號墓唐欠田簿(六册五七四頁)
四	1	高峻端	不明	同右	同右
五	1	缺名	不明	武周時	阿二〇九號墓武周牒爲請處分前庭府請折留衛士事(七册四六頁)
六	5	田海德	兄海進丁雲騎尉	貞觀二十一年——二十三年(六四七——六四八)	阿四二號墓唐令狐鼠鼻等差科簿(六册二一三頁)
		耿□□	兄缺名户主應是丁	乾封二年(六六七)前	阿五號墓唐趙惡奴等户內丁口課役文書(六册三二八頁)
		龍□□	一弟白丁一弟勝 海户主應是丁	同右	同右
		賈行道	不明	開耀二年(六八二)前後	阿三七六號墓唐欠田簿(六册五七五頁)
		安妙何	不明	同右	同右(六册五七六頁)

續表

户等	人數	姓名	户内丁	年代	見何文書
七	7	楊□□	父老一弟白丁一弟户主應是丁	乾封二年（六六七）前	阿五號墓趙惡奴等户内丁口課役文書（六册三二七頁）
		陰□□	父老兄安奴户主應是丁一兄白丁從行一弟白丁外侍	同右	同右（六册三二九頁）
		缺名	男住住白丁户主	咸亨四年（六七三）前	阿六一號墓唐郭阿安等白丁名籍（六册四八一頁）
		張□□	男守仁白丁户主	同右	同右（六册四八二頁）
		范□□	父老户主寅貞白丁	同右	同右
		缺名	户主□僧奴白丁	同右	同右
八	○	張君政	男小欽白丁	開元二十一年（七三三）	阿五〇九號墓唐開元二十一年西州蒲昌縣定户等案卷（九册九九頁）

續表

户等	人數	姓名	户内丁	年代	見何文書
九	3	王盲秃	單丁	開元二年(七一四)	日本書道博物館藏唐開元四年(七一六)西州柳中縣高寧鄉籍(中國古代籍帳研究二四三頁)
		□者德	單丁	開元十九年(七三一)	阿二二八號墓唐開元十九年西州柳中縣高寧鄉籍(八册四〇七頁)
		缺名	不明	開元間	大谷文書四〇三四號唐開元年代(?)西州籍(中國古代籍帳研究二五五頁)

在表中我們不難看出六、七等户是揀點衛士的主要對象。一等户無,三等户有三人,則因偶然出了一件三等户的配役文書。(一)其他二、四、五等各只一人,八等户無。九等户有三人,却都在開元時,是否反映時代的差異呢?七等以上户點充衛士的幾乎都在高宗時,這是否就反映唐初揀點衛士限於七等户以上呢?當然不能。通典卷六賦税下載高宗龍朔三年(六六三)制云:

衛士八等已下,每年五十八,放令出軍。

龍朔三年五十八歲的衛士,如果成丁而入,遠在三十八年前,那還是武德九年(六二六)的事。當然不

(一)這件文書大概分户等記録,只因前後缺失,留存的只有記注三等户的斷片。

能如此拘泥，因爲二十一歲入軍是個下限，入軍不一定都在剛成丁時，只是反映八、九等户入軍由來已久。〔一〕但從這裡也可以看出，七等户以上不在此例，豈非表明與八、九等户的區别麽？

唐代律令要求儘先揀點富室强丁充當衛士，吐魯番文書反映高宗時期的衛士均點自七等户以上，説明當時也儘可能按律令辦理。當然，「儘先」不等於「限於」，毫無疑問，當時必定也有不少八、九等户被點入軍。

西州是唐朝軍事要地，隨着西北戰事的頻繁，衛士征行、死亡、没落、逃亡，以投充色役、真假三疾等種種避役手段，揀點衛士的準則，大致自武周以來再也不能維持，這突出地反映在阿斯塔那三五號墓所出唐神龍三年（七〇七）西州高昌縣崇化鄉點籍樣上（七册四六八——四八四頁）。本件共四十九户，女户、小户、老男户（只一户）却占了三十六户，總人口二百一十四口，而課丁止二十六人，其中衛士達十六人之多（一隊正），二户兼丁並充衛士。〔二〕課丁在總人口中的百分比非常之低，而衛士在課丁中的百分比非常之高。我們在上節曾推算唐初諸鄉所出衛士大致占課丁的百分之二十至百分之三十，這與上引點籍樣中反映的情況高低懸殊。這種情況當然繼承武周。不言而喻，此時揀點衛士的準則業已不值一顧。上舉開元年間三名下下户衛士也就是在這一時期被點充的。

前文已經説明，七等户以上點充衛士的絶大多數見於高宗時期的文書，武周以後有關衛士户等

〔一〕貞觀政要卷二記貞觀三年（六二九）封德彝請中男盡點入軍，那時必然下及八、九等户。

〔二〕參拙撰唐諸鄉户口帳試釋，載敦煌吐魯番文書初探，上舉户口及課丁衛士數見該文附表三。

的資料很少，我們不妨參考敦煌所出户籍中有關衛士户等的記載（以下諸例並見池田温中國古代籍帳研究中籍帳録文，不再出注）。

（一）唐開元四年（七一六）沙州敦煌縣慈惠鄉籍見衛士二人（内楊法子兩見）：楊法子一注下中户，另一注下下户，杜客生，下下户（聖曆二年七月没落）。

（二）唐開元一〇年（七二二）沙州敦煌縣懸泉鄉籍見衛士四人：一、郭玄昉男思忠，下下户（開元九年點入）；二、楊義本男守忠，下中户（開元九年點入）；三、趙玄表，下下户（開元九年放出，現白丁）；四、曹仁備，下下户（開元八年授上柱國）。

（三）唐開元一〇年沙州敦煌縣莫高鄉籍（草案）：見衛士一人：王萬壽，下中户（神龍元年全家没落，開元九年放出。按既云「全家没落」，何待放出？）。

（四）唐天寶六載（七四七）敦煌郡敦煌縣龍勒鄉都鄉里籍見衛士六人：一、曹思禮，下中户（開元十載授隊副）；二、程思楚，下中户（衛士飛騎尉，開元十七載授）；三、思楚弟思忠，下中户；四、程智意，下中户（衛士飛騎尉，開元十七載授）；五、杜懷奉姪崇真，下下户（衛士武騎尉，開元十八載授）；六、卑二郎父思亮，下下户（天寶三載籍後死）。

上引敦煌所出開元、天寶時代户籍中所見衛士都是八、九等户，其中杜客生年四十八，聖曆二年（六九九）没落，點入自更在前。還有王萬壽，年五十一，神龍元年没落，點入也必在武周時或更早。我們不知道他們點入時的户等是否與十幾年後的户籍相同？這個問題置之不論，總之，就户籍所見，那時没有一個七等户以上的衛士。與吐魯番文書中所見高宗時衛士户等相比，儘管資料存在着局限性，有以偏概全之嫌，二者之間有頗大差别仍然是明顯的。這個差别首先是時代的差别，吐魯番文書中的下下户衛士亦只見於開元户籍。神龍三年點籍樣雖不注户等，充當衛士的在課丁中百分比如此之高，必然有許多八、九等户。這種情況反映了武周以後揀點衛士準則的破壞。同時，我們認爲可能在定户標準上存在着既是時代性，又是地區性的差異。所謂時代性是時間愈晚，定爲八、九等户的愈多；所謂地區性是説西州定户標準偏低，户等偏高。

阿斯塔那五〇九號墓所出唐開元二十一年（七三三）西州蒲昌縣定户等案卷：

〔前略〕

17 肆　户　下 上

18 户韓君行年七十二老部曲知富年廿九　宅一區　菜園塢舍一所

19 車牛兩乘　青小麥捌碩床粟肆拾碩

20 户宋克儁年十六中婢菜力年卅五丁宅一區　菜園一畝車牛一乘

21 特牛大小二頭　青小麥五碩　床粟拾碩

22 户范小義年廿三　五品孫弟思權年十九（中）婢柳葉年七十老宅一區

23 床粟十碩

24 户張君政年卌七衛士男小欽年廿一　白丁賃房坐　床粟伍碩

25 已　上　並　依　縣

〔後缺〕

四家下上户的財産頗有差距，先後似乎也按財産序列。老男韓君行在四户中最富有，他有園宅，園中還有塢舍，還有個丁部曲作爲他役使的勞動力，儲糧也最多；中男宋克儁差一點，也有園宅、車牛，還有個丁婢，儲糧比韓君行少得多，比下兩户仍較多。第三家范小義有宅無園，也没有車牛，有一個七十歲的老婢，算不上勞動力，儲糧也很少，但他却有個即將成丁的中男弟。特別是衛士張君政，除儲糧外簡直是一無所有，儲糧也只有五碩，只有前兩家的一半，比韓君行幾乎只有十分之一，但他有個成丁的兒子，這樣的人户竟然也並列爲下上户。他之所以被拉入下上户並被點充衛士，可能由於只有他家有兼丁。前兩家户主是老男、中男，丁部曲、丁婢不承擔課役。第三家范小義只有自身是丁男，却是五品孫，有資格充當三衛。前兩家没有正丁，范小義是單丁。這樣，家有兼丁的張君政雖然比較貧乏，也被列入下上户並被點充衛士了。至於田畝多少是否作爲定户根據，目前尚有争論，但從本件看來，田畝不在貲産數是明確的。雖然不列田畝，從儲糧上也反映張君政占有田畝是非常少的。看來西州定户標準，户内有無兼丁是一個要點，所以像張君政那樣的人户也列於下上户。以張君政爲例不免推斷西州定户偏高。至於不公平，那是全國皆然，已不待論。

敦煌没有發現那種定户簿籍，我們只能從户籍上考察。如果説無園宅、車牛、儲糧不多的人户只因家有兼丁，便可以提高户等，那麽在敦煌户籍中所見的下中、下下户家有兼丁的頗有其人。上引開元十年沙州敦煌縣懸泉鄉籍中列於下中户的楊義本（自身五十二歲，上騎都尉，子守忠衛士）、列於下下户的郭玄昉（自身白丁，子思忠衛士）、曹仁備（自身衛士，一子叁拾歲，上柱國子），都是兼丁衛士。天寶六載敦煌郡敦煌縣龍勒鄉籍中列於下中户的曹思禮（隊副，弟白丁）；程思楚（自身衛士，兩弟一衛士、一白丁）；卑二郎（自身白丁，父衛士）；此外還有列於下下户的杜懷奉（自身肆拾伍歲、上柱國，兩姪一衛士、一白丁）；白丁陰承光（一弟白丁）。應當指出西州蒲昌縣定户是在開元二十一年（七三三），上距沙州的開元十年造籍時十一年，下距天寶六載（七四五）造籍時十二年，正好在中間，應該説不存在着時間上的差異，但是在西州由於家有兼丁而被定爲下上户的，在沙州只可能定爲下中和下下户。顯然，西州定户偏高。

最突出的就是人所熟知的索思禮，此人在天寶時代的敦煌差科簿中列於下上户，在唐大曆四年（七六九）沙州敦煌縣懸泉鄉宜禾里手實中却降等爲下中户。他自己是老男、折衝府别將，子遊鸞官居折衝校尉，有丁奴三人，丁婢一人，已授田二頃四十三畝。蒲昌府定户等案卷中的韓君行在四家下上户中財富首屈一指，但較之索思禮大爲不如。姑不論索思禮大曆四年降居下中户，就是天寶時代定爲下上户，不僅與張君政相比貧富懸殊，就是與韓君行同等也不相稱。西州與沙州定户偏高偏低的現象是顯著的。

西州與沙州在定户高低方面固然存在着地區性的差異，但主要是時間早晚的差别，西州出現下下户點充衛士也正在武周以後。

揀點衛士第二個準則是先强後弱。唐代定役根據丁男體格分爲上等及次等，阿斯塔那三三〇號墓所出唐趙須章等第三户丁名籍（六册四四六頁）列丁男七人，其中三人名下記注「上等」及「次等」，餘人注已殘缺，原來也應該有此記注，今摘録如下：

趙須章年廿二 白丁□□樣似趙永□上等 □圭第三户

□隆隆年卅六〔二〕殘疾　丁尫　次等

趙宋貴年卅五 白丁 第三户　次等　（下殘）

關於上等、次等的解釋，或以爲指體格强弱，注次等者一爲殘疾，又一不注殘疾，當是體弱。我想這個解釋是對的。揀點衛士時想必也立格以檢强弱。〔三〕名籍中有岸頭府衛士兩人，注並缺失，應該列於

〔二〕原注「兄隆隆」，户主□隆塠，姓缺。

〔三〕關於揀點衛士的體格標準，缺乏記載，有幾條關於召募兵士的規定，可供參考。册府元龜卷一二四帝王部修武備記開元十一年召募彍騎，稱「簡京兆蒲、同、岐等州府兵及白丁，準五尺八例（會要卷七二此條脱「五」字），一年兩番」。會要卷七二京城諸軍條載天寶五載召募飛騎勅，稱「先取長六尺，不足即選取五尺九寸以上，灼然闊壯，膂力過人者申送」。唐六典卷五尚書兵部員外郎條記貢舉及其他課試之法，其五曰材貌，稱「以身長六尺以上者爲次（次字衍）上，已下爲次」。如上所記身高標準，大抵以六尺（唐尺）上下爲準。簡點衛士不可能試弓馬，大抵也是據身材高大闊壯。又阿二九一號墓出有唐軍府名籍（六册五六四頁）2行記「一人從次等進步射」，新唐書兵志敘府兵稱「其能騎而射者爲越騎，其餘爲步兵、武騎、排䂍手、步射」。步射當即在步兵中抽調能射的兵士組成。這裏的次等乃指入軍後據材藝鑒定的等第，非指體格强弱。大概此人先時技藝不合要求，故列次等，這時「進入步射」。

「上等」。

關於身强標準，史籍及文書都没有具體規定的記載，只能從略。應當指出的是，據上引趙須章等名籍高宗時白丁簿籍都注明上、次等，點充衛士及兵募征行必取上等，可知那時律令規定的揀點衛士準則在「財均取强」這一點上和「力均取富」一樣基本上是注意到的。

揀點衛士準則的第三項是多丁。我們在上面曾立表列舉衛士二十一人的户等和户内丁口。二十一人中七人不明，單身一人（他是唯一的二等户），單丁二人，均在開元時。此外十一人户内都有兼丁。正像衛士在七等户以上者都在高宗時，家有兼丁的衛士絶大部分也都在高宗時。但是上表列舉的只是有户等可稽的衛士，不注户等和户等缺失的衛士不列入表内，因此我們有必要據文書所見再作補充。

上引阿五號墓所出趙惡奴文書除注有户等五人已列前表外，尚有衛士及隊副四人，今摘録如下：

（1）趙惡奴　弟衛士前行　按趙惡奴是户主，應是丁。（一段3行）

（2）□□□　一兄衛　一弟　按此衛士一弟缺名户主，應是丁，又一弟疑亦是白丁。（二段3行）

（3）□苟奴衛士　父老　一弟曲長　按此充曲長之弟應是丁。（四段1行）

（4）隊副孫善龍　按下缺，是否有兼丁不詳。（四段4行）

阿斯塔那四二號墓所出唐郭默子等差科簿（六册二二〇頁）見衛士一人：

母亡二丁　一見充衛士　按此衛士之弟應是白丁户主。（五段1行）本件背面爲唐永徽元年(六五〇)後某鄉户口帳,文書年代必在貞觀時。

阿斯塔那一七九號墓所出唐總章元年(六六八)帳後西州柳中縣籍(七册一一八頁)記康相懷户:

男海達年叁拾歲　衛士

(男)□□子年貳拾壹歲　(白丁?)□□

按「□□子」亦是老男户主康相懷子,衛士海達之弟,此後又有「男達子年拾壹歲」,「子」字聯行可證。

(二段4 行及9 行)

阿斯塔那一九一號墓出有唐永隆二年(六八一)衛士索天柱辭爲兄被高昌縣點充差行事(六册五五九——五六〇頁),據標題就知道衛士索天柱有兄智通白丁。由於兄被高昌縣點行,索天柱呈訴長官(似是西州都督府),獲得批准,判稱「差兵先取軍人,君住等此以差行訖」,「其人等白丁兄弟,請不差行」,看來這種情況非止索天柱一人。如判語所述,征行鎮防應該儘先差軍人(亦即府兵),像索天柱那樣的衛士,自身「以(已)差行訖」,他們的白丁兄弟就應當免行。唐六典卷五兵部郎中員外郎條説「差衛士征戍鎮防」,「若父兄子弟不併遣之」,本條指的是户内有二名以上衛士,在同一征鎮差行時,不能併遣。索智德是白丁,不是衛士,由於其弟衛士天柱業已差行,准予免放,似乎一户之内限一丁征鎮(不管差行的衛士或白丁,但應先取衛士)。但那是指征鎮之役,並非指父兄子弟不能同充衛士。

阿斯塔那三五號墓出有武周載初元年(六九〇)西州高昌縣甯和才等户手實(七册四一四——四四〇頁),本件家口完具者七户,又康鹿獨户後缺,不知是否完具。户主是丁男及户内有丁者五户,其中有衛士者二户。

（1）户主王隆海雫伍拾壹歲　篤疾
　　弟隆住雫肆拾壹歲　衛士（二段4、5行）

（2）户主康鹿獨雫肆拾歲　衛士（九段5行）

按王隆住兄是篤疾，實爲單丁。康鹿獨户下殘存妻、女三人，後缺，不知是否有丁弟。

以上列舉衛士八人，六人在高宗時，户内並有兼丁，二人在武周初，一人實際是單丁，又一不明。綜合前表所列衛士二十一人，共二十九人，除情況不明外，户内有兼丁的十七人。武周之前只單身隊副一人，武周以後，單丁（包括實是單丁的王隆住）三人。

最突出的是前已提到的神龍三年（七〇七）點籍様中反映的情況：衛士一十六人，只隊正一人，計單丁十，單身二；康阿子户，户主年六十二、廢疾，二丁弟並衛士；竹畔德户户主及丁弟並衛士；何莫潘户，户主爲八十老男，丁男二，一衛士，一品子（按可能還是侍丁）。這些衛士中年齡在五十歲以上的四人，最高康伽衛五十七歲，他們入軍可能在高宗時；年齡最低的何禿子三十六歲，自三十六至四十五歲者八人，入軍肯定是在武后垂拱以後。〔一〕

上表列開元間衛士四人，其一張君政兼丁，其一不明，二人單丁。阿斯塔那一八四號墓出有唐開

〔一〕神龍三年（七〇七）四十五歲，當生於龍朔三年（六六一），二十一歲爲永淳二年（六八三），高宗即死於此年。入軍未必即在成丁之歲。

元二年(七一四)帳後西州柳中縣康安住等户籍(八册二八〇頁),内缺名户主年叁拾伍。下被塗黑;兄建通,肆拾歲白丁,永昌元年(六九〇)□(鷹)娑□(道)行;弟洛子,叁拾陸歲,衛士。按唐制,造籍在丑、辰、未、戌,距開元二年甲寅最近的造籍年爲開元四年丙辰、建通若開元四年(七一六)四十歲,當生於儀鳳二年(六七七),永昌元年(六八九)才十三歲,疑年齡有誤,或籍年不實。本户雖有三丁,然一丁征行不還,户主情況不明。

吐魯番文書中有關開元、天寶間衛士的記載不多,上文我們曾據敦煌所出這一時期的户籍,説明在户等評定上,西、沙兩州存在差異,我們曾列舉沙州有兼丁的人户被評爲八、九等户,其中有兼丁衛士。這裏不再重複。

應當指出,開元、天寶年間敦煌地區的單丁或單身衛士仍有一定的數量,這在敦煌所出唐天寶年代敦煌郡敦煌縣差科簿中可以看到。從差科簿上看來所有衛士的年齡都在肆拾歲以上,大量的是在五十歲以上,顯然都是景雲以至開元時點入的。〔一〕文苑英華卷四二四開元十一年(七二三)南郊赦書有云:

〔一〕日本西村元佑氏唐代敦煌差科簿を通じてみた唐均田制時代の徭役制度第五節據衛士年齡推算點入年代,列爲一表,年歲最低的爲四十一歲點入,應在開元十五年或十九年(差科簿製作年代有天寶六載與十載兩説,故表列兩個年代)。年齡最高爲五十九歲,點入應在景雲元年或開元元年。本表載西村元佑氏中國經濟史研究六〇〇頁。按點入年代據二十一歲入軍,但二十一歲入軍只是個上限,實際上必然很多丁男點充衛士時晚於二十一歲。因此不可拘泥。

其單貧衛士番鎮久次，令州府長官簡擇，灼然者放免番役。

單貧正和富室多丁爲對文，也可以證明當時下户單丁點充衛士的情況。也就在這年用於番上衛士貧弱而且不足額，玄宗採納張説建議，召募長從宿衛以充實南衙軍，府兵制度不能也不想繼續維護了。〔一〕

天寶差科簿中衛士最低年齡四十一歲，説明玄宗統治後期不再補充逃死衛士。封建國家業已放棄維護府兵制的意圖。而如神龍三年點籍樣中所見幾乎空户點充衛士的情況，却正是武周時期竭力維護府兵制的反映。

綜上所述，據吐魯番所出文書，太宗、高宗時揀點衛士優先取之七等户以上户内有兼丁的人户，基本上符合於律令的揀點衛士準則。武周時兵役繁重，府兵或死或逃，爲了維護府兵制，補充新兵的數量非常巨大，揀點準則遭到破壞，大量的貧弱單丁被點充衛士。玄宗時放棄了以府兵爲征鎮主力的傳統，進一步採取召募的辦法，開元、天寶間府兵逃死者不補，府兵制度終於徹底破壞。

三　西州衛士的征鎮防戍之役

唐代衛士承擔上番宿衛和征鎮防戍的任務。

〔一〕唐會要卷七二府兵、舊唐書卷九七張説傳、新唐書卷五〇兵志。

折衝府分屬諸衛及東宮六率，西州四府大概都屬於右領軍或其改稱右玉鈐衛。

阿五〇九號墓所出武周天山府下張父師團帖爲勘問右果毅闕職地子事（九册四頁）蓋有「右玉鈐衛天山府之印」。日本寧樂美術館藏蒲昌府文書，經日比野丈夫辨認，其中殘存蓋有「右玉鈐衛蒲昌府之印」的文書。日比野氏又據大谷文書蓋有「右領軍衛岸頭府之印」，沙州圖經記張芝子孫有「守右玉鈐衛西州蒲昌府折衝都尉攝本衛中郎將」張懷福，認爲西州折衝府同屬一衛。〔一〕今據阿五〇九號墓武周文書，知天山府亦屬右玉鈐衛，日比野氏的推斷是正確的。

府兵之稱爲衛士即因上番宿衛，但文書中我們不見有上番宿衛的記載。西州爲西陲重鎮，征鎮防戍之役非常繁重，爲了保衛西州，朝廷還得每年從河隴地區調發上千兵來協助防守。〔二〕在軍事緊張的時期又徵發白丁甚至奴和部曲。〔三〕作爲西州主要軍事力量的折衝府是否還能抽調部分成員遠赴長安以履行常規性的宿衛任務是可疑的。文書中凡是衛士征鎮、奉使遠行，必在名籍上記注，却未見記有上番宿衛者。此項任務既然不見文書，本文暫置不論。

征鎮是西州衛士主要任務之一。文書所見，貞觀以來許多西陲的重要戰役，西州衛士都有征行的記録，例如崑丘道行、西域道行、送波斯王、金山道行、金牙道行、救援龜兹、疏勒道行、鷹娑道行、狼

〔一〕日比野丈夫唐代蒲昌府文書の研究，載東方學報三六册。
〔二〕唐會要卷九五高昌載魏徵諫以高昌置州縣有云「常須千餘人鎮守」。舊唐書卷一九六高昌傳同。
〔三〕見本書拙撰唐先天二年（七一三）西州軍事文書跋。

子城行等等，遠鎮則有安西鎮和庭州鎮，均見文書。這方面黄惠賢同志有專文討論，[一]本文不再贅及，這裏只指出一點，即唐初衛士家有兼丁者大致不同時差行。上節曾引阿一九一號墓所出唐永隆二年（六八一）衛士索天柱辭爲兄被高昌縣點充行事，索天柱是衛士，已被差行，其兄又被高昌縣點行，他呈辭上訴，其兄得以免行。判語説「差兵先取軍人」，應是常規。阿四二號墓出唐令狐鼠鼻等差科簿有關於征行的記載（六册二一三頁），今摘録如下（前後略）：

6　二人崑丘道征給復

7　　武騎尉令狐鼠鼻年廿七兄智達年卌二外侍　下上户

8　　武騎尉張智覺年廿八兄智相年卅六白丁　下上户

征行的勳官，多半由衛士授勳，兄是白丁，均不行。阿五號墓出唐趙惡奴等户内丁口配役文書（六册三二六——三三六頁）摘録如下：

（一）

3　趙惡奴　弟衛士前行

（二）

7　楊□□　父老　一兄衛士前行　一兄白丁在下上户

[一] 黄惠賢從西州高昌縣征鎮名籍看垂拱年間西域政局之變化，載敦煌吐魯番文書初探，第三九六頁。

5 耿□□　一弟衛士前行　中下户

6 龍勝海　一兄衛士在　一兄白丁在　中下户

（三）

4 陰安奴　父老　一弟白丁從行　一弟衛士在　一弟白丁外侍　下上户

（四）

1 □苟奴衛士　父老　一弟曲長

2 衛懷德隊副　單身　上中户

本件記注衛士大抵家有兼丁，三户衛士征行，一户白丁從行，一户衛士、白丁均不行，一户單身不行。「差兵先取軍人」，大都遵行，但也有白丁「從行」，而「衛士在」的或别有原因。

阿六一號墓出唐郭阿安等白丁名籍（六册四八〇——四八五頁），其第二段記衛士四人，户内並有兼丁，三户衛士，白丁均無征行記注，止一户有之：

5 □住住年廿七白丁　父衛士西行

也是衛士征行，白丁在家。唐六典卷五尚書兵部郎中員外郎條記差衛士征鎮防戍之制云：

若父兄子弟不併遣之。若祖父母、父母老疾，無兼丁，免征行及番上。

這裏是説户内有二衛士以上，不能同時一齊差點以服征鎮防戍之役，若是家有老人，單丁衛士則免征行和番上宿衛（防戍是否亦免，無明文）。雖然法令只對衛士而言，從文書看來，也通及白丁，即家有兼丁，征鎮只差一丁，衛士優先。上引文書均在太宗、高宗時，那時法令基本上被遵行。

阿一八四號墓出唐開元二年（七一四）帳後西州柳中縣康安住等户籍（八册二八〇——二八六頁）反映了武周時期的情況，今録兩户：

一段

〔前略〕

6 □主康安住年柒拾貳歲　老男垂拱貳年疎勒道行没落

7 □安定年伍拾肆歲　白丁垂拱元年金山道行没落

8 □安義年肆拾玖歲　白丁垂拱貳年疎勒道

9 右件壹户没落

按8行「道」下當缺「行没落」三字。

其第二段：

〔前缺〕

1 年叁拾伍歲（下塗墨）

2 男敬忠年拾歲　小男

3 女忠品年□歲　黄女

4 兄建通年肆拾歲　白丁永昌元年逃走□滿除

5 弟洛子年叁拾陸歲　衛士開元貳年帳□(後)疎勒道□(行?)還〔一〕

6 女貞觀年拾陸歲　中女

7 女脩戒年肆歲　小女先天貳年帳後新生附

8 妹頭勝年叁拾貳歲　丁寡

（下授田數略）

按康安住户全家三口均是白丁，俱没落（不知何以無女口）。没落時間在武后的垂拱元、二年。如上一節所述本件很可能是開元四年籍，今據以推算他們没落時的年齡。老男康安住開元四年七十二歲，當生於貞觀十九年（六四五），垂拱二年（六八六）没落時年四十二，子安定，年五十四，當生於龍朔三年（六六三），垂拱元年（六八五）没落時年二十三。子安義，年四十九歲，當生於乾封三年（六六八），垂拱二年没落時年十九歲，未成丁。還得指出父子二人是同在垂拱二年被徵疎勒道行的。一段之建通，白丁，開元四年四十歲，當生於儀鳳二年（六七七），永昌元年（六八九）逃走時只十三歲。弟洛子，開元四年三十六歲，當生於永隆二年（六八一），開元二年帳後自疎勒道行還，爲三十四或三十五歲。此行在垂拱二年僅五歲。以上建通逃亡，洛子出征的年齡未免太離奇了。洛子的疎勒道行或可解釋爲另一次，似乎也是單丁出征。

〔一〕如果缺的是「未」字，上脱「行」字，爲「疎勒道行未還」，則上面開元二年帳（後）完全不必要記注，因此缺文必是「行」字。

從上引户籍上，我們清楚地看到垂拱年間的西陲戰事中唐軍損失慘重，爲了補充隊伍，不論軍人、白丁，不管丁中，濫行徵發，「父兄子弟不併遣」的規定完全破壞，這是與上節所述揀點準則的破壞正在同一時期。

吐魯番文書中較多有關衛士鎮戍的記載。鎮有兩類，一是軍鎮，唐六典卷五尚書兵部郎中條、唐書卷五〇兵志所述諸節度使所統諸軍、城、守捉都屬這一類。這類軍鎮所領軍隊編制較大，兵士來自諸州折衝府衛士和以白丁組成的兵募，後來又有召募的健兒。在吐魯番文書中我們看到的「安西鎮」、「庭州鎮」屬於此類。阿一九一號墓出唐永隆元年（六八〇）軍團牒爲記注所屬衛士征鎮樣人及勳官籤符諸色事（六册五四六——五五八頁），殘存六十一人（包括姓名記注殘缺者在内，全行空無一字者不計），其中記注殘缺者十八人，記安西鎮者六人，庭州鎮者二人。阿五〇一號墓出唐高宗某年西州高昌縣賈致奴等征鎮及諸色人名籍（七册一七一——一七二頁）記「一十二人庭州鎮」，又「□□（一人）先替人庭州鎮」。同墓出唐高宗某年（按應是垂拱二）西州高昌縣左君定等征鎮及諸色人等名籍記「二人安西鎮」、「一人庭州鎮」。按上引文書均爲前庭府文書，〔一〕當府派遣出鎮的衛士數量不大，但文書斷殘，名籍可能是一個團甚至一個隊，並非全府出鎮人數。西州四府差往安西及庭州

〔一〕左君定等征鎮及諸色人名籍3行「金山道行未還」中有「張海歡」，阿四號墓唐麟德二年張海歡、白懷洛等貸銀錢契，稱「前庭府衛士張海歡」，據此知本件應是前庭府衛士名籍。賈致奴等征鎮及諸色人名籍5行「庭州鎮」中有「王默婢、張奚默」，均見於左君定等名籍，亦應爲前庭府衛士名籍。

的衛士是否有規定數量，數量多少，怎樣分番，我們都不知道，按照法令，鎮兵是有一定番期的，册府元龜卷一三五帝王部愍征役開元五年（七一七）五月詔：

每念征戍，良可矜者，其有涉河度磧，冒險乘危，多歷年所，遠辭親愛，壯齡應募，華首未歸，眷此勞止，期於折衷。但磧西諸鎮，道阻且長，數有替易，難於煩擾，其鎮兵宜以四年爲限……其諸軍鎮兵，近日遞加年限者，各依舊以三年、二年爲限，仍並不得延留。其情願留鎮者即稍加賜物。得代願往，聽令復行。

按詔書云「壯齡應募，華首未歸」，專指兵募，不及衛士，可知開元時鎮兵以募人爲多。據上引文書，衛士出鎮大概本不多。據開元詔書，舊制軍鎮番代期爲二至三年，〔一〕實際上却往往長戍不歸。詔書宣稱恢復舊制，但磧西諸鎮延自四年爲限。磧西諸鎮即指北庭、安西兩都護或伊、西、庭及安西四鎮節度所管諸軍鎮。西州折衝府衛士出鎮庭州、安西，庭州對内地來説，當然「道阻且長」，西州却較近，是否也延至四年，不得而知。

值得注意的是，上引三件文書中「安西鎮」、「庭州鎮」或與「送波斯王」、「在州授囚」並列，或與諸道征行並列，我們知道西州境内有不少鎮、戍，由折衝府差點衛士爲防人，却不列於上引文書中，充分

〔一〕玉海卷一三八兵制四引鄴侯家傳：「舊制以三年而代，後以勞於途路，乃募能更住三年者，賜物二十段，謂之召募，遂令諸軍皆募，謂之健兒。」按所云舊制三年而代……募能更住三年者，賜物二十段，大致與上引開元五年詔同，但召募健兒，並非限於原有鎮戍之衛士，兵募。

説明二者存在着顯著區别。其區别在於：(一)鎮戍即在州境，由西州都督府管轄，防人由當州折衝府差點衛士充；(二)番上鎮戍是當州折衝府衛士的常規任務，通常按時番代，而不像軍鎮那樣兵士來自各地，番代雖有規定，却從未真正執行。

鎮戍防人番上制度，史籍很少記載，本文將據文書加以論證。

唐六典卷五尚書兵部職方郎中員外郎條：

凡天下之上鎮二十，中鎮九十，下鎮一百三十有五；上戍十有一，中戍八十有六，下戍二百三十有五。

新唐書卷四九百官志鎮將、戍主條下注：

每防人五百人爲上鎮，三百人爲中鎮，不及者爲下鎮；五十人爲上戍，三十人爲中戍，不及者爲下戍。

按照這個數字，上鎮二十，共一萬人；中鎮九十，共二萬七千人；下鎮一百三十有五，防人不及三百，今以二百人計，亦二萬七千人。上戍十一，共五百五十人；中戍八十六，共二千五百八十人；下戍三百三十五，防人以二十人計算，共四千七百人。鎮戍防人全部合計七萬一千八百三十人。這些鎮戍的分布，史籍不詳，防人來源也不見記載，但據六典明言衛士有「征鎮防戍」之役，防戍也即指這類鎮戍。新唐書卷五五食貨志敘禄秩，於配給仗身條提到都護府官及鎮將、戍主等所給仗身，「皆取於防人衛士」，而宿衛官及在京文職官所給仗身「取於番上衛士」。「防人衛士」當然指差充防人的衛士，鎮將、戍主的仗身由他們充當，可知鎮戍防人即由衛士充。我們不知道無軍府州若置鎮戍防人的來源怎樣，至少設在有軍府州的鎮戍，其防人即由衛士或主要由衛士充。關於防人衛士，新書食貨志只是附帶提及，而吐魯番文書提供了有關鎮戍的珍貴資料。

阿二〇九號墓出有武周天山府索進達辭爲白水鎮上番事（七册四二頁）：

〔前略〕

3 □□□𠦚(年)叁𠥱(月)〇(日)𠀑(天)山府　索進達辭

4 □進達元不是白水鎮番，昨爲□

5 □如後到所

6 □上，謹辭。

〔後缺〕

索進達應是天山府衛士，他申訴本來不在番上白水鎮之列，可知白水鎮防人由天山府差點衛士番上。〔二〕這個白水鎮有屯田，阿五一八號墓所出唐西州某縣事目三段2行（七册三四五頁）：

□□牒爲給白水屯種子支供訖

阿二〇號墓出有唐神龍二年（七〇六）白澗屯納官倉糧帳（七册三七二頁）帳尾署名有倉督、監

〔二〕按白水鎮以白水澗得名，地當距交河之岸頭府近。天山府應在天山縣，在南稍遠，或岸頭、天山二府共負責差兵戍守。

倉官、屯官，最後爲「監納官鎮副劉初」。白澗屯即白水屯，敦煌所出西州圖經載有白水澗道，[一]稱「右道出交河縣界，西北向處月已西諸番，足水草，通車馬」。白水澗簡稱白水或白澗，那裡「足水草」，可以置屯，又在通往北庭的要道上，所以置鎮。上引白澗屯納官倉糧帳所見鎮副應即白水鎮副，他主持監納，這個屯應即是鎮的屯田（關於鎮戍屯田詳下）。

阿五〇一號墓出有唐某團番上衛士殘文書（七册一八三頁）：

（前缺）

1 衛士張□□德方亭□□

2 令狐□□員外果毅□□

3 董海□□洛準前

（後缺）

據同出文書，本件當屬高宗或武后垂拱間文書。方亭爲戍名，1行記張某及另一名「德」的衛士番上方亭戍，2行記令狐某充某月員外果毅某人的仗身。大谷三〇三〇號文書：[二]

1 □□　□□

2 六人來月一日方亭戍上

[一] 石室秘寶乙集。

[二] 日本西域文化研究第三敦煌吐魯番社會經濟資料（下）唐代役制關係文書考，第一四六頁。

3 隊正賈達通　衛士曹畔洛　沮渠武意　張果
4 　李阿鼠　竇山海
5 二人充來月一日當上左果毅□
6 張大師　陳送軍
7 十二人　配住？仗身守府、番佐及送上
8 五人填折衝九月十六日仗身
9 白知達　焦隆貞　陰漢貞　康父師　董知□
10 四人填右果毅　九月十六日仗身
11 劉君集　蘇守住　陳□　康懷達
12 五人填員外折衝康延　八月十日仗身
13 □　□

又大谷三三五七號文書亦出於同一軍府，共八人，4行「□達通，方亭上」，8行「□曹畔洛，方亭上」，「達通」上缺「賈」字，與曹畔洛在上引大谷三〇二〇號文書中均在「來月一日方亭戍上」，〔二〕此外六人並記「州上」。

〔一〕日本寧樂美術館藏蒲昌府文書第九頁爲赤亭鎮致蒲昌府牒，稱「方亭戍劉喫木，狼泉毛奕本、赤亭康思禮已上倚團，又云請速差替送鎮」，知方亭戍兵應由蒲昌府差替。阿五〇一號墓文書及大谷三〇三〇號文書所記番上鎮戍衛士亦當屬蒲昌府。

據上引文書，衛士番上鎮戍充防人，與仗身並列，而安西及北庭鎮與遠征人並列正好説明二者的區别。仗身番期十五日，史有明文，〔一〕故上番均在一日或十六日。〔二〕鎮戍防人番期未見記載。唐律疏議卷一六擅興律文「諸鎮戍應遣番代而違限不遣者，一日杖一百」云云，疏議云：

依軍防令：防人番代均皆十月一日交代。

按大谷三〇三〇號文書記折衝及右果毅仗身並九月十六日上，而「當上左果毅仗身」稱「來月一日」，與「六人方亭戍上」同，此來月應即十月。阿二〇九號墓武周牒爲追上番不到人事（七册四四頁）

〔前缺〕

1 九〇(日)前檢案　　上

2 件𤯔(人)番當貳𠥱(月)上，今隨牒送者。依

3 檢不到，其𠥱(月)肆〇(日)判：牒府追。

4 鄭隆護

5 　　檢案内去𠡦(年)拾𠥱(月)貳

6 　番當拾匨(月)鎮

〔一〕通典三五禄秩。關於仗身，黄惠賢同志有專文，今不贅。

〔二〕大谷三〇三〇號文書12行「填員外折衝康延八月十日仗身」，「十」下疑脱「六」字。

7 □去

〔後缺〕

按本件内容是追違番不到人，却有不同情況的兩人，其一是「番當貳月上」，番上爲何種名色，不明。又一人「番當拾月鎮」，爲鎮戍防人無疑。5行「檢案内去年拾月貳」，疑此人本該於一日上，却遲了一天，應以違番決罰，與律文相符。

今更録關於鎮戍兵上番軍事的文書二件：

阿五〇一號墓出唐五團通當團番兵姓名牒（七册一八二頁）

1 團

2 番兵總七十九人

〔中缺〕

3 牒件檢五團應來月一日送

4 合陪番人姓名如前。謹牒。

5 九月廿五日

6 依 前 方

據同出唐垂拱間（六八五——六八八）某團通當團番兵牒，本件年代亦當在垂拱間。内稱「番兵總七十九人」，又云「五團應來月一日送」，末記日期，「九月廿五日」，則「來月」爲「十月」無疑。此五團屬前庭府，一個團番兵達七十九人，是個不小的數字，由於中缺，七十九人是否均屬五團，難以斷言。

阿一八七號墓出武周處分諸戍番上兵文書（八册四二八頁）

（一）

〔前缺〕

1 □十五人

2 □番上兵

3 □未到

4 □決杖廿二人

〔後缺〕

（二）

〔前缺〕

1 □合來匝(月)一〇(日)諸戍上兵惣六□

2 □一十六人□

3 □五人身□

〔後缺〕

按本件諸戍上兵亦稱「來月一日」上。

阿二〇九號墓出武周兵曹牒爲申報前庭等府逃兵名事（七册五八頁）：

〔前記前庭蒲昌府逃兵名略〕

6　右依檢案□

7　人不到鎮，已今㊊（月）叁㊐（日）判申□

〔下略〕

按上記諸人不到鎮，下稱「已今月叁日判申」，防人上番例在十月一日，至三日不到，即判申州，作爲逃兵處理。上引這幾件文書都説明武周時期對於上番鎮戍還是按照舊制嚴格執行，同時也反映違番不到與逃兵正在發展。

阿一八七號墓還出有武周追當番執掌人文書（八册四二六——四二七頁）

（一）

〔前缺〕

1　右被□

2　到職掌追來者□

3　元未赴職掌者□

4　今㊊（月）十六㊐（日）上人□

〔後缺〕

（二）

〔前缺〕

1 右件檢

2 𠥱（月）一〇（日）當番人，比爲箇

3 裝束，其中有磧内鎮

4 掌追來者，不可更合

〔後缺〕

職掌意謂某項指定職司，有似今天我們所説的崗位。唐律疏議卷七衛禁「已配仗衛輒迴改」條稱「若不依職掌次第，擅配割及别驅使者，罪亦如之」，指的是禁衛人員立仗的崗位。〔一〕這裏是指軍中指定職司或崗位。本件殘缺，内容不明確，推詳大意，一段似乎是説要將已赴指定崗位的人員追來，和「元未赴職掌者」一起充「今月十六日上人」。「十六日上」應是番期十五天，我們不知道是何種番役。二段似是州司或府司判語，所説某「月一日當番人」，「月」上缺的疑是「來」字，顯然指防人。判語認爲

〔一〕唐律疏議本條疏議云：「依式，衛士以上應當番宿衛者，皆當衛見在長官割配於職掌之所，各依仗衛次第坐立，此即職掌已定。」職掌即指長官分配立仗時的崗位，應當各就其位，各司所事。又通典卷四〇大唐官品之末，敘内外職掌，乃是包括流内某些低級官員和流外及無官品的雜任，這是一種專稱，與此不同。這類職掌也包括折衝府的旅帥及隊正副，雖也可以解釋本件的職掌即指旅帥，隊正副之類，但似上一種解釋較長。

「其中有磧内鎮」，如果將「職掌追來者，不可更合」，也即是説難以再次集合，大概没有同意。我們知道防戍之役十分艱苦，而十五日的短番是輕役，把包括「磧内鎮」的職掌追來改充十五天短番人員，顯然有移重就輕之意。流入日本的一件蒲昌府文書可以參證。今據日比野丈夫介紹録文如下：〔一〕

1 □稱：先被牒孫玄通等勳官，准
2 團依白丁例驅使，但此色人數既多
3 並支入番，充要路職掌，今並倚團
4 關防禦。又準 勅團結逐要守

文書是説遵照上級牒文，孫玄通等勳官照白丁例驅使，本該使他們列入上番人數内，充緊要處職掌，而如今却「倚團」云云，致「關防禦」。「團」在吐魯番文書中通常指折衝府所屬團，所謂「倚團」即指不在「要路」上番，而到後方團内任職。本件時間在開元二年間，但職掌改「倚團」，情事相類。〔二〕

武周文書所云「磧内鎮」，亦見阿五一八號墓唐西州某縣事目五段1行「兵曹符爲磧内鎮」。疑指赤亭鎮，其地東西都是沙磧。

差充鎮戍防人是西州軍府衛士的主要任務之一，直到武周時期仍按軍防令於十月一日番代，這

〔一〕見日比野丈夫新獲の唐代蒲昌府文書，東方學報第四十五册三六八——三六九頁第九文書録文及圖版。

〔二〕蒲昌府文書，寧樂美術館藏二七頁記「虞候孫玄通被符放倚團塞亭康歡住被符放倚團」，與本件所記相同，「放」即放免，虞候及塞亭烽名，均是要路職掌。

在文書中可以得到證明。唐律疏議引軍防令不言番期長短，意味着每年十月一日番代，即番期一年。上引開元詔書舊例番期爲二至三年，那是指遠道軍鎮，而鎮戍防人即由當州衛士充，情況不同。

鎮戍防人番期較長，而由衛士番上的其他項目似乎都是短番。衛士充仗身，十五日上下，已見前。差充烽子的有衛士，也有百姓，番期也是十五日。〔一〕還有一種傳統的「州上」，似乎也是短番。大谷三三五七號文書。〔二〕

1 ［　　］脩？　賈文聰　州上
2 ［　　］康浮兼　州上
3 ［　　］汜發尼　州上
4 ［　　］達通　方亭上
5 ［　　］君貞
6 ［　　］□安莫列
7 ［　　］□通　已上州上
8 ［　　］曹畔洛　方亭上

所謂「州上」當指軍府衛士上西州承擔某種番役。阿五〇九號墓出武周成建違番不到辯辭

〔一〕關於烽子，程喜霖同志從吐魯番出土文書中所見的唐代烽堠制度之一考證甚詳，載敦煌吐魯番文書初探。
〔二〕見西域文化研究第三唐代役制關係文書考。

（第九册一九頁）

〔前缺〕

1 □問當壹㊊(月)十六㊐(日)州番□〔一〕

2 □違番不上？仰答：不□

3 □番。但成建先是□

〔後缺〕

按本件稱「壹月十六日州番」，應即「州上」，上番在十六日，應是十五日一番，與仗身同。當時番期十五日的短番相當普遍，亦見於一般百姓的色役。阿六一號墓出唐陰安師等上番人名籍（六册四九六頁）中7行稱「右件人正月一日上番」，13行「□□□(右件人)正月十五日番」，人名旁三人注「馬夫」，六人注「白直」，又「終制」、「侍丁」各一。其他二十九人無旁注。顯然這是徵發白丁的簿籍，也是十五日番，第二番在十五日，可能是小月，第一番少一天，或別有原因。

衛士番役見於文書的尚有多種。阿二〇九號墓出武周佐王某牒爲前庭等府申送上番衛士姓名事（七册四七頁），本件前缺，1至6行均人名，中缺，7行標㊝(天)山府，8、9兩行爲牒尾，紀年已缺，殘存「肆匝貳㊊」，10行以下爲判，今録如下：

〔一〕武后於永昌元年（六八九）改周正，以是年十一月爲載初元年正月，十二月爲臘月，次年正月爲一月。

10 前庭等府肆(月)匝上
11 者，准例牒屯伍處
12 粮，牒倉准給訖
13 等不到，牒府
14 示叄日

〔後缺〕

判稱「前庭等府」，今但見天山府，大概上番人數多，今殘存十一人，他們應是當番衛士，由府牒送當州，由州分配差遣。所云「牒屯伍處」，疑是州直轄的屯田，同時還有屬於鎮戍的屯田。阿二〇九號墓唐王君子等配役名籍(七册五一頁)，内殘存二十五人(包括姓名不全者)，名下注屯者五人，注「捉道」者三人，注「口塠烽」、「望子」、「門子」、「鎮將仗身」各一人，其餘並注「見定」。本件雖没有軍府或番兵的明確記載，但鎮將仗身例由防人衛士充當，同墓還出有類似的軍府文書，因此仍可認爲是衛士番役名籍。這裏的屯當然指屯田，而且是鎮所管的田。從前面所引文書中我們見到軍府或團的文書上只記注折衝、果毅的仗身，本件記鎮將仗身，必是某個鎮的文書，登記上籍諸人是上番到鎮的鎮兵(防人)，他們由鎮分配任務，多數爲「見定」，即未分配具體任務的一般士兵，記注「屯」的則負責營種鎮所管田。上面我們已述及白澗屯的收穫物納倉，由鎮副爲監納官，表明白澗屯即屬白水鎮，署名的倉督亦即鎮所屬的倉督，根據本件我們又知道管種屯田的亦即是防人。

這種鎮戍所管的田本來律令上並不重視，唐律疏議卷一六擅興「遣番代違限」條律稱「若鎮戍官司役使防人不以理，致令逃走者一人杖六十」，疏議云：

依軍防令：　防人在防，守固之外，唯得修理軍器，城隍公廨、屋宇。各量防人多少，於當處側近給空閑地，逐水陸所宜，斟酌營種，並雜蔬菜，以充糧貯及充防人等食。此非正役，不責全功，自須苦樂均平，量力驅使。鎮戍官司使不以理致令逃走者，一人杖六十。

審律意，防人營種的只是側近空閑地，量力驅使，不責全功。疏議還以此爲例，告誡鎮戍官司不得「役使防人不以理」，律文不是防止防人營種不力，而是防止鎮戍官役使過當。但是從文書看來，軍府和鎮戍官司對此是相當認真的。他們在上番防人中指定專職營田人員，在糧食納倉時由鎮副監納。玄宗統治時，官營屯田有逐漸轉變爲召民佃種，滿足於徵收地子的傾向，[一]鎮戍屯田却仍由鎮兵營種，阿三二六號墓出有唐西州都督府上支度營田使牒爲申報當州諸鎮營田頃畝數事（八册二——九頁）表明了這種情況：

1　西州都督府　　　牒上　　　勅

2　合當州諸鎮戍營田惣壹拾□頃陸拾

3　赤亭鎮兵肆拾貳人營□□頃　　維磨戍

（一）見大谷文書四九一五號天寶元年（七四二）七月渾孝僊等納屯田地子帳（西域文化研究第二圖版第一〇）。

4 柳谷鎮兵肆拾[人]□□肆頃　酸棗戍[　　]

5 白水鎮兵叁拾□□[營]田陸頃　曷畔戍兵[　　]

6 銀山戍兵[　　]營田柒拾伍[　　]

7 右被[支]度營田使牒，當州[鎮][戍]□田頃畝[　　]

8 [戍][兵][　　][及]營田頃畝[　　]

9 方亭戍[　　]谷戍　狼井[　　]

〔後略〕

此後又一件，亦西州都督府申報所屬鎮戍營田頃畝數文書，殘存柳谷鎮及銀山、礌石、苦水等戍名，頃畝數殘缺。同出尚有開元間（有紀年者爲開元十年、十一年（七二二、七二三））北庭都護府所屬諸烽鋪剷田文書，本件的年代亦當在此時，時間較前引諸文書爲晚。據本件所載，鎮戍營田頃畝不多，白水鎮最多也只六頃，但可能原來就只有此數，前引唐神龍二年（七〇六）白澗屯納官倉糧帳有一個納糧總數，「計青稞雜大麥陸佰陸拾碩」，與六頃的收穫量大致相當。但是鎮兵數字却非常少，最多赤亭鎮兵只四十二人，還不及法令規定的上戍五十人之數，更不論三百人的下鎮了。鎮兵數少可能和折衝府的虛弱相關，但時至開元中，我們不能斷言這少數的鎮戍兵是否仍是由折衝府差來的防人衛士。

從上引文書看到開元十年左右，伊、西、庭軍事當局對於這種原來「不責全功」的鎮戍營田以及烽鋪剷田曾經進行普遍調查，並把這筆糧食收入納入軍糧出納的範圍中。

上引唐王君子等配役文書中我們還見有「望子」、「門子」、「捉道」、「仗身」名色，均爲防人衛士上鎮後分配的職掌。

「望子」是專職瞭望人員。武經總要前集卷六警備條：

凡軍營中必爲望樓，其數量兵與地，大率倣地聽之數。選明目能視三四十里外辨物色者以爲望子。

據此，知望子爲行軍時設置的警備人員。鎮戍職在防禦，所以平時也在警戒狀態中。

門子亦稱門夫，通典卷三五禄秩：

諸州縣不配防人處，城及倉庫門各二人，須守護者，取年十八以上中男及殘疾，據見在數均爲番地，勿得偏併，每番一旬。

關於門夫，在討論唐代色役、資課時諸家已多引證。這裏我只提出值得注意的一點，即只有不配防人的州縣才徵發中男及殘疾，防人在有軍府州至少主要由衛士番上充，西州及屬縣的門夫或門子之役恐亦多防人衛士，在「州上」這個籠統名稱下大概也包括門夫，雖然充門夫的肯定也徵發百姓。〔二〕本件的門子無疑是防人，他承擔守衛公廨或鎮倉門。

見於王君子等配役文書的還有「捉道」。捉道亦見阿一九一號墓所出唐永隆元年（六八〇）軍團

〔二〕阿二一〇號墓唐西州都督府諸司廳、倉庫等配役名籍（六册八八至九四頁）記「右件人等並門夫」，籍中應役人有木匠、銅匠、弓匠，當徵自民間。

牒（六册五四六頁），本件凡遠行和遠鎮人的名注均注「様人」某，捉道也有這記注。唐律疏議卷八衛禁律「宫門等冒名守衛」條疏議解釋「其在諸處守當」語，稱「謂非皇城、京城等門，自餘内外捉道、守鋪及别守當之處」。捉道應即守警道路的人員，律稱「自餘内外」之外自必包括地方鎮戍。有近有遠。永隆軍團牒所以注有様人，當是有的被派往很遠的要道上，防他逃逸。

此外，軍府衛士還充長官的傔人。上節引阿一九一號墓唐軍府名籍3行缺名下注一「傔，前天山府果毅麴善行入京使未迴，申州請申省，未報，様人高歡緒」。傔人是較高級的隨從，唐六典卷五尚書兵部郎中條稱「凡諸軍大使、副使以上皆有傔人、别奏以爲之使」，以下叙各級使職武官按本品給傔遞減之制，又云「所補傔、奏皆令自召以充」。按此專對諸軍使及總管、子總管等軍職而言，故不及折衝、果毅。注又云「若府、鎮、戍正員官及飛騎、三衛、衛士、邊州白丁皆不在取限」。上引文書却是天山府果毅的傔，若是自召，恐没有必要於遠行時注「様人」、「未迴」還得申州乃至申省，所以應該是衛士。注稱衛士及邊州白丁均不在取限，西州是邊州，折衝府官給傔既不得取衛士，又不得取白丁，難道從内地諸州召取麽？　諸軍使及總管所統兵士很多出自兵募，就與此有異。〔二〕我認爲六典所云乃後來之制，而且專對諸軍使等而言。折衝、果毅給傔必仍取之本府衛士。

短番十五天的烽子有衛士，也有白丁。鎮戍一般都有烽，烽子即由鎮差防人充，王君子等配役文

〔二〕傔不是一般隨從如仗身、白直之類，地位較高，是一種上陞的階梯，注文所以有此限止，恰正反映原先諸軍使等的傔人多取於這一些人，而這些人也樂於充傔。

書中一人注「□䳄烽」，應即當鎮所管。但也有由折衝府直接差遣的烽子，阿五〇九號墓武周君住牒爲岸頭府差兵回礌石及補府史符事（第九册一二二頁）

〔前缺〕

1 進上至州

2 十烽々別二人，依定並取

3 岸頭府令差府兵向礌石四(示)一〇

以下4至7行爲補府史事略。本件似是州司照原先規定，一共十烽，每烽差二人，現岸頭已差府兵向礌石。礌石是西州至焉耆道（銀山）上的要地，那裏有戍，有烽，還有供住宿的館。文件稱「十烽」，不止礌石一處，或是到礌石後再分往他烽。這裏的烽子即非由鎮戍自差防人。

以上我們對王君子等配役文書中所見名色作一點説明，其中一些由防人充當的仗身、門子、烽子、捉道都是短番，但他們身分是防人，下番仍然在鎮服兵役，與非鎮戍防人而充仗身、門子等雜役的衛士不一樣。注「屯」的營田兵稍多一些，我想必定也分番，番期不明。那種配有職掌的人每番並不多。暫時没有配事職的所謂「見定」在没有被差替時應即從事如唐律所述營繕公廨、修治器仗等雜役。但不管服役項目多少，鎮戍防人的主要任務是防禦來犯之敵。

流散在日本的蒲昌府文書反映了折衝府在戰時發揮的作用。這批文書的内容是蒲昌府在開元二年（七一四）二月至八月間防禦北突厥的軍事行動。日本日比野丈夫氏曾詳加考證，今不贅述，大致是蒲昌府折衝都尉王温玉秉承西州都督指示，加强烽堠遊弈，布置防禦偵察等活動。今録文書兩件（依日比野氏綴合録文），其一：〔一〕

都督府

一諸府縣鎮戍界烽堠覘探等人，各仰

加常督察嚴警，常如見賊。州司即

三衛分往巡探，點檢鞍馬與仗。並應

事虧違，所由縣府鎮戍遊弈巡官及押領

帥且決陸拾，依法科罪

薄昌府　得兵曹參軍王寶等牒，稱寇賊在近，今又

百姓並散在田野莊塢，都督昨日親領縣府

民押防援軍糧，□充討擊。　賊必付空？

〔後缺〕

其二：〔二〕

1　□韓興周范圈富曹行□

〔一〕本件日比野氏據寧樂美術館藏二十八頁乙及十三頁乙D綴合。

〔二〕日本寧樂美術館藏十一頁，日比野氏唐代蒲昌府文書の研究餘文，載東方學報三十七册。

2 張感行改補虞候

3 人　小嶺烽　王?威遠

4 人狼泉烽主帥宋光?智　趙思恭　呂客?□

5 淳于端住　范思智?

6 人羅護烽　康六寶　郭住貞　索住木□

7 長探虞□　安上木

8 人達匪[烽]□探虞侯孫玄通

9 玉（押縫）

10 一人赤亭鎮　李　□子

11 四人塞亭烽　康□住　氾申才　氾玄成　張守仁

上録一文書，一是西州都督府命令府縣鎮戍界内烽堠在敵人來犯之前嚴加警備，蒲昌府下達都督府兵曹關於目前敵情和布置的通知；其二是蒲昌府折衝都尉王温玉對管内烽堠人員的具體配備。上年冬突厥攻圍北庭，先曾越過高昌於柳中作戰，對西州的威脅十分嚴重。本年二月突厥主力已被擊敗，州解圍。兵將歸降。蒲昌遠在高昌東南，所謂「寇賊」必是被隔絶的突厥遊騎。如文書所反映，當時實際上蒲昌府管内並未發生真正的戰鬥，但西州都督十分重視，自己「親領（臨）縣、府」，指揮蒲昌府作好戰鬥準備。

從這批文書中我們看到折衝府在追補兵員，組織作戰上仍然起有一定作用，但可能也是最後一次發揮它的作用了。

我們從文書中也看到折衝府所統衛士嚴重不足，勳官「倚團」使「關防禦」，蒲昌府部署的僅只是烽堠、遊弈分散的而且兼有白丁甚至行客的爲數不多的烽子、長探，而死亡傷病等缺額，補替已很竭蹶。〔二〕當時在軍事組織上折衝府仍然居於重要地位，但兵力都很虛弱。元和郡縣志卷四〇隴右道西州條：

天山軍，在州城内，開元二年（七一四）置，本漢車師後（應作「前」）王庭，烏孫之東境也。貞觀十四年置。

按前已云「開元二年置」，末又稱「貞觀十四年」，當是衍文。〔三〕同卷庭州條又出天山軍云：「西州城内，開元二年置，管兵五千人，馬五百匹，在理所五百里。」舊唐書卷四〇地理志河西道北庭都護府有天山軍，云「開元間置」，新唐書卷四〇隴右道西州交河郡亦云「有天山軍，開元二年置」。置天山軍

〔二〕日本寧樂美術館藏蒲昌府文書9頁甲爲赤亭鎮上蒲昌府牒，内容是説方亭戍與狼泉、赤亭、小嶺的應上兵四人有的「倚團」，有的「身死」，要求差替，但並没有送人來，因此具牒「請速差替」，可知補充缺額的困難（參前引日比野氏文）。

〔三〕唐會要卷七八，天山軍列於安西四鎮節度使下云：「天山軍，置在西州，漢車師前王故國，地形高敞，改名高昌。貞觀十四年置。」按此云貞觀十四年置，乃是置西州，當是删節舊文而誤。下又云「天山軍，並在碎葉城」，此句當是聯上文長安三年（七〇三）「郭元振置瀚海軍」，或是瀚海軍（庭州之瀚海軍長安二年已改燭龍軍）與天山軍於長安三年曾置在碎葉。至於西州之天山軍置於開元二年，當可無疑。

恰正在這次戰役之後，管軍五千人，相當或超過了四府合計的兵力，此後西州四府雖然依舊存在，在軍事上的地位必然日益低落。吐魯番文書中開元時代的軍府文書很少，而且不見有差點防人衛士番上鎮戍的記載，可見已不受重視。張九齡曲江集卷一〇勑北庭經畧使蓋嘉運書有云「突騎施雖請和好，其意不真，近勑彼軍（指瀚海軍）與天山計會」云云。「天山」即指天山軍，其時代爲開元二十二至二十三年間（七三四、五）〔一〕天山軍使由西州刺史或都督兼任。天山軍隊伍的組成，一部分即徵自西州丁男。柏林德意志科學研究院所藏吐魯番唐天寶年代（七四七——七五八）交河郡蒲昌縣籍10行：

户主康文册載肆拾歲　白丁本郡天山軍鎮空　下下户　課户不輸。

弟知非載三十四歲　勳官上柱國、本郡天山軍鎮，開元貳拾捌載伍月貳拾玖日授，甲頭馬玄忠。

大谷文書六〇六八號唐天寶年代交河郡籍1行缺名户：〔二〕

「天山軍鎮」的記注雖始見於大寶户籍，據籍稱□知非於開元二十八年（七四〇）授上柱國勳，入軍自當在其前約開元二十年左右或稍後；康文册年四十載，入軍亦當在開元時。當然那時仍有衛士，但很可能也像敦煌一樣，逃死者不補。日本上野博物館及書道博物館藏唐開元年代西州交河縣名山鄉

〔一〕册府元龜卷九七五外臣部褒異開元二十二年（七三四）六月乙卯記「突騎施遣其大首領何羯達來朝」，舊唐書卷八玄宗紀於二十三年十月記「突騎施寇北庭及安西撥换城」，知勑書必在二十二年秋至二十三年冬之間。

〔二〕上引兩天寶年代籍並據池田温氏中國古代籍帳研究二五九——二六〇頁録文。籍年稱「載」，應在天寶三載（七四四）正月改年爲載後。池田氏書「天寶年代」，記公元爲「七四七——七五八」，想別有據，今仍之。

籍殘存約三十户，〔一〕其中記「土鎮兵」六人，又二人記「鎮兵」，今摘録如下：

户主通達年六十八老

男思賓年卌五上鎮兵

户王大素年卌土鎮兵

户李禮恭年卌二土鎮兵

弟思恭卌五土鎮兵

□

男子奴年卌五土鎮兵終服

户蘇兹岌年五十三土鎮□

□年卅鎮兵

□年卅二鎮兵

本件稱「年」不稱「載」，内記「白直」，故池田温氏定爲開元年代。今按土鎮兵最高年齡爲五十三歲，本件造作不能晚於天寶二年十二月（七四三），因爲次年正月即改「年」爲「載」，上推此五十三歲之土鎮兵應生於武周天授二年（六九一），假定二十一歲點充，則爲睿宗之景雲二年（七一一），年代較早，

〔一〕同上書二六八——二九〇頁。由於上殘缺，無法正確計户數，故云「約三十户」。

但點充不一定剛好二十一歲，開元初點充完全可能。最低年齡如併兩「鎮兵」計入，則爲三十歲，不計則爲三十五歲，點充必在開元末。本件年代早於敦煌差科簿，土鎮兵出現也得以稍稍提前。值得注意的是，在約三十户之内出現六名土鎮兵、二名鎮兵，却無一名衛士；神龍點籍樣在四十九户内出現十六名衛士；本件有户内兩丁同時土鎮，神龍點籍樣則户内二丁同充衛士；兩相比較，同樣表明兵役的嚴重，却反映了不同時代的特點。

我們並不懷疑開元天寶間折衝府與衛士的存在，但相信開元後期西州和沙州同樣不再揀點衛士。

這裏存在着一個問題，上引天寶間户籍上記注「天山軍鎮」，交河縣差科簿上記注「土鎮兵」和「鎮兵」，三者是否只是一名異稱？三者都是從當地民丁中徵發，都被稱爲鎮兵。按天山軍所管兵士在開元二十六年（七三八）後主要應是長征健兒或兵防健兒，來源是「諸色征行人及客户」，〔一〕並非徵自當地民丁，〔二〕他們是職業兵。所謂「天山軍鎮」猶如「安西鎮」、「庭州鎮」，但天山軍即在西州，鎮防亦即在管内，亦即當地丁男鎮防當地，他們不是職業兵。我想可能早先已有民丁防戍，這時名隸於天山軍，並非天山軍的主力。土鎮兵也是當地丁男防戍當地，本質上與所謂「天山軍鎮」是没有什麽

〔一〕唐六典卷五尚書兵部郎中員外郎條注，册府元龜卷一二四帝王部修武備開元二十五年（七三七）五月詔，同書卷一三五愍征役開元二十六年正月迎氣詔。

〔二〕敦煌天寶差科簿見豆盧軍健兒，與「土鎮兵」顯然不同，却也出自當地民丁。

區别的。如果有所區别，那麽，也許土鎮兵隸屬於州，而「天山軍鎮」屬於軍。這一點並無確據，難以斷言。至於「鎮兵」可能是「土鎮兵」的省文，亦如敦煌差科簿之「土鎮兵」亦省稱「土鎮」；也可能是户籍上的「天山軍鎮」之鎮兵，假使「天山軍鎮」不即是「土鎮兵」的話。儘管三者是否一名異稱，難以判斷，却可以肯定三者都是徵自西州民丁，基本上都是在西州境内防戍，而這也正是防人衛士的任務。一個地區的軍事要衝一般很少變化，過去由防人衛士番上防禦的鎮戍烽堠，應即是土鎮兵、天山軍鎮兵防戍所在，他們逐漸接替了防人衛士的任務。〔一〕

四　後論

以上我們據吐魯番文書的片斷材料，對唐代西州折衝府的建立，揀點衛士的準則，衛士的征鎮防戍之役進行了初步探索。

從文書中我們得知在貞觀十四年（六四〇）平高昌後不久，即已在西州境内諸鄉揀點衛士，前庭、岸頭二府肯定在貞觀時業已建立，蒲昌、天山兩府是否同時建立，不明，但至遲在高宗統治的前期業已存在。這裏存在一個問題，根據史籍記載的唐平高昌後所得户口，和諸鄉户口帳中殘存的課丁及所出衛士數字，遠不能滿足四府的衛士員額。對此，我們作了三種推測性的解釋。

〔一〕大谷文書三三五四號唐天寶時代天山軍兵員給糧文書，内記諸縣鎮戍兵士人數及支付糧食諸倉，所記有羅護、白水、銀山、鸐鵒鎮戍。

泆令規定關於揀點衛士的準則，高宗時期在一定程度上遵行，在文書中我們看到具有户等及家内人口的衛士都在七等户以上，家有兼丁。這一點還可以舉出兩個例證。一是見於阿三三七號墓所出文書的唐初交河府（即岸頭府）衛士、火長范歡進（五册），本墓出有他的買馬、買奴契券。另一個是見於阿四號墓的高宗時期前庭府衛士左憧憙（六册），本墓出有他出舉錢絹的契券七件，在一件文書中記載他家一次失竊銀錢五百文，他還擁有大小奴婢。顯然，這二名衛士確係富室。應當指出：范歡進以銀錢七文傭人代他上烽，被傭人是前庭府衛士。左憧憙的借貸人也有前庭府衛士。衛士貧富是不平衡的，但被傭上烽和負債的衛士仍可能從高户（七等户）多丁被點入軍。因爲西州定户等有偏高的跡象。

揀點衛士準則在武周時由於西陲軍事形勢的緊張，大量兵士（包括衛士和兵募）死亡、没落和逃走，爲了補充缺額，維護折衝府的兵力，需要相應的新兵入軍，揀點準則也就不值一顧。武周時衛士補充量的巨大在文書中有所反映。阿五〇九號墓出有武周天山府下張父師團帖爲新兵造幕事二件（九册），今録其一：

1 當團新兵壹佰壹拾玖人，合造幕壹拾壹口，玖□

2 校尉張父團主者：被州帖，稱被瀚海軍牒，準

3 □□西州諸府兵幕迴(日)(納)却内帖至，準人據

4 □造先申大數，不得遲晚。□

5 三團造，限來

〔後缺〕

按「張父」爲張父師簡稱，他是天山府第三團的校尉。内容大致是：天山府得到西州都督府帖，内稱獲得瀚海軍牒，要求西州諸府準人數造幕，這些幕回西州時交納。因此都督府行文到府，命令立即按人數趕造，先申報數字，「不得遲晚」。據此，天山府又行文到當團，限期遵照辦理。這些「新兵」當然是張父團新點入的衛士，他們似乎是派往北庭，由瀚海軍指揮的征行隊伍。

一個團的「新兵」有一百十九人之多，這個數字是非常巨大的，我們還不清楚當時一個團究竟有三百人或二百人。如果是二百人，新兵超過了半數，若是三百人，也超過了三分之一。一個團用以補充缺額的「新兵」如此之多，推之天山全府以及其他諸府想必也相差不遠，在這樣情況下，當然顧不得什麽高户多丁的準則了。神龍三年點籍樣中課丁三十人而衛士達十六人，還有一名隊正，充分説明武周時期大量揀點衛士的情況。

上引天山府帖説的是新兵造幕的事，唐書兵志記載府兵十人爲火，火備六馱馬和各種行軍、生活用具，其中有「烏布幕」一口，這些都是一火共同置備的。據本件可知武周時儘管大量下户、單丁被點入軍，却還是按照舊規責令新兵承擔這些裝備。〔二〕

〔一〕一火十人，烏布幕一口，一百十九人造幕十一口，稍不合，不知爲什麽不是造一十二口。

武周時期「天下户口，亡逃過半」，〔一〕兵役嚴重是個極重要的原因。西州四府並列，本是西陲前沿陣地軍事力量的重要組成部分。在耗散之餘，武周力圖恢復和維護折衝府的兵力，其效果便是促使衛士和人民加速逃亡。

衛士的任務是宿衛和征鎮防戍，宿衛和征鎮，史籍記載較詳，而防戍却很少述及。文書中我們尚未發現有關宿衛的資料，西州四府雖然已知隷屬右領軍衛或右玉鈐衛，我們懷疑它是否能按常規定期番上。有關征行和防戍的記載，文書中比較多，特别是關於防戍的部分，多少彌補了文獻不足之憾。

在文書中我們看到直到武周時，諸府衛士番上諸鎮戍的制度一直按時遵行。開列衛士番上諸鎮戍和其他任務的名册在文書中屢見，從這些名册中我們獲知鎮戍防人和非防人衛士的配役情況。

有如唐律疏議所載，防人於十月一日上番，這一點在文書中看到被嚴格執行。番代均在每年的十月一日，番期應當爲一年。防人負有防禦（烽子、望子、捉道等）、營田以及充當仗身、門子等任務，鎮戍的府、史也在防人中選任。這些任務（府、史大概非短番）都是短番（大致爲十五日）。未分配具體任務的防人當是待命行動，並擔承修繕公廨、器仗的雜務。在長達一年的番期内又包含許多短番。非防人的衛士，有的充當府、當團的府、史（折衝府的參軍也由衛士提充），折衝、果毅的仗身和府、團公廨、倉庫的門子；有的由折衝府直接差遣上烽、屯田和奉使，還有部分衛士由府送往西州，承擔門

〔一〕舊唐書卷八八韋思謙傳附韋嗣立。

子等某些雜役。所有這些任務基本上都是短番。

如上所述，衛士常規性的任務大致可以分爲三大類（征行臨時點行，遠鎮實際上無一定番期，均非常規）。一是宿衛，文書無徵，今不論。二是番上諸鎮戍充防人。三是上州、守府、傔人，即是在各級機構中充當上至參軍、傔人，下及府、史等職務，以及仗身、門子等雜役，由府直接差遣的烽子、屯田等也屬此類，自仗身以下都是短番。

諸鎮戍防人每番合計多少人，我們不知道，據前引唐西州都督府上支度營田使牒，諸鎮戍兵很少，最多赤亭鎮也只有四十二人，其次柳谷鎮四十人，白水鎮三十□人，諸戍兵數已殘缺，但營種頃畝有個總數，本件2行：

合當州諸鎮戍營田總壹拾□頃陸拾

據此知西州諸鎮戍全部營田還不到二十頃。殘存柳谷、白水兩鎮營田已有十頃，赤亭鎮兵數最多，營田頃畝雖缺，大概不會少於五頃上下。銀山戍兵數缺，營田殘存「柒拾伍」，下當缺「畝」字，則諸戍營田大致不過數十畝，以營田頃畝之少，可以推知諸戍兵一定很少。當然這是開元中的情況，但估計以前也不會太多，因爲需要有足夠後備力量，才好番替。第三類上州、守府、倚團的衛士充府、史及傔人的總是少數，其他都是短番，這些項目每番人數雖不多，但名色多，番期短，凡是在州的非防人衛士普遍輪番，每年輪番一次以至多次。不值番期時他們便在家務農。

實際上只有在上番宿衛和差點征鎮防戍時才是真正的兵，平時只是後備軍，他們承擔的短番雜役，有的還可以納資，此如仗身，有的也是白丁所服的雜徭和色役，比如門子、烽子。門子亦稱門夫，白丁和中男、殘疾應役，可以納資。烽子也徵發白丁、中男，如文書所見，不論衛士或白丁都可以傭人代替上烽。這些都說明，衛士所服的短番役有類白丁之服雜徭或色役。真正的兵役決不允許納資代役，更嚴禁冒名代替。〔一〕

府兵不是職業兵，法令認爲衛士的本業仍是務農，唐六典卷五尚書兵郎中員外郎條：

若父兄子弟不併遣之。若祖父母、父母老疾，無兼丁，免征行及番上（宿衛）。

所以同允衛士的「父兄子弟不併遣之（不併遣上番宿衛及征鎮防戍）」，即是保證至少有一個丁在家務農。衛士有祖父母、父母老疾，得免征行、上番，並非爲了照顧老人，而是爲了保证務農的勞動力。正是這些不在宿衛及征鎮防戍之列的衛士服的是短番役。唐六典卷五還說：

其居常則皆習射，唱大角歌。番集之日，府官率而課試。

所謂「居常」即指不在宿衛和征鎮防戍之列，也就指那些應短番役的衛士。他們在全部衛士中應該是

〔一〕谷霽光先生認爲遠道衛士不番上宿衛，他們納資代役。遠道衛士不番上是可能的，我也認爲西州衛士不可能履行常規性的宿衛任務。但認爲遠道衛士納資未見記載。谷先生所引唐六典卷五納資陪番的條文乃是三衛，並非一般衛士（谷著府兵制度考釋一六八頁）。又唐律疏議卷一六擅興「征人冒名相代」條云：「征人冒名相代者徒二年，同居親屬代者減二等。」又云「部內有冒名相代者里正笞五十，一人加一等」，以上直至所管州、縣自典（胥吏）以上至官佐都有罪責，在軍則自隊正以上至折衝都尉均加處罰，「在軍」即指衛士，而文書所見衛士上烽傭人，公然立契，可知律條不適用於上烽。

多數，隨着戰事的頻繁，如前所引索夫柱辭判語「差兵先取軍人」，衛士優先被點行，可想而知，這類衛士必然大大減損，但是即使在武周時期，防人還能實行番替，可知折衝府還保有一定的後備力量（這是竭蹶補充新兵以實軍府之故）。

開元以前，儘管西州四圍地區庭州的瀚海軍、伊州的伊吾軍、瓜州的墨離軍、沙州的豆盧軍先後建立，西州却没有置軍，折衝府仍然是西州的主要甚至唯一的軍事力量。開元元年（七一三）北突厥圍攻北庭，兵鋒及於西州，當時西州折衝府在一定程度上起了保衛當州的作用，但也明顯看到兵力虚弱，番替困難的情況。

正是有鑒於這次戰役，開元二年在西州設置了天山軍。自此以後，折衝府在軍事上日益處於無足輕重的地位。大致在開元或稍前出現徵自民間的土鎮兵和天山軍兵逐漸代替了防人衛士。缺額衛士也逐漸不再點補。原有的衛士，如天寶年代敦煌差科簿所載，依然在「上鎮」，即仍然充防人，但他們已是天山軍的組成部分，而人數也必然越來越少。折衝府也仍然存在，還不像唐書兵志所説，只有兵額及官吏，因爲直到天寶末年仍然残存一些衛士，〔一〕但毫無疑問，從西州折衝府建立以後，經歷

〔一〕不但天寶差科簿中有衛士，册府元龜卷一二四帝王部修武備稱：「天寶十四年（應作『載』）正月詔河南置白亭管軍（誤倒，當云『軍管』）武士、健兒五千人，馬一千匹。」按「河南」應作「河西」，白亭軍本白亭守捉，在涼州。（元和郡縣志卷四〇隴右道涼州云在「涼州西北三千里」，「三千」乃「三十」之訛。「武士」乃「衛士」改稱，據此知天寶十四載白亭守捉陞爲軍，武士是軍的組成部分。

一百多年，終於停止了活動。

（原載敦煌吐魯番文書初探二編，武漢大學出版社，一九九〇年二月）

跋吐魯番所出千字文

新疆博物館藏吐魯番所出千字文及雜有千字文之殘卷五件，分别録入吐魯番出土文書各册。兹介紹如下：

（一）阿斯塔那一五一號墓所出一件，裂爲三片。第一片殘存七行，第二片殘存五行，第三片七行，各片均前後闕，上下殘損。所書爲千字文中「鳴鳳在樹，白駒食場。化被草木，賴及萬方。蓋此身髮，四大五常」數句，文句重複，顯爲習書。本墓爲合葬墓，男屍先葬，有高昌重光元年（六二〇）氾法濟墓表及隨葬衣物疏。女屍後葬，本件自女屍紙冠上拆出，同出有唐貞觀十八年（六四四）殘文書，本件書寫年代大致先後不遠。〔一〕

（二）阿斯塔那三三二號墓所出一件，殘存十行，第五行與第六行間有闕文，前後闕，上下亦殘損，所書爲「日月盈仄」至「浮渭據涇」等句，中多殘闕，文句不重複。同出有唐龍朔三年（六六三）趙海玖墓誌，本件書寫年代應不晚於此年。〔二〕

〔一〕吐魯番出土文書第四册，文物出版社，一九八三年版，第二〇八——二一〇頁。

〔二〕吐魯番出土文書第六册，第二〇八——二〇九頁。

（三）阿斯塔那二二二號墓所出一件，殘存十二行，每行均下殘，所書寫「飽飫烹宰」至「徘徊瞻眺」等句，無重複字。本墓出土文書有紀年者，最早爲唐咸亨二年（六七一），最晚爲武周證聖元年（六九五），本件年代應與此相當。〔一〕

（四）阿斯塔那三六三號墓出有唐景龍四年（七一〇）卜天壽抄十二月新三臺詞，卷末附作者詩，又千字文一行，内容爲「天地玄黄」至「寒來暑往」五句。〔二〕

（五）阿斯塔那三一六號墓出有唐千字文殘卷，殘存三行，第一行殘存三個「張」字，第二行殘存五個「寒」字，第三行殘存四個「來」字。本墓出有載初元年（六八九）後武周文書，有明確紀年者最晚爲天寶十載（七五一），本件當不晚於天寶年間。〔三〕

日本龍谷大學所藏吐魯番文書有千字文殘片若干件，具載於大谷文書集成第二集，計有編號爲3278. 3308. 3313. 3550. 3576. 3578. 3581. 3590. 3591. 3602. 3604. 3605. 3719. 3910. 3930. 3981 等共十六件。其中3590號殘片存五行，第三行有「千字文勅」四字，第四行存「員外散」三字，第五行存「騎侍郎」三字。這些殘存文書無確切年代，應均屬唐人習字。

以上記吐魯番出土文書所載千字文殘卷五件及日本龍谷大學所藏文書中千字文殘片十六片；

〔一〕吐魯番出土文書第七册，第一六八——一六九頁。
〔二〕吐魯番出土文書第七册，第五五一頁。
〔三〕吐魯番出土文書第八册，第四八三頁。

這些千字文殘片大致均爲唐代學童習書，所以往往一字重複書寫。阿斯塔那三六三號墓所出唐景龍四年卜天壽抄十二月新三臺詞末有千字文一行，見上録文，更明言「高昌縣寧昌鄉厚風里義學生卜天壽」所書。千字文殘片之多見，可證唐代自貞觀以至天寶或更後時期，千字文爲西州學童普遍習誦及習字之範本。

千字文是梁代的作品。梁書卷四九文學周興嗣傳稱，梁武帝賞識周興嗣所撰光宅寺碑，「自是銅表銘、柵塘碣、北伐檄、次韻王羲之書千字，並使興嗣爲文」。〔一〕這是周興嗣以王羲之寫的字次韻成文的千字文。同書卷三五蕭子恪附弟子範傳稱子範爲大司馬、南平王蕭偉的户曹屬，「使製千字文，其辭甚美，王命記室蔡薳注釋之」。〔二〕這是蕭子範撰文、蔡薳作注的别一千字文，是否仍以王羲之字集成，或别有人書寫不詳。法書要録卷一載蕭子雲上武帝論書啓，首云：「臣子雲奉勅使臣寫千字文，今已上呈。」〔三〕這種蕭子雲所寫的千字文可能仍用周興嗣文但却是自己書寫。按興嗣卒於普通二年（五二一），蕭偉爲大司馬在中大通四年（五三二），次年即卒，其時興嗣先已去世。蕭子雲書法爲梁武帝所賞，事亦在後。應該説周興嗣次韻王羲之字的千字文是最早的本子。隋書卷三二經籍志一著録千字文三種，一爲「梁秘書郎周興嗣撰」，一爲「梁國子祭酒蕭子雲注」，一爲「胡肅

〔一〕中華書局標點本，第六九八頁。
〔二〕中華書局標點本，第五一〇頁。
〔三〕叢書集成初編本，第一六二六册，第一三頁。

注」。〔一〕經籍志載蕭子雲注本，想必子雲既奉勅書寫，又自注之。隋書不記蕭子範撰、蔡薳注本，但舊唐書卷四六經籍志、新唐書卷五七藝文志一蕭子範本均與周興嗣本並列。經籍志與藝文志祇記書名及撰人名，當然不記書寫人名。如果作爲習字範本，唐代流傳摹拓臨寫的應是周興嗣次韻王羲之的千字文。唐人李綽尚書故實說：

> 千字文，梁周興嗣編次，而有王右軍書者，人皆不曉。其始乃梁武教諸王書，令殷鐵石於大王書中，拓一千字不重者，每字片紙，雜碎無序。武帝召興嗣，謂曰：「卿有才思，爲我韻之。」興嗣一夕編綴進上，鬢髮皆白，而賞賜甚厚。右軍孫智永禪師自臨八百本，散與人間，江南諸寺各留一本。〔二〕

案本書記載「尚書張公」所述的「故實」，「尚書張公」不知其人，據書中稱此「張公」爲開元宰相張嘉貞的四世孫，應爲中晚唐人。〔三〕據此可知傳世逾二百，流行的周興嗣千字文雖然輾轉摹拓臨寫，仍然題署王羲之書。西州學童習書的千字文範本也就是這種題署王羲之書的周興嗣次韻本。〔四〕上引書稱梁武帝所以要「於大王（羲之）書中拓一千字不重複者」，命周興嗣次韻成文，目的是以

〔一〕中華書局標點本，第四册，第九四二頁。
〔二〕叢書集成初編本，第二七三九册，第一三頁。
〔三〕叢書集成初編本，第二七三九册，第一頁。
〔四〕見大谷文書集成第二集三五九〇號千字文標題斷片。

此作爲「諸王」的習字範本。這種綴合著稱書家字迹作爲模寫範本的辦法當時本自通行。魏書卷三五崔浩傳稱浩傳其父玄伯及先世書法,「世寶其迹,多裁割綴連以爲模楷」。〔一〕時間更在次韻千字文之先。梁武帝當然不會將大王真迹裁割,應是逐字摹拓。

上引書又稱:「右軍孫(應云裔孫)智永禪師自臨八百本,散與人間,江南諸寺各留一本。」案法書要録卷八引張懷瓘書斷,稱智永隸書(指真書)入能品,章書、草書入妙品。小傳云:「陳永興寺僧智永,會稽人,師遠祖逸少,歷記專精,攝齋升堂,真、草唯命。」〔二〕智永師羲之家法,大概以世傳千字文轉拓臨摹失真,所以他大量臨摹,廣爲傳播。顯然在陳代,僧俗普遍以千字文爲習書楷模。

千字文創自梁代,南朝末可能已代替了漢代以來作爲學童識字習書的課本和範本的急就章。其書何時傳入北方,我們不能確指。我想至遲在侯景亂後,江南士人分别北遷鄴都、長安時必已流傳北土。我們知道南朝書體在此時或稍前在關中流行。周書卷四七藝術趙文深(本作淵,避唐諱改)傳云:

南陽宛人也。父遐,以醫術進,仕魏爲尚藥典御。文深少學楷隸,年十一,獻書於魏帝。立義歸朝,除大丞相府法曹參軍。文深雅有鍾、王之則,筆勢可觀。當時碑牓,唯文深及冀儁而

〔一〕中華書局標點本,第三册,第八二七頁。
〔二〕叢書集成初編本,第一六二七册,第一三三頁。

已。……及平江陵後，王褒入關，貴游等翕然並學褒書。文深之書，遂被遐棄。文深慚恨，形於言色。後知好尚難反，亦攻習褒書，然竟無所成。轉被譏議，謂之學步邯鄲焉。至於碑牓，餘人猶莫之逮。王褒亦每推先之。宫殿樓閣，皆其迹也。〔一〕

文深爲南陽宛人。北魏孝文帝攻克宛城，事在太和二十一年（四九七）。其地本屬南朝，所以也流行鍾、王書法。傳稱「文深少學楷隸」，「雅有鍾、王之則」，正是南朝風尚。我們知道，北魏前期最著名的書家有崔玄伯、崔浩父子，崔氏之書世傳鍾繇之法，東晉王羲之、王獻之父子繼承和發展了漢魏間興起的以行押書爲標誌的新書體，並未在北方流行。〔二〕文深雅有「鍾、王之則」，疑與鄉土風習有關係。但南陽地處南北邊陲，太和末葉已歸魏，文深雖也學習鍾、王，必定與宋、齊以來流行於江左的書法有頗大距離。這一點，我們從傳世的文深所書華嶽頌乃是隸體，未見所謂鍾、王法則可知。所以王褒帶有江左書法新風入關，文深書在企羡南朝文藝的風氣下不免相形見絀。盡管如此，我們仍不妨説趙文深是先於王褒把王羲之書法傳入關中的人。至於王褒的書法又怎樣呢？周書卷四一王褒傳：

琅邪臨沂人也。……梁國子祭酒蕭子雲，褒之姑夫也，特善草隸。褒少以姻戚，去來其家，

〔一〕中華書局標點本，第三册，第八四九頁。

〔二〕關於漢魏間新書體的興起，詳見拙撰讀抱朴子推論南北學風的異同一文，載魏晉南北朝史論叢，三聯書店，一九五五年七月第一版，第三五二——三五六頁。

遂相模範。俄而名亞子雲，並見重於世。〔一〕

王褒書法以蕭子雲爲模範，蕭子雲是南朝後期最著名的書法大師。梁書卷三五蕭子恪附弟子雲傳：

子雲善草隸書，爲世楷法，自云善效鍾元常、王逸少而微變字體。答勑云：「臣昔不能拔賞，隨世所貴，規摹子敬，多歷年所。……十許年來，始見勑旨論書一卷，商略筆勢，洞澈字體；又以逸少之不及元常，猶子敬之不及逸少。自此研思，方悟隸式，始變子敬，全範元常。逮爾以來，自覺功進。」其書迹雅爲高祖所重，嘗論子雲書曰：「筆力勁駿，心手相應，巧踰杜度，美過崔寔，當與元常並驅爭先。」其見賞如此。〔二〕

子雲所稱見梁武勑旨論書，載於法書要録卷二，題爲梁武帝論鍾書十二意，大旨尊鍾抑王，特别是貶獻之(子敬)。他說：「元常謂之古肥，子敬謂之今瘦。」又說：「逸少學鍾繇，勢巧形密，及其獨運，意疏字緩。」又云：「子敬之不逮逸少，猶逸少之不逮元常。」〔三〕梁武以帝皇之尊發爲此論，臣下自然隨聲附和，蕭子雲捨子敬而學元常，就獲得梁武的贊許。法書要録卷二載陶隱居與梁武論書啓有云：

伏覽書，前意雖只二六(指論鍾書十二意)，而規榘必周，後字不出二百，亦褒貶大備。……

〔一〕中華書局標點本，第三册，第七二九頁。
〔二〕中華書局標點本，第二册，第五一五頁。
〔三〕叢書集成初編本，第一六二六册，第一九頁。

使元常老骨，更蒙榮造，子敬懦肌，下沈泉夜，逸少得進退其間，則玉科顯然可觀。……斯理既明，諸畫虎之徒（按論鍾書十二意中有「學子敬如畫虎」句），當日就綴筆，反古歸真，方弘盛世。……比世皆高尚子敬，元常繼以齊名，貴斯式略，海内非惟不知有元常，於逸少亦然。……今奉此論，自舞自蹈，未足逞泄。〔一〕

陶弘景頌梁武帝論書，「褒貶大備」，尊元常而貶子敬，所云「諸畫虎之徒，當日就綴筆，反古歸真」，蕭子雲正是如此。蕭、陶都仰承梁武聖旨，但梁武貶羲之「意疏字緩」，二人並未附和，只表示：「逸少不及元常。」蕭子雲上啓說他自見到梁武論書後，恍然大悟，捨子敬而學元常，但是他論述自己書體是兼學鍾、王，微變字體而已，表明他並非專學鍾書。實際上蕭子雲和同時書家主要還是學王羲之。顏氏家訓卷七雜藝：

梁氏秘閣散逸以來，吾見二王真草多矣。家中嘗得十卷，方知陶隱居（弘景）、阮交州（阮研）、蕭祭酒（子雲）諸書，莫不得羲之之體，故是書之淵源。蕭晚節所變，乃是右軍年少時法也。〔二〕

顏之推自云「幼承門業，加性愛重，所見法書亦多，而翫習功夫頗至」，〔三〕他說子雲「晚節所變，乃是右軍年少時法」，當亦不假。法書要録卷八張懷瓘書斷中蕭子雲條云：「其真草少師子敬，晚學元

〔一〕叢書集成初編本，第一六二六册，第二三頁。
〔二〕王利器集解本，上海古籍出版社，一九八〇年七月第一版，第五一一頁。
〔三〕王利器集解本，上海古籍出版社，一九八〇年七月第一版，第五〇七頁。

常，及其暮年，筋骨亦備，名蓋當世，舉朝效之，其肥鈍無力者，悉非也。」〔一〕梁武既稱鍾元常書古而肥，王子敬書今而瘦，蕭子雲曾捨子敬而學元常書，肥瘦之間當然有所取捨。書斷稱王褒隸書（指真書）入能品，下篇王褒條説他「名亞子雲，躡而踪之，相去何遠，雖風神不峻，亦士君子之流也」。〔二〕雖未必屬於肥鈍無力之輩，大致相類，所以説「風神不峻」。

如上所述，梁代流行的蕭子雲一派書法，通過王褒而傳入關中，這種書法似學鍾繇之「肥古」，如顔之推所論，淵源仍是王羲之。我們知道蕭子雲曾奉梁武勅寫千字文，蕭書千字文是否也通過王褒而與王羲之書集成的千字文並傳於關中呢？

南朝自宋齊以至梁初，學書者都宗尚子敬，如陶弘景所説，時人不但不知有鍾繇，甚至王羲之也被冷落。梁武帝試圖改革這種風氣，標榜鍾繇，貶抑獻之，對羲之也有貶辭。但實際上當時著名書家仍然學習王羲之書。南齊書卷三四劉休傳：

元嘉世，羊欣受子敬正隸（指真書）法，世共宗之，右軍之體微古，〔三〕不復見貴。休始好此法，至今此體大行。〔四〕

〔一〕叢書集成初編本，第一六二七册，第一三二頁。
〔二〕叢書集成初編本，第一六二七册，第一四〇頁。
〔三〕南史卷四七劉休傳「微古」作「微輕」。中華書局標點本，第四册，第一一八〇頁。
〔四〕中華書局標點本，第二册，第六一三頁。

宗尚子敬起自元嘉，所云「休始好此法」，乃指王羲之法。但自宋至梁初，宗尚子敬之風並未改變，所云「至今此體大行」，「今」乃指梁代。南齊書作者蕭子顯爲蕭子雲兄，顯然他認爲梁代流行的是王羲之書體。北周流行的是兼學鍾、王的蕭子雲一派書法。唐初，由於太宗推重王羲之，其書法也就定於一尊。晉書卷八〇王羲之傳論爲唐太宗所撰，有云：

鍾雖擅美一時，亦爲迥絕，論其盡善，或有所疑。至於布纖濃，分疏密，霞舒雲卷，無所間然。但其體則古而不今，字則長而逾制，語其大量，以此爲瑕。獻之雖有父風，殊非新巧。觀其字勢疏瘦，如隆冬之枯樹；覽其筆踪拘束，若嚴家之餓隸。其枯樹也，雖槎枿而無屈伸；其餓隸也，則羈羸而不放縱。兼斯二者，故翰墨之病歟！子雲近出，擅名江表，然僅得成書，無丈夫之氣，行行若縈春蚓，字字如綰秋蛇；卧王濛於紙中，坐徐偃於筆下；雖禿千兔之翰，聚無一毫之筋，窮萬穀之皮，斂無半分之骨；以茲播美，非其濫名邪！此數子者，皆譽過其實。所以詳察古今，研精篆素，盡善盡美，其惟王逸少乎！……心慕手追，此人而已。〔一〕

唐太宗和梁武帝都貶抑獻之，但立論頗異。梁武重鍾繇「肥古」，貶獻之「今瘦」，太宗雖也譏議獻之的枯瘦，但以鍾繇書「古而不今」爲瑕疵，並不是古非今；梁武贊美蕭子雲書可和鍾繇書「並驅爭先」，太宗却嘲笑他「無丈夫氣」，這正如張懷瓘書斷所說「肥鈍無力」。太宗既然獨尊王羲之，如果當

〔一〕中華書局標點本，第七册，第二一〇七——二一〇八頁。

時集羲之書千字文與蕭子雲書千字文並行，太宗倡導的當然是集王本。唐初所傳集王本千字文自然早已失傳，傳世者均爲轉拓臨摹之本。前引尚書故實説陳僧智永臨寫集王書千字文八百本之多，必然影響廣泛。舊唐書卷七二虞世南傳云：「同郡沙門智永善王羲之書，世南師焉，妙得其體。」〔一〕世南爲唐初著名文士與書家，深得太宗贊賞，官爵頗顯。其學智永所傳王羲之書，智永所臨千字文當然會受到重視，疑唐初流行之周興嗣次韻王羲之書千字文，實爲智永臨摹本。值得一提的是，唐太宗爲玄奘大師作聖教序，也屬綴合王羲之之字集成，此當意在倣法梁武綴合王羲之書爲千字文，使學書者有所師法。

那種傳自梁代的集羲之書千字文盡管輾轉臨寫，不論是出於如智永之類的書家或其他無名之輩，終究淵源於羲之書體，梁、陳間流行於江左，隨即傳播於關中，可能早已成爲學童識字習書的範本。唐初由於太宗酷愛王羲之書法，因而羲之體千字文遂遍及全國，乃至偏遠的西州，學館中學童也普遍學習。

西州傳習源自江左的王羲之書體不僅限於千字文。阿斯塔那六七號墓所出唐人習書殘存二行：〔二〕

〔一〕中華書局標點本，第八册，第二五六五頁。
〔二〕見吐魯番出土文書第七册，第三一一頁。

1　　牒件

2　□義之頓首死罪

當然這是戲書，然而「義之頓首死罪」顯出自傳摹的義之法書。本墓所出他件有武周新字，此件亦當爲唐前期人所書。據此可知學習義之書爲一時風尚，有同中原。

貞觀十四年（六四〇）平高昌，建立西州後，由於源自梁代的集王羲之千字文普遍用作學童們的識字課本和習字範本，西州書體發生了巨大的變化。與高昌時期相比較，不但官府文書非常顯著，就是民間文書也呈現出這種傾向。這種變化固然與唐太宗的愛好有關，但主要是反映了北朝後期，南朝文化包括學術思想、文藝對北方日益廣泛和深刻的影響，這是歷史的潮流。

（原載唐研究第一卷，北京大學出版社，一九九五年十二月）

周文武陵考

一　歷代祀陵方位

祭文武始見於魏書。孝文帝太和二十一年五月遣使者以太牢祭周文王於酆、武王於鎬。通志、通典、文獻通考皆不載。

隋書：祀周文王武王於灃渭之郊，周公召公配。通典、通志、文獻通考同。

舊唐書禮志：周文王太公配，祭於酆。周武王，周公召公配，祭於鎬。文獻通考曰：唐高宗顯慶二年……祭周文王於灃，以太公配。周武王於鎬。以周公召公配。（自唐之衰中更五代喪亂，祀典不舉以迄於宋。）

宋史：太祖建隆二年，詔先代帝王陵寢，宜令所屬州府，遣近户守視其冢墓。有墮毁者，亦加修葺。文獻通考同。

又四年詔曰：歷代帝王……或陵寢雖存，樵蘇靡禁……。周文王武王並葬京兆咸陽縣……各給守陵五户，蠲其他役，長吏春秋奉祀。

又開寶三年……京兆府……言：周文王武王陵……並經唐末兵亂開發。詔……長吏致祭。（文

獻通考）

又乾德四年，詔崇歷代帝王陵曰：……周文王武王。下注云：並葬咸陽京兆。又徽宗政和三年，禮儀局上五禮新儀，自周文王至漢宣帝，並祭于永興軍。（文獻通考）續通志曰：金祭文王武王於京兆府。續通考曰：金章宗泰和四年二月，始祭三皇五帝四王。下云：（祭）文王武王於京兆府。

續通志曰：明太祖洪武三年，遣使訪先代陵寢……遣官修祀。續文獻通考曰：洪武三年十二月，遣使祭歷代帝王陵寢，並加修葺。下云：咸陽祀周文王武王成王康王宣王。九年八月，遣官省歷代帝王陵寢……，有司以時葺祭。

皇清文獻通考曰：順治八年祭文武成康陵於咸寧。續皇清文獻通考曰：宣統三年祭文武成康陵於咸寧。

大清會典曰：文王、武王、成王、康王祭於陝西咸陽縣。

畢沅關中勝蹟圖志曰：文武成康陵俱陝西西安府祭。（據會典）

長孺案：歷代祭陵方位，差具於此矣。然歷代有祭於廟，有祭於陵，但舉其祭於陵者，或不書陵亦不書廟者，併舉之。然首當知者，陵廟異地，歷代之祭，或陵或廟，必不可混。故爲考之如下。

大抵自宋以前，但言祭而不言陵廟者，皆祭於廟也。隋制祀先代帝王……文王武王於灃渭之郊，周公召公配……。配者享於廟廷。舊唐書玄宗紀：「天寶七載五月……其歷代帝王肇跡之處，未有祠宇者，所在各置一廟。」文獻通考同，惟歷舉諸帝王都地。又周文王都酆。下云：「今咸陽縣先有廟，周武王都鎬，請入文王廟同享。」審此則隋時所謂所配者享於廟廷，唐之所謂所在置廟者，非足證自宋以前皆祭於廟乎？又唐玄宗時勅置廟之詔，他帝王皆不言有廟，獨文王云先有廟，又並武王入之。則猶可想象文王之廟不始於唐。考魏孝文帝之祭文王，亦在酆，而自唐制觀之，則固以酆在咸陽縣也。若是，則魏之祭文王，亦於其廟可知。夫文武陵無論其在何處，必在同一地域無疑。今魏祭文王於酆，而武王於鎬，顯爲兩地，則祭廟而不祭陵，蓋無可疑。又文獻通考曰：唐憲宗元和十四年，勅周文王武王祠宇在咸陽縣，宜令有司精加修飾，足知廟在當日。固甚重也。然則自宋以前，史册所書祭文武陵者，蓋皆祭於咸陽縣之廟也（當時以酆在咸陽）。又不獨自宋以前也。即在宋初，亦循故典。宋太祖建隆二年之詔，但命修葺陵寢，未言祭祀（其實並未修葺，觀開寶三年詔可知）。乾德元年詔曰：「歷代帝皇國有常享……。周文王廟在酆，今京兆府咸陽縣。周武王廟在鎬，今京兆府咸陽縣。……宜令有司準令每三年一享……。造祭器送之陵側，嚴禁樵採……。」據此，可知此時雖推惠及陵，而祭仍在廟也。殆及乾德四年，始祭於陵，然廟祭仍不廢也。觀其祀典曰：長吏春秋祭祀。固與三年一享之廟祭截然爲兩事也。

綜上所論，請得斷之曰：自宋太祖乾德四年之前，祭文王武王皆在咸陽縣之廟。乾德四年之後，始陵廟並祭。然則據祭祀以考陵之方位，必先認明陵爲陵，廟爲廟，先有廟，後有陵。乾德四年之後，陵廟並祭，因廟推陵，於是文武陵不可不在咸陽矣。太祖開寶六年，命修周武王廟，有碑載金石萃編中。石墨鐫華曰：「宋修周武王廟碑。蓋與唐太宗同時修葺者，廟近王陵。」咸陽金石遺文曰：「碑……宋立於本廟。在縣（咸陽）北一里。」所謂廟近王陵云者，足徵當時因廟而遂想象武王陵也。

自此之後，陵廟幾於合一，不復知一在咸陽，一在咸寧，分處渭濱，固截然不可混也。明會典曰：「文王武王陝西西安府祭。」與明制同。而清文獻通考及清續通考皆明言祭陵在咸寧，與會典異。推究其故，疑莫能明，若兩書之説爲可信，則清雖承明之舊，或者因日知録諸書之深闢咸陽説之謬，故廟仍咸陽，而祭陵則於咸寧歟？要之據會典及大清一統志諸書，固無不以祀典爲在咸陽縣也。

總之，自宋乾德四年之後，陵廟並祭，而陵始北遷，以迄清末，似不復知有陵廟之分。祀典但曰祭於其所，而所祭者則往往爲陵，正與宋以前祭廟而不祭陵相反。所以然者，其始但知廟，不知陵（咸寧固無跡可尋也），中間訪廟不得，以爲廟必近陵，而適在其地有二陵，亦曰文王陵、武王陵，於是陵廟並祭。最後，廟漸傾圮，而陵固儼然，於是但知陵，不知廟（從前之廟）。此其勢然也。

二　畢畢程（畢裎畢郢）畢陌畢原釋

史記周本紀贊曰：「周公葬於畢，在鎬東南杜中。」史記魯世家曰：「周公在豐，病，將没，曰：必葬我成周，以明我不敢離王。既卒，成王葬周公於畢，以明不敢臣周公也。」又周本紀曰：「武王上祭於畢。」馬融曰：「畢，文王墓地名。」漢書臣瓚注引汲郡古文曰：「畢西於豐三十里。」尚書亳姑序：「周公薨，成王葬於畢。」毛詩箋曰：「畢終南山之道名。」日知録引晉書地道記曰：「畢在杜南，與畢陌別。」帝王世紀曰：「文武葬於畢，在杜南。」自漢以前，單稱曰畢，有時與程並稱。孟子曰。「文王卒於畢郢。」趙岐注：「岐周畢郢，地名也，岐山下，周之舊邑。」周書史記解：「畢程氏以亡。」程即郢也。周書：「王季宅程。」又曰：「文王在程，作程寤程典。」召南譜正義云：「程亦在岐南，是周地之小別。」皇甫謐云：「文王徙宅於程豐，在京兆鄠縣東，灃水之西。」吕氏春秋俱備篇曰：「武王常窮於畢裎矣。」高誘注：「畢裎，畢豐。」詩皇矣篇云：「度其鮮原。居岐之陽。在渭之將。」正義以爲即程邑。蓋郢程裎止一地耳。

元和郡縣志曰：「畢原，咸陽所理……。畢者，程地之大名，程者，畢地之小號。」由是言之，今之畢，古之程也。方輿紀要西安府安陵城條下云：「（程）在縣東二十一里。」則程蓋在咸陽矣。若元和志之言不謬，則孟子、吕氏春秋所謂畢程（郢裎）者，意皆謂畢之程也。若然，則畢在咸陽，與太史公汲郡古文諸書所謂在杜南異矣。然則欲解釋其理由，唯有使其爲兩地耳，所以孫淵如問字堂集、焦理堂孟子正義，皆云然也。

渭北之畢，王季之所都也。周書曰：「王季宅程。」而通典曰：「王季都之，畢公封焉。」然則曷爲而別出畢地於近在咫尺之咸寧乎？請釋其由。蓋古者以邑爲國，都名即國名，遷於新都，則新都仍襲故都之號。都名既異，則國號亦隨之而遷。如湯有三亳，晉有兩絳，盤庚遷殷，商號隨改，魏遷大梁，間稱大梁。則渭北之畢程既爲周故都，文王遷於渭南之後，當仍襲其號焉。故皇甫謐曰：「文王徙宅於程豐。」高誘曰：「畢程，畢豐。」則豐在當日，疑亦有程號，故所謂文王卒於畢郢，武王窮於畢程，文王在程作程寤程典，其地皆豐也，亦即新程也。否則文王既都於豐，奚爲而死於舊都？武王又奚爲而亦窮於畢程？此事之不可解者矣。

今姑假定畢有兩。一在渭南，一在渭北。渭南之畢，即因襲渭北而有此號。文王所都之豐，疑亦呼作程。文王没於渭南，不没於渭北，若是則豐鎬與杜接壤。漢書宣帝紀曰：「（曾孫）尤樂杜鄠之間。」（三輔黄圖同）是豐邑自古與杜並稱也。所謂畢在杜南、終南之道名之説宜有可證之理。

至於畢原之名，始於括地志、元和郡縣志，蓋起於唐，大抵亦以稱渭北，觀其别名咸陽原。又水經注引三秦記曰：「長安城北有平原云云。」則以原加畢下者，示其爲平原耳，非古稱也。而渭南之畢，亦因渭北之稱，而遂並稱原焉。

畢陌，則獨在渭北者有是稱。秦本紀集解引皇覽云：「秦武王冢，在扶風安陵縣西北，畢陌中。」晉書地道記曰：「畢在杜南，與畢陌異。」顔師古劉向傳注曰：「畢陌在長安西北四十里。」元和郡縣志曰：「畢原即咸陽縣所理也……亦謂之畢陌。」是知魏晉之時，渭北之畢曰畢陌，而渭南之畢，則單稱曰畢。（陌與原義似。則唐時渭北先有原號可互證。）

綜上諸説其結論如下：

（一）王季都畢程，今之渭北。（二）文王遷都渭南，因襲故都之號，亦稱畢程。（三）孟子所謂文王没於畢郢，吕氏春秋所謂武王窮於畢裎，是一地，皆在渭南。（四）魏晉時，渭南之畢，單稱曰畢，渭北之畢，則曰畢陌。（五）唐時渭北之畢，稱畢原，後渭南之畢，混稱畢原。（六）渭南之畢，在咸寧與鄠縣之間，渭北之畢在咸陽。

以上所論，固多疵謬，然求畢名別出之義，似未經人道。文王没於豐邑之説，更無論矣。竊亦以爲孤證難信，而捨此又無以解也。

三　文武陵在渭南咸寧縣證

自畢分南北，而文武陵亦疑莫能定。顔師古劉向傳注始言畢陌在長安西北四十里，於是畢復與畢陌混。後之説者，多據此爲言，不知既在渭南，不得復云陌也。晉書地道記辯之甚明。後漢書郡國志：「安陵縣西北有畢陌。」亦足證唯渭北有陌稱，而後人誤於師古之言，遂不得不以文武陵遷於渭北之畢矣。故通志三王紀文王葬畢下注云：「今長安縣西畢陌是也。」全襲師古之説。宋樂史太平寰宇記曰：「武王陵在咸陽縣北一十五里。」長安志同，然唐李吉甫元和郡縣志別出周公墓。一在萬年縣（咸寧）西南二十八里，一在咸陽縣北十三里，則其誤已始於唐矣。自宋迄清，祀典咸列咸陽，於是人遂不復知咸寧之説。自顧亭林日知録深闢其謬，訖後，孫淵如問字堂集、焦理堂孟子正義、陶保廉辛卯侍行記等，遂皆從皇覽，而斥顔注。今條列諸證如下：

史記周本紀贊，太史公曰：「周公葬於畢。在鎬東南杜中。」注引括地志曰：「文王墓在雍州

萬年縣西南二十八里。」（周公冢與陵同地）

魏文帝皇覽曰：「文王武王周公冢皆在京兆長安鎬東杜中。」

尚書亳姑序：「周公薨，成王葬於畢。」傳曰：「不敢臣周公，故使近文武之墓。」正義曰：「案帝王世紀曰：『文武葬於畢。畢在杜南。』」

以上皆日知録所舉諸説，並云在杜南。考杜之始名，起於杜伯。左傳襄公二十四年，「范宣子曰：『匄之祖，在周爲唐杜氏。』」杜預注：「唐、杜，二國名。周成王滅唐，遷之於杜，爲杜伯，今京兆杜縣。」漢書宣帝紀：「元康元年春，以杜東原上爲初陵。更名杜縣爲杜陵。」地理志：「京兆尹杜陵，故杜伯國，宣帝更名。」括地志：「杜陵故城在萬年縣東南十五里。」別有下杜城。酈道元水經注曰：「狗枷川水，「北經杜陵東……陵之西北有杜縣故城」。「沈水又西北經下杜城，即杜伯國也。」又長安城覆盎門「南有下杜城。」括地志：「下杜城，在長安縣東南九里。」長安志曰：「下杜城在長安縣南十五里。」綜上諸説，當在故杜縣廢址之西。長安志以爲下杜本杜縣，宣帝改。下杜即杜伯國。漢書宣帝紀：「曾孫尤樂杜鄠之間，率常在下杜。」師古曰：「即今之杜城。」清一統志據漢書，以爲杜陵即杜縣，亦即杜伯國，斥長安志從寰宇記不可據。今無論其杜伯國之究爲杜縣與下杜，要之均在渭南。但下杜，據清一統志在長安。而文武陵在萬年（咸寧）。雖當時萬年長安之界未及細考，以理度之，似以所謂鎬東杜中者置於杜陵爲當。若是，則文武陵之在咸寧，宜無可疑矣。

然而誤始於宋。宋人未嘗不知。即明清以來，咸陽久列祀典，而清人亦未嘗不知也。考通志卷一文王葬畢下注曰：「今長安縣畢陌是也。」而武王葬畢，注引皇覽，可見其兩可之態度。至若文獻通考卷一百二十三大書周文王葬京兆咸陽縣（武王同），而下注引括地志文王墓在雍州萬年縣西南二十八里畢原上。（武王條下注引皇覽）其自相矛盾要亦由於猶豫不決之故。以後若續通考既列文武陵於咸陽，下復引日知録之說，若歷代陵寢備考、辛卯侍行記、清一統志、西安府志、關中勝蹟圖志等書，莫不正文書於咸陽，而旁稽諸書注於下，蓋當時祀典既列咸陽，故雖知其誤，亦不敢明斥之也。

文武陵之在咸寧既無可疑，則在咸陽之陵祇能歸之於秦惠文王、悼武王。史記秦本紀集解引皇覽曰：「秦武王冢，在扶風安陵縣西北畢陌中大冢。人以爲周文王冢，非也。」始皇本紀正義引括地志：「秦惠文王陵在咸陽西北十四里。秦悼武王陵，在咸陽西十里，俗名周武王陵，非也。」後漢書郡國志曰：「安陵縣西北畢陌，秦武王冢。」日知録諸書言之詳矣，蓋咸陽之陵，俗傳已久。大抵秦人稱其王，自不必加國號於上。猶之清人曰太祖，知必爲清太祖，明人曰太祖，必爲明太祖也。於是以地名之同，謚號之同，遂以秦冢爲周陵矣。

四　結論

就以上之說。將其結論分列於下：

（一）自宋以前，但祭廟，不祭陵，而廟在咸陽。（當時以酆在咸陽故史册所書祭文武云者。皆在咸陽縣之文王廟。）

（二）宋太祖乾德四年之後，陵廟並祭，始祭文武陵於咸陽。迄後，陵廟遂混而爲一。

（三）據唐憲宗元和十四年勅，及宋太祖建隆二年之詔，知文武廟在咸陽縣。且當時以咸陽當周之澧鎬。

（四）畢程畢裎畢郢同地。初王季都之，畢者，其地當即後之咸陽畢原。

（五）文王徙都渭南，因襲故都之號，亦稱畢程（畢裎畢郢。）畢者，當即後之咸寧畢原。亦即太史公之所謂東杜。

（六）魏晉時，渭南之畢，單稱曰畢，渭北之畢，則稱畢陌。

（七）唐時，渭北之畢，稱畢原，後與渭南之畢，混稱畢原。

（八）據日知録所引諸書，文武陵當在咸寧。

（九）自宋以下，諸書言文武陵者，皆知祀典之誤，但不敢明斥其非。

（十）今咸陽之文武陵，據皇覽、後漢書，實爲秦惠文王悼武王陵。

此文倉卒撰成，未及博考，且引書皆未注明卷頁，稿成之後，覆按爲難，其謬誤自所難免。文中排比舊説者十之六，若日知録歷代陵寢備考辛卯侍行記諸書之説。爲便利計未注明出處，非敢掠美也。其畢程畢郢畢裎釋，則多採自汪容甫先生述學，但先生僅言三名之爲一地，未論其方位。豐有程號，則長孺之私見也。

（原載國學論衡第八期，一九三六年十一月）

巴而朮阿而的惕斤傳譯證

元史之巴而朮阿而的惕斤傳，襲自虞集高昌王世勳碑，幾於一字不易。而其言先世誕降事，或斥爲元史虛造。比讀西域史，所記若合符節，知事雖荒誕，而其來有自，以之斥元史固不可，即以之斥高昌王世勳碑，虞集亦不任咎也。集之言曰：「考之高昌王世家」，則必有所受可知。蓋皆出於當時流傳於回紇之神話，故中西所記，不謀而合如此。今譯志費尼之言如左，志費尼自言爲出於畏兀兒史籍者。

畏兀兒相傳其先居於鄂爾根（鄂爾渾）河兩岸，河源出於喀拉庫倫山，（元史曰和林山）窩闊台汗建城於此，即以爲名。有河三十，源出於此，而三十族分居其兩岸。居於鄂爾根流域者，分爲兩族，百姓既衆，遂舉王以治。五百年而有拔哥汗（Buku khan），其民皆謂可比於古伊弗拉雪哀孛王焉（Effrasiab）。喀拉庫倫諸山之間，有古畢勒之窟，城堞宮室之殘址，可於河畔見之。其城古謂之鄂耳朵八里克，今但知爲麻八里也（Moa balik）。宫殿之前，有石勒文，爲予所親見者。當汗（窩闊台）時，其石被移，下現地穴，覆以大石，上刊文字，汗詔諸國人往觀之，皆莫能識。乃輦致中國，使人名開姆（Kams）者讀之，知爲其族文字，其文略謂：居於秃兀拉（Tugla）、色倫加（Selengar）兩河匯合之地，曰喀姆冷卓（Kamlamdjo）。河之源皆出於喀拉庫倫山，有兩樹交併，其一爲Fistwk，形似松，常緑，有果作圓椎狀，又其一爲野松，兩樹之間，墳起如癭。有神光降樹，四周常有怪異，而癭日長大。於是若婦人孕期，其癭自裂，中有五小癭如帳幕然，帳各一嬰，於是居民皆禮重之甚至。其最幼者曰拔哥惕斤(Buku Tekin)，尤聰慧，後遂以爲汗，而當其世，其族頗盛焉。更有天降三鴉，曉諸國語，常爲之助，諸地消息如所需者，皆攜告之。拔哥汗嘗夢神靈如童女者，導之至克惕推格(Kut tag)山，相與論議，歷七年六月又二十二日，至期，童女辭去，而示拔哥汗，謂將統有天下。乃集大軍，使其兄弟往征蒙古、吉兒吉斯、唐兀惕、契丹，所俘獲甚多，乃築鄂爾朵八里(Ordo balik)焉。又嘗夢一白衣人持玉如松者貽之，曰：「此玉在爾，當與爾歷祚等壽，四分天下，爾有其一焉。」其相所夢亦同。拔哥汗遂引軍西征，至土耳其斯坦，建其居所於肥美富水草之牧地，築城曰皮拉撒斯根(Belasasgun)，今之哥八里也(Gubalik)。十二年間，拔哥汗征服天下，至於窮鄉，其民皆似獸人，告之曰：「更遠將無人矣。」其降王皆遣面拔哥汗，拔哥汗甚善待之，獨拒見印度王，爲其醜也。貢納之後，皆許歸國。大業既成，遂去皮拉撒斯根而返其故鄉。

志費尼言先世誕降事，與巴而朮阿而的惕斤傳合。拔哥汗者，回紇骨咄禄毗伽闕可汗骨力裴羅也。唐書言其牙在烏德鞬山、昆河之間。昆河即鄂爾渾河，而遼史太祖紀：「北征至古回鶻城(天祚紀曰卜古罕城)，鑿金河水，取烏山石，輦致潢河木葉山。」烏山者，烏德鞬山也。金河者，昆河也。卜古罕之名與西史合，則其爲骨力裴羅無疑。遼史又言「太祖詔礲闢遏可汗故碑」，「闢曷」於「卜古」音近，則元時出土之碑，或即此也。維中史不記骨力斐羅西征事，殆攘突厥以爲已有者。回紇先時，服屬突厥，唐書言突厥東西征討，皆資其用。則突厥西征，回紇祖宗必與有力，其言亦非出於無因。且回紇每喜效突厥，吐迷度稱可汗，署官號皆如突厥故事。骨咄禄之號，亦襲其稱，稱述先德，遂忘掠美，有由來矣。

志費尼言回紇遷徙之故，則與元史異，其言曰：

拔哥汗死於安樂，其子繼位，其後察其國境，皆爲野獸，家畜亦野放似之，嬰孩皆口出「奎攴」、「奎攴」之聲。「奎攴」於畏兀兒語，義爲離去，其族以爲上天所命，遂移居他方，而此聲不絶。後至一地，始不復聞此聲，遂築城曰别失八里，而定居焉。分爲五部，故曰别失八里。拔哥汗子孫相繼治其地，而其王有伊迪庫惕之號（Idikut）。

元史言唐降金蓮公主與毁福山事，此皆不載。而其言遍國皆獸，亦不見於元史。唐史述回紇殘破西徙事，甚明，而此爲畏兀兒所自言，妄誕若此，中西所記雖異，其源出於其族之神話無疑。拉施特書亦言畏兀兒事，而平實無不經談，其言巴而扎克事，及其後裔，詳備過於元史。今譯之如左：

畏兀兒之地，有兩山脊焉。一曰拔克拉都拔士魯克（Bukratu Buzlak），一曰烏斯克拉克湯格林（Usk iuk rangrin），而居其間者曰喀拉庫倫山，後窩闊台汗所建城，即取以爲名。近兩山脈間，更有山曰喀忒推格（Kuttag），昔者畏兀兒實居其地。有兩地焉：其一有河流十爲灌溉，而其一則有九河。族之居於十河流域者，曰翁畏兀兒（On Uigur），居於九河流域者，曰吐哥斯畏兀兒（Togas Uigur）。其十河之名統稱曰翁鄂爾渾（On Arkun），而分之則曰伊雪葛兒（Ishikul，或曰伊雪列克 Ishlik）、鄂納兀兒（Omgher）、突蓋兒（Tukail）、烏斯蓋突兒（Uskaider，或曰阿思蓋突兒 Askaider）、蒲拉兒（Bular，貝勒生謂之土拉 Tula）、八達兒（Badar，或曰挑爾陶兒 Tardor）、阿台兒（今仍此名爲色倫格河上游之一支曰哀台兒 Eder）、烏支推平（Uchtabin）、喀姆冷卓（Kamlamdjo）、烏屈立干（Utlikand）。其首三河，有九族居之。其次四河，則有五族居之。喀姆冷卓横流越翁九族之地（Ing）而傍，烏屈立干之邊，則古蠻阿鐵族居之（Kamenati）。此外，更有一百二十族，則不復知其名云。畏兀先是無共主，族舉一酋爲治，後乃共舉兩主，一曰伊雪葛兒族之孟克培（Mum Ke Bai），尊號曰「伊兒也兒的立兒」（Il-Iltyrir）；一爲烏斯突蓋兒族，名曰克兒也兒根（Kul Irkem），兩主相聯爲治。其子孫治有畏兀兒者垂百年，而至於今之主者，曰伊迪庫惕（Idikut），義謂「有福之貴人也」。

拉施特言種族分居，中史皆未言，而其地名有可與互證者，喀拉庫倫山即和林山，志費尼亦言鄂爾渾河源出此山，拉施特言「十河」之名統稱曰「翁鄂爾渾」，「翁」者，突厥語謂「十」也。喀忒推格山，志費尼所記亦有此名，而其言「十河」之名，頗有與今地圖相合者，「阿台兒」之即「倭帖爾」。「鄂納兀」之即「鄂格河」。「蒲拉爾」之即「圖拉河」。其音皆合，餘雖無所考，要皆爲色楞格河、鄂爾渾河上游支流可知。唐書言骨力裴羅南居突厥故地，徙牙烏德鞬山、昆河之間，北盡磧口三百里，悉有九姓地，遂破有拔悉蜜、葛邏禄，總十一姓，此言十族九族，分居諸河，其數不同，而皆視爲回紇一族，則葛邏禄兩客部殆不計也。唐書又言其首出之君曰時健俟斤，或即拉施特之孟克培耶，然拉氏不言西徙，即舉巴而朮事，似回紇始終居此者要爲謬誤云。

拉氏又記巴而朮阿兒的惕斤事如左：

當成吉思汗時，巴而扎克（Bardjirk）爲畏兀兒伊迪庫惕，古兒汗既降服馬物冷乃哈（Marvaranahar）與土耳其斯坦，巴而扎克遂爲其臣屬，古兒汗使沙特金爲監（Shadken），暴斂其民。人皆疾之，巴而扎克聞成吉思汗興大業，遂令殺之。是時方在哈剌和卓也（Karakhodjo），乃謀速面成吉思汗，因使加太密加太（Katal Myth Kata）、鄂末爾烏哥爾（Omul ugul）、泰泰立（Tatari）奉書詣之，書曰：「天使降臨，如雲破月來，光彩輝耀，如層冰解凍，下現碧流，使臣屏棄愁苦，歸於喜樂。」成吉思汗先時致書伊迪庫惕，戒毋庇塔克塔之弟若子，於是遂溫顏接其使者，命伊迪庫惕來朝，並輸所畜珍物如臣子禮。成吉思汗擊古出魯克。巴而扎克以五百人從征，蒙榮譽而歸。後大軍征大扎克斯（波斯），伊迪庫惕以其軍隸窩闊台、察合台部下，著譽於獲鄂屈拉爾（Otrar）之役，歸爲成吉思汗侍從。復從征唐兀惕，成吉思汗念其大功，以女阿別兀降之，會汗死，婚事遂延不行。未幾，公主亦卒。窩闊台汗議更以阿拉扎別兀（Aladjibighi）公主妻之，而巴而扎克死，乃歸其子克石蠻（Kishmain），克石蠻嗣位，旋卒。乃馬真皇后命其弟色倫提（Salendi）嗣。蒙哥汗立，色倫提來朝，別失八里傳色倫提將盡戮其民之從天方教者，其僕首之蒙古監賽甫曷丁，遂命色倫提返，按驗無實，而其僕爲之證。汗乃命蒙哥撒爾治其獄，色倫提不勝加刑，遂誣服，汗命其弟倭肯赤殺之，而代其位。

拉氏記巴而扎克，多與元史合。其致書太祖，亦可與祕史互證。至世系則較爲詳備，蓋元史出於世勳碑，殺兄事固所當諱也。

（原載國學論衡第五期，一九三五年六月）

箭内亙可敦城考駁義

遼史天祚紀附録稱保大四年（一一二四）七月，天祚謀出兵收燕、雲，耶律大石諫，不聽，大石遂殺蕭乙薛、坡里括。率鐵騎二百宵遁。北行三日，過黑水，〔一〕見白達達〔二〕詳穩〔三〕牀古兒，西至可敦城。日本箭内亙博士作可敦城考，〔四〕以爲可敦城者，遼之鎮州，地在鄂爾渾河旁，烏格淖爾之西。夫遼史地理志記有可敦城者三，稱鎮州者，旁鄂爾渾河，稱河董城者，旁烏里順河。箭氏辯之覈矣。獨雲内州可敦城，箭氏默不置一辭。然三可敦城者，獨居雲内者在夾山西，是固與「西至」兩字合也。考唐書地理志豐州條下：「中受降城有積塞軍，本可敦城。」遼史地理志曰：「雲内州，本中受降城地，有威塞軍，古可敦城。」唐之豐州，非遼金之豐州也，西界靈州，東接榆林，則遼之雲内，猶唐之豐州也。元和郡縣

〔一〕黑水當自夾山三日程之北方尋之。考天祚出漁陽嶺以圖金，邱長春西遊記曰：「宿漁陽關，明日，度關而東，五十餘里，豐州元帥以下來迎。」則豐州去漁陽嶺（關）止五十里，夾山與豐州爲界也，豐州（遼時）據遼史地理志、元一統志、清一統志，知其西境直至薩拉齊，則夾山者，薩拉齊之西，而黄河以北地皆屬之，黑水者在其北，考清一統志：烏喇特旗有黑河，在旗北二百里，蒙古名喀喇木倫。自毛明安所屬地流入境，西南流，經帷山，入賓河，大石所經即此河也。

〔二〕白達達所居地在金之北邊，爲陰山一帶至賀蘭山之民族。

〔三〕遼官名。

〔四〕見商務印書館出版箭内亙著兀良哈及韃靼考附録可敦城考。

志曰：「三受降城，景雲三年，朔方總管張仁愿所置也，以拂雲祠爲中城，與東西二城相去各四百餘里，遥相應接。」「中受降城，本秦九原地，漢更名五原，開元十年，於此置安北大都護府。東至東受降城三百里，西北至天德軍二百里，南至麟州四百里，北至磧口三百里。」「東受降城，在榆林縣東北八里。」榆林縣今托克托也，天德軍遷徙不常，要當以本城爲準。元和郡縣志曰：「西北至横塞軍城二百里。」横塞軍蓋即可敦城也。元和志曰：「天寶八年，張齊邱又於可敦城置横塞軍。」曰「又」者，本有積塞軍也。則知中受降城，雖在天德軍東南，而所治地則踰之而西也。又據清一統志，烏喇特旗西北一百九十里，有堆曰烏朱爾插漢，以爲即拂雲堆。唐書中受降城有拂雲堆祠，接靈州境。元和志曰：「以拂雲祠爲中受降城。」夫靈州在西受降城西，與中受降城不能相接，今曰然者，中受降城治西城以北地也。以此考之，則中受降城之地，東抵今托克托，西至鄂爾多斯右翼後旗之北（據唐書回紇傳曰：西城，漢高闕塞也，高闕在右後旗西。）而可敦城則東南去中受降城四百里。（即中城去天德軍二百里，天德又去可敦城（横塞軍）二百里也。）以此推之，可敦城蓋在今烏喇特西北六百里之地矣（當時之里）。雖一統志之言未可深信，而無明詳輿圖時，亦難確其地，而要其大體，必當於此求之焉。若是，則遼史以可敦城入雲内州。不過以爲中受降城地耳，而不知可敦城固遥在其西北，爲白達達遊牧地也。又考唐賈耽邊州入四夷道里曰：「別道自鸊鵜泉北，經公主城。」公主城者，猶可敦城也，外夷之可敦，而中國之公主也。鸊鵜泉在西城北三百里，則公主城之遠在雲内西北，亦可證矣。

夫箭氏以大石所至之可敦城爲鎮州者，不過以爲在夾山西（其實西北）耳，然若以「西」之一字言之，固不如以雲内州（？）可敦城當之之爲愈也。況遼史又曰，是年（天會八年，一一三〇）「二月甲午，以青牛白馬祭天地祖宗，整旅而西，先遺書回鶻王畢勒哥曰：〔二〕『昔我太祖皇帝北征，過卜古罕城，即遣使甘州，詔爾祖烏母主（太祖本紀曰胡母扎）曰：汝思故國耶？朕即爲汝復之，汝不能有耶，朕則有之，在朕猶在爾也。爾祖即表謝，以爲遷國於此，十有餘世，軍民皆安土重遷，不能復返矣。是與爾國非一日之好也，今我將西至大食，假道爾國，其勿致疑。』」是則大石假道之回鶻，乃甘州回鶻也，而今之學者（箭氏即其一）以和州回鶻當之者，一誤於北庭都護府之名，兩誤於可敦城爲鎮州，三誤於耶律余覩聞大石行近和州之一言，勉爲牽合。於是非和州回鶻不可，而不知與本文遣使甘州，詔「爾祖」云云相悖戾也。夫和州回鶻與甘州回鶻不相涉也，假道和州而以惠於甘州者爲辭，且曰「我與爾國非一日之好」，顛倒附會，有是理耶？使其言不誤也，則必金初之和州回鶻，爲遼初之甘州回鶻分支，或者在金初統治兩地而後可。然徵之史籍，無是事也。唐書回鶻傳曰：「厖特勒已自稱可汗，

〔二〕宋史稱甘州回鶻王曰夜落隔者甚多，大石致書之畢勒哥，疑即夜落隔之轉。考鄂爾渾河旁之回紇古碑，有塔塔别（Tataby），今學者考釋，大致以奚契丹之奚當之，又元魏姓曰拓拔，西域諸邦皆稱中國曰「桃花石」，即拓拔氏之轉音也。（蒙兀兒史記及丁謙等，以爲即遼史之大賀氏。無論大賀氏之有無，尚待考證，即桃花石之稱，早在唐前，亦不可歸之於遼，況其紀述不詳，事續茫昧，其聲名安能遠播西域耶？此言拓拔轉音，取沙畹、伯希和、白鳥諸人説。）又元史和尚傳及虞集高昌王世勳碑中之玉里伯里，元史曷思麥里傳作孛子八里，唐書玄宗開元二年，突厥子同俄突勒，俄突勒即龐特勒也，夫塔塔别之「别」與「奚」，「拓拔」之與「桃花」，「玉」之與「孛」，「俄」之與「龐」，皆可互轉，由深喉音變爲重唇音。則「夜」之與「畢」，亦猶此例矣。考東胡民族考，Uigur 語謂王者及有王者資格之人曰 Bejlik。Osman 語謂王者曰 Bejlik，或 Beglik，則夜落隔與畢勒哥，皆回鶻王號，非真名也。

居甘州，有磧西諸城。」舊唐書曰：「殘衆入吐蕃安西。」地理志曰：「安西大都護府，初治西州，貞元二年，吐蕃攻沙陀、回紇、北庭、安西無援遂陷。」蓋西州本高昌國地，唐滅高昌，置爲西州交河郡也。貞元三年，地已陷入吐蕃，故曰吐蕃安西也。然殘衆之奔安西者，非獨西州一地，實兼北庭而言。唐書吐蕃傳曰：「咸通七年，北庭回鶻僕固俊取西州，收諸部。」回鶻傳曰：「懿宗時大酋僕固俊自北庭擊吐蕃，斬論尚熱，盡取西州輪臺等城。」此爲回紇據有和州（宋州）之始，則和州自和州，甘州自甘州，和州爲僕骨族，已非回紇本部，其不得相混明矣。

或者曰：宋史西夏傳明言元昊弱冠時，獨引丘襲破回鶻，奪甘州。〔二〕景祐三年，又破回鶻，取肅、瓜、沙三州，是大石之時，地久入夏，安得有假道之說？然遼史蕭惠傳：太平六年，討回鶻阿薩蘭部，進至甘州，攻圍三日，不克而還。其事當與元昊之奪甘州相後先，百官志有阿薩蘭回鶻大王、回鶻國單于府、沙州回鶻敦煌郡王、甘州回鶻大王府，而獨無和州回鶻，但有高昌國大王府，即和州回鶻也。遼史稱甘州但曰回鶻，有時亦稱阿薩蘭回鶻，如蕭惠傳所言。興宗以後，回鶻入貢，史不絕書，豈能概以和州當之？宋史回鶻傳曰：「天聖年間，數來朝貢，至於熙寧，尚來入貢，六年復來入貢，神宗問其國生齒幾何，曰三十餘萬，壯可用者幾何，曰二十萬。明年，使諭回鶻，令發兵深入夏境。宣和中，因入貢，散而至陝鶻諸州。」金史太宗紀：天會五年十月丁卯，沙州回鶻活剌散可汗

〔一〕宋史西夏傳言，元昊之取甘州，在夜落隔可汗時，夜落隔死於大中祥符九年，時元昊才八歲，必無是事，恐當在夜落隔通順時，綱目稱取甘州在天聖六年，恐但據「未弱冠」三字耳，不足深信。

遣使入貢，〔一〕九年八月辛巳，回鶻隈欲遣使來貢，九月，和州回鶻執大石黨撒八、迪里突迪來獻。則八月入貢之回鶻，必爲甘州無疑。夫宣和、天會時，尚能自通朝貢，夏國傳所言元昊取甘州，殆如和州回之體降成吉思汗，外雖服屬，内仍自主耳。

歷據載籍，可知大石之時，甘州回鶻必尚存在，則遼史既明言甘州，安可移之於和州？既信大石所假道之回鶻爲甘州，則大石先西北行，至鎮州，再折而南自甘州（或其附近）西行，不趨近道，而有假道之煩，大石不若是之愚也。若自雲内州（？）可敦城西行至甘州（或其附近），其道甚便，則以大石所至之可敦城爲雲内州（？）可敦城，當非臆説。

夫箭氏及今學者皆以鎮州當大石所至之可敦城，而我獨以雲内州可敦城當之者，非僅以甘州回鶻爲證也，其可證我説者有七：雲内州可敦城，適在黑水西，一也。金史言大石且近群牧，〔二〕牧群。地理志列西京道，百官志有西路群牧司、倒蹋嶺群牧使司，以倒蹋嶺之名觀之，必在陰山附近可知。元史太祖紀：六年辛未秋，耶律耶海襲金雲内群牧監，足證雲内（或其附近）置有群牧，與金史言合。二也。金史粘割韓奴傳言耶律余覩、石家奴征討大石，石家奴行近兀納水。考姚牧庵集中書左丞李公家廟碑曰：「唐季王西夏，甚盛强，宋金嘗加兵，終莫能服。我太祖始平之，其宗有守兀納城，獨戰

〔一〕元昊於景祐三年。取肅、瓜、沙三州，而是時仍有沙州回鶻之名，足見雖爲夏敗，尚未滅亡也。甘州回鶻雖不必在甘州，要必與沙州相同，其名號尚存也。

〔二〕見金史粘割韓奴傳載婆盧火上奏語。

死不下。」兀納城與兀納水合，必爲城以河名，而西夏之兀納水，今之額濟納河也，足證大石西行，道由甘州，故躡迹追跡，至於額濟納河，三也。若在鎮州，大石會七州，不應遺鎮防維三州之名，四也。粘割韓奴傳又曰：「聞夏人與大石約曰，宜合兵以取山西諸部。」由此觀之，大石與夏近，更與山西近，若在鎮州，去山西甚遠，五也。金史言和州回鶻執大石黨來獻，若即大石所假道之回鶻，則遼史言其質子孫，贈駝馬，大宴會，[一]與大石甚善，何爲而執其從者？亦可證甘州之説，六也。趙子坻燕雲録曰：「沙子裏者，在沙院之西北，去金國四千里，南接天德雲内，北連黨項國南，關口到此，數程無水。天祚有子趙王者，見在金門御寨。許王者，元妃所生，年十八九，今在沙子。天祚之弟大石，已立爲主。云云。」許王之説蓋爲雅里之誤，[二]而沙子者，綏遠寧夏境之沙漠也。雲内州（？）可敦城固在其地，七也。

凡此七者，皆足證大石所至之可敦城非鎮州而爲雲内州（？）可敦城，我故曰箭氏之説誤也。

（原載國學論衡第六期，一九三五年十二月）

[一] 亦見遼史天祚紀附録。回鶻工得大石書後，即迎至邸，大宴三日，獻馬六百，駝百，羊三千，願質子孫爲附庸。

[二] 松漠紀聞亦言大石立梁王爲帝於沙子。考梁王雅里之立，不緣大石，或者相距非遥，互通聲氣，遂以致誤耶。

耶律大石年譜

宋哲宗元祐二年 遼道宗大安三年 丁卯 一〇八七年 大石生〔一〕

〔一〕按遼史天祚紀，言大石甲辰歲稱尊號，年三十八，稱尊之説雖誤，而年歲維此可據，逆推當生於本年。

宋哲宗元祐三年 遼道宗大安四年 戊辰 一〇八八年 二歲

宋哲宗元祐四年 遼道宗大安五年 己巳 一〇八九年 三歲

宋哲宗元祐五年 遼道宗大安六年 庚午 一〇九〇年 四歲

宋哲宗元祐六年 遼道宗大安七年 辛未 一〇九一年 五歲

宋哲宗元祐七年 遼道宗大安八年 壬申 一〇九二年 六歲

宋哲宗元祐八年 遼道宗大安九年 癸酉 一〇九三年 七歲

宋哲宗紹聖元年 遼道宗大安十年 甲戌 一〇九四年 八歲

宋哲宗紹聖二年 遼道宗壽昌元年〔二〕 乙亥 一〇九五年 九歲

〔二〕遼史壽昌作壽隆。據提要及燕京大憫忠寺故慈智大德幢記、龍興觀創造香幢記改正。

宋哲宗紹聖三年 遼道宗壽昌二年 丙子 一〇九六年 十歲

宋哲宗紹聖四年 遼道宗壽昌三年 丁丑 一〇九七年 十一歲

宋哲宗元符元年 遼道宗壽昌四年 戊寅 一〇九八年 十二歲

宋哲宗元符二年 遼道宗壽昌五年 己卯 一〇九九年 十三歲

宋哲宗元符三年 遼道宗壽昌六年 庚辰 一一〇〇年 十四歲

宋徽宗建中靖國元年 遼道宗壽昌七年即天祚帝乾統元年 辛巳 一一〇一年 十五歲

宋徽宗崇寧元年 遼天祚帝乾統二年 壬午 一一〇二年 十六歲

宋徽宗崇寧二年 遼天祚帝乾統三年 癸未 一一〇三年 十七歲

宋徽宗崇寧三年 遼天祚帝乾統四年 甲申 一一〇四年 十八歲

宋徽宗崇寧四年 遼天祚帝乾統五年 乙酉 一一〇五年 十九歲

宋徽宗崇寧五年 遼天祚帝乾統六年 丙戌 一一〇六年 二十歲

宋徽宗大觀元年 遼天祚帝乾統七年 丁亥　一一〇七年　二十一歲

宋徽宗大觀二年 遼天祚帝乾統八年 戊子　一一〇八年　二十二歲

宋徽宗大觀三年 遼天祚帝乾統九年 己丑　一一〇九年　二十三歲

宋徽宗大觀四年 遼天祚帝乾統十年 庚寅　一一一〇年　二十四歲

宋徽宗政和元年 遼天祚帝天慶元年 辛卯　一一一一年　二十五歲

宋徽宗政和二年 遼天祚帝天慶二年 壬辰　一一一二年　二十六歲

本年登進士第。〔三〕

〔三〕據遼史天祚紀附録，大石登天慶五年進士第，考天祚紀，本年未放進士，遼史遇放進士，例必書之，不應獨遺本年。且大石歷官泰祥二州刺史，祥州之失在天慶四年，豈有先已官此之理？說詳見注〔五〕。天祚紀本年放進士王翬等百三人，大石應在其内。

宋徽宗政和三年 遼天祚帝天慶三年 癸巳　一一一三年　二十七歲

宋徽宗政和四年 遼天祚帝天慶四年 甲午　一一一四年　二十八歲

自天慶二年至本年，自翰林院應奉陞承旨，〔四〕復陞祥州刺史（遼史天祚帝本紀附録）。〔五〕

〔四〕遼以翰林爲林牙，故稱大石林牙。

〔五〕按遼史地理志，祥州以鐵驪部置。不言在何處。金史地理志不載其名，則已廢矣。考金史太祖紀：「太祖自將擊之，及河（鴨子河），遼兵潰，逐至斡鄰濼，斡魯效賓州，拔之。鐵驪王回离保以所部降。吾睹補、蒲察復敗赤狗兒、蕭乙薛軍於祥州。」遼史地理志：「賓州在鴨子混同之間。」金太祖之行軍，自肇州而賓州、祥州，肇州旁混同江，今吉林白都納之東南，賓州亦傍混同，遼志、金史皆與祥州並列，則當相去不遠。考松漠紀聞：「賓州去黄龍府百餘里，州近混同江。」則必在其東北可知。斡魯破遼兵，斬其節度使撻不野，遂拔賓州，上文已言撻不野軍於鴨子河北，遼史中之鴨子、混同，皆今之松花江上游，則賓州不可不在松花江上游北岸。清一統志以祥州在賓州西南白都納界，而以賓州在阿兒楚喀境。按金太祖初破遼軍於出河店，孫扎堡站東北之珠家城子也，阿兒楚喀在其東北，傍阿兒楚喀河，而在松花江之南。考洪皓行程：「來流河四十里，至報打孛堇鋪，七十里至賓州，渡混同江。」來流河今拉林河也，是賓州東去來流一百十里，而混同江之指松花江上游已如前説，則其在混同北岸可無疑義。祥州之在白都納界，一統志之説可信，而賓州疑亦當在今扶餘境，不在阿兒楚喀也。

金太祖於本年拔祥州。遼、金史皆不記其刺史之名，然必非大石官此州事。遼史記大石歷官泰祥二州刺史，置泰州於祥州之前，則去年官泰州，今年官祥州，失地之將，必加譴責，何反陞之爲節度使歟？必也於本年已陞遼興軍而後可。然自登第至本年，不過三載，遷擢似嫌太驟。故置祥州於前，其遷泰州之年，雖不可考，要必在祥州失陷之前，至遲亦不踰本年十一、十二兩月間也。

宋徽宗政和五年
遼天祚帝大慶五年
金太祖收國元年
乙未　一一一五年　二十九歲

宋徽宗政和六年
遼天祚帝大慶六年
金太祖收國二年
丙申　一一一六年　三十歲

宋徽宗政和七年　遼天祚帝天慶七年　金太祖天輔元年　丁酉　一一一七年　三十一歲

自天慶四年至本年，自泰州〔六〕刺史陞遼興軍節度使（天祚帝紀附録）。〔七〕

〔六〕泰州據遼史地理志：「屬上京道，昌德軍節度，本契丹二十部放牧之地。」金史地理志：「泰州，屬北京道，海陵正隆間，置德昌軍節度使，隸上京大定府，廿五年罷之，承安二年。復置於長春縣，以舊泰州爲金安縣隸焉。」蓋金之泰州，遼之長春也。遼地志：「長春州本鴨子河春獵之地。」又云：「本混同江地。」金地志：「泰州北至邊四百里。」「東至肇州三百五十里。」又曰：「長春有達魯古河、鴨子河。」則金之泰州宜在今洮兒河與綽兒河之間。則其曰北者，實西北也。遼、金之泰州雖地望之不同，而相去當不甚相遠。據金地志曰：「金之壞地北自蒲與路之北三千餘里，火魯火瞳謀克地爲邊，右旋入泰州婆羅火所浚界濠。」又泰州條下：「邊堡，大定二十一年三月，世宗以東北路招討使置十九堡在泰州境。」遼泰州之廢。在大定二十五年，改治在章宗承安二年，則所謂婆羅火浚界壕之地，與所謂邊堡在泰州境者，皆仍遼之泰州也。則謂遼泰州在金邊堡之傍可無大誤。清一統志云在長春西，箭内亘謂在洮南縣之南，考邊堡蓋越洮兒河而至巴林旗之遼上京，金之臨横府，則箭内亘氏之説，雖不能確定其地，而大致可以承認者也。

〔七〕遼興軍在平州，今分河北盧龍縣。按金史太祖紀：「天輔元年正月，斜也取泰州。」則大石之陞遼興軍節度使，當在天慶四年至本年之間。

宋徽宗重和元年　遼天祚帝天慶八年　金太祖天輔二年　戊戌　一一一八年　三十二歲

宋徽宗宣和元年　遼天祚帝天慶九年　金太祖天輔三年　己亥　一一一九年　三十三歲

宋徽宗宣和二年 遼天祚帝天慶十年 金太祖天輔四年 庚子 一一二〇年 三十四歲

宋徽宗宣和三年 遼天祚帝保大元年 金太祖天輔五年 辛丑 一一二一年 三十五歲

宋徽宗宣和四年 遼天祚帝保大二年 金太祖天輔六年 壬寅 一一二二年 三十六歲

時仍官遼興軍節度使，〔八〕三月，聞天祚入夾山，與張琳、李處温等立秦晉國王於南京（今北平），擢都統。〔九〕已而淳死，共立其妻蕭氏爲皇太后，主軍國事，遺命立天祚次子秦王定爲帝。五表於金，求立，金主拒之。十一月金兵薄居庸關，崖石自崩，居庸不守。蕭德妃從古北口遁去，〔一〇〕從大石議，謀歸天祚於夾山。〔一一〕十二月，金兵定南京（遼史天祚紀附録）。

〔八〕平州（盧龍）、南京（北平）相近，大石時仍此官，故與迎立之謀。

〔九〕遼史未記擢官，然金史婁室傳曰：「遼都統林牙大石犯奉聖州。」又宗望傳：「以繩繫遼都統林牙大石。」又王彦潛等撰婁室神道碑：「擒其遼都統耶律大石。」皆可據。而金史太祖紀：「遼平州節度使時立愛降。」遼史天祚紀附録：「張穀爲遼興軍。」亦可證大石之已解平州，爰立大功，自宜加賞，遼史偶遺之耳。

〔一〇〕遼史、宏簡録等，皆言自古北口逃去。史愿亡遼録曰：「蕭后聞居庸失險，夜半率契丹並老幼出城，聲言訇野寨迎戰，其實避竄……行至松亭關云云。」按松亭關在喜峰口外八十里，則似蕭后自喜峰口外遁去者。然古北口近，喜峰口遠，當從遼史爲正。

〔一一〕遼史未言從大石議，按契丹國志曰：「遼軍從林牙挾蕭后以歸天祚。」又曰：「蕭后議所往，大石林牙欲歸天祚，有宣宗駙馬蕭敎迪曰：『今日固合歸天祚，然而有何面目相見。』林牙命左右牽出斬之，傳令軍中有敢異議者斬。」亡遼録曰：「行至松亭，議所往，大石林牙欲歸天祚，四軍大王幹欲就奚王府立國，於是契丹奚軍列陣相門而分矣。」則蕭后之歸天祚，其議實出自大石也。

宋徽宗宣和五年
金太祖天輔七年
金太宗天會元年
遼天祚帝保大三年
癸卯　一一二三年　三十七歲

大石奉蕭德妃歸天祚。夏四月，過奉聖州，〔一二〕大石壁龍門東二十五里（金史太祖本紀）。時太祖聞天祚在陰山，命斡魯及王子宗望引兵追襲，以婁室爲先鋒，道出龍門（婁室神道碑）。〔一三〕丙申，大石被擒，餘衆悉降。戊戌，進軍襲遼主，道泥濘，衆皆不能進，宗望以繩繫大石，使爲嚮導。五月，斡魯以大石等來獻（金史太祖本紀、宗望列傳），詔曰：「林牙大石雖非降附，其爲嚮導有功，可明諭之。」（金史粘割韓奴傳）九月，大石自金遁歸，〔一四〕天祚責之曰：「我在，汝何敢立淳？」對曰：「陛下以全國之勢，不能一拒敵，棄國遠遁，使黎民塗炭。即立十淳，皆太祖子孫，豈不勝乞命於他人耶？」天祚無以答，賜酒食，赦其罪（天祚紀附録）。

〔一二〕古北在龍門（今萬全）東北，奉聖（今涿鹿）則在龍門西南，而天德軍則遠在其西，是金史所謂犯奉聖州者（金史太祖紀言犯），實不過至天德所經之道耳，故改「犯」作「過」。

〔一三〕婁室時在燕京，太祖命其追襲遼主，乘便蹤迹蕭后，故太祖詔曰：「唯蕭后與官屬數人遁去，已發兵追襲，或至彼路，便執以來。」或與彼路，皆不定之辭，蓋此時太祖亦不知蕭后所往也。宋元通鑑曰：「宣和五年夏四月，斡魯使斡离不銀、朮可、婁室等以兵三千分道襲遼主。」足證婁室之遇大石，非有專命也。而金史太祖紀大書曰：「金都統斡魯，遣照立、婁室、馬和尚等禦之。」實爲過於重視大石之過奉聖也。考婁室神道碑，但言其受命襲遼主，道出龍門，未嘗言其受命禦大石，最可據。今從之。

〔一四〕大石遁歸事，據洪皓松漠紀聞云：「歸金後，與粘罕雙陸争道，罕心欲殺之，閉口不言，大石懼，既歸帳，即棄其妻，攜五子宵遁。詰旦，粘罕怪其日高而不來，使召之，其妻曰：『昨以酒忤大人，畏罪而竄。』訊其所至，不以告。粘罕大怒，以配部落之至賤者，妻不肯屈，彊之，極口漫駡，遂射殺之。」按大石歸後，天祚以得其兵而復謀出師，則不止數人可知。粘罕既不能止其率軍而去，大石又何必棄其妻，豈有一軍偕遁，獨置其妻不顧之理乎？即謂沿途招集散亡，非獨是時既避去之不暇，在金人勢力範圍中，未敢出此，又豈有五子可攜，而一妻不能偕行之理？且大石死後，其子才七齡，必爲西行後所出者，若此時已有五子，則何必捨長立幼，使太后攝政乎？若謂西行之後，皆已前死，無一留存，亦覺牽强。又考大石初立秦晉國王，繼歸天祚，後自立國，立國之後，尚圖恢復，察其生平未必甘心降敵，信如洪説。則以忤粘罕而遁，由於畏禍，非出本願。則金兵破居庸時，何不與南京諸將相同降，而犯險以歸天祚耶？松漠紀聞皆傳聞之辭，實不可盡信也。

宋徽宗宣和六年
遼天祚帝保大四年
金太宗天會二年　甲辰　一一二四年　三十八歲

七月，天祚既得大石兵歸，又得陰山室韋謨葛失兵，自謂得天助，再謀出兵，復收燕雲。大石諫曰：「自金兵初陷長春、遼陽，則車駕不幸廣平淀而都中京；及陷上京，則都燕山；及陷中京，則幸雲中；自雲中而播遷夾山。向以全師，不謀戰備，使舉國漢地，皆爲金有，國勢至此，而方求戰，非計也。當養兵待時而動，不可輕舉。」不從。大石遂殺蕭乙薛、坡里括，率鐵騎二百宵遁〔一五〕北行三日。〔一六〕過黑水，見白達達詳穩牀古兒，〔一七〕獻馬四百、駝二十、羊若干。西至可敦城，〔一八〕駐北庭都護府，〔一九〕會威武、崇德、會蕃、新大林、紫河駝等七洲，〔二〇〕及大黄室韋、敵刺、王紀刺、茶赤刺、也喜、鼻古德、尼刺、達刺乖、達密里、密兒紀、合主、烏古里、阻卜、普速完、唐古、忽母思、奚的糺而、畢十八部〔二一〕王衆諭曰：「我祖宗創業艱難，歷世九主，歷年二百，金以臣屬，逼我國家，殘我黎庶，使我天祚皇帝蒙塵於外，日夜痛心疾首。我今仗義而西，欲借力諸番，翦我仇敵，復我疆宇，維爾有衆，亦有軫我國家，憂我社稷，思共救君父濟生民於難者乎？」遂得精兵萬餘，因自立爲王，置南北面官屬，〔二二〕立排甲，具器仗（遼史天祚紀附録）。金西南西北兩路權都統斡魯言於太宗曰：「遼詳穩撻不野來奔，言耶律大石自稱爲王，置南北面官屬，有戰馬萬匹。」詔曰，征討大石，須俟報下（金史太宗紀、粘割韓奴傳）。〔二三〕

〔一五〕大石宵遁 Tarik Dj han Kushl 言其從者但六十人，夫天祚以得大石兵，而復謀出師，其兵必多。鐵騎二百，已非全部，六十人似嫌太多，今從遼史。

〔一六〕黑水，清一統志烏喇忒條下有黑河，在旗北二百里，蒙古名喀喇木倫，自毛明安所屬地，流入境，西南流，經帷山，入賓河，與北行三日之説合，當即此河。

〔一七〕白達達，所居地在金之北邊，陰山一帶至賀蘭山之民族。

〔一八〕見拙著箭内亘可敦城考駁議，載論衡第六期。

〔一九〕北庭，元曰别失八里，今新疆迪化濟木薩之北。大石是時方到可敦城，尚未假道甘州。且據金史粘割韓奴傳，言天會八年，耶律余覩聞大石在和州之域，是其入新疆境，遠在數年之後也。北庭都護府之説，顯屬誤傳。近梁園東君以爲北庭都護府，乃北庭（即單于庭，遼之窩魯朵城）之誤。且引後漢書南匈奴傳：「詔聽南單于入居雲中，去北庭三百里。」及「章和元年，擊北匈奴，大破之，北庭大亂」爲證。按南單于庭去北庭奚止三百里，其去北庭三百里之地，乃奥鞬左賢王叛去自立之處。梁君删節，或未細考，然自無關大體。要之，自後漢書觀之，北匈奴之單于庭，漢時或簡稱北庭，以之擬於窩魯朵城，似尚適當。然此維以可敦城在鎮州者，庶可成立。若以爲雲内州，則鄙見未能相符也。考唐書曰：「安北都護府，開元二年，治中受降城，十年徙治豐勝二州之境，十二年徙治天德軍。」元和郡縣志曰：「天德軍城本安北都護府，龍朔三年，移於磧北回鶻本部，仍改名瀚海都護，總章二年，又改名安北都護，尋移於甘州東北一千一十八里，隋故大同鎮。垂拱元年，置同城鎮，其都護權移理删丹縣西南九十九里安西城。景龍元年又移理西受降城，天寶八年張齊邱於大同川西築城，名曰天安軍，移理焉。乾元後改爲天德軍，緣居人較少，西南移三里，權居永清柵，其理所又移至西受降城……後黄河泛溢……於是復移天德軍理所於舊城云云。」唐書言徙治天德軍在開元十二年，元和志則言天德改名已在乾元之後，兩説不合。然天德軍屢徙，安北都護府亦必隨之而徙，元和志曰移理者，即安北都護之移理也，其遷徙不常，雖不能確定其地，要去可敦城不遠。則或者遼史所云北庭都護府爲安北之誤耶？

〔二〇〕威武等七州無考，梁君以爲即大石自置之軍州，説亦可通，然似不宜用「會」字，「會」字之意，似爲七州來自他方，非與大石同在一地者。

〔二一〕十八部王衆散處之地。今分别釋之如下：

a　大黄室韋部，據遼史營衛志：「突里不室韋部，本名大、小二黄室韋户，太祖爲達馬狘沙里，以計降之，乃置爲二部，隸北府節度使，屬東北路統軍司，戍泰州東北。」但此僅爲大、小黄室韋被俘者所戍之地，女直部中（奥衍女直）有戍鎮州者，豈得謂其本居於鎮州乎？ 大、小黄室韋改稱曰突里不室韋者，蓋免與本部有相混之嫌，故大、小黄室韋本兩部而遂併爲一部，加以新名也。其外遺種流傳，必尚存在，本文但舉大黄，不言小黄，若即突吕不部，則兩部（兩部之被俘者）合併已久，何緣分裂？ 且泰州之地，久已入金，似亦不能來會。又考遼史百官志，品部下既有突里不室韋，復有大黄室韋、小黄室韋，足證突吕不與大小二黄不能相混。遼史穆宗紀曰：「應曆十四年小黄室韋叛……雅里思追之柴河，與戰不利。甲申，庫古只奏室韋長寅尼吉亡入敵烈。」則大黄室韋亦當與敵烈相近。考唐書室韋傳：「烏素固部當俱倫泊之西南，次東有移塞没部，次東又有塞曷支部居，啜河之陰。」啜河當爲綽爾河之比音，遼史之柴河似亦可擬爲綽爾河。又考蒙語滿語皆以黄爲塞拉、西拉、撒拉等音，而曷支有顔色之義。日本白鳥博士吐谷渾考「恪尊」條下：

Khzlkha　謂色曰　Unge˴ongo

Bunjat　曰　Ongo

Turkinsh　曰　Ungo

蒙古語謂外貌曰　Ongge

是塞曷支之義，實即黄顔色。黄外貌全稱，宜曰塞拉曷支，吾國譯音多喜略去來母之字，饒樂水之爲潢水（饒樂之義亦黄也），洮兒河之作洮河，綽爾河之作啜河，畏吾兒（Uigar）之作回紇，其例甚多，不可枚舉。故以塞曷支部擬於居於綽爾河陰之黄室韋，雖有附會之嫌，然至敵烈河不遠，又柴河可爲啜河之比音，則亦非偶然也。

b　敵剌，據箭内亘氏之考證，居於呼倫泊附近，烏里順河流域，即蒙古時代之塔塔兒。拉施特書中塔塔兒六部之一之（Terit）。

c 王紀剌，即蒙古時代之宏吉剌，金之廣吉剌，祕史之翁吉剌。據箭内亘氏考證，北自額兒古納河、得而布爾河，南至哈兒哈河流域。

d 茶赤剌，即祕史之扎只喇歹，遼史百官志作茶扎剌，祕史言扎木合居於豁兒豁納黑主不兒（主不兒，川也），即今鄂嫩河上游，呼兒呼河流域。

e 也喜無考。

f 鼻古德，一作鼻國德、鼻骨德，地域無考。維營衛志有伯斯鼻骨德部、達馬鼻骨德部，皆以鼻國德户置。一隸東北路統軍司，一屬東路統軍司，然此戍兵，非本部居地也。梁園東君據遼史部族表，興宗重熙二十一年，遣使詣五國及鼻古德、烏古、敵烈四部，捕海東青，證之。以爲當在五國女真、敵烈等之間。按本草集解：「青雕出遼東，最俊者謂之海東青。」金史太宗紀：「曷懶路軍師完顏忽剌古等言往者歲捕海狗、海東青、鵶鶻於高麗之境。」元史：「金蘭府有海東青。」明一統志：「五國城東出海東青。」清一統志吉林土産條下：「海東，引通志，今出黑龍江、烏蘇哩江左右。」楊賓柳邊紀略云：「遼以東皆産鷹，而甯古塔最多。」則必在敵烈之東，五國女真之西，蓋五國女真已在遼邊境也。

g 尼剌無考，梁園東君疑爲即營衛志及百官志之涅剌部，爲契丹本族，居黑山北，在今熱河西北。

h 達拉乖無考，梁君疑即達盧骨部，此部聖宗本紀載於統和十九年來貢，其地域不詳。

i 達蜜里無考，箭内亘氏以爲在塔米爾河（Tarnr）畔，梁君以爲即居於臚朐河（克魯倫）之轄參里。

j 密兒紀，即祕史之篾兒乞，居於色楞格河、鄂爾渾河會合點，特門山旁，哈集爾蘇臺河諸地，箭氏以爲即胡僑陷虜記中之襪劫子。按陷虜記曰：「東北至襪刧子。」又云：「其國三面皆室韋。」按襪兒乞實在契丹西北，其三面亦不能皆爲室韋，觀其地望，箭氏之説似不可通。

k 合主不詳。

l　烏古里，據日本津田氏考證，居於哈兒哈河流域（原文作喀爾喀河），其北之海拉爾河及額爾古納河上游附近，亦此部或其同族之遊牧地。箭内亘氏考定爲王紀剌之同名別出，論其地域全同，且于厥里實即烏古之異譯，變爲翁吉剌、王紀剌，亦非附會之辭。遼史部族表雖有時烏古、于厥並舉，然試檢本紀，即知其誤。

太宗天顯十一年七月，表載于厥來貢，紀作烏古來貢。

太宗會同四年二月，表載烏古來貢，于厥里來貢，紀不載。

太宗會同五年七月，表載鼻骨德烏古來貢，朮不姑、鼻國德、于厥里來貢。紀七月作阻卜、鼻骨德、烏古來貢，八月女直、阻卜、烏古各貢方物。

以是觀之，則烏古實即于厥無疑，而其異譯甚多，或者同族異部如梁君之説乎？

m　阻卜，爲賀蘭山綿亘陰山之部族，即韃靼、白達達也。金之阻轐遠在其東，雖同音而實異也。

n　普速完未詳。

o　唐古，五代史作党項，遼史二名並稱，祕史稱唐忽惕，又作唐兀惕，居於甘肅及陝西西北。

p　忽母思。疑即胡母思山番，遼史太祖紀：「天贊三年九月，至古回鶻城，勒石紀功，進破胡母思山番。十月，遣軍踰流沙拔浮圖城。」回鶻城即後之鎮州，浮圖見唐書，即北庭都護府也。是胡母思山番在鎮州之西不遠，而新疆濟木薩之東。

q　奚的糺而無考。金史地理志西京道詳穩下有移典糺詳穩，或其比音。

r　畢無考。

〔二二〕遼史言其稱王置官，在宵遁之前。大石倉卒出走，安有餘暇及此，且從僅二百，亦不能備具南北面官，勢必人人皆官而後可，此必無之理也。故置於大會之後，且撻不野亦言其稱王時有戰馬萬匹，可證已在大會之後。

〔二三〕斡魯之言，金史太宗紀在三年，粘割韓奴傳在二年，茲從傳。維傳言稱王於北方，則撻不野之降，想在南京，故曰北方。若以金都會寧府言之，則應曰西南，或謂足證可敦城在鎮州者，則亦應曰西。總之言北者，以南京示其方位也。

宋徽宗宣和七年
遼天祚帝保大五年
金太宗天會三年

乙巳　一一二五年　三十九歲

二月，天祚被擒，梁王雅里立，改元神曆（遼史天祚紀）。〔二四〕金都統完顏希尹言：「聞夏人與大石約曰大金既獲遼主，諸軍皆將歸矣，宜合兵以取山西諸部。」詔答曰：「夏人或與大石合謀爲釁，不可不察，其嚴備之。」（金史完顏希尹傳、粘割韓奴傳）

〔二四〕雅里爲耶律敵烈等所立，見於遼史。而松漠紀聞曰：「大實（大石）深入沙子，立天祚之子梁王爲帝而相之。」劉壎隱居通議曰：「沙子在契丹後，彌數千里，往者女真既滅契丹，其臣大石林牙擕其子，三晝夜踰沙子，立之數十年，粘罕不能近。」趙子抵燕雲録曰：「沙子裏者，在沙院之西北，去金國四千里……南接天德、雲內，北連党項國南口，到此數程無水……天祚有子趙王者，見於金門御寨，許王者乃元妃所生，年十八九，今在沙子。天祚之弟大石林牙已立爲主，稱天輔皇帝，結集兵馬，已及數十萬，待時興舉。」三書皆以大石立天祚之子於沙子，夫許王早爲金擒，梁王之立非緣大石。厲樊榭深闢其説固也，而以沙子之名，不見遼史爲言，則似太膠執。夫雲燕録明言沙子南至天德、雲內，北連党項，党項居於甘肅，當指綏遠、寧夏境之沙漠。大石所駐之可敦城，固在其地，（似又可反證大石之立於沙子即雲內州可敦城，而非鎮州矣。）亦未可遽斥爲附會也。或者梁王本與大石通聲氣，誤傳爲大石所立，亦未可知。

宋欽宗靖康元年
金太宗天會四年

丙午　一一二六年　四十歲

丁未　一一二七年　四十一歲　宋欽宗靖康二年　金太宗天會五年

戊申　一一二八年　四十二歲　宋高宗建炎二年　金太宗天會六年

金人議併力南伐，宗翰言：「耶律大石在西北，〔二五〕交通西夏，我捨陝西而會師河北，彼必謂我有急難，河北不足慮，宜先事陝西」（金史宗望傳）。

〔二五〕按此西北，亦當由南京而示其方位者。耶律大石若在鎮州，與陝西相去遼遠，何能知其必出於此。宗翰之事陝西，傳中明言防夏與大石矣，則大石距陝西不遠可知，以雲内州可敦城當之又何所疑？

己酉　一一二九年　四十三歲　宋高宗建炎三年　金太宗天會七年

金泰州路都統婆盧火奏：「大石已得北部二營，〔二六〕後恐難制，且近群牧，〔二七〕宜列屯戍。」詔曰：「以二營之故，發兵諸部，必擾，當謹斥候而已。」（金史粘割韓奴傳）

〔二六〕北部二營無考，金史兵志云，西南西北招討使契丹餘黨，或即指此。

〔二七〕兵志：「金初因遼諸抹，而設群牧，牧之爲言，無蛟蚋美水草之地也。」松漠紀聞：「遼御馬數十萬，牧於磧外，女真因絶遠，未之取，皆大實（大石）所得。」則大石非獨近之，且已有之矣。

庚戌　一一三〇年　四十四歲　宋高宗建炎四年　金太宗天會八年

二月甲午，〔二八〕以青牛白馬祭天地祖宗，整旅而西，先遺回鶻王〔二九〕畢勒哥書曰：〔三〇〕「昔我太祖皇帝，北征過卜古罕城，〔三一〕即遣使至甘州，詔爾祖烏母主（胡母札）曰：『汝思故國耶，朕爲汝復之，汝不能返耶，我則有之在朕猶在爾也。』爾祖即表謝，以爲遷國於此，十有餘世，軍民皆安土重遷，不能復返矣。是與爾國非一日之好也，今我將西至大會，假道爾國，其弗致疑。」畢勒哥得書，即迎至邸，大宴三日，獻馬六百，駝百，羊三千，願質子孫爲附庸，送至境外（遼史天祚紀附録）。

是時金主遣耶律余覩、〔三二〕石家奴、拔離迷征討大石。征兵諸部，諸部不從，石家奴至兀納水而還。〔三三〕余覩報元帥府曰：「聞大石在和州之域，〔三四〕恐與夏人合，當遣使索之。」夏國報曰：「國與和州壤地不相接，〔三五〕且不知大石所往也。」（金史粘割韓奴傳）

〔二八〕大石於天會八年到達北庭之説，日本羽田氏主之。梁園東氏更以干支推之，獨本年二月有甲辰，定大石假道回鶻之年，實爲本年二月，誠爲確不可拔。要之，征之耶律余覩所聞之大石在於和州之域一言，及本年之干支，西行之年歲可無問題。雖綱目記余覩討大石在次年四月，然自當從金史爲正也。

〔二九〕大石所假道之回鶻，是甘州而非和州，詳見上期拙著箭内亘可敦城考駁義。

〔三〇〕畢勒哥之名，疑即其王號，非真名也。考宋史稱甘州回鶻王曰夜落隔者甚多，據鄂爾渾河上之回紇古碑，載有塔塔別（Tataby），世人大致承認爲中國史上之奚。中國元魏之姓拓拔氏，而可變爲桃花石，唐書玄宗開元二年，突厥子同俄突勒，俄突勒即龐特勒，元史和尚傳及虞集句容郡王碑中之玉里伯里，曷思麥里傳作孛子八里，大「by」之與「奚」，「拓拔」之與「桃花」，「俄」之與「龐」，「孛」之與「王」，皆可互轉，則深喉音之可轉變爲重唇音之例也。由是觀之，則夜落隔之轉爲畢勒哥，亦不難解決矣。據白鳥氏東胡族考曰：

Uigar 語謂王者曰 Bejlik
有王者資格之人曰 Bejlik

Osman 語謂王者曰 Beglik
Bejlik

又突厥可汗有「毗伽」之號，則畢勒哥或夜落隔殆即 Bejlik，beglik 之釋音歟？

〔三一〕卜古罕爲回鶻之著名可汗，即唐書之骨咄禄毗伽可汗也。其牙在烏德鞬山、崑河之間，據 Bretschneider 引拉施特亦謂古回紇（Uigur）之地，有兩山脊一曰卜克拉都卜魯克（Bukratu Bgluki），一曰烏斯根魯克唐古林（UskinLuk Taugriu），而處其間者曰哈剌和林山（Kharakharain），窩闊台汗建城於此，即以山名名城。地濱鄂爾渾河，經世大典圖載卜古罕城在哈剌和林東北（此疑誤）。其地即遼之鎮州也。箭内亘氏考在鄂爾渾河上游烏格淖爾正西。太祖北征事在天贊三年，俱載本紀，維烏母主即胡母扎耳。

〔三二〕耶律余覩征大石事，松漠紀聞曰：「女真遣故遼將余都姑，帥兵經略，屯田於合董城（城去上京三千里），大實遊騎數十出入軍前，都姑遣人打話，遂退。」綱目載其事在天會九年，曰：「金聞耶律大石在和州之域，恐與夏人合，遣使索之，夏國報以境土不相接，且不知大石所往，粘没喝以耶律余覩遼之近族，必知其巢域，以番漢及女真軍萬人付余覩，攻大石於漠北曷董城，臨行質其妻子，仍起燕雲河東夫運餉。曷董城去雲中三千餘里，是行也，三路之夫死者不可勝計。」此兩書所記皆不可信，余覩西征未遇大石，豈有打話之理？綱目所記益多違忤。余覩西征事，金史記在八年，何所據而置於九年四月？所云去雲中三千里不過本松漠紀聞，去上京三千餘里之言而已，非真知其道里也。余覩屯田史所不載，然使爲鎮州可敦城，則金之國威，非所能達。觀金之邊堡，不越陰山，曰：「以禦西北諸族」可知。

〔三三〕兀納水，額濟納河也。自甘肅之張掖，流入寧夏之居延海。索果克淖爾與索伯淖爾，理由詳注〔一八〕。

〔三四〕和州，唐之交州也。亦名哈剌和卓、哈剌火者、火州，又名高昌。高昌偰氏家傳曰：「高昌，哈剌和綽也。和綽，本漢言高昌，高之音近和，昌之音近綽，遂爲哈剌和綽。哈剌，黑也，其地有黑山，故曰哈剌也。」時地入回鶻，Bretschneider 引 Kegel 曰：「哈剌和卓在吐魯番東南四十俄里，Regel 於一八七八年曾至其地，書其名曰 Karagudaha。」

〔三五〕「國於和州壤地不相接。」夏人之飾辭也。是時大石由甘肅入新疆，即不經夏地，耳目之間，豈有不知之理。且和州回鶻統治伊吾(王延德使高昌記可證),與夏境爲界,豈得曰不相接耶?

辛亥　一一三一年　四十五歲

宋高宗紹興元年
金太宗天會九年
西遼德宗延慶元年

自去年西行,所過敵者勝之,降者安之,兵行萬里,歸者數國(遼史天祚紀附録)。過吉兒吉斯之邊,〔三六〕侵入其治地,吉兒吉斯設策禦之,大石遂益西進,建城於葉密爾河旁泰烈克扎罕克山(Tarik djhan Kushan)。〔三七〕是年二月甲午,〔三八〕文武百官册立大石爲帝,號葛兒汗(Gurkhan)。復上漢尊號曰天祐皇帝,〔三九〕改元延慶,追謚祖父爲嗣元皇帝,祖母爲宜義皇后,册元妃蕭氏爲昭德皇后,因謂百官曰:「朕與卿等行三萬里,跋涉沙漠,夙夜艱勤。幸賴祖宗之福,卿等之力,冒登天位。爾祖爾父宜加恤典,共享恩榮。」自蕭斡里剌等封爵有差(遼史天祚紀附録)。

〔三六〕攻吉兒吉斯事,遼史不載,然泰烈克扎罕克山(Tark djham Kushan)言之如此,拉斯特書亦曰,當主兒只(cherche)滅哈剌契丹時,其王子納石大夫(納石即大石也。拉施特以波斯語著書,而波斯語中之T與N其形極似,惟以一點之有無而分,故易於致誤。貝勒生與多桑同爲拉施特之譯本而頗有異同,有貝作N而多作T,亦有多作N而貝作T者,其例頗多。而此處大石之作納石,實爲多桑之誤譯。)負國重譽,亡走吉兒吉斯國,於是由回鶻達土耳其斯坦,納石敏慧有幹才,於此國中,重集師徒,以克土耳其斯坦,而稱尊號曰古兒汗。拉施特之Uigur非必和州回鶻也,和州決不能在吉兒吉斯之後,考粘割韓奴傳,則虎思斡耳朵,傳作骨斯訛魯朵,亦稱回鶻,蓋回紇西遷族類甚繁也。據此與泰烈克扎罕克山相參照,則大石之攻吉兒吉斯,當爲事實矣。考吉兒吉斯,漢曰堅昆,魏曰結骨,唐曰黠戛斯。唐書曰:「其地在伊吾西,焉耆北,白山之南。」稱「其牙在青山劍河東,後破回紇,徙牙牢山之南,牢山亦曰睹滿,距回鶻舊牙馬行十五日。」元史稱:「其地南去大都萬有餘里,其境長千四百里,廣半之,謙河經其中,西北流。又西南有水曰阿浦，東北有水曰玉須，皆巨浸也，會於謙，而入於昂可剌河，北入於海。」謙河即葉尼塞河，阿浦即鄂畢河，昂可剌即安加拉河也，其地在今俄屬西伯利亞葉尼塞河流域托木斯克（Tomsk）、米努森斯克（Minusinsk）諸地。是時大石蓋自和州（吐魯番）北行，再西南至皮拉撒根，故中間經過密爾河也。

〔三七〕葉密爾城，據劉郁西使記曰：「過龍滑河，與別失八里南北相值，西北行五百里，有海曰乞則里八寺，行漸西，有城曰葉瞞。」元史耶律希亮傳曰：「至昌八里踰馬納思河，抵葉密里城。」龍骨河即洛克倫河也（李光廷以爲即馬納思河音不合），源出珠勒都斯山，正與別失八里南北相值，折西北入河，雅爾漠爾湖則即所謂乞則里八寺也。由此西行，至塔耳巴哈台境，有城曰額密耳，旁額密耳河（Emil）在塔城東南，其河源出於拜漠爾匝山口，西北流入於阿拉庫里湖。

〔三八〕西遼年紀諸說紛歧，而其西走之年在保大四年即一一二四年，皆無異辭。其亡在嘉定四年即一二一一年——一二一二年，除齊氏、召南別有解釋，丁謙氏駁之已詳，不足重輕外，其餘諸家所紀，亦大抵一致。所不同者，稱帝之年耳。遼史言在甲辰歲，則正大石出亡之年，其曰二月，則大石自夾山亡走已爲七月，豈有先行稱帝之理？且既謂其紀元延慶三年，康國十年，又謂在位二十年，進退失據，頗不足辯。拉施特書謂大石於一一二八年稱古兒汗（Gurbhm），則以遼史所記五主享國之年相加，其亡不當在嘉定四年，即一二一一年矣。且天會亡年，大石得北部二營（或在七年之前），明年，耶律余覩言其在和州之域，是大石尚未北行，安得有稱帝之事。據金史粘割韓奴傳，皇統四年（宋紹興十四年即一一四四年）回紇使來，言大石已死，回回史家伊本納哀阿鐵兒（Ibnelthin）言大石死於一一四三年，據金史熙宗紀，回鶻遣使來賀，以粘合韓奴報之，事在四年二月甲申，則使者之聞大石死訊，必在上年可知，則亦在紹興十三年，與西史相合。以此逆推，則大石稱帝必在本年無疑。至於粘割韓奴傳言韓奴遇大石，自相矛盾，不足信也。蓋金與宋恒以大石代表西遼主，金史叛臣傳，海陵時，其叛臣撒八戰敗後，金史言其欲亡歸大石。又宋史西夏傳，宋孝宗淳熙十二年，言大石與西夏合謀攻金，此時大石久矣，豈足信乎？故從丁謙説，置稱帝之年於一一三一年。

〔三九〕按遼道宗之尊號，亦曰天祐皇帝，大石不應襲之，疑有誤。

宋高宗紹興三年
金太宗天會十一年　癸丑　一一三三年　四十七歲
西遼德宗延慶三年

自突厥族降，大石籍其户有三萬家，遂益西進，至皮拉撒根境（Belasagun），〔四〇〕其主之繼自伊弗拉雪耶白（Effrasiyab）者，〔四一〕弱不能治，合兒魯（Kanluk）〔四二〕與康隣（Kanly）〔四三〕侵暴其境，勿能禁。因使使詣大石，請主是邦。大石至，遂讓國，但留伊兒克突汗（lek Turkan）汗號（泰烈克扎罕克），〔四四〕大石遂定都焉，易名曰虎思斡耳朵，改明年爲康國元年（遼史天祚紀附録）。

〔四〇〕遼史天祚紀附録言，大石自起而漫東歸，馬行二十日，得善地而定都之。按起而漫（Kerman）遠在波斯，是時撒馬兒干（西回紇）與花剌子模均未服屬，大石豈能越之而至波斯？（考花剌子模之戰及撒馬兒干之戰皆在一一四二年，詳下注。）即謂起兒漫即撒馬兒干與布哈爾間之起而漫納（Kermana），在撒馬兒干未服之前，亦不能至。

皮拉撒根之位置，Brets Chneider 之中世紀研究書中記之甚詳，今釋之如下：

「皮拉撒根之位置，依泰烈克扎罕克山（多桑、一四四三），爲回鶻王（Uigin）卜古罕（Buigu-han）所建。在土耳其斯坦富於水草而有肥美牧場之平原，此阿拉伯地理學家首先於九世紀與十世紀時，指出皮拉撒根在西洪（Sihan）或藥殺水（Yaxart）旁，屬於伊思非扎勃（Isfdab）。據萊而克（Lerch）謂在坦囉私城（Taras）之東，更謂土耳其斯坦以爲皮拉撒根代表地之中央。計之適在東南西北之中（Sprenger´s post trdor moverainuahar）。阿勃非達（Abufeda）援引十世紀與十二世紀時之兩作家，依據其説，皮拉撒根當去喀什噶爾不遠。

更據阿拉伯史家伊本納哀兒阿鐵兒(Ibn el Athir)之說，知皮拉撒根城在十世紀與十一世紀時，爲土耳其斯坦之都城(其書寫於十二世紀末)。更視其下，甚有理由可信，此朝爲伊兒克汗(Ilk Khan)，蓋一回鶻朝也。而此皮拉撒根汗爲哈剌契丹古兒汗所篡奪者，爲回鶻諸侯。回回史家謂皮拉撒根城於十二世紀與十三世紀開始時爲哈剌契丹都城者，滋足供地理位置之疑惑，但若能尋出在此時期之蒙古與中國史之記載，則亦能使確實斷定哈剌契丹都城之正確地點。

前已見之，西遼或哈剌契丹之創業者，建其居所於起兒漫(?)，在撒馬兒干與布哈爾之間，其地是爲虎思斡耳朵，而另有所見於以上所引回回作家之報告，其人自西遼所治地至中國，謂西遼之屯營在於古斯斡魯朵城(Gus Oluto)附近，其名與虎思斡耳朵實爲同一。耶律楚材謂西遼都城虎思窩耳朵在伊犂河之西。元史卷一二〇曷思麥里傳，西域谷則斡耳朵人，爲西遼闊兒汗近侍，私謂中國所用之都名，當與皮拉撒根合一，若依泰烈克拉罕克山，蒙古時代其名爲谷八里克。

於元朝祕史中，更能確信兩地之合一。祕史言王罕(Unghan)亡走契丹克兒汗處，而古兒汗居於吹河，在俄屬土耳其斯坦。在俄地圖上，謂之楚河(Chu or Chao)者也，中國則仍謂之吹河。其河發源於天山伊斯色庫里湖之西南，於湖之近處流過，距其西才四里，西北流入於塞孟庫兒湖(Sammankul)。在長春真人西遊記中，曾提出吹河流域因有其牧場而著名(庫思太庫之土耳其斯坦，一二六八 Ko2tenko's Turkestan)。此說與泰烈克扎罕克山所言之趣向相合，謂皮拉撒根城或八拉撒根(Balasagun)城爲八兒蓋遜之轉訛(Balgasuin)。其字蒙古語訓爲城，而其音則頗似突厥族所用之同樣之字也。泰烈克扎罕克山之著者，謂蒙古人呼皮拉撒根爲谷八里克，竊謂此字與谷則斡耳朵相似，蓋斡耳朵與八里克(城與居所)其義甚近也。

而此說與古皮拉撒根於七世紀時爲西突厥可汗所居之說，亦無抵觸。依唐書，謂乙毗沙鉢羅可汗置其斡耳朵於碎葉城之北，其河與城同名，而於七八世紀時，唐書中互能見之於中國遠征中亞細亞時。碎葉 sujab(tokmak)位於伊犂河與坦邏私(Taras)之間，於六七九年中國在碎葉河畔築一堡壘，但於七四八年被迫毁之。

在六二九年與六三〇年，佛教徒玄奘自中國進至撒馬兒干。取道凌山(雪山 Ice Mountain)或木素爾脱狹道，而達於清池(林特闢河)。其叙述顯爲經伊斯色庫里湖邊，自湖之西北五百里至素葉水城(碎葉)周圍六七里，而鄰國商賈皆集於此，此亦爲葉護可汗之居所(Stan Jubien man, S. L. Contressocid and Vie de Hiouon Thing)，素葉河與唐書所記之碎葉河爲一，而爲指令之楚河或吹河(chu or choa)者。」

長孺按：Brets Chneeder 之言竅矣，然中土載籍尚有足資參考者附加於下：

耶律楚材西遊録曰：「阿利馬西有大河，曰亦列，其西有城曰虎思窩魯朵……又西數百里。有塔剌思城。」

長春真人西遊記：「自阿里馬城西行四日，至塔剌没速輦(?)，十月二日乘舟以濟南下至一大山，北有一小城，西行七日，渡西南一山，明日至回紇小城，十六日西南過板橋渡河，晚至南山下即大石林牙國。」

劉郁西使記曰「至阿里麻里城……二月廿四日過亦睹兩山間，土平民夥溝洫映帶，多古壘壞垣，問之，故契丹故居也。計其地去和林萬五千里而近，有河有亦運，流洶洶東注，土人曰此黄河也。」

又西遊録佚文曰：「索虜城在大河南，城已圮，唐碎葉鎮城故墟也。渡河百里踰山丹嶺，突厥時王庭也。又西數百里，塔剌思。」

按西遊録今所傳者皆殘缺錯亂，疑「又西有大河曰亦列」在本段索虜城之前，而「其西有城」則接於「突厥時王庭也」下，如此則應書作：

「阿里馬西有大河曰亦列，索虜城在大河南，城已圮，碎葉鎮城故墟也(?)。渡河百里，踰山丹嶺，突厥時王庭也。其西有城，曰虎思窩魯朵……又西數百里塔剌思。」則山丹嶺亦可擬爲阿烈三德兒嶺，其下三字音合也。

又長春東還時，西遊記曰：「自吹没輦十日至阿里馬城，西百餘里，濟大河。」(可見西遊録之大河亦必亦列河也。)

今以長春真人及耶律楚材之行程校之如下：

西遊録：阿里馬——西有大河曰亦列——大河南有索虜城——渡河百里踰山丹嶺——突厥王庭——虎思窩魯朵——又西數百里塔剌思。

今試以西遊記較之如下。

西遊記：阿里馬——西行至塔剌没速輦（亦列河之誤東歸時但曰大河）——南踰一大山北有小城——西行渡西南一山——回紇小城——大石林牙國。

兩者相較則所謂山北有小城之小城，即索虜城也。西南一山，即山丹嶺也。回紇小城，即突厥王庭也。如此觀之，則虎思斡耳朵或皮拉撒根之地，在今吹河之南岸，而亞列三德兒嶺之北坡。誠如Bretschneider之説，但Bretschneider之意似以唐之碎葉即皮拉撒根，則未敢苟同。

（原載國學論衡第七期，一九三六年四月；第八期，一九三六年十一月）

韃靼考平議

韃靼者，中國人用以呼蒙古民族之號也，然蒙人自稱，常爲蒙古，或類似之音，初未以韃靼爲號，然則韃靼究爲何稱民族乎？稽諸李德裕文集，遠在武宗時已有達怛之記載，此後歷五代迄宋，史不絕書，其名亦蛻變而爲韃靼、塔坦。顧遼金之際，實鮮記載，遼史僅有三處見達旦之號，金史則渺無所見。以理論之，元初既有塔塔兒，不應伏匿於遼金二朝，殆必以另一名號出現無疑。王靜安先生曾著韃靼考，説明唐宋間之韃靼，在遼爲阻卜，在金爲阻韃，在蒙古之初爲塔塔兒，而漠南之汪古亦其遺種。又推斷阻卜爲阻韃之省，阻韃則爲韃靼倒誤。由於元人諱韃靼而有意顛倒誤入也。此説既出，王君靜如隨有論阻卜與韃靼發表，否認阻卜之爲達旦，並斥改字説之無據，而推斷阻卜爲白達達之音譯。長孺茲篇則就二王之説謬加評論者也。

靜如君之第一論據爲阻卜與達旦不相混同説，其理由（一）爲同在一篇而阻卜與韃靼互見。如太祖紀：

二月達旦國來聘。——神册三年

九月丙午遣騎攻阻卜。——天贊三年。

又如聖宗紀：

六月甲午阻卜酋鐵剌里遣使賀與宋和。——統和二十三年

己亥，達旦國九部遣使來聘。——統和二十三年

正月達旦國兵圍鎮州……——開泰二年

七月己酉，化哥等破阻卜酋烏八之衆。——開泰二年。

按稱名互異未足異部，蓋元修遼史實根據兩種底本而成。一爲遼天祚帝時耶律儼所纂之實録，又一則金章宗時陳大任所纂之遼史。原本譯名之異，當時未加劃一，故當有兩歧之處，例如太祖紀：「開國七年六月……所俘還，多爲于骨里所掠。」其下又云：「于厥掠生口者三十餘人，亦俾贖其罪。」以上兩條相隔但數行耳，不問可知其爲一事，然于骨里之與于厥，所譯已互異矣。又如太宗紀：「會同五年秋七月，阻卜、鼻骨德、烏古來貢」，而部族表記爲：「朮不姑、鼻骨德、于厥里來貢，鼻骨德、烏古來貢。」

于厥、烏古，一篇之中，一條之内，而稱名互異，若此亦得謂烏古、于厥非同部異譯乎？更有進者，達旦之名，三見遼史，而無次不與阻卜互見，兩次且在同月，其記載性質亦屬相類，此固不能謂爲巧合也。太祖紀及聖宗紀統和二十三年所載者胥爲玉帛，而開泰二年所記者又皆爲干戈。如是觀之，互見乃史臣不明合音，以兩種本子拼凑之結果，正可證爲一事重出矣。

阻卜達旦不相混同説之第二理由爲達旦稱國，來使稱聘，阻卜稱部（按亦稱屬國），來使稱貢。按敵國使來則書聘，屬國則書貢。遼史對晉、漢、西夏皆書貢，南唐雖未稱臣，而亦書貢，書聘者梁唐周

宋之外，但有萌古國耳。當時西域雄邦，有如大食、波斯，漠北强部，有如烏古、敵烈，皆不能正敵國之禮，何獨厚愛於萌古？則不問可知爲元時之塗飾。今達旦既與萌古同例，足證其涉及蒙古嫌名而然。長孺誠不能想象白達之部，當契丹盛時竟與分庭抗禮，視若敵國也。

静安先生曾舉三例，説明達旦之即阻卜。其第一例爲遼史聖宗紀開泰元年正月載有達旦國兵圍鎮州之條文，而在蕭圖玉傳上則作開泰中阻卜復叛，圍圖玉於可敦城。考遼史地理志，可敦城蓋即鎮州。以此證達旦之即阻卜。

静如君以原書校之，深斥静安先生輕改文字，以就己説，所言阻卜之圍鎮州在開泰元年七月，達旦之圍鎮州則在二年正月，截然爲兩事。按蕭圖玉傳：

開泰元年七月，石烈太師阿里底殺其節度使，西奔窩魯朵城，已而阻卜復叛，圍圖玉於可敦城，勢甚張。圖玉使諸軍齊射却之，屯於窩魯朵城。明年，北院樞密使耶律化哥引兵來救，圖玉使人誘諸部皆降。

精讀本傳即知静如君之解釋，實屬誤解。蓋其著眼點在「明年」兩字，故必以阻卜之叛圍鎮州，歸於元年七月，如此則阻卜、達旦，必不能混爲一事矣。然開泰元年七月但爲阿里底西奔之時，考本年十月圖玉方奏阻卜執阿里底，西遼何得於十月之後，攻圍鎮州。蓋下云「已而復叛」者，阻卜先助遼統阿里底，後乃叛去，事在十月以後矣。本紀所書，根據奏報，千里告警，或在明年正月始達朝廷，故紀傳稍異。或者已踰年而行文之便未加闡述，則又草率之咎。要之十月以前，阻卜無緣叛遼，而十月至正月，止兩月耳，兩月之間，實難想象鎮州有兩次之攻圍。復次，耶律化哥之救在開泰二年之春，其奏捷則在三月，聖宗紀開泰二年三月：「化哥以西北路略平，留兵戍鎮州，赴行在。」化哥傳明言所討者爲阻卜，若如静如君之説，本年圍城者爲達旦而非阻卜，則何爲置逆命之反虜於不顧，反以敗退之阻卜爲重乎？達旦之圍城，既在正月，三月奏捷，置戍鎮州，非討達旦而何？觀紀傳皆以討阻卜爲言，則達旦之即阻卜明矣。静如君既抹殺阿里底事，復輕删「已而」兩字，使讀者認阻卜之叛即在元年七月，誠可惜也。

静安先生之第二第三證舉李燾續資治通鑑長編之塔靼，同於遼史之阻卜，元祕史之塔塔兒，同於金史之阻韡。静如君認爲史家取材稱謂之異同，未足證改字之説。夫改字説之武斷穿鑿，静安先生自知已明，所斥斥者遼史三見之達旦是否即爲阻卜異稱而已。静如君既未判别塔塔兒與阻卜、阻韡有異，殆已默認矣。

以上以論幸得無誤，則唐宋之達坦、韃靼，在遼金時以另一阻卜或阻韡之名號出現，殆無疑義，所餘者改字之説耳。長孺案：改字之説有不能成立之證二：

（一）静安先生之論據，在於阻卜二字，爲字形之轉變，而非字音之異譯，信如此説則遼史上之達旦若有異譯出現時，必下至爲阻卜之音。長孺細讀遼史，知阻卜固有異譯曰朮不姑，阻卜果爲改字，朮不姑如何乎？太宗紀：

「會同五年七月，阻卜、鼻骨德、烏古來貢。」而部族表作：

「會同五年七月，朮不姑、鼻國德、烏古來貢。」

又如聖宗紀：

「太平六年七月……自是阻卜諸部皆叛。」而部族表作：

「太平六年九月，朮不姑諸部皆叛。」

又如太宗紀：

「天顯八年十月，阻卜入貢。」而屬國表作：

「天顯八年十月，朮不姑來貢。」（按上文七月有阻卜、朮不姑來貢之記載，則涉下文衍誤者，紀七月並無此事。）

就以上諸條觀之，阻卜之同於朮不姑，自無問題，可知阻卜蓋音譯而非字面之改變矣。

（二）静安先生認阻卜爲阻韃之省，阻韃爲靼韃之誤。然韃靼一號，實始於北盟會編所引諸書，蓋南宋人藐視外族而然，在唐曰（北宋人皆称達怛或達靼）此達怛，五代乃曰達靼。遼人稱其隣部，未必如南宋人之例，以意逆之當如五代史，稱達靼爲當，遼史之達旦，則爲元人去靼字之革旁而然。今試以達靼倒之，或能訛爲靼僕，決不能訛爲阻韃，蓋本有革旁之靼既删去之，複於本無革旁之達上加革而訛作韃，似無此理也。

又案熏粥，改爲獯粥，又變爲獫狁，犬旁之加在後，柔然改爲蠕蠕，虫旁之加在後，以此推之，「阻卜」之爲「阻韃」，應視「韃」爲「卜」之改字，而非「卜」爲「韃」之省字也。

（原載正言報一九四〇年十二月九日第二張第八版）

遼史匡謬舉例

遼史疏漏，自趙雲松已來，言者甚多，而理董史文，勾稽缺失，如金史詳校例者卒鮮，樊榭拾遺，用力甚勤，而亦尠考證。長孺夙治遼史，遇有會意，輒加朱墨，眉批夾簽，紛披楮葉，不幸遭亂，書籍散失，昔日之功，遂同逝水。兹篇但就記憶所及，稍爲拈出之，而手頭又無他書，可供參考，不免有粗率武斷之嫌，尚冀通人之指正耳。其爲趙氏廿二史札記、錢氏廿二史考異所已言者，概從略去。

遼史之根本錯誤實在於引用諸書，未加别擇，故於年月、人名事跡不能整齊劃一。趙雲松於遼史之纂修經過，叙述甚詳，兹不贅述。所宜知者，遼史之底本非僅耶律儼、陳大任二人之書，實亦兼採通鑑諸書耳。其書常自稱遼軍，即陳大任雖爲金人，恐亦不容如是，大抵爲敵國之辭，而非遼之國史可見。既少排比之功，宜多差謬。兹分類舉例，限以十事。

一　事跡之差謬也

例如：

太祖紀開國六年十月戊寅剌葛破平州。按通鑑云守光僭號受册之日，契丹陷平州，則乾化元年，契丹之五年矣。舊五代史所載亦同。平州之陷當移上一年。

太祖紀神册元年夏四月乙酉朔晉幽州節度使盧國用來降，以爲幽州兵馬留後。按趙氏札記言盧國用即盧文進，辨正此條結銜之誤，其言甚是。蓋據五代史，文進之字爲大用，入遼乃改名國用。幽州節度乃文進入遼所授之官，後人追稱之如此，其上「晉」字亦屬妄加。次年二月復書晉新州裨將盧文進殺其節度使李存矩來降，則又本之薛史莊宗紀、通鑑同，但以存矩爲防禦使耳。夏四月書太祖班師留曷魯、盧國用守之。其名又與上年合，蓋皆出於實録也。同一人也，忽而爲文進，忽而爲國用，正由參用諸書，不知整齊耳。

太宗紀：天顯三年七月，王都奏唐兵破定州。按王都始亂在後唐明宗之開成三年，正當遼太宗之天顯二年，而定州之破，則在次年之正月。定州既破，王都即自焚死，又安能奏聞，此可用五代史正之者也。

太宗紀：天顯十一年七月丙申唐河東節度使石敬瑭爲其主所討，時趙德鈞亦遣使至，河東復遣桑維翰來告急，遂許興師。按據五代史、通鑑皆言敬塘既王命，趙德鈞往救張敬達，此時似不能遣使契丹。通鑑於本年閏十一月書延壽厚以金帛詣契丹主。帝聞之大懼，亟使桑維翰成契丹主，此時遼軍已破張敬達，遼主方在晉陽城外，維翰實未嘗至契丹也。遼史誤移前數月，遂合維翰之草表求救與詣契丹土中説爲一事，謬矣。

太宗紀：會同三年七月以安重榮以鎮州叛晉，詔征南將軍柳嚴邊備。按薛歐兩五代史皆書天福六年（會同四年）十二月丙戌安重榮反。三年七月，未有反跡，不知遼史何所據而云然。

太宗紀：會同七年正月趙延壽圍貝州，太守吴巒投井死。按吴巒官銜五代會要作巡檢使，舊五代史本傳作知貝州軍事，出帝紀作知州，通鑑作權知州事，無一同者，然五代時並無太守官號，其誤顯然。

世宗紀：天禄三年九月會群臣議南伐，冬十月，遣諸將率兵攻下貝州高老鎮，徇地鄴都、南宫、堂陽，殺深州刺史史萬山，俘獲甚衆。四年又書自將南伐，攻下安平、内邱、束鹿等城，大獲而還。按薛史漢隱帝紀乾祐二年（天禄三年）下所載略同，而次年不書契丹入寇事。歐史隱帝紀乾祐二年下亦書契丹攻趙魏，陷内邱而次年不書。其契丹傳則繫於乾祐元年，云兀欲以萬騎攻邢州，陷内邱。元年之誤不待辯，即歐史隱帝紀亦不書元年有入寇事也。然天禄四年，世宗自將南伐。略地甚多，兩五代史默無一言者何耶。檢之通鑑及五代會要則又以契丹入寇繫於乾祐三年十一月而二年不書，然則應從兩五代史目通鑑、會要誤乎？抑又當從通鑑、會要以兩五代史爲誤也？至於遼之兩存不皆又將何以解釋之耶？長孺認爲三年入寇之説，純屬無稽。蓋中國方面之主將郭威方於三年十一月起兵叛漢，安得有奉命討契丹之事。至於遼史之誤則由於先從薛史於天禄三年（乾祐二年）下書之，繼又從通鑑於四年下復書攻内邱，蓋誤一事爲兩耳。其實所謂攻邢州，攻貝州，攻深州，皆天禄三年事也。

穆宗紀：應曆二年十二月癸未朔高模翰及漢兵圍晉州。按契丹國志繫攻晉州事於周廣順元年（應曆元年）云：「遼遣蕭禹厥將奚、遼兵五萬會北漢兵伐周，北漢主自將兵二萬攻晉州。十二月周王峻至晉州，遼兵與北漢兵宵遁。」蓋即遼史二年事也。考之資治通鑑廣順二年下但言九月契丹將高謨翰以葦栰渡胡盧河，入寇至冀州，薛史所載略同，歐史亦繫於九月下，皆不言攻晉州而遼史元年亦下書攻晉州是蓋誤合兩事爲一耳。主將之名爲二年之高謨翰，所攻之城則元年之晉州也。

景宗紀：乾亨元年六月劉繼元降宋，漢亡。按宋史、十國春秋北漢紀皆云繼元之降在五月，可證遼史之誤。

聖宗紀：統和六年八月丁丑東路林牙蕭勤德及統軍使石老擊敗女直兵獻俘。按蕭勤德即蕭恒德，傳附蕭拂押後。言以駙馬都尉遷南面林牙改北面林牙，爲東京留守。考本年七月耶律抹只去東京留守任，以恒德傳觀之，則繼其任者恒德也，然則此東路林牙殆爲東京留守之誤矣。考之百官志北面林牙院有北面林牙，南面林牙則屬南面翰林院，獨無所謂東路林牙者，信爲紀文之誤。

二　名字之不一也

例如：

太祖紀：開國二年始置惕隱，典族屬，以皇弟撒剌爲之。又詔撒剌討烏丸、黑車子。按此即皇弟剌葛也。皇子表云剌葛字率懶，撒剌、率懶一音之轉耳。今不稱其名，而稱其字，其謬不獨在譯音之不統一矣。

太祖紀：神册三年以耶律曷魯弟汗里軫爲迭剌部夷離堇，按耶律覿烈傳云：字兀里軫，蓋是一人而名字互稱，其後天贊三年又稱之爲迪里，則仍爲覿烈之異譯矣。

聖宗紀：統和元年十月戊子以公主淑哥下嫁國舅詳穩照姑。按公主表：淑哥，景宗女，始嫁盧俊，後以不協離婚，改適蕭神奴，與紀不合。

聖宗紀：統和二年十一月壬子以樞密直學士給事中鄭嘏爲儒州刺史。按百官志樞密直學士條下及給事中條下皆作郭嘏。

聖宗紀：統和三年八月命駙馬都尉蕭懇德爲監軍，以兵討女直。又四年正月丙子林牙勤德等上討女直所獲生口十餘萬。按懇德、勤德一音之轉。卷八八蕭恒德傳，以駙馬都尉遷南面林牙，亦是一人。遼金元譯名不統一，不足責，至於此本一事，相隔僅一年而亦誤歧爲二，則謬矣。

聖宗紀：統和四年二月壬寅以四番都統軍李繼忠爲檢校司徒、上柱國。按百官志，北面邊防官西路諸司中有四番都軍所，聖宗統和四年置，授李繼沖，名號不同。

聖宗紀：統和三年見蕭闥覽，十二年見蕭撻凜，清官本考證以爲是兩人。其證爲功勳之不同，官位之不同，其子之名不同，其子所尚公主又不同。按是一人，考證言謬。卷八五蕭撻凜傳與聖宗紀中所載闥覽事不合者，但不記伐女直事耳。然遼史列傳疏漏殊甚，如耶律奚底傳不載乾亨三年與乙室王撒合戍燕事。又不載沙河戰敗事。耶律善韃傳不書乾亨元年援北漢大敗事，皆不可引傳目正紀。今細按本紀所載闥覽歷官，四年爲彰德軍節度使。四年南征爲諸軍副部署。六年稱太師闥覽中箭，與傳歷官相合。但傳以其遥授彰德軍節度使，檢校太師悉在七年，歲月較晚耳。然考紀統和七年無授闥覽官紀事，足證傳文之誤。此勳伐不同及授官年月之異，不足證其爲兩人也。

其最有力之證據則以紀七年四月乙卯國舅太師蕭闥覽爲子排亞請尚皇女延壽公主，許之；而撻凛傳但言有子慥古爲南京統軍使，無排亞。公主表又載慥古尚聖宗女，若然，則闐覽、撻凛信爲兩人矣。然七年紀文實誤也，請試言之。考排亞之名屢見聖宗紀。以事跡考之，即蕭拂押也，卷八八有傳，言其所尚者衛國公主長壽女，非越國公主延壽女。延壽下嫁蕭恒德，排押弟也。此本文之可疑者一。排押傳言其爲國舅少父房之後，不言闐覽子，此可疑者二。外戚表列撻凛於思温一族，無闐覽，而列排押、恒德於懵欽皇后一族，此可疑者三。由此言之，排押非獨不能爲闐覽子，併不能爲撻凛子。其以子名之異所尚公主之異證闐覽、撻凛爲兩人者，實未嘗細考也。

要而論之，二人之服官同，事績同，中流矢亦同，自不能謂其爲兩人矣。遼史已譯名之偶異，致召後人之疑，多此類也。

聖宗紀：統和四年四月見奚王籌甯。按卷八五奚和朔奴傳，字籌甯，此又稱其字耳。

聖宗紀：統和六年二月甲寅，大同軍節度使同平章政事劉京致仕。按劉京宜作劉景，卷八六有傳，言其爲户部使，歷武定、開遠二軍節度使，統和六年致仕。歷官稍異，實是一人。開遠軍屬西京道。地理志曰：「遼初置代北寧雲朔招討使，改雲内州，清寧初升。」則聖宗時不能有開遠軍之名，自宜從紀作大同軍。至於劉京，别有其人，統和九年方爲給事中，安得先於六年致仕。

聖宗紀：統和十九年正月辛巳以祇候郎君班詳隱觀音爲奚六部大王。按此蕭觀音奴也。卷八五有傳，此既不著其姓，又奪一奴字，遂若兩人矣。

以上十條大抵非由異譯，至於敵剌、迪剌、敵禄、迭烈、敵魯、覿烈之異，指不勝屈矣。

三　曰紀表志傳之彼此乖忤也

例如：

營衛志列舉遼朝斡魯朵十二宮一府之名，其中崇德宮云是承天太后置。敦睦宮爲孝文皇太弟置。然世宗紀天禄元年已書以崇德宮户分賜翼戴功臣，是承天太后之前已有崇德宮矣。孝文皇太弟不知究係何人，以意度之，當是聖宗弟隆慶，而紀及皇子表皆書其謚爲「仁孝」。然聖宗紀統和三年即云謁永興長寧敦睦三宫。是時隆慶未死，何得儼然並列，受皇帝之謁哉。然則隆慶之前固已有敦睦宫矣。此紀與營衛志之乖忤也。

聖宗紀：乾亨四年十一月甲午置乾州，而地理志曰：「乾州廣德軍上節度，本漢無慮縣地，聖宗統和三年置，以奉景宗乾陵。」是紀、志建置之年月不同也。

聖宗紀：統和八年七月庚辰詔白川州置洪理，儀坤州置廣義，遼西州置長慶，乾州置安德各一縣。按地理志，中京道川州（即白川州）統縣三，中有宏理縣，蓋本應作「弘理」，宏洪皆避清高宗諱，此尚不誤。而志稱上京道儀坤州統縣一廣義，本回鶻部牧地，應天皇后以西征所俘居之，因建州縣。統和八年諸宫提轄司户置來遠縣，十三年併入。據此則統和八年所置者來遠縣，若廣義則建於太祖時也。又東京道乾州統縣四，獨無安德。此又紀與地理志之記載乖忤也。

穆宗紀：應曆三年李胡之子宛，郎君稽幹敵烈謀反，事覺。按皇子表及李胡傳皆不載宛名。此皇子表之疏漏也。

景宗紀：保寧元年三月封必舒爲越王。按皇子表，穆宗封必舒爲越王。此紀與皇子表之乖忤也。

聖宗紀：統和元年二月甲寅以皇女長壽公主下嫁國舅宰相蕭婆項之子吴留。按是時聖宗方十三歲，不應有女，蓋景宗女也。公主表景宗第二女名長壽女，初封吴國，進封衛國，改封魏國大長公主，即紀所書長壽公主也。然表載其下嫁宰相蕭排押，則非吴留矣。且排押傳言，其尚公主遠在岐溝戰後，亦不在統和元年也。考蕭恒德傳，統和元年尚越國公主，拜駙馬都尉，則本年尚主者，又是恒德矣。而公主表景宗第三女名延壽女，初封越國，追封趙國，下嫁蕭恒德，則本年下嫁者非長壽而延壽也。紀、表、傳三者乖忤殊甚。

聖宗紀：乾亨四年十月戊子以公主淑哥下嫁國舅詳穩照姑。按公主表淑哥景宗女，始嫁盧俊，後以不協離婚，改適蕭神奴。名與紀異。（以上皆公主表與紀之乖忤）

穆宗紀：應曆二年四月鐵驪進鷹鶻，二年十月回鶻來貢，表不載，部族表在三月。而自四年至十一年外夷叛服，表皆不載。

聖宗紀：統和元年正月速撒獻阻卜俘，表不載。開泰元年正月癸未長白山三十部女直酋長來貢，屬國表不載。（以上爲部族表、屬國表與紀之乖忤。）

穆宗紀：應曆七年十月獵於七鷹山，巡幸表繫於十二月，作獵於赤山及拽剌山。八年七月紀載獵於拽剌山，表作獵於赤山。（巡幸表與紀乖忤最多，兹不多舉，但列此例）

景宗紀：乾亨元年六月北院大王奚底……擊宋。按耶律隆運傳，奚底官爲五院糺詳隱，非北院大王，與紀異。

景宗紀：保寧元年二月侍中蕭思温，南院樞密使高勳率甲騎千人馳赴。按高勳傳是時勳官爲知南院樞密事。百官志分樞密使，知樞密使事，知樞密事爲三官，則不得混稱明矣。

景宗紀：保寧三年七月辛丑以北院樞密使賢適爲西北路招討使，安賢適本傳云爲西北路都部署。

景宗紀：保寧八年六月以西南面招討使耶律斜軫爲北院大王。按本傳未載升北院大王，自亦不言其曾官西南面招討使。景宗紀乾亨元年又書斜軫結銜爲南院大王，考之本傳，正云其爲南院，然則紀所載保寧八年遷北院大王事必爲誤文。

聖宗紀：統和元年正月丁亥樞密使兼政事令室昉請老，按上文以室昉官爲宰相。本傳言其以樞密使兼北府宰相。加同政事門下平章事。所載不同。（以上皆紀傳之乖忤者）

就上所舉三類言之，若細加抉摘，錯誤殆不可數，茲則但爲舉例焉爾。紀與諸表乖忤最多，有若烏古、於厥、求不姑，本一族也，而以譯音之不同。部族表中，重疊復出，更僕難數。巡幸表與紀全出兩源，百無一合，則又非但歧異之事矣。諸傳則病在疏略，故時有缺失，此無可舉例者也。隨手掇拾，但止於斯。鄙陋之言敢質賢達。

（原載正言報一九四一年三月廿七日第二张第八版）

遼史中漢名的考訂

遼史中漢人以外之人名，每有異譯，清朝人的考證往往歡喜將這些異譯加以比附，此種考訂有時固純屬猜測，然也有確然可據的。我們知道統一譯名這件事原屬不易，此種過失非獨遼史有之，修外族史的大都難於避免。可是最可怪者遼史中漢人名亦有異譯，此則爲在其他史籍中很少見到者。例如上次發表的遼史匡謬舉例一文中，我曾舉出一個劉景，在某一處寫作劉京。最可疑者卷八九有傳的楊晳與卷九七有傳的楊績頗有一人兩傳之嫌。本紀中即但有楊績而無楊晳。試將二傳對校，尤足證明其爲一人。楊晳傳曰：

楊晳字昌時，安次人。幼通五經大義。聖宗聞其頴悟，詔試詩，授秘書校書郎。太平十一年擢進士乙科，爲著作佐郎。重熙十二年累遷樞密都承旨、權度支使。登對稱旨，進樞密副使，歷長寧軍節度使，山西路轉運使，知興中府。清寧初入知南院樞密事，與姚景行同總朝政。請行柴册禮，封趙國公。以足疾復知興中府。咸雍初，徙封齊。召賜同德功臣，尚書左僕射，兼中書令，拜樞密使，改封晉，給宰相樞密使兩廳傔從。封趙王，屢請歸政，益賜保節功臣，致仕。太康五年，例改遼西郡王，薨。

在興宗紀與道宗紀中我們只能找到關於楊績的幾條記載，這幾條記載如果與楊晳傳相駁，可信其爲一人！

興宗紀：「重熙十九年十一月出南府宰相韓知白爲武定軍節度使。樞密副使楊績長寧軍節度使。」

道宗紀：「清寧元年以知涿州楊績參知政事兼同知樞密院事。」

同上：「咸雍元年三月以知興中府事楊績知樞密院事。」

同上：「咸雍二年十二月以知樞密院事楊績爲南院樞密使。」

同上：「咸雍八年六月封北府宰相楊績爲趙王。」

同上：「太康五年十月以趙王楊績爲遼西郡王。」

紀中歷官雖不備，然與楊皙傳並無抵觸。更考楊績傳曰：

楊績，良鄉人。太平十一年進士及第。累遷南院樞密副使，與杜防、韓知白等擅給進士堂帖，降長寧軍節度使，徙知涿州。清寧初拜參知政事，兼同知樞密院事，爲南府宰相。九年聞重元亂，與姚景行勤王，上嘉之，十年知興中府。咸雍初入知樞密院事。二年乞致仕，不許，拜南院樞密使。帝以績舊臣，特詔燕見。論古今治亂，人臣邪正。帝曰：「方今群臣，忠直耶律玦、劉伸而已，然伸不及玦之剛介。」績拜賀曰：「何代無賢，世亂則獨善其身，主聖則兼濟天下，陛下録分邪正，升黜分明，天下幸甚。」累表告歸，不許。封趙王。太康中以例改王遼西，致仕，加守太保，薨。子貴忠，知興中府。

這一篇傳裏須要指出的是籍貫的不同，蓋楊皙傳説是安次人也。可是安次與良鄉接壤，此種兩屬之地，也許有之，究不足推翻這個假定。

這兩個人登第的年歲同，歷官同（楊績傳比較略去一些），封爵同。頂有力的證據是同在太康中降封遼西，而我們在紀上找到在太康五年降封的但有楊績，由趙降遼西也。（楊績傳説績與韓知白、杜防同貶，稍有錯誤。據興宗紀，杜防之貶在十六年，此時已久不在相位了。）

除了劉景與劉京，楊皙與楊績之外，我們又找到了幾個漢人的異譯。近年林西出土的遼朝碑誌中有遼相國賈師訓的墓誌。據羅振玉的考訂，即是見於遼史道宗紀大安五年之賈士勳，這一説是很可信的。他又説誌中所稱故侍中劉雲應即道宗紀太康八年九年所見之南院樞密使劉筠，又誌中所稱故相王籍應即屢見於道宗紀之王績，此雖無確據，然亦有可能。羅氏以耶律乙信之即耶律乙辛例之，我以爲不如以楊績爲例。

又道宗紀中屢見劉詵，這個人我疑心就是卷九八有傳的劉伸。考紀所載劉詵的歷官：

咸雍二年五月以户部使劉詵爲樞密副使。十二月以樞密副使劉詵爲參知政事，三年十二月丁未以參知政事劉詵爲樞密副使。太康二年知北院樞密副使兼知漢人行宫副部署劉詵爲參知政事。

到此爲止，紀中没有提到過劉伸，可是永康四年十月却説以參知政事劉伸爲保静軍節度使。自此以後劉詵與劉伸不曾同時發現過。劉伸傳以户部使拜南院樞密使，參知政事，出爲保静軍節度使，與紀正合。可是仲傳仲自四年外任之後遷上京留守，徙鎮雄武，以崇義軍節度使致仕卒，則未嘗召也，乃考道宗紀太康六年十月參知政事劉詵致仕，似乎與劉仲確非一人。這一個問題，我不能解決。

又道宗紀大安八年十月壬申南府宰相王荊薨。官本考證引據永樂大典王荊作王經，也是漢名兩譯之例，可是考證却說王經在大安三年爲三司使，所以不是一人。這個分判實在没有理由，難道三年做過三司使就不準他在八年作宰相麽？

遼史爲什麽有這樣巨大的錯誤是個問題。我不敢僅憑這一點考證作斷語。考遼史的底本有二，一是遼天祚帝命耶律儼修成的實録。二是金皇統中命陳大任續修之遼史。遼朝雖不廢漢文，然主用契丹字，觀林西出土之諸帝哀册，契丹文字與漢文兼用可知。我猜耶律儼之實録也許有一種契丹本子，現行遼史所以有此錯誤，大概是漢名重譯的結果，但是我得聲明，這不過是一種猜測。

（原載正言報一九四一年六月十九日第一張第四版）

蔑兒乞破滅年次考證

蔑兒乞破滅之年次，中、回記述，皆有乖忤。伯希和君在一九二〇年刊行亞州報上之「庫鑾」一文中，略加申述，然亦懸而不斷。一九三〇年刊行通報上之「蒙古侵略時代之土耳其斯坦評注」一文中，亦曾提及，云當爲專文考之，而迄今似尚守緘默。伯希和君一代通人，蒙古史實之考證可稱絶學，尚不敢輒下斷語，長孺何敢妄有論列，惟邇讀親征録，略有所見，輒杼一得，就正當世，自知鄙陋，有待覆瓿而已。

一　論祕史年次之錯誤

成吉思汗於鼠兒年春（一二〇四）破滅乃蠻，即於是年之秋敗蔑兒乞酋脱黑脱阿，追至撒阿里客兀兒地面。〔一〕明年春脱黑脱阿中亂箭死，餘衆奔康里、欽察，〔二〕遂命速別額台以鐵車追襲之。〔三〕明年速別額台追蔑兒乞至垂河，滅之而後還。〔四〕此元祕史之説也。

〔一〕見元朝祕史卷七，第四十九頁（商務影元抄本）。
〔二〕見元朝祕史卷八，第六頁。
〔三〕見元朝祕史卷八，第十一頁。
〔四〕見元朝祕史卷九，第十一頁。

考元祕史以蔑兒乞之破滅繫於畏吾兒亦都兀惕歸降之前。亦都兀惕之降雖不著年歲，而下即紀兔兒年征林木中百姓事，則亦在丙寅也。按親征録，拉施特書在征滅蔑兒乞之前尚有亦都兀惕與之大戰嶄河一事而祕史不載，蓋如其説則不待畏吾歸心，蔑兒乞已盡滅矣。親征録云：

己巳春，畏吾兒王亦都護聞上威名，遂殺契丹所置監國少監，欲求議和。上先遣按力不也奴、答兒拜二人使其國，亦都護大喜，待吾禮甚厚，即遣其官別吉思、阿鄰帖木兒二人入奏。（王静安校注親征録）

然則畏吾之降在太祖四年己巳（一二〇九），而非元年丙寅矣。親征録其下又云：

當是時，蔑兒乞脱脱之子火都、赤剌温、馬札兒禿、薛干四人以脱脱中流矢死，不能歸全屍，遂取其頭涉也兒的石河，將奔畏吾兒國，先遣别干者使亦都護，亦都護殺之。四人至，與畏吾兒大戰於嶄河。

拉施特書所載全與録同，嶄河作 cäm-mürän，洪文卿譯作真河。元史卷一二二巴而朮阿而忒的斤傳亦有相同之紀事，而嶄河作禬河。太祖本紀於四年己巳春書畏吾兒國來歸，但不載征蔑兒乞事。要之亦都兀惕之降，祕史繫於丙寅者實誤，應從親征録及元史本傳，拉施特書繫於己巳（一二〇九）。亦都兀惕之降既在己巳，而其不納蔑兒乞，大戰嶄河之事，又爲諸書所共信，是速不台之征蔑兒乞，至早亦應在己巳之後無疑。

若從親征録之記載則應在丁丑（一二一七）。成吉思汗於甲子年秋（一二〇五）破乃蠻，即於是年之冬復征蔑兒乞，其酋脱脱奔乃蠻之盃禄汗。戊辰冬（一二〇八）征脱脱，至也兒的石河，脱脱中流矢死，明年亦都護與蔑兒乞大戰於嶄河。直至丁丑（一二一七）乃命速不台以鐵裹車輪滅蔑兒乞於嶄河。

王静安先生認親征録繫年有誤，其案語曰：

案遺速不台征蔑兒乞事，祕史繫於牛兒年，然在滅乃蠻之後，護札木合之前，則所謂牛兒年乃乙丑非丁丑也。至速不台殺蔑兒乞亡虜忽都等及平吐麻部，祕史雖不著年歲，然皆繫於伐金前，疑此録誤也。

静安先生雖信祕史，然未言何種理由，速不台殺蔑兒乞亡虜在兔兒年前，必爲丙寅，距辛未伐金六年而遥，亦似未檢祕史。至於親征録之可信與否，可以速不台傳證之：

丙子，帝會諸將於禿兀剌河之黑林，問誰能爲我征滅里吉者？速不台請行，帝壯而許之。乃選裨將阿里出領百人先行，覘其虛實，速不台繼進。……己卯，大軍至蟾河，與滅里吉遇，一戰而獲其二子，盡降其衆。其部主霍都奔欽察，速不台追之，與欽察戰於玉峪，敗之。〔二〕

然則速不台之征蔑兒乞始於十一年丙子（一二一六），而其使命之完成遠在三年之後，直至十四年己卯（一二一九）始盡滅其衆。乃考速不台之别一傳，其記載又有紛歧。元史一二二雪不台傳曰：

〔二〕元史卷一二一速不台傳。

十一年戰滅里吉衆於蟾河，追其部長玉峪，大破之，遂有其地。

本文以玉峪爲蔑兒乞部長，其錯誤不待言。而紀年但著十一年丙子，似蔑兒乞之滅即在是年矣。然此殆爲行文之便牽連書之，觀其下書征回鶻，亦不繫年，直至討定欽察，始著年歲，則已在十八年癸未，與速不台傳合矣。故知兩傳並無抵觸，伯希和君疑兩傳之不合，(一)實未深思耳。

傳之丙子與乙丑相差僅一年，果孰是乎？考親征録與拉施特書在關於蒙古方面幾爲一書之兩譯本，此段記載除稍詳密外，全與録同，其繫年亦在牛兒年。然拉氏書脱去亥年，親征録雖似不脱，而亥年所記，與上重出，據静安先生考證，實爲明人所羼入，是脱誤兩書同也。如是則丁丑戊寅事皆應遞升一年。故征蔑兒乞實在丙子而繫於丁丑，正如木華黎之封王專征，據元史紀傳皆在丁丑八月，而親征録及拉施特書，皆繫於戊寅，其例也。

如上所説，速不台奉命征蔑兒乞實在丙子(一二一六)，祕史之誤，可無待言，即親征録亦未全合也。

二　論霍都或忽秃實未奔欽察

霍都者蔑兒乞部長脱脱之子也，其人以善射著名而有麥里堅之號，其被擒之地，諸説不同。

(一)　見西域南海史地考證譯叢續編，第三十二頁。

速不台傳言於蟾河戰後，霍都奔欽察，其被擒當在征欽察後。而拉施特書則言其人被擒於蔪河（即蟾河）。

牛年，帝旋師，以聞蔑兒乞人逃至乃蠻西界外，集衆圖再舉，其地山高路險，乃命速不台、拔都率軍，以鐵釘密布於車輪，庶行山路不易壞。復令脱忽察兒與合，行至真河，大敗蔑兒乞，盡殺其人，生獲呼圖汗蔑兒堅，檻致於朮赤。朮赤聞呼圖罕善射，試之果然。遣人告帝，乞貸其死，帝不欲遺後患，仍令殺之，托克塔後人無一得免者。〔一〕

親征録但言盡滅蔑兒乞，則亦似不認霍都有奔欽察事也。至祕史則以脱黑脱阿死後，其子忽都合勒、赤剌温即奔欽察。

明年（按蒙文作牛兒年）春，踰阿來嶺去，適乃蠻古出魯克與脱黑脱阿相合了。於額兒的失不黑都兒麻地而根源行，整治軍馬。成吉思汗至其地與他厮殺。脱黑脱阿中亂箭死了，其屍不能將去，其子只割將他頭去。人馬敗走，渡額兒的失水，溺死者過半，餘亦皆散亡，於是乃蠻古出魯克過委兀、合兒魯種去，至回回地面垂河行（按蒙文作乘沐漣，疑誤），與合剌乞塔種的人古兒罕相合了。蔑兒乞的忽都合勒、赤剌温過康里、欽察種去了。〔二〕

〔一〕元史譯文證補太祖本紀譯證：巴爾多德言馬加德引拉施特書脱脱弟忽都（Qudu）與其子忽勒秃汗均逃至欽察，忽都於其地被殺，而忽勒秃汗爲朮赤所擒，又與此異，若然者蔪河應在欽察界矣。

〔二〕元朝祕史卷八。

本文繫脱脱之死於乙丑，與親征録、元史本紀皆不合，實應從録及太祖紀繫於戊辰年。〔一〕惟其中可注意者不言欽察而言康里、欽察，似較近真相，蓋霍都或忽都之就擒實在康里界也。然在脱脱死後，尚有嶄河之戰，一時尚逗留也兒的石河附近，未必能即奔康里，則祕史之誤可證也。

今所論者，霍都被擒究在何地乎？據巴爾多德（Barthold）引志費尼書：

> 一二一八年春，花拉子模算端留居布哈爾，隨後詣撒麻耳干，圖進攻古出魯克，忽聞蔑兒乞部爲成吉思汗逐離漠北，見於康里境内，其長曰脱黑脱阿。於是算端移軍向氈的，既而知蒙古軍亦追蹤而至。前此脱黑脱阿與古出魯克鬨，奔謙謙州，爲朮赤所敗，遂入康里也。算端遄反撒麻耳干，整軍自布哈爾至氈的，冀遂一箭雙鵰之願。迨其至時，蔑兒乞部已盡被殺，於是算端遂獨與蒙古軍周旋矣。〔二〕

本文之脱黑脱阿應爲忽勒都汗之誤，馬加德（Marquart）與巴爾多爾結論相同。證以速不台傳及祕史，其爲霍都無疑，惟言蔑兒乞部自康里來，足證速不台傳之非。

康里族在十三世紀初居於鹹海之北，東接熱海、吹河、坦囉私河。花拉子模自氈的北行，即入其界，若言奔欽察，則更在康里西，與算端行程不合。考元史卷一二〇曷思麥里傳，言征康里，至孛子八

〔一〕元史太祖本紀言討蔑里吉部，滅之。伯希和君以爲此紀傳不合之例。然是年脱脱戰死，紀與親征録合，其下言之甚明，並非嶄河之戰也。

〔二〕Turkestan Down to the Mongle Invasion p. 370.

里城，與其主霍脱思罕戰，又敗其軍，進至欽察平之。按霍脱思罕實即欽察部長忽都斯，〔一〕顧此言康里主，故知蒙古人於此兩族輒有混淆，無怪祕史之並舉康里、欽察兩部矣。

設志費尼之説可信，則蔑兒乞部實未嘗盡滅於嶄河，此時之酋長非霍都而誰？至於欽察之説，殆因後此之欽察部長霍脱思罕與霍都音近致誤耳。速不台傳所載已混征蔑兒乞與征欽察爲一事矣。

三　論嶄河與垂河

嶄河之名兩見於親征録，拉施特書作 Čăm-mürän，元史速不台傳作蟾河，阿而朮巴而忒的斤傳作襜河，皆一地也。據布萊慈乃岱（Bretschneider）〔二〕認爲回教記述中之 Djem 河即速不台傳之蟾河，親征録之嶄河，當爲也兒的石河上游支流，其説甚是。親征録己巳年載「四人至，與畏吾兒大戰於嶄河」，静安先生未有所言，丁丑載「速不台、拔都……至嶄河，大戰，盡滅蔑兒乞」。静安先生注云：「祕史作垂河，今吹河也。」拉施特書亦兩見，洪文卿譯作真河，己巳亦云不可考，其後則以爲吹河，與王説合。按同此一河，無前後異地之理，己巳之戰，諸書皆言在也兒的石河附近，則丁丑之戰自亦在此。至於元祕史之垂河，自必爲吹河，固不必牽合兩書也。

然則何故有第二次嶄河之戰乎？此當先述蔑兒乞部在第一次嶄河敗後之行蹤，據多桑書引回

〔一〕西域南海史地考證譯叢續編三十頁。
〔二〕見 Bretschneider's Mediaeval Researches·Vol· I·P· 230·note 590。

教記載曰：

屈出律（古出魯克）至其地（按奉西遼古兒罕命招集乃蠻舊部也），其父舊部果集其麾下。蔑兒乞部長經成吉思汗軍擊走者，亦來從，屈出律率以西向。〔一〕巴爾多德引志費尼書謂古出魯克得西遼古兒罕之允許，收集殘衆，蔑兒乞部與之相合於葉密里忽卜黑之地。而拉施特則謂自亦都護敗蔑兒乞後，其殘衆逕投古兒罕。〔二〕此二説雖不知孰是，而蔑兒乞之人西遼，殆無可疑。顧志費尼又有蔑兒乞與古出魯克圍，奔謙謙州事，巴爾多德認爲不可信，然其東返，則屬可能。據多桑書引回教記載曰：

一二一六年春，成吉思汗還怯綠連之斡耳朵，命統將速不台往征蔑兒乞末王脱脱之弟及三子，〔三〕並命與脱忽察兒先遣前鋒之軍合。時蔑兒乞王弟及子糾合殘部於金山，速不台進至嶄河，敗之，盡滅蔑兒乞部。

〔一〕馮譯第一册，第八十二頁。

〔二〕元史譯文證補不載是語，見 Barthold's Turkestan Down to the Mongole Invasion·p3·62·

〔三〕據拉施特書，忽秃或霍都（Qudu）爲脱脱之弟，其人死於嶄河之戰。忽勒秃汗（Qul－tuyhan）者脱脱之子，其人以善射名。嶄河之戰爲朮赤所擒。然奔欽察者據速不台傳實是霍都，是未死於嶄河也。祕史、親征録皆言霍都或忽秃是脱脱子。疑拉施特别有所據，又誤分一人爲二耳。伯希和不信忽勒秃汗之漢譯爲霍都，似信爲兩人，但中國及蒙古史籍中絶不聞有忽勒秃汗，則又何也。參考西域南海史地考證譯叢三編第十八頁。Barthold's Turkestan Down to the Mongole Invasion· p· 370· note 4·

此所謂金山者，元史譯文證補作乃蠻西界，其爲阿爾泰山西境無疑，然則謂蔑兒乞部因與乃蠻不洽，東返阿爾泰山，因之而有第二次噺河之戰，實甚穩當也。復次，噺河之非吹河，亦得以本文地理上之解釋證之，而定其位置在也兒的石河上游。〔一〕

至於祕史所載者，似爲别一傳説，言蔑兒乞破滅之地，不在乃蠻西境之噺河，而爲人所熟知之吹河。祕史卷一一：

太祖又命速别額台追脱黑脱阿子忽禿、赤老温等，追至垂河，將忽禿等窮絶了回來。

按此段記載，亦得以回教記載證明之。拉施特言花拉子模算端與蔑兒乞部遇於氈的附近之兩河間，氈的今 Perowsk 附近，去吹河不遠，則謂蔑兒乞部盡滅於吹河者，亦屬可信也。

要之如親征録説，蔑兒乞酋霍都未嘗奔康里，噺河之戰，已告肅清，自無戰於吹河之必要，拉施特書關於蒙古部分，與親征録同出一源，故亦言霍都被擒於噺河，其西域部分則别有依據，故又言算端遇蔑兒乞於氈的近處，而其時蔑兒乞部方受蒙古軍之追殺，不知兩説之矛盾也。親征録與祕史之不合雖亦可以解釋爲第二次噺河戰後，追奔至於吹河，始告肅清，然此種牽合，究未能視爲穩妥，無寧以兩種傳説目之矣。

〔一〕參考 Barthold's Turkestan Down to the Mongole Invasion·p·362·note2·元史譯文證補卷二十六彰八里條。Bretschneider's Mediaeval Researches Vol·I·p·67·note162·

四　論蔑兒乞滅亡之年次

今當解決蔑兒乞之滅亡究在何時矣。除祕史之虎兒年丙寅説，前已辯其不足信外，親征録繫之丁丑（一二一七），元史速不台傳繫之己卯（一二一九），拉施特書既作牛兒年，而復書回曆六一二年，則是一二一五——一二一六年之間。志費尼繫之一二一八年冬。朮士札尼（Juzjani）誤蔑兒乞爲塔塔兒，繫年則亦在一二一八年。納薩怖則以算端之遇蒙古軍在一二一六年之夏，推之蔑兒乞之滅亦當在是年。

諸書所記可謂紛錯已極。巴爾多德以納薩怖身仕算端札闌丁，見聞較確，故斷爲一二一六年。〔一〕長孺則以爲速不台之受命在一二一六年，而盡滅蔑兒乞則在一二一八年。此一年次之考訂，其關鍵實當視古出魯克於何年滅亡而定。

成吉思汗命哲別征乃蠻古出魯克，據親征録在戊寅，〔二〕拉施特繫於虎兒年，〔三〕又多桑書引志費尼繫於一二一八年，〔四〕諸書蓋一致承認古出魯克之滅在一二一八年矣。顧回教記載言花拉子模算

〔一〕 Borthold's Turkestan Down to the Mongole Invasion p·371·
〔二〕 王静安校注親征録：「戊寅，别遣哲别攻屈出律可汗，至撒里桓地克之。」
〔三〕 元史譯文證補太祖紀譯證下：「是年（虎年）哲别逐古出魯克至巴達克山撒里黑庫爾之地殺之。」
〔四〕 見馮承鈞譯多桑蒙古史第一册，第八十三頁。

端與蒙古軍隊作遭遇戰時，聞古出魯克之死：

錫爾河北警至，蔑兒乞人自康里境來。王亟由布哈爾至氈的城。至則聞古出魯克已死。〔一〕

設此説可信，則蔑兒乞之滅亡不得不置於一二一八年矣。復次古出魯克未破，蒙古軍隊似亦不能越之而西，在地理上固亦應置此役於古出魯克破滅時也。

親征録據受命而書，又誤後一年，與拉施特書同，説已見上。至速不台傳之己卯（一二一九）説則爲涉征欽察而誤者，不待伸辯也。

五　結論

綜上所説謹陳管見如下：

（一）元朝祕史所記蔑兒乞破滅之年次，根據親征録及元史紀傳，斷爲不可信賴。

（二）蔑兒乞酋霍都之被擒應在康里境内，所謂奔欽察者，絶非事實，想係欽察部長霍脱思汗之誤傳。

（三）親征録與拉施特書兩見之嶄河應爲同地，當於也兒的石河附近求之，不能與祕史之垂河相混。

〔一〕元史譯文證補西域補傳上。

（四）速不台之受命征蔑兒乞應從本傳作丙子一二一六年。親征録及拉施特書繫於翌年丁丑者實因中間缺脱所致。

（五）蔑兒乞部之破滅及其酋霍都之被擒，得與西遼古出魯克之滅同年，故應繫於戊寅一二一八年。

如上所陳，疏略之咎，知所難免，亦緣限於環境，書籍缺乏，不能作普遍之參考也。而尤所不安者，嶄河與吹河之問題，既不敢如洪、王之説，改嶄河爲吹河以就祕史，亦不敢妄行牽合，爲調停之説，此則尚冀學人之指正耳。又今所引拉施特書皆據元史譯文證補，觀巴爾多德所引拉氏書間有不同，此則苦於無從比較，但能擇善而從矣。

（原載齊魯學報第二期，一九四一年七月）

金末行省建置述

凡某一制度之建立，必視當時之實際情勢而產生，其始未必爲經久之圖，故亦無一定之成法。史家紀述，例多刊落，及其約定俗成，制度確立，始爲記述，而淵源所自，已茫然莫追，比如唐之府兵，但書貞觀之制，宋之差役，不詳五代之繼，遂使讀史者尋條失枝，動多隔閡。元代典章，類襲他邦。唯其淵源所自，不限中華，追之爲艱是固然矣。而行省建置，沿襲至今，惟其濫觴，實肇金代，爰述□□，聯補史闕。至於疏漏闕略，知所不免，大雅君子，幸垂教焉。

行省者，行中書省之簡稱，至元以前猶爲官府之稱，爾後遂爲地方區域之分劃，昔人論之已詳，茲不贅述。至于北魏之行臺，唐宋之分司，雖或相似而名號既殊，不煩縷舉，即金初之行臺尚書省，因襲遼制，與此有殊，亦姑不論。今所述者，但以金末爲斷。行省之稱，起於明昌。此時北方諸族，南下寇金，乃以重臣出行省事於邊境，事罷即還朝，無一定之治所，亦無一定之權限也。金史章宗紀明昌六年稱：

五月……庚戌，命左丞相夾谷清臣行省於臨潢府……十月乙亥，命尚書左丞夾谷衡行省於撫州……十一月戊子，左丞相夾谷清臣罷，右丞相襄代領行省事。（卷九四夾谷清臣傳、夾谷衡傳，卷一二一伯德梅和尚傳略同。）

同上承安元年書：

十月……庚戌，命左丞襄行省於北京，簽書樞密院事完顏匡行院於撫州。（卷九三宗浩傳、九八完顏匡傳同。）

同上承安二年書：

三月……丁酉……以參知政事裔代左丞相襄行省於北京……五月……丁丑，北京行省參知政事裔移駐臨潢府……九月……辛酉……以胥持國爲樞密副使，權參知政事，行省於北京。（卷一二九胥持國傳不言行省，但云以樞密副使佐樞密使襄治軍北京。）

長孺按：所謂行省者，臣尚書省長官行邊也；行院者，臣樞密院長官行邊也。故夾谷衡於明昌六年臣尚書左丞行省撫州，而卷九四本傳云：「承安二年，出爲上京留守。尋改樞密副使行院規劃邊事。」知但以所帶官之或省或院而異其稱，非委任職權之不同也，明昌、承安間之戰事乃在北方，故大臣行省院不過北京、臨潢、撫州三地，至泰和伐宋，乃出行省於南方。章宗紀泰和六年書：

四月……丙寅，詔平章政事僕散揆領行省於汴，許以便宜從事。（卷九三僕散揆傳不言領省於汴，而後云率行省兵與紀同。）……十二月……壬申，詔完顏匡權尚書右丞行省事，右副元帥如故。

同上七年書：

正月……丙申，以左丞相宗浩兼都元帥，行省於南京以代揆。

卷九八完顏匡傳曰：

匡奏僕散揆大軍渡淮，……（匡）請出唐鄧……詔匡權尚書右丞行省事，右副元帥如故，……僕散揆得疾，遂班師，至蔡疾革，詔右丞相宗浩代之。七年二月，揆薨。匡久圍襄陽，士卒疾疫，會宗浩至汴，匡乃放軍朝京師……九月，宗浩薨，匡爲平章政事兼左副元帥，封定國公，代宗浩總諸軍，行省於汴京。

紀不書匡之代宗浩。觀此知完顏匡行省唐鄧而僕散揆行省於汴，金兵分兩路亦即以兩行省統之耳。然行省亦不限於軍事。卷九三宗浩傳曰：

會中都、山東、河北屯駐軍人地土不贍，官田多爲民所冒占，命宗浩行省事，詣諸道括籍……時懲北邊不寧，議築壕壘，以備守戍……乃命宗浩行省事以督其役。

此二事不見於紀，然必非妄。則省臣出外，無不可稱行省矣。

及衛紹王……大安二年，蒙古入寇。乃於宣撫循例置行省。衛紹王紀大安二年書：

九月……庚子，遣使慰撫宣德行省軍士……辛亥，宣德行省罷。

按紀不言於何時置，亦不言何人出行省事，以傳考之，似是承暉，卷一〇一承暉傳稱：「進拜尚書左丞，行省於宣德。」而紀於三年歷舉諸將中無承暉名，疑傳所云指二年事也。本年蒙古大舉，故旋置旋罷。及三年四月，紀又書：

四月，大元太祖法天啓運聖武皇帝來征，遣西北路招討使粘合合打乞和，平章政事獨吉千家奴、參知政事胡沙行省事備邊，西京留守紇石烈胡沙虎行樞密院事。（卷九三獨吉思忠傳、承裕傳同。）

紀雖不書行省何地，然紀於十月書：「罷宣德行省」，知仍是行省宣德也。至寧元年，蒙古軍復大入。衛紹王紀於八月書：「尚書左丞相完顏元奴將兵備邊。」而卷九八完顏綱傳曰：

至寧元年，綱行省事於縉山，徒單鎰使人謂綱曰：「高琪駐兵縉山甚得人心，士皆思奮，與其行省親往，不若益兵爲便。」綱不聽。

縉山雖屬德興府，疑仍是行省宣德。

綜上所述，皆瑣碎之記載，僅足以説明自明昌以迄至寧，已多行省之建置。而設置之原因，大抵由於邊警，間亦有不關軍事而特命省臣以重之者，然不多見。逮貞祐之初，乘輿播遷。蒙古南下之勢日亟，於是行省益多。今隨建置先後與區域之殊，列舉如下：

大名行省 貞祐二年十月置，三年罷。

長孺按：宣宗紀貞祐二年十月乙卯書「遣參知政事孛朮魯德裕行尚書省於大名府」，卷一〇一承暉傳「三年二月詔……參知政事大名行省孛朮魯德（裕）調遣繼發，救中都」。同卷孛朮魯德裕傳曰：「貞祐二年……行省大名，詔發河北兵救中都……德裕不時發……坐馳慢兵期，責授沂州防御使。」後不復置。

河北行省 貞祐三年八月置，興定二年八月。

宣宗紀貞祐三年八月庚子書：「以太常卿侯摯爲參知政事行中書省於河北東西兩路。」是年十一月摯朝，十二月復行省於河北，四年五月，命摯行東平，興定二年二月復行省河北，兼行三司安撫使事，是年八月移治邳州。故貞祐間之河北行省治所當在真定附近之太行麓。卷一〇八侯摯傳曰：「摯上言『臣願募兵與西山忠義軍往安撫之。』」卷一〇九陳規傳云：「貞祐三年十一月上章言參政侯摯……自請鎮撫河北……既而盤桓西山，不能進退。」所謂西山者，涿易以南直至今東境之太行東麓皆共是名也。爾時之河北行省，但節制河北東西兩路而已。至興定年間之河北行省，則假治濟南府屬之長清縣(見摯傳)。猶稱河北者，金代黄河出口本有二道，濟南尚在南道之北也。興定二年八月徙邳。邳，東平屬州。而宣宗紀於是年十一月戊子書「河北行省報海州之捷」，仍冢其舊稱，可知南河之北，别稱河北(邳州亦在南道之北)，與政治區域之河北東西兩道無涉也。故摯雖云行省河北，而紀於興定二年四月戊辰書：「河北行省敗紅襖賊，進至密州。」摯傳亦言破李全於密州，以政治區域言之，則密州屬山東東路，與河北相去懸遠，胡爲越俎代謀乎？是知爾時河北行省之所節制，兼南河以北之區域，有及今河北境矣。

山東行省　貞祐四年五月建置，興定五年五月徙。

長孺按：山東行省亦稱東平行省，其始實爲河北行省之遷治。考侯摯先在河北之西山，貞祐四年五月行省東平，始改河北行省爲山東行省，蓋貞祐年間之河北行省不似後來之龐大，但節制河北兩路，此時移於東平，已非河北境，故曰山東，其義爲太行山以東，則兼今河北及山東西路而言也（山東東路自在益都行省）。故宣宗紀興定元年六月乙酉書：「苗道潤表歸國人李琛復以衆叛，琛亦表道潤異謀，詔山東行省察之。」卷一一八苗道潤傳曰：「初道潤與順天軍節度使李琛不相能，而軍士兵因之相攻，……琛奏……山東行省數諭道潤與臣通和，竟不見從……又奏乞令河北州府官不相統攝，並聽帥府節制，……廷議以爲兩人失和，故至於此，令山東行省、樞密院諭琛，行省在彼，自當俱聽節制，何待帥府。」苗道潤者，金之中都經略使也，而與李琛同受山東行省之節制，可證山東行省所治不限於山東路也。侯摯於興定二年二月復改河北行省，而蒙古綱行省東平（傳在興定元年，疑誤），宣宗紀興定二年四月書：「丁卯，東平行省敗黑旗賊，拔膠西縣，渠賊李全來援，併破之。戊辰，河北行省敗紅襖賊，進至密州。」始並建兩行省，然南河以北，太行之東，故是一地所治區域，並無明確之界限，侯摯雖云行省河北，而居於長清，兼制山東，已如前述，則雖云分立兩省，但名號之別耳。侯摯於興定二年八月徙邳，至興定五年五月癸丑，宣宗紀又書：「東平內徙，命蒙古綱行省於邳州。」此時侯摯□已內召，殆已罷河北行省，故徙山東行省於邳，既以邳州一地言之而忽稱河北，忽稱山東，亦可證河北、山東皆地理上之泛稱，而非政治區域之分割矣。綱於元光二年八月被殺，邳州之山東行省遂罷。

益都行省

建置年月不詳，興定元年十二月廢。

長孺按：元史卷一四七史天倪傳曰：「丙子……合達以益都行省忙古兵來拒，敗之，殺（王）守約，擒忙古，斬首萬級。」丙子，金貞祐四年也，此事不見於金史。益都行省忙古者，蒙古綱也。金史卷一〇二蒙古綱傳曰：「（貞祐）三年……乃以綱權山東宣撫副使，改山東路統軍使，兼知益都府事權元帥右都監，宣撫如故。四年十月，行元帥府事……興定元年，徙知東平府事。」是貞祐四年蒙古綱實守益都，而元史例稱綱爲忙古，如太祖紀十六年辛巳四月書：「金東平行省事忙古棄城遁，嚴實入守之。」忙古亦即蒙古綱也。然史天倪傳以綱爲益都行省者實誤，金史綱傳但以爲行元帥府事，興定以前紀亦不載益都置省。至於被擒一事，金史紀傳皆無明文，或由訛傳，或金史諱之，無可徵信，姑置不論。

若以金史考之，則益都置省，當在興定之初。宣宗紀興定元年九月丁丑書：「以元帥左監軍必蘭阿魯帶權參知政事，行省於益都。」始見此名。是年十二月，蒙古兵破益都，雖不久仍爲金有，而行省遂罷。

考興定元年九月，侯摯方行省東平，蓋益都行省治山東東路，而西路屬東平行省。及三年四月，蒙古綱行省東平，遂兼治東西路，即河北行省亦預山東兩路軍事矣。

陝西行省

貞祐三年八月置，四年五月分東西路行省。六年二月復合。正大八年十月行省承立遁後不復置。

長孺按：宣宗紀貞祐三年八月壬子書：「置行省於陝西。」陝西者，泛言自陝以西，亦非路名也。金史卷一〇一僕散端傳曰：「端奏潼關以西，皆陝西地。」可知所治之範圍。於是僕散端、胥鼎，相繼行省陝西，及興定四年三月，胥鼎致仕，遂分爲東西兩路。各置行省。宣宗紀興定四年四月戊辰書：「以參知政事把胡魯權尚書事右丞、左副元帥，元帥左都監承立爲右監軍、權參知政事，同行尚書省元帥府於京兆。」承立，卷一一六有傳，然不載其事，知爲承裔之誤。紀於是年八月壬午又書：「陝西路行省承裔報定西州之捷。」可證。此云陝西路，疑脱一「西」字，此時陝西已分東西兩路，而史失書。卷一一三白撒（承裔小名）傳曰：「未幾權參知政事，行省事於平涼。」傳繫於興定四年之前，微誤，而足證紀以承立爲行省之非。又紀稱陝西路行省承裔，而傳云行省事於平涼，知有互稱。

陝西既分兩路，把胡魯駐京兆爲東路，承裔駐平涼爲西路，把胡魯於元光元年正月罷（見本傳），以完顏合達繼之。卷一一二合達傳曰：「元光元年……權參知政事，行省事於京兆，未幾真拜。」哀宗紀以合達行省京兆，在正大元年三月，與傳不合。考合達傳，合達於元光元年六月上言：「今陝西重兵，兩行省分制之，……宜令平涼行省內族白撒領軍東下，與臣協力禦敵，以屏潼陝，敵退後復議分司爲便。」此時必已拜行省，故有是言。且把胡魯罷職之後，不應遲至二年之後，始有繼任之命，疑紀帥，知其行省京兆必在二月之後矣。

誤也。唯白撒傳稱：「元光元年二月，行省上言近與延安元帥完顏合達、納合買住議。」稱合達爲元

正大之末，白撒、合達相繼内召，於是東西路復合爲一。卷一一二移剌蒲阿傳曰：「自去年（正大五年）夏，北軍之在陝西者，駸駸至涇州，且阻慶陽糧道。蒲阿奏：『陝西設兩行省，本以藩衛河南，今北軍之來，於兹三年，行省統軍馬二三十萬，未嘗對壘，亦未嘗得一折箭，何用行省。』院官亦俱奏將來須用密院軍馬勾當，上不語者久之。是後，以丞相賽不行尚書省事於關中，召平章政事合達還朝，白撒亦召至闕。」據白撒傳召還在正大五年八月，哀宗紀正大六年二月書：「以丞相完顏賽不行尚書省事於關中（卷一一三本傳在五年），召平章政事完顏合達還朝。」則兩省之復合在六年二月，而白撒已先去任矣。

賽不行省關中，正稱仍曰行省陝西，非是改名。哀宗紀於是年七月即書「罷陝西行省軍浮費」，其後亦屢見陝西行省之名，卷一二四商衡傳「丞相完顏賽不領陝西行省，奏衡爲左右司員外郎」，可證並無關中行省之稱。賽不於何時而去任，紀、傳皆無明文，據一〇九完顏素蘭傳，知素蘭於正大七年七月以參知政事行省京兆，殆代賽不也。素蘭在任似亦不久。八年正月蒙古破鳳翔時合達、蒲阿行省閿鄉，命承立以行省守京兆，十月承立棄京兆遁（見一一六承立傳）。自是陝西盡陷，而陝西軍事，統於閿鄉行省。

關陝行省　正大七年十月置，天興二年十一月行省阿不罕奴失剌被死，不復置。

長孺按：關陝行省亦即閿鄉行省。金史卷一一六徒單兀典傳稱兀典行省閿鄉，而卷一二四商衡傳曰：「天興元年二月關陝行省徒單兀典等敗於鐵嶺。」哀宗紀天興元年二月戊午書：「關陝行省……棄潼關而東。」皆稱兀典爲關陝行省，知正名應是關陝，關者潼關，陝者陝州也。

閿鄉之置行省，猶在京兆未陷之先。哀宗紀正大七年十月書：「移剌蒲阿權參政事，同合達行省事於閿鄉，以備潼關。」雖云備關，實兼制陝西。故哀宗紀於正大八年即書：「大元兵平鳳翔府，兩行省棄京兆，遷居民於河南。」使但責以守關，不得云棄京兆矣。合達、蒲阿於八年之春內召，於時移桃源以防宋，九月返陝州（見哀宗紀）。八年十二月蒙古兵至鈞州，合達、蒲阿率師入援，大敗被擒，是時汴京已危，而潼關尚爲金守，故閿鄉仍置行省。卷一一六兀典傳曰：「天興元年正月，朝廷聞大兵入饒風關，移兀典行省閿鄉，以備潼關。」至次年正月，兀典棄關不守。哀宗紀天興二年正月書：「潼關守將李平以關降大元。」兀典傳曰：「大兵既知潼關焚棄，長驅至陝……兀典……下令不復令一人出，大兵亦去。」蓋此時兀典移駐陝州，潼關雖失，蒙古軍不更進攻，故二月間兀典猶得攜軍民南遁也。兀典雖去，陝州未失，繼行省之任者爲完顏仲德。兀典傳曰：「九月，鞏昌知府元帥完顏忽斜虎（即仲德）入陝州。詔拜參知政事，行尚書省事。」（卷一一九仲德傳同。哀宗紀失載）仲德於十月被召，繼之者阿不罕奴十剌。是年十一月趙偉殺之，於是陝州降蒙古（見兀典傳及哀宗紀），於是行省始罷。

鞏昌行省 正大八年四月置，天興三年汪世顯殺行省粘割完展，降於蒙古。

長孺按：鞏昌行省陝西西路行省之後身也。自合達、白撒内召之後，陝西兩路復合爲一。然合併未久，正大七年十月所置之關陝行省實即陝西西路行省之遷治。以正大八年乃置鞏昌行省，兼任陝西西路之事。卷一一九完顔仲德傳：「六年（正大）移知鞏昌府，兼行總帥府事，時陝西諸郡已殘，仲德招集散亡，得軍數萬，……八年四月，詔授仲德鞏昌行省。」（哀宗紀失載）天興元年仲德應召赴援京師，入陝州，至二年乃以粘割完展繼之。哀宗紀天興二年八月書：「秦州元帥粘葛完展權參知政事，行省事於陝西。」可證鞏昌行省亦即陝西西路行省之遷治。天興三年正月，蔡州破，金亡，完展猶爲金守，旋爲汪世顯劫殺，送款蒙古（見卷一二四郭蝦蟆傳）。

平陽行省 貞祐四年二月置。興定二年十月廢。〔一〕

長孺按：平陽設省之先，河東宣撫使亦治平陽。宣宗紀貞祐四年二月書：「以河東南路宣撫使胥鼎爲樞密副使，權尚書左丞，行省於平陽。」（卷一〇八胥鼎傳同）設省始。異稱亦曰河東南路行

〔一〕原文發表時平陽行省、河中行省於本處及婆速行省下兩見。經比對，除個别字句，前後内容十九相同，當係重複。因此，這裏將前後内容合併，以使文章行文更加通順。——編者

省。宣宗紀於是年十月稱：「河南行省胥鼎，……自將平陽精兵援京師。」河南省，河東南路之省文也。鼎於四年三月致仕，興定元年命李革代之（宣宗紀、卷九九李革傳同）。二年十月平陽陷，革自殺。後雖克復（見一一九胡天非傳）而行省不復置。

河中行省 興定二年十二月置，三年罷，元光二年三月復置，六月罷。

長孺按：河中屬河東南路，平陽陷落，乃立此省，以節制河東。金史宣宗紀興定二年十二月己亥朔書：「以御史中丞完顏伯嘉權參知政事、元帥左監軍，行河中府尚書省元帥府，控制河東南、北路便宜從事。升絳州爲晉安府，總管河東南路兵，降平陽爲散府。」（卷一〇〇完顏伯嘉傳同）可證河中行省即平陽之後身。伯嘉於三年召還（見本傳，紀不書），其後似即廢罷，至元光元年十月河中陷，二年正月侯小叔復之（金史紀在元年，此從元史太祖紀），於後爲蒙古所得，二年，三月乃復命伯嘉行省河中，以圖恢復。五月丙午紀乃書「復河中府」，伯嘉六月卒（見本傳），宣宗紀於元光二年六月書「罷河中行省，置元帥府」，殆即因伯嘉之死也。後不復置。

遼東行省
上京行省
婆速行省

長孺按：右東北三省不知設置年月。宣宗紀興定元年四月書：「以權參知政事遼東路行省完顔阿里不孫爲參知政事，行尚書省元帥府於婆速路。以權遼東宣撫使蒲察五斤權參知政事，行尚書省元帥府於上京。」卷一〇三完顔阿里不孫傳曰：「貞祐初……改御史中丞，遼東宣撫副使，再閲月權右副元帥，參知政事，遼東路行尚書省事……上京行省蒲察五斤奏其功，賜金百兩，絹百匹。興定元年，眞拜參知政事，權右副元帥，行尚書省元帥府於婆速路，承制除拜刺史以下。」據此知遼東、上京兩行省貞祐間已有之。此蒲察五斤之行省上京實在興定元年，紀有明文。貞祐間行省上京者乃太平也。卷一二二梁持勝傳：「興定初宣撫使蒲鮮萬奴有異志……持勝走上京，告行省太平。是時，太平已與萬奴通謀……既而太平受萬奴命，焚毁上京宗廟，執元帥承充，奪其軍。」萬奴始叛，金史宣宗紀、元史太祖紀均繫於貞祐三年十月，據金史卷一〇三紇石桓端傳謂在三年之春，持勝傳繫於興定實誤。然當萬奴用叛之先，已有上京行省太平其人，則設置當在貞祐三年之前矣。

今姑假定上京遼東兩行省置於貞祐初，而婆速行省則置於興定元年四月。

此後情狀紛錯難理，紀既於興定元年四月書阿里不孫行省婆速矣，而是年九月又書：「遼東行省完顔阿里不孫爲叛人伯德胡土所殺。」才隔數月於復移鎮何耶？蒲察五斤於是年入朝（見阿里不孫傳，紀不載），及阿里不孫被殺，乃又出行省事於遼東，宣宗紀於是年十二月庚戌書：「元帥左監軍蒲察五斤進右副元帥，充遼東路行省。」有明文矣，而次年三月又書：「上京行省蒲察五斤表，左監軍哥不靄誣防州宣撫副使紇石烈紇敦將叛而殺之。」亦數月之間，官稱不同。又所謂哥不靄者，元史卷一四九王榮祖傳曰：「會金平章政事葛不哥行省於遼東，咸平路宣撫使蒲鮮萬奴僭號於開元，遂命榮祖還，副撒里台進討之，……葛不哥走死。」葛不哥似即哥不靄，則甲申之後，金尚有遼東行省矣。

徐州行省　何時建置不詳，天興二年七月地入蒙古。

長孺按：宣宗朝屢見徐州行樞密院而不見行省。僕散安貞自徐州行樞，遷行省伐宋而不著地名，疑非在徐州。卷一一六徒單兀典傳云：「正大間以兵部尚書權參知政事行省於徐州。」自是始見徐州行省之名。天興元年正月兀典内召，乃以承立代之（見承立傳）。未幾承立統兵入援，繼之者爲徒單益都，是年六月爲叛兵所逐（見卷一一七徒單益都傳），中間變亂相仍，至天興二年正月始命完顔仲德行省徐州（卷一一九仲德傳，哀宗紀同）。是年五月仲德復詣歸德。哀宗紀二年六月戊子書：「召徐州行省完顔忽斜虎赴行在所，以抹撚兀典代行省事。」兀典於六月内召，代之者爲賽不（見紀）。十月徐州事軍亂，賽不死之。賽不死，州將麻琮以州降蒙古。

息州行省　天興二年七月置，金亡，地入蒙古。

長孺按：金史卷一一九完顏婁室傳曰：「（二年）七月……朝廷以參知政事抹撚兀典行省事於息州。」明年正月金亡，兀典以州降宋，既而舉城南遷，地入蒙古（見婁室傳）。

鄧州行省　天興元年五月置，二年五月地入宋。

長孺按：行省設置之先，鄧州本有行樞密院。哀宗紀天興元年五月癸酉書：「以南陽郡王思烈行尚書省於鄧州。」（卷一一一思烈傳同）是年八月思烈與武仙統兵入援，兵敗，罷思烈爲中京留守，兵權並歸武仙。故宋史孟珙傳記仙爲唐、鄧州行省也。次年五月，州將移剌瑗以城降宋（見武仙傳）。

河南行省　天興元年三月置，金亡地入宋。

長孺按：金史卷一一八武仙傳曰：「三月（天興元年）汴京被圍，哀宗以仙爲參知政事、樞密副使、河南行省。」河南行省亦在鄧州。仙傳稱仙走南陽留山，南陽，鄧州倚縣也。蓋姑加崇官，泛稱河南，實無領土也。

中京行省　天興元年十二月置，二年六月中京陷。

長孺按：中京，河南府也。金史卷一一一烏林答胡土傳曰：「十二月，思烈自留山行省於中京，……天興二年三月，思烈病卒，留語胡土代行省事，六月……棄城南奔，遂失中京。」蓋自設置，不踰半載矣。

（原載中央日報一九四四年三月二十九日、四月十四日）

金元之際漢地七萬户

一三世紀初，在蒙古的軍事進攻和紅襖軍的打擊下，金政權被迫遷都河南，黄河以北處於無政府狀態。這一帶的漢族地主紛紛聚集鄉黨，結寨自保，形成許多支大大小小的地主武裝。他們成爲蒙古、金國和南宋三方面争取利用的對象，其中依附蒙古的那批地主武裝頭目，據兵數多寡，被分别授以萬户、千户、百户的官號。七萬户就是他們中間最大的也是最早被授予萬户的七個，是這批人的代表人物。

這些萬户各握重兵，裂土分民，可以任命州縣長吏，擅賦税，專生殺，集軍、民、財權於一身，而且世代傳襲，長期統治一地，既像分封制下的諸侯，又像唐代中葉後的藩鎮。這種狀況持續了三四十年之久，直到忽必烈初期才改變。

研究漢地七萬户的産生、發展與衰落的過程及其歷史條件，考察他們和蒙古統治者之間既互相利用又互相矛盾的錯綜關係，有助於瞭解蒙元前期中原地方政治形勢和政治制度的特點，特别是對蒙漢統治階級早期如何結合的歷史，可以提供一個方面的重要内容，這對於分析元朝統一政權的性質，應該是有所裨益的。

本文準備就七萬户包括哪些人，他們的權勢，與蒙古統治者的關係，以及七萬户産生、發展與衰落的歷史條件及其作用等方面，進行初步探討，提出我們的一些看法，以就教於史學界的同志們。

一　漢地七萬户包括哪些人

漢軍萬户是從什麽時候開始設立的？他們包括哪些人？由於元史及其他文獻記載缺略不全，矛盾很多，因此學者們對這兩個問題的看法也是有分歧的，有必要先對這些問題進行考證；又因爲七個萬户不是同時設立的，所以首先對最早設立的三萬户加以考察。

元史卷一四九劉黑馬傳説：「歲己丑（一二二九），太宗即位，始立三萬户。以黑馬爲首，重喜、史天澤次之。」

同書卷一五五史天澤傳説：「己丑太宗即位，議立三萬户分統漢兵。天澤適入覲，命爲真定、河間、大名、東平、濟南五路萬户。」

元朝名臣事略卷七轉引王惲撰丞相史忠武公家傳説：「太宗即位，公入覲，朝議方選三大元帥分統漢地兵。上素聞公賢，以杖麾公及劉黑馬、蕭札剌居右，詔爲萬户。其居左者悉爲千夫長。遂以真定、河間、大名、東平、濟南五諸侯兵隸焉。」〔一〕

上面幾條材料都説太宗窩闊台即位之初始立三萬户。對於三萬户有哪些人，劉黑馬傳説是劉黑

〔一〕現在所看到的四部叢刊本王惲秋澗先生大全文集卷四八左丞相忠武史公家傳關於此事的記載，較元朝名臣事略中轉引者略「以杖麾公及劉黑馬、蕭札剌居右……悉爲千夫長」一段，或事略所據之秋澗文集的版本有所不同。

馬、重喜和史天澤；史忠武公家傳説是劉黑馬、蕭札剌和史天澤。對劉、史之外的另一個萬户是誰，説法不一致。又據元史卷一四九耶律禿花傳則説禿花曾「統萬户扎剌兒、劉黑馬、史天澤伐金」。這裏所説的扎剌兒即元史石抹也先傳所説的石抹也先之子查剌。陶宗儀撰輟耕録卷一氏族中列舉金人姓氏説：「石抹曰蕭。」所以石抹查剌，也可叫作蕭查剌，是當時三萬户之一。此條與史忠武公家傳所列之三萬户一致。劉黑馬傳所説的重喜在元史中無傳，其姓氏事迹均不詳。在元史卷一三三重喜傳中的重喜是世祖時人，卷一二三趙阿哥潘傳説其子亦名重喜，但也是世祖時人，時間和事迹都對不上口，其他方面也没看到有關萬户重喜的材料，只好暫置不論。

姚燧牧庵集卷一七潁州萬户邸公神道碑説：「嘗聞國初以二萬户鎮撫中夏，右則劉伯林軍秦，左則粘合重山軍燕。顧成，則益太尉史忠武公天澤爲真定、河間、濟南、東平、大名五路萬户居中。」這裏提供了一個重要的情況，就是漢軍萬户的設立並不是從太宗時開始的，劉伯林死於元太祖十六年（一二二一），他的任萬户是成吉思汗時的事情。可見早在成吉思汗時就已設立過兩個漢地萬户了。

元史卷一四九劉伯林傳説：「劉伯林，濟南人，好任俠，善騎射。金末爲威寧防城千户。壬申歲（一二一二），太祖圍威寧，伯林知不能敵，乃縋城詣軍門請降。（元史卷一太祖紀則説伯林降於辛未〔一二一一〕冬）……帝問伯林，在金國爲何官，對曰：『都提控。』即以元職授之，命選士卒爲一軍，與太傅耶律禿懷同征討，招降山後諸州。太祖北還，留伯林屯天成，遏金兵，前後數十戰。進攻西京，録功，賜金虎符，以本職充西京留守，兼兵馬副元帥。……辛巳（一二二一）以疾卒。」在本傳中未提伯林授萬户事，但是在其子劉黑馬傳中却説：「歲壬午（一二二二），襲父職，爲萬户，佩虎符，兼都元帥。」所以劉伯林已擔任萬户是很清楚的了。由於他納款最先，在漢軍萬户中居於首位。彭大雅在黑韃事略中稱他爲「漢人中第一萬户」。

邸公神道碑説另一個萬户是粘合重山。按元史卷一四六粘合重山傳説：「粘合重山，金源貴族也。國初爲質子，知金將亡，遂委質焉。太祖賜畜馬四百匹，使爲宿衛官必闍赤。」「太宗設立中書省「以重山有積勳，授左丞相。時耶律楚材爲右丞相。凡建官立法，任賢使能，與夫分郡邑，定課賦，通漕運，足國用，多出楚材，而重山佐成之」。按必闍赤的職務是主管文書。結合黑韃事略、蒙韃備録等書的記載看，粘合重山所主管的是漢文文書。中書省建立後，又作爲耶律楚材的副職而管理漢地賦税行政。他一生中的主要職務是管理簿書錢穀，本傳中没一句話提到他統領過漢軍，有平金之功。姚燧將他列爲漢軍萬户之一，不知根據什麽材料。總觀以上諸説，我們以爲蕭查剌是三萬户之一的可能性較大。

這裏又提出了另一個問題，即太宗時的三萬户之一的劉黑馬既是「襲父職，爲萬户」的。那麽另外兩個萬户蕭查剌與史天澤是否也靠襲父兄職而爲萬户的呢？换言之，蕭也先和史天倪當過萬户没有？

先説蕭也先，元史卷一五〇石抹也先傳説：「石抹也先者，遼人也。……至遼爲述律氏，號稱后族。遼亡，改述律氏爲石抹氏。其祖庫烈兒，誓不食金禄，率部落遠徙。……（也先）勇力過人，善騎射，多智略，豪服諸部。金人聞其名，征爲奚部長，即讓其兄瞻德納曰：『兄姑受之，爲保宗族計。』遂深自藏匿，居北野山，射狐鼠而食。聞太祖起朔方，匹馬來歸。」從本傳中所描述的可以知道石抹也先是契丹人，在奚部中是個有威望的人物。〔一〕但是他歸附蒙古時却是「匹馬來歸」的，他所率領的軍隊是得自張鯨、張致兄弟手中的「黑軍」。元史卷一一九木華黎傳稱：「錦州張鯨聚衆十餘萬，殺節度使，稱臨海郡王，至是來降。詔木華黎以鯨總北京十提控兵，從掇忽闌南征未附州郡。木華黎密察鯨有反側意，請以蕭也先監其軍。至平州，鯨稱疾逗留，復謀遁去，監軍蕭也先執送行在，誅之。」同書卷一太祖紀太祖十年乙亥夏說：「鯨弟致遂據錦州，僭號漢興皇帝，改元興龍。」張致於次年爲木華黎所鎮壓。石抹也先傳説：「致既伏誅，也先籍其私養敢死之士萬二千人號黑軍者上於朝。賜虎符，進上將軍，以御史大夫提控諸路元帥府事，舉遼水之西、灤水之東，悉以付之。後從國王木華黎攻蠡州北城，先登，中石死，時年四十一。子四人：曰查剌，曰咸錫，曰博羅，曰侃。」從張鯨兄弟的姓名及稱「漢興皇帝」看，他們所統的黑軍應是支漢族軍隊。此軍以後遂爲也先父子所有。雖然在也先傳中没有提到也先曾任萬户，同卷查剌傳也只説他「襲御史大大，領黑軍」，没説他是襲職爲萬户，但從蕭也先所率漢軍在萬人以上，佩虎符，曾任提控諸路元帥府事，負責經略遼西的情況看，他是當時漢軍元帥之

〔一〕按述律氏爲契丹之右族，也先應爲契丹人。彭大雅黑韃事略中有「蕭夫人，契丹人，專管投拜户，死事」。王國維黑韃事略箋證認爲此處之蕭夫人，即蕭大夫之誤，亦即石抹也先。但金史卷六七奚王回離保傳稱：「奚有五王族，世與遼人爲昏因，附姓述律氏中。」則是述律氏、蕭氏或石抹氏中已有奚族五姓附入。再從金曾征也先爲奚部長的事看，他也有可能是奚人。

一，而且頗受木華黎的信任與倚重。牧庵集卷二二懷遠大將軍招撫使王公神道碑説：「（興秀）乃將壯士數百輩出蠡疆，迎兩大帥萬户劉伯林，御史大夫蕭公降。……大兵及城，城方力完守具，砲死蕭大夫。」蠡州之役發生在丁丑（一二一七）。元史卷一四九劉伯林傳説：「丁丑，（伯林）復從大軍攻下山東諸州。」也參加了蠡州之役。蕭也先和劉伯林被並稱爲兩大帥，説明二人之地位大致相當，都是統領一軍的元帥。

至於史天倪的任萬户，是元史太祖本紀和史天倪傳中都有記載的。如卷一四七史天倪傳説：「癸酉（一二一三），太師、國王木華黎統兵南伐，所向殘破，秉直……乃率里中老稚數千人，詣涿州軍門降。木華黎欲用秉直，秉直辭而薦其子，乃以天倪爲萬户。……既以萬户統諸降卒，從木華黎略地三關已南，至於東海，所過城邑皆下。……甲戌，朝太祖於燕之幄殿，所陳皆奇謀至計，大稱旨。賜金符，授馬步軍都統，管領二十四萬户（按當時不可能有這麽多萬户，恐係千户之誤）。……乙亥（一二一五）授右副都元帥，改賜金虎符。……庚辰，（一二二〇）還軍真定，武仙降。木華黎承制以天倪爲金紫光禄大夫、河北西路兵馬都元帥，行府事，仙副之。」

錢大昕對於史天倪曾任萬户表示懷疑。他在廿二史考異卷八六「八年癸酉史天倪、蕭勃迭率衆來降，木華黎承制，並以爲萬户」條下説：

案天倪傳亦云，以萬户統諸降卒。而石抹孛迭兒傳（即蕭勃迭）但云擢爲千户，兩傳互異。考元初，萬户爲軍官最要之職。太祖時，惟木華黎、博爾朮爲左右萬户，納牙爲中軍萬户，此外雖蒙古世臣亦不輕授。天倪輩漢人初附，豈得便居此職，則石抹傳云擢千户者，似爲近之。然此條沿訛，亦非無因。考張匡衍撰木華黎行録云：史天倪、蕭勃迭率衆來降，王奏各統萬户。其云各統萬户者，謂令其領萬人從征耳，非授以萬户之職也。史臣昧於官制，遂以爲真授萬户矣。元制，除萬户未有不賜金虎符者。今據天倪傳：是年已爲萬户，至甲戌始賜金符，乙亥授副都元帥，乃改賜金虎符，則其初降必未授萬户也。史氏之授萬户，始於天澤，蓋在太宗即位之初。

錢大昕認爲天倪初降時未授萬户是對的，天倪甲戌始賜金符，其身分不過千户。但他也承認「元制，除萬户未有不賜金虎符者」。那麽對於「乙亥授右副都元帥，改賜金虎符」一事又如何解釋呢？元史卷九八兵志一說：「萬户、千户、百户分上、中、下。萬户佩金虎符，符趺爲伏虎形，首爲明珠，而有三珠、二珠、一珠之别。千户金符，百户银符。」當然被賜金虎符者不一定都是萬户，但起碼是相當於萬户的重臣。如元史卷一五二張晉亨傳說：「（憲宗）欲賜晉亨金虎符，辭曰：『虎符，國之名器，長一道者所佩。臣隸忠濟麾下，復佩虎符，非制也。臣不敢受。』」按嚴忠濟爲東平路萬户，晉亨隸其麾下爲千户，故不敢佩虎符。錢大昕在廿二史考異卷九七史天倪傳條下又説他嘗見史秉直神道碑及史氏慶源碑，皆立於太宗朝，其稱天倪但云河北西路兵馬都元帥。因此他認爲天倪未嘗授萬户。

對於這個問題，我們的看法是：史氏降蒙在一二一三年，僅後於伯林兩年，而在石抹也先降附之前，資格是較老的。天倪在初降時已有清樂軍萬人，後統二十四千户，部下應有二、三萬人，以兵力而論，也够得上一個萬户。而且他所立戰功甚多，庚辰（一二二〇）以後即擔任河北西路兵馬都元帥，行府事，獨當一面之寄。當嚴實、張柔等未降之時，在漢人中功名最盛，可以與劉伯林相提並論的也只有他。宋朝人趙珙在庚辰年（一二二〇）曾出使蒙古軍前，到過燕京，見過太師國王木華黎。他在蒙韃備録中說：「燕京等處有紙蟬兒元帥、史元帥、劉元帥等甚衆。各有軍馬，皆聽摩喉國王（即木華黎）命令。」王國維箋證說：「沈乙庵先生曰紙蟬兒元帥訛舛不可讀，植案紙者札字之誤，蟬者蠟字之誤，札蠟兒元帥即元史石抹也先傳也先之子查剌，耶律秃花傳之札剌兒也。秃花傳稱統萬户札剌兒、劉黑馬、史天澤伐金。王惲史忠武公家傳朝議選三大帥分統漢地兵。詔公及劉黑馬、蕭札剌居右爲萬户，其居左者悉爲千户長。此史元帥即天澤，劉元帥即黑馬，正所謂漢地三萬户也。」箋證說劉元帥即黑馬是對的，當時劉伯林雖尚在世，但備録說：「伯林昨已封王，近退閑於家，其子見爲西京留守。」說史元帥即天澤却不對，因天倪在一二二五年始爲武仙所殺，當一二二〇年時天倪尚在，此書所說的史元帥應該是史天倪，而不會是史天澤。這個材料說明在一二二〇年的史天倪已與劉伯林、蕭查剌並稱，成爲三大帥之一。

在元史中關於一些人的官職名稱以及除授時間的記載，往往有缺漏，或列傳與本紀互異，或各傳之間不一致。造成這種現象的原因之一，就是蒙元前期的官稱本身就是十分混亂的。蒙古本身的官制很簡單，「惟以萬户統軍旅，以斷事官治政刑。」[一]當其進入中原以後，對於前來歸附的金朝降官或

〔一〕元史卷八五百官志。

地主武裝，都是隨意命官，「未有定制」。正如元文類卷四〇經世大典序録所説的：「既取中原，定四方，豪傑之來歸者，或因其舊而命官若行省、領省、大元帥、副元帥之屬者也，或以上旨命之，或諸王大臣總兵政者，承制以命之。若郡縣兵民賦税之事，外諸侯亦得自辟用。蓋隨事創立，未有定制。」彭大雅在黑韃事略中也説：「其官稱或僭國主、或權皇帝、或郡王、或宣差，諸國亡俘或曰中書丞相、或將軍、或侍郎、或宣撫運使，隨所自欲而盜其名，初無宣麻制誥之事。」下面徐霆疏也説：「霆嘗考之，韃人初未嘗有除授及請俸。韃主亦不曉官稱之義爲何也。」例如石抹也先稱御史大夫，但在當時蒙古朝廷中並没有御史台這個機構，顯然也是隨便起的一個官稱。基於上述情況，我們認爲史天倪以及石抹也先到底是否被正式任命爲萬户，不是實質性的問題，真正重要的是他們是否成爲統領漢軍的三個最大的元帥，具備了擔任萬户的條件。根據現有史料，我們對於天倪與也先是否曾任萬户的問題，還不能作出完全肯定或完全否定的結論。但有一點是可以肯定的，就是早在成吉思汗時已有漢軍萬户的設立。窩闊台正是在這個基礎上重新任命了三個萬户。其中劉黑馬早在一二二二年已經襲職爲萬户，現在不過是重新換賜金虎符而已。〔一〕蕭查剌和史天澤的任萬户，即使是新任命的，也是由於他們繼承了父兄的職務和軍隊，已經具備了充萬户的條件的緣故。但史天澤由統管河北西路改爲統管五路，其職權較天倪時又有所擴大而已。

〔一〕蒙古慣例，每一大汗即位，盡收臣下先朝制書符節，由新汗重新賜還之。

到了蒙古滅金前後，隨着占領地區的擴大，形勢發展的需要，在河北、山東一帶，又增設了四個新的漢人萬户，連以前的三個合稱爲「七萬户」。元史卷一四九劉黑馬傳説：「會增立七萬户，仍以黑馬爲首，重喜、史天澤、嚴實等次之。」新增四個萬户中，在碑傳中有明確記載的有張柔和嚴實二人。元朝名臣事略卷六萬户張忠武公中轉引王鶚撰墓誌説：

（柔）甲午入覲，上勞之，歷數戰勳曰：某軍之勝，汝之功也，某州之拔，汝之功也，如親見之。乃論功行賞，升萬户，易金虎符。

遺山先生文集卷二六東平行臺嚴公神道碑説：

（實）庚寅（一二三〇）四月，朝於牛心之帳殿，天子賜之坐，宴享終日，上歡甚，錫金虎符。……又四年朝於和林城，授東平路行軍萬户。

從授官時間看，張、嚴都在甲午（一二三四）滅金之後，但在這以前，兩人已有萬户之名。一二三二年出使蒙古的彭大雅在黑韃事略中記述他所知蒙古軍隊分戍的情況時説：

漢地萬户四人，如嚴實之在鄆州（今東平府是也），則有山東之兵；史天翼（即史三）之在真定，則有河東、河北之兵；張柔之在滿城（保州屬縣），則有燕南之兵；劉黑馬（伯林之子）在天城（西京屬縣），則有燕薊山後之兵。他雖有領衆者，俱不若此四人兵數之多，勢力之强也。

其中史天翼應爲史天澤之誤寫，〔一〕彭大雅所説漢軍分戍情況均與元史各傳相符。按張柔降於戊寅

〔一〕原書小注曰「史三」，按元史史天倪傳稱其父秉直三子，長天倪，次天安，次天澤，故稱天澤爲史三。

(一二一八),嚴實降於庚辰(一二二〇),二人降附已久,而且擁有雄厚的實力,可能早有萬户之稱,但正式授萬户則在甲午入覲之後。

另外一個萬户是濟南張榮。元史卷一五〇張榮傳只說他「授金紫光禄大夫,山東行尚書省兼兵馬都元帥,知濟南府事」。没有説他曾任萬户。但元史卷四世祖本紀中統二年八月却説:「封順天等路萬户張柔爲安肅公,濟南路萬户張榮爲濟南公。」他家祖孫三代都做過濟南路萬户。所以錢大昕在廿二史考異卷九七中已指出這一點,認爲元史本傳不提張榮授濟南路萬户是修史者的疏忽。又説:「下文云長子邦傑襲爵,孫宏襲邦傑爵,所襲即萬户之職,非襲其公爵。」這話是有道理的。元文類卷五〇張起岩撰濟南路大都督張公(宏)行狀説:

考邦傑襲爵,勤於撫字,凡可以裕民生,植邦基者,力陳於上……皆報可。且以新造金虎符,異金織幣服賜之。……及(宏)嗣爲政,一以繼志述事爲心。……上正位宸極,有詔若曰:……可遵奉先朝聖旨,依舊懸帶虎符,授濟南路行軍萬户,管民總管之職。凡在所屬,並聽節制。

行狀説明了張榮子邦傑,邦傑子宏,都是世襲的濟南路萬户。由於張榮是當時分布在河北山東的四萬户之一,所以與史天澤、嚴實、張柔等並稱爲四諸侯。程鉅夫撰雪樓集卷一六濟南公世德碑説:

蓋自我師克燕,金人徙汴,山之東,河之北,盜之區,兵之沖也。其間能捍敵庇民,自奮於時而興霸業者有四,歸朝之後,天下稱爲四諸侯,濟南公其一也。公諱榮,字世耀,濟南歷城人。

元文類卷七〇元明善撰藁城董氏家傳説:

國朝龍興漠北，走金河南，中州豪傑，起應以兵，而金滅矣。若真定史氏，東平嚴氏，滿城、濟南兩張氏是也。

明確地點出了當時「四諸侯」亦即四萬户的姓氏。除去真定史氏早已爲萬户外，其餘三個都是新增加的萬户。

對於新增四萬户中的最後一個萬户究竟是誰？歷史上一直是個疑案。屠寄認爲是邸順。他在蒙兀兒史記卷五一劉嶷張柔列傳中說：「新立五萬户，張柔、邸順、嚴實、張榮、郝和尚也。」對於甲午新增漢軍萬户的數目，他有時說是四個，如同書卷五二嚴實張榮列傳説：「是歲金亡，朝議以新得河南廣土，西南皆邊宋，原有漢軍三萬户，兵寡不足守御，增立漢軍四萬户，並前爲七。」有時又說是五個。當他説五個的時候，認爲除嚴實、二張外，另外兩個是邸順與郝和尚。我們則以爲未必然，理由是邸順、郝和尚授萬户時間要晚好幾年，不在甲午年新增四萬户之列。

元史卷一五一邸順傳説：

辛卯（一二三一，蒙兀兒史記認爲應作壬辰）春，從太宗攻河南諸郡，招降民十餘萬，以順知中山府。己亥（一二三九），佩金符爲行軍萬户，管領諸路元差軍五千人，從大軍破歸德府，留戍之。

可見邸順遲至一二三九年始爲行軍萬户，其所率軍隊不過五千人，在萬户中是屬於下等的。他的留戍歸德，主要爲防備南宋。

元史卷一五〇郝和尚拔都傳説：

郝和尚拔都，太原人，以小字行。幼爲蒙古兵所掠，在郡王迄忒麾下。……辛卯，授行軍千户。……庚子歲（一二四〇），太宗於行在所，命解衣數其瘡痕二十一，嘉其勞，進拜宣德、西京、太原、平陽、延安五路萬户，易佩金虎符，以兵二萬屬之。

按辛卯以後邸順始知中山府，郝和尚方擢行軍千户，二人的資歷地位均不能與嚴實、二張相比。因此他們的授萬户在一二三九年以後。當時蒙古早已占領河南，戍地加廣，且與南宋對立，必須加强南部邊界綫上的戍守，這時新附漢軍人數也更多了，爲了適應這種新的形勢，蒙古統治者有必要從漢軍將領中再升擢一批萬户。正如姚燧在潁州萬户邸公（澤）神道碑中所説的：「嘗聞國初以二萬户鎮撫中夏，……後强諸侯，頗以力夷，惡相下屬，皆求各將其軍，而千夫之長亦覬得焉。由是萬户布列天下。」邸順、郝和尚正屬於這類後來增設的萬户，而不屬甲午年增設的四萬户之列。

那麽這另一個萬户究竟是什麽人？我們認爲很可能是李璮。這個説法似乎新鮮，因爲現在還没有見到李璮授萬户的直接材料，我們這個看法主要是從分析當時山東的政治軍事形勢和李璮本身的力量與地位得出來的。

自從公元一二一五年金朝政府遷汴以後，金的主力部隊都隨之遷往河南，黄河以北僅留少數軍隊勉强支撑殘局。當時山東境内以紅襖軍爲代表的農民起義風起雲湧，到處打擊女真統治者。當地漢族地主也紛紛結寨自保，形成一批地主武裝力量。對於這些地主武裝，蒙古與金朝都極力拉攏，使爲己用。在宋金關係破裂以後，南宋也利用紅襖軍的力量以牽制金的進攻，並謀乘機收復山東、河朔。在這樣幾種力量錯綜複雜的鬥争中，經過十餘年的反復争奪，山東境内形成的三支大的地方割據勢力，終於先後歸附於蒙古。其中一支是東平嚴實，據元史卷五八地理志説他在一二二〇年降蒙的時候，「以彰德、大名、磁、洺、恩、博、浚、滑等州户三十萬來歸，以實行台東平，領州縣五十四。」他的勢力範圍除山東西路的東平路以外，還包括河北南部的大名府和河南北部的彰德府。另一支是濟南張榮，元史卷一五〇張榮傳説：「金季，山東群盜蜂起，榮率鄉民據濟南黌堂嶺。衆稍盛，遂略章丘、鄒平、濟陽、長山、辛市、蒲臺、新城及淄州之地而有之。兵至，則清野入山。歲丙戌（一二二六），東平、順天皆内屬，榮遂舉其兵與地，納款於按赤台那衍。」他原來占領的地方不過十來縣。降附以後，蒙古命他爲濟南路萬户，知濟南府事。濟南府南接東平，東鄰益都，介於兩大之間，地當要衝。但其轄區很小，無法與東平、益都路相比。

再有一支力量就是益都的李全。李全曾經是紅襖軍後期的主要領袖，投降蒙古後已變質成爲軍閥、地主，和其他漢族地主武裝没有本質上的差别了。山東東部本來是紅襖軍活動的主要地區，李全在這一帶有較大的影響，公元一二二二年他從張林手裏奪取了益都以後，逐步擴大其勢力範圍，到公元一二二七年降蒙以前，已基本上控制了山東東路各州。〔二〕只要看在他投降後不久，「山東悉平」的

〔二〕張林是金益都府治中，以逐知益都府事田琢而據益都，並掌握山東東路，後在李全的勸説下，以青、莒、密、登、萊、濰、淄、濱、棣、寧海、濟南十一州歸宋。不久因與李全交惡而降於蒙古，李全發兵攻林，占領益都，並於一二二六年執張林送楚州，引起蒙古出兵干預。可參看金史卷一〇二田琢傳、宋史卷四七六李全傳。

情況，就可知道。元史卷一一九木華黎傳附孛魯傳説：

（丙戌）秋九月，郡王帶孫率兵圍全於益都。冬十二月，孛魯引兵入齊，……（丁亥）夏四月，城中食盡，全降。諸將皆曰：「今勢窮出降，非心服也。今若不誅，後必爲患。」孛魯曰：「不然，誅一人易耳。山東未降者尚多，全素得人心，殺之不足以立威，徒失民望。」表聞，詔孛魯便宜處之。乃以全爲山東淮南楚州行省。……郡縣聞風款附，山東悉平。

李全投降後，仍繼續統治山東東部州縣。遺山文集卷三〇濮州刺史畢侯（叔賢）神道碑説：「丁亥，國兵圍益都，城中食盡，保寧（李全）計無所出，……隨詣軍前。太師（孛魯）受其降，悉以全境付之。」公元一二三一年李全攻宋揚州，敗死。其子李璮「遂襲爲益都行省，仍得專制其地」。〔一〕當時山東共有三個行省，益都行省、東平行省和濟南行省形成鼎足之勢。東平和濟南分據山東西部，而益都行省獨有山東東部，占山東全境的一半，約有四、五十城。〔二〕嚴實的東平路再加上彰德、大名等地，所統也有五十餘城，嚴實、李璮兩人的地盤大致相當。

再從兵力上説，李璮也是相當强大的。元文類卷七〇元明善撰藁城董氏家傳説：「璮勝兵有浙、漣兩軍，可二萬餘人，勇而善戰。主帥怒其與賊，配諸軍陰殺之。」李全在楚州時曾「厚募人爲兵，不限

〔一〕見元史卷二〇六李璮傳。又自李全死後，其餘部已撤出淮南楚州，故不再稱山東淮南楚州行省，而改稱益都行省。

〔二〕元文類卷七〇歐陽玄高昌偰氏家傳説：「山東李璮反，（撒吉思）奉詔偕諸王哈必赤等東征，……生得璮，戮於市，復濟南、益都等五十餘城。」除去新攻占的濟南、淄州等少數城市，李璮原有的州縣應不下於四十餘城。

南北，宋軍多亡應之。天長民得保聚爲十六寨，比歲失業，官振之不能繼，壯者皆就募。」〔一〕所以浙、漣兩軍多半是南方人，在李璮失敗後，大部分被蒙古統治者殺死。李璮部下更多的應該是山東土著，當時被稱作益都兵。這部分軍隊後來被劃歸張柔之子張宏範統率。元朝名臣事略卷六元帥張獻武王中轉引虞集撰廟堂碑説：「益都兵，璮所教也，號勇悍難制，度諸帥無足統之者，乃以王（宏範）爲益都淄萊等路行軍萬户。」〔二〕這個材料没有説明益都兵的數目，但據濟南萬户張宏向忽必烈密奏説：「諸路兵久從征伐，不得休息，率皆困弊。而璮假都督之重，擁强兵至五、七萬，日練習整厲，名爲討宋而實不出境。」〔三〕由此可見，李璮的兵不僅數量多，而且以勇悍善戰聞名，比東平嚴氏的兵力要强，據元史卷一四八嚴實傳附嚴忠濟傳説：「忠濟初統千户十有七，乙卯（一二五五），朝命括新軍山東，益兵二萬有奇。」忠濟爲嚴實之子，所統千户有十七個，估計總共有兵不過兩萬左右。連乙卯以後所括新軍二萬人，也不過三、四萬人。當然我們前面所舉的兵數都是在李璮後期的數字，但仍然可以反映出嚴、李兩家兵力對比狀況。至於濟南張榮更不是李璮的對手，只要看李璮起兵反元後，張榮祖孫倉皇逃走，李璮很快就攻陷了濟南的情況，就可知道二者力量之懸殊。中統三年李璮的反元，給蒙古統治者的震動很大，正如蒙兀兒史記卷六六李璮王文統列傳中所評論的那樣：「一旦變起，遠近震驚。

〔一〕宋史卷四七七李全傳。
〔二〕按四部叢刊本虞集撰道園學古録卷一四淮陽獻武王廟堂之碑中此處有脱漏，無「益都兵……乃以王爲」一段。
〔三〕元文類卷五〇張起岩濟南大都督張公（宏）行狀。

山東西路，燕南、河北、遼西數千里皆城守。自潼關以東，黃河以南，征發士馬殆遍。邊城淪宋者一時凡七所。用全國兵力什之六七，積百有六十五日，僅而平之。」這件事也足以説明李璮力量之强大。

李璮除了地廣兵强以外，益都行省的地理形勢也非常重要。本路東濱大海，南面的海州與宋的淮南東路隔淮相望。宋朝步騎既可渡淮進攻沂、莒等州，水師還可沿海北上直搗膠東半島。蒙古方面也可以從漣水渡淮攻揚、楚，取兩淮，威脅江南。由於地處邊防前綫，舉足重輕，李璮自稱「以一路之兵，抗一敵國」。他的向背，關係宋蒙力量對比者甚大。因此蒙古大汗歷來對他都是極意籠絡甚至遷就的，例如其他各路兵久從征伐，不得休息，唯有李璮的兵可以例外。元史卷二〇六李璮傳説：「朝廷數征兵，輒詭辭不至。憲宗七年，又調其兵赴行在，璮親詣帝言曰：『益都乃宋航海要津，分軍非便。』帝然之，命璮歸取漣海數州。」忽必烈即位，又升他爲江淮大都督，賞賜甚厚。中統二年璮請給兵器，中書議與矢三萬，皇帝下詔給矢十萬。總之，無論從李璮本身的實力地位看，或從蒙古統治者對他的優容重視看，既然張榮都可以封萬户，爲什麽李璮不能封萬户呢？甲午滅金之後窩闊台論功行賞，封了四個漢軍萬户，張柔、嚴實、張榮之外，還有一個萬户，環視當時漢軍諸將，最有條件充當的應該是李璮。所以我們認爲李璮被授予萬户是合乎情理的事。除非有什麽特殊的原因，否則他的不能授萬户，反倒是難於理解的了。

至於爲什麽没有關於他曾任萬户的文獻記載問題，李璮既因反元失敗被誅，他的子孫自然也同歸於盡，在他的身後不可能有什麽神道碑或墓誌銘之類的東西。在元史本傳記載有遺漏的時候，我們也不可能像對劉伯林和張榮那樣，從其子孫承襲的世爵中去推斷他的官職。對於像他這樣的元朝「叛臣」，在元代文人的記述中也會有所顧忌迴避。因此缺乏這方面的直接材料，也是可以理解的。

二　七萬户的權勢——割據一方的世侯

作爲專制一方的諸侯，在漢地七萬户中，石抹也先一家是不够典型的。他們父子一生東征西討，並未形成盤踞一地的割據勢力，恐與其降蒙時没有由自己宗族鄉黨組成的武裝和獨立的地盤有關。最典型的諸侯是分布在河北、山東的五個萬户，即史天澤、張柔、嚴實、張榮與李璮。他們的權力之大主要表現在以下幾個方面：

這些萬户既是一路的軍事長官，又是一路的民政長官。如張柔是太宗、憲宗朝的軍民萬户，中統二年，其子弘略襲職爲順天路管民總管、行軍萬户；嚴實在太宗甲午（一二三四）即爲東平路行軍萬户，又是東平總管（管民長官），其子忠濟於辛丑（一二四一）襲職仍爲東平路行軍萬户、管民長官。〔一〕所以他們不僅掌握軍權，麾下有許多千户、百户，如元史卷一四八嚴實傳稱：「忠濟初統千户十有七，乙卯，朝命括新軍山東，益兵二萬有奇。」而且管領一路的民政，可以任免州縣的長吏，正如劉因在易州太守郭君墓誌銘中所説的：「時官制未立，諸侯得自辟署，曰長曰太守，皆從一時之制云。」〔二〕

〔一〕均見元史卷一四七張柔傳和卷一四八嚴實傳。
〔二〕元文類卷五一。

這些州縣官，有的係「擢自將校」；〔一〕有的是他們的「宗族故舊」，如劉因在上文所説的郭弘敬，就因爲是張柔的外甥而得爲束鹿縣長，後又遷易州太守的；這些州縣官吏既然原來就是他們的宗族親戚、部屬，又是依靠他們而躋身統治者的行列，「皆布列在位，享富貴之樂」的，對於他們當然奉命唯謹，不敢有絲毫違抗了。因此他們的子孫敢於「奴視所部」，〔二〕這就更助長了萬户的氣焰。

出於當時没有統一的法令，所以他們的話就是法令，萬户及州縣官都可以隨便殺人，即所謂「罪得專殺」。姚燧牧庵集卷二五磁州滏陽高氏墳道碑説：「太祖徇地，北人能以州縣下者，即以爲守令，罪得專殺。磁守杜國用知府君能，求以自佐，推澤爲孔目官，俾司其州岸（同犴）獄。」元文類卷五七宋子貞所作中書令耶律公神道碑中也説：「時天下新定，未有號令，所在長吏皆得自專生殺，少有忤意，則刀鋸隨之，至有全室被戮，襁褓不遺者。」普通州縣官都可以隨意殺人，更何況據有十餘乃至數十城的萬户。

萬户及其下屬還有自行徵收賦税之權。當時没有統一的賦税制度，徵收的種類、數目都由他們自己決定，正如元文類卷四〇經世大典序録治典總叙官制錢穀官中所説：「國家既有中原，國用所

〔一〕元史卷一五九宋子貞傳稱：「中原略定，事多草創，行台所統五十餘城，州縣之官或擢自將校，或起由民伍，率昧於從政，甚者專以掊克聚斂爲能，官吏相與爲貪私以病民。」

〔二〕元朝名臣事略卷七平章廉文正公中轉引家傳稱：「公言：國家開創以來，凡納土及始命之臣，咸令世守，逮今垂六十年，故其子若孫並奴視所部，而郡邑長吏皆其皁隸僮使，此在古所無。」

係，賦税爲重。而内附諸侯之取民者，寬急豐約各唯其意，莫能一也。」形成州縣官「非法賦斂，民窮無告」的狀況。〔一〕

這些萬户都是世襲的，如牧庵集卷一七潁州萬户邸公（澤）神道碑所説：「由是萬户布列天下，其勢雖分，然父死子繼，兄終弟及，相傳虎節，一命三品，世世不絶，則未始變。不若治民治賦之臣者死，子孫以門功官，自下而高如升階然，所可儕比。」或父兄尚存，也容許傳給子弟。前引宋子貞傳指出州縣官也是「相傳以世」的，不管他們如何貪污不法，也不能撤换他們。由於這些萬户享有世襲權利，他們的家族才能長期統治一地。他們兼領軍民錢穀，恃其富强，肆爲不法，甚至此州彼郡，動輒興兵相攻，具有極大的分散性、割據性。因此，當時人把他們比喻爲古代封建制的諸侯，或唐代的藩鎮，〔二〕不是没有理由的。

爲説明萬户世代承襲的情況，我們排列了劉、史、嚴、二張五個萬户的世系表（此表主要根據元史各傳及有關碑誌，但張柔子福壽、弘基、弘正、弘規，張榮孫宓及宓子元輔係據蒙兀兒史記所補）。

〔一〕元史卷一五九宋子貞傳。

〔二〕劉因静修先生文集卷一六段直神道碑：「事定論功行賞，分土傳世，一如古封建法。」郝經郝文忠公文集卷三二河東罪言：「漢地諸道，各使侯伯專制本道，如唐藩鎮。」

劉伯林等五萬户世系表

一、濟南劉氏世襲西京萬户

劉伯林　西京留守兵馬副元帥、萬户

—黑馬　都總管萬户，統西京、河東、陝西諸軍萬户

——元振　成都路副萬户、潼川路副招討使

———緯　管軍萬户、陝西行省参知政事

——元禮　潼川路漢軍都元帥、延安路總管

二、定興張氏世襲順天萬户

- 張柔　河北東西等路都元帥、順天府軍民萬户
  - 福壽　早卒
  - 弘慶　質子
  - 弘基　順天宣權萬户
  - 弘彦　亳州萬户
  - 弘略　襲順天路管民總管、行軍萬户，河南行省參知政事
    - 玠　宿衛
    - 瑾
    - 琰
  - 弘範　蒙古漢軍都元帥
    - 珪　中書省平章政事
      - 景武　保定等路管軍上萬户
        - 旭　宿衛
        - 昌　保定等路管軍上萬户
        - 昆
        - 昇
        - 昭
        - 晟
        - 曜
        - 旺
      - 景魯　海北廣東道肅政廉訪使
      - 景哲　僉浙東海右道肅政廉訪司事
      - 景元　河南江北道肅政廉訪使
      - 景德　早卒
      - 景誠　内政司丞
  - 弘正　襲宣權萬户
  - 弘規　順天涿州等路新舊奥魯總管

二、永清史氏世襲真定萬户及鄧州萬户

- 史成珪
  - 秉直 行尚書六部事
    - 天倪 河北西路都元帥
      - 楫 真定路總管
        - 炫 常德管軍總管
        - 煇 知孟州
        - 燧 同知東昌府事
        - 煊 潼關提舉
        - 煬 僉广西按察司事
      - 權 江漢大都督
        - 燿 福建等處行中書省平章政事 出嗣格
          - 壎 瑞州總管
    - 天安 權真定等路萬户
      - 樞 山東東西道宣慰使
        - 焕 後衛親軍都指揮使
        - 煇 秘書少監按與楫子同名殆有誤
    - 天澤 中書右丞相 真定等萬路萬户
      - 格 湖廣行省平章政事
        - 燿
        - 桀 鄧州舊軍萬户
      - 樟 真定順天新軍萬户
      - 棣 衛輝路轉運使
      - 杠 湖廣行省右丞
      - 杞 淮東道廉訪使
      - 梓 同知澧州
      - 楷 同知南陽府
      - 彬 中書左丞
  - 懷德
    - 天祥 北京七路兵馬元帥
      - 彬 江東提刑按察副使
      - 槐 襲覇州察衣局人匠都達魯花赤

四、長清嚴氏世襲東平路萬户

- 嚴實　東平路行軍萬户
  - 忠貞　質子、金紫光禄大夫，先卒
    - 朗
  - 忠濟　襲東平路行軍萬户兼管民長官
  - 忠嗣　東平路管軍萬户
  - 忠範　代忠濟職
  - 忠傑
  - 忠裕
  - 忠祐

五、歷城張氏世襲濟南路萬户

- 張榮（濟南路行軍萬户）
  - 邦傑（襲）
    - 宏（襲、遷真定路總管新軍萬户）
      - 元節（襲征西萬户）
        - 耶懷（襲父征西萬户）
      - 元里（建昌路達魯花赤）
  - 邦直（邳州行軍萬户）
  - 邦彦（權濟南行省）
  - 邦允（知淄州）
  - 邦孚（大都督府郎中）
  - 邦昌（奥魯總管）
  - 邦憲（淮安路總管）
    - 宓（山東東西道宣慰使）
      - 元輔（松江財賦司副提舉）

三　漢地萬户和蒙古統治者的關係

漢地萬户對於蒙古大汗所承擔的義務主要是出兵從征和納貢賦兩項，蒙古大汗則承認他們對當地的統治權，在危急時並出兵援助。凡蒙古滅金亡宋的各重要戰役，無不有漢軍萬户率兵參加。漢地萬户另一項重要義務就是納貢賦。宋史卷四七六李全傳稱：李全降蒙後，孛魯「承制授山東淮南行省，得專制山東，而歲獻金幣」。

前面説過，當時中原地區並無統一的賦税制度，各級地方官吏可以借機多收，貪污自肥。但值得注意的是當時實行包納制，各州縣都有規定的總額，如遇饑荒歉收，或人民逃亡過多時，地方官則要負責賠墊。無錢交納時，只有向回鶻商人借高利貸。如牧庵集卷二五磁州滏陽高氏墳道碑稱：

> 壬子，天下大料民户，歲入銀四兩。民已無所於得，州縣迫徵不休，回鶻利之，爲券出母錢代輸，歲責倍償，不足則易子爲母。不能十年，闔郡委積，數盈百萬，令長逃債，多委印去。

同上卷譚公神道碑也説：

> 初乙未料民，州縣率以無産僑客入籍，用示其庶，及賦下，悉避他徙。責徵實存，官無所取，稱貸賈胡，困不能償，迫改定約，以子爲母，譬以牸生特牛，十年千頭，滋息日增。

這種包納代償的辦法也行於萬户轄區，當州縣官償付不起時，萬户要負責代償。如元史卷一五五史天澤傳説：

時政煩賦重，貸錢於西北賈人以代輸，累倍其息，謂之羊羔利，民不能給。天澤奏請官爲償一本息而止。繼以歲饑，假貸充貢賦，積銀至一萬三千錠，天澤傾家貲，率族屬官吏代償之。

又如元史卷一四八嚴實傳說：

忠濟（嚴實子）治東平日，借貸於人，代部民納逋賦，歲久愈多。及謝事，債家執文券來徵。帝聞之，悉命發内藏代償。

各級官吏的代償逋賦，並不是出於他們對人民的仁慈，而只能說明對蒙古朝廷的貢賦，萬户要負完全責任。

蒙古統治者對漢地萬户並不放心。控制的辦法之一，是要他們以子弟作爲人質，送往蒙古軍中或漠北汗廷。如史天倪的二弟天安，三弟天澤都做過人質，元史卷一四七史樞傳說：「太師木華黎以其兄天倪爲萬户，而質天安軍中。」牧庵集卷一六史公（耀）神道碑說：「後（武）仙果戕都帥一家百口，舉城歫金。都帥季（弟）中書右丞相忠武公（天澤）方爲質太師國王，將覲漠北。」嚴實則以長子忠貞入質。〔一〕但更主要的還是派軍隊駐紮漢地和派官監視兩項。

元史卷一二三闊闊不花傳說：「太祖命太師木華黎伐金，分探馬赤爲五部，各置將一人，闊闊不花爲五部前鋒都元帥。……歲丙申（一二三六），太宗命五部將分鎮中原。闊闊不花鎮益都、濟南，按

〔一〕元史卷一五二張晉亨傳云：「實遣子忠貞入質，命晉亨與俱。」

察兒鎮平陽、太原，孛羅鎮真定，蕭乃台鎮大名，怯烈台鎮東平。」丙申在滅金之後兩年，太宗命五部將分鎮中原，五部將亦稱五投下或五諸侯，其所率之探馬赤軍，據楊志玖先生考證，就是打先鋒的軍隊，係由弘吉剌、兀魯兀台（惕）、忙兀台（惕）、札剌兒和亦乞烈思五個蒙古部族組成，它是蒙古軍隊中的精鋭和骨幹。〔一〕值得注意的是，五部將所鎮守的地點，恰恰是漢地五個萬户的轄區。如益都爲李璮轄區，濟南爲張榮轄區，平陽、太原爲劉黑馬轄區，真定爲史天澤轄區，大名、東平爲嚴實轄區。可見探馬赤軍的屯駐，除了爲鎮壓當地人民的反抗外，也含有監視漢地諸侯的用意。五部將鎮守的地點唯獨不包括張柔所在的保州（一二四一年升保州爲順天府，别作一路），這是什麽緣故？我們以爲這是因爲保州距燕京很近，金朝時保州本隸屬中都路。〔二〕蒙古在燕京行省駐有重兵，可以就近監視，故不需另駐探馬赤軍。又元史卷二〇六李璮傳説李璮反元後，「殲蒙古戍兵」，也足以説明蒙古戍兵的設置是爲了防備漢地諸侯的。

此外，在出征時也多以蒙古人爲主將，統率漢軍萬户，元史卷一二〇蕭乃台傳説：「金亡，朝廷以蕭乃台功多，命並將史氏三萬户軍，以圖南征。」同書卷一四九耶律禿花傳説：禿花「統萬户札剌兒、

〔一〕詳見中華文史論叢第六輯，楊志玖元代的探馬赤軍一文。

〔二〕金史卷二四地理志上，中都路下保州有「貞元二年來屬」之語。又郝文忠公集卷二一左副元帥祁陽賈侯神道碑銘也説：「燕京道最爲攘劇，號稱難治，且與順天境土相呀，大行台以詔旨命侯兼治之。」賈輔係權順天河南等道軍民萬户，既可以兼治燕京路，説明兩路之鄰近，可以互相照應。

劉黑馬、史天澤伐金，卒於西河州。子朱哥嗣，仍統劉黑馬等七萬户與都元帥塔海紺卜同征四川」。耶律秃花父子爲契丹人，則係以契丹人爲主將而統率漢地萬户。

除在軍事上加以監視外，蒙古在各地並設官監督地方行政，如在真定、東平、益都等路均設置達魯花赤。元文類卷五八王磐撰中書右丞相史公（天澤）神道碑說：

國朝之制，州府司縣，各置監臨官，謂之達魯花赤。州官府往往不能相下，公獨一切莫與之較，由是唯真定一路，事不乖戾，而民以寧。

元史卷一三一忙兀台傳說：

忙兀台，蒙古達達兒氏。祖塔思火兒赤從太宗定中原有功，爲東平路達魯花赤，位在嚴實上。

同書卷一二三純只海傳說：

歲癸巳（一二三三），太宗命佩金虎符，充益都行省軍民達魯花赤。

以上材料說明路一級的達魯花赤位於漢地萬户之上，而且路府州縣各級都設有達魯花赤，他們與漢族官吏之間經常發生矛盾。

下面再談談漢地萬户與在中原有分地的蒙古貴族之間的矛盾。蒙古統治者曾將本土的裂土分民制推行於中原，早在成吉思汗時即已賜功臣户口爲食邑。元史卷一一九孛魯傳說：「丙戌（一二二六）夏，詔封功臣户口爲食邑，曰十投下，孛魯居其首。」太宗八年丙申（一二三六）復括中州户口，得續户一百一十餘萬以後，又大規模地將中原諸州民戶分賜給諸王、貴戚和功臣。元史卷二太宗紀説：

八年丙申……夏六月，復括中州戶口，得續戶一百一十餘萬。……秋七月，……詔以真定民戶奉太后湯沐，中原諸州民戶分賜諸王、貴戚、斡魯朵：拔都，平陽府；茶合帶，太原府；古與，大名府；孛魯帶，邢州；果魯干，河間府；孛魯古帶，廣寧府；野苦，益都、濟南二府戶內撥賜；按赤帶，濱、棣州；斡陳那顔，平、灤州；皇子闊端、駙馬赤苦、公主阿剌海、公主果真、國王查剌溫、茶合帶、鍛真、蒙古寒札、按赤那顔、拆那顔、火斜、朮思，並於東平府戶內撥賜有差。耶律楚材言非便，遂命各位止設達魯花赤，朝廷置官吏收其租頒之，非奉詔不得征兵賦。

由此可見分地分布的範圍很廣，計有真定、平陽、太原、大名、邢州、河間、廣寧、益都、濟南、濱州、棣州、平州、灤州和東平，漢地萬戶的轄區都包括在内。另從元史卷九五食貨志三歲賜所載來看，所賜民戶多的一家有數萬戶，少的只二三十戶。如阿里不哥有真定民戶八萬戶之多，而在東平路内撥賜分地者特别多。上引太宗紀在東平有分地者十二人，而食貨志歲賜中載在東平有分地的貴族十八人，即所謂十投下。因此分地貴族和漢地萬戶的利益衝突在東平表現得更加突出。

元史卷一五三王玉汝傳説：

戊戌(一二三八)，以東平地分賜諸勳貴，裂而爲十，各私其入，與有司無相關。玉汝曰：「若是，則嚴公事業存者無幾矣。」夜静，哭於楚材帳後，明日，召問其故。……楚材惻然良久，使詣帝前陳訴，玉汝進言曰：「嚴實以三十萬戶歸朝廷，崎嶇兵間，三棄其家室，卒無異志，豈與他降者同。今裂其土地，析其人民，非所以旌有功也。」帝嘉玉汝忠款，且以其言爲直，由是得不分。這裏把東平的未被瓜分都歸功於王玉汝，事實上是耶律楚材認爲這樣做會使蒙古貴族權力太大，形成尾大不掉之弊，因而建議「樹置官吏，必自朝命，除恒賦外，不令擅自征斂」。〔一〕也就是「其賦則五户出絲一斤，不得私徵之，皆輸諸有司之府，視所當得之數而給與之」。〔二〕太宗接受了楚材的建議，對分地貴族的權力稍加限制。但是蒙古貴族可以派其私人充當分地的達魯花赤，其權力還是很大的。例如「監郡忙哥撒兒以國兵數萬，散處州郡間，伐桑蹂稼，生意悴然。公（史天澤）奏太后，悉徙居嶺北，由是田裏有遂生之樂」。〔三〕按真定爲太后分地，忙哥撒兒即太后派來的達魯花赤，史天澤必須奏請太后，始能讓他所率的蒙古兵撤走。

對於朝廷的這種限制，分封之家並不甘心接受，因此在定宗時，又有第二次瓜分之議。王玉汝傳提到：「分封之家以嚴氏總握其事，頗不自便，定宗即位，皆聚闕下，復欲剖分東平地。是時，衆心危疑，將俯首聽命。玉汝力排群言，事遂已。」這件事既反映了蒙古貴族和漢地諸侯之間的爭奪，也反映了蒙古貴族和大汗之間分權與集權的矛盾。由於加强集權的趨勢逐漸占上風，同時漢地諸侯握有實力，因而使瓜分州縣的事未能實現。

〔一〕元文類卷五七宋子貞耶律公神道碑。
〔二〕元史卷九五食貨三歲賜。
〔三〕元朝名臣事略卷七丞相史忠武王轉引家傳。

四　漢地萬户權力之削奪

早在太宗窩闊台時，蒙古朝廷中主管漢地行政的中書省長官耶律楚材已經看到這些萬户「兼領軍民錢穀，往往恃其富强，肆爲不法」的弊病，提出「長吏專理民事，萬户府總軍政，課税所掌錢穀，各不相統攝」的主張。〔一〕其用意在「使勢均力敵，以遏驕横」。〔二〕但以當時條件尚未成熟，而未能實行。定宗、憲宗之世，偏重於開疆拓土，專事征伐，對内政未暇整頓。到世祖忽必烈即位後，方大力解決漢地諸侯權重的問題。

他所採取的第一個措施，就是於中統元年五月設立十路宣撫司。宣撫司的使副人選爲：

燕京路　　宣撫使賽典赤、李德輝，副使徐世隆；
益都濟南等路　　宣撫使宋子貞，副使王磐；
河南路　　宣撫使史天澤；
北京路　　宣撫使楊果，副使趙炳；
平陽太原路　　宣撫使張德輝，副使謝瑄；

〔一〕元文類卷五七中書令耶律公神道碑。
〔二〕元史卷一四六耶律楚材傳。

真定路　　宣撫使孛魯海牙、劉肅；

東平路　　宣撫使姚樞，副使張肅；

大名彰德等路　　宣撫使張文謙，副使游顯；

西京路　　宣撫使粘合南合，副使崔巨濟；

京兆等路　　宣撫使廉希憲。

擔任各路宣撫使副的大都是忽必烈的潛邸舊臣，至少是忽必烈信任的人。派他們到各路的主要目的就是監視諸世侯。蒙兀兒史記卷五一張柔傳說：

忽必烈登極，柔朝賀上都。時廷議削漢諸侯權，諸萬户懼，請柔沮其議。柔上言曰：「今治郡者皆年少，未嘗習於政事，若獲罪，不加以刑，則廢法；重繩之，則没其先世之勞；請選老成人監之便。」遂立十道宣撫司。諸萬户皆怨柔，已而德之。〔一〕

又牧庵集卷一五中書左丞姚文獻公(樞)神道碑説：

上即大位，以王文統爲平章，盡止藩府舊臣，立十道宣撫使。諸侯惟嚴忠濟爲强横難制，乃以公爲東平。……至治郡，置勸農、檢察二人以監之。推物力以均賦役，罷鐵官。

這兩段材料把設立十路宣撫司的目的説得很清楚，是爲了監視諸萬户的；而諸萬户的反應是既懼且

〔一〕此段史料蒙兀兒史記根據何書未詳。新元史卷一三九有同樣記載。

怨。可是設立十路宣撫司却是得到像張柔這樣强有力的萬户的支持的。

當時在山東的三個萬户，除張榮力量較弱小，對朝廷的態度也較恭順外，李璮和嚴忠濟都是以富强而桀傲不馴著稱的。兩人中李璮的力量更强大，不便輕易動手，於是忽必烈選中了嚴忠濟作爲首先裁抑的對象。元史卷一六〇李昶傳稱：

忠濟怠於政事，貪佞抵隙而進。昶言於忠濟曰：「比年内外，裘馬相尚，飲宴無度，庫藏空虚，百姓匱乏，若猶循習故常，恐或生變。……」時朝廷裁抑諸侯，法制寖密，忠濟縱侈自若。

中統二年五月，忽必烈下詔罷免了嚴忠濟一切職務，召還京師，而以其弟忠範代爲東平總管。王惲在中堂事記中詳述此事的經過説：〔一〕

十三日……内省官忽魯不花傳旨令前省官及諸路在都管民等官詰旦集闕下以聽聖訓。明日乙亥寅刻，詔罷東平路管民總管兼行軍萬户嚴忠濟。仍勅戒諸路官寮無是效焉，國有常刑，犯不容宥。……十七日……上臨軒親諭諸路總尹，遂以前東平總管嚴忠濟弟忠範爲東平總管，仍戒之曰：「兄弟天倫，事至於此，朕甚憫焉。今予命爾尹兹東土，非以訟受之也，彼所責匪輕，敬哉。今而後，苟不克荷，非若汝兄幸而免也。」

從這段記述中可知，忠濟之過失乃其弟忠範所告發，忽必烈是利用了嚴氏内部的矛盾的。嚴忠濟「未

〔一〕載秋澗先生大全文集卷八一。

見顯咎，遽爲黜罷」，而且採用這樣鄭重的形式，召集各路在都管民官於闕下聽訓，説明忽必烈此舉並非單獨針對嚴氏，而是做給各路長官看的，是他裁抑諸侯的一個重要步驟。當然，忽必烈的做法還是留有餘地的，撤掉了嚴忠濟，代替他的是嚴忠範，東平仍在嚴家手裏，制度上也無重大更張。

比嚴氏更加强横難制的是李璮，這一點忽必烈及其謀臣們心裏很清楚。在李璮舉兵以前，就不斷有人告他要謀反，其中最突出的代表是濟南萬户張宏。元史卷一六七姜彧傳稱：「中統二年，彧與榮孫宏入朝，因言益都李璮反狀已露，宜先其未發制之，未報。明年春，璮果反。」〔一〕李璮的岳父王文統就在朝中，蒙古朝廷對他的猜忌，他不會毫無所聞。而嚴忠濟的被罷免，對他也是個信號和威脅。忽必烈當時並未對他動手，反而極意籠絡，主要因與阿里不哥争奪汗位的鬥争尚在激烈進行，無暇南顧，而且擔心他與南宋聯合起來對付自己，會形成腹背受敵之勢。〔二〕李璮所以選擇中統三年二月這個時候造反，恐怕也是想利用蒙古統治者内訌的機會。

同年七月李璮兵敗被誅。以忽必烈爲首的蒙古朝廷已無所顧忌，於是乘機採取更爲果斷的措施，來削奪漢地諸萬户的權力，首先是削兵權。

當時諸萬户不僅本人掌兵權，而且弟兄子姪也都分居要職，其中不少也掌有兵權，被認爲一門之

〔一〕宏爲張榮之孫。濟南毗鄰益都，受李全父子威脅，關係一向不好。元史卷一五〇張榮傳稱：「李璮據益都，私餽以馬蹄金，榮曰身既許國，何可擅交鄰境，却之。」元文類卷五〇張起岩撰濟南大都督張公行狀載有張宏密陳李璮逆迹十事之内容。

〔二〕元史卷一五八姚樞傳稱：「李璮謀叛，帝問：『卿料何如？』對曰：『使璮乘吾北征之釁，瀕海擣燕，閉關居庸，惶駭人心，爲上策；與宋連和，負固持久，數擾邊，使吾疲於奔救爲中策；如出兵濟南，待山東諸侯應援，此成擒耳。』」

内，威權太盛。針對這種情況，中統三年規定「父兄弟子並仕同途者，罷其弟子」。[一]最顯赫的諸侯史天澤首先帶頭，牧庵集卷一六平章政事史公（格）神道碑敘述此事説：

先是李璮反誅，太尉（天澤）請裁强諸侯權，自今兵民之家，父死而子繼，兄終而弟可及，其子弟同時並官者，無以職掌大小皆罷之，請由臣家以始。並辭衛封（指在衛州之封地）。制曰：可。太尉一門一日解虎符、金銀符者十七人。

當時史天澤的兩個姪兒，史楫爲真定路總管，「即日解綬歸」。史權爲江漢大都督總制軍馬，總管屯田萬户，被解除軍職改爲真定等路總管兼府尹，不久又徙往東平，離開了原來的轄區真定。[二]張柔的兩個兒子弘略、弘範也都被解除了兵職。元史卷一四七張柔傳稱：

弘略字仲傑，柔第八子也。……柔既致仕，授弘略金虎符，順天路管民總管，行軍萬户，仍總宣德、河南、懷孟等路諸軍屯亳者。……朝廷懲璮叛逆，務裁諸侯權以保全之，因解弘略兵職，宿衛京師。

虞集道園學古録卷一四淮陽獻武王廟堂之碑説：

或言於朝曰：璮所以得爲亂者，盡專兵民之權故也。以此聞諸侯，諸侯果不自安，遂罷其子弟之在官者。王（指張弘範，時爲行軍總管）亦例解總管。

[一] 元史卷一五二王珍傳。
[二] 史楫、史權爲史天倪之子，以上見元史卷一四七史天倪傳。

不僅於此，還把史家世代統率的清樂軍也解隸他將。〔一〕牧庵集卷一六平章政事史公（格）神道碑說：

（自史氏一門解兵符之時），而太尉（天澤）故所將兵，自先朝已解授兄子江漢大都督權戍鄧，及是亦解隸他將。公（格）無以爲者數年。會故中書右丞劉武敏公拯請伐襄陽張平宋本，大集天下兵於漢之南，而太尉亦謝政，公請立勞軍中。朝議猶避鄧之舊軍，俾與張蔡公（柔）子宏範易將，始授懷遠大將軍，亳州萬户虎符。

換句話說，就是以史格代張弘範爲亳州萬户，率領張氏的亳州軍，而讓張弘範將史氏之鄧州舊軍，可見朝廷對他們戒備之嚴。又過了十幾年，直到一二七九年張弘範消滅了南宋殘餘政權，爲元朝立了大功，才把兩支軍隊又互換回來。〔二〕史天澤和張柔是支持朝廷裁抑諸侯的措施，又在平定李璮之役中立有功勞的，尚且如此，其他更不待言。

對東平嚴氏則罷免了嚴實第三子嚴忠嗣東平路管軍萬户之職。元史卷一四八嚴實傳：「忠嗣，實之第三子也。……乙卯，充東平路管軍萬户。……（中統）四年，朝廷懲青齊之亂，居大藩者，子弟不得親政，於是罷官家居。」

〔一〕元史史天倪傳稱其曾祖皞於財，金末以俠稱於河朔，「倫卒時，河朔諸郡結清樂社四十餘，社近千人，歲時像倫而祠之。至是天倪選其壯勇萬人爲義兵，號清樂軍，以從兄天祥爲先鋒，所向無敵」。史天倪率此軍轉鬥河北十年，天倪死後，其弟天澤繼領其衆轉鬥河北又十年。這支軍隊是史家的心腹基幹武裝。

〔二〕牧庵集史格神道碑云：「後弘範入覲，請復將亳州兵，制可，還公鄧之舊軍。」

濟南張榮之孫張宏原襲職爲濟南路軍民萬户，現則被免去萬户之職，改任真定路總管，調離了濟南。至元二年，山東廉訪使言真定路總管張宏前在濟南，乘變盗用官物，詔以宏嘗告李璮反，免死罪，罷其職。其叔邳州萬户張邦直等違制販馬，並處死。〔一〕

時劉黑馬父子已離開西京，移鎮四川。中統三年，劉黑馬兼成都路軍民經略使，不久死。黑馬死後，其子元振襲職。李璮敗後，朝廷没有馬上對元振採取什麽行動，但到了至元七年（一二七〇），「時議以勳舊之家事權太重，宜稍裁抑，遂降爲成都副萬户。」〔二〕

七萬户中只有石抹氏未受打擊。一則他這一家本够不上稱作典型的諸侯；二則查剌早已於一二四三年去世，其子庫禄滿又在從征李璮時陣亡。他們的勢力不大，故不需要再加裁抑。因此，除石抹氏外，其他六個萬户都受到輕重不同的打擊。實際上受到裁抑的還不止這六家，如大名萬户王文干，其弟文禮爲千户，由於父子兄弟不能並仕，文干自陳願解己官而留文禮，於是也被免去萬户職務。〔三〕

削奪萬户權力的另一個重要措施，就是把民事與軍政分開，不讓萬户兼理民事。首先實行於益都，在李璮失敗後不到三個月，即中統三年「冬十月庚申（七日），分益都軍民爲二，董文炳領軍，撤吉

〔一〕見元史卷六世祖紀三。
〔二〕元史卷一四九劉伯林傳。
〔三〕元史卷一五二王珍傳。

思治民」。〔一〕不久，即推行到中原各路，「十二月癸亥（十一日）詔：『各路總管兼萬户者，止理民事，軍政勿預。其州縣官兼千户、百户者仍其舊。』……戊寅（二十六日），詔：『諸路管民官理民事，管軍官掌兵戎，各有所司，不相統攝。』」〔二〕同月又「立諸路轉運司，以燕京路監榷官曹澤等爲之使」。〔三〕把徵收賦税的權力也收歸各路轉運司之手。

此外，又設立河南、山東兩個統軍司，位於諸萬户之上，以監督其軍政。「以塔剌渾火兒赤爲河南路統軍使，盧升副之，東距亳州，西至均州，諸萬户隸焉；茶不花爲山東路統軍使，武秀副之，西自宿州，東至寧海州，諸萬户隸焉。」〔四〕爲了監督各路的民政，「立十路宣慰司，以真定路達魯花赤趙瑨等爲之。」〔五〕以上都是中統三年的事。

中統四年正月又「立十路奥魯總管。……詔：『以諸路漢軍奥魯毋隸各萬户管領。其科徵差税，山東、河南隸統軍司，東西兩川隸征東元帥府，陝西隸行户部。凡奥魯官内有各萬户弟、男及私人，皆罷之。』」〔六〕奥魯是蒙古語，當蒙古人出征時，把家屬、輜重等稱爲奥魯，譯作「家小」、「老營」或「老小

〔一〕元史卷五世祖紀二。
〔二〕元史卷五世祖紀二。
〔三〕元史卷五世祖紀二。
〔四〕元史卷五世祖紀二。
〔五〕元史卷五世祖紀二。
〔六〕元史卷五世祖紀二。

營」。這裏所説的漢軍奥魯也即漢軍的家屬，或者説軍户。他們原屬漢軍萬户直接管轄，科徵差税都向萬户交納，派去統治他們的奥魯官不少就是萬户的子、弟和私人。這就使漢軍士兵對萬户保持嚴格的隸屬關係。現在一律改隸統軍司、元帥府等由中央設置的機構管理，大大削弱了萬户對所屬漢軍的控制能力。

至元二年（一二六五）的「罷世侯，置牧守」，〔一〕取消州縣官的世襲權力，是這次改革中的一項十分重要措施。宋子貞在李璮被平定後，立即上書説：「官爵，人主之柄，當自朝廷出。一命以上，並付吏部，以爲永選。……臨民官皆相傳以世，非法賦歛，困苦無告，亦宜遷轉，以革久弊。」〔二〕但過了三年後才付諸實行，宣布廢除州縣官的世襲制改行遷轉法，〔三〕並將原來的州縣官調離原地。牧庵集卷二五磁州滏陽高氏墳道碑説：「後朝廷誅東反虜，懲世官弊，守令之選，收歸吏曹，而易其地。」從此把州縣官的任命權收歸了中央，萬户把持地方行政的力量大大削弱了。

經過忽必烈朝一系列削奪漢地萬户特權的措施，這些漢人地主武裝的勢力大爲衰落，雖然其中

〔一〕元文類卷六一，姚燧參知政事賈公（居貞）神道碑。
〔二〕元朝名臣事略卷一〇徐世隆撰宋子貞墓誌。
〔三〕據元文類卷六三，姚燧真定新軍萬户張公（興祖）神道碑所説：「蓋列聖之制，職兵民者死，其子孫皆世之。變自世祖，奪職民者符節，易其故所。死，其子孫蔭而不世。惟職兵之臣，萬夫、千夫、百夫長者，父子死繼，兄終弟及，世其符節。」則取消的只是管民官的世襲權，而不包括管兵官的世襲權。

少數家族仍保持顯赫地位，如史氏、張氏等，但他們主要是依靠朝廷的任命而在中央或地方政府做大官，並非原來意義的諸侯。作爲一種制度來説，對漢地諸侯的分封制已被取消了。魏初曾對「罷侯置守」前後的情況作了番對比，是很能説明問題的。他説：

竊念壬辰北渡後，諸侯各有分邑，開府忠武史公之於真定，魯國武惠嚴公之於東平，蔡國武康張公之於保定，地方二三千里，勝兵合數萬，如異時齊、晉、燕、趙、吴、楚之國。竟收納賢俊，以係民望，以爲雄夸。迨中統建元，罷侯置守，諸賢萃於朝，及分布内外，迄今餘十年，其生存零落，功名事業，固大小之不齊，考其有子有孫，終始以享榮位如公家者，蓋不一二數也。〔一〕

五　結語

下面準備就漢地諸侯産生、形成和衰落的歷史條件以及他們起了哪些作用，提出我們一些初步的看法。

蒙古自公元一二一〇年與金決裂以後，次年大舉攻金，連破金兵主力，長城以北州縣均遭殘破。一二一三年更分兵三道，轉掠金之内地。「凡破九十餘郡，所過無不殘滅。兩河、山東數千里，人民殺戮幾盡，金帛、子女、牛羊馬畜皆席捲而去，屋廬焚燬，城郭丘墟矣。」〔二〕當時蒙古尚無占領内地的打

〔一〕魏初青崖集卷五故總管王公（汝明）神道碑。
〔二〕李心傳建炎以來朝野雜記乙集卷一九韃靼款塞。

算，所以不久即接受金的求和，飽掠而歸。一二一四年五月金室遷都開封，大批猛安謀克户隨之遷往河南。次年中都（今北京）陷没，黄河以北的地方官也紛紛南逃，金的地方政權陷於土崩瓦解。如金史卷一〇九許古傳所説的：「河北諸路，以都城既失，軍户盡遷，將謂國家舉而棄之，州縣官往往逃奔河南。」這時久受壓迫的農民乘機而起，紅襖軍聲勢復振。在這種形勢下，河朔山東一帶的漢族地主，爲了保全本身的生命財産，有的更想乘亂獲得功名富貴，於是紛紛聚集鄉黨，結寨自保，形成許多支大大小小的地主武裝。例如河北束鹿縣的富豪耿福，就是在這種形勢下被推舉爲束鹿縣令的。畿輔通志卷六九張起岩撰耿公先世墓碑説：「太祖兵入中原，金徙都汴，河朔盜起，郡縣守宰委印綬去，民莫能相保，衆推宜攝縣政，保庇一方者無逾耿公。」類似的例子，在金史、元史有關列傳及元人文集中，所在多有，不勝枚舉。對金末漢族地主武裝興起的情況，前人已有論述。〔一〕這裏就不多説了。

一二一七年以後，成吉思汗以主力從事西征，中原地區委付大將木華黎負責經略。但木華黎所率兵力有限，據聖武親征録載：「封木華黎爲國王，率王孤部萬騎，火朱勒部千騎，忙兀部四千騎，兀魯部將木哥漢札千騎，弘吉剌部按赤那顔三千騎，亦乞剌部孛徒二千騎，札剌兒部及帶孫等二千騎，

〔一〕見日本學者關於漢人世侯的論文。另内蒙古大學學報一九七八年一期到何之同志的關於金末元初的漢人地主武裝問題一文，論述較詳。

同北京諸部烏葉兒元帥、禿花元帥所將漢兵及札剌兒所將契丹兵，南伐金國。」〔一〕則木華黎所率蒙古各部兵共二萬三千人，所率漢兵與契丹兵數目不詳。蒙古騎兵固然强悍，但以這樣的數量「以圖中原」顯然是不够用的，因此必須借用漢人地主武裝的力量。何況金朝也在企圖利用這批力量來收復失地，牧庵集卷二二金故昭勇大將軍行都統萬户事榮公（祐）神道碑說：「在金叔世，宣宗蹙國播汴，河朔豪傑所在争起，倡糾義兵，完保其鄉，金怵以官，冀賴其力復所失地。」南宋則聯絡他們，謀乘機收復河朔。他們既成爲蒙、金、宋三方面争取的對象，蒙古統治者更不能不加以優容。經過二十餘年的反復争奪，金、宋及依附他們的漢族地主武裝相繼失敗，蒙古成爲逐鹿中原的勝利者，附蒙的地主武裝也就成爲專制一方的諸侯。

應當注意到，凡是能够形成割據勢力的萬户，都是在其降附以前已經握有相當實力，即已經占有若干州縣的土地、人民，並有自己的武裝的。如嚴實在降蒙以前已經是「太行之東，皆受實節制」，〔二〕歸附時「挈所部彰德、大名、磁、洺、恩、博、滑、濬等州户三十萬來歸」，〔三〕是最突出的例子。其他如史天倪、張柔、李全、張榮等俱屬此類。對比之下，像石抹也先這種「以匹馬來歸」的，就未能牢固地長踞一地。所以説割據的局面已經形成，蒙古統治者不過是承認這種既成事實而已。

〔一〕王静安先生遺書册三十聖武親征録校注。
〔二〕俱見元史卷一四八嚴實傳。
〔三〕俱見元史卷一四八嚴實傳。

這些割據勢力的存在，還有其經濟上的原因。由於長期戰争對農業的破壞，北方糧食極端匱乏，到處鬧饑荒，甚至發生「人相食」的慘況。如元史卷一五一王義傳說：是時兵亂，民廢農耕，所在人相食。寧晉東有藪澤，周回百餘里，中有小堡曰灃城。義曰：『灃城雖小而完，且有魚藕菱芡之利，不可失也。……身率衆保灃城，由是全活者衆。」在這種情況下，地主武裝如不設法恢復農耕，其本身就無法存在下去。王義是張柔的部下，初爲寧晉令，後升任深、冀、趙三州節度使，本傳説他「乃布教令，招集散亡，勸率種藝，深冀之間，遂爲樂土」。

萬户中，劉伯林之守威寧，就已注意農業生産，元史卷一四九本傳稱其「在威寧十餘年，務農積穀，與民休息，鄰境凋瘵而威寧獨爲樂土」。張柔之治順天，〔一〕史天澤之治真定，〔二〕嚴實之治東平〔三〕，張榮之治濟南，〔四〕都有相類似的記載。這些萬户下面的一些部將，如張柔部下的賈輔、〔五〕王義，嚴實

〔一〕遺山文集卷二六順天萬户張公勳德第二碑云：「蓋自板蕩以來，我公爲吾州披荆棘，立城市，完保聚，闢田野，復官府，舉典制，摧伏强梗，拊存單弱，使暴骸之場，重爲樂國。」

〔二〕元文類卷五八王磐中書右丞相史公（天澤）神道碑說：「（天澤）招集流散，存恤困窮，披荆棘，拾瓦礫，官府民居，日益完葺。」

〔三〕遺山文集卷二六東平行台嚴公神道碑云：「丁酉（一二三七）九月詔書命公毋出征伐。當是時公以百城長東諸侯者十五年矣。始於披荆棘，豻貙虎，敝衣糲食，暴露風日，挈溝壑轉徙之民而置之衽席之上，以勸耕稼，以豐委積，……不三、四年，由武城而南，新泰而西，行於野則知其爲樂歲，出於途則知其爲善俗。」

〔四〕元史卷一五〇張榮傳云：「時河南民北徙至濟南，榮下令民間，分屋與地居之，俾得樹畜，且課其殿最，曠野闢爲樂土。」

〔五〕見郝經郝文忠公集卷三一左副元帥祁陽賈侯神道碑銘。

部下趙天錫等，〔一〕在他們的碑傳中，也都有招撫流亡，勸課農耕的記述。

把他們的轄區描寫成「獨爲樂土」、「樂國」，顯然是對那些武裝頭子的美化。事實上，他們在爭奪地盤時對鄰境的屠殺掠奪，也是破壞生産〔二〕、造成饑荒的原因之一；而在他們轄區内老百姓所受的剥削和奴役是很嚴重的，我們在後面還要述及。只是當黄河流域陷於普遍的混亂與破壞之中的時候，農民能回到土地上耕作，維持轄區内的農業生産，較之荆棘成林，田野荒蕪，人民轉徙於溝壑之中的情況，要稍好一些，如此而已。所謂樂土，只是他們自己和他們庇護下的地主們的樂土，對於廣大農民當然談不上什麼樂的。

在這些碑傳中，還記録了不少勸阻蒙古將帥屠城殺降，以及釋放驅奴爲良的事。這主要是因爲人口減少，而墾荒迫切需要大量勞動力的緣故。前引東平行台嚴公神道碑説在攻破濮州後，蒙古軍要屠城。「公爲言：百姓未嘗敵我，豈可與兵人並戮之。不若留之農種，以給刍秣，濮人免者又數萬。其後於曹，於定陶，於楚丘，於上黨，蓋未有不然者。」其結果是「東州既爲樂土，四外之人托公以爲命者相踵也」。可見他們這樣做，並非出於什麼仁民愛物之心，而是有其現實的經濟目的。

〔一〕見遺山文集卷二九千户趙侯神道碑銘。

〔二〕郝文忠公集卷一一萬卷樓記云：「金源氏末，天造草昧，豪傑哄起，於是擁兵者萬焉，建侯者萬焉；甲者、戈者、騎者、徒者各萬焉；鳩民者、保家者、聚而爲盜賊者又各萬焉，積粟帛、金具、子女以爲己有者，斷阡陌占屋宅，跨連州郡以爲己業者又各萬焉。」

正是由於在一定程度上恢復了社會生産，他們才有可能維持其割據政權，也才有可能向蒙古統治者交納貢賦，提供進行戰争所需要的各種資源。而這些正是當時只知掠奪的蒙古統治者所難於做到的。

再者，這種裂土分民，相傳以世的統治方式，也是與蒙古社會的發展水平相適應的。由於蒙古族進入階級社會不久，其政治制度很簡單，成吉思汗建國後，在蒙古本土就是實行的分封制，即把土地、人民分撥給他下面的諸王勳臣，由他們世代統治。進入中原地區後，對當地的漢人地主武裝，容許他們在轄區内享有較大的自主權和世襲權，這是蒙古統治者容易理解和接受的。元朝人郝經曾對當時施行於蒙古和中原地區的三種分封制，作過一番頗有意思的比喻，他説：

竊維國家封建制度不獨私，强本干，與親賢共享，示以大公。既分本國，使諸王世享，如殷周諸侯；漢地諸道，各使侯伯專制本道，如唐藩鎮；又使諸侯分食漢地，諸道侯伯，各有所屬，則又如漢之郡國焉。〔一〕

這裏他所説的在蒙古本土所實行的如殷周諸侯的分封制，是最典型的分封制。在中原地區對漢人世侯如唐藩鎮的分封制和對蒙古諸王在漢地如漢郡國的食采分地制，都是根據第一種分封制加以變通而來的。

〔一〕郝文忠公集卷一八河東罪言。

上述金末元初黄河以北的無政府狀况與民族矛盾、階級矛盾的激化；蒙古與金、宋爭奪中原地區的需要助力；這些地主武裝具有相當的政治、軍事與經濟力量；分封制的統治方式與蒙古社會發展的水平相適應。以上這些就是漢人世侯得以産生和存在的歷史條件。

談到這些漢軍萬户所起的作用，他們首先是幫助蒙古統治者攻城略地，在滅金亡宋的戰爭中，出了很大的氣力。如蒙古一二三二年大舉進攻金國，包圍金政權所在的汴京，金哀宗突圍走歸德，最後逃往蔡州，直到蔡州被攻破，金哀宗自殺。這些最後消滅金政權的重要戰役，漢地萬户張柔、史天澤、劉黑馬、張榮和蕭查剌都是親自率軍參加的。金亡以後，劉黑馬移駐巴蜀，史天澤屯鄧州，張柔屯亳州，李璮則扼守淮海一帶，其矛頭都是對着南宋的。在蒙古攻宋的長期戰爭中，漢軍也是支主力，如受命爲蒙古漢軍都元帥，率軍窮追到廣東厓山，最後消滅了南宋政權的，就是張柔之子張弘範。所以説，没有他們的合作，蒙古統治者不可能迅速占領中原，並進而統一全國。

他們屠殺俘掠勞動人民，對紅襖軍更是十分雠視。著名的紅襖軍將領彭義斌就是失敗在他們手裏的。元史卷一四八嚴實傳説：

壬午（一二二二），宋將彭義斌率師取京東州縣，實將晁海以青崖降，盡掠實家。義斌軍西下，郡縣多歸之。乙酉（一二二五）四月，遂圍東平。實潛約大將孛里海合兵攻之，兵久不至，城中食且盡，乃與義斌連和。義斌亦欲藉實取河朔，而後圖之，請以兄事實。時麾下衆尚數千，義斌聽其自領，而青崖所掠者則留不遣。七月，義斌下真定，道西山，與孛里海等軍相望。分實以帳下兵，陽助而陰伺之。實知勢迫，急赴孛里海軍與之合，遂與義斌戰，宋兵潰，擒義斌。不旬月，京東州縣復爲實有。

元史史天澤傳則説：「義斌勢蹙，焚山自守，天澤遣鋭卒五十，摧鋒而入，自以鐵騎繼其後，縛義斌斬之。」當義斌北伐之時，張林、李全皆歸宋，宋朝勢力自山東以至河北，直抵真定，一時幾有恢復河朔之勢。木華黎大軍既入陝，嚴實勢孤，於是京東州縣，盡爲宋有。假如無嚴實的臨陣倒戈，史天澤的夾攻，彭義斌所率領的紅襖軍即使失敗，也不會失敗得如此之快。所以説他們的功名富貴是建立在本族人民的屍骨堆上的。

其次，在建立對中原乃至全國的統治方面，他們也是一支不可缺少的力量。除了前面指出的部分地恢復社會生産，徵收賦税等作用外，他們還在戰亂中搜羅、保全、培養了一批封建士人，爲後來忽必烈建立元朝，儲備了統治人才。金亡前後，北方士大夫「流離兵革中，生資蕩然，僮僕散盡」〔一〕不僅政治上没有出路，連生活都難以維持，不少人甚至淪爲驅奴。當時的蒙古統治者只重視武功，不知有治民之術，儒生在他們眼裏，與和尚、道士是一流人物，可以用來占星望氣以驗禍福，並不把他們看作統治人才。元好問曾致書耶律楚材推薦自孔元措、馮璧、王若虚以下五十二人，希望蒙古朝廷能收養他們，「使脱指使之辱，息奔走之役，聚養之，分處之。……饘粥足以餬口，布絮足以蔽體，無甚大

〔一〕劉祁歸潛志卷一四歸潛堂記。

費，然施之諸家，固已骨而肉之矣。他日閣下求百執事之人，隨左右而取之，衣冠禮樂，紀綱文章，盡在於是」。〔一〕無奈當時蒙古統治者並不需要衣冠禮樂，這些文人要自謀生活，擺脱役使，尋找出路，只有依存於漢地諸侯之一途。漢地諸侯爲了統治人民，也需要依靠文士作爲輔佐，於是一時名士紛紛集中到他們的幕下，正如張仲經所説的：「方今河朔藩鎮雄，衣冠往往羅其中。」〔二〕

金末文人士大夫後來受到忽必烈的信用，成爲元朝名臣的，其中許多人均出於漢地萬户幕府。如張德輝、楊果爲史天澤之僚佐。〔三〕王鶚、郝經是張柔的幕客。〔四〕宋子貞、商挺、王磐、張特立、劉肅、李昶、徐世隆等則出於嚴實門下。〔五〕王鶚是金朝的狀元，後被忽必烈聘爲翰林學士承旨，「制誥典章，皆所裁定」，並據金實録編修金史。郝經被召用後，深得忽必烈信任，命他爲國信使往宋議和。此外如王文統出身李璮幕府，在忽必烈時爲平章政事，主持中書省政務，對元朝立國規模法度的創立有重要作用。〔六〕

〔一〕元文類卷三七元好問致耶律中書書。
〔二〕歸潛志卷一四龍江張仲經贈劉祁、劉鬱兄弟詩。
〔三〕元史卷一六三張德輝傳：「金亡，北渡，史天澤開府真定，闢爲經歷官。」同書卷一六四楊果傳：「金亡，歲己丑，楊奂征河南課税，起果爲經歷。未幾，史天澤經略河南，果爲參議。」
〔四〕見元史卷一六〇王鶚傳；卷一五七郝經傳。
〔五〕元史卷一五九宋子貞傳及其他有關各傳。
〔六〕元史卷二〇六叛臣王文統傳。

以漢地萬户爲代表的北方漢族地主武裝，是整個漢族地主中最早與蒙古統治者合作的部分，通過對他們的活動的考察，我們可以這樣説：没有漢族地主的合作，蒙古統治者很難迅速占領中原，更難以建立起對中原的統治。蒙古汗國在中原的政權，一開始就是蒙、漢各族統治階級聯合的封建政權。元朝的成立只是使這種情況更加發展罷了。

最後談談削奪漢地萬户的特權，取消對他們的分封制的社會條件問題。

應該説這種分封制的統治方式本來是落後的，是與當時中原地區的社會經濟發展水平不相適應的，它只是在特定歷史條件下的特殊産物，隨着主客觀形勢的變化，是不可能長期維持下去的。

漢人萬户及其手下將吏在經濟上對人民的剥削是很嚴重的。他們在戰亂中掠取粟帛、金銀、子女，占據田廬，乘機擴大土地財富占有。如張柔的妻子毛氏爲籠絡部將，「又各與膏腴田宅，而時以珍玩慰給其妻子」。[一]蘇天爵在滋溪文稿卷一五趙侯（密）墓碑銘中説：「國初，兵荒之餘，元帥（趙柔）度田數千畝分賜諸子，以給衣食。」不是大量强占土地屋宅，他們怎能用來賞與諸將或分賜諸子呢？他們還把戰争中的俘虜，大量充作奴隸。如張柔的副將賈輔占有數千驅奴，在他的神道碑中説：「初籍户，詔驅掠者私其主。侯之所有殆數千人，……悉籍之爲民。」[二]像這種占有幾百以至幾千奴隸的是比較普通的事。在張柔、史秉直、史天祥、王善等人的碑傳中都有類似的記載。在東平還有將平民

〔一〕郝文忠公集卷二一公夫人毛氏墓銘。
〔二〕郝文忠公集卷二一左副元帥祁陽賈侯神道碑銘。

抑爲部曲，擅其賦役的情況。元史卷一五九宋子貞傳說：「東平將校占民爲部曲户，謂之『脚寨』，擅其賦役，凡四百所。」驅奴也好，部曲也好，在當時大抵有自己的私有經濟，而向主人交納賦役，他們的地位接近農奴，最後多數被放遣爲民，不可能長期保持這種狀況。但在早已進入封建社會後期的中原採用這種落後的生産關係，無疑會嚴重損傷人民生産的積極性。

從政治上說，這種地方長官世襲的制度，加深了地方政治的腐敗與黑暗。到忽必烈即位時，這些萬户、千户已傳到第二代或第三代。隨着經濟的恢復，他們的生活日益奢侈，父子兄弟之間争權奪利的矛盾也加劇了。如前面所說的嚴忠濟的奢侈腐化，最後爲其弟嚴忠範所告發，就是明顯的例證。郝經在賈侯神道碑銘中說：「當是之時，諸鎮侯伯，往往爲嚚吏朋民牙角噬猘，使長貳侵官，父子奪位，而兄弟相吞逼，封剥黎庶，行賂傾軋，至於破家赤族而不已，故其兵民因以逃散困弊。」郝經又借賈侯之口責問道：「凡今諸侯憑藉兵亂殺戮之餘，以有今日，曾作何等事業；既享諸身，又欲貽厥子孫，斯民何辜，使汝世肆於上乎？」反映了地主士大夫對漢地世侯的强烈反感。漢地世侯的腐朽統治不僅加深了人民的苦難，也損害到一般漢族地主的利益。當時積極主張「罷世侯，置牧守」的有姚樞、宋子貞和郝經。值得注意的是三個人中倒有兩個出身於世侯的幕府，也許正因爲他們從藩鎮中來，對世襲制的弊病，體會更爲深切吧！

本來自甲午滅金以後，黄河以北均爲蒙古所有，不同於過去蒙、金、宋互相争奪的形勢，這是削弱漢地世侯的有利條件。但是當時還缺乏一個重要的主觀條件，這就是一個强有力的能得到漢族地主支持的中央政府。在忽必烈即位以後，這樣一個政府終於出現了。正如郝經所説：「今主上（指忽必烈）應期開運，資賦英明，喜衣冠，崇禮樂，樂賢下士，甚得中土之心。」〔二〕於是他們把全部希望寄託在忽必烈身上，努力幫助他仿照漢制建立起一個君主專制中央集權的國家，認爲只有這樣，才能更好地保護漢族地主階級的利益。原來依附於漢人藩鎮的地主士大夫現在紛紛涌入忽必烈的中央與地方政府，就是這種轉變的重要標誌。忽必烈不僅大量吸收漢族文士參加統治，對於支持他加强中央集權的漢人萬户也給予優待，如史天澤在中統二年進入中央政府，官至中書右丞相。正是在他們的輔佐下，忽必烈採取適應中原地區的封建政治、經濟制度進行統治，保護農業生産，整頓吏治，安定社會秩序，建立起一個較强大而有效率的中央政權。

在這個新的形勢下，取消對漢人世侯分封制的主、客觀條件都已經成熟。罷侯置守不僅出自漢族士人的積極倡議，而且也得到史天澤、張柔這樣的漢人萬户的支持，因此進行得比較順利。張起岩説：「至元之罷侯（置）守，民蓋有視其故侯如路人，甚至追咎怒駡如仇讎者。」〔三〕這説明漢人世侯的取消，符合於加强統一的歷史趨勢，也是受到人民歡迎的。

（原載文史第十一輯，一九八一年三月，與李涵聯合署名）

〔二〕郝文忠公集卷二三再與宋國兩淮制置使書。
〔三〕元文類卷五〇張起岩濟南路大都督張公（宏）行狀。

海桑東遊錄

原序

請毋忽視於完成於中國中世紀遊記注釋，此有興味之敘述，往往當瀏覽及之。其所舉地名，多與中國中世紀西亞輿圖合，而我將於下編彙注之。

此海桑（Haithon）旅行記之記述，基拉哥（Kirako）〔一〕初以亞美尼亞（Amenia）文寫成，基拉哥者，海桑王之隨員也。（克拉潑羅斯，Klaprath）其手抄本藏於南喬治亞（Georgia）之撒納罕道院（Sanaban），署年爲一六一六年，亞美尼亞王阿貝哥鐵斯基（Argutinsky）。譯爲俄文，載於一八二二年之俄國季刊Sibersky Westink（六十九頁），而克拉潑羅斯復自俄譯本，譯爲法文。（參考亞洲雜誌第十二卷一八三三年（Nor journ Asiat XII,1883, p. 273 。）

一八七〇年，勃羅設忒（Broset）復以基拉哥遺著全部譯爲法文，海桑遊記亦列入焉（Memoires del Afadmie des so de st Peturst）。一八七四年，派忒蓋諾夫（Patkanoff）教授更譯爲俄文，而至於今之英文本，則我參較諸本而譯之。

海桑一世（Haithon I）或海森（Hethum，若亞美尼亞手抄本所書者），君士坦丁魯班之子也

(Constantine Rupen)。娶亞美尼亞王(敍利亞)里翁二世(Leon II)之獨生女伊撒八拉(Iesbella),遂登王位。一二二四年嗣位,一二六九年禪位於其子里翁三世,去而爲僧,[二]死於一二七一年。其遊記命名曰:「亞美尼亞王海森至拔都與蒙古汗處之旅行七〇三——七〇四(亞美尼亞曆)」,即一二五四——一二五五年。

基督信徒亞美尼亞王海森(Hethum),居於敍里亞之雪斯城(Sis),嘗遣其昆弟大元帥色木班(Sempad),納貢於貴由汗(Giugkhan),甚蒙禮待,歸自汗庭,攜皇帝詔來。[三]

蒙哥汗繼位後,大八昔列哇班朵兒(Basiliopatol)、大將拔都,使使命海森來。並進朝蒙古汗庭。拔都者,建國北方,在流入裏海之亰昔爾(Ethil)[四]河旁。海森所懼者也,顧必經突厥境(Turk),魯姆(Rum)蘇丹所治地。蘇丹名曰阿格哈定(Aghatine),[五]素疾海森得蒙古救援也,因潛行微服去國,疾行越蘇丹境。十二日間,達加耳城(Kars)[六]遂面拔楚諾延(Bachu Nuyen)[七],韃靼東方軍之大元帥也,遂並謁諸偉人,而受其禮待。於是至阿拉兀卓納(Aragtsotn)[八]地面阿拉山(Arai),宿於范兒提納斯村(Varaenis)之古耳特王之居(Gourd)。古耳特與其二子范哲、海桑(Vache Hassan)皆耶教徒,阿美尼亞人也,其妻曰花立沙(Khonishah),爲麥密可南族(Mamikonians)麥兒市班女(Marzpen),而阿斯蘭白與喬谷蘭(Aslanbek and Geogory)之姊妹行也。

海森濡遲於其地。待其內府財物之携至，蓋此爲必備之貢禮，而爲其父衆王之王君士坦丁及其二子利哇與德魯斯（Leo and Throas）所遞至者。君士坦丁老矣，而海森之去國也，其忠實之妻石比爾公主（Zabell）已前死，二子遂權國事焉。石比爾之義，與伊利撒白同解爲「上帝之星期」，而其確義，則信任上帝之意志也。此公主爲里望大王 Leran（Leo）之女，仁而愛人，嘗爲貧乏者之友。

當此族長知亞美尼亞王經行無意外事，時彼方在大亞美尼亞也，遂遣智士及苦勃（Jacob）詣之，及苦勃先爲擁有亞西亞之希臘王約翰所使，訂友誼同盟條約者也。而司基弗拉（Skevara）道院主教德兒司蒂芬（Terstephen）亦詣之，拔都所遣教士曰貝雪兒（Baisil），與其同行者。規定教士德魯斯（Throas）及彬彬有禮之宮庭教士哈剌班答（Karapet）及諸侯王皆與偕行，經阿谷望國（Aghovan）〔九〕及台兒彭闢（Derbena），〔一〇〕即由兒砲壘也（Chor）。於是謁拔都及其子沙兒泰（Sartakh）〔一一〕，沙兒泰從耶教，甚爲諸人所禮重也，海森於是往朝蒙哥汗，行長途於裏海之傍，諸人於一二五四年五月十三日首途經埃哀克阿（Ayckh）〔一二〕達鄂耳（Or），〔一三〕爲拔都至蒙古汗地之中途（在兩王庭間），遂前渡伊兒的石河（額爾濟斯河）入乃蠻國，〔一四〕而達黑契丹（Khara Khetai）。〔一五〕

十一月十三日，海桑達韃靼列斯坦（蒙古），〔一六〕而於十字架尊爲神聖之日，與光榮之貴人蒙哥汗共聆演説焉。海桑獻所貢物，而大汗依其品級優禮之，王居留於此斡耳朵，〔一七〕計五十日，蒙古汗授以璽書，以制止危害其身及其國家者，更得一參與選舉之全國教會證書。

王於九月一日離去，二十日到達古馬古克（Gumaguk），[一八]進向裴兒八里（Berbaligh），而别失八里（Beshbaligh），[一九]於是經行沙漠國家，有裸體之野人居之，頭飾馬鬣，婦人胸皆巨而突出，[二〇]有黑色黄色之野馬，[二一]而驢則白與黑色，皆大於尋常，[二二]野駝則具兩峰如常見者。[二三]

自此諸人至於阿兒蘭克、古魯克、額加克、彰白來克、[二四]霍泰八、[二五]安基八里，[二六]（Anlekh,Kuluk, Enkakh Djembalekh, Khutapai, Ankibalekh），於是入土耳其斯坦，至於葉可潑來克、定加八里、布刺特[二七]（Yekoprak, Dinkabalek and Pulad），經索古爾（Sukol，或曰牛乳）海，[二八]而至於阿魯來克[二九]與伊冷八里（Aloalekh and Ilanbalekh），渡伊冷蘇河（Ilansu），[三〇]越禿魯斯（Thoros）山之一支，[三一]而達於呾囉私（Tala），[三二]見蒙古汗弟花拉毋（Hulavu）於此，花拉毋受此東土，[三三]爲其分地（按即旭烈兀）。

於是諸人進向西北經花禿克支克罕、八兒干、塞古兒可罕、烏魯沙干、該干、霍石克或加木子、亭達克輝兒與色格納克（Khutwkhehikhan, Berkiand, Sugulkhan, Urusogan, Kaikiand, Khuzak, or Kamots, Khendakhiur, Sagnak），此處有山曰哈爾察克（Kharchuk），時爲色耳柱克人所居（Selajuk）山，起於禿魯司山，馳向巴兒真（Barchin）而盡。[三四]諸人遂轉向。往面拔都子沙兒泰。時沙兒泰方往見蒙哥汗。[三五]遂進向色納加克（Sengakh）[三六]與撒伐冷（Savram）[三七]皆大城市也。於是遂經哈爾察克、阿松、沙立（沙物立，Sorri），鄂屈拉爾、善牛克，而至於迪石克，[三八]〔Kharachuk,

Ason, Sorl(or Sovrl), Otrar, Zun nukh, Dizak〕。自迪石克行三十日。至撒馬克干,〔三九〕次至撒立布(Salipul),起兒漫(Kerman),〔四〇〕與布哈爾。前渡大河曰扎罕(Djehun)。〔四一〕於是諸人至鑾兒木納、沙拉司克(Mermn, Saraskh)及多斯(Tus),〔四二〕多斯當在火拉桑(Khorassan)之先到達,又名魯加斯頓(Rogastan)。此後遂入麥壤掘琅(Mazanderan),越皮斯頓(Bestan),而至於額拉克之國(Erak)。地在木兒海特之前(Mulhed),復至德木蓋納(Damgan),而至於一大城曰裏宊(Rei)。〔四三〕

於是諸人到達哈士貴納、阿母克海爾、壤兀安、漫安那(Khazvin, Avkher, Zanghian, Miana),自此行十二日,至嗒物賴奇(Tavrej),〔四四〕又二十六日後。既渡額拉斯克河〔Eraskh(aroxes)〕至於西興(Sisian)。韃靼軍大將曰拔楚諾延(Bachu Nuyen)〔四五〕者居之,拔楚諾延命海桑詣花扎諾延(Khoja Nuyen),花扎諾延者,所留統軍也,而人楚身率主隊詣蒙哥汗弟花立母(Hulivn),時方自東方來也。

最後此信教之王海桑,到達范兒提尼司村古兒特王之居,昔留其官吏及輜重於此者,遂留待具雪兒教士之返,時已復遣其詣拔都,致蒙古汗書及令,並乞其出令定行止。

以下删去其餘之叙述,與地理無關者。

自離蒙古汗廷八閱月後,海桑到達亞美尼亞,時則一二五五年六月朔也。

〔一〕 原爲Gandsak 人。即今之額列撒母忒八兒(Elisavetpol)。

〔二〕海桑一世不能與其親屬高兒希谷斯王（Gorhigos）海桑相混，高兒希谷王亦爲僧侣，而盡其餘生於法國人哀的哀兒（Poitiers）寺院，並爲東方王國史之作者（History of eastern Kindoms）尼哥拉斯法兒根（Nicholas Falson）於一三〇七年自海桑筆述以法文書之〔貝兒及龍（Bergeron）亞細亞之航路〕。法兒根後復譯爲拉丁Historiaorjenta. 而法兒根之法文手抄原本，命名曰Merveillesdas XIII Royan Linesd Aise，於一八七七年貝克兒（Backer）於其遠東中世紀（Extreme orientou Moyenage）一書中刊行。貝克兒斷語實有距大之錯誤，謂此海桑（高兒希谷王）與基拉哥爲同一人Kirakos。基拉哥曾書海桑旅行蒙古記。據派克諾夫（Patkanoff）：基拉哥自陳爲生於一二〇一年，並考定其死於一二七二年。

〔三〕依勃設脱（Broset）、色木班特（Sempad）離其故鄉在一二四八年，而返於一二五〇年，與魯木（Rum）蘇丹子Gaiat-eddin爲侣，我等有色木班特之書札，書此旅行。參考余兒著開賽（Yule：CathayCX，XVII）。

〔四〕即伏爾加河也，亞洲各國皆呼謂額的兒（Etil Etel）或哀濟兒（Easil）。

〔五〕派該諾夫讀如阿拉哀丁（Ala-eddin），但此紀事者之意，或爲Yzz-eddin或Rokn-eddin，兀哀德哀丁（Ghiatheddin，一二四五年）彼在其時正與魯木（Rum）爭王位，彼等有一弱弟曰阿拉哀丁，爲彼等遣詣大汗，而死於途中。參桑III 92 Seqq.

〔六〕亞美尼亞一城名。今屬俄國。

〔七〕此蒙古大將當時曾蹂躪波斯西境而常爲回回著者言及者，一二四六年教皇使弗列哀兒（Friat）致書拔卓（Baisju），參桑II，221，III79.

〔八〕依據克拉潑羅司之研究，在近於可頌揚之修道院額支蜜哀丁木（Echmiadjm），在於阿拉來脱（Ararate）山之鄰近地。

〔九〕派克推諾夫以之相合於Ptolemy Strabo（或Sairam）之阿兒裴尼亞（Albania），比較魯勃勒克（Rubink）260阿兒裴尼亞（Albania）。

〔一〇〕在自裏海之台兒裴納（Derbend）砲台馳傍高加索之脊之古城垣間。

〔一一〕拔都，成吉思汗之孫，征服俄國而建其首都於沙來（Sarai），在伏爾加支流阿克吐白（Akhtuba）河之岸上。沙兒泰（Sartakh），拔都第二子也，亦爲魯白勒克所言及，八兒希孛羅（Barhebraeus）謂其甚愛耶穌教，曾受洗禮，讀書後，成副牧師。當其父死於一二五五年後，沙而泰離伏爾加，起程至蒙古汗處，欲得治奇卜察克之委任證，而死於途中（克拉潑羅斯）。元史書其名爲沙立台(Salida)。

〔一二〕中世紀之咦哀克河(Iaik)河即今地圖之烏拉河也(Ural)。

〔一三〕或即魯白勒克之鄂爾牛木(Organum),今之伊犂省,看一八五注。

〔一四〕乃蠻族觀前注。(按乃蠻居於金山之旁額兒濟斯河相近。)

〔一五〕即哈剌契丹(Kharakhitan)觀前注。(按即耶律大石所建立之西遼,時已早亡。)

〔一六〕在魯白勒克之敍述中,謂當其於一二五四年返自蒙古,去和林(Karakorum)二十日程遇沙而泰(Sartaph)(看注四五九)偕其妻及牲口詣蒙哥汗,聞亞美尼亞王前進到此,而大約在八月末經過。

〔一七〕蒙哥汗此時當在和林或其近處。

〔一八〕余不知此地。海桑當與耶律楚材、長春之途程相同。

〔一九〕别失八里看前注。(按别失八里在今迪化東。)

〔二〇〕在準噶里(Dsungarian)沙漠之野人故事,似頗通行於中世紀,加畢尼(Carpini)之報告如下:「Prop civtalem omul(Emile see No. 375)ad merideim est qussam desertum magnum in quo sylvestres Dhomines pro certo habitare dicunteur, qui nullo modo loqnuntur, nec in cruribus habent juncturas; et si quando cacent, per se surgere sine alioorum adjutorio minime boseunt. Sed Tantam discretio nemhabent faciunt feltra de lana camelarum, quibus vestiuntur et ponuut etlian Contra vehtum et si aliqui Tartari vadunt ad eos et vulnerunt eos sagittes ponunt gramina in vulneribus et fortiter fugiunt anteeos.」

〔二一〕潑來華而基(Preze walsky)在其西藏一書中,述嘗於準噶里沙漠中見野馬亦有是雜色者。

〔二二〕中國人呼野驢爲扎兀台(Djigetal),蒙古沙漠之額闊司希蜜鄂納司(Equns hemionus)。形似騾而黄色。

〔二三〕兩峰之野駝如潑來華而基所言,爲生存於準噶里沙漠中。

〔二四〕即長春旅行記之彰八剌,看注一六二,當海桑返時其途當於耶律楚材、長春同。

〔二五〕哥太八(Gutaba),中國中世紀地圖:在彰八里之西(Djamba Lik),當即我國地圖上之花禿拜(Khutupbai),地在烏魯木齊之西北(Urumtsi),在庫車大道上(Kuldjv)。(按即伊犂。)

〔二六〕在中國中世紀地圖上，有地曰仰吉八里（Yan-gi-ba-Li），在哥大八之西（海桑之 Khutaipai）。

〔二七〕布賴特看注十六（按即經世大典圖之普剌，俄國圖博魯塔剌河（Bolotala）流域之克魯里）。

〔二八〕索古爾（Supul）之名與其另名牛乳海，克拉潑羅司解之甚是，吉爾吉思語至今仍以索古爾之義爲「牛乳之湖」，而此名則吉爾吉思用之於我地圖上之薩拉木（Sairam）或如克拉潑羅司呼爲撒里木（Sairim）或察罕薩里木腦兒（Changan Sairim nor）（平靜之白海）。此則蒙古名也。看注一六七。

〔二九〕此當爲阿兒麻里克（Almalik）之誤，此城在今伊犂（Kuldja）附近。

〔三〇〕蘇或烏蘇 Suor Usu，蒙古義爲河，伊涂蘇顯爲伊犂河。

〔三一〕此處或即指阿勒套山（Alatan）山脈，自西至東在伊雪葛爾湖（Issikul）之北，旅行者自伊犂（Kuldja）前進至塔什干在開忒克（Kastep）道上越過阿勒套（Alatan）之一支。（看注一八五與三三五。）

〔三二〕此咀囉私城，此城在今屋裏阿塔（Aulie Ata）鄰近地。

〔三三〕此東方當指西亞而我等之意謂之東方者也（Orient）。看前述旭烈兀之寓所在土耳其斯坦，一二五四與一二五五年。

〔三四〕大部之地名，余皆不知，此大約爲隱晦之地，未爲中世紀作者指出者。拉施特書有色格納克（Segnap），當成吉思汗於一二一九年至斡屈拉爾（Otrar）時，分其軍爲四隊，其一爲其子拙赤（Djuchi）統者，命傍西洪而下（Sihun）（阿母），而其首被攻下之城曰雪格納克（Signak）看多桑一三二一。依來兒克（Lerch）之土耳其斯坦考古旅行記（Archevlogical journey to Jurkestan）：城之遺址可於札來克砲台（Djulep Fort）（在錫爾河流域，Syrdaria）東南四十二里，距河十八俄里尋得。此遺址呼爲蘇納克古兒罕（Sunak Kuagan），看大俄土耳其斯坦地圖。哈兒察克山（Kharchuk）起自禿魯司（Thros），馳向巴兒欽（Darchin），當無疑爲在咀囉私河與錫爾流域之間之伸向西北山脈，而在今地圖曰哈剌都（Karatan），亞美尼亞日記家之德魯斯爲阿勒套（Altan），而其西脈爲亞力山大山脈（Alexanders Chain），如回回作家之報告，拙赤取雪格納克之後，復取巴而哈立兀干（Barkhalighpend），（多桑一三二二）此當即爲中世紀地圖之巴兒赤邗（Barchilihan），而元史之八兒真（Ba-rh-clim）、加畢尼之八兒城（Borchin75），而海桑旅行記之巴而扎真（Parchink）。

〔三五〕此顯與魯白勒克所報告謂於六月之前去，去和林二十日程，遇沙而泰往見蒙哥（看注四六四）不合。

〔三六〕克拉潑羅司以色納加克(Sengak)與前所指出之色格納克(Segnak)爲同地，似確。海桑自雪格納克轉向謁沙兒泰，而復返雪格納克。

〔三七〕依來兒克(Lerch)，彼曾於一八六七年。訪古薩拉木或薩字冷(Sabram or sauram)之遺址，地在土耳其斯坦城之西北五十里，至比魯思基(Perovsky)砲台(Fort)之郵道上，額特立雪與雅各忒(Edrisiand Yakut)鐵木兒時代之歷史亦皆提及薩字冷。

〔三八〕來兒克以爲哀松(Ason)即葉思(yass)，今土耳其斯坦之城，於十四十六世紀時有此名，並爲鐵木兒時之歷史家與蜜兒洪特(Mirkhond)所指出，失列夫哀丁(Sherif-eddin)、哀字特哀兒勒柴克(Abd-er-Razzk)皆舉出一地曰哈拉察克(Kharachnk)，在葉思與薩字冷之間，此與海桑旅行記相合，在俄國土耳其斯坦地圖上，在土耳其斯坦西，有河曰哈剌察克(Karachik)，流入錫爾河，在俄國土耳其斯坦地圖上，斡屈拉爾(Otrar)之殘址注出，在哀列斯河(Arys)口之東北六英里爲錫爾河之東支流，而在沙魯木(Sawram)東南五十里之距離，來兒克曾訪其遺址，(看注一二七。)善兒牛克(Zwrnuk)爲中世紀回回作家所舉出。成吉思汗攻破斡屈拉爾，遂圍善兒納克，取之。前進至布哈爾(Rophara)，多桑，一二七。葉谷忒迷此地坐落於土耳其斯坦之司扎(Khoajend)之傍，但其現在地址未確定，迪石克(Dizak)在海桑日記中爲今地圖撒馬兒干東北約六十六英里之扎薩克城(Djisap)。

〔三九〕此顯爲誤字。

〔四〇〕潑忒開諾夫考察此薩立布(Saripul)在柴拉夫山河上(Zarafshan)，但我於土耳其斯坦地圖中不能尋得其處，起兒漫(Kerman)即起兒蜜納城(Kerminch)。位於自撒馬兒干至蒲哈爾之大道上。

〔四一〕彼等經過之扎罕河(Djeihun)或阿母河(Amu daria)或在阿木兒(Amol)亦名阿母葉(Amuyehc)，近於今察爾扎(Chardiui)之某地。

〔四二〕蠻兒木納即蠻兒發希彰(Merv-hadjan)，沙拉司克與多斯(Seraskhe Tus)爲火拉桑(Khorassan)之著名兩城。

〔四三〕海桑旅行記：自麥兒發後當無困難，而余等可述之於我亞洲地圖，依拉克(Erak)國在麥兒希特之前面(Rulhed, mulahida, Ismarians)(看注一八九)即依拉克(Erak)阿扎迷(Adjemi)，爲波斯之大省。關於里哀(Rel)，看前注。(按前注云在德希蘭南Teheran約五英里。)

〔四四〕即Kazvin ,Abhar , Zendjen , Miane , Tarris ,皆波斯北部之著名城市。

〔四五〕參看注七弗列哀兒安司兒木(Frias Anselm)與其伴侶爲教皇所遣,致書裴卓(Bardjn),在一二四七年到此,大將之帳幕近於雪的哀(Sitiens)䂿合,其後者之名或可與海桑旅行記之雪雪安(Sisia)相合。據派忒開諾夫:此地處於谷察湖(Gokcha)與阿拉克斯(Aroxes)之間。

後記: 此記自中世紀研究中譯出,似有删節處而涉於輿地者尚備。西域遊記,中國多無譯本,而西遊錄、西遊記諸書,外人治之至精,較衡短長,宜不能與之争勝也。蒙兀兒史記時或引證此記,其間有足相發明者,而譯音參差,按覆不易,尚俟他本作一地域考證比定之。

(俄國Bretschneiter原譯注,唐長孺重譯。原載國學論衡第五期,一九三五年六月)

元經世大典圖釋序

明修元史，成書倉卒，大抵取之於經世大典及累朝實録。實録之纂，始於世祖，經世大典成於天曆，詳南略北，勢所然也。夫漢北三大汗及其宗王拔都、旭烈兀等，奮張撻伐，西及大秦、天方安息，稽首聽命。漢唐之後，未之有也。而元史紀之至略，又違忤無以取信，其所以爲世詬病宜矣。遜清末造，言元史者踵相接，類皆取資於西域史籍，而拉施特、多桑、霍渥兒特之所述作，遂稍稍顯於世。顧諸人者，率不解外國語，重譯失原書意者多矣。若丁謙之大典圖考證，皆取之於Bret ret ciu之中世紀研究，既諱其名不書，又節略原文，無所取擇，是又不僅失真已也。長孺既得原書，病丁氏之删節，乃復取譯之，必信，必真，不敢改易一字。是非原書所言必無可議也。若以火州爲火之城(City of fire)，真人爲真實之人(The true man)，耶律大石稱帝在一一二四年等，皆謬誤不待能，而終不敢删改者，譯者之義應爾也。嗚呼！蒙古我屬地也，其史實輿地，國人不治，而他人治之，日人好言東北，法人好言西南、西北，俄人西北東北並重，夫豈偶然哉？

元經世大典圖釋

余嘗陳説本章所附圖爲轉載自中國原圖者，余僅删去其細纖之方格線條，而仍存其表示政治分區之粗綫，其方格之中點，在原圖上用爲地名所在之符號，在我圖中皆以點記之，其名則皆以歐文書之。此外，余圖爲便於歐洲讀者計，皆自上而下，而北方在其頂。

一　中央帝國（察合台）之東南諸地

西北地附録僅列舉察合台（Chagatal）、拙赤（Djachi）、與旭烈兀（Hulagu）三帝國之子孫所屬地，以下古地圖之六地名皆不載，今並釋之。

沙　州

沙州，漢義沙之城也。此名起於六二二年，唐首出之君始獲之，但紀元前一世紀，已置一重要軍站於其地，或其近處。漢武帝建置堠堠，長城嘉峪關西，而沙漠之東（沙漠昔謂之流沙也）曰燉煌，而爲先時行旅自漢至西之出發地。中國僧人玄奘傳記：於公元六二九年自中國至中央亞細亞經Kuachow而至燉煌，而於其遊記，十六年後返國之行，燉煌之名易以沙州矣。十一世紀時屬西夏，或唐古特帝國，直至一二二七年，國爲蒙古所滅，創立中國之蒙古帝國後，沙州爲路名，而爲甘肅省之一部。

馬司孛羅自魯布（Lop）城前行經沙州曰（二〇六頁）：「當汝以三十日之行程，越沙漠（中國曰流沙。）至於一城，曰沙州（Sachiu），位於東北與東方之間，而屬於大汗。」

古時自中國至中央亞細亞之大道，取道沙州，非僅馬可孛羅所取之羅布諾爾（Lopnar）一道，即其北道，經哈密（Hamin）前行，亦接沙州，可證之於中國今昔旅行記。

當明時，沙州爲重要軍站，前世紀時，沙州之名復以原名燉煌易之，至於今日，爲甘肅屬縣矣。布萊士華兒斯基（Prezwalsky）將軍爲歐州第一旅行家，於一八七九年傳教時訪沙州沃壤者，而謂沙州亦名燉煌，中國之帝國大輿圖（譯者按，此當指大清一統輿圖）位沙州於今燉煌西南一百里，但此似有誤。

阿模里 Komuli = Kamul 哈密

此無疑爲馬可孛羅之哈木兒（Camul），此旅行家謂（二一二頁）：省之首城與之同名，位於兩磧之間，一面爲羅布（Lop）大漠，而一面爲一小沙漠，屬於大汗。拉施特哀丁寫於十三世紀，其時中央帝國之大部皆屬於海都（Faidu），而與忽必烈（Kulilai）相争，謂（多桑二・六四〇页）哈喇和卓（下詳）回紇城也（Ulgurs），位於兩國之間，而維持其中立。此古輿圖置阿模里於中央帝國之東，而與其前境相接，哈喇和卓則位於中央帝國之邊界。而阿模里之西。

馬可孛羅爲西域作者首先舉出阿模里之地者，但亦未親至其地，麥立格諾里（Marignolll）於一三四三年在阿模里，而似在此甚久者。此城於十三世紀時，曾爲清净教主教管屬地。（余兒〔Yule〕著開賽〔Cathay〕三九〇頁，馬可孛羅二一三页）而於哈泰來（Catalan）圖中，讀如哈木兒（Camul）。

阿模里突厥名也，蒙古謂之哈密兒（Khamil）（泰寧著蒙古Potanin's Mongolia），中國曰哈密。哈密之名首見於中國編年史，決不早於蒙古時期。古時此肥壤中國所知，別有他名。中國史書於我紀元初世紀時首舉其名，爲伊吾盧、與伊吾，前漢書卷二六二西域傳謂伊吾盧爲一要地，位於玉門關墹墇北一千里之沃地，而爲西域門户，此肥壤本屬匈奴，古蒙古居長也，中國於七十三年取之，而置軍站於其地。數世紀後，復爲蒙古之突厥種人所據。唐時，在七八世紀，伊吾盧役屬中國，而改其名爲伊州。王延德於九八一爲宋使，使高昌回紇，時方有哈密，而其紀行呼曰伊州。

元史中首遇其地之用中國現代所稱之名曰哈密，此名可得之於卷二百九十一回紇（Uiguro）王巴而朮傳中，但元史大都書其名爲呵密里（Homili 或 Komili），觀紀一二八六年，皇帝賜阿模里、哈喇和卓貧民金及羊，而附記一二八九年謂阿模里民苦饑，皇帝復致甘肅粟於阿模里。

塔失八里 Tashibali = Tashibalik

中國名當指 Tashibalik，突厥語石城也。此古地圖舉其地在阿模里東，我不能迹其名於東西諸作者所用於近阿模里之城，但或可得之於上引之遊歷家王延德。九八一年自中國至高昌。到伊州前曾經小石州。

土伯特 Tubate = Tibet

歐洲用此名以指中國本部西界之多山地曰帖孛特、禿孛特、推孛特者（Tibet, Tubet, Tebet），皆顯爲原於亞拉伯語，蓋西方作者之帖孛特一名，首遇之於阿拉伯商人蘇來門（Saleymar）之東遊中，據來奴特（Reinand），蘇來門於九世紀中期至中國，同世紀阿拉伯地理家伊本·納阿兒達特別（Ibn. Khardadbih）謂中國界海，界帖孛特，界突厥地，而麥蘇地（Masudi，十世紀初）常舉帖孛特之名。

今者其名已不爲帖孛特土著所知，而自稱其國曰伯特（Bod），此則爲帖孛特之印度名也，但麥兒克罕（Markha）在其帖孛特奉使記（Mission to Tibet）中（一三六頁注），誤以帖孛特爲波斯語，如將於下文説明者，此名先時爲帖孛特之東鄰與北鄰所知，而阿拉伯遊歷家顯爲首先聞之於中國者，而可擬爲古時帖孛特人自稱其國也。

帖孛特古史之詳細記載，當於中國各朝史中尋之，哈耶心斯（Father Hyacinth）在其帖孛特與庫庫諾爾史中（History of Tibete Kukonor，用俄文寫，分兩編及圖，一八三三頁）自中國編年史中譯出關於帖孛特人與唐古惕之全部歷史記錄，但其譯文斷自十一世紀初於一八八〇年，我友布夫兒（Sw Bushell M. D.）於其所著唐史中（A. D. 六一八——九〇七）頗涉及帖孛特。

中國初期歷史記載，居於中國本部西之外族括以通稱曰羌，或西羌，其名可於中國文學書中值之。溯於七世紀時，帖孛特於中國編年史中曾命名曰吐蕃，其名爲唐書所用，用於中國西界之一强國，而於唐時，屢造此帝國之危害焉。書稱吐蕃民本羌也，蕃之一字，萊茂沙（Remusat）首先發明，宜讀如波（Po），而以切韻考之，其字固有兩音，蕃與波也，而此可於中國惕孛特兩體碑文中證實之。碑在於拉薩（Lhassa），其年爲八二二年，布失兒有一搨本，其中之「伯特」，華文仍譯爲蕃字，於是吐蕃即土伯特可證。

宋史（此朝治有中國大部九六〇——一二八〇）仍用吐蕃之名，但於中國北部之遼（九一六——一一二五），其史記帖布特（Tie-bute）國有使臣至遼廷，乞助其禦夏國（S. A. 一〇六〇年），遼帝以公主婚土伯特酋長，而宋史亦記其事，則書其國名爲吐蕃焉。

中世紀之帖孛特，以土伯特之名爲蒙古所知，蒙文元朝秘史（潑來迭葛斯 Palladius 譯本一八）於某一事中，曾以蒙古人之勇敢凶暴，較之土伯特狗之性質，中國譯者以土伯特之狗譯爲西蕃之狗，關於此名，更讀下文。

元史中，帖孛特以四種異名舉出，蒙古之中國史時用其古名吐蕃於紀（S. A. 一二五一年）書蒙哥汗以和里解統土蕃等處蒙古漢軍（S. A. 一二五四年），書忽必烈（其時爲太子）降服雲南諸族後，遂入吐蕃，當其國酋唆火脱降時，復於（S. A. 一二七五年）奥魯赤王（忽必烈第七子）嘗征吐蕃，卷二百二八思巴傳（爲喇嘛僧而造國書者），謂爲吐蕃薩斯迦人。

在明時烏斯藏之名用以稱帖孛特，而此名已見於元史卷一百廿三趙阿哥潘傳及卷九十七，蒙古軍屯駐於此（按當爲九十八），烏斯藏爲烏與藏兩省之名（U and Tsang）聯結而誤，此二省構成中央或大帖孛特。

帖孛特之東北部，有時稱爲中國名之西番，而哈耶心斯（C. C. II）之意，以爲古時此名實用之於全帖孛特，西番之義，爲西方之野人也。玄奘傳謂，當此旅行家於六二九年至涼州（屬甘肅省）城，爲西番與葱嶺東諸國商人之商品彙集地。

西夏或唐古特帝國之歷史，（在宋史中）（S. A. 一〇〇三年）書帝國創業者侵西番，前進至於西涼（涼州）。

元史書（S. A. 一二六八年）蒙古皇帝命忙哥台以六千人侵西番，此西番之名并見於卷二百零二膽巴傳。

關於在明時與今日用西番之名者，乞考之次編。

拉施特哀丁在其中國與東亞西亞諸國紀事中，舉出秃孛特（Tubbet）在中國之西北（多桑II 640），而於其蒙古史中，舉出一國曰波黎帖孛特（Buri-tibet），汪罕子（Ong Rhan）桑昆（Singun）當其父於一二〇二年爲成吉思汗所敗後，曾逃於此，此國名之建立，可證實者。固不僅潑來諾加爾畢尼（Plano Car-Pini，六五八）曾紀及蒙古征服波黎塔孛特（Burithabet）事，而親征錄中亦遇此名，書曰：（潑來迭局思譯本一七六）汪可汗子亡走波黎吐蕃部，如所知者，吐蕃即等於帖孛特也。

魯勃羅克於言及唐古特後，於帖孛特族亦誌數語（一八九頁）：「Postistoo sent Tehet, Honunes salentes comedere suos defenctos, ut Cauea pietates non facerent aliud sepulcrum eia nisi viscerasua」I bid en,

P. 329.「Thabet scribunt sicut nos, et habent fiyuras Valds simiies nistres.」

馬可孛羅（II 三十三——三十四）有兩章言推孛特省（Tebet），而於 I 二九二言及推孛特與喀什木爾（Tebetand Kesimur）之術士在大汗之庭。

余兒大佐（Colonel Yule）觀察（II 88）帖孛特，當計爲蒙古中國帝國之一部，但不明如何而役屬於蒙古，蓋并未爲其軍所征服也，而爲回回與中國史家所論及者，確似除上引之中國編年史外，從無言及蒙古與帖孛特之戰役者。

最後我將舉出今日之唐古特（Tangut）爲蒙古指帖孛特全部之通稱，雖據潑爾土華兒斯基（Prezwalsky）之研究，唐古特人爲帖孛特東北地，庫庫諾爾湓地之占據者，組成一異於帖孛特語之種族，我等已知在中世紀之唐古特人，曾建一獨立王國於中國邊界。

天竺 Tien Du India 印度

溯自我紀元一世紀時，當佛教自印度傳入中國時，印度即以天竺之名爲中國所知（觀後漢書卷一百十八）。但其更古之名，則爲身毒，其名顯爲桑斯克立忒信度（Samskrit sindhu）之音譯，義謂河也（觀注七〇四信度河），而以此名爲印度，首見於中國編年史（約於 B. C. 一二〇年），當將軍張騫遠足西亞後，言聞有身毒國。

蒙古時代之中國作者，皆呼印度爲欣都思（觀元史本紀 S. A. 一二五三年）（按憲宗紀三年），此名顯出自波斯，波斯因呼印度爲欣都思頓也(Hindustan)。

乞失迷耳 Ki-shi-mi-rh Kasbmir 喀什米爾

關於此地，我僅有數語可言，乞失米爾之爲中國所知，在於唐朝七八世紀時。唐史(S. A. 七一三年)紀一使者，自箇失密(Ko´shimi)詣中國皇帝，而於一世紀前玄奘紀行中，書其名爲迦濕彌羅國。喀什米爾常爲東方與中方之遊歷者及蒙古時期之歷史家所舉出，常德(一二五八)謂佛國乞石迷西在印度北。元史謂之怯失迷兒(看注三六八)，元朝秘史之喀失迷兒(Keshimir)，參觀加爾畢尼之喀斯迷兒(Carpinis° Kassmir)(七〇八)，馬可孛羅Ⅰ一七五之喀失米兒(Kashimir)。

二 篤來帖木兒所屬地(中央帝國)

畏吾兒地 Wei`wu-rh = Uigurs

畏吾兒或 Uigurs 地，古圖紀於中央帝國之東邊西北地附錄畏吾兒地條下，有短附注語，謂至元二十年(一二八三)置驛站四處(城)及兌換紙幣之庫藏。其畏吾兒紀事之全文，在於第二編。可參考別失八里(Bie-shi-ba-li = Bishbalik)。

自波斯作者之解釋，並知中國中世紀之記載，知有城曰別失八里，畏吾兒之都也。有時此名用於天山南北路畏兀兒全國，賅别失八里旁諸城，哈喇和卓（和州）、魯克塵（Lukchak）及他地也，而皆服屬於成吉斯汗，别失八里突厥語，義曰：貝納推八里斯（Pentapolis），謂五城也。

西北地附録别失八里條下有注如下

至元十五年（一二七八年）授八撒察里虎符，掌别失八里畏兀城子里軍站事（地名爲我所不知）。一二八〇年，以萬户綦公直（元史卷一百六十五本傳）戍别失八里。一二八〇年從諸王阿只吉請，自大和嶺至别失八里置新站三十二。一二八三年，立别失八里、和林等處宣慰使（畏兀兒之地）。一二八四年，阿只吉使來，言元隸只必帖木兒二十四城之中，有察帶二城，置達魯花赤（蒙古官名，看注六九五），就付闊端（和闐Khotan），遂不隸省（别失八里），至是，奉旨，誠如所言，宜還正之。一二八七年，遣侍衛新附兵千人屯田别失八里，置元帥府，即其地（畏吾兒地）以總之。别失八里，元史中常提及之，而其地於忽必烈汗與叛王海都之戰中演一要角，觀紀（S. A. 一二七八年、一二八四年）。有時於元史中見别失八里及其他城（即畏兀兒國之他城哈喇和卓、魯克塵、他古新及其他），五城一名爲别失八里之義譯，元史中亦偶值之，以指其地或國。參考西北地附録阿力麻里注，説明自上都忽必烈避暑地（在蒙古東南）西北行六千里，至回鶻五城，唐號北庭，置都護府（參觀北庭注一四二），五城或貝納推八里斯，亦能於元史卷一三五鐵哥失傳中尋得之。

據克拉潑羅斯之研究（Mém·Rel·äL·Asie ii 355），中世紀作者之别失八里，與唐時北庭，皆與今烏魯木齊(Urumtsi)合,烏魯木齊則位於東天山之北坡也。

王延德於九八一年奉宋太宗命使高昌或哈喇和卓,(看回紇 Uigurs 目)書其叙述於遊記,使我等似可決定古北庭之所在地。此使者越沙漠,經伊州(哈密)而至於高昌(哈喇和卓),高昌王避暑北庭,而王延德謁之於其暑日之居,此使者歷交河州,而於第六日至金嶺口,又兩日至漢家砦,自此站又五日,行始上金嶺山,過嶺即多雨雪,其頂有龍堂,得石碑,刊字曰「小雪山」。其山皆覆以積雪,而此旅行者必加冬服也。次日此使者至北庭,位於一長半原上云云。

當成吉思汗及其後嗣時,此自蒙古至西亞之大道,當經別失八里。而長春於一二二一年提及此城在天山之北斜坡,而謂古北庭爲此同地,兩年之前,耶律楚材隨成吉思汗征西亞,亦經歷別失八里,謂和州(哈喇和卓)在其南五百里,而海桑王之取道,亦經別失八里相同也。加畢尼(Carpini)、魯白魯克(Rubruck)、馬可孛羅(Marcopolo)未嘗言及別失八里,雖此四中世紀遊歷家之首二者,固嘗見回紇之都也。別失八里之名,又見於伊本納白禿泰之叙述(IbuBotuta)(余見著開賽 Yul ́ps Cathay)謂當其至汗八里(Khanbalik)時(一三四六),適汗不在,方往戰其世父子飛魯士(Firuz),飛魯士作亂於開賽之哈喇和林(Karak harum)與別失八里之地也。

別失八里之名,嘗於元史列傳中提及,有時以古名北庭見。卷一二四孟速思(Meng-su-ez)傳:「畏兀兒人,其先居於別失八里。」卷一三七脫烈海牙(To-lie-hai-ya)傳:「畏兀兒之別失八里人。」

哈喇火者 Ho-la huo-djo = Karakarum

哈剌和卓常爲拉施特所提及，爲畏吾兒國之一地。畏吾兒王巴兒术克（Bardjuk）嘗決定降成吉思汗時，命殺哈剌契丹監於哈剌和卓（多桑Ⅰ一〇九）。於記載開賽之末，拉施特說明（多桑Ⅱ六四〇），有軍隊之一部，守禦大汗之邊境，駐於介於大汗與叛王海都篤哇（Kaitusnd Dua）所屬地間之哈剌和卓之隣近地，而守其中立。

哈剌和卓之中國名，在蒙古時期爲火州，（火之城？）有時，其首音亦以同音字表之，有時其名亦寫爲和州，西遊記及西遊錄皆謂和州位於別失八里南五百里（天山之旁），後之敘述，更合於唐之高昌（觀第一編十六頁與六十五頁），元史中同一之地，數以異名書之，紀S. A. 一二八六年記載忽必烈致牛及粟於合剌和州及合迷里貧民（哈密）。哈剌和卓更於卷一二八阿朮傳（Ashu）提及之，阿朮爲有名之速不台孫也，於一二八六年使襲叛王，而死於哈剌和卓。

據莱格爾（Regel），哈剌和卓城至今仍在，在吐魯番東南四十俄里，莱格爾嘗於一八七九年至其地，書其名爲哈剌古遮（Karagudsha）。

魯克塵 Lu-gu-chen = Lukchak

古圖書其名於哈剌和卓東，明史此地下有短注，呼爲柳城或魯城（看第四編），漢時稱曰柳中，後漢書卷一百十八西域傳序言謂溯於一二三年，中國之西域長史屯柳中。唐時則柳中屬於高昌，此似於厘屢引及之王延德所述亦言及此地，蓋此使者説明於到高昌之先，曾經歷柳中地也。（譯者按宋史王延德行記不載。）

關於此地之詳細，則今中國地圖之魯克沁也。（約在吐魯番東南六十里）觀克拉潑羅司之子目（「Rem Rela lasie」Ⅱ542）。

他古新 Ta-gu-Sin = Taksam

古圖記此地在阿模里與別失八里之間，余觀其地，或即今中國圖吐魯番西南之托克遜（To-ko-sum），萊格爾一八七九年曾至其地。

彰八里 Djang-ba-ll = Djambalk

此地古圖位於別失八里之西，長春遊記（譯者按曰鱉思馬）：別失八里西，有昌八剌（一二二一年），爲回紇王所治。耶律希亮傳紀行，亦提及此城，謂在瑪納思河之東，其後者之名仍用之於自烏魯木齊至苦叉（譯者按伊犂）之大道上之河及城，海桑自哈喇和林至西亞之道上，經過彰八來克（Djambalik），在別失八里之西。

古塔巴 Gu-ta-ba = Khutukbai

古圖在彰八里西，疑其名尚存於今圖之呼圖克拜（Khutukbai），爲自烏魯木齊至苦兒叉（按伊犁）大道旁之一鎮，在烏魯木齊與瑪納思（Manas）之間，萊格爾呼爲呼圖壁（Khutuby），可於海桑王遊記中觀察之，有地曰呼泰耶（Khutaiyul），見於彰八里與仰吉八里（Yankibalok）之間，此地今將言及之。

仰吉八里 Yan-ghi-ba-lie = Yankibalek

古圖在古塔巴西，而海桑之仰吉八里克也（Yankibalekh）。今圖於呼圖克拜（Khutupleai）與馬納思（Manas）之間，記有仰八兒格遜站（Yangbalgasum），亦在至苦兒叉之大道上。「八兒蓋遜」，蒙古語與突厥語「八里克」同，義即城也。

（俄國 Bretschnieiter 原著，唐長孺譯。原載國學論衡第六期，一九三五年十一月）

紅樓夢中的幾齣冷戲與南府劇本

紅樓夢書中所演的與所談到的戲幾乎全部都是崑曲。這部書的著作年代據胡適之先生的考證，說是在乾隆十八九年之前。書中所述之事大概在雍正初年。乾隆初年北方人已經不大歡迎崑曲。譬如乾隆十五年刊行的張堅所撰夢中緣傳奇序已說：

長安（北京）梨園稱盛……而所好惟秦聲、囉弋，厭聽吴騷，聞歌崑曲，輒閧然散去。

以後乾隆五十年刊行的燕蘭小譜又說：

崑曲非北人所喜，故無豪客。

這裏所指的北方人只是說廣大的觀衆，至於士大夫所欣賞的恐怕還是以崑曲爲主。何況曹家祖孫兄弟在江南共做了五十年的官，曹寅還刻過録鬼簿，還會作曲，這樣一個受到地域熏染和家世遺傳的家庭仍然愛好崑曲是當然的事。

書中所記的崑曲，大都至今流行於曲壇歌場之間，十年前仙霓崑劇社没有解散時便能演唱。但是賈府並非只演崑曲，當時流行的弋腔居然也侵入這樣一個詩禮之家（用書中語）來了。第十九回賈珍請寶玉看戲，所演的是：

丁郎認父，黄伯央（陽）大擺陰魂陣，孫行者大鬧天宮，姜子牙斬將封神。（有正書局八十回本）

這一段下有夾批云：「弋陽腔能事舉矣。」這個本子的夾批年代相當早，一些還可能有是曹雪芹的原批，既說是弋陽腔自可相信。二十二回賈母爲寶釵祝生辰，云：

二十一日在賈母内院中搭了家常小巧戲台，定了一班新出小戲，崑弋兩腔都有。

更明說是弋腔。並且還可藉以推知此時已有崑弋合班的小戲。弋腔與崑腔只是唱的方面音節之異，曲文無大出入，所以天咫偶聞說：「後乃盛行弋腔，俗呼高腔，仍崑曲之辭，變其音節耳。」但是所演的戲却大爲不同，崑曲經過士大夫的眼光洗練沙汰，所演的大抵都是才子佳人與富於情感的節目。弋腔却偏於熱鬧、滑稽方面。賈母愛熱鬧與插科打諢。鳳姐迎合老祖宗的意思，求之崑曲而不可得，就只有求之於弋腔了。我們看十九回中寶玉眼中的弋腔是怎樣一回事。書上說：

倏尔神鬼亂出，忽又妖魔畢露，甚至於揚幡過會，號佛行香，鑼鼓喊叫之聲遠聞巷外，滿街之人個個都贊，好熱鬧戲，别人家斷不能有的。

便可知其一斑。

弋腔既然承用崑曲舊文，那麼上述幾齣戲在崑曲劇本中能不能找到呢？丁郎認父這齣戲的情節我不知道。孫行者大鬧天宫就是安天會，本是崑曲，無待贅述。黄伯陽大擺陰魂陣的故事在坊間流行的後東周列國志中偶而提到一下，説是前傳的事，但是這部前傳並不是現行的列國志，無從查考。但知黄伯陽爲樂毅師叔，擺陰魂陣與孫臏鬥法，結果孫臏把掌教師尊南極子請下山，用拘仙牌制伏了黄伯陽。雜劇、傳奇演孫臏故事的有馬陵道。董康刊行的黄文暘曲海總目卷九有李元玉撰七國紀，提要云：「采元劇增飾成之。」都並没有黄伯陽的事。揚州畫舫録載黄氏曲目還有一種翻七國，不曉得是否與此有關，封神榜在畫舫録所載曲目中也有此一種，和翻七國並列在一百零五種曲文鄙陋的中類中。今據王著昇平署志略第四章分區：朔望承應項下，記有：

昇平寶筏，按嘯亭雜録云，乾隆初張得天所製，演唐元奘西域取經事。
封神天榜　原注，即封神演義事。
劍鋒春秋　原注：説部名同此，演後七國孫臏父子事。
平齡會　原注：略同前作。

王氏又云：

今檢昇平署秘藏文物，除板行之勸善金科外，其餘大戲悉屬南府精鈔本，後移歸昇平署者，定其爲乾隆舊物，可無疑也。

根據嘯亭雜録，南府各種大戲都是乾隆時或以後所編，其中一部分爲新製，一部分爲就舊本改編。如上述四本，昇平寶筏之出於西遊記，封神天榜之出於封神榜，劍鋒春秋和平齡會之出於馬陵道、七國記、翻七國、黄伯陽大擺陰魂陣之類是很顯然的。趙雲淞簷曝雜記述乾隆二十一年萬壽節熱河方面的盛況云：

上秋獮至熱河，蒙古諸王皆覲。中秋前二日爲萬壽聖節，是以月之六日，即演大戲，至十五日止，所演率用西遊記、封神榜中神仙鬼怪之類，取其荒誕不經，無所觸忌，且可憑空點綴，離奇

變詭，誠大觀也。戲臺闊九筵，凡三層，所扮妖魅有自上而下者，自下突出者，……有時神鬼畢集，面具千百無一相肖者。（下略）

所述熱鬧之狀與寶玉所見者符合。我想大概也是用弋腔演唱的。

紅樓夢二十九回，賈母清虛觀拈香，所演的戲是：

白蛇記　滿牀笏　南柯夢

這是三本整本戲，分三天演完，第二十八回上説：

襲人又道：「昨日貴妃打發夏太監出來，送了一百二十兩銀子，叫在清虛觀初一到初三打三天平安醮，唱戲獻供。」

可知要分三天演，否則決演不完的。這一本白蛇記也頗冷，書上説：

賈珍一時來回：「神前拈了戲，頭一本白蛇記。」賈母問：「白蛇記是什麽故事？」賈珍道：「是漢高祖斬蛇起首的故事。」

曲海總目卷五有白蛇記，提要云：

浙江人鄭國軒編，係明初舊本，後改爲鸞釵記。此劇以劉漢卿救白蛇放生，因致貴顯，故名白蛇記也。

命名雖同，情節却異，幸而賈母有此一問，否則一定會把它當作雷峰塔或鸞釵記了。然而連賈母看了幾十年戲的老人家也竟不知道是什麽故事，足見其冷。昇平署志略中有楚漢傳。注云：「與西漢演義略同。」白蛇記大概就是楚漢傳的第一本。二十年前上海丹桂第一臺和共舞臺都曾排演過連臺本戲漢高祖。那些連臺本戲除掉時事劇外大半根據舊本改編的。這本漢高祖恐怕就是昇平署志所載的楚漢傳，我記得第一本正是斬白蛇的故事。假使這個推測不錯，那麽應該先有白蛇記，後來南府據以改編，並加上若干演述高祖故事的雜劇傳奇連在一起而成楚漢傳，最後又改成皮簧而在外邊演唱。

五十三回賈母慶元宵有云：

麝月等問：「手裏拿的是什麽？」媳婦們道：「是老太太賞金花二位姑娘吃的東西。」秋紋笑道：「外頭唱的是八義，没唱混元盒，那裏又跑出金花娘娘來了。」

曲海總目卷四十有混元盒。提要云：

近時人作。荒誕不經，大約倣封神演義、西遊記等書，憑空結撰，以悦一時之耳目也。

所謂近時大概也指乾隆以前。在揚州畫訪録一百零五種曲文鄙陋一類中也載有混元盒。昇平署志略第四章端五承應項下云：

連臺大戲則有闡道除邪，混元盒。

據此則此戲亦是由民間流入宫廷。清稗類鈔三十七册頤和園演戲條注云：

俞潤仙初次排演混元盒，其一切裝具多借之内府。

本條不知録自何書，其中大部分抄襲簷曝雜記乾隆二十一年萬壽條，以乾隆年事説頤和園演戲之熱鬧，殊爲可笑，但在清末混元盒又自宫廷流入民間，正與白蛇記同例。此外如雁門關、五彩輿也是如此。

綜上所述，我們可以知道雍乾之間弋腔流行，像賈府亦即曹家這種人家也常演出，乾隆以後便陸續進入宮廷，所以紅樓夢中的幾齣冷戲差不多在昇平署所保存的南府大戲中都能找到。我對於戲曲史毫無研究，只是提出一些材料藉供談助，其實連這些材料也是人所熟知的。

（原載申報一九四八年五月一日第二張）

跋明張璁書扇

——略述王守仁與張璁的關係

我在五十年代於琉璃廠肆得泥金扇面一幀，書詠萬詩一首，款署羅峰，朱印已模糊。有後人題記作者簡歷一紙，粘在裱頁的右端，云：

張璁，一名孚敬，字秉用，號蘿峰，永嘉人，正德辛巳進士，以議禮擢大學士，贈太師，謚文忠。

與此頁匯裝成册的許多扇頁，都粘有這樣略叙作者生平的題記，均未署名，審視字迹酷似清代印人及書家黄小松。

按款署羅峰，非「蘿峰」，「蘿」字恐是筆誤。嘉靖温州府志卷二山川大羅山條稱：〔一〕

去城南四十里……張少師（即張璁）舊號羅峰，欽更名張羅山，即此山也。

以下載張璁詠羅山諸名勝詩，知張璁羅峰之號，即因山名。今録詠萬詩及款題如下：

品物形容别，君門萬里多。藏三生幾許？掛一漏如何？對策言難盡，封侯户豈過。獨欣

〔一〕志修於嘉靖十六年丁酉（一五三七），張孚敬（即璁）序。

歌聖壽，列國似星羅。

陽明先生有詠一之作，書於畫面，餘得之珍重，復詠萬以和之。

這首詩每句隱二「萬」字，像猜謎，又像藏頭歇後詩。前人嘲以出恭爲題得恭字的試帖詩有云「七條嚴婦律（隱『出』字），四品請妻封（清代四品官妻封恭人）」，詠萬詩正是這類試帖詩之卑者。陽明（王守仁）詠一詩不載集中，且不知何以題於畫面，推想大概也是掇拾「守一」、「抱一」等話頭，含有道學意味。

詩雖不佳，但却涉及張璁和王守仁的關係，可資參考。

從張璁所題的語氣中，可以看出他對守仁是頗爲尊敬的，既稱爲「陽明先生」，又珍藏其墨迹。考守仁生於成化八年（一四七二），〔一〕張璁生於成化十一年（一四七五），〔二〕王長於張僅三歲。但守仁於弘治十三年（一五〇〇）成進士，而張璁於正德十六年（一五二一）始成進士，論科分王早於張二十一年，整整早了七科，當然應得到張璁的尊敬。何況張璁書此扇時可能尚未成進士。又守仁於正德中已以講學得大名。王文成公全書卷三二年譜一正德八年（一五一三）十月記守仁在滁州，「日與門人游遨琅琊、瀼泉間，月夕則環龍潭而坐者數百人」，又稱「舊學之士皆曰來臻，於是從游之衆自滁始」。明史卷一九五本傳稱「學者翕然從之，世遂有陽明學」，也當在正德八年之後。守仁門人早期

〔一〕據王文成公全書卷三二附録年譜一。下文記守仁登進士第年亦出年譜及明史卷一九五本傳。

〔二〕明史卷一九六張璁傳稱璁於正德十六年（一五二一）成進士，年四十七，嘉靖十八年（一五三九）卒，年六十五，上推生於成化十一年（一四七五）。

大都爲浙江人，特别是浙東人。張璁與守仁爲州里，雖未從游，聞名企慕自不待論，所以題語云云頗有攀附之意。

扇頁没有記年月，不知何時所書。據嘉靖府志他始號羅峰，後來明世宗改稱羅山，此頁既署羅峰，必在嘉靖六年入閣之前，很可能尚未登第入仕。

扇頁年代雖然不能確定，只有一個上下限，即正德八年至嘉靖六年（一五一三——一五二七）間，但仍可以據此説明張璁在未被大用前對守仁本甚尊重。

嘉靖三年（一五二四）大禮議起，守仁的門人學侶方獻夫、黄綰、黄宗明、席書並主興獻王稱考，與張璁諭合，顯然和守仁對此的態度有關。〔二〕明史卷一九七黄綰傳附陸澄云：

歸安陸澄初極言追贈（興獻王）之非，逮服闋入都，明倫大典已定，璁、萼大用事。澄乃言初爲人誤，質之臣師王守仁，乃大悔恨。萼悦其言，請除禮部主事。而帝見澄前疏，惡之，謫高州通判以去。

陸澄説「質之臣師王守仁」，守仁究竟怎樣回答陸澄，陸澄的話是否可信呢？沈德符萬曆野獲編卷二〇「陸澄六辨」條云：

澄又疏詆考興獻之非，投劾歸。趙補得禮部，時張、桂新用事，復疏頌璁、萼正論，云以其事質

〔一〕新中華一九四九年第十二卷七期載歐陽琛王守仁與大禮議論證守仁贊同考興獻，並推論張璁等的議論與陽明學説暗合，引據甚詳，本文以下引據史籍，歐陽氏大都亦已引用，不再注明。

之師王守仁，謂「父子天倫不可奪，禮臣之言未必是，張、桂之言未必非」。恨初議之不經而憮悔未及。疏下，吏部尚書桂萼謂澄事君不欺，宜聽自新，上優詔報答。未幾，明倫大典成，中載澄初疏甚詳，上大怒，責其悖逆姦巧，謫廣東高州府通判，旋升廣東僉事，尚以議禮得超擢云。文成之附大禮不可知，然其高弟如方獻夫、席書、霍韜、〔一〕黄綰輩皆大禮貴人，文成無一言非之，澄言亦不妄。

歐陽琛王守仁與大禮議文中曾引上兩條，以爲「沈氏可謂有見，但不敢就此斷言守仁爲贊成大禮也」。按野獲編所記「父子天倫不可奪」三句即陸澄所引守仁語。陸澄並非妄造師説，不僅如沈德符所云守仁高弟、學侣皆大禮貴人而已，王文成公全書卷二一外集三與霍兀崖（韜）宫端書云：

往歲曾辱大禮議見示，時方在哀疚，心喜其説而不敢奉覆。既而元山（席書）亦有示，使者必求復書，草草作答，意以所論良是，而典禮已成，當事者未必能改，言之徒益紛争，不若姑相與講明於下，俟信從者衆，然後圖之。其後議論既興，身居有言不信之地，不敢公言於朝，然士大夫之問及者，亦時時爲之辨析。期在委曲調停，漸求挽復，卒亦不能有益也。後來賴諸公明目張膽，已申其義。然如倒倉滌胃，積痗宿痰雖亦快然一去，而病勢亦甚危矣。今日急務，惟在扶養元氣，諸公必有回陽奪化之妙矣。僕衰病陋劣，何足以與於斯耶！……乃者忽承兩廣之推，豈獨任非其才，是蓋責以其力之所必不能支，將以用之而實以斃之也。

〔一〕席書雖尊陽明學議，但没有稱弟子，霍韜和守仁曾往來論學，接觸似不多。

此書列於丁亥，即嘉靖六年（一五二七）。按守仁於是年五月命兼都察院左都御史總督兩廣，征思田，六月疏辭不允，八月決行計。上引書中述及「兩廣之推」和辭退的話，必作於本年六月。從書中可以看清楚當嘉靖三年，大禮議起，守仁雖未答霍韜的詢問，但在答席書的書中已表示「所論良是」，只是「考孝宗」之議已定，怕執政的楊廷和等未必能改，徒然紛爭。他的答復，明白表示他贊同張、桂、席、霍諸人考興獻的主張。紛争既起之後，守仁說他雖不敢「公言於朝，然士大夫之問及者，亦時時爲之辨析」。陸澄那時罷官在家，所云「士大夫之詢及者」，必有陸澄，「父子天倫不可奪」云云也正是守仁「爲之辨析」的話。書中一則云「雖亦快然一時，而病勢亦甚危矣」，再則云「今日急務，惟在扶養元氣」，乃是針對廷杖貶謫反對派的行動，所謂「微言以諷之」，霍韜後來薦起那些議禮被杖謫的人，可能受守仁影響。

據上引書可知守仁雖没有公開上疏贊同張、桂等，在私人交往中却並非完全緘默不言。此外，尚有守仁直接贊同張、桂的記載。

清末穆宗（同治）逝世，無子，慈禧太后爲了便於奪權，不立晚一輩的宗室，而立穆宗堂弟醇親王之子載湉（清德宗，光緒）爲帝，事同明世宗以武宗堂弟入繼。光緒十五年（一八八九）河督吴大澂奏請尊重醇親王典禮。〔二〕吴大澂此舉是否想像張、桂那樣驟躋大位，還是别有打算，不屬本文討論範

〔二〕續東華録光緒十五年二月。

圍，這裏僅引李鴻章對於大徵的幾句議論，其中引證了王守仁關於嘉靖議禮的話，李文忠公尺牘卷一二與洪文卿書云：

清卿大禮之議發之太早，都中議論多諒其無他。郭筠仙書來，且盛稱之，詢爲清卿第一知己。議禮本如聚訟，此事尤難是非。稚珪、永叔固無可議，文忠、文襄人猶原其初意。〔一〕王陽明有言「張生此論，千載不易」。此老豈曲學阿世者。

李鴻章尺牘均于式枚起稿，鴻章間有改動。所引王守仁的話未見記載，當有所本。

守仁雖然没有上疏贊同張、桂等之議，却通過私人通信和談話支持了他們，態度還是很明顯的。值得注意的是嘉靖六年（一五二七）推薦守仁總督兩廣的正是張璁。明史卷一九五王守仁傳稱「守仁之起由璁、萼薦。萼故不善守仁，以璁强之」。王文成公全書卷三七附録黄綰撰陽明先生行狀亦云：「丁亥，田州土知府岑猛之亂，提督都御史姚鏌不克成功。張公孚敬拉桂公萼同薦，桂公不得已，勉從薦公。」張璁所以薦守仁，桂萼所以勉强同薦，一個重要因素恐由於了解到在大禮之爭中王守仁支持了他們，而嫉忌守仁的楊廷和、費宏却又正是他們的政敵。〔三〕守仁起用後，黄綰又薦守仁才德

〔一〕韓琦字稚圭，歐陽修字永叔，二人在宋代所謂「濮議」中均不主英宗稱生父濮王爲皇伯。文忠爲張璁謚，文襄爲桂萼字。

〔三〕明史卷一九五王守仁傳稱世宗初即位，召守仁入朝受封，爲楊廷和所阻，而楊廷和是議禮反對派的首領，張、桂的死敵。守仁傳又云：「所善席書及門人方獻夫、黄綰以議禮得幸，言於張璁、桂萼將召用，而費宏故銜守仁，復沮之。」同書卷一九六張璁傳：「璁急圖楊用，爲大學士費宏所沮，遂與萼連章攻宏。」

堪任輔弼，首輔楊一清和張璁一起上奏説守仁「喜談新學」、「不宜入閣」，但可用爲兵部尚書，桂萼更是大怒，密奏攻擊守仁。雖然一清與張、桂都不願守仁入閣，行狀措辭是有分寸的，一清雖忌守仁入閣，却仍認爲可任兵部尚書，攻擊守仁最烈的是桂萼，張璁則是附和一清。〔二〕行狀又云：

張公孚敬見公所處岑猛諸子及盧蘇、王受受得宜，征剿八寨有方，奏至甚喜，極口稱嘆，謂予知人之明；又述在南京時與言惓惓欲公之意，曰：「我今日方知王公之不可及，即薦於朝，取來作輔，共成天下之治。」桂公、楊公聞之皆不樂，乃唆錦衣衛都指揮聶能遷誣奏公用金銀百萬托余送與張公，故薦公於兩廣。余疏辯其誣。

這段話説張璁有意援引守仁入閣，是否可信且不論，但當時張、桂矛盾已深，聶能遷的攻訐，説張璁受賄賂而舉薦守仁，攻守仁、黄綰，也波及張璁，似乎把守仁作爲張璁的黨羽。

黄綰説張璁「又述在南京時與言惓惓欲公之意」，語不甚可解，末款字疑有訛脱，大致是説過去在南京曾與守仁晤談。守仁任南京官職有兩次，第一次在正德五年（一五一〇）冬，由盧陵知縣升南京刑部主事，上北京覲見，明年正月即留京任吏部主事，實際上並未在南京上任。〔三〕第二次是

〔二〕明史王守仁傳：「一清雅知守仁，而黄綰嘗上疏，欲令守仁入輔，毁一清，一清亦不能無遺憾。」没有提張璁，張璁可能也不願守仁入閣，但並無惡感。

〔三〕明史卷一九五王守仁傳：「（劉）瑾誅，量移盧陵知縣，入覲，遷南京刑部主事，吏部尚書楊一清改之驗封，屢遷考功郎中。」王文成公全書附録年譜一正德五年（一五一〇）十二月「升南京刑部四川清吏司主事，六年正月即調吏部驗封清吏司主事」，知守仁入覲授南京刑部主事，旋即遷吏部主事，留在北京，未嘗到南京赴任。

在正德七年（一五一二），自吏部郎中升南京太僕寺少卿。〔一〕但洪武時在滁州設置群牧監，不久即改太僕寺，所以南京太僕寺置於滁州，不在南京。〔二〕因此正德八年赴任實在滁州。次年四月升南京鴻臚寺卿，始到南京赴任，自九年五月到十一年（一五一四）九月，都在南京。九月以都察院左僉都御史巡撫南贛、汀、漳等地，乞假還餘姚省親，次年正月至贛。〔三〕此後至正德十六年（一五二一）六月一直在江西。六月升南京兵部尚書，他請假歸省，没有上任，以後居喪在鄉，直到嘉靖六年（一五二七）才出督兩廣。如上所述，可知守仁只有在正德九年五月（一五一四）至十一年九月在南京住了二年多。張璁與守仁晤談，最大可能即在此二年間。這件扇頁也可能此時所書。那時張璁還没有中進士。

據黄綰所述，張璁曾和守仁在南京談得很融洽。扇頁證明張璁至少有一個時期對守仁頗爲尊重。嘉靖六年起用守仁，張璁出了大力。二人來往雖疏，關係並不太壞。

張璁因議禮驟貴，反對派也包括鄒守益等守仁弟子在内受到廷杖貶謫，當時輿論都歸罪璁、桂，所以他的聲譽在明代頗爲不佳。黄綰在寫守仁行狀時還記載了有關張璁舉薦守仁的事，到錢德洪編

〔一〕見年譜。
〔二〕明史卷七四職官志三太僕寺條。
〔三〕見年譜，以下同。

寫守仁年譜便一無所言，守仁贊同張璁大禮議一事更諱莫如深。〔一〕後來黄宗羲從學術思想角度論證張璁議論符合守仁「心即理也」的論點，陸澄的話决非妄托，但却認爲守仁「知永嘉（張璁）之爲小人，不當言責，故不涉論爲高」。〔二〕那也只是先已認定張璁爲小人，姑爲此説，守仁是否以張璁爲小人，實難斷言。其實嘉靖之時，張璁還是個有所作爲的宰相。明史卷一九六張璁傳稱：

孚敬剛明果斷，不避嫌怨，既遇主，亦時進讜言。……他若清勛戚莊田，罷天下鎮守内臣先後殆盡，皆其力也。持身特廉，痛惡贓吏，一時苞苴路絶。而性很愎，不護善類，欲力破人臣私黨而己先爲黨魁。大禮大獄，叢訴没世。

肯定張璁的相業本來就是明世宗實録的基調，沈德符説：「江陵（張居正）於世宗實録極推許永嘉（張璁），蓋其材術相似，故心儀而托之讚嘆。」王世貞、沈德符也正是把張璁、張居正並論，王世貞説「二公事業相去實不遠」，沈云「嘉靖初之張永嘉，今上初之張江陵皆絶世異材」。〔三〕王、沈以兩張並論是

〔一〕王文成公全書卷三四附録年譜三嘉靖三年條云：「霍兀厓、席元山、黄宗賢、黄宗明先後皆以大禮問，竟不答。」按這時守仁没有答復霍韜，但對席書是有復信的，而且表示「所論良是」（見前引與霍兀厓書），並非竟不答。嘉靖六年起用守仁，出於張璁推薦，明史王守仁傳和行狀記載甚明，年譜却只説「五月，命兼都察院左都御史，征思田」而已。年譜成於錢德洪、羅洪先，二人對於大禮的觀點不可知，但促成修訂年譜的鄒守益是反對興獻稱號的（見明史卷二八三本傳）。

〔二〕明儒學案卷一四浙中王門學案主事陸元静先生澄條。

〔三〕野獲編卷七兩文忠條。

含有貶義的，但對於二人的相業却仍加肯定，這是較公平的評價，盡管張璁的成就遠不如居正，却同樣具有改革弊政的抱負與勇氣。所以何良俊論明朝宰相，説：「有才斷、肯擔當，則新都、京口之楊（楊廷和、楊一清）、永嘉之張。」〔二〕像張璁那樣的人簡單地定爲小人，恐或過當，更推論王守仁在議禮之初就一眼看透張璁爲小人，則席書、霍韜、方獻夫、黄綰、黄宗明同以議禮驟進，守仁又作何評價呢？

（原載學林漫録第十一輯，中華書局，一九八五年八月）

〔一〕四友齋叢説卷七「我朝宰相」條。同書卷八記朱象玄説云：「有一順門上内臣嘗語余曰：『我輩在順門上久，見時事幾變矣。昔日張先生進朝，我們都要打個弓（蓋言羅峰也）；後至夏先生（言），我們只平着眼兒看哩；今嚴先生（嵩），與我們拱拱手，方始進去。』蓋屢變屢下矣。」這段記載也可見張璁爲相，抑制宦官，爲宦官所憚。

北齊書點校後記

傳本北齊書殘缺過半，由唐以後人補全。宋嘉祐中（一〇五六——一〇六三）校刊此書，在部分後補的卷末附有校語，説明不是北齊書原文。清代錢大昕考訂，只有卷四、卷一三、卷一六、卷一七、卷一八、卷一九、卷二〇、卷二一、卷二二、卷二三、卷二四、卷二五、卷四一、卷四二、卷四三、卷四四、卷四五、卷五〇，共十八卷是原文。〔一〕我們認爲卷五〇恩倖傳雖有序有贊，稱齊帝廟號，符合原文特點，但傳文出於北史，其中且有删節北史失當之處，痕跡顯然，也不像是北齊書原文。所以現存原文實止十七卷，餘外三十三卷皆後人所補。

補缺的情況大致分爲兩類：一是以北史中相同紀傳補的，也往往有所删改，這類居多數。二是以唐人某種史鈔補的，這是少數。這種史鈔雖直接出於北齊書，却删節過甚，十分疏略，有時弄得前後不相銜接，甚至文字也讀不通。是這種史鈔本身就這樣呢，還是補傳的人又曾大加删削，我們還弄不清楚。〔二〕此外，還有幾卷是拼湊北史和其他材料而成。卷三文襄紀前半出於北史，中間和後段却是

〔一〕錢大昕廿二史考異卷三一，原文舉紀、傳第幾，今改全書卷數。

〔二〕錢大昕推測可能以唐人高峻的小史補。高氏小史已亡，今天無從比對，據宋人明確指出以高氏小史補的魏書卷三三宋隱等傳，比較完整，並不那樣疏脱簡略。唐人史鈔種類很多，今既無從確知，只好稱之爲「某種史鈔」。

雜採他書，卷三二王昕傳當是以某種史鈔補，附弟王晞傳却出於北史；卷三四楊愔傳以北史補，附傳燕子獻等却和北史不同。更奇怪的是卷二八元弼傳開頭十二字，元韶傳開頭十四字，卷三七魏收傳叙世系十八字，和北史不同，直接間接當出於北齊書原文，但下面接的却是北史傳文。〔一〕

補缺情況如此凌亂，其故可能由於各卷逐漸缺失，也逐漸有人補缺，既非一時所補，亦非一手所補，當然取材不能一致。宋以前當有幾種各不相同的補本北齊書，宋太平興國二年（九七七）編輯太平御覽，所引北齊書基本上已同今本，但還留有一些所據補本不同的痕跡。〔二〕到景德二年（一〇〇五）編輯册府元龜時，所引北齊書缺卷諸條，除個別條文外全同今本。五十年後，官校宋、齊、梁、陳、魏、周、北齊七史，雖説「詔天下藏書之家悉上異本」，〔三〕但以後刻版，恐即以館閣舊藏亦即册府所據的舊本付刻，既没有搜羅到十七卷之外的原文，也没有補缺的異同。是否當時此書並没有得到「異本」，還是校刊草率，我們也難斷定。但似不能説宋時再也没有十七卷以外的原文存在。本書卷一五竇泰等六人傳是以北史相同諸人傳補的，而南宋鄭樵的通志卷一五二中，此六人傳却有不少溢出

〔一〕魏末宗室有兩個元弼，十二字以下，補傳者以北史另一個元弼的傳接上，張冠李戴，非常荒謬。

〔二〕御覽所標北齊書，引文多同北史，不一定都是標目之誤，或所據補本北齊書和今本不同。例如卷三文襄紀今本以北史和他書雜湊而成，御覽卷一三〇所引却全採北史。又如今本卷八後主紀以北史補，御覽卷一三一北齊後主條所引一大半也同北史，但後段叙後主昏亂却和北史大異，而與唐人馬總通曆卷九北齊後主條相同。似御覽所據補本北齊書文襄紀全用北史，後主紀則以北史、通曆拼湊而成，和今補本不同。

〔三〕晁公武郡齋讀書志卷二上宋書條。

於北史的文句，這些文句決非鄭樵所能臆造。通志北齊紀傳全本北史，間有增添文句，即據北齊書，同卷的段榮、斛律金傳可證。很可能卷一五的北齊書原文南宋時還沒有絕跡，鄭樵才能採入通志。

此書第一次刻版付印至遲在政和中（一一一一——一一一八），〔一〕此本早已無存。南宋時曾和其他六史重刻，〔二〕版片本在杭州，明初移到南京國子監，歷宋、元、明三朝都曾隨時補刻一些版片，抽換漫漶不堪的舊版，即所謂「三朝本」。没有補版的南宋本今天也未見留傳。三朝本既隨時補修，同稱三朝本，補版多少各不相同。明代中葉以後，這副版片越來越漫漶，補版也越多。萬曆十七年（一五八九）南京國子監祭酒趙用賢重刻新本，據北史作了許多補改。以後不久刻印的北京國子監二十一史本補改更有增加，清乾隆四年（一七三九）武英殿二十四史本則是以北本爲主而兼取南本。這兩種本子都屬於南本系統。三朝本仍在印行，到清代中葉已模糊一片，被稱爲「邋遢本」。明末毛氏汲古閣的十七史本、以汲本爲底本的清同治十三年（一八四七）金陵書局本，和一九三七年上海商務印書館影印的百衲本二十四史本，〔三〕直接間接都繼承三朝本這個系統。

〔一〕晁公武郡齋讀書志卷二上宋書條。

〔二〕後人據前條晁公武所説紹興十四年（一一四四）井憲孟在四川眉山重刊七史的話，稱今傳本南宋刊七史爲「蜀大字本」或「眉山七史本」。實際上今傳本南宋刊七史是在浙江刻的。

〔三〕百衲本前三十四卷據涵芬樓藏三朝本，卷三十五至卷五十據所謂「宋蜀大字本」影印，其實也是較早的三朝本。影印時曾據殿本大量修改，改正了許多原本訛文，但也有改錯的。

從版本的角度看，北宋本、南宋本、三朝本一系相承，現存較早的三朝本應該最接近於北宋付刊時的北齊書面貌。南本系統的校刊者不知道補缺各卷一部分本來不是以北史補，以北史補的部分也並非都照本直抄。有時文字晦澀，比對北史，似是訛脱，其實不一定是訛脱，而是刪節失當所致。南、北本多據北史改補是不恰當的。但是完全抹殺南本這個系統的校改也是不恰當的。首先，補缺各卷多數是以北史補的，一定程度上相當於北史的另一版本。有的確是訛脱，當然可以北史校改；就是由於刪節不當，以致文字不通的，以北史校改也是以原文校刪改本的問題，不能説毫無理由。另外一部分不是以北史補，但和北史同出於北齊書，作爲外校，北史也有很大的參考價值，據以作一些必要的補改，很難一概斥爲「竄易」「臆改」。例如：卷二六薛琡傳有這樣幾句，三朝本作：「前軍若勝，後軍合力，前軍承之。」北、殿本據北史補改作：「前軍若勝，後軍合力，前軍若敗，後軍承之。」文義較明白。此傳雖非以北史補，但通典卷一五六引文同北史，根據一般情況，通典引文當採自北齊書，則北齊書原文當與北史同，爲什麼不能據以補改呢？又如卷四八尒朱文暢附弟文略傳也不出北史，其中有一段，三朝本作：「平秦王有七百里馬，文略敵以好婢，賭而取之。明日，平秦使文略彈琵琶，吹横笛，倦極便臥唱挽歌。居數月，奪防者弓矢以射人，曰：『不然，天子不憶我。』有司奏之，伏法。」先説文略和高歸彦打賭，又説高使他吹彈歌唱，最後説有人防他，他奪弓矢射人，以致被殺。前後不相銜接，看了不知所云。南本以下各本據北史在「明日平秦使」下補「致請，文略殺馬及婢，以二銀器盛婢頭馬肉而遺之。平秦王訴之於文宣，繫於京畿獄」三十三字，情事始明。不談刪去三十三字，掩蓋了封建貴族的殘暴罪行，而且不記文略下獄，怎能理解他奪防者弓矢一節事呢？雖然我們不知道北齊書原文是否全同北史，但應該有這三十三字所包含的内容，補上也不能算錯。

根據上述理由，我們以三朝本、南本、殿本爲主要互校本。〔一〕既照顧原來面貌，凡各本有異文而兩通的，或無法判斷是非的，一律從三朝本；同時也接受南、殿本必要的和可取的補改。下面我們舉卷三九祖珽傳爲例。

祖珽傳是以北史補的，但其中和北史頗多不同，較長的異文有兩處。

一、北史卷四七本傳原文：「倉曹雖云州局，乃受山東課輸，由此大有受納，豐於財産。又自解彈琵琶，能爲新曲，招城市年少歌儛爲娱，遊集諸倡家。與陳元康、穆子容、任胄、元士亮等爲聲色之遊。諸人嘗就珽宿，出山東大文綾並連珠孔雀羅等百餘疋，令諸嫗擲樗蒲賭之，以爲戲樂。」三朝本這段作：「倉曹雖云州局，乃受山東課輸。大文綾並連珠孔雀羅等百餘疋，令諸嫗擲樗蒲，調新曲，招城市年少歌舞爲娱。遊諸倡家，與陳元康、穆子容、任胄、元士亮等爲聲色之遊。」册府元龜卷七三〇同三朝本，顯然這是宋初以來這篇補傳的原貌。同時也很明顯，這是補傳删節顛倒北史文字而成，並非别有所據。但删節顛倒得很成問題。「乃受山東課輸」下删去「由此大有受納，豐於財産」十字，文氣不

〔一〕我們所據武漢大學藏三朝本和百衲本前三十四卷所據本同。三十五卷後百衲本所據别一三朝本較善，也作爲主要互校本之一。南本是以北史校改之始，殿本兼用南、北二本而流傳較廣，所以把這幾個本子作爲主要互校本。

完，忽移後文「大文綾」云云接上，更不貫串。在「令諸嫗擲樗蒲」下删去「賭之」二字，和原意也未合。南本據北史改是有理由的。因此這段我們從南本，並出校記說明。

二、北史原文：「珽擬補令史十餘人，皆有受納，而諮取教判，並盜官遍略一部。時又除珽秘書丞兼中書舍人。還鄴後，其事皆發。」此傳三朝本這段作：「珽擬補令史十餘人，皆有受納，據法處絞，上尋捨之。又盜官遍略一部。事發……」册府元龜卷七三〇同三朝本，也是宋初以來補傳的原貌。南本這段從三朝本，而删去不見北史的「皆有受納，據法處絞」八字。北本據北史改，殿本從之。這段三朝本雖有删節，而文義明白，且比北史多出八字，可能別有所據，南本删去八字固不當，北本據北史改也未是，因此我們從三朝本。

三朝本兩段同樣可證爲宋初補傳原貌，我們按照具體内容作了不同處理，既照顧補傳的原貌，却不曲徇某些有害文義上瞭解的「原貌」。當然，諸如此類取彼捨此，不免帶着主觀性，我們也感到很難斟酌盡善。

上面是此傳中兩段較長的異文，至於三本間單文隻字的異文到處都是，僅此傳中就不下三十處，他校異文尚不在内。爲了避免煩瑣，大都不出校記。三本間異文文字較長的，則根據需要出一些校記。例如上舉尒朱文略傳的一段，祖珽傳的第一段，這都是明知補本原貌同三朝本，或南、殿本所補改未必同原貌而仍從南、殿本的。至於單文隻字，有的是非明確，例如祖珽傳開頭第一句「范陽遒人也」，三朝本、殿本「遒」字訛「狄道」；「曾至膠州刺史司馬世雲家飲酒」，三朝本「州」訛「東」；「卿那得如此詭異」，三朝本「卿」下衍「珽」字；「須五經三部」，殿本「須」訛「頒」；「除章武太守」，南、殿本「章」訛「寧」之類。有的雖有異同而文義兩通，例如「配甲坊加鉗」，南、殿本「鉗」下有「錮」字；「楊愔等誅，不之官」，南、殿本據北史「楊」上增「會」字；「今至尊猶在帝位者」，南本據北史「猶」作「獨」；「推誠朝廷」，南本據北史「朝廷」作「延士」之類。這二類，前一類捨非從是，後一類則例從三朝本，一般都不出校記。

以上我們檢查了北齊書殘缺和補缺的基本情況、由於補缺而帶來的版本校勘上的特殊問題，説明了我們處理這些問題的想法，並以祖珽傳作爲具體例子。這樣處理是否恰當，很難自信，希望讀者指正。

（北齊書，中華書局，一九七二年十一月）

吐魯番出土文書（十卷本）前言

本書所收文書出自新疆維吾爾自治區吐魯番縣阿斯塔那和哈拉和卓古墓。文書原件除部分由吐魯番地區文物保管所提供外，均爲新疆博物館藏品。

從一九五九年到一九七五年，新疆博物館文物考古隊的各民族文物考古工作者數十人，先後在吐魯番縣火焰山公社阿斯塔那村北、哈拉和卓村東進行了十三次發掘。在這期間，吐魯番文物保管所的同志們也作過多次發掘。前後總共發掘清理了晉——唐墓葬近四百座，這批文書就是從這些墓葬中發掘出土的。大量的發掘品已在陸續整理修復，發掘報告正在編寫。爲了給學術研究提供新的資料，現將出土文書中的漢文文書先行整理發表，統名吐魯番出土文書。

吐魯番地區古爲「車師前部」地，西漢時以「高昌壁」得名，其政治、經濟、文化中心即在今高昌故城。故城遺址位於今阿斯塔那東南、哈拉和卓的西南面。東晉咸和二年（三二七），前涼張駿於此置高昌郡，郡治高昌城。其後西涼、北涼因之。北涼承平十八年（四六〇），柔然滅沮渠氏的北涼殘餘政權，立闞伯周爲「高昌王」，此後，張、馬、麴諸姓相繼稱王，史稱「高昌國」，王城即在高昌。唐貞觀十四年（六四〇），唐滅高昌，以其地置西州，高昌城又成了西州都督府的治所。九世紀中葉以後，這裏又是「西州回鶻」（或「高昌回鶻」）的王城。吐魯番出土文書，就是從高昌郡到唐西州這段歷史時期，被高昌居民埋藏在地下的文物的一部分。

當時生活在高昌城内的居民，死後大都埋葬在城郊，因此，在今高昌故城的東南、東北和西北的戈壁灘上，古代墓葬星羅棋布。阿斯塔那以北、哈拉和卓以東這兩個墓區就是其中的一部分。在這些墓地上，由數座以至數十座墓葬組成的一個個不同家族的墓園，比比皆是。這些墓園或個別墓葬大都有礫石堆砌的標誌，很容易辨識，它爲今天考古發掘提供了方便，然而也爲昔日的盜墓者指示了捷徑，以致幸免於盜擾的古墓不過百分之一、二。幸而早先一般盜墓者並不識這些文書的價值，所以儘管他們幾乎盜遍所有古墓，竊走和破壞了大量文物，而這些文書竟能歷經劫盜而保留下來到今天。

吐魯番文書之得以保存到今天，當然還由於當地具有降水量少、氣候乾燥等自然條件。這些自然條件不僅我國其他地區少有，甚至吐魯番盆地也並非到處具備，交河故城附近和艾丁湖一帶的古墓葬，由於地下潮濕，一些有機物就很難保存下來。

這批文書都是考古發掘所獲，都有發掘記録可查。因此，即使本身没有紀年的文書，也可根據墓葬形制、同出文物特徵、特别是同墓所出有紀年的文物（如墓誌等），作爲斷代依據。一般説來，同一墓葬出土的文書早於墓葬年代，其下限不晚於該墓墓誌的紀年。然而例外的情況並非罕見，這是由於大多數墓葬不止埋葬一人，而墓誌又非人各一方。如果同墓所出墓誌並非屬於該墓最後入葬者，其所出文書晚於墓誌紀年就不足爲怪了。此外，此墓遺物被移置於彼墓的現象亦有發現，以致早期墓葬中出現晚期文書，有的甚至兩墓所出文書彼此斷痕恰巧可以拼合，這是盜擾造成的。屬於這樣的文書我們自然把它復原並歸入原屬墓葬。對於不能確定原屬何墓的攙入文書，我們仍依所出墓葬編號而加以説明，好在這種情況並不多見。

這批文書除有一部分以文書形式直接隨葬（如衣物疏、地券、功德録、告身及一些契約等）較爲完整外，大多是當作廢紙被用來制成死者的服飾，如鞋靴、冠帶、枕衾等；或是一些俑的構件，所以多已殘缺。這種以紙爲服飾乃至葬具（紙棺）的習俗，從伴出其他遺物所示死者身分看，决非經濟上的原因，雖然真正的原因目前我們還不太清楚。如此豐富的史料，賴這種葬俗保留下來，是值得慶幸的。

吐魯番地區出土的文書，並不意味着所有這些文書當初都是在這裏書寫的，在這批文書裏，就有來自敦煌、庭州、伊州乃至洛州等地的文書；還有來自唐代京師長安的帳曆，那是被用作一批舞樂俑的構件從長安運來的。

這批文書出土後，絶大部分已由新疆博物館同志作了初步清理、拆揭和修復。一九七五年末，國家文物事業管理局組織各方人力，組成吐魯番出土文書整理小組，在原有基礎上，將全部文書核對、綴合、標點、定名。由於文書來源如此多樣，殘缺破損相當嚴重，我們不得不花費大量的時間和精力進行反復審核、拼接和識讀，使其原貌盡可能恢復。即便這樣，限於我們的水平，錯誤也在所難免，希望廣大讀者能幫助我們加以糾正。

本書釋文按原訂凡例，力求統一。然而，由於内容龐雜、形式多樣，整理編輯時間較長，參加人員又未能始終固定，隨着工作進展，不斷發現新的情況，凡例亦相應修改，因此各册釋文或有體例上的差異。因版樣既經寫定，如再改動牽動甚大、又費工時，且某些差異也只在枝節上，無損内容，所以我們一仍其舊，未作更改，希讀者鑒諒。

早在本世紀初，吐魯番文書就已聞名於世。俄國的克列門兹（D. Klementz）、柯兹洛夫（P. K. Kozlov）、奥登堡（S. Oldenburg）；英國的斯坦因（A. Stein）；法國的伯希和（P. Pelliot）；德國的格倫韋德爾（A. Grünwedel）、勒柯克（A. Von Lecoq）；日本橘瑞超等曾先後從這裏盜走了大量文書。所謂「斯坦因文書」、「大谷文書」等都包含了不少吐魯番文書，根據已經發表的部分看，大抵也是出自阿斯塔那墓葬。可以推斷：其中有的文書與本書所收的某些文書同屬一個墓葬、甚至同爲一組。一九三七年由李文和出賣給日本中村不折氏的那批「流沙遺書」，雖云「敦煌石室出品」，實則大都出自吐魯番。上述這些散在各國的文書，有的已經發表了，有的至今尚未發表，如果都能全部刊布出來，對於在學術上進一步研究吐魯番出土文書將是有益的。

本書由國家文物事業管理局古文獻研究室、新疆維吾爾自治區博物館、武漢大學歷史系魏晉南北朝隋唐史研究室協作進行整理編輯；由武漢大學教授、國家文物局古文獻研究室主任（兼）唐長孺主編。參加整理編輯工作的人員有：新疆博物館的吴震、穆舜英、李征、邢開鼎（穆、李、邢三同志現在新疆考古研究所）；武漢大學魏晉南北朝隋唐史研究室的朱雷、陳國燦、程喜霖；中國社會科學院歷史研究所的馬雍；文物局古文獻研究室的干去非；中國人民大學歷史系的沙知；中山大學歷史系的姜伯勤；新疆民族研究所的宋曉梅等同志。

本書整理編輯過程中，曾一度短期參加工作的尚有：胡如雷、孔祥星、陳建放、譚兩宜、黃惠賢、彭神保等同志。邵懷民同志擔任了全書的清抄工作。

（吐魯番出土文書第一册，文物出版社，一九八一年）

吐魯番出土文書（十卷本）編後記

吐魯番出土文書録文本全十册至今已全部出齊。它收集了新中國建國以來在新疆吐魯番阿斯塔那、哈拉和卓等古墓地二〇三座墓葬中出土的由前涼升平十一年（三六七）到唐大曆四年（七六九）的一千八百餘件文書。十册文書的陸續出版，對吐魯番學以及魏晉至隋唐史的研究，多少起了一點促進作用。當初，我們整理吐魯番出土文書的目的，就是希望這些千年以前的珍貴文書，能盡早公諸於世，給學術界進行研究。十多年來，學術界圍繞吐魯番新出土的文書，已經開展了可喜的探索與研究，發表了不少新成果，這是我們引以爲慰的。

一九七五年，已故的國家文物局局長王冶秋同志，及時注意到吐魯番出土文書的重大價值，親自組織我們到新疆考察後，作出了立即開展文書整理的決定，并組織討論和研究，製訂了文書整理的總計劃。一九七六年，新疆博物館考古組的同志將文書初步整理後，全部攜至國家文物局進行全面整理，在此期間，冶秋同志又給予了多方面的關懷和支持。在當時的形勢下，如果没有冶秋同志的熱心組織和人力支持，這項工作是根本不可能開展的。一九七八年，國家文物局成立古文獻研究室，此後，文書整理工作移到研究室内進行，在此期間，又受到國家文物局歷任領導的關懷和支持。一九八三年，文書整理列入國家『六五』重點科研項目，得到資助。文物出版社在印刷、出版和發行上，也給予了優先的照顧。所以，本書得以完成出版，是受到多方面關懷和支持的結果。

文書整理工作十易寒暑，前後參加的人員不少。一九八〇年以前參加者，已見前言，主要從事文書的拆揭、拼合、録文、分類等工作。一九八一年以後參加者，除我與陳國燦、朱雷、程喜霖、吴震、李征等同志外，還有古文獻研究室的王素同志，主要從事文書的釋文、定名、編册及其審校、修訂工作。整理組成員來自各地各單位，新疆博物館、新疆考古研究所和武漢大學的同志，長年遠離單位，在京埋頭工作，貢獻精神十分可貴。特別要提到的是，整理組成員馬雍同志和李征同志，他們還没有見到文書的全部出齊，就和我們永别了。馬雍同志爲高昌國文書的整理付出了辛勤的勞動，有時甚至帶病工作。李征同志在文書的拆揭、拼合、修復、拍片和保管工作中，認真負責，勤勤懇懇，十幾年如一日，默默地作出了自己特殊的貢獻，直到一九八八年，在他身患癌症的情況下，還堅持完成收尾工作。這是值得我們永遠追念的。所以，本書得以完成出版，也是整理組全體成員群策群力，團結協作，精益求精，共同奮戰的結果。

吐魯番出土文書録文本全十册，免不了會出現一些錯漏和失誤。在各册出版後，也曾得到國内外學者的指正。我們真誠希望能够繼續得到這種有益的指正，以便在即將陸續出版的圖文對照本中進行修改。

感謝國内外學術界的同志們、朋友們的支持與合作。

一九九〇年十二月

（吐魯番文書第十册，文物出版社，一九九一年）

敦煌吐魯番文書初探前言

本書彙集論文十七篇，是近幾年來武漢大學歷史系魏晉南北朝隋唐史研究室同志們探討敦煌吐魯番文書的初步成果。

本世紀初，敦煌石室和吐魯番墓葬中封閉埋藏的文書、文物先後發現，多方面開拓了學術研究領域。八十年來，中外學者對這些文書、文物從介紹、刊布到進行研究，作出了巨大努力和貢獻。

這份豐富的文化遺産是古代中國人民的藝術創造和中國人民寫下的（包括用漢字和古代少數民族文字寫的）歷史記録，保管、整理、公布和研究，是中國學術界理當承擔的責任。遺憾的是，在半封建、半殖民地的舊中國時代，外國探險家們通過各種手段，使中國人民的這份珍貴遺産大量流散在國外。早期中國學者，或者通過私人關係獲得一些零篇殘簡的照片，或者遠涉重洋，辛勤鈔録。這些照片、録文和有關論著，部分已經刊布。他們爲後人開闢了道路。

解放後，有關敦煌的學術論著和資料彙輯相繼出版，由中國考古學家自己勘察、自己編寫的報告吐魯番考古記也在五十年代發表。

雖然吐魯番的藝術珍品、碑誌和佛經、文書幾乎與敦煌石窟寶藏同時發現，雖然早在清末民初就有人介紹個別文書，雖然在三十年代流出國外的少量文書曾經以圖録形式在中國出版，但經歷半個世紀吐魯番文書仍很少爲我國學術界所知。這種情況在五十年代開始有所改變，國内史學界開始利用新舊出土吐魯番文書解釋論證歷史現象，特别在五十年代末到六十年代間，吐魯番文書的價值獲得史學界的進一步認識。這裏首先應當歸功於中華人民共和國建國以來，我國考古事業的蓬勃發展，使考古工作者得以對吐魯番古代墓葬一批又一批地進行科學發掘。

從一九五九年到一九七五年，新疆博物館考古工作隊在吐魯番阿斯塔那、哈拉和卓兩古墓葬區先後進行了十三次考古發掘，獲得自東晉至唐代中期的大量文書，包含極其豐富的内容。其中高昌郡時代和麴氏高昌時代文書填補了本地區歷史記載的空白，占有多數的唐代文書，部分文書的形式和内容爲前所未見，大大豐富和充實了研究唐史最直接、原始的資料。一九五九年後，部分文書伴隨着吐魯番墓葬的考古發掘簡報和論文相繼發表，歷史博物館還展出了唐貞觀十七年(六四三)西州高昌縣趙懷滿夏田契等文書。也正在這時，收藏了半個世紀的大谷文書的主要部分亦在西域文化研究所載有關論文中發表。由於新資料的發現，有關唐代土地制度、租佃關係等重要問題在中外史學界中開展了新的探討。

新疆博物館所藏文書，自一九七五年起，由原國家文物管理局組織來自各地和各個機構的考古、歷史工作者，集體協作，整理出版吐魯番出土文書平裝本共十册，現已出版五册，圖録本也在着手編輯。

我們研究室是參加整理的協作單位之一。七、八年來，在整理過程中我們思考了一些問題，排比了一些有關資料，也彼此交換討論了各自的看法，積累了一些札記。本年十一月爲武漢大學七十週年校慶，作爲匯報，我們收集了十七篇論文。書名初探，是名副其實的，因爲敦煌、吐魯番文書浩瀚廣博，我們只是初涉樊籬，限於學力，限於見聞，談不上深入研究。其中論證錯誤之處，希望同志們不吝教正。

隨着我國學術文化事業的開展，我們相信，敦煌、吐魯番文化遺産的研究必將進一步開展，我們的研究隊伍必將日益壯大，研究成果也將更爲豐碩。我們希望在今後的歲月裏，作爲這一研究隊伍中的組成分子，追隨同志們之後盡自己微末的力量。

本論集所收論文，按時間先後順序編列。

（敦煌吐魯番文書初探，武漢大學出版社，一九八三年十月）

敦煌吐魯番文書初探二編前言

敦煌吐魯番文書初探於一九八三年十月出版，時值中國敦煌吐魯番學會在蘭州召開成立大會，至今已過去六年。在這六年裏，由於全體會員的努力，我國敦煌吐魯番文書的研究，得到了迅速的發展並取得了豐碩的成果。北京大學中國中古史研究中心先後出版了敦煌吐魯番文獻研究論集四輯，厦門大學中國經濟史研究室出版了敦煌吐魯番出土經濟文書研究論文集，敦煌研究院的定期刊物敦煌研究已出二十一期，蘭州大學歷史所的敦煌學輯刊出至十四期，西北師範大學敦煌研究所的敦煌學研究出了二期，新疆維吾爾自治區博物館和新疆考古研究所的同志發表了許多有關吐魯番文書研究的論文，中國敦煌吐魯番學會研究通訊也出至十六期。我們研究室的同志參加的吐魯番出土文書整理工作在一九八五年已告完成，北京圖書館同志整理的敦煌社會經濟文獻真跡釋録第一輯亦已問世，還有多種專著和譯著出版。與此同時，海外學者對敦煌吐魯番文書的整理與研究也有了許多新的進展。

我們研究室同志在這六年中完成了多篇研究論文，其中一部分已在有關學術刊物上發表，另一部分則於一九八七年匯集成書，作爲初探第二編，交武漢大學出版社出版。

本編對敦煌吐魯番文書的研究大致可以分爲兩大類：一是文書本身的整理研究，包括斷片拼接、釋文、斷代、定名等等，在吐魯番文書方面，我們做了一點工作，今後仍將繼續進行。我們知道，不論敦煌或吐魯番，所出文書都有斷裂，特别是吐魯番文書更甚。這些斷片有的分散在國外，拚合工作相當困難，我們希望有機會與外國學者協作，共同做好這件事。另一類是運用文書資料研究有關的史事，包括各個歷史時期政治、經濟、軍事、文化各方面的課題，這些課題有不少是前人業已論及並取得成果的，但由於新的文書不斷發現，有的結論需要補充，有的甚至要改變。有一些課題是前人尚未開展研究甚至還没有接觸到的，初探二編諸論文主要是做後面一類的工作。本書匯集的十七篇論文，大部分論及唐五代的軍事制度；一部分涉及社會經濟和其他方面，本書則按論文所論史事的時間先後排列。我們的學力尚不能解決所有提出的新課題，僅想藉此説明文書資料對歷史研究的十分重要，而且蘊藏着巨大的潛力。同時藉此作一次匯報，以期獲得史學界朋友們的批評指正。

（敦煌吐魯番文書初探二編，武漢大學出版社，一九九〇年二月）

汪籛隋唐史論稿序言

汪籛同志被「四人幫」迫害逝世已經十三年了，今天終於看到他的著作得以出版，真是悲喜交集。汪籛同志研究隋唐史的造詣，本書收集的論文遠不足以充分表達，但對這個斷代史的研究仍然有不可磨滅的貢獻。

我和汪籛同志相識較晚，記得是一九五三年在教育部召開的一次會上初次見面，以後十幾年，他只到過武漢一次，我却因工作關係經常往來京鄂，得以常相過從。由於我們是同行，見面總得扯上專業，縱談史事，一談就往往不能自休。我們在很多問題上意見一致，也有不少問題各持己見，互相爭論。但是不管取得一致與否，我覺得他往往提出一些令人必須思考但却對我來説恰恰是没有思考、或没有認真思考過的問題。我被他問住的時候太多了，常常是習見之書，熟知之事，從未察覺其間有什麽問題，經他一提，便瞠目不知所對。比如本書所載關於隋唐户口、土地數字的考證，在他寫這幾篇札記前好幾年就和我談起。我記得問題是從通典所載天寶計帳扯開的。關於這段記載，除户口問題外，汪籛同志還提出了許多有關當時財經制度的疑問，如所謂「江北郡縣」、「江南郡縣」的範圍，江南折租布，軍糧數字等，他不滿意於籠統的瞭解，總要尋根究底，一再追問，我就給問住了。其實他自己是有看法的，曾打算逐一研究，寫出他的論斷。但却只寫了四篇有關户口、土地的札記，就與世長辭了。

本書所收的那篇唐太宗是一九六二年汪籛同志在中央黨校講學的紀録稿。我知道中華書局曾和他聯繫，請他寫唐太宗傳記，這篇可能是他構思中的唐太宗傳記節本，雖然這個傳記同樣來不及着手，但是就這一篇而論，也反映了他在學習歷史唯物主義基礎上思考問題的深度。

通過十幾年的交往，我感到汪籛同志那種嚴肅認真、實事求是的作風、學風，永遠值得我學習。

一九五五年，他和繆鉞、董家遵、徐德鄰幾位同志一起到武漢來草擬魏晉南北朝隋唐史教學大綱。爲了節目標題，甚至爲了一條條文，他常常半夜起來考慮明天怎樣提出修改意見。

大致在一九六〇年，他着手校勘唐六典，他給我看了幾條校記，其中有好幾條是關於祥瑞的，本來似乎無關重要，不妨放過，可是他蠅頭細楷，寫上夾簽，校正了舊本的訛奪。

大致也在一九六〇年左右，一位青年同志請他評閱論文，他認真閱讀了本文，慎重考慮了優點和缺點，寫了長達數千言的評語，從理論到資料，作出了有關治學方法的指導。

我寫三至六世紀江南大土地所有制的發展一書時，曾請他審閱原稿，除了對於某些論點提出修改意見外，他還對引證材料逐條檢對原書，改正了好幾處錯字。

一九六四年，我指導的兩位研究生進行畢業論文答辯，請他參加評議。他除了認真閱讀兩篇較長的論文以外，還寫了提問要點。在答辯時，他一問就尋根究底，不容許含糊答復。

以上所舉的只是一些瑣事，却正是通過這些瑣事表現了汪籛同志對人、對事、對學術的嚴肅認真精神，我認爲這種精神是非常可貴的。

應當指出，汪籛同志是陳寅恪先生的高足弟子和助手，在掌握、運用資料方面，毫無疑問，他繼承了陳先生的優良學風，解放後，由於他認真學習馬克思列寧主義、毛澤東思想，努力在改造世界觀的同時改造學術思想，使之逐步走向歷史唯物主義，這個改造過程大致在本書所收諸篇中也有所體現。在這方面我同樣應當向汪籛同志很好學習。

由於遺稿付印的時間很緊，我没有能够閲讀全稿，因而也不可能作全面介紹，而且憑我的水平也不能充分發揚汪籛同志高深造詣，這裏所述只是零碎的但對我來説却是深刻的印象而已。最後，寫上一首詩，作爲結尾。

燕市論交晚，情親十載餘。
荒園秋躑躅（同遊圓明園廢址。），疏雨夜迂徐（同宿歷史研究所，風雨達旦。）。
勝業隋唐史，勤思馬列書。
遺編今捧讀，涕泪滿衣裾。

一九七九年五月

（汪籛隋唐史論稿，中國社會科學出版社，一九八一年一月）

古代長江中游的經濟開發序

近幾年來，魏晉南北朝隋唐史的研究領域正在擴大，許多同志注意開展區域性的專題研究，致力於一個地區開發進程的探索。我高興地看到，在這種探索中，長江中游地區得到了重視，而以往，我們對這個地區社會經濟的研究是很不够的。

我所說的長江中游地區，主要是指荆楚地區。這裏曾產生過以屈家嶺爲代表的新石器時代文化；楚人又以此爲中心，立國八百年，更創造了燦爛的楚文化。由於種種原因，荆楚文化的地位和價值，千百年來未被人們充分認識，早在六朝時代就很少有人論及了。直至近十餘年，越來越多的考古發現，才使我們比較明晰地認識到，荆楚文化並不亞於中原文化。

通常的看法認爲，戰國以後的荆楚地區無足輕重，不那麼重要了。唐人就有「揚一益二」的說法；後人的研究，也多注意長江上游或下游的社會經濟的發展，而對中游的荆楚地區則語焉不詳。其實，這是不公正的。中國幅員廣闊，各個地區差別甚大，每一個地區的經濟、文化都有它自身的特點，荆楚地區也不例外。「任何個別都不能完全地包括在一般之中」，[一]對長江中游荆楚地區不作研究，我

[一] 談談辯證法問題，列寧選集第二卷，第七一三頁。

們就很難對整個長江流域乃至全國一個時期的社會經濟有全面的認識和評價。中國唐史學會和湖北省社科院、湖北社科聯、武漢大學等單位做了一件有意義的工作，組織了一次「三——九世紀長江中游社會經濟學術討論會」，使全國八十餘位同志得以聚集一堂，共同進行專題研究和討論，彌補了我們過去對這個地區這一時代不甚了然的缺憾。

當然還不能說，通過一次討論會，我們對長江中游地區三——九世紀社會經濟的發展就有了充分的認識。但是，諸多同志提交的論文、發表的見解，大體上反映了近年來這一研究領域的部分新成果。編輯者選擇其中的二十四篇匯編成册，是非常必要的，也是很有價值的。

這本題名古代長江中游的經濟開發論文集，作者分屬於不同地區、不同單位，所議論的角度不盡相同，觀點亦互有差異，論證也未必全然得當，但有一點是相同的，那就是共同探討六朝、隋唐時期長江中游地區經濟發展的表現。可貴的是，文章作者論述其表現時，並不是泛泛而談、空發議論。他們大都從一個或幾個方面作認真的探討，如，有的以郡縣廢置、人口變化、農作物品種的擴大和產量提高，揭示這個地區經濟發展的基本情況；有的從興建屯田、新的稻作方式的形成、地理環境的變遷、寺觀地產的狀況、乃至紡織原料的變化論述這個地區開發的進程；還有的從交通運輸、南北互市、蠻族活動等方面闡述了這個地區經濟發展的特點等等。這些認真的探討，肯定了三——九世紀荆楚地區經濟、文化業已發展到相當高的水平，結論是令人信服的。

我特別要稱贊的是，同志們在探討的過程中，注意了歷史學與其他學科的結合。以往，人們對長江中游地區缺乏研究，一個重要原因是文獻多所失載。囿於文字材料的限止，我們難以全面認識這個地區的社會經濟發展進程。這本論文集的一些文章表明，作者在充分利用習見的文獻史料之外，還大量運用考古材料、文物遺存以及自然科學研究成果，努力發掘這個地區的水文地理、物産氣候等多種資料，採用了比較研究、縱横研究等研究方法，在比較廣、比較深的層次上進行綜合的考察和探索，從而得出了有意義的結論。這些結論，使我們對於長江中游的開發有了新的認識，改變了我們對南方開發的傳統看法。我曾爲此吟詩稱道：「若論古史開新貌，未必南荆遜北州。」

這本論文集還有一個重要的特點，它很好地貫徹了歷史學「古爲今用」的方針。「古爲今用」，曾被「四人幫」歪曲爲影射史學，但歷史學絶不能因此而背離這一方針。許多文章的作者，繼承中國史學「通古今之變」、「經世致用」的優良傳統，認真探索歷史上區域經濟發展的規律，爲現實的經濟建設提供有益的借鑒，爲當今長江中游經濟開發提出了一些有價值的建議，顯示了學術價值與社會價值統一的良好效果。我欣喜地看到，同志們在新的歷史條件下，爲史學研究開創了這樣一個好的路子，雖然還只能説是開始探索新路，但已經顯示了光明前景，那種在社會上流行的所謂「史學危機」的議論，是難以成立的。

還要指出的是，論文集文章的作者，有許多青年人，從他們充滿生氣的文章中，可以看出新一代史學工作者在成長，這是令人鼓舞的氣象。人們曾擔憂史學界後繼無人，看來這種擔心缺乏根據。

這本論文集還特別收録日本京都大學谷川道雄教授的文章。谷川先生介紹了日本學者對長江中游地區歷史研究的現狀和成果，表示了對我國「三——九世紀長江中游社會經濟學術討論會」的關注和支持。日本友人與我們共同研究、探討問題，切磋學術，必將促進中日兩國史學工作者的學術交流和友誼。

我們還不能忘記，在召開「三——九世紀長江中游社會經濟學術討論會」的時候，山東大學王仲犖先生不辭辛勞，千里迢迢抱病親赴會議，以極大的熱情支持區域經濟史的研究，感人至深。會後不久，王先生不幸病逝，我們悲痛不已。值此討論會論文集出版之際，謹向已故的王仲犖先生表達懷念之情。

古代長江中游的經濟開發的出版，得到了武漢出版社的大力支持，特此志謝。

（中國唐史學會、湖北省社會科學院歷史研究所編，古代長江中游的經濟開發，武漢出版社，一九八八年）

魏晉神仙道教序

道教是中國本土産生的宗教，在中國傳統文化中居於重要地位，研究中國道教的形成發展和影響具有重要的意義。葛洪是兩晉南北朝道教創建革新時期的巨子。正如本書所指出的，他上繼了秦漢方士神仙的傳統，下開上清、靈寶兩大教派，對上層神仙道教的創建和與之相關聯的科學技術的發展作出了特殊的貢獻。研究葛洪是研究道教發展的重要環節。葛洪的神學思想和帶有科學性的方術充分表現在他所著的抱朴子内篇中。作者的導師王明先生曾經對此書作了精詳的校釋，開闢了研究葛洪的途徑。作者在明師指導下，以馬克思主義的宗教理論爲思想武器，廣泛占有資料和博採前人研究成果，通過對内篇的研究，深入探討了葛洪神學思想的淵源、發展和創新以及對科技方術的巨大貢獻。過去中外學者研究道教雖然述及葛洪，但作爲專題研究還是第一次。譬如作者根據馬克思主義宗教學説探討道教神仙世界的形成和演化過程及其與現實世界的關係，對道教神學和道教哲學進行的深入研究，又如對戰國秦漢方仙道發展過程的具體考察和魏晉神仙道教特點的詳細剖析，都是前人缺少研究或未曾涉及的課題。

本書中心是對内篇的研究，内容却超出了這個範圍。書中詳細地探尋了早期道教的形成和發展以及魏晉道教的特點，由早期道教向成熟的教會道教的過渡，分析了下層方術道教與神仙道教間的淵源脈絡以及發展途徑的差異，也注意了彼此間的相互影響。同時還分叙了魏晉間諸道教教團的特點，從而加深了對道教的形成發展和葛洪在道教史上的地位的認識。

葛洪是一位講求實效的宗教家和思想家。作者指出，在抱朴子外篇中他不僅具有儒家經世之學，而且也有法家思想，他反對虚玄，講求治道，譴責浮薄之風。在内篇中，他不重推步占驗之術，以爲無益於求仙。這既和當時何、王倡導的玄學大異其趣，也和漢代相傳的讖緯内學不同。本書的這些論斷基本上是正確的。

綜觀全書，徵引廣博，論斷警辟，顯示作者相當深厚的學力和求實求新的治學精神，應該説是一本具有較高學術水平的專著。當然，這樣一本内容十分廣泛的論著，也難免有待今後繼續修補之處。希望作者在這個尚需深入開發的學術領域不斷努力，也希望我國道教文化的研究日益繁榮起來。

一九八八年十一月序於武漢大學珞珈山寓廬

（胡孚琛魏晉神仙道教，人民出版社，一九八九年）

諸葛亮躬耕地望論文集序言

北京、上海、武漢、成都等地史學界有關諸葛亮躬耕地座談會召開後，全國各地史學工作者撰寫了論文數十篇，準備出版諸葛亮躬耕地望論文集。編者要我撰寫一篇序言。

對諸葛亮躬耕地本身，同志們的論文從不同角度進行了詳細的論證。總的説來，東漢末年劉表出任荆州刺史，曾經將州治遷至襄陽。當時，南陽和南郡都是荆州的屬郡，漢水南岸瀕江的萬山是兩郡的分界山，萬山之東屬於南郡襄陽縣，萬山之西屬於南陽郡的鄧縣；而諸葛亮躬耕地隆中，屬於南陽郡鄧縣管轄，它在今襄陽城西二十里（即襄樊市所屬隆中）。北周省鄧縣，此後隆中遂屬襄陽。這一切，在魏晉南北朝史籍中都有明確的記載；與諸葛亮出師表中他自己所説的「臣本布衣，躬耕於南陽」（指東漢末年隆中屬南陽郡鄧縣）也完全吻合，這就是歷史的事實。我完全同意這些分析和結論。諸葛亮躬耕地在何處，在歷史上雖只不過是一個具體的小問題，但是，歷史學作爲一門科學，無論大問題、小問題，遵循馬克思主義「實事求是」的原則，都是非常必要和完全正確的，這正是出版這本論文集的宗旨所在。

座談會後我産生了一點感想：諸葛亮躬耕地這個在史學界早已解決了的具體歷史問題，爲什麽在社會上、在廣大人民群衆中還存在着疑問呢？ 對諸葛亮「臣本布衣，躬耕於南陽」一語仍舊存在着不同理解呢？我想，這裏主要存在着一個史學的普及和提高問題。毛澤東早於一九四二年在延安文藝座談會上的講話中，就已經詳細而全面地論述了文藝工作的普及和提高的關係，並且指出：「現在是『陽春白雪』和『下里巴人』統一的問題，是提高和普及統一的問題。」史學也是一樣，史學工作者的正確研究成果，如果未能爲廣大人民群衆所接受，史學的社會功能就不能得到應有的發揮，這確是我們史學工作需要改進之處。

這本論文集出版之後，在精細科學論證的基礎上，自然也會對普及歷史知識起到一定的作用。但是，和其他歷史問題一樣，如果要真正作到爲廣大人民群衆所瞭解，可能還需要利用更多的群衆喜聞樂見的形式進行恰當的宣傳。我想，這個任務就需要史學工作者、文藝以及其他專業工作者和廣大幹部共同努力才能完成了。

一九九〇年四月於珞珈山

（高士楚等編，諸葛亮躬耕地望論文集，東方出版社，一九九一年）

唐長孺文集

唐書兵志箋正

（外二種）

中華書局

一九四〇年代在四川樂山武漢大學

一九四五年與夫人王毓瑾（後排左起第一人）在上海寓所前與家人合影

一九九二年在寓所接待谷川道雄先生

前言

唐長孺先生(一九一一年七月四日——一九九四年十月十四日),江蘇吴江人,我國著名歷史學家。一九三二年畢業於上海大同大學文科,後於浙江南潯中學、上海聖瑪麗亞女子中學等多所學校任教,講授中國史地、國文、政治制度等課程。一九四〇年任上海光華大學歷史系講師,一九四二年春轉任湖南藍田國立師範學院史地系副教授,一九四四年受聘爲遷至四川樂山之國立武漢大學歷史系副教授,一九四六年晉升爲教授,此後長期執教於武漢大學。歷任武漢大學歷史系中國古代史教研室主任、魏晉南北朝隋唐史研究室主任、歷史系主任、中國三至九世紀研究所所長;兼任中國社會科學院歷史研究所研究員暨學術委員會委員、國務院古籍整理出版規劃小組成員、國家文物局古文獻研究室主任、中國史學會理事,中國唐史學會會長,中國敦煌吐魯番學會副會長,湖北省中國史學會會長,湖北省考古學會理事長、六朝史研究會名譽會長、中國魏晉南北朝史學會顧問等學術職務,亦曾擔任武漢市人民政府委員、九三學社中央委員暨武漢分社副主委等職。他學識淵博,精通文、史,於魏晉南北朝隋唐史、古籍整理、敦煌吐魯番文書整理與研究等領域皆有卓越貢獻,被海内外學術界公認爲二十世紀傑出的史學大家之一。

唐先生早年因家學淵源，於經史子集多所研習；而在上海南洋大學附中、光華大學附中以及大同大學求學期間，主修英俄語言文學、政治、法律、歷史、地理諸科，故於當時東西方之學術文化皆有瞭解或掌握。他初攻舊體詩詞，兼習崑曲、彈詞，曾在國學叢刊等發表絶慮、曉竹、解連環諸詞作，並先後翻譯海桑東遊録、元經世大典圖釋序、弗蘭克林自傳及賽珍珠大地系列兒子們續編分家、美國傳教士格雷比爾新中國等多種著作。同時研治宋遼金元史，自一九三五年至一九四〇年前後，於國學論衡、齊魯學報等發表箭内亘可敦城考駁議、耶律大石年譜、周文武陵考、蔑兒乞破滅年次考證等多篇論文。

受聘藍田國師，特别是於武漢大學執教期間，唐先生由於教學和科研工作的需要，在兼治遼金元史的同時，研究重心轉爲魏晉南北朝隋唐史諸領域。自二十世紀四十年代初至五十年代初，於燕京學報、歷史研究、學原、武漢大學社會科學季刊等發表論金代契丹文字之興廢及政治影響、蒙元前期漢文人進用之途徑及其中樞組織、敦煌所出郡姓殘葉題記、論五朝素族之解釋、清談與清議、唐代軍事制度之演變、白衣天子試釋、南朝的屯、邸、别墅及山澤占領、范長生與巴氏據蜀的關係等篇章。

一九五五年，唐先生所撰魏晉南北朝史論叢由三聯書店出版，對這一歷史時期許多前人未及或懸而未決的重大問題進行了研究，獲得了一系列富於啓迪性的結論或見解，在海内外學術界引起重要反響。陳寅恪先生曾致函稱賞，謂「寅恪于時賢論史之文多不敢苟同，獨誦尊作，輒爲心折」。論叢之問世，可視爲一九四九年以來我國史學界在充分占有諸種史料的基礎上，運用科學的歷史觀和方

法論，融會貫通，將考據學與理論探討彙爲一體，對這一歷史時期的田制和賦役制度、生産關係、階級結構、政治制度、兵制、民族問題、宗教及學術文化諸論題展開深入剖析的史學名著之一，也由此奠定了唐先生在中國中古史諸領域的學術地位。

二十世紀五十年代中期以後，唐先生又相繼撰著出版三至六世紀江南大土地所有制的發展（上海人民出版社一九五七年版）、唐書兵志箋正（科學出版社一九五七版）、魏晉南北朝史論叢續編（三聯書店一九五九年版）、魏晉南北朝史論拾遺（中華書局一九八三年版）和山居存稿（中華書局一九八九年版）等著作。並於歷史研究、中國史研究、文物、中華文史論叢、武漢大學學報、魏晉南北朝隋唐史資料及日本東方學、東方學報、東洋史研究等刊物發表均田制度的産生及其破壞、門閥的形成及其衰落、關於武則天統治末年的浮逃户、唐代宦官籍貫與南口進獻、漢末學術中心的南移與荊州學派、太平經與太平道、論南朝文學的北傳、錢塘杜治與三吴天師道的演變、魏晉南北朝の客と部曲、唐代の部曲と客等學術論文數十篇。特别是在其晚年目疾加重、身患癌症的情況下，以驚人的毅力撰著魏晉南北朝隋唐史三論（武漢大學出版社一九九二年版）一書，對其長期研究魏晉南北朝隋唐歷史做出理論性概括。他在東西方歷史比較研究的基礎上，對兩漢時期的社會性質進行了探討，提出了「亞洲型」封建社會的論斷；從依附關係的發展歷程即「客的卑微化與普遍化」入手，論證了「魏晉封建論」之重大問題；探討了南北朝時期南北方由於歷史條件的不同從而在社會經濟、政治制度、門閥體制、學術文化等方面産生的諸般差異；對唐代的變化逐一剖析，對唐代「南朝化」傾向之問題進行了系統論述，進而對中國封建社會前期階段性發展之特質及演變趨勢等做出了新的詮釋。

唐先生在古籍整理和研究方面同樣做出了重要貢獻。他的唐書兵志箋正一書，對舊史記載做了一系列去僞存真的鑒別工作，條分縷析，糾正了兵志記載中的許多疏漏和錯誤。一九五七年，他被聘爲國務院古籍整理出版規劃小組成員；一九六〇年底，參加中華書局點校二十四史工作，承擔其中「北朝四史」（魏書、周書、北齊書、北史）的點校，出任武漢大學歷史系「北朝四史」點校小組組長。一九六三年，赴京主持點校「北朝四史」。前後歷時十載，終告完成。這一點校本，既充分參考前人成果，又多發前人之所未發。他不僅根據册府元龜、通典等增補傳本魏書禮、刑二志中之脱葉、脱文，同時所撰寫的校勘記，廣徵博引，按斷精審，將校勘與考訂有機結合，融古籍整理與歷史研究於一爐，被海内外學術界視爲古籍整理的「優秀成果和範本」。

唐先生歷來重視出土文物、文獻資料。早在二十世紀四十年代末即對新興的敦煌學多所關注。一九五七年四月至九月，他在北京參加中國科學院歷史研究所學術活動期間，於科學院圖書館閲讀敦煌文書縮微膠卷，抄録大量卡片；曾向歷史研究所所長尹達先生提出成立敦煌學研究室之建議，因故未果。二十世紀五十年代末至一九七四年前後，新疆維吾爾族自治區博物館文物考古隊及吐魯番地區文物保管所曾發掘清理吐魯番晉唐古墓葬近四百座，出土大量古代官私文書。唐先生敏鋭地意識到這批文書重要的學術價值，遂於一九七四年建議國家組織專門力量對之進行系統整理，並於一九七五年與國家文物局王冶秋局長、復旦大學譚其驤教授一道親赴新疆考察，在庫車古道上，唐先

生因路途顛簸，右眼視網膜脱落，竟致失明。同年，因唐先生之倡議，經國務院批准，受命主持成立「吐魯番出土文書整理組」。他不顧眼疾，全身心投入文書的整理與研究，帶領一批中青年學者，對近萬枚文書殘片逐一識讀，通過紙質、書體加以綴合、録文，並在悉心考訂的基礎上予以斷代和定名，十易寒暑，終將吐魯番古墓葬所出此批十六國至唐代的官私文書，古籍殘卷、佛道文獻等整理完畢。主編吐魯番出土文書釋文本一至十册；圖文本一至四册，先後於文物出版社出版，使沉睡千年的古冢遺文公諸中外學人，並總結出一套科學的文書整理的規範和方法。唐先生又結合出土文書的整理，將之與中國中古史研究有機結合，主編敦煌吐魯番文書初探（武漢大學出版社一九八三年版）、敦煌吐魯番文書初探二編（武漢大學出版社一九九〇年版）。他所撰寫的吐魯番出土文書中所見高昌郡縣行政制度、唐肅代期間的伊西北庭節度使及留後、吐魯番所出唐代西州差兵文書跋、吐魯番文書中所見高昌郡軍事制度、唐貞觀十四年手實中的受田制度和丁中問題、唐西州諸鄉户口帳試釋、吐魯番文書中所見絲織手工業技術在西域各地的傳播、吐魯番文書所見的西州府兵等一系列有關出土文書與十六國至唐代歷史的重要專論，與新出文書之整理一道，將我國敦煌吐魯番學引向深入。

唐先生還致力於中國古代史教材建設與相關工具書的探索與研究。一九五五年，受高教部委託，主編中國通史（二）魏晉南北朝史講義及教學大綱；同年，在武漢主持高教部魏晉南北朝史教材編寫會議；一九六二年，應邀參加中國科學院哲學社會科學學部中國史稿審稿會議，負責審定魏晉南北朝隋唐部分。一九六五年八月，主編中國通史參考資料古代部分第三册（魏晉南北朝），由中華

書局出版。二十世紀八十年代初，唐先生被聘爲中國大百科全書總編輯委員會委員，中國大百科全書中國歷史編輯委員會副主任、隋唐五代史卷主編，他除了對該卷之條目逐條細擬、審定之外，還親撰「隋」等長文辭條。他還曾創辦魏晉南北朝隋唐史資料等刊物，與其他多位著名學者一道，共同發起創建中國唐史學會、中國敦煌吐魯番學會等學術團體，爲我國史學研究的繁榮和發展做出了貢獻。

唐長孺先生一生筆耕不輟，著述宏富，在其長達半個多世紀的學術生涯中，於中國古代政治、經濟、典章制度、民族、社會、宗教、學術文化、出土文獻諸領域縱横馳騁，皆有建樹，且不斷開掘學術研究的新課題。唐先生治學，嚴謹認真，實事求是，一絲不苟，既踵事增華，博取衆家之長，複獨辟新徑，形成了自己獨特的治學理路和學術風格。他注重對史料的充分占有和辨析，注意新資料的挖掘和運用，對相關資料去僞存真，去粗取精，洞悉史實之間的因果聯繫是唐先生治史的重要特點之一。而這一特點既包含了中國傳統「實證」史學的優秀成分，又使之在新的歷史條件下展示出無窮的學術魅力。他同時善於以小見大，從具體問題入手，透過具體的乃至零碎的片斷的史料記載，揭示出重大的歷史問題；他注重「循名核實」，從相關詞義的變化洞悉歷史演變的脈絡，獲得事關全局的重要結論，如所撰晉書趙至傳中所見的曹魏士家制度、九品中正制度試釋、西晉户調式的意義、南朝的屯、邸、别墅及山澤占領、唐代色役管見等即是；他十分注意各種歷史現象之間的内在邏輯和有機關聯，如討論士族問題，則密切關注其蔭客、免役之特權；研究兵制問題，則旁及户籍制、身分制、色役制及部曲、奴婢等相關經濟社會之内容，由此及彼，由表及裏，在研究的深度和廣度上達到了很高的

境界。他研究每一論題，必探其淵源和流變，通過長時段的考察，探尋其「變化與發展」。如有關魏晉時期江南的學風、魏晉至唐之官府工匠、魏晉南北朝的客與部曲、唐代的客户、南朝文學的北傳諸篇，或上溯兩漢以至戰國時代，或下延至兩宋時期，體現出廣闊的歷史視野。與此同時，唐先生在實證研究與理論探討、微觀研究與宏觀考察的結合上以及歷史與邏輯的統一上達到了新的高度。如晚年撰成的魏晉南北朝隋唐史三論之許多篇章即爲之樹立了典範。總之，唐先生成爲一代史學大家絶非偶然，與他的學養、學風、對史料與理論的高度重視以及不懈探求的學術精神密切相關。他晚年自題的聯語「著書敢期延歲月，湖山倘許小盤桓」，表達了他對人生的通達和學術的執著追求。且常謂：「史家『四才』須銘記，爲文切忌『急就章』」，這是他自勉之語，也是他教示學子之箴言。唐先生的學風、學術成就、學術理路和研究方法作爲二十世紀中國史學的優秀遺産之一，值得珍視和繼承。

由於唐先生的論著發表或出版於不同時期，有不少篇章已不易搜求；甚至一些專著也因出版經年，迄無再版，而於坊間難以獲見。他的相關論著，除魏晉南北朝史論叢、三至六世紀江南大土地所有制的發展、唐書兵志箋正、魏晉南北朝史論叢續編、魏晉南北朝史論拾遺、山居存稿、魏晉南北朝隋唐史三論等係他生前業已結集出版之外，尚有不少論文散見於各種報刊，另有一些手稿、講義、劄記等未公開刊行。爲滿足學術界的需要，繁榮學術研究，同時便於海内外學人相對全面地瞭解和研究唐先生的學術道路和學術思想，我們在中華書局的大力支持下，對其論著進行了一定程度和一定

範圍的搜集、整理，結集爲八卷本唐長孺文集。

經審慎協商，唐長孺文集確定如下取捨標準：

（一）譯著暫不收録，但與古史相關的重要譯文酌情收録。

（二）先已發表，後又經作者親自修改、補充的論文，只收最後修訂稿，原刊不再收録，如武則天統治末年的浮逃户、北涼承平七年寫經題記與西域通往江南的道路、舊唐書中關於元和三年對策案的矛盾記載、貞觀十四年手實中的合受田等。

（三）個别時代色彩較濃的論文，暫不予收録。

（四）序跋類文章，酌情收録。

（五）講義類暫酌收一部分。手稿中國中古史大綱中卷、中國中古史大綱補編、中國近古史大綱（講稿）等，因卷帙浩瀚，眉批繁複，擬另行刊印。

唐長孺文集的校核、整理或加工，大致遵循如下原則：

（一）文集悉用通行規範繁體字豎排，全式標點，人名、地名、書名等標專名線。特殊情況下（如敦煌吐魯番文書録文）適當保留異體字、古今字；原屬内刊稿或未刊稿中尚難辨識的文字以□標出。

（二）作者生前已刊專著、論文，以原書、原文爲底本；原文或原稿有疑問處，或參考作者修訂本及手稿做較大增删改動者，則一律出按語加以説明（專著置於出版説明或整理附記中，論文置於文

末）。

（三）引文校核，一般依據作者所用版本或通行本，明顯錯訛處徑改；版本異文原則上不做改動。所引古籍、前人今人論著的指稱（如簡稱或其他習慣用法），不予統一，以保留原貌。

（四）除個別文章外，注釋一律採用脚注。凡援引作者已刊專著、論文的注釋，雖頁碼變動，原所示參見之頁碼、注碼等，仍舊保留，另注明文集本頁碼、注碼。

唐長孺文集各卷所收專著或大致篇目如次：

第一卷　魏晉南北朝史論叢

第二卷　魏晉南北朝史論叢續編、魏晉南北朝史論拾遺

第三卷　山居存稿

第四卷　魏晉南北朝隋唐史三論

第五卷　唐書兵志箋正（外二種：三至六世紀江南大土所有制的發展、魏晉南北朝史籍舉要）

第六卷　山居存稿續編

第七卷　山居存稿三編

第八卷　講義三種（秦漢三國史、魏晉南北朝史三章、魏晉南北朝隋唐史）。附唐長孺先生生平及學術編年

武漢大學中國三至九世紀研究所師生、歷史系相關同事和唐長孺先生的學生、子女等分別承擔

了唐長孺文集的整理或校核工作。兹大致條列，以志其事。第一卷，魏斌、劉安志、朱海；第二卷，劉安志、何德章、朱海；第三卷，凍國棟、何德章、劉安志、朱海、申萬里；第四卷，凍國棟、朱海、黄樓；第五卷，孫繼民、王延武、劉安志；第六卷、第七卷，朱雷、凍國棟、何德章、劉安志、朱海、申萬里、黄樓、姜望來；第八卷，唐剛卯。其中，唐長孺先生生平及學術編年與文集前言由凍國棟執筆。石墨林在文集各卷的複印、收寄等方面承擔了不少工作。

唐長孺文集的整理與出版，還獲得諸多單位和友人的幫助。唐先生不同時期的學生在文集的編選和清樣的審讀方面，也付出了勞績。先後參與這一工作的有張澤咸、張弓、李文瀾、王素、黄正建、孫曉林、李方諸先生。此外，一些學界同行或建言獻策，或幫助複製、翻拍唐長孺先生早年文稿，多方襄助，不能一一列名，謹在此一併表示衷心的感謝。

程千帆先生、啓功先生、金克木先生生前對唐長孺文集的出版均十分關心。啓功先生還曾抱病親爲題簽，令人感銘。

武漢大學中國三至九世紀研究所

二〇一〇年六月

總目

唐書兵志箋正

唐書兵志箋正自序

宋代重修唐書，志的部分增加了選舉和兵兩種項目。選舉志大體依據通典選舉門，兵志却是前無所承的一種創作。所以要創立這一項志目，如兵志序言所述，是因爲國家的興亡治亂，「自戰國秦漢以來，鮮不以兵」。人所共知，宋皇朝自建立以來，一直堅持重內輕外的政策，兵志的中心思想便在於此，作者一再叮嚀決不能把兵柄交給將帥。兵志是很贊美府兵制的，認爲這是「高祖、太宗之所以盛」，然而他贊美府兵制還是從重內輕外這個角度出發，並不像很多人那樣注重軍費開支的節省。

在唐初，府兵制自然是軍事上的主要組織形式，但即使在高祖、太宗時也已經徵募並行。以後「募」的辦法日益推廣，唐玄宗統治期間，彍騎、長從宿衛代替了上番府兵的任務，長征健兒代替了府兵征鎮的任務，募兵或職業兵制就完全代替了府兵。長征健兒不久就變成與中央對立的藩鎮武裝力量，彍騎形同虛設，中央宿衛任務完全由元從禁軍發展起來的各種北衙軍擔任。這樣一個變化是和封建土地所有制範疇內所發生的變化相適應的，它和當時的各項政治、財經制度上的變化幾乎同時發生，這不是偶然的事。

爲了明確這些變化的所由發生，需要從各個環節去觀察，軍事制度是其中之一。毫無問題，唐書兵志給我們提供了一些重要的資料，但是兵志的記載並不全部正確，也多缺略。兵志序說得很清楚，他説：「若乃將卒、營陣、車旗、器械、征防、守衛，凡兵之事不可以悉記，記其廢置得失，終始治亂、興滅之跡，以爲後世戒。」其意在於垂戒，而不在於叙事，這就不免常常疏忽對於具體史實的正確考訂。同時，這是一種著作，而不是資料性的長編，在寫作時作者必須把所據資料加以删節、綜合，在此過程中，也就不免産生一些錯誤。由於上述原因，或者是疏於考訂，或者是對原有記載有所誤會，特别是企圖「事增文省」，以致删節不當，意義含糊，就使我們在應用兵志資料時不能不重新加以審核。不待説，我們現在所能見到的有關唐代兵制記載自然遠不如宋人所見之多，然而就唐書兵志而言，似乎作者（主稿是歐陽修）並不想參考更多資料，也不想仔細考核，因此縱使目前所能掌握的資料非常有限，也還能够找出兵志直接依據的原文和足資旁證的記載，用以糾正兵志的錯誤。

大概兵志寫成後，當時人就不太滿意，參與重修唐書的吕夏卿就曾别著兵志三篇，這本書可惜没有流傳。清代王鳴盛在他的十七史商榷中譏兵志空疏無實，然而他的若干解釋也只能是推測而已。以我的淺陋，决不能和王氏相比，書中瑣屑餖飣，可能以不誤爲誤，只是提供一種粗略的整理工作，請求同志們教正。

最後説明一下，這本書是我十二年前的舊稿，這次發表，除個别字句外未加修改。當時校勘所用的唐書版本，只有限幾種，現在也未能廣求異本。

一九五七年五月唐長孺書於珞珈山。

目録

唐書兵志箋正卷一

隋制十二衛曰翊衛，曰驍騎衛，曰武衛，曰屯衛，曰禦衛，曰候衛，為左右，皆有將軍以分統諸府之兵。府有郎將、副郎將，坊主、團主以相統治。又有驃騎、車騎二府，皆有將軍，後更驃騎曰鷹揚郎將，車騎曰副郎將。别置折衝果毅。

按隋書卷二八百官志：

（煬帝）改左右衛為左右翊衛，左右備身為左右騎衛，左右武衛依舊名，改領軍為左右屯衛，加置左右禦，改左右武候為左右候衛，是為十二衛。

唯驍騎衛作騎衛，餘同唐志。通典卷二八武官左右驍衛條：

煬帝即位，改左右備身府為左右驍衛府。

又作驍衛，與隋唐二志均不合。考諸書紀載參互，並由驍與騎二字易於混淆之故。六典卷二四左右驍衛大將軍條注云：

至隋煬帝改左右備身為左右驍騎，尋以左右驍衛府領名「豹騎」，而又别置備身。

前云驍騎，後又云驍衛府，必有一誤。舊唐書四四職官志左右驍衛條注：

古曰驍騎，隋改左右備身為左右驍衛，所領名豹騎，國家去「騎」字曰「驍衛府」。

夫使隋已改驍衛，則是因隋之號，何云國家去騎字乎？可知前一「衛」字非「騎」字之誤則上脫一「騎」字。證以本文及六典之作「驍騎」，知兵志之是，而隋志、通典或作「騎衛」，或作「驍衛」者均有脫字，即六典之「驍衛府」亦當作「驍騎府」也。

兵志此節叙次有可議者，今更彈正之如次。隋書百官志云：

十二衛各置大將軍一人，將軍二人總府事，並統諸鷹揚府，改驃騎為鷹揚郎將，正五品，車騎為鷹揚副郎將，從五品。

通典卷二九武官折衝府條云：唐六典二五折衝府條略同，唯無九年以下一句。

開皇中置驃騎將軍府，每府置驃騎、車騎二將軍。大業三年改驃騎府為鷹揚府，改驃騎將軍為鷹揚郎將，改車騎將軍為鷹揚副郎將。九年，別置折衝、果毅及武勇、雄武等郎將官，以統領驍果。

蓋大業三年始立十二衛而改驃騎府為鷹揚府，其驃騎、車騎將軍亦改為鷹揚郎將與副郎將，叙述甚明，而志乃云府有郎將副郎將，在鷹揚郎將之外。徵之史籍，不獨大業改制時無此官名，即開皇上承周制亦無此稱也。開皇之制以左右衛、左右武衛、左右武候統諸驃騎、車騎府，而一府之長為驃騎、車騎兩將軍，安得有郎將副郎將之官。察兵志致誤之由，皆以不知驃騎、車騎即一府之長而然，故云「又有驃騎車騎府」，又有者，別於諸軍府而言也。夫大業三年改驃騎府為鷹揚府，上引通典既有明文，而唐之折衝府亦即鷹揚府之後身，皆軍府之稱，非別有所統也。隋書卷二七李渾傳：

開皇初進授象城府驃騎將軍。晉王廣出藩，渾以驃騎領親信，從往揚州。

隋洛陰脩寺碑：

洛陰府驃騎將軍開府儀同三司趙達及車騎將軍王整。

武周李君脩龕象碑：

□□隨大黄府上大都督車騎將軍。

此以洛陰、象城、大黄冠府號，與某府鷹揚郎將，某府折衝校尉何異，可知隋初府兵系統中初無郎將副郎將之官號。唯其不知驃騎、車騎即一府之長，故置於府兵直屬系統之外，而以絶無典據之郎將副郎將代之，至與下文亦自相乖忤。夫起首即云十二衛，是但述大業之制耳，是時已無驃騎、車騎之號，但直云府有鷹揚郎將，副郎將可矣，而又上溯開皇，多生枝節，使不冠字之郎將與驃騎、車騎並列。大業既改驃騎、車騎之稱矣，不知此不冠稱謂之郎將副郎將安所歸乎？又非獨隋初無主一府之郎將，即在北周亦無是也。自來述府兵者皆取材於鄴侯家傳，「初置府，不滿百，每府有郎將主之」一語，遂為世人所共信。然周書卷一六、北史卷六〇傳末述府兵之制並無郎將之官，而周書卷二四盧辨傳、通典卷三九述北周官制皆不見此名，即史籍所載魏、周、隋以及唐初將帥曾無一人以府郎將起家者，則李蘩之説，於史無徵也。苗神客撰乙速孤神慶碑：

祖安，齊前鋒都督，周右武候右六府驃騎將軍，開府儀同三司。

乙速孤安初仕齊，終於周，則其仕周已是建德五年滅齊後事，其時已以諸衛統軍府，而軍府之長則亦如開皇之制為驃騎將軍，可知北周之末無所謂郎將。北周兵制予別有考，今但闢李蘩之臆說以解千古之惑焉。

兵志此節實多襲通典，末云別置折衝果毅，戛然而止。考通典本文乃云別置折衝果毅及武勇雄武等郎將以統領驍果耳。隋書卷二八百官志：

有折衝郎將，各三人，正四品，掌領驍果。又各置果毅郎將三人以貳之，從四品。

其驍果置左右雄武府，雄武郎將以領之，以武勇郎將為副員。

蓋驍果由雄武府領之，其番上宿衛者則屬於備身府之折衝果毅郎將。兵志誤於不知折衝果毅在隋領驍果而非府兵，故於中間截斷。至下文武勇、雄武郎將云云，以為與府兵無涉，遂不闌入，此皆不考隋制，心中先存折衝領府兵之成見，致有此誤也。

復次，兵志云驃騎、車騎二府，而通典云開皇中置驃騎將軍府，每府置驃騎、車騎二將軍。六典卷二五諸府折衝都尉條注：

開皇初又置驃騎將軍府，每府有驃騎將軍、車騎將軍。

此云又置驃騎將軍府，殆即兵志「又有」二字之所本。至其但稱驃騎一府則與通典同，而與兵志不合。然隋書卷二文帝紀開皇十七年十月丁未書：

頒銅獸符於驃騎車騎府。

似故有二府。察其不合之故，蓋由周末隋初，府屬之衛，分別言之，則或以數字，或以地名，或別制名號，如右廿府，象城府之類是也。數字示與所屬某衛之關係，地名或其他名號則為其專稱，皆別稱而非統類之大名。其統類之名則泛稱軍府，但以一府之長為驃騎將軍，其副貳為車騎將軍，故又稱為驃騎府及車騎府，故非部伍之名也。通典、六典止稱驃騎一府者，以車騎為驃騎之貳也。兵志云二府者，以驃騎、車騎亦即開府與儀同。於制皆開府置屬也。雖若兩說不同而皆可通。但車騎所領之兵亦即驃騎所領之兵，猶之其後鷹擊郎將之副貳鷹揚郎將，總稱鷹揚府，更無鷹擊府，則稱一府較妥。唐初有二府，武德二年合為一。

析關中為十二道，中略。三年更以萬年道為參旗軍，長安道為鼓旗軍，富平道為玄戈軍，醴泉道為井鉞軍，同州道為羽林軍，華州道為騎官軍，寧州道為折威軍，岐州道為平道軍，豳州道為招搖軍，西麟州道為苑遊軍，涇州道為天紀軍，宜州道為天節軍，軍置將副各一人，以督耕戰。

按置十二軍兵志未紀年月。舊唐書卷一高祖紀武德二年七月壬申書：

置十二軍，以關內諸府分隸焉。

通典卷二八將軍總叙同，會要卷七二京城諸軍條云：册府元龜卷一二四同。

武德三年七月十一日，高祖以天下未定，將舉關中之衆以臨四方中略。於是置十二衛將軍，分關內諸府隸焉，每將軍一人副一人，取威名素重者為之，督以耕戰之事。軍名傅奕所造。

軍名與兵志同，唯苑遊作游奕，與通典之以井鉞作丹鉞，册府元龜九九〇之以騎官作奇官，並傳刻之譌，無關考證。至云置十二衛將軍，諸書並無衛字，疑亦衍文，但置十二軍在三年，與舊紀、通典不合。兵志似雜取通典、會要，而以紀年之不同，遂以為初分十二道不立軍名，至三年始有參旗以下名號。其實會要之三年仍是二年之誤。七月十一日即舊紀之七月壬申。是月戊戌朔。唐大詔令集卷一〇七置十二軍詔，紀年在武德二年七月。詔文有云：會要七二亦載此詔，頗有删節，唯仍有下引二句。

取象天官，定其位號。

是置軍之始，即有參旗等名號。通典卷二八云：「武德二年七月中略。乃置十二軍，分關中諸府以隸焉。」其下注：「以萬年道為參旗軍，不別紀年，明是同時事。」會要並在三年，亦未嘗分置軍立號為兩事。三年既為二年之誤，則與通典仍相合也。舊唐書卷六二鄭元璹傳云：

及定京城，以本官兼參旗將軍。

可證非三年始有軍名，但云在定京城之初，則亦太速耳。又檢沈炳震新舊唐書合鈔作二年，然百衲影宋本、南雍本、毛本、殿本並作三年，則似為沈氏所改而非別有異本，但仍不能正岐為二事之失，則亦未為得也。

以車騎府統之。

按兵志先云：「武德初始置軍府，以驃騎、車騎兩將軍統之。」至是又云云，則是仍以驃騎、車騎將軍總統諸軍矣。尤可怪者，本條但舉車騎，似以車騎府並統十二軍者。考唐初兵制實為開皇舊制之恢復。通典卷三四武散官驃騎將軍條：

隋開皇中置驃騎將軍府，每府置驃騎、車騎將軍各一人。中略。煬帝改驃騎為鷹揚郎將，改車騎為鷹揚副郎將。大唐復改為車騎、驃騎，其制如開皇而益復微矣。故武德元年詔以軍頭為驃騎將軍，軍副為車騎將軍，後皆省之。

通典云省，其實乃改為統軍與別將。卷二九折衝府條即云改。會要卷七二府兵條：

武德元年五月改隋鷹揚郎將為軍頭，六月十九日改軍頭為驃騎將軍，副為車騎將軍，六年五月十六日，車騎將軍府隸驃騎府。七年三月六日改驃騎將軍為統軍，車騎為副統軍。

按此云改車騎為副統軍，通典卷二九折衝府條，舊唐書卷四二職官志武德七年品令並云諸軍車騎將軍為別將，則會要誤也。要之，自武德元年六月以訖七年三月，驃騎、車騎之地位正如開皇之制為一府之長，豈得總領十二軍任中外之重耶？舊唐書卷六八段志玄傳：段志玄碑同。

及屈突通之遁，志玄與諸將追而擒之，以功授樂遊府驃騎將軍。

楊盈川集卷七原州百泉縣令李楚才神道碑：驃騎車騎府之見於勞氏折衝府考及羅氏補考者猶多，今不悉引。

義寧二年授車騎將軍，累加開府。武德五年遷右衛二十四府右車騎將軍。

並可證驃騎與車騎將軍在唐初正如通典所云其制如開皇也。至其時雖亦有不領府之車騎將軍，舊唐書卷四二職官志武德七年品令稱改車騎將軍為遊騎將軍，而遊騎將軍乃散號，以加武士之無職事者，其品不過從五，亦非大將之任也。

六年，以天下既定，遂廢十二軍，改驃騎曰統軍，車騎曰別將，居歲餘，十二軍復。

按會要卷七二京城諸軍條：

六年武德。二月二十四日廢，八年五月以突厥為患，復置十二軍。

通典卷二八武官將軍總叙：

五年武德。省，七年以突厥寇掠，復置十二軍。

紀年與兵志、會要不合。資治通鑑卷一九〇武德六年二月書廢參旗等十二軍。卷一九一八年四月辛亥書復置十二軍。按四月甲子朔，無辛亥。五月甲午朔，辛亥則十八日也。通鑑辛亥上脱五月二字，與會要紀年相同。考五年正當劉黑闥起事，山東大擾，至六年正月始平，安得謂之天下已定。知通典紀年誤也。

而軍置將軍一人。

按册府元龜卷九九〇云：

初帝以天下大定，將偃武事，遂罷十二軍，大敷文德。至是突厥頻為寇掠，帝志在滅之，復置十二軍。以太常卿竇誕為參旗將軍，吏部尚書楊恭仁為鼓旗將軍，淮安王神通為玄戈將軍，右驍衛將軍劉弘基為井鉞將軍，又右之譌。衛大將軍張瑾為羽林將軍，左驍衛大將軍長孫順德為奇騎之譌。官將軍，右監門將軍樊世興為天節將軍，右武候將軍安脩仁為招摇將軍，右監門衛大將軍楊毛為折威將軍，左武候將軍王長諧為天紀將軍，岐州刺史柴紹為平道將軍，錢九隴為苑遊將軍。簡練士馬，將圖大舉焉。

册府所記止及將軍，然其時仍有副將。全唐文卷一三七大唐故柱國燕國公于君碑銘：〔一〕

勑為華州團割使，仍授騎官軍副。

金石萃編卷四五張綜碑：

又檢校參旗軍副，

並可證其時有副將。

軍有坊，置主一人，以檢察户口、勸課農桑。

按隋書卷二八百官志：

諸府皆領軍坊，每坊置坊主一人，佐二人，每鄉團置團主一人，佐二人。

諸府者，開府與儀同，亦即驃騎、車騎府。隋初舊制如此，唐則襲開皇之舊耳。今考兵志所稱坊主之職與里正略同。通典卷三鄉黨引唐令：

每里置正一人，掌按比户口，課植農桑，檢察非違，催驅賦役。

〔一〕全唐文云云，原作「舊唐書卷五十六于志寧傳」。按志寧傳見舊唐書卷七八，傳中亦未見下引文。今改據全唐文。——編者上兩事與坊主全同，至於檢察非違，則軍府自有法曹及司馬，而軍人例免租調雜役，無須催驅。則軍之有坊主，正如民之有里正，蓋上承西魏北周軍民分治之制耳。及開皇十年詔軍人悉屬州縣，隋書文帝紀。坊主之職，殆已廢罷。在城曰坊，在鄉曰團，團主之職與坊主同。及神堯鋭意於舊制之恢復，於是重舉舊章，十二將軍之職既云以督耕戰，而其下乃復置坊主。夫户口農桑之職本屬州縣，開皇十年詔已是耕田籍帳，一與民同，而今乃於軍府之中復有檢察户口，勸課農桑之坊主，則此十二軍者正西魏、北周十二大將軍之遺意也。

坊主之職殆亦隨十二軍而同廢，故以後不見紀載，唯新唐書百官志左右果毅條注：

軍坊置坊主一人，檢校户口，勸課農桑，以本坊五品勳官為之。

此條雖繫於貞觀十年，然舊書職官志、會要、通典、六典悉不載，蓋此為武德之制，及貞觀十年改易軍府名號，已復廢罷也。

諸府總曰折衝府，凡天下十道，置府六百三十四，皆有名號，而關内二百六十有一。

按隋末置府已不限於關中，河北、河南、淮南、江南類多建置。武德兵制力返開皇之舊，故置府似限於關中。及貞觀之後，始又於諸道增置。玉海卷一三八唐府兵條引會要：

關内置府二百六十一，精兵士二十六萬，舉關中之衆以臨四方。又置折衝府二百八十，通給舊府六百三十三。河東道府額，亞於關中。河北之地，人多壯勇，故不置府，其諸道亦置。

是唐初河北不置府也。然今本會要與玉海引文大異。今本卷七二府兵條云：

河北之地，人逐漸逃散，年月漸久，逃死者不補，三輔漸寡弱，宿衛之數不給。以宿衛不給之故，推其因於河北府兵之逃散，與玉海所引適相反。伯厚引書，本多删潤，然山堂考索後集卷四〇引會要與玉海多合，則俊卿、伯厚所引殆是蘇冕舊本，蓋唐初河北不置府，故蘇氏云然，王溥增修則通玄宗朝言之也。

玉海卷一三八引鄴侯家傳云：

玄宗時奚契丹兩番强盛，數寇河北。諸州不置府兵，番上以備兩番。

按本文意義甚晦，似亦以河北不置府。然河北在唐初如蘇冕之説，本不置府，何以書於玄宗時？且既不置府矣，又何以云備兩番也？疑當云「諸州置府兵，不番上，以備兩番」。諸書言番上皆指宿衛而言，鎮戍曰番代，不曰番上。此云玄宗時於河北置府兵，但不番上宿衛，專備奚契丹耳。

又府數增損不常，唐賢所述已多不合，錢曉徵廿二史考異卷一七上兵志本條云：

今據地理志所載軍府數之，關内道二百七十三，又延州新置府二。河南道六十二，河東道一百四十一，河北道三十，山南道十，隴右道二十九，淮南道六，江南道二，劍南道十，嶺南道三，實止五百六十六，而關内乃有一百七十三，與志頗不相應。而百官志云：三輔及近畿州都督府皆置府，凡六百三十三，則又與兩數俱别。杜氏通典州郡篇云：折衝府五百九十三，職官篇則云五百七十四府。王溥唐會要云：關内置府二百六十一，又置折衝府二百八十，通計舊法六百三十三。陸宣公奏議云：太宗置府八百，在關中者五百。杜牧原十六衛篇云：外開折衝府五百七十有四。王伯厚引鄴侯家傳云諸道共六百三十府，又引理道要訣云：五百九十三。理道要訣一〇卷杜佑撰。唐人述府兵之數，言人人殊，宜乎史家莫適從也。蓋軍府初無一定之成數，而其廢置，又因細碎，史所不載，故無以確知其數。文苑英華卷四六四廢潼關雍洛州置開鄭汴許衛等州府制：武后時。

鄭州、汴州、許州可置八府，汝州可置二府，衛州可置五府，別兵皆一千五百人。

則武后於此五州立新府十五也，若斯之類，當復不少，自不能謂始終限於一定數。清代以來勞格、羅振玉、谷霽光先後考唐折衝府，其所得者已超過地理志所稱五百六十六之數，而新出碑誌所載府號又有出於三家之外者，唯既無以知其增損廢置，則仍不能知史籍所載之數何者為近似也。

凡府三等，兵千二百人為上，千人為中，八百人為下。

按六典卷二五折衝都尉條：新書百官志同。

垂拱中以千二百人為上府，千人為中府，八百人為下府，赤縣為赤府，畿縣為畿府。

則此垂拱所定之制也。然上引鄭、汴等州置府乃有一千五百人，則垂拱之後亦非必守此制也。

長史、兵曹、別將各一人。

按通典卷二九武官折衝府條云：

別將一人 不判府事，若無兵曹以上，即知府事。初別將既改為果毅，而府中有長史員。聖曆三年，廢長史，置別將一員，後又兼置長史。

長史一人　通判，載初元年置。

新書百官志左右果毅都尉條注：

永徽中，廢長史，置司馬一人，總司兵司騎二局。中略。聖曆元年廢司馬，置長史，兵曹參軍事。又有別將一人，從六品下，居果毅都尉之次。其後分左右各一人，尋廢。久之，復置一人，降其品。

據此則聖曆元年以前，長史與司馬不並置。聖曆二年乃有別將，其時實有左右兩員，舊書卷四四職官志諸府條猶云別將各一人，其減為一人與兼置長史不審在何時。

校尉六人。

按唐律疏議卷一六征人冒名相代條疏議：

依軍防令，每一旅帥管二隊正，每一校尉管二旅帥，中略。果毅折衝隨所管校尉多少，通計為罪。每府管五校尉之處，亦有管四校尉三校尉者。

則校尉之數多少不等，而多不過五也。舊書卷四四職官志折衝都尉條：

校尉五人，每校尉旅帥二人，每旅帥隊正副隊正各二人。

六典卷二五折衝都尉條：舊書職官志同。

諸府折衝都尉之職掌領五校之屬以備宿衛，以從師役。中略。每歲季冬，折衝都尉率五校之屬，以教其軍陳戰鬭之法。

六典不明言校尉若干人，即因多少諸府不同。然數言五校，則亦以最多不過五也。獨通典卷二九武官折衝條亦云校尉六人，與兵志合。然兵志其下亦云折衝都尉率五校云云，未免粗率，此五校為實數非泛稱也。今考三百人為團，校尉領之，使其有六校尉則當一千八百人，與所云上府一千二百人者不符。即五校尉亦有一千五百人，與武后置府所領兵相合，而與一千二百之數仍異，疑上府實不止此數，否則三百人為團當是二百人之誤。

十人為火，火有長，火備六馱馬。

按六典卷五兵部：

火十人，有六馱馬。若無馬鄉，任備驢騾及牛。

同書卷二五折衝都尉條：

十人為火，火備六馱之馬。初置為八，後改為六。

通典卷二九武官折衝都尉條：

十人為火，火有備六馱馬驢。初置八馱，後改為六。

此條「火」字下蓋脱「長」字，會要卷七二同，唯「十人」作「三十人」，衍三字。考隋書卷二四食貨志云：

益遣募人征遼，馬少不充，八馱而許為六馱，又不足，聽半以驢充。

則八馱純以馬者，隋初之制也。六馱雜以驢者，隋末之制也。武德之初復開皇舊制，故加至八馱，然以唐初馬匹之少，自不能行，故又減至六，而又雜以驢騾牛矣。通典、會要並有驢字，兵志刪去，未是。

凡火具中略。皆自備，並其介冑戎器藏於庫，有所征行，則視其入而出給之。

按六典卷五兵部云：

凡軍行器物皆於當州分給之，如不足則自備，貧富必以均焉。凡諸州諸府應行兵馬之名簿，器物之多少，皆申兵部，軍散之日，亦錄其存亡多少以申而勘會之。凡諸道廻兵，糧糒之物，衣資之費，皆所在州縣分而給之。

云當州分給之，不足則自備，則開元時不盡自備也。蓋軍府初立之日，器物並悉由軍士任之，而悉藏於庫，初不發還，故其後僅補充其缺失而已。

凡民年二十為兵，六十而免。

按隋書卷二四食貨志：

至河清三年定令，中略。（男子）率以十八受田，輸租調，二十充兵，六十免力役，六十六退田，免租調。

北朝所謂兵，兼力役言之，非但指兵役。然隋唐之制實遠承北齊，則可以此證之。唯本條云二十為兵，疑有未審。六典卷五兵部云：

（衛士）皆取六品以下子孫及白丁無職役者點充，凡三年一簡點，成丁而入，六十而免。

會要卷七二府兵條云：

初置以成丁而入，六十出役。

則府兵取之丁男也。唐代丁年雖時有變更，要無少於二十一者。六典卷三户部：

凡男女始生為黄，四歲為小，十六為中，二十有一為丁，六十為老。

此為武德之制，舊唐書卷四八食貨志繫於武德七年令，會要卷八五團貌，繫於武德六年三月，通典卷七丁中條亦繫於武德七年。至於其後則通典云：會要卷八五，舊書食貨志並同。

神龍元年韋皇后求媚於人，上表請天下百姓年二十二成丁，五十八免役，制從之。韋庶人誅後復舊。玄宗天寶三載十二月制，自今以後百姓宜以十八以上為中男，二十三以上成丁。中略。廣德元年制，百姓二十五成丁，五十五入老。

成丁之年自武德以訖天寶三載，除中宗時曾有變更，均以二十一為度，即新書食貨志雖於武德開元之令不免混淆，而其二十一為丁之制，則亦無異辭。夫府兵既取之丁男，則其年至少為二十一，不得云二十充兵也。兵志下文引睿宗先天二年詔云：「二十一入募，六十一出軍」，尤為明顯，相距數行，不加檢校，可云疏略之甚。按六十一應作六十，見下。

復次唐代徵發之制，志所不載，於記事既有未盡，且志兵而獨遺徵發，更為闕失，考之載籍，非無可録。唐律疏議卷一六揀點衛士征人條，疏議云：

揀點之法，財均者取强，力均者取富，財力又均，先取多丁。

舊唐書卷七〇戴冑傳：

五年，太宗將修復洛陽宫，冑上表諫曰：（前略）比見關中河外盡置軍團，富室强丁，盡從戎旅。重以九成作役，餘丁向盡，去京二千里内，先配司農將作，假有遺餘，勢何足紀，亂離甫爾，户口單弱，一人就役，舉家便廢，入軍者督其戎仗，從役者責其餱糧，盡室經營，多不能濟。

據此則府兵之徵發，首及富室强丁及多丁，以次亦及下户，與西魏北周限六等户以上者不同。貞觀五年，富室强丁盡從戎旅，而餘丁則配司農將作以服徭役，是富人充兵，貧人服役，猶存舊風。然在唐初，户口減耗，事實上不能不下及貧弱。册府元龜卷一二四修武備，玄宗先天二年睿宗誥：兵志亦載此誥而删去首三句。

往者皇運伊始，戎政肇修，兩置軍旅，初分府衛，計户充兵，纔足周事，遂使二十一入募，六十出軍。

皇運伊始，自指武德年間事，兩置軍旅即十二軍之廢而復置也。此時計户充兵，纔足周事，則徵召自已及於下户。册府元龜卷四八六遷徙：

太宗貞觀元年，朝議户數之處，聽徙寬鄉。陜州刺史崔善為上表曰：「畿内之人是為户數，丁壯之人悉入軍府，若聽移轉，便出關外，此則虚近實遠，非經通議。」其事遂止。

按「户數」當作「户殷」。善為言丁壯之人悉入軍府，可證府兵初立，關中壯丁，咸被徵發也。乃至貞觀政要卷二云：

右僕射封德彝等，並欲中男十八以上，簡點入軍，敕三四出，（魏）徵執奏以為不可。

中男本不服兵役，太宗乃欲盡點入軍，則其時掃地為兵，適齡壯丁除服徭役者以外殆無不充兵矣，如此則武德以至貞觀府兵之徵召已及於下户，故通典卷六賦税下云：

龍朔三年秋七月制衛士八等以下，每年五十八放令出軍，仍免庸調。

下户充兵蓋不自龍朔始，而由此可證貧富但有先後之分，而無户等之限也。

然既點充入伍，服役之年限甚長，二十一充兵，六十一而免，征鎮宿衛，悉據府籍調發，一人服常備兵役四十年之久，則亦有似乎職業兵矣。六典卷五兵部云三年一簡點者，但補充其六十一出軍與逃死者耳，非盡令退伍，别徵壯丁也。通鑑卷二一二開元八年二月壬子敕：

役莫重於軍府，一為衛士，六十乃免，宜促其歲限，使百姓更迭為之。

是則其先百姓常非更迭為衛士也。夫民間既在固定之府籍下，罕受府兵之徵召，則謂之兵農判而不合，亦非乖於事實。

所謂府籍固定，蓋猶有徵。六典卷五兵部云：舊書卷四四職官志同。

若父兄子弟為衛士者。不併遣之，若祖父母父母老疾無兼丁，免征行及番上。

蓋一為衛士，至老乃免。當入伍之時，父母固未老無疾，家且有兼丁也。及在軍中歲久，而父母或老，或病，且無兼丁祖父母雖老而父未老，即是有兼丁。矣，然猶不得除其府籍，但免其征行番上。則府籍既定，非至應退伍之年齡或死亡痼疾不能移易矣。

顧猶有可言者，唐初兵制雖以府兵為本，而平人實亦未嘗不服兵役。唐律疏議卷一六揀點衛士征人律文云：

諸揀點衛士（征人亦同）取捨不平者，一人杖七十，三人加一等，罪止徒三年。

議曰：

揀點衛士註云征人亦同，征人謂非衛士，臨時募行者。

則唐初已有臨時召募之征人，故其時每以兵募並稱，兵者府兵，募者征人。舊唐書卷八四劉仁軌傳，麟德二年上疏頻稱兵募。又云：

州縣發遣兵募，人身少壯，家有錢財，參逐官府者，東西藏避，並即得脫。無錢參逐者，雖是老弱，推背即來。

既曰募行，應是自願投充，而律有檢點不平之條，知仍出於徵發，故仁軌述兵募之言如此。然則雖非府兵，仍服兵役，但征人乃臨時召集，又不上番宿衛，此為異耳。

其能騎而射者為越騎，其餘為步兵、武騎、排穳手、步射。

按隋書卷二八百官志云：

鷹揚每府置越騎校尉二人，掌騎士，步兵校尉二人，領步兵。

蓋府兵初起，悉是騎兵，其長稱驃騎車騎，非泛稱也。及周代擴大府兵之徵召範圍，則已有步兵，然明白分列步騎實自隋大業三年始，而唐因之。六典卷二五折衝都尉條：舊書四四職官志同。

凡衛士三百人為一團，以校尉領之，以便習騎射者為越騎，餘為步兵。

則所分者但有步騎，其他或不成為團，或非普遍之制，故無專領之校尉。

武騎者，會要卷七八諸使雜録：通鑑卷二〇五、二〇六同，唯聖曆元年作二年，則緣書法之異，非有不同也。

萬歲通天元年九月，令山東近境州置武騎團兵。至聖曆元年臘月二十五日，河南、河北置武騎團以備默啜，每一百五十户，共出兵十五人，馬一匹。

據此則武騎非府兵。

排穳手者，資治通鑑卷一八一隋煬帝大業七年四月書：

先是，詔總徵天下兵，無問遠近，俱會於涿。又發江淮以南水手一萬人，弩手三萬人，嶺南排鑹手三萬人。

按排鑹手即排穳手，與水手弩手皆非府兵，故於徵天下兵之外，云又發也。然則武騎與排鑹手之列於府兵，殆非唐初之制耶？

每歲季冬折衝都尉率五校兵馬之在府者中略。因縱獵獲，各入其人。

按本條所述教練之方不見他書。六典卷二五折衝都尉條但云「每歲季冬，折衝都尉率五校之屬，以教其軍陣戰闘之法」，舊唐書卷四四折衝都尉條同，唯其下注云「俱在教習簿籍」，則新志此節殆即取之教習簿籍也。

左校進逐至右校立所。

南雍本「逐」作「隊」，百衲影宋本作「逐」。

左校擊鉦少却。

南雍本作左右，百衲影宋本作左校。

其隸於衛也。

按唐代衛有十六，府兵所隸者十二衛及東宮六率。六典卷五兵部：

凡兵士隸衛，各有其名：左右衛曰驍騎，左右驍衛曰豹騎，左右武衛曰熊渠，左右威衛曰羽林，左右領軍衛曰豹騎，左右金吾衛曰佽飛，東宮左右衛率府曰射乘，左右司禦率府曰旅賁，左右清道率府曰直盪，總名曰衛士。

衛名每有變更，今不述。軍士之號，自周已然，非唐始立名。六典今本出於明正德本，脱誤甚多。此節以領軍所統為豹騎與驍衛同，而卷二四領軍衛條、舊書卷四三職官志、新書卷四九百官志並以領軍所統為射聲是也。兵志不載諸衛名及所領兵名號，殆以見百官志不復複出耳。

左右衛皆領六十府，諸衛領五十至四十，其餘以隸東宮六率。

按玉海卷一三八引李鄴侯家傳云：

左右衛各領府六十，餘衛領府自五十下至四十七，東宮六率領府多至六，少至三四而已。

志所云者即本家傳而删去奇零之數。顧六典卷二四諸衛所載領府之額與此大異。舊唐書四四職官志亦本六典，而僅於左右衛及金吾衛録府額，餘悉删去。使非傳本有脱文則於體例為未善。今載六典所記名額於次：

(左右衛)長史掌判諸曹、親勳翊五府及武安、武成等五十府之事。

(左右驍衛)長史掌判諸曹翊府及永固等四十九府之事。

(左右武衛)長史掌判諸曹翊府及鳳亭等四十九府之貳。事之譌。

(左右威衛)長史掌判諸曹之事以閲兵仗羽儀車馬及宜陽五十府。

(左右領軍衛)長史掌判諸曹翊府及萬敵、萬年等六十府之貳。事之譌。

(左右金吾衛)長史掌判諸曹翊府及同軌、寶圖等五十府之事。

此外左右監門、千牛四衛皆不領府。其東宫率府所領則六典卷二八太子左右衛率及諸率府篇云：

左右衛率領親勳翊三府之衛及廣濟等五府之超乘。

左右司禦率領郊城等三府之旅賁。

左右清道府率領絳邑等三府。

如六典所載則領六十府者為領軍衛而非左右衛，又至少亦領四十九，無領四十者，兵志固取成數而與鄴侯家傳之四十七亦不合也。而最為乖忤者，志稱皆領，傳稱各領，其意一也。六典則左右合領，如左右衛，志及家傳云各領或皆領六十府者，意指左衛領六十府，右衛亦領六十府，六典云左右衛長史掌判五十府則左右合計之數矣。如志所說，十二衛及六率所領府當在六百左右，如六典之說則止於三百十九府而已，其數懸殊。通典卷二九折衝府條曰：

凡五百七十四府，分置於諸州而名隸諸衛。

軍府多寡雖或參差，要使悉隸諸衛率，決不止三百十九之數，此可想而知也。群書考索後集卷四一兵制門州兵云：

右十道，凡置府五百六十四，皆有名號，而關中府皆以隸諸衛。文獻通考卷六郡國兵條即承用山堂考索。

又以他州軍府不隸於衛，疑俊卿誤讀兵志「凡天下十道，置府六百三十四，皆有名號，而關內二百六十有一，皆以隸諸衛」之文，至府數則本地志所載而少其二，非別有所本。然則使隸衛軍府不限關中者其數自當在五六百之間矣。六典所云殊不易解釋，此歐公所以採鄴侯家傳之故歟？但本條於四十七刪一「七」字，於六率所領括為「其餘以隸東宮六率」一句，未免好為省減耳。

凡發府兵，皆下符契，州刺史與折衝勘契乃發，若全府發則折衝都尉以下皆行，不盡則果毅行，少則別將行。

按玉海卷一三八引鄴侯家傳：

全府召發則折衝都尉以下偕行，不盡則果毅行，少則別將行，每發及，皆下符契於本州及府，刺史與折衝勘契而發之。

兵志本節出於家傳。唐律疏議卷一六擅發兵條議曰：

依令差兵十人以上並須銅魚敕書勘同，始合差發。若急須兵處，準程不得奏聞者，聽便差發，即須言上。若無警急，又不先言上，輒擅發十人以上，九十九人以下，徒一年。滿百人，徒一年半。百人加一等。七百人以上流三千里。千人絞。故註云：謂無警急又不先言上而輒發兵者，雖即言上而不待報，謂準程應得言上者，並須待報，若不待報，猶為擅發。但文書施行即坐，不必要在得兵。其擅發九人以下，律令無文，當不應為從重。

然其下又有警急得不待上言發兵之制。律文云：

若不即調發及不即給與者，準所須人數並與擅發罪同。

蓋勘符發兵為常制，而猝有警急，亦許應機赴敵也。

家傳與志並云勘契乃發。按符、契絕非一物，符者銅魚符，常制也，契者木契，大抵為一時之制。唐律疏議同卷不給發兵符條議云：

依令「車駕巡幸，皇太子監國，有兵馬受處分者，為木契。若王公以下，在京留守，及諸州有兵馬受處分，並行軍所及領兵五百人以上，馬五百匹以上征討，亦給木契。」既用木契發兵，即同發兵符法。監門式：「皇城內諸街鋪各給木契，京城諸街鋪各給木魚。」金部、司農準式亦並給木契，但是在式，諸契並同「餘符」。

然則云勘契，未免有誤。

凡當宿衛者番上，兵部以遠近給番，五百里為五番，千里七番，一千五百里八番，二千里十番，外為十二番，皆一月上。若簡留直衛者五百里為七番，千里八番，二千里十番，外為十二番亦月上。

按六典卷五兵部衛士給番之制注云：舊書卷四四職官志同。

百里內五番，五百里外七番，一千里外八番，各一月上。二千里外九番，倍其月上。若征行之鎮守者，免番而遣之。

與兵志不合。而六典述勳官番上之制注云：

五百里內五番，一千里內七番，一千五百里內八番，二千里內十番，二千里外十二番，各一月上。

又述懷化、歸德將軍量配諸衛上下，其番上之制亦有注云：

五百里內七番，一千里內八番，二千里內十番，二千里外十二番，並一月上。

勳官以軍功授，而懷化、歸德將軍為四夷君長，見會要卷七二。並非衛士，而給番之制轉與兵志相合，何邪？考志所云「簡留直衛」一語，頗費解。云指長上耶，則不須按里程給番，云指閤內直衛耶，則非衛士之職。疑此即指四夷君長而言，兵志所據，雖不知何書，要非述衛士給番之制，而志誤據之也。日本仁井田陞著唐令拾遺卷一六軍防令，注稱：日本軍防令第八條衛士給番之制與六典同，亦可證兵志之誤。

先天二年詔曰。

按百衲影宋本「詔」作「誥」，南雍本作「詔」，册府元龜一二四正作「誥」。蓋此時玄宗雖已即位，而事皆聽命上皇，此乃睿宗以上皇名義發佈，故稱誥也。

二十一入幕。

按百衲影宋本、南雍本並作「募」，是也。

六十一出軍。

按册府元龜卷一二四，會要卷七二，並作「六十出軍」，「一」字衍。

今宜取年二十五以上五十而免，屢征鎮者十年免之。

按會要卷七二京城諸軍條先天二年正月詔：詔應作誥。

往者計戶充軍，使二十一入募，六十出軍，多憚劬勞，咸欲避匿，不有釐革，將何致理。應令天下衛士取年二十五已上者充，十五年即放出，頻經征鎮者十年放出，自今後羽林飛騎，並於衛士中簡補。同書卷七八諸使雜録復載此誥，亦云十五年放出，知非誤文。

云十五年放出，則不必其為五十也。册府元龜卷一二四載睿宗誥，與會要同。通鑑卷二一〇開元元年正月乙亥誥與兵志同，未知孰是。

玄宗開元六年，始詔折衝府兵每六歲一簡。

按會要卷七二府兵條，開元六年五月二十七日勅：

折衝府兵每年一簡點，至時，所司條奏。

與志不合，而玉海卷一三八引志及會要並同今本，則非刊本之譌。上引六典稱凡三年一簡點，則開元二十五年之制也。

自高宗、武后時天下久不用兵，府兵之法寖壞。

按高宗、武后時，東困於奚、契丹，西困於吐蕃，而默啜再入中土，河北耗散，安得云天下久不用兵。府兵之壞，正坐用兵之繁，征鎮之役，非人民所能負荷，志所云大誤。

番役更代多不以時。

按唐律疏議卷一六遣番代違限條，議曰：

依軍防令「防人番代皆十月一日交代」，如官司違限不遣，若準程稽違不早遣者，一日杖一百，三日加一等，罪止徒二年。「即代到不放」，謂防人十月一日替到不放者。「減一等」，謂一日杖九十，三日加一等，罪止徒一年半。

疏議但云十月一日交代而不言年限。宿衛征防本皆有番，宿衛之制六典諸書所述已見前，而征行鎮戍，史不詳給番之制。蓋征行本無定期，而鎮戍復多稽留，故難詳言歟？玉海卷一三八鄴侯家傳云：

舊制三年而代，後以勞於途路，乃募能更住三年者賜物二十段謂之召募，遂令諸軍皆募，謂之健兒。

家傳云云蓋開元初制也。唐大詔令集卷一〇七開元五年正月鎮兵以四年為限詔：（冊府元龜卷一三五同。）

每念征戍，良可矜者，（冊府作省。）其有涉可（冊府作河。）渡磧，冒險乘危，多歷年所，（冊府作數。）遠辭親愛，壯齡應募，華首未歸，瞻言勞止，期於折衷。但磧西諸鎮，道阻且長，數有替易，難於煩擾，其鎮兵宜以四年為限。散支（冊府作之。）州縣，務取富户丁多，差遣後量免户内（冊府作納。）雜科稅。其諸軍鎮兵近日遞加年限者各依舊以三年二年為限，仍並不得延留，其情願留鎮者即稍加賜物，征人願往，（冊府作得代願往。）聽復令（冊府作令復。）行。

然則開元五年之前已有「壯齡應募，華首未歸」被抑留之戍卒。本文所云近日遞加年限，不知始於何時。但磧西之兵，爾時以四年番代，猶踰舊制，則按其語氣，可得而知，其他軍鎮則以三年二年為差，云依舊制，殆貞觀以來無踰三年者矣。家傳云三年而代，舉其極限而言，蓋亦有少於三年者。情願留鎮，稍加賜物，即家傳之健兒，長孺別有唐代軍事制度之演變一文叙健兒與番代長征之制，今不復贅及。（文見武漢大學社會科學季刊第九卷。）舊唐書卷一一八楊炎傳：

舊制人丁戍邊者，蠲其租庸，六歲免歸。

與家傳及上引詔不合，豈併更住三年者合計之耶？

宰相張說乃請一切募士宿衛。十一年取京兆、蒲、同、岐、華府兵及白丁，而益以潞州長從兵，共十二萬，號「長從宿衛」，歲二番，命尚書左丞蕭嵩與州吏共選之。明年更號曰「彍騎」。

按玉海卷一三八引鄴侯家傳：

（開元）中玄宗將東封告成，從裴光庭之策，欲北幸太原，揚師服狄，而府兵寡弱。張說爲相，乃請下詔募士，但取材力，不問所從來。旬月之間，募者十三萬。

家傳之誤有四：云事在北幸太原之先一也，始募即號彍騎二也，云不問所從來三也，十三萬應作十二萬四也。會要卷七二府兵：冊府元龜卷一二四脩武備略同。

（開元）十一年十一月二十日，兵部尚書張說置長從宿衛兵十萬人於南衙，簡京兆、蒲、同、岐等州府兵及白丁，准尺八例按當從冊府作五尺八例。一年兩番，州縣更不得雜使役，仍令尚書左丞蕭嵩，與本州長官同簡擇以聞。至十三年二月二十一日始名彍騎，分隸十二衛。

志以更號彍騎在十二年，隸十二衛在十三年，會要則同在十三年。舊唐書卷八玄宗紀：

開元十三年二月乙亥，初置彍騎，分隸十二司。

與會要合，通鑑卷二一二亦同，疑志有誤。至於始置在十一年則無異辭。獨通鑑於開元十年九月書：

張說建議請召募壯士充宿衛，不問色役，優爲之制，逋逃者必爭出應募。上從之，旬日得精兵十三萬，分隸諸衛，更番上下，兵農之分從此始矣。

而於十一年十月復書置長從宿衞，其言與會要略同，是召募宿衞有二次也。舊唐書卷九七張說傳：

明年，十年，中略。時當番衞士浸以貧弱，逃亡略盡。說又建策請一切罷之，別召募强壯，令其宿衞，不簡色役，優爲條例，逋逃者必争來應募。上從之，旬日得精兵一十三萬人，分繫諸衞，更番上下，以實京師，其後彍騎是也。

通鑑所本，即出於此。然說傳不紀十一年事。蓋一事之誤歧。今考潞州長從宿衞之置，實在開元二十年，册府元龜卷一七二開元二十年十月玄宗幸潞州勅：

其潞府百姓丁壯等免征行，令其分番宿衞，定名長從。

幸潞州在二十年十月，潞州長從之置亦即在此時，兵志於十一年下遽云益以潞州長從兵，豈以開元十一年玄宗亦幸潞州致有誤解歟？

彍騎之制以爲時甚暫，故罕見紀載，六典僅見其名。選取之法，番上之制，略見於會要而莫詳於兵志。夫府兵稱衞士者以其番上宿衞也。自北衙軍盛而十二衞爲冷官，然府兵之爲衞士如故，其職任猶完具也。自以彍騎配南衙十二衞，而衞與府之關係變，寢假而上番之制廢。雖十三年之後府兵征鎮之役如故，而宿衞既廢而不舉，則亦不成其爲衞士。及開元二十五年盡以健兒代府兵征鎮，而府兵不復有存在之必要。然則彍騎之制雖暫，而其關於中古兵制之演變者至巨，宜兵志紀之獨詳矣。

皆免征鎮賦役。

按舊唐書卷一九六上吐蕃傳：

其年十月，吐蕃又引衆寇安戎城及維州，章仇兼瓊遣裨將率衆禦之，仍發關中彍騎以救援焉。

則仍或用以出征，但非恒制耳。

內弩手六千中略。又有羽林軍飛騎亦習弩。

按會要卷七二府兵：

十六年開元。二月二十五日，彍騎弓手宜改為左右羽林騎。

弓手蓋即弩手，唐大詔令集卷七九巡幸東都賜賚從官勅：

彍脱騎字。弩手、募士、幕士之譌。主膳、供膳及諸色白身人等各三段。

弩手別為一項，蓋彍騎之弩手已改屬羽林而諸衛別有弩手也。六典卷五兵部：

諸衛有弩手。

唐大詔令集卷六六開元二十年后土赦書：

兩營弓手六蕃併行，宜各賜物五段，仍量折番役，諸衛彍騎及兵、角弓手、官馬主、掌閑、幕士、駕脱士字。供膳，下略。各賜勳一轉，物三段。

兩營弓手與諸衛弓手並稱，知弩手不限於彍騎也。至羽林飛騎之習弩，則又彍騎弩手所改者矣。

自天寶以後，彍騎之法又稍變廢，士皆失拊循。

按彍騎自天寶之後，雖已無足重輕，然始終未廢，唐大詔令集卷六九廣德二年南效赦、卷七七元和十五年景陵優勞德音、卷七〇寶曆元年南郊赦、卷七七咸通七年孝明太皇太后山陵優勞德音、卷七二乾符二年南郊赦並見彍騎名，然或亦變而為納資。乾符二年赦書即云：

咸通十三年夏以前京兆府所欠之諸陵掌閑、彍騎丁資，三衛等資錢，亦並放免。

蓋彍騎免征鎮賦役，故人民或假籍避役，納資而不上番矣。

八載，折衝諸府至無兵可交，李林甫遂請停上下魚書，其後徒有兵額官吏，而戎器、馱馬、鍋幕、糗糧並廢矣。

按會要卷七二府兵：

天寶八載五月九日，停折衝府上下魚書，以無兵可交，至末年，折衝府但有兵額，其軍士、戎器、六馱、鍋幕、糗糧並廢。

兵志此條本此。會要軍雜録又云：

十一載天寶。八月十一日，改諸衛士為武士。

衛士上番宿衛之制既廢，衛士之名已失其義，故改為武士也。然府名官號初未廢罷，如大曆十一年姤神頌題名猶見太原府豐川府折衝也。（山右石刻叢編卷七）

故時府人目番上宿衛者曰「侍官」，言侍衛天子，至是衛佐悉以假人為童奴，京師人耻之，至相罵辱，必曰「侍官」。

按玉海卷一三八引鄴侯家傳云：

時承平既久，諸衛將軍自武太后之代，多以外戚無能者及降虜處之，而衛佐之官以為（番上府兵），此四字衍。有權朝要子弟解褐及次任之美官，又多不旋踵而居要津，將軍畏其父兄之勢，恣其所為。自置府以其番上宿衛，禮之，謂之侍官，言侍衛天子也。至是衛佐悉以借姻戚之家為僮僕執役，京師人相詆訾者即呼為侍官。時關東富實，人尤尚氣，乃耻之，至有熨手足以避府兵者，番上者貧羸受顧而來，由是府兵始弱矣。時人為諺曰：「將軍大彍騎，衛佐小郎官」是也。將率相固顧之譌。為衛佐下視矣。

志所云者即出家傳而加以删節。考侍官之稱，自元魏始。魏書卷一一三官氏志：

四年天賜。五月，增置侍官，侍直左右，出内詔命，取八國良家，代郡、上谷、廣寧、雁門四郡民中年長有器望者充之。

則魏初侍官，其職如漢之侍中，其後則亦以之充宿衛。同書卷一一出帝紀：

使持節、驃騎大將軍、開府儀同三司、領軍將軍婁昭為西道大都督，並率左右侍官西迎車駕。

北史卷五孝武紀略同，唯不著婁昭銜。北史此紀以太平御覽一一〇四引後魏書證之，知出魏澹書。按領軍之職本統宿衛。魏書卷一六元叉傳：

尋遷侍中，餘官如故，加領軍將軍，既在門下，兼總禁兵。

其後誅叉，先解領軍。同書卷三一于忠傳：

遷侍中，領軍將軍中略。忠既居門下，又總禁衛，遂秉朝政，權傾一時。

蓋領軍統宿衛兵，故婁昭以領軍將軍率左右侍官。左右者，領軍所屬有左右府，所領為便繫左右之侍從，侍官則禁軍也。周書卷五武帝紀建德三年十二月丙申：

改諸軍軍士並為侍官。

孝武西遷之後，禁軍與宇文泰之軍隊有別，嗣後雖建立府兵上番宿衛之制，然外統于丞相府或中外府，非天子之兵，自不得為侍官，至武帝親總大政，兵權悉歸所制，於是府兵復為禁衛軍而有侍官之號，然則侍官之號由來已久，唐制稱衛士，時人依魏周故制呼之耳。

以衛士執役為法所不許，然自高宗以降，政府百役多責之勳官衛士，勳官雖非衛士，而其授勳者其地位自高於普通之衛士，覩其辛勞，足以知其餘矣。舊唐書卷四二職官志：

自是已後，高宗咸亨五年之後。戰士授勳者，動盈萬計，每年納課，亦分番於兵部及本郡當上。省司又分支諸曹，身應役使，有類僮僕，據令乃與公卿齊班，論實在於胥吏之下，蓋以其猥多，又出自兵卒，所以然也。

舊唐書卷八四劉仁軌傳麟德二年仁軌上疏有云：

又為征役，蒙授勳級將為榮寵，頻年征役，唯取勳官，牽挽辛苦，與白丁無別，百姓不願征行，特由於此。

如上所述，勳官之輕如此，而況衞士。册府元龜卷一三五愍征役，開元九年二月詔：

諸府衞士，役重人微，既每征行，又嘗番上，言念艱辛，更無是過，不稍優矜，何以存濟？自今已後，征行及當番處衞士除公乘配手力廳事及復身以外，官人輒私抽役使，宜令御史、金吾、按察使嚴加採察。

蓋自高宗以來，衞士公私之役日重，至是禁其私役而實不能行也。

而六軍宿衞皆市人，富者販繒綵、食粱肉，壯者為角觝、拔河、翹木、扛鐵之戲，及禄山反，皆不能受甲矣。

按會要卷七二軍雜録：

天寶末，天子以中原太平，脩文教，廢武備，銷鋒鏑，以弱天下豪傑，於是挾軍器者有辟，蓄圖讖者有誅，習弓矢者有罪，不肖子弟為武官者，父兄擯之不齒。惟邊州置重兵，中原乃包其戈甲，示不復用，人至老不聞戰聲。六軍諸衞之士，皆市人白徒，富者販繒綵、食粱肉，壯者角觝、拔河、翹木、扛鐵，日以寢鬭，有事乃股慄不能授甲。

兵志此條即本會要，如「六軍」為誤文，玄宗時止四軍。又販繒綵之「販」，應是「服」之譌，而志皆承其誤也。

唐書兵志箋正卷二

夫所謂方鎮者，節度使之兵也，原其始，起於邊將之屯防者。

按方鎮兵亦即邊防軍，西魏北周之初，鎮戍之責，委之鄉兵，曰防，曰鎮，曰戍。府兵有事出征，事罷而返，無鎮戍之責也。及平齊之後，始以府兵出戍，然猶未推及全境。隋唐始以府兵防邊，以至久戍不歸，乃有長征健兒之召募，節度使所統之兵自開元二十六年之後悉是長征健兒也。志於此略無一語相及，未免疏略。詳見拙撰唐代軍事制度之演變。載武漢大學社會科學季刊第九卷。

唐初，兵之戍邊者，大曰軍，小曰守捉，曰城，曰鎮。

按軍及守捉，設置稍後，其將領稱使，為帶職而非官稱，故無品秩。鎮與戍襲自前代，其將領稱將、稱主，皆有品秩。六典卷五職方郎中條：舊唐書職官志同。

凡天下之上鎮二十，中鎮九十，下鎮一百三十有五。上戍十有一，中戍八十有六，下戍二百三十有五。

考鎮將戍主在元魏時本甚重視，及唐而降為卑秩，然以官制言之，自節度以及守捉之使僅是差遣，其正式之邊將仍為鎮將戍主也。志但言鎮而不及戍，豈以其卑微而遺之耶？軍與守捉雖有高卑之别，然守捉統軍亦有多於軍者；如隴右之平夷守捉管兵三千人，而寧塞軍止五百人；

河西之張掖守捉管兵六千三百人馬千匹，而建康寧寇二軍止千七百人馬百匹，其例也。

而總之者曰道。

按錢曉瀓廿二史考異卷一七上本條云：

此所云道者謂節度也。唐初分天下為十道，不皆有屯戍之兵。平盧、范陽皆屬河北道，河西、安西、北庭皆屬隴右道，初無道之名，志當云以節度統之，而後云某節度統某某軍、某某守捉，乃為得之。

新舊唐書互證駁錢說，「文意似非指道為節度」，又云「唐會要載開元十三年三月二十日勅平盧軍、幽州、太原、朔方、河西、隴右、劍南等七道節度使，知當時本有道之名」。其說亦是。

若盧龍軍一，東軍等守捉十一，曰平盧道。

按平盧所統實有二軍。通典卷一七二州郡總序二紀平盧所統諸軍云：舊唐書卷三八地理志序同。

平盧軍節度使鎮撫室韋、靺鞨，統平盧、盧龍二軍，榆關守捉，安東都護府。

會要卷七八節度使叙平盧節度使管內亦有平盧，即六典卷五兵部平盧合於范陽，然亦載平盧而無盧龍。據通典平盧軍置在開元初。盧龍置年，通典不載。據會要在天寶二年，新書地志在天寶一載當是二載之誤。在六典成書之後，故不載。兵志獨遺平盧，不審何故？新書卷三九地理志晉州柳城郡下注云「有平盧軍，開元初置」，則未始不知其當列入平盧節度管內也。兵志但紀天寶以前之制，故地志所載天寶後置諸軍並從略。然於安東上都護府下注云：「有懷遠軍，天寶二載置。」自宜列入，乃忽列之范陽節度管内。夫在平盧未升節度或合併於范陽時，安東都護府屬幽州，由范陽節度兼領都護，至平盧既陞則自當改屬平盧，兵志既分列二節度，而以平盧所統者奪歸范陽，誤矣。通典、舊書於平盧管内雖無此軍而有安東都護府，殆以此概其所屬，兵志則並無安東都護，尤誤。

志又云東軍等守捉十一，考地志檀州燕樂縣下有東軍、北口二守捉，沈炳震兩唐書合鈔作安東軍，今檢影宋本、南雍本皆無「安」字，殆沈氏所改，然亦不應稱安東軍。其稱守捉有十一，錢氏考異卷一七上列舉東軍、北口、洪水、鹽城、燕郡、渝關、汝羅、懷遠、巫閭、襄平、安東，適得十一。按錢亦但據地志數之而已。考東軍、北口在檀州，洪水、鹽城在薊州，並當屬范陽，而燕郡守捉則地志於營州柳城郡下注云：「東有鎮安軍，本燕郡守捉，貞元二年為軍。」志不數天寶後所置軍，列為平盧管内守捉之一是也，乃於范陽道別出鎮安軍，則十一守捉中似不數燕郡矣。錯亂如此，可怪也。

六典無平盧節度，而幽州節度管内有平盧軍，蓋平盧之列為節度，雖早在開元七年，而中間曾廢罷也。會要卷七八節度使云：

平盧軍節度使，開元七年閏七月，張敬忠除平盧軍節度使，自此始有節度之號。八年四月除許欽琰，又帶管内諸軍諸蕃及支度營田等使。二十八年二月，除王斛斯，又加押兩蕃及渤海黑水等四府經略處置使，遂為定額。

舊唐書卷二〇〇上安禄山傳：

二十八年為平盧兵馬使。性巧黠，人多譽之。授營州都督、平盧軍使。中略。天寶元年，以平盧為節度。

同書卷九玄宗紀開元二十九年七月書：

北州刺史王斛斯為幽州節度使，幽州節度副使安禄山為營州刺史，充平盧軍節度副使，押兩蕃渤海黑水四府經略使。

是開元二十九年已有平盧節度之號，與會要二十八年為定額之説可以互證，而與傳天寶元年之説自相牴牾。資治通鑑卷二一四開元二十九年八月乙未安禄山為營州都督充平盧軍使條考異云：

實録此年八月舊紀在七月。乙未以幽州節度副大使安禄山為營州都督，充平盧渤海黑水軍使。舊紀以幽州節度副使安禄山為營州刺史、平盧軍節度副使。會要二十八年王斛斯為平盧節度使，遂為定額。按舊傳，禄山自平盧兵馬使為平盧軍使，蓋以平盧兵馬使帶幽州節度副使之名耳，實録衍「大」字也。天寶元年始以平盧為節度，會要誤也。

温公既不取會要，故於卷二一五玄宗天寶元年正月壬子書：

分平盧别為節度，以安禄山為節度使。

考姚汝能禄山事跡上云：

二十八年開元。為平盧軍兵馬使，二十九年中略。遂授營州都督，充平盧軍節度使，知左廂兵馬使，度支營田水利陸運使副，捍押之譌。兩蕃渤海黑水四府經略，順化刺史。王仁經授以邊略，玄宗始親信之，天寶元年正月分平盧別為節度。

本文甚不分明，自平盧軍節度使以下結銜可屬之禄山，亦可屬之王仁經。然傳為禄山作，他人官銜不必詳書，疑當屬之禄山。節度使無兼兵馬使之理，蓋本作副使而脱一副字也。新書方鎮表開元二十九年云：「幽州節度副使領平盧軍節度副使，治順化州。」則順化州刺史正平盧節度副使兼官，可為明證。度支當作支度，據上引會要，則支度營田諸使與四府經略並平盧節度加官，本文稱使副，猶云副使，則正為節度副使所兼，而是年王斛斯既調幽州，四府經略遂亦由副使兼之，與舊紀正合。然禄山事跡猶云天寶元年分平盧別為節度者，以上引方鎮表證之，知自王斛斯自平盧節度調任幽州之後，即虚平盧節度使不置，而以幽州節度副使兼平盧節度副使，或者兩節度亦一人任之。兩鎮在事實上合而為一，至天寶元年乃以安禄山為平盧節度使而與幽州分立。云天寶元年分平盧別為節度者，對二十九年而言也，舊紀正得其實。通鑑以為天寶元年始有平盧節度，故二十九年之副使安禄山既據實録舊傳以為軍使之誤，而二十八年之王斛斯又逕斥會要之誤，不知合於幽州止二十九年事，且其時仍有平盧節度副使之號也，又不但開元二十八年有平盧節度王斛斯也。自開元七年設置平盧節度之後，雖或併入幽州而以有節度之時為多。吴廷燮唐方鎮年表卷八平盧補表據文苑英華李邕撰臧懷亮神道碑，自開元十年至十三年書臧懷亮，十四年缺，十五年復書懷亮。長孺按吴氏於表後引舊玄宗紀十五年五月潁王澐為安東都護、平盧軍節度大使，而於表不注明潁王遥領，懷亮行節度事，亦是微失。又據舊書薛嵩傳、劉全諒傳，十八至二十年書薛楚玉。幽州節度使兼領。又據曲江集勅烏知義書，舊史思明傳自二十二年至二十六年書烏知義。長孺按六典無平盧節度而幽州節度管内有平盧軍，舊張守珪傳於二十六年載平盧軍使烏知義，是二十六年平盧已罷節度，知義降為軍使，故受命於幽州節度張守珪也。表末吴氏附考云：

以舊張守珪傳考之，開元二十一年轉幽州都督長史兼御史中丞、營州都督、河北節度副大使，營州為平盧管内區域，蓋其時嘗以河北節度兼平盧，故令閲者每增眩瞀。舊薛嵩傳載父楚玉為范陽平盧節度使，亦其一證。中略。是楚玉亦兼幽州平盧兩鎮，但時授一人，時授二人，即禄山拜平盧後不久仍兼范陽，又其例之可證者。

按吴氏之説是也。然謂平盧節度之號始終未曾廢罷，則亦未然。即烏知義在二十二年至二十六年間，恐亦非悉為節度使。曲江集卷九勅烏知義書三通，其一但云勅烏知義，其二作勅平盧使烏知義，其三標題同而内云：「勅平盧節度營州都督烏知義」，又云：「契丹及奚，一心歸我。」則二十三年可突干被誅後事也，疑二十二三年間知義仍是軍使耳。

横海、北平、高陽、經略、安塞、納降、唐興、渤海、懷柔、威武、鎮遠、靜塞、雄武、鎮安、懷遠、保定軍十六，曰范陽道。

按通典紀范陽所統軍云：舊唐書地理志同。

范陽節度使制臨奚、契丹，統經略軍、威武軍、清夷軍、静塞軍、恒陽軍、北平軍、高陽軍、唐興軍、横海軍。

六典卷五兵部稱幽州節度使所統十軍，唯多平盧一軍，餘悉同。以校兵志則少安塞、納降、渤海、懷柔、鎮遠、雄武、鎮安、懷遠、保定九軍，而兵志不載者亦有清夷、恒陽兩軍。錢曉徵考異云：

竊意鎮安、懷遠、保定三軍在營平二州界内，似不當屬范陽，且志所載皆天寶以前之制，而鎮安軍本燕郡守捉，貞元二年改名，尤不應闌入也。清夷軍垂拱中置，恒陽軍開元中置，則此志轉遺之，皆不若舊史之可據。又地理志幽州昌平縣有防禦軍，嬀州懷戎縣有寧武、廣邊二軍，此志不載，當是肅宗以後增置也。

按錢説是也。今請更為分疏。考鎮安懷遠二軍，會要卷七八亦載於幽州節度下。云：

鎮安軍，貞元二年四月二十二日於燕郡守捉置。新書地理志同。

懷遠軍，在故遼城，天寶二年二月安禄山奏置焉。地志同。

唯保定軍獨見於新書地理志安東都護府條。今考會要以鎮安列之幽州者，貞元時平盧為淄青節度兼號，營州屬之盧龍，亦即幽州所管，故貞元所置之鎮安軍列之幽州諸軍，未為甚誤。兵志自云所紀為天寶以前制度，則不相應矣。至懷遠之列於幽州，則會要與兵志同誤。兵志所不載之兩軍，設置皆較早。通典注云：

清夷軍，嬀川郡城内，垂拱中刺史鄭崇述置。

會要云：

清夷軍，垂拱二年，嬀州刺史鄭崇古奏置。

設置之人名雖有一字之差，設置之時間則在垂拱無疑。張九齡曲江集卷八有勅清夷軍使虞靈章書，六典亦有此軍，唐大詔令集五九郭子儀都統諸道兵馬收復范陽制亦見清夷軍名。制在上元元年九月，則開元之後仍有此軍未嘗廢罷，兵志遺之者誤也。其恒陽軍則册府元龜卷九九二外臣部備禦，玄宗先天二年八月：

於河北漢州北界置渤海軍，恒定州境置嘗陽軍，嬀蔚州境置懷柔軍，屯兵五萬。

嘗陽即恒陽，先避宋諱改作「常」，而明刊本又避明諱改作「嘗」也。資治通鑑卷二一〇玄宗先天二年八月乙巳亦紀此事即作恒陽。則在先天二年已有恒陽軍矣。乃考會要卷七八云：

北平軍在定州西三里，恒陽軍恒州郭下，高陽軍本瀛州，開元二十年移在易州，唐興軍在莫州，横海軍在滄州，並開元十四年四月十二日置，各以刺史為使，懷柔軍在蔚州界，先天元年八月八日置。

按先天元年八月八日正是乙巳，二年八月壬辰朔，八日乃己亥，則册府、通鑑並誤，渤海等三軍並當於先天元年置。然會要但舉懷柔一軍，渤海未舉，而恒陽則與北平等五軍同置於開元十四年。通鑑卷二一三玄宗開元十四年四月辛丑書：「於定、恒、莫、易、滄五州置軍以備突厥。」胡注舉軍名即上述五軍，册府元龜九九二同，唯「易」字誤「勿」，而四月辛丑作五月辛丑。考是年四月十二日乃庚申，五月十二日乃己丑，會要之月日與册府，通鑑之日支不合，今姑不論，要之又以恒陽軍始置於開元十四年也。通典與地志並同。疑先天三軍所以備突厥，事罷旋廢，其後開元復置，止復恒陽一軍，然則兵志有渤海、懷柔，而無恒陽，殆兩失之歟？唯元和郡縣志卷一八河北道恒州下不載恒陽軍名，今本河北道已殘，不知鄭州之渤海軍、嬀蔚州界之懷柔軍見收否也，假使有之，則亦兵志記軍數出於元和志之一證矣。

復次，開元十四年所置之五軍，除恒陽見上辨證外，其他四軍諸書皆有之，顧亦有相乖者。如高陽軍，通典、舊唐書地理志云在上谷郡城內，元和志卷一八河北道易州載此軍云：

高陽軍在州城內，開元二十年置。

易州即上谷，但云二十年置，與所謂十四年置者不同。會要云：新書地理志同。

高陽軍本瀛州，開元二十年移在易州。

高陽以縣名。如會要之説則初置在瀛州，二十年始移易州，元和志紀年在二十年者從移軍之時也。乃册府、通鑑於開元十四年載五軍所在州郡，並有易而無瀛，蓋誤。元和志於定州載北平軍，云：

北平軍，在州西三里，開元十年置。

又與諸書稱十四年置者不合，不審何也。

其他六典諸書所無者，安塞、納降二軍在范陽，鎮遠在密雲，雄武在漁陽，並見地志。又地志檀州密雲郡下云：

威武軍，萬歲通天元年置，本漁陽，開元十九年更名。

通典云萬歲通天二年置，與地志微異，而會要云：

威武軍，大足元年置，在檀州，開元十九年九月二十七日改為威武軍。

置年不合，又云改，則其始不稱威武也。但又云：

漁陽軍在幽州北，盧龍古塞，開元十九年九月十七日改為靜塞軍。

則漁陽軍改為靜塞，非威武矣。地志薊州漁陽郡下云：

南二百里有靜塞軍，本障塞軍，開元十九年更名。

又以靜塞為障塞之更名。通典於威武、靜塞皆不記改名事，而云靜塞軍在漁陽郡城内。則又非即郡南二百里之障塞軍。按漁陽以郡名軍，疑當在漁陽郡，而會要云在盧龍古塞。通典卷一七八北平郡盧龍縣注：「盧龍塞在城西北二百里。」則又當屬平盧，凡此紀載之異，未知孰是。

右范陽統軍之數，兵志與諸書不合如此。至本書地志兼載天寶以後諸軍，故亦不盡相合，兵志之例兼載守捉之數而不具名號，獨范陽無之，蓋平盧所統十二守捉，已併范陽所屬計之，志於軍則多奪平盧以歸范陽，於守捉則反是，亦可怪也。

天兵、大同、天安、横野軍四，岢嵐等守捉五，曰河東道。

按六典河東節度使三軍，大同，横野，岢嵐，及雲中守捉使屬焉。通典有四軍，三郡，一守捉。四軍者，無天安而有岢嵐。三郡為定襄、雁門、樓煩。一守捉則雲中郡守捉也。舊書地理志同，唯三郡作忻、代、嵐三州，又管兵數微異而已。會要有五軍，其清塞軍乃貞元十五年置，可不論，餘與通典合，元和郡縣圖志卷一三河東節度使所統與通典、舊志亦相同。按六典不數天兵軍，當於後論之。兵志之異，乃以岢嵐為守捉，多一天安。考通典云：

岢嵐軍，樓煩郡北百里，長安中李迥秀置。

會要云：

武德中為鎮，永淳二年改為栅，隷平狄軍。長安三年李迥秀改為景龍中軍。張仁亶移軍朔方，留一千人充守捉，屬大武軍，開元十二年崔隱甫又置軍，十五年李暠又廢為鎮，其後又改為軍。

六典有此軍，則至遲開元二十六年已復也。地志於嵐州樓煩郡嵐谷縣下亦載岢嵐軍，紀其廢置沿革，前半略同會要，而末云：

景龍中，張仁亶移其軍於朔方，留者號岢嵐守捉，隷大同。

不著開元以後廢置之事，其稱岢嵐為守捉，蓋不知後之復軍名也。元和志於先雖叙岢嵐軍於河東節度管内，而卷一四嵐州宜芳縣下又稱岢嵐鎮，則又書開元十五年再廢之號，其失與兵志同。天兵一軍，諸書所同載，唯六典無。按通典云：

天兵軍，太原府城内，聖曆二年置。

會要紀沿革最詳，云：

天兵軍，聖曆二年四月置，大足元年五月十八日廢，長安元年八月又置，景雲元年又廢，開元五年六月二十四日張嘉貞又置，十一年三月四日改爲太原已北諸軍節度使。

諸書並云天兵軍於聖曆二年置，然其時實非定名。舊唐書卷一九四上突厥傳上：

俄進寇嬀、檀等州，則天令司屬卿武重規爲天兵中道大總管，右武衛將軍沙吒忠義爲天兵西道前軍總管，幽州都督張仁亶爲天兵東道總管，率兵二十萬擊之。右羽林衛大將軍閻敬容爲天兵西道後軍總管，統兵十五萬以爲後援。事在聖曆元年。

資治通鑑卷二〇六則天皇后聖曆二年四月壬辰：

以魏元忠檢校并州長史，充天兵軍大總管，以備突厥。婁師德爲天兵軍副大總管仍充隴右諸軍大使，專掌懷撫吐蕃降者。

考舊唐書卷九三婁師德傳：

聖曆二年突厥入寇，復令檢校并州長史，仍充天兵軍大總管。是歲九月卒。

云婁師德以并州長史領天兵軍總管與通鑑異，傳蓋有誤。如上所述，天兵軍非爲地方軍名，其聖曆元年所徵募以討突厥者，並有天兵之稱，張仁亶以幽州都督，婁師德以隴右諸軍州大使，悉帶此職，蓋不限於并州也。

會要又稱大足元年五月十八日廢，長安元年八月又置。按大足元年十月始改年號爲長安，八月猶是大足元年。自大足元年五月逆數至聖曆二年四月相距止一年，而大足元年五月至八月更止三月，何以忽廢忽置，則以天兵本非定名，猶云「王師」，軍之廢置即視統兵出征之將帥帶是職名與否爲斷。云聖曆二年四月置者，魏元忠、婁師德以天兵軍總管出征也。云大足元年五月廢者，元忠於是月征突厥，不帶此職也。云八月復置者，相王復以天兵道元帥出征也。見通鑑卷二〇六。凡此皆名號之更易，而非真爲一軍之廢置也。唯其中或有一部之屯河東者，至景雲元年始罷歸。就全軍言之，則本爲有事召集無事遣歸之徵募，無一定之防地，亦無一定之人數也。册府元龜卷九九二外臣部備禦：

是月開元五年七月。辛酉，并州置天兵軍，制曰：「太原薄伐之地，勾注出屯之所，兵戈不可以不習，亭障不可以不備，中略。宜於并州集兵八萬衆，置天兵軍，并州長史上柱國張嘉貞有文武之才，勵忠公之操，中略。可充天兵軍大使。」

爾時天兵軍額至八萬人，而如通典、舊地志所載河東節度所統全部兵額止於五萬五千人，是知天兵軍非爲鎮軍之名，如大同、岢嵐之比，而爲河東節度所統之全軍稱號，故會要云十一年改爲太原已北諸軍節度使。同卷又云：通鑑卷二一二開元十一年三月己巳（即四日）罷天兵大武等軍，以大同軍爲太原已北節度使。蓋大同軍即大武之改名，然微有誤。

河東節度使，開元十一年以前稱天兵軍節度，其年三月四日改爲太原已北諸軍節度，至十八年十二月，宋之悌除河東節度，已後遂爲定額。

而新書地志太原府下云：「城中有天兵軍，開元十一年廢。」其實十一年乃改天兵軍節度之名，其軍因節度之改稱，亦隨之而廢天兵之號，然其爲節度使直屬、或親管之軍隊如故也。通典、會要無以名之，遂仍其故號，六典於節度使親領之軍皆不別舉，故無此軍。

兵志又有天安軍，諸書所不載。本書地志代州雁門郡下云：

其西有天安軍，天寶十二載置。

而兵志於朔方節度下別出天安軍，地志亦云天寶十二載，一年所置，豈有同名之理，蓋有誤也。辨見下。

諸書所同具者爲大同、橫野二軍，然其沿革亦有未諦。通典云：舊書地理志、元和郡縣圖志卷一三均同。

大同軍，雁門郡北三百里，調露中突厥南侵，裴行儉開置，管兵九千五百人。

會要云：

大同軍，置在朔州，本大武軍，調露二年裴行儉改爲神武軍，天授二年改爲平狄軍，大足元年五月十八日改爲大武軍，開元十二年三月四日改爲大同軍。依上引通鑑知十二年爲十一年之譌。

云在朔州，微異，二州本鄰封，疆界容有出入也。新地志列於代州雁門郡，叙沿革同會要。乃會要紀嵒嵐軍沿革又云：「永淳二年改爲柵，隸平狄軍。」永淳爲高宗崩年，是天授之先已有平狄軍，非自大武軍改也。

大武、横野二軍之中蓋多外族，而始置之時兵額遠超過後來之數。通典云：

横野軍，安邊郡東北百四十里，開元中河東公張嘉貞移置，管兵七千八百人。

會要云：

横野軍，初置在飛狐，復移於新州。按當是蔚州之譌。開元六年六月二十三日張嘉貞移於古代郡大安城南，以為九姓之援，天寶十三載十二月一日改為大德軍。

令考册府元龜卷九九二外臣部備禦，開元六年二月戊子制：

其蔚州横野軍宜移於山北古代郡大安城南，仍置漢兵三萬人，以為九姓之援，拔曳固都督頡質略中略。出馬騎三千人充横野軍討擊大使。同羅都督比言出馬騎二千人充横野後軍討擊大使。迴紇可汗都督移健頡利發出馬騎一千人，充大將武之譌。軍右軍討擊大使。僕固都督曳勒哥出馬騎八百人，充大武軍右軍兩右軍，其一蓋左之譌。討擊大使。

詔以横野移軍在六年二月，會要云六月，未知孰是。但初置時漢兵有三萬人，又統九姓部落五千人，其數較通典所載為多。至會要云天寶十三載十二月改為大德軍者尤誤。唐大詔令集卷五九郭子儀都統諸道兵馬收復范陽制云：

取邠州全唐文卷四二載此制作邠慶。朔方路過，往收大同、横野、清夷，便收范陽及河北。

制在上元元年九月，是横野初未有大德之名，所以致誤者乃由於大安城與朔方之天安相混，因又訛天德為大德，且十三載譌十二載也。說見下。

志又云岢嵐等五守捉，岢嵐當為軍，已如上述，其四則雲中守捉，又加定襄、雁門、樓煩三郡也。通典諸書不稱守捉，以不置使，其兵即屬刺史或太守也。地志於三郡下並注云有守捉兵，而於雲中郡復書有雲中、樓煩兩守捉，一時不應有兩樓煩守捉，一在樓煩郡，一在雲中郡。疑誤。除此以外，見於舊唐書卷九三薛訥傳者有和戎軍，見於卷九四上突厥傳者有靜難軍，蓋皆廢罷矣。冊府卷一一九選將開元三年四月詔：「郭虔瓘可持節朔州鎮大總管，和戎、大武及緣邊州軍，並受節度。」又云：虔瓘可并州住。以朔州名總管，所未聞。

朔方經略、豐安、定遠、新昌、天柱、宥州經略、橫塞、天德、天安軍九，三受降、豐寧、保寧、烏延等六城，新泉守捉一，曰關內道。

按六典關內朔方節度使統單于、安北、東受降城、中受降城、西受降城、豐安軍、定遠城。通典舊書地志同。七軍為經略軍、豐安軍、定遠城、西城、安北都護府、東城、振武軍。會要但紀開元元年此有誤，後詳。所統為經略、定遠、豐安軍、西中受降城，單于、豐、勝、靈、夏、鹽、銀、匡、長、安樂等州，而紀沿革者止豐安、定遠二軍，其三受降城及單于都護府別見卷七三。元和郡縣志卷四朔方節度使同通典，但無東城，而定遠城稱定遠東城，然二城既非一地，志於下分見靈州及豐州，蓋刊本誤合也。今考兵志所紀軍數較之六典多少大不相侔，即較通典亦多出新昌、天柱、宥州經略、橫塞、天德、天安六軍及中受降城與豐寧等三城與新泉一守捉，而通典、舊地志之振武軍及安北都護又為兵志所缺。會要亦不載。六典較之通典少經略、振武二軍則或置於天寶，在六典成書之後。唯六典又有單于都護府及中受降城，通典亦不載。會要紀開元元年所統有經略而無安北都護府及中城，復與六典不合。蓋斷制後先不同，軍鎮建置復繁，不能謂有得失也。但兵志顯有甚誤者，如横塞、天德、天安實為一軍之改名而誤列為三，且又羼入河東，則岐途之中又有岐焉，可謂疏闊之甚。考上舉三軍，諸書所不載。地志於豐州中受降條云：

有積塞軍，本可敦城，天寶八載置，十二載廢。

積為横之譌字。又云：

西二百里大同川有天德軍，大同川之西有天安軍，皆天寶十二載置。天德軍，乾元後徙屯永清柵，故大同城也。

舊唐書卷九玄宗紀天寶八載三月：

朔方節度使張齊邱於東受降城北築横塞城。東為中之譌，見下。

又天寶十二載十二月書：

改横塞城為天德軍。

可證横塞軍之即天德軍，而其沿革具見元和郡縣志卷四豐州天德軍條：

天德軍本安北都護中略。開元十年又移理中受降城。天寶八年張齊邱又於可敦城置横塞軍，又自中受降城移理横塞軍。十二年安思順奏廢横塞軍，請於大同川西築城置軍，玄宗賜名曰大安軍，十四年築城功畢，移大安軍理焉。乾元後改為天德軍。緣居人稀少，遂西南移三里，權居永清栅，其理所又移在西受降城。

元和志所載甚詳，唯云乾元後改大安軍為天德軍，證以上引舊紀，知橫塞之改天德實在天寶末，元和志亦誤。舊唐書卷一二〇郭子儀傳：

天寶八載，於木剌山置橫塞軍及安北都護府，命子儀領其使，拜左衛大將軍，十三載，移橫塞軍及安北都護府於永清栅北築城，仍改橫塞衛軍之譌。為天德軍，子儀為之使。

橫塞之改天德，此亦一證，唯十二載作十三載與紀異。會要卷七三安北都護府條與傳略同，但不紀改軍名之年，未知孰是。

元和志又以橫塞先改名大安，繼改天德，而諸書並以直改天德，無改大安一節。疑大安非軍號而為城名，安思順築城名曰「大安」而置軍則改橫塞為天德耳。兵志之天安，顯為大安之誤，自不待論，尤可恠者，兵志、會要並以之羼入河東也。錢氏考異云：

地理志豐州中受降城西有天安軍，天寶十二載置，此關内之天安軍也。代州西有天安軍，天寶十二載置，此河東之天安軍也。此二軍同名。又同時置，其地又不相遠，或地理志重出，此又展轉相因耳。

按錢説是也，河東之天安，即朔方之天安，但同為大安城之譌。會要稱橫野軍開元六年移於古代郡大安城南，天寶十三載十二月一日改為大德軍，然據上元元年制，見前引。知橫野軍初未改名，其改名者乃橫塞軍。大德軍乃天德軍之譌，天寶十三載十二月乃十二載之譌，上引舊玄宗紀是年十二月改橫塞軍為天德軍，而元和志大安城於是年興築，以橫塞軍遷置，展轉相因，以致謬戾愈甚。蓋大安乃城名，其名乃因襲後魏之大安郡。魏書卷一〇六上地形志朔州條：

本漢五原郡，延和二年置為鎮，後改為懷朔，孝昌中改為州。後陷，今寄治并州界，領郡五，大安郡下略。

則大安在懷朔鎮附近。元和志豐州有懷朔鎮，云：

光禄城東北有懷朔古城，其城即後魏六鎮從西第二鎮，在今中城界向北化栅側近也。

以此證之，則朔方中受降城大同川西之大安城乃因北魏大安郡之舊名，安思順之所築，殆亦因故址重建矣。所謂古代郡乃指魏之代郡，懷朔等鎮本非州郡，唐人述地理者類不載孝昌亂時改州事，故直繫於代郡，雖代郡不可包舉元魏初期之代郡，然其意蓋如是。故河東之大安亦即朔方之大安矣。

資治通鑑卷二一六玄宗天寶八載郭子儀為橫塞軍使條胡注：

按宋白續通典：「橫塞軍，初置在飛狐，後移蔚州，開元六年張嘉貞移於古代郡大安城南，以為九姓之援，天寶十二年改為天德軍。」參考諸書，橫塞軍即橫野軍，天寶元年書河東節度統橫野軍，開元六年所移者也。此築橫塞軍，在可敦城者也。

按梅澗亦惑於天德之名，故以為一軍。若以上元元年勅證，則必非一軍明甚，然就所引宋白續通典，會要之大德本天德之譌，得一明證。

綜上所述，可知開元六年移理大安城者河東之横野軍也，不知何時復返蔚州。天寶十二載移理於大安城者朔方之横塞軍也，旋改為天德軍。會要以横野改大德實為横塞之誤，而更譌天為大。元和志則以城名為軍名。至於天安則兩處並無此軍，兵志既譌大為天，而又分横塞、大安、天德為三，又以天安分列河東、朔方，迷離糾結，其失彌甚。錢氏知二天安之為一而不知更有甚於此者，故不憚辭費為發其覆云。

兵志所無者為振武軍。通典云：

振武軍，單于都護府城内，天寶中王忠嗣置。

元和郡縣志卷四叙朔方節度統軍數與通典同，而於單于大都護府金河縣條下云：

初景龍二年，張仁愿於今東受降城置振武軍，天寶四年節度使王忠嗣移於此城内，置縣曰金河。

單于都護於天寶四載置於金河縣，元和志云開元七年隸東受降城，八年復置，蓋振武本在東城，天寶四載始移隸單于，置於金河也。六典無此軍者以其時未改屬，舉東城即舉振武。通典紀天寶時制，舉振武即舉單于，其義一也。兵志既無振武，亦無單于，則不免有缺略之譏。

兵志之新泉守捉，諸書並屬河西。通典此處有佚文，故誤合於北庭。舊書地志河西節度統軍數有新泉軍，云：

在會州西北二百餘里，管兵一千人。

元和郡縣志卷四○隴右道下河西節度使所統亦有新泉軍，云：軍本作郡，蓋誤。

會州西北二百里，大足初郭元振置，管兵七千人。

通鑑卷二一五玄宗天寶元年紀諸節度所統軍同，但七千人亦如舊志作一千人，未知孰是。
會要亦屬之河西，云：

新泉軍，大足元年郭元振奏置，開元五年改為守捉。

新書地志關内道會州會寧郡條云：「開元五年廢為守捉。」兵志所以列之關内道者，以會州屬本
道也，然會州與隴右交界，其西北二百里亦可能入隴右界而屬之河西節度。考郭元振於大足元
年為涼州都督隴右諸軍州大使，則其建置時不屬關内可知。唯張九齡曲江集卷八有勅河西節度
牛仙客書，有云：

比已勅朔方軍、西受降城、定遠城及靈州兼取大家子弟，併豐安、新泉等軍共徵二萬。

亦以新泉屬朔方而與朔方諸軍城並舉。考仙客於開元十六年為河西留後，尋即真，二十四年遷，
而九齡罷相亦在是年，則此勅在二十三、四年間，其時新泉已改屬朔方，兵志所云，不為無徵。但
同時復以新泉為軍，而志猶稱守捉，似亦失考。

志又有新昌軍地志在靈州，天柱軍地志在夏州，並不見他書。其宥州經略，地志宥州延恩縣下
云在榆多勒城，天寶中王忠嗣奏置，元和郡縣志卷四靈州下亦有此軍，云：

經略軍在夏州西北三百里，天寶中王忠嗣奏於榆多勒城置軍，今屬靈武節度，本屬夏州，南

去靈武六百五十餘里，元和九年於此城新置宥州。

同卷新宥州條：

（吉甫）上言曰：「國家舊置六胡州在靈州界內，開元中廢六州，置宥州，以領諸降户，天寶末宥州寄理於經略軍，蓋謂居中可以總統蕃部，北接天德，南據夏州，今經略軍遠礙靈武，道路乖越，又不置軍鎮，非舊制也。請置宥州，理經略軍。」至九年五月，詔復於經略軍城置宥州，仍為上州，於州郭下置延恩縣為上縣。

按如上所引，則六胡州本在鹽州之北，開元二十六年，置宥州雖不知何處，要不在榆多勒城，故云天寶中宥州寄理經略軍也。使始置即在其地，則天寶之置經略軍，應曰於宥州置，而天寶中不得云寄理矣。宥州之理經略軍乃元和九年事，天寶中乃僑寄，兵志紀天寶前制，不得稱宥州經略，宜曰榆多勒城經略軍以別於朔方經略軍。

其朔方經略軍，六典所無。通典、元和志、會要並不見置年，通典、元和志所載管兵數不同通典云三萬七千人，元和志云二萬七百人，舊書地志同元和志。今考朔方合計管兵數，通典、元和志及舊書地志並云六萬四千七百人，元和志作六萬四千七百八人，八字衍。知通典三萬為二萬之誤，而元和志之七百又七千七百之誤。而皆無置年。地志於靈州下有朔方軍，不稱經略，又無置年，唯通典、元和志並云在靈州城內，則與榆多勒城之經略軍不能為一也。今考經略軍名始見於開元元年。會要云：

開元元年十月六日勅：「朔方行軍大總管宜准諸道例，改為朔方節度使，其經略、定遠、豐安軍、西中受降城、單于、豐、勝、靈、夏、鹽、銀、匡、長、安樂等州並受節度。

此勅雖繫於開元元年，然甚可疑。舊書地理志宥州條：會要卷七三靈州都督府條同。宥州，調露初六胡州也。長安四年，併為匡、長二州。神龍三年置蘭池都督府，仍置六縣以隸之。開元十年復分為魯、麗、契、塞四州。中略。十八年，又為匡、長二州。二十六年，自江淮放回胡户，於此置宥州。

則開元元年不得有匡、長二州，新書卷六四方鎮表開元九年書：「置朔方軍節度使，領單于大都護府，夏、鹽、綏、銀、豐、勝六州，定遠、豐安二軍，東、中、西三受降城。」十年書：「朔方節度增領魯、麗、契三州。」通鑑卷二一二同。則會要之紀年有誤，然此勅若在九年亦不應有匡、長二州，而朔方節度使之置不得在十八年，則會要之有匡、長者於史實不合。推此而言，則新書方鎮表於九年下列舉朔方所統初無經略之名，不獨開元元年未有此軍，即九年亦尚未置也。六典於開元二十六年成書，而猶無此軍，疑此軍之置在天寶時，蓋即王忠嗣所奏置也。元和志於前紀靈州城内有經略軍而不書榆多勒城之經略軍，於靈州下則但書榆多勒城之經略軍而不及城内，是知經略軍止於一軍而已。然則此軍置於榆多勒城，何以忽云在城中？應之曰：城中之軍為朔方節度所親管，猶之河東之有天兵軍，故地志稱之曰朔方軍，六典不載，亦猶河東之無天兵軍。其軍初無名號，通典、元和志不知何據乃以經略名之，而又不解同時本道有兩經略之故，乃不繫置年，而又删去榆多勒之經略軍不録。元和志雖列之靈州，而又不紀軍額，其為諱飾可知。兵志既承昔人之誤，乃分書兩經略軍而別之曰朔方、曰宥州，其實凡唐人稱經略軍者悉在榆多勒城也。定遠軍為諸書所同有，然建置年月頗亦有乖違者。通典云：

定遠城，靈武郡東北二百里黃河外，景龍中韓公張仁愿置，管兵七千人，馬千三百匹。

會要云：

定遠軍在靈州東北二百里，先天二年正月郭元振置。

使景龍既已建置，何緣於先天又有建置之紀事，假使中更廢罷，何又略而不書，且亦止是恢復而非創建，不得直云郭元振置也。元和郡縣志靈州下有定遠廢城，云：

在州東北二百里，即漢北地郡方渠縣之地。先天二年，郭元振以西城遠闊，豐安勢孤，中間千里無城，烽堠杳渺，故置此城，募有健兵五千五百人以鎮之。其後信安王禕更築羊馬城，幅員十四里。

則此城肇建於元振，其先千里無城堠也。舊唐書卷九七郭元振傳：

先天元年為朔方軍大總管，始築定遠城以為行軍計集之所，至今賴之。

與會要、元和志並合。然則通典云張仁愿置者誤也，而察其致誤之由，蓋亦有故。元和志於朔方節度所統下此條有錯簡，云：

定遠東城　靈武郡東北二百里黃河外，景龍中韓公張仁愿置，管兵七千人，馬三千匹。

而其下獨不載東城，知本條誤並二者為一，其黃河外以下實是東城條語而錯簡入定遠城條，其紀定遠建置語已逸，遂有張冠李戴之失。然此非元和志之誤，吉甫所據，雖不知何書，殆已有奪文矣。證以通典上引條唯少二「東」字與馬數之異，餘並與元和志合，知通典已據誤本也。通典東受降城條：

榆林郡東北二百里，景龍中韓公張仁愿置，管兵七千人，馬千七百匹。

按三城並在黄河外，所謂河外築三城自古未有，故通典於西城曰黄河外。今本作内，元和志、舊唐書地志並作外，知是誤文。於安北都護即中城。云於黄河北岸置，而於東城直云榆林郡東北二百里而已，不書河外。至定遠城乃在靈州東北二百里漢北地郡方渠縣地，則距北河尚遠，安得稱在河外與三城並列乎？是知通典之定遠城條已脱，而與東城條錯簡，但東城止脱去「黄河外」三字，未全佚耳。通典於貞元十七年奏上，元和郡縣志成於元和八年，吉甫固及見君卿之書，然似二者同出一原或即劉秩政典、鄭虔軍録之類，今不可考。而非吉甫承通典之誤也。若謂刊本之失，則不能二書同誤，此不可不謂杜李二公之偶疏，而於千載下古籍殘缺之餘，猶得正唐賢之失，亦一快也。至定遠軍疑當作定遠城，郭家廟碑稱子儀曾官定遠城使，可證。

兵志又稱朔方節度曰關内道，按朔方所統止關内道之北方邊州，不得逕以關内當之。朔方節度使兼關内支度採訪使，别是一事，不能以此該關内諸州郡也。志亦曰平盧道、范陽道、河西道，而未以河北概范陽平盧，以隴右概河西矣，何以於此乃稱關内道，甚不可解。六典稱關内朔方節度使，以朔方屬關内也。不逕稱關内節度使者，朔方不能該關内，且非本號也。河東亦十道之一，而稱河東節度使者，從本號也。然其先亦嘗稱關内。冊府元龜卷九九二外臣部備禦：

（開元）四年三月關内節度薛訥請於夏州加三二千兵。

舊唐書卷九三本傳不載此事，檢唐大詔令集卷五九開元三年十月十四日薛訥朔方道大總管制仍曰朔方道行軍大總管，知此非正稱，或有關内諸軍州歸其節度之語，故有是稱耳。

赤水、大斗、白亭、豆盧、墨離、建康、寧寇、玉門、伊吾、天山軍十，烏城等守捉十四，曰河西道。

按六典河西節度使統六軍，赤水、大斗、建康、玉門、墨離、豆盧。新泉守捉、甘州守捉、肅州鎮守三使屬焉。六典少天山、伊吾，以其當屬磧西其時磧西與伊西合。也。其寧寇、白亭並天寶所陞軍，故不數。通典有佚文，致誤合於北庭，而脱去赤水、大斗兩軍，然元和志與舊書地志與通典多合，想此處亦無異文也。會要九軍，天山、伊吾不計外，多一新泉，則兵志屬之朔方者也。元和郡縣志卷四〇隴右道河西節度所統亦九軍與會要同，新泉稱郡則刊本之誤，白亭稱軍而列於守捉之後，知志所據者本作守捉，吉甫從天寶時制改作軍。守捉二，張掖、交城。舊書地志唯白亭稱守捉，故止八軍，餘同元和志。通典多烏城一守捉，合張掖、交城、白亭為四。軍數雖有脱文，然自建康以下未脱者並與舊書地志及元和志合，知所脱止赤水、大斗二軍，合計之亦為八軍，與舊志同。

綜上所述，知諸書無大差别，但兵志以伊吾、天山屬之河西，斯為異耳。按此二軍在舊書地志屬之北庭，通典亦脱去此二軍。以安西治龜兹也。在會要屬之安西四鎮，以合磧西、伊西為一節度，而以安西治西州交河郡也。六典無天山而以伊吾屬磧西，亦以合磧西、伊西為一節度也。要之無屬河西之理。元和志卷四〇隴右道北庭節度使所統云：

伊吾軍，伊州西北三百里甘露川，景龍四年置，管兵三千人，馬三百匹，在理所東南五百里。

天山軍，西州城内，開元二年置，管兵五千人，馬五百匹〔在理南五百里〕。按末句涉下條衍。

伊州伊吾縣條下有伊吾軍，西州交河縣條下有天山軍，所述略同。唯天山軍先已云開元二年置，而末句又云貞觀十四年置，殊為可恠。會要列之安西四鎮節度下略同元和志，但天山軍亦云貞觀十四年置，與新書地志作開元二年置不同，而元和志更自相矛盾。考會要於瀚海軍條云：

瀚海軍、天山軍，天山軍本提行，乃刊本之譌。並在碎葉城。

貞觀十四年置庭州，文明元年，廢州置焉。長安二年十二月改為燭龍軍。三年，郭元振奏置

知會要本條貞觀十四年置一句乃涉下文而誤，本無此句也。至元和志此句之衍，更不待論。然作長安三年置亦與元和志異，蓋初置在碎葉，而碎葉不常為唐有，開元二年或是移軍西州而志以為始置也。

元和志及新舊書地志伊、西兩州與河西節度支郡並屬隴右道，此政治區域之劃分，與節度區無涉。兵志既別著河西、北庭、安西節度，而又奪北庭之所屬歸之河西，不審何故。舊唐書卷九七郭元振傳：

大足元年，遷涼州都督，隴右諸軍州大使。中略。在涼州五年。

則天大足元年十月改元長安，則元振是時兼統隴右諸軍州，四鎮並歸節制，故建置鎮軍，遠達碎葉。及磧西四鎮與伊西、北庭別建節鉞，則與隴右、河西各為一使，豈有遠屬河西之理。兵志之失，固無可辯也。

諸書紛岐者又有白亭，或曰軍，或曰守捉。通典云：

白亭守捉，武威郡城西五百里，管兵千七百人。

會要云：

白亭軍，天寶十四載正月三日置。

元和郡縣志隴右道涼州姑臧縣有白亭軍，云：

白亭軍，在縣北三百里馬城河東岸。舊置守捉，天寶十年哥舒翰改置軍。

新書地志略同，但十年作十四年，蓋元和志誤也。然舊唐書卷九七郭元振傳云：

元振始於南境硤口置和戎城，北界磧中置白亭軍。

則大足、長安之際已有白亭軍，或者此時但稱守捉，傳不辨別也。

諸軍沿革有相乖違者今併為辨正。通典云：「建康軍在張掖郡西二百里，嗣聖初王孝傑置。」元和志嗣聖作證聖，會要、新書地志同。舊唐書卷九三王孝傑傳，孝傑開四鎮在長壽間。則孝傑回軍置此軍元和志、會要、新地志並云然。宜在證聖間，通典「嗣」字或刊本之譌。又玉門軍，通典云：

「酒泉郡西二百餘里，武德中楊恭父置。」按元和志作楊恭仁，舊唐書卷六二楊恭仁傳：恭仁武德間曾為涼州都督，則通典作「恭父」，亦是譌字。會要云「玉門軍本廢玉門縣，開元六年置軍」，所紀不同。元和志於敘河西節度所統軍下雖繫於武德，然於肅州玉門軍下則云：「玉門軍，開元中玉門縣為吐蕃所陷，因於縣城置玉門軍，天寶十四年哥舒翰奏廢軍，重置縣。」乃知恭仁所置，殆中間曾廢罷為縣，而開元六年乃重置也。然元和志既從天寶十四載之制而改白亭守捉為軍，則亦應於敘河西節度所統軍內刪去此軍，但紀其沿革於玉門縣條下。論其取捨，誠所未喻。兵志務在誇多，其失又不僅此，不足責也。

兵志稱烏城等守捉十四，今考張掖守捉，諸書皆有，六典作甘州守捉。交城守捉亦唯六典不載，烏城守捉見於通典。此外見於新書地志者瓜州有百帳、豹文山，甘州有蓼泉，肅州有酒泉、威遠，合上三守捉，其數為八。而伊州有羅護、赤亭、獨山，西州有張三城，通計亦止十二守捉，故錢氏考異以為其數不合。察其所以，殆又將六典之新泉，通典及舊地志之白亭列入守捉數矣。

瀚海、清海、靜塞軍三，沙鉢等守捉十，曰北庭道。

按六典合磧西四鎮與伊西北庭為一節度，除四鎮外列舉伊吾，瀚海二軍及西州鎮守使。元和郡縣志卷四〇隴右道北庭節度使所統有瀚海、天山、伊吾三軍，舊書地志、會要並同，通典有佚文，脱去者以元和志等書證之，亦未必有異文。錢氏考異云：

按地理志靜塞軍，大曆六年置，此所舉軍名，皆天寶以前所置，不宜及靜塞也。

錢說是也。其清海軍則元和志庭州云：新書地志同。

清海軍在州西七百里，舊名鎮城鎮，地志作清海鎮，此誤。天寶中改名清海軍。

置軍當在天寶末，故舊地志、會要均不數。

其瀚海軍之沿革亦有可言者。會要云：

瀚海軍，置在北庭都護府，本烏孫王境也。貞觀十四年置庭州，文明元年廢州置焉。長安二年十二月改為燭龍軍。三年，郭元振奏置瀚海軍、天山軍，並在碎葉城。

元和志北庭節度使所統軍下有瀚海軍，云：地志北庭都護府條下同。

北庭都護府城中，長安二年，初置燭龍軍，三年，郭元振改為瀚海軍，開元中蓋嘉運重加脩築。管兵一萬二千人，馬四千二百匹焉。

通典直言開元二年置，不數沿革。考張九齡曲江集卷一〇勑蓋嘉運書，具銜稱瀚海軍使北庭都護，事在二十三四年間，知通典非以嘉運之脩築為始置。然如會要之說，則廢州置軍，實在文明元年，其時即稱瀚海，長安二年改名燭龍，次年乃於碎葉别置瀚海，非燭龍改名。然六典磧西節度使所統，有瀚海無燭龍，則開元二十五六年已無此軍。殆長安三年即以燭龍移碎葉，因復舊名為瀚海。會要云：「先天元年十一月史獻除伊西節度，兼瀚海軍使。」其廢碎葉雖在開元七年，然瀚海軍之復返北庭當在其先，故先天二年史獻以伊西節度兼軍使，伊西治所在庭州，則瀚海軍亦應在庭州，疑先已移軍矣。通典云開元二年置，既非移軍之時，不知何以云然。

地志載守捉十，曰沙鉢、馮洛、耶勒城、俱六城、張堡城、烏宰、葉河、黑水、東林、西林。按元和志庭州下列載諸鎮有俱六鎮、憑落鎮、即馮洛。神仙鎮、沙鉢鎮、蒲類鎮、郝遮鎮、鹽泉鎮、特羅堡子，共八鎮，其三則志所云守捉也。志於鎮往往稱守捉，疑此亦誤，但鎮有八而志僅收其三，豈譯名有同異歟？志又有清鎮軍，不紀置年，元和志清海鎮譌作鎮城鎮，豈此清鎮亦清海之誤而重出者耶？其天山、伊吾兩軍已見上條，今不述。

保大軍一，鷹娑都督一，蘭城等守捉八，曰安西道。

按六典磧西節度所統，除伊吾、瀚海及西州鎮守使在分兩節度時應屬伊西北庭之外，其疏勒、于闐、安西、即龜兹。焉耆四鎮經略使應屬磧西即安西。節度。通典磧西節度所統亦但著四鎮。舊地理志同。唯此四鎮有焉耆而無碎葉，則開元罷碎葉後之制。今考保大軍諸書所不載，獨見地志安西都護府，云：「有保大軍，屯碎葉城。」按開元之後，碎葉已廢，此軍亦當久罷，不知何以獨舉此軍。即言開元前制，則碎葉與疏勒、于闐、龜兹又何以缺而不載，而舉此置於碎葉之一軍，此甚不可解。

至於鷹娑都督為羈縻州之一，會要卷七三顯慶二年蘇定方平西突厥，分其種落，列置州縣，稱：「以鼠尼施處半部為鷹娑都督」，蓋西突厥五咄陸之一也。新書地志北庭都護府屬突厥州二十七亦有鷹娑。會要云隸安西都護，新書地志云隸北庭都護，而此復云隸安西，轉與會要合何邪？高宗時安西已移龜兹，非西州。此姑不論，而兵志例不數羈縻州，忽著鷹娑一府，尤為可怪。

兵志云守捉八，錢氏考異云：

按地理志，安西都護府有蘭城、坎城、葱嶺、于術、榆林、龍泉、東夷僻、西夷僻、赤岸九守捉，此云守捉八，所未詳也。

按地志末附賈躭皇華四達記，其坎城、蘭城皆稱鎮。志於鎮及守捉，不甚分辨，此亦一證。

志分北庭、安西為兩節度，舊地志同，通典稱鎮西及北庭，而六典合為磧西一節度，名號既殊，分併復異。按唐代在西域之軍區有三：曰磧西或四鎮，曰安西，曰伊西或北庭，三者常相兼，故軍鎮亦不常所屬。考設置節度最早者曰伊西。會要稱：「先天元年十一月史獻除伊西節度兼瀚海軍使」，此時磧西未置節度，云伊西者伊吾以西也。瀚海軍在北庭，伊西節度治所也。伊西節度例兼瀚海軍使、北庭都護，故有時亦稱北庭節度使，其正稱應曰伊西。安西亦本都護府，無節度，其後設置則或稱磧西，或稱四鎮。會要云：「開元六年三月湯嘉惠除四鎮節度經略使，自此始有節度之號。十二年以後或稱磧西節度，或稱四鎮節度。至二十一年十二月王斛斯除安西四鎮節度，遂為定額。」所謂安西四鎮節度，正稱應曰四鎮節度使安西都護。新書卷六七方鎮表景雲元年書安西都護四鎮經略大使。開元四年安西大都護領四鎮諸蕃落大使。此皆四鎮或磧西節度之前身也。唐大詔令集卷三五開元四年郯王嗣直安北大都護制：「嗣昇可安西大都護，仍充河西道四鎮諸蕃部落大使」，又稱郭虔瓘為安西大大字衍，見下。都護、四鎮經略大使。方鎮表四年條本此。則安西止稱都護，與四鎮雖互兼而各為一官也。而在會要以為開元六年建安西四鎮節度之號者，表於六年則云：「安西都護領四鎮節度支度經略使，副大都護領磧西節度支度經略等使，治西州。」是安西乃都護之號非節度之名也。唐大詔令集卷三六慶王亹等涼州都督制云「延王洄為安西大都護兼四鎮節度大使」，則開元十五年仍無安西節度之稱也。唯表六年條亦有甚誤者。唐制親王遥領大都護則都護稱副大都護，磧西節度亦即四鎮節度，表之都護兼四鎮與副大都護兼磧西，蓋是一事，表岐而為二，非也。表又云治西州，疑亦不然。唐初安西都護所屬甚廣，其治所久在西州。會要卷七三安西都護府條云：「貞觀十四年九月二十二日侯君集平高昌國，於西州置安西都護府，治交河城。」中經賀魯之亂，至顯慶二年平賀魯，西極波斯，東起玉門，羈縻州府，悉屬安西都護府，所領既遠，次年乃移治龜兹，而安西但為西州。咸亨二年，吐蕃陷安西，即龜兹也。四鎮中經廢罷，至長壽二年王孝傑克復四鎮，安西都護復於龜兹置，自是厥後，常在其地。唐六典磧西節度使所統有安西、疏勒、于闐、焉耆四鎮，而別有西州鎮守使，明以安西為龜兹。舊書地志更著安西都護治龜兹之文。開元六年，不聞移徙，何以忽云治西州。且長安二年置北庭都護府，先天元年置伊西節度以後，西州久為伊西節度北庭都護所屬，伊西既指伊吾以西，西州即在兼舉之中，故西州城内之天山軍屬於北庭也。此不可以不辨。會要又云二十一年以王斛斯為安西四鎮節度。按張九齡曲江集卷八有勅安西節度王斛斯書一通，内稱勅安西副大都護王斛斯。又一通卷首題勅王斛斯書，亦不具官銜，書前題作勅安西節度王斛斯。卷一〇有勅安西節度王斛斯書六通。又二通作勅四鎮節度王斛斯。其題作安西節度者，共三通，書中不具銜，其餘並作勑四鎮節度副大使，安西副大都護，則二十一年除王斛斯，安西仍曰都護，四鎮乃是節度，安西節度或安西四鎮節度均非正稱。然則嚴格言之，安西道應曰磧西或四鎮節度，而北庭道應曰伊西節度也。磧西通典作鎮西，唐大詔令集李若幽朔方節度使制亦稱鎮西。

復次磧西與伊西之分併亦有可論者。考自先天元年設置伊西節度以後，與四鎮經略分治東西，亦即繼承安西、北庭兩都護分統之制，故必相兼。然伊西節度有時併於磧西或四鎮節度，會要卷七八，唐書方鎮表並云開元十五年分伊西北庭為兩節度，察伊西節度即北庭節度，必無分理，則此伊西者殆安西之誤耶？由此推之，則是年之先安西兼統北庭，伊西節度不置也。表於十九年又稱：「合伊西、北庭二節度為安西四鎮北庭經略節度使。」考舊唐書卷八玄宗紀開元二十二年四月書：「伊西、北庭且依舊為節度」，可證其先又合，至是再分也。表十九年條之伊西仍是安西之誤，如或非誤，則當衍「二」字。會要不具十九年之合，二十二年之分，而云：「至二十九年十月二十九日移隸伊西、北庭都督四鎮節度使。」但云移隸，而無主名。舊玄宗紀二十三年十月辛亥稱：「移隸伊西、北庭都護屬四鎮節度」，與會要為一事，知二十九年為二十三年之誤，且都護譌都督，又脫一「屬」字也。張九齡曲江集卷十勑北庭都護蓋嘉運書云：「西庭雖無節度，受委固是一家。」卷一一勑磧西支度等使章仇兼瓊書亦云：「西庭既無節度，緩急不相為謀。」集中勑蓋嘉運書，但作北庭都護、瀚海軍使。西庭乃伊西、北庭之簡稱。此為二十三、四年問事，可以證紀之是，而會要二十九年始合為誤也。表於二十九年又書：「復分置安西四鎮節度使，治安西都護府。」至天寶十二載程千里爲北庭節度，見本傳。蓋分置稍久。次年表又書：「安西四鎮復兼北庭節度，是年復置二節度。」會要云：「至天寶十二載三月始以安西四鎮節度封常清兼伊西北庭節度、瀚海軍使。」十二載爲十三載之譌。舊書卷九玄宗紀「天寶十三載三月乙丑左羽林上將軍封常清權北庭都護、伊西節度使。」蓋是年但以一人統兩鎮，如河隴、范陽平盧之比，則合而復分，表云置二節度，未詳。

鎮西、天成、振威、安人、綏戎、河源、白水、天威、榆林、臨洮、莫門、神策、寧邊、威勝、金天、武寧、曜武、積石軍十八，平夷、綏和、合川守捉三，曰隴右道。

按六典隴右節度使統七軍：臨洮、河源、白水、安人、積石、莫門、振武。守捉使五：平夷、五門、富耳、藍州、平戎、綏和。通典十軍，較六典多威戎、寧塞、鎮西三軍，而守捉止三，同兵志。元和郡縣志卷三九，舊書地志隴右節度所統並同通典，唯振武軍作振威。會要載軍數十二，多神策、宛秀、保義，而少一寧塞，振威則作振武。保義爲元和元年置，可不論。今按兵志較通典諸書多出天成、天威、榆林、神策、寧邊、威勝、金天、武寧、曜武九軍，而少一寧塞，其寧邊、威勝、金天、武寧、曜武，並天寶十三載置。元和郡縣志卷三九隴右道廓州云：

寧邊軍在積石軍西黄河北。威勝軍在積石軍西八十里宛肅城。金天軍在積石軍西南一百四十里洪濟橋。武寧軍在洪濟橋東南八十里百谷城。曜武軍在州南二百里黑峽川。右寧邊等五軍並天寶十三年哥舒翰奏置。

新書地志同，但宛肅城作宛秀城。百谷城作百合城，則譯音無定字也。會要云：

宛秀軍，同前年天寶十三載。分九曲置澆河郡，內置軍焉，以臧奉忠為太守，充軍使。

按此宛秀軍殆即威勝軍，廓州本隋之澆河郡，然在唐或曰寧塞郡，不聞有澆河之號，疑有訛脱。其寧邊軍則地志廓州下云：「西有寧邊軍，本寧塞軍。」如上引元和志所云，則哥舒翰於天寶十三載置，其軍又在積石軍西，而積石軍乃在州西南一百五十里。前叙軍數作一百八十里，微異。而於隴右節度所統軍，叙寧塞軍乃云在廓州郡城內，是非一軍矣。通典云：

寧塞軍，寧塞郡城內，臣亡父先臣希望開元二十六年置。

則置軍之時與人，所置之地並與寧邊不合，君卿記其父事，必無誤。元和志於前叙止列開元之寧塞，而於廓州下列舉天寶十三載之五軍，志例本如此，初非以為一軍也。地志既誤，而兵志亦失之。六典無此軍，則奏上在二十六年，其軍或置於其後不及補入矣。天成軍亦天寶十三載置。地理志河州安昌郡下云：

西八十里索恭川有天成軍，西百餘里雕窠城有振威軍，皆天寶十三載置。

元和志三九隴右道河州下云：

鎮西軍在州西一百八十里，開元三年哥舒翰於索恭川置。振威軍在天成軍西一百餘里，天寶十三年哥舒翰攻吐蕃鵰窠城置。

按元和志之鎮西軍實為天成軍之譌，故其下云振威軍在天成軍西，使非譌者，既不著天成所在，何云振威在其西乎？　通典云：「鎮西軍安鄉郡城内，臣亡父先臣希望開元二十六年置。」會要云置在河州，紀年同通典。　舊志同。　即元和志隴右節度所統軍鎮西軍條亦同通典也。　元和志於城内置軍，例不再於各該郡下重舉。　鎮西在河州城内，諸書所同，通典作安鄉郡，即河州（新書作安昌，元和志作安樂，並譌）。　則元和志於河州別舉置於索恭川者，應是天成軍之譌無疑，至於開元三年，哥舒翰猶未從戎，舊書一〇四本傳，翰初事節度使王倕。考倕於玄宗之天寶元年始為河西節度，則翰從戎之始在是年以後矣。　其為訛脱又不待言矣。　舊唐書一九六上吐蕃傳云：「其年（開元二十六年）七月，希望又從鄯州發兵，奪吐蕃河橋，於河左築鹽泉城（中略）因於鹽泉城置鎮西軍。」則又不在河州城内，豈初置在鹽泉後乃移置耶？　然鹽泉在河左岸，而河州治枹罕，相去甚遠也。

而振威與振武諸書輒有混淆。　通典云：

振武軍，西平郡西三百里，開元中信安郡王禕置，兵千人。

舊地志、元和志，隴右節度使統内但有振威而無振武。　舊志云鄯州西三百里，元和志但云州西三百里，知脱一「鄯」字，其下亦云信安郡王禕置，與通典同，則所云振威即振武也。　乃元和志於河州下別舉振威軍，見上引。　置軍之地，人與時均不同。　會要云：

振武軍置在鄯州鄯城縣西界，吐蕃鐵仞城，亦名石堡城，開元十七年三月二十四日信安王禕拔之，置。　四月改為振武軍。　二十九年十二月六日蓋嘉運不能守，遂陷吐蕃。　天寶八載六月哥舒翰又拔之。　閏六月三日，改為神武軍。

然則振武在石堡，初置於開元十七年，復置於天寶八載，改名爲神武者也。振威在雕窠城，初置於天寶十三載者也。二軍初非前後各號之更改，亦非一軍之移置，舊地志及元和志作振威者，並當從通典改作振武。

兵志無振武而有振威，然振威乃指天寶十三載所置，未誤。其振武軍則改稱天威軍。新書地志鄯州西平郡下云：

有白水軍，綏戎城，又西南六十里有定戎城，又南隔澗七里有天威軍。軍故石堡城，開元十七年置，初曰振武軍。二十九年没吐蕃，天寶八載克之，更名。

則大威軍即振武軍也。然據上引會要，天寶八載更名神武，不云天威。舊書卷九玄宗紀天寶八載：卷一九六上吐蕃傳同。

六月，隴右節度使哥舒翰攻吐蕃石堡城，拔之。閏月己丑按閏六月癸亥朔，是三日，乃乙丑，通鑑正作乙丑。改石堡城爲神武軍。通鑑卷二一六同。

則地志云改天威者，豈後來所改名耶？

兵志又有榆林軍，諸書所不載。唯地志蘭州金城郡有此軍，不紀建置始末。今按張説之集卷一八廣州都督甄公道一碑：

拜蘭州刺史兼榆林臨洮等軍大使。

道一卒在開元五年，據會要先天二年道一已爲幽州節度使，碑作河北諸軍州大使，當是一事，官稱恐當從碑。其為蘭州刺史又在前，則睿宗時已有榆林軍，且置蘭州，然六典不載，蓋已廢罷。兵志不當收入。

神策軍亦天寶十三載置，故六典諸書不載。元和志洮州下有此軍，云「天寶十三年哥舒翰置，在洮河南岸」。地志云：「（洮）州西八十里磨禪川。」會要紀之最詳，云：

神策軍，天寶十三載七月十七日，隴右節度使哥舒翰，以前年收黃河九曲，請分其地置洮陽郡，內置軍焉。以成如璆為太守，充神策軍使。去臨洮軍二百餘里。

以上兵志多出之九軍並見地志，除榆林設置在前外，其餘並天寶間置，故諸書不録。但天威即振武，多出者乃振威耳。

兵志之綏戎，錢氏考異以為威戎之譌，是也。通典、會要、元和志、新舊地志鄯州西平郡並有威戎軍。地志鄯州西平郡下有綏戎城。威戎亦在鄯州界，遂致混淆也。又新地志劍南道茂州亦有威戎軍。

臨洮軍，諸書皆有之，而軍之所在亦有不合。通典云：舊地志及元和志同。

臨洮軍，開元中移就節度衙。

隴右節度使以鄯州都督領，故治鄯州，云開元中移就，則其先非在鄯州城內矣。會要云：

臨洮軍，置在狄道縣，開元七年移洮州縣，就此軍焉。

其莫門軍條又云：

開元十七年，洮州移隸臨洮軍，百姓隸岷州，置臨州。二十七年四月又改為洮州，今為臨洮軍是也。軍應作郡。

其臨洮軍條之七年乃十七年之誤。元和志卷三九洮州條亦云：「開元十七年廢入岷州，二十年於臨潭又置臨州，二十七年又改為洮州。」而元和志臨州條云：

天寶初，割蘭州狄道縣，又別置安樂縣，置臨州，州郭舊有臨洮軍，久視元年置。寶應元年陷於吐蕃。

綜上所述，則臨洮軍久視元年置於狄道縣，開元十七年廢洮州入岷州，其時狄道縣當亦屬岷州，後乃割屬蘭州，故會要云洮州移就臨洮軍，又云百姓隸岷州。使狄道縣此時已屬蘭州者，百姓既隸岷州，洮州已廢，其移就此軍者為何物耶。及二十年於臨潭縣置臨州，二十七年又改洮州，則向之移就此軍者必又返故地可知。臨洮軍之自狄道移就鄯州節度衙當在二十年左右。六典隴右諸軍首數臨洮，亦其遷鄯州之證。

隴右諸軍見於舊唐書卷九三婁師德傳者有懷遠軍，見於卷一九六上吐蕃傳又云：杜希望取吐蕃新城為威武軍二十六年。並不見紀載，蓋旋置旋廢者多矣。吐蕃傳又見白岬軍，則白水之譌耳。

三守捉，諸書並同，六典多五門、富耳、藍州三守捉。

威戎、安夷、昆明、寧遠、洪源、通化、松當、平戎、天保、威遠軍十，羊灌田等守捉十五，新安等城三十二，犍為等鎮三十八，曰劍南道。

按六典劍南節度使所統有昆明軍，松州、當州防禦，邛崍守捉，姚嶲州經略四使屬焉。通典與兵志合者：　昆明、寧遠、天寶三軍，兵志作「天保」，會要同。通典、元和郡縣志、舊地志並作天寶，蓋天保為改名。平戎稱城，洪源、通化稱郡。此外團結營，臨翼郡、蓬山郡、維川郡、交川郡、盧山郡、江源郡、南江郡、歸誠郡，並兵志所不載。元和志無通化郡，又南江作南溪，餘與通典合。舊地志但著天寶、平戎、昆明、寧遠、澄川、南江六軍鎮，而加以團結營及松、維、蓬、恭、雅、黎、姚、悉八州，蓬乃柘之譌，其附注乃又有翼、茂、當三州為正文所無。會要但著天保、昆明、洪源三軍。諸書之出入參差，莫甚於劍南道。今考兵志諸軍之無可比附者：曰威戎，新地志云在彭州濛陽郡；曰安夷，則并不見於地志；　曰威遠，地志云在榮州，元和郡縣志卷三三劍南道下榮州威遠縣條云威遠鎮置在縣城內，則本是鎮，其升降無可考，不知兵志何所據。其雖有不合而可通者：洪源、通化，兵志稱軍，通典稱郡，舊地志作黎州、即洪源郡。茂州。即通化郡。會要云：「洪源軍置在黎州漢黎郡也，開元三年置軍。」按元和志卷三二劍南道中黎州條云：「漢武帝破夷於邛，置沈黎郡。」通典卷一七六古梁州下黎州條云：「宋齊以來並為沈黎郡。」則會要「漢」下當脱一「沈」字。若非脱字則「黎」字為「源」字之譌，「郡」亦「縣」之譌。舊地志劍南道黎州條云：「雅州之漢源縣，大足元年割漢源、飛越二縣及巂州之陽山置黎州。」則會要當云「本漢源縣也」。元和志稱：黎州大足元年置，神龍三年廢，開元三年本道使陸象先重奏置。而會要卷七一云：「黎州長安二年置，神龍三年廢，開元四年七月二十二日置。」紀年不同。舊地志亦云大足元年置，而不載神龍之廢與開元之置。考大足元年之十月即改號長安，疑會要之長安二年為元年之譌，以後概前也。

舊唐書卷八玄宗紀開元四年七月丙申書：「分巂、雅二州置黎州。」是月乙亥朔，丙申即二十二日，與會要合，則作開元三年者誤也。夫黎州既廢於神龍，開元三年尚無此州，至於改為洪源郡，則廢州立郡事在天寶元年，更不容於此先立郡名。而通典云「洪源郡開元三年陸象先置」，未免疏失。會要云洪源軍開元三年置，其時殆置軍屬雅州，明年復置黎州，因廢軍號，屬之本州，天寶元年乃又取舊軍名以名郡耳。通化軍地志在維州，通典通化郡管兵三百人，別有維川郡管兵五百人。舊地志劍南節度所統附注茂州管兵三百人，維州管兵五百人，與通典合，則地志云在維州者誤也。地志於維州茂州下並有通化縣，他書但見茂州所屬縣，通化在維州南，茂州西，或曾改隸維州，而志以縣之重見，遂云軍在維州耶？其平戎軍，通典、元和志、舊地志並作平戎城，城與軍本時有混淆也。

兵志之松當軍，地志松州交川郡下有此軍，云武后時置。按松當乃松州當州之謂，六典有松州當州防禦使。通典云：「交川郡管兵二千八百人」；「江源郡貞觀二十一年裴行方置，管兵五百人」。元和志同。舊志作松州及當州。蓋即此松當軍。陳伯玉集卷八上蜀川安危事三條有云：

臣伏見劍南諸州，緣通軌軍屯在松潘等州，千里運糧，百姓困弊，中略。臣伏維松潘諸軍自屯鎮以來，於今相繼，百十餘年。

按當州本松州之通軌縣，軍以縣名，疑此通軌軍即松當軍之故名。但此云自屯鎮以來百十餘年，「百」字蓋「有」字之誤。文中稱武后為「聖母神皇」，考上此號在垂拱四年五月，越一年即稱帝，伯玉上書不越此兩年間，自唐之建國至是亦無百年也。通軌軍廢，改屬松當二州，或各置防禦使。合之則稱松當軍，分之則或歸之本州或别置防禦，雖異而實同也。

通典有雲南軍，不言置年及置在何處，元和郡縣志卷三一劍南節度所統有雲南軍，云：「管兵二千三百人，雲南今姚州。」按元和志之例凡稱軍者並云在某某郡某方，下不復云某某郡今某州。其稱郡者乃云某某郡今某州，如維川郡云維川今維州，臨翼郡云臨翼今翼州是也。今雲南既有今姚州之語，則本當作「郡」，不作「軍」。新地志於姚州下亦無此軍也。舊地志之附注與通典、元和志略同，但改郡作州。今於寧遠城及澄川守捉之間著有姚州，次序與通典、元和志悉同，知通典、元和志本作雲南郡無疑。兵志不數諸郡，故不録，非缺漏也。六典有姚嶲州經略使，則合雲南郡及越嶲諸城鎮守捉言之耳。

通典及舊地志並著南江郡。通典云：「瀘川郡西二百五十里，管兵二千人。」舊志亦云：「南江郡管兵三百人。」元和志云：「南溪郡、瀘川郡西二百五十里，管兵二千人，南溪今戎州。」按南江非郡名，舊志於通典稱郡者，並稱州，何故獨著南江郡之目？一也。舊志於附注稱南江郡，而於正文則云南江等六軍鎮，正文不悉載諸州郡，但有松、維等八州，中無戎州，而列南江於六軍鎮，與天寶、平戎諸軍城並舉，顯見其非州郡，二也。通典之南江郡與元和志之南溪郡地位管兵數悉同，南江為南溪之譌，自不待言，而舊志附注云管兵三百人，兵數不合，三也。其乖違之故，蓋通典之南江為南溪之譌。舊志正文之南江指南江守捉，新地志姚州雲南郡有南江守捉，與澄川並列，舊志正文亦在澄川之下，可證。其附注之南江郡則為南江軍之譌，亦即南江守捉也。通鑑卷二一五玄宗天寶元年正月列舉十節度所統軍劍南節度下與舊志略同，胡注：「南江軍兵三百人。」今考胡注亦即本之舊志，如悉州管兵五千人，不從元和志作四百人，亦不從通典作三千人；寧遠軍管兵三百人，不從元和志及通典作五百人，而與舊志悉同。則知梅磵所據舊志乃作南江軍也。疑本是軍，後乃降為守捉，其陞降則不可知矣。然則通典、元和志但有南溪郡，而無南江軍或守捉，舊志但有南江軍而無南溪郡，後人改舊志以合通典，抑改通典以合舊志，雖不可斷言，而其譌誤猶有可尋者矣。

其地志所載而兵志闕者，除明著天寶後置者，又有數軍：彭州濛陽郡九隴縣云有鎮靜軍，開元中置。而蜀州唐安郡又有鎮靜軍，則乾符二年高駢所置也；漢州德陽郡有威勝軍，資州資陽郡有安定軍，遂州遂寧郡有靜戎軍，並不紀置年。又元和志卷三二巂州會川縣云：「天寶初又於縣側立會同軍，在今州南三百七十里」，兵志亦不載。見於陳伯玉集卷八上蜀川安危事者有同昌軍，當在扶州同昌郡（屬山南道），軍於聖曆元年廢，其置蓋在高宗時。

兵志所稱守捉、城鎮之數，與地志不合。錢氏考異云：

地理志劍南道有羊灌田、朋笮、繩橋、彭州。白沙、彭州九隴。合江、榖墌、三谷、翼州。乾溪、白望、暗桶、赤鼓溪、石梯、達節、鵶口、質臺、駱它、維州。通耳、爪平、乾溪、侏儒、箭上、谷口、西山南路，乾溪兩見，疑有譌。澄川、南江姚州。二十四守捉。七盤、安遠、龍溪、彭州。新安、三阜、沙野、蘇祁、保塞、羅山、西瀘、蛇勇、遏戎、嶲州。晏山、邊臨、統塞、集重、伐謀、制勝、龍遊、尼陽、雅州。武侯、廓清、銅山、肅寧、大定、要衝、潘倉、三碉、杖義、瑠璃、和孤、黎州。峨和、白岸、都護、祚鼎、翼州。苻堅維州。三十六城。犍為、沐源、寺莊、牛徑、銅山、曲灘、陁和、平戎、依名、利雲、溶川、羅護、柘林、大池、雞心、龍溪、賴泥、可陽、婆籠、馬鞍、始犂、峨眉、嘉州。按銅山有二，龍溪亦有二，一稱守捉，二稱城。和川、始陽、靈關、安國、雅州。定蕃、飛越、和孤、黎州。按和孤兩見，一稱城，一稱守捉。同在黎州，疑譌。隴東、益登、清溪、禦藩、吉超、翼州。寧塞、姜維、維州。石門、龍騰、和戎、馬湖、移風、伊祿、義賓、可封、泥溪、開邊、平寇戎州。四十七鎮。與此志數皆不合。

按地志所載守捉、城、鎮，徵之元和志頗不盡同。元和志卷三一劍南道上彭州有灌口鎮，嘉州有玉津鎮，戎州有鹽泉鎮，雅州有多切鎮、隴越鎮、靈關鎮、邛來鎮，松州有寧遠鎮、江源鎮，維州有姜維城，黎州有武侯城、沈黎鎮、廓清城、銅山城、定蕃城、要衝城、大定城，原注以上五城並貞元中韋皐置。嶲州有清寇鎮，悉州有左封守捉。除雅州之靈關鎮以外，所載各鎮均不相合。城則類見於兵志，唯黎州五城，置於貞元，度不豫兵志三十二城之列。此外戎州石門鎮在元和志則茂州通化縣之故名，馬湖鎮則稱戍不稱鎮，並有不合。

兵志於其他節度使管內，例不數鎮，而於劍南、河南自亂其例，所不可解。

嶺南、安南、桂管、邕管、容管經略、清海軍六，曰嶺南道。

按六典云：「嶺南節度使，其統有廣、桂、邕、容、安南等五府經略使。」通典云：「嶺南五府經略使綏静夷獠，統經略軍、清海軍、桂管經略使、容管經略使、鎮南經略使、邕管經略使。」元和志、舊書地志並同。　蓋廣、桂、邕、容、安南各有經略使，經略使所統即曰經略軍。嶺南五府經略使兼統五經略使，而廣州之經略軍自領之。及改稱節度使，則廣府仍有經略使之號，故六典云然也。五經略軍加清海為六軍，兵志圖省字，若於經略上加「五」字則明晰矣。

福州經略軍一，曰江南道。

按六典有福州經略使。通典、舊志有長樂經略使。江南無節度之名，且福州一地亦不足以概本道。

平海軍一，東牟、東萊守捉二，蓬萊鎮一，曰河南道。

按六典稱登州平海軍，云與福州經略使並不在節度之内。通典、舊地志有東萊、東牟二守捉，以本州刺史領之。新地志登州有平海軍，亦曰東牟守捉，此分為二，未審孰是，然兵志記軍數，多採地志，則此處殆誤讀而然耶？東萊守捉、蓬萊鎮並在萊州。元和志卷一一河南道登州蓬萊縣條云：「貞觀八年於此置蓬萊鎮，神龍三年析黄縣置蓬萊縣，在鎮南一里。」則鎮與縣並存也。

按河南、江南在天寶時並無節度，即其後設置亦不以江南、河南為稱。登萊自屬淄青或青密。福州經略使自上元元年由都防禦使陞為福建節度，爾後復降為都團練觀察使，始終不屬江南也。若謂天寶以前之制，則江南、河南但有採訪處置使，不理軍事，豈可强以比附節度使耶？夫志以兵名，所謂「總之者曰道」，如互證之説雖亦可通，但江南、河南與北庭、安西、平盧等並列，終嫌不倫。

其軍、城、鎮、守捉皆有使。

按六典卷五兵部云：

諸軍各置使一人，五千人已上置副使一人，萬人已上置營田副使一人。每軍皆有倉曹、兵曹、胄曹、參軍各一人，中略。其横海、高陽、唐興、恒陽、北平等五軍皆本州刺史為使。中略。凡鎮皆有使一人，副使一人，萬人已上置司馬、倉曹、兵曹參軍各一人，五千人以下減司馬。凡諸軍鎮每五百人置押官一人，一千人置子總管一人，五千人置總管一人。凡諸軍鎮使副使已上皆四年一替，總管已上六年一替，押官隨兵交替。

而道有大將一人，曰大總管，已而更曰大都督。

按大總管或大都督皆系於州，獨行軍總管稱某某道。自改都督後，出征稱總管，而本州稱都督。本文所云之大總管或大都督，自指系州者言之，若出征則無稱都督者，而在本州亦無稱某某道大都督者。此云道有大將一人，未諦。通典卷三二職官都督條：

大唐諸州復有總管亦加號使持節。武德元年諸州總管亦加號使持節。五年，以洛、荆、并、幽、交五州為大總管府，七年，改大總管府為大都督府，總管府為都督府。復有行軍大總管者，蓋有征伐，則置於所征之道，以督軍事。中略。太極初以并、益、荆、揚為四大都督府，開元十七年加潞州為五焉。按六典去揚增幽。其餘都督定為上中下等，前後制置，改易不恒，難可備叙。凡大都督府置大都督一人，親王為之，多遥領其任，亦多為贈官。長史居府，以總其事。

大總管或大都督止於四五而已，不得云道有大將一人也。其後并、益、幽三州大都督府長史為河東、劍南、范陽三節度使之本官，鄯、涼二都督為河西、隴右二節度使之本官，安北、安東、安西、北庭都護為朔方、平盧仍兼營州都督。磧西、伊西四節度之本管。節度使淵源所自，更不得以大都督府括之。

至太宗時行軍征討曰大總管，在其本道曰大都督。自高宗永徽以後，都督帶使持節者始謂之節度使，然猶未以名官。

按會要卷七八節度使條云：

武德元年因隋舊制呼為大總管，其年六月七日諸州總管加號使持節。至七年二月十八日改大總管為大都督。貞觀三年八月李靖除定襄道行軍大總管。貞觀三年已後，行軍即稱總管，本道即稱都督。永徽已後，除都督帶使持節即是節度使，不帶節者不是節度使。

兵志全襲此文，而於總管、都督上加一大字，以與上文照應。然會要所云自是兩截，出征之總管與在本道此一道字，因都督兼統他州軍事，姑以道括之。其實都督並繫之於州，不曰道也。之都督並不必其為大也。

會要云都督帶使持節即是節度使，不帶節者不是節度使，其説似誤。在唐代都督例加使持節之號，豈有不帶節之理。前引通典卷三二都督條云：「諸州總管亦加號使持節。」會要亦自言之。都督改自總管，其亦加使持節可知。今考唐大詔令集卷三四所載諸王拜都督册文，及卷六二册張允恭、段寶玄為都督文，皆云使持節都督某州等諸軍事某州刺史，即非都督之刺史亦類加使持節某某等州諸軍事。似唐初猶以刺史為本官，使持節都督為加號。然總管在隋猶無官品，在唐則貞觀時已分都督為上中下府，而會要六八所載景雲二年二十四都督及通典開元品令明列都督之秩，則都督或總管久為職事官矣。凡為都督無不加使持節，更無如會要所云有帶節與不帶節之分。且節度使更非必以都督為本官，如磧西、伊西是也。則云都督加節始為節度使亦不能通。然則會要之言盡出虛誣乎？則亦不然。舊唐書卷四四職官志上州刺史下注云：

至魏晉，刺史任重者為使持節都督，輕者為持節，後魏、北齊總管刺史則加使持節諸軍事，以此為常。隋開皇三年罷郡，以州統縣，刺史之名存而職廢，而於刺史太守官位中不落持節之名，至今不改，有名無實也。至德之後，中原用兵，大將為刺史者兼治軍旅，遂依天寶邊將故事，加節度使之號，連制數郡。奉辭之日，賜雙旌雙節，如後魏、北齊故事。

又通典卷三二都督條：

分天下州縣制為諸道，每道置使，理於所部，即採訪防禦諸使也。其邊方有寇戎之地，則加以旌節，謂之節度使，中略。得以軍事專殺，行則建節，府樹六纛。

如上所引，知刺史及都督雖有使持節之號，而實無其事，但為虛名。諸道採訪使則更不加此號。

唯節度使之加旌節乃是真實不虛。故通典一則云加旌節，二則云行則建節。舊志云賜雙節也。舊志雖指至德以後中原刺史之陞節度者，然天寶邊將自亦如是，非至德所始創。六典卷五兵部云：

> 以奉使言之則曰節度使，有大使焉，有副大使焉，有判官焉。若大使加旌節以統軍，置木契以行動。

而於都督刺史條，初未特書加旌節之文，猶可證虛實輕重之別，故會要乃有都督帶節為節度使之說。其誤在於以都督包舉而不知節度使有不兼都督者耳。

會要以都督為節度使之前身，通典卷三二以節度使為古之持節都督、近代行軍總管之任。然都督何故而有節度之稱，何故而加賜旌節，行軍總管何以久駐而為節度使，宜亦有所解釋。節度之名見於史傳者甚早，如宋書九五索虜傳元嘉二十七年之北伐詔有云：

> 江夏王義恭德望兼崇，風略遐被，即可三府文武，並被以中儀精卒，出次徐方，為衆軍節度。

此則節度之名見於南朝者也。考都督本兼制數州軍事，而節度之稱乃除所管州之外兼施之於不屬州郡之「軍」「城」等。唐大詔令集卷三五秦王太尉陝東行臺制有云：

> 其蒲州河北諸道總管及東討諸府兵並授節度。

在唐代，殆為節度一辭最早見於紀載者。節度者以節調度，猶之節制，陝東行臺兼統本管州郡之外之總管及東征府兵，故有授節度之語也。張說之文集卷一四贈太尉裴公碑有云：

> 上元中，中略。詔公為洮州道左軍總管，又為秦州鎮撫右軍總管，並受元帥周王節度。

按舊書卷五高宗紀上元三年閏三月乙酉：「洛州牧周王顯為洮州道行軍元帥，領工部尚書劉審禮等十二總管。」即其事也。册府元龜一二五九太極元年二月詔，有「幽州都督裴懷古節度内發三萬兵赴天武軍」，即知節度乃兼包所管州軍而言。會要卷六一御史臺館驛：

大足元年五月六日勅，諸軍節度大使聽將家口八人，副大使六人。萬人已上鎮軍大使四人，副使三人。五千人已上大使三人，副使二人，並給傳乘。

按此可見武后時已以節度大使為稱，然非官銜也。當時邊郡之軍，亦有稱大使者，統領不止一軍者有節度之名，故云節度大使。其一軍之使，則萬人已上有鎮軍之號，五千人已上則止稱某軍大使而已。至於開元之初，乃頻見此一名辭之施用。唐大詔令集卷一三〇姚崇等北伐制：

（姚崇）可持節靈武道行軍大總管，（管）内諸軍咸受節度。開元二年二月二十八。

同書卷五九王晙朔方道行軍總管制：册府卷九九二略同。

（晙）可持節充朔方道行軍大總管，仍兼安北大都護，豐安、定遠、三城等軍及側近州軍，宜依舊例，並受晙節度。開元二年二月五日。節度原作節制，據册府改正。

按朔方治所在靈州，何以分靈武與朔方為二，兩制在同月，册府元龜九九二題稱晙為朔方軍副大使總管，而舊唐書九三晙本傳云：「再轉鴻臚大卿，當作少卿。充朔方軍副大總管，兼安西北之謁。大都護，豐安、定遠、三城及側近軍並受晙節度。」亦作副總管。然本傳其下即云：「轉太僕少卿隴右群牧使，開元二年，吐蕃精甲十萬寇臨洮軍。」考吐蕃入寇在二年十月，其先晙已轉官隴右，疑晙以開元二年二月自朔方道行軍副大總管陞正，而是月之末即已遷官，姚崇繼任而改稱靈武道，然崇實未行，以副大總管張知運攝其事，見册府卷一一九四月勅。至三年四月仍是知運，見册府同卷三年四月勅。至是年八月薛訥自涼州移鎮，仍稱朔方道，詔令五九作十月，通鑑作九月，册府一一九作十月。知運乃罷靈武道副大總管。吴氏方鎮年表於此未加説明，遽以薛訥繼王晙，恐未然也。今請更引數事以證節度之稱。册府元龜卷七八云：

開元二年賜（薛）訥旌節，勅王晙、臧懷亮、王海賓、楊楚客等並受訥節度。

按此條亦可見賜旌節即授以節度諸將之權。同書卷一一九開元三年四月詔：

（薛訥）可持節充梁涼之譌州鎮軍大總管，赤水、建康、河源及緣邊州軍並受節度。中略。（郭）虔瓘可持節充朔州鎮軍大總管，和戎、大武及并州以北緣邊州軍並受節度。

唐大詔令集卷五九薛訥朔方道大總管制：册府卷一一九同。

（薛訥）宜持節充朔方道行軍大總管，太僕少卿上柱國呂延祚、中略。右威衛將軍兼靈州刺史豐安軍使上柱國杜賓客中略。宜並充副大總管，節度主者施行。三年十月。

按上引諸條，姚、薛、郭、王諸人皆非節度使，而皆有持節之號，皆有諸軍或州軍受節度之語，且有但加「節度」二字者。可知帶節為節度使之語，可施於都督，亦可施於行軍總管。因其節制所及不止於都督所臨之州，亦不止於行軍所領之軍，故必列舉某軍某軍悉受節度。上云持節，下云節度，乃是以節為符驗而調度諸軍，非如刺史之為虛名也。

又開元之先，行軍或鎮軍大總管不必兼所治地之都督，如靈州都督其後為朔方節度使之本官，而唐大詔令集卷一三〇景龍四年吕休璟等北伐制，朔方道行軍大總管為張仁亶，别見豐安軍大使靈州都督觀察副使張趙璧、常元寂等。上引詔令集姚崇等北伐制，靈武道行軍大總管為姚崇，而别見靈州都督吕休璟。涼州都督為河西節度使之本官，而上引册府開元三年詔，薛訥為涼州鎮軍總管，且詔書明云於涼州住，而又别見涼州都督楊執一，據張説之集卷一六贈户部尚書河東公楊公碑及會要卷七八，執一已為河西節度使矣。并州大都督府長史為河東節度使本官，郭虔瓘之為朔州鎮軍大總管，詔書明云於并州住，而又别見并州長史王晙。可知時制之混淆不明，如楊執一已為節度使而又受節度於鎮軍大總管，其尤著者也。然則在開元之初，有時以行軍總管節度緣邊諸軍州，因以遞嬗為後之節度使者。如朔方道，唐大詔令集卷五九册府元龜卷一一九同。開元三年十月十四日薛訥為朔方道大總管，而册府元龜卷九九二稱「（開元）四年三月關内節度薛訥請於夏州加三二千兵」，其時朔方職名猶未定，至開元九年始改朔方道大總管為節度使，會要七八在開元元年，大誤，此從新書方鎮表。而已稱薛訥為關内節度。又有以軍使改者，如河東道，其先但有并州大都督府長史、或亦節制諸軍，而郭虔瓘節度諸軍則不兼長史。册府元龜卷九九二開元五年七月辛酉詔置天兵軍，以并州長史張嘉貞充天兵軍大使，至八年，新書方鎮表稱改天兵軍大使為節度使，十一年乃改為太原以北諸軍州節度使，十八年始稱河東節度使。并州長史只是本官，論節度使之淵源，實當溯自天兵軍大使也。又資治通鑑卷二一〇睿宗景雲元年十月丁酉書：

「以幽州鎮守經略節度大使薛訥為左武衛大將軍兼幽州都督。」考異云：本之太上皇實録。據此則先授節度之職，後兼都督之官，尤可證非必以都督持節乃是節度使，正不能泥會要之説耳。

景雲二年以賀拔延嗣為涼州都督、河西節度使，自此而後，接乎開元，朔方、隴右、河東、河西諸鎮皆置節度使。

按會要卷七八、通典卷三二，並以賀拔嗣延通典作「延嗣」。之為河西節度，乃名官之始。通鑑考異薛訥兼幽州都督條見上引。云：

統紀：「景雲二年四月以賀拔延秀為河西節度使，節度之名自此始。」會要云：「景雲二年賀拔延嗣為涼州都督，充河西節度，始有節度之號。」中略。按訥先已為節度大使，則節度之名不始於延嗣也。

按舊書卷九三薛訥傳：

尋拜幽州都督兼安東都護，轉并州大都督府長史兼檢校左衛大將軍，按如通鑑之説，訥先已為左武衛大將軍矣，而此乃云檢校左衛大將軍，似不當稱檢校也。久當邊鎮之任，累有戰功。玄宗即位，於新豐講武，訥為左軍節度。

會要卷七八云：「先天二年二月，甄道一除幽州節度經略鎮守使。」張説之集卷一八廣州都督甄公碑云：「徵授幽州都督，衣之以紫，攝御史中丞，為河北軍州節度大使。」稱號微異，今可不論，但薛訥之後，甄道一之先，應尚有一人任幽州都督者，不審亦帶節度使職否也。

又開元時共十節度，兵志乃但舉朔方、隴右、河東、河西，已不可解。且河西已見上，明云「自此而後，接乎開元」，此者即指河西節度使之官稱也，而其下復舉河西，未免前後乖忤。

召梁兵以誅宦官而劫天子。

百衲影宋本宦官下無「而」字；南雍本、殿本皆有；局本作「召梁兵以誅宦官，而宦官劫天子奔岐」，亦異。

唐書兵志箋正卷三

初高祖以義兵起太原，已定天下，悉罷遣歸，其願留宿衛者三萬人。高祖以渭北白渠旁民棄腴田分給之，號「元從禁軍」。後老不任事，以其子弟代，謂之「父子軍」。

殿本「民棄腴田」，「民」作「子」，南雍本同，百衲影宋本作「民」，局本同，今從改。

按玉海卷一三八引鄴侯家傳云：

國初太原從義之師，願留宿衛，為心膂不歸者六萬。於渭北白渠之下七縣絶户膏腴之地分給義師家為永業，於縣下置太原田以居其父兄子弟。於龍首監置營以處，並為臣高祖仲威。起第於監內，謂之「元從禁軍」。中略。初元從軍老及缺，必取其家子弟鄉親代之，謂之「父子軍」。

兵志所云，悉本家傳，但三萬與六萬不合。

及貞觀初，太宗擇善射者百人為二番，於北門長上，曰「百騎」，以從田獵。

按下文又稱自飛騎中選百騎，則貞觀中有兩百騎矣。將以後者既置而前者廢耶？抑以為並存也？考玉海引鄴侯家傳云：

太宗乃以元從軍為龍武，分為左右，置將數員分掌之。初高祖好畋獵，於元從揀善射者百人，分兩番於北門長上從獵，謂之「百騎」。太宗時亦然，衣以五色，賞賜優厚。高宗時漸衆，改為千騎，於北門別置營壘，猶統龍武軍。武太后朝召入轉多，改為萬騎，而名羽林軍，分左右，置將軍，員如龍武，羽林盛而龍武衰。

又事增之弊矣。

高祖為太宗耳。其後自飛騎中選取之說則本之會要，遂兩載之，而其實同時固無兩百騎也。此家傳述羽林、龍武之設置，其誤顯然，可不待論。而兵志選自元從之百騎本之家傳，亦甚明，但改

又置北衙七營，選材力驍壯，月以一營番上，十二年，始置左右屯營於玄武門，領以諸衛將軍，號飛騎。

按北門屯營，武德時已有之。舊唐書卷一八七上忠義敬君弘傳：

武德中為驃騎將軍，封黔昌縣侯，掌屯營兵於玄武門。

同卷馮立傳直稱敬君弘為屯營將軍，卷六八尉遲敬德傳亦然。此為流行之稱謂，屯營將軍本無是官名也。此屯營蓋即鄭侯家傳所云於龍首監置營以處元從禁軍者，兵志所云月以一營番上之北衙七營，亦即指此，但不始於貞觀也。

北門屯營蓋仍隸於屯衛。貞觀十二年屯營中始置飛騎，仍屬屯衛，直至屯營獨立，改為羽林軍，而飛騎之隸於屯衛如故。通典卷二八職官威衛條云：

隋初有領軍府，煬帝改為左右屯衛，大唐因之。貞觀十二年左右屯衛始置飛騎。中略。龍朔

二年改左右屯衛為左右威衛，而別置左右屯營，亦有大將軍等官。尋改左右屯營為羽林。

六典卷二四左右威衛長史條云：

凡飛騎宿衛者，將軍已下不得使其出外。

冊府元龜卷一一八玄宗開元二年征吐蕃條：

宜令朝廷召募勇夫壯士拔萃逸群者稱為屯衛飛騎，且各量與賜帛，行迴之日，簡入羽林。

並可證飛騎之屬於屯衛，亦即屯衛分部之駐北門者。會要卷七二京城諸軍羽林軍條云：通鑑卷一九五，通典卷二八並同。

貞觀十二年十一月三日於玄武門置左右屯營，以諸衛將軍領之，其兵名曰「飛騎」。

太平御覽卷三〇〇引唐書云：

貞觀中左右屯營始置飛騎。

舊唐書卷三太宗紀貞觀十二年：

六月庚子初置玄武門左右飛騎。

其月日不合，未知孰是。考舊紀但云置飛騎，以玄武門之有屯營不始於此時也。會要、通典羽林軍條及逸唐書不云飛騎屬屯衛者，以屯營本屬屯衛，但云屬屯營即明其屬屯衛也。茲請論證屯營其始為屯衛分部之説。考屯營設置由來已久，玄武門不能無宿衛，即不能無屯營。文館詞林缺卷數褚亮撰左屯衛大將軍周孝範碑銘曰：

九年武德。六月改授太子右内率，仍檢校北門諸仗。宫率精兵，見稱歷載，儲闈禦武，尤光顯職，奉雞戟以趨侍，肅龍樓而巡警。按此可見九年玄武門之變以後，北門重地皆太宗私人掌其事矣。貞觀元年授右屯衛將軍，於玄武門領兵宿衛。

蓋在十二年之前屯衛將軍即領北門兵宿衛，屯營之隸於屯衛，此其一證。又上引通典威衛條云：「龍朔二年改左右屯衛為左右威衛，而別置左右屯營。」云別置者，其始屯衛實掌屯營之職，至是始分為二也。六典卷二四左右威衛條注云：

隋初，置左右領軍府，煬帝改為左右屯衛，皇朝因之，至龍朔二年改為左右威衛，別置左右屯衛，亦有大將軍等官。

今通行本六典出自明正德本，中多訛脱，其別置左右屯衛當從通典作屯營。蓋自改威衛之後，已無屯衛之名矣。然上引册府開元二年詔亦有所謂屯衛飛騎者，豈開元之初曾復威衛之故名，抑羽林軍故蒙屯衛之稱也？今未詳。然六典故與通典同也。同書左右威衛大將軍將軍職掌條云：

翊府翊衛，外府羽林番上者則分配之。

長史條云：

凡飛騎宿衛者，將軍已下不得使其出外，若番上須兵士，則簡同華越騎充；不足，取步騎；步騎不足，兼取諸州越騎。

胄曹參軍條曰：

隋煬帝改領軍為左右屯衛，有長史已下等員。皇朝改之，已具前說。

同書卷二五左右羽林軍大將軍條注云：

隋煬帝改左右領軍為左右屯衛，所領兵為羽林。皇朝名武衛所領兵為羽林，又別置左右屯營，各有大將軍、將軍等員。龍朔二年為左右羽林軍，其名則歷代之羽林也。

按本文「武衛」為「威衛」或「屯衛」之譌，已不待論。其長史條曰：

凡飛騎宿衛，將軍已下不得使其出外。若番上須兵士，則簡同華越騎充；不足，取步騎；步騎不足，兼取諸州越騎。

幾與威衛條全同，蓋屯衛之職既已移於屯營，亦即羽林之前身。則飛騎亦當移屬，然論其始則屬於屯衛，故六典兩著之也。會要卷七二京城諸軍羽林軍條云：

二年神龍。七月二日勑左右羽林飛騎厨食准國子監例，委軍司自定官典押當。

此時已有羽林飛騎之稱，而資治通鑑卷二一〇睿宗景雲元年八月云：

更置飛騎隸左右羽林。

蓋前此之飛騎雖屬羽林，而實即屯衛飛騎之移隸，此云更置，則別有召募之謂，非前此羽林無飛騎也。六典羽林軍胄曹參軍條曰：

隋有左右屯衛，有長史已下等員。皇朝因之，為屯營官名。

亦與威衛之胄曹參軍條相呼應。自屯營獨立之後，屯衛改為威衛，而取其官稱以稱屯營掾屬，其先屯營無屬官也。

綜上所述，羽林則屯衛所領兵名也，而取以名屯營。飛騎亦屯衛之兵也，而以名屯營兵。長史所掌，屯衛羽林無不同也。屯營掾屬則因屯衛之舊。通典、六典言及屯衛即涉羽林，言及羽林即涉屯衛，夫豈言之不憚煩。寧非羽林未置之先，其前身之左右屯營固屬於屯衛乎？

其法取户二等以上、長六尺闊壯者，試弓馬四次上、翹關舉五、負米五斛、行三十步者。

百衲影宋本「户」作「月」，南雍本、殿本並作「户」。

按會要卷七二京城諸軍條：

天寶五載三月十八日敕：應募飛騎請委郡縣長官，先取長六尺；不足，即選取五尺九寸已上，灼然闊壯，膂力過人者申送。

與志合而較略。考六典卷五兵部員外郎條云：

其試用有七：一曰射長垛，入中院為上，入次院為次上，入外院為次。二曰騎射，發而並中為上，或中或不中為次上，總不中為次。三曰馬槍，三拔四拔為上，二拔為次上，一拔及不中為次。四曰步射射草人，中者為次上，雖中而不法，雖法而不中者為次。五曰材貌，以身長六尺已上者為次上，已下為次。六曰言語，有神彩堪充領者為次上，無者為次。七曰舉重，謂翹關率以五次為上第。皆試其高第者以奏聞。

按此兵部試武舉之制，與兵志選飛騎之法略同。兵云試弓馬四次，殆即合射長垛、騎射、馬槍、步射四項也。長六尺則材貌也。翹關舉五，疑當作率五，則舉重也。唯不試言語耳。又上引天寶五載詔知飛騎取之召募，與此云取二等户以上者合，但二等疑當作六等耳。會要卷七二京城諸軍條先天二年正月詔：

自今後羽林飛騎並於衛士中簡補。冊府元龜卷一二四亦有此詔。

知其先非取之衛士，而天寶之制亦泛云召募，不限衛士，則先天之詔施行至天寶而廢。

復擇馬射為百騎，衣五色袍，乘六閑駁馬，虎皮韉，為遊幸翊衛。

按會要卷七二京城諸軍羽林軍條：通典卷二八羽林衛條同。

其兵名曰飛騎，中簡材力驍健善騎射者號為「百騎」。上遊幸，則衣五色袍，乘六閑馬，賜猛獸衣韉以從之。舊唐書卷四四職官志左右龍武軍條注略同。

此以百騎自飛騎中選取，與兵志同。而舊唐書卷一〇六王毛仲傳：

初太宗貞觀中擇官户蕃口中少年驍勇者百人，每出遊獵，令持弓矢於御馬前射生，令騎豹文韉，著畫獸文衫，謂之百騎。

考飛騎之選補既取之二等户二字疑譌。以上，若從官户蕃口中選取，即非飛騎。通鑑卷一九五貞觀十二年十一月條既從通典、會要、兵志之説矣，而卷二〇九景雲元年六月條又從王毛仲傳，未免失檢。會要卷七二京城諸軍條：

景龍元年十月停户奴為萬騎。

通鑑卷二一〇書此事在景雲元年八月，未知孰是。胡注：「户奴為萬騎，蓋必起於永昌之後。」雖無確據，疑若可信。則毛仲傳所述，蓋非貞觀之初制，而武后時之情形也。百騎初置，選自飛騎，及武后擴大為千騎，乃取之户奴耳。

復次，百騎與飛騎之服色亦有可述者：兵志謂衣五色袍，乘六閑馬者為百騎。會要卷七二、通典卷二八左右羽林衛條，通鑑卷一九五貞觀十二年十一月條，玉海引鄴侯家傳均同。而太平御覽卷三〇〇引逸唐書又云：

貞觀中左右屯營始置飛騎，揀材力驍捷，善騎射者為之。太宗時出遊幸，則從焉。衣五色袍，乘六閑駿馬，賜猛獸皮韉以摽異之。又加階級廩食各有差。

通典卷二八威衛條云：

貞觀十二年左右屯衛始置飛騎，出遊幸，即衣五色袍，乘六閑馬，賜猛獸衣韉而從焉。

舊唐書卷五九姜謩傳附子行本傳云：

又轉左屯衛將軍，時太宗選趫捷之士，衣五色袍，乘六閑馬，直屯營以充仗内宿衛，名為飛騎。每遊幸，即騎以從，分隸於行本。

又以服五色袍乘六閑馬者為飛騎。疑會要、通典羽林衛條實蒙上文飛騎言之。百騎既從飛騎中取，應同有此服色。不然通典兩條相去僅數頁，不應不加檢照也。唯此説姑為臆測，亦未敢斷言也。

王毛仲傳云：「百騎騎豹文韉，着畫獸衣衫，與諸書微異，蓋即猛獸衣韉之分言。唐人諱虎，或改豹，或改獸，一也。「衣」字，兵志及御覽引逸唐書作皮，會要、通典、通鑑並作衣，皆可通。兵志之六閑駁馬，御覽引逸唐書作駿馬，疑當作駿。

高宗龍朔二年始取府兵越騎、步射置左右羽林軍，大朝會則執仗以衛階陛，行幸則夾馳道為內仗。

按上引先天二年詔，知在是年之先飛騎不自衛士中選取。而飛騎自屯衛改隸，已如前說。至於羽林軍所統自不止飛騎一種，其選取之法如何，史所不詳。唯六典羽林軍長史條稱：「番上須兵士則簡同華越騎充；不足，取步騎；步騎不足，兼取諸州越騎。」則羽林取自衛士，與兵志合。又云：

左右羽林軍大將軍將軍之職掌：統領北衙禁兵之法令，而督攝左右廂飛騎之儀仗，以統諸曹之職；若大朝會，則率其儀仗以周衛階陛；若大駕行幸，則夾馳道而為內仗。

舊職官志與六典同，唯稍省略耳。兵志此條疑亦隱括六典羽林軍大將軍將軍條及長史條成文也。

唯選取衛士為羽林軍恐是後起之制，龍朔二年為屯營改名羽林軍之始，所領兵士當即屯營之舊，與自屯衛移隸之飛騎，非取之府兵也。通典卷二八左右羽林衛條：

龍朔二年，改左右屯營為左右羽林軍。

同卷威衛條：

龍朔二年改左右屯衛為左右威衛，而別置左右屯營，亦有大將軍等官。尋改左右屯營為羽林。

云尋改者即在是年也。會要七二羽林軍條云：

垂拱元年五月十七日置左右羽林軍，領羽林郎六千人。

則以羽林軍之始置在武后時矣。然與諸書並不合，殆是年召募六千人為羽林郎耳。龍朔二年改屯衛為威衛，左右屯營始置官屬，其先則以諸衛將軍領之也。資治通鑑卷一九七貞觀十七年閏六月書：

詔太子知左右屯營兵馬事，其大將軍以下並受處分。

胡注謂「左右十二衛屯營也」。考屯營南北衙皆有之，見會要卷七二六典卷五兵部。此處殆亦兼指南北衙言之。今若據此而謂貞觀十七年已有屯營大將軍之官，則恐未然。舊唐書卷六八程知節傳云：

十七年，累轉左屯衛大將軍，檢校北門屯兵。

則十七年詔所謂大將軍正指諸衛大將軍之領屯營者耳。知節官為屯衛，在貞觀十二年之先例領屯營，而今則亦須加檢校屯兵之語，然後治事。唯爾時屯營猶無官屬，有之則自龍朔二年始。通典於威衛條書別置左右屯營者，重在下句「亦有大將軍等官」也。有長官則有掾屬，故六典云：「因之為屯營官名」也。至是而屯營始完全獨立，未幾而改為羽林軍矣。

當羽林創置之初，既因北門屯營之舊，則其所統之軍士，一部分當為高祖時北衙七營之子若孫，所謂父子軍也。其二則貞觀十二年始置之飛騎也。其三則逐漸擴充之百騎。至於簡自衛士，疑非始制也。

武后改百騎曰千騎，睿宗又改千騎曰萬騎，分左右營。及玄宗以萬騎平韋氏，改為左右龍武軍，皆用唐元功臣子弟，制若宿衛兵。是時，良家子避征戍者亦皆納資隸軍，分日更上如羽林。

按會要卷七二京城諸軍羽林軍條云：

至永昌元年十月二十八日改百騎為千騎，至景雲元年九月二十七日改千騎為萬騎。

通典卷二八羽林衛條景雲作景龍，不紀月日。舊唐書卷四四職官志左右龍武軍條注云：「中宗加置萬騎。」資治通鑑卷二〇八景龍元年九月壬戌書：「改左右羽林千騎為萬騎。」壬戌乃九月二十八日，知會要誤也。新舊唐書互證卷六云：「案萬騎既為睿宗所改，元宗何得以之平韋氏也，睿宗當為中宗之譌」，是也。

復次，龍武軍於何時析置，紀載亦有不同。舊唐書卷七睿宗紀：初即位，未改元，六月癸卯條云：

殿中監知內外閑廄、檢校龍武右軍，仍押左右廂萬騎平王諱同中書門下三品。

按平王隆基稱諱者舊史原文如此，仍之未改也。同書卷一〇六王毛仲傳：

及玄宗為皇太子監國，因奏改左右萬騎左右營為龍武軍，與左右羽林為北門軍，按當作北門四軍。以福順萬。等為將軍以押之。龍武官盡功臣，受錫賚，號為「唐元功臣」，長安良家子避征徭，納資以求隸於其中，遂每軍至數千人。

兵志殆即本毛仲傳，唐元即唐隆，温王年號，避玄宗諱改。此條與睿宗紀雖亦有參差，要皆以睿宗即位之初已有龍武軍矣。然會要卷七二京城諸軍條云：

二十六年開元。十一月析左右羽林軍置龍武軍，以左右萬騎營隸焉。

通典卷二八左右龍武軍條、舊書卷九玄宗紀開元二十六年冬同。而於二十七年五月癸卯書：「置龍武軍官員」，蓋立軍號在二十六年十一月，次年乃置官耳。故卷四四職官志左右龍武軍條稱：「開元二十七年改為左右龍武軍，官員同羽林軍」，言其終也。資治通鑑卷二一四與會要同，而二〇九睿宗初即位平王官不出龍武軍號，蓋温公不信此時有龍武軍也。考六典於二十六年奏上，而卷五兵部云：

左右羽林軍有飛騎及左右萬騎、彍騎。

可證二十六年之先無龍武軍。張說之集卷一七元城府左果毅贈郎將葛公碑，即福順之父威德也，碑稱福順為前羽林軍大將軍，可知福順雖領萬騎，其官仍是羽林，王毛仲傳不足信也。

復次，舊書職官志云：「自開元以來，（萬騎）與左右羽林軍名曰北門四軍。」王毛仲傳誤乙作「北四門軍」。然萬騎既統於羽林，似不能與羽林對列。今考會要卷七二軍雜録云：

開元十三年四月二十一日勅四軍槍稍，左飛騎用緑紛，右飛騎緋紛，左萬騎紅紛，右萬騎碧紛。

則四軍乃羽林所統之飛騎與萬騎各分左右而為四，非羽林、萬騎對舉也。及龍武軍建置之後，所謂「四軍」，乃指羽林與龍武耳。

及即位，稍復舊補北軍。

按百衲影宋本、局本並作「稍復調補北軍」。南雍本、殿本「調」作「舊」。

至德二載置左右神武軍，補元從扈從官子弟，不足則取它色，帶品者同四軍。亦曰「神武天騎」，制如羽林，總曰北衙六軍。

按會要卷七二京城諸軍條：

至德二年十月十四日左右神武兩軍先取元扈從官子弟充，如不足，任於諸色中簡取，二千人為定額，其帶品人並同四軍例，白身准萬騎例，仍賜名神武天騎，永為恒式。

兵志與會要略同，而但云帶品，不及白身，蓋以龍武為萬騎改名，此云四軍，已包舉龍武，而至德之際不得有萬騎也。然據會要、通典，並云龍武自羽林析置，所統之兵即萬騎，初非置龍武之後，即廢萬騎之號也。本條分别萬騎於四軍之外，亦猶羽林實統飛騎而有時亦分言之。兵志逕删此句，致語氣不完，亦其失也。

又神武之名起於至德，諸書無異辭，而新書卷四九上百官志神武軍條乃云：

開元二十六年分羽林置左右神武軍，尋廢，至德二年復置。

考二十六年所置乃龍武軍，已如前述。兵志既從王毛仲傳以龍武之置在平韋氏之後不久，乃又改龍武為神武以相照應，可謂一誤再誤。

又擇便騎射者置衙前射生手千人，亦曰供奉射生官，又曰殿前射生手，分左右廂，總號曰左右英武軍。

「殿前射生手」，百衲影宋本無「手」字，南雍本、殿本、局本並有。

按舊書卷四四職官志神武軍條注：

又置衙前射生手千餘人，謂之左右英武軍，非六軍之例也。

與兵志合，然旁稽載籍，頗有可疑。唐大詔令集卷五九郭子儀都統諸道兵馬收復范陽制：上元元年九月。

仍遣射生衙前、六軍、英武、長興、寧國、左右威遠、驍騎等。下略。

同書卷六九廣德二年南郊赦：

去歲行幸陝州，六軍、英武、威遠、威武、寶應射生、衙前射生、左右步軍等並內外文武百官扈從到行在者，三品以上與一子官，中略。其六軍、神策、寶應射生、衙前射生及左右步軍、英武、威遠、威武等諸軍，中略。共賜錢五萬貫。皆衙前射生手與英武軍並舉，知非如舊官志及兵志之説矣。或其後曾合於英武，至於肅、代之時衙前射生不名英武軍也。會要卷七二京城諸軍條，元和二年四月勑：

近置英武軍及加軍額宜從併省，以正舊名，其英武軍額宜停，將士及當軍一切已上並合入左右威遠營，依前置使二人勾當。

志不載英武軍之廢，據此知於元和二年併入威遠營也。

乾元元年李輔國用事，請選羽林騎士五百人徼巡。李揆曰：「漢以南、北軍相制，故周勃以北軍安劉氏。朝廷置南北衙，文武區列以相察伺。今用羽林代金吾警，忽有非常，何以制之！」遂罷。

按事見舊唐書卷一二六李揆傳。事既未行，志可不必記。揆本云：「周勃以南軍入北軍。」資治通鑑卷二二一肅宗乾元二年三月亦載此事，胡注：

周勃安劉，事見漢高后紀，李揆謂勃因南軍入北軍，考其本末，恐不如此。

蓋勃乃因北軍入南軍耳。兵志亦知其誤，故但曰以北軍安劉氏也。

上元中以北衙軍使衛伯玉為神策軍節度使鎮陝州，中使魚朝恩為觀軍容使，監其軍。

按舊唐書卷四二職官志神策軍條注同。考朝恩之為觀軍容使，在上元元年九月，所監者九節度之師。相州敗後，乃與伯玉共保陝，同監其軍。應曰：「以觀軍容使魚朝恩監其軍。」

會要卷七二神策軍條云：

官軍相州之敗，伯玉收其兵，與觀軍容使魚朝恩同保陝州。

蓋朝恩為觀軍容使，所監者為九節度之師，其在陝州，雖處監軍之任，實無監軍之名也。

及安禄山反，

百衲影宋本無「安」字，南雍本、殿本、局本並有。

時邊土陷蹙，神策故地淪没，即詔伯玉所部兵，號「神策軍」，以伯玉為節度使。

按上條亦云以伯玉為神策軍節度使。會要卷七二神策軍條：

時西邊土地已没，遂語伯玉所領軍號神策軍，以伯玉為軍使，與陝州節度使郭英乂同鎮於陝，觀軍容使魚朝恩亦在焉。勑伯玉以其兵東討有功，遂加號神策軍節度使。

舊唐書卷一一五衛伯玉傳亦云伯玉初為神策軍兵馬使，蓋鎮陝之始，伯玉止是神策軍兵馬使也。資治通鑑卷二二一肅宗上元元年八月庚午書：「以伯玉為神策軍節度使。」志蓋與會要所本相同，或即出會要而加以刪削。云上元中伯玉為節度使是也，云鎮陝之始已陞節度則誤也。

代宗即位，以射生軍入禁中清難，皆賜名「寶應功臣」，故射生軍又號「寶應軍」。

按舊唐書卷一八四宦官程元振傳：

以宦者直内侍省，累遷至内射生使，中略。封保定縣侯，充寶應軍使。

此内射生使與衙前射生手之關係如何，難以測知。唯據上引廣德二年南郊赦，則寶應射生與衙前射生并舉，顯有分别。唐大詔令集卷二代宗即位赦：

諸色文武官應在凌霄門内謁見者，并飛龍射生等，並宜以寶應功臣爲名。

册府卷一三三代宗寶應元年五月詔略同，而其下又云：

七月乙巳射生使李惟誂、藥子昂，步軍使彭體盈、張知節並賜名寶應功臣。

子昂後以殿中監加御史中丞侍雍王德宗。往見回紇，其人非宦官。所領之射生自即所謂寶應射生，亦即程元振以内射生使所領者也。疑此本亦是衙前射生手，其領於元振之一部在宫内者，有功於代宗，繼嗣時，乃别加功臣之號，分立爲寶應射生。然廣德以後，不復見此名色，殆又併罷矣。

永泰元年，吐蕃復入寇，朝恩又以神策軍屯苑中，自是寖盛，分爲左右廂。

按神策之分左右廂乃在德宗時。會要卷七二神策軍條：

興元克復，（李）晟出鎮鳳翔，始分神策爲左右廂，令内官竇文場、王希遷分知兩廂兵馬。

代宗時神策兵馬使但一員，朝恩死以都虞候劉希暹陞，希暹誅以王駕鶴代將，建中初以白志貞爲使，安得有分兩廂之事。

明年復以興平、武功、扶風、天興隸之，朝廷不能遏。

按資治通鑑卷二二四代宗大曆五年正月辛卯：

（元）載又請割郿、虢、寶雞、鄠、盩厔隸抱玉，興平、武功、天興、扶風隸神策軍。朝恩喜於得地，殊不以載為虞，驕横如故。

然則其地之隸神策，乃元載之謀，非出朝恩奏請。其意乃用以安朝恩而乘間誅之，安得云朝廷不能遏耶。

又用愛將劉希暹為神策虞候，主不法，遂置北軍獄，募坊市不逞，誣捕大姓，没産為賞。至有選舉旅寓而挾厚貲，多横死者。

按舊唐書卷一八四劉希暹傳：

諷朝恩於北軍置獄，召坊市凶惡少年，羅織城内富人，誣以違法，捕置獄中，忍酷考訊，録其家産，並没於軍。或有舉選之士，財貨稍殷，客於旅舍，遇横死者非一。坊市苦之，謂之「入地牢」。

俄改殿前左右射生軍曰左右神威軍，置監左右神威軍使。

兵志即本此。

殿本「神威軍」作「神武軍」，百衲影宋本、南雍本、局本並作「神威」。玉海卷一百三十八引兵志亦作神威軍。伯厚注：「實録作神武軍。」按會要卷七二神策軍條：舊唐卷四四職官志同。

至三年四月十七日，左右射生，宜改為左右神威軍。

文苑英華卷九三一吴通徵「通微」之譌。撰内侍省内侍焦希望神道碑：

乃命監射生軍事，貞元五年詔以射生軍為神威軍。

貞元三年五月，左右神武等軍各加將軍一員。上以諸道大將有功勞者將擢掌禁兵，故增其

二 京城諸軍條有云：

又以貞元三年增置者為神武而非龍武，不獨與新志不合，抑且與紀亦自相予盾。今考會要卷七

至貞元三年五月，勅左右神策將軍各加二員，左右神武將軍各加一員也。

軍下注云：

此員數之不合也。同書卷四四職官志左右龍武軍，左右神策軍將軍並云各二員，而於神策軍將

左右神策、左右龍武各加將軍一員。

二 德宗紀貞元三年五月戊戌書：

耶？ 知官志脱一各字，兵志則圖省字，蒙上文「皆」字言之。然他書紀載又有不同者。舊書卷一

則為三員，神策亦本二員，加二員則四員矣。然既分左右，員額宜同，此加一員者將加之左耶，右

按新書卷四九百官志稱左右龍武軍將軍三人，左右神策軍將軍各四人。蓋龍武本二員，加一員

左右神策軍皆加將軍二員，左右龍武軍加將軍一員，以待諸道大將有功者。

十七日為甲午，十八日為乙未。三年五年之四月乙未相去更遠，未知孰是。

考異云：「實録作神武軍，今從新志。」温公亦不從實録也。但又作四年。考四年四月戊寅朔，

更命殿前左右射生曰神威軍。

則應作神威無疑，但碑改名在五年，與他書並不合。資治通鑑卷二三三貞元四年四月乙未書：

官員以待之。仍以浙西大將王栖曜、李長榮，河東大將郭定元、符璘充之。

而於神策軍條有云：

三年，勅左右軍各加置將軍二員。

本條似蒙上文三年四月十七日左右射生宜改為左右神威軍之文，其云左右軍不復出軍名，則似指神威軍矣。然就諸書所載考之，應脱「神策」二字，唯上已紀「貞元三年」，而又云「三年」，亦不可解。今姑不論，要之會要以是年所加員額，有神武而無龍武也。疑是年加額神武及神策、龍武皆然，紀載各有漏略耳。

自肅宗以後，北軍增置威武、長興等軍名類頗多，而廢置不一。

按唐大詔令集卷五九郭子儀都統諸道兵馬收復范陽制云：

仍遣射生衙前、六軍、英武、長興、寧國、左右威遠、驍騎等。下略。

此肅宗上元初北軍名號也。同書卷六九廣德二年南郊赦文云：

其六軍、神策、寶應射生、衙前射生及左右步軍、英武、威遠、威武等諸軍、左右金吾將士，緣大禮扈從，及在城留後者，共賜錢五萬貫。

此代宗初北軍名號也。又有鎮國軍使見於卷二順宗即位赦文，及卷七〇元和二年南郊赦，則當是德宗所置而廢於元和者。其中唯威遠營屬鴻臚，至唐末天祐二年始廢，英武軍廢於元和二年，並見會要卷七二。其他多不可考。

其後京畿之西多以神策軍鎮之，皆有屯營，軍司之人散處甸內，皆恃勢淩暴，民間苦之。

按樊川集卷一〇同州澄城縣户工倉尉廳壁記：

耆老咸曰：「西四十里即畿郊也。至如禁司、東西軍、禽坊、龍廄、彩工、梓匠、善聲、巧手之徒，第番上下，互來進取挾公為首，緣一以括入。民之晨炊夜舂，歲時不敢嘗，悉以仰奉。父伏子走，尚不能當其意，往往擊辱而去。」

杜牧之所云，乃指內諸司及左右軍而言，亦即頻見唐代紀載所謂諸軍諸司也。據此亦可見其横暴焉。

長安姦人多寓占兩軍，身不宿衛，以錢代行，謂之納課户，益肆為暴，吏稍禁之，輒先得罪。

按會要卷七二京城諸軍元和十三年條注：册府元龜卷一〇六同。

自貞元以來，長安富户皆隸要司求影庇。禁軍挂籍十五六焉。至有恃其多藏，安處闤闠，身不宿衛，以錢代行，謂之納課户。至是禁絕。

兵志即本此，或同出一源。會要謂至是禁絕，實不然，故兵志不取。唐代赦書無不叙及諸軍諸司影占避役之事者，而納課户則不限於兩軍，所有色役並有之，蓋既隸名官府，即不屬州縣，名為在役，其實納資以避役也。

十年，京兆尹楊於陵請置挾名勑，五丁許二丁居軍，餘差以條限，繇是豪强少畏。

按會要卷七二神策軍條云：

十年，京兆尹楊於陵奏：「諸軍影占編户，無以别白，請置挾名勅，每五丁者得兩人入軍，四丁、三丁者差以條限。」從之。

挾名者即姓名清册。會要同卷京城諸軍條：

十八年開元。十一月五日勅：「應補萬騎，宜待本使挾名録奏，勅下然後給食糧者。」

當時命挾名録奏者，恐本使擅補衣糧，或致侵吞，用意雖殊，而同為姓名清册也。

十二年，以監勾當左神策軍、左監門衛大將軍、知内侍省事竇文場為左神策軍護軍中尉。監勾當右神策軍、右監門衛將軍、知内侍省事霍仙鳴為右神策軍護軍中尉。監右神威軍使、内侍兼内謁者監張尚進為右神威軍中護軍。監左神威軍使、内侍兼内謁者監焦希望為左神威軍中護軍。

按舊書卷一三德宗紀貞元十二年六月乙丑書：

初置左右護軍中尉監、中護軍監，以授宦官，以左右神策軍使竇文場、霍仙鳴為左右神策護軍中尉監，以左右神威軍使張尚進、焦希望為左右神威中護軍監。

又會要卷六五内侍省云：

護軍中尉監，貞元十二年六月六日置，以監勾當左右神策軍，以竇文場、霍仙鳴為之。中護軍監，同前日月置，以左右神威軍使張尚進、焦希望為之。

中尉、護軍下皆着「監」字，蓋由誤讀實録原文，以「監勾當」及「監左右神威軍」之「監」屬上句，據唐代載籍及中尉、中護軍之碑誌制勑並無作中尉監及中護軍監者，知舊紀、會要皆誤。

又兵志以張尚進為右神威軍中護軍，焦希望為左，而舊紀及會要則似張左而焦右。册府元龜卷六六七亦云：

又以監左神威軍使内侍兼内謁者監張尚進為左神威軍中護軍。監右神威軍使内侍兼内謁者監焦希望為右神威軍中護軍。

是張左而焦右，與舊紀、會要合。唯舊書卷一八四宦官傳稱張尚進為右神策中護軍，焦希望為左神策中護軍，新書卷二〇七宦官傳同。神策為神威之誤，可不待論，而左右之序乃同兵志。文苑英華卷九三一吴通微撰焦希望神道碑題作左神威軍中護軍焦公，亦以希望為左，未知孰是。

時邊兵衣饟多不贍，而戍卒屯防藥茗蔬醬之給最厚。諸將務為詭辭，請遥隸神策軍，稟賜遂贏舊三倍，繇是塞上往往稱神策行營皆内統於中人矣。

按陸宣公奏議卷一〇論沿邊守備事宜狀：

今者窮邊之地，長鎮之兵，中略。衣糧所給，唯止當身，例為妻子所分，常有凍餒之色。而關東戍卒，歲月踐更，不安危城，不習戎備，怯於應敵，懈於服勞，然衣糧所頒，厚踰數等，繼以茶藥之饋，益以蔬醬之資，豐約相形，懸絶斯甚。又有素非禁旅，本是邊軍，將校詭為慢辭，因請遥隸神策，不離舊所，唯改虚名，其於稟賜之饒，遂有三倍之益。

兵志即隱括奏狀成文，而務圖省字，遂乖史實。戍卒上省「關東」二字，尤為無理，關東之戍卒與長鎮之邊兵對舉，删此二字，則邊兵獨非戍卒乎？敬輿所云窮邊鎮兵者，指西北邊軍；關東戍卒者，指内地之防秋兵；其待遇優劣不同，為不平之一事。同是邊軍，而遥隸神策者廪賜三倍，此不平之又一事，本為兩截，兵志混而一之，遂若戍卒悉是神策所屬。蓋於中葉以後之防秋制度茫無所知，故於敬輿所陳者不盡了然，而又割裂原文以圖事增文省，遂致違戾也。

其軍乃至十五萬。

按唐大詔令集卷二穆宗即位赦文云：

京西、京北及振武、天德八道節度及都防禦使下神策一十二鎮將士等，共一十八萬六千七百餘人，都賜物一百八萬一千八百餘匹。

按京西、京北本稱神策行營，振武、天德加以鳳翔、邠寧、涇原、鄜坊、夏綏、靈鹽並關内朔方所分，所謂八道節度也。凡諸節度所屬有隸神策者，亦有以資歷之故，稱都防禦使者，實一也。其時合之得十二鎮，其名不可悉考，且亦時有分併。如册府元龜卷一二〇：

以(范)希朝代李欒為靈州長史，充朔方靈鹽節度，仍進位簡檢。校司空，以右神策鹽州、定遠三鎮兵馬隸焉。所以革近制，任邊將也。

同書卷一二一四：

(元和)八年十月，普潤鎮兵四千人割屬涇原節度使。

第一條云三鎮，而止舉鹽州、定遠，尚缺其一。此三鎮及普潤本隸神策，今割屬節度使，然是否保留神策軍號，不詳。又舊書卷一五憲宗紀元和十年七月辛未：

以神策軍長武城使杜叔良為朔方靈鹽定遠城節度觀察使。

同書卷一五一高崇文傳：

元和元年春拜檢校工部尚書，兼御史大夫充左神策行營節度使，兼統左右神策奉天麟遊諸鎮兵以討闢。劉闢。

兵志前舉好時、麟遊、普潤、興平、武功、扶風、天興、加以長武、奉天九鎮皆本屬神策，其八節度及都防禦使下之十二鎮殆在九鎮之外矣。穆宗之初，隸名神策者至十八萬餘，超過兵志所述之數字，不知志云十五萬者在何時耳。

順宗即位，王叔文用事，欲取神策兵柄，乃用故將范希朝為左右神策京西諸城鎮行營兵馬節度使以奪宦者權而不克。

按希朝銜，舊書卷一四順宗紀作「右神策統軍，充左右神策京西諸城鎮行營兵馬節度使」。卷一三五王叔文傳作「京西北諸鎮行營兵馬使」。卷一五一范希朝傳作「左神策京西諸城鎮行營節度使」。唐大詔令集卷五九范希朝京西行營節度使制作「開府儀同三司、檢校左僕射、兼右神策京西諸城鎮行營兵馬節度使」。順宗實録及資治通鑑卷一三六與舊紀、兵志同。或云左右神策，或云左，或云右，或云京西北，或云京西，所述各異。至王叔文傳之脱節度二字則又不待辨也。

今考詔令制文中有云：「固可以總統北路，節制西陲」，似宜作「京西北」為是，且亦應作左右神策也。制勅具官，本當信賴，但今傳世之本，悉出傳録，不免譌脱耳。

京西北神策諸城鎮雖錯出節度管内，而例不受制置，故希朝之任命為奪宦官權也。李相國論事集卷六論京西京北兩神策鎮遏軍事：資治通鑑卷二三九元和七年同。

今京西、京北並有神策軍鎮兵，中略。今寇賊為患，來如飄風，去如驟雨，兩京節度使本兵既少，須與鎮軍合勢，犄角驅逐，鎮軍須倍道急趨，同力翦撲，而牽屬左右神策，須申狀取處分。夫兵不内禦，須應機合變，失之毫釐，差以千里，蕃寇方驅掠殺戮之際，百姓塗於草莽，方云入京遠取中尉處分，何異暍渴而穿井待水，餒饉而畊粟俟食，豈可及事機乎？縱其將領，諳識事體，星言夜。應接，緣是禁衛將，無懼節使之心，進退前却，號令不及，既行刑不得，即與無兵同。今須便據所在境兵馬及衣糧器械，割屬當道節度使。中略。上曰：「朕比不知舊事如此，何以得其然。事即便宜處置。」其京西京北鎮軍皆元屬西京，疑。為弊日久，不樂割屬節度使，競為阻事，遂因循不行。

李絳之言如此，可以證京西北諸鎮之直隸中尉也。

元和二年省神武軍。

按此事不見他書。肅宗以後以羽林、龍武、神武為六軍，若廢神武則但有四軍，而元和以後，每有赦書德音，無不六軍並稱，若廢神武而以他軍補，則亦未見紀載。蓋是廢英武之誤。英武廢於元和二年四月，已見上引會要，而兩軍又時相混，如兵志既以衙前射生為英武軍，而於百官志又曰：「神武軍總衙前射生兵。」其説固皆可疑，見上。而於此兩軍，新書每有混淆，則可以此證之。

明年又廢左右神威軍，合為一，曰天威軍。八年，廢天威軍，以其兵騎分隸左右神策軍。

按會要卷七二、舊書卷一四憲宗紀同，唯卷一五憲宗紀元和八年八月書「廢天武軍併入神策軍」，「天威」譌作「天武」。

及僖宗幸蜀，田令孜募神策新軍為五十四都。

按會要卷七二、册府元龜卷六六七、舊唐書卷一九下僖宗紀並云每都千人。

及伐李茂貞，乃用嗣覃王允為京西招討使。神策諸都指揮使李鐬副之。

按錢氏考異云：

昭宗紀：「景福二年嗣覃王嗣周為京西面招討使，神策指揮使李鐬副之，以討李茂貞。」宦者傳：「以嗣覃王戒丕為京西招討使。」嗣覃王之名二處互異。今考本紀，乾寧四年八月韓建殺嗣覃王嗣周、嗣延王戒丕、嗣丹王允，而十一宗諸子及沙陀傳俱有嗣延王戒丕、嗣丹王允之文，則嗣覃王之名，當從本紀。

錢氏之説是也。資治通鑑卷二五九景福二年八月亦作覃王嗣周。考異曰：

按順宗子經，封郯王，嗣周當是其後，會昌後避武宗諱改「郯」作「覃」。

益置安聖、捧宸、保寧、安化軍，曰「殿後四軍」，嗣覃王允與嗣延王戒丕將之。

按舊唐書卷二〇上昭宗紀，乾寧三年六月：

上令通王、覃王、延王分統安聖、捧宸、保寧、宣化等四軍以衛近畿。

資治通鑑卷二六〇亦作宣化軍，此作安化，疑誤。覃王名見前條，又統四軍者據舊紀又有通王。

六軍者，左右龍武、神武、羽林，其名存而已。

按新書卷四九百官志左右神策軍條云：

左右龍武，左右神武，左右神策，號六軍。

與此自相違戾，兵志是也。神策始終列六軍之外，觀唐代赦書必稱神策、六軍、金吾可見，錢氏考異於百官志乃云：

貞元中，置左右神策、左右神威，併前六軍為左右十軍。元和中，省神武、神威四軍，則以左右羽林、左右龍武、左右神策為六軍矣。其後朱全忠誅宦官，廢神策軍，因以左右羽林、左右龍武、左右神武為六軍，而宰相判之，與此志六軍之名，皆不合。

蓋錢氏誤信兵志元和二年廢神武軍之説，故於神武軍條疑其并省未久而復置，而復以神策曾備六軍之數也。其實元和二年所廢者為英武。自肅宗置神武，六軍未嘗有變更也。

唐書兵志箋正卷四

監牧所以蕃馬也，其制起於近世。

按漢書百官公卿表太僕條：

又邊郡六牧師苑令，各三丞。

師古注引漢官儀云：「牧師諸苑三十六所，分置北邊西邊，分養馬三十萬頭。」以地理志考之，則靈州有河奇苑、號非苑，歸德有堵苑、白馬苑，郁郅有牧師苑官，並在北地；而西河鴻門有天封苑。見於水經河水注者，天水北界有牧師苑，蓋即後漢書百官志所舉漢陽之流馬苑，牧師苑乃總稱，非苑名也。大抵漢代苑牧之地與唐代相似。兵志之近代亦指漢。

唐之初起，得突厥馬二千匹，又得隋馬三千於赤岸澤，徙之隴右。

按舊唐書卷一高祖紀大業十三年八月書：

突厥始畢可汗遣康稍利率兵五百人、馬二千疋，與劉文静會於麾下。

此事見於温大雅創業起居注，高祖云：「蕃兵未是急需，胡馬待之若渴」，可知當太原起兵時馬匹缺乏之狀。張説之文集卷一二大唐開元十三年隴右監校（牧）頌德碑：

大唐接周隋亂離之後，承天下征戰之弊，鳩括殘燼，僅得牝牡三千，從赤岸澤徙之隴右，始命太僕張萬歲葺其政焉。會要卷七二引「鳩括」上有「貞觀初」三字。

元和郡縣志卷三關内道原州有監牧，云：

貞觀中，自京師東赤岸澤移馬牧於秦、渭二州之北，會州之南，蘭州狄道縣之西，置監牧使以掌其事。

兵志蓋本監牧頌。

其官領以太僕；其屬有牧監、副監；監有丞，有主簿、直司、團官、牧尉、排馬、牧長、群頭，有正，有副；凡群置長一人，十五長置尉一人，歲課功，進排馬。

按六典卷一七太僕寺上中下牧監並有副監、丞及主簿。又云：

凡馬牛之群以百二十，駝、騾、驢之群以七十，羊之群以六百二十，群有牧長、牧尉。

舊書卷四四職官志牧監屬官多録事、府史、典事、掌固。主簿以上與六典同。兵志之群頭疑即牧長，又所云「群置長一人」即牧長也，「十五長置尉一人」即牧尉也。新書以省字自詡，而重複如此，可怪。其直司、團官、排馬並未見。

又有掌閑調馬習上，又以尚乘掌天子之御。

按六典卷一一殿中監尚乘局奉御四人，其下有直表、奉乘。而習馭五百人掌調習六閑之馬，掌閑五千人飼養六閑之馬。尚乘乃局名，非官名。掌閑乃色役，屬於尚乘局。今志以掌閑列太僕、尚乘局之間，殊為不倫。又調習廐馬者有習馭，今獨舉掌閑何也？舊唐書卷四四職官志殿中監尚乘局員額不同，習馭及掌閑，作五十人，疑六典有訛字。

左右六閑：一曰飛黄，二曰吉良，三曰龍媒，四曰騊駼，五曰駃騠，六曰天苑。總十有二閑為二廐：一曰祥驎，二曰鳳苑，以繫飼之。

按六典卷一一及舊書職官志尚乘奉馭條並同。但「祥驎」作「祥麟」，六典下注云：

今仗内有飛龍、祥麟、鳳苑、鵷鑾、舊書作「鵷鸞」，是也。吉良、六郡舊書作「六群」。等六廐，奔星、内駒等兩閑；仗外有左飛、右飛、左萬、右萬等四閑，東南内、西北内等兩廐。

注云「今」者，開元之制也，然則左右六閑，蓋較早之制，其後有增損也。

其後禁中又增置飛龍廐。

按上條引六典注文，知開元前後增置者不但飛龍一廐，而飛龍止仗内六廐之一，兵志特舉之，蓋未細究。至飛龍之所以重，乃由於宦官領使之故，新書百官志稱武后萬歲通天元年置。自肅、代之後，禁中之馬，非外廷所得問，皆統於飛龍使矣。考武后時内外閑廐置使，已奪太僕、殿中之職，内飛龍使雖早置，然猶屬閑廐使。舊唐書卷一八四宦官李輔國傳：「本名静忠，閑廐馬家小兒，中略。年且四十餘，令掌廐中簿籍。天寶中閑廐使王鉷嘉其畜牧之能，薦入東宫。」則其時閹人治簿籍之内廐亦屬閑廐使也。及程元振以内飛龍閑廐副使擁立代宗，遂專朝政，而飛龍使亦為宦者顯職，魚朝恩繼為之，而嗣後馬存亮、楊復恭並以中尉、樞密退為飛龍使，其證也。會要卷六五閑廐使條：

大曆十四年七月十日，閑廐使奏：「置馬隨仗，當使准例，每日於月華門立馬八匹，仗下歸廐去。廣德元年蕃寇後，使司無使，頻申論飛龍不支，自後未至。臣忝職司，不敢不奏。」勅旨：「宜付飛龍使依舊支置。」

據此則大曆之時，雖以八匹之數，閑廐使亦無以支應而乞之於飛龍，又不得不取旨以令飛龍支置，可知代宗之後，廐馬悉屬内使，閑廐使不得預矣。

初用太僕少卿張萬歲領群牧。自貞觀至麟德四十年間，馬七十萬六千，置八坊，岐、豳、涇、寧間，地廣千里，一曰保樂，二曰甘露，三曰南普閏，四曰北普閏，五曰岐陽，六曰太平，七曰宜禄，八曰安定。八坊之田，千二百三十頃，募民耕之，以給芻秣。八坊之馬為四十八監，而馬多地狹不能容，又析八監，列布河西豐曠之野。凡馬五千為上監，三千為中監，餘為下監。監皆有左右，因地為之名。方其時，天下以一縑易一馬。

按張說之文集隴右監牧頌德碑云：

始命太僕張萬歲葺其政焉。而弈世載德，纂脩其緒，肇自貞觀，成於麟德，四十年間，馬至七十萬六千匹。置八使以董之，設四十八監以掌之，跨隴西、金城、平涼、天水四郡之地，幅員千里，猶為隘狹，更析八監，布於河曲豐曠之野，乃能容之。于斯之時，天下以一縑易一馬。

會要卷六六群牧使條云：

貞觀十五年，尚乘奉御張萬歲除太僕少卿，勾當群牧，不入官銜，至麟德元年十二月免官。

則志作太僕少卿是也。此節大抵本監牧頌而增入其他史料。即會要七二、通典二五載貞觀馬牧事，亦取此頌也。唯志云置八坊在岐、豳、涇、寧間，又云八坊之馬為四十八監，則以監牧頌校之，四十八監一語取之頌文，而頌云在隴西等四郡，與此不合。此下八坊名號亦頌文所無。全唐文卷三六一郄昂岐邠涇寧四州八馬坊頌碑：

開元初，唯得二十四萬匹，至十九年，復成四十四萬匹，今之盈縮，亦不甚過。上耕籍之明年，籍田在開元二十三年。命我邠公典斯馬政。中略。先是國家以岐山近甸，邠土晚寒，寧州壤甘，涇水流惡，澤茂豐草，地平鮮原，當古公走馬之郊，接非子犬丘之野，度其四境，分署八坊。其五在岐，其餘在三郡。保樂第一，蘇忠主之，甘露第二，劉義尸之，南普潤第三，田敬董之，北普潤第四，邵業監之，岐陽第五，李行守之，太平第六，馬慶尹之，宜祿第七，曾叡領之，安定第八，李仙正之。中略。又命朝散大夫都苑總監韋績總以統之。中略。八坊營田一千二百三十餘頃，析置十屯。

兵志自置八坊下至以給芻秩蓋本此文。考通典二四太僕卿注文、元和郡縣志卷三原州監牧條並言貞觀移馬牧在蘭、渭、原、秦四州，與張說監牧頌同，詳郄文岐、涇、邠、寧四州八坊馬牧，蓋開元間置，兵志以為貞觀初置即在其地者，誤也。志之所以誤者，以監牧頌之八使當郄文之八坊，遂牽連書之，豈知張文之幅員千里不得與八坊之田千二百三十頃為一也。

志於中間插入上中下監一節，則本之六典卷一七太僕寺。六典云：

凡馬五千匹為上監，三千匹已上為中監，已下為下監。凡馬牛之群以百二十，駞、騾、驢之群以七十，羊之群以六百二十。群有牧長、牧尉。凡馬有左右監以別其麤良，以數紀為名而著其簿籍，細馬之監稱左，麤馬之監稱右。其雜畜牧皆同下監，仍以土地為其監名。

萬歲掌馬久，恩信行於隴右。

按會要卷七二開元十三年條，注云：

張氏三代典群牧，恩信行於隴右，人以馬歲為四齒、兩齒，亦謂之背二向三者，為張氏家諱歲字者也。

後以太僕少卿鮮于匡俗檢校隴右牧監，儀鳳中以太僕少卿李思文檢校隴右諸牧監使，監牧有使自是始。

按會要卷六六群牧使條：

貞觀十五年，尚乘奉御張萬歲，除太僕少卿勾當群牧，不入官銜，至麟德元年十二月免官。三年正月，太僕少卿鮮于正俗志作匡俗，按元和姓纂卷五有鮮于匡紹，閬、同、河、利四州刺史。册府六三有鮮于紹，儀鳳中為同州刺史，蓋避宋諱。正俗當作匡俗，殆是其弟兄。檢校隴右群牧監，雖入銜，未置使。上元五年册府卷六二一作「元年」，是也。四月，右衛中郎將丘義除檢校隴右群牧監，儀鳳三年十月，太僕少卿李思文檢校隴右諸牧監使，自茲始有使號。

有閑廄使。

按會要卷六五閑廄使條：新書四七百官志略同。

萬歲通天元年五月，置仗内閑廄，令殿中丞袁懷哲檢校，未置使。至聖曆三年二月，改殿中少監，充閑廄使。

又立四使：南使十五，西使十六，北使七，東使九。諸坊若涇川、亭川、闕水、洛、赤城，南使統之；清泉、温泉，西使統之；烏氏，北使統之；木峽、萬福，東使統之；它皆失傳。其後益置八監於鹽州，三監於嵐州。鹽州使八，統白馬等坊。嵐州使三，統樓煩、玄池、天池之監。

按六典卷五兵部駕部郎中稱監牧六十有五，而注云：「南使十五監、西使十六監、北使七監、東使九監、鹽州使八監、嵐州使三監。」其數與兵志合，而止得五十有八，與所云六十有五之數不符，不審何故？元和郡縣志卷三原州監牧條云：

仍以原州刺史為都監牧使以管四使，南使在原州西南一百八十里，西使在臨洮軍西二百二十里，北使寄理原州城内，東宫使寄理原州城内。天寶中，諸使共有五十監：南使管十八監，西使管十六監，北使管七監，東宫使管九監。

東使作東宫使，疑「宫」字衍。而南使領十八，與六典、兵志並不合，又不數嵐州、鹽州。玉海卷一四九注：

會要有東使九，按此以新書百官志缺東使也。官志缺東使，又稱嵐州使有監二，蓋以求合四十八之數，不知時有增損。末云：其後益置八監於鹽州，三監於嵐州，而隴右三使領坊七。

今本會要無此節，當是佚文，否則伯厚所據為蘇冕本也。伯厚頗致疑於諸書數字之未符。竊謂四十八監者始置或最先之數也。四使所統者或四十七，或五十，當有增損，而為貞觀之舊。五十六監者，析置八監於河曲，即益以鹽州之八監也。六十五監者，減四使所統為四十七，益以鹽州八監、嵐州三監，又益以隴右七坊也。此開元之數。然六典不載隴右七坊，又岐、豳、涇、寧之八坊及見於會要卷七二之夏州群牧是否在數內，均不可考，此亦姑備一說而已。

自萬歲失職，馬政頗廢，永隆中夏州牧馬之死失者十八萬四千九百九十。

按會要卷七二：冊府元龜卷六二一同。

永隆二年七月十六日，夏州群牧使安元壽奏言：從調露九年九月按儀鳳四年六月改元調露，次年八月改元永隆。冊府作元年是也。已後，至二月五日前，死失馬一十八萬四千九百匹，牛一萬一千六百頭。

自調露元年九月至永隆二年二月實止一年有餘耳，而死失之鉅如此，可怪也。考舊書卷五高宗紀調露元年十月：

單于大都護府突厥阿史德温傅及奉職二部相率反叛，立阿史那泥熟匐為可汗，二十四州首領並叛。

及至調露二年三月書裴行儉大破突厥。明年永隆二年正月，又書突厥寇原慶等州。七月乃書裴行儉平突厥凱旋。同書卷一九四上突厥傳亦載此事，而其下又稱：

永隆元年，突厥又迎頡利兄之子阿史那伏念於夏州，將渡河立為可汗，諸部落復響應從之。則夏州牧馬之死失，由於突厥之叛，群牧使蓋都計始叛，以至平定期間損耗之數以奏之。然則此本意外之事，於張氏失職，統御非人無涉也。又據上引會要張氏典馬牧三世，止可云張氏失職，或云萬歲之後馬政頗廢，不得云萬歲失職也。

開元初國馬益耗，太常少卿姜晦乃請以空名告身市馬於六胡州，率三十匹讎一游擊將軍。

按此事見會要卷七二，册府卷六二一。六胡州者，調露元年所置魯、麗、塞、含、依、契六州也。開元之初早為蘭池州都督府，云六胡州者，從故名也。

九年又詔天下之有馬者，州縣皆先以郵遞軍旅之役，定户復緣以升之。百姓畏苦乃多不畜馬，故騎射之士減曩時。自今諸州民勿限有無蔭能家畜十馬以上，免帖驛郵遞征行，定户無以馬為貲。

按册府元龜卷六二一載此詔，略同。

毛仲既領閑廐，馬稍稍復，始二十四萬，至十三年乃四十三萬。

按張說監牧頌曰：

元年牧馬二十四萬匹，十三年乃四十三萬匹。初有牛三萬五千頭，是年亦五萬頭。初有羊十一萬二千口，是年乃亦二十八萬六千口。

其後突厥款塞，玄宗厚撫之，歲許朔方軍西受降城為互市，以金帛市馬，於河東、朔方、隴右牧之。既雜胡種，馬乃益壯。天寶後諸軍戰馬，動以萬計。

隴右，南雍本作「左右」，誤也。諸本並作隴右。

按舊唐書卷一九四上突厥傳：

十五年，開元。小殺使其大臣梅録啜來朝，中略。仍許於朔方軍西受降城為互市之所，每年齎縑帛數十萬匹，就邊以遺之。

卷一〇三王忠嗣傳：

忠嗣之在朔方也，每至互市時，即高估馬價以誘之。諸蕃聞之，競來求市，來輒買之，故蕃馬益少，而漢軍益壯。至及河、隴，又奏請徙朔方、河東戎馬九千匹以實之，其軍又壯。迄于天寶末，戰馬蕃息。

全唐文卷四〇玄宗賜突厥璽書：

國家舊與突厥和好之時，蕃漢非常快活，甲兵休息，互市交通，國家買突厥馬羊，突厥將國家綵帛。

今考會要卷七二諸蕃馬印條，自骨利幹以下凡四十二種馬，悉胡種也。

王侯將相外戚牛駝羊馬之牧布諸道，百倍於縣官。皆以封邑號名為印自別。

按會要卷七二諸監馬印條：

景雲三年正月十四日勅：「諸王公主家馬印文，宜各取本號。」

將校亦備私馬。

按舊唐書卷一〇四高仙芝傳：

玄宗特勅仙芝以馬步萬人為行營節度使，往討之，小勃律。時步軍皆有私馬。

將校有私馬乃常事，宜云「自步軍亦備私馬」。

十一載詔二京旁五百里勿置私牧。

按册府元龜卷四九五，天寶十一年十一月詔：會要卷六六略同。

又兩京去城五百里內不合置牧地，地內熟田仍不得過五頃已上十頃已下，其有餘者仰官收。

册府六二一亦有此條而較略。

詔中又稱有無馬置牧地者，則上文所云王侯將相之私牧，有實非牧地，借以請占土地者矣。

十三載隴右群牧都使奏馬牛駝羊總六十萬五千六百，而馬三十二萬五千七百。

按會要卷七二：册府卷六二一同。

十三載六月一日隴右群牧都使奏：「臣差判官殿中侍御史張通儒、群牧副使平原太守鄭遵意等就群牧交點，總六十萬五千六百三頭匹口。馬三十二萬五千七百九十二匹，內二十萬八十四駒。牛七萬五千一百一十五頭，内一百四十三頭犛牛。駝五百六十三頭。羊二十萬四千一百三十四口。騾一頭。」

安禄山以内外閑廄都使兼知樓煩監，陰選勝甲馬歸范陽，故其兵力傾天下而卒反。

按舊唐書卷九玄宗紀天寶十三載正月乙巳：

加安禄山尚書左僕射，中略。又加閑廄、五坊、宫苑、隴右群牧都使。

同書卷二〇〇上安禄山傳：姚汝能禄山遺事同。

遂以為左僕射，却回。其月，又請為閑廄隴右群牧等都使，奏吉温為武部侍郎，兼中丞，為其副。又請知總監事。既為閑廄群牧都使，上筋脚馬皆陰選擇之。奪得樓煩監牧及奪張文儼馬牧。

肅宗收兵至彭原，率官吏馬抵平涼，蒐監牧及私群，得馬數萬，軍遂振。

按舊唐書卷一〇肅宗紀天寶十五載六月：會要卷七二同。

上至彭原，又募得甲士四百，率私馬以從軍。辛丑，至平涼郡，蒐閱監牧公私馬，得數萬匹。官軍益振。

至鳳翔，又詔公卿百寮以後乘助軍。

按舊唐書卷一〇肅宗紀至德二載二月：

戊子，幸鳳翔，中略。上議大舉，收復兩京，盡括公私馬以助軍。給事中李廙署云「無馬」，大夫崔光遠劾之，貶廙。

其後邊無重兵，吐蕃乘隙陷隴右，苑牧畜馬皆没矣。

按舊唐書卷一九六上吐蕃傳：

及潼關失守，河洛阻兵，於是盡徵河隴、朔方之將鎮兵入靖國難，謂之行營。曩時軍營邊州，無備預矣。乾元之後，吐蕃乘我閒隙，日蹙邊城，或爲虜掠殺傷，或轉死溝壑，數年之後，鳳翔之西，邠州之北，盡蕃戎之境，湮没者數十州。

會要卷六六群牧使條：

暨至德後，西戎陷隴右，國馬盡没，監牧使與七馬坊名額皆廢。

乾元後，回紇恃功，歲入馬取繒，馬皆病弱不可用。

按舊唐書卷一九五迴紇傳：

乾元之後，屢遣使以馬和市繒帛，仍歲來市，以馬一匹，易絹四十匹，動至數萬馬。其使候遣，繼留於鴻臚寺者非一。蕃得帛無厭，我得馬無用，朝廷甚苦之。

白香山集卷四新樂府陰山道：

陰山道，陰山道，紇邏敦肥水泉好，每至戎人送馬時，道傍千里無纖草。草盡泉枯馬病羸，飛龍但印骨與皮，五十疋縑易一疋，縑去馬來無了日。養無所用土非宜，每歲死傷十六七。縑絲不足女工苦，疏織短截充匹數，藕絲蛛網三丈餘，迴鶻訴稱無用處。咸安公主號可敦，遠為可汗頻奏論。元和二年下新勅，内出金帛酬馬直。仍詔江淮馬價縑，從此不令疏短織。合羅將軍呼萬歲，捧授金銀與縑綵。誰知黠虜啓貪心，明年馬來多一倍。縑漸好，馬漸多，陰山虜，奈爾何？

迴鶻馬固病弱，而唐之縑帛亦疏織短截無所用也。資治通鑑卷二三三德宗貞元三年七月載李泌對德宗語云：

今吐蕃久居原會之間，以牛運糧，糧盡，牛無所用，請發左藏惡繒，染為綵纈，因党項以市之，每頭不過二三匹，計十八萬匹，可致六萬餘頭。

此亦可證互市所用之縑帛皆以劣惡者充也。

永泰元年，代宗欲親擊虜，魚朝恩乃請大搜城中百官士庶馬輸官，曰團練馬。下制禁馬出城者。已而復罷。

按舊唐書卷一一代宗紀永泰元年九月：

庚戌，下詔親征，内官魚朝恩上言，請括私馬。京城男子悉皁衣團結，塞京城二門之一。士庶大駭，有踰垣鑿竇出城者，吏不能禁。

德宗建中元年市關輔馬三萬實内廐。

按會要卷七二同，唯關輔馬作關輔牝馬。册府卷六二一作關輔之馬牝牡三萬匹。

貞元三年，吐蕃、羌、渾犯塞，詔禁大馬出潼、蒲、武關者。

按會要卷七十二：

貞元元年八月，吐蕃率羌渾之衆犯塞，分遣中官於潼關、蒲關、武關禁大馬出界。

吐蕃犯塞，事在三年八月，會要作元年誤。

元和十一年，伐蔡，命中使以絹二萬市馬河曲。

按會要卷七十二册府卷六二一同：

十一年元和。正月，以討吴元濟，命中使以絹萬匹册府作二萬匹。市馬於河曲。其月，廻紇使獻橐馳及馬，以内庫繒絹六萬匹償廻紇馬直。

討吴元濟在十年正月，然十一年仍未定，市馬事舊新本紀並不載，未知孰是。

其始置四十八監，地據隴西、金城、平凉、天水，員廣千里，繇京度隴，置八坊為會計都領，其間善水草腴田皆隸之。後監牧使與坊皆廢，故地存者一歸閑廄。旋以給貧民及軍吏，間又賜佛寺道館幾千頃。十二年，閑廄使張茂宗舉故事，盡收岐陽坊地，民失業者甚衆。

地據隴西，「地」字，百衲影宋本作「也」，局本同，南雍本、殿本並作「地」。

按舊唐書卷一四一張孝忠傳附子茂宗傳：

元和中為閑廄使。國家自貞觀中至於麟德，國馬四十萬匹，在河、隴間。開元中尚有二十七萬，雜以牛羊雜畜，不啻百萬，置八使四十八監，占隴右、金城、平涼、天水四郡，幅員千里，自長安至隴右置七馬坊，為會計都領，岐、隴間善水草及腴田，皆屬七馬坊。至（麟）「麟」字衍德以後，西戎陷隴右，國馬盡散，監牧使與七馬坊名額盡廢，其地利因歸於閑廄使。寶應中，鳳翔節度使請以監牧付給貧民為業，土著相承，十數年矣。會要卷六五作「數十年」。此譌當乙正。又有別勑賜諸寺觀凡千餘頃。及茂宗掌閑廄，與中尉吐突承璀善，遂恃恩舉舊事，並以監牧地租歸閑廄使。茂宗又奏麟遊縣有岐陽馬坊，案舊圖地方三百四十頃，制下閑廄使檢計，百姓紛紜論訴，節度使李惟簡具事上聞，詔監察御史孫革往按問之。革還奏曰：「天興縣東五里有隋故岐陽馬坊，地在其側，蓋因監為名，與今岐陽所指百姓侵占處不相接，皆有明驗。」茂宗怒，恃有中助，誣革所奏不實，又令侍御史范傳式覆按，乃附茂宗，盡翻前奏，遂奪居人田業，皆屬閑廄。

元和十二年十月勑：「閑廄使所理岐陽馬脫二「坊」字。舊地，方三百四十七頃，據監察御史范傳式奏：『岐陽馬坊地，既不妨百姓租佃，又不闕官中賦稅』，宜據數交付閑廄使收管。」

如傳所云，蓋有兩事：其一為故七馬坊之地，其二為茂宗所奪岐陽馬坊之地。志所述似欠明瞭。又志作八坊，傳作七坊亦不合。考會要卷六五閑廄使條：

其下開元中云云與傳同，但亦作七馬坊。卷七二亦載此事，又作元和十三年十一月，而末云：「名額盡廢，其地利歸於節度使。」上引傳及卷六五閑廄使條，兵志並云歸閑廄使。按年月不合，未知孰是。云歸節度使，則雖若孤證，疑有可信。唯其名額皆廢，閑廄使不理其事，故寶應中鳳翔節度使得請以給貧民。傳云「舉舊事，並以監牧地租歸閑廄使」，使其先不屬節度使，則地租之入既不歸閑廐，將安所歸乎？蓋七馬坊之地，久歸節度使，張茂宗舉故事盡收之，為一事。岐陽馬坊既在七馬坊之中，自在收歸之列，何以其他六坊不言，獨此一地争之再三？則由於茂宗以頃畝不足，指天興縣東之隋故岐陽馬坊之廢為民田者亦計入唐代岐陽馬坊之内，故致百姓論訴，此又一事。百姓論訴乃因其地本非唐代馬坊，觀孫革覆奏稱地不相接可知。兵志疏略，一若茂宗所收者止於岐陽一坊，而又不察論訴之由，似未細讀茂宗傳也。

十三年以蔡州牧地為龍陂監。

按冊府元龜卷六二一云：

十三年元和。十一月賜蔡州群牧號龍陂，以刺史丁俛充使。

又云：

文宗大和二年十月甲戌命中使往龍陂監取馬五百匹賜徐行營。

考會要卷六六群牧使條云有龍陂監牧使，注云：「檢校起置年月未獲。」資治通鑑卷二五〇懿宗咸通元年四月王式征裘甫，云：「又奏得龍陂監馬二百匹。」舊書王式傳甚略，新書式傳亦載此事，蓋同出於平剡録。胡注：

龍陂，漢潁川郟縣之摩陂也。唐在汝州界置馬監。宋白曰：「元和十三年十一月，賜蔡州群牧號龍陂監。」

則冊府與宋白之續通典並載龍陂監起置年月也。會要失考。

十四年，置臨漢監於襄州，牧馬三千二百，費田四百頃。

按會要卷六六群牧使條：

其年元和十四年。八月，於襄州穀城縣置臨漢監牧以牧馬，仍令山南東道節度使兼充監牧使。至太應作「大」。和七年正月，山南東道節度使裴度奏請停臨漢監牧，先置牧養馬三千三百匹，廢百姓田四百餘頃，詔許停之。

穆宗即位，岐人叩闕訟茂宗所奪田，事下御史按治，悉予民。

百衲影宋本「訟」作「頌」，南雍本、殿本、局本並作「訟」，是也。

按亦見舊唐書卷一四一張孝忠附子茂宗傳。

舊唐書卷一七〇裴度傳亦載此事。

大和七年，度支鹽鐵使言銀州水甘草豐，請詔刺史劉源市馬三千，河西置銀川監，以源為使。襄陽節度使裴度奏停臨漢監。開成二年，劉源奏：「銀川馬已七千，若水草乏則徙牧綏州境，今綏南二百里，四隅險絶，寇路不能通，以數十人守要，畜牧無它患。」乃以隸銀川監。

百衲本、南雍本並作「大和」。殿本、局本作「太和」，誤。

按會要卷六六群牧使條：

太和七年十一月，度支鹽鐵等使奏：「以銀州是牧放之地，水草甚豐。國家自艱虞以來，制置都闕，每西戎東牧，常步馬相凌，致令外夷寖驕，邊備不立。臣得銀州刺史劉源狀，計料於河西道側近，市孳生堪牧養馬，每匹上不過絹二十疋，下至十五疋，臣已於鹽鐵司方圖圓之謁。收拾羨餘絹，除正進外，排比得五萬疋，約得三千餘疋。今於銀州置銀州監使，委劉源充使勾當，冀得三數年外，蕃息必多。」勅旨：「劉源宜兼充銀州監牧，疑脱「使」字。餘委度支使條流訖聞奏。」册府六二一亦載此事，而不録原奏文，唯稱度支鹽鐵使是王涯。

開成二年七月，夏、綏、銀、宥等州節度使劉源奏：「伏准太和應作「大和」。七年十一月勅，委臣於銀州監置監城一所，收管群牧。自立務以後，今計蕃息孳生馬約七千餘匹。若雨澤及時，水草豐茂，即並於當監四遠牧放。或遇天時亢陽，水草枯竭，即須散將監馬，直至綏州界内以來，就遠水草。伏以所管官馬，其數益多，出於遠界，須有憑倚。今訪擇得綏州南界有空地周迴二百餘里，堪置馬務。四面懸險，賊路不通，縱有突過剽掠，臨時度其要害，只著三五十人防捍，即可固守其地。是臣當管界内空地，並非百姓見佃田疇，今請割隸，永屬監司。伏乞聖慈，允臣所奏。」勅旨：「宜委本道差人與本州刺史勘驗，如實無主，使任監司收管。」

其後闕，不復可紀。

按兵志多虛辭詠歎，而述馬牧則但排比史事而已。今徵之他書，舊史所載略可覆按，而見於會要卷六六、卷七二、册府卷六二一者尤多，然亦有出於會要、册府之外者，大抵能跡其所本。而會要卷六五、六六、七二及册府所載則不見收採者亦多，去取之間，頗不可解。如志既歷數龍陂、臨漢、銀川三監之建置矣，而貞元二十年之於泉州置萬安監，見於册府，會要卷六六、七二，舊唐書卷一三德宗紀。元和十四年置臨海監，屬淮南，見於册府及會要卷六六、舊唐書卷一五憲宗紀。雖不久即廢，而事與臨漢等，何以取此而遺彼？又如長慶元年淮南等道之立社馬，見於會要卷七二、舊唐書卷一六穆宗紀，書其事足以備一時典制，較之永泰之團結馬，未必彼重於此，而忽有取捨。至於開成二年之後，會要卷六六有開成四年一條，其中閑廄使與河陽節度爭脩武馬坊事，與張茂宗事相類。册府六二一有開成四年一條述飛龍使進馬二千七百匹，會要卷七二有大中六年一條述河東草馬不許出界事，與永泰、貞元之禁馬出界亦相類，是非無可採也。今但以册府、會要按之，已有疏漏，安知其後果闕而不可紀耶？册府、會要，薈類之書，所載且未盡掇取，或併未檢閱，則其取材之不備又可推而知矣。

三至六世纪江南大土地所有制的发展

目録

一　引　論

本書所擬討論的問題是三至六世紀江南大土地所有制的形成和發展，小農的破産逃亡和各種封建依附者的地位。所謂江南的範圍可以非常廣大，這裏討論所及的實際只限於建康和吴會區域。有一些問題例如門閥的形成、賓客部曲的轉化這裏雖然涉及，却不打算作詳細的説明。

從三世紀以來，南北雖然基本上處於分裂狀態，然而我們不能否認南北歷史發展具有共同點。同時由於南北原有的基礎並不平衡，在發展過程中具體歷史條件又有差異，因而就各自具有一些特點。我們知道在自然經濟統治下，各個地區間的聯繫是不可能緊密的，特别是二三世紀之交統一帝國瓦解後，地方的分裂勢力日益發展，生産的閉塞性相對增强，這就使南北在歷史發展過程中，地域性特點更加鮮明地表現出來。

從東漢以來，在土地制度上的歷史趨向是封建大土地所有制的發展和鞏固。南北同樣都朝着大土地所有制方向發展。但是在具體的發展過程中，南北所走的道路不盡相同。大致上南方的大土地所有制幾乎是直綫上升而北方却經過一條迂迴的道路。

我們可以舉出更多的理由來説明其差異的原因。如果就最主要的來説，那末我們認爲應該注意到兩件事：第一是江南由一個較落後的生産力水平的基礎上迅速趕上先進的北方；第二是北方經歷了一段由於軍事集團的混戰，特別是由於邊境各族内遷而造成的痛苦過程，而南方却沒有。

從原有生産力基礎來看，長江流域顯然較之黄河流域落後。當黄河流域推廣牛耕、耬犂和代田、區種等進步農業工具和農業技術時，江南在一個較長期間還逗留在火耕水耨的階段上。由於江南生産力水平的低下，帶着公社殘餘的小農的分化較爲遲緩。經過一個時期，大致從一世紀以後，江南生産力有所提高。北方先進的生産工具、生産技術緩慢地但是不間斷地影響着江南，特別是三世紀以後，大批北方人民帶着他們的先進生産技術流徙南方，江南的生産力獲得迅速的提高，在兩個世紀以内趕上黄河流域的先進水平。冶鐵業在兩漢的基礎上大大地發展起來，〔二〕水利灌溉事業在揚州區域内不斷興建，〔三〕山林川澤地區在人民的勞動下開闢起來，糧食産量增多，蠶桑業獲得發展，絹帛生産逐漸接近於山東、河北。宋書卷五四傳末沈約論曰：

> 自晉氏遷流，迄於太元之世，百許年中，無風塵之警，區域之内晏如也。及孫恩寇亂，殲亡事極。自此以至大明之季，年逾六紀，民户繁育，將曩時一矣。地廣野豐，民勤本業，一歲或稔，則數郡忘飢。會土帶海傍湖，良疇亦數十萬頃，膏腴上地，畝直一金，鄠杜之間不能比也。荆城跨南楚之富，揚部有全吴之沃，魚鹽杞梓之利，充仞八方，絲綿布帛之饒，覆衣天下。

沈約的話説明晉宋時期江南農業的繁榮。繁榮的基礎在於生産力的發展，而江南比較安定的生産環

〔二〕參考林壽晉東晉南北朝時礦冶鑄造業的恢復與發展，載歷史研究一九五五年第六期。

〔三〕參考王仲犖東晉南朝時代江南的經濟發展，載歷史教學一九五五年第八期。

境提供了有利條件。

由於江南的落後，東漢末年帶有公社殘餘的小農應該是最主要的生産者。可是生産力的提高並没有使他們獲得利益，他們越來越感到缺乏生産上必要的保證。國家完全喪失其組織生産、穩定生産的職能。從古老的公社傳統遺留下來的東西早已起了變化，例如旨在保證農民内部貧富互助並阻止分化的計資定課從漢代以來早已成爲統治者剝削和壓迫農民的藉口，這時更爲嚴重地起着阻礙生産的作用。富裕農民爲了替自己開闢道路，貧困農民爲了獲得生存就有必要從這個桎梏中解脱出來。公社殘餘和與之相聯繫的國家最高支配權（體現在土地所有權和人身隸屬關係上）不斷地削弱，大土地所有制就不斷地發展强大起來。

由於生産力的提高，農村内部也在迅速分化，少數富裕農民成爲地主，有一些商人也成爲地主。原有的和新興的寒門地主在階級利益上和上層豪門集團相一致，但在等級上他們和士族有嚴格的區分，並且遭到豪門的排擠。東晉以來寒門地主的勢力正在加强，而另一方面等級限制也日趨嚴格。然而最後，那些寒門地主畢竟被吸收到政權組織中擔任一些名位不高而有一定權力的職位。不管豪門大土地所有者和寒門地主間有怎樣的矛盾，統治集團是擴大了。寒門地主的發展，説明農民内部分化的更加劇烈和公社殘餘的削弱。他們和士族一樣，廣占田畝，而且在山林川澤私有化時，除了各級官僚乘機占有外，寒門地主也分得了一杯羹。

南方落後生産力的迅速提高，使隨之而發生的各種變化也非常迅速而又複雜。例如小農的貧困以至淪落爲依附者的過程比之北方大大地縮短了，但另一方面奴隸制殘餘却並不比北方掃除得更快，甚至可能更慢一些。

南北差異更重要的一個原因，乃是江南社會並沒有像北方那樣曾經爲長期戰爭所摧殘和各族內遷時所擾亂。

在北方，從三世紀以來長期的戰爭，使農村遭受到嚴重的破壞，大量的土地荒蕪，無數人民向着他們認爲安全的地區遷移，如凉州、遼東，特别是江南地區。在人民大遷徙中，江南增加了掌握先進技術的勞動人手，而在北方則是農業生産力量的削弱。由於人口的流動（包括地主在内），土地「所有權」就表現出非常混亂和不鞏固。在戰争中爲了保全自己，人民不得不更加依賴由豪强領導的宗族鄉里組織。這樣的情况，使得在黄河流域恢復農業生産的途徑有可能通過恢復公社，並把公社隸屬於國家的辦法來實現。拓跋王朝把他們部族内部的公社組織結合中國的歷史淵源推廣到全國，並且宣佈國家是最高的土地所有者，建立了三長制和均田制。這種辦法曾經暫時阻止封建大土地所有制的發展，但是其結果却是通過國家把土地以賜田、永業田的方式分配給貴族、官僚。

南方不可能這樣做，一切條件都相反。江南的國家沒有掌握這麽多的無主荒地（不少荒地是國家管不着的，或者是非常難以開發的），公社殘餘正在衰落，因此江南發展農業的途徑只能是通過封建大土地所有制、田園别墅組織來實現，而不是通過國家。因爲國家既沒有力量，而且成爲農民急需擺脱的羈絆。

由於長期戰爭，北方城市遭受到嚴重的摧殘，商業和手工業異常衰落，自然經濟閉塞性的統治加强，貨幣幾乎停止使用。江南雖然基本上也是自然經濟占統治地位，可是情况却要好得多。城市仍然保持其繁榮，除了首都建康以外，沿長江的城市江州、荆州，南北交界地區的襄陽，濱海的廣州都有較發達的商業。〔一〕這不但在歷史記載上見到，也可以從當時的民歌中見到。〔二〕較發達的商業起了什麽作用呢？我們應該説首先是促使農民貧困化並使其脱離農業生產。我們單從商品來源上就可以看到農民所受的損害了。商品之中一部分是地方官的還資轉化的。這種例子非常多。晉書卷七九謝安傳説謝安幫助一個罷任縣令賣掉五萬把蒲葵扇，蒲葵扇就是這位縣令的還資。宋書卷八四孔覬傳載孔覬焚燒他兩個兄弟的十餘船物資，「皆是綿絹之屬」。孔覬的話是：「汝輩忝預士流，何至還東作賈客邪！」這些物資也是準備出售的還資。我們沒有必要多舉例，只此二事已可説明還資中不少東西常常作爲商品出賣。所謂還資其實就是貪污的贜貨，至少有不小一部分是直接或間接掠自農民的。商品的第二個來源是農民出賣的生產品。南朝政府經常把賦税折合爲貨幣徵收，這就迫使農民不得不把生產品以低廉的價格賣給商人。甚至國家一方面强迫農民繳納貨幣，另一方面又把國庫中積聚的錢廉價收購各種物資，例如南齊永明中就曾用中央和地方府庫錢一萬萬貫收購各郡農

〔一〕見隋書卷三一地理志。
〔二〕見樂府詩集中清商曲辭。

産品。〔一〕由此可見，農民所受剝削，在上述情況下更加嚴重，這樣就加速了農民的破産過程。

由於城市的存在，不少農民走到城市中去當小商販。他們經常沿着水道交通綫來往於各城市間，成爲沒有户籍的「估客」、「浮浪人」。〔二〕雖然商税也不輕，但較之承擔賦役義務却要好一些，所以脱離農業生産，脱離鄉里宗族組織而轉爲商販的農民也就多起來了。沈約説：「昏作役苦，故穡人去而從商，商子事逸，末業流而寖廣！」〔三〕梁代郭祖深也説：「今商旅轉繁，游食轉衆，耕夫日少，杼軸日空。」〔四〕可以知道這種情況在南朝一直存在。農民轉變爲商販，在一定程度上加速了公社殘餘的衰落和農民内部的分化。

商業的發達，按理應該有助於集權政府，因爲商税的收入可以幫助建康政府維持龐大的官僚機構和軍隊。事實上也不能否認商税在某種程度上彌補了南朝國庫中由於農民逃亡、大土地所有制的滋長而遭受到的損失。北魏甄琛便説「今僞弊相承，仍崇關鄽之税；大魏恢博，唯受穀帛之輸」，〔五〕説明南朝商税在全部國庫收入中的比重是較大的。可是我們不能對於它在這一方面的作用估計過高。因爲有

〔一〕見南齊書卷三武帝紀永明五年（四八七）九月詔；通典卷一二。
〔二〕隋書卷二四食貨志稱「其無貫之人，不樂州縣編户者謂之浮浪人」。樂府詩集卷四八西曲有估客樂。
〔三〕宋書卷五六傳末史臣論。
〔四〕南史卷七〇郭祖深傳。
〔五〕魏書卷六八甄琛傳。

不少的貴族、官僚在從事商業活動，他們是免税的。而且當時商人爲了減輕自己的負擔和消除各種阻礙，常常投靠在貴族、官僚的門下。另一方面各個地方政權也在積極地把商業隸屬於自己的權力以內。因此商業的發達也有利於貴族、官僚和地方政權，並不能使皇權因有商税的收入而真正强化。

從上述南方不同於北方的特點出發，江南的大土地所有制發展，便沒有必要也沒有可能像北方那樣通過迂迴的道路。相反，江南大土地所有制的發展，加速了小農的破産和公社殘餘的進一步衰落。我們從大量逃亡農民的成爲依附者和山林川澤的分割上已經可以證明這一點。除此以外，我們還不妨考察一下江南宗族組織的衰弱情況。隋書卷三一地理志稱揚州風俗云：「其俗信鬼神，好淫祀，父了或異居。」父子異居的風俗是和北方「五十三十家方爲一户」〔一〕的風氣相反的。當時江南不論士庶普遍流行分居，宋書卷八二周朗傳載朗上疏言事，有云：「今士大夫以下，父母在而兄弟異計，十家而七矣；庶人父子殊産，亦八家而五矣。」〔二〕單就人民的分居來講，顯然和按資徵調及逃避徭役有直接的關係。因爲共財必然增加了户資的計算，而當時的徭役即所謂三五丁制又是按户内人丁多少徵發的。〔三〕同時我們也不能不認爲這種風氣是殘餘氏族家長制削弱的反映。

〔一〕魏書卷五三李沖傳。
〔二〕魏書卷七一裴叔業附子植傳説他「同居異爨，一門數竈，蓋亦染江南之俗也」。
〔三〕晉書卷八四殷仲堪傳説仲堪領晉陵太守時「子孫繼親族無後者，唯令主其蒸嘗，不聽別籍以避役」。由此可知分居和避役的關係。

談到南北發展的差異性問題時，我們涉及了國家土地所有制和私有制之間的矛盾。我們不想遠溯秦、漢，從魏、晉以來，由於勞動力感到嚴重不足，統治階級就通過各種的方式把農民束縛在土地上，並使之隸屬於封建主義的統治。由於南北歷史條件的不同，北方統治者使土地國有化的努力最後在均田制上實現；而在南方則是私有制取得進一步的勝利，國家幾乎放棄了干涉私有土地的全部傳統權力。在這一個前提下，國家賦役制也起了一些變化。

西晉占田制和魏末、北齊均田制都是一方面限制貴族、官僚在占有土地和依附者的數量上無限發展，而另一方面又承認其在限額以内享有特權。他們法定的占田或永業田（公田）額遠遠超過於一般人民，但租調却未聞超過於人民；因此他們額外多占的土地假使不是出於特賜就成爲既不爲國家所承認，也不繳租的土地。可是在東晉却出現了度田收税制，度田收税的前提就是承認大土地所有制得以無限發展。在徭役制度上南北都是見役，但南方似乎較早出現和雇及和買制，當然這時僅僅爲見役的補充。爲什麽以及在什麽條件下可能有這種補充呢？我想這是和人民的逃亡鬥争分不開的。但是和雇和和買制之所以在南方較早出現，却是由於南方商業、手工業較發達，特别是和國家直接控制人民權力之削弱相關。國家直接控制人民權力之削弱也是國家放棄直接支配土地的結果。

然而在賦役制度上南方存在着一種混亂情況。度田收税制時行時廢，到了梁、陳時代，依據假想的按丁分配課田爲基礎的按丁税米，和度田收租制度同時存在。見役制甚至刑徒服役制與和雇制同時存在而且占較大比重。我們不妨説南方出現了一些適合於大土地私有制發展形勢的新制度的萌芽，〔一〕但舊的傳統還居於統治地位。

由於小農經濟本身的不穩定性，由於原有的封建大土地所有制的進攻，在北方一度占優勢的封建國有土地制必然不能長期維持，私有制在北方也要取得勝利。到這時候曾經在南方有過萌芽的新制度即將獲得推廣，唐代出現的地税和雇、和市等制度可以證明這一點。

就總的傾向來説，南北是一致的，即是大土地所有制的發展；但是在發展過程中南北各自有其特點，同時也存在着差異。到了唐代，構成這種差異的特殊因素已不再存在，或者作用日趨減弱，在土地所有制以及若干制度上縱使不可能完全相同，其差異性便不像過去那樣顯著了。

〔一〕這裏所謂新制度只是對占田課田制下户調式而言的，當然誰都知道曹魏時期已經有按畝税米之制了。

二　孫吳統治期間農民封建化的迅速發展

東漢統一帝國崩潰以後，南北開始分裂。中間雖然出現了短暫的西晉統一政權，然而在此期間，分裂形勢仍然沒有改變。江南屢次發生的叛變便證明了這一點。西晉政權崩潰後，南北分裂局面經歷將近三百年。我們有理由認爲三至六世紀的江南長期和北方處於分裂的狀態中。

在這一段時期中，南方社會經濟發展得比較快，然而在此以前，特別是東漢以前江南的社會生產遠遠落後於北方。我們無須追溯得過遠，就是在西漢時江南的落後還是顯著的。史記貨殖列傳總論江淮地區的情況是：

> 總之，楚、越之地，地廣人希，飯稻羹魚，或火耕而水耨。果隋蠃蛤，不待賈而足。地埶饒食，無飢饉之患。以故呰窳偷生，無積聚而多貧。是故江淮以南，無凍餓之人，亦無千金之家。

鹽鐵論通有篇也說：

> 荆、陽（揚）南有桂林之饒，内有江湖之利，左陵陽之金，右蜀漢之材，伐木而樹穀，燔萊而播粟，火耕而水耨，地廣而饒財。然後呰窳偷生，好衣甘食，雖白屋草廬，歌謳鼓吟，日給月單，朝歌暮戚。

根據西漢時候的記載，我們可以看出當時江淮地區人口稀少，自然物資豐富，生產技術低下，交換關係在那裏是不發達的，貧富分化不甚顯著。我們如果以之和關中、山東相比較就顯得有很大的不同。

因爲江淮地區的荒地多，人口少，所以成爲西漢移民地區之一。漢武帝元狩四年（前一一九）大量遷移山東貧民到邊郡，會稽便是五個郡之一。〔一〕元鼎二年（前一一五）爲了山東連年饑荒，武帝下詔說：「江南火耕水耨，令飢民得流就食江淮間，欲留留處。」〔二〕山東貧民的遷移，一方面説明江淮地廣人稀，可以容納大量人口的留處；另一方面也説明山東農民的貧困化，不能不在國家賦役和豪强兼併的壓迫下拋棄他們的土地。除此以外，武帝還曾把一些大族遷徙到江南，例如臨淄大族鄭氏，就因「武帝時徙强宗」而遷居山陰。〔三〕遷徙者自然決不止鄭氏一族。

我們知道武帝統治期間，北方的豪强和商業、高利貸資本正在向農村猖狂進攻，而如史記、鹽鐵論所述江南却没有這種情況，至少階級矛盾是比較緩和的。因而當西漢末年破産農民大起義時，江南並没有形成洪流。〔四〕那時還有很多人避難江南。後漢書卷七六循吏任延傳稱：「時天下新定，道路未通，避亂江南者皆未還中土，會稽頗稱多士。」以後雖然可能有很多人回到中土，但必然也有不少

〔一〕 漢書卷六武帝紀。
〔二〕 史記卷三〇平準書（此據史記會注本，南宋本作「欲留之處」）。
〔三〕 後漢書卷三三鄭弘傳注引謝承後漢書。
〔四〕 西漢末年江南也有兵事，但是其性質不甚明確。後漢書卷二一李忠傳：「遷丹陽太守。是時海内新定，南方海濱，江淮多擁兵據土。忠到郡，招懷降附，其不服者悉誅之。旬月皆平。」這些擁兵據土者不過旬月即被平定，可見其勢力之薄弱。

留居不還的。

從西漢一直到東漢，北方人在各種不同情況下遷向江南，這在推動生産方面起了一定的作用，加速了江南經濟的發展過程。江南原來地廣人稀，生産技術低下，雖然在東漢時它還沒有趕上黄河流域，但多少和西漢時有些不同。首先是水利灌溉事業開始見於記載。元和郡縣志卷二六越州會稽縣條云：

> 鏡湖，後漢永和五年太守馬臻創立，在會稽、山陰兩縣界。築塘蓄水，水高丈餘，田又高海丈餘。若水少則洩湖灌田，如水多則閉湖洩田中水入海，所以無凶年。隄塘周迴三百一十里，溉田九千頃。

水經漸江水注稱長湖「開水門六十九所，下溉田萬頃」，應即鏡湖。我們固然不能認爲漢代創建的鏡湖水利就和以後的規模一樣，但是相差也不會太遠。地廣人稀之地而有興建水利之事，就足以説明在個别地點耕地面積的增加已有必要。蠶桑業也在這時有了萌芽。後漢書卷七六衛颯傳注引東觀記稱：「建武中，桂陽太守茨充教人種桑蠶，人得其利，至今江南頗知桑蠶織履，皆充之化也。」我們還知道西漢時政府在江南沒有設置鐵官，那裏的鐵冶業是不發達的。而根據上述衛颯傳東漢初年耒陽縣的私冶就很盛，以致政府覬覦，建立了鐵官。從上引一些不充分的材料中，我們可以看出東漢時期的江南經濟較之西漢武帝時有一定程度的發展。

我們在上面説江南地區的貧富分化不顯著，當然不是説那裏就沒有分化。後漢書卷七六許荆傳說許荆的祖父許武和他二弟分家時「武自取肥田、廣宅、奴婢彊者」，以後許武「理産所增，三倍於前」。這是東漢初年事，許武是會稽陽羨人，可以推想富人財富的增殖在西漢已有相當發展。到了東漢末年，會稽郡的奴隸或者封建依附者多到可以用召募方式組成一支軍隊。後漢書卷七一朱儁傳説朱儁在光和元年（一七八）遠征交阯時「過本郡（會稽）簡募家兵及所調，合五千人」。李賢注：「家兵，僮僕之屬。」家兵在漢末是個通行的名稱，〔一〕亦即部曲，可以由僮僕和賓客以及其他依附者組成。漢末江南有大量的家兵存在，説明當時的社會階級關係和西漢時多少有些不同，同時也説明江南地方勢力的壯大。

在貧富分化向着兩極發展的過程中，階級鬥争也日益尖鋭。順帝時江、淮區域的會稽、江夏、廣陵都發生農民起義，其中以廣陵爲中心的張嬰所領導的起義歷時達十餘年之久；〔二〕接着便有被稱爲「揚、徐盜賊」的范容、周生等起義，鬥争堅持了好幾年，活動區域主要是在長江北岸，但也達到南岸的丹陽。〔三〕以後桓帝時長沙一帶人民爲了反抗國家的調發紛紛起義，也經過好幾年纔被鎮

〔一〕三國志魏志卷一六任峻傳稱「峻又别收宗族及賓客家兵數百人，願從太祖」。這裏可以解釋作收宗族及賓客組成家兵數百人，也可解釋爲宗族、賓客、家兵是三種不同的身分，合起來共數百人。按卷一八李典傳宗族、部曲分列，似乎家兵不應包括宗族，但也可能家兵的意義更廣泛一些。

〔二〕見後漢書卷六順帝紀；卷五六張晧附子綱傳。

〔三〕見後漢書卷六順帝紀；卷三八滕撫傳。

壓。〔一〕

靈帝熹平元年（一七二）會稽爆發了一次規模較大的起義。後漢書靈帝紀在這年十一月稱：「會稽人許生自稱越王，寇郡縣。」注引東觀漢記曰：「會稽許昭聚衆，自稱大將軍，立父生爲越王，攻破郡縣。」這次起義是在地方軍和豪强武裝聯合進攻下被鎮壓的。三國志吴志卷一孫堅傳云：「會稽妖賊許昌起於句章，自稱陽明皇帝，與其子韶扇動郡縣，衆以萬數。堅以郡司馬募召精勇，得千餘人，與州郡合討破之。」這是熹平三年（一七四）十一月的事。〔二〕

如上所述，可知從順帝以後，江、淮地區的起義此起彼伏地堅持了四十年。起義群衆自然是破産農民。而農民的破産主要是由於國家各種形式的繁重賦役。後漢書桓帝紀載延熹九年（一六六）正月詔書：「比歲不登，人多飢窮，又有水旱、疾疫之困，盜賊、徵發，南州尤甚……其令大司農絶今歲調度徵求，及前年所調未畢者，勿復收責。其水旱、盜賊之郡，勿收租，餘郡悉半入。」統治者把農民貧困化的原因推到天災上去，但也不能不把「徵發」列爲原因之一，而且以免除徵調來緩和人民的反抗。後漢書卷四三朱暉附孫穆傳謂穆諫梁冀曰：

頃者，官人俱匱，加以水蟲爲害，京師諸官，費用增多，詔書發調，或至十倍。各言官無見財，

〔一〕見後漢書卷六順帝紀；卷三八度尚傳。

〔二〕三國志吴志卷一孫堅傳裴注引靈帝紀曰：「昌以其父爲越王也。」似乎把許昌當作東觀記的許昭。我想許昌即許生，許韶即許昭。

皆當出民，搒掠割剥，彊令充足。公賦既重，私斂又深。牧守長吏，多非德選，貪聚無厭，遇人如虜，或絶命於棰楚之下，或自賊於迫切之求……昔永和之末，綱紀少弛，頗失人望，四五歲耳而財空户散，下有離心，馬免之徒，乘弊而起，荆、揚之間，幾成大患，幸賴順烈皇后初政清静，内外同力，僅乃討定。

從朱穆的奏記中也可以看出調發煩重，官吏的貪污以及對於人民的嚴重壓迫。順帝時期江、淮區域的起義也就是在同樣的情況下產生的。後漢書卷五六張晧附子綱傳説張綱招降張嬰時就承認「前後二千石多肆貪暴，故致公等懷憤相聚」。義軍的鋒芒當時主要是對着帝國政府，但決不是説對正在滋長中的地方豪强沒有影響，上面已經提到富春孫氏組織的武裝參加了鎮壓許生、許昭的起義，而在此以前揚、徐義軍領袖之一徐鳳是由下邳人謝安率領宗親襲擊而死的。〔二〕另一方面我們也可以理解，力圖擺脱國家封建剝削羈絆的農民起義，削弱了中央對地方的控制力量，固有的地方勢力却在這中間開闢了新的發展道路。

靈帝中平元年（一八四）爆發了規模巨大的黄巾起義，東漢帝國隨即瓦解，而形成了州郡割據的局面。孫吴在江南建立了政權。這個政權統治江南八十五年（一九六——二八〇），八十五年之中江南的社會生產有很大的提高，但與之同時，封建大土地所有制在原有的基礎上大大地發展了。

〔二〕見後漢書卷三八滕撫傳。

東漢末年全國各地的宗族武裝組織林立。孫吴政權的建立是獲得江南大族的支持的。他們又共同進攻另外一些處於山林地區的宗族組織，這些宗族組織，歷史記載上通常稱之爲「宗部」、「宗伍」，他們的首領稱爲「宗帥」。

我們知道兩漢以來地方政權和地方武裝勢力和當地的大姓强宗有極其密切的關係。各級地方長官雖由中央派遣，但是州、郡、縣的掾屬按照通例必須用本地人，這幾乎成爲大族控制地方的常軌。而當中央政權衰弱瓦解時，大族組成的武裝更是控制地方的軍事力量。由於原始的氏族家長制的頑强遺留，農村中常常宗族聚居。當時的社會生産力水平還不能掃除那種較原始的組織形態，因爲在生産上和生活上有保留這種組織的必要。既然如此，那末作爲在地方户籍上登記的人民，另一方面又是某一個宗族的成員。雖然我們説大族和地方政權有密切的關係，但宗族組織對於國家行政系統來説仍然保持相對的獨立性，當它和地方政權發生關係時固然有助於對中央的聯繫，但却又是地方分裂割據的支柱，因而又是統一政權的一種障礙。宗族成員在不堪賦役壓迫或在犯罪逋亡以及其他情况下，他們有可能脱離國家的控制而依靠宗族的庇護。問題在於，他們完全可以游離於地方組織之外，何况鄉閭的首領同時也正是宗族的首領。

毫無問題，宗族是各個大小家庭的組合，各個家庭不管其大小若何，都有各自的私有財産；而從兩漢以來宗族内部的貧富分化迅速地進行，宗族中間有富有者家庭，而多數是貧窮的家庭。那些富有者（通常是官僚）按照宗族的固有習慣在道義上必須履行收恤庇護其宗族成員的義務，但也由此加强了宗族成員對於富有者的依存性。這就使族内的首領有可能把宗族組織變成有利於保衛其既得權益的力量。因而當農民起義時，參與鎮壓的隊伍常常是在豪强統率下以宗族和賓客兩種不同身分的人組成的。賓客固然是豪强的封建依附者，而宗族成員實際上也是他們的依附者。不論賓客和宗族，這種依附關係可以建立在土地關係上，但不一定必然有明確的土地關係，也可以只是他的被「保護」者。

宗族中間貧富分化是必然的，因此也是普遍的，但是分化的程度及其帶有的原始性之淺深却是不平衡的。一般地說，在社會經濟發達地區的宗族業已轉變爲豪强掌握的組織，而在落後的荒僻地區却更多的保持着原始形態。

東漢以來，江南宗族中産生了豪門地主，他們擁有大量的土地和僮僕。我們從上引朱儁傳上已看到了這一點。三國志吴志卷一五全琮傳説全琮的父親「嘗使琮齎米數千斛到吴，有所市易。琮至，皆散用，空船而還……是時中州士人避亂而南，依琮居者以百數，琮傾家給濟，與共有無」，可以一下散掉數千斛米，而且還能够供給上百人生活的人家顯然是擁有大量土地的豪門。這事還在孫吴政權剛建立時，當然不是什麽「暴發户」。抱朴子吴失篇説到吴國的大族是「僮僕成群，閉門爲市，牛羊掩原隰，田池布千里」，這雖然是在孫吴時期發展壯大的，但也必然在東漢時已經具有基礎。吴郡的顧、陸、朱、張，會稽的虞、魏、孔、賀等應即是葛洪所説的那些豪門。孫吴政權在那些豪門支持下建立起來，竭力對山林或偏僻地區的宗族組織進攻，以期獲得更多的勞動人手置於國家或豪門地主的支配下。

我們在上面説過，宗族組織有庇護其宗族成員的職能，宗族中間的豪强利用這個組織來爲自己服務。山林或偏僻地區的宗族組織中還没有出現那種豪門地主，他們的首領宗帥大都出於民間，所以有時被稱爲民帥，〔一〕這就和早經參加政權的豪門貴族有所不同。我們自然不能説那些宗帥對於宗族成員及歸附避役的人民毫無剝削。但對於避役人民似乎還没有當作「僮僕」、「賓客」對待，宗族成員間的貧富差别也不大，因而作爲對國家的抗拒賦役鬥爭中同時也帶有抗拒封建化的性質。

當時山居人民很多是古代的越人和漢代遷移的越人，因而被稱爲山越。〔二〕他們可能還保留一些越族的特點，但顯然已經在頗大程度上接受漢族文化。爲了反抗奴役，山居的越人長期以來就和避役入山的漢人一起進行鬥争。後漢書卷三八度尚附抗徐傳：

初試守宣城長，悉移深林遠藪椎髻鳥語之人置於縣下，由是境内無復盜賊。

宣城縣屬丹陽郡，〔三〕抗徐遷移了那些住在「深林遠藪」的人民以後，特别説明「由此境内無復盜賊」，

〔一〕見三國志吴志卷一五周魴傳。

〔二〕參考魏晉南北朝史論叢第八——一〇頁（文集本六——八頁）。我在那篇論文中强調那時山越和漢人没有很多區别。大致上可以説區别不大，但應該説仍然保留一些越族的特點。

〔三〕宣城據漢書地理志屬丹陽郡。續漢書郡國志無此縣，蓋東漢初廢。元和郡縣志卷二八宣城縣條云：「本漢宛陵縣，屬丹陽郡。後漢順帝置。」則是廢而復置，所以抗徐作宣城長。

可見他們就是長期反抗的所謂「丹陽賊」，而他們是住在山中的。他們又被稱爲「椎髻鳥語之人」，即是說風俗、語言和漢人有别，應即是山越，但傳中却沒有稱之爲山越。而後漢書靈帝紀謂建寧二年（一六九）七月「丹陽山越賊圍太守陳夤」，便有了這個名稱。孫吴時期，丹陽正是山越的活躍地區，他們的宗部組織曾經頑强地反抗孫吴政權的進攻。〔一〕許多避役入山的漢人和山越在共同生產、共同鬥争的過程中結合在一起。三國志吴志卷一二駱統傳，統上疏云：

且又前後出爲兵者，生則困苦，無有温飽，死則委棄，骸骨不反；是以尤用戀本畏遠，同之於死。每有徵發，羸謹居家，重累者先見輸送，小有財貨，傾居行賂，不顧窮盡；輕剽者迸入險阻，黨就群惡。

可見入山漢人和山居越人是在抗拒賦役壓迫的共同目標下結合起來的，而根據吴志卷一九諸葛恪傳説「山出銅鐵，自鑄甲兵」，又説「候其穀稼將熟，輒縱兵芟艾」，山中農業和鐵冶業的發展自然是和入山避役的人民有關的。山林地區在人民的艱苦勞動下得到開闢，但是孫吴國家却企圖使之遷到易於控制的平地，以便奴役，「放逸山險，則爲勁寇，將置平土，則爲健兵」，〔二〕統治者用了最大的軍事力量向各個山林地區進攻，迫使山中漢越人民出山，皇室和大族、將領們共同分割了這些人口，他們一部分成爲國家的編户和屯田户，另外一部分成爲大族、將領們

〔一〕宗部和山越的關係，參考魏晉南北朝史論叢第七——八頁（文集本五——六頁）。
〔二〕三國志吴志卷一二張温傳所載駱統表。

所統率的而且是世代統率的兵。〔一〕

人民抗拒封建化的鬥争遭到打擊，封建大土地所有制的勢力更强大了。

我們不僅從上述情況中看到大土地所有制的擴大，而且還可以從另一種情況中看到這一點。大量山中人民的下山，應該使户籍册上的人口多少有所增加。而且當時還有大量的人民從北方渡江南遷，三國志吳志卷七張昭傳云：「漢末大亂，徐方士民多避難揚土。」長江北岸人民渡江規模最大的一次是在建安十八年（二一三）。吳志卷二孫權傳：「初曹公恐濱江郡縣爲權所略，徵令内移，民轉相驚，自廬江、九江、蘄春、廣陵户十餘萬，皆東渡江，江西遂虚。」〔二〕除了自己渡江來的，也還有戰争中的俘虜，例如孫策破皖城，就獲得百工、鼓吹、部曲三萬餘人。〔三〕關於自願的或是被迫的南渡事例可以舉出不少，這裏無須列舉。總之通過山越的被迫出山和北人的南渡，江南人口無疑是增加了。可是記載上却只看到人口的寡少。三國志吳志卷一二駱統傳：

是時徵役繁數，重以疫癘，民户損耗。統上疏曰：「……今彊敵未殄，海内未乂，三軍有無已之役，江境有不釋之備，徵賦調數，由來積紀。加以殃疫死喪之災，郡縣荒虚，田疇蕪曠。聽聞屬

〔一〕三國志吳志卷一三陸遜傳説陸遜進攻會稽山越後，「部曲已有二千餘人」；以後又攻丹陽山越，使「彊者爲兵，羸者補户，得精卒數萬人」，可知有補户及補兵的不同處理。而兵是屬於將領的。宋書州郡志謂「吳時分吳郡無錫以西爲毗陵典農校尉」，其中一部分屯田户據吳志卷七諸葛瑾傳注引吳書，可能是以諸葛恪所得丹陽山越充當，説詳下。

〔二〕見三國志吳志卷一孫策傳注引江表傳。

城，民户浸寡，又多殘老，少有丁夫。聞此之日，心若焚燎……」

户口耗減的嚴重性弄到「少有丁夫」的程度，以致駱統如此之焦慮。這決不是故意誇張。我們從户口數字上也可以發見這種情況。三國志吴志卷三孫皓傳注引晉陽秋：

（王）濬收其圖籍，領州四、郡四十三、縣三百一十三，户五十二萬三千，吏三萬二千，兵二十三萬，男女口二百三十萬，……後宫五千餘人。〔一〕

這個人口數字包括孫吴全境内兵、吏、後宫和編户，可是還抵不上東漢的丹陽、會稽、吴、豫章四郡，也即是説抵不上東漢揚州一州的人口。〔二〕三國時期江南是比較安定的，南遷的北人是那麽多，被迫出山的人民也不少，可是户口却少於漢桓帝時。這個問題實質上也反映了封建「大土地所有制」的壯大，因爲上面所舉的數字當然不包括國家管不着的户口，也即是不包括公開的和不公開的封建依

〔一〕續漢書郡國志注引帝王世紀云：「正始五年，揚威將軍朱照日所上吴之所領兵户九十三萬二千，推其民數，不能多蜀矣。」按上文方説「景元四年與蜀通計，民户九十四萬三千四百二十三，口五百三十七萬二千八百九十一人」，魏蜀合計户數和吴國幾乎相等，如何説吴的民數不能過蜀？這裏的兵户是作兵和民户解，即使魏蜀合計沒有包括兵，也不能作這樣猜測。又所計吴國户數多於孫皓亡國時也很可疑。正始時魏國何以能够獲得吴的户籍？這一位朱照日也不見記載。正始五年即吴赤烏六年（二四四），晉書食貨志稱：「孫權赤烏五年……户五十二萬，男女口二百三十萬」，不應該下一年就加增到九十三萬二千户。這裏顯然有不少疑點，必有譌脱。至於赤烏五年户口數和孫皓時相同倒可以解釋爲長期不修版籍之故。而這又足以反映「大土地所有制」的發展。

〔二〕見續漢書郡國志。

附者。

我們在上面已經提到在孫吴統治時期發展壯大了一批「僮僕成群」、「田池布千里」的豪門地主。當時所謂僮僕不單是奴婢，而是包括了「客」在内的。〔一〕毫無問題，「客」之淪爲依附者地位並非始於此時，但法律上確定其依附地位，却始於孫吴。孫吴承認「客」可以不向國家繳租服役，稱爲「復客」。這就是説「客」是私屬而不屬於國家，他們只對其主人承擔義務。我們知道漢代賓客已經對其主人發生從屬關係，東漢末年已經普遍地奴客連稱。但至少國家從來没有公開准許「客」獲得「復除」的權利（實際上復除的利益當然歸於主人）。漢代復除範圍，徐天麟曾經列舉若干類别，〔二〕却没有賓客在内。孫吴建立政權以來便一直把「復客」作爲一種對功臣的獎賞，其意義是准許他可以蔭庇若干「客」作爲私屬。吴志卷一〇陳武傳注引江表傳稱武死後，孫權命令「復客二百家」；同卷蔣欽傳，欽死後「以蕪湖民二百家，田二百頃給欽妻子」；同卷潘璋傳，璋死後，「賜田宅，復客五十家」；卷九呂蒙傳，破皖城後，「别賜尋陽屯田六百户」，蒙死後，又「與守冢三百家，復田五十頃」——守冢户只是另一個名稱，實際上也就是復除之客。獲得這種獎賞的功臣一定很多，上面只是見於記載的一小部分而已。從上引資料中我們還可以看到如下幾點：第一，客的來源有「民」，也有「屯田」。蔣欽死後受賜的是蕪湖民。陳武附子表傳云：「初表所受賜復人得二百家，在會稽新安縣。表簡視其人，皆堪好

〔一〕參考魏晉南北朝史論叢第二五頁（文集本二二——二三頁）。
〔二〕見東漢會要卷二九復除。

兵，乃上疏陳讓，乞以還官，充足精鋭」。孫權答應了他的請求，「下郡縣料正户羸民以補其處」。第一次受賜的「復人」來源没有明文，但從他們本來不是兵而「皆堪好兵」看來，似乎是編户；第二次换取的更明説是郡縣所料的正户羸民。「正户」原來是向國家繳納租賦的一般農民，現在却變成了私家的客。像這樣把一般農民作爲賞賜是史無前例的。漢代固然也有封户，但其意義只在於把被封若干户的租算賞賜給列侯封君，封户本身和非封户的農民在身分上没有什麽不同，而這種復客則是處於私屬的地位。呂蒙受賜的客則是尋陽屯田民，他們本是國家土地上的「客」，孫吴屯田制度雖不明確，從曹魏制度看來恐係類似於國家所占有的隸農或佃農，〔一〕因而以屯田客作賞賜，只是由國家的客轉爲私家的客而已。不論是以「正户」或以屯田客充賜，都反映了封建勢力的壯大，農民的進一步封建化（編户直接被迫作爲復客和經過屯田過程而轉入私家實質上是一樣的）。第二，從蔣欽、潘璋、呂蒙傳中可以看出復客和土地的關係，賜復客連帶的就賜田，因而「客」的擴大也即是土地占有的擴大。第三，每次受賜復客的數字是較大的，通常是二三百户，多者至六百户。我們知道西晉户調式中規定蔭客是遠少於此數的，〔二〕由此可見江南封建大地主在魏、晉時期所獲得的權利甚至超越了北方。

〔一〕屯田客是幾乎喪失所有生産資料的，土地爲國家所有，部分屯田客連耕牛、農具都由國家供給。他們不屬郡縣而屬農官，不服兵役，却要繳高額地租。後來國家又以之作爲賞賜。他們在土地使用權上是不穩固的，國家可以把他們從一個地方遷到另一個地方。這一些可以説明他們的身分。

〔二〕西晉户調式中規定一品官也只占有佃客五十户，見晉書食貨志。

上面所述只是受賜復客的事例，其最大意義在於國家公開承認封建依附關係。至於原有的客即是並非通過賞賜的客是否也應該復除呢？這一點雖不明確，却也有迹象可尋。吴志卷九周瑜傳：「後著令曰：『故將軍周瑜、程普，其有人客，皆不得問。』」所謂「不得問」的意義包含兩點，一是不加檢查，即使出於逋逃，也不追究；二是承認其私屬地位，不問租賦。這裏沒有説賜復客，以及那些人客是原已有之的，這道命令只是肯定其不屬國家而已。當時南北豪門地主必然普遍擁有客，〔一〕從這條記載上，可以看出豪門占有的客，至少一部分獲得國家的承認。

除了公開的以外，那些豪門地主還以隱匿逋亡的方法擴大其勞動隊伍。世説新語政事篇：

賀太傅作吴郡，初不出門，吴中諸强族輕之，乃題府門曰：「會稽鷄，不能啼。」賀聞，故出行，至門反顧，索筆足之曰：「不可啼，殺吴兒。」於是至諸屯邸，檢校諸顧、陸役使官兵，及藏逋逃，悉以事言上，罪者甚衆。陸抗時爲江陵都督，故下，請孫皓，乃得釋。

這裏説明諸强族在屯邸中私自役使的勞動人口有官兵和逋逃二類（關於官兵的當俟下述）。我們知道駱統、諸葛恪都只説到逋逃入山，實際必然還有很多爲那些豪門地主所隱匿，而且愈到後來就愈盛。吴志卷三孫皓傳稱鳳凰三年（二七四）「七月遣使者二十五人，分至州郡，科出亡叛」，這時孫吴

〔一〕三國志吴志卷一一呂範傳稱範「汝南西陽人也，少爲縣吏，有容觀姿貌。邑人劉氏，家富女美，範求之……遂與之婚。後避亂壽春，孫策見而異之，範遂自委昵，將私客百人歸策。」呂范擁有私客，可能和他結婚富室有關，蜀志卷八麋竺傳説竺嫁妹給劉備時，贈送了奴客二千人。

已快要滅亡，亡叛衆多，以至國家遣使檢查，而亡叛從來是和隱匿相聯繫的。

公開的和不公開的封建依附者隊伍之不斷擴大，出現了江南人口雖增而户籍册上反而減少的矛盾現象。

豪門地主的勞動隊伍還有兵，兵是「官兵」，但如上所述，私家却可以加以役使。按照三國志吴志的記載，孫吴諸將領死後其所領的兵，通常由他的子弟繼承率領，甚至「子弟雖小，不可廢也」，八九歲的孩子都獲得繼領父兵的權利，〔一〕從上引陳表傳所述陳表把所賜復客還官充兵的事看來，兵自然還不能完全算作私屬，但兵既世襲，領兵的人又是世襲，這裏就構成了主從間的關係。所以吴志卷七顧雍附子邵傳注引文士傳便直率地稱顧氏所統之兵爲「家部曲」。江南大族一般都領兵，如鄧艾對司馬師説「吴名宗大族皆有部曲」。〔二〕孫吴政權既然建立在江南大族聯盟的基礎上，便不能不承認世襲領兵制。我們知道東漢末年江南早有家兵，從外方來的將領也帶着他們的部曲，例如甘寧歸吴前，便招懷亡客並義從者數百人，〔三〕所謂義從亦即部曲。孫吴政權雖然没有公開承認諸將所統的兵是復客一類的私屬，所以國家還有權收還或另行調配，但既然「家兵」、「部曲」先於孫吴政權而存在，便不能不承認這種已成事實，而且把官兵變成家兵的情況，也還要繼續下去。

〔一〕見三國志吴志卷九吕蒙傳，卷一〇凌統傳；參考魏晋南北朝史論叢第二〇——二四頁（文集本一七——二一頁）。
〔二〕三國志魏志卷二八鄧艾傳。
〔三〕見三國志吴志卷一〇甘寧傳注引吴書。

世襲領兵制的意義在於兵士不僅從事戰爭，而且還從事生産。吴國兵士似乎普遍都耕田，也即是普遍的推行兵屯。吴志卷二孫權傳謂「是時（黄武五年，二二六）陸遜以所在少穀，令諸將增廣農畝」，可見諸將所領兵都有耕作義務。卷一六陸凱傳附載凱諫孫皓疏云：「先帝戰士，不給他役使，春惟知耕，秋惟收稻，江渚有事，責其死效。」陸凱此疏是有疑問的，〔一〕孫權時的兵士也不是完全不服他役，〔二〕但「出戰入耕」確是當時的情况。兵士屯田，除了可能向國庫繳納一部分賦税外，即以其收穫物作軍糧，將領掌握軍糧的支配權，就有利可圖。而且利用那種兵士的世襲從屬關係，藉口軍隊的自給自足，將領也有權役使官兵作其他活動以增加其收入。在孫休永安二年（二五九）的詔書中便指出州郡吏民及諸營兵多不從事農耕而「浮船長江，賈作上下，良田漸廢，見穀日少」的事。兵士們的脱離農業而作商販和小手工業的活動自然是獲得所屬將領同意的，甚至即是由將領驅使他們這樣作的。但是脱離農業的兵士仍然不是商販或手工業者，他們只是承擔另外一種徭役形式的兵士。

在世襲領兵制下兵士們既是官兵，又是家部曲，這就使他們所受的壓迫特别嚴重。皇帝和將領們都盡可能使之爲自己服役，私家的「役使官兵」和國家加在兵士身上的徭役日益嚴重，爲了逃避這

〔一〕三國志吴志卷一六陸凱傳末陳壽云：「余連從荆揚來者得凱所陳皓二十事。博問吴人，多云不聞凱有此表。又按其文，殊甚切直，恐非皓之所能容忍也。或以爲凱藏之篋笥，未敢宣行，病困，皓遣董鮮省問，欲言，因以付之。虚實難明，故不著於篇。」

〔二〕三國志吴志卷二孫權傳稱赤烏十年二月「改作太初宫，州郡及諸將皆義作」，「義作」就是本來不應負擔而現在負擔的徭役。

樣的境遇，兵士和人民一起逃亡。皇帝爲了把逃亡兵民爭取到自己那一邊，就使親幸的人採取召募方式把兵民編制在另外一種組織中。吳志卷一三陸遜附子抗傳載孫皓時抗上疏云：「又黄門豎宦，開立占募，兵民怨役，逋逃入占。」我們還不明瞭入占兵民在「黄門豎宦」統領下有何種義務，但顯然可以不服一般徭役，「黄門豎宦」是皇帝的親信，入占兵民大體上成爲皇帝的私屬。我們知道占募不始於孫皓時，吳志卷一二駱統傳便説「尤以占募在民間，長惡敗俗，生離叛之心，急宜絶置」，可見孫權時已有此制，但似乎還只限於「民間」，而孫皓時則連兵士也都在占募之列，這裏説明皇帝一方面不能不承認豪門地主的既得利益，而另一方面也存在着矛盾。

在孫吳統治期間江南的封建大土地制在東漢的基礎上更發展了。但是我們應該認識農民的封建化不僅反映在私家大土地的發展過程中，同時也反映在有相當數量的勞動力被束縛於國有土地一點上，孫吳和曹魏一樣除了兵屯以外還有民屯。民屯的規模是不小的，吳志卷二孫權傳謂赤烏八年（二四五）八月「遣校尉陳勳將屯田及作士三萬人鑿句容中道」，這裏雖然沒有説明是屯田兵或屯田民，但按照吳志通例，單稱屯田的是指屯田民而言。吳志卷三孫休傳説永安六年（二六三）十月「丞相興建取屯田萬人以爲兵」，這裏就顯然把屯田民和兵分開。又上述呂蒙受賜的客稱爲尋陽屯田，也是指屯田民。徵發屯田民動至萬數，可知總數不小。宋書卷三五州郡志一舉出丹陽郡的溧陽，「吳省爲屯田」，湖熟「吳省爲典農都尉」，淮南郡的于湖，「本吳督農都尉治」，晉陵郡下稱：「吳時分吳郡無錫以西爲毗陵典農校尉」。自然州郡志的記載還是不完整的，吳國設置的屯田不止這幾處，例如陸遜作過海昌屯田都尉，[一]華覈作過上虞典農都尉，[二]呂蒙曾受賜尋陽屯田。州郡志所不載的可能在吳時已廢。

孫吳的屯田組織我們不大明瞭，大體上農官和郡縣分治，典農校尉相當於郡太守，都尉相當於縣令。屯田民的來源我們也不知道。吳志卷七諸葛瑾傳注引吳書：「赤烏中，諸郡出部伍，新都都尉陳表、吳郡都尉顧承各率所領人會佃毗陵，男女各數萬口。表病死，權以融（諸葛瑾子）代表。」這裏所說會佃的人由都尉率領，又說是「出部伍」，似乎是兵。我以爲這一些會佃的人即是諸葛恪所平的山越而分配給陳表、顧承的一部分，[三]可能這一部分山越中的老弱在以後設置典農校尉時便成爲屯田民，那當然只是推測而已。如上所述，屯田民要對國家服役，但怎樣分配其生產品却也不明瞭。屯田民是可以作爲賞賜的，然而在孫吳方面不像曹魏那樣構成屯田客的特點，因爲孫吳也把一般農民作爲賞賜。

雖然孫吳屯田制度如此不明確，但我們基本上可以認識屯田民是在國家土地上耕作，並對國家

〔一〕三國志吳志卷一三陸遜傳稱遜「出爲海昌屯田都尉，並領縣事」。

〔二〕三國志吳志卷二〇華覈傳。

〔三〕三國志吳志卷一〇陳武附子表傳：「嘉禾三年，諸葛恪領丹楊太守，討平山越，以表領新安都尉，與恪參勢。」卷一九諸葛恪傳稱平山越後「恪自領萬人，餘分給諸將」，陳表自然有他的一份。卷七顧雍附孫承傳：「後爲吳郡西部都尉，與諸葛恪等共平山越，別得精兵八千人，還，屯軍章阬。」平丹陽山越據孫權傳在嘉禾六年（二三七）下一年即改元赤烏。可見赤烏中會佃毗陵，陳表、顧承所領者應即是分得的山越。但毗陵是典農校尉治，應是民屯，或者民屯設置在後，此時還是兵屯。

承擔義務的佃農或隸農。一般農民之可轉化屯田民，也反映了農民的封建化。

在孫吴統治期間，數量巨大的農民通過屯田、復客、領兵、占募和不公開的隱匿逃亡等形式變成國家的（亦即是皇室的）和私家的封建依附者；或淪爲走向這條道路的被「庇護」者。大土地上的勞動隊伍擴大了，與之同時，他們所保有的小塊土地也就流入豪門或者變成荒地而爲國家所支配。

當然，我們必須承認，直到吴亡户籍册上還保留着二百三十萬的正户人口，他們沒有喪失這一小塊耕地，也沒有淪爲各式各樣的私屬。他們承擔着苛重的經常性的賦税，〔一〕而特別嚴重的是徭役。充兵是最嚴重的役，國家把强壯者編入軍隊，强制耕戰，身受國家和將領的雙重奴役，已如上述，此外列於正户之外的吏三萬二千也是由正户中徵發的。吴志卷三孫休傳載永安元年（二五八）十一月詔：「諸吏家有五人，三人兼重爲役，父兄在都，子弟給郡縣吏，既出限米，軍出又從，至於家事，無經護者，朕甚愍之。其有五人，三人爲役，聽其父兄所欲留，爲留一人，除其米限，軍出不從。」所謂限米我們不明瞭，但充吏者幾乎盡室服役，既要到京都，又在本地服役，還要在出兵時隨行，顯然是異常繁重的。一當兵、吏便是終身服役，至於臨時性的徵發更不待論。

兵、吏、客等等都是從正户中間產生的，而且這個形勢將要繼續發展下去。

〔一〕三國志吴志卷三孫休傳載永安二年詔：「租入過重，農人利薄。」雖然不知道具體租額，必較漢代爲重。紀載上常見的賦是否爲漢代算賦，却難以斷定。

三　東晉南朝對農民的殘酷剝削和農民鬥争

當孫吳亡國時，户籍册上共有五十二萬户，二百三十萬口向國家繳納租賦和服役的正户。晉書地理志所載州郡户數可能根據太康三年地記，〔一〕那時距滅吳只二年，所載荆、揚、交、廣四州户口數，如果除掉荆、揚二州中屬於魏國的部分郡縣，約有五十餘萬户，和吳亡時約略相等，很可能就根據故吳户籍。永嘉亂後，大量北人往南遷移，然而户籍册上的正户，亦即占有小塊土地的農民，爲數仍然是非常少的。晉書卷九八桓温傳稱桓温上疏陳便宜，便説「户口凋寡，不當漢之一郡」。〔二〕卷八五劉毅傳，毅上表稱「江左區區，户不盈數十萬」，又説「荆州編户，不盈十萬」。〔三〕通典卷七説宋大明八年（四六四）有户九十萬六千八百七十，口四百六十八萬五千五百一，〔四〕似乎大大地增加了，但如果除

〔一〕晉書地理志是很混亂的，大致只能説是西晉各個不同時期郡縣的籠統叙述。但所述似乎偏重於太康以前，以後就很簡略。其户口數總序説是太康元年平吳時合計，但下面各州郡却又有太康元年以後分置的，那末州郡户數又像不是以太康元年作標準。但分置之郡似乎不越太康三年，因此我疑心根據太康三年地記。然而所載非常混亂，地域和户數就不一定完全吻合。

〔二〕桓温上疏在他初任大司馬，都督中外時，據晉書卷八哀帝紀，桓温爲大司馬在興寧元年（三六三），上疏當亦在此年。

〔三〕按劉毅上表在盧循敗後，蓋在義熙七年、八年間（四一一——四一二）。

〔四〕通典所載户口數和宋書州郡志所載諸州户口數合計不符，可能别有所據。

去舊蜀漢區域的益、梁、寧三州和長江北岸的非孫吴故境，就得大大地打一個折扣。〔二〕齊、梁兩代無户口數。齊書卷三四虞玩之傳稱建元二年（四八〇）玩之上表有云：「今户口多少，不減元嘉，而版籍頓闕。」即是説實際户口不比元嘉時少，但在户籍上登記的却減少了。梁書卷三八賀琛傳，琛啓事云：「天下户口減落，誠當今之急務，雖是處凋流，而關外彌甚。」又説「東境户口空虚」。户口在梁武帝統治時各地普遍減少，以致一向號稱殷實的「東境」（亦即會稽）也空虚了。由此可見，齊、梁時期，特别是梁代，户口應遠比宋代少。陳代疆域最小，然而較之孫吴却相差不太遠，通典卷七稱「宣帝勤卹人隱，時稱令主，閲其本史，户六十萬……至後主滅亡之時，隋家所收，户五十萬，口二百萬」，〔三〕又還到了孫吴舊額。經過了三百年，江南户籍上户口雖有一些增加，但增加是很微的。這主要是由於人民逃亡和依附於私門。

必須説明，在户籍册上登記的包括享受免役特權的人和一般的農民。關於取得特權的人我們將在下面討論，其中除了少數士族和若干真正合乎免役條例的人民之外，很多通過賄賂而獲得此種權

〔二〕除去這些區域的約略估計，户數少於孫吴時（四十一萬餘），口數則有增加（二百七十餘萬）。當然，這種估計是極不精確的。

〔三〕按今陳書不載宣帝時户口數，隋書卷二九地理志序稱陳户數六十萬。北史卷一一隋本紀謂開皇九年（五八九）「陳國平，合州四十，郡一百，縣四百，户五十萬，口二百萬」。北史所舉都是整數，以州郡縣數和隋書地理志一對就知道，因此户口也是去掉零數算的。隋書地理志的六十萬户和北史本紀的五十萬户，應是五十餘萬户的兩種整數寫法。通典認爲宣帝和後主時的不同，可能是誤會。

利。至於一般的農民則應向國家繳納租、調和服役。「自由」農民的租、調負擔仍然是國庫收入的大宗，他們同時是徵發徭役的對象。東晉南朝和過去一樣，一切賦役主要由保持小塊土地的農民來負擔。一般農民只要還沒有成爲「浮浪人」，只要在户籍册上有名，就必須承擔國家加在他們身上的各項義務。

農民的負擔第一是租。毫無問題，東晉南朝一直有田租存在，可是關於租的徵收辦法和徵收率却還沒有足够的資料。晉書卷二六食貨志：

咸和五年（三三〇），成帝始度百姓田，取十分之一，率畝税米三升……是後頻年水災旱蝗，田收不至。咸康初（三三五），算度田税米，空懸五十餘萬斛，尚書褚裒以下免官……哀帝即位（三六二），乃減田租，畝收二升（按晉書卷八哀帝紀隆和元年條「租」作「税」）。孝武太元二年（三七七），除度田收租之制（按册府元龜卷四八七「租」作「税」）。王公以下，口税三斛，唯蠲在役之身。八年，又增税米，口五石。

這裏有一個問題，度田税米和按口税米是否就代替了田租？按照西晉的辦法是「凡民丁課田，夫五十畝，收租四斛，絹三匹，綿三斤」，〔一〕東晉實行計畝或計口税米時是否就取消了這種辦法？在上引食貨志這一段記載中固然度田收税亦作田租，但凡是寫作租的在其他記載中又有寫作税的，那麽田

〔一〕初學記卷二七引晉故事。

租和税畝是否一致？馬端臨認爲度田收税即是田租，但他對於口税却疑五石太重，他說：「豈『王公以下』云者又非泛泛授田之百姓歟？」〔一〕他所說的授田這裏無須討論，只是他懷疑口税米三至五石可能不是向一般農民徵收的税額。關於這個問題我們還不能弄清楚，但至遲梁、陳間田租和畝税是分開的。隋書卷二四食貨志：

其課：丁男調布、絹各二丈，絲三兩，綿八兩，禄絹八尺，禄綿三兩二分，租米五石，禄米二石。丁女並半之。男女年十六已上至六十爲丁。男年十六亦半課，年十八正課，六十六免課。女以嫁者爲丁，若在室者年二十乃爲丁。其男丁，每歲役不過二十日，又率十八人出一運丁役之。其田，畝税米二斗（升）。〔二〕

食貨志的記載沒有說明這是什麽時候的制度，從上文看來仿佛從「元帝寓居江左」一直貫通下來。但隋書諸志本叙梁、陳、周、齊、隋五朝之事，這裏應也是以梁、陳爲限。其中所叙丁中年歲和晉、宋都不合，根據宋書卷四二王弘傳，在宋大明以前一直是十六歲成丁，十三歲爲次丁半課，經王弘建議後始改十七成丁，十五至十六爲半丁，而這裏却又拉長了一歲，顯然不是晉、宋之制。

隋書食貨志是把按丁徵收的租米五石和畝税米二升分開的。陳書卷五宣帝紀載太建十二年（五八〇）十一月詔：「其丹陽、吳興……等十郡並（諸）署即年田税、禄秩，並各原半，其丁租半申

〔一〕文獻通考卷一田賦二。
〔二〕按斗當作升。通典卷五、册府元龜卷四八七並作升。

至來歲秋登。」也是明確分開田税和丁租。至少我們可以説梁、陳時期的農民除了按丁繳納五石租之外，還要繳納畝税。〔一〕丁租還是以假定的按丁課田爲基礎，而畝税則是適應新的土地分配情況而産生的制度。但這對於農民只有加重負擔。

作爲農業和手工業結合的小農家庭，從曹魏以來就得按户繳納絹布，稱爲「調」。關於調的淵源和演變我在一篇論文中曾經詳細討論，〔二〕這裏不再重復，概括地説調是按照各户資財高低徵收的，國家掌握一個平均數字，根據評定資財的多少在平均數的基礎上或加或減，按户分配，稱爲「九品相通」，即定户爲九等，通扯徵收數字達到這平均額。這個平均數字在西晉時是「丁男之户，歲輸絹三匹，綿三斤」，〔三〕在宋大明五年（四六一）規定「制天下民户歲輸布四匹」。〔四〕到了梁代才取消「計資」的辦法，按丁徵收。梁、陳之制當如隋書食貨志所云「布絹各二丈」。

計資納調的辦法原先可能和公社内部貧富相通、彼此互保的習慣有關，但此時已嚴重地阻礙了

〔一〕據宋書卷六孝武帝紀，四五三年（初即位未改元）曾「曲赦京邑二百里内，並蠲今年租税」；又大明五年（四六一）二月詔：「伐蠻之家，蠲租税之半。」似乎租和税分列。但也可以將「租税」解釋爲一般地包括各種賦税的通稱。陳書卷六後主紀載五八二年（初即位未改元）詔有云：「廣袤不得度量，徵租悉皆停免。」這裏所稱的租是和度田相聯繫的，應該是指畝税而言，則有時畝税也可稱租。

〔二〕詳見魏晉户調制及其演變，載魏晉南北朝史論叢。

〔三〕晉書卷二六食貨志。

〔四〕宋書卷六孝武紀。

社會生産力的發展。爲了加强剝削，地方官力圖提高户等，他們盡可能過高地估計户資，並擴大計資範圍。以致「桑長一尺，圍以爲價，田進一畝，度以爲錢，屋不得瓦，皆責貲實。民以此，樹不敢種，土畏妄墾，棟焚榱露，不敢加泥」。〔一〕人民在生産上或在生活上稍微有一些提高，立刻成爲被加重負擔的藉口，這就使人民喪失任何擴大再生産的興趣。梁代把「計資」改成「計丁」，在這一點上是有所改善的，但其實際效果却有利於較富裕的農民，因而助長了農村中間向貧富分化的兩極發展。同時這一改變也適應於南朝後期寒門地主的滋長。自梁武帝統治之時起直到陳亡應該不再有計資納布的税目，隋書食貨志上就沒有這一項，但陳代似乎曾經恢復，〔二〕那可能是在較短期間或某些地區所施行。

租調畝税之外，禄絹、禄綿、禄米大致是作爲官吏俸禄而附加於租調的税目，〔三〕加得也不少。而且農民還要擔負起各式各樣的臨時性徵發。東晉時庾翼北伐，便曾徵發江、荆、司、雍、梁、益六州奴及車、牛、驢馬。〔四〕宋書卷二武帝紀載義熙八年（四一二）書：「臺調癸卯梓材，庚子皮毛，可悉停省，

〔一〕宋書卷八二周朗傳。

〔二〕陳書卷五宣帝紀太建九年（五七七）五月詔有「貲絹」的紀載。

〔三〕通典卷三五禄秩云：「其州郡縣禄米絹布絲綿當處輸臺，附倉庫。若給刺史守令等，先准其所部文武人物，多少由敕而裁。凡如禄秩，既通所部兵士給之，其家得蓋少。」這是説這筆收入並非就由地方官吏分配，而要經皇帝核定，刺史守令自己也不能獨吞而要分給所部兵士。

〔四〕晉書卷七三庾亮附弟翼傳。

別量所出。」這種材木、皮毛的徵調顯然是臨時性的。同書卷三武帝紀載永初元年（四二〇）即位詔：「臺府所須，皆別遣主帥與民和市，即時裨直，不復責租民求辦。」這紙詔書有什麼效果暫且不問，但由此可見至少過去臺（指晉中央政府）府（指相國府或宋王府）所需是由租民負擔的。我們現在沒有必要列舉那些臨時性的調發，大致所謂「雜調」，都是屬於這類額外的剝削。

上面提到劉裕即位時曾說「臺府所須」以後要「與民和市」。和市是由國家出錢向民間購買物資，從徵發到和市應該說是一種進步，但實質上它還是掠奪的另一種形式。南齊書卷三武帝紀載永明五年九月詔說：

> 自水德將謝，喪亂彌多，師旅歲興，饑饉代有。貧室盡於課調，泉貝傾於絕域，軍國器用，動資四表，不因厥產，咸用九賦。雖有交貿之名，而無潤私之實，民咨涂炭，寔此之由……京師及四方出錢億萬，糴米穀絲綿之屬，其和價以優黔首。遠邦嘗市雜物，非土俗所產者，皆悉停之。必是歲賦攸宜，都邑所乏，可見直和市，勿使逋刻。

即使統治者自己也不能不承認「雖有交貿之名，而無潤私之實」，因而特別聲明這一次要以「見直和市」。國家有時可以放棄粗暴的徵發方式而採取和市，這就反映了國家掌握大量的錢。這一些錢的來源一部分是由租調折變來的。

按照法令，租應納穀物，調應納布帛，但國家常常要人民折納其他實物或錢。這種折納沒有一定的辦法，既不按照市價，亦不視人民之有無，完全由統治者依自己的需要和利益來決定，所以實際上

通過折納加重了剝削。〔一〕

以上所述國家加在人民頭上的負擔已經很重，但使人民最感痛苦的却是徭役。從西晉以來直到宋代就以十六歲爲全丁，十三至十五歲爲半丁，〔二〕宋代由於王弘建議改爲十五至十六爲半丁，十七爲全，梁、陳似乎又拉長了一歲，這在上面已經談到。全丁要服全役，半丁也得要服役，十三歲的兒童便被迫擔荷體力所不堪的事。甚至「務在豐役，增進年齒」，〔三〕把不及齡的兒童硬加幾歲以圖擴大徭役範圍。從王弘建議之後，法令上服役年齡稍有提高，但實際上並未改善。根據宋書卷五文帝紀，元嘉十七年（四四〇）所下詔書已不能不承認「役召之品，遂及稚弱」，到了梁代甚至役及女丁。〔四〕

服役的年齡這樣的早，徭役的範圍又異常廣泛。雖然隋書食貨志上説「其男丁，每歲不過二十日，又率十八人出一運丁役之」，其實人民的徭役負擔遠遠超過法令上的規定。據晉書卷七五范汪附子甯傳，晉孝武帝時甯上疏云：「古者使人歲不過三日，今之勞擾，殆無三日休停。」可見徭役不但把人民的剩餘勞動時間吞沒得一乾二净，而且還侵奪了必要勞動時間。這種情況基本上存在於整個南朝。

我們沒有辦法弄清楚這個時期的徭役項目。晉書卷七三庾亮附子龢傳稱龢「升平中代孔嚴爲丹陽

〔一〕參看南齊書卷二六王敬則傳所載竟陵王子良啓。
〔二〕見晉書卷二六食貨志，卷七五范汪附子甯傳。
〔三〕宋書卷四二王弘傳。
〔四〕梁書卷三武帝紀下載大同七年（五四一）一一月詔：「停在所役使女丁。」可見梁代役使女丁是普遍的情況。

尹，表除衆役六十餘事」，可除者六十餘，未除者自然不會少。大致説來，一類是屬於二十日正役範圍內的，而這個範圍就非常廣泛。南齊書卷五海陵王紀載延興元年（四九四）十月詔：「正厨諸役，舊出州郡，徵吏民以應其數，公獲二旬，私累數朔。」連厨役都是從州郡徵發來的，苛煩的程度就可想而知了。修城、築路、建屋宇等應屬此類。〔一〕第二類是隋書食貨志所云十八人抽一名的運丁。人民不但要把自己所繳的租調輸送到繳納地點，而且要把部分的穀帛及其他物資輸送到中央、軍前或其他指定地點，這是極其繁重的徭役，特别是在發生軍事行動時。當東晉殷浩北伐時，王羲之作會稽内史，他力阻北伐的理由便是糧運困難。他在一封信上説「運民不可得而當得，甚慮叛散」，在另一封信中又説「山海間民逃亡殊異，永嘉乃以五百户去。深可憂，深可憂！此間不乃至此。糧運日廣遠，恐此不弊不止」，〔二〕他把逃亡原因歸之於糧運的徵發。固然運輸之責不是完全由正户負擔，而且逐漸轉向「兵運」，〔三〕但當國家需要時仍然要向民間徵發。宋書卷五三謝方明傳稱方明爲會稽太守時，「前

〔一〕宋書卷一〇〇自序：「時營創城府，功課嚴促。（沈）亮又陳之曰：『經始棟宇，莫非造創。基築既廣，夫課又嚴，不計其勞，苟務其速。以歲月之事，求不日之成。比見役人，未明土作，閉鼓乃休。呈課既多，理有不逮。至於息日，拘備關限，方涉暑雨，多有死病……』」可見被役之苦。

〔二〕全晉文卷二六王羲之雜帖。

〔三〕晉書卷六九刁協傳：「以奴爲兵，取將、吏客使轉運皆協所建也。衆庶怨望之。」這裏的將、吏、客是三種人，將和吏原是由國家支配的，奴和客是私人所占的人口，本不應負擔國家的徭役，所以爲奴婢主、封建主所怨。所謂兵運的兵至少包括犯法的刑徒，隋書卷二五刑法志載梁律有謫運。

後征伐，每兵運不充，悉發倩士庶，事既寧息，皆使還本。而屬所刻害，或即以補吏……方明簡汰精當，各慎所宜，雖服役十載亦一朝從理」，由此可見宋代已以兵吏運輸爲常，只有兵運不充纔發民丁，但如果補上了吏，便得永遠服役。謝方明的簡汰被稱爲精當，精當在哪裏呢？我想上面説的是「發倩士庶」，這一類被發的士族當然不是高門，但畢竟是士族，謝方明把他們解免了「吏」的職役，因而獲得歷史上的贊美。然而兵運總是不充的，所以發倩士庶也還是繼續存在。梁書卷一九劉坦傳，説坦在齊末作長沙太守行湘州事，「下車，簡選堪事吏分詣十郡，悉發人丁運租米三十萬斛，致之義師」，其所徵發的範圍是相當大的，而義師在荆州，道路也相當遠。陳書卷三世祖紀載天嘉元年（五六〇）二月詔：「舟艦輸積，權倩民丁，師出經時，役勞日久。」這裏説運輸只是「權倩」，一方面可知運輸漸以兵吏爲主，但另一方面這「權倩」却是「役勞日久」，變成久假不歸了。

雖然加在人民身上的運輸任務減輕了一些，但不少人民却被國家强迫爲吏，那就被束縛在軍隊、官府中，受國家無限止的奴役。

「吏」在漢代已經是一種受國家徵發服役的對象，〔一〕孫吴時期，吏是像兵一樣和一般人户分開

〔一〕漢書卷七二貢禹傳，文帝時禹上書云：「今漢家鑄錢及諸鐵官皆置吏、卒、徒，攻山取銅鐵，一歲功十萬人以上。」吏和卒、徒並稱。居延漢簡中也常見吏卒並稱之例。如云：「馬長吏，即有吏、卒、民屯士亡者……」（五一三·一七——三〇三·一五）東漢時吏卒也常常連稱。後漢書卷一下光武帝紀載建武七年（三一）罷郡國兵詔中與諸兵種并列的有一種「軍假吏」，注云：「軍假吏謂軍中權置吏也。」由此可見軍中兵吏并置早見於漢。續漢書五行志載桓帝時童謡云：「公爲吏，子爲徒。」吏甚至和徒爲對稱了。

的。〔一〕上面已經引證了當時吏役之重，幾乎是「空户從役」。吏是從人民中間徵發出來的職役，範圍非常廣泛，原來應該各自有他們本等的職務，但由於他們一經爲「吏」，便隸屬於所在的機構，聽長官的使唤，因而成爲最便於奴役的人，一切徭役很自然的集中在他們身上，以致吏的身分非常卑賤。吴志卷一二張温傳，孫權指責張温罪狀云：「又前任温董督三郡，指撝吏客及殘餘兵。」吏和客、兵並稱；最後又説「斥還本郡，以給厮吏」，吏上加一「厮」字，可見其卑賤。到了南朝又和僮連稱。宋書卷六孝武紀載孝建三年（四五六）二月詔「内外官有田在近道，聽遣所給吏僮附業」；卷六一江夏王義恭傳稱「更增吏僮千七百人」給義恭府，義恭此時以太宰兼司徒，二府之吏，其多如此。梁書卷五三良吏沈瑀傳説瑀任餘姚令時裁抑大族，「召其老者爲石頭倉監，少者補縣僮」，吏和僮竟然是連稱或互稱，不加區別了。

吏不但使用於各種非生産的勞動，而且也使用於生産上。還在東晉初期就有人建議各級地方機構應該用吏來實行課田。據晉書卷七〇應詹傳，（王）敦平後，詹上表有云：「都督可課佃二十頃，州十頃，郡五頃，縣三頃，皆取文武吏、醫、卜，不得撓亂百姓。」應詹建議普遍建立課田，其勞動者是各種

〔一〕三國時不僅吴國，蜀國和魏國也都是把吏分立於一般户口之外。三國志蜀志卷三注引蜀書稱後主降時「送士民簿，領户二十八萬，男女口九十四萬，帶甲將士十萬二千，吏四萬人」。又據陶齋藏石紀卷一郛休碑陰題名云：「郡領縣八，户萬七千五百卅，職散吏三百廿人，兵三千人。」郛休雖是晉人，其制當仍魏舊。同卷殘缺不全的辟易殘碑也是有所領户口數的。其中有「繇吏□□□」，繇吏即是服徭役之吏。

役門，其中就有文武吏。應詹的建議是否立即實施，我們不知道，但軍府、州、郡、縣的「公田」却確是由吏耕種的。宋書卷九二良吏徐豁傳：

元嘉初，爲始興太守。三年（四二六），遣大使巡行四方，並使郡縣各言損益。豁因此表陳三事。其一曰：郡大田武吏，年滿十六，便課米六十斛，十五以至十三皆課米三十斛。一戶內隨丁多少，悉皆輸米。且十三歲兒未堪田作，或是單迥，無相兼通。年及應輸，便自逃逸。既遏接蠻俚，去就益易，或乃斷截支體，産子不養。戶口歲減，實此之由。

從上所述，我們可以看出吏是全家服役的，〔一〕也是世襲的，他們被迫在國家土地上耕種，並繳高額田租。租額之重駭人聽聞，以致馬端臨懷疑六十斛可能「非一歲所賦」。〔二〕這樣殘酷的剝削直接造成對人民的災害。

當時的軍府擁有巨額的吏。據宋書卷三武帝紀，永初二年（四二一）規定「荆州府置將不得過二千人，吏不得過一萬人；州置將不得過五百人，吏不得過五千人；兵士不在此限」。府是指軍府，州是指荆州刺史。兩個機構，經過裁汰之餘，吏的數字還這樣大，以前更可想而知。這樣多的吏自然和軍

〔一〕據宋書卷二武帝紀，劉裕平江陵，加南蠻校尉，下書云：「荆雍二州，西局、蠻府吏及軍人年十二以還，六十以上，及扶養孤幼，單丁、大艱悉仰遣之。」可見一經補吏，便終身服役，甚至家中兒童亦不得免。只有獲得特殊恩典，纔能解除。宋書卷九四恩幸傳稱楊遠長「初爲宣城郡吏，太守范曄解吏名」。可知一經爲吏，便無滿期，除非解除吏的名義。

〔二〕文獻通考卷一〇戶口考一。按北魏屯田是「歲責六十斛」，可見是一歲所賦。

事有關，但也應如始興郡的吏一様，用來耕田。我們知道當時軍府是有田的。王羲之的一封信上説「此三頃田樂吴舊耳，云卿軍府甚多田也」，〔一〕他所要的三頃田是否就在所説軍府田之中，我們可以不管，但至少可以證明有一些軍府「甚多田」。晉書卷八一朱序傳，序「表求故荆州刺史桓石生府田百頃，並穀八萬斛，給之」，〔二〕這個府顯然是指荆州軍府，田也決不會是桓家私田。可以設想荆州的吏即在耕荆州軍府的田，雖然耕軍府田者應該還有兵。

國家還經常將「吏」賞給貴族官僚。根據上引孝建三年的詔書，所給吏、僮亦准許耕種私家之田，這種吏、僮也就成爲私人的部曲。

在東晉南朝時吏的數字是非常巨大的，單是荆州就有一萬五千，那還是裁減後的數字。梁書卷二二安成王秀傳説秀在荆州刺史任上「簡府州貧老單丁吏，一日散遣五百餘人」，可見梁代荆州的吏還非常多。晉書卷八五劉毅傳稱毅到江陵，「乃輒取江州兵及豫州西府文武萬餘」，所謂「文武」有兵必然也有吏。江南諸軍府、州、郡縣處處有吏，這個總數就很可觀了。宋書卷二武帝紀載劉裕平江陵後下書云：「州、郡、縣、屯、田、池、塞，諸非軍國所置，利入守宰者，今一切除之。州、郡、縣吏皆依尚書定制，實户置。」這裏兩件事是相聯的，屯、田、池、塞有一些由地方官私自設置圖利，這一類的設置

〔一〕法書要録卷一〇。

〔二〕桓石生是桓石民之誤。晉書卷七四桓彝附孫石民傳稱桓沖死後，「以石民監荆州軍事、西中郎將、荆州刺史」，以後他曾數次出兵河南，拒翟遼。朱序時負守衛洛陽之責，亦即繼桓石民之任，所以有此要求。至於桓石生則並未作過荆州刺史。

也是常常用吏去從事勞動，所以要不按定制，擴大吏額。

白然吏所擔負的生産性勞動還不止於農耕，例如國家的鐵冶手工業就有不少吏參加勞動。〔一〕絶大多數的吏是從農民中徵發的，但也有一部分出於召募。根據宋書卷四二王弘傳，東晉末，弘建議屯田云：「又欲二局田曹，各立典軍募吏，依冶募比例，並聽取山湖人。」南齊書卷三四虞玩之傳，建元二年（四八〇）詔朝臣，有云：「又臺坊訪募，此制不近，優刻素定，閑劇有常。宋元嘉以前，茲役恒滿；大明以後，樂補稍絶。」虞玩之的答復是：「行貨求位，其塗甚易，募役卑劇，何爲投補？坊吏之所以盡，百里之所以單也。今但使募制明信，滿復有期，民無徑路，則坊可立表而盈矣。」這裏所稱的坊吏乃是一種「募役」，他們的服役本是有期限的，但結果却常常無限，所以虞玩之特别提出要國家有信用，滿復有期。吏之所以出於募就因爲户口減少，逃亡日多，徵發已有困難，而如王弘之説，召募是可以接受山湖人，亦即是逃亡人民。這裏説明吏額的擴大，不管是中央或地方都在力圖把人民置於更嚴格的控制下面，〔二〕很多的吏乃是軍事編制的勞動大隊，軍府的吏不必説，這種臺坊之吏大致也

〔一〕宋書卷四二王弘傳稱東晉末年弘建議屯田云：「伏見南局諸冶，募吏數百，雖資以廩膳，收入甚微。愚謂若回以配農，必功利百倍矣。」可見冶鐵場中也有吏。

〔二〕宋書卷二武帝紀謂劉裕平江陵後，下書稱「州郡縣吏皆依尚書定制」，可知吏有定額。這個定額原來是較小的。後漢書卷五七欒巴傳注云：「晉令：諸郡國不滿五千以下置幹吏二人。」晉書卷四三山濤傳：「吴平之後，帝詔天下罷兵役，示海内大安，州郡悉去兵。大郡置武吏百人，小郡五十人。」也不能算多。隋書卷二六百官志：「郡縣置吏亦各准州法，以大小而置員。郡縣吏有書僮，有武吏，有醫，有迎新、送故等員，亦各因其大小而置焉。」這是梁初制度，可見吏額有一定規定，但實際上並不遵守。

如此，而王弘建議屯田，也要特別設立典軍來募吏。

按照當時制度，兵士一般不是從民間徵發，而是由世襲兵户充當，此外也有召募和發奴爲兵等辦法。至於以犯罪人充兵，實際上即是刑徒服役，也像吏一樣乃是軍事編制的勞動大隊。〔一〕關於兵制這裏不擬討論。我只想説明雖然人民一般不服兵役，但在發生戰事時，人民也常常被發當兵。例如晉書卷七三庾亮附弟翼傳，翼北伐上疏有云「輒發良人，不顧忿咎」；宋書卷二五天文志稱太元四年（三七九）二月「發丹陽民丁，使尹張涉屯衛京都……是年，又發揚州萬人戍夏口」；宋文帝元嘉二十七年（四五〇）與魏交兵，曾徵發民丁，説是「悉倩暫行」；〔二〕南齊建元三年（四八一），爲了預防北魏南侵，齊武帝敕世隆云：「民間若有丁多而細口少者，悉令戍，非疑也」，〔三〕而南齊書卷六明帝紀載建武二年（四九五）三月詔説：「南徐州僑舊民丁，久充戎旅」，那便不是「悉倩暫行」了。〔四〕徵發人民當兵的事雖然不是經常的，但我們知道吏和兵有時也很難區分，因爲兵也在服役耕田，而吏並非和軍事無關，武吏實際上就是兵。

〔一〕兵士平時亦耕田。晉書卷二六食貨志稱：「元帝爲晉王，課督農功……其非宿衛要任，皆宜赴農，使軍各自佃作，即以爲廩。」同書卷七〇甘卓傳説卓在王敦陰謀殺他時「方散兵使大佃而不爲備」。

〔二〕宋書卷九五索虜傳。

〔三〕南齊書卷二四柳世隆傳。

〔四〕南齊書卷五海陵王紀載延興元年（四九四）詔：「又廣陵年常遞出千人以助淮戍。勞擾爲煩，抑亦苞苴是育。今並可長停，别量所出。」這也應是徵發民丁，而且多少年來已經成爲經常性的兵役了。

徭役一般採取見役制，只有極個別的代役事例，如齊代的城直，似曾折錢代役；〔一〕至於東昏侯「下揚、南徐二州橋桁塘埭丁計功爲直，斂取見錢」，和徵收揚、南徐二州人丁一人五十斛以代兵役，〔二〕那只是暫時的事。

徭役的殘酷壓迫直接破壞了農村經濟，妨害了農民的生産，威脅了農民的生存。東晉時范甯説人民爲了徭役之煩，至於「殘形翦髮，以要復除，生兒不復舉養，鰥寡不敢妻娶」，〔三〕宋代的周朗也説：「重以急政嚴刑，天災歲疫，貧者但供吏，死者弗望埋。鰥居有不願娶，生子每不敢舉」。〔四〕南齊時竟陵王子良和周顒都説到徭役迫使人民「自殘軀命」「斬絶手足」，「摧臂斮手，苟自殘落，販傭貼子，權赴急難」，至於「生育弗起，殆爲恒事」〔五〕這種苦難只落在既無免役權利，又還没有受豪門蔭庇的人民

〔一〕南齊書卷三武帝紀載初即位詔：「城直之制，歷代宜同，頃歲逋弛遂以萬計……積年逋城，可悉原蕩。」按南史卷四齊本紀稱爲「逋城錢」，應是城直的代役錢。但南齊書卷五海陵王紀載延興元年（四九四）詔稱：「諸縣使村長、路都防城直縣，爲劇尤深，亦宜禁斷。」城直似即防城的人，這裏説是以村長、路都充當，仍是見役，只是不徵發民間而已。政府收了代役錢，却把這個任務加在鄉吏身上。

〔二〕南史卷五齊本紀：「永元之後，魏每來伐，繼以内難。揚、南徐二州人丁三人取兩，以此爲率，遠郡悉令上米准行，一人五十斛。輸米既畢，就役如故。」此可與上引明帝建武二年詔及海陵王延興元年詔參看。

〔三〕晉書卷七五范汪附子甯傳。

〔四〕宋書卷八二周朗傳。

〔五〕南齊書卷四〇竟陵王子良傳，卷四一周顒傳。

頭上，他們屬於所謂「役門」或「三五門」。〔一〕

國家的租、調徭役嚴重地阻塞了農村生產發展的一切可能。絶大多數的農民已經赤貧化，連少數的富裕家庭也不能不憂慮落在他們頭上的徭役。〔二〕人民不得不力圖擺脱國家的羈絆，其中一部分設法在户籍册上取得免役的證明。據南齊書卷三四虞玩之傳，建元二年（四八〇）玩之上表云：

自孝建以來，入勳者衆……又將位既衆，舉卹爲禄，實潤甚微，而人領數萬。如此二條，天下合役之身，已據其大半矣。又有改注籍狀，詐入仕流，苦（通典卷七「苦」作「昔」）爲人役者今反役人。又生不長髮，便謂爲道，填街溢巷，是處皆然。或抱子并居，竟不編户，遷徙去來，公違土斷。屬役無滿，流亡不歸，寧喪終身，疾病長臥，法令必行，自然競反。

虞玩之指出國家徵役範圍的縮小，第一是由於得到軍功而免役的人和將帥所領之「卹」占了役户中很大比例。卹是合役之人而爲諸將領所占有者，他們納錢代役，並不真正從軍。〔三〕關於將帥占有部曲

〔一〕南齊書卷四六陸慧曉附顧憲之傳，憲之上議云：「山陰一縣，課户二萬……凡有資者，多是士人復除；其貧極者悉皆露户役民，三五屬官，蓋唯分定，百端輸調，又則常然。」露户是隱户之對，即是在户籍册上登記的户口，他們是「役民」，當時的徵發大致是三丁抽一，五丁抽二，或三丁抽二，五丁抽三，所以又稱爲三五門。宋書卷八三宗越傳稱「黜越爲役門」，同卷附武念傳稱念「本三五門」，二者只是一種等級的異稱。

〔二〕梁書卷五三沈瑀傳：「縣南又有豪族數百家，子弟縱横，遞相庇蔭，厚自封殖，百姓甚患之。瑀召其老者爲石頭倉監，少者補縣僮，皆號泣道路。」可見豪族而非士族有時也得被徵發。

〔三〕見魏晉南北朝史論叢第八一頁注〔二〕（文集本七六頁注〔二〕）。

的問題，我們在下面還要討論。其二是逃避徭役人户的增加，在户籍册上注上了各式各樣合乎免役條例的理由，虞玩之傳所載建元二年詔稱：「至乃竊注爵位，盗易年月，增損三狀，貿襲萬端，或户存而文書已絶，或人在而反託死版，停私而云隸役，身强而稱六疾。」這些辦法不外乎冒稱士族、僧人、絶户、死亡、在役、丁艱、廢疾等。我們知道在户籍册上作弊，必須勾通掌户籍的人，那就得要賄賂。通典卷三稱梁武帝時沈約上言：

宋元嘉二十七年始以七條徵發，既立此科，苟有迴避，姦僞互起，歲月滋廣。以至於齊，於是東堂校籍，置郎令史以掌之，而簿籍於此大壞矣。凡粗有衣食者，莫不互相因依，競行姦貨，落除卑注，更書新籍，通官榮爵，隨意高下，以新換故，不過用一萬許錢，昨日卑微，今日仕伍……巧僞既多，並稱人士，百役不及，高卧私門。〔一〕

沈約所述，只就冒稱士族而言，其他各種「巧僞」，自然也得用錢，可能少一些而已。〔二〕如沈約所云，那些人是粗有衣食，能够用上一萬許錢；據南齊書卷四六顧憲之傳所云山陰縣課户二萬，「其民資不滿三千者殆將居半」，因此能够以一萬許錢充賄賂的，顯然只有極少數的富裕家庭。這種人大致是寒門地主或商人。至於託疾、詐稱僧人等等，免役僅限於一身，不像冒稱士族那樣可以蔭及子孫、近族，雖

〔一〕南史卷五九王僧孺傳亦載沈約此議，但有删節。
〔二〕陳書卷三四文學褚玠傳謂玠爲山陰令時，「縣民張次的王休達等與諸猾吏賄賂通姦，全丁大户，類多隱沒」。這是説以賄賂取消户籍上的户名。

也得要用錢，但要少一些，因此稍富裕的農民也可能藉此逃役。

然而，更多的貧困農民是無法取巧的，他們是「露户役民」。在極端嚴重的壓迫下他們只好拋棄土地，像他們的前輩一樣逃亡到深山、邊海、叢林、大澤中去，或者依託地方豪門和將領，變成隱户、屬名、部曲。如果不逃亡，他們就很可能成爲債務奴隸。但是逃到山林川澤中去的，遲早也得變成上述各種名稱的依附者。

山林川澤是最後被分割的公有地，現在雖然已經不那麽可以自由使用，但正如恩格斯所指出的：「在人民意識中存在着一個根深柢固的觀念，認爲森林應當是公共的財產。」〔一〕拋棄了土地的農民力圖在山林川澤中保持自己的自由，藉以反抗封建壓迫。像過去一樣，他們被稱爲「亡命」「寇盜」。在東晉南朝由於逃亡者聚於山湖，以致有時把山湖人作爲逃亡者的另一名稱，〔二〕世説新語政事篇謝安條注引續晉陽秋：

> 自中原喪亂，民離本域，江左造創，豪族并兼，或客寓流離，名籍不立。太元中外禦强氏，搜簡民實，三吴頗加澄檢，正其里伍，其中時有山湖遁逸，往來都邑者。

這一條説明東晉初年就有那些「山湖遁逸」。晉書卷七五范汪附子甯傳：「晉孝武帝時，甯陳時政，説到賦税壓迫之嚴重，「人不堪命，叛爲盜賊，是以山湖日積，刑獄愈滋」，他把聚居山湖的逃亡者稱爲盜

〔一〕恩格斯：瑪爾克，見中國人民大學世界通史參考資料古代史與中世紀史部分，第一輯，第七四頁。

〔二〕宋書卷四二王弘傳。

賊，其理由即在於他們不遵統治者的法令，敢於反抗國家。但是范甯也還明瞭這是賦役嚴重所致。全晉文卷二六載王羲之的一封信，他説：「山海間，民逃亡甚異，永嘉乃以五百户去。」這是郄愔作臨海太守時事，也正是殷浩、桓温北伐時事，逃亡是爲了徭役。

這種情況在南朝一直存在。宋書卷八三沈懷文傳稱宋孝武帝「壞諸郡士族，以充將吏」，他們「莫不奔竄山湖，聚爲盜賊」。這裏所謂「壞諸郡士族」並非廢止士族特權，而是在造户籍時不承認某些家族爲士族。南齊書卷三四虞玩之傳稱「孝建元年（四五四）書籍，衆巧之所始也」，這些被户籍册所擯除的士族也要充當將吏，他們就也到山湖中去了。南齊書卷四一周顒傳説會稽的滂民困於徭役，〔一〕以致「險者或竄避山湖，困者自經溝瀆」，遁入山湖的人民稱爲險者也因爲他們可能建立武裝反抗。南齊書卷二九周山圖傳：「初臨海亡命田流自號東海王，逃竄會稽鄞縣邊海山谷中，立屯營，分佈要害，官軍不能討。」這是宋明帝時事。梁書卷三武帝紀中謂大通二年（五三〇）八月「山賊聚結，寇會稽郡所部縣」，這裏的山賊也應該是聚居山林的逃亡農民武裝組織。像這樣的情形自然不止一處，有些堅持了幾年，這樣當然對統治者不利，因此，統治者用各種辦法迫使逃亡者從新編上户籍。晉書卷八一毛寶附孫璩傳：

海陵縣界地名青蒲，四面湖澤，皆是菰葑。逃亡所聚，威令不能及。璩建議，率千人討之。

〔一〕滂民似是爲國家采伐材木和水産品的服役户，淮南子時則篇有「滂人以時入材葦」句，滂民的名稱即用此義。

時大旱，璩因放火，菰葑盡然。亡户窘迫，悉出，詣璩自首，近有萬户，皆以補兵。

按海陵屬廣陵，今泰縣，這雖是江北岸的事，也可取以和江南互證。同書卷八三江逌傳：

求試守爲太末令。縣界深山中，有亡命數百家，恃險爲阻，前後守宰莫能平。逌到官，召其魁帥，厚加撫接，諭以禍福，旬月之間，繦負而至。

按太末屬東陽郡，今衢州。梁書卷四二臧質附弟厥傳：

出爲晉安太守。郡居山海，常結聚逋逃，前二千石雖募討捕，而寇盜不止。厥下車宣風化，凡諸凶黨，皆繦負而出。

按晉安今福州、泉州地。同書卷五三良吏范述曾傳：

出爲永嘉太守……所部横陽縣，山谷險峻，爲逋逃所聚，前後二千石討捕莫能息。述曾下車，開示恩信，凡諸凶黨，繦負而出。編户屬籍者二百餘家。

按横陽即今浙江平陽縣。如上所述，我們可以看出山林川澤間的逃亡者遍及沿海區域，國家用兵力討捕，或者勸諭招撫，使之編户屬籍，但歸者自歸，逃者自逃，人民完全瞭解怎樣來應付國家，逃亡形式的鬥争一直在持續。

當然，逃亡者並非都聚集在山湖，在五方雜處的城市中也聚集着不少的逃亡者。世説新語政事篇云：「謝公（安）時，兵厮逋亡，多近竄南塘下諸舫中。或欲求一時搜索。謝公不許，云：『若不容置此輩，何以爲京都？』」南齊書卷二二豫章王嶷傳謂唐寓之起義後，嶷上啓稱「撻籍檢工巧，督恤簡小

塘藏丁匿口」，南塘和小塘的逃亡者大致和當時商販有關，要在所謂「山湖遁逸，往來都邑」的商販中間檢查是有困難的。〔一〕

逃亡農民之中，很大一部分是直接在貴族、官僚、將領們的庇護下擺脱國家户籍的羈絆的，他們成爲封建依附者；另外一部分逃到山林川澤中去，往往被迫復歸於户籍，或者受募爲吏、兵、部曲，而最後的一部分隨着山林川澤的私人占有，終於也成爲封建依附者。國家户籍上人口的減少也就意味着「家籍」上封建依附者的增多（關於封建依附各種形式我們將在下面討論）。

當農民擺脱國家羈絆的時候，他們所有的小塊土地有一些是在農民逃亡之前就已經典賣了，也有一部分隨着農民的投靠豪門而落入豪門手中，另外一部分則由於農民逃離而爲國家所沒收。由此可見，農民的小塊土地在不同程度上都和封建大土地聯繫起來，爲國家所沒收的土地也將逐漸轉入豪門手中。

當時農民鬥争的主要形式是逃亡。逃亡本身就積蓄着暴動力量，而當農民大衆對國家、封建主的矛盾極端尖鋭時，鬥争形式也就轉爲暴動。山湖人的武裝經常抗擊政府部隊。東晉南朝農民暴動的規模一般較小，這是和統一國家權力的削弱，經濟和政治組織的分散性相關的。其中規模較大的孫恩起義爆發在國家賦役剝削最嚴重，封建大土地所有制最發達的區域——會稽。

〔一〕宋書卷五六史臣論曰：「昏作役苦，故穡人去而從商，商子事逸，末業流而寖廣。」可知商人不少是從農民中出來的。

孫恩起義是以逃亡農民爲主力的農民、奴客暴動。晉書卷一〇〇說他在海中「聚合亡命得百餘人」，我們在上面説過深山際海本是逃亡者所聚之地，孫恩入海是有基礎的。隨後他一上岸，就獲得人民的歡迎，〔一〕「八郡響應」，參加隊伍的主要也是逃亡者，貧困化的農民和不願被政府徵發的被釋放的奴隸。〔二〕因而起義目的主要是反抗國家賦役壓迫與掃除奴隸制殘餘。以後義軍幾次進攻失敗，然而還能敗而復振，一個重要原因是作爲主力的農民大量相隨入海，而吴會區域的「山湖遁逸」是隨時準備響應的。最後盧循率領餘衆，還能「泛海到廣州」，並加占領，〔三〕不僅由於孫恩叔父孫泰曾在那裏傳佈天師道，而且泛海到廣州也正是會稽逃亡人民走熟的道路。晉書卷七二庾亮附弟翼傳：「時東土多賦役，百姓乃從海道入廣州」，可以爲證。

毫無問題，農民起義旨在保證自由的小農生産，隸屬於國家或私門當然都不是農民的願望。可是農民並不能擺脱封建主義的壓迫，大土地所有制只是在農民暴動時遭遇到一些打擊，它仍然按照自己的軌道繼續發展下去。

〔一〕太平廣記卷三二三謝道欣條：「是年，孫恩作亂會稽，大小無不翼戴。」
〔二〕晉書卷六四會稽王道子傳稱：元顯（道子子）「發東土諸郡免奴爲客者號曰樂屬，移置京師，以充兵役。東土囂然，人不堪命。」
〔三〕晉書卷一〇〇盧循傳。

四　東晉南朝的豪門地主

漢末孫吳時期江南的封建大土地所有制已經形成。東晉南朝在這個基礎上迅速向前發展，取得更徹底的勝利。

在這個時期，農民的小塊土地和國家的「公地」通過各種途徑和大土地聯繫起來，擴大了大土地占有，或者滋長着新的大土地據點。

當西晉征服孫吳時，正在發展中的江南豪門所遭受的打擊是輕微的。經濟上基本沒有觸動；政治上從全國來看當然降低了地位，但是他們依然在地方上掌握頗大的權力。世說新語尤悔篇稱陸機臨死時憶及華亭鶴唳，注引八王故事云：「華亭，吳由拳縣郊外墅也，有清泉茂林。吳平後，陸機兄弟共遊於此十餘年。」墅是和土地占有相關的，陸氏兄弟在那裏住上十餘年，可以設想他們還保持着田產。而且還有一些豪强還保留着原有的部曲，〔一〕這就說明他們的武裝力量並沒有被解除，而部曲也是常常（雖然不一定）和土地相聯繫的。

〔一〕晉書卷五八周處附孫勰傳稱吳興郡功曹徐馥家有部曲。

江南豪門憑藉他們固有的力量，在吳亡之後渴望恢復江南的獨立王國，〔一〕以便恢復其原有的政治地位，這就是吳亡以後江南不斷發生叛變的原因。關於這一點吳人自己也並不諱言。晉書卷五二華譚傳：

又策曰：「吳、蜀恃險，今既蕩平。蜀人服化，無攜貳之心；而吳人趑睢，屢作妖寇。豈蜀人敦樸，易可化誘；吳人輕鋭，難安易動乎……」對曰：「……吳阻長江，舊俗輕悍。所安之計，當先籌其人士，使雲翔閶闔，進其賢才，待其異禮……」

希望東南安定，就有必要「籌其人士」，讓他們到洛陽來做官，這一點西晉政府是實行了的。陸機、陸雲、顧榮、張翰等都被辟召入都，參加了西晉政權。另外有一個建議是在吳地建立藩王，讓原孫吳境内的失職官僚在王國中獲得地位。晉書卷四六劉頌傳，頌上疏有云：

又孫氏爲國，文武衆職，數擬天朝。一旦堙替，同於編户，不識所蒙更生之恩，而災困逼身，自謂失地，用懷不靖。今得長王，以臨其國，隨才授任，文武並叙，士卒百役，不出其鄉，求富貴者取之於國内。内兵得散，新邦乂安，兩獲其所，於事爲宜。

劉頌的建議也即是以封建皇子的形式來滿足孫吳舊臣割據要求。我們知道江南豪門的政治地位帶

〔一〕宋書卷三一五行志云：「晉武帝太康後江南童謡曰：『局縮肉，數横目，中國當敗吳當復。』又曰：『宫門柱，且莫朽，吳當復在三十年後。』又曰：『鷄鳴不附翼，吳復不用力。』於時吳人皆謂在孫氏子孫，故竊發亂者相繼。」按童謡一方面反映了晉滅吳後，把俘虜充當奴婢等措施，極其不得人心；另一方面也反映了江南以孫氏爲首的舊統治集團渴望恢復其獨立王國的心理。

着强烈的地方性，這正是自然經濟閉塞性的反映。他們入洛求仕只是不得已的辦法，所以入洛之後便感到思歸的情緒。晉書卷九二文苑張翰傳稱：「翰謂同郡顧榮曰：『天下紛紛，禍難未已。夫有四海之名者求退良難。吾本山林間人，無望於時。子善以明防前，以智慮後。』榮執其手，愴然曰：『吾亦與子採南山蕨，飲三江水耳！』翰因見秋風起，乃思吴中菰菜、蓴羹、鱸魚膾，曰：『人生貴得適志，何能羈宦數千里以要名爵乎？』遂命駕而歸。」這一位傳誦千古的高人可能確實看到洛陽政權的危機，所以急於求退，但另一方面也説明他們的志願倒真如劉頌所云。希望「求富貴者取之於國内」。這種志願自然和他們與地方的不可分割的經濟利益相關。

劉頌的建議沒有被采納，但司馬睿的東晉政權實際上是江南獨立政權的重建。世説新語言語篇：

> 元帝始過江，謂顧驃騎曰：「寄人國土，心常懷慚！」榮跪對曰：「臣聞王者以天下爲家，是以耿、亳無定處，九鼎移洛邑。願陛下無以遷都爲念。」

這一條記載雖然有錯誤，[一]但却真實反映東晉初建國時的情況，説明江南不是司馬氏的國土，只有獲得江南豪門的支持，司馬氏纔能鞏固其政權。江南豪門所以願意接受這個僑人政權，固然由於他們並不願意劉淵、石勒的軍隊損害他們的財富，這就有必要和還具有一定軍事力量的僑人合作，而另

[一] 世説新語考異敬胤按：「元帝永嘉元年，以顧榮爲安東軍司。五年，進號鎮東，榮爲軍司；其年榮卒。後七歲，元帝方爲天子。豈得此時便爲陛下，已曰遷都邪？」

外使得他們滿意的，「吴當復」的謡言畢竟實現了，宋書五行志也確實把元帝渡江作爲童謡的應驗，所以東晉建國在江南豪門看來正是獨立政權的恢復。

既然如此，我們就不難想像江南豪門只有在不觸動他們既得權益的基礎上纔支持這個政權，而寄人國土的僑人政權也不敢觸動他們。晉書卷四三山濤附孫遐傳：

(遐)爲餘姚令。時江左初基，法禁寬弛，豪族多挾藏户口以爲私附。遐繩以峻法，到縣八旬，出口萬餘。縣人虞喜以藏户當棄市，遐欲繩喜。諸豪彊莫不切齒於遐，言於執事，以喜有高節，不宜屈辱。又以遐輒造縣舍，遂陷其罪。遐與會稽内史何充牋乞留百日，窮翦逋逃，退而就罪無恨也。充申理不能得，竟坐免官。

虞氏爲會稽四姓之一，虞喜是一個經學家、高人，從西晉到東晉他一直不願意做官。山遐作餘姚令大致在咸康初，〔一〕那時他已年老，擁有很大聲望，對他的觸犯容易引起南人的反感。咸康年間當國者還是王導，他一向堅持聯絡南人以求統治階級内部矛盾的緩和，山遐的措施違反了這個政策，便只有免官了。〔二〕

從上述事例中我們可以設想江南豪門在東晉時繼續以吸引私附的手段來擴大其財富。

〔一〕虞喜，見晉書卷九一儒林傳。本傳稱咸康初内史何充上疏薦喜。山遐傳説支持山遐的人就是敬禮虞喜的人，但對山遐顯然不能支持到底。

〔二〕本節參考陳寅恪先生論王導之事業，見中山大學交流講義。

永嘉亂後許多北方士族遷來江南，他們當然力圖重建田園。這個要求是異常迫切的。宋書卷五八王惠傳：「兄鑒頗好聚斂，廣營田業。惠意甚不同，謂鑒曰：『何用田爲！』鑒怒曰：『無田哪得食！』惠曰：『亦復何用食爲！』其標奇如此。」同書卷六七謝靈運傳載靈運的山居賦，自注云：「若少私寡欲，充命則足，但非田無以立耳。」「無田哪得食」，「非田無以立」的話充分説明北來士族渴望獲得土地的心情，他們不勞而獲的生活享受必須建立在土地占有的基礎上。然而孫吴時期壯大起來的江南豪門業已「田池布千里」，北方士族中上層集團聚居之地不外建康、吴興、會稽一帶，而那裏又正是江南豪門勢力最强大的區域，僑人士族希望在那裏無限止的發展田園而不觸動原有勢力，必然有困難。我們還必須提出，這個區域的賦役剝削乃是趨於削弱的中央政權財政上的支柱。根據宋書卷九廢帝紀，元徽四年（四七六）正月虞玩之上表便説到江、荆以及江北諸州賦税收入還不够地方軍政費用的需要，「委輸京都，益爲寡薄」，而「天府所資，唯有淮海」，也即是只有一個揚州可以提供國庫的需求。由國庫支出的俸禄是由剝削農民的租調獲得的，沒有或者尚少土地的官僚、貴族以俸禄形式來分取租調，他們竭力企圖取得土地，但求得土地既有困難，他們是願意在一定程度上保留一些列於户籍的農民的。因而自東晉以來土斷、檢籍等旨在擴大國家編户的辦法多少也限止了大土地的無限發展。當然這只能起有限度的作用。既然如此，僑人士族重建田園的願望便常常不能盡如其意。

他們之中居於上層統治集團中的人物可以通過各種方式獲得土地。例如王導就由皇帝賜給建

康土地八十餘頃，這一片土地直到梁代纔被迫賣給梁武帝。〔一〕著名的書法家王羲之到處找機會求田，似乎並沒有落空。法書要録卷一〇載他的一封信説：「吳中終是所歸，中軍往以還田，一頃烏澤田，二頃吳興，想弟可還以與吾。」〔二〕晉書卷八〇王羲之傳載羲之與謝萬書云：「比者，當與安石東游山海，并行田，視地利，頤養閒暇。」當時習稱會稽爲東土，他到那裏去的目的不僅是遊賞，而且還爲了「行田」和「視地利」，也即是巡行田舍與視察可以開墾的土地。假使王羲之的努力都沒有白費，那末至少他在烏澤、吳興、會稽都獲得了田，雖然有兩處就資料上看來面積是不大的。至於和王羲之同伴東遊又同寓會稽的謝安當然也不是專爲欣賞山水，而且由於他政治地位之高，他和他的子孫擁有巨大的田業。宋書卷五八謝弘微傳：

混仍世宰輔，一門兩封，田業十餘處，僮僕千人……東鄉君（混妻晉陵公主）薨，資財鉅萬，園宅十餘所。又會稽、吳興、琅邪諸處太傅（安）、司空琰時事業，奴僮猶有數百人。

謝混是謝安之孫，這一筆巨大遺産至少有一部分是由太傅即謝安傳下來的，從僮僕、奴僮的數字看來田地的面積頗大，但分佈於各地，至少謝安、謝琰傳下來的就分佈於會稽、吳興、琅邪〔三〕三郡。謝家

〔一〕見梁書卷七太宗王皇后傳。

〔二〕此中軍或是王導子王恬。晉書卷六五王導附子恬傳云：「卒贈中軍將軍。」在這封信中，羲之又説「此三頃田樂吳舊耳」，似乎本是羲之吳中舊田，但也可能原是王恬之田。

〔三〕按此琅邪爲僑郡，宋書卷三五地理志南琅邪太守條稱：「成帝咸康元年桓温領郡，鎮江乘之蒲州、金城，上求割丹陽之江乘縣境立郡。」是琅邪在江乘，今江蘇句容縣北。

除謝安這一支派之外，謝玄在會稽的田業也不少。宋書卷六七謝靈運傳稱「靈運父祖並葬始寧縣，並有故宅及墅。遂移籍會稽，修營別業，傍山帶江，盡幽居之美」。他在山居賦中自注也說這個別業是他的祖父車騎（即謝玄）「經始山川」。關於謝靈運的田業我們在下面還要談到，這裏只是說明王、謝那樣第一流士族是達到了重建田園日的的。

然而確實有很多一直沒有獲得土地的僑人士族，顏氏家訓涉務篇：

江南朝士因晉中興，南渡江，卒爲羈旅，至今八九世，未有力田，悉資俸禄而食耳。假令有者，皆信僮僕爲之，未嘗目觀起一墢土，耘一株苗。

歷史記載也可以證明顏之推所説的情況並非臆造。有一些第一等高門，生活並不富裕，甚至稱得上貧苦，例如袁粲在父死之後「飢寒不足，母琅邪王氏……躬事績紡，以供朝夕」；〔一〕王僧孺「傭書以養母」，幼時「其母鬻紗布以自業」，他在罷官後自己説「素無一廛之田，而有數口之累」。〔二〕我們並不想借此證明無田原因都是由於他們來自北方，在江南不易獲得土地，可以想像南方士族也未必能够人人有較多土地，但聚居於吳會區域的僑人士族得田較難，應是事實。

可是現在的鎮江以至常州一帶，在當時却還有不少荒田。元和郡縣志卷二五潤州丹陽縣條：「新豐湖在縣東北三十里，晉元帝大興四年（三二一）晉陵内史張闓所立。舊晉陵地廣人稀，且少陂

〔一〕宋書卷八九袁粲傳。

〔二〕梁書卷三三王僧孺傳。

渠，田多惡穢。闔創湖成灌溉之利。」按晉陵即毘陵，我們在上面曾經提到吳國的毘陵典農校尉，由無錫一直到鎮江都是屯田區。在這裏設置屯田自然是由於地廣人稀之故，這種情況直到東晉沒有變更，所以永嘉亂後北方流民渡江者不少住在晉陵郡界。〔一〕在這個區域內求田問舍，應該是比較容易的。晉書卷六九刁協附孫逵傳稱：

隆安中（三九七——四〇一）逵爲廣州刺史領平越中郎將……兄弟子侄並不拘名行，以貨殖爲務，有田萬頃，奴婢數千人，餘資稱是……刁氏素殷富，奴客縱橫，固吝山澤，爲京口之蠹。

這一家居於京口的豪門〔二〕並非第一等士族，但是擁有土地、奴婢之多，不但像王羲之那樣追求區區三頃田者望塵莫及，就是謝家也不過如此。顯然這是和所居區域有關，那裏既是一個地廣人稀的舊屯田區，而且又沒有像顧陸朱張、虞魏孔賀那樣的江南豪門，所以刁氏纔能這樣地由一個中落之家暴發起來。在那裏獲得土地是不難的，事實上在那裏發展的也必然不止刁氏一門，然而那些第一等士族却似乎不屑枉顧。因爲那裏的居民很少有所謂崇尚禮法的高門，那裏的風氣是尚武習

〔一〕宋書卷三五州郡志南徐州刺史條。
〔二〕魏書卷三八刁雍傳：「曾祖協，從司馬睿渡江，居於京口。」但刁家却不是自刁協以來就有這樣多的財富。晉書刁協傳載蔡謨與庾冰書稱：「若以貴也，刁氏今賤；若以富也，刁氏今貧，人士何故反助寒門？」可知刁協死後，刁家業已中落，至刁逵兄弟纔又豪橫起來。

戰，〔一〕和當時高門的習尚不合，第一等士族自然不願意在這一帶寄寓，也不想在這一帶增殖財富了。不管僑人士族獲得土地有什麽困難，他們到了江南以後，至少加速了土地集中的趨勢，這是沒有問題的。

僑人士族中的上層集團擠在建康、吴會區域求田問舍，而江南豪門在原有基礎上也在擴大他們的土地占有。宋書卷五四孔季恭附弟靈符傳：

靈符家本豐，産業甚廣，又於永興立墅，周回三十三里，水陸地二百六十五頃，含帶二山，又有果園九處。爲有司所糾，詔原之。

孔氏爲會稽四姓之一，原來就「産業甚廣」，永興所立的墅則是新的發展。同書卷七七沈慶之傳：

又有園舍在婁湖。慶之一夜攜子孫徙居之，以宅還官，悉移親戚中表於婁湖，列門同閈焉。廣開田園之業，每指地示人曰：「錢盡在此。」中興，身享大國，家素富厚，産業累萬金，奴僮千計。

〔一〕隋書卷三一地理志揚州後序云：「京口東通吴會，南接江湖，西連都邑，亦一都會也。其人本並習戰，號爲天下精兵，俗以五月五日爲門力之戲，各料彊弱相敵，事類講武。宣城、毗陵、吴郡、會稽、餘杭、東陽其俗亦同。」按吴郡以下諸郡，是否和京口習戰之風相同，姑不論。但這裏至少説明京口、毗陵的風氣是崇尚武力的。至於南齊書卷一四州郡志南徐州下説「宋氏以來，桑梓帝宅，江左流寓，多出膏腴」，那是蕭氏興起以後的事。蕭氏之列於氏族實由劉宋王室外戚之故。按照當時習慣，婚姻有嚴格的等級限制，劉裕既是寒門，其母蕭氏必然也出於寒門。宋書卷七八蕭思話傳：「南蘭陵人，孝懿皇后弟也……思話年十餘歲未知書，以博誕遊遨爲事。好騎屋棟，打細腰鼓，侵暴鄉曲，莫不患毒之。」又説他「善騎射」「便弓馬」，這是和那些輕視武人的高門習尚完全不同的。

再獻錢千萬，穀萬斛。

沈氏爲吴興豪族，所謂「江東之豪，莫強周沈」，〔一〕沈慶之這一家據本傳説他年輕時「躬耕壟畝，勤苦自立」，可能不太富足，但他得志之後對於土地的貪慾是非常顯著的。

南北豪門力圖滿足其土地要求，他們田園的建立也就意味着自由農民小塊土地的喪失。宋書卷五四孔季恭附弟靈符傳：

山陰縣土境褊狹，民多田少。靈符表徙無貲之家於餘姚、鄞、鄮三縣界，墾起湖田。上使公卿博議。太宰江夏王義恭議曰：「夫訓農修本，有國所同。土著之民，習翫日久，如京師無田，不聞徙居他縣。尋山陰豪族富室頃畝不少，貧者肆力，非爲無處，耕起空荒，無救災歉。又緣湖居民魚鴨爲業，及有居肆，理無樂徙。」尚書令柳元景……議曰：「……宜募亡叛通卹及與樂田者，其往經創，須粗修立，然後徙居。」侍中沈懷文……議曰：「百姓雖不親農，不無資生之路，若驅以就田，則坐相違奪……謂宜適任民情，從其所樂，開宥逋亡，且令就業，若審成腴壤，然後議遷。」……上違議從其徙居，並成良業。

這些考慮遷移的無貲之家是被剝奪了土地的，但是他們還是「土著之民」，即是列於國家户籍的編户，不是逋亡。他們的生活如劉義恭所説則是一部分已經脱離農業，成爲漁民或商販，另外一部分則在

〔一〕晉書卷五八周處附子札傳。

富室的土地上肆力（但不是依附者身分），他們大概是佃農或雇農。會稽郡是南北大族追求土地的集中點，山陰富室的土地顯然就是來自那些無貲之家的。

那些豪門又從國家手中占取公有的土地。公有土地大致可以分爲兩類，一類是公田，又一類是山林川澤未開墾地區。但後者其實也是一部分公田的來源，因爲國家常常使用兵吏來開發山林川澤；公田的另一來源是從犯法或逃亡人家中沒收的土地。〔一〕我們在上面提到當時軍府、州郡大都有田，這種田的生產品即用來作軍糧及軍政開支。還有一些公田作爲官吏俸禄的一部分。宋書卷三武帝紀載永初二年（四二一）二月制：「中二千石加公田一頃」，既然説加，可知在前已有此制。〔二〕除了制度上規定的以外，也有地方官私自設置作爲自己收入的。宋書卷二武帝紀謂義熙七年（四一一）劉裕

〔一〕梁書卷二武帝紀載天監十七年正月詔：「凡坐爲市埭諸職，割盜衰滅，應被封籍者，其田宅車牛，是民生之具，不得悉以沒入，皆優量分留，使得自止。」可知虧欠公款之市埭吏，要沒收家財來補償。

〔二〕按漢代並沒有以公田收入作爲俸禄的制度，但事實上一部分的公田已作爲地方官的私收入。後漢書卷八〇上文苑黃香傳：「延光元年，遷魏郡太守。郡舊有內外園田，常與人分種，收穀歲數千斛。香曰：『田令：商者不農。王制：仕者不耕。伐冰食禄之家，不與百姓爭利。』乃悉以賦人，悉令耕種。」從黃香的語氣中可以看出，這些園田原來是作爲太守的收入的，所以他引證王制「仕者不耕」的話。「悉以賦人」之後則是原來的互分農變爲向國家繳納租算的一般農民了。由此可見，東漢時地方官可能已有把公田作爲官禄的，但這在制度上沒有根據。續漢書百官志百官受俸條注引獻帝起居注云：「帝在長安，詔書以三輔地不滿千里，而軍帥用度非一，公卿已下，不得奏除。其若公田，以秩石爲率賦與，令各自收其租稅。」這就是説把公田按照原有俸禄等級給予百官，叫他們自己收租稅。此當是禄田的開始。魏晉雖不明確，可能已在制度化。到南北朝則已是通行的制度了。這種辦法，完全反映了自然經濟的統治地位。

下書有云：「州、郡、縣、屯、田、池、塞諸非軍國所資，利入守宰者，今一切除之！」屯、池是山澤封禁，塞是設置關防，而田就是公田，書中説得很明白，這種田是「利入守宰」的。梁書卷三載大同十年（五四四）詔：「作田不登公格者並停。」也是指不按規定設置的公田，大概還包括屬於中央的在内。這一些屬於國家的公田逐漸以假賃形式爲豪門所占有。同書載大同七年（五四一）十一月詔：

凡是田桑廢宅沒入者公創之外，悉以分給貧民，皆使量其所能，以受田分。如聞頃者豪家富室多占取公田，貴價僦税以與貧民，傷時害政，爲蠹已甚。自今公田，悉不能假與豪家，已假者特聽不追。其若富室給貧民種糧共營作者，不在禁例。

從這一紙詔書中可以看出至少一部分被沒收的土地已經成爲「公創」，即公家創立或公家直接經營的財産。而公家的田也至少有一部分流入豪家手中，他們是用「假與」的手段取得的。我們知道漢代國家常常以公有土地假與貧民而徵收假税，〔一〕所以這本是傳統辦法。此時豪家富室便借此占取，並以之轉租給貧民。我們知道同時的北齊也有此種情況，〔二〕直到唐代還仍舊是貴族豪門擴大土地占有的手段之一。〔三〕梁武帝所下的詔書雖然説要禁止，實際上不但承認「已假者」的既得利益，而且只要富室豪門承擔給「貧民種糧」的責任，以後也仍然可以「假與」。我們知道漢代把公有土地假與貧民

〔一〕參看東漢會要卷二八假民田苑所引諸條。
〔二〕見通典卷二引宋孝王關東風俗傳。
〔三〕册府元龜卷四九五天寶十一載勅。參看均田制度的産生及其破壞，載歷史研究一九五六年第二期。

時也常常附帶地貸給種糧，直到唐代地主還是對佃客要「貸其種食」。[一]赤貧農民既然無法獲得種糧，便只有忍受「貴價僦税」的剝削，耕種豪門所占有的土地。所以梁代的限止完全是空文。

國家已開墾的公田便這樣落入富室豪門手中，和大土地所有制聯繫起來。但是更重要的是山林川澤的被占有。

我們知道自漢代以來豪强雖然常常私占山澤，但法律上從來沒有承認其合法，只有皇帝纔有權對山澤加以封禁。未封禁的山林川澤應該是公開給一切人的。東晉以至宋初，政府還是力圖保持這一條禁令，甚至加重其處罰。宋書卷五四羊玄保附兄子希傳稱：「有司檢壬辰詔書，占山護澤，强盜律令，贓一丈以上皆棄市。」據下面所説「停除咸康二年(三三六)壬辰之科」，知道壬辰詔書是東晉時所頒佈。以後義熙九年(四一三)、元嘉十七年(四四〇)、元嘉三十年(四五三)、大明七年(四六三)曾經屢次下令禁止封禁山澤。所以要加重處罰和屢次下令，自然因爲當時私占山澤的盛行。但事實上中央和地方政權以及私人都在繼續封禁山澤的行爲，中央企圖借此加强其日益削弱的財政基礎，地方官吏則以此擴大其收入。而聚居於吴會區域的南北士族爲了滿足其土地貪慾也由平地發展到了山林湖泊地區。我們在上面已經提到謝靈運在始寧縣的山居和孔靈符在永興縣的含帶二山的別墅。我們從東晉王羲之的信上更看到「行田，視地利」和「遊山海」的結合。謝靈運的別墅規模巨大，

[一] 陸贄翰苑集卷二二均節賦税恤百姓第六條。

包括山林湖泊田畝果園。可是他並沒有滿足。這一位好遊的詩人經常在遊山玩水，其實他除了欣賞自然景色之外別有其經濟目的。宋書卷六七本傳說他「鑿山浚湖，功役無已。尋山陟嶺，必造幽峻……嘗自始寧南山伐木開徑，直至臨海，從者數百人。臨海太守王琇驚駭，謂爲山賊」。他這樣地搜奇探險，不惜功力，我們說他有經濟目的，決非冤屈。本傳稱：

會稽東郭有回踵湖，靈運求決以爲田。太祖令州郡履行。此湖去郭近，水物所出，百姓惜之。顗（會稽太守孟顗）堅執不與。靈運既不得回踵，又求始寧岯崲湖爲田，顗又固執。靈運謂顗非存利民，正慮決湖多害生命，言論毁傷之，與顗遂構讎隙。

對於湖泊，他可以公開要求占有，並把它變成田，如果他在遊玩山水時發現沒有人管的可以開闢田畝之處當然更不會放過。

那些豪門絲毫也沒有受到法律上的拘束，相反的，國家由於無法執行禁令而宣佈放棄自己對於山林川澤的傳統權利。宋書卷五四羊玄保附兄子希傳：

時揚州刺史西陽王子尚上言：「山湖之禁，雖有舊科，民俗相因，替而不奉，熂山封水，保爲家利。自頃以來，頽弛日甚，富强者兼嶺而占，貧弱者薪蘇無託，至漁採之地，亦又如兹。斯實害治之深弊，爲政所宜去絶，損益舊條，更申恒制。」……希以「壬辰之制，其禁嚴刻，事既難遵，理與時弛，而占山封水，漸染復滋，更相因仍，便成先業，一朝頓去，易致嗟怨。今更刊革，立制五條。凡是山澤，先常熂爈，種養竹木雜果爲林芿；及陂湖江海魚梁鰌鮆場常加功修作者，聽不追奪。

官品第一、第二聽占山三頃，第三、第四品二頃五十畝，第五、第六品二頃，第七、第八品一頃五十畝，第九品及百姓一頃。……皆依定格，條上貲簿。若先已占山，不得更占，先占闕少，依限占足。若非前條舊業，一不得禁，有犯者水上（按南史作「水土」，是）一尺以上並計贓，依常盜律論。停除咸康二年壬辰之科。」從之。

從子尚的話中可以看出當時豪强占領山澤的盛行，可是處理辦法却按照羊希的建議定制。羊希的建議精神首先是承認山林川澤的私人占有，對於已經占領的山澤只要曾「加功修作」就准其占有。我們從謝靈運、孔靈符的別墅中看到所占有的山澤大體上是種上果樹及其他植物的，自然可能也有一些豪强占了以後只是單純爲了收税，例如宋書卷二武帝紀便説「先是（義熙九年，四一三年以前）山湖川澤皆爲豪强所專，小民薪採漁釣皆責税直」。但既有這條規定，在先沒有加功修作的也可以種上一些竹木，添置一些生産設備假借加工之名而合法地占有。對於少占或未占者則可以按品補給，使他們有利同享。不管舊有新占，國家都承認其私有，在貲産簿上登記，以便徵收户調時計算入財産項目。其次纔是給予按品級升降的限止，這種限止只能適用於未占或少占者，因而這只能表示把未爲私人所占的國有山澤按等級分配於貴族、官僚、豪民，而不是對舊有者的限止。在既得利益不予觸犯和有利同享的原則下，政府滿足了已占、未占或少占的各級貴族、官僚對於占領山澤的要求，餘下來的殘山剩水纔宣佈不准再占。這是羊希所定制度的主要精神。

這一個文件的重要性也就在於它第一次以法律形式肯定了山林川澤的私人占有，國家宣佈放棄控制最後存在的「公有地」的權力。這一塊最後「公有地」的分割，説明公社殘餘的進一步衰落和國家權力的削弱。恩格斯指出，當日耳曼瑪爾克已經停止按期重分土地的時候還保存着一部分作爲公共財産的土地。他説：

一切其它的土地，就是除了房屋與田莊以外的地，也就是除了區社所已分配給各個個人以外的土地，像以前一樣，始終是公共的財産，共同使用；這裏面包括森林、牧地、荒地、澤地、河流、池沼、湖泊、道路、橋梁和漁獵的場地。區社中的成員從瑪爾克中所分配到的每人一股的土地既然大小相等，他們對於這些公田，即對於「公共瑪爾克」的使用的名分也就相等。〔一〕

我們當然不是認爲南朝時期的山林川澤，和日耳曼瑪爾克中的公地完全相同，但當山林川澤還没有被國家封禁時，應該説是人人有相等使用的權利的。縱使公社分配的分地早已私有化，早已准許買賣，但是在山澤中樵柴、打魚、打獵的自由，保證了貧苦農民的生活，也就是遲緩其封建化過程，同時也就保證了國家控制自由農民的物質基礎。我們只要看東漢時期每逢災荒皇帝總是下令把公田和已封禁的山澤苑囿魚池之類賦與或假與貧民就可知道其作用了。〔二〕

恩格斯指出：「作爲民族代表的法蘭克王國的國王們把屬於全部人民的無限廣大的土地占爲已有，特別是那些森林地帶，用來像浪子浪擲他的家産似的，大片大片的賞賜給倖臣們、將軍們、主

〔一〕恩格斯：瑪爾克，見中國人民大學世界通史參考資料古代史與中世紀部分，第一輯，第七三頁。
〔二〕參看東漢會要卷二八假民田苑下諸條。

教們和寺院的方丈們。」〔一〕我們知道從漢代以來皇帝就經常把占爲己有的荒田、沒收的田，新開闢的耕地等等賞賜給臣僚，其中也包括山澤地區，〔二〕而此時則更進一步地按照品級分配了山澤。正如恩格斯所說的倖臣、將軍、主教、方丈們都分享了這種利益。梁書卷三武帝紀下載大同七年（五四一）十二月詔：「又復公私屯、傳、邸、冶，爰至僧尼，當其地界，止應依限守視。乃至廣加封固，越界分斷水陸采捕，及以樵蘇，遂致細民措手無所。」這説明國家止能希望不要軼出限界而已。山林川澤的私人占有使國家手中直接掌握的可以任意支配的土地越來越少，皇權的基礎也就越來越削弱。

南北豪門就是這樣地把農民的小塊土地和國家的「公有地」占爲己有，普遍地建立田園別墅。

這種大土地經營和漢代（特别是西漢）有很大不同。史記貨殖傳上所説畜牧、養魚、材木的數字都以千計，又説「安邑千樹棗，燕、秦千樹栗，蜀漢江陵千樹橘，淮北常山以南、河濟之間千樹萩，陳、夏千畝漆，齊、魯千畝桑麻，渭川千畝竹，及名國萬家之城，帶郭千畝畝鍾之田，若千畝卮茜，千畝薑韭；此其人皆與千户侯等」。這種大規模地種植單一品類作物的大土地經營顯然是爲了供給市場需要。千畝的漆，千畝的顔料，千畝的薑韭，一家人無論如何需要不了這樣多的。這種經營方式從魏晉以來

〔一〕恩格斯：瑪爾克，見中國人民大學世界通史參考資料古代史與中世紀部分，第一輯，第七七頁。
〔二〕例如漢文帝賜鄧通銅山以鑄錢。

基本上已經消滅。〔一〕當時田園別墅中間包括非常多的生產項目，這從石崇的金谷園和潘安仁的園可以得到證明，〔二〕南朝的田園別墅大抵都是這樣。宋書卷六七謝靈運傳所載山居賦說他的別墅包括水陸田畝、竹林、果園、菜圃等等，賦中說：「春秋有待，朝夕須資，既耕以飯，亦桑貿衣，藝菜當肴，採葯救頹，自外何事，順性靡違。」別墅已經提供了生活上各種需要，他完全可以「謝工商與衡牧」。梁書卷二五徐勉傳載勉誡子書有云：

中年，聊於東田閑營小園者，非在播藝以要利入，正欲穿池種樹，少寄情賞……由我經始歷年，粗已成立。桃李茂密，桐竹成陰，塍陌交通，渠畎相屬。華樓迴榭，頗有臨眺之美；孤峰叢薄，不無糾紛之興。瀆中並饒菰蔣，湖裏殊富芰蓮。

徐勉說他的田園不是爲了營利，如果解釋爲不是爲了出售其生產品以圖獲利是可能真實的，但決非單純爲了「情賞」，他園中的溝渠畎畝，竹木果樹和湖泊所生產的物資當然是由他享受。那些田園別墅的性質是自給自足的，正由於力求自給自足，所以必需包括各種各式物資品類的生產。顏氏家訓

〔一〕我們說基本上業已消滅，因爲個別的還有這種經營方式的地產的，例如三國志吳志卷三孫休傳注引襄陽記稱李衡「密遣客十人於武陵龍陽汎洲上作宅，種甘橘千株。臨死勅兒曰：『……然我州里有千頭木奴，不責汝衣食，歲上一匹絹，亦可足用耳。』……吳末，衡甘橘成，歲得絹數千匹，家道殷足」。這些甘橘當然是出賣的商品。

〔二〕金谷園見世說新語品藻篇注引石崇金谷詩序及全晉文卷三三，潘安仁的園見文選卷一六閒居賦。較早一些時候，仲長統的樂志論就已表現了這種包括各種生產項目的經營方式，見後漢書卷四九本傳。

治家篇云：

> 生民之本，要當稼穡而食，桑麻以衣；蔬果之蓄，園場之所產；鷄豚之善，塒圈之所生；爰及棟宇、器械、樵蘇、脂燭，莫非種殖之物也。至能守其業者，閉門而爲生之具以足，但家無鹽井耳。

從顏之推的話中，可以看出凡是能够守其業者都可以做到「閉門而爲生之具已足」，也即是做到「自給自足」。這是南北朝田園的一般情況。

田園別墅的自給自足性説明魏、晉以來市場的萎縮，較大規模的商品生産已不可能。江南較之北方，城市商業是比較發達的，不少的貴族、官僚也在從事商業活動，但市上的商品似乎跟田園別墅的聯繫並不密切。只有爲了獲得自己田園中不能生産的鹽、鐵時，只有爲了獲得遠方難得的奢侈品時，田園的主人纔出售一部分自給有餘的生産品，這在田園別墅的經濟中是次要的。

五　奴婢和各種依附者的地位

大土地所有者爲了使自己有足够的勞動人手，自魏、晉以來就經常地爭取國家的編户，使之成爲自己的依附者。我們知道封建土地所有制的發展必然要把直接生産者降居到從屬地位。田園别墅中的直接勞動者大致可以分爲如下幾類，即：奴婢、佃客、部曲。

我們首先要談到奴婢。奴隸生産制在此時只能算作殘餘，但是其比重是不小的。從東晉、南朝的記載上我們看到計算財富時奴婢還是列爲財産項目之一，而且通常把奴婢數字和田畝的多少對舉。在上面我們已經提到京口刁家「有田萬頃，奴婢數千人」；謝混「田業十餘處，僮僕千人」；謝靈運「生業甚厚，奴僮既衆，義故門生數百」；沈慶之「廣開田園之業」，「奴僮千計」。我們誠然不能把當時所謂奴僮、僮僕完全當作奴隸，因爲其中很有可能包括佃客和部曲，但毫無疑問，其中是包括了真正的奴隸的，至於謝靈運傳把奴僮和義故（亦即部曲）門生分開，那其中就應該有更多的真正的奴隸。奴僮、僮僕之和土地相提並論，可以設想當時還有較多的群奴使用於農業勞動。文選卷四〇任昉奏彈劉整狀云：

其奴當伯，先是衆奴（即家庭共有之奴），整兄弟未分財之前，整兄寅以當伯貼錢七千，共衆作田。

這一個當伯是用以耕田的。南齊書卷三八蕭景先傳載其遺囑也説：「三處田勤作，自足供衣食，力少更隨宜買麤猥奴婢充使。」所謂麤猥奴婢是作爲三處田中勞動力使用的。他們是生産者，另外還有能文善書之奴，能歌善舞之婢，就不能算是麤猥了。顏氏家訓止足篇稱：

常以爲二十口家，奴婢盛多，不可出二十人，良田十頃，堂室纔蔽風雨，車馬僅代策杖，蓄財數萬以擬吉凶急速。

這樣一種經濟生活，在顏之推看來是不算過分的，或者可以説是南北朝中等士族家庭的情況。二十個奴婢自然從事生産，良田十頃和奴婢應該有聯繫。〔一〕

如上所述，可見這時使用於農耕的奴隸還是相當多的。東晉初年刁協、戴若思等曾經調發揚州百姓家奴萬人爲兵〔二〕以後庾翼又曾發江荆等六州編户奴當兵，以致「百姓嗟怨」，〔三〕雖然實際上所調發的不單是奴，也有「客」，但由此可知不獨貴族、豪門家纔有奴，連被稱爲「百姓」「編户」的家中也有奴。

奴婢的來源第一是俘虜。其中很多是在南北戰爭中獲得的北方兵士和邊境人民。梁書卷四簡文帝紀載初即位詔：

〔一〕顏氏家訓涉務篇中特别責備那些江南朝士有了田也是「信僮僕爲之」。
〔二〕見晉書卷六九刁協傳、戴若思傳。按所發者爲中原良人爲奴者。
〔三〕晉書卷七三庾翼傳，卷七七何充傳。

育物惟寬，馭民惟惠，道著興王，本非隸役。或開奉國，便致擒虜；或在邊疆，濫被抄劫。二邦是競，黎元何罪……諸州見在北人爲奴婢者，並及妻兒，悉可原放。

詔中所述以俘虜爲奴雖單指梁代而言，其實東晉以來一直便這樣。這一次普遍釋放北人奴婢在侯景主持下實施，據説「所免萬計」，〔一〕當時侯景權力所及的範圍大致相當於建康以至吳會區域，與東晉初刁協、戴若思發奴爲兵的地域範圍略同，那末從東晉至梁末，這個區域内北人奴婢的數字大概是萬人上下。

另外一部分俘虜出於南方各部落。當時僚、俚各族人民常爲地方官掠賣，當作一種生財之道。梁書卷三三王僧孺傳説南海太守的兩大財源之一便是「高涼生口」，亦即是俚族俘虜。魏書卷一〇一僚傳稱：「蕭衍梁、益二州歲歲伐僚，以自裨潤。」以後北周奪取益州以後，仍然以伐僚取生口爲事，直到唐初還保留這個殘酷的傳統。關於掠取南方各族人民爲奴婢的記載我們還可以舉出很多，這裏不想多談，總之南方「生口」是奴婢來源之一。

奴婢的第二個來源是由於債務而賣身的農民。晉書卷二六食貨志稱：「至於永嘉，喪亂彌甚。雍州以東，人多飢乏，更相鬻賣，奔迸流移，不可勝數。」元帝大興四年（三二一）下詔「免中州良人遭難爲揚州諸郡僮客者以備征役」，亦即指「更相鬻賣」的流徙北人，〔二〕其中有掠賣，也有迫於飢寒爲家人所賣或自賣的。掠賣的和俘虜相同，爲家人所賣或自賣的應歸於債務奴隸一類。按照法律，當時

〔一〕資治通鑑卷一六二梁簡文帝太清三年（五四九）。

〔二〕晉書卷六元帝紀，刁協傳、戴若思傳所云發奴爲兵即此事。

仍然禁止掠人和賣。太平御覽卷六五一引晉律把官長掠人和賣，與吏犯不孝、謀殺其國王、侯、伯、子、男、官長並列，遇赦也得除名，可知處罪是較嚴厲的。〔一〕和賣處罪自然較輕，宋書卷六四何承天傳稱：「時有尹嘉者，家貧，母熊自以身貼錢，爲嘉償責。坐不孝當死。」後來卻「終於和賣結刑」。所謂「以身貼錢」就是把自己作爲債務的抵押品。統治者的殘酷剝削迫使人民淪爲奴隸，卻又以不孝名義來嚴懲貧民，其殘忍無耻已不待論。這件事情説明和賣也得處罰。然而事實上像這類「以身貼錢」的事卻常常被容許。南齊書卷五五孝義傳説公孫僧遠爲了葬弟，「身販貼與鄰里」，以後又爲了兄姊未婚嫁，「乃自賣爲之成禮」，統治階級不但不加干涉，而且認爲是值得獎勵的道德行爲。這類販貼、自賣大概只要償還債務就可以釋放，或者有一定期限，期滿也可以釋放，因此他們的身分可能比奴隸高。但不管怎樣，實質上是變相的債務奴隸。

當然這時還有罪人及其家屬被沒爲官奴婢的。但似乎人數不太多，受國家奴役的罪人常常不是以官奴婢的名義而是以「兵」「士」等的名義負擔着各種奴隸性的勞動。〔二〕我們在史籍上看到的賞賜

〔一〕參考程樹德九朝律考梁律考誘口坐死條。所引册府元龜六一五及資治通鑑一五五兩條，雖然未指明誘掠人爲奴婢，但可作如此理解。

〔二〕隋書卷二五刑法志所述梁律云：「其謀反、降叛、大逆已上皆斬，父子同産男無少長皆棄市。母妻姊妹及應從坐棄市者，妻、子、女、妾同補奚官爲奴婢，貲財沒官。劫身皆斬，妻子補兵。遇赦降死者黵面爲劫字，髡鉗補冶鎖士終身。其下又讁運、配材官、冶士、尚方鎖士，皆以輕重差其年數，其重者或終身。」

奴婢的來源不是俘虜便是罪人。

奴隸生產雖然還占相當大的比重，但我們當然不是説這時還是奴隸制社會。當時非奴隸的勞動者在生産中所占比重是超過於奴隸的。而且我們還可以看到東晉南朝奴隸隊伍的擴大帶着某種偶然性，東晉初年是由於大量北人的遷移及其淪落，東晉末年是由於淝水戰役的勝利，梁代侯景亂前是由於鍾離之捷，梁末是由於淮南戰爭中的勝利，陳初是由於北齊渡江軍隊之被消滅。戰爭的後果是獲得許多俘虜，但這決非戰爭目的。而當每次奴婢數量增加之後，統治階級不是繼續擴大奴隸隊伍，而是釋放奴婢。如上所述東晉初年曾經先後發揚州和江荆等州百姓奴爲兵。晉書卷九四翟湯傳：

> 建元初，安西將軍庾翼北征石季龍，大發僮客，以充戎役。敕有司特蠲湯所調。湯悉推僕使，委之鄉吏。吏奉旨一無所受。湯依所調限，放免其僕使，令編户爲百姓。

翟湯雖然獲得免於徵發的特權，但他却仍然按照規定期限把僕使釋放爲編户。我們知道當時兵的身分及所受奴役雖和奴隸相去不遠，但畢竟高於奴隸，如果立有軍功，也還有上升機會。翟湯之逕自釋放其僕使爲編户，也因發奴爲兵本身就含有釋放奴婢的意味。上引元帝大興四年（三二一）詔就説免僮客以備征役，可見發奴爲兵含有放免的意味。

淝水戰後的俘虜很快就獲得釋放。晉書卷九孝武帝紀載太元十四年（三八九）正月詔云：

> 淮南所獲俘虜付諸作部者一皆散遣，男女自相配匹，賜百日廩。其沒爲軍賞者悉贖出之。以襄陽、淮南饒沃地各立一縣以居之。

所謂淮南所獲俘虜應即是太元八年（三八三）淝水之戰所俘獲的。經過六年，不但國家作場中的俘虜被釋放了，而且連作爲軍賞的俘虜也由國家贖還釋放。我們知道這時正是東晉與丁零翟遼、後燕爭奪河南的時候，釋放俘虜可能和招懷北人有關。另一方面也可以看出奴隸制殘餘之衰落，所以有可能由國家頒佈命令在相當普遍的程度上釋放奴婢。而且不僅國家以命令來强制釋放，或采取向私家贖取的辦法，連私家也在自行釋放奴婢。晉書卷六四會稽王道子傳：

（元顯）又發東土諸郡免奴爲客者號曰樂屬，移置京師，以充兵役。東土囂然，人不堪命，天下苦之矣。

這一次徵發就這條史料看來似乎不是奴，而是業已放免爲「客」的奴。顯然在東晉末年私家已經在把奴婢改變爲客，所以徵發就以這些釋放的奴隸爲主要對象。可是業已被放免的奴就不像過去發奴爲兵那樣容易了，他們已經是「客」，兵比奴婢固然高一些，却並不比客高，而且他們更不會願意集中到京師去在嚴厲的軍事編制下服役，特别是去從事與自己利益完全相反的戰爭。這就弄得「東土囂然，人不堪命」了。孫恩起義的基本群衆便是逃亡的山湖人和那些被徵發的釋放奴隸。我們知道元顯之所以要徵發那些「免奴爲客者」，不是由於他們是「客」，而是由於他們是「免奴」，即釋放不久的奴隸。當時正式命令可能還是和東晉初年一樣説是「發奴」。宋書卷三武帝紀載永初元年（四二〇）詔：「先因軍事所發奴僮，各還本主，若死亡及勳勞破免，亦依限還直。」這裏所提及的發奴的事不一定即指元顯這一次，但在此以前的大規模的徵發却只有元顯這一次，因而至少是包括在詔令所説的範圍内的。

可是不説「發客」而仍然説「發奴僮」，可以推測元顯頒佈的命令並非只是徵發「免奴爲客者」，本傳上所以這樣説乃是就實際情況而言。正因爲被徵發者企圖擺脱在他們身上帶着的奴隸標識，所以他們參加孫恩的起義就帶有掃除奴隸制殘餘的性質。

自宋以後發奴爲兵的記載雖亦偶而一見，〔一〕却並沒有像晉代那樣大的規模，只是在兵源不足時就以徵發或召募良人來補充。直到梁末侯景亂時纔又大規模的釋放北人奴婢，雖然沒有説用以當兵，也可以設想侯景之意在於擴大北人在軍事上的力量。我們認爲梁末奴婢的又有增多是和梁初鍾離大勝及北魏衰亡，〔二〕梁在淮南獲得的一些勝利相關。而在侯景亂前梁朝也曾放免過一批奴婢，梁書卷三武帝紀謂大同九年（五四三）二月「使江州民三十家出奴婢一户，配送司州」，這還在侯景放免北人奴婢之先六年。

梁末陳初北齊軍隊進攻建康遭到了慘敗，大量的北齊兵士成爲俘虜。南史卷九陳本紀稱：「是時以戰俘貿酒者一人纔得一醉。」俘虜身價的驚人低廉正由於奴隸生産之無利，因而成爲過剩。

〔一〕宋書卷四五劉粹附弟道濟傳稱，道濟曾「免道俗奴僮」充兵。

〔二〕根據梁書卷九曹景宗傳，天監五年（五〇六），魏攻鍾離，次年爲梁所敗，「緣淮百餘里屍骸枕藉，生擒五萬餘人……景宗乃搜軍所得生口萬餘人，馬千匹，遣獻捷。高祖詔還本軍」。這些生口必然是作爲軍賞的。又據同書卷二八夏侯亶傳，普通七年（五二六）攻魏壽陽，「凡降城五十二，獲男女口七萬五千人，米二十萬石」；附夏侯夔傳稱「降廣陵男女口四萬餘人」，又追魏軍「生擒二萬餘人」。這裏面所謂降城所獲乃是户口數，不盡是俘虜，但必然也有很多俘虜，如生擒的魏軍二萬餘人，應都作爲俘虜處理。

如上所述，我們一方面可以證明東晉南朝奴隸生産還占頗大比重，奴隸是田園别墅中的直接勞動者；另一方面從奴隸增多之帶着偶然性與釋放奴隸之流行上也可以看出奴隸制已成爲殘餘形態。田園中間的直接勞動者，其二是佃客。我們在這裏沒有必要追溯自由的客怎樣變爲私屬身分的客。只是從西晉頒佈的户調式中可以看到佃客是公開的，但是有限額的用於農業勞動上的私屬。東晉南朝的佃客大致仍然是這樣。南齊書卷一四州郡志南兗州序云：

時百姓遭難，流移此境，流民多庇大姓以爲客。元帝大興四年（三二一）詔以流民失籍，使條名上有司，爲給客制度。而江北荒殘，不可檢實。

這一條所説「多庇大姓以爲客」之「客」是私自招致的不屬於規定額内的客。國家爲了檢查人口，使超額的客復歸於編户，又一次的規定了限額。隋書卷二四食貨志：

都下人多爲諸王公、貴人左右、佃客、典計、衣食客之類，皆無課役。官品第一、第二佃客無過四十户（以下按品級遞減五户，至九品得五户），其佃穀皆與大家量分。其典計，官品第一、第二置三人，第三、第四置二人，第五、第六……議郎已上一人，皆通在佃客數中。官品第六已上並得衣食客三人，第七、第八二人，第九品……一人。客皆注家籍。

隋書所載按品占有佃客之制和西晉户調式中所載微異，大概就是大興四年頒佈的給客制度。這裏所包括的客有佃客、典計、衣食客三類。他們的名字都登記在家籍上，亦即附載於主人的户籍上，不能單獨立户，他們「皆無課役」，對國家並不承擔任何義務。這裏明確地顯示了「客」的私屬地位。其中佃客是用以耕種的，法令上規定「其穀皆與大家量分」，大家即主人，土地上的生産品應該和主人分取，佃客對主人承擔義務，同時他們有私有經濟。這種佃客屬於封建的互分農的性質。我們知道從東漢末期以來直到南朝，「奴客」「僮客」照例連稱，有時簡直是可以通用的互稱，〔一〕可見客的身分還是很低，在一定程度上帶着奴隸遺跡。西晉時期開始，占田和蔭佃客成爲比例，説明土地和佃客的聯繫，田園別墅中爲數衆多的奴僮實際上很可能就包括佃客在内。可是我們應該注意只有「注家籍」的爲國家所承認的佃客纔對主人有鞏固的依附關係。事實上還有更多的超額的客，他們的依附關係既不爲國家所承認，那就只能屬於隱丁匿口一類。〔二〕

客的來源大概有四。一是免奴爲客者，即被釋放的奴隸。二是賜客。晉書卷四四華表附子廙傳：「初表有賜客在鬲，使廙因縣令袁毅録名。」賜客之制遠承魏、吴，東晉給客制度雖然事實上先已有客而由國家承認，但名義上却是「給」，也就是賜。以後似乎未見賜客的記載。別有給吏僮之制，在前面已曾談到。三是自賣的客。宋書卷九一孝義郭世道傳稱其子原平父亡後「又自賣十夫，以供衆費……葬畢詣所買主執役無懈，與諸奴分務，每讓逸取勞。主人不忍使，每遣之。原平服勤，未嘗暫

〔一〕三國志吴志卷一〇陳武附子表傳稱武死後，賜復人二百家，表上疏陳讓，説「空枉此勁鋭，以爲僮僕，非表志也」，把復客稱爲僮僕。資治通鑑卷七謂秦二世元年「使章邯免酈山徒、人奴産子，悉發以擊楚軍」，胡注引臣瓚曰：「人奴之産子，今田客家兒。」按此條不見漢書二世紀注，但胡注必有據。臣瓚是晉人，可知晉時奴和田客可以通稱，所以把奴産子解釋爲田客家兒。

〔二〕世説新語政事篇謝公不許搜索逋亡條注引續晉陽秋即稱之爲客。

替。所餘私夫庸賃，養母有餘，聚以自贖」。所謂「十夫」的確切意義我們不明瞭，南齊書卷五五孝義吴達之傳稱「嫂亡無以葬，自賣爲十夫客」，可知是當時通用的一種名稱。這類客可以有「私夫庸賃」的時間，藉以聚財自贖，顯然和奴隸不同。第四是逃亡或流亡人民託庇豪强爲客者，上引南齊書州郡志南兗州條所云「流民多庇大姓以爲客」，即屬此類。我想其中包括了債務和投靠兩種。

雖然法律上肯定了佃客的私屬身分，可是史籍上却很少看到關於佃客的記載。他們有時包括在廣泛的奴僮、奴僕的稱號中，有時却難以和部曲、隱户區分。我們只能肯定那些爲國家所承認的額内的佃客是封建的互分農，額外的「客」一部分可能也是這樣性質，但很難説所有被稱爲「客」的都是互分農，都有那種牢固的依附關係。

田園中的直接勞動者第三類是部曲。記載上看到的義故、門義是部曲一類。〔一〕客和部曲的區别也不明確。〔二〕部曲在漢代本來只是軍隊編制的名稱。魏、晉以來的部曲乃是家兵亦即私人的武裝組織。部曲和佃客都由賓客轉變而成，但在初期二者之間還是有一些區别。佃客必然和土地有聯繫。

〔一〕宋書卷八七殷琰傳稱「琰素無部曲，門義不過數人」。上面説部曲，下稱門義，可知二者可以互稱。素無部曲之「無」應作缺少解。

〔二〕世説新語考異劉琨稱祖車騎條注引晉陽秋稱「祖逖賓客暴桀」，又云「客從攻剽劫盜，爲吏所按，皆並護之」。又引鄧粲晉紀云：「逖至臨淮，弛其部曲，作劫求財以聚衆。」部曲就是客組成的。在祖逖未受命北征前稱之爲客；既受命北征，組成了軍隊，客也就成爲部曲。

賓客、客從却不一定，部曲也不一定。因此從人身依附關係上説，部曲主對於部曲的權力不一定建築在土地上面。作爲兵士應該絶對服從所屬軍官的命令，那末作爲私人的部曲就必須對私人效忠，但是主人對於賓客和由賓客轉變來的部曲也應負有「保護」的責任。部曲主和部曲的關係就是這樣形成的。〔一〕可是部曲既然必須服從其主人的命令，並完成所交給的任務，那末主人當然有權使之從事於各種勞役，也包括農業上的勞動在内。

我們在上面已經提到孫吴的世襲領兵制，也提到分給諸將的兵都有出戰入耕的雙重任務。然而孫吴時期並没有承認部曲的私屬地位，他們仍然是官兵。然至成漢時，據晉書卷一二一李雄載記稱：「加范長生爲天地太師，封西山侯，復其部曲，不預軍征，租税一入其家。」這裏就明確了部曲只對其主人承擔義務，國家不能直接徵發出征，也不能徵收租税。這雖不在孫吴領土的範圍内，也可以説明部曲的私屬地位獲得法律根據的開始。

東晉南朝時期國家直接掌握的軍隊日趨削弱。自劉宋中葉以後，每逢戰事，將領們就公開召募

〔一〕恩格斯在法蘭克時代一文中説到日耳曼族和家臣的關係時，指出「加入領主的親兵隊伍，乃出於雙方自由的協議……這個人投靠主人，主人接受他的投靠……家臣必須負責完成他的主人囑咐他所作的任何與一個自由人地位不相違背的勞役。爲此，主人必須維持他的生活，並斟酌情形給予相當的報酬。土地底轉讓，和這並無直接的聯繫，並且在事實上也並非發生一切場合之下」（史學譯叢一九五六年第三期）。恩格斯對於家臣或親兵和領主關係的分析，和部曲及部曲主之間的關係有類似之處。

部曲。南齊書卷二七李安民傳：

宋泰始以來，内外頻有賊寇，將帥以下，各募部曲，屯聚京師。安民上表陳之，以爲自非淮北常備，其外餘軍，悉皆輸遣，若親近宜立隨身者，聽限人數。上納之，故詔斷衆募。

在同書卷二高帝紀下建元元年五月（四八〇）載有上述詔書，稱：

設募取將，懸賞購士，蓋出權宜，非曰恒制。頃世艱險，浸以成俗。且長逋逸，開罪山湖，是爲黥刑不辱，亡竄無咎。自今以後，可斷衆募。

詔書的意思是説召募之制使逃亡風氣滋長，因而逃亡者或山湖人的罪名也藉此獲得開脱，所以必須禁止。由此可見，部曲和客一樣，大致是由逃亡者投充。他們逃避國家的賦役而投身爲私家部曲，當然不是擺脱了一切負擔，但必然較輕，而且從此以後當他們還是部曲時國家就不能直接徵發他們。宋、齊之間，召募部曲的數量是不少的。南齊書卷三四虞玩之傳：

又將位既衆，舉邮爲禄，實潤甚微，而人領數萬……又四鎮戍將，有名寡實，隨才部曲，無辨勇懦，署位借給，巫媪比肩，彌山滿海，皆是私役。行貨求位，其塗甚易，募役卑劇，何爲投補。坊吏之所以盡，百里之所以單也。

所謂「舉邮爲禄」，大致是一種納資代役制，[一]這種雖有兵名，而以納資代替服役的人是公開的，此外

〔一〕參看魏晉南北朝史論叢第八一頁注〔二〕（文集本七六頁注〔二〕）。

也還有不公開的。南史卷七〇良吏郭祖深傳：

朝廷擢用勳舊爲三陲州郡，不顧御人之道，唯以貪殘爲務，迫脅良善，害甚豺狼，江、湘人尤受其弊。自三關以外，是處遭毒。而此勳人投化之始，但有一身，及被任用，皆募部曲。而揚徐之人，逼以衆役，多投其募。利其貨財，皆虛名上簿，止送出三津。名在遠役，身歸鄉里。又懼本屬檢問，於是逃亡他境。僑户之興，良由此故。

像這類「虛名上簿」的人似乎只繳納一次「貨財」作爲取得部曲名義的賄賂。虞玩之傳曾説避役方法之一是「停私而云隸役」，亦即此類。〔二〕這些人「虛名上簿」之後仍然「身歸鄉里」，最後有一部分爲了怕檢查而「逃亡他境」，那就成爲逃亡者了。他們和主人不但在土地上沒有任何聯繫，甚至也沒有真正建立主從間的人身依附關係。這種「部曲」當然談不到是否用於生產的問題。

毫無問題，部曲是受部曲主役使的，其中也有一部分用於農業生產上。梁書卷五一張孝秀傳：

去職歸山，居於東林寺，有田數十頃，部曲數百人，率以力田。盡供山衆，遠近歸慕，赴之如市。

像這樣明確提出的使用於農業上的部曲之例似乎罕見，我們只能推測謝靈運擁有的義故，可能有一部分在他的巨大田園中從事生產勞動，但是這並不明確。宋書卷七六王玄謨傳稱：「時北土饑饉，乃

〔二〕宋書卷六三沈演之附弟勃傳：「使勃還鄉里募人，多受貨賄。上（宋明帝）怒，下詔曰：『……又輒聽募將，委役還私，託注病叛，遂有數百……』」這種應募之後，棄役還私，注上病叛的事和郭祖深所述相同。

散私穀數十萬斛，牛千頭以振之。」而王玄謨却是擁有大量部曲的，宋書卷五七蔡廓附子興宗傳：

初，玄謨舊部曲猶有三千人。廢帝頗疑之，徹配監者。玄謨太息深怨，啓留五百人巖山營墓。事猶未畢，少帝欲獵，又悉喚還城。

這些部曲〔一〕是否和他所有的大量米穀和耕牛有關係呢？我們也只能推測如此。可是從這一條記載中可以看出這些部曲跟隨將帥來往，他們和土地缺乏必然的聯繫，但主人有權使之爲自己服役，服役範圍大概很廣泛，營墓只是一個例子；我們也可以看出，部曲雖是私屬，但皇帝仍然可以收歸己有，因爲部曲只是「兵」，主人和部曲間的依附關係是不鞏固的。

而且事實上有很多部曲業已脫離生産。文苑英華卷七五四何之元梁典總論：

梁氏之有國，少漢之一郡。大半之人，並爲部曲，不耕而食，不蠶而衣，或事王侯，或依將帥，携帶妻孥，隨俗東西，與藩鎮共侵漁，助守宰爲蝥賊，收傳無罪，逼迫善人，民盡流離，邑皆荒毁。

何之元所說的部曲是真正的家兵或王侯、將帥的隨從，他們完全不生産，依靠對人民的索詐剝削，也即是分取主人的贓物而生活。由此可見部曲數字的擴大不一定意味着田園中勞動人手的增多。

部曲和主人的關係並不明確，皇帝有權收還；主人死後，他們可以仍舊爲主人的子孫留爲部曲，甚至成爲世襲，但也並非一定如此。所謂義故、門義之義就表示「以義相合」而不是法律規定或理所

〔一〕按玄謨以青北冀刺史徵入爲領軍，這些部曲應即自任上帶來。

當然。我們從上面所引蕭景先的遺囑中，知道他的三處田如果人力不够，便買奴婢來補充。他雖有一批部曲留下，却沒有把他們分配到三處田上，遺囑中説：「周旋部曲，還都理應分張。其久舊勞勤者應料理，隨宜啓聞乞恩。」遺囑上特别分付還都之後，部曲「理應分張」，可知部曲並非一概傳襲。至於「久舊勞勤者」那麽還可以向皇帝乞恩，乞什麽恩呢？我想不外是免予徵役和求得一官半職。我們從蔡廓附子興宗傳看到私家的部曲可以被撥爲皇室的兵，這就需要乞恩了，而爲了報酬其「久舊勞勤」乞求給予恩典也是可能的。

如上所述，可見部曲是一個極其廣泛的名稱，就其最廣泛的意義來説，他們只是私人的兵。他們中間的一部分確曾使用於田園中間從事勞動，但和土地並無必然聯繫，即使如張孝秀傳所舉耕田的部曲，也很難説具有固着於土地上的性質。部曲和主人的依附關係也是不鞏固的，主人對於部曲的人身支配權可以非常之大，〔一〕而對「虚名上簿」和納資代役的部曲則實際上不存在這種權力。部曲身分的傳襲在南朝還沒有以法律形式確定下來，主人死後他們是可以「分張」的。我們認爲部曲不是農奴，他們并不具備農奴的特徵。一般地説，他們是家兵，被保護者，主人以軍主和保護者的身分控制他們，並迫使其爲自己服役，中間不一定存在着土地授予的關係，雖然我們必須承認一部分的部曲是用在農業上的。

〔一〕太平廣記卷一二〇羊道生條和張絢條都説到任意殺死部曲的事。但殺之者是州刺史和太守，還是以將帥長官身分行使其權力的。

在談到依附者時，我們當然不能忘掉其中不小的一部分即是隱户匿口。在上面已經説過超額的客實際上只是隱藏的户口，他們託庇豪强以逃避賦役。我們知道當時國家在法律上除了奴婢、額内的客和作爲募兵的部曲之外，並不承認豪强有私占户口的權利。晉書卷九三外戚王恂傳稱：「武帝踐位，沿禁募客。」同書卷二六食貨志云：「泰始五年（二六九）正月敕：『豪勢不得侵役寡弱，私相置名。』」募客是把國家編户占爲己有，也即是「私相置名」。對於私占户口的處罰非常嚴厲，依照法律可以處死刑，上面引山遐傳便説「虞喜以藏户當棄市」；宋書卷二武帝紀稱「公既作輔，大示軌則，豪彊肅然，遠近知禁。先時會稽餘姚虞亮復藏匿亡命千餘人。公誅亮，免會稽内史司馬休之」，可以爲證。就是諸王犯隱藏户口罪，也不能免罰。西晉時中山王睦爲了「受逋逃、私占及變易姓名，詐冒復除者七百餘户」，被貶爲侯；「桓温時厲行土斷，彭城王玄匿五户，「桓温表玄犯禁，收付廷尉，既而宥之」。〔一〕雖然對於這兩個貴族處理較寬，畢竟一個暫時貶爵，一個暫時下獄。

法律雖嚴，並不能遏止匿户之風，整個南朝一直存在着這個問題。南史卷五齊本紀下東昏侯紀云：

又先是諸郡役人，多依人士爲附隸，謂之屬名。又東境役苦，百姓多注籍詐病。遣外醫巫在所檢占諸屬名，並取病身。凡屬名多不合役，止避小小假，並是役蔭之家；凡注病者或已積年，皆

〔一〕並見晉書卷三七本傳。

攝充將役。

屬名之屬即「樂屬」之屬，名即「私相置名」之名，他們都是爲了避役而託庇於「人士」，作爲「人士」的依附人口。陳書卷五宣帝紀載太建二年（五七〇）八月詔有云：

其籍有巧隱，並王公百司輒受民爲程蔭，解還本屬，開恩聽首。

程蔭的意義我們不大明瞭，大致也是屬名之異稱，他們受「人士」、王公百司的蔭亦即庇護而避免徭役，所以稱役蔭之家或稱程蔭，北朝則喚作蔭户。其實佃客和宗族照西晉户調式中所述也是蔭户，但是照上引南齊書陳書所説乃是不合法的庇蔭，實即是隱匿户口。自宋以後，國家已不能對隱匿户口者稍加懲罰，僅企圖迫使逃亡者出來服役而已。

這些隱藏户和主人的關係以及所承擔的義務怎樣，我們並不清楚。大體上不能超過保護者和被保護者的關係。他們之中一部分由他鄉異縣遷來，中山王睦所私占的七百餘户便是派人在他處召募到中山國來的，〔一〕太建二年的詔書也説「解還本屬」，可知他們不在本屬。根據前引郭祖深傳，潛逃他境作僑户的部曲，也至少有一部分在到了他境後便須託庇當地豪强的保護。但也可以推測「諸郡役人，多依人士爲附隸」者，可能有帶着土地投靠本郡人士的役人。然而似乎遷自他處的多，所以梁書卷三八賀琛傳稱武帝時琛上封事有云：

〔一〕晉書卷三七高陽王睦傳稱「睦遣使募徙國内八縣」，似應解作遣使在他處募人遷徙到中山國八縣來，亦可解釋爲遣使在國内八縣募人遷徙到他的私有土地上來。不論哪一種解釋，七百餘户都是遷徙來的。

百姓不能堪命，各事流移，或依於大姓，或聚於屯封。蓋不獲已而竄亡，非樂之也。

所强調的也是流移人民被大姓或墾荒組織「屯封」所占有。

正因爲隱丁匿口多半自他鄉流移，因此國家争取編户的辦法常常使用土斷的方式。所謂土斷，大家知道即是將僑寓人户編入本地户籍。而僑寓人户多半即是隱藏户，或者即是依於大姓之「客」，所以在著名的庚戌土斷中〔一〕彭城王玄以匿五户下獄。關於土斷還有一些問題難以明確，這裏不擬討論。〔二〕大致東晉期間的土斷在於北來僑人。我們知道北來僑人當然在江南户籍上没有名字，政府設立管理僑人的僑州郡很多只是虚張名號，僑人不一定住在一起。僑人初來，「多依大姓以爲客」，他們在江南又無土地。按照户調式國家進行賦役剝削的對象是在户籍册上登記的課田農民，僑人既無

〔一〕晉書卷八哀帝紀載興寧二年（三六四）三月庚戌制：「大閲户人，嚴法禁，稱爲庚戌制。」按同書卷七成帝紀謂咸康七年（三四一）三月「實編户，王公以下皆正，土斷白籍」，事在興寧二年前，似乎是第一次。但陳書卷一高祖紀云：「世居潁川……永嘉南遷……咸和中土斷，故爲長城人。」咸和中的一次又在咸康之前。

〔二〕和土斷相牽連的黄籍和白籍的區别，很不易明確。太平御覽卷六〇六引晉令云：「郡國諸户口黄籍。籍皆用一尺二寸札，已在官役者載名。」這一條自然是最可靠的原始令文。然而我們只能由此知道郡國都有黄籍，而所謂「已在官役者載名」却不好解釋。這是説已在官役者方在黄籍上登記呢，還是在已在官役者的姓名下注明呢？照前注似乎王公以下都編入白籍，似乎即指僑人，觀晉書卷七五范汪附子甯傳，甯陳時政把黄、白籍與土斷並提，也似乎僑人都編入白籍，但是有實土的僑郡是否所屬人民都不服役呢？假使如此，那末咸康七年所謂「實編户，王公已下皆正」有什麽意義呢？范甯陳時政已在桓温主持之庚戌土斷後，那時仍有黄、白籍之分，可是自宋以後，却只見黄籍，什麽時候廢白籍呢？又如前引陳書高祖紀説在咸和中已經把散居北來僑人編入當地户籍了，那麽何故以後仍有黄白籍呢？像這類問題還很多，在這裏不能解決。

户籍，又不課田，國家就失掉了剝削根據。所以在東晉初年僑人免予賦役是當然的。可是僑人之中自始就應該有貧富之別（貴族、官僚不問僑舊都享有免役權利，可以不論），過了一個時期，必然有一些較富裕的僑人獲得土地。也有一些居於空荒地區的僑人可能通過墾荒而得到土地。可是這一些人仍然免予賦役（至少是免役），因爲他們還是不屬於所住地區的地方機構管轄。自然更多的僑人並沒有土地，他們依然作大姓的「客」。土斷就是要把僑人變爲承擔賦役的編户。〔二〕自庚戌土斷以後，在義熙九年（四一三）由劉裕主持又進行了一次普遍性的土斷。這一次也是以北來僑人爲對象。〔三〕自宋以後，局部的土斷還偶見於記載，但規模既狹，執行亦不嚴格。大概南朝後期所謂僑户已經不限於北人，上引南史郭祖深傳所述乃是一般的逃亡者或隱藏户。陳書卷三世祖紀載天嘉元年（五六〇）七月詔云：「其亡鄉失土，逐食流移者今年内隨其適樂，來歲不問僑舊，悉令著籍，同

〔一〕「客」除了不從事農業勞動的以外，當然是耕地主的土地。額外之客即是隱丁匿口，主人應該處罰。可以設想，檢查到了「客」，不但客要歸於國家（不論是否處罰），而且地也必然收歸國有，推想起來，如果「客」自行出首，非常可能就把所耕之地分配給他。他是北來僑人，就不發生歸原籍的問題。既然在户籍上登記，又有一塊份地，那他當然就成爲負擔賦役的編户。

〔二〕宋書卷二武帝紀中謂義熙九年劉裕表請土斷有云：「自永嘉播越，爰託淮海，朝有匡復之算，民復思本之心。」又云：「超大江而跨黄河，撫九州而復舊土，則戀本之志，乃速由於當年。」土斷和「匡復」「戀本」連帶提及，可知所斷者是北來僑人。

〔三〕宋書卷七六王玄謨傳説玄謨在宋孝武帝時爲雍州刺史，「雍土多僑寓，玄謨請土斷流民。當時百姓不願屬籍，罷之」。按卷六孝武帝紀稱大明元年（四五七）七月辛未「土斷雍州諸僑郡縣」，即指此事。又梁書卷二武帝紀謂天監元年（五〇二）四月「土斷南徐州諸僑郡縣」。

土斷之例。」北來僑人和南方土著（舊）同樣亡鄉失土，同樣要按照土斷之例，就可知和晉代土斷專對僑人而言者有所差别。

除了用土斷方式争取編户之外，國家還常常下令准許逃亡人民自首，不予處罰。不管稱爲屬名、僑户、客、程蔭，只要他們自願恢復編户地位，機會是非常多的，主人没有權利扣留他們充當私屬。問題只在於國家賦役苛重，使他們欲還不得。

最後，我們自然還要提到寺院中的依附人口。我們從上引梁武帝强買王騫田八十頃以施大愛敬寺以及大同七年（五四一）詔書述及僧尼占領山澤的記載中，已可證明當時寺院不少是擁有大量土地的。寺院土地上的勞動者大體上和一般的一樣，有奴婢和依附人口。可是關於他們的身分和地位，記載是不明確的。根據南史卷七〇郭祖深傳，梁武帝時祖深上封事稱：「都下佛寺五百餘所，窮極弘麗；僧尼十餘萬，資産豐沃，所在郡縣，不可勝言。道人又有白徒，尼則皆畜養女，皆不貫人籍，天下户口，幾亡其半。」他所説的「白徒」「養女」屬於寺院的人口，他們不一定都從事生産勞動，如郭祖深下面所述「養女皆服羅綺」，乃是變相的倡妓。他要求檢括僧尼，「若無道行，四十已下，皆使還俗附農，罷白徒、養女，聽蓄奴婢，婢唯著青布衣」。僧尼之中顯然不少就是逃亡户，可能還有一些在寺院中勞動。從郭祖深的封事中，我們還難以明瞭寺院中奴婢、白徒、養女在生産上的地位。我們只能説一切僧尼以至寺院中的人口都不屬於國家而已。我想寺院土地都出於皇帝、貴族以至一般人民所施捨，原有在土地上的勞動者必然也就隨着土地轉入寺院；而農民把土地施捨給寺院，實質上也就是投託庇護，只是這一點還缺乏確切的資料。此外寺院也還有封户。高僧傳卷八釋玄暢傳説宋末玄暢在成都建寺，獲得刺史傅琰的尊崇，「敕蠲百户，以充俸給」，我們不明瞭所蠲百户還是僅以賦税轉入寺中呢，還是連人都改屬寺院？

在上面，我們分析了各種大地産上的直接勞動者。這些分析顯然是極其粗略的。在大土地上各種不同勞動者中，奴婢、佃客的身分是比較明確的，大致可以認爲是奴隸和封建的互分農。但是廣泛意義的客、部曲、屬名等那一些庇護制下的依附者，究竟處於怎樣的剝削形態下却很難明確。依附關係在不同程度上帶有家長制性質，其中可能多數和土地有聯繫，但不一定有土地授受的關係。同一名稱的依附者可能有很不同的地位，以致難以判斷其真實身分（連僮奴也如此）。我們只能説其中一部分是封建大土地上的直接勞動者，却還缺乏典型的農奴特徵。他們有沒有固著在土地上呢？這是一個問題。梁武帝會强買王騫八十頃土地施給大愛敬寺，這八十頃土地王家用誰來耕種呢？移轉到大愛敬寺以後，原來的耕作者是否跟了過去呢？情勢似乎不能不這樣。然而我們找不到土地必須連着上面的勞動者一起移轉的明確證據，所有的資料似乎都很含糊。雖然我們不能確切説明客、部曲、屬名等和土地的關係密切到怎樣的程度，也不能確切説明他們的依附關係鞏固到怎樣程度。但毫無疑問他們中間絶大部分是大土地所有者從國家手中爭取過來的勞動人口。大土地所有制的日益發展的過程，也就是國家編户日益減縮的過程；而國家編户的減縮又即是「自由」農民的減縮。這裏就表現着農民喪失其小塊土地和國家喪失其編户二者之間的聯繫。由此也可以看出大土地所有制發展中所産生的雙重矛盾。它在一定程度上不能不和國家發生衝突，因爲國家縱使不再關心到農民土地和公有地的喪失，也不能不關心作爲一切徭役、賦税的負擔者編户的喪失。國家不但總是企圖以各種賦税形式盡可能多地剝削「自由」農民的剩餘生産品，並且還以徭役形式徵發農民爲兵、吏等，使之直接在國家的屯封、公田和某些手工業作場中勞動，這就必須和大土地所有者争奪勞動力；另一方面，大土地所有制又是和農民的小土地所有制相對立，前者正是在農民破産的過程中發展起來的，他們的土地直接間接都掠自農民，而處於剝削下的各種依附者也是多數從農民轉化來的，因而農民在反抗國家的同時必然也要反抗那些豪門封建主。只是由於國家徭役壓迫較之私家更爲嚴重，在國家與豪門争奪勞動力時，農民就寧可逃亡到較爲有利於自己的豪門一邊去。

六　後　論

在上面我們討論了三至六世紀江南大土地所有制的發展。顯然論述是很不全面的。能够用以説明這個問題的資料幾乎只限於揚州區域，其他地區就我來説掌握的資料非常缺乏，所以連荆州都很少提到，因此，應該説這本小書所能供參考的範圍是很狹小的。

就是在土地所有制方面的論述也不够全面。這裏主要是討論豪門大土地所有制的形成、發展過程，好幾處提到了寒門地主，却沒有能够深入研究。我們知道貴族豪門雖然在土地占有和政治方面享有特權，以此一階層構成的統治集團力圖排斥非貴族的地主擠入他們的行列，他們的地位當然是重要的。但他們決不是唯一的地主階級集團，也不一定只有他們是大土地所有者。士庶的區别至少在此時既不等於統治階級和被統治階級之分，亦不能斷定寒門中沒有大土地所有者。寒門地主一直存在，而且直到晉宋之間他們還是偶而有機會上升爲士族。拿僑姓中最顯赫的王、謝、袁、蕭來説，謝氏的興起實在東晉初，〔一〕蘭陵蕭氏之興，是由於劉宋外戚，劉宋皇室是寒門，按照當時婚姻慣例，蕭氏亦應爲寒門。大概也是自晉宋之間開始，士庶等級區别就越來越嚴格，幾乎完全杜絶了寒門上升

〔一〕世説新語簡傲篇：「謝萬在兄前，欲起索便器。於時阮思曠在坐曰：『新出門户，篤而無禮！』」宋書卷六〇荀伯子傳：「伯子常自矜蔭籍之美。謂（王）弘曰：『天下膏粱，唯使君與下官耳。（謝）宣明之徒，不足數也！』」可知謝氏爲較後起的高門。

士族的道路。雖然上升的可能越來越少，但寒門地主仍然繼續存在而且正在發展。宋書卷九五索虜傳謂元嘉二十七年（四五〇）北伐時，「王公妃主及朝士牧守各獻金帛等物以助國用，下及富室小民，亦有獻私財至數十萬者」，這種富室小民當然不是士族，他們若非商人就是地主。梁書卷一〇鄧元起傳：「率富民上軍資米，俄得三萬斛。」擁有大量米穀的富民以地主的可能性較大。像這類關於富民的記載我們還可以找到很多，可是還沒有發現他們和土地的關係究竟怎樣。推測這些富人大致有三類，一是地方土豪，這是原已有之的地主；二是從農村中分化出來的新興地主；三是商人，而商人自身或其子孫往往也轉變爲地主。

自宋以後士庶的等級限制日益嚴格，其原因即由於寒人的勢力日益强大，他們要求在經濟上和政治上與士族取得同等地位。南齊高帝時（四八〇）進行過一次户籍檢查，其目的是爲了擴大服役對象，把取得免役特權的人主要是混入士族隊伍的人清查出來。到了武帝永明三年（四八五）發生了以唐寓之爲首的一次起義，起義隊伍的主要力量是農民，還有手工業者，但這次起義和審查户籍有關，所以若干非士族的地主、商人也參加了。唐寓之曾獲得錢塘富人柯隆物質上的援助，並任柯隆爲尚書僕射。〔一〕這次起義的主因自然還是農民、手工業者反抗賦役壓迫，但寒門地主、商人力求擺脱嚴格的士庶區别制度，企圖利用農民軍，亦是原因之一。寒人在經濟上、政治上的要求日益迫切，也就是

〔一〕 見南齊書卷四四沈文季傳。

寒人在統治階級内部的力量日益加强的表現。而士族之竭力排斥寒人，却正表示士庶混淆的危險已經非常嚴重。齊梁陳三代那些高門士族雖然表面上還維持其各種特權，實際上却正在衰落，寒門地主、商人正在企圖把阻塞的門路打開，以便爲自己創造更有利的條件。顏之推對於梁代士大夫的無能和奢侈有很生動的描寫，他的結論是：「人每不自量，舉世怨梁武帝父子愛小人而疏士大夫，此亦眼不能見其睫耳！」〔一〕

我們可以知道寒門地主的興起的過程，可是完全不知道他們發展的具體情況。他們是怎樣處理其土地呢？他們可能有佃客，也可能有部曲，因爲寒門也能獲得較低級官職，但不會多。（如果由於軍功而做高官自然不在此例，因爲他們已經得到各種特權。）可是也有一些家富而門寒的連自身都未能免役，他就也無力庇護客、屬名等等。〔二〕我們只能推想他們會想各種辦法取得剝削對象，所以要假稱士族恐怕不僅只爲本身的免役。然而由於資料缺乏，我們並不能確切知道。

這一時期的土地制度所發生的變化在歷史發展中所占地位應予怎樣的估計呢？就我極不成熟的看法，這樣一個歷史發展——大土地所有制的發展，在穩定和恢復農業生産上是起了一定作用的。我們認爲大土地所有制所以能在此時獲得勝利，最主要的一點就是它還不是生産力的枷鎖。我們在這裏沒有必要把封建制和奴隸制相比，我們可以把大土地所有制下的依附者的處境同在國家直接剝

〔一〕顏氏家訓卷四涉務篇。

〔二〕宋書卷八三宗越傳所説的武念家富有馬，但是役門；還有個蔡那也是富人，因爲這一家善於接待賓客，纔被免除調役。

削下的小農相比。作爲「自由」農民，他們用自己的農具耕種自己的土地，這樣就足以保證生産資料和勞動力的結合，保證了再生産的可能，而農民家庭内部的經濟協作，也保證了小農經濟的相對穩定（我們説相對穩定，因爲它本身具有不穩定性）。假使國家的剝削不超過一定的限度，就可以延緩其封建化。可是三世紀以來國家對於「自由」農民的嚴重剝削，加速了農民的破産，促使其封建化。其中最顯著的是徭役。徭役把勞動力從自己的土地上分離開來，又把家庭成員分離開來。農村經常缺乏主要勞動力，拆散了的家庭喪失了勞動力相互補充調劑的可能。這我們在上面已經提到了一些，現在再引一段西晉初劉頌的話：

昔魏武帝分離天下，使人役居户各在一方。既事勢所須，且意有曲爲，權假一時，以赴所務，非正典也。然逡巡至今，積年未改，百姓雖身丁其困，而私怨不生，誠以三方未悉蕩并，知時未可以求安息故也。是以甘役如歸，視險若夷。至於平吴之日，天下懷静，而東南二方六州郡兵將士武吏戍守江表，或給京城運漕。父南子北，室家分離，咸更不寧。又不習水土，運役勤瘁，並有死亡之患，勢不可久，此宜大見處分，以副人望。魏氏錯役，亦應改舊……苟盡其理，可静三分之二。吏役可不出千里之内。但如斯而已，天下所蒙，已不訾矣。〔一〕

劉頌所論固然是西晉時情況，但從上面我們已經提出的論據來看，可證南北朝時基本上並没有改善。

〔一〕晉書卷四六劉頌傳。

像這樣「人役居户各在一方」，「父南子北，室家分離」的徭役必然破壞農民經濟的基礎。國家不但喪失了組織、穩定生産的職能，反而破壞了農民的生産，這是和當時農民的要求完全背道而馳的。

我們還不能説田園别墅的生産組織形態以及託庇制在保證農業生産的穩定方面非常充分，但基本上減輕了「父南子北，室家分離」的情況，這就使田園别墅及其庇護下的小土地較之「自由」土地更富有生産性。

就田園别墅這一大土地的生産形態來説，我們已經證明這是一種自然經濟性質的組織，在其内部生産中力求自給自足，「閉門而爲生之具已足」，因此田園别墅包括了各種各樣的生産項目，成爲包羅萬象的小王國。通過田園别墅中直接勞動者的勞動，山林川澤更多的開闢，增加了新的耕地，畮田、湖田在更大範圍内出現；竹木的斵伐和栽植，蔬菜、果樹的栽植，以及漁場的設置，這一些都在一定程度上豐富了物資供應。在規模較大的田園别墅中甚至還有水利灌溉事業的興建。嵊縣志所載丁謙的山居賦注指出賦中所説的某些湖泊是由人工開鑿的。就是山居賦中也曾説「導渠引流，脈散溝併」。至於謝靈運要求決湖爲田，顯然他必須興建一些工程，只是事情没有成功。這裏説明田園别墅範圍内土地的開發，要求組織勞動協作。

至於庇護制使生産者逃避了賦役的壓迫，雖然他們必然要爲庇護者服各種勞役，但無論如何較之長途跋涉的遠道奔赴要好一些，因爲至少節省了一些時間來從事生産。

當然，我們必須指出，以上這些積極作用是通過勞動者的勞動來實現的。勞動者在嚴重壓迫下創造了財富，而封建主則盡可能多地掠奪這些財富，以供自己的享用。

雖然如此，田園別墅内部的勞動編制形式還不能說是符合於當時生產力發展要求的。我們在前面分析了各種直接生產者的地位，田園別墅中奴隸生產還占一定的比重；各種依附者和土地的聯繫的程度是不一致的，勞役性質也非常複雜。不難理解，奴隸制殘餘正在衰落，奴隸本身在封建制影響下正在發生變化（免奴爲客等），但是奴隸制殘餘的存在也不能不在一定程度上影響到依附者的地位。這就是爲什麽封建主對於佃客、部曲的人身支配權特别强烈的原因，僮客、奴客等的籠統名稱就足以證明這一點。消除奴隸制殘餘，使依附者更加緊密地和土地聯繫，稍微放寬人身的控制；這就是説使依附者更像一個獨立勞動者，將導致封建制的進一步發展。

我們知道在這時期的田園別墅通常由主人直接管理與監督。其所以如此，正是和上述勞動編制特點相關的。缺乏勞動興趣的奴僮，以及和土地還没有緊密聯繫的「客」「部曲」，在耕種主人土地時效率是不會高的。太平廣記卷一二七引還冤記叙述這樣一個故事：

宋永康人呂慶祖家甚殷富，常使一奴名教子守視墅舍。慶祖自往案行，忽爲人所殺。族弟無期……至三更，見慶祖來云：「近履行，見奴教子畦疇不理，許當痛治，奴遂以斧斲我背。……」

這段故事自然是荒誕的，但反映了一些真實情况。這個教子似乎只是守視墅舍，他是被委任爲管理生產的人。由於他管理得不好，主人要將他痛治，招致了教子的反抗。可是「畦疇不理」不僅是由於守視者管理得不好，也是守視者和勞動者（我們還不知道勞動者是否也包括教子自己在内，也不知道是奴婢或依附者)不願意在這塊由主人直接經營的土地上支付對自己絲毫無利的勞動的表現。由此可見過度擴大田園別墅中直接管理的生產規模對於封建主也不是有利的。顏之推説江南朝士有了田也是「皆信僮僕爲之，未嘗目觀起一墢土，耘一株苗，不知幾月當下，幾月當收」。這一段話説明貴族豪門這個階層本身完全成爲寄生者，他們直接管理的地產必將趨於衰落；同時我們也可以看出，封建主放棄管理，不再干預生產也就意味着那些奴僮、依附者更進一步地成爲獨立生產者。這樣，直接管理的土地必然日益縮小，封建主要將更多的土地分配給奴僮和各種依附者而以徵收地租爲滿足。這樣一個勞動者對於封建主在土地上的亦即經濟上的依附關係加强了，但人身依附關係則將減輕。這樣一個傾向將在唐代更顯著地表現出來。

跋語

關於自孫吴以至南朝的土地問題過去我曾經寫過兩篇論文，一篇收在魏晉南北朝史論叢中（孫吴建國及漢末江南的宗部與山越），另外一篇在歷史研究上發表（南朝的屯、邸、別墅與山澤占領）。在這本書中，第二、第四部分大體上即以上述論文爲基礎加以補充而重編，此外都是最近寫的。

在這裏我提出了一些問題，也試圖加以解釋。顯然，由於我理論水平之低下與資料掌握的不充分，這些解釋或者是不够明確，或者是近於推測，甚至是完全錯誤的，那就希望同志們給予批評。

我非常感謝汪籛教授和王仲犖教授，他們兩位都曾耐心地審閱初稿，提出許多寶貴意見。汪先生幾乎把引文逐條校對一過，指出許多我在校勘方面的疏忽，他的幫助使這本書減少了很多錯誤。

一九五七年七月廿日　唐長孺

魏晉南北朝史籍舉要

目録

一　三國之部

三國志

三國志六十五卷，晉陳壽撰，宋裴松之注。陳壽，晉書八二有傳（華陽國志後賢志亦有陳壽傳，文字較詳，事跡略有異同），云字承祚，巴西安漢人，是譙周的學生。在蜀漢曾為觀閣内史，為了他不附宦官黄皓，「屢被譴讁」。晉滅蜀後，又為了「居父喪，使婢丸藥」那樣一件事，被人排斥。著名博學的司空張華愛其才，舉為孝廉，歷著作郎，撰著此書。以後在晉朝作官，屢受排斥，元康七年（二九七）病卒，年六十五（按當生於蜀漢建興十一年，即二三三年）。死後，詔下河南尹、洛陽令，就家寫其書。

陳壽這部書，在史籍中評價一直很高，和史記、漢書、後漢書並列為四史，通常認為是所謂「正史」的典範之一。晉書本傳稱：「時人稱其善敍事，有良史之才。夏侯湛時著魏書，見壽所作，便壞己書而罷。張華深善之，謂壽曰：『當以晉書相付耳。』其為時所重如此。」文心雕龍史傳篇稱：「魏代三雄，記傳互出，陽秋、魏略之屬，江表、吴録之類，或激抗難徵，或疏闊寡要。唯陳壽三志，文質辨洽，荀（勗）、張（華）比之於遷、固，非妄譽也。」可見對此書的推重。也是從晉以來就有人對此書不滿，晉書本傳已説他為了向丁氏求賄不得，就不替丁儀丁廙立傳。又説他由於父親為諸葛亮所髡，所以在諸葛亮傳中故意説亮應變將略非其所長。史通曲筆篇説三國志劉後主傳中云「蜀無史職」，也是由於父被髡而有意謗毁。特别是對於三國的正統問題，按陳壽以魏為正統，自曹操以下皆稱「本紀」，而蜀及吴則其主都稱「傳」。東晉時習鑿齒撰漢晉春秋，「於三國之時，蜀以宗室為正」，〔一〕改以蜀漢為正統。習氏之説，獲得不少人的贊同，史通探賾篇認為「定邪正之途，明順逆之理」，自宋以後，理學盛行，幾乎把帝魏不帝蜀認為一種罪惡。宋蕭常撰續後漢書，元郝經撰續後漢書，明謝陛撰季漢書，便都是以糾正陳壽書自任的三國志改編本。這些書史料上的價值都不足道。〔二〕他們的用意主要是為了改定正統。〔三〕關於這些問題，清人頗有替陳壽辯護者。關於索賄和對諸葛亮的態度問題，朱彝尊曝書亭集卷五九陳壽論，王鳴盛十七史商榷卷三九陳壽史皆實録條，趙翼廿二史劄記陳壽論諸葛亮條都從本書論證傳説之無稽，關於正統問題，雖都認為理應帝蜀，但從陳壽所處的環境，勢有不能，本志三國並列，就已表示他並非真正擁護魏朝。

關於正統問題，雖然並非毫無意義的争論，但魏蜀之間是難以判斷的。這裏無須多説。我們現在只就史料價值上稍加説明。

〔一〕晉書卷八二習鑿齒傳。

〔二〕郝經續後漢書採輯較詳，又補了八録，比較其他二種為佳。

〔三〕資治通鑑仍隨陳書，以魏為正統，司馬光認為「劉備號曰承漢，然族屬疏遠，不能記其世數名字，亦猶宋高祖自稱楚元之後，李昪自稱吴王恪後，是非難明，今並同之列國。」朱熹把通鑑改編為綱目，便改以蜀漢為正。

在陳壽以前，魏、吴兩國都有人編寫史書，隋書經籍志稱「魏書四十八卷，晉司空王沈撰」，「吴書二十五卷，韋昭撰，本五十五卷，梁有，今殘缺」。〔一〕「典略八十九卷，魏郎中魚豢撰」。〔二〕史通正史篇在魏史條下叙及此三書。至於屬於傳記類的如王粲漢末英雄記之類著述甚多。和陳壽同時或稍後的三國史事著作更為繁富，史通正史篇稱「其後孫盛撰魏氏春秋，王隱撰蜀記，張勃撰吴録，異聞錯出，其流最多」。僅就見於隋書經籍志者如環濟吴紀等不可勝數。然而這許多史籍逐漸散失，現在已經一部不存。所以三國志已是研究此一時期的唯一的最完整的史籍，僅就這一點來説，已經可以證明其價值。

然而如果保存下來的只是本書，我們在研究時將會感到更多的困難。陳壽確實是非常嚴肅地在考慮「正史」的體裁，他力求簡潔，不願意以更多的篇幅來容納在他看來是次要的事。這一點為後人一致肯定。大家認為他的著作極其高簡。然而過分要求簡潔，叙述就不能詳細，這簡明的記載所能給予人們對於當時情况的瞭解是非常不够的。宋裴松之的注就是為此而作。〔三〕據裴松之元嘉六年(四二九)上三國志注表稱：「臣前被詔，使採三國異同以注陳壽國志。壽書銓叙可觀，事多審正，誠

〔一〕按兩唐書經籍志及藝文志都著録韋昭吴書五十五卷，是至唐尚有完本。

〔二〕按魚豢著有典略及魏略兩書，舊唐書經籍志正史類有魏略三十八卷，又雜史類有典略五十卷，隋志乃是誤合二書卷數，唯多一卷，或是目録。

〔三〕宋書卷六四裴松之傳云：「字世期，河東聞喜人也，（按此，裴氏實已久居江南）元嘉二十八年卒，時年八十。」

遊覽之苑囿，近世之嘉史。然失在於略，時有所脱漏。臣奉旨尋詳，務在周悉，上搜舊聞，傍摭遺逸。按三國雖歷年不遠，而事關漢晉，首尾所涉，出入百載。注記紛錯，每多舛互。其壽所不載，事宜存録者，則罔不畢取，以補其闕，或同説一事而辭有乖雜，或出事本異，疑不能判，並皆抄納，以備異聞。若乃紕繆顯然，言不附理，則隨違矯正，以懲其妄。其時事當否及壽之小失，頗以愚意，有所論辯。」如裴氏自述，他的注包括補充原書所無的資料，羅列記載有異的資料，和考證違失三類。〔一〕像這樣一類的注是前所未有的。很可能和當時流行的佛經注解之格式有關。實際上裴注只是以陳書為綱，附以相關資料，很像一種資料彙編或補充資料。據趙翼廿二史劄記卷六列舉裴注所引書凡百五十餘種，其與史家無涉者不在數内，可見搜羅之廣。這些書現存者没有幾種，絶大部分散失，特别是史籍。裴注使我們得以掌握更多資料。宋書本傳説，書成之後，宋文帝稱贊他：「此為不朽矣。」倒不是誇張。

高簡的三國志附以繁富的裴注，構成一個整體，凡是陳書所缺，或是互有異同的記載，既然詳細列入注中，這就給讀者以很大的方便，大家就没有必要去讀許多原著，只要手執一書，就可以兼包諸史，於是那些不受重視的原著就日漸散失，裴注保有了許多史料，但另一方面，却促使三國志以外的

〔一〕四庫總目卷一五三國志稱裴注「綜其大致，約有六端，一曰引諸家之説以辨是非，一曰舉諸書之失以核諸異，一曰傳所有之事詳其委曲，一曰傳所無之事補其闕佚，一曰傳所有之人，詳其生平，一曰傳説無之人附以同類。」又云：「又其初意，似亦欲如應劭之注漢書，考究訓詁，引證故實……蓋欲為之而未竟。」前述六端，實即松之表中之三類，至於有一些音義訓詁，則松之雖未言，應加上這一項。

史籍遭受冷淡。

對於裴注固然也有人嫌其蕪雜，史通補注篇便説他「喜聚異同不加刊定，資其擊難，坐長煩蕪」。四庫總目舉出注中所引神怪故事，認為「悉與本事無關，而深於史法有礙。殊為瑕纇」。自然不能不承認這種批評是有道理的。但史料不嫌其多，即使神怪故事，也是宗教、民俗史料，不見得就完全没有價值。

我們認為陳壽書的一個主要缺點便是没有志。史記八書，漢書十志大致是專門史的性質。三國志缺了這一項目，有些重要史事就很難明確。例如我們特别關心的社會經濟方面的問題，由於三國志没有食貨志，增加研究上的困難，我們知道王沈魏書至少是有郡國志的，〔一〕想來決不止一種，陳壽不是看不到。吴、蜀可能困難一些，但不應該如食貨、郡國、藝文等資料都一無所知，和陳壽約略同時的張勃吴録據史通書志篇説，其中的志也稱為録，可見也有志。至於蜀漢則陳壽本是蜀人，搜集資料也未必甚難。那麼三國無志不能不認為是「不為」而非「不能」。不但由於没有食貨志而財經方面資料缺乏，就是在紀傳中可以叙述到的財經方面史實也都忽視，蜀漢簡直是空白，吴國的賦税制度一字不提，屯田也語焉不詳。曹魏幸虧有裴注，知道得多一些，但仍然很含糊。誠然我們不能對當時的史家要求我們現在所需要的資料，事實上他們已經給我們很多了，但像這些前人以至同時人都有的東

〔一〕章宗源隋書經籍志考證卷一一魏書條，以水經注有引王沈魏書郡國志之文，「疑沈書固有志篇」。

西之被忽略，却不能不是一種遺憾。〔一〕

後人補三國表志

三國志無表志，後人所補者收集在二十五史補編内的計有二十篇，今列目如下。

三國志大事年表一卷　清萬斯同撰，歷代史表原刻本。

三國紀年表一卷　清周嘉猷撰，廣雅書局刻本。

三國大事表一卷　清謝鍾英撰，光緒廿四年湖南刻本。

三國漢季方鎮年表一卷　清萬斯同撰，歷代史表原刻本。

三國諸王世表一卷　同右。

魏國將相大臣年表一卷　同右。

魏將相大臣年表一卷　同右。

魏方鎮年表一卷　同右。

漢將相大臣年表一卷　同右。

吴將相大臣年表一卷　同右。

〔一〕三國志無志，故以後晉書、宋書諸志常常上溯三國，這在以後將説到，又後人的補志亦見後。

三國志三公宰輔年表一卷　清黄大華撰，稿本。
三國志世系表一卷　周明泰撰，民國十九年排印珏社叢書本。
三國志世系表補遺一卷附訂譌　陶元珍撰，稿本。
三國志職官表三卷　清洪飴孫撰，廣雅書局刊本。
三國郡縣表附考證八卷　清吴增僅撰，楊守敬補正，光緒丁未觀海堂刊本。
三國疆域表二卷　清謝鍾英撰，光緒二十四年湖南刊本。
補三國疆域志補注十五卷　清洪亮吉撰，謝鍾英補注，光緒廿四年湖南刊本。
三國疆域志疑一卷　清謝鍾英撰，湖南刊本。
補三國藝文志四卷　清侯康撰，嶺南遺書本。
三國藝文志四卷　清姚振宗撰，快閣師石山房稿本。
三國食貨志不分卷　陶元珍撰，一九三五年商務印書館出版。
校補三國疆域志不分卷　金兆豐撰，一九三五年中華書局出版。

二十五史補編未收的近人著作還有：

按：二十五史補編所收的表有八種是萬斯同歷代史表的一部分，别人所撰的表有幾種與之重複。周嘉猷的紀年表非常簡單，所著之事多即位、立后、立太子、帝后太子卒等，而且開頭就錯，把曹丕篡漢列於建安二十五年或黄初元年，其實曹操死後，曹丕為丞相時，漢獻帝的建安年號就改為延康，曹丕篡漢，才改延康為黄初。這一年（二二〇）有三個年號，即建安、延康和黄初。名曰紀年表而漏去一個年號，粗疏可知。萬大事表始於曹丕篡漢，謝大事表始於漢熹平二年（一七三），大抵謝表較詳。其實所摘大事在通鑑目録中大都已標出。表的體例本為便於檢查，也不宜過繁，像這類大事表重見疊出是没有必要的。黄大華的三公宰輔年表又是和萬將相大臣年表相重，只是萬表所稱大臣包括較廣，黄表考證較密。沈炳震之廿一史四譜宰執譜都注明根據，而萬黄皆不注出處，體例自不如沈。但沈譜包括各朝，三國部分亦多有未盡善者。例如魏國宰執不列太傅、大將軍，於是司馬懿之為太傅，曹爽、司馬師、司馬昭之為大將軍，無從列入。不列太傅猶可，至於大將軍則自曹爽以來乃是最高的執政官，不列此官，不能不説是疏略。至於萬表列官太多，如侍中在三國猶非甚重，諸名號將軍愈來愈輕，都不必列入。沈譜亦有侍中，列於宰執，更是名不符實。黄表則於魏吴並不列中書監令及尚書令，只在蜀漢列入尚書令。當然三國職官之權任各有不同，但魏之録尚書不能不説是宰輔，就是中書監、令也日益增重，還應該列入為是。洪飴孫的三國職官表搜輯甚勤，但並不一律注明出處，而且有些品級高低也缺乏根據。〔一〕例如在郡太守下稱「中正一人，第八品」。考中正本來不算正式官吏，所以一直没有品級。其有品級，始於北齊，但亦列在「視流内官」，即是比照正式官吏，仍與一般官吏有别。郡中正據隋書百官志北齊列於視從第八品，顯然不能因之推測曹魏時就這樣。大體上洪表是一

〔一〕洪氏所加品級，大體根據通典卷三六魏官品。

部較好的著作，不但可以考見職官，而且還附有居官之人，足備析查。周明泰的三國世系表也是有用的書，魏晉以來門閥占有歷史上重要地位，史通書志篇曾説：「高門世族，非復一家；郡正州曹，世掌其任。凡為國史者，宜各撰氏族志，列於百官之下。」三國世系表列舉諸族，是有助於研究此一時期歷史的。周氏的主要根據是宋本世説新語所附的人名譜，此譜為南宋人汪藻所撰，惜引用書目已缺，所以不知出處。

補三國表志者關於地理的連金兆豐所撰在内共有五種。清洪亮吉始成補三國疆域志。〔一〕洪氏為沿革地理專家，除了本書以外，還有補十六國疆域志、補東晉疆域志、乾隆府廳州縣志等考證性的地理書。他在補三國疆域志的自序中曾列舉十難，大致是資料缺乏，紀載互異。終成此書，至為不易。當時，錢大昕也有寫此書之志，而且有了蜀、吴二國的初稿，一見洪書，認為「體大思精，勝僕數倍」，〔二〕遂輟而不為，對洪書的評價是相當高的。

但是洪書的錯誤也不少。錯誤的由來，最主要的原因便是對三國志中的地理資料不够重視，清光緒中謝鍾英為洪書作補注便説：「洪氏原本郡國志、宋書州郡志、晉書地理志，旁及水經注、通典、元和志、寰宇記而國志反見遺漏。」楊守敬為吴增僅的三國郡縣表作序，也説洪書「大抵上承漢志，下接晉志，揣度出之，而於本書紀傳，且多不照」。洪氏以後的有關三國地理表志，大抵都是以洪書為本

〔一〕元郝經的續後漢書録有地理，但照鈔晉書地理志而已。
〔二〕潛研堂文集卷三五與洪稚存書二。

而糾正洪書錯誤。歷史地理是一門專門的學問，清人把範圍劃得很小，只限於地名、疆域的沿襲和變革，這當然也有用，但過於瑣細，費力大而成就小，糾正又糾正，不過是一郡一縣的有無，和治歷史的關係是不太大的。而且所有表志都不注今地名，其地究在何處，初學者看了還是不知道，在實際應用上，我以為不如一本楊守敬的三國疆域圖。

補藝文志者有侯康和姚振宗兩家。侯書至子部小説類而止，子部既不完備，集部更全未着手。確如姚振宗所説，乃是未就之稿，姚氏此書，不但補完了子集二部，即經史兩部也增加不少，於作者考證甚詳。但有一些書似乎是虚張篇幅，如鍾毓難管輅易義二十餘事，荀融論易義，安知不是口難？

補食貨志者只有陶元珍一家，此書資料搜輯既不完備，論點亦頗荒謬。例如論人口之少，以為由於殺戮、飢餓、疾疫之故，而於隱匿逃亡，一字不提。這些資料並不罕見，只是他不理解著籍户口並不等於實際户口，簡單認為户籍册上户口的減少就是由於死亡。又如强調南方户口減少率之低，也是不符合事實的。考太康元年滅吴，收其圖籍，得户五十二萬三千，吏三萬二千，兵二十三萬，男女口二百三十萬，見於吴志孫皓傳引晉陽秋及晉書武帝紀太康元年，本書竟然熟視無覩。我們知道，這一個孫吴全國户口數字，還抵不上漢代揚州一州的户口。蜀漢滅亡時有户二十萬，男女口九十萬，也是全國户口抵不上漢代一個蜀郡。〔二〕説南方減耗率低，是缺乏根據的。我們完全有理由説，就户籍而言，

〔一〕漢代揚州及蜀郡户口見續漢書州郡志。

南北户口同樣驚人地減少，就實際户口而言，南方決不至如記載之甚。問題在於大量户口的逃亡，其中不少為豪强所影占。陶書中也提到了人民的遷移，具體資料有的是，可是也竟然熟視無覩，粗疏可知。在叙述屯田時，於吴國只引了三條。不消費什麽細心搜集，只要打開三國會要卷一九一看，就可以補上幾條。工商業下面對於官府手工業也叙述不詳，如吴國置冶，為東晉以後所承，見於宋書百官志，孫休徵發交趾工匠引起反抗，見於孫休傳，都不加徵引。總之，這本書的參考價值，即使在資料上也並不高。至於自序説三國時「社會上之劇變為階級之構成」，似乎在此以前没有階級，這更是極端荒謬的見解。

三國志注補

三國志注補六十五卷，附補遺一卷，清趙一清撰。一九三五年北京大學據廣雅書局刊本影印，並附以陶元珍據原稿本録出之補遺。趙一清字潛夫，仁和人。他是清代著名的沿革地理專家，他的水經注釋整理了自明以來錯亂脱漏的水經注。後人疑心戴震整理的水經注實是出於趙書。這部三國志補注一直没人知道，直到清代末年，才由廣雅書局據手稿刊行。我們知道，裴注已經把相關資料搜羅得很完備，甚至有人認為過於繁瑣，再作全書的補充，必然要增加許多不必要的東西。而且裴注所據的名書，多已散失，清代人所見的資料就很有限，以有限的資料來補充已備的裴注，就會有强充卷帙之病。當時趙一清的朋友杭世駿也寫了一部三國志補注，這兩部書許多資料相同，可能是彼此流通，杭書既成，趙一清就不再發表。四庫總目批評杭書蕪雜，説「松之注捃摭繁富，考訂精詳，世無異議，世駿則掇拾殘賸，欲以博洽勝之，故細大不捐，瑕瑜互見」。這個批評移評趙書也是適用的。例如博物志、拾遺記乃是僞書，泰霄經乃道教荒誕之言，並加徵引，殊為失當。即如續漢書、晉書、宋書的天文、五行、符瑞諸志連篇累牘，分年附入，也大可不必。大抵其書徵引多而考證少，大部分的補注可以説很少有用。但趙氏是地理專家，明於沿革，其中多引水經注，以證地名河流，這一部分足為讀三國志之助。至於以後漢書和晉書、世説新語及他書相關部分附入，也可省翻檢之勞，不失為可供參考之書。

三國志旁證

三國志旁證三十卷，清梁章鉅撰，梁字茝鄰，福建長樂人，道光朝官至浙江巡撫。按此書最後寫成，所以在此以前的著作都加以吸收。楊文蓀序所舉何焯、陳景雲、杭世駿、趙一清、王鳴盛、錢大昕、錢大昭、洪亮吉、洪飴孫、潘眉、沈欽韓，或勘誤，或補闕，即係梁書所吸收的近人研究成果。但梁氏的成績也只是集合了那些已有之成説，自己實在没有什麽創見。書中引成説固然常著姓氏，然而很多却不著所出，或者移易次第。例如太祖紀「太祖一名吉利」條引御覽九三，「築室城外」條引太平寰宇記卷一二引魏略，「卓表太祖為驍騎校尉」條引後漢書百官志，「太祖殺吕伯奢家人」條引御覽四七八引梁祚魏國統等，皆與趙注補所引相同。大抵其體唯有關於考證有斷案者録姓氏，徵引書籍則否。我們試加核查，就可發見幾乎全部出於他人。就是楊序所贊美的「於輿地辨析尤審」，也是絶大部分出於趙氏書。雖然書籍既存，人人可以翻檢到，但終不免於掠美之嫌。又杭、趙書中瑣碎之處亦刪削未盡，如拾遺記之類是也。這部書的優點是集中了近人的徵引和考證，其形式實是集解，和杭、趙書不同。

三國會要

三國會要二十三卷，清楊晨撰，光緒二十六年（一九〇〇）江蘇書局刊行。楊晨，黄巖人，此書體例，大致仿徐氏兩漢會要而稍加移易引合，共分帝系、曆法、天文、五行、方域、職官、禮、輿服、樂、學校、選舉、兵、刑、食貨、庶政、四夷十六門。按會要之體例始於蘇冕、王溥之唐會要，專叙典章制度，和通典通考等書一類，但限於一朝而已。唐會要和五代會要、宋會要都是成書於正史成書之前，所徵引出於原始資料者為多，兩漢會要及此書則成於正史已成之後，所以徵引大抵不越於正史，或主要出於正史。唐、五代、宋會要的價值是因為其中包含的資料較正史更可靠一些，而如兩漢會要和此書的價值，則是把正史所已有的資料分門編纂而已。本書又成於諸家補注考證之後，掇拾更易為力。其例，見於正史者為正文，他書如裴注等則低一格。其間各門也有分列不妥者，大抵由於本條處於兩可之故。例如兵和刑兩門中都涉及發兵服役，兵和食貨兩門中都涉及屯田，只好如此。但亦頗有漏略，如吴置冶，不見於鹽鐵類；魏末以租牛客户賜大臣見於晉書外戚傳，而不見於屯田類。樂門中不知引樂府詩集所引古籍，只把宋書樂志有關三國部分全抄入。但是畢竟便於翻檢，也是有用之書。

二　兩晉之部

晉　書

晉書一百卷，題唐太宗文皇帝御撰。這是現存的晉書，唐人稱為新晉書。在此以前諸家晉史自新書修成，便逐漸散失。趙翼廿二史劄記卷七晉書條曾云：「據晉宋等書列傳所載諸家之為晉書者無慮數十種。」這數十種有的是修而未成，有的成而不傳，在唐初流傳的號稱十八家晉史（關於舊晉書留待下述）。史通正史篇云：

晉史，洛京時著作郎陸機始撰三祖紀，佐著作郎束晳又撰十志，會中朝喪亂，其書不存。先是歷陽國令陳郡王銓有著述才，每私録晉事及功臣行狀，未就而卒。子隱，博學多聞，受父遺業，西都事跡，多所詳究。過江為著作郎，受詔撰晉史，為其同僚虞預所訴，坐事免官。家貧無資，書未遂就，乃依征西將軍庾亮於武昌鎮，亮給其紙墨，由是獲成。凡為晉書八十九卷。咸康六年，始詣闕奏上。隱雖好述作，而辭拙才鈍，其書論次有序者皆銓所修，章句混漫者必隱所作。時尚書郎領國史干寶亦撰晉紀，自宣迄愍，七帝五十三年，凡二十二卷。其書簡略，直而能婉，甚為當時所稱。晉江左史官自鄧粲、孫盛、檀道鸞、王韶之以下，相次繼作，遠則偏記兩帝，近則唯叙八朝。至宋湘東太守何法盛始撰中興書，勒成一家，首尾該備。齊隱士東莞臧榮緒又集東西二史，合成一書。皇家貞觀中，有詔以前後晉史十有八家，製作雖多，未能盡善，乃勑史官，更加纂録。採正典與雜説數十餘部，兼引僞史十六國書，為紀十、志二十、列傳七十、載記三十，並叙例目録，合為百三十二卷。自是言晉史者皆棄其舊本，競從新撰者焉。

新晉書於貞觀二十年（六四六）勑修。唐會要卷六三史舘上「修前代史」條稱：

貞觀二十年閏三月四日詔，令修史所更撰晉書，銓次舊聞，裁成義類。其所須，可依修五代史故事。若少學士，量事追取。（按：原詔載册府元龜卷五五六。晉書斠注録於卷首。）於是司空房玄齡、中書令褚遂良、太子左庶子許敬宗掌其事。又中書舍人來濟、著作郎陸元仕、著作郎劉子翼、主客郎中盧承基、太史令李淳風、太子舍人李義府、薛元超、起居郎上官儀、主客員外郎崔行功、刑部員外郎辛邱馭、著作郎劉允之、光禄寺主簿楊仁卿、御史臺主簿李延壽、校書郎張文恭並分功撰録。又令前雅州刺史令狐德棻、太子司儀郎敬播、主客員外郎李安期、屯田員外郎李懷儼詳其條例，量加考證。以臧榮緒晉書為本，捃摭諸家及晉代文集，為十紀、十志、七十列傳、三十載紀。其太宗所著宣、武二帝及陸機、王羲之四論稱制旨焉。房玄齡以下稱史臣。凡起例皆播獨創焉。以其書賜皇太子及新羅使者各一部。

按此書於貞觀二十年奉勑修，貞觀末成書。考周齊五代史於十年奉勑，至高宗時始成，而此書成於貞觀末，可謂甚速。

新晉書雖以臧榮緒晉書為本，但未根據更多資料，劉知幾説它「採正典與雜説數十餘部，兼引偽史十六國書」。所云十六國書，指載記而言，至其他各部分，所採乃有數十部之多。以現存類書和注家所引諸晉史覈對，大體本之臧榮緒而增改甚多。群書治要所載晉書即臧書，與今晉書相同者固多，異者也不少。例如群書治要二九晉書上注引孫盛陽秋泰始八年帝同右將軍皇甫陶論事一事，當然是所引晉書不載，方以陽秋補入。今晉書却有此事，顯然自孫盛書增入。又如卷三〇陸機傳引孫盛陽秋機五等論，今晉書卷五四陸機傳有五等論，顯非臧書所固有。王鳴盛十七史商榷云：「若榮緒既勒成司馬氏一代事跡，各體具備，卷帙繁富，諒有可觀，即以垂世，有何不可。」頗為榮緒不平。（榮緒書雖不存，今存於類書及注家者還不少，以之覈校，很少為今晉書所不載。）其實，臧氏之書也不精核，史通雜説篇稱臧氏晉書「稱苻堅之竊號也，雖疆宇狹於石虎，至於人物則過之」（此條湯氏未採），以為「是何言歟」。至稱「識事未精而輕為著述，此其不知自量也」。史通於臧書很少提到，却並無一句贊美。

今考晉書初出即為劉知幾所糾，史通譏彈晉書大致兩端：其一是好採小説。史通採撰篇曰：「晉世雜書，諒非一族。若語林、世説、幽明録、搜神記之徒，其所著録，或詼諧小辯，或神怪鬼物，其事非聖，揚雄所不觀；其言亂神，宣尼所不語。皇朝新撰晉史，多採以為書。夫以干、鄧之所糞除，王、虞之所糠粃，持為逸史，用補前傳，此何異魏朝之撰皇覽，梁世之修徧略，務多為美，聚博為功，雖取悦於小人，終見嗤於君子矣。」又卷一七雜説中譏晉書採三十國春秋斬蛇創事，又稱：「宋臨川王義慶著世説新語，上叙兩漢三國及晉中朝江左事，劉峻注釋，摘其瑕疵，偽跡昭然，理難文飾，而皇家撰晉書，多取此書，遂採康王之妄言，違孝標之正說，以此書事，奚其厚顏。」其二曰論贊不實。論贊篇稱「大唐修晉書，作者皆當代詞人，遠棄史、班，近宗徐、庾，夫以飾彼輕薄之句，而編為史籍之文，無異加粉黛於壯夫，服綺紈於高士者矣。」

關於第一點，歷代批評晉書都有此論，四庫總目所云，蓋亦出於史通。但是仔細研尋，第一，這是否就是錯誤，應該從具體的記載來看，不能說引小說就不對。第二，載時人詼諧故事和神怪是南朝風氣，晉書只是沿流未變。不能專責晉書。後漢書方伎傳所載神怪故事就很多，王隱、臧榮緒晉書都有瑞異記或志，記異都是神鬼，豈必新晉書所創？至於晉人清談和任誕之行，在今尚存的晉史殘篇中也不少，其中很多和世說相同，大抵有一些是出於世說所本的語林之類，有一些則是臧榮緒晉書錄自世說，晉書只是加了一些，却不是像劉知幾所說都是新晉書所採。其實世說中與事實不符的，晉書並非毫無選擇，一例採入。例如世說言語篇所載顧驃騎對元帝一條，王導共升御牀一條，都是。四庫總目拾子玄之牙慧，簡直說晉書幾於把世說全部收入，是沒有好好研尋之故。

晉書確乎算不上較好的史籍。但某些方面却確比舊晉史和南北朝史有很大的改進。首先在志的方面摒除了一些雜亂的項目，特別是删除了旨在諂媚的記述祥瑞的志。史通書志篇稱：「王隱後來，加以瑞異。」今觀類書所引王隱書，又有稱不瑞或名瑞記者，應是瑞異中分目。〔二〕臧書是否有瑞異，我們不知道，史通只說「司馬彪、臧榮緒、沈約、蕭子顯相承載筆，競志五行」，湯球補輯臧書，列瑞異之目，實無明文。以後沈約宋書有符瑞志，魏收魏書有靈徵志都是述帝皇瑞應，荒誕無稽。用意專在愚民惑世。天文五行還多記災異，可以供給一些關於天災的資料；瑞異、靈徵，又其甚者。晉書毫不顧惜地删掉這一項目，是可稱的。又自續漢書志没有食貨，諸家後漢書、華嶠十典、范曄十志都不傳或不成。典志之目，我們無從知道。十志是班書之例，不一定志日亦按班書之舊，大概没有食貨志。三國更不用説，以後梁沈約撰宋書志都上起三國，意在補遺，却也不志食貨。蕭子顯齊書亦然。只有魏收魏書有之，只記拓跋一朝。晉書補撰食貨却是一大貢獻。當時是考慮了三國無志的事實。所以用宋志之例，上起漢末。雖然過於缺略，當時晉故事、晉令等具存，如果細加搜輯，應該作出更好的成績。但無論如何，它供給了我們有用的經濟資料，而且食貨一志久在可有可無的狀況中，經晉書補入，從此以後就成為不可缺少的志目之一。這個貢獻我們應該肯定。其次，諸家晉書皆東晉南朝人所編，對於五胡諸國，所載必不能詳，這只要看宋齊之傳魏虜就可知道。晉書根據十六國書編成載記，既肯定了東晉正統，又合乎自成一國、異於藩屬的事實。十六國春秋雖亡，我們却還能知道一些北方情况，顯然是一大貢獻。

〔一〕史通稱何法盛有鬼神録。

諸家舊晉書

自晉以降，修撰晉書者非常多，有些隋代已經失傳，到唐初號稱十八家，唐太宗的修晉書詔稱：「但十有八家，雖存記注，而才非良史，事虧實録，緒煩而寡要，思勞而少功。叔寧課虚，滋味同於畫餅；子雲學海，涓滴堙於涸流。處叔不終於中興，法盛莫通於創業。洎乎干、陸、曹、鄧，略記帝王，鸞、盛、廣、松，纔編載記，其文既野，其事罕傳。」上稱十八家，而下所列舉的只有十二家，即：

1. 虞預晉書。虞預字叔寧，會稽餘姚人，東晉初人，晉書有傳。據晉書王隱傳，他寫晉書時，為了不諳中朝事，時常訪問他的同僚著作郎王隱，後來又排斥王隱，隱竟免官。其書據隋書經籍志本四十四卷，隋時只有三十六卷。但舊唐書經籍、新唐書藝文兩志都著録五十八卷。隋時殘缺而唐時完本復出是可能的。不知何以卷數不同。

2. 蕭子雲晉書。子雲為齊梁宗室，其書成於梁代，梁書有傳，稱所著晉書一百一十卷，隋志稱「十一卷，本一百二卷」。兩唐書只剩九卷。

3. 王隱晉書。王隱字處叔，陳郡陳人，乃渡江僑人，承其父銓撰晉書。今晉書有傳。據説他為虞預所謗免官。庾亮供其紙筆，書乃得成。（凡八十九卷）史通正史篇説，其父銓所寫的一部分，「次第可觀」，王隱所撰的部分，「文體混漫，義不可解」。這部書終於西晉，所以説「不終於中興」，臧榮緒書未出之前，此書和何法盛中興書似曾流行，故齊書宋顯傳稱顯從弟繪曾仿裴注注此二書。隋志稱「八十六卷，本九十三卷，今殘缺」。兩唐書均八十九卷，亦非完本。

4. 何法盛中興書。何法盛宋初人，南史徐廣傳稱其書竊自郗紹，不知確否。這部書史通雜説篇很贊賞，認為「東晉之史，作者多門，何氏中興，實居其最」。然亦云「法盛中興，荒拙少氣」。他的史目多巧立新名，以本紀為典，以表為注，以志為書，以列傳為録。其録以姓氏題目，如范陽祖録，陳郡謝録等，反映當時門閥制度。此書斷自東晉，故云「法盛莫通於創業」。

5. 干寶晉記。干寶字令升，新蔡人，晉書有傳。他在東晉初為佐著作郎，勅撰國史，著晉紀，自宣帝至愍帝凡二十卷。此書一直有好評，本傳和史通正史篇並稱「其書簡略，直而能婉」。隋志二十三卷，而唐志二十二卷，殆不計目録。

6. 陸機晉紀。陸機字士衡，抗子，吴郡吴人，晉書有傳。史通正史篇稱：「洛京時，著作郎陸機始撰三祖紀」。本紀篇又説陸機三祖紀「直序其事，竟不編年，年既不編，何紀之有」。按三祖皆人臣，若依陳壽，自可繫魏年，但不編年亦未為大失。今考御覽所引並武帝事，則似三祖不數景帝，或後又續成世祖紀。隋志四卷，與兩唐志同。〔一〕

7. 曹嘉之晉紀。曹嘉之即曹嘉，操之孫，彪子，見三國志楚王彪傳。不載著晉書事，然實是一人。晉時，名有「之」字者，常可省去。隋志十卷，兩唐志同。

〔一〕參晉書卷八二王隱、虞預、孫盛、干寶、鄧粲等人傳。

8. 鄧粲晉紀。鄧粲長沙人，晉荆州别駕，晉書有傳。史通序例篇稱其書「詞煩而寡要」，與檀道鸞續晉陽秋並譏。文心雕龍史傳篇則稱「鄧粲晉紀，始立條例，又擺落漢魏，憲章殷周」，認為孫盛晉陽秋「乃鄧氏之規焉」。隋志十一卷，兩唐志同。

9. 檀道鸞續晉陽秋。道鸞高平金鄉人，附見南史文學檀超傳，稱撰續晉陽秋二十卷。史通雜説篇認為「王檀著書，是晉史之最劣者」，與王韶之並譏。隋志二十卷，兩唐志同。

10. 孫盛晉陽秋。孫盛字安國，太原晉陽人，孫楚之孫，晉書本傳稱「晉陽秋詞直而理正，時稱良史」。他在書中直書桓温枋頭之敗，桓温迫使他的兒子删改，他堅不答允，諸子私自删改，他又寫兩本寄到前燕慕容儁，後來晉從遼東得此本，與删改本不同，遂兩行。按今群書治要所録晉書本紀内附有孫盛晉陽秋數條，均見今晉書本紀，又今晉書諸傳評論人物亦頗引孫書，可知此書在修今晉書時是重要的參考書。隋志三十二卷、舊唐書經籍志晉陽春秋二十二卷鄧粲撰、唐書藝文志鄧粲晉陽秋三十二卷，又孫盛晉陽秋二十二卷，均此一書，撰者卷數均有誤。

11. 徐廣晉紀。徐廣字野民，東莞姑幕人，東晉末入宋。晉、宋書並有傳。稱義熙十二年，晉紀成，凡四十六卷，隋志四十五卷，兩唐書同，或不數目録。

12. 劉謙之晉紀。按詔稱「松」，蓋謙字之訛。劉謙之彭城吕人，見宋書劉康祖傳（康祖伯父），稱謙之撰晉紀二十卷，義熙末為始興相。隋志二十三卷，兩唐書二十卷。

除此十二家外，應還有六家為詔書所未舉。

13. 朱鳳晉書。朱鳳見晉書華譚傳。傳云："時晉陵朱鳳、吴郡吴震並學行清修，老而未調，譚皆薦為著作佐郎。"隋志稱十卷未成，本十四卷，兩唐志作十四卷。

14. 謝靈運晉書。謝靈運宋書有傳，稱「太祖登祚，以晉氏一代，自始至終，竟無一家之史，令靈運撰晉書，粗立條流，書竟不就」。史通論贊篇稱："「靈運之虚張高論，玉巵無當，曾何足云。」隋志作三十六卷，兩唐書作三十五卷。按此當是其所成如此，全書未成，所以止此卷數。

15. 臧榮緒晉書。臧榮緒東莞莒人，見南齊書高逸傳，稱其「括東西晉為一書，紀、録、志、傳百一十卷」，卒於永明六年，此書是唐修晉書的藍本。隋志作一百一十卷，兩唐志同。

16. 蕭子顯晉書草。子顯亦齊梁宗室。隋志作三十卷。兩唐志題蕭景暢。章氏隋書經籍志考證以景暢為景陽之誤。

17. 王韶之晉紀。韶之字休泰，瑯琊臨沂人，宋書有傳。稱「泰元、隆安時事，小大悉撰録之。韶之因此私撰晉安帝陽秋，既成。時人謂宜居史職，即除著作佐郎，使續後事，訖義熙九年。善叙事，辭論可觀，為後代佳史」。按此書只述晉末安帝一代事。隋志作晉紀十卷，兩唐書稱崇安紀十卷，章氏考證以為唐諱隆，故改隆為崇，即隆安紀，是也。

18. 習鑿齒漢晉春秋。鑿齒字彦威，襄陽人，晉書八十二有傳。這部書上起光武，下訖晉愍帝，以蜀漢為正統，蜀亡晉興，始承漢業，説是為了制裁桓温野心。史通直書篇説他書中「申以死葛走達之説，抽戈犯蹕之言，歷代厚誣，一朝如雪。考斯人之書事，蓋近古之遺直歟」。隋志作五十四卷，兩唐志同。

按所謂十八家，應即指上書。隋志、兩唐志有續晉紀五卷，宋新興太守郭季産撰，其書不見史通，唐代雖存，或未加徵引，又隋志云梁有沈約晉書一百十卷，亡。宋書自序稱「所撰之書一百二十卷。條流雖舉而採掇未周，永明初遇盜，失第五帙」，似其後竟未補成，故只百二十卷，此書隋志雖云已亡，唐志亦不載，而史通採撰篇稱「沈氏著書，好誣先代」，又雜説篇也批評沈書牛繼馬後之無稽，則沈書唐初尚存可知。但當是中秘所無，所以隋志失載，十八家不應列入。

以上所舉，僅就紀傳及編年史而言，至於地志、律令、官品、起居注之類，隋唐志著録尚多，這裏暫不列舉。這些史籍現在或者説自宋以後就都失傳了，宋史藝文志只存孫盛晉陽秋三十卷，南宋中興館閣書目又只殘剩了三卷，然而本書雖然散失，自唐以來的類書和古書注中頗有遺文，清人曾經輯録多種，其中以黄奭漢學堂叢書輯録種類最多，條例也較嚴謹，又有湯球九家舊晉書輯本較備，今列舉目録如下：

漢學堂叢書	九家舊晉書輯本
1. 虞預晉書	同上
2. 朱鳳晉書	同上有十三條
3. 何法盛晉中興書	同上七卷
4. 謝靈運晉書止七條	同上有十一條

5. 臧榮緒晉書	同上十七卷
6. 無	王隱晉書十一卷
7. 蕭子雲晉書在衆家晉書，止一條。	同上有二條，一條稱晉史草，恐是子顯。
8. 蕭景暢晉書草同上止一條	蕭子顯晉草五條，以稱晉史者歸之。
9. 陸機晉書二條，附顧譚一條，蓋出家傳，又附惠帝起居注	
10. 干寶晉記	
11. 習鑿齒漢晉春秋漢事大抵見裴注，晉事大抵見世說新語注。	
12. 鄧粲晉記	
13. 孫盛晉陽秋	
14. 劉謙之晉紀	
15. 王韶之晉安帝紀共五十條，三十條見世説注。	
16. 徐廣晉紀	
17. 檀道鸞續晉陽秋	
18. 劉道薈晉起居注	
19. 無	晉諸公別傳按此兼包家傳譜系而言。
20. 衆家晉書：	

裴松之晉紀止一條。　蕭子雲晉書見前一條。

蕭景暢晉書草一條，見前。　沈約晉書三條，見前。

晉録疑即郭季産。　晉要事四條。

晉朝雜事十條。　建武故事三條。

晉世譜二條。　晉官品令五條。

李軌晉太始起居注二條。　李軌晉咸寧起居注一條。

李軌晉泰康起居注十條。　晉八陵故事一條。

晉武帝起居注三條。　晉永安起居注一條。

晉建武起居注一條。　晉泰興起居注二條。

李軌晉咸和起居注二條。　李軌晉咸康起居注四條。

晉康帝起居注一條。　晉永和起居注二條。

晉孝武帝起居注一條。　晉太元起居注一條。

晉隆安起居注一條。按此或是王韶之書，唐志稱為崇安記，殆即此書。

晉義熙起居注十條。三國志注引晉書，按此決非臧榮緒書，應是王隱書。

世說注引晉書。　文選注引晉紀。

北堂書鈔引晉紀。　初學紀引晉紀。

群書治要所載晉書。

以上僅就漢學堂叢書和九家舊晉書輯本中録出。黄奭所輯又有晉百官名、傅暢晉公卿禮秩、荀綽晉百官表注，都足資考證。至於地志中如畢沅集闞駰十三州志，王隱晉書地道記、太康地記之類當在下面説。

湯輯較之黄輯，一般較完備。類書和注家所引很多不注明何人所著，但稱晉書的，湯球在臧榮緒晉書輯説中認為「但唐以前書所引，無論與唐修書同不同，自可一一録出，而唐以後書所引未標名者，率多為唐修之書。然亦有販唐以前之類書而來者，故必其與唐修之書或叙次不同，及有煩瑣特詳者，自係未經唐修之原本，故亦為之録出以俟考。或曰：未標明者不問有王隱書乎？然考臧書多出於王，則謂此為臧書亦無不可」。湯輯例如此。黄輯則別標衆家晉書。按群書治要中晉書，黄輯以未標名，故列於衆家晉書。湯似未見，故不及此書。今考治要中晉書通貫兩晉，帝紀稱某帝、太子，列傳諸人多稱某郡人（間亦有稱某郡某縣）而不稱某郡某縣，此皆臧書之證。又李重傳稱：「於時内官重、外官輕，兼階級繁多，重議之，見百官志。」錢氏考異卷六以為晉書有職官志，不稱百官志，且亦不載李重之議。今按治要卷二九所載晉書百官志實有其文。今晉書以臧書為主，則治要晉書之為臧書無疑。湯氏輯書十七卷，零句剩字，皆所不遺，而脱漏治要所引兩卷，可謂失之眉睫。至臧書中列入可以確知為王隱書者，僅以臧書多本王而存於臧書，義例亦所未安。至於章奏中單詞片語合於今晉書者，輒以今晉書補足，此既不能必其為臧書所同，亦不能為讀者之助，殊屬無謂。

至於湯輯王隱忽以太康地道記、晉地記等羼入，時或自覺其非而姑存之，亦為未妥。其間注明所出，間亦有誤處，試加校對即可知。大體言之，湯氏用力甚勤而體例未嚴；黄書較嚴，而如治要及唐初人引晉書不知其即臧書，則徒事搜緝而未能深思也。

晉書斠注

晉書斠注一百三十卷，署錢塘吴士鑑、烏程劉承幹同注，實為吴氏注而劉氏出資刊行，故列劉名。此注也是倣裴注，吴氏自叙其例：一曰溯源，即追尋今晉書所用的資料。二曰捃逸，即羅列所能見到的諸家史逸文。三曰辨例，辨晉書體例不妥之處。四曰正誤，糾正晉書中迴護司馬氏之處以及各種錯誤。五曰削繁，即注明重複。六曰考異，舉出各書和金石文字中與本書中一事互歧之處。七曰表徵，表彰失載的忠臣義士。八曰補闕，補本史之漏。九曰廣證，以近出日本史籍及出土文物簡牘相參證。十曰存疑，有異說可疑者存之。按此所云十例，歸納起來不過兩端，一是廣列異説，二是考訂錯誤和缺漏。所以這部書一方面是史料彙編，他以今晉書為綱，某一事又見於他書者一一羅列於下，這在先稱為長編，乃是著書的初步工作。現在是考證的初步，另一方面又是集解。這一部書作為資料而論，當然是治晉史者不可或缺之書。它最主要的價值就在於在一定程度上減省了治史者翻檢各書之勞。上面我們提到的各種逸史便幾乎全部給收入了，假使説輯書是化零為整，那末此書乃是另一種方法的化零為整，本書除了逸史以及資料以外，後人考證如周家禄、勞格的校勘記，丁國鈞的校文和錢、趙、王、洪諸書都全部録入。使學者手此一編就可以廣覽群籍。然而也不是可以完全信賴的。輯佚方面並不見得完備。（本可不備，但本書條例是求備，因此不備就成為缺點。）試以黄、湯輯本校之，就可知道。而其中考證也間有錯誤。如卷三七彭城王權傳云「領人宗師」，斠注云：「大宗師為大中正之誤。」案梁王彤也曾為宗師，宗室中為宗師者不止一人。「師」是景帝諱，疑亦當作宗正，不作中正，卷四九嵇康傳中忽引竹林七賢論阮籍及孫登事，與康無與，當入阮籍傳中。卷六〇張輔傳楊欣有姊喪條斠注引通典，按通典、晉書此節叙事有錯誤，斠注却没有能够指出。卷七六王舒傳，在本傳已引通典一〇四王允之稱會稽内史事，而於允之傳又復出。卷九二左思傳，斠注引水經淄水注，文選二八注均引左思齊都賦注，知（三都）注亦思自撰。按齊都賦注為思自撰，三都未必一定也是自撰。嚴可均全晉文稱左思别傳説假時人名姓之説有失實，斠注又以為是，自相矛盾，若此之類甚多。〔一〕

後人補晉書表志

後人補晉書表志最多，二十五史補編所録者有四十四種之多，然其中頗多重複。有一些前人已有成書，後人很可就已成之書補正。而計不出此，必定重寫一遍，於是陳陳相因，前書不廢，後書又出。特别是表現在藝文志方面，至有五種之多。另一方面也因為這類補志表是較易的工作。我們可

〔一〕卷五一皇甫謐傳，斠注引書鈔七九王隱晉書稱，皇甫嵩與賈逵同步舉計，至丞相府，曹公唯留嵩與語云云。按嵩漢太尉，死於初平元年，其時曹操尚未起兵，其誤顯然，吴氏不加辨正，甚謬。

以分為幾類，略予評論。

1. 晉諸王世表萬斯同。	補晉宗室王侯表秦錫田	
2. 晉功臣世表萬斯同。	補晉異姓封爵表秦錫田。	
3. 晉將相大臣年表萬斯同。	補晉執政表秦錫圭。	
東晉將相大臣年表萬斯同。		
4. 晉方鎮年表萬斯同。	補晉方鎮表秦錫圭。	晉方鎮年表吴廷燮。
東晉方鎮年表萬斯同。		東晉方鎮年表吴廷燮。
5. 晉僭偽諸國表萬斯同。	補晉僭國年表秦錫田。	
晉僭偽諸國年表萬斯同。		十六國年表張愉曾。
偽漢將相大臣年表萬斯同。		晉五胡表沈維賢。
偽成將相大臣表萬斯同。		西秦百官表練恕。
偽趙將相大臣年表萬斯同。		後涼百官表繆荃孫。
偽燕將相大臣年表萬斯同。		南涼百官表繆荃孫。
偽秦將相大臣年表萬斯同。		西涼百官表繆荃孫。
偽後秦將相大臣年表萬斯同。		北涼百官表繆荃孫。
偽後燕將相大臣年表萬斯同。		夏百官表繆荃孫。

僞南燕將相大臣年表萬斯同。　北燕百官表繆荃孫。

以上關於諸表的撰述，顯然可以看出萬氏最先創造各種表，以後諸家則是在萬表的基礎上改進補充。上海秦氏五表序不及萬表一字，但其表却幾乎亦步亦趨，略變其名，並加補充而已。吴廷燮方鎮表最為詳備，體例也和萬秦表不同。萬、秦表方鎮都隨年列鎮，上標其年，下面列舉諸鎮，不知則缺。吴表則隨鎮系年，先列都督某補諸軍事，次列司隸以下諸州刺史，下面按年標舉都督鎮將。翻檢更便。但晉代緊要州刺史多兼都督，都督也常兼刺史，二者也難分别。關於僭僞諸國將相大臣年表，萬氏没有完成，繆氏補其六，練氏補其一。十六國獨缺前涼。則因張氏猶為晉臣也。沈氏五胡表涉及五胡之事，不限於國，其體稍異。

6. 晉書天文志校正清盧文弨。

7. 晉書禮志校正清盧文弨。（按此二書純係校勘）

8. 晉書地理志新補正清畢沅。　新校晉書地理志清方愷。　東晉疆域志清洪亮吉。

十六國疆域志清洪亮吉。

9. 補晉書兵志清錢儀吉撰。（此書搜羅甚不備）

10. 補晉書藝文志清丁國鈞撰。（按丁氏著釋道經）　補晉書藝文志清文廷式撰。

補晉書藝文志清秦榮光撰。　補晉書經籍志吴士鑑撰。　補晉書藝文志黄逢元撰。

關於補志中藝文志重其五，其間可能彼此各不相謀，但如丁國鈞的一種成書較早，後輯諸家應該得見。地理方面，其校注地理志者有畢、方兩家。畢沅又曾輯王隱晉書地道記、晉太康三年地記、闞駰十三州志，大抵晉書地理志郡縣依太康地記，亦有所改動，户口則依元康户籍，其間自相矛盾，乖失之處甚多。惠帝以後特别是東晉時的更改只是聊聊數語。畢、方二書，體例考證均不相同，無妨並存。大抵畢書較略，方較詳。又有吴翊寅補注，宜勝畢書。但如方所校，幾乎處處有問題，恐亦求之過深。地志所採，只以某年為斷，不能説凡是見於西晉的縣都應列舉，或都詳加説明，蓋唐時已不可能都這樣做。晉志之病在於既以太康三年為斷，却又不能嚴格遵守，自亂其例。洪氏兩疆域志是一種創作，特别是十六國疆域志，至不易為。如赫連氏的以州統城，即是洪氏所發見。錢儀吉補兵志很不完備，世襲兵、營户、屯田兵等都没有提到。

十六國書

史通正史篇曾歷叙諸家所著十六國書，其見於隋書經籍志者尤多，今列表如下：

趙書十卷一曰二石集，記石勒事，偽燕太傅長史田融撰。唐志作田融趙石記二十卷，又二石記二十卷。

二石傳二卷晉北中郎參軍王度撰。（新唐志有。）

二石偽治時事二卷王度撰。

漢之書十卷常璩撰。

華陽國志十二卷常璩撰。（今存，史通有。）

燕書二十卷記慕容儁事，僞燕尚書范亨撰。（唐宋志有，史通稱申秀、范亨各取前後二燕合為一史。）

南燕録五卷記慕容德事，僞燕尚書郎張詮撰。

南燕録六卷記慕容德事，僞燕中書郎王景暉撰。（兩唐志有，史通有。）

南燕書七卷遊覽先生撰。

燕志十卷記馮跋事，魏侍中高閭撰。（兩唐志有，史通稱韓顯宗記馮氏。）

秦書八卷何仲熙撰，記苻健事。

秦記十一卷宋殿中將軍裴景仁撰，梁雍州主簿席惠明注。（兩唐志席作杜，史通有。）

秦記十卷記姚萇事，魏左民尚書姚和都撰。（史通有。）

涼記八卷記張軌事，僞燕右僕射張諮撰。（唐志有。）

涼書十卷記張軌事，僞涼大將軍從事中郎劉景撰。（史通有，按景當作昞，避唐諱改。）

西河記二卷記張重華事，晉侍御史喻歸撰。（有張澍輯本。）

秦書三卷秦馮翊車頻撰。（見史通，隋志無。）

涼記十卷記吕光事，僞涼著作佐郎段龜龍撰。（唐志有，史通有，有張澍輯本。）

涼書十卷高道讓撰。

涼書十卷沮渠國史（史通稱宗欽記沮渠氏，疑即此書。）

托跋涼録十卷失撰人名。（唐志有，按史通正史篇稱記秃髮氏。）

敦煌實録十卷劉景撰。（按亦即劉昞，唐志有。）

十六國春秋一百卷魏崔鴻撰。

漢趙記十卷和苞撰。（唐志有，史通云：事止當年，不終曜滅。）

苻朝雜記一卷田融撰。（新唐志有，隋志無。）

吐谷渾記二卷宋新亭侯段國撰。（按即段氏沙州記，有張澍輯本。）

（按隋志尚有纂録十卷，不著撰人。戰國春秋二十卷李槩撰。天啓紀十卷，記梁元帝子諝據湘州事。並在霸史，此未録。）

以上並霸史類。

三十國春秋梁湘東世子蕭方等撰。

梁有段業傳一卷亡。

梁有諸國略記二卷亡。

又梁有翟遼書二卷亡。

以上見古史類。

按如上所記，十六國只西涼、西秦、夏三國無史。這一些書在唐初都存在，但宋代存者已只有華陽國志、范亨燕書、和苞漢趙記，而現存者只華陽國志一部。

華陽國志

晉常璩撰，璩字道將，江原人，李勢時官至散騎常侍。其書始於開闢，終於永和三年（三四七），隋志列之霸史，而史通雜説篇謂之地理書，實兼此二者。編目先敘地理，以巴志、漢中志、蜀志、南中志為序；次序史事，以公孫述劉二牧志、劉先主志、劉後主志、大同志、李特、雄、期、壽、勢志為序；又次序人物，以先賢志、士女總贊論、後賢志、序志、三州士女目録為序。此體於古未聞，於後則是方志之先河，唯史多於地為異耳。宋元豐中，吕大防刻於成都。嘉泰甲子（一二〇四），李塈重刻，稱吕刻刓闕，因以兩漢史、陳壽蜀書、益部耆舊傳互相參訂。其李勢志，塈自稱傳寫脱漏，續成以補其闕，則是書為李塈補殘修正之本，已非原本之舊。傳世已無北宋本，四庫總目提要稱據塈本，而四部叢刊據錢叔寶鈔本，亦是塈改本也。

此書於古代蜀地理紀述詳備，自不須論。於諸郡下各著大姓，於南部一志並及大姓所擁之部曲，諸族賨、叟、氐、蠻之分佈亦可由此書考見。如板楯蠻之為白虎復夷而非廩君種，盧水胡之南及蜀中，並由是書得知。范史每據之而有糅雜，宜以此書為正。其叙史事，荒古傳聞舊出於楊雄蜀王本紀之類，公孫述志蓋出於東觀漢記，以遺文校之可見。劉二牧、先主、後主志則全本承祚。凡此猶不足為本書重，大同、成漢之志則唯有此志記之為詳。崔鴻十六國春秋以未見此書為憾，常氏漢之書已亡，此書僅存成漢事跡，猶得以補晉書載記之闕。至於蜀中士女，羅列頗多，而其間亦有違誤，如李密等之為大中正，考之晉制，知非實録，亦不能以此書駁晉書也。

十六國春秋三種

十六國春秋，北魏崔鴻撰。崔鴻字彦鸞，魏書附其從父光傳。稱：「鴻弱冠便有著述之志，見晉魏前史皆成一家，無所措意，以劉淵石勒……並因世故，跨僭一方，各有國書，未有統一，鴻乃撰為十六國春秋，勒成百卷，因其舊記，時有增損褒貶焉。」其表又稱別有序例一卷，年表一卷。其後永安中鴻子子元為秘書郎，乃奏其父書。按子元表稱鴻初因李雄蜀書，搜訪未獲，故遲留未就。正光三年，始得其書，討論適訖，而鴻棄世。可知鴻之所著，皆本諸國國書，其體名曰春秋，實為紀傳。劉知幾稱：「鴻之紀綱，皆以晉為主。」蓋建號稱帝，必繫晉年，以明正統，魏時議王運所承，其始主繼燕，其後則主繼西晉，而鴻書不黜東晉，史通探賾篇斥伯起之謬論，申正朔之所歸，自是正論。其書既行，十六國之稱遂相承不廢。西燕、翟遼，以及遼西段氏雖亦割據一方，運祚既短，摒而不録。唐修晉書，悉仍崔書，列作載記，於是崔書遂微。宋代雖有其書，見於南宋尤袤遂初堂書目，而玉海引國史志云：「鴻書世有二十餘卷，舊志乃五十卷，蓋獻書者妄分篇第。」疑尤袤所藏亦即此殘本，偶未注明。故温公修通鑑，晁説之述司馬康語，謂當日所見，非其全書，然則此書實亡於宋。明萬曆後，忽有百卷本出，論者皆以為屠喬孫項琳之所偽作，已成定論。唯屠氏實輯自類書，並合晉書載記及通鑑叙十六國事者而成，固不得謂之崔氏原著，亦不得謂之十六國春秋輯佚，而事非臆造，正如周中孚鄭堂讀書記所云，吴氏十國春秋之比。四庫總目以為「其文皆連綴古書，非由杜撰，考十六國之事者，固宜以是書為總滙」，亦持平之論也。

別有十六國春秋十六卷，載於漢學堂叢書，其出在屠本之前。四庫總目疑為「好事者摭類書之語，以晉書載記排比之，成此偽本邪？」然又疑宋崇文總目有十六國春秋略二卷，通鑑考異所引諸書亦有十六國春秋鈔之名，而以為「或屬後人節録偽書」。按隋志於十六國春秋後有纂録十卷，即是節本。至於温公所見出於此書之外者甚多，如贊即為原書之所有，而此本之所無，固不能謂即通鑑所本也。通鑑既有較備之本，此本亦無所用之。至於宋代雖無此十六卷之本，然崇文總目既有二卷之略，温公所見復有鈔名，則宋代之節本固非一種。如所謂十六國春秋鈔者，亦未見諸目，如温公不言之，亦將以為偽書耶？大抵自崔氏之書行未久即有節本，宋人之所傳，未必即宋人之所節（因宋時全本流傳已罕），此十六卷本疑亦節本之一種，遽斥為偽，恐非定論。

十六國春秋輯補一百卷，清湯球輯。球字伯玕，黟縣人，是清末一位晉史輯佚專家。據刊本首附王秉思所撰本傳，説他所輯九家舊晉書、九家晉紀等共二十三種之外，還有常璩、和苞等偏霸諸史，以及有關晉史的逸書、詔書、故事、地理、文集等數十種。十六國春秋百卷最為巨觀，又補撰年表一卷，校定纂録十卷。湯氏有輯補叙例六條，載於卷首。他的方法是以漢魏叢書中的十六國春秋為底本，認為即是隋書經籍志中著録的纂録，纂録删節處即以晉書張軌、李暠等傳及載記補足。如果晉書傳記和纂録及類書注家所引十六國春秋有異同，則不從晉書。按此書用力甚勤，引據皆注明所出，較屠本自為可信。但病在貪多，與九家舊晉書輯本相同，如其例所云以晉書傳記補足纂録，蓋逕以晉書當崔録原文矣。晉書張、李傳、載記之本於崔録，固為事實，但晉書既非照録原文，不獨有删節，亦且有增補、改動，安能即以入崔書？猶之晉書類本臧榮緒書，而湯氏逕以補臧書，同為貪多之病。且輯佚之意在於補史籍之闕文，存原書之體制，以晉書補崔書，於此二者皆無所取焉。其次湯氏於是書非皆條列佚文，而欲聯綴成篇，常以類書、注家之單文隻句羼入所謂纂録之中，亦未必皆合。如前趙録一「豹妻呼延氏」，忽羼入廣韻所引「匈奴貴姓有呼延氏」一句，何以知此句必在此處？殊為無據。按後漢書八九南匈奴傳稱「異姓有呼衍氏、須卜氏、丘林氏、蘭氏四姓，為國中名族。」十六國春秋當亦是叙匈奴源流時叙此四姓，而非置於劉豹妻呼延氏之下。如此類者，蓋亦非一。其間亦有因類書之誤者，如卷四八後燕諸臣下載御覽二七五引後燕録慕容白曜事，按白曜為魏將。湯氏雖知後燕不應及宋而不知白曜何時人，採綴以附，示為疏略。要之，是書為治晉代十六國史者必備之書，然按之輯佚之體，蓋未盡善。

三　南朝之部

宋　書

宋書一百卷，梁沈約撰。約，梁書卷一三、南史卷五七均有傳。這部書的撰寫經過，見宋書卷一〇〇自序，稱五年（永明）春，又被勑撰宋書，六年二月畢功。他的上書表稱：「宋故著作郎何承天始撰宋書，草立紀傳，止於武帝功臣，篇牘未廣。其所撰志，唯天文律曆。自此外，悉委奉朝請山謙之。謙之孝建初又被詔撰述，尋值病亡，仍使南臺侍御史蘇寶生續造諸傳，元嘉名臣，皆其所撰。寶生被誅，大明中，又命著作郎徐爰踵成前作。爰因何、蘇所述，勒為一史，起自義熙之初，訖於大明之末。至於臧質、魯爽、王僧達諸傳，又皆孝武所造。自永光以來，至於禪讓，十餘年内，闕而不續，一代典文，始末未舉。且事屬當時，多非實録，又立傳之方，取捨乖衷，進由時旨，退傍世情，垂之方來，難以取信。臣今謹更創立，製成新史，始自義熙肇號，終於昇明三年……本紀列傳繕寫已畢，合志表七十卷，臣今謹奏呈。所撰諸志，須成續上。」史通正史篇所叙，大體相同，唯多「又命裴松之續成國史，松之尋卒，史佐孫沖之表求別自創立，為一家之言。」考之宋書裴松之傳，稱未及撰述，孫沖之見於臧質、鄧琬兩傳，均不載修史事。王鳴盛十七史商榷卷五三沈約宋書條，趙翼廿二史劄記卷九，均言約趙翼指出宋書成書之速，乃由於悉本何、徐舊本，删去桓玄、譙縱等十三傳，增補宋末事為紀傳而已。宋中散大夫徐爰中晉宋革易之際，多為宋諱，為徐爰舊本之證。今考隋書經籍志有「宋書六十五卷，宋中散大夫徐爰撰」、兩唐書志作四十二卷，則唐已殘缺。今沈約書的天文、地理二志頗引何、徐二志。諸類書亦有引徐爰書者。又隋志有孫嚴撰宋書六十五卷，舊唐志作四十六，新唐志作五十六，則亦殘缺。類書間亦有引者。孫嚴不知何許人。姚振宗考證疑即史通所述之孫沖之，然亦無證。約此書成於齊永明六年（四八八），約上書表自言之。王鳴盛列舉文九王傳、建平王景素傳末云「今上即位」及沈攸之傳稱：「今皇帝命斬之」之文，以證約修史在齊武帝時，入梁未改，一似不讀上書表者，真考所不必考矣。夫書上於齊武帝時入於宋書，入梁又何必改焉。

關於宋書的卷數內容，由於上書表中有誤，所以四庫總目疑為沈書有表而早佚。其實上書表中的「志表」二字乃「七帙」之訛，見元龜卷五六三。表稱「本紀列傳繕寫已畢，合志表七十卷」，今本紀十卷，列傳六十卷，適為七十卷，其間無容有志表，而況又於下明言「志須成續上」，此時志既未成，安得又合七紀傳共七十卷，故王鳴盛及近人余嘉錫四庫提要辨證均駁「表佚」之說。至提要又據宋書志序中，八志中律曆為一，而今本律曆已分為證，余氏駁之，以為沈約舊本當以志序為一卷，蓋總八志而言，後人以太短，合以律曆之首。或又疑其言律，不應謂之志序，而律曆志却又不言律，乃又題律字於志序之上，於是此志序成為律志之序，而律曆乃分。其說雖出於推測，實為可信。故沈約百卷之書，並無缺表，非如提要之說也。

但其書實有殘缺。宋崇文總目謂闕趙倫之傳一卷，陳振孫書録解題謂獨闕到彦之傳。今本到傳闕，雖有趙倫之、王懿、張邵傳，宋人鄭穆校記已云此傳疑非約原本。但與南史不盡同（蓋後人取高氏小史及南史以補之）。總目提要指出張邵傳直録南史傳文，故邵兄子暢亦附見邵傳，不知卷五九已有張暢傳，以致復出。足見補綴者之疎。然宋書所闕不止於此二卷。錢大昕廿二史考異卷二三宋書少帝條，指出此紀稱廟號和稱武帝雜見，不稱魏為虜，卷末無史臣論諸事以證此卷非約之舊，錢氏之説甚是。但百衲本所取宋蜀本宋書少帝紀末有闕葉，而最後尚存一行「則創業之君，自天所啟，守文之主，其難乎哉」。則少帝紀本有史臣論，紀之末與論之大部分適在闕葉中，僅存此一行，明人修監本亦遂去之，而別以南史補足紀文。錢氏所云無史臣論雖未是，而此紀非沈書之舊則仍有確證。余嘉錫引太平御覽卷一二八劉義符條所引沈約宋書與今本不合，尤為顯然。蓋與趙倫之諸傳相同，雜糅南史、高氏小史補之也。近人孫虨宋書考論，又以錢氏所舉之例推定列傳卷三六朱修之、宗慤、王玄謨等傳非約原書。姚範援鶉堂筆記卷三三云後漢書皇后紀注引約作謝儼傳云云，又班彪傳贊注内亦引沈約宋書叙謝儼事，而今本宋書無之，則約本有謝儼傳而今佚也。據上所述，可知今本宋書已有殘缺。前人對於本書的評價一般不壞。

宋書諸志上包三國，劉知幾史通斷限篇不以為然，後人亦有譏議。但三國無志，王隱晉書之記，體例不知何如，今亦不傳。宋書諸志起於三國，不但補闕，亦且溯源。但符瑞沿王隱之舊，誠如總目之説，可以不作，而闕食貨、刑法、藝文，殆以何徐無之，約亦不復纂修耳。卷一一志總序，自稱律曆部分,「自魏至宋,宜入今書」;郊祀輿服,「總而裁之,同謂禮志」;「刑法食貨,前説已該,隨流派別,附之紀傳」,至於樂則約以為「郊廟樂章,每隨世改,雅聲舊典,咸有遺文」,所以「自郊廟以下,凡諸樂章,非淫哇之辭,並皆詳載」。天文五行,「何書自黃初之始」,「今以魏接漢,式遵何氏」。而志符瑞則明言「欲使逐鹿弭謀,窺覬不作」,故立符瑞志以補前史之缺。地理則「以班固、馬彪二志,晉宋起居,凡諸記注,悉加推討,隨條辨析,使悉該詳」。「百官置省,備有前説,尋源討流,於事為易」。最後,約自言「元嘉中,東海何承天受詔纂宋書,其志十五篇,以續馬彪漢志,其證引該博者,即而因之,亦由班固、馬遷,共為一家者也。其有闕漏及何氏後事,備加搜採,隨就補綴焉」。由此可見,其志大體係何承天之舊,諸志之中,地志遠勝晉志,固有定評。禮樂特為詳該,樂志所載諸謌,今已無關歌唱,而於詩篇則大有記載,足為文學史之資料。

食貨刑法,散入紀傳,亦如其説。如食貨則孔靈符傳之載徙民,何尚之傳之載錢幣,皆博採衆議。羊玄保傳載占山湖之科,周朗傳載資課之害。刑法則王弘傳載符伍之議,何承天傳載刧制同籍補兵之論,皆原原本本。但散見紀傳,翻檢不易耳。至趙翼批評這些紀載是為繁蕪,那是不對的。

南齊書

南齊書五十九卷,梁蕭子顯撰。子顯見梁書三五蕭子恪傳。子恪兄弟為齊豫章王嶷之子,實齊高帝孫也,並善文章。子顯除齊書外,又有後漢書一百卷,不傳。按南齊史,隋志有劉陟齊紀十卷,沈約齊紀二十卷，又梁有江淹齊史十三卷亡。劉、沈並名齊紀，卷數又少，殆是編年。江淹當時先成十志。南齊書五二檀超傳，稱建元二年初置史官，超與江淹掌史職，「上表立條例，開元紀號，不取宋年，封爵各詳本傳，無假年表，立十志，律曆、禮樂、天文、五行、郊祀、刑法、藝文依班固，朝會、輿服依蔡邕、司馬彪，州郡依徐爰，百官依范曄，合州郡……詔內外詳議，左僕射王儉議：金粟之重，八政所先，食貨通則國富民實，宜加編録，以崇務本。朝會志前史不書，蔡邕稱先師胡廣説漢舊儀，此乃伯喈一家之意。……宜立食貨省朝會」。梁書卷一四江淹傳，稱淹撰齊書十志。按如上所舉，似當為①律曆，②禮樂，③天文，④五行，⑤郊祀，⑥刑法，⑦藝文，⑧輿服，⑨州郡，⑩食貨。然則紀志皆有所本，子顯所撰，唯有傳耳。然子顯之志為①禮，②樂，③天文，④州郡，⑤百官，⑥輿服，⑦祥瑞，⑧五行，有祥瑞而無刑法、食貨，蓋同於沈約宋書。增輿服而去律曆，州郡、百官分列，並與淹志不符。晁公武郡齋讀書志云：「初江淹已有十志，沈約又有紀，子顯自表前修。然天文但記災祥，州郡不著户口，祥瑞多載圖讖，表云：『天文事秘，户口不知，不敢私載。』」則宋時猶見其上書表，而今亡矣。

此書，子顯本傳，隋志、新唐志並作六十卷。舊唐書作五十九卷，宋代諸書目並作五十九卷，蓋佚一卷。四庫總目疑所闕者為叙傳而未附以表，如北史例。錢大昕廿二史考異卷二五據史通序例篇稱：「沈宋之志序，蕭齊之序録，雖以序為名，其實例也。子顯雖文傷蹇躓，而義甚優長，為序例之美者。」知唐初猶及見其序録，蓋即所缺之一卷（四庫總目亦引史通此文而以為諸傳之序）。余嘉錫四庫提要辨證以為蕭氏世系備見齊書本紀及其父嶷傳，無用叙傳，以錢説缺序録為是。竊疑此序録蓋在卷末，附以表，宋已失序録，但存其表，而今並表亡之。

廿二史考異卷二五又云：「今本南齊書卷十五州郡志下，卷卅五高十二王傳，卷四十四徐孝嗣傳，卷五十八高麗傳各闕一葉。卷五十九史論亦有闕文，曾子圖序但云校正訛謬，不云文有脱落，則宋時蕭史圖完善也。」今百衲本卷一五、卷三五皆不缺，則所缺蓋寡。

對於此書，劉知幾於序例篇及斷限篇皆稱之。

梁書

梁書五十六卷，唐姚思廉奉勅撰。史通正史篇稱：「武帝時沈約與給事中周興嗣、步兵校尉鮑行卿、祕書監謝昊相承撰録，已有百篇。值承聖淪没，並從焚蕩，廬江何之元、沛國劉璠以所見聞，究其始末，合撰梁典三十篇，而紀傳之書未有其作。陳祠部郎中姚察有志撰勒，施功未周。但既當朝務，兼知國史，至於陳亡，其書不就。」又云：「皇家貞觀初，其子思廉為著作郎，奉詔撰成二史（按兼指陳書）。」蓋此書始功於察，而其子思廉成之。故於紀傳末論稱「陳吏部尚書姚察曰」或「史臣陳吏部尚書姚察曰」者均其父之文，但稱「史臣曰」者，思廉所補也。梁紀卷六又稱「史臣侍中鄭公魏徵曰」，據唐書思廉傳，梁、陳書並魏徵與思廉合撰。史通正史篇云：「初太宗以梁、陳及齊、周、隋氏並未有書，乃命學士分修，事具於上。仍使秘書監魏徵總知其務，凡有贊論，徵多預焉。始以貞觀三年創造，至十八年方就。」則魏徵實為總修，間亦作論贊。

按唐會要卷六三修前代史稱：「（武德）五年十二月二十六日詔……大理卿崔善為、中書舍人孔紹安、太子洗馬蕭德言可修梁史，太子詹事裴矩、吏部郎中祖孝孫、前祕書丞魏徵可修齊史，祕書監竇璡、給事中歐陽詢、秦王府文學姚思廉可修陳史。綿歷數載，竟不就而罷。至貞觀三年，於中書置祕書内省以修五代史。」又云：「貞觀十年正月二十日，尚書左僕射房玄齡、侍中魏徵、散騎常侍姚思廉、太子右庶子李百藥、孔穎達、禮部侍郎令狐德棻、中書侍郎岑文本、中書舍人許敬宗等撰成周、隋、梁、陳、齊五代史上之，進階頒賜有差。」按史通正史篇稱思廉撰梁陳二史，「憑其舊稿加以新録，彌歷九載，方始畢功」。而於後稱：「貞觀三年創造，至十八年方就。」原注云：「惟姚思廉貞觀二年起，功多於諸史一載。」使於十八年始上，則自貞觀二年至十八年，首尾十七年，與九年之説不符，蓋八字為衍文，本與會要合，自二年至十年，適得九年也。

按姚察父子修梁書時，其先已有數家，史通正史篇稱「承聖淪没，並從焚蕩」。似梁末已不存，但隋書經籍志有「梁書四十九卷，梁中書郎謝吴撰，本一百卷」，兩唐書有梁書三十四卷，謝昊、姚察等撰。蓋姚察有梁書帝紀七卷，以姚紀合之謝，殆至唐帝紀盡亡之故。正史篇所不載者，隋書經籍志有許亨梁史五十三卷。許亨見陳書文學傳，稱「撰梁書五十三卷」。隋書許善心傳稱：「善心述成父志，修續家書。」並載叙傳末所述製作之意，稱「且成百卷」，五十八卷已上秘閣，遭亂「今止六十八卷」。然此書兩唐志皆不載，史通所未述，唐初或已不存。姚氏父子或得見之。趙翼廿二史劄記卷九梁書有止足傳無方伎傳條譏其傳之不勝傳。止足傳序稱魚豢魏略，謝靈運晉書，宋書亦有止足傳，故立此目，今考許善心所述，其書亦是有止足傳而无方伎傳，則當時殆皆以此為可貴。至趙氏以為梁書「悉據國史立傳」，則姚察陳代本是史官，「知撰梁史事」，所承舊本則周興嗣、謝吳亦是官書，如隋志雜史類所録周興嗣梁皇帝（武帝）實録三卷，謝吳梁皇帝（元帝）實録三卷是也。則所謂本之國史者亦即姚察所作或其所承之書，歧之為二，誤矣。當云，入唐以後，不復追改，以此為病耳。

又梁、陳書並無佞倖、恩倖傳，宋、齊二書有之。梁書沈約傳、王僧孺傳並不載梁時沈約上表論檢籍事。南史僧孺傳有之。朱異傳不載其為寒人，及其自言寒士，諸賢以枯骨見輕，南史有之，蓋姚氏本出寒微，於此等事特諱之也。

陳書

陳書三十六卷，唐姚思廉奉勅撰，史通正史篇云：「陳史初有吳郡顧野王、北地傅縡各為撰史學士，其武、文二帝紀即顧傳所修。太建初，中書郎陸瓊續撰諸篇，事傷繁雜。姚察就加删改，粗有條貫。及江東不守，持以入關。隋文帝嘗索梁陳事迹，察具以所成，每篇續奏，而依違荏苒，竟未絶筆。皇家貞觀初，其子思廉為著作郎，奉詔撰成二史。於是憑其舊稿，加以新録，彌歷九載，方始畢功。」兩唐書藝文志、經籍志有陳書三卷，顧野王撰，陳書三卷，傅縡撰。隋志不著録。隋志有陳書四十二卷，訖宣帝，陳吏部尚書陸瓊撰，四庫總目以為「察之修書，實兼三家」，是也。史通固明言武文二紀即顧傳所修。

關於宋齊梁陳書，趙翼廿二史劄記卷一〇南史删宋書最多條、南史删梁書條，陔餘叢考卷六宋書繁簡失當處、卷七齊書繁簡失當處條、梁書多載蕪詞條、陳書亦多蕪詞條，皆以繁蕪為譏，而宋書為甚。其實趙説有是有非，如禪讓之際，九錫、勸進、策文等連篇累牘，四史皆然，誠為重複；至於宋書傳中所載食貨、刑法議，則既不立志，沈約自言，入之紀傳，捨此將無所考見，何可廢也？其病在不立志，不在繁蕪。至於王鳴盛十七史商榷卷五三新唐書過譽南北史條，則推重八書而疵譏李氏，至以為删落處不當而欠妥者十之七，則又王氏貴古賤今之見，不足信也。

南史

南史八十卷，唐李延壽撰。延壽附兩唐書令狐德棻傳。北史卷一〇〇序傳自述編撰經過云：「大師（延壽父）少有著述之志，常以宋、齊、梁、陳、（魏）、齊、周、隋南北分隔，南書謂北為『索虜』，北書指南為『島夷』，又各以其本國周悉，書别國並不能備，亦往往失實。常欲改正，將擬吴越春秋，編年以備南北。至是無事，而（楊）恭仁家富於書籍，得恣意披覽。宋、齊、梁、魏四代有書，其餘竟無所得……於是假裝東歸，家本多書，因編緝前所修書。」大師書未就而卒，延壽「既家有舊本，思欲追終先志，其齊、梁、陳五代舊事所未見，因於編緝之暇，晝夜抄録之」。貞觀中，延壽參與晉書及隋書十志之纂修，「因此遍得披尋」。其八書手自寫，本紀依司馬遷體，以次聯綴之。「又從此八代正史之外，更勘雜史於正史所無者一千餘卷，皆以編入。其煩冗者即削去之。始末修撰，凡十六載，始宋，凡八代為北史、南史二書，合一百八十卷。其南史先寫訖，以呈監國史、國子祭酒令狐德棻，始末蒙讀了，乖失者亦為改正，許令聞奏，次以北史諮知，亦為詳正」。

唐會要卷六三修前代史，顯慶四年「符璽郎李延壽撮近代諸史，南起自宋，終於陳；北始自魏，卒於隋，合一百八十篇，號為南北史，上自製序」。李延壽自稱十六年者，蓋自貞觀十七年預修隋書十志，因得披覽前史也。

南北史雖然是通史體裁，實際上就次序而言，還是按皇朝來分的，大致是宗室傳之後繼之以諸臣傳，然後接上次一皇朝的宗室傳和諸臣傳，只有最後的類傳如儒林文苑等則是通四朝之人物合為一篇，其中的通，是家系方面的通。諸臣傳中附載其子孫，不限一朝。趙翼廿二史劄記卷一〇以為「魏書一傳數十人，尚只是元魏一朝之人，南北史則並其子孫之仕於列朝者俱附在此一人之後，遂使一傳之中，南朝則有仕於宋者，又有仕於齊、梁及陳者；北朝則有仕於魏者，又有仕於齊、周、隋者。每閱一傳，即當檢閱數朝之事，轉覺眉目不清」。按南北史之通正在於此。若並此無之，何煩述作？南北朝不過兩百年，所謂檢閱數朝之事，不過以八書斷代為史，覈對為難耳。今人不病史記管、晏、魯、鄒、屈、賈合為一傳，以其體本然，顧乃獨訾李氏，恐為過當。此皆先存一斷代之見以衡量史法，非確論也。至於父子兄弟連類而下，趙氏以為「竟似代人作家譜，則自魏收始」，更不知晉中興書瑯琊王録、陳郡謝録等並以氏族名篇，更早於魏收。在門閥統治下，當時本重譜系，「貴仕素資，皆由門慶，平流進取，坐致公卿」。其人事功既無可見，以世家體為傳，正見其世禄之重。安見其非史法。此與劉知幾史通邑里篇譏為人列傳，唯取郡望，皆未達當時情勢之論。要之，其書為通史，唯憾其不能更求通耳。

本書内容大體即本宋齊梁陳書而加以删補移易。關於移易者，主要是以子孫移於祖父之下，已如前述。其所删者以宋書為最多。大體凡詔、表、奏、疏、文章皆從删削，或隱括數語成之。其他諸書，删削較少，增補較多，而梁書增補最多。趙翼廿二史劄記卷一〇、一一曾兩相對校，南史删宋書最多、南史過求簡浄之失、南史誤處、南史增齊書處、南史與齊書互異處、南史增梁書有關係處、南史增梁書瑣語碎事、梁南二史歧互處、南史於陳書無所增删諸條，並列舉甚詳。至十七史商榷所言删削遷移皆不當，則故為詆諆，實於諸史未細觀也。大抵所削有是有非，所增亦有是有非。其所增不獨在於事，並傳亦增於舊，其中有極有關係者，如倖臣傳之增陸驗、徐璘、施文慶、沈客卿等，趙翼以為任忠傳後删後主倖臣沈客卿、施文慶弄權誤國之事，其實乃增而非删。循吏傳增郭祖深，其上疏叙梁代政治社會情況，甚有關係。南史臨川王宏傳，記梁武閱蕭宏府庫事，足見梁武之縱容貴戚，於史大有裨益。

大抵南北史皆「事增文省」，新唐書作者宋祁(子京)故持此論者，故於新書卷一〇二令狐德棻附李延壽傳中，稱「其書頗有條理，删落釀辭，過本書遠甚」。事增文省，自然無可厚非，但問題在於增什麽，删什麽。南北史所增所删未必盡當。但不當如王鳴盛之一筆抹殺耳。至於四庫總目提要譏其「宋、齊、梁、陳四朝九錫之文，符命之説，告天之詞，皆沿襲虚言，無關實證，而備書簡牘，陳陳相因，是芟削未盡也」。其言實是。但所删則已多矣。又云：「文學一傳，因宋書立此目，遂始於齊之邱靈鞠，豈宋無文學乎，孝義傳搜綴湮落，以備闕文，而蕭矯妻羊氏、衛敬瑜妻王氏先後互載，男女無別，特謂史不當有列女傳乎？」於文學傳所譏至當，至無列女傳，則諸書既無，李氏不為之補，非如北史則魏隋本有列女傳也。

宋略與建康實録

隋志古史類有宋略二十卷，梁通直郎裴子野撰。子野梁書卷三〇、南史卷三三有傳（南史附祖松之傳），裴氏為史學世家，曾祖松之注三國志，祖駰作史記集解，子野欲承松之編宋史之業，未就而永明中沈約宋書已行，子野乃「更删撰為宋略二十卷，其叙事評論多善，約見而歎曰：『我弗逮也。』」此書一直評價很高，史通正史篇以為「世之言宋書者以裴略為上，沈書次之」。論贊篇亦加讚揚。雜説篇雖譏其「所録文章，頗傷蕪穢」，亦稱其「芟煩撮要，實有其為」。又云：「若裴氏者，衆作之中所可與言史者也。」像這樣的推重，在史通所評各書中是很少見的。此書兩唐書經籍志藝文志均著録，宋志、尤袤遂初堂書目、玉海引中興館閣書目皆有之，則宋代尚存。元以後已亡。資治通鑑宋紀一部分以此書為主要參考，録入子野論十一篇，考異中亦多取此書，而建康實録言宋代事亦多據此書。

建康實録二十卷，署高陽許嵩撰，四庫提要稱其積算年數至至德元年丙申（七五六），定為肅宗時人，殆是。其書久無傳本，清嘉慶戊辰（十三年，一八〇八），張海鵬據顧澗賓校舊鈔本付印，以後光緒丁酉（二十三年，一八九七）南京甘氏又據孫氏舊鈔本與張氏刻本校勘付印。然原本既多譌闕，刻本亦有未善。此書雖云全書，缺誤固仍多也。

嵩自叙稱：「今質正傳，旁採遺文，始自吴，起漢興平元年（一九四），終於陳末禎明三年（五八九）……著東夏之事，勒成二十卷，名曰建康實録，具六朝君臣行事，事有詳簡，文有機要，不必備舉。若土地、山川、城池、宮苑，當時建置，或互興毁，各明處所，用存古跡，其有異事别聞，辭不相屬，則皆注記，以益見知。」其書體例雖以史事為主，而旁及山川宮室，蓋兼有地志之體，亦華陽國志之類也。四庫總目稱：「晉以前諸臣事實，皆用實録之體，附載於薨卒條下，而宋以後復沿本史之例，各為立傳，為例未免不純。又往往一事而重複牴牾，至於名號稱謂，略似世説新語，隨意標目，漫無一定，於史法尤乖。」其云為例不純是也，至於名號稱謂，隨意標目，則維於晉代為然，亦據史舊文，非是書之病。

其書大抵皆依本史，罕異同。宋代之事多引裴子野論，蓋多本宋略，而宋略亦是删沈約宋書為之，未見出於本史之外。但足以資校勘耳。唯既意存古跡，故於山川、宮室、城池、寺廟多引地記雜説，今所不傳，亦足備參考。

後人所補宋齊梁陳表志

一、表：

1. 宋書補表四卷，盛大士撰。大士道光間人。内分紀元表、諸侯王表、王子侯表、功臣侯表、外戚侯表、恩倖侯表。按此書諸侯王表實與萬氏表同而較詳。據其序，蓋未見萬氏書，然此等著作雖偶亦便於翻檢，而為益實寡，漢代王侯與南北朝大異，以為漢書所有而補之，誤矣。

2.宋諸王世表、齊諸王世表、梁諸王世表、陳諸王世表、宋將相大臣年表、齊將相大臣年表、梁將相大臣年表、陳將相大臣年表、宋方鎮年表、齊方鎮年表。以上並萬斯同撰。

3.補宋書宗室世系表，羅振玉撰。按汪中有補宗室世系表序而表不傳。羅氏補之。羅氏之序諄諄於君臣之義，亦遺老漢奸之醜態也。所據不出正史，非如其補魏宗室傳，猶以碑誌補缺也。

二、志：

1.補梁書刑法志，郝懿行撰。懿行字恂九，號蘭皋，山東棲霞人，嘉慶己未進士，官至户部主事。為阮元所取士。博學，著述甚富，爾雅義疏，其最著者，此特其緒餘耳。

2.補宋書食貨志，郝懿行撰。按此兩書皆從本書紀傳中緝出，郝氏別有晉宋書故，蓋札記之體。

3.宋州郡志校勘記，成孺撰。

4.補宋書藝文志，近人聶崇岐撰。
5.補南齊書藝文志，近人陳述撰。
（以上兩種並是燕京大學習作。）

6.補梁疆域志，洪齮孫撰。按齮孫為洪亮吉少子，李兆洛作序稱是書以「本書紀傳為本，輔以他書，略倣宋齊二書之例，詳列魏隋二志之文，其州郡縣之次序，因宋齊舊制而未能分割者，準宋齊州郡志為多，其本為魏地而終為梁有，與本為梁地而終為魏有者，則類從魏、隋二志，其分置不見於本書而見於他書者，歷引書文以為證據。其間若無實土而置虛名，與因虛名而成實土，或雖一名而實二地，與以一地而得二名，莫不明是非，别同異」。如兆洛所述，其書用力實勤。

7. 補陳疆域志，臧勵龢撰。按洪氏之志既成，補陳志自較易。

以上補宋、齊、梁、陳書表十二種，萬氏成其十，惟宋書補表實有六種，補志六、校勘一。

四　北朝之部

魏　書

魏書一百十四卷，北齊魏收撰。魏收北齊書卷三七、北史卷五六有傳，其書為紀十二，列傳九十二，又志二十卷，並前例目，合一百三十卷，蓋並子卷計之。史通正史篇云：「元魏史，道武時始令鄧淵著國記，唯為十卷，而條例未成。曁乎明元，廢而不述。神䴥二年，又詔集諸文士崔浩、浩弟覽、高讜、鄧穎、晁繼、范亨、黄輔等撰國書為三十卷。又特命浩總監史任，務從實録。復以中書郎高允、散騎侍郎張偉並參著作，續成前史。書叙述國事，無隱所惡，而刊石寫之，以示行路，浩坐此夷三族，同作死者百二十八人，自此遂廢史官。至文成帝和平元年，始復其職，而以高允典著作，修國記。允年已九十，手目俱衰，時有校書郎劉模長於緝綴，乃令執筆而口占授之。如是者五六歲，所成篇卷，模有力焉。初國記自鄧崔以下，皆相承作編年體，至孝文太和十一年，詔祕書丞李彪、著作郎崔光，始分為紀傳異科。宣武時，命邢巒追撰孝文起居注，既而崔光（按收自序作崔鴻，蓋是）、王遵業等補續，下迄孝明之世。温子昇復修孝莊紀，濟陰王暉業撰辨宗室録，魏史官私所撰，盡於斯矣。」魏書卷一〇四自序，所述略同。此皆魏收以前之魏史，考之隋志，則存後魏起居注三百三十六卷，元暉業後魏辯宗録二卷而已。魏收此書於北齊天保二年（五五一）奉勑撰，至五年（五五四）三月奏上紀傳，是年十一月，奏上十志。（按：魏收求修魏史在東魏興和中，天保二年之勑，蓋齊代重申前令而已。其着手修撰，當在東魏時。）

收書既成，謗議沸騰，前後列訴者百有餘人，楊愔、高德正護之。史通正史篇稱：「諸訟史者皆獲重罪，或有斃於獄中。」按王松年、李庶與盧斐並配甲坊，斃於獄中者李庶、盧斐也。武成時曾加修改，所變易甚多。然世終目之為穢史，北史本傳列舉其曲筆。史通尤深惡其書（見正史、曲筆、稱謂諸篇），以為「倉頡以降，罕見其流。」收傳稱其言曰：「何物小子，敢共魏收作色！揚之可使上天，按之可使入地。」其以修史為報復酬恩之具，即此可見。四庫總目為之辯護，殊為未允。今考其曲筆大端，在諂媚魏齊及當時權貴，故自魏之始，即以正統自居，東晉以降，並號為僭晉島夷，至於魏分東西，又維崇高氏，廿二史劄記卷一三魏書多曲筆條，乃指其黨齊毀魏諸事（又如諱魏道武、太武之被弑）。此雖身處其境，不容持正，然於東晉則著牛繼馬後之説，至於宋齊醜辭詆毀，誠如史通所論，「既黨北朝，又厚誣江左」也。但觀此書為衆人所不平，而帝皇卿相特為保護，即知其非良史。

自收書既行，後世頗亦欲加改正者，隋開皇中，曾勑魏澹與顏之推、辛德源更撰，以西魏為正，東魏為偽，合九十二篇。煬帝以澹書未能善，又勑左僕射楊素別撰，會素薨而止。澹書今不傳，然史通雜説篇以為「彦淵（澹字）之改魏收也，以非易非，彌見其失」。則亦未為佳作也。史通之譏魏澹殆亦以其書以元善見、司馬曾明、劉裕、蕭道成為傳耳。又唐書經籍志有張太素魏書一百卷，宋代惟存天文志二卷，後人取以補收書天象志，今並不傳。史通言語篇稱：「近有敦煌張太素、中山郎餘令，並稱述者，自負史才，郎著孝德傳，張著隋後略，凡所撰今語，皆依仿舊辭，若造言可以效古而書，難類者則忽而不取，料其所棄，可勝紀哉！」則張書未是佳作也。

收書在宋代已殘缺，於目録各卷並注有闕字，計為卷三（太宗紀）、卷一二（孝靜帝紀）、卷一三（后妃傳）、卷一四（神元平文諸帝子孫）、卷一五（昭成子孫）、卷一七（明元六王）、卷一八（太武五王）、卷一九上（景穆十二王上）、卷二〇（文成五王）、卷二二（孝文五王）、卷二五（長孫嵩、長孫道生傳）、卷三四（王洛兒等傳）、卷八一（綦儁等傳）、卷八二（李琰之等傳）、卷八三上（外戚上）、卷八三下（外戚下）、卷八四（儒林傳不全）、卷八五（文苑傳）、卷八六（孝感傳）、卷八七（節義傳）、卷八九（酷吏傳）、卷九一（術藝傳不全）、卷九二（列女傳不全）、卷一〇一（氐楊難當等傳）、卷一〇二（西域傳）、卷一〇三（蠕蠕等傳）、卷一〇四（序傳）、卷一〇五（天象一之三）、卷一〇五（天象一之四），共二十九卷，内注不全者三卷。然宋劉攽等序録稱：「其書亡逸不完者無慮三十卷，今各疏於逐篇之末。」今考宋本魏書，篇末有校語者與目録已不相應，其目録注闕而篇末無校語者，當是傳寫脱去，唯卷三三（宋隱等傳）篇末有校語云：「此傳全寫高氏小史，疑收書亡而後人補之，史臣語亦悉出北史諸論，然頗詳備，與本史他卷略同，豈非小史全載本史乎？」卷九〇（逸士傳）末有校語云：「魏收書逸士傳云，史臣論全同隋書隱逸傳論」，此二卷目録不注闕字，余嘉錫四庫提要辨證疑為「誤寫入列傳第二十二（按：卷三四王洛兒），第七十七（按：卷八九酷吏傳）之下，此兩卷本不缺而誤移闕字也。」（按：

余氏誤，此目録脱注闕字耳，王洛兒傳及酷吏傳，實是魏書缺而為後人所補。）據宋人校語，凡闕卷並補以北史、高氏小史及修文殿御覽，惟太宗紀校語云：「史館舊本帝紀第三卷上有白簽云：此卷是魏澹史。」又天象志第三後有校語：「疑出張太素書。」宋人校語多可據信。四庫提要但據北監本、殿本，而北監本已多刊削，殿本更入之考證，與清臣語混淆不辨，既未能據以立論，故提要所言雖力求詳審，而轉多支節。至於趙翼廿二史劄記以后妃傳為實係收書，蓋亦以其與北史不盡合，而不知補傳本不專據北史也（又宋本樂志第十二頁缺，陳援庵先生從册府元龜及通典補足）。

太平御覽皇王部及諸卷引魏書，收、澹兩書兼採，而多不著名，頗亦可與北史及魏書相校勘。高氏小史係唐人高峻撰。晁氏郡齋讀書志稱：其書「以司馬遷史至陳隋書，附以唐實録，纂其要，分十例為六卷，後其子迥析而倍之」。直齋書録解題稱：「司馬温公嘗稱其書。」元明間亡。

魏書固非良史，然而亦不無佳處。自三國以來，諸史類無食貨志，江淹齊書十志，有之而不傳。魏書重立此目，使北魏重大財經措施如均田制者有具體之法令可考；又創立官氏志，使鮮卑氏族之名及所改之姓得以流傳至今，為研究拓跋部落之擴大及漢化問題之重要資料。

北齊書

北齊書五十卷，唐李百藥撰。百藥舊唐書卷七二、新唐書一〇二均有傳。百藥父德林，為北齊著名文士，歷仕齊周，隋為顯官。百藥隋時已出仕，隋末歷仕江淮諸雄沈法興、李子通、杜伏威、輔公祏等。唐貞觀元年，召拜中書舍人，受詔修定五禮及律令，撰齊書。史通正史篇云：「高齊史，天統初，太常少卿祖孝徵述獻武起居，名曰黄初傳天録，時中書侍郎陸元規常從文宣征討，著皇帝實録，唯記行師，不載它事。自武平後，史官陽休之、杜臺卿、祖崇儒、崔子發等相繼注記，逮於齊滅。隋祕書監王劭、内史令李德林並少仕鄴中，多識故事，王乃憑述起居注，廣以異聞，造編年書，號曰齊志，十有六卷。李在齊預修國史創紀傳書二十七卷。至開皇初，奉詔續撰，增多齊史三十八篇，已上送官，藏之祕府。皇家貞觀初，勑其子中書舍人李百藥仍其舊録，雜採它書，演為五十卷。今之言齊史者，唯王、李二家云。」據此知百藥之書，實本其父所修。考唐會要卷六三修前代史，武德四年條稱：「五年十二月二十六日，詔……太子詹事裴矩、吏部郎中祖孝孫、前祕書監魏徵可修齊史。」（按諸人皆祖仕高齊，故以之修齊史，其時未命百藥，以其尚在淮南輔公祏處也。）所云齊史，自指高齊而言。然諸史「綿歷數載，竟不就而罷」。又云：「至貞觀三年，於中書置祕書内省，以修五代史。」據舊唐書令狐德棻傳，李百藥……撰成周、隋、梁、陳、齊五代史，上之。」史通稱十八年，八字為衍文，已如前述。百藥奉命修史在此時。又云：「貞觀十年正月二十日，尚書左僕射房玄齡……太子右庶子

其書自北史盛行，流傳漸少，宋時已多殘缺，並以北史高氏小史補之，如魏、周書之例。錢氏考異卷一二云：

按李百藥北齊書，本紀八篇，列傳四十二篇，共五十卷。今據世所傳本審正之，惟本紀第四（文宣帝）、列傳第五（趙郡王琛等）、第八（段榮）、第九（斛律金）、第十（孫騰等）、第十一（賀拔

允等)、第十二(張瓊等)、第十三(高乾、封隆之)、第十四(李元忠等)、第十五(魏蘭根、崔㥄)、第十六(孫搴等)、第十七(張纂等)、第卅三(暴顯等)、第卅四(陽斐等)、第卅五(李稚廉等)、第卅六(儒林傳)、第卅七(文苑傳)、第四十二(恩倖傳),凡十八篇係百藥元本。(按:恩倖傳亦非元文,詳見北齊書校勘記,故原書存者實只十七篇。)其餘大抵取北史補足之。其列傳第十八(薛琡等)、第十九(万俟普等)、第廿一(李渾等)、第廿二(崔暹等)、第卅二(尉瑾等)文與北史無異而無論贊;第卅八(循吏傳)、第卅九(酷吏傳)、第四十(外戚傳)、第四十一(方伎傳),亦與北史異,而有序無贊,似經後人删改,或百藥書亡而以高氏小史補之乎?凡紀傳中有史臣論、有贊,及稱高祖、世宗、顯祖、肅宗、世祖廟號者皆李史之舊文;其稱神武、文襄、文宣、孝昭、武成者即北史之文。

錢氏所叙至精審。宋嘉祐諸臣校勘於文襄帝紀末紀云:「臣等詳文襄紀,其首與北史同而末多於東魏孝静紀,其間與侯景往復書見梁書侯景傳。其所序列,尤無倫次,蓋雜取之以成此書,非正史也。」其餘本紀第五、第七、列傳第二、第四、第六、第七、第廿五、第廿六、第廿七,卷末並紀云:「此卷與北史同。」又列傳第二十卷末云:「此卷牽合北史而成。」第廿一卷末云:「此卷雖非北史,而無論贊,疑尚非正史。」第廿九卷末云:「此傳與北史同,但不序家世,又無論贊,疑非正史。」錢氏以汲古閣本無之,疑「或明人校刊者所題」。今百衲影宋本皆有之,實皆嘉祐諸臣校語,但汲古據宋本翻刻而盡削之,不知何故?有亦非李書而無宋人校語者,非傳刻所遺則當時校勘尚多疏略也。至趙翼陔餘叢考卷七北齊書條亦論李書殘缺，而且及本紀、皇后、諸王、宗室諸傳，所考雖有據，要不如錢氏之詳。趙氏不及宋人校記，其書既云二十二史，即是北監本，亦當有校語未盡削者，何竟若不知耶？ 文襄紀末宋人校記以為雜取成書，趙翼亦云：「蓋補書者全用北史，恐人見其抄襲之跡，故於此紀，雜取諸書成篇，以示小異，而不知其無穢不倫也。」按補書者志在補其殘缺。 本非有意欺人，何須掩抄襲之跡，趙氏之言，未免厚誣古人。 近人余嘉錫四庫提要辨證史一，以為「前半出於北史（自首至「可復前大將軍，餘如故」），而後半則實李百藥原文，蓋録自高氏小史」。 余氏以與侯景往復書與梁書侯景傳相校，列舉諸證，（如今北齊書所録高澄、侯景二書，較梁書刪落甚多，而時有溢出之句，足證非出梁書。）其言甚至，可謂讀書得間。 （趙翼云：「文襄無禮於静帝之事，本在北史静帝紀内。」此尚不誤，而又注云：「此事本在北齊書高德正傳内，北史於德政傳刪之而著於紀。」則有未諦。 今文襄紀之叙無禮於静帝之事，乃是臣澄勸酒、狗脚朕、毆帝三拳、帝詠謝靈運詩諸事。 高德正傳所云乃禪位事，與文襄無涉，今本文襄紀亦不載。 趙氏誤憶耳。）至余氏復據馬總通曆、通鑑、御覽之叙文宣事者以與北史相校，頗亦溢出，以證「今之北史，又有脱誤」，則亦猜測之辭。 蓋御覽本之文思博要，當時王劭書尚存，安知其不出劭書？ 如叙婁太后怒文宣、文宣白請答脚事，御覽、通曆所叙有俗語，正如史通言語、叙事、雜説中諸篇之稱王劭書，不必出於北史。 即北史文宣紀後總叙之出於北齊書外者，蓋亦取之王書。 通鑑叙梁齊周事多據三國典略，其叙此事亦未必全據北史，而典略又自可據王劭也。

北齊書原書所存只十七篇，不足以見史事之全，然就其存者，大抵詳於北史，而後人之所補綴者百藥本文士，史通叙事篇云：「稱王琳既多本之高氏小史，仍是原書之節本。故亦頗出於北史之外。

雅得人心，雖李將軍恂恂善誘，無以加焉，斯則虚引古事，妄足庸音。」又浮詞篇云：「若乃題目不定，首尾相違，則百藥德棻是也。」雜説中云：「重規德棻，志在文飾。」又本紀篇云：「近代述者，魏著作、李安平之徒，其撰魏齊二史，於諸帝篇或雜載臣下，或兼言他事，巨細畢書，洪纖備録，全為傳體，有異紀文。」又雜説中云：「皇家修五代史……其北齊國史皆稱諸帝廟號，及李氏撰齊書，其廟號有犯時諱者（原注：謂有世字，犯太宗文皇帝諱也。）即稱謚焉。至如變世祖為文襄，改世宗為武成，苟除兹『世』字，而不悟『襄』『成』有别。諸如此謬，不可勝紀。又其列傳之叙事也，或以武定（東魏静帝年號）臣佐降在成朝，或以河清（武成年號）事跡，擢居襄代，故時日不接而隔越相仍。使讀者瞀亂而不測，驚駭而多疑。」皆深致不滿。今以北史較之，李書仍多文飾，至於其諸臣共傳，雜出不倫，則北齊國祚短暫，欲求共傳者悉在一朝，恐亦未可。

周　書

周書五十卷，唐令狐德棻撰。德棻，新舊唐書有傳。舊唐書卷七三本傳稱，德棻言於高祖，請修五代史。及高祖下詔，命中書令蕭瑀等修史，並與唐會要卷六三略同。但會要著下詔在武德五年十二月二十六日，本傳不載年月，而詔文則多所删落耳。蓋皆本之實録也。本傳又云：「貞觀三年，太宗復勅修撰，乃令德棻與祕書郎岑文本修周史，中書舍人李百藥修齊史，著作郎姚思廉修梁、陳史，祕書監魏徵修隋史，與尚書左僕射房玄齡總監諸代史……德棻又奏引殿中侍御史崔仁師佐修周史，德棻仍總知類會梁、陳、齊、隋諸史。武德已來創修撰之源，自德棻始也。」其書與他史並在貞觀十年告成。史通正史篇稱：「大統年，有祕書丞柳虬並領著作，直辭正色，事有可稱。至隋開皇中，祕書牛弘追撰周紀十有八篇，略述綱紀，仍皆抵忤。」又雜説中曰：「今俗所行周史，是令狐德棻等所撰，其書文而不實，雅而無檢，真迹甚寡，客氣尤煩。尋宇文初習華風，事由蘇綽，至於軍國詞令，皆準尚書，太祖勑朝廷他文，悉準於此。蓋史臣所記，皆禀其規，柳虬之徒，從風而靡。案綽文雖去彼淫麗，存兹典實，而陷於矯枉過正之失，乖夫適俗隨時之義，苟記言若是，則其謬逾多。爰及牛弘，彌尚儒雅，即其舊事，因而勒成，務累清言，罕逢佳句。而令狐不能别求他述，用廣異聞，唯憑本書，重加潤色，（原注：案宇文氏事，多見於王劭齊志、隋書及蔡允恭後梁春秋，其王褒、庾信等事，又多見於蕭韶太清記、蕭大圜淮海亂離志、裴政太清實録，杜臺卿齊記，而令狐德棻了不兼採，以廣其書，蓋以其中多鄙言，故致遺略。）遂使周氏一代之史，多非實録者焉。」以子玄之言，可知令狐德棻悉本牛弘，史通於周書或斥牛弘（如言語篇、浮麗篇），實亦兼斥令狐。蓋史通推重王劭、宋孝王，即以多存俗語，而諸史多加文飾，「諱彼夷音，變成華語」。雜説下篇曰：「覩周齊二國，俱出陰山，必言類互鄉，則宇文尤甚，而牛弘、王劭並掌策書，其載齊言也則淺俗如彼，其載周言也則文雅若此，夫如是何哉？非兩邦有夷夏之殊，由二史有虚實之異故也。夫以記宇文之言，而動遵經典，多依史漢，此何異莊生述鮒魚之對而辯類蘇張，賈生叙鵩鳥之辭而文同屈宋，施諸寓言則可，求諸實録則非矣。」可知劉之詆斥周書，實以文多飾辭，語非實録。參考同時著作而可知者也。四庫提要以為「知幾之論非篤論」，未足為德棻解也。

今周書在宋時亦多殘缺，今百衲本、南監本周書卷三二、卷三三後並有校語云：「右此卷中某某等傳全與北史同。」（如校語則卷三十二諸傳中，唯盧柔一傳與北史異，卷三三諸傳中，楊薦、王慶傳與北史同。）卷三七史臣論末有小字注云：「附高賓贊缺。」蓋宋人校語，唯校周書者不能精審，故所舉非周書之補傳不備。而高賓贊缺，則正如諸史臣校語，以為賓本附傳，不必有贊，非本有而今佚也。錢大昕廿二史考異卷三二目録序條云：「臣燾者安燾也，安國者王安國也，臣希者林希也。此序不云史有殘缺（按此是行文之疏，亦以列傳後已有校語耳）。今考紀傳，每篇皆有史臣論，惟列傳第十六（卷二十四盧辯傳）、第十八（卷二十六長孫儉等傳）、第二十三（卷三十一韋孝寬等傳）、第廿四（卷三十二申徽等傳）、第二十五（卷三十三庫狄峙等傳）無之，蓋非德棻原本。其廿三、廿四兩卷全取北史，廿五卷亦取北史而小有異同，十六、十八兩卷與北史多異，而十六卷尤多脱漏。」四庫總目提要列舉卷三十三王慶傳連書大象元年、開皇元年，不言其自周入隋，以為「剽取北史之顯證」，自為有據。今考卷二四盧辯傳較之北史卷三〇傳為略，且多脱漏，如官制之末脱「驃騎大將軍侍中其儀同又加」十二字，然亦有溢出於北史之外者。如卷首有「累世儒學」一句，又有「今録辯所述六官著之於篇」等語，亦北史所無。知此傳不出北史。按傳既云：「今録辯所述六官著之於篇」，則宜於下列敘之，而其下忽又云：「天官府（領冢宰等衆職）、地官府（領司徒等衆職）、春官府（領宗伯等衆職）、夏官府（領司馬等衆職）、秋官府（領司寇等衆職）、冬官府（領司空等衆職），史雖具載，文多不録。」與上所云：「著之於篇」不相應。且云：「史雖具載」之史又是何等史也？既云「文多不録」又何放上文復列六官之名，若恐人不知孰為六官者。蓋德棻原文於著之於篇下列舉六官官屬，後人鈔掇，乃於其下只鈔六官之名，而簡言之曰領某官等衆職以省文，且附注云：「史雖具載，文多不録。」其云史者，即指德棻原文而言。此鈔掇之書，疑即高氏小史。及周書此卷亡，以此補之，補之者初非有意作偽，故逕録小史，不復删其語之不相應者。錢竹汀知此傳尤多脱漏，而所叙則未盡也。

北史

北史一百卷，唐李延壽撰。延壽撰書經過已見前述。北史卷一〇〇序傳稱：「起魏登國元年（三八六），盡隋義寧二年（六一八），凡三代二百四十四年，兼自東魏天平元年（五三四），盡齊隆化二年（五七七），又四十四年行事，總編為本紀十二卷，列傳八十八卷，謂之北史。」北史與南史同，大體據舊史改編增删，易其次序。據趙翼廿二史劄記卷一三、陔餘叢考卷八諸條，曾加覈對，大體於魏書删節多而增補少，隋書略有删節，周齊則增補較多。趙氏以為魏書當時行世雖兼有魏澹書，而「澹事已悉本收書，延壽又在澹後，自不得不以收書為本」。其言是也。其於魏書所增五事，不知所本。（按：北史增於魏書者，尚有西魏三帝紀，梁覽、雷紹、毛遐、乙弗朗、魏長賢等五傳，蓋採魏澹書。）至於北齊事，所增類多軼事之足傳者，叙述較詳，且多口語。蓋本之王劭齊志，於暴露巨室之惡若高乾高昂傳之刼女殺婢，崔㥄傳、王昕傳之載俗語，並如子玄所云，為齊志特色者，最為可貴。

四庫總目提要、王鳴盛十七史商榷並譏北史，於一二高門，祖孫曾玄列於一傳，以為「家傳之體，不當施於國史」，「使國史復作家譜，最為謬妄」。其言未必盡是。於通史體裁、社會組織蓋未之細為推究。錢大昕潛研堂答問第九以為「延壽既合四代為一書，若更有區別，則破碎非體，又必補叙家世，詞益繁費，且當時本重門第，類而次之，善惡自不相揜，愚以為甚得史記合傳之體，未可輕議其失。」誠深究於通史體裁、社會組織之見也。其次，提要、十七史商榷、陔餘叢考並譏南北史列傳重複。提要云：「南史既有晉熙王昶傳矣，北史復有劉昶傳；南史既有鄱陽王寶夤傳矣，北史復有蕭寶夤傳。南史既有豫章王綜、樂良王大圜傳矣，北史復有蕭贊、蕭大圜傳。朱修之、薛安都諸人，南史則取之宋書，北史則取之魏書，不為删併，殆專意北史，無暇追删南史，以致有此誤乎？」余嘉錫四庫提要辨證史二，根據讀書脞録續編卷三之説，以為劉昶及蕭氏諸子之在北者，既不能於南史諸帝子孫傳中設其名，亦不能以在北之事跡述於南史傳中，其言是也。然其為李氏辯則非也。李氏實自删掇未盡。使有意為之，則當於南史傳中序首言某帝若干子，某后某妃生某子下著其名而云某某入魏，北史有傳，或於傳中著其名亦可，而都無此言，知李氏本如提要之説，南史本宋、齊、梁、陳書，北史本魏、周、齊書而兩不相照耳。不必曲為之辯。

北史雖較完整，然其中亦多殘缺，廿二史考異卷三八煬帝紀引王懋竑説云：「此書全同隋書，略無增減，於詔令亦一仍舊文，疑北史闕此卷，後人以隋書補之。」王舉北史本紀例稱「帝」，此篇獨稱「王」，錢氏更舉北史紀傳後皆有論曰，此篇稱史臣曰「皆顯證也」。余嘉錫以為馬總通曆卷一〇煬帝一篇與本史有異同，蓋北史舊聞，其言殆是。又錢氏考異稱孝文六王傳「文字脱漏多矣」。如廣平王懷傳僅存三十二字，又脱去西魏文帝、孝武帝、東魏孝靜帝及京兆王愉一子之名。於邢邵傳後，錢氏云，其中「自請置學至累遷尚書令加侍中凡六百六十七字，皆李崇傳文，錯入此篇」。於魏收傳後，錢氏稱其叙世系自漢初魏無知至魏悦（收祖，太武時人）僅六世，為理之所必無，必有脱文。然而此書缺佚蓋多。提要所指「僅麥鐵杖傳有闕文，荀濟傳脱去數行」者，（按：荀濟傳無脱文，提要誤。）蓋未細究。且麥鐵杖傳中有空格，而上下文通順，亦不必為缺文也。至余嘉錫先生於辨北齊書時，復謂今北史文宣紀亦有脱誤，則求之過深，竊謂馬總通曆、御覽之與北齊各書北史不同者，實引自王劭齊志，而通鑑則又取之三國典略耳。

五代史志

隋書十志，當時俗稱為五代史志。史通正史篇曰：「初太宗以梁陳及齊周隋氏並未有書，乃命學士分修，事具於上……始以貞觀三年創造，至十八年（按八字衍）方就，合為五代紀傳，并目録凡二百五十二卷，書成，下於史閣。唯有十志，斷為三十卷，尋擬續奏，未有其文，又詔左僕射于志寧、太史令李淳風、著作郎韋安仁、符璽郎李延壽同撰。其先撰史人，唯令狐德棻重預其事。太宗崩後，刊勒始成。其篇第雖編入隋書，其實别行，俗呼謂五代史志。」舊唐書卷七九李淳風傳稱：「十五年除太常博士，尋轉太史丞，預撰晉書及五代史，其天文、律曆、五行志皆淳風所作也。」又卷七三令狐德棻傳稱：

「永徽元年，又受詔撰律令，復為禮部侍郎兼弘文館學士，監修國史及五代史志。」附李延壽傳稱：「與著作郎敬播同修五代史志。」按其書成於高宗初。唐會要卷六三修前代史稱：「顯慶元年（六五六）五月四日，史官修梁、陳、齊、周、隋五代史三十卷，太尉無忌進之。」「史」下脫「志」字，云三十卷，則即十志也。今隋書紀傳首題魏徵，而志則標太尉長孫無忌奉勅撰，其證也。（按：今標點本已盡去首題撰人名。）十志既包舉五代，後人或譏其斷限不明，如史通斷限篇以為「宋史則上括魏朝，隋書則仰包梁代，求其所書之事，得十一於千百，一成其例，莫之敢移，永言其理，可為歎息」。子玄之言，實為膠柱。蓋如當時詔令，五代之史雖別編，而一時所成，故亦通稱五代史。史通即以五代紀傳合計篇數，史為五代之史，其志為五代之志。所以附入隋書，不過以隋為五代之末，列後可以推前，列前則難以包後。即子玄亦云：「其實別行也。」趙翼陔餘叢考卷九隋志應移於南北史之後條，以為「既曰隋書，而紀傳專記隋事，制度兼及四朝，名實殊不相稱。是南北史之無志既屬缺點，而隋書之兼志五代，文多贅詞，似應以隋書各志移於南北史之後」。夫十志本名五代史志，不過附入隋書，已如前述，如趙氏所云，則南北史亦各自為篇第，將附之於北史，則梁陳制度無所附麗，而北史包舉元魏，又非志之所該；將附之南史，則齊、周、隋制何緣入南？趙氏其後殆自知其不通，故於廿二史劄記卷一五舉五代志本自別行之事，而不復述移併之言，蓋有意於矯向日之失耳矣。

即史通所譏「得十一於千百」者，亦未是五代史志之病。其禮儀、音樂、百官皆稱詳備，唯地理以隋為主，而食貨、刑法則諸代皆略，非獨詳於隋，此亦書缺有間，但觀通典所述亦罕出隋志之外，即可知之。

後人所補魏齊周書表志

一、表：

1. 魏諸王世表　魏異姓諸王世表　魏外戚諸王世表　魏將相大臣年表　西魏將相大臣年表　東魏將相大臣年表　元魏方鎮年表　以上元魏七表並萬斯同撰。

2. 北齊諸王世表　北齊異姓諸王世表　北齊將相大臣年表　以上北齊三表，亦萬斯同撰。

3. 周諸王世表　周公卿年表　以上周二表，亦萬斯同撰。

4. 北周公卿表，練忠撰。　按此表實鈔襲萬表。

二、志：

1. 魏書地形志校録，温日鑑撰。温日鑑，清末烏程人（或曰歸安人），字霽華，號鐵華，道光間人。其書專用兩漢晉宋隋書地志及水經注、元和郡縣志、太平寰宇記、輿地廣記、方輿紀要以及清全、趙、錢、洪之考訂，校正地形志之誤文闕漏。按地形志以東魏武定時為準，淪陷諸郡户口則據永熙户籍，其郡縣有漏脱者，且多傳寫錯誤者。此書掇拾甚勤。陸心源譏其參證不及通典，「似過於陋」。今考其書但以諸地志校地志，而不能以魏、周、齊書紀傳所見地名疏通證明，固亦因程功不易，而未暇細為推究矣。

2.魏書禮志校補，清盧文弨撰。按此為其群書拾補中之一篇。

3.魏書樂志補缺，陳垣輯。按此頁自宋以來皆缺，陳氏自册府及通典輯出刊行。

4.魏氏補證六卷，萬兆泰撰。兆泰字循初，秀水人，乾隆丙辰舉博學鴻詞。全祖望誌其墓，盛稱其天算之尤而不及是書。萬氏自序，謂官氏志「載太和定姓之詔，而改姓始末闕焉不詳」，又以廣韻、通志所引後魏河南官氏志「仍即魏書官氏志，今之魏書原係不全之本，故闕漏若斯耶！」萬氏向有元魏氏族説五篇，其後增益至六卷，即此書也。其書不名官氏志補證。蓋姓氏編次不同，又多增益，然其實亦官氏志之補闕耳。採緝廣韻、通志氏族略、唐書宰相世系表、姓氏急就篇，及魏周齊隋唐書、北史、十六國春秋諸録（按此當是屠氏書）所見胡姓，為之類比，以同名異譯相次，用力甚勤，體裁亦善。但所引諸書於元和姓纂、古今姓氏書辨證書逸文皆所未及，則此時緝本並未出也。至於南朝諸史，頗見胡姓，如杜洛周之作吐斤洛周之類，宋書索虜、齊書索虜兩傳之足以參證者甚多，此書雖引及陳書，實未細考，亦為疏漏。

5.魏書官氏志疏證，清陳毅撰。陳毅，清末湖廣人，王先謙弟子，按此書全係逐條疏證，與萬氏不同。其所徵引較萬書為博，考證亦密。頗以字音轉易反切為説，論魏氏族者，當以是書為準。

6.補魏書兵志，谷霽光撰。按：此書用錢氏父子補兵志之體，然既欲多用本文，又欲語氣相屬，反致條理不清。其體例先禁軍，後外軍，所述兼有缺誤，未為佳作也。

後人所補南北史表志

一、表

1. 南北史年表

2. 南北史帝王世系表

3. 南北史世系表。以上並清周嘉猷撰。嘉猷籍錢塘，乾隆間人。年表蓋用以檢對南北年號正閏，附以大事，覈對紀年正閏，近人之書有勝於前，可以不論。至大事則唯紀皇室更迭，間及征戍而已，蓋所以證年而非以證事也。世系表即本南北史及唐書宰相世系表，未博考碑誌，體制亦倣唐書世系表，罕考證，然亦足備參考。

二、志

1. 南北史補志。清汪士鐸撰。汪士鐸，江寧人，其序云：「往者道光戊申己酉間（一八四八——一八四九）江夏童石塘太守權醝政，延儀徵劉孟瞻（文淇）年丈，暨楊君季子（亮），吴君熙載（廷颺）、王君句生（翼鳳）注南北史，設局邦城福因庵，余因家累不克作遠遊，乃分任兩史表志而屬筆於里門……為志三十卷，表一卷。」此書雖成於此時，而中更太平天國起義，直到光緒初，始出淮南書局刊行其十四卷，為天文志四卷、地理志四卷、五行志兩卷（中輿服、五行二志合為一卷，注闕字）、禮儀志四卷，而輿服志二卷，樂律志二卷、刑法志一卷、職官志二卷、食貨志二卷、氏族志一卷、道釋志一卷、藝文志二卷及表贊均未刊。藝文志及表因以散失。遺稿所存只十三卷，藏於江都李氏。二十五史補編則合已刊未刊而全印之。其志大率據梁、齊、魏、隋諸志紀傳及通典，然不著出處，翻檢原文不便。汪氏自序謂當時書成以就正於姚石甫、包慎伯、陳碩甫，姚主謹嚴，包主博綜，而汪酌從姚言，故罕取之雜書及唐以來書。按：温國文正公集卷六二與劉道原書，嘗恨延壽不作志，「使數代制度沿革皆没不見」，欲道原「將沈約、蕭子顯、魏收之志依隋書篇目，删次補葺，别為一書」，然未成也。

五　其他要籍

資治通鑑

資治通鑑二百九十四卷，目録三十卷，考異三十卷，宋司馬光撰。光著此書，神宗製序後有云：「治平四年（一〇六七）十月，初開經筵，奉聖旨讀資治通鑑，其月九日，臣光初進讀，而賜御製序，令候書成日寫入。」按英宗崩於是年正月，是時神宗即位未改元，而通鑑已進講，則其書之始事更在以前。司馬光進通鑑表云：「臣常不自揆，欲删削冗長，舉撮機要，專取關國家盛衰，繫生民休戚，善可為法，惡可為戒者為編年一書，使先後有倫，精粗不雜。私家力薄，無由可成，伏遇英宗皇帝……爰詔下臣，俾之編集，臣夙昔所願，一朝獲伸，踴躍奉承，唯懼不稱。先帝仍命自選辟官屬，於崇文院置局，許借龍圖、天章閣、三館祕閣書籍，賜以御府筆墨，繒帛及御前錢以供果餌，以内臣為承受。」則此書奉命置局在四年之前無疑。至元豐七年（一〇八四）書成奏上，蓋首尾十八年以上。其書體大思精，論者已多，不復贅及，今唯論書中魏晉南北朝之部。

文獻通考卷一八上經籍考資治通鑑條云：「公子康公休告其友晁説之曰：『此書成，蓋得人焉，史記，前後漢則劉貢父，三國歷九朝而隋則劉道原，唐迄五代則范淳甫。』」則此段任初稿者劉恕也。宋史卷四四文苑六有劉恕傳。恕字道原，筠州人。傳稱其「篤好史學，自太史公所記下至周顯德末，紀傳之外至私記雜説，無所不覽，上下數千載間能徵之事，如指諸掌。司馬光編次資治通鑑，英宗命自擇館閣英才共修之，光對曰：『館閣文學之士誠多，至於專精史學，臣得而知者唯劉恕耳。』即召為局僚。遇史事紛錯難治者，輒以諉恕，恕於晉魏以後事，考證差謬，最為精詳。」又云：「光出知永興軍，恕亦以親老求監南康軍酒以自養，許即官修書。」（按宋史本傳出於光所撰劉道原十國紀年序）。蓋光之修史，恕預其事，以至卒官，其力最多。司馬温公集卷五三乞官劉恕一子劄子云：「臣初受勅編修資治通鑑，首先奏舉恕同修。恕博聞强記，尤精史學，舉世少及。臣修上件書，其討論編次多出於恕，至於十國五代之際，群雄競逐，九土分裂，傳記訛謬，簡編缺落，歲月交互，事迹差舛，非恕精博，他人莫能整治。所以攽（劉攽）等以衆共推先，以為功力最多。」則無所推重者尤成五代。温國文正公集卷六五劉道原十國紀年序稱：「在和州，（按：通鑑考異卷四稱『十六國春秋建元元年在晉建興二年，同編修劉恕言，今晉州臨汾縣嘉泉村有漢大宰劉雄碑，云嘉平五年歲在乙亥，二月六日立。然則改建元在乙亥二月後也。』則今集所云在和州者應為晉州之誤，雄碑不得在和州也。）嘗以公事適野，見劉聰太宰劉雄碑，知嘉平五年始改建元，正舊史之失。」又稱其「與光偕如萬安山，道旁有碑，讀之為五代列將，人所不稱道者，道原即能言其行事始終，歸驗於舊史，信然」。又稱曾「著五代十國紀年，以擬十六國春秋」。疑通鑑之五代事，亦恕所初修，恕死，乃悉委之范祖禹耳（劉恕卒於元豐元年九月）。

光著通鑑，先已成通志八卷，温國公文正集卷五七有上表云：「臣有先所述通志八卷，起周威烈王二十三年，盡秦二世三年。」兩漢至魏初稿，蓋皆熙寧四年（一〇七一）居洛前所撰。文獻通考卷一八上引高氏緯略，光與宋次道書云：「某自到洛以來，專以修資治通鑑為事，於今八年，僅了得晉宋齊梁陳隋六代以來奏御。唐文字尤多，託范夢得將諸書依年月論次為草卷，每四丈截為一卷，自課三日一卷，有事故妨廢則追補。」按温公於熙寧四年以西京留臺居洛，云於今八年，則元豐元年（一〇七八）也。八年之中，唐五代尚在草創，而自晉至隋則已成上奏，蓋八年之中，於此數朝用力最多。

通鑑所引諸書，高氏緯略謂「採正史之外，其用雜史諸書凡二百二十二家」。漢以前書缺有間，採摭自難。三國以後至於陳代，宋時古記之尚存者亦已不多。然通鑑所採，已極博贍，其見於考異者，三國志、范書、袁紀、晉書以外，徵引諸書皆本裴注，無他異聞，唯稍有考訂。至於晉代，則參證較多，蕭方等三十國春秋、杜延業晉春秋、崔鴻十六國春秋、華陽國志、范亨燕書、杜佑通典、十六國春秋鈔、劉琨集、前涼録抄（按：即十六國春秋鈔），皆所徵引。諸書中，尤以三十國春秋、晉春秋、燕書徵引較多。南北朝事則高氏小史、裴子野宋略、南北史、十六國春秋、十六國春秋鈔、元行沖後魏國典、沈約齊記、楊松玠談藪、楊衒之洛陽伽藍記、丘悦三國典略（梁以後多引此書）、蕭韶太清記（侯景事多引此書）、國典。徵引所及，正史以外，唯此數種，則宋時文獻已極缺略可知。而於此數書，凡足資考證異同者，幾於一字一句莫不比對，其不苟如此。其所徵引之史籍除前已介紹者外，餘介紹於次：

1. 梁太清記十卷，見隋志古史篇，梁長沙藩王蕭韶撰。韶傳見南史卷五一梁宗室傳上。韶為長沙宣武王懿之孫。「太清初，為舍人，城陷，奉詔西奔，及至江陵，人士多往尋覓，令韶説城內事，韶不能人人為説，乃疏為一卷，客問者便示之。湘東王聞而取看，謂曰：『昔王韶之為隆安記十卷，説晉末之亂離，今之蕭韶亦可謂太清記十卷矣。』韶乃更為太清記，其諸議論，多謝吴為之（吴曾為梁書）。韶既承旨撰著，多非實録。」史通正史篇云：「王褒庾信等事多見於蕭韶太清記，而德棻等了不兼採，以廣其業，蓋以其中多鄙言，故致遺漏。」

2.後魏國典三十卷，唐元行沖撰。行沖見舊唐書卷一〇二、新唐書卷一〇〇。舊傳稱「行沖以本族出於後魏，而未有編年之史，乃撰魏典三十卷，事詳文簡，為學者所稱」。文獻通考卷一八上經籍考云：「崇文總目題唐太常少卿元行沖撰。起道武帝，終宇文革命，凡三十篇。孝武入關，則書東魏為東帝，並載兩國事。為凡例，微用編年之法，文約事詳，學者宗之。」又引陳氏直齋書録解題云：「今本從莆田劉氏借録，卷帙多寡不同，歲月首尾不具，殆類抄節，似非全書。」

3.三國典略。新唐書卷五八藝文志稱丘悦三國典略三十卷，崇文總目作二十卷，通考云：「崇文總目題唐汾州司户參軍邱悦撰。以關中、鄴都、江南為三國，起西魏，終後周，而東包東魏北齊，南總梁陳，凡三十篇。今卷第多遺，自二十一以下皆缺。」通鑑考異所引至於周保定二年一條，陳周之末並不見徵引，或温公所見已非全帙也。丘悦見元和姓纂，稱吴興丘氏，丘靈鞠七世孫悦，岐王傅，昭文學（士），今御覽多引此書。

4.杜延業晉春秋。舊唐書經籍志、新書藝文志作晉春秋略二十卷。晁以道郡齋讀書志曰：「唐祕書省正字杜延業撰。自王隱而下諸書及諸僭偽傳記皆所詳究，而以蕭方等三十國春秋删緝為此書，館閣書目作杜光業。按唐志亦作延業，考新舊史他無所見，未詳何時人。」通鑑考異類云二十國春秋云云，舊以杜氏書印出蕭書，紀載多同也。

通鑑參考諸書不必皆著於考異，其有無他異聞，不須考證者皆直收入正文，如卷一〇五、一〇六後燕建國與翟遼事皆不見載紀，蓋本之范亨燕書，其記十六國事不見載紀者，雖不著書名，要當出於十六國春秋或三十國春秋。惟光所見十六國春秋非足本，見於考異者或直稱十六國春秋或稱十六國春秋鈔，疑有二本，一為不完全之原本，一為鈔節本，通鑑中頗引崔鴻論，有頗長者，似非鈔節本所應有，當出於殘本耳。

通鑑此段雖多出正史，然考校之功多，而所引異説又多是佚書，治魏晉南北朝史者不可忽也。至於二百九十四卷之書，缺誤自不能免，清人嚴衍著通鑑補，曾列舉其違失，錢大昕以為確不可易，則讀通鑑者併宜參觀者矣。

通典

通典二百卷，唐杜佑撰。佑為唐德宗末及憲宗時宰相。舊唐書卷一四七杜佑傳云：「初開元末劉秩採經史百家之言，取周禮六官所職，撰分門書三十五卷，號曰政典，大為時賢稱賞。房琯以為才過劉更生。佑得其書，尋味厥旨，以為條目未盡，因而廣之，加以開元禮、樂，書成二百卷，號曰通典，貞元十七年（八〇一）自淮南使人詣闕獻之。」通典卷一佑序篇目云：「理道之先，在乎行教化，教化之本，在乎足衣食。」又云：「夫行教化在乎設職官，設職官在乎審官才，審官才在乎精選舉，制禮以端其俗，立樂以和其心，此先哲王致理之大方也。故職官設然後興禮樂焉，教化隳然後用刑罰焉，列州郡俾分領焉，置邊防遏戎狄焉。」故其書次序即依此而定。「是以食貨為之首（十二卷），選舉次之（六卷），職官又次之……刑又次之（大刑用甲兵十五卷，其次五刑八卷），州郡又次之（十四卷），邊防末之（十六卷）。」按劉秩為劉知幾子，見舊唐書卷一〇二劉子玄傳。秩官「給事中，尚書右丞，國子祭酒，撰政典三十五卷，止戈記七卷、至德新儀十二卷、指要三卷，論喪紀制度加籩豆，評私鑄錢，改制國學事，各在本志。」新唐書卷一三二子玄傳附秩傳則云：「安禄山反，哥舒翰守潼關，楊國忠欲奪其兵，秩上言翰兵天下成敗所繫，不可忽。房琯見其書，以比劉更生。」則琯所賞者為論兵之書而非政典，然於卷一六六杜佑傳後同舊書之文，以為琯所稱者即政典。

通典為唐代一大著作，創史之新體，而編目前列食貨，棄史公班氏以來首舉禮樂天文之舊序，尤見特識。至其採摭之廣博，叙次之謹嚴，胸有斷制，不特鄭夾漈誇飾之學所不能及，即馬貴與亦遜其縝密也。今但就其有涉魏晉南北朝史事者論之。

一曰博綜。宋孝王關東之傳，子玄之所贊歎，書佚不傳，唯見通典徵引（按此或是劉秩原文，遵其父所示而録之）。皆論北齊至要之文；沈約之論檢籍，梁書缺而不載，南史載而不詳，通典首尾完具，使自宋以來户籍之弊，士庶之雜，賴此以明。中正之制，史或不詳，通典於中正條引干寶晉記、晉令、晉起居注（按：太平御覽多引之，疑是本修文殿御覽），使其職制得以稍見。東晉南朝諸儒並重禮學，書皆不傳。通典百卷除六十六以下為開元禮以外，其前六十六卷皆諸儒之説，其中雖多與史事不相關涉，而考見風俗、議論，為益實多。間亦有足以正史之失者，如晉書張輔傳所載楊欣有姊婚嫁，中正降品事，按之通典，則晉書誤以女為姊，以貶欣子俊為貶韓預。齊武帝永明中和買諸物，齊書本紀雖載其事而不詳，通典輕重篇則備列各州市買之物所交錢數。又如清河王懌所上表，不見北史，而魏書此傳則亡，亦唯見通典。若此之類，則徵引之富足以補史缺也。

二曰正誤。太和均田令，備見魏書，而中有衍文訛字，如桑田一條既云「諸桑田不在還受之限」，又云「没則還田」，自相矛盾。按之通典，則並無「没則還田」四字，蓋是衍文。又魏收書於租調下云：「大率十匹為工調，二匹為調外費，三匹為内外百官俸，此外雜調。」頗不易明，按之通典，則云：「大率十匹中五匹為公調，二匹為調外費，三匹為内外百官俸。」則十匹者言每十匹之用途，而非每家所納之數。又如隋書食貨志稱東晉南朝「淮水北有大市百餘，小市十餘所」。夫秦淮之北，壤地褊小，寧有置大市百餘之理，漢唐京洛亦無此制，按之通典，則「百」為「自」字之訛文。至於州郡沿革足以勘正隋唐志者亦復不尠。此則所據較確，足以糾正史之訛文也。

三曰通貫。各朝制度，皆有所承，自斷代為史，遂相隔絶。通典之作，足以貫通前後，如隋代州郡僚佐並出吏部，通典著武平以來勑授僚佐之事，以為隋制所自，又如職官皆列叙所自，列朝職掌轉移，此皆足以彌補斷代之失也。

然而通典成書二百卷，亦有小失及缺漏者。如梁初中正見於本傳者不少，而云梁初無中正。南朝官制皆分清濁，而輕删隋志，屯田不及孫吴，而始興大田，武吏列於賦税之類。至四庫提要譏「北齊租調之法，河清三年令，民十八受田輸租調，而露田數失載。」則通典悉本隋志，其下明云：「其方百里外及州人一夫受露田八十畒，婦人四十畒」，何云失載？又譏考績不載宋齊間治民之官以三年六年為小滿遷換法，則職官序稱「郡縣有三歲為滿之期」，注云「宋州郡縣居職者以三周年為小滿」。考之南史吕文顯傳，「宰人之官以六年為限，近世以六年過久，又以三周為期，謂之小滿」，則六年為正任期滿，不得云小，通典本無所缺，提要自不考耳。又以舍人見於周官，以通典云「中書舍人魏置」為誤。夫通典之舍人乃中書之舍人，安得上及周官？提要又云：「隋書大業時改中書監為内史監，乃僅云改中書侍郎為内史侍郎。」按通典在中書省下云：「隋初改為内史省。」於中書令下又云：「隋初改中書為内史，置監令各一人。」一再言之而提要竟若不觀，反以致譏。又云：「載梁有文德殿藏書，不知宋已有總明觀藏書之所。」按自漢天禄、東觀、蘭臺以來，藏書之所何可勝道，通典以祕書省該漢魏，而舉梁之文德殿者，取近事以明繼承，本非列舉藏書之所也。提要所譏，多肆口妄言，不獨未嘗考覈他書，即本書上下文亦未一讀，僅隨意掇拾一二語以為缺失，適見其武斷，不足據也。

世説新語

世説新語三卷，宋劉義慶撰，梁劉孝標注。宋書卷五一臨川烈武王道規附子康王義慶傳，云本長沙景王道憐子。傳稱其「愛好文義，才詞雖不多，然足為宗室之表」。又稱其「招聚文學之士，近遠畢至」，而不云著世説新語。南史卷一三宋宗室諸王傳臨川烈武王附子康王義慶，則稱其「所著世説十卷，撰集林二百卷並行於世」。劉孝標見梁書卷五〇文學傳，南史卷四九則附從兄劉懷珍傳後，並作劉峻，魏書卷四三劉休賓傳稱：「休賓叔父旋之（南史作琁之，梁書作珽），其妻許氏，二子法鳳、法武。」法武即孝標也。青州之陷，孝標幼年被俘為奴，中山人劉寶贖之，以貧，與母俱出家為尼僧，既而還俗，齊永明中始得南歸。梁書劉孝標傳稱其幼時在北，「好學，家貧，寄人廡下，自課讀書，常燎麻炬，從夕達旦，時或昏睡，爇其髪，既覺復讀，終夜不寐，其精力如此。齊永明中從桑乾得還，自謂所見不博，更求異書，聞京師有者，必往祈借。清河崔慰祖謂之書淫」。梁安成王秀曾「給其書籍，使抄録事類，名曰類苑」。南史稱因徵錦被事得罪武帝，「及峻類苑成，凡一百二十卷，帝即命諸學士撰華林編略以高之，竟不見用」。並不載注世説事。其注穿穴群典，無怪徵事之博，足窘沈范諸公也。

世説新語之書名篇第今本皆已更易。四庫總目提要據趙宋黄伯思東觀餘論，以為「世説之名肇於劉向，其書已亡，故義慶所集名世説新書。段成式酉陽雜俎，引王敦澡豆事，尚作世説新書可證，不知何人改為新語」。按黄氏説是也，今日本藏唐抄卷子殘本即作世説新書，太平廣記所引亦作世説新書可證。其作新語，蓋即在宋初，當時猶有作新書者，而黄伯思則已不之知，僅能以酉陽雜俎證之矣。至於隋書經籍志，兩唐書經籍志、藝文志並作世説，則余嘉錫先生以為省文是也。

汪藻叙録於隋唐志所載八卷十卷本外，有世説新書，注云：「李氏本世説新書上中下三卷，三十六篇，顧野王撰。」顔氏本跋云：「諸卷中或號世説新書，凡號世説新書者，第十卷皆分門。」又有世説新語，注云：「晁文元、錢文僖、晏元獻、王仲正。」黄魯直家本皆作世説新語，汪藻既稱「以世説新語為正」，而傳是樓藏宋淳熙十六年刊本（已佚），明嘉靖間袁氏嘉趣堂翻淳熙十五年陸放翁本皆作新語，蓋此宋時或作新書，或作新語，南宋時遂無作新書者矣。

嘉趣堂本末有紹興八年廣川董弅跋。陳氏直齋書録解題云：「世説新語三卷，叙録三卷……叙録者，近世學士新安汪藻彦章所為也。……此本董令升刻之嚴州，以為晏元獻公手自校定，删去重複者。」則日本所傳南宋本之有叙録者，乃真董弅刻本。而嘉趣堂所據之放翁淳熙翻本則亦據董刻而去其叙録。即傳是樓宋本恐亦即據董本。汪藻叙録本原是十卷，董弅取别一三卷本而附以汪藻叙録，非汪之舊。然則今所傳諸本皆出於董本，而董本則又本之晏殊之修訂本，其删節以唐人寫本校之，頗亦不少。晁氏郡齋讀書志稱：「家本有二，一極詳，一殊略。略有改正，未知誰氏所定。」晁氏所藏為十卷本，詳者不可知，略者稱有改正，或即晏殊本，汪藻叙録固云：錢、晏、王、黄本並十卷也。

董刻本用晏之删正本已謬，而又妄合晏本之十卷為别本之三卷，又以汪藻十卷本之叙録附後，使舊本面目盡非，不幸放翁及張演（即傳是樓宋本）皆取董刻重刊，流傳至今，悉承其謬。世多言明人好刻書而書亡。要亦不能獨責明人也。

世説輕詆篇曰：「庾道季詫謝公曰：『裴郎云：謝安謂裴郎乃可不惡，何得為復飲酒？』裴郎又云：『謝安目支道林如九方皋之相馬，略其玄黄，取其儁逸。』謝公云：『都無此二語，裴自為此辭耳。』庾意甚不以為好，因陳東亭（王珣）經酒壚下賦，讀畢，都不下賞裁，直云君乃復作裴氏學。於此語林遂廢。今時有者皆是先寫，無復謝語。」

文學篇：「裴郎作語林，始出，大為遠近所傳，時流年少，無不傳寫，各有一通，載王東亭（王珣）作經王公酒壚下賦，甚有才情。」注引裴氏家傳曰：「裴榮字榮期，河東人，父稺，豐城令。榮期少有風姿才氣，好論古今人物，撰語林數卷，號曰裴子。檀道鸞謂裴松之，以為啟作語林，榮倘别名啟乎？」（按隋志語林十卷，東晉處士裴啟撰，亡。）

世說蓋同語林。輕詆篇引續晉陽秋云：「晉隆和中河東裴啟撰漢魏以來迄於今時，言語應對之可稱者，謂之語林，時人多好其事，文遂流行。」

至其卷第，則隋書經籍志作「世說八卷，宋臨川王劉義慶撰」。又「世說十卷，劉孝標注」。兩唐書志則云：「世說八卷，劉義慶撰。續世說十卷，劉孝標撰。」蓋誤「注」為「續」，實與隋志合。至宋史藝文志則稱「劉義慶世說新語三卷」。今所傳唐卷子本存規箴第十（自孫休好射雉始，前缺），捷悟第十一，卷末標目云「世說新書卷第六」，即是十卷本。今所傳日本藏南宋本有汪藻世說叙録，稱有兩卷、三卷、八卷、十卷、十一卷之異，其三卷下注云：「晁氏本以德行至文學為上卷，方正至豪爽為中卷，容止至仇隙為下卷。又李本云：凡稱世說新書者皆合卷為三。」於十卷下注云：「錢、晏、黄、王本並十卷而篇第不同。」其云作新書者皆三卷者，或宋時如此，今唐寫本實是十卷。云錢、晏、黄、王本並十卷者，今嘉趣堂本末有廣川董弅紹興八年跋云：「右世説三十六篇，世所傳釐為十卷，或作四十五篇，而末卷但重出前九卷中所載。余家舊藏蓋得之王原叔家，後得晏元獻公手自校本，盡去重複，其注小加翦裁，最為善本。」語與汪氏合。夫世説新書者書之舊名也，北宋時或分卷，或更名，蓋尚未定，而從晏、王諸本新語之名，取李、顔諸本三卷之第，則所謂兩失之矣。（叙録末云：「定以九卷為正，用錢文僖本，分為十卷。」則汪氏尚作十卷，正文九卷，其十卷即「重出四十九事，錢晁所不録者」。董氏紹興八年跋亦稱十卷，疑定為三卷即淳熙重刊時。）今南宋本但作上、中、下三卷，而袁本及傳是樓本每卷又分上下，則又在其後矣。

據汪氏叙録，不獨卷第有異，即篇第亦有三十六篇、三十八篇、三十九篇之異。晁氏郡齋讀書志稱：「記東漢以後事，三十又八門。」紹興八年董弅跋云：「或作四十五篇。」汪氏叙録稱三十九篇者，於十卷後加直諫、姦佞、邪諂三門，皆正史中事而無注（三十八篇者無邪諂）。四十五篇則無可考。要之，原本只三十六篇，汪説是也。唯北宋時既已有之，則妄增尤在其前。

汪藻所定本，其第十卷為考異，即叙録所謂「重出者或存或否」者也。考異之名為汪氏所加，其五十一事中為前卷所未收者唯劉琨却胡騎、祖約追王右軍、王敦初尚主預武帝食三事，餘悉重出，但重之正文既有異同，而注則尤異，蓋是别一人所注，非孝標注也。時有敬胤按語，皆糾正文之誤。今南宋本卷下，袁氏嘉趣堂本卷下之下，尤悔門「劉琨善能招延」條，獨存敬胤按語一條，而袁本訛胤作徹。亦有無注及按語者。敬胤之按語既亦見於孝標注後，豈孝標曾採其注邪？其注亦有相同而微有異，如「大將軍年少時舊有田舍名」，見豪爽門，而注亦大同。汪藻以為「其載所以宋齊人為今人，則敬胤者，孝標以前人也。」按「王丞相過江自説昔在洛水邊」條，注江淵「六世孫淹今驍騎將軍」，梁書卷一四江淹傳稱：「永明初，遷驍騎將軍，掌國史，出為建武將軍，廬陵内史，視事三年，還為驍騎將軍兼尚書左丞，尋復以本官領國子博士，少帝初，以本官兼御史中丞。」是敬胤之所謂今者，齊永明間也。又「丞相治揚州廨」條注云：「宋大明中，分此廨為二王第，元徽初改創，今無復昔構矣。」其所謂今，顯是齊代。又所引書如王丞相德音記之類，並不見隋唐志，敬胤為宋齊間人，當如汪藻之説。然其書未經稱引，汪藻所録考異亦即諸十卷本之第十卷。顧其次序既不依世説新語，又不依年代順序，蓋經後人顛倒錯亂，原書當不止此五十一條，既不知何故以此五十一條作為第十卷而列於孝標注之後，亦不知何故取此五十一條。汪藻疑「敬胤專録此傳疑糾謬，後人妄取以補其書」。若如其説，則中有無注者，亦有注與孝標無大違異者，或止於校勘數字至一字，何所取而悉加抄録？凡此皆不可解。要之，臨川此書為後人所改者迷離錯綜，莫可究詰矣。

至於内容，則義慶本書為史通深譏，雜説篇曰：「近者宋臨川王義慶著世説新語，上叙兩漢三國及晉中朝江左事。劉峻注釋，摘其瑕疵，偽跡昭然，埋難文飾。而皇家撰晉史，多取此書，遂採康王之妄言，違孝標之正説，以此書事，奚其厚顔。」斥世説本文而深有取乎注，於補注篇後稱「孝標善於攻謬，博而且精」，深惜其不能「探賾彪嶠，綱羅班馬，方復留情於委巷小説，鋭志於流俗短書」。亦猶此意。

今考世説本文誠多駁雜，孝標、敬胤所糾，皆無以自解。然於史跡雖或乖忤，於史旨不為無本。此言此事，或非其人，而其地其時，可有其事。如言語門元帝始過江一節，顧榮不得稱元帝為陛下，然司馬渡江，跡同寄客，則周合於當時之情也。又如潁川太守髡陳仲弓，事或非真，而元方之時，比府君屬僚於君臣，則亦漢末之風氣也。至於玄談清論，論一時之學風者，不得不於此取材焉。

此書之價值尤在孝標之注。高似孫緯略稱：「梁劉孝標注此書，引援詳確，有不言之妙。如引漢、魏、吴諸史及文傳地理之書皆不必言，只如晉代一朝史及晉諸公別傳、譜録、文章凡一百六十六家，皆出於正史之外，紀載特詳，聞見未接，實為注書之法。」按孝標注，實用裴松之注三國志之法，故書、典記、傳狀、譜系賴此得存。諸家輯晉代佚書，實以孝標注最多。唯今所行者，皆出於董氏嚴州本，承用晏殊之删節，故多不完具。今以唐寫本校之，所删較多者雖止於注引管輅別傳，而其他亦有關史事者，乃知嚴州本之實非善本耳。

南宋本附汪藻本之考異，已如前述，其中之注，大抵較孝標為詳。中有孝標注本應完具而為後人删節者，亦有孝標原書簡明而此加詳者，注不明出處者甚多，然或有後人鈔録所遺，如第一條元帝始過江，注以「太妃、進軍下邳平東府事」起，其前顯有闕文。「太妃」上當有「迎」字。其前又當明述帝裔所自，封國瑯琊及就國事。又如祖士少道王右軍條，注引王隱晉書「其日西風，兵大懼攻」，考之御覽引王隱書（卷三一八），應作「兵火俱攻」。至於叙約之反，前後不貫，蓋皆後人誤鈔及删節之故。考異雖止有五十一條，而注頗有異文，足補史闕者，可重也。

洛陽伽藍記

洛陽伽藍記五卷，後魏楊衒之撰。史通補注篇楊作羊，文獻通考卷一六中經籍考引晁公武郡齋讀書志亦作羊，廣弘明集又作陽。然作羊者誤也。衒之事跡不見於史，卷首題名作魏撫軍府司馬楊衒之撰。余嘉錫先生四庫提要辨證據廣弘明集卷六辨惑篇，稱衒之爲北平人，元魏末爲祕書監。續高僧傳卷一元魏菩提流支傳及法苑珠林卷一〇〇傳記篇雜集部，景德傳燈録卷三菩提達摩傳，並稱衒之爲期城郡守或太守。知衒之爲北平人，官期城郡守、祕書監，不止於撫軍府司馬也。（按陽爲北平大族，古今姓氏書辨證卷一三稱：前燕有北平陽躭，其先明居北平無終。晉書卷一〇九慕容皝載記附陽裕北平無終人，叔父躭，晉書卷一一〇慕容暐載記附陽騖即躭子也，傳言右北平無終人。魏書卷七二陽尼傳，北平無終人。衒之若是北平人，則定姓陽。若然則陽固二子，傳遺其一，衒之或休之弟歟？然道宣或恐以其陽氏故云北平人，非有確證。）

衒之自序稱洛陽「至晉永嘉惟有寺四十二所，逮皇魏受圖，光宅嵩洛，篤信彌繁，法教逾盛，王侯貴臣，棄象馬如脱屣，庶士豪家，捨資財若遺跡，於是招提櫛比，寶塔駢羅」。又云：「暨永熙多難，皇輿遷鄴，諸寺僧尼，亦與時徙。至武定五年，歲在丁卯，余因行役，重覽洛陽，城郊崩毁，宮室傾覆，寺觀灰燼，廟塔邱墟……麥秀之感，非獨殷墟，黍離之悲，信哉周室。京城表裏凡有一千餘寺，今日寥廓，鐘聲罕聞，恐後世無傳，故撰斯記。」然則衒之撰述此書，正以魏之遷鄴，元氏式微，比於殷周之亡，有感於黍離麥秀之悲，故寄懷寺塔，致慨榮瘁。廣弘明集辨惑篇則云：「衒之見寺塔壯麗，損費金碧，王公相競，侵漁百姓，乃撰洛陽伽藍記，言不恤衆庶也，後上書言釋教虚誕，有為徒費，無執戈以衛國，有飢寒於色養，逃役之流，僕隸之類，避苦就樂，非修道者。」云云，則以衒之著述在於詆斥奉佛之靡費，故其後又上書毁佛也。二意蓋兼有之。然衒之此書譏奉佛之靡費則有之，未嘗深絶佛教，故亦頗述靈異之跡，如海上見被焚之塔，佛面驗漣如之容。即其上疏，亦止於請汰僧尼，沙門拜俗，以為「佛法可遵，師徒無濫，則逃兵之徒，還歸本役」而已。

洛陽伽藍記雖以寺為主，然兼及人物、記事。孝文以來及於爾朱倡亂，洛都故事，頗可考見。至於臺省坊市之分佈，足存舊京之面貌。故隋志以來目録皆列之地理，其實所述不止於地理也。四庫提要稱「其文穠麗秀逸，煩而不厭，可與酈道元水經注肩隨，其兼叙爾朱榮等變亂之事，委曲詳盡，多足與史傳參證。其他古跡、藝文及外國土風道里，採摭繁富，亦足以廣異聞」。按書中所述，於王公之奢淫，可見魏末政事之敗壞，而宋雲行記叙西域行程，獨見是篇，實為治中西交通史、佛教史之要典。至於其中亦多荒誕之言，如趙逸之長壽，崔洪之復活等，則小説短書，不盡徵實也。

其書體例，本分正文與子注，瑣碎之事，入於注中。史通補注篇稱：「除煩則意有所吝，畢載則言有所妨，遂乃定彼榛楛，列為子注，若蕭大圜淮海亂離志，羊衒之洛陽伽藍記，宋孝王關東風俗傳，王劭齊志之類是也。」今本注已與正文相混，不可辨識。清顧廣圻跋是書，擬如全謝山治水經注之例，復分正文與子注而不果，朱紫貴續為而未成。道光十三年（一八三三），錢塘吴若準始為分析，復參考諸本及御覽、廣記、法苑珠林所引，咸爲比校，成集證一書，復繪圖一篇。其後又有唐晏因吴氏分析，復爲鉤沈。近人張宗祥以爲「吴氏正文極簡，恐非楊氏之舊。如楊氏舊文果如吴氏所述，則記文寥寥，注文繁重，作注而非作記矣。」又云：「唐氏復因吴氏之簡，鉤沈本又起而正之，然第五卷原本注文誤入正文，則亦未盡合也。」以爲「此書子注之難分，實非水經注之比。」故張氏合校，不復强爲分析，亦實事求是之意也。

洛陽伽藍記以明刻如隱堂本爲最古。次有吴琯古今逸史本，毛氏緑君亭本，照曠閣本、吴氏集證本，均出如隱堂。漢魏叢書本則出於吴琯本，今張宗祥合校本，參校諸本最備，又詳列題跋及吴唐本之正文及吴氏之集證於後。張氏於集證亦間有補苴，可謂善本。唯此書宋本既不可見，如隱堂本混淆子注，本非楊氏之舊，且有缺佚竄亂。楊守敬晦明軒稿卷下跋洛陽伽藍記云：「御覽六百五十五引僧肇法師及赤髭三藏兩條，各本皆無之，可知其脱失者多，不第字句之訛舛也。」楊氏又據水經注穀水注、寰宇記、後漢書陳宣傳，改訂洛陽南面四門之名，並可見明本之訛。〔楊氏自御覽輯出之佚文，李葆恂重刻吴若準本序（光緒二十九癸卯，一九〇三）亦録入。其更正南面四門，則張宗祥集證採其説而没所自出也。〕

顔氏家訓

顔氏家訓二卷，隋顔之推撰。之推見北齊書卷四五文苑傳，梁亡入齊，齊亡入周，終於隋開皇中。

傳稱有文三十卷，家訓二十篇，並行於世。家訓成書，據終制篇云：「先君、先夫人皆未還建鄴舊山，今雖混一，家道罄窮，何由辦此奉營經費。」又慕賢篇云：「齊亡之迹，啟於是矣。」書中述齊亡者非一。余嘉錫先生以為作於隋開皇九年（五八九）平陳以後是也。書中所述，不及周隋，蓋慮犯時忌。四庫提要以為作於齊時，則失之不考。（又風操篇云：「近在議曹，共平章百官秩禄，有一顯貴，當世名臣，齊朝有一兩士族，文學之人，謂此貴曰：『今得天下大同，須為百代典式，豈得尚作關中舊意。』」此亦是入隋後語。）

是書為告誡子孫而作，故名家訓。内容所涉至廣，於南北風尚異同，治學為文之方，乃至語言雜藝皆校其得失。史傳所缺，如梁代子弟之脆弱；鄴下士人之教子；江南語言，士庶不同；河北門户，婦人所持。時見稱引，類皆習知。讀涉務篇而知僑姓之未有力田，讀書證篇而知蜀才之為長生，至於辨正字音，稱述文辭，皆有本原，足稱令作。故篇幅雖不多而取資者不盡，誠治南北朝史之要籍矣。

此書兩唐書志及晁氏讀書志並稱七卷，宋淳熙七年（一一八〇）刊本同。唯明嘉靖甲申（三年，一五二四）遼陽傅氏刊本作二卷。張璧序稱：「頃得中祕書，手自校録。」似在前已有作二卷者。然明人刻書好臆改，或即張氏所合併也。淳熙沈揆刻本有揆後序，述宋時有閩本及蜀本，而揆所據蜀本則經謝景思以五代宫傅和凝本參定，又云：「旁注側出，類非取一家書。」揆刻此書，亦多採謝氏校。揆又別列考證二十三條為一卷附之。清趙曦（敬夫）取沈本作注，盧文弨補注，並採俗間通行本異文之義長者從之而注其異同於下。乾隆五十四年（一七八九）刊行，即抱經堂本也。刊成後，文弨又重校者再，近人嚴式海又據抱經堂本重刊，而以盧氏重校散入本書，别採錢竹汀補正及清代至於近人諸家之校補、釋文，諸本之異同為補校注一卷附後，為是書之善本。

水經注

水經注四十卷，後魏酈道元撰。道元字善長，見魏書卷八九酷吏傳。北史卷二七附酈範傳後。魏書稱道元為青州刺史範之子，太和中為尚書主客郎，肅宗時歷官至安南將軍、御史中尉。為政以嚴猛稱。誅汝南王悦所嬖丘念。孝昌三年（五二七），雍州刺史蕭寶夤叛魏有跡，悦諷朝廷以道元為關右大使，為寶夤所殺。傳稱：「道元好學，歷覽奇書，撰注水經四十卷，本志十三篇，又為七聘及諸文，皆行於世。」（北史本傳較詳，又稱侍中城陽王徽忌道元，諷朝廷遣為關右大使，與魏書本傳不同。魏書此卷缺，今本亦後人所補，但非出於北史耳。）

本書乃為水經作注。水經作者，各有異説，而注亦本有兩家。隋志有水經三卷，郭璞注，水經四十卷，酈善長注。舊唐志有水經三卷，郭璞撰，又四十卷酈道元撰。新唐志稱桑欽水經三卷，一作郭璞撰。酈道元注水經四十卷。

自唐六典工部注云：「桑欽水經所引天下之水百三十七，江河在焉。酈善長注水經，引其枝流，一千二百五十二。」此後目録，並以水經為桑欽作。桑欽見漢書儒林傳，西漢末年人。四庫提要以為：「班固嘗引欽説。與此經文異，道元注亦引欽所作地理志，不曰水經，觀其涪水條中，稱廣漢已為廣魏，則決非漢時，鍾水條中稱晉寧仍曰魏寧。則未及晉代，推尋文句，大抵三國時人。今既得道元舊序，知並無桑欽之文，則據以削去舊題，亦庶幾闕疑之義云耳。」而錢大昕三史拾遺，則仍信為桑欽之作，以為「水經郡縣間有與西漢互異者，乃後人附益改竄」，然亦無確證。而水經注自引桑欽說，宋姚寬西漢叢語即以為「水經正文皆無此語，恐非桑欽撰」。胡渭禹貢錐指，以水經注漯水、易水、濁漳水所引與班書地理志所引桑欽説相合，證桑欽自別有地理志一書而非水經，其説至確，戴氏取之。錢氏雖駁戴説，於此亦不能為解。

至於郭注，則陳氏直齋書録解題稱杜氏通典：「水經晉郭璞注三卷，後魏酈道元注四十卷，皆不詳所撰者名氏，亦不知何代之書。」又曰「景純注解，又甚殊略，亦為遷怪」云云。清人皆以為璞本不注水經，後人以璞山海經注附入水注耳，其説或然。但三卷之郭注皆亡，亦無以辨其是非也。

酈注水經自宋以來即罕善本，錢曾讀書敏求記載宋版題跋云：「水經舊有三十卷刊於成都府學宮，元祐二年春，運判孫公始得善本於何聖從家，以舊編校之，纔載三分之一耳，乃與運使晏公委官校正。募工鏤版，完缺補漏，比舊本凡益編一十有三，共成四十卷。」趙一清稱：「觀所載無名氏跋語，則知水經宋初所行都非足本。」又云：「樂永言（史）寰宇記所引，每多逸篇，係奉旨纂修，是唯閣本有今書耳。然崇文總目已亡其五。朝家所藏如是，草澤之士烏得覩其足本邪。元祐二年之刻，大抵與全書相仿，而經注混淆，又必始於蜀版遷就之失。」按崇文總目佚其五卷，元祐二年之刻雖云「比舊本凡益編一十有三，共成四十卷」，似分卷次第亦非酈書之舊。四庫提要以為「今書仍作四十卷，蓋宋人重刊，分析以足原數」是也。今本經文所列諸水，較唐六典所云水經所引天下之水百三十七者尚少二十一，而玉海所記水經諸水與今本不異，知宋時已無完本。

其次則經注混淆，王應麟困學紀聞所引經文，已多雜以酈注。甚至郭璞注山海經引水經亦有酈注。其羼入至遲亦在宋時，蓋經、注混淆已久，明楊慎有校罥經文三卷，其言云：「曰出，曰過，曰逕，曰合，曰分，曰屈，曰注，曰入，此其八例也。」蓋亦有志於重分經、注。然所云八例，實兼經、注，則其所分之不能合於舊本，已不待論。此後，惟萬曆乙卯（四十三年，一六一五）刊朱謀㙔水經注箋，號稱善本。然考訂甚疏。明清以來，治此書者甚多。或有成書刊行，或未刊行，乃至並未成書，今不悉録。今所行者，唯官本及趙一清水經注釋四十卷，刊誤十二卷兩種。官本戴震所校，稱出於永樂大典而加以校勘。官本於乾隆三十九年（一七七四）校上，一清書據自序謂成於乾隆十九年（一七五四），而其刊行則在五十一年（一七八六），趙氏成書在前，後人頗疑戴校實攘趙釋。或又以為趙釋改從官本，疑莫能明，終成懸案而已。然戴氏所校不盡據永樂大典而託之大典之處，王靜安已據永樂大典原文指出，不能為戴氏諱也。

水經注為歷史地理之要籍，水道變遷，陵谷移易，莫不詳其原委，而考證州郡建置，名勝古跡，至於冢墓碑石，皆所不遺。於代都洛京，更為詳悉。其中類涉史事，足以補遺，不獨在地理也。書中所引史傳、地記、詩文、銘刻，大抵散佚，賴此存千百之一二。至於文章之妙，冠絕當時，雖當時地記，如盛弘之荆州記，袁山松宜都記之屬並工寫景，咸擅抽毫，善長所述，頗多取資，而整齊排比，詳而不煩，麗而不縟，不盡緣採捃精華也。

唯酈君長自中土，江南諸水，目所未接，而水道錯綜，往記亦多迷眩，不無影響之談，有乖經流之實。劉繼莊廣陽雜記盛推酈注，而亦云：「北方諸水，毫髮不失。而江、淮、漢、沔之間，便多紕謬。」顧氏方輿紀要亦云：「江漢以南，又皆意為揣測，宜其未盡審。」四庫提要指其以姚江合浙江之誤，亦不能為酈氏諱也。

明清兩朝治水經注者多家，而以戴、趙為最。清末宜都楊守敬集往時地理學之大成，實足牢籠諸家，而於酈注，尤為究心，曾為水經注作疏，授其弟子熊會貞，會貞復加補苴，以卷帙頗多，未能刊行，乃節取為水經注疏要刪，其全書鈔本，今歸之科學院，聞將刊行。地理之學，非圖不明，汪士鐸曾為酈注作圖，未能盡善，楊氏以胡刻一統圖為底本，繪製水經注圖，千頭萬緒，彙之一紙，其於此書功力之深，即此可見。胡適以楊氏譏戴襲趙，為鄉里左袒，盛詆楊氏，然不過摭摘版本數語，遽加嘲弄，楊氏雖亦以版本、金石著稱，要非甚至者（其述版本常有誤），至於脈水尋流，窮原竟委，疏通證明見於其圖者，豈胡氏所能夢見？不賢識小，反欲以責楊氏，固不足以欺人也。

文選

文選六十卷，梁昭明太子蕭統選，李善注。蕭統，梁武帝子，梁書卷八、南史卷五三有傳。梁書傳稱：「引納才學之士，賞愛無倦，恒自討論篇籍，或與學士商榷古今，間則繼以文章著述，率以為常。

於時東宮有書幾三萬卷，名才並集，文字之盛，晉宋以來，未之有也。」統於中大通三年（五三一）卒，所著文集二十卷，又撰古今典誥文言，為正序十卷，五言詩之善者為文章英華二十卷，文選三十卷。文選為今存總集之最古者。自漢以前，諸家別集，為數未廣，故亦未有總集之編。隋書經籍志叙曰：「總集者，以建安之後，辭賦轉繁，衆家之集，日以滋廣，晉代摯虞苦覽者之勞倦，於是採擿孔翠，芟翦繁蕪，自詩賦以下，各為條貫，合而編之，謂為流別。」隋志總集，首列摯虞書，今已不傳。此後或續有編類，集苑、集林之類，或至一二百卷，今皆無存，唯文選獨傳。其書採擇，遠自周季（卜子夏詩序，及屈宋諸篇）以迄梁代，凡分三十八類，列一百卅餘人之作。其所擇採，固重文辭，所謂事出於沉思，義歸於藻翰，論其體例，本非紀事之書，假有所資，有若採珠於海。然其中足以為讀史之助者，乃非一二。譬如干令升論司馬之興衰，陸士衡辨孫吳之亡微，此固史論也。乃若讀左思賦蜀之篇，知織錦之盛，閱陸機吳趨之詩，識士族之興。沈約之彈王源，則士庶婚姻之淆亂也，任昉之彈劉整，則奴婢生産之猶存也。安仁之誄馬，著關中之氐已為編户，孔璋之檄吴，見魏時屠各有別匈奴。諸如此類，讀者究心，皆籍此片辭，以明史實，固不僅文章流變，亦史學之一端矣。

顧蕭選之有益於史，尤以李善之注。李善，舊唐書卷一八九上儒學傳附曹憲傳。亦見新書卷二〇一李邕傳（善子）。舊書曹憲傳云：「初江淮間為文選學者本之於憲，又有許淹、李善、公孫羅復相繼以文選教授。」蓋秀才、進士並重摛文，隋唐以來，家置文選，所謂「文選爛，秀才半」，其學至曹憲而成家，善蓋繼其業焉。舊傳稱善揚州江都人（與憲同里），嘗注解文選，分為六十卷。新書李邕傳稱：「善有雅行，淹貫古今，不能屬辭，故人號書簏。」又云：善得罪流姚州，「遇赦還，居汴鄭間，講授諸生，四遠至傳其業，號文選學」。汪師韓文選理學權輿序稱：「選注所引諸經傳訓一百餘，小學三十七，緯候圖讖七十八，正史、雜史、人物別傳、譜牒、地理雜術藝凡史之類幾及四百，諸子之類百二十，兵書二十，道釋經論三十二，詔、表、牋、啟……雜文集幾及八百，其入選之文互引者不預焉，其薈粹弘富有如此。」即此可知善注之美備。其間徵引諸書，於史為多。而晉宋以來散佚之書賴此得存者雖隻句單辭，或資考訂。如引朱鳳晉書（安陸昭王碑）羯族遍佈河北，則非上黨之羯所可包，引張勃吳録四姓八族之稱，則江東之豪可數也（吳趨行注）。若斯之類，更僕難數。觸緒造端，是在讀者。

李善以文選學負盛名，而「開元六年，工部侍郎呂延祚復集呂延濟、劉良、張銑、呂向、李周翰五人共為之注，表進於朝」（提要），世號為五臣注，其注淺陋，為世所譏，所以得傳，殆以善注浩博難周，雖事義兼明，而不為通釋，五臣注則釋彼奥辭，達其文志，義求顯豁，便於淺學。南宋以來，世以善注與五臣相合，號六臣注。單行之本，遂罕流傳。世稱李善注者，實自六臣注中輯出，非原本也。

樂府詩集

樂府詩集一百卷，宋郭茂倩撰。四庫提要稱：「建炎以來繫年要録載茂倩為侍讀學士，郭褒之孫，郭源中之子，其仕履未詳。本鄆州須城人，此本題曰太原，蓋署郡望也。」提要盛推此書，以為「是集上起陶唐，下迄五代，其解題徵引浩博，援據精審，宋以來考樂府者，無能出其範圍」。今案此書郊廟、鐃吹、雜歌謡等類，見諸史樂志、五行志等，其他頗不經見；而所列鼓角横吹曲，多出虜歌；清商曲則出於吴聲，西曲尤可貴重。解題所引除正史外，多引古今樂録、樂府解題、樂府廣題。古今樂録又頗引王僧虔伎録及荀録，張永元嘉伎録。伎録見隋志，稱「梁又有伎録一卷亡」。不著撰人，蓋即此書。「又梁有宋元嘉正聲伎樂一卷，張邵撰亡」。荀録殆是荀勗之太樂雜歌辭三卷，見兩唐志。古今樂録，隋志著録十二卷，隋沙門智道撰。兩唐志作十三卷。樂府解題，新唐志有樂府古題要解一卷，郗昂樂府古今題解三卷，一作王昌齡，名皆相似。文獻通考經籍考有樂府解題云「崇文總目不著撰人名，與吴兢所撰樂府古題頗同，以江南曲稱首，其後所解差異」。而别見古樂府，樂府古題要解十二卷，吴兢撰，樂府古今解題郗昂撰或云王昌齡撰，云：「舊云古今樂府解題，又云古題，所載曲名與吴兢所撰樂府解題頗異」。則又逕以為吴兢書，今不可考，要是唐人書也。

是書所録南北民歌，不獨為優美之文學，抑且可以窺見風俗習慣，吴聲、西曲，並出荆揚，估客溯迴，女兒攬結，商旅之盛，於此足徵。横吹鼓角，塞上苦寒，馬上弓刀，座頭品笛，虜歌南渡，不但中原。至如并州歌引樂府題，載汲桑事，其歌首云：「士為將軍何可羞」與藝文類聚、太平御覽引三十國春秋作「奴為將軍」者不同。有以知「士」之為名，有同僕隸，敕勒歌引樂府廣題，知斛律金之歌以鮮卑，知北鎮之衆皆説鮮卑語。此皆有裨考證，非徒諷詠音辭而已。

郭書通行為汲古閣本，今古籍文學出版社影印宋本，無大異處。汲古閣本有元人序，毛晉跋云：「以錢宗伯藏宋本校。」今影印有徐乾學印，則傳是樓板物也。唯已不全，配以元刊本及舊鈔本。

全上古三代秦漢三國六朝文

七百四十六卷，清嚴可均輯。這是部卷帙繁富的總集，而且是全集。明代梅鼎祚曾編陳朝以前文為文紀，斷代為書，如西晉文紀等。張溥有漢魏六朝百三家集。張溥之書，又因其友張采之文鈔，唯多詩賦。蓋搜輯自明已有成書，但明人類疏於考證，梅、張之書咸有編失及誤編者。梅紀只有百餘卷，不備可知。嚴可均烏程人，號鐵橋，嘉道間人，世號為博洽。嘉慶十三年（一八〇八）開全唐文館，鐵橋不與，乃以一人之力緝此全文。其自序謂草創於此年之秋，肆力九年，草創初定，又肆力十年而成。蓋經二十七年之久矣。其書共七百四十六卷，作者三千四百九十七人，亦如文紀之斷代，而條例嚴密，搜輯完富，遠過梅、張。即所列作者小傳，其中固多見於史傳，而草茅韋布方外之士，其人行歷晦没不彰者，亦必廣求故記，叙其生平，所叙咸有依據，非如全唐文小傳之草率，即此已可補史缺，惜未注明出處耳。至於搜採之宏富，類書、雜記、碑版、金石，片辭隻語，皆所不遺。嚴氏自序以為「擥五厄之散亡，揚萬古之天聲」者，非誇飾也。

今考其書，雖曰文集，實亦兼輯佚書，如三國文中輯蔣濟萬機論、劉廙政論、任嘏道論、桓範世要論、杜恕之體論，嵇康聖賢高士傳；全晉文中之輯傅玄之傅子，摯虞之文章流别論等。（按此並列全文中，張鈞衡適園叢書以原輯本刻入並無不同，張氏不讀書，為人所欺，假手作跋者應非不知，豈即謾張之人邪！）皆足以存已亡之書，有益見聞。

維是書，嚴氏未及而刻，其中間有忘注出處或卷數者，皆未補。卷帙既富，作者數千，小傳亦不能無誤。如全陳文拘那羅陀小傳以揚輦為人名，全後周文道莊小傳以宗湫為人名，誠如陳援庵先生所摘，然此千百中之一，不足為是書病也。

嚴氏成書後，未幾即逝。其後，邑人蔣壑（季卿）刻成總目百三卷。其書稿本光緒間為巴陵方功惠所藏。光緒二十年（一八九四）黄岡王毓藻為廣東按察使，捐資刻之，初印於廣東，其板後存於郯，聞今已毀矣。

付印說明：

這是唐先生一九六〇年為研究生講課寫的講稿。這次付印未經本人復閱。其間如有訛誤，自應由整理人負責。

整理付印者　陳仲安附記一九七九年五月

唐長孺文集

山居存稿

續編

中華書局

一九八七年在武漢大學珞珈山寓所

一九八〇年在日本京都大學人文科學研究所

一九八三年在蘭州舉辦的敦煌吐魯番學會上（前排左三）

前言

唐長孺先生(一九一一年七月四日——一九九四年十月十四日),江蘇吴江人,我國著名歷史學家。一九三二年畢業於上海大同大學文科,後於浙江南潯中學、上海聖瑪麗亞女子中學等多所學校任教,講授中國史地、國文、政治制度等課程。一九四〇年任上海光華大學歷史系講師,一九四二年春轉任湖南藍田國立師範學院史地系副教授,一九四四年受聘爲遷至四川樂山之國立武漢大學歷史系副教授,一九四六年晉升爲教授,此後長期執教於武漢大學。歷任武漢大學歷史系中國古代史教研室主任、魏晉南北朝隋唐史研究室主任、歷史系主任、中國三至九世紀研究所所長;兼任中國社會科學院歷史研究所研究員暨學術委員會委員、國務院古籍整理出版規劃小組成員、國家文物局古文獻研究室主任、中國史學會理事,中國唐史學會會長,中國敦煌吐魯番學會副會長,湖北省中國史學會會長,湖北省考古學會理事長、六朝史研究會名譽會長、中國魏晉南北朝史學會顧問等學術職務,亦曾擔任武漢市人民政府委員、九三學社中央委員暨武漢分社副主委等職。他學識淵博,精通文、史,於魏晉南北朝隋唐史、古籍整理、敦煌吐魯番文書整理與研究等領域皆有卓越貢獻,被海内外學術界公認爲二十世紀傑出的史學大家之一。

唐先生早年因家學淵源，於經史子集多所研習；而在上海南洋大學附中、光華大學附中以及大同大學求學期間，主修英俄語言文學、政治、法律、歷史、地理諸科，故於當時東西方之學術文化皆有瞭解或掌握。他初攻舊體詩詞，兼習崑曲、彈詞，曾在國學叢刊等發表絶慮、曉竹、解連環諸詞作，並先後翻譯海桑東遊録、元經世大典圖釋序、弗蘭克林自傳及賽珍珠大地系列兒子們續編分家、美國傳教士格雷比爾新中國等多種著作。同時研治宋遼金元史，自一九三五年至一九四〇年前後，於國學論衡、齊魯學報等發表箚内亘可敦城考駁議、耶律大石年譜、周文武陵考、蔑兒乞破滅年次考證等多篇論文。

受聘藍田國師，特別是於武漢大學執教期間，唐先生由於教學和科研工作的需要，在兼治遼金元史的同時，研究重心轉爲魏晉南北朝隋唐史諸領域。自二十世紀四十年代初至五十年代初，於燕京學報、歷史研究、學原、武漢大學社會科學季刊等發表論金代契丹文字之興廢及政治影響、蒙元前期漢文人進用之途徑及其中樞組織、敦煌所出郡姓殘葉題記、論五朝素族之解釋、清談與清議、唐代軍事制度之演變、白衣天子試釋、南朝的屯、邸、别墅及山澤占領、范長生與巴氏據蜀的關係等篇章。

一九五五年，唐先生所撰魏晉南北朝史論叢由三聯書店出版，對這一歷史時期許多前人未及或懸而未決的重大問題進行了研究，獲得了一系列富於啓迪性的結論或見解，在海内外學術界引起重要反響。陳寅恪先生曾致函稱賞，謂「寅恪于時賢論史之文多不敢苟同，獨誦尊作，輒爲心折」。論叢之問世，可視爲一九四九年以來我國史學界在充分占有諸種史料的基礎上，運用科學的歷史觀和方

法論，融會貫通，將考據學與理論探討彙爲一體，對這一歷史時期的田制和賦役制度、生産關係、階級結構、政治制度、兵制、民族問題、宗教及學術文化諸論題展開深入剖析的史學名著之一，也由此奠定了唐先生在中國中古史諸領域的學術地位。

二十世紀五十年代中期以後，唐先生又相繼撰著出版三至六世紀江南大土地所有制的發展（上海人民出版社一九五七年版）、唐書兵志箋正（科學出版社一九五七版）、魏晉南北朝史論叢續編（三聯書店一九五九年版）、魏晉南北朝史論拾遺（中華書局一九八三年版）和山居存稿（中華書局一九八九年版）等著作。並於歷史研究、中國史研究、文物、中華文史論叢、武漢大學學報、魏晉南北朝隋唐史資料及日本東方學、東方學報、東洋史研究等刊物發表均田制度的産生及其破壞、門閥的形成及其衰落、關於武則天統治末年的浮逃户、唐代宦官籍貫與南口進獻、漢末學術中心的南移與荆州學派、太平經與太平道、論南朝文學的北傳、錢塘杜治與三吴天師道的演變、魏晉南北朝の客と部曲、唐代の部曲と客等學術論文數十篇。特别是在其晚年目疾加重、身患癌症的情況下，以驚人的毅力撰著魏晉南北朝隋唐史三論（武漢大學出版社一九九二年版）一書，對其長期研究魏晉南北朝隋唐歷史做出理論性概括。他在東西方歷史比較研究的基礎上，對兩漢時期的社會性質進行了探討，提出了「亞洲型」封建社會的論斷；從依附關係的發展歷程即「客的卑微化與普遍化」入手，論證了「魏晉封建論」之重大問題；探討了南北朝時期南北方由於歷史條件的不同從而在社會經濟、政治制度、門閥體制、學術文化等方面産生的諸般差異；對唐代的變化逐一剖析，對唐代「南朝化」傾向之問題進行了系統論述，進而對中國封建社會前期階段性發展之特質及演變趨勢等做出了新的詮釋。

唐先生在古籍整理和研究方面同樣做出了重要貢獻。他的唐書兵志箋正一書，對舊史記載做了一系列去僞存真的鑒别工作，條分縷析，糾正了兵志記載中的許多疏漏和錯誤。一九五七年，他被聘爲國務院古籍整理出版規劃小組成員；一九六〇年底，參加中華書局點校二十四史工作，承擔其中「北朝四史」（魏書、周書、北齊書、北史）的點校，出任武漢大學歷史系「北朝四史」點校小組組長。一九六三年，赴京主持點校「北朝四史」。前後歷時十載，終告完成。這一點校本，既充分參考前人成果，又多發前人之所未發。他不僅根據册府元龜、通典等增補傳本魏書禮、刑二志中之脱葉、脱文，同時所撰寫的校勘記，廣徵博引，按斷精審，將校勘與考訂有機結合，融古籍整理與歷史研究於一爐，被海内外學術界視爲古籍整理的「優秀成果和範本」。

唐先生歷來重視出土文物、文獻資料。早在二十世紀四十年代末即對新興的敦煌學多所關注。一九五七年四月至九月，他在北京參加中國科學院歷史研究所學術活動期間，於科學院圖書館閱讀敦煌文書縮微膠卷，抄録大量卡片；曾向歷史研究所所長尹達先生提出成立敦煌學研究室之建議，因故未果。二十世紀五十年代末至一九七四年前後，新疆維吾爾族自治區博物館文物考古隊及吐魯番地區文物保管所曾發掘清理吐魯番晉唐古墓葬近四百座，出土大量古代官私文書。唐先生敏鋭地意識到這批文書重要的學術價值，遂於一九七四年建議國家組織專門力量對之進行系統整理，並於一九七五年與國家文物局王冶秋局長、復旦大學譚其驤教授一道親赴新疆考察，在庫車古道上，唐先

生因路途顛簸，右眼視網膜脱落，竟致失明。同年，因唐先生之倡議，經國務院批准，受命主持成立「吐魯番出土文書整理組」。他不顧眼疾，全身心投入文書的整理與研究，帶領一批中青年學者，對近萬枚文書殘片逐一識讀，通過紙質、書體加以綴合、録文，並在悉心考訂的基礎上予以斷代和定名，十易寒暑，終將吐魯番古墓葬所出此批十六國至唐代的官私文書，古籍殘卷、佛道文獻等整理完畢。主編吐魯番出土文書釋文本一至十册；圖文本一至四册，先後於文物出版社出版，使沉睡千年的古冢遺文公諸中外學人，並總結出一套科學的文書整理的規範和方法。唐先生又結合出土文書的整理，將之與中國中古史研究有機結合，主編敦煌吐魯番文書初探（武漢大學出版社一九八三年版）、敦煌吐魯番文書初探二編（武漢大學出版社一九九〇年版）。他所撰寫的吐魯番出土文書中所見高昌郡縣行政制度、唐肅代期間的伊西北庭節度使及留後、吐魯番所出唐代西州差兵文書跋、吐魯番文書中所見高昌郡軍事制度、唐貞觀十四年手實中的受田制度和丁中問題、唐西州諸鄉户口帳試釋、吐魯番文書中所見絲織手工業技術在西域各地的傳播、吐魯番文書所見的西州府兵等一系列有關出土文書與十六國至唐代歷史的重要專論，與新出文書之整理一道，將我國敦煌吐魯番學引向深入。

唐先生還致力於中國古代史教材建設與相關工具書的探索與研究。一九五五年，受高教部委託，主編中國通史（二）魏晋南北朝史講義及教學大綱；同年，在武漢主持高教部魏晋南北朝史教材編寫會議；一九六二年，應邀參加中國科學院哲學社會科學學部中國史稿審稿會議，負責審定魏晋南北朝隋唐部分。一九六五年八月，主編中國通史參考資料古代部分第三册（魏晋南北朝），由中華書局出版。二十世紀八十年代初，唐先生被聘爲中國大百科全書總編輯委員會委員，中國大百科全書中國歷史編輯委員會副主任、隋唐五代史卷主編，他除了對該卷之條目逐條細擬、審定之外，還親撰「隋」等長文辭條。他還曾創辦魏晉南北朝隋唐史資料等刊物，與其他多位著名學者一道，共同發起創建中國唐史學會、中國敦煌吐魯番學會等學術團體，爲我國史學研究的繁榮和發展做出了貢獻。

唐長孺先生一生筆耕不輟，著述宏富，在其長達半個多世紀的學術生涯中，於中國古代政治、經濟、典章制度、民族、社會、宗教、學術文化、出土文獻諸領域縱横馳騁，皆有建樹，且不斷開掘學術研究的新課題。唐先生治學，嚴謹認真，實事求是，一絲不苟，既踵事增華，博取衆家之長，複獨辟新徑，形成了自己獨特的治學理路和學術風格。他注重對史料的充分占有和辨析，注意新資料的挖掘和運用，對相關資料去僞存真，去粗取精，洞悉史實之間的因果聯繫是唐先生治史的重要特點之一。而這一特點既包含了中國傳統「實證」史學的優秀成分，又使之在新的歷史條件下展示出無窮的學術魅力。他同時善於以小見大，從具體問題入手，透過具體的乃至零碎的片斷的史料記載，揭示出重大的歷史問題； 他注重「循名核實」，從相關詞義的變化洞悉歷史演變的脈絡，獲得事關全局的重要結論，如所撰晉書趙至傳中所見的曹魏士家制度、九品中正制度試釋、西晉户調式的意義、南朝的屯、邸、别墅及山澤占領、唐代色役管見等即是； 他十分注意各種歷史現象之間的内在邏輯和有機關聯，如討論士族問題，則密切關注其蔭客、免役之特權； 研究兵制問題，則旁及户籍制、身分制、色役制及部曲、奴婢等相關經濟社會之内容，由此及彼，由表及裏，在研究的深度和廣度上達到了很高的境界。他研究每一論題，必探其淵源和流變，通過長時段的考察，探尋其「變化與發展」。如有關魏晉時期江南的學風、魏晉至唐之官府工匠、魏晉南北朝的客與部曲、唐代的客户、南朝文學的北傳諸篇，或上溯兩漢以至戰國時代，或下延至兩宋時期，體現出廣闊的歷史視野。與此同時，唐先生在實證研究與理論探討、微觀研究與宏觀考察的結合上以及歷史與邏輯的統一上達到了新的高度。如晚年撰成的魏晉南北朝隋唐史三論之許多篇章即爲之樹立了典範。總之，唐先生成爲一代史學大家絕非偶然，與他的學養、學風、對史料與理論的高度重視以及不懈探求的學術精神密切相關。他晚年自題的聯語「著書敢期延歲月，湖山倘許小盤桓」，表達了他對人生的通達和學術的執著追求。且常謂：「史家『四才』須銘記，爲文切忌『急就章』」，這是他自勉之語，也是他教示學子之箴言。唐先生的學風、學術成就、學術理路和研究方法作爲二十世紀中國史學的優秀遺産之一，值得珍視和繼承。

由於唐先生的論著發表或出版於不同時期，有不少篇章已不易搜求；甚至一些專著也因出版經年，迄無再版，而於坊間難以獲見。他的相關論著，除魏晉南北朝史論叢、三至六世紀江南大土地所有制的發展、唐書兵志箋正、魏晉南北朝史論叢續編、魏晉南北朝史論拾遺、山居存稿、魏晉南北朝隋唐史三論等係他生前業已結集出版之外，尚有不少論文散見於各種報刊，另有一些手稿、講義、劄記等未公開刊行。爲滿足學術界的需要，繁榮學術研究，同時便於海内外學人相對全面地瞭解和研究唐先生的學術道路和學術思想，我們在中華書局的大力支持下，對其論著進行了一定程度和一定

範圍的搜集、整理，結集爲八卷本唐長孺文集。

經審慎協商，唐長孺文集確定如下取捨標準：

（一）譯著暫不收録，但與古史相關的重要譯文酌情收録。

（二）先已發表，後又經作者親自修改、補充的論文，只收最後修訂稿，原刊不再收録，如武則天統治末年的浮逃户、北涼承平七年寫經題記與西域通往江南的道路、舊唐書中關於元和三年對策案的矛盾記載、貞觀十四年手實中的合受田等。

（三）個別時代色彩較濃的論文，暫不予收録。

（四）序跋類文章，酌情收録。

（五）講義類暫酌收一部分。手稿中國中古史大綱中卷、中國中古史大綱補編、中國近古史大綱（講稿）等，因卷軼浩瀚，眉批繁複，擬另行刊印。

唐長孺文集的校核、整理或加工，大致遵循如下原則：

（一）文集悉用通行規範繁體字豎排，全式標點，人名、地名、書名等標專名線。特殊情況下（如敦煌吐魯番文書録文）適當保留異體字、古今字；原屬内刊稿或未刊稿中尚難辨識的文字以□標出。

（二）作者生前已刊專著、論文，以原書、原文爲底本；原文或原稿有疑問處，或參考作者修訂本及手稿做較大增删改動者，則一律出按語加以説明（專著置於出版説明或整理附記中，論文置於文

末）。

（三）引文校核，一般依據作者所用版本或通行本，明顯錯訛處徑改；版本異文原則上不做改動。所引古籍、前人今人論著的指稱（如簡稱或其他習慣用法），不予統一，以保留原貌。

（四）除個别文章外，注釋一律採用脚注。凡援引作者已刊專著、論文的注釋，雖頁碼變動，原所示參見之頁碼、注碼等，仍舊保留，另注明文集本頁碼、注碼。

唐長孺文集各卷所收專著或大致篇目如次：

第一卷　魏晉南北朝史論叢

第二卷　魏晉南北朝史論叢續編、魏晉南北朝史論拾遺

第三卷　山居存稿

第四卷　魏晉南北朝隋唐史三論

第五卷　唐書兵志箋正（外二種：三至六世紀江南大土所有制的發展、魏晉南北朝史籍舉要）

第六卷　山居存稿續編

第七卷　山居存稿三編

第八卷　講義三種（秦漢三國史、魏晉南北朝史三章、魏晉南北朝隋唐史）。附唐長孺先生生平及學術編年

武漢大學中國三至九世紀研究所師生、歷史系相關同事和唐長孺先生的學生、子女等分别承擔

了唐長孺文集的整理或校核工作。茲大致條列，以志其事。第一卷，魏斌、劉安志、朱海；第二卷，劉安志、何德章、朱海；第三卷，凍國棟、何德章、劉安志、朱海、申萬里；第四卷，凍國棟、朱海、黄樓；第五卷，孫繼民、王延武、劉安志；第六卷、第七卷，朱雷、凍國棟、何德章、劉安志、朱海、申萬里、黄樓、姜望來；第八卷，唐剛卯。其中，唐長孺先生生平及學術編年與文集前言由凍國棟執筆。石墨林在文集各卷的複印、收寄等方面承擔了不少工作。

唐長孺文集的整理與出版，還獲得諸多單位和友人的幫助。唐先生不同時期的學生在文集的編選和清樣的審讀方面，也付出了勞績。先後參與這一工作的有張澤咸、張弓、李文瀾、王素、黄正建、孫曉林、李方諸先生。此外，一些學界同行或建言獻策，或幫助複製、翻拍唐長孺先生早年文稿，多方襄助，不能一一列名，謹在此一併表示衷心的感謝。

程千帆先生、啓功先生、金克木先生生前對唐長孺文集的出版均十分關心。啓功先生還曾抱病親爲題簽，令人感銘。

武漢大學中國三至九世紀研究所

二〇一〇年六月

目録

南朝士族的衰落

南朝士族的如何衰落是一個相當複雜的問題。它不僅關係到統治階級內部階層間的變化，而且也牽涉到宗族組織以及封建土地所有制的問題，因而要獲得解決就必須全面考察魏晉以來社會經濟結構的發展過程，由於筆者在這方面的研究還是初步，談不到什麼正確的結論，這裏只能提出一些不成熟的意見，請同志們指正。

士族是少數在社會上享有各種特權的宗族（或宗族中分化出來的支族）組織。他們是統治階級內部的上層集團。從魏晉以來士族高踞在統治階級的頂峰，最大的封建主，最高級的官僚都出於士族。爲了保持他們業已取得的權益，他們强調血緣的關係，竭力排斥足以與之競爭的社會力量。假使說在晉代非士族分子還偶有擠入士族行列的機會，〔一〕那麽在晉宋之間就限制得更嚴格了，這時的士族業已僵化，不但「士庶之間，實自天隔」，而且連士族之間和一個士族的各支派之間也都排好了隊伍，嚴密地根據所謂「婚宦」，即婚姻關係和仕宦清濁的區分，來判斷其次第，高低不可踰越。士族集團爲自己築起高峻的壁壘，他們不能也不想在集團以外（即使是在統治階級的範圍內）吸取新的力量

〔一〕世說新語賢媛篇王武子欲以妹嫁兵家子，周浚娶李氏，李氏「得方幅齒遇」等事，都可說明晉代士庶區別還不像後代那樣嚴格。

來擴大其階級基礎。他們之所以這樣，只因爲他們本身的腐朽，害怕自己將受到排擠。他們沉醉在狹隘的小天地内，享受祖宗給他們安排好了的各種特權。他們不需要任何努力，自能「貴仕素資，皆由門慶，平流進取，坐至公卿」。〔二〕顏之推説梁代的貴遊子弟「無不熏衣剃面，傅粉施朱，駕長簷車，跟高齒屐，坐棋子方褥，憑斑絲隱囊，列器玩於左右，從容出入，望若神仙」。〔三〕他們腐朽到除享樂以外不再關心任何事務，並且恥笑稍能辦事的人。

這一個寄生集團成爲社會的贅疣，社會完全不需要他們，他們不但爲人民所唾棄，而且被他們所排斥的寒門地主也反對他們。我們知道，在南朝的整個時期寒門地主一直存在，而在後期更爲發展。他們一部分是由商人轉化的，一部分是由富裕農民中産生的，還有不少尚未擠入士族行列的地方豪强。他們力圖開闢自己政治的道路，以便爲自己創造更有利的條件。可是他們是寒門，很少可能提升到高位。士族擋住了他們的道路。這就是南朝寒門既不能不依靠士族，又不能不和士族鬥争的原因。

毫無問題，南朝的軍政大權一直由士族掌握，但自劉裕崛起以來就逐漸轉移到寒門地主手中。由於士族本身的腐朽，也由於被削弱的皇權企圖引用寒人（包括地主商人）來和士族對抗，所以自劉宋以來由寒人充當的中書舍人便掌握實際政權。那些據有高位的士族則已喪失掌握政權的能力，什麼事都不能做。在東晉時士族中間畢竟還産生過桓温、謝玄那些善戰的將軍，可是晉末開始軍事上

〔二〕南齊書卷二三褚淵王儉傳論。
〔三〕顏氏家訓勉學篇。

重要職位也不能不交給寒人。

當然，士族衰落的過程是經歷着一個較長時間的。在封建社會裏，擺脱傳統的束縛不是容易的事。士族在經濟上、政治上的特權不可能迅速消除。侯景之亂、江陵之破、隋平江南三次的嚴重打擊促使摇摇欲墜的南朝士族政權走向最後崩潰。

我們知道侯景之亂侵擾區域爲建康和吴會，正是江南士族聚居之地，我們從史籍上可以看到當時貴族豪家所受的打擊異常嚴重，「貴戚豪族皆自出采稆，填委溝壑，不可勝紀」，〔一〕以至「衣羅綺，懷金玉，交相枕藉，待命聽終」。〔二〕顏之推説梁朝貴遊子弟在亂後「朝市遷革，銓衡選舉，非復曩者之親，當路秉權，不見昔時之黨……兀若枯木，泊若窮流，鹿獨戎馬之間，轉死溝壑之際」。〔三〕從這些記載中可以看出江南士族的經濟基礎初次動摇。梁元帝即位江陵，建康朝士在侯景亂後不少也到了江陵，可是這個政權不久便爲西魏所滅，他們和人民一起被俘虜到關中。縱使有一些還在關中繼續做官，但這些人並不多，而且從此和江南脱離關係。在這時候平侯景、驅逐北齊軍隊以恢復江南政權的都是南方土豪，新建立的陳朝雖然還不能排斥士族在政治上的地位，然而顯然大爲削弱，我們只要看陳

〔一〕資治通鑑卷一六二太清三年五月壬午條。

〔二〕南史卷八〇侯景傳。

〔三〕顏氏家訓勉學篇。這一段雖也可以説指江陵陷落之後，但開頭就説「梁朝全盛之時」，顯然所説的貴遊子弟乃是侯景亂前建康的貴族豪家。

書列傳中王謝諸族雖不乏顯貴，却不占重要地位就可知道。以後隋朝滅陳，又把大量貴族官僚遷入關中，南史卷二四傳贊云：「昔晉初度江，王導卜其家世。郭璞云：『淮流竭，王氏滅』……及于陳亡之年，淮流實竭，曩時人物，掃地盡矣。」當然我們不相信什麽郭璞的神卜，但由此可見像王家那樣第一位高門士族在陳亡以後，不免「掃地盡矣」。我們還可以從隋唐史籍中看到不少江南士族不論僑姓和吴姓都在江陵之破和隋朝滅陳這兩次遷移關中。帶有地方性的士族既然被迫離棄其本土，當然在經濟上和政治上喪失了所依憑的基礎。

最後我們還有必要從士族組織内部來考察其衰落原因。如上所述士族乃是享有特權的統治階級上層集團的宗族組織。我們知道宗族是以血緣作爲紐帶的大小家庭的聯合組織，各個家庭都有自己的私有財産，因而宗族組織一開始就包含着一對矛盾，這就是成員間血緣關係的平等和財富分配的不平等。宗族内部貧富區分的激化必然導致宗族組織的解體。士族最先即是從更大的宗族中間分化出來的一個統治者家庭，但是它仍然按照宗族組織形式建立起同一祖先下後裔的聯繫，仍然是以血緣作爲紐帶的大小家庭的聯合組織。因而也同樣包含着這一對矛盾。所有士族成員出於同一祖先不問貧富基本上都享有特權：可是財富分配却越來越不平等，不但各個家庭間不能一致，甚至一個大家庭内兄弟子姪也是貧富懸殊。〔二〕貧困士族縱使依靠血緣的「高貴」，仍有可能通過仕宦途徑

〔二〕宋書卷八九袁粲傳：「伯叔並當世榮顯，而愍孫（即粲）飢寒不足。母琅玡王氏，太尉長史誕之女也，躬事績紡，以供朝夕。」像這類的事還可以舉出一些。

以獲得財富，但是其可靠性畢竟是有限度的。在此情況下「士」之爲「士」固然還和「族」有必然的聯繫，却不能不隨着「兄弟異計」，〔二〕「同居異爨」〔三〕的發展而日益削弱。「族」對於「士」的作用既然在削弱，士族也就不能不趨於解體了。

（原載歷史教學一九五七年二月號）

〔一〕宋書卷八二周朗傳。

〔二〕魏書卷七一裴叔業附從子植傳。

門閥的形成及其衰落

魏晉以降的門閥制度是一個重要的論題。本文企圖從它的形成以至衰落的過程中提出幾個問題來討論。這些問題顯然没有包括所應涉及的全部門閥制度。有關這個論題的一部分已經在南朝寒人的興起一文中討論，另外還有一些問題在我過去發表的論文中談到，這裏除了必要的論證外，就不擬重複。還有一些問題古今學者已多論述，或者自己還提不出什麽意見，也不打算多談。我的學力遠不足以解決這個中古史上的重要問題，假使説本文偶有可供參考之處，那也許只限於一些值得商榷乃至糾正的不成熟的論點而已。

一

門閥制度特點是按照門户等級區别士庶在經濟、政治、文化上所處的不同地位。〔一〕門閥貴族在

〔一〕本文所擬討論的門閥大體上按照唐人柳芳所説的那幾個集團。唐書卷一一四儒學柳沖傳載柳芳論氏族云：「過江則爲僑姓，王、謝、袁、蕭爲大；東南則爲吴姓，朱、張、顧、陸爲大；山東則爲郡姓，王、盧、崔、李、鄭爲大；關中亦號郡姓，韋、裴、柳、薛、楊、杜首之；代北則爲虜姓，元、長孫、宇文、于、陸、源、竇首之」，柳芳所述可以合而爲三，即江南士族、北方郡姓和鮮卑軍事貴族。

各方面享受特權。這樣一種區別，南朝人大致認爲兩漢還不存在，應該始於曹魏或更遲一些。譬如沈約說：「頃自漢代，本無士庶之別」，〔一〕又說「魏晉以來，以貴役賤，士庶之科，較然有辨」。〔二〕裴子野也說漢代「士庶雖分，而無華素之隔」，他認爲漢代雖有士人和庶民的區分，但不像後來那樣以門户來區别政治地位。所以又說「有晉以來，其流稍改，然草澤高士，猶廁清塗，降及季年，專稱閥閲」。〔三〕他認爲這種變化始於晉代而在更遲時才固定下來。沈裴二人似乎都否認漢代有像南朝那樣的士庶區别。他們所論着重在政治上或選舉上的士族特權，這種特權的獲得正是門閥形成的重要標識，因而他們的論點也意味着漢代還没有如以後的門閥。

如沈裴所論，門閥（士族）的形成始於魏晉應該是有根據的。但是我們從漢代資料中常常看到的强宗、大族、冠族、著姓等等和以後的門閥有没有關係呢？

我們知道東漢以至三國士庶對稱還是非常少見的，通常族姓間的區别都是以大姓、著姓、冠族和單家來表示。這一類史例很多，我們現在只引三國時的幾個例子。三國魏志卷一三王朗傳注引魏略儒宗薛夏傳：

天水人也。博學有才。天水舊有姜、閻、任、趙四姓，常推于郡中，而夏為單家，不為降屈。

〔一〕通典卷一六選舉四雜議論引沈約梁天監中上疏。

〔二〕宋書卷九四恩倖傳序。

〔三〕通典卷一六選舉四雜議論引裴子野論。

四姓欲共治之，夏乃遊逸，東詣京師。〔一〕

同書卷一五張既傳注引魏略：

既世單家，為人有容儀。少小工書疏，為郡門下小吏，而家富。自惟門寒，念無以自達，乃常畜好刀筆及版奏。伺諸大吏有乏者，輒給與，以是見識焉。

又云：

初既為郡小吏，功曹徐英嘗自鞭既三十。英字伯濟，馮翊著姓。建安初為蒲阪令。英性剛爽，自見氏族勝既，于鄉里名行在先，加以前辱既，雖知既貴顯，終不肯求於既。既雖得志，亦不顧計本原，猶欲與英和。嘗因醉欲親狎英，英故抗意不納。

同書卷二三裴潛傳注引魏略嚴幹李義傳云：

馮翊東縣舊無冠族，故二人並單家，其器性皆重厚。當中平末，同年二十餘……馮翊甲族桓、田、吉、郭及故侍中鄭文信等頗以其各有器實，共紀識之……逮建安初，關中始開。詔分馮翊西數縣為左內史郡，治高陵；以東數縣為本郡，治臨晉。義於縣分當西屬。義謂幹曰：「西縣兒曹，不可與爭坐席，今當共作方牀耳。」遂相附結，皆仕東郡為右職。

從上引資料看來，魏略作者魚豢所用的專辭是著姓、冠族、甲族和單家，二者之間顯然具有等級的區

〔一〕王朗傳注引魏略儒宗傳，又隗禧傳稱：「京兆人也，世單家」。

別。薛夏僅僅因爲不肯向大姓低頭，以致不能不逃亡。張既雖是富人，却因爲是單家，所以直到他做了大官，仍然爲本郡著姓徐英所輕視。徐英對待張既的態度已經開南朝士庶不相通的風氣。自漢以來，「仕郡」是一條起家大道，而當時爲大吏的都是本郡著姓、冠族。張既雖家富有學，也只能爲小吏，而著姓徐英便是郡功曹。三國魏志卷八公孫瓚傳注引英雄記：「瓚統内外，衣冠子弟有材秀者，必抑困使在窮困之地。或問其故。答曰：『今取衣冠家子弟及善士富貴之，皆自以爲職當得之，不謝人善也。』」由此可見衣冠子弟在地方上獲得富貴被認爲是當然之事，所謂「職當得之」。嚴幹、李義考慮到自己的單家身分，不能和冠族、著姓競争，所以附藉於無冠族的東縣。

天水馮翊的著姓和單家當然不是在魏時才劃分，這種等級性的族姓尊卑之别應該老早就存在。因而以後的士庶區别顯然和著姓單家的區别存在着一定的繼承關係。我們如果仔細考察南北朝的士族家系，很多可以推到東漢乃至西漢。例如泰山羊氏「其先七世二千石卿校」，[一]吴郡陸氏「世爲族姓」，[二]京兆的韋杜一直可以推到西漢，太原鄉琊兩王氏也是東漢名門，至於著稱的袁楊兩族，更不須説。我們在這裏没有必要一一列舉，總之士族之中至少有不小的一部分即是兩漢的著姓、冠族。但決不是所有士族都出於漢代大姓、冠族，也不是所有漢代的大姓、冠族都能够在魏晉以後列於士族。事實上魏晉以來的士族中間至少有一部分出於漢末的單家，後漢書卷六二陳寔傳：

[一] 後漢書卷三一羊續傳。
[二] 後漢書卷八一獨行陸續傳。

　　潁川許人也……少作縣吏，常給事廝役。後為都亭刺佐，而有志於學，坐立誦讀。縣令鄧邵試與語，奇之，聽受業太學。後令復召為吏，乃避隱陽城山中。

潁川陳氏自然是魏晉高門，然陳寔雖名重一時，却出身卑微，以致充當縣吏「給事廝役」。同書卷六八郭太附庾乘傳：

　　潁川鄢陵人也。少給事縣廷為門士。林宗見而拔之，勸遊學官，遂為諸生傭。後能講論，自以卑第，每處下坐。

潁川庾氏不消説是高門。三國魏志卷一一管寧傳注引庾氏譜：「遁（庾乘的兒子）胤嗣克昌，爲世盛門。侍中峻、河南尹純皆遁之子，豫州牧長史顗，遁之孫，太傅文公亮，司空冰皆遁之曾孫」。父充門士，而子孫却被稱爲「盛門」。晉書卷五〇庾純傳：

　　初純以賈充姦佞，與任愷共舉充西鎮關中，充由是不平。充嘗宴朝士，而純後至。充謂曰：「君行常居人前，今何以在後？」純曰：「且有小市井事不了，是以來後。」世言純之先嘗有伍伯者，充之先有市魁者。充純以此相譏焉。

庾氏曾爲伍伯似即指庾乘之爲門士。賈氏之先無考，但東漢賈氏以潁川賈復最著。賈充出於河東，這一支是比較後起的，大致在魏晉時還是新興的門户。同書卷九三褚裒傳：

　　祖䂮，有局量，以幹用稱，嘗為縣吏。事有不合，令欲鞭之……家貧，辭吏。年垂五十，鎮南將軍羊祜與䂮有舊，言於武帝，始被升用。

在魏晉間還作卑微的縣吏，可知其出於寒門。裴子野說晉代「草澤高士，猶廁清塗」是有根據的，譬如石苞便是一個典農部民，〔一〕位至三公。但石氏自石崇被殺後即行衰落，而褚氏却因褚裒聯姻皇室，以後這一族成爲東晉、南朝的第一流高門。

如上所述，我們可以知道部分門閥是在魏晉間興起的，他們並非漢代的大姓、著姓、冠族等等。我們看到不少漢代的大姓、著姓、冠族等直到南北朝依然保持其特殊地位，也看到一些漢末卑微之家在魏晉時列於士族，在這裏有一個問題便是爲什麼只有這一些姓族取得特殊的地位。

我們認爲這一些姓族之能够取得士族地位不僅由於他們的祖先以「士」起家，〔二〕更重要的是他們的祖先必須在魏晉間獲得較高的官位，也是魏晉政權組織中的上層官僚。這以起於漢末，盛於魏晉的潁川荀、陳、庾諸族來說是很顯著的。也就在這個時期，他們制訂了有關確立門閥特權的法令。

門閥特權的確立在政治上是皇權和地方勢力的妥協，在經濟上是封建範疇内的國家土地所有制和貴族官僚大土地占有制的妥協。

〔一〕三國魏志卷二八鄧艾傳注引世語：「鄧艾少爲襄城典農部民，與石苞皆年十二三。謁者陽翟郭玄信……從典農司馬求人御，以艾、苞與御」，可知石苞和鄧艾都是典農部民。鄧艾雖死於晉皇朝建立前，實際上他也是晉臣。太平御覽卷九五引虞預晉書稱司馬懿：「知人拔善，顯揚側陋，王基、鄧艾、周（州）泰、賈越之徒皆起自寒門而著績於朝。」都可說明，魏晉之間用人還沒有像後來那樣嚴格排斥庶族。但同時我們也要注意，這些拔自寒門的公卿很少在以後成爲高門。

〔二〕東漢選舉以通經爲條件之一，因此世代傳經和世代做官有關，看來似乎這些門閥都是以經學起家，實際上通經只是入仕條件之一，門閥地位的取得主要還在於「世代簪纓」。

兩漢時期皇權和地方勢力之間曾經進行着長期的鬥争。這是統治階級内部的矛盾，因而爲了共同統治人民也不斷地在謀求妥協。漢武帝一方面抑制豪强，另一方面却確立歲舉制度，設置博士弟子員，其意即在於此。東漢時期官僚的選拔大抵通過歲舉和辟舉的道路而逐漸上升到公卿的地位，這正是地方勢力和皇權的合作表現。然而以宗族、鄉里爲基礎的地方封建勢力必然日益傾向於分裂主義，而皇權也必然力圖保持其對「自由」農民的無限權力，因而矛盾仍然存在。東漢一朝反復出現的把持宫廷的外戚、宦官和操縱地方的官僚、名士間的鬥争至少部分地反映了這個矛盾。

魏晉政權的努力便是在黄巾大起義之後，爲了鞏固封建政權，力圖消除或緩和這種削弱統治力量的矛盾。擺在當前的具體問題便是政治上沿自東漢的大族名士操縱選舉之權和經濟上土地兼併與私屬的發展。統治集團爲此制訂了法令，在肯定門閥特權的基礎上承認朝廷對於地方的完整權力。

選舉方面的具體措施便是人所熟知的九品中正制。關於九品中正制我另有專文，[一]這裏不擬重複。簡單地説，通過這個制度使原來有矛盾的官方選舉和「鄉里清議」取得協調，使東漢末年的鄉里清議變成官方的中正品第。充當中正的人大致即是有權主持鄉里清議的大族名士而又爲曹魏達官的人物。既然如此，中正品第必然首先反映這個集團的利益，因而開始時雖然家世的考慮還没有成爲決定品第高低之唯一條件，不久以後，到司馬氏當國時就幾乎專以家世論品了。上面所述漢末興

[一] 見魏晉南北朝史論叢九品中正制度試釋。這篇論文過於强調曹魏政權抑制浮華朋黨這一方面，因而論斷的重點不恰當。

起的陳氏、庾氏、荀氏等等和其他一些漢代冠族著姓同列於士族，就因爲他們同屬於這個集團。

九品中正制的建立保證了這個集團亦即所謂士族的「世禄」，鞏固了他們在社會上的特殊地位。它的意義在於使士族世襲地以俸禄形式分取租調剥削和世襲地爲政權組織中的上層統治者。王沈釋時論所謂「百辟君子，奕世相生，公門有公，卿門有卿」，〔一〕正是與「上品無寒門，下品無世族」密切聯繫的。

門閥貴族的經濟利益通過「世禄」而和國庫聯繫起來。到了西晉，他們占有的土地通過占田制而和封建國家土地所有制聯繫起來。占田的意義一方面是限田，另一方面就是把貴族官僚的土地在形式上納入國家土地所有制的系統中。根據制度，各級官僚按照他們官品的高低合法地占有多寡不等的土地，最高級的一二品官可以占有五十頃，連最低級的九品官也還可以占有十頃土地。我們知道當時能够做到一二品官的只有十族，而通過九品中正制，士族官位實際上具有世襲性，因而也就保證了他們廣占土地的世襲性。

各級官僚占有的土地在法令上只能是作爲國有土地的一部分而配給的，因此貴族官僚土地占有制也就在法律上從屬於封建國家土地所有制。當然，貴族官僚實際占有的土地常常會超過定額的，例如王戎「廣收八方園田冰碓，周遍天下」，〔二〕但這種超額占有的土地或者是皇帝裝作不知道的，或者是以賜田形式占有的，而賜田仍然是作爲國有土地而配給的。

〔一〕晉書卷九二王沈傳。
〔二〕晉書卷四三王戎傳。

在西晉頒佈的户調式中還明確規定了各級官僚的蔭族權利，特别指出「先賢之後及士人子孫亦如之」。士人子孫即使不作官也同樣可以獲得「蔭」，即復除的權利。我們知道士族原來只能是從一個宗族中間分化出來的一個支派，但是同出於一個祖先的後裔却仍然以血緣組織爲紐帶來聯繫大小家庭。户調式中對於士人子孫蔭族特權明確了士之爲族，只要祖先被認爲是士人，子孫自然也是士人。這一點在漢代是缺乏保證的。

這樣一種特權的規定必須先有士人和非士人的明確區别。我們知道曹魏時期「士」已經不是一種廣泛的稱號。三國魏志卷二一王粲傳注引魏略，稱吴質「雖已出官，本國猶不與之士名」。吴質官爵貴顯，也是文士，他所以不能獲得士名，是由於他是單家，又「不與鄉里相沈浮」，即不相來往。「士」之爲「名」而且有待於本國之「予」，大概和鄉里清議有關，而這時已經和九品中正制有關。由於「士」已經不是一種廣泛的稱號，所以那時出現了一種「士籍」。晉書卷一一三苻堅載記上稱「復魏晉士籍使役有常」，〔一〕同書卷一二四慕容寶載記稱寶「定士族舊籍」，所稱舊籍應即指魏晉士籍。由此可見魏晉時「予」了「士名」就有籍可稽，「士」的身分就這樣固定下來了。

如上所述，門閥的産生固然可以推得更早，但是門閥特權的確立應在魏晉時。九品中正制、占田

〔一〕魏晉以來的「士」有兩種截然相反的解釋。其一是士族之士，那是「高貴」的身分；另外一種是「士家」之士，那是指兵士、役門而言，表示卑微的身分。苻堅所復的士籍應該是指第一種的士，因爲魏晉士家的册籍是無從恢復的，而且從下面所引慕容寶載記中的記載也可以明了指的是士族之籍。

制和蔭族制保證了政治上、經濟上的門閥世襲權利，也在這時出現了確立「士名」的士籍。因此，南朝人認爲士庶分隔始於魏晉在這個角度看來是有理由的。

二

南朝的士族和北朝的郡姓同樣是上層統治者的宗族或支派，同樣享受政治上和經濟上的特權，但是由於所處的歷史環境南北不盡相同，所以乂各具有他的特點。這個特點是南朝士族和宗族鄉里的聯繫日益削弱，而北朝郡姓却在較長期間保持着這種聯繫。宋書卷四六王懿傳：

北土重同姓，謂之骨肉，有遠來相投者，莫不竭力營贍，若不至者，以為不義，不為鄉里所容。（王）仲德聞王愉在江南，是太原人，乃往依之。愉禮之甚薄。

由此可見宗族關係北方比南方远爲密切。魏書卷四八高允傳説：「顯祖平青齊，徙其族望於代。時諸士人流移遠至，率皆飢寒，徙人之中，多允姻媾，皆徒步造門。允散財竭產，以相贍賑，慰問周至。」這批徙人之中有他的族孫高聰，高允「視之若孫，大加賑給」。〔一〕同書卷四七盧玄傳也説盧度世賑濟和敬禮那些被遷徙的親戚。

不但對待宗族、鄉里的態度南北士族大有厚薄之別，就是對待家族的態度也是一樣。魏書卷七

〔一〕魏書卷六八高聰傳。

一裴叔業附從子植傳：

植雖自州送祿奉母及贍諸弟，而各別資財，同居異爨，一門數竈，蓋亦染江南之俗也。〔一〕

「同居異爨」是江南之俗，宋書卷八二周朗傳，朗上疏云：「教之不敦，一至於是，今士大夫以下父母在而兄弟異計，十家而七矣，庶人父子殊産亦八家而五矣」，可見分居之俗盛行於江南。〔二〕我們看北方便有些不同，盧玄傳末稱「淵昶等並循父（度世）風，遠親疏屬敍爲尊行長者，莫不畢拜致敬。閨門之禮，爲世所推。謙退簡約，不與世競。父母亡，然同居共財，自祖至孫，家内百口。在洛時有饑年，無以自贍，然尊卑怡穆，豐儉同之」。像盧氏那樣的幾代同居固然在北方也不太多，魏書卷五八楊播傳末極力誇奬楊氏的家風，説「一家之内，男女百口，緦服同爨，庭無間言，魏世以來唯有盧淵兄弟及播昆季，當世莫及焉」，可見也只有盧楊兩家。但無論如何，「父母在而兄弟異計之俗」在北方是不通行的，所以常常以此嘲笑南人。〔三〕

〔一〕裴植是南朝僑姓，至叔業以壽陽降魏。

〔二〕宋書傳五九江智淵傳：「世父夷有盛名，夷子湛又有清譽，父子並貴達。智淵父少無名問，湛禮敬甚簡，智淵常以爲恨，自非節歲，不造湛門。」同書卷八九袁粲傳：「太尉淑兄子也。父濯揚州秀才，早卒。祖母哀其幼孤，名之曰愍孫。伯叔並當世榮顯，而愍孫飢寒不足。母琅琊王氏，太尉長史誕之女也。躬事績紡以供朝夕。」濟陽江氏、陳郡袁氏都是江南第一流高門，而兄弟子姪之間這樣澹薄，何況宗族間的關係。

〔三〕太平廣記卷二四七詼諧盧思道條稱，思道聘陳，作詩云：「共甑分炊水，同鐺各煮魚」，「爲南人無情義，同炊異饌也，故思道有此句，吴人甚愧之。」可知弟兄分居的普遍。

這樣一種風俗之異決不是道德觀點的問題，而是構成南北門閥特點的歷史條件有所不同。

我們知道北方郡姓以河北爲多，而在魏晉時這個地區却頗受輕視。何晏、鄧颺竟然嘲笑冀州「上古以來，無應仁賢之例，異徐、雍、豫諸州也」。〔一〕太平御覽卷二五六引王隱晉書：「山濤轉爲冀州刺史，冀州舊名皃俗，略無人士。」又卷三七引王隱晉書：「解結問別駕治中曰：『河北白壤高良，何故少人士。每以三品爲中正？』」這裏所稱人士和品第相聯繫，顯然就是指士族。河北缺少士族的原因這裏暫不討論，總之魏晉時河北在政治與文化方面較之河南似乎處於劣勢，所以列於人士的很少。這裏就可以推知北朝郡姓在魏晉時除了少數如崔盧之類都還沒有提升到士族的地位。他們很多是地方豪强，在宗族鄉里間擁有較大的勢力。西晉末年北方各地都建立起以宗族鄉里爲基礎的地方武裝，他們便是那些塢主營主之類。當拓跋魏占領河北後，他們仍然組織武裝進行反抗，魏書卷四七盧玄傳：「初玄從祖兄溥，慕容寶之末總攝鄉部，屯於海濱，遂殺其鄉姻諸祖十餘人，稱征北大將軍、幽州刺史，刼掠郡縣，天興初討平之。」這一家北朝高門顯然在范陽擁有巨大勢力。拓跋嗣統治時爲了謀求對豪强的控制和妥協曾經徵發他們到代京去做官，結果却引起一場反抗。魏書卷三太宗紀永興五年（四一三）二月：

詔分遣使者巡求儁逸，其豪門彊族為鄉閭所推者，及有文武才幹，臨疑能決，或有光賢世胄，

〔一〕初學記卷八引盧毓冀州論。

德行清美，學優義博可為人師者各令詣京師，當隨才敘用，以贊庶政。

同書卷二四崔玄伯傳：

太宗以郡國豪右大為民蠹，乃優詔徵之。民多戀本，而長吏逼遣。於是輕薄少年，因相扇動，所在聚結。西河建興盜賊並起。守宰討之不能禁。

本紀說是「巡求儁逸」「隨才敘用」，崔玄伯傳說「以郡國豪右大爲民蠹，乃優詔徵之」，所述即是一事。拓跋統治者爲了勾結和控制固有地方勢力，所以要他們到代京來做官。可是這些郡國豪右的勢力既然以宗族鄉里爲基礎，就不願意輕易單家内徙，所以不惜聚結反抗。〔一〕這些事例說明北魏初期北方豪宗强族在地方上的勢力。魏書卷五三李沖傳：

舊無三長，唯立宗主督護，所以民多隱冒，五十三十家方為一戶。

宗主自然就是宗族中的首領，也就是那些「郡國豪右」，他們實際上控制了農村。當時農村鄉閭組織已經解散，各地只存在着大小宗族的組織，因而拓跋政權只有通過宗族首領來進行對人民的統治。

這些地方豪族在孝文帝分别氏姓高低，仿照南朝確立士庶區别時便成爲郡姓，至少是頗大的一部分成爲郡姓。他們和南朝士族不一樣，南朝士族中的僑姓早已失却宗族鄉里的聯繫，吴姓也在消

〔一〕魏書卷三三宋隱傳稱，隱臨死交待子姪云：「苟能入順父兄，出悌鄉黨，仕郡幸而至功曹史，以忠清奉之則足矣。不勞遠詣臺閣，恐汝不能富貴，而徒延門户之累。」同書卷九四閹宦仇洛齊傳說世祖時「東方罕有仕者」。都可說明魏初豪强的態度。這固然和拓跋珪的殘暴有關，但最基本的還是由於他們不願到代京，所謂「民多戀本」。

失中。湘廣諸州等地方豪强却一直没有擠入士族的行列。在這個問題上也反映了江南社會經濟發展的不平衡和經濟上、政治上的閉塞性從整個地區來看較之北方更嚴重。而北朝郡姓是自塢主、宗主一脈相承下來的，他們在本地有較穩固的基礎。

既然如此，我們就不難理解爲什麽北土重視宗族關係而江南頗爲冷淡的原因了。北魏末年北鎮起義和爾朱氏入洛時，各地紛紛成立武裝組織，這些組織幾乎全部是在那些高門大族領導下的。我們在這裏只能略舉數例。北齊書卷六三崔㥄傳：

崔㥄字長孺，清河東武城人也……高祖（高歡）於信都起義。㥄歸焉。……天平初（五三四——五三七）……尋除徐州刺史，給廣宗部曲三百、清河部曲千人。……㥄每以籍地自矜，謂盧元明曰：「天下盛門，唯我與爾，博崔趙李何事者哉！」

這個自矜門地的清河崔㥄是擁有部曲的，這些部曲名爲「給」，其實原已有之，只是許他率領赴徐州而已。清河是他原籍，廣宗也是鄰郡，顯然這些部曲，就是他組織起來的武裝隊伍。我們再看以家風著稱的范陽盧氏。北齊書卷二二盧文偉傳：

范陽涿人也，爲北州冠族……除本州平北府長流參軍，説刺史裴儁按舊跡修督亢陂，溉田萬餘頃，民賴其利。修立之功，多以委文偉。文偉既善於營理。兼展私力，家素貧儉，因此致富。……及北方將亂，文偉積稻穀於范陽城，時經荒儉，多所賑贍，彌爲鄉里所歸。尋爲杜洛周所虜。洛周敗，復入葛榮，榮敗，歸家。時韓樓據薊城，文偉率鄉閭屯守范陽，與樓相抗。乃以文偉行范陽郡事……爾朱榮遣將侯深討樓，平之。文偉以功封大夏縣男，邑二百户，除范陽太守。深乃留鎮范陽。及榮誅。文偉知深難信，乃誘之出獵，閉門拒之。……莊帝崩，文偉與幽州刺史劉靈助同謀起義……屬高祖（高歡）至信都，文偉遣子懷道奉啓陳誠，高祖嘉納之。中興初，除安東將軍，安州刺史。時安州未賓，仍居帥任，行幽州事。……時安州刺史盧曹亦從靈助舉兵，助敗，因據幽州降爾朱兆，兆仍以為刺史，據城不下。文偉不得入州，即於郡所為州治。（下略）

文偉族人勇……幽州反者僕骨那以勇為本郡范陽王，時年十八。後葛榮作亂，又以勇為燕王。義旗之起也，盧文偉招之，不應。爾朱滅後，乃赴晉陽。

從這段記載中我們可以看到范陽盧氏和本地的密切關係。盧文偉由假公濟私而得到的財富在本郡，盧氏的武裝力量在本郡。爾朱氏、劉靈助、高歡間的紛争，不管盧氏一門在三者間的態度如何不同，魏末的范陽一直掌握在盧氏手中，甚至義軍領袖僕骨那、葛榮也考慮利用這份力量。這裏充分説明從魏初盧溥以來直至盧文偉等，盧氏的著名人物一直控制着宗族鄉里，隨時能够組織武裝。

和崔盧並稱的趙郡李氏也曾在魏末組織武裝。資治通鑑卷一五五梁中大通三年（五三一）二月：

初河南太守趙郡李顯甫喜豪俠，集諸李數千家於殷州西山方五六十里居之。顯甫卒，子元忠繼之。家素富，多出貸求利，元忠悉焚券免責。鄉人甚敬之。……及葛榮起，元忠帥宗黨作壘以自保。坐大槲樹下，前後斬違命者三百人。

李顯甫父子集合宗族，居於西山，以後又帥宗族鄉黨築壘抗拒農民軍，顯然他們就是塢主。我們知道漢末以來的塢主、營主都是以宗族、鄉里、賓客作爲其基本武裝隊伍的。

清河崔氏、范陽盧氏、趙郡李氏是北朝第一流高門，他們都和宗族鄉里有密切的聯繫。此外在魏末舉兵的大族高門如渤海高氏、封氏，[一]率領宗族避難的如博陵崔挺、北平陽休之[二]等這裏不再列舉。通典卷三引宋孝王關東風俗傳：

至若瀛冀諸劉、清河張、宋、并州王氏、濮陽侯族，諸如此輩，一宗近將萬室，煙火連接，比屋而居。獻武初在冀郡，人族蝟起應之。侯景之反，河南侯氏幾為大患。有如劉元海、石勒之衆也。

出於這些大族之中的門閥貴族顯然掌握了宗族的組織才能夠隨時組織武裝。

我們如果還過頭來看一看南朝士族，便可以發現他們並不具備那種强大的地方勢力。稍後發生的侯景之亂曾經一度占領建康以至吴郡會稽士族聚居之地，然而我們很少看到士族有組織武裝反抗的事。起來平定侯景的多半是南方土豪，他們之中有一些人也稱爲著姓、豪族，例如侯安都爲始興著姓，[三]歐陽頠爲長沙豪族，[四]杜稜爲錢塘縣大姓，[五]周敷爲臨川豪族，[六]熊曇朗爲豫章著姓，留異爲

〔一〕北齊書卷二一高乾傳、封隆之傳。
〔二〕魏書卷五七崔挺傳，北齊書卷四二陽休之傳。
〔三〕陳書卷八本傳。
〔四〕陳書卷九本傳。
〔五〕陳書卷一二本傳。
〔六〕陳書卷一三本傳。

東陽著姓。〔一〕他們都在本地具有一定勢力，然而不是士族。陳書卷三五熊曇朗等傳末史臣論曰：「梁末之災沴，羣兇競起，郡邑巖穴之長，村屯塢壁之豪，資剽掠以致彊，恣陵侮而爲大」，就說明那些南方土豪即使是著姓豪族也還是爲士族所歧視的。隋平江南之後，也有一次規模較大的反抗。隋書卷二高祖紀開皇十年（五九〇）十一月稱：「是月婺州人汪文進、會稽人高智慧、蘇州人沈玄懀皆舉兵反，自稱天子，署置百官。樂安蔡道人、蔣山李稜、饒州吳代華、永嘉沈孝澈、泉州王國慶、餘杭楊寶英、交阯李春等皆自稱大都督，攻陷州縣。詔上柱國内史令越國公楊素討平之。」這許多人之中沒有一個是士族。卷四八楊素傳中也列舉了反抗隋朝的諸豪帥，其中除了一個晉陵顧世興可能爲吳郡顧氏支派之外，其餘也都不是士族。我們當然應該承認東晉時期吳姓士族還是具有一定的地方勢力。義興周氏和吳興沈氏號稱「江東之豪，莫強周沈」，周玘「三定江南」便是率合「鄉里義衆」以組成武裝。〔二〕會稽虞潭曾「招合宗人及郡中大姓共起義軍」以抗王敦，〔三〕吳郡顧衆曾「潛合家兵」以抗蘇峻。〔四〕孫恩起義時吳會士族中也有組織武裝混入義軍的。然而在南朝後期，吳姓士族也跟僑姓士族一樣不再有那種力量了。〔五〕

〔一〕二人並見陳書卷三五本傳。
〔二〕晉書卷五八周處附子玘、札傳。
〔三〕晉書卷七六虞潭傳。
〔四〕晉書卷七六顧衆傳。
〔五〕晉書卷一〇〇孫恩傳：「於是會稽謝鍼，吳郡陸瓌，吳興丘尫，義興許允之，臨海周胄，永嘉張永及東陽、新安等凡八郡，一時俱起，殺長吏以應之。」其中如吳郡之陸氏是吳姓第一流高門，吳興之丘也是士族。

爲什麽在宗族關係上南北士族有這樣的差别呢？　問題可能很複雜，我只能提出一些極不成熟的意見。第一，南朝士族基本上是直接繼承魏晉舊門的，〔一〕不論僑姓和吴姓，他們從宗族中分化出來都比較久，範圍也比較仄。地方豪强和所有寒門地主雖然在南朝後期勢力大爲滋長，但在政治和社會地位上還没有爲那些舊門所承認。魏晉舊門中一部分出於單家，他們原來就缺乏雄厚的宗族基礎，有一些出於漢代的著姓、大族，但也分化已久。而整個的僑姓雖然不少是和宗族、鄉里一起到江南來的，然而定居之後，由於居住的分散，通過土斷，下層僑人終於要在南人中間消失，剩下來的便只有以郡望自豪的僑姓，他們當然不可能像北方那樣保持宗族鄉里間的密切聯繫。第二，大量僑人的遷入，許多地方是「僑舊雜居」，例如會稽便有不少僑姓士族建立的田園，吴姓士族憑藉宗族鄉里以控制地方的力量不能不受到制約。更重要的是田園别墅在廣闊的範圍内星羅棋佈，逃亡農民「亡鄉失土」而淪爲不同姓族的封建依附者，當然也同時脱離其宗族鄉里組織。在南朝，大土地所有制幾乎是直綫上升，而江南（主要是吴會區域）大土地所有制的發展在一定程度上是以宗族、鄉里組織的衰落和破壞爲條件的。此外，我們知道江南的城市還保持一定程度的繁榮，許多農民轉化來的小商販離開了農村，聚居於城市或者來往於各城市間。他們被稱爲「浮浪人」，没有户籍。〔二〕我們可以設想，農民離開了農村而成爲小商販的同時也就脱離了宗族、鄉里組織。總之宗族、鄉里組織本身正在削弱

〔一〕　也有個别士族興於東晉乃至更後。例如蘭陵蕭氏便是。

〔二〕　隋書卷二四食貨志：「其無貫之人，不樂州縣編户者，謂之浮浪人。」

和起變化，〔一〕士族和宗族、鄉里的關係必然也日益疏遠。

北方的歷史條件和江南不同。上面已經談到北方的郡姓是從塢堡主、宗主承襲下來的。從西晉末年到魏初的北方長期混戰中，宗族、鄉里組織的活動非常活躍。爲了生産，爲了生活，作爲它的成員的普通人民被迫更加依賴於這個現成組織。我們知道這種組織從傳統上和現實的階級關係、社會關係上都不可能不是由族中顯貴和豪强所掌握，他們爲了自己的利益也必須利用這種組織。他們統率宗族、鄉里成員組織起武裝，建立軍事據點所謂塢堡營壘之類，有的就在本鄉，有的遷移他方。在這樣一個長期混亂的局面下朝遷夕徙，生産和生活都不安定，可以設想，土地所有關係是非常混亂的。特别是那些避入山區或流移他鄉的宗族、鄉里集團，當他們開始定居下來，從事生産時所耕種的土地不是因死亡遷移而抛棄的荒地便是空洞的國家所有的山林川澤地區，那裏的土地説不上歸誰所有。這個或那個集團使用了並且占有了這些土地，名義上也只能是共同的占有。然而這些集團的首領既然處於發號施令的地位，土地歸他支配，成員擔承的義務由他規定和徵斂，他和他的成員間便必然形成庇護與被庇護的關係。晉書卷六三邵續傳：「時天下漸亂，續去縣還家，糾合亡命，得數百人。王浚假續綏集將軍、樂陵太守，屯厭次，以續子乂爲督護。續綏懷流散，多歸附之。石勒既破浚，遣乂還招續，續以孤危無援，權附於勒。勒亦以乂爲督護。……續先與曹嶷亟相侵掠。嶷因存等敗，乃破

〔一〕這裏所説的主要是指吴會區域，至於湘廣諸州情況不相同。

續屯田。」邵續這個集團是以流亡人民組成的，他的兒子被任爲督護，這個督護顯然和魏時宗主督護一脈相傳。在邵續占領區域内推行了屯田，勞動者當然就是那些流人和俘掠得來的户口。大致在這些塢堡組織範圍内，屯田或計口授田是唯一的恢復生産的辦法。塢堡營壘的首領作爲割據的封建主支配占領區域内的土地和賦役，土地私有制在這些地區是不可能發展的。宗主督護制正是在這個基礎上建立起來，因此宗族組織對它的成員在土地占有形態上和人身上具有高度的支配權和密切的隸屬關係。這就是南燕境内「百室合户，千丁共籍」〔一〕和北魏三長制建立前「蔭附者皆無官役，豪强徵斂，倍於公賦」〔二〕的由來。宗主的地位是以宗法封建制爲依據的，其剥削方式帶有濃厚的氏族家長制色彩。恩格斯曾經指出愛爾蘭「直到十七世紀止，土地只要它未被首領變爲私有，仍是部落或氏族的共同財産。當氏族某一成員死亡，從而一户消滅的時候，氏族長（英吉利法學家名之爲Caput Cognationis）便把全部土地重行分配給留下的各户」。宗族不等於氏族，但却是氏族組織的殘餘，恩格斯對於愛爾蘭氏族的觀察啓發我們對於宗主督護制的理解。恩格斯在指出愛爾蘭氏族遺跡時，他説：「有些地方，同氏族人還一道住在他們舊有的地區内：比如在一八三〇年代，摩那安（Monaghan）伯爵治邑絶大多數住民只有四個姓，換言之，即起源於四個氏族或『克蘭』（Clan）。」〔三〕聚族而居的形

〔一〕晉書卷一二七慕容德載記。
〔二〕魏書卷一一〇食貨志。
〔三〕恩格斯家庭、私有制和國家的起源，人民出版社一九五五年版，第一二九頁。

態推溯到最早可以追到氏族起源，在聚族而居的情况下也就必然表現其氏族殘餘。

由此可見，北方的郡姓、高門所以有較鞏固的宗族鄉里基礎，是由於北方歷史條件下宗族、鄉里組織和氏族家長制的强化，使北方豪强的經濟和政治勢力的發展不可能采取像南方那樣的方式，而是更多地在於擴大和鞏固宗族、鄉里組織來爲他們服務。因此在土地占有形態上和剥削形態上在北方是帶有非常濃厚的宗法封建制性質，構成那些郡姓、高門的全部經濟政治力量的基礎便在於此。〔一〕

這個特點不僅在晉末魏初時存在，直到宗主督護制給廢除以後也還存在。我們在上面已經引資治通鑑關於趙郡李顯甫的記載。這段記載中充分説明了宗族共同占有土地，宗族中的豪强以家長身分支配其成員。實際上李顯甫就是宗主，雖然這時早已取消了宗主督護制。

南朝士族和北朝郡姓在宗族關係上的差别反映了南北社會經濟結構有它的共同性，同時也有它的特殊性。這個特殊性首先表現在土地所有形態上，即南朝私有因素較强，北方較弱。南北宗族鄉里關係的差别又是南朝士族比之北方郡姓衰落得較早的原因。

三

江南士族的衰落過程，我曾經在兩篇論文中提出一些意見，關於士族本身的腐朽寒人實際掌握

〔一〕關於宗主督護制下土地所有形態的論點參考徐德嶙均田制的産生和破壞，中國歷代土地制度討論集，第四三一——四三三頁。

政權和士庶混淆，以及通過侯景之亂、江陵之破，陳朝的滅亡所遭到的打擊等等已經討論過的問題這裏不擬詳述。在這裏我只是就孫恩領導的農民起義來考察士族的衰落過程。這在我以前的論文中雖也提到，但是被忽略了的。

通常看來，整個南朝一百六十年間士族似乎一直維持其統治地位。我們認爲士族統治的形式在南朝確實很少變動，士族一直高踞着政府中的最高地位，九品官人、清濁官區分一直被認爲是不可更改的制度。但是從實際上考察，士族表面上極盛的時候也正是走向衰亡的開端。作爲南朝第一個皇朝劉宋建國時，士族的力量已經削弱了。這個變化是不太顯著的，但仍然可以辨認其跡象。我們認爲這和東晉末年孫恩領導的農民起義有關。

孫恩起義的爆發地點及其影響所及是在會稽一帶沿海地區即所謂「東土」，還延及三吴地區的吴興、義興。這裏是建康政權賦役剥削最嚴重的地區，也是南北大族田園别墅的彙集地帶，這就是説封建壓迫在這裏特别嚴重。這次起義的直接原因是由於建康政權徵發「免奴爲客」者當兵，〔一〕義軍最初的基本隊伍是逃亡者，因此其鋒芒首先是反對賦役剥削，反對奴隸制殘餘，但是同時也嚴重地打擊了士族。不難設想，在四年（三九九——四〇二）的反復鬥争中那些田園别墅處於怎樣的情況。孫恩登陸以後發展的起義隊伍達到幾十萬人。田園别墅中的依附者和奴婢必然投入了這場階級鬥争。

〔一〕晉書卷六四會稽王道子傳。

田園别墅的剥削顯然無法進行。有些堅持反抗的士族成員直接受到應得的懲罰。晉書卷一〇〇孫恩傳稱：「於是吴興太守謝邈，永嘉太守謝逸，嘉興公顧胤，南康公謝明慧，黄門郎謝沖、張琨，中書郎孔道，太子洗馬孔福，烏程令夏侯愔等皆遇害。」〔一〕此外還有瑯琊王氏的王凝之也爲義軍所殺。我們知道這一些人不都是地方官，他們在那裏都有田宅，例如謝明慧是死於會稽的，而謝家在會稽就有巨大的田園。晉書卷七九謝石傳説他「聚斂無厭」，會稽是他的田園所在，也是進行聚斂的據點，謝明慧就是他的兒子，聚斂的財富同時也必然被剥奪。謝邈兄弟被殺後，宋書卷五三謝方明傳説是「資産無遺」，可知所受打擊是相當沉重的。晉書孫恩傳還説義軍「燒倉廩，焚邑屋，刊木堙井，虜掠財貨，相率聚於會稽」，孫恩起義是「大小無不翼戴」的，〔三〕統治者用以污蔑義軍的記載恰好反映了農民羣衆起來對統治者財富的清算。通過這次起義，士族最後喪失了軍事統率權。起義爆發後，擔負鎮壓義軍的統帥是謝安的兒子謝琰，所帶的軍隊就是謝玄一手訓練起來的北府兵。孫恩二次登陸擊敗了政府軍，謝琰被殺，從此以後作爲建康政权支柱的北府兵便爲寒人所掌握，士族軍事上的權力完全被剥奪了。

〔一〕謝氏都是陳郡謝氏嫡系。兩個孔氏，據世説人名譜會稽山陰孔氏譜云：「道民，嚴子，宣城内史，爲孫恩所害。静民，嚴子，散騎侍郎，爲孫恩所害。福民，嚴子，太子洗馬，爲孫恩所害。」晉書作孔道、孔福，是省略了一個「民」字，並遺漏了静民。嘉興公是顧榮所封之爵，顧胤自然是他的嫡系。張琨也應是吴郡張氏。其中夏侯氏地位較低，但也是士族。

〔二〕太平廣記卷三二三謝道欣條。

孫恩領導的起義使東晉政權陷於嚴重的財政危機中，從而導致了統治階級内部矛盾的尖鋭化。在皇室與大族，中央與地方，大族與大族之間的矛盾中東晉政權崩潰了。桓玄的楚政權是在農民起義後建立起來的，起義的教訓使統治者開始考慮緩和階級矛盾的措施，但是出身于士族高門的桓氏集團不能認真定出一些辦法。楚政權被推翻後，寒人劉裕掌握了政權，在他統治時較有效地進行了一些改革，他減輕了一些賦役，抑制豪强兼并，加强了中央集權制。宋書卷二武帝紀義熙七年稱：

晉自中興以來，治綱大弛，權門并兼，彊弱相凌，百姓流離，不得保其産業。桓玄頗欲釐改，竟不能行。公既作輔，大示軌則，豪强肅然，遠近知禁。至是，會稽餘姚虞亮復藏匿亡命千餘人。公誅亮，免會稽内史司馬休之。

劉裕厲行禁止隱匿户口的法令，以致第一流高門會稽虞氏受到最嚴厲的處罰。以後他又頒佈了私占山湖川澤的禁令，進行了土斷。〔二〕這一些無疑都是針對着豪强兼并形勢而制訂的改良措施。所謂豪强自然不僅士族。但士族却是最有勢力的豪强，這些措施所以得以推行，正是由於農民起義給予統治者的教訓和起義後士族勢力的相對削弱。

劉裕推行這些措施的根據還是封建國家對于山林川澤和對於編户的控制權。這些措施曾經暫

〔二〕並見宋書卷二武帝紀。又同書卷四二劉穆之傳云：「時晉綱寬弛，威禁不行，盛族豪右，負勢陵縱，小民窮蹙，自立無所。重以司馬元顯政令違舛，桓玄科條繁密，穆之斟酌時宜，隨方矯正，不盈旬日，風俗頓改。」

時阻止大土地所有制的無限發展，暫時穩定自耕農民的生産，造成所謂「元嘉之治」。〔一〕然而南朝封建國家土地所有制是在瓦解過程中，所謂「元嘉之治」恰巧發育滋長了新興的寒人地主和商人，他們和士族、豪强一起共同向農村進攻，同時又結合着皇權在政治上削弱士族的權力，他們逐漸擠入士族的行列，形成「士庶不分」的局面。〔二〕宋代是士庶區別最嚴格的時代，然而同時那又是士庶不分的開端，由此可見，嚴格區分士庶並不表示士族勢力的强大，恰巧相反，正表示了士族在走向没落途中的恐懼。

梁代的侯景之亂和接着來到的江陵破滅給予士族以沉重的打擊。顔之推説：「自荒亂以來，諸見俘虜。雖百世小人，知讀論語、孝經者，尚爲人師；雖千載冠冕，不曉書記者，莫不耕田養馬。」〔三〕所説「荒亂以來」就是指江陵破滅。那些被西魏俘虜的士族部分的被當作奴婢，使用於耕田、養馬。像王褒、庾信之流在魏周受到了優待，他們也從此脱離了故鄉。江陵破滅時，士族被遷入關中的已經不少，不到四十年至隋滅陳時，更大規模的遷移又一次進行。隋書卷二一天文志：「其九年（開皇九

〔一〕宋書卷九二良吏傳序：「自此（文帝即位時）區宇宴安，方内無事，三十年間，氓庶蕃息，奉上供徭，止於歲賦，晨出暮歸，自事而已……家給人足，即事雖難，轉死溝渠，於時可免。」這一段自然是夸大了的，但也説没有達到家給人足。大致説來，「元嘉之治」在整個南朝是比較安定的時期。

〔二〕通典卷三鄉黨沈約上言，稱：「宋齊二代，士庶不分。」

〔三〕顔氏家訓卷三勉學篇。

年——五八九）平陳，江南士人悉播遷入京師」。南史卷一〇陳本紀下稱後主和王公百官遷入關中時「大小在路，五百里纍纍不絶」，可知被遷徙者之衆多。這些被遷徙的士族縱使在北方獲得一官半職，但是他們的經濟和政治地位已經和江南不發生關係，也就談不上江南士族了。〔一〕平陳之後，江南各地曾經發生一次反抗，上面已經提到，這次反抗的首領除了一個晉陵顧世興之外，都是非士族的地方豪强，由此可見，不論僑姓、吴姓，在江南的勢力已經完全消滅。直到唐代，雖然被遷徙的江南士族也有「世代簪纓」之家，但這只能作爲關中鮮卑軍事貴族的附從者而已。

四

北朝門閥衰落較之南朝是要遲緩一些，其中原因之一是由於北朝郡姓的宗族、鄉里基礎較强，這在上面已經提到。此外，南北門閥貴族雖然同樣具有腐朽性，但在程度上北方比較好一點。他們從大族中分化出來較遲，腐化也就較遲。北方又有個鮮卑軍事貴族集團，他們不可能壟斷政權，爲了在政治上獲得更多權力，就不能像南朝那樣「望白署空」，把不問事作爲高雅。這一些當然都是次要的，但多少起了延遲其衰落的作用。最主要的一點，是北朝封建國家土地所有制的持續，關於這一點，我將在下一節討論。

〔一〕隋書卷六七虞世基傳：「及陳滅，歸國爲通直郎，直内史省。貧無産業，每傭書養親。」虞世基是荔之子，會稽四姓之首，他入隋之始，却只能傭書養親。被遷徙的士族不能保持其財富者自然不止虞氏。

北朝多了個鮮卑貴族集團，他們和原有門閥的關係也有點像南朝的僑姓和吴姓，但却帶有種族色彩，因此在統治階級内部矛盾中有時較突出了種族區分。

還在北魏初期，鮮卑貴族和漢族高門間就常常發生争吵，拓跋燾統治時代表漢族高門的崔浩，就是在鮮卑貴族的嫉視下被殺的。〔一〕孝文帝遷洛時，不少鮮卑貴族都不滿意他過分親近漢族士大夫。〔二〕

在孝文帝統治時，頒佈了區别姓族的標準，按照祖先官品定出等級，嚴格執行了選舉上的士庶區别，這一些我們現在不必詳細論證，總之北朝門閥制度在這時進一步强化了。〔三〕同時孝文帝還進行

〔一〕崔浩執政時，汲引大族士人，魏書卷四八高允傳：「初崔浩薦冀定相幽并五州之士數十人，各起家郡守。」北史卷三一崔宏附子浩傳：「浩有鑒識，以人倫爲己任，明元太武之世，徵海内賢才，起自仄陋，及所得外國遠方名士拔而用之，皆浩之由也。」崔浩是以漢族大地主的地位來謀取與拓跋統治者的合作，同時也企圖争取漢族大地主在拓跋政權中的政治地位。這一點就爲鮮卑貴族所不滿。卷四七盧玄傳説他「大欲齊整人倫，分明姓族」，就是要確立門閥制度，排斥一切非士族的人，這自然遭到反抗。由於他尊重門閥，所以抬高來自江南的高門王慧龍，魏書卷三八王慧龍傳説：「司徒長孫嵩聞之不悦，言於世祖，以其歎服南人，則有訕鄙國化之意。世祖怒，召浩責之。」他的直接被殺原因，據説爲了修史，而且刻了石，北史卷二一崔浩傳稱：「石銘顯在衢路，北人咸悉忿毒，相與構浩於帝。」我們不知道崔浩所修之史爲什麽引起北人亦即鮮卑人如此憤怒，但必然有使鮮卑貴族不快之處。從上面所述看來，可以説明崔浩被殺反映了漢族官僚大地主和鮮卑貴族間的矛盾。

〔二〕魏書卷四〇陸俟附孫凱傳：「初高祖將議革變舊風，大臣並有難色。又每引劉芳、郭祚等密與規謨，共論時政。而國戚謂遂疏己，怏怏有不平之色。」

〔三〕新唐書卷一九九儒學柳沖傳載柳芳論氏族。

了鮮卑貴族的門閥化，魏書卷一一三官氏志所載太和十九年的詔書，說明要制定代人即鮮卑人的姓族，規定「穆、陸、賀、劉、樓、于、稽、尉八姓皆太祖已降，勳著當世，位盡王公，灼然可知者，且下司州吏部，勿充猥官，一同四姓。自此以外，應班士流者，尋續別勑」，詔書下面便定出了按照祖宗官位區別姓族等級的標準。詔書中特别提出鮮卑八姓和漢族四姓（這個四姓應即是柳芳所說的甲乙丙丁四姓）同等，提出了「應班士流」，說明意在把鮮卑貴族變成四姓士族，亦即是門閥化。孝文帝所以費很大的勁來强化門閥制度，一方面是要使漢族地方勢力和拓跋政權更密切的聯繫起來；另一方面是要求胡漢統治階級在門閥制度下相互結合，以便加强胡漢貴族的聯合統治。

孝文帝的各種措施在階級利益上調和了鮮卑貴族和漢族官僚大地主之間的矛盾，同時也促使漢族、鮮卑族以及其他邊境各族的人民突破種族界綫在階級利益上共同團結起來，對胡漢統治者進行鬥爭。北魏末年在邊境上爆發的北鎮起義便是各族人民反抗洛陽政權大聯盟。這次起義瓦解了拓跋帝國，打擊了封建統治者，特别是使孝文帝辛苦建立的鮮卑門閥處於一蹶不振的地位。北魏政權崩潰後，新建立的東魏和西魏雖然還是胡漢貴族聯合統治，但是鮮卑貴族却另换一批人了。這樣鮮卑、漢族統治者之間的關係起了一些變化。這批新的鮮卑貴族是從北鎮軍人中分化出來的，他們的軍事力量較北方郡姓處於優勢。西魏北周境内郡姓的地位本來較低，宇文泰統治時有效地使之順從新政權的意圖。作爲關中郡姓代表的蘇綽在擬訂的六條詔書中提出「今之選舉者當不限資蔭，唯在得人」。〔一〕而且西魏、北周還取消了選舉上清濁的區别。〔二〕按門第高低分别清濁正是區别士庶的重要標識，「不限資蔭」、「選無清濁」也就是剥奪了至少是削弱了郡姓在政治上的特權。東魏北齊境内山東郡姓的力量比較强大，這在第二節中已經提到，同時鮮卑軍事貴族的力量也强大，因此統治階級内部的争吵持續了整個魏、齊時代。東魏的實際執政者、北齊的皇室高氏是自居爲鮮卑人的，〔三〕所以這種争吵又表現爲皇權和地方勢力的鬥争。通典卷三鄉黨引宋孝王關東風俗傳：「文宣之代，政令嚴猛，羊畢諸豪，頗被徙逐。」説明高洋抑制山東郡姓的情况。以後高齊不斷發生的宫廷政變，多少都帶有鮮卑貴族對漢族官僚的鬥争性質。〔四〕到後主統治時，山東郡姓在中央和地方上的勢力受到很大的挫折。北齊書卷三九崔季舒傳：

季舒素好圖籍，暮年轉更精勤，推薦人士，獎勸文學，時議翕然，遠近稱美。……屬車駕將適晉陽，季舒與張雕議……與從駕文官連名進諫……（韓）長鸞遂奏云：「漢兒文官，連名總署，聲云諫止向并，其實未必不反，宜加誅戮。」帝即召已署表官人集含章殿。以季舒、張雕、劉逖、封孝

〔一〕周書卷二三蘇綽傳。

〔二〕隋書卷五六盧愷傳：「自周氏以降，選無清濁。」

〔三〕北齊書卷二四杜弼傳：「顯祖嘗問弼云：『治國當用何人？』對曰：『鮮卑車馬客，會須用中國人。』顯祖以爲此言譏我。」又卷五廢帝紀云：「文宣（亦即顯祖高洋）每言太子得漢家性質，不似我，欲廢之。」可知高齊皇室雖然爲了拉攏山東郡姓而稱渤海高氏，其實還是自居爲鮮卑人。

〔四〕繆鉞：東魏北齊政治上胡漢之衝突，四川大學史學論叢第一期。

琰、裴澤、郭遵等為首，並斬之殿庭。

崔季舒是博陵高門，封孝琰是渤海大族，封隆之之姪。這次屠殺排擠了山東郡姓在中央政府中的地位。〔二〕主謀屠殺的韓長鸞雖説是昌黎韓氏，但是他於「權要之中尤嫉人士」，時常毒詈朝士：「狗漢大不可耐，唯須殺却」，至少他自認不是漢人。〔三〕應該説明，韓長鸞和恩倖傳中的人物都是聚集在宫廷中的商人、樂工、保母、巫卜等等所謂「小人」，他們不是鮮卑貴族，因此宫廷政權在他們的操縱下，不但山東郡姓遭受挫折，所謂勳貴也受到裁抑。他們的獲得政權正反映了皇權、鮮卑貴族、山東郡姓間的複雜矛盾。也是在後主統治時，山東郡姓在地方上的勢力被削弱了。北齊書卷八後主紀末云：

乃賜諸佞倖賣官，或得郡兩三，或得縣六七，各分州郡，下逮鄉官，亦多降中旨。故有勅用州主簿、勅用郡功曹。於是州縣職司多出富商大賈，競為貪縱，人不聊生。

政治腐敗到把賣官權利作爲賞賜，北齊政權已經無可救葯。但是所賣者是州縣職司官，又是以

〔二〕山東郡姓與鮮卑族的矛盾還在高歡時就已很顯著，北齊書卷二四杜弼傳説弼請「先除内賊，却討外寇」，他指的内賊是「諸勳掠奪萬民者皆是」，也即是鮮卑軍事貴族。他又曾直率地對高洋説：「鮮卑車馬客，會須用中國人。」卷三〇高德政傳稱：「顯祖（高洋）謂羣臣曰：『高德政常言宜用漢，除鮮卑，此即合死。』」後主時，斛律光的被殺，出於祖珽的陰謀，而祖珽是被稱爲衣冠宰相的。

〔三〕北齊書卷五〇恩倖韓鳳傳。

「降中」即以皇帝的名義授職，它的意義便不僅在於反映了政治的腐敗。我們知道州郡掾屬主簿、功曹之類自漢以來就由地方官自行辟舉，同時又爲地方大族所壟斷。由「中旨勅授」是剥奪了地方官的辟舉權，也剥奪了地方大族操縱地方政治的權力。在這一點上，表現爲中央對地方控制的加强。所以通典卷一四記載這件事，特別指出「自是之後，州郡辟士之權浸移於朝廷」。至於買官的富商大賈即使暫時還不是地主，不久也將轉化爲地主，這裏也説明了北朝寒門地主的興起。

當然，在北朝末期，北方郡姓不管是山東或者關中，在經濟上和政治上的優越地位並没有根本動搖。九品中正制仍然存在，均田制保證了「賜田」、「公田」的分配和奴婢的占田，〔一〕在關中區域，那些「鄉望」、「當州首望」被委任爲鄉兵的首領，〔二〕在北齊境内高門更加自矜「尊貴」。〔三〕這一些都應該承認，但是他們的特權的確被削弱了，新興的鮮卑軍事貴族凌駕於他們之上，出於鮮卑軍事貴族集團的皇室也强化了。

〔一〕通典卷二北齊田令中公田制。這種公田制是以鄴都周圍爲限的按品占田。又同卷引宋孝王關東風俗傳。北周田制史籍記載很簡略，賜田在周書中有好幾條記載，受賜的人有鮮卑貴族也有關中郡姓。

〔二〕參考魏晉南北朝史論叢魏周府兵制度辨疑。「鄉望」「州望」應是北魏以來的名稱。金石萃編卷二九張猛龍清頌碑有「魯郡士望」和所屬縣的「族望」。這是正光三年建立的碑。卷三〇敬使君碑陰有許多立碑人稱爲「民望」，卷三一武德于府君等義橋石像碑也有若干人稱爲「民望」，這是東魏時建立的碑。

〔三〕趙翼廿二史劄記卷一五高門士女條。陔餘叢考卷一七六朝重氏族條所引魏齊時之例。

在周滅北齊後，山東士人雖然也被引用，〔一〕畢竟也受了很大影響，〔二〕所以唐太宗認爲山東郡姓的衰微是從「有魏失御，齊氏云亡」開始的。〔三〕到了隋代，山東郡姓又受到了較嚴重的打擊。

爲了鞏固統一，爲了加强專制主義的中央集權制，就必須阻止貴族官僚乃至所有地主對封建國家土地所有制的破壞。隋代進行了較有效的户籍檢查。

隋代初年進行的户籍檢查是以北齊區域爲重點的。隋書食貨志敍述這件事，開頭便説「山東尚承齊俗，機巧姦僞」。我們知道北齊的户籍十分混亂，如史籍記載所謂，「詐老詐小」「籍多無妻」等也反映了農民反賦役的鬥爭。但無疑更多的農民爲了逃避賦役而淪爲豪强的依附者。當時檢查出來的浮客，杜佑認爲是「避公税，依强豪作佃家也」。〔四〕這次檢查從豪强手中奪回了許多編户，因而對豪强是一種打擊。當然豪强的意義較之郡姓更爲廣泛，必然包括了够不上郡姓條件的土豪，但是高門郡姓是最有資格吸收浮客的人，因此這次檢查對郡姓所受經濟上的打擊應該有充分的估計。

隋文帝統治時綜合了周齊之制，在政治上削弱郡姓。這時明確廢除了州郡辟舉權，「自是海内一

〔一〕隋書卷四二李德林傳稱周滅齊後：「授内上史，自此以後，詔誥格式及用山東人物，一以委之。」

〔二〕隋書卷七三循吏梁彦光傳：「復爲相州刺史……初齊亡後，衣冠士人多遷關内，唯技巧商販及樂户之家移實州郭。」住在鄴都（即相州）的郡姓是不少的，根據北齊制度，各級中央官僚都可以在鄴都周圍受「公田」。他們被迫遷移，也就喪失了這份土地。

〔三〕册府元龜卷一五九帝王部革弊貞觀十六年詔。

〔四〕通典卷一〇丁中。

命以上之官，州郡無復辟署矣」。〔一〕中正並爲州都，不再定品，通典卷一七引劉秩論曰「隋氏罷中正，舉選不本鄉曲，故里閭無豪族，井邑無衣冠」。選舉基本上遵循周制，不分清濁，〔二〕這一些措施明確剥奪了魏晉以來的士族殊權。隋書卷七四酷吏燕榮傳：「范陽盧氏，代爲著姓，榮皆署爲吏卒，以屈辱之」，以第一流高門充當吏卒的舉動也是打破了魏晉以來的慣例。固然這可能只在范陽，而且也只在燕榮任上發生的個别事例，然而個别事例的得以發生也多少反映了士族地位的變化。直到煬帝初年，山東郡姓企圖恢復其政治地位的努力又一次遭到挫折。舊唐書卷七五韋雲起傳：

大業初，改爲通事謁者，又上疏奏曰：「今朝廷之内，多山東人，而自作門户，更相剡薦，附下罔上，共爲朋黨，不抑其端，必傾朝政。臣所以痛心扼腕，不能默已，謹件朋黨人姓名及姦狀如左。」煬帝令大理推究。於是左丞郎蔚之、司隸别駕郎楚之並坐朋黨，配流漫頭赤水。

從上面所舉史實看來，隋代在經濟上、政治上都進行了抑制士族、郡姓的措施，特别是對山東郡姓的

〔一〕通典卷一四選舉。

〔二〕通典卷三二總論州佐、卷三三總論郡佐。又隋書卷二八百官志有州都。隋書卷五六盧愷傳：「自周氏以降，選無清濁，及愷攝吏部，與薛道衡、陸彦師等甄别士流，故涉黨固之譖。」卷七二陸彦師傳：「轉吏部侍郎，隋承周制，官無清濁，彦師在職，凡所任人，頗甄别於士庶，論者美之。後復病出爲汾州刺史。」卷五七薛道衡傳：「除吏部侍郎。後坐抽擢人物，有言其黨蘇威，任人有意故者，除名，配防嶺表。」這三個人都是山東郡姓，他們任職吏部時，企圖改變周隋不分清濁的選舉制，要區别士庶。顯然如果區别士庶，對郡姓頗爲有利，特别對齊亡之後，地位降低的山東郡姓有利。這就遭到了打擊，盧、薛二人被罷免，薛道衡甚至受到配防的處罰，陸彦師也調任外官。選無清濁自然就又恢復了。

抑制是執行得比較嚴格的。同時關中鮮卑軍事貴族的勢力却在發展，「功臣」占有的土地妨礙了均田的推行。〔一〕史籍所載獲得大量奴婢、部曲、牛馬賞賜的絶大部分是這些所謂功臣，他們是貴族官僚中間的最上層。

山東郡姓自北朝末期以至隋代，地位是降低了，他們遭到包括皇室在内的鮮卑軍事貴族的抑止，這一點是明顯的。此外，自然和北方寒人地主的興起有關。北齊宫廷中的所謂「羣小」與富人大賈有密切關係。〔二〕齊代秀才、孝廉成爲寒人地主出身的道路，〔三〕隋代又設置了進士科。科舉制度的産生止是反映了寒人地主的政治要求。值得注意的是，我們已經談到山東郡姓自北鎮起義時曾經普遍地建立以宗族、鄉里爲骨幹的武裝，以抗拒義軍。其中也有個别的像范陽高門盧勇那樣打着起義的旗號，甚至還有先「擁率部曲」抗拒義軍，而後來轉變爲起義領袖的邢杲。〔四〕總之，他們都有隨時組織武裝的力量。然而到了隋末農民起義時，這些高門的武裝活動却幾乎絶跡了。當時漳水、永濟渠周圍是河北義軍的策源地，那裏也正是魏末山東高門清河崔氏、渤海高氏、封氏的所在地。然而隋代却没

〔一〕隋書卷四〇王誼傳：「太常卿蘇威立議，以爲户口滋多，民田不贍，欲減功臣之地以給民。誼奏曰：『百官者歷世勳賢，方蒙爵土。一旦削之，未見其可。如臣所慮，正恐朝臣功德不建，何患人田有不足？』上然之，竟寢威議。」

〔二〕北齊書卷五〇恩倖和士開傳：「其先西域商胡，本姓素和氏……河清天統以後，威權轉盛，富商大賈，朝夕填門。」卷八後主紀「諸宫奴婢、閹人、商人、胡户、雜户、歌舞人、見鬼人濫得富貴者將萬數。」

〔三〕魏晉南北朝史論叢續編南北朝後期科舉制度的萌芽。

〔四〕北史卷一五魏諸宗室附元天穆傳。邢杲是河間邢氏，山東高門。

有看到由高門領導的地主武裝。參加起義的高士達，應爲渤海高氏，高氏宗族力量還很强大，但這是個别的。〔一〕地主階級中參加以至發動起義的如劉霸道、徐世勣等大致是寒門地主，這是可以理解的。〔二〕

然而抗拒義軍和聚衆「自保」的却也不見高門。舊唐書卷六八程知節傳説他「聚徒數百，共保鄉里，以備他盜」。（知節後來也參加李密領導的起義，「密敗」，歸王世充，又降唐。）同書卷六九薛萬徹附盧祖尚傳説他「累葉豪富，傾財散施，甚得人心。大業末，召募壯士，逐捕羣盜」。李義府撰常何墓誌，説他「傾産周窮，捐生濟難」，在隋末義軍起時，「爰顧宗姻，深憂淪溺，鄉中豪傑五百餘……互相糾率，推爲盟主」。〔三〕晉末以來長期掌握地方勢力的家族讓位給另外一批人了。這裏説明隋末寒人地主不再是門閥貴族的追隨者，他們在地方上勢力的滋長也就表示門閥的衰退。當然，我們這裏所舉的主要是在山東區域，至於西北邊郡情況就有所不同。

從東、西魏分裂到隋末農民起義不過八十年（五三四——六一二），北方郡姓的盛衰起了很大的

〔一〕舊唐書卷五四竇建德傳。又資治通鑑考異卷八大業十年十二月引革命記。又舊唐書卷七八高季輔傳。

〔二〕資治通鑑卷一八一大業七年末云：「平原東有豆子䴚……有劉霸道者家於其旁，累世仕宦，貲産富厚。霸道喜遊俠，食客常數百人，及羣盜（義軍）起，遠近多往依之，有衆十餘萬，號阿舅賊。」舊唐書卷六七李勣傳：「家多僮僕，積粟數千鍾，與其父蓋，皆好惠施，拯濟貧乏，不問親疏。大業末韋城人翟讓聚衆爲盜（義軍），勣往從之。」

〔三〕轉引自嶺南學報第十二卷第一期陳寅恪先生論隋末唐初所謂山東豪傑文中引敦煌寫本碑文，常何後亦歸李密。密敗，歸王世充，後降唐。

變化。這個變化和上述北朝末期以至隋代的若干措施有關，同時也反映了北方郡姓也正像江南士族一樣逐漸喪失其宗族、鄉里基礎。但是更重要的是隋末農民起義一起來就對於那些高門、大族更加表現了階級敵愾情緒。在北鎮起義時，我們知道葛榮以及其他義軍領袖曾經力圖爭取那些高門合作，像范陽盧氏、渤海高氏、趙郡李氏都曾獲得義軍領袖的優待。〔一〕隋末起義時就有所不同。舊唐書卷五四竇建德傳：「初羣盜（義軍）得隋官及山東士子皆殺之，唯建德每獲士人，必加恩遇」，這裏所指的「士子」雖也可能包括得更廣泛，但是特別冠以「山東」，所指應即是「士族」。〔二〕由此可見那些高門之不能起兵反抗，除了本身的衰落以外，義軍給他們的打擊，使之無法反復其間，是一個極其重要的因素。資治通鑑卷一八二大業九年三月：「濟陰孟海公起爲盜（起義），保據周橋，衆至數萬。見人稱引書史，輒殺之。」能稱引書史的人多數是地主，特別是以禮法自矜的山東郡姓。同書卷一八三大業十二年三月稱：「張金稱陷平恩，一朝殺男女萬餘口，又陷武安、鉅鹿、清河諸縣。金稱比諸賊（義軍）尤殘暴，所過民無孑遺。」這些記載自然充滿了對義軍的污蔑，真正使「民無孑遺」的恰巧是當時的政

〔一〕北齊書卷二一高乾傳稱「乾兄弟本有縱橫志，見（爾朱）榮殺害人士，謂天下遂亂，乃率河北流人，反於河濟之間，受葛榮官爵」，他們的父親高翼是以抗拒義軍起家的，這時是在投農民起義之機，企圖滿足其政治野心。卷二二盧文偉傳說他「尋爲杜洛周所虜，洛周敗，復入葛榮，榮敗歸家」，他以被虜的身分轉展於杜洛周、葛榮兩支義軍中，却安然無恙，大概也是接受了義軍官爵的。北史卷三三李靈附曾孫元忠傳，他組成武裝反抗義軍，爲義軍所破。「執元忠以隨軍」，也沒有被殺。所以不殺或加以官爵，自然希望利用他們這份力量。

〔二〕資治通鑑卷一八三大業十二年十二月記載這件事稱「先時羣盜（義軍）得隋及士族子弟皆殺之」，可見士子不是廣泛之稱。

府，如楊玄感敗後，戰争中被殺的不算，作爲「黨羽」被殺的就有三萬人。酷吏樊子蓋領兵鎮壓義軍「汾水之北村塢盡焚之，百姓大駭，相率爲盜（義軍），其有歸首者，無少長悉坑之」。〔一〕然而這種記載也多少反映了隋末農民起義打擊封建統治之沉重。可以想像，地方封建秩序通過義軍的掃蕩而動搖，地主階級主要是高門郡姓在地方上的經濟和政治力量就進一步的被削弱乃至消除。〔二〕正在衰落中的山東郡姓從此以後也和南朝士族一樣只剩下空洞的門第，難怪唐太宗要嘲笑他們「名雖著於州閭，身未免於貧賤」，「販鬻松檟，依託富貴」〔三〕即靠着祖宗墳墓來裝門面。

北方郡姓經過北朝後期和隋代，逐漸走向衰落，隋末農民起義的打擊決定了它的衰落命運。它比江南士族衰落得遲一些，而且直到唐代由於傳統思想的影響，社會上還保持了很長時期基於血統的「高貴」身分。唐代初年，對於山東郡姓還是采取抑制的政策。爲了不容許社會上存在着與朝廷爵賞相對抗的高貴身分，所以唐太宗要修訂新的氏族志。新修氏族志的意義在於重新安排統治階級内

〔一〕隋書卷六三樊子蓋傳。
〔二〕地主田莊的被毁雖缺乏直接資料，也可以推知。續高僧傳卷二三釋慧璡傳稱：「大業末，歷郊壘多虞，禪定（寺名）一衆，雅推璡善能禦敵。乃總集諸處人畜，普在昆池一莊，多設戰樓用以防擬……時司竹羣賊（義軍）鼓行郊野，以至摧殄，無抗拒者。兵臨莊次，意在誅蕩」（慧璡不敢抗拒，開莊設宴，款待義軍，義軍「飽啾而旋」）。所以「義寧之初，通莊並潰，唯有禪定，如舊無損」。這裏記載的是長安附近的事，又是寺院的事，所説「通莊皆潰」，只有禪定寺莊如舊，可見許多田莊是給打破的。關中義軍没有山東的勢力巨大，尚且如此，那麽山東的地主田莊必然更不能免於清算。
〔三〕舊唐書卷六五高士廉傳。册府元龜卷一五九帝王部革弊。

部的等級制，我們知道新志的修訂還是以區别士庶爲原則的。敦煌雜録著録了一件關於姓族的殘本，似是高士廉主編的氏族志的最早草稿節録。〔一〕在列舉姓族之後，有這樣一段話：

今貞觀八年五月十日壬辰。自今已後，明加禁約。前件郡姓出處，許其通婚媾。結婚之始，非舊委怠，必須精加研究，知其譜囊相承不虚，然可為疋（匹）。其三百九十八姓之外，又二千一百雜姓，非史籍所載。雖預三百九十八姓之限，而或媾官混雜，或從賤入良，營門、雜户、慕容（此二字當有訛）、高（商）賈之類，雖有譜，亦不通。如有犯者，剔除籍。光禄大夫兼吏部尚書許國公士廉等奉勅令臣等定天下氏族，若不别條舉，恐無所憑。準令詳事訖，件録如前。勅旨依奏。

這一段話大概是節録，且有訛脱，這裏暫且不談，只是可以看出其形式大致按照北魏定郡姓的舊例，其主要作用則在於婚姻，還特别提出了婚宦條件，如果「媾官混雜」是和雜户、營户之類一樣，不準通譜的。由此可見，新定氏族志是重新規定士庶區别。〔二〕同時在郡姓之中又分别等第，也是北魏分别華腴膏粱等四族的舊例。所以要重新安排等第，唐太宗自己説得很清楚，「今崔盧之屬，唯矜遠葉衣冠，寧比當朝之貴……今定氏族者，欲崇重今朝冠冕……不論數代已前，只取今日官品、人才作等級，

〔一〕這個殘本紀年在貞觀八年五月，姓氏不分等第，合計姓氏多至三百九十八，均與史籍所載十二年所上的定稿不同。據貞觀政要卷七禮樂，貞觀六年太宗命高士廉等刊正姓氏。此應是其初稿節録。關於這個殘本，問題還很多，我另有考證。

〔二〕新唐書卷九五高儉傳稱新定氏族志是「進忠賢，退悖悪，先宗室，後外戚，退新門，進舊望，右膏粱，左寒畯，合二百九十三姓，千六百五十一家，爲九等」。這裏所説退新門，進舊望的原則是和唐太宗「崇重今朝冠冕」的用意不符的，可能是宋祁的誤會。但是這句話也可説明重新規定士庶區别和統治階級内部等級的精神。

宜一量定，用爲永則」，〔一〕即是要求按照目前政治地位來決定姓族等第，我們應該注意最後兩句話「宜一量定，用爲永則」，安排定了後，等級就永久不變了，（這兩句話很重要，兩唐書高儉（士廉）傳、唐會要等都删掉了，只見貞觀政要。）可知唐太宗是要建立新的門閥體系。我們知道唐代初年居於政治上最高地位的是鮮卑軍事貴族和唐太宗的功臣，一批新興的貴族官僚如李勣等。唐太宗新定氏族志也正如魏晉時期之有士籍，不論兩漢冠族大姓，或是單家，主要決定於當時的政治地位，列於士族的也即是參加魏晉最高統治集團的家族。〔二〕門閥制度没有否定，實際衰落的舊門閥也就能够利用傳統思想自矜「尊貴」。然而這決不能説唐初的山東郡姓没有衰落。新唐書卷九五高儉傳稱：「後房玄齡、魏徵、李勣復與婚，故望不減」，所以望不減之故自然不單是這一個原因，然而至少也是原因之一，可見「舊望」的保持還在於新興貴族的重視。

〔一〕貞觀政要卷七禮樂貞觀六年唐太宗謂房玄齡條。新舊唐書高儉（士廉）傳，唐會要卷三六氏族條均記太宗語，略有不同，貞觀政要似最接近原始記録的話。

〔二〕資治通鑑卷一九五貞觀十二年正月吏部尚書高士廉等氏族志成條稱：「於是以皇族爲首，外戚次之，降崔民幹爲第三。」按第二等的外戚就包括了大部分鮮卑軍事貴族和一些新興貴族。新唐書卷一九九儒學柳沖傳柳芳論氏族有云：「代北之人尚貴戚」，可以爲證。唐初功臣聯姻皇室者亦不乏其人。新唐書高儉傳稱太宗時「王妃、主壻皆取當世勳貴名臣家，未嘗尚山東舊族」，所以重外戚也就是重當世勳貴名臣。考高祖女壻有兩個崔氏，一個鄭氏，其中崔恭禮見宰相世系表，是博陵二房。這一房中崔士謙兄弟都在魏末遷入關中，所以早就與關中軍事貴族相合，另外一個崔宣慶和鄭敬元都無考，大都是魏末遷入關中的支派。

然而唐太宗企圖「用爲永則」的新姓族等第却不能維持好久。新形成的門閥在武則天統治時由於當時政治形勢的變化，很快的衰落了。武后爲了鞏固她的統治，就必須打擊與她處於對立的鮮卑軍事貴族和新興貴族、官僚集團。她大量進用寒人，科舉制到這時才成爲文士出身的主要途徑。客觀形勢的發展，使武氏政權成爲符合於寒門地主要求的政權，因此她的措施不利於門閥，有利於寒門地主是必然的。她在姓族問題上采納了李義府等的意見，又一次加以編定。這次編定原則同樣是「崇重今朝冠冕」，但是其意和第一次編定有很大的差別。新唐書卷九五高儉傳：稱「以四后姓、酅公、介公（這是楊隋和宇文周後裔）及三公、太子三師，開府儀同三司、尚書僕射爲第一姓，文武二品及知政事三品爲第二姓，各以品位高下敍之，凡九等」。這是更徹底的以唐代官爵爲高下標準。值得注意的是傳稱：「當時以軍功入五品者，皆昇譜限，搢紳恥焉，目爲『勳格』。」我們知道高宗時軍功得勳官的非常之多，〔一〕目爲「勳格」表示一種輕視。當然這裏所説「以軍功得五品」不會真的指勳官而言，假使如此，也就不能只有二百三十五姓了。但軍功既爲寒人登進途徑，他們的入譜基本上打破了士庶區別，高士廉上奏中所稱營門、雜户等等限止事實上被取消了。既然打破士庶界綫，這就只能是門閥制度的消除。

山東郡姓經過隋末農民起義已經決定了它的衰落，唐太宗企圖建立的新門閥貴族集團在武則天

〔一〕舊唐書卷四二職官志，卷八〇劉仁軌傳。

統治時也瓦解了。到唐玄宗統治時，政治上，科舉幾乎是唯一的入仕途徑，〔一〕經濟上貴族官僚也很少存在和一般地主不同的特點，門閥制度就到了最後消除的階段。

五

我們在上面敍述門閥制度的興衰過程。由於歷史條件不盡相同，南北門閥也具有一些差異，因而在衰落過程中或早或遲。然而門閥的本質及其基本特徵終究是一致的，因而也必然將按照歷史規定的道路走向衰亡。我們認爲門閥制度的最後衰亡約在唐玄宗統治時期。

不管是江南士族、北方郡姓、門閥化的鮮卑貴族都是貴族官僚，他們的經濟基礎是貴族官僚土地占有制。它和封建國家土地所有制有密切的聯繫。貴族官僚土地占有制也是大土地占有制，它和一般大土地占有制的區别就在於此。在門閥制度盛時，貴族官僚土地占有制是大土地占有制的主要形式，只有門閥貴族才是合法的大土地占有者。他們在所占的土地上對佃客、部曲進行剥削。這樣土地和附着於土地的勞動人手，在法律意義上是作爲國有土地和國家的人户以占田、賜田和給客等形式配給的。這是基本的，因爲這構成他們經濟基礎的特點。此外也有一部分是私占，是隱藏的土地和勞動人手，實際上占有而法律上没有承認。除了廣大的土地占有之外，門閥貴族的經濟基礎還在

〔一〕舊唐書卷一八武宗紀會昌四年李德裕稱：「臣祖天寶末仕進無他伎，勉强隨計，一舉登第。」所謂「仕進無他伎」就是指科舉尤其是進士科而言。

於世襲地以俸禄形式分取國庫中掠自農民的租調。既然門閥貴族的經濟基礎在頗大程度上依存於封建國家土地所有制，那麽門閥制度的發展以至衰落的過程不能不和封建國家土地所有制的發展以至衰落的過程相符。三國以來屯田、占田以至北魏的均田表現了封建國家土地所有制的逐步强化，而在此時期也恰巧表現了門閥制度的逐步發展，我想這不能是一種偶合。孫吴的復客制、領兵制，〔一〕魏氏給公卿以下租牛客户，〔二〕西晉的占田制、蔭族蔭客制，這一些和門閥興起的關係是非常清楚的，這裏無須贅述。北魏的均田制没有規定各級官僚按品受田，但是可以推知貴族官僚的占有土地是以賜田和奴婢受田的形式保存下來的。〔三〕從世宗以後直到齊周，賜田的規模日益發展，北齊以至隋唐又逐漸形成了貴族官僚按品占田的永業田制了。〔四〕南朝並没有均田制，封建國家土地所有制正在瓦解。但還不能説南朝士族的經濟基礎對於這個大大削弱了的封建國家土地所有制不存在任何依存性。東晉時期僑姓士族至少有一部分是獲得賜田的。〔五〕宋代根據羊希的建議，規定了山林川澤的按

〔一〕魏晉南北朝史論叢孫吴建國及漢末江南的宗部與山越。

〔二〕晉書卷九三外戚王恂傳。

〔三〕魏書卷五八楊播附弟椿傳椿誡子孫云：「我家入魏之始，即爲上客，給田宅，賜奴婢馬牛羊，遂成富室。自爾至今二十年，二千石、方伯不絶，禄恤甚多。」這個家族的財富首先是通過田宅奴婢的賜與，其次便是俸禄與賞賜。楊家那樣的人家應該説在北魏是比較多的。楊椿説這些話時，已在魏末，也可知均田制施行後，賜田依然如故。

〔四〕參見歷史研究一九五六年第六期拙撰均田制度的産生及其破壞第三節。

〔五〕梁書卷七太宗王皇后傳：「（梁）高祖於鍾山造大愛敬寺，（王）騫舊墅在寺側，有良田八十餘頃，即晉丞相王導賜田也。」

品占有，[一]這一件事反映了南朝國家土地所有制的根本動搖，但也反映了貴族官僚所占有的山林川澤是作爲國有土地而配給的。

此外，我們還可以從俸禄方面來看門閥制度和封建國家土地所有制的密切聯繫。魏書卷七孝文帝紀太和八年四月丁卯詔：「始班俸禄。罷諸商人，以簡民事，户增調三疋，穀二斛九斗，以爲官司之禄」。這年九月便稱：「於是内外百官受禄有差。」這件班禄的事看來只是舊制的恢復，但是由於班禄而加重了農民的租調負擔，貴族官僚（包括北方郡姓和鮮卑貴族的一部分）以俸禄形式分取國家租調是顯著的。太和九年頒佈的均田令特别規定了「諸軍民之官，各隨地給公田」，[二]這種制度一直沿襲到隋唐的職分田和公廨田。[三]南朝雖然缺乏職田的明確數字，據宋書卷三武帝紀載永初二年二月制：「中二千石加公田一頃」，和史籍中其他相關記載，大致也是以公田的一部分劃作俸禄。我們在這裏没有必要詳細討論這個問題，只是藉以説明俸禄的取得不僅分取國庫中的租調，而且還直接分割了公田的一部分。我們知道如顔之推所説，南朝僑姓士族很多没有獲得土地，「悉資俸禄而食耳」，[四]吴姓和北朝士族情況，當然不同，但禄賜在他們的經濟生活中也應占一

〔一〕參見拙撰三至六世紀江南大土地所有制的發展第六七——七一頁（文集本六五——六九頁）。
〔二〕魏書卷一一〇食貨志。
〔三〕通典卷三五職田公廨田。唐會要卷九二内外官職田。
〔四〕顔氏家訓卷四涉務篇。

定的比重。

作爲門閥貴族的經濟基礎的貴族、官僚土地所有制既然和封建國家土地所有制有密切的聯繫，那麽當封建國家土地所有制削弱到不能保證門閥的經濟特權時，門閥制度也就不能不衰亡了。南朝的封建國家土地所有制正在不斷的削弱，無效的土斷和檢籍使國家幾乎完全放棄對於土地和編户的控制。士族在經濟上和政治上的優越地位無疑地還頑强地保持着，但是這種優越地位一部分逐漸爲寒門地主所分享，例如免役，另外一部分早成爲空洞的歷史概念，例如占田；剩下來的便只有「世禄」，然而由於士族本身的腐朽也在動搖中，沈約在當時曾說：「宋齊二代，士庶不分。」〔一〕由於寒門地主占有的財富日益擴大，並獲得某些特權，經濟上的「士庶不分」必然要反映在政治上的「士庶不分」，這就是士族衰落的標幟。北朝一直維持着均田制度，郡姓雖然也在逐漸衰落，但終究維持一個較長期間。所以能够維持較久，較重要的一點是由於北方郡姓具有較强的宗族基礎。而北方宗族、鄉里組織的强固又是封建國家土地所有制得以保持的主要條件。只要「世禄」没有變化，國家土地所有制終究是貴族、官僚土地占有制的可靠保證。

這裏我們必須要加以説明。我們認爲貴族、官僚土地占有制是和封建國家土地所有制相聯繫

〔一〕通典卷三沈約所上議。

的，二者在走向衰落的途中是一致的，像南朝那樣，士族的衰落和封建國家土地所有制的日益削弱相一致（削弱的表現是國家放棄對土地、編户的控制），這是一種情況。但北朝却有所不同，隋和唐初仍然推行均田制（雖然唐初均田制的内容有了變化，這些變化實質上反映了均田制的削弱），但山東郡姓在隋唐之間已經走向衰落，似乎不甚一致。我們認爲隋唐之際，江南士族基本已經衰亡，山東郡姓在農民起義的衝擊下也决定了它的衰亡命運。但貴族官僚土地占有制却仍然存在，在上面我們已經列舉隋唐均田制下按品占有永業田，以及賜田、職田等，這一些都是作爲國有土地的一部分而分配給貴族官僚的，這裏無須多説。這裏所指的貴族官僚仍然是門閥貴族，僅僅是作爲其骨幹分子的不再是士族和郡姓，而是鮮卑軍事貴族，唐代還加上由出自寒門的功臣構成的新興貴族。他們的經濟基礎就是賜田和永業田。〔二〕雖然隋代廢除了九品官人法，〔三〕科舉制在隋唐之際已經確立，但隋代直至

〔二〕隋書卷四〇王誼傳所載隋代功臣占有大量土地，蘇威建議要削減功臣之地以給民，爲王誼反對而罷，已見前注。這裏所説「功臣之田」又稱爲爵土，皇帝有權加以削減，也證明其與封建國家土地所有制的關係。舊唐書卷七八于志寧傳：「嘗與右僕射張行成、中書令高季輔俱蒙賜地。志寧奏曰：『臣居關右，代襲箕裘，周魏已來，基址不墜。行成等新營莊宅，尚少田園，於臣有餘，乞申私讓。』帝嘉其意，乃分賜行成及季輔。」可知關隴軍事貴族的賜田從魏周以來一直傳至唐。而唐初又曾賜田給功臣，所賜者當然不止張、高二人。永業田在法令上有具體規定，唐六典、通典等書都有記載，這裏不再引證。

〔三〕一般認爲隋代廢除了中正，其實隋代所廢的是中正所掌的九品論人職務，中正之官只是由於避諱，並入「州都」，州都就是中正。通典卷三二總論州佐下云：「隋有州都，其任亦重」，下注云：「晉王廣爲雍州牧，司空楊雄、僕射高熲並爲州都。」又卷三三總論郡佐條云：「中正……隋初有，後罷，而有州都。」可知中正之廢應在唐代。

唐初入仕的一條大道還是蔭任，〔一〕科舉包括秀才、明經、進士還没有占選舉上的主要地位。因此「世祿」條件雖不像過去那樣優越，而世祿制度却並未消滅，關隴軍事貴族集團和它的附從者（包括部分山東郡姓，江南士族和關中郡姓）從周隋直至唐初一直是政治上的世祿之家。他們還是具有門閥特徵的享有經濟上和政治上特權的某些宗族或家族。

封建國家土地所有制的統治地位還没有動搖，與之相聯繫的貴族、官僚土地所有制也仍然存在，那末門閥制度也就能够繼續下去。到了武后以至玄宗統治期間，均田制度最後崩潰。封建國家土地所有制的統治地位動搖了，門閥制度也達到了最後衰亡的階段。門閥特權無論是經濟上和政治上都消失了，剩下來的便只有一個自矜高貴的血統。至於唐代中葉以後的牛李黨争如李德裕、鄭覃等堅持門閥觀點，反對進士科，那只能表示門閥制度已經衰亡後，代表門閥利益的思想意識還頑强地保持下來。事實上，我們很難從經濟基礎上，區别牛李的差異，他們都是官僚大地主，而且即使在牛李黨徒中，我們也很難劃分門第出身與科舉出身的嚴峻壁壘。我們不否認牛李黨争在一定程度上表示門

〔一〕新唐書卷四四選舉志稱：「國子學生、太學生，都是按父祖官品分别入學，只有四門學才接受「庶人之俊異者」。還有弘文館和崇文館，那是貴戚和高級官僚的子弟才能入學。唐初科舉以由學校舉送爲重，而學校就有等級區别，可知科舉也在一定程度上有門第限止。至於蔭任之制，唐六典、新唐書選舉志等都有詳細規定，這裏不再引證。通典卷一七武后垂拱中魏玄同上疏有云：「今貴戚子弟，例早求官，或齠齔之年，已腰銀艾，或童丱之歲，已襲朱紫，弘文、崇文之生，千牛、輦脚之徒，課試既淺，技能亦薄，而門閥有素，資望自高。」這是武后初年的情況，所謂貴戚已經不是唐初的關隴軍事貴族和功臣集團了，但也可證唐初蔭任出身在選舉中占主要的地位。這從唐初大官僚的出身來考察也可證明。

閥貴族殘餘對進士科官僚的矛盾，然而基本上只是官僚彼此傾軋的常態。

不消説，門閥制度的衰亡，不等於以後就没有分取國有土地的貴族、官僚，更不等於没有貴族官僚。皇室外戚、大官僚總是封建統治階級中的上層集團，總是具有廣占土地的優越地位。直到明清時期，皇子皇孫都大量受賜土地，大官僚受賜土地的也常常見到，宋代的蔡京、秦檜便曾以賜田形式占有永豐圩的大量田畝。歷朝都規定蔭任爲入仕道路之一。但是在封建土地所有制中，國家土地所有制和與之相聯繫的貴族官僚土地占有制不再處於統治地位。貴族官僚不是唯一合法的大地主，而除了皇親國戚以外，他們的經濟基礎也很少依存於國有土地的配給，更不是由國家配給勞動人手。政治上的世襲權利也不占重要地位。唐代中葉以後土地轉換關係的頻繁，各階級中的成員經常有升降，地主階級内部常在變動，因此從地主階級中選拔官僚只能采取世襲性較弱的科舉制。

如上所述，我們認爲門閥的盛衰和封建國家土地所有制的盛衰有密切的聯繫。

貴族官僚土地占有制對封建國家土地所有制具有一定的依存性，因此必須維持封建國家對於土地和編户的巨大控制權力。東晉的桓温、齊代的虞玩之等都曾建議和支持土斷和檢籍。北魏的李沖、李安世是均田制和三長制的創議人。他們是南北高門，他們的主張正好反映貴族官僚土地占有制的特點。企圖在不損害貴族官僚的利益下維持封建國家土地所有制的統治地位，首先就得把大土地占有特權和其他相關特權限止在他們的集團中，而抑制不屬於本集團的地主；另一方面，門閥貴族自己也必須只在法律許可的範圍内占有較多的土地和一定數量的私屬。占田制、均田制乃至土斷、檢籍措施所以出自某些高門的建議和獲得他們的支持便在於此。

這些制度和措施效果不等，但都不可能穩定下來。第一，他們不能堵塞寒人地主在經濟和政治上擴大力量的道路，不但原有的寒門地主力圖滋殖其財富，而且還在産生由商人轉化來的，在農民中分化出來的地主，都要求擺脱妨礙其發展的某些約束，簡單地說，都要求享受同等的特權。關於這個問題，我在南朝寒人的興起文中已經討論，〔一〕這裏不再重複。北朝没有南朝那樣顯著，但是也可以肯定齊周時期寒人地主的勢力有所發展。〔二〕第二，不管是士族、郡姓、鮮卑軍事貴族，他們總是最大的封建主，他們的貪慾不可能限制在法律規定的範圍，他們的優越地位使之更便於吞噬、兼併農民和侵占國有土地。關於這一切，我們無須多説，只要看大量隱匿逃亡户口，廣占山林川澤的主要就是他們，便可知道他們同時又是封建國家土地所有制的破壞者。這樣，就産生了非常錯綜複雜的矛盾。只有維持國家對於土地、編户的控制權力，才能保證門閥貴族的優越地位，才能阻止寒門地主勢力的滋長，以免受到威脅。但是也只有消弱封建國家土地所有制，才能滿足自己的兼併貪慾。這個矛盾自從門閥形成之日起就已存在，又聯繫又矛盾就是其特點。而當門閥貴族無限止地擴大其土地和勞動人手的占有時，和封建國家土地所有制，和皇權的矛盾有時就顯得突出了。劉宋、高齊、隋初對豪强的抑制便包括部分門閥貴族在內。可是我們不能把矛盾强調到不恰當的地步。

〔一〕 魏晉南北朝史論叢續編。

〔二〕 魏晉南北朝論叢續編南北朝後期科舉制度的萌芽。

最後，我們應該説明，封建國家土地所有制統治地位的動搖是社會發展的結果。作爲其基礎的農村公社殘餘亦即宗族組織，在社會經濟發展，商品貨幣關係較爲活躍，土地轉換頻繁的情況下，宗族中間存在的一些基於公有制的殘餘形態日益削弱，宗族組織的作用也就削弱了。封建國家土地所有的基礎既然趨於削弱，其統治地位自然不能維持下去。唐代開元、天寶間社會經濟的基本情況便是這樣。

封建國家土地所有制的削弱表現在國家相對鬆弛對土地和農民的嚴格控制。必須指出，這決不是自行鬆弛的。這正是廣大農民不斷進行鬥争的結果。在唐代以前農民鬥争的鋒芒主要是指向封建國家的賦役壓迫，特别是徭役，這種徭役壓迫嚴重地阻礙了社會生産力的發展。它的根源就在於農民所耕土地被認爲是由封建國家授與的，農民的人身也是置於國家的嚴格控制之下的。農民的鬥争不管采取逃亡形式或者武裝起義形式都迫使國家逐漸放寬徭役，轉向實物代役制，迫使國家承認遷移的合法化，這些轉變都表現了封建國家對農民人身控制的削弱，從而動搖了封建國家土地所有制的統治地位。同時，與封建國家土地所有制相聯繫的貴族官僚土地占有制下，封建依附關係是非常强烈的，不論是佃客、部曲、蔭户，都是公開的或不公開的私屬。公開的是直接由國家配給的或賜與的，不公開的是被認爲有罪的「逋亡」，不管二者是怎樣不同，私屬地位的卑微是和封建國家對農民的嚴格控制權相關的。農民鬥争不僅直接打擊了門閥貴族，而且國家對農民控制的放寬，也就影響到封建田園中人身依附關係的放寬。

動搖封建國家土地所有制的統治地位的主力是農民鬥争。

封建統治階級内部矛盾發展的結果，也動摇了封建國家土地所有制。這是皇權、門閥貴族、寒門地主之間的矛盾焦點，爲了謀求妥協，封建國家土地所有制必須放棄其統治地位，與之聯繫的門閥貴族特權也隨之而削弱以至衰亡。關於這一點我在南朝寒人的興起一文中詳細談到，這裏不再贅述。〔一〕

（原載武漢大學學報一九五九年第八期）

〔一〕魏晉南北史論叢續編第一一八——一二三頁（文集本一三五——一四〇頁）。

北魏沃野鎮的遷徙

十幾年前，我想探討北魏末年各族人民起義問題，寫成文時只談了對於性質的一些初步意見，還有一些有關的考證一直没有整理。前年獲讀中國歷史地圖集第四册，其中六鎮定點，自幸往日所見與之相符，今因有的同志詢及沃野鎮爲什麽標了三處，因就舊文稍加詮次，只算是一種注釋。自知疏陋，可能理解有誤，敬請教正。

北魏六鎮究竟指的哪六鎮，從來就有各種説法，清人沈垚落颿樓文集卷一六鎮釋據魏書卷七下高祖紀下太和十八年（四九四）詔及元和郡縣志卷四豐州天德軍條證明六鎮自西至東爲沃野、懷朔、武川、撫冥、柔玄、懷荒，已成定論。今按通典卷一九六蠕蠕條引刁雍（高閭之誤）表，〔一〕「六鎮東西不過千里」，注云：

六鎮並在今馬邑、雲中、單于界。後魏宣（武）帝正始中尚書源思禮撫巡北蕃，以跋（沃）野置鎮居南，與六鎮不齊，更立三戍，亦在馬邑等郡縣。

〔一〕見魏書卷五四高閭傳。

杜佑認爲六鎮都在唐雲中、馬邑和單于都護府界，其説與元和志顯然不合。元和志説六鎮從西第一鎮沃野在唐天德軍北六十里，應在今内蒙五原北，而杜佑所説馬邑、雲中、單于界遠在今包頭市東，似乎這裏所説六鎮不包括沃野。更爲奇怪的是在今五原北的沃野鎮怎麽會「置鎮居南」呢？然而杜佑是有所本的。太平寰宇記卷三六靈州條引陸恭之風土記云：

> 朔方故城，太和十年改為沃野鎮。

又廢懷遠縣蘭山澤六鎮三戍條又引陸恭之風土記云：

> 正始三年，尚書源思禮、侍郎韓貞撫巡蕃塞，以沃野鎮居南，與蘭山澤六鎮不齊，别置三戍。

又通鑑卷一三三宋泰始七年（四七一）十月「沃野、統萬二鎮敕勒叛」條胡注引陸恭之風土記云：

> 朔方故城，後魏改為沃野鎮，去統萬八百餘里。〔一〕

顯然，杜佑關於沃野鎮的幾句話即出於陸恭之書。陸恭之是陸俟的曾孫，附見魏書卷四〇陸俟傳，其人卒於東魏天平四年（五三七）。傳稱「恭之所著詩賦凡千餘篇」，没有説著有風土記，隋書經籍志和兩唐書的經籍志和藝文志均未著録，但此書歷見唐宋人所引，章宗源隋書經籍志考證卷六在大魏諸州記條下列舉元和郡縣志、太平御覽、太平寰宇記等書所引，或作大魏風土記、後魏風土記、後魏輿地風土記，當即陸恭之書。因此，可以推測此書宋時尚存。陸恭之卒於東魏初，距太和不遠，其史料價

〔一〕胡三省是否親見此書或自他書轉引不可知，但較寰宇記多出「去統萬八百餘里」一句，必非臆造。

值是很高的。

杜佑、樂史、胡三省雖然都引用了風土記，但實際上似乎都没有弄清楚沃野鎮以及六鎮究在哪裏。據上引通典蠕蠕條注，杜佑認爲六鎮三戍都在唐馬邑、雲中、單于界，但同書卷一七三靈州懷遠縣條下卻又説：「亦漢富平縣地，後置六鎮三戍在此縣界北。」唐懷遠縣在今寧夏青銅峽南，六鎮三戍搬到這裏，不知何據。上引寰宇記也是把沃野和六鎮三戍都置於靈州及廢懷遠縣條下，當即本之通典。杜佑唐人，學識淵博，何以有此矛盾，實不可解。胡三省雖引陸恭之，但他以爲魏沃野鎮即漢朔方郡之沃野縣，與陸説實不相符。他又删去「太和十年」四字，籠統地説後魏，似乎沃野鎮一直都在那裏，也是不求甚解之故。

風土記説沃野鎮是太和十年以朔方故城改的。這個朔方故城當指漢朔方縣故城，據水經注卷三河水篇記朔方縣古城，在黄河經高闕東流折南，南北河合流向南之處。歷史地圖集第四册四八——四九頁沃野鎮定點在今杭錦旗北的黄河南岸。圖例齊、魏以公元四九七年（齊建武四年、魏太和二十一年）的政區設置編繪。圖既以太和末爲準，想必據陸恭之太和十年改朔方故城爲沃野鎮之説，所以定在此點，這當然是正確的，也只有在此處，才與「居南」和「與蘭山澤六鎮不齊」之語相合。

但陸恭之所説是太和十年的沃野鎮。那麽太和十年前的沃野鎮是否也在漢朔方縣故城呢？假使如此，陸恭之爲什麽特别指出太和十年這個年限呢？沃野鎮在拓跋燾滅夏後大概即設立，説不定還是因夏之舊。魏書卷三八刁雍傳記他爲薄骨律鎮將，太平真君七年（四四六），奉詔薄骨律與高平、安定、統萬四鎮，出車五千乘，運屯穀五十萬斛付沃野鎮以爲軍糧，他上表説：

臣鎮去沃野八百里，道多深沙，輕車來往，猶以為難，設令載穀，不過二十石，每涉深沙，必致滯陷。又穀在河西，轉至沃野，越度大河。計車五千乘，運十萬斛，百餘日乃得一返……今求於牽屯山河水之次，造船二百艘……臣鎮内之兵，率皆習水。一運二十萬斛，方舟順流，五日而至；自沃野牽上，十日還到，合六十日得一返。

根據此表，太平真君七年時的沃野鎮可以明確：（一）在薄骨律鎮（今寧夏靈武縣）之北八百里，[二]（二）鎮旁黄河東岸，或離河不遠之處。上引通鑑胡注雖對陸恭之書有所誤會，但他認爲魏之沃野鎮即漢沃野縣之説却不能全部否定。一來，鎮名沃野理應與過去的漢沃野縣有關；二來，漢沃野縣故城據水經注三在河水逕漢臨戎縣北流折東爲南河與一條叫做銅口的支渠之間。水經注疏卷三熊會貞以爲在河東岸。這個地點和刁雍表所説是符合的。今歷史地圖集第四册正是在這裏（今内蒙臨河縣西南）標了個小字沃野鎮，用○號，據圖例表示聚落，所以不用鎮名號，當是因爲這是拓跋燾真君年間以至太和十年前的沃野鎮，而圖例是以太和二十一年（四九七）的行政區域爲準的。我認爲這個推斷是正確的。刁雍説沃野鎮距薄骨律鎮八百里，指的是真君七年的沃野鎮；陸恭之説沃野鎮去統萬鎮八百餘里，指的是太和十年的沃野鎮，一在西，一在東，一在薄骨律鎮直北，一在統萬鎮直北，遥遥相對。

[二] 據下「方舟順流」語，由靈武北上是順流。

至於元和志所説天德軍北的沃野鎮當然確有所據。李吉甫於元和年爲中書門下平章事時曾奏請修天德舊城，以安軍心，所奏亦見元和志卷四天德軍條下，舊唐書卷一四八本傳還記載他一些經營天德軍防務的事，他對這一地區的形勢是十分熟悉的。太平寰宇記卷五九雲州雲中縣青陂條引出塞圖以沃野鎮在雲中、五原與高闕戍間，地望與元和記所云亦符。魏末破落韓拔陵於沃野鎮所屬高闕戍起義，史傳不見沃野鎮的下落，想必隨即被拔陵占領。周書卷一四賀拔勝傳稱：「魏正光末，沃野鎮人破落韓拔陵反，南侵城邑……其賊僞署王衛可孤徒黨尤盛，既圍武川，又攻懷朔。」只能起於今五原北之沃野鎮，才能以攻武川、懷朔爲南侵。又同書卷九肅宗紀正光五年（五二四）七月稱「都督崔暹失利於白道」，白道是通向陰山以北的要道。〔二〕正因破落韓拔陵起於陰山北，所以魏軍由白道進攻，起義軍亦扼守白道。如上所述，可知魏末沃野鎮又曾從漢朔方故城北遷今五原北。我們知道魏正始間曾經重建六鎮。魏書卷四一源賀附子懷傳：

正始元年（五〇四）九月，有告蠕蠕率十二萬騎，六道並進，欲直取沃野、懷朔，南寇恒、代。詔懷以本官加使持節、侍中，出據北蕃，指授規略……懷至雲中，蠕蠕亡遁。懷旋至恒、代，案視諸鎮左右要害之地，可以築城置戍之處，皆量其高下，揣其厚薄，及儲糧積仗之宜，犬牙相救之勢，凡表五十八條。表曰：「……今定鼎成周，去北遥遠。代表諸蕃北固，高車外叛，尋遭旱儉，戎

〔二〕太平寰宇記卷四九雲州雲中縣條引冀州圖稱：「白道川當原陽鎮北……即是陰山路也。從此以西及紫河以東，當陰山北者，唯此道通方軌。」原陽漢縣，在今呼和浩特市南，白道南口在其北。

馬甲兵，十分闕八。去歲復鎮陰山，庶事蕩盡。遣尚書郎中韓貞、宋世量（景）等檢行要塞，〔一〕防遏形便。謂準舊鎮東西相望，令形勢相接，築城置戍，分兵要害，勸農積粟，警急之日，隨便翦討，如此則威形增廣，兵勢亦盛……如此，北方無憂矣。」世宗從之，今北鎮諸戍，東西九城是也。

按源懷所述「高車外叛」，指太和二十二年（四九八）敕勒樹者爲首的懷朔已東諸鎮敕勒的暴動。這次暴動規模巨大。孝文帝元宏這時正發動大舉進攻南齊，爲此不得不託辭齊明帝蕭鸞的死亡，以所謂「禮不伐喪」爲名，還兵鎮壓。由於軍事上遭到挫折，終於不得不采取元繼的建議，「斬愆首一人，白餘加以慰諭」，平息了「叛亂」。〔二〕我們從上引源懷表中，知道由於敕勒暴動和景明年間（五〇〇——五〇三）北鎮連年旱災，戰備力量損失了百分之八十，部分鎮戍可能後撤，或者破壞嚴重以致停廢。直到景明四年（五〇三）才「復鎮」陰山，「復鎮」就表明原有鎮戍至少一部分已經後撤或廢了。源懷把原來諸鎮叫做「舊鎮」。韓貞、宋世量（景）出去巡視要塞，築城置戍，只是約略依照舊鎮「東西相望」的形勢，恢復的鎮戍都是新興建的城，其地址不一定和「舊鎮」完全一致。北史卷二六宋隱附宋世景傳云：「左僕射源懷引爲行臺郎，巡察州鎮，十有餘所……還七鎮，〔三〕別置諸戍，明設亭候，以備不虞。」這裏明確指出「七鎮」是遷，不是因舊址興建。水經注卷三稱：「（白道中溪）水發源於武川

〔一〕北史卷二六宋隱傳附世量傳，此「量」字乃「景」之訛。

〔二〕魏書卷一六江陽王繼傳。

〔三〕七鎮當是六鎮加上御夷鎮。

北塞中，其水南流逕武川鎮城，城以景明中築，以禦北狄矣。」這裏明確指出武川鎮城是景明中新築的，與源懷傳所述基本相符，只是景明中疑當作「正始中」而已。諸家疑武川鎮城不應此時才建，所以沈炳巽認爲這個景明乃宋少帝年號（景平之誤），楊守敬說世宗紀不載築城事，〔一〕都由於未考源懷傳及宋世景傳，不知正始間有改建六鎮三戍事。陸恭之所云正始三年「別置三戍」，六鎮加三戍亦即源懷傳所云之「東西九城」，正始「三年」可能是諸城全部建成之時。

陸恭之所說雖然基本上與源懷傳所述興建六鎮三戍事相符，但還有問題需要解釋。陸恭之說「沃野鎮居南，與蘭山澤六鎮不齊」，似乎沃野鎮在六鎮之外，又像新建的沃野鎮城在南。我以爲說沃野鎮與六鎮不齊是語病，又寰宇記引文有所删節，其意是追叙源思禮（即源懷）、韓貞於正始元年撫巡北塞時原沃野鎮居南，下面當有移鎮向北之文已被删去。當然，這個解釋是不够充分的，但沃野在六鎮之中，元和志有明文。而「居南」的沃野鎮又必是太和十年以朔方故城改，如果認爲正始改建在南，則元和志所云天德軍北的沃野鎮應是正始以前舊鎮，而這却與風土記和魏書刁雍傳所述都不相符。檢歷史地圖集第四册在今五原北黄河北岸亦標一小字沃野鎮。用○號表示。圖例既以太和二十一年（四九七）行政區域爲準，此時此地並無沃野，不知何以闌入。〔二〕

〔一〕 見水經注疏卷三「城景明中築以御北狄矣」條下疏。
〔二〕 是否認爲自太和十年後沃野鎮一直在朔方故城。元和志所記的沃野鎮是真君七年以後的某年由漢沃野縣故城遷去的，太和十年又從北往南遷到漢朔方故城，自此直到魏末不再遷移。這樣解釋雖亦可通，但無確據。

以上所考如果不誤，則沃野鎮始置實在漢沃野縣故城（今內蒙臨河縣西南），太和十年（四八六）遷於漢朔方故城（今內蒙杭錦旗北），正始元年（五〇四）又遷於唐天德軍北（今內蒙五原東北）。

（原載華中師範學院學報一九七九年第五期）

二秦城民暴動的性質和特點

——北魏末期人民大起義研究之三

我們在前兩篇論文中論述過北鎮鎮民暴動和山胡、敕勒起義，這裏準備探討秦隴反魏起義，特別是二秦城民暴動的性質和特點。

一　秦隴地區反魏起義的概況〔一〕

秦隴地區反魏起義最先發難的是秦州（上邽）城民。肅宗正光五年（五二四）三月破落汗拔陵起兵後，二夏、豳、凉等州紛紛響應。四月，高平鎮民赫連恩反，推酋長胡琛爲高平王，率衆攻高平響應拔陵。胡琛爲魏將盧祖遷所敗，北撤。這時，秦州刺史李彦「刑政過猛，爲下所怨」，六月，城民薛珍、劉慶、杜超（或作杜遷）等起兵，推城民莫折太提爲帥。太提稱秦王，殺了李彦。又派遣城民卜朝（或作卜胡）襲取高平，殺鎮將赫連略、行臺高元榮。太提死，子念生代立，稱天子，改元「天建」，設置百

〔一〕「概況」根據魏書卷九肅宗紀、卷一〇孝莊紀、卷五九蕭寶夤傳、卷三九李彦傳、卷六一薛巒傳、卷五七崔遊傳、卷七三崔延伯傳、卷三二高徽傳、卷七五爾朱天光傳和北史卷五六魏收傳、卷九六吐谷渾傳等，並參考通鑑寫成，一般不另加注。

官，以子阿胡爲太子，兄阿倪爲西河王，弟天生爲高陽王，〔一〕伯珍爲東郡王，安保爲平陽王。七月，念生遣天生東下，與魏征西都督、雍州刺史元志對峙於隴口。八月，天生大敗魏軍於隴東，元志退守岐州。十一月，岐州城民開城迎接天生，擒都督元志、刺史裴芬之。天生自己率軍東下，直趨雍州，屯營黑水；又遣別帥卜朝、王慶雲從北道下涇州，大敗魏光禄大夫薛巒於平涼東。義軍兩路東下，涇、雍二州吃緊，關中動摇，洛陽政權十分恐慌。

早在莫折太提暴動之前，南秦州氐民就爆發了反魏起義。當時，南秦刺史崔游誘殺氐豪、州主簿楊松柏兄弟，以致「合境皆反」。就在莫折太提起義之後幾天，南秦州（駱谷）城民韓祖香、張長命、孫櫠（或作孫掩）等攻入州館，殺崔游，據城響應太提。七、八月間，莫折念生曾兩次派都督楊柏年、樊元、張朗和竇雙率兵攻仇鳩、河池戍和盤頭郡，接應南秦城民，雖都被魏東益州刺史魏子建將打敗，駱谷城仍爲城民據守，南秦氐民暴動勢力也依然存在。同年七月，涼州城民万于菩提、呼延雄等執刺史宋穎，據州城以響應莫折念生。宋穎勾結吐谷渾主伏連籌進攻涼州，万于菩提被殺，城民趙天安又推宋穎爲刺史，這裏的暴動很快就被鎮壓了。〔二〕到正光五年十一月，秦州義軍向西、向南的進展雖不大，但以上邽城爲根本，北據高平，南連駱谷，東下岐州，連續擊敗魏軍，直抵黑水，兵勢發展十分迅速。

〔一〕魏書肅宗紀以天生爲念生之兄，此處從魏書蕭寶夤傳。

〔二〕万于菩提，北史吐谷渾傳作「萬于菩提」，「萬于」當作「万于」，即「万于忸」，本拓跋本部貴姓，後改姓「于」，魏書肅宗紀作「于菩提」。又肅宗紀稱菩提等爲「幢帥」，即城民中之下級軍官。

正光五年十一月末，高平人襲殺卜朝，迎胡琛，念生失高平鎮。十二月，東益刺史魏子建招降南秦氏民，占領六郡十二戍；又攻殺駱谷城民領袖韓祖香，「張長命畏逼，告降於蕭寶夤」。孝昌元年（五二五）正月，莫折天生與魏尚書左僕射、西道行臺大都督蕭寶夤、都督崔延伯大戰於黑水，義軍戰敗，陣亡被俘者近十萬人，〔一〕天生退回隴右。

秦州義軍在東、北兩路遭受挫折時，曾力圖向西、向南發展。正光五年十二月，念生派兵攻凉州，城民趙天安執刺史宋穎響應。孝昌元年十月，伏連籌又派兵救宋穎，天安反復，凉州又歸北魏。〔二〕這時，魏河州刺史元祚死，前刺史梁釗子景進引念生兵圍枹罕，河州長史元治平等推高徽行州事，勒兵固守；又求救於吐谷渾，伏連籌派兵至枹罕，景進兵敗東走。〔三〕孝昌元年二月和八月，念生又曾兩次

〔一〕魏書肅宗紀稱「斬獲數萬」。同書蕭寶夤傳、崔延伯傳和通鑑卷一五〇梁武帝普通六年正月條都作俘斬「十餘萬」。

〔二〕趙天安先是把被廢黜的刺史宋穎扶出來，接着又反復於莫折念生和吐谷渾之間，看來他只不過是保存實力，以便私圖而已。

〔三〕據魏書肅宗紀和高徽傳，高徽是派往𠹌噠的使節，經過河州，被元治平等推舉行州事。據高徽傳又稱：「景進敗，退走，奔秦州。」景進尋率羌夷復來攻逼，徽遣統軍六景相馳表請師，詔徽仍行河州事。久無援救，力屈城陷，爲賊所害。」河州終於爲梁景進攻下，時間在孝昌元年之後。又梁景進即梁覽。北史卷四九有傳。他是宕昌羌的王族，世代酋帥，「家世富豪」，在河州很有勢力。高徽傳說他招引念生圍枹罕，北史本傳却說他散家財招募，鎮守河州，記載不同，其實並不矛盾。必是梁景進先打着義軍旗號威脅河州企圖奪取刺史的地位。後來攻取了州城，又反過來鎮壓義軍，以博取北魏朝廷的恩典，果然他獲得了「世爲河州刺史」的特權。梁景進與元祚、高徽，都是統治階級中人物，他們之間的矛盾屬於統治階級內部的矛盾。梁景進是宕昌羌，所率領的也是「羌夷」，從種族上説與莫折念生是「同類」，但念生是「城民」，景進是王族，階級分野明確，又非「同類」，所以先有聯繫而終於破裂。

派遣都督楊鲊、梁下弁、姜齊和杜黑兒、杜光帶兵南攻仇池郡，但都被魏子建所敗。西、南兩路無進展。

尤其是在莫折天生兵敗黑水的關鍵時刻，義軍内部出了叛徒。據魏書卷五九蕭寶夤傳説，天水人吕伯度兄弟起先參加了起義，不久就背叛義軍，聚衆保顯親。被念生擊敗，降於胡琛。胡琛封他爲秦王，資助他人馬，還攻秦州，敗念生將杜粲於成紀、金城王莫折普賢於水洛城，重又盤踞顯親。念生率人軍反擊，又被打敗。這個叛徒煽起了秦州、高平兩支義軍的讎殺，背叛念生之後復叛胡琛，偷襲琛將劉拔，隨即派侄兒吕忻和勾引魏軍西來。念生事迫，於孝昌二年（五二六）九月詐降於蕭寶夤。寶夤派行臺左丞崔士和入秦州。至此，莫折氏獨立領導的秦州義軍歸於失敗。

正當秦州義軍由盛轉衰時，高平胡琛領導的山胡起義軍有了迅速的發展。正光五年十月，胡琛遣將宿勤明達東下攻豳、夏、北華三州。十一月，胡琛進據高平鎮。孝昌元年四月，胡琛遣大將万俟醜奴、宿勤明達攻涇州，大敗魏軍於安定，陣斬驍將崔延伯。史稱「大『寇』未平，復失驍將」，義軍軍勢「愈盛」，「朝野爲之憂恐」。

孝昌二年九月，莫折念生再次占領秦州，把崔士和送往高平處死。從此，「胡琛與莫折念生交通」，高平、上邽兩支義軍合併，秦隴起義進入新的聯合發展的階段。這時，義軍大將万俟醜奴擒斬魏涇州刺史、叛徒吕伯度，兵威大振。胡琛死後，醜奴總領義衆。

三年正月，高平、上邽義軍大敗蕭寶夤、元恒芝於涇州。魏大隴都督、南平王仲冏，小隴都督高聿相繼退散，蕭寶夤收拾殘兵萬餘退守長安。莫折念生率衆攻汧城，魏守將潘義淵降；接着進軍岐州，城民執刺史魏蘭根開門迎接，乘勝逼雍州。這時，魏北海王元顥、夏州刺史源子雍、豳州刺史畢祖暉、行臺辛深等，紛紛棄城逃竄。於是，胡引祖占據北華州，叱干騏驎占據豳州。宿勤明達侄、南平王宿勤烏過仁略地渭北。東下的南北兩路義軍進展順利，「關中大擾」，形成義軍發展的新高潮。〔一〕

不久，莫折天生中暗箭陣亡於雍州，〔二〕宿勤烏過仁亦因毛鴻賓叛變而被俘，南北義軍都受到挫折。以後義軍雖曾一度占領潼關，仍不得不於三月主動撤退。九月，秦州城民杜粲叛亂，殺莫折念生「合門皆盡」，〔三〕杜粲自行州事。南秦州城民辛琛（或作辛琛顯）亦自行州事，遣使降於蕭寶夤。十二月，秦州民駱超殺杜粲，降於北魏。至此，上邽、駱谷二城都被魏軍占領，二秦城民起義軍的主力失敗了。

魏孝莊帝建義元年（五二八）七月，万俟醜奴稱天子，置官屬，改元神獸。次年（永安二年，五二九）九月攻克東秦州，殺刺史高子朗。三年三月，醜奴大行臺尉遲菩薩攻岐州，被賀拔岳打敗。四月，

〔一〕魏書肅宗紀稱東下義軍爲「高平虜賊」；通鑑卷一五一梁武帝大通元年正月條稱「秦賊」。從兩書所記義軍將領來看，莫折念生、莫折天生自是所謂「秦賊」，而叱干騏驎、宿勤烏過仁等本是高平胡琛部將，又是所謂「虜賊」。從孝昌二年九月「胡琛與莫折念生交通」之後，上邽與高平義軍已經聯合，此次東下關中正是義軍聯合行動。

〔二〕據梁書卷三九羊侃傳，參考通鑑卷一五一梁武帝大通元年正月條。

〔三〕據魏書蕭寶夤傳。又杜粲時爲莫折念生大將，封常山王。

魏雍州刺史爾朱天光至安定，醜奴涇州刺史侯幾長貴叛降，醜奴棄平亭西走高平，天光遣賀拔岳追擊，醜奴在平凉兵敗被俘，犧牲於洛陽。醜奴敗後，其行臺万俟道洛投歸王慶雲。王慶雲大概是屠谷胡人，本是莫折念生的部將，秦州起義軍主力雖已失敗，他仍然據守水洛城。道洛投歸慶雲，實際上是上邽、高平兩支義軍的最後聯合抗戰，水洛城也是最後的據點。這年六月，慶雲稱帝，以道洛爲大將軍。七月，爾朱天光攻陷水洛，慶雲、道洛被俘，天光坑殺城民一萬七千人，又「分其家口」。大概在水洛城陷之先，二秦城民都曾謀殺刺史未遂，這時也都被爾朱天光所鎮壓。後來元暹爲秦州刺史，認爲上邽城民「累爲反復」，大肆屠殺，「存者十一二」。〔一〕

万俟醜奴部將宿勤明達在東夏州，堅持到魏節閔帝普泰元年（五三一）四月，才被爾朱天光鎮壓。但是秦隴起義還有後勁，史籍記載，莫折後熾在涇、原（高平鎮改）之間堅持鬥争，直到西魏大統四年（五三八）才被鎮壓。〔二〕

山胡起義，我們在前一篇論文中已經談過，這裏不再重複。僅就秦隴起義而言，可以孝昌二年

〔一〕據魏書卷一九上京兆王子推附元暹傳稱：「莊帝還宫，封汝陽王，遷秦州刺史。先時，秦州城人累爲反覆，暹盡誅之，存者十一二。」按元顥之亂，莊帝棄洛陽奔河内，永安二年（五二九）七月始還宫。次年七月，駱超棄秦州奔略陽投爾朱天光。又魏書卷一一前廢帝紀，普泰元年（五三一）三月，節閔帝以侯莫陳悦爲秦州刺史。故元暹刺秦州，當在永安三年（五三〇）七月至普泰元年（五三一）三月之間。

〔二〕周書卷二五李賢傳，卷二八史寧傳。

（五二六）九月莫折念生第二次起兵反魏爲界綫，劃分兩個階段：第一階段是莫折太提、莫折念生獨立領導的以上邽城民爲骨幹的秦州大暴動。其中，從正光五年（五二四）六月至十一月是迅速發展時期；正光五年十一月至孝昌二年九月是由盛轉衰時期。第二階段是莫折念生領導的秦州暴動軍和胡琛、万俟醜奴領導的山胡起義軍合作階段。孝昌三年正月，義軍攻占涇、豳、岐、北華等州，達到高潮；至孝莊帝永安三年（五三〇）七月，水洛城失陷，王慶雲、万俟道洛犧牲而基本結束。此後，宿勤明達艱苦奮戰於東夏，莫折後熾轉戰於涇、原，已是大起義的尾聲。

從莫折太提於正光五年六月發難，到永安三年七月王慶雲犧牲，鬥爭堅持了整整六年；如果推延到莫折後熾被鎮壓，那就有十四年之久。

二　二秦城民暴動的性質

關於二秦城民暴動的性質，通鑑卷一〇五梁武帝普通五年（五二四）七月條有這樣的記述：

> 東益州本氐王楊紹先之國，將佐皆以城民勁勇，二秦反者皆其族類，請先收其器械。（東益州刺史魏）子建曰：「城民數經行陣，撫之足以為用，急之則腹背為患。」乃悉召城民慰諭之；既而漸分其父兄子弟外戍諸郡，內外相顧，卒無叛者。

通鑑把上邽、駱谷兩城暴動的城民，説成都是氐王楊紹先的「族類」，即二秦氐民「叛亂」。這種看法可能出於誤解，但對後世却很有影響。

首先，南秦氐民、城民暴動的主要資料出自魏書卷五七崔遊傳，傳稱：

正光中，起除右將軍、南秦州刺史，固辭不免。先是州人楊松柏、楊洛德兄弟數為反叛，遊至州，深加招慰。松柏歸款，引為主簿，稍以辭色誘之，兄弟俱至。松柏既州之豪帥，感遊恩遇，獎諭群氐，咸來歸款，且以過在前政，不復自疑。遊乃因宴會，一時俱斬，於是外人以其不信，合境皆反。正光五年夏，秦州城人殺刺史李彥據州為逆。數日之後，遊知必不安，謀欲出外，尋為城人韓祖香、孫療攻於州館。……尋為祖香等所執害，時年五十二。

魏書肅宗紀也說韓祖香等「殺刺史崔遊以應太提」，他們響應秦州城民暴動而起兵是很清楚的。至於「合境皆反」的氐民暴動，則是因爲崔遊誘殺了氐豪楊松柏。前者是「城民」暴動，後者是氐民（即「外人」或「土人」）造反，兩者可能相互有關，但却是不同的事件。據魏書卷七八張普惠傳的記載，當時南秦反魏的氐民明顯地是在氐族酋豪楊公熙、吴富等人的影響、控制之下。正光五年十二月，肅宗紀稱：

山南行臺、東益州刺史魏子建招降南秦氐民，復六郡十二戍；又斬賊王韓祖香。南秦賊王張長命畏逼，乃告降於蕭寶夤。

很明顯，先是南秦氐民在氐豪控制下投降了魏軍，於是南秦全境（六郡十二戍）被魏軍占領；駱谷成了孤城，城民起義軍處於絶境，韓祖香英勇犧牲，張長命動摇投降。北魏政府采取不同的鎮壓手段和兩支反魏武裝失敗的過程，反映了「城民」和「外人」（即氐民或「土人」）之間的明顯區别。

其次，二秦城民暴動也不是單純的氐、羌人民種族性質的起義。二秦城民的種族屬性，史書上没有明確的記載，但是我們不妨從參加暴動的城民姓氏上作一些考訂和推測。從上節起義經過中我們看到，上邽暴動城民的主要領袖是莫折念生父子兄弟。莫折氏，元和姓纂輯本卷一〇十九鐸莫折條載：「本羌姓，代居渭州襄城。後魏秦州刺史莫折大提。」又梁書卷三九羊侃傳稱：「時，秦州羌有莫遮念生者，據州反，稱帝。」「莫遮」爲「莫折」異譯，莫折氏爲羌族無疑。姓纂稱莫折氏「代居渭州襄城」。按渭州無襄城，疑爲襄武之誤。太平寰宇記卷一五一渭州襄武縣條：「先零遺種居之」；又説：「五谿聚，即楊盛分羌爲部以五谿，每谿一聚。」又上引姓纂莫者條引西秦録有「右衛將軍莫者羖羝、西安太守莫者幼春、尚書郎中莫者阿胡」。隴西襄武，本西秦屬地，「莫者」亦爲「莫折」異譯。莫折氏是隴西羌族大姓，西秦政權需要吸收他們來進行統治。除莫折氏外，秦州城民有姓名可考的還有薛珍、劉慶、杜超、卜朝和杜粲，其中姓杜的兩人。杜雖漢姓，但也有其他種族。華陽國志卷九李特志稱：「魏武定漢中，曾祖父虎與杜（濩）、樸胡、（袁）約、楊車、李黑等移於略陽，北土號曰巴人。」〔一〕又晉書卷一三〇赫連勃勃載記有「河西鮮卑杜崘」；魏書卷一一三官氏志稱：「西方獨孤渾氏後改爲杜氏」；北鎮起義領袖之一的柔玄鎮人杜洛周，梁書卷五六侯景傳中作「吐斤洛周」，當然是鮮卑人。〔二〕薛有漢姓，有當時居於河東的「蜀薛」，還有鮮卑。魏書卷一一三官氏志稱「叱干氏後改爲薛

〔一〕三國魏志卷一太祖紀建安二十年（二一五）九月亦載：「巴氏七姓夷王朴胡、賨邑侯杜濩舉巴夷、賨民來附。」

〔二〕參考姚薇元北朝胡姓考第四杜氏條。

氏」，晉書卷一一七姚興載記載有處於秦、魏之間的鮮卑薛勃，魏書卷四四有傳的薛野賭稱爲代人，大概都出自叱干氏。至於西北卜氏出於匈奴須卜氏，劉氏當時多匈奴改姓，無須多説。如此，則秦州城民除莫折可以確證爲羌族外，其他諸姓雖不能確知，似兼有氐、漢、鮮卑和匈奴。駱谷暴動城民姓名可考者有張長命、韓祖香、孫穧和辛琛。張、韓、孫、辛都是漢姓。張氏有胡姓的嫌疑，〔一〕但在當地却未見匈奴或烏丸張氏的活動。晉書卷一一四苻堅載記有「武都氐豪張熙」。武都屬秦州，張長命也可能是當地氐人。上述考釋與推論如果能够成立，那麽，上邽、駱谷的城民不僅有氐、羌，還包括漢、匈奴和鮮卑等各個種族。「族類」複雜，不僅不能用氐王楊紹先的「族類」來概括，「羌氐人民」的概念也顯然是容納不了的。

第三，「城民」不是某一個或兩個種族的别稱，而是當時一種獨特政治身分的人們的專有名詞。北史卷五六魏收傳載收父魏子建爲東益州刺史，稱：

正光五年，南北二秦城人莫折念生、韓祖香、張長命相繼構逆。僉以州城之人，莫不勁勇，同類悉反，宜先收其器械。子建以為城人數當行陣，盡皆驍果，安之足以為用，急之腹背為憂。乃悉召居城老壯曉示之，並上言諸城人本非罪坐而來者，悉求聽免，明帝優詔從之。子建漸分其父兄子弟外居郡戍，内外相顧，終獲保全。

〔一〕屬於東胡烏丸的張氏，多活動在南皮；屬於匈奴屠各的張氏，居住在西河。參見北朝胡姓考外篇，東胡和匈奴張氏條。

「州城之人」,「同類悉反」,很顯然,當時人認爲這是一次「城民」的「暴亂」。同時,魏收傳還説明:東益州的城民,不僅「數當行陣」,「盡皆驍果」,平時也擁有「器械」,常備戍守,他們是經常服兵役的人;他們和家屬居住在一起,而且是武興城(東益州的州治)裏的主要住户;城民之中一部分是「罪坐而來」的人户,因而意味着城民的身分比一般編户低。上述東益州城民的這些特點,也是諸州鎮城民最一般的特點。因此,種類混雜,實非「同類」而屬「雜人」的城民,從身分和處境而言,又確實屬於「同類」了。

第四,秦隴起義首先由上邽城民發難,並以秦州爲中心向四方擴展,秦州捲入暴動的群衆很多,僅莫折天生統率東下的就有近十萬之衆,他們不可能都是城民。除前面談過的上邽城民外,我們有必要再來分析一下莫折念生部下,有名可考但不能確定是否城民的將領。(一)魏書薛巒傳有念生「別帥」王慶雲;魏書孝莊紀永安三年(五三〇)六月載「白馬龍涸胡王慶雲僭大位於水洛城」;魏書爾朱天光傳又稱王慶雲爲「略陽賊帥」。水洛城在上邽、略陽之間,距莫折念生暴動中心很近,莫折普賢就曾據守此城,三處記載應屬一人。白馬龍涸之地,族類極爲複雜。華陽國志大同志載晉泰始三年(二六七)「汶山白馬胡縱掠諸種」,雖然白馬氐、白馬羌比較著名,但此地確有胡人。[一]白馬龍涸胡的意思,大概是指居住在龍涸的白馬胡。他們大概很早就遷到略陽,據有水洛。[二](二)魏書蕭寶

[一] 參看魏晉南北朝史論叢第三九一——三九二頁(文集本三七七——三七九頁)。

[二] 參見陳仲安王保真墓誌考釋,載魏晉南北朝隋唐史資料第一期。

賫傳載天水人吕伯度兄弟「始共念生同逆」，後背叛念生，聚衆保顯親。人所共知，建立後凉政權的吕光就是「略陽氐人」。晉書卷一二五乞伏熾磐載記有「顯親休官吕奴迦」，休官本氐種，伯度必是顯親氐人。〔二〕〔三〕還有叛徒駱超，見魏書肅宗紀。杜粲殺害念生後又被駱超所殺，並以上邽降魏，當上了秦州刺史。〔三〕這是一場叛徒間爭奪降魏「首功」的廝殺。後來，宇文泰派駱超到洛陽，終於被高歡殺掉。駱超的老婆陸令萱，陸也是鮮卑貴姓，〔三〕魏書官氏志稱「他駱拔氏，後改爲駱氏」，可證駱是鮮卑人。〔四〕據魏書肅宗紀，念生部下還有都督楊伯年、楊鮓、杜黑兒、杜光、樊元、張朗、竇雙、梁下弁和姜齊等。這個地區的楊氏當是氐人，和仇池氐酋楊氏疑是一族。其他諸姓和楊姓一樣，漢姓皆有之，但據史傳所載又是其他族特别是氐、羌族的姓，這裏不再一一論述。〔四〕

〔一〕隴右金石録卷一著録北魏某年□嵕碑，有「天水吕雲合州府氐豪望」之句，同書著録北周建德三年（五七四）建崇寺造像記，像主姓吕，賜姓宇文，稱「亡祖秦州都酋長吕帛泳（？）」，「驃騎大將軍南道行臺、秦州刺史顯親縣開國伯亡伯興成。」祖父官都酋長，即因其爲氐族酋豪，伯父封顯親縣伯，亦因吕氏爲天水顯親大姓。

〔二〕魏書卷七五爾朱天光傳。

〔三〕周書卷一文帝紀和北齊書卷五〇恩倖穆婆提傳。

〔四〕竇氏有巴氐，見華陽國志大同志；有氐、羌，見晉書苻堅載記和苻登載記、姚萇載記；又鮮卑紇豆陵改竇氏，見魏書官氏志。樊氏有蠻姓，見魏書蠻傳，而晉書苻堅載記有氐豪樊氏。姜氏有羌姓，見晉書吐谷渾傳，而魏書裴宣傳有武興氐姜謨。梁氏爲宕昌羌，已見注；又是屠各胡姓，見三國魏志郭淮傳；又是六郡氐豪之一，見華陽國志大同志。杜、張二氏均見前注，也可能是當地氐人。

從莫折念生將領們的姓氏推測，雖以羌、氐爲多，但也包括漢、胡和鮮卑等族。其中有些就是城民，當然更多的應是秦州的編户。這些將領中除王慶雲有一處提到他是胡人外，其他均不注明種族，種族的傳統可能還有不小的影響，但他們長期以來都是編户，是封建國家、州郡官吏租調徭役的徵發對象，他們所遭受的主要是階級的壓迫。因此，從秦州這個起義發展最充分的地方來看，無論城民還是編户，他們在種族上決不是單純的「羌夷」，而是「雜人」，種族界綫是不明顯的。城民和編户遭受的剥削、奴役的程度雖不盡同，但同樣來自北魏封建政府，其被迫反抗，主要是階級矛盾激化的表現。因此，以上邽城民爲骨幹的秦隴起義雖由於這一地區居民種族複雜而帶有民族鬥爭的色彩，但本質上是武裝的階級鬥爭。其實，這一點當時人也普遍是這麼看的，魏書記載中除王慶雲外，從未提到起義首領的族類，而同書中叙述過去同一地區的暴動，總是明確指出其爲休官、屠各、氐、羌等等。當時墓誌述及這次起義也没有説到和當時各族的關係，元暐墓誌只説「秦川構亂，巨滑滔天」，〔一〕元朗墓誌叫嚷「隴賊未夷，秦妖尚蠢，雍華之民，屢相扇動」，〔二〕元壽安墓誌也只説「隴右虔劉，阻兵稱亂」。〔三〕這些墓誌提到秦隴起義，絶不涉及種族，甚至連最一般的「西戎」、「西夷」之類的字眼也很少用上，顯然，作者們是把它當作一次一般的人民起義來咒駡的。

最後，關於秦隴起義的性質還可以從破壞和鎮壓起義的勢力中得到説明。宕昌羌豪梁景進和顯

〔一〕〔二〕〔三〕　分别見漢魏南北朝墓誌集釋圖版七十四、九十二、一百一十七之二。

親氐豪吕伯度混入義軍、破壞起義的事迹前面已經説過，這裏再談一下北地酋豪毛鴻賓兄弟。北史卷四九毛遐傳載：

毛遐字鴻遠，北地三原人也。世為酋帥。……傳至遐，四世不絶。正光中，蕭寶夤為大都督，討關中諸賊，咸陽太守韋邃時為都督，以遐為都督府長史。寶夤敗還長安，三輔騷擾。遐因辭邃還北地，與弟鴻賓聚鄉曲豪傑，遂東西略地，氐羌多赴之，共推鴻賓為盟主。既而賊帥宿勤買奴自號京兆王於北地，遐詐降之，而與鴻賓攻其壁。賊自相斫射，縱兵追擊，七栅皆平。

魏書卷五八楊侃傳亦載此事，〔一〕情節雖有些出入，但有一點是明確的：世代酋豪的毛鴻賓兄弟，先是混入義軍，希圖割據北地；繼而背叛並鎮壓義軍，因「功」毛鴻賓兄弟均爲州刺史。這段經歷和梁景進、吕伯度幾乎是一樣的。除此之外，我們找不到各族酋豪在義軍中活動的明確記載，相反，却有材料説明他參加了鎮壓活動。北史卷九六氐傳載：

（楊公熙）後為假節、别將，與都督元志同守岐州，為秦賊莫折天生所虜，死於秦州。

楊公熙是仇池氐王楊難當的重孫。伯父楊大眼爲高祖、世宗時驍將，魏書卷七三有傳；父小眼，曾爲天水太守。正光中，楊公熙曾勾結氐豪吴富阻擾張普惠運糧東益、南秦，〔二〕與北魏朝廷是有矛盾的。

〔一〕魏書楊侃傳載：「及蕭寶夤等軍敗，北地功曹毛洪賓據郡引寇，抄掠渭北。侃啓椿自出討之……賊見大軍卒至，衆情離解，洪賓遂通書送質，乞求自效。於是擒送宿勤明達兄子賊署南平王烏過仁。」

〔二〕魏書卷七八張普惠傳。

但在城民暴動迅速發展時，却投入官軍，在鎮壓義軍中甘以身殉。又周書卷二八權景宣傳：

權景宣字暉遠，天水顯親人也。父曇騰，魏隴西郡守，贈秦州刺史。景宣少聰悟，有氣俠，宗黨皆嘆異之。年十七，魏行臺蕭寶夤見而奇之，表為輕車將軍。

據魏書肅宗紀，權景宣投入魏軍當在孝昌元年（五二五）正月至三年十月之間。顯親權氏本是休官豪帥，〔一〕景宣少有「氣俠」，宗黨嘆異；父曇騰曾任隴西太守，當爲氐豪無疑。又北齊書卷二七金祚傳：

金祚字神敬，安定人也。性驍雄，尚氣任俠。魏正光中，隴右賊起，詔雍州刺史元猛討之，召募狼（良？）家以為軍導，祚應選，以軍功累遷龍驤將軍、靈州刺史。

北史卷一五河間公齊附孫志傳稱：元志字猛略，正光中爲雍州刺史。金祚傳之元猛，當爲元猛略之雙名單稱。按平涼金氏，本匈奴休屠王之後，即匈奴屠各族，或作休屠。〔二〕金祚疑爲安定屠各酋豪。又周書卷二三蘇椿傳：

正光中，關中賊亂，椿應募討之，授蕩寇將軍。

椿，蘇綽之弟。蘇氏爲武功士族，「累世二千石」。〔三〕武功爲岐州屬郡，正光末，天生出隴圍岐州，蘇椿或在此時應募。如上所述，上邽城民起義，南秦、岐、涼城民和秦州編户紛紛響應；而氐羌酋豪梁氏、

〔一〕晉書卷一二五乞伏熾磐載記有顯親休官酋豪權小成、權小郎等。
〔二〕參見北朝胡姓考第三匈奴金氏條及魏晉南北朝史論叢第三八九——三九〇頁（文集本三七六——三七七頁）。
〔三〕周書卷二三蘇綽傳。

吕氏、毛氏從中破壞，氐酋楊氏、屠各豪帥和武功士族都應募參加魏軍，共同鎮壓起義，其階級對壘是鮮明的。

三　二秦城民暴動的特點

我們論述並强調秦隴起義的階級鬥爭性質，同時也承認起義軍存在着民族的、地域的特點。在試論北魏末年北鎮暴動的性質一文中談過，北鎮鎮民是由鮮卑拓跋部人和遷徙的「良家酋胕」、流配犯人三種勢力組成，其中拓跋部民爲骨幹，這種情況還可從魏末涼州（姑臧鎮改）響應起義的城民姓上得到證實。可是，上邽、駱谷的情況不同，作爲秦隴起義最主要的領袖、將領，上邽城民莫折念生父子兄弟是羌人，其他城民從姓氏上看，可以確定爲拓跋部人的很少，他們更多的像氐、羌、漢、胡和河西鮮卑，這是一個明顯的特點。這一特點的客觀存在，必有其產生的社會和歷史原因。

上邽是天水郡治所，東晉第一次設置秦州，又成爲州治所。在北魏勢力伸展到這裏前，它是赫連夏的西部重鎮。駱谷城在上邽以南的仇池，這裏一向是所謂百頃氐楊氏的統治地區。太武帝拓跋燾神䴥四年（四三一）消滅了赫連夏在隴右的殘餘勢力，仇池氐楊難當乘機進占上邽，直到太延二年（四三六）才撤退。〔一〕以後，北魏利用楊難當和他侄兒保宗之間的矛盾分裂楊氏勢力。恰好楊難當挑

〔一〕以上並見魏書世祖紀。宋書卷九八氐傳説保宗奔魏，魏「遣襲上邽，難當子順失守退」。似上邽城直到此時仍爲難當所據，與魏書不同。

動和劉宋的戰争，被劉宋逐出仇池，北魏以援助楊氏爲名，派兵擊退宋軍，占領仇池，立楊保宗爲王。這是太平真君四年（四四三）的事。就在這年，保宗圖謀反魏，被擒送代京。於是設置仇池鎮，治駱谷城（後改置南秦州）。從公元四三一至四四三年經過十來年的經營，氐酋楊氏的主要勢力被排擠出上邽、駱谷二城，北魏派遣封敕文爲秦益二州刺史鎮上邽，皮豹子爲仇池鎮將守駱谷。楊氏勢力退到駱谷之南。

北魏占領上邽後不久，這裏爆發了一次矛盾複雜的武裝鬥争。魏書卷五一封敕文傳載：

金城邊冏、天水梁會謀反，扇動秦益二州雜人萬餘户，據上邽東城（南城），〔一〕攻逼西城。……冏、會復率衆四千攻城，氐羌一萬屯於南嶺，休官、屠各及諸雜户二萬餘人屯於北嶺，爲冏等形援。……敕文分兵二百人突入南城，……賊餘衆開門出走，奔入東城。……敕文表曰：「安定逆賊帥路那羅遣使賫書與逆帥梁會，……稱篡集衆旅，剋期助會。又仇池城民李洪自稱應王，天授玉璽，擅作符書，誑惑百姓。梁會遣使招引楊文德，而文德……云，李洪自稱應王，兩雄不並，若欲須我，先殺李洪，我當自往。梁會欲引致文德，誘説李洪來入東城，即斬洪首，送與文德。仇池鎮將淮陽公臣豹子遣使……來達臣鎮，稱楊文德受劉義隆職爵，領兵聚衆，在仇池境中，沮動民人，規竊城鎮……臣備邊鎮，與賊相持，賊在東城，隔墻而已。但以腹背有敵……伏願天鑒，

〔一〕北史卷三七封敕文傳作「據上邽東城、南城。」魏書本傳後文亦提及封敕文攻入南城，故依北史補。

時遣大軍，助臣翦誅。」表未及報，梁會謀欲逃遁……會知人心沮壞，於是分遁。敕文縱騎躡之，

死者太半，俘獲四千五百餘口。

據魏書世祖紀，邊冏、梁會起義發生在太平真君七年三月。五月，東城失守，梁會敗走漢中。這次起義，中心在上邽，東面得到安定路那羅、略陽王元達的響應，南面得到仇池李洪、楊文德的支援，時間雖短，影響較大。

邊冏，金城人。金城邊氏，本是涼州著姓。〔一〕梁會，天水人。梁氏也是安定大姓，與上邽鄰近。而華陽國志大同志例舉天水、略陽等秦州六郡氐叟大姓，梁氏爲首，〔二〕此外還有宕昌羌梁氏，已如前述。但從梁會與氐酋楊文德聯繫密切，失敗後又逃往當時氐民聚居地漢中來推測，他可能是當地氐人。

「秦益二州雜人萬餘户」是邊冏、梁會起義的基本力量。「雜人」，從十六國以來在關隴地區是常用詞，指的是相互錯居的各種族人。〔三〕秦隴本是種族複雜的地區，封敕文爲秦益二州刺史，兼領護西

〔一〕後漢書董卓傳有金城邊章，李賢注引獻帝春秋稱他爲「涼州大人」。

〔二〕又晉書苻生載記：「生以妻梁氏爲皇后」，御覽卷一二一引前秦録：「后，梁安之女孫。」同書苻堅載記有秦中書令梁熙、左僕射梁平老。苻生載記，苻堅與特進梁平老、强注等殺苻生。御覽卷二九五引前秦録稱，梁熙，讜之弟。按梁讜曾以中書令爲幽州刺史，率氐户鎮薊城。據此，推知梁安、梁讜、梁熙、梁平老，並爲氐族酋帥。

〔三〕宋書卷六九謝靈運傳，靈運上書稱：「關西雜居，種類不一……河北悉是舊户，差無雜人。」可證上説。

夷校尉，就有種族統制的職能，那裏有被稱爲「雜人」的各族人是當然的。值得注意的是，傳文前稱「雜人」，後稱「雜户」，而且與氐、羌、休官、屠各各族援軍明確區分，似乎他們雖可能出於上述各族，却又另成一類。這裏提出了一個問題，即所謂「雜人」除了表明種族複雜之外，還有什麽含義？這個問題尚待探討，這裏只能試作一些推測：（一）這些被稱爲「雜人」的各族人早已錯居，風俗習慣互相影響，各自的民族特徵不太鮮明，但還不是混然無别，他們是處於民族融合過程中的漢族和其他各族人，一個明顯的現象是漢姓被普遍采用。（二）「雜人」是以户計算的。萬餘户的「秦益雜人」都是從二州境内各地集合到上邽來的麽？看來不大可能。因爲「雜人」是這次起義的基本群衆，至少有不小的部分原來就在上邽，而不是自遠方奔赴。而且，據本傳所述，起義剛爆發，邊冏就率萬餘户「雜人」占領了上邽的東城和南城。南城陷落後，起義軍仍然堅守東城。最後東城失守，起義也就歸於失敗。上邽東城看來是起義軍最先發動和最後據守的基地，因此，是否可以認爲邊冏、梁會以及他們率領的「雜人」中一部分原來就是東城的住户？假使這一推測能够成立，那麽名爲「秦益雜人」的一部分即是秦州最早的城民。其所以仍稱「秦益雜人」，可能由於萬餘户並非都住在城内，城民也不是全部參加起義，而且他們遷來不久。遷徙秦益諸地「雜人」我們未見記載，但據封敕文傳和世祖紀，就在起義的前一年，敕文攻占枹罕，虜吐谷渾主拾歸的妻子及其民户，「分徙千家於上邽」，可知上邽確有當作俘虜遷徙來的民户。枹罕自來就是羌民居地，從那裏遷徙來的「民户」，自然並非全是吐谷渾人。本傳還提到李洪是仇池「城民」，如果邊冏、梁會和「秦益雜人」部分也是城民的話，這次暴動，「城民」

不僅起了首創作用，而且也是暴動的主力。

路那羅，據魏書世祖紀，他本是盧水胡蓋吳的部將、安定屠各胡帥，真君七年二月蓋吳第一次起義失敗後，他曾與梁會發生過聯繫，率領的是一支胡人部隊。略陽王元達招引休官、屠各，並推休官王宦興爲秦地王。休官本氐種，屠各爲胡人，他率領的是一支氐、胡聯合武裝。我們還看到，在義軍進攻西城時，得到氐、羌、休官、屠各的支援。總之，在暴動中，民族矛盾仍占有明顯的地位。

梁會攻打上邽西城時，得到仇池氐酋楊文德的支持。封敕文根據仇池鎮將皮豹子的來文，知道楊文德接受了劉義隆的封爵官號。因此，上邽暴動又和氐楊復國、宋魏爭奪秦隴的鬥爭糾纏在一起。封敕文傳説到，當時仇池一帶有三支相互矛盾的武裝，一支是皮豹子率領的魏軍，一支是支持「城民」李洪的武裝，還有一支是氐酋楊文德的軍隊。李洪「自稱應王，天授玉璽，擅作符書，誑惑百姓」，用讖應符書來號召群衆，顯然與道教有關。據湯用彤先生考釋，「李弘」本是東晉十六國時期「利用道教領導農民起義之首領的代名詞」。〔一〕就在三十年前，川陝之間發生過得到貳原氐民支持的「妖賊李弘」與氐仇常領導的起義。〔二〕我們懷疑封敕文傳中的「李洪」就是「李弘」，魏收避獻文帝諱，改弘爲洪。楊文德認爲李洪稱王就是和他争奪「州土」，因「兩雄不並」，只有「先殺李洪」才願支援梁會。在他看來，在這一時刻他的主要敵人不是魏軍而是「城民李洪」。梁會終於聽從文德的要求，誘殺李洪

〔一〕 考釋詳見湯用彤康復札記中「『妖賊』李弘」條。載新建設一九六一年第六期。

〔二〕 見晉書姚興載記，時間與地點的推定，從湯用彤康復札記。

以待文德北上。李洪對梁會是信任的，他輕身進入東城便是明證。上述複雜的活動表明，楊、李、梁三者之間的聯繫，可能包含着種族的因素；而三者之間的關係，又似乎反映氐酋楊氏傳統勢力在二秦地區的影響。正是這種影響，促使梁會只看到楊氏在秦州氐族中的地位，錯誤地用誘騙手段殺害李洪來換取文德的支持，實際上是通過打擊反魏最基本的同盟者而自我削弱，應該是梁會暴動失敗的重要教訓，這和莫折念生多次派兵南下援助南秦城民的行動正是背道而馳的。

魏軍自真君四年占領駱谷後，長期與得到劉宋支持的楊文德爭奪仇池。興安元年（四五二）劉宋再次經營秦隴，派兵與文德合勢從漢中沿嘉陵江北上威脅長安，下一年又進攻武都（仇池西南，今甘肅武都縣），魏書卷五一皮豹子傳載豹子給文成帝的求援表，從中可以看出魏軍幾年來在仇池的布署，表稱：

臣所領之衆，本自不多，唯仰民兵，專恃防固。其統萬、安定二鎮之衆，從戍以來，經三四歲，長安之兵，役過期月，未有代期，衣糧俱盡，形顔枯悴，窘切戀家，逃亡不已，既臨寇難，不任攻戰。士民姦通，知臣兵弱，南引文德，共為唇齒……但承仇池局人，稱臺軍不多，戍兵甚少，諸州雜人，各有還思，軍勢若及，必自奔逃，進軍取城，有易返掌……願遣高平突騎二千，齎糧一月，速赴仇池，且可抑折逆民，支對虜賊。須長安、上邽、安定戍兵至，可得自全……

皮豹子表明確提到他統率之兵包括「臺軍」、「民兵」和「戍兵」三類。所謂「戍兵」，從「役過期月，未有代期，衣糧俱盡，形顔枯悴，窘切戀家，逃亡不已」來分析，他們是單身出戍，衣糧自備，役期一年，期滿番代的士卒，這和高祖太和初年薛虎子奏疏所説的彭城戍兵的情況是一致的。〔一〕這種戍卒按規有番戍期限，儘管那時延長到三、四年之久，終究是要回本鎮的。他們和帶着全家老弱留居州鎮的城民顯然不同。其次，這些戍兵來自長安、安定、統萬、上邽諸鎮，看來自設置仇池鎮以來，戰守兵力就依賴西北諸鎮的支援。這點也是和北鎮不同的。北鎮戍守除由代京遣派大軍出戍外，〔二〕全由城民或府户承擔，從未見到來自他鎮的番代戍兵。這似乎表明仇池或駱谷此時並不具備比較强大的本鎮兵力，也就是没有多少「世習干戈，率多驍勇」的城民。然而城民是有的，封敕文傳就提到「仇池城民李洪」，皮豹子表中訴説他領兵不多，「唯仰民兵，專恃防固」，所謂「民兵」，很可能就指「城民」。仇池城民的來歷我們一點也不知道。如前所述，從魏末南秦城民首領的姓氏考察，不但不像鮮卑人、匈奴人，而且氐羌也没有看到孫、韓、辛諸姓，他們很像漢族。李洪本是道教「應王」之名，未必真姓李，但道教並非鮮卑、匈奴信奉的宗教。仇池與天師道策源地漢中相鄰，在當地氐羌間傳播是可能的，但也不排除其爲漢人。這些漢族城民較大可能是從外地强迫遷來，但也有可能就是本地居民或早自外地

〔一〕魏書卷四四薛虎子傳載，太和四年（四八〇）虎子爲彭城鎮將、徐州刺史，「時，州鎮戍兵，資絹自隨」，「資糧之絹，人十二匹」。虎子認爲，資絹隨身，「用途無準，未及代下，不免飢寒」，建議收兵絹市牛，且耕且戍，「一年之收，過於十倍之絹，暫時之耕，足充數載之食。」説明兵絹每人十二匹，原是戍兵一年口糧之資，從而可以推定戍兵番代之期，實爲一年。

〔二〕魏書卷四一源賀傳稱：「是時，每歲秋冬遣軍三道並出，以備北寇，至春中，乃班師。」所謂「是時」，指獻文帝時，大概一向就這樣。

流入的居民。〔一〕不管怎樣，和上邽城民一樣，他們決不是鮮卑拓跋本部的「高門子弟」或「國之肺腑」，也不像「良家酋附」。

從上引封敕文傳的記載已看到仇池城民李洪的反魏鬥争，又看到以楊文德爲代表的地方統治勢力決不容許有一支獨立於氐酋控制之外的反魏勢力存在。這與魏末秦隴起義時南秦州的情況很相似。儘管氐族酋豪也反魏，他們與城民之間在階級和種族上都存在尖鋭的矛盾。這就可以理解爲什麽當楊文德勾結劉宋進攻仇池時，皮豹子却能够「唯仰民兵，專恃防固」了。我們還認爲楊文德與李洪以及「民兵」之間的矛盾，類似以後在青齊州鎮更加突出的「城民」與「土民」之間的矛盾。皮豹子表中説「士民姦通，知臣兵弱，南引文德，共爲唇齒」，「士民」疑爲「土民」之訛，指散居境内擁護楊氏的氐羌。皮豹子要求速派高平突騎支援仇池，「抑折逆民，支對賊虜」，所謂「逆民」也就是「南引文德」的「士(土)民」。

以上我們初步分析了北魏占領二秦後，在此地區存在的民族的、階級的以及劉宋、氐楊和北魏間的複雜矛盾，由於這裏長期聚居着氐、羌、屠各，因而不同性質的矛盾都帶有民族色彩。我們也根據

〔一〕宋書卷九八氐傳就提到晉宋之間有「四方流民」進入仇池。北史卷九六氐傳也説「先時，四方流人以仇池豐實，多往依附」。仇池地區雖是氐羌聚居地，也有漢人錯居是無疑的。又水經注卷一七渭水篇有長蛇戍，稱「魏(文成帝)和平三年(四六二)，徙諸流民以遏隴寇」。魏書卷三〇陸真傳亦載，高宗文成帝時，「是時，初置長蛇鎮，真率衆……卒城長蛇而還」。則隴坻東西，本有遷徙流民或俘虜置鎮立戍之共同特點。

有限而且含糊的記載對上邽、駱谷兩城城民的情況作了一些推測，認爲兩城城民都缺乏鮮卑拓跋部人的痕迹，這點和北鎮很不相同。上邽城民似乎開始時一部分即以「秦益雜人」組成，他們與當地氐、羌、休官、屠各關係密切，力量强大。而駱谷城却像有不少漢人，力量不大，北魏經常以西北諸鎮兵番戍仇池；我們也看到楊氏在仇池氐羌中的深刻影響，城民和土民間存在着矛盾。這兩點和北魏南邊諸鎮相似，它們既不同於北鎮，也與上邽的情況不同。

四 孝文帝改革對二秦地區社會矛盾和魏末秦隴起義的影響

孝文帝元宏統治時期，隨着拓跋國家封建化的加深，相應地强化了對二秦地區的封建統治。太和十年（四八六）左右，李洪之爲秦益二州刺史，〔一〕北史卷八七酷吏李洪之傳載：

至任，設禁姦之制，有帶刃行者罪與劫同，輕重品格，各有條章。於是大饗州中豪傑長老，示之法制……有犯禁者輒捉送州，宣告斬決，其中枉見殺害者，至有百數。赤葩渴郎羌深居山谷，雖相羈縻，王人罕到。洪之芟山為道，廣十餘步，示以軍行之勢。乃興軍臨其境，山人驚駭。洪之將數十騎至其里閭，撫其妻子，問所疾苦，因資遺之。衆羌喜悦，求編課調，所入十倍於常。

李洪之在秦州，一面嚴設科禁，控制編民；一面深入山區，用威脅利誘手段，强使羌民列入編户，交納

〔一〕參考吴廷燮元魏方鎮年表（二十五史補編第四册）。

租調，從而官府收入增加十倍。但這時秦州郡縣，多數仍屬羈縻狀態。魏書卷七〇劉藻傳載，劉藻任秦州刺史：

秦人恃嶮，率多粗暴，或拒課輸，或害長吏，自前守宰，率皆依州遥領，不入郡縣。藻開示恩信，誅戮豪横，羌氐憚之，守宰於是始得居其舊所。

據吴廷燮元魏方鎮年表，劉藻爲秦州刺史在太和十七年至二十二年間。本傳上稱「秦人」，下言「羌氐」，説明那時管内羌氐都已是秦州「編户」。雖然如此，北魏政府並不能按常規進行剥削統治。劉藻加强統制，使郡縣官各自進駐治所，藉以保證調租徵發。羌氐人民按編户交租調服徭役，負擔加重了。但是，羌氐人民的編户化，客觀上有利於種族區别的逐步削弱。這種趨勢，在世宗元恪正始三年（五〇六）吕苟兒、王法智起義中得到反映。魏書卷八世宗紀正始三年載：

（正月）秦州民王智等聚衆二千，自號王公。尋推秦州主簿吕苟兒為主，年號建明。……二月……戊午，詔右衛將軍元麗等討吕苟兒……六月……乙巳，安西將軍元麗大破秦賊，斬賊帥王智五人，梟首六千……秋七月……庚辰，元麗大破秦賊，降吕苟兒及其王公三十餘人，秦涇二州平。

北史卷一七元麗傳載：

時，秦州屠各王法智推主簿吕苟兒為主，號建明元年，置立百官，攻逼州郡。涇州人陳瞻亦聚衆自稱王，號聖明元年。以麗為使持節、都督，與楊椿討之。

魏書卷五八楊椿傳載：

秦州羌吕苟兒、涇州屠各陳贍等聚衆反，詔椿為别將隸安西將軍元麗討之。

王法智暴動和陳贍暴動有關連，戰争涉及秦涇兩州，影響較大。世宗紀稱王法智爲「秦州民」，元麗傳説他是「屠各」；世宗紀和元麗傳稱吕苟兒爲「秦州主簿」，楊椿傳説苟兒是「羌」；元麗傳稱「涇州人陳贍」，楊椿傳作「屠各」。説明王法智等早已成爲編户，但仍可區分其種族，這本是種族融合過程中的必然現象。我們知道，吕氏本是秦隴氐族著姓，拓跋燾時，上邽就爆發過休官吕豐的暴動。〔一〕史稱苟兒爲羌，是氐羌難辨之一例。同時，作爲屠各的王法智，没有擁戴胡人而是舉羌人爲主帥，則胡羌之間的區别在暴動中也没有發揮作用。又據魏書卷三六李焕傳：「時，氐王楊定進猶據方山，與苟兒影響，焕密募氐趙芒路斬定進。」李焕時爲梁州（後改南秦州）刺史。楊定進是「氐王」，則苟兒暴動仍與楊氏復國活動有關。這次暴動似乎没有「城民」參加，可以認爲是一次各族聯合反魏的鬥争，鬥争中羌、氐、屠各的影響還是較大的，然而他們早已成爲編户，因而在記載中注明他們的種族並非必要。

孝文帝時，仇池一帶也有很大變化。太和十二年（四八八），北魏並置梁州於仇池，〔二〕以穆亮爲鎮將，元澄爲刺史。魏書卷二七穆亮傳稱：

氐豪楊卜，自延興以來從軍征伐二十一戰，前來鎮將，抑而不聞，亮表卜為廣業太守，豪右大悦，境内大安。

〔一〕魏書卷五一吕羅漢傳。
〔二〕魏書卷一〇六地形志作「渠州」，誤。

同書卷一九中任城王雲附子澄傳載：

梁州氐帥楊仲顯、婆羅、楊卜兄弟及苻叱盤等，自以居邊地險，世為山狡。澄至州，量彼風俗，誘導懷附。表送婆羅，授仲顯循城鎮副將，楊卜廣業太守，叱盤固道鎮副將，自餘首帥各隨才而用之，款附者賞，違命加誅，於是仇池帖然，西南款順。

廣業、循城、固道郡鎮，都在駱谷城東、嘉陵江西岸，今陝甘接壤處。〔一〕楊、苻都是氐族著姓酋豪，據南齊書卷五九氐傳，楊婆羅、阿卜珍（即楊卜）是氐酋楊靈珍之弟。太和元年，劉宋葭蘆戍主、氐酋楊文度使弟楊鼠北上，一度占有駱谷。魏以皮喜爲仇池鎮將，率氐酋楊廣香、楊靈珍等南下，至建安，楊鼠棄駱谷走葭蘆，皮喜進拔之，斬文度。事後，廣香補葭蘆戍主，靈珍爲仇池鎮副將。據元澄傳、穆亮傳，楊卜等隨兄靈珍參加過太和初對楊文度的戰爭，靈珍當即選任，楊卜等十年後也得補授。據此，在這裏，「量彼風俗，誘導懷附」的懷柔政策，太和初就已推行，但全面貫徹却在十年之後。

這時，北魏守駱谷，控制葭蘆；劉宋據武興，控制濁水。雙方各自利用氐酋楊氏的力量，而楊氏也依違於兩者之間或自分宗黨以對峙。〔二〕不過北魏對駱谷控制較爲有效，而劉宋對武興主要依仗楊

〔一〕均見水經注卷二〇漾水篇，參看中國歷史地圖集第四册，四十八——四十九圖。

〔二〕楊氏自分宗黨由來已久，楊難當和楊保宗之間的矛盾就很明顯。楊文德依靠劉宋於元嘉二十七年（魏真君十一年，公元四五〇）自漢中西上，宋書卷九八氐傳說：「文德宗人楊高率陰平、平武諸氐據唐魯橋以拒文德。文德水陸俱攻，大破之。」顯然楊高是站在北魏一邊的。

氐來羈縻。元和郡縣志卷二二興州條：

（楊）難當弟伯宜為茹盧王，伯宜孫鼠分王武興。按武興即今州理是也。楊鼠既王武興，又得武都、河池二縣之地。鼠子集始稱藩於魏，後謀叛魏，魏遂廢武興為藩鎮，其年改鎮為東益州。

「茹蘆」爲「茄蘆」即「葭蘆」之訛。魏武都鎮南有葭蘆戍，楊難當弟文度曾爲宋葭蘆戍主，「葭蘆王」或文度自稱。據魏書卷七〇傳豎眼傳、卷一〇一氐傳、卷一〇六地形志，魏滅武興國爲武興鎮，並改鎮爲州，實在集始之子紹先時，即世宗正始三年（五〇六）。這時，仇池鎮也廢鎮並改梁州爲南秦州。〔一〕

秦州守宰深入郡縣和仇池州鎮並置到廢鎮爲州，其加强政治統治的總趨勢是一致的。但是，北魏對南北秦州的具體統治政策和策略的側重點却有不同：南秦「款附者賞，違命加誅」，着重之點在於對款附氐酋的懷柔；秦州「開示恩信，誅戮豪横」，而以削弱抑制地方勢力爲主，甚至對「枉掠善良」的將領也「不聽追檢」。〔二〕

北魏對南秦氐酋的懷柔政策當然不能削弱他們對氐民的控制。據魏書肅宗紀、魏書薛懷吉傳和北史河間王元琛傳，從延昌（五一二——五一五）至正光三年（五二三），南秦氐人反魏鬥争没有間斷，規模較大，甚至可以擊敗像元琛那樣兵力較强的政府軍。而這些鬥争，幾乎都是在氐酋影響控制下發生的。前面説過崔遊誘殺氐豪激起南秦氐人「合境皆反」的事件。南秦楊松柏和北秦吕苟兒都

〔一〕魏書卷六六地形志下「南秦州」條：「正始初置，治駱谷城。」
〔二〕魏書卷一九上元麗傳。

是州主簿，這是因爲孝文帝重訂氏族後，羌酋大姓也按士族待遇闢爲主簿。秦州暴動，羌人吕苟兒受到本州屠各的擁戴，説明他已經走過從羌族酋豪到州郡世族的歷程，他不像楊松柏還是以氐酋身分來控制氐民，而是以州郡世族的地位來影響鄉里。魏書卷七八張普惠傳載：

先是仇池、武興群氐數反，西垂郡戍，租運久絶，詔普惠……送南秦、東益二州兵租分付諸戍，……普惠至南秦，……召秦州兵武四千人，分配四統。令送租兵連營接栅，相繼而進，……别遣……員外常侍楊公熙宣勞東益氐民。於時，南秦氐豪吴富聚合兇類，所在邀劫。公熙既至東益州，刺史魏子建密與普惠書，言公熙舊是藩國之胤，而諸氐與相見者必有陰私言，宜加圖防。普惠乃符攝公熙，令赴南秦。公熙果已密遣其從兄山虎與吴富同逆，又妄自説鄉里，紛動群氐，託云與崔南秦有隙，拒而不赴。租達平落，吴富等果脅車營，實公熙所潛遣也。

據本傳和魏書氐傳。普惠送兵租在正光二至五年間，「崔南秦」當即南秦刺史崔遊。崔遊誘殺氐酋楊松柏，公熙與之「有隙」，似非託辭。據前引所述，公熙爲難當之嫡重孫，即「藩國之胤」，東益「諸氐」與之關係密切；南秦吴富與他也有勾結。他能「紛動群氐」，聚衆劫糧，説明氐酋楊氏在仇池、武興一帶仍有很大影響，此地氐民實際上仍處於氐族酋豪的控制之下。

北魏占據二秦後，經過八十年的歷史發展，這裏的社會矛盾起了深刻的變化，這個變化在秦州表現得尤爲顯著。正光末年的秦州，由於拓跋國家封建化政策的推行，當地酋豪勢力受到沉重打擊，羌族爲主的秦州各族人民日益編户化，種族間的差别逐漸削弱，階級矛盾成爲當地的主要矛盾。我們看到，當邊冏、梁會起義時，上邽城内的「雜人」與城外的氐、羌、休官、屠各，既相互援助又互有區别；呂苟兒暴動中，胡羌雖仍可區分，但苟兒並非以羌酋來控制羌民，而是以州郡大姓來影響各族編户；待至莫折太提起義，除王慶雲、莫折念生各有一處提及其種族屬性外，所有數十位有姓名可考的城民和將領，他們屬於哪一種族，都只能從姓氏上加以推測，而且當時的史籍和石刻記載也從不提及這次暴動具有民族性質。這種變化是緩慢的，但是十分深刻、十分明顯。這種變化有利於充分發揮上邽城民與當地編户（土民）間固有聯繫的特點，有利於迅速形成一支以城民爲骨幹、聯合廣大編户的起義大軍。

南秦的情況與秦州不盡相同。自仇池建鎮以後，氐豪楊氏總是力圖恢復其統治。正光五年由於刺史崔遊誘殺氐豪導致「外人」的「合境皆反」；隨後，又由於秦州城民起義激發南秦城民響應。「外人」（城民的對稱，即土人）和「城民」之間不可能全無聯繫，但與秦州不同。秦州人民十餘萬集中在莫折念生麾下參加戰鬥，鬥争的目的没有什麽分歧。南秦却遠爲複雜，韓祖香等不可能指揮氐豪傳統控制下的地方力量，因此，起義後未見向外發展的行動，而是坐待秦州支援。待至正光五年十二月魏了建誘降「反氐」後，南秦城民處於孤立境地，很快遭到鎮壓。這段歷史説明，南秦城民和氐豪控制下的「外人」之間的區别是民族性的，也是階級性的。這種矛盾的存在，正是南秦城民起義迅速失敗的重要原因。

（原載武漢大學學報一九七九年第四期。與黄惠賢聯合署名。）

魏書楊播傳自云「弘農華陰人」辨

北史卷五六魏收傳論魏書云：

其後群臣多言魏史不實，武成復敕更審。收又回換，遂為盧同立傳，崔綽反更附出。楊愔家傳本云「有魏已來，一門而已」，至是改此八字。又先云「弘農華陰人」，乃改「自云弘農」，以配王慧龍「自云太原人」，此其失也。

這是李延壽對魏書的批評。魏書當時被一些人斥爲「穢史」，清人四庫提要爲之辯護，余嘉錫先生四庫提要辨證又駁清人之説，所言各有得失，今不俱論。本文所擬討論的僅限於李延壽提出的關於「楊氏家傳」的郡望問題。

按魏書卷五八楊播傳即所謂「楊氏家傳」，稱「自云恒農華陰人」，而北史卷四一楊播傳却没有「自云」二字，傳論全襲用魏書，却多出「自魏已來，一門而已」，顯然李延壽寫此傳依據魏書未改本删補，表示楊播一家確爲漢代高門楊震之後，並且家風門法爲北魏一朝所罕見。

今按楊播一家確住在當時的華州華山郡華陰縣，楊震墓即在縣境。〔一〕傳稱播子「歸於華陰」，播弟椿「還華陰逾年」被殺。傳末又説：「（爾朱）世隆遂遣步騎圍其宅（指洛陽楊宅），（爾朱）天光亦同

〔一〕太平寰宇記卷二九華州華陰縣條引三輔故事云：「震改葬華陰潼亭。」

口收椿於華陰，東西兩家無少長皆遇禍。」又云：「永熙中，椿合家歸葬華陰。」毫無疑問，楊家除任官洛陽及他郡者外，一家人都住在華陰，墳墓也在華陰，應該説是地地道道的華陰人，似乎加上「自云」二字毫無道理。

但是住在那裏是一事，郡望在那裏又是另一件事。楊播一家之爲恒農華陰，並非表示他居住所在，而是表示他的門閥地位，加上「自云」二字，並非懷疑他是否居住在華陰，而是懷疑他是假託高門。楊家之在華陰，居於斯，哭於斯，聚骨肉於斯，很可能倒是由於他「自云恒農華陰」之後，才定居下來的，這在當時不乏其例。魏書卷九三王睿傳：

自云太原晉陽人也。六世祖横，張軌參軍。晉亂，子孫因居於威武姑臧。父橋字法生，解天文卜筮，涼州平，入京。（中略）睿既貴，乃云家本太原晉陽，遂移屬焉，故其兄弟封爵，移以并州郡縣，……父子並葬城東（此指代京），相去里餘，遷洛後，更徙葬太原晉陽。

王睿世居武威，起碼已有六世，是否出於太原，不可究詰，但從他當上大官，「自云太原晉陽」之後，墳墓都遷來，也在晉陽建宅住家。本傳附子椿傳：「天平末，更滿還鄉。初椿於宅構起廳事，極爲高壯。」所謂「還鄉」，即指還晉陽，在那裏原有住宅，又加建高壯的廳事。正和楊家一樣，墳墓、住宅都在晉陽，但却正是由於「自云太原晉陽人」才遷來的。魏書同卷趙邕傳，他「自云南陽人」，就把祖父母葬在「宛城之南趙氏舊墟」，也即是葬在南陽趙氏的族葬墓地。還有個侯剛，傳稱「其先代人也，本出寒微」，當上大官後，「剛以上谷先有侯氏，於是始家焉」。像這類事例當時是很多的。因此，楊播一家雖然聚居華陰，不足以證明其出自漢代以來的高門弘農楊氏。

根據一些迹象，楊播先世可能出於東雍州的楊氏。周書卷四四泉企傳：

除東雍州刺史，進爵為侯。郡民楊羊皮，太保椿之從弟，恃托椿勢，侵害百姓，守宰多被其陵侮，皆畏而不敢言。企收而治之，將加極法。於是楊氏慚懼，宗族詣閣請恩，自此豪右屏迹，無敢犯者。

按照當時北方習慣，雖是疏族，也彼此稱從兄弟、從伯叔，〔一〕所以這個楊羊皮未必是楊椿近支，但他既能倚仗楊椿聲勢，横行鄉里，也不是泛泛的族人。從這一條，我們看到楊椿有從弟在東雍州，而且並非單家寄住，在那裏有他的宗族，爲了他犯罪被判死刑而上衙門去請求開恩。

東雍州的楊氏是當州豪族，史籍上非無他徵。楊播附子侃傳記載元顥入洛後，爾朱榮從晉陽統兵南下反擊，楊侃獻計渡河，傳稱：「於是爾朱兆與侃等遂與馬渚楊南渡，破顥子冠軍將軍冠受，擒之。」同書卷九四爾朱榮傳亦云：「屬馬渚諸楊云有小船數艘，求爲鄉導，榮乃令爾朱兆等率精騎夜濟。」馬渚無考，當在黄河北岸今三門峽以東，〔二〕那裏是東雍州邵郡白水縣境。周書卷三四楊攢

〔一〕顔氏家訓卷二風操篇。

〔二〕魏書卷七五爾朱兆傳稱：「及元顥之屯於河橋，榮遣兆與賀拔勝等自馬渚西夜渡數百騎，襲擊顥子冠受擒之。」而同書卷一〇莊帝紀永安二年七月戊辰稱：「都督爾朱兆、賀拔勝從峽石夜濟。」則馬渚在峽石東。隋書卷三〇地理志中河南郡熊耳縣（北魏峭縣）有峽石山。熊耳縣在今河南洛寧縣北稍東，馬渚在其東之黄河北岸，應在今三門峽市東。

傳云：

正平高凉人也。祖貴、父猛，並為縣令，……元顥入洛，孝莊欲往晉陽就爾朱榮，詔㬙率其宗人收船馬渚。㬙未至，帝已北渡太行。㬙遂匿所收船，不以資敵。及爾朱榮奉帝南討，至馬渚，乃具船以濟王師。

按地形志上東雍所屬有正平郡（今山西新絳），高凉縣（今新絳與聞喜間）屬高凉郡，不屬正平郡，或郡縣有分並。楊㬙是東雍州高凉縣人，他和宗族曾在馬渚收船，是否他和他的宗人當時實際不住在正平而在馬渚，或者僅由於他們的活動在馬渚，因而被稱爲「馬渚諸楊」，我們不清楚。傳稱他父親楊猛「先爲邵郡白水令」。他在那裏是有活動能力的。

東雍州部民楊羊皮和東雍州正平郡的楊㬙以及馬渚諸楊應是同族，楊羊皮既是楊椿從弟，則楊㬙以及馬渚諸楊應是楊播、楊椿的同族。楊㬙傳明確記載他是東雍州正平高凉人，並沒有説他出於弘農華陰，則楊播一家之出於華陰是可疑的。但華陰距新絳不遠，很可能是疏族。實際楊震嫡裔北魏時業已不可究詰。楊震直系東漢最顯赫的一支太尉楊彪之子楊修雖被曹操所殺，後嗣在西晉時仍然貴顯；永嘉亂後楊氏留在北方，後來才渡江。這一支南渡的楊震嫡派在劉宋時絶滅。〔一〕另一支西晉外戚楊駿、楊珧爲賈后所殺，「誅駿親黨，皆夷三族，死者數千人」，〔二〕這一支早已絶滅。北方的弘

〔一〕三國志卷一九陳思王植傳附見楊修注引世語，晉書卷八四楊佺期傳。

〔二〕晉書卷四〇楊駿傳。

農楊氏可能還是大姓，馬渚諸楊也可能與華陰楊氏本是同族，大概世次莫考，真僞難辨。魏收作楊播傳以北齊時楊氏的盛衰爲姓族之真僞，誠然是曲筆，但「曲筆」恐不僅在於後加「自云」二字，而且也在於先無此二字。

（原載魏晉南北朝隋唐史資料第五輯，一九八三年十二月）

讀僧䂮傳論兩晉南朝的吏力

高僧傳卷六釋僧䂮傳記後秦姚興下書：

（僧䂮）可爲國内僧主。……法欽、慧斌共掌僧録，給車輿吏力。䂮資侍中秩，傳詔、羊車各二人。……至弘始七年（四〇五），敕加親信、仗身、白從各三十人。僧正之興，䂮之始也。䂮躬自步行，車輿以給老疾，所獲供卹，常充衆用。

本條記載姚興設置僧官，給與僧䂮等三人車輿吏力。僧䂮是僧正，品秩比同侍中，給予他各種名色的「吏力」，不同於其他二人。這是一條關於西晉以來吏力制度的重要資料，我們現在先就史籍所見上述諸色吏力作一點考證。

（一）傳詔。傳詔始見晉代，晉書卷七八丁譚傳：

康帝即位（三四二），屢表乞骸骨，詔以光禄大夫還第，門施行馬，禄秩一如舊制，給傳詔二人，賜錢二十萬，牀帳褥席。

丁譚以光禄大夫給傳詔二人，與姚興給僧䂮的數額相同。當時給予吏力應是隨品秩而定。續高僧傳卷七釋慧超傳稱：

尋有别敕，及授僧正，……天子給傳詔、羊車、局足、健步、衣服等供。

這是梁初事。釋慧超也是以僧正給傳詔、羊車，事同僧晉。

（二）羊車。羊車是一種車名。究竟是什麽樣的車，前人有各種解釋，今不具論，大致在晉代是一種形制較小的車，作爲一種吏力卻爲少見。南北朝史籍我没有見到，僅見於正續高僧傳。上引釋慧超傳已見羊車與傳詔並給。又續高僧傳卷二一釋智顗傳説陳後主引見智顗，有詔「羊車童子引導於前，主書舍人翊從登階」。知給與僧晉及慧超之羊車，實爲羊車童子之省稱，其職務是在前導引。但不知這裏的羊車童子是給與智顗的，還是皇帝儀仗中的成員？舊唐書卷四五輿服志引武德令云：

平巾、五辮髻、青褲褶、青耳屩，羊車小吏服之。

按從服飾看來，羊車小吏是由童子充當的。武德令大抵沿襲開皇令，可以推知南北朝都有這種羊車小吏或童子。此名始見後秦，至唐武德七年（六二四）定令，已達二百幾十年，也可算得遠有淵源。

（三）親信。親信在南朝是較常見的吏力名色，始見於西晉。晉書卷六五孟觀傳：

以觀為黄門侍郎，給親信二十人。

那時也稱爲「恩信」，晉書卷四二王戎傳：

轉中書令，加光禄大夫，給恩信五十人。

王戎獲得給恩信的待遇在於加光禄大夫，而不是由於任中書令。此後，以左右光禄大夫、金紫光禄大大、光禄大夫地位獲得給與親信的多見記載。宋代有王敬弘、劉遵考，南齊有王晏、沈文季，梁代有柳琰、夏侯詳、王份、蕭偉、徐勉、范岫、蕭琛、孫謙，其中徐勉先曾以中書令給親信。[一]南齊書卷一六百官志光禄勳條下有左右光禄大夫、光禄大夫、太中大夫、中散大夫。稱：

諸大夫官皆處舊齒老年，重者加親信二十人。

雖然南齊書百官志只載光禄大夫等給親信，其實東晉時尚書省令、僕及諸曹尚書並普給親信。晉書卷七八孔愉傳：

咸和八年（三三三）詔曰：「尚書令玩、左僕射愉並恪居官次，禄不代耕，端右任重，先朝所崇，其給玩親信三十人，愉二十人廪賜。」愉上疏固讓，優詔不許。重表曰：「……大弊之後，倉庫空虛，功勞之士，賞報不足，……臣等不能贊揚大化，糾明刑政，而偷安高位，横受寵給，無德而禄，殃必及之。不敢横受殊施，以重罪戾。」從之。

據此則尚書令、僕，本不給親信，陸玩、孔愉乃是特詔優待。這次因孔愉堅辭，似未實施。但爲時不久，不僅令僕，而且諸曹尚書也普給親信。北堂書鈔卷五九一尚書總萬事之本條引晉起居注云：

建元二年（三四四）詔曰：「尚書萬事之本，朕所責成者也。而廪禄儉薄，甚非治體。今雖軍

〔一〕以上見南齊書卷四四沈文季傳，梁書卷一二柳琰傳、卷一四夏侯詳傳、卷二一王份傳、卷二二南平王偉傳、卷二五徐勉傳、卷二六范岫傳、蕭琛傳、卷五二孫謙傳。又南齊書卷三二王琨傳，必在宋代已官光禄大夫，加金紫，没有給親信。傳稱太祖即位，領武陵王師，加侍中，給親信二十人，他那時的官是金紫光禄大夫，給親信並非由於加侍中。

國多費，不為元凱惜禄，其依令僕給尚書各親信五十人廩賜」。〔二〕知咸和八年孔愉雖堅辭不受，而十年之後，令僕給親信，已成定例，而且還推廣到諸曹尚書，所給數額也增至五十人。

上引咸和及建元詔書都説給親信若干人廩賜，似乎給的不是人力而是相當於若干人所需的口糧雜物之類。這個問題將在下面討論。東晉以後，未見尚書令僕及諸曹尚書給親信的記載，當然不能認爲停給，只是不載而已。

像僧䂮那樣的僧官給親信的亦見於南朝，高僧傳卷八釋僧瑾傳：

仍敕瑾使為天下僧主，給法伎一部，親信二十人，月給錢三萬，冬夏四賜。

這是劉宋明帝時事。

（四）仗身。仗身一名也見於南朝。南齊書卷四九王奂傳稱奂爲雍州刺史，擅殺寧蠻長史劉興祖，據興祖的門生劉倪供稱：

去十年（齊武帝永明十年，四九二）九月十八日，奂使仗身三十人來，稱敕録興祖付獄。安定郡蠻先在郡贓私，興祖既知其取與。……興祖後執録，奂仍令蠻領仗身於獄守視。

又梁書卷二陳伯之傳稱：

〔二〕本條見太平御覽卷二一二職官部一〇，總論尚書，作晉康帝起居注，不記年。按建元爲康帝年號，其中「廩禄」作「廩食」。

伯之每旦輒作伎，日晡輒卧，左右、仗身皆休息。

伯之以江州刺史降魏。上引兩條所記都是刺史的仗身。所謂仗身當即是隨身執仗的警衛人員。據僧䂮傳，後秦時中央高級官也給（僧䂮爲僧正，品秩同侍中），那恐是特例。唐初只武職官給仗身，至麟德二年（六六五）一度擴大到文武五品以上官，開元十年（七二二）停。〔一〕

（五）白從。白從也見於南朝。南齊書卷三六謝超宗傳記御史中丞袁彖奏彈超宗，有云：「輒攝白從王永先到臺辨問。」超宗死後，傳又稱「超宗門生王永先又告超宗子才卿死罪」。據此知白從即以門生充當，我們知道門生多半是自願投充的，並非官給。又梁書卷一六王亮傳記御史中丞任昉奏彈范縝，稱「輒收縝白從左右萬休到臺辨問」。劉宋孝武帝的隨從有所謂「白衣左右」，〔二〕皇帝所屬與臣僚所屬的隨從身分有異，性質却相同。白從也即是白衣的隨從。白衣相對於絳衫而言，即庶民（白衣）和兵士（絳衫）。〔三〕

僧䂮傳所見吏力五種除「羊車」外均見東晉南朝史籍記載。東晉南朝必沿襲西晉，雖西晉只有「恩信」一種，不妨認爲其他名色亦早有之。這些吏力（還有許多其他名色）都是高級官員的儀仗隊成員、隨從警衛人員。開始時大概都是實給。爲時不久發生了變化，上文提到東晉給與尚書

〔一〕唐會要卷九一内外官料錢上。
〔二〕南齊書卷五六倖臣茹法亮傳。
〔三〕參拙撰絳衫和白衣，魏晉南北朝史論拾遺第二五七——二六〇頁（文集本二五九——二六三頁）。

令、僕和諸曹尚書的親信非實給人力，而是相當於所給親信定額的廩賜。咸和詔書説陸玩、孔愉官居令、僕，「禄不代耕」，建元詔書也説諸曹尚書「禄廩儉薄」，又説「雖軍國多費，不爲元凱惜禄」，孔愉的辭讓表所提理由是「大弊之後，倉廩空虚」，都表明給親信不是爲了補充官員們人力的不足，而是補充菲薄的俸禄，由此而增加了倉庫的支出。如果官給人力，這些話就説不通了。可以設想，那些高級官員原來就有爲數不等的門生、義故之類的依附從口，他們可以親信名義接受廩賜，如果官員們原來没有或很少依附從口，他們可以募集，也可以乾脆把這筆廩賜充作别用。當然，這不是説所有給親信的記載都不是實給，只是説至少在東晉時部分親信的給與只是給定額廩賜。仗身和白從在史籍記載中未見定額特給之例。在南朝，有關仗身的兩例，都是刺史所屬，也即是軍府所屬。〔二〕唐初仗身只給武官，疑這一名色原先就只給武臣，僧䂮以侍中秩給仗身是特例。白從在南朝似乎是隨從的廣泛名稱。謝超宗官不過征北府諮議參軍，是否享有官給吏力的權利，不詳。他的白從可能是私附，謝超宗傳載白從王永先的辯辭稱超宗爲「主人」，後來又稱王永先爲「門生」，可證。范縝官居尚書右丞，當然有資格配給吏力，但這裏的「白從左右」是官給還是私附也難斷言。

當然官給和私附不同，私附是私屬，官給的應徵自良人。但實際上往往即由自願投充的私附充

〔二〕王奂是鎮北將軍，都督雍、梁、南北秦及司州之隨郡軍事，陳伯之是征南將軍，本傳不記都督江州及其他州，必是失載。

當。官給的有定額，私附却無限，只是額内的官給廩食而已。

史籍所見上述五種吏力儘管情況不同，大致都是見役（親信雖可能有虚名給廩，但必有見役親信）。而從僧碧傳看來，又存在另外一種情況。傳稱僧碧「車輿以給老疾，所獲供卹，常充衆用」。所謂「供」應指供養，即皇帝以及諸信徒們的布施，卹本指所給吏力，這裏轉爲他們所納代役錢物，所以説「常充衆用」。

宋書卷七七沈慶之傳：

> 於是……依晉密陵侯鄭袤故事，朝會，慶之位次司空，元景在從公之上，給卹吏五十人，門施行馬。

按晉書卷四四鄭袤傳，袤辭司空，以侯歸第，「拜儀同三司，置舍人、官騎」，不云給卹吏，是否舍人、官騎也被稱爲卹吏呢？

給與沈慶之的卹吏是有五十人定額的，像是特給吏力的專名，其實不然。從其他記載看來，更像是吏力的泛稱。宋書卷五四孔季恭附子靈符傳稱靈符曾建議把山陰無貲之家遷到餘姚、鄞、鄮三縣去墾荒，尚書令柳元景等議有云：「宜募亡叛，通卹及與樂田者共往經創，須粗修立，然後徙居。」意思是説宜先召募逃亡人民和卹以及願樂遷的人，到那裏去開墾，待獲得初步成果後，再行把無貲户遷往。卹即卹吏，卹吏身在服役，爲什麽要召募他們和逃亡人民一起去開墾荒地呢？疑「通」爲「逋」之訛，「逋卹」即逃亡的卹吏。官給卹吏徵自百姓，卹吏逃亡亦即百姓逃亡，所以柳元景以「逋卹」與「亡叛」相提並論。本條的「卹」當然是泛稱而非專名。又南齊書卷四六顧憲之傳引俗諺云「會稽打鼓送䘏，吴興步擔令史」。這裏形容會稽之富與吴興之貧。令史雖微，却還是官，〔一〕䘏却是吏役。會稽的䘏，打鼓送行，吴興的人當令史，却自己挑擔步行。顯然這裏的䘏也是泛稱。

顧憲之所説打鼓相送的「䘏」，當然是身往服役，上引諸條的「䘏」多半是見役，但當時也存在着以錢代役的「䘏」。南齊書卷二六王敬則傳稱敬則爲會稽太守，曾命修築防護堤塘的力役改爲納錢代役，竟陵王子良認爲錢貴物賤，納錢代役對於農民是加重負擔，他在所上啓中説官府徵税往往要求納錢，「僮䘏所上，咸是見直」，建議「塘丁一條，宜還復舊（即恢復見役舊制）。在所逋䘏，優量原除」。「僮䘏」即䘏吏，也即是較常見的「吏僮」、「僮幹」，〔二〕爲配給官員吏力的泛稱。蕭子良説僮䘏上交的都是現錢，説明不是見役而是納錢代役。啓中建議「所在逋䘏」一概免除。這裏的「逋䘏」和上引柳元景所説的「逋（原作「通」）䘏」却有差别，柳元景是説逃亡的䘏吏，蕭子良是説䘏吏欠交的代役錢。

史籍所載的䘏吏納錢代役，止見於南齊，但從僧䂮傳看來，與供養並提的「䘏」「常充衆用」，則早在後秦時已出現。

兩晉南北朝時期，給予官員的俸禄，除了一般的錢物及禄田、職田以外，還有人力的配給。當時

〔一〕通典卷三七宋官品，内臺正令史在八品，内臺書令史、外臺正令史在九品。梁官品，諸令史在三品藴位、三品勳位，相當於流外官。

〔二〕宋書卷六三沈演之傳、南齊書卷二八崔祖思傳並見「幹僮」、「僮幹」。宋書卷六孝武帝紀孝建三年（四五六）二月、同書卷六一江夏王義恭傳、卷四九毛脩之傳並見「吏僮」。

的俸禄形式是由錢物、土地、人力三項組成的。〔一〕這種配合人力作爲俸禄一部分的辦法未見漢代，可能始於三國，却未見記載，西晉以後長期推行。開始時，所給吏力當是見役，但很早就出現了納錢代役的迹象，僧㬢傳提供了有關資料。唐代色役很大一部分就是配給官員的人力，名色繁多，他們大都納錢代役，稱爲「資課」。配給人力和資課制度可以一直追溯到晉代。

本文所述限於晉及南朝，當然不是説北朝就没有這種制度。魏書卷六八甄琛傳，琛爲河南尹，建議提高主管洛陽城内坊巷官員的品秩，他上表云：

請取武官中，八品將軍已下幹用貞濟者，以本官俸恤領里尉之任，各食其禄。

這裏俸恤即指禄力。據此可知，北魏時八品已下將軍也給與吏力。隋書卷二七百官志中記北齊之制云：

又自一品已下，至於流外勳品，各給事力。一品至三十人，下至於流外勳品，或以五人為等，或以四人、三人、二人、一人為等。繁者加一等，平者守本力，閑者降一等焉。

顯然，這種制度沿襲北魏，甄琛傳所説八品將軍以下所給之恤，即北齊之事力。至於納絹代役的食幹制爲人所習知，〔二〕這裏就無須多説了。

（原載魏晉南北朝隋唐史資料第七輯，一九八五年十二月）

〔一〕配給人力都是伺候官員的隨從，與土地基本上没有聯繫，使用於農業勞動只是特殊措施。宋書卷六孝武帝紀孝建三年（四五六）二月壬午稱：「内外官有田在近道，聽遣所給吏僮附業。」這不像是經常制度。

〔二〕見隋書卷二七百官志中。

讀陶淵明贈長沙公詩序論江南風俗

陶淵明爲陶侃曾孫，宋書卷九三、晉書卷九四、南史卷七五本傳並同，昔人並無異辭。清初閻泳開始提出疑問，其根據即是淵明贈長沙公詩序。〔一〕以後錢大昕駁閻說，歷舉四證。〔二〕洪亮吉又伸閻說，〔三〕錢、洪同時人，疑洪此文實駁錢。按文館詞林卷一五二録陶淵明贈長沙公族祖詩序云：

余於長沙公為族祖，同出大司馬。昭穆既遠，已為路人。經過潯陽，臨别贈此詩：同源分流，人易世疏。慨然寤歎，念兹厥初。禮服遂悠，歲月眇徂。感彼行路，眷然躊躇。

（下略）

按「余於長沙公爲族祖」，諸本並作「長沙公於余爲族祖」，涵芬樓影印宋巾箱本箋注陶淵明集於「族」下斷句，注云：「一作『余於長沙公爲族』。」這裏涉及的是輩行問題，若作「長沙公於余爲族祖」，則此長沙公應是陶侃之子，與淵明爲小功親（假使淵明確是陶侃曾孫），這却很難解釋「昭穆既遠，已爲路人」的話。錢大昕說：「昭穆猶言兩世，兩世未遠而情誼已疏，……其云：『昭穆既遠』者，隱痛家難

〔一〕閻泳左汾近稿。手頭無此書，此據錢大昕文。
〔二〕錢大昕潛研堂文集卷三一跋陶淵明詩集。
〔三〕洪亮吉更生齋集卷三後蕭陶氏重修族譜序。

（指陶侃諸子自相殘殺事）而不忍斥言之耳。」即使隱痛家難，也不能説「昭穆既遠」，錢説未免牽强，所以洪亮吉以爲「若淵明果爲侃曾孫，則襲長沙公者於淵明爲曾祖之子，當稱從祖，於五服之次爲小功五月，不得降稱族祖，明矣」。長沙公既是淵明祖父的親兄弟，於禮應稱從祖，不得稱族祖，當然更不能説成「昭穆既遠」。

若作「余於長沙爲從祖」，則此長沙公爲陶侃五世孫，與淵明已絶服，淵明自云「族祖」，合乎禮法，「昭穆既遠」，也説得通。但也不是没有問題，比如詩題作「贈長沙公族祖」，文館詞林已然，又據晉書卷六六陶侃傳，長沙封爵，傳至四世，晉亡入宋，降爵爲吴昌侯，陶侃不可能有個五世孫仍然襲長沙之爵。關於這些問題，自宋以來，已多論述，本文不擬贅述。我們認爲「同出大司馬」，大司馬只能指陶侃，淵明爲陶侃曾孫史傳既無異詞，此序又自言之，閻、洪之疑，雖不爲無因，却難以成立。

序稱「昭穆既遠，已爲路人」，即因詩所云「禮服遂悠」之故，已如上述，但同時又和江南風俗有關。顔氏家訓風操篇云：

凡宗親世數，有從父，有從祖，有族祖。江南風俗，自兹已往，高秩者通呼為尊，同昭穆者雖百世猶稱兄弟；若對他人稱之，皆云族人。河北士人，雖三二十世猶呼為從伯、從叔。梁武帝嘗問一中土人曰：「卿北人何故不知有族？」答云：「骨肉易疏，不忍言族耳。」當時雖為敏對，於禮未通。

淵明此詩序稱「族祖」，詩稱「令族」，乃是江南遵禮制服絶稱族的風俗，却和北方不同。宗族間的關係，當時江南遠不若北方的密切。宋書卷四六王懿傳：

北土重同姓，謂之骨肉，有遠來相投者，莫不竭力營贍。若不至者，以為不義，不為鄉里所容。仲德聞王愉在江南，是太原人，乃往依之。愉禮之甚薄。

這一條正好與上引顏氏家訓所述中土人答梁武帝問相參證，説明在對待宗族的情誼上，南北風俗厚薄不同。

不僅宗族之間的情誼江南不如北方深厚，就是父子兄弟之間也是這樣。宋書卷八二周朗傳，朗上疏言事有云：

教之不敦，一至於此，今士大夫以下，父母在而兄弟異計，十家而七矣。庶人父子殊産，亦八家而五矣。

如周朗之説，知南朝分居之俗，士庶都一樣盛行。隋書卷三一地理志下總叙揚州，有云其俗信鬼神，好淫祀，父子或異居。所叙與周朗語相應。

這類父子兄弟分居或同居異爨之俗在北方人看來是踰越正常禮俗的行爲，因而常加非議。魏書卷七一裴叔業附從子植傳：

植雖自州送禄奉母及贍諸弟，而各别貲財，同居異爨，一門數竈，蓋亦染江南之俗也。

按裴氏爲河東冠族，本是北人，但裴植的曾祖居於襄陽，世仕南朝，至裴叔業始以壽陽降魏。這一家母在而兄弟分炊，魏收認爲乃是染江南之俗，顯然違反了河東冠族應有的家族規範。

盡管宗族甚至弟兄情誼疏闊是江南風俗，淵明詩序所云「昭穆既遠，已爲路人」，和詩首言「同源分流，人易世疏」之句，却也確如錢大昕所説，正是慨嘆世代不能算疏遠，却已同路人，淵明是不贊成那種風俗的。陶集卷八與子儼等疏云：[一]

然汝等雖曰（不）同生，當思四海皆兄弟之義。鮑叔、管仲分財無猜；歸生、伍舉班荆道舊。遂能以敗爲成，因喪立功。他人尚爾，況同父之人哉！潁川韓元長，漢末名士，身處卿佐，七十而終，兄弟同居，至於没齒。濟北氾稚春，晉時操行人也，七世同財，家人無怨色。詩曰：「高山仰止，景行行止。」雖不能爾，至心尚之。汝其慎哉，吾復何言。

據此則淵明非常仰慕兄弟同居共財的古人，也希望他兒子能傚法古人。正可窺見他寫贈長沙公詩序時的心情。

（原載魏晉南北朝史論集，華東師範大學學報編輯部，一九八六年）

[一] 宋書九三陶潛傳録此文。

木蘭詩補證

逯欽立先生輯先秦漢魏晉南北朝詩梁詩卷二九録木蘭詩，有題解云：

> 詩紀云：「古今樂録曰：木蘭不知名，浙江西道觀察使、兼御史中丞韋元甫續補入。」又云：「古文苑作唐人木蘭詩。」逯按十二轉勛制始於唐，建立明堂在武則天時，韋元甫乃唐代宗時人，古文苑以為唐人作，良是。

按古文苑卷九題爲「齊梁詩四十五首」，注云「添入一首，阻雪合成連句一首」。本詩標題稱「唐人木蘭詩」，下注「附」字。云「添入」，云「附」，疑並宋人所加。古文苑爲唐人所輯，豈有徑稱「唐人木蘭詩」之理。詩前題解首引舊注云云，與詩紀所引古今樂録同，〔一〕當是原本所有，其下又引蘇軾語並申以己説，證此詩爲唐人作，均是宋代刊行此書時所加。因此詩紀謂古文苑作唐人木蘭詩，不如説宋人刊行古文苑已以爲唐人作。但宋人雖知其爲唐人作，並未提出有力證據，逯氏以十二轉勛爲唐制，乃是確證。〔二〕今就詩中用語，補舉數證，以成唐人所作之説。

昨夜見軍帖

〔一〕按木蘭詩亦見樂府詩集卷二五，題作「古辭」，題解引古今樂録云云，詩紀實自樂府詩集轉引。

〔二〕記三四十年前曾見一文，以十二轉勛證木蘭詩爲唐人作，但已不記作者何人。

按説文及玉篇巾部並云:「帖,帛書署也。」帛書署即是帛書的標簽。釋名釋牀帳云「牀前帷也」。帖本意是安帖,標簽帖着於帛書,牀前帷帖着於牀,所以徑稱爲帖。這是漢魏南北朝的解釋。廣韻卷五入聲三十「帖」釋帖字云「券帖,又牀前帷」。券是文券,與帖連稱,似乎作爲一種文書形式,這是唐人的解釋。帖作爲一種文書形式在南北朝時罕見,而在唐代却普遍行用。吐魯番阿斯塔那七八號墓出有唐西州高昌縣糧帖三件,唐西州蒲昌縣下赤亭烽帖六件,又唐殘帖一件。〔一〕諸件均殘缺,紀年没有留下來。據本墓爲唐初墓葬,同出雜有麴氏高昌及貞觀年間文書,這些帖的年代也當在唐初。〔二〕今轉録一件,以見帖的形式:

唐西州蒲昌縣下赤亭烽帖爲覓失駞駒事

1. □昌縣　　　赤亭烽
2. 　小々駞駒壹頭
3. 　右件駞得尚藥使
4. 々牒稱□□夜五更

〔一〕吐魯番出土文書第四册收録。

〔二〕同上書本墓題解云:「本墓係夫婦合葬墓,出有唐貞觀十六年(六四二)嚴懷保妻左氏墓誌銘一方。女屍在内,當係先葬。」男屍在外,必死於貞觀十六年後。有些文書是從女屍或男屍鞋上拆出來的,可以確定其在貞觀十六年前或後,而這些帖却出於二屍之間,就難以斷言了,但爲唐初文書則可以無疑。

5. 駞，尋□不獲，帖「

6. 烽子□頭散覔，必「

7. 得。如□不得，科烽「

8. 其駞□取草澤「

9. 追覔十二月廿三日「

10. 帖　檢校丞判

〔後缺〕

一行「昌」上缺「蒲」字，縣下缺「帖」字，均可據他件補。文書首稱「蒲昌縣帖赤亭烽」，十行「帖」字當連四行，爲「某某帖」，據他件末稱「乞德帖」，乞德乃人名。帖的内容大意是説有一個尚藥使給蒲昌縣文牒，稱某日夜五更丢失了一頭小駞，尋覔不獲。因此縣下帖給赤亭烽，要求烽子去尋覔，如果覔不得，就要責罰烽子。

又阿斯塔那三五號墓出有唐西州高昌縣下團頭帖爲追送銅匠造供客器事。〔二〕本件亦無紀年，同

〔一〕吐魯番出土文書第七册收録。

出文書上起高宗麟德元年（六六四），下至中宗神龍三年（七〇七），本件有「安大壽」名，又見於同出武周聖曆元年（六九八）前官史玄政牒，此件時代當相去不遠。本件一行爲「高昌縣帖團頭傅□□」。內容是要求姓傅的團頭立即追送先曾造作供客器皿的三名銅匠。團頭當即是工匠的頭首。〔一〕

如上所引，可以看到帖是上行下的一種文書形式，帶有命令意味。

此外，杜甫詩新安吏「府帖昨夜下，次點中男行」，更是與點兵直接聯繫的帖。

可汗大點兵

按以徵召入伍兵士爲點兵亦唐代習用語。唐律疏義卷六擅興律點衛士不平條云：

> 揀點衛士（征人亦同），取捨不平者，一人杖七十，三人加一等，罪止徒三年。

揀點有時亦作「簡點」，意謂選取。本條是說在丁男中選取衛士（即府兵）或征人（非衛士的征行兵士），而取捨不公平的應依法治罪。貞觀政要卷二直諫貞觀二年條：

> 簡點使右僕射封德彝等並欲中男十八已上簡點入軍。敕三四出，（魏）徵執奏，以為不可。……太宗召徵及王珪，作色而待之，曰：「中男若實小，自不點入軍，若實大，亦可簡取，於君何嫌，過作如此固執，朕不解公意！」

唐制，十六至二十歲爲中男，中男不服兵役，所以魏徵反對這種不符合制度的徵發，最後終於停止施

〔一〕新唐書卷四六百官志工部尚書條云：「凡工匠以州縣爲團，五人爲火，五火置長一人。」按後「五」字衍文。

行。本條也以選取兵士爲簡點入軍。杜甫新安吏首稱「客行新安道，喧呼聞點兵」，又稱「府帖昨夜下，次點中男行」，又兵車行「道旁觀者問行人，行人但云點行頻」，「點兵」、「點行」用語均與木蘭詩同。

吐魯番阿斯塔那一九一號墓出有唐永隆二年（六八一）衛士索天柱辭爲兄被高昌縣點充差行事〔二〕：

1. 永隆二年正月　日校尉裴達團衛士索天柱辭
2. 兄智德
3. 府司天柱前件兄今高昌縣點充
4. 行訖，恐縣司不委，請牒縣知，謹辭。

（下判語略）

本件是衛士索天柱向西州都督府申訴其兄智德被高昌縣點充行人的訴辭，要求免予點充。後有判語說：「差兵先取軍人君住等，此已差行訖。准狀別牒高昌、交河兩縣，其人等白丁兄弟，請不差行。」意思説差兵應首先選取軍人（指衛士），要府屬通知高昌、交河兩縣，白丁兄弟不再差行。智德是白丁，其弟天柱是衛士，大概已在差行中，所以判語作爲通例，智德准予免行。

〔二〕吐魯番出土文書第六册收録。

同墓所出又有唐史衛智牒爲軍團點兵事。本件只殘存牒文最後一行，後有判語云：「問五團：所通應簡點兵，尫弱、疾病等諸色，不有加減、隱没、遺漏，具盡已不？」判語詢問折衝府第五團，簡點士兵中尫弱、疾病諸色，有無擅自加減、隱没、遺漏等情狀，查清了没有。這是查究點兵弊病。

上述諸條都説明「點兵」是唐人習用語，但在前代却未見行用。所以稱爲點兵，我想可能由於凡被選取充兵者的姓名旁都加朱或墨點，表明已被選取。

策勛十二轉

舊唐書卷四二職官志一：

勛官者，出於周、齊交戰之際，本以酬戰士，漸及朝流。階、爵之外，更為節級。周置上開府儀同三司……等十一號。隋文帝因周之舊，更增損之。有上柱國……（至）都督，起正二品，至七品，總十一等。……武德初，雜用隋制，至七年頒令，定用上柱國、柱國、上大將軍、大將軍、上輕車都尉、輕車都尉、上騎都尉、騎都尉、驍騎尉、飛騎尉、雲騎尉、武騎尉，凡十二等，起正二品，至從七品。貞觀十一年，改上大將軍為上護軍，大將軍為護軍，自外不改。

據此知周、隋勛級並十一等，只有唐代十二等。唐代授勛一轉爲武騎尉，遞加至十二轉爲上柱國。「策勛十二轉」也即授予上柱國高勛。

勛官諸名號本由府兵制中各級領兵督將演變而來，早先柱國、開府、儀同、都督均爲統率府兵的各級實職將領，直到隋代，仍有實職，不盡是酬勛的虚銜。嚴格説來，徹底區别於實職的勛官制到唐代才建立。

唐六典卷五兵部歷叙以戰功轉勛之制甚詳，文繁不録。吐魯番阿斯塔那一〇〇號墓出有唐永淳元年（六八二）氾德達飛騎尉告身及武周延載元年（六九四）氾德達輕車都尉告身。〔一〕飛騎尉告身云：

1. ▢破句汨城陣加一轉，鎮城陣▢

2. 募𠁈西州氾德▢

3. 右　可　飛□□

（下略）

二行「德」下缺「達」字，三行「飛」下缺「騎尉」二字。本年氾德達的戰功酬勛三轉，授飛騎尉。其輕車都尉告身云：

1. 准垂拱二𠦚十一𠥱三㔔敕，金牙軍拔于闐安□□〔二〕

2. 勒碎葉等四鎮，每鎮酬勛一轉，破都歷嶺等陣

3. 共酬勛三轉總七轉

〔一〕吐魯番出土文書第七册收録。按本件後有永淳元年紀年，但其中「人」字却作武周新字「𤯔」，這由於氾德達死於武周時，隨葬的並非告身原件，而是鈔本，抄時用了新字。

〔二〕𠦚、𠥱、㔔爲武周新字，即年、月、日。

4\. 西州氾德達高昌縣

5\. 右可輕車都尉

（下略）

按氾德達以白丁酬勛七轉爲輕車都尉與制相符，但早在永淳元年，他業已酬勛三轉爲雲騎尉，本年又酬勛七轉，累加應十轉爲上護軍，這次却不計前勛，仍從白丁起算，不知何故。

木蘭以白丁酬勛十二轉至上柱國。在隋代，上柱國是非常難得的。韓擒虎是隋代平江南的大將，死前有人說他要當閻羅王，他說「生爲上柱國，死作閻羅王，斯亦足矣」。〔一〕可知上柱國之重。唐初對這一高勛也還很重視，高宗時，劉仁軌及子侄三人爲上柱國，還特旨改他所居鄉里爲「樂城鄉三柱里」。〔二〕但高宗以後，由於戰事頻仍，以功得高勛的越來越多，地位也就日益低落，舊唐書職官志一稱：

自是以後（指高宗以後），戰士授勛者動以萬計，每年納課，亦分番於兵部、本郡當上省司，又分支諸曹，身應役使，有類僮僕。據令與公卿齊班，論實在於胥吏之下，蓋以其猥多，又出自兵卒，所以然也。

按氾德達在延載元年一次戰役中即已酬勛七轉，若累計前勛即應酬勛十轉。木蘭從征十二年，策勛十二轉也就不足爲奇了，但這種情況應在高宗晚年及武后時。到了玄宗時，上柱國車載斗量，我們從

〔一〕隋書卷五二韓擒虎傳。
〔二〕舊唐書卷八四劉仁軌傳。

敦煌户籍中就看到許多上柱國。這些上柱國往往承擔各種色役，正如職官志所説「身應役使，有類僮僕」。

我當然不是説木蘭真的獲得上柱國高勛，只是説詩人叙木蘭策勛十二轉的時代背景應在高宗以後。

出門看火伴

新唐書卷五〇兵志叙府兵編制云：「十人爲火，火有長。」〔一〕火是折衝府最低級的基層組織，同時也是行軍時的基層編制。〔二〕敦煌所出王梵志詩：〔三〕

> 十六作夫役，二十充府兵。磧裹向前走，衣甲困須擎。白日趁食地，每夜悉知更。鐵鉢淹乾飯，同火共分諍。長頭饑欲旺，肚似破窮坑。

按火是生活組織，並非戰鬥單位，所以稱爲火，即因共同起火造飯之故。〔四〕木蘭詩的「火伴」亦即同火的兵士。

〔一〕府兵編制「十人爲火」，歷見唐六典卷五兵部，同書卷二五及通典卷二五折衝都尉條。

〔二〕新唐書百官志工部尚書：「凡工匠以州縣爲團，五人爲伙。」按上番工匠的編制也是以火爲基層組織，但以五人爲火，與軍隊編制不同。

〔三〕王梵志詩校輯卷五，一五八頁。

〔四〕此同事孫繼民同志之説，見所撰唐代行軍制度，此文尚未發表。

以上我們列舉木蘭詩中的唐人習用語。當然，我決不是説這些語辭只出現在唐代。像帖、點兵、火並見於唐初，廣韻源出於陸法言切韻，唐律大抵源於開皇律，火的組織似一見於南朝，〔一〕凡是習用語總有過習用的過程。本文只是説這些語辭在唐代普遍行用，而前代却未見或罕見。集中這些唐人習用語於一詩，多少反映這首詩的時代特徵，更何况十二轉勛乃是鐵證。此外，三十年前，我曾以木蘭詩爲唐人作之説向已故徐天閔教授請教。徐先生説：「『朔氣傳金柝，寒光照鐵衣，將軍百戰死，壯士十年歸』，調高聲響，對仗工穩，全屬唐音。」徐先生詩學淵深，必非妄説。我久有詩爲唐人作的想法，今讀逯欽立先生先秦漢魏晉南北朝詩，見本詩題解，因寫此文，以爲逯説佐證。至於木蘭故事究發生在何朝何代，乃另一問題，今不涉及。

（原載江漢論壇一九八六年第九期）

〔一〕南史卷七三孝義上：「（卜）天與弟天生，少爲隊將，十人同火。」

晉郛休碑跋

晉明威將軍、南鄉太守郛休碑，八瓊室金石補正有録文，並有跋，但所釋似偶有誤，跋文於郛休事迹亦未詳考。往日讀碑曾有札記數則，久不省記，今忽檢得，因補綴成文，以備參證。

一　碑文考釋

碑文叙郛休歷官有云「上計□州，辟部郡、治中、别□」。按「部郡」補正作「部郎」，疑誤；「别」下當缺「駕」字，以下尚有四字缺，前三字可能是「從事史」。宋書百官志記州佐吏云：「今有别駕從事史、治中從事史、主簿、西曹書佐、祭酒從事史、議曹從事史、部郡從事史。」宋制沿襲魏晉，知補正誤釋。

碑文又云：「察孝、秀才，並以不就。」按魏承漢制，郡察孝廉，州舉秀才。自漢代以來，被察舉者多爲州郡僚佐，魏晉也是這樣，西晉時王祥、周玘、李含均以本州别駕舉秀才，嚴耕望先生曾列舉十一例，認爲「大抵秀才之舉，以本州綱紀（指别駕、治中、主簿、西曹書佐等）爲多」。〔一〕郛休以州别駕舉秀才，亦是一例。但當時由郡主簿、功曹、五官掾（所謂綱紀）舉秀才者較多，由州僚佐而郡察孝廉者

〔一〕嚴耕望中國地方行政制度史第三册第三五五——三五六頁。

未見記載，郛休以州佐察孝，可補史缺。

郛休未應秀才舉，文稱「再辟公府，爲相國掾」。按魏自曹丕稱帝後，行三公制，並無相國，位居相國的只有魏亡前夕的司馬昭。三國志卷四陳留王紀、晉書卷二文帝紀並稱司馬昭爲相國在魏景元四年（二六三）十月，郛休辟相國掾當即在此時或稍後。而碑文却有如下一段話：

巴蜀未賓，□□王路，厄吾周行，□賢精（疑當作「請」），朝推其能，命君為使持節，征蜀將軍司馬。遂遷鄴督軍糧治書侍御史。

按司馬昭爲相國在景元四年十月，本年夏秋間已命鄧艾、諸葛緒、鍾會分統大軍伐蜀；八月，鍾會所領兵自洛陽出發；十一月，鄧艾兵迫成都，劉禪出降。〔一〕郛休爲相國掾不得在十月前，豈有此時才因「巴蜀未賓」，才命將出師之理，碑文所述，實指蜀亡以後，鍾會誣鄧艾謀反，將鄧艾擒送洛陽，司馬昭對鄧、鍾二人都存疑忌，鄧既被逮，爲了防範鍾會，親統大軍到長安的事。晉書文帝紀：

咸熙元年（二六四）春正月，檻車征艾。乙丑，帝（司馬昭）奉天子（魏帝曹奂）西征，次於長安……命從事中郎山濤行軍司事，鎮於鄴。遣護軍賈充持節督諸軍。據漢中。鍾會遂反於蜀，監軍衛瓘、右將軍胡烈攻會，斬之。

三國志卷二八鍾會傳叙此事甚詳，今不贅述。碑文所述，「巴蜀未賓」云云，乃是習用套語，與事實極

〔一〕並見三國志、晉書有關紀傳。

爲隔膜。至於下文説「朝推其能，命君爲使持節、征蜀將軍司馬」，更令人費解。意思大概是説命郛休充當某一使持節、征蜀某將軍的司馬。爲什麽這位將軍没有軍號姓名呢？還有一種解釋，「將」乃「行」字誤釋，郛休以相國掾爲征蜀行軍司馬，與山濤同。當然，「使持節」爲高級將軍任都督的加號，可以專殺二千石大員，〔一〕名高權重，區區相國掾，不可能獲得這樣的大權，但撰文者叙此次軍事行動就很不明確，妄加位號未必不可能。

以下碑文接着説「遂遷鄴督軍糧治書侍御史」。按三國志卷二三杜襲傳稱襲在魏初「爲督軍糧御史，封武平亭侯，更爲督軍糧執法」。晉書職官志治書侍御史條云：「及魏，又置治書執法，掌奏劾，而治書侍御史掌律令，二官俱置。」杜襲以御史治書執法，郛休以治書侍御史督軍糧，督軍糧是所任職務，非官稱，〔二〕以監察官出任是重其事。

郛休是和山濤同時調任赴鄴城的。晉書卷四三山濤傳：

鍾會作亂於蜀，而文帝將西征。時魏氏諸王公並在鄴，帝謂濤曰：「西偏吾自了之，後事深以委卿」，以本官行軍司馬（據文帝紀「馬」字衍文），給親兵五百人鎮鄴。

〔一〕晉書職官志：「使持節爲上，持節次之，假節爲下。使持節得殺二千石以下；持節殺無官位人，若軍事，得與使持節同；假節唯軍事得殺犯軍令者。」

〔二〕洪飴孫三國職官表中云「督軍糧執法一人，出征則置，第六品」；又云「督軍糧御史一人第七品，出征則置」，並據杜襲傳，似以爲官稱。

這次司馬昭出征，視鍾會爲大敵，後方布置極爲嚴密，鄴城既爲魏室王公禁錮之所，又是士兵家屬和糧食積聚所在，山濤是司馬氏親戚，關係密切，而郛休能和他同被委任赴鄴，雖事權不同，却可見他也是司馬昭的親信。

以後文多缺字，有「三公所在，典司郎□」句，當是遷尚書三公曹郎，晉書職官志尚書郎條記魏、晉尚書諸曹雖有增減，但均有三公曹郎。又遷騎都尉，下有「□州□宣惠□□」等句，歌頌他如「文翁之在蜀」，必是出任某州某郡太守。碑文又記載他的戰功，稱：

（上缺）虔劉巳（據下文當作「巴」）東，迄□□□，君乃震威，龍驤虎奮，□□□□，斬將搴旗，積屍如京。封豕遠遁，三巴用康。

按三國志卷四陳留王紀咸熙元年（二六四）六月：

初自平蜀之後，吴寇屯逼永安，遣荆、豫諸軍掎角赴救。七月，賊皆遁退。

同書卷四八孫休傳永安七年（即魏咸熙元年）：

二月，鎮軍陸抗、撫軍步協、征西將軍留平、建平太守盛曼率衆圍蜀巴東守將羅憲。……秋七月，……魏使將軍胡烈步騎二萬侵西陵以救羅憲，陸抗等引軍退。

羅憲本是蜀漢巴東太守，蜀亡降魏，吴遣兵攻圍憲於永安，困守數月，魏遣胡烈救援，吴兵解圍退走，〔一〕

〔一〕詳晉書卷五七羅憲傳。

碑文所叙正指此次戰事。郛休當時可能以荆州或豫州某郡太守從征。實際上魏、吴並没有經過激戰，碑文所云「積屍如京」，分明是夸大其辭，而且主將是胡烈，完全歸功郛休也是諛辭。

碑文繼稱「又遷江夏太守，旌蓋未□，迪臨我邦（南鄉）」。按永安解圍已在咸熙元年（二六四）七月，次年十一月司馬炎代魏稱帝，郛休之遷江夏、南鄉太守，已在晉代，照例總該有「大晉受命」或「大晉龍興」這類的話，表明郛休由魏入晉，碑文却一字不提，似乎遷官均在魏代，也不恰當。今考郛休遷守南鄉，實在晉泰始三年（二六七）。金石録卷二〇有晉南鄉太守司馬整頌跋稱：

（頌）云：「……咸熙二年（二六五）出臨鄙郡（南鄉），加宣威將軍。」又云：「謁者就郡，拜君世子，執節四讓，推與兄嗣。固辭懇誠，泰伯三美，君又加焉。」又云：「泰始三年十一月，使者奉詔，策命君南中郎將，牧就統宛都。」按晉史，整事迹附見安平獻王孚傳。（下略）

按司馬整以咸熙二年任南鄉太守，泰始三年十一月始以南中郎將鎮宛，郛休繼守南鄉，亦必在十一月或稍後。司馬整爲司馬孚孫，司馬望子，兄弈死後，曾命他爲世子襲義陽王封爵，乃皇室宗親。他出任南鄉太守，可見朝廷對此郡的重視，而郛休始遷江夏，尚未到任，即調南鄉，也可見郛休與晉室有密切關係。

郛休在南鄉任上又曾與吴作戰，碑文稱：

吴□□□□陽□□神□順風□□□□七千，摧犬羊三萬，陸抗奔北於南，□績輿屍於□，□□□□，元功是揚，率土稱慶，江□□寧。

晉書卷三武帝紀泰始四年（二六八）：

冬十月，吴將施績入江夏，萬郁寇襄陽，遣太尉、義陽王望屯龍陂。荆州刺史胡烈擊敗郁。

碑文「績」上缺「施」字，即指此次戰争。同書卷三七義陽王望傳記此戰云：

吴將施績寇江夏，邊境騷動，以望統中軍步騎二萬出屯龍陂，為二方重鎮，假節，加大都督諸軍事。會荆州刺史胡烈距績，破之，望乃班師。

據上所引，知這次吴軍進攻，對晉荆州有一定的威脅，故出動了中軍出鎮。但三國吴志不載此事。陸抗其時都督西陵（今湖北宜昌），〔一〕或亦曾出兵入魏荆州境，但非主力，故史不載。這次拒吴主將仍是荆州刺史胡烈，碑文也像上次一樣歸功郛休。吴志不記此事，當是並未大敗，碑文也不免夸大。

郛休起家青州上佐，應是東萊著姓，他以相國掾官至明威將軍、南鄉太守，封侯不過五年（二六三——二六七），升遷是比較快的。他在任州佐時曾察孝廉，孝廉例由郡察舉，是個特例。咸熙元年司馬昭西鎮長安，碑文竟像是爲了征蜀漢，叙事不明。從他以行軍司馬遷鄴城督軍糧治書侍御史，與山濤以行軍司赴鄴同時，可以看到鄴城的重要。督軍糧治書侍御史的職稱也可以補洪氏三國職官表。碑文可補史缺者止此而已。文多習用套語，夸飾戰功，實不足信。銘文更是歌頌功德，語無分寸，説什麽「應期作□（按當缺「輔」字），命世立言」「□□丕顯，至教入神」，簡直措辭毫無分寸。其實

〔一〕三國志卷五八陸遜附子抗傳稱：「永安二年（二五九）拜鎮軍將軍，都督西陵。……建衡二年（二七〇）大司馬施績卒，拜抗都督信陵、西陵、夷道、樂鄉、公安諸軍事，治樂鄉。」在建衡二年前，陸抗未遷官。

這些自漢以來，都是諛墓套語，不擇人而施，也不足深責，此碑較有史料價值的可能還在碑陰。

二 碑陰題名和郡吏數額

郛休碑陰上下兩列，上列題名二十五人，只書故吏某縣（並南鄉郡屬縣）某某字某某，不具銜。下列分三組：首行至四行稱：「□（碑？）主」者一人，稱義民者三人；八行至九行稱司馬者一人，稱義武猛掾者一人。十五行至二十行爲本郡民户及吏、兵數，今録如下：

郡領縣八　户萬七千
百卅
職散吏三百廿人
兵三千人
騎三百匹
參戰二人
騎督一人
部曲督八人
部曲將卅四人

上列題名並是故吏，又皆南鄉郡所屬諸縣人，應是郡佐，但不具銜。隸續卷二一殘卷尚存某一碑陰題名的後段共一百三十八人，前人已定爲晉南鄉太守司馬整頌碑陰，[一]但不知所據，今按其中有五人亦見於郛休碑陰：

郛休碑陰	司馬整碑陰
1. 故吏南鄉謝旅字長□	從掾位南鄉謝林長茂

按此應是一人，林字長茂，名字相應，疑「旅」字誤。

2. 故吏順陽郭伏字叔弘	議曹掾順陽郭休叔弘

按「伏」本當作「休」，郛休碑避府君諱改。又補正「弘」作「宏」，又是避清諱改。

3. 故吏築陽梁習字代伯	議曹掾築陽梁習休伯

按「代」亦當作「休」，避府君諱改。

4. 故吏武當李他字文子	從史位武當李他文子

此外下列「□主順陽王□字宣□」，司馬整碑陰見「從掾位順陽王仕宣明」，亦是一人，並上合計則郛休碑陰題名中有五人亦見於司馬整碑陰。隸續卷二一之缺名碑陰之爲司馬整似可無疑。

郛休碑陰記職散吏三百廿人，此外，軍府有司馬一人，義武猛掾一人及參戰、騎督、部曲督、部曲將合計爲四十七人。晉書職官志記郡吏額云：

[一] 隸續此碑陰前段已缺，諸本皆無題。唯通鑑軒重訂本卷三〇題爲司馬整碑陰。

郡國户不滿五千者，置職吏五十人，散吏十三人；五千户以上，則職吏六十三人，散吏二十一人；萬户以上，職吏六十九人，散吏三十九人。

補正陸增祥跋據晉志認爲「此云職散吏三百廿人，蓋統一郡八縣計之」。今按司馬整碑陰隸續殘存約一百三十八人，集古録跋尾四記司馬整碑陰，云「南鄉太守將吏三百五十人」；容齋隨筆卷一一南鄉掾吏條云「掾吏以下姓名合三百五十一」。二書皆並部曲督、將計之，容齋隨筆云「部曲督將三十六人」，〔一〕若減去此數則職散吏止得三百十五人，想必也有缺文或未題名者，大致與郛休碑陰所云職散吏三百廿人的數字相符。司馬整碑陰並是郡屬，則陸跋以爲三百廿人之數乃通屬縣合計是錯誤的。至於晉書職官志所記必是太康滅吴後定制，不能據此來核計十年前的南鄉吏額。太康統一以後，晉武帝頒佈户調式，規定占田、課田額和按品給客額，也在這時大量削減州郡吏的數字。萬户以上大郡以南鄉爲例泰始時職散吏有三百廿人之多，而晉志記定制還不到百人，即是削減之餘。

碑陰又記「兵三千人，騎三百匹」，這是郡所領兵，拙撰魏晉州郡兵的設置和廢罷一文漏舉。魏晉時置兵的郡並不很多，三國志卷一六杜畿附子恕傳載恕魏明帝太和中（二二七——二三三）上疏説「以武皇帝（曹操）之節儉，府藏充實，猶不能十州擁兵，郡且二十也」，則當時領兵的郡不過二十。南鄉是否在太和中即在二十郡之列不可知。上引金石録晉南鄉太守司馬整頌跋記整於魏咸熙二年（二

〔一〕隸續殘存止十八人。

六五)任南鄉太守,加宣威將軍,郛休碑稱休爲某郡太守,以救援巴東功,「□□(疑缺「州言」二字)於臺,加明威將軍」,以後即以明威將軍爲南鄉太守。南鄉太守加軍號領兵,自魏末已然。但郛休其先爲某郡太守時已與吴作戰,却在立戰功後,由主將申報朝廷,才加軍號,似乎太守加軍號,有的郡可能是固定的,即凡充此郡太守,必加將軍號,也有隨人隨功而異,並不固定。東晉以後,太守加軍號者例開軍府,置佐吏,魏晉間是否也這樣呢?郛休碑陰可認爲軍府佐吏的只有一司馬。司馬整碑陰題名見於隸續殘頁的有「部司馬武當鄭旻」、「軍司馬」某,都列於部曲將中。司馬自然和領兵有關,但是否即軍府上佐之司馬,難以斷言。與司馬並列的爲「義武猛掾」,晉書職官志記州佐有「武猛從事」。補正陸跋以爲「官志所載部從事諸職,碑皆不及,唯武猛掾見於列銜,武猛掾即武猛從事也」。按從事皆州佐,陸跋不別州郡是錯的,當云郡之武猛掾相當於州之武猛從事。武猛從事是州佐,不屬軍府,則武猛掾亦當是郡佐。至於司馬整碑陰又有武猛中郎將、武猛校尉、武猛都尉,並列於部曲將中,與軍府佐吏無關。

如上所述,郛休與司馬整雖皆加軍號領兵,我們還看不出設置軍府的迹象。

南鄉郡的兵三千人,應即由部曲督、將及騎督分領而上統於太守。郛休碑陰不記督將籍貫,據司馬整碑陰,所見部曲將全部都是南鄉所屬武當、順陽、南鄉、陰、筑陽、酇諸縣人。據此可知郡兵基層將領和文職吏佐一樣,都由本郡人充當。如所共知,曹魏時由朝廷直接指揮的洛陽中軍,來源出於降卒、私家部曲、少數族人等等者占很大比例,由都督統率屯駐各地的外軍也即是中軍的分支,所領將士不可能都出自所轄州郡。南鄉郡的督將全都是本郡人，三千兵士我想也即在本郡徵集。出自本郡的部曲督、將大概和出自本郡的文職吏佐一樣，太守有遷換，他們的職位不一定隨之爲去留。這種軍隊具有顯著的地方性，是真正的地方軍。

晉武帝太康三年（二八二）曾一度罷州郡兵，刺史、太守都不加將軍號，不領兵，專主治民。〔一〕史籍中在太康年間絶不見有太守加軍號的記載，可知當時基本上是實行了的。〔二〕但這些督將怎樣安排，我們完全不知道。

最後，值得注意的是民户、吏、兵並列的形式，我們知道魏、晉滅蜀、吴，記兩國户口也是民户、吏、兵並列。〔三〕據郛休碑陰，大概當時諸郡上計就是這樣三者並列。所以别於編户，可能由於兵、吏不服一般勞役，當然這只是推測。

（原載魏晉南北朝隋唐史資料第八輯，一九八六年十二月）

〔一〕參拙撰魏晉州郡兵的設置和廢罷，載魏晉南北朝史論拾遺第一四五——一五〇頁（文集本一四六——一五一頁）。

〔二〕同右。

〔三〕並見三國志卷三三劉禪傳注引王隱蜀記、卷四八孫皓傳注引晉陽秋。

魏晉南北朝時期的吏役

吏的解釋就是官，説文「吏，治人者也」，那怕最低層的吏，本來也都不是役。〔一〕中央和地方機構中有吏，軍中也有吏，我們在史籍中經常見到「吏士」或「吏兵」聯稱，〔二〕通常即泛指將士。但是由於低層的吏例被長官驅使奔走，加以職務的繁重，某些勞役又加在他們頭上，充吏就逐漸演變爲一種吏役，有時還成爲别於編户的特殊户口。這種情況大致始於漢末，成於魏晉，而南北朝時期最爲顯著。隨着形勢的發展，吏役的範圍逐漸擴大，原先較高一層的吏也進入了這個行列，唐代的色役中很大一部分即是前代吏役的演變。本文擬就這個問題作一些探討，由於情況很複雜，記載往往含糊不清，有些資料還難以作明確的解釋，所述一定存在不少錯誤，請同志們指正。

吏有在官府供役的，也有給與官員私人驅使的。三國志卷八陶謙傳初平四年（一九三）曹操征陶

〔一〕説文通訓定聲頤部「吏」，朱駿聲列舉經、史、諸子中關於吏的解釋，大致皆同説文，文繁不再轉録。

〔二〕後漢書卷八六南蠻武陵蠻傳記建初四年（七九）春「發荆州七郡及汝南、潁川刑徒、吏士五千餘人拒守零陽」。同書卷八七西羌傳記安帝時任尚等伐羌事云：「軍營久出無功，有廢農桑，乃詔任尚將吏兵還屯長安，罷遣南陽、潁川、汝南吏士。」同書卷八八西域傳記敦煌太守張璫上書陳三策，有云「今以酒泉屬國吏士二千餘人集昆侖塞」，又云「若不能出兵，可置軍司馬，將士五百人，四郡供其犁牛、穀食，出據柳中」。前云「吏士」，後稱「將士」，知是互稱。像這類「吏士」連稱的例子不勝枚舉。

謙，注引吴書所載罷兵詔云：

詔書到，其各罷遣甲士，還親農桑，惟留常員吏以供官署。

詔書要求州郡普遍裁兵，只留下按照常規設置的（即是有定額的）吏在官署供職。顯然，這種「吏」不包括州郡機構的僚屬，因爲僚屬是由地方長官辟置的，不可能留下「甲士」充當。所謂「以供官署」也即是在官署服役，大致是指低層的吏。續漢書百官志五記郡佐云「閤下及諸曹各有書佐、幹，主文書」，注引漢官：

河南尹員吏九百二十七人：十二人百石，諸縣有秩三十五人，官屬掾史五人，四部督郵、吏部掾二十六人，案獄仁恕〔掾〕三人，監津、渠、漕、水掾二十五人，百石卒吏二百五十人，文學、守助掾六十人，書佐五十人，循行二百三十人，幹、小史二百三十一人。

在叙縣佐下注引漢官云：

雒陽令……員吏七百九十六人：十三人四百石，鄉有秩、獄史五十六人，佐史、鄉佐七十七人，斗食令史、嗇夫、假五十人，官掾史、幹、小史二百五十人，書佐九十人，循行二百六十人。

上舉河南尹、雒陽令的吏額相當多，那是國都所在，其他郡縣大概隨大小設置，上引初平四年罷兵詔所云「常員吏」，即指規定的州、郡、縣所屬吏額，但員數也有數百人。〔一〕

〔一〕嚴耕望中國地方行政制度史上編秦漢地方行政制度郡國屬吏節引陸續傳及史晨饗孔廟碑，知東漢初會稽郡吏在五百人以上，魯郡屬吏當亦不下三四百（上編一一二頁）。

屬吏有二種待遇不同的等級。漢書卷一九上百官公卿表上稱「秩四百石至二百石是爲長吏；百石以下有斗食佐史之秩，是爲少吏」。則前漢時屬吏以二百石以上和百石以下分爲長吏與少吏二等。續漢書百官志記縣、邑、道令長職司下注引胡廣云：「明帝詔書不得僇辱黃綬，以別小人吏也。」按續漢書輿服志下稱「四百石、三百石、二百石黃綬」，則「黃綬」即二百石以上，百石以下稱爲「小人吏」，亦即百官公卿表的少吏，黃綬品級雖低，但却與政府機構的長官同視爲長吏，〔一〕和百石以下的小人吏有嚴格區別，明帝詔書不准僇辱（指鞭笞等刑辱）黃綬，意味着百石以下的小人吏是可以僇辱的。在衆多的屬吏中小人吏或少吏占絕大多數，漢官所記河南尹員吏九百二十七人中，百石卒吏二百五十人，循行二百三十人，幹、小史二百三十一人，就占了三分之二，還有文學守助掾六十人、書佐五十人列於百石卒吏下當亦是小人吏。幹在南北朝就是一種吏役，後漢書卷五七欒巴傳，巴爲桂陽太守，「雖幹吏卑末，皆課令習讀」，幹吏即指幹和小史，這是最卑微的吏。後漢書卷二明帝紀永平五年（六二）十月詔「勞賜（元氏）縣掾史及門闌、走卒」，續漢書輿服志上記公卿以下至縣令，長車乘導從，有伍伯、辟車、軨下、侍閤、門闌、部署、街里、走卒等名色，稱「皆有程品，多少隨所典領」，這些名色當然都是小人吏。魏晉南北朝時期五公百官的導從或隨從以及警衛人員在吏役中占頗大比重，唐代色役也是這樣，甚至包括皇帝的儀付隊成員。

〔一〕華陽國志卷一〇上先賢志蜀郡士女楊疏條稱疏爲益州從事，「舉正姦濁長吏九十人，黃綬六十人」，則黃綬自爲一類，非長吏。但黃綬爲二百石至四百石，據百官公卿表應亦在長吏之列。

這類小人吏在東漢時已被認爲賤役。後漢書卷五三周燮附馮良傳：

（良）出於孤微，少作縣吏，年三十，為尉從佐，奉檄迎督郵，即路慨然，耻在廝役。因壞車殺馬，毁裂衣冠，乃遁至犍為，從杜撫學。

李賢注：「從佐，謂隨從而已，不主案牘也。」按馮良爲安帝時人，〔一〕他以充當縣尉隨從爲廝役。同書卷六二陳寔傳：

出於單微。……少作縣吏，常給事廝役，後為都亭刺佐，而有志好學，坐立誦讀。縣令鄧邵試與語，奇之，聽受業太學。後令復召為吏，乃避隱陽城山中。

也以充當縣吏爲「給事廝役」。都亭刺佐的「刺」字，王先謙以爲衍文。亭長卑微，〔二〕何況亭佐。馮良、陳寔都出身微賤，所以充當的是小人吏。太平御覽卷三四三劍中引周斐先賢傳：

許嘉給縣功曹儀小吏，常持劍侍臣功曹，月朔晨朝，并持炬火。嘉於是忿然歎曰：「男兒為吏，不免賤役。」即投火於地，以劍帶槐樹，趨謁府門。

許嘉是伺候縣功曹的小吏，他認爲是賤役。

如上所述，漢代縣小吏已被認爲賤役，郡小吏的境遇大概也差不多少。長吏和少吏的區分具有

〔一〕周燮傳，「延光二年（一二三），安帝以玄纁羔幣聘燮及南陽馮良。」按良遁去十餘年始還，他充當縣尉從佐，當在安帝初。

〔二〕後漢書卷八一獨行李充傳：「太守魯平請署功曹不就，平怒，乃援充以捐溝中，因謫署縣都亭長。不得已，起親職役。」按郡縣治所之亭，稱爲都亭。傳稱「謫署」，可知地位卑微。

普遍意義，即使是中央的公府小吏，其身分、職務和郡、縣小吏基本上也應相同。但是我們也看到，漢代小吏承擔的「厮役」，乃是他們的本職任務，所以李充傳也稱爲「職役」，役雖賤，却還看不出怎樣的繁重嚴酷，更没有一身充吏，全家從役。而且長吏與少吏雖身分懸殊，却還不是不可逾越的鴻溝。陳寔傳說他不願再充縣吏，避隱陽城山中，後來却因「家貧復爲郡西門亭長，尋轉功曹」。亭長當然是少吏，却可以遷升郡僚之長的功曹。這一些和魏晉以後，特别是孫吴、南朝的吏役畢竟還不盡相同。

吏役的繁重嚴酷，始見於孫吴，三國志卷四八孫休傳永安元年（二五八）十一月詔：

諸吏家有五人，三人兼重為役，父兄在都，子弟給郡縣吏，既出限米，軍出又從，至於家事，無經護者，朕甚愍之。其有五人，三人為役，聽其父兄所欲留，為留一人，除其限米，軍出不從。

這種「家有五人，三人兼重爲役」，似是五丁抽三，也即徵發兵士時常見的「三五發卒」。但下文又說「家事無經護者」，顯然一家丁男（可能五人中包括次丁男）全被徵發。詔書說「朕甚愍之」，要改變這種情况，却是「聽留一人」，家有五人，三人從役，家中應有二人，只留下一人，還有一人怎樣呢？詔書很不明白。總之，原先是那些吏家空户從役，經過「寬卹」，准許留下一人。所謂「限米」，不知如何徵收，應當是有異於一般田租的額外徵税，即使全家從役的吏家原先也不能免。吏本來只在官府供役，不應出征，大概由於既配給官府，則所從的長吏出征，他們也就從行。根據詔書所述，可知孫吴的吏全家從役，有的被徵發到建業，有的在當地郡縣充吏；吏家免除租調，却仍然要納限米；除了服本職的吏役以外，還隨從長官出征。孫休雖然下詔稍寬吏役，是否執行，不得而知。

孫吳的吏據三國志卷四八孫皓傳記皓降晉後裴注引孫盛晉陽秋稱：

（王）濬收其圖籍，領州四，郡四十三，縣三百一十三，户五十二萬三千，吏三萬二千，兵二十三萬，男女口二百三十萬，米穀二百八十萬斛，舟船五千餘艘，後宫五千餘人。

吏的數字不算多，比蜀漢還少。〔一〕以四十三郡、三百一十三縣分占三萬二千的吏，每個郡、每個縣的吏，平均還不到十人，何況還有中央和州的吏，在三萬二千數内應占相當比重，那麽郡縣吏更是少得微不足道了。我想這個數字是不全的。〔二〕

孫吳吏役非常繁重，魏、蜀怎樣缺乏記載，姑置勿論。晉書卷二四職官志記有司隸校尉和郡縣置吏額。司隸校尉「凡吏一百人，卒三十二人」，司隸所屬是國都所在，吏卒數字却不過一百三十二人，應當説非常少了。郡縣吏額也遠少於漢代，職官志稱：

郡國户不滿五千者，置職吏五十人，散吏十三人；五千户以上，則職吏六十三人，散吏二十

〔一〕三國志卷三三後主傳裴注引王隱蜀記稱：「又遣尚書郎李虎送士民簿，領户二十八萬，男女口九十四萬，帶甲將士十萬二千，吏四萬人。」蜀漢户口遠少於孫吳，而吏却多於孫吳。

〔二〕三國志卷五六朱治傳云：「公族子弟及吳四姓多出仕（吳）郡，郡吏常以千數。治率數年一遣詣王府，所遣數百人。」單是吳郡一郡即有吏千人，雖然吳是大郡，而且是貴族大姓聚居，多以辟舉郡僚爲入仕途徑，情況特殊。但他郡也當有相當數量的吏，三萬二千之吏如果只舉郡吏數，那大概相差不遠，但還有中央機構以及四州、三百多縣的吏就没有着落了。當然，這個吏的數字必然不包括貴族子弟以及名士被辟舉的吏。

一人；萬户以上，職吏六十九人，散吏三十九人。

縣……户不滿三百以下，職吏十八人，散吏四人；三百以上，職吏二十八人，散吏六人；五百以上，職吏四十人，散吏八人；千以上，職吏五十三人，散吏十二人；千五百以上，職吏六十八人，散吏一十八人；三千以上，職吏八十八人，散吏二十六人。

據此知西晉郡縣置吏遠少於東漢。又小郡吏額只相當於千户以上縣，三千户以上縣的吏額乃與萬户以上大郡略同，似乎由於漢末至三國刺史權重，郡的分割愈多，地位削弱有關，但不解爲什麼司隸校尉置吏寡少，這裏暫且不管。總之晉代各級地方置吏數額少於漢代是無疑的。但職官志所載吏額也只是一時之制，而且也未必無出入。八瓊室金石補正卷九晉南鄉太守郛休碑陰稱：

郡領縣八，户萬七千百卌，職、散吏三百廿人，兵三千人，騎三百匹，參戰二人，騎督一人，部曲督八人，部曲將四人。

碑立於泰始六年（二七〇），南鄉郡置吏多於職官志所記大郡吏額者一倍。職官志所記大致爲太康元年（二八〇）滅吳後的制度，是否那時有所裁減呢？

西晉的小吏也和漢代一樣給廝役，〔一〕但還没有見到像孫吳那樣的繁重吏役，吏役的繁重孫吳

〔一〕晉書卷五五潘岳傳云：「初芘（潘岳父）爲琅邪內史，孫秀爲小史給岳，而狡黠自喜，岳惡其爲人，數撻辱之。」又世説新語仇隟篇孫秀記恨石崇條注引王隱晉書云：「岳父文德爲琅邪太守，孫秀爲小吏給使，岳數蹴蹋秀，而不以人遇之也。」可知小吏卑微。

之後，又見於東晉，東晉末至宋代就十分突出。晉書卷七〇應詹傳，明帝時詹爲江州刺史，上疏有云：

都督可課佃二十頃，州十頃，郡五頃，縣三頃，皆取文武吏、醫、卜，不得撓亂百姓。

醫卜是帶有世襲性的特殊户口，吏與醫卜並舉，表明他們不是一般百姓。上面説過，漢代小吏雖然從事賤役，却仍一般限於本職範圍内，這時課種官田便超出了職役範圍，意味着官府對於吏的人身奴役加强，成爲附屬於官府的特殊户口。西晉廢民屯，仍保留兵屯，爲都督所領。另外也有由都督府僚佐、將士耕墾的軍府田，晉書卷三八扶風王駿傳稱駿都督雍凉時：「勸督農桑，與士卒分役，己及僚佐並將帥、兵士等人，限田十畝，具以表聞。詔遣普下州縣，使各務農事。」這還是泰始年間的事。據傳，耕種軍府田的主要還是士卒，但分配給僚佐的田，恐怕都得落到小吏頭上。而這一措施曾經推廣到諸州、縣，實際效果怎樣不得而知，却不妨推測應詹建議也有前例，只是明確提出被徵發的是文武吏及醫卜，而排除了士卒。這種課耕官田的吏役在宋代極其酷暴，宋書卷九二良吏徐豁傳，爲始興太守，上表言事，有云：

郡大田，武吏年滿十六，便課米六十斛，十五以下至十三，皆課米三十斛，一户内隨丁多少，悉皆輸米。且十三歲兒未堪田作。或是單迥，無相兼通，年及應輸，便自逃逸。既遏接蠻俚，去就益易。或乃斷截支體，産子不養，户口歲減，實此之由。

據此知始興郡武吏是一種特殊户口。充當武吏的全家服役，而且像是世襲，只要是吏家，達到規定的服役年齡，〔一〕便須納米。徐豁認爲户口減少，就由於吏役苛暴，可以知道武吏由民間徵發，一經充吏，便全家服役。

始興治所（今廣東韶關市）在當時地處僻遠，内地是否也有這種情況呢？據上引扶風王駿傳及應詹傳，我們知道内地州、郡、縣曾經普遍推行役使士卒及文武吏墾種官田，是否認真執行雖不得而知，吏被用於墾種官田是肯定的。宋書卷二武帝紀中義熙十一年（四一五）三月平荆州司馬休之後，劉裕下書云：

荆、雍二州、西局、蠻府吏及軍人，年十二以還，六十以上，及扶養孤幼，單丁、大艱，悉仰遣之。窮獨不能存者給其長賑。府、州久勤將吏，依勞銓序，並除今年租稅。

西局指平西將軍府，蠻府指南蠻校尉府，加上荆、雍二州，四府都擁有大量吏、兵。這次「恩典」所免的只是十二以下、六十以上的老小，十三以上和五十九以下的正丁和次丁仍然要充當吏兵服役，這和徐豁傳所説始興武吏十三半課，十六全課的記載是一致的。至於「窮獨不能存者」也只給予長賑，不能免除吏兵名色。從這條也可以看到吏和兵都空户從役，名籍固定，是隸屬官府的特殊户口。至於後

〔一〕宋書卷四二王弘傳，宋文帝時弘上言云：「舊制民年十三半役，十六全役。……今皇化惟新，四方無事，役召之宜，應存乎消息。十五至十六宜爲半丁，十七爲全丁。」傳稱詔「從之」。按十六爲正丁，十五至十三爲次丁，本沿晉制（見晉書食貨志所載户調式）。王弘上言本傳繫於元嘉六年（四二九）後，九年（四三二）前，徐豁上表在元嘉三年（四二六），故仍以十六爲全丁，十五至十三爲半丁。

面說的「府、州久勤將吏」之吏是另外一類，他們是有官職的，所以說「依勞銓序」，他們自己有田，所以說「免今年租稅」。

東晉南朝時期軍府、州府的吏非常之多，東晉末年，江州軍府文武吏兵有三千，〔一〕豫州軍府近萬人，〔二〕荆州更多。州、郡、縣吏也超額增置。義熙七年（四一一）劉裕平定劉毅，下令云：「州、郡、縣吏皆依尚書定制，實户置。」〔三〕這是說要求地方各按規定，依照管户多少設置，但没有提到軍府，劉裕代晉稱帝後，對荆州的州府和軍府將吏定了限額，宋書卷三武帝紀下永初二年（四二一）三月：

初限荆州，府置將不得過二千人，吏不得過一萬人；州置將不得過五百人，吏不得過五千人。兵士不在此限。

劉裕兩平江陵。平劉毅後曾經下令各級地方政府都得按定制置吏，從上引條看來，至少荆州州府並未實行。那次没有觸及軍府。平司馬楚之後解除了州、軍及南蠻府的一些或老或小以及有特殊情況的吏役，基本上没有裁減。這次規定吏額（包括了軍府及州府），必然減員，但數量還是非常多，比照西晉司隸校尉額定吏一百人，真是無從比擬。大致自宋以後，荆州一直擁有大量的吏。梁書卷二二

〔一〕宋書卷五二庾悦傳，庾悦以建威將軍都督江州，建威府有文武三千。
〔二〕晉書卷八五劉毅傳，說劉毅自豫州移督荆州，他把從庾悦那裏奪取過來的江州兵（即上注之建威府文武三千）和豫州軍府文武共萬餘人帶到荆州。
〔三〕宋書卷二武帝紀。

安成王秀傳，説他在荆州任上，「簡府、州貧老單丁吏，一日散遣五百餘人」，可知軍州二府擁有的吏仍不在少數。

荆州是東晉、南朝最大的州鎮，擁有吏、兵最多，其他重要州鎮也不少，梁書卷四一蕭介附從兄洽傳稱洽「出爲南徐州治中，既近畿重鎮，史（吏之訛）數千人」。〔一〕那些散州小鎮當然要少得多，但必也遠遠超過定額。

州鎮如此衆多的吏，除了極少數僚屬參佐以外，一部分應該仍是從事導從禁衛以及草寫送發文書、迎送伺候上官等職務的小吏，我以爲大多數用於農業、手工業勞動，在戰時也用以補充戰士。晉書卷八一朱序傳稱序「求故荆州刺史桓石生府田百頃，並穀八萬斛，給之」。〔二〕府田指軍府田，這些軍府田我想必然以吏、兵耕種。

上面説的是州鎮，我們也看到中央的公府、軍府同樣擁有大量的吏，宋書卷四二劉穆之傳稱穆之爲前軍將軍，死後，「前軍府文武二萬人，以三千配（徐）羨之建威府，餘悉配世子中軍府」，所謂「文武」當即包括文武吏和兵。同卷王弘傳，元嘉六年（四二九）彭城王義康爲司徒、録尚書事，他上表云：

〔一〕「史」字南史卷一八蕭思話附孫洽傳作「職吏」，知此「史」爲「吏」之訛。

〔二〕桓石生乃桓石民之訛。晉書卷七四桓彝附孫石民傳稱桓沖死後，「以石民監荆州軍事，西中郎將、荆州刺史」。府田即西中郎將府之田，桓石生没有充任過荆州刺史。

至於攝督所部，料綜文案，曹局吏役，所須不多，其餘文武，皆為冗長。相府初建，或有未充，請留職僚同（問？）事而已。〔一〕自此以外，及諸資實，一送司徒。

所云「曹局吏役」，「曹」指録尚書所領，「局」指衛將軍府所領，王弘認爲實際需要的吏役不多，只要留下職僚（當指僚佐及職吏）和「問事」就够了，其餘文武屬吏和儲存物質（當指糧食衣裝等）請撥歸司徒府。宋文帝的答詔是：

衛軍表如此，司徒宜須事力，可順公雅懷，割二千人配府（司徒府），資儲不煩事送。

撥歸司徒府的文武吏已達二千人，王弘録尚書府及衛軍府原來所領當然要多得多。同書卷六一江夏王義恭傳：

（大明）三年（四五九），省兵佐。加領中書監，以崇藝、昭武、永化三營合四百三十七户給府，更增吏僮千七百人，合為二千九百人。

按義恭其時爲太宰、領司徒、揚州刺史。宋孝武帝不願諸王的力量太大，曾「省兵佐」，但加中書監後又曾增給兵、吏。一類是營户即軍户，另一類是吏，省減之餘只一千二百人，增置一千七百人，合共二千九百人。合太宰、司徒、揚州刺史、中書監四府所領吏僮僅有此數，那是比較少的。

我們知道宋代始興郡武吏和荆州軍府及州府吏都是特殊户口，吏的來源必是强制徵發。但是南

〔一〕「同事」應爲「問事」之訛，晉書職官志載公府吏有問事。

朝也確實存在出自召募的吏。宋書卷四二王弘傳：

弱冠為會稽王司馬道子驃騎參軍、主簿。〔一〕時農務頓息，末役繁興。弘以為宜建屯田，陳之曰：「……南畝事興，時不可失，……而府資役單刻，控引無所，雖復厲以重勸，肅以嚴威，適足令囹圄充積，而無救於事實也。伏見南局諸冶，募吏數百，雖資以廩贍，收入甚微。愚謂若回以配農，必功利百倍矣。然軍器所須，不可都廢，今欲留銅官大冶及都邑小冶各一所，重其功課，一准揚州。州之求取，亦當無乏。餘者罷之，以充東作之要。又欲二局田曹，各立典軍募吏，依冶募比例，並聽取山湖人。此皆無損於私，有益於公者也。其中亦應疇量，分判番假，及給廩多少，自可一以委之本曹。親局所統，必當練悉。

據此知東晉時官府的冶坊和屯田都役使吏以事勞動。如王弘所述，冶坊的吏出於召募，應當是自願投充的。他建議停廢一些冶坊，把募吏配給屯田，同時依照冶坊比例，主持屯田的機構也進行召募，准許取「山湖人」，也即逃亡人民。募取的既非著籍百姓，所以說「無損於私，有益於公」。這種募吏

〔一〕按本傳王弘卒於宋元嘉九年（四三二），年五十四，卜推當出生於晉太元四年（三七九），晉安帝隆安二年（三九八），弘二十歲。晉書卷六四會稽王道子傳，道子於太元初爲驃騎將軍，旋遷司徒。道子以錢塘捕賊吏茹千秋爲驃騎諮議參軍，聞人奭上疏彈劾千秋「竊弄威權」，孝武帝「乃出王恭爲兗州，殷仲堪爲荆州，王珣爲僕射，王雅爲太子少傅，以張王室，而潛制道子也」。王恭等遷官事在太元十五年至十七年間，知道子終太元之世，驃騎軍號如故。安帝即位後，道子是否仍以驃騎軍號開府置屬，不詳。但隆安元、二年間方鎮起兵，與道子爲敵，恐無暇議及屯田，疑王弘建議實在太元之末，十七八歲時。

可以輪番休假，並給予一定的食糧，從事於手工業或農業的專業生產勞動，和上述諸州軍府、州府作爲特殊户口，一旦充吏便全家從役的吏有所不同。但值得注意的是，屯田機構也須「各立典軍募吏」，表明吏是屬於軍事編制的。大量的地方軍府、州府吏也正是如此。

這種以召募形式招集的有番假的吏似乎不限於冶坊和屯田，南齊書卷三四虞玩之傳建元二年（四八〇）詔朝臣共議户籍不實和募吏寡少的問題，詔書説：

又臺坊訪募，此制不近，優刻素定，閑劇有常。宋元嘉以前，茲役恒滿，大明以後，樂補稍絶。或緣寇難頻起，軍蔭易多，民庶從利，投坊者寡。然國經未變，朝紀恒存，相揆而言，隆替何速！此急病之洪源，晷景之切患，以何科算，革斯弊邪？

虞玩之對這一問題的答辭是：

又四鎮戍將有名寡實，隨才部曲，無辨勇懦，署位借給，巫媪比肩，彌山滿海，皆是私役。行貨求位，其途甚易，募役卑劇，何為投補？坊吏之所以盡，百里之所以單也。今但使募制明信，滿復有期，民無徑路，則坊可立表而盈矣。為治不患無制，患在不行；不患不行，患在不久。

詔書所云「臺坊訪募」，「臺」是尚書臺，「臺坊」指尚書臺所屬各機構。據詔書和虞玩之的話，「坊吏」出於召募，投充出於自願（樂補）。這種召募制度推行已久（此制不近），據上引王弘傳，至遲起於東晉。正如王弘所説募吏有番假，所以詔書説「閑劇有常」。宋初投充坊吏的很多，經常足額，到孝武帝大明（元年爲四五七）後便逐漸稀少，詔書和虞玩之都歸咎於將帥們無限止地招納「部曲」，得了賄賂，就隨意給予官職，以致没有人願意應募補吏。詔書要求群臣提出補救意見。虞玩之的答復是要點在於「募制明信」，即召募條例明確，嚴格遵守。入募服役有確定年限，年滿退役，「滿復有期」，這樣坊吏就可以立即足額。據此可知，募吏服役有一定限期，在役期間還有番休，但制度却往往不被遵行。

這番問答反映的是朝廷和將帥争奪人力的問題。由於將帥們廣行招募，以致大量人口被他們占領，被用來開發山林和海邊荒土，所以説「彌山滿海，皆是私役」。〔二〕詔書把坊吏寡少作爲十分嚴重的問題，當前的「急病」、「切患」，乃至和户籍不實相提並論，這是因爲二者同樣使朝廷喪失直接控制的賦役對象。檢籍目的是爲了把逃避賦役（首先是逃避勞役）的人户檢查出來，募吏也是把人民（主要是逃亡人民）重新納入控制範圍的手段。詔書把坊吏召募不足看得如此嚴重，也就因爲「吏」的争奪關係到朝廷和「四鎮戍將」亦即四方將帥勢力的消長。

「四鎮戍將」大致是指邊防將帥，他們召募的部曲大概包括兵和吏。一般軍府和州府也有募吏。南齊書卷五五江泌傳稱泌「歷仕南中郎行參軍，所給募吏去役」，募吏得病，江泌給他援助，死了爲他買棺。這是南中郎將府的募吏，配供江泌驅使，他的「去役」應是期滿。

以上我們論述了東晉南朝的吏役。這一時期的吏大致有二類。一類是强制徵發的，一經充吏，

〔一〕虞玩之説「行貨求位，其途甚易，募役卑劇，何爲投補」，似乎投充坊吏的人與行賄求位的人是一類，其實有能力行賄求位的畢竟是少數，可能他們過去也投充坊吏以便免除賦役，但應募入役的主要應還是較貧困的著籍與逃亡人民。

終身乃至全家空户從役，帶有世襲性，成爲特殊户口，除供官府驅使外，不小一部分使用於生産性勞動，在戰時也隨同作戰。這一類的吏在軍府、州府的大量屬吏中占很大比例，他們的境遇十分困苦，身分卑微，實際上和世襲軍户没有多大差别，或者説，他們是以吏的名義編制的兵。第二類是出於召募的募吏。募吏可能也或屬軍事編制，但有服役期限，在役期間有番假，給廪食，中央或揚州的冶坊和屯田機構往往立格募吏作爲勞動人力，中央和地方官府機構中也有供官員驅使的募吏。募吏的來源主要是「山湖人」即逃亡人民，也有一般編户。他們所以自願投充，對於「山湖人」來説是爲了擺脱作爲逋亡的困境；對於編户來説是爲了擺脱嚴重的賦役壓迫。募吏的數量本來較少，特别在軍府、州府中所占比例更少，但宋代中葉以後似乎在增加。

北朝有關吏役的記載較少，高僧傳釋僧䂮傳記載後秦姚興曾給予僧官「車輿、吏力」，吏力包括待詔、羊車、親信、仗身、白從等名色，這些名色也見於兩晉南朝，他們是漢代以來作爲導從、禁衛人員配給官員的。配給官員的吏役當在另文討論，這裏不必贅述。那時既有配給官員的吏，當然也有在官府服役的，只是記載缺略而已。魏書卷七高祖紀下太和二十年（四九六）十月記：

司州之民十二夫調一吏，為四年更卒，歲開番假，以供公私力役。

這是北魏時最明確的有關吏役的記載。據此可知北魏的吏從民間徵發，被徵發的充吏人夫服役期爲四年，在服役期間每年有番假，他們被用來「供公私力役」，即包括官府職役與配給官員私人。這次徵發只限於司州民，則是因爲上二年孝文帝始遷都洛陽，各種機構及遷洛百官需要大批供役吏力之故。

毫無疑問，所有州、郡、縣和軍府都有吏。洛陽的吏出於徵發，地方機構的吏也必定出於徵發。役期、番假是否相同，不詳。可以肯定的是北魏没有像東晉、南朝那樣作爲特殊户口，合門從役，並從事官田農作勞動的吏；軍府吏、州府吏也没有動輒數千以至成萬那樣多。

南朝的吏既用來補充兵力，也用來屯田，北魏没有這種情況，早自北魏王朝建立以來，在各項生産領域中就分别以俘虜、罪犯和自願投充的人民組成專業的、世襲性的户口；孝文帝在各地設置屯田，徵發州郡民組成屯田户；這些世襲專業户總稱「雜户」。〔一〕因而並不以「吏」的名義徵發或召募人民從事這些生産性勞動。

這些世襲專業户除了本項專業以外，有的還從事其他勞動。魏書卷五七崔挺附族子游傳：

熙平末（五一七），轉河東太守。郡有鹽户，常供州郡為兵，子孫見丁從役。游矜其勞苦，乃表聞，請聽更代。

河東鹽户並非專事煮鹽，還子孫世襲「供州郡爲兵」。我們知道北朝的兵並非專事戰鬥，一般服勞役的人夫也稱爲兵。〔二〕本條所説「供州郡爲兵」，實際上就是由官府驅使，承擔各項勞役，有類於南朝的吏。北齊時期，配給百官役使的名爲「事力」，我想在官府供役的也當有之。隋書卷二七百官志中記

〔一〕關於「雜户」的考證具見拙文拓跋國家的建立及其封建化，魏晉南北朝史論叢第二二七——二三八頁（文集本二一八——二三三頁）。孝文帝設置屯田見魏書食貨志及李彪傳。

〔二〕參拙撰讀史釋詞「北朝的兵」條，魏晉南北朝史論拾遺第二六七頁（文集本二六九頁）。

五兵尚書所屬右中兵的職務是，「掌畿内丁帳、事力、蕃兵等事」。可以知道鄴都「事力」是從畿郡丁男中徵發的。事力與蕃兵同屬右中兵，可知二者被視爲一類，實際上「蕃兵」也包括勞役人夫在内。百官志叙北齊制度，説「州、郡、縣各因其大小置白直，以供其役」。這是配給地方機構的吏役。又説：「諸州刺史、守、令已下，幹及力皆聽敕乃給。」這是配給地方官的吏役，當待後詳。配給各級機構的白直，本來是隨從人員。白直的意思即是白衣或白身上直，南朝史籍中常見「白直隊主」，〔一〕他率領白直從征；王公大臣出行時有「白直夾轂」，〔二〕那是導從。魏書卷一八廣陽王建附子深傳説北鎮的府户境遇是「征鎮驅使，但爲虞候、白直，一生推遷，不過軍主」。虞候、白直都是被主將驅使的隨從。南朝和北魏的白直雖然卑微，其成爲配給各級政府機構的吏役似乎始於北齊。通典卷三八叙北齊官品條末云：「又各置曹兵以供其役，其員因繁簡而立。」所云「各置曹兵」即配給諸曹之兵，亦即事力之類。上引魏書崔游傳稱河東鹽户「常供州郡爲兵」，我以爲即是吏役，本條曹兵亦同。

西魏、北周行六官制，周禮六官本來有大量胥吏。其州、郡、縣仍魏晉舊制，當然也有供役的吏，但情况不明。敦煌所出著名的西魏大統十三年（五四七）記帳記有「雜任役」，其名色存獵師、防閤、虞候三種，〔三〕獵師應指具有較高技能的獵人。周書卷三五裴俠傳説河北郡「有漁獵夫三十人以供郡

〔一〕宋書卷四八朱超石傳、卷八三黄回傳並見「白直隊主」，卷九九元兇劭傳説宋文帝出行，使劭「將白直隊自隨」。

〔二〕宋書卷六一江夏王義恭傳、南齊書卷四〇晉安王子懋傳並見「白直夾轂」。但南齊書卷二二豫章王嶷傳夾轂與白直分爲二類。

〔三〕池田温中國古代籍帳研究收録。

守」，獵師疑爲獵夫之首，應屬吏役。但未必各郡都有。防閤、虞候都是警衛人員。虞候大致是軍職。南北朝諸王公府都設有防閤，〔一〕地方軍府或州府也有，〔二〕劉宋宫内還有防閤隊。〔三〕虞候、防閤並屬雜任役，也可歸入吏役。但雜任役（唐代只稱雜任）内容複雜，防閤、虞候畢竟與東晉南朝的僮吏，北朝的「曹兵」、「事力」等身份上有所區别，當另文討論。

北朝吏役我們知道的不多。可以肯定的是：第一，北朝的吏出於徵發，但服役有年限，有番休，一般來説没有像南朝那樣作爲特殊户口，合門從役的情況，但也有像河東鹽户那種世代相傳的特殊户口，與南朝相似；第二，北朝的吏供官府（或配給官員私人）役使，承擔的是非生産性勞動，屯田、冶坊等機構並不徵發和召募吏役；第三，北朝中央和地方機構屬吏數量都没有像南朝那樣巨大。

南北所以有這樣區别的原因尚待進一步探討，我想可能與政治形勢的差異有關，南朝中央集權相對削弱，中央和地方之間，中央控制的地方與企圖背離中央的地方，中央各種勢力之間，地方與地方勢力之間存在着複雜的矛盾。各種勢力各自力圖擴大和强化自己所掌握的兵力和人力。除了擴大軍隊以外，擴大吏力也是强大自己力量的手段之一。北朝中央集權制較强，主要以鮮卑人和其他

〔一〕南朝諸王有防閤，見南齊書卷三〇焦度傳、卷三五南平王鋭傳，梁書卷二二南平王偉傳、安成王秀傳；北朝諸王有防閤見魏書卷二一咸陽王禧傳。隋書百官志中記北齊諸皇子王國有防閤四人，又説諸公又減諸王防閤屬吏，則諸公國也有之。
〔二〕梁書卷一八昌義之傳。
〔三〕宋書卷九一卜天與傳。

北方少數族人組成的中央禁衛軍對地方兵力居於絶對優勢，地方無權任意擴大吏兵的數量。此外，在屯田、冶坊等生産部門國家掌握各種世襲的專業户口，不需要以吏的名義徵集或召募勞動人手。當然這只是不成熟的乃至表面的解釋。

（原載江漢論壇一九八八年第八期）

讀李波小妹歌論北朝大族騎射之風

魏書卷五三李孝伯附從子安世傳：

出為安平將軍，相州刺史。……初廣平人李波宗族强盛，殘掠生民，前刺史薛道檦親往討之。波率其宗族拒戰，大破檦軍，遂為逋逃之藪，公私成患。百姓為之語曰：「李波小妹字雍容，褰裙逐馬如卷蓬，左射右射必疊雙，婦女尚如此，男子那可逢！」安世設方略誘波及諸子侄三十餘人，斬於鄴市，境内肅然。

按其事在魏孝文帝太和中，廣平屬相州（今河北鷄澤東南），據此知河北豪族武裝多練習騎射，歌辭極言李波小妹褰裙逐馬、射必疊雙騎射之精妙如此，則族中男子普遍善於弓馬，自不待言。顯然，這不像是漢族的傳統風氣。

我們知道早在戰國後期，趙武靈王即已胡服騎射，以抗北方的林胡、匈奴，但那是較早的事。王莽時，光武帝獲得上谷、漁陽突騎的援助，得以平定河北。〔一〕那是與遊牧部族鄰接以至錯居的邊郡，而廣平乃是腹地，騎射之風及於腹地。北齊書卷二一高乾附弟昂傳：

隨高祖討爾朱兆於韓陵，昂自領鄉人部曲王桃湯、東方老、呼延族等三千人。高祖曰：「高都督

〔一〕後漢書卷一二彭寵傳，卷一九耿弇傳。

純將漢兒，恐不濟事，今當割鮮卑兵千餘人，共相參雜，於意如何？」昂對曰：「敖曹所將部曲，練習已久，前後戰鬥，不減鮮卑。……願自領漢軍，不煩更配。」高祖然之。及戰，高祖不利，軍小却，兆等方乘之。……昂與蔡儁以千騎自栗園出，横擊兆軍，兆衆由是大敗。是日，微昂等，高祖幾殆。

按高昂爲渤海大姓，所領爲鄉人部曲，亦即是由渤海人組成的隊伍。如傳所述，這支隊伍是騎兵，高昂語爲「前後戰鬥，不減鮮卑」。一郡之内可以組成數以千計的騎射之士，顯然，練習騎射在這個區域内帶有一定的普遍性。這種風氣的形成，參見上引李波小妹歌，可知由來已久。韓陵之戰爲高歡與爾朱氏的一次決死戰，高歡所領鮮卑均爲百戰之餘的北鎮遺衆，著稱的勇將如斛律金等均在行間，而轉敗爲勝，却有賴於「純將漢兒」之高昂，可以知道他們戰鬥力之强，從另一方面看，高昂的「鄉人部曲」實際上是一支鮮卑化的隊伍。

魏書卷一四高凉王孤附上黨王天穆傳：

初杜洛周、鮮于脩禮為寇，瀛冀諸州人多避亂南向。幽州前平北府主簿河間邢杲，擁率部曲，屯據鄚城，以拒洛周、葛榮。垂將三載。及廣陽王深等敗後，杲南渡居青州北海界。

邢杲與高昂同時，河間邢氏乃大姓，史籍雖未稱道邢杲及所領部曲騎射之能，只就他能够抗拒杜洛周、葛榮所統當時最驍勇的騎士達三年之久，我們認爲也正如高昂所領部曲，「戰鬪不減鮮卑」。

河北騎射之風可能推得更早。魏書卷七〇傅永傳：

清河人也。幼隨叔父洪仲與張幸自青州入國，尋復南奔。有氣幹，拳勇過人，能手執鞍橋，倒立馳騁。

魏取青、齊，傅永北遷，後來爲魏名將。同卷傅豎眼傳：

本清河人。……祖父融，南徙渡河，家於磐陽，為鄉閭所重。性豪爽。有三子，靈慶、靈根、靈越，並有才力，融以此自負，謂足為一時之雄。嘗謂人曰：「吾昨夜夢，有一駿馬，無堪乘者，人曰：『何由得人乘之？』有一人對曰：『唯有傅靈慶堪乘此馬。』又有弓一張，亦無人堪引，人曰：『唯有傅靈根可以彎此弓。』又有數紙文書，人皆讀不能解，人曰：『唯傅靈越可解此文。』」融意謂

其三子文武才幹堪以駕馭當世。

宋元嘉二十七年，宋軍北伐，〔一〕傅靈慶曾爲宋將王玄謨軍主，因事逃亡，傳稱：

玄謨命追之。左右諫曰：「靈慶兄弟並有雄才，兼其部曲多是壯勇，如彭超、尹生之徒，皆一當數十人，援不虛發，不可逼也，不如緩之。」玄謨乃止。

如傳所述，可知傅靈慶兄弟及所領部曲均爲善於騎射，驍勇過人之徒。

傅永與傅融原來都是清河人，應爲同族，但本傳並無兩家先世的記載，當是疏族。他們何時自河北南遷，傳無明文。元嘉二十七年（四五〇）傅靈慶爲王玄謨軍主，上距晉義熙五年（四〇九）已四十年，其時傅融已先死，南遷應在南燕亡後。傅永傳止云「幼隨叔父洪仲與張幸自青州入國」，不云始遷

〔一〕本傳但云「劉駿將蕭斌、王玄謨寇碻磝」，不記年。據宋書卷四文帝紀，事在元嘉二十七年七月。

青州者爲誰。魏書中自河北南遷青、齊諸人傳，大都有先世隨慕容德南遷的話，而傅永傳無此語，疑先世是晉滅南燕後渡河南遷。

傅氏兩家同出清河，又均以勇力著稱，亦爲河北豪族染騎射之風之一證。

這種風氣的形成應該與西晉末年以來北方民族的相繼南遷有關。這些民族已不是單純的遊牧民族，他們大都已接受農業生產方式。但毫無疑問畜牧業仍然占有一定的比重，騎射也仍然是童而習之的必要訓練，他們的軍隊主力也是征自各部落的騎兵，北方民族帶着他們的騎射之習來到中原，河北内郡騎射之風便是在民族錯居長期接觸交往中形成的。

當然，我並不是説河北人民普遍學會了騎射，只是説地方大族子弟和他們組織起來的武裝都具有騎射的技能。我們也不是説河北大姓都崇尚武事，嫻習騎射，比如對北魏政治有巨大影響的崔浩便是博通經史百家，而「尪纖懦弱，手不能彎弓持矛」，〔一〕事實上魏書諸臣傳中漢族名臣多半是出於大姓的名士儒生。我們只是説河北大姓中特别是聚居的地方豪族中不乏以弓馬見長者。

河北境内騎射之風的流行，反映了晉末以來内遷北方民族對漢族的巨大影響。

（原載北朝研究，一九八九年第一期）

〔一〕魏書卷三五崔浩傳記世祖語。

漢末學術中心的南移與荆州學派

東漢末年，劉表統治荆州（治襄陽）十九年（一九六——二〇八）。在此期間，荆州是一個政局安定，經濟發達的區域。劉表是個儒生、名士。當時人説他「豈撥亂之主」，「無霸王之才」，[一]只是志圖自保，然而也正因爲這樣，在這個動盪的時代裏，荆州没有遭到戰争的破壞。

那時，黄河流域割據群雄相互混戰，社會生産幾乎全部停頓，城市破壞，田野荒蕪，弄得「名都空而不居，百里絶而無民」。[二]荆州却生産正常進行，並且由於關中、兖、豫各地人民大量避亂到荆州，他們開闢荒地，「深山幽谷，於是爲邦」。[三]在北方嚴重缺糧，到處饑荒的時候，荆州却有充裕的糧食，北方城市殘破，官私手工業幾乎全部消失，大批手工業者也逃入荆州。「百工集趨，機巧萬端」。[四]盡管這些頌揚的話不免夸張，但荆州社會經濟没有遭到破壞，而在當地和北來人民的勞動下還有所增長，應是事實。

〔一〕三國志杜襲裴潛傳。
〔二〕後漢書仲長統傳載昌言理亂篇。
〔三〕全三國文卷五六劉鎮南碑。
〔四〕全三國文卷五六劉鎮南碑。

在政治安定，社會經濟有所增長的基礎上，使劉表有可能興辦起學術文化事業。那時避亂而來的士人相當多，劉表可能由於怕引起僑士之間的矛盾（這種矛盾在益州非常尖鋭，冀州也存在），也可能他認爲外州人不可靠（曹操占有兖豫，獻帝都許，有的人確實歸心曹操），他在政治上幾乎絶不任用他們，王粲批評他不能任用海内之士，〔一〕確是事實。然而劉表還是力圖延攬這些才士儒生的，後漢書劉表傳説：「關西、兖、豫學士歸者千數，表安慰賑贍，皆得資全。」數以千計的「學士」聚集在荆州，使荆州代替洛陽成爲全國的學術中心，並且發揮他們的專長，開展學術文化事業。

在洛陽太學毁廢之後，劉表在襄陽建立學校，設置學官。劉鎮南碑説：

篤志好學，吏子弟、受禄之徒，蓋以千計。洪生巨儒，朝夕講誨，誾誾如也。雖洙泗之間，學者所集，方之蔑如也。

王粲荆州文學記官志説：〔二〕

乃命五業從事宋衷（亦作宋忠）所作文學，延朋徒焉……五載之間，道化大行，耆德故老綦毋闓等，負書荷器，自遠而至三百有餘人，於是童幼猛進，武人革面，總角佩觿，脱介免胄，比肩繼踵，川逝泉涌。

〔一〕三國志王粲傳。
〔二〕全後漢文卷九一。

從這二段記載中，可以看到，入學生徒大致分爲二類，一是碑文所謂「吏子弟」，亦即文學記官志的「童幼」或「總角佩觿」，那是幼年的官吏子弟，一是碑文所謂「受禄之徒」，大致是低級官吏，據文學記官志還包括「武人」，他們「脱介免胄」而入學。

漢代諸州不置學校，郡國雖置學，大多是虛名，一州設置學校是前所未有的，其規模雖然遠不如洛陽太學，制度却模擬太學。東漢初就曾爲「功臣子孫」及「四姓末屬」（外戚）别立校舍，選其中學業高的受業。還有「期門羽林之士（禁衛軍），悉令誦孝經」。〔一〕荆州入學生徒中的「吏子弟」相當於「功臣子孫」，「武人」相當於羽林、期門。碑稱「洪生巨儒，朝夕講誨」。似乎入學並非虛名。文學記官志最後序列五經的要旨，大概這些儒生也同舊時博士一樣分經講授，雖無五經博士之名，實際上也即是五經博士。宋忠任五業從事，五業即五經。這也是新設置的僚佐，主掌學校和撰述之事，由於設置學校的同時也設置學官，所以王粲撰文題爲荆州文學記官志，「文學」不僅指經學而且是一個機構，避太學之名而稱之爲文學，三國志劉表傳注引英雄記便逕稱劉表「開立學官」，而王粲寫的是官志。

荆州學校的規模和制度遠遠逸出郡國學的範疇，不妨説是洛陽太學的南遷。

第二件事是改定五經章句。劉鎮南碑稱：

〔一〕後漢書儒林傳。

深憫末學遠本離質，乃令諸儒改定五經章句，删剗浮辭，芟除煩重，贊之者用力少，而探微知幾者多。

這是一種經學教本，名爲五經章句後定，主要是删除被認爲不切要的所謂「浮辭」，使學者得以在較短時間内通曉經義。早在東漢初桓譚等就已指責章句煩瑣，也一直有人進行簡化，但只是私人對某一經而作，像這樣五經並舉，集合許多儒生共同改定章句却還是第一次，爲唐初修纂五經正義的先河。漢代經學有今古文之争，盡管東漢時古文經傳習日益流行，但列於學官的仍只今文經的流派，所謂「十四博士」。古文經學家多次建議與今文並立，均未被采納，直到熹平四年（一七五）立石經於太學門外作爲典範，仍然是今文諸經。這次改定章句，雖然由於全書早佚，内容不詳，清代易學家張惠言據留存下來的零碎條文，推斷由劉表署名的周易章句所據爲古文費氏易。東漢中葉以來私家注易如馬融、荀爽、鄭玄本已多主費氏易，但作爲官定教本也是第一次。如果英雄記所云劉表在荆州確曾「開立學官」，則也不妨説爲古文易立於學官之始。魏晉以後，王肅、王弼、鄭玄注周易先後立於學官，雖然解釋各不相同，却均用費氏易，五經章句後定是開端。

這套書是官學教本，隨着荆州政權的滅亡，學校不復存在，書也不再行用，魏晉間人未見徵引。永嘉亂後，大概也和許多書籍一樣，全書佚失不傳。梁代尚存署名劉表的周易章句十卷，隋代又只存五卷。此書當即是五經章句後定中的一種。隋代還有劉表新定禮一卷，應即儀禮章句的殘本。〔二〕這三

〔一〕均見隋書經籍志。

種殘本宋代又都佚失，現在見到的只是唐人著作中徵引的若干零碎條文，〔一〕其他諸經就一無所知了。但是我們不妨作一點推測。

周易章句和新定禮均由劉表署名，説明全書由劉表以荆州牧身分主編，今古文的抉擇，解釋的異同，應由劉表裁決。王粲荆州文學記官志後段述五經要旨，可能代表劉表的意見，其中叙詩經云：「摛風裁興，藻辭譎諭。」按毛詩大序：「詩有六義焉：一曰風，二曰賦，三曰比，四曰興，五曰雅，六曰頌。上以風化下，主文而譎諫。言之者無罪，聞之者足以戒。」王粲似即概括其義。又叙春秋云：「一字見義，五石、六鷁以詳備成文；雅門、兩觀，以先後顯旨。」顯然是用公羊義。〔二〕這一推斷如果能成立，則五經章句後定中詩用古文毛詩，春秋用今文公羊傳。〔三〕

劉表開展學術文化事業的第三件事是搜集圖書。

劉鎮南碑云：「又求遺書，寫還新者，留其故本。于是古典墳集，充滿州閭。」當時北方大亂，洛陽

〔一〕劉表周易章句見於李鼎祚周易集解所引，新定禮見於通典禮典所引，稱爲劉表喪服傳。

〔二〕三國志劉表傳注引謝承漢書，「表受學於同郡王暢」，王粲是王暢之孫，當時學在家門，劉表與王粲的學術淵源相同，而且王粲作此文必是奉劉表之命，因此可以認爲大致代表劉表的意見。

〔三〕春秋經僖公十六年正月戊申朔：「隕石於宋五，是月，六鷁退飛過宋都。」左傳只説：「隕石於宋五。隕星也，六鷁退飛過宋都，風也。」以下一段論災祥，没有解釋書法。公羊、穀梁都詳釋書法，但穀梁「六鷁」作「五鷁」，故知是用公羊。又春秋經定公二年五月壬辰「雅門及兩觀災」，左氏無傳。公羊、穀梁都解釋了雅門及兩觀叙事先後之意。這裏顯然與左傳無關。由於上條用公羊，本條也應用公羊等。

官寺藏書在董卓亂時全部毀滅，私人藏書當時也一樣，其他地區屢經兵火，圖書必然大量被毁，荆州沒有什麽災禍，私人所藏和四方人士攜帶而來的書籍必定不少，經過搜集，荆州官府藏書無疑爲全國之冠，後來劉琮降附曹操，襄陽並未破壞，赤壁戰後，襄陽也没有丢失，曹操是愛好讀書，手不釋卷的人，決不會拋棄，北還時想必運載到鄴。〔一〕魏晉中秘閣藏書恐怕不小一部分乃得自荆州。

設置學校，開列學官，改定五經章句和搜集遺書，對於開展荆州學術文化事業起着積極的推動作用。但是荆州之成爲全國學術中心更重要的是對其他地區和今後產生的影響，而這却非上述這些活動所能盡。

各種史籍都提到五業從事宋忠（亦作宋衷），他大概是撰寫五經章句後定的具體組織者，據經典釋文序録，他是南陽章陵人，字仲子。當時荆州古文經學盛行，他是一位著名的古文經學家。另一位是僑居襄陽的潁川人司馬徽，三國志尹默傳：

梓潼涪人也。益部多貴今文而不崇章句，默知其不博，乃遠游荆州，從司馬德操（即司馬徽）、宋仲子（即宋忠）等受古學，皆通諸經史。又專精於左氏春秋，自劉歆條例，鄭衆、賈逵父子、陳元（方）、服虔注説咸略誦述，不復按本。

和尹默同往荆州問學於司馬徽、宋忠的還有他的同鄉李仁，同卷李譔傳説李仁的兒子李譔「具傳其

〔一〕三國志武帝紀末注引魏略稱曹操「御軍三十餘年手不捨書」。後漢書列女董祀妻（即蔡文姬）傳記曹操問文姬關於其父蔡邕藏書的事。文姬説，書籍都已散失，但她還能記憶四十餘篇，即由文姬繕寫送上。可以説明曹操愛好書籍。

業，又從默講論義理」。「著古文易、尚書、毛詩、三禮、左氏傳、太玄指歸，皆依準賈、馬，異於鄭玄」，〔一〕他没有見到王肅的著述，而「意歸多同」。

從上引記載中我們看到益州古文經學是由荆州傳入的。尹、李二人遊學荆州的時間正當劉表大興文教、儒生雲集之際，那時荆州學業之盛爲遠方所向往，二人從司馬徽、宋忠等「受古學」，司馬與宋當然是古文經學大師，下面還有個「等」字，則傳授古文經學的還有他人，可以推知荆州盛行的是古文學，繼承賈逵、馬融，與流行於黄河流域的鄭學相抗衡。宋忠專長是周易以及與易相通的太玄。李譔著作中也有這二種，想必出自宋忠。司馬徽以善於識拔人才著稱，無著述傳世，但他確也傳授門徒，蜀漢名臣向朗（襄陽宜城人）年輕時就曾從他問學，劉廙十歲「戲於講堂」，司馬徽大加贊賞，〔二〕所謂「講堂」疑即劉表設置的學校，司馬徽是講學的「洪生巨儒」之一。

尹默專精左氏春秋，必傳自荆州，當時善於左氏春秋的潁容正在荆州講學。潁容是陳國長平人，後漢書儒生傳説他「博學多通，善左氏春秋，師事太尉楊賜，……初平中，避亂荆州。聚徒千餘人」。他著有春秋左氏條例。尹默有可能即從潁容受業。潁容是當時有名的左氏傳專家，杜預春秋經傳集解序説「末有潁子嚴（疑容字）者，雖淺近，亦復名家，故特舉劉（歆）、賈（逵）、許（惠卿）、潁之違以見同異」。杜預舉左氏之學只此四家，認爲值得駁正失誤。

〔一〕三國志向朗傳。
〔二〕三國志劉廙傳。

潁容在荆州講授左氏傳當然起了傳播推廣作用，但荆州本來就盛行左氏傳，蜀漢另一個名臣來敏「善左氏春秋」，他是南陽新野人，入蜀在劉璋時，〔一〕來敏算不上專家，却有個有名的專家謝該，他是南陽章陵人，聲名不下潁容。後漢書儒林傳叙謝該云：

善明春秋左氏，為世名儒，門徒數百千人。建安中，河東人樂詳條左氏疑滯數十事以問。該皆為通解之，名為謝氏釋行於世，仕為公車司馬令，以父母老，託疾去官，欲歸鄉里，以荆州道斷不得去，少府孔融上書薦之……書奏，詔即徵還。

按謝該開門授徒想必在鄉里。他任公車司馬令疑在長安，隨獻帝遷許，而父母在荆州，才託病還鄉，孔融爲少府，亦在建安初。他雖不預劉表立學和改定五經章句之事，却足以説明荆州早就流行左氏傳之學。

本傳叙河東人樂詳從謝該質疑事，三國志杜畿附子恕傳記杜恕被誣遷謫，死後，「甘露二年（六五七）河東樂詳年九十餘，上書訟畿之遺績」，因此朝廷封杜恕爲豐樂亭侯。注引魏略記樂詳事迹，説樂詳向謝該請教後還河東，太守杜畿任他爲「文學祭酒」，「使教後進」，曹魏初，他在洛陽任博士，正始中（二四〇——二四九）以年老罷官還鄉。按樂詳和杜家關係很深。杜預專精左氏傳，是以傳合注的創始人，他自稱有「左氏癖」，可能年輕時受樂詳的影響，則與荆州之學也不無關係。

〔一〕三國志來敏傳稱義陽新野人。按漢代義陽是南陽屬縣，魏始升爲郡。

荆州學人中最著名的是宋忠，不僅爲古文學西傳益州的主要人物，而且長江下游的吴會地區以及北方的鄴下、洛京也傳播他的著作。隋書經籍志著録宋忠的著作有周易注十卷、世本四卷、法言注十三卷、太玄經注九卷。〔一〕這些書只有世本稱「撰」，那是因爲不僅作注，而且還據史記補缺。據此知宋忠不僅研經，而且也旁及子史，所以尹默傳自荆州者也經史並舉。

他的周易注在隋書經籍志中與劉表周易章句並見（只據梁代書目七録移載，隋代已亡）。張惠言易義別録據散見條文，説二書均爲費氏易而劉表書接近鄭玄，宋忠書接近荀爽，如張氏之説可信，則内容顯有差別。據上李譔傳，荆州之學繼承賈、馬，與鄭學不同。宋忠雖然是改定五經章句的主要組織者，但議論異同，最後必由劉表裁決，周易章句接近鄭説，當是劉表之意，也如荆州流行左氏春秋而周易章句中的春秋有用公羊傳的迹象。宋忠周易注傳入江東，虞翻比較鄭、宋二種易注説「忠小差玄，而皆未得其門」。〔二〕虞翻五代傳今文孟氏易，而漢末諸家注易大抵都用費氏易，所以他對馬、鄭、荀、宋都没有好評，只對荀爽注説了一句「有愈俗儒」，那可能因爲荀也兼采孟氏之故，對於宋忠注認爲比鄭玄略勝一籌或因宋注接近荀氏。虞翻歷舉四家而署名劉表的周易章句却一字不提，當時劉表與孫氏使節往來，宋忠的太玄經注即由使人攜來，劉表周易章句虞翻應當見到，可能認爲鄭玄已不足

〔一〕文選李善注易緯、樂緯、春秋緯、孝經緯，姚振宗隋書經籍志考證以爲宋忠有七經緯注，本志及七録皆不載。按舊唐書經籍志、新唐書藝文志也不載。疑宋忠不注七緯，故七録以後諸志皆不載。注七緯者爲宋均，具見隋志，文選注或偶誤宋均爲宋衷。

〔二〕三國志虞翻傳注引虞翻别傳所載翻上易注疏。

取，接近鄭玄的不值一談。

宋忠著作中最有影響的可能是太玄經注。揚雄這一著作極受張衡的推重，認爲「乃與六經相擬，非傳記之屬」。〔一〕張衡是南陽西鄂人。然而當時很少有人注意這本書，引起南北學人研習此書興趣的實由於宋忠作注。晉范望太玄經注首載陸績釋玄，據陸績所述他年輕時曾「訪求玄本，不能得」。後來劉表派遣使人成奇來吴，帶有太玄經，他才得傳録。以後曾想作注，未成。成奇第二次奉使，宋忠請他隨帶所著太玄解（即注）送給張昭。陸績也就見到了宋注。陸績説：「仲子之思慮誠爲深篤，然玄道廣遠，淹廢歷載，師讀斷絶，難可一備，故往往有違本錯誤。」因此他們以宋注爲本，别自爲注，凡認爲宋注正確的一仍其舊，認爲錯誤的「釋而正之」，其體例似乎是保留原注，認爲不對的，陸文糾正。他説：「所以不復爲一解，欲令學者瞻覽彼此，論其曲直，故合聯之爾。」陸績最不滿意的一點是：

夫玄之大義，揲著之謂，而仲子失其旨歸，休咎之占，靡所取定，雖得文間義説，大體乖矣。

書曰「若綱在綱，有條而弗紊」，今綱不正，欲弗紊不可得矣。

這段話很重要，太玄原是「揲蓍」之書，但宋忠却不探究「休咎之占」，而只講「文間義説」，即解釋文字和理解文意。陸績認爲這是「綱不正」，陸績才有周易注，主京房，京氏易專講陰陽災異占驗之術，他非議宋忠注太玄不談占驗自不足怪。那時虞翻也見到了宋忠太玄注，陸績還肯定宋注「思慮誠爲深

〔一〕後漢書張衡傳載張衡與崔瑗書。

篤」，虞翻却絶無一語稱道，並且還「著明揚、釋宋，以理其滯」。〔一〕虞翻是孟氏易專家，孟氏易也講陰陽災異，與京氏易相通，他不滿宋注，大概也與不講占驗有關。

盡管虞、陸都不滿宋注，但太玄是從荆州傳入的，二人注釋太玄也因宋注的傳入而引起，仍然反映了荆州學術的影響。

荆州降後，宋忠北遷，三國志王朗附子肅傳稱「年十八，從宋忠讀太玄而更爲之解」，這是又一種太玄注。王肅的太玄之學直接受自宋忠，他所以要「更爲之解」，或由於不滿宋説，或是推闡宋説，也可能二者兼而有之，我們不知道，總之是在宋忠的影響下作的。

揚雄這本書二百年來被束之高閣，連傳本都稀少，而幾乎同時却出現了四種注本（蜀漢李譔的著作中也有太玄，尚不在内）。爲什麽忽然引起學術界的重視呢？我想這與研習周易有密切關係。太玄本就是擬周易而作，注太玄是注易的餘緒。注玄四家都注周易，除王肅外其他三人都專精易學。從這裏可以看到這一點，四家注周易各有所主，因而解釋太玄也存在着差異。虞、陸兩家就是以孟氏、京氏占驗之術來非難宋忠。我們不妨説他們注太玄主要不是爲了表彰揚雄的學説，而是爲了推闡自己所得的易學。

宋忠注太玄不重占驗，可以推想這也是他注周易的傾向。張惠言説宋注周易「出入荀

〔一〕三國志虞翻傳注引虞翻别傳所載翻上易注疏。

氏」。〔一〕按太平御覽卷六〇八載顔延之庭誥云：「易首體備，能事之淵。馬、陸得其象數而失其成理，荀、王舉其正宗而略其象數。」顔延之以荀爽與王弼並舉，以爲「舉其正宗而略其象數」。張惠言説宋忠注周易「出入荀氏」，自必也「略其象數」，正與注太玄的旨趣一致，講易而略象數占驗是時代性的新傾向。漢人講易，不管主今文或主古文，没有一個不談象數占驗，即荀爽也不免兼采孟氏。宋忠所處的時代畢竟還不是王弼所處的時代，當然不能像王弼那樣盡掃象數，但毫無疑問，他在太玄注中貫徹了宋忠的但明「文間義説」而「略休咎之占」，必然在周易注中也有所體現。

王肅曾從宋忠讀太玄，後來「撰定父朗所作易傳」。〔二〕據張惠言説，王肅一向攻擊鄭玄，但周易傳中的訓詁大義却十分之七取之馬、鄭，「疑其出於馬、鄭者之學也，其掊擊馬、鄭者肅之學也」。按南齊書陸澄傳載澄與王儉書有云：「泰元（即東晉孝武帝的太元年號）立王肅易，當以在（鄭）玄、（王）弼之間。」張惠言説王弼注易「祖述肅説，特去其比附爻象者」。是否可以説，王肅周易傳中采用馬、鄭説者爲王朗之學，接近王弼的出於宋忠呢？荀爽、宋忠、王肅、王弼之間似乎有一條脈絡可尋。

東漢學業散在家門，開門授徒者都在鄉里，私家講學之盛及其成效遠遠超過洛陽的太學，如實地説，本來没有什麽學術中心，這是與當時的社會結構相符合的。但是，東漢仍然是統一的中央集權皇

〔一〕張惠言易義别録。以下引張惠言語，並據後漢書荀淑附子爽傳：「後遭黨錮，隱於海上，又南遁漢濱，積十餘年，以著述爲事，遂稱爲碩儒。」荀爽曾有相當長的一段時間在荆州專事著述，可能宋忠曾經和他有接觸。

〔二〕三國志王朗附子肅傳。

朝，洛陽是首都所在，通過徵召、辟舉，全國的名士、儒生大量聚集在洛陽；盡管太學僅是虚名，盡管「博士倚床而不講」，太學畢竟匯集了來自各地的成萬生徒；作爲五經標準定本的石經樹立在太學門外，全國藏書最豐富的是皇家圖書館蘭臺、東觀。如此等等，如果説全國還有個學術中心，那就在洛陽。董卓之亂，洛陽徹底破壞，什麽都没有了。劉表統治荆州十九年，在此期間，荆州聚集了大批來自四方的儒生學士。設在襄陽的學校，置立學官講授，是倣法洛陽太學而設置的，乃是全國唯一的官學。劉表命宋忠組織儒生撰寫五經章句後定，這是第一次集體寫作的綜合性五經教本，也是古文經學第一次列於官學。通過搜集複寫，襄陽官寺儲藏圖書極其豐富。荆州的學術廣泛傳播，西至益州，東達吴會，北及中原，在不同程度上都受荆州學術的影響。荆州盛行的古文經學與盛行於北方的鄭玄之學相抗衡，還在益州形成支流。南陽人謝該和避難來荆州講學的陳國人潁容是服虔死後最有名的左傳學大師。特别是南陽人宋忠，他的周易注和太玄經注開闢了清除象數占驗的新易學道路，對後世有深遠的影響。這一些充分説明洛陽荒毁以後學術中心的南移與新學風的萌芽。

但是好景不長，劉表是個儒生、大名士。十九年間他立學校，興教化，幹的是儒生的一套。他不講求軍事、吏治，劉鎮南碑有如下的一段話：

延見武將、文吏，教令温雅，禮接優隆。言不及軍旅之事，辭不遷官曹之文，上論三墳八索之典，下陳輔世忠義之方。

在這個動亂的時代裏顯然不僅不能與天下争衡，而且也難以自保（實際上即使他關心軍事、吏治，恐怕也難以自保)。建安十三年(二〇八)八月劉表逝世,屍骨未寒,曹操的大兵已經壓境,其子劉琮降附。赤壁戰後,荆州由曹、劉、孫三家分割。當時龐統對劉備説:「荆州荒殘,人物殫盡。」(三國志龐統傳)説明了荆州被破壞的情況。當時荆州人士一部分附從劉備,後來大都在蜀漢當官任事。一部分隨曹操北遷,學術中心轉移到鄴下、洛陽。在那裏法家、道家之學先後興起,形成與漢代截然不同的新學風。而荆州却從此經歷南北朝,長期爲南、北戰争的要衝,東晉南朝又經常發生與建康朝廷的内戰。梁末元帝鎮荆州,隨後在江陵稱帝,一度聚集了許多文人學士,收集了大量圖書,只不過幾年,西魏破江陵,又遭到一次浩劫。劉表以後,荆州學術文化四百年間就一蹶不振。

(原載地域社會在六朝政治文化上所起的作用,玄文社,一九八九年;襄陽師專學報一九八九年第二期)

太平經與太平道

關於太平經的來歷，近代學人都推溯到西漢後期出現的包元太平經。漢書卷七五李尋傳：

成帝時，齊人甘忠可詐造天官曆包元太平經十二卷，〔一〕以言漢家逢天地之大終，當更受命於天。天帝使真人赤精子下教我此道。忠可以教重平夏賀良、容丘丁廣世、東郡郭昌等。中壘校尉劉向奏，忠可假鬼神，罔上惑衆，下獄治服，未斷病死。賀良等坐挾學忠可書，以不敬論。後賀良等復私以相教。哀帝初立，司隸校尉解光亦以明經通災異得幸，白賀良等所挾忠可書。事下奉車都尉劉歆，歆以為不合五經，不可施行，而李尋亦好之。光曰：「前歆父向奏忠可下獄，歆安肯通此道。」時郭昌為長安令，勸尋宜助賀良等。尋遂白賀良等皆待詔黄門。數召見，陳説「漢曆中衰，當更受命，成帝不應天命，故絶嗣。今陛下久疾，變異屢數，天所以譴告人也。宜急改元易號，乃得延年益壽，皇子生，災異息矣。得道不得行，咎殃且亡。不有洪水將出，災火且起，滌盪人民」。哀帝久寢疾，幾其有益，遂從賀良等議。於是詔制丞相、御史：「……惟漢興至今二百載，曆紀開元，皇天降非材之右，漢國再獲受命之符，朕之不德，曷敢不通。夫受天之元命，必與

〔一〕天官曆包元太平經是一書還是二書，不明。

天下自新，其大赦天下，以建平二年為太初元將元年，號曰陳聖劉太平皇帝，漏刻以百二十為度，布告天下，使明知之。」後月餘，上疾自若，賀良等復欲妄變政事。大臣爭以為不可許。賀良等奏言「大臣皆不知天命，宜退丞相、御史，以解光、李尋輔政」。上以其言亡驗，遂下賀良等吏，而下詔曰：「……六月甲子詔書，非赦令也，皆蠲除之。賀良等反道惑衆，姦態當窮竟，皆下獄。」……賀良等皆伏誅，尋及解光減死一等，徙敦煌郡。

其事亦見卷一一成帝紀。按甘忠可造包元太平經，太平經之名始見於此。書中一個主要論點是「漢歷中衰，當更受命」，即漢朝氣運已盡，理當滅亡，另有新興的合乎天道的新皇朝取而代之。但是可以采取一種類似移花接木的辦法來禳解。這就是爭取主動，改元更號，革新制度，這樣，漢朝就可以作爲一個「再受天命」的新皇朝，繼續統治下去。成、哀之時，政治腐敗，階級矛盾與統治階級內部矛盾日益尖銳，甘忠可、夏賀良、李尋、解光等都是眼見當時形勢嚴重，企圖以一種最簡單的辦法消除或緩和矛盾，以便挽救漢朝的滅亡。李尋傳所載甘忠可、夏賀良的議論沒有涉及五德更迭的問題，實際上却是依據這種學說立論的。哀帝更號「陳聖劉太平皇帝」，歷來有不同的解釋，哀帝紀建平二年六月本條下顔師古集解云：

李斐曰：「陳，道也，言得神道聖者劉也。」如淳曰：「陳，舜後。王莽，陳之後，謬語以明莽當篡立而不知。」韋昭曰：「敷陳聖劉之德也。」師古曰：「如、韋二説是也。」

按李、韋二説相似，都是就文釋義，使神秘的名號平易化。如淳則是以爲這本應是王莽篡立之讖，與韋說絶異。師古以互異的如、韋二說爲是不好解釋，〔一〕疑本作「李、韋二說」，「李」誤作「如」。王莽自稱陳後，也即是舜後，舜代堯乃是土代火，經過一個週期的五德更代，又一次輪到舜後的王莽代替堯後的劉氏，這是以土代火的又一週期。隋書卷一六律曆志上載王莽量銘云：

黄帝初祖，德匝於虞；虞帝始祖，德匝於新；歲在大梁，龍集戊辰；戊辰直定，天命有人；據土德，受正號即真。

銘文就是說以土德王的黄帝到虞舜是第一週期，由虞舜到新室是第二週期。吕誠之師據五德終始論對哀帝的改號作了明確的解釋：〔二〕

按王莽以漢為火德，自謂得土德。而其稱假皇帝之奏，引哀帝建平二年改元易號之事曰「案其本事，甘忠可、夏賀良讖書藏蘭臺」，其增益漏刻，亦與賀良等同，則其說實出忠可、賀良。哀帝號「陳聖劉太平皇帝」，陳、田古同音通假，土、田古同義通用，意若謂帝雖姓劉，所行實土德之政耳。莽與劉向父子蓋同信忠可、賀良之說者也。

這裏解釋很清楚。「陳聖劉太平皇帝」即姓劉的皇帝主動行土德之政以致太平，算是應了土當代火之讖。劉歆開始承父之說，反對夏賀良等的議論，却又陰襲其說以爲王莽代漢的根據，實不免有投機之譏。

〔一〕通鑑卷三四哀帝建平二年六月「號曰陳聖劉太平皇帝」；胡三省注引顔氏集解云：「余謂韋說不詭於正，如說則流於巫，顔以爲二說皆是，將安從乎？」

〔二〕見吕思勉先生秦漢史八一七頁。

五德終始之説本出自齊人騶衍，甘忠可是齊人，夏賀良是重平人，重平爲渤海屬縣；另一個弟子丁廣世是容丘人，容丘爲東海屬縣，也都是齊人，西漢所出的包元太平經出於齊人，正是一脈相傳。

王莽自居土德，造作各種符讖，他是充分利用了甘忠可所造包元太平經的。這部書西漢時還藏於蘭臺，並没有因甘、夏得罪而廢毁，東漢洛陽的蘭臺是否仍有此書，不得而知，但民間仍在流傳是完全可能的。〔一〕光武帝重建漢朝，算是應了劉氏當再受命之符，但是他不像漢哀帝那樣自稱土德，而仍然繼續采用漢爲火德舊説，這樣，土當代火之讖就仍然被認爲有效。包元太平經的中心思想就是土當代火，這一點對於劉家皇朝是不利的，爲了適應統治階級的需要，東漢晚期又出現了另外一種太平經。後漢書卷三〇下襄楷傳云襄楷在桓帝時上書説「前上琅邪宫崇受于吉神書」，又説「前者宫崇所獻神書，專以奉天地、順五行爲本，亦有興國廣嗣之術，其文易曉，參同經典，而順帝不行，故國胤不興」。襄楷在上桓帝疏中痛斥宦官專政，桓帝命有司處理，被認爲他「假借星宿，僞託神靈，造合私意，誣上罔事」，幾乎下獄治罪。

襄楷傳末有一段話説明這部「神書」的來歷，云：

初順帝時琅邪宫崇詣闕上其師于吉於曲陽泉水上所得神書百七十卷，皆縹白素、朱介、青首朱目，號太平清領書。其言以陰陽五行為家，而多巫覡雜語。有司奏崇所上妖妄不經，乃收藏

〔一〕抱朴子内篇遐覽篇有包元經，不記卷數，即是一卷，與十二卷之數不合，或是殘本。

之。後張角頗有其書焉。

按于吉一作干吉或作千室，是傳説中的神仙，後來孫策曾在吴郡殺死一個自稱于吉的道士，當是假冒神仙，無須多説。宫崇又作「容嵩」，也被説成是神仙，〔一〕但此人在順帝時獻上太平清領書，距襄楷上疏不過二三十年，不能捏造，應該確有其人。傳説于吉是琅邪人，宫崇也是琅邪人，所云傳授神書的地點爲「曲陽泉水上」，這個「曲陽」，李賢注列舉唐代的潤州、定州、海州和壽州都有名爲曲陽的山或城，他認爲「于吉、宫崇並琅邪人，蓋東海曲陽是也」。據上引漢書李尋傳，甘忠可、夏賀良、丁廣世都是這一帶人，盡管于吉與宫崇授受之間編出了一段神話，從地域上看來，太平清領書和包元太平經不無關係。甘忠可所著書只十二卷，而太平清領書却有一百七十卷，而且内容也有很大差異（見下），自非一書，這裏只是追溯其淵源而已。

宫崇所獻的太平清領書流傳不絶，正統道藏中的太平經和太平經鈔即是其原本和節本的殘存。這一點經湯用彤先生及其他學人考證已無疑義，〔二〕今不贅述。值得注意的是傳世太平經中絶不見火德已盡，土德代興的話，而這却是西漢包元太平經的中心思想。不僅如此，我們還發現傳世太平經中頗有歌頌火德之處。太平經合校卷一八至三四録太平經鈔乙部安樂王者法有云：

〔一〕關於于吉和宫崇的傳説詳見陳國符道藏源流考八一——八七頁。

〔二〕湯用彤先生讀太平經書所見，載一九三五年北京大學國學季刊第五卷第一號，王明同志論太平經成書時代和作者，載道家和道教思想研究。

故火能化四行，自與五，故得稱君象也。木性和而專，得火而散成灰；金性堅剛，得火而柔；土性大柔，得火而堅成瓦；水性寒，得火而溫。火自與五行同，又能變化無常，其性動而上行，陰順於陽，臣順於君，又得照察明澈，分別是非，故得稱君，其餘不能也。土者不即化，久久即化，故稱后土。三者（指金、木、水）佐職，臣象也。

本節明確指出，只有火得稱君，「其餘皆不能也」。合校卷九二火氣正神道訣一百二十五：

「請問古者火行，同當太平，而不正神道，何也？」「善哉！子之問也。是故百人百意，千人千意，萬人萬意，用策不同，各殊異，故多不得天心意。真人言是也。今乃火氣最盛，上皇氣至，乃凡陪。古者火行，太平之氣後，天地開闢以來，未嘗有也。」「夫火氣盛者，必正神道，何也？願聞其意。」「然，夫火者，乃是天之心也。心主神，心正則神當明，故天使我下理神道也。」「夫神道已自神，何必當理之耶？」「善哉，子之言。夫神乃天之正吏也。今邪人多則正神不得其處，天神道內獨大亂，俱失其居。今天氣不調，帝王為之愁苦，而人又不得知其要意。子欲樂知其□□也，此比若人矣。今邪人多居位，共亂帝王之治。今使正人不得其處，天地為其邪氣失正。夫邪多則共害政，正多則共禁止邪。此二者，天地自然之術也。子知之耶？故令太陽最盛，未嘗有也。陽者稱神，故天為神；陰者稱邪，故姦氣常以陰中往來，不敢正晝行。姦而正晝行，為名陰乘陽路。病而晝作，名為陰盛興，為陽失其道，君衰間為是久矣。故天道吾正神道也。令使不敢復為也。」

太平經行文質樸，本不易通解，又有訛脱，更不好懂，大致是説目前正當火行，火氣最盛。在古代當火行合當太平，但如今神道不正，「邪神多，正神不得其處」，反映在人間就是「邪人多居位」，「正人不得處」，所以上天使天師「下理神道」。文中一再説「今乃火氣最盛，上皇氣至」，「古者火行，太平之氣後，〔一〕開闢以來未嘗有也」；又説「故令太陽最盛，未嘗有也」，「太陽最盛」也即上文的「火氣最盛」。在另一處説「赤者太陽，天上之正邑也」。〔二〕這些話都歌頌火行。火、太陽、赤實際上都是隱指以火德王的漢朝。簡單地説，即是漢德靈長，但邪人在位，必須進行一番清理。又合校卷一一九三者爲一家，陽火數五訣：

「請問天道何故正以今為大周，為元初，乃更大數考正文哉？」「善乎子之難問也，大得天心意。然今者，五陽之上長也；五火之始也。火之最上者，上為天，為日月之色者。火赤，與天同色，天之色赤，火亦赤，赤者乃稱神。天與神者常昌，得凡事之元。是故十一月為天正。天上亦然，故其物氣赤，赤者，日始還反。其初九氣屬甲子，為六甲長上首也。甲者為精，為凡事之心。故甲最先，出於子，故上出為心星。故火之精神為人心也。……故赤之盛者，為天，為日，為心。天與日與心常明，無不而照察。故自今以往行此道者，姦邪之屬，悉絶去矣。」……「請問陽與火何獨伍乎？」「行氣者各自有伍，非獨火也，金火最為伍，赤帝之長。……」

〔一〕「後（原作後）」字疑「至」字之訛。「太平氣至」屢見本書。
〔二〕後漢書卷三〇下襄楷傳李賢注引太平經。

這一段對話更不好懂，僅就一些文句看來，歌頌火的意思是明顯的。又稱「火之最上者」上爲天、爲日月之色。上引火氣正神道訣說「火者乃天之心」，本節也說「火之精神爲人心也」。歌頌火，無非是説漢德正盛。這些話顯然在替漢朝講話，暗駁火運已盡，土德代興之讖。

太平清領書與包元太平經同以「太平」名書，稱說太平，著作傳授在同一地域，如上所述，應有淵源關係。但就傳世太平經所見，却排除了甘忠可、夏賀良所强調的火德已盡，土德代興的論點，而申說只有火「得爲君，其餘不能也」，「今乃火氣最盛，上皇氣至」，「火之最上者，上爲天、爲日月之色者」，與包元太平經相背。從這一點看來，此書當成於光武恢復漢朝，繼稱火德之後。太平清領書一百七十卷，大概不是一人所寫，但據傳世太平經，雖然内容十分複雜，但稱說「太平」以及某些論點往往前後相應，相互補充，雖非一人所著，應是一個流派推闡共同信念而成。盡管二種太平經對於五德更迭論存在着根本不同的觀點，但毫無疑問他們都是企圖挽救一個行將滅亡的王朝而不是推翻它。他們都代表不同時期的具有正義感的封建士大夫呼聲。

東漢後期，在民間出現了同樣宣揚「太平」，却以「蒼天已死，黄天當立」爲號召，旨在推翻漢王朝的太平道。

後漢書襄楷傳說「後張角頗有其（指太平清領書）書」，我想這是范曄或他所本的某種史籍因太平道之名而想當然耳。如果說張角確有太平經一書，那倒恐怕比較接近於包元太平經。如前所述，包元太平經是宣傳「漢運已盡，當更受命」，亦即土當代火之說的，土於五色爲黄，張角倡導的太平道便是以黄色爲標識的。如所共知，張角領導起義的口號是「蒼天已死，黄天當立」，蒼於五行屬木，於五德更迭之説不論是相生或相勝都不合，不知其故，但他以蒼天代表漢，以黄天代表向往的農民政權是肯定的。太平道的服色尚黄，被稱爲「黄巾」，續漢志卷一七五行志五靈帝建寧三年條劉昭注引物理論云：

> 黄巾被服純黄，不將尺兵，肩長衣，翔行舒步，所至郡縣無不從。是日，天大黄也。

不但巾爲黄色，而且衣服也是純黄。黄巾信奉之神爲「中黄太乙」，三國魏志卷一武帝紀初平三年裴注引魏書稱黄巾起義軍致曹操書云：

> 昔在濟南，毁壞神壇，其道乃與中黄太乙同，似若知道。今更迷惑。漢行已盡，黄家當興，天之大運，非君才力所能存焉。

按史記封禪書武帝時亳人謬忌奏祠太一方曰：「天神貴者太一，太一佐曰五帝。」索隱引石氏星經，「天一、太一各一星，在紫宫門外立，承事大皇大帝。」太乙疑即太一，本是紫微宫之一星，謬忌認爲是貴神。這裏又加上「中黄」二字，土於五方爲中，五色爲黄，顯然是尊土尚黄的意思。〔二〕後漢書卷七一皇甫嵩傳：

> 初鉅鹿張角自稱「大賢良師」，奉事黄老道，畜養弟子，跪拜首過，符水咒説以療病。

所謂「黄老」，黄指黄帝，老指老子。西漢前期，黄老之學本是主張清静無爲的治道，東漢時祠祀黄老，

〔一〕三國魏志卷二文帝紀延康元年十一月裴注引獻帝傳太史丞許芝引讖緯有孝經中黄讖，云：「日載東，絶火光，不横一，聖聰明。四百之外，易姓而王，致太平。」「日載東」隱「曹」字，「不横一」隱「丕」字，分明是現造的讖言，爲曹丕代漢而作。讖稱「中黄」，末言「致太平」，則是竊取太平道舊説。

由養生延壽而演變爲通神變化的神仙之祖，信奉者禱祀求福。〔一〕張角奉事的黄老道是與「跪拜首過，符水咒祝」相結合的，黄老似乎被合爲一體，後出道書常見到「黄老君」，有的還稱爲「中央黄老君」。疑青州黄巾起義軍與曹操書中所稱的「中黄太乙之道」，即是皇甫嵩傳中所説張角奉事的「黄老道」，後出道書之「黄老君」。〔二〕

太平道宣傳的「漢運已盡，黄家當興」或「蒼天已死，黄天當立」口號與包元太平經直接或間接有關，而爲太平清領書（正確地説是傳世太平經）所不道的。

從上面所述的一些迹象看來，史籍記載最早以「太平」名經的道書是西漢後期甘忠可所造的包元太平經，東漢後期出現的宫崇所獻太平清領書與張角倡導的太平道大致都與之有關。現存正統道藏中的太平經和太平經鈔即太平清領書及其節本的殘卷。包元太平經的中心思想是「漢運中衰，當更受命」，即火德已盡，土德代興的論點，在傳世太平經中却一無所述，相反的却有歌頌火德的話。而張角倡導的太平道却以「蒼天已死，黄天當立」或「漢運已盡，黄家當興」作爲起義口號；太平道服色尚

〔一〕道藏姑一道典論稱「中央黄老君形長三千萬丈」。

〔二〕後漢書襄楷傳記襄楷第二次上書説：「又聞宫中立黄老，浮屠之祠。……陛下嗜慾不去，殺罰過理，既乖其道，豈獲其祚哉！」可知祠祀黄老，浮屠是爲了祈求福祚。續高僧傳卷三〇釋僧勔傳載魏文帝黄初三年敕有云：「漢桓帝不師聖法，正以嬖臣而事老子，欲以求福，良可笑也。此祠之興由桓帝。……恐小人謂此爲神，妄往禱祝，違犯常禁，宜宣告吏民，咸使聞知。」這説明漢魏時祠祀老子是爲了禱祝求福。

黄,奉行「中黄太乙之道」,都帶有土德代興的意味。這裏表明太平道接受了或者利用了包元經中漢運已衰,土當代火之説以鼓動農民起義,而抛棄了乞求漢帝信奉此道,以期息災變,延年益壽並生皇子的那些話。而太平清領書則是推闡了奉天地,順五行以及所謂「興國廣嗣之術」,而排除了「漢運中衰,當更受命」那種火土代謝之説。這種差異不能不説是階級立場的差異。

最後,附帶説一下,張角領導的農民起義雖然被鎮壓,但土當代火,「黄家當興」之讖却長期被割據群雄所利用,袁紹、袁術弟兄都自以爲袁氏爲黄帝、虞舜之後,應當「以黄代赤」,李休説張魯「赤氣久衰,黄家當興」。〔二〕三國魏志卷一武帝紀建安二十四年十月孫權遣使上書條注引魏略載侍中陳群、尚書桓階奏有云「是以桓、靈之間,諸明圖緯者,皆言漢行氣盡,黄家當興」,與青、徐黄巾致曹操書全同。曹丕代漢之際,群臣勸進,更是屢見引用這類讖言。曹丕稱帝,改元黄初;孫權爲吴王,改年黄武,稱帝改年黄龍,也都用以應土當代火之讖。這種讖言早先反映人民對於漢王朝統治的不滿,人民可以利用它來鼓動起義;統治階級中一些不滿於腐敗政治的也可以利用它來警告皇帝,以便除弊救亡;野心家也可以作爲自己改朝换代的所謂「符應」。包元太平經的思想屬於第二類,二袁、曹、孫屬於第三類,而張角倡導的太平道則屬於第一類。

（原載鄭天挺紀念論文集,中華書局,一九九〇年）

〔二〕見三國魏志卷六袁紹、袁術傳,卷九曹爽傳注引魏略,吕誠之師秦漢史八一七頁徵引。

錢塘杜治與三吴天師道的演變

漢末天師道興起於巴蜀，嗣天師張魯占領漢中三十年，實行政教合一的統治，漢中百姓大概都成爲信徒。建安二十年（二一五）曹操西征，張魯降附。張氏家族、臣僚和大量漢中人民被遷徙到鄴城、洛陽與關中，天師道也隨之而傳入北方。〔一〕那時巴蜀地區天師道仍然流行，一直延續到南朝以至唐朝。〔二〕長江中下游亦即孫吴領域内部看不出有天師道傳佈的迹象，在這一地域内流行的有屬於巫鬼道的于家道（這是太平道的流派）、李家道（這是自蜀傳來以李姓爲首的流派）、帛家道（這是傳自神仙帛和的流派）等，以及屬於神仙道的葛玄、鄭隱等，具見葛洪抱朴子及近人考證，〔三〕無須贅述。葛洪是西晉末至東晉初人，他所撰抱朴子列舉孫吴以來道派，却從未談到天師道。我想三吴地區之有天師道，很可能是永嘉亂後隨着南渡士庶傳入的。我們見到史籍所載三吴天師道重鎮爲錢塘杜子恭所立的杜治。晉書卷一〇〇孫恩傳云：

〔一〕詳拙撰魏晉期間北方天師道的傳播，收於魏晉南北朝史論拾遺，中華書局一九八三年版。

〔二〕參見拙撰范長生與巴氏據蜀的關係，收於魏晉南北朝史論叢續編，三聯書店一九五九年版。南朝至唐當另文論述。

〔三〕陳國符道藏源流考三洞四輔經之淵源及傳授「太平經考證」、「道與道教」、「帛和與帛家道」、「三皇經考證」諸條；任繼愈主編中國道教史第二章魏晉之際道教的傳播與分化第三部分。

孫恩字靈秀，琅邪人，孫秀之族也。世奉五斗米道。恩叔父泰，字敬遠，師事錢唐(塘)杜子恭。而子恭有秘術(以下叙子恭法術略)。子恭死，泰傳其術。

叙子恭僅寥寥數語。以下叙孫泰「誑誘百姓」，又因「知養性之方」，獲得孝武帝與會稽王道子所任用，官至輔國將軍、新安太守。他召集士兵數千人，協助道子參與朝廷内部鬥爭。其時晉朝内亂頻仍，傳稱泰「扇動百姓，私集徒衆，三吴士庶多從之」，最後爲人揭發，被道子殺死。泰死後，孫恩於隆安三年(三九九)集衆起義，傳稱「有衆數萬，於是會稽謝鍼、吴郡陸環、吴興丘尪、義興許允之，臨海周胄、永嘉張永及東陽、新安等凡八郡，一時俱起，殺長吏以應之，旬日之中，衆數十萬」。這一帶本是江南財富之區，而賦役壓迫也十分嚴重，又是僑、吴士族田園别墅集中之地，土地兼并非常嚴重，所以本質上這是一次以天師道爲組織形式的農民起義。起義的導火綫是當權者司馬元顯徵發免奴爲客者爲兵，這一措施也損害了封建地主們的利益，因而舉兵之後，如上所述有會稽謝氏、吴郡陸氏、吴興丘氏這些地方士族響應。起義基本群衆大致爲天師道信徒，當然也有參加義軍以後才入道的，天師道起了一定的組織作用。但和宗教信仰並没有更多聯繫，爲起義軍所殺的如會稽内史王凝之就是個虔誠的天師教徒，此外被殺的陳郡謝氏有好幾個，還有會稽孔道夫曾經保薦孫泰，謝氏、孔氏都是世奉天師道的士族，在這次起義中也被殺。〔一〕關於孫恩起義不屬本文討論範圍，但從上引記載，可以知

〔一〕關於陳郡謝氏被殺，參見晉書卷一〇〇孫恩傳、資治通鑑卷一一一晉紀安帝隆安三年(三九九)十月條。

道東晉末期天師道在三吴地區擁有廣大的信徒。從上引孫恩傳看來，似乎本地區天師道的發展始於孫泰，其實早在杜子恭時業已吸收了大量信徒。宋書卷一〇〇沈約自叙有云：

初，錢塘人杜子恭通靈有道術，東土豪家及京邑貴望並事之為弟子，執在三之敬。（沈）警累世事道，亦敬事子恭。子恭死，門徒孫泰、泰弟子恩傳其業，警復事之。隆安三年（三九九），恩於會稽作亂，自稱征東將軍，三吴皆響應。（警子）穆夫時在會稽，恩以為前部參軍、振武將軍、餘杭令。

孫恩敗後，沈警及子穆夫兄弟五人並被殺。這一段記載了杜子恭時，「東土豪家及京邑貴望」即已敬事子恭。却還没有提到子恭在廣大群衆中的活動。這在道教記載中可以得到説明，雲笈七籤卷一一一洞仙傳杜昺條：

杜昺字叔恭，吴國錢塘人也。……有聞鄉郡，三禮命仕，不就。嘆曰：「方當人鬼淆亂，非正一之氣，無以鎮之。」於是師餘姚陳文子，受治為正一弟子。救治有效，百姓咸附焉。後夜中有神人降，云：「我張鎮南也，汝應傳言我道法，故來相授諸秘要方，典陽平治。」昺每入静燒香，能見百姓三五世禍福，説之了然。章書符水，應手即驗，遠近道俗，歸化如雲。十年之内，操米户數萬。（以下記昺與謝安、桓温、桓玄預言禍福勝敗，為陸納治瘡事，略。）盧竦自稱先主，常從弟子三百餘人。昺以白桓温：「竦恊東治老木之精，衒惑百姓，比當逼突宫闕，然後乃死耳。」咸安中，竦夜半從男女數百人直入宫，稱海西復位。一時間官軍誅剿，温方歎伏。後桓沖欲引昺息該爲從事。昺辭曰：「吾兒孫並短命，不欲令進仕，至曾玄孫方得吾福耳。」昺曰：「吾去世後，當以假吾法以破大道者，亦是小驅除也，與黄巾相似，少時消滅。」素書此言函封付妻馮氏。若有災異，可開示子侄，勤修德自守。隆安中，琅邪孫泰以妖惑陷咎，及禍延者衆。昺忽彌日聚集縱樂無度。……云吾三月二十六日中當行。

按隋書卷三三經籍志史部雜傳類著録洞仙傳十卷，不記撰人名。七籤所録乃是删節本，其中紀年可考者唯杜昺及扈謙二人，並東晉中葉人，當是南朝人所作。杜子恭此作叔恭，小異。子恭名昺，他書不載，道學傳作杜炅。按晉書不稱其名，當是避唐高祖父李昺諱，宋書自叙、南齊書杜京産傳並只稱杜子恭當由其爲天師道大師，受到高度尊敬，習俗不敢徑稱其名，史籍亦隨之字而不名。根據上引文，子恭先已師餘姚陳文子，爲正一弟子，知先天師道已在會稽傳播，但本文又云子恭於夢中傳張鎮南（即張魯）所授秘要，稱「典陽平治」。「陽平治」爲天師道三大治之一，地位最高。這一句可以解釋爲自夢中受「秘要」之後，杜治可比陽平治，爲江南天師道的宗主。但是杜治之成爲江南天師道正統，並非没有同道間的鬥争。上述他在桓温前預言盧竦將爲亂，盧竦就是他的一個勁敵。法苑珠林卷五五破邪篇妖惑亂衆第四稱：晉簡文帝太和元年彭城道士盧竦自稱大道祭酒，以邪術惑衆，聚合徒黨，向晨攻廣莫門，云迎海西公。時殿中桓祕等覺知，與戰，尋被誅斬。按其事又見晉書卷八海西公紀，末稱咸安二年（三七二）十一月，「妖賊盧竦遣弟子殿中監許龍晨到其門，稱太后密詔，奉迎興復」，爲海西所執。按盧竦自稱「大道祭酒」，「大道」是天師道術語，盧竦爲天師道另一派道首無疑。這位「大道祭酒」頗有在江南與杜子恭的江南陽平治互争雄長之勢，雖然他的力量遠不足與「擁操米户數萬」的杜治相比，但是上層分子如殿中監許龍之類也遵從他的命令，可知具有一定的實力。杜子恭預知盧竦將爲亂雖未必可信，盧竦的失敗使杜治勢力更爲强大，應是事實。他自入道之後，即因「救治有效」，爲百姓所附，所謂「救治」，不外去邪除病，他自稱能見人五六世禍福，以符水治病「應手即驗」，他在群衆中的活動博得很高聲譽，因而「歸化如雲」，天師道至此已迅速發展爲「操米户數萬」，杜治真的成爲江南的陽平治。信徒被稱爲「米户」，則那時仍遵行入道納五斗米的舊規，〔一〕他的符水治病活動，大體上也是天師道傳統法術。杜子恭時已擁有「米户數萬」，孫泰乃是繼承子恭創造的舊業，並非孫泰才「扇動百姓，聚集徒衆」。至於本條説子恭預知他死後將發生類似黄巾的教徒暴動，顯然爲後人飾辭，但杜氏一門以後並没有參與孫恩起義，應是事實。他説自己的兒孫短命，可能孫恩起義時，其子杜該已死。總之，子恭嫡傳孫泰、孫恩兩代都遭到鎮壓，而對杜子恭却並未因此而減損聲譽。本條最後一段很有點奇怪。據稱「隆安中孫泰以妖惑陷咎，及禍延者衆。冔忽彌日聚集，縱樂無度」，自説死期云云。據此則子恭死於孫

〔一〕弘明集卷八釋玄光辯惑論制民課輸欺巧之極云：「夫五斗米教，自出天師，後生邪濁，復立米民。世人厭畏，是以子明杜恭俱因魔蟒。」子明不知何人，杜恭自即杜子恭。僧人多稱張陵爲大蟒所吞，此論所云，似乎説杜子恭也被蟒吞，這當然異教相詆，但可證杜子恭對信徒課米，「米民」亦即洞仙傳之「米户」，亦是信奉天師道者之號。

泰「妖惑陷咎」之後。按晉書孫恩傳稱「子恭死，泰傳其術」。孫泰於孝武帝時已「誑惑百姓」，被流放廣州，以後又召還起用，爲徐州主簿。這都是孝武帝太元末年事，此後遷任新安太守，曾集兵助司馬道子討兗州刺史王恭。晉書卷一〇安帝紀，王恭與庾楷、殷仲堪、桓玄、楊佺期等連兵反抗司馬道子，事在隆安二年（三九八）七月。孫泰被殺至早亦必在本年七月之後。若如洞仙傳所云，則孫泰死後，子恭尚在，〔二〕似乎恭生前，孫泰業已代替子恭爲天師道首。這與宋書自叙所云子恭死後，沈警復敬事孫泰、孫恩亦不符。當誤。但孫泰先在孝武時已因「誑惑百姓」流廣州，可能子恭死於此時而誤係於「隆安中」。

叙杜子恭事迹的還有道藏懷一三洞珠囊卷一引道學傳，云：

杜炅，字子恭。及壯，識性精勤，宗事正一。少參天師治箓以之化導。接濟周普，行己精潔，虛心拯物，不求信施。遂立治静，廣宣救護，莫不立驗也。（下文叙為陸納治瘡事，略。）

又云：

為人善治病，人間善惡，皆能預覩。上虞龍稚、錢塘斯神，並為巫覡，嫉炅道王，常相誘毁。人以告炅。炅曰：非毁正法，尋招冥考。俄而稚妻暴卒，神抱隱疾，並思過歸誠。炅為解謝，應時皆愈。神晚更病。炅語曰：汝藏鬼物，故氣祟耳。神即首謝曰：實藏好衣一箱，登取於治燒之，

〔二〕孫泰死年月不詳，通鑑卷一一〇繫於隆安二年（三九八）十二月，或不能確知在哪一月，故記於歲末。洞仙傳本條稱子恭死期爲三月二十六日，則當是隆安三年之三月。

豁然都差。（又一條記預知王羲之病不可治及為陸納治瘡事，略。）

道學傳亦見隋書經籍志史部雜傳類，新唐書藝文志作學道傳，不著撰人名，亦當是南朝人所著書。子恭名作「炅」，則三洞珠囊爲唐道士王玄明撰，避李昺諱改。據道學傳有關杜子恭的記載，説他以天師治箓化導，「廣宣救護，莫不立驗也」。説明他在群衆中宣傳天師道法的活動。另一條記他爲人治病與預知善惡相聯，詆毁他的兩個「並爲巫覡」的人，由於誹毁正法，遭到冥考。後來能「思過歸誠」，通過他的「解謝」，得以愈復。「思過歸誠」正是巫鬼道教令病人「跪拜首過」之法。這兩個「爲巫覡」的異端，大概是另一種巫鬼道徒，他們詆毁杜子恭，含有教派之間的矛盾性質。

根據洞仙傳和道學傳所記杜子恭事，可以知道東晉中葉錢塘杜治在傳播天師道、吸引信徒上起有巨大作用。我們也可以看到杜子恭所奉行的基本上是傳統的所謂「正一」之法，以言人禍福、符水祈禱治病爲主要活動。

孫恩領導的起義遭到殘酷鎮壓，天師道在群衆中的活動當然也受到挫折。但是上層分子中仍然有不少信徒。杜子恭盡管與孫泰叔侄有密切關係，他一家並未參與起義，杜子恭在天師道信徒中依然保持他的崇高地位。南齊書卷四八孔稚珪傳：

會稽山陰人也。祖道隆，位侍中。父靈産，泰始中罷晉安太守，有隱遁之懷。於禹井山立館，事道精篤。日於静屋四向朝拜，涕泗滂沲。東出過錢塘北郭，輒於舟中遥拜杜子恭墓。自此至都，東向坐，不敢背側。

據此可知，劉宋時錢塘杜治至少仍然爲上層天師道信徒所皈依。雖然如此，信徒們對道教的信仰却有新的傾向。

當杜子恭在江南大興天師道之時，也正是屬於神仙道派的上清派與靈寶派先後造作道經、創立教派之日，彼此不免相互影響。我們從有關杜治傳人的記載中可以看到傳統天師道演變的痕迹。真誥卷一九翼真檢叙録記晉哀帝興寧二年（三六四）所謂「南岳魏夫人」下降授上清真經於楊羲，楊羲以後丹陽許謐、謐子翽、翽子黄民三代相傳，記述如下：

元興三年（四〇四），京畿紛亂，黄民乃奉經入剡（注文略），為東闡馬朗家所供養，朗同堂弟名罕，共相周給。時人咸知許先生得道，又祖父亦有名稱，多加宗敬。錢塘杜道鞠（原注：即居十京産之父。按：「居十」當作「居士。」）道業富盛，數相招致，於時諸人並未知尋，閲經法止禀奉而已。

所云「元興三年，京畿紛亂」，乃指桓玄稱帝後，劉裕起兵討玄入建康事。許黄民此年奉上清真經至剡，受馬朗供養。這裏提到「錢塘杜道鞠道業富盛，數相招致」。杜道鞠爲京産之父，亦即杜子恭之曾孫，那時杜治仍然興旺。所謂「數相招致」，似乎是招黄民到錢塘，也可能指招道鞠到剡。總之，崇奉天師道的杜子恭後代與上清派傳人許黄民之間建立了友誼，道鞠雖然並未探尋經旨，却也受到尊重，所謂「禀奉而已」。上清經受到天師道世家杜道鞠的尊敬，説明自東晉以來天師道上層分子與神仙道日益加深的關係，仍負盛譽的杜治似乎業已不再在群衆中活動。這在下一代天師道世家中更爲明顯。南齊書卷五四高逸杜京産傳：

杜京産，字景齊，吴郡錢唐人。杜子恭玄孫也，祖運，為劉毅衛軍參軍。父道鞠，州從事，善彈棋。世傳五斗米道，至京産及子栖。京産少恬静，閉意榮宦，頗涉文義，專修黄老。會稽孔覬，清剛有峻節，一見而為款交。……與同郡顧歡同契。始寧中，東山開舍授學。建元中，武陵王曄為會稽，太祖遣儒士劉瓛入東，為曄講説，京産請瓛至山舍講書，傾資供待，子栖躬身屣履，為瓛生徒下食，其禮賢如此。孔稚珪、周顒、謝瀹並致書以通殷勤。永明十年（四九二），稚珪及光禄大夫陸澄、祠部尚書虞悰、太子右率沈約、司徒右長史張融表薦京産曰：「竊見吴郡杜京産，……學遍玄、儒，博通史、子，流連文藝，沈吟道奥。……麻衣藿食，二十餘載，雖古之志士何以加之。謂宜釋巾幽谷，結組登朝。……」不報。建武初，徵員外散騎侍郎。京産曰：「莊生持釣，豈為白璧所回。」辭疾不就。年六十四，永元元年（四九九）卒。會稽孔道徵守志業不仕，京産與之友善。

京産「世傳五斗米道」，他「頗涉文義，專修黄老」。在東山「開舍授學」，所授是否就是天師道正一盟威之法呢？至少不完全這樣，他延請劉瓛「至山舍講書」，非常尊敬。劉瓛爲當代儒宗，所講應爲儒經。孔稚珪等舉薦他的表文説他「學遍玄儒，博通史子，流連文藝，沈吟道奥」，所謂「沈吟道奥」，當即指「專修黄老」，這是他的世業。雖然如此，他的學風行爲和他的高祖杜子恭截然不同。在他的傳中，我們絲毫看不出有什麽天師道的特徵。在杜京産同輩的道門子弟中我們看到在玄學（包括佛學）

影響下從先代宗教的虔誠信仰轉向學理的研討，這就是所謂「沈吟道奧」。

如上所述，杜子恭後裔杜道鞠參與了神仙道上清經的流傳，杜京產隱居潛修，他的言行也接近於神仙道，但顯然已非子恭當年在群衆中活動的傳統役使鬼兵、符咒治病的天師道法。另一家杜治嫡傳的天師道世家是會稽孔氏，上文也已提到孔靈産尊禮杜子恭墓的記載，他們是虔誠的傳統天師道信徒，但他的兒子著名文人孔稚珪雖然遵守先業，却已發生了傾向於神仙道的迹象。他十分尊敬道教改革家陸修静，這一位是結合天師道與神仙道上清、靈寳兩派的主要人物。

陸修静是吴興東遷人，諸道書及唐吴鈞所撰碑都説他是吴興東遷人，或云吴陸凱之後，〔二〕也可能是依託，父祖官爵無聞，當是疏族，杜子恭曾爲陸納治瘡，陸環之曾響應孫恩起義，吴郡陸氏本多奉天師道，修静疑亦世奉天師道。〔三〕道藏儀九陸先生道門科略開卷即説「下古委懟，淳澆朴散，三五失統，人鬼錯亂」。那些「五傷之鬼」，「隨從鬼兵」，在民間作威作福要求爲他們建廟祭祀，種種不法之事。又稱：「太上患其若此，故授天師正一盟威之道，禁戒律科檢，示萬民逆順，禍福功過，令知好惡。置二十四治、三十六靖廬，内外道士千四百人。」稍先於陸修静，北方寇謙之對道教進行改革，他要破除三張（張陵、張衡、張魯）僞法，廢除米税，反對道官世襲，而且已然托老君下降，授予天師之位。而道

〔一〕道藏懷一三洞珠囊卷一引道學傳陸修静傳、全唐文卷九二六吴鈞簡寂先生陸君碑、雲笈七籤卷五經教相承部陸修静條。

〔二〕三國志卷六一陸凱傳稱「吴郡吴人，丞相遜族子也」。吴興本自吴郡分立，故南齊書卷四一張融傳稱「道士同郡陸修静」，張融乃是吴郡士族，乃以吴興爲同郡，亦以陸氏本望爲吴郡。

門科略却責備道民不納米税，並仍然尊重傳統的陽平、鶴鳴、鹿堂三大治，自己並沒有聲稱繼任天師。這些表明修静作道門科略意在重整傳統天師道教規，而非破除舊規。科略要求道民家口存亡生死都得向道官申報，登記上籍，這完全是過去張魯在漢中政教合一舊制的沿襲。據此可知修静作科略時是一個遵守天師道傳統的虔誠信徒。雲笈七籤卷四載修静靈寶經目序，稱元嘉十四年（四三七）「三洞弟子陸修静」〔一〕和同道整理刊正靈寶諸經事。按修静卒於宋元徽五年（四七七），年七十二，上推當生於東晉義熙二年（四〇六），元嘉十四年年三十六，那時他已專心研究據稱傳自孫吴時葛玄（實多爲葛玄後裔葛巢甫所造）的靈寶諸經，這是神仙道經，至遲在此時修静業已由傳統天師道徒轉而與神仙道之靈寶派相結合。但是他並未放棄或貶抑天師道。序稱「老君降真於天師，仙公授文於大道」。所云「仙公」即被尊爲左仙公的葛玄，「大道」乃天師道術語，把虚玄的大道人格化，〔二〕這裏將天師所稱老君授予張陵的正一盟威之法與葛玄所傳之靈寶經並提，顯然是要結合神仙道與天師道。宋明帝泰始三年，奉召到建康，明帝建立崇虚館，招集道士，以修静爲主。那時東晉楊羲和丹陽許氏所傳的上清經被勒取到京，陸修静得獲見之。在這一期間，他撰寫道經目録，將所有道經，區别高低層次，分爲三洞四輔。以上清經爲洞真，居首；靈寶經爲洞玄，次之；又次以三皇經爲洞神，是謂「三

〔一〕按三洞中最高爲洞真，指上清經。此時修静尚未見上清經，不知此時之三洞何所指。

〔二〕見道藏正一部所載正一法文天師教誡科經（力字下）並敦煌所出老子想爾注，參拙撰魏晉南北朝史論拾遺頁二二五注〔二〕（文集本頁二二七）。

洞」。〔一〕以下爲太清、太平、太玄和正一。他這時尊奉上清，居靈寶之上，而抑正一爲四輔之末，尊重神仙道而貶巫鬼道之意十分明顯。鍾國發同志認爲修静之撰道經目，有似佛教宗派之判教。〔二〕我同意這一論點。陸修静正是通過編目，把各宗派所編造信奉諸經在三洞四輔名目上統一起來，凡入目諸經雖有先後層次，却無邪正之分。就這樣把神仙道與巫鬼道合爲一爐。應當指出，直到這時，他還爲宋明帝作涂炭齋以治療疾病，涂炭齋乃經常被佛教僧徒嘲笑的天師道儀法。

陸修静尊神仙而抑巫鬼已很明顯，值得注意的是他在答問時援引老、莊。道藏懷一三洞珠囊卷一引道學傳陸修静條：

又請會於華林延賢之館，帝親臨幸，王公畢集。先生鹿巾謁帝而升。天子肅然增敬，躬自問道，諮求宗極。先生標闡玄門，敷釋流統，並詣希微，莫非妙範，帝心悦焉。王公又問都不聞道家説二世。先生答經云：「吾不知誰之子，象帝之先。」既已有先，居然有後，既有先後，居然有中。莊子云：「方生方死。」此並明三世，但言約理玄，世未能悟耳。

修静引老、莊早有「三世」之説，其爲牽强附會，自不待論。值得注意的是，其一，在先上清、靈寶諸經多模擬乃至剽竊佛經，却從未以佛教之説來解釋道家老、莊。如果道學傳所述不虚，則後來以佛教哲

〔一〕按雲笈七籤卷四陸修静所撰靈寶經目序，時在元嘉十四年（四三七），已自稱三洞弟子，則三洞之名早已有之。但此時陸修静尚未見上清經，不知所謂「三洞」指的是什麽。將上清、靈寶、三皇分列三洞應該在泰始三年以後修静撰道經目録時。

〔二〕鍾國發：試論南朝道教締造者陸修静，載魏晋南北朝隋唐史資料總第十一期，武漢大學出版社，一九九一年版。

學解釋老、莊，應該説已始於此時。其二，老子五千文雖然天師道早就崇奉，張魯曾托名「想爾」，作道德經注，〔一〕莊子却從未被援引。他援道家入道教，開稍後顧歡夷夏論以老、莊並列爲「國師道士」之先河。道教的發展傾向是天師道與神仙道的結合和牽合道家，並以佛教哲學解釋老、莊，這一傾向到唐代前期就十分顯著，而陸修静已開其端。

上文已經提到孔稚珪之父靈産尊崇杜子恭，是一位虔誠的天師道信徒。他於泰始中自晉安太守罷歸，元徽間復出，官至光禄大夫，約與修静同時，而且元徽再出至建康，應與修静相值。從稚珪傳的短短的記載中，我們看不出他和陸修静的關係。孔稚珪宋末爲安成王車騎府法曹及蕭道成驃騎府記室參軍，也正是修静在建康時。本傳雖不記他和修静的關係，可以肯定他非常尊敬修静。隋書卷三三經籍志史部雜傳類載陸先生傳一卷，孔稚珪撰。雲笈七籤卷五經教相承部「宋廬山簡寂先生」條載修静死後，稚珪與修静弟子李果之書云：

先生道冠中都，化流東國，帝王稟其規，人靈宗其法，而委世潛化，游影上玄，微言既絶，大法將謝。法師稟神定之資，居入室之品，學悟之美，門徒所歸。宜其整緝遺踪，提綱振紀，光先師之餘化，纂妙道之遺風，可以導引末俗，開曉後途者矣。

據此可知，孔稚珪對於陸修静和簡寂館所傳道法的尊崇，和其父虔誠崇敬杜子恭有所不同。

〔一〕見敦煌所出老子想爾注，斯六八二五號，香港饒宗頤先生有敦煌六朝寫本張天師道陵著老子想爾注校箋，一九五六年四月印行。

南朝天師道演變過程中另一位重要人物是顧歡。上引南齊書杜京産傳説他「與同郡顧歡同契」，顧歡與京産同在高逸傳。他居於鹽官，父祖官爵無聞，亦當是吴郡顧氏疏族。顧歡傳載所撰夷夏論認爲佛是西戎之教，不宜行於華夏，引起一次佛道論争風波，論文及與諸人往返辯論書俱見本傳及弘明集卷六、卷七所載時人與顧道士書，本文不擬詳述。本傳只説他「事黄老道」，是否天師道徒，不明。據他與世傳五斗米道之杜京産、孔稚珪交好，弘明集稱他爲「顧道士」，在夷夏論中又説「佛號正真，道稱正一」云云，可爲天師道徒旁證。但他「晚節服食，不與人通」，又近於神仙家。傳又云：

> 歡晚節服食，不與人通。……事黄老道，解陰陽書，爲數術多效驗。

> 歡口不辯，善於著筆。著三名論甚工，鍾會四本之流也。又注王弼易二繫，學者傳之。

鍾會四本爲魏代名理之學，才性四本之辯，也是玄學命題。至於王弼易之爲玄學基礎更不待言，可知顧歡事黄老道，既從事神仙道之服食，又兼魏晉相傳之玄學。隋書卷三四經籍志子部道家類有「老子義綱一卷，顧歡撰」（撰三名論及注易繫辭俱不載，蓋已失傳），新唐書卷五九藝文志三丙部道家類有顧歡道德經義疏四卷，又義疏治綱一卷。〔一〕隋志失載義疏。太平御覽卷六六六道部道士引道學傳：

> 劉法先，彭城人也。時顧歡著道經義，喻（於）孔德璋多有予奪。法先與書討論同異，顧道屈

〔一〕新唐書藝文志所載顧歡道德經義疏是僞作，見中島隆藏從道德經諸注釋看唐代思想的演變（講稿）一文。

服。

按本條顧歡所著道經義當即隋書經籍志著録的老子義綱，本條稱「於孔德璋（孔稚珪字）多有予奪」，義綱内容似不可能臧否人物，疑德璋也有關於道德經的論著，顧歡書有所論駁。法先大概扶同孔説，所以致書「討論同異」。按劉法先也是道士。御覽卷六七九道部傳授門引道家傳云法先爲宋明帝崇靈館主。帝師陸元德，元德卒，又師事法先。按「崇靈」應作「崇虚」，陸元德即陸修静，法先當是修静弟子，上文我們已提到孔稚珪與陸修静的密切關係。從本條中可以看到宋末道家信徒在玄學影響下對於探討道德經的趣向。而這一點也正是陸修静援引老、莊以附會佛教的學風。顧歡所著老子義綱内容經義不詳，他曾注王弼易繫辭，可能接近王弼老子注。

顧歡不但作老子義綱，而且他還曾把莊子拉入道教。在他著名的夷夏論中説：

五帝三皇，莫不有師，國師道士，無過老莊；儒林之宗，孰出周孔。若孔老非佛，誰則當之。

顧歡以道家老、莊爲道教之國師道士，當時就遭到責難。弘明集卷六明僧紹正二教論：

道家之旨，其在老氏二經，敷玄之妙，備乎莊生七章。而得一盡靈，無聞形變之奇（這是駁老子化身為佛）；彭殤均壽，未覩無死之唱，故恬其天和者，不務變常；安時處順，夫何取長生。

明僧紹所駁爲老子静妙夫人腹中托生爲佛之説。但却指出了道家老莊哲學與道教截然有異。按孔、老即佛爲調和三教之恒言，不必深論，值得注意的是顧歡繼陸修静之後，以道士之身分並稱「老莊」，進一步明確以莊子與老子並稱「國師道士」。西漢所謂「黄老」是「君人南面之術」，指的是「無爲而治」的政治理論，神仙家編造黄帝鼎成，乘龍升天的神話，東漢時老子被神化，於是黄、老並立祠祭祀。〔一〕天師道誦讀老子五千文，張魯還托名「想爾」爲之作注，道教徒注釋道德經不足爲怪。但在顧歡以前道教徒從未以老莊連稱代替黄老，老莊並提的乃道家，或玄學家而非道教徒。顧歡把莊子作爲道士之首，與他撰可比「才性四本」之三名論，注王弼易繫辭，作老子義綱，都是力圖使道教與道家相結合，使道教自原始的巫術仙方提到更高的理論層次。在此以前，上清、靈寶二派業已模擬甚至剽竊佛經造作道經，陸修静截取老、莊辭句，附會佛義，顧歡則似乎更重視與道家的結合。自陸修静到顧歡將莊子拉入道教，到唐代就發展爲尊莊、列、文、亢倉四子爲道經，成爲道學生徒必讀之書，〔二〕其端起於陸、顧。

顧歡有所予奪的孔稚珪，如前所説乃錢塘杜治嫡傳，宗教上仍然恪守家門舊業，弘明集卷一一載稚珪與蕭子良往復書各三首。蕭子良與孔稚珪書第一首開頭已云「覽君書，具一二」，則稚珪先是有書給子良，而此書不載，所以兩人書中所云不太明瞭，大致當是子良要稚珪舍道奉佛，稚珪答書强調不敢輕背先業。他説：

民積世門業，依奉李老，以沖静為心，以素退成行，迹蹈萬善之淵，神期至順之宅。民仰奉先軌，自絶秋塵，而宗心所向，猶未敢墜，至於大覺明教，般若正源，民生平所崇，初不違背。但推之

〔一〕見後漢書卷七桓帝紀延熹八年（一六五）正月條、九年（一六六）七月庚午條，同書祭祀志中所記稍異。
〔二〕册府元龜卷五三帝王部尚黄老玄宗開元二十九年正月詔；同書卷五四帝王部尚黄老二玄宗天寶元年三月丙申條。

於至理，至則歸一……；置之於極宗，宗極不容二……所以未變衣鉢，眷黄老者，實以門業有本，不為忍一日頓棄，心世有源，不欲終期悔遁。既以二道大同，本不敢惜心回向，實顧言稱先業，直不忍棄門志耳。

稚珪一再申明不敢背棄門業，並非不信佛法。南齊書卷四八本傳稱「稚珪風韻清疏，好文咏，飲酒八斗。與外兄張融情趣相得。又與琅邪王思遠、廬江何點、點弟胤並款交」。弘明集卷六載張融門論云：「我門世恭佛，舅氏奉道。」孔稚珪與蕭子良書説張融之説即出於此。他回答蕭子良的話亦即此意。何點、何胤並在梁書卷五一處士傳，都崇信佛教，何胤又是經學大師劉瓛弟子，注百法論、十二門論，應信奉三論宗，又注周易，以及有關毛詩、禮記等著作。廬江何氏自晉代何充即以奉佛著稱。〔一〕孔稚珪和這些人交契，可知他雖遵守門風，却也兼崇佛法，正如他在答蕭司徒（子良）書中所説。

他「不敢頓棄」門業，却並不篤守天師道的門業。南齊書卷五四高逸褚伯玉傳末稱「孔稚珪從其受道法，爲於館側立碑」。據本傳，伯玉爲吴郡錢塘人，他十八歲拒婚，往剡居瀑布山，「在山三十餘年，隔絶人物」。本傳没有説他入道，錢塘是天師道重要據點，但他是否天師道徒不可知，傳載丘珍孫與吴郡太守王僧達書，説他是「却粒之士，餐霞之人」，要僧達「遂其高步，成其羽化」，應是修辟谷長生的神仙道派。孔稚珪所撰碑藝文類聚卷三七有此碑節録，亦見全齊文卷一九，通篇博徵神仙典故，

〔一〕晉書卷七七何充傳稱：「信好佛典，崇修佛寺，供給沙門以百數，糜費巨億而不吝也。……於時郗愔及弟曇奉天師道，而充與弟準崇信釋氏，謝萬譏之云：『二郗諂於道，二何佞於佛。』」可知何充時以奉佛著稱。

文彩斐然，後一段叙隱居瀑布山之深險，却一字不及師事何人，可能原文本有而被删去。文既空洞，只有一個印象，就是屬於神仙道派。道藏姑八上清道類事相卷一仙觀品引道學傳：

（伯玉）隱南岳瀑布山，妙該術解，深覽圖秘，采煉納御，靡不畢為。

又云伯玉逝世後，齊高祖爲立太平館，稱：

初，伯玉好讀太平經，兼修其道，故為館名也。

如道學傳所云，伯玉「采煉納御，靡不畢爲」，采者采藥服食，煉爲煉丹，納爲吐納，御爲御女即房中，這都是傳統方士長生延壽之術，又兼修太平道，似乎非天師道正一之法。孔稚珪世傳天師道，却事伯玉爲師，可知他雖不背門業，却不篤守天師道法。

不但杜治嫡傳杜京産、孔稚珪和原來信奉天師道的陸修静、顧歡都傾向於神仙道，而且天師道創教祖庭的張陵後裔在南朝也同樣傾向於神仙道，全梁文卷一四簡文帝（蕭綱）虞山招真館碑：

道士沛郡張君諱道裕，字弘真，即漢朝天師陵十二代孫。天監二年，來至此岫，棲遁十有餘載。夜忽夢見聖祖，云峰下之地，面勢閑寂，宜立館宇，可以卜居。裕師潘洪隱始寧四明山。無何，有人耳長髮短，云從虞山招真治來。言訖，忽然不見。潘馳信報君，君因辭山舊居，而以夢中所指峰下之地，即以為治，故號「招真」。

本文原注見於藝文類聚卷七八及王鏊姑蘇志，今檢類聚寥寥數語，全文當出自姑蘇志。按碑文稱張道裕「夢見聖祖」，「聖祖」當指老子，下文又稱道裕之師潘洪見「有人耳長髮短」云云，亦隱指老子，老子以耳長名聃。但唐以老子爲始祖，尊號爲玄元皇帝，才有「聖祖」之稱，梁代不應以此稱老子，疑是唐人托名蕭綱，或據蕭綱原文增飾。但虞山招真館爲梁道士張道裕所建當可信，招真館亦可稱招真治，「治」乃天師道傳統稱號，此時已是一般修道之所，與館互稱，和當年錢塘杜治管理「米民」截然有別。碑文通篇一字不提正一盟威之道。張道裕雖是張陵嫡裔，但他隱遁虞山，似乎很少在下層群衆間活動，也比較接近於神仙道。

如上所述，東晉中期，錢塘杜治爲江南天師道重鎮。治主杜子恭遵行天師道傳統法術和組織教規，他在僑姓、吴姓士族中有不少信徒。更重要的是，由於他在下層群衆中具有崇高威望，擁有數以萬計的信徒。杜子恭死後，孫泰、孫恩叔侄相繼被尊爲天師道首領，他們繼續在群衆中擴大隊伍。從杜子恭到孫恩，雖然他們與上層士族有千絲萬縷的聯繫，但他們的活動重點是在群衆間，他們傳播的和取得信仰的基本上還是傳統天師道祭咒療病、驅邪役鬼之術。從孫恩領導的以天師道組織群衆的三吴農民起義被鎮壓後，天師道雖然仍在不同階級中流行，但在上層信徒中却發生了變化。其一，本來各行其是的天師道與神仙道逐漸相互結合。其二，道教尊崇的黄老，本來與道家的老、莊截然不同，南朝時期的道教徒開始老、莊與黄、老兼稱，並援引老、莊辭句，附會佛教教義。

這一演變的關鍵人物是宋代陸修静和稍後的顧歡。東晉末年，杜子恭曾孫杜道鞠已參與上清經的流傳，宋、齊間道鞠子京産和杜治嫡傳孔稚珪雖都世傳五斗米道，孔稚珪還一再申稱不敢背棄先業，舍道事佛。但二人都不在群衆中傳播天師道。京産隱居不仕，設館授徒，可能玄儒兼修，他還引莊子的話以明自己不仕之志。孔稚珪師事從事服食、煉丹、吐納、房中之術的褚伯玉，並爲陸修静、褚伯玉作碑文，顯然更尊重神仙道。梁初天師張陵後裔張道裕在虞山隱遁十餘載，立館修仙，似乎未見在群衆中推行符咒役鬼之術。

這一演變表明漢代以來神仙家與民間巫術的結合，也反映了道教與道家的關係。而在演變過程中天師道上層分子或者修長生延年之術，或者「沉吟道奥」，努力建立道教理論，也就日益脱離群衆。

雖然如此，傳統天師道並没有在民間消失，全唐文卷九二三史崇妙門由起序稱「道士列名，凡有七等」，即天真、神仙、幽逸、山居、出家、在家、祭酒。在家和祭酒爲六七等，列於最下，他説：「其『在家』、『祭酒』等願辭聲利，希入妙門，但在人間，救療爲事，今劍南、江表，此道行焉。」我們知道祭酒是天師道的道官，東晉中期杜子恭一派雖立治名，未見祭酒之號，同時天師道别派盧竦却自稱「大道祭酒」。劍南是原始天師道盛行地區，江南直到唐代仍有祭酒，他們「在人（即「民」）間救療爲事」，這種所謂「救療」的活動，大概就是天師道傳統的符咒治病，除邪役鬼之術。這裏我們看到東晉至唐天師道的分化。上層道徒和神仙道及道家結合，業已不在群衆中活動，而下層民間却仍然有篤守傳統天師道法術的祭酒，以「救療爲事」，在群衆中活動。

（原載魏晉南北朝隋唐史資料第十二輯，一九九三年四月）

南朝高僧與儒學

西晉時期，名僧大都與名士交往，藉名士之賞譽以提高其社會地位，並擴大佛學在上層分子中的影響。湯用彤先生曾有專章論述。〔一〕永嘉亂後，名士名僧相繼渡江，思想學術中心由洛陽移到建康，名僧與名士的交往一如既往，具見高僧傳與世説新語記載，無須多述。當時名士崇尚何晏、王弼倡導的玄學，名僧獲得名士賞譽的一個主要條件，就是通曉老、莊玄學。東晉前期我們還未見兼講儒經的高僧，東晉後期，佛學探討日益深入，逐漸擺脱了先前作爲玄學附庸的地位，並且進而取代玄學成爲思想界的主流。也正是自東晉後期以來，不少高僧不僅弘宣佛法，而且也開講佛經，而著名的儒學大師則往往深通佛學。高僧傳卷六釋慧遠傳：

> 遠内通佛理，外善群書，夫預學徒，莫不依擬。時遠講喪服經，雷次宗、宗炳等並執卷承旨。次宗後别著義疏，首稱雷氏。炳因寄書嘲之曰：「昔與足下共於釋和尚間面受此義，今便題卷首稱雷氏乎？」其化兼道俗，如斯非一。

按本傳稱慧遠早年曾以莊子義解釋佛經，使「感者曉然」，於是道安「特曉慧遠不廢俗書」。這是説以

〔一〕見漢魏兩晉南北朝佛教史第七章兩晉之際名僧與名士。

俗書比附、解釋佛義，所謂「格義」。〔一〕而上引條則是記載慧遠爲弟子開講喪服經，即儀禮，與引用比附文格義不同。雷次宗是宋代著稱之禮學大師。宋書卷九三隱逸雷次宗傳稱次宗少入廬山，事沙門釋慧遠，篤志好學，尤明三禮、毛詩。宋文帝徵召他到建康，在鷄籠山開館，聚徒講授。〔二〕他還廬山後，又第二次徵召到京，爲他在鍾山置招隱館，「使爲皇太子、諸王講喪服經」。由此可知他於喪服專精，而喪服又正是受之於慧遠。隋書卷三二經籍志經部禮類有略注喪服經一卷，雷次宗撰，當即高僧傳所述之義疏。同書周續之傳：

豫章太守范寧於郡立學，招集僧徒，遠方至者甚衆。續之年十二，詣寧受業。居學數歲，通五經並緯候，名冠同門，號曰「顔子」。既而閑居讀老、易，入廬山事沙門慧遠。……以為身不可遣，餘累宜絶，遂終身不娶妻，布衣蔬食。

按續之出於范寧門下，他的經學傳自范寧及豫章學中其他經師。隨後又讀老、易，正是晉代名士禮玄皆修的風習，既而又師事廬山，由玄通釋，禮玄雙修轉而爲儒釋兼綜，這也是習見的問學途徑。本傳稱續之「通毛詩六義及禮論、公羊傳，皆傳於世」。這裏所謂「通」，可能指作疏，所以說「皆傳於世」。又說晉末劉裕北伐，其子義符留守建康，「迎續之館於安樂寺，延入講禮」，劉裕稱帝後，又曾召他，「爲開館東郭外，招集生徒」。劉裕親自到館，「問續之禮記『傲不可長』、『與我九齡』、『射於矍

〔一〕陳寅恪支愍度學說考，載金明館叢稿初編。
〔二〕本傳稱宋文帝設置儒、玄、文、史四學，鷄籠山館即儒學。

囿』三義」。續之通公羊傳，兩次在建康講學的内容都是禮，此當與以注春秋穀梁傳著稱的范寧有關係。他的禮學是否與慧遠有關，不得而知，他也並無有關佛學的著作，但他「終身不娶妻，布衣蔬食」，表明宗教的皈依。

慧遠講禮，聽者當然不止雷、周及宗炳等奉佛居士，當時門下生徒大抵兼通所謂「外典」。高僧傳卷六釋僧濟傳：

> 太元中入廬山從遠公受學。大小諸經及世典書，皆游練心抱，貫其深要。年始過立，便出邑開講，歷當元匠。遠每謂曰：「共吾弘佛法者，爾其人乎？」

僧濟通曉大小乘佛經之外，還博及所謂「世典書」，大概包括儒、道諸書以及占候之術。我們不能説這些全都由慧遠講授，但却是廬山學風，所以僧濟博得慧遠的贊許。同卷釋曇邕傳：

> 姓楊，關中人，少事僞秦。（淝水戰後）因從安公出家。安公既往，乃西投廬山事遠公為師。内外經書，多所緣涉。

曇邕先事道安，後師慧遠。按道安特聽慧遠「不廢俗書」，對於其他門徒，至少不嚴禁他們兼習俗書，曇邕旁通外典，必然受之於慧遠。同卷釋道祖傳：

> 幼有才思，精勤務學。後與同志僧遷、道流等共入廬山。七年，並山中受戒。……祖後還京師瓦官寺講説。桓玄每詣觀聽，乃謂人曰：「道祖後發，愈於遠公，但儒博不逮耳。」

道祖講説是否「愈於遠公」，可以不論，但從桓玄的評論中，可知慧遠不獨佛學淵深，而且亦以

「儒博」見長。

南朝高僧兼講儒經的尚有其人。高僧傳卷七釋曇諦傳：

後遊覽經籍，遇目斯記。晚入吴虎丘寺，講禮、易、春秋各七遍，法華、大品、維摩各十五遍。又善屬文翰，集有六卷，亦行於世。

傳稱曇諦「十歲出家，學不從師，悟自天發」，不知師承所自，他在虎丘寺，釋典與儒經並講，事同慧遠。他卒於宋元嘉末，年六十餘，當生於晉末，其在虎丘開講，當即在元嘉時。高僧傳卷八釋法瑗傳：

元嘉十五年還梁州，西進成都。後東趨建業，依道場慧觀爲師。篤志大乘，傍尋數論，外典墳索，頗亦披覽。……及孝武即位，……因廬於方山。注勝鬘及微密持經，論議之隙，時談孝經及喪服。後天保改構，請瑗居之，因辭山出邑，綱維寺網。刺史王景文往候，正值講喪服。問論數番，稱善而退。

按法瑗本隴西辛氏，「初出家事梁州沙門釋慧開」，但所學實得自慧觀。慧觀爲羅什門下，與僧肇同學。高僧傳卷八本傳説他在入關師事羅什之前曾游廬山，「又咨禀慧遠」，所以他又是慧遠弟子。傳又稱他「妙善佛法，探究老、莊」，大致與僧肇同。但他曾師事慧遠，慧遠在廬山開講喪服，慧觀自得預聞。法瑗所學，受之慧觀，他講喪服，疑亦傳自慧遠。

還有一些高僧本傳並未説他開講儒典，只説他精熟某經。如受到宋明帝尊敬的天下大僧正智斌，除三論、維摩、思益這些佛經外，兼善毛詩、莊、老；以後充任僧正的曇度也善春秋、莊、老。〔一〕高僧傳卷九釋僧盛傳：

遂大明數論，兼善衆經，講説為當時元匠。又特精外典，為群儒所憚。故學館諸生常以盛公相脅。

按梁天監四年開五館，建立国學，以五經教授，明山賓、陸璉、嚴植之、賀瑒爲博士。所云「學館」，應即指國學之五館，「群儒」亦即明山賓等。山賓等並一時經學大師，道盛爲「群儒所憚」，生徒甚至以道盛相脅，頗有漢代「毋説詩，匡鼎來」之概。其儒學之精可知。

這時還有宣講佛經參以儒家之義的高僧。續高僧傳卷五釋僧旻傳：

於是名振日下，聽衆千餘，孜孜善誘，曾無告倦。晉安太守彭城劉業嘗謂旻曰：「法師經論通博，何以立義多儒？」答曰：「宋世貴道生，開頓悟以通經；齊時重僧柔，影毗曇以講論。貧道謹依經文，文玄則玄，文儒則儒耳。」

按僧旻在齊、梁二代有很高聲譽，他講涅槃，王儉甚至説超過道生。曾於末席論難，折伏當時成實大師僧柔、慧次。南人以爲「仲尼素王於周，旻公又素王於梁」。這樣一位大師，他講佛經，却「立義多儒」。他自比開一代風氣的道生與僧柔，所謂「謹依經文，文玄則玄，文儒則儒」不太好懂，「玄」當然非指「三玄」而指佛學，南朝所謂「玄」已超出三玄，這只看正續高僧傳便可知道。但涅槃、成實

〔一〕並見高僧傳卷七釋僧瑾傳。

怎麼會有儒意呢？這裏無從深究，但他的講說，「立義多儒」，大概並非虚言。本傳説他「出家住虎丘西山寺，爲僧回弟子，從回受五經，一聞能記」。童幼出家，亦如俗間學童誦習儒書，這不僅是啓蒙，而且也是與士大夫周旋的必要的訓練，〔二〕僧旻後來講佛經，「立義多儒」，恐與幼年的訓練有關。而且前引釋曇諦傳，他在虎丘寺儒釋兼弘，也許「立義多儒」還是虎丘的傳統學風。

以上只舉兩高僧傳中記載較明諸例，至於泛稱「内外兼通」或「涉覽外典」（所謂「外典」大致包括儒經與老、莊），其例甚多，無須列舉。

晉宋以來，名士多與高僧交往，本文只想舉出一些以經學著稱的奉佛儒生，説明儒釋的結合。宋代儒學著稱的周續之、雷次宗爲慧遠弟子，已如上述。宋齊之間宣揚佛法的隱士明僧紹乃是儒學世家。南齊書卷五四高逸明僧紹傳稱：「僧紹宋元嘉中再舉秀才、明經，有儒術。……隱長廣郡嶗山，聚徒立學。」「齊永明元年，「詔徵國子博士，不就，卒」。傳又稱僧紹與定林寺釋僧遠交往，曾居定林。弘明集卷六載僧紹正二教論，該文爲駁顧歡夷夏論而作，爲佛教辯護，尊佛抑道，可證他是佛教信徒。他雖信奉佛法，傳給子孫的「家業」仍是儒學。本傳稱「子元琳，字仲璋，亦傳家業」。梁書卷二七明山賓傳：「父僧紹。……山賓年七歲，能言名理，十三博通經傳，居喪盡禮。」梁武帝設置五經博士，「山賓首膺其選」，在梁代官位顯達。「累居學官，甚有訓導之益」，著有吉禮議注二百二十四卷，禮儀

〔二〕高僧傳卷三釋曇徽傳：「年十二，投道安出家。安尚其神采，且令讀書。二三年中，學兼經史。」按道安「特許慧遠不廢外典」，似於其他弟子不然。據此則年幼沙彌仍令先習經史。

二十卷，孝經喪禮服義十五卷。「子震，字興道，亦傳父業」。明氏三世儒學，僧紹崇信佛法，按照當時習慣，輕易不改變宗教信仰，〔一〕山賓疑亦奉佛。

齊代最著稱的儒學大師是劉瓛。南齊書卷三九本傳稱瓛「少篤學，博通五經，聚徒教授，常有數十人」。以後辭官在京，傳稱「瓛姿狀纖小，儒學冠於當時，京師士子貴游，莫不下席受業」。傳中不見奉佛的記載，但他卻曾師事僧人。高僧傳卷八釋慧基傳：

後周顒莅剡，請基講說。顒既素有學功，特深佛理。及見基訪核，日有新異。劉瓛、張融並申以師禮，崇其義訓。司徒文宣王（蕭子良）欽風慕德，致書殷勤，訪以法華宗旨。

周顒爲復興三論宗的著名佛教居士，張融亦家世奉佛，〔二〕無須贅説。劉瓛傳載其與張融書，二人交好，且同師慧基，亦由思想上的契合。同卷釋法安傳：

永明中還都，止中寺，講涅槃、維摩、十地、成實論，相繼不絶。司徒文宣王及張融、何胤、劉繪、劉瓛等並稟服文義，共為法友。

據此知劉瓛又與法安交往。本條所舉諸人，蕭子良曾親往瓛宅修謁，張融爲瓛至交，劉繪爲瓛弟子，並見本傳，何胤更是瓛傳授儒學的入室弟子（見下），他們不僅在儒學授受上爲師友，而且又是佛教法侶。

〔一〕弘明集卷六張融門論，同書卷一一孔稚珪答蕭司徒書。
〔二〕南齊書卷四一張融傳，高僧傳卷八釋智林傳，弘明集卷六張融門論。

梁武帝本是道教徒，他爲佛經作所謂「義記」數百卷，大興土木以建造佛寺，三度舍身同泰寺，耗費大量人力物力。他自己據説布衣蔬食，以至祭祀宗廟都不殺生，「五十外便斷房室」，還恪守過午不食的戒律，如此等等，表明他皈依佛教非常虔誠。但與此同時，他提倡儒學非常積極，所撰有關儒經的著作二百餘卷。他建立五館，設置五經博士，招集生徒，這些崇儒措施，具見梁書卷三武帝紀末及卷四八儒林傳序。廣弘明集卷三叙梁武帝舍事道法，稱梁武於天監三年下詔舍道，認爲只有佛是正道，此外都是邪道，值得注意的有如下幾句話：

老子、周公、孔子等雖是如來弟子，而化迹既邪，止是世間之善，不能革凡成聖。

梁武相信僧徒編造的僞經，以老子、周、孔爲如來弟子，鄙斥爲「化迹既邪」，像這樣公然以周、孔之化爲邪，漢代以來除梁武帝外别無他人敢説。這番話是在天監三年四月敕文上説的，然而就在下一年，武帝就下詔大興儒學。梁書卷四八儒林傳序載天監四年詔云：

二漢登賢，莫非經術，服膺雅道，名立行成。魏晉浮蕩，儒教淪歇，風節罔樹，抑此之由。朕日昃罷朝，思聞俊異，收士得人，實惟酬獎。可置五經博士，各一人，廣開館宇，招納後進。

序稱所置五館，每館各有生徒數百，又派遣博士到諸州郡立學。下一年，再次下詔説：「建國君民，立教爲首，砥身礪行，由嚴經術。」因此要進一步「大啓庠教，博延胄子」。這就是要求皇室、貴族子弟接受儒學。序稱：「於是皇太子、皇子、宗室、王侯始就業焉。」

在舍道敕文中武帝已斥周、孔「化迹既邪」，却仍然大興儒學，即因周、孔雖非正道，畢竟還是「世間之善」，「革凡入聖」只能皈依三寶，而「建國君民」還得依憑儒術。選拔人才，還得要砥礪名行的通經之士。也就是儒家倡導的倫理以及禮樂刑政，所謂「名教」，必須大力提倡，以便鞏固封建統治秩序。僧旻「立義多儒」，受到梁武的尊重，享有崇高聲譽，正因與梁武倡導「儒釋兼弘」的學風相符。

我們還可以舉出一位以儒釋兼弘受到梁武帝尊重的隱士何胤。梁書卷五一何點附弟胤傳：

既長好學，師事沛國劉瓛，受易及禮記、毛詩。又入鍾山定林寺聽内典。其業皆通，而縱情誕節，時人未之知也。唯瓛與汝南周顒深器異之。

何胤爲宋宰相何尚之之孫。廬江何氏家世奉佛，〔一〕尚之曾與宋文帝論佛法，引慧遠之説，以爲「濟俗亦爲要務」。〔二〕何胤奉佛乃是他在齊官至左民尚書、中書令，辭官隱居會稽若邪山雲門寺時事。梁武帝和他是舊友，即位之後，兩次親筆致書，並特派專使請他出仕。敕書慨嘆「學業淪廢，儒術將盡」，希望他出山「開導後生」。還要他開具學徒中「經明行修」者姓名，大概要加以録用。所以敦請何胤出山，目的是爲了振興儒學。何胤既不肯出，便特派生徒六人到會稽去就學。胤晚年遷居吴郡虎丘西寺，「講經論，學徒復隨之」。這裏所謂「經論」，至少包括儒經。〔三〕如上所述，虎丘是有兼講儒釋的

〔一〕南史卷三〇何尚之附點孫傳稱「點門世奉佛」，點爲胤兄，與其兄何求均隱居不仕。
〔二〕廣弘明集卷一宋文帝集朝宰論佛教。
〔三〕梁書本傳載梁武帝敕書中稱何胤「卿居儒宗，加以德素」。派遣到他門下受業的生徒六人當然去學儒經。又其學徒隨他到吴，不太可能只講三寶，不及儒經。南史卷三〇何尚之傳胤附傳稱胤往虎丘，「學僧復隨之」，「學僧」當從梁書本傳作「學徒」。

傳統的。何胤卒於大通三年，年八十六。著作有「注百法論、十二門論各一卷，注周易十卷，毛詩總集六卷，毛詩隱義十卷，禮記隱義二十卷，禮答問五十五卷」。

何胤獲得周顒器重，二人在齊代以奉佛並稱。南齊書卷四一周顒傳：

時何胤亦精信佛法，無妻妾。太子又問顒：「卿精進何如何胤？」顒曰：「三途八難，共所未免。然各有其累。」太子曰：「所累伊何？」對曰：「周妻何肉。」……後何胤言斷食生，猶欲食白魚、䱇脯、糖，以為非見生物。疑食蚶蠣，使學生議之。

據此何胤以奉佛著稱，但他早年未能斷肉食，晚年雖斷肉食，復又娶妻生子，戒行並不如周顒。〔二〕梁武帝對他的禮重固然由於他儒釋兼弘，但主要在於他的儒學。

高僧們不但講儒經，而且還注釋儒經。隋書卷三經籍志經部孝經類著録集議孝經，該條注：「釋慧始注孝經一卷」，隋時已亡；又孝經一卷，「釋慧琳注」。同卷論語類「論語七卷」條下注有「釋僧智略解」，與太史叔明之集解、陶弘景之集注論語相連，云「各十卷」。按孝經、論語爲初學必讀之經籍，僧俗皆然。

（原載傳統文化與現代化一九九三年第一期）

〔一〕梁書胤本傳稱其有妻江氏及子何撰，其娶室當在文惠太子問周顒事後，故周顒以妻室爲己累。又本傳稱周顒與胤書，「勸令菜食」，即廣弘明集卷二六與何胤書論止殺一文。南史卷三〇何尚之附胤孫傳稱：「故胤末年遂絶血味。」

論南朝文學的北傳

東晉南朝，文學沿襲魏晉興起的新風尚繼續發展，講求對仗、運典和音律的駢文成爲南朝文章的主要形式，並涌現一批著名文人。十六國及北朝前期，北方由於戰亂，文學亦無成就，北魏太和以後文學的復興實質上即是仿傚南朝文學的文體文風，北朝末期，南朝文學完全占領了北方文壇。隋及唐初，雖有人反對南朝輕艷、卑弱的文風，但無實效，無論朝野，時人習誦模仿的仍是南朝著名文人的文章。唐中期古文運動興起，但由於進士科舉試律賦、律詩，至於唐末，南朝以來的文學形式仍舊是文學的主流。到了宋代，古文大興，且進士科改試經義，講求對仗、運典和音律的文學形式才逐漸失去其影響。

魏晉時期在社會經濟、政治、文化諸方面曾發生巨大的變化。在文化領域内，思想學術出現了玄學與新經學，文學、書法、繪畫、音樂都發生相應的變化，表現在文學上則是内容偏重於抒發情感、流連光景而輕論道經邦；風格上變厚重爲清雅，體制則日益傾向於駢驪化。永嘉亂後，大批名士帶着正是由他們推動的新興思想、文藝渡江而來，於是文化中心由洛陽遷到建康。東晉南朝，各個領域大致沿着魏晉形成的道路繼續發展，文學也是一樣，盡管這種文學的内容、風格與體制的末流常常爲後人所非議，然而一直到隋唐都處於文學主流的地位。北方經歷了長期戰禍，社會經濟和文化遭到嚴重破壞，北邊民族相繼入主中原，魏晉興起的各項變化在一個時期内不能延續，以後經歷了一個相當長的時期才重新和魏晉以來發展的道路相銜接。文學的銜接實際上是南朝文學北傳過程，始於北魏太和間而完成於唐代。本文所述也即是這一過程中南朝文學對北方的影響以及這一時期文學發展的總傾向。其發展階段大都爲古今人早已論及，也有一部分爲本人不成熟的見解。我對這一時期的文學並未深入研究，定多謬誤，希望同志們教正。

一　北魏太和以後南朝文學的北傳

永嘉亂後，文化重心南移，北方文學衰落，在一個較長時期内幾乎没有值得稱道的文人。魏書卷八五文苑傳序云：「永嘉之後，天下分崩，夷狄交馳，文章殄滅。」周書卷四一王褒庾信傳論亦云：「既而中州版蕩，戎狄交侵，僭僞相屬，士民塗炭，故文章黜焉。」周書雖也列舉了二秦、燕、北凉一些能文之士，所舉之人當然也能屬文，但都算不上魏收所謂「大才士」。北朝文學復興實始於孝文帝太和改革之後。魏書文苑傳序說：「逮高祖馭天，鋭情文學，蓋以頡頏漢徹，掩踔曹丕，氣韻高艷，才藻獨構。」魏收讚頌孝文帝文學足與漢武、魏文相比，由於帝王的倡導，使北土士人遂使衣冠仰止，咸慕新風。」所謂「新風」，其實即是來自江左的文風。周書卷二二柳慶傳：

時北雍州獻白鹿，群臣欲草表陳賀。尚書蘇綽謂慶曰：「近代以來，文章華靡，逮於江左，彌復輕浮，洛陽後進，祖述不已。相公柄民軌物，君職典文房，宜製此表，以革前弊。」慶操筆立成，辭兼文質。綽讀而笑曰：「枳橘猶自可移，況才子也。」

據此可知太和興起的所謂「新風」也即是蘇綽所說「洛陽後進，祖述不已」的江左華靡的文風。大致稍前有袁翻、袁躍弟兄及常景、祖瑩等，稍後有温子昇、邢子才、魏收等，魏末北齊間北方出現了一批代表性的文人。隋書卷七六文學傳序稱：

暨永明、天監之際，太和、天保之間，洛陽、江左，文雅猶盛。於時作者，濟陽江淹、吴郡沈約、樂安任昉、濟陰温子昇、河間邢子才、鉅鹿魏伯起等，並學窮書圃，思極人文。……筆有餘力，詞無竭源，方諸張（衡）、蔡（邕）、曹（植）、王（粲），亦各一時之選也。

序以北之温、邢、魏與南之江、沈、任並提，被認爲可以上比張、蔡、曹、王，各爲「一時之選」。其實北之於南乃是師承關係，而非相互争雄。顔氏家訓卷四文章篇：

邢子才、魏收俱有重名，時俗準的，以為師匠。邢賞服沈約而輕任昉，魏收愛慕任昉而毁沈約。每於談宴，辭色以之。鄴下紛紜，各有朋黨。祖孝徵嘗謂吾曰：「任、沈之是非，乃邢、魏之優劣也。」

其事亦見於北齊書卷三七魏收傳，傳稱：

收每議陋邢邵（子才）文。邵又云：「江南任昉文辭本疏，魏收非直模擬，亦大偷竊。」收聞乃曰：「伊常於沈約集中作賊，何意道我偷任昉。」

如上所述，魏收、任昉師法的是任、沈文，他們亦即是蘇綽所云「洛陽後進，祖述不已」之「後進」。温子昇雖没有祖述江左的明確記載，據魏書卷八五本傳，他自稱太原温嶠後，而世居江左，至其祖父才北遷濟陰，梁武帝贊賞他的文章，以爲「曹植、陸機復生於北」。魏濟陰王元暉業曾説：「江左文人，宋有顏延之、謝靈運，梁有沈約、任昉，我子昇足以陵顏轢謝，含任吐沈。」庾信蔑視北土文人，却稱道子昇所撰韓陵紀功碑。事見朝野僉載卷六。可以推想子昇爲文乃是魏、晉、齊、梁一脈相承的正傳。事實上，北土文學在衰落之後，也只有祖述江左之一途，才能獲得南人的肯定。而且，永嘉之後，北方並没有足爲後學楷模的大才士。

當時南朝著名文人的文集普遍傳播北方，爲北人誦習，自不待言。有關文學的類書亦爲北朝所重。北齊書卷三九祖珽傳：

> 事文襄（高澄）。州客至，請賣華林遍略。文襄多集書人，一日一夜寫畢，退其本曰：「不須也。」珽以遍略數帙質錢樗蒱，文襄杖之四十。

按遍略，隋書卷三四子部雜家著録華林遍略六百二十卷，梁徐僧權等撰。這樣的大類書，南朝時期編撰了不少，史傳中也有許多分類彙集各項事目的記載。南朝駢驪文日益講求運典博而且巧，數典成爲文人争勝之一事，梁武帝敕撰華林遍略即因與劉孝標所撰類苑争勝而發。〔一〕當時遍略初出，

〔一〕關於華林遍略撰寫經過，參考姚振宗隋書經籍志考證卷三〇本條所引諸書。

業已傳入鄴都，高澄大概愛重此書而嫌書價昂貴，所以命人鈔寫而退其本。而此書零殘數帙竟可以質錢，可見其價重一時，後高洋統治之初，祖珽又盜竊此書全部，事發，免死除名。〔一〕僅就華林遍略一書來看，南朝撰述之爲北土所重，可概其餘。舊唐書卷七二李百藥傳：

定州安平人，隋中書令安平公德林子也。……七歲解屬文。父友人齊中書舍人陸乂、馬元熙嘗造德林宴集。有讀徐陵文者，云「既取成周之禾，將刈琅邪之稻」，並不知其事。百藥時侍立，進曰：「傳稱：『鄅人籍稻』。杜預注云『鄅國在琅邪開陽。』」乂等大驚異之。

按李德林爲齊末最著名的文人，幼時魏收稱其文章可繼温子昇。他任中書侍郎，據説「軍國文書及大詔誥俱是德林之筆」，又與顔子推同列文林館。周、隋二朝，德林在山東人物中最受重用，〔二〕陸乂、馬元熙也都侍詔文林館，爲同時文人。〔三〕他們宴集時共論徐陵文，顯然徐集流傳鄴都，爲文士所誦習，猶如稍前之任、沈。〔四〕梁代文體變化由任、沈而轉爲徐、庾，於是北方文人也傳誦徐陵文，由此可見南朝文學對北方的指導地位。北齊書卷四五文苑傳序云：

〔一〕北齊書祖珽傳稱：「文宣（高洋）作相，……又盜遍略一部。」所謂遍略，當即高澄命人鈔寫的華林遍略。又祖珽主持立文林館，遍集文人，撰修文殿御覽，蓋即以遍略爲範本。

〔二〕隋書卷四二李德林傳，北齊書卷四五文苑傳序。

〔三〕二人並見北齊書卷四五文苑傳序。

〔四〕陳書卷二六徐陵傳：「其文頗變舊體，緝裁巧密，多有新意。每一文出，好事者已傳寫成誦，遂被之華夷，家藏其本。」所謂「華夷」，即指周、齊之境。南史卷六二徐摛附陵傳即云「遂傳於周齊」。

(北齊)後主雖溺於群小,然頗好諷咏。幼稚時,曾讀詩賦,語人云:「終有解作此理不?」及長,亦少留意。初因畫屏風,敕通直郎蘭陵蕭放及晉陵王孝式録古名賢烈士及近代輕艷諸詩以充圖畫,帝彌重之。

所謂「近代輕艷諸詩」,應指梁簡文、元帝時所尚之所謂「宫體」。據北齊書蕭放傳,蕭放乃梁武帝侄孫,侯景亂時隨父蕭祇奔齊,與父並侍詔文林館。他「性好文咏,頗善丹青」,因此受任「監畫工作屏風等雜物」,他當然熟悉流行於梁末的「輕艷諸詩」。此可爲南風北被之一證。

自後秦破亡,關中經濟、文化長期衰落,太和之祖述江左文風,並没有傳入關中。關中從未像范陽盧氏、祖氏、河間邢氏、鉅鹿魏氏那些河北士族一様,在文學上人才輩出。西魏建國,極少能文之士,有者亦屬隨孝武帝入關的關東人,〔一〕上文所述之柳慶即其中之一。文化水平不但不能與南朝相比,而且也遠遜鄴都。蘇綽詆訶「洛陽後進」祖述江左華靡的文風,其實關中根本没有能寫這些華靡之文的文人,那篇白雀頌不得不由「洛陽後進」柳慶撰寫。〔二〕數年之後,蘇綽奉宇文泰之命,撰寫了一篇模擬尚書文體的大誥。周書卷一五蘇綽傳:

〔一〕周書卷四一王褒庾信傳論:「周氏創業,遠屬陵夷,纂遺文於既喪,聘奇士如弗及。是以蘇亮、蘇綽、盧柔、唐瑾、元偉、李昶之徒,咸奮鱗翼,自致青紫。」所舉諸人除二蘇外並非關中人,且其中無人能與鄴都的邢、魏等相比。

〔二〕周書卷二二柳慶傳:「五世祖恭,仕後趙,……後以秦、趙喪亂,乃率民南徙,居於汝、潁之間,故世仕江表。……父僧習,齊奉朝請。魏景明中,與豫州刺史裴叔業據州歸魏。……慶幼聰敏,有器量。博涉群書,不治章句,好飲酒,閑於占對。」從柳慶家世學風可知他治學爲文必爲南朝途徑。

自有晉之際，文章競為浮華，遂成風俗。太祖欲革其弊，因魏帝祭廟，群臣畢至，乃命綽為大誥，奏行之。（文略）自是之後，文章皆依此體。

大誥模擬典誥，久爲後人譏笑，已不待論。雖然宇文泰、蘇綽推行文體改革有其政治目的，並非只是盲目復古。但所謂「自是之後，文章皆依此體」，也非事實。周書所載類此之文只有恭帝元年宇文泰諭臣文及受禪位詔書而已。大誥頒佈在大統十一年（五四五），不過十年，魏恭帝元年，庾信奉梁元帝命通使入關被留，江陵破滅，王褒等梁臣被遷入關。周書卷四一庾信傳：

（周）世宗、高祖並雅好文學，信特蒙恩禮。至於趙、滕諸王，周旋款至，有若布衣之交。群公碑誌，多相請託。唯王褒頗與信相埒，自餘文人，莫有逮者。

本傳終云：

既而革車電邁，渚宫雲撤，爾其荆、衡杞梓，東南竹箭，備器用於廟堂者衆矣。唯王褒、庾信奇才秀出，牢籠於一代。是時，世宗雅辭雲委，滕、趙二王雕章間發。咸築宫虚館，有如布衣之交。由是朝廷之人，閭閻之士，莫不忘味於遺韻，眩睛於末光。猶丘陵之仰嵩、岱，川流之宗溟渤也。然則子山之文，發源於宋末，盛行於梁季。其體以淫放為本，其詞以輕險為宗。故能夸目於紅紫，蕩心於鄭、衛。昔楊子雲有言：「詩人之賦麗以則，詞人之賦麗以淫。」若以庾氏方之，斯又詞賦之罪人也。

類似的議論又見於隋書卷七六文學傳序。序云：

梁自大同之後，雅道淪缺，漸乖典則，争馳新巧。簡文、湘東，啓其淫放，徐陵、庾信，分路揚鑣。其意淺而繁，其文匿而彩，詞尚輕險，情多哀思。格以延陵之聽，蓋亦亡國之音乎！周氏吞併梁、荆，此風扇於關右，狂簡斐然成俗，流宕忘返，無所取裁。

周書對江左一概否定，隋書則獨斥梁大同之後的變化。但同樣對以徐、庾爲代表的文體齊聲詆斥。這種被斥爲「淫放」、「輕險」的文體，自江陵破壞，庾信、王褒等江左文人進入關中，文化相對衰落貧乏的關中開始傳入了興於梁末的新文風，與江左、鄴都接上了魏晉以來發展的軌道。宇文泰努力造作的規摹典誥的文體竟爲他兒子們所唾棄，而被詆斥的浮華文體却在關中盛行。北朝末期，以徐、庾爲代表的江左文風基本上已占領了北土文壇。北土文學的重振實際上是南朝文學的北傳。盡管周、隋二史詆斥徐、庾，盡管徐、庾代表的確是魏晉新興文學的末流，然而這還是當代文學的主流，徐、庾仍然是當代最傑出的文人。庾信後期作品哀江南賦、枯樹賦等眷懷故國，感情真摯，完全安不上「淫放」、「輕險」、「浮華」這些酷評，前人早已論及，無須多述，就是徐陵和庾信前期綺麗之作也未可一筆抹殺。我們還必須指出，周、隋二書作者斥責所謂「淫放」、「輕險」、「浮華」，大抵指的是被認爲色情的内容與繁縟的辭藻，新巧的運典用韻等技術，却不是反對駢儷文，而且這種駢儷文的風格並不能超越他們所詆訶的傳自南朝的文體。

二　隋唐間的江左遺風

北朝末期南朝文學占領北方文壇，任、沈、徐、庾之文成爲北方文士乃至學童師法的楷模。隋初，治書侍御史李諤上書請清除輕浮的文體，他痛斥源自曹魏而極弊於江左齊梁，不讀經典，專事吟咏的學風與文風，以致「文筆日繁，其政日亂」。這種「舍本逐末」的風氣「流離華壤，遞相師祖，久而逾扇」。所謂「華壤」，即指北土，亦如前列蘇綽所説江左文章浮華，「洛陽後進，祖述不已」。簡言之，即江左輕薄文體占領了北方文壇。李諤所上書中稱隋朝建立之初，就「屏黜輕浮，遏止華僞」，「開皇四年（五八四），普詔天下，公私文翰，並宜實録」。同年，泗州刺史司馬幼之由於「文表華艷，付所司治罪」。雖説「自是公卿大臣咸知正路，莫不鑽仰墳籍，禁絶華綺」，然而「外州遠縣，仍踵弊風」。地方官選拔人才，還是重那些能作輕薄篇章之人，而屏棄仁者儒學之士。他要求命令官司普遍搜訪，訪得此等情況，即「具狀送臺」，以資彈劾。事備見隋書卷六六本傳。隋書卷七六文學傳序稱：「高祖初統萬機，每念斫雕爲樸，發疏施令，咸去浮華。然時俗詞藻，猶多淫麗，故憲臺執法，屢飛霜簡。」憲臺霜簡，應即指李諤上書，但云「屢飛」，似又不止李諤一書。按李諤文雖論文體，而最後重在選舉，要求改正地方官辟舉與歲舉輕德行儒學而重浮薄文章的不正之風。關於選舉，且待後述。總之，開皇四年「公私文翰，並宜實録」的詔書頒發後，雖司馬幼之因文章華艷得罪，實際效果却並不大。李諤所云「外州遠縣」，那時還未滅陳，應指雍州以外的隋統治區域，大抵爲故齊領土的某些州縣。李諤是針對選拔人才的偏向説的。這種情況是否只限於雍州外某些州縣，姑且不論。如果就文風而言，則絶非限於「外州遠縣」。隋文帝崇尚吏治，不但文學，儒學也並不受尊重。隋書卷五八許善心傳説他曾贊賞許善心（曾被徐陵稱道的南士）所作的白雀頌，贊賞的却是「文不加點，筆不停揮」，而非頌文。但是也像宇文泰一樣，他的兒子中却頗有愛好。隋書卷四五房陵王勇傳：

勇頗好學，解作詞賦。性寬仁和厚，率意任情，引明克讓、姚察、陸朗明等為之賓友。

上書卷一八魏澹傳：

聘陳主使還，除太子舍人。廢太子勇深禮遇之，屢加優錫，令注庾信集，復撰笑苑、詞林集，世稱其博物。

按據隋書卷一文帝紀魏澹使陳在開皇三年（五八三）十二月，使還授官當在次年。楊勇命澹注庾信集亦當在開皇初。楊勇必早已誦讀庾信文，用典每不能解，所以命魏澹作注，其時距庾信之卒，大約不過十至十五年間。李諤上書請正文體亦即在此時。楊勇傳稱他「解作詞賦」，必與周趙王招一樣，爲文學庾信體，周隋間貴族子弟好文學者大概都這樣。隋書卷五八明克讓傳稱：「於時東宫盛天下才學之士，至於博物洽聞，皆出其下。」可知才學之士爲勇羅致者甚多。楊勇傳只舉明克讓等三人以概其餘。明克讓乃經學世家，姚察却是江左徐庾一脈的文人，〔一〕楊勇賓友中必多文學之士。楊勇

〔一〕陳書卷二七姚察傳：「吏部尚書徐陵時領著作，復引爲史佐，及徐陵讓官致仕等表，並請察制焉。陵見而嘆曰：『吾弗逮也。』」姚察文獲徐陵如此贊賞，文體必相契合。

所引另一文士陸朗明即陸爽，亦見隋書卷五八，乃魏郡臨漳人。在北齊爲中書侍郎，齊亡，與李德林、陽休之等十餘人入關，這十餘人都是北齊著稱文人。此外，同書卷七六文學劉臻傳稱：「皇太子勇引爲學士，甚褻狎之。」臻爲沛國相人，其父爲梁尋陽太守，當久居江南。他先仕梁元帝和後梁蕭詧，宇文護闢爲中外府記室，遂入關。陸爽、劉臻文章，大致沿襲江左、鄴下之風。

文帝次子煬帝楊廣，隋書卷三煬帝紀稱：「上少好學，善屬文。」同書卷五八柳䛒傳云：「初王（煬帝時封晉王）屬文爲庾信體，及見䛒以後，文體遂變。」按柳䛒雖本貫河東，其先代永嘉亂時已遷襄陽，父祖仕梁，他在後梁官位顯達，後梁廢始入長安，時在開皇七年（五八七）。經官兩任乃爲晉王諮議參軍。煬帝見柳䛒應在開皇九年平陳後鎮江都時。此前煬帝爲文師法庾信，與楊勇之命魏澹爲庾信集作注，並是周代滕、趙諸王之舊風尚。隋書卷七六文學傳序云：

煬帝初習藝文，有非輕側之論，暨乎即位，一變其風。……雖意在驕淫，而詞無淫蕩，故當時綴文之士，遂得依而取正焉。

上引論述有二點需要説明。其一，煬帝有非輕側之論如上引柳䛒傳所云，必在見柳䛒之後，其時煬帝年已二十餘，不能説「初習藝文」。其二，所謂「暨乎即位，一變其風」，乃改變起於梁末，傳於關右，以徐、庾爲代表的「詞尚輕險，情多哀思」的文風，「非輕側」，變徐、庾體不等於否定南朝文學。實際上，煬帝也並非真正「非輕側」，煬帝曾作宴東堂嘲司花女等宫體詩，且命虞世南和作，則早年「非輕側」也出於矯飾，而文學傳序所云即位後文體「一變其風」，並非實録。

柳䛒傳又云：「王（晉王廣）好文雅，引才學之士諸葛潁、虞世南、王胄、朱瑒等百餘人以充學士，䛒爲之冠。」諸葛潁爲丹陽建康人，父祖並仕梁朝，潁爲邵陵王記室，侯景亂中奔北齊，待詔文林館。入隋，爲晉王記室，「甚見親待」。王胄乃琅邪王氏，江左高門，陳亡入隋，亦爲煬帝所重。〔一〕虞世南爲會稽高門，虞荔之子，世基之弟。世基、世南弟兄文學在陳都受到徐陵的贊賞。陳亡入隋，世基是煬帝親信大臣之一，官内史侍郎，與蘇威、宇文述等參掌朝政。〔二〕朱瑒僅見於南史卷六四王琳傳，爲琳故史，疑出吴郡朱氏。此外，煬帝爲晉王時所置學士見於隋書文學傳者還有虞綽、庾自直。虞綽爲世基、世南族人，陳亡爲晉王學士。文學王胄傳説胄與虞綽齊名，「後進之士咸以二人爲準的」。庾自直原籍潁川，遷居襄陽，應爲庾信族人。陳亡爲晉王學士，煬帝即位後爲著作佐郎，常居禁中，與虞綽、虞世南、蔡允恭「以文翰待詔」。本傳説「帝有篇章，必先示自直，令其詆訶，自直所難，帝輒改之，或至於再三」。如上所述煬帝晉王時所置學士，都是北來南士，這固然與煬帝爲平陳統帥與作鎮江都有關，但更重要的還是由於他愛好文學，江左文學久傳北土所至。煬帝對於江左文化非常崇重，太平御覽卷六〇二文部一八「著書下」引隋大業拾遺載内史舍人竇威、起居舍人崔祖濬等著丹陽郡風俗，以吴人爲東夷，煬帝不悦，命人宣敕加罪，敕云：

昔漢末三方鼎立，大吴之國，以稱人物。故晉武帝云：江東之有吴、會，猶江西之有汝、潁。

〔一〕諸葛潁、王胄事見隋書文學傳。
〔二〕舊唐書卷七二虞世南傳，隋書卷六七虞世基傳。

衣冠人物，千載一時。及永嘉之末，華夏衣纓盡過江表，此乃天下之名都。自平陳之後，碩學通儒，文人才子，莫非彼至。爾等著其風俗，乃為東夷之人。度越禮義，於爾等可乎？然於著述之體，又無次序。各賜杖一頓。

據此可知煬帝企羡南朝文化的心情。如上所述，文帝開皇四年下詔改正文體，以後李諤以治書侍御史的身分上書糾彈文體不正，選舉不實，而就在此時，文帝二子楊勇、楊廣都愛好庾信文，都延致江南文人爲賓友即所謂「學士」。開皇十年後，雖史稱楊廣文體改變，恐未必盡然。實際上，被詆爲「淫放」、「輕薄」的徐庾體或煬帝所非之「輕側」文風業已風靡全國，並未真有所改變。這一點只要看唐初流行的文體即可知道。唐書卷二〇七陳子昂傳：

唐興，文章承徐、庾餘風。天下祖尚，子昂始變雅正。

唐初，天下仍然祖尚徐庾餘風，又豈能「一變其風」？法苑珠林卷一八感應緣唐遂州人趙文信條：

唐遂州人趙文信至貞觀元年（六二七）暴死，三日後還得蘇。即自説云：「初死之日，被人遮擁驅逐將行，同伴十人並共相隨，至閻羅王所……後喚遂州人前：『汝從生以來，有何功德？』其人報王言：『臣一生以來，不修佛經，唯好庾信文章集録。』王曰：『其庾信是大罪人，現此受苦。汝見庾信，頗曾識不？』其人報云：『雖讀渠文章，然不識其人。』王即遣人引出庾信，令示其人。乃見一龜，身一頭多。龜去少時，現一人來，口云：『我是庾信，為生時好作文章，妄引佛經，雜糅俗書，誹謗佛法，謂言不及孔、老之教。今受罪報龜身苦也。』此人活已，具向親説。

庾信因文章妄引佛經和謗佛受報龜身，當爲奉佛信徒所編造。但作者必然也讀庾信文，否則怎麽知道他引用佛經與俗書雜糅？遂州屬劍南地，地段偏遠，而此州却有人一生只讀庾信文集，可知隋唐間庾集流行廣泛。

貞觀年間還發生過一件有關進士科文體的事。通典卷一七選舉典雜議論中：

（貞觀）二十三年（據宋本）九月，考功員外郎王師旦知舉。時冀州進士張昌齡、王公治並有俊才，聲振京邑。而師旦考其文策，黜之不舉。舉朝不知所以。及奏等第，太宗怪無昌齡等名，因召師旦問之。對曰：「此輩誠有詞章，然文體輕艷，必不成令器。臣若擢之，恐後生相仿傚，有變陛下風雅。」帝以為名言。後果如其言。〔一〕

張昌齡舊唐書卷八〇、新唐書卷二〇一文苑傳均有傳。舊傳不記此事，而云：「本州欲以秀才舉之，昌齡以時廢此科已久，因辭，乃充進士貢舉及第。貞觀二十一年翠微宫成，詣闕獻頌。太宗召見，

〔一〕今本通典「二十二年」作「二十三年」。册府元龜卷六五〇貢舉部清正亦録張昌齡被黜事，但不紀年。又「黜之」作「考其六策全下」。新唐書卷二〇一文苑張昌齡傳但云辭秀才舉，「充進士貢舉」，不云及第，以下采通典叙王師旦事訖，乃云：「貞觀末，翠微宫成，詣闕獻頌」云云，並同舊唐書。按雍録卷四「翠微宫」條，宫建於武德八年，本名「大和」，貞觀二十一年改名「翠微」。當經重修而改名，故舊傳云：「貞觀二十一年，翠微宫成。」昌齡於二十一年獻頌得官，安得於貞觀二十二年應進士舉被黜？且昌齡遷崑山道行軍記室，後破龜兹作露布，事在貞觀二十二三年間，其獻頌得官必在此事前。據此可知通典紀年有誤。舊傳云「進士及第」，亦不然，若昌齡貞觀二十一年前已進士及第，應已授官，何以又在二十一年獻頌求仕？要之，昌齡實爲師旦所黜，後乃以獻頌得官耳。

試作息兵詔草，俄頃而就。太宗甚悦，乃謂之曰：『昔禰衡、潘岳皆恃才傲物，以至非命。汝才不減二賢，宜追鑒前範，以副吾所取也。』乃敕於通事舍人裏供奉。」據此則昌齡於貞觀二十一年前已進士及第，豈得於二十二年被黜，所載不合。或昌齡先曾爲王師旦所黜，後仍以進士及第，通典記事偶誤；或昌齡實未登進士第，但以獻頌召試得官，舊唐書記載不實。姑置不論。總之，張昌齡是冀州人，貞觀時文名頗盛。如王師旦所論，張昌齡和王公治之文「其體輕艷」。唐初人説的「輕艷」文體亦即徐庾體。二人被黜，舉朝驚訝，致使太宗親自詢問。可知盡管隋唐之間一直有人大聲斥責這種文體，他們的危言正論並没有爲文學界所接受，也没有真正得到朝廷的認可。貞觀朝臣乃至太宗是認爲張、王二人理應中第的。唐太宗同意王師旦的議論，昌齡暫時被黜（如果確如通典所述），却還是以文章得官，而且太宗贊賞他文才不減禰衡、潘岳。是否昌齡接受教訓改變了文體呢？同時作文必須相題，像「息兵詔」那樣的命題是不容許著「淫放」、「輕艷」文句的。

從北周以來，關中文藝風氣便是文學庾信、書學王褒。北周明帝和滕、趙二王，隋代太子楊勇及煬帝均學庾信文，唐太宗也曾製作這種「輕艷」詩文。唐會要卷六五秘書監：

（貞觀）七年（六三三）九月二十二日，上謂侍臣曰：「……嘗戲作艷詩，（虞）世南進表諫曰：『聖作雖工，體制非雅。上之所好，下必從之。此文一行，恐致風靡，輕薄成俗，非為國之計，賜令繼和，輒申狂簡。而今之後，更有斯文，繼之以死，請不奉詔旨。』」

太宗戲作艷詩，應即倡導於梁簡文、徐摛，流行於梁、陳之所謂「宮體」。太宗所作宮體詩留存至今者尚有數首，見全唐詩卷一。其中有秋日效庾信體，更足證他向往庾信的傾向與一時風氣。「戲作」實是飾詞。虞世南生長江南，也工於此體，我們知道他在隋代曾和煬帝所作宴東堂嘲司花女之艷詩，太宗要他和己所作，必然認爲他平素嫺習。世南之所以堅拒，正因爲他經歷陳、隋，深知如和作艷詩，必然爲其他某些朝臣以及後世所非議，更難保太宗不會因爲朝臣之言而一朝遷怒，加罪於他。至於内心，則世南是否真的厭惡此體，殊不可知。

虞世南以爲「上之所好，下必從之」，深恐御製艷詩流行，導致「輕薄成俗」。而十餘年後，張昌齡、王公治雖然文體輕薄，却「聲振京邑」，被黜之後，「舉朝不知所以」，太宗還親自過問。這充分説明虞世南不和艷詩，却依然「輕薄成俗」，輕薄文體仍然還得以博取頗高的聲名。唐太宗盡管肯定虞世南的直言，然和朝臣一樣稱賞張、王的文才。王師旦之論與虞世南如出一轍，也是恐敗壞文風，然而黜落張、王同樣也未能消除這種以徐、庾爲代表的江左遺風。新唐書卷二〇一文藝傳序：

唐有天下三百年，文章無慮三變。高祖、太宗，大難始夷，沿江左餘風，絺句繪章，揣合低昂，故王、楊為之伯。玄宗好經術，群臣稍厭雕琢，索理致，崇雅黜浮，氣益雄渾，則燕、許擅其宗。是時，唐興已百年，諸儒爭自名家。大曆、貞元之間，美才輩出，擩嚌道真，涵泳聖涯，於是韓愈倡之，柳宗元、李翱、皇甫湜等和之，排逐百家，法度森嚴，抵轢晉、魏，上軋漢、周，唐之文完然為一王法，此其極也。

文藝傳序所云唐初文章「沿江左餘風」，亦即上引陳子昂傳所稱唐初文章「祖尚徐、庾」。太宗時被認爲「輕薄」的徐庾體雖屢受指責，却仍然爲朝野所宗，已如上述。高宗、武后之際，「江左餘風」的代表人物爲王勃、楊炯、盧照鄰、駱賓王，號稱「四傑」。文藝傳序云「王、楊爲之伯」其實兼包盧、駱而言。宋陳善捫虱新話卷六「文才類」曾指出王勃滕王閣序中「落霞與孤鶩齊飛，秋水共長天一色」句，實本之庾信馬射賦「落花與芝蓋齊飛，楊柳共春旗一色」。又宋王楙野客叢書卷一三云：

王勃云：「落霞與孤鶩齊飛，秋水共長天一色。」當時以為工。僕觀駱賓王集亦曰：「斷雲將野鶴俱飛，竹響共雨聲相亂。」曰：「金飈將玉露俱清，柳黛與荷緗漸歇。」曰：「緇衣將素履同歸，廊廟與江湖齊致。」此類不一，則當時文人皆為此等語。且勃此語不獨見於滕王閣序。如山亭記亦曰：「長江與斜漢争流，白雲將紅塵並落。」歐公集古録載德州長壽寺碑與西清詩話，如此等語不一。僕因觀文選及晉、宋間集，如劉孝標、王仲寶、陸士衡、任彥升、沈休文、江文通之流，往往多有此語。信知唐人句格皆有此也。李商隱曰：「青天與白水環流，紅日共長安俱遠。」陳子昂曰：「殘霞將落日交暉，遠樹與孤煙共色。」「新交與舊識俱歡，林壑共烟霞對賞。」

按王勃滕王閣序「落霞」、「秋水」一聯襲用庾信馬射賦中句法，有如陳善之論，自無可疑。王楙推論這些句法或格調在南朝人文中習見，而蹈襲此類句式之唐人不獨王勃，不論與王勃齊名爲初唐四傑之駱賓王，即號爲改變唐代文風的陳子昂亦在所不免。唐初人習用南朝駢驪文格調，這不一定是有意蹈襲，而是習之讀之甚熟，隨之唾口而出，這就是一代文風。

值得注意的是高宗、武后時作爲「江左餘風」的代表文人之「四傑」，除駱賓王乃婺州義烏人外，王勃爲河東人，楊炯爲華陰人，盧照鄰爲范陽人，均乃北人。而且同時或稍後之著名文人如沈佺期、宋之問、蘇味道、李嶠、崔融等均是北人，其詩文却都像「四傑」一樣祖述江左。這種現象的發生，一方面我們看到隋和唐代前期北方在經濟、政治、文化上具有優越條件，因而文學人才輩出，而江南則梁亡陳滅以來，大量優秀的文士北遷，喪失了一個傳統的文化中心，又喪失了有影響的文壇巨手，從而後繼乏人。另一方面，北方人代表「江左餘風」而管領風騷，正好説明太和以來北方祖述江左文風取得了巨大成果，江左餘風占領了北方文壇。文藝傳序以爲玄宗時，群臣稍厭雕琢，文風始變，代表這一代新風氣的爲張説、蘇頲，即所謂「燕、許」。玄宗時期的文風有所變化，燕、許有異於初唐「四傑」，這一點不待多述。但這種變化仍然局限於「江左餘風」範圍内。盡管燕、許「氣益雄渾」，文體仍屬駢驪。駢驪之文，必然以江左爲楷模。也正如隋書文學傳序所論南北好尚不同，乃是「宜於用」與「宜於歌詠」之異，並非體制源流的區別。當時文人早年課讀，徐、庾的著名作品是必讀的篇章。朝野僉載卷四：

（蘇）頲年五歲，裴談過其父。頲方在，乃試誦庾信枯樹賦，將及終篇，避「談」字，因易其韻曰：「昔年移柳，依依漢陰。今看摇落，凄愴江潯。樹猶如此，人何以任。」談駭嘆久之，知其他日必為文章主也。

按蘇頲卒於開元十五年（七二七），年五十八，〔一〕上推應生於高宗總章二年（六六九），五歲爲高

〔一〕舊唐書卷八八、新唐書卷一二五蘇瓌傳附子頲傳。

宗咸亨四年（六七三），正是「江左餘風」大盛的時代。五歲能改韻避諱，雖云蘇頲聰慧，却也可看出當時兒童很早就誦習庾信文和教以辨别音韻。正如隋代李諤所云：「閭里童昏，貴游總丱，未窺六甲，先習五言。」這是由來已久的風氣，張説、蘇頲等同時文人，生逢其時，很難擺脱「江左餘風」。

如上所述，我們認爲自隋以及唐代前期，南朝文學特别是以徐、庾爲代表的梁末文風，雖然多次以「淫放」、「輕薄」、「浮艷」而遭到詆訶，却一直爲北人所景尚，而且南朝文學廣泛流傳於北土。在唐代，代表這種文風的却多是北人，南朝文學占領了北方文壇。這是因爲魏晉以後文學發展的傾向是講究對偶、運典、音律的駢儷文，南朝繼承了魏晉，走的正是這條發展道路。北朝後期以至隋、唐前期，既然文尚駢儷，就必然要以南朝文學爲楷模。

三　唐代後期古文與駢文的盛衰

上文論述隋及唐前期文學上的「江左餘風」占領北方文壇，當時文體仍然崇尚駢儷。永嘉亂後，魏晉興起的駢文在江南繼續發展，寫作駢文必然以江左爲楷模，必然要講究對偶、運典、音律等技巧。西魏蘇綽曾經試圖復古，仿傚尚書典謨，既與當時企羡的南朝文風相背，而且也不能實際行用，只是一場兒戲。隋唐期間，不少人詆斥江左文風特别是認爲「淫放」、「輕薄」、「浮艷」的梁末文風，但他們也並不否認駢體文的優越地位，實際上，他們非難梁末文風的論述仍是用駢體文寫成。駢體的樊籬不打破，江左終究爲駢文的淵藪和楷模，即使排斥徐、庾，也仍然不出江左範圍，何况徐、庾作品仍然是習作駢文者必讀的篇章。安史之亂前後，天寶以至大曆之間，文必駢驪的情況開始發生變化。蕭穎士、李華、元結、獨孤及、梁肅諸人均有捨駢取散，崇尚古文的傾向。蕭穎士曾説：「僕平生爲文，格不近俗，凡所擬議，必希古人，魏晉以來，未嘗留意。」〔一〕獨孤及毗陵集李舟序以爲自陳子昂之後，蕭穎士、李華、賈至、獨孤及「皆憲章六藝，能探古人述作之意」。自天寶以來，提倡古文的呼聲漸高，至貞元、元和間，韓愈、柳宗元諸人出而形成文學史上著稱的古文運動。這些人所熟知，無待贅述。本文只想探索此後唐代流行的文體究竟起了何等程度的變化。

我們絲毫也不懷疑古文運動的重大意義與深遠影響。但就唐代而言，古文對駢文還未取得壓倒的優勢，當時社會上下層流行的各類文章雖都兼用古文，但基本上仍以駢驪爲主。絶大多數文人一如既往，誦習駢文，講求對仗、運典、音律。貞元二十年（八〇四），日本僧空海（弘法大師）入唐，過了二年，於元和元年（八〇六）返國。他返後撰寫文鏡秘府論六卷，内容是講寫作詩文的技巧，申述梁代沈約所倡之四聲八病之要，以及剪裁典故以求對偶工整之法等。空海大概入唐前已嫺習中國詩文，入唐後更受當時流行文體影響。貞元、元和間正是「江左餘風」那套，當然他於匆促二年間，難以深入

〔一〕文苑英華卷六七八蕭穎士贈朱司業書。按新唐書卷二〇一文藝蕭穎士傳記穎士論文，推重班彪、皇甫謐、張華、劉琨、潘尼，以爲曹植、陸機不如。全唐文卷三一五李華揚州功曹蕭穎士文集序亦記穎士論文，則自屈、宋以下列舉曹植、王粲、嵇康、左思、干寶。本序於南朝獨舉一裴子野，於唐則推重陳子昂，東晉南朝時期的文人如顔、謝、任、沈等大家一不被舉。

領會韓、柳主旨，却可以看到當時文壇上活躍的不外是這一套詩文技巧。這裏有一個至關重要的原因就是進士科考的是律賦、律詩。

進士科創自隋煬帝，隋及唐初只試時務方略策。高宗永隆二年（六八一）加試雜文二篇，「通文律者然後試策」。〔一〕據隋書杜正玄傳，隋代秀才已有加試雜文例，但似非定制。所謂雜文，當指賦頌銘贊諸有韻之文。永隆二年進士加試雜文兩篇，命題廣泛，以後才限於律賦、律詩。律賦、律詩形成於梁、陳。進士爲唐代士人出身最受尊重也是競爭最力的科目，凡應進士舉者非熟嫺詩、賦的寫作不可，〔二〕「江左餘風」也必然繼續下去。皇甫持正集卷四答李生第一書：

來書所謂浮艷聲病之文耻不為者，雖誠可耻，但慮足下方今不爾，且不能自信其言也。何者？足下舉進士，舉進士者，有司高張科格，每歲聚者試之。其所取乃足下所不為者也。工欲善其事，必先利其器。足下方伐柯而捨其斧斤，可乎哉？耻之不當求也，求而耻之，惑也。今吾子求之矣，是徒涉而耻濡足也，寧能自信其言哉！

皇甫湜一針見血地指出，李生所耻爲的「浮艷聲病之文」正是進士舉的「科格」，求進士而耻作此類之文就好比伐木而捨棄斧斤。皇甫湜自己就曾舉進士及第，這些話正是他深知甘苦之談。其實倡

〔一〕新唐書卷四四選舉志。通典卷一五選舉三稱「進士試文兩篇」，無「雜」字。

〔二〕不僅進士入場考試詩賦，而且進士及第後赴吏部應試授官即所謂「考功試」或「釋褐試」需試判，以觀察其人明習法令，斷決事務的才能，實際上也是試文才，而且必須用駢驪體。

導古文的領袖韓愈以及古文運動的中心人物柳宗元、張籍、李翺、李漢等哪一個不是進士，哪一個不能作所謂「浮艷聲病之文」？韓愈文集中無駢文，並非他不能作駢文，只是他像李生那樣引以爲耻而不收入而已。舉進士必須習作律賦、律詩，這是所謂「敲門磚」。清人稱八股文爲「時文」或「功令文」，講求對仗、運典、聲律的駢文就是唐代的時文或功令文，當時稱爲「今體」。不僅登進士必須工於駢文，像元稹、白居易那樣官翰林學士的，草擬所謂「大詔令」，更必須擅長駢驪，又不僅司内外制的翰林學士和中書舍人，就是一般高級官僚，判事照例要用駢體，逢到節日、皇帝誕辰以及立皇太子等慶典都得上照例由駢體文寫成的賀表，自己不能作或不想作，也得請一位能作此類文的文人代作。唐中葉以後，大量文人充當諸道節度使、觀察使等的幕僚，寫作任務之一就是此類賀表和其它浮泛的酬應書牘。這使自朝廷制詔至内外百官的章表書牘、判語大致都用駢文，甚至出現可以襲用的奏狀、章表、通問的範本，皆用比較通俗的駢體文寫成，稱作「書儀」，具見周一良同志的考釋。〔一〕古文興起之後基本上没有變化，繼承江左的駢文仍然有極其廣泛的應用領域。

不僅廟堂之上，内外百官皆用駢文，而且閭里之中，民間流行的也是駢體。敦煌所出唐或五代文書中，有通用的遺書、析産、放妻、放奴婢等程式所謂「樣書」多件，行文大都爲鄙俗駢體，具載唐耕耦同志所編敦煌社會經濟文獻真迹釋録第二輯「遺囑、分書、放妻、放良書樣式」一類中，今録其中所載

〔一〕周一良：敦煌寫本書儀考，見北京大學中國中古史研究中心編敦煌吐魯番文獻研究論集第一輯。

斯〇四三三號「放良書」一件，以概其餘。

蓋婢以人生於世，果報不同，貴賤高卑，業緣歸異。上以使下，是先世所配；放伊從良，爲後來之善。其婢某乙，多生同處，勵力今時，效納年幽。放他出離，如魚得水，任意沉浮；如鳥透籠，翱翔弄翼。娥媚（眉）秀柳，美娉窈窈之能（態）；撥鬢抽絲，巧逞芙蓉之好。徐行南北，慢步東西；擇選高門，娉爲貴室。後有兒侄，不許忏論，一任從良，榮於世業。山河爲誓，日月證盟。依此從良，終不相違者。於時某年月日謹立放書。

又該書同類録「放妻書」七件，其中斯六五三七號「放妻書」一件與伯三七三〇號「某鄉百姓某專用放妻書」一件，除個别字外，全都相同，足見彼此抄襲之迹。

此種彼此抄襲的俗體駢文程式也可以在唐人墓誌中見到。岑仲勉先生貞石證史「突厥人澈墓誌」條説：「石華九云：『前蕭思亮誌有「龍門之桐，始半生而半死」，此文（胡佺誌）亦有是句。蓋唐人作文，已有活套，轉相剿襲，要知此語尚不始於思亮誌也。』余少讀書，見夫舊日三家村冬烘先生，爲人寫婚禮書帖，往往編成一種套語，預備抄謄，故除郡望之外，幾無不大同小異。以此而推，古代民間墓誌，如非平生事迹可紀，或延文人捉刀者，當亦難免斯弊。」該條舉安神儼誌及康杴誌二志及同書「安師誌與康達誌」條所舉龍朔三年（六六三）安師誌及總章二年（六六九）康達誌，均見抄襲雷同情况。岑先生續貞石證史「石刻記載雷同踳駁又兩宗」條引山西通志卷九一論唐上元南溪縣令孟貞墓誌多與鄉正馬惲墓誌雷同説：「初唐墓誌，率用駢驪一種通調，展轉沿襲，而未有此其甚者，而又生同地，葬同時，而千載後俱流散於世，豈不奇哉！」

岑仲勉先生所述爲唐前期的情況。從周紹良先生主編唐代墓誌彙編所收貞元到唐末九百餘方墓誌看，古文運動興起後，墓誌還是以駢驪文爲主。貞元到大中以前五百六十多方墓誌中，駢驪體占百分之七十以上，而散文體墓誌也都夾雜着駢驪句式。大和時期，我們才發現了像韓愈那樣純用散文寫成的墓誌，到大中時，這種情況尤爲多見，但駢體墓誌仍多於散體墓誌，而且大中以後，直至唐末，駢驪文在墓誌中又再度興盛，占絕對優勢。我們雖未發現其中駢驪文墓誌相互抄襲的情況，但對偶、運典仍是其突出特徵。

如上所述，無論朝廷還是民間，駢文行用有廣泛的領域，而且在古文運動興起之後，駢文傑出作家不乏其人。稍前大曆、貞元間，常袞、楊炎、陸贄先後爲相，他們政見不同，但却都是駢文高手。元和之後，以駢文名家者雖不能在聲勢上與韓、柳之古文相抗，而較之張、李、皇甫諸人未必遜色，甚或過之。文、武二朝時，李德裕不但是一位政治家，而且還是位駢文家。鄭亞爲德裕會昌一品集作序，列舉唐代勛業文章兩著者顏師古、岑文本、李嶠、崔融、張說、蘇頲、常袞、楊炎，而以吉甫、德裕父子相擬。其實吉甫只是陪襯，德裕之文比之燕、許、常、楊，毫無愧色。李德裕不應進士舉，說「好驢馬，不入行」，又說他祖父李栖筠「以仕無他歧」才應進士舉，及第之後，「家不置文選」。〔一〕他對進士科不滿，也確實不作如上引皇甫湜答李生書中所謂「浮艷聲病」之文。所以他作文章論贊同魏文帝典論

〔一〕 舊唐書卷一八武宗記會昌四年，唐語林卷二「言語」。

「文以氣爲主」之説，又説「不可以不貫」，認爲沈約素重音韻，「語雖甚工，旨則未達」。以氣爲主則必須通貫，正如新唐書文藝傳序論燕、許「文氣雄渾」。所以文章論於唐代獨推蘇頲誥命之文。〔一〕孫梅四六叢話卷六論制詔，以德裕與陸贄並論。王漁洋池北偶談卷一七亦云：

李衛公一代偉人。……其會昌一品集制集駢偶之中，雄奇駿偉，與陸宣公上下。

孫、王所論只是制集所載之文，其實別集所録賦、銘、碑、箴諸文也不乏佳作。歐陽修就曾稱道德裕大孤山賦。〔二〕

李德裕稍後另一位傑出的駢文作家是李商隱。商隱少年爲古文，不尚駢偶，後來入令狐楚幕府，令狐楚是駢文名家，商隱始改作「今體」，其事見舊唐書卷一九〇、新唐書卷二〇三本傳，商隱樊南甲集自序云：

樊南生十六，能著才論、聖論，以古文出諸公間。後聯為鄆相國、華太守所憐，居門下時，校定奏記，始通今體，後又兩為秘書房中官，恣展古籍，往往咽噱於任、范、徐、庾之間。有請作文，或時得好對切事。聲勢物景，哀上浮壯，能感動人。

商隱自序稱其集本名樊南四六，均爲駢文，亦即「今體」，可知當時流行的文體爲駢文。商隱從令狐楚作章奏，以後又任秘書房中官，流鑒古籍，「咽噱於任、范、徐、庾之間」，可知他於江左遺文研習甚

〔一〕李文饒集別集卷三。
〔二〕歐陽文忠公集卷一四二集古録卷九「李德裕大孤山賦」條云：「贊皇文辭，甚可愛也。」

深，而且凡工於「今體」者必定要鑽研江左遺文。

商隱駢文爲晚唐之冠。四六叢話卷三二歷數徐、庾之後，及於宋代，稱道商隱之文云：

唯樊南甲、乙，則今體之金繩，章奏之玉律也。循諷終篇。其聲切，無一字之聲屈；其抽對，無一語之偏枯。才斂而不肆，律超而不空。

叢話從徐、庾以下獨尊商隱，未免推許過當，但商隱爲唐代傑出的駢文大家，並非虛誣。黄季剛先生也説：〔一〕

樊南四六，上承六代，而聲律彌諧；下開宋體，而風骨獨峻。流弊極少，軌轍易遵。

這是説商隱之文精於聲律，即叢話所云「無一字之聲屈」，所云「風骨獨峻」，則雖精章律，却不作「浮艷」之辭。從諸家對李商隱駢文的評價，商隱作爲唐代「江左餘風」的後勁，當非溢美。

我們舉古今對德裕、商隱駢文的稱贊，説明在貞元、元和時古文運動興起之後，駢文不但在社會上下層廣泛行用，而且在高度上也還有傑出的作家。除了二李之外，元和之後有如蘇元輿、令狐楚、段成式、温庭筠等都足以和同時古文諸家相抗衡。我們認爲元和之後，文壇優勢仍在「江左餘風」的駢儷之文。一般士人仍然講究對偶、運典、聲律，以求科第，其中不乏足以繼承前修的高手。直到宋代，此風未絶。宋史卷四三九文苑傳序云：

國初楊億、劉筠猶襲唐聲律之體。柳開、穆修志欲復古而力弗逮。廬陵歐陽修出，以古文

〔一〕人民文學出版社一九八七年版唐文選第一四頁引黄季剛金陵大學國學研究班學程提要跋。

倡，臨川王安石、眉山蘇軾、南豐曾鞏起而和之，宋之文日趨於古矣。

經歷唐末以至五代，對於文章的總評自來都説文體卑靡，這主要是對那時的駢文而言，古文那時既没有壓倒駢文，也不是主流。如上引宋史文苑傳序所説，直到宋初，仍然「襲唐聲律之體」。古文真正壓倒駢文，是在宋仁宗以後歐陽、王、蘇、曾諸古文大家興起時。特别是在王安石實行新政，進士科廢詩賦而改試經義之後，古文才成爲文壇主流。雖然宋代所謂制科仍試駢文，所謂「大詔令」及章表仍用駢體，民間文書也仍多駢驪，而且自宋至清代不乏駢文作家，但那在文壇上只處於附庸地位，駢文的應用也日益縮小、削弱。韓愈倡導的古文運動基本上到宋中期才收全功，也就是説「江左餘風」至此才大大削弱，文選以及南朝顔、謝、任、沈、庾文集再也不是初學必讀之書了。

四　後記

東漢末期，魏、晉之際，文學和學術思想一樣發生了有殊於兩漢的變化，内容偏重抒發感情，因情寫景，體制則傾向於駢驪化。魏晉新學風、文風以及生活風尚都發生或集中體現在以洛陽爲中心的河南地區，代表新思想的玄學家和新文風的代表人物基本上是這一地區人。三國時傑出的文人如三國志卷二一王粲傳所載孔融、王粲等「建安七子」以及路粹、邯鄲惇、繁欽、丁儀、丁廙、楊修，原籍均在長江以北，大河以南。江南孫吴領域内以及蜀漢都没有哪一位文人和上述「三曹」與「建安七子」等相抗衡。西晉之初，江南出現了陸機、陸雲兩位才士，但他們的成就在很大程度上均因入洛以後接受中原文風的影響，此當别論。

永嘉亂後，建康成爲繼承曹魏、西晉新興的文化的中心，江左文學和經學、玄學、書藝同樣是魏晉風尚的繼承和發展。文體駢儷化，日益講求對偶、運典和音律，内容大都抒情寫景乃至於「淫放」、「輕薄」。當時以及後來詆訶的江左文風溯源實自中土，或者説是中土文風的移植，北風的南移。隨着僑人的本土化，源自中土的文風也成爲江左文風。盡管江左文風在發展過程中特别到南朝末期出現許多流弊，但它却是魏晉以來文學的主流，雖然南朝僑、土之間在文化上有所區别，南土文士寫作詩文，體制早就與僑人合流，但江左文風的代表人物仍大都出自僑姓。

北朝自太和改革，禮樂刑政在頗大程度上仿傚南朝，江左文學也從那時開始爲北方文人所崇尚。顔、謝、任、沈、徐、庾先後爲洛都、鄴下以及關中文士所師法。北朝文學與南朝文學存在着師承關係，已如前述。原來由中原南傳江左的魏晉新興文風在太和以後重又北傳，北方文人隨着南朝文學發展的傾向而相繼以顔、謝、任、沈、徐、庾爲學習楷模和衡量作品的標準。當時，南朝人對於北土文士的評價具有一定的權威性。〔一〕

〔一〕魏書卷八五文苑温子昇傳稱：「衍使張臯寫子昇文筆，傳於江外。」衍稱之曰：「陸機復生於北土。」隋書卷五七盧思道傳稱齊亡後，「追赴長安，與陽休之等數人作聽蟬鳴篇。思道所爲，詞意清切，爲時人所重。新野庾信號遍覽諸同作者，而深嘆美之」。朝野僉載卷六稱庾信於北人中唯賞温子昇韓陵紀功碑，「盧思道、薛道衡少解把筆，此外皆驢鳴犬吠」。隋唐嘉話稱魏收以文集詒徐陵攜至江左，却被徐陵投之江中説「爲魏公藏拙」。張鷟、劉餗小説家言，不盡可信，但却反映了庾信、徐陵對北方文人的褒貶爲當時北人所重視，也爲後人所津津樂道。

隋代初年，江左文風已占領了北方文壇。開皇廢後梁、滅陳，江左著稱文人全都北遷，隋唐之際，他們受到兩朝君王的優遇。當時徐、庾體風靡全國，由於著名文人北遷不返，江左文壇就非常冷落。而陳亡以後，建康不但喪失了政治中心地位，同時也喪失了文化中心的地位，東晉以後奇才輩出的盛況一去不返。終唐一代，所謂「江左餘風」的傑出代表絶大多數是北人，生於江左者不過寥寥數人而已。所以出現這種奇怪的情況，首先是由於所謂「江左餘風」早就是遍及全國的文風，北朝後期以來北方文人不論貴賤童而習之者不外文選及南朝名人文集，由此產生足以繼承其文風的傑出文人不足爲怪。其二，陳亡之後，經歷五朝的江南的首都建康喪失了江南政治、經濟中心的地位，也喪失了文化中心的地位。曾經在梁末短時期形成的另一個政治、文化中心江陵被西魏摧毀，殘存的後梁也在隋初被廢，作爲江左文學骨幹的才士大量北遷，江左失去了原有的培育與凝聚後一代才子的優越條件，因而後起乏人。於是，唐高宗、武后之後，「江左餘風」的代表人物就不在江左而在北土。

隋及唐初正是徐、庾文體流行全國，上下同風的時代，那時曾經有人譴責這種「淫放」、「輕薄」之辭，然而收效甚微，甚至他們自己也並不能擺脱「江左餘風」。直到天寶以至安史亂後，開始有人提倡古文，也即是主張用散體文作爲文體主流。蘇軾稱韓愈「文起八代之衰」，屏棄魏晉以來不斷發展的文體、文風。但終唐一代，由於進士科照例考試律賦、律詩，古文並不能真正壓倒繼承江左的駢文，已如上述。倡導古文諸人幾乎都是北人，却與南北風尚毫無關係。[二]如前所述，代表江左餘風的駢文

[一] 蕭穎士爲梁室後裔，蘭陵蕭氏是南朝後期「宮體」文學世家。但蕭穎士時，蕭氏北遷已久，非復南人。

諸大家也幾乎盡是北人。

唐代安史亂後，經濟重心南移，江南雖然在一個時期内還孕育不出足以淩駕北人的傑出文人，但文化重心終究必將南移。在宋代，我們看到，古文運動的健者歐陽、蘇、曾、王等均是南人，他們繼承了唐中晚期北人所倡導的古文運動，將由南方移植北土的「江左餘風」掃盪幾盡。

最後，請引南宋陸游一段話以終此文。入蜀記卷四「游頭陀寺」條記南唐重建南齊王簡棲所撰頭陀寺碑云：

簡棲此碑，駢儷卑弱，初無過人，世徒以載於文選故重之耳。自漢魏之間，駸駸為此體，極於齊、梁，而唐大貴之，天下一律。至韓吏部、柳柳州大變文格，學者翕然慕從，然駢儷之作，終亦不衰。故（韓）熙載、（徐）鍇號江左辭家，而拳拳於簡棲之碑如此（熙載，碑陰有題記，鍇題碑額）。本朝楊（億）、劉（筠）之文擅天下，傳夷狄，並駢儷也。及歐公起，然後掃盪無餘。後起之士，雖有工拙，要皆近古。如此碑者，今人讀不能終篇，已坐睡矣，況效之乎！則歐陽氏之功可謂大矣。若（黄）魯直云：「唯有簡棲碑，文章巍然立。」蓋戲也。

放翁論駢儷的興衰與古文之代興，言簡意賅。古文倡於唐之韓、柳，重興於宋之歐陽修，而成於王安石之進士科試經義。宋代是古文真正壓倒駢文的時代，也是文化中心南移的時代。

（原載武漢大學學報一九九三年第六期）

讀顏氏家訓後娶篇論南北嫡庶身分的差異

顏氏家訓卷一後娶篇云：

江左不諱庶孽，喪室之後，多以妾媵終家事；疥癬蚊虻，或未能免，限以大分，故稀鬭鬩之恥。河北鄙於側出，不預人流，是以必須重娶，至於三四，母年有少於子者。後母之弟，與前婦之兄，衣服飲食，爰乃婚宦，至於士庶貴賤之隔，俗以爲常。身没之後，辭訟盈公門，謗辱彰道路，子誣母爲妾，弟黜兄爲傭，播揚先人之辭迹，暴露祖考之長短，以求直己者，往往而有。悲夫！

按家訓所謂「江左」，當即指南朝，所謂「河北」，應指北齊領域，恐不限於大河以北。嫡庶區分，由於繼承關係，從來在理論上有嚴格的區别，這裏無須贅述。本文所擬討論的是像家訓所述南北截然不同的風氣是傳統的地域性差别呢，還是南北朝時期的特殊情況。爲了説明這一點，有必要追溯到東漢中葉以後的有關記載。

後漢書卷四九王符傳：

安定臨涇人也。少好學，有志操，與馬融、竇章、張衡、崔瑗等友善。安定俗鄙庶孽，而符無外家，爲鄉人所賤。自和、安之後，世務遊宦，當途者更相薦引。而符獨以耿介，不同於俗，以此遂不得升進。志意藴憤，乃隱居著書二十餘篇，以譏當時得失，不欲章顯其名，故號曰潛夫論。

安定地在關隴，亦有鄙庶孽之風，王符以此被鄉人賤視，這是他不能入仕爲官的一個原因。他如果遊宦交結，獲得當權人物的薦引，仍可以仕進。結交標榜，博取名聲，本是東漢人進身的通行道路。他雖然與馬融、張衡等當時第一流學人友善，却又「不同於俗」，因而終身不仕。

采取某種值得當時人稱道的行動以博取聲名，是行之有效的途徑。後漢書卷七三公孫瓚傳：「遼西令支人也。家世二千石，瓚以母賤，遂爲郡小吏。〔一〕爲人美姿貌，大音聲，言事辯慧。太守奇其才，以女妻之。後從涿郡盧植學於緱氏山中，略見書傳。舉上計吏，太守劉君坐事檻車徵，官法不聽吏下親近。瓚乃改容服，詐稱侍卒，身執徒養，御車到洛陽。太守當徙日南，瓚具豚酒於北芒上，祭辭先人，酹觴祝曰：『昔爲人子，今爲人臣，當詣日南。日南多瘴氣，恐或不還，便當長辭墳塋。』慷慨悲泣，再拜而去，觀者莫不嘆息。既行，於道得赦。瓚還郡，舉孝廉，除遼東屬國長史。」按公孫瓚以母賤之故，雖然家世二千石，算得上遼西冠族，只能當冠族子弟不屑爲的小吏。但本郡太守賞識他的才能，得娶太守之女，這和家訓所說「鄙於側出，不預人流」的風氣還有區別。此後，公孫瓚的行動便是力圖博取聲名，爲自己開闢升進的道路。他拋棄了郡小吏職位，去從盧植讀書。盧植是當時最著稱的大學者之一，公孫瓚雖然僅僅「略見書傳」，但畢竟是這位大學者的著籍弟子，這一點對於選拔人才是頗爲重要的。東漢選舉的主要標準是「經明行修」，保舉人才的文件不僅寫明被保舉者通曉何種儒家經

〔一〕三國志卷七公孫瓚傳不言「家世二千石，瓚以母賤，遂爲郡小吏」，但云「爲郡門下書佐」。

典，還要特别説明「師事何官」，〔一〕表明他學有師法。曾經師事盧植，不管他是否真的學有所得，究竟可以滿足這個標準。不久，公孫瓚便被舉爲上計吏。保舉他的府主劉太守得罪，他詐稱「侍卒」，護送太守到洛陽，甚至自願送到多瘴氣的日南。爲此，他到洛陽喪葬區北芒山上去祭辭先人。前代學者指出公孫瓚是遼西人，先人墳墓不可能在北芒，前人對此有各種解釋，我以爲「遥祭」一説可能是對的。〔二〕公孫瓚先世即使曾爲朝官，死於洛陽，按照當時通例亦必歸葬故鄉，不可能葬於北芒。值得一提的是，北芒爲叢葬之處，後人祭奠，乃是常事，未必有人來觀看。我想公孫瓚事先已告知一些人，他本「大音聲」，慷慨陳辭，使觀者大爲感動。他忠誠於府主的行動也博得了聲譽，故一返郡就被舉爲孝廉。到此時，他作爲「庶孽」的身分也就完全擺脱了。

王符、公孫瓚都因庶出遭歧視，王符終身不仕，那是由於他性格耿介之故；公孫瓚却努力博得聲名，終於被舉爲孝廉。知當時風俗雖鄙視庶孽，還不至於像北朝那樣嚴重。

和公孫瓚同時的關東牧守盟主袁紹本來也是「庶孽」，這一點三國志卷六、後漢書卷七四上本傳都没有記載。三國志並不記袁紹父是誰，只在卷七袁術傳稱術爲「紹之從弟」。袁術乃袁逢子，則紹應爲逢之侄。後漢書稱「父成，五官中郎將」，與三國志袁術傳符合。而三國志裴注引魏書却説「紹即逢之庶子，術異母兄也，出後成爲子」。後漢書李賢注引袁山松後漢書亦云：「紹，司空逢之孽子，

〔一〕通典卷一三選舉一注引督郵版狀。
〔二〕王先謙後漢書集解卷七二、盧弼三國志集解卷八本傳注引何焯、惠棟、朱邦衡、趙一清諸人説。

出後伯父成。」三國志公孫瓚傳注引典略所載瓚表紹罪狀云：「春秋之義，子以母貴。紹母親爲婢使，紹實微賤，不可以爲人後，以義不宜。乃據豐隆之重任，忝污王爵，損辱袁宗，紹罪九也。」又云：「又每得後將軍袁術書，云紹非術類也。」據此，則魏書及袁山松後漢書以紹爲逢庶子之説並非無據。王先謙後漢書集解、盧弼三國志集解並引清代洪亮吉之説，認爲紹爲逢庶子之説不可信。他據三國志本傳裴注引英雄記稱「紹生而父死」，又云：「遭母喪，服竟，又追行父服，凡在家廬居六年。」後漢書本傳也稱「追感幼孤，又行父服」。而袁逢死在靈帝光和三年（一八〇）之後，那時袁紹業已出仕爲官，如果紹爲逢子，「安得云幼孤與生而父死之説乎」？因而斷言「紹斷非逢子」。今按裴注引華嶠漢書云袁成早卒，紹「生而父死」之父乃指嗣父袁成，「追行父服」也是爲嗣父服。〔二〕袁紹這種「孝行」，固然爲了博取聲名，同時也表示他再也不是袁逢庶子，而是袁成的嗣子。至於袁逢之喪，袁紹既已出嗣，自應降服，於禮不當爲三年之喪。洪氏之説實未深考。又公孫瓚稱「紹微賤，不可以爲人後」云云，爲什麽袁逢以己之庶子出嗣其兄呢？我想此時袁術尚未生，袁術母兄袁隗又屬袁逢嫡長子，或袁逢不願令其出嗣，因而袁紹遂得爲袁成之後，從而擺脱「庶孽」的身分。

袁紹起家爲郎，以後廣事結納，成爲漢末名士宗主，從來没有受到歧視，但公孫瓚却還是抓住這一點來攻擊他。公孫瓚本人就因「庶孽」而爲小吏，這正是以河北所持的嫡庶之分來對待汝南袁氏的

〔二〕所云「遭母喪」之母亦當是嗣母。後漢書本傳注引獻帝春秋云：「太傅袁隗、太僕袁基，術之母兄，卓使司隸宣播盡口收之，母及姊妹嬰孩以上五十餘人下獄死。」此時袁紹生母尚存。

繼承問題。由此可以看到，嫡庶之分在河南、河北有所差異。

三國志卷二八鍾會傳稱，會「太傅繇小子也」。裴注引會所撰其母張氏傳云：「少喪父母，充成侯（即鍾繇）家。」似亦「婢使」之類。又説：「貴妾孫氏，攝嫡專家，心害其賢，讒毀無所不至。」甚至在張氏懷孕時，謀加毒害。事發之後，孫氏「由是得罪」，被鍾繇遣返母家。孫氏身分不明，當時人却認爲她實是正室。裴注引魏氏春秋云：「會母見寵於繇，繇爲之出其夫人。」這件事驚動了卞太后（曹操妻，曹丕母），文帝（曹丕）下詔要鍾繇恢復孫氏的地位，鍾繇堅決拒絶，不惜以自殺來威脅，曹丕只好作罷。這裏明確稱孫氏爲「夫人」。鍾繇的同僚老友王朗爲此致書鍾繇。太平御覽卷四五七人事部諫諍七載王朗與鍾元常（繇字）書云：「朗白：近聞室人孫氏歸，或曰大歸也。共經憂樂既久矣，曷爲一旦離析，以於歸而不反乎？不得面談，裁書叙心。」王朗稱孫氏爲鍾繇「室人」，亦即夫人，不但當時朝野均以孫氏爲嫡室，即鍾會所作其母傳叙張氏的話，也説「嫡庶相害，破家危國」，承認自己和孫氏有嫡庶之分。鍾會稱孫氏以貴妾攝嫡，恐非事實。鍾繇出孫氏時已年逾七十，更娶賈氏爲正嫡，却不以張氏「攝嫡」，可能爲避寵妾出妻之嫌。

鍾會庶出，他自己説得很清楚。三國志卷一三鍾繇傳，繇死於明帝太和四年（二三〇），年八十，子毓嗣。毓附傳云：「年十四，爲散騎侍郎。……太和初，蜀相諸葛亮圍祁山，明帝欲西征，毓上疏（諫）。」按諸葛亮出祁山，取三郡，明帝欲幸長安，事在太和二年正月，鍾毓已能上疏諫止，必已長成。又二年而繇死，鍾毓至少年在二十上下。鍾會所作其母張氏傳稱會生於黃初六年（二二五），鍾繇死時，他僅六歲，弟兄年齡相距十餘歲。〔一〕據張氏傳，張氏死於甘露二年（二五七），年五十九，上推生於建安四年（一九九），生鍾會時，年二十七，鍾繇死時年三十一，不可能有二十上下之子，可知鍾毓非張氏所生，與鍾會異母，是否爲孫氏所生不可知，但應是嫡長。鍾毓起家散騎侍郎，鍾會起家秘書郎，都是所謂「高門華選」，絶無嫡庶區别之迹，而且鍾會升官爵且在鍾毓之上。從這裏我們可以察覺漢末以來大河南北嫡庶之分風氣的差異。

晉書卷四九阮籍附從孫孚傳：「孚字遥集，其母即胡婢也。孚之初生，其姑取王延壽魯靈光殿賦曰『胡人遥集於上楹』，而以字焉。初辟太傅府，遷騎兵屬。晉亂渡江，元帝以爲安東參軍。蓬髮飲酒，不以王務嬰心。時帝既用申韓以救世，而孚之徒未能棄也。」按阮咸追鮮卑婢事見於世説新語任誕篇，並爲晉書所本。阮孚爲胡婢所生，却是一時名士，一生官位顯達，並没有由於庶孽而遭到任何歧視。

據上引鍾會、阮孚兩例，説明魏晉之際庶出與嫡子似乎没有什麽區别。鍾會爲其生母作傳，明言自己爲庶出之子，阮孚亦爲胡婢所生，正和「江左不諱庶孽」之風相符。按袁氏爲汝南公族，鍾氏爲潁川高門，阮氏爲陳留士族，地望均屬河南，並非江左。魏晉之際思想文化領域的新風尚大抵起於以洛陽爲中心的河南地區，江左、河北則偏於保守。陳留阮氏，阮籍、阮咸本以任誕著稱，蔑視傳統禮俗，

〔一〕世説新語言語篇「鍾毓、鍾會少有令譽」條稱毓年十三，魏文帝召見事，余嘉錫世説新語箋疏據三國志鍾毓傳及鍾會所撰其母張氏傳證世説此條之非。

理固宜然。即使如潁川鍾氏亦爲新風尚之推動者。世説新語言語篇引魏志云：「繇字元常，家貧好學，爲周易、老子訓。」按繇祖鍾皓「世善刑律」，又「以詩、律教授門徒千餘人」。〔一〕鍾繇雖亦爲律學名家，却爲周易、老子作訓，兼治名法與道家之學。鍾會稱其母「雅好書籍，涉歷衆書，特好周易、老子」。如果不是夸飾，則易、老之書傳誦之廣可知。三國志鍾會傳末稱：「會嘗論易無互體，才性同異。及會死後，於會家得書二十篇，名曰道論，而實刑名家也，其文似會。」鍾會是正始名士之一，他的治學途徑實承其家學。我們還知道鍾繇是新書體行書的宗師。在這樣一個家庭中不恪守傳統禮俗，「不諱庶孽」，不足爲怪。而且朝廷和社會上也接受了這種新風尚。

東漢至於西晉，江南地區由於材料闕如，難以探明嫡庶分别的情形，鑒於這一時期江南風尚偏於保守，如同河北，與河南地區魏晉之際興起的新風尚有别，發展於洛陽爲中心的河南地區的諸如名理玄談、新經學、新書體以及飲酒、服散等新風尚，大都因永嘉亂後渡江名士而傳佈到江南，〔二〕「不諱庶孽」之風是否亦因受這種新風尚影響所致呢？

關於東晉南朝江左「不諱庶孽」，其例甚多。周一良同志魏晉南北朝史論集中顏氏家訓札記已舉梁書卷二一王志傳及南齊書卷二三褚淵傳褚澄附傳，劉宋時琅邪王志及河南陽翟褚澄（周文誤作褚涉）均爲庶出子，却得尚公主，位至通顯。又南史卷一九謝晦傳弟謝皭傳稱皭：「年數歲，所生母郭氏

〔一〕三國志卷一三鍾繇傳裴注引先賢行狀、後漢書卷六二鍾皓傳。
〔二〕參拙撰讀抱朴子推論南北學風的異同，魏晉南北朝史論叢收録。

疾，皭晨昏温清，未嘗暫改。……一家尊卑感皭至性，咸納履行，屏氣語，如此者十餘年。」謝皭於宋元嘉三年（四二六）坐兄謝晦事死於黃門侍郎任上，知晉末宋初謝氏庶孼之子並未受到歧視。南齊初年朝廷重臣王儉本亦庶出子。宋明帝時，王儉娶明帝女陽羨公主，拜駙馬都尉，「帝以儉嫡母武康公主同太初巫蠱事，不可以爲婦姑，欲開冢離葬，儉因人自陳，密以死請，故事不行」。事見南齊書卷二三王儉傳。梁書卷四一王規傳説：「規十一歲，以丁所生母憂，居喪有至性，太尉徐孝嗣每見必爲流涕，稱爲孝童。叔父暕亦深器重之，常曰：『此兒吾家千里駒也。』」後起家爲秘書郎。庶出子王規在家裏家外都極受重視。南史卷二三王份附子王琳傳稱琳「齊代娶梁武帝妹義興長公主，有子九人，並知名」。然王琳九個知名於世的兒子並非均是義興長公主所生。同卷王琳附子王固傳稱王固「梁時以武帝甥，封莫口亭侯」。後又稱：「固清虚寡欲，居喪以孝聞……及丁所生母憂，遂終身蔬食。」王固雖非公主嫡出，但仍被視爲公主所生，得以封侯。同書卷二一王沖傳稱：「沖有子三十人，並致通官。」當亦此理。上舉謝皭、王儉諸人嫡母是否有子，我們不清楚，但至少可以説明庶出子並不受排斥。

王、謝爲北來高門，其「不諱庶孼」，可證當時僑姓士族風尚如此。今更舉一例，以明吴姓士族亦有此風。南史卷三一張裕附孫稷傳：「（稷）幼有孝性，所生母劉無寵，遘疾。時稷年十一，侍養衣不解帶，每劇則累夜不寢。及終，毁瘠過人，杖而後起。……州里謂之淳孝。長兄瑋，善彈箏，稷以母劉氏先執此役，聞瑋爲清調，便悲感頓絶，遂終身不聽之。……起家著作佐郎，不拜。父永及嫡母丘相繼殂，六年廬於墓側。齊永明中，爲豫章王主簿。」按張稷爲吴郡高門，乃張永庶出子，生母劉氏當是彈箏妓，然起家著作佐郎，乃高門起家官。他在齊歷官黄門侍郎、侍中、兼衛尉。梁武帝起兵，他與王珍國共謀殺東昏，迎梁武。在梁官領軍將軍、尚書左僕射，出爲青冀二州刺史。張稷歷官清要，並没有因庶出而遭歧視。這正是「江左不諱庶孽」的確證。

不過，「不諱庶孽」不等於不分别嫡庶。嫡、庶之間在繼承權方面仍有差别。周一良同志魏晉南北朝史札記宋書「舉、收舉」條析「舉」有「承認其身分地位之意」，引東晉南朝史籍爲證：「世説新語豪爽篇桓石虔條，『司空豁之長庶也，小字鎮惡。年十七八（唐寫本作「十八九」），未被舉，而童隸已呼其爲鎮惡郎』。郎猶後代所謂『少爺』，言雖未被其父承認身分，而家人已尊稱之也。晉書八四王恭傳載，恭言『我有庶兒未舉，在乳母家』。宋書四一后妃傳載，文帝袁后爲袁湛之庶女，『母本卑賤，后年至六歲方見舉』。」是嫡庶有别之證。南史卷二三王華附王琨傳云：「（琨）父懌不辨菽麥，……人無肯與婚，家以獠婢恭心侍之，遂生琨。初名崑崙，懌後娶南陽樂玄女，無子，故即以琨爲名，立以爲嗣。」如樂氏女有子，庶出子王琨雖年齡居長，當亦不能爲嗣子，雖然其出處入仕不會受到歧視。而同一時期，河北地區對嫡、庶的態度甚爲嚴格，幾於不近人情，南北風俗迥異。如後所述，宋元嘉時，即因江左「不諱庶孽」，在崔道固出仕一事上與北方風俗發生衝突。

上文已經提到，東漢時期關隴、河北雖然賤視庶出，而經過博取聲名的途徑，仍可獲得薦舉，致身顯達。魏晉之際是否在河南新風尚影響下有所改變，我們不清楚。但到北魏時，變本加厲，家訓所説庶子「不預人流」，嫡兄弟視之爲「傭」的情況就屢見不鮮。〔一〕魏書卷四七盧玄附子度世傳：「初，玄有五子，嫡唯度世，餘皆别生。崔浩事發，其庶兄弟常欲危害之，度世深懷忿恨。及度世有子，每誡約令絶妾孽，不得使長，以防後患。至淵（度世子）兄弟，婢賤生子，雖形貌相類，皆不舉接，爲識者所非。」按識者所非爲不讓舉接庶出子，並非對於庶生子的待遇。不舉庶孽是盧度世一家的事，並不普遍，姑置不論。按魏書卷三五崔浩傳：「真君十一年（四五〇）六月，誅浩。清河崔氏無遠近，范陽盧氏、太原郭氏、河東柳氏，皆浩之姻親，盡夷其族。」盧玄五子應該都在被殺之列，度世庶兄弟身在危難，還想危害度世，可知平時嫌怨之深。據度世傳，他逃匿高陽鄭羆家，鄭羆長子因此被考問至死，後來「度世令弟娶羆妹，以報其恩」，此弟當然是庶弟。鄭羆必是寒門，故仍以聯姻盧氏爲榮，不問嫡庶，而度世亦正因其弟庶出，故不以聯姻寒門爲嫌。然而這個庶弟名字官宦不見記載，可能雖得脱免，並爲度世所承認，却因庶出之故，不能與嫡出子孫同享高門子弟的待遇。又傳稱盧玄五子，檢新唐書卷七三上宰相世系表范陽盧氏稱「玄字子真，後魏中書侍郎、固安宣侯，二子，巡、度世」。按盧玄未曾爲中書侍郎，也未封侯，譜牒往往夸飾祖先官爵，無須多説，但傳稱玄五子，嫡唯度世，而表却只二子，盧巡或是度世庶兄，也可能即娶鄭羆妹之庶弟，但不應列名於度世前。其人官爵和後嗣都不見於表，至於其他三人，更不在盧玄諸子之列。世系表直接間接本於諸家譜牒，盧玄五子而表只二子，可知唐世所傳盧

〔一〕家訓説爭訟時「弟黜兄爲傭」，按傭即傭保，漢代常與奴僮並稱，見揚雄方言。

氏家譜已把三庶子斥於家族之外。

庶子不作爲子息在北朝並非特殊情況。北史卷五六魏收傳：〔二〕「（崔）㥄深忿忌。時節閔帝殂，令收爲詔。㥄乃宣言：收普泰世出入幃幄，一日造詔，優爲詞旨，然則義旗之士，盡爲逆人。又收父老，合辭官歸侍。南臺將加彈劾，賴尚書辛雄爲言於中尉綦儁，乃解。收有賤生弟仲同，先未齒録，因此怖懼，上籍，遣還鄉扶侍。」魏收庶弟，先未齒録，亦即屏斥於鉅鹿魏氏之外。只爲避免父老不歸養，干犯名教之罪，才令上籍。這裏所謂「籍」，當兼指家籍及户籍，由於上籍，才承認了父子、兄弟關係。傳末云收「先養弟子仁表爲嗣，位至尚書膳部郎中。隋開皇中卒於温縣令」。魏收父子建，傳稱「二子，收、祚」，祚不記官位，疑即仲同。北齊書卷二一高乾附從兄永樂傳：永樂子長命「本自賤出，年二十餘始被收舉」。後以軍功顯達。魏仲同、高長命都是先因賤出不被收録，後來才得以承認，可以推想必定有終身不被收録的庶生子。盧玄五子而宰相世系表只記二子，其他三庶子大概因不被收録而被屏斥於盧氏家譜之外。

從崔道固的早年經歷中，我們可以看出南北對待庶生子的差異。魏書卷二四崔玄伯附崔道固傳：「父輯，南徙青州，爲泰山太守。道固賤出，嫡母兄攸之、目連每輕侮之。輯謂攸之曰：『此兒姿識如此，或能興人門户，汝等何以輕之？』攸之等遇之彌薄，略無兄弟之禮。時劉義隆子駿爲徐兖二州刺史，得辟他州民爲從事。輯乃資給道固，令其南仕。既至彭城，駿以爲從事。……會青州刺史新除，

〔一〕北齊書卷三七缺，亦據北史補。

過彭城，駿謂之曰：『崔道固人身如此，豈可爲寒士至老乎？ 而世人以其偏庶，便相陵侮，可爲嘆息。』青州刺史至州，辟爲主簿，轉治中。後爲義隆諸子參軍事，被遣向青州募人。長史以下皆詣道固，道固諸兄等逼道固所生母自致酒炙於客前。道固驚起接取，謂客曰：『家無人力，老親自執劬勞。』諸客皆知其兄弟所作，咸起拜謝其母。母謂道固曰：『我賤，不足以報貴賓，汝宜答拜。』」諸客皆嘆美道固母子，賤其諸兄。」按道固本清河崔氏，至其父始隨慕容德南徙。這一家嫡庶兄弟間的貴賤差別，當然也是河北舊俗。當時青州已屬宋境，元嘉二十五年（四四八），武陵王劉駿以安北將軍、都督南兗徐兗青冀幽六州及豫州之梁郡諸軍事、徐兗二州刺史，鎮彭城。至二十八年始以都督南兗州改鎮山陽，在彭城首尾四年。〔一〕崔道固既因庶出遭歧視，不能出任本州僚屬，而青州是劉駿所督州，所以其父要他到彭城去謀出仕途徑。道固顯然已被「舉」，但其政治和社會地位在當地仍得不到承認。清河崔氏畢竟是當地北來大族，劉駿來自江左，自然「不諱庶孽」，遂辟道固爲從事。按照當時慣例，高門甲族的起家官本不以本州僚佐爲重，但青、兗舊姓，即使如清河崔氏仍然以受辟本州爲其入官之途。崔道固出仕他州，終究爲本州人士所輕，所以劉駿要在新任刺史前大興感慨，其實就是囑托。這位青州刺史是誰，道固傳未明言。〔二〕這位刺史受皇子親藩劉駿之囑托，遵江左「不諱庶孽」的

〔一〕 宋書卷六孝武帝紀。

〔二〕 宋書卷五文帝紀，元嘉二十七年（四五〇）六月丁酉，以侍中蕭斌爲青兗二州刺史。同書卷七八蕭思話附蕭斌傳但云此年與王玄謨領兵北伐，他爲青兗二州刺史已在北伐時，辟道固者當在前。

風習，一到任即辟道固爲主簿，遷治中，都是州府首僚，地方士族子弟入仕的清階。那時正當元嘉北伐時，崔道固以諸王軍府參軍的身分到青州募兵，青州僚佐到他家謁見，可算得上衣錦榮歸，其嫡兄竟逼道固生母出來伺候酒食。這一舉動一來表明道固即使已當官任職，並不能改變他生母的卑賤身分；二來也即是對「江左不諱庶孼」的抗議。從這裏我們可以看到在南北文化禮俗錯雜地區所發生的矛盾。

隋書卷七七隱逸崔廓傳：「博陵安平人也。父子元，齊燕州司馬。廓少孤貧而母賤，由是不爲邦族所齒。初爲里佐，屢逢屈辱，於是感激，逃入山中。遂博覽群書，多所通涉，山東學者皆宗之。」北史卷八八本傳與此略同。按崔廓以孤貧母賤，不爲邦族所齒，後來因博覽書籍，才獲得山東學者的尊重。崔廓生活於齊末隋代，由此亦可見河北遺風的頑强性。

如上所述，嫡庶區别的傳統禮俗在東漢時期已有某種迹象。魏晉之際，以洛陽爲中心的新思想、新風尚興起，傳統禮俗有所突破，嫡庶之分雖仍不可逾越，但庶生子的待遇和社會身分並没有受到顯著的歧視。永嘉亂後，興起於河南的新風尚隨着渡江名士傳播到江南，「江左不諱庶孼」之風似亦因而興起。當新思想、新風尚在河南盛行時，河北思想文化各方面大致仍守漢代遺風，輕視庶生子的風氣大概也一如既往。永嘉亂後，至於北朝，輕視庶生子之風變本加厲，至於庶生子「不預人流」，不録入家籍，甚至不被舉養，超出了一般嫡庶貴賤之分的常規。家訓本篇名爲「後娶」，申述由於再娶之故，前後母子兄弟爲了繼承權而互爭嫡庶，至於「子誣母爲妾，弟黜兄爲傭」，但却並未解釋爲什麽庶生便同於傭保，爲什麽便「不預人流」。如上所舉諸例，可知北朝庶生子往往不被收舉，即不録入家譜，父子、兄弟關係不爲家族所承認，當然只能和傭保等類了。

（原載歷史研究一九九四年第一期）

太平道與天師道

——札記十一篇

一　曹騰宗族墓磚文與黄巾口號

東漢末年黄巾起義的口號「蒼天已死，黄天當立，歲在甲子，天下大吉」，爲世所習知。（二十世紀）七十年代安徽亳縣發現曹操宗族的墓葬羣，墓中出有刻有文字的墓磚。這些墓磚較多是築墓人夫刻的，元寶坑一號墓出有這樣兩磚值得注意：

1. 歲不得賭。人謂壁作樂，作壁正猾苦，却來却行壁，反是怒皇天。（三〇號磚）

2. 王復汝使琖（一釋「我」）作此大壁徑冤琖（我？）人不知也。但摶汝屬，倉天乃死（「死」或「葬」）當畝（？）走（？）（三二號磚）

另有墓磚刻有「建寧三□四月四□」，當即築墓人夫所記年月。

這裏磚文「倉天乃死（或『葬』）」，當然令人想到「蒼天已死」的黄巾起義口號，另一塊磚上的「反是怒皇天」，雖然難以確定「皇天」即「黄天」，但很明顯這個「天」是和蒼天很不同的。蒼是木德，黄爲土色，不論是相生或相勝都聯不起來。而且漢代或稱水德、土德，東漢時已定爲火德，並没有自稱木德。

這個蒼天，大概與五德終始之說不相干，無非習用之詞，無多意義。張角領導的黄巾大起義在建寧三年（一七〇）之後十四年即中平元年（一八四）才爆發，但起義的口號却已在民間傳播了。後漢書卷七一皇甫嵩傳說黄巾領袖張角：

遣弟子八人，使於四方，以善道教化天下，轉相誑惑。十餘年間，衆徒數十萬，連結郡國，自青、徐、幽、冀、荆、揚、兖、豫八州之人，莫不畢應。

建寧三年徐州沛國譙縣（今安徽亳州）人民接受這個口號是毫不奇怪的。因此後來起義之初，進展非常順利。後漢書五行志五載熹平二年（一七三）六月：

雒陽民訛言虎賁寺東壁中有黄人，形容鬚眉良是，觀者數萬，省内悉出，道路斷絶。到中平元年二月，張角兄弟起兵冀州，自號黄天。

李賢注引楊泉物理論云：

黄巾被服純黄，不將尺兵，肩長衣，翔行舒步，所至郡縣無不從。是日天大黄也。

按楊泉吴人，入曹魏徵爲侍中不就，則與魚豢、陳壽約同時。是則黄巾起義之初，幾乎兵不血刃。

二　襄楷與太平經

據三國魏志卷八張魯傳注引魚豢典略所説，張角的一派爲太平道。後漢書卷三〇下襄楷傳稱延熹九年（一六六）楷上疏有云「臣前上琅琊宫崇受干吉神書，不合明聽」，這次上書，漢桓帝置之不理。

楷十餘日又上書，又云：

前者宫崇所獻神書，專以奉天地、順五行為本，亦有興國廣嗣之術，其文易曉，參同經典，而順帝不行，故國胤不興。孝沖、孝質，頻世短祚。

這裏襄楷説的是順帝時，宫崇已經進獻過神書。這一次桓帝下詔讓尚書問狀，尚書説他「析言破律，違背經藝，假借星宿，僞託神靈，造合私意，誣上罔事。請下司隸，正楷罪法，收送洛陽獄」。桓帝從寬判處了二歲刑。

襄楷所説的「神書」，李賢注：「即今道家太平經也。」范曄在此傳中記述了太平經的來歷，云：

初順帝時，琅琊宫崇詣闕，上其師干吉於曲陽泉水上所得神書百七十卷，皆縹白素朱介青首朱目，號太平清領書。其言以陰陽五行為家，而多巫覡雜語。有司奏崇所上妖妄不經，乃收臧之。後張角頗有其書焉。

關於干吉、宫崇，史書、道書記載頗多異聞，這裏暫置不論。所云「後張角頗有其書」，顯然是范曄的話，范曄是否别有所據，還是僅據張角之爲太平道而推斷，我們難以究明。但把太平經或太平清領書和太平道聯繫起來，就我所知始於范曄；而認爲宫崇、襄楷所獻之「神書」即後來的太平經，並引太平經中語作注，則又始於李賢。三國吴志卷一孫堅傳稱：

中平元年，黄巾賊帥張角起於魏郡，託有神靈，遣八使以善道教化天下，而潛相連結，自稱黄天泰平。

其爲以太平號召的一種民間道教宗派大概是可信的，而今傳世太平經確實經常提到要求太平，因而張角爲首的太平道與太平經有關也是可信的。

雖然如此，我們却決不能無條件地把傳世太平經就當作「張角頗有其書」之太平經。我認爲襄楷所獻大致即今太平經，但未必即張角所有的太平經。熊德基同志曾經根據傳世太平經的内容，認爲「顯然這與農民起義的思想毫無相干之處」。〔一〕熊文引證甚多，此不贅引。大體上太平經的中心内容是要求統治者信奉此經，以便長治久安達到太平，斥責無狀小人敢於「反逆」，認爲即便幸得逃死，上天也要處罰，使「上自滅户，下流子孫」。作者反對農民反抗的立場非常鮮明，因而決不可能對黄巾起義具有思想上的指導作用。

我們知道，早在張角領導的太平道形成以前，也早在宫崇、襄楷獻「神書」太平經之前，在西漢後期已經有了一種太平經。漢書卷七五李尋傳載：

成帝時，齊人甘忠可詐造天官曆、包元太平經十二卷，以言漢家逢天地之大終，當更受命於天。

不但書名太平，而且哀帝從夏賀良之説改號，也叫做陳聖劉太平皇帝。陳是舜後，土德，按照五德終始之論，命定要代替堯後火德的漢。土德色黄，因此「黄天當立」是遠有淵源的五德終始論。太平經

〔一〕熊德基太平經的作者和思想及其與黄巾和天師道的關係，歷史研究一九六二年第四期。

和「黄天當立」之説當然不能斷言與甘忠可所造之書有直接繼承關係，但無論如何，足以説明在西漢時代就已把「太平」和改號受命即以土代火互相聯繫起來了。

如果説，西漢的五德終始論有什麼積極因素，那就是認爲任何一個王朝都不能永存，它終究要被一個符合天道的王朝所代替。因此，爲了挽救舊王朝的滅亡，就主動自行改號，更改制度。傳世太平經大概有鑒於甘忠可、夏賀良之得罪，因此把包元太平經中所包含的這個内容捨棄了，不再談五德終始，但仍然要求皇帝「奉天地、順五行」，還有「興國廣嗣之術」，辦法不一樣，也就是更不觸犯皇帝，但還留下原有的某些論點。

後漢書質帝紀永嘉元年（一四五）三月「九江賊馬勉稱『黄帝』」，桓帝紀建和二年（一四八）十月「長平陳景自號『黄帝子』」，都是按五行相生説（土生火），取以土代火之義；質帝紀永嘉元年十一月「歷陽賊華孟自稱『黑帝』」，則是按五行相勝説（水勝火），取以水代火之義。東漢後期，漢運已衰，土德代替火德的謡讖直接反映了廣大人民對於東漢政權的厭惡。曹丕代漢時所上符瑞謡讖（見三國魏志卷二文帝紀延康元年十一月注引獻帝傳載太史丞許芝條），也多半屬於這類，特别强調黄色，最後即位就改元爲「黄初」。太平道崇信的「中黄太一」，頭上繫的「黄巾」，宣稱「黄天當立」，和曹丕的「黄初」年號等，儘管在階級本質上相互對立，但不能不説其理論根據都是五德終始論，都是表明漢朝要滅亡，只是農民羣衆利用它號召起義，野心家利用它來改朝换代。

從這一點來説，太平道與西漢包元太平經有聯繫，而傳世太平經捨棄了這部分，却繼承了其中的

「興國廣嗣之術」，不僅不歌頌黃色與土，反而歌頌了赤色與火。如卷三九解師策書訣第五十云：「十一者，士也。明爲止者，赤也。言赤氣得此，當復更盛，土大明也。」又云：「龍者，乃東方少陽，木之精神也，故天道因木而出，以興火行。」卷六九天讖支干相配法第一百五云：「故曰在南方爲君也，火在南方爲君，太陽在南方爲君，……君者，法當衣赤，火之行也。」又云：「是故太平德君方治，火精當明，不宜從太陰，令使水德王。」又云：「火者，君德也，急斷酒以全火德。」

正因爲傳世太平經捨棄了改號受命這一內容，因而襄楷雖也被尚書說爲「假借星宿，僞託神靈，造合私意，誣上罔事」，桓帝却認爲「言雖激切，然皆天文恒象之數，故不誅」。甚至靈帝「以楷書爲然」，後來還以博士徵。不難斷言，如果他所獻書中真有什麼指導農民起義的理論，他怎麼敢公然進獻給皇帝，皇帝又怎麼能赦不誅呢？（熊德基同志認爲占五十七卷中之四十三卷的問答體經文出於襄楷之手，雖無確證，但有些必出於襄楷竄改是可以相信的。）〔二〕因此，襄楷所獻的太平經是一種歷經改竄，對統治階級絶對無害，而且可以「興國廣嗣，消災延祚」的「神書」。不但當時可以獻給皇帝，而且後世也相傳不絶。張角所有的太平經却是宣揚「蒼天已死，黃天當立」和「黃天泰平」，是改造過來的原太平經中包含的五德終始論。這種太平經流行於民間，黃巾起義被鎮壓後就逐漸失傳了。

〔二〕熊文以順帝時宮崇所獻與襄楷所獻爲兩種不同的太平經。按傳明言楷所獻與宮崇所獻同出宮崇受之于吉之「神書」。宮崇所獻雖不見省，其書未必即毁，范曄且能舉其書式，襄楷既自認所獻即宮崇所獻，則必無大異同，大概僅止竄改某些部分如熊文所摘耳。

三　張普題字碑與天師道初傳

華陽國志卷二漢中志：

漢末，沛國張陵學道於蜀鶴鳴山，造作道書，自稱「太清玄元」，以惑百姓。陵死，子衡傳其業；衡死，子魯傳其業。魯字公祺，以鬼道見信於益州牧劉焉。魯母有少容，往來焉家。初平中，以魯為督義司馬，住漢中，斷谷道。魯既至，行寬惠，以鬼道教，立義舍，置義米、義肉其中，行者取之，量腹而已，不得過。過多云鬼病之。其市肆賈平亦然。犯法者，三原而後行刑。學道未信者，謂之鬼卒，後乃為祭酒。巴、漢夷民多便之。其供道限出五斗米，故世謂之米道。

此云張魯入漢中的時間是初平（一九〇——一九三）中。三國蜀志卷一劉二牧傳記，劉焉在益州鎮壓綿竹馬相、趙祇後才得入蜀，已在中平五年（一八八）。傳稱：

焉徙治綿竹……張魯母始以鬼道，又有少容，常往來焉家，故焉遣魯為督義司馬，住漢中，斷絕谷閣，殺害漢使。焉上書言米賊斷道，不得復通。

張魯入漢中不得早於中平五年。但洪适隸續卷三有米巫祭酒張普題字，稱：

熹平二年三月一日，天表鬼兵胡九□□仙歷道成，玄施延命，道正一元，佈於伯氣，定召祭酒張普、萌生趙廣、王盛、黄長、楊奉等，詣受微經十二卷，祭酒約施天師道法無極才。

洪跋云此題字「今在蜀中」，未確指所在。（南宋王象之輿地紀勝卷一四六記載：碑記有「漢靈帝時張道陵碑」，注文說「在洪雅縣易俗鄉，上有熹平三（爲『二』之誤）年三月一日等字」。）洪跋又云：「此碑有天師道法及祭酒、鬼兵字，而云『受微經十二卷』，蓋諸張妖黨相傳授之約。觀其詞，似是姓胡者初入米巫社中，故召諸祭酒受以經法，頗合史氏所載。」

今按熹平二年（一七三）在黃巾起義之前十年，其時蜀中天師道已如此盛行，其組織如祭酒、鬼兵並與張魯所施行者相符。天師之號始於張陵。廣弘明集卷九甄鸞笑道論道經未出言出稱：「陵傳子衡，衡傳子魯，號曰三師。」所謂「天師道法無極」，顯指張陵。值得注意的是文內有「道正一元」語，含有作爲天師道特徵的「正一」字樣。「正一」乃張陵自稱受之太上老君之經。雲笈七籤卷六三洞經教部四輔有云：「正一者，真一爲宗，太上所說。正一經，天師自云：『我受於太上老君，教以正一新出道法。』」題字中這個祭酒也姓張，受的是微經十二卷。按微經不可考（抱朴子內篇遐覽著録有微言三卷，不知有無關係），疑與此正一經有關。

三國魏志張魯傳云：

> 張魯字公祺，沛國豐人也。祖父陵，客蜀，學道鵠鳴山中，造作道書以惑百姓，從受道者出五斗米，故世號米賊。

張陵三世在蜀宣揚天師道，既見於三國志，陳壽蜀人，必非捏造。張普題字碑更可證其說不虛。

四　天師道組織和思想

1.「治」。

三國魏志張魯傳云：

魯遂據漢中，以鬼道教民，自號師君。其來學道者，初皆名鬼卒。受本道已信，號祭酒，各領部衆，多者為治頭大祭酒。

按治是天師道組織，教徒通屬諸治。據説張陵立二十四治，一治之道曰「治頭大祭酒」。據前述熹平張普題字，祭酒、鬼兵之號確乃當時天師道組織中名號。祭酒宣道、管理教徒，其名仿漢之博士祭酒，王莽曾聘夏侯勝爲講學祭酒，而馬超爲張魯都講祭酒。劉宋陸修静陸先生道門科略云：

天師立治置職，猶陽官郡縣城府治理民物。奉道者皆編户著籍，各有所屬。令以正月七日、七月七日、十月五日，一年三會，民各投集本治。師當改治録籍，落死上生，隱實口數，正定名簿，三宣五令，令民知法。……道科宅録，此是民之副籍，男女口數，悉應注上。守宅之官，以之為正……若口數增減，皆應改籍……籍主皆齎宅録詣本治，更相承録，以注正命籍。

這雖是後世所説，其立治録籍之法必仍淵源於張陵三世創立天師道時。組織如此細密，所以不難政教合一，建立政權。所以弘明集卷八録劉勰滅惑論云：

於是愚狡方士，偽託遂滋。張陵米賊，述記昇天；葛玄野豎，著傳仙公。……是以張角、李弘，毒流漢季，盧悚、孫恩，亂盈晉末。餘波所被，寔蕃有徒。爵非通侯，而輕立民户；瑞無虎竹，而濫求租税。糜費産業，蠱惑士女。運迍則蠍國，世平則蠹民，傷政萠亂，豈與佛同。

所謂「輕立民户」，與上陸修静之説相應。

2. 義舍義米肉。

三國魏志張魯傳云：

諸祭酒皆作義舍，如今之亭傳。又置義米肉，縣於義舍，行路者量腹取足；若過多，鬼道輒病之。

按後漢書劉焉傳、華陽國志漢中志並記此事。或者疑爲不可能辦到，或以爲接待的非一般百姓。〔一〕實際上，這却是流行的一種辦法。華陽國志卷一巴志云：

巴郡嚴王思為揚州刺史，惠愛在民。每當遷官，吏民塞路攀轅，詔遂留之。居官十八年卒，百姓若喪考妣。義送者賚錢百萬，欲以贍王思家。其子徐州刺史不受。送吏義崇不忍持還，乃散以為食，食行客。

這也是施食「行客」，受施行客多半是流民。這種施捨出於私人，所以名之「義舍」。其實東漢初年，對於流民歸本，官家也是有這樣措施的。後漢書章帝紀建初元年（七六）正月詔：

〔一〕熊文引太平經鈔辛部，説有「天設官舍郵亭」，其中「地上官舍，舍聖賢人」，認爲張魯的義舍即指此類。

流人欲歸本者，郡縣其實稟，令足還到，聽過止官亭，無雇舍宿。長吏親躬，無使貧弱遺脱，小吏豪右得容姦妄。

給稟食，止宿官亭，豈非即是官辦的「義舍」麽，只是先實稟令足，而非以糧置亭中，而且大概不會有肉。又同書和帝紀永元十五年（一〇三）春閏月乙未詔：

流民欲還歸本而無糧食者，過所實稟之，疾病加致醫藥；其不欲還歸者，勿强。

按這些當然是空文，但可知流民所過，郡縣本有賑濟的義務，皇帝還准許流民止宿官亭。這些空話永元以後也没有了。

因此，立義舍施米肉以食行人之類，在當時還不是太稀罕的事，難在有效和持久。這種辦法一直持續到後來。要修科儀戒律鈔卷一〇引太真科云：

家家立靖崇仰，信米五斗，以立造化，和五性之氣。家口命籍，繫之於米。年年依會，十月一日同集天師治，付天倉及五十里亭中，以防凶年饑民往來之乏，行來之人不裝糧也。

3. 誠信不欺詐。

三國魏志張魯傳説他：

遂據漢中，以鬼道教民，……皆教以誠信不欺詐，有病自首其過，大都與黄巾相似。

裴松之注引典略稱太平道「教病人叩頭思過，因以符水飲之」，確實相似。後來佛教攻擊道教的「搏頰叩首」、「塗炭齋」，皆是此類。典略又稱張脩：

加施靜室，使病者處其中思過。……為鬼吏，主為病者請禱。請禱之法，書病人姓名，說服罪之意，作三通，其一上之天，著山上，其一埋之地，其一沉之水，謂之三官手書。

華陽國志漢中志云：

立義舍，置義米、義肉其中，行者取之，量腹而已，不得過。過多云鬼病之。其市肆賈平亦然。

太平經也教人誠信。按此乃針對東漢名教治下的虛僞風氣。

4. 寬惠。

三國魏志張魯傳載其施治：

犯法者，三原，然後乃行刑。不置長吏，皆以祭酒為治，民夷便樂之。

注引典略云：「又教使自隱，有小過者，當治道百步，則罪除。」華陽國志漢中志：「魯既至，行寬惠，……犯法者三原而後行刑。……巴、漢夷民多便之。」水經注卷二七沔水也說：「魯至，行寬惠，百姓親附。」

五　所謂「脩法略與角同」

與張角的太平道並起的有五斗米道，或天師道。三國魏志張魯傳云：

陵死，子衡行其道。衡死，魯復行之。益州牧劉焉以魯為督義司馬，與別部司馬張脩將兵擊漢中太守蘇固。魯遂襲脩殺之，奪其衆。焉死，子璋代立，以魯不順，盡殺魯母家室。魯遂據漢中，以鬼道教民，自號師君。

裴注引典略云：

（靈帝）熹平中，妖賊大起，三輔有駱曜。光和中，東方有張角，漢中有張脩。駱曜教民緬匿法，角為太平道，脩為五斗米道。太平道者，師持九節杖為符祝，教病人叩頭思過，因以符水飲之，得病或日淺而愈者，則云此人信道，其或不愈，則為不信道。脩法略與角同，……後角被誅，脩亦亡。及魯在漢中，因其民信行脩業，遂增飾之。

典略與魏志記載不合，裴注認爲：「張脩應是張衡，非典略之失，則傳寫之誤。」其實不然。後漢書靈帝紀於中平元年（一八四）「春二月」段書黄巾起義後，又於「秋七月」段書：「巴郡妖巫張脩反，寇郡縣。」章懷注引劉艾紀曰：「時巴郡巫人張脩療病，愈者雇以米五斗，號爲『五斗米師』。」張脩被稱爲「巴郡妖巫」，其起義即在黄巾起義的同一年，遠在張魯入漢中之先。

典略所説，像是創立五斗米道者爲張脩，恐非。按本傳及其他記載絶不云張魯之法受之張脩。根據後漢書，張脩被稱爲「巴郡妖巫」。李賢引劉艾紀稱爲「巴郡巫人」，疑是信奉張陵五斗米道之巴郡道首，其起義與歷來其地巴夷即板楯蠻起義有關。

華陽國志漢中志云：

魯字公祺，以鬼道見信於益州牧劉焉。魯母有少容，往來焉家。初平中，以魯為督義司馬，住漢中，斷谷道。……

扶風蘇固為漢中太守，魯遣其黨張脩攻固。成固人陳調素遊俠，學兵法，固以為門下掾，説固守捍禦寇之術，固不能用，逾墻走，投南鄭趙嵩，嵩將俱逃。賊盛，固遣嵩求隱避處。嵩未還，固又令鈴下偵賊，賊得鈴下，遂得煞固。嵩痛憤，仗劍直入，調亦聚其賓客百餘人攻脩，戰死。魯遂有漢中，數害漢使。焉上書言米賊斷道。

據此則張脩乃張魯之黨，據三國魏志張魯傳，兩人並爲司馬，魯加「督義」字，可能張魯實是主將。此張脩是否即巴郡之張脩不可知，可能爲二人，當亦是天師道首之一，但當然不能越過系師。華陽國志漢中志又云：「至劉焉子璋爲牧時，魯益驕恣，璋怒。建安五年，殺魯母、弟，魯遣巴夷杜濩、朴胡、袁約等叛爲讎敵。」五斗米道得巴夷尊信，張魯抗拒劉璋得巴夷支持。晉書李特載記：

漢末，張魯居漢中，以鬼道教百姓，賨人敬信巫覡，多往奉之。

可知巴夷亦即板楯蠻，都是天師教徒。但在尊奉天師的同時，必然承襲巴人原來的巫覡之術亦即更爲原始的巫術信仰。

當然，天師道羼有巴人原始巫術成分，並不等於直接出自巴人。張道陵是沛國豐人，那裏是太平道的傳播區，張角領導的起義失敗後，青徐黃巾是農民起義軍的後勁。張陵大致與宫崇同時，他創立天師道在入蜀鵠鳴山學道之後，作爲黄老道信徒，在他未入蜀前不能不受當地最盛行的太平道影響。甄鸞笑道論觀音侍老七引漢書云：「時傳黄衣當王，魯遂令其部衆改著黄衣巾帔，代漢之徵。自爾至今，黄服不絶。」甄鸞所記漢書云張魯服黄衣巾帔，不見於今後漢書。典略所説「脩法略與角同」，我想其實是魯法「大都與黄巾相似」。

六　黄巾起義之後的太平道

張角領導的黄巾起義雖然失敗，但由於太平道分子複雜，上層分子如襄楷等仍然在活動。三國魏志卷一太祖紀稱：「冀州刺史王芬、南陽許攸、沛國周旌等連結豪傑，謀廢靈帝。」注引司馬彪九州春秋曰：

> 於是陳蕃子逸與術士平原襄楷會于芬坐。楷曰：「天文不利宦者，黄門、常侍真族滅矣。」逸喜。芬曰：「若然者，芬願驅除。」於是與攸等結謀。靈帝欲北巡河間舊宅，芬等謀因此作難。

此事發生在張角被鎮壓後。當黄巾起義後曾經搜捕黄巾黨，「案驗宫省直衛及百姓有事角道者，誅殺千餘人」（後漢書皇甫嵩傳）。這個獻上神書的襄楷却安然無事，而且還被徵爲博士，這時仍在冀州活動，可知他獻的太平經和張角的太平道絶不相干。

同爲太平道，不同階級的人可以懷着不同的目的去接受。三國吴志卷一孫策傳注引江表傳曰：

> 時有道士琅邪于吉，先寓居東方，往來吴、會，立精舍，燒香，讀道書，製作符水以治病，吴、會人多事之。策嘗於郡城門樓上集會諸將賓客，吉乃盛服杖小函，漆畫之，名為仙人鏵，趨度門下。諸將賓客三分之二下樓迎拜之，掌賓者禁呵不能止。策即令收之。諸事之者悉使婦女入見策

母，請救之，母謂策曰：「于先生亦助軍作福，醫護將士，不可殺之。」策曰：「此子妖妄，能幻惑衆心，遠使諸將不復相顧君臣之禮，盡委策下樓拜之，不可不除也。」諸將復連名通白事，陳乞之。策曰：「昔南陽張津為交州刺史，舍前聖典訓，廢漢家法律，嘗著絳帕頭，鼓琴燒香，讀邪俗道書，云以助化，卒為南夷所殺。此甚無益，諸君但未悟耳。今此子已在鬼籙，勿復費紙筆也。」即催斬之，縣首於市。諸事之者，尚不謂其死，而云尸解焉，復祭祀求福。

其事在建安五年（二〇〇）。注引虞喜志林説明張津死在後，孫策不能提及張津之死。裴松之也認爲建安六年張津猶爲交州牧，江表傳之虛如志林所云；但又引搜神記述孫策殺于吉事，説「策欲渡江襲許，與吉俱行」，「見將吏多在吉許」，因此激怒殺吉云云，所述與江表傳不同，但並言諸將多事于吉道則同。于吉是宫崇師，宫崇上神書在順帝時，距建安已五六十年。志林以爲于吉年近百歲，不該加刑；近人疑爲孫策所殺乃冒充的于吉。不管怎樣，于吉自即干吉，孫策所殺者不管是否假託，其所奉必爲干吉、宫崇、襄楷所傳之太平經。由此可見，直到建安五年，吴會太平道仍然流行。如江表傳所述，此後也仍「祭祀求福」。在道教中，干吉一直是被尊敬的神仙。

兩晉之交的葛洪鎮壓過石冰領導的農民起義，其抱朴子内篇卷九道意篇云：

曩者有張角、柳根、王歆、李申之徒，或稱千歲，假託小術，坐在立亡，變形易貌，誑眩黎庶，糾合羣愚，進不以延年益壽為務，退不以消災治病為業，遂以招集姦黨，稱合逆亂，不純自伏其辜，或至殘滅良人，或欺誘百姓，以規財利，錢帛山積，富踰王公，縱肆奢淫，侈服玉食，妓妾盈室，管弦成列，刺客死士，為其致用，威傾邦君，勢淩有司，亡命逋逃，因為窟藪。皆由官不糾治，以臻斯患，原其所由，可為嘆息。

在這裏葛洪以張角和柳根、王歆、李申並列，柳等三人史傳無徵，其中所謂「坐在立亡，變形易貌」，張角絶無其事。後面所述極盡醜詆之能事，足見他對張角是深惡痛絶的。但他對傳世太平經和傳流太平經者倒是十分尊重的。抱朴子内篇卷一四勤求稱，「後之知道者，干吉、容嵩、桂、帛諸家，各著千所篇」。容嵩乃宫崇之訛，帛乃帛和，桂君見神仙傳，亦干吉弟子。千所篇是否確有，姑且不論，其中包括太平經是無疑的。而這些作者或傳者，葛洪稱之爲「後之知道者」。又在卷一九遐覽篇中列舉其師所集「卷卷有佳事」的「雜道書」篇目，其中有太平經五十卷，甲乙經一百七十卷。關於卷數參差，且置勿論，甲乙經大概就是流傳至今的太平經，因爲唐代以來傳世太平經即是以甲乙至壬癸爲部，共一百七十卷。葛洪的老師鄭隱藏有此兩種本子的太平經，葛洪加以著録。可知他讎視張角的太平道，却尊重宫崇、襄楷所獻的太平經；亦可知此太平經在晉代江南仍有流傳。

青徐吴會原爲太平道傳播區域，至晉以後似乎也盛行天師道。陳寅恪先生曾有天師道與濱海地域之關係一文，歷舉晉代高門琅邪王氏、高平郗氏、會稽孔氏等，並家世奉五斗米道。晉書卷一〇〇王彌傳云：「惠帝末，妖賊劉柏根起於東萊之惤縣。」劉柏根被稱爲妖賊，應是民間道教徒，但不知所奉者是何等道；至於繼柏根的王彌，似乎與民間道教並無關係。以天師道組織羣衆起義的，最著名的是孫恩。晉書同卷孫恩傳云：

孫恩字靈秀，琅邪人，孫秀之族也，世奉五斗米道。恩叔父泰，字敬遠，師事錢唐杜子恭。而子恭有秘術……子恭死，泰傳其術。

孫家是琅邪人，世奉却是五斗米道，自晉東渡至此時已七十年，家世奉道是可信的。陳寅恪先生已據晉書趙王倫傳證泰族人孫秀信巫術，但孫秀所奉是否五斗米道，却無明證。傳稱：

倫、秀並惑巫鬼，聽妖邪之説。秀使牙門趙奉詐為宣帝神語，命倫早入西宫。又言宣帝於北芒為趙王佐助，於是别立宣帝廟於芒山。……及三王起兵討倫檄至，倫、秀始大懼……使楊珍晝夜詣宣帝别廟祈請，輒言宣帝謝陛下，某日當破賊。拜道士胡沃為太平將軍，以招福佑。秀家日為淫祀，作厭勝之文，使巫祝選擇戰日。又令近親於嵩山著羽衣，詐稱仙人王喬，作神仙書，述倫祚長久以惑衆。

這些宗教活動看不出什麽特點，却封了個道士爲太平將軍，似有太平道的嫌疑。晉書孫恩傳云：

子恭死，泰傳其術。然浮狡有小才，誑誘百姓，愚者敬之如神，皆竭財産，進子女，以祈福慶。王珣言於會稽王道子，流之於廣州。廣州刺史王懷之以泰行鬱林太守，南越亦歸之。太子少傅王雅先與泰善，言於孝武帝，以泰知養性之方，因召還。道子以為徐州主簿，猶以道術炫惑士庶。稍遷輔國將軍、新安太守。王恭之役，泰私合義兵，得數千人，為國討恭。黄門郎孔道、鄱陽太守桓放之、驃騎諮議周勰等皆敬事之，會稽世子元顯亦數詣泰，求其秘術。泰見天下兵起，以為晉祚將終，乃扇動百姓，私集徒衆，三吴士庶多從之。於是朝士皆懼泰為亂，以其與元顯交厚，咸莫敢言。會稽内史謝輶發其謀，道子誅之。孫泰「誑誘百姓，愚者敬之如神」，表明這是一種在羣衆中活動的宗教；「竭財產，進子女」，表明他宣傳施捨祈福，這正是早期太平道、天師道的特徵。天師道設立義舍，以食行人，帶有賑救饑民的性質。太平道以符水治病，不是爲自己登仙。太平經儘管是一部維護統治秩序的説教書，但其中主要的内容既非漢代方士「黄金可成，神仙可致」的宣傳，也不是「存神養氣」修煉成仙，而主張行善得福，甚至得仙；行惡得禍，死了還要「謫作河梁山海」，[一]而且善惡都延及子孫，叫做「承負」。太平經卷六七六罪十治訣，譴責「積財億萬，不肯救窮周急，使人飢寒而死，罪不除也」，也是强調賑施。事實上也只有那種要求互助、要求施濟貧人的宗教，才能形成一個擁有羣衆的團體，再加上祈禱巫術，使團體得以鞏固，因而也有可能在一定條件下形成羣衆性的反抗力量。

高平郗氏，琅邪王氏、孫氏之奉天師道，很可能倒是由太平道轉事的。

七　三國晉南北朝蜀地天師道

魏晉時期，天師道成爲土生民間道教中最大的一派，不僅依舊流行於巴蜀、漢中，而且遍及南北。華陽國志卷八大同志載泰始十年（二七四）事：

[一] 太平經卷一一二有過死謫作河梁誡第一百八十八。又此篇述流客之苦，認爲都是由於「田夫恨怨」，「輕賤諸穀」所致。

汶山白馬胡恣縱掠諸種。夏，刺史皇甫晏表出討之，……胡康水子燒香，言軍出必敗，晏以為沮衆，斬之。

按于吉燒香讀道書，張津鼓琴燒香讀邪俗道書，燒香乃當時民間道教（包括佛教）通行的儀式，此胡人康水子或許與天師道有關。同卷又載咸寧三年（二七七）事：

刺史濬誅犍為民陳瑞。瑞初以鬼道惑民，其道始用酒一斗、魚一頭，不奉他神，貴鮮潔。其死喪、産乳者，不百日不得至道治。其為師者曰祭酒。父母妻子之喪，不得撫殯入弔，及問乳病者。後轉奢靡，作朱衣、素帶、朱幘、進賢冠。瑞自稱天師，徒衆以千百數。濬聞，以為不孝，誅瑞及祭酒袁旄等，焚其傳舍。益州民有奉瑞道者，見官二千石長吏，巴郡太守犍為唐定等，皆免官或除名。

按陳瑞當是天師道別派。祭酒袁旄，袁是巴夷七姓之一。卷九李特雄期壽勢志：

既克成都，……雄遣信奉迎范賢，欲推戴之，賢不許，更勸雄自立。

按范賢即范長生，爲天師道首，别詳拙撰范長生與巴氐據蜀的關係一文。至桓温滅蜀後，長生之子范賁曾一度被成漢將領推尊爲帝。又晉書卷五八周訪附撫子楚傳載周楚監梁、益二州時事：

太和中，蜀盜李金銀、廣漢妖賊李弘並聚衆為寇，僞稱李勢子，當以聖道王，年號鳳皇。……楚遣其子討平之。

李弘是民間道教讖言中的帝皇。但此處李弘是否天師道，不能斷言。

高僧傳卷一二宋釋僧慶傳，言其「姓陳，巴西安漢人，家世事五斗米道」。北史卷六六泉企傳云：「巴族事道，尤重老子之術。」續高僧傳卷二一釋惠寬傳云：

姓楊氏，益州綿竹孝水人。父名瑋，元是三洞先生五經博士，崇信道法，無敦釋教。所以綿、梓、益三州諸俗每歲率送租米投於瑋，令保一年安吉，皆與章符而去，而車馬擁門如市。

均見益州自晉至隋唐，道教仍然擁有頗多信徒。而在桓温滅蜀後，蜀人兩次圖謀割據，都和道教有關。

八　晉代葛、許兩家仙道之異同

葛氏、許氏爲丹陽郡句容縣同鄉，同爲當地土著士族，同染仙道之風。晉書卷七二葛洪傳：

丹楊句容人也。祖系，吴大鴻臚。父悌，吴平後入晉，為邵陵太守。洪少好學，家貧，躬自伐薪以貿紙筆，……遂究覽典籍，尤好神仙導養之法。從祖玄，吴時學道得仙，號曰葛仙公，以其鍊丹秘術授弟子鄭隱。洪就隱學，悉得其法焉。後師事南海太守上黨鮑玄。玄亦内學，逆占將來，見洪深重之，以女妻洪。

據陶弘景吴太極左仙公葛公碑（全梁文卷四七）云：

仙公姓葛，諱玄，字孝先，丹陽句容都鄉吉陽里人也。本屬瑯邪。後漢驃騎僮侯盧讓國於弟，來居此土。七代祖艾，即驃騎之弟，襲封僮侯。祖矩，安平太守、黄門郎。從祖彌，豫章等五郡太守。父焉，字德儒，州主簿、山陰令、散騎常侍、大尚書……吴初，左元放自洛而來，授公白虎七變、爐火九丹，於是五通具足，化遁無方。

卒。

鮑靚字太玄，東海人也……學兼内外，明天文、河洛書……嘗見仙人陰君，授道訣，百餘歲

葛洪之師還有鮑靚，晉書卷九五藝術傳有傳云：

按鮑靚師陰君即陰長生，是講金丹大道的，神仙傳卷五有傳。道藏洞神部衆術類收太清金液神丹經，即題作「長生陰真人撰」。好治金丹者並斥符水治病，參同契所斥「六甲以日辰」之術，陰長生注（託名）即「服六甲之符」。

葛洪竭力反對那種鼓動羣衆，積聚財富，祈禱祠祀的民間道教，而主張金丹大道，服食成仙。他的抱朴子内篇卷九道意篇，點名譴責張角等人。葛洪不但反對太平道，也否定天師道。道意篇云：「祭禱之事無益也，當恃我之不可侵也，無恃鬼神之不侵我也。」天師道正是祠祀鬼神，恃鬼神之不侵我。

晉書卷八〇王羲之附許邁傳云：

丹楊句容人也，家世士族……時南海太守鮑靚隱跡潛遁，人莫之知。邁乃往候之，探其至要……初采藥於桐廬縣之桓山，餌朮涉三年，時欲斷穀……常服氣，一氣千餘息。永和二年，移入臨安西山，登巖茹芝，眇爾自得，有終焉之志。乃改名玄，字遠游……羲之造之，未嘗不彌日忘

歸，相與為世外之交……玄自後莫測所終，好道者皆謂之羽化矣。

按許邁亦師鮑靚，鮑靚爲葛洪師，年輩在前，本傳雖云靚年百餘歲，亦未必可信，葛洪死於康帝建元元年（三四三），鮑靚或以前死，疑許邁不能見之。但既自云師鮑，其所學乃餌芝朮求長生，加以服氣、導引、辟穀，乃内煉外補兼修，亦爲升仙了道之學，而非濟世度人。

後來陶弘景著真誥，歷述上清經傳授淵源，說什麽南嶽魏夫人降授上清真經與楊羲。這個楊羲，真誥說「似是吴人，來居句容……與先生、長史年並懸殊，而早結神明之交」（卷二〇）。先生（許邁）、長史（許謐）是親兄弟，謐子翽，翽子黄民，世傳上清經。

按丹陽許氏本與祠祀鬼神的民間道派有關，先曾奉帛家道，繼而曾奉天師道。真誥卷四有鬼官典柄侯周魴責阿映（許邁小名）云，欲學道求仙「當得世功相及禍惡不遘，陰德流根，仁心上逮」，以下遂歷數許氏先世殺人暴戾之罪四十有三。又云：

又汝本屬事帛家之道，血食生民，逋愆宿責，列在三官，而越幸網脱，奉隸真氣。父子一家，各事師主，同生乖戾，不共祭酒，罪咎之大，陰考方加，有如此積罪，亦無仙者。

映答以七世父許子阿者，凶年散財賑救四百八人，「應得度世者五人，登升者三人」。按據許氏之道此則，有似太平經之「承負」。

又卷二〇有云：

有云李東者，許家常所使祭酒，先生亦師之。家在曲阿東，受天師吉陽治左領神祭酒。

又卷四有云：

保命告云：許子遂能委形冥化，從張鎮南之夜解也。所以養魂太陰，藏魄於地……（陶注：「許子即是掾也。按張系師為鎮南將軍，建安二十一年亡，葬鄴東……未審夜解當用何法，依如許掾，似非劍杖也。」）

卷五云：「黄書（杜家黷易此字爲『經方』）世多有者，然亦是秘道之事矣。」陶注云：「天師取其名而佈其化，事旨大略猶同，但每增廣其法耳。此所云黄書赤界三一經，涓子所説黄赤内真者，非今世中天師所演也。」按此天師豈指張道陵邪？卷八有云：

將欲理之耶？若翻然奉張諱道者，我當與其一符，使服之，如此必愈而豁矣。不然，往詣水官，所謂嗚呼哀哉。（陶注：「張諱即天師名也，楊不欲顯疏也。」）邪氣入體，鬼填胸次，其將迴惑於邪正，必不能奉正一於平氣耶？如此吾治疾之方，殆不可得。（陶注：「正一平氣，即天師祭酒之化也。」）

卷一七記楊羲夢中見一人似仙女，著鳥毛衣，賫二短折書來，書末並云「張生頓首」，陶注云：

此並記夢見張天師書信，云張生者，即應是諱，今疏示長史，故不欲顯之。又見系師注老子内解，皆稱「臣生稽首」，恐此亦可是系師書耳。

魏夫人傳稱夫人「嘗爲女官祭酒」，傳雖出後世，「女官祭酒」之名當非妄造。但楊許所傳上清新道，不但與祠祀鬼神的舊式民間道派拉開距離，而且也與鮑葛金丹道異趣。真誥卷一二有云：

鮑靚，靚及妹並是其七世祖李湛、張慮，本杜陵北鄉人也。在渭橋為客舍，積行陰德，好道希生，故今福逮於靚等，使易世變練，改氏更生，合為兄弟耳。根冑雖異，德蔭者同，故當同生氏族也。今並作地下主者，在洞宫中。靚所受學，本自薄淺，質又撓滯，故不得多也。

按此貶抑鮑靚，與抱朴子大異。陶注云：「鮑亦通神，而敦尚房中之事，故云撓滯，後用陰君太玄陰生符，爲太清尸解之法，當是主者之最高品矣。」同卷又云：「問葛玄，玄善於變幻而拙於用身，今正得不死而已，非仙人也。」亦貶葛玄，葛玄本是金丹道士。陶注云：

葛玄字孝先，是抱朴從祖……入山得仙，時人咸莫測所在……今答如此，便是地仙耳。靈寶所云太極左仙公，於斯妄乎。

按真誥叙録云，晉末「葛巢甫造構靈寶，風教大行」；道教義樞卷二「三洞義」云，洞玄經由上真降授葛玄，經葛洪之手，「至從孫葛巢甫，至晉隆安之末，傳道士任延慶、徐靈期之徒」。葛巢甫造構洞玄靈寶經後，葛玄被依託爲靈寶派祖師，相當於張陵在正一派中的地位；葛洪也被附會爲靈寶經法傳人。弘景自作吴太極左仙公葛公碑，而注真誥所言如此，一人所言何自相矛盾？蓋不僅楊許上清道與鮑葛金丹道相矛盾，而且上清派與靈寶派更相矛盾也。

上清經、靈寶經、三皇經合稱三洞，後悉歸陸修静。修静總括三洞，但於靈寶齋儀用力最勤。廣弘明集卷四釋道宣叙齊高祖廢道法事稱：

昔金陵道士陸修静者，道門之望。在宋齊兩代，祖述三張，弘衍二葛，郄張之士，封門受籙，遂妄加穿鑿，廣製齋儀，糜費極繁，意在王者遵奉。以下言修靜梁初亡入北齊，天保六年（五五五），齊又宣令沙門、道士辯論，修靜敗黜云云。陳國符已考定此時修靜於七十八年前（宋元徽五年，四七七）已死，無由於天保六年在北齊與沙門對辯，其妄甚明。〔一〕但云修靜「祖述三張，弘衍二葛」，當有所本。笑道論亦稱「張僞葛妄」，知當時二葛在道教中之地位，乃與三張相並。陳國符認爲「二葛」指葛玄、葛洪。無論是否，甄鸞、道宣之攻擊「二葛」，其針對的主要目標，恐怕應是鼓動羣衆、濟世度人的靈寶派，而非升仙了道的金丹派。

九　天師道之服黄

晉書卷八四王恭傳：

淮陵内史虞珧子妻裴氏，有服食之術，常衣黄衣，狀若天師，道子甚悦之，令與賓客談論，時人皆為降節。恭抗言曰：「未聞宰相之坐有失行婦人。」坐賓莫不反側，道子甚愧之。

由此可知，當時人心目中天師以服黄爲特色。南史卷三七沈僧昭傳載：

僧昭別名法朗，少事天師道士，常以甲子及甲午日，夜著黄巾衣褐，醮於私室。時記人吉凶，

〔一〕參閲陳國符道藏源流考，北京，中華書局，一九六三年版，第四四頁。

頗有應驗。自云為泰山録事，幽司中有所收録，必僧昭署名。

觀此則天師道法服爲黄巾衣褐。東漢末年張角爲太平道，著黄巾，以「黄天當立」爲口號，事中黄太乙；天師道初不云亦服黄巾。甄鸞笑道論觀音侍老七云：

漢書云：「劉焉以魯為督義司馬，遂殺漢中太守蘇固，便得漢中，鬼道化人。時傳黄衣當王，魯遂令其部衆改著黄衣巾帔，代漢之徵。自爾至今，黄服不絶。」

甄鸞所記漢書云張魯服黄衣巾帔，不見於今後漢書，當時傳世後漢書尚多，殆出他種。在東漢末，自張角被鎮壓後，青徐、白波、潁川及來自涼州的馬相、趙祇諸軍並非起自一時，並稱黄巾，而黑山諸軍自有名號。如果張脩、張魯亦服黄巾，何以但稱「妖巫」、「米賊」，而與黄巾區别？可知天師道本不穿黄衣，戴黄巾，這是太平道的服色。東晉及宋齊間天師道亦黄巾帔，知江南道教乃糅合二宗，我以爲這是東晉初事。

十　東晉士族與天師道杜孫教團

杜子恭是天師道大師，其家世傳道業。沈約宋書卷一〇〇自序：

子警，字世明，惇篤有行業，學通左氏春秋。家世富殖，財産累千金，……内足於財，為東南豪士，……子穆夫，字彦和，……初，錢唐人杜子恭通靈有道術，東土豪家及京邑貴望並事之為弟子，執在三之敬。警累世事道，亦敬事子恭。子恭死，門徒孫泰、泰弟子恩傳其業，警復事之。隆安三年，恩於會稽作亂，自稱征東將軍，三吳皆響應。穆夫時在會稽，恩以為前部參軍、振武將軍、餘姚令。其年十二月二十八日，恩為劉牢之所破，輔國將軍高素於山陰回踵埭執穆夫及僞吳郡太守陸瓌之、吳興太守丘尫，並見害，函首送京邑，事見隆安故事。先是宗人沈預素無士行，為警所疾。至是警聞穆夫預亂，逃藏將免矣，預以告官，警及穆夫弟仲夫、任夫、預夫、佩夫並遇害，唯穆夫子淵子、雲子、田子、林子、虔子獲全。

按警「累世事道」，吳興沈氏奉道亦家門傳習使然。沈氏是江南豪族，所謂「江東之豪，莫强周沈」，却尊事來自琅邪之寒門孫泰，孫恩年輩應較後，泰死之後，警復事之。顯然，杜子恭——孫泰——孫恩三人並儼然爲教主。晉書卷一〇〇孫恩傳叙恩起兵後：

於是會稽謝鍼、吳郡陸瓌、吳興丘尫、義興許允之、臨海周冑、永嘉張永及東陽、新安等凡八郡，一時俱起，殺長吏以應之，旬日之中，衆數十萬。於是吳興太守謝邈，永嘉太守謝逸，嘉興公顧胤，南康公謝明慧，黄門郎謝沖、張琨，中書郎孔道，太子洗馬孔福，烏程令夏侯愔等皆遇害。吳國内史桓謙、義興太守魏傿、臨海太守新蔡王崇等並出奔。

響應孫恩的當然都是天師道信徒。值得注意的是被殺諸人也是天師道信徒。王凝之是僑姓高門琅邪王氏，王羲之的兒子。晉書卷八〇王羲之附子凝之傳云：

王氏世事張氏五斗米道，凝之彌篤。孫恩之攻會稽，僚佐請為之備，凝之不從，方入靖室請禱，出語諸將佐曰：「吾已請大道，許鬼兵相助，賊自破矣。」既不設備，遂為孫恩所害。

此事亦見魏書僭晉司馬叡傳。謝氏死者最多，但謝家也有天師道信仰。劉敬叔異苑卷七謂：

> 初，錢塘杜明師夜夢東南有人來入其館，是夕即靈運生於會稽。旬日而謝玄亡，其家以子孫難得，送靈運於杜治養之。十五方還都，故名客兒。（原注：治音稚，奉道之家靜室也。）

按靈運爲謝玄孫，送杜治養之，足證玄之信道；杜明師即杜子恭，亦爲玄所尊事無疑。孔氏之道民、福民，似爲天師教名，靜民子靈符、靈運，又孔稚珪父靈産，似亦天師教名。南齊書卷四八孔稚珪傳云，靈産「事道精篤……東出過錢塘北郭，輒於舟中遥拜杜子恭墓，自此至都，東向坐，不敢背側」。且孫恩傳明言孔道、桓放之、周勰皆敬事孫泰，他們都是僑姓冠族，雖與孫恩同道，當孫起兵時却站在相反的立場。這表明，在對待孫恩的態度上，地主階級内部也是不一致的。

按追隨孫恩者除上述吴興沈氏外，陸瓌自爲吴郡四姓，丘尩亦吴興士族。南齊書卷五二文學丘靈鞠傳云：

> 吴興烏程人也。祖系，秘書監。……仕郡為吏，州辟從事，……舉秀才，為州主簿。累遷員外郎，……遷尚書左丞。世祖即位，轉通直常侍，尋領東觀祭酒……永明二年，領驍騎將軍。靈鞠不樂武位，謂人曰：「我應還東掘顧榮冢。江南地方數千里，士子風流，皆出此中。顧榮忽引諸傖渡，妨我輩塗轍，死有餘罪。」改正員常侍。

靈鞠歷官清級，當然是士族，他對僑人居於吴人之上極爲不滿，而這也是自東晉以來吴姓的共同心情。義興許氏爲吴姓之次等士族，元和姓纂輯本卷六八語許云：「會稽陽羨，稱高陽同祖。後漢諫議大夫許武；武孫馘，太尉；今無聞。」義興即陽羨，魏晉以來無達官，乃衰落之士族，或已不列士姓。又義興與晉陵、丹徒接壤，姓纂同卷又有晉陵許氏，云：「本高陽人也，詢之後。」疑義興、晉陵之許氏爲同族。沈爲將家，丘位望微遜，許爲衰落士族，臨海之周、永嘉之張都不是士族。

按謝氏爲會稽大姓，晉書卷七八孔愉附羣子沈傳云：「是時沈與魏顗、虞球、虞存、謝奉並爲四族之儁。」同書卷七七何充傳，充爲會稽内史，「拔郡人謝奉、魏顗等以爲佐吏。」則謝氏與虞魏孔賀四姓並列，爲郡大姓無疑。真誥卷八注謂奉仕至吴郡、丹陽尹，吏部尚書（疑誤），更是甲族所任之官。又晉書卷六八顧榮傳，榮所舉有謝行言，亦會稽人。謝沖爲謝安從子，子明慧出嗣謝石子汪。謝安附謝邈傳（晉書卷七九）稱：

後為吴興太守。孫恩之亂，為賊胡桀、郜驃等所執，害之……邈妻郗氏，甚妒。邈先娶妾，郗氏怨懟，與邈書告絶。邈以其書非婦人詞，疑其門下生仇玄達為之作，遂斥玄達。玄達怒，遂投孫恩，並害邈兄弟，竟至滅門。

謝逸，安帝紀作司馬逸，疑此誤。顧胤封嘉興公，必顧榮嫡嗣。孔道即道民，孔福即道民弟福民，同死者尚有散騎侍郎静民，並見晉書卷七八孔愉傳。張琨疑亦吴郡張氏，夏侯愔無考。

而被殺諸人則陳郡謝氏居其四，會稽孔氏居其二（實三人，傳脱一人），吴郡顧氏一人則顧榮嫡裔，加上先被殺的會稽内史琅邪王凝之，追隨和抗拒諸人門第高低，是有顯著差别的。

十一　孫恩起兵的直接原因

晉書卷六四會稽王道子附子元顯傳云：

> 又發東土諸郡免奴為客者，號曰「樂屬」，移置京師，以充兵役。東土囂然，人不堪命，天下苦之矣。既而孫恩乘釁作亂。

按此事必在安帝隆安二年四月元顯爲揚州刺史後，此傳及通鑑並以此爲孫恩起兵之直接導火綫。孫恩傳稱：「及元顯縱暴吴會，百姓不安。恩因其騷動，自海攻上虞。」所云「縱暴吴會」，即指其任揚州刺史。所云「縱暴」無實指，當亦指發免奴爲客者移置京師事。應當注意，他們不是奴，而是已免爲客之奴。這類發奴發客之事早見於東晉初年。晉書元帝紀太興四年五月庚申詔：

> 昔漢二祖及魏武皆免良人，武帝時，涼州覆敗，諸為奴婢亦皆復籍，此累代成規也。其免中州良人遭難為揚州諸郡僮客者，以備征役。

是所免爲「僮客」，所事爲「備征役」。同書卷七三庾亮附弟翼傳稱：「時東土多賦役，百姓乃從海道入廣州。」卷六九刁協傳稱：「以奴爲兵，取將吏、客使轉運，皆協所建也，衆庶怨望之。」則所發之奴充兵（征），而客則是轉運（役）。同卷劉隗傳：「爲丹楊尹，與尚書令刁協並爲元帝所寵，欲排抑豪强。諸刻碎之政，皆云隗、協所建。」發奴客實亦含有排抑豪强之意。此所以王敦起兵，僑舊諸大族如吴姓之沈、錢、周諸族皆爲之助，而王導自言「如導之徒，心思内濟」也。卷九八王敦傳載敦上表罪狀隗、協，亦云：

免良人奴，自為惠澤。自可使其大田以充倉廩，今便割配，皆充隗軍。……又徐州流人辛苦經載，家計始立，隗悉驅逼，以實己府。當陛下踐祚之始，投刺王官，本以非常之慶，使豫蒙榮分，而更充征役。復依舊名，普取出客，從來久遠，經涉年載，或死亡滅絶，或自贖得免，或見放遣，或父兄時事，身所不及，有所不得，輒罪本主，百姓哀憤，怨聲盈路。

這裏説的是發奴配給劉隗的軍府，發投刺王官（即將吏）充征役，又發客，不云充什麽，據刁協傳，與將吏並充轉運。

這類發奴爲兵的事，在東晉還發生過。庾翼傳云康帝即位，翼欲率衆北伐，「於是並發所統六州奴及車牛驢馬，百姓嗟怨」。卷七七何充傳：

於是徵充入為都督揚、豫、徐州之琅邪諸軍事，假節，領揚州刺史、將軍如故。先是，翼悉發江、荆二州編户奴以充兵役，士庶嗷然。充復欲發揚州奴以均其謗。後以中興時已發三吴，今不宜復發而止。

則庾翼所發者爲編户之奴。但據卷九四隱逸翟湯傳云：

建元初，安西將軍庾翼北征石季龍，大發僮客以充戎役，敕有司特蠲湯所調。湯悉推僕使委之鄉吏，吏奉旨一無所受，湯依所調限，放免其僕使，令編户為百姓。

這是説庾翼所發的也有客，不僅是奴。據史傳所載，劉隗、刁協發奴客是所謂「刻碎之政」，導致「衆庶怨望」，「怨聲盈路」；庾翼發奴客，也弄得「士庶嗷然」；而這次元顯發「免奴爲客者」，也使「東土囂然，人不堪命」。當然這種怨恨的人首先就是擁有奴客的人。但是元帝時發奴爲兵是首先免去其奴的身分的，客只充轉運，並不當兵，雖不云放免，以奴比之，可能也是放免了。我們不能斷言當兵和服轉運之役所受的折磨一定比當奴客好些，但無論如何算是放免。元顯所發却是業已放免了的奴，名爲「樂屬」，點明不是良人，這是和元帝時的發奴客情況不同的。因而所謂「人不堪命」實際上包括兩類人，即擁有這些客的地主和「免奴爲客者」自己。

然而孫恩的追隨者決不止這兩類人，孫恩傳云晉將劉牢之領兵渡過錢塘江後，孫恩「乃虜男女二十餘萬口，一時逃入海」。卷八四劉牢之傳記隆安五年孫恩第三次浮海襲京口時，「戰士十萬，樓船千餘」，可以知道參加起事的除了「免奴爲客者」，還有廣大的羣衆。通鑑卷一一一晉安帝隆安四年五月記謝琰敗死後，「吴興太守庾桓恐郡民復應恩，殺男女數千人」。所殺者是郡民，當非被發「免奴爲客者」；人至數千，當然更不止這些奴客之主。我們知道會稽、吴興諸郡是僑舊高門土地最集中的地區，我在三至六世紀江南大土地所有制的發展一書中已有闡述，這裏就不再重復。此外，東晉中央政權依恃的賦役來源主要是揚州，特别就是吴會地區。因而一起事，立即吸引廣大羣衆參加。參加者也有大小地主，但他們一般地位較低，和王、謝高門也有一定矛盾，而發客直接損害了他們的利益。

（鍾國發整理）

（原載唐長孺文存，上海古籍出版社，二〇〇六年）

葛榮未任懷朔鎮將辨

梁書侯景傳稱葛榮爲「懷朔鎮將」。按孝昌間（五二五——五二七），當洛陽政府推行歧視「北人」政策，奴役甚至殘殺「北人」的恐怖時刻，一個失意的鎮將參加到鮮于修禮義軍中來，並非没有可能。但是，魏書和北史都只稱葛榮爲「賊帥」、「賊黨」；而且就是在楊津、元淵掀起策反高潮時，諸如内姦、舊部屬關係都被充分利用，却未見與葛榮有任何聯繫。因此，葛榮到底是否鎮將，就應考訂，難以抓證定論。

懷朔鎮改鎮爲州，各書所説不一。魏書地形志載：「朔州，本漢五原郡，延和三年置爲鎮；後改爲懷朔。孝昌中改州。後陷。」又通鑑卷一五〇梁武帝普通五年（五二四，即北魏正光五年）八月條載：

東、西部敕勒皆叛魏，附於破六韓拔陵，魏主始思李崇及廣陽王深（淵）之言。丙申（十八日），下詔：「諸州鎮軍貫，非有罪配隸者，皆免為民。」改鎮為州，以懷朔鎮為朔州，更命朔州曰雲州。

同書當年十月，費穆守雲州，仍稱「朔州刺史」，正相矛盾。通鑑本據魏書肅宗紀，同樣，肅宗紀載，孝昌元年三月「破落汗拔陵別帥王也不盧等攻陷懷朔鎮」，亦不稱「朔州」。這大概是由於北邊混亂，政令不行;或者由於記載疏忽;或者由於沿襲舊稱。不管怎樣,大概在正光、孝昌之際,懷朔鎮已改爲朔州,而且隨之「陷落」,因而不再設置鎮將。

根據魏書卷五八楊鈞傳、周書卷二二楊寬傳,參照通鑑的記載,楊鈞以恒州刺史轉任懷朔鎮將,正光五年四月「卒於鎮」。吴廷燮元魏方鎮年表載,神龜元年、二年(五一八——五一九),楊鈞爲恒州刺史。又據魏書卷七八張普惠傳載,正光二年,懷朔鎮將楊鈞率萬五千人送柔然主阿那瓌還國。北史卷九八蠕蠕傳,載有安北將軍、懷朔鎮將楊鈞正光二年正月的表疏。因此,可以肯定,從正光二年(五二一)正月到五年(五二四)四月懷朔鎮爲義軍攻克爲止,共約四年,楊鈞是懷朔鎮將,而且是最後一任鎮將。魏書卷四四宇文福傳載:

熙平(五一六——五一七)初,除鎮北將軍、瀛州刺史。……解任,復除太僕卿,又爲金紫光禄大夫。出除散騎常侍,都督懷朔、沃野、武川三鎮諸軍事,征北將軍,懷朔鎮將。至鎮,遇病卒。

宇文福刺瀛,子延隨侍,在州遇大乘起義,幾乎被義軍燒死。據魏書肅宗紀,大乘義衆於熙平二年(五一七)正月攻入瀛州之治,爲宇文福等鎮壓。又據魏書卷三〇陸真附子延傳載:

正始(五〇四——五〇七)初,除武川鎮將,入除太僕卿。(轉)都督沃野、武川、懷朔三鎮諸軍事,安北將軍,懷朔鎮大將,加散騎常侍。正光初,拜金紫光禄大夫,復除太僕卿。

根據宇文福和陸延本傳:熙平初,宇文福刺瀛州,陸延爲太僕卿;福轉太僕卿,延爲懷朔鎮大將,當在熙平、神龜間；正光初，延復爲太僕卿，而宇文福則轉懷朔鎮將。福「至鎮，遇病卒」，懷朔鎮將一職，由恒州刺史楊鈞繼任。又魏書卷三一于栗磾附昕傳載：

（于昕，）揚烈將軍，懷朔、武川鎮將，中散大夫。孝昌中，使蠕蠕，與阿那瓌擒逆賊破洛汗聽明、出六斤等。

北史不載于昕事，蠕蠕傳中，孝昌間出使柔然者亦不見于昕其人。于昕傳所記當另有隱情。周書楊寬傳載：

時，北邊賊攻圍（懷朔）鎮城，（寬父懷朔鎮將楊）鈞卒，城民等推寬守禦。尋而城陷，寬乃北走茹茹。後，討鎮賊破之，寬始得還朝。

武川鎮將于昕和懷朔守將楊寬的遭遇大體相似：所謂「北走茹茹」、「使蠕蠕」，均屬投降柔然的隱詞；而「討鎮賊破之」和「與阿那瓌擒逆賊破洛汗聽明、出六斤等」一樣，都是幫助柔然主鎮壓拔陵義軍的飾語。據此，約在楊鈞鎮懷朔時，于昕爲武川鎮將；而于昕由懷朔轉鎮武川，則在陸延、宇文福前，推測當在延昌（五一二——五一五）、熙平（五一六——五一七）年間。

遼西段長亦曾爲懷朔鎮將。據北齊書卷一神武紀，高歡任懷朔鎮兵隊主時，段長爲鎮將。高歡受到段長的賞識，由隊主遷任函使。歡爲「函使六年」，末年曾至洛陽，正遇上羽林、虎賁嘩變，「焚領軍張彝宅」。按此事發生於神龜二年（五一九）二月，上推六年爲延昌二年（五一三）。故知段長爲懷朔鎮將在永平（五〇八——五一一）、延昌（五一二——五一五）間。魏書卷四一源賀附子懷傳載：

又詔為使持節，加侍中，行臺，巡行北邊六鎮，恒、燕、朔三州，賑給貧乏，兼采風俗，考論殿最。……懷朔鎮將元尼須，與懷少舊，亦貪穢狼籍，置酒請懷。……既而表劾尼須。

按魏書世宗紀，景明四年（五〇三）十一月癸亥（十五日），「詔尚書左僕射源懷，撫勞代都、北鎮，隨方拯恤」。約於正始（五〇四——五〇七）初，至懷朔，表劾尼須。元尼須鎮懷朔，應在景明（五〇〇——五〇三）、正始間。北史卷一五高涼王孤附萇傳載：

孝文遷都，萇以代尹留鎮，除懷朔鎮都大將。因別，賜萇酒，雖拜飲而顏色不泰。……宣武時，為北中郎將，帶河内太守。

孝文帝太和十七年（四九三）遷都洛陽，至二十三年（四九九）去世，此六年間，懷朔鎮都大將是北魏宗室元萇。遷都之前，北鎮鎮將位重，非宗室故舊不能充任，葛榮自非此類，故不再往前追溯。從太和十七年遷都，至正光五年義軍攻克懷朔，共計三十三年。此間懷朔鎮將，除有時間可考者元萇、元尼須、段長、于昕、陸延、宇文福和楊鈞七人之外，尚有鮮于寶業。據北齊書卷四一鮮于世榮傳載：

鮮于世榮，漁陽人也。父寶業，懷朔鎮將。武平（五七〇——五八〇）初，贈儀同三司、祠部尚書、朔州刺史。

北史卷五三鮮于世榮傳略同。北齊朔州，即魏懷朔鎮，寶業曾爲懷朔鎮將，後追贈朔州刺史，或可暗示寶業本爲懷朔鎮人。正光、孝昌間，懷朔鎮有鎮兵鮮于修禮率北鎮流民舉義於定州；鎮民鮮于阿胡先據懷朔，[一]後率懷朔流民攻克平城。修禮、阿胡，或與寶業同居一家族，且都在懷朔鎮有較大影響。若此，則鮮于寶業在太和遷洛之後曾任懷朔鎮將，亦屬可能。其次，鮮于本丁零大姓，魏初，冀、晉間有定州丁零、中山丁零和北地丁零，世祖拓跋燾神䴥元年（四二八），定州丁零鮮于臺陽等二千餘家反入西山，敗州軍，次年平之。丁零鮮于部之北遷懷朔，或在此時。第三，傳稱寶業爲漁陽人，漁陽屬幽州，在州之東北，與晉之遼西接壤。段長爲遼西鮮卑段部人，歸附拓跋亦當在世祖平中山前後，其在永平年間任懷朔鎮將，亦可參證寶業事，皆元淵所謂「自定鼎伊洛，邊任益輕，唯底滯凡才，出爲鎮將」[二]之類。因此，丁零大姓鮮于寶業在段長前後曾任懷朔鎮將，較爲可信。

鎮將任期，史書無明確記載。魏書卷五九蕭寶夤傳載正光四年寶夤奏有云：

（守、令）悉以六載為程，既而限滿代還，復經六年而叙，是則歲周十二，始得一階。

鎮將之任期，或與守、令相當，以六年爲一程。現將有史可考的懷朔鎮將列表於次：

元萇　太和十七年至二十三年（四九三——四九九）

元尼須　景明元年至正始元年（五〇〇——五〇四）

段長　永平元年至延昌二年（五〇八——五一三）

[一] 通鑑卷一五一梁武帝普通七年四月條載：「魏朔州城民鮮于阿胡等據城反。」七月，「鮮于阿胡擁朔州流民寇恒州。戊申，陷平城，（行臺元）纂奔冀州。」按梁普通七年（五二六）即北魏孝昌二年，時懷朔鎮改朔州，原朔州改雲州，故阿胡爲懷朔鎮民。

[二] 北史元深（淵）傳。

于昕　延昌三年至熙平二年（五一四——五一七）
陸延　熙平二年至正光元年（五一七——五二〇）
宇文福　正光元年（五二〇）
楊鈞　正光二年至正光五年（五二一——五二四）

表中，宇文福因至鎮病死，故爲時甚短；元尼須與段長之間，空四年，其鎮將當爲丁零大姓鮮于寶業。若此，則梁書侯景傳所謂葛榮爲「懷朔鎮將」之孤證，就無法成立了。

（原載唐長孺文存，上海古籍出版社，二〇〇六年）

文心雕龍「士衡多楚」釋

文心雕龍聲律篇云：

又詩人綜韻，率多清切，楚辭辭楚，故訛韻實繁，及張華論韻，謂士衡多楚，文賦亦稱「知楚不易」。可謂銜靈均之聲餘，失黄鍾之正響也。

按此論認爲陸機用韻沿襲了楚辭之訛，以致招來了張華「多楚」之譏。劉勰似乎是以歷史傳統和地域特點解釋陸機用韻不合所謂「正響」的問題。其中引文賦「知楚不易」，檢今傳本文賦並無此語，若非劉勰所見之文賦別有異文，則或是傳本文心雕龍字訛。黄季剛先生文心雕龍札記本條云：

案文賦云：「亮功多而累寡，故取足而不易」，彦和蓋引其言以明士衡多楚，不以張公之言而變。「知楚」二字乃涉上文字而誤。

黄説可能是對的。范文瀾同志文心雕龍注對這段話加注云：〔一〕

陸雲與兄平原（即陸機）書：「張公語雲云：兄文故自楚，須作文，爲思昔所識文。」觀雲諸書中論韻者，如「李氏云『雪與列韻』，曹便復不用。人亦復云曹不可用者。韻自難得正」。（所云

〔一〕文心雕龍注卷七。

「李氏」，豈即李登歟？曹或指陳思王也。）又如「徹與察皆不與日韻。思惟不能得，願賜此一字」。又如「音楚，願兄便定之」。觀此諸語，知當時無標準韻書，故得正韻頗不易也。今就范老之説，稍加補充，試釋所謂「楚」究竟指的是什麽。今按全晉文卷一〇二陸雲與兄平原書其十五云：

前登城門，意有懷，作登臺賦（中略）願小有損益，一字兩字，不敢望多。音楚，願兄便定之。兄音與獻、彦之屬皆願。仲宣須賦，獻與服繁。張公語雲曰：兄文故自楚。須作文，為思昔所識文，乃視兄作誄，又令結（「給」之訛）使説音耳。兄所撰，願且可付之。此有書者，更校善書送信還，望之。

范注引陸雲與陸機論韻書札，説明由於當時尚無標準韻書，所以不容易用韻正確。聲律篇所云「張華謂士衡多楚」，即據此書。張公即張華，世説新語也例稱張公。看來陸雲對於張華的評論是很重視的。他不但給陸機傳達了，而且還考察自己在音律上也是「多楚」，請陸機改定。陸雲説他作文時，既思考過去所讀過之文，取以和陸機所作的誄相比較；又要爲他服役的給使説音。這封書是從洛陽發出的，給使當是洛陽人，而當時審音的標準恐即是洛陽語。〔二〕這些話正如范注所云當時没有標準韻書可查，爲了避免「多楚」之譏，就只好以所誦習的古今文作參考，而且不惜紆尊降

〔二〕顔氏家訓卷七音辭篇云：「自兹厥後（指曹魏後），音韻鋒出……共以帝王都邑，參校方俗，考覈古今，爲之折衷。㩁而量之，獨金陵與洛下耳。」這是講南北朝時，金陵即建康與洛陽並爲南北帝都，晉代自以洛陽語爲準，參校方言和古今異同，陸雲采取的正是這個方法。

貴，請給使爲他審定。這封書上是這樣鄭重地希望改正楚音，但考二陸詩文，用韻與時人不合者甚多，有的是入洛前的，有的在入洛後，似乎並無多大改變，如第十七書：〔一〕

徹與察皆不與日韻，思惟不能得，願賜此一字。

按全晉文卷一〇一陸雲九愍涉江云：

君在初之嘉惠，每成言而永日質。怨谷風之攸嘆，彌九齡而未徹薛。願白獻於承閒，悲黨人之造膝質。舒幽情其曷訴，卷永懷而淹恤術。

徹、日不韻，即指此文，如果以唐韻部類考察，乃質、術、薛合用的問題。「徹」可以換用「察」，但「察」屬黠韻，同樣不叶。陸雲想不出用哪一個字，請陸機「賜此一字」，然而却並没有改，大概陸機也想不出合乎音律而又不背文意的字。檢文選卷二四陸機答賈長淵詩，以裂薛質質節屑室質爲韻；同書卷五五陸機演連珠四十七，以烈薛質質爲韻；全晉文卷九九陸機陸抗誄，以轍薛實質哲薛結屑溢質爲韻。陸士龍集卷二失題詩悠悠縣象以室質哲薛烈薛日質爲韻，都是薛、質合用。至於全晉文卷一〇四陸雲夏府君誄以哲薛逸質秩質穆屋爲韻，不僅薛、質合用，而且混入屋韻，更爲可怪，疑「穆」字本作「繆」，與下邵、照爲韻。

以上諸例，知二陸於質、術、屑、薛之分不甚講求。陸雲雖知徹、日不韻，而終未改定，可能由於當

〔一〕全晉文卷一〇二。以下陸雲與陸機書並同。

時音韻雖大體上粗有部類，而單字離合之間，尚多異説，很難拿得準。所以第二十九書云：

李氏云雪與列韻，曹便復不用。人亦復云曹不可用者，音自難得正。

按李氏，范注疑爲著聲類之李登，曹乃曹志，此書前云：「曹志，苗之婦公，其婦及兒皆能作文」，曹志乃曹植子。〔一〕李氏以雪、列爲韻，而曹志不用，他人又認爲不能從曹説。陸雲覺得衆説紛紜莫衷一是，所以慨歎「音自難得正」。陸雲雖然尊重張華的意見，用韻力求嚴謹，但自己對於音韻之學既未深究，又没有衆所共遵的韻書，就只能如陸機文賦所云「取足不易」。觀第十八書云：

然新聲故自難復過，九悲多好語，可耽詠，但小不韻耳。皆已行天下，天下人歸高，如此亦可不復更耳。

他認爲陸機之文業已傳佈甚廣，爲天下人所推重，即使音韻稍有不合，也不必再改。由此可知，張華的意見實際上没有也難以采納。

陸雲知道徹、察和日不叶，但同時人也有這樣用韻之例。如傅玄九曲歌，以絶薛日質爲韻，孫楚茱萸賦以節屑厲薛烈薛疾質爲韻，木華海賦以汭屑汨質日質爲韻，劉琨劉府君誄以疾質卒術實質滅薛哲薛爲韻，殷巨奇布賦以察黠暱質竭薛率質爲韻，都和二陸一樣質、術、屑、薛通用。東晉以後這樣用法就少見了。

〔一〕三國志卷一九陳思王植傳稱植死後，「子志嗣」，注引志別傳云：「志字允恭，好學有才行」，入晉，官至散騎常侍，太康九年（二八八）卒，二陸入洛時尚在。又，「苗之婦公」，苗當即此書開頭提到的「君苗文，天才中亦少耳」。文選卷四二録應璩與從弟君苗、君胄書年代在前，曹志不可能爲其婦公，當是別一君苗。

第十五書中所云「兄音與獻、彥之屬皆願，仲宣須賦，獻與服繁」二句是説陸機以「獻」、「彥」與「願」爲韻，因取王粲的須賦相校。須（即鬚）賦今已不傳，這句也不好解釋，「服繁」二字疑訛，今姑不論。獻、彥叶願，乃綫、願二韻合用的問題。文選卷二四陸機贈馮文羆遷斥丘令詩：

於皇聖世，時文惟晉震。受命自天，奄有黎獻願。閶闔既闢，承華再建願。明明在上，有集惟彥綫。

上引書所云「獻、彥之屬皆願」，此詩即是一例。按綫、願合用，當時本無區別，即用韻嚴密的潘岳也這樣，他的關中詩、射雉賦可證似乎不能説是「楚音」。其實上引贈馮文羆詩的用韻問題，在於震與願、綫的合用，這却是二陸的特殊用法。

爲了明確二陸所謂「楚音」是否由於方言差異，今自于安瀾著漢魏六朝韻譜分別舉出二陸用韻的特徵，並舉魏晉時人用韻略同二陸者，稍加説明。韻部悉依原著，以便檢閲。

一　真諄臻文欣元魂痕寒桓删山先仙[一]

陸機：

鼓吹賦軒元文文　秋胡行端寒源元觀桓勤欣　弔魏武帝文臻臻天先研先顛先艱山年先　鼈賦便

[一] 真諄臻文欣合用，元魂痕寒桓删山先仙合用，東晉以後仍然如此，今不贅舉。

先身真　七微之七賢先鈞臻臣真川仙孫魂

陸雲：

高崗詩原元芬文門魂雲文　陸公誄玄先純諄詮仙川仙　大將軍宴會被命作詩天先玄先淵先臻臻

陸公誄門魂文文熅文淳臻勳文　贈顧尚書延仙欣欣言元連仙因真

按二陸也有真韻、文韻獨用的一些例子。一般欣韻入真，真、諄、臻合用，也有與文韻合用之例。凡此都屬當時通例，今不備舉。而從上引諸例看來，真、諄、臻多與先、仙合，文則多與元、魂、痕合，也有互通之例，大體上此部内似乎没有嚴格的界限。然而類似的用韻在同時作品中不乏其例：

裴秀大蠟詩泉仙山山臻臻天仙延仙年先

傅玄玄牡歌臻臻天先　潁川府君登歌天先臻臻元元年先　饗神歌之三天先年先民真

鄭豐鴛鴦詩翻元羣文源元雲文川先　蘭林詩宣仙勤欣文文存魂言元　南山詩熅文民真仁真鄰真身真縣仙

蔡洪圍棋賦文文圓仙羣文原元　又棬先權先文文翻元傳先分文奔魂門魂源元　又陳真神真賢先

夏靖答陸士衡詩天先人真

孫拯答陸士龍詩冥青新真捐僊賔真

張華武帝哀策文年先臻臻顛先玄先天先

按二陸、裴秀、傅玄甚至用韻甚嚴的張華都用「臻」字與先、仙叶，這却是魏晉通例，如曹丕寡婦賦以臻叶漫、前、寒、翻、憐，曹植秋思賦以臻叶捐、前、天、遷、仙、怨，何晏景福殿賦以臻叶偏、燀、年等，其例較多。但臻與先、仙、元等通叶，並不闌入其他真、諄、臻韻字，可知「諄」字在當時本來也入先、仙部，因此臻與先、仙字叶，實際上僅是先、仙合用，可以不論。但二陸和其他上引諸人中却别有真、臻、先、仙、元等通叶之例。所以張華雖亦以臻叶先，用韻寬嚴却很不相同。

這一部的仄韻去聲震、稕、問與願、慁、線、襉、霰，二陸也都合用。

陸機：

贈馮文羆詩晉震獻願建願彥線　答賈長淵詩釁震晉震禪線獻願　演連珠之五選線運問　七微之

五俊稕嫚諫

陸雲：

登臺賦晉震建願禪線獻願彥線眷線萬願　盛德頌峻稕順稕韻問變線　陸公誄舜稕晉震雋稕彥線

南衡詩潤稕振震晉震變線信震

按同時人用韻相同的有：

孫楚韓信贊賤線戰線漢翰奮震難翰面線判换

摯虞釋奠頌運問奠襉讌襉見襉。

二　蒸登東冬鍾江陽唐庚耕青

陸機：

演連珠二十涼陽弘登　七微之一豐東宗冬鴻東龍東皇唐　與弟清河雲龍東風冬弘登邦東崇冬

駕言出北闕行勝蒸興蒸凝蒸冰蒸徵蒸凌蒸聲清

陸雲：

征西大將軍京陵王公會射堂皇太子見命作此詩之四紘耕弘登涼陽驤陽鏘陽　陸府君誄弘登王陽昌陽　張二侯頌崇冬宮冬寧青沖冬風冬　悠悠縣象詩通東功東方陽昌陽窓江同東　答兄平原（四言）登登凌蒸升蒸興蒸乘蒸　又桐東江東方陽通東芳陽龍東雄冬終冬墉東蓬東傷陽　思樂芳林詩登登勝蒸徵蒸　九愍之八興蒸登蒸乘蒸應蒸凌蒸升蒸

按二陸以「登」叶東、冬者唯一「弘」字，大概即以「弘」讀入東韻之故，陸機演連珠以弘叶涼，也是東、陽合用。陸雲詩中三見蒸、登合用之例，而登韻所用只一「登」字，疑也只是單字的離合，並非一部通叶。唯東、冬、陽、唐合用，二陸很顯著，同時人却少見。但上推到三國却所見不鮮，並非特例。至於陸雲以耕、青叶冬、陽，則東晉仍偶有此例。今分別舉例如下：

陳琳神武賦征青蹤東戎冬終冬繩蒸宮冬光唐龍東衝冬崩登雄冬　武軍賦工東鋒東鴻東剛唐縫東光唐

嵇康贈秀才入軍終冬成清

薛琮騶虞頌崇冬容東風冬彰陽

楊泉五湖賦方陽洋陽桑唐望陽江東胸東

胡琮黃龍大牙賦中冬常陽望陽方陽祥陽

韋昭樂府關背德通東蒙東江東翔陽邦東同東隆東　又通荆門恭東鋒東疆陽章陽風冬弘登央陽

楊戲季漢輔臣贊關張贊從東潼東同東亡陽龍東

當時人以虞、耕、清、青叶陽、唐者，有

傅玄李賦青青名清房陽靈青瓊清

傅咸贈褚武良詩禎清京耕庭青明耕楊陽靈青征清

何邵洛水應詔湯陽鳴庚笙庚情青

此部仄韻，陸機與弟清河詩以嚷養景梗爲韻，同時人潘尼贈司空掾安仁詩以上漾敬映競映病映爲韻，郭璞江賦以鏡映映映上漾競映爲韻，也都是陽、唐通叶庚、耕、清之例。

三　侵覃鹽添嚴咸凡

陸機：

贈馮文羆潭覃南覃林侵心侵　赴洛之一心侵潭覃陰侵音侵沈侵潛鹽林侵岑侵吟侵深侵衿侵心侵

陸雲：

贈陸驃騎歆侵潛鹽林侵音侵尋侵　喜霽賦南覃陰侵岑侵林侵歆侵　盛德頌音侵林侵尋侵吟侵龕覃

沈侵　夏府君誄南覃咸咸漸隨瞻鹽

按：陸以南叶侵之例尚多，今不悉舉。當時人用韻相同的有：

鄭豐鴛鴦詩吟侵林侵陰侵南覃音侵　又蘭林詩金侵心侵林侵音侵任侵耽覃　又南山詩潭覃陰侵

張翰雜詩林侵金侵耽覃深侵尋侵吟侵心侵

潛鹽耽覃欽侵吟侵

四　蕭宵肴豪尤侯幽魚虞模

陸機：

演連珠三十勞豪休尤　答賈長淵僚宵條蕭稠尤秋尤

陸雲：

贈汲郡太守韶宵牢豪朝宵霄宵休尤　思文詩桃豪夭宵幽幽謬幽周尤　谷風詩喬宵遥宵韶宵朝宵休

尤　夏府君誄脩尤周尤條蕭繆幽

以上爲蕭、宵、肴、豪與尤、侯、幽合用之例。當時人用韻相同的有：

鄭豐南山詩蕭蕭翹宵收尤秋尤

木華海賦浮尤濤豪遊尤舟尤流尤

傅咸扇賦舟尤滌蕭

棗據船賦流尤由尤浮尤濤豪留尤遊尤憂尤

按木華、棗據並以濤叶尤韻，疑此字本可讀如儔、疇，入侯韻。東晉之後蕭、宵、肴、豪與尤、幽、侯合用之例少見，而顧愷之觀濤賦以流、浮、濤爲韻。想亦因此故。

陸機：

白雲賦浮尤扶虞婁侯　感丘賦丘尤浮尤疇尤修尤區虞

陸雲：

答兄平原猷尤扶虞休尤　九愍涉江驅虞流尤疇尤仇尤求尤　又九愍感逝憂尤愁尤須虞遊尤輿魚

舒魚　夏府君誄猷尤扶虞流尤區虞

按二陸魚、虞多分用，而虞與尤、侯叶，魚韻叶尤僅一例，而且二魚韻字相接，也可以認爲獨用。同時人用韻相同的有：

傅玄艷歌行隅虞樓侯敷虞誅虞

杜育荈賦秋尤休尤求尤流尤隅虞劉尤浮尤敷虞

殷巨奇布賦州尤休尤由尤隅虞敷虞珠虞流尤區虞

潘岳螢火賦殊虞憂尤遊尤流尤珠虞

鄭豐鴛鴦詩遊尤流尤浮尤憂尤舟尤蹰虞

蔡洪圍棋賦籌尤駒虞驅虞敷虞符虞丘尤珠虞

以上諸例也都是虞與尤、侯合用，却不雜魚韻字。

陸雲還有個當時罕見的特例：贈顧尚書思之遊尤憂尤娛虞流尤俱虞。這類以之叶尤、虞的用韻當時已少見，但上推到三國却不乏其例：

曹操精列期之憂尤居魚萊咍丘尤憂尤微微

劉楨魯都賦隅虞嬉之洲尤衢虞魚魚

卞蘭讚述太子賦基之猷尤期之儀支詩之辭之之之

何晏景福殿賦思之休尤時之基之

郤正釋譏尤尤思之　又時之滋之期之尤尤辭之

此部仄韻，二陸用得更寬：

陸機：

演連珠二十九照笑謬幼　羽扇賦後厚甫麌羽麌　凌霄賦沮語予語軌旨阻語旅語悔賄序語舉語與語

功臣頌裕遇附遇樹遇謀宥　又舉語海海旅語楚語藪厚武麌宇虞主麌　大司馬陸公誄輔麌后厚宇麌斧麌

羽麌

陸雲：

愍懷太子誄耇厚宇麌

思文詩告號度暮效效顧暮　盛德頌首有主麌　思樂芳林詩予語許語晷旨與語　歲暮賦路暮步暮

度暮夜禡暮暮露暮素暮　又楚語駭駭所語舉語　盛德頌後厚宇麌　又夏馬馬馬下馬首有

如上所舉例，不獨以旨、駭、海、賄叶語，而且以馬、禡叶有與暮。平韻之麻已不與魚虞模合用，而仄韻却仍相通，同時人這樣用韻的罕見，但宥候御遇暮或有厚語麌姥相叶則不乏其例：

裴秀大蠟詩阜有祜姥　琵琶賦奏候鶩遇　明德馬皇后贊素暮度暮謀有祚暮

傅咸燕賦羽麌序語舉語處語阻姥與語舊有

蔡洪圍棋賦朽有取麌

張翰杖賦手有久有首有距語

鄭豐蘭林詩秀宥茂候授宥富宥袖宥附遇

孫拯贈陸士龍詩胄宥裕遇茂候富宥

左思吴都賦羽語獸宥猶宥就宥繆候

曹攄答趙景猷詩湊候赴遇陋候舊候

張載叙行賦阜有阻語

郭璞流寓賦固暮鬬候舉語

至於以篠、小、巧、晈韻字叶有或麌姥，同時人偶亦有之，如左思魏都賦以阜有叶夭晈道晈草晈沼小，張載七哀以掃晈叶膴麌虎姥户姥虜姥，但不多見。而以旨叶語，或志叶遇，以及馬叶語麌姥，似只見於三國：

陳琳武軍賦旅語軌旨

韋昭攄武賦祖姥夏馬下馬　樂府從歷數帝霽異志思志代代治志囿宥字志記志事志意志賚代喜志裕遇

曹植文帝誄古姥祜姥下馬舞麌暑語野語土姥

徐幹齊都賦起止藪厚

胡琮黃龍大牙賦野語下馬緒語詛姥下馬土姥夏馬

五　支之脂微佳皆灰哈齊

陸機：

挽歌茲之基之旗之闈微詩之時之輀之期之辭之來哈騏之臺哈知支時之思之能哈離支　又鬼灰悲脂迴灰飛微

贈夏少明期之哉哈之之詩之　又隈灰幾微希微衣微　失題太素卜令宅詩基之師支　丞相箴疑之期之之之歎之追脂　思親賦頹灰枝支懷皆　百年歌之一暉微飛微隨支歸微違微　又其九衰脂非微悲脂誰脂危支揮微　贈馮文羆詩違微暉微陲支悲脂　燕歌行追脂飛微墀脂悲脂歸微違微暉微棲齊渭脂晞微誰脂遲脂　東武吟行闈微衣微棲齊

陸雲：

答兄平原馳支階皆饑微罷支　夏府君誄危支儀支施支畿微　思文詩齊齊妻齊斯支灑支　喜霽賦

離支齊齊躋齊泥齊閨齊　答大將軍蟜支基之茲之之之　贈張仲膺離支淇之來哈之之　九愍修身怡之規

支時之旗之　陸公誄夷脂垂支熙之來哈旗之黎齊　答兄平原基之頹灰懷皆而之

逸民賦曦支羈支階皆懷皆摧灰哀哈為支　寒蟬賦悲脂徊灰衣微階皆微微懷皆

按同時人支之灰哈合用的，有：

夏靖答陸士衡茲之能哈詩之規支思之

庾敳幽人箴虧支規支疑之

支與脂微合用的，有：

石崇楚妃嘆幾微闈微威微規支歸微飛微

張華女史箴衰脂虧支機微

鄭豐中陵詩微微犄支輝微違微悲脂

張翰贈張弋陽圻微馳支歸微哀哈

之與脂微合用之例較多，如：

傅玄墻上難為趨行飛微蕤脂輝微衣微疑之追脂

翾風怨歌時之期之眉脂蚩之

何邵洛水應詔歸微綏脂騑微頤之悲脂

嵇含悦情基之芝之鬐脂持之

張翰思吴江歌時之肥微歸微悲脂

之脂微合用東晉以後還有一些例子，今不舉。總之，支、之、脂三部，在當時之脂合用較多，支和之或脂合用却稀見，即在三國時支、之合用之例也不多：

卞蘭贊述太子賦基之猷尤儀支期之詩之辭之之之

楊泉草書賦眉脂岐支基之規支枝支奇支持之

韋昭樂府炎精缺微微違微依微飛微威微麾支機微罷支奇支羈支綏脂施支馳支基之來咍

劉楨大暑賦輝微飢脂危支機微依微思之

所見只此四例。支、脂、微合用的較多：

曹操塘上行之一離支知支悲脂脾支

劉楨瓜賦離支絺微圭齊

陳琳止欲賦移支饑脂歸微梯齊池支　柳賦奇支麗支施支蕤脂

徐幹齊都賦池支瓈齊遲脂　又叙征賦陂支維脂蹊齊湄脂微微

楊戲季漢輔臣贊黄公衡贊祇支私脂

曹丕雜詩之一輝微歸微披支

楊修許昌宫賦微微嵬灰差佳支

閔鴻羽扇賦楎微曦支懷皆

上引諸例中亦見支之與皆灰咍合用之例，這樣通叶的尚有：

曹丕臨高臺隨支開咍頹灰徊灰

曹植白馬篇螭支移支隄齊卑支懷皆妻齊

阮瑀箏賦隨支開咍靡支為支

楊泉贊善賦施支階皆危支虧支

曹操樂府龜雖壽時之灰灰

胡琮黃龍大牙賦基之災咍

當時脂、微與皆、灰、咍合用之例較多，今不舉。

（原載唐長孺文存，上海古籍出版社，二〇〇六年）

讀陳寅恪唐代政治史述論稿後記

寅恪先生綜貫羣籍，運以精深之思，由博返約，勒成一書。長孺研誦之餘，妄有條記，冀以盍各之義，附箋疏之末，示以一隅，或資三反，幸先生進而教之也。

一　論李熙始遷廣阿

李唐皇室之氏族，陳先生持闡已詳，更以光業寺碑證其世居廣阿，已爲定論。長孺謹按：李熙之家廣阿蓋在魏末。北齊書卷二二李元忠傳曰：

趙郡柏人人也，父顯甫。

通鑑卷一五五梁中大通三年記元忠事曰：（此見北史李靈傳）

初，河南太守趙郡李顯甫，喜豪俠，集諸李數千家於殷州西山。

胡注：

西山，殷州廣阿之西山也。

可證趙郡諸李有遷廣阿之事也。考李虎行輩與宇文泰相當。李元忠卒於武定三年，年六十。長於泰者十七歲，約與李天賜相當，而元忠之父顯甫自可與天賜之父熙同時，則顯甫之遷西山，隨行諸李中或有李熙在也。柏人李氏如敏，如景遺，皆輕俠尚武。其有李虎，殆與門風有相關者邪？

二　論宦官籍貫

陳先生論唐代宦官多出西南邊徼，且有外族之嫌疑，長孺謹按：郭湜力士外傳載力士自稱：

臣生於夷狄之國，長自升平之代。

力士是否曾作此語，固不可知。要之郭湜認力士爲出於夷狄也。張燕公集卷二五爲將軍高力士祭父文云：

小子不天，夙齡閔凶，身褸寇標，家值虜裂，幸供灑掃之餘，得蒙侍從之顧。

是力士出自蠻夷，幼爲人掠賣以全入宮也。又皇甫持正集元和三年對策云：

夫裔夷虧殘之微，偏險之徒，皂隸之職，可使之掌王命握兵柄，内膺腹心之寄，外當耳目之任乎？

長孺謹按：文苑英華「裔夷」作「褻狎」，當是宋人所改。持正以裔夷稱宦官，可知唐人固以異族待之也。

至於宦官何以多爲西南異族，則以出於南口掠奪之習慣，唐代奴婢多出南方，甚且以之充貢。兩唐書高力士傳云：嶺南討擊使李千里進入宮。正其例也。舊唐書德宗紀大曆十四年閏五月辛巳書：

罷邕府歲貢奴婢。

册府元龜卷一六〇憲宗元和八年九月、文宗大和二年十月並有勅禁掠賣南口。舊唐書卷九七郭元振

傳：（新傳同）

舉進士，授通泉尉。任俠使氣，不認細務介意，前後掠賣所部千餘人以遺賓客。

兩唐書地理志劍南道梓州有通泉縣。元振以地方官而掠賣部民，事甚可怪，而初未得罪，雖由武后奇其奏對，亦當時本不以爲大罪也。

綜上所述，知唐代西南一帶本有掠賣人口之習慣，即長吏亦有躬自爲之者，宦官之多出於西南邊徼，以高力士祭父文，證於之殆亦出掠賣也。

三　論安禄山三氏族與羯胡

安禄山之爲九姓胡，陳先生已加證明。今考天寶七載所立李荃撰北嶽恒山封安天王銘序云：

常樂安公曰禄山，國之英也。

稱禄山本貫曰常樂，他書之所未言。金石萃編卷八八載此碑，王昶云：

河北冀州，魏齊周皆置長樂郡，别無所謂常樂者。兩唐書禄山傳稱其為營州柳城人，則距冀州甚遠，非以長樂為常樂，明矣。

長孺謹按：常樂，瓜州屬縣也。隋書卷二九地理志：

敦煌郡（舊置瓜州）……敦煌……（後魏置常樂郡，後周併涼興、大至、冥安、閏泉，合為涼興縣。開皇初郡廢，改縣為常樂。有關官。

通典州郡四古雍州下：

瓜州……武帝以後為燉煌郡地……後魏屬常樂、會稽二郡。後周屬會稽郡。隋廢之，以屬燉煌郡。大唐置瓜州，或為晉昌郡。領縣二：晉昌（漢冥安縣地，武德四年改置）……常樂（漢廣至縣地，故城在東，武德五年置）。

舊唐書卷四〇地理志河西道（新書卷四〇地理志隴右道略同）：

瓜州下都督府，隋燉煌郡之常樂縣。武德五年，置瓜州……常樂，漢廣至縣，屬燉煌郡。魏分廣至置宜禾縣，李暠於此置涼興郡。隋廢，置常樂鎮。武德五年改鎮為縣。

據上所引，知常樂本魏郡，隋廢郡而改舊屬涼興縣爲常樂縣，以屬燉煌。唐復自燉煌析出置瓜州，而改隋常樂鎮爲縣。然則常樂者，瓜州之故名。言常樂安公者，猶言瓜州安公也。

夫禄山之爲營州雜胡，諸書皆同。營州之去瓜州，東西懸隔，又不但冀州之比，然此爲當時人所述，又爲立於當地之碑，必不誤也。

據文苑英華卷六一九邵說代郭令公請雪安思順表：

安禄山牧羊小醜，本實姓康，遠自北番，來投中夏。思順亡父波主，哀其孤賤，收在門闌。比至成立，假之姓氏，及禄山擁旄薊北，思順授鉞朔方，雖則兄弟而情非黨與。

禄山事蹟及兩唐書禄山傳皆言其冒姓安氏，則此常樂之籍貫將從其本生父祖康氏所居而云乎？抑從其假父之籍而云也？考禄山生於營州，事蹟云（范攄雲溪友議卷一李筌郎中條稱禄山生於南陽，不足據。)

母阿史德氏，爲突厥巫，無子，禱軋犖山，神應而生焉……其母以為神，遂命名軋犖山焉。

又云：

突厥呼鬥戰神為軋犖山。

是命名軋犖山有二義，關於鬥戰神之説，可以勿論。若云山名，則此山正在營州境。通鑑唐紀二十五玄宗開元十八年六月：

可突干寇平盧，先鋒使張掖烏承玼破之於捺禄山。

同書唐紀三十開元二十五年二月(册府元龜卷九八六同)：

幽州節度使張守珪破契丹於捺禄。

張曲江文集卷一四賀破突厥狀曰：

右張守珪表奏突厥四萬騎前月二十五日至能訖離山。契丹涅禮等前後斬獲俘馘數十萬，突厥可汗棄甲逃亡。奚主李歸國及平盧軍將等追奔逐北。

能訖離、捺禄之與軋犖，譯音無定字，蓋是一山。營州治柳城，今熱河朝陽(從金毓黼説)。黄河流域本奚、契丹所居，故每於其地會戰也。則禄山生於此山左近，因以爲名，可以無疑。又舊唐書卷一八七忠義顔杲卿傳曰：

禄山見杲卿面責之……杲卿瞋目而報曰「……且汝本營州一牧羊羯奴耳……」

禄山事蹟云：

禄山素習山川井泉，嘗以麾下三五騎生擒契丹數十人。

則禄山久居其地，以畜牧爲業，故能熟知地理。安禄山本人生長於營州，其父母亦居營州。事蹟又記禄山將起兵時，至城北許其祖考墳墓，此祖塋之爲康氏抑爲安氏亦難斷言。惟禄山固自認爲安氏之系也。事蹟託天寶七載封贈詔云：

禄山父贈使持節魏郡諸軍事魏郡太守延偃……克生令胤，實負長才。

又云：

史思明令僞史官稷一撰禄山墓誌云：「祖諱逸偃」，與此不同。

延偃之爲祖爲父，可以不論。要之禄山實以安氏爲祖，則於范陽城北受禄山祭掃之祖考墓殆亦延偃波注等之墓也。延偃等雖有葬於范陽之嫌疑，而禄山既認安氏爲祖，記於金石之常樂本貫又不可不爲安氏之本貫。意者延偃一族乃自常樂徙東北乎？陳先生稱燉煌寫本天寶丁籍有康安石等姓以羯爲稱。瓜沙密邇，無論禄山本姓之爲康爲安，其祖先之寄籍常樂，固極有其可能也。

復次，唐人多主安禄山爲羯或羯胡，自常樂遷來之羯，其爲赭羯之省，可以無疑。然唐人稱羯及羯胡亦不盡指西域之九姓胡。陳伯玉集卷七爲建安王誓衆辭云：

契丹凶羯，敢亂天常。

明以契丹爲羯。而禄山事蹟云：

奚契丹兩蕃數出北口，至於范陽……潤客（禄山將向潤客）等計無所出，遂以樂人戴竿索者為矯健可用，授兵出戰，至城北清水河大敗，為奚羯所戮。

前言奚契丹，後言奚羯。亦以羯當契丹也。又舊唐書卷九三唐休璟傳：

授營府户曹。調露中單于突厥背叛，誘扇奚契丹侵掠州縣，後奚羯胡又與桑乾突厥同反。都督周道務遣休璟將兵擊破之。

與事蹟同例。亦以羯胡當契丹，故通鑑唐紀十八調露元年十月：

突厥扇誘契丹侵掠營州，都督周道務遣户曹始平唐休璟將兵擊破之。

逕合二事爲一。然則東北之契丹亦蒙羯稱也。北齊書卷二一封隆之傳曰：

契丹之所以稱者，以羯音近之故。

欲與諸君翦除凶羯。

凶羯指爾朱氏，爾朱本契胡，亦以契爲羯也。羯胡連稱者，唐人亦謂契丹爲林胡也。通鑑考異開元二十二年六月張守珪大破契丹條：

實録守珪大破林胡。按會要契丹事二十二年守珪大破之。蓋實録以契丹即戰國時林胡地，故云然。

張曲江集卷七勅擇日告廟文曰：

邊境為患，莫甚於林胡……幽州節度副大使张守珪等乘間電發，表裏奮討，積年逋誅，一朝翦滅。

同卷賀誅奚賊可突干狀云：

河朔無轉輸之勞，林胡為賦稅之地。

並以林胡當奚契丹。權德輿文集卷一六李國貞神道碑：

天寶末，林胡覆三川，犯秦關。

更明以祿山爲林胡，事雖有誤，而所以誤之故，則猶有可尋也。至於唐人亦泛稱突厥爲奚羯，則苟爲駢辭，例亦不多，並無理由所説矣。

安祿山者，種族出於西域之羯胡，而生長於奚契丹之地，所親幸者人多契丹人，則呼之爲羯胡，非獨表示其種姓，抑亦表示其地域與其所擁之衆歟。

又九姓胡之東遷，陳先生以默啜晚年部落逃散，或有歸於河朔之地者。今更得一證。顏魯公集卷六夏州都督康公神道碑：

公諱阿義屈達干，姓康氏，柳城人。其先世為北蕃十二姓之貴種，曾祖頡利部落都督，祖染可汗、駙馬都知兵馬使。父頡利發，墨啜可汗衛衙官，知部落都督，皆有功烈稱於北陲。公即衙官之子也……二十三為阿史那頡佚施默啜等九可汗宰相……天寶元年，公與四男及西殺妻子、默啜之孫勃德支特勤、毗伽可汗，女大洛公主、伊然可汗小妻余塞匐、登利可汗女余燭公主及阿布思、阿史德等部落五千餘帳，並駝、馬、羊、牛二十餘萬款塞歸朝……屬范陽節度使安祿山潛懷異圖，庶為己用，密奏公充部落都督仍為其先鋒使。

按康氏自爲九姓胡，其妻交河石氏亦九姓之一，所謂北蕃十二姓似指突厥，然不敢武斷。碑稱康氏世爲突厥部落都督，及降唐之後，乃遷范陽，而仍充部落都督，則其族亦隨之而遷矣。兩唐書地理志幽州都督府屬羈縻州有凛州，天寶初以降胡置，年代相合，則突厥衰敗之後，有若干胡族遷居東北，陳先生之説誠信而有徵矣。

四　論玄武門之變與關中山東之衝突

陳先生立北周關中本位之説以解釋隋唐政局，勝義造心。請更推演其指。

自北魏分裂，齊周對峙，關中山東不合者五十年，及周武滅齊，山東之士，猶欲乘機割據，周末尉遲炯之勤王，隋代漢王諒之争立，皆有北齊故臣爲之策畫，亦即此離心勢力之表示，及至唐初，劉黑闥再據河朔，兩蹶名王，最爲勁敵，亦與傳統思想有關。蓋關中本位之政策既建，山東之士，例受排擯而關中人憎疾山東之心理歷久勿變，此所以召仄感也。唐高祖鑒於隋煬之覆轍（煬帝因失關中人心而被弒。此非本題所能述，但史實甚顯），故親關中而仇山東。通鑑武德五年十二月考異引太宗實録曰：

黑闥重反，高祖謂太宗曰：「前破黑闥，欲令盡殺其黨，使空山東，不用我言，至有今日。」及隱太子征黑闥平之。將遣唐儉往使，男子十五已上悉坑之，小弱及婦女總驅入關，以實京邑。太宗諫曰：「臣聞惟德動天，惟恩容衆。山東人物之所，河北蠶綿之鄉，而天府委輸，待以成績。今一旦見其反覆，盡戮無辜，恐以殺不能止亂，非行弔伐之道。」其事遂寢。

温公雖不取此說，然新唐書隱太子傳曰：

黑闥敗洺水，建成問（於洗馬魏）徵曰：「山東其定乎？」對曰：「黑闥雖敗，殺傷太甚，其魁黨皆縣名處死，妻子係虜，欲降無繇，雖有赦令，獲者必戮，不大蕩宥，恐殘賊嘯結。」

徵，河北人，自必灼知山東遭罹之慘毒與民情之怨憤，則太宗實録所云未必盡虛，而高祖令雖不行，山東之殘殺已甚矣。

夫以高祖之仇視山東如此，而太宗幕府，故多魏公故將，宜奉太宗爲宗主，今姑立一說曰：太宗不得位，則山東人長在壓迫之下，故必竭全力以謀擁戴，而太宗培植其勢力，亦必厚結山東人以自助。建成爲對抗計，則亦結納關中人爲其羽翼，玄武門之變，在表面上僅爲兄弟之争立，而其内幕實孕有關中致山東之衝突。舊唐書卷六九張亮傳：

太宗引為秦府車騎將軍……會建成元吉將起難，太宗以洛州形勝之地，一朝有變，將出保之。遣亮之洛陽，統左右王保等千餘人，陰引山東豪傑以俟變。多出金帛，恣其所用。元吉告亮欲圖不軌，坐是屬吏。亮卒無所言，事釋，遣還洛陽。

同書卷六四隱太子傳曰：

高祖……乃謂太宗曰：「……汝兄弟終是不和，同在京邑，必有忿競。汝還行臺，居於洛陽，自陝已東，悉宜主之。仍令汝建天子旌旗，如梁孝王故事。」……及將行，建成元吉……密令數人上封事，曰：「秦王左右，多是東人，聞往洛陽，非常欣躍，觀其情狀，自今一去，不作來意。」高祖於是遂停。

據張亮傳則太宗以洛陽爲根本，其志先定，左右多東人，亦非虛誣。今就以與玄武門之變有關諸人考之。舊唐書卷二太宗紀曰：

九年，皇太子建成、齊王元吉謀害太宗。六月四日，太宗率長孫無忌、尉遲敬德、房玄齡、杜如晦、宇文士及、高士廉、侯君集、程知節、秦叔寶、段志玄、屈突通、張士貴等於玄武門誅之。

按上列諸人關中人有四：長孫無忌太宗妻弟；屈突、宇文並隋室舊臣，與封德彝之助建成，並非死黨。杜如晦與叔父淹並以關中人參與其事，然叔姪皆房玄齡所薦，淹且曾謀歸建成也。山東人亦有四：高士廉爲長孫后舅，而本出渤海，其餘則皆李密故將也。又其他二人侯君集、張士貴則太原元從也。

本紀所未言而實參預此役者又有數人。同書卷五七劉師立傳曰：

宋州虞城人也。初爲王世充將軍，親遇甚密。洛陽平，當誅，太宗惜其才，特免之，爲左親衛。太宗之謀建成元吉也，嘗引師立密籌其事，或自宵達曙。其後師立與尉遲敬德、龐卿惲、李孟嘗等九人同誅建成有功。

同卷李孟嘗傳曰：

趙州平棘人。

同卷龐卿惲傳曰：

并州太原人，從太宗討隱太子有功。

卷五八長孫順德傳曰：

文德順聖皇后之族叔也……武德九年與秦叔寶等討建成餘黨於玄武門。

按順德乃椒房親，故助太宗。卷六〇盧江王瑗傳曰：

九年累遷幽州大都督。朝廷以瑗懦愞非邊將才，遣右領軍王君廓助典兵事。……時隱太子建成將有異圖，外結於瑗。……君廓擒瑗縊殺之。……君廓并州文水人也，少亡命為羣盜……李密遣使召之，遂投於密，尋又率衆歸國。

按君廓自是太宗黨，史稱其説瑗反，若懷兩端者，以君廓不以功名終，故從爲之辭，疑未然也。卷六八張公謹傳曰：

魏州繁水人也。初為王世充洧州長史……李勣、尉遲敬德亦言之，乃引入幕府。時太宗為隱太子建成、巢王元吉所忌，因召公謹，問以自安之策，對甚合旨，漸見親遇。及太宗將討建成元吉，遣卜者灼龜占之。公謹自外來見，遽投於地而進曰：「……今既事在不疑，何卜之有！」太宗深然其言。六月四日，公謹與長孫無忌等九人伏於玄武門以俟變。及斬建成元吉，其黨來攻玄武門，兵鋒甚盛，公謹有勇力，獨閉門以拒之。

卷六九張亮傳曰：

鄭州滎陽人也。（事跡見上引）

卷一八七忠義敬君弘傳：

絳州太平人，齊右僕射顯儁曾孫也……掌屯營於玄武門，加授雲麾將軍。隱太子建成之誅也，其餘黨馮立、謝叔方率兵犯玄武門。君弘挺身出戰……乃與中郎將呂世衡大呼而進，並遇害。

以上諸人除長孫順德外無一關中人，即太原亦北齊故境，要之亦在關中軸心以外者也。

至於建成元吉之黨則以關中人爲多。卷六四隱太子傳曰：

建成乃私召四方驍勇，並長安惡少年二千餘人，畜為宫甲，分屯左右長林門，號為長林兵，先令慶州總管楊天幹募健兒送京師，欲以為變。

則東宫軍之主方乃關中人也，今更以史傳證之，卷六九薛萬徹傳曰：

雍州咸陽人，自敦煌徙焉……及太宗平劉黑闥，引萬均（萬徹之兄）為右二護軍，恩顧甚至。隱太子建成又引萬徹置於左右。建成被誅，萬徹率宫兵戰於玄武門。鼓噪欲入秦府，將士大懼。及梟建成首示之，萬徹與數十騎亡於終南山。太宗遣使諭意，萬徹釋仗而來，太宗以其忠於所事，不之罪也。

卷一八七忠義馮立傳曰：

同州馮翊人也。有武藝，略涉書記。隱太子建成引為翊衛車騎將軍，託以心膂，建成被誅，其左右逃散，立嘆曰：「豈有生受其恩而死逃其難！」於是率兵犯玄武門，苦戰久之，殺屯營將軍敬君弘，謂其徒曰：「微以報太子矣。」遂解兵遁於野。俄而來請罪，……太宗慰勉之。

同卷謝叔方傳曰：

雍州萬年人也。初從巢剌王元吉征討，數有戰功。元吉奏授屈咥直府左軍騎。太宗誅隱太子及元吉於玄武門，叔方率府兵與馮立合軍，拒戰於北闕下，殺敬君弘、吕世衡。太宗兵不振，秦府護軍尉遲敬德傳元吉首以示之，叔方下馬號哭而遁。明日出首。太宗曰：「義士也。」命釋之。

按薛萬徹、馮立、謝叔方皆關中人，實爲東宫、齊府兵之首領。同書卷七五韋雲起傳曰：

雍州萬年人……隱太子之死也，敕遣(竇)軌息馳驛詣益州報軌。軌乃疑雲起弟慶倹、堂弟慶嗣及親族並事東宫，慮其聞狀或將為變。先設備而後告之。雲起果不信，問曰：「詔書何在？」軌曰：「公，建成黨也。今不奉詔，同反明矣。」遂執殺之。

按雲起素憎疾山東，其仕隋時已然。本傳曰：

大業初，改為通事謁者，又上疏奏曰：「今朝廷之内多山東人，而自作門户，更相剡薦。附下罔上，共為朋黨。不抑其端，必傾朝政，臣所以痛心扼腕，不能默已。謹件朋黨人姓名及姦狀如左。」煬帝令大理追究。於是左丞郎蔚之、司隸别駕郎楚之並坐朋黨，配流漫頭赤水。

是則京兆韋氏兄弟親族並事建成，正以憎疾山東而然，謂玄武門一役之内幕爲關中山東之衝突，本文尤爲確證也。卷七七韋挺傳曰：

雍州萬年人……少與隱太子相善……太子遇之甚厚，宫臣罕與為比。七年，高祖避暑仁壽宫，會有上書言事者，稱太子與宫臣潛構異端。時慶州刺史楊文幹構逆伏誅，辭涉東宫。挺與杜淹、王珪等並坐流於越巂。

按挺爲太子最厚待之宫臣，亦有京兆韋氏之勢可有自輔也。

太子黨除此數人外雖無明證而可推定其爲關中人者猶有三人。一爲慶州都督楊文幹，通鑑唐紀七高祖武德七年六月：

楊文幹嘗宿衛東宫，建成與之親厚，私使募壯士送長安……建成使元吉就圖世民……又使郎將爾朱煥、校尉橋公山以甲遺文幹。二人至豳州，上變，告太子使文幹舉兵……（上）遣司農卿宇文穎召文幹。穎至慶州，以情告之。文幹遂舉兵反……秋七月，秦王世民軍至寧州，其黨皆潰。癸酉，文幹為麾下所殺，傳首京師，獲宇文穎，誅之。

按太子是否真使文幹舉兵，可以不論，而文幹之爲太子死黨則可無疑。至宇文穎之泄漏情事，疑亦太子之黨也。文幹不知何許人，考宰相世系表越公房隋末時固以文字排行，疑文幹出於越公房。而宇文穎則西魏大將軍宇文貴之孫也。隋書宇文忻傳稱穎坐忻謀反廢於家，則正是關中集團中人物矣。

舊唐書卷六四元吉傳曰：

太宗嘗從高祖幸其第，元吉伏其護軍宇文寶於寢内，將以刺太宗。建成恐事不果而止之。

宇文寶自必爲關中人。就上述諸人觀之，建成元吉之黨，幾於全屬關中，其例外惟魏徵王珪二人，珪上世仕梁，與山東之關係不深，則僅一魏徵耳。至於封倫之助建成，或謂許敬宗憤其見詆，故於修史恣其報復，則其事本出虚構，即令真黨建成，亦以隋室老臣，通顯已久，地域觀念漸已淡薄，與宇文士及、屈突通之助太宗，事出一例，不必膠柱也。

又觀當時戰況，太宗實處劣勢，使非早殺建成元吉，後事殆不堪問，即二人死後，戰鬥仍未停止，但由太宗早據北門，尉遲敬德以直至海池，挾制高祖，太宗幸而成事耳。則當日建成元吉在長安之勢力遠超過太宗，又可推而知也。

太宗既以山東人之擁護而得位，何以得位之後，仍持排抑山東之態度乎？則請解之曰：自北魏分裂之後，東西久成兩體。當日弟兄争位，各自樹立黨羽，事實上非彼即此，不容調和。建成以關中集團領袖合法繼承人之地位，名正言順，自易得關中正統派之擁護。太宗以藩王奪嫡，名既不正，則惟有别創一新勢力，以爲對抗。而以平鄭收魏之故，秦邸幕府，本多東人，此時關中人心已向建成，則爲擴充其勢力，但有招納東人之一途，此蓋不得不然之局勢，非太宗有所愛憎也。觀太宗之羅致杜氏叔姪與薛萬均，建成亦謀招納尉遲敬德與幽州突騎，苟能有利於自身勢力，實無不可，但在不可調和之局勢下，物以類聚，所以東宫齊府與秦府之人乃截然有地域之别耳。及玄武門一役，既告成功，太宗爲關中集團領袖合法繼承人之地位業已確定，則向之擁護建成者喪君有君，自不妨轉而擁護太宗，蓋太宗初非以山東集團領袖之資格繼承也。隋文篡周、唐高代隋，關中人並加擁護，但問其是否關中集團中人物耳。王朝之更易，尚不關心，而況於建成太宗兄弟之爭。太宗本身之地位既已改變，其政策乃隨之而異，則即位之後，仍以關中領袖姿態，垂衣南面，親關中而抑山東者，非不可解釋也。

然太宗亦終不得不修正向來狹隘之關中政策，故一面排斥山東大族，一面亦容納新人物參加政治。李密所鳩合之山東豪傑，此時皆已出入將相，而戴胄、劉洎、馬周、張行成輩山東孤賤亦接踵登朝。蓋山東大族有悠久之社會背境，傳統思想，一時不易滲合於關中集團之中，而孤賤之士，受地域文化之薰染較淺，一旦通顯，易於放棄成見，此所以太宗樂於招納也。此一問題非本篇所能詳論，僅爲發其端如此。玄武門之變雖僅爲繼承之爭，而影響唐代全部歷史與社會階層者甚大，若溯其遠因，則猶是元魏末期關中與山東之爭，但以別一方式進行而又有皇位繼承問題爲之掩蔽，所以不易察覺耳。

（原載武漢日報文學副刊，一九四七年十二月九日、十六日）

唐代軍事制度之演變

唐代軍事制度之演變，一曰，自徵兵變爲募兵；二曰，自內重外輕變爲邊兵盛而中央軍衰。唐書兵志論之已詳，爲人所周知之史實。顧兵志於府兵之廢僅言彍騎而不及長征健兒。又於邊軍但叙節度使之沿革以及諸軍名號，於其設置之故，略無所言，是以於一代之制有闕文之惑焉。兹篇所述但欲就軍區設置與變徵爲募二者之關聯性及內外形勢，稍加闡發，兼以明開天盛世之所由成功，非敢云補歐公之遺也。自惟疏陋，乖忤非一，願就正於大雅君子。

上　軍區設置之原因

自來對付外族侵略之策自不外和與戰二者，而戰則又有攻守之異，唐代初期實爲攻勢之戰略。其滅東西突厥，滅高昌、焉耆、于闐、龜兹、吐谷渾、薛延陀、高麗、百濟皆具犁庭掃穴之決心以獲得成功。然此種戰略暫時之犧牲較大，故在太宗時已有人加以反對。（貞觀文臣如房玄齡之諫征鐵勒、高麗即不主遠征。）太宗固未嘗稍戢其雄心，而在高宗時遂不能不傾向於守勢之戰略。册府元龜卷九九一：

（儀鳳）三年九月，帝以吐蕃為患，召侍臣問：「吐蕃小醜，屢犯邊塞……宜論得失，各盡所懷。」給事中劉景光奏曰：「攻之則兵威不足，鎮之則國力有餘，宜撫養士卒，守禦邊境。」中書舍人郭正一曰：「吐蕃作梗，年歲已深，興師不絶，非無勞費，近討則徒損兵威，深入則未頃巢穴，臣望少發兵募，且遣備邊，明立烽堠，勿令侵掠，待國用豐足，即一舉而滅之矣。」給事中皇甫文亮曰：「且令大將鎮撫，畜養將士良吏，營田以救糧儲，必待足食方可一舉而取之。」……中書舍人劉禕之對曰：「臣觀自古聖主明君皆有夷狄為梗，吐蕃時擾邊隅，有同禽獸……願戢萬乘之威寬百姓之役。」給事中楊思徵曰：「聖人御物，貴在從時，今山東陸梁，邊夷桀黠，弗能懷德，未肯畏威，和好之謀，臣謂不便。」……中書侍郎薛元超曰：「臣以為敵不可縱，縱敵則患生，防邊則卒老，不若料揀士卒，一舉滅之。」帝顧謂黄門侍郎來嘗曰：〔一〕「自李勣亡後，更無好將。」……竟議不定，乃賜食而遣之。

按此次會議，除薛元超外，無主進攻者。其由攻勢戰略而變爲守勢，自上條觀之，實爲考慮國家財政、兵力、將才及社會經濟力量之結果，然則自高宗以迄玄宗時軍鎮制度之擴大與確立豈偶然哉！守勢戰略之決定即爲軍區之設立，而軍區之設立又與唐代邊防有密切之關係。蓋唐代自貞觀以來即有東西二戰線，在攻勢戰略下，使同時企圖消滅兩面之强敵，國力之不能担負，自不待論，然則非

〔一〕按即來恒，此避諱宋改常，明人刻本又避明諱作嘗。

捨西而圖東，即捨東而圖西，如是則苟非兩邊皆有足資禦敵之軍隊，自不免顧此失彼，左右支絀，因此在東線采取攻勢時，西線必須維持其安全，以免牽動，易地亦然。軍區之成立亦所以適應此種局勢，則不獨在守勢戰略時有建立軍區之必要，即采取攻勢時亦必有一方面預爲佈置也。

貞觀年間之破滅突厥、延陀，其時東北方面無敵人之侵擾也，然太宗征高麗即受薛延陀之牽制。舊唐書卷一九九鐵勒傳曰：

（貞觀）十九年謂其使人曰：「語爾可汗，我父子並東征高麗，汝若能寇邊者但當來也。」夷男遣使致謝，復請發兵助軍。太宗答以優詔而止。其冬，太宗拔遼東諸城，破駐蹕陣，而高麗莫離支潛令靺鞨誑惑夷男，啗以厚利。夷男氣懾不敢動。俄而夷男卒，太宗為之舉哀。夷男少子肆葉護拔灼襲殺其兄突利失可汗而自立……是時復以太宗尚在遼東，遂發兵寇夏州，將軍執失思力擊敗之。

按太宗征高麗之失敗固别有原因，而西邊不靖亦促使太宗急於回師也。及二十三年鐵勒既平，乃謀大舉東征而太宗崩矣。

高宗初年方經營西突厥，高麗之事不能不姑且置之。及龍朔元年征高麗既圍平壤而旋即班師者亦因西邊之警報也。考圍平壤在八月而十月即有鐵勒之叛。征高麗之將領有蕭嗣業、契苾何力，而征鐵勒之仙萼道總管爲嗣業，次年又命何力爲鐵勒道安撫使，則其撤兵與鐵勒之叛有關。舊唐書卷八四劉仁軌傳：

時蘇定方奉詔伐高麗，進圍平壤，不克而還。高宗敕書與仁軌曰：「平壤軍迴，一軍不可獨固，宜拔就新羅，共其屯守，若金法敏藉卿等留鎮，宜且停彼。若其不須，即宜泛海還也。」

則爾時唐朝直將放棄業已攻下之百濟，使非劉仁軌力主堅守，唐兵殆將全部撤還矣。此後數年，西方之吐蕃、西突厥雖小有侵擾，尚無大事，乾封元年乃得大舉東征，三年平高麗，而一年之後吐蕃陷四鎮（咸亨元年），乃移安東都護薛仁貴西征，旋有大非川之敗。同年高麗即有劍牟岑之叛。亂事延至四年閏五月始平定，而次年新羅即據百濟故地，又命劉仁軌討之。上元二年，既勝新羅，乃因其謝罪，旋即班師，三年二月竟至放棄平壤。唐會要卷七三安東都護府條云：

至上元三年二月二十八日移安東都護府於遼東故城，先有華人任官者悉罷之，至儀鳳二年二月二日，移安東都護府於新城安置。

按同時並徙熊津都督府於建安故城，蓋已放棄朝鮮半島上之經營矣。所以然者，又因受吐蕃之威脅也。徙安東在上元三年二月，閏三月即發兵擊吐蕃。次年（儀鳳二年）乃命扶餘隆、高藏返其故土。蓋唐既西困於吐蕃，無力東征，姑命無拳無勇之高麗、百濟故主返其舊居，其計之出於無聊，可以想見。舊唐書卷一九九上高麗傳：

儀鳳中，高宗授高藏開府儀同三司、遼東都督，封朝鮮王，居安東，鎮本蕃為主。高藏至安東潛與靺鞨相通，謀叛事覺，召還，配流邛州。

同上百濟傳：

儀鳳二年拜(扶餘隆)光祿大夫、太常員外卿兼熊津都督，帶方郡王，令歸本蕃，安輯餘衆。時百濟本地荒毀，漸為新羅所據，隆竟不敢還舊國而卒。

則是舉一無所成也。舊唐書卷八五張文瓘傳：

其後，新羅外叛，高宗將發兵討除。時文瓘疾病在家，乃輿疾請見，奏曰：「比為吐蕃犯邊，兵屯寇境，新羅雖未即順，師不內侵。若東西俱事征討，臣恐百姓不堪其弊。請息兵修德以安百姓。」高宗從之。

長孺按通鑑記文瓘進諫在三年九月亦即文瓘卒時。舊書本傳卒在二年，未知孰是。考儀鳳二年立高藏、扶餘隆即爲不用兵之表示，文瓘之諫殆在其前。文瓘立言之旨即在兩面作戰之不利，東西既不能兼顧，則唐代建都長安，西北尤爲重要，亦唯有放棄朝鮮半島而已。

唐既置東北於度外，乃得於儀鳳三年九月人征吐蕃，然以主將之不得其人，而有洮河之敗。此後征西突厥，征北突厥，連歲興兵，所以不虞竭蹶者，一以新羅之野心，止在朝鮮半島，其志已逞，對唐甚爲恭順，而奚、契丹尚未叛唐。其二洮河方面黑齒常之之經營已成重鎮，足禦吐蕃也。

及武后之世，突厥中興，亦因奚契丹之亂，不能同時兼顧，不得不俯就突厥之要挾。陳伯玉集卷八上軍國機要事八條：

臣聞吐蕃近日將兵圍瓜州數日即退。或云此賊通使默啜，恐瓜沙止遏，故以此兵送之。臣雖未信，然惟國家比來勁敵，在此兩蕃，至於契丹小醜，未足以此類，今國家為契丹大發河東道及六胡州綏、延、丹、隰等州稽胡精兵悉赴營州，而緣塞空虛，靈夏獨立。今冰生河合，草秋馬肥，秦中北據隴右，亦關東鄰黨，凶羯姦謀，覘知此隙，驅其醜類，大盜秦關、隴右馬羣，是國所寶，防備遠策，良宜預圖，不可竭塞上之兵，使凶虜得計。

觀此知欲征契丹，即不能不調發西邊之軍隊，尤不能不與突厥謀妥協也。冊府元龜卷九七三：

則天萬歲通天元年契丹首領李盡忠、孫萬榮反叛，攻陷營府，突厥默啜遣使上言，請還河西降户，即率部落兵馬為國家討賊擊契丹。制許之。默啜遂攻討契丹，部衆大潰，盡獲其家口。

契丹固平，而突厥遂不可復制矣。

此種兩面作戰之不利既如上述，於是高宗以來乃逐漸設立各個獨立軍區，分區防守，每區自有一充足之軍隊而不煩中央之調發。其駐防之軍事長官在其本區內有相當統一之指揮權。其軍隊有相當固定之數額而其長官亦須久任而非臨時設置。如此則自非由徵兵而變爲募兵，由臨時之大總管而變爲久任之節度使不可。然則一代制度之演變各方面皆有關聯，因果相生，有不得不然之勢，後人論史動以此咎責玄宗，玄宗豈任咎哉！

唐代軍區制度之確立固在玄宗時，但其制自高宗以來即已逐漸形成。最先設置之軍區應在河隴。舊唐書卷八四劉仁軌傳：

儀鳳二年以吐蕃入寇，命仁軌為洮河道行軍大使（鄴侯家傳作洮河鎮守使）。

此洮河道行軍大使之號雖不一其名，如李敬玄稱洮河道大總管兼安撫大使，唐休璟、郭元振並稱隴右諸軍州大使，婁師德稱隴右諸軍大使則殆脱一「州」字，並見舊唐書本傳，論其職權即爲節度使之異稱矣。自此以後逐漸建置，至玄宗時而邊境共有八節度，或十節度，今不贅述。

軍區設置之後，每一軍區皆有獨立作戰之能力，足以外攘内鎮而不待中央之臨時徵發。邊防既固，中原無事，故武后時突厥、奚、契丹皆能深入河北，而開元、天寶則戰於境外，其出征亦多用本道兵馬。除朔方、河東兩區常居中策應兩邊，其西北之河隴，與東北之范陽、平盧皆不相調發，如此自無左支右絀之虞。册府元龜卷九九二：

天寶八年六月隴右哥舒翰率河東、河西、靈武及突厥阿布思等兵士六萬五千攻吐蕃石堡城，拔之。

舊唐書卷一〇四高仙芝傳：

小勃律國王為吐蕃所招，妻以公主……玄宗特勅仙芝以馬步萬人為行營節度使往討之。

同書卷二〇〇上安禄山傳：

（天寶）十一載八月，禄山並率河東等軍五六萬，號十五萬，以討契丹。

則天寶年間之遠征類以本道兵任之也。

復次，節度使雖有八或十，而事實上往往兼領。舊唐書卷一〇三王忠嗣傳：

（天寶）五年正月，河隴以皇甫惟明敗衂之後，因忠嗣以持節充西平郡太守，判武威郡事，充河西、隴右節度使。其月，又權知朔方、河東節度使事。忠嗣佩四將印，控制萬里，勁兵重鎮皆歸掌握，自國初已來，未之有也。

考忠嗣於二十九年兼朔方河東兩鎮，而忠嗣之先，河隴兩區郭知運、王君㚟、蓋嘉運、皇甫惟明皆兼統。平盧自開元八年之後亦久歸范陽節度使兼任，二十八年復置，仍依此例。則其後安禄山之三鎮，哥舒翰之兩鎮皆舊例如此，非倦勤之粃政也。玄宗委任邊將，每爲讀史者所詬病，今但引唐代名臣之論以釋此惑。舊唐書卷一三九陸贄傳載贄德宗時上疏有云：

今四夷之最强盛為中國甚患者，莫大於吐蕃，舉國勝兵之徒，纔當中國十數大郡而已。其於內虞外備，亦與中國不殊……動則中國患其衆而不敢抗，静則中國憚其强而不敢侵，厥理何哉？良以中國之節制多門，蕃醜之統帥專一故也。夫統帥專則人心不分，人心不分則號令不貳，號令不貳則進退可齊，進退可齊則疾徐如意，疾徐如意則機會靡愆，機會靡愆則氣勢自壯，斯乃以少為衆，以弱為强，變化翕闢，在於反掌之內……開元、天寶之間，控禦西北兩蕃，唯朔方、河西、隴右三節度而已，猶慮權分勢散，或使兼而領之。

然則開元天寶間邊境之寧謐正由指揮權之統一，其後漁陽兵起，固不能謂與邊將權重無關，然在當時既側重於對外，其他非始料所及，猶之宋初側重於對內而邊防弱，勢既不能兩全，亦無可如何之事也。

中　長征健兒與屯戍問題

唐代府兵制度貌襲西魏北周之遺而實不相同。其不同之點蓋有兩端：一曰，西魏北周時期之府兵爲兵農分離，唐代之府兵爲兵農合一，此本質之不同也；二曰，西魏北周時期之府兵但有征行、宿衛之任務，唐代之府兵則多長期之屯戍，此任務之不同也。今請就此兩端略徵史籍以明長征健兒之不得不代府兵而起，此事勢之自然而非可歸咎於人謀之不臧也。

西魏北周之時，對於北方之蠕蠕突厥常持親善之關係，用兵唯在中原。而府兵之職務唯有征行與宿衛二者。鎮戍之任則委之鄉兵。府兵皆本關隴人，宿衛既常近田里而征行爲時爲暫。隋世雖北方用兵，然突厥既服，徙之內地，留戍之兵殆不甚多，故開皇中尙得維持此府兵之制。及煬帝征高麗一敗之後，死喪之威足寒士心，於是逃亡者多，而不能不藉募兵爲彌補。至於唐代自貞觀而後疆域愈廣，邊防線愈長，而爲維持首都之安全，必須延伸其外圍，使常戰於境外以免胡騎之威脅，於是自關隴而河西，自河西而西域，最後乃極乎葱嶺，此固立國形勢使然，不能純謂黷武也。然既據其地，不能不守。舊唐書卷八九狄仁傑傳載請捐四鎮表曰：

近貞觀年中克平九姓，册李思摩為可汗使統諸部者，蓋以夷狄叛則伐之，降則撫之，得推亡固存之義，無遠戍勞人之役。

仁傑所云固是實事，然此貞觀之初耳，及乎貞觀之末，邊境屯戍之規模已具。唐會要卷七三崔融請不拔四鎮議云：

舊唐書卷一九六上吐蕃傳：

太宗方事外討，復脩孝武舊跡，並南山至於葱嶺盡為府鎮，煙火相望。

貞觀中……歲調山東丁男為戍卒，繒帛為軍資，有屯田以資糗糧，牧使以娩羊馬。大軍萬人，小軍千人，烽戍邏卒，萬里相繼。

可證太宗時西北屯戍之役已甚繁重。及高宗之後軍區制度確立，邊防軍額既增，屯戍之年限亦久，而關隴騎士又早易以耕稼之農夫。神堯所謂「隴種車騎」（見舊唐書竇軌傳）者久歸死亡，而社會風氣又不足以鼓舞騎射之風。彼耡耰棘矜之農夫與弓刀既不相習，且人既土著，地不可移，鄉里之念，深中人心，如此則征鎮之役實非農民之所能勝任，而況道里懸遠，老死不歸之長期屯戍乎。府兵制之由職業騎士進而爲兵農合一，自制度言之爲一大進步，且亦爲應有之發展，然其破壞之因素亦即在此進步之中。當貞觀、永徽之後，府兵制之破壞已見其端矣。貞觀文臣關於屯戍之勞弊，知之甚審，故每不欲政府之向外發展。唐會要卷九五高昌條：〔一〕

太宗欲以其地為州縣。魏徵諫曰：「未若因撫其人，而立其子，所謂伐罪弔民，威德被於遐外，為國之善者也。今若利其土壤，以為州縣，常須千餘人鎮守，數年一易，往來交替，死者十有三四。遣辦衣資，離別親戚，十年之後，隴右空虛，陛下終不得高昌撮粟尺布以助中國，所謂散有用而資無用。」上不從……焉耆王詣軍門請謁，留兵鎮守，刻石紀功而還。每歲調發千人防邊。黄門侍郎褚遂良上疏曰：「（上略）陛下誅滅高昌，威加西域，收其鯨鯢，以為州縣。然則王師薄

〔一〕新唐書魏徵傳、貞觀政要、舊唐書褚遂良傳並略同。

發之歲，河西供役之年，飛芻輓粟，十室九空，數部蕭然，五年不復。陛下歲遣千餘人遠事屯戍，經年離別，萬室思歸，去者資裝，自須營辦，既費芻粟，傾其機杼，經途死亡，復在其外，兼遣罪人，增其防遏，彼罪人者，生於販肆，終朝墮業，犯禁違公，謂之浮薄，徒能擾於邊城，必無益於行陣。所遣之內，復有逃亡，官司捕捉，為國生事。」

觀魏褚所論用意在於屯戍與輓粟二者之困難，解決此兩問題則必有待於長征健兒之召募與屯田之推行矣。

高宗時經營高麗、西突厥、吐蕃，東西征鎮之困難已如前述，而如舊唐書卷八四劉仁軌傳所載仁軌於麟德二年所上表，及卷八六高宗、中宗諸子傳所載總章元年太子弘所上表，已言百姓避免兵役至於自害肢體，或行賄以求免者。蓋長征久戍，死亡之憂與懷土之思均足以促兵士之解體，而在政府言之則戰事頻仍，爲避免道途之勞，征調之煩，不能不設立軍區以應猝發之戰事，又不可不廣事屯田以減省飛輓之勞。此使農民棄農器而事弓刀，或則捨其田而耘人之田，夫豈所願。屯田與府兵制度同爲世人歌頌巨唐典制之口實，然二者實不能相容。夫屯田即爲久戍計，而戍守之府兵亦即屯墾之卒伍。唐代府兵所以能耕植者即由其本爲農民，若往時之關隴騎士，安肯釋弓矢而就耒耜哉。然府兵既自農民中徵發，應自有其田業，今使棄而就此無報酬之勞動，其心豈甘，勢必出於逃亡，則又必召募本無田產之浮浪人而後可，如此則屯田之推行愈力，府兵之不復能行亦愈明，自高宗以後，至玄宗而塞外屯田極盛，亦可以窺見其消息焉。

玉海卷一三八引鄴侯家傳云：

自初屬六柱國家及分隸十二衞，皆選勳德信臣爲將軍，有事則命總之出征……時出征多不踰時，遠不經歲而能尅捷。高宗始以劉仁軌爲洮河鎮守使以圖吐蕃，於是始屯軍於境而師老厭戰矣。

按李繁述府兵破壞之原因，首舉儀鳳二年劉仁軌出鎮洮河爲師老厭戰之始，亦即軍區制度始創之日也，誠可謂知言，但軍區之設置自有其必要，而李繁不之知耳。今就高宗以後屯戍問題之嚴重與長征健兒之設置列舉例證，以明二者之關係。

舊唐書卷九七郭元振傳載元振武后時上表云：

關隴之人，久事屯戍向三十年，力用竭矣。脱甘涼有不虞，豈可廣調發耶！

按此疏於萬歲通天元年上，逆數三十年則高宗咸亨間，可知自高宗以後，關隴人屯戍之苦。全唐文卷一七中宗即位赦文有云：

天下軍鎮不要者多，轉輸艱辛，府庫虛耗，事須改弊，不可循常，宜簡内外官人有才識者分遣充使，巡邊按覆，須留鎮遏及應減，一事以上並委使人共所管詳度，還日具利害聞奏。其應支兵，先取當土及側近人，仍隨地配割，分州定數，年滿差替，各出本州，永為格例，不得踰越。

按此段文字，其一爲運輸困難而裁減軍鎮，其二則鎮戍之兵，先取土著及側近人也。府兵出戍本不分區域，分區所以省道途之煩，然鎮戍皆在邊陲，則中土民人可以不事屯戍而獨責之邊民，此與原來府兵制度之精神已有抵觸，其後開元之募健兒亦以本州人充，而中宗之初已見其端矣。

舊唐書卷九三張仁愿傳：〔一〕

仁愿請乘虛奪取漠南之地，於河北築三受降城……仁愿表留年滿鎮兵以助其功，時咸陽兵二百餘人逃歸，仁愿盡擒之，一時斬於城下。

其事在中宗景龍二年，咸陽之兵屯戍之期已滿而被抑留，遂出之於一逃。三城之間烽候一千八百所（亦見本傳及會要），戍兵之數當不在少，其被抑留者又必不止此二百餘人也。

册府元龜卷一二四，開元二年八月條：

上以河隴之故，命有司大募壯勇士從軍……十月，薛訥克吐蕃，帝遂停親征。詔曰：「比來緣邊鎮軍，每年更代，兵不識將，將不識兵，豈有緣路疲人，蓋是以卒與敵。其以西北軍鎮宜加兵數，先以側近兵人充，並精加簡擇。其有勞考等色，所司具以條例奏聞。戰兵別簡為隊伍，專令教練，不得輒有使役。」

長孺按全唐文卷二六命薛訥等討吐蕃詔云：「其同華等兵及精騎、健兒並鞍馬等，依三月十五日制仍令遠探。」又同書卷二一命李延昌等屯戍秦州制云：「宜取朔方後軍兵及前年朝堂應募健兒等，總十萬人，羣牧馬四萬匹於秦州成蘭渭等州界，逐便屯集教練。」兩詔皆有健兒之名，疑即開元二年大募壯

〔一〕唐會要卷七三同。

勇士之稱號。據册府開元二年八月詔此時屯戍猶是每年更代。唯軍區之制既立，戍守乃是久計，後人黜稱之「將歸於朝，兵散於府」，爾時乃有「緣路疲人，以卒與敵」之弊。而西魏北周時期柱國以下自相督率之制既廢，自變而爲「兵不識將，將不識兵」。故必使兵士久戍以免此二弊，又先徵之側近兵人以免其鄉土之思與往返之勞，不足則召募健兒以濟之，最後則健兒成爲長征而道途之煩既除，兵將亦相熟習，此勢之必然者也。

册府元龜卷一三五開元五年五月詔：

每念征戍，良可矜省，其有涉河渡磧，冒險乘危，多歷年所，遠辭親愛，壯齡應募，華首未歸，眷此勞止，期於折衷。但磧西諸鎮，道阻且長，數有替易，難於煩擾，其鎮兵宜以四年為限，散之州縣，務取富户丁多，差遣後量免户納雜科税，其諸軍鎮兵，近日遞加年限者，各依舊以三年二年為限，仍並不得延留。其情願留鎮者即稍加賜物，得代願往，聽令復行，為貴勞逸且均，公私咸適。宣佈遐邇，識朕意焉。

據本文則開元五年之先已有「壯齡應募，華首未歸」者，唯此種情形，大抵四鎮之兵然耳，如舊唐書卷九七郭元振傳中宗時上表已云「四鎮兵士，歲久貧羸」也。至於其他邊鎮，如上引開元二年詔，知猶以番代爲常。本文所云亦曾普加年限，不知始於何時。考本文有可注意者二事，一曰：「差遣後量免户納雜科税」，是屯戍府兵不能全免賦税也。其二曰：「情願留鎮者，稍加賜物。」是已爲召募矣。玉海卷一三八引鄴侯家傳：

舊制三年而代，後以勞於途路乃募能更住三年者賜物二十段，謂之召募，遂令諸軍皆募，謂之健兒。

長孺按開元二年已見健兒之名，但所召募者非必原有之戍兵，其更住三年賜物二十段乃就原有戍兵而言，以五年之詔參觀，蓋即始於此時。

册府元龜卷一二四開元八年八月詔：

宜差使於兩京及諸州且揀取十萬人，務求灼然驍勇，不須限以蕃漢，皆放番役雜科，唯令團伍教戰……仍勅幽州刺史邵寵於幽易兩州選二萬灼然驍勇者充幽州經略軍健兒，不得雜使，租庸資課並放免。

兩京及諸州所召募者其後不知如何。唯府兵既以農隙教戰矣，而又別置此十萬人唯令團伍教戰，知爾時府兵已鮮有教戰之事也。健兒之募，始於開元二年，而大抵在隴右，幽州之置健兒則始於八年。全唐文卷二五玄宗上聖祖及諸廟帝后尊號推恩制：「諸軍健兒別勅行人各賜勳兩轉」，考其時在開元十年，則健兒之普遍召募乃在二年至十年之間。但此時尚無長征之名，即在健兒亦得番休也。

册府元龜卷一三五開元十三年正月詔：

乘塞守邊，義不可輟，遠征久戍，人亦告勞，……其諸軍長征人家單貧乏無力者，宜令本管州縣勸率其家，助其營種，使有秋望。

此爲長征人之始見，然據册府卷六三開元九年十月詔，卷一三五開元十四年六月詔，屯戍猶以番代爲常，而十六年十二月詔云：

如聞諸軍兵募，處置多乖，年滿之日，逃亡甚衆，自今已後，各委本道節度使及兵部侍郎裴光庭同檢較，年終類會文奏。使健兒長鎮，何以克堪，可分為五番，每一年放一番洗沐，遠取先年人為第一番，周而復始，每五年共酬勳五轉。

據此則健兒在事實上已是「長鎮」，但法令上猶使其五年一番休耳。同書二年（按當是二十二年之誤）四月詔：

其天下諸州鎮兵募及健兒等年月已久，頗亦辛勤，或老疾尪羸，或單弱貧寠，或親老孤獨，致闕晨昏，言念於斯，深用矜歎。宜委節度使及軍州簡擇，有如此色，一切放還，咸宜精審，以稱朕意。

所謂年月已久，當非五年一番休之謂，本文乃簡擇合於上項規定之府兵、征人以及健兒一切放歸，而非番休也。然則十六年之詔蓋未嘗行。

自開元以來，玄宗累降詔書，徬徨於番代、長征之間，訖無善策。至開元二十五年乃毅然廢止名存實亡，弊民最甚之府兵征鎮之役，而盡以長征健兒代替之。册府元龜卷一二四開元二十五年五月詔：

今欲小康戎旅，大致昇平，減停征徭，與人休息……宜令中書門下與諸道節度使各量軍鎮閑劇，審利害，計兵防健兒等作定額。委節度使訪諸色征行人内及客户中召募，取丁壯情願充健兒常任邊軍者，每歲加於常例，給田地屋宅，務加優恤，使得存濟。每年逐季本使具數報中書門下，至年終一時録奏。

又唐六典卷五兵部注：

舊健兒在軍皆有年限，更來往頗為勞弊。開元二十五年勅，以為天下無虞，宜與人休息，自今已後，諸軍鎮量閑劇利害置兵防健兒，於諸色征行人內及客户中召募。取丁壯情願充健兒常住邊軍者，每年加常例給賜，兼給永年優復，其家口情願同去者，聽至軍州，各給田地屋宅。人賴其利，中外獲安，是後州郡之間永無徵發之役矣。

六典之注爲李林甫所加，長征健兒之計本出於林甫，玉海卷一三八引鄴侯家傳：

開元末李林甫為相，又請諸軍召募長征健兒，以息山東兵士，於是師不土著，無家族之顧，將帥膂一時之令，而偏裨殺將，自擅之兆生矣。

長孺按家傳所云與事實不盡相符，蓋玄宗時初無偏裨殺帥之事而藩鎮之造成正在於師皆土著。考太宗以降多以山東府兵出戍，交代往還，正所謂師不土著也。既令諸軍召募，投効者非邊塞之人即久戍不歸者，又得移家口，給田地，則邊兵生活之憑藉悉在於所隸之軍鎮，此將帥所以得挾制之而中央政府無以控制焉。家傳以爲不取之農民即是師不土著，夫豈知長征健兒之制正以農民苦於征役，乃分兵民爲二，林甫自誇「人賴其利中外獲安」，非苟爲誕辭而已。

册府元龜卷一三五開元二十六年正月迎氣詔：

朕每念黎甿，弊於征戍，親戚多别離之怨，關山有往復之勤，何嘗不惻隱於懷，寤寐增歎，所以别遣召募，以實邊軍，賜其厚賞，便令長往。今諸軍所召人數向足，在於中夏，自可罷兵，既無金革之事，足保農桑之業，自今已後，諸軍兵健，並宜停遣，其見鎮兵並一切放還。

「金革之事」與「農桑之業」其勢不能相兼，觀本文所云，可以知之。二十五年下詔命募充足數額之健兒，至二十六年正月，計劃完成，乃命見鎮兵之非出召募者一切放還。夫府兵之責本在於宿衛及征鎮。開元十一年設置長從宿衛而府兵之職務止於征鎮，至是又有長征健兒以代其役，則府兵自無維持之必要，故天寶八載遂停折衝府上下魚書矣。

其後天寶間雖仍有差點征行之事，如文苑英華卷四二五天寶三載親祭九宫壇大赦制、册府卷一三五天寶八載上尊號大赦詔、天寶十載南郊詔並有其文，而天寶十載楊國忠所主持之遠征南詔，尤爲擾民，然既有長征健兒爲鎮戍之基本隊伍，臨時徵發之農民其數當必減少也。

自貞觀以後常爲政府所焦慮之屯戍問題因軍區之設立而益趨嚴重，至玄宗之初始募健兒以代其役，自是逐漸推廣，至開元二十六年而長征健兒專任屯戍，於是政府徵發之煩既已免除，而兵農復由合而分。

下　結論

軍區之設立與長征健兒之召募常爲論史者所詬病，然唐代之立國形勢既爲大一統之世與西魏北周之偏安不同，而府兵之本質復與關隴騎士有别，則自不能以不適合之成法應付内外環境。軍區未設之先唐帝國左支右絀之狀已如上述。而府兵征行之苦更爲農民所不堪。今更舉史實以證之。

資治通鑑卷一九六唐太宗貞觀十六年七月庚申條：

詔「自今有自傷殘者，據法加罪，仍從賦役」。隋末賦役重數，人往往自折肢體，謂之福手福足，至是遺風猶存，故禁之。

長孺按自隋之亡至是亦既二十五年，即自平王世充、劉黑闥亦已二十年，其適齡壯丁皆生於唐初，人莫不自愛其身，何至毁折肢體以避二十年前之役，自是史臣掩飾之辭，不足信也。考太宗於十四年平高昌爲郡縣，十五年討薛延陀，然則民之所以自殘者仍爲避當時之兵役，不能遠推之隋代也。玉海引鄴侯家傳所云「至有熨手足，以避府兵」者，此風蓋至武后時而愈熾。唐律疏議卷一六征人巧詐避役條有「或故自傷殘，或詐爲疾患」之科。老子曰：「民不畏死奈何以死懼之。」以法禁民之自殘，民已不愛其肢體，又何畏於法禁哉！太宗之世固號爲府兵制全盛之時也，而已有此風，至勞九重之下詔，律文之著目，則不獨南詔之役有一新豐折臂翁也。

舊唐書卷八四劉仁軌傳載仁軌麟德二年所上疏云：

州縣發遣兵募，人身少壯，家有錢財參逐官府者，東西藏避，並即得脱。無錢參逐者，雖是老弱，推背即來……發海西之日，已有自害逃走，非獨海外始逃。

則逃役已爲流行之風氣，在北周時六等户以上始得充府兵，麟德猶是盛世而富人皆以賄賂求免役，風氣之變，豈非本質與任務之異以致此耶？

敦煌掇瑣卷三〇載當時民謡若干首，今録其有關兵役者：

早死無差科，不愁怕里長，行行展脚臥，永絶呼征防。

兒大作兵夫，西征吐蕃賊，行後渾家死，回來覓不得。

你道生勝死，我道死勝生，生即苦戰死，死即無人征。

十六作夫役，□□充府兵，磧裏向前走，衣鉀困須擎，白日趁食地，每也（夜）悉知更，鐵鉢淹甘飯，同火共分諍，長頭饑欲旺，似砍窮坑脱一字。

男女有亦好，無時亦最精，兒在愁他役，又恐點着征，一則無租調，二則絶兵名，閉門無呼喚，耳裏挃星星。

佐史非臺補，任官州縣上，未是好出身，□兒避征防。

天下惡官職，不過是府兵，四面有賊動，當日即須行，有緣重相見，業薄即隔生，逢賊被打煞，五品無人諍。

生住無常界，擾擾滿街行，只擬人間死，不肯作邊生。

長孺按爲避府兵之役，至於有生不如死，有兒不若無之感，則府兵之苦可知。夫敦煌猶近邊塞，其民習於戰鬥，與中土農人不同而歌謡之愁苦若此，府兵制度雖爲後世所歌頌而不得不廢於當世，豈無故哉！

雜録：

及開元之初軍區之設置既告完成，而募兵之制漸廣，於是造成開元天寶之盛世。會要卷七二軍天寶末，天子以中原太平，脩文教，廢武備，銷鋒鏑，以弱天下豪傑……惟邊州置重兵，中原乃包其戈甲，示不復用，人至老不聞戰聲。

唐語林卷三：

開元初，上留心理道，革去弊訛，不六七年間，天下大理，河清海晏……丁壯之夫，不識兵器，路不拾遺，行不齎糧。

通典卷七歷代盛衰户口云：

至（開元）十三年封泰山，米斗至十三文，青齊穀斗至五文，自後天下無貴物，兩京米斗不至二十文，麪三十二文，絹一匹二百一十文。東至宋、汴，西至岐州，夾路列店肆，待客酒饌豐溢。每店皆有驢賃客乘，倏忽數十里，謂之驛驢。南詣荆、襄，北至太原、范陽，西至蜀川、涼府，皆有店肆，以供商旅，遠適數千里，不持寸刃。二十年户七百八十六萬一千二百三十六，口四千五百四十三萬一千二百六十五。天寶元年户八百三十四萬八千三百九十五，口四千五百三十一萬一千二百七十二。……十四載管户總八百九十一萬四千七百九……管口總五千二百九十一萬九千三百九……此國家之極盛也。

白居易新豐折臂翁：

翁云貫屬新豐縣，生逢聖代無征戰，慣聽梨園歌管聲，不識旗槍與弓箭。

舊唐書卷一〇三王忠嗣傳：

自朔方至雲中緣邊數千里，當要害地開拓舊城，或自創制，斥地各數百里，自張仁亶以後四十餘年，北方之人復罷戰矣。

通鑑卷二一六玄宗天寶十二載八月：

是時中國盛强，自安遠門西盡唐境萬二千里，閭閻相望，桑麻翳野，天下稱富庶者莫如隴右。

綜上所引諸條即知開元天寶間社會經濟之發展。蓋邊備既固，敵寇不得逞志境内，而一般農民服兵役之機會漸少乃得致力於農業，生産力既日以增加，商業亦因以發達，百物皆廉而民間之享受亦以提高，此唐代之黄金時期也。夫以貞觀之勵精，高宗之享大，論其富力去玄宗時遠甚，此固由隋末大亂元氣之恢復非短時期所致，然民間至玄宗時而有蘇息之機會亦一大原因也。今兹更引唐代名臣之論以結是文。

資治通鑑卷二三二唐德宗貞元三年七月：

時關東防秋兵大集，國用不充……上復問（李）泌以復府兵之策。對曰：「今歲徵關東卒戍京西者十七萬人，計歲食粟二百四萬斛。今粟斗值百五十，為錢三百六萬緡。國家比遭饑亂，經費不充，就使有錢，亦無粟可糴，未暇議復府兵也。」上曰：「然則奈何！亟減戍卒歸之，何如？」對曰：「陛下用臣之言，可以不減戍卒，不擾百姓，糧食皆足，粟麥日賤，府兵亦成。」上曰：「苟能如是，何為不用？」對曰：「此須急為之，過旬日則不及矣。今吐蕃久居原、會之間，以牛運糧，糧盡，牛無所用。請發左藏惡繒染為綵纈，因党項以市之，每頭不過二三匹，計十八萬匹，可致六萬餘頭。又命諸冶鑄農器，糴麥種，分賜沿邊軍鎮，募戍卒，耕荒田而種之，約明年麥熟，倍償其種。其餘據時價五分增一，官為糴之。來春種禾亦如之。關中土沃而久荒，所收必厚。戍卒獲利，耕者浸多。邊地居人至少，軍士月食官糧，粟麥無所售，其價必賤，名為增價，實比今歲所減多矣。」上曰：「善」，即命行之。……因問曰：「卿言府兵亦集，如何？」對曰：「戍卒因屯田致富則安於其土，不復思歸。舊制戍卒三年而代，及其將滿，下令有願留者，即以所開田為永業。家人願來者，本貫給長牒續食而遣之。據應募之數，移報本道。雖河朔諸帥，得免更代之煩，亦喜聞矣。不過數番則戍卒土著，乃悉以府兵之法理之，是變關中之疲弊為富强也。」……既而戍卒應募，願耕屯田者什五六。

長孺按溫公本條自必取之鄴侯家傳，然事有可疑者，舊唐書卷一三九陸贄傳：〔二〕

贄以中原之兵不習邊事，及扞虜戰賊，多有敗衄，又苦邊將名目太多，諸軍統制不一，緩急無以應敵，乃上疏論其事曰：「（上略）臣愚謂宜罷諸道將士番替防秋之制，率因舊數而三分之：其一分委本道節度使募少壯願住邊城者以徙焉。其一分則本道但供衣糧，委關內河東諸軍州募蕃漢子弟願附邊軍者以給焉。又一分亦令本道但出衣糧，加給應募之人，以資新徙之業。又令度支散於諸道和市耕牛，兼雇召工人就諸軍城繕造器具。募人至者，每家給耕牛一頭，又給田

〔二〕陸宣公奏議卷一〇、冊府元龜卷九九三、通鑑卷二三四並同。

農水火之器，皆令充備。初到之歲，與家口人糧，並賜種子，勸之播植。待經一稔，俾自給家。若有餘糧，官為收糴，各酬倍價，務奬營田。既息踐更徵發之煩，且無幸災苟免之弊。寇至則人自為戰，時至則家自力農，是乃兵不得不强，食不得不足，與夫倏來忽往，豈可同等而論哉！

陸敬輿之上此疏據通鑑在貞元九年，册府元龜卷九九三在八年，上距鄴侯揚對時纔六七年而通篇無一言及之。其所計畫思變防秋爲久鎮，而藉屯田爲招徠，給牛及農器與鄴侯之論又無不同，使如家傳所云，"三年詔下願留者十六七，是成績久著，何以本文絶不提及，其爲創置而非因襲，不待辨也。然則鄴侯但曾爲此一説而未嘗行，或則全爲李繁所假託，並無是言也。即敬輿所論亦徒託空言，德宗並未能用。大曆以後，邊境非無屯田，至於李陸二公之謀罷防秋以爲久鎮則始終未行也。此不屬於本文範圍，今姑不論。

考李陸二公所論若置屯田，移家口，募兵皆久鎮，以免番代之煩，此皆開元天寶置長征健兒之遺策，李泌陰蹈之而陽曰復府兵，夫府兵本番上征鎮，亦不移家口，府兵雖有田而在其本貫與邊境之營田無關，是與其所言絶不同也。泌以爲復府兵者不過兵皆有田且耕且戰而已，寧不思開元二十六年之詔長征健兒亦給田，亦是且耕且戰也。府兵與長征健兒之不同乃在徵募之别，長征與番代之異，至於田則二者並有也。關於李泌對於府兵制度之認識若何，與家傳之可信與否今可不論，要之，後人所深詆之軍區制度以及長征健兒，貞元賢相方將以此爲藍本以挽救軍事上之頽勢焉。

（原載國立武漢大學社會科學季刊，一九四八年十二月）

跋西安出土唐代銀鋌

文物參考資料一九五七年第四期彌足珍貴的天寶遺物報道西安市郊唐大明宫遺址發現唐代銀鋌凡四。第一鋌，正面中間刻字一行「專知諸道鑄錢使兵部侍郎兼御史中丞臣楊國忠進」，背面字三行，第一行「中散大夫使持節信安郡諸軍事檢校信安郡太守上柱國尉遲巖」，第二行「信安郡專知山官丞(承)議郎〔一〕行録事參軍智庭上」，第三行「天寶十載正月日税山銀一鋌五十兩正」。第二鋌，正面中刻字一行「專知諸道鑄錢使兵部侍郎兼御史中丞知度支事臣楊國忠進」。背面字三行，第一行「宣城郡和市銀壹鋌五拾兩」，第二行「專知官大中大夫使持節宣城郡諸軍事守宣城郡太守上柱國臣苗奉倩」，第三行「天寶十載四月二十九日」。第三鋌，正面中間刻字一行「嶺南采訪使兼南海郡太守臣彭杲(果)進」，右上角有「銀五十兩」四字。第四鋌，背面無字。正面第一行爲「郎(朗)寧郡〔二〕都督府天寶二年貢銀壹鋌，重伍拾兩，朝議郎權懷澤郡」，第二行「太守權判太守兼管諸軍事上柱國何如璞專知官」，第三行「户曹參軍陳如玉、陳光遠、□□仙」。

〔一〕 原文作「丞」，應作承，承議郎爲唐文散官正六品下。
〔二〕 原文作郎，應作「朗」，朗寧郡即邕州。

以上並原文所釋，間有誤字，今改正，用括號標出。

按此四鋌銀都是進奉銀，前二鋌由地方官解繳國庫，而由楊國忠以判度支的地位進奉給皇帝。大致在唐玄宗統治期間，中央財政機構的長官已慣於把國庫收入的一部分移交給宫廷的内庫。舊唐書卷一〇五王鉷傳：「玄宗在位多載，妃御承恩，多賞賜，不欲頻於左右藏取之。鉷探旨意，歲進錢寶百億萬，便貯於内庫，以恣主恩錫賚。鉷云：『此是常年額外物，非徵税物。』玄宗以爲鉷有富國之術，利於王用。」王鉷此時爲户口色役使，本傳説他「恣行割剥，以媚於時」，割剥所得，至少一部分歸於内庫。陸宣公翰苑集卷一四奉天請罷瓊林大盈二庫狀亦云：「今之瓊林、大盈自古悉無其制。傳諸耆舊之説，皆云創自開元，貴臣貪權，飾巧求媚，乃言郡邑貢賦，所用盍各區分，税賦當委之有司，以給經用，貢獻宜歸乎天子，以奉私求，玄宗悦之，新是二庫。」所謂貢獻主要是指進奉，亦即王鉷所謂「額外物」。和王鉷同僚的楊國忠在這方面自然不落人後。新唐書卷二〇六外戚楊國忠傳稱國忠「天寶七載擢給事中，兼御史中丞，專判度支」。又説「時海内豐熾，州縣粟帛舉巨萬，國忠因言古者二十七年耕，餘九年食，今天置太平，請在所出滯積，變輕齎，内富京師。又悉天下義倉及丁租地課，易布帛以充天子禁藏」。所謂禁藏，亦即内庫。這兩鋌銀，一是税山銀，一是和市銀，雖不包括在上述所謂「滯積」和義倉、丁租、地課之内，但同樣是由地方官上繳給中央，又由楊國忠進奉入「天子禁藏」的「輕齎」。兩鋌銀上進年份都在天寶十載（七五一），舊唐書卷九玄宗紀天寶十載十一月稱「兵部侍郎兼御史中丞楊國忠領劍南節度使」，進銀時未加領節度使，官稱與鋌所刻的相符。至於「判度支」的差遣自七載以後國忠一直兼領，[一]第一鋌不書判度支是省文。

從天寶以後，主持中央財政的官吏大概已以進奉爲一種常例。册府元龜卷四八四稱，文宗大和元年「六月司空兼門下侍郎平章事判度支裴度進金六十八鋌」。李相國論事集卷五上處分舊例户部有進奉事條云：「元和六年，户部侍郎李絳延英對畢。上曰：『舊例户部有進奉，近張弘靖進銀二千兩，衛（公）次公進絹十萬匹，卿獨不進何也？』絳對曰：『……若將户部錢物，進入内庫，即是將陛下東庫錢物搬入西庫爾……』」可見中央財政長官度支、户部、鹽鐵照例要將本管財物的一部分進奉。像唐憲宗那樣老實索取，稱爲宣索，在唐代也是數見不鮮的。譬如敬宗寶曆二年七月便曾向户部侍郎崔元略宣索左藏庫鋌銀及銀器十萬兩，金器七千兩。[二]

第一鋌銀注明是税山銀。所謂税山即是税坑冶。元和郡縣志卷二八饒州樂平縣條云：「銀山，在縣東一百四十里，每歲出銀十餘萬兩，收税山銀七千兩。」税山銀是怎樣徵收的呢？太平寰宇記卷一〇七饒州德興縣條云：「本饒州樂平之地，有銀山，出銀及銅。唐總章二年，邑人鄧遠上列取銀之利，上元二年，因置場監，令百姓仕便采取，官司什二税之」，[三]什二税之即是抽分十之二，如照元和郡縣志所記年産十餘萬兩，税銀七千兩來算與此不合。宋人記唐事或有誤。按唐少府監屬雖有諸冶

[一] 全唐文卷二五拜楊國忠右相制，稱國忠官銜還有判度支，時在天寶十一載。
[二] 册府元龜卷四八四。
[三] 加藤繁唐宋時代金銀之研究下册一一七——一一八頁引（中譯本）。

監，似專指鐵冶而言，銅銀金等坑由這鋌銀看來應即由地方官派幕職官專知，也不像寰宇記所云如宋代一樣設置場監。饒州銀山唐代極著名，〔一〕而信安郡即衢州在元和志和寰宇記上却没有見到有鑛山的記載，但新唐書卷四一地理志衢州信安郡西安縣下却注着「有銀」。完全證明這鋌銀乃是税取銀坑所得。

第二鋌銀是和市銀。和市即是國家向民間收買物資。可是這鋌銀何以稱爲和市銀却不很清楚。一種解釋是中央分付宣城郡和市若干土産，預發價若干，後來買價較預計爲低（通常官價要大打折扣），還有餘多，以之繳還國庫。這也算一種所謂「羨餘」。另外一種解釋是以租調義倉粟折錢和市輕貨送往長安，這鋌銀是和市所得之物，因此稱爲和市銀。我在這裏不能斷定，但不管怎樣，却説明了一件事，即和市制在玄宗統治期間普遍推廣。我們知道和市雖早見於南朝，〔二〕但並非經常的辦法，而在此時宣城郡太守却帶上專知官名義，所知應即是和市。〔三〕

第一、第二兩鋌銀是地方上繳國庫，而由判度支的楊國忠作爲羨餘進奉給宫廷内庫的。

第三、第四兩鋌則是地方官的進奉。這種進奉在史籍上數見不鮮，但一般都在中唐以後，其先雖偶亦見之，記載上很不明確，有一些似乎是指例貢。例如册府元龜卷一六八稱「儀鳳三年十月詔以來

〔一〕太平廣記卷一〇四銀山老人條稱「饒州銀山，采户踰萬」。
〔二〕南齊書卷三武帝紀永明五年九月詔。
〔三〕唐六典卷三户部度支郎中條：「凡和市糴，皆量其貴賤，均天下之貨，以利於人。」亦可見玄宗時和市已是經常施用的辦法。

年正月幸東都，劍南隴右諸州每年供進物，一二年且停」。便不像是額外進奉。就這兩鋌銀而論，第三鋌似乎不是例貢，因爲南海郡雖然新唐書卷四三上地理志所載土貢有銀，但通典卷六所舉南海貢品却没有銀，新書地理志所據資料一般較遲，可能以後所加。〔二〕第四鋌明書貢銀，很難斷定是否例貢。這鋌銀是朗寧郡都督府所上，朗寧即邕州，唐六典卷三户部説「融、象二州貢金，桂邕昭柳等五十餘州貢銀」。新唐書地理志也説貢金銀。可是這裏還有個問題，此銀既説是朗寧郡都督府所上，下面署銜却有一個懷澤郡太守，更奇怪的是這個懷澤郡太守又權判太守。權判哪裏的太守呢？這個問題雖可以作某些推測，如朗寧缺官，由懷澤太守暫時代理，或者二郡共一太守之類，但既然字跡模糊就很可能釋文有誤，甚至原來銀鋌上就有脱文或衍文。這裏就不必「望文生義」了。假使説這鋌銀爲懷澤郡太守所上，那麽上舉朗寧都督府也可以理解，因爲嶺南五府，邕府（朗寧郡）是其中之一，而貴州或懷澤郡是邕府所領州郡，〔三〕雖然實際上五府已並屬廣府，南海郡太守例兼五府經略采訪使，但名義上却還保留分屬的關係，所以要標明朗寧郡都督府之名。

四鋌銀上所舉進奉諸人，除楊國忠以外，還有一個彭果可以考見。原釋爲彭杲，想因字畫不清晰之故。這個彭果提起來倒不是姓名僅見於史而已。新唐書卷五二食貨志稱：「牛仙客爲相，有彭果者獻策廣關輔之糴，京師糧稟益羨，自是玄宗不復幸東都。」他是建議在關中推廣和糴的人。後來在

〔二〕唐六典卷三户部列舉諸州例貢，大抵與通典合，廣州没有貢銀記載。
〔三〕舊唐書卷四一地理志、唐六典卷三。

天寶六載，爲了貪污受杖長流而死。舊唐書卷九玄宗紀在這年三月書「南海太守彭果坐贓決杖長流溱溪郡，死於路」。册府元龜卷一五二天寶六載二月丁酉記嶺南五府經略采訪使彭果坐贓伏罪，並載詔書。全唐文卷二五亦載此詔，即從册府轉録。詔文説他「貪惏匪極，求欲無厭，官吏恣其侵漁，蒼生受其塗炭」，「計其贓數十萬有餘」，給他的處罰是「即就大理寺門決六十，除名長流溱溪郡」。這鋌進奉銀自然是他貪污剥削所得的一部分，其實所有進奉也都是如此。鋌上未標明年月，按册府元龜他在天寶六載二月已經在長安判決處刑，在先經過一個時期的審問，至遲在五載已經離開南海本任，返京受審。而舊唐書卷九玄宗紀天寶三載四月稱「南海太守劉巨鱗擊破海賊吴令光」，則彭果受南海太守之命至早當在三載四月以後。這鋌銀的進奉也不出此三年間。

此四鋌銀都是五十兩。過去日本加藤繁博士曾經詳細考證銀鋌重量應爲五十兩，得此實物，更無待於論證了。〔一〕

以上只就常見書籍對此出土文物稍加考證，其中一定有疏略錯誤之處，請讀者指正。

（原載學術月刊一九五七年第七期）

〔一〕唐宋時代金銀之研究上册二四九頁，中譯本。

唐代宦官籍貫與南口進獻

陳寅恪先生曾據史籍及全唐詩所載顧況詩闡明唐代宦官「多出自今之四川、廣東、福建等省，在當時皆邊徼蠻夷區域」，而宦官姓氏又「不類漢姓」，因此疑其中多南方少數族人，或同化於當地民族之漢人。〔一〕陳先生的論斷是正確的，本文將就陳先生之說作一點說明和補充，凡陳文已引證的資料，不再贅述。

按唐代宦官至少有一部分由諸道進獻。唐律疏議卷三名例三「工樂雜户」條，稱給使、散使犯法應流者均加杖而不遠配，疏議云：

依令，諸州有閹人，並送官配內侍省及東宫內坊，名為給使，諸王以下，為散使，多本是良人。以其宫闈驅使，並習業已成，大文生等，犯流罪並不遠配，各加杖二百。

據上引知諸州送官閹人「多本是良人」，應指天閹，但實際上如顧況詩所云，出於地方官的强制閹割。唐人玉泉子云：

杜宣猷大夫自閩中除宣城，中官之力也。諸道每歲送閹人，所謂「私白」者，閩為首。見多任

〔一〕唐代政治史述論稿第二三——二五頁。

用，以致已下，桑梓多係閫焉，時以為中官藪澤。

按新唐書吐突承璀傳稱「是時諸道歲進閹兒，號『私白』」云云即本玉泉子。本條也説「諸道每歲送閹人」，與唐令合。所謂「私白」，爲私白身的簡稱，指的是貴族官僚私家所有的閹人。唐會要卷六五内侍省：

寶曆二年（八二六）十一月詔，朝官及方鎮之家不得私置白身。〔一〕

册府元龜卷一六九納貢獻：

長慶元年（八二一）十二月韓弘孫昭進亡祖白身廿五人，馬十匹，……器物、刀劍、弓箭等。

按此尚在寶曆二年前。同書卷一六八却貢獻：

（大和）四年（八三〇）二月，尚書左丞王起進亡兄播銀壺瓶百枚，……私白身三人。詔止令受銀瓶、刀劍、器物及馬，其白身却還。明日重進，復不受，旋命中使就宅宣，白身三人不用進來。

其時已在寶曆二年禁朝官方鎮私置白身之後，知禁令並没有什麽效果。據上所引，知閹人亦稱白身，私家所置則謂之「私白身」，諸州送官的閹人似不得統稱私白，疑玉泉子偶誤。

送官閹人所以多出南方諸州疑與進獻南口有關。唐會要卷八六奴婢門記大曆十四年（七七九）五月詔稱：「邕府歲貢奴婢，使其離父母之鄉，絶骨肉之戀，非仁也，宜罷之。」邕府爲今廣西南寧一帶諸縣，據此知唐代每年例貢奴婢。又載元和四年（八〇九）閏三月敕云：

〔一〕亦見同書卷八六奴婢，「方鎮」作「節度、觀察使」，末句作「並不許更置私白身驅使」。

嶺南、黔中、福建等道百姓，雖處遐俗，莫非吾民，多罹掠奪之虞，豈無親愛之戀。緣公私掠賣奴婢，宜令所在長吏切加捉搦，並審細勘責，委知非良人百姓，乃許交關，有違犯者準法處分。

敕文説「公私掠賣奴婢」，則官府（公）也公行掠賣，邕府歲貢奴婢應即官府所掠。〔一〕敕文雖然禁止掠賣，却又説「委知非良人百姓，乃許交關」，這就是説「非良人百姓」是准許掠賣的。所謂「非良人百姓」大致指本是賤口，但「壓良爲賤」是常有的事。這類禁令在元和八年（八一三）、大和二年（八二八）又曾重申。元和八年詔敕，册府元龜卷一六〇帝王部革弊二所載較詳，今録如下：

比聞嶺南五管並福建、黔中等道，多以南口餉遺，及於諸道博易。骨肉離析，良賤難分，念兹遠人，受抑無告，所以去歲處分諸道，不令進獻。近因賂遺事覺，方驗詔旨不行。……自今嶺南諸道，輒不得以口餉遺，及將諸處博易。又有求利之徒，以口博易，關鎮人吏，容縱頗多，並勒所在長吏，嚴加捉搦。

從上引大曆及元和詔敕中所云「去歲處分諸道，不令進獻」，可以知道這些「南口」不但私下作爲禮物「餉遺」或者作爲商品「博易」，而且還貢獻給朝廷。當然，被餉遺、博易的南口多數作爲一般奴婢，但公私「白身」即出其中。唐會要卷八六奴婢門載天寶八載（七四九）六月十八日敕：

〔一〕舊唐書卷九七郭元振傳：「舉進士，授通泉尉，任俠使氣，不以細務介意，前後掠賣千餘人以遺賓客。」這就是地方官掠賣本部百姓的一例。通泉縣屬劍南道梓州，而事同嶺南、黔中、福建。此事被揭發後，元振免官到長安受審查，却並未受處罰，雖説武后奇其奏對，也説明當時並不以爲大罪。

京畿及諸郡百姓，有先是給使在私家驅使者，限敕到五日内，一切送赴内侍省。其中有是南口及契券分明者，各作限約，定數驅使，雖王公之家，不得過二十人（以下自一品官至八、九品限十二人至一人）。其有别承恩賜，不在此限。其蔭家父祖先有者，各依本蔭職減，比見任之半。其南口請禁蜀蠻及五溪、嶺南夷獠之類。

敕文旨在限制私家的閹人，包括三點：一是原先是「給使」即宫廷閹人，現在私家驅使的一律送内侍省；二是出於「南口」和立有契券的（即非給使）按品定額，加以限制；其三，「其南口請禁蜀蠻及五溪、嶺南夷獠之類」一句值得注意。據上文，南口充私家閹人在限額内是准許的，這裏是特别要求不能以南方各族人充閹人。由此反過來可以看到南口中不少是少數族人，其中就有閹人。玄宗朝兩個最顯赫的當權宦官楊思勖和高力士都是出自嶺南少數族的南口。舊唐書卷一八四宦官楊思勖傳：

楊思勖，本姓蘇，羅州石城人，為内官楊氏所養。以閹，從事内侍省。預討李多祚功，超拜銀青光禄大夫，行内常侍。

羅州屬嶺南道，今廣東廉江縣東北。按張説之集卷二二潁川夫人陳氏碑云：

潁川郡太夫人者諱某，雷州大首領陳玄之女，羅州大首領楊□之妻，驃騎大將軍、兼左驍衛、虢國公思勖之母。陳氏家富兵甲，世有嶠外。

按本傳云思勖本姓蘇，楊乃其養父宦官某之姓，碑文却説思勖父爲羅州大首領楊歷，則本姓楊氏，並非改姓，當是依託。但思勖出於羅州少數族應是事實。

舊唐書宦官高力士傳：

高力士，潘州人，本姓馮。少閹，與同類金剛二人，聖曆元年（六九八）嶺南討擊使李千里進入宫。……後因小過，撻而逐之，内官高延福收為假子。延福出自武三思家，力士遂往來三思第。歲餘，則天復召入禁中，隸司宫臺，廩食之。

潘州今廣東茂名市。按新唐書宦者高力士傳云「高力士，馮盎曾孫（下略同舊傳）」，以力士爲馮盎曾孫見於張説之集卷二二馮潘州墓誌。馮潘州名君衡，祖盎，父智玳。智玳妻麥氏，隋大將麥鐵杖女。麥氏生三子，力士爲幼，云「少養於高氏，故舉家從其姓焉」。金石萃編卷一〇〇，載大曆十二年（七七七）所立高力士殘碑記世系曾祖馮盎、祖智玳，父名已缺，大致與馮君衡墓誌合。殘碑記力士入宫事已缺，但云「則天矜其覆巢，知必成器」，似力士因家禍入宫。張説之集二三爲將軍高力士祭父文云：

小子不天，夙齡閔凶，身嬰寇剽，家值虜裂，幸供灑掃之餘，遂蒙侍從之顧。……阿母遠至於京華，妹兄自拔於泥滓，咸以官漸榮禄，姻通士林。……又緣育幼高氏，變族移家。

稱「身嬰寇剽，家值虜裂」，與殘碑「覆巢」語合，似力士幼年，遭到什麽禍難，自己被掠，但同爲張説所撰其生父墓誌却一語不提。王鳴盛蛾術編曾據上引高力士祭父文中語云：「然據張説之云，則力士特一粤東姓馮者耳，而力士碑乃妄以爲馮盎之後，則非也。」其實力士碑也説他遭「覆巢」之禍，與稱爲馮盎曾孫並不矛盾。力士是否馮盎曾孫，暫置不論，却可以斷言他出自潘州少數族，遭家難被掠，由地方官進獻入宮爲閹宦。

我以爲楊思勖、高力士很大可能都是被掠南口進獻宮廷的「給使」或「白身」。玄宗雖曾禁止以南口中之少數族人作爲閹人進獻，但如上引會要、册府所載敕文，掠賣、餉遺南口的情況仍然存在，閹人想必也仍多出其中，這就是唐代宦官多南方少數族人的原因。

當然，南口中不盡少數族人，閹人由諸道進獻也不限於南人。張説之集卷一七唐故高内侍碑云：

内侍高延福者，將軍力士之慈父也。粤自西雲于吕，東明銜璧，以亡王之族，處巷伯之官。

按後漢書卷八五扶餘傳，東明爲扶餘王名，高延福當是高麗人，所云「以亡王之族」指高麗王族，大概也是依託，〔一〕疑本是高麗俘虜。據此可知唐代宦官中也有北方族人，但以南口爲多。

唐代盛行人口掠賣的地區與閹宦出身地區相符並非偶然。唐代宦官既與南口掠賣有密切關係，自多南方少數族人及同化於當地民族之漢人，因此唐人或逕視閹宦爲少數族人。皇甫持正集卷三元和三年（八〇八）對策，其中有斥閹宦語云：

若夫裔夷虧殘之微，〔二〕偏險之徒，皁隸之職，可使之掌王命，握兵柄，内膺耳目之寄，外當腹

〔一〕金石萃編卷七五孫翌撰高延福墓誌稱「渤海人也」，更是依託漢族高門，出自高麗完全無迹可尋。

〔二〕文苑英華卷四八九載皇甫湜元和三年賢良方正直言極諫科策，「裔夷」作「褎狎」，字形不類，必非傳寫之誤，而爲後人以宦官爲「褻狎」之徒，易解，不致改爲「裔夷」。原文當從本集作「裔夷」，後人不解妄改。

心之任乎？

皇甫湜就這樣逕以宦官爲「裔夷」，可證其中少數族人占頗大比例，同時也說明當時一些士大夫的看法。

我們還可以追溯一下，這種南口掠賣並迫使他們充當内侍的暴行實繼自南北朝。宋書卷二三王僧孺傳：

尋出為南海太守，郡常有高凉生口。

按高力士自稱馮盎曾孫，馮氏實爲高凉大姓；楊思勖爲羅州石城人，亦即隋之高凉郡地。二人之被掠，乃南朝掠賣「高凉生口」暴行的沿襲。

隋書卷四六蘇孝慈附兄子沙羅傳稱沙羅爲蜀王秀益州總管長史，秀「調熟獠，令出奴婢，沙羅隱而不奏」，因此獲罪。同書卷六二元巖傳，爲蜀王秀益州總管長史：

蜀王秀性好奢侈，嘗欲取獠口以為閹人……巖皆不奉教，排閤切諫，王輒謝而止……巖卒之後，蜀王竟行其志，漸致非法。……多捕山獠，以充宦者。

楊秀不僅調熟獠爲奴婢，而且取山獠爲閹人，這也是唐代閹宦多出於掠賣南口的先例。按周書卷四九獠傳：

每歲命隨近州鎮出兵討之，獲其口以充賤隸，謂之「壓獠」焉。後有商旅往來者亦資以為貨，公卿達於士庶之家有獠口者多矣。

據此則北周俘掠獠口充當奴婢是奉命鎮壓，乃公開的暴行，但據上引隋書，隋代至少在法律上認爲是非法的行爲，楊秀得罪固然别有原因，但擅取獠口爲奴婢爲閹人也是罪狀之一。唐代對於「南口掠賣」曾屢次下詔禁止，盡管僅是一紙空文，畢竟和南北朝時期像「高涼生口」巴蜀「獠口」那樣的公然虜掠有所區别。

南北朝以至唐代，「南口掠賣」的盛行，在一定程度上反映了奴隸制殘餘的頑强存在。奴婢所以多出於南方，則是由於那裏有各種來源，除了掠賣以外，如周書獠傳和柳宗元童區寄傳所載還有親屬相賣。〔一〕親屬相賣的最後根源當然是嚴重的封建壓迫和剥削，而非固有風俗。此外，債務奴隸在南方也相當流行，韓愈任袁州刺史，柳宗元任柳州刺史時都曾施行改革措施。〔二〕正由於這種情況，南方邊遠地區就成爲奴隸販子的利藪。隨着奴隸制殘餘的進一步削弱，「南口掠賣」由公開的合法行爲逐漸被認爲非法活動。自宋以後，傳統的南口掠賣基本上消除，唐代閹宦既然與南口掠賣有密切的關係，因而宋以後的閹宦也就不再出自南方邊徼。

（原載紀念陳寅恪先生誕辰百年學術論文集，北京大學出版社，一九八九年）

〔一〕柳河東集卷一七童區寄傳。
〔二〕舊唐書卷一六〇韓愈傳、昌黎先生集卷三二柳子厚墓誌銘。

兵車行寫作年代質疑

杜甫兵車行爲集中名篇，千百年來傳誦不絕。詩中申斥人民承擔兵役之沉重，譴責開邊用兵，鮮明地表達了詩人對人民的深厚感情。詩既未標明年號，寫作年代難以確定。據「武皇開邊意未已」句，可以確定必寫作於安史亂前。「武皇」實指玄宗。玄宗統治期間，國力强盛。安史亂後，唐室衰弱，吐蕃、回鶻强盛，根本談不上「開邊」。因此，自來注家都認爲此詩爲天寶時作，這一説法雖有一定理由，也並非没有疑問。且稍加疏證。

詩稱：

耶娘妻子走相送，塵埃不見咸陽橋。牽衣頓足攔道哭，哭聲直上干雲霄。道旁過者問行人，行人但云點行頻。或從十五北防河，便至四十西營田。去時里正與裹頭，歸來白頭還戍邊。邊庭流血成海水，武皇開邊意未已。

據上引我們可以了解到如下情況：

（一）家屬送别「行人」的地點在咸陽橋畔。據元和郡縣圖志卷一咸陽縣條記：「咸陽間横跨渭水之橋有二：其一爲中渭橋，在縣東南二十里；又一爲便橋，亦稱西渭橋，在縣西南十里。」詩云「咸陽橋」指哪一座或泛指二橋，無關重要。值得一提的是，家屬送别「行人」的地點在長安城北邊的渭水南岸，對岸爲咸陽縣。這説明這些「行人」應即是長安、萬年及鄰近諸縣人，徵自遠處的兵士的家屬不可能到這裏來送别。詩點明「咸陽橋」，暗示這些「行人」將由橋到咸陽，然後北上或西行。

（二）詩中的「道旁過者」可能是杜甫自己，他根據所見所聞發爲詩歌，不可能是另外一個什麽人，把所見所聞給杜甫講述，因即發爲詩歌。總之，這是當時事實，並非假設。

（三）詩稱「十五北防河」、「四十西營田」。按唐制，始生爲黄，四歲爲小，十八爲中，二十一爲丁。〔一〕十五尚是小男，便被徵發，極言當時兵役之繁重，丁男不足，役及小男。這種情況在玄宗前期並不罕見，陳子昂就説到「北國丁男，十五乘塞」，〔二〕那是高宗、武后時事。錢注杜詩卷一本篇「北防河」下注云：

開元十五年（七二七）十二月，制以吐蕃為邊害，令隴右道諸軍團兵五萬六千人，河西及諸軍團兵四萬人，征關中兵萬人，集臨洮。朔方兵萬人集會州防秋。至冬初，無寇而罷。是時吐蕃侵撓河右，故曰「防河」也。

按錢注全本通鑑卷二一三，末句「是時吐蕃侵撓河右，故曰『防河』也」，則錢氏以爲「防河」乃指防河右。這一解釋未免牽强。我以爲「防河」指防戍朔方管内三受降城等黄河兩岸的城鎮。又錢注引通鑑開元十五年防禦吐蕃事，大概認爲兵車行反映的也是相似的大規模出兵，然而天寶間並没有

〔一〕通典卷七丁中。
〔二〕陳伯玉集卷九諫靈駕入京書。

類似的軍事行動。〔一〕

關於「西營田」，錢注於其下注引新唐書食貨志「唐開軍府」云云。按這裏「營田」指軍府田自無疑義。自朔方以至隴右、河西，皆有之，無須確指。防河與營田都是軍鎮經常性的任務，我以爲咸陽橋畔被徵發的「行人」乃指逃、死或没落鎮兵的補代，而不是突發性的征行。

（四）防河與營田均屬軍鎮經常性的任務，承擔此項任務的「行人」也是鎮兵或征人。玄宗開元二十五年以前鎮兵大致有衛士、兵募、防丁、健兒幾種，其中衛士數量不多，防丁似乎也不多，鎮兵主要力量爲兵募及健兒。〔二〕這種情況至開元二十五六年間發生了重大變化。二十五年，玄宗下詔命令諸道節度使各自估量管内諸軍鎮的形勢需要，制定兵額，在現有諸色鎮兵及客户中召募情願長駐邊軍的兵防健兒（亦稱長征健兒）。二十六年十月詔稱諸軍召募已足，「自今以後，諸軍兵健（按即兵募、健兒簡稱），亦並送遣，其見頓兵，一切放還」。據此則開元二十六年初諸軍鎮只有自願長駐的長征健兒，出於徵發的兵募和雖也出於召募但不願長駐的番上健兒都一概放還。唐六典卷五兵部郎中員外郎條引開元二十五年詔後稱：「人賴其利，中外稍安，是後州郡之間，永無徵發之役矣。」似乎從

〔一〕天寶年中唐與吐蕃進行的最大一場戰事爲天寶八載隴右節度使哥舒翰攻石堡城之役。據舊唐書卷一〇四哥舒翰傳，哥舒翰率以出征者除所領隴右兵外，還有「朔方、河東群牧十萬衆」，均爲邊軍，並無大規模徵發百姓事。

〔二〕關於開元二十五年前唐軍隊兵源成分，詳見拙著魏晉南北朝隋唐史三論，武漢大學出版社一九九二年十二月，第四〇五——四三八頁（文集本三九〇——四二二頁）。

此廢除了兵役徵發制。這當然不是事實，因爲不但天寶十載南詔之役進行了規模龐大的徵發，而且經常性的防丁之役也一直存在。册府元龜卷八六帝王部赦宥載天寶十載南郊赦文有云：

京兆府及三府、三郊，百役殷繁，自今以後，應差防丁、屯丁，宜令所由更出別郡。

據此知防丁一役，天寶年間仍是百姓的重役。自開元二十五年後，兵募不再徵發，府兵制早就衰落，衛士出鎮本來就不多，這時大概也停止，唯一保存下來的出於徵發的鎮兵便只有防丁一色。〔一〕

如上所述，假定兵車行作於天寶時，則詩中所云「北防河」、「西營田」之行當即防丁與屯丁，因爲那時已不徵發兵募番戍邊鎮。並且據上引天寶十載南郊赦文，本年正月前防丁、屯丁作爲經常性徭役徵發京兆府百姓，正與咸陽橋畔送別相符。由此，不妨推測詩當作於天寶十載前。

昔日我寫敦煌所出鄯縣尉判集中所見的唐代防丁一文，曾經對該詩中的「行人」作了如上解釋。這個解釋是以詩作於天寶時爲前提的。然詩作於天寶時的傳統意見却存在着疑問。〔二〕

首先，前引唐六典兵部郎中員外郎條令稱開元二十五年後「州郡之間，永無徵發之役」，雖非事實，但天寶間的兵役遠較開元二十五年前爲輕却是肯定的。我們可以從下列記載中得知。玉海卷一二八引鄴侯家傳云：

開元末，李林甫為相，又請諸軍召募長征健兒，以息山東兵士。於是師不土著，無家屬之顧。

〔一〕參拙撰敦煌所出鄯縣尉判集中所見的唐代防丁，山居存稿收録。

〔二〕杜詩諸注家或指實爲天寶十載征南詔之役，但征南詔與詩中「北防河」、「西營田」之事不符，前人已加否定。

將師脅一時之令，而偏裨殺將自擅之兆生矣。

按家傳所述即開元二十五年事，所云「師不土著」亦即兵士不自著籍百姓中徵發。此雖責李林甫建議之非，却也説這一變革爲了「息山東兵士」，所言正與唐六典同，至少可以説從此以後兵役相對減輕。通鑑卷二一七天寶十四載（七五五）十一月記安禄山起兵南下云：

時海内久承平，百姓數世不識兵革，猝聞范陽兵起，遠近狼顧。河北皆禄山管内，所過州縣，望風瓦解。

按云「百姓數世不識兵革」，自非情實，天寶十載南征之役不過數年前事。然舊唐書卷二〇五安禄山傳亦云：「天下承平日久，人不知戰。」唐會要卷七二軍雜録記玄宗末年偃武修文，「人至老不聞戰聲」。這些記載固然旨在譴責玄宗晚年宴安忘戰，不免夸張，但如果那時兵役如詩所云那樣繁重，怎麽能説百姓「不識兵革」，甚至「不聞戰聲」呢？白氏長慶集卷三新樂府新豐折臂翁云：

翁云貫屬新豐縣，生逢聖代無征戰。慣聽梨園歌管聲，不識旗槍與弓箭。無何天寶大徵兵，户有三丁點二丁。點得驅將何處去，五月萬里雲南行。……是時翁年二十四，兵部牒中有名字。夜深不敢使人知，偷將大石搥折臂。

這首詩譴責天寶十載的南征，以致這位家居新豐的丁男自行折臂以免行。如詩所云生逢聖代無征戰，不識旗槍與弓箭，則天寶十載前至少京兆府百姓並没有沉重的兵役負擔，似與兵車行所述咸陽橋所見的情狀不符。我們知道，天寶十載正月前，京兆府還有防丁之役，但這裏折臂翁或白居易却説南征之前，百姓連旗槍弓箭都不識，至少没有把防丁作爲沉重的兵役。

以上所舉史籍記載都説明了除南征一役外，天寶年間百姓承擔的兵役並不像兵車行所説的那樣沉重。

其次，與上述疑問有關的另一疑問是：天寶年間是否由於兵役繁重而導致農業生産的破壞？杜詩稱：「君不聞漢家山東二百州，千村萬落生荆杞，縱有健婦把犁鋤，禾生隴畝無東西。」所謂「山東二百州」，指黄河中下游，包括黄河南北和青、齊、徐、兖諸州。在這樣一片大面積的土地上，丁男大量地被徵發，田間只有婦女在勞動，以致土地荒蕪，千村萬落長滿荆棘。如此嚴重的荒蕪景象，曾在天寶年間出現過嗎？元次山集卷七問進士第三：

開元、天寶中，耕者益力，四海之内，高山絶壑，耒耜皆滿。人家糧儲，皆及數歲，太倉委積，陳腐不可較量。忽遇凶年，谷猶耗盡。今三河膏壤，淮泗沃野，皆荆棘已矣，則耕可知。

這是永泰二年（七六六）策問進士語。策問述開元、天寶中耕地開闢，糧食生産非常豐富，乃至「高山絶壑，耒耜皆滿」。文中開元、天寶並提，天寶時山東地區不可能出現「千村萬落生荆杞」的荒蕪狀態。策問所云「今」即指永泰二年，亦即指安史亂後，意思是説過去那樣的糧食富足，遭到凶年，儲存穀物也大都耗盡，况且今日大片土地荒蕪。假使天寶間已經出現大面積土地荒蕪，這樣的對比當然不能成立。

如説兵車行作於天寶年間，上述兩大疑問便很難得到充分解釋。如果單就兵役而言，如上所述，開元二十五年推廣召募制之前較之以後要繁重得多。上引鄴侯家傳説李林甫建議召募長征健兒，就是爲了「息山東士卒」。顯然，在此之前，山東丁男和唐初一樣承擔繁重兵役。册府卷一三五所載開元二十六年正月詔稱「朕垂念黎氓，弊於征役」，説明當時「黎氓」深受征戍之役的痛苦。詔書又説召募人員已足，「在於中夏，自可罷兵，既無金革之事，足保農桑之業」，暗示過去内地兵役沉重，以致不能保農桑之業。册府卷一三五帝王部愍征役開元五年五月詔：

每念征戍，良可矜者。其有涉河渡磧，冒險乘危，多歷年歲，遠辭親愛。壯齡應募，華首不歸。眷此多止，期於折衷。

據此可知開元初年征戍士卒已多「壯齡應募，華首不歸」。爲此，詔書重申番期，除磧西諸鎮番期四年外，其他軍鎮一概二至三年。但實際上這一規定並未認真執行。册府卷一三五開元二十二年詔書仍然説「天下諸州鎮兵募及健兒，年月已久，頗亦辛勤」，可知大都没有如期遣返。

開元二十五年前兵役繁重既如上述，則兵車行寫作年代與其説寫於天寶時，不如説寫於開元二十五年前。檢仇兆鰲撰年譜，杜甫生於玄宗先天元年（七一二），開元二十三年，年二十四，至長安應京兆試不第，二十五年出京游趙、魏。咸陽橋畔送别之狀及「行人」對答之辭疑爲詩人所親見親聞，則此詩當作於開元二十三至二十五年間。

然這一推測仍未能解釋詩中所稱山東二百州土地荒蕪的問題。開元年間是生産向上發展的時代，不可能出現如詩中所述情況。元結的策進士問便是開元、天寶並提，讚嘆那時「高山絶壑，耒耜皆滿」，杜甫自己詩中亦説：「憶昔開元全盛日，小邑猶藏萬家室。稻米流脂粟米白，公私倉廩俱豐實。……齊紈魯縞車班班，男耕女桑不相失。」總之，玄宗統治時期，無論是開元還是天寶年間，都不可能出現這種情況。因此，只好認爲是詩人推闡至盡之義，而非實情。

（原載魏晉南北朝隋唐史資料第十三輯，一九九四年五月）

均田制度的産生及其破壞

從四八五年（北魏孝文帝太和九年）頒佈均田令之後，均田制度雖然從來也没有徹底按照法令實施，但是通過幾個王朝的更換，直到七八〇年（唐德宗建中元年）兩税制頒佈以前，國家法律上一直承認這種制度的存在，僅是在破壞之後重又一次次地頒佈並加以若干修正和補充而已。三百年來至少在北方不能不以此種制度當作最基本的土地所有制形式。因此爲了明確此一時期社會經濟的發展，就必須加以縝密的考察，這是一個異常複雜的問題，如果企圖正確地解決這種制度在歷史過程中的地位，必須具備較高的理論水平，而我顯然是遠遠不够這樣的標準的。這一篇論文絶不敢説有什麽創見，假使可以提供一些討論的資料，那麽也就算達到了我的企圖。

一　均田制度的産生

均田制度是在拓跋族入侵時施行的，它和拓跋族内部的社會經濟發展階段有關。

大家都知道在拓跋珪統治時代才開始解散與氏族相聯繫的部落組織，「離散諸部，分土定居」。〔一〕

〔一〕魏書卷八三上外戚賀訥傳：「其後離散諸部，分土定居，不聽遷徙，其君長大人皆同編户。」

拓跋珪和他的兒子拓跋嗣曾經兩次把戰爭中的俘虜或被迫遷移的人民定居在代京附近地區，實行計口授田制。這種計口授田的農民是喪失了一切生産資料的，授田之後也没有像後來均田制度那樣一套還受及進丁受田等等嚴密的規定。他們是從俘虜身分轉變來的，因而使之接近於在國王土地上耕種的奴隸，但他們却並没有被當作奴隸，歷史記載上稱之爲「新民」，我們知道奴隸或隸户是不能稱作「民」的。〔一〕

作爲拓跋族根據地的代京一帶基本上就没有發達的土地私有制。魏書卷一一〇食貨志所説以代京爲中心及其周圍「四方四維」所謂「畿内之田」是由八部帥監督勸課農桑。這八部帥也即是卷一一三官氏志上的八部大夫，八部也即是八國，乃是拓跋部落内部的八個氏族，但此時原來以血緣紐帶組成的氏族現在已按照地域方位來分配其居住區域，氏族酋領也成爲管理其區域内農桑事務的八部帥了。八部帥所管理的農田是國家所有的。在歷史記載上我們經常看到貴族、官僚、將領們從皇帝那裏受到奴婢、隸户的賞賜，但從未見到賞賜土地的記載，直到拓跋燾統治時期才看到私有田園的發展。這種被作爲賞賜品的奴婢、隸户當然不是脱離生産的，不論用在畜牧上或農耕上都必須要有作爲主要生産手段的土地，我想配給一定數量的土地是無疑的，但這類土地不一定被認爲私有。

拓跋燾統治時私有田園有了發展，〔二〕但國家還有保證公社農民獲得一塊份地的處置。魏書卷八和跋傳、古弼傳都説上谷没有田業的人民上書要求把皇帝的苑囿（獵場）之大半分給他們。拓跋燾答

〔一〕魏書卷一一前廢帝紀，普泰元年大赦詔稱：「百雜之户貸賜民名。」可見雜户不能稱爲民，何況奴婢。

〔二〕魏書卷四八高允傳：「恭宗季年頗親近左右，營立田園，以取其利。」像恭宗那樣營立田園的貴族必然尚有其人。

拓跋燾采納了高允的建議，「遂除田禁悉以授民」。這種禁封的良田就是從公有土地中奪取過來，爲了皇帝貴族娛樂而禁止開墾的獵場。古弼和高允進言約在同時，而提出這個要求的是上谷民，雖然這種苑囿的賞賜已作爲一種恩典，但假使不是人民在習慣上享有要求土地的權利，人民是不會這樣天真地提出要求，而這種要求居然又發生效力。

我們看到這時出現了一批喪失了份地而遊離於生產之外的「遊食」，這就説明公社内部的貧富分化正在發展。由大家長轉變來的拓跋皇帝，他的權力必須建築在對自由牧民與農民的剥削基礎上。因而他不能不關心到農民的成爲「遊食」。拓跋燾答應開放苑囿也即爲此，所以與此同時在代京實施了課田制度。魏書卷四下恭宗紀：

初恭宗監國（太延五年，四三九）曾令曰：「……其制，有司課畿内之民，使無牛家以人牛力相貿，墾殖鋤耨。其有牛家與無牛家一人，種田二十二畝，償以私鋤功〔一〕七畝……小老者償以鋤功二畝，皆以五口下貧家為率，各列家别口數。所勸種頃畝，明立簿目。所種者於地首標題姓名，以辨播殖之功。」又禁飲酒、雜戲、棄本沽販者。墾田大為增闢。

我想這件事就是上引高允傳所述爲了京師遊食多，而勸世祖開放封禁良田以後的措施。這些畿内之

〔一〕「私鋤功」之「私」，據册府元龜卷四九五作「耘」，我想「耘」字是對的。

民是自由民。我們知道代京是聚集着從自他處的各族人民的，除了戰爭中俘虜被作爲奴隸與隸户之外，也有許多仍然保留其自由身分，他們和拓跋族公社成員一樣直接受皇帝的統治。所以畿内之民並不限於拓跋本族人，實際上他們也成爲拓跋部族人民的一部分了。從這一段記載中看來：第一，所課之田乃是新開墾的國有土地，因而要在地首「標題姓名」，藉以考察「播殖之功」。而從這一點又反映了這種課田包含一定程度的强制性。第二，法令規定有牛家應該把牛借給無牛者，貧富分化很顯著，〔二〕但還保留着「貧富相通」的習慣。第三，貧富有了分化，富人的牛是私有的，所以借牛不是無償的，無牛家應該以勞役抵償。馬克思曾經指出「從積累牲畜開始的動産逐步積累」對於瓦解經濟平等和社會平等的巨大作用。〔三〕從這裏我們就可以看出有耕牛的富人對於缺乏耕牛的貧民的剥削。儘管這種剥削是比較輕微的，而且掩蓋在互助習慣下面的。雖然如此，畿内的公社習慣畢竟還有一定的力量，國家要保證自由農民的生産，因而富人對於貧民承擔着一些義務。魏書卷七上高祖紀延興三年(四七三)二月詔：

牧守令長，勤率百姓，無令失時，同部之内，貧富相通。家有兼牛，通借無者，若不從詔，一門之内終身不仕。守宰不督察，免所居官。

〔二〕宋書卷九五索虜傳説拓跋燾南侵時「王公妃主及朝士牧守各獻金帛等物……下及富室小民，亦有獻私財至數十萬者」。這種富室是小民，也就是公社中分化出來的富人，他們積累了巨大財富。

〔三〕馬克思答維拉・查蘇里奇的信和草稿，史學譯叢一九五五年第三期，頁七。

這次所下詔書更是明確規定家有多餘的牛應該無條件的借給無牛家，而且非常嚴厲地處罰不服從的人，甚至地方官對此也負有責任。詔書所行的範圍似乎是包括整個北魏占領地區的，但這却只能是代京舊法的推廣。詔書中保留了「同部之內」的名稱，雖也沿襲漢代鄉部舊稱，但主要是反映了畿內公社的特徵。像這類貧富相通之制，在東漢時已成具文，魏晉更不待言，現在自然也難以真正執行，假使能够推行的話，那麼也必然不是無條件的借牛。

在畿內氏族公社已經瓦解，但新形成的地域性公社仍然帶着濃厚的氏族血緣色彩，家庭公社也沒有完全解體。〔二〕在那裏公社土地已由皇帝占領並以之分配給占有奴隸、隸户的貴族，但私有土地還不是基本的土地所有制形式。

自從西晉末年北方大亂，無數人民流徙到江南以及東北、涼州等地，經過五胡的統治，由於人民的流移和無休止的戰爭掠奪，一方面造成農村勞動力的遊離狀態，使農村中生產停滯，土地荒蕪；另一方面使黃河流域的土地所有關係非常急速地變化，土地所有權是混亂的，不鞏固的。北魏初年曾經一次遷移河北人民三十六萬與百工伎巧十餘萬人到代京及其附近地區，這一批移民中間也包含了部分「守宰豪傑」。四三九年拓跋燾平涼州就有三萬户被遷到代京，四六九年魏將慕容白曜占領青州，被俘到代京的人民也是異常之多。較小規模的遷移，姑且不論，僅就這幾次看來，就可知原來人

〔二〕地域公社所以包含若干大家庭與單個家庭，而大家庭和單個家庭仍然保持着血緣聯繫。參看柯斯文原始文化史綱，人民出版社版，頁二二四。

口缺乏的區域必然更爲空虛，涼州雖要好一些，也要受到一些影響。從拓跋燾以後，也曾企圖從别處遷徙人民以填補空荒之地。拓跋燾的太平真君五年（四四四）曾遷徙征服的北部民於冀、定、相三州爲營户，這次反魏的北部民共有五千餘落，除開殺死的一批以外，盡被遷徙，爲數必然不少。下一年又曾「南略淮泗以北，徙青徐之民，以實河北」。〔一〕拓跋宏的延興元年（四七一）和三年（四七三）曾兩次遷移敕勒部落於冀、定、相、青、徐、齊、兗諸州爲營户。〔二〕營户之名南北朝都有，這是由軍營押領而不屬州縣的特殊户口，身分較之一般人民爲低。這些以俘虜充當的營户移徙到黄河流域，暗示着荒地的大量存在，而這些荒地是由國家支配的。直到拓跋宏遷都洛陽之後，那時均田制度已經推行，但還保留了巨大的國家牧場。魏書卷一一〇食貨志稱：「高祖即位之後，復以河陽爲牧場，恒置戎馬十萬匹。」卷四四宇文福傳又説遷都洛陽時，宇文福劃定的牧場包括了「石濟以西，河内以東，拒黄河南北千里」。這樣廣大牧場的設置，説明就在均田制施行之後，荒地仍然很大。

我們知道在漢代凡是山林、川澤、荒地、部分的征服地，以及由於興修水利而增加的灌溉地，都應該屬於皇帝。〔三〕這是從古老的公社共有地遺存下來的習慣。恩格斯指出瑪爾克的各種公地時説：

〔一〕魏書卷四下世祖紀下。

〔二〕魏書卷七高祖紀上。

〔三〕漢書公卿百官表：「少府，秦官，掌山海池澤之税，以給共養。」史記河渠書：「久之，河東渠田廢，予越人，令少府以爲稍入。」凡是入於少府的税收都表示其屬於皇帝的財富。

「一切其他的土地，就是除了房屋與田莊以外的地，也就是除了公社所已分配給各個個人以外的土地，像以前一樣，始終是公共的財産，共同使用，這裏面包括森林、牧地、荒地、澤地、河流池沼、湖泊、道路、橋梁和漁獵的場地。」而到了以後，「作爲民族代表的法蘭克王國的國王們把屬於全部人民的無限廣大的土地占爲己有，特别是那些森林地帶。」〔一〕中國也是一樣，這些土地是被皇帝占爲己有的，並且由此推論，即是所有不耕之地都應該認爲公地，或是皇帝有權支配的土地。〔二〕曹魏的屯田，西晉的課田都根據這個傳統而建立的，北魏均田制施行前廣大荒地的存在也就意味着國家掌握的土地之廣大。

黄河流域存在着廣大荒地和土地所有權的不鞏固是一種情況。

黄河流域的另外一種情況是宗族勢力的巨大。關於這個問題，我將在另外一篇論文中討論，這裏不再重複。總之，漢魏以來的宗族乃是基於血緣聯繫的宗法封建結構。這種宗族組織通過五胡以至北魏初期就是農村中的基層組織。晉書卷一二七慕容德載記稱尚書韓諄上書云：「而百姓因秦晉之弊，迭相蔭冒，或百室合户，或千丁共籍，依託城社，不懼燻燒，公避課役，擅爲姦宄。」從「迭相蔭冒」這一句話看來，就知道這種合户是憑藉宗族相蔭，取得復除權利以「公避課役」的手段。這裏所

〔一〕恩格斯瑪爾克，中國人民大學世界通史參考資料古代史與中世史部分，第一輯，頁七七。

〔二〕後漢書卷七九仲長統傳統所著昌言損益篇云：「其地有草萊者，盡曰官田，力堪農事，乃堪受之。」他建議長着草的田地一律作爲國有，只有能够開墾耕作的人才能領受。

述雖指南燕境内，然整個黄河流域大概也差不多。魏書卷五三李沖傳云：「舊無三長，唯立宗主督護，所以民多蔭冒，五十、三十家方爲一户。」所謂宗主即宗族之主，亦即是大家長。宗主所督護的是否就是以五十、三十家相結合的一户爲一宗呢，還是有更大範圍，這裏並不明確。當北魏初侵入河北時，看到的農村内部就是一個個的宗族，因而就建立了宗主督護制。宗主或户主並非族中長老，而由豪强充當。他們有力量，也有權利蔭庇其近支宗族，以及非同族的依附者。這種蔭冒是有條件的，魏書食貨志稱：「魏初不立三長，故民多蔭附，蔭附者皆無官役，豪强徵斂，倍於公賦。」那些被蔭的人要向宗主或户主繳納一筆爲數甚巨的貢納。

家長制家庭公社是從氏族解體以後留存下來的，它只能是由氏族公社到地域公社過程中的過渡形態，但在一定條件下，由於單個家庭的輭弱，血緣聯繫有保存的必要，因而並不妨礙其在更後的時期也能頑固地存在，雖然實質上已經封建化。直到近代，那些宗祠、族規、義莊等等還以「敬宗恤族」名義控制其宗族成員。毛主席指出中國男子要受三種系統的權力的支配，其中之一即是「由宗祠、支祠以至家長的家族系統」。〔二〕村落常常和宗族姓氏連在一起，宗族之長因而又和村落的首領不可分割。如果是大族，那麼範圍可以擴大到更大的區域。北魏時期大族聚居的形勢是駭人的。通典卷三鄉黨引宋孝王關東風俗傳稱：「至若瀛冀諸劉，清河張宋，并州王氏，濮陽侯族，諸如此輩，一宗將近

〔二〕毛澤東選集第一卷，頁三三。這裏説中國男子受三種系統的權力支配，女子也是一樣，但還要加上受夫權的支配。

萬室，煙火連接，比屋而居。」這雖指魏末齊初情況，自然遠在以前就是這樣了。漢代以來地方掾屬照例要用本地人，强宗大族和地方政權更是分不開的。

拓跋統治者進入中國時，按照其本身社會發展階段的公社結構來認識這些宗族，首先就承認宗族在地方上的勢力，給予家長以法律上的地位，宗主督護制就是這樣在客觀形勢上與拓跋統治者的主觀認識上建立起來的。

宗族組織也反映在其他制度上。魏書官氏志云：（天賜）元年（四〇四）「十一月以八國姓族難分（這裏也反映了氏族血緣業已混淆，所謂八國不能看作單純的氏族），故國立大師、小師，令辨其宗黨，品舉人才。自八國以外，郡各自立師，職分如八國，比今之中正也。宗室立宗師，亦如州郡八國之儀。」郡師是和拓跋族内部的八國大師、小師並立的，其職務同樣是「辨其宗黨，品舉人才」。固然九品中正制也是同樣性質的，可是並没有像這樣標明以宗族爲選舉單位。這正如宗主督護制明確了宗族首領也即是鄉官的那種實際早已存在的關係一樣。

在宗族勢力强大的情況下，蔭冒之風盛行，户口也無法調查。當北魏政權建立時，由於其本身的落後，對於黄河流域的統治基本上是一種軍事掠奪性質。賦税制度非常混亂。經常性的剥削從賦税項目上看來，大體仍守魏晉舊制，即户調與田租。〔二〕此外又有雜調，據説頗爲繁重，直到四六五年才廢止。〔三〕

〔二〕見魏晉南北朝史論叢，魏晉户調制及其演變。
〔三〕見魏書卷五高宗紀興安二年正月詔，卷六顯祖紀和平六年六月詔及卷一一〇食貨志。

經常性的户調、田租在三長制施行前也是異常重的，達到每户繳納帛六匹二丈，絮二斤，絲一斤，粟二十二石九斗。〔一〕這雖是按貧富分九等户通扯的數字，但總之是一個不小的負擔。除此以外還有臨時性的徵發，僅就見於記載者看來，每户所負擔的數字也異常巨大。魏書卷三太宗紀永興五年(四一三)正月「詔諸州六十户出戎馬一匹」。泰常三年(四一八)九月詔「諸州調民租户五十石，積於定、相、冀三州」。泰常六年(四二一)二月「調民二十户輸戎馬一匹，大牛一頭」。卷四上世祖紀上始光二年(四二五)五月詔「天下十家發大牛一頭，運粟塞上」。卷七上高祖紀上延興三年(四七三)七月詔「河南六州之民户收絹一匹，綿一斤，租三十石」。十月詔「州郡之民，十丁取一，以充行，户收租五十石，以備軍糧」。收租動不動每户三十、五十石，還有耕畜絹帛，這些徵發並没有任何規定，只是隨統治者的需要而徵收。上述諸例僅僅是見於記載的，其不見記載者更不知多少。使人民更感痛苦的還有徭役負擔，那些租調及徵發物資不僅繳納，而且還要負擔輸送任務，魏書卷一一〇食貨志稱拓跋濬統治時定制：「因民貧富，爲租輸三等九品之制，千里内納粟，千里外納米，上三品户入京師，中三品入他州要倉，下三品入本州。」這是經常的租調輸納，至於臨時徵發自然是輸送到所需要之處，我們不難想見那種長途跋涉的艱苦情況。臨時徭役徵發如修城築路等等當然不可避免，再加上地方官也在隨便徵發服役。魏書卷五高宗紀和平四年(四六三)三月詔：「今内外諸司，州鎮守宰，侵使兵民，

〔一〕見魏書卷一一〇食貨志，以原有租調加上太和八年增加數。

勞役非一，自今擅有召役，逼雇不程，皆論同枉法。」這裏説明過去役使兵民並不算是枉法的。

北魏在太和八年（四八四）之前官吏一概不給俸禄，所以貪污現象特别嚴重，不但從民間剥削來的巨額物資必然有一部分流入地方官之手，而且又有各種由地方官自行佈置的額外剥削，促使人民加速破産，以致減損賦税收入，魏書卷五高宗紀和平二年（四六一）正月詔：「刺史牧民爲萬里之表，自頃每因發調，逼民假貸，大商富賈，要射時利，旬日之間，增贏十倍，上下通同，分以潤屋。故編户之家，困於凍餒。豪富之門，日有兼積。」就説明了這種情况。

拓跋皇權是建立在對自由牧民與農民的剥削基礎上的，當他占領北中國以後，自然覬覦着廣大農民的剩餘生産品。可是按户徵收的沉重賦税迫使人民更快地脱離國家掌握，他們以「合户」「蔭冒」的方式在「户主」「宗主」的保護（？）下逃避或輕減其賦役負擔。拓跋皇帝曾經爲了不能全部收足其剥削物資而責備地方官。拓跋嗣曾經命令所欠貲調，要由地方官以家財賠補，〔一〕拓跋濬甚至下令「常調不充，民不安業」，就要把「宰民之官」處死，又説如果地方官貪污，賦税徵收不足，即使「年滿調任」，也要通計舊欠，加以處罰。〔二〕這些詔書盡管説上一些譴責貪污的話，實質上只是爲了一個目的，即是企圖全部收足規定的租調。這些租調部分是由地方官貪污了，更多的却是由於逃亡、蔭冒而無從徵收。

〔一〕魏書卷三太宗紀神瑞二年三月詔。
〔二〕魏書卷五高宗紀太安元年六月詔。

從拓跋燾以來，一面遷徙營户以充實國有荒地，另一面也注意到了農民的隱匿逃亡問題，企圖把他們争取到國家手中。魏書卷四上世祖紀上太延元年（四三五）十二月詔：「自今以後，亡匿避難，羈旅他鄉，皆當歸還舊居，不問前罪。」卷五一韓茂附子韓均傳説他在元弘時奉命檢括冀、定、相、青、東青五州户口，出萬餘户。五州區域相當於現在的河北、山東間地區，僅在這裏就有這樣多的隱匿户。卷七上高祖紀上延興三年（四七三）九月：「詔遣使者十人循行州郡，檢括户口，其有仍隱不出者，州、郡、縣，户主並論如律。」如上所載可見政府擴大賦役對象的企圖。

這些逃亡户口也即是豪强的蔭附，而豪强又是代表宗族的宗主與户主。一面是以宗族形式出現的封建組織，一面是以剥削自由民爲基礎的皇權，二者的關係既是互相依賴而又存在着矛盾。這個矛盾實質上也就是封建大土地所有制與國家所有制的矛盾。這種矛盾從魏晉以來已經存在，並且大土地所有制基本上已取得勝利，只是常常掩蓋在宗族組織的面貌下。新興的外來的統治者要加以干涉，他不能不關心勞動力遊離於國家直接控制土地之外，以致減少作爲支持皇權的租調收入。大族豪强在這個意義上是和國家相對立的，因爲他們把農民吸收到了自己的勢力範圍中，提供了逃避國家賦役的場所。因此拓跋政權企圖推廣畿内的制度到内地來，和豪强争奪依附農民，保證勞動力與土地的結合，藉以獲得農民的剩餘勞動或剩餘生産品。也就是説國家要把勞動力和土地都作爲國家所有，使農民在國有土地上固定下來，向國家繳納租調，提供勞役。

如上所述，所有不耕之地按照傳統習慣應該屬於國有自不待言，可是却不限於此，按照拓跋政權的觀點，國家不僅有權支配各種不耕之地，而且也有權干涉私有土地，即是所有有主之田按照法令也只能是屬於國家的土地。這個觀點不但在中國古代經典上「普天之下莫非王土」的回憶中獲得支持，而且從不久以前的西晉占田、課田制上也獲得根據。課田乃是國家對於自由民的强制歸農，特別是强制墾荒，占田乃是對於土地占有的限制，這裏意味着國家不但有權支配荒地，並且也有權干涉與支配私有土地，這種權力的由來自然根據古代的土地王有的傳統。我在這裏没有必要重複占田與課田的叙述，只是藉以説明國家有權使農民適當地與土地相結合的原則，在西晉時已曾一度付之實施，這就提供了北魏推行國有土地制度的一個歷史淵源。所以在均田令頒佈之前，太和元年（四七七）先曾頒佈過課田制，魏書卷七上高祖紀上在這年三月紀載了所下詔書説：「一夫制治田四十畝，中男二十畝，無令人有餘力，地有遺利。」這顯然是與畿内的課田及西晉課田制相關聯的，同時又是以後施行均田制的先聲。〔一〕

畿内制度向内地的推廣，如人牛力相貿，貧富相通等早已看到一些跡象，與豪强爭奪勞動力的檢括户口也一再實施，四七七年又頒佈了課田令，這一些旨在阻止自由農民繼續的流入私門，保證土地和勞動力適當配合以獲得租調的措置爲效是不大的，所以在四八五年頒佈了條例嚴密的均田令。

據食貨志所述均田之議由於李安世的上疏，魏書卷五三李孝伯附子安世傳説：「時民困飢流散，

〔一〕我在過去魏晉户調制及其演變一文中强調課田制不是均田制，這種看法，應該加上補充説明，即從「使民歸農」及由國家保證農民有一塊耕田的辦法來説，課田和均田有其相同點。

豪右多有占奪，安世乃上疏。」他首先提出古老的井田制度，認爲可以使「土不曠功，民罔遊力」，没有荒地，也没有遊食，使兼并受到抑制，農民都有一塊份地，「雄擅之家不獨膏腴之美，單陋之夫亦有頃畝之分」。他指出當時人民流移，已歷數世，「三長既立，〔一〕始返舊墟」，還來之後，農村中的面貌有了變更，因此發生土地爭奪，「强宗豪族，肆其侵凌」，「爭訟遷延，連紀不判」，以致土地變成荒蕪。關於豪强兼并的問題他的意見是雖然不能恢復井田制度，也應該重新考慮，「令分藝有準，力業相稱，細民獲資生之利，豪右靡餘地之盈」。他所説的分藝有準即是按照一定標準分配土地，力業相稱即是勞動力與田業適當地結合。他要保證細民有地可耕，不讓豪强有多餘的土地也即是不耕種的土地，因爲他知道只有這樣才能保證國家的租調。關於爭地問題，他的意見是如果「事久難明」，就應「悉屬今主」，即是説流移還鄉的人不能根據幾代以前的産權來收回。太和九年（四八五）所頒佈的均田詔書也提到同樣的問題，〔二〕首先是土地兼并的嚴重，「富强者并兼山澤，貧弱者望絶一廛」，兼并的結果一方面使「地有遺利」，另一方面是「民無餘財」，即是土地荒蕪和人民的貧窮化，而且使得一部分農民「或爭畝畔而亡身」（因爲爭土地以致喪身），而另一部分則是「或因饑饉而棄業」（爲了貧窮挨餓而逃

〔一〕册府元龜卷四九五「三長既立」作「子孫既立」，按照魏書記載，三長制在均田制頒佈後一年建立，既然以李安世的建議在均田制頒佈以前，就不應説「三長既立」，似乎以册府元龜爲是，但我以爲魏書把均田令頒佈置於四八五年即太和九年還有問題，見均田制度附考（即北魏均田制中的幾個問題，見魏晉南北朝史論叢續編。後引均同此，不另注。——編者），所以這裏不改。

〔二〕魏書卷七上高祖紀上。

亡)。詔書認爲這些情況是嚴重的，因而要派遣使者到各地去和地方官「均給天下之田」。

李安世的奏疏和詔書中所反映的農村情況，土地的兼并和荒蕪兩種現象同時存在。土地所有權的混亂與不鞏固造成「豪强侵凌」的更有利條件。小農土地的喪失與貧窮化必然造成逃亡，於是勞動力也流入私門。當時在地廣人稀的區域荒地大量存在已如上述，而即使在地狹人稠之地也可能有由於土地所有權不明確而誰也不能耕種的荒地，換一句話説豪强如果霸占不到手，也寧可使其荒蕪而不讓人家耕種。李安世的建議就是要消滅那種勞動力與土地脱節的現象，也即是詔書所説「地有遺利，民無餘財」的現象。他隱約地指出關於争地問題目前不是要追溯這塊或那塊土地的所有權，主要是看誰在耕種。這一點就是均田制的根據。政府正是把所有無主、有主的土地首先是荒地作爲國有，並肯定現在耕作者對於所耕土地的權利才能推行。同時政府掌握一切荒地不僅僅是執行均田的必要條件，而且組織農民開墾荒地以取得租調也正是其目的。

爲了達成其目的，拓跋政權把畿内土地制度的特點結合中國農村情況以完整的形式向全占領區頒佈，這就是均田制。

組織脱離農業生產的逃亡者到土地上來和配給農民以一定標準的土地，這是一件事，争取脱離國家控制而依附於豪强的農業生產者復歸於國家又是一件事，而這兩件事都必需進行較嚴密的户口檢查。於是在四八六年由於李沖的建議而建立了黨、里、鄰三長制，五家爲鄰，五鄰爲里，五里爲黨，「取鄉人彊謹者」爲長。由宗主督護制改變爲三長制，把五十、三十家相合的大户分爲小户，使三長成爲户口檢查及租調徵發的負責者，三長不像過去户主、宗主那樣代表其宗族家庭對外交涉而是政府委派的鄉官。按照李沖等的看法，這只是傳統鄉閭制度的恢復，但按照拓跋統治者的觀點，可能認爲和離散部落、氏族，皆爲編户一樣。二者所起的作用在某一點上是相同的，即是通過國家土地所有制，强化國家對地方基層組織的控制，使直接生産者的剩餘生産品集中到皇帝手中。但是部落的解散意味着與此相聯繫的血緣的氏族公社之解散及地域性公社的形成，而在中國則是由於宗族、大家庭之封建化，宗主、户主，對其宗族成員及其他依附者取得經濟上及政治上支配的權力，「豪强徵斂，倍於公賦」，因此大户之分爲小户也就意味着對於宗法封建勢力擴大的抑止。這就不能不引起大家長們的反對。均田詔書並没有使他們受太大的損失，假使他們仍然保留其苞蔭户的話，同時假使政府不能把苞蔭户從豪强亦即那些宗主、户主手中争取過來的話，均田就不可能深入農村。魏書卷五三李沖傳記載着這一場争辯：

沖以三正治民，所由來遠，於是創三長之制而上之。文明太后覽而稱善，引見公卿議之。中書令鄭羲、秘書令高祐等曰：「沖求立三長者，乃欲混天下一法，言似可用，事實難行。」羲又曰：「不信臣言，但試行之，事敗之後，當知愚言之不謬。」太尉元丕曰：「臣謂此法若行，於公私有益。」咸稱：「方今有事之月，校比民户，新舊未分，民必勞怨，請過今秋，至冬閑月，徐乃遣使，於事為宜。」沖曰：「……若不因調時，百姓徒知立長校户之勤，未見均徭省賦之益，心必生怨，宜及課調之月，令知賦税之均，既識其事，又得其利，因民之欲，為之易行。」著作郎傅思益進曰：「民俗既異，險易不同，九品差調，為日已久，一旦改法，恐成擾亂。」太后曰：「立三長則課有常準，賦有恒分，苞蔭之户可出，僥倖之人可止，何為而不可？」羣議雖有乖異，然惟以變法為難，更無異議，遂立三長，公私便之。

這些反對者正是食貨志所指的「豪富并兼者」。他們都是大族的代表者。但必須説明，並不是所有大族都反對三長，均田建議者李沖、李安世就是第一等大族，他們和拓跋政權關係異常密切，因而對於這個政權特别關心，在國庫的租調收入中他們可以分取更多的利益。正因爲北方大族中間並不一致，因而這個建議在太后及以元丕爲代表的拓跋貴族的支持下而付之實施。

爲了争取苞蔭户，同時調整了租調制度。按照食貨志規定「其民調，一夫一婦帛一匹，粟二石；民年十五以上未娶者，四人出一夫一婦之調，奴任耕，婢任績者，八口當未娶者四，耕牛二十頭當奴婢八」。這個制度的特點，第一，它的徵收辦法已是按照個體家庭及按丁徵收，過去户調（包括絲絹與田租）按户徵收，户有大小，三十、五十家之户中間已經有了很大距離，必然還有更大與較小的户，所以要分九等户貧富相通，但在單户貧弱者縱使較輕也還是負擔沉重，現在按丁授田，而按個體家庭及丁徵税，合户就没有太大意義了。第二，過去「九品混通」，高低多寡全憑官吏豪强決定，現在却有一個較固定的税額，所謂「賦有恒分」，每家一般可以知道自己的負擔額。第三，過去苞蔭户繳給「宗主」、「户主」的封建貢納要超過此數，現在自然願意脱離其依附地位而歸於國家，所謂「苞蔭之户可出」。在這樣情況下，雖然彷彿減輕了租調，實際上却因苞蔭户之歸來與徵收辦法的改革，國庫的租調收入

却是大大地增加了。〔一〕

如上所述，均田制基本上是拓跋畿内國有土地制度的推廣，西晉占田、課田制提供了一個歷史淵源。拓跋政權建立均田制之目的主要是根據他們自己的社會經濟結構特點要求在土地國有的基礎上集中農民的剩餘生産品。被長期的戰争、饑荒、流移所破壞的黄河流域出現了廣大的荒地和産權不確定的土地，給予推行均田制的有利條件；但是黄河流域存在着强大宗族組織，封建性的宗族首領却正在兼并小農並使之成爲自己的依附者，因而必須在一定程度上加以抑制，拓跋政權以互相關聯的各種方法，檢括户口，改變賦税徵收辦法，改變管理農村的組織形式，使依附農民脱離豪强掌握，使國家權力深入到農村，藉以達到推行均田制的目的。我們現在要追問均田制畢竟是什麽性質，外來的制度爲什麽能够强加於北中國。

二 均田制的性質

在上面我們已經説過均田制乃是畿内國有土地制度的推廣，而這種畿内的土地制度是以地域性公社之存在爲前提的，但我們也已看到「遊民」的衆多和帶着强制性的課田。李亞農先生指出均田制度「和家長奴役制或農村公社時期的土地制度没有什麽區别」。李先生對於這個問題的研究是深刻

〔一〕關於户調數額問題，尚有不同意見，可能這是由於對徵收辦法有所誤解，參考均田制度附考。

的，對我有很大的啓發，他所指出的均田制度特點基本上可以同意，但某些細節我覺得還值得討論。〔一〕

根據魏書卷一一〇食貨志所載的均田令首先標示這是國家土地所有制，「諸男夫十五以上受露田四十畝，婦人二十畝，奴婢依良。丁牛一頭受田三十畝，限四牛。所受之田率倍之，三易之田再倍之，以供耕作及還受之盈縮。諸民年及課則受田，老免及身没則還田。奴婢、牛隨有無以還受」。正如李先生所分析，在這種制度下「不論貧富都不得私有耕地。一般的農民固然没有私有耕地，即身爲奴隸主的富人亦不得私有耕地」。按照法令露田及以備休耕的倍田，還有非蠶桑區的麻田都是成丁而授，年老或死亡即須退還給國家，受田者只能終身使用這塊被授與的土地，可是他既不能買賣，也不能由子孫繼承，因而露田、倍田、麻田只能是國家所有的。

另外一部分較小面積的桑果田是只給予蠶桑區的農民的。均田令對於桑果田的規定很複雜，食貨志云：

諸桑田不在還受之限，但通入倍田分。於分雖盈，没則還田，不得以充露田之數。不足者以露田充倍。

諸初受田者，男夫一人給田二十畝，課蒔餘，種桑五十樹，棗五株，榆三根。非桑之土，夫給

〔一〕李亞農周族的氏族制與拓跋族的前封建制，華東人民出版社版，頁一二〇。李先生的意見還有一些可以商榷的，見均田制度附考。

一畝，依法課蒔榆、棗，奴各依良。限三年種畢，不畢，奪其不畢之地。於桑榆地分雜蒔餘果及多種桑榆者不禁。

諸應還之田，不得種桑榆棗果，種者以違令論，地入還分。

諸桑田皆為世業，身終不還，恒從見口。有盈者無受無還，不足者受種如法。盈者得賣其盈，不足者得買所不足。不得賣其分，亦不得買過所足。

食貨志所載的幾條有錯簡，不容易解釋，這裏不擬討論。〔二〕就主要的方面看來，桑田可以繼承，也可以買賣，似乎是私有田。這自然由於桑果的種植須要較長期才能生長，如果也像耕地那樣分配，將超額桑田分給別人，「前人種樹後人收」，必然會行不通，所以不能不采取與露田不同的處置。但我們應該注意，賣買是有限制的，只有超過定額時才準出賣，也只有不足時才準買進。這種賣買的關係是在均衡或滿足桑果田定額的條件下進行，既不能以額内桑田出賣，又不能「買過所足」。這樣的限制，嚴格地說桑果田的私有是不完整的（露田根本只有使用權）。

作爲國家所有的土地不僅是現由國家掌握而以之配給農民的土地，而且也包括一切私田。奴隸主只能按現有奴婢數額受田，一旦他喪失了奴婢，就連帶的要交還其土地。所以在均田制的範圍内否定了私有土地的合法存在。

〔二〕關於這幾條的某些問題見均田制度附考。

我們應該承認這種土地制度之具有公社土地制度的特徵。首先農民對他的份地没有個人所有權，國家保證農民得使用一塊耕地。這塊耕地只按勞動力分配，未到一定年齡者不能受田，年老者則應退還。這裏體現了公社集體所有制。另一方面桑田具有不完整的私有性質，而耕種收穫也完全由私人支配，這裏又體現了個體私有制。馬克思曾經指出農村公社的特徵就在於公社所固有的公有與私有的二重性，〔一〕均田制度正是體現了這個特徵。

其次，在授田時我們還可以看到一些對貧弱老病者的照顧。北魏均田令説：「進丁受田者恒從所近。若同時俱受，先貧後富，再倍之田，放此爲法。」直到唐代，法律上還規定「授田先課役，後不課役，先無後少，先貧後富」，〔二〕授田原則是貧人在先的。對於失去勞動能力的人，北魏均田令規定：「諸有舉户老小癃殘無授田者，年十一已上及癃者各授以半夫田，年踰七十者不還所受，寡婦守志者雖免課亦授婦田。」唐代武德令和開元二十五年令仍然保存這樣的條文。老小癃殘在唐代屬於不課户，〔三〕自然沿襲魏制。不但如此，農村内部組織對於這些老病的人還負有贍養責任。魏書食貨志稱：「孤、獨、癃、老、篤疾、貧窮不能自存者，三長内迭養食之。」所謂「三長内」即是黨、里、鄰組織内，

〔一〕馬克思答維拉・查蘇里奇的信和草稿，史學譯叢一九五五年第三期，頁七、二二。
〔二〕唐律疏議卷一三户婚律。
〔三〕舊唐書卷四八食貨志；通典卷二，引開元二十五年令都有篤疾、廢疾、寡妻妾給田的條文，開元令加上一種老男。通典卷七丁中稱：「諸視流内九品以上官，及男年二十以上，老男、廢疾、妻妾、部曲、客女、奴婢皆爲不課户。」我們知道部曲、客女、奴婢是不授田的，所以不課。但老男、廢疾、寡妻妾却是授田的。

屬於一個組織的成員對於缺乏生産能力的人應輪流負擔贍養的義務。〔一〕把這一些規定結合「人牛相貿」「貧富相通」等辦法來考察，就可以看出表現了公社內部的社會關係及其互助。

均田制的公社特徵也表現在爲了保證國家賦税而規定的親鄰連帶負責制。這在北魏雖然缺乏直接證據，但可以在唐代獲得證明。唐會要卷八五載天寶八載正月勑云：「其承前所有虚掛丁户，應賦租庸課税，令近親鄰保代輸者，宜一切並停。」由此可見近親和鄰保彼此間有相互負責的義務。這種習慣一直沿襲到更後時期，連兩税制頒佈後也仍然如此。〔二〕我們還可以將基本上抄襲唐令的日本令來作旁證。唐令拾遺户令第十一條引日本養老令第十條云：「凡户逃走者，令五保追訪，三周不獲除帳，其地還公。未還之間，五保及三等以上親均分佃食，租調代輸（三等以上親謂同里居住者）。户内口逃者，同户代輸，六年不獲亦除帳，地準上法。」這條令文雖然不一定與唐令完全相同，這種親鄰代輸之法既然與天寶八載勑文相符，是可以推測爲與唐令一致的（日本令特别標明三等以上親必須是同里居住者，也標明農村中宗族的聚居情况）。北魏是否有同樣規定，我們不知道。但這種連帶負責制既與均田、三長制互相聯繫，唐代之制必然沿襲北魏。

親鄰連帶負責的義務也是基於公社的集體所有制。而此時已成爲國家剥削農民的手段。蘇聯東方學家安托諾娃指出：「公社制度爲徵收國家租税而組織起來的連環保和種姓制度把農民固着在

〔一〕宋刑統卷一二引「唐户令」亦有類似條文。

〔二〕見唐會要卷八五。

土地上的事實存在的條件下，中世紀的印度並沒有實現過農奴法，即没有實現過農民在法律上的個人依附。這點爲馬克思在給科瓦列夫斯基的書公社土地所有制作綱要時就説過。」〔一〕中國和印度的情況是不盡相同的，例如中國就没有種姓制度，但以連環保制度的性質及其所起作用來説，和親鄰連帶負責制是一致的。

就均田制下農民的身分來説至少在法律上並不存在任何人身依附關係。他們是最一般的所謂「良人」、「編户」。他們的身分不待説高於奴隸，而且也高於由國家作場控制的伎作户（手工業者），在國家土地上耕種的屯田户，在國有牧場上放牧的牧户等等。國家以及任何私人都没有隨意出賣、賞賜農民的權利。

在上面我們已經説過均田制下農民對於這塊份地没有所有權，然而却有一些補充條例。這種補充條例的寬度和公社内部私有制的滋長相適應。通典卷二引宋孝王關東風俗傳：「帖賣者帖荒地七年，熟田五年，錢還地還，依令聽許。」可知除了不合法的土地賣買之外，還有合法的「帖賣」，這是從屬於高利貸的抵押行爲。我們知道按照太和均田令只有桑果田在一定條件下得以賣買，而「帖賣」却包括荒地熟田，即不限於桑果田，而且似乎没有附加條件。宋孝王是北齊時人，齊亡入周，他所指的「令」當指齊河清三年（五六四）令，但可能魏末就已出現準許「帖賣」的條例。宋孝王在下面又説：

〔一〕史學譯叢，一九五五年第一期，頁四八，注一。

「露田雖復不聽賣買，賣買亦無重責。」可見雖準「帖賣」，却仍不準露田賣買。到了唐代便又加了一些補充。唐律疏議卷一二户婚律稱：「諸賣口分田者，一畝笞十，二十畝加一等，罪止杖一百；地還本主，財没不追。即應合賣者，不用此律。」雖然還維持不準賣買口分田亦即露田之禁令，然而却另有「應合賣」的規定，那些規定載在律文後面的疏中，説：「即應合賣者，謂永業田，家貧賣供葬，及口分田賣充宅及碾磑、邸店之類，狹鄉樂遷就寬者，準令並許賣之。其賜田欲賣者亦不在禁限。其五品以上若勳官，永業地亦並聽賣，故云：不用此律。」以後開元令中也有類似的條文。〔一〕關於賜田和永業田的問題留在下面再談，只就口分田在一定條件下準許賣買這一點看來，説明受田農民對於份地的私有性日益發展。

土地買賣條例的放寬自然是對於土地集體所有制的破壞和公社作用的削弱，然而另一方面也反映了均田制的公社特徵，因爲恰恰表現了公社内部公有和私有的二重性。馬克思指出：「農村公社的組成形式只可能是下面兩種形式的一種：要就是它所包含的私有制因素比集體所有制因素占上風，要就是後者比前者占上風。一切都是從它所處的歷史環境爲轉移……」〔二〕從魏到唐一直施行均田制，然而隨着歷史環境的轉移，内部私有制因素日益增長，而占了上風。

均田制所處的歷史環境是在封建制國家内，因而私有制必然要增長，同時也無可避免地要受封

〔一〕通典卷二。
〔二〕馬克思答維拉·查蘇里奇的信和草稿，史學譯叢一九五五年第三期，頁八。

建國家的剥削。農民的受田是帶着强制性的,農民耕種其份地也是帶着勞役性的,這正是西晉和代京課田的繼續。我們知道西晉時曾有人建議「一人失課,負及郡縣」。〔一〕太和元年(四七七)孝文帝所下的詔書也説:「民有不從長教,惰於農桑者加以罪刑。」同年所下的課田詔開頭就説:「其勅在所督課田農。」〔二〕這裏都意味着一種强制性。均田制利用三長組織内連帶負責制度將農民固定在份地上,耕種定額土地被認爲是農民對國家的義務,因爲只有這樣才能達到徵集租調及使之服役的目的。唐代法律就更明確地規定了荒廢不耕的處罰。唐律疏議卷一三户婚律:「諸部内田疇荒蕪者,以十分論,一分笞三十,一分加一等,罪止徒一年。户主犯者,亦計所荒蕪,五分論,一分笞三十,一分加一等。」按照這條法令,所有受田百姓是不準荒廢其土地的,荒廢土地不但照常賦役,而且還要加以刑責,這種强制性充分表現了均田制所具有的勞役性質。

强制性還表現在農民遷移自由的極大限制。農民對於被配給的份田雖然説不上已有占有權,但終身須固着在這塊土地上。北魏均田令規定:「樂遷者聽逐空荒,不限異州他郡,唯不聽避勞就逸。」即是説只準從狹鄉遷寬鄉,而且不能由賦役較重地區遷到較輕地區。唐代法令也只準「諸居狹鄉者聽其從寬,居遠者聽其從近,居輕役之地者聽其從重。」〔三〕不得政府批準而擅自離鄉便是逃亡,逃亡

〔一〕晉書卷五一束晳傳。
〔二〕魏書卷七上高祖紀太和元年。
〔三〕唐六典卷三户部郎中員外郎條。

便是犯法行爲，而且在親鄰連帶負責下要代爲繳納租調。

作爲鄉官的三長就是對政府負責的農村管理員，從設立三長目的上看來就已知道他們的職務首先是檢查户口。通典卷二引宋孝王關東風俗傳稱：「亦〔有〕懶惰之人，雖存田地，不肯肆力，在外浮遊，三正（即三長之異名）賣其口田，以供租課。」可知他們負有徵集租課的責任。通典卷三引開元二十五年令農村中的里正（百户爲里）執掌「按比户口，課植農桑，檢察非違，催驅賦役」，此外土地受授也由里正事先造册，〔一〕這些職務使之爲國家加於農民的各種剥削的直接執行者。

由上述情況看來均田制雖然具有公社特徵，但公社對於國家，對於其成員所起作用已經發生變化。雖然土地不屬於任何個人所有，但這裏出現了合法的與非法的土地買賣。這塊份地一開始就在向着私有制發展；雖然農民的身分是自由的，但被各種限制强迫固着於這塊土地上，他們已經喪失自由遷居的權利。均田下的農民必須向國家繳納租調，負擔徭役，這些義務按照「未受地者皆不課」〔二〕的原則看來顯然根據着份地的授與而承擔的，因而具有公社特徵的均田制就這樣打上了封建的烙印。

我們知道肯定私有制的公社的出現就意味着階級社會的到臨，而爲了控制諸階級的對抗之需要又産生了國家。存在於階級社會中的公社不能不是階級社會内部組織之一部分，因而必然要受着代表統治階級利益的國家的統治，這個國家既可能是奴隸主的，也可能是封建主的。均田制的施行是

〔一〕唐律疏議卷一三里正授田條；唐六典卷三户部郎中員外郎條。
〔二〕隋書卷二四食貨志引開皇令。

在封建制成熟了的中國土地上；均田制下的農民不少是從苞蔭户轉過來的，而當他們拋棄這塊土地而逃亡時，絶大多數也還是成爲苞蔭户；他們的前途是封建依附農民而不是奴隸，所以具備着公社特徵的均田制只能是封建國家土地所有制的特殊形式。

現在我們要問爲什麽由拓跋族帶進來的具有公社特徵的均田制能够强加於中國呢？黄河流域的土地荒蕪只是一個條件。拓跋族的軍事貴族對北中國的土地還没有發生密切關係，因而均田制度得以獲得他們的贊助，以軍事力量作爲後盾，這也是一個條件。但假使北方的社會經濟結構没有接受這種制度的可能，那麽要普遍推行是有困難的，或者是不能維持好久的。因而我們還得考察北方的農村經濟結構。

首先，在上面我們已經説到山林川澤荒地自古以來是屬於王有的。此時，南朝已經公開地由貴族、官僚、富人占爲己有，[一]北方却仍然没有承認私人占有權。這些土地的王有乃是淵源於公社的公有制，所以即使在此時，當國家還没有加以處理時，這些地方仍舊作爲公有。雖然山澤之利常常爲豪强所强占，但並没有像南朝那樣予以法律上的認可。恩格斯指導我們：「土地的各種持有形式，盡管千變萬化，只要有塊把不耕作的公地還留存着，瑪爾克組織都可以適應。」[二]未被分割淨盡的山林川澤荒地就是遺留下來的公社所有制的殘餘，它提供了適應於均田制度下農村組織的條件。

[一] 見拙著南朝的屯、邸、别墅及山澤占領，歷史研究一九五四年第三期。

[二] 恩格斯瑪爾克，中國人民大學世界通史參考資料古代史與中世史部分，第一輯，頁七七。

我們也可以看到從公社所有制産生的農村中的社會關係如鄰里鄉黨之間的關係並非由拓跋族帶進來的，中國農村內部一直就存在着這些習慣。

其次，農民的一部份已經淪爲蔭户，大土地所有制以塢堡田園組織控制農民的形式早經確立。但這決不是説北方業已没有了小農經濟；相反的，持有小塊土地的農民還占相當大的比重。可是由於戰争、饑荒、賦役壓迫，很多的農民流亡遷移以至淪爲蔭户。農民對於這塊土地的持有是不鞏固的。自東漢末年直至此時，「民無常居，田無常主」的現象一直繼續存在。

隸屬於封建豪强的農民稱爲苞蔭户。他們的依附性一般地説是不太强的，也是不牢固的。國家只在一定的範圍内承認宗族間（晉代南朝還有佃客、衣食客，但北魏未有明文）的受蔭權利，例如蔭三族、九族，越出這個範圍便是非法的。非法的苞蔭户常常通過國家的檢查而被取消其依附關係。

如上所述，在黄河流域一方面是部分山林川澤的公有，小塊耕地的私有；農村中基於公有制的社會關係的保留；這一些顯然表現着公社殘餘形態。另一方面則是山林川澤已經不是絶對公有，大土地所有制的發展，自由農民的封建化；這一些又顯然表現農村封建化的急遽發展。

我們並不懷疑在均田制施行前中國封建生産方式已經居於統治地位，但這並不妨礙農村内部的公社殘餘依然頑强地保留下來。這就是使來自拓跋族的均田制度能够適應的社會基礎。由於均田制的推行，對殘存的公社形態起了鞏固或恢復的作用。但恢復起來的公社是在封建社會的歷史環境中，因而打上封建的烙印，成爲封建國家獲得租調的手段了。

三　均田制的破壞

具有公社特徵的均田制曾經在每一次施行時起了恢復農業生產的作用。但是它既然處於封建社會的歷史環境中，就不能不在封建勢力壓迫下解體。

均田制是在農村內部土地私有化過程中和大土地所有者進攻的過程中瓦解的。

在上面我們已經從土地典貼買賣條例的寬弛上看出農民份地的走向私有化。這種私有化提供了農村內部分化和土地兼并的有利條件，特別是爲業已存在着的大土地所有制開闢道路。作爲小私有者的農民在國家賦役壓迫與地主商人的聯合進攻下，他們對於這塊份地無法保持，結果無數農民就這樣從土地上被拋擲出來。從魏末以至唐代國家逐步放寬土地買賣的禁令，份地的私有化日益滋長，而伴隨着的土地兼并也日益加强。並且不僅合法的貼賣廣泛進行，甚至違法的買賣也一直獲得默許。北齊時「露田雖復不聽買賣，買賣亦無重責。貧民因王課不濟，率多貨賣田業」，或者「三正賣其口田，以供租課」，結果是「强弱相凌，恃勢侵奪，富有連畛亙陌，貧無立錐之地」。〔一〕唐代的農民「賣舍貼田，以供王役」，〔二〕

〔一〕通典卷二引宋孝王關東風俗傳。

〔二〕舊唐書卷九四李嶠傳武后時上表。同書卷八九狄仁傑傳：武后時仁傑上疏稱：「近緣軍機，調發傷重，家道悉破，或至逃亡，剔(貼)屋賣田，人不爲售。」唐會要卷八五天寶十四載八月制：「天下諸郡逃户，有田宅產業，妄被人破除，並緣欠負租庸，先已親鄰買賣。」不管由自己出賣，或者由「三正」「親鄰」出賣，總之都是爲了繳納賦税，違法買賣大抵屬於此類。

玄宗統治時那些貴族官僚「爰及口分永業違法買賣，或改籍書，或云典貼（按這是變違法爲合法），致令百姓，無處安置」，〔一〕結果是「兼并之弊，有踰於漢成哀之間」。〔二〕合法的買賣不談，就是違法買賣既然爲了繳納國家租調，也就爲國家所默許。由此可見，標識着土地私有化的買賣禁令之寬弛也正是標識着大土地所有制的無限發展。

大土地所有制是先於均田制而存在的。馬克思在分析農村公社時，指出私有的「農作庭園可能變爲據以準備對公有土地進攻的堡壘」，那末先於均田制而存在的使用奴婢、隸户和部分蔭户的田園便是對均田制度進攻的基地，那種田園在經濟上與政治上的裝備既然遠遠超越於小塊私有農作庭園，均田制就不能不在其壓迫下解體，特別是當那種田園進行了一些改革，緩和了對依附者的人身控制之後，均田制就一去不復返了。

我們現在就一些具體史實來分析均田制的破壞過程和相互聯繫着的大土地所有制的發展和封建依附關係的變化。

在上面我們論證均田制度只能是封建國家土地所有制的特殊形式。在均田制的周圍我們還看到與之並存的其他形式的土地所有制。

首先，在國有土地上就有大量面積的土地作爲國家的屯田。遠在拓跋族進入河北以前就曾有五

〔一〕册府元龜卷四九五，天寶十一載勑。
〔二〕通典卷二。

原的屯田，〔一〕以後南北邊境以至河北屯田地區是相當廣大的，淮北屯田在太和初年曾經開墾十餘萬頃。〔二〕太和十二年，由李彪建議「取州郡户十分之一，以爲屯人」，由國家配給耕牛，「一夫之田，歲責六十斛，蠲其正課並征戍雜役」。〔三〕李彪的建議是被采納的，食貨志上還説「自此公私豐贍，雖時有水旱，不爲災也」，就可知道不但實行，而且屯田的糧食收入是一筆不小數字。假使均田制於太和九年施行，那末相隔數年就有十分之一的農民被强迫爲屯民，但這裏還有疑問。不管怎樣，大量面積的屯田是和均田制並存的。魏書卷七九范紹傳：「值朝廷有南討之計，發河北數州田兵二萬五千人，通緣淮戍兵合五萬餘人，廣開屯田。」這是正始元年（五〇四）的事，所述雖是淮河兩岸的屯田，然而其中一部分屯田兵却是從河北調來的，當然還不是全部，由此可見在均田制實施後，不但邊境，甚至最富饒的河北存在着規模巨大的屯田。

李彪建議設置的民屯和南北邊境的軍屯組織上有何不同，田兵和屯民有何區别，我們不知道，也可能没有什麽不同。〔四〕我們只能説屯田民和均田制下的受田農民很不相同。第一，他們不但耕種國

〔一〕魏書卷二太祖紀登國九年三月條，卷一五元儀傳，卷一一〇食貨志。
〔二〕魏書卷四四薛野賭附子虎子傳。
〔三〕魏書卷六二李彪傳，卷一一〇食貨志。
〔四〕魏書卷五八楊椿傳稱「（定）州有宗子稻田，屯兵八百户，年常發夫三千，草三百車，修補畦堰。椿以屯兵惟輸此田課，更無徭役，及至閒月，即應修治，不容復勞百姓，椿亦表罷」。這裏的屯兵只納田課，不服其他徭役，乃是田兵。他們的情況和李彪所建議的屯民也相符合。

家土地，而且還由國家配給耕牛。他們對於所耕種的土地不但没有任何個人所有因素，而且可以調來調去，没有永久使用和占有權。第二，從剥削方式上看，屯民每年繳納六十斛之巨的租穀，雖然其耕地面積並無記載，較之受田農民之繳租二石者無疑要超過好多倍。可是他們却免除了調，和一切徭役。第三，按照當時規定，屯民身分低於一般人民，他們屬於一種「役隸之徒」，由屯田機構管理，不屬州郡。〔一〕根據這些特點，屯民相當於「不服官役」而「豪强徵斂，倍於公賦」的私家蔭户和寺院的僧祇户，我們還不能説屯民即是農奴，但他們對於國家的封建依附關係較之受田農民更爲强化。

這種制度遠一點可以追溯到兩漢，近一點也是淵源於魏晉。而當以後均田制度繼續施行時，齊、周、隋、唐都有規模不等的屯田存在。

除了屯田之外，國家在實施均田制時還保留一部分出租的土地。均田令上稱：「諸土廣民稀之處，隨力所及，官借民種蒔。」又稱：「諸遠流配謫，無子孫及户絶者墟宅桑榆，盡爲公田，以供授受。授受之次，給其所親；未給之間，亦借其所親。」〔二〕法令上規定在寬鄉如果土地有餘和没收公田之未分配者即由國家出租。通典卷二引宋孝王關東風俗傳云：「又河渚山澤，有司耕墾，肥饒之地，悉是豪勢，或借或請，編户之人，不得一壟。」河渚山澤本屬公有，既爲國家所占，可耕之地應由「有司」自己耕墾，不能轉給私人。然而北齊時豪勢已經「請」了，「請」即是請求給予；此外也使用借的方式，

〔一〕北齊書卷四文宣帝紀天保二年九月「詔免諸伎作、屯、牧、雜色役隸之徒爲白户」，白户即平民，可知屯民不是平民。

〔二〕魏書卷一一〇食貨志。

那就利用上引「隨力所及，官借民種蒔」那一條。所謂「隨力所及」包括所能使用的各種耕墾力量，人力、牛力、農具等，這自然有利於豪勢之家。「借」的方式到了唐代便成爲豪强兼并土地的主要手段之一。〔一〕

借蒔之田大概納租較輕，所以「豪勢之家」要覬覦這種土地，他們可以自己利用所控制的勞動人手來耕種，也可以出租，按照唐代法律轉租是合法的。〔二〕

北魏均田令還規定各級地方官按品享有「公田」的收穫，自十五頃至六頃，「更代相付，賣者坐如律」。發展到了隋唐又分爲公廨田和職分田二類，公廨田收穫作爲各機構的「公用」，職分田的收獲則作爲俸禄的一部分給與内外各級官僚（北魏只給地方官）。我們不知道魏時「公田」采取什麽辦法，唐代的公廨田和職分田則是「借民佃植，至秋冬受數而已」，〔三〕這雖是唐代租佃制特别發達的現象，但北魏既有「借民佃蒔」的辦法，那種公田除了使用奴婢隸户耕種以外，也可能采用出租方式。

〔一〕 册府元龜卷四九五，天寶十一載勅説到當時莊園的發展時稱：「借荒者皆有熟田，因之侵奪。」即是説這些由貴族、官僚富人所借的土地並非真荒，而是已經開墾了的熟田。他們憑藉所取得的使用權便可以侵奪現在耕墾的農民，使之繳納地租，或迫使離開，另行轉租。

〔二〕 魏書卷九肅宗紀孝昌二年十一月載：「税京師田租畝五升，借賃公田者畝一斗」；按通典卷五，册府元龜卷四八七，「一升」並作「一斗」。這應是加增數。

〔三〕 唐律疏議卷一七雜律云：「官田宅私家借得，令人佃食；或私田宅有人借得，亦令人佃作，人於中得宿藏，各合若爲分財。」可知不論官私田宅均可轉租。

如上所述，我們可以瞭解在同一的封建範疇内，國有土地上具有均田、屯田、借蒔三種不同的組織形式。這三種形式彼此相互補充，國家希望在不同的形式下把農民束縛在國有土地上，藉以擴大國庫收入或徭役範圍。但是三種形式之間也是有矛盾的。屯民如李彪之説即是從應受田的州郡民中徵發的。國家自己分劃土地和受田農民的一部分，按照封建主對蔭户的關係而進行剥削，使之更直接地爲國家所控制，這就構成與均田制相對立的形勢。「借蒔者」大都是「豪勢之家」，或是農村中有餘力的人，他們擁有的勞動人手至少也有一部分來自受田農民。通過借蒔制度貴族豪强擴大了土地占有，同時也加速了農村中的分化，也就是加强了對均田制進攻的裝備。

大土地所有制自魏末以來就不斷地發展，國家也從默許而公開承認。

根據北魏均田令基本上是不承認土地私有制的。農民對於這塊份地只有使用權和占有權（桑果田也不能算作全部私有），就是奴隸主也只能隨奴婢有無以還受。封建依附關係也是不承認的。然而這只限於均田範圍以内，此外仍然存在着與此相對立的私有大土地和封建依附關係。

最明顯的是寺院。我們知道寺院在當時本是一個逃避國家賦役的場所，依託寺院庇護的人民就變成私屬地位，而國家也承認這種關係。魏書卷一一四釋老志：

曇曜奏：平齊户及諸民，有能歲輸穀六十斛入僧曹者即為僧祇户，粟為僧祇粟，至於儉歲，賑給飢民。又請民犯重罪及官奴以為佛圖户，以供諸寺掃灑，歲兼營田輸粟。高宗並許之，於是僧祇户粟及寺户，徧於州鎮矣。

僧祇户隸屬寺院，他們是寺院的依附者，所繳六十斛的僧祇粟和屯田户的租額一致，自然也是免除對國家服役的義務，而每一僧祇户的土地也和屯田一樣不加説明。僧祇户所受剥削是嚴重的，同書記載，在世宗時由於「奏求逼召」以致自殺的有五十餘人。佛圖户是帶着奴隸性的刑徒和官奴，他們在寺院土地上營田輸粟的辦法不見記載。

在均田制施行前已經有了僧祇户和佛圖户，而到世宗時依然存在，由此可見寺院領地及隸屬於寺院的依附者絲毫未受均田的影響。

貴族、官僚、富人們如果從法令上看來，只能憑藉奴婢、耕牛受田以獲得土地，並按奴婢之有無以還受，他們也没有土地所有權。當時要認真執行這個辦法，顯然有巨大困難，這裏姑且不論。我們只知道在世宗統治時在均田制以外的私有土地已經合法化了。通典卷二引宋孝王關東風俗傳云：

其賜田者謂公田及諸横賜之田。魏令：職分公田不問貴賤，一人一頃，以供芻秣。自宣武出獵以來，始以永賜，得聽賣買。

宋孝王所説「一人一頃，以供芻秣」的公田，顯然和均田令中給予地方官的公田不是一件事。這是牧地，在公社中牧地本來公有，此時仍然算作公田，但已按人口分配了。世宗（宣武帝）時就把它永遠賜與。賜田的特點是没有露田和桑田的區别，一律准許買賣，所以完全是私有的土地。魏書卷八世宗紀延昌二年閏二月稱：「以苑牧之地賜代遷民無田者。」宋孝王所説可能即指此事。問題不在於賞賜，而是在於「永」賜與得聽買賣；也不在於最初受賜者是貴族或無田之代遷户，却在於這種可以買賣的賜田必然集中到貴族官僚富人手中。私有土地的肯定（即使是部分的）標識着大土地所有制的擴展及其合法化。東魏遷鄴時繼續施行這種制度。關東風俗傳説：「遷鄴之始，濫職衆多，所得公田，悉從貨易。」可以貨易的公田，也即是世宗時創立的永賜的公田。隋書食貨志載北齊河清三年令云：

京城四面，諸坊之外三十里内為公田。受公田者，三縣代遷户執事官一品已下，逮於羽林武賁，各有差。其外，畿郡華人官第一品已下，羽林武賁已上，各有差。職事及百姓請墾田者，名為受田（通典作名為永業田）。

北齊的公田仍然是那種永賜的公田，只是把施行的範圍更明確劃定爲鄴都周圍三十里内，並按品級分配給貴族官僚和禁衛軍。我們知道孝文帝遷洛之後，代遷户本已受田，〔一〕而所有代遷户又都是羽林虎賁，〔二〕所以代遷户受田即是羽林虎賁受田。世宗把牧地永賜給代遷户無地者，自然也連帶肯定一切代遷户對於原受土地的「永賜」性。北齊時充當禁軍的不限於代遷户，凡是充當禁軍的便連華人在内也可以分有公田。至於各級官僚的賜給公田大概也起於北魏末期，所以宋孝王説「遷鄴之始，濫職衆多，所得公田，悉從貨易」，所云「濫職」就包括了各級官僚。這種公田私有化的結果必然是軍人

〔一〕魏書卷一九中任城王云附子澄傳，澄諫孝文帝南伐稱「代遷之衆」纔到洛陽，正是「農夫肆力之秋」。卷六五李平傳，他諫止世宗到鄴城去，也説「代民至洛」，「事農者未積二年之儲」，均可見代遷户是務農的，土地當然由國家授與。

〔二〕魏書卷七下高祖紀太和二十年十月條。

份地很快的喪失和大土地的擴展。

到了隋代，公田就老實稱爲永業田了。按照隋書食貨志記載，隋代法令内規定貴族官僚按品給予一百頃至四十畝〔一〕的永業田，當然這是從北齊的公田演變來的。然而北齊公田只限於京畿周圍三十里的範圍内，配給公田的也限於居於鄴城及畿郡的貴族、官僚和禁衛軍；隋代却擴大到全國和一切貴族官僚，同時由於兵農合一之故，軍人只限於都督已上才能享受這種權利。除掉給予貴族、官僚的可以自由買賣的永業田之外，隋代還把桑果田也稱爲永業，但這種永業田的買賣還是有限止的。〔二〕唐代關於貴族、官僚永業田的給予自百頃以至六十畝，大體沿襲隋制。法律上規定賜田和「五品以上若勳官永業田亦並聽賣」。〔三〕

宋孝王所説的賜田，其一是上述有一定條例的公田分配，還有一種是横賜。横賜的意義就是無一定條例，亦無一定數額的隨意賞賜。北齊北周時期貴族、官僚們通過這種方式而獲得的土地雖然是不普遍的，但却是更爲集中的。關東風俗傳説：「又天保之代曾遥壓首人田（？）以充公簿（按此當

〔一〕通典卷二，稱：「自諸王已下至於都督皆給永業田各有差，多者至百頃，少者至三十頃。」下面又説給予京官及外官的職分田，自五頃至一頃。這種職分田即是北魏給予地方官的公田，不能買賣，和永賜的公田或永業田不同。

〔二〕通典卷二，北齊河清三年令：「職事及百姓請墾田者名爲永業田」，則永業之名起於北齊，但隋書食貨志「永業田」作「受田」。

〔三〕唐律疏議卷一二户婚賣口分田條。通典卷二載開元二十五年令稱：「其官人永業田及賜田欲賣及貼賃者皆不在禁限。」較之唐律疏議限於五品已上者又放寬了一步。

即是北魏均田令中没收下來的田)，比武平以後横賜諸貴及外戚佞寵之家亦以盡矣。」横賜把公田賜完了。後主賞給寵倖穆提婆的晉陽之田，面積之大可以所種之禾飼馬數千匹，可見一斑。〔二〕西魏北周也是一樣，周書中常常看到賜田的記載，〔三〕卷四十六孝義杜叔毗傳説他除了舊有田宅之外，「仍賜田二百頃」，面積也不算小。這種横賜方式隋唐一直采用，所以法令上特別提出賜田「非指的處所者，不得狹鄉給」。〔三〕

如上所述，從魏末以來通過公田等級分配和横賜的方式，貴族、官僚在原有基礎上擴大了土地的占領，並且取得合法的所有權。假使説均田制初行時他們只能根據奴婢受田的條例規定其占有土地的規模，那麽自魏末、北齊以來由於賜田、永業田的發展，不但土地没有限止，而且法律上也承認私有大土地制的合法地位。按照奴婢數字來分配土地的制度成爲不必要了，唐代就取消了這條規定，很可能隋代就取消了。〔四〕

大土地所有制日益發達，國有土地就相對縮小。如上所述東魏北齊時已經「富有連畛亘陌，貧無

〔一〕北齊書卷一七斛律金附子光傳。

〔二〕見周書宇文盛、唐瑾、裴俠、裴果、高賓、薛端、尉遲運、蕭大圜諸傳。

〔三〕通典卷二引開元二十五年令。

〔四〕隋代奴婢是否受田缺乏明文，北齊之制奴婢受田按官品至多三百人，下至庶人也有六十人；「奴婢限外不給田者皆不輸」，隋初可能沿襲齊制。但隋書食貨志稱煬帝時除婦人及奴婢之課，按照「未受田者皆不課」的原則，此時奴婢想已不受田了。

立錐之地」，隋初「民田不贍」，蘇威建議「減功臣之地以給民」，爲功臣反對而止，均田時「狹鄉每丁才至二十畝，老小又少焉」；〔一〕唐太宗到壺口，知道那裏「受田丁三十畝……憂其不給」，〔二〕而于志寧在唐高宗時上表辭賜田稱：「臣居關右，代襲箕裘，周魏以來，基址不墜。」〔三〕由此可見「功臣」廣占土地對於均田的影響，而這種土地是可以傳襲和買賣的私有土地。

公田等級分配的永業田和賜田再加上借蒔制肯定了大土地占有的合法地位，但決不是説貴族、官僚、富人們的土地全部從那裏取得。根據法令應受永業的「官人」是非常多的，特别是勳官多到「勳盈萬計」，「身應役使，有類僮僕」，〔四〕國家不可能照規定給予。法令一面限止「五品以上永業田皆不得狹鄉受」，只能「於寬鄉隔越射無主荒地充」，「諸應賜人田，非指的處所者，不得狹鄉給」，但另一方面也規定狹鄉的永業田可以買蔭賜田充，又説：「諸買地者不得過本制，雖居狹鄉亦聽依寬制。」〔五〕這些補充條例説明即使在狹鄉貴族、官僚也可以用購買方式來滿足其應受永業田額（當然根據狹鄉亦聽依寬制這一條，狹鄉較富裕的農民也可取得較多土地）。所以是否真正出於國家配給或

〔一〕隋書卷四〇王誼傳，卷二四食貨志。
〔二〕册府元龜卷四二、一〇五。
〔三〕舊唐書卷七八于志寧傳。
〔四〕舊唐書卷四二職官志。
〔五〕通典卷二引開元二十五年令。

賞賜倒無關重要，重要的是國家承認在均田制以外的大土地的私有。册府元龜卷四九五載天寶十一載勅指出「王公百官及富豪之家，比置莊田，恣行吞併，莫懼章程」。這些莊田的來源一是侵占公地，「借荒者皆有熟田，因之侵奪；置牧者唯指山谷，不限多少」。借荒即是借官地墾荒，亦即北魏的借蒔制。置牧也是借荒性質。我們知道北魏以來的軍事貴族很多是大畜牧主，直到唐代，那些貴族官僚仍擁有巨大的畜牧業。〔一〕然而玄宗時請置牧地，並非都有置牧需要，而只爲了藉口廣占土地，所以勅書在下面又特别提到「無馬妄請牧地」的怪事。河渚、山澤、官荒、牧地之被占有即是作爲公社習慣保留下來的公地徹底的私有化。〔二〕莊田來源之二乃是通過買賣方式從受田農民掠取的田。勅書指出「爰及口分、永業違法賣買，或改籍書，或云典貼，致令百姓，無處安置，乃别停客户，使其佃食」，這是上文所提到的農民份地的私有化只是爲兼并開闢道路。對於那些用各種手段取得的莊田皇帝雖認爲應予限止，但只能在肯定合法占有的基礎上「更從寬典，務使弘通」，具體辦法是「其有同籍周期以上親俱有勳蔭者，每人占地頃畝，任其累計」，即是説准許把一家期服兄弟子姪應得的和承襲的永業田數字累加起來計算，只要總數不超過，就算合法。這裏充分證明永業田、賜田的名義提供了私

〔一〕隋代皇帝賜與貴族將領們的牛馬雜畜數量異常巨大，隋書卷三九元景山傳「賜牛羊數千」，宇文忻傳「賜牛馬羊萬計」，卷五六宇文弼傳「賜馬牛羊千餘頭」。可知當時貴族將領均是大畜牧主。唐書兵志稱：「王侯將相外戚牛駝羊馬之牧布諸道，百倍於縣官，皆以封邑號名爲印自别」，唐代貴族仍然兼營畜牧，所以要請置牧地。

〔二〕唐律疏議卷二六雜律：「諸占固山野陂湖之利者杖六十。」疏議曰：「山澤陂湖，物産所植，所有利潤，與衆共之，其有占固者杖六十，已施功取者不追。」法律上仍然保留公有習慣，但實際上已可以借請方式占有，公有只是名義而已。

有大土地的法律根據。至於累計以後還是超過了的土地怎麽辦呢？勅書上説：「其蔭外有餘，如舊是無（無字疑衍）勳蔭地合賣者，先用錢買得，不可官收，限勅到百日内容其轉賣。」超額土地如果是買得的勳蔭地也不没收，只是勒令轉賣；如果是買得的口分永業田呢，那麽「若有主來理者」，應該退還，而由國家償還買主的原價，「若無主論理，不須收奪」，那就是即使超過也不予追究。我們看國家如何重視「用錢購得」的土地所有權。

先於均田制而存在的大土地所有制經過三百年的時間和均田制並存，封建主一步步向受田農民進攻，也一步步使這種掠奪行爲合法化。

適應大土地所有制的發展，國家承認兼并的合法，同時也逐漸承認封建依附關係的合法。國家曾經力圖防止三長或三正組織内的土地與農民遊離於組織之外，但是所加於農民的殘酷賦役壓迫促使土地流入私門，也促使農民逃亡。這樣就保證了土地兼并和大土地組織中的勞動人手。假使説當均田制開始建立或恢復時曾經在減輕賦役的條件下使蔭户復歸於國家，那麽當賦役壓迫嚴重到不能生存時，農民又從國有土地上逃亡了。

北魏頒佈均田令以後不過二三十年逃亡問題已經異常嚴重。世宗時元暉作冀州刺史，「檢括丁户，聽其歸首，出調絹五萬匹」，〔一〕這時除了正調每户一匹以外還有横調，〔二〕所以不能明確檢出丁户

〔一〕魏書卷一五元暉傳。

〔二〕魏書卷一九中任城王澄傳。世宗時澄爲定州刺史，此時「民中每有横調，百姓煩苦」。

究有多少，但數字是不小的。肅宗初年曾經下詔企圖檢括户口，〔一〕大概没有什麽效果，所以元澄提出十條建議，其第六條便是：「逃亡代輸，去來年久者，若非伎作，任聽即住。」〔二〕由於逃亡者的衆多，國家不得不放寬移居的限止，准許就地落籍，以便徵發賦役。又過了一、二年元澄「又奏墾田授受之制八條」，據説「大便於時」，八條的内容我們一無所知，就「大便於時」這一句看來，顯然是和當時土地制度上滋長的新情況相適應的。

逃亡問題最嚴重的地區是河北，那裏也是封建勢力最發展的地區。肅宗時元暉上書要來討論和訂立制止逃亡與隱匿户口的辦法便説：「河北數州，國之基本，饑荒多年，户口流散。」他把饑荒作爲逃亡的主要原因，其實更重要的是賦役壓迫的加重。他又説那些隱藏的户口，「出縮老小，妄注死失，收人租調，割入於己，人困於下，官損於上」，〔三〕即是那些隱藏户口雖然在户籍册上假借老、小、死、失的名義逃避賦役，但另有人把隱户應繳租調「割入於己」，顯然這些人就是隱藏逃亡户的豪强。

如上所述，我們可以看出均田制頒佈不過二三十年農民又重復逃亡了。到了東魏、北齊時期，户籍非常混亂，逃亡更爲普遍。宋孝王説：「比來頻有還人之格，欲以招慰逃散。假使暫還，即賣所得之地，地盡還走，雖有還名，終不肯住。」國家配給份地只是爲了進行賦役剥削，農民是完全瞭解的。

〔一〕魏書卷九肅宗紀熙平二年正月詔：「工巧浮迸，不得隱藏……籍貫不實，普使糾案，聽自歸首，逋違加罪。」
〔二〕魏書卷一九中任城王澄傳。
〔三〕魏書卷一五元暉傳。

隋代初年，「山東尚承齊俗，機巧姦僞，避役惰遊者十六七，四方疲人，或詐老詐小，規免租賦」，隋文帝進行了一次檢查，結果是「進四十四萬三千丁，新附一百六十四萬一千五百口」。〔一〕這些避役隱藏的户口實際上就是爲豪强所占有的勞動人口。通典卷七丁中云：

其時（指隋初）承西魏喪亂，周齊分據，暴君慢吏，賦重役勤，人不堪命，多依豪室，禁網隳紊，姦偽尤滋。高熲覩流冗之病，建輸籍之法，於是定其名，輕其數。使人知為浮客，被彊家收大半之賦，為編甿，奉公上，蒙輕減之征。

杜佑所稱被彊家收大半之賦的浮客顯然就是封建依附農民。他把這種情況和漢紀荀悦所説的話相比，加上一段注，説：「浮客謂避公税，依强豪作佃家也……高熲設輕税之法，浮客悉自歸於編户，隋代之盛，實由於斯。」

北齊區域内國家户籍册上户口不實的情況完全反映了封建大土地制及封建依附關係的擴大。北周區域内隱藏户口現象可能不像北齊那樣嚴重，但也不是没有發展，在北周武帝的建德六年（五七七）就曾非常嚴厲地下詔禁止，説：「正長隱五户及十丁以上，隱地三頃以上者，至死。」〔二〕

隋初曾經大力進行檢查户口，並取得一定效果，但如上所述貴族官僚私有大土地的合法化（包括永業桑田）却也在隋代進一步的鞏固。

〔一〕隋書卷二四食貨志。
〔二〕周書卷六武帝紀建德六年十一月詔。

唐代農民逃亡問題在武后統治期間就非常嚴重，以致「天下户口，逃亡幾半」。[一]陳伯玉文集卷八上蜀川安危事稱：「今諸州逃走户有三萬餘，在蓬、渠、果、合、遂等州山林之中，不屬州縣，土豪大族，阿隱相容，徵斂驅役，皆入國用（？）。其中遊手惰業亡命之徒結爲光火大賊，依憑林險，巢穴其中。」據陳子昂所述，這種逃户被土豪、大族所徵斂驅役，其中一部分公然反抗的被稱爲「盜賊」。逃户所聚之地都在政府控制力量較薄弱的山林偏僻地區。他們實際上仍然在耕田，只是不耕國家的田。逃户的勞動開墾了土地，劍南道的壁山縣、東巴縣就是玄宗統治期間由於逃户在此墾殖而設置縣治，[二]河南道的仙州也因「土地饒沃，户口稀疎，逃亡所歸」而「置州鎮壓」，[三]顯然那些逃户也在耕田。

國家既要進行剥削，又怕逃户反抗，所以雖然一直企圖用恫嚇、誘引各種辦法使農民復歸於户籍，然而已經不能按照法律辦理，只能承認現實趨勢，容許留居客地，只要在户籍册上登記。武后時李嶠建議便一面要促使逃户還鄉，另一面也准許逃户就地落籍。[四]李嶠的建議是否被采納，我們不知道。據開元七年玄宗科禁諸州逃亡制，[五]説逃户限止在百日内自首「準令式合所在編户，情願住

〔一〕舊唐書卷八八韋嗣立傳。
〔二〕元和郡縣圖志卷三三劍南道渝州壁山縣條；太平寰宇記卷一四〇壁州通江縣廢東巴縣條。
〔三〕唐會要卷七〇河南道仙州開元十一年崔沔議。
〔四〕唐會要卷八五。
〔五〕全唐文卷二二。

者即附入簿籍，差科賦斂，於附入令式，仍與本貫計會停徵」，那些情願歸原籍的和「據令式不合附者」，就使其還鄉。這次詔書所説的辦法是和李嶠的建議一致的。我們看詔書把逃户分爲「準令式合所在編户」者和「據令式不合附者」兩類，那些在開元七年以前逃户自首，准許留居的辦法已經編入令式了。又過了兩年，玄宗采納宇文融的建議，命他率領一批勸農判官到各地去「檢責田疇，招攜户口，其新附客户則免其六年賦調，但輕税入官」，〔一〕結果「得户八十餘萬，田亦稱是」，括得的逃户亦即客户徵納税錢，每丁一千五百文，得數百萬。國家完全放棄迫使歸籍的企圖，而且輕減客户負擔，藉以誘引。

客户從此便公開了，州郡所管户口從此便有主客户的區别。〔二〕

從北魏均田令頒佈後不久逃亡農民日漸增多，國家對於强迫歸籍的規定日益不能執行，到了唐代，客户便獲得了合法地位。在這個過程中間，大土地所有制取得合法地位，逃户變成了封建依附者，並爲國家所承認，也是在這個過程中間，封建大土地改變了組織。

〔一〕通典卷七歷代盛衰户口。考宇文融括户事，通典、唐會要卷八五、新唐書玄宗紀都繫於開元九年正月。但是册府元龜卷七〇勸農門却繫於開元十二年六月。蓋宇文融出使有兩次，一次在建議後即九年，舊唐書一〇五本傳稱他爲括地使。第二次則括户括地完成後出去，册府元龜稱他爲勸農。可知此事共經四年之久，爲開元初年一件大事。

〔二〕册府元龜卷七〇開元十八年十月稱云：「諸州客户有情願屬邊緣利者，至彼給良沃田安置，仍給永年優復。」可知客户分佈於諸州。

我們知道北魏均田令上雖然只承認奴婢生産制與大土地的聯繫，但實際上寺院内部存在着處於封建依附關係的僧祇户，以此推想世俗地主方面也必然存在着類似於僧祇户的合法的和非法的依附者。僧祇户是由國家賜與的，身分不太明確的隸户可能所受的是封建性剥削，但也是國家賜與的，因而其擴大是有限止的。除此以外，實際上大量存在的隱户或蔭户國家並不承認其私屬地位。

到了周、隋時期，部曲名義的封建依附關係獲得公開。我們無須追叙魏晉南朝的部曲，總之是佃客的另一名稱或半公開的佃客。但是在北魏我們却找不到部曲用於生産的記載，均田令上完全没有提到部曲、佃客等名稱。魏末地方大族組織的武裝也稱作部曲，〔一〕但魏末北齊之部曲是否即佃客的另一名稱，我們並不能明了。我們只能肯定北周部曲相當於被釋放奴婢，亦如南朝之免奴爲客。〔二〕周書卷六武帝紀建德六年十一月詔：「自永熙三年七月已來，去年十月已前，東土之民被抄略在化内爲奴婢者；及平江陵之後，良人没爲奴婢者並宜放免，所在附籍，一同民伍。若舊主人猶須共居，聽留爲部曲及客女。」我們決不是説在此以前北方就没有部曲，但這是第一次明確部曲私屬身分的文件。從這裏首先可以看出釋放奴婢可以成爲平民，也可以留爲部曲；其次，部曲是和主人同居的，奴爲部曲，婢爲客女，足見「部曲」和「客」身分相似。

隋代繼承北周的發展趨勢，部曲和奴婢一樣作爲賞賜。隋書卷三九竇榮定傳稱：「高祖受禪，來

〔一〕北齊書卷二一高乾附弟昂傳。

〔二〕晉書卷六四會稽王道子傳：「又發東土諸郡免奴爲客者號曰樂屬，移置京師。」

朝京師……賜馬三百匹，部曲八千户[一]而遣之。」雖然賞賜部曲只此一條，但由此説明部曲是公開的私屬。到了煬帝統治時，他頒佈命令，「除奴婢部曲之課」。[二]因爲部曲是私屬，所以不對國家負賦役義務。同時，按照北魏均田令，貴族、官僚、富人只能隨奴婢的多寡受田，現在賜田、永業田既歸私有，無須按照奴婢數字而增減其土地。奴婢既不再受田，隨着受田而承擔的賦役也就取消了（部曲是被釋放的奴婢，在先必然也受田）。除掉奴婢、部曲之課實質上是私有大土地制發展結果。

大土地上的生産者如果只就法律上説除了奴婢，就是部曲。唐代法律允許部曲有私營經濟。唐律疏議卷二〇賊盜律四稱：「良人部曲合有資財。」雖然法律並没有制訂部曲可以買賣的條文，但實際上以另一種名義進行買賣，稱爲「轉易部曲事人，聽量酬衣食之直」。[三]按照法律，部曲只能是釋放奴婢或部曲子孫。如果略賣、和誘、典質良人爲部曲，其罪僅次於以良人爲奴婢一等。[四]隋代的例子説明皇帝既可以把俘虜當作奴婢賞賜，也可當作部曲賞賜，俘虜之可以充當部曲，首先由於可以充當奴婢。他們雖然允許有私營經濟，然而名義上還由主人發給衣食，所以「轉易事人」，要償還主人衣食之直。由此可見，部曲接近於奴婢，但不是奴婢，身分要高一些，主人對於部曲的人身占有是相當强

〔一〕北史卷六一竇熾附子榮定傳，「八千」作「八十」，疑當從北史。
〔二〕隋書卷二四食貨志。
〔三〕唐律疏議卷二名例律十惡反逆緣坐條引唐令。
〔四〕唐律疏議卷二〇賊盜律、卷二六雜律。

的，但是不完全的。可是我們完全不知道用在農業上的部曲和土地關係怎樣，也不知道所受剥削是分成制、徭役制以及其他。如果僅就身分方面來説，他們是近於農奴的釋放奴婢。

隋代雖然嚴厲檢查隱户，企圖保持國有土地和附着於土地上的農民；但同時却肯定了相互對立的大土地所有制和部曲的人身依附關係。國家在和大土地所有制鬥争中仍然采取了妥協方式。唐代也是如此。

然而北魏以來大土地所有制的發展不是依賴於法律上認可的奴婢生産，而是依賴於投靠隱户或蔭户的數量。周、隋以至唐初國家只承認了部曲的依附關係，這並不能滿足大土地發展的要求。第一，部曲數量除了本身的自然增殖以外（這是不能保證的），只能以奴婢和可充奴婢的俘虜的數量爲限度，因而部曲隊伍的擴大是有限止的。第二，部曲或是釋放的奴婢，或是俘虜，而奴婢大都也出於俘虜。有權利獲得賞賜大量俘虜的多半是軍事貴族及一部分官僚。國家承認部曲制及免除其課役首先只對於貴族、官僚們有利，這樣就不能適應非貴族、官僚地主們的要求，而南北朝後期以至唐代，那種非貴族官僚的莊園正在發展。第三，更重要的是奴隸生産制是早已過了時的，接近於奴隸的部曲生産制也由於所受壓迫的嚴重而不能提高其勞動興趣，這就使大土地所有者掠奪更多剩餘生産品的目的得不到保證。在大土地所有制發展的基礎上，地主們企圖吸引更多國家編户作爲其依附者，企圖掠奪更多的剩餘生産品就必須改變其剥削方式，以便向農村進攻，這就使租佃關係獲得普遍的推廣。與之同時，國家也不得不承認新的封建依附關係的合法。

唐代發展起來的那種新的封建依附者乃是從逃亡農民中產生的客户。客户有似以前的隱户，二者都是投靠封建主「保護」的逃亡農民。隱户的依附程度和剥削形式我們不太明確，至於「客户」則是接近於租佃關係的佃農，但是他們對於莊園主的人身依附關係還相當强，因而還是帶着農奴性的。〔一〕

我們在上面已經提到唐玄宗統治時檢括客户和客户的取得合法地位。客户中間有一些是墾種荒地的，甚至於也有一些比較富裕的逃亡者有可能在異鄉獲得土地。〔二〕可是絶大多數的客户只能淪爲依附者，陳子昂已説逃户是被土豪驅役的。開元十二年（七二四）的詔書説那些逃户只好「因人而止，或庸力自資」，〔三〕即是説投靠人家，或是作傭傭。全唐文卷三五玄宗聽逃户歸首勅也説逃户「傭

〔一〕宋會要第一二一册，天聖五年十一月詔稱：「江淮、兩浙、荆湖、福建、廣南，州軍舊條私下分田客，非時不得起移，如主人發遣，給與憑由，方許別住，多被主人折勒，不放起移。」這種不得自由遷移的田客顯然是帶着農奴性的。至於邊遠之區如施黔等州，甚至妻女嫁娶亦由地主把持（亦見宋會要一六一册）。由此可知唐代客户的依附關係必然還很强烈，只比之部曲、佃客爲稍緩和而已。

〔二〕册府元龜卷四八八代宗寶應元年勅云：「客户若住經一年已上，自帖買得田地，有農桑者，無同於莊蔭家住，及自造屋舍，勅一切編附爲百姓差科。」由此可見客户也可能自己帖買田地，但他們有的還住在「莊蔭家」。其自造屋舍者大概也同樣的必須受「莊蔭家」保護。又黃文弼吐魯番考古記圖版三七至四一西州户籍册，其中有「有田無籍户」，自然是客户，所以無籍，但他們是有田的。

〔三〕全唐文卷二二。

假取給，浮竄偷生」，傭和假即是雇傭和「佃食」。太平廣記卷二四三段崇簡條云：

唐深州刺史段崇簡性貪暴，到任追里正令括客。云：「不得稱無上户。」上户每取二人，下户取一人，以刑脅之。人懼，皆妄通。通訖。簡云：「不用喚客來，但須見主人。」主人到，處分每客索絹一匹。

這段故事録自朝野僉載，段崇簡爲玄宗時人，〔一〕此事可能還在宇文融大規模括客之後。這裏所説括客辦法是挨户硬派，自然只是藉端索詐，但由此可見客是有主人的，而有客之户也是較普遍的。那些客户不一定都是佃、傭農，但很多是佃傭農。上引天寶十一載勅明確指出那些擁有莊田的王公、百官、富豪之家以各種方式掠奪土地之後，就「別停客户，使其佃食」。這一紙勅書在土地方面作出了一些不徹底的妥協性的決定，而在客户佃食方面如何處理却提都不提。

那種「因人而止」的客户也即是南北朝隱户或蔭户的另一名稱。他們中間以佃食爲生者，其身分接近於租佃關係的佃農。

在上面我們已經提到北魏均田令就有官地出借的條文，北齊借荒很盛行，唐代職分田也「借民種植」，安史亂後，國家的牧地也由百姓租佃，〔二〕逃亡户田宅過去由親鄰保管並代納租調的制度變成

〔一〕岑仲勉元和姓纂四校記卷九段氏條。

〔二〕唐會要卷六五閑廄使條稱：「岐陽馬坊地既不妨百姓租佃，又不闕官中賦税。」舊唐書卷一四一張孝忠附子茂宗傳：「寶應中鳳翔節度使請以監牧賦給貧民爲業。」

「官爲租賃，取其價值，以充課税」。〔一〕官地出租由於租率可能較輕，所以貴族、官僚、富豪們常常以之轉租。〔二〕法律上不但承認官地租佃及轉租，也承認私田租佃及轉租。唐律疏議卷二七雜律二就載有「官田宅私家借得，令人佃食，或私田宅有人借得，亦令人佃作」的條文。既然私田租佃制度早認爲合法，那末當奴婢、部曲生産制業已過時之際，大土地所有者就可以采取此種形式合法地把土地分配給釋放奴婢、部曲和「有籍無田」的客户以徵收地租，而非法地分租給「無籍無田」或「無籍無主」的浮客也大大地發展起來了。〔三〕

開元年間業已公開承認客户，恢復了客户的「自由」身分，雖然法令上承認的必須遵照規定在户籍上登記，而且還準備恢復其租調徭役負擔。可是「佃食」既然法律上一向准許，那麽只要登記納税，客户佃食也是合法的。這樣，佃食者就不同於部曲和過去的佃客，他們是所謂「良人」。當然我們還必須指出，佃食的客户決不是自由的佃農，他們在人格上無可避免地還存在着依附關係。陸贄翰苑

〔一〕唐會要卷八五乾元三年四月勅。

〔二〕開元年間大概爲了那些貴族、官僚利用借佃官地辦法以圖利的太多，所以曾加限止。唐令拾遺二二引日本古記稱開元令曰：「其借而不耕，經二年者，任有力者借之。即不自加功，轉分與人者，其地即廻借見佃之人。若佃人雖經熟訖，三年之外，不能種耕，依式追收更給也。」令文是針對借而不耕出發的，也包括借得之人自己不耕而「轉分與人」的禁止。按照法令「轉分與人」則國家只承認見佃之人爲直接承租者。但天寶十一載勅書已證明這條規定並未實際執行。

〔三〕黄文弼吐魯番考古記，圖版三七至四一，西州户籍册，其中分爲「有籍無田」、「有田無籍」、「無籍無主」等户。這些户籍文件可能就是括客的册子。

集卷二二均節賦税恤百姓第六條云：

今制度弛紊，疆理隳壞，恣人相吞，無復畔限。富者兼地數萬畝，貧者無容足之居，依託强豪，以為私屬，貸其種食，賃其田廬，終年服勞，無日休息，罄輸所假，常患不充。有田之家，坐食租税，貧富懸絶，乃至於斯。厚斂促徵，皆甚公賦。今京畿之内，每田一畝，官税五升，而私家收租，殆有畝至一石者，是二十倍於官税也。降及中等，租猶半之，是十倍於官税也。

大土地所有者用各種辦法掠奪土地，隨即把土地分租給被剥奪了土地的農民，借給房屋住，借給種籽，而向之徵收高額定量或分成的地租。毛主席在分析中國封建社會特點時指出「這種農民實際上還是農奴」。〔一〕

在大土地所有制發展的基礎上，客户佃食普遍推行，而在封建地主的壓力下國家終於承認那種新的封建依附關係之合法。過去公開的部曲、佃客和不公開的隱户是有限止的，雖然限止範圍的大小及其執行情況各個時期和南北地區並不一致。另一方面，大土地組織内部的奴婢、部曲、佃客生産制的落後性和其外圍隱户依附關係的不鞏固也限止了大土地所有制的發展。魏末以來大土地所有者在固有陣地上向農村進攻，加速兼并土地；隨着生産力發展而農民份地的私有化爲他們的進攻提供了有利條件。隨之而來的，大土地所有者改變了組織，要求擴大在大土地上勞動者的隊伍，非法的

〔一〕毛澤東選集第二卷，頁五九四。

逃户成爲合法的客户，合法的佃食者便是其擴大過程。國家所有制和與此相聯繫的三長或三正組織形式變成空洞的東西，「丁口轉死，非舊名矣，田畝移換，非舊額矣，貧富升降，非舊第矣」。〔一〕國家既不能直接控制土地，就不能直接控制勞動者，均田制度也就不能不瓦解。表現爲封建國家和大土地所有者的鬥爭不管怎樣變化，其結果是國家集中了土地，又把農民束縛在國有土地上以後，隨即便把集中的土地通過賜田、永業田等形式分送給貴族、官僚們，同時又通過殘酷的賦役剥削迫使農民逃亡而成爲封建依附者。大土地所有制取得了勝利。

曾經施行了三百年，中間屢次破壞、屢次重建的均田制度在唐玄宗統治期間達到最後崩潰的階段，和均田制相聯繫的租庸調制幾乎變成單純的人丁税。雖然均田制度此時並没有正式宣佈廢除——事實上以後也没有正式廢除過，但顯然只是徒具形式而已。

（原載歷史研究一九五六年第二期；中國歷代土地制度問題討論集，三聯書店，一九五七年九月）

〔一〕舊唐書卷一一八楊炎傳。

西晉占田制的目的和内容是什麼　其作用如何

西晉占田制的内容具見於晉書食貨志。食貨志記西晉户調式時提到占田的有兩處。一是關於一般人民的，稱「男子一人占田七十畝，女子三十畝」；二是關於各級官僚的，稱「其官品第一至於第九各以貴賤占田，品第一者占五十頃」（以下每降一品減五頃，至九品十頃）。按漢書食貨志載董仲舒議「限民名田」，顔師古注云：「名田，占田也。」史記平準書：「賈人有市籍者，及其家屬皆毋得籍名田，以便農。」索隱云：「謂賈人有市籍，不許以名占田也。」可知占田即名田，就是以私人之名占有土地，這塊土地有了主人，成爲私有土地。

户調式中規定了各級官僚以至一般人民的占田額，其目的在於限制私有土地，另一方面也表示在法定範圍内容許各級官僚多占土地。

我們知道自戰國以來土地買賣已經盛行，但是直到漢代，國家對於私有土地仍然有頗大的干涉權力。國家是建立在剥削農民的基礎上的。如果農民的土地集中於豪門，也就意味着農民的破産逃亡，以致減損國家的賦税收入，因而不能不和豪强的兼并行爲發生矛盾。既然國家在土地上還具有頗大權力，而土地集中的形勢又迫使國家不能采取其權力範圍内的措施以阻止兼并，所以西漢時期就有限田議，王莽竟然一度實行過王田制。東漢末年的政論家仲長統等都有類似的干涉私有土地擴張的主張。西晉占田制也就是繼承這樣一個歷史傳統而頒佈的限田制。

占田制的實際效果是非常微細的，甚至可以說没有什麽效果。西晉的貴族官僚既没有因此而受到損失，也没有阻礙他們繼續擴大他們的大地産。當時大臣王戎據說「廣收八方園田水碓，周遍天下」（晉書卷四十三本傳），當然遠遠超過於五十頃的限額。東漢以來大土地所有制日益發展，這一條歷史的道路決不是一紙法令所能堵塞的。但我們也必須承認國家之企圖干涉，縱使不能生效，也還表示這個時期的國家還有一定的即使是極其微弱的力量來對大土地所有制進行鬥争。

（原載歷史教學一九五七年一月號）

中國封建土地所有制問題的探討

我在過去寫過幾篇有關封建土地制度的論文，但是對整個封建社會的土地所有制問題，説不上有什麽成熟的意見，只是比較傾向於國家土地所有制在唐以前居於統治地位。一二年來，在學術討論中，我逐漸明確了談制度問題必須以階級分析和階級鬥争的觀點來考察。根據這樣的體會，現在我把關於中國封建土地所有制問題的一些意見寫出來，向同志們請教。

一

封建社會是一個階級社會，而一切階級社會的生産方式總是以私有制爲基礎的。階級的形成就導源於私有制的産生，生産資料所有制形式是階級劃分的基礎。一個階級所以能够占有另外一個階級的勞動，就以對生産資料的占有爲基礎。在封建社會中，封建土地所有制是地主階級剥削壓迫農民的基礎。不分中外，這是個根本原則，一切封建社會，作爲主要生産資料的土地總是爲地主階級所獨占。不管所有制形式怎樣的不同，地主私有，國家所有，甚至也有農民所有，乃至更爲複雜、細密的區别，歸根到底，土地總是爲地主階級所有。正是由於地主階級獨占了這個封建社會中主要的生産資料，才有可能通過各種地租形式來占有直接勞動者的勞動。馬克思指出：「地租不管屬於何種特殊的形態，它的一切類型，總有這個共通點：地租的占有是土地所有權由以實現的經濟形態；並且地租又總是以土地所有權，以某些個別的人對於地球某些部分有所有權這一個事實，作爲假定。」〔一〕馬克思的科學論斷所揭示的是任何時期的地租性質。在闡明封建地租時，馬克思指出：「它是占有着他自己的再生產所必要的各種勞動條件的直接生產者，對於在這個狀態下包括着一切的勞動條件即土地的所有者提供的唯一剩餘勞動或唯一的剩餘生產物；另一方面，又只有土地，對於直接生產者，是當作別人私有的，和他相獨立的勞動條件。」〔二〕由此可見，在封建社會裏，勞動者有着他自己的各種必要生產資料，但是作爲「包括一切的」生產資料土地，「對於直接生產者是當作別人私有的」，因此就得向土地所有者提供地租。在這個意義上，誰有權徵收地租，占有這份地租，誰就是土地所有者。盡管封君、貴族、官僚，他們的土地由皇帝授與，而且在一定條件下皇帝還可以限制、没收其所占有的土地，盡管在法律上皇帝具有最高的土地所有權，只要他們對勞動者佃農、佃客、部曲乃至不帶上什麽名稱的農民進行地租或地租性質的剥削，他們對於勞動者而言總是土地所有者。法律上，皇帝是最高土地所有者，他可以向地主徵收賦税，可以干預土地的占有、轉移等等，但是在經濟意義上，皇帝的土地所有權也只能通過地租來實現。不言而喻，地主階級既不創造地租，也不向皇帝或國家繳納地

〔一〕馬克思資本論第三卷，人民出版社一九五三年版，第八二八頁。
〔二〕馬克思資本論第三卷，人民出版社一九五三年版，第一〇三六——一〇三七頁。

租，他們只是把掠自農民的地租分一部分上繳給皇帝或國家而已，因此皇帝對地主在經濟上不存在封建的土地所有權。可能有人會提出，恩格斯在闡述加羅林王朝的土地變革時，曾經指出：「貴族本人，在這種情況之下也變成了國家的佃户了」，〔一〕恩格斯的確這樣講過。我的體會是，恩格斯是在分析法律上和政治上的土地等級分封制，説明土地授受關係和封建隸屬關係，不能理解爲否定了那些采邑貴族對於所屬農民的主要生産資料的占有關係，即封建主以土地所有者的地位向農民進行地租剥削這個事實。

地主階級獨占土地可以有各種各樣的形式，其中包括東方國家曾經存在過的國家土地所有制，地主階級的土地獨占權集中到皇帝手中。如果這一些國家是奴隸制國家，全國土地便爲奴隸主階級所有；如果是封建制國家，那末全國土地仍然是爲地主階級所有。誰都知道，皇帝只能是這個統治階級或那個統治階級的最高代理人，而國家總是階級專政的工具。皇帝或國家集中的土地和地租不外以賞賜、俸禄的形式分配給地主階級，地主階級以貴族、官僚乃至農村管理員的身分享受這一份地租。關於東方國家問題在下面還要討論，這裏不再多説了。

總之，在封建社會裏，土地占有關係是階級關係的基礎，地主階級不但是土地的所有者，而且是土地的獨占者，他們以封建土地所有制爲基礎，用各種地租形式占有農奴、佃農等的勞動或勞動生

〔一〕恩格斯德國古代的歷史和語言，第七九頁。

產品。

既然如此，那麼除了地主階級的封建所有制以外是否還有農民的小土地所有制呢？

我認爲，在封建社會裏農民不可能是真正的土地所有者，但是確實存在着對於土地具有相對的所有權的自耕農民（並且在農民起義後的一定時期内可以出現真正的農民的小土地所有制。這一點在後面討論）。在封建社會早期，自耕農民的數量很多，他們是在農村公社瓦解後出現的。恩格斯稱法蘭克「自由」農民持有的土地爲「自由地」，這種土地可以繼承轉移。〔二〕大土地所有制的發展過程就是自耕農民破產和封建化的過程。一般地説，在歐洲，特别是在西歐，當封建化基本完成後，自耕農民的存在便只是作爲特殊的狀態，但並不是全部消滅掉。甚至在歐洲的某些地區還相當多。大致看來，西歐一般很少，而北歐的丹麥、瑞典、挪威則相當多，特别是挪威，在中世紀時自耕農民占農民中的絕大多數。這種現象的差異是由於封建化的遲速而產生的。

封建社會早期的自耕農民是前一個社會遺留下來的，他們和封建土地所有制瓦解期間出現的自耕農民有嚴格的區别，這一點無須多説。問題在於持有自由地的自耕農民是否在整個中世紀都是真正的土地所有者。我認爲，在封建社會中，皇帝、領主的最高土地所有权對於農民自由地是絶對的，處於支配地位的。自耕農民必須繳納賦税，承擔徭役，他們向誰繳納，誰就是最高土地所有者。賦税

〔二〕恩格斯德國古代的歷史和語言，第七一頁。

和地租是有區别的，但是在封建土地所有制下，本質上同樣是基於土地所有權而加之於勞動者的經濟形式。因此，如果自耕農民向國家繳納賦税，那末皇帝或國王之爲全國土地最高所有者便不僅是名義上的了。不管自耕農民對於持有的这塊小土地有怎樣的權力，甚至可以買賣轉讓，但當他耕種這塊土地的時候，他必須承擔一些義務，當這塊土地轉移到另外一個農民手中時，新的持有者立即繼承了這個義務。所謂「最高所有權」，只有在支配、干預農民所有土地時才有真正的經濟意義，因而農民不可能是真正的土地所有者。然而當地主兼併了這塊土地時，情況就立刻發生變化，最高所有權便不再是絶對的權力，獲得這塊土地的地主是真正的土地所有者，他不向任何人交納地租，相反，他憑藉了土地所有權向耕種這塊土地的農民徵收地租。因此，從自耕農民可以出賣自己這塊土地而言，他具有土地所有權；但是他以勞動者、被剥削者的地位有這塊土地，從必須對最高土地所有者交納賦税而言，他這種所有權是從屬於封建主的土地所有權的，因而是存在着極大的限制的。地主雖然也得向皇帝、國王交納賦税，在歐洲，各級領主都得對高一級的領主承擔一定的義務，但是同樣的賦税、服役，對農民和對地主有本質的區别。地主上交的賦税是掠自農民的地租的一部分。國家徵收的賦税歸根到底是由直接勞動者承擔，而不是地主。國家是地主階級統治的工具，地主階級要從地租中支付國家機器必要的軍隊、牢獄、俸禄等開支。它和農民向國家交納的地租本質上是對立的。把二者混而爲一是不恰當的。至於歐洲領主對上級負有的某些義務，雖然也從土地授受關係産生，但這只是封建等級制的表現，和作爲地租形式的農民承擔的徭役，也存在本質的區别。

我認爲，封建社會裏的自耕農民只能具有相對的土地所有權，也就是説是有限制的、從屬於封建土地所有制的不完全的所有權。馬克思説：「決不要忘記，就連農奴也不僅是他的住宅所附屬的小塊土地的所有者（雖然是有納貢義務的所有者），且還是共有地的共同所有者。」〔一〕在這裏，馬克思正確地指出即使是農奴對於微細的宅旁土地，也可以有土地所有權，但是他却是承擔納貢義務的所有者。「納貢義務」的限制決定了這種所有權的限制性。

如上所述，我認爲在封建社會裏，只有封建地主階級是真正的土地所有者，才具有土地私有權，雖然這種私有權和資本主義私有權是有區别的。封建土地所有制是地租剥削的基礎，因此農民的反封建鬥争，不管自覺與否，歸根到底總是争取土地的鬥争。

二

有的同志認爲，馬克思、恩格斯關於東方國家土地所有制的指示只是指東方的奴隸社會而言。我認爲，就「亞細亞生産方式」這個概念來説，應該認爲是指東方的奴隸社會。但是很難斷言，凡是馬克思、恩格斯涉及亞細亞和東方的指示，一概都是指奴隸社會。馬克思在資本論第三卷第四十七章中所説的地租和課税合併在一起的亞細亞國家，從上下文聯繫起來看，显然是在談封建地租問題，這

〔一〕資本論第一卷，第九〇六頁，注一九一。

也是這一章的内容，因而「在全國範圍内集中土地所有權的亞細亞國家」正是指的封建國家。恩格斯指出：「在整個東方，公社或國家是土地的所有者，在那裏的語言中甚至没有『地主』這個名辭，關於這點，杜林先生盡可以就教於英國法律家，他們曾在印度無效地苦思過這個問題：『這裏誰是土地的所有者？』」〔一〕印度没有土地所有者的問題存在於英國入侵的時候，這個時候的印度當然處於封建社會階段，但那裏却没有私人土地所有者。因此，國家土地所有制不單是東方奴隸社會才存在過，而且也存在於封建社會。〔二〕

我覺得，理解東方國家土地所有制的關鍵，在於較原始的農村公社的長期存在。馬克思和恩格斯在談到東方或亞細亞的特點時，不止一次地指出農村公社的長期存在。以此爲前提，經典作家深刻分析了專制皇權在土地上的最高權，亦即以皇帝爲公社之父的國家土地所有制。國家土地所有制這個特點首先是東方奴隸社會的特點，但却不總是和奴隸占有制相聯繫，而是和農村公社相聯繫。只要農村公社保持得多久，國家土地所有制也能保持得多久。東方的奴隸社會由於農村公社的存在而形成國家土地所有制，在封建社會中同樣可能由於公社的存在而繼續保持國家土地所有制。而農村公社是能够一直延續到封建社會階段的。國家土地所有制是和農村公社聯繫着的，它和社會生産

〔一〕反杜林論，第一八一頁。

〔二〕大唐西域記所稱：「各安世業，倶佃口分，假種王田，六税其一」，這時候印度已經進入封建社會了，書中借用唐代均田制的永業、口分來説明封建印度的國家土地所有制是明顯的。

方式的性質劃分没有必然的聯繫，更不見得和封建生産方式不能并存，因爲這只是個土地所有制的形式，問題在於必須從内容來判别奴隸制時代的農村公社和封建制時代的農村公社，及其緊密聯繫着的國家土地所有制。

當然，農村公社形式的保持也不一定必然形成國家土地所有制。人所共知，日耳曼的馬克是長期存在的，但是並没有形成像東方那樣的國家土地所有制；俄國的公社也是長期存在的，但是也不能説俄國存在着東方式的國家土地所有制。我認爲，馬克思、恩格斯所説的與東方國家土地所有制密切聯繫着的農村公社，是印度型的較原始的狀態。馬克思指出：「太古的、狹小的印度共同體，一部分，還繼續存在到現在。這種社會的基礎，是土地共有，農業與手工業的直接結合，固定的分工」〔一〕，而這一切在日耳曼基本上只存在着遺跡而已。因此公社的存在和國家土地所有制雖有密切的聯繫，但存在着的公社保存着公社共有制的程度如何，却是各不相同的，所以即使公社形式長期存在，未必就一定形成國家土地所有制。

有的同志認爲馬克思、恩格斯所説的東方國家土地所有制並不包括中國在内。我同意這個看法。如果農村公社的存在是國家土地所有制前提的説法不錯的話，那末分析具體國家时需要注意到下列的一些問題：農村公社是否存在？保存公社共有制的程度如何？它的表現形式怎樣？它和

〔一〕資本論第一卷，第四三〇頁。

當時的封建土地所有制形式有什麽聯繫？從這些問題來觀察，中國是和印度、阿刺伯不同的，因此以印度爲典型的東方封建國家土地所有制也不包括中國在内。不僅中國，而且和中國相鄰的某些國家也不包括在這個類型中。有的同志已經指出馬克思明確地説「日本有純粹封建的土地所有權，和頗爲發達的小農經濟」，而且還説「它爲歐洲中世紀，提供了一個更忠實可靠得多的描寫」。〔一〕由此可見，在馬克思那個時代的日本封建土地所有制是接近於歐洲而和「東方國家」不同。事實上，馬克思也並不認爲中國和印度相同。馬克思説：「在印度和中國，生産方式的廣闊基礎是由小農業和家内工業的統一形成的。在印度，還有以土地共有爲基礎的村落共同體的形態；並且在中國，這也是原始的形態。」〔二〕馬克思在這裏判斷中國和印度同樣以農業和家内工業的統一爲生産方式的基礎，同時指出以土地共有爲基礎的村落共同體，亦即農村公社，只是印度還有，而在中國，這種共同體只作爲農業與家内工業統一的原始狀態，即是説，以前也存在過那種共同體，目前農業與家内工業統一的狀態是從那種共同體遺留下來的。如果這樣的理解没有錯誤，那末這裏分明有個區别，即在馬克思的時代，印度還有土地共有制爲基礎的農村公社，而中國却已經没有了。

歷史事實也是這樣。中國的確存在過農村公社，但是從戰國以來業已破壞。在討論中很多同志提到以商鞅變法爲公社破壞的標識。事實上，戰國以後中國並不存在像印度那樣的農村公社組織。

〔一〕資本論第一卷，第九〇六頁，注一九二。
〔二〕資本論第三卷，第四一二頁。

不但没有如馬克思所引英國官方所描繪的印度農村公社，〔一〕甚至也没有如恩格斯所分析的中世紀日耳曼人的馬克組織形式。〔二〕當然，農村公社的殘餘在中國保留得非常之長久，在農村中過去公社遺留下來的某些習慣仍然在起作用，但無論在性質上或者在組織形式上都起了變化。例如漢代的鄉閭制度，北魏隋唐的三長、三正制度，乃至親鄰族黨之間的關係都有古代農村公社的殘跡可尋，但是無論就内容和形式來看，都只能是封建統治的基層組織。我認爲，國家土地所有制是以農村公社存在爲前提的，中國的公社既然早已破壞，也就談不到和印度等國家相提並論的國家土地所有制。

三

不管東方的封建國家土地所有制或者歐洲的領主土地所有制，都是封建土地所有制。在封建社會裏，土地所有和實現土地所有的剥削形式總是由封建所有制占統治地位來決定的。在中國，也是一樣，土地基本上總是爲地主階級所獨占，在生産關係中地主階級是支配的階級，他們依靠土地所有權對農民進行地租剥削。毛主席指示我們：「封建的統治階級——地主、貴族和皇帝，擁有最大部分的土地，而農民則很少土地，或者完全没有土地。農民用自己的工具去耕種地主、貴族和皇室的土地，並將收穫的四成、五成、六成、七成甚至八成以上，奉獻給地主、貴族和皇室享用。這種農民，實際

〔一〕馬克思不列顛在印度的統治，馬克思恩格斯文選第一卷，第三二六——三二七頁；資本論第一卷，第四三〇——四三二頁。
〔二〕恩格斯德國古代的歷史和語言，第一三五——一五四頁。

上還是農奴。」〔一〕毛主席科學地概括了中國幾千年的封建土地所有制的基本形態，地主階級擁有最大部分的土地，而農民則很少土地，或者完全没有土地。有很少土地的農民部分是半自耕農，另外一部分是自耕農。毛主席在别的地方還精闢地分析了自耕農、半自耕農、佃農所處的地位。〔二〕自耕農民是占有少量土地的，但是他們一般不剥削别人，也即是並不能借此取得地租。毛主席還指出：「不但地主、貴族和皇室依靠剥削農民的地租過活，而且地主階級的國家又强迫農民繳納貢税，並强迫農民從事無償的勞役，去養活一大羣的國家官吏和主要地是爲了鎮壓農民之用的軍隊。」〔三〕在這裏，繳税服役的農民是包括自耕農在内的，他們對封建國家承擔着義務，這和佃農對地主繳納的地租有區别，但本質上也是地租。因此，在中國，封建地主階級的土地所有制基本上處於獨占的地位，此外雖也有自耕農的土地所有制，但却處於附庸的從屬地位，封建國家的最高土地所有權通過賦役形式的剥削而實現。

從中國封建社會的歷史來看，毛主席所分析的情况是最基本的狀態。毛主席不但從土地所有制上明確指出了地主階級及其國家和農民的對立，並且還分析了地主階級内部皇帝、貴族、地主三個階層。不管這三個階層從封建社會早期到後期有什麽消長變化，也是在地主階級内部始終存在。皇帝

〔一〕毛澤東選集第二卷，第五九四頁。
〔二〕見毛澤東選集第一卷，第五——七頁、第一一二三頁。
〔三〕毛澤東選集第二卷，第五九四頁。

的土地包括早期從公社篡奪來的山林川澤和所有荒地、没收下來的土地等等，不管其經營方式是徵收假税、屯田、官莊、皇莊等等，從封建社會開始一直到近代，都存在着皇有土地。大致説來，這種皇有土地有時多，有時少，而早期較多，後期較少。皇有土地也就是國有土地（但在管理和支配剥削所得上通常又有分别）。貴族的土地包括封君的食邑，貴族、官僚的賜田、占田、永業田以及他們憑藉其特殊身分而占領的土地。貴族的土地和皇有土地有極其密切的聯繫，但同時，貴族、官僚也和一般地主一樣，用各種手段來擴大其土地，不必都從皇有土地中分取。至於一般地主的土地，則是相對於貴族而言不具有特殊身分的地主所有的土地。不管是那一個階層，他們都是以私有土地爲基礎以取得無償勞動或生産品。這種私有可能是個人私有，也可能是集體私有，可能允許買賣，也可能不能買賣，這都不影響封建土地所有制的最本質的原則，即地主階級以土地所有者的地位剥削農民。

在中國有一個特點就是自耕農民較多，直到土改時，他們大致還占農民中間百分之二十至百分之三十的比例。在封建社會長期的發展過程中，自耕農民的經濟、政治地位和數量雖然並不是一成不變的，但是自耕農經濟從來也没有達到如馬克思所説的「由封建土地所有制解體所引起的各種形態中的一種」〔一〕。自耕農民在中國封建社會中得以保留下來，是農民階級鬥争取得的一種成果。

封建地主階級是在壟斷土地的基礎上進行經濟上的剥削和政治上的統治的，他們的本性決定其

〔一〕資本論第三卷，第一〇五三頁。

對土地的占有不知厭足。自耕農民對土地的相對所有權是地主階級力圖剥奪的東西，他們采用各種手段來兼併自耕農民的土地，從而使自耕農民依附於自己。從農村公社在戰國時開始瓦解的時候起，從公社中分解出來的自耕農民就在土地自由轉讓的條件下喪失其土地這一點漢朝人早經指出來了。土地兼併没有終止的一天，説明了地主階級始終没有能够把農民的土地全部吞没。這並不是地主階級願意保留一部分自耕農，而是由於農民的鬥争，農民起義和農民戰争制止了無限制的兼併，並且在不同程度上通過武裝鬥争從地主手中争回一些土地。在每次較大規模農民起義之後，自耕農民大致有所增加，這樣就使得即使兼併形勢如何地鴟張，自耕農民却總還占農民總數中一個不小的比例，而不像西歐那樣稀少得像「白色的烏鴉」。〔一〕

自耕農民的土地所有制在封建社會中是從屬於封建土地所有制的。自耕農的土地一方面不同於封建依附農民占有或使用的土地，另一方面却不可能體現真正的農民土地所有制。但是決不能斷言在封建社會中絶對没有真正的農民土地所有制。事實上，在一定條件下，農民曾經是擺脱封建束縛的真正的土地所有者，雖然只能是暫時的，不鞏固的。

在中國的封建社會裏，被剥削、被壓迫的農民對封建地主階級進行了頑强的、反復的鬥争。真正的農民土地所有制就在鬥争過程中曾經出現。

〔一〕恩格斯德國古代的歷史和語言，第一五一頁。

歷史記載，當階級矛盾開始激化時總有許多農民逃亡。逃亡是在地主階級進攻下農民貧困化的表現（包括自耕農與佃農），但同時又是農民反抗賦役和地租剝削的一種鬥爭形式。逃亡農民中間總有一部分逃入封建統治力量薄弱的山林川澤地區，他們在艱苦的環境下與自然作鬥爭，開闢了過去的不耕之地。爲了抗拒封建統治者的搜捕，爲了保衛生產，逃亡者還必須堅持階級鬥爭，並且常常在這些地區聚集力量發動武裝起義，因此在統治者的史籍上稱之爲「寇盜」、「盜賊」。當統治者的手臂還沒有來得及伸到這些地區時，逃亡者開闢出來的土地是由農民自己所有的。歷史上這方面的記載很多，像東晉時期長江北岸的泰縣，南北朝時期浙江的衢州，浙江的平陽縣，福建的福州、泉州山地，〔一〕山東的任城縣等某些險阻之地，〔二〕都曾爲「逋逃所聚」，抗拒賦役。唐代渝州的壁山縣，〔三〕福州的尤溪縣，〔四〕都是以逃亡户設置的。唐玄宗曾下過詔書説：「江淮之間，有深居山洞，多不屬州縣，自謂莫徭」，〔五〕從上文看來也是逃亡户。歷史上我們還常常看到所謂「海賊」，西漢末年的吕母，東晉時的孫恩都曾率領羣众以沿海島嶼爲根據地。這些由逃亡農民開闢出來的耕地，在一定時期内是没

〔一〕見三至六世紀江南大土地所有制的發展，第五十二頁（文集本五〇頁）。
〔二〕宋書卷六五申恬傳。
〔三〕元和郡縣志卷三三，渝州壁山縣條。
〔四〕太平寰宇紀卷一〇〇，南劍州尤溪縣條。
〔五〕全唐文卷三三。

有地租乃至賦役剥削的，它是農民集體或私人所有的土地。特别當農民武裝起義爆發後，兵鋒所及，農民曾經處於支配地位，矛盾的主要方面暫時轉化到農民這一邊。在這時候，就有可能在一定地區和一定時間内建立農民土地所有制。農民軍占領了一個地區，這個地區内的地主階級有的受到了懲罰，有的逃走了，剩下來的也不可能進行地租剥削，在這種情況下，無論有没有明確的制度，土地自然也就歸於耕種這塊土地的農民所有。農民當然也可能承擔一些義務，繳税服役，但這是爲了支持自己的軍隊，爲了進行鬥争而支付的，它和封建義務是完全對立的。鍾相、楊么占領的洞庭湖周圍地區，「春夏則耕耘，秋冬水落則收糧於寨」，〔一〕明顯地説明在那裏不存在封建土地所有制。實際上，規模較大的農民起義都在不同程度上實現真正的農民土地所有制。當然，農民的土地所有制不可能鞏固下來。隨着農民起義的被鎮壓或變成改朝换代的工具，隨着逃亡農民之被編入政府户籍或爲豪强所控制，真正的農民土地所有制也就消失了。

綜上所述，我認爲，中國封建土地所有制的形式是皇帝、貴族、地主的所有制，此外還有以個體勞動爲基礎的不完整的、處於從屬地位的自耕農民土地所有制（當然，在邊遠地區也還存在着奴隸主的土地所有制和氏族公社或農村公社的土地所有制）。

〔一〕楊么事跡考證，第四六頁。

四

在關於封建土地所有制問題的討論中，中心問題在於中國封建社會裏的土地究竟是國有制還是私有制。我的理解是，國有制與私有制在封建社會裏都只能是封建土地所有制，其區别只在於地主階級的集體所有或私人所有，歸根到底都是私有的。

有的同志認爲皇帝或國家對於土地具有最高的支配權力，土地雖然可以買賣，却要受到法律的限制，因此中國的封建土地制形式是國家土地所有制。有的同志認爲土地可以自由買賣，説明私人所有權的存在，因而中國封建十地所有制的形式是私有制。討論中有一些問題在上面已經談到，這裏只想就皇帝或國家對土地的干涉、對土地買賣的限制問題提出一些不成熟的意見。

過去，我一直認爲在唐代中葉以前，封建國家土地所有制居於統治地位，地主的土地所有制和自耕農民的所有制是從屬於國有制的。秦漢以來皇帝或國家擁有大量土地，並對私有土地的頗大的干涉權力，便是國家土地所有制的具體表現。唐代中葉，具體地説玄宗統治期間，均田制崩潰，對土地買賣和土地兼併已漫無限制，大土地私有制或地主土地私有制便居於統治地位。這個問題的討論中，部分同志持有和我相同的或者類似的論點。但是一二年來，通過羣衆性的學術辯論，通過自己的反復思考，覺得這個論點有一些問題不好解釋。

我過去的論點認爲中國是東方型的封建國家，土地買賣一直受法律限制，特别是在唐以前，有一個較長期間基本上規定不準土地買賣。我還認爲這種限制在一定程度上反映了農村公社殘餘的作用。皇帝的最高土地所有權是過去農村公社土地公有的篡奪和集中，皇帝作爲「公社之父」來支配全國土地，因此就對私有土地有無限的干涉權力。王莽的王田規定「男口不盈八而田過一井者，分餘田予九族、鄰里、鄉黨」，便反映了恢復已破壞的農村公社的企圖（我承認戰國以來農村公社已受到破壞），他一方面要抑制兼併，同時又大封五等爵，也是企圖加强封建國家土地所有制，確定封君土地占有與皇有土地的關係。在此以後，晉代的占田、特別是北魏以後的均田都是對私有土地的限制，同時也和農村公社殘餘有密切的聯繫。均田制中的親鄰連帶負責制是封建國家控制農民的手段，但也是農村公社集體所有制殘餘的反映。直到宋代，法律上還規定土地買賣的親鄰優先權利，〔一〕這種限制顯然表明古代土地轉移不出公社的成規，在封建社會中仍然起一定的約束作用。從這一些論據出發，我認爲中國是東方型的國家。當然我也承認土地可以在法律許可的條件下買賣，王田制畢竟是曇花一見的没有行得通的制度，親鄰關係也不是絶對的等等因素，因此我認爲中國的農村公社在封建社會中畢竟只剩下了一個殘餘形態，所以國家土地所有制也是不完整的，它在唐以前和私有制同時存在，但居於統治地位，唐中葉以後這個統治地位也喪失了。

以上這些論點所要説明的是，國家干涉私有土地和限制土地買賣在中國唐以前究竟達到怎樣程

〔一〕宋刑統卷一三，建隆起請條。

度，是不是國家土地所有制的標識。

有的同志已經指出，國家干預私人或集團所有土地的事，在封建社會裏帶有普遍性。在中國固然顯著地存在這種干涉，在歐洲也不乏其例。恩格斯指出過在墨羅溫王朝末期、特别是在加羅林王朝統治時因犯法而没收采邑和自由農民的土地的事實。采邑是來自賞賜的，可以説只有占有權，但自由農民是有私有權的，並且就是教會占有的土地也曾合併於王室土地。甚至「加羅林王朝在個别法令中還曾設法限制直接侵奪農民土地」。〔一〕這一些都可以説明在歐洲同樣存在皇帝干涉土地轉移的事例。同時，不管查理大帝或漢武帝，抑制豪强兼併都不過是爲了保證封建國家對自耕農民的剥削，而實際上都在鼓勵、縱容豪强兼併，因而並没有什麽效果。

土地能否自由買賣確是土地私有權的重要標識，但不能認爲土地買賣受到了限制就表示没有土地私有權，因而就是國家土地所有制的標識。我們知道，歐洲中世紀土地買賣是極爲稀見的。中國土地買賣雖然有法律限制，但無論如何較之歐洲遠爲流行，如果認爲這就是國家所有制的標識，那就很難解釋爲什麽歐洲反而不是。另一方面，印度封建時代土地買賣也不是完全不準的，在公社内部印度農民可以買賣、抵押、繼承他的這塊份地。

由此可見，國家對私人土地的干涉和對土地買賣的法律限制，正如有些同志指出來的，僅僅表示

〔一〕科斯明斯基、斯卡兹金中世紀史，第一三七頁。按這裏可能指的是查理大帝八一一年的詔書，但没有找到原文。

封建社會中私有權觀念和資本主義私有權觀念的區别。如以此證明中國的國家土地所有制，那就必然得到一個結論，即是不分中外東西，凡是封建社會都只能是國家土地所有制。假使這樣，就很難理解爲什麼經典作家要特别提出東方或亞細亞的國家來。

就中國歷史來考察，國家對土地的干涉或對土地買賣的限制，一方面在不同的歷史條件下有變化，另一方面在同一個歷史時代内也呈現出複雜的現象。

過去我認爲唐中葉以前國家土地所有制占統治地位，這一點實際上是以均田制的興廢作爲界綫的。正由於此，連帶地力求均田制施行以前的國家土地所有制形態，便上推到秦漢、戰國。然而這個時期國家對土地買賣和田畝占有的限制却又比較寬弛。我們應該承認封君的食邑、貴族官僚們的賜田是由皇帝或國家授與的，但是更應該承認「富者田連阡陌，貧者無立錐之地」的現象主要不表現在食邑和賜田。貴族、官僚、豪强除了食邑、賜田和私占公田之外，和一般地主一樣，主要是通過各種手段包括買賣、高利貸乃至强占，來直接侵奪自耕農民土地，擴大其土地占有。陳湯所説「關東富人益衆，多規良田，役使貧民」，〔一〕貢禹所説「貧民雖賜之田，猶賤賣以賈」，〔二〕都説明自耕農民土地的喪失和大土地所有制的發展，而其中是以土地的自由轉讓或買賣爲主要條件的。這種情形，正與上文曾引據的恩格斯所説日耳曼自由民在公社瓦解後喪失其土地的過程相一致。當然，由於中國古代公

〔一〕 漢書卷七〇陳湯傳。
〔二〕 漢書卷七二貢禹傳。

社農民是帶有奴隸性的，因此公社瓦解後出現的自耕農民，在對國家的關係上具有更强烈的人身控制。但是在份地的得以買賣以至這塊土地的喪失，是經歷着同樣過程的。我對於周代歷史毫無研究，如果説周代是奴隸主國家土地所有制，是東方型的，那末這個國家土地所有制在戰國就不存在了，因爲公社瓦解了，公社土地變成自由地了。公社瓦解和封建生産方式的形成並無必然聯繫，但在中國，也在法蘭克王國，是和封建大土地所有制聯繫起來的（如果在奴隸社會發展中瓦解，它也是奴隸主大莊園形成的條件）。至於對大土地所有制無限擴展，漢代皇帝也像查理大帝一樣想限制一下，譬如刺史六條察吏的第一條便涉及「强宗豪右，田宅踰制」，然而這裏所謂的「制」實際上並不存在，只有師丹建議限田才在紙上訂出一個「制」來，而這個限田制度也終於是紙上空文。師丹説漢「不以民田、奴婢爲限」，〔一〕可見漢代對於土地並無具體限制。因此，我們應該承認在漢代所謂對土地兼併的干涉是建立在不干涉的基礎上的，對土地買賣的限制是建立在准許土地買賣的基礎上的。

當然，漢代的自耕農民也像後來的自耕農民一樣，或者説和一切封建國家中的自耕農民一樣，在經濟意義上他們並不是真正的土地所有者，因爲他們對國家提供的賦役實質上也是封建地租。但這畢竟和東方國家的公社農民不同，和私家的封建依附者也不同。封建國家土地所有制是並不以國家對自耕農民的最高所有權爲標識，而是以根本缺乏土地私有制、即是連封建的私有制都缺乏爲標

〔一〕漢書食貨志。

識的。

漢代土地自由買賣很顯著，而且似乎也没有必須官府批準的規定。現存的幾件東漢買地券都不見這個痕跡。建寧四年買地券的買主是「左駿廄官大奴孫成」，是個官奴，以這樣的特殊身分買田，也只須有「旁人」「異姓」「知約」，「沽酒各半」就成立了。〔一〕自漢以後，國家干涉和土地買賣限制的情況又怎樣呢？西晉有一個占田制，那是帶有限田的意味的。我在一篇論文中强調了私有土地所受的限制，認爲占田、課田制是一種封建國家土地所有制形式，貴族、官僚的大土地是從屬於封建國家土地所有制的，課田農民是隸屬於國家的。這個論點，如果僅從貴族、官僚大土地和皇有或國有土地的聯繫、課田農民對封建國家的關係，來証明其爲封建國家所有制是不够的，這在上面我已經談到。皇帝爲了維持其權力而力圖加强對大地主的控制，並使貴族與皇室或國家永久聯繫起來的嘗試，在法蘭克王國也同樣出現過（雖然具體的情況不一樣）。這一點恩格斯早經指出，但其結果恰好與之相反，「反而導致王權的徹底的破滅、豪族獨立和帝國的瓦解」。〔二〕中國雖没有到這樣程度，但皇權是削弱了。我認爲課田農民亦即廣泛意義上的「自由」農民，那末其隸屬於國家也無非是一般的國家或皇帝對於自由農民的最高土地所有權的表現而已。由此可見，我的論證只能説明法律意義上封建私有權的限制性，而在經濟意義上則只能説明自耕農民對國家承擔的賦役本質上是封建地租的特殊形

〔一〕羅振玉地券徵存。
〔二〕恩格斯德國古代的歷史和語言，第七四頁。

式，以此引伸到封建國家土地所有制是論據不足的。

有的同志以東晉、南朝買賣文契都要通過官府這個記載來證明封建社會中私有權的限制性是對的，如果以此引伸到封建國家土地所有制，就我檢查過去自己的論證而察覺到的錯誤來看，恐怕也是不恰當的。因爲買賣文契之要通過官府包括了所有需要立文契的各種東西，譬如奴婢、牲畜、房屋等，而決没有人因此認爲奴婢、牲畜、房屋也是國有制。主張國家土地所有制的同志們還常常引用梁武帝强買王騫土地這一件事作證明，〔一〕其實封建社會中這類强取豪奪的事到處都是，皇帝逼買一個貴族的田，而貴族、官僚、豪强逼買農民的田更是家常便飯。這一些，我以爲很難作爲封建國家所有制的論據。

一般地說，自漢以來，國家干涉私有土地的權力，西晉時在法令上曾經强化一下，貴族、官僚占田有一個限額（限額同時也是一種配額）。然而這是法律的虚構，對人民是一種欺騙，晉朝人就已說穿「人之田宅，既無定限」了。至於土地買賣，即使在占田、課田制下也並没有限制。東晉、南朝更不待論。

我在過去强調中唐時期的變化，如上所述是以均田制的崩潰爲界綫的。我們如果以國家干涉私有土地或限制土地買賣作爲國家土地所有制的標識，那末較之漢代，較之唐以後，在實行均田制的土

〔一〕賀昌羣先生的論文中引證過上述文契和强買王騫土地事，但不止賀先生有這樣看法。

地上和實行均田制的時期是更明顯地具有這個標識的。但如前所說，這不能作爲標識。有的同志根據馬端臨的一個假定，把均田制的範圍限制在作爲口分田的荒閒無主之地及絶户之地。我以爲問題還不在那裏，〔二〕受均田法令約束的不僅在於配給農民的口分，而且也在於桑田。但是均田制的意義總不外是皇帝或國家最高土地所有權在均田農民份地上的强化。實際上，即使没有均田制，皇帝或國家總是具有這種權力的。同時，均田制下的地主既然能够徵收地租，那就不管有什麽限制，他們總歸是土地所有者。何况均田制並不包括北魏境内所有的土地。國家的屯田，貴族、官僚乃至代遷户的賜田等便是在法令限制之外的。這一點，其實魏書也是明確指出太和九年的均田詔書是「均給天下民田」，即是説貴族、官僚土地是不在均田之限的。我們知道，賜田可以繼承、買賣，至少是在均田令頒佈不久以後就可以買賣。宋孝王關東風俗傳説那種「永賜」的公田是得聽買賣的，東魏遷鄴後「所得公田，悉從貨易」。這一類「公田」也即是後來的永業田，受出者包括禁衛軍，亦即代遷户。至於另外一種對於貴族、官僚特别賞賜的所謂「横賜」田，宋孝王没有提到可否買賣。唐代開元二十五年令明確規定：「其官人永業田及賜田欲賣及貼賃者皆不在禁限」。〔三〕由此可見，貴族、官僚的賜田及永業田都可以出賣，不受限制。這類土地不僅在經濟意義上是私有土地，在法律意義上也是可以自由買賣的私有土地。自然，貴族、官僚的部分土地和一般地主的土地，如果以奴婢耕牛受田和以桑

〔二〕魏晉南北朝史論叢續編，第二十八頁。
〔三〕宋孝王關東風俗傳及開元二十五年令，均見通典卷二。

田名義保留下來的，也不能買賣或限制買賣，但這並不妨碍他們以地主的身分進行地租剥削。因而不準或限制買賣，只有對於均田農民才體現國家最高所有權，國家利用法律把農民更嚴格地控制在土地上。我們應該承認，均田農民對於露田（口分）桑田（永業）是缺乏或者説只有嚴格限制的私有權的。雖然如此，我們也應該承認，這樣的規定和戰國以來的土地自由買賣傳統不相符合。戰國以來大致是在肯定土地買賣的基礎上加以限制，而現在是在不準或限制買賣的基礎上容許有條件的買賣（桑田）。但是這種禁令在農民反賦役鬥争和大土地所有者的進攻下，實際上没有什麽效果。地券徵存載有北魏正始四年張𥡴洛買墓田券，中間有這樣幾句：「其地保無□（按當是「寒」字）盜，若有人識者，仰伏（依）畝數出皃好□□□□□□民私□□券文後，各不得變悔，若先改者，出北絹五匹」。券文不涉及口分、桑田，而着重書明這塊土地「保無寒盜」，也即是保證賣主對這塊土地具有所有權。下面雖有缺文，大意是説這是個私券，雙方不能悔改，也不涉及官府是否准許。由此可見，儘管法令上剥奪了農民固有的相對的不完整的私有權，然而在民間却仍然用私契的形式來進行買賣，仍然承認傳統的相對的私有權。至於宋孝王所述北齊時農民出賣典貼其所受土地的情況，則是反映了農民反賦役壓迫的鬥争。

均田制表示國家對私有土地的干涉，對土地買賣的限制加强了。但是這種干涉和限制是否超過一般封建國家的干涉和限制，尚待仔細考察，我們應該更多注意到實際施行的情況。至於均田制和三長組織内具有某些農村公社特徵的看法，我還没有改變，只是這些特徵並没有超過歐洲封建社會內日耳曼人、斯拉夫人所保留的公社或氏族因素。

當然，認爲中唐時期發生一些變化，這並非毫無根據，但是不能誇大這些變化。均田制並没有絶對否定土地買賣，而均田制崩潰後也不是土地買賣毫無限制。這一點很多同志都已指出。如上所述，直到宋初還規定親鄰承買土地的優先權，甚至還規定東西南北四鄰在優先承買方面的次序〔一〕。有些地區在解放前仍然還存在親鄰優先承買的約束性的習慣。我們應該看到限制是在削弱，但過分强調其變化是不恰當的。

我和很多同志一樣，認爲相對於唐以前的部曲、佃客而言，唐代的莊客或佃客在人身依附關係上有所削弱。同樣的，誇大這種削弱也是不恰當的。我們知道，直到宋仁宗時，江淮、兩浙、荆湖、福建、廣南諸地的佃客非時不得起移，必須地主「給與憑由，方許别住」。〔二〕至於邊境地區部曲制，更是保存得很久。〔三〕直到元代，「地客（即田客）生男，便供奴役，若有女子，便爲婢使，或爲妻妾」，乃至有權把持地客男女婚姻。〔四〕可見，在南方，人身依附關係仍然非常强烈，北方雖削弱了一些，然而在封建社會裏，人身依附關係是不可能消除的。

〔一〕規定次序以東爲首，似見於慶元條法事類，但檢查不得。
〔二〕宋會要一二一册（舊印本）天聖三年十一月詔。
〔三〕建炎以來朝野雜記乙集卷二〇，「癸酉虛恨之變」條稱中鎮寨世選大地主豪强馬氏一人爲寨將，佃户爲土丁。
〔四〕並見元典章卷五七。

强調中唐時期變化的一種論點是莊園制或莊田制的興起和發展。我還不太理解莊園制或莊田制的內容究竟是些什麽。唐、五代時所見的莊田、莊園等詞，有時是指地主的大地產，也有時指的是廣泛的附有房屋的田地，相當於過去的田宅，〔一〕很難以此表示一個確切的涵義。

（原載新建設，一九六一年第五期）

〔一〕唐會要卷八五逃户項引長慶元年正月赦文：「應諸道管內百姓……流離死絶，見在桑産，如無近親承佃，委本道觀察使於官健中取無莊田有人丁者，據多少給付。」這裏的「莊田」便只是指田宅而言。五代會要卷二五逃户項下引周顯德二年勅稱：「自前及今後有逃户莊田，許人請射承佃，供納租稅。」下面一再稱莊田、莊園，都是指一般田宅而言。

關於評價曹操的幾點意見

關於曹操的評價討論，發表的文章已經不少，我覺得很多話都已經說了，自己没有什麽創見，至多作一些補充而已。

一

爲了正確評價曹操，我想首先要看一看曹操所處的時代。

從二世紀中葉到二世紀末這個年代裏，東漢帝國的危機達到了非常嚴重的階段。桓帝永壽三年（一五七）劉陶上書説：「伏念當今地廣而不得耕，民衆而無所食。」延熹六年（一六三）陳蕃上疏稱：「況當今之世有三空之厄哉：田野空，朝廷空，倉庫空，是謂三空。」（並見後漢書本傳）「田野空」，「地廣而不得耕」，突出地表明了農業生産萎縮的現象。這時候先進的生産工具、生産技術得不到推廣，例如東漢初杜詩在冶鑄手工業上創造的水排在東漢末年便没有廣泛利用，靈帝時創造的渴烏拿來作灑路之用。特别嚴重的是農民的流亡問題。東漢一代流亡問題一直存在，到了末年更爲嚴重，桓帝統治期間，一次就有數十萬户「流冗道路」（後漢書桓帝紀永興元年（一五三年））。東漢初年我們還經常看到「賑貸稟食貧民」，「假與公田、苑囿」，准許流民「自占」（即准其在客鄉落籍占户）等等措施，在東漢末年這種企圖延緩小農破産的措施也很少見到了。這些流亡農民大部分流入私家，仲長統所説「豪人之室，連棟數百，膏田滿野……奴婢千群，徒附萬計」（昌言理亂篇）。那些千群萬計的奴婢徒附便是從農村中抛擲出來的破産農民。也有一部分流入城市，成爲脱離生産的遊食，他們在城市中至多作一些兒童玩的泥丸、泥車、瓦狗和别的玩具（王符潛夫論浮侈篇），更壞的是淪爲奴婢也不免於死亡。桓帝建和三年（一四九）詔：「今京師廝舍，死者相枕，郡縣阡陌，處處有之」，長安城内奴婢宿舍中死亡枕藉，各地田畝間到處是倒斃的農民。這是一個什麽世界！

這樣嚴重的社會危機，主要的原因是由於貴族官僚大封建主對小農土地的兼併。這些貴族豪人殘酷地剥削人民，過着極端奢侈荒淫的生活，而人民却在死亡邊緣上掙扎。

促使農民喪失土地流離死亡的原因除了貴族豪人的兼併以外，還有賦役壓迫，特别是漫無限制的傜役和調發。當時人已經説「視民如寇讎，税之如豺虎」（後漢書左雄傳），在調發中連農民的耕畜和大車都被徵發出去。

政治上的腐朽在這裏無須多説，皇帝公開賣官，外戚宦官横行不法，貪污酷暴的事舉不勝舉。國家成爲一架壓榨人民的龐大機器，而這架機器又是那樣臃腫不靈。專制的中央集權制依然維持其軀殻，但實際上皇權已經衰弱到難以保證對地方的控制。這時候地方官和地方大族結合，擴大了地方權力。地方官經常自由徵收賦税，所謂「横調」「私調」。地方政府稱爲「郡朝」「國朝」，刺史太守對他們的僚屬有君臣之分。地方大族中的官僚、名士、豪强操縱選舉，藏匿逋逃，實際上掌握了地方權力和中央對抗。地方分裂主義在漢末正在迅速滋長。

在嚴重剥削壓迫下的人民包括漢族和國内各族人民紛紛起來反抗，從二世紀初到二世紀末不到一百年的時期内，見於記載的起義事件有六十七次之多，單是桓帝統治期間（一四七——一六七）就有所謂「盗賊」的記載十一次。階級危機極度深刻，終於爆發了一八四年的黄巾大起義。

在對外關係上我們也看到東漢帝國的極度衰弱。二世紀中葉以後，烏丸、鮮卑經常威脅帝國的北方邊境。烏丸在桓帝時「寇掠青徐幽冀四州」，鮮卑尤其强盛，靈帝時「幽、并、涼三州緣邊諸郡，無歲不被鮮卑寇抄，殺略不可勝數」，一七七年漢朝發兵出擊，爲鮮卑所敗，死者十七八。

如上所述，我們可以看到東漢帝國已經衰弱到難以維持的地步：社會生産萎縮，大量勞動力被迫拋擲在生産綫外，廣大人民過着極爲悲慘的生活；政治極端腐化，地方分裂主義日益滋長；對外軍事嚴重失敗，北方邊境的安全已經無法保障，總而言之，東漢帝國的秩序，包括經濟、政治、軍事各方面全部混亂不堪。

一八四年的黄巾大起義便是在這種情況下爆發的。義軍是給鎮壓下去了，但各種地方勢力已經不再要這個帝國，州郡牧守、豪宗大族各自組織武裝來鎮壓義軍，這就無可避免地接着來到的是各個地方軍事集團的混戰。這一場混戰導致的後果是大家所知道的，便是社會生産更加萎縮，人民生活更加悲慘，政治局面更加混亂。

曹操便是處於這樣一個時代中。對於曹操的評價，我想應該考察他的個人活動對於二世紀以來存在着的嚴重局勢是有所改善呢，還是使之更爲惡化？

二

首先應該肯定曹操在中國北部安定生産秩序、恢復生産方面作出的貢獻。恢復生産的措施在農業上是屯田制的建立，在手工業上是官府手工業特别是冶鐵手工業的建立。

關於屯田，幾乎所有論文都承認所起的積極作用，也都談到和屯田相聯繫的水利灌溉事業的興建。這一方面無須贅述。

由於坑冶業的破壞，三國初期鐵極其缺乏，連一些刑具也改用木制。曹操在平定河北之後就設置司金中郎將，專司鐵冶（見三國志王修傳注引魏略）。鐵冶業的恢復，使曹操政權能够獲得武器和供給分佈各地的屬於大司農的屯田民以足够的農具。而在這個時期恢復手工業生産，設置官府作場還意味着在城市手工業停頓時一定程度上保證了必要的社會分工。

我們還可以看到生産工具的進步和生産技術的提高。漢武帝時就發明的耬犁這時推廣到了敦煌；東漢末年發明的渴烏用以灑路，這時馬鈞重製或改製爲翻車，開始用以灌溉；司農王思宏創造了水碓，而且很快就推廣（見魏志張既傳，盧弼集解）；東漢初年就發明的水排，這時才重又用以冶鐵，馬鈞改進了織車。這些進步的工具有一些早已發明，可是東漢末年幾乎給遺忘了。

各項有利於生産的措施使農業收穫量有所增加。雖然傅玄所説「白田畝至十餘斛，水田至數十斛」可能有點誇張，但嵇康養生論説：「夫田種者，一畝十斛，謂之良田，此天下之通稱也」，也較之西漢時期畝收一石至四石者增加得很多。當然，東漢較之西漢必然已有進步，並不是突然提高，但曹魏時期的各項有利措施如水利灌溉事業的興建，先進生産工具的推廣和創造，以及采取精耕細作的方法等等應該估計在内。

當然，社會生産的恢復和推進，首先應該歸功於廣大勞動人民，正是勞動人民的生産鬥争和階級鬥争推動了社會發展，曹操個人作用較之廣大勞動人民的作用來説是極其微細的，但是他在這裏確是起了積極作用。

剩下來的一個問題，就是屯田制下的土地關係和剥削形態。屯田兵民是在軍事或半軍事控制下耕種國家土地的佃農，他們對土地没有任何權利，他們對於所耕種的那塊小土地連使用權也不鞏固，國家可以隨意使之遷移。部分屯田客所謂租牛客户，連牛和農具也是國家配給的。他們所受剥削達到百分之五十至百分之六十之巨。從這一些看來，他們對國家的人身依附關係是非常嚴格的，因此到了後來，租牛客户竟然被作爲一種賞賜，剥削也是十分嚴重的。然而當屯田客也有較有利之處，就是不服徭役（屯田兵當然還是兵）。而徭役是當時最嚴重的負擔，不服徭役是進行經常性生産的重要保證。屯田客和私家的佃客相同，但私家之客只是在主人「庇護」下逃避徭役，而屯田客却是合法的免役。人民所以能够接受屯田制，主要由於較之漢代一般農民和私家依附者都較爲有利。至於郭老所説由於曹操把剥削所得「用於軍需，用於國家」，「因而樂於捐輸」，那恐怕忽視了國家和軍隊的階級本質。

對於一般農民（那是農業勞動中的多數），曹操調整了租算制度，把漫無限制的調發基本上固定下來，同時禁止地方官「擅興發」，漢代長期存在的「公調私歛」混亂現象至少有所改善。田租方面把三十税一改爲按畝收租，對農民而言畝税四升決不比漢代重；對地主而言，則是在肯定大土地占有的基礎上要求承擔田租。曹操頒佈的租調制在當時説來也是有一定的進步性的。

然而我們也不能過份强調曹操統治時期剥削的減輕。屯田客免除了徭役，但剥削量還是很重的，實質上屯田客是專門承擔農耕方面勞役的農民。一般農民在租調負擔上有所改善，但徭役還是非常嚴重的。建安二十四年（二一九）侯音的起義，三國志武帝紀注引曹瞞傳，説「南陽間苦徭役，音於是執太守東里褒（少帝紀作衮）與吏民共反，與關羽連和」，這件事應非僞造。就在這一年陸渾百姓孫狼等起義，也是由於徵發人民到漢中服役，「百姓惡憚遠役」，才起來反抗（見三國志管寧附胡昭傳）。晉書劉頌傳稱：「昔魏武帝分離天下，使人役居户，各在一方，既事勢所需，且意有曲爲，權假一時，以赴所務，非正典也。」又説：「魏氏錯役，亦應改舊。」我們對於這種役法還不知道其具體辦法，照劉頌的話推測，應該是服役不在本鄉，彼此交錯，所以稱爲錯役。劉頌説這是「事勢所需」，也是曹操「意有曲爲」，即是由於客觀形勢和曹操的主觀意圖所決定，客觀形勢是三方分立，但曹操主觀意圖是什麽，他没有説。不管怎樣，這種役法給人民帶來痛苦，也給生産帶來損失，所以南陽、陸渾人民才起來反抗。屯田制剥削嚴重，又帶有嚴格的强制性，我們很難説人民就都甘心樂從，更不能認爲符合於人民的土地要求，因爲屯田客對於所耕土地既没有所有權，也没有占有權。屯田制施行不久，在關中就發生過屯田客吕並的起義，這雖然是規模不大的個别的事件，也説明屯田客對於當前的處境並不滿意。

曹操是統治階級中的人物，他的政權只能代表統治階級的利益。封建國家和封建主對農民的矛盾是無法調和的對抗性矛盾。自從這一相互對立而又相互依存的階級出現在歷史舞臺上時就存在着矛盾，因而一部封建社會史也就是農民對地主的階級鬥争史。大規模的農民起義不可能長期繼續下去，而小規模的分散的小型起義總是在這裏那裏不斷發生。歷史上所歌頌的貞觀之治，宋代初期，明代洪永兩朝都在不同程度上進行一些進步的改良措施，但是翻開史籍仍然可以發現多少次的起義。根本矛盾既然客觀存在，鬥争也就不可避免，統治者頂多能够約束自己一下，使矛盾緩和。曹操進行了一些改良措施，矛盾得以暫時緩和，但農民既然還是受壓迫，受剥削，當然仍會起來反抗。我們既不應該由於仍然有農民起義發生而抹煞曹操所進行的一些措施的積極作用，同時也不應該認爲這些措施完全符合於農民的要求，而這也是不可能的。

在手工業方面也是一樣，手工業工人被置於官府的嚴格控制下，稱爲百工，他們不能轉業，世代相傳，身分和士卒相等。雖然這在曹魏缺乏證據，但從晉代法令上可以看到。

我們肯定屯田制和官府手工業建立的進步意義主要在於恢復生産，安定生産秩序。我們説這些措施符合於人民要求也僅僅在這個意義上説。我們説人民的生活有所改善，也僅僅較之漢代中葉以後，特别是對漢末地方軍事集團混戰時期而言。我們並不是也不應該説農民樂於受剥削，樂於當一名屯田客或屯田兵。郭老的措辭可能容易使人誤會，但我以爲他的原意也只是指此而言。

恢復生産的確是「當務之急」，生産不恢復，就要缺糧，就要餓死人，事實上已經餓死了好多人。然而在恢復生産也許有幾條途徑，譬如説，來一個休養生息、輕徭薄賦，通過小農自由生産來恢復。然而在這時候我們知道這個辦法行不通。首先那時是一個分裂局面，在建立屯田制前後群雄角立，所謂「名豪人俠、富室强族」的武裝組織星羅棋佈，到處劫掠，農民無法獲得安定的環境來進行生産；同時在生産力極度凋敝的情況下，個體農民也缺乏必要的生産配備。在這種情況下，迫使農民不得不投身於某個武裝組織的「保護」下來進行生産，通常就是宗族鄉里的堡塢組織，這種宗族是由族中的顯貴、豪强所控制的。屯田制的軍事組成形式基本上也是一樣。這時候的恢復生産只有走上這一條道路，堡塢組織是這樣，屯田組織也是這樣。不管屬於國家或私家，歸根到底是人身依附的加强。這是一條痛苦的道路，看來和農民的主觀意圖是不相符合的。這裏存在着矛盾，農民渴望安定生産秩序、渴望恢復生産；而爲了恢復生産，却使自己置身於嚴格的人身控制下。因此，雖然暫時接受了這個措施，當環境發生變化的時候，這種組織形式是維持不下去的。

我認爲封建國家的屯田制在一定程度上是和堡塢控制下的生産組織相對立的（見三國志衛覬傳），但是同一類型的組織，這種組織在混亂的軍事時期幾乎是維持與恢復生産唯一可行的辦法。我們知道在西漢末年也曾出現同樣的情況。

三

曹操究竟代表什麽人的利益，這似乎也還有不同意見。有的同志認爲他代表强宗豪右利益，「聯絡豪强，勾結士族地主」；另外一種意見認爲曹操所代表的是一般地主或中小地主的利益。我想首先應該明確曹操所代表的是整個地主階級的利益，在鎮壓農民起義，鞏固封建政權這一點上所有地主階級甚至半封建半奴隸主都是一致的。存在的紛歧是統治階級内部分野的問題。認爲曹操代表强宗豪右利益的同志們通常舉出曹操和許褚、李典、吕虔諸人的關係爲例，但主張曹操代表一般地主、中小地主的同志們也可以舉出這些人爲例，因爲許褚、李典等正如後漢書周紆傳所説的閭里豪强，他們對貴戚權門、冠族世家來説顯然大有差别。我想如果單純從曹操的附從人物來判斷其代表性是不够的。事實上各個集團所包含的人物很難區别其不同。在這時候各個軍事首領都有他們的附從者，大體上主要是兩類人，第一類是地方强宗豪族，許褚、李典等便是這一類；第二類是出身高低不等的謀士，荀彧、陳群、郭嘉等就是這一類。曹操手下是這些人，和他争奪北方霸權的袁紹手下其實也是這些人。我們看不出審配、郭圖、逢紀等和曹操手下謀士在社會地位上有多大差别。袁氏將領我們知道得不多，三國志袁紹傳説「當是時，豪俠多附紹，皆思爲之報」，這些豪俠自然有文有武，其中應該包括許褚一類的閭里之豪。因此在這個問題上我想還是多考慮曹操實際施行的政策。

很多同志都指出曹操平定冀州後所下的帶有抑制豪强意味的令，這一件事無論如何應該承認在對待豪强的態度上和袁紹顯著不同。他不但對於冀州豪强如此，就是對待附從自己的豪强也設法削弱其勢力，譬如李典的部曲、宗族萬三千口都遷徙到鄴城。他所用的地方官如梁習、司馬芝、倉慈等也秉承曹操意旨在地方上裁抑豪强。他對於過去大族、名士操縱選舉是不滿的，「唯才是舉」的選舉政策固然有許多原因，其中重要的一點是削弱大族名士在地方上的特權。綜合起來，曹操在經濟上、政治上、軍事上都進行了一些抑制豪强、大族、名士的措施。我想如果單憑這一些記載而把曹操抑制豪强絕對化固然不對，但忽視這些記載簡單地認爲曹操代表豪强、士族（士族名稱這時還没有成立，這裏姑且以之稱這一類人）的利益也是不對的。

曹操當然不僅有抑制豪强、士族的一面，也有聯絡豪强、士族的一面。這時候統治階級的骨幹既是上述兩類人，他不可能加以排斥，相反的，他倒是盡力争取他們的支持。他平冀州後所下令對於大族豪强很不客氣，但同時他也「辟召青冀幽并之士漸臣使之」，崔琰便是其中的一個。他雖然譴責審配宗族藏匿罪人，但是他的兩個叛將投託青州豪强臧霸保護（時曹操委以青徐二州），他也無可奈何。（見三國志臧霸傳）

曹操企圖重建一個鞏固的集權政府，就必需和地方分裂主義作鬥争，也就不能不抑制豪强大族，以便加强中央對地方的控制。不但他如此，他的繼承者曹丕、曹叡祖孫三代都在向這個方向努力，雖然越來越差勁。這個意圖我們不妨説他取得了成功，但仍有很大的限制。客觀形勢不可能完全阻止地方分裂主義的滋長，舊的受了打擊，新的又要産生。袁楊等世族受了打擊，並没有完全喪失其社會地位，而且魏晉時期却又培養了一批新的世族。名士月旦給取消了，九品中正制却仍在大族掌握中。豪强武裝遷到了鄴城，地方軍却還是對中央嚴重的威脅，明帝時王基上疏説：「今寇賊未殄，猛將擁兵，檢之則無以應敵，久之則難以遺後，當盛明之世不務以除患，若子孫不競，社稷之憂也。」這一些當然不能由曹操負責，曹操是竭力企圖消除這些因素的，而且也取得了一定的成功，基本上使東漢中葉以來日益衰落的中央權力加强了，可是這只限於北方，而且連在北方的範圍内也有頗大的局限性。

四

曹操在他的統治區域内没有能够進一步消除分裂因素是和他不能在全國消除分裂割據狀態相關的，所謂「猛將擁兵，檢之則無以應敵」，同時内部的局勢也在一定程度上影響到全國統一的困難。

曹操統一北方，這件事許多同志都肯定爲大功之一。但是在統一全國的問題上也有同志有不同的看法。劉亦冰同志認爲「提起統一戰争，我們不能簡單地教條地都肯定他是好的，三國的分立是有其社會經濟原因的，自漢以來，南方揚、荆、益諸州地方經濟逐步發展，而北方，經長期戰争，破壞很甚，不可能統一中國，這是客觀規律，非曹操所能抗拒的……所以曹操在統一北方後所進行的向南擴張戰争，是違背歷史規律和人民願望的。」我認爲劉亦冰同志認爲三國分立原因在於社會經濟是對的，但是由此得出曹操進行南征違背了社會發展規律的結論是不恰當的。

我們認爲三國分裂的社會經濟因素是東漢中葉以來自然經濟統治的加强，而不是由於南方社會經濟發展和北方的遭受破壞。信如此説，那麼西晉爲什麼又能統一呢？如果説這是經過了幾十年的變化，北方社會經濟得到恢復，那麼豈非剛好證明曹操在推動社會經濟發展上所作出的貢獻爲晉之統一創造了條件。如果説曹操這時企圖統一南北是違背了社會發展規律因而注定了失敗，那麼晉之統一是否又是順應了社會發展規律，因而獲得成功呢？這條規律在七十年間（二〇八——二七九）從分裂轉向統一，人民的要求也是從反對統一轉而要求統一，我們又怎樣理解呢？如果説由社會經濟給破壞的北方政權來統一是違背社會經濟發展規律，那麼是否認爲如果由社會經濟正在發展的南方政權來統一就不違背規律呢？我覺得這許多問題很難按照劉亦冰同志的意見來解釋。

我認爲由於自然經濟的統治，封建社會内部總存在着分裂因素，而在各種不同條件下分裂形勢有時突出，有時隱蔽，時消時長，而總的形勢則是隨着社會經濟的發展，全國經濟聯繫加强而削弱。因此總的規律應該是由分裂到統一，由較鬆弛的不鞏固的統一走向較嚴密、較鞏固的統一。從東漢中葉以來，分裂因素正在滋長，這是事實，但分裂傾向的加强並不排斥出現統一局面的可能，只是這種統一只能是鬆弛的，不鞏固的。同時，分裂因素的滋長不一定表現在兩個以上國家同時並存，這需要加上其他條件。晉的統一只能是鬆弛的、不鞏固的，八王之亂的出現實質上仍然是東漢以來地方分裂主義的表現，但是南北朝長期的對立却必須加上内遷各族的反晉和各族王國建立的條件，也即是民族因素所起的作用。東晉南朝一般地説分裂傾向相當嚴重，地方勢力經常要反抗建康的政權，但是江南應該説還是統一的。北方從幾個國家的分裂局面走向統一，北魏初期北方的分裂傾向也是嚴重的，宗主督護制就是其表現之一，但北方也還是統一了。因此，分裂的根本原因雖然是自然經濟的統治，但是分裂傾向發展到兩個以上國家的並立和這種局面的久暫却有待於其他條件，不能簡單地認爲既然自然經濟占統治地位，各地間經濟聯繫微弱，因而幾個國家或幾個政權同時並存才合乎規律，而統一就違背了規律。

三國分裂的局面固然延長得很久，我們也很難説一定要到二七九年才能統一。條件如果有變化，統一未始不能提早。赤壁之戰，勝敗原因雖然不能象詩人那樣説成「東風不與周郎便，銅雀春深鎖二喬」那樣偶然，也不能像曹操自己所説由於疾疫，「燒船自退」，而是當時政治、軍事形勢對曹操確有不利之處。但曹操傳書江南，孫權也可能像劉琮那樣納土歸降，事實上主張歸降的江南臣僚就不少。問題在於曹操即使這一次平定了江南，掃除了劉備，以至統一全國，這個國家也只能像晉代那樣不鞏固，魏晉形勢的發展就可以知道。但怎樣能够理解爲統一就違背社會發展規律呢？可能會有這樣的問題，既然統一只能是鬆弛的、不鞏固的，豈非證明分裂是合乎規律的。這個問題我在上面已經説過，鬆弛而不鞏固的統一並不意味着必然立刻出現幾個分裂的政權，東晉南朝的局部統一便是這樣。西晉雖然只有短短二十年鬆弛的統一，也畢竟解除了一些戰爭痛苦，出現了所謂「太康之治」。太康之治不能盡信封建史學家的歌頌，而這個歌頌放在太康總可以表明統一以後比統一以前好一些。我們設想三國統一早上五六十年，縱使不能維持好久（也未必一定不能維持一個較長期間），對於人民來説應該有利。何以見得不合人民要求呢？

至於説南方社會經濟正在發展，北方社會經濟遭受破壞，這是個事實。但我們很難就此斷定北方社會經濟就落後於南方，相反的，南方要趕上北方還得幾百年的時間，而超過北方一直要到唐代。封建社會自然以農業生産爲主，江南直到晉代還是以火耕水耨爲主，曹魏的稻田一部分雖也采用這種較粗放的方式，而一般是「不務多其頃畝，但務修其功力」的精耕細作方式，農業技術上北方應該説比南方先進。與農業相關的絲織業三國時江南還剛起個頭，南朝才大發展，但直到唐初，江南養蠶還得到北方來要蠶種。大家都承認孫吳時期特别是永嘉亂後江南社會經濟迅速發展的主要原因是大量北方人民帶着他們的先進生産技術南渡，足見北方社會經濟決不落後於南方。我們難於理解爲什麽曹操如果統一了就會給南方正在發展的社會經濟帶來損害，以致爲南方人民所反對。我們相信，南北早日統一，打破了隔閡，北方的先進生産技術先進文化在江南的傳播對於江南人民只有好處，没有壞處。我覺得我們不能把赤壁之戰和淝水之戰相比，苻堅發動的淝水之戰是非正義的，江南人民爲了保衛先進的文化，保衛漢族政權而鬥争；至於赤壁之戰，我們對雙方都不好偏袒。

過去曾經有人爲了要肯定李後主而譴責宋滅南唐，其理由也是説江南社會經濟較北方發展，所謂「其事正相類者也」。事實上宋統一以後，江南經濟不是倒退而是更快發展。五代、宋初我們可以説江南社會經濟較北方發展，而統一的效果是促進而不是促退，三國時期我們就更没有理由來作這樣的推測了。

五

關於曹操的評價，根據目前所發表的文章看來，一般都承認曹操有大功，亦有大罪，肯定了統一北方，恢復社會生産的曹操，否定了鎮壓黄巾起義的曹操，這是最主要的兩面。似乎較多數的同志認爲曹操功大於罪，基本上同意郭、翦二老的意見，只是對於某些提法覺得不够恰當，或者説過了火候。

很多同志不同意郭老「曹操雖然打了黄巾，却没有違背黄巾起義目的」的提法。我也覺得這樣提法是有語病的。但是大家都同意在統一北方，恢復生産，抑制豪强，整飭吏治等方面曹操的措施符合於人民的要求。人民的要求當然也就是黄巾軍的要求，而且迫使統治者包括曹操在内進行這些措施的也就是農民起義。當然起義目的有更高於此者，例如恢復公社，擺脱各項封建剥削等等，這一些在封建社會内是不可能實現的。但曹操是否可以作得更好一些，譬如賦役更爲輕減，强制性削弱一些。作爲封建統治者的曹操，對人民最大限度的讓步是以統治階級的利益來衡量的，他能够作得更好一些，自然是好事，但他僅止於此，那我們也就只能就事論事，我們不能忘記曹操和所有封建統治階級中的開明人物一樣都有其階級局限性。郭老的這個提法(以及其他一些提法)是有語病，但就全文觀之，既然其着重點是在談曹操鎮壓了義軍以後做了些什麽事，他所做的事起了什麽作用，而不是談黄巾起義目的，那麽關於曹操没有做到的事與根本做不到的事就不在討論之中，所以「不違背黄巾起義目的」的目的只限於要糧食，要土地，要活下去是很可以理解的。(關於土地一點，屯田客至少在開始時没有要到，但我們從倉慈傳所載他在敦煌的措施，這一方面曹操也不是一無作爲。）

討論中，我覺得問題較之對曹操的個人評價複雜得多。我們肯定或者否定曹操是某一個時代某一個階級中的曹操。這是個什麽時代呢，同志們可能有不同的看法，儘管結論一致，也還可能在什麽角度上作出的結論存在着分歧。舉個例來説，王仲犖先生基本上是肯定曹操的，但是他所肯定的曹操便不在於削平羣雄統一北方，而在於封建制度的確立。别的同志肯定的曹操可能就在彼不在此。不少同志提出屯田制下的直接勞動者就是農奴，那豈非是曹操加緊了一般農民的農奴化，這個農奴化是進步的呢，還是一股逆流：如果是逆流，那麽又爲什麽能够推動社會發展呢？如果是進步的，那麽怎樣能够解釋其發展過程呢？因爲屯田制（民屯）行不到幾十年，屯田客又變成一般農民了。曹操代表地主階級利益大家看法都一致，但是代表什麽樣的地主階級呢？東漢統治階級内部分野是相當複雜的，彼此間的關係也是糾纏不清的，大族和單家是宗族大小的區别，豪强地主和一般地主是政治、社會勢位的區别，清流和濁流是名品的區别，還有大地主和中小地主，此外還有許多令人困惑的名稱，和彼此間糾纏在一起的關係。名稱問題暫時不去管他，但一接觸到他們經濟基礎和政治態度却不能不涉及他們的區别。諸如此類的問題多得很，在討論曹操的過程中都接觸到了，却還有待於深入。

諸如此類的問題同志們可能已經有了成熟的意見，也可能有一部分同志像我一樣還没有明確的看法。這幾年來在研究工作中經常碰到一些問題，有一些自以爲解決了，但在另外一個問題上又產生了疑點，關起門來一個人想終究很難全面，所以一處通了，別處又不通，這就需要大家來討論。我相信，黨領導下學術上百家争鳴方針的貫徹，必然會引導我們深入到歷史問題的核心，通過討論來逐步解決。對於曹操的討論是一個良好的開端。

一九五九年四月十五日於珞珈山

附記：本文寫成後獲見田餘慶同志的文章，關於統一問題的意見與鄙見基本上相同，而談得更透，但其中某些看法也有一些輕重之差，所以仍然保留這一節，没有删掉。

（原載文匯報一九五九年五月八日）

關於中國古代經濟思想學説文獻簡介

一

中國的思想家多數是對具體制度、具體問題提出意見。關於經濟思想、經濟學説也是這樣，常常在某一個時代的具體問題上反映出來。因此，他們的思想、學説往往保存或淹没在大量的歷史記載和文集中間。

中國史籍的正史中有一種「食貨志」，是記載社會經濟、財政制度的。但主要還是政府財經措施的專門史。在史記中叫平準書，從漢以後就叫食貨志了。食貨志不是每一種正史都有，但多數是有的，當時没有的後來人也補了。史記平準書主要記載漢武帝一朝的財政税收制度改革，和漢初到武帝時期社會經濟上發生的變化、社會矛盾的發展等等。另外一篇貨殖列傳也反映了當時的社會經濟問題。平準書敘述了這些制度措施，貨殖列傳記載了商人的活動，也表示了司馬遷自己對這些問題的意見。平準書的結尾是以卜式對鹽鐵制度的不滿言論作結的。「烹弘羊，天乃雨」，這是卜式的觀點，也是司馬遷的觀點。貨殖列傳序是人人傳誦的，無須説明。充分看出司馬遷對當時商人兼併的不滿，同時他又承認農不如工，工不如商，「刺繡文不如倚市門」。漢書食貨志中收集了當時人的議論。有名的晁錯貴粟疏，董仲舒的限民名田議，賈誼的銅布篇都録於食貨志中。漢以後許多正史没有食貨志，但晉書食貨志是兼及三國的，其中也引述了一些議論。隋書食貨志兼及周齊梁陳。南朝的宋有郝懿行的補志，南北朝又有汪士鐸的補志，都在廿五史補編中。自隋以後每朝都不缺了。當然，食貨志篇幅小，不能包含許多，更多的議論則散見於列傳中。

唐代大史學家杜佑創作了一部通典，這是記載歷朝典章制度的書。通典二百卷中有關食貨的占十二卷，包括土地、户口、賦税等。其中多載議論，雖然都是對具體問題的議論，却也可以通過這些議論來發現其經濟論點。通典之後，宋代鄭樵有通志，其食貨乃依通典之舊。宋末元初馬端臨又有文獻通考，共分二十四門，其中有關財政的有八門，除録當時人的意見外，又録了一些宋朝人的議論，這種議論當然只能反映宋人自己的思想。三通到清代都有續編，再加上專敍清代的清朝通典、通志、通考就成爲九通。清末又加一部續清朝文獻通考，就成爲十通。

歷朝食貨志和三通乃至九通的有關部分，是比較集中的專書（主要是經濟史的資料）。此外，唐會要、五代會要、宋會要也都有關於財經的記載。唐會要在這方面的分量很少，從卷八十二起只有幾卷，議論自然不多，宋會要的食貨部分却有大量篇幅，也大量記録了當時人對各項制度措施的奏疏，就事論事的固然很多，但確實反映了經濟論點上的差異。例如要弄清王安石及其反對派這兩派的經濟思想，要翻閱宋食貨志、文獻通考的有關部分，續通鑑長編的有關部分和宋會要的有關部分，還要加上王安石的文集著作和他的反對派的文集。我看論王安石改革的很多，但專論當時經濟學説的却還未見。這些資料並没有充分利用。

除了這些專書之外，那便是文集。古今文集浩如烟海，好多人有議論、有看法却没有文集，便得在浩如烟海的正史列傳中去找。我覺得在唐以前好辦。清代嚴可均編了一部全上古三代漢魏六朝文，所有見於史籍中的零篇整章都給收羅進去，這就可以無須從本紀列傳中去找了。清人還編輯了全唐文，不管有文集和没有文集，就當時能見到的唐人文章幾乎全部都收入了。這部書有缺點，但給我們許多方便。明朝人陳子龍等編輯了一部皇明經世文編，我未見過。清朝人賀耦齡也編了清朝經世文編，卷數非常多，我只偶而翻過一下，可以説情况不太明瞭，但這裏面有東西，其中有關財經的奏疏文章是不少的。當然它不像全文，一定不全，但似乎可以作爲綫索和初步的翻檢。宋、元兩朝没有這類書，就只好有重點的從諸家文集中去翻檢了。顧炎武有句話，説他的書是采山之銅。我們浩瀚的典籍包括豐富的資料，要先去采掘，才能煉成銅。我覺得先秦諸子雖難而易，兩漢也還有現成書，白漢以後便只有去采山，特别是從浩如烟海的文集中去開采。我想是否可以這樣：(1)以人爲主，按人按流派按思潮排一個表，先秦諸子不説，漢代有哪幾個人，哪幾個流派，哪幾部主要闡明其學説的書。(2)有些時候舉不出人，舉不出書和流派，是否可以按事，就當時那幾個主要經濟問題來串連當時人的思想。第二種辦法放在第二步，先就第一種辦法。我對於這方面毫無研究。我覺得漢以前好辦，宋朝有王安石也好辦，明末諸學者顧、黄、王、顔等，似乎也可以找出幾個領頭的人。清末當然更好辦了，但是空白點却不少。下面我簡單談一下漢代經濟思想的情况。

二

陸賈著有新語二卷。他的著述據藝文志載有二十七篇，新語只是其中的一種。本書共十二篇。漢人班固、王充對這部書都有很高的評價，其中最重要的是他們認爲陸賈是純正的儒家。

漢賈誼著新書十卷。此書自古以來就有人疑爲僞記，四庫提要更是歷歷引證，證明其僞。但據余嘉錫的考證，此書之真無疑。書中瑰瑋篇「天下爲瑰政於此，予民而民愈貧，衣民而民愈寒，使民樂而民愈苦，使民知而民愈不知。不知避縣網，其可瑰也。今有瑋術於此，奪民而民益富也，不衣民而民益暖，苦民而民益樂，使民愈愚而民愈不罪縣網」，其中心思想是崇本抑末。「故末予民，民大貧，以本予民，民大富」。「今敺民而歸之農，皆著於本，則天下各食其力，末技遊食之民轉而緣南畝，則民安所勸業無縣愆之心，無苟得之志」。這種崇本抑末思想又是儒家「民本」之説的發展。

其下孽産子言奢侈之害，銅布篇認爲銅貨幣的流行有三禍，主張禁私鑄也都基於這種思想。鑄錢篇申述私鑄陷民於罪的罪惡。

賈誼論議，班固録入賈誼本傳中而加以删節改變，銅布篇附於食貨志。

晁錯在史記上有傳，但是他的論議却只見於漢書本傳和食貨志。晁錯傳中所載奏疏都是論邊事政治。漢志法家有晁錯三十一篇久亡。班固所取實亦本之三十一篇。食貨志載晁錯務農貴粟疏，也主張崇本抑末，賊商賈、珠玉，又請勿收農民租。今所見者，不過如此。晁錯又論「塞下之民禄利不厚，不可使久居危難之地」。史記稱「賈生晁錯明申商。」蓋崇本抑末思想也是法家的一派。管子之論，商鞅之說皆可見之。

董仲舒是兩漢影響最大的思想家。他的著作見於藝文志者有董仲舒一百二十三篇，公羊董仲舒治獄十六篇，今所傳春秋繁露十七卷八十一篇。董仲舒創天人相應之說，春秋大一統之義均爲後世所尊重。宋朝人稱他爲醇儒。實際上他的學說也綜合了陰陽、道、墨諸家。

他針對漢代貧富兩極分化的問題提出調節貧富的主張。春秋繁露制度篇中云：「孔子曰不患貧而患不均。故有所積重則有所空虛矣。大富則驕，大貧則憂。憂則爲盜，驕則爲暴。」因此他主張「使富者有以示貴而不至於驕，貧者足以養生而不至於憂」。漢書食貨志和董仲舒傳載有他的奏疏，食貨志載有他的限民名田、開放鹽鐵、去奴婢、除专殺之威的建議。董仲舒傳載他著稱的天人三策。在對策中他發揮了貴人不與民爭利的主張。他說：「天亦有所分予，予之齒者去其角，傅其翼者兩其足。是所受大者不得取小也。」因此他譴責那些「因乘富貴之資力，與民爭利於下」的人。主張「受禄之家」，不該「與民爭業」，這樣才能「利可均布，而民可家足」。

總之，董仲舒所關心的是貧富分化的激化，主張在一定程度內調節之。

賈誼、晁錯，史記說是申商之學，但賈誼在漢書上却列於儒家，董仲舒自然是儒家。儒法雖異，但同是崇本抑末，在對待鹽鐵問題上，賈主張由上控制，董一面譴責「富者田連阡陌，又專山澤之利，管山林之饒」，同時又主張鹽鐵皆歸於民，這裏所謂民是和富貴人相對立的民，因爲他反對富貴人與民争利。主張與賈不同。大抵賈之列於法家，在當時人是以由上專利與歸之於民來區别的。崇本抑末思想是顯著的，但當時却也有反對派。

漢武帝一代的文治武功、各項制度改變了漢代的面貌，也帶來了一些新的問題。當時就有争議，這些争議就當時的學派來説是道法之争。在先賈、晁之學是合儒法的，崇本抑末亦二者所同具，在後儒道又有合一以對法之勢。史記説賈、晁爲申商之學，是從道家立場的，然而到以後儒家也把攘外，收山林之利等等作爲法家來排斥。這就成爲儒法之争了。關於這裏諸家學説的淵源變化，應該就當時社會政治的實際問題來考察，從前人以儒、法、道來概括是不太中肯的。就當時經濟思想上的交鋒，我看主要的問題是本末問題，實質上就是生産與交换、分配、消費的關係問題。具體地説是對待工商的態度，對待奢侈的態度。我覺得在封建社會中這些問題的處理有待於研究。

崇本抑末本來是各家共同的思想，我們的傑出思想家總是把農業看作生産的主要部門，而在事實上封建社會中也不可能不這樣。法家其實也是崇本抑末的。商鞅所建秦國的法令，甚至要把從事末業的當作奴隸對待，七科發讁中商人占了四科。管子書中也大多存在着重農思想。這是法家的主流。但是法家中或者説後人以之歸入法家的流派中，確有一種反對派。管子書中對於鹽鐵的處理有各種不同的看法，其實管子一書包括了各種派别。後人一概認爲管子主張鹽鐵由國家管制，其實那只是管子書中一個派别的思想。這個派别起於何時，由於我對先秦史缺乏研究，不敢斷言。但可以斷言其學説在漢代曾經流行，而且見諸實施。其所以列之管子或列之法家，不過是這種措施符合於尊君卑臣，利出一孔，權歸君主的政治主張。至於在經濟觀點上的看法是和正統法家大異其趣的。

郭老曾經想把這一派的學説歸之漢代，這可能是對的，但也可能要早一些。郭老曾經指出管子侈靡篇是漢人的著作。這一篇的思想的確很奇怪、很突出，郭老着重提出是有卓見的。侈靡篇公然提倡「事末作而民興之」，公然提出「興時化，莫善於侈靡」。要「賤有實，敎無用」。這看來是極端荒謬的。他提倡奢侈到這樣的程度：要嘗至味，疲至樂，不消説，竟至把卵雕了再煮熟來吃，木柴雕了然後燒。他説「富者靡之，貧者爲之」。即富人消費，窮人生産。不但如此，他敎人君提倡奢侈。要重送葬以起身財，蓋大墳墓可以役使貧民，做大棺槨可以振興木工，送斂衣衾多可以振興女工，他説這樣叫做「民相利」，達到「守戰之備合矣」。這篇文章很難讀懂，殘缺錯字錯解的很多。但大意是可以看出來的。這種學説郭老説起於漢代，它是爲當時一部分統治者辯護的，其中顯然是和戰國以來的大商人發生聯繫。

這種思想和崇本抑末之説相對立。漢武帝死後，在昭帝始元二年，朝廷召集的一次對漢武帝措施的討論會上，桑弘羊等一派的思想和管子書中這一派的思想是相貫通的，或者可以説桑弘羊等即屬於這一派，只是由於這是公開討論，有些話不能拿到桌子上來談，所以含糊一點，隱約一點。這次討論會是由代表朝廷的部分官僚與召集的賢良文學組成的。會後經桓寬整理成書，因此基本上是根據當時討論記録的。桓寬是站在賢良文學這面的。必然也會有所增減，以增强賢良文學的議論，但對立面是非常清楚的。

賢良文學在鹽鐵方面主張開放，主張崇本抑末。大夫的議論有值得注意的幾點。一是對崇本抑末的看法。力耕篇説「賢於治家一室，富國非一通」，「使治家養生必務農，使舜不甄陶而伊尹不爲庖」。他説「故善爲國者天下之下我高，天下之輕我重，以末以其本，以虚蕩其實」。這一點完全和侈靡篇所説「賤有實，敝實用」的論點一致的。文學駁斥他招致各種奢侈物品之利的説法時，説「理民之道在於節用尚本，分土井田」，大夫的反駁却公然説「富國何必用本農，足民何必井田」。文學從人類進步與生活需要的提高，首先是農業的發展，促使對手工業、商業的發展。他認爲在生産條件極端貧乏的時候，「雖有湊會之要，陶室之術，無所施其巧。」他們有力地提出「自古及今，不施而得報，不勞而得功者，未之有也」。而大夫的回答是那些都市像臨淄、涿薊、邯鄲、滎陽等等「富冠海内，篇爲天下名都，非有助之耕其野而田其地者也」，只是由於地處交通要道之故，他認爲「物丰者民衍，宅近市者家富，富在術數，不在勞身，利在勢居，不在力耕」。這裏他混淆了商人致富之道和富國之本。

第二點在於對奢侈的態度。文學認爲奢侈使人民「勞罷力屈，而衣食不足」。大夫就引了管子之説「不飾宫室則林木不可勝用，不充庖廚則禽獸不損其壽，無末利則本業無所出，無黼黻則女工不施」，所以必須「農商交易，以利本末」，如果各自只管自給自足，那就使外地産物不得流通，不能享受（通有篇）。在散不足篇中，賢良痛斥奢侈之害，其中某些論點與社會發展、人民生活要求必然提高的原則是不符的，更缺乏區别貧富階級的分析，以致和他們自己所説自相矛盾。但整個講來還是以譴責富人爲主。下一篇救匱篇中大夫的回答是「公孫弘布被，倪寬練袍，衣若僕妾，食若庸夫」，然而「淮南逆於內，蠻夷暴於外，盜賊不爲禁，奢侈不爲節」，認爲在上者節儉也無濟於事。大致在這點上大夫不敢像侈靡篇那樣公然提倡奢侈，但至少是不反對奢侈的。只能説到「君子節奢刺儉，儉則固」而已。

鹽鐵論六十篇包括了漢代中期統治階級内部在許多政策問題上的分歧。内容非常豐富。這是部兩派議論的結集。是漢代最重要的史籍之一。

以桑弘羊爲代表的這派思想在當時出現是有點奇怪的。封建社會中怎樣出現這種思想，不反對甚至提倡奢侈的説法顯然是極端荒謬腐朽的，也只能代表腐朽没落的階級。爲什麽在封建社會前期老早就有。我們決不能輕易比附，應該很好分析當時的社會背景，階級關係，他們代表哪一個階級或哪個階層的利益。爲什麽能够公然與傳統思想相對立。

董仲舒的一派思想如天人相應、大一統、限田、去奴婢這樣一些隨着階級矛盾的尖鋭化而影響愈大。王莽的改革基本上以此爲思想基礎的。但是另一方面也吸收了漢武帝時的經驗。

王莽的改革集中在漢書的王莽傳中。其改革的理論根據是周官經。關於周官經究竟最後是何時完成，歷來頗有爭論。可能素材比較早，整理綜合較後，最後可能經過漢人的手而完成。前人辯論真僞問題，首先是看是否爲周公致太平之書。這一點我想一般都已否定了。有人説是戰國，有人説是劉歆，我不想參予這種爭論。不管怎樣，從王莽的改革看來，這部書在漢代是起有現實指導意義的，應該給予應有的重視。這部書是否和管子中若干篇作比較研究呢？當然書中淨是具體制度，没有議論，可是從制度中也可以窺見其中心思想。不管考據家怎樣講，這部書在漢末以前是没有流佈的。周官經這部書前後得到三次重視：一是王莽時，二是宇文泰時，三是王安石時，王安石有周官新義。周官通行鄭注、唐賈公彦疏，清末孫詒讓的周禮正義是一部好書。

東漢時期

潛夫論十卷三十四篇，王符撰（王符後漢書有傳）。其中務本、遏利、浮侈、愛日四篇，都是針對當時經濟財政上的問題提出的。務本、遏利、浮侈篇的中心思想當然是崇本抑末，但其所謂本末不是簡單地農本，工商末，而工商也有本末，整個説來是富民者以農桑爲本，以遊業爲末，而分言之，則爲工者以致用爲本，以巧飾爲末，商者以通貨爲本，以鬻奇爲末。這是對本末更細緻的分析。我覺得值得注意的是愛日篇。他説：「國之所以爲國者以有民也，民之所以爲民者以有穀也，穀之所以豐殖者以有人功也，功之所以能建者以日力也。」這裏他提出了勞動才能發展糧食生産，而勞動需要保證必要的勞動時間，因此他譴責徭役、刑罰、官吏輕易耽誤農民時間的影響。主張「爲民愛日」，特别提出小民獄訟之苦，窮年累月不給斷決，他估計上自京師的三公府，下至鄉亭，民廢農桑而守之詞訟告訴，及以官事應對吏者，一人之日廢十萬人，加上二人獲餉，那就是一天要三十萬人拋離生産。重視勞動時間是和當時生産關係上的矛盾有關的，雖然這也不是新義，從來反對徭役煩重者都有此説，但他却提得更爲明確了。

昌言，仲長統撰，後漢書本傳稱三十六卷十萬餘言。書已逸，後漢書傳中録理亂、損益、法誡三篇。他的根本主張仍然是崇本抑末，他主張恢復井田，抑兼併，損益篇指出地方豪强勢力的擴大首先在於「蓋分田無限使之然也」，因此要「張太平之紀綱，立至化之基阯」，齊民財，正風俗，「非井田實無田也」。同時他又和一般儒者不同，認爲所謂居官的君子，應該「重肉累帛，朱輪四馬」，有優厚的俸禄和享受，不主張節儉。他也反對輕税，認爲輕税使府庫缺乏儲積，終至於「横税弱人，割奪吏禄」，割奪吏禄的結果就使得官吏貪污。這種見解也是出於法家的。除此之外，羣書治要四五摘録昌言十段，大致即十篇的節文，其中也有反對居官過於節儉的議論。他把官吏貪污的原因歸之於俸薄自然只是爲貪污辯護。

崔寔政論，後漢書崔寔傳説他論當世便事數十條，名曰政論。書已逸。本傳摘録一些。他和仲長統都列於法家，是因爲都要求加强君權，注重刑法。但他也主張復井田。羣書治要四五所録政論較多，嚴可均的全文更從類書中搜輯不少。其中反對奢侈，主張建立制度，認爲奢侈使天下有三患：一是没有制度，故商賈奢僭；二是奢僭使「農夫輟耒而雕鏤，工女投杼而刺文，躬耕者少，末作者多」。以致農業生産低落，「百姓窮匱而爲窮寇」，或則「饑餒死」；三是上下奢侈，使「在位者犯王法以聚斂，愚民冒罪戮以爲健」。他和仲長統一樣都主張加官吏俸禄。

以上我粗略地介紹了幾種漢代有關經濟思想的論述。我對於經濟思想没有研究過，政治經濟學更是學得很差，對經濟系的同志們來説還是個小學生，錯誤肯定很多，希望同志們批評指正。

（原載武漢大學學術報告選編（人文科學），一九六二年）

十六國

四至五世紀上半葉中國北部民族割據並開始走向民族融合的時代。

十六國與五胡

兩漢以至魏晉，爲了便於控制，也爲了補充兵源和勞動人手，朝廷經常通過强制和招引，使邊遠地區的少數族人相繼内遷。西晉時，西自今青海、甘肅，東經寧夏、内蒙古、陝西、山西、河北以至遼寧，南到河南，都有少數族人與漢人錯居雜處。其中除遼河流域的鮮卑和青海、甘肅的氐、羌外，大都由原住地遷來。早在晉初，由於晉政權和地主豪强的壓迫和剥削，也由於少數族的權貴謀求恢復他們在本族中已失去的權位和滿足他們的掠奪貪欲，以民族形式組織起來的暴動甚至戰爭已不斷發生。

到惠帝時（二九〇——三〇六）皇室間的奪權鬬爭由宫廷擴散到地方，混戰使人民飽受痛苦，也削弱了晉政權的統治力量。惠帝晚年，階級矛盾和民族矛盾一齊激化，西晉皇朝崩潰。從三〇四年巴賨李雄和匈奴劉淵分別建立政權開始，到四三九年魏滅北凉止，一百三十六年間，在中國北部和四川先後建立了習慣上稱之爲十六國（其實不止十六國）的各族割據政權。其中除四個漢族政權（西涼、北燕、前涼、冉魏）外，建立這些政權的統治者爲匈奴（包括匈奴盧水胡和匈奴鐵弗部）、羯、鮮卑、氐、羌五族，史稱「五胡」。

以三八三年東晉和前秦的肥水之戰爲界，十六國的建立可分前後二期：前期的政權有：①成漢、②漢和前趙、③後趙、④前燕、⑤前秦、⑥前涼，還有鮮卑拓跋部的代和冉閔的魏不在十六國内。後期的政權有：⑦後秦、⑧後燕、⑨南燕、⑩北燕、⑪後涼、⑫南涼、⑬西涼、⑭北涼、⑮西秦、⑯夏，此外還有西燕不在十六國内。

人民的生産與生活

在這個歷史時期裏，各族之間征服與被征服，統治與被統治的關係經常變换，民族壓迫與反壓迫的鬭争反復進行。長期的動亂，統治者的狂暴屠殺和刼掠，漫無限止的勞役，給各族人民帶來巨大災禍。

在戰亂中生産極其困難，有時人民需要背着盾，帶着弓箭到地裏勞動，爲了生活與生産，大量的勞動人民不得不投身塢壁主或在部落貴族的武裝庇護下成爲蔭附户口。各族政權爲了便於奴役，常常通過軍事征服把各族人民遷到自己國都周圍；一個政權消滅，另一個政權建立，隨着統治中心的轉移，又進行另一次的遷移。這種頻繁的遷來遷去，使人民的生活與生産更加不能安定。

總的看來，這一時期中國北部的社會經濟遭到嚴重破壞，但是不同區域、不同時期，情況也不盡相同。經過流民起義建立起來的成漢政權地處西南，李雄統治的三十年内（三〇四——三三四）「事少役稀，百姓富實」，益州成爲全國最安定的地區。在北方，前涼統治的河西走廊和前燕統治下的遼河流域，都比較安定。西晉末年亂時，中原人民紛紛避難，大致黄河以南的人民南下江南；關中秦、雍地區人民小部分南流巴蜀、荆州，大部分西遷河西走廊；河北人民北入遼東、遼西。前涼、前燕地處邊遠，地廣人稀，大量人民的流入提供了開發荒地的勞動力。前燕慕容皝統治時（三三三——三四八）開放供貴族游獵的官地，仿照曹魏分成辦法，使流人佃種，顯然有利於荒地的開發。前涼的農業、畜牧業都有所發展，特别是六十年（三一七——三七六）較穩定的政局，保證了自古以來著稱的絲綢之路暢通，涼州州城姑臧成爲國際、國内東西使節、商旅往來的樞紐。

黄河南北與關中地區是遭受戰禍最劇，社會經濟破壞最嚴重的地區，但在戰事間歇期間，有的統治者爲了鞏固其政權，不得不推行一些有利於生産的措施，使被破壞的社會經濟有所恢復。後趙石勒經過一番殺掠，在占領河北後頒佈的租調徵收額却比西晉輕減，還曾派使者出去勸課農桑；石虎統治之初（三三五年左右），徵集的大量租穀，下令每年輸送一百萬斛到京都，其餘儲藏在水道旁的糧倉。大量租穀當然爲剥削農民所得，但也表明後趙境内農業有所恢復。曾經一度統一北方的前秦，政治比較清明，苻堅信任漢人王猛，抑制氐族權貴，獎勵關心農業生産的清廉官吏，史籍稱讚當時「豪右屏氣，路不拾遺」，平定前燕後，據説「關隴清晏，百姓豐樂」，從國都長安到境内各地商販在驛道上往來不絶。這些話雖不能盡信，也反映了繼前、後趙破壞之後，關中的農業，手工業和商業在這時獲得恢復和發展。繼前秦的後秦姚興統治時（三九四——四一六）雖然兵戈不息，也還注意政治，曾下令解放百姓由於饑荒而自賣的奴婢，並注重刑罰，懲治貪污，這些措施直接間接有利於前秦末年大亂後關中經濟的恢復。其他如西涼李暠（四〇〇——四一七年在位）在玉門、陽關擴大耕地，注意農業，史籍記載「年穀頻登，百姓樂業」；北燕馮跋（四〇九——四三〇年在位）曾減輕賦役；南涼禿髮烏孤也注意農桑，他們統治的一隅之地也曾爲生産提供了較有利的條件。

各族所建政權的性質

建立政權的諸少數族原先處於不同的歷史發展階段。有的早已解散部落，人民已成爲州郡編户，他們早就和漢人一同生活在封建社會裏，部分秦、雍氐羌就是這樣；多數還保留部落組織形式，其中有的可能已進入封建社會，但還帶有濃厚的氏族社會殘餘，并州的匈奴可能處於這種情況；有的似乎還逗留在家長奴役制階段，比如鮮卑。不論諸族原先的發展階段怎樣有差異，由於他們置身於一個成熟了的封建社會中，在封建經濟的基礎上建立政權，因此基本上都是封建政權。

編户與蔭附户口

當時大量人民成爲塢壁主和部落貴族的蔭附户口。塢壁主不少是大姓豪强，塢壁隨着軍事形勢的變化興廢無常，大姓豪强却一直存在，也一直占有多少不等的蔭附户。前燕、後燕的部落貴族都擁有大量軍營蔭户，後秦貴族也領有營户，他們都成爲軍事封建貴族，占有今山東的南燕，蔭附之家「百室合户，千丁共籍」（包括漢族大姓和鮮卑貴族）。據説這種蔭附之風是因襲前秦、東晉之弊。蔭户是貴族豪强的私屬，有的喪失土地，在主人田地上佃作，有的帶着土地以求庇護，他們不承擔國家賦役，只對主人負有義務。這種義務從貢納、力役以至分成制地租有很多差别，但都是封建性剥削。還有許多登記上州郡户籍的所謂編户，他們是封建國家賦役剥削的對象。和歷朝一樣，爲了保證國庫收入和勞役來源，各族君主往往進行户口檢查，使蔭户復歸於編户。一次檢查也可能收得效果，但從來也没有能夠防止百姓繼續流入私門。上述蔭户基本上都是漢人，關於少數族人的封建化過程，記載缺略，但可以斷言，他們也終於和漢人一樣，或者成爲州郡編户，或者成爲私屬。

少數族政權與漢族士庶的關係

各少數族政權是在衆多漢人居住的地域上建立的，爲了鞏固其政權，各族統治者無例外地都力圖取得固有封建勢力的合作。後趙石勒頒佈法令，不准侮辱「衣冠華族（即士族）」，並恢復爲士族服務的九品官人法，派遣專職官員掌管士族定品和參加選拔。對於漢族人民，石虎是個非常殘暴的異族君主，蓄意「苦役晉人」，作爲消除反抗力量的措施；另方面他也尊重傳統士族特權，不僅繼續承用官人法，並且下令被征服的前趙境内（雍、秦二州）士族也給予免役和優先選任官吏的權利。遼河流域湧入大量流人，因此前燕政權之始就任用作爲流人首領的中原士族參加統治，有的甚至領兵征伐。

以後前燕分支後燕、南燕也都承用這一以漢制漢政策。後燕慕容寶曾「定士族舊籍」，前秦苻堅也恢復「魏晉士籍」，其目的都在於區別士庶，一面承認士族的免役特權，又一面清除擠入士族行列的庶族，以免減少勞役徵發對象。以上舉的只是一些明顯事例，其他各少數族政權在不同程度上都有跡象表明他們對於士族特權的尊重，也都吸收士族豪門參加統治。

教育與文化

爲了獲得統治者需要的人才，加强與固有封建勢力的合作，有些少數族統治者還設置學校。前趙劉曜設置太學、小學，選拔百姓二十五歲以下、十三歲以上資質可教的一千五百人爲學生，太學生後來通過考試，授予官職。所謂「百姓」實際上應是士族豪門子弟。後趙設置太學、四門學、郡國學，學生是將佐和豪右的子弟，將佐可能也包括部分少數族人。前燕慕容皝設置「官學」，入學的是大臣子弟，稱爲「高門生」，達千餘人，他還自著開蒙讀物太上章和典誡十五篇作爲教材。南燕慕容德南渡稱帝，坐席未暖，就設置太學，選公卿、士族子弟二百人爲太學生。後秦姚興時，來自各地的一些老儒生在長安開館授徒，聚集生徒一萬幾千人。姚興經常接見這些老儒，還鼓勵諸生遊學洛陽。特别是他設置律學，召集地方上没有專職的「散吏」入學，其中學得好的便派回原來郡縣主管刑獄。律學的設置開唐代的先聲。那時甚至在不太安定的南涼，秃髮利鹿孤當政時也曾設立學校，置博士祭酒，教導貴族大臣子弟。設學授經，固然爲了統治者的需要，但客觀上有利於遭到嚴重破壞的傳統文化的保存與傳播，而且促使部落上層分子加快接受漢文化，對於民族融合具有積極意義。前燕王慕容皝能夠著書作教材，前秦苻堅弟苻融、從子苻朗都讀書能文，通曉佛學、玄談。苻朗的著作符子，至今還有片斷流傳。姚興能講佛教經典，又通曉佛學。他們接受傳統文化，表明少數族上層分子漢化的深度。

前涼政權抗拒了劉曜、石虎的入侵，涼州（今甘肅武威）是北方最安定的地區，傳統的漢魏制度和文化在那裏受到尊重。前涼政權建立前，張軌任涼州刺史，到任後建立學校，徵集管内九郡士族官僚子弟五百人入學。西涼李暠也曾立學，增置高門生至五百人。根據吐魯番出土文書和石刻，西涼和北涼都曾在境内策試秀才。由於涼州没有遭到嚴重破壞，保留漢魏舊籍較多。三一四年，晉愍帝定都長安時，前涼張寔曾進獻經史圖籍。四三七年北涼沮渠牧犍向南朝劉宋進獻各類書籍一百五十四卷，其中多數是涼州人的著作。

佛教的傳播與發展

在這個動亂的時代裏，佛教獲得巨大的發展。歷盡苦難的人民對於現實世界感到無能爲力，佛教乘虛而入，引導人們把希望寄託在佛天保佑與來生福報上。統治者也需要從佛教教義裏得到精神上的支持，因而積極提倡佛教。石勒、石虎尊崇來自西域、善於法術的大和尚佛圖澄，據説曾立寺八百餘所。石虎「苦役晉人」，不少人民削髮爲僧，在寺院的庇護下逃避勞役。漢代以來不准漢人爲僧，石虎説我是「戎」人，理當尊奉「戎神（即佛）」，下令不論華夷貴賤，都可以出家。佛圖澄收了許多徒弟，其中不少名僧，特别是釋道安。道安是冀州常山（今河北石家莊元氏西北）人，俗姓衛，先後在黄河南北、襄陽、長安宣揚佛法，獲得東晉、前秦統治者的尊崇。他在整理和翻譯佛經，編制佛經目録，制訂儀軌、戒律，特别在宣傳佛法方面，對於當時佛教的興盛起了很大的作用。和道安同時稍後，原籍天竺的鳩摩羅什是個博學多聞，通曉漢語的僧人。那時羅什在龜茲，三七九年道安由襄陽到長安，勸苻堅迎羅什東來。三八二年苻堅命大將吕光西征，要求吕光平龜茲後，迎接羅什到長安。但吕光還軍，前秦業已大亂，吕光隨即割據涼州，羅什也留居涼州十七年。直到四〇一年，後秦姚興才把羅什迎至長安。姚興十分尊敬羅什，待以國師之禮，在他主持下譯出佛教經論近三百卷。當時僧人群聚長安，參加譯經的數以千計。前、後秦時，長安是北方的佛教中心，關中佛學達到十六國時期的最高峰。佛圖澄的法術，釋道安的傳教，鳩摩羅什的譯經，爲佛教奠定了大發展的基礎。前涼自張軌以來一向信仰佛教，早就有譯出的佛經流傳内地。北涼沮渠蒙遜尊崇中天竺僧人曇無讖，他也深通漢語，在姑臧譯出佛教經論多種。當時涼州繼長安之後成爲北方譯經中心，涼州所屬的高昌郡也是個譯經場所，沮渠蒙遜從弟京聲曾到于闐求經，東還到高昌譯出其中一部分。

東西交通

當時常有僧人西行求經，留下東西交通最可靠的記録。其中最值得稱道的是法顯。三九九年他從長安出發，經歷十分艱苦的行程，越過葱嶺，渡印度河，以達北天竺，又從海道回國，幾經危難，四一二年才到達劉宋所屬的青州長廣郡（今山東青島北）。他所著的佛國記記載國内西域各族和今印度、巴基斯坦的歷史傳説和地理，是研究東西交通的要籍。

河西走廊是通往西域的要道，建立於此地的政權除後涼外，都自認爲是涼州地方政權。他們接待來自國内外的使節、僧人、商旅，並繼續管理國内西域各族事務。前涼於三二七年將原由戊己校尉管理的高昌屯田區改爲高昌郡；後涼吕光派其子吕覆爲西域大都護，鎮守高昌；西涼李暠也命兒子爲西夷校尉，管理西域。北涼沮渠蒙遜、牧犍父子受拓跋魏任命爲「西域羌戎諸軍事、涼州牧」，受劉宋任命爲「西夷校尉、涼州牧」，蒙遜滅西涼後，曾接見鄯善國王，並受西域各國的貢獻。通過河西走廊和西域，通往天竺、波斯、大秦等國的通道在這個動亂時期仍然通行。當時除出玉門經鄯善，沿南山北坡西行的南道和出玉門經伊吾、高昌、龜兹西行的北道外，有時因爲戰亂，繞過河西走廊由西平（今青海西寧）入吐谷渾境，通過柴達木盆地至鄯善，也是一條道路，此路又是西域經益州和江南交往的通道。經由這些道路，西域和内地、中國和西方各國間的經濟、文化交流繼續進行，中國的絲和紡織物以及蠶桑絲織技術這時傳到高昌、焉耆、龜兹等地，並有可能傳到波斯、大秦。隨着佛教東來，西方雕塑藝術傳入，世界著稱的藝術寶庫——敦煌石窟，就是在這時開鑿的。

分裂與融合

十六國時期是一個民族分裂時期，同時又是各族大融合的時期。由於各族統治者的暴行和暴政，給人民帶來嚴重災禍。社會經濟和文化遭到嚴重破壞，但被破壞的經濟在不同時期有所恢復，西南、西北、東北幾個地區在不同程度上還有所發展。被破壞的傳統文化終於保存下來，而且在一定程度上吸收了西部和北部各族文化，甚至還吸收了外來文化。經由這場動亂，内遷各族的社會形態發生了很大變化，有的進一步接受漢族成熟了的封建制度，有的由家長奴役制進入封建社會。各族成員都按照各自的階級成分逐漸分别與漢族地主和農民兩大階級融合。在一百三十六年中，有的種族名稱基本上已經消失，例如匈奴、羯、巴氐、河西鮮卑，都已成爲漢族的組成部分。

（中國大百科全書中國歷史，中國大百科全書出版社，一九九二年）

隋

中國封建社會的一個統一王朝，都長安（今陝西西安），歷文帝楊堅、煬帝楊廣、恭帝楊侑，凡三帝，共三十八年。文帝年號二：開皇（五八一——六〇〇）、仁壽（六〇一——六〇四）；煬帝年號一：大業（六〇五——六一八）；恭帝年號一：義寧（六一七——六一八）。大業五年（六〇九）時的隋朝疆域，東、南皆至海，西至且末，北至五原。以西京長安、東京洛陽爲中心，下統郡（州）一百九十，縣一千二百五十五。有户八百九十萬七千五百三十六，人口四千六百零一萬九千九百五十六。

隋朝的建立和强盛

隋朝的建立

隋朝皇室據説出於漢代以後的士族高門弘農華陰楊氏，但早自北魏初期就世居武川鎮（今内蒙古武川西）。楊堅父忠是西魏、北周的軍事貴族，西魏時爲十二大將軍之一，賜姓普六茹氏，北周時官至柱國大將軍，封隋國公。楊堅襲爵，堅女爲周宣帝皇后。

大成元年（五七九）二月，周宣帝宇文贇傳位於其子衍（後改名闡），改元大象，是爲周静帝，宇文贇自己以天元皇帝名義掌握政權。次年五月宇文贇死，静帝時方八歲，内史上大夫鄭譯、御正下大夫劉昉假傳遺詔，召楊堅入宫，以左大丞相、都督内外諸軍事名義掌握軍政大權。

楊堅並無煊赫大功，也没有超越諸大臣的實權與重望，僅憑藉軍事貴族的家世與后父的地位得掌大權。但由於周宣帝誅戮大臣，當時朝中已無有力的反對派；楊堅掌握府兵集中的關中，軍事上對地方居於優勢。他在元老宿將李穆、韋孝寬的支持下，憑仗關中軍事力量，僅用不到半年的時間，就迅速平定了反抗他的相州（今河南安陽南）總管尉遲迥、鄖州（今湖北安陸）總管司馬消難、益州（今四川成都）總管王謙。三方叛軍在不同程度上都和北齊舊臣有關。特别是尉遲迥，所用多齊人，如親信謀士崔達拏就是第一流高門博陵崔氏。他起兵時，據説「趙魏之士，從者若流」，不久就至數十萬衆，尉遲迥起兵實際上代表了關東士族豪强的割據願望。司馬消難自己就是北齊舊臣，王謙所用之人也有北齊後主的寵臣高阿那肱。所以，楊堅平定三方是在北方統一的基礎上進一步削弱割據力量。

平定地方叛亂的同時，楊堅還屠戮了宇文氏諸王。在消滅内外政敵以後，他自左大丞相遷大丞相，並於周大定元年（五八一）二月代周稱帝，國號隋，改元開皇，是爲隋文帝。

統一南北

自從西晉末年以來，南北分裂將近三百年，歷史發展傾向是統一，隋朝完成了這個歷史任務。

隋朝初年，北方突厥的勢力强盛，與隋朝相對抗。開皇二年（五八二），隋軍挫敗入掠河西以至弘化、上郡、延安（今陝西北部）的突厥軍。突厥汗國的内部矛盾隨之激化，三年，突厥分裂爲東、西兩汗國。五年，東突厥沙鉢略可汗歸附隋朝，經隋朝同意，率部内遷白道川（今内蒙古呼和浩特西北），北方獲得安定。隋朝的力量於是轉向江南。

八年二月，隋文帝下詔伐陳。十一月，合九十總管之兵五十一萬八千人，以晉王楊廣爲統帥，沿長江中、下游分兵八路，大舉南進。次年正月，隋大將賀若弼自廣陵渡江，韓擒虎自采石渡江，東西兩路直指建康。賀若弼激戰於鍾山，打敗了前來迎戰的陳軍；韓擒虎因陳將領任忠投降，得以先入宫城，俘後主陳叔寶。長江中下游的陳軍隨即或降或破；嶺南方面，在高凉（今廣東陽江西）太守馮寶妻冼夫人（少數族人）的協助下也迅即安定。這場統一戰争從發兵到戰事結束，不過四個月。

隋朝平陳之後，得州三十，郡一百，縣四百，籍上户數共五十萬，人口兩百萬。以後，隋又遷陳朝皇室和百官家屬入關中。江南士族高門從此更加衰落。

陳亡之後，江南士族高門雖大都北遷，但梁陳時正在擴大勢力的地方豪强以及所謂「溪洞豪帥」却仍然保有實力。隋朝派到江南的官吏都是北方人，不尊重地方豪强的特權。豪强們認爲統一損害了他們的利益。開皇十年冬，遍及陳朝舊境的反隋暴動爆發。當時謡傳隋朝要把所有江南人全部遷入關中，豪强們因此得以糾集民衆，大股數萬人，小股數千人。隋朝派遣楊素爲行軍總管，領兵鎮壓。統一是大勢所趨，分裂割據不可能真正獲得江南人民的支持；豪强們各踞一方，力量也分散。隋軍將其各個擊破，大約次年即告平定。士族高門的北遷和這次鎮壓，沉重打擊了江南的割據勢力。

西晉末年以來，南北長期分裂的主要原因是尖銳的民族矛盾。北朝後期，鮮卑貴族的門閥化，尤其是各族人民共同的生產鬥爭和階級鬥爭，促進了民族大融合，漢族楊氏代周以後，象徵民族矛盾的鮮卑政權亦告消亡，南北統一的條件已經成熟。當時，隋的經濟、政治、軍事力量都比陳强。於是，結束近三百年分裂狀態的歷史任務使由隋來完成了。

完成和鞏固統一的改革

在文帝統治時期和煬帝統治的前期，隋朝先後進行了一系列有利於完成和鞏固統一、强化中央集權的改革。

改革行政制度 開皇元年，文帝初即位就廢除了西魏、北周時期仿照「周禮」制定的中央官制，即所謂「六官制」。又綜合參酌魏晉以來的變化，基本形成以尚書、内史（即中書，避楊忠諱改）、門下三省爲行政中樞的制度。這一制度後來爲唐代繼承和發展。魏晉以來處於發展中的封建官僚機構，在隋代形成了完整嚴密的體系。

南北朝時期由於僑立州郡和其他原因，州郡設置多而且亂：或地不滿百里設置數縣，或兩郡共管一縣，有的郡則没有屬縣。州、郡、縣名重複出現，混淆不清。開皇三年，文帝下詔廢罷境内五百餘郡，改州、郡、縣三級爲州、縣兩級。州置刺史，廢除過去例加的將軍號以及軍府、州府兩套僚佐的制度，將州府和軍府合一。隋還沿用舊制，凡軍事上較重要的州設置總管，兼任刺史，一個總管統轄鄰近幾個州的軍事。隋初曾設置尚書行臺節制一方，後雖廢罷，但并（今山西太原西南）、揚（今屬江蘇）、荆（今湖北江陵）、益（今四川成都）四大總管，所轄多至數十州，實即尚書行臺的後身。大業元年（六〇五），鑒於漢王楊諒以并州總管起兵，煬帝下詔廢除諸州總管府，進一步加强中央集權。

改革選舉制度　漢代以來，中央的三公府（包括與三公地位相等的最高級官僚）和地方州、郡、縣府的屬官照例由長官自行委任，即所謂「辟舉」。地方機構屬官也規定必須由本地人充當。隨着士族豪門勢力的强大，辟舉道路被他們壟斷，成爲門閥制度的一個重要環節。後來經過長期演變，公府辟舉權實際上不再存在，地方軍府的幕僚已不限於本地人，地方州府的辟舉權也日益削弱，但仍然是士族豪門的入仕途徑。同隋代的地方制度改革相適應，開皇末年實行六品以下官吏全部由尚書省吏部銓舉之制，地方各級機構的屬官從此由朝廷委任，也不局限於本地人，徹底廢除了傳統的辟舉制。

保證門閥世襲的九品中正制也在隋代廢除。隋初，雖仍沿襲北朝設置州都（即州中正）、郡正、縣正（避楊忠諱去「中」字），廢郡後，郡正當然不存在，州都和縣正實際上已不再品定人士。州郡辟舉制和九品中正制的廢除表明門閥世襲制的衰落和中央集權制的加强。

盡管如此，由於隋朝門閥貴族，特别是關隴軍事貴族是統治階級的核心，他們的子弟仍可以門蔭出身，即按照父祖官位取得的入仕資格，升任高官，所以門閥世襲制在隋代選舉中仍居優勢。一般地主的入仕道路主要是通過吏職和軍功。長期由士族壟斷的州郡歲舉（秀才和孝廉）在南北朝後期也已向一般地主開放。舊制規定州舉秀才，郡察孝廉，隋代廢郡，似乎已不再察孝廉。秀才除試策以外往往加試各體文章，録取非常嚴格，隋朝一代不過十餘人。值得注意的是出現了兩種新的科目——進士與明經。明經之名早見於漢朝，但不是經常科目。進士科是煬帝所創。進士只試策，明經除試策外可能還試經。這兩種新科目的産生適應了一般地主的要求，雖名額很少，録取的人在政治上並不占有重要地位，但對後世有很大的影響。

改革府兵制　隋代沿襲西魏、北周的府兵制。府兵創立時的兵士只限於鮮卑與鮮卑化的各族人，基本上沿襲北魏以來鮮卑人當兵、漢人務農的政策。軍民異籍在當時帶有種族隔離的性質。北周後期，大量漢人也被募充府兵，但一旦入軍就全家由民籍轉入軍籍。這種制度是和民族融合的歷史傾向不相適應的。早在大象二年（五八〇）楊堅爲北周大丞相時，即下令西魏時受賜鮮卑姓的漢人一律恢復漢姓。西魏賜姓，帶有使府兵部落化的性質，恢復漢姓也就具有破除鮮卑人當兵、漢人務農的意義。開皇十年文帝下詔，府兵全家一律歸入州縣户籍，受田耕作，只本人作爲兵士由軍府統領。這一措施清除了胡漢分治的遺迹，適應了民族融合的時代要求，有利於統一。

制訂開皇律　周大象元年楊堅掌權後不久，就對北周制訂的苛重法律進行修改。開皇元年和開皇三年，又制訂和修改了隋律，即開皇律。隋律以北齊律爲基礎進行補充調整，形成了完整的體系。隋代法律對後世有很大的影響。曾經被東亞各國的法律所取法的唐律即是開皇律的繼承和發展。煬帝時又曾修改開皇律中某些苛重條文，於大業三年頒行，即大業律。

隋初較重要的改革還有鑄造新五銖錢，統一當時混亂的貨幣，以及統一度量衡。

隋代的這些改革適應了國家統一、民族融合、門閥制度衰落的歷史發展趨向，因而具有積極意義。實行這些改革，加强了封建國家機器，維護了以關隴軍事集團爲核心的地主階級專政。

均田制的繼續和農業

開皇二年（五八二），隋朝重頒均田令。受田的主要規定是：自諸王以下至正七品的都督，受永業田自一百頃遞減至四十畝；普通百姓受田遵照北齊之制，丁男一人受露田八十畝（婦人四十畝）、永業田二十畝，限額内的奴婢（繼承北齊制度，親王限額三百人，遞減至八品以下及百姓，限額六十人）和普通百姓一樣受田。北齊還規定丁牛受田，可能隋代已經廢除。隋代所謂「奴婢」，實際上也包括北周時期確定爲賤口身分的部曲和客女。

受田百姓承擔國家賦役。開皇三年，隋文帝下令，將受田並承擔賦役的成丁年齡從十八歲提高到二十一歲，受田並承擔輕小勞役（唐代稱爲雜徭）的中男的年齡，大概也在同時自十一歲提高到十六歲。力役從每年一個月減至二十天，未被役的丁男納絹代替，稱爲「庸」；以後，又規定年滿五十歲者，納庸後免除防戍之役。户調絹從一匹（四丈）減爲二丈。爲了防止官吏作弊、豪强欺隱，文帝采納左僕射高熲建議，制訂了具有賦役定額、應減應免、計算人户資産以定户等高低等各項標準的定式，稱爲「輸籍定樣」，頒佈諸州。賦役輕減與「輸籍定樣」的頒佈，招徠了部分逃亡農民，使他們重新列爲編户，其中多數原是豪强蔭庇的私屬。隋朝建立以後，即在舊北齊境内檢查户籍，取得一定成績。

大致在開皇九年，隋朝舊境之内的户口已增加到六七百萬，大大擴大了賦役對象。

但均田令不僅没有改變封建大土地所有制，而且爲貴族官僚提供了廣占土地的法律根據。他們的永業田、奴婢部曲受田，還有特賜的土地，都是合法占有的；非法强占的田數也不少。由於土地兼併加劇和應受田的户口增加，大致早在開皇三年就提出了百姓受田不足的問題。當時蘇威建議減功臣之地以給平民，這一建議遭到「大功臣」王誼的反對，没有實行。開皇十二年，京輔三河（今關中平原和河南西北部、山西西南部地區）百姓受田不足，以致「衣食不給」。文帝派遣使者到各地去「均田」，狹鄉每丁只二十畝，相當於規定受田額的五分之一。受田不足的原因固然與人口增加有關，但主要是由於地主階級特别是貴族官僚的廣占土地。長安是都城所在，官府林立；京輔三河是貴族官僚所聚。這兩個地區的「功臣之地」即貴族世襲土地甚多，包括永業田、奴婢部曲受田、賜田，再加上作爲官僚部分俸禄的職田和作爲官府公用的公廨田，可留供百姓受田的土地就大爲減少了。京輔三河是受田不足最突出的地區，當然受田不足不限於這一地區。

在地主土地上勞動的被剥削者有三類人。第一類是奴婢，從奴婢受田這一規定看，他們之中至少有一部分是參加農業勞動的，但在當時，奴婢是一種賤口的泛稱，被稱爲奴婢者不一定就是真正的奴隸。第二類是部曲、客女，他們的身分也是賤口，但高於奴婢，大致類似農奴。應當指出，奴婢、部曲、客女的很大一部分是隨從、僕役、私家武裝之類，並不從事生産勞動。第三類是「佃家」、「佃客」，他們來自「浮客」，即逃亡農民。由於他們逃離本鄉，成爲非法的「隱丁匿口」，只有託庇豪强才能藏身，所以他們對所從屬的豪强具有强烈的人身依附關係。佃家要交納收穫物的大部分作爲地租。逃亡農民組成的「佃家」是地主土地上主要的勞動者。

仁壽四年（六〇四），煬帝即位後，免除了婦人、奴婢、部曲之課。按照「未受地者皆不課」的規定，這三類人至遲在這一年已不受田。其原因可能也是由於無地可授。大業五年（六〇九）又進行了一次大規模的户口檢查，即所謂「貌閱」，檢出的隱丁匿口以數十萬計。同年，再次下詔均田。檢查户口與均田相結合，目的都是爲了擴大賦役對象。這表明直到大業五年，封建國家仍在力圖維持農民的受田額，以便攫取租調，徵發兵役和勞役。

爲了保證租調收益，封建國家必須重視農業生産的盛衰。文帝統治時期，一些水利灌溉工程在各地興建。史籍記載開皇年間，蒲州（今山西永濟西）刺史楊尚希、壽州（今安徽壽縣）長史趙軌、懷州（今河南沁陽）刺史盧賁、兖州（今屬山東）刺史薛胄都曾在轄區内修建堤堰、決水開渠，以利灌溉。在全國統一的條件下，國家有可能較大規模地興修水利。開皇十八年（五九八年），文帝派遣水工巡視各地水源，隨地形高下，發丁疏導。水利灌溉事業的開展有利於産量的增長和耕地面積的擴大。

富實的倉庫儲積

賦役對象與耕地面積的擴大，使隋王朝有可能從民間徵得更多的實物。大量穀物和絹帛從諸州輸送到西京長安和東京洛陽。爲便於徵集物的集中和搬運，隋朝沿着漕運水道在今陝西、河南境内設置了廣通（在今陝西華陰）、常平（在今河南三門峽市東南）、河陽（在今河南孟縣南、黄河北岸）、黎陽（在今河南浚縣）、含嘉（在今河南洛陽）、洛口（即興洛倉，在今河南鞏縣東北）、回洛（在今河南洛陽）諸倉。

開皇五年，文帝采納長孫平建議，令諸州以民間的傳統組織——社爲單位，勸募當社成員捐助穀物，設置義倉，以備水旱賑濟，由當社爲首的人負責管理。由於這是社辦的倉，所以又稱爲「社倉」。開皇十五年和十六年，文帝命令西北諸州（大致爲今甘肅、寧夏和陝北地區）的義倉改歸州或縣管理；勸募的形式也改爲按户等定額徵税：上户不過一石，中户不過七斗，下户不過四斗。其他諸州的義倉大概以後也照此辦理。義倉於是成爲國家可隨意支用的官倉。

經過多年搜括蓄積，西京太倉、東京含嘉倉和諸轉運倉所儲穀物，多者曾至千萬石，少者也有幾百萬石，各地義倉無不充盈。兩京、太原國庫存儲的絹帛各有數千萬匹。隋朝倉庫的富實是歷史上僅見的。這固然反映了户口增長與社會生産的上升，同時也説明受田農民辛勤勞動的生産成果大部分爲封建統治者所掠奪。

手工業和商業

隋代手工業在前代的基礎上有所發展。隋代墓葬中發現的白瓷和碧玻璃瓶，説明在陶瓷手工業上的突破（據記載，這種碧玻璃是工藝家何稠創制的）。成都和魏郡（今河南安陽）都以製造精美的雕刻物著稱。江南傳統的造船業仍繼續發展。爲了伐陳，文帝曾命楊素在永安（今四川奉節東白帝城）督造大批戰船，最大的有五層，高百餘尺，可容戰士八百人。煬帝巡遊江都所用的船隻，在揚州製造，其中皇帝乘坐的龍舟有四層，高四十五尺，長兩百尺，此外，還有大小船隻數千艘。隋代手工業生產結構基本上承襲前代，除了廣泛的與農業相結合的家庭手工業以外，一些具有專業技能的工匠居住在城市，他們主要以家庭成員組成手工作坊，父子相傳，成爲匠户。史籍記載，鄴城郊郭居住着技作商賈，精美的雕刻物和曾經進獻給文帝的綾文布都是由這些技作户製造的。建造戰船和龍舟的工人大量爲徵自民間的丁夫，也包括具有造船技能的專業工匠。開皇十八年，文帝曾下令禁止江南民間私造大船，船長三丈以上的一律没收，説明民間存在着造船工匠。這些具有專業技能的工匠雖然也允許自己開業，但却牢固地受官府的控制。他們具有特殊身分，隸屬於管理官府手工業的機構，不屬州縣，每年輪番到所屬官府作坊中服役兩個月，免除一般百姓所服的兵役和力役（一般力役是每丁一個月），租調是否減免不詳。除了番上工匠以外，可能還有一些長期在官府作坊中服役的。官府手工業原先由主管金帛儲藏的太府寺兼管，煬帝把這部分職權劃歸少府監。少府監有左尚（製造車輿和隨車儀仗等）、右尚（製造甲胄、鞍轡及其他雜物）、内尚（製造祭祀用品和宫廷所用精巧工藝品）、織染（製造冠服和染色）、掌冶（熔鑄銅鐵器）等署，分管各專業作坊。此外，還有主管建築的將作監，下有左校（管理木作）、右校（管理泥作）、甄官（管理石作和燒造磚瓦）三署。少府諸署的勞動者是所屬的各種專業工匠，將作監諸署的粗重勞動則作爲正役徵發百姓。

在社會生産發展、政治安定的條件下，隋代商業也獲得發展。早在隋初，地處南北交通要道的汴州郭外有船客散居，這些船客應是商人。北齊故都鄴城的郊郭也居住着許多商賈、工匠。成都是西南最大的都市，歷來以手工業、商業繁盛著稱。長江流域大致仍然繼承着南朝商船往來不絕的情況。開皇十八年文帝所禁止的江南民間私造的大船，多半是用以運貨的商船。沿江東下，自江陵、豫章（今江西南昌市）以至下游諸郡治所在的城市，商業都比較發達。陸海兩道的絲綢之路仍然是對外貿易的通道。陸道以張掖爲中心，聚集着國内西北各族和外國商人，煬帝曾派遣裴矩到張掖去主持貿易事宜。南海（今廣東廣州）是最大的貿易港口，輸出絲綢，輸入象牙珠寶等傳統商品。長安和洛陽是全國政治中心，文帝興建大興城（新的長安城），置有二市，東市名都會，西市名利人。煬帝興建東都後，洛陽的商業比長安更爲繁盛。洛陽置有三市，東市名豐都，南市名大同，北市名通遠。豐都市最大，周圍八里，開十二門，市内有一百二十行，三千餘肆，四壁有四百餘店；大同市周圍四里，開四門，一百四十一區，六十六行；通遠市周圍六里，有渠通往洛口，可通大船，來自各地的船舶數以萬計。長安、洛陽和張掖、南海不僅是國内的大都市，也是國際的貿易中心。

隋代的手工業、商業雖然有所發展，但仍然繼承着前代體制。手工業以家庭手工業和官府手工業爲主，基本上都是自給自足的性質。店肆必須設在官置的市内，官市則限於郡、縣治所。隋文帝恪守以農爲本的經濟政策，令狐熙爲汴州刺史時，便奉行文帝意旨，抑制工商；開皇十六年，文帝下詔不準工商入仕爲官。這種措施反映了封建王朝重農輕商的傳統。

煬帝的繼位

隋代許多改革是文帝和煬帝兩朝完成的。文帝有五個兒子。長子楊勇在文帝代周前夕，内領禁衛，外統故齊之地，後立爲太子，參決軍政大事，曾經獲得文帝的寵任，但他奢侈好色，使得文帝和獨孤皇后逐漸失去對他的信任。次子楊廣同樣奢侈好色，但却善於矯飾，貌爲節儉孝順，博得父母寵愛。他與大臣楊素勾結，向文帝揭發楊勇的過失。文帝和楊勇間的感情日益惡化，文帝甚至懷疑楊勇有篡奪皇位的意圖。開皇二十年（六〇〇）十月，文帝廢楊勇，十一月，立楊廣爲太子。仁壽四年（六〇四），楊廣繼位，是爲煬帝。傳説文帝是被楊廣暗害的。

煬帝即位時，文帝第五子漢王楊諒身居并州總管重任，統轄今山西、河北、山東境内五十二州，手握强兵。他早就覬覦皇位。七月，煬帝即位，八月，楊諒就以討楊素爲名，起兵反叛。楊諒雖然擁有可觀的兵力，但改變不了關中的軍事優勢；他用兵又舉棋不定，忽攻忽守，所以很快就被楊素領兵鎮壓了。

大運河的開鑿

爲了控制地方，擴大南北漕運，隋朝在開皇四年曾開鑿由長安新城——大興城到潼關的漕運渠道，稱爲廣通渠，又名富民渠。煬帝繼位後，從大業元年（六〇五）至六年，又先後開鑿疏浚了由河入汴，由汴入淮的通濟渠；由淮入江的邗溝；由京口（今江蘇鎮江）達餘杭（今浙江杭州）的江南河；引沁水南達黄河，北抵涿郡（今北京）的永濟渠，相銜接爲大運河。這條大運河自涿郡到餘杭，成爲貫通南北數千里的水運大動脈。它不僅加强了隋王朝對南方地區的政治、軍事控制，便利了江南財物向洛陽、長安的轉輸，而且大大加强了中國南方和北方的經濟、文化聯繫，對以後的歷史發展也具有深遠的影響。

隋朝與國内少數族的關係

早在文帝開皇四年，東突厥沙鉢略可汗就已與隋和好，五年，南遷塞内。十九年，隋朝扶助啓民可汗爲突厥主。他對隋非常尊重。大業三年煬帝巡視北境，到了榆林（今内蒙古托克托西南），啓民可汗來朝，煬帝在千人大帳内設宴款待啓民可汗和諸部落酋長等三千五百人。在巡遊途中，煬帝又親自莅臨啓民可汗牙帳和部落所在地，接受款待。

西突厥由於内部紛争和對鐵勒的戰争，力量削弱。大業七年，處羅可汗入朝煬帝於涿郡的臨朔宫。處羅可汗的部衆，羸弱萬餘口，由處羅弟闕度設統率，居於會寧（今甘肅靖遠）；另一部分由特勤大奈統率，居於樓煩（今山西静樂）。

大業前期是隋朝極盛的時期。大業五年，煬帝西巡河右，親征吐谷渾。吐谷渾平後，隋在今青海及新疆境内設置西海（治伏俟城，今青海湖西端）、河源（治赤水，今青海興海縣東南）、鄯善（今新疆若羌)、且末(今新疆且末南)四郡。原來受突厥控制的伊吾吐屯設内附,隨後,隋於其地設置伊吾郡(今新疆哈密)。高昌國王麴伯雅亦到張掖朝見煬帝。這様,通往西域的南、中、北三道的門户,便全部被隋朝所掌握。爲了管理西域事務,隋設置了西域校尉。當年六月,在燕支山下,煬帝在巡遊用的「觀風行殿」(下有輪的巨型活動房屋)上張設盛大宴會,款待伊吾吐屯設、高昌王和其他來朝的各族首領三十多人。

在嶺南地區,原高凉太守馮寶妻譙國夫人冼氏,自平陳後,即協助隋派來的將吏安撫當地俚僚諸族。滇南地區在開皇二十年亦獲安定。

臺灣自孫吴以來,和大陸的關係日益密切。隋代稱之爲流求。大業三年煬帝派遣羽騎尉朱寬、海師何蠻出使流求;次年,朱寬再次到那裏安撫當地人民;同年又派遣虎賁郎將陳稜、朝請大夫張鎮州率軍從義安(今廣東潮州)出海到流求。當地人見到船艦,以爲是商旅之船,紛紛前來貿易,由此可知大陸商人是經常到流求進行貿易的。此後,台灣海峽兩岸間的經濟、文化交流進一步加强了。

隋和外國的關係

作爲具有悠久文化傳統的强盛的封建統一大國,隋朝爲遠近各國所向往。文帝是個務實的政治家,他的注意力重點在於内政,力求國内各族間的安定,不事遠略。他曾因爲往來風浪險惡而諄囑百濟使人不必每年入朝,因而開皇年間對外交往較少。煬帝想要宣揚國威,他即位後,就下詔召募能够出使遠方的使人。大業三年，他派遣使者從海道出使赤土（大致在今馬來半島）和日本，大約在同時，由陸道遣使到吐火羅、罽賓（通指今克什米爾一帶；隋代一度指漕國，今阿富汗加兹尼）、石國（今蘇聯烏兹别克塔什干）、天竺的王舍城（今印度比哈爾邦巴特那南）、波斯（今伊朗）。大業中，許多國家遣使來隋。煬帝主觀上只是爲了樹立他大一統皇帝的崇高威望，客觀上開展了中外經濟、文化交流，中國文化進一步在亞洲各國間廣爲傳播。

朝鮮半島一向和中國大陸有親密的關係。魏晉以來，半島上高麗、百濟、新羅三國鼎立。三國中除了高麗曾和隋發生戰争外，百濟、新羅都和隋朝有友好關係。伐陳時，隋的一艘戰船漂流出海，返航途經百濟，獲得百濟資送，並遣使祝賀隋的統一。煬帝統治時，百濟、新羅都多次遣使來隋。

日本自東漢以來，以倭國的名號爲中國所知。南北朝時曾八次遣使劉宋、蕭齊，中國文化進一步在日本傳播。隋時，日本聖德太子執政，他渴望引進文化，在本國進行改革，便幾次遣使來隋。煬帝也曾遣裴世清報聘。日本使人來時隨行有學生和僧徒，他們長期留居中國，學習佛法，也學習禮制和政令，多數直到唐初才返國。通過他們，隋唐的禮制、政令在日本傳播，對日本劃時代的大化改新起了推動甚至指导作用。這些學生和僧徒多數是新舊日籍漢人，他們成爲引進中國文化的核心人物。

東南亞各國早在兩漢時就和中國有往來，南北朝時和南朝交往。和隋通使的有林邑（今越南中南部）、赤土、真臘、婆利（在今印度尼西亞加里曼丹島或巴厘島）、丹丹（在今馬來西亞馬來亞東北岸的吉蘭丹或其西岸的天定，一説在新加坡附近）、盤盤（今泰國萬倫府萬倫灣沿岸一帶；一説馬來半島北部克拉地峽一帶）等十餘國。其中，文帝統治末年曾和林邑以兵戎相見，隨即和好，其他各國都曾在煬帝時通使。

那時在中亞阿姆河與錫爾河流域的有所謂昭武九姓國，即康、米、史、曹、何、安、小安、那色波、烏那曷、穆等國。九姓國都在大業中遣使來隋。

煬帝統治着幅員廣大的國家。全國的在籍户數將近九百萬，口數將近五千萬，還擁有前所未有的富裕國庫。煬帝志得意滿，加意粉飾太平。大業五年冬，他徵集四方藝人到東都，次年正月在東都端門街佈置了歷時一個月的表演大會，參加者達十餘萬人。大會期間，三市的店肆張掛帷帳，置備酒食，主管人員帶領各族人入市貿易，所到之處，都以酒食款待。

東都大會表現了統一王朝的盛況。但也就在大業六年正月，洛陽發生了彌勒教徒的起義；六月、十二月在北方的雁門（今山西代縣）、南方的朱崖（今海南省東北部）又先後爆發了人民起義。三次起義的規模都不大，迅即被鎮壓，但却是强盛的隋王朝崩潰的訊號。

隋朝的覆亡

繁重的勞役徵發

导致人民反抗的直接原因是漫無限止的勞役徵發。煬帝營建東京、修長城、開運河，雖有一定的積極意義，但却濫用了民力；至於純爲個人享樂而徵發的勞役，只能給人民帶來災難。

從煬帝即位開始，幾乎每年都有重役。仁壽四年十一月，他發丁男數十萬，在今山西、河南境内夾黄河兩岸掘了兩道長塹。大業元年三月營建東京，月役丁二百萬（次年正月告成，歷時十個月）。同時煬帝徵發河南、淮北丁男前後百餘萬開鑿通濟渠，又發淮南民十餘萬開邗溝，不到半年便完成了這兩項工程。這一年還在江南采伐木材，建築東京和其他各地宫殿；爲了巡遊江都而在江南造作龍舟和數以萬計的各色大小船隻。八月巡遊江都，徵發挽船士數萬人。粗略估計，從仁壽四年十月到大業元年十月的一年間，被徵發的丁男不少於四百萬。大業二年統計的户數爲八百九十萬七千五百三十六，就是説，平均每兩户徵發一丁，而且徵發地域集中在河南至淮南之間，這一地區被徵發的丁男所占的比例當然更高。營建東京的兩百萬丁，由於苦役，死亡率殆半，其他勞役的死亡率大概也差不多。可見這一年徵發丁男的比例和死亡率都是高得驚人的。此外，該年被誅戮和流配的所謂楊諒「叛黨」還有幾十萬人。

隨後是大規模地修築長城，開鑿永濟渠。早在開皇六年和七年，文帝曾兩次修建長城，一次徵發丁男十一萬（一作十五萬），另一次徵發十萬餘，都是按制度「二旬而罷」。大業三年煬帝到榆林，七月發丁男百餘萬築長城，雖仍按制度「二旬而罷」，但死者過半。次年正月，徵發河北諸郡男女百餘萬開永濟渠，丁男不足，以婦人供役。七月，煬帝北巡五原（今内蒙古五原南），又發丁男二十餘萬築長城。此外，大業三年，還徵發河北十餘郡丁男鑿太行山，開一條通往并州的馳道，雖没有具體的徵發數字，但徵發範圍達十餘郡，人數當不會少。從大業三年五月到四年七月一年多的時間内，所發丁男以至婦女，大約在三百萬人次左右，徵發地區包括今内蒙古、山西和河北，當時這些地區的户數，大致爲三百五十萬左右，可見徵發比例也非常高。

煬帝在十四年統治期間，幾乎没有一年不出去巡遊。他曾三巡江都，三到涿郡，兩至榆林，一遊河右，還有長安與洛陽間的頻繁往還。伴隨着巡遊，到處建築宫殿；每次出巡，宫人、侍衛和各色隨從人員多達十萬人，沿路供需都由所經地方承辦。這筆費用最後都落在人民的頭上。

這些勞役徵發超出了人民所能承擔的限度。大業六年就已有人民起義發生。次年，煬帝發動對高麗的戰争，更大規模地徵發兵役和勞役，終於點燃隋末農民起義的燎原大火。

煬帝三征高麗

隋朝時，朝鮮半島上有高麗、百濟、新羅三國，其中，高麗最强。東晉時，高麗入據遼東，奚、契丹、靺鞨等族受其控制。開皇十八年（五九八），高麗王高元聯合靺鞨進攻遼西，被隋朝地方軍擊退。文帝發兵三十萬進擊，高元遣使謝罪，罷兵修好。

煬帝即位後，要求高元入朝未成，便決心大舉東征。大業四年（六〇八）開永濟渠，就是要爲東征作交通運輸準備。同時，煬帝命令山東（今河北、山東地區）廣置軍府，充實軍馬，整備武器。運輸之役更是繁重：七年二月，煬帝命令在東萊（今山東掖縣）海口造船三百艘，官吏督役嚴急，死者達百分之三四十；五月，命令河南、淮南、江南造戎車五萬輛，裝載衣甲帳幕，由兵士自己牽挽，送往高陽；七月，發江淮以南民夫和船，運黎陽及洛口諸倉米到涿郡，船舶連接達千餘里。運輸兵民交錯往還，晝夜不絕，死的就拋在路旁，臭穢滿路。又發民夫自辦車牛運糧械到瀘河（今遼寧錦州）、懷遠（今遼寧遼陽西北）兩鎮，車牛都一去不返。又發鹿車（即獨輪車）夫六十餘萬，每兩人推米三石，路途遥遠，三石米還不够路上吃的，車夫到鎮無米可交，只好逃亡。

大業八年，隋軍雲集涿郡，共一百一十三萬三千八百人，分左右各十二軍，運輸人員加倍。當年二月，煬帝和大軍渡過遼水，圍攻遼東城（今遼寧遼陽）。這次聲勢浩大的東征本來不得人心，高麗又頑强抵抗，隋軍遭到失敗，士兵役丁死亡大半，物資裝備幾乎全部丢失。宇文述進攻平壤（今朝鮮平壤）的九軍共三十萬五千人，只兩千七百人生還遼東。七月，煬帝被迫退兵。

失敗並没有使煬帝接受教訓，他在退兵時就下令繼續搬運黎陽、洛口、太原諸倉穀物北上。九年正月再次在全國徵發兵士集中涿郡。四月，煬帝再渡遼水，和上次一樣攻圍遼東城，一個多月仍没有攻下。六月，在黎陽督運兵糧的楊玄感起兵攻東都（東京改稱）。消息傳到前綫，煬帝有後顧之憂，只好退兵。

同年八月，楊玄感敗亡。但農民起義軍却風起雲涌，隋王朝處於崩潰前夕。煬帝妄想以對外的勝利來扭轉危亡的命運，於大業十年二月發動了第三次東征。三月煬帝又到涿郡，七月到達懷遠鎮。高麗雖兩敗隋軍，却因連年戰争，所受損失也非常嚴重，所以立即遣使請和，並因送隋的叛將斛斯政。這次戰争是在義軍遍地的形勢下發動的，徵集的士兵多因道路阻隔，不能如期到達，有的根本没有來，來的又因沿途多有逃亡，以致兵員不足，實是凑合成軍。煬帝也感到無法把戰争進行下去，只好因高麗請和，乘勢收兵。

隋末農民大起義

煬帝三次東征，給人民造成一場非常嚴重的災禍。大業八年雲集涿郡的兵士和民夫大致爲三百五十萬人，如果再加上造船之類的就地徵役、或逃或死的兵民，數字就更大了。以後連年東征，都是在全國徵發，人數也不會少。除了勞役以外，軍需的徵發也非常嚴重，常規租調已預支數年。這樣擾動全國，弄得盛强的隋王朝「黄河之北則千里無煙，江淮之間則鞠爲茂草」（楊玄感的檄文），社會生産力遭到嚴重的破壞，人民受到無邊的苦難。

河北、山東是籌備東征的基地，兵役、力役最爲嚴重。大業七年，這一地區遭到特大水災，次年又發生旱災，人民走投無路，起義的戰鼓首先就在這裏敲響。最早見於記載的是大業七年鄒平縣民王薄於長白山（在今山東鄒平南）起義，自稱「知世郎」，作毋向遼東浪死歌號召反抗。這一年還有劉霸道起義於平原東豆子䴚（今山東商河、惠民間），孫安祖、竇建德起義於高鷄泊（今河北故城西），鄃縣（今山東夏津）人張金稱、蓨縣（今河北景縣）人高士達各在境内起義。後來發展壯大的翟讓領導的瓦崗（在今河南滑縣南）軍和以後南渡長江由杜伏威、輔公祏領導的起義軍，也都在這一二年間組織起來。從此直到隋亡，見於史籍的武裝反隋力量北至今山西、河北北部，南達嶺南，東至山東、江浙、福建沿海，西達河西走廊，大大小小數以百計，其中在今河北、山東、河南的約占半數，起義時間也較早。這些起義隊伍經過激烈的搏鬥，分併離合，最後大致形成三大起義力量：一是威震全國、據有河南的李密領導的瓦崗軍；二是雄踞河北的竇建德領導的夏軍；三是自淮南轉移到江南由杜伏威領導的吴軍。

關隴貴族統治集團的分裂

農民起義軍的發展，促使統治階級内部分化。有的反隋武裝力量，本來就是乘亂起兵的地方豪强，如據有朔方的本郡豪族梁師都，據有江南吴興等郡的江東豪族沈法興，據有江陵的蕭梁後裔蕭銑等；也有擁有兵力的軍府將領，如據有隴右的金城府校尉薛舉，馬邑（今山西朔縣）的鷹揚府校尉劉武周，涿郡的虎賁郎將羅藝等。他們大都志在乘亂割據。更有不少地主豪强參加了起義軍，比如瓦崗軍中的徐世勣、王伯當等。此時，關隴軍事貴族集團也發生了分化。尤其是大業九年楊玄感的起兵，對隋朝的崩潰有很大影響。

楊玄感是大貴族、權臣楊素的兒子。第二次東征時，他以禮部尚書在黎陽督運糧食，六月，聚衆起兵，攻圍東都。煬帝派來救援東都的遼東還軍將到，玄感撤圍西入關中，八月爲追兵所及，敗死。楊玄感聲稱「爲天下（百姓）解倒懸之急」，具有很大的號召力，一呼而集就有十萬人。他的好友和參謀李密，家世也是西魏以來的關隴世襲大貴族。和玄感通謀的斛斯政、投奔玄感的李子雄及隋宗室觀王楊雄的兒子恭道、大將韓擒虎的兒子世諤，也都是關隴世襲貴族。楊玄感雖然很快失敗，但却促使了作爲隋朝統治核心的關隴集團的迅速分裂，進一步孤立了隋煬帝。

大業十一年八月，煬帝第三次巡視北境。突厥始畢可汗（啓民子）眼見隋朝大勢已去，就發兵圍煬帝於雁門，也企圖乘機稱霸。煬帝下詔各地募兵救援，九月解圍，煬帝還東都。從此，突厥經常攻擾并州，威脅太原。

并州地區的起義力量在大業十一至十二年間日益壯大，汾水兩岸義旗競舉。在此背景下，隋太原留守李淵乘機而起。李淵（即唐高祖李淵）是西魏六柱國之一李虎之孫，既是關隴世襲貴族，又是煬帝的姨表兄，一向爲煬帝所信任。大業十一年他以山西河東慰撫大使領兵解雁門之圍有功，被留在并州防禦突厥和鎮壓農民軍。大致在大業十二、十三年之間，煬帝命李淵爲太原留守。當時，隋朝的危亡形勢已很明顯。李淵既害怕無功被罪，又懷有政治野心，加之次子李世民等的勸説，經過密謀部署，於大業十三年五月起事，七月進軍關中，十一月攻占長安。李淵立煬帝孫代王侑爲帝，改元義寧，尊煬帝爲太上皇，自爲大丞相，掌握大權。次年五月，李淵代隋稱帝，國號唐，改元武德。

大業十三年，瓦崗軍推李密爲魏公，先後攻占洛口、迴洛、黎陽諸倉，散糧聚衆數十萬，進逼東都。河北起義軍領袖竇建德也在這年稱長樂王於樂壽（今河北獻縣）。

隋煬帝的窮途末路

自大業七年農民起義爆發時起，隋煬帝就力圖用嚴刑酷法鎮壓人民的反抗怒火。文帝時就經常超越法律、任意加刑，這時更甚。大業七年，煬帝命令竊盜以上，不分輕重，隨獲隨殺。九年又下詔凡爲盜者抄没全家。楊玄感被鎮壓後，朝廷追究黨羽脅從，死者達三萬多人，凡取過黎陽倉粟者，不管多少，一律處死。秉承煬帝意旨，統兵鎮壓起義軍的將領任意屠殺人民。如樊子蓋鎮壓汾、晉間起義軍時，大肆燒殺；王世充鎮壓劉元進領導的起義軍時，一次坑殺三萬人。但是屠殺只能激起人民更大的憤怒，起義隊伍愈加壯大。大業九年以後，隋軍只能據守一些城鎮，已不能控制廣大農村。煬帝命令百姓盡數遷入城内，就近給田，就反映了這一事實。大業十二年煬帝第三次到江都。面對着土崩瓦解的形勢，他已經感到處境的危險。但爲了逃避現實，他整天飲酒作樂，不準人説「盜賊」衆多，如有人這樣報告，輕則免官，重則處死。那時煬帝所能控制的地域已非常狹小，糧倉被占，租調不入，江都糧食供應越發感到困難。一些江南出身的官僚建議煬帝南渡。煬帝便在十三年下令修築丹陽宫，準備渡江。

大業九年第二次征遼時，煬帝爲了擴充軍隊，除徵發府兵外，又曾募人從軍，稱爲驍果。這次到江都，天下大亂，府兵上番宿衛制度難以維持，只能以驍果代替。驍果中多數是關中人，一向不願久留南方，往往逃亡。爲了安定驍果，煬帝竟然搜括江都寡婦和未嫁女子强配給他們。此舉並没有收到什麽效果。當驍果們知道煬帝方謀南渡，就決定劫掠馬匹財物，集體西返。十四年三月，在煬帝寵臣宇文述之子宇文智及的鼓動下，驍果發動兵變，殺死煬帝，立煬帝姪孫秦王浩爲帝，推宇文智及兄化及爲大丞相掌握大權，率衆自運河西返，他們來到徐州時，路已不通，就又掠奪百姓的車牛，改從陸道進向東都。

煬帝死訊到達東都，群臣立煬帝的又一個孫兒越王侗爲帝，改元皇泰，史稱皇泰主。這年六月宇文化及兵到黎陽，黎陽早由瓦崗軍占領。那時，李密已接受東都官爵，便與化及在黎陽的倉城相拒。化及糧盡北走魏縣（今河北大名西），九月殺秦王浩，稱帝，國號許。唐武德二年（六一九）宇文化及於聊城爲竇建德所擒殺。李密擊走宇文化及後，想應命到東都去「輔政」。當時，東都發生内訌，反對召李密的王世充專政，發兵攻李密。武德元年九月，李密於偃師戰敗，降唐。王世充擊敗李密後，聲勢很大，遂於次年四月，廢皇泰主，稱帝，國號鄭，改元開明。到此，三個象徵性的隋政權殘餘全部滅亡。

帝系表

①文帝楊堅——②煬帝楊廣——③恭帝楊侑
（五八一——六〇四）　（六〇四——六一八）　（六一七——六一八）

思想文化和科學技術

隋朝結束了近三百年的南北分裂局面，實現國家的政治統一，有力地推動了思想文化的南北合流。隋朝時期表現在哲學、文學、語言學、音樂、美術等方面的南北交融，是顯著的。

南北朝時期思想界以佛教思想最爲活躍。當時南、北佛學的學風不同，南方重視義理，北方重視禪定。陳、隋之際，智顗創立天台宗，參合南北學風，主張義理、禪定並重，提出「止（禪定）」「觀（義理）」法門作爲最高修養原則。由於漢魏以來傳入中國的佛經存在着教義上的重大分歧，隨之形成各種學派。天台宗批判、整理、解釋諸經、諸學派的教義，形成一套由低級到高級、分別層次的理論，建立起自己的判教體系。止觀法和「判教」體現了南北佛教學風和各種學派的交流和統一，適應了統一王朝的需要。

南北朝時期對儒家經典的傳習、講授，南北各有所主，互不相通。學風上，江南繼承魏晉以來的新經學，又受玄學的影響；北方仍守漢代遺風，比較質樸。梁末，一些南方儒生如蕭該、何妥被遷入關中，可能對北學發生影響。隋代最顯赫的經學大師信都（今河北冀縣）人劉焯、河間（今屬河北）人劉炫被稱爲「學通南北、博極今古」，他們注解尚書和春秋左氏傳都捨北從南。這時，經學由南北交流走向統一，但這個統一却是南方征服了北方。

南、北文風過去也不相同。南朝講究聲律詞藻；北方質樸，宜於實用。北魏中期以後，南方文學逐漸在北方傳播。北齊、北周時期，北方作家多以南方作家爲楷模，出現了以南方文學爲主流的文風統一過程。隋代前期，李諤上書，乃至文帝下詔，企圖阻止南方文學的流行，但都没有收效。煬帝愛好甚至尊重南方文化，來自江南的文人獲得寵任，鄙視江南爲「東夷」的臣僚被處杖刑。在煬帝的大力提倡下，南方文學成爲正統。

由南北交流發展到南北統一的傾向也表現在書法藝術上。南北書法是有區别的。南方自東晉以來流行的是以王羲之、王獻之父子爲首的新書體（行草書），秀逸流移，長於書札序跋；北方上承漢魏隸法，方正遒勁，長於碑刻榜題。西魏破江陵，王家書法的傳人、文學家王褒被遷入關中，不僅對關中文學的轉變有極大影響，書法也爲貴族子弟所崇尚，盛行一時，以致作爲關中名氣最大的書法家趙文淵（唐人避諱作「文深」）也不得不學習王褒書體，但他的碑榜書却爲王褒所推重。隋代書法藝術綜合南北，爲唐代書法的統一奠定了基礎。

南北朝時期文學創作的需要，還推動了音韻學的研究，音韻之書競出。但那時吴楚之音「輕淺」，燕趙之音「重濁」，四方聲調分歧很大，各種韻書無不雜有地方土音。開皇初年，顔之推、蕭該、陸法言等八人，感到各地語音駁雜，缺乏統一的標準，便共同研討南北古今語音的同異，而以東晉南渡以前洛陽京畿地區的語音系統爲標準，對當時語音詳加校正。陸法言記録了諸人議論的大義，又參酌南北諸家韻書，於仁壽元年撰成切韻五卷。切韻是一部集南北音韻研究之大成的巨著，爲唐宋時期音韻學的更大發展奠定了基礎。

北方、江南、西域以及外國音樂，在隋代也得到交融發展。北齊、北周時期的宫廷已有龜兹、高昌等西域樂，後來爲隋朝繼承。開皇九年（五八九），隋朝平陳，獲得宋、齊音樂和梁、陳樂人，文帝下令太常寺設清商署管理他們。大業六年（六一〇），煬帝命各地撿括西魏、北齊、北周、陳朝的樂人子弟，集中於太常寺。開皇年間曾定七部樂，大業中改爲九部樂。其中的「清樂」，即「清商伎」，是號稱「華夏正聲」的漢代舊典；「禮畢」即「文康伎」，據説傳自東晉太尉庾亮家；西凉、龜兹、康國、疏勒、安國樂來自西域；還有天竺、高麗兩部外國樂。隋九部樂後來沿用至唐，又有了新的發展。

科學技術在隋代取得了新的成就。經學家劉焯又是傑出的天文學家。他使用定朔計算法取代過去的平朔法，創制了當時先進的曆法——皇極曆。後來，唐朝李淳風依據皇極曆製成麟德曆，行用於唐朝前期。定朔法的采用是中國天文史上的一項重大改革。劉焯還觀測五大行星的位置，對它們各自的近日點和遠日點作了比較精細的計算。另一位天文學家耿詢，製成了用水力轉動的渾天儀，裝在暗室中，借水力運行，與室外的天象恰相符合，設計十分精妙。

巢元方是隋朝最著名的醫學家。他撰寫的諸病源候論五十卷，從病的來源和病的症候兩個方面診斷疾病，共論述了六十七個門類、一千七百二十種病候，並探究其病源，提出醫治的方法，開闢了後世病因學和病理學的研究途徑。

隨着國家的統一，中外交通和商業貿易的發展，隋代地理學取得新的成就，特別是地圖的編繪技術有了顯著進步。大業初年，朝廷根據諸州申報的各地風俗、物産、地圖資料，編成諸州圖經集一百卷。大業六年，煬帝又命臣下依據圖經撰成區宇圖志一百二十九卷，圖志所叙的山川、郡國和城隍，均附有地圖，是一部地理學的巨著。煬帝時的著名地理學家裴矩，在奉敕去張掖，管理西域商南人交市時，搜集了有關西域的山川、風俗等資料，撰成西域圖記三卷，書中有地圖，有記述，還有穿着民族服裝的各族人的彩繪圖，是一部地理學名著。

隋朝工匠李春在趙州（今河北趙縣）城南洨水上所建的安濟橋，即趙州橋，是中國現存最古老的大石橋。安濟橋是一座空腔式拱橋，净跨爲三十七點零二米，净矢度爲七點二三米，主拱兩端各有兩個小拱。空腔弧拱式的設計，可以減輕橋基的負擔；單孔大弧孔可以增大排水面積，小拱可以分洪，減輕洪水對橋身的衝擊力；大跨度、低弧形、單拱的建築設計，既節省工料，又便於運輸通行。安濟橋的設計和建造，顯示了中國古代勞動人民的智慧和才能。它比歐洲同類空腔式橋梁的出現要早七百多年。

（中國大百科全書中國歷史，中國大百科全書出版社，一九九二年）

唐長孺文集

魏晉南北朝史論叢

中華書局

青年時代

少年時期與父母在一起

一九四○年代國立藍田師範學院歷史系教師合影（前排右起第一人）

前言

唐長孺先生(一九一一年七月四日——一九九四年十月十四日),江蘇吴江人,我國著名歷史學家。一九三二年畢業於上海大同大學文科,後於浙江南潯中學、上海聖瑪麗亞女子中學等多所學校任教,講授中國史地、國文、政治制度等課程。一九四○年任上海光華大學歷史系講師,一九四二年春轉任湖南藍田國立師範學院史地系副教授,一九四四年受聘爲遷至四川樂山之國立武漢大學歷史系副教授,一九四六年晉升爲教授,此後長期執教於武漢大學。歷任武漢大學歷史系中國古代史教研室主任、魏晉南北朝隋唐史研究室主任、歷史系主任、中國三至九世紀研究所所長;兼任中國社會科學院歷史研究所研究員暨學術委員會委員、國務院古籍整理出版規劃小組成員、國家文物局古文獻研究室主任、中國史學會理事,中國唐史學會會長,中國敦煌吐魯番學會副會長,湖北省中國史學會會長,湖北省考古學會理事長、六朝史研究會名譽會長、中國魏晉南北朝史學會顧問等學術職務,亦曾擔任武漢市人民政府委員、九三學社中央委員暨武漢分社副主委等職。他學識淵博,精通文、史,於魏晉南北朝隋唐史、古籍整理、敦煌吐魯番文書整理與研究等領域皆有卓越貢獻,被海内外學術界公認爲二十世紀傑出的史學大家之一。

唐先生早年因家學淵源，於經史子集多所研習；而在上海南洋大學附中、光華大學附中以及大同大學求學期間，主修英俄語言文學、政治、法律、歷史、地理諸科，故於當時東西方之學術文化皆有瞭解或掌握。他初攻舊體詩詞，兼習崑曲、彈詞，曾在國學叢刊等發表絶慮、曉竹、解連環諸詞作，並先後翻譯海桑東遊録、元經世大典圖釋序、弗蘭克林自傳及賽珍珠大地系列兒子們續編分家、美國傳教士格雷比爾新中國等多種著作。同時研治宋遼金元史，自一九三五年至一九四〇年前後，於國學論衡、齊魯學報等發表箭内亘可敦城考駁議、耶律大石年譜、周文武陵考、蔑兒乞破滅年次考證等多篇論文。

受聘藍田國師，特别是於武漢大學執教期間，唐先生由於教學和科研工作的需要，在兼治遼金元史的同時，研究重心轉爲魏晉南北朝隋唐史諸領域。自二十世紀四十年代初至五十年代初，於燕京學報、歷史研究、學原、武漢大學社會科學季刊等發表論金代契丹文字之興廢及政治影響、蒙元前期漢文人進用之途徑及其中樞組織、敦煌所出郡姓殘葉題記、論五朝素族之解釋、清談與清議、唐代軍事制度之演變、白衣天子試釋、南朝的屯、邸、别墅及山澤占領、范長生與巴氏據蜀的關係等篇章。

一九五五年，唐先生所撰魏晉南北朝史論叢由三聯書店出版，對這一歷史時期許多前人未及或懸而未決的重大問題進行了研究，獲得了一系列富於啓迪性的結論或見解，在海内外學術界引起重要反響。陳寅恪先生曾致函稱賞，謂「寅恪于時賢論史之文多不敢苟同，獨誦尊作，輒爲心折」。論叢之問世，可視爲一九四九年以來我國史學界在充分占有諸種史料的基礎上，運用科學的歷史觀和方

法論，融會貫通，將考據學與理論探討彙爲一體，對這一歷史時期的田制和賦役制度、生產關係、階級結構、政治制度、兵制、民族問題、宗教及學術文化諸論題展開深入剖析的史學名著之一，也由此奠定了唐先生在中國中古史諸領域的學術地位。

二十世紀五十年代中期以後，唐先生又相繼撰著出版三至六世紀江南大土地所有制的發展（上海人民出版社一九五七年版）、唐書兵志箋正（科學出版社一九五七版）、魏晉南北朝史論叢續編（三聯書店一九五九年版）、魏晉南北朝史論拾遺（中華書局一九八三年版）和山居存稿（中華書局一九八九年版）等著作。並於歷史研究、中國史研究、文物、中華文史論叢、武漢大學學報、魏晉南北朝隋唐史資料及日本東方學、東方學報、東洋史研究等刊物發表均田制度的產生及其破壞、門閥的形成及其衰落、關於武則天統治末年的浮逃户、唐代宦官籍貫與南口進獻、漢末學術中心的南移與荆州學派、太平經與太平道、論南朝文學的北傳、錢塘杜治與三吴天師道的演變、魏晉南北朝の客と部曲、唐代の部曲と客等學術論文數十篇。特别是在其晚年目疾加重、身患癌症的情況下，以驚人的毅力撰著魏晉南北朝隋唐史三論（武漢大學出版社一九九二年版）一書，對其長期研究魏晉南北朝隋唐歷史做出理論性概括。他在東西方歷史比較研究的基礎上，對兩漢時期的社會性質進行了探討，提出了「亞洲型」封建社會的論斷；從依附關係的發展歷程即「客的卑微化與普遍化」入手，論證了「魏晉封建論」之重大問題；探討了南北朝時期南北方由於歷史條件的不同從而在社會經濟、政治制度、門閥體制、學術文化等方面產生的諸般差異；對唐代的變化逐一剖析，對唐代「南朝化」傾向之問題

進行了系統論述，進而對中國封建社會前期階段性發展之特質及演變趨勢等做出了新的詮釋。

唐先生在古籍整理和研究方面同樣做出了重要貢獻。他的唐書兵志箋正一書，對舊史記載做了一系列去僞存真的鑒别工作，條分縷析，糾正了兵志記載中的許多疏漏和錯誤。一九五七年，他被聘爲國務院古籍整理出版規劃小組成員；一九六〇年底，參加中華書局點校二十四史工作，承擔其中「北朝四史」（魏書、周書、北齊書、北史）的點校，出任武漢大學歷史系「北朝四史」點校小組組長。一九六三年，赴京主持點校「北朝四史」。前後歷時十載，終告完成。這一點校本，既充分參考前人成果，又多發前人之所未發。他不僅根據册府元龜、通典等增補傳本魏書禮、刑二志中之脱葉、脱文，同時所撰寫的校勘記，廣徵博引，按斷精審，將校勘與考訂有機結合，融古籍整理與歷史研究於一爐，被海内外學術界視爲古籍整理的「優秀成果和範本」。

唐先生歷來重視出土文物、文獻資料。早在二十世紀四十年代末即對新興的敦煌學多所關注。一九五七年四月至九月，他在北京參加中國科學院歷史研究所學術活動期間，於科學院圖書館閲讀敦煌文書縮微膠卷，抄録大量卡片；曾向歷史研究所所長尹達先生提出成立敦煌學研究室之建議，因故未果。二十世紀五十年代末至一九七四年前後，新疆維吾爾族自治區博物館文物考古隊及吐魯番地區文物保管所曾發掘清理吐魯番晉唐古墓葬近四百座，出土大量古代官私文書。唐先生敏鋭地意識到這批文書重要的學術價值，遂於一九七四年建議國家組織專門力量對之進行系統整理，並於一九七五年與國家文物局王冶秋局長、復旦大學譚其驤教授一道親赴新疆考察，在庫車古道上，唐先

生因路途顛簸，右眼視網膜脱落，竟致失明。同年，因唐先生之倡議，經國務院批准，受命主持成立「吐魯番出土文書整理組」。他不顧眼疾，全身心投入文書的整理與研究，帶領一批中青年學者，對近萬枚文書殘片逐一識讀，通過紙質、書體加以綴合、録文，並在悉心考訂的基礎上予以斷代和定名，十易寒暑，終將吐魯番古墓葬所出此批十六國至唐代的官私文書，古籍殘卷、佛道文獻等整理完畢。主編吐魯番出土文書釋文本一至十册；圖文本一至四册，先後於文物出版社出版，使沉睡千年的古冢遺文公諸中外學人，並總結出一套科學的文書整理的規範和方法。唐先生又結合出土文書的整理，將之與中國中古史研究有機結合，主編敦煌吐魯番文書初探（武漢大學出版社一九八三年版）、敦煌吐魯番文書初探二編（武漢大學出版社一九九〇年版）。他所撰寫的吐魯番出土文書中所見高昌郡縣行政制度、唐肅代期間的伊西北庭節度使及留後、吐魯番所出唐代西州差兵文書跋、吐魯番文書中所見高昌郡軍事制度、唐貞觀十四年手實中的受田制度和丁中問題、唐西州諸鄉户口帳試釋、吐魯番文書中所見絲織手工業技術在西域各地的傳播、吐魯番文書所見的西州府兵等一系列有關出土文書與十六國至唐代歷史的重要專論，與新出文書之整理一道，將我國敦煌吐魯番學引向深入。

唐先生還致力於中國古代史教材建設與相關工具書的探索與研究。一九五五年，受高教部委託，主編中國通史（二）魏晉南北朝史講義及教學大綱；同年，在武漢主持高教部魏晉南北朝史教材編寫會議；一九六二年，應邀參加中國科學院哲學社會科學學部中國史稿審稿會議，負責審定魏晉南北朝隋唐部分。一九六五年八月，主編中國通史參考資料古代部分第三册（魏晉南北朝），由中華

書局出版。二十世紀八十年代初，唐先生被聘爲中國大百科全書總編輯委員會委員，中國大百科全書中國歷史編輯委員會副主任、隋唐五代史卷主編，他除了對該卷之條目逐條細擬、審定之外，還親撰「隋」等長文辭條。他還曾創辦魏晉南北朝隋唐史資料等刊物，與其他多位著名學者一道，共同發起創建中國唐史學會、中國敦煌吐魯番學會等學術團體，爲我國史學研究的繁榮和發展做出了貢獻。

唐長孺先生一生筆耕不輟，著述宏富，在其長達半個多世紀的學術生涯中，於中國古代政治、經濟、典章制度、民族、社會、宗教、學術文化、出土文獻諸領域縱横馳騁，皆有建樹，且不斷開掘學術研究的新課題。唐先生治學，嚴謹認真，實事求是，一絲不苟，既踵事增華，博取衆家之長，復獨辟新徑，形成了自己獨特的治學理路和學術風格。他注重對史料的充分占有和辨析，注意新資料的挖掘和運用，對相關資料去僞存真，去粗取精，洞悉史實之間的因果聯繫是唐先生治史的重要特點之一。而這一特點既包含了中國傳統「實證」史學的優秀成分，又使之在新的歷史條件下展示出無窮的學術魅力。他同時善於以小見大，從具體問題入手，透過具體的乃至零碎的片斷的史料記載，揭示出重大的歷史問題；他注重「循名核實」，從相關詞義的變化洞悉歷史演變的脈絡，獲得事關全局的重要結論，如所撰晉書趙至傳中所見的曹魏士家制度、九品中正制度試釋、西晉户調式的意義、南朝的屯、邸、别墅及山澤占領、唐代色役管見等即是；他十分注意各種歷史現象之間的内在邏輯和有機關聯，如討論士族問題，則密切關注其蔭客、免役之特權；研究兵制問題，則旁及户籍制、身分制、色役制及部曲、奴婢等相關經濟社會之内容，由此及彼，由表及裏，在研究的深度和廣度上達到了很高的境界。他研究每一論題，必探其淵源和流變，通過長時段的考察，探尋其「變化與發展」。如有關魏晉時期江南的學風、魏晉至唐之官府工匠、魏晉南北朝的客與部曲、唐代的客户、南朝文學的北傳諸篇，或上溯兩漢以至戰國時代，或下延至兩宋時期，體現出廣闊的歷史視野。與此同時，唐先生在實證研究與理論探討、微觀研究與宏觀考察的結合上以及歷史與邏輯的統一上達到了新的高度。如晚年撰成的魏晉南北朝隋唐史三論之許多篇章即爲之樹立了典範。總之，唐先生成爲一代史學大家絕非偶然，與他的學養、學風、對史料與理論的高度重視以及不懈探求的學術精神密切相關。他晚年自題的聯語「著書敢期延歲月，湖山倘許小盤桓」，表達了他對人生的通達和學術的執著追求。且常謂：「史家『四才』須銘記，爲文切忌『急就章』」，這是他自勉之語，也是他教示學子之箴言。唐先生的學風、學術成就、學術理路和研究方法作爲二十世紀中國史學的優秀遺産之一，值得珍視和繼承。

由於唐先生的論著發表或出版於不同時期，有不少篇章已不易搜求；甚至一些專著也因出版經年，迄無再版，而於坊間難以獲見。他的相關論著，除魏晉南北朝史論叢、三至六世紀江南大土地所有制的發展、唐書兵志箋正、魏晉南北朝史論叢續編、魏晉南北朝史論拾遺、山居存稿、魏晉南北朝隋唐史三論等係他生前業已結集出版之外，尚有不少論文散見於各種報刊，另有一些手稿、講義、劄記等未公開刊行。爲滿足學術界的需要，繁榮學術研究，同時便於海内外學人相對全面地瞭解和研究唐先生的學術道路和學術思想，我們在中華書局的大力支持下，對其論著進行了一定程度和一定

範圍的搜集、整理，結集爲八卷本唐長孺文集。

經審慎協商，唐長孺文集確定如下取捨標準：

（一）譯著暫不收録，但與古史相關的重要譯文酌情收録。

（二）先已發表，後又經作者親自修改、補充的論文，只收最後修訂稿，原刊不再收録，如武則天統治末年的浮逃户、北涼承平七年寫經題記與西域通往江南的道路、舊唐書中關於元和三年對策案的矛盾記載、貞觀十四年手實中的合受田等。

（三）個别時代色彩較濃的論文，暫不予收録。

（四）序跋類文章，酌情收録。

（五）講義類暫酌收一部分。手稿中國中古史大綱中卷、中國中古史大綱補編、中國近古史大綱（講稿）等，因卷帙浩瀚，眉批繁複，擬另行刊印。

唐長孺文集的校核、整理或加工，大致遵循如下原則：

（一）文集悉用通行規範繁體字豎排，全式標點，人名、地名、書名等標專名線。特殊情況下（如敦煌吐魯番文書録文）適當保留異體字、古今字；原屬内刊稿或未刊稿中尚難辨識的文字以□標出。

（二）作者生前已刊專著、論文，以原書、原文爲底本；原文或原稿有疑問處，或參考作者修訂本及手稿做較大增删改動者，則一律出按語加以説明（專著置於出版説明或整理附記中，論文置於文

末）。

（三）引文校核，一般依據作者所用版本或通行本，明顯錯訛處徑改；版本異文原則上不做改動。所引古籍、前人今人論著的指稱（如簡稱或其他習慣用法），不予統一，以保留原貌。

（四）除個別文章外，注釋一律採用脚注。凡援引作者已刊專著、論文的注釋，雖頁碼變動，原所示參見之頁碼、注碼等，仍舊保留，另注明文集本頁碼、注碼。

唐長孺文集各卷所收專著或大致篇目如次：

第一卷　魏晉南北朝史論叢

第二卷　魏晉南北朝史論叢續編、魏晉南北朝史論拾遺

第三卷　山居存稿

第四卷　魏晉南北朝隋唐史三論

第五卷　唐書兵志箋正（外二種：三至六世紀江南大土地所有制的發展、魏晉南北朝史籍舉要）

第六卷　山居存稿續編

第七卷　山居存稿三編

第八卷　講義三種（秦漢三國史、魏晉南北朝史三章、魏晉南北朝隋唐史）。附唐長孺先生生平及學術編年

武漢大學中國三至九世紀研究所師生、歷史系相關同事和唐長孺先生的學生、子女等分别承擔了唐長孺文集的整理或校核工作。兹大致條列，以志其事。第一卷，魏斌、劉安志、朱海；第二卷，劉安志、何德章、朱海；第三卷，凍國棟、何德章、劉安志、朱海、申萬里；第四卷，凍國棟、朱海、黄樓；第五卷，孫繼民、王延武、劉安志；第六卷、第七卷，朱雷、凍國棟、何德章、劉安志、朱海、申萬里、黄樓、姜望來；第八卷，唐剛卯。其中，唐長孺先生生平及學術編年與文集前言由凍國棟執筆。石墨林在文集各卷的複印、收寄等方面承擔了不少工作。

唐長孺文集的整理與出版，還獲得諸多單位和友人的幫助。唐先生不同時期的學生在文集的編選和清樣的審讀方面，也付出了勞績。先後參與這一工作的有張澤咸、張弓、李文瀾、王素、黄正建、孫曉林、李方諸先生。此外，一些學界同行或建言獻策，或幫助複製、翻拍唐長孺先生早年文稿，多方襄助，不能一一列名，謹在此一併表示衷心的感謝。

程千帆先生、啓功先生、金克木先生生前對唐長孺文集的出版均十分關心。啓功先生還曾抱病親爲題簽，令人感銘。

武漢大學中國三至九世紀研究所

二〇一〇年六月

目録

孫吳建國及漢末江南的宗部與山越

一　宗部的意義

當漢末黃巾起義之後，長江南部有一種武裝組織，稱爲宗部、宗伍，也被稱爲宗賊，他們的領袖則稱爲宗帥。關於這一個「宗」字的意義，後漢書卷七四劉表傳：「詔書以表爲荆州刺史，江南宗賊大盛」，下面李賢注云：「宗黨共爲賊」，以後資治通鑑卷五九胡三省注也引用了李賢的解釋，本來可以不成問題。但清代校勘學者何焯却有一種新的意見。他說：「『宗』恐與巴賨之『賨』同義，南蠻號也。」〔一〕宗賊疑即蠻賊。照何焯的說法「宗」應該解釋爲種族名，也即是「賨」之省略或本字。惠棟後漢書補注卷一七劉表傳也引了何焯說，但惠棟却並不贊同，他說：「吳志注引江表傳曰：『鄱陽民帥別立宗部』，又云：『海昏縣有五六千家相結聚作宗伍』，蓋漢末喪亂，人民結聚，刼略郡縣……不必皆南蠻賊也。」惠棟駁何說的理由過於簡略，下面我們就要詳細討論。我覺得何焯把「宗」說成「賨」可能由於荆州西部恰是賨人所居之地。〔二〕這一點惠棟以鄱陽、海昏之宗部、宗伍來駁正是對的。可是

〔一〕　見義門讀書記、後漢書卷三劉表傳。

〔二〕　嚴格說來賨人應只限於巴郡的板楯蠻，他們最早居於宕渠，即今四川的達縣、大竹一帶。但晉書、魏書都以廩君後裔爲賨人，廩君傳說據後漢書卷八六南蠻傳和水經夷水注乃在今建始、恩施、宜都一帶。均在今湖北西部。

「賨」省作「宗」却極爲可能。宋書卷六三沈演之傳稱：「二郡强宗侯勱、羅奥聚衆作亂。」所謂二郡是指巴西和梓潼，這裏有賨人聚居是可以想像的，而羅姓又正是賨族七姓之一。〔二〕同書卷六五劉道産傳又説「侯攬、羅奥等招引白水氏規欲爲亂」，我們知道巴氏往往被稱爲賨人，所以宋書所稱之「强宗」很可能是指賨人。

雖然我們可以找到如上的證據來支持何焯的意見，但惠棟之説還是正確的，只是我們還須要加以推論。首先宗部、宗伍在地域分佈上不能與賨族符合。所謂賨人不論是板楯蠻或是廩君後裔，他們的分佈在後漢末年大概只在今四川東部、湖北西部、陝西南部，可是宗部的活動却在長江下游。除了上引劉表傳所述荆州江南的宗賊之外，那時以江西的宗部最盛。三國吴志卷四太史慈傳注引江表傳：

> 慈見策曰：「華子魚良德也，然非籌略才，無他方規，自守而已。又丹陽僮芝自擅廬陵，詐言被詔書爲太守。鄱陽民帥，別立宗部，阻兵守界，不受子魚所遣長吏，言：『我以別立郡，須漢遣真太守來，當迎之耳。』子魚不但不能諧廬陵、鄱陽，近自海昏有上繚壁，有五六千家相結聚作宗伍，惟輸租布於郡耳。發召一人，遂不可得，子魚亦覩視之而已。」

鄱陽相當於現在的江西鄱陽縣，海昏相當於江西建昌縣。又三國吴志卷二孫權傳黄武四年十二月

〔二〕見華陽國志卷一巴志及後漢書卷八六南蠻傳。

稱：「鄱陽賊彭綺自稱將軍，攻没諸縣，衆數萬人。」而魏志卷一四劉放附孫資傳注引資别傳云：「時吴人彭綺又舉義江南，議者以爲因此伐之，必有所克。帝問資，資曰：『鄱陽宗人，前後數有舉義者，衆弱謀淺，旋輒乖散……』」從這裏我們可以知道彭綺也是「宗帥」，而鄱陽的「宗人」常常要起來反抗孫氏政權，他們可以結聚到數萬人之多。

江蘇、浙江、安徽一帶的宗帥也不少。三國吴志卷一孫策傳注引江表傳：

(吴郡太守陳)瑀陰圖襲策，遣都尉萬演等密渡江，使持印傳三十餘紐，與賊丹陽、宣城、涇、陵陽、始安、黟、歙諸險縣大帥祖郎、焦已及吴郡烏程嚴白虎等使爲内應。

祖郎等實在也是宗帥。三國吴志卷六孫輔傳注引江表傳稱：「袁術深怨策，乃陰遣間使齎印綬與丹陽宗帥陵陽祖郎等使激動山越。」就説祖郎等都是宗帥。又孫策傳注引孫盛的異同評駁書中所云孫策有意襲取許昌的説法，認爲其時「深險彊宗未盡歸復」，孫策不可能作此企圖。裴松之又駁孫盛，云「於時彊宗驍帥祖郎、嚴虎之徒禽滅已盡，所餘山越，蓋何足慮」。孫裴二人關於孫策是否有襲取許昌的企圖意見不同，但都承認阻礙孫策發展的勢力是那些「彊宗」，裴松之更明確指出祖郎、嚴白虎都爲「彊宗驍帥」。由此可見孫策傳稱陳瑀所勾結的險縣大帥包括烏程的嚴白虎在内都是宗帥，此外三國吴志卷一五賀齊傳「吴郡餘杭民郎稚合宗起，賊復數千人」，自然也是「宗賊」。

甚至在遥遠的交州也有這種組織。三國吴志卷四士燮傳：

戴良爲刺史……燮子徽自署交阯太守，發宗兵拒良。良留合浦。交阯桓鄰，燮舉吏也，叩頭諫徽使迎良。徽怒，笞殺鄰。鄰兄治、子發又合宗兵擊徽。

所云宗兵之「宗」，也就是「宗部」、「宗伍」之「宗」。

從上面所引諸條看來，宗部分佈的區域異常廣泛，湖北、江西、安徽、浙江、江蘇、兩廣及印度支那半島都有這種組織，參加的人數也非常多。這和賨人的分佈狀態完全不符，因此將「宗」認作巴賨之「賨」是難以成立的假設。

從三國志的紀載中看來，宗部之「宗」只是指宗族而言。上引太史慈傳所云：「鄱陽民帥，別立宗部」，又說「海昏有上繚壁，有五六千家相結聚作宗伍」，部伍是軍事組織，所以才可以「立」，可以「結聚」，宗部、宗伍解釋作結聚宗族而成的部伍，我想是比較適當的。賀齊傳所云「合宗起」，也只能解釋爲集合宗族起事。至於孫資別傳所云「鄱陽宗人」，孫策傳所云「豫章上繚宗民」似乎有利於作種族的解釋，但就當時的習慣用語看來，仍然是指宗族或參加這種宗族武裝組織的人民。我們知道黄巾起義之後，以宗族鄉里的關係而組成的武裝集團在北方極其普遍，那末我們也有理由相信南方有同樣的情況。我們可以引兩個例子來説明宗人的意義。魏志卷一一田疇傳：「疇盡將其家屬及宗人三百餘家居鄴」，本傳注又引先賢行狀曹操論田疇功表也説「疇率宗人避難於無終山」。這雖是發生在北方的事，但宗人的解釋應該是一致的。又晉書卷七六虞潭傳：「潭遂於本縣招合宗人及郡中大姓共起義軍，衆以萬數。」這裏的宗人顯然是指會稽山陰大族虞氏而言，這樣的招合大姓起兵，豈非就是結聚作宗伍麽？此事雖稍後，但確切地説明了宗人的意義。

因此我認爲李賢將「宗」釋爲「宗黨」是正確的。

二　宗部與山越的關係

我們不承認「宗」與賨有什麽關係，但我們却可以證明宗部與山越有密切的關係。從行動上，從地域分佈上，我們可以看到宗部與山越幾乎難以分別。關於孫吴一代征伐山越的史實及山越的活動區域，近人考證已詳，我不想多説，這裏只舉出一些與宗部有關的例子。

我們已經在上面説到江西鄱陽一帶爲宗部最盛之地，常常要起來反抗，同時這裏却也是山越聚居的區域。三國吴志卷二孫權傳建安八年：

> 權西伐黄祖，破其舟軍，惟城未克，而山寇復動。還過豫章，使吕範平鄱陽，會稽，程普討樂安，太史慈領海昏，韓當、周泰、吕蒙等爲劇縣令長。

孫權所攻的是山寇，亦即山越。吴志卷一〇韓當傳稱他「還討鄱陽，領樂安長，山越畏服」，就明説是山越。又卷一五鍾離牧傳提到建安、鄱陽、新都三郡山民作亂的事。同卷周魴傳：

> 魴爲鄱陽太守……被命密求山中舊族名帥爲北敵所聞知者，令譎挑魏大司馬揚州牧曹休。
>
> 魴答：「恐民帥小醜，不足杖任……」

山中的舊族名帥自然是山越之帥，同時也就是宗帥。周魴説「民帥小醜」，我們記得太史慈也説别立宗部的是鄱陽民帥。

江西鄱陽一帶的山越與宗部關係之密切已如上述，其他地區也是一樣。上引孫輔傳注引江表傳稱袁術勾通「丹陽宗帥陵陽祖郎等使激動山越」，明白提出了丹陽宗帥與山越的關係。又嚴白虎是「彊宗驍帥」，即宗帥，卷一一呂範傳稱爲彊族嚴白虎，但同卷朱治傳却説許貢敗後「南就山賊嚴白虎」。吴志中的山民、山賊、山寇和山越只是互稱，所以嚴白虎又是山越的領袖。

如上所述宗部與山越有時簡直是互稱，所謂宗人、宗民和山民的區别只是前者由其組織而言，後者由其山居而言。

此外，吴志中常常見到的某地帥、民帥、賊帥等雖然没有説明其爲宗帥或山越，但大體上我們可以作這樣的認識。〔一〕

可是這裏又牽涉到山越的種族問題了。宗部既然與山越有幾乎不可分割的關係，那末豈非是種族性的組織麽？關於這一點我想需要加以説明。

毫無問題，從山越的名稱及其分佈地區看來，大概相當於秦漢時期的越人。交阯的宗兵雖没有稱爲山越，交阯却是越族所居之地。建安（福建、建甌）的山越自然是古代閩越之遺。江西鄱陽一帶

〔一〕如陸遜傳之丹陽賊帥費棧，鄱陽賊帥尤突，會稽山賊大帥潘臨。賀齊傳之名帥，歙賊帥金奇、毛甘，黟賊帥陳僕、祖山。呂岱傳之會稽東冶五縣賊帥呂合、秦狼。周魴傳之名帥、民帥、鄱陽大帥彭綺、賊帥董嗣等。

的山越則是西漢時豫章的越人。〔一〕浙江東部的山越乃西漢時東甌遺衆。江蘇、安徽一帶雖然並非古代越人的居地，但漢武帝曾經將東甌、閩越之民徙居江淮間，丹陽等地有越人的存在也是可以理解的。〔二〕以上所舉越人，除交阯外，都是中國境内南方古代居民之遺。

山越分佈狀況大體上和西漢時越族居地相同，只是退入山中而已。可是我們却不能仍然照西漢時的看法將山越認作與漢人截然不同的種族。這是因爲：

第一，經過漢代三百年的雜居，除了十分偏僻的地區之外，即使住在山中的越人也不可能孤立地生活，必然在一定程度上接受漢族文化。後漢書卷七六循吏劉寵傳：〔三〕

拜會稽太守，山民愿樸，乃有白首不入市井者，頗爲官吏所擾。寵簡除繁苛，禁察非法，郡中大化。徵爲將作大匠。山陰縣有五六老叟，尨眉皓髮，自若邪山谷間出，人齎百錢以送寵。寵勞之曰：「父老何自苦？」對曰：「山谷鄙生，未嘗識郡朝。他守時吏發求民間，至夜不絶，或狗吠竟夕，民不得安。自明府下車以來，狗不夜吠，民不見吏，年老遭值聖明，今聞當見棄去，故自扶

〔一〕史記卷一一八淮南衡山傳：「南海民在廬江界中反，淮南吏卒擊之」，南海民即越人。又云：「廬江王邊越，數使使相交，故徙爲衡山王，王江北。」西漢初期的廬江跨有長江南北，水經江水注稱豫章爲廬江南部。史記中的廬江國並不等於漢書地理志在江北的廬江郡。所以與廬江相鄰的南海民或越人也即是三國時豫章、鄱陽山越的祖先。

〔二〕見史記卷一一四東越傳。

〔三〕三國吴志卷四劉繇傳注引司馬彪續漢書略同，但無首數句。

奉送。」

會稽郡的山民深居山谷，至老不至城市，三國時就會被稱作山越了。我們看劉寵沒有把他們當作越人，他們也不以越人自居，可知三國時的山越也不會與漢人有很大不同。所以在三國志中有時也只稱山民。〔一〕吴志卷一五周魴傳所載他哄騙曹休的箋中第三條説：「今此郡（鄱陽）民雖外名降首而故在山草，看伺空隙，欲復爲亂。」第五條説：「鄱陽之民實多愚勁，帥之赴役，未即應人，倡之爲變，聞聲響抃，今雖降首，盤節未解，山栖草藏，亂心猶存。」藏於山草之民自即山越，但周魴稱之爲郡民，可見山越與漢人沒有什麽區别。

第二，東漢末期更有很多人民逃避賦役，匿居深山，這些人和原來居於山中的人民一起生活，當時也不加分别都稱爲山越。三國吴志卷一九諸葛恪傳：

> 衆議咸以丹陽地勢險阻，與吴郡、會稽、新都、鄱陽四郡鄰接，周旋數千里，山谷萬重。其幽邃民人未嘗入城邑，對長吏；皆仗兵野逸，白首於林莽。逋亡、宿惡，咸共逃竄。

這一段説明山越除了本來的「幽邃民人」以外，還有逃入山中的「逋亡、宿惡」。所謂「逋亡、宿惡」實際上就是逃避賦役與避罪的人民。關於這個問題吕誠之師有詳細的考證，我可以不再多説。〔二〕

〔一〕如三國吴志卷一五鍾離牧傳稱「建安、鄱陽、新都三郡山民作亂」，同卷全琮傳稱「丹陽、吴、會山民復爲寇賊」，卷一二虞翻傳稱「鄰縣山民，或有奸變」，都直稱山民。

〔二〕見燕石札記山越條。

總之，本來居山的越人已和漢族難以區別，至於避役入山的人民自然更不是越人，因此山越雖然從稱謂上表示其爲一種種族，實質上除了福建、江西一些偏僻之區之外，只能認作居於山地的南方土著。我們可以舉出一個類似的名稱作爲比較。魏書卷七七羊深傳：「及出帝入關，深與樊子鵠等同逆於兗州。子鵠署深爲齊州刺史，於太山博縣商王村結壘，招引山齊之民。」山齊的意義自然是指居於山間的齊人，齊是個地域名稱，山越之越在此時也只是指原先越人的分佈地區而已。

現在留下的一個問題，便是山越與宗部的關係怎樣構成的，我們現在試加解釋。三國吴志卷一五賀齊傳：

守剡長。縣吏斯從輕俠爲奸，齊欲治之。主簿諫曰：「從，縣大族，山越所附，今日治之，明日寇至。」齊聞，大怒，便立斬從。從族黨遂相糾合，衆千餘人，舉兵攻縣。齊率吏民，開城門突擊，大破之，威震山越。

斯氏族黨是否都是山越無關重要，總之斯氏是剡縣大族，這裏就足够説明山越附從大族，受大族控制。「族黨糾合」難道不就是宗族的組織麽？

我們知道照史記卷一二九貨殖列傳所説，在西漢時楚越之地是「地廣人稀」，他們的耕種方法是原始的「火耕水耨」，那裏的交换關係不繁，「不待賈而足」，江淮以南「無凍餒之人，亦無千金之家」；這一些説明江南的生産狀況是比較落後的，同時貧富差別也是不顯著的。一到東漢，江南的社會經濟有了很大發展，這表現在人口的增加與縣邑的分置，也就是説勞動力的增加與耕地面積的擴大。

然而約在此時我們看到吴會區域出現了不少大族。陸機的吴趨行就説：「八族未足侈，四姓實名家。」〔一〕所謂四姓、八族僅指吴郡而言。左思吴都賦也説：「虞魏之昆，顧陸之裔，岐嶷繼體，老成弈世。」〔二〕虞、魏、孔、賀是會稽四姓，朱、張、顧、陸是吴郡四姓，推之其他各郡也各有著稱的大族，例如丹陽的朱、紀，陽羨的周氏等等。這一些大族固然是在孫吴統治時期培養壯大的，但我們可以相信在東漢時業已形成。大族之所以著稱，不僅僅由於族大人多，更重要的是他們在經濟上獲得特殊利益，即是廣大土地與勞動力的占有，從而形成政治上的勢力。抱朴子吴失篇説到吴國的大族是「僮僕成軍，閉門爲市，牛羊掩原隰，田池布千里」，這樣大量私屬與土地的占有，縱然在三國晚期特殊發展，却必然在東漢時期已經有了基礎。土地的占有從平地發展到了山區，勞動力的占有也就包括了山民，何况山區之中也正在産生大族。特别在東漢末年，爲了逃避賦役，許多人民都投靠大族，受他們的「保護」，山民也不例外。大族豪强爲了反抗政府的徵發，同時也即是保衛和擴大其既得權益；他們必然要據守險阻，組織武裝。在平地上的大族武裝不久就被孫氏政權所吸收或消滅，而在山險之區的却維持得較久；並且又因頻受征勦，入山愈深，於是以大族爲核心的宗部組織與山民或山越結成一體而難以區别了。我們可以引一些北方的例子來比較。三國魏志卷一

〔一〕文選卷二八陸士衡吴趨行。李善注引張勃吴録曰：「八族，陳、桓、吕、竇、公孫、司馬、徐、傅也。四姓，朱、張、顧、陸也。」

〔二〕文選卷五。

一田疇傳：

疇得北歸，率舉宗族、他附從數百人，掃地而盟曰：「君仇不報，吾不可以立於世！」遂入徐無山中，營深險平敞地而居，躬耕以養父母。百姓歸之，數年間至五千餘家……疇乃爲約束，相殺傷、犯盜、諍訟之法……北邊翕然，服其威信。

田疇的附從就是他的私屬。他入山是和宗族附從一起的。在上面我們引過曹操的表説他率領宗人避難於無終山。北方沒有宗部的名稱，實際上他就是個宗帥。只是北邊雖有匈奴、鮮卑、烏丸，却與漢人有顯著的區別，而無終山又並非原由邊境各族所居之地，所以田疇沒有被稱爲山胡而已。然而先賢行狀所載曹操的命令還是説他領導大軍出塞時「率齊山民，一時向化」。這種山民我想是本來居於山中而受田疇控制的人民。田疇入山固然是爲了替他的恩主劉虞報仇，但是從他入山的宗人、附從及追隨的五千餘家來看，我想是爲了避亂、避役。由田疇的事跡看來，我們就可以明瞭南方的宗部和山民或山越構成密切關係的原因。同時如許褚集合「少年及宗族數千家以禦寇（義軍）」，〔一〕也是同樣性質的由地主領導的宗族組織。又三國魏志卷一八呂虔傳：

太祖以虔領泰山太守，郡接山海，世亂聞民人多藏竄，袁紹所置中郎將郭祖、公孫犢等數十輩保山爲寇，百姓苦之。虔將家兵到郡，開恩信，祖等黨屬皆降服，諸山中亡匿者盡出安土業，簡

〔一〕見三國魏志卷一八許褚傳。

其彊者補戰士。

這一條雖然沒有提到宗族，但人民藏匿山中，依託武裝領袖的情況也可與南方宗帥相比較，而呂虔迫使山中亡匿者出來當兵，更與孫吴迫使山越出山相同。吴志卷四太史慈傳説他自稱丹陽太守，在涇縣立屯府，「大爲山越所附」，這和郭祖、公孫犢也没有什麽不同。

綜合上面所述，我們可以簡單地説明山越與宗部的關係。第一，三國時期的山越只能是南方土著，其中固有古代越人的後裔，但與漢人已很少區别，而更多的則是逃避賦役與避罪入山的人民。其次，山越與宗部關係的構成是由於他們在經濟上與政治上都受大族的控制，特别是在東漢末年，爲了徭役負担的特别嚴重，不論原來居於山中的山民或是本來居於平地的人民都在大族控制下，在險阻地區組成武裝集團，於是宗部與山越完全成爲一體。

三　孫吴的建國

孫吴建國曾經與宗部、山越進行了長期鬥爭。這種鬥爭既是孫吴政府對地方武裝勢力的鎮壓，也是以孫氏爲首的若干宗族與其他宗族争奪勞動力的控制權。

在上面我們已經講到東漢末年人民爲了逃避賦役而依託豪强。現在我們再行申説這一點。三國魏志卷六劉表傳注引司馬彪戰略：

劉表之初爲荆州也，江南宗賊盛……表初到，單馬入宜城，而延中廬人蒯良、蒯越、襄陽人蔡瑁與謀。表曰：「宗賊甚盛，而衆不附，袁術因之，禍今至矣。吾欲徵兵，恐不集，其策安出？」……越曰：「……宗賊帥多貪暴，爲下所患。越有所素養者，使示之以利，必以衆來，君誅其無道，撫而用之，一州之人有樂存之心，聞君盛德，必襁負而至矣……」遂使越遣人誘宗賊，至者五十五人，〔一〕皆斬之。襲取其衆，或即授部曲。

我們知道當時以宗族關係組織起來的武裝，一般都以鎮壓起義爲目的，那末爲什麽他們不肯與地方長官合作而劉表又爲什麽要殺死這些宗帥呢？這一點我們需要加以說明。無可懷疑那些大族爲了要保證他們的既得利益不受侵犯，首先要反抗與鎮壓起義，但他們也要拒絕政府無限制的徵發，特別是勞役的徵發。政府對地主的一切徵發固然照例轉移到被剝削者的頭上，然而過度的負担可能引起農民的逃亡與反抗，這樣就牽連損害了地主的利益。不僅如此，當時的一般自耕農爲了逃避賦役而依託豪强，他們喪失了土地，變成地主的部曲、田客，也就是變爲逃離政府掌握的私家領民。那些大族豪强爲了自己利益的擴大，就必須認真「保護」他們不受政府的徵發；否則減少了勞動力，必致占有的土地荒蕪起來，而喪失「保護」力量便不能繼續招徠；這就和政府發生了矛盾。在政府方面也正因爲徵發範圍越來越縮小而不能不和大族豪强發生衝突。我們看劉表的談話，問題中心在於「衆不附」，在於無法徵兵；而蒯越的計謀則是把宗帥之衆「撫而用之」，然後一州之人「襁負而至」，這番鬥

〔一〕後漢書卷七四劉表傳作十五人。

争完全是在争奪人。果然，劉表殺死了五十五人之後，這些武裝隊伍便爲他所有，他掌握了荆州之衆。

荆州的情形同樣發生在下游。還在孫策返江東之前，宗部組織業已非常普遍，這在上面已經提到。我們再引太史慈的話來説明，他説：

近自海昏有上繚壁，有五六千家相結聚作宗伍，惟輸租布於郡耳。發召一人，遂不可得。

説明海昏的宗伍仍然向政府繳納政府的賦税，只是拒絕服役。孫策傳注引江表傳：

（劉）勳糧食少，無以相振，乃遣從弟偕告糴於豫章太守華歆。歆郡素少穀，遣吏將偕就海昏上繚，使諸宗帥共出三萬斛米以與偕。偕往歷月，纔得數千斛。

海昏宗帥雖然還繳納租布，但不能予取予求。他們也接受郡太守的使者，然而郡太守在宗部控制區域内不能收税，只能向宗帥徵求。由此可見五六千家的宗民對政府没有直接的關係。

這一類分散的宗族組織阻礙了孫策的統一工作，因此孫吴建國首先要對付宗部。我們在上面已經論證山越與宗部的關係，孫吴一代的屢次征伐山越也就是和各宗帥争奪勞動力。現在引一些史實來説明。三國吴志卷一二駱統傳，統上表云：

且又前後出爲兵者，生則困苦，無有温飽，死則委棄，骸骨不反，是以尤用戀本畏遠，同之於死……小有財貨，傾居行賂，不顧窮盡，輕剽者則迸入險阻，黨就羣惡。

同書卷一三陸遜傳：

（嘉禾）六年（二三七）中郎將周祇乞於鄱陽召募，事下問遜。遜以爲此郡民易動難安，不可與召，恐致賊寇，而祇固陳取之。郡民吴遽等果作賊殺祇，攻沒諸縣。豫章、廬陵宿惡民並應遽爲寇。遜自聞輒討，即破，遽等相率降，遜料得精兵八千餘人。

陸遜傳所述可以和上引周魴上曹休箋所云鄱陽之民「帥之赴役，未即應人，倡之爲變，聞聲響抃」語參觀。總之，宗部組織及人民入山的主要原因是抗役。所以孫吴一代的經營山區，其目的不在於開拓疆土而在於擴大對勞動力的控制，雖然在客觀效果上開拓了若干山區。因爲如此，當征服了某一山區，某一宗部，並不急於設立統治機構，而是將山民强迫遷移到平地上去。三國吴志卷一二張温傳所載駱統疏云：「宿惡之民，放逸山險，則爲勁寇；將置平土，則爲健兵。」後來諸葛恪大舉進攻丹陽山民，他所下的命令是：「山民去惡從化，皆當撫慰，徙出外縣，不得嫌疑，有所執拘。」又説諸葛恪執行他的命令甚爲嚴格，使得山民瞭解「官惟欲出之而已」。可以説明其政策，主要是争民而非争地。諸葛恪傳又稱其伐魏時著論云：「國家勁兵之地，皆已空盡。」所指即是那些由於人民遷徙而空了的山地。諸葛恪這一次獲得人口數萬，在此以前陸遜平丹陽帥費棧，「彊者爲兵，羸者補户，得精卒數萬人」；丹陽及其附近山民被迫出山的大概也差不多了，所以諸葛恪這樣説。孫吴征伐山越得兵動輒萬人以上，少亦不減數千，關於這些紀載，我不想贅舉。

所得山民，彊者補兵，弱者補户，大概是照例的處置。補户即是説在地方户籍上登記落籍，繳租納税與服徭役。而所謂兵也決非是單管打仗的戰士，他們同樣要耕田。三國吴志卷一六陸凱傳附載

凱諫孫皓疏云：〔一〕

先帝戰士不給他役使，春惟知農，秋惟收稻，江渚有事，責其死效。今之戰士，供給衆役，廩賜不贍。

又卷七諸葛瑾傳注引吴書：

赤烏中，諸郡出部伍。新都都尉陳表、吴郡都尉顧承各率所領人會佃毗陵，男女各數萬口。

由此可見孫吴的兵是負農耕任務的，所以孫權傳載黄武五年，因爲缺乏糧食，陸遜上表要「諸將增廣農畝」了。這樣，孫吴軍隊的擴大和勞動力剝削對象的擴大是完全一致的。

孫吴創業時，由於奪取了原來由若干大族控制的勞動力而取得軍事上與經濟上的優勢，纔能建立起長江南部的吴國，所以孫吴建國史的主要部份之一是與宗部、宗帥的鬥爭。可是孫氏皇室不能獨占這個利益，他在他的領域内創立了一種特殊的領兵制度。

四　孫吴的領兵制度

孫氏皇室是富春的豪族，却不是高門。吴志卷一孫堅傳説他「少爲縣吏」，陳壽評説他「孤微發

〔一〕此疏陳壽認爲可疑，所以不錄入傳中，但他也認爲所述爲當時情況，可能爲同時人擬作。

跡」。我們知道東漢時的縣吏已不像西漢時期一樣受人尊重了，高門子弟固然不屑爲之，連非高門的名士也不肯屈就。可是縣中的土豪却依然多據其職，例如上引賀齊傳中的縣吏斯從便是剡縣大族。孫堅雖然出身卑微，從他當縣吏這一點來看，孫氏必然還是一縣的豪族。他的起家一開始就以鎮壓起義的行動博得地位的提陞。當他參加鎮壓黄巾時正在作下邳丞，他號召了寓居下邳的同鄉人組織起軍隊。他的弟弟孫静也曾「糾合鄉曲及宗室五六百人」保障鄉里。〔一〕這裏可以看出孫氏在他本鄉的勢力。以後直到南朝富春孫氏還保持其宗族力量。〔二〕假使孫堅不是一向在外，他也很可能單憑他的宗族組織起宗部來，自己就成爲一個宗帥了。

孫氏自身既然是江南的地方豪族，他的政權基礎也是以孫氏爲首的若干宗族聯盟。這些宗族或者和孫氏一樣爲江南舊有的大族，例如吴郡的顧、陸、朱，會稽的虞、賀，錢塘之全，丹陽之朱，陽羨之周等；也有南渡的北方大族，例如張昭、諸葛瑾、周瑜、魯肅等；還有孫氏將領經過培養而成的新興統治者，例如韓當、蔣欽、甘寧、凌統等。孫氏與他們共同抗拒了北方軍事集團的侵入，也共同擊破了與他們競争的另外各個宗族組織，同時他們也共同分取了所獲得的利益。

東漢末年普遍存在的宗部組織使孫吴政權不能不採取一種適應的辦法，因此在分配利益上建立起比較特殊的制度，這就是領兵制度與復客制度。在這種制度下，孫氏皇室及其聯合者共同瓜分了

〔一〕見三國吴志卷六孫静傳。

〔二〕在晉代孫氏曾幾次起事，宋朝還有過一次。宋書卷五二褚叔度傳稱「富陽縣（即富春）孫氏聚合門宗，謀爲逆亂」，蔓延甚廣。

勞動力和土地。三國吳志卷六宗室傳：

(孫)瑜……以恭義校尉始領兵衆……建安九年(二〇四)領丹陽太守，爲衆所附，至萬餘人(按此所附之萬餘人很可能爲山越，他們成爲孫瑜的領民)。

(孫)皎字叔朗，始拜護軍校尉，領衆二千餘人……黄蓋及兄瑜卒又併其軍。賜沙羨、雲杜、南新市、竟陵爲奉邑，自置長吏……建安二十四年(二一九)卒。權追錄其功，封子胤爲丹陽侯。胤卒，無子，弟晞嗣領兵。有罪自殺，國除。

孫奐字季明，兄皎既卒，代統其衆……嘉禾三年(二三四)卒，子承嗣，以昭武中郎將代統兵領郡。赤烏六年卒，無子，封承庶弟壹奉奐後，襲業爲將……(朱)異至武昌，壹知其攻己，率部曲千餘口，過將(滕)胤妻奔魏。

孫賁……子鄰嗣。鄰年九歲，代領豫章，進封都鄉侯。

孫韶字公禮……本姓俞氏，亦吳人也。孫策愛之，賜姓爲孫，列之屬籍……(伯父河被殺)即拜承烈校尉，統河部曲，食曲阿、丹徒二縣，自置長吏，一如河舊。

以上都是宗室，他們所領的兵可以世襲，又有奉邑，奉邑的長官由封君自行署置，有時連太守之職也可世襲。封爵之制雖仍存在，但和封邑沒有關係，即不封侯也有食邑。封爵地點和奉邑並不符合，但奉邑和領兵駐屯地常常是有關的。因之實際上的分封不在於爵之有無，而在於軍職及領兵之傳襲。

上面所舉乃是孫氏宗室的分封，異姓分封的例子太多了，現在我們只引足以説明這種制度的特點的幾個史例。吴志卷九吕蒙傳：

時蒙與成當、宋定、徐顧屯次比近，三將死，子弟幼弱，權悉以兵併蒙。蒙固辭，陳啓顧等皆勤勞國事，子弟雖小，不可廢也。書三上，權乃聽。

這一條説明君主固然有權將所領的兵改屬他人，但是按照原則除了有罪或無子以外應該由子弟繼承，所以吕蒙替成當等子弟説話，以奪兵爲廢黜。子弟幼弱或可併屬他人，但仍以繼承或長大了繼承爲常例。由此可見領兵是一種權利的享受而非一定要負統兵作戰的實際責任。卷一〇凌統傳：

父操……中流矢死。統年十五，左右多稱述者。權亦以操死國事，拜統别部司馬，行破賊都尉，使攝父兵……（卒）二子烈封年各數歲，權内養於宫……及八九歲……追録統功，封烈亭侯，還其故兵。後烈有罪免，封復襲爵領兵。

凌家三世領兵，凌統和他的兒子都在未成年時就獲得繼承權利。傳稱「還其故兵」，自然是指凌氏舊部，我們不會相信凌操的兵仍然健在，所云「故兵」實際上也是故兵之子弟，因爲當兵也是世代相傳的。

據上面所引已可充分説明孫吴領兵制度的特點。孫吴諸將在吴志列傳中很多有繼承領兵的紀載，少數不載的我想不是無子便是漏掉了。至於吴志不立傳的將領如成當等一定還很多。

不論對内或對外的戰争，所獲得的「兵」往往由君主與諸將分取。吕蒙傳稱蒙「拜廬江太守，所得人馬皆分與之」，這種人馬是從曹魏那裏得來的。諸葛恪傳説他平丹陽山越之後，所獲之兵「恪自領萬人，餘分給諸將」，我想這是個慣例。

這種領兵制度如吳志所載似乎只限於將領，但大族與將領往往相兼，如朱然、朱治、陸遜、全琮、賀齊、虞翻等都是，所以江南大族大概都擁有兵。左思吳都賦云：

其居則高門鼎貴，魁岸豪傑，虞魏之昆，顧陸之裔，岐嶷繼體，老成奕世，躍馬疊跡，朱輪累轍，陳兵而歸，蘭錡內設。

虞、魏、顧、陸是江南大族，他們家中都有兵器架（蘭錡），又能陳兵而歸，陸氏領兵，自不須說，顧氏領兵在卷七顧雍傳中也有紀載。〔一〕虞氏却在虞翻傳中沒有提到，魏氏吳志中沒有立傳，足見吳志未載領兵的大族實際上都有兵。所以魏志卷二八鄧艾傳載艾對司馬師的話，說：

孫權已沒，大臣未附，吳名宗大族皆有部曲，阻兵仗勢，足以建命。

鄧艾所說「名宗大族」，可能包括一切而言，兼指「山中舊族」和與孫氏合作的大族。總之，這裏說明孫吳國內宗族武裝組織的普遍化。

上面提到以孫氏爲首的宗族聯盟除了南方大族之外，也有不少來自北方的名家與非大族亦非土著的將領；然而在孫吳末期政治上占有特殊地位的便只剩下了南方大族，非土著的北來僑寓即使開國元勳又是漢代高門如張昭、周瑜、諸葛瑾之後都倒了霉。〔二〕魯肅、呂蒙之後也無著稱人物，孫皓時三公之位幾乎全是南人；直到晉代江南大族沒有一家是孫吳時南來的北人。這個事實說明宗族鄉

〔一〕顧雍附子邵傳注引文士傳稱其孫顧基「爲吳偏將軍，統家部曲」，以所領之兵爲家部曲，意更明顯。

〔二〕按張與諸葛兩家均獲重罪，周瑜子以罪徙。

里的結合排斥了這些外來者。孫吴建國固然並非但仗南方大族，而且在孫權時也曾扶植、培養了若干非南人的將領，給予種種權利，可是他們在江南却長不了根，因爲宗族勢力難以在短時期内發育成長，這和東晉僑姓是有顯著不同的。

豪門大族都擁有兵，兵不單作戰而且還耕田，這樣就進一步建立了經濟上、政治上、軍事上的勢力。所領的兵固然有時直率地稱爲家部曲，〔一〕在名義上却還是政府的兵。三國吴志卷一〇陳武附子表傳紀載着這樣一件事：

初表所受賜復人得二百家，在會稽新安縣。表簡視其人，皆堪好兵，乃上疏陳讓，乞以還官，充足精鋭……皆輒料取，以充部伍。

可見領兵與賜復人不同，復人即田客，是屬於私人的，兵却屬於政府。可是實際上將領們很可以使之爲私人服役。世説新語政事篇：

賀太傅作吴郡，初不出門。吴中諸强族輕之，乃題府門云：「會稽雞，不能啼。」賀聞，故出行，至門反顧，索筆足之曰：「不可啼，殺吴兒。」於是至諸屯邸，檢校諸顧陸役使官兵及藏逋亡，悉以事言上，罪者甚衆。陸抗時爲江陵都督，故下，請孫皓，然後得釋。

因爲諸豪族都領兵，所以能役使官兵，然而這是私役，所以揭破了要得罪。這種私役官兵的情況是普

〔一〕見第二〇頁注〔一〕。

遍存在的，而且公私有時也難得分清。因爲兵士既已分配給諸將，耕種所獲可能要繳一部分給政府，其餘就充作軍餉，中間盈虧由將領自己負責（當然不會虧），將領是有權支配他的兵士作各種有利於他私人收入的勞動的。三國吴志卷三孫休傳永安二年（二五九）三月詔：

自頃年以來，州郡吏民及諸營兵多違此業，皆浮船長江，賈作上下，良田漸廢，見穀日少，欲求大定，豈可得哉？

兵士本來並沒有出外經商的任務，這完全出於將領的役使，正因爲經商的利益大，所以要使之「賈作上下」。這一類的役使既非法令上所規定，自然是私役，但似乎也可以公開，因爲將領們可以説爲了補助軍費。

兵雖官有，而領兵之人可以任意支配其勞作與盡量占有其勞動成果，我們有理由相信領兵制度乃是各宗族以及將領間對於勞動力的分割。

除了領兵以外，孫吴的大族將領還擁有很多田客，這種田客或者由政府賜與，那是公開的；或者是隱匿的「逋亡」，那是政府裝作不知道的。吴志卷九周瑜傳：「後著令曰：『故將軍周瑜、程普，其有人客，皆不得問。』」所謂「不問」的意思可以包含兩點：一是不查究，因爲其中雜有逃亡人民；二是免除賦役，這是承認這些人客是周程兩家的領民。同卷吕蒙傳，蒙受「賜尋陽屯田六百户」，死了之後又賜其子「守冢三百家，復田五十頃」。屯田户本是政府的田客，現在又用賞賜方式轉變爲私人的田客，至於守冢户雖有看守墳墓之意，實際上就是耕種這五十頃田的田客。卷一〇蔣欽傳，欽死後孫權「以蕪湖民二百户，田二百頃給欽妻子」；同卷陳武傳注引江表傳，武死後，孫權命「復客二百家」；同卷潘璋傳，璋死後，其妻受「賜田宅，並復客五百家」。或稱賜民，或稱復客，或稱守家户，實在只是一樣的田客。田客向田主納課服役，政府不再要求他們負擔賦税徭役，他們的身分相當於農奴。上引抱朴子吴失篇説吴國大族「僮僕成軍」；僮僕在漢代一般只指奴隸，可是三國以後却不盡然。陳武傳中説他兒子陳表上書推讓受賜的復客二百家，認爲這些復客年輕力壯，可以當兵；他説：「空枉此勁鋭，以爲僮僕，非表志也。」可見復客也稱爲僮僕。抱朴子所説像軍隊那麼多的僮僕，我想絕大部分倒不是奴隸而是「客」。

孫吴的領兵與復客制度表現了各大族間分割勞動力的現象，同時也表現了宗族勢力的膨脹。「兵」與「客」很多是山中遷移出來的人民，他們從若干戰敗了的宗族手中轉移到勝利的宗族手中，這就是孫吴一代征伐宗部、山越的目的與效果。

五　結論

綜合以上所述，我們可以得到如下幾點結論：

一、宗部的意義是以宗族爲核心的武裝組織。

二、宗部組織目的是爲了保障其私有財産不受侵犯，因此除了防止與鎮壓起義之外，也抗拒政府的無限度的徵發，特别是徭役的徵發。

三、宗部與山越有密切的關係。山越是指原居山中的人民與逃亡入山的人民。他們之中雖也確有古代越族的後裔，但此時與一般人民沒有什麽差别，因此只能認爲山居的江南土著。

四、山民是由大族控制的，這些大族組成的宗部往往在於山險之地據守，因此山越與宗部構成密切關係。

五、孫吳的建國乃是以孫氏爲首的若干宗族對於另外各個宗族集團即宗部的勝利。

六、因此之故，孫氏建立了宗族間分配利益的領兵與復客制度，這種制度是一種特殊的分封制度。孫氏統治集團以若干大族與將領爲代表擁有世襲的軍隊，占有巨大數字的田客與土地，有的還享有食邑與委任食邑長官的權力；這樣就構成南方大族的經濟基礎及其政治特權。除以上六點之外，我想附帶的加上一些説明。

我們知道東漢末年以宗族、鄉里爲核心的武裝組織是極其普遍的，南北並沒有什麽不同，只是南方有一個特殊的「宗部」、「宗伍」的名稱而已。曹魏建國同樣的是代表若干宗族聯盟對於其敵對宗族聯盟的勝利，但就魏吳建國的制度來比較却有顯著的差别。我們知道曹魏初期也有諸將領兵的情況。三國魏志卷一五梁習傳：

領并州刺史，時承高幹荒亂之餘，胡狄在界，張雄跋扈，吏民亡叛，入其部落；兵家擁衆，作爲寇害。

這一條所説的是「胡狄」與「兵家」二類，兵家自然是指擁兵之家。〔一〕卷二一衛覬傳稱關中「大有還民，關中諸將多引爲部曲」；又卷二六滿寵傳稱：「時郡内李朔等各擁部曲，害於平民」，都説明這種情況。至於曹氏部下的宗族鄉里組織如田疇、任峻、李典、吕虔、許褚等都擁有部曲，在這裏不再列舉。但是在曹魏方面我們却沒有看到父子兄弟世襲領兵的記載。這些武裝組織逐漸被解散或吸收到政府軍隊中去，例如梁習就曾將并州兵士家屬數萬口送到鄴都，不消説并州兵家之衆就變爲曹魏政府的軍隊了。

其次，魏吳兩國都有屯田，但曹魏初期並沒將屯田户賞賜給私人的事，也沒有承認田客的免役。〔二〕曹操建立屯田制度的目的正是要擴大以曹氏爲中心的政權在經濟上的絶對優勢，這一點衛覬

〔一〕三國魏志卷一六杜畿傳：「太祖既定河北而高幹舉并州反。時河東太守王邑被徵，河東人衛固、范先外以請邑爲名，而内實與幹通謀……於是遂拜畿爲河東太守……固欲大發兵，畿患之，説固曰：『……今大發兵，衆必擾，不如徐以貲募兵。』固以爲然，從之，遂爲貲調發，數十日乃定。諸將貪，多應募而少遣兵。」本條云衛固要大發兵，又稱「諸將貪，多應募而少遣兵」，則發兵即發諸將之兵，諸將貪得貲，所以寧可應募而不肯受徵。本條可與梁習傳參觀。

〔二〕三國魏志卷一二司馬芝傳：「太祖平荆州，以芝爲管長。時天下草創，多不奉法。郡主簿劉節舊族豪俠，賓客千餘家，出爲盜賊，人亂吏治。頃之，芝差節客王同等爲兵。掾史據白：節家前後未嘗給繇，若至時藏匿，必爲留負。芝不聽，與節書曰：君爲大宗，加股肱郡，而賓客每不與役，衆庶怨望，或流聲上聞，今條同等爲兵，幸時發遣。兵已集郡，而節藏同等……芝乃馳檄濟南，具陳節罪。太守郝光素敬信芝，即以節代同行。」這裏所謂賓客包括田客而言，可見私家之客不能免役。在魏志中也沒有准許某人享受復客權利的記載。又司馬芝稱曹節爲大宗，亦可證宗族單稱宗與單稱族相同。

傳説得很清楚。孫氏建國之始與宗部的鬥争自然也有這種意義，但是從山中遷移出來的用以補户的老弱却像兵一樣分配給私家。

領兵制度與復客制度是孫吴所獨有的，這裏説明曹操有意於恢復秦漢帝國的專制政治，而孫權却沒有這樣做。

可是曹操的政策也執行得不久，一到曹叡以後代表大族利益的司馬氏掌握了政權，屯田户也像孫吴一樣作爲賞賜了。〔一〕大族的經濟在此時有進一步發展的要求，皇權不能不向他們低頭，最重要的讓步便是政府亦即是皇帝所占土地及勞動力的重行分配，屯田户的獨占就成爲不可能了。

魏、晉以後是世家大族在經濟上、政治上取得最大限度發展的時期，而在最初却表現在孫吴的制度上。

〔一〕見晉書卷九三外戚王恂傳。

晉書趙至傳中所見的曹魏士家制度

晉書卷九二文苑傳有趙至。本傳可能因襲王隱、臧榮緒等舊晉書之文，也可能新晉書所補。不論是因襲舊文，或是自補新篇，其最重要的根據，必然是嵇紹的趙至叙。〔一〕嵇紹集早已散逸，這一篇却在世説新語言語篇注中保存了大部分。此外文選卷四三趙景真與嵇茂齊書李善注引嵇紹集也有幾句。太平御覽卷三六六引作趙至自叙，那大概是錯的。湯球九家舊晉書輯本諸公別傳中也有趙至，下注録自太平御覽卷三八五，今檢查御覽此卷無此條，當是誤記，然觀其文實是趙至叙。至於藝文類聚卷三〇所引嵇蕃答趙至書，自然也從趙至叙中録出。

殘缺的趙至叙與晉書本傳互有詳略，這是由於世説新語注必然有所删節，御覽等所引更爲簡單之故，但其中有些異同可能是晉書別有所據。

趙至傳或趙至叙的史料價值在於加深了或者是補充了對曹魏士家制度的認識。

晉書卷九二趙至傳：

〔一〕嵇紹寫趙至叙的用意是爲了辯白世傳吕安給他父親嵇康的信乃是趙至給他堂兄嵇蕃的信。關於信的問題也許是嵇紹有意諱飾。

趙至字景真，代郡人也，寓居洛陽、緱氏。令初到官，至年十三，〔一〕與母同觀。母曰：「汝先世本非微賤，世亂流離，遂爲士伍耳。爾後能如此不？」至感母言，詣師受業。聞父耕叱牛聲，投書而泣。

趙至的出身是「士伍」，在傳末也説「至自耻士伍，欲以宦學立名」；只有從士伍出身這一點上去瞭解，才能解釋以後許多不近情理的叙述。世説新語注引趙至叙偏偏漏掉「世亂流離，遂爲士伍」這兩句，但嵇紹原文是有的。〔二〕

關於曹魏士家制度近人已多論及，這裏我不想多談。簡括地説，士就是兵士，兵士及其家庭稱爲士家。士家子弟世代當兵。士家婚配也只能限於同類，寡婦甚至由政府抑配；後來才規定「士」立了功，封了侯，死後其妻免予配嫁。總之「士家」是被認爲低賤的特殊階級。

趙至的家庭從代郡遷到緱氏縣可能就因爲列於士伍之故。曹操時士家都集中於鄴，州郡王國雖也留下一些，但其數恐不多（州郡當然有駐兵，但其家仍在鄴）。〔三〕三國魏志卷一五梁習傳：

習以別部司馬領并州刺史，時承高幹荒亂之餘，胡狄在界，張雄跋扈，吏民亡叛，入其部落；

〔一〕世説新語言語篇注作十二。

〔二〕湯球九家舊晉書輯本晉諸公別傳引太平御覽有此二句。

〔三〕三國魏志卷一九陳思王植傳注引魏略曹植上書，説他受封時只獲得兵一百五十人，年齡都在六十、七十歲之間，虎賁、官騎、親事合起來不過二百人。王國「士」是非常少的。

兵家擁衆，作爲寇害，更相扇動，往往棊跱。習到官誘喻招納，皆禮召其豪右，稍稍薦舉，使詣幕府。豪右已盡，乃次發諸丁彊以爲義從。又因大軍出征，分請以爲勇力吏兵，已去之後，稍移其家，前後送鄴，凡數萬口。

并州當時的割據勢力是胡狄部落與兵家。梁習的策略是解散其武裝，並一步步地將私家部曲轉化爲曹政權的軍隊。發展到兵士家屬遷到鄴郡時，勇力吏兵成爲正式兵士，他們的家庭也成爲士家。卷一八李典傳稱典「徙部曲、宗族萬三千口居鄴」，也是士家居鄴之例。

到曹丕定都洛陽之後，又曾遷士家於洛陽及其附近。魏志卷二五辛毗傳：

帝（曹丕）欲徙冀州士家十萬户實河南。時連蝗民饑，羣司以爲不可……帝遂徙其半。

魏時户口甚少，而冀州一州計劃遷移的士家就有十萬户，當然還不是全部。由此可見士家本來集中於冀州，特别是魏之首都鄴郡。趙至的家庭雖然不一定從鄴遷來，但他既是士家，那末也很可能當曹丕定都洛陽之後以士家身分遷居緱氏。

曹魏集中士家之故是爲了防止將士叛亂，〔二〕並强化政府對於割據勢力的控制，將本來屬於私家

〔二〕晉書卷三武帝紀泰始元年十二月：「罷部曲將吏長以下質任。」又咸寧五年四月：「除部曲督以下質任。」質任就是人質，將士家集中於鄴或洛陽，除了充實户口之外，主要是防止逃亡、反叛。魏志卷一八臧霸傳：「霸因求遣子弟及諸將父兄家屬詣鄴。太祖曰：『諸君忠孝，豈復在是，昔蕭何遣子弟入侍而高祖不拒，耿純焚室輿櫬而光武不逆，吾將何以易之哉。』」可見將士家屬遷鄴的性質。

的部曲奪取到政府手中。

可是在趙至傳中却没有説他父親當兵而是説他的父親耕田。曹魏屯田制度本和漢代一樣，有軍屯與民屯，但只有鄧艾於淮南北實行軍屯見於紀載，其他區域如何，未見明文。如果以吴國制度來比擬，魏國兵士也應該在平時耕田。晉書卷二六食貨志載咸寧元年（二七五）十二月詔：「出戰入耕，雖自古之常，然事力未息，未嘗不以戰士爲念也。今以鄴奚官奴婢著新城，代田兵種稻，奴婢各五十人爲一屯，屯置司馬，使皆如屯田法。」這雖是晉代紀載，大概那些田兵還是沿襲魏朝。我們看詔書中提到「出戰入耕，乃士之常」，可見兵士耕田是普遍的。詔書所述的新城也是河南郡屬縣，那末我們可以推測居於河南郡緱氏縣的士家也是田兵。

傳又云：

後乃亡到山陽，求康（嵇康）不得而還。又將遠學，母禁之。至遂陽狂，走三五里輒追得之。年十六，遊鄴，復與康相遇，隨康還山陽，改名浚，字允元……及康卒，至詣魏興，見太守張嗣宗，甚被優遇。嗣宗遷江夏相，隨到溳川，欲因入吴而嗣宗卒，乃向遼西而占户焉。

這一段與世説新語注引趙至叙互有詳略，叙云：

至年十五，陽病，數數狂走，五里三里爲家追得，又炙身體十餘處。年十六，遂亡命，徑至洛陽，求索先君不得。至鄴，沛國史仲和是魏領軍史焕孫也，至便依之。遂名翼，字陽和。先君到鄴，至具道太學中事，便逐先君歸山陽。

下面嵇康卒後，依張嗣宗事，大約是注文删節，不載。趙至陽狂是爲了要遊學，遊學是常事，其家爲什麼一定要禁止；他的母親過去還曾對他抱着像緱氏令那樣威風的希望，遊學爲做官階梯，更沒有禁止的理由；即使禁止，他要走便走，何必陽狂？何必灸其身體？走了之後，在鄴、在山陽兩次改名換姓，爲什麼呢？更奇怪的他最後竟然在别處落了籍。〔一〕按照當時的道德，父母在世而别籍異户是違反名教的行爲，何况移到遥遠的遼西去落籍。即使他要到遼東或遼西去找做官機會，落籍固然能獲得辟舉的方便，但不是沒有其他途徑。不僅如此，他還曾想逃到吴國去作一個流亡者，他不犯法，也不憎惡曹魏或司馬氏的統治（他正想擠到統治集團中去），抛棄父母，遠適異國，爲什麼呢？種種奇特行爲，一言以蔽之，就由於他出身於士家，他是個「士息」（士之子）。三國魏志卷二四高柔傳：

鼓吹宋金等在合肥亡逃，舊法軍征士亡，考竟其妻子，太祖患猶不息，更重其刑。金有母、妻及二弟皆給官，主者奏盡殺之。

又云：

護軍營士竇禮近出不還，營以爲亡，表言逐捕，沒其妻盈及男女爲官奴婢。

可見兵士逃亡，家屬要受嚴酷的處罰。趙至自身雖止是「士息」，然「士息」也常常要被徵發。魏志卷一九陳思王植傳注引魏略稱「是後大發士息及取諸國士……士息已見發，其遺孤稚弱，在者無幾」，可

〔一〕本傳稱趙至占籍遼西，世説新語注引趙至叙無此句，以後又説遼東郡辟至爲從事。似以傳爲是，見下文。

以爲證。那末士息如果逃亡，必然累及父母。趙至假裝瘋狂倒不是哄父母而是保全父母；在外改換姓字不是怕家中追尋而是怕官府逐捕。以他的身分在本郡絕無仕進可能，在鄴、山陽雖有史仲和、嵇康的保護，仍然無法進身，所以只好遠投遼西。那裏是新近入魏的疆土，又是流寓很多的地方，容易隱瞞他的出身，他索性落了籍，這樣他纔脱去了家世的桎梏，獲得仕進的機會。

趙至逃亡是在十六歲，這是個重要的年齡。文館詞林卷六六二（適園叢書本）晉咸寧五年（二七九）伐吴詔：「今調諸士家有二丁、三丁者一人，四丁取二人，六丁以上三人，限年十七以上至五十以還。」又晉書卷二六食貨志所載户調式十六歲爲正丁。魏制大概以十六、七歲爲丁，所以趙至在十五歲發心逃亡，到了十六歲就不得不走，否則一旦受徵，那就是正式兵士了。

本傳又云：

> 遼西舉郡計吏，到洛與父相遇。時母已亡，父欲令其宦立，弗之告，仍戒以不歸。至乃還遼西。幽州三辟部從事，斷九獄，見稱精審。太康中以良吏赴洛，方知母亡。初至自恥士伍，欲以宦學立名，期於榮養，既而其志不就，號憤慟哭，歐血而卒，時年三十七。

這一段事跡在世説新語注引趙至敍中删節很多，所以只存「孟元基辟爲遼東從事，在郡斷九獄，見稱清當。常自痛棄親遠遊，母亡不見，吐血發病，服未竟而亡」。如果如晉書本傳所云趙至在遼西占籍，那末按照當時慣例，郡掾應以本郡人充當，不應以遼西人被辟爲遼東從事。我想傳稱幽州部從事比較合理，因爲這是州的掾屬，遼西是幽州屬郡。二書的歧異假使不是世説注删節有誤，便是晉書別有所據。

趙至被舉爲郡計吏，他已是遼西太守的屬員了。可是他到了洛陽，父親却不要他還家，甚至不讓他知道母親的死訊，這可能解釋爲怕服喪躭誤了他的仕進，但趙至却居然聽父親的話，離家密邇而不去探望一下老母，似非人情。所以這樣也就因爲他身爲「士息」，現在他是以遼西良家子身分被薦舉的，如果他一返家，那他仍然只能是「士息」，不巧還會把以前的努力完全取消，甚至獲罪，所以他父親要阻止他而他也就聽從了。

他返遼西以後當了州從事，「宦立」目的可以算初步達到了，母親雖死，父親還在，「榮養」父母也不是全部失望，何以傳稱「其志不就」，以至嘔血而亡。我想這個問題在於他有不能「榮養」之苦，因爲他之所以能做官就由於他已不是他父親——一個「士」的兒子，而是個遼西良家。此時他已脫離士家的束縛，他却並不能使他父親也脫離士籍，因此他不但不能「榮養」，甚至不能作他父親的兒子，一個極可怕的「士息」。這樣他在矛盾的心理下嘔血死了。

通過趙至的事跡，我們可以認識士家制度的嚴格及其加於兵士的殘酷壓迫。這種制度的建立是爲了保證曹魏政府永遠有足够的人力來從事戰爭與耕田。其實三國時期不單是曹魏如此，吴蜀亡國時呈報的户口數字都是兵民分列，這自然也由於兵士及其家屬的身分與一般人民不同。

西晉田制試釋

一　曹魏屯田制度的意義及其破壞

三國時期曹操曾經在他的統治區域内廣行屯田，這種屯田制度的主要特點首先是所有屯田户都是政府的帶着農奴性質的佃農。他們由政府配給土地、農具，一部分還配給耕牛，每年要向政府繳納總收穫量的百分之五十至六十的租課；其次屯田户直屬農官，不屬地方官管理，他們也不服兵役。

就以上的特點看來，曹魏的屯田制實際上只是漢代邊郡屯田以及官田出租辦法的推廣。漢代大規模邊郡屯田在武帝時展開，漢書卷二四下食貨志下説山東貧民被遷徙到「關以西及充朔方以南新秦中七十餘萬。衣食皆仰給於縣官。數歲，貸與産業」。貧民所遷之地本是由匈奴及附從匈奴的民族所占領的牧場，匈奴人既遷移出去之後，土地没有了主人，成爲漢朝皇帝及其政府所有；因此徙居到那裏的貧民只是以佃農身分耕種政府的田，即是由政府貸與土地及其他「産業」。當時在今内蒙古自治區（舊綏遠部分）的黄河北岸有一片土地稱爲北假。漢書卷九九中王莽傳稱：「五原、北假膏壤殖穀，異時嘗置田官。」又地理志論趙地云：「定襄、雲中、五原本戎狄地，頗有趙、齊、衛、楚之徙。」可知北假曾立田官，五原又有山東徙民；那末北假的「假」字就是假税之「假」。這一片土地是假與徙民耕種的，才有這個名稱。不單是北假，其他區域的民屯大概也一樣。居延簡有一條云：「第二長官二處田六十五畝，租廿六石。」〔二〕田是由長官管理的，所以一定是屯田。我們看它的租要二十六石之巨，這顯然不是漢代向地主、自耕農徵收的三十稅一之法。漢時每畝收穫量大約一石，六十五畝田要納二十六石租相當於百分之四十的收穫量，而像邊境新開闢的荒田可能收穫更少，那末就接近於佃農向地主繳納的百分之五十的假稅了。從居延一地的辦法我們可以推想到所有邊境民屯也適用假稅的租額。

漢代邊境屯田都由田官管理，而田官直屬中央政府的大司農，漢書卷一〇〇叙傳稱班況爲上河農都尉，「大司農奏課連最」，可以爲證。

從武帝以後，皇帝常常把皇室所有的土地、苑囿、陂、池「假與貧民」並「賃與田器」，給與種籽，東漢時期在史籍上有更多的紀載。這就是說政府將土地租給農民以封建剝削方式收租的辦法從武帝以後已成慣例。只是內地出租官地的規模不會像邊郡屯田的規模那樣大而已。

一到三國時期，由於漢末的黄巾起義，起義的被鎮壓和軍閥間的混戰，許多土地在長期軍事行動中陷於荒蕪。這種荒田更由於主人的流徙而成爲無主之田。魏志卷一五司馬朗傳：朗復井田議：「今承大亂之後，民人分散，土業無主，皆爲公田。」可見無主之田很多。荒蕪的無主之田是誰有力量誰占。所謂力量包括政治上與經濟上的；於是大小軍閥、豪門大族廣占土地，同時紛紛招徠失去了

〔二〕參看前中央研究院歷史語言研究所集刊第一一本漢簡中的河西經濟生活。

土地的農民來耕種這些荒田。

曹操爲了要建立以他爲首的政權，首先必需要在當時生產力低落、勞動力減少的情況下恢復生産，加强剝削，同時他不能容許土地與勞動力無限制地流到那些私家手中，因爲這樣他將不能組織更大的軍隊，也没有充分的糧食供應他的軍隊，從而也就不能控制那些地方割據勢力。當時，以他的勢力和地位可以將若干荒廢的甚至有人耕種的土地收歸他的政府所有，同時他也有充足的財力投在土地上。魏志卷一六任峻傳注引魏武故事所載表揚建議屯田者棗祗的命令云：「及破黄巾，定許，得賊資業，當興立屯田。」所謂「賊」是指義軍，可見曹操興立屯田的「資業」是從農民起義軍那裏掠奪來的；〔一〕所謂「資業」包括土地、農具、耕牛。正因爲他掌握了土地、農具、耕牛，於是他得以招募或强迫農民作他的屯田户。在三國魏志卷二一衛覬傳中也有一段紀載：

時四方大有還民，關中諸將多引爲部曲。覬書與荀彧曰：「關中膏腴之地，頃遭荒亂，人民流入荆州者十萬餘家，聞本土安寧，皆企望思歸，而歸者無以自業，諸將各競招懷，以爲部曲。郡縣貧弱，不能與爭，兵家遂强，一旦變動，必有後憂。夫鹽國之大寶也，自亂來放散，宜如舊置，使者監賣。以其直益市犁牛，若有歸民，以供給之，勤耕積粟以豐殖關中，遠民聞之，必日夜競還。又使司隸校尉留治關中，以爲之主，則諸將日削，官民日盛，此强本弱敵之利也。」或以白太祖，太

〔一〕晉書卷二六食貨志載鄧艾濟河論云：「昔破黄巾，因爲屯田。」可見破黄巾與屯田的關係。

祖從之。

衛覬眼見關中諸將的分割人口造成對政府的威脅，而要阻止這個趨勢，必須有招徠「官民」的資業，過去的郡縣不能和諸將爭是由於貧弱，現在他建議控制鹽的專賣，就可換得田器，於是政府獲得了爭取勞動力的本錢。

從各方面觀察，曹操的政策是傾向於集權的，他有意於恢復兩漢帝國時期的統一政權，因此他不能容許地方割據勢力的過度膨脹；他的唯才是舉的選舉政策，裁制冀州豪强兼併，打擊漢代高門弘農楊氏，都表現了他的政策；而屯田制度與士家制度是這個政策的重要一環。由於屯田制度與士家制度的建立，保證了他的政府永遠擁有優勢的人力財力以壓倒各種地方勢力。

可是曹操政策執行的結果，充其量只是暫時妨礙那些世家大族的發展，當他死後不久，屯田制度就被破壞了。

屯田制度的破壞大概在曹叡統治時就已開始，到了曹芳時就很顯著了。三國魏志卷九曹爽傳：

(何)晏等專政，共分割洛陽、野王典農部桑田數百頃。

這是司馬懿打倒了曹爽之後加給曹爽黨徒的罪狀，但是司馬氏父子當國期間却更加緊了對屯田制度的破壞。我們知道司馬氏是河内的儒學大族，其建立政權除了擁有西邊軍隊之外，主要的是依靠世家大族的擁護。司馬氏政權是代表世家大族的利益的，他本身屬於這一個階層。也靠這一個階層來共同組成統治集團，因此他爲了世家大族的利益進行了一系列的措置，其中的一項便是把政府所有的土地和勞動力重新分配。

晉書卷九三外戚王恂傳：

魏氏給公卿已下租牛客户數各有差，自後小人憚役，多樂爲之，貴勢之門，動有百數。又太原諸部亦以匈奴胡人爲田客，多者數千（按千字疑當作十）。

租牛客户就是向政府租牛的屯田户，屯田户的身分本來是政府的佃農，此時由政府賜給公卿以下，他們就變爲私家的田客。由於屯田户不服徭役，他們被賞賜給私家時仍然保存這權利，從而又擴展到私家所有的客户，於是害怕服役的小民很多投身於大地主之門，充當田客以求免役。〔一〕

屯田户之賞賜是在魏末，確切年代雖不知道，大概是在司馬氏當國以後的事。魏志卷二八毌丘儉傳注載儉討司馬氏表，其中有一條責備司馬師「募取屯田，加其復賞」，這是説司馬師召募屯田户當兵，是完全違反屯田户不服兵役的規定的，並且又將屯田户作爲賞賜，並給予免除徭役的權利。〔二〕毌丘儉既然以此爲司馬師十一大罪之一，在此之前可能很少有將屯田户充作賞賜與召募爲兵之事。王

〔一〕曹魏初期，不承認私家之客可以免役，見魏志卷一二司馬芝傳。當時屯田户可免兵役，魏志卷一五賈逵傳：「逵領弘農太守……其後發兵，逵疑屯田都尉藏亡民，都尉自以不屬郡，言語不順，逵怒收之。」因爲屯田户不服兵役，所以人民逃亡到屯田都尉那裏去。此事已破壞屯田户只管耕田的原則，故毌丘儉不以爲然。又卷二八毌丘儉傳，儉爲洛陽典農，曹叡取農民以治宫室，儉上疏諫云云，似典農所屬之屯田户亦在徵發之列。

〔二〕「募取屯田，加其復賞」亦可解釋爲募取屯田户爲兵，並賞給復除的權利。但屯田户本來免除徭役，當了兵正是服役，如何能説復除，不如解釋爲兩件事。

恂傳所説大概就發生在此時。這樣，曹操所建立的嚴格限制屯田户脱離屯田機構的制度就被破壞了。終於在司馬炎稱帝前一年明令廢止了屯田制。魏志卷四陳留王紀咸熙元年（二六四）書：「是歲罷屯田官以均政役，諸典農皆爲太守，都尉皆爲令長。」這條法令恰恰在此時頒佈自然是有討好大地主作爲篡位條件的意義。但當時似乎並未完全實行，所以在晉武帝即位的第二年，二六六）又重申前令，「罷農官爲郡縣」。〔一〕

屯田制的廢止是爲世家大族所歡迎的，雖然此時經過公開的賞賜與暗中的侵占，政府的屯田及屯田户已經大爲減少。

餘下來的土地與屯田户怎樣處理呢？命令上没有提到，命令只説典農管理區域改成郡縣，農官也當了郡縣官，那就是説土地與屯田户都改屬郡縣了。至於屯田户所耕之地是否即屬耕者所有，是否還要繳納百分之五十或六十的租課，那就完全不知道，我們只知道改農官爲郡縣之後，原先的屯田户也要服徭役，所以命令上説「以均政役」。照理屯田户既然改屬郡縣，又和一般人民同樣服役，就應取得和普通農民同樣的身分，但這裏似乎還有疑點，因爲政府在屯田制廢止之後還在繼續賜客。〔二〕

〔一〕見晉書卷三武帝紀。

〔二〕晉書卷四四華表傳：「初表有賜客在鬲，使（子）廙因縣令袁毅録名，三客各代以奴。」華表死在咸寧元年（二七五），這一年袁毅的貪污案揭露因而牽連到這件事，此時屯田制已經廢除了十一年，我們難以假定袁毅當了十一年的鬲縣令，所以華表受賜三客必在屯田制廢止以後。可見此時政府仍有客户，並以之賜人。

屯田制的廢止給予世家大族兼併、侵占的方便，這是符合於世家大族擴大經濟基礎的要求的。所以屯田制的破壞過程表現了以司馬氏爲首的世家大族統治集團取得勝利的過程。

二　占田與課田的解釋

當屯田制度廢止以後十餘年，晉政府頒佈了户調式，其中包括賦税、蔭户、田客及占田與課田制度，這在晉書卷二六食貨志上有詳細的記載，今照錄如下：

又制户調之式，丁男之户歲輸絹三匹、綿三斤，女及次丁男爲户者半輸，其諸邊郡或三分之二，遠者三分之一，夷人輸賨布，户一匹，遠者或一丈。男子一人占田七十畝，女子三十畝。其外，丁男課田五十畝，丁女二十畝，次丁男半之，女則不課。

男女年十六已上至六十爲正丁；十五已下至十三、六十一已上至六十五爲次丁；十二已下，六十六已上爲老小，不事。

遠夷不課田者輸義米，户三斛，遠者五斗，極遠者輸算錢人二十八文。

其官品第一至於第九各以貴賤占田。品第一者占五十頃（以下每減一品則減五頃，至九品十頃）……而又各以品之高卑蔭其親屬，多者及九族，少者三世。宗室、國賓、先賢之後及士人子孫亦如之。

而又得蔭人以爲衣食客及佃客：品第六已上得衣食客三人，第七、第八品二人，第九品及舉輦、跡禽……一人。其應有佃客者，官品第一、第二者，佃客無過五十户，第三品十户，第四品七户，第五品五户，第六品三户，第七品二户，第八品、第九品一户。

根據上引法令，我們知道貴族官僚都享受多占田畝的特權，而且還可以蔭庇其親屬享受免役特權。非現任的官吏但同屬於世家大族的所謂先賢及士人的後裔也可以享受這種特權。同時政府承認貴族官僚在一定限度内可以占有與其土地占有（法令上的數字）相當的佃客，並准許免役。

占田和蔭佃客都有一定的數字。這個數字有兩種意義，第一表示對於土地與勞動力占有的適當限制。我們知道從屯田制度破壞之後，政府所擁有的已開闢的耕地和勞動力正在不斷的減少，而爲了避免徭役而投靠大地主「保護」的農民却正在急速增加。上面所引晉書卷九三王恂傳説：「武帝踐位，詔禁募客，恂明峻其防，所部莫敢犯者。」晉武帝一面廢除屯田制並繼續以客户賞人，但他不能不禁止募客，賞賜者有度，召募者無限；如果讓它發展下去，那末服役納税的農民越來越少，皇帝的政府就要陷於貧弱。皇帝可以放棄屯田的利益，但他不能放任所有農民在大地主的「保護」下不服役、不納税。禁止募客這個法令的執行似乎一度很認真，王恂傳上就説他當河南尹時「所部莫敢犯者」。

晉書卷三七高陽王睦傳：

咸寧三年（二七七），睦遣使募徙國内（中山國）八縣，受逋逃、私占及變易姓名、詐冒復除者七百餘户。冀州刺史杜友奏：「睦招誘逋亡，不宜君國。」……詔曰：「……其貶睦爲縣侯。」乃封丹水縣侯。

這一位宗室是盗取官田的老手，前幾年曾和山濤等因占官田而被彈劾，皇帝沒有問罪。〔一〕這一次他招募逃亡人民到他國内，私自占領，並利用各種辦法取得「復除」，總之他使七百餘户的逃亡者成爲他的田客。皇帝有點着惱了，結果奪掉王國，降作了縣侯。類似司馬睦的事情一定還很多，皇帝不能不考慮處理的辦法。占田蔭户制度的規定便頒佈了，這個制度首先是在承認既成事實的基礎上加以限制，法令上容許一定數量的田客和一定範圍的受蔭親屬便是這個意義。至於土地呢，雖然也有數字限制，可是實際上似乎不太重視。司馬睦占了官田可以不問罪，占了人口却受到處罰便是一個例證。晋書卷四六李重傳，重駁恬和限奴婢數及禁百姓賣田宅議，有云：「人之田宅，既無定限，則奴婢不宜偏制其數。」本傳沒有記年月，但從他的歷官看來應在太康中，亦即是在占田制頒佈以後，〔二〕這時田宅明明不是無限，可是他却這樣説，可見連政府自己也沒有承認這法令的效力。因此我們可以説對於貴族官僚的土地限制完全是空文，但田客限制却是比較認真的。

法令的別一意義在於滿足占田不足、田客缺乏的貴族、官僚、士人等要求。在先禁止募客是不問

〔一〕晋書卷四一李熹傳：「熹上言故立進令劉友、前尚書山濤、中山王睦（睦先封中山）、故尚書僕射武陔各占官三更稻田。」結果武帝將此事完全歸罪於劉友，山濤等都免罪。

〔二〕李重此時正作尚書郎，他起先爲始平王文學，始平王裕於咸寧三年受封，不久即死，他又做了一任太子舍人，才轉尚書郎，咸寧一共五年，下一年即是平吴之歲。此後至太熙元年亦即武帝卒年，重始遷廷尉平。可見他作尚書郎在太康中。又此始平王或即楚王瑋，則當於咸寧三年後始封。

你有沒有客一律不准招收，現在有了法令上的條文，按照各級規定只要沾上一官半職都可以分別享受占田、蔭庇親屬與募客的權利。如果他們占有的土地與田客少於規定數字的話，倒可以按法補充。

這個占田法令如果我們以之比較劉宋時期關於山林川澤占領的法令，就可以明瞭其精神。〔一〕因爲宋時法令的精神也是一方面限制超額占領，但容許舊有的超額占領；另一方面又使未占或少占的人家得以補足其權利。

以上所述是法令上關於貴族、官僚、士人的土地、蔭户、田客限制的解釋。下面我們將分析關於一般人民的占田和課田制度。

關於占田和課田的解釋有兩種不同的意見。

第一種意見是比較傳統的。他們認爲男子一人占田七十畝，女子一人占田三十畝無須納租，只要繳納課田丁男五十畝，丁女二十畝之租而已。租額多少也有不同意見，或以爲已經包括在絹三匹、綿三斤的户調之中，或以爲另有出租，租額大概與東晉成帝時畝税三升的標準相去不遠。文獻通考田賦門認爲漢代的田租與算賦在晉代業已合併爲户調（見下），似乎以絹三匹、綿三斤的户調就包含了田租。可是馬端臨也沒有堅持這個意見，在同書晉孝武帝口税三斛條下他又説：「按晉制子男一人授田七十畝，以畝收三升計之，當口税二斛一斗，以畝收二升計之，當口税一斛四

〔一〕見宋書卷五四羊玄保傳。

斗。」又像承認户調之外别有畝收二升至三升的田租，可見他也不能斷言。馬端臨在這裏把占田説成授田，而田租從占田徵收，課田怎樣呢？他没有説，可能他以爲不納租。

總之，不論意見有何種分歧，第一類的解釋是認爲政府將土地分配給農民，其中有一部分可以免税，其他的一部分所繳也很輕，或者已包括在户調之中，或者每畝收二至三升。

第二種的意見是比較新的，他們認爲課田是一種徭役地租。其收穫物全部繳納給政府，作爲占田的租課。當然他們也認爲占田即是授田；但對於授田多少也有兩種不同意見。

一、認爲占田即授田，課田即包括在占田數内。在服役年齡時男子受田七十畝，其五十畝的收穫物爲政府所有；女子受田三十畝，二十畝的收穫物爲政府所有。這樣算來一夫占田七十畝，一婦占田三十畝，合計百畝，而其中七十畝爲徭役地租，等於一夫一婦授田百畝，與政府三七分租。這種解釋的證據是：（一）税率與曹魏屯田制度中對分或四六分之制相近；（二）西晉時傅玄曾經反對佃兵持官牛者官得八分，士得二分，持私牛者及無牛者官得七分，士得三分的辦法；〔一〕（三）前燕慕容皝曾以牧牛借給貧民在苑囿中耕種，規定「公收其八，二分入私」，有牛而無地者「公收其七，三分入私」，他的記室參軍封裕認爲「魏晉道消之世，猶削百姓不至於七八」，應該像魏晉一樣「持官牛田者官得六分，百姓得四分，私牛而官田者與官中分」。〔二〕以上三個例證都證明魏晉時期三七分租是極普

〔一〕見晉書卷四七傅玄傳。
〔二〕見晉書卷一〇九慕容皝載記。

通的税率，最高可以達到二八，所以百畝之田以七十畝的收穫當租在那時候是不足爲奇的。

二、認爲三七分租太重，傅玄所説的是佃兵，曹魏的屯田與慕容皝的苑田都是耕種官田，與一般農民有别，曹魏屯田固然四六或三七分租，但非屯田户的農民和地主却是繳綿絹與畝税三升的田租，晋代決不能不顧一切將所有不耕官田的農民一律按照屯田户的標準。户調式是普遍性的法令，不應該以官田租額普遍化。法令中明明有其外課田云云，可見課田在占田之外，所以應該解釋爲男子一人連占田、課田一起共分配到一百二十畝，女子分配到五十畝。課田雖仍是傜役地租，其收穫物全部官有，但在總數上所占比例還不到十取其五。

以上兩種説法在土地分配面積上，在租額比例上雖有不同，但都認爲西晋没有像漢魏那樣的實物地租，而是採取傜役地租的方式，課田就是政府勒令人民以無償勞動來支付其占田地租的規定額。

過去我曾經贊同傜役地租的説法，近幾年來經過一番考慮不能不放棄這個主張。

正如上面所説將全國農民都按照屯田户或官田户標準收租是不可能的，即使像較輕的説法不到十分之五也是漢代假税標準，還是官田的租率。這樣一種全國性的高額田租，作爲賦税而論是空前的。我覺得我們應該將占田與課田的性質加以討論。以上各種説法都首先承認晋代曾經實行授田，確確實實有男子七十畝，女子三十畝的分配額。文獻通考卷二田賦門馬端臨加以按語，説：

按兩漢之制三十而税一者，田賦也。二十始傅，人出一算者户口之賦也。今晋法如此，則似合二賦而爲一，然男子一人占田七十畝，丁男課田五十畝則無無田之户矣，此户調所以可行歟？

他顯然以占田課田都是授田。主張徭役地租者也是這樣認識，所以或云課田五十畝即在占田七十畝之中，或云在外，或云相當於三七分租，或云太重，一定要以授與土地之大小求得占田與課田的比例。

如果是普遍授田，那麽法令上應該説明還授的辦法，也應該有年齡的規定，可是占田只説男子、女子，不説丁男、丁女，還授辦法一字不提。這是一件大事，可是除了晉書食貨志上錄下法令以外，就不再提到了，武帝紀連頒佈這件法令的事都不載，其他史籍也找不到西晉曾經實行授田的痕跡。這是大可懷疑的沉默。

我以爲占田只是空洞的准許人民有權占有法令上所規定的田畝；法令上已經規定貴族、官僚的占田數字，那末也得規定一下平民的占田數字。至於占得到占不到，那是另外一個問題。占田的意義既在於「占」，不論自耕、出租、使用奴隸，甚至作牧場或任其荒廢都不在考慮之中，所以無須説正丁、次丁。

課田是督課耕田之意。一般人民自十六歲至六十歲不論你是否自己有田，政府一定要你耕種五十畝（丁女則二十畝），這是所謂「驅民歸農」的意思。占田規定七十畝，政府並不要求你全部耕種，但至少要有五十畝田不被荒廢。我們知道當時是有很多人占田不耕的，也有拋棄了土地去從事工商的，政府就要加以督課。過去早經占了田的就耕所占的田，沒有田的呢，可以墾荒，可以去「占」。

就當時情形看來，荒地還是很多。晉書卷二六食貨志咸寧四年（二七八）杜預上疏云：

今典虞、右典牧種産牛大小相通有四萬五千餘頭……可分種牛三萬五千頭以付二州將吏、士庶……其所留好種萬頭可即令右典牧都尉官屬養之。人多畜少，可並佃牧地。……此又三魏近甸歲當復入數千萬斛穀。

此疏上時在平吴前三年，當時三魏區域内牧牛之多如此。這種情況在統一以後沒有多大改變。晉書卷五一束晳傳：

又州司十郡，土狹人繁，三魏尤甚，而猪、羊、馬牧布其境内，宜悉破廢，以供無業業少之人。

束晳上此疏已在惠帝時，而魏郡還有廣濶的牧場。魏郡是地狹人稠之區，所以一再有人建議開放牧場爲耕地；然牧場之存在，即表現那裏有很大的荒地，至於其他區域荒地自然更多。晉書卷三八齊獻王攸傳，攸於武帝時奏議云：

今地有餘羨而不農者衆，加附業之人，復有虚假。

説明當時不耕之地很多，占了土地的人任其荒蕪，附屬於農業的人口有些也是虚假的，因爲實際上他們不在從事耕種。在這種情況下，政府爲要增加糧食生產，擴大徵發賦役的對象，曾經力圖使地方官發動人民墾荒。晉書卷二六食貨志云：

（泰始）五年（二六九）正月癸巳，勑戒郡國計吏，諸郡國守、相、令、長務盡地利，禁遊食商販；其休假者令與父兄同其勤勞；豪勢不須侵役寡弱，私相置名。〔二〕十月詔以司隸校尉石鑒所

〔一〕按此殆即王恂傳所云「詔禁募客」。

上汲郡太守王宏勤恤百姓，導化有方，督勸開荒五千餘頃……其賜穀千斛，布告天下。

這還是平吴（二八〇）前十年的事，當時政府已經在命令地方官禁止遊食商販，並獎勵督勸開荒的地方官，但此時並無一定標準，課田制的頒佈就規定了丁男女耕田的數字。這個標準是給予地方官的，按照每郡每縣應課田的人口數應該共墾地若干，地方官必須負這個責任。〔一〕束晳傳載惠帝時晳上議曰：

今天下千城，人多遊食，廢業占空，無田課之實，較計九州，數過萬計。可申嚴此防，令監司精察，一人失課，負及郡縣。

束晳的話正是説明占田、課田制度的實際效果：遊食之人還是那麼多，占田只是空占並不實際耕種，所謂課田也毫無實效。可是他的建議仍然是老辦法，他要叫地方官負責作到人人照法令課田。

就上面所説，課田制的頒佈其精神在於規定人民必需從事農耕。丁男五十畝，丁女二十畝，次丁男半之就是一個適齡壯丁應耕田的標準。所耕的田可以是私有的——地主的或是農民自己的；但主要是官有土地的開荒。

我們還可以引兩個例子來説明課田的意義。晉書卷七〇應詹傳東晉元帝時詹上表云：

〔一〕三國魏志卷二一劉廙傳注引廙别傳上表論治道云：「以爲長吏皆宜使小久，足使自展，歲課之能，三年總計，乃加黜陟。課之皆當以事，不得依名。事者，皆以户口率其墾田之多少及盜賊發興，民之亡叛者爲得負之計。」劉廙上表還在曹操時，他建議地方官的考課要「以户口率其墾田多少」作爲標準，晉代課田即是其制度化。

都督可課佃〔一〕二十頃，州十頃，郡五頃，縣三頃，皆取文、武、吏、醫、卜，不得撓亂百姓。

應詹建議地方官從都督以下都該課佃，所課之人是吏（這是相當於兵的差役）和醫卜（二者也是受差服役的職業）。他所說的課佃規模不大，又限於特殊身分的人，與西晉課田行之於一般人民者不同，但其爲督課耕田，並給予地方官一個標準是相同的。以後當北魏孝文帝施行均田制以前還有類似的法令。魏書卷七上高祖紀上太和元年（四七七）三月詔：

其勑在所督課田農，有牛者加勤於常歲，無牛者倍庸於餘年。一夫制治田四十畝，中男二十畝，無令人有餘力，地有遺利。

這個命令也叫地方官（在所）負責督課，並規定一夫四十畝，中男二十畝，和西晉課田「丁男五十畝，次丁男半之」相似。其意義也僅僅在於將一個標準交給地方官，使勞動力與土地相配合。我們不會將北魏課田看作徭役地租，因爲在此以前或以後北魏都有很重的以户爲單位的田租。〔二〕

假使我們把課田的意義只限於督課耕田，驅民歸農，那末就不必與占田扯在一起，從而也不發生徭役地租、三七分租的問題。就齊王攸的話看來，晉初的問題是在於耕地面積的縮小與農業勞動者的不足，政府爲了要控制足够的勞動力以開發荒土（主要是官有荒土），所以一面限制大小地主的募客，同時命令地方官督促人民耕田，這就是課田制的目的。從法令上所表示的，政府希望能够做到規

〔一〕這裏課田之田作佃，正説明課佃是空荒的土地，屬於官有，勞動者只是佃種。
〔二〕見本書魏晉户調制及其演變篇。

定的標準，雖不致人人落空，但決沒有嚴格地按丁分配的事。

三　户調式中的田租問題

然而這裏就發生了問題。既然占田僅是空文；課田也没有嚴格地按丁分配，亦不是徭役地租；那末爲什麼食貨志所載的户調式中沒有田租一項？這豈非暗示課田即作爲田租的支付麼？如果別有田租，那末其租率是多少呢？總而言之，一個問題，西晉田租是怎樣徵收的？

從前傳統的解釋認爲田租就包括在户調的三匹絹、三斤綿以内，上引馬端臨的意見便是這樣，雖然他並不十分肯定。我認爲田租包括在綿絹中的説法難以成立。曹魏時期有畝收三升的田租，晉代決不肯放棄，在户調式上連遠夷不課田者還要每户繳義米三斛以至二十八文，豈有内地課田的人民反而免除之理？而且我們難以想像不收糧食，單收綿絹的賦税制度，我們知道土地的收穫就是糧食，政府的支出也需要大量糧食，田租而不收糧食是以前及以後所無的怪事。

另外一種解釋也認爲西晉沒有像漢魏那樣的田租，有之就是「課田」，即徭役地租。此説之難取信，在上面已經提到了。

晉代應該有像漢魏那樣的田租，這種田租是以課田爲基礎的。上面説過課田實際上沒有嚴格地按丁分配，但在大量荒田存在的條件下，督課耕田並非不可能，而且統治者還可以假定適齡壯丁至少有符合於課田額的田畝，因此他可以按丁或按户徵收。無田而從事於手工業及經商的稱爲「遊食」、

「末業」，他們不繳田租；田客、部曲是私家占有的勞動力也不向政府繳租，剩下來的便是有或多或少土地的農民與尚未取得特權的地主，他們都該繳田租。少地或無地而被認作有地的農民，政府是和超過田額的地主與占有較多土地的農民一律看待的，因爲他以課田作爲基礎。現在我們引幾個例子證明西晉自有田租，既非匀入絹綿，亦非採取徭役方式。

在晉書卷三武帝紀中有很多次提到免收田租。泰始六年（二七〇）七月「復隴右五郡遇寇害者租賦」，八年（二七二）六月「詔復隴右四郡遇寇害者田租」，〔一〕這兩條的時期還在平吴以前，可以認作仍魏之舊。太康三年（二八二）十二月「詔四方水旱甚者無出田租」，四年（二八三）七月「兗州大水，復其田租」，六年（二八五）正月「以比歲不登，免租貸宿負」，八月又載「減百姓綿絹三分之一」，以上便都在平吴之後了。惠帝紀上也有兩條，永熙元年（二九〇）五月「復租調一年」，永興元年（三〇四）十二月「户調田租三分減一」，這兩條清清楚楚將田租與户調並列，而上面武帝太康六年（二八五）正月免租，八月減綿絹，顯然户調中的綿絹並不包含田租。

我們還有較原始的紀載足以證明西晉田租是徵收定額的穀物。初學記卷二七寶器部引晉故事云：

凡民丁課田，夫五十畝，收租四斛，絹三疋，綿三斤。凡屬諸侯皆減租穀畝一斗，計所減以

〔一〕册府元龜卷四八六引此條田租作租賦。

增諸侯。絹户一疋，以其絹爲諸侯秩。又分民租户二斛以爲侯奉。其餘租及舊調絹二户三疋、綿三斤，書爲公賦，九品相通，皆輸入於官，自如舊制。

隋書卷三三經籍志史部舊事類有晉故事四三卷，不著撰人名。舊唐書卷四六經籍志，新唐書卷五八藝文志並同。晉書卷三〇刑法志稱文帝爲晉王時，命賈充等定法律，除律令外，「其常事、品式、章程各還其府，爲故事」。成律令六〇卷，故事三〇卷，泰始三年事畢表上。初學記所引應即此書。但刑法志所載只有三〇卷，隋書經籍志有四三卷，而泰始三年（二六七）還沒有頒佈課田制，不應有上引初學記轉録之文。初學記所根據應爲四三卷本，三〇卷以後一定是後來續脩，所以太平御覽卷八一二引晉故事有東晉成帝咸康元年（三三五）上元給賜衆官事。這部書現已散逸，見於類書徵引的也不多，上引初學記一條是很可貴的，因爲這是部晉代官府檔案的輯録，在史料上有很高的價值。

初學記所引像所有類書一樣删節頗多，再加上傳録版刻的訛脱，所以不易完全解釋。這一條並不是説賦税制度，而是説諸侯王封户所繳賦税如何分配，但却明確了晉代田租是四斛穀，這四斛穀是以一夫五十畝的課田爲徵收基礎的。這樣就證明田租既非匀入綿絹，也不是以五十畝的全部收穫繳納給政府，因爲五十畝的收穫無論如何不會如此之少的。

可是不明瞭之處還是很多。第一，他沒有説明丁女、次丁男的租率。第二，絹綿是按户徵收的，但這一條從租四斛順叙下去，彷彿也是按丁徵收，而且由此連租是否按丁收也有了疑問，下文又説分民租户二斛，似乎又是按户收了。其三，關於諸侯奉的一段文義不明，他説「凡屬諸侯皆減租穀畝一斗，計所減以增諸侯」，這自然是指封户，但課田五十畝，收租四斛，平均每畝八升，決沒有每畝減一斗以增諸侯的可能。而且爲什麽下面又有「分民租户二斛以爲侯奉」的與此不符的紀載。第四，「舊調絹二户三疋」一語也很費解。〔一〕關於這些問題在無善本可校時很難作正確的答案。

我想絹綿應該按户收，可以無疑，晉書卷二六食貨志既有明文，而下文「舊調絹二户三疋、綿三斤」也只是衍了個二字，與食貨志相同。〔二〕田租照開頭所説「課田夫五十畝，收租四斛」之文應該是按丁收的，而且還有旁證，晉書卷一二一李雄載記稱雄據有巴蜀之後定制：「其賦男丁歲穀三斛，女丁半之，户調絹不過數丈，綿數兩。」李雄定制時去頒佈户調式時不遠，他大概是沿襲晉制而略予減輕，其田租既按丁徵收也可推測爲晉制如此。那末晉故事在下文説「絹户一疋，以其絹爲諸侯秩，又分民租户二斛以爲侯奉」又作何解釋呢？這一點我只能作一個迂曲的推測。在上面説過晉故事這一條乃是記述諸侯所食封户租調的分配。既然食封以户計算，分配租穀也只能以户計算，所以雖然按丁收租，却仍合户共計。宋書卷四〇百官志：「晉江左（此指東晉）諸國並三分食一，元帝太興元年（三一八）始制九分食一。」〔三〕人民每户應繳絹三疋，以一疋爲諸侯秩，恰好三分食一，租穀每户交給

〔一〕古香齋本作二疋、三疋，同樣費解。

〔二〕或者是舊調絹户二疋、綿二斤之誤。絹本三疋，以一疋交給諸侯，綿本三斤，以一斤交給諸侯，輸入於官的便只有二疋、二斤了。

〔三〕本條所云江左，照宋書的習慣語即指東晉，但下云太興元年即元帝之初，三分食一非江左之制甚明。今考通典職官一三云「初武帝踐祚……諸侯並三分食一。東晉元帝太興元年始置九分食一」。可證三分食一爲西晉之制。

諸侯作奉的是二斛，如果四斛之租是按户徵收的，那就是二分食一了。若按丁徵收則通常以一夫一婦爲一户，租每夫四斛，以李雄之制爲例，丁女減半應繳二斛，一户合計租穀六斛，以二斛爲諸侯奉，也恰好是三分之一。這樣解釋當然近於附會，而且晉書卷一〇四石勒載記上云：「勒以幽冀漸平，始下州郡，閱實人户，户貲二匹，租二斛。」石勒之制也應繼承西晉，而他却與李雄不同。關於這個問題，我只能説傾向按丁，但不敢妄斷。

關於「減租穀畝一斗，計所減以增諸侯」的解釋，我想斗可能是升之訛，隸書升斗二字常常相混，但其意義仍不明。

上面所説可能有錯誤，但從課田五十畝之文及三分食一之制看來（絹的三分食一是很明顯的），初學記所引這一節確是西晉舊制，因而可以證明西晉時有田租，其租率爲四斛。這樣也可以解決課田是否徭役地租的問題了。

魏晉户調制及其演變

一　户調制的起源

自曹魏開始，在賦税制度上有一個變更，就是有了一種按户徵收的新興税目。三國魏志卷一武帝紀注引魏書建安九年（二〇四）令：

其收田租畝四升，户出絹二匹、綿二斤而已，他不得擅興發。

田租按畝計算，但不依收穫量爲標準而硬性規定畝税四升，與漢代三十税一的辦法不同，然而大概和三十税一不會差好遠。所以要按畝計算，在這一個命令中説是要使豪强也盡納税的義務。關於田租我們暫且不談。我們所要討論的是「户出絹二匹、綿二斤」的那項税目。漢代田租徵收穀物，算賦和口錢徵收錢，並且按丁口及貲産計算。這種按户徵收綿絹的辦法，在漢代是不見功令的。同書卷一二何夔傳稱：「是時太祖始置新科，下州郡，又收租，税綿絹。」本條所稱「是時」，照上下文看來也是平冀州後事，可是所謂「新科」據何夔所上書似指法律而非指賦税，〔一〕所以上引一語有一個「又」字。我想在平冀州以前，曹操統治區域内已有按户徵收綿絹的辦法。同書卷二三趙儼傳：

〔一〕本傳稱夔上言有云：「所下新科皆以明罰勑法，齊一大化也。」

時袁紹舉兵南侵，遣使招誘豫州諸郡，諸郡多受其命，惟陽安郡不動，而都尉李通，急錄户調。儼見通曰：「方今天下未集，諸郡並叛，懷附者復收其綿絹，小人樂亂，能無遺恨，且遠近多虞，不可不詳也。」通曰：「紹與大將軍相持甚急，左右郡縣背叛乃爾。若綿絹不調送，觀聽者必謂我顧望，有所須待也。」儼曰：「誠亦如君慮，然當權其輕重，小緩調，當爲君釋此患。」乃書與荀或曰：「今陽安郡當送綿絹，道路艱阻，必致寇害，百姓困窮，鄰城並叛，易用傾蕩，乃一方安危之機也……宜垂慰撫，所斂綿絹，皆俾還之。」或報曰：「輒白曹公。」公文下郡，綿絹悉以還民，上下歡喜，郡內遂安。

根據這一條，我們知道按户徵收綿絹早已在建安五年（二〇〇）實行[一]。因此我們相信這種辦法乃是先行於兗、豫而後推行於冀州，並非平冀州後始創。

關於「調」的這個名詞，我們在漢代可以找到其淵源。鹽鐵論地廣篇云：「俱是民也，俱是臣也，獨不當調邪？」又云：「散中國肥饒之餘，以調邊境。」史記卷三〇平準書：「而初郡時時小反，殺吏，漢發南方吏卒往誅之，間歲萬餘人，費皆仰給大農。大農以均輸、調鹽鐵助賦，故能贍之。」[三]西漢時已用調字，其意爲調度調發。在居延漢簡中也有幾條關於調的紀載：

金曹調庫賦錢萬四千三。（二一六）一二九，二八。

[一] 袁紹舉兵南侵在建安五年二月。
[三] 漢書食貨志略同。

錢十一萬三千五百三十七，其十一萬四百卅五調錢。(三四四)一六八，二三。

上舉兩條都是計書。第一條是説由金曹所調在官庫中的賦錢，第二條是説錢的總數中若干爲調錢。從第一條中我們可以推測調錢大概出於他郡的賦錢。居延簡中有三條可以比附：

□陽邑，元康元年六月，□□調三千。(五〇〇)一八三，一八。

這是封檢，元康爲宣帝年號(前六五)「陽」字上缺一字，漢代公主所封謂之邑，但陽邑也是太原郡屬縣，所缺字或者與地名無關。此簡所云乃是内地送到居延的調錢。又有二簡云：

熒陽回秋賦錢五千。(四九二)四五，一。

卬
北□□秋賦錢五千。(四七九)五二六，二。

熒陽即滎陽，第二條殘缺太多，已不可識。兩條都是他郡縣送給居延的封檢，和上引陽邑調錢簡相比附，可以知道調錢乃是以賦錢直送迫切需要的地方，而不必解交中央。陽邑、滎陽通過本郡得到中央的調發令就封了這筆錢直送居延，有時仍然稱之爲賦錢，有的則逕稱爲調錢。我們知道賦錢是本來用以治車馬的，也就説是作爲軍費支出而徵收，所以調發到邊郡是有相當理由的。平準書也説「調鹽鐵助賦」，(二)意思是説調發鹽鐵錢來助軍費。

(二) 漢書食貨志同。

此外在鹽鐵論、居延簡中我們還可以找到不少關於「調」的紀載，〔一〕大概可以認爲調是調發錢物以充迫切需要。

後漢書中也常提到「調」，如光武紀建武十三年（三七）四月：「時兵革既息，天下少事，文書調役，務從簡寡。」李賢注「調謂發也」，李賢所以加注，大概是怕時人將魏晉以至隋唐的「調」與之混同起來。明帝紀初即位未改元（五七）稱：「赦隴西囚徒，減罪一等，勿收今年租調。」這一個調似乎是指租以外的一切徵收，包括賦錢在内。在東漢時固然調的意義還是以調發錢物來應付迫切需要爲主，從西漢以來最迫切的乃是邊費，後漢書百官志三大司農條稱：「邊郡諸官請調度者皆爲報給，損多益寡，取相給足。」居延簡中發内地郡縣賦錢送居延便是這樣性質。但除邊費以外，也有其他迫切需要由政府調度的。例如安帝紀永初元年（一〇七）九月：

調揚州五郡租米贍給東郡、濟陰、陳留、梁國、下邳、山陽。

七年（一一三）九月又云：

調零陵、桂陽、丹陽、豫章、會稽租米賑給南陽、廣陵、下邳、彭城、山陽、廬江、九江飢民。

質帝紀本初元年（一四六）二月詔：

九江、廣陵二郡數離寇害……其調比郡見穀，出稟窮弱，收葬枯骸。

〔一〕鹽鐵論本議篇云：「故鹽鐵均輸所以通委財而調緩急。」力耕篇云：「凶年惡歲則行幣，物流有餘而調不足。」居延簡中又有「□言所部三堠燧卒常調責買」、「府調給」、「案調書」、「□□惠降調」、「召得調」諸條。

安帝時的兩條説明所調發的是租米，就是説以田租項下撥付。質帝時的一條可能也還是指租穀。可是事實上從上引明帝紀的一條看來，調已變爲每年的徵收，而具體的例子説明所調發的範圍非常廣泛。桓帝紀延熹九年（一六六）正月詔：

其令大司農絶今歲調度、徵求及前年所調未畢者。

前年、今歲都有調，可見調已是經常的事。卷二五魯恭傳，和帝初立，恭上疏諫伐匈奴，有云：「今始徵發，而大司農調度不足，使者在道，分部督趣，上下相迫，民間之急，亦已甚矣。」調已是每年有之，但其多少，徵發對象却因事而異，如桓帝紀與魯恭傳所載便是不限於調發租穀、賦錢而向民間作無限的榨取。所以五行志載桓帝時童謠的解釋説：「『吏買馬，君具車』者，〔一〕言調發重，及有秩者也。」正因爲所調發者是車與馬，所以要買車馬來交納了。靈帝紀光和四年（一八一）正月稱：「初置騄驥廐丞，領受郡國調馬，豪右辜榷，馬一匹至二百萬。」因爲要調發民間馬，所以豪右將馬壟斷起來。這種例子説明調發乃是政府隨意徵求，沒有定額，也沒有一定的徵求對象。後漢書卷六一左雄傳順帝初上疏陳事云：「鄉官部吏，職斯祿薄，車馬衣服，一出於民，廉者取足，貪者充家，特選横調，紛紛不絶。」説明地方官可以隨便調發。

綜合上面所述，我們知道從西漢以來，「調」只是調度與調發之意，用以應付迫切的需要，而主要

〔一〕此兩句爲童謠。

的是助邊費。正税項目中的賦錢和田租可以調發，鹽鐵錢也可以調發，但是更可以隨時隨地任意徵發人民的財産，包括一切物品。在東漢初年調已成爲人民經常的負担，可是沒有規定其數額及繳納物，直到曹操始將調加以固定化及普遍化，而取消了算賦和口錢。算賦與口錢在漢末還是正税中項目，後漢書卷六順帝紀永和三年（一三八）爲了金城、隴西二郡地震曾除其地今年田租，「其尤甚者勿收口賦」。桓帝紀永壽元年（一五五）詔：「太山瑯琊遇賊者勿收租賦，復更算三年。」以後雖不復見，但在獻帝以前大概還存在。可是徵納物可能有變更。後漢紀卷二〇本初元年（一四六）九月朱穆奏記云：

河内一郡嘗調縑、素、綺、縠纔八萬餘匹，今乃十五萬匹，官無見錢，皆出於民。

可知桓帝之初調發機織物的數量比前增加，那末在此以前已有此種制度無疑。朱穆所説似乎所調之物本應由官出錢購買，只是此時已變成人民的負擔了。三國吴志卷四太史慈傳注引江表傳：

近自海昏有上繚壁，有五六千家相結聚作宗伍，惟輸租布於郡耳。

這個「布」的名稱，南朝還繼續沿用，在下面還要詳細談到，我想除了租以外的税目就是算賦、口錢、更賦。這些項目在漢末的江南業已折成了布完納，所以簡稱爲「布」，那末在産綿絹的中原也很可能折成綿絹交納。上引朱穆所稱河内郡所負擔的機織物已由民間繳納，很可能即由算賦、口錢、更賦等折合。這樣曹操的户收綿絹與漢末之算賦等折變爲實物有關。絹布決不能按口零碎徵收，而且本是家庭手工業，因此假使在東漢末年算賦等項已折成絹布，那末由按人口計算轉移爲按户計算是極自然的。東漢發調要計算户貲，所以也按户徵收（見後），而所徵的都是實物，爲了邊境上的需要大概也以絹布爲主，而且也是常年徵納的一項，這樣調與算賦等項區别就很少了，所以曹操逕將二者合併起來。如果我們推得更遠，那末如上所引漢明帝時已曾將「調」統稱租以外的各項賦税及徵納。

如果上面的推測没有大錯，我想曹魏的户調綿絹乃是沿襲兩漢調的名稱與徵納方法，加上東漢賦錢折變之制，而將其固定化與普遍化。

二　户調與户貲的關係

根據曹魏和晉代的制度，〔一〕似乎絹綿的交納是按户徵收，不分貧富，數額是一律的，可是另外又有按貲産徵收的紀載。晉書卷七〇劉超傳：

> 常年賦税主者常四出結（殿本作詰）評百姓家貲，至超但作大函，邮别付之，使各自書家産，投函中訖，送還縣，百姓依實投上，課輸所入，有踰常年。

這種依據家貲所收的賦税，本條並無説明，可以令人懷疑是田租户調以外的一種税目，我的意見則即是户調。在漢代本有調查人民貲産的辦法，史籍中常有貲若干的紀載。後漢書卷三九劉平傳：

> 拜全椒長，政有恩惠，百姓懷感，人或增貲就賦，或減年從役。

〔一〕見晉書卷二六食貨志。

這是光武年間（二五——五七）的事。續漢書百官志稱鄉間的有秩或是嗇夫「知民貧富，爲賦多少，平其差品」。可見計貲定賦，由來已久。後漢書卷四和帝紀永元五年（九三）正月丁未詔：

往者郡國上貧民，以衣履釜鬵爲貲，而豪右得其饒利。

這一條是説地方官計算貲產，刻剝貧民而優饒豪右。我不想討論漢代計貲產與賦役的關係，因爲劉平傳和百官志中的「賦」除貲算之外是否還包括其他還難以確定。我們只能斷定在漢魏間計算貲產和「調」有關。三國魏志卷九曹洪傳注引魏略：

初太祖爲司空時，以己率下，每歲發調，使本縣平貲。於時譙令平洪貲財與公家等。太祖曰：「我家貲那得如子廉邪！」

曹操在建安元年（一九六）爲司空，三國魏志卷一武帝紀和後漢書卷九獻帝紀在建安十三年（二〇八）曹操爲丞相以前没有紀載遷官，這樣，他任司空的年限就有十三年之久。但卷二三趙儼傳在官渡戰時李通稱曹操爲大將軍。建安二年（一九七）袁紹已爲大將軍，可能袁曹翻了臉，曹操以獻帝名義免袁紹職而自兼之。這裏所説「爲司空時」就不易斷定究在平冀州前還是在後。但可證户調是依家貲爲高下而已。

可是却又有另外一個難題。既然以家貲爲標準，就應有貧富多少之差，爲什麼曹魏、西晉却規定絹綿每户徵收額呢？我認爲這一個定額只是交給地方官統計户口徵收的標準，其間貧富多少由地方官斟酌，但使每户平均數合於這個定額而已。初學記卷二七所錄晉故事便有「書爲公賦，九品相通，皆輸入於官，自如舊制」之語，可知有一個「九品相通」的舊制，這在以後還是沿用。魏書卷一一〇食貨志：

先是天下户以九品混通，户調帛二匹、絮二斤、絲一斤、粟二十石，又入帛一匹二丈，委之州庫，以供調外之費。

太延元年（四三五）十二月詔：

若有發調，縣宰集鄉邑三老計貲定課，裒多益寡，九品混通，不得從富督貧，避彊侵弱。

元魏時期的九品混通自然是沿襲晉代九品相通之制。此一名詞的確切解釋，據魏書卷四上世祖紀上可知九品混通之意就是「裒多益寡」，食貨志上所載的户調數目絹二匹等等也是按户分配的平均數，在原則上應該富人多納，貧人少納，或竟不納，當然事實上從漢以來便已「從富督貧，避彊侵弱」了。

宋書卷七六王玄謨傳：

其年，玄謨又令九品以上租使貧富相通，境内莫不嗟怨。

我們知道在南朝從梁武帝以前一向計貲定課，而計貲即是九品相通的先行條件，既非由王玄謨創立此制，也何至於境内嗟怨呢？我想：第一，這裏説的是租，在南朝租是按丁口或按畝徵收的，並不據貲產徵收，因之也無貧富相通的辦法。南齊書卷三武帝紀永明五年（四八七）七月詔：

丹陽屬縣，建元四年（四八二）以來至永明三年（四八五），所逋田租，殊爲不少，京甸之内，宜加優貸，其非中貲者可悉原停。

這條固然年代稍後，但也可以説明納租不限於中貲，就是説財産不合標準的人也要照數完納，與户調不同。永明五年的免除只是把户調之法推廣到田租，乃是特例。王玄謨要使田租也九品相通，自然會引起地主富豪的反對。其二，王玄謨此時爲雍州刺史。雍州這個區域，地界南北，在南朝爲邊防要地，地方情形複雜，收税辦法可能特殊化。玄謨要立法整頓，先想土斷已碰了釘子，才謀九品相通，自然同樣的要遭受反對。

如上所述，可以解釋户調依據户貲的疑問。

這種據貲定户調的辦法，南北朝都曾沿用。永嘉亂後自五胡以至北魏大體上都仍户調式的規模。晉書卷一〇四石勒載記上：

勒以幽冀漸平，始下州郡，閲實人户，户貲二匹、租二斛。

這裏把租也改作按户徵收了。户調一項直稱爲户貲，可以證明魏晉按貲發調之制仍然存在。北魏初起在内地州郡所施行的税目也循晉制，而也如石趙一樣，將户調逕稱爲貲。魏書卷二太祖紀天興元年（三九八）正月：

詔大軍所經州郡復貲租一年，除山東民租賦之半。

上云貲租是包括「貲」與「租」二項，這是可以互證的，下云租賦却只指田租，因爲大軍所經的州郡要比一般山東州郡受災大，因此所減也有輕重。此後，我們常看見魏書上減租賦、復租賦的紀載，我想實在僅指田租而言。魏書卷三太宗紀神瑞二年（四一五）三月詔：

刺史守宰率多逋慢，前後怠惰，數加督罰，猶不悛改，今年貲調懸違者，謫出家財充之，不聽徵發於民。

這裏所云貲調似乎包括一切賦税而言。可是我相信嚴格説來「貲」「租」還是兩項不同的税目。魏書卷四下世祖紀下太平真君四年（四四三）閏六月詔云：

今復民貲賦三年，其田租歲輸如常。

明確地把貲賦與田租分爲兩項，可知田租與户貲無關。

這種據貲定課的辦法直到太和十年（四八六）頒佈賦税制始行廢止，可是「貲」之一名却維持到魏末還存。魏書卷一八元孝友傳孝友上疏：

請依舊置三正之名不改，而百家爲四閭，閭二比，計族省十二丁，得十二匹貲絹，略計見管之户應二萬餘族，一歲出貲絹二十四萬匹。

元孝友的意思是想減少免税户以增加貲絹的收入。我們知道每户納二匹絹的賦税只有户調，孝文帝時已没有計貲的辦法，但魏末還沿用「貲絹」的舊稱。

以上所述是北朝的計貲定課；我們再看南朝怎樣。宋書卷八二周朗傳：

又取税之法，宜計人爲輸，不應以貲。云：「何使富者不盡，貧者不蠲！」乃令桑長一尺，圍以爲價，田進一畝，度以爲錢，屋不得瓦，皆責貲實。民以此樹不敢種，土畏妄墾，棟焚榱露，不敢加泥。

周朗主張以人口定税，不要計貲，其理由是計貲太苛刻，足以抑制人民生産。「何使富者不盡，貧者不蠲」就是苛計户貲者的藉口，周朗説明這個辦法的效果足使人民不敢從事生産事業。當然抑制人民生産的主要的是封建的土地剝削，周朗自然不會認識這一點，但計貲過苛也有助長這個趨勢的效果。

宋書卷五四羊玄保傳載西陽王子尚上言要求規定占有山湖的制度，羊希定議照官品定制，自官品第一第二得占三頃，至百姓一頃，他説「皆依定格，條上貲簿」，可知政府有登記貲産的簿籍。南齊時期仍然繼續如此。南齊書卷六明帝紀建武四年（四九七）十一月詔：「所在結課屋宅、田桑可詳減舊價。」當作一種恩惠。卷四〇竟陵王子良傳子良上啓有云：

三吴奥區，地惟河輔，百度所資，罕不自出，宜在蠲優，使其全富。而守宰相繼，務在裒剋，圍桑品屋，以准貲課，致令斬樹發瓦，以充重賦，破民財産，要利一時。

蕭子良的説法和周朗相同。卷四六顧憲之上議有云：

山陰一縣，課户二萬，其民貲不滿三千者殆將居半，刻又刻之，猶且三分餘一。凡有貲者多是士人復除，其貧極者悉皆露户役民，三五屬官，蓋唯分定，百端輸調，又則常然。

這裏特别説到「貲不滿三千」的數字，大概當時以此爲標準。雖然有一個標準，而政府刻剝，故意把貲産估高，使得合於標準的較多，所以説「刻又刻之，猶且三分餘一」。然而即使提高估價也有三分之一不够格的。真正够格的都是享受特權的士人，不服徭役，至於真正貧民却都是露户（隱户之對），無法逃避。當時服役之制是三丁抽一，五丁抽二，所以説三五屬官。關於這些，我們不擬討論，本文只是説明南朝以貲徵税的標凖而已。我疑心從宋以後一切的賦税、雜調、徭役都是據貲爲定，所以周朗、蕭子良都泛稱賦税，可是户調必然據貲是毫無問題的。

這種制度直到梁朝才廢除。梁書卷五三良吏傳序：

（天監）元年（五〇二）始去貲，計丁爲布。

南朝所謂「布」就是户調，我將要在下面討論。户調從曹操以降一向以貧富爲差，已如上述，根據本條則梁初始依口徵納。以前周朗老早就提議「取税之法，宜計人爲輸」，至此始實行。我們知道士人是享有免税特權的，如果計貲徵收，士人既不在内，剩下合格的人民不多。真正貧民雖然好像可以豁免，但是根據顧憲之所述，事實上還是要照章輸調和服役，而一般生活稍優的自耕農民也因之破産。這有似趙宋的差役法也是據貲産定役，但也不包括官户、形勢户。梁武帝的計丁爲布，把曹魏以降的辦法改革了，可是士人仍然無傷毫末，貧民仍然不能減輕負擔，甚至更加重，如果説有誰得到利益，那末或者是較富裕的自耕農民。

自此之後至陳代賦税便都以丁口爲徵收對象。隋書卷二四食貨志述南朝賦税制度云：

其課，丁男調布絹各二丈，絲三兩，綿八兩，禄絹八尺，禄綿三兩二分，租米五石，禄米二石，丁女並半之。男女年十六已上至六十爲丁，男年十六亦半課，年十八正課，六十六免課。女以嫁者爲丁，若在室者年二十乃爲丁。其男丁每歲役不過二十日，又率十八人出一運丁役之，其田畝税米二斗。

隋書雖然沒有標明年代，我想這是梁、陳時期的制度，最顯明的就是調已按丁徵收，而祿米等也只在陳書卷五宣帝紀太建十二年（五八〇）十一月詔中看到。

據上引梁書良吏傳和隋書食貨志似乎自梁之後不再有據貲定課的辦法。可是陳書卷五宣帝紀太建九年（五七七）五月丙子詔，却有「五年訖七年逋貲絹皆悉原之」一條，列於夏調綿絹之外。那末在陳朝雖然在户調方面沿襲梁代成法，却又恢復了計貲收絹的一項税目，隋書食貨志沒有這一項，也許漏掉，也許在陳代行得不久。

照上面所講的看來，調查户貲乃是漢代成法，漢魏間新行税目户調是據户貲決定差等的，以後自晉至南北朝都沿襲此制。北朝在魏孝文帝的太和十年（四八六）定賦税制時廢止了這個辦法，約在十五年之後梁武帝的天監元年（五〇二）在南朝也改作「計丁爲布」。南北同樣的有了更改，北魏雖仍然喚作户調，實際已趨向按丁，南朝則標明按丁徵收了。

最後，我要説明調查户貲的目的自漢以來不僅是爲了調，例如漢代算賦中的貲算就是按貲納錢的，本文所想證明的只是户調亦是據貲而已。

三　南朝的布與調

在南朝史籍中常看見「租布」一詞，我以爲租是田租，「布」就是户調，這是正税中的兩項税目。

在上文我已曾引三國吴志太史慈傳注引江表傳證明在東漢末期江南已經有租布之稱，而布只能是

「賦」的折變。後漢書卷五安帝紀永初元年（一〇七）、七年（一一三）都曾調江南諸郡租米，卷六質帝紀本初元年（一四六）亦曾調九江、廣陵附近諸郡的穀，可證東漢時江南租和北方一樣徵收穀物。剩下「布」的一項和租沒有關係。曹魏、西晉的户調乃是漢代「調」與「賦」的沿襲與結合，因之也沿用徵納絹布的辦法。魏晉户調固然只説徵收綿絹，但綿絹只限於蠶桑之地，如果本土不產綿絹是有代替品的。初學記卷二七引晉令：

其趙郡、中山、常山國輸縑當絹者，及餘處常輸疏布當綿絹者，縑一匹當布六丈，疏布一匹當絹一匹，絹一匹當綿三斤。

太平御覽卷九九五引晉令：

其上黨及平陽輸上麻二十二斤、下麻三十六斤當絹一匹，課應田者枲麻加半畝。

據此可以知道各地所納户調隨土產而異。第二條末一句説的是加增課田數以種麻。晉書卷一〇五石勒載記下稱：「勒與李陽鄰居，歲常爭麻地，迭相毆擊。」石勒是上黨武鄉人，由此可知上黨種麻甚爲普遍，甚至羯族石勒也以此爲業，所以晉令規定上黨可以麻代絹。長江南部在當時蠶桑之利仍然不甚發達；雖然左思吴都賦中誇張了「八蠶之綿」，太平御覽卷八一四引陸凱奏事稱「諸暨永安出御絲」，宋書卷五四沈曇慶傳論稱荆揚二州「絲綿布帛之饒，覆衣天下」；可是據通典卷六所述天寶中税收，江南、江北都屬於出布郡縣。經過六朝的開發，直到唐代江南、北的蠶桑業還不如黄河流域，那末在晉時長江流域所納的當然是布而非絹。正因爲徵收的對象是布，因此也就把此一税目稱爲布。晉書卷七六王彪之傳：

(桓)温以山陰縣折布米不時畢，郡不彈糾，上免彪之。

這裏的折布米乃是將布折成米，以應付桓温北伐的軍糧，可知布是一項税目，同時也是徵納物。史籍中屢次見到免租布的紀載，或以爲將租折成布，所以稱爲租布。在南朝誠然時常要藉折變以進行更大的剝削，但通常所見租布聯用的「布」却只是一種税目，也即是户調。晉書卷九孝武紀寧康二年(三七四)皇太后詔：

三吴、義興、晉陵及會稽遭水之縣尤甚者，全除一年租布，其次聽除半年。

我們知道自晉成帝咸和五年(三三〇)改田租爲按畝徵收三升，哀帝初(三六二)減爲二升，孝武帝太元二年(三七七)又改爲按口三石；不論如何徵收，在晉代田租是繳穀物的，縱然有些區域在某一時期折成布，但絕非普遍施行，在上引寧康二年(三七四)詔中更没有理由相信揚州所屬遭水之縣全是將租折納布的。法書要錄卷六載王羲之帖：

此郡斷酒一年，所省百餘萬斛，乃過於租。

王羲之在永和間(三四五——三五七)爲會稽内史，可以證明會稽郡田租收穀物。那末我們不能想像寧康二年只免折納布郡縣而不免納本色穀物郡縣的田租。因此布只能是一種税目，而求其能與租並列的便只有户調。晉書卷二四職官志尚書右丞所掌有「廩振人租布」，這決不能是折租爲布，而是租與布二項的收入，因爲右丞自來掌管庫藏錢穀，不應只管「布」，不管租穀，這是個明顯的證據。宋書中提及租布的更多，我不想一一列舉，僅錄二條較有關係者。宋書卷五文帝紀元嘉二十六年（四四九）三月詔：

復丹徒縣僑舊今歲租布之半，行所經縣蠲田租之半。

這一次文帝到丹徒去是爲了謁陵，丹徒是陵墓所在地，所以租布兩項皆免半數，經過諸縣便只減田租一項，足以證明租布乃是租與布的聯稱。宋書卷六孝武紀大明五年（四六一）十二月：

制天下民户歲輸布四匹。

這是「布」也就是户調的規定。在西晉時户調絹三匹、綿三斤。出布郡縣如何折合，不見紀載，上引晉令有「疏布一匹當絹一匹」之文，但疏布似即綀布，不是麻布。本條又只説布，沒有麻，以四匹布當三匹絹，三斤綿似較輕，因爲布價應比絹便宜。我想在此之前納布可能不止此數，宋書上有此紀載乃是表示恩惠。當然在這裏減輕，統治者可以在另一方面加重，而且此時還是「據貲定課」，四匹也只是個平均額而已。

因爲南朝將「布」一詞代替了户調，所以宋齊時所稱之調便非僅指魏晉之户調，而往往泛指各項賦稅，宋書卷二武帝紀中稱晉義熙七年（四一一）劉裕到江陵時下令：

凡租稅調役悉宜以見户爲正……州郡縣吏皆依尚書定制，實户置。臺調癸卯梓材，庚子皮毛，可悉停省，別量所出。

這裏租指田租，稅指市、關、估等稅，那末第一個調當指户調，但第二個所謂臺調便包括一切租稅調役而言。以後明帝紀泰始二年（四六六）十二月詔中「蠲（東土流亡人民返鄉者）衆調二年」；後廢帝紀元徽三年（四七五）四月詔中「窮老尤貧者蠲除課調」，順帝紀升平元年（四七七）的「除元年以前逋調」與七月「蠲除（雖州）税調」，卷九一郭世道傳的「蠲其税調」，這些調字都是泛稱而非專名。南齊書卷二六王敬則傳載蕭子良駁收塘丁錢啓，他説明這筆塘丁錢本來由民間自籌自管，作爲修理塘功橋梁的雇錢，「今郡通課此值，悉以還臺」，便是「租賦之外，更生一調」。租賦也是調，所以説將塘丁錢解送中央（還臺），便是在租賦之外又生出一種調來。可證調只是泛稱。

在齊代仍見租布之稱，南齊書卷一六百官志，尚書右丞所掌有「領州郡租布」一項，這自是沿襲前代。但更多見的是三調。南齊書卷二高帝紀下建元二年（四八〇）六月詔：

元年以前三調未充，虚列已畢，官長局吏應共償備外，詳所除宥。

以後便時常看到三調一詞，有時「三調衆逋，宿債」聯稱，意思是説所欠三調和舊債。除債之外的一切欠項都包括在三調宿逋之中，可見包括了各種税目。我們以宋書中的「租布」和南齊書中的「三調」相比較，可以看到逢到水旱兵災減免賦税時在宋書中寫作減免租布的，在南齊書中却寫作減免三調，可知三調雖不是等於租布，也必包括租布在内。在宋代賦税之中還以租布爲重，其他税目較輕，所以常見租布，但已以調泛稱一切，至齊時雜税愈多，租布在賦税之中的分量較輕，因此連租布在内統括爲三調。

關於三調的解釋頗難確定，但是這個「三」應該有所指，資治通鑑卷一三八齊武帝永明十一年

（四九三）七月壬午遺詔「蠲除三調及衆逋」，〔一〕胡三省注：「三調謂調粟、調帛及雜調也。」我想可能是租、布、雜税，也可能是粟、布帛與錢，但這幾種解釋没有什麽大不同，總之包括了各項税目。

如上所述，還有許多問題難以解釋，僅僅説明南朝之所謂「布」乃是户調的别稱，而南朝之所謂「調」却往往不單是户調，而爲諸賦税之泛稱。

可是在梁陳時又像將調的範圍縮小了。梁書中還時見三調、租賦，都是泛稱，但武帝紀太清元年（五四七）正月大赦詔却説：

尤窮者無出今年租調。

把租和調並稱是以前很少見的。這一個調至少没有包括租在内，和以前南朝之所謂調内容多少有點不同。一到陳代就明顯的以調和租分開。陳書卷五宣帝紀太建九年（五七七）五月詔：

可起太建已來訖八年流移叛户所帶租調；七年八年叛義丁；五年訖八年叛軍丁，六年七年逋租田米粟，夏調綿絹絲布麥等，五年訖七年逋貲絹皆悉原之。

本條所指税目，一是田租，所徵納的是穀物；二是調，所徵納的是綿絹絲布及麥；三是貲絹。貲絹在上面已經談到，而這裏所稱之調與租並列，雖也有麥，但主要的是綿、絹、絲、布，與魏晉户調相同。隋書卷二四食貨志所載南朝賦税制度，在上面我業已論證爲梁陳之制，其中也是租調並列，而租所徵爲

〔一〕南齊書卷四鬱林王紀實作「逋三調及衆債」，通鑑改作「三調及衆逋」，與當時習慣用語微異。

穀物，調所徵爲絹布絲綿，此外又有二十日的力役。這與以前的賦税制度不但有據户據丁的不同，就是在名稱上調的意義也有古今之别。

四　南朝的折變

田租繳穀物，户調繳絹綿，曹魏是這樣，西晉也是這樣。南朝的户調繳布，因此税目也稱爲布，已如上述。田租繳穀物，上面已曾舉一些例子，現在可以再引兩條來證明。宋書卷五文帝紀元嘉十七年（四四〇）十一月詔：

> 兗、兩豫、青、徐諸州比年所寬租穀應督入者悉除半。

梁書卷一九劉坦傳：

> 乃除輔國長史，長沙太守，行湘州事……下車，簡選堪事吏，分詣十郡，悉發人丁運租米三十餘萬斛，致之義師。

可知租還是徵收穀物。可是無論是「租」或「布」，納本色者固亦有之，而折納他物，尤爲普遍。隋書卷二四食貨志云：

> 其軍國所須雜物，隨土所出，臨時折課市取，乃無恒法。定令列州郡縣制其任土所出，以爲徵賦。

隋書所云似但指臨時的徵調，其實正税也往往折變。宋書卷六孝武紀大明七年（四六三）十一月稱：

「遣使開倉貸卹，聽受雜物當租。」這就説可以不照規定繳納各類實物。規定的徵納物應該是穀物，可是也可能是綿絹。同書卷五六孔琳之傳，桓玄時衆官獻便宜，琳之别建言，有云：

昔事故之前，軍器正用鎧而已，至於袍襖裲襠必俟戰陣，實在庫藏，永無損毁。今儀從直衛及邀羅使命，或有防衛送迎，悉用袍襖之屬，非唯一府，衆軍皆然，綿帛易敗，勢不支久，又晝以禦寒，夜以寢卧，曾未周年，便自敗裂。每絲綿新登，易折租以市。又諸府競收，動有千萬，積貴不已，實由於斯。

孔琳之所云「易折租以市」，就是把租折合綿帛徵收，並非真的市取。所以卷八二沈懷文傳稱：

齋庫上絹，年調鉅萬匹，綿亦稱此，期限嚴峻，民間買絹一匹至二三千，綿一兩亦三四百，貧者賣妻兒，甚者或自縊死。懷文具陳民困，由是綿絹薄有所減，俄復舊。

在上面我們已説過宋齊時期的「調」是泛稱，本條所稱「年調鉅萬匹」也不是指户調，而是包括各種賦税在内，租是其中之一。政府所以要把租折成絹綿，如孔琳之所説乃是爲了實際需要。南方户調納布，雖或有若干地區可能納絹綿，但自正税中獲得的必然不够，因此要易折租以市。此外自然是借此剝削，當綿絹價貴的時候，他們將穀物折成綿絹，可是當絹布價廉的時候，又將本來納絹布的賦税折成錢。南齊書卷二六王敬則傳載竟陵王子良駁收塘役錢啓：

頃錢貴物賤，殆欲兼倍，凡在觸類，莫不如兹，稼穡難劬，斛直數十，今機杼勤苦，匹裁三百，所以然者，實亦有由，年常歲調，既有定期，僮卹所上，咸是見直……愚謂塘丁一條，宜還復舊，在所逋邮，優量原除。凡應受錢，不限大小，仍令在所折市布帛。若民有雜物，是軍國所須者，聽隨價准直，不必一應送錢，於公不虧其用，在私實荷其渥。昔晉氏初遷，江左草創，絹布所直，十倍於今，賦調多少，因時增減。永初中（四二〇——四二二）官布一匹，直錢一千，而民間所輸，聽爲九百，漸及元嘉（四二四——四五三），物價轉賤，私貨則束直六千，[一]官受則匹准五百，所以每欲優民，必爲降落。今入官好布，匹堪百餘，其四民所送，猶依舊制，昔爲損上，今爲刻下，氓庶空儉，豈不由之。

蕭子良所述納錢的賦税有兩種，一是原來納錢的，就是所謂「僮邮所上」，這似乎是一種代役錢。[二]其二是以絹布折成錢的，即所謂「年常歲調」，這裏的歲調，自然也是泛稱，但田租在宋代乃以穀物折成

[一] 通典卷五作匹直六百，十四爲一束，意思是相同的。

[二] 邮是當時的一種專詞，南齊書卷四六顧憲之傳引俗諺云：「會稽打鼓送邮，吳興步擔令史。」這是形容會稽的富庶和吳興的貧困。邮是賤稱，蕭子良與僮連稱，尚且打鼓相送，可見其地之富。同書卷三四虞玩之傳玩之論户籍表云：「又將位既衆，舉邮爲祿，實潤甚微，而人領數萬……天下合役之身已據其太半矣。」可見邮乃是合役之人而爲私家占有，他們以納錢代役，作爲將領的俸祿，所以説舉邮爲祿。又云：「僮邮所上，咸是見直。」我想邮就是應服役的人，顧憲之傳所云：「露户役民，三五屬官。」其入於私家的就是送故之兵。晉書卷七五范寧傳，寧陳時政有云：「方鎮去官皆割精兵器仗以爲送，故米布之屬，不可稱計……送兵多者至於千餘家，少者數十户，既力入私門，復資官廩布，兵役既竭，枉服良人。」東晉時送故，首爲吏兵之轉入私門，其次則米布之贈與，但宋時已轉變爲錢，宋書卷七五王僧達傳稱「（王）錫罷臨海郡還，送故及奉祿百萬以上」，可證宋時送故用錢。南史卷四齊武帝紀永明六年詔：「省州郡縣送故輸錢者」更是一個明顯的例子，證明送故兵並非如從前的服役，而只是納代役錢。

綿絹，其原來徵收布的只有户調，也就是在宋大明五年（四六一）規定爲每户納布四匹的一項。所以在下文雖也聯稱絹布，所説的却只是宋永初年（四二〇——四二二）至此時的布價，而沒有提到絹。他説在宋代爲了減輕負擔，所以估低布價，市價一千，官價九百，市價六百，官價五百，人民將布折成錢繳納，可以比市價少一些。但事實上當時錢不易得，而政府所收的錢又要圓大無翦鑿，據蕭子良所述這種錢在市上是兩文換一文的，宋代大約跟齊時相同，那末即使每匹減了一百文，也還是加重而不是減輕。如果要減輕就減布好了，何必折錢，折錢就因爲錢貴，需要大。至於齊代那是更荒唐了，布價在市上業已低落到每匹百餘文，但官價還是照元嘉年間「匹准五百」的舊估。假使在齊代還是户納四匹的話，照市價只能值四五百文，但向政府繳納折錢却須二千文，剝削得多凶！

宋代田租折綿絹已如上述，而在齊代却也有折成布的，更奇怪的是又再折成錢。上引蕭子良啓是永明二年（四八四）的事，南齊書卷三武帝紀永明四年（四八六）五月詔：

揚南徐二州今年户租三分二取見布，一分取錢，來歲以後，遠近諸州輸錢處，並減布直，匹准四百，依舊折半，以爲永制。

這裏所謂户租，意義不大明瞭，如果指田租，那末我們知道租在晉代是據丁或據畝收的，梁陳間仍然，不應齊代獨異，我想可能户指户調，亦即當時之所謂布，租與户仍是兩項。照詔書所説自下一年開始布價減了一百文，但比市價還得貴上三四倍，如蕭子良所説入官好布也只值百餘文而已。這一年三分之二取見布，三分之一取錢乃是限於揚南徐二州的臨時辦法，因爲納錢折價太重，准許三分之二納布就是輕減，如果照舊制則是錢布各半，所謂「依舊制折半」並非對折徵收，而是錢一半，布也一半，這是舊制。同書卷四〇竟陵王子良傳：

> 詔折租布二分取錢，子良又啓曰：「……又錢鑄歲遠，類多翦鑿，江東大錢，十不一在，公家所受，必須輪郭，遂買本一千，加子七百，猶求請無地，棰革相繼。尋完者爲用，既不兼兩，回復遷貿，會非委積，徒令小民，每嬰困苦。且錢帛相半爲制永久，或聞長宰須令輸直，進違舊科，退容姦利。」

據本傳子良上啓也是永明四年（四八六）的事，跟上面的詔書可能有關，却不是一件事。錢帛各半是舊制，詔書上這樣說，蕭子良也這樣說，這裏二分取錢是加重，詔書之一分取錢是減輕，詔書的減輕只限於揚南徐，而本傳的加重乃是普遍推行。可能由於子良的建議，才減輕了揚南徐二州，並明令以後錢帛各半爲永制，但却非一件事。從蕭子良的啓中就可知道大錢一千，要值普通被翦鑿的錢一千七百，人民納錢已比納布加重三四倍，再要納大錢便更加上了百分之七十，所以連蕭子良都不能不說小民「每嬰困苦」了。

雖然詔書和蕭子良傳所説不是一件事，但詔書中的户租與傳中的租布應該同指田租與布兩項，這樣看來在齊代似乎連租都折成了布。如果如此，那末租的一項從穀物折成布，又由布折成錢，政府所以不怕麻煩，目的只是在剝削。

詔書中説明輸錢處，可知也有不輸錢處。隋書卷二四食貨志稱：

梁初唯京師及三吳、荆、郢、江、湘、梁、益用錢，其餘州郡則雜以穀帛交易。

所謂輸錢處大概也不出此一區域，而在此區域内也非一律折錢，例如梁代湘州就有租米的收入。可是自宋之後揚州全部恐怕都納錢了。我還沒有找到梁陳兩代折變的資料，如果根據隋書卷二四食貨志和上引陳書卷五宣帝紀太建九年（五七七）詔書，似乎應該都收實物，但我們難以斷言法令與實施辦法必然一致。梁代用錢的紀載較多，陳代非常少見，例如官俸在梁武帝時已給錢，而在侯景亂後以至陳代便都給實物。陳書中所見賞賜臣下，錢的一項只有兩個特例是錢布兼用。〔一〕這裏就可以知道政府在賦税方面錢的一項必然非常稀少，或者不再將租布折成錢了。

折變在南朝很普遍，就一般的趨勢看來似乎都從實物向錢發展，而凡是原來收錢的沒有見到折成實物的例子。

可是折變隨區域和時間都可能有變化，隋書卷二四食貨志也只能概括地説：「其軍國所須雜物，隨土所出，臨時折課市取，乃無恒法。」我們在這裏只是想證明在較長時期内租與布兩項都曾折合錢數繳納而已。

附識： 魏晉南北朝的賦税制度是比較難得弄清楚的，一方面由於資料缺乏，另一方面由於

〔一〕陳書卷一七袁樞傳稱「賜絹布五十匹，錢十萬」，卷二九毛喜傳稱「賜布五百匹，錢三十萬」爲特有之二例。

稅目的名和實都不明確，特別是南朝，甚至唐初寫五朝史志時已不能詳細叙述其演變之跡，以我菲薄的能力當然不可能解決所有的問題。本文只是在户調制的範圍内就我所知對上面所提出的一些問題給予解釋而已。

九品中正制度試釋

九品中正制度自曹魏創立之後沿用到隋代才廢除，在這一個時期中，此一制度在社會上所起的作用及其内容，古今人討論得很多，彷彿業已「題無剩義」。可是我覺得還有一些小問題值得提出來，有些是很零碎的考證，也有近於推測的意見，我只希望對於此一制度的創立、發展與現實政治的關係以及其具體内容，補充與説明過去的認識。關於門閥制度和九品中正的關係，古今人説得很多，大體上是由於九品中正的運用鞏固了門閥，這一點我想可以不必多説。本人的意見受學識的限制，一定有許多不正確的地方，希望大家教正。

一　九品中正制創立的原因與曹魏政治

九品中正制度是曹魏創設的一種選舉制度，它的作用是在於鞏固門閥的統治，這一點當時人也都這樣説。但如果説創立原因就是爲了鞏固門閥却未必如此，只是門閥制度在一定的社會經濟與其所反映的政治狀況下逐步發展，而九品中正制也就爲之服務，起了鞏固與維持的作用，魏晉之後現實的最高統治者是那些世家大族，一切制度就必須符合其利益。沈約在宋書卷九四恩倖傳序上説：

「漢末喪亂，魏武始基，軍中倉卒，權立九品，蓋以論人才優劣，非謂世族高卑。」但以後却成爲「州都郡正以才品人，而舉世人才升降蓋寡，徒以憑藉世資，用相陵駕」。沈約的説法是有理由的。九品中正制的創立並非專以血統爲評定的根據，只是它促使門閥制度的鞏固，而鞏固了的門閥制度又掌握了這個工具。就當時人的説法，九品中正制度的創立，是由於經過黄巾大起義之後，人士流移，政府選舉無法查考鄉閭的批評。我們知道東漢的選舉是以道德行爲作爲評量標準的，而這種道德行爲乃是儒家理論的實踐，即所謂「經明行脩」。儒家所提倡的倫理秩序爲由内向外，由親及疏的擴展，將起點放在作爲一個家族成員的道德行爲上，然後推及鄉黨。東漢人認爲這是人物觀察的基礎。這一類的行爲不是可以用臨時的測驗來評量，而要有經常的觀察，特别是道德行爲所施之對方所作的論斷，因此宗族鄉黨的批評成爲選舉上最主要的甚至是唯一的憑藉，失去了這個環節，選舉就無法進行。三國時期的選舉制度表面上仍然沿襲東漢之舊，以察舉徵辟爲入仕大道。可是問題就發生了，根據什麼來決定呢？人士的移動使本籍的宗族鄉里不能掌握其成員的具體情況，甚至有些人的本土不在魏國領域以内，這樣，要依靠鄉閭的評定就成爲不可能；同時却還不能完全放棄人所熟習的老辦法，因爲大家還是承認鄉閭評定是可靠的，這是經久的制度，過去辦得不好，問題只在於名實不符或是人物批評的標準不對，而非制度的本身問題，因此一方面顧全鄉閭評定的舊傳統，另一方面適應人士流移的新環境，就本鄉之中選擇一個適當的人來主持評定的任務。這一個人在本鄉負有聲望，又熟習士人的行動，吏部可以從他的報告中得到依據，這樣就不至於無從查考了。從前論創立中正的原因者大都側重在這一點。晉書卷三六衛瓘傳所載請廢九品中正疏便説:「魏氏承顛覆之運,起喪亂之後,人士流移,考詳無地,故立九品之制,粗具一時選舉之本耳。」以後通典卷一四歷代制中也稱:「魏文帝爲魏王時三方鼎立,士流播遷,四人錯雜,詳覈無所。」又云:「後漢建安中天下興兵,衣冠士族,多離於本土,欲徵源流,遽難委悉。」也是根據衛瓘的説法。

這個原因當然是重要的,所以凡是主張廢中正的同時也必然主張土斷。衛瓘的疏中便説「宜皆蕩除末法,一擬古制,以土斷定」,而「盡除中正九品之制,使舉善進才,各由鄉論」。同時晉書卷四六李重傳載所上疏也説「謂九品既除,宜先開移徙,聽相并就,且明貢舉之法,不濫於境外,則冠帶之倫將不分而自均,即土斷之實行矣」。他們的主張是在於恢復漢代鄉閭評定,而由地方官主持的辦法來考察人才,這樣就必須以土斷爲先決條件,使人人以現住地爲本鄉,通過宗族鄉黨的觀察而得到「正確」的人物評價。因此我們可以明瞭九品中正制所以沿用了數百年,就因爲「人士流移」這個問題經過南北朝始終存在,而選舉制度却還部分地保存着東漢舊傳統。到了隋代又建立了統一帝國,土斷可以實施,而選舉偏重考試,由中央的吏部集中處理,公卿、地方官不再有辟舉的權力,於是中正也無設立的必要。

我們認爲上述的理由是正確的,因爲它説明了宗族鄉里控制選舉的辦法不能放棄,而所以不能放棄之故,不外乎士人不願意喪失其傳統權利,宗族鄉里是士人權利的保障。可是我們不妨從另外一個角度來觀察其創立原因。第一,我們認爲中正的設立有其歷史淵源,其二,這個制度又是東漢選舉制度的反響也就是説繼承了舊的傳統，而同時又加以破壞，在這裏我們離不開現實的政權，離不開現實的統治政策。

中正的名號雖然始見於曹魏，然而在地方官之外由少數人或一個人主持鄉閭評議却是個舊傳統。東漢末年的名士本來以人物批評爲務，名士口中的褒貶，傳達到政府時，可以在選舉上起决定性的作用。後漢書卷六八符融傳：

時漢中晉文經、梁國黄子艾並恃其才智，炫曜上京，臥託養疾，無所通接。洛中士大夫好事者承其聲名，坐門問疾，猶不得見。三公所辟召者輒以詢訪之，隨所臧否，以爲與奪。

同書卷六七黨錮杜密傳：

後密去官還家，每謁守令，多所陳託，同郡劉勝亦自蜀郡告歸鄉里，閉門埽軌，無所干及。太守王昱謂密曰：「劉季陵清高士，公卿多舉之者。」密知昱激己，對曰：「劉勝位爲大夫，見禮上賓，而知善不薦，聞惡無言……此罪人也。今志義力行之賢，而密達之；違道失節之士，而密糾之，使明府賞刑得中，令問休揚，不亦萬分之一乎。」

像這一類的事情很多，單就上引兩例看來，就可證明當時名士不但參與，甚至干涉政府用人之權。而在名士之中又有特别以批評人物恰當著稱者，他們雖然没有中正的名義，但却有中正的威權，他們對於人物的評價，幾乎出口便成定論。後漢書卷六八郭太傳注引謝承書：

泰（即太）之所名，人品乃定。先言後驗，衆皆服之。

同卷許劭傳：

少峻名節，好人倫……故天下言拔士者，咸稱許郭……初劭與靖（從兄許靖）俱有高名，好共覈論鄉黨人物，每月輒更其品題，故汝南俗有月旦評焉。

三國蜀志卷八許靖傳：

少與從弟劭俱知名，並有人倫臧否之稱，而私情不協。劭爲郡功曹，排擯靖不得齒敍，以馬磨自給。

二許是弟兄，同樣是名士，但許劭可以排斥許靖，以至「不得齒敍」，雖然由於許劭借功曹的權力來壓制，但更由於許劭的個人威望。此外我們還知道曹操曾要求許劭給他作一評語，這件事不一定是實，但正說明所謂鄉閭之議實在掌握在那幾個批評專家手中，如要求名必先得他們的捧場。郭泰、許劭名望大了，批評對象更廣泛及於全國，但一州一郡亦是如此，汝南月旦便是一個例子。他處雖不一定有每月的評定，其由一二人主持則大概相似。從這裏看來漢末士人照例須有一個「品題」，雖然沒有專設機構辦理，但業已由一二人主持。

許劭所主持的月旦評，以後設立中正，還沿用此法，通典卷三二職官一四中正條注引晉令：

大小中正爲内官者，聽月三會議上東門外，設幔陳席。

這裏的「月三會議」的「三」字，乃「旦」字之誤。每月三次開會議太煩，而且也無此必要。這種按月評議之制，自然是採取汝南月旦之意。此外中正所下評語稱爲狀者，亦沿襲漢末的「名目」，這且在下面再談。總之在東漢末期鄉閭評定久已歸於一二人之手，因此中正的設立，只是舊習慣的沿襲及其發展，在方法上也可以證明這一點。

可是鄉里月旦即使由一二人主持，畢竟不是政府機構，而中正雖不算正式官吏，却是受政府委任的兼職，所以形式上雖沿襲舊傳統，而在制度的精神上却有所不同，甚至是舊傳統的破壞，這裏我們可以從曹魏政治來加以説明。

在上文我們已提到東漢選舉除了爲外戚、宦官所干涉和主持以外，一般的都以鄉閭評議爲最重要的根據，而這種評議是由名士主持。當時名士業已結成了與宦官相對抗的政治集團，因此在統治階級内部鬥爭十分尖鋭時，在政治上的分野也有清楚的界限。當時除了甘心依附權門的無恥之徒以外，一般士人企圖在政治上獲得地位便只有依附若干主持清議的名士，如果獲得優良評語，進可以入仕，退也不失爲名流。而名士中的領袖人物爲了要擴大勢力，提高本人在羣衆間的影響也必然廣行交結，同時就盡可能的從輿論上爭取優勢與打擊敵人。這就是所謂標榜交遊，臧否人物。士人之成名既在於此，而成名後更需要擴大，因此成爲一時風氣，後漢書卷六七黨錮傳序：

逮桓靈之間，主荒政謬，國命委於閹寺，士子羞與爲伍，故匹夫抗憤，處士横議，遂乃激揚名聲，互相題拂，品覈公卿，裁量執政，婞直之風，於斯行矣……因此流言，轉入太學，諸生三萬餘人，郭林宗、賈偉節爲其冠，並與李膺、陳蕃、王暢更相褒重……又渤海公族進階、扶風魏齊卿並危言深論，不隱豪强，自公卿以下莫不畏其貶議，屣履到門。

這種風氣在名士自謂明辨善惡，可以提高封建社會的道德水準，但是當時人如申屠蟠、仇覽業已不以爲然。〔一〕後來便以標榜交結之風稱爲浮華，例如後漢書卷七九儒林傳序便說「自是遊學增盛，至三萬餘人，然章句漸疏，以浮華相尚」。浮華是篤實的反面，也就是趨名和務實之異。像這樣專事批評政治，臧否人物的集團對於政府顯然是一種障礙。在法家理論上正是「主勢降乎上，私黨成於下」、「務名背實」，應該予以禁抑。從東漢末期開始，有許多政論家感到求名的結果演成朋黨標榜，更演成虛僞的與無用的道德行爲，所以如王符、仲長統、徐幹等幾乎都有抑浮華、破朋黨的主張，希望以循名核實之法來澄清選舉。關於思想方面的我不想在這裏多談，總之三國時期的政論家大抵屬於名家，而這種政論是綜合儒、法以研究名實關係的一種政治主張。

主持鄉閭的名士同時往往即是本地的大族，或則與大族有聯繫的人，上述許劭便是汝南大族，家族中有好幾個三公。這樣發展下去，名士與大族趨於合一，鄉閭清議便成爲大族擴大勢力的工具。

現實政權的主持人曹操雖也出於大族，却不是名門，他的祖父是與名士相敵對的宦官，即是說他屬於統治階級的另一集團。不論是爲了挽救整個統治階級的危機，或是爲了本集團的利益，他的政策帶着抑制大族的性質。在此時，大族名門已經是封建分裂形勢的中心力量，曹操的企圖是要恢復一個集權政府，首先是要抑制正在發展中的地方大族勢力。這種政策的理論根據不能不是法家學

〔一〕 見後漢書卷五三申屠蟠傳、卷七六仇覽傳。

說。傅玄說「魏武好法術而天下貴刑名」，文心雕龍論說篇稱「魏之初霸，術兼名法」，便指出了曹操統治政策的精神。

如上所述，名士的清議與大族勢力的擴大有聯帶關係，他們對於政治的干涉對曹氏政權不利。所以曹操的抑制大族在一方面便表現爲破壞朋黨交遊及蔑視清議。從曹操開始以至明帝，這種努力是一貫的。

三國魏志卷一武帝紀建安十年（二〇五），曹操平袁紹之後發佈了一道破朋黨的命令：

> 阿黨比周，先聖所疾也。聞冀州俗，父子異部，更相毀譽。昔直不疑無兄，世人謂之盜嫂；第五伯魚三娶孤女，謂之撾婦翁；王鳳擅權，谷永比之申伯；王商忠議，張匡謂之左道。此皆以白爲黑，欺天罔君者也，吾欲整齊風俗，四者不除，吾以爲羞。

這是曹操破朋黨的宣言，這個宣言與户調制在冀州的頒行都與打擊冀州大族相關。從建安八年至二十二年他曾四次下令宣佈重才能、輕德行的選舉標準，也即是對清議給予打擊。當時選舉權已自漢之尚書臺移轉到丞相屬之東曹，任東曹掾者爲崔琰、毛玠。三國魏志卷一二毛玠傳：「玠嘗爲東曹掾，與崔琰並典選舉，其所舉用皆清貞之士，雖於時有盛名，而行不由本者終莫得進。」注引先賢行狀稱毛玠主持選舉時「拔貞實，斥華僞，進遜行，抑阿黨」，這種態度正是當時政論家的共同主張，也是曹操名法之治的實施。但崔琰終於下獄，又因他「雖見刑而通賓客，門若市人，對賓客虬鬚直視，若有所嗔」而賜死；毛玠亦因同情崔琰而被黜，可見曹操的忌刻。

自曹操以至曹叡曾發動了幾次巨案，而其原因都是浮華朋黨。建安十年殺孔融，雖編了一套不忠不孝的罪狀，但其根本原因實由於他的政治態度，後漢書卷七〇孔融傳說他「好士，喜誘掖後進，及退閒職，賓客日盈其門」，又云「薦達賢士，多所奬進，知而未言，以爲己過，故海内英俊，皆信服之」，這些正是舊名士以選拔人才自任的作風，却正犯曹操所忌。同時我們還該注意孔融是支持漢代最有名望的大族弘農楊氏的人。建安二十四年（二一九）有一件魏諷案，這一件事紀載得不很詳細，魏志卷一武帝紀，在這一年只提了一句「相國鍾繇坐西曹掾魏諷反，免」，裴注引世語云：

諷字子京，沛人，有惑衆才，傾動鄴都，鍾繇由是辟焉。大軍〔一〕未反，諷潛結徒黨，又與長樂衛尉陳禕謀襲鄴。未及期，禕懼，告之太子，誅諷，坐死者數十人。

魏諷在當時負有重望，世語稱其「傾動鄴都」，魏志卷一四劉曄傳注引傅子云：「初太祖時，魏諷有重名，自卿相以下皆傾心交之。」卷二一劉廙傳注引廙別傳廙戒弟云：「吾觀魏諷不脩德行而專以鳩合爲務，華而不實，此直攪世沽名者也。」傅玄、劉廙都是名學家，他們所反對的是名實不符，故不滿魏諷。卷二七王昶傳，載其家誡也痛斥魏諷爲熒惑當世，驅動後生。晉書卷四四鄭袤傳稱「濟陰魏諷爲相國掾，名重當世」。〔二〕這些都說明魏諷在當時聲望之大。他的被殺罪狀爲謀反，也就是說想推翻曹氏，這當然不能說決無其事，但以他爲人，正犯了朋黨交遊之忌，即使不反曹氏，也未必能保全，因爲

〔一〕曹操方征漢中。
〔二〕世語稱魏諷爲沛郡人，王昶傳說魏諷爲濟陰人，未知孰是。

這種行爲對曹氏政權既不利而同時與名法之治也不相容，主持這次屠殺的是曹丕，曹丕雖是尚通達，但其痛恨朋黨浮華則一。意林卷五引魏文帝典論：

桓靈之際，閹寺專命於上，布衣横議於下，干禄者殫貨以奉貴，要名者傾身以事勢，位成於私門，名定於横巷，由是户異議，人殊論，論無常檢，事無定價，長愛惡，興朋黨。

這種論調是與他父親及當時的名學家一致的。

王昶戒子書中提到曹偉，董昭上疏（見後）也説「近魏諷則伏誅建安之末，曹偉則斬戮黄初之始」。曹偉的事知道得更少，僅王昶傳注引世語云：「黄初中孫權通章表，偉以白衣登江上，與權交書求賂，欲以交結京師，故誅之。」不管他被殺原因怎樣，當時既與魏諷並稱，大概也是同樣人物。

曹叡時期也有一次浮華案。事先在太和四年曾下詔云：〔一〕「其郎吏學通一經，才任牧民，博士課試，擢其高第者亟用，其浮華不務道本者皆罷退之。」曹叡要以經學考試求人才，和曹操之意已不同，但却也在抑止浮華朋黨，此時忽而尊重起經學來乃是由於所謂浮華之徒已非如後漢的儒生而是道家的信徒。這一紙詔書發表後兩年，董昭上疏陳風俗之弊，〔二〕他説：

凡有天下者莫不貴尚敦樸忠信之士，深疾虚僞不真之人者，以其毁教亂治，敗俗傷化也。近魏諷則伏誅建安之末，曹偉則斬戮黄初之始，伏惟前後聖詔，深疾浮僞，欲以破散邪黨，常用切

〔一〕三國魏志卷三明帝紀。
〔二〕三國魏志卷一四董昭傳。

齒，而執法之吏皆畏其權勢，莫能糾擿。毁壞風俗，浸欲滋甚，竊見當今年少，不復以學問爲本，專更以交游爲業，國士不以孝悌清脩爲首，乃以趨勢游利爲先，合黨連羣，互相褒歎。以毁訾爲罰戮，用黨譽爲爵賞，附己者則歎之盈言，不附者則爲作瑕釁；至乃相謂今世何憂不度邪，但求人道不勤，羅之不博耳；又何患其不知己矣，但當吞之以藥而柔調耳。又聞或有使奴客名作在職，家人冒之出入，往來禁奧，交通書疏，有所探問。凡此諸事皆法之所不取，刑之所不赦，雖諷偉之罪無以加也。

董昭上疏之後，曹叡立即下詔罷免諸葛誕、鄧颺等。董昭所云「合黨連羣，互相褒歎」，「不附者則爲作瑕釁」，正是漢末名士「善善惡惡，臧否人物」的作風。他們的勢力至使人有「何患不度」的想法，就是説他們暗中操縱了政府用人之柄。這次罷免的人一共有十五人，其中有夏侯玄、諸葛誕、鄧颺、何晏、李勝、丁謐、畢軌以及劉熙、孫密、衛烈等，有四聰八達三預之名。這件事據董昭傳在太和六年(二三二)，通鑑記在四年，恐有誤。這時九品中正制早已實施了。

綜合上面所舉，曹氏三世對於漢末朋黨交遊風氣的態度表示得非常明顯。上面已經講過，這種風氣代表大族、名士對於統一政權的破壞。曹氏政權既然代表統一政權，就必須加以制裁，而首先是減輕他們在選舉上的威權。然而在這個時候要完全廢除鄉閭評定的成法是有困難的。第一，從東漢二百年培養起來的學門大族雖然暫時受到壓制，但他們在社會上的勢力有深厚的基礎，這一點就不能不加以考慮。第二，在理論上人物評價還是重觀察而不重考試。因此一方面保留鄉閭評定的殘骸，另一方面又將向來與政府對立的或是代表大族、名士勢力的選舉威權轉而與政府合作。中正制度的設立就發揮了這樣一個作用。魏志卷一二何夔傳：

入爲丞相東曹掾，夔言於太祖曰：「自軍興以來，制度草創，用人未詳其本，是以各引其類，時忘道德。夔聞以賢制爵，則民慎德；以庸制祿，則民興功。以爲自今所用，必先核之鄉閭，使長幼順敍，無相踰越，顯忠直之賞，明公實之報，則賢不肖之分，居然別矣……」

何夔建議分德與功爲二，也就是分別德行與才能。他這番話似乎有意糾正曹操過重才能的偏向。何夔作東曹掾在曹操未封魏公前，就是説在建安十八年（二一三）之前，大概是毛玠自東曹掾遷右軍師時命夔繼任。其先曹操已二次下令宣佈「唯才是舉」的標準，似乎根本否定了舊的一套，但是在現實社會中要鞏固統治權，儒家所提倡的倫理秩序是具有巨大作用的，所以何夔的建議，据本傳説曹操甚以爲然。這就説明即使曹操也還不能不重視「道德」。正因爲既以道德行爲爲選舉標準的舊傳統不能完全丢掉，就非得適當重視鄉閭評定不可。何夔建議「自今所用，必使核之鄉閭」，可見以前並未核之鄉閭，自此之後，怎樣實施也不可知，我們只能説直到設立中正，何夔的建議才制度化。但是如果真的核之鄉閭，那末選舉之權還是受名士清議的壓迫，這決非曹氏所願，而中正則由政府委任，這樣就把私人的月旦評變作官家的品第，强迫清議與政府一致，同時使原來與政府有矛盾的大族名士與政府取得協調，政府控制了輿論，而當中正的既即是大族名士，他們的私家操縱也由此取得了合法地位。建立中正制度的乃是潁川學門名士而兼曹魏大臣的陳羣，便可以看出這個制度的作用。晉書卷四五劉毅傳，上疏陳九品之弊有云：

置州都者（州大中正）取州里清議，咸所歸服，將以鎮異同，一言議。

又云：

清平者寡，故怨訟者衆，聽之則告訐無已，禁絶則侵枉無極，與其理訟之煩，猶愈侵枉之害；今禁訟訴，則杜一國之口，培一人之勢，使得縱横，無所顧憚，諸受枉者抱怨積直，獨不蒙天地無私之德，而長壅蔽於邪人之銓。

這裏説明設立大中正之意，在於統一輿論，其實小中正也正如此，而且還禁止訴訟枉屈來提高中正威權，這正是一個極好的説明。

可是另外還有個問題，企圖杜絶朋黨，抑止浮華，最好的辦法是建立「客觀標準」，漢代左雄所創立的經學、箋奏、試孝廉的制度與年齡限制就有這種用意。沒有「客觀標準」，純憑主持選舉者的主觀，不管怎樣防止，要消滅結交請託是不可能的。因此曹叡曾謀建立一種考課法，通典卷一五考績條云：

魏明帝時以士人毁稱是非，混雜難辨，遂令散騎常侍劉劭作都官考課之法七十二條，考覈百官，其略欲使州郡考士必由四科，皆有效，然後察舉，或辟公府，爲親人長吏。

考課法本來只是考察官吏，劉劭所行却更廣泛地推行到州郡考士與察舉辟召，所以這一個考課法乃是包括選舉在内的。所謂四科乃指儒學、文吏、孝悌、從政四項，這是東漢舊制，但如何考核大約與東漢不同。我們可以想到儒學、文吏是不難考核的，從政已不容易，孝悌更難評定。劉劭是當時著名的名學家，所著人物志正是研究人物觀察之術的，不知道他如何處理這些具體問題。杜預批評這個考課法「立法累細，歷代不能通」，〔一〕這七十二條大概非常煩瑣。三國魏志卷二一傅嘏傳，嘏難劉劭考課法云：

> 方今九州之民，爰及京城，未有六鄉之舉，其選才之職，專任吏部。案品、狀則實才未必當（此指中正之品第），任薄伐（當作簿伐，即家世）則德行未爲敍，如此則殿最之課，未盡人才。

傅嘏之意是説要全面評量一個人的品第，優劣之間難以決定。品狀只重道德，不免遺漏才能，如論家世高低，又不能照顧德行。這樣看來，考課法在選舉方面至少包括了以上四項。曹叡意在使品第高低有一定標準，以駕馭混雜的議論，還是曹操以來的政策，只由於反對者多，及曹叡之死，所以考課法並不能實行。不久又有人主張用考試，〔二〕這時是在曹爽被殺之後，似乎也未能實施。

綜上所述，可知曹氏三世對於漢末政治有一貫的意見，就是要抑止浮華，不讓名士的清議在政治上取得權勢。設立中正與此有密切的關係。但曹氏政權既不能不終於和大族名士妥協，因而中正的建立又正是二者協調的重要表現。及司馬氏當國，他們所提倡的學術與曹氏有異，而司馬氏又出於儒學大族，其政權基礎也建築在大族的擁護上，因之中正與大族更進一步地結合起來成爲門閥制度

〔一〕亦見通典卷一五。
〔二〕三國魏志卷二七王昶傳。

的有力支持，而曹叡所努力找尋的客觀標準至此就得到解決，因爲家世高低是被認爲比較客觀的。

二　中正的職權、組織及品第

這一節所談的都是些很瑣屑的問題，有些是屬於專詞的解釋，也有些是制度的説明，而且幾乎全是材料的排比搜輯。目的只在於對此一制度作一具體的説明，和糾正一些以前解釋有錯誤之處，因爲過去的敍述是不甚充分的。

九品中正制度的建立時間是在曹丕未篡漢時，即咸康元年（二二〇）。這在三國魏志卷二二陳羣傳有明文。沈約以爲「漢末喪亂，魏武始基，軍中倉卒，權立九品」，將時間提早到曹操時，大約是根據李重所云：「九品始於喪亂軍中之政」，〔一〕但李重並沒有説曹操，假使沈約沒有其他根據，可能出於誤會。太平御覽卷二一四引晉陽秋，〔二〕也説「陳羣爲吏部尚書，制九格登用，皆由於中正」，陳羣爲吏部尚書是不能早於咸康元年的，這一個問題可以不必討論。但大小中正的設立並非同時，却往往有所誤會。太平御覽卷二六五引傅子：

魏司空陳羣，始立九品之制，郡置中正，評次人才之高下，各爲輩目，州置都而總其議。

傅玄爲魏晉間人，他説州都與郡中正同時建立，似無疑問，但御覽引書本多删節，是否原文如此，已難

〔一〕晉書卷四六李重傳。

〔二〕初學記引此條作漢晉春秋。

決定，而且傳子不是紀載史事之書，也可以説他統前後而言。通典卷三二中正條却説：「晉宣帝加置大中正」，便將大中正的建置移歸司馬懿，但也没有説明究在何時，而且在前又説「擇州之才優有昭鑒者爲中正，自拔人才，銓定九品，州郡皆置」，仍然没有明析，彷彿先已有州中正，司馬懿所置的大中正，是在州中正之外。州都、州中正、大中正只是一名的異稱，杜佑當然知道，問題只在於他難以確定其建立時期。自此之後，如資治通鑑卷六九、文獻通考卷九，便都採取通典而删掉晉宣帝……一句。杜佑這一句決非無據，在通典中業已提出它的來源，而且再加上旁的材料，大中正的建立也可以確定在曹芳時。魏志卷二三常林傳注引魏略清介吉茂傳：

先時國家始制九品，各使諸郡選置中正。

但云諸郡而没有説到州，可見當初立中正時只限於郡。通典卷三二注引干寶稱：〔一〕

晉宣帝除九品，置大中正。〔二〕

太平御覽卷三六五引晉宣帝除九品，州置大中正議：

案九品之狀，諸中正既未能料簡人才，以爲可除九制，〔三〕州置大中正。

這一條大概出於晉宣帝集，既然廢九品置大中正之議出於司馬懿，就可知道陳羣創制時没有州大中

〔一〕當出於干寶的晉紀。
〔二〕太平御覽卷三六五注引干寶曰同。
〔三〕鮑刻本御覽脱「制」字，據四部叢刊覆宋本補。

正。同卷又引曹羲集：

伏見明論欲除九品，而置中正以檢虛實。一州闊遠，略不相識，訪不得知，會復轉訪本郡先達者，此爲訪中正而實決於郡人。

「而置中正」當是「州置中正」之訛。中正不能至此時始置，下文也說「一州闊遠」，足見所討論的問題是該不該置州中正。曹羲爲曹爽之弟，嘉平元年（二四九）與爽同時爲司馬懿所殺。上引文首稱「明論」，想來是給司馬懿的信而非奏議，曹芳初即位時，司馬懿和曹爽同受託孤之重，到正始八年（二四七）司馬懿才託病不問政事，又過兩年即發動對曹爽的政變。置州中正的提議應在正始八年之前，當時是否實行，並無明文，但御覽同卷引應璩新論：

百郡立中正，九州置都士，州閭與郡縣希疏，如馬齒不相識面，何緣別義理？

應氏新論，隋書經籍志、兩唐書經籍志、藝文志都沒有著錄，御覽可能從別的書上轉引。據魏志卷二一注引文章叙錄，應璩死於嘉平四年（二五二），其時州有都士，亦即大中正。魏志卷一一管寧附胡昭傳注引高士傳稱「後（荀）顗、（黄）休復與庾嶷薦昭，有詔訪於本州評議」。這一次徵召胡昭在嘉平二年（二五〇），本年胡昭就死了，此時已設州中正，所以說要付本州評議。因此我們可以斷定設立州中正至遲不出嘉平二年（二五〇），至早不出正始元年（二四〇），也即是說在曹芳時。

州中正的設置只能是地方大族勢力擴大的結果。少數大族已不滿足於一郡的範圍內了。

初立中正時，郡中正由各郡長官推選，上引魏略吉茂傳云：「各使諸郡選置中正」，又云：「馮翊郡移（王）嘉爲中正」，是很好的例證。在晉代照例由司徒選授。晉書卷四五劉毅傳：「後司徒舉毅爲青州大中正，尚書以毅懸車致仕，不宜勞以碎務。」中正應以現任官兼，劉毅以光祿大夫致仕，兼中正不是常例，所以尚書沒有通過，又卷六〇李含傳：「司徒選含領始平中正」，始平爲郡名，可知大小中正例由司徒選任。這一類例子很多，這裏不再列舉。

郡中正在晉代似由州中正薦舉，和以先由地方官推選不同。世說新語賢媛篇注引王隱晉書：

（陶）侃母既截髮供客。聞者歎曰：「非此母不生此子。」乃進之於張夔，羊晫亦簡之。後晫爲十郡中正，舉侃爲鄱陽小中正，始得上品也。

羊晫以大中正舉小中正，大概是向司徒府推舉，任命之權還是在中央的。晉書卷四七傅玄附子咸傳：

豫州大中正夏侯駿上言魯國小中正司空司馬孔毓，四移病所，不能接賓，求以尚書郎曹馥代毓。旬日，復上毓爲中正，司徒三却，駿固據正。

這也是大中正舉小中正的例子，但必須司徒府的通過。

上引王隱晉書說陶侃爲小中正始得列於上品，這是因爲中正自身必須二品，〔二〕陶侃出於寒族，品第較低，此時始升品，以便與定例不背。但也有以三品當中正的。晉書卷七一陳頵傳：

（解結）又問僚佐曰：「河北白壤膏粱，何故少人士，每以三品爲中正？」

〔二〕在九品制中二品即上品，見後。

三品爲中正是河北的特例，所以解結要問其故，他以「少人士」和三品對舉，可知三品就不算人士，由此也可以證明陶侃之得上品，就是二品。關於品第問題，下面還要詳細談到。

上文提到中正須現任官兼，而且必是中央官，通典卷一四：

> 魏氏革命，州郡縣俱置大小中正，〔一〕各以本處人任。諸府公卿及臺省郎吏有德充才盛者爲之。

便可以證明。固然紀載上也有非中央官任中正的，例如王述以揚州刺史領并、冀、幽、平四州大中正，〔二〕但東晉時揚州本是京畿，有似司隸校尉，仍然算中央官。華陽國志後賢志所載專任中正的有三人，但都不確實。他說陳壽察孝廉，爲本郡中正，據晉書本傳乃是以著作郎兼中正。又稱李宓自温令去官爲州大中正，據本傳宓爲温令，希望内遷不成，遷漢中太守，並無爲中正之説，而且官位不高，決無作州大中正的資格。又説杜軫自犍爲太守還爲州大中正。據本傳杜軫死在犍爲太守任上，並未還家。因此我們相信中正必須由現任中央官兼，這樣政府才易於控制，而且也易與吏部聯繫，如果由外官兼任，那只是例外。

中正由司徒選任，而司徒也有兼中正的。晉書卷四一魏舒傳云：

> 及山濤薨，以舒領司徒，有頃即真……以年老，每稱疾遜位，中復暫起，署兖州中正，尋又稱

〔一〕州中正設立較後，已見前，縣中正在魏晉時也無考。
〔二〕見晉書卷七五本傳。

疾……後以災異遜位，帝不聽。

魏舒雖然稱疾，在他署兗州中正時仍是司徒。

而且還有以吏部尚書兼任的。通典卷三二注引晉起居注：〔一〕

僕射諸葛恢啓稱：〔二〕「州都大中正爲吏部尚書，及郎（此應指吏部郎）司徒左長史掾屬皆爲中正，〔三〕臣今領吏部，請解大中正。以爲都中正職局司理不宜兼也。〔四〕」

本條有脱文訛字，所以不易解釋，大意是説當時吏部尚書兼了州都大中正（這是全稱），而吏部郎和司徒府的左長史及其他掾屬都兼了中正。吏部和司徒府本來掌選舉，與中正職務相同，不宜兼任。所以諸葛恢以身作則，自己要求不再兼大中正，此後以吏部尚書兼大中正的沒有見到過。通典卷八八斬縗三年條傳咸理李含表：「後爲郎中令，自以選官，引臺（尚書臺）府（司徒府）爲比，不應爲中正，讓常山太守蘇紹。」可證臺府不兼中正已見明文。

不論大小中正都有屬員，稱爲「訪問」，晉書卷五六孫楚傳：

初楚與同郡王濟友善，濟爲本州大中正，訪問銓邑人品狀，至楚。濟曰：「此人非卿所能目，

〔一〕太平御覽卷二六五也引此條。但御覽實即從通典轉引，並非出於原書。

〔二〕太平御覽卷二六五，「啓」作「各」，「各」字誤。

〔三〕太平御覽卷二六五作「屬掾」，此指司徒掾。

〔四〕宋本太平御覽卷二六五「局司」作「局同」，鮑本亦作「司」，疑「同」字較長。

吾自爲之。」乃狀楚曰：「天材英博，亮拔不羣。」〔一〕又如晉書卷六〇李含傳，傅咸理含表云：「司徒屢罰訪問，踧含攝職。」〔二〕晉書卷三六張華附劉卞傳：「爲臺四品吏，訪問令寫黃紙一鹿車。卞曰：『劉卞非爲人寫黃紙者也。』訪問知怒，言於中正，退爲尚書令史。」以上都提到這個中正的屬員「訪問」，至於他如何選用却不得而知。這裏所稱四品吏之品，乃是九品中的第四品，臺吏要以四品充當，中正降了劉卞的品，他失去了這資格，只好退爲四品以下人都能充當的尚書令史。中正不是主管官，所以能退劉卞，就因爲品第職位在當時是有聯繫的，這一點在下面還要談到。

中正主要的任務是評定人物，除此以外還有委任州主簿及從事之權，通典卷三二注引劉毅上表云：

刺史初臨州，大中正選州里才業高者兼主簿、從事迎刺史，若吏部選用猶下中正，問人事所在，父祖位、狀。

這大概在新舊刺史交替之間由於州郡掾屬，例由長官委任，而新長官尚未到任，舊長官業已卸職，舊掾屬也隨之離職，因此臨時由中正委任。宋書卷五二謝景仁附弟述傳：「高祖聞而嘉之，及臨豫州，諷中正以述爲主簿。」這固然是較後之事，但可以證明自東晉至宋還沿用這辦法。

〔一〕太平御覽卷二六五引郭子略同。
〔二〕這一個職就是始平中正。

中正的任務是品第人物，以備政府用人的根據。上引劉毅表所云「若吏部選用猶下中正，問人事所在，父祖位、狀」，雖然只指選用州主簿、從事，其實所有官職授受，除掉以皇帝特權來處理之外，都必須經過中正審查這一道手續，所以通典卷一四在敍述中正職權時說「若吏部選用，必下中正，徵其人居，及父祖官名」。中正所提供的資料有三項，一是家世，二是狀，三是品。

家世一項，中正那裏具有紀錄。魏志卷二一傳嘏傳嘏難劉劭考課法云：

案品、狀則實才未必當，任薄伐則德行未爲敍。

也分品、狀、薄伐三項。三國志旁證卷一六引何焯說：「薄伐當作簿閥，猶云簿錄閥閱。」梁章鉅駁何說，認爲薄伐猶云微功，不必改字，我想何焯的說法是正確的，太平御覽卷二一四引晉陽秋：

陳羣爲吏部尚書，制九格登用，皆由於中正。考之簿世，然後授任。

簿世即是簿伐。陳書卷一三周敷傳：「（周）迪素無簿閥，恐失衆心，倚敷族望，深自交結。」雖然是較後的例證，却更爲明顯。簿閥、簿世是一種家世的紀錄，中正根據紀錄答覆吏部所詢「徵其人居，及父祖官名」。這裏可以看出在魏時家世已是標準之一，但還不是唯一的標準。

其二是狀。在漢代，選舉時都要參考應選人的行狀。後漢書卷七八宦者呂強傳：

靈帝時强上疏諫曰：「舊典選舉，委任三府，三府有選，參議傢屬，咨其行狀，度其行能。」

潛夫論實貢篇：

公卿、刺史掾、從事、茂才、孝廉且二百員，歷察其狀，德侔顏淵、卜、冉，最其行能，多不及中。

漢代的狀是舉主、府主對於所舉人道德才能的具體叙述，這在晉代也還沿用。晉書卷六六劉弘傳，弘上表薦補荆州守宰云：「皆功行相參，循名校實，條列行狀，公文具上。」御覽六〇六引魏名臣奏荀閎曰：「今吏初除有三通，爵里刺、條疏、行狀。」這一種行狀是較具體的，而中正之狀却是一種總的評語，其淵源是出於漢末名士的名目或題目而非行狀。漢魏之間對於具體的道德評價業已感到厭倦，喜歡用簡短的概括式批評。前引後漢書郭太傳注稱：「泰之所名，人品乃定。」所謂「名」即是總評語。後漢紀卷二七初平四年（一九三）十二月條：「（許）劭善於人倫臧否之談，所題目皆如其言。」魏晉之間，尤爲盛行。中正之狀採取題目之法，所以也只有很簡單的一二句。上引王濟所作孫楚狀只有兩句，三國魏志卷二三常林傳注引魏略清介吉茂傳説中正王嘉所作吉茂狀只有「德優能少」四字，北堂書鈔卷六六引何法盛晉中興書范陽祖録稱祖納「品爲能清言明理，〔一〕文義可觀」，這裏所謂「品」，其實是「狀」，也只九字，當時的例子一般都如此。

品是根據狀决定的，但狀只考慮才德，品却須參考家世資歷，因此，二者可能不一致。常林傳注引魏略清介吉茂傳：

馮翊郡移（王）嘉爲中正，嘉叙茂雖在上第而狀甚下。

又晉書卷四五劉毅傳毅請廢九品中正疏：

〔一〕太平御覽卷二四三作「能言名理」，義較長。

今品不狀才能之所宜，而以九等爲例。以品取人，或非才能之所長；以狀取人，則爲本品之所限。若狀得其實，猶品狀相妨，繫縶選舉，使不得精於才宜。

劉毅列舉九品論人之害八端，品狀不一致是其中之一。當時選舉，官位和品第必須相當，即使「狀」上的評語十分真實，也受品的制約，不能超出與本品相當的官位之外，西晉期間家世已成爲品第高下的主要根據，狀的作用就不大了。

第三是品。品分爲九也由來已久，御覽卷二六五引孫楚集：

九品漢氏本無，班固著漢書，序先往代賢智，以九品條，此蓋記鬼錄次第耳，而陳羣依之以品生人。又魏武拔奇，決於胸臆，收人才不問階次，豈賴九品而後得人。今可令長守爲小大中正，各自品其編户也。

孫楚認爲九品乃襲漢書古今人表之法。其實史記卷一〇九李廣傳稱李蔡「爲人在下中」，已用品第來分別人物，這在兩漢大概是流行的辦法。

中正品第人物照例三年調整一次。晉書卷一〇六石季龍載記上季龍下書云：

魏始建九品之制，三年一清定之。雖未盡弘美，亦縉紳之清律，人倫之明鏡，從爾以來，遵用無改。

可知魏晉以至石勒、石虎都以三年一次的調整品第爲常例。但中正也可隨時升降，上引通典卷三二注引晉令說大小中正按月會議上東門外，大約即聽取及討論臨時的升降。文選卷四六王文憲集序李善注引晉諸公贊：

傅宣定九品未訖，劉疇代之，悉改宣法，於是人人望品，求者奔競。

傅宣曾爲司徒西曹掾，又曾爲吏部郎，其定品不知在何時，可能正當三年大調整，所以「人人望品」。他們所望的品乃是上品。品第雖有九等，類別却祇有二。一品徒有其名，無人能得到，所以二品就算最高。如果照古今人表之法，三品似乎也在上品之列，西晉初期似尚如此，但當時三品已不受尊重，以後便一律算卑品了。沈約在宋書卷九四恩倖傳序中云：「凡厥衣冠莫非二品，自此以還，遂成卑庶。」説明只有二品纔是上品。晉書卷六七温嶠傳嶠奏軍國要務六條，第六條云：

使命愈遠，益宜得才，宣揚王化，延譽四方，人情不樂，遂取卑品之人，虧辱國命，生長患害，故宜重其選，不可減二千石見居二品者。

温嶠所云二品也是指九品論人中的二品，可證三品以下都是卑品。晉書卷八九忠義劉沈傳：

燕國薊人也……領本邑大中正，敦儒道，愛賢能，進霍原爲二品。

卷九四隱逸霍原傳：

及劉沈爲國大中正，元康中進原爲二品，司徒不過，沈乃上表理之。詔下司徒參論，中書監張華，令陳準奏爲上品，詔可。

這件事又見晉書卷四六李重傳，但却説「時燕國中正劉沈舉霍原爲寒素，司徒府不從」。而李重爲霍原辯護一則云：「如詔書之旨：以二品繫資或失廉退之士，故開寒素以明上德之舉」，再則曰：「且應二品，非所求備」，結論是「如詔書所求之旨，應爲二品」。劉沈傳、霍原傳都說劉沈舉霍原爲二品，而李重傳却說是舉寒素。司徒府沒有通過的在霍原傳中說是二品，李重傳中載司徒左長史荀組議却完全在駁寒素而沒有涉及二品，李重的奏疏中則二者都提到。在這裏我們可以看出二品與寒素的關係。當時下詔求賢，本來限於二品，如果低於二品者可以由中正以寒素資格提升爲二品，始能被舉。霍原被舉同時即升爲二品，升進理由是根據詔書上所提出的寒素一項條件。這樣可以說明：一，應詔舉者原則上限於二品，霍原是寒門本非二品；其次，詔書上提出寒素一項是對於寒門的特殊照顧，因爲當時二品已全爲高門；又次，霍原之得提升並非易事，最後甚至要皇帝特旨批准，才能通過。爲什麽司徒府不予通過呢？因爲二品亦即上品，在政治上有優異的特權，仕途與三品以下完全不同，不但是一種虛名。這是西晉初期之事，當時門閥已控制了選舉，但寒門還偶有上升的機會，和上引陶侃故事都説明與後來士庶分限固定者還有些不同。

二品士人還有資格參預中正之選出。晉書卷四五劉毅傳：

後司徒舉毅爲青州大中正……於是青州自二品以上光祿勳石鑒等共奏曰：「……前被司徒符，當參舉州大中正。」

司徒舉中正時可以請二品士人提意見，三品以下就沒有這資格。這裏雖説二品以上，事實上並沒有一品。只是二品中却另外有名稱來表示其非一般的二品。晉書卷六七温嶠傳稱：「後舉秀才，灼然二品。」宋本沒有「二品」兩字，但晉書卷九〇鄧攸傳也說：「（賈）渾奇之，以女妻焉，舉灼然二品。」可見今本未必錯，但也可簡稱灼然，晉書卷一一四苻堅載記云：「門在灼然者，爲崇文義從。」意思是説門第屬於上品的人。把灼然遞代替了二品。晉書卷四九阮瞻傳：「舉止灼然，見司徒王戎。」這個「止」字乃後人妄加。灼然二品這一個科目，乃是從二品中選擇優異應舉，却不升一品而只説灼然二品，也就是貨真價實的二品。晉書卷八六張軌傳：「泰始初，受叔父錫官五品，中書監張華……謂安定中正避善抑才，乃美爲之談，以爲二品之精。」二品之精也和灼然二品之意相同。張軌本品我們不知道，上文所云五品似乎是官階，但不稱官名只説五品，已很奇怪，而張華又説中正委屈了他，誇獎他爲二品之精，如果五品指官品，那末五品官中也有清官，而且郡國太守、相、中書侍郎都止五品，沒有初入仕就官五品之理，我想本傳中間有訛脱，否則官五品乃指適合於五品人所作的官，這個五品仍是九品論人中的品第，所以張華有此議論。由此可以知道一品是沒有的，二品中的優等可以就二品上加以美稱，却決不説是一品。

上引苻堅載記以門在灼然代替門第屬於上品的人。晉書卷九九桓玄傳稱玄「置學官，教授二品子弟數百人」，這個二品子弟自然也不是指官品，而是指門第屬於上品，所謂「士族」而言。

中正品第並非只是一種褒貶虛名，而是和入仕途逕有不可分割的關係。官位必須與品第相符，降品等於免官。世説新語尤悔篇、晉書卷七八都説温嶠爲了不顧老母，絕裾南行，母死又不歸葬，以致「迄於崇貴，鄉品猶不過」，「每爵皆發詔」，即因爲他雖本二品，却被貶降，所以升官都要皇帝用特旨施行了。晉書卷六〇李含傳云：

秦王柬薨，含依臺儀，葬訖除喪。尚書趙浚有內寵，疾含不事己，遂奏含不應除喪，本州大中正傅祗以名義貶含。中丞傅咸上表理含曰：「……臣從弟祗爲州都，〔一〕意在欲隆風教，議含已過……中正龐騰便割含品……乞朝廷以時博議，無令騰得妄弄刀尺。」帝不從，含遂被貶退，割爲五品。歸長安，歲餘，光祿差含爲壽城邸閣督。司徒王戎表含曾爲大臣，雖見割削，不應降爲此職。詔停，後爲始平令。

通典卷八八斬縗三年條傅咸又云：「中正龐騰無所據仗，貶含品三等。」那末割爲五品是自二品降三等。降品之後，命他當邸閣督，乃是適合於五品的官職，也就是說不是清官，所以王戎說不應該。李含後爲始平令，不知道有沒有復品，但縣令似乎以三四品充當爲常。晉書卷六六劉弘傳：

時荆部守宰多闕，弘請補選，帝從之。弘……表曰：「被中詔，敕臣隨資品選補諸缺吏……南郡廉吏仇勃，母老疾困，賊至，守衛不移，以致拷掠，幾至隕命。尚書令史郭貞，張昌以爲尚書郎，欲訪以朝議，遁逃不出。昌質其妻子，避之彌遠。勃孝篤著於臨危，貞忠厲於强暴，雖各四品，皆可以訓獎臣子，長益風教。臣輒以勃爲歸鄉令，貞爲信陵令……」

仇勃、郭貞二人都是四品，也就在卑品之列，所以只能爲胥吏令史。但尚書令史似可以六品充當，這在下面再說，總之縣令似乎還不是四品之人分內的官職。晉書卷七六王廙附王彪之傳：

〔一〕殿本「都」字下有「督」字，乃後人妄加。

簡文有命用秣陵令曲安遠補句容令，殿中侍御史奚朗補湘東郡，彪之執不從，曰：「秣陵令三品縣耳，殿下昔用(曲)安遠，談者紛然，句容近畿三品佳邑，豈可處卜術之人，無才用者邪！」

通典卷三七職官秩品晉官品內稱「諸縣置令秩千石者」爲第六品，這是縣令中最高的品秩。這裏一再提到的三品，顯然是中正的品第而非官品。據此近畿縣照例以三品人補，可能歸鄉、信陵也是三品縣，劉弘奏請以四品人補，和詔書「隨資品選補」一條不符，這乃是用以獎勵的特恩。

然而在晉初三品也還不像後來那樣淪爲卑品。北堂書鈔卷六八引鎮東大將軍司馬伷表：

從事中郎缺用第三品，中散大夫河内山簡清精履正，才識通濟，品儀第三也。

山簡是山濤之子，似乎不應該爲三品，但晉書卷四三本傳云「年二十餘濤不之知」，世說新語政事篇注引虞預晉書稱司馬懿以山濤爲小族，或者由於山氏本非高門而山簡又不被以善於知人著稱的父親所賞識，所以不能獲得上品，但照司馬伷的表上看來，三品還不像後來那樣成爲卑庶。

如果品與官不相當，在宋代品較官高可以用「領」的辦法，宋書卷六〇范泰傳：

議建國學，以泰領國子祭酒，泰上表曰：「……昔中朝助教亦用二品，穎川陳載已辟太保掾而國子取爲助教，即太尉准之弟，所貴在於得才，無繫於定品……今有職閑而學優者，可以本官領之，門地二品，宜以朝請領助教，既可以甄其名品，斯亦敦學之一隅。其二品才堪，自依舊從事。」

這是較後時期的事，但可以説明品與官的配合是有變動的，西晉時期的國子助教用二品，宋時雖不知例用第幾品，却決不是二品。范泰的建議將二品中分爲二類人物，一是「門地二品」，這一些人是只由於家世而列於二品的；二是「二品才堪」，這是不單由於家世而也確有才能的。他主張第一類人物以奉朝請領助教，讓他有求學的機會，第二類的人物則不在此例。這是説宋代二品純以家世決定，盡管他少才無德，決不能派他做不適合於二品身分的官。這種適合於二品身分做的官就是「清官」。

最下級的胥吏也有若干區別，晉書卷三六張華附劉卞傳：

> 卞後從令至洛，得入太學試經，爲臺四品吏，訪問令寫黃紙一鹿車，卞曰：「劉卞非爲人寫黃紙者也！」訪問知怒，言於中正，退爲尚書令史。或謂卞曰：「君才簡略，堪大不堪小，不如作守舍人。」卞從其言，後爲吏部令史。

這裏説臺吏以四品人充當。初學記卷一一引王隱晉書云：「訪問按卞罪，下品二等，補左人尚書令史。」那末左人尚書令史例以六品人充當，守舍人相同，至吏部令史還得高一點。上引劉弘傳稱郭貞以四品爲尚書令史，不知是那一部，也許是吏部。晉書卷一〇〇陳敏傳云：

> 以郡廉吏補尚書倉部令史（仇勃也是廉吏）……（華譚）乃遺（顧）榮等書曰：「……今以陳敏倉部令史，七第頑冗，六品下才……」

倉部令史與左人令史大概同以六七品人充，但仇勃以四品爲郡廉吏似乎是壓低了的。晉宋以來史籍所見「品」字很少指官品，同書卷五九趙王倫傳齊王冏進攻洛陽時，孫秀「使京城四品以下子弟年十五以上，皆詣司隸，從倫出戰」，這裏所稱四品也是指中正品第。

從上面所舉例證看來，中正的品第並非僅是虛名，而是與官職有不可分割的關係。從卑品升遷官職的雖不乏其人，但升了官必須同時升品。魏晉之間寒門升上品已非易事，晉宋之間除了軍功之外，就絕無僅有了。

南齊書卷三三張緒傳：

復領中正，長沙王晃屬選用吴興聞人邕爲州議曹，緒以資籍不當，執不許。晃遣書佐固請之，緒正色謂晃信曰：「此是身家州鄉，殿下何得見逼？」

選用議曹本是刺史之事，但聞人邕的品第不符，所以必須中正升品才能委任，並非議曹要由中正委任，這也是很顯明的例子。

歷史上所見明著爲降品的例子並不多，如晉書卷六〇張輔傳所載韓預事，據通典卷六〇乃自二品降爲四品，上引李含傳含自二品降爲五品，劉卞傳自四品降爲六品，都是明敍降品的。但是不明説降品而實係降品的就很多，這些大概以犯鄉議、清議，或是詔付鄉議、清議來表示，例如陳壽、郗詵、阮咸、阮脩都是如此。晉書卷四八閻纘傳：

父卒，繼母不慈，纘恭事彌謹，而母疾之愈甚，乃誣纘盜父時金寶，訟於有司，遂被清議十餘年。纘無怨色，孝謹不怠，母後意解，更移中正，乃得復品。

上面説被清議，下稱復品，可知被清議即是降品，而降了品是可以復的。

中正品第用黄紙寫定，藏於司徒府。晉書卷一〇六石季龍載記上季龍下書稱：「魏始建九品之制，三年一清定之。」上面已引過了。他在下文又説：「先帝創臨天下，黄紙再定，至於選舉，銓爲首格。」説明品第用黄紙寫定，以備選舉時參考。而品第升降登記則根據中正的報告，通典卷六〇降服及大功未可嫁妹及女議條：

晉南陽中正張輔言司徒府云：「故涼州刺史楊欣女以九月二十日出赴姊喪殯，〔二〕而欣息後（按當作俊）因喪服二十六日强嫁妹與南陽韓氏，而韓氏就楊家共成婚姻。韓氏居妻喪不顧禮義，三旬内成婚，傷化敗俗，非冠帶所行，下本品二等，第二人（疑當作品）今爲第四，請正黄紙。」

這裏是説張輔降了韓預的品，便須通知司徒府改正黄紙。吏部管理銓選，自然也應改正，但似乎並非由中正隨時通知，所以要在選用時徵詢中正。通典卷八〇奔大喪條王濛議奔喪之制（成帝時，即三二六——三四二）：

請王畿以外，南極五嶺非守見職，周年不至者，宜勒注黄紙。

王濛的建議被採納了，咸康八年成帝死時還沿用這條例，當時殷融議云：

司徒西曹屬王濛以周年爲限，不及者除名，付之鄉論。

將「勒注黄紙」説成「除名付之鄉論」，「付之鄉論」一語在習慣上即是中正降品之代辭，降了品就得在

〔二〕晉書卷六〇張輔傳稱：「梁州刺史楊欣有姊喪未經旬，車騎長史韓預彊聘其女爲妻，輔爲中正，貶預以清風俗。」據通典卷六〇，楊欣是涼州刺史，不是梁州，而且已死，姊喪乃是楊欣的女兒之姊，也就是楊欣的大女兒，張輔傳説楊欣有姊喪，大誤；本傳説韓氏强聘，通典説楊欣的兒子楊俊强嫁妹於韓氏，也不同。

黄紙上注明，意思轉了一個彎，事實是一致的，這裏也可以説明黄紙就是注明品第的册子，前引劉卞不肯寫黄紙以致降品的故事，這一鹿車黄紙是訪問叫他寫的。訪問爲中正屬員，那末書寫者應即中正之定品册子，所以訪問告訴了中正，中正就降了他的品。

照晉書卷四五劉毅傳所載毅論九品有八損疏云：「然賞罰自王公以至於庶人，無不加法。置中正，委以一國之重，無賞罰之防。」彷彿中正不對政府負責。其實定品不當，中正還應負責。晉書卷五一摯虞傳「以定品違法，爲司徒所糾，詔原之」，便是一個例子。但吏部選用之後，如果其人行爲與品狀不符，却從没有以此譴責中正的。

以上所述相當繁瑣，我的意思是想就制度的内容有所申述。其中有些是過去没有注意到的問題，也有一些是補充前人的意見。我的企圖僅僅是這些瑣碎的意見或者有助於對此制度之瞭解而已。

三　九品中正制與門閥的配合

在上面我們提到設立九品中正制的原因，在於保留漢代鄉里評定的傳統習慣，而使之與現實情勢相配合，就是説要照顧人士流移的情況與實現抑制浮華朋黨的政策。可是從漢末起門閥制度正在滋長，現實的政權基礎建立在世家大族所支配的經濟結構上面，因此，所有的政治制度必須爲其服務。九品中正創立時盡管有將選舉權收歸中央的企圖，事實上却加重了大族在地方上的威權，從而鞏固了門閥的統治。

在自然經濟統治下，鄉里組織所形成的分裂狀態是必然的。因此憑藉地方勢力的豪强在以前和以後也常常存在。所謂門閥制度乃是以家族爲基礎的地方性的組織。這種制度不僅標誌着統治階級與被統治階級的區別，而且標誌着統治階級中部分家族與其他家族的區別；换一句話説就是封建社會中等級制在家族中的深刻表現及其制度化。我們知道家族組織有更古老的淵源，不是封建社會獨有的特徵，可是門閥狀態雖然常常存在，而門閥所代表的經濟結構却不一致，所表現的程度也有差别。魏、晋、南北朝是一個封建門閥制度高度發展的時期，門閥專政的史實大概從漢末開始暴露，發展於魏晋而凝固於晋宋之間，以後漸趨衰落。這一個過程乃是通過漢代選舉制度，通過漢末反革命武裝組織的新興地主統治政權的發展過程而表現出來，關於這個問題我將在另外一篇論文中詳加討論，這裏不再重複，我只想説明這裏所提及的門閥僅指漢末以至南北朝而言。

漢末選舉事實上已爲大族操縱，但名士與大族還不一定一致，而在制度上也没有將家世列入應舉條件。可是如上篇所云，九品中正制之設立便以家世、才德並列，而綜合二者定品，這是漢末鄉閭評定習慣之制度化。假使漢代没有考慮家世的傳統，不能忽然提出，作爲定品標準之一（縱然漢代所考慮的家世與後來專重官階者有距離）。然而至少在魏世還不是唯一的標準。我們只要看當時反對者的意見便知道了。三國魏志卷九夏侯玄傳所載玄論時事議，竭力申述九品中正之弊，可是主要的是在中正職權侵犯了政府用人之柄。他的意思在於各機構長官和中正分權，中正只以德行品第其鄉人，各機構長官考查屬官的能否，也給予品第，而尚書則「據官長能否之第，參以鄉閭德行之次」，公平決定應受的職位。夏侯玄的議論只是怕中正權力太大以致「天爵外通」、「機權多門」，造成「庶人議柄」的紛亂，也就說還是針對漢末的浮華朋黨立論而沒有從新的發展着眼。這樣，我們認爲在魏代專重家世之弊至少還没有顯著。

一到西晉初期議論便側重於世族獨占上品這一點上。衛瓘與汝南王亮等疏稱：「其（九品中正）始造也，鄉邑清議，不拘爵位，褒貶所加，足爲勸勵，尤有鄉論餘風，中間漸染，遂計資定品，使天下觀望，唯以居位爲貴。」(一) 劉毅陳九品有八損疏，第一條就是「上品無寒門，下品無世族」。(二) 段灼陳五事疏稱：「臺閣選舉，塗塞耳目，九品訪人，唯問中正。故據上品者，非公侯之子孫則當塗之昆弟也。」(三) 此外如劉寔崇讓論、(四) 王沈釋時論，(五) 雖然没有明顯說出九品中正制，但同樣指斥用人專重家世之弊。

當時反對這種制度的人都承認此一制度已爲權門世族服務。我們知道當中正的人自己必須是

(一) 晉書卷三六本傳。
(二) 晉書卷四五本傳。
(三) 晉書卷四八本傳。
(四) 晉書卷四一本傳。
(五) 晉書卷九二本傳。

二品，二品又有參預中正推舉之權，而獲得二品者如霍原傳所云幾乎全部是世族，這樣世族自然把持了選舉。太平御覽卷二六五引傅暢自敍：

時請（疑當作清）定九品，以余爲中正，余以祖考歷代掌州鄉之論，又兄宣年三十五，爲揚州都令（疑當作正），余以少年復爲此任，故至於上品，以宿年爲先，是以鄉里素滯屈者漸得敍也。

傅氏是北地泥陽人，不得爲揚州都正，當是秦州之誤。傅暢祖孫父子兄弟都充本州中正，等於世襲，像這樣的例子還多，即此就可以證明世族掌握了這個選舉的機構，所品定的人物當然要以門閥爲先，傅暢自云以「宿年爲先」，只是在上品之中定先後次序而已。所謂鄉里評定本重道德的實踐，可是在西晉時期已成爲不重要的條文。只有在降品時還假借這一點。

西晉時期反對中正制的如是之多，一方面表示世族業已控制了選舉，而司馬氏的政權既以世族爲中心，自不能廢除此制度或阻止這一個趨勢。晉書卷四六劉頌傳頌上表有云：

泰始之初，陛下踐阼，其所服乘皆先代功臣之胤，非其子孫，則其曾玄。

這裏就説明爲什麽不能廢除的原因。可是當時反對者如是之多，另一方面也説明這種制度事實上已爲門閥所利用以鞏固其既得利益，但在理論上還沒有獲得根據。東晉以後門閥的形式已經形成，士庶以血緣區別的理論業已建立，這種反對議論就不見了。我們只要看南北朝人議選舉，一般的都埋怨士庶區別沒有能認真執行，所以要以通譜牒爲急務，而在史籍中隨處都表揚竭力拒絕與庶族交際的士大夫，如王僧達之拒路瓊之，張敷之拒狄當，蔡興宗之拒王道隆，王球之拒王弘，〔一〕江斅之拒紀僧真，〔二〕袁粲之拒顏師伯，〔三〕都獲得贊美；便可以認識西晉時期的議論與後來的不同。南北朝史籍關於士庶區別的紀載太多了，我僅舉二例以説明時人的意見，梁書卷一〇楊公則傳：

湘俗單家以賂求州職，公則至，悉斷之，所辟引皆州郡著姓，高祖班下諸州以爲法。

州郡著姓爲本州掾屬在梁時是認爲可以倣法的事而且值得史籍贊美。這和西晉時的意見多少有若干距離。魏書卷五九劉昶傳記孝文帝對選舉的意見云：

或言惟能是寄，不必拘門，朕以爲不然。何者？當今之世，仰祖質樸，清濁同流，混齊一等，君子小人，名品無別，此殊爲不可。我今八族以上，士人品第有九，九品之外，小人之官，復有七等。苟有其人，可起家爲三公，正恐賢才難得，不可止爲一人，渾我典制。故令班鏡九流，清一朝軌。

關於太和定品的原因，主要是在提高鮮卑貴族在社會上的地位，也就是説鮮卑貴族與漢族高門對人民的聯合統治，這一點周一良先生在北朝民族問題與民族政策一文中述之已詳，這裏我不必多説。不過從上引文中可見北朝統治者對於選舉上士庶的區別認爲應是經常的典制。

〔一〕以上四事見宋書卷四一后妃傳、卷四六張劭附子敷傳、卷五七蔡廓附子興宗傳、卷五九王球傳。
〔二〕見南史卷三六江夷附曾孫斅傳。
〔三〕見南史卷二六袁湛附從孫粲傳。

總之一到南北朝時門閥制度業已確立，九品中正制對其所起的鞏固作用發揮到了頂點，士庶之別成爲無可懷疑的原則，也在此時九品升降的重要性倒顯得減少了。因爲士族進身已不必關心中正給他的品第，問題只在於自己的血統，防止士庶混淆最好的辦法乃是辨別姓族，企圖享受特權也只有假造譜牒，中正品第只是例行公事，無足重輕。甚至父祖官爵高低都不再計較，而所重視者乃是魏晉間祖先名位。門閥制度發展到這一階段，九品中正之制已不是士族專政必需的工具。我們現在再引兩段唐代人的見解以說明士庶分別的理論是怎樣建立的。新唐書卷一九九儒學柳沖傳載柳芳論氏族云：

魏氏立九品，置中正，尊世胄，卑寒士，權歸右姓已。其州大中正、主簿、郡中正、功曹，皆取著姓士族爲之，以定門胄，品藻人物。晉宋因之，始尚姓已。然其別貴賤分士庶，不可易也。（中略）人無所守則士族削，士族削則國從而衰。

通典卷一六四刑典中稱：

帝（梁武帝）優借朝士，有罪多屈法申之，百姓有犯則按法。議曰：「夫按法用刑，誠難差異。然酌於人情，通於物理，衣冠之與黎蒸如草木之有秀茂，若戮一士族，雖或無寃，如摧茂林，薙翹秀，或覩其殄瘁，則多傷憫之懷，使人離心，皆如崩角。若戮一匹庶，縱或小屈，如斬叢撥，蹂荒蕪，未覺其彫殘，乃鮮嗟歎之議，免俗惶駭，不猶愈乎！儻謂不然，立覩其患。武帝深旨，未可爲尤。前志著八議之科，近法有收贖之制，豈比下俚，便令同儕，往事足徵，未可多咎。」

柳杜二人之論正是在門閥制度沒落時所發。這種反動言論自然繼承南北朝士族的傳統意見。高門世族就是這樣建立了士庶區別的理論，九品論人之應該重士族成爲毫無疑問。

可是我們如果將九品中正制中的高門與寒門，或士族與庶族的對立認爲即統治階級與被統治階級的對立是錯誤的，因爲只就此一制度而言，九品次序僅僅是統治階級內部的等級表現，由此發展的也只是統治階級間的矛盾。

在九品制中凡是列入品第的人多少可以獲得入仕的資格，所以魏志卷二二陳羣傳稱爲九品官人之法。魏志卷二三常林傳注引魏略清介吉茂傳：

先時國家始制九品，各使諸郡選置中正，差敍自公卿以下至於郎吏功德才行所任。

一開始就說明中正品第不及於一般的庶民。夏侯玄議時事也說「州郡中正，品度官才」，〔一〕晉書卷四五劉毅傳毅陳九品有八損疏，其第五損云：

今一國之士，多者千餘，或流徙異邦，或取給殊方，面猶不識，況盡其才力，而中正知與不知，其當品狀，采譽於臺府，納毀於流言。

那末在西晉時中正所品的只是千人上下的一國之士。此外絕大多數的人民根本沒有被品的資格。晉書卷四三王戎傳：

〔一〕三國魏志卷九夏侯尚附子玄傳。

初孫秀爲瑯琊郡吏，求品於鄉議，戎從弟衍將不許，戎勸品之。

郡吏如主簿、功曹地位甚高，這裏的郡吏乃是相當於勤務的小吏，在晉代吏兵並言，是非常受賤視的。卷五九趙王倫傳「秀起自瑯琊小史」，卷五五潘岳傳稱「初芘（岳之父）爲瑯琊内史，孫秀爲小史給岳」，世説新語仇隟篇注引王隱晉書稱：「岳父文德爲瑯琊太守，〔一〕孫秀爲小吏給使」，給使的小吏如劉卞傳所云至於在茅廁中執燭，地位的卑微可知，所以不能入品，直到王衍答應了他的請求，才能由瑯琊國書佐做到趙王倫國侍郎，〔二〕最後趙王倫獲取政權，孫秀濫殺朝士和「奴卒厮役皆加以爵位」是含有階級仇恨的報復。晉書卷六四會稽王道子傳：

今臺府局吏直衞武官及僕隸婢兒取母之姓者，本臧獲之徒，無鄉邑品第。

也是説有許多胥吏侍衞根本不列九品之中，因之我們可以説九品論人並非人人有參與被品的權利，獲得了品第，縱使是卑品也有做卑官的身分，與絕大多數人民不同。如劉毅所云被品者只是一地極少數的人，本來都可算作士人，這些人不論高門寒門基本上都是統治階級，而中正乃是從統治階級中分別高下。因此在歷史上所見士庶分別，一方面是統治階級與被統治階級的區別，而就九品之中士庶區别而言，乃是統治階級中的等級表現。只是這種等級表現發展到了極端，使高門大族和一般士

〔一〕瑯琊本爲郡，咸寧三年東莞王伷改封瑯琊始爲國。潘芘官瑯琊時，似還是郡而非國，新晉書作内史恐誤，應從王隱晉書作太守。

〔二〕見太平御覽卷二一四八引王隱晉書。

人的距離越來越遠，變成了在經濟上與政治上的獨占階級。齊書卷四六顧憲之傳，憲之上議有云：「山陰一縣，課戶二萬，其民貲不滿三千者殆將居半，刻又刻之，猶且三分餘一，凡有貲者，多是士人復除。」這裏所說的士人乃是廣義，也就是說受中正品第的人。梁書卷五三良吏沈瑀傳：

縣南又有豪族數百家，子弟縱橫，遞相庇廕，厚自封植，百姓甚患之。瑀召其老者爲石頭倉監，少者補縣僮，皆號泣道路，自是權右屏跡。瑀初至，富吏皆鮮衣美服以自彰別，瑀怒曰：「汝等下縣吏，何自擬貴人邪！」悉使着芒屩麤布，侍立終日，足有蹉跌，輒加榜棰。瑀微時嘗自至此鬻瓦器，爲富人所辱，故因以報焉。

上引文中所云豪族和富吏也是顧憲之所述的士人，可是他們却是寒門，所以可補胥吏。我們知道石頭倉監以及縣吏是極爲低微的差使，此時已淪爲一種差役，但從理論上說還是一種官職，豪族富人品列下等的正可以充當。豪族富人當然還是屬於統治階級的。

綜合上文，我們的推測是九品中正制配合漢代門閥的發展而起了鞏固門閥制度的作用，但在門閥制度業已確立並爲士庶區別製造了理論根據之後，這一種制度已不重要，只是例行公事而已。其次九品次序乃是統治階級内部的封建等級表現，和統治階級與被統治階級的對立是不同的。

晉代北境各族「變亂」的性質及五胡政權在中國的統治

一　魏晉北境各族的內遷及其所受待遇

魏晉期間由甘肅、青海沿邊直達遼寧，南至河南有很多種族雜居。他們所居之地都在漢代以來中國領土的範圍内，絶大多數是在長城内外。有些種族是比較密聚在一地的，但多數分佈得很散漫，因此成爲交錯的雜居狀態。當時各族的人口數字在北方占很大的比例，照江統的估計「關中之人，百餘萬口，率其少多，戎狄居半」，〔一〕并州方面則是「五部之衆，人至數萬」。鮮卑族出入邊塞内外，分佈最廣，晉書卷一〇八慕容廆載記説漢末鮮卑有「控弦之士二十餘萬」，晉時大概不會少於此數。因此就整個中國來説，各族所占比例並不太大，但就北方説來却是個不小的數字。

這些雜居各族的分佈情況，遠一點可以推到西漢武帝時，近一點可以推到東漢，而魏晉期間又常常將舊居邊境各族繼續遷入内地。各族的入居諸郡，有的是出於自願的，例如南匈奴和一部分羌人便是在漢政府的同意下自願遷入；也有出於强迫的，例如另外一部分羌人與魏晉時期的烏丸、氐、羌則由於被征服而迫使遷移。

〔一〕晉書卷五六江統傳。

不論自願或是强迫，漢代統治者的用意主要是爲了加强對北方各族的管理以分散匈奴的力量與防止掠奪。所以自漢武帝以後駐防軍的一部分由内遷各族組成，特别是從東漢廢除郡國兵之後，這個因素就更顯得重要了。其次爲了開發北境，除了遷移中國内地人民屯耕以外，内遷各族也用來補充勞動力。總之漢代遷徙各族的原因主要是加强對各族的管理與充實北境。可是由於地方官吏的貪污與豪强的欺凌剥削，在漢代内遷各族也常常起來反抗，特别表現在東漢時期的「羌禍」。班彪在東漢初便曾説：「羌胡被髮左衽而與漢人雜處，習俗既異，言語不通，數爲小吏黠人所見侵奪，窮恚無聊，故致反叛。」〔一〕後漢書西羌傳也説：「諸降羌布在郡縣，皆爲吏人、豪右所徭役，積以愁怨。」可見統治者的政策爲其本身所破壞，因之獲得相反的效果。

漢末以至魏晉之間對於北境各族的政策同樣的要使其當兵、服役與開發荒地，然而此時的政治和經濟情況有了變化，所以需要更使其向内遷移；並企圖使各族人民逐漸地轉化爲州郡的編户，甚至淪爲豪强的佃客與奴隸。

我們知道兩漢是一個統一的專制帝國，而漢末三國則形成了分裂的封建割據，各個軍事集團經常混戰，因此遷徙邊境各族以加强軍事力量的目標也在於對付相鄰的對手。江統説：「魏興之初，與蜀分隔，疆埸之戎，一彼一此。魏武皇帝令將軍夏侯妙才討叛氐阿貴、千萬等。後因拔棄漢中，遂徙

〔一〕後漢書卷八七西羌傳。

武都之種於秦川，欲以弱寇强國，捍禦蜀虜。」〔一〕將曹操遷徙氐族的用意説得很明白。

當時統治者爲了擴充兵力，大批北境各族人民被徵發入伍以從事内戰，我們可以舉出一些事例來。

公孫瓚統治幽州，他的軍隊中雜有烏丸、鮮卑人。三國魏志卷六袁紹傳注引英雄記説界橋之戰，公孫瓚以白馬義從爲中堅。關於白馬義從的解釋有兩種説法：一説由於公孫瓚常騎白馬，作戰勇敢，爲北方諸部落所懼，因此「因虜所忌，簡其白馬數千匹，選騎射之士，號爲白馬義從」；另外一種解釋是「胡夷健者常乘白馬，瓚有健騎數千，多乘白馬，故以號焉」。我想「義從」就是由少數族組成的軍隊名，漢代的湟中義從胡即其一例。〔二〕三國蜀志卷六馬超傳注引典略：「徵（馬）騰還屯槐里……北備胡寇，東備白騎」，所稱白騎只能是鮮卑、烏丸。晉書卷一一四苻堅載記下也説「秦人呼鮮卑爲白虜」，可以推想公孫瓚所統的「白馬義從」就是以鮮卑、烏丸組成的軍隊。三國蜀志卷二先主傳注引魏略稱田楷、劉備去救陶謙時所統軍隊中有幽州烏丸、雜胡騎。他們二人都是公孫瓚部下，這批烏丸、雜胡騎顯然都從公孫瓚那裏獲得。不但公孫瓚擁有以北境各族組成的軍隊，對抗公孫瓚的幽州將領也有鮮卑、烏丸騎，例如閻柔便曾組織烏丸、鮮卑胡漢數萬人與公孫瓚所部作戰。〔三〕閻柔的軍隊

〔一〕晉書卷五六江統傳，又三國魏志卷二五楊阜傳：「劉備取漢中以逼下辯，太祖以武都孤遠，欲移之，恐吏民戀土。阜威信素著，前後徙民氐，使居京兆、扶風、天水界者萬餘户。」即江統所指之事。

〔二〕後漢書卷八七西羌傳。

〔三〕三國魏志卷八公孫瓚傳。

烏丸族「帥從其侯王大人種衆與征伐，由是三郡烏丸爲天下名騎」。

并州方面種族較複雜，但在隸屬關係上大體都受匈奴南單于王庭的統治，因此歷史上一般稱爲匈奴。後漢末年南匈奴於扶羅單于乘亂内侵，破太原、河内，兵鋒直達黄河南岸。〔二〕這時平陽成爲單于庭，汾水流域就有不少匈奴人聚居。曹操平定并州後，曾大量遷移，並使其當兵服役。三國魏志卷一五梁習傳云：

> 習以别部司馬領并州刺史，時承高幹荒亂之餘，胡狄在界，張雄跋扈，吏民亡叛，入其部落，兵家擁衆，作爲寇害，更相扇動，往往棊跱。習到官，誘喻招納，皆禮召其豪右……豪右已盡，乃次發諸丁彊，以爲義從。又因大軍出征，分請以爲勇力吏兵。已去之後，稍移其家，前後送鄴凡數萬口。其不從命者興兵致討，斬首千餘，降附者萬計。單于恭順，名王稽顙，部曲服事供職，同於編户。

梁習傳所說的不單是胡狄部落，也有兵家，但遷送到鄴的必然也包括許多并州的部落人民，他們完全成爲曹魏的士家了。〔三〕留在并州的「胡狄」，雖然自有其酋王，保留了部落形式，但是却受地方官的統

〔一〕三國魏志卷三〇烏丸傳：「會太祖平河北，柔率鮮卑、烏丸歸附。」

〔二〕後漢書卷八九南匈奴傳、三國魏志卷一武帝紀初平四年（一九三）條。

〔三〕見本書晉書趙至傳中所見的曹魏士家制度篇。

治，像州郡編户一樣「服事供職」。

曹操軍隊包含了各種族，所以陳琳爲曹操檄吴將校部曲文説軍隊中有「匈奴南單于呼完厨及六郡烏丸、丁令、屠各、湟中羌、僰」和「武都氐羌」，這篇檄文固然有問題，〔一〕也難免誇張，但曹魏軍中雜有北境各族也是事實。

蜀漢方面也有以雜居各族組成的軍隊，諸葛亮的後出師表就曾提到精鋭軍隊中的「賨、叟、青羌」。〔二〕這些居於蜀境的諸族在漢末常常被徵發爲兵，後漢書卷七二董卓傳説吕布之不能守長安是由於「軍有叟兵内反」，這種叟兵大概本屬董卓，因爲董卓軍隊中雜有涼州各族，〔三〕而叟人本有和氐羌雜居於甘肅南部的。三國蜀志卷一劉二牧傳稱劉璋曾送叟兵三百人給曹操。又注引英雄記「董卓使司徒趙謙將兵向州，説校尉賈龍，使引兵還擊焉。焉出青羌與戰」。華陽國志卷五劉二牧志稱龐羲「召漢昌賨民爲兵」。這些紀載説明賨、叟、青羌各族成爲蜀中軍隊之一部，由來已久。

〔一〕文選卷四四。這篇檄文是尚書令荀彧出面的，乃是建安十七年（二一二）曹操南征孫權時事，可是文中却列舉十七年以後的事，所以昔人多疑其僞作。

〔二〕三國蜀志卷五諸葛亮傳注稱後出師表不見亮集，出於吴人張儼的默記，昔人亦頗疑其僞託，但三國吴志卷一九諸葛恪傳稱恪著論諭衆，其意從人口、兵力立説，與後出師表之意相合，最後稱：「近見家叔父表陳與賊争競之計」，疑即指後出師表，可見此表當時流傳在江東，似非張儼所能僞造。

〔三〕後漢書卷七〇鄭太傳，太説卓曰：「……且天下彊勇，百姓所畏者有并涼之人及匈奴、屠各、湟中義從、西羌八種而明公擁之以爲爪牙。」又見三國魏志卷一六鄭渾傳注引張璠漢紀。

而且蜀漢也將邊境各族向内遷移。三國蜀志卷三在後主的建興十四年(二三六)稱徙武都氐王苻健及氐民四百餘户於廣都。延熙十年(二四七)又遷涼州胡王白虎文、治無戴等於繁縣。這雖與後來「五胡亂華」沒有關係,但也可以説明内遷政策在三國時期的普遍施行。孫吴之逼迫山越出山,雖然此時所謂越人不能認爲一種外族,而且山越之中很多是本來居於平地的人民由於逃避賦役而入山;但目的是要使其當兵、服役則與魏蜀之徙北境各族相同。

以内遷各族爲兵西漢時已然,但三國時期由於人口的減少,統治者對於兵士來源更加利用各族人民來補充,而此時戰争主要是在内地,所以需要使其更向内地遷移。

三國時期勞動力異常缺乏,除了依賴各族補充兵源之外,同時還以之補充農耕生産的勞動力。統治者不但要强迫人民爲他作戰,同時更需要有人替他生産,以供其剝削,曹操在中原推行了兩漢時期施行於邊境的屯田制度,其他豪强、軍閥也招募與强迫大批流民作爲他們的部曲、田客。〔一〕這樣,在政府以至豪强、軍閥競占勞動力的情況下,剩下的未被分配的農民不會很多,〔二〕可是大土地所有者出於擁有更多土地,不能滿足於已被控制的勞動力,因之遷徙各族人民深入内地便是補充人口的

〔一〕見本書西晉田制試釋篇。

〔二〕三國魏志卷一五賈逵附楊沛傳注引魏略:「身退之後,家無餘積,治疾於家,借舍從兒,無他奴婢。後占河南夕陽亭部荒田二頃,起瓜牛廬居止其中,其妻子凍餓,沛病亡,鄉人親友及故吏民爲殯葬也。」楊沛有二頃田,在他過去有奴婢時可以生産,後來沒有了奴婢,他自己、妻子既不願勞動,只好挨餓,弄得他死無以歛,可見勞動力缺乏,無人佃耕。

辦法。江統徙戎論說：〔一〕

> 滎陽句驪本居遼東塞外，正始中幽州刺史毌丘儉伐其叛者，徙其餘種。始徙之時，户落百數，子孫孳息，今以千計。

我們知道滎陽一帶的荒蕪在後漢時已然。〔二〕一到漢末，這種荒蕪情形更爲顯著。魏志卷一五司馬朗傳稱關東兵起，軍隊集中在滎陽、河内，「民人死者且萬」，那末即使原來不是荒地的滎陽郡城附近也不能不荒蕪，所以魏明帝時竟然在滎陽圍了一千餘里的大禁苑。禁苑附近田畝也給鹿羣蹂躪得一無收穫，〔三〕可見滎陽一帶之荒蕪情況。毌丘儉征高麗在正始七年（二四六），遷徙高麗户自然是用以開闢荒土，而我們知道滎陽是有典農都尉的。〔四〕關於補充農耕勞動力這一點，我們還要在下面提到，這裏不再重複。

北境各族大體上分爲兩類，一類是保留其部落組織，仍有自己的酋長，但却受地方官的管理，或派遣監督。晉書卷九七北狄匈奴傳：

〔一〕晉書卷五六江統傳。

〔二〕後漢書卷三四梁統附玄孫冀傳説梁冀的苑囿「西至弘農，東界滎陽，南極魯陽，北達河淇，包含山藪，遠帶邱荒，周旋封域，殆將千里」，可見其地之荒蕪。

〔三〕三國魏志卷二四高柔傳。

〔四〕水經濟水注引京相璠云：「今滎陽東二十里有故垂隴城……蓋滎陽典農都尉治。」

其部落隨所居郡縣，使宰牧之，與編户大同，而不輸貢賦，多歷年所，户口漸滋……建安中魏武帝始分其衆爲五部，〔一〕部立其中貴者爲帥，選漢人爲司馬以監督之，魏末復改帥爲都尉……北狄以部落爲類，其入居塞者……凡十九種，皆有部落，不相雜錯。屠各最豪貴，故得爲單于，統領諸種，其國號有左賢王、右賢王、左奕蠡王、右奕蠡王……凡十六等，皆用單于親子弟也，其左賢王最貴，唯太子得居之。

這裏可以看出魏晉對於匈奴族的統治是雙重的，一面保留其原有部落統治系統，同時又接受魏晉政府的都尉或帥的官稱，並爲特置的司馬所監督。晉書卷一〇一劉元海載記稱：「元海從祖故北部都尉右賢王劉宣」，〔二〕又附劉宣傳稱武帝以爲右部都尉。劉猛是右賢王（見載記），而晉書卷五七胡奮傳稱：「匈奴中部帥劉猛叛。」左右賢王是匈奴原來的稱號，帥及都尉是魏晉所授之職。也只有由政府任命的「帥」或「都尉」在部落中有一定的權力，其餘各種王號僅爲尊貴的表示，政治上未必能真正作爲部落首領。所以劉元海載記稱劉宣云：「自漢亡以來，魏晉代興，我單于雖有虚號，無復尺土之業，自諸王侯，降同編户。」又如匈奴别部的羯也是保存部落組織的，晉書卷一〇四石勒載記上稱：「祖耶奕于，父周曷朱，一名乞翼加，並爲部落小率。」又云：「曷朱性凶麤，不爲羣胡所附，每使勒代己

〔一〕江統傳徙戎論有云：「建安中又使右賢王去卑誘質呼厨泉，聽其部落散居六郡，咸熙之際以一部太强，分爲三率，泰始之初，又增爲四……。」則直到泰始時還只分四部。

〔二〕原作左賢王，從晉書斠注改。

督攝，部胡愛信之。」這種小率倒似乎不是空名。石勒載記上又稱「時胡部大張訇督、馮莫突等擁衆數千，壁於上黨」，部大即部落大人，上黨爲羯胡聚居之地，可證部落組織之存在。

對於烏丸的管理和匈奴相同。三國魏志卷三〇烏丸傳稱曹操大敗烏丸於柳城之後，將幽州、并州和閻柔所統烏丸萬餘落遷徙到内地，「帥從其侯王大人種衆與征伐，由是三郡烏丸爲天下名騎」，據此，部落組織仍然存在，侯王大人的名號也保存。同書卷二三裴潛傳：「時代郡大亂，以潛爲代郡太守。烏丸王及其大人凡三人，各自稱單于，專制郡事，前太守莫能治正……（潛）遂單車之郡。單于驚喜。潛撫之以静，單于以下，脱帽稽顙，悉還前後所略婦女、器械、財物。」這種侯王大人是實際統領其部落的，在三國魏志武帝紀中我們還見到代郡烏丸行單于普富盧，上郡烏丸行單于那樓，此時正式的烏丸單于已經沒有，却分立了許多行單于，這和匈奴分部統領的措施相同。這種烏丸酋長在隨從征伐時受有軍職，和一般將領相同，只是所統者爲其部衆，同書卷一五梁習傳注引魏略：

二十二年（二一七），太祖拔漢中諸軍，還到長安，因留騎督太原烏丸王魯昔使屯池陽，以備盧水。昔有愛妻，住在晉陽，昔既思之，又恐遂不得歸。乃以其部五百騎叛還并州，留其餘騎置山谷間，而單騎獨入晉陽，盗取其妻，已出城，州郡乃覺……昔馬負其妻，重騎行遲，未及與其衆合，而爲鮮卑所射死。

魯昔從征即是侯王大人率領部落參與征伐的實例，他在軍中是一個騎督，並奉命屯戍，他的妻子留在晉陽城中，顯然是質任性質，所以只能「盗取」。魯昔害怕不得歸去也是有理由的，上引梁習傳説他

「又因大軍出征，分請以爲勇力吏兵，已去之後，稍移其家，前後送鄴，凡數萬口」，魯昔背叛在後，他大概怕他的家屬也被送到鄴都去，而自己及其部落變成「士家」。

氐族之在甘肅南部者也有酋長，三國魏志卷三〇注引魏略西戎傳説：「今雖都統於郡國，然故自有王侯在其虛落間。」晉書卷一一二苻洪載記：「略陽臨渭氐人也……父懷歸，部落小帥。」又前引三國蜀志武都氐王苻健内附，均可説明氐族保存其部落組織。〔一〕羌族與氐族相同，其酋長更受魏之官號，同書卷一一六姚弋仲載記説他的父親柯回「爲魏鎮西將軍，綏戎校尉，西羌都督」，其他羌酋大概也有受魏晉官號的。

鮮卑族和以上各族都不同，自從漢末檀石槐死亡之後，以後軻比能繼起，雖然不能恢復檀石槐的規模，但始終保持塞外的勢力，西晉初期慕容、宇文、段、拓跋諸部落還是獨立的形態，出入邊塞内外，侵掠北境州郡，他們之入居北境乃是侵占中原土地，與其他各族之由於征服而内徙，受州郡管理的狀況有别。

除了鮮卑以外，其他邊境各族雖保留部落組織，其人民大體上處於雙重統治之下，即同時應受地方官的命令，三國魏志卷一五梁習傳所云「部曲服事供職，同於編户」，是包括部落人民在内的。晉書卷九七北狄傳稱匈奴「部落隨所居郡縣，使宰牧之，與編户大同，而不輸供賦」，説是漢代情況，但由後

〔一〕魏書卷一〇一氐傳稱：「仇池氐……千萬。孫名飛龍……晉武帝假平西將軍。」

漢書所載南匈奴入居西河以後的情況看來，並不像與「編户大同」，實際上應該是魏晉時期的匈奴。魏略西戎傳稱氐族都統於郡國，羌族更是自漢以來便受地方官統治。

可是各族對於魏晉政府的義務，除了被徵發出兵以外，是否還有其他負擔呢？這一點我們還不大明瞭。三國魏志卷二六牽招傳：

> 出爲雁門太守，郡在邊陲，雖有候望之備，而寇鈔不斷。招既教民戰陣，又表復烏丸五百餘家租調，使備鞍馬，遠遣偵候。

這一條説明雁門郡的烏丸是向魏政府繳納租調的。我們知道烏丸保存其部落組織，這五百餘家是否也是屬於部落的人民呢？假使如此，那末并州各族不但如梁習傳所云要「服事供職」，而且還有租調負擔。租是按畝計算的田租，調是按户計算的户調，這就必須要内遷烏丸已從事於農業勞動，並在州郡登記户口才適用這種徵收方式，所以很有可能這是直屬州郡的編户。晉書卷二六食貨志載户調式云：

> 遠夷不課田者輸義米，户三斛，遠者五斗，極遠者輸算錢人二十八文。

這雖是晉統一後的辦法，照上引牽招傳看來，可能三國時已然如此。户調式中僅説「遠夷不課田者」，自然還有一種計算户口，適用課田亦即是與漢族人民一樣繳租調的「近夷」。遠夷所繳義米與錢都是按户、按口計算的，這就要地方官掌握其户口數，而且從繳納錢米看來雖然負擔較輕，却必須是遷徙中國已久，接受了農耕生産技術才能繳納，所以所謂「遠夷」實際上並不太遠。課田的近夷自然只能是編户，至於遠夷是否是指部落人民呢？我們不明瞭。我們只能證明魏晉時期内遷各族中有很多人民要按照規定繳納賦税。他們即使還保留部落組織，實質上已是編户化了。

除了遠夷以外，應該有課田的近夷，他們的部落組織完全解散，直屬州郡，成爲「編户」。晉書卷三八扶風王駿傳：「徙封扶風王，以氐户在國界者增封。」這些氐户一定與漢人一樣繳租、服役，才能作爲封户。魏志卷三〇注引魏略西戎傳稱氐族爲魏攻破後，「其部落不能去，皆降，國家分徙其前後兩端者置扶風、美陽，今之安夷、撫夷二部護軍所典是也」，司馬駿所封的氐户就是這一批從甘肅遷來的。惠帝元康六年（二九六）「秦雍氐、羌悉叛，推氐帥齊萬年僭號稱帝」，[一]這種氐人也就是曹操從武都遷來的。文選卷二〇潘安仁關中詩李善注引他的上詩表云「齊萬年編户隸屬，爲日久矣」，同書卷五七潘安仁馬汧督誄也説：「初雍部之内，屬羌反未弭，而編户之氐又肆逆焉。」這裏足以證明齊萬年所領之氐族乃是編户，也就是解散部落，受晉朝地方官或特置護軍所統治，與漢人一樣納税服役的州郡人民。

如上所述，我們可以證明魏晉間從秦隴徙入内地的氐族人民業已被解散了部落組織，其他各族雖無確據，推想起來也應該有一部分受這樣的處理。

内徙諸族之作爲農業勞動力的補充我們從户調式的徵收錢米上與作爲王國封户上已可推知。同時他們還不僅僅是政府的剝削對象，那些豪强大族也在打他們的主意。晉書卷九三外戚王恂傳：

[一] 晉書卷四惠帝紀。

又太原諸部亦以匈奴、胡人爲田客，多者數千。

所謂田客即是身分上類似農奴的佃農，[一]豪强大族不但强迫漢族人民作爲田客，在沿邊州郡諸族雜居之處更轉而在各族人民間擴大其勞動力的占有，太原是一個例子，但决不止於太原，例如石勒在上黨便曾爲人力耕（見後）。

北境諸族的遭遇還不止於此，他們更隨時可以墮落爲奴婢。我們知道晉初詔禁募客（亦見王恂傳），以後在户調式中又限制田客數，因此廣占土地的豪强便只能採用奴隸生產作爲補充；[二]奴隸來源之一便是戰爭中的俘虜，例如晉滅吴時曾將俘虜的南人作爲奴隸。[三]而經常的掠買與虜掠特别在北境各族中進行。三國魏志卷二二陳羣附子泰傳：

正始中，徙游擊將軍，爲并州刺史，加振威將軍，使持節護匈奴中郎將……京邑貴人多寄寶

[一] 在漢代客之意義或作傭傭解，但漢末曹操所行之屯田制，其屯户亦稱屯田客，吴國將領亦有「客」，這一種客已非傭傭而是向着農奴轉化的隸農、佃農。

[二] 晉書卷四六李重傳云：「時太中大夫恬和奏陳便宜，稱漢孔光、魏徐幹等議使王公已下制奴婢限數，及禁百姓賣田宅。中書啓可，屬主者爲條制。重奏曰：『……蓋以諸侯之軌既滅，而井田之制未復，則王者之法不得制人之私也。人之田宅，既無定限，則奴婢不宜偏制其數……』」可見使用奴隸生產之普遍化。

[三] 晉書武帝紀太康二年（二八一）三月，賜王公以下吴生口。同書卷七一熊遠傳：「豫章南昌人也，祖翹嘗爲石崇蒼頭，而性廉直，有士風。」熊翹可能就是伐吴所得生口。同書卷五四陸機傳載石超罵陸機爲貉奴，正因南方貉人作奴者多，而吴滅之後，不少南人作了奴隸，才一律以貉奴爲南人賤稱。

貨，因泰市奴婢，〔一〕泰皆挂之於壁，不發其封。

這裏説明并州刺史護匈奴中郎將的地位是便於獲得奴婢的，因此常常受「京邑貴人」的委託。像陳泰那樣的不受委託是稀見的事，所以要在本傳中特別提出來。而且如果只買一個、兩個，用不着寄寶貨，自然是大量購買。〔二〕這些由并州刺史護匈奴中郎將那裏獲得的奴婢，顯然只有是被掠賣或是被俘虜的匈奴以及其他各族的人民。

此外，我們還可以找到一些例子。太平御覽卷五九八引石崇奴券：

余元康之際，出在滎陽東住，聞主人公言聲太粗。須臾出，趣我車曰：「公府當怪吾家曉曉邪？中買得一惡羝奴，名宜勤，身長九尺餘，力舉五千斤，挽五石力弓，百步射錢孔。言讀書，欲使便病，日食三斗米，不能奈何！」吾問公賣否，公喜，便下絹百匹。閒謂吾曰：「吾胡王子，性好讀書，公府事一不上券則不爲。」

奴券的形式和内容都完全模仿王褒僮約，不像是實事。但石崇是個擁有蒼頭八百人的大奴隸主，所述一個胡王子淪落爲奴的事，可能有所根據，或是他確有這樣一個奴隸，加以渲染成文，至少胡王子

〔一〕殿本作匈奴婢，百衲影宋本無匈字，今從之。

〔二〕此時奴婢價格高漲，魏志卷二七王昶傳注引任嘏别傳：「又與人共買生口，各雇八匹，後生口家來贖，時值價六十匹，共買者欲隨時價取贖，嘏自取本價八匹。」奴隸價格高漲，亦因來源缺乏之故。此寄寶貨，與奴婢價高有關，但決非一二奴婢即需以寶貨購買。

爲奴並不太奇怪，才可以想像。

世説新語任誕篇説阮孚的母親是一個鮮卑婢。〔一〕晉書卷三武帝紀載咸寧二年（二七六）馬循對鮮卑阿羅多之戰就曾俘虜生口九千餘人，這些生口是用以充作軍賞的，阮孚的母親雖不一定爲此年的俘虜，但可能也是在戰争中被掠爲婢的。

大規模掠賣的實例，在石勒載記中有更明確的紀載，這將要在下面談到。

綜合上面所述，我們認爲魏晉期間各族的内遷是爲了滿足統治者擴大軍隊，補充勞動力的需要。魏晉政府對於内遷各族的控制是嚴厲的，雖然大都保留其部落組織，而地方長官和特置的監督對於各族有絶對的權力，有些更是直屬州郡，解散了部落，成爲編户。所有各族人民都有被徵發當兵的義務，而至少有一部分人民更須繳納租調。各族人民在軍事、政治、經濟的壓迫下常常變爲豪强的田客和奴婢。這樣，我們可以明瞭各族統治者在中國政府的嚴格管制下喪失了權力，而各族人民之受中國統治者的剝削也是嚴重的，因此他們對於魏晉政府具有種族的與階級的雙重矛盾。

二　晉末各族「變亂」的經過

從晉武帝即位之後，從甘肅、青海直達遼寧即已發生包含各族的對晉帝國統治的反抗。在武帝的

〔一〕晉書卷四九阮籍傳略同，但云胡婢，不説鮮卑。

泰始六年（二七〇）河西鮮卑酋長樹機能起兵，秦州刺史胡列戰敗被殺；〔一〕下一年（二七一）匈奴酋長劉猛叛出塞，北地胡又殺死了涼州刺史牽弘。劉猛於次年（泰始八年，即二七二）被殺，北地胡似與樹機能相合。〔二〕九年（二七三）東部鮮卑攻廣寧，殺略五千人。下一年（二七四）樹機能進攻金城諸部，亂事牽涉很廣泛，涼州羌、胡各族大抵參加，綿延到延寧四五年（二七八——二七九）間，涼州城被攻下，晉武帝大爲震驚。五年（二七九）十二月樹機能被馬隆擊破，爲部下所殺。可是西北方面還有一點餘波，要到次年（太康元年，即二八〇）才完全解決，從泰始七年（二七一）算起，涼州亂事經歷了十年之久。〔三〕西方的戰事才解決，東方又起來了。我們知道東部鮮卑以拓跋族的始祖力微爲首也是不斷的侵擾州郡，〔四〕力微死後，鮮卑族另外一支慕容氏的酋長慕容廆又起來了，從太康二年（二八一）開始攻擊昌黎，以後不斷的進攻遼東西，直到十年（二八九）才降。〔五〕

〔一〕晉書卷三武帝紀但稱叛虜，不出樹機能名，卷五九汝南王亮傳作羌虜，卷三八扶風王駿傳稱羌虜樹機能，此據卷一二六禿髮烏孤載記及魏書卷九九禿髮烏孤傳作鮮卑。但青海、甘肅爲羌人聚居之地，縱使樹機能及其本部爲鮮卑，也必然擁有大批羌人。

〔二〕晉書卷三八扶風王駿傳。

〔三〕晉書卷三八扶風王駿傳，卷五七馬隆傳。

〔四〕拓跋和其他一部分鮮卑一樣，乃是出入邊塞，時降時叛的部落，不能算是內遷各族之一。見晉書卷三六衛瓘傳，魏書卷一序紀。

〔五〕晉書卷一〇八慕容廆載記，參武帝紀。慕容、宇文、段部、拓跋等族都難認爲內遷各族，這和雜居內地的鮮卑不同。江統徙戎論便沒有提到他們。

由於各族對晉關係之不同，亂事性質也不盡相同，例如拓跋、慕容諸鮮卑族只是在統治者的鼓動下進行掠奪財富；而匈奴、氐、羌、以至部分鮮卑則除了統治者企圖恢復其權力與掠奪財富以外，其人民在嚴重剝削下進行對晉政府的反抗是極自然的。晉書卷一〇一劉元海載記叙述當劉淵未起兵前，右賢王劉宣就這樣説：「自漢亡以來，魏晉代興，我單于雖有虚號，無復尺土之業，自諸王侯，降同編户，今司馬氏骨肉相殘，四海鼎沸，興邦復業，此其時矣！」後來他勸劉淵的話也説：「晉爲無道，奴隸御我，是以右賢王猛不勝其忿，屬晉綱未弛，大事不遂，右賢塗地……」這裏説明匈奴貴族、侯王非常懷戀於過去的實權，他們要求恢復匈奴貴族的統治，但「奴隸御我」却不是過分的形容，我們在上面已經證明匈奴人民隨時可變爲晉封建統治者的奴婢與田客，所以匈奴反晉也包含解除奴役的要求。從劉猛至劉淵都是從統治者要求恢復部落中的統治出發結合人民解除奴役的要求而發動鬥爭。

涼州之亂，晉武帝曾以之策問賢良。晉書卷五二阮种傳載种對策云：

> 自魏氏以來，夷虜内附，鮮有桀悍侵漁之患，由是邊守遂怠，障塞不設，而令醜虜内居，與百姓雜處。邊吏擾習，人又忘戰。受方任者又非其材，或以狙詐，侵侮邊夷；或干賞啗利，妄加討戮。夫以微羈而御悍馬，又乃操以煩策，其不制者，固其理也。

阮种的話説明地方官吏對於與百姓雜處的内遷各族就是「侵侮」「討戮」，而内遷各族却是鮮有「桀悍侵漁之患」的。這種情況實在不限於秦涼區域，凡屬地方官吏所管理的諸族大都受到同樣的待遇。

惠帝初年各族亂事繼續發生。惠帝的元康四年（二九四）五月匈奴郝散反，攻上黨，殺地方官，不久被殺。隔了二年，郝散弟度元聯合了馮翊、北地的馬蘭羌與盧水胡攻殺北地太守張損，又戰敗馮翊太守歐陽建、雍州刺史解系。這時關中氐、羌都參加了，共推氐族齊萬年爲帝。下一年（二九七）晉朝大將周處又戰敗被殺。直到九年（二九九）正月齊萬年被擒，關中戰事暫告結束。〔一〕

郝散是在上黨起事的，上黨的雜居胡人雖也稱爲匈奴，但種族很複雜，所以郭欽稱之爲上黨雜胡。〔二〕他們的被壓迫情況，從石勒的遭遇中可以看到，這將在後面再説。以齊萬年爲首的雍州氐人乃是編户，我們在上面已經證明。身爲編户的氐人起來反抗只是爲了忍不住統治者的壓迫。關中羌人遠自東漢時即已移來，他們一向是「其内屬者，或倥傯於豪右之手，或屈折於奴僕之勤」，〔三〕晉時想來還是如此。晉書卷五九趙王倫傳：「元康初，遷征西將軍、開府、儀同三司鎮關中。倫刑賞失中，氐羌悉叛。」同書卷六〇解系傳説氐羌之叛，系上表請殺趙王倫的親信孫秀以謝氐羌，可知這一次氐、羌的起事除了企圖解除本來的奴役以外，反抗司馬倫與孫秀的加重壓迫也是一個原因。

截至此時爲止，内遷各族的反抗都沒有十分擴大，相繼被晉政府鎮壓下去，可是從下一年開始，在皇室與方鎮的内亂中内遷各族的問題嚴重發展，首先以巴氐李氏爲首的漢氐流民在四川突破了晉帝國的鎖鏈，接着就在山西、河北爆發了匈奴、雜胡的亂事，「五胡亂華」就開始了，我們現在試加以

〔一〕晉書卷四惠帝紀。
〔二〕晉書卷九七四夷北狄傳。
〔三〕後漢書卷八七西羌傳論。

分析。

就在齊萬年失敗的下一年（永康元年即三〇〇），氐族的一支巴氐在四川鬧起事來。巴氐本來住在巴西、宕渠（達縣、大竹間），漢末遷居關中，也是曹操將他們遷到略陽一帶。他們入蜀之故是由於齊萬年叛晉後，關西擾亂，「頻歲大饑」，因此百姓要「流移就穀」，〔一〕換一句話說，就是流民逃荒。上面所云百姓，當然包括巴氐在內，但却不盡是巴氐及其他氐人而有更多的漢族人民在內。按照當時通例，像這類集體逃荒與避難是由地方豪强統率的，所以這個流亡集團的領袖乃是若干漢族的西北大姓，與氐叟族的豪酋。晉書卷一二〇李特載記：

（辛）冉大怒，遣人分牓通逵，購募特兄弟，許以重賞。特見大懼，悉取以歸，與驤（李驤）改其購云：「能送六郡之豪，李、任、閻、趙、楊、上官及氐、叟侯王，一首賞百匹。」

李特自己和苻成、隗伯等都屬於氐叟侯王。他知道不但自己無法鼓動所有流民，就使加上其他氐叟侯王也還不行，必須獲得六郡之豪的合作才有起事的把握。所謂六郡乃是指秦州所屬天水、略陽、扶風、始平、武都、陰平，〔二〕和李特同領流民入蜀的首領正分佈於此六郡內。這些六郡之豪是些什麼人

〔一〕晉書卷一二〇李特載記。

〔二〕華陽國志卷八大同志元康六年（二九六）稱：「關中氐及馬蘭羌反，寇天水、略陽、扶風、始平、武都、陰平。」八年又稱：「略陽、天水六郡民李特及弟庠，閻式、趙肅、何巨、李遠等及氐、叟、青叟數萬家以郡土連年軍荒，就穀入漢川。」可證六郡即秦州之六郡，晉書斠注引華陽國志巴蜀大姓來解釋，完全錯誤。

呢？我以爲大部分是漢族大姓。華陽國志卷八大同志曾列舉漢族及氐、叟侯王之氏姓云：

特驤悉更其購云：「能送六郡大姓閻、趙、任、楊、李、上官及氐、叟、梁、竇、苻、隗、董、費等，首百匹。」

這一條將兩種姓族分別列舉。我們知道這些姓族自漢以來即很有名。譬如三國魏志卷一三王朗附子肅傳注引魏略便曾說「天水舊有姜、閻、任、趙四姓，常推於郡中」，三國時楊阜是天水人，〔一〕李氏雖稱隴西，其實漢代李廣居於隴西成紀縣，這個縣後來分立漢陽郡，時屬於漢陽，而漢陽即天水，因此隴西李氏實際上居於天水。我們完全可以相信六郡大姓是漢人，至於列於氐叟中的諸姓有的也有漢姓嫌疑，如安定梁氏、扶風竇氏、隴西董氏、天水隗氏也是自漢以來的大姓，但這裏既說是氐叟，姑且不論。六郡之豪率領其鄉里、宗族與氐叟一起入蜀，李特要起事，自己不能控制全部流民，所以必須陰謀激動他們。以後李蕩被殺，李流想投降，李雄不答應，華陽國志大同志說：「雄乃說六郡人士，激以尚之自侵（羅尚），懼以共殘蜀民之禍。」這時巴氐仍然不能獨力反抗，而「六郡人士」還有些猶豫。李雄爲獲得他們的合作，又一次的激動他們。所謂「共殘」就是說氐叟與漢族大姓共同殘殺之意。李雄的意思是說：「你們既然與我們曾經共同殘殺蜀人，災禍到來，也有你們的一份，不如幹到底。」從這裏我們可以看到「六郡人士」所領的流民與氐叟侯王所領流民是分開的，巴氐李氏在流民中的地位並

〔一〕三國魏志卷二五本傳。

不比「六郡人士」高。流民中間有氐叟，但可能更多的是漢人。

其次，我們還要説明：這一批流民入蜀之後，大都被本地地主傭傭，劫掠爲盜只是個別的事情，或者是六郡之豪與氐叟侯王所幹的事。晉書卷一二〇李特載記稱：

羅尚遣從事催遣流人，限七月上道。辛冉性貪暴，欲殺流人首領，取其資貨，乃移檄發遣。又令梓潼太守張演於諸要施關，搜索寶貨。特等固請，求至秋收。流人布在梁益，爲人傭力，及聞州郡逼遣，人人愁怨，不知所爲。又知特兄弟頻請求停，皆感而恃之。且水雨將降，年穀未登，流人無以爲行資，遂相與詣特。

包括漢氐各族在内的流民本在梁益二州作傭傭，却被强迫出境，而且不等秋收之後（從這裏看來，似乎流人不是作傭農而是佃農）。這是流民「叛變」的原因。再加上官吏貪暴，企圖殺死流民首領而奪取他們的寶貨，這些首領爲了保全自己的生命財産就利用了並且煽動了怨怒的流民。「亂事」就在蜀的地方官吏貪暴荒謬的措置下爆發起來。華陽國志大同志載流民首領之一閻式答覆晉朝尚書檄文的一封信云：

式前爲節下及杜景文論留徙之宜，人懷桑梓，孰不願之。但往初至，隨穀庸賃，〔二〕一室五分，復值雨潦，乞須冬熟，而不見聽。必窮鹿抵虎，但恐繩之太過，迸民不肯延頸受刃，其憂在後。

〔二〕四部叢刊影明抄本「賃」作「債」。

這些流民在梁益二州「隨穀庸賃」，而且分散各地，本來不是一個巴氏首領如李特者得以煽動，其所以竟被李特一家所利用以遂其割據野心，只是由於地方官趙廞企圖利用流民作亂與其他官吏的貪暴荒謬。

如上所述，我們對於流民「叛變」這一件事可以分成兩種不同的因素，一是「隨穀庸賃」的漢氏流民合作反抗地方統治者的壓迫，這完全是正義的行動；二是以巴氏李氏爲首的一部分流民首領，他們爲了企圖達到其割據野心所以鼓動六郡大姓的合作推翻晉政府的統治。這樣就將一個正義性的鬥爭引導到代表宗族、地域關係的封建統治間的鬥爭，而最後造成了李氏割據巴蜀的局面。這種流民「叛變」的例子在同時就有好幾起，杜弢、王如都這樣的起兵，特別是義陽蠻張昌招集流民起事與此更爲類似。〔一〕我們雖然決不能將李特及其一家作爲代表流民利益的人物，因爲他們只在於滿足其野心而在緊要關頭是隨時想出賣流民以保全自己的，但李氏之所以成功，却也由於在推翻晉政府的統治這個目標上符合於流民的利益。

就巴氏據蜀這一件事的分析，我們認爲種族矛盾不是重要的因素。

當李雄占有成都的下一年（惠帝永興元年即三〇四），并州的匈奴族以劉淵爲首在離石起事。在上面我已經談到還在劉淵起事以先，匈奴失去統治權的貴族老早就企圖恢復過去的匈奴帝國；而匈

〔一〕杜弢、王如、張昌事均見晉書卷一〇〇本傳。

奴各部人民則是很多淪爲大地主的田客和奴隸；要號召反晉是並不困難的，所以劉淵初受大單于之號，就擁有五萬之衆，而且由於反晉目標上的一致，「上郡四部鮮卑陸逐延、氐酋大單于徵，東萊王彌及石勒等並相次降之」。〔一〕

劉淵的力量主要是内遷匈奴各部，毫無問題中間存在着種族間的矛盾，但是實質上種族間的矛盾只能存在於晉朝與匈奴的統治者之間，匈奴人民的反抗應該是被壓迫的人民對於統治階級的反抗，所以也染上種族的色彩，僅僅是由於這時實際統治匈奴内遷人民並使其成爲田客奴隸的恰恰是晉朝的統治階級而不是其他。

關於這一點可以用石勒的起事過程來説明。晉書卷一〇四石勒載記上：

年十四，隨邑人行販洛陽……父老及相者皆曰：「此胡狀貌奇異，志度非常，其終不可量也。」……唯鄔人郭敬、陽曲甯驅以爲信然，並加資贍。勒亦感其恩，爲之力耕……太安中，并州饑亂，勒與諸小胡亡散，乃自雁門，還依甯驅。北澤都尉劉監欲縛賣之，驅匿之獲免。勒於是潛詣納降都尉李川。路逢郭敬，泣拜言饑寒。敬對之流涕，以帶貨鬻食之，並給以衣服。勒謂敬曰：「今日大餓，不可守窮，諸胡飢甚，宜誘將冀州就穀，因執賣之，可以兩濟。」敬深然之。會建威將軍閻粹説并州刺史東瀛公騰執諸胡於山東，賣充軍實。騰使將軍郭陽、張隆虜羣胡，將詣冀

〔一〕晉書卷一〇一劉元海載記。

州，兩胡一枷。勒時年二十餘，亦在其中，數爲隆所毆辱。敬先以勒屬郭陽及兄子時，陽，敬族兄也；是以陽、時每爲解請；道路飢病，賴陽時而濟。既而賣與茌平人師懽爲奴……每耕作於野，常聞鼓角之聲。勒以告諸奴，諸奴亦聞之。因曰：「吾幼來在家，恒聞如是。」諸奴歸以告懽，懽亦奇其狀貌而免之。懽家鄰於馬牧，與牧率魏郡汲桑往來，勒以能相馬自託於桑。嘗傭於武安臨水，爲遊軍所囚，會有羣鹿傍過，軍人競逐之，勒乃獲免……（成都王）穎故將陽平人公師藩等自稱將軍，起兵趙魏，衆至數萬。勒與汲桑帥牧人乘苑馬數百騎以赴之。

關於石勒的種族問題，這裏可以不談，總之當時人認爲羯族是匈奴別種，即是雖非單純的匈奴族，却是屬於匈奴部族中的一種。石勒居於上黨武鄉，應是郭欽所述的上黨雜胡。就上引晉書所述石勒的經歷可知他雖然出於部落小率之家，而且還代理過小率職務，但幼年已經當過小販；石勒載記下說他曾和人家爭奪麻地以至打架，〔一〕似乎他還有一點土地；以後他又替郭敬、甯驅力耕，當是田客，〔二〕那就是太原諸郡招胡人爲田客的實例；但太平御覽卷五〇〇引鄴中記云：「石勒字世龍，上黨郭季子（即郭敬字）奴也。」那末也可能已淪落爲奴。太安年間的大災荒，他逃亡出外，却險一點被官吏掠賣，他自己逃脫了，却獻計出賣他的同族。不料他自己也就在晉軍大規模掠賣中被執，賣給一個奴隸

〔一〕此見晉書卷一〇五石勒載記下，但太平御覽卷四九六引石勒別傳云：「李陽性剛愎，每輕勒，與爭漚麻池，常相打撲。」所爭者乃是一個池，與晉書不同。

〔二〕十六國疆域志卷二引晉書五行志：「先時勒爲郭敬客。」今檢五行志未見，然洪氏必有所本。

主師懽，〔一〕這一串事實説明胡人淪落的過程；這不單是石勒個人的遭遇，而是成千累萬内遷各族人民共同的慘痛命運。以後石勒藉編造的一段神話而獲得解放——這段神話可能是石勒及其同伴諸奴商量好的，但也可能他以其他原因獲得解放，而在以後編造這一段來證明其「生有異徵」。然而他在偶然的機會中仍有隨時被掠賣的危險，他的生命及其自由絲毫也没有保障。就在此時他與牧人的首領汲桑相結，接着參加了汲桑的隊伍，共同起兵。

我們知道官府牧人是一種奴隸或類似奴隸的身分。漢代西北邊的官府牧場上有「官奴婢三萬人，分養馬三十萬匹」，〔二〕在晉代雖然没有明白的紀載，但一般對於牧人一提到就含有輕蔑之意；例如陶侃説：「樗蒲者牧猪奴戲耳」，苻堅責慕容沖：「爾輩羣奴正可牧牛羊。」王永討姚萇的檄文稱：「羌賊姚萇，我之牧士。」〔三〕以後北齊書卷四文宣紀載天保二年（五五一）詔書：「免諸技作、屯、牧、雜户役隸之徒爲白户。」明白將牧户與其他身分卑賤的役隸之徒並列，這些人本來不是「白户」，也即是説不是一般百姓。我們認爲北齊的牧户並非奴隸，晉代如何還難以斷定，但無論如何是身分低賤，受

〔一〕太平御覽卷八二二引石勒別傳云：「石勒元康中流宕山東，寄旅平原茌平界，與師欣家傭耕。」又以爲是傭耕。這和上面石勒與郭敬關係，或云力耕，或云奴一樣的分歧。本來在三國後奴僕與客的稱謂常有混淆，所謂「奴」與「客」的區別可能並不怎樣嚴格，因爲有些稱爲奴僮的實際上所受的也是封建性剝削，同時傭力帶着債務抵押性質，也近於債務奴隸，所以二者就容易相混。

〔二〕漢書卷五景帝紀如淳注引漢儀注。

〔三〕晉書卷六六陶侃傳，卷一一四苻堅載記下，卷一一五苻丕載記。

嚴重剝削的一羣人。

汲桑雖是管理牧人的牧率，但也被認爲奴隸。太平御覽卷二一引趙書：

汲桑六月盛暑而垂重裘、累茵，使十餘人扇之，患不得清涼，斬扇者，軍中爲之謠曰：「奴爲將軍何可羞，六月重茵被狐裘，不識寒暑斷人頭。」〔一〕

汲桑可能即是由牧人中提升起來的，雖是牧率，却仍被喚作奴。這段故事只是統治者以之嘲弄一個出身奴隸或類似奴隸的反叛者，其真實性是頗可懷疑的，但由此可以證明汲桑及其所領牧人的身分，因此石勒在開始時只是以奴隸身分參加了汲桑所領導的牧人起義。畜牧事業本是邊境各族的專長，而晉代與邊境各族的戰爭連續許多年，在戰爭中獲得的俘虜很可能被配發爲牧人，因此石勒的夥伴老早就有他的同族在一起。世說新語識鑒篇注引石勒別傳：「永嘉初豪傑並起，與胡王陽等十八騎詣汲桑爲左前督。」王陽已明說是胡人，十八騎中如夔安、支雄、呼延莫、支屈六從姓氏上也可以肯定爲胡人，又有姓劉的三人亦有胡人的嫌疑，〔二〕這些與石勒同起的胡人假使不是牧人，就是與石勒一樣被掠賣的并州胡。

〔一〕藝文類聚卷一九引田融趙書略同。

〔二〕十八騎姓名見晉書石勒載記，通志氏族略夔氏條稱天竺亦有夔氏。元和姓纂卷二稱「石趙司空支雄傳云：其先月支人也」。呼延是匈奴貴族四姓之一，而匈奴貴族改姓劉氏者很多，但亦有西域人，通鑑卷九九永和九年三月有西域人劉康。我在這裏所說的胡包括匈奴及西域胡而言。

汲桑起義之後，他率領牧人「劫掠郡縣繫囚，又招山澤亡命」，這種繫囚、亡命基本上是被壓迫人民，這樣就擴大了起義隊伍，至於其爲胡人或是漢人在初起時並没有什麽界限。石勒集團的核心十八騎雖有胡人，但也不一定都是胡人，他所統領的隊伍也應該以漢人爲多，直到他被苟晞所敗，重新收集軍隊，才獲得胡部大張𨎮督、馮莫突及烏丸張伏利度之衆。以後他攻破魏郡、頓邱的壁壘，「簡强壯五萬爲軍士」；攻陷了冀州郡縣堡壁百餘之後，才擁有十餘萬之衆，這一些軍隊顯然是被迫當兵的漢人。

羯胡種類很複雜，石勒不可能像劉淵一樣以興復匈奴舊業作爲號召，也不可能單純依靠其本族起事。他開始只是參加了汲桑的牧人起義；汲桑起義時組織了各種被壓迫人民以擴大隊伍，石勒及其夥伴是其中的一部分力量。直到汲桑失敗，他才決心依附劉淵，並且假借劉淵反晋名義招誘胡人以樹立他自己的勢力，這時他才以一個胡羯酋長的身分出現。

當匈奴、胡羯以至氐羌等内遷各族在北方紛紛反晋之際，一向侵擾邊境的鮮卑各部忽而打起晋朝旗號。鮮卑族大體上處於各族的北面，他們的南下企圖在西晋初年被阻遏了，而這時山西、河北已是劉淵、石勒縱横之地，他們想要南下侵掠，首先就要與匈奴、胡羯發生衝突，阻礙他們南下的不是晋朝而是匈奴、胡羯了，他們來得遲了一步。因此，基於在占奪中原土地上與匈奴等族之矛盾，並爲了争取漢族人民的同情，他們的酋長便接受了晋朝的封爵，乘機進占土地。晋書卷一〇八慕容廆載記：

征虜將軍魯昌説廆曰：「今兩京傾沒，天子蒙塵，琅邪承制江東，實人命所係。明公雄據海朔，跨總一方，而諸部猶怙衆稱兵，未遵道化者，蓋以官非王命，又自以爲强，今宜通使琅邪，勸承大統，然後敷宣帝命，以伐有罪，誰敢不從。」廆善之，乃遣其長史王濟浮海勸進。

這裏説明慕容廆當前的問題是怎樣制服東北鮮卑各部，特别是宇文、段部正在與之争奪遼東西的部族領袖地位。當他尚未取得對宇文氏、段部的勝利以前，就無法南下，而宇文氏、段氏破敗之後，當前的大敵是羯胡，因此從慕容廆以至慕容儁之初三代都接受晉朝官號，並引用内地流亡士大夫。直到冉閔起義，石趙瓦解，慕容儁乘機占有河北，這時他不但不需要假藉晉朝名號，而且繼續南侵就要與晉朝衝突，他就決定自稱皇帝，和晉朝翻臉。

不但慕容氏如此，他的鄰居占有遼西的段部，其酋長段匹磾雖然殺死劉琨，却仍然作爲晉朝的幽州刺史與石勒作戰；另外一個酋長段末杯雖然爲了與段匹磾争位，一度與石勒相結，但自末杯以至段遼都受晉幽州刺史之號。在山西與内蒙古自治區舊綏遠間的拓跋氏也與并州刺史劉琨聯盟共同對抗劉聰、石勒。魏書卷二三衛操傳載操所立頌德碑，一則云：「奉承晉皇，捍禦邊疆。」再則云：「志在竭力，奉戴天王。」彷彿是極其忠實的藩臣，甚至將酋長拓跋猗㐌之死説成由於「忠於晉室」，操勞過度所致。拓跋猗盧由於助晉之故，占取了山西北部五縣之地，開始建立政权。

關於西晉末年各族起事經過，我們不牽涉到西晉滅亡之後。就上面所述我們認爲各族起事的情况不盡相同，特别是内遷各族與附塞鮮卑之不同，而内遷各族之反晉因素部落統治者及其人民也應該區別。附塞鮮卑的部落酋長是真正統治其人民的主人，他們有權力發動一個南下侵掠財富、俘虜人口的戰爭，可是當這個時機到來時，華北各地已經被匈奴、胡羯所占領，因此他們反而自稱爲晉政權的擁護者，與晉室留在北方的地方官吏聯合，並盡力招徠流亡人民，特别是招徠那些大族、士大夫。這些大族、士大夫在劉淵以至石勒初期是很少受到保護的，因此樂於投附到號稱晉朝官吏而足以保護他們的前燕、段部來。

然而不管怎樣的不同，所有在中國土地上的政權不論是匈奴或是鮮卑、氐、羌，其統治方式是按照部落貴族軍人們的利益建立起來的。他們既然作爲征服族君主對漢族和其他各族進行統治，那末除了一般的剥削壓迫以外，必然還加上種族的壓迫，並且煽動其人民進行種族的報復主義，這樣就形成各族間的相互報復。可是在另一方面，他們要統治地域廣大、人口衆多的被征服人民，特别是漢族人民，決不能單純依靠兵力的控制，因此他們有必要取得固有的統治力量——那些高門大族，堡塢豪帥以至各族酋豪的合作。

事實上這種統治政策並不能延長其短促的「國祚」，然而却造成北中國人民無比的痛苦與社會經濟的衰落，此外固有的地方封建勢力在此期間經過一度不太嚴重的打擊以後却反而更加强大了。

三　人口的掠奪和占有

在五胡時期，瘋狂的屠殺到處在進行；由於戰爭、報復，也由於統治者的殘殺狂，常常有幾萬以至幾十萬的生命集體犧牲；而由於殘酷的徭役、賦税與饑凍而陷於死亡的更不知其數。死亡充滿着歷史記載的每一頁，舉不勝舉。我們知道從東漢末年以來人口減少是一個基本情況，此時由於北方人民的南遷與死亡，北中國的黄河流域與關中的人口必然更爲損耗。而僅有的免於死亡的人民在戰争中也不能如常進行生産，耕畜、工具被掠奪，房屋被焚毁，這樣就使生産不能不陷於停頓。

所有的部落酋長爲了滿足其貪慾，不但經常以武力劫奪財富，並且也經常的劫奪勞動力；二者是在同時進行的，攻下了一個地區，先來一個洗劫，接着就將大批人民遷移到被認爲易於控制的地區去，把被遷移的人民安置在指定土地上，要他們供給兵役、徭役以及各種物資的徵發。可是由於流離轉徙，由於賦役的殘酷，更由於戰争，人民從甲地遷到乙地的過程常常就是死亡的過程，以致本來缺乏的勞動力越來越嚴重，而劫奪勞動力的欲望也越來越迫切。

與屠殺相並行的遷徙同樣也充滿了歷史紀載。除了漢族人民以外其他各族也同樣雜亂地被迫遷移。劉淵、劉聰時期曾經將各族人民集中到平陽及其周圍，劉曜將甘肅以及陝北氐羌集中到長安；石勒又將平陽長安及其附近的氐羌各族遷到黄河流域，到石趙帝國瓦解時，「青、雍、幽、荆州徙户及諸氐、羌、胡、蠻數百餘萬各還本土，道路交錯，互相殺掠，且饑疫死亡，其能達者十有二三」。〔一〕苻堅滅前燕，東方的鮮卑、烏丸、丁零和所謂雜夷又被徙於關中。前秦瓦解時，關中鮮卑自動打出關中，到

〔一〕晉書卷一〇七石季龍載記下。

了河北，不久後燕破敗，山東漢族人民與鮮卑各族又有三十餘萬被拓跋氏遷到平城。

這樣「紛錯往來」的遷移目的只是在於將更多的勞動力分配在被占領的土地上，以便進行賦役的剥削，由於區域的分裂與各族中心地區之不一致，於是從西遷東，又從東遷西，完全視當時的統治者作怎樣的打算。

財富的掠奪首先是土地的掠奪；而在當時掠奪土地的方式主要是靠武力，這是個擴大軍隊的問題；掠奪土地上的財富首先要使土地生産，這是擴大勞動力的問題。因此在人口極端缺乏的情況下，在某些場合他們可以捨棄不易控制而不能搬動的土地，却把能够動的「人」搬走，例如劉聰死後，劉曜、石勒爭平陽，可是結果他們誰也不願守這塊土地，各自遷了許多人民回去了。

勞動力的占有，産生了勞動力的分配與控制的問題。實際上勞動力的分配意味着土地的分配，但由於貴族將領們易於獲得土地，所以其分配形式採取特殊的辦法。我們現在還不能全面瞭解其措置，就某些跡象看來，有一些政權似曾以北邊部族中的封建制結合内地此時的部曲制，實行以軍事組織管理及分配人口。晉書卷一〇二劉聰載記：

於是大定百官……置輔漢、都護、中軍、上軍、輔軍、鎮、衛京、前、後、左、右、上、下軍、輔國、冠軍、龍驤、武牙大將軍，營各配兵二千，皆以諸子爲之。置左右司隸，各領户二十餘萬，萬户置一内史，凡内史四十三。單于左右輔各主六夷十萬落，萬落置一都尉……置御史大夫及州牧，位皆亞公。

左右司隸自然是沿襲漢魏司隸校尉治地稱爲司州之舊稱，可是這裏却不説統郡多少，而是統户多少，户又沒有郡縣統屬而以一萬户爲一單位，設立了四十三個内史。我們知道内史也是秦漢官號，即以後之京兆尹或河南尹，〔一〕這裏以萬户設一内史以致有四十三員之多，顯然沒有當作首都長官，其所以號爲内史之故，只是表示四十餘萬户都在劉聰直接控制的土地上，亦即平陽及其周圍地區。〔二〕按晉書卷一四地理志上司州平陽郡户四萬二千，整個司州包括洛陽在内也只四十七萬五千七百，現在左右司隸的範圍一定小於晉之司州，又經過大亂，而仍有四十餘萬户之多，顯然是從各地遷徙來的。例如見於劉聰載記的劉曜初攻長安失敗「乃驅掠士女八萬餘口退還平陽」，又攻陷晉司徒傅祗所守的三堵，「遷祗孫純、粹並其二萬餘户於平陽」，如此之類當然還很多。司隸所屬户口是劉聰直接控制的人民，其按户計算的制度與下面單于左右輔所主六夷之以「落」計算相同，可以證明其爲部落制度。所謂六夷則包括各族而言，這是由劉聰以大單于的名義占有的人口。晉書卷一〇一劉元海載記於其死時稱以「(劉)聰爲大司馬、大單于並録尚書事，置單于臺」。這個單于臺之臺即臺省之臺，乃是與

〔一〕通典卷三三京尹條。
〔二〕洪亮吉十六國疆域志云：「左司隸蓋部司州、平陽諸郡，右司隸蓋部荆州、河南諸郡也。」按左右司隸下分内史，而本書引前趙録「嘉平二年(三一二)，聰以趙固爲荆州刺史，領河南太守，鎮洛陽」，分明不屬於司隸，安能云右司隸部荆州、河南諸郡乎？載記稱「趙固、郭默攻聰河東，至於絳邑，右司隸部人盜牧馬，負妻子，奔之者三萬餘人」，右司隸部大概即在河東，左司隸就是平陽而已。

統治漢族之尚書臺並列的統治六夷機構。晉書卷一〇三劉曜載記稱：「曜署劉胤爲大司馬……置單于臺於渭城，拜大單于，置左右賢王已下，皆以胡、羯、鮮卑、氐、羌豪傑爲之。」更可明瞭單于臺的性質。上面所説單于左右輔與左右司隸相對，所主六夷十萬落也只在平陽周圍。晉書卷一〇四石勒載記上稱勒攻平陽時「平陽大尹周置等率雜户六千降於勒，巴帥及諸羌羯降者十餘萬落，徙之司州諸縣」，便可知其即在平陽附近。在劉聰直接控制地區之外才設置州牧郡守，例如石勒之爲冀州牧，曹嶷之爲青州牧，劉曜之爲雍州牧；又如晉書卷一四地理志上并州後序云：「（聰）又置殷、衛、東梁、西河陽、北兗五州以懷安新附。」所謂「新附」即是過去未附而現在統治未鞏固之地。

從俘虜得來的六夷與漢族人民，劉聰以胡漢分治的方式管理，在其中抽取丁壯當兵，分立各營，以之分配給他的兒子。雖然記載上不明確，我想一定也分配人口。

劉聰在其直接控制區域内建立了胡漢分治的軍事化的制度以控制人民。

石趙統治時期仍沿用胡漢分治之制，石勒稱趙王、大單于，卷一〇五石勒載記下稱以「石季龍爲單于元輔，都督禁衛諸軍」，蓋即左右輔之沿襲。其後不久稱勒以弘（勒子）鎮鄴，配禁兵萬人，車騎所統五十四營悉配之，以驍騎領門臣祭酒王陽專統六夷以輔之」，及稱天王，又以其子宏爲大單于，這就使石虎以單于元輔統治六夷的職權喪失，所以他很不高興。晉書卷一〇六石季龍載記上云：「季龍自以勳高一時，謂勒即位之後，大單于必在己，而更以授其子宏，季龍深恨之。」可見單于職位之重要，所以重要即因當時軍隊雖也强迫漢人參加，而其主力却在六夷中徵發，而單于有指揮六夷的職權。

石趙對直接統治的人民，大體上採用賦税徭役形式的剝削。晉書卷一〇四石勒載記上初云：「司冀漸寧，人始租賦。」後又云：「勒以幽、冀漸平，始下州郡，閱實人户，户貲二匹，租二斛。」還是沿襲魏晉户調制的方式。然而徭役的剝削特别嚴重，這只要一讀石季龍載記便知道無限制的徭役對於社會經濟的嚴重破壞。

可是在外不單是由州郡統治人民，同時還存在着以軍事管理並占有人口的封建制。太平御覽卷一二一引十六國春秋前秦録：

(苻)洪年十二，父卒，代爲部帥……屬劉氏之亂，散千金，招延儁傑，戎、晉襁負歸之，推爲盟主……羣氐推爲首，劉曜以洪爲氐王……石虎將軍攻上邽，洪詣虎降，虎跣出迎之，拜冠軍將軍，監六夷諸軍事，涇陽伯。

苻洪是氐族酋長，但他所領的却包括「戎、晉」。資治通鑑卷九五晉成帝咸和八年(三三三)石生敗後稱：

洪至長安，説虎徙關中豪傑及氐羌以實東方，曰：「諸氐皆洪家部曲，洪帥以從，誰敢違者？」虎從之，徙秦雍民及氐羌十餘萬户於關東，以洪爲龍驤將軍，流民都督，使居枋頭；以羌帥姚弋仲爲奮武將軍，西羌大都督，使帥其衆數萬，徙居清河之灄頭。

苻洪所領流民是包括漢人及氐羌各族的，他以流人都督統領其衆，與地方州郡無關。晉書卷一一二苻洪載記稱「其部下賜爵關内侯者二千餘人，以洪爲關内領侯將」，完全是軍事化與部落化的封建組織，上面通鑑稱苻洪以領氐爲其部曲，就表現部落與部曲制的結合。

和苻洪同時東遷的姚弋仲是羌族酋長，晉書卷一一六姚弋仲載記云：

永嘉之亂，東徙榆眉，戎夏襁負隨之者數萬……及石季龍尅上邽，弋仲説之曰：「……隴上多豪，秦風猛勁，道隆後服，道洿先叛，宜徙隴上豪强，虚其心腹，以實畿甸。」季龍納之，啓勒以弋仲行安西將軍，六夷左都督……勒既死，季龍執權，思弋仲之言，遂徙秦、雍豪傑於關東。弋仲率步（疑當作部）衆數萬，遷於清河，拜奮武將軍，西羌大都督，封襄平縣公……遷持節十郡六夷大都督，冠軍大將軍……武城左尉，季龍寵姬之弟也，曾擾其部，弋仲執尉，數以迫脅之狀，命左右斬之。尉叩頭流血，左右諫乃止。

弋仲所領也不單是羌人，而是包含漢人與其他各族在內，所以爲六夷大都督。他和苻洪一樣曾勸石虎徙民關東，東遷時他便以酋豪資格作爲都督，所以不稱流人，大概其衆羌人較多之故。下面説到與武城尉的一段交涉，武城爲清河屬縣，其地亦即弋仲所部徙居處，而武城的尉並不能干涉遷民的事，由上述情況已可知之。

像苻、姚之例當時一定還很多。晉書卷一〇七石季龍載記下稱「石祇聞鑒死，僭稱尊號於襄國，諸六夷據州郡擁兵者皆應之。」這一些六夷擁兵的是「撫軍張沈屯滏口，張賀度據石瀆，建義段勤據黎陽，寧南楊羣屯桑壁，劉國據陽城，段龕據陳留，姚弋仲據混橋，苻洪據枋頭，衆各十萬」。其中有些可能不是「六夷」，但二段均爲段部，劉國當是屠各，張賀度當是烏丸，他們大都是和苻姚相似的人物。

由此可見在各地區上這種以軍事組織占有人口的封建制與州郡同時存在。

不但如此，配兵制度也繼續存在。晉書卷一〇四石勒載記上云：「攻乞活李惲於上白，斬之，將坑其降卒，見郭敬而識之曰：『汝郭季子乎？』敬叩頭曰：『是也。』……署敬上將軍，悉免降者以配之。」按照當時習慣所配之衆就成爲他的部曲。晉書卷一〇六石季龍載記上：

右僕射張離領五兵尚書，專總兵要，而欲求媚於石宣（虎之太子），因說之曰：「今諸公侯吏兵過限，宜漸削弱，以盛儲威。」宣素疾石韜之寵，甚說其言，乃使離奏奪諸公府吏。秦、燕、義陽、樂平四公聽置吏一百九十七人，帳下兵二百人，自此以下，三分置一，餘兵五萬，悉配東宮。

石趙時期諸皇子和劉聰時制相同都分配了兵與吏，吏是以服役爲主的兵。這件事固然是在於削減兵力，但按照南北朝兵吏之制，所有兵吏家屬亦連帶入營，所以不僅僅影響了兵力的占有。

這些軍事封建力量對於中央政府負有什麼義務呢？首先是服從徵發，出兵參加戰爭，這一點不消多說；在經濟上是否有接收軍糧的權利或應向中央負有義務，我們完全不知道。推測起來他們所領部衆既然分配在一定的土地上，那末除了當兵以外，必然也從事生產，我們難以想像石勒、石虎的國庫可以負擔遍佈各地的軍隊所需要的糧食。晉書卷一一二苻健載記：

健密圖關中，懼洪（晉將軍杜洪，時占領長安）知之，乃僞受石祇官，繕宮室於枋頭，課所部種麥，示無西意。

這一件事雖說是苻健的詭計，但自苻洪遷枋頭已有十七年之久，十七年中流民取得生活資料的來源與苻洪及其關内侯等對流民的剝削除了課田以外没有其他途徑，因此「課麥」並非是臨時措置。

關於軍事化的人口占有方式，在前後燕最爲顯著。晉書卷一一一慕容暐載記：

僕射悦綰言於暐曰：「太宰政尚寬和，百姓多有隱附……今諸軍營户，三分共貫，風教陵弊，威綱不舉，宜悉罷軍封，以實天府之饒，肅明法令，以清四海。」暐納之。綰既定制，朝野震驚，出户二十餘萬。慕容評大不平，尋賊綰殺之。

太宰是慕容恪，當他執政之時，就是以容許軍營封户的擴大以清除内部矛盾，所以獲得貴族們的擁護。關於營户的解釋，資治通鑑卷一〇一晉海西公太和三年（三六八）九月有很明白的説明：

燕王公貴戚多占民爲蔭户，國之户口少於私家，倉庫空竭，用度不足。尚書左僕射廣信公悦綰曰：「今三方鼎峙，各有吞併之心，而國家政法不立，豪貴恣横，至使民户殫盡，委輸無入……宜一切罷斷諸蔭户，盡還郡縣。」燕主暐從之……出户二十餘萬，舉朝怨怒。綰先有疾，自力釐校户籍，疾遂亟，冬十一月卒。

通鑑所記與晉書不同，但爲一事無疑。由此可知營户即是蔭户，他們不屬州郡而屬於軍營，主持軍營的便是王公貴戚。營户又稱爲「軍封」，所以又即是那些王公貴戚的封户。這一次整理户口即在燕亡前兩年，表現了皇帝與貴族，漢族地主與鮮卑貴族在勞動力的占有問題上發生矛盾。

後燕建國仍然繼續施行這種制度。晉書卷一二四慕容寶載記：

遵垂遺令，校閲户口，罷諸軍營分屬郡縣，定士族舊籍，明其官儀。

通鑑卷一〇八晉孝武帝太元二十一年（三九六）六月：

燕主寶定士族舊籍，分辨清濁，校閱户口，罷軍營封蔭之户悉屬郡縣。

所謂軍營封蔭之户，胡三省注云：「蓋諸軍庇占以爲部曲者。」這個解釋是對的，但同時也是北方部族中以軍事組織的形式來推行封建的辦法。慕容寶廢除營户，定士族舊籍的結果，載記上説「而法峻政嚴，上下離德，百姓思亂者十室而九焉」。這些占有營户的貴族自然要怨恨；冒稱士族以獲得免役特權的也要怨恨；所云「上下離德」正説明了那種複雜的矛盾關係。我們看不久拓跋魏進攻時，後燕貴族與慕容寶之間不斷的發生内亂，雖然不能以罷營户爲唯一的促成内亂原因，但却是個重要的原因。前秦經過苻生、苻堅兩代對於氐羌貴族的制裁，建立了五胡中間唯一的雖然是不鞏固的集權國家，那種營户制度似乎没有獲得公開的承認與發展。後秦姚氏却一開始就以營領户。晉書卷一一六姚萇載記：

萇既與苻登相持積年，數爲登所敗，遠近咸懷去就之計，唯征虜齊難、冠軍徐洛生、輔國劉郭單、冠威彌姐婆觸、龍驤趙惡地、鎮北梁國兒等守忠不貳，並留子弟守營，供繼軍糧，身將精卒，隨萇征伐，時諸營既多，故號萇軍爲大營。大營之號，自此始也。

軍營不但作戰，還可以「供繼軍糧」，便可知道它的性質。姚萇載記又稱「萇下書，兵吏從征伐，户在大營者世世復其家，無所預」，可證以營領户，以户出兵吏之制。晉書卷一一七姚興載記上稱「分大營户爲四，置四軍以領之」，晉書卷一一九姚泓載記於劉裕入關時稱：「尚書姚白瓜徙四軍雜户入長安。」這一條所説四軍顯然即是上面所云以大營户分置的四軍。雜户之稱一方面是指種族的複雜，另一方面也表示其身分的低下，這只要看北魏時期對於雜户的輕賤便知道了。〔一〕大營以外的諸營在姚秦時既然很多，必然占有大量的營户。營户的來源大概出於俘虜。

姚秦時期又有不屬於州郡的鎮户，晉書卷一一八姚興載記下：「隴東太守郭播言於興曰：『嶺北二州，鎮户皆數萬，若得文武之才以綏撫之，足以靖塞姦略。』」以後到快要滅亡時，姚恢還「率安定鎮户三萬八千」到長安來，説要「除君側之惡」。〔二〕這種鎮户是屬於軍鎮的，雖與由貴族分領的營不同，但同是以軍事組織管理的户口。

赫連勃勃在其統治區域内根本不立郡縣，以軍鎮統户。十六國疆域志卷一六案語云：

案朔方、雲中、上郡、五原等郡自漢末至東晉久已荒廢，赫連氏雖據有其地，然細校諸書，自勃勃至昌、定世類皆不置郡縣（元和郡縣志勝州下，赫連氏之後訖於周代，往往置鎮，不立州郡），惟以城爲主，戰勝克敵則徙其降虜，築城以處之。故今志夏國疆域，惟以州統城，而未著其所在郡縣以别之，與志他國異焉。

洪氏的案語是對的，立鎮即是以城統軍，而以軍統户，晉書卷一三〇赫連勃勃載記所述與元和郡縣志中一些紀載，洪氏已加徵引，這裏不再轉引。總之城堡就是個大軍營，鎮所屬之户即是軍營所統之

〔一〕見本書拓跋國家的建立及其封建化篇。
〔二〕晉書卷一一九姚泓載記。

户。其實這種制度由來已久，上面我們已提到姚秦北邊的鎮户，最早一些當苻登與姚萇在陝甘一帶進行戰争時我們只見紀載到城堡的得失，甚至苻登的「國都」就在胡空堡，便可想見此時實際上已沒有郡縣的統屬關係，也沒有治民與治軍之别，有時只爲了空名稱某一城堡爲某郡，而以堡主爲太守而已。再推得遠些，魏晉以來所發展的堡塢豪帥及其部曲遍佈北方，同樣的是以軍營統户的制度。赫連勃勃僅是取消郡縣虚名，成爲只有軍鎮而無郡縣的現象，而這決非驟然發生的變化。赫連勃勃的軍鎮制度又遺留到北魏，薄骨律、高平、沃野諸鎮只是因襲舊制，後人考證北魏邊鎮創置之始及其制度，這一點是常常被忽略的。

如上所述，在勞動力的掠奪與占有的問題上，我們看到各族酋豪進入中國内地以後，在一定程度上都曾施行以軍事組織占有與控制人口的制度。這種制度是從各部落、部族中帶來的，但同時恰恰結合了從三國時期就已產生，而此時正在發展的中國固有的部曲制度。

四　固有封建勢力之保存及其發展

我們當然不致認爲所有土地、人口都這樣被各族酋豪分配完了，不管哪個政權統治者都得考慮被征服地域上的固有的統治勢力，他們既然無法消滅固有勢力，並且還要加以利用，這樣就必須承認其既得權益。

從東漢以至魏晉最基本的統治勢力是地方大族，由地方大族中孕育出來的兩類人物構成統治階級中的當權分子。一是以强宗豪族爲核心的地方武裝集團，就是堡塢主，當晉末亂時，這種地方武裝在北方普遍建立；二是具有高度文化水平，熟諳封建統治術的士大夫。二者也常常合而爲一，即是以士大夫而兼爲堡塢之主，例如郗鑒便是。〔一〕當劉淵、石勒初起之時，由於所領胡漢群衆自發的對於統治階級的讎恨，也由於胡羯酋豪本身與統治者的矛盾，對於那些堡塢主及士大夫曾經進行殺戮，而在此期間豪强大族爲了對抗新來的掠奪者以保衛自己的權益也更廣泛地組織起分散的地方武裝；或者逃避到足以保護自己的區域如江南、遼東西、涼州等地，這些區域是承認晉政權的，也就是承認統治階級舊有地位的。劉石的大肆屠殺，其例甚多：如劉曜、王彌入洛陽，「百官士庶死者三萬餘人」，愍帝被虜後，劉曜將尚書辛賓等及諸郡守殺死，〔二〕石勒破東海王越軍時將被俘虜的諸王公卿士一起殺死，又追越子司馬毗，也是「執毗及諸王公卿士皆害之」。在殺戮之中，第一流高門名士位居三公的王衍雖然無恥地勸勒稱帝仍被排墻壓死。〔三〕像王衍那種人，憑着他高門名士的領袖身分是大可利用一下的，然而石勒不加考慮，這就可見此時還不想爭取舊統治者的合作。所以晉書卷六二劉琨附子羣傳：

時勒及季龍（石虎）得公卿人士多殺之，其見擢用終至大官者唯有河東裴憲、渤海石璞、滎陽

〔一〕晉書卷六七郗鑒傳。

〔二〕晉書卷五懷帝紀、愍帝紀。

〔三〕晉書卷一〇四石勒載記上、卷四三王衍傳。卷五九東海王越傳云軍破時，「王公士庶死者十餘萬」。

鄭系、潁川荀綽、北地傅暢、及羣（劉琨子劉羣）、悦（崔悦）、諶（盧諶）等十餘人而已。〔一〕又如晉書卷一〇六石季龍載記上稱「至於降城陷壘，不復斷別善惡，坑斬士女，尠有遺類」，戰爭所殺有何善惡可言，這只是説石虎不別士庶，不別降附與抗拒一概殺光而已。如上所説，似乎二石之世但有殺戮，沒有「懷柔」，然而這只是在初期，一到他需要鞏固其政權時，態度就轉變了，這種轉變開始於什麽時候是難得確定的，因爲殺戮與勾結常常同時進行，只是初期多殺戮，後期多勾結，大概説來是在攻陷幽州之後與稱趙王之前。在此以前，俘虜中雖已分別士庶，但並不見得重視，晉書卷一〇四石勒載記上云：「陷冀州郡縣堡壁百餘，衆至十餘萬，其衣冠人物集爲君子營。」似乎已有優待「衣冠」亦即士族的措施，然而士族地位仍未確定。〔二〕攻陷幽州後，王浚幕下的士大夫有幾個被帶到襄國去錄用，稱趙王後，更有一些士族身任要職，而且頒佈法令「不得侮易衣冠華族」，這樣就把「衣冠」提出被侮辱的漢人之外，而更重要的則是恢復九品制度。晉書卷一〇五石勒載記下：

〔一〕敦煌所出晉紀云：「晉人則程遐、徐光、朱表、韓攬、郭敬、石生、劉瀓，舊族見用者河東裴憲、潁川荀綽、北地傅暢、京兆杜憲、樂安任播、清河崔淵。」

〔二〕太平御覽卷一九三引郡國志云：「石勒每破一州，必簡別衣冠，號君子城。洎平幽州，擢荀綽等還襄國，路經此，後俗訛爲箕子城。」按置城與設營的意義並無不同，這些「衣冠」雖被稱爲「君子」，實際上還是在軍事管理下。晉書卷七〇劉超傳：「遷射聲校尉，時軍校無兵，義興人多義隨，超因統其衆以宿衞，號君子營。」那麽所以稱爲「君子」即因其本非世襲兵之故，號爲君子營即是一般平民當兵之謂。石勒君子營中的衣冠可能仍是不免戍役的。

勒清定五品，以張賓領選，復續定九品。署張班爲左執法郎，孟卓爲右執法郎，典定士族，副選舉之任。令羣寮及州郡歲各舉秀才、至孝、廉清、賢良、直言、武勇之士各一人。

九品之制一恢復，士族就取得了免役與選舉的特權。以後又曾下書令「公卿百寮歲薦賢良方正、直言、秀異、至孝、廉清各一人，答策上第者拜議郎，中第中郎，下第郎中。其舉人得遞相薦引，廣招賢之路」，所謂「招賢」即是開闢地方大族子弟入仕的道路。此外他又設立太學、四門學、郡國學，學生是將佐、豪右子弟，將佐大概包括胡羯將領，豪右自然是地方大族，他同時要在新舊統治集團中培養出所需要的人才來。

士族特權，即使是殘暴到極度的石虎，當他即位以後就立即予以承認，晉書卷一〇六石季龍載記上稱季龍下書云：

三載考績，黜陟幽明，斯則先王之令典，政道之通塞。魏始建九品之制，三年一清定之，雖未盡弘美，亦縉紳之清律，人倫之明鏡。從爾以來，遵用無改。先帝創臨天下，黄紙再定，至於選舉，銓爲首格。自不清定，三載於茲。主者其更銓論，務揚清激濁，使九流咸允也。

所謂「黄紙再定」是指石勒統治時兩次定九品高下之事，由此可見石趙選舉制度是遵照魏晉舊制的，只是似乎但由主選舉者定九品而沒有建立中正。對於士族的優待不久又擴大到關中。晉書卷一〇六石季龍載記上：

鎮遠王擢表：「雍秦二州望族，自東徙已來，遂在戍役之例，既衣冠華胄，宜蒙優免。」從之。

自是皇甫、胡、梁、韋、杜、牛、辛等十有七姓，蠲其兵貫，一同舊族，隨才銓敘。思欲分還桑梓者聽之，其非此等，不得爲例。

雍秦大姓是平劉曜時的俘虜，〔一〕此時也和東方大族一樣享受免役與選舉特權，並且還准他們回到故鄉去。

此外石虎又曾令諸郡國立五經博士。太學、小學在石勒時設置大小學博士，石虎增置國子博士助教。

劉淵、劉聰並沒有理會士族，但劉曜却曾立太學、小學，晉書卷一〇三劉曜載記云：「簡百姓年二十五已下，十三已上神志可教者千五百人，選朝賢宿儒明經篤學以教之。」而且還曾「試學生已上第者拜郎中」，這些學生雖然泛稱「百姓」，但可以推測必然以他本族豪貴子弟與漢士族爲主，而秦雍大族的被俘正因爲他們在劉曜朝身任官職之故。所以我們可以承認劉曜及石勒稱趙王以後直至滅亡大體上沿用魏晉九品官人及學校之法，對於士族特權予以肯定。

對於地方武裝勢力，在劉石時期多被擊破，但在控制力較弱地區一般的是採用招納方式，即是承認既有的割據形勢，而要求物資與人力的供給。這在初期已經如此，晉書卷一〇四石勒載記上：

元海命勒與劉零、閻羆等七將率衆三萬寇魏郡、頓丘諸壘壁，多陷之。假壘主將軍都尉，簡

〔一〕晉書卷一〇三劉曜載記，前趙滅亡時，石虎「徙其臺省文武，關東流人，秦、雍大族九千餘人於襄國」。

强壯五萬爲軍士，老弱安堵如故。

這些壘壁是被擊破了，然而壘主的地位却沒有變動，他們接受漢的官爵，成爲漢的將軍、都尉，我們記得「都尉」官稱正是劉聰時期統治一萬落的長官，這就是説每一壁壘被認爲一個統治人民的基層組織，壘主們負責徵發强壯以補充兵源，所謂安堵的老弱自然要向壘主繳納租賦，而壘主必然也有向異族政權納貢的義務。晉書卷一〇四石勒載記上云：「屯於葛陂，降諸夷楚，置將軍二千石以下，稅其義穀。」所謂夷楚雖指豫南蠻族，但也兼指淮河流域人。這時河南、山東的堡壁很多，降於石勒的「夷楚」必然包括這些堡壁。他們被任作將軍與現在地區的地方官，但須貢納糧食。以後晉、趙爭豫州所爭的主要是這些割據勢力。晉書卷六二祖逖傳，逖所平的豫州刺史張平、〔二〕譙郡太守樊雅是流人塢主（流亡人民所組織的堡塢），又云：「蓬川塢主陳川自號寧朔將軍、陳留太守。」王含派兵助祖逖，乃是「討諸屯塢未附者」，最後祖逖傳云：「由是黄河以南，盡爲晉土，河上堡固先有任子在胡者，皆聽兩屬，時遣游軍僞抄之，明其未附。諸塢主感戴，胡中有異謀，輒密以聞。」晉書卷一〇五石勒載記下亦云：「自是兗、豫間壘壁叛者，逖皆不納，二州之人，率多兩屬矣。」由此可見河南地區完全爲各塢堡所控制，祖逖、石勒都只能使其歸附，不能消滅其勢力，並且都容許其兩屬。以後石勒攻滅山東境内大塢主徐龕，晉朝的兗州刺史（也是大塢主）劉遐退走。同書又説「徐兗間壘壁多送任請降，皆就拜

〔二〕晉書石勒載記稱張平爲兗、豫豪右。

守宰」，這些壘壁主仍然作爲石趙的守宰割據其地。

不但徐、兗、司、豫諸州在黄河以南的堡塢繼續存在，甚至在定居襄國之初，冀州壁壘也沒有被消滅，晉書卷一〇四石勒載記上云：

於是上表於劉聰，分命諸將攻冀州郡縣，壘壁率多降附，運糧以輸勒。

當然他們還接受地方官及軍號，送任子，出兵，但其勢力是被保留的。石勒載記上云：「廣平游綸、張豺擁衆數萬，受王浚假署，保據苑鄉，勒使夔安、支雄等七將攻之，破其外壘。」又説「游綸、張豺請降稱藩，勒將襲幽州，務養將士，權宜許之，皆就署將軍」，被攻者尚如此，請降者當然更許其存在了。

這些地方割據勢力有許多是流人的武裝組織，按照當時情況，流人是由大姓領導的鄉里組織；更多的即是本地大族，例如兗州刺史劉遐爲兗豫豪右，上述的游綸更是廣平第一個高門大族。資治通鑑卷八八晉懷帝永嘉六年（三一二）十二月叙游綸事，胡三省注：「姓譜：游，廣平望族。」〔一〕可知游綸止是以地方大族據有其本土，苑鄉是廣平屬縣。〔二〕張豺大概也是當地或鄰郡大姓。苑鄉不久爲石勒所襲，游綸仍被用爲主簿，及勒襲取幽州，因爲游綸之兄在范陽，才將他殺死，至於張豺則在二石之時，頗受寵任，石虎死時，他是一個最有權的將軍。

〔一〕魏書卷五四游雅傳：「雅勸（高）允娶於其族，允不從。雅曰：『人貴河間邢，不勝廣平游，人自棄伯度，我自愛黃頭。』貴己賤人，皆此類也。」伯度，雅字，黃頭是小名。可知游氏爲大族。

〔二〕通鑑胡注：「魏收志，廣平郡任縣有苑鄉城。宋白曰：『任縣，後漢南䜌縣地，後趙石氏於此置苑鄉縣，唐爲任縣，屬邢州。』」

由上面所述看來，劉聰、石勒雖然未始不想掃除堡塢豪帥，但當時却因力量不够，只能承認這種割據現象，並即以之爲所在地的守宰。

可是我們如果認爲雙方已經沒有矛盾那是不確實的，新興的胡酋在財富的掠奪上（包括土地與勞動力的掠奪），在殘酷的統治方式上使那些舊統治者感覺不滿，因此後者往往寧肯選擇鮮卑族的慕容氏與段氏。晉書卷四四盧欽附從孫諶傳：

時南路阻絕，段末波在遼西，諶往投之……末波死，弟遼代立，諶流離世故，且二十載。石季龍破遼西，復爲季龍所得，以爲中書侍郎、國子祭酒、侍中、中書監……諶名家子，早有聲譽，才高行潔，爲一時所推。值中原喪亂，與清河崔悦、潁川荀綽、河東裴憲、北地傅暢並淪陷非所，雖俱顯於石氏，恒以爲辱。諶每謂諸子曰：「吾身沒之後，但稱晉司空從事中郎爾。」

盧諶之投段氏，並非心甘情願，不過在他看來，段氏總比石氏好一點。晉書卷一〇九慕容皝載記附陽裕傳：

勒方任之，裕乃微服潛遁，時鮮卑單于段眷爲晉驃騎大將軍、遼西公，雅好人物，虚心延裕……歷事段氏五主，甚見尊重……石季龍克令支，裕以郡降，拜北平太守，徵爲尚書左丞。段遼之請迎於季龍也，裕以左丞領征東麻秋司馬，秋敗，裕爲軍人所執，將詣皝。皝素聞裕名，即命釋其囚，拜郎中令。

石勒要用陽裕，他却要逃到段就六眷那裏去，以後直到段氏快要滅亡，他才降附石虎，這時他大約瞭解石氏對於士大夫也相當優待，所以不再逃遁。

又石虎死後，晉書卷一〇七石季龍載記下稱：「三輔豪右多殺其令長，擁三十餘壁，有衆五萬以應勳（晉梁州刺史司馬勳）。」這一方面説明豪右堡塢主的勢力依然存在，另一方面也表現了豪右與石趙的矛盾。

前燕在遼東時就已招徠流亡人民，當時流民既由當地大族率領，所以大族士大夫就受到重視。晉書卷一〇九慕容皝載記稱封裕諫皝語，有云：「流人之多舊土，十倍有餘，人殷地狹，故無田者十有四焉。」由各地流亡到遼東的要比本地人超過十倍，統治這樣多的流人就不能不從流人中選拔出那些大族士人來作爲羽翼。晉書卷一〇八慕容廆載記云：

時二京傾覆，幽冀淪陷，廆刑政脩明，虚懷引納，流亡士庶，多襁負歸之，廆乃立郡以統流人；冀州人爲冀陽郡，豫州人爲成周郡，青州人爲營丘郡，并州人爲唐國郡。於是推舉賢才，委以庶政：以河東裴嶷、代郡魯昌、北平陽耽爲謀主；北海逢羨、〔一〕廣平游邃、北平西方虔、〔二〕渤海封抽、西河宋奭、河東裴開爲股肱；渤海封奕、平原宋該、安定皇甫岌、蘭陵繆愷以文章才儁，任居

〔一〕元和姓纂輯本卷一龐氏下云：「燕慕容以北海龐美爲股肱。」岑氏四校記云：「據晉書一〇八慕容廆以北海逢羨爲股肱，則慕容下奪『廆』字。又『逢』一音『龐』，故龍逢亦作龍龐，逢、逢、羨、美均涉形近而訛也，下文逢姓自有北海一支。」岑氏之説甚是，逢氏爲北海望族，龐氏實無以北海爲郡望的一支。

〔二〕元和姓纂輯本卷三作西方武，可能本是西方虎，姓纂避諱改作「武」，「虔」又是「虎」之誤。

樞要；會稽朱左車、太山胡母翼、魯國孔纂以舊德清重，引爲賓友。平原劉讚儒學該通，引爲東庠祭酒，其世子皝率國胄束脩受業焉。

上面所舉各人都是當郡大姓，他們大概不少是率領流民一起來的。太平御覽卷四六二引范亨燕書：「高翔說高祖（慕容廆）曰：『自王公政錯，士人失望，襁負歸公者動有萬數。』」動有萬數自然是指一般人民，但他特別提出士人對於王浚的失望，即說明流民乃由士人統率，集體流亡到遼東。設立的僑郡大概亦即以原來的流人首領充當郡守。這些流人供給了鮮卑貴族的軍營封户，供給了僑立的郡縣亦即開闢荒地的農民，此外照載記上說還作爲繳高額地租的屯田户，前燕的經濟基礎既然依靠對流民的剝削，自必要更好的與流民首領取得合作。我們看慕容氏之用漢族士人甚至給予兵權；如慕容皝用封奕統兵攻鮮卑木提于，宇文别部涉奕于，又追擊宇文歸，攻段遼；又以皇甫真討吕護，後來慕容垂曾建議要用他統并幽之衆以伐苻堅；慕容儁用裴嶷爲右部都督統索頭以討宇文乞得龜；這裏也暗示軍隊之中有很多的流人。前燕大臣除皇族以外很少用鮮卑以及其他各族人，但漢人却多，且居要位，即由於前燕國内這種特殊情況。

晉書卷一〇九慕容皝載記又述「賜其大臣子弟爲官學生者號高門生」，燕之大臣除慕容之外以漢族大姓爲多，這和劉石的學生入學標準就有些不同，稱爲「高門」就顯示了這一點。晉書卷一一〇慕容儁載記：

廷尉監常煒上言：「大燕雖革命創制，至於朝廷銓謨，亦多因循魏晉。唯祖父不殯葬者，獨不聽官身清朝，斯誠王教之首，不刊之式……」

銓譔取法魏晉就是九品官人之法，可見前燕亦仍舊制。祖父不殯葬不應出仕是東漢以來的名教問題，晉書卷二〇禮志中凶禮類稱建武元年（三一七）以温嶠爲散騎侍郎，温嶠爲了想改葬他母親，不受官，下引羣臣論議即關於此種情況下的處理。這一類的問題就是清議所及的問題，因而實際上也是銓選問題，前燕立此禁例，自然將魏晉選舉精神全部襲取，門閥高下之作爲主要標準更不待言。

對於堡塢豪帥之流，前燕和石趙政策大致相同。晉書卷一一〇慕容儁載記云：

張平跨有新興、雁門、西河、太原、上黨、上郡之地，壘壁三百餘，胡、晉十餘萬户，遂拜置征、鎮爲鼎跱之勢。儁遣其司徒慕容評討平……并州壘壁降者百餘所，以尚書右僕射悦綰爲安西將軍，領護匈奴中郎將并州刺史以撫之。平所署征西諸葛驤……等率壘壁百三十八降於儁，儁大悦，皆復其官爵。

復其官爵，即是承認張平所授之職，亦即是承認其在各地的勢力。

前燕慕容氏一開始就與漢族士大夫合作，共同統治，因此在前燕境内大族勢力更有發展，以後的後燕、南燕大體上繼承這個政策。晉書卷一二四慕容寶載記稱寶嗣位之初，「定士族舊籍」，通鑑卷一〇八晉孝武帝太元二十一年（三九六）六月稱：「燕主寶定士族舊籍，分辨清濁。」這種措置對於冒稱士族者（大概很多是由軍功出身的將佐）大爲不利，但很明顯的尊重舊大族的特權。南燕在喪敗之中，占領青州而建國，才入廣固稱帝，就頒佈了承認舊士族的詔令，晉書卷一二七慕容德載記：「（德）僭即皇帝位於南郊……建立學官，簡公卿以下子弟及二品士門二百人爲太學生。」二品是九品中的品第，所謂「凡厥衣冠，莫非二品」。〔一〕慕容德載記又稱尚書韓諱上疏曰：

「陛下中興大業，務在遵養，矜遷萌之失土，〔二〕假長復而不役，愍黎庶之息肩，貴因循而不擾……而百姓因秦晉之弊，迭相蔭冒，或百室合户，或千丁共籍，依託城社，不懼熏燒，公避課役，擅爲姦宄……今宜隱實黎萌正其編貫……」德納之，遣其車騎將軍慕容鎮率騎三千，緣邊嚴防，備百姓逃竄。以諱爲使持節、散騎常侍、行臺尚書，巡郡縣，隱實得蔭户五萬八千。

由此可見慕容德入青州，對於原來的大族經濟絲毫也沒有損害，這種有力量蔭户，以至「百室合户，千丁共籍」的户主從秦晉以來一向如此占有土地與人户，這時由於和外來統治者的利益産生矛盾，才檢查了一次，其不徹底是可以想見的。

前秦苻生、苻堅兩代都進行了抑制氐羌貴族，擴大皇權的政策。苻堅最信任的王猛爲北海士族，漢人被任用者亦甚多，這正因爲苻氏宗室及氐族内部矛盾發展，促使苻堅有進一步争取漢族士大夫之必要。晉書卷一一三苻堅載記上：

復魏晉士籍，使役有常。

〔一〕宋書卷九四恩倖傳序。

〔二〕殿本「萌」作「氓」。下「隱實黎萌」的「萌」同。

這和以後慕容寶的「定士族舊籍」相同，一面尊重舊族免役特權，另一面取締冒稱士族以擴大徵發徭役對象。晉書卷一一四苻堅載記下稱他發動對晉战争時，特別規定「門在灼然者爲崇文義從」，所謂「灼然」即九品中正制中的「灼然二品」，〔一〕門在灼然之意即是「高門」，可見苻秦也有九品論人之制。苻堅載記上又稱苻堅罷免大商人官職，分別士庶完全依照晉代舊制。資治通鑑卷一〇三晉簡文帝咸安二年（三七二）二月：

秦以清河房曠爲尚書左丞，徵曠兄默及清河崔逞、燕國韓胤爲尚書郎，北平陽陟、田勰、陽瑤爲著作佐郎，郝略爲清河相，皆關東士望，王猛所薦也。

滅燕之後，前秦立刻就錄用「關東士望」，這與石勒滅前趙，俘虜關中大族的政策大爲不同。此種政策目的在於鞏固其在新征服地區的統治，而這些「士望」却經歷羯胡、鮮卑、氐族三次的征服，依然保存他們的固有地位。〔二〕

對於關東大族如此，秦雍大族更不消說。他們的勢力既然被保留，所以當前秦瓦解之際，他們也

〔一〕見本書九品中正制度試釋篇。

〔二〕資治通鑑卷一〇三於咸安二年三月又書：「秦主堅詔關東之民學通一經，才成一藝者，在所以禮送之。」可與上條參觀。又苻堅載記上稱「堅廣脩學官，召郡國學生通一經以上充之，公卿已下子弟並遣受業」，這是行於關中的令文，滅燕之後又推廣到關東，所謂以禮發遣，即送入太學。載記稱堅每月臨太學並親試諸生，大概有些誇大，但是企圖通過學校以培養他們需要的人才是可以相信的。

分爲兩派參加苻氏與羌族姚氏的戰爭。晉書卷一一四苻堅載記下：

關中堡壁三千餘所，推平遠將軍馮翊、趙敖爲統主，相率結盟，遣兵糧助堅。

又晉書卷一一五苻丕載記王永檄州郡文云：

「公侯牧守，壘主鄉豪，或戮力國家，乃心王室，各率所統，以孟冬上旬會大駕於臨晉。」於是天水姜延、馮翊寇明、河東王昭、新平張晏、京兆杜敏、扶風馬郎、建忠高平、牧官都尉王敏等咸承檄起兵，各有衆數萬。

關中本爲各族雜居之地，壘主鄉豪不必爲漢人，但如上所舉大都爲漢族大姓。可是也有一部分大族擁護姚萇，晉書卷一一六姚萇載記：

西州豪族尹詳、趙曜、王欽盧、牛雙、狄廣、張乾等率五萬餘家，咸推萇爲盟主。

從上面的記載中，我們可以看到漢族大姓原來保存下來的武裝勢力是相當巨大的。

在東方的情形也是一樣，資治通鑑卷一〇五晉孝武帝太元九年（三八四）二月：

東胡王晏據館陶，爲鄴中（苻丕）聲援，鮮卑、烏丸及郡縣民據塢壁，不從燕者尚衆……（慕容）紹帥騎數百往說王晏，爲陳禍福，晏隨紹詣（王）楷降。於是鮮卑烏丸及塢民降者數十萬口。楷留其老弱，置守宰以撫之，發其丁壯十餘萬。

後燕對於堡塢的處理與石勒一樣，所置守宰必然即是那些堡、塢主，於是一面承認其既成勢力，一面强迫徵發塢民服兵役。前秦保留下來的武裝勢力在後燕時仍然被保留。

後秦姚氏從關中徙居清河時，本已雜有秦雍大族，晉書卷一一六姚襄載記說他「以太原王亮爲長史，天水尹赤爲司馬……太原薛讚、略陽權翼爲參軍」。尹氏一族是姚家死黨，晉書卷一一八姚興載記附尹緯傳云：

苻堅以尹赤之降姚襄，諸尹皆禁錮不仕，緯晚乃爲吏部令史……及姚萇奔馬牧，緯與尹詳、龐演等扇動羣豪，推萇爲盟主，遂爲佐命元功……萇死，緯與姚興滅苻登，成興之業，皆緯之力也。

我們從上引姚萇載記可以見到「扇動羣豪」的很多是西州大族，苻堅雖排斥尹氏，但不能消除其在當地勢力，所以姚萇始起，尹緯就運用其大族固有力量組織起武裝來。晉書卷一一六姚萇載記稱萇稱萬年秦王時「以天水尹詳、南安龐演爲左右長史，南安姚晃、尹緯爲左右司馬，天水狄伯支、焦虔、梁希、龐魏、任謙爲從事中郎，姜訓、閻遵爲掾屬，王據、焦世、蔣秀、尹延年、牛雙、張乾爲參軍，王欽盧、姚方成、王破虜、楊難、尹嵩、裴騎、趙曜、狄廣、党删等爲帥」，這一張名單只有少數爲羌人，其餘皆天水、南安大姓。他們以「佐命元功」身分，其勢力在後秦朝當然更有發展。

以上所述主要是就關中、河北區域幾個較大政权有關此一問題的例子。

巴氏李氏建國經過，業已在上面說明，這是個流民的暴動。但流民在氐叟侯王及六郡大姓的領導下被利用爲宗族、地域間鬥爭的力量，簡單地說正義的流民暴動演變爲外來大族與土著大族間的鬥爭。晉書卷一二〇李特載記：

是時蜀人危懼，並結村堡，請命於特，特遣人安撫之。益州從事任明説（羅）尚曰：「特既凶逆，侵暴百姓，又分人散衆在諸村堡，驕怠無備，是天亡之也。可告諸村，密剋期日，内外擊之，破之必矣。」尚從之……明潛説諸村，諸村悉聽命……尚遣大衆掩襲特營，連戰二日，衆少不敵，特軍大敗……斬特及李輔、李遠。〔一〕

這一次戰爭由於各村堡與羅尚的合作，李特等戰死，流民勢力幾乎消滅。領導諸村堡的乃是土著大族。晉書卷一二〇李流載記云：

特之陷成都小城，使六郡流人分口入城，壯勇督領村堡。（李）流言於特曰：「……宜錄州郡大姓子弟以爲質任，送付廣漢，縶之二營，收集猛鋭，嚴爲防衛。」又書與特司馬上官惇，深陳納降若待敵之義，特不納。特既死，蜀人多叛，流人大懼〔二〕……三蜀百姓並保險結塢，城邑皆空，流野無所略，士衆飢困。涪陵人范長生率千餘家依青城山。尚參軍涪陵徐轝求爲汶山太守，欲要結長生等與尚掎角討流，尚不許，轝怨之，求使江西，遂降於流，説長生等使資給流軍糧，長生從之，故流軍復振。

〔一〕華陽國志卷八大同志任明作任叡。又云：「尚如期出軍討特，諸村亦起大殺，特衆破退。」

〔二〕華陽國志卷八大同志云：「雄書諫特收質任，毋得分散猛鋭，流亦諫之。特怒曰：『大事以定，但當安民，何緣疑動，而劫害不止。』」

由此可知結村堡者即是州郡大姓，由於「保險結塢」之故，李流情勢已很危急，但由於涪陵人徐轝的投降與范長生的支持，才轉危爲安。華陽國志卷一巴志涪陵郡條云「延熙十三年（二五〇），大姓徐巨反」，又云鄧芝「移其豪徐、藺、謝、范五千家於蜀爲獵射官。分羸弱，配督將韓蔣□□名爲助郡軍，遂世掌部曲，爲大姓」。那末徐范都是自蜀漢時遷移的涪陵大姓，他們世領部曲，擁有武裝力量，所以一歸李氏，起了很大的作用。范長生不但是大姓，而且還是個天師道教主，巴氏也世奉天師道，這樣就更易於結合。通過范長生的支持，李雄終於占領了巴蜀，晉書卷一二一李雄載記稱雄甚至要推范長生爲君，長生不受。當范長生到成都時，「雄迎之於門，執版延坐，拜丞相，尊曰范賢」，稱帝以後，「加范長生爲天地太師，封西山侯，〔一〕復其部曲，不預軍征，租稅一入其家」。這樣的尊重固然雜有宗教的關係，但通過這種部曲制度的承認，就安定了巴蜀大姓的情緒，取得固有統治勢力的合作。

這種部曲制度同時也在巴氏貴族間推行。晉書卷一二一李期載記云：「雄令諸子及宗室子弟以恩信合衆，多者不至數百，而期獨致千餘人。」華陽國志卷九李特雄期壽勢志云：「雄時令諸子各募合部曲。」所謂「恩信合衆」即是招募部曲，而我們知道部曲租稅都由其主將徵收，實際上兼有招兵與占有農民的意義。新來的巴氏及六郡人士雖然暫時與巴蜀大姓取得妥協，但在經濟上是有矛盾的，因此李氏發生宗族間的內亂，常常牽涉到巴蜀大姓的問題，這一點在這裏不再詳述。

〔一〕魏書卷九六賨李雄傳「西山侯」作「西山王」。

涼州區域從前涼滅亡之後，陷於分崩離析，各族酋豪紛紛割據，可是涼州大姓却依然保存其特權。晉書卷一二六禿髮烏孤載記：

鎮西平，以楊軌爲賓客；金石生、時連珍，四夷之豪儁；陰順、郭倖西州之德望；楊統、楊貞、衛殷、麴丞明、郭黄、郭奮、史暠、鹿嵩文武之秀傑；梁昶、韓疋、張昶、郭韶中州之才令；金樹、薛翹、趙振、王忠、趙晁、蘇霸秦雍之世門；皆内居顯位，外宰郡縣，官方授才，咸得其所。

中間所舉有些似乎不是漢人，如楊、梁、史、金、薛諸姓便有蕃姓嫌疑，但如陰、郭、張、趙、蘇諸姓却確爲秦、雍、涼諸州大族，即是有蕃姓嫌疑的諸人，也已久染漢化。晉書卷一二六禿髮利鹿孤載記云：「祠部郎中史暠對曰：『……今取士拔才，必先弓馬，文章學藝爲無用之條，非所以來遠人垂不朽也……宜建學校，開庠序，選耆德碩儒，以訓胄子。』利鹿孤善之，於是以田玄沖、趙誕爲博士祭酒，以教胄子。」這個史暠可能不是漢人，但已完全漢化。這一條所載立學的效果如何是有問題的，但却説明即使割據一時也有立學選士之制，受教育的則是胄子，亦即是胡、漢大臣的子弟。這兩位博士祭酒，趙是天水大姓，田也是西平望族。晉書卷一二九沮渠蒙遜載記：

(段)業先疑其右將軍田昂，幽之於内，至是謝而赦之，使與武衛梁中庸等攻蒙遜。業將王豐孫言於業曰：「西平諸田，世有反者，昂貌恭而心狠，志大而情險，不可信也。」業曰：「吾疑之久矣，但非昂無可以討蒙遜。」豐孫言既不從，昂至侯塢，率騎五百歸於蒙遜。蒙遜至張掖，昂兄子承愛斬關納之……隆安五年(四〇一)，梁中庸、房晷、田昂等推蒙遜爲使持節大都督、大將軍，涼州牧張掖公……田昂爲鎮南將軍、西郡太守，臧莫孩爲輔國將軍，房晷、梁中庸爲左右長史，張隲、謝正禮爲左右司馬。擢任賢才，文武咸悦。

從「西平諸田」這句話中，可以看到田氏是擁有武裝勢力的大族。〔一〕張隲大約是敦煌人，晉書卷八六張軌傳：「晉昌張越，涼州大族。」晉昌郡從敦煌分出，晉昌大族即是敦煌大族，梁中庸後逃歸李暠，爲主簿，想是漢人，梁氏亦安定大族。魏書卷五二宋繇傳：

敦煌人也。曾祖配、祖悌世仕張軌子孫，父僚，張玄靚龍驤將軍、武興太守……（繇）吕光時舉秀才，除郎中，後奔段業，業拜繇中散常侍。繇以業無經濟遠略，西奔李暠，歷位通顯……沮渠蒙遜平酒泉，於繇室得書數千卷，鹽米數十斛而已。蒙遜歎曰：「孤不喜剋李歆，欣得宋繇耳。」拜尚書吏部郎中，委以銓衡之任。蒙遜之將死也，以子牧犍委託之。牧犍以繇爲左丞，送其妹興平公主於京師，世祖拜繇爲河西王右丞相……世祖平涼州，從牧犍至京師。

宋配是前涼開國元勳。資治通鑑卷一〇〇晉穆帝永和十一年（三五五）七月載涼州張氏内亂事稱：「驍騎將軍敦煌宋混兄脩與祚（張祚，此時爲涼王）有隙，懼禍，八月，混與弟澄西走，合衆萬餘人以應瓘（張瓘），還向姑臧。」宋氏弟兄一呼而集合萬人，可見其在涼州之聲勢。晉書卷八六張玄靚傳稱「右司馬張邕惡（宋）澄專擅，殺之，遂滅宋氏。」上引宋繇傳稱其父僚爲張邕所殺，即此事，宋混可能

〔一〕古今姓氏書辨證卷九田氏下云：「又有望出平涼、京兆、雁門、太原、天水、信都者，世系具元和姓纂。」其中平涼、京兆、天水三望並在西北，或與西平諸田有關。

亦宋配之子。沮渠蒙遜喜於獲得宋繇，主要是因爲宋氏在涼州的勢力足以利用，所以後來還將兒子託給他。魏書卷五二張湛、宗欽、段承根三人皆涼州名士，段承根的父親段暉曾爲乞伏熾磐的輔國大將軍、涼州刺史、御史大夫、西海侯，又同卷劉昞、趙柔、索敞、陰仲達諸人都曾在北涼出仕；這一些人固然都以儒學見稱，但同時也正說明涼州漢族大姓並不因各族的混戰而喪失其特殊地位。

就上面所述，我們可以看到各族統治者爲了鞏固其統治而與原有統治勢力妥協合作的情況。由此推論，從東漢末年孕育出來的，以宗族鄉里的地方勢力爲基礎的堡塢豪帥與官僚士大夫在此時期並未喪失其權利，相反的他們在異族酋豪的保護下倒進一步發展了以大族爲主的封建割據勢力；主要的表現在堡塢主大抵被委任爲地方官及漢族士大夫之參加各族政權。在這樣情況下，各族酋豪在土地、勞動力的掠奪上就必須限制自己過分侵犯舊統治者的利益。我們說不過分侵犯的意義就是説完全不侵犯是不可能的，因爲在戰爭中士族流亡既然不少，而徵發壯丁當兵與供給軍糧也足以損害堡塢主的剝削利益。過去由大族豪强獨占的利益不能不由新來的統治者分取。由於新統治者的到臨而蒙受損失的大族豪强與由於勾結舊有勢力而限制自己過分侵占利益的酋豪們爲了滿足其欲望就一齊向人民身上索取補償，這樣就搆成新舊統治者彼此制約又彼此合作以對付人民的關係。

當然我們不能太强調這種關係，因爲雙方矛盾的消失還要一個較長時期，而由統治者煽動起來的種族間的殘酷報復也常常會破壞這種合作。尤其是在以漢族人民爲首的各族人民的反抗下，五胡政權不能穩定，政權的急速崩潰與移轉必然也影響到統治者之間的合作，使之解體。

五　後論

五胡問題是較爲複雜的，因爲各族的反晉經過既有差別，而又與歷代北方遊牧部族、部落的南下劫掠不同。

各族反晉的性質東部鮮卑與其他各族不同，慕容、拓跋都只能是塞外部落的南下侵掠，可是匈奴、羯胡、氐、羌却不能單純的以此解釋。

除了東部鮮卑以外，各族人民離開所徙居的土地便没有根據地，而他們的徙居則是由於征服或降服；他們受州郡官吏的統治，承擔服兵役與繳納賦税的義務，一部分業已成爲州郡的編户與豪强的田客與奴隸。他們所受的壓迫是階級與種族的雙重壓迫。

當西晉政權被摧毁，那些酋豪武力征服了北中國，並建立起符合於自己利益的政權，便以種族壓迫的方式殘殺、劫掠與奴役以漢族人民爲主的各族人民，他們占有了土地並迫使漢族及其他各族人民成爲他們的編户、營户與奴隸，人民所受的壓迫同樣是雙重的。

我們首先應該討論矛盾發生在那裏，與那一種矛盾是主要的。

如上所述我們看到魏晉期間的大土地所有者由於勞動力的缺乏，曾經迫使内遷各族人民在土地上勞動，並對之進行各種方式的剥削，而酋豪們一旦建立了政權，占有了土地以後也同樣對待被統治的人民。這種奴役與壓迫完全是在武力征服與土地掠奪的基礎上進行的，其利益也只能歸之於統治者，一般人民不論是漢族或其他既然只有很少的土地甚至本身即是佃客與奴隸，他們不可能進行任何壓迫與奴役。各族人民間兩種矛盾，階級的或是種族的都不會形成。

矛盾首先發生在征服者與被征服人民間。其次則是發生在各族統治者之間。

我們在上面已經提到魏晉期間爲了加强奴役各族人民，因之對於内遷各族的管理是十分嚴厲的，這樣就使原來各族的酋豪削減或喪失其權力，從而也削減了或者喪失其財富。各族統治者爲了恢復其權力、財富並企圖加以擴大，就必須反抗晉朝的統治。各族統治者及其人民在不同的立場上一致反抗晉朝，這樣就構成了全族形式的鬥争。反過來，當各族統治者任意進行着劫掠、奴役以至殘殺時，漢族統治者既不免遭受損害，他們爲了保衛其既得權益並企圖恢復其獨占性的統治軌轍，也必須反抗那些陌生的外來酋豪，他們的反抗自然也與人民的反抗結合爲全族的鬥争。

被征服的人民主要是反抗壓迫與奴役他們的异族統治者，而這些統治者同樣壓迫與奴役其本族人民，因此主要的矛盾只能是階級性的。西晉末年亂事開始擴大時六夷與漢族人民曾經共同起義。汲桑領導下的牧奴暴動，巴氐李氏領導下的流民暴動以及義陽蠻張昌領導下的流民暴動都是很好的例子。石虎統治期間梁犢領導下的起義也有胡人參加。晉書卷一〇七石季龍載記下説起義群衆是「東宫高力」，其中必有很多「六夷」，載記又説：

高力督定陽梁犢等因衆心之怨，謀起兵東還，陰令胡人頡獨鹿微告戍者，戍者皆踴抃大呼。

這裏就説明了被壓迫胡人突破種族界限與漢族人民共同反抗石趙的統治。

然而在鬥争中，由於當時人民對於階級認識的不明確，更由於統治者爲了滿足其虐殺與奴役被征服族人民的欲望而鼓動的殘酷報復，種族矛盾就擴大到人民中間去，本來没有矛盾的人民在彼此讎殺與彼此猜疑的情況下也産生了矛盾。於是種族矛盾發展得更爲廣泛，石趙滅亡時各族間的相互讎殺表現得很明顯。

酋豪們的政權基礎是建立在種族矛盾上面的，他們開始時須要在一定程度上堅持種族的界限，並利用各族間的矛盾，特别是對漢族的矛盾，以鞏固其政權。可是他們既然占有了土地、人口，形成了軍事化的封建制度，他們建立的政權不能不代表封建主的利益，原有的封建勢力與新來的酋豪們既然都不能排斥任何一方，而在階級的利害上又有其共同點，那末彼此之間從互相排斥轉而爲互相倚賴是極其自然的。石虎一方面「苦役晉人」，另一方面又承認士族在經濟上政治上的特權，就表現了一個政策的兩面。胡、漢統治階級的勾結，結果就形成了聯合壓迫胡、漢人民的政權。這樣性質的政權在五胡時期還没有鞏固，但顯然已有萌芽而且正在發展。

演變到了前秦瓦解時，政權的更迭已不是單純的某一種族代替另一種族掌握政權的問題，而是某一胡、漢聯合集團與另一胡、漢集團的問題。我們在上面已經提到關中大族當姚萇和苻氏鬥争時分成兩派，各有所主。甚至氐羌族也不是界限分明，譬如新平羌酋雷惡地便曾支持苻登而反抗姚萇。這種情況固然主要的由於在此時期部族共同體並不能像民族那樣鞏固，因此其界限也是模糊的；同時也説明種族矛盾正在轉化中。

如上所述，五胡時期階級與種族的矛盾同時存在，在初期除鮮卑以外階級矛盾更爲突出，不久，階級矛盾爲種族矛盾所掩蓋，而最後則在胡、漢各族統治者的聯合統治中，在胡、漢各族人民的聯合反抗中，我們看到種族矛盾正在轉化。

我們現在可以估計一下晉末各族「變亂」所起的作用：

首先，「變亂」的結果是各族酋豪在北方地區建立了若干命運短促的分裂的割據政權。在酋豪的統治下，這種政權的任務第一便是殘酷的屠殺與劫掠，以致使占領區内的社會經濟遭受嚴重的破壞；第二，它不但保障新來的統治者的利益，並且也保障了舊有的堡塢豪帥以及官僚士大夫的利益，這樣就使得封建勢力更爲擴展，從而使業已遭受嚴重破壞的社會生產力套上沉重的枷鎖。

五胡政權破壞了社會經濟及較高級文化，並阻礙其發展，這就是它的作用。

然而就另一方面説，「變亂」一開始就是胡、漢各族人民對晉政府的聯合反抗，在一定程度上削弱了世家大族的經濟基礎，這是正義的也是進步的行動。這個正義的行動立刻爲各族酋豪所歪曲，所破壞，以至消滅，於是接着就來一個黑暗統治。然而隨着階級分野的明朗化，胡、漢各族人民的合作反抗在這個基礎上逐漸鞏固起來，一到北魏時期，從山胡白龍、盧水胡蓋吴的起義以至魏末的北鎮起義，在鬥爭中團結起來的各族人民共同削弱了並且擊潰了鮮卑拓跋帝國。階級覺悟統一了各族鬥爭的目標，從而使種族的隔閡逐漸消失，形成各族的大融合。

胡、漢統治者使社會生產力套上沉重的枷鎖，而胡、漢人民則鬆弛了這個枷鎖。

拓跋國家的建立及其封建化

一　拓跋國家的建立

自從東漢末年鮮卑族的檀石槐帝國瓦解以後，許多鮮卑以及號稱鮮卑的部落、氏族各自帶着一個不甚熟習的稱號在魏晉的北方邊境活動，拓跋部落就是其中之一，這個部落在西方另外有一個譯成禿髮的分支。我們現在所討論的只是後來建立北魏的那個部落並以此爲名的部落聯盟與部族。

魏書卷一序紀上説：「成皇帝諱毛立，聰明武略，遠近所推，統國三十六，大姓九十九。」魏書卷一一三官氏志也説：「初安帝統國諸部有九十九姓。」關於拓跋祖先的事跡，從力微以前有些名字都出於僞造，我們自不能完全信賴魏書的紀載，但是「統國三十六，大姓九十九」的傳説却在很久以後還流播人口，甚至成爲難忘的典制；宇文泰統治西魏時期，還曾企圖恢復，〔一〕因此雖然我們懷疑所謂成帝、安帝的真實性，而拓跋先世從後來朦朧的記憶中曾經有過這樣一回事是可以相信的。我想九十九加上拓跋自己合成百姓，這正是原始的百姓意義，即是氏族社會中氏族十進制的組織。〔二〕至於三

〔一〕周書卷二文帝紀魏恭帝元年云：「魏氏之初統國三十六，大姓九十九，後多絕滅，至是以諸將功高者爲三十六國後，次功者爲九十九姓後，所統軍人，亦改從其姓。」

〔二〕參見恩格斯：家庭、私有制和國家的起源，人民出版社版，第一一六頁。

十六國則是與拓跋部落相結合的同盟氏族與部落。所謂成帝、安帝時期的九十九姓、三十六國，魏收在寫魏書時已經不能列舉，他所能知道的乃是「神元皇帝時（力微）餘部諸姓內入者」。這些記載在官氏志上的諸姓從地理分佈上與人種上都表現了極其廣泛的規模，我想這與原先的三十六國、九十九姓是不盡相符的，可能很多是全不相干的。

拓跋族曾經經過一個長期的原始公社社會是無可懷疑的，可是我們在歷史上開始看到它的興起時，它已是走到了原始公社制的盡頭，開始向階級社會發展了。由於資料的缺乏，我們還不能知道從力微以至道武帝拓跋珪初即位時較完整的社會經濟發展情況。我們只知道拓跋是一個遊牧部落，其酋長力微在魏晉之間率領部衆居於鄂爾多斯草原，成爲晉初邊疆上的禍患，〔一〕以後在內蒙古自治區的舊綏遠部分與山西之間移動，沒有定居的城郭。

從力微到拓跋珪正是由部落聯盟到建立國家的轉變時期。

還在西晉末年拓跋部落中的交換關係已經有了發展。水經河水注：

皇魏桓帝十一年（三〇五）西幸榆中，東行代地，洛陽大賈齎金貨隨帝後行。

桓帝即猗㐌，爲猗盧兄，這個商人特地從洛陽到來，追隨猗㐌左右，自然想進行貿易，由此可見晉朝商人深入拓跋部落的情況。甚至還有一些商人長期留居在部落中。魏書卷二三莫含傳：

〔一〕晉書卷三六衛瓘傳：「於時幽并東有務桓，西有力微，並爲邊害。」

雁門繁時人也，家世貨殖，貲累巨萬。劉琨爲并州，辟含從事。含居近塞下，常往來國中。穆帝（猗盧）愛其才器，善待之……含甚爲穆帝所重，常參軍國大謀。

魏書卷三〇安同傳：

安同，遼東胡人也……同因隨（公孫）眷商販，見太祖有濟世之才，遂留奉侍。

魏書卷二太祖紀九年（三八五）：

（劉）庫仁子顯殺眷（顯之叔）而代之，乃將謀逆，商人王霸履帝足於衆中，帝乃馳還。

像莫含、公孫眷、王霸這一類與拓跋部落往來的商人必然很多，留居不去的也決不止莫含、安同二人。商品經濟的發展必然起着瓦解氏族公社的作用。而像莫含、安同那樣的商人，他們能够留居在部落中就説明部落中業已容許不屬於任何氏族的外來人有居留的權利，而且他們不久就參預政治，在國王周圍取得重要的地位。

從力微以後，拓跋部落對晉朝以及鄰近部落不斷地進行了戰争，「這是每一個自然形成的集團，爲着防衛財産，也爲着獲得財産，最原始的勞動形式之一」。〔一〕通過戰争，酋長們及國王從軍事掠奪中積聚了財富，貧富區别日益顯著。魏書卷一序紀昭成帝什翼犍二十六年（三六三）征伐高車，「獲萬口，馬牛羊百餘萬頭」，三十年（三六七）征伐他的鄰居和世仇衛辰時，「俘獲生口及馬牛羊數十萬

〔一〕馬克思：前資本主義生産形態，載文史哲一九五三年第二期。

頭」，這裏索性把人和牲畜一起用「頭」計算了。這些俘獲的人口、牲畜很多被作爲賞賜。關於俘虜的處理我們在後面還要仔細討論，在這裏我們只是説明國王、酋長們擁有了大批牲畜、勞動力，構成了他們的巨大財富。「假使與土地同時，他們也征服了作爲土地之有機屬性的人類本身，那末他們就也征服了作爲生産的條件之一的人類，因之奴隸制和農奴制便出現了，同時，迅速腐化和變動的一切集團的原始形態，本身就變成奴隸制和農奴制的基礎」。〔二〕游牧公社正在瓦解，公社的財産逐漸變成國王私人所有。魏書卷二八庾業延傳：

其父及兄和辰世典畜牧，稍轉中部大人，昭成（什翼犍）崩，氏寇内侮。事難之間收斂畜産，富擬國君。劉顯謀逆，太祖（拓跋珪）外幸，和辰奉獻明太后歸太祖，又得其資用，以和辰爲内侍長。和辰分別公私舊畜，頗不會旨，太祖恨之。

庾和辰富擬國君，國君之富可知。下面所説「分別公私舊畜」，私的自然是庾和辰所有的財産，公的呢？我想這是本來應該屬於氏族所共有，而早經變成國君私有的財産。

酋長們私有財産的不斷擴大，構成了他們的政治權力。遠在拓跋珪即位之先，拓跋族已經有了世襲的國王、貴族以及外來商人，他們共同進行對外的掠奪與對内部氏族成員的剝削。大約在猗盧時氏族權利業已被踐踏到不值一顧的地步了。

〔二〕馬克思：前資本主義生産形態，載文史哲一九五三年第二期。

統治者爲了鞏固其利益，創造了法律並掌握了爲自己服務的武裝力量。魏書卷一一一刑罰志稱：

魏初禮俗純樸，刑禁疏簡，宣帝南遷復置四部大人坐王庭決辭訟，以言語約束，刻契記事，無囹圄考訊之法。諸犯罪者皆臨時決遣。神元（力微）因循，亡所革易。

可知直到力微之世，拓跋族沒有法律，也沒有監獄、刑罰。所謂四大人決辭訟，實際上只是氏族首領及長老在會議中共同商定處罰一些不遵守氏族習慣及禁忌的人。一到猗盧時情況就不同了。刑罰志又云：

穆帝時（猗盧）劉聰、石勒傾覆晉室。帝將平其亂，乃峻刑法，每以軍令從事。民乘寬政，多以違命得罪，死者以萬計，於是國落騷駭。

魏書卷一序紀中也說：

先是國俗寬簡，民未知禁，至是（猗盧時）明刑峻法，諸部民多以違命得罪。凡後期者皆舉部戮之，或有室家相攜，而赴死所。人問何之？答曰：「當往就誅。」其威嚴伏物皆此類也。

在猗盧統治以前還是國俗寬簡，一到猗盧時便憑藉其國王亦即部落聯盟軍事首領的權力來鎮壓人民了。國王按照過去習慣，在部落、氏族中徵發軍隊。可是軍隊是用軍令來强迫徵集的，他們主要是爲統治者的利益服務。所謂後期就是超過徵發赴軍役的期限。爲什麽會後期呢？我想不一定由於道路的困難，限期的迫促，更重要的是表現了這時候的戰爭已不是氏族成員所願參加的戰爭，國王的利益與人民的利益不相符合，所以只能用殺戮來威嚇。由於後期而被殺的固然很多，但刑罰志所説「死者以萬計」，必然也包括違反其他法令的人。這裏就表現了新興統治階級怎樣利用刑法來鞏固其利益。可是「明刑峻法」的結果招致了國落騷駭與猗盧的被殺。猗盧之死雖然由於父子相争，[一]但其背景是拓跋部落中的氏族成員及其聯盟部落對於國王權力無限擴大的反抗。關於這一件事我們可以加以説明：

我們知道在猗盧所建立的國家中包括三種不同的人。除了鮮卑以外還有非鮮卑的各族人，稱爲烏丸。這種烏丸大都是保持部落形式並保持其相對獨立性，[二]但也有並無部落組織的烏丸，例如象安同那樣的胡商在猗盧時大概已有。而更多的則是晉人。魏書卷二三衛操傳：

始祖（力微）崩後，與從子雄及其宗室鄉親姬澹等十數人同來歸國，説桓穆二帝（猗㐌、猗盧弟兄）招納晉人，於是晉人附者稍衆。

大量晉人及若干無部落、氏族組織的烏丸在拓跋社會中是一種新的成分。他們不屬於任何氏族、部落，同時却是自由人。他們只能直屬於國王，并且還是國王權力的有力支持者。猗盧被殺之後，晉人、烏丸便集體南奔，從這件事看來，猗盧之死，正是反映了新舊間的矛盾。魏書卷二三衛操附衛雄、

[一] 北史卷一五宗室六修傳。（魏書此傳已佚，後人以北史補。）
[二] 魏書卷一一三官氏志云：「其諸方雜人來附者總謂之烏丸。」按晉時烏丸並非指真正的烏丸族，所以鐵弗族亦稱爲烏丸。關於歸附諸部保留部落形式的史實備見前中央研究院歷史語言研究所集刊第二〇本周一良先生領民酋長與六州都督一文。

姬澹傳云：

衞操卒後，俱爲左右輔相。六修（猗盧子，殺猗盧者）之逆，國内大亂，新舊猜嫌，迭相誅戮。雄澹並爲羣情所附，謀欲南歸，言於衆曰：「聞諸舊人忌新人悍戰，欲盡殺之，我等不早爲計，恐無種矣！」晉人及烏丸驚懼，皆曰：「死生隨二將軍。」於是雄澹與劉琨任子遵率烏丸、晉人數萬衆而叛。

所謂「新舊猜嫌」只能是拓跋本部及其聯盟部落與不屬於任何部落氏族的外來人的鬥爭。那些外來人中間的上層分子在這個新興國家中據有政治上的重要職位，〔一〕排擠了部落貴族，這就不能不造成「猜嫌」。一般的新人都「悍戰」，就是説他們是勇於赴戰的，這恰恰和不聽調發與「後期」的部落之衆相反。我們知道猗盧所發動的戰争主要是對劉淵、石勒，新人中間多數是晉人，毫無疑問他們是支持這個戰争的。同時猗盧一開頭就企圖按照中國專制皇帝的方式來行使其權力，這一點是和氏族權利特别是氏族貴族們的權利相矛盾的，但是那些新人却成爲國王權利的支持者，因爲新人的領袖們已經是國王的大臣，他們的利益與國王權力的擴大是一致的。我們可以想像，無數新人的湧入必然要求分配足資生産的耕地、牧場，那些上層分子自然要受賜更多的田宅及其他財富，而所有這些，便是

〔一〕魏書卷二三衞操傳云：「始操與宗室鄉親入國者，衞勤安樂亭侯，衞崇、衞清並都亭侯，衞沈、段繁並信義將軍、都亭侯，王發建武將軍、都亭侯，范班折衝將軍、廣武亭侯，賈慶建武將軍、上洛亭侯，賈循都亭侯，李壹關中侯，郭乳關内侯。」由此可見那些新領袖在拓跋族中的地位相當高。

國王從氏族、部落中間奪取來的，這樣才構成新舊矛盾。這個矛盾直到以後還存在。魏書卷一五元悦傳：

太宗（拓跋嗣）即位（四〇九），引悦入侍，仍懷姦計。説帝云：「京師雜人，不可保信，宜誅其非類者。又雁門人多詐，並可誅之。」欲以雪其私忿，太宗不從。

雖然此時情況已有變化，元悦並不代表氏族或氏族貴族的利益講話，但至少表現了新舊的傳統矛盾直到此時還存在。他所説的雜人即是烏丸，而雁門則是劉琨所割之地，那裏的居民是最早歸於拓跋的晉人。〔一〕

猗盧被殺，部落離散，加之晉人、烏丸的南歸，這個正在形成的新興國家就瓦解了。以後四代，拓跋部落仍然只能是聯盟部落的首領，而且連聯盟也不鞏固，最强大的賀蘭部落便常常企圖脱離聯盟。在内部矛盾與外力壓迫下亂事不斷地發生，部落酋長們恢復了過去選擇領袖的權利，繼承的次序非

〔一〕資治通鑑卷八七永嘉四年（三一〇）十月稱：「（劉琨）乃徙樓煩、馬邑、陰館、繁畤、崞五縣民於陘南，以其地與猗盧。」考異引劉琨集與丞相牋云：「雁門郡有五縣在陘北。盧（猗盧）新併塵官，國甚彊盛，從琨求陘北地……即徙陘北五縣著陘南。」又魏書卷一序紀云：「琨乃徙五縣之民於陘南……帝乃徙十萬家以充之。」同書卷二三莫含傳云：「後琨徙五縣之民於陘南，含家獨留。」據上所引各條劉琨雖割五縣，但人民已全部南徙，但如莫含一樣由於在先已歸拓跋而未徙者一定還有。猗盧所徙十萬家恐亦以雁門人爲多。我們看魏書卷二三的衛操爲代人，莫含爲繁畤人，卷二四之燕鳳、許謙都是代人，代也是雁門屬縣。卷二八之李栗爲雁門人，張黎爲雁門平原人。拓跋初興時期所招納的晉人身居高位者雁門人以外很少見到其他郡縣人。由此可見劉琨雖然將陘北五縣人民南遷，但猗盧所遷十萬家仍以雁門人爲多。

常混亂。惠帝賀傉時是「諸部人情，未悉款順」，他的弟弟煬帝紇那是被賀蘭部趕走的。趕走了以後「賀蘭及諸部大人共立烈帝」（翳槐，他是煬帝的族孫）。這個烈帝又爲了殺死賀蘭部酋長，以致「國人復貳」，諸部大人又恢復了煬帝之位。烈帝逃奔石虎，靠着外力復位，「國人六千餘落叛煬帝」，烈帝又還來了。〔二〕從這一連串的亂事中我們看出「部落大人」、「國人」的權利給恢復了。

可是歷史的發展並未停頓，烈帝死後，昭成帝什翼犍統治時，我們看到國家的機構又建立了。國王的周圍以貴族爲核心吸收了一批人作他的侍從，並且設置了新的適應於經濟基礎的政權機構，魏書卷一一三官氏志說：

昭成（什翼犍）之即王位，已命燕鳳爲右長史，許謙爲郎中令矣，餘官雜號多同於晉朝。建國二年（三三九），初置左右、近侍之職，無常員，或至百數，侍直禁中，傳宣詔命；皆取諸部大人及豪族良家子弟，儀貌端嚴，機辯才幹者應選。又置内侍長四人主顧問，拾遺應對，若今之侍中散騎常侍也。

左右、近侍是國王的親信，近侍長則參預政務。而整個的近侍機構不單是侍奉國王，同時還作爲培養貴族、富人的子弟，使其適合於充任軍政要職並忠於國王的學校。左右、近侍年齡都很輕，如魏書卷二六長孫肥傳：「昭成時年十三，以選内侍」，魏書卷二九叔孫建附子俊傳：「年十五，内侍左右。」這批

〔一〕以上所引均見魏書卷一序紀。

人長大之後便往往選拔爲軍政大臣，例如長孫道生、長孫肥、穆觀、奚和觀、叔孫俊、陸俟等。有些人沒有充當近侍、左右而曾充侍中、散騎常侍、侍郎等職的實際上也是屬於近侍機構中的官職。國王的侍從隨着國王權力的擴大而顯得重要了。

什翼犍的近侍集團是以「諸部大人及豪族良家子弟」組成的，也是說以適合於部落貴族的觀點建立起來的，這樣就有可能和緩內部的矛盾，而且那些子弟也可以作爲一種「質子」，牽制諸部大人。

法律也制定出來了。魏書卷一一一刑罰志云：

昭成（什翼犍）建國二年（三三九）。當死者聽其家獻金馬以贖；犯大逆者親族男女無少長皆斬；男女不以禮交皆死；民相殺者聽與死家馬牛四十九頭及送葬器物以平之。無繫訊連逮之坐。盜官物一備五，私則備十。法令明白，百姓晏然。

猗盧時還沒有制定法律，只以軍令從事，所以這是拓跋國家最早的法律。如上所述我們可以看出：第一，貧富階級在法律面前有了區別，即是富人可以利用其財富贖罪；第二，法律規定了所謂「大逆」的嚴厲處罰；第三，法律禁止從古老的氏族公社中遺留下來的男女間自由的關係；第四，法律限制了氏族的血緣仇殺，而用財物作贖金；第五，更重要的是開始用法律寫下了私有財產的不可侵犯。

自然，這幾條法律還是相當幼稚的，在保障私有財產上僅只是十倍的賠償而不是利用刑罰，此外也還沒有連坐之法。然而這却是真正的法律而不是什麽氏族禁忌，它正是破壞了氏族傳統習慣，保

障了財産私有制，保障了父家長制的財産繼承制。〔一〕

如上所述，我們認爲拓跋建立國家的過程到什翼犍時大大地跨進了一步，然而還没有來得及完成，這個已具雛形的國家又夭折了。

正在建國的拓跋部落和他的緊鄰表兄弟匈奴、鮮卑混血種鐵弗部落許多年來都在爭奪部落聯盟的領導權。這時的國王對於所屬部落還帶着聯盟首領的意味，因此鐵弗和拓跋有同等機會爭取對鄰近部落的領導權。鐵弗酋長衛辰取得了前秦的有力外援，三七六年前秦進攻拓跋，什翼犍逃到陰山之北，又遭到敕勒族的攻擊，於是内亂發生，什翼犍被兒子所殺，〔二〕部落被前秦征服。鐵弗酋長衛辰與另一鐵弗族的獨孤部酋長劉庫仁分統各部，什翼犍的子孫寄居在獨孤部。部落聯盟首領由鐵弗族擔任了。

苻堅淝水之敗解除了前秦加於各族的壓力，劉庫仁被殺，獨孤部不再能控制各部落，三八六年什翼犍的孫兒拓跋珪受各部落的推舉，繼承了王位。

拓跋珪統治時，在軍事巨大勝利的基礎上雛形的王國急速的發展，猗盧、什翼犍没有完成的建國

〔一〕恩格斯在説到一夫一妻制時稱：「它是建立在男性底支配權之上，這種支配權的明白的目的便是生育出自無可置疑的父親的子女。這種父系血統底不可爭辯性是必要的，因爲子女將來要以直接繼承者資格承繼他們父親底財産。」（家庭、私有制和國家的起源，人民出版社版，第五九頁）

〔二〕晉書卷一一四苻堅載記稱什翼犍爲其子翼圭縛獻秦軍。此據北史卷一五魏宗室傳。魏書卷一五昭成子孫傳原闕，但與北史略有不同，未必盡出北史。

事業到這時才完成。最重要的一件事便是他破壞了與氏族相聯繫的部落。魏書卷一一三官氏志在列舉氏姓之後，說：

凡此四方諸部，歲時朝貢，登國初太祖散諸部落，始同爲編民。

四方諸部包括了拓跋近親部落與成爲部落的「烏丸」、「雜人」。〔一〕官氏志將此事紀於登國（三八六——三九五）初，也即是在破後燕（三九五）之前，但北史卷八〇外戚賀訥傳云：〔二〕

其先世爲君長……四方附國者數十部……訥從道武平中原，拜安遠將軍。其後離散諸部，分土定居，不聽遷徙，其君長大人皆同編户。

本傳又把離散諸部置於平中原之後，即是破燕（三九五）之後，我以爲離散諸部可能不是一時之事，但大規模的執行必在破燕之後，此時由於軍事上空前的勝利，拓跋珪在國内的威望大大提高，這樣才能使部落大人、酋庶長馴順地服從其命令。同時由於從中國被迫遷入代京一帶的人民非常多，促使各部落中雜居情况更爲顯著，部落組織完全不適合於新的局面，必須要加以改變，於是在需要與可能結合之下，這個命令順利地被執行了。

部落的解散使貴族、人民都成爲單獨的編户，不用説正在消滅的氏族徹底的消滅了。其次離散

〔一〕見第一九〇頁注〔二〕。

〔二〕魏書外戚傳亡，後人以北史補。又北史卷九八高車傳云：「道武時分散諸部，唯高車以類麤獷，不任使役，故得別爲部落。」不確定在什麼時候。其云別爲部落者止有高車也是不確的，但以高車爲多是可信的。

的部落都分土定居，不聽移徙；縱然我們不能説所有從事畜牧的人民在此時忽然一律都變成定居的農民，因而在較小範圍内的移動應該准許；但是這只能是在指定的範圍内移動，這樣就把人民束縛在一定的土地上面，同時也是地域劃分代替部落、氏族的表現。

拓跋珪統治時設置了禁兵，加强了政權機構，這一些在官氏志中都有紀載，這裏不再引證。總之，拓跋國家勝利地建立起來了。

這個在原始公社的廢墟上建立起來的國家和所有最早的國家一樣，乃是在階級形成及其鬥爭中，爲了「控制諸階級底對抗之需要而發生的」。〔一〕現在我們必須考察最基本的對抗的階級處於哪一種生産關係上。

二　草地上的牧人和授田制度下的農民

我們知道最早出現的對抗的階級是奴隸主與奴隸。恩格斯指出：「奴隸制是古代世界所特有的頭一個剥削形式；繼之而來的是中世紀的農奴制與近代的雇傭勞動制。」〔二〕毫無問題拓跋部落在形成國家時也有大量的奴隸存在。這一點在歷史紀載上完全可以證明。南齊書卷五七魏虜傳，義熙中（四〇五——四一八）仇池公楊盛上表云：

〔一〕恩格斯：家庭、私有制和國家的起源，人民出版社版，第一六五頁。
〔二〕恩格斯：家庭、私有制和國家的起源，人民出版社版，第一六九頁。

妃妾住皆瓦屋，婢使千餘人，織綾錦販賣，酤酒，養猪羊，牧牛馬，種菜逐利。

這是拓跋珪、拓跋嗣統治時的情況。從這裏可以看出他們的婢使並非單純的家庭服役，〔一〕而也從事於生產勞動。由此可見奴隸生產制存在於拓跋國家中。我們還看到在每一次的軍事勝利以後，俘獲人口常常作爲一種賞賜，這種例子非常多。被作爲賞賜的俘虜有的稱爲奴婢，有的稱爲僮隸、隸户，這種稱謂上的不同是否也表示身分的不同呢？這個問題我留在下一節討論，現在只是説明從資料上可以相信拓跋國家中有大量奴隸存在。

可是這個國家雖有奴隸的存在，却並不能由此就得到結論，認爲拓跋社會中的奴隸乃是主要的勞動生産者。恩格斯曾經指出由於日耳曼人的野蠻性，「他們既沒有使自己的這種隸屬形式達到充分發展的奴隸制，也沒有達到古代的勞動奴隸制，更沒有達到東方的家庭奴隸制」。〔二〕我們當然不能把拓跋族與日耳曼族的發展等同起來，因爲拓跋族的奴隸生産在整個生産領域中所占比例似乎要比日耳曼族大一些，但就其沒有得到充分發展與沒有成爲基本生産方式這一點來説却是一致的。

照上面所引南齊書的紀載，王宮内的奴隸勞動包括手工業、畜牧業與園圃業。這是僅僅限於王宮内的，我想爲了明瞭拓跋社會的經濟結構，我們首先應該從廣濶的牧場上與耕地上去考察勞動者的身分。

〔一〕 婢使可能不僅指「婢」。太平廣記卷一二〇朱貞條云：「男女婢使十餘人一時併命。」婢使可以有男女，則實即奴婢的異稱。
〔二〕 恩格斯：家庭、私有制和國家的起源，人民出版社版，第一五一頁。

拓跋部落及其聯盟部落一般都以畜牧爲業。他們在拓跋珪以前曾經不斷的遷徙，就證明這一點，晉書卷一一三苻堅載記上記錄他和什翼犍的問答：〔一〕

又問：「卿種人有堪將者，可召爲國家用？」對曰：「漢北人能捕六畜，善馳走，逐水草而已，何堪爲將！」

顯然是過遊牧生活的人。魏書卷一序紀説苻堅進攻時，什翼犍率領國人避居陰山之北，「高車雜種盡叛，四面寇鈔，不得芻牧，復度漠南」。像這樣隨時來往大漠南北，並且由於不得芻牧而南返的人民也只有解釋爲遊牧部落。拓跋珪時後燕太子慕容寶大舉進攻，資治通鑑卷一〇八晉太元二十年（三九五）紀此事稱拓跋珪「悉徙部落畜産西渡河千餘里以避之」。直到拓跋燾時，宋文帝北伐，資治通鑑卷一二五元嘉二十七年（四五〇）七月云：

魏羣臣初聞有宋師，言於魏主，請遣兵救緣河穀帛。魏主曰：「馬今未肥，天時尚熱，速出必無功。若兵來不止，且還陰山避之。國人本著羊皮袴，何用綿帛，展至十月，吾無憂矣。」

此時拓跋燾決不會作退入陰山的打算，這種敵國傳聞之辭未必可信，但却反映了拓跋帝國中遊牧經濟仍占一定的比重。

從事於畜牧的勞動者可以分爲三類：一是解散部落以後的自由牧民；二是在國有牧場上放牧國

〔一〕據苻堅載記什翼犍爲堅所虜，與魏書所載不同。

有牲畜的牧人；三是附屬於拓跋帝國諸部落中的牧民。

第一類的自由牧民究有多少，我們無從估計，國家對於他們的剝削歷史上很少記載。魏書卷三太宗紀泰常六年（四二一）三月云：

制六部民，羊滿百口，輸戎馬一匹。

以羊作爲財富標準，自然是對牧民而言。雖然紀載上稱爲六部，但既由國家直接下令徵稅，並以「民」爲徵收單位，顯然是指「編户」而言。魏書卷一一三官氏志稱：

泰常二年（四一七）夏，置六部大人官，有天部，地部，東、西、南、北部皆以諸公爲之，大人置三屬官。〔一〕

這就是上述六部民的六部。至於拓跋嗣時之六部和以前的八部有什麼關係，我們還不清楚，暫時只能不問。〔二〕

〔一〕按六部大人似爲舊制，魏書卷一一三官氏志稱什翼犍時，「分爲南北部，復置二部大人以統攝之」。魏書列傳中有不少人做過南部或北部大人。照官氏志的説法似乎只有二部，但魏書卷一三獻明皇后傳見東部大人賀野干，卷二七穆崇傳見天部大人穆醜善，此外卷二八庾業延傳見中部大人庾和辰。這都在太宗置六部前。

〔二〕魏書卷一一三官氏志天興元年（三九八）十二月置八部大夫……其八部大夫於皇城四方四維面置一人，以擬八座，謂之八國，這就是卷一〇一食貨志所云天興初制定京邑，置八部帥之事。八國或八部是按方面亦即地域來分的，管理八國的乃是國王所派的帥或大夫。可是官氏志在太宗神瑞元年春又説：「置八大人官，大人下置三屬官，總理萬機。」考卷二五長孫嵩傳云：「太宗即位我們知道得比較多的是第二類在國有牧場上放牧的牧人。

國有牧地和牲畜開始時應是氏族共有的財富，以後逐漸變爲國有，實質上即是爲國王及其政府所有。上引庾業延傳説他三代充當典牧，又説庾和辰分別公私舊畜，不合拓跋珪的意。魏書卷二九奚斤傳説他「世典馬牧」，都可以證明在拓跋珪以前即有「公有的牲畜與牧地」，但公有既然實際上成爲王有，隨着軍事掠奪與强占，國有牧地與牲畜在拓跋燾平夏國（四三一）之後大規模地發展了。魏書卷一一〇食貨志云：

世祖之平統萬，定秦隴，以河西水草善，乃以爲牧地，畜產滋息，馬至二百餘萬匹，橐駝將半之，牛羊則無數。高祖（元宏）即位（四七一）之後，復以河陽爲牧場，恒置戎馬十萬匹，以擬京師軍警之備。每歲自河西徙牧於并州，以漸南轉，欲其習水土而無死傷也，而河西之牧彌滋矣。

與山陽侯奚斤，北新侯安同，白馬侯崔宏等八人坐止車門右，聽理萬機，世號八公。」卷二九奚斤傳與長孫嵩傳略同，但前面先有一條，云：「詔與南平公長孫嵩等俱坐朝堂，錄決囚徒。」我想奚斤傳中的兩事實即一事。因爲卷三〇安同傳稱：「太宗即位，命同與南平公長孫嵩並理民訟。」却沒有另外提及聽理萬機的話。卷二四崔玄伯（即崔宏）傳也只説「玄伯與長孫嵩等坐朝堂，決刑獄」，可見所謂「八公」正相當於卷一一一刑罰志所云：「復置四部大人，坐王庭，決辭訟。」乃是舊制的恢復。但這個八大人雖然還是按照八部設置，而此時八部既不代表氏族和部落，而是照四方、四維，分土定居的地域來劃分，因此八大人也和部落組織沒有多大關係，這只要看漢人崔玄伯也是八公之一便可知道。既然有了八大人，爲什麼只隔兩年在泰常二年又置六部大人？爲什麼要減去兩部？這一點我們並不明瞭。但二者可能不是一件事。我們看過去的八部帥是勸課農耕（見後），而六部民却以羊計算財產，難道二者的分置就是農民與牧民的分別管理麼？

在此以前，從軍事勝利中俘獲的牲畜數字，異常龐大，這些牲畜除了賞賜貴族、將士之外，國王保留的部分必然也有廣漠的牧地來放牧，那就在代京附近一帶。魏書卷七四爾朱榮傳見南秀容牧子與并州牧子，北齊書卷四〇白建傳稱：「代忻二牧悉是細馬，合數萬匹。」應該在拓跋初起時設置。

國有牧場的牧人是什麽人呢？我想是被征服的部落或其中的俘虜。河西是拓跋帝國廣大的國有牧場所在地，又曾分徙許多部落，尤以勅勒爲多，其中一部分可能被用作牧人。魏書卷七上高祖紀延興二年（四七二）八月載：「河西費也頭反，薄骨律鎮將擊走之。」魏書卷九肅宗紀孝昌二年（五二六）三月：

西部勅勒斛律洛陽反於桑乾西，與河西牧子通連，別將爾朱榮擊破之。

斛律部落世居懷朔鎮，雖然偏北，也可算是河西勅勒。〔二〕他們通連的河西牧子亦即上引高祖紀之費也頭。魏書卷七四爾朱榮傳云：「勅勒斛律洛陽作逆桑乾西，與費也頭牧子迭相掎角，榮率騎破洛陽於深井，逐牧子於河西。」可以爲證。費也頭居於河西，又被稱爲牧子，使我們立刻聯想到河西的廣大牧場和繁殖的牲畜。

費也頭名稱的由來我們並不明瞭，就當時的紀載看來似乎在這個名稱下包含有各種不同的種族。周書卷一四賀拔岳傳：

〔二〕北齊書卷一七斛律金傳：「朔州勅勒部人也。」卷二〇斛律羌舉傳：「大安人也，世爲部落酋長。」大安即朔州，亦即懷朔鎮。

先時費也頭万俟受洛干、鐵勒斛律沙門、斛拔彌俄突、紇豆陵伊利等並擁衆自守，至是皆款附。

這一條從鐵勒(即勅勒)下面所舉的斛律沙門爲勅勒族看來，上面的万俟受洛干亦即費也頭。北齊書卷二七万俟普傳說是匈奴別種，受洛干即是他的兒子。匈奴別種的意義是非常含糊的，不能說明其種族，僅能知其與匈奴有關而已。但賀拔岳傳所舉的斛拔和紇豆陵兩個部落在北齊書中却也認爲是費也頭。北齊書卷二神武(高歡)紀下，天平三年(五三六)正月：

神武率庫狄干等萬騎襲西魏夏州……擒其刺史費也頭斛拔俄彌突。

這個斛拔俄彌突在北史卷六神武紀中寫作賀拔俄彌突。周書卷一四賀拔勝傳賀拔氏與後魏同出陰山，可以認爲鮮卑。〔一〕北齊書卷一神武紀上：

及費也頭紇豆陵步藩入秀容，逼晉陽。〔二〕

又云：「河西費也頭虜紇豆陵伊利居河池，〔三〕恃險擁衆。」卷二神武紀下天平元年(五三四)正月又載：「神武西伐費也頭虜紇豆陵伊利於河西滅之，遷其部於河東。」一再稱紇豆陵爲費也頭虜。當時慣例稱鮮卑爲虜，唐書卷七一下宰相世系表稱紇豆陵所改之竇氏出於沒鹿回大人竇賓，似亦以爲鮮卑，至於附會竇融、竇武之後，自然不足信。但也可能是鐵勒，北史卷九八高車傳的紇突鄰或是異

〔一〕 北史卷九周文帝紀「斛拔」又寫作「解拔」，那可能是訛字。

〔二〕 魏書卷一〇孝莊紀、卷七五爾朱兆傳，止言河西人紇豆陵步藩。

〔三〕 按河池爲今甘肅徽縣，高歡不能遠征至此，北史卷六神武紀寫作「居苦池河」是對的。

譯，〔一〕不管其原來種族是鮮卑或是鐵勒，北齊書是稱他爲費也頭的。

費也頭又稱爲破野頭。册府元龜卷一帝系唐高祖條云：

靈州刺史曹泥擁兵作亂，太祖（李虎）率兵擊之，時有破野頭賊屯聚塞下，太祖遣使諭之，皆來降服，遂徵其衆，並力攻泥，四旬而克靈州。

靈州亦在河西，這個破野頭當然就是費也頭。隋書卷七〇李密傳：

密與化及（宇文化及）隔水而語，數之曰：「卿本匈奴皂隸破野頭耳。」

按隋書卷六一宇文述傳：「代郡武川人也，本姓破野頭，役屬鮮卑俟豆歸，後從其主爲宇文氏。」宇文述即化及之父，李密稱化及爲「匈奴皂隸」，當即指役屬鮮卑宇文氏。周書卷一文帝紀上稱：「九世祖俟豆歸爲慕容晃（即皝）所滅，其子陵仕燕……歸魏拜都牧主。」破野頭或費也頭是牧子，俟豆歸的兒子宇文陵是都牧主，這可能就是「匈奴皂隸」和「役屬鮮卑俟豆歸」之語的來歷。〔二〕

如上所述，在北魏時期「費也頭」這個集團是充當牧子的，其中成分有萬俟斛拔、紇豆陵，當然除此以外一定還有很多姓族，特别是敕勒族諸姓。而就上述三姓看來已有匈奴别種、鮮卑，也可能有敕勒，總之種族成分是複雜的，但他們同有「費也頭」之稱，而「費也頭」則是「牧子」，是「皂隸」。

我們還應該注意，他們雖是國有牧地上的牧子，似乎還保留着部落聚居的形式。

〔一〕魏書卷一〇三高車傳已缺，後人以北史補。
〔二〕宇文氏亦即高車的俟汾氏，或稱鮮卑，或稱匈奴，周一良先生有考，載前中央研究院歷史語言研究所集刊第七本第四分。

關於牧子的紀載又有一處。魏書卷七四爾朱榮傳：

南秀容牧子萬子乞真反叛，殺太僕卿陸延。并州牧子素和婆崘嶮作逆，榮並前後討平之。

萬子乞真在魏書卷九肅宗紀正光五年（五二四）作于乞真，那末「子」爲「于」之誤，萬于當即萬紐于，〔一〕魏書卷一一三官氏志勿忸于氏後改爲于氏。于氏自于栗磾後爲魏八姓之一，第一流的貴族，但是其同族却有充當牧子的。素和氏據北齊書卷五〇恩倖和士開傳：「其先西域商胡，本姓素和氏。」而魏書卷二八和跋傳云：「世領部落，爲國附臣。」可知非拓跋本部或近親，但也不是來自西域的商胡，而是隸屬於拓跋的部落。通志氏族略代北複姓有素和氏云：「鮮卑檀石槐之支裔，後魏有尚書素和跋，弟毗，又將軍素和突。後魏書云：以本白部，故號素和，孝文改爲和氏。」氏族略所據大概是元和姓纂，〔二〕如果出於白部之說可信的話，那末也是非拓跋的鮮卑。〔三〕并州牧地見於上引食貨志，南秀容的

〔一〕資治通鑑卷一五〇梁武帝普通五年八月正作萬于乞真。

〔二〕元和姓纂暮韻下素和氏與此略同，但只說「以本白部，故號素和」，不云出後魏書。今魏收書無此句，或出魏澹書。

〔三〕按在拓跋興起時，白部與之常有交涉。魏書序紀力微之三十九年稱：「夏四月祭天，諸部君長皆來助祭，唯白部大人觀望不至，於是征而戮之。」又在猗盧之三年稱：「白部大人叛入西河，鐵弗劉虎舉衆於鴈門以應之。」資治通鑑卷八七永嘉三年（三〇九）夏稱劉虎「與白部鮮卑皆附於漢」。考異云劉琨集作百部。「百」仍是「白」之誤，故通鑑不從改。晉書卷一一四苻堅載記屢稱鮮卑爲「白虜」，亦是一證。又魏書序紀什翼犍之三十九年稱苻堅進攻時「白部、獨孤部禦之，敗績」，則此時白部隸於拓跋。魏書卷二三劉眷傳云：「白部大人絜佛叛，眷力不能討，乃引苻堅并州刺史張蚝擊佛破之。」此時什翼犍已死，劉眷繼承其兄劉庫仁爲拓跋部酋長，白部之叛亦即叛拓跋部。從上所見白部與拓跋之關係甚深，通鑑又明白稱之爲鮮卑，大概是鮮卑的一支。

牧地則在今忻縣，也是著稱的馬牧。

在國有牧場上牧放國有畜羣的牧人如上所述乃出於各種部落，他們至少有一部分還保留部落聚居形式，例如費也頭。這些牧人，我想都是被征服的部落中集體的俘虜。他們被俘虜之後，集體地被遷徙安置，並集體地作爲官府牧人。

我們知道以俘虜充當牧人本是慣例。晉書卷一一四苻堅載記下「慕容暐弟燕故濟北王泓先爲北地長史，聞垂攻鄴，亡命奔關東，收諸馬牧鮮卑，衆至數千，還屯華陰」。又稱堅責慕容沖云：「爾輩羣奴，正可牧牛羊，何爲送死！」同書卷一一五苻丕載記王永檄州郡文云：「羌賊姚萇，我之牧士。」同書卷一一六姚萇載記稱萇起兵之初先到馬牧那裏去。這些記載豈非暗示姚襄和前燕之亡，很多羌人和鮮卑人被用作官府牧人麽？這些牧人是皂隸，是奴，又是士。牧士的意義在這裏正如曹魏士家之「士」，〔一〕南朝的冶士之「士」，〔二〕與奴相去不遠。隋書卷四煬帝紀下大業九年（六一三）正月云「靈武白榆妄稱奴賊，劫掠牧馬」，我想這個白榆就是馬牧的牧人，他自稱奴賊，亦即表示牧人的身分。這一件事令人聯想到靈州附近的費也頭。

牧子的名稱在唐代還沿用。唐六典卷一七太僕寺諸牧監條有注云：「牧子，謂長上專當者。」那

〔一〕見本書晉書趙至傳中所見的曹魏士家制度篇。

〔二〕隋書卷二五刑法志載梁代法律規定：「遇赦降死者黵面爲劫字，髡鉗補冶鎖士終身；其下又謫運，配材官，冶士，尚方鎖士，皆以輕重差其年數。」冶士即是罰充冶工的刑徒。

就只是專職牧人的名稱。專職牧人可以出於徵發服役，可以出於傭傭，也可以是奴隸，其身分我們不明瞭，但唐代牧場上仍有一部分是以奴隸充當的牧人。〔一〕

那末拓跋國有牧場上的官府牧人是否就是奴隸呢？雖然據上引許多例證不妨作此解釋，我以爲還不能斷定。魏書卷一〇孝莊紀建義元年（五二八）六月稱：「詔直寢紀業持節募新免牧户，有投名効力者授九品官。」牧户稱免，即表示其身分低於一般人民，但他們是以户計的，如上所述，可能還保留部落的聚居，那就不像是奴隸。北齊書卷四文宣帝紀天保二年（五五一）九月：

詔免諸伎作、屯、牧、雜色役隸之徒爲白户。

這裏將牧户與伎作、屯户及其他役隸之徒並列，伎作、屯户既然決非奴隸（見後），我們沒有理由將牧户認作奴隸，可是上列「役隸之徒」也絕不能是平民，所以有「免爲白户（即平民）」的話。這種介於奴隸與「白户」之間的牧户即是牧子。我們雖然還不明瞭他們被剝削的狀況，但照伎作户及一般隸户看來，應該有一部分勞動時間由他自己支配，至少就全家來説是有自己的私人經濟存在的。所以他們應是半自由的牧奴，其地位相當於農奴。

第三類畜牧勞動者乃是附屬於拓跋帝國的諸部落中的遊牧人民。我們知道在拓跋帝國的北邊

〔一〕唐六典卷一七太僕寺諸牧亡失官畜條注云：「給計，限百日，不獲準失處當時估價繳納，牧子及長各知其半，若户奴無財者準銅依加杖例。」可見牧人中有户奴，他們沒有任何財產，與一般牧子不同。

有許多各領部落的酋長，他們受朝廷的册封並分有領地。〔一〕魏書卷七四爾朱榮傳：

北秀容人也。其先居於爾朱川，因爲氏焉。常領部落，世爲酋帥。高祖羽健登國初爲領民酋長率契胡武士千七百人從駕平晉陽，定中山，論功拜散騎常侍。以居秀容川，詔割方三百里封之，長爲世業。太祖初以南秀容川原沃衍，欲令居之。羽健曰：「臣家世奉國，給侍左右，北秀容既在㓨内，差近京師，豈以沃堉，更遷遠地。」太祖許之……父新興，太和中繼爲酋長。家世豪擅，財貨豐贏……牛羊駝馬，色别爲群，谷量而已。朝廷每有征討，輒獻私馬，兼備資糧，助裨軍用……及遷洛後，特聽冬朝京師，夏歸部落。

爾朱氏的先世是部落酋帥，他們的酋長及武士參加了拓跋對燕的戰争，因此其酋長被選爲國王的侍從（散騎常侍，家世奉國，給事左右），並且其部落所居之秀容川被封爲酋長的領土。酋長的財富及所領人户都在增加，據洛陽伽藍記所説有部落八千餘家，馬數萬匹。部落人民對於國王的義務怎樣，我們不知道，酋長則負擔一種貢獻，特别在戰争時，我想除掉馬與資糧之外，大概還要出人。酋長的財富及其貢獻當然從部落人民中剥削所得，人民在他受封的領土上遊牧，對他負有義務，自不須説。爾朱部落内部的經濟結構我們知道很少，可能還逗留在氏族公社後期，至少奴隸生産制還没有顯著的

〔一〕魏書卷一一三官氏志云：「其諸方雜人來附者，總謂之烏丸，各以多少稱酋庶長。」隋書卷二八百官志載北齊制度自第一、第二領人酋長、庶長，第一、第二不領人酋長、庶長。北齊的制度乃是沿襲北魏。詳見前中央研究院歷史語言研究所集刊第二〇本周一良先生領民酋長與六州都督一文。

痕跡；在歷史記載上似乎所有契胡都是自由民，但是部落中已有了世襲酋長與酋長的巨大財富。

和爾朱氏相類似的部落還很多，例如北史卷五四庫狄干傳：〔一〕

> 善無人也，曾祖越豆眷，魏道武時以功割善無之西臘汙山地方百里以處之。後率部落北遷，因家朔方……魏正光初除掃逆黨，授將軍，宿衛於內，以家在寒鄉，不宜毒暑，冬得入京師，夏歸鄉里。

太平寰宇記卷四九雲州雲中縣有善無故城。代京西接善無，這一帶正是宜於畜牧之地。寰宇記引冀州圖云：「自晉陽以北，地勢漸寒，平城馬邑、凌源二丈，雲中、五原積冰四五十尺，唾出口成冰，牛凍角折而畜牧滋繁。」秀容、善無都在此範圍內。除掉爾朱、庫狄以外，其他各領部落的酋長雖紀載缺略，但必然同樣構成與拓跋國王的貢納關係。

這種受封與規定遊牧區的部落酋長以敕勒亦即高車族爲多，北史卷九八高車傳：「道武時分散諸部，唯高車以類粗獷，不任使役，故得別爲部落。」雖然事實上別爲部落者不止高車一族，〔二〕但高車之別爲部落最爲顯著是可以想象的，我們現在可以引一段高車傳中所述關於畜牧經濟的話：

> 後太武征蠕蠕，破之而還，至漠南，聞高車東部在已尼陂，人畜甚衆，去官軍千餘里，將遣左僕射安原討之……高車諸部望軍而降者數十萬落，獲馬牛羊亦百餘萬。皆徙置漠南千里之地，

〔一〕北齊書此傳已缺，後人以北史補。

〔二〕見前中央研究院歷史語言研究所集刊第二〇本周一良先生領民酋長與六州都督一文。

乘高車，逐水草，畜牧蕃息。數年之後，漸知粒食。歲致獻貢，由是國家馬及牛羊遂至於賤，氈皮委積。

從這一條紀載中就可以知道拓跋帝國從部落的貢納中所取得的畜牧財富。

除了上述三類畜牧勞動者之外，我們當然不能忘掉部落解散以後的王公大人以及拓跋内部的貴族、將軍，他們應該都是大羣的牲畜所有主，同時也必然占有肥美的牧場。北史卷一六廣陽王深傳：〔一〕

後爲恒州刺史，在州多所受納，政以賄成，私家有馬千匹者，必取百匹。

恒州即代京（今大同），爲畜牧繁盛之區，已如上述，而從此條所記看來，我們可以知道除國有畜牧事業和部落之外還有很多私家擁有大量的馬。北史卷五四婁昭傳：〔二〕

代郡平城人也，武明皇后（高歡妻）之母弟也。祖父提，雄傑有識度，家僮千數，牛馬以谷量。性好周給，士多歸附之。魏太武時以功封真定侯。

婁昭祖先並沒有領部落，封侯之説也未必可信，他們正是恒州的大牧主，婁提所有的家僮必然與他鉅大的畜牧財富有關。這種家僮就字義上説即奴隸的異稱，但是他們與牧主的關係如何，還沒有明確的紀載，而僮僕之稱從三國以後是極其含糊的。

在上面我們就現存的不充分的紀載分析了拓跋帝國中的畜牧經濟及勞動者的身分。我們認爲

〔一〕魏書此傳已缺，後人以北史補。
〔二〕北齊書此傳已缺，後人以北史補。

無論在官牧或私牧中奴隸勞動固然存在，但官牧中的牧子或牧户，部落中的遊牧人民以及國家的編户是大量普遍的畜牧勞動者，他們決不是奴隸。

我們現在必須回過頭來考察拓跋國家形成時期的農業生産。

拓跋族在入塞之前，以畜牧爲取得生活資料的主要的甚至於是唯一的來源。從力微以後直到猗盧，這個新興國家業已逐漸向南發展，占領了今内蒙古自治區的部分土地以至山西北部，而且還有不少晉人逃亡入境。劉琨割歸猗盧的陘北五縣雖然將人民遷徙，但猗盧能够將十萬家立刻填補這塊空地，〔一〕填補的人民自然很可能在原有的耕地上發展農業。不但是陘北五縣，就是前綏遠北套及代京一帶也是有傳統農業基礎的區域，那末即使原來的遊牧人民没有立刻向農業轉化，逃亡晉人以及業已接受農耕技術的烏丸也必然會在那裏從事於農業勞動。〔二〕魏書卷二太祖紀還在他即代王位的那一年(三八六)就記着「息衆課農」這一句，到了登國九年(三九四)三月又載：

使東平公元儀屯田於河北、五原至於稒陽塞。

這是在内蒙古自治區北套的屯田。魏書卷一五元儀傳和卷一一〇食貨志都紀載此事；元儀傳在此句下又有「分農稼，大得人心」兩句。所謂「分農稼」的意義，可解釋爲與屯田民分取穀物。這種屯田分成制度是淵源於漢魏以來的舊制。

〔一〕 魏書卷二太祖紀，參見第一九二頁注〔一〕。

〔二〕 晉時并州胡人已從事農耕，氐羌諸族更是久居關中，習於農耕自漢代已然。

這次的屯田成績大概不壞，資治通鑑卷一〇八晉太元二十年（三九五）七月稱：

燕軍至五原，降魏別部三萬餘家，收穄田百餘萬斛。

魏書卷二太祖紀亦云：「慕容垂遣其子寶來寇五原，造舟收穀。」穄是小米一類的穀物，〔一〕由於小米能耐旱、耐寒及成熟期短之故直到現在還是内蒙古自治區以及熱河等地主要農作物之一，七月正是收穫之時。我們當然不能將這百餘萬斛的收穫量完全歸之於屯田，因爲我們不能斷定除屯田以外沒有農耕，但屯田必然占很大的比重。關於從事屯田的屯田户我們還要在第三節中談到。

拓跋珪破燕之後，曾經强迫河北人民大量北遷。魏書卷二太祖紀在天興元年（三九八）正月稱：

徙山東六州民吏及徒何、〔二〕高麗雜夷三十六萬，百工伎巧十萬餘口以充京師。

在二月裏接着就説：

詔給内徙新民耕牛，計口受田。

顯而易見所謂内徙新民即是河北遷來的漢人與漢化了的鮮卑及其他種族人。這次徙民三十六萬之

〔一〕說文：「穄，穈也。」玉篇：「穄，關西穈，似黍不粘。」黍亦小米之一種。

〔二〕按此六州當指後燕故地。資治通鑑卷一〇一晉海西公太和二年（三六七）五月苻堅稱「六州之衆，豈得不使有智士一人哉」。胡注：「六州，幽、并、冀、司、兗、豫也。」此雖指前燕，後燕時疆域相同，則本條所云六州亦即此六州。唯此時拓跋珪之兵力實不及黄河以南，豫州之地猶未被占領，司州也不完全。兗州則慕容德尚在滑臺。所謂六州只是沿用舊的習慣語。又習慣上所云六州如胡三省所説也是魏、晉的州，而不是前燕或後燕所置的州。

中人概絕大部分是計口授田，從事於農業勞動。

我們從這裏可以看出土地屬於國王所有（這種土地可能有一部分本是牧地），同時他又擁有大量耕牛，於是他可以將適當的勞動力分配在土地上。這些新民自然是俘虜，但却沒有當作奴隸。魏書卷一一〇食貨志云：

天興初制定京邑，東至代郡，西及善無，南極陰館，北盡參合爲畿内之田。其外四方、四維置八部帥以監之。勸課農耕，量校收入，以爲殿最。〔一〕

制定京邑和劃分四方四維與「離散諸部，分土定居」有關，這一點在上面已經談到。照這一條所說似乎京邑以及其四圍都是農耕區，因而八部帥所監的只是農耕，這顯然不合事實，因爲我們知道這個地區的畜牧業還是相當繁榮的。然而我們可以假定這個地區的農業生產在經濟比重上正在提高，因爲大量勞動力已被分配在農業上。八部帥的任務是監督與勸課農耕，而以收入之多少決定其勸課成績之高低。這裏説明農業之被重視，同時也表示這些新徙之民在身分上並非完全自由，但也不是奴隸，對於奴隸是無所謂勸課的。

這種以徙民計口授田的方法，以後還繼續實施。魏書卷三太宗紀永興五年（四一三）七月稱：

奚斤等破越勤倍泥部落於跋那山西，獲馬五萬匹，牛二十萬頭，徙二萬餘家於大寧，計口受

〔一〕代郡今蔚縣，善無今右玉縣，陰館今代縣西北，參合今陽高縣。

田。〔一〕

越勤倍泥部落是否早已從事農耕雖無確據，可是此時有很多部落例如汾河流域及陝北的雜胡業已轉向農耕，這個被徙授田的部落很可能也如此。大寧地點按照水經灅水注在灅水的一條支流于延水旁邊，約在今河北延慶縣境，那末已不在京畿的範圍内了。

這些新民不論是晉人或其他都是以被征服者身分被迫遷徙，他們之分配在耕地上正和其他部落被分配在牧地上一樣。他們並非奴隸，但却有官吏監督。紀載上並没有説明徙民對政府所負的義務，也没有説明耕種收穫的分配。魏書卷三太宗紀泰常四年（四一九）有一條説：「觀漁於灅水……復所過一年租賦。」這條灅水發源於陰館，經過代京，直到漁陽雍奴縣（今河北通縣），入笥溝，所經之地自然有八部帥所監的耕地，就是大寧也相去不遠，那末是否免租規定也適用於受田的新民呢？新民所納是否和一般農民相同的田租呢？我們不敢斷言。

這些新民是以俘虜身分被遷移的，可是他們却是「民」，這不但在身分上不算奴隸，甚至也與一般的「隸户」（見後）有别。

現在我們再往下觀察以後時期「畿内之田」的變化。魏書卷四下世祖紀：

初恭宗監國，（太延五年即四三九）曾令曰：「周書言任農以耕事貢九穀…… 其制有司課畿

〔一〕 在八月中又有一條稱：「置新民於大寧川，計口授田。」似乎有兩次，實際上八月的紀載只是七月的重複，所以北史紀載爲一事。

内之民，使無牛家以人牛力相貿，墾殖鋤耨。其有牛家與無牛家一人種田二十二畝，償以私鋤功七畝，如是爲差。至與小老無牛家種田七畝，小老者償以鋤功二畝，皆以五口下貧家爲率。各列家別口數。所勸種頃畝，明立簿目。所種者於地首標題姓名，以辨種（百衲本作播）殖之功。」又禁飲酒雜戲、棄本沽販者。墾田大爲增闢。

這個私鋤功的「私」字，據册府元龜卷四九五作「耘」，〔一〕所以並不包含公私的關係，而是有牛家與無牛家亦即人力與牛力相配合的問題。法令之意是説有牛人家以牛一頭和無牛家一人配合耕田二十二畝，還過來這個無牛家應該替有牛家耘鋤七畝以爲報償。如果無牛家只有老弱，那末牛耕七畝，報償耘鋤功二畝。

關於這個法令可以注意的有三點：

第一，這是在畿内推行的課田。所謂畿内就是上引食貨志「東至代郡，西及善無，南極陰館，北盡參合」那個區域範圍，畿内之民自然有拓跋本族，但也有很多遷自各地的新民。上述法令沒有區別本族、外族，由此可見拓跋以及其他遊牧部落人民與漢人一樣同受課田的鼓勵。其次，這些土地是屬於官府的未開闢荒地，所以要「所種者於地首標題姓名，以辨種殖之功」，所稱二十二畝與七畝決非憑空

〔一〕册府元龜作耘鋤功是對的。通鑑卷一二四宋文帝元嘉二十一年（四四四）載此事云：「太子課民稼穡，使無牛者借人牛以耕種，而爲之芸田以償之。凡耕種二十二畝而芸七畝，大略以是爲率。」可見司馬光所見的本子也是作耘或芸字的。又册府元龜作：「有牛家與無牛家一牛」不作一人，也比較明顯。

的數字，也非人家固有之田，而是所擬分配的課田額。魏書卷四八高允傳云：「是時多禁封良田，又京師遊食者衆。允因言曰：……世祖善之，遂除田禁，悉以授民。」可能上述法令即在除田禁之後頒佈。爲什麽要禁封良田呢？我想大概是作狩獵及放牧之用。其三，不論是拓跋本族的自由民，或是内遷的新民，這時有了有牛户與無牛户之别，貧富差别是顯著的。法令只從貧富區别上看問題，却没有將拓跋自由民和漢人及其他部落人民從種族上區别。

從上引法令上我們還可以推測得遠一些。法令規定以耕牛供給人家的有牛户可以獲得對方七畝田的耘鋤功，那末擁有百頭牛的人家就可利用他的牲口取得七百畝的部分無償勞動。我們知道畿内土地基本上雖是國有，但部落貴族已在覬覦肥沃的土地了。魏書卷二八和跋傳：

初將刑跋，太祖命其諸弟毗等視訣。跋謂毗曰：「灅北地瘠，可居水南，就耕良田，廣爲産業，各相勉勵，務自纂脩。」

這還是拓跋珪統治時事，貴族、將領業已注目並且實際從事於農耕土地的占領了。但勞動者是奴婢還是農奴我們還不知道。魏書卷四八高允傳又云：

恭宗季年頗親近左右，營立田園，以取其利。允諫曰：「……今殿下國之儲貳，四海屬心，言行舉動，萬方所則，而營立私田，畜養雞犬，乃至販酤市鄽，與民争利，議聲流佈，不可追掩……故願殿下少察愚言，斥出佞邪，親近忠良。所在田園，分給貧下，畜産販賣，以時收散……」恭宗不納。

假使將營立田園與上引課田法令聯繫起來，就不難知道「人牛力相貿」的辦法只是使貴族、富人、大畜牧主與大土地所有者得以廣占土地和獲得勞動力。七畝與三畝的耘鋤功名義上是償付牛力，實質上已經接近徭役地租。因爲土地是政府所有的，政府的土地與富人的牛相結合構成對於農民生產資料的占有。

可是我們雖然認爲這種制度已經導向封建剝削形態，同時也必須說明制度淵源於公社中互助的義務，可是現在却由於公社內部的貧富分化，性質就不能不發生變化。

這種借牛之法以後還曾推廣。魏書卷七高祖紀上延興三年（四七三）二月詔：

牧守令長勤率百姓，無令失時。同部之內，貧富相通，家有兼牛，通借無者。若不從詔，一門之內終身不仕，守宰不督察，免所居官。

這一條只說有牛家應借牛給無牛家，却沒有償牛力的規定，可能這倒是更原始的習慣之採用。我們看詔書是頒佈全國的，但奇怪的是却說「同部之內」，顯然這只能原來是部落、氏族內的習慣，而推行時竟然忘掉改字。詔書似乎企圖嚴格執行這制度，藉以緩和農民特別是拓跋族自由民之貧窮化，然而其不能有任何效果是不難想像的。

以後孝文帝（元宏）統治時期所頒佈的均田制，其中有一條是牛也可以分配到四十畝田，但限制四牛，這顯然還是「人牛力相貿」之法的沿襲。只是過去重在保證有牛家獲得勞動力，和無牛家獲得牛力，現在則是保證與限制有牛家的獲得土地。

孝文帝以前的拓跋帝國内社會經濟結構，由於紀載的缺略，我們所知道的非常少，以上所引紀載只能極不完整地供給我們一些知識。在有限的紀載中我們只能認識一點，即是在拓跋建國初期，奴隸生産制是不發達的。「計口授田」、「人牛力相貿」顯然只能是公社破壞過程中新生産關係的萌芽。

畜牧與農業兩項是此時最重要的生産事業，而這兩項都不以奴隸勞動爲主體，這樣，我們就可以獲得解決其社會性質的關鍵。可是我們還得從其他方面來考察。

三　隸户、雜户的階級關係

在上面我們已經提到拓跋族在軍事勝利中獲得大量俘虜。這種俘虜我們看到以部落或集體形式被安置在國有牧地及耕地上。除此以外國王及其官府還保留大批作爲官奴婢以及供給官府服役需要的各項特殊户口，例如工匠、樂人與其他雜役人，他們被稱爲雜户或隸户。

還有許多俘虜被作爲賞賜的，他們稱爲奴婢、隸户或僮隸。

從猗盧時我們已經見到很多外來人成爲國王權力的支持者，以後國王還在俘虜中選拔他的臣僚，魏書卷二太祖紀登國十年（三九五）破慕容寶後，説拓跋珪「於俘虜之中擢其才識者賈彝、賈閏、晁崇等與參謀議，憲章故實」。這種獲得優待的俘虜一般是降服的貴族、官僚與將領，往往不是真正的俘虜，他們被稱爲「客」。〔一〕這一個傳統的由來正如恩格斯在説到日耳曼人氏族的破壞時所指出的：「被釋放的奴隸一般地居於低微的地位，因爲他們不能屬於某一氏族，這些人變成了新王的寵幸者，往往獲得了很高的職位、財富與榮譽。」〔二〕

關於「客」我們不必多説，現在將奴婢、雜户、隸户及相當於雜户、隸户身分的人户試加分析。

首先我們要説明雜户或隸户不僅由俘虜充當，而且也有犯罪没入官府的人户。左傳襄二十三年孔疏引魏律云：「緣坐配没爲工樂雜户者皆用赤紙爲籍，其卷以鉛爲軸。」隋書卷二五刑法志稱北周法律規定「盜賊及謀反、大逆、降叛、惡逆罪當流者，皆甄一房配爲雜户」，周制應亦沿襲北魏。

隸户、雜户不限於俘虜，俘虜和犯法囚犯是同等看待的，因爲同樣具有奴隸性，但充作賞賜的似以俘虜爲多。

〔一〕魏書卷四三房法壽傳：「及歷城梁鄒降，法壽、崇吉等與崔道固、劉休賓等俱至京師。以法壽爲上客，崇吉爲次客，崔劉爲下客。法壽供給亞於（薛）安都等……給以田宅、奴婢。」由此可見「客」有三等，視其降附情形而定。崔劉二人所以列於下客即由於認他們爲被迫歸降。上客照例給予田宅、奴婢。魏書卷五八楊椿傳稱他告誡子孫云：「我家入魏之始，即爲上客，給田宅，賜奴婢、馬牛羊，遂成富室。」與薛安都、房法壽等的待遇相同。下客就只給予衣食而已。魏書卷六一沈文秀傳：「待以下客，給以麤衣蔬食。」可以爲證。雖然如此，下客也還維持了不勞動的坐食生活。

這種辦法在拓跋初期業已建立，例如魏書卷三八刁雍傳，雍從弟實惠，「太祖以爲上客」。而且也不限於漢人，魏書卷四四宇文福傳：「活撥（福之祖）入國，爲第一客。」第一客即是上客無疑。所謂客者對拓跋本族而言，亦即是外來人。

〔二〕恩格斯：家庭、私有制和國家的起源，人民出版社版，第一三九頁。

就魏書的紀載中賞賜奴婢、隸户的例子非常多，〔一〕可是這裏却發生了一個問題，即是奴婢與隸户是否有所區别。就紀載上看來凡是賞賜奴婢都以口計算，只有一處以户計算；〔二〕賞賜隸户、僮隸的都以户計算，也只有一處以人計算。〔三〕一人受賜亦有奴婢和隸户的不同寫法，例如魏書卷三三李先傳：「大破蠕蠕，賞先奴婢三口，馬牛羊五十頭……太宗即位……賜隸户二十二。」又如魏書卷三〇王建傳：「從征伐諸國破二十餘部，以功賜奴婢數十口，雜畜數千。從征衛辰，破之，賜僮隸五千户。〔四〕」而且隸户又寫作别户，〔五〕或簡稱賜户若干。〔六〕從上面所引諸例，似乎奴婢與隸户有所區别。

然而這種區别僅僅從文字上推測如此。他們同樣是俘虜，同樣像牲畜般作爲財富的賞賜，爲什麽或者作爲奴婢，或者作爲隸户呢？這一點我們是無法明瞭的。難道是依據其未俘虜前的身分麽？我們暫且不管開始怎樣發生區别，至於拓跋燾以後通過歷史的發展其區别就更明確了。首先我們從官府占有的雜户、隸户中看到一些變化。隋書卷二五刑法志：

〔一〕見魏書卷二四許謙傳，卷二六長孫肥傳，卷二九奚斤傳，卷三〇王建、安同、劉尼、車伊洛、宿石、豆代田傳，卷三四王洛兒、盧魯元、陳建傳，卷八三姚黄眉傳。

〔二〕魏書卷三〇宿石傳。

〔三〕魏書卷三四盧魯元傳。

〔四〕千疑是十之訛，王建地位不比其他將領高，魏書中從無賞賜成千隸户的其他紀載，不應如此優異。但各本皆同作千。

〔五〕魏書卷三〇劉尼傳。

〔六〕魏書卷三四陳建傳。

自魏晉相承，死罪其重者，妻子皆以補兵。魏虜西涼之人沒入，名爲隸户。魏武入關，隸户皆在東魏，後齊因之，仍供厮役。建德六年（五七七）齊平後，帝欲施輕典於新國。乃詔凡諸雜户悉放爲百姓，自是無復雜户。

隋書上稱隸户，下稱雜户，顯然表示二者的一致。書中似乎以隸户爲西涼俘虜沒入官府的專稱却並不正確，又似自建德六年以後便沒有隸户存在，也與事實不符。唐律疏議卷三名例律：

雜户者謂前代以來配隸諸司，職掌課役，不同百姓。依令：「老免，進丁受田依百姓例。」各於本司上下。〔一〕

唐代還有雜户，而且還是前代所遺，那末就不能認爲北周滅齊之後就已「無復雜户」。按照唐代法律，雜户在官府服役，至老而免，這和奴婢就有不同。唐六典卷六刑部都官郎中條云：

都官郎中員外郎掌配沒隸簿……凡公私良賤必周知之。凡反逆相坐沒其家爲官奴婢。一免爲番户，再免爲雜户，三免爲良人，皆因赦宥所及則免之。年六十及廢疾，雖赦令不該並免爲番户，七十則免爲良人，任所居樂處而編附之。

凡初配沒，有伎藝者，從其能而配諸司，婦人工巧者入于掖庭，其餘無能咸隸司農……凡配官曹，長輸其作。番户、雜户則分爲番。

〔一〕唐律疏議卷一二户婚律云：「雜户者前代犯罪沒官，散配諸司驅使，亦附州縣户貫，賦役不同白丁。」

附注云：

番户一年三番，雜户二年五番，番皆一月。十六以上當番，請納資者，亦聽之。其官奴婢長役無番也。〔一〕

在唐代，按照法令，番户雜户與官奴婢之異即在長役與番役，即是説官奴婢以全部時間爲官府服役而番户、雜户則是有大部時間自由處理。雜户身分大概與部曲相同，通典卷二三職官五刑部尚書都官郎中條云：「掌簿斂配役官奴婢，簿籍良賤及部曲、客女、俘囚之事。」六典中的番户、雜户，通典没有，却多出部曲、客女。按唐律疏議卷六名例律云：「部曲謂私家所有。」那末都官郎中不應管理他們的簿籍，所以通典所紀實際上仍是番户、雜户。我們知道部曲比奴婢較高，雜户與部曲既可互稱，當然也比奴婢較高。

隋唐時期的雜户（亦即隷户）與奴婢不同是明顯的，我們現在再看拓跋帝國中官府所占隷户與雜户是否也是這樣呢？洛陽伽藍記卷二：

孝義里東市北殖貨里有太常民劉胡，兄弟四人，以屠爲業。

太常民就是於州縣無貫而屬於太常機構的雜户。太常所屬應該是樂人，唐律疏議卷三名例律：「工

〔一〕按隋書百官志：後齊五兵尚書有都兵曹掌鼓吹、太樂、雜户等事。此所云雜户或專指樂工，但亦可能在齊時雜户由五兵尚書之都兵曹管理。水經河水注五：「又東逕平縣故城北……河北側岸有二城相對，置北中郎府，徙諸徙隷府户並羽林虎賁領隊防之。」則隷户亦以充兵。

樂者，工屬少府，樂屬太常，並不貫州縣。」但太常也有管理祭祀牲畜的廩犧署，劉胡也許是在這一個部門中服役的雜户，所以習於屠宰。他雖在太常服役，但却可以在市場上作屠户，顯然不是長上而是番上。這正和唐代隸户相同。伽藍記所述是魏末事，但必非魏末才發生這樣一個變化。

北齊時期，我們看到曾經兩次赦免雜户，第一次是在文宣帝的天保二年（五五一）九月，北齊書卷四文宣帝紀稱：「詔免諸伎作、屯、牧、雜色役隸之徒爲白户。」第二次是在後主的天統三年（五六七）九月。北齊書卷八後主紀云：「太上皇帝詔諸寺署所綰雜保（按當是役字之誤）户姓高者天保之初雖有優勅，權假力用未免者今可悉蠲雜户，任屬郡縣，一准平人。」〔二〕從上引勅文中我們看出北齊時期的雜户是分屬於各寺署中服役的，這自然是沿襲北魏的制度。其次雜户的名色很多，所以稱爲百雜之户（見後），上引勅文提到的伎作、屯、牧三項從廣義上説也可列於雜户。這三項都不是奴隸。牧户已經在上面談到。屯户可以推溯到漢魏，乃是官有農奴，南北朝也是一樣。魏書卷一一〇食貨志載孝文帝（元宏）統治時有司請建立屯田制度云：

又别立農官，取州郡户十分之一以爲屯民。相水陸之宜，斷頃畝之數，以贓贖雜物，市牛科給，令其肆力。一夫之田，歲責六十斛，甄其正課（按即租調），並征戍雜役……帝覽而善之，尋施

〔二〕天保勅文照上面所引乃是普免雜户，不限於高氏，但天統勅文却以天保之初也只限於高氏。我想如果二年已經下詔普免，便沒有特别赦免高氏之必要，而天保年間又只有這一次紀載。因此我推測天保二年（五五一）勅文也只限於高氏，北齊書誤以爲普免。

行焉。

一夫每年六十斛的租課大約按照一夫百畝，徵收百分之六十的魏晉屯田舊制。可是在北方遠自拓跋初期建立的屯田制度怎樣，我們却不清楚。魏書卷三八刁雍傳太平真君五年（四四四）他爲薄骨律鎮將時上表云：

臣蒙寵出鎮，奉辭西藩，總統諸軍，户口殷廣，又總勒戎馬，以防不虞，督課諸屯，以爲儲積，夙夜唯憂，不遑寧處。以今年四月末到鎮，時以夏中，不及東作。念彼農夫，雖復佈野，官渠乏水，不得廣殖，承前以來，功不充課。兵人口累，率皆飢儉。

從「督課諸屯」這句話上可以知道薄骨律鎮是有屯田的，下面的農夫就是屯户，他們的勞動成果連納課都不够。

這種納課的屯户顯然不是奴隸。

與雜户身分相同的是伎作户。伎作户就是小手工業者。國家對於手工業的控制也是從魏晉開始。當時統治者感到勞動力的缺乏，爲了保證兵器、農具以及各種奢侈品的生産，曾經將手工業者置於官府的掌握中。晉代頒佈的法令規定工匠的裝束以表示其身分。〔二〕對於手工業者的奴役，東晉南朝基本上與西晉相同，而最突出的則是拓跋帝國。這一點和遊牧部落中手工業水平的低落有關。因

〔二〕晉書卷四六李重傳云：「八年己巳詔書申明律令，諸士卒百工以上所服乘皆不得違制。若一縣一歲之中有違犯者三家，洛陽縣十家已上官長免。」可見執行之嚴格。關於規定服色，又見全晉文從太平御覽錄出的晉令。

爲他們缺乏所需的手工業，所以一到内地，首先就要將手工業者控制起來，以便滿足他們的要求，特别是貴族的奢侈享受，這些製成品過去是由内地運去的。魏書卷九四閹宦仇洛齊傳（食貨志同）：

魏初，禁網疏濶，民户隱匿，漏脱者多。東州既平，綾羅户民樂葵因是請採漏户，供爲綸錦。自後逃户占爲細繭羅縠者非一，於是雜營户帥遍於天下。不屬守宰，發賦輕易，民多私附，户口錯亂，不可檢括。洛齊奏議罷之，一屬郡縣。

綾羅、細繭、羅縠都是户名，他們不屬地方官統治，另外設立雜户或營户帥管理，總之，他們是官府占有的機織工匠。本傳所云「東州既平」乃指破後燕、定河北事。太祖紀天興元年（三九八）正月稱强迫遷徙到代京的百工技巧就有十餘萬口，綾羅户之名此時已有，那末其他各項手工業者大概也按照業務分立户名。如上所述，雜營户帥所管理的機織工匠乃是從漏户中搜訪來的，也即是從農民中分化出來的。這時由於農民受剝削嚴重，所以逃亡農民寧肯作工匠以避賦役，這一類伎作户就非常之多，以致不能不加以限制。但仇洛齊所奏罷的只是遍於天下的雜營户帥，至於官府控制手工業者這個原則仍然没有放棄。魏書卷四下太平真君五年（四四四）正月戊申詔云：

自王公已下至於庶人，有私養沙門、師巫及金銀工巧之人在其家者皆遣詣官曹，不得容匿，限今年二月十五日，過期不出，師巫、沙門坐死，主人門誅……庚戌詔曰：……今制自王公已下至於卿士，其子息皆詣太學，其百工伎巧，騶卒子息皆當習其父兄所業，不聽私立學校。違者師身死，主人門誅。

同年所發的兩張詔書都和工匠有關。戊申詔書不准私家畜養金銀工巧之人，並且要「遣詣官曹」，這就是又一次的搜檢工匠，以擴大官府作場的占有額。庚戌詔書則是禁止改行，特别不准讀書，以便手工業者世世代代爲統治者奴役。

戊申詔書雖然衹提出金銀工巧，實際上私藏工匠的禁令是普遍地執行的。北齊書卷四七酷吏畢義雲傳：「又坐私藏工匠，家有十餘機織錦，並造金銀器物，乃被禁止。」一直到北齊初年這條禁令仍然有效。魏、晉、南北朝時城市手工業幾乎不存在。政府不但將僅存的手工業者控制起來，並且還將一部分農民從家庭手工業中搜索出來使之專門從事手工業，上述綾羅户等就很顯著。可是我們並不能認爲官府占有工匠便永遠不能在市上營業。魏書卷七下高祖紀太和十一年（四八七）十一月所下詔書就説：「罷尚方錦繡綾羅之工，四民欲造，任之無禁。」在此以前，一方面不准私養工匠，另一方面工匠都由官府控制，民間自由營業的手工作場即使存在，也是異常稀少的，到了這一年才部分地放免機織工匠以應貴族、富人的需要。洛陽伽藍記卷四稱：「洛陽大市東有通商、達貨二里，里内之人盡皆工巧屠販爲生。」太和年間可能不止放免一些機織工匠，所以伽藍記所説乃是泛指一切「工巧」。可是太和開禁只是准許工匠在市場上營業，而非准許私家收養，因爲在市場上營業的工匠仍然是伎作户，仍然要隨時接受服役義務，如果流入私家就脱離官府掌握了。這就是畢義雲爲什麽要遭受處罰的原因。

庚戌詔書的不准改行，在孝文帝（元宏）統治時也有了變化。魏書卷七上高祖紀延興二年（四七二)四月宣佈了「工商雜伎盡聽赴農」之令，這樣就放寬了這條禁令。手工業者的身分是低賤的，魏書卷五高宗紀和平四年(四六三)十二月詔：

今制皇族、師傅、王公、侯伯及士民之家不得與百工伎巧卑姓爲婚。

這一條在北史中「士民」作「士庶」，可知下面的卑姓並非指一般的庶族而是百工伎巧以下的雜户，他們甚至不能與庶民通婚。然而低賤的身分在太和以後也局部發生變化。魏書卷七上高祖紀太和元年(四七七)八月又下詔云：

工商皂隸各有厥分，而有司縱濫或染清流。自今户内有工役者推上本部丞已下，準次而授，若階藉元勳，以勞定國者不從此例。

我想這一條的「工商」和上引延興二年(四七二)詔書的「工商」實際上專指工匠而言，只是在習慣上沿用工商並稱的成語而已，所以下文但稱「户内有工役者」而不及商賈。這種「户内有工役者」也即是伎作户，他們的身分與皂隸類似，可是此時在伎作户内居然有人擠進了士大夫的行列，做了限於士族充當的清官。爲了保障士族特權，皇帝下了這張詔書，只允許其充任服役機構内管理工役的卑官，所謂本部丞。(一)即使如此限制，還有人很不高興。魏書卷六〇韓麒麟傳子顯宗上書論遷都有云：「朝廷每選舉人士，則校其一婚一宦以爲升降，何其密也。至其開伎作官途，得與膏粱華望接閈連甍，

(一) 本部丞即是屬於諸省、寺、監的各部别局諸署丞。隋書百官志叙北齊官制單是太府寺所屬的有關工役的署與局就不少，皆有丞的設置。品令中從九品止有諸署别局都尉，可能漏掉一個丞字。魏書官氏志九品止有諸署令，蓋丞或是流外官。

何其略也。」很抱怨皇帝開放了伎作户做官的道路。

如上所述在元宏統治期間對於手工業者的控制多少有些放寬，但仍然保持伎作户的名目，他們雖然准許在市場上營業，却並不能完全擺脱爲官府服役的義務。魏書卷一九中任城王澄傳，他在世宗（元恪）時奏事十條，第六條是：「逃亡代輸去來年久者，若非伎作，任聽即住。」他的建議是逃亡人民可以聽其在所逃地點居住，但伎作却不在其內。爲什麽對於伎作要嚴格禁止遷移呢？我想還是因爲他們是屬於各個官府工場的工匠，即使在市場營業，還有爲官府服役的義務。他們的身分也始終與雜户相似（或即是雜户），魏書卷一一前廢帝紀稱普泰元年（五三一）三月召募從征兵士便是以伎作及雜户並稱，上引北齊天保詔書也將伎作列於雜色役隸之中，可見即使允許充當本部丞也不能改變其所屬階級。

根據上面所述，我們知道拓跋破後燕之後，曾經將大批被俘虜的手工業者按照其業務種類分別設立管理機構，一個時期由於負擔較輕曾經大量吸引逃亡户口，並在全國各地設置這種機構。他們身分和隸户相同或即是隸户；他們不准自由營業（至少是不完全自由）；不准改行，並且迫使其世代相傳；不准與平民通婚。他們在官府作場上勞動，以後官制確立，他們便被分配於各個有關機構。在元宏統治時，上述禁令略爲放寬，他們有些被允許自由營業了，也准其從事農耕，但他們仍然爲官府服役，仍然不屬州郡；他們的身分也仍然是低於平民的伎作户。

從仇洛齊傳所云「發賦輕易」看來，伎作户在開始時就不是奴隸，以後雖一度嚴格控制，也不能認爲與奴婢相同，元宏以後大概名屬於官，隨時受徵發上役，在服役之餘他們可以爲自己生産。

除了伎作、屯、牧之外，雜户或隸户之中最大多數的應是在各機構充當非生産的雜差，如隋書所謂「仍充斯役」，唐律疏議所謂「職掌課役」的，這是紀載上所指的一般隸户或雜户。

以上我們將官府占有的隸户、雜户以及伎作、屯户等試加分析。由此我們可以説一般的隸户、雜户當他們以俘虜身分配給官府和私人時即與奴婢有所區别，但二者是頗相接近的。到了以後，我們可以明確隸户、雜户以及伎作、屯、牧等户除了爲官府服役之外，〔二〕他們可以保留一部分時間，或是整個家庭中保留一部分勞動力爲自己生産。剝削者對於他們是封建性的不完全的人身占有。

現在我們還得談一下屬於私家的隸户。

由於紀載的缺略，我們對於私家隸户的認識更不够，但我們也不妨説私家隸户在開始時和奴婢較爲接近，以後二者雖亦常混淆，但基本上是不同的身分。魏書卷一一三官氏志云：

天賜元年（四〇四）十二月詔始賜王、公、侯、子國臣吏，大郡王二百人，次郡王、上郡公百人，次郡公五十人，侯二十五人，子十二人。皆立典師，職比家丞，總統羣隸。

這一條所稱臣吏即是家臣與家兵。「吏」在南北朝時往往指非正規的士卒而言，我想這裏也作此解釋。典師是家臣之一，魏收所以特别提出來是由於地位的重要。家丞爲漢代列侯治家事的家臣。北

〔二〕魏書卷一一〇食貨志稱：「漢中舊有金户千餘家，常於漢水沙淘金，年終總輸，後臨淮王彧爲梁州刺史，奏罷之。」這種金户也是雜户之一種。

魏王公貴族的家務主要在管理羣隸，典師是奴隸總管。所謂羣隸自然是兼指奴婢與隸户，此時與奴婢似無很多區別。

然而在以後却有將奴婢與隸户分寫之例。魏書卷七七高崇附子謙之傳：

居家，僮隸，對其兒不撻其父母，生三子便免其一世。無髡黥奴婢，常稱俱稟人體，如何殘害。

高謙之的父親「家資富厚，僮僕千餘」。這一條却把僮隸與奴婢分開，固然我們可以解釋爲行文避免重複之故，但很可以合併爲「亦不加髡黥」一句，爲什麽要分兩種寫法呢？可知此時（元宏時）隸户與奴婢在私家的亦有顯著區別。紀載上有時以僮僕、奴婢包括二者只是沿襲舊習慣而已。魏書卷二一上咸陽王禧傳云：

（禧）由是昧求貨賄，奴婢千數，田業鹽鐵遍於遠近，臣吏僮隸相繼經營。

這裏也是奴婢與僮隸分開來寫的，僮隸和臣吏並列，是經營財産的人。他們是否直接參加生産勞動是頗可懷疑的。而且在同一傳中又提到這個咸陽王將隸户充當他的王國官。傳稱：

於時王國舍人應取八族及清修之門，禧取任城王隸户爲之。深爲高祖所責。

我們在上面已引太和元年（四七七）禁止工商皂隸充當清官的禁令，咸陽王之事應在此次禁令頒佈之後，可見前令之無效。同時我們看到禁令中説的是皂隸，咸陽王所取的是隸户，也可推測隸户身分優於奴隸，故常常獲得做官的機會。魏書卷九肅宗紀神龜元年（五一八）正月：

詔以雜役之户或冒入清流，所在職人皆五人相保，無人任保者奪官還役。

這一條所指的雜役之户乃是在官府服役者，所以云「還役」。隸户、雜户容許做官大概已無問題，只是不准做清官，然而從太和以降連這一點限制也並未能認真執行。以後在普泰元年（五三一）雜户普賜民名，又募伎作及雜户從軍，准許「皆授實官」，〔一〕這已是六鎮起義以後的事了。

關於私家隸户我們知道得不多，現在，我想就一些旁證來幫助我們瞭解。魏書卷一一四釋老志：

曇曜奏「平齊户」及諸民有能歲輸穀六十斛入僧曹者即爲「僧祇户」，粟爲僧祇粟，至於儉歲，賑給飢民。又請民犯重罪及官奴，以爲「佛圖户」，以供諸寺掃洒，歲兼營田輸粟。

所謂「平齊户」乃是獻文帝（元弘）皇興元年（四六七）侵宋青州所俘獲的人民。其中很多被當作奴婢，一部分所謂「民望」也即是地主被安置在平城，就在平城附近設立了一個平齊郡，這些「民望」就稱爲「平齊户」。〔二〕平齊户雖是「民」，不是隸户，但却有配發邊鎮當兵的危險。魏書卷六八高聰傳：「大軍攻剋東陽，聰徙入平城，與蔣少游爲雲中兵户，窘困無所不至。」魏書卷九一術藝蔣少游傳：「充平齊户，後配雲中爲兵。」他們兩個實際上都沒有去當兵，只是列於兵户却也是隸户之類。關於兵户的，這裏我不想多談，只是説明平齊户既可爲兵户，就也可被作爲寺院的隸户。照上面所説似乎平齊

〔一〕見魏書卷一一前廢帝紀。
〔二〕見魏書卷五〇慕容白曜傳、卷二四崔道固傳、卷四三劉休賓傳。平青、齊是元弘統治時事，釋老志將曇曜請置僧祇户事紀於元弘即位以前是錯的。

户與諸民之作爲僧祇户出於自願，實際上並不然，而且所謂諸民也祇是指與平齊民相等的人民。釋老志在下面又説：

又尚書令高肇奏言：謹案故沙門統曇曜昔於承明元年（四七六）奏涼州軍户趙苟子等二百家爲僧祇户，立課積粟，擬濟饑年……又依内律，僧祇户不得别屬一寺，而都維那僧暹、僧頻等進違成旨，退乖内法，肆意任情，奏求逼召，致使吁嗟之怨，盈於行道，棄子傷生，自縊溺死五十餘人……請聽苟子等還鄉課輸，儉乏之年，周給貧寡，若有不虞，以擬邊捍。

據此條可知與平齊户同時被賞給寺院的諸民之中還有涼州軍户，他們與平齊户一樣是俘虜。我們知道涼州人民之遷入平城者，除賞賜給將領之外，官府自己所保留的稱爲隸户，這是隋書有明文的。固然也有若干確實配發北邊爲兵，〔一〕然這一批賞賜給寺院的軍户應即是官府所屬隸户，因爲沒有必要從北邊調來而不就近配給。至於軍户之名實際上並不一定就指兵士，南北朝紀載中所見的兵，往往只是役徒的異稱。北史卷八四孝行傳：「河東郡人楊風等七百五十人列稱樂户皇甫奴兄弟雖沈屈兵伍，而操尚彌高。」樂户自是屬於太常的雜户，但下稱其「沈屈兵伍」，由此可見軍户也可以是隸户的異稱。

〔一〕北齊書卷一六段榮傳：「姑臧武威人也，祖信，仕沮渠氏，後入魏，以豪族徙北邊，仍家於平原郡。」卷一八孫騰傳：「咸陽石安人也，祖通，仕沮渠氏爲中書舍人，沮渠滅，入魏，因居北邊。」周書卷二八史寧傳：「建康袁氏人也（按此建康在涼州），曾祖預仕沮渠氏爲臨松令，魏平涼州，祖灌隨例遷於撫寧（撫冥之誤？）焉。」

假使軍户即是隸户的互稱，那麽涼州軍户之爲僧祇户與下面官奴之作佛圖户分開，豈非說明官奴婢和隸户的區別麽？僧祇户每年負擔的納課額是六十斛，和屯民相同，由此也可以推測私家隸户如果用在農耕生産上，可能也相當於這個租額。

以上所述，只能是一種比較與推測，但總的說來私家隸户所受剝削方式至遲自元宏時起應和官家隸户一樣乃是封建性的剝削。

關於隸户的身分從開始出現這個名稱以後可能有一些變化，這個變化即是從接近奴婢的身分轉而接近於農奴或農奴化的身分。關於這個問題我們如果比較蒙古的驅口、奴婢和滿清八旗中的「包衣」將使我們有進一步的了解。因此這一種社會階級關係並非偶然，而是適應特定的經濟發展規律而産生的變化。

四　結論

就以上所述各點我們企圖論證拓跋族社會的發展與若干已被證明的部族一樣，他們從原始公社通過家長奴役制而逕直飛躍到封建社會。我們試行分析拓跋帝國前期亦即孝文帝以前的社會經濟結構，主要是分析勞動生産者牧人、農民與剝削者的關係。我們還試行推尋唐代以前隸户、雜户以及相當於隸户、雜户的其他人户的演變痕跡。從疏略的研究中，我們所得出的初步結論和推測是：

一、拓跋部落在猗盧統治時期開始形成國家，而完成於拓跋珪亦即道武帝的統治時。

二、在部落時期已經有奴隸，但不是主要的生産勞動者。當形成國家時拓跋族所採取的發展道路乃是由家長奴役制向封建制轉變的道路，主要勞動者牧人與農民即使出於俘虜或被征服部落也没有當作奴隸使用，他們集體地安置在牧場與耕地上作爲牧子與農民（本質上即是牧奴與農奴）。有些被征服的或歸附的遊牧部落則完全保留其原有部落組織，其酋長成爲帝國的藩屬，對其宗主負有納貢、充當侍衛、出兵等義務；他們的納貢構成拓跋帝國畜牧經濟的重要部分。

在拓跋珪時解散内部的和若干族外的部落組織，所有氏族成員都成爲編户，並分别指定了畜牧及農耕地點，不准遷徙，這時在地域性的組織中，編户已成爲國王的臣民。

三、除了安置在耕地與牧地上的農民與牧子之外，一部分俘虜或者由國家保留，或者賞賜給貴族、將領，作爲奴婢或隸户。奴婢和隸户本來雖有區别，但身分頗爲接近，以後隸户之在官府者變成一種差役，私家隸户可能變成農奴、牧奴與家庭僕役。不論官家私家，隸户的身分高於奴婢。北魏末期這種情況已很顯著，大約在中期已然如此。

相當於隸户者還有屯户、牧户、伎作户等。屯户與牧户即是農奴與牧奴，伎作户則是由官府作場控制的工匠，他們之被束縛，一方面是由於遊牧部落内手工業的低落，另一方面是由於魏晉以來舊制度的影響。

由於資料的貧乏與個人學力的限制，所作的分析、解釋必然是不充分的，因此也難免不少錯誤。但假使所有錯誤還没有妨礙到對於拓跋社會發展的推測，那末我們還必須説明其飛躍的理由。就我粗淺的見解看來，除了恩格斯所指出的野蠻性也即是氏族制度殘遺的作用以外，還有兩點：

第一，我們必須承認生產力是生產之最活躍、最革命的因素，它決定社會的發展。從拓跋部落本身來説，當他們的氏族解體，開始建立國家時，他們自己的生產力水平業已達到一個遊牧封建國家的水平。他們的畜牧生產我們雖然知道得不多，但必然不會低於他們的前輩匈奴以及鮮卑族人。而農耕方面呢？他們完全接受了先進的生產工具以至生產技術，最初在拓跋部落中發展農業的又正是漢族人或農業生產力相當高的其他種族，如并州雜胡、烏丸等等。這樣就不可能倒退爲奴隸生產方式。

第二，更重要的是他們很早就遷入山西北部一帶，這些區域是有封建的生產基礎的，而不問原來居住於此地區的，或是從他處遷移來的生產勞動者絶大部分是生長於封建社會中的漢族人民，以及早已進入封建社會的其他各族。我們難以設想拓跋國王及其貴族能够使之全部變爲奴隸，因爲這是不可能的，同時也是無利的。特别是在拓跋建國前後曾有不少晉人投奔來。他們正是不堪晉政府以及内侵胡族的虐待而出於逃亡，假使説他們甘心從封建主那裏逃向奴隸主，這是不能想象的事。與此相反，只有認爲拓跋建國之前，甚至稍後，對於這些逃亡人民不但不當作奴隸，甚至還没有使其農奴化，這樣纔可以吸收逃亡户口。

除了上述兩點之外，我們自然不應忘掉拓跋帝國建立初期就已占領了山西、河北、河南北部，以後又擴展到西北、東北的事。我們在上面没有提到這些地區的情況，因爲這已經無須討論，所有這些地區很早以前就已進入封建社會，拓跋及其前輩匈奴、鮮卑各族的占領都不可能改變其生產方式。

從拓跋珪以後，所謂北魏的占領地之中這一片廣大的農耕地區（姑且不談以後的擴展，只就河北、河南而言）乃是重要的部分，假使我們不問其他，而以此判斷拓跋帝國之爲封建帝國也是無須多説的。我們現在所企圖論證的，乃是拓跋部落建國前後的發展過程，就地域上來説即是以代京爲中心的周圍作爲其最初活動地帶及根據地而討論其社會經濟。簡單地説我們是以拓跋部落的發展爲主題的，有時牽涉到以外或較後的事也只是爲了證明主題的需要。

可是我們在最後有必要將黄河流域的情況稍加説明。我們知道魏晉以來的北方大族通過五胡以至北魏仍然在各地具有巨大勢力。他們一般地分割土地，占有户口，各族君主對於既得權益階級，大族、士人以及堡塢豪帥照例採取懷柔合作的政策。魏書卷一一〇食貨志稱：「魏初不立三長，故民多蔭附，蔭附者皆無官役，豪强徵斂，倍於公賦。」這雖然包括所有地區，但主要是指黄河流域而言。我們知道蔭附問題在前燕、後燕占領時期就已十分嚴重，而在元宏以前，北魏在那裏的統治力量是比較薄弱的，因此不能不對大族較爲放任，以期合作鎮壓人民，這是鞏固拓跋帝國的必要措施。此外拓跋进入内地時由於本身的落後，所以主要採取軍事掠奪方式，雖然在征服地區上因襲魏晉田租、户調制度進行剝削，但並未充分重視，上引資治通鑑卷一二五元嘉二十七年（四五〇）宋軍北伐時魏羣臣請拓跋燾救緣河穀帛，他的答覆是：「國人皆著羊皮袴，何用綿帛。」就可知道魏晉以來作爲賦税收入大宗的綿帛在拓跋燾是不太重視的。這雖是南朝傳聞之辭，但有此傳聞即因當時拓跋帝國對於河南北經濟利益還没有從經常性的剝削上予以足够的重視。我們認爲在這種情況下代表封建割據勢力的地方豪族是更易擴展其勢力的。

魏晉以來封建的地方割據形態又是和强大的宗族互相關聯，而拓跋族的宗主制度更强化了宗族組織。魏書卷五三李沖傳：「舊無三長，惟立宗主督護，所以民多隱冒，五十三十家方爲一户。」宗主的設立自然起了鞏固宗族組織的作用。北魏爲什麽要建立這種制度呢？我想除了適應黄河流域大族集團的固有狀態之外，也還是拓跋内部制度的推廣。魏書卷一一三官氏志天賜元年（四〇四）十一月云：「以八國姓族難分，故國立大師、小師，令辨其宗黨，品舉人才。自八國以外，郡各自立師，職分如八國，比今之中正也。宗室立宗師，亦如州郡八國之儀。」這裏説明自從拓跋珪解散部落之後，不過幾年，氏族已難分别，因此要設立辨别姓族的大師、小師，而且推行到非部落居住地的諸郡。實際上辨别姓族在氏族破壞之後，只能徒具形式，姓族的基本組織業已不是氏族而是家長制家庭公社。恩格斯曾經將這種家長制家庭公社分爲幾種類型。他説：「根據海斯勒（見德意志法權制度）的意見，德意志人的經濟單位起初並不是現代所説的個體家庭，而是由幾代人及其個體家庭所構成的家庭公社，並且此種家庭公社往往包括許多非自由人。」〔一〕拓跋氏族解散之後即進入於家庭公社的階段，魏書卷二七穆崇附孫壽傳：「遇諸父兄弟有如僕隸，夫妻並坐共食，而令諸父餕餘，其自矜無禮如此。」這説明了這個家庭正是包括了一父所生的幾代後裔，而這位家長在家庭公社中是具有頗大權力的。

〔一〕恩格斯：家庭、私有制和國家的起源，人民出版社版，第五七頁。

魏書譏刺穆壽爲「自矜無禮」，乃是根據通行於內地的家庭成員關係而言，那時的北方大族乃是更爲發展的東方類型的家庭公社。

家長制家庭公社既是中國從遥遠的古代遺留下來的經濟單位，而拓跋族又恰恰離開氏族分解的時期不遠，家庭公社剛好成爲基本組織，於是兩相配合，用以辨别姓族的宗師和對外負責的宗主實際上已不能是氏族長老而是家庭公社的大家長了。我們從上引德意志家庭公社的組織中已經知道包含着非自由人，馬克思曾説：「現代的家庭，在萌芽時，不僅包含着奴隸制，而且也包含着農奴制。」〔一〕這樣，我們就知道「大姓苞蔭」在拓跋統治者看來並不能算是營私舞弊。〔二〕

北方大族在北魏的放任政策和宗主督護制下自然更爲發展。魏書卷四二薛胤傳稱「河北……有韓、馬兩姓各二千餘家……劫掠道路，侵暴鄉閭」；同書卷五三李安世傳稱「廣平人李波宗族强盛，殘掠生民」，竟然「率其宗族」，大破刺史進攻的軍隊。關於韓馬二姓和李波畢竟怎樣的「劫掠」、「侵暴」我們並不知道，也可能是反抗拓跋統治者的鬥爭，但他們的勢力總是由於宗族强盛。這已是元宏統治時事，和初期的絶對放任已有些不同；而河北的韓馬兩族和廣平李氏還不是第一等的大族，其勢力之巨大已如此，拓跋前期更可想見。總之在元宏統治以前，黄河流域基本上是大族割據的形勢，拓跋帝國對於這一片土地是通過大族來統治的。

〔一〕恩格斯：家庭、私有制和國家的起源，人民出版社版，第五五頁。
〔二〕蔭附本是南北共同狀態，但南朝的蔭附和合族同居並無一定關係，北朝從前燕時開始合户與蔭附就已併爲一談了。

關於北方大族及大河南北的社會經濟結構我將要在另一篇論文中討論，在此只作一點補充說明而已。

最後，我必須再說明一次，拓跋帝國前期奴隸生產仍然占相當的比重，但不是最基本的生產關係。

魏周府兵制度辨疑

府兵前期制度，陳寅恪先生已有精闢的解釋。本篇只是就陳先生指出的演變問題上略有補充。這些補充有些是瑣細的考訂，其中也有與陳先生之説稍有出入者，那只能算是提出疑問，不能認爲我的説法完全正確。

一　府兵名稱的起源

府兵特點之一是軍屬於府，軍民分治，所謂府兵即是屬於軍府的兵。這個特點乃是三國以來直至南北朝軍事制度的特點。曹魏的士家和孫吴的諸將領兵在軍民分治上是一致的。魏晋以來，由於戰争的頻繁，各地有軍府的設置，軍府名稱雖然常常跟着統兵將領所帶軍號的不同而變换，但兵士却固定地屬於該地軍府。兵士的地位要比一般人民低，他們在地方户籍册上勾銷了名字。〔一〕軍屬於

〔一〕晋滅吴蜀，兵吏與民户的户口數都分别列舉，宋書卷四五劉粹附弟道濟傳：「蜀土僑舊，翕然並反，道濟惶懼，乃免吴兵三十六營以爲平民。」均見軍民分治之制。又宋書卷八明帝紀泰始六年（四七〇）詔：「巧注從軍，不在赦例。」爲了避役之故，有些人竄名在軍籍中，實際上並未從軍，這就是「巧注從軍」，所以能避役即因軍士不屬地方官統治之故。

府，軍民分治既是南北共同的制度，從而也説明魏周時期之府兵若從這個特點及名稱來説乃是舊制度的沿襲及發展。

東晉北府兵由於其建立的戰績，在歷史上是一個人所熟知的名稱。錢大昕晉書考異王恭傳「都督以北爲號者累有不祥」條云：

按徐兗二州都督例以北爲號，故有北府之稱。

下面他列舉東晉徐兗二州都督之軍號，如安北、征北、平北、鎮北等將軍及北中郎將以證此説。宋書卷四七孟懷玉傳：「領丹陽府兵，戍石頭。」這個丹陽府兵當指丹陽尹所統兵，丹陽即是京都所在，故立軍府。由此可知軍府之兵即稱府兵。再推得遠一點，晉書卷六六劉弘傳稱弘卒後，其子璠「墨絰率府兵討（郭）勱」，劉弘是荆州刺史，軍號是車騎將軍，這一個府兵就是荆州的車騎府所領之兵。這還是西晉末年的事。

所謂軍府是指地方長官帶軍號統兵，開府置屬官之謂。宋書卷五二庾悦傳：

（劉）毅求都督江州，以江州内地，治民爲職，不宜置軍府，上表陳之曰：「……愚謂宜解軍府，移治豫章……尋陽接蠻……可即州府千兵，以助郡戍。」於是解悦都督將軍官，以刺史移鎮豫章。毅以親將趙恢領千兵，守尋陽。建威府文武三千，悉入毅府。

劉毅要求廢罷江州軍府，於是庾悦的都督和建威將軍職位被奪，建威府的屬僚兵士都爲劉毅所併。劉毅疏中所云「州府千兵」乃指劉毅所兼的豫州軍府當時稱爲西府的兵。〔一〕關於南朝軍府設置，這裏不再贅舉，總之軍府所統之兵即可稱爲某府兵。

南朝兵士稱爲軍户、營户，身分低下，他們的户籍不屬於州郡。宋書卷六孝武紀大明二年（四五八）正月詔：「軍户免爲平民。」這是專指荆州軍户而言。卷七五王僧達傳：「僧達爲太子洗馬在東宫，愛念軍人朱靈寶。及出爲宣城，靈寶已長，僧達詐列死亡，寄宣城左永之籍，注以爲己子，改名元序。」可見要免除軍籍除了皇帝特旨之外只有死了才罷。其中有由於軍功而脱免的也出於特旨。同書卷八三黄回傳：「竟陵郡軍人也，出身充郡府雜役……（臧）質討元凶，回隨從有功，免軍户。」竟陵郡由於地方的重要，所以特别設立軍府，一般的郡是不設府的。〔二〕梁書卷二武帝紀中天監十七年（五一八）八月詔：「兵、騶、奴、婢男年登六十，女年登五十免爲平民。」陳書卷五宣帝紀太建二年（五七〇）八月詔：「軍士年登六十，悉許放還。」這些詔令都算是特恩，而兵和奴婢連稱，可見其地位之低。

南朝軍士之以户稱，即説明一人入軍，全家被役，所以晉書卷二九五行志下：

〔一〕錢大昕晉書考異庾楷傳「楷上疏以江州非險惡之地，而西府北帶寇戎，不應使愉（王愉）分督」條：「是時楷以西中郎將領豫州刺史，鎮歷陽。考南渡以後，豫州或治歷陽，或治壽春，或治姑熟，而都督例以西爲號……西府二局，文武盈萬，此稱姑熟爲西府也……西府北府原無定數，但以當時軍府之號爲目耳。」

〔二〕宋書卷五〇張興世傳：「竟陵舊置軍府。」卷七四沈攸之傳：「元嘉中巴東、建平二郡軍府富實與江夏、竟陵、武陵並爲名郡。」這一些郡由於與蠻族居地相接，所以設府。

（太元）十六年（三九一）……是年春發江州兵營甲士二千人，家口六七千配護軍及東宮，後尋散亡殆盡。

可見軍士及其家口還是住在一起。而宋書卷一〇〇自序沈亮陳府事云「伏見西府兵士，或年幾八十，而猶伏隸，或年始七歲，而已從役」。〔一〕七歲小孩當然不是真正兵士，只是兵士之子，這樣的幼童尚且要被迫服役，軍户家屬待遇之慘酷，自不待言。宋書卷九後廢帝紀：「與右衛翼輦營女子私通，每從之遊，持數千錢供酒肉之費。」又南史卷五齊鬱林王紀：「帝獨往西州，每夜輒開後堂閣，與諸不逞小人至諸營署中淫宴。」軍户婦女簡直被當作倡伎對待。

正因爲軍户聚居，置營率領，所以可以免軍户立郡縣，在宋書州郡志上紀載的有南彭城的蕃、薛二縣，益州的宋寧、宋興二郡，雍州的建昌郡永興、安寧二縣及昌國郡，這些都是以免軍户置。南彭城的軍户自然就是北府兵，益州軍户據同書卷四五劉道濟傳乃是以吴兵三十六營置，雍州所立郡縣説是寄治襄陽，應該是寧蠻（晉之南蠻）校尉府所屬軍户。

綜上所述，我們可以相信南朝也是軍民分治，而軍户隸屬軍府，故亦有某府兵之稱。關於南朝軍制，不屬本題討論範圍，説到這裏爲止，我們現在還過來再看北魏方面的情況。

北魏的邊防軍有府户之稱，這也是大家熟知之事。北齊書卷二三魏蘭根傳：

〔一〕此西府是指荆州軍府。亦見錢大昕晉書考異庾楷傳條。

> 緣邊諸鎮控攝長遠。當時初置，地廣人稀，或徵發中原强宗子弟，或國之肺腑，寄以爪牙。中年以來，有司乖實，號曰府户，役同厮養。

依照魏蘭根的説法邊鎮軍户亦即府户，他們所受的待遇是和奴隸類似的。魏書卷八七劉侯仁傳：「豫州人也，城人白早生殺刺史司馬悦，據城南叛。悦息朏走投侯仁……朏遂免禍……有司奏其操行，請免府籍，叙一小縣。」這個劉侯仁顯然是府户，府户有府籍，即是説他們的户籍不屬於州縣而屬於軍府。

北魏軍府的設置大體上應與南朝相同，但在初期似乎已不限於州郡。魏書卷五八楊椿傳：

> 以本將軍除定州刺史。自太祖平中山，多置軍府，以相威攝，凡有八軍，軍各配兵五千，食禄主帥，軍各四十六人。

定州一地即有八軍，亦即八府之多，這是特殊的例子，但既稱爲府，其軍將必然帶將軍號、開府置屬。中山此時置行臺，而魏初起兵反抗者又以中山爲多，所以要多立軍府來鎮壓，〔一〕魏末形勢不同，八軍可能都屬定州軍府，楊椿爲定州刺史帶撫軍將軍，應該並屬撫軍府，但也可能保持各鎮戍的府號。

關於軍鎮的組織紀載很簡略，魏書卷一一三官氏志云：

> 舊制，緣邊皆置鎮都大將，統兵備禦與刺史同。城隍倉庫皆鎮將主之，但不治故爲重於刺史。

〔一〕魏書卷二太祖紀天興元年（三九八）正月：「帝慮還後，山東有變，乃置行臺於中山，……車駕次於恒山之陽，博陵、渤海、章武羣盜並起。」博陵是定州（即中山）屬郡。次年三月又書：「中山太守仇儒亡匿趙郡，推羣盜趙准爲主。」當時鄴與中山是後燕的首都與重鎮，所以北魏遣重兵鎮守並設立行臺。

最後一句有脱文，前面是説鎮都大將之職與州刺史略同，自晉以來邊州刺史例帶軍號統兵建府，鎮都大將也如此。考魏書紀傳中所載，稱鎮都大將者大抵都帶將軍及都督數州或數鎮軍事。也像南朝一樣，四方軍鎮的都大將所帶軍號都帶東南西北字，例如和龍鎮將加征東、安東將軍，北方諸鎮加安北、鎮北、平北、征北將軍，敦煌鎮將加寧西、安西、鎮西、征西將軍，虎牢鎮將加平南、安南、鎮南將軍；當然也有些不規則的，例如雲中鎮將或帶西字或帶北字，長安鎮將例加西字，却也有加南字的；最特殊的是刁雍以本將軍爲薄骨律鎮將，他的軍號本是征南，與方位全不相符，我想可能有錯誤。此外還有很多帶驃騎、車騎、衛將軍及其他雜號的都大將。官氏志云：「神䴥元年（四二八）七月詔：『諸征鎮大將依品開府，以置佐吏。』」這就是置立軍府的正規化。又在魏初似乎爲都大將者還要加上「公」的封號。〔一〕

不但鎮都大將都帶軍號，就是刺史也如此。在上面我們提到定州的軍府，魏書卷三九李寶附曾孫孚傳云「起家鎮北府功曹參軍，定州别駕」，定州刺史此時帶鎮北將軍，故稱鎮北府，這種例子，魏書以及北魏石刻中可以查出很多，這裏不必列舉。諸州軍府的兵士也稱府户，如上引劉侯仁傳只説他是豫州人，下面却説免其府籍。考魏書地形志豫州下注云：「劉義隆置司州，治懸瓠城，皇興中改。」水

〔一〕魏書卷二八古弼傳：「拜安西將軍，賜爵建興公，鎮長安。」卷三〇奚眷傳：「復鎮虎牢，賜爵南陽公。」同卷來大千傳：「遷征北大將軍，賜爵廬陵公，鎮雲中」。卷三七司馬楚之附子中躍傳：「代兄爲雲中鎮將，朔州刺史，假安北將軍，河内公。」卷三九李寶傳：「遣使授寶……沙州牧，敦煌公，仍鎮敦煌。」

經汝水注云：「汝水又東逕懸瓠城北……今豫州刺史汝南郡治。」我們知道懸瓠爲南北兵争中最重要的軍事要塞之一，此地建立軍府無疑，魏書卷三七司馬悦傳説悦以征虜將軍爲豫州刺史，劉侯仁此時是屬於征虜府的府户。其實不但劉侯仁是府户，連殺司馬悦的白早生也是府户。魏書稱白爲豫州城人，世宗紀永平元年（五〇八）説是豫州彭城人，彭城不屬豫州，如果不是後人妄增，那麽應該有所解釋。魏書卷九三恩倖傳：「掃淨、徐義恭並彭城舊營人，掃淨能爲世宗典櫛梳，義恭善執衣服。」彭城舊營當指刁雍在世祖時於濟陰所立之二十七營，其中是有彭城人的，〔一〕延和二年（四三三）徐州四郡並立，應該不再有營户，但直到世宗時仍有彭城舊營之名，那末同時也可能有一部分彭城人被分配到懸瓠充當營户。撇開這點不談，北魏所謂城民，也往往指軍户。卷九肅宗紀正光五年（五二四）所下詔云：「世祖太武皇帝……掃清逋穢，諸州、鎮、城人本充牙爪，服勤征旅。」諸州鎮城人應解釋爲諸州的鎮民與城民（人本當作民，避唐諱改）。以鎮民之即府户例之，知城民亦是府户。卷九四閹宦劉騰傳：「本平原城民，徙屬南兗州之譙郡。」這個平原城並非指原有的平原郡，北史卷一五常山王遵傳：「休屠、郁原等叛，（元）素討之，斬渠率，徙千餘家於涿鹿之陽，立平原郡以處之。」劉騰乃是休屠俘虜之後裔，遷徙譙郡大概就去當兵的，這正像蔣少游、高聰一樣以平齊民充當雲中兵户。〔二〕又梁書卷二一

〔一〕魏書卷三八刁雍傳：「雍於是招集譙、梁、彭、沛民五千餘户置二十七營，遷鎮濟陰。」
〔二〕見魏書卷六八高聰傳，卷九一蔣少游傳。

武帝紀中天監七年（五〇八）紀此事稱懸瓠鎮軍主白早生，這是白的自稱，因爲下面稱他的同侣胡遜爲豫州刺史，據卷一七馬仙琕傳是由白所推的。自稱爲什麽不再崇高一些呢？北史卷一六廣陽王深傳深上書稱邊鎮軍士「一生推遷，不過軍主」，在府户看來，軍主已是極品，所以白早生還遵循習慣，暫稱軍主。如上所述，我認爲白早生也是府户。〔一〕

在南朝，北或西中郎將亦建立軍府，同時亦即軍號。北魏在洛陽周圍有四中郎將府。水經河水注：

河水又東逕平縣故城北……河北側岸有二城相對，置北中郎府，徙諸徒隸、府户並羽林、虎賁領隊防之。

北中郎將府所統有徒隸（即隸户）、府户及禁軍，府户或自其他軍府移來，但此時已是屬於北中郎將府了。東中郎將府即虎牢鎮，自不須説，其他二府想亦如此。

正因爲府户是屬於軍府之户，所以廣陽王深説「征鎮驅使，但爲虞侯、白直」，所云征鎮並非指出征與鎮戍，而是指四征、四鎮將軍軍號。我們知道諸州刺史及諸鎮都大將的軍號雖不一致，但以四征、四鎮爲最多，品級亦較雜號將軍爲高，所以元深舉此以概其餘，征鎮驅使即是鎮將驅使之意，虞侯、白直乃是衛兵、勤務之類，這止表示其隸屬於軍府之地位。

〔一〕文館詞林卷六六九武德年間平王世充竇建德大赦詔云：「往者方隅未静，軍吏獻功，從惡之徒，入於罪隸，既已懲乂，宜從洗滌，其蒲州城户及前所獲東都俘囚配充户者並放爲人（本應作民）。」可見唐初城户尚是罪隸。

綜上所述，府兵之府的原始意義就是軍府，府兵爲屬於軍府之兵；以軍民對舉而言，他們與一般人民的隸屬州郡不同；以禁軍與邊防軍或地方軍對舉而言，他們與羽林、虎賁等亦有別。這種情況是南北所共有，並非北朝的創置。

二　府兵組織系統之建立

然而我們絕不能簡單地認爲西魏、北周時期的府兵即是南北朝軍制之沿襲。第一，西魏、北周之府兵制有一個特殊的組織系統，這個組織系統正如陳寅恪先生所指出的乃是軍事單位之部落化；其次西魏、北周之府兵乃是禁軍而非邊防或地方軍；這和過去的軍府之兵大爲不同。我們現在要追尋其轉化過程。

關於府兵組織問題，八柱國、十二大將軍、二十四開府的統屬關係是很明白的，各書所紀也是一致的。現在只引周書卷一六傳末的紀載：

初魏孝莊帝以爾朱榮有翊戴之功，拜榮柱國大將軍，位在丞相上。榮敗後，此官遂廢。大統三年（五三七）魏文帝復以太祖建中興之業，始命爲之。其後功參佐命、望實俱重者亦居此職，自大統十六年（五五〇）以前任者凡有八人。太祖位總百揆，督中外軍，魏廣陵王欣，元氏懿戚，從容禁闈而已。此外六人各督二大將軍，分掌禁旅，當爪牙禦侮之寄。當時榮盛莫與爲比，故今之稱門閥者咸推八柱國家云。今并十二大將軍錄之於左：

(以下列舉李虎、元欣、李弼、獨孤信、趙貴、于謹、侯莫陳崇七柱國;及元贊、元育、元廓、宇文導、侯莫陳順、達奚武、李遠、豆盧寧、宇文貴、賀蘭祥、楊忠、王雄十二大將軍之官爵姓名。)

右十二大將軍,又各統開府二人,每一開府領一軍兵,是爲二十四軍。自大統十六年以前,十二大將軍外,念賢及王思政亦作大將軍,然賢作牧隴右,思政出鎮河南,並不在領兵之限。此後功臣位至柱國及大將軍者衆矣,咸是散秩(北史卷六〇傳末作「不限此秩」),無所統御。六柱國、十二大將軍之後有以位次嗣掌其事者,而德望素在諸公之下,不得預於此列。

關於人名及統屬關係是明確的,但是這個組織系統什麽時候建立却很含糊,所謂大統十六年以前畢竟在哪一年呢?中間提到念賢作牧隴右,所以雖是大將軍而不在領兵之限,似乎假使不是出外的話便可列入。據周書卷一四念賢傳其作大將軍河州刺史是大統三年(五三七)事,但爲期不久,大統四年(五三八)他已還朝參加了河橋之戰。那麽其不列入十二之數不是因爲他不在長安。不管怎樣,周書以及北史既然不説念賢之不列入是由於此時尚未建立組織系統之故,就頗有認爲大統三年(五三七)已經建立組織系統之傾向。玉海卷一三八引李繁鄴侯家傳云:

每二開府屬一大將軍,二大將軍屬一柱國大將軍,仍加號使持節大都督以統之。初置府兵,而東魏霸相高歡來攻……戰於沙苑。

李繁就明確提出府兵系統組織在沙苑之戰亦即三年八月以前即已建立。第二種説法是在大統八年

（五四二），玉海卷一三七引後魏書云：

西魏大統八年，宇文泰倣周典，作六軍，合爲百府。

下面小注云：「每府一郎將統之，分屬二十四軍，開府各領一軍（下略同周書、北史）。」太平御覽卷九四皇王部也引後魏書云：「大統八年，春三月始作六軍。」北史卷五魏文帝紀大統八年（五四二），資治通鑑卷一五八梁大同八年（五四二）都紀「初置六軍」，但無「合爲百府」及以下小注的話。玉海和御覽所引的後魏書當然不是魏收書，是否直接出於魏澹的魏書呢？我們不敢肯定，但北史既有此同一紀載，可以相信是有原始的資料根據的。然而「合爲百府」及以下小注却只是玉海所獨有，我以爲這是王應麟引鄴侯家傳的話。那末作六軍與府兵之關係如何尚待申説。我們現在只能説王應麟之意見是將作六軍之年月爲府兵組織系統建立的年月。

我們現在審查一下三年説與八年説之是非：二説之中哪一種説法是對的，或是二説都不對。沙苑之戰的主力是宇文泰所統的軍隊，這是爾朱天光、賀拔岳率以入關的六鎮之衆，也即是關西大都督、大行臺所屬之軍。正因爲如此，宇文泰雖然自永熙三年（五三四）已有丞相、大將軍、尚書令以至以後爲柱國大將軍、大冢宰等等顯煥的位號，這個關西大行臺却要到廢帝二年（五五三）才解除。他所宇文泰在沙苑戰時（五三七）的位號只是丞相大將軍，〔一〕錄尚書事關西大行臺，尚無柱國之名。

〔一〕按周書卷二文帝紀大統元年（五三五）正月稱：「進太祖督中外諸軍事，錄尚書事，大行臺，改封安定郡王。太祖固讓王及錄尚書事。」似乎已接受都督中外之號。但於廢帝二年（五五三）又稱：「詔太祖去丞相大行臺爲都督中外諸軍事。」又卷三三王悦傳：「魏廢帝二年（五五三）徵還本任，屬改行臺爲中外府，尚書員廢。」據此則大統元年宇文泰並未受中外之號。

統軍隊共有十二軍。周書卷一七劉亮傳：

及太祖置十二軍，簡諸將以將之，亮領一軍，每征討，常與怡峯俱爲騎將，魏孝武西遷，以迎駕功，除使持節右光禄大夫、左大都督、南秦州刺史。

魏孝武入關之前，宇文泰已分其軍爲十二，卷一一宇文護傳云：「自太祖爲丞相立左右十二軍，總屬相府。」這是以後概前之説，沙苑戰前只有十二軍，左右各六軍。十二軍的將領也見於紀載，周書卷二文帝紀大統三年（五三七）八月：

太祖率李弼、獨孤信、梁禦、趙貴、于謹、若干惠、怡峯、劉亮、王德、侯莫陳崇、李遠、達奚武等十二將東伐至潼關。

在戰時説「李弼爲右拒，趙貴爲左拒」，又説「于謹等六軍與之合戰，李弼等率鐵騎横擊之」；卷一五李弼傳云「與齊神武戰於沙苑，弼率軍居右而左軍爲敵所乘，弼呼其麾下六十騎，身先士卒横截之」；左軍即趙貴、于謹等之六軍，從而也可以推知右軍亦是六軍。

諸將名單中，以後的六柱國有了五人，却没有李虎，這一點我想是周書有意避諱（李虎事蹟不止一處有意不寫），册府元龜卷一帝系唐高祖條分明説李虎「從文帝破高歡於沙苑，斬級居多」，上列十二將中李遠年位較低，可能不是一軍主將，爲了填李虎空隙而補上的。就周書所述十二將來看，從官階上可以分爲三類：第一類是李弼、獨孤信、于謹、侯莫陳崇四人，此四人在沙苑戰前已爲驃騎大將軍開府儀同三司，〔一〕戰後只是進爵增封户；第二類是梁禦、趙貴、怡峯、劉亮、王德、若干惠六人，前五人在戰前都是車騎大將軍儀同三司，若干惠是驃騎將軍儀同三司，戰後都加開府儀同三司；第三類是李遠、達奚武二人，此二人要到戰後才升車騎大將軍儀同三司。至於李虎則在戰前爲驍（按應作驃）騎將軍儀同三司，屬於第二類。十二將各統一軍，我們没有看出他們有什麽統屬關係，而且除李遠、達奚武外，其他十人在沙苑戰後都是開府（即驃騎大將軍開府儀同三司），如果以李虎易李遠，而達奚武於四年河橋戰後亦加開府，那末在沙苑戰後大統四年（五三八）一共有十二開府，他們的地位是平等的；上面只有一個宇文泰，他於沙苑戰前爲大將軍，戰後始爲柱國大將軍。

沙苑戰前既無柱國，而大將軍除不在數的念賢以外也只有宇文泰一人，下面是官位不同而地位相同的十二將。顯然此時決無柱國督二大將軍，大將軍督二開府的組織系統。沙苑戰後也只是一柱國督十二開府，没有中間大將軍的一級。

此外沙苑戰時宇文泰的十二軍並非禁軍，周書卷二〇王盟傳：

沙苑之役，勵（王盟之子）以都督領禁兵，從太祖。

可見禁兵是和十二軍有區别的。同書卷一〇宇文導傳：

（西魏文帝大統）三年（五三七），太祖東征，導入宿衛，拜領軍將軍，大都督。齊神武渡河侵

〔一〕周書卷二〇賀蘭祥傳稱「大統三年從儀同于謹攻楊氏壁」，據卷一五于謹傳，謹於大統元年即拜驃騎大將軍開府儀同三司，然文帝紀亦於大統三年稱遣儀同于謹攻楊氏壁，不知孰是。

馮翊，太祖自弘農引軍入關，導督左右禁旅，會於沙苑，與齊神武戰，大破之。

如果像後來一樣，禁兵即以府兵充當，則十二軍即是禁旅。北史卷六〇傳末云：

都十二大將軍，十五日上，則門闌陛戟，警晝巡夜；十五日下，則教旗習戰。

禁衞與出征同是府兵的責任，何以又特別提到宇文導、王勵所統爲禁兵，足證二者沒有合一。

如上所述，府兵組織系統在大統三年（五三七）既未建立，而禁兵與十二軍亦未合一，宇文泰所統之衆仍是關西大行臺之軍，因此我們認爲府兵制度於大統三年建立之説不能成立。現在我們再來討論大統八年説。

大統八年（五四二）初作六軍，六軍者天子之軍，這裏暗示宇文泰將關西大行臺之軍提升到六軍的地位，使軍隊就只有一個系統。周書文帝紀這一年只有一句「夏四月，大會諸軍於馬牧」，與此或者不無關係。可是作六軍雖有禁軍與軍府兵合一之嫌疑，至於組織系統却仍然未曾建立，這一年柱國仍只有宇文泰一人，或加上元欣則有二人。〔一〕六柱國中只有于謹約在七八年間爲大將軍，卷一五于謹傳稱平稽胡劉平後授大將軍，平稽胡在七年夏，加官應該不會遲於八年。其他五人仍是開府。沙苑十二將中梁禦於大統四年（五三八）卒，所以十二開府只有十人（于謹已升），但以後十二大將軍中的宇文導、侯莫陳順、宇文貴都在大統四五年間加開府，李遠、豆盧寧亦於七年加開府，所以開府增加

〔一〕北史卷一九廣陵王羽附子欣傳稱大統中爲柱國大將軍，或當在八年前。

了。當然開府從來就很多，這裏所説的只是以原有十二將和以後十二大將軍爲基礎，因爲這些人是應該或是可能列於統領府兵的將領中的。關於這一些我們暫且不管，只是大統八年（五四二）不可能有八柱國、十二大將軍是很明顯的。

八年説既然也不能成立，那末我們就不能不考慮周書、北史爲什麽以大統十六年（五五〇）爲限的原因。我們認爲就組織系統這一點來説，至早不能早於大統十六年。六柱國是否人人經過大將軍一級而授柱國是難以證明的，只是就各人本傳所載，在大統十四（五四八）、十五年（五四九）間都已升任柱國，而且升得很快。譬如趙貴在十五年春還是大將軍（見文帝紀），同年即升柱國，也没有立什麽功；李弼在十三年三月還只是開府（見文帝紀），十四年討稽胡有功即升柱國；獨孤信於十二年也是開府，十四年升柱國，亦不聞有功。于謹、侯莫陳崇都於十五年升柱國，李虎可能在十四年。總之六柱國或八柱國在大統十五年（五四九）才全備，而這個全備從無故提升這一點來看，顯然是爲滿足八柱國的數字。

十二大將軍更明顯了，此時沙苑十二將中若干惠、怡峯、劉亮、王德已死，於是資望較淺的賀蘭祥、楊忠都提升上來；除了三個元氏不明瞭外，其餘八人都在十六年（五五〇）同授大將軍，王雄紀傳無明文，但文帝紀於十七年稱大將軍王雄，當亦上年所授。爲什麽過去寥寥可數，不輕易授人的大將軍忽然在一年間具備了十二人呢？這除了由於成立組織系統的理由以外，無法解釋。

至於念賢、王思政没有列入領兵之數的原因，也可以獲得解釋，那就是他們趕不上這個時機，念賢在五年(五三九)死亡,王思政則於十五年(五四九)爲北齊所擒。如果説爲了他們在外而不算,那末獨孤信也是「作牧隴右」,他升柱國時正是在隴右任上,直到十六年(五五〇)才還來,爲什麼又算八柱國之一呢? 除念賢、王思政以外,寇洛、梁禦、若干惠等都有當大將軍的資格,他們之所以没有列入,同樣因爲死得早了。〔一〕

此外玉海卷一三七引後魏書云:「大統十六年,以民之有材力者爲府兵。」這也是府兵系統建立時的措置。

因此就府兵之具有禁軍性質而言,可能與八年作六軍有關,而就整個組織系統之建立而言,却只有在十六年。由此可見周書、北史縱使有含糊之處,甚至也有所誤會,但以十六年爲限是完全有理由的,因爲早於此年便不能具備八柱國、十二大將軍,而遲於此年則李虎已死。

三　郎將主府説質疑

府兵是屬於軍府的兵,西魏、北周時期的軍府之主傳統的説法是郎將。玉海卷一三八引李繁鄴侯家傳云:

初置府,不滿百,每府有郎將主之,而分屬二十四軍,每軍以開府一人將焉。

〔一〕梁禦於四年卒,寇洛於五年卒,若干惠、劉亮於十三年卒,王德於十四年卒,怡峯於十五年卒。他們除寇洛外都是沙苑戰時在十二將之列的,均於戰後即開四府,資望較豆盧寧、賀蘭祥等均高。

李蘩認爲軍以下有府，府爲一個軍事單位。除了鄴侯家傳以外，我們只看到玉海卷一三七引後魏書大統八年作六軍下有「合爲百府」一句，下面小注「每府一郎將統之，分屬二十四軍，開府各領一軍……」，可是御覽引後魏書、北史、通鑑在作六軍下並無合爲百府及以下小注語，而且通鑑將這一節搬到卷一六三梁大寶元年（大統十六年即五五〇）去了，因此我們相信「合爲百府」及以下小注都非出於後魏書，而是王應麟根據鄴侯家傳添上的話。由於資料的缺乏，鄴侯家傳久已作爲談府兵制者主要的依據，以王安石之博學，他在答覆宋神宗關於府兵制的詢問時，也只好抄錄鄴侯家傳送上，由此可見自宋以來各書之述府兵制者雖都有郎將主府的說法，實際上出於這個唯一的來源。

李蘩和他父親（鄴侯李泌）一樣，是個好爲虛誕之人，家傳所述有些是不可靠的信口開河，我們有重新審查的必要。

首先，上面不戴帽子的光頭郎將從來也沒有這樣一個官號。最普通的是中郎將，有時上面還帶着五官、左、右、東、南、西、北等字，去掉中字的如北魏之羽林郎將、虎賁郎將已不甚多，至於單稱郎將却從未有過。周書卷二四、北史卷三〇盧辯傳末、通典卷二九職官所載北周官品都沒有這樣一個軍府郎將。周書、北史在盧辯傳末固然申明對於那時混合六官制與秦漢以來官制的制度已經無法弄清楚，所以有闕文，但對於這樣一個重要軍職是不會漏掉的。而且即使盧辯傳末有闕文，在諸將列傳中總應該有提到的機會，可是我們在周書、北史的紀傳中也絕未發現有人曾經作過這一個官職。不但周書、北史中找不出，當時人的著述如庾信、王褒所寫的碑誌以及流傳的金石文字，就我所知也不約而同的不提到郎將一官。假使有之，那就是唐人的寫作，例如楊烱集卷八上騎都尉高君神道碑云：「曾祖沖北齊鷹揚郎將，周右屯衛清宮府別將。」這兩個官號更爲奇怪；隋煬帝所置的鷹揚郎將（見後）竟移到北齊去了，屯衛也是隋煬帝時領軍府的改名，北周連領軍府都沒有，那裏有屯衛（清宮府別將倒可能有）。楊烱是唐初人，又是世籍關中，尚且要弄錯，何況更在七十年後的李蘩。因此我敢於斷言李蘩完全是以隋煬帝時所改的制度來附會魏周。

其二，李蘩認爲開府統郎將，我們現在再看一下開府以下的軍職。北史卷六〇傳末云：「每大將軍督二開府，凡爲二十四員，分團統領，是二十四軍。每一團儀同二人，自相督率。」似以開府統儀同，但儀同與開府照魏書官氏志所載太和二十三年（四九九）職令都是從第一品，周書卷二四盧辯傳末所載北周官品驃騎車騎大將軍開府儀同三司，同在第九命，因此不是統屬關係而是正副的關係，即儀同爲開府的副貳。關於這一點在下面我們還要討論。我認爲開府儀同以下的中下級將領是都督，都督又有幾等，最低的是子都督，以上是都督，帥都督，大都督。我們從周書中諸將列傳所載歷官，絕大部分都經過都督職位然後升爲車騎大將軍儀同三司，帥都督一級有時可以越過，子都督似乎也不一定由此起家，但都督與大都督幾乎是必經之階。漢魏時期已見督將之稱，如騎督、帳下督之類皆是，北朝督將指都督而言，稱將者，因爲都督均帶將軍號。周書卷一六趙貴傳稱：「與東魏人戰於邙山，貴爲左軍失律，諸軍因此並潰，坐免官，以驃騎大都督領本軍。」所謂免官實是降級，趙貴本官是侍中、驃騎大將軍、開府儀同三司，現在降作驃騎將軍，大都督，仍領本軍，可知大都督是一軍中次於開府、儀同的軍官。由於其在軍隊中所處地位之重要及其普遍性，所以督將一辭成爲中下級將領的名稱。周書卷四明帝紀武成二年（五六〇）四月庚子詔：「軍中大小督將軍（按北史下有人字）等並立勳效，積有年載。」卷五武帝紀保定三年（五六三）二月辛丑詔「魏大統九年（五四三）以前都督以上，身亡而子孫未齒叙者，節級授官。」建德元年（五七二）十一月庚戌書：「行幸羌橋，集京城以東諸軍，都督以上頒賜有差。」十二月壬申又書：「行幸斜谷，集京城以西諸軍都督以上頒賜有差。」次年（五七三）十一月癸未「集諸軍都督以上五十人（按五十人似太少，十字或有誤）於道會苑大射。」不單北周重視督將，北齊也如此。北齊書卷二四杜弼傳記高歡的話：「今督將家屬，多在關西，黑獺常相招誘，人情去留未定……我若急作法綱，不相饒借，恐督將盡投黑獺……」高歡口中的督將可能更廣泛些，也包括都督以上。又北齊書卷二一高昂傳：「復爲軍司大都督，統七十六都督，與行臺侯景治兵於武牢。」由此可見督將乃是軍中的骨幹。開府儀同所統的較低級將領爲各級都督，這一點還可以在隋代找到痕跡。隋書卷二八百官志下云：

十二衛各置大將軍一人，將軍二人總府事，並統諸鷹揚府，改驃騎爲鷹揚郎將，正五品，車騎爲鷹揚副郎將，從五品。大都督爲校尉，帥都督爲旅帥，都督爲隊正，增置隊副以貳之。

隋代大都督、帥都督、都督雖也是武散官名號，〔一〕但同時却是實際統兵的將領，他們屬於驃騎府，至

〔一〕隋書百官志云：「高祖又採後周之制，置上柱國、柱國……大都督、帥都督、都督總十一等以酬勤勞。」又於叙煬帝改制中云：「舊都督已上至上柱國凡十一等……皆罷之。」那末煬帝時取消了武散官，通典卷二一都督條下云：「至隋，三都督並以爲散官，煬帝改大都督爲校尉……」實際上煬帝所改者並非散官。

煬帝將驃騎府改爲鷹揚府後，也將三都督改名，直到唐代，折衝府所統還有校尉與隊正。開府與儀同即是驃騎和車騎（見後），所以三都督爲開府、儀同所屬的將領從隋代制度中可以獲得證據。

如上所述，開府以下只有各級都督，並無如李蘩所說的郎將，所以郎將主府說不能成立。現在剩下的問題便是郎將主府之說既不能成立，那末府兵之軍事單位及其長官畢竟是什麽。對於這個問題我只能提供一個作爲參考的解釋。

我們現在大家知道在唐代府兵之府是指折衝府，而折衝府則爲隋代鷹揚府之改名。再追溯上去便是隋初的驃騎府，這一點歐陽修寫唐書兵志時沒有弄清楚，以致牽纏不清（我在唐書兵志箋正中已加駁正）。隋書文帝紀開皇十七年（五九七）十月書：

頒銅獸符於驃騎車騎府。

這個驃騎車騎府在隋初即是屬於諸衛的領兵單位，上引百官志稱煬帝改驃騎爲鷹揚郎將，車騎爲鷹揚副郎將，也說明諸衛所統之鷹揚府即由驃騎、車騎府所改。通典卷二九折衝府條：

隋開皇中置驃騎將軍府，每府置驃騎、車騎二將軍，大業三年（六〇七）改驃騎府爲鷹揚府，改驃騎將軍爲鷹揚郎將，改車騎將軍爲鷹揚副郎將。

說得更清楚。隋書卷三七李渾傳：「開皇初進授象城府驃騎將軍。」象城府之名完全與唐代折衝府名號一致，由此也可以證明驃騎府所統即是府兵。同時驃騎與車騎亦即開府與儀同。隋書卷二八百官志下云：

左右衛掌宫掖禁禦，督攝仗衛……左右衛又各統親衛，置開府（左勳衛開府，左翊一開府，二開府，三開府，四開府及武衛、武候、領軍、〔一〕東宫領兵開府準此），府置開府一人……又有儀同府，儀同已下置員同開府，但無行參軍員。諸府皆領軍坊，每坊（東宫軍坊準此）置坊主一人，佐二人；每鄉團（東宫鄉團準此）置團主一人，佐二人。

這一條所説雖止是左右衛，而且關於開府的又止述左右衛所統之親衛，其實照下面括號中的小注看來親衛統領勳、翊等四開府，其他武衛、武候府和侍衛太子的諸衛率都有領兵開府，而左右衛除親衛所統開府以外，也應該另有諸開府。通典卷三四開府儀同三司條下就説「（隋）諸衛各置開府」。百官志説親衛置開府、儀同是省文，省掉了驃騎、車騎將軍的軍號。隋書卷六五薛世雄傳：

開皇時數有戰功，累遷儀同三司，右親衛車騎將軍。

上引百官志中説親衛中又有儀同府而不及車騎府，據薛世雄傳可知其府名或稱儀同，或稱車騎都行，因爲其長官乃是車騎將軍儀同三司。通典卷二八左右衛條叙述親衛中郎將之沿革云：「大唐武德七年（六二四）改開府爲中郎將。親衛爲一府，勳衛、翊衛各爲一府。中郎將各一人……大唐武德七年改親衛驃騎將軍爲之，其勳、翊二衛亦然。左右郎將一人，隋備身府置左右郎將，大唐因其名，武德七年改親衛車騎將軍爲之，其勳、翊二衛亦然。」上面説開府改爲中郎將，下面却説「改驃騎將軍爲之」，

〔一〕「領軍」二字似爲衍文，隋代領軍府没有領兵開府，説見下。

可知二者爲互稱，而所云親衛車騎將軍之即儀同也可以推知。同時諸衛及東宫領兵開府與儀同之即驃騎與車騎亦可以此爲例證。

如上所述，隋初屬於諸衛之驃騎車騎府亦即開府、儀同府，乃是統領府兵的單位。

我以爲隋初制度乃是沿襲北周。上面我們已經提到邙山之戰的十二將，此時府兵組織系統並未確立，上面是一個大將軍宇文泰，下面十二軍主將的品級是很不齊的。可是邙山戰後通過陞賞却成爲十二開府。這一點自然很容易解釋，因爲驃騎大將軍開府儀同三司在制度上已經列於從一品，再上去的軍號便只有大將軍了，如于謹、獨孤信等雖然地位較高，但此時既不能立刻升任大將軍以逼宇文泰，便只好逗留一下。到了大統十六年（五五〇）府兵系統建立時，由於過去習慣，仍以開府統領一軍。照北史所說團有儀同二人，上面說過儀同乃是開府之副，這正與隋代制度相同，北史卷三〇盧辯傳末云：「周制……其開府又加驃騎大將軍、侍中，其儀同又加車騎大將軍、散騎常侍。」所以開府與驃騎大將軍，儀同三司與車騎大將軍是互稱。〔一〕開府與儀同所統之軍爲一單位，亦即府兵所屬之府；此時只有二十四軍，便只有二十四府。這是大統十六年的情況，周書、北史叙府兵之系統到開府爲止，即因下面不是獨立的單位。以前及以後仍有不加大字的驃騎、車騎將軍，盧辯傳末載北周官品列入正八命，但他們大抵只加左右光禄大夫，所以與開府、儀同不能互稱。

〔一〕周書卷二四盧辯傳末有脱誤。

二十四軍的基本組織似乎終周世不變，〔一〕但統領一軍的在周武帝時却不是開府了。文苑英華卷九〇五庾信周柱國大將軍大都督同州刺史爾綿永神道碑：〔二〕

其年（保定四年，即五六四）授使持節大將軍、都督、治左八軍，總管軍事。

這個左八軍顯然就是二十四軍之左十二軍之第八軍，爾綿永以大將軍總管軍事，和初設立時的開府統一軍不合。這個原因乃是由於軍職的提升，柱國、大將軍越來越多，而二十四軍又未增加，就只好屈就了。

二十四軍雖未增加，每軍軍額却在擴大。隋書卷二四食貨志：「建德二年（五七三），改軍士爲侍官，募百姓充之，除其縣籍，是後夏人半爲兵矣。」這樣就使軍的組織龐大。而每軍軍額的擴大與統軍長官的提升使一個軍中可以再行分別爲若干單位，使原來統率一軍的開府降爲軍以下的一級，一個軍可以容納幾個開府，亦即是以軍統府。金石萃編卷六一唐苗神客撰乙速孤神慶碑：

祖安（齊）前鋒都督，周左武候右六府驃騎將軍開府儀同三司。

關於諸衛的改置，我們將在下面討論，這一條只是證明北周後期軍府制度已如隋制，驃騎將軍統領軍

〔一〕周書卷三閔帝紀元年（五五七）八月詔：「令二十四軍宜舉賢良堪治民者，軍列九人。」卷一一宇文護傳：「於是徵二十四軍及左右廂散隸及秦隴巴蜀之兵諸蕃國之衆二十萬人（事在武帝保定四年）。」卷五武帝紀建德三年正月「享二十四軍督將已下」。

〔二〕爾綿永即周書卷三六之段永。

府而上屬於衛。照碑文所載，右武候至少統領六個軍府，左武候自然不會少於此數，而此時宿衛機構還有司武、司衛以及東宫的率府，這些機構同樣要統領府，由此可知府數在周末是比較多的。

自然碑文也有可疑之處，乙速孤安由齊入周不知何時，如果在滅齊之後，那末武帝在建德四年(五七五)已經將驃騎大將軍開府儀同三司改成開府儀同大將軍了，〔一〕但這一點可以解釋他在建德四年(五七五)以前入周。在軍號上我想他漏掉一個「大」字，在周代驃騎將軍是不能與開府相結合的。到了隋文帝時大概覺得軍號太重，與實際地位不符，所以在還復舊制，將開府儀同大將軍與儀同大將軍重又改爲驃騎與車騎將軍時去掉大字，這從上面所引隋書卷三七李渾傳中也是可以證明的。李渾在周末爲上儀同三司，相當於車騎大將軍，開皇初進授象城府驃騎將軍，以後即由此進授大將軍，顯然隋初領府的驃騎將軍相當於周代的驃騎大將軍。

隋之驃騎府因襲北周後期的證據固然不太充分，但並非沒有痕跡可尋，只是有些問題還不易解決，譬如周武帝所增置的上開府、上儀同等是否也同樣率領軍府。

就上面所提出的證據，我們認爲李蘩所云「每府有郎將主之」是不正確的。

〔一〕周書卷六武帝紀建德四年，又北史卷三〇盧辯傳末。

四　鄉兵與鄉團

西魏北周時期除了府兵以外，還有鄉兵。周書卷二三蘇綽附弟椿傳：

(大統)十四年(五四八)置當州鄉帥，自非鄉望允當衆心，不得預焉。乃令驛追椿領鄉兵，其年破槃頭氏有功，除散騎常侍，加大都督。

蘇椿是蘇綽之弟，武功人。卷三二柳敏傳：

河東解縣人……遷禮部郎中，封武城縣子，加帥都督，領本鄉兵，俄進大都督……益州平，進驃騎大將軍，開府儀同三司，加侍中，遷尚書，賜姓宇文氏。

本傳沒有説明年月，但繫於與蘇綽等修撰新制之後，當在大統十年(五四四)後。卷三七郭彦傳：

太原陽曲人也，其先從宦關右，遂居馮翊……大統十二年(五四六)，初選當州首望，統領鄉兵，除帥都督，持節平東將軍。

卷三九韋瑱傳：

京兆杜陵人也……徵拜鴻臚卿，以望族兼領鄉兵，加帥都督……進車騎大將軍儀同三司散騎常侍，魏恭帝二年(五五五)，賜姓宇文氏。

本傳也不紀領鄉兵年月，大概也在十年之後。武功之蘇，河東之柳，太原之郭，長安之韋都是第一等的高門大姓，他們這幾人之外一定還有不少所謂「當州首望」被任爲統領鄉兵的帥都督。這一件事是主要是以各種方式獲得的北鎮之衆。直到大統九年（五四三）邙山戰後，由於損失巨大，〔三〕才開始隨例散配諸軍。」這些例子都説明西魏主力軍隊的組織成分以騎兵爲主，而騎兵來源是相當狹隘的，河橋之役後稱：「虜其甲士一萬五千。」卷一〇宇文興傳稱：「齊神武寇沙苑，興預在行間，軍敗被虜，蔡儁共領千騎，便可知道是騎兵，〔二〕至於一般漢兵大概都是步兵。周書文帝紀於大統四年（五三八）昂所統漢兵所以能受鮮卑軍人之尊重者因其「戰鬥不減鮮卑」；從下面韓陵戰時，高昂和出身北鎮的甲士即騎兵，當騎兵的以北鎮各族人爲多，其餘放還的必是步兵，亦即是以漢人組織的隊伍。北齊高

前後虜其卒七萬，留其甲士二萬，餘悉縱歸。

俘虜往往即配入軍隊。沙苑之戰，周書文帝紀云：上的記載，這些地方本是軍鎮，軍鎮人民是主要的兵源。因此之故，爲了擴大或補充軍隊，戰爭中的傳記高歡語已可見一斑，此外在北齊書中還有搜尋燕、恒、雲、朔、顯、蔚、二夏州、高平、平涼之民爲軍其他部落人民或鮮卑化的漢人成爲周齊爭取的對象，戰爭中的主力也是這一些人。上引北齊書杜弼所統軍隊乃是六鎮軍人。由於作戰中間騎兵之受重視，所以原來的北方軍鎮人民，主要是鮮卑以及據郭彦傳以大族統率鄉兵最早在十二年，我想二者雖非同時事，但彼此應有關係。我們知道宇文泰在大統九年邙山戰敗之後，周書卷二文帝紀大統九年（五四三）稱「於是廣募關隴豪右，以增軍旅」，

〔二〕北齊書卷二一高昂傳。
〔三〕北齊書卷二神武紀云俘斬六萬。

「廣募關隴豪右，以增軍旅」，軍士來源開始擴大。十二年（五四六）又以「望族」統鄉兵，這就是建立以大族爲首領的地方武裝，這種地方武裝很可能即是九年以後繼續召募的關隴豪右。這裏說明北鎮軍閥集團爲了鞏固其統治不能完全依靠本集團的武力，必須取得地方大族合作，而首先是組織以大族爲核心的武裝以擴大其軍隊。

府兵組織系統建立之後，這些鄉兵與府兵之關係如何，我們並不明瞭。我們只知道當時軍士分爲兩類。第一類是居於城中或是聚居於堡壘式的城中的，周書卷五武帝紀天和元年（五六六）七月，「築武功、郿、斜谷、武都、留谷、津坑諸城，以置軍人」，這就是所謂軍坊。山右石刻叢編卷二保定二年（五六二）檀泉寺造像記稱：「絳州刺史龍頭城開府儀同三司豐利公弟子宇文貞。」宇文貞是北周明帝的兒子，他的開府官銜是和龍頭城連在一起的。我們在上面已經說明開府是一府之長，統帶軍坊，這個龍頭城顯然是軍士聚居之處，亦即軍坊，而□□城開府亦即相當於□□府驃騎將軍。第二類是散居鄉間的鄉兵，稱爲鄉團。周代以大都督或儀同統帶鄉團，居於本鄉。周書卷三三王悦傳：

京兆藍田人也……太祖初定關隴，悦率募鄉里從軍，屢有戰功……（大統）四年（五三八），東魏將侯景攻圍洛陽，太祖赴援，悦又率鄉里千餘人，從軍至洛陽……十四年（五四八）授雍州大中正，帥都督，加衛將軍，右光祿大夫，都督，率所部兵從大將軍楊忠征隨郡安陸，〔二〕並平之……

〔一〕楊忠於十六年始爲大將軍，十五年南侵，還只是開府。

又領所部兵從達奚武征梁漢……魏廢帝二年(五五三)……以儀同領兵,還鄉里……其長子康恃舊望,遂自驕縱,所部軍人將有婚禮,康乃非禮凌辱,軍人訴之,悦及康並坐除名,仍配流遠防。

藍田屬京兆,應在關隴豪右的範圍内,王悦統鄉兵從征還在大統九年(五四三)以前,但此類鄉兵並不居重要地位,十四年以帥都督統鄉兵,與蘇椿、郭彦等相同,大約亦於此時列於正式隊伍中。以後他率兵遠征,正在府兵組織建立前後,是否納入府兵系統中,並無明文。但他所領之兵仍是有事出戰,無事居鄉,所以他罷官之後,以儀同領兵還鄉里。可見鄉兵居於鄉里,與居於城中軍坊的軍人不同。

隋開府儀同三司龍山公墓誌云(傳拓本):

周朝授大都督、龍門公,選補兼儀同,領鄉團五百人守隘三峽。

這位龍山公名質,他的郡望是青州樂安,實際上是巴州人。太平寰宇記載樂安大姓有九,不知道他姓什麽。他選補儀同在本鄉領鄉團正與王悦相同。鄉兵在北周時期雖無列於府兵的明文,但在隋初却已上番宿衛。通典卷二九折衝府條:

隋初左右衛、左右武衛、左右武候各領軍坊、鄉團以統戎卒。

隋時以諸衛統領府兵宿衛,這是大家都知道的,鄉團既屬於諸衛,自亦在上番宿衛之列,〔一〕由此

〔一〕隋書卷六三樊子蓋傳:「廬江人也……高祖受禪,以儀同領鄉兵。」卷六四張奫傳:「……家於淮陰……高祖作相,授大都督,領鄉兵。」同卷陳稜傳:「……拜開府,尋領鄉兵,煬帝即位,授驃騎將軍,大業三年(六〇七)拜武賁郎將。」此種南方鄉兵是否亦列入府兵,還難以斷定。但陳稜授職爲武賁郎將,這是煬帝新置的諸衛將佐,或於煬帝時始上番。

也可知其即是府兵。隋書卷二八百官志下左右衛條：

諸府（開府與儀同府）皆領軍坊，每坊（東宫軍坊準此）置坊主一人，佐二人；每鄉團（東宫鄉團準此）置團主一人，佐二人。

按諸府皆領軍坊下疑脱鄉團二字。坊與團均對舉可知其不同，而屬於府兵系統則一。通典食貨三鄉黨云：「民邑居者爲坊，別置正一人……在田野者曰村，別置村正一人。」由此可見聚居城中的軍人設立軍坊，居於田野的軍人謂之鄉團，正與民居之分坊村相同。這樣一種區別是西魏、北周北鎮騎士與鄉兵的傳統區別，到隋初還保存着。唐書兵志云：「居歲餘而十二軍復，而軍置將軍一人。軍有坊，置坊主一人，以檢察户口，勸課農桑。」唐代坊主不見其他紀載，這只是唐高祖設置十二軍時的措置。唐高祖是復古派，軍坊乃是開皇制度甚至北周制度之恢復，到了貞觀十年（六三六）確立折衝府制度，就不再有坊主了。以後唐代府兵遍於南北，「三時務農，一時教戰」，實際上是鄉團的普遍化與軍坊的廢棄，〔二〕而我們知道鄉兵的來源在均田制下也就是受田的農民。

〔一〕 城中兵士聚居之處爲坊，亦見於南朝。宋書卷九廢帝紀元徽四年（四七六）虞玩之上表陳時事云：「二衛臺坊，人力五不餘一。」同書百官志下護軍將軍條：「江左以來，領軍不復別營，總統二衛驍騎。」又云：「左衛將軍一人，右衛將軍一人。二衛將軍掌宿衛營兵。」玩之所云二衛即左右衛，南朝稱京城禁軍爲臺軍，所稱臺坊即臺軍所居之軍坊。但臺坊不但是軍士所居之處，服雜役的人也在其中，南齊書卷三四虞玩之傳所云「臺坊訪募」與廢帝紀所云之人力均指募役，然而兵士也要服雜役，二者區別很不清楚。同書卷三七劉悛傳：「領越騎校尉，時世祖在東宫，每幸悛坊。」宋書百官志下云：「自遊擊至五校，魏晉逮於江左初，猶領營兵……後省。」似宋世已無五校（越騎爲五校之一），而南齊書百官志仍有此官。劉悛爲越騎校尉，所居之處稱坊，亦即是軍坊。

五 隋代宿衞制度溯源

隋代以諸衞統府兵，通典稱爲十二大將軍之遺制，但魏、周十二大將軍似乎只是統率府兵，府兵上番宿衞時是否仍由十二大將軍統率是有疑問的。我們在上面引王盟傳、宇文導傳說明沙苑戰時宇文泰所統之十二軍還不是禁兵，當時另有由領軍將軍宇文導、王懋所統之「左右禁旅」。據王盟傳王懋「宿衞官禁十有餘年，勤恪當官，未嘗有過……廢帝二年除南岐州刺史」。我們知道至遲於大統十六年（五五〇）二十四軍即已上番宿衞，但周書卷二〇尉遲綱傳云：

> 魏廢帝二年（五五三），拜大將軍兼領軍將軍，及帝有異謀，言頗漏泄。太祖以綱職典禁旅，使密爲之備。俄而帝廢，立齊王，仍以綱爲中領軍，總宿衞……孝閔帝踐阼，綱以親戚掌禁兵，除小司馬，又與晉公護廢帝，語在護傳。

又卷三孝閔帝紀：

> 時小司馬尉遲綱總統宿衞兵，護乃召綱，共謀廢立，令綱入殿中，詐呼鳳（宮伯乙弗鳳）等論事，既至，以次執送護第，並誅之。綱仍罷散禁兵。

宇文泰謀廢魏帝，所以叫至戚尉遲綱代替當了十餘年領軍將軍的王懋。尉遲綱雖是大將軍，但他只是以領軍資格統領禁兵，這還是魏晉以來南北朝通行的舊制。魏恭帝三年（五五六）頒行了古怪的六官制，領軍將軍廢除了，尉遲綱仍以小司馬統之，閔帝被廢，他又爲宇文護盡力。這裏說明柱國和大將軍所統的府兵番上宿衛，而統宿衛的人却另有專人負責。以後的變化怎樣，我們還要從隋初制度中去觀察，然後向上追溯。隋初統領府兵宿衛的實際上只有六衛。通典卷二九折衝府條：

隋初左右衛，左右武衛，左右武候各領軍坊、鄉團以統戎卒。

此外還有侍衛東宮的率府，左右衛、宗衛、虞候當亦領府兵。隋書百官志左右衛條有東宮領兵開府儀同與東宮軍坊之語，以諸衛比較，左右衛、虞候領兵無問題，宗衛領宗人侍衛，隋代楊氏宗族另外編成宗團，可能即宗衛所領。〔一〕至於煬帝時所謂十二衛中之左右監門及左右領左右府在隋初所統者皆非府兵。領軍（煬帝時改屯衛）似亦不領兵。侍衛東宮之左右内率，左右監門率亦然，所以通典只云左右衛、左右武衛、左右武候各領軍坊鄉團。

以衛統府的制度隋初應即沿襲周制，而周制又沿襲前代之官稱。周書卷四〇尉遲運傳：

建德元年（五七二）授右侍伯，轉右司衛……以運爲右宫正。二年（五七三），帝幸雲陽宫，又令運以本官兼司武，與長孫覽輔皇太子居守……宣政元年（五七八）轉司武上大夫，總宿衛軍事，高祖崩於雲陽宫，秘未發喪，運總侍衛兵還京師。

同卷宇文神舉傳：「宣政元年轉司武上大夫。」武帝病時，宇文神舉方率兵北征，故以尉遲運代之。同卷宇文孝伯傳：

〔一〕隋書卷四六楊尚希傳：「（及尉遲）迥屯兵武涉，遣尚希督宗室兵三千人鎮潼關……出拜蒲州刺史，仍領本州宗團驃騎。」楊尚希鎮潼關時，文帝尚未即位，而此時已經有所謂宗室兵，我想大概是指弘農楊氏統領的鄉兵。蒲州亦有宗團，或者當時各州都有以楊氏組成的鄉團。

高祖北討至雲陽宫，寢疾，驛召孝伯……是夜，授司衛上大夫，總宿衛兵馬事，又令馳驛入京鎮守，以備非常。

從上引二傳看來，周武帝末年統領宿衛者爲司武與司衛。尉遲運是宇文氏至戚，宇文孝伯是武帝的親信，所以在臨死時任總領宿衛的重任。宣帝時期隋文帝亦爲右司武，〔一〕宣帝死後，隋文帝準備作皇帝，先在侍衛官中佈置了自己的親信。隋書卷五〇李禮成傳：「及（隋）高祖爲丞相，進位上大將軍，遷司武上大夫，委以心膂。」李禮成乃是隋文帝的妹夫，同書卷四五房陵王勇傳：「高祖輔政，立爲世子，拜大將軍、左司衛。」當時雖然還有個左司武上大夫李崇還在遊移於周隋之間，〔二〕但終於倒向楊氏，於是隋文帝很快的奪取了皇位。隋文帝一即位，改換了周代的六官式官稱，過不幾天就將宿衛官長都交給楊氏家族。隋書卷一高祖紀，即位之日就任命族子楊惠（即楊雄）爲左衛大將軍，隋書卷四三河間王弘傳：「其年（開皇元年即五八一）立弘爲河間王，拜右衛大將軍。」開皇二年（五八二）二月高祖紀載：「以晉王廣爲左武衛大將軍，秦王俊爲右武衛大將軍。」左右衛、左右武衛顯然就是左右司衛，左右司武的改稱，此時禁衛軍完全掌握在兒子與族人手中。

司武、司衛官職在北史卷三〇盧辯傳只有一句：「四年又改置宿衛官員，其司武、司衛之類皆後所增改，太子正、宫尹之屬亦後所創置，而典章散滅，不可復知。」北史所云後所改置不但指建德四年

〔一〕 隋書卷一高祖紀：「大象初遷大後丞右司武。」卷三八盧賁傳：「轉司武上士，高祖爲大司武，賁……深自結託。」

〔二〕 見隋書卷三七李穆附李崇傳。

（五七五）之第二次改置宿衛官員，也包括建德元年（五七二）之第一次改置宿衛官員（亦見北史及周書卷五武帝紀）。從上引尉遲運傳看來司衛、司武都是建德元年改置的。唐六典卷二八太子左右衛率府條下注云：「後周東宮官員有司戎、司武、司衛之類」（通典卷三〇左右衛率府條同），似乎認爲只是東宮率府官，但我們從上引各條觀察，知道司衛、司武不但東宮有此機構官稱，宿衛皇宮之禁軍將領也有同樣的名稱，所以隋初改制左右衛與左右武衛並非東宮官。在建德元年（五七二）改制之前禁軍屬於夏官小司馬，周書卷二七蔡祐傳：「孝閔帝踐阼，拜少保，祐與尉遲綱俱掌禁兵。」關於尉遲綱事已見上引本傳，蔡祐在魏恭帝末爲兵部中大夫。少保、大將軍都是加官，他仍是以兵部亦即夏官的大夫掌禁兵。這種以外朝制宮廷的辦法完全配合宇文泰、宇文護相繼專制朝政的政治形勢，用以威脅皇權。建德元年的改置宿衛官司武、司衛乃是宇文護被殺之後增强皇權的措置。周書卷一一宇文護傳：「護第屯兵宿衛，盛於宮闕。」此時府兵都由中外府指揮，宿衛亦受指揮，可以想見，所以武帝在殺掉宇文護之後，立刻改置宿衛，特別設立掌宿衛的司武、司衛，而以尉遲運等任職，使皇帝得以將宮廷武裝掌握在自己手中。以衛統府的制度可能此時即已建立。

另外還有統領府兵的左右武候。通典卷二八左右金吾衛條：「後周置武環率，武候率，下大夫各二人。」卷三九周官品正三命也載此兩率。通典稱其長官是下大夫應在正四命，但正四命中不載。我想稱「率」可能是東宮官，而另外有武候。續高僧傳卷一九釋法藏傳：

宣帝大象元年（五七九）九月下山謁帝，意崇三寶，到城南門，以不許入，進退論理。武候府上大夫拓王猛，次大夫乙婁謙問：「從何而來，朋儔何在，施主是誰？」這一條可以證明周代武候稱府，其長爲上大夫，通典云止有下大夫，恐有誤。按乙婁謙即隋書卷五四有傳之伊婁謙。本傳但云「大象中進爵爲侯，加開府」，沒有説他曾爲武候府次大夫，但於下却説「高祖受禪，以彦恭（即謙字）爲左武候將軍」，文帝紀開皇元年（五八一）二月亦載「以上開府濟陽侯伊婁彦恭爲左武候大將軍」，可以説明其本官武候，文帝即位後即以原官在本府升遷。又續高僧傳卷二七衛元嵩傳稱「京兆杜祈，曾任左武候司法」，前引乙速孤神慶碑稱其祖安爲「周左武候右六府驃騎將軍」，都足以證明北周已有武候府，其執掌爲「晝夜巡察，執捕姦非」（隋書百官志），所以要盤問在城門口進退的法藏和尚。

如上所説隋代左右衛、左右武衛、左右武候府都是沿襲周武帝所建立之制度，以衛統府據乙速孤神慶碑也始於周。周書卷五武帝紀建德三年（五七四）十二月戊子：「大會衛官及軍人以上，賜錢帛各有差」尤可見衛官統府之制，此時業已確立，如果和以前賞賜諸軍都督以上之文相比較，這一點是很明顯的。武帝紀接着就寫「改諸軍軍士並爲侍官」。侍官之名，本來魏時已有，魏書官氏志稱道武帝「（天賜）四年（四〇七）五月增置侍官，侍直左右，出納詔命，取八國良家，代郡、上谷、廣寧、雁門四郡民中年長有器望者充之」，又云：太和十五年（四九一）十二月「又置侍官一百二十人」。侍官實即是以前内侍的改稱與擴大，照魏書所説乃是以貴族大姓充當的侍從，介於漢代侍中與蒙古怯薛之間的一種職務，並非一般軍人（即使是禁軍）的稱號。直到北魏末年仍有此制，魏書卷一一出帝紀永熙三年（五三四）九月於孝武帝西奔後書：「使……領軍將軍婁昭爲西道大都督，並率左右、侍官西迎車駕。」左右和侍官是兩種侍從的名稱：北齊領軍府所屬機構有領左右府，〔一〕侍官還是過去那種担任出納詔命等的人呢，還是已指侍衛的兵士，這裏就難以斷定。此時距離武帝改制不過三十餘年，武帝時這個名稱還是大家所熟悉的，周武帝採取這個名稱作爲一般軍人的稱號，表示所有府兵都上番宿衛，他們的職務是侍候或侍衛「官」，亦即皇帝，這也與以衛統府之制相配合的。

我們如果再追溯上去，侍官之號還不是北魏所創制。晉書卷九九桓玄傳：「（劉）裕率義軍至竹里，玄移還上宮，百僚步從，召侍官皆入止禁中。」通鑑卷一一三晉安帝元興三年（四〇四）二月亦紀此事，胡三省注云：「侍官自侍中下至黄散之屬。」這個解釋可能是對的，那末北魏初期雖亦有侍中之屬，而侍官之任實亦同一性質的職務，或是承襲晉代名號。

上面所説有點近於瑣碎，我的意思是通過這些制度沿革上的考證來説明隋代以衛統府的制度仍是沿襲周武帝的改革。

六　後論

本文並沒有接觸到府兵制中全部的問題：有些問題已經有了定論，不需要複述；有些問題我感覺到自己還沒有較滿意的解答，也沒有提出來。這裏我只在幾個問題上特別是在府兵的組織上觀察

〔一〕見隋書百官志中。

府兵制度的因襲與演變。就我不成熟的意見說來，府兵的名稱及某些特點，例如軍府與軍人的統屬關係亦即軍民分治之制乃是魏、晉以來南北通行的辦法，因此府兵的名稱及其組織並非突然產生；但是魏、周時期的府兵制另有其特點，它有一個自相督攝的組織系統，通過這個系統將部落、部曲、軍府都容納在一起，再進一步便是禁軍與軍府軍的合一，此外軍士的身分也有一定程度的提高。制度並沒有逗留在那裏，它又迅速地從狹隘的邊鎮軍人圈子中跨出來，使組織擴大到各個地區的農村中，第一步是通過地方大族的合作建立了鄉兵並使其正規化，第二步即完全納入府兵系統中；它又從「八家共備」的部落與部曲化組織中跨出來，使之成爲隸屬於皇帝，成爲皇帝的「侍官」，於是建立以衛統府之制。

這樣一個發展過程最後是取消了軍府統領，軍民分治的舊傳統；同時也取消了自相督攝的組織系統與部落及部曲化，取消了以胡制漢的壁壘；簡單地説變成與初建立時恰好相反的東西。這個發展在周武帝時開始而完成於隋唐，陳寅恪先生業已指出。

我們知道魏末北鎮起義乃是北境被壓迫各族與駐防軍對於洛陽貴族、官僚的反抗，這是部族間的也是階級間的矛盾的結合。義軍被鎮壓以後，從北鎮軍人中產生的兩個軍閥集團分割了北中國；不論是高歡或是宇文泰都是將自己的利益寄託在以邊鎮各族組成的武裝力量上，因此必須維持一個强大的、職業性的胡化軍事集團，北齊所置的六州都督與宇文泰的府兵制度同樣具有這一個目的。可是北鎮反魏的性質雖然和晉代邊境各族的反晉一致，即是具有種族的與階級的雙重矛盾，但是當五胡時期的部落酋長還能利用與擴大種族矛盾作爲其統治手段，那末北鎮起義後産生的北鎮軍閥却不能維持這個老辦法。這一點是很明顯的，即是北鎮起義繼承着五胡以來的發展，通過起義形成了各族間的合作與融和。無論哪一個起義領袖，葛榮、杜洛周、鮮于脩禮所統率的不是單純的哪一部落，而是北鎮各族包括漢人在内的軍民；無論是高歡或宇文泰所建立的軍事集團也是混合着各族人民的組織。這裏就説明種族間的矛盾正在消除，歷史的發展正在走向一個更爲擴大的部族的形成。府兵制初建立時在主觀上是要以軍民分治的形式維持種族矛盾，以部曲制度的形式以維持部落組織，但是這維持不了好久，幾乎一開始就有了變化，而演變的結果却完全成爲相反的東西。這樣的演變是符合於發展規律的，因而順應發展趨勢的北周戰勝了鮮卑化政府高齊。這裏我們不能不指出李蘩所云戰勝高齊的因素在於六家共備的府兵制是錯誤的，恰恰相反，周之滅齊乃是由於這種部落化軍事制度的改變與消滅。

清談與清議

魏晉玄學家所討論的問題是針對着東漢名教之治的，因此玄學的理論乃是東漢政治理論的繼承與批判，其最後目標在於建立一種更適合的政治理論，使統治者有所遵循以鞏固其政權。我們完全可以相信這是爲統治者服務的學説。關於這些我將要在另外一篇論文中詳述，〔一〕現在祇就清談與清議兩個名辭的涵義加以討論，並由此推論到玄學起源與實際政治的關係。

清談的意義，後世常常認爲即是虛玄之談，彷彿清談一開始即是談老莊。例如顧炎武説：「昔之清談，談老莊；今之清談，談孔孟。」〔二〕錢大昕也説：「魏晉人言老莊，清談也；宋明人言心性，亦清談也。」〔三〕宋明理學和魏晉玄學是有一定程度的繼承關係的，以之相提並論，自有其理由；但將老莊與清談聯在一起，却是不全面的，因爲沒有從歷史發展的觀點來考慮這個問題；我們至少可以指出魏晉人並不作這樣的瞭解。

我們知道當玄學還沒有興起，老莊之學尚未被重視之先，業已有清談一辭。所謂清談的意義只

〔一〕見本書魏晉玄學之形成及其發展篇。

〔二〕日知錄卷七夫子之言性與天道條。

〔三〕十駕齋養新錄卷一八清談條。

是雅談，而當東漢末年，清濁之分當時人就當作正邪的區別，所以又即是正論。當時的雅談與正論是什麼呢？主要部分是具體的人物批評，清談内容也是如此，既非虛玄之談，和老莊自無關係。因爲如此，所以在初期清談與清議可以互稱；魏晉之後清談内容主要是談老莊，但仍然包括人物批評。顧炎武很贊美東漢清議之風而斥責清談足以亡國，如果以後來的解釋來講不妨作此區別，但於漢末魏晉間所謂清談一辭却未免有所誤會。

東漢以徵辟察舉之制選拔統治者所需要的人才，而鄉閭清議乃是徵辟察舉的根據；於是人物批評爲當時政治上極爲重要的事情。我們當然應該指出這種批評權是往往操在少數人手中的，因而往往成爲大族以及實際掌握政權的人所利用的工具。但是不管怎樣，人物批評是頗受重視的，其標準則是依據儒家所宣揚的道德來衡量。東漢末年，現實政治的腐敗，特别是黄巾起義促使統治階級中一部分較爲敏感的士大夫開始感覺到依據這個標準所選拔出來的人才不能符合統治階級的要求，於是在怎樣確立選舉標準這個問題上重新加以考慮。玄學是從這一點出發的，清談從清議的互稱轉變爲玄談就是玄學形成的過程。三國魏志卷一武帝紀注引張璠漢紀鄭泰説董卓云：〔一〕

孔公緒能清談高論，噓枯吹生。

同書卷七臧洪傳注引九州春秋論青州刺史焦和云：〔二〕

〔一〕後漢書卷七〇鄭太傳同。
〔二〕後漢紀卷二六略同。

入則見其清談干雲，出則渾亂，命不可知。

以上兩條似爲最早提出清談一辭的紀載。焦和的清談內容我們不知道，至於孔伷（公緒）的清談則有「噓枯吹生」四字可以推測。李賢注後漢書鄭太傳便説：「枯者噓之使生，生者吹之使枯，言談論有所抑揚也。」談論抑揚即是「臧否人物」，後人用吹噓典故雖然偏於贊揚方面，但仍含有人物批評之意，尚未失掉原來的意義。假使這個推測可以成立，那末孔伷的清談即是清議。稍後一點，我們還可以找到一些例子。魏志卷一三鍾繇傳注引魏略：

孫權稱臣，斬送關羽，太子書報繇。繇答書曰：「臣同郡故司空荀爽言：『人當道情，愛我者一何可愛，憎我者一何可憎。』顧念孫權，了更嫵媚。」太子又書曰：「得報知喜南方，至於荀公之清談，孫權之嫵媚，執書嗢噱，不能離手。若權復黠，當折以汝南許劭月旦之評。權優遊二國，俯仰荀許，亦已足矣。」

曹丕指荀爽之言爲清談，顯然與後起的玄學不相干。下面他將荀爽之論與汝南月旦評相提並論，我們知道汝南月旦乃是許劭所主持的最有名的鄉閭清議，他大概認爲荀爽之言也是一種人物批評標準（以愛憎爲主），所以説「俯仰荀許」，即是説孫權在目前可以荀爽之言衡量，屬於「愛我者一何可愛」之列，但如果以後發生變化，那末還須按汝南月旦之法，重行評定。荀爽之言是否有感而發，或是一時戲論，這裏沒有討論的必要，只是曹丕以之爲清談，便是與人物批評有關的例證。此外蜀志卷八許靖傳有云：

　　靖雖年踰七十，愛樂人物，誘納後進，清談不倦。

許靖是許劭從兄，爲漢末名士之一。許劭是著名人物批評家，許靖也以此著稱，本傳云：「靖少與從弟劭俱知名，並有人倫臧否之稱。」上文所引「清談不倦」是和「愛樂人物，誘納後進」相連貫的，也即是「人倫臧否」，乃是清議而非玄談。

到了晉代，玄學業已盛行，但紀載上所見的清談一辭，還不是專指虛玄之談。抱朴子中有幾條提到清談，疾謬篇有三條：

　　不聞清談論道之言，專醜辭嘲弄爲先。

　　雖不能三思而吐清談，猶可息謔調以防禍萌也。

　　俗間有戲婦之法……或清談所不能禁，非峻刑不能止也。

抱朴子是最反對老莊虛玄之談的，他所贊美的清談自然與之無涉。上引第一、第二兩條似指一般的雅談，所以和「醜辭」、「謔調」相對比，至於第三條與「峻刑」相聯，顯然是指清議。又酒誡篇云「謂清談爲詆詈，以忠告爲侵己」，清談可以被認作詆詈，當然是指批評。而最明顯的是他在正郭篇中說郭泰：

　　清談閭閻。

我們知道郭泰是漢末最有威望的人物批評家。後漢書卷六八郭太傳李賢注引謝承書云：「泰之所名，人品乃定，先言後驗，衆皆服之。」本傳也說他「性明知人，好獎訓士類」，葛洪所謂「清談閭閻」，當然是指他主持鄉閭清議。葛洪是西晉時人，他所說的清談沒有一條可當作玄談解釋。除抱朴子以

外，還可以舉出幾條晉時的例子。藝文類聚卷四八引王隱晉書晉武帝謂鄭默語：〔一〕

昔州内舉卿，十二郡中正舉以相輩，常愧有累清談。

文選卷三八任彦昇爲蕭揚州作薦士表，李善注引王隱晉書：

祖約清談平裁，老而不倦。

王隱是東晉初人，這兩條可以説明其時仍以清議爲清談。晉武帝的話是自謙，不配和鄭默同被中正所舉，中正以批評人物爲務，也即是主持清議的人，所以説恐怕有辱清談。第二條清談與平裁並舉，明指臧否人物。通典卷六〇同姓婚議荀崧答卞壼云：

王伯輿，鄭玄高雋弟子也，爲子稚賓娶王處道女，當得禮意，於時清談，盡無譏議。

荀崧也是東晉初人，通典必自原文轉録，我們可以認作東晉文，這裏以清談當清議是非常明顯的。唐修晉書卷四五劉毅傳，孫尹舉毅爲青州大中正表有云：

臣州茂德惟毅，越毅不用，則清談倒錯矣。

唐修晉書大體上根據王隱、臧榮緒的舊晉書，這一條又是表中語，不致於改字，所以亦可信爲晉人語。如果是孫尹上表原文如此，那末更是西晉文了。中正之職在於主持清議，定人品的高低，所以説不用劉毅作中正，清談（清議）就要顛倒錯亂了。

〔一〕 唐修晉書卷四四鄭默傳略同。

不僅在晉代，清談一辭還可當作清議瞭解，甚至從晉以後，那時清談已專指虛玄之談，但有時還承用古義，與清議相通。太平廣記卷三一八引劉敬叔異苑桓回條云：

并州祭酒桓回於劉聰建元三年（三一六？），於途遇一老父，問之，云是：「樂工成憑今何職？我與其人有舊，爲致清談，得察孝廉，君若相見，令知消息。」

樂工身分在當時頗爲低微，照例決不能察孝廉，所以必需獲得清議的許可（實際上即是中正的品第）。所云「爲致清談」，就指此意。這一個老父的故事雖不必真實，至少劉敬叔這樣寫下來，並作此瞭解是沒有問題的。以下我們再舉出一些例子：

史臣曰：〔一〕「世重清談，士推素論。」（宋書卷五七蔡廓傳贊）

乘時藉勢，頗累清談。（梁書卷一三沈約傳）

勢門上品，猶當格以清談。（同書卷二一王暕傳）〔二〕

昔子建不欲妄贊陳琳，恐見嗤哂後代，今之過奢餘論，將不有累清談。（同書卷五〇伏挺傳，挺與徐勉書）

初朏爲吴興，以鷄卵賦人，收鷄數千，及遁節不全，爲清談所少。（南史卷二〇謝朏傳）

第七子斆，太清初爲魏興太守，梁州刺史……梁州有古墓，名曰「尖塚」，或云張騫墳……

〔一〕史臣即梁人沈約。
〔二〕文選卷三八爲蕭揚州作薦士表同。

（斆發之），時居母服，清談所貶。（同書卷四一蕭赤斧附子穎達傳）

如上所舉各例，都以清談作清議解，可知南北朝時有時還承用原來的解釋。南史爲唐初李延壽的著作，雖然他所據史料可能很早，但我們可以相信直到唐初還瞭解清談的內容不一定專爲老莊玄學。這樣的瞭解是和宋以後人不同的。

我當然不會否認自晉以後的清談主題是周易、老、莊以至佛學，是玄學家所提出來若干論題；從這一方面來檢查史料，我們可以找出無數的例子來，而以清談作清議解者，就我不完全的檢查却只有寥寥可數的十餘條，因此只能算是清談一辭的特殊用法。可是這種特殊用法是有歷史根源的，因爲清談的內容在早期包含人物批評這一部分，也就是兼清議而言。以後這一部分在清談內容中不占重要地位，而在傳統的習慣上這種早期的解釋仍然保持相當長的時期。由此可以推論到玄學的起源。

清談開始是以人物批評爲主的，與清議可以互通。在上文我們認爲玄學是從怎樣確立選舉標準這一點出發的，以後才發展爲有無、本末之辨。清談從人物批評發展到虛玄之談，正與玄學的發展相符合。後世因爲晉以後的清談內容與漢代清議不同，認爲一開始就有嚴格的區別是錯誤的。我們知道作爲玄學先驅的魏晉名理之學即是人物批評之抽象化及其原則上的探討。魏晉之際的名士一方面高談玄遠，另一方面仍然要臧否人物。昔人論玄學之興，始於何晏、王弼，例如范寧便以爲「二人之罪，深於桀紂」，其實何晏是新舊之間的人物。他「好老莊言，作道德論」，〔一〕是一位玄學前輩是無疑

〔一〕魏志卷九曹爽傳。

的，但是他仍然從事於具體的人物批評。他在曹叡統治期間，與鄧颺等因浮華而被黜退，所謂浮華就是結黨標榜，這是和「臧否人物」不可分離的行爲。曹爽當國期間，他以尚書主持選舉，晉書卷四七傅玄附子咸傳稱晉惠帝時咸上書云：「正始中任何晏以選舉，内外衆職，各得其才，粲然之美，於斯可觀。」主持選舉必須注意人物批評，何晏在選拔人才方面獲得西晉時人的贊美，可見他的清談不一定都是「坐談空」，而是包含具有實際政治意義的人物批評。初學記卷八曾引盧毓的冀州論，反駁何晏、鄧颺鄙薄冀州「土産無珍，人生質樸，上古以來，無應仁賢之例」的説法。嚴可均輯全晉文從古類書中搜集了何晏冀州論的佚文；另外有一篇標題爲何晏所著的九州論，也是冀州論之訛，但文中列舉冀州物産、人物，和盧毓所云何晏貶抑冀州之説不合，我想大概是盧毓所寫。當時必是何晏、鄧颺先作冀州論而盧毓駁之，盧毓之文應該是難冀州論，後世傳寫脱去「難」字，所以都誤題何晏。這一些我們現在可以不管，只是這種論題實承漢末遺風，如孔融、陳羣的汝潁人物論便是一例，由此也可以證明何晏對於人物批評還是淵源於漢代風氣。〔二〕

〔一〕像這樣以地域區分來判斷人才優劣是和門閥、鄉里在選舉上的作用有關。但何晏之鄙薄冀州可能另有政治上的意義。司馬懿是河内温縣人，河内在漢代屬司州，但後漢書卷九獻帝紀建安十八年（二一三）正月「復禹貢九州」，李賢注引獻帝春秋云：「時省幽并州，以其郡國併於冀州，省司隸校尉及涼州，以其郡國併爲雍州。」雖然説司州併入雍州，但大河以北諸郡應併入冀州，河内在漢末是屬於冀州的。何晏的冀州論從上古説起，所以不是漢代的冀州而是古冀州或漢末所恢復的古冀州，其中是包含河内的。從古以來冀州人物見於史籍者甚多，不必盧毓指出，何晏不應該不知道，所以要如此説，我的推測是正當司馬氏與曹氏門争之際，他有意貶抑冀州以打擊司馬氏。

在上面我們舉出何晏來只是爲了説明清談内容的演變正是玄學的發展過程。從王弼以後清談重心集中於有無、本末之辨，具體的人物批評不被重視，於是清談與清議從互通變爲不同的意義。可是清談家實在並非完全不談人物，在世説新語中所載那些象徵性的品題依然是另一種方式的人物批評，而且也作爲中正選舉的參考，只是不再以儒家的道德標準衡量，亦不具體指出其行爲而已。這種批評當然和漢代的清議有所區別，然而在淵源上仍是清議的演變。

關於清談的意義，當時人並沒有與虛玄之談等同起來，所以斥責虛玄如范寧等雖然竭力攻擊老莊之學以至何王等玄學家，却從來沒有人斥責清談，正因爲清談的涵義即使在南朝末期也還包含清議在内，至少根據傳統是作這樣瞭解的。

魏晉才性論的政治意義

才性之辯，在魏晉之際是名理學家的一個重要論題，所以重要是因爲在現實政治上有解決這一個問題的必要。問題的發生可以提得較早，但引起細緻的討論則在魏末，世說新語文學篇劉孝標注引魏志：

「會（鍾會）論才性同異傳於世」。〔一〕四本者，言才性同、才性異、才性合、才性離也。尚書傅嘏論同，中書令李豐論異，侍郎鍾會論合，屯騎校尉王廣論離，文多不載。

從此之後，才性四本成爲清談中主要項目之一。世説新語文學篇又云：

殷中軍（浩）雖思慮通長，然於才性偏精，忽言及四本，便若湯池鐵城無可攻之勢。

又云：

支道林、殷淵源俱在相王許。相王謂：「二人可試一交言，而才性殆是淵源崤函之固，君其慎焉。」支初作，改轍遠之，數四交，不覺入其玄中。相王撫肩笑曰：「此自是其勝場，安可争鋒。」

〔一〕此句是魏志卷二八鍾會傳中語，以下爲劉孝標按語。

又云：

殷仲堪精覈玄論，人謂莫不研究。殷乃歎曰：「使我解四本，談不翅爾！」

殷浩和殷仲堪都是有名的玄談家，殷浩特別以才性四本爲當時所推重，而仲堪自憾不解四本，可見才性論在玄學中是個重要的論題。自晉以後，才性論和現實政治已經沒有什麼密切關係，僅是知識的炫耀。既然整個玄學自晉以後便只是知識的炫耀，所以要談玄就必需要在這個論題上下一番工夫。南齊書卷三三王僧虔傳僧虔誡子書上還說：「才性四本，聲無哀樂皆言家口實，如客至之有設也。」可知直到南朝，這個論題在玄學中仍占有重要的地位。

才和性有時不甚辨別：如孟子告子篇：「富歲子弟多賴，凶歲子弟多暴，非天之降才爾殊也。」趙岐注：「非天降下才性與之異也。」就沒有將才性作爲對文；趙岐大概是以才爲性之表現，所以孟子只說才，而他卻解釋爲才性。又魏志卷一六杜畿傳，阮武謂杜恕（畿子）曰：「相觀才性可以由公道而持之不厲，器能可以處大官而求之不順，才學可以述古今而志之不一，此所謂有其才而無其用。」阮武所說的才性是指性行而言，而與器能、才學對舉，彷彿是德、才、知分列，但他又總括才性、器能、才學三者爲有其才而無其用，那末三者又同是內蘊之質。但是如果以性作性行解，才作才能解，意義便不同了。王充論衡中所說才性，便是這樣瞭解的。今略舉數例如下：

故夫臨事知愚，操行清濁，性與才也。（命祿篇）

論人之性定有善有惡……善漸於惡，惡化於善，成爲性行。（率性篇）

操行清濁性也。〔一〕（骨相篇）

人性有善有惡，猶人才有高有下也。（本性篇）

論衡中像上引的例子還多，這裏不再多引，總之照王充的說法，性與才的區別，即是操行與能力，道德與才智的區別。正是有了這種區別，才有四本之說。

魏晉才性四本之論今已失傳，但是我們還可以推測其内容。大概論同異者在於「才」、「性」二名辭的解釋。主同者以本質釋性，以本質之表現在外者爲才，這也就是較傳統的說法；主異者以操行釋性，以才能釋才，也就是王充的說法；其論「合」與「離」者首先承認性指操行，才指才能，然後討論二者的關係。藝文類聚卷二一引了一段袁準的才性論，〔二〕他說：

凡萬物生於天地之間，有美有惡。物何故美？清氣之所生也。物何故惡？濁氣之所施也。夫金石絲竹中天地之氣，黼黻玄黄應五方之色。有五，君子以此（上下有缺文），得曲直者木之性也。曲者中鉤，直者中繩，輪桷之材也。賢不肖者人之性也；賢者爲師，不肖者爲資，師資之材也。然則性言其質，才名其用明矣。

關於袁準的才性天生的唯心觀點，自然是不正確的，我們暫且不去談他。至於他的才性論與傅嘏諸

〔一〕由此可知第一條臨事知愚一句乃是指才而言。

〔二〕袁準是魏晉間人。晉書卷八三附袁瓌傳，三國魏志卷一一袁煥傳稱準爲煥之子，晉泰始中爲給事中。他雖然不是著名的玄學家，不與才性四家之列，但與鍾會同時，得參加討論。

人的才性論有何異同我們無從比較，但是他以體用釋才性，大體上應屬於主才性同的一類。他所說的「性」不是操行而是本質，才之美惡即性之美惡之外見，有如木之曲直是天生的，曲者中鉤，直者中繩，即成爲不同的木材。性行善惡，才能高低受之於天者同爲「性」，見之於外者同爲「才」，性善不但行清，也必然才美；性惡不但行穢，也必然才朽。

關於才性之論，只留下袁準的幾句話，他人之說已無從徵引。現在我們試行分析此一問題發生的原因。

東漢以名教治天下，希望做到人盡其才，官稱其職，即是說將統治階級所需要的人才合式地分配在現存秩序上，企圖現存秩序得以鞏固。操行與才能是衡量人物的標準。二者關係是否一致？才性的解釋是否等於操行與才能？這些問題當東漢政權動搖，統治者感到舊的那一套理論已經不能盡其任務時，便提了出來。才性問題以及其他相類似的問題，總而言之，即在於分析、批判以名教爲治的政治理論，這在當時已經是很現實的問題。

可是魏晉之間促使才性論發展的還有更現實的政治背景。

東漢的選舉科目在原則上不分操行與才能二類；孝廉和秀才即是一重操行，一重才能。及左雄爲尚書，規定舉孝廉者，儒生試經學，文吏試箋奏，似有重視才能、忽略操行的嫌疑。〔一〕然而事實上士

〔一〕見後漢書卷六一左雄傳。

人出身的途徑另外有三公及地方長官的辟舉，並不受這種限制。當時批評人物的重心實在於操行，才能薄弱與操行不端對於出身都有影響，而輕重却不同。固然實際上選舉往往操於權豪之手，所謂操行之重視也是表面文章，可是有時認真一下，竟也會終身不齒，黄允的故事便是一例。黄允以高才被權威人物批評家郭泰所賞識。他爲了攀附富貴，想娶司徒袁隗的姪女，便休了他的原配夏侯氏。夏侯氏臨走，大會親友，揭發黄允「隱匿穢惡十五事」，因此黄允終身不能得意。〔一〕黄允的失敗可能還有其他原因，譬如後漢書符融傳便説由於符融不高興他。這些我們倒可以不問，總之黄允雖有「絕人之才」，〔二〕却因操行不端以致終身廢棄。儒家批評人物的理論本來重視維護統治秩序的道德，孔子就曾説：「如有周公之才之美，使驕且吝，其餘不足觀也已。」東漢名教即是以名教人，因此當時人士常常「激勵名行」，做出各種不近人情的舉動。後世封建士大夫歌頌東漢，説當時「風俗醇美」，其實這種風俗正是符合於統治階級利益的統治秩序，所以爲統治者所提倡。一個人博取聲名，才能入仕，而聲名之取得必先履行其社會關係中之道德任務。統治者所需要的人才首先要保證他不會破壞其統治秩序，這樣的要求就造成那種「醇美」的風俗。我們用班固的話來説，正是「祿利之途然也」。

當東漢政權還相對的穩定時，選舉注重操行，社會上盡是些忠臣、孝子，統治者自然可以不擔心

〔一〕見後漢書卷六八郭太傳。
〔二〕同上郭太稱黄允語。

自己的政權會動搖；可是情況並不這樣簡單，這種統治政策最後不但不能緩和社會的階級矛盾，甚至在統治階級內部也起不了約束作用。到了靈帝時，在宦官、外戚的交訌下受盡痛苦的人民舉起了起義的旗幟。這時候統治階級中有一些人覺得要挽救自身的命運，將義軍迅速鎮壓下去，不能過分倚靠麻痺人民的道德，他們認爲從道德行爲中選拔出來的人才已不能應付這個局面，只有另外選出一批能够執行鎮壓人民，有助於建立地主新政權的人才纔適合需要。於是在選舉標準上操行與才能孰爲重要成爲一重要的問題。首先以統治集團領袖身分推倒傳統選舉標準，悍然提出「才」先於「行」的口號者乃是曹操。三國魏志卷一武帝紀建安八年(二〇三)注引魏書庚申令：

> 議者或以軍吏雖有功能，德行不足堪任郡國之選，所謂「可與適道，未可與權」……未聞無能之人、不鬥之士，並受祿賞而可以立功興國者也。故明君不官無功之臣，不賞不戰之士；治平尚德行，有事尚功能，論者之言，一似管窺虎歟。

同書十五年(二一〇)下令曰：

> 「孟公綽爲趙魏老則優，不可以爲滕薛大夫。」若必廉士而後可用，則齊桓其何以霸也！今天下得無有被褐懷玉而釣於渭濱者乎？又得無盜嫂受金而未遇無知者乎？二三子其佐我明揚仄陋，唯才是舉。

又十九年(二一四)十二月乙未令：

> 夫有行之士未必能進取，進取之士，未必能有行也；陳平豈篤行，蘇秦豈守信邪？而陳平定

漢業，蘇秦濟弱燕。由此言之，士有偏短，庸可廢乎？有司明思此義，則士無遺滯，官無廢業矣。

又二十二年（二一七）注引魏書八月令：

昔伊摯、傅説出於賤人；管仲，桓公賊也，皆用之以興。蕭何、曹參縣吏也，韓信、陳平負汚辱之名，有見笑之耻，卒能成就王業，聲施千載。吴起貪將，殺妻自信，散金求官，母死不歸；然在魏，秦人不敢東向；在楚則三晉不敢南謀。今天下得無有至德之人，放在民間，及果勇不顧，臨敵力戰；若文俗之吏，高才異質，或堪爲將守，負汚辱之名，見笑之行，或不仁不孝而有治國用兵之術。其各舉所知，勿有所遺。

曹操在十五年中接連下了四道求才令，非常明確地提出重才不重德的選舉標準。這樣一種不顧傳統習慣的大胆主張，從一個實際掌握政權者的正式文告上宣佈，其影響之大是不難想像的。曹操所以要這樣做，最重要的原因正如他所説的「治平尚德行，有事尚功能」，這一個新的地主政權不要那些孝子、悌弟，而是要能够對付這個「亂世」的幹才。此外曹操是有意恢復漢代統一帝國的。過去重視「鄉閭清議」，重視宗族鄉里間以及府主、故吏，舉主、門生間的道德行爲正是地方割據勢力的反映，跟着又通過這一些鞏固了地方割據勢力。鄉閭清議在漢末已爲大族或名士所操縱，人才的選拔自然也由他們把持；而當時提倡的道德足以强化宗族、鄉里關係。因此尚德行的標準，重清議的習慣在曹操看來是妨礙統一政權建立的東西，必須將其破壞。不但如此，曹氏政權的建立是與「名教」有矛盾的，爲了鞏固他的地位，必然要排斥不利於曹氏的人，而這些人却正在主持清議，組織朋黨，企圖牽制曹操，因此他提出藐視「名教」，裁抑氣節的主張也是勢所必至。總之宦官家庭出身的曹操奪取了漢室政權並企圖建立統一的强固政權以鎮壓人民，於是頒佈了破壞傳統習慣的選舉標準。

從建立統一政府這一點來說，曹操的思想出於法家；漢末的政治理論家本來就都有此趨向。諸葛亮和曹操在對於漢室的態度上雖然不同，但政治主張之出於法家基本上是一致的，因此其統治政策也有相同之點。曹操之殺孔融固然爲了他不服從曹氏，然而孔融爲人，諸葛亮也不以爲然，〔一〕這正因爲結黨標榜，尚名背實的風氣是與法家的「綜核名實」，「尊君卑臣」相違反的。

袁紹與曹操的鬥争，代表了統治階級内部新舊兩政治集團的矛盾。在用人方面就表現了這一點。魏志卷一〇荀彧傳記荀氏將袁曹二人作一個比較：

今與公争天下者唯袁紹爾。紹貌外寬而内忌，任人而疑其心，公明達不拘，唯才所宜，此度勝也。……紹憑世資，從容飾智以收名譽，故士之寡能好問者多歸之。公以至仁待人，推誠心不爲虚美，行己謹儉而與有功者無所恡惜，故天下忠正効實之士咸願爲用，此德勝也。

這一段袁曹優劣論，卷一四郭嘉傳注引傅子以爲郭嘉的話，畢竟是誰説的我們可以不管，總之是當時人的批評。綜合荀彧或郭嘉的意見，袁曹區别，在用人上只有一點，就是袁紹尚「名」，曹操尚「實」。尚名是漢代舊法，大概袁氏用人還是採取鄉閭之評，所以在袁氏統治下的冀州朋黨標榜之風盛行，

〔一〕宋書卷六二王微傳：「諸葛孔明云：『來敏亂郡，過於孔文舉。』」可見諸葛亮認爲孔融之作地方長官是不好的。

曹操得冀州之後就下令禁止「阿黨比周」，説冀州俗「父子異部，更相毁譽」。〔一〕而且這種用人態度又必然與大族橫行相關，所以造成「豪强擅恣，親戚横行」，大族審氏甚至「藏匿罪人」。〔二〕袁紹的兒子袁譚統治青州，據説政治十分糟糕，「然能接待賓客，慕名敬士」，他「招命賢士」，而賢士們抗不就職，「安居族黨」，袁譚也無可如何。〔三〕這些「安居族黨」的賢士，袁譚慕名敦請，顯然是地方大族。這裏就可以看出袁氏尚名政治的效果。尚名與重德雖不是一件事，但所謂「名」既然以鄉里評議爲本，而鄉里之評，傳統上是以道德衡量的，所以尚名與重德又可以合而爲一。

曹操尚實也即是重才，所謂「效實之士，咸願爲用」，是由於「與有功者無所悋惜」，「有功」即是「效實」，從荀彧或郭嘉的話中就可以明瞭，而其「唯才是舉」的用人標準，還可以幾件事實來證明。魏志卷一〇荀彧傳注引彧别傳：

（彧）取士不以一揆，戲志才、郭嘉等有負俗之譏，杜畿簡傲少文，皆以智策取之，終各顯名。

荀彧用人「不以一揆」，實際上就是執行曹操的政策。〔四〕魏志卷一四郭嘉傳云：

〔一〕見魏志卷一武帝紀。
〔二〕見魏志卷一武帝紀。
〔三〕見魏志卷六袁紹傳注引九州春秋。
〔四〕荀彧家世在漢末正是一個累代通經的高門，他所以和曹操的見解相合，除了上面所講一般的趨向之外，可能還有他的個人原因。據魏志卷一〇荀彧傳，他因娶宦官唐衡之女，爲世所譏，在這一點上他和宦官後裔的曹操可能同樣感到清議的沉重負擔，所以也重才而不重德。

初陳羣非嘉不治行檢，數廷訴嘉，嘉意自若，太祖愈益重之。

與荀彧傳注合觀，可知郭嘉的操行頗爲人所不滿。曹氏幕府中人最受器重的是郭嘉，曹操至欲託以後事，而其人却正是有才無德之流。卷九曹爽傳注引魏略也提供了一個適例：

（丁）斐隨太祖，太祖以斐鄉里，特饒愛之。斐性好貨，數請求犯法，輒得原宥……太祖笑顧謂左右曰：「東曹毛掾數白此家，欲令我重治，我非不知此人不清，良有以也。我之有斐，譬如人家有盜狗而善捕鼠，盜雖有小損，而完我囊貯。」遂復斐官，聽用如初。

從這些例子看來，「唯才是舉」的政策曹操是實行了的。

曹操既然頒佈了並且實行了這個新標準，這樣就使得那些以「經明行修」博取聲名，以覓得入仕途徑的士人驟然喪失了依據。他們還是確守舊法呢？還是迅速改變作風以適合新政權的要求呢？「才」與「性」亦即操行與才能，二者孰先孰後，孰輕孰重是個實際的問題。徐幹中論智行篇云：

或問曰：「士或明哲窮理，或志行純篤，二者不可兼，聖人將何取？」對曰：「其明哲乎。夫明哲之爲用也，乃能殷民阜利，使萬物無不盡其極者也。聖人之（不）可及，非徒空行也，智也。伏羲作八卦，文王增其辭，斯皆窮神知化，豈徒特行善而已乎。」……或曰：「俱謂賢者耳，何乃以聖人論之。」對曰：「賢者亦然，人之行莫大於孝，莫顯於清，曾參之孝有虞不能易，原憲之清伯夷不能間，然不得與游夏列在四行之科，以其才不如也。」……或曰：「苟有才智而行不善，則可取乎？」對曰：「何子之難喻也。水能勝火，豈一升之水灌一林之火哉。柴也愚，何嘗自投於井……且管仲背君事讎，奢而失禮，使桓公有九合諸侯，一匡天下之功。仲尼稱之曰：『微管仲，我其被髮左衽矣。』召忽伏節死難，人臣之美義也，仲尼（以）比爲匹夫、匹婦之爲諒矣。是故聖人貴才智之特能立功、立事，益於世矣。如愆過多，才智少，作亂有餘而立功不足，仲尼所以避陽貨而誅少正卯也，何謂可取乎？漢高祖數賴張子房權謀以建帝業，四皓雖美行，而何益夫倒懸，此固不可同日而論矣。」

徐幹的話沒有提到才性，其篇名爲智行，當時本以才能和操行指才性，篇中之智也即是才，所以就是一篇才性論。他的議論重才智而輕「志行純篤」，和曹操的主張相符合。徐幹死於建安二十二年（二一七），〔一〕在他未死之前，至少可以看到曹操三次的求才令，他寫出這一篇重才智的文章來是有政治上的鼓動意義的。中論書中如考僞、譴交、審大臣諸篇注意名實之別，並且主張不必重視輿論，不要縱容朋黨，這些議論都在支持曹操所行的政策。曹丕說徐幹抱「箕山之志」，不想做官，恐怕不是事實。

雖然主張先才後德者不乏其人，但是當義軍已被鎮壓，三國分立的局勢已經形成，北中國已經相對地穩定，在此時期安定封建秩序是少不了儒家所提倡的道德的，所以才性問題在魏晉之際依然是一個實際問題。魏志卷二二盧毓傳：

〔一〕中論序稱徐幹卒於建安二十三年（二一八），此據文選卷四二魏文帝與吴質書注引典略。

前此諸葛誕、鄧颺等馳名譽，有四窗八達之誚，帝疾之。時舉中書郎，詔曰：「得其人與否在盧生耳。選舉莫取有名，名如畫地作餅，不可啖也。」毓對曰：「名不足以致異人，而可以得常士，常士畏教慕善，然後有名，非所當疾也。愚臣既不足以識異人，又主者正以循名案常爲職，但當有以驗其後……」……毓於人及選舉，先舉性行而後言才，黄門李豐嘗以問毓。毓曰：「才所以爲善也，故大才成大善，小才成小善，今稱之有才而不能爲善，是才不中器也。」豐等伏其言。

魏明帝與盧毓所論是名實問題，李豐與盧毓所論則是才性問題，表面上雖不同，實際上是相通的。所以相通即因選舉上之名實關係在當時很多人即瞭解爲才性關係。盧毓所云「常士畏教慕善，然後有名」，便足以説明取有名即是舉性行。盧毓爲經學家盧植之子，又是范陽大族，他的看法也代表東漢士人一般見解。關於才性問題，他不是四本論中的人物，考察他的議論相當於「才性合」的一派，所以説「大才成大善，小才成小善」，有才而不能爲善是不中器，即是説不能施用，所以也就是不才。李豐是四本論中主張才性異的主要人物，主張才性異只在於區別才性爲二，這和盧毓之説沒有衝突，所以先懷疑而後來却可以同意。

盧毓的選舉標準，顯然與曹操「唯才是舉」的法令不符，這裏説明才性問題還是個懸而不決的問題。可是選舉標準不確定，那些求仕的士人就常在惶惑不安之中，當時的政治思想既然偏重於分析批判名教，因此對於這個問題展開討論，企圖獲得結論是應有之事。

綜合上面所述，才性論所研究的問題爲才與性的涵義以及操行與才能的關係。所以能成爲當日論題重心者是因爲與實際的選舉制度有關，特別是與曹操的「唯才是舉」政策有關，所以魏、晉間的才性論不是空談而是從實際政治出發又歸宿於實際政治的命題。其目的是爲了鞏固新興的政權。

整個的玄學我們也可以作這樣的瞭解，在這裏我不想多說。在清談與清議文中我曾說：「玄學乃是東漢政治理論的繼承與批判。」才性論是玄學命題之一，所以也適用這句話。

魏晋玄學之形成及其發展

一　名教之治的動摇

從東漢末年起思想界上起了一個變化。這個變化發展到魏晉間形成了玄學。玄學決非如後世所想像的那末超然，那末空洞，而是反映現實社會經濟和政治的一套政治理論。

東漢末年突出的統治階級與被統治階級的矛盾業已爆發了黄巾起義，而東漢帝國就在農民的革命火焰下滅亡了。其次從統治階級内部來説，也表現着世家大族與專制皇權的矛盾。作爲整個的統治階級，他們要求在東漢帝國的廢墟上重新建立鎮壓人民的國家。這個國家怎樣才能保證其鎮壓人民的職能，這是一個問題。由於義軍之被鎮壓，地方大族不但得以恢復其經濟基礎，而且正在發展。他們要求擺脱皇權的控制，無限地擴展其財富和政治勢力，那末怎樣才能使政治制度適合於他們的觀點，這又是一個問題。這兩個問題並不是彼此孤立的，二者之間互相聯繫而又互相制約，成爲極其錯綜複雜的關係。

所謂新的思想就反映了這兩種要求。漢末魏初，曹操在北方建立的政權要求恢復專制帝國的統治，取消地方分裂形勢；要求建立掌握優勢經濟力量和政治力量的强大政權以便有效地鎮壓人民。

這樣就產生了名理之學，由此而發展了曹魏的名法之治。魏末晉初，義軍早已被鎮壓了，暫時受壓抑的大族又在擴張，曹魏集團内自身也逐漸變成新的貴族，而河内大族司馬氏終究上了臺，掌握政權，這樣就從名理之學發展爲無名、無爲的政治理論。

新的思想是從研究東漢名教之治開始的。我們知道東漢以名教治天下。所謂名教乃是因名立教，其中包括政治制度、人才配合以及禮樂教化等等。東漢統治者應用這一套理論作爲統治的南針。由名教觀點而產生的政策、制度在鎮壓人民的革命行動與麻痹和緩人民的反抗情緒上曾起了很大的作用；同時這一套的名教政治也培養了許多名士，他們常常代表地方大族、學門參加中央與地方的政權機構，作爲統治集團中的骨幹分子。

可是到了東漢末年，這個名教的法寶有點不甚靈驗：第一，它業已不能維繫人心；第二，根據名教標準來選拔的官僚由於盜竊虛聲和名不副實以及選舉爲宦官、外戚、大族和朋黨所把持之故，非但不能如統治階級所期望的那樣和緩及鎮壓人民的起義，相反的是反而由於這一些人的貪污無能，促使革命加速的爆發起來。黄巾起義之後，統治階級中一部分士人急於要另外尋找一種更好的政治理論，讓自己可以繼續統治下去。

在這樣一個現實的政治問題上，不能不引起統治階級中很多人的關心。過去定於一尊的儒家之道不能維持已往的尊嚴，儒家所主張的名教之治應該重新估計其效能，最重要的是應該怎樣才能使地主階級的統治鞏固起來。而在許多問題中最迫切的乃是用怎樣一個標準來選擇代表與執行階級利益的人才。新的思潮向這兩點發展：一是在儒家以外找尋統治者所需要的理論，二是如何評定人才。新興的理論便爲了滿足以上要求而產生。

不管他們怎樣的說法，本質上都是統治階級關於統治術的研究。目的也只有一個，就是怎樣鞏固被農民起義削弱了的政權。縱使由於統治者各階層以及各個集團的利益有時不能一致，因此所發展的理論也有差別，甚至也有反對現政權的，但基本上我們不能在統治階級以外找尋其階級根源。

我們看到魏晉時期有不少人從事於先秦諸子的研究，也有人企圖推翻漢代的經學，重新在原始的儒家經典中作新的發掘，也有人想綜合各家，別創新說。他們的態度是積極的，因爲他們所想解決的問題是有關統治階級利益的問題。

在先秦諸子的學說中獲得重視的首先是法家與名家。三國魏志卷一六杜畿附子恕傳：

今之學者師商、韓而上法術，競以儒家爲迂闊，不周世用。

三國時期的政治領導人物如曹操、諸葛亮都宗尚法術。晉書卷四七傅玄傳載玄上晉武帝疏云「近者魏武好法術，而天下貴刑名」，可與杜恕語互證。魏志卷二一劉廙傳稱「廙著書數十篇及與丁儀共論刑禮，皆傳於世」。劉廙所著書稱爲政論，羣書治要中保存了八篇，所論大概注重綜核名實。吴志卷一三陸遜傳稱「南陽謝景善劉廙之先刑後禮之論」，可證其爲法家。當時討論政治的著作如徐幹中論，桓範世要論等，雖然沒有公開標榜申韓，但一般都受先秦法家的影響。

與法家相關的是名家，文心雕龍論説篇稱「魏之初霸，術兼名法」是一個正確的判斷。魏志卷二八鄧艾傳注引荀綽冀州記：

（爰）翰子俞，字世都，清貞貴素，辯於論議，採公孫龍之辭以談微理。

這是運用先秦名家辯難之術以討論問題的例證。世説新語文學篇云：「謝安年少時請阮光祿（裕）道白馬論。爲論以示謝。於時謝不即解阮語，重相咨盡。阮乃退曰：『非但能言人不可得，正索解人亦不可得。』」注引中興書曰：「裕甚精論難。」〔一〕這是東晉初年事，可見名家辯難術傳流不絶。

當時稱名學爲刑名或形名學。晉書卷九四隱逸魯勝傳，勝著墨辯序云：

名者所以别同異，明是非，道義之門，政化之準繩也。孔子曰：「必也正名，名不正則事不成。」墨子著書作辯經，以立名本，惠施、公孫龍祖述其學，以正刑名顯於世……名必有形，察形莫如别色，故有堅白之辯；名必有分明，分明莫如有無，故有無序之辯。是有不是，可有不可，是名兩可；同而有異，異而有同，是之謂辯同異；至同無不同，至異無不異，是謂辯同辯異。同異生是非，是非生吉凶，取辯於一物，而原極天下之污隆，名之至也。自鄧析至秦時，名家者世有篇籍，率頗難知，後學莫復傳習，於今五百餘歲，遂亡絶。墨辯有上下經，經各有説，凡四篇，與其書衆篇連第，故獨存。今引説就經各附其章，疑者闕之。又採諸衆雜，集爲刑名二篇，略解指歸，以俟君子，其或興微繼絶者亦有樂乎此也。

〔一〕晉書卷四九本傳同。

照魯勝的說法，名辯之學是政治教化的標準，這就把孔子的正名，與法家的循名責實關聯起來。他又集爲刑名兩卷，所謂刑名即是名必有形的形名。今本尹文子仲長統序云「其學本於黃老，大較刑名家也」，而尹文子上篇稱「名以檢形，形以定名」。今本尹文子自非原書，大約即出於魏晉人之手，但由此也可以說明刑名之即形名。魏志卷二八鍾會傳稱會「博學，精練名理」，又說「會死後，於會家得書二十篇，名曰道論，而實刑名家也」，這和尹文子本於黃老而爲刑名家相同。同時任嘏也著有任子道論十卷，已散佚，嚴可均全三國文從書鈔、御覽中緝出十條，也是論政治、人才之書，實際上亦屬刑名家，隋書經籍志以之列入道家，恐怕只是就書名分類。從上所述，我們可以看出名辯之學與道家有相通之處。

關於名學將在下面詳細討論，這裏僅說明亡絕了五百餘年的名家之學在魏晉間得到重視，而所以重視則由於統治者現實的政治要求。

除了名法二家之外，如劉陶善論縱橫，〔一〕王衍初好論縱橫之術；〔二〕曹操論兵法的著作很多，〔三〕吴人沈友也有孫子兵法注，〔四〕諸葛亮集中有兵要一篇，桓範世要論亦有兵要一篇；都可見到漢末魏晉時儒、墨、名、法、道德、縱橫以至兵家都有一定程度的發展。我們認爲這只有在傳統上而且是定於

〔一〕三國魏志卷一四劉曄傳注引王弼傳。
〔二〕晉書卷四三王衍傳。
〔三〕曹操有諸家兵法接要、孫子兵法注及自著兵書十餘萬言。見三國魏志武帝紀注引孫盛異同雜錄及魏書。
〔四〕三國吴志孫權傳注引吴錄。

一尊的儒家之道喪失了或者削弱了在思想界上的領導地位以後，才有可能。在這裏我附帶說明一點，魏晉時雖然常常儒墨並稱，如魏志卷一一管寧傳載陶立一等薦寧表，稱寧「韜韞儒墨」，晉書卷四九向秀傳稱「儒墨之跡見鄙，道家之言遂盛」，似乎墨家又與儒道鼎立，實則此時儒墨一辭僅是沿襲莊子中與道家相對的聯稱，當時除了魯勝曾注意墨辯以外，墨學別無傳人，並不足與儒、道、名、法四家爭勝。

以上所舉名、法、道三家的興起是比較重要的，那些著書立說的人與其說他們是在研究先秦諸子，毋寧說是在研究現實的政治問題，特別是東漢的名教之治。他們都是根據儒家以外的理論針對着名教加以批判、分析、辯護以至糾正。整個的問題就是像東漢所提倡的那種名教是否還有用，甚至是否有存在的必要。假使答案是否定的，那末應該怎樣維持統治者的秩序。

開頭我們就已經提到名教即是因名立教，內容包括一切政治設施，而就用人這一方面來談就突出地表現在鼓勵大家求名，憑着這個名來選拔官僚與推行教化，於是用人行政便可恰當地配合。魏志卷二二盧毓傳：

前此諸葛誕、鄧颺等馳名譽，有四窗八達之誚，帝疾之。時舉中書郎，詔曰：「得其人與否在盧生耳，選舉莫取有名，名如畫地作餅，不可啖也。」毓對曰：「名不足以致異人，而可以得常士，常士畏教慕善，然後有名，非所當疾也。愚臣既不足以識異人，又主者正以循名案常爲職，但當有以驗其後……」

盧毓與魏明帝對於選舉的議論還包含一個才性論問題，我已另外討論，而盧毓之言却也正解釋了名教的意義。「畏教慕善」是符合於統治者利益的，才能以之得名，而爲了提倡，也爲了求得需要的人才，在選舉方面就因名求士，所以東漢士人努力追求的便是名。關於求名的例子，舉不勝舉，我只提出兩個較特殊的人物來。魏志卷一武帝紀注引世語：

（橋）玄謂太祖曰：「君未有名，可交許子將。」……子將納焉，由是知名。

同卷建安十五年（二一〇）注引魏武故事十二月己亥令：

孤始舉孝廉，年少，自以本非巖穴知名之士，恐爲海内人之所見凡愚。欲爲一郡守，好作政教以建立名譽，使世士明知之。

後漢書卷三五鄭玄傳玄戒子書云：

咨爾煢煢一夫，曾無同生相依。其勗求君子之道，研讚勿替；敬慎威儀以近有德。顯譽成於僚友，德行立於己志。若致聲稱，亦有榮於所生，可不深念邪！可不深念邪！

曹操和鄭玄是極不相同的人物，却同樣的追求聲名，由此可以見到漢末的風氣，而鄭玄告誡兒子的話，更是「畏教慕善，然後有名」的說明。

這樣的追求聲名，必致名實不符。後漢書卷八二上方術傳論云：

漢世之所謂名士者，其風流可知矣。雖弛張趨舍，時有未純，於刻情修容，依倚道藝以就其聲價，非所能通物方，弘時務也。及徵樊英、楊厚，朝廷若待神明，至，竟無他異。英名最高，毀最甚。李固、朱穆等以爲處士純盜虛名，無益於用，故其所以然也。范曄所譴責的名士是一些不通世務，無益於用的人，但他們却由於「依倚道藝」而「就其聲價」，所以爲朝廷所徵辟。這些名士不能爲朝廷很好服務是很明顯的。因此對於尚名之弊，漢魏間人的政論著作幾乎全在攻擊這一點，由此更斥責當時交遊標榜的風氣。我們現在略引幾段以概其餘，如王符潛夫論務本篇云：

內孝悌於父母，正操行於閨門，所以烈士也。今多務交游以結黨助，偷世竊名，以取濟渡，夸末之徒，從而尚之，此逼貞士之節而衒世俗之心者也。

同書實貢篇云：

夫志道者少友，逐俗者多儔，是以舉世多黨而用私競，比質而行趨華。貢士者非復依其質幹，準其材行也。直虛造空美，掃地洞說，擇能者而書之……是故選賢貢士，必考覈其清素，據實而言，其有小疵，勿彊衣飾，以壯虛聲……各以所宜，量材授任，則庶官無曠，興功可成，太平可致，麒麟可臻。

徐幹中論考僞篇云：

至於父盜子名，兄竊弟譽，骨肉相詒，朋友相詐，此大亂之道也。故求名者聖人至禁也……夫爲名者使真僞相冒，是非易位而民有所化，此邦家之大災也……問者曰：「仲尼惡沒世而名不稱，又疾僞名，然則將何執？」曰：「是安足怪哉！名者所以名實也，實立而名從之，非名立而實從之也……仲尼之所貴者名實之名也，貴名乃所以貴實也。」

羣書治要載劉廙政論正名篇：

夫名不正則其事錯矣，物無制則其用淫矣；錯則無以知其實，淫則無以禁其非；故王者必正名以督其實，制物以息其非。名其何以正之哉？曰：行不美則名不得稱，稱必實所以然，效其所以成，故實無不稱於名，名無不當於實也。

劉劭人物志效難篇：

夫名非實，用之不效，故曰：名猶口進，而實從事退。中情之人，名不副實，用之有效，故名由衆退而實從事章。

漢魏諸家論政治者大抵有以上的見解，這裏我不再列舉。追求聲名的弊病在漢末日益暴露，主要是統治者感到難以選拔替本階級服務的人才，這是個嚴重的問題。我們看上引各家的議論都側重於名實不符，所提出的主張不外乎儒家的正名與法家的循名核實。可是如果向上推一步，必然會歸結到道家的無名，這樣從研究名實出發的問題，就溝通了儒、道、名、法。當時的理論大抵都環繞着這一個問題而發展。

從上面看來，魏晉思想雖與漢代不同，但其出發點仍然是漢代思想的延續與革新。

二　名理學

從研究名實出發的學問即是名理學。名理家大抵以名辯方法考察名與實的關係，作爲推行正名與循名核實政治的張本。名理也即是上述刑名或形名之學，他們的目標具體一點來説即是企圖在原則上決定選舉和人與職位配合的標準。潛夫論考績篇稱：「是故有號者必稱典，名理者必効於實，則官無廢職，位無非人。」意林引物理論：「國典之墜，猶（由）位喪也，位之不建，名理廢也。」就是説要使人才與職位配合，必須要研究名理，使與實相符。所以名理學是一種政治理論，希望求得名之理，以達到「官無廢職，位無非人」。

這種學問首先重視人物的考察，因此古人曾將專論人物的一類著述列入名家，隋書卷三四經籍志子部名家類有魏文帝士操一卷，劉劭人物志三卷，又梁有刑聲論一卷，姚信士緯新書十卷，姚氏新書二卷（與士緯相似），盧毓九州人士論一卷，通古人論一卷，均亡。隋志的分類是從「辨其名物」着想，但大概是沿襲晉以來的目録如荀勗中經簿之類，因此關於考察人物的著作列入名家。其實魏、晉名家的範圍還要廣泛，他們的著作大抵包含了儒、道、名、法各家的成分。

可是魏晉名理學家不限於名辯之術而推廣到政治的理論，仍然與先秦名家有關。管子心術篇上：

物固有形，形固有名，名當謂之聖人，故必知不言無爲之事，然後知道之紀，殊形異勢不與萬物異理，故可以爲天下始。

聖人。

物固有形，形故有名，此言不得過實，實不得延名，姑形以形，以形務名，督言正名，故曰

又云：

在管子中還有若干關於這一類的學說，例如白心篇稱：「聖人之治也，静身以待之，物至而名自治之。正名自治之，奇身名廢，名正法備則聖人無事。」又九守篇督名云：「修名而督實，按實而定名，名實相生，反相爲情，名實當則治，不當則亂。」而心術篇中特别注意道與德之分，即心與器官，君與臣之分，更與魏晉玄學之政治理論相合。管子一書乃是一種雜集，郭沫若先生認爲心術、白心、内業、樞言四篇爲宋鈃、尹文遺書是有理由的。就四篇内容來説，大致是從檢察形名以求正名而最後歸於無名，這正是魏晉思想從名理發展到玄學的途徑。因此，我們也可以説魏晉名理與先秦名家有密切的關係。

名理學家既然採用名辯之術，所以著論很重視邏輯關係，而且重視論難。文心雕龍論説篇稱「魏之初霸，術兼名法，傅嘏、王粲校練名理」；太平御覽卷五九五引李充翰林論云：「研至名理，論貴於允理，不求支離，若嵇康之論文矣。」所謂「校練」「研至」和上引鍾會傳所云「精練名理」，説明這一類的論文都以精當有條理爲貴。宋書卷六四鄭鮮之傳載鮮之滕羡議云：「自非名理，何緣多其往復。」由於名理重論難，所以每一論題往往反覆討論，「多其往復」，例如才性之辯，言意之辯，宅無吉凶，自然好學，養生諸論都是正反兩面互相詰難，使名理顯豁，這是採取了名辯方法的。

初期名理學家大抵由檢察名實，特別是由考察人物以至於循名責實使人位相稱，因此與法家相近。一到稍後，便轉入了道家。這是由於兩重原因，其一是理論本身的發展。如上所引管子中所包含的名家理論就說明形名之學與道家無名相關，追求名理最後必然要歸宿到無名。就道家理論上說，凡是有名就有其限制性，因此也只能是部分的，不完全的，這是器，是用，在政治上即是臣道。名理學是一種政治學，臣僚如何各安其位，各得其所，可以循名責實，但是執行循名責實的最高主持者却應該沒有限制性、區別性，這是君道，君道是全，是道，是體，因此必然是無名。管子心術篇云：「天之道虛其無形，虛則不屈，無形則無所位趏（迕），無所位趏，故徧流萬物而不變。」正是說明這個道理。其二是由於現實政治的發展。名理學本來是針對東漢名教之治而興起的。曹魏政治即與初期名家相配合，所謂名法之治。名法之治要求檢察名實，其中即包含了法家擴大君權，裁抑大族的意義。到了齊王芳時，由於君權的削弱，政治趨於寬弛，皇帝也成爲虛位，於是從綜核名實轉向提倡無爲。文心雕龍論說篇云：「迄至正始，務欲守文，何晏之徒，始盛玄論，於時聃周當路與尼父爭塗矣。」正始以後儒學大族司馬氏當國，這個政治集團代表世家大族的利益重又提倡名教，以此排斥異己，鞏固其政權。晉書卷三三何曾傳：「曾面質（阮）籍於文帝（司馬昭）座曰：『卿縱情背禮，敗俗之人，今忠賢執政，綜核名實，若卿之曹，不可長也。』」何曾口中將阮籍的背禮敗俗與綜核名實相對立，便可知道所謂綜核名實是與維護名教結合起來了。因此嵇康、阮籍等提出道家的自然來與現政權所提倡的名教相對抗。

由於理論本身的發展，更由於現實政治的發展，名理學就歸本於道家而形成了玄學。

三　玄學的形成

西漢初年的黃、老之學也是政治學，是所謂君人南面之術，司馬談論六家要旨和班固論九流都有這種看法。西漢中葉以後道家在政治上的地位業已喪失，黃老之學變成了一種宗教或是一種養生術。依託黃老的宗教曾爲被壓迫階級所利用，成爲黃巾起義的組織力量。魏晉玄學家抬出道家來有兩種意義：一是重新發揮老子無爲而治的主張，指導怎樣作一個最高統治者，這種政治主張隨着門閥的發展與鞏固，實質上是要削弱君權，放任世家人族享受其特權；其二是一些不得意的士人，以憤世嫉俗的心情提出「自然」來反抗當局所提倡的名教。我們可以概括地分爲正統的或在朝的玄學家與別派的或在野的玄學家。他們的區別在理論上有老或莊之偏重，但主要的仍是對於儒家名教（包括政治制度、禮法以及人事安排等）的態度。正統玄學家首先由研究名理而發展到無名的是何晏。他雖然把無名駕於有名之上却並不反對名教。列子仲尼篇張湛注引何晏無名論：

爲民所譽，則有名者也，無譽，無名者也。若夫聖人名無名，譽無譽，謂無名爲道，無譽爲大，則夫無名者可以言有名矣；無譽者可以言有譽矣。然與夫可譽可名者豈同用哉？此比於無所有，故皆有所有矣；而於有所有之中，當與無所有相從，而與夫有所有者不同……夫道者惟無所有者也。自天地已來皆有所有矣，然猶謂之道者，以其能復用無所有也。故雖處有名之域而沒其無名之象……夏侯玄曰：「天地以自然運，聖人以自然用。」自然者道也。道本無名，故老氏曰：「彊爲之名。」仲尼稱堯蕩蕩無能名焉。下云巍巍成功則彊爲之名，取世所知而稱耳，豈有名而更當云無能名焉者邪！夫唯無名，故可得徧以天下之名名之，然豈其名也哉。

何晏的議論很明白，他提出無名爲道，聖人體道，故聖人無名。唯其無名，才可以偏以天下之名名之，唯其無所有，故能用有所有，這是理想的聖人，也是理想的帝王，例如堯。何晏雖推重無名，却不廢有名，因爲自天地以來都是有所有，也即是都屬有名之域，重要的是能「復用無所有」，這與王弼注易復卦，「復者反本」之意相符。根據何晏的理解，他並不反對名教，只是說名教應復本於自然。傳世的何晏論文很少，還有一篇無爲論，說：「天地萬物皆以無爲爲本，無也者，開物成務，無所不成者也。」〔二〕與無名論主張相同，此外他還有論禮制的文章。何晏身前在政治上占有重要地位，選舉時號稱得人，可見他並非「祖尚虛浮」，不關心世務，更沒有企圖破壞名教。他所提出的無名、無爲出發於名理而又批判了曹魏的名法之治。

正統玄學家是不想破壞名教的。當曹魏初期，曹操曾經大力壓制漢末結黨標榜，追求聲名的風氣，公開提出尚才不尚德的選舉主張，這樣對於名教之治起了很大的破壞作用。可是名教正是統治階級用以統治人民的武器，當漢魏之間，統治階級曾經努力在各家各派的學理中搜尋一番，固然不無

〔二〕見晉書卷四三王衍傳。

所得，但要建設一套完全不要名教的統治理論就等於放棄了自己掌握的武器。其次，從學門、儒族培養起來的世家大族就是在日益發展的封建經濟基礎上，通過名教之治以取得政治地位，曹操的反對名教正是和反對大族相關聯的。世家大族當黄巾起義以後遭受打擊，他們不得不暫時收斂，與曹操合作以求鎮壓義軍。一到曹芳時，世家大族既然仍是曹魏政府經濟上與政治上的統治集團，他們自然要求把名教作爲統治的武器。這樣，我們可以想到魏晉名士的彷徨，經過一定時期必然要還到儒家所提倡的名教。名法之治跟着曹魏政權的沒落而消沉下去，儒家之説又要抬頭了；然而問題却並不這樣簡單，道家的自然已經提了出來，而對於名教的檢察批判又已提供了許多虛僞、無用的證據，於是在名教存廢問題上首先要説明不廢名教的理由，巧妙地將自然與名教統一起來。開始提出「自然」的夏侯玄，提出「無名」的何晏已經不反對名教，而年輕的王弼就真正把二者統一起來了。

王弼是一個唯心論的哲學家，他的學説很豐富，他所著的周易注、易略例、老子注中所發揮的本末體用之辨，在這裏不能詳論。總之，在王弼的理解中，「無」爲本，「有」爲末，但去「有」亦不能體「無」；自然爲本，名教爲末，但名教即是自然的體現。老子所云「樸散而爲器」，乃是各得其所的宇宙萬物之分配；所以禮樂刑政以至倫常日用之間即是自然的表現，各各按照自然的規律有條有理的互相配合。他認爲名教不可能廢棄，就因爲它即是自然的體現。他把易道解釋爲宇宙有規律的發展，一切事物有變化，但都遵照着一定的條理秩序進行，這樣整個宇宙運行不是「妄然」，而是「必由其理」。我們現在不妨追究一下，這個「必由其理」的「理」是什麼呢？理就是條理，如果就社會人事方面來説應該就是封建秩序。這種秩序照王弼的瞭解是本之自然的，人世一切變化只能在現有秩序下遵照一定的軌道進行。因此，自然雖然獲得崇高的地位，結果還是被名教俘虜了去。

王弼的學説是在綜合儒道兩家，魏志卷二八鍾會附王弼傳便説他「好論儒道」。他從來沒有菲薄孔子，甚至更推尊孔子，同書注引何劭王弼傳稱王弼云：「聖人體無，無又不可以訓，故不説也；老子是有者也，故恒言無所不足。」他把孔子尊爲聖人，駕於老子之上，但是這個聖人却是體無以應有的聖人，乃是道家的聖人。

王弼之死在正始十年（二四九），止有二十四歲，何晏即在此年先爲司馬懿所殺。他解決了名教存廢問題，而這是現實統治者所需要的。但是那時却另有一派玄學家堅持反對名教，將自然與名教對立起來。

自曹爽之禍，名士被殺者甚多，以後夏侯玄、李豐又爲司馬師所殺。魏室政權操於儒學大族司馬氏的手中。司馬氏的政權基礎是大族高門，特别是儒學世家。晉室開國元勳如潁川荀氏的荀顗、荀勗，平陽賈氏的賈充，潁川鍾氏的鍾毓、鍾會，東海王氏的王肅，河東衛氏的衛瓘，大抵都是東漢以來的學門。所以這個集團重又提倡名教，特别是孝道，以之配合大族政治。在朝的玄學家採取自然與名教合一的主張，不但不與之矛盾，而且給予名教更精緻的理論根據。但是另有一些不願與司馬氏相合作的士人，他們看不起這一些虚僞的裝模作樣，便在口頭上以及行爲上表示了對於名教的反抗。阮籍、嵇康便是這一類士人的典型人物。他們所追求的乃是莊子的逍遥，他們的理想人格不是何晏提出的堯，而是超出世界的大人先生。他們反對一切人爲的束縛，認爲不合自然，因此要抉破禮法，非堯舜，薄周孔。這一種精神在破壞名教方面起了很大作用，而破壞名教實即是反對司馬氏政權。

晉書嵇康、阮籍等列傳與世説新語任誕篇記載了不少這一羣人的放蕩故事，這些故事不一定都可信，但所表現的總的精神是不錯的，在這裏我們可以不必舉例。我們現在想要説明的是嵇阮實在並非真正要破壞封建道德（封建道德是名教的骨幹），這一點古人如東晉戴逵、梁沈約都有這樣看法。近魯迅先生也曾這樣説（當然立論與古人不同）。我們現在不能明確嵇阮的放誕作風與大胆的言論在什麽時候開始，推測起來中間有一個轉變。

太平御覽卷三一引竹林七賢傳云：「諸阮俱世儒學，善居室，内足於財；唯籍一巷，尚道業，好酒而貧。」阮籍一巷之尚道業當自籍始；他的父親阮瑀爲蔡邕弟子，他是在儒學家族中長大的。晉書卷四九阮籍傳説他「本有濟世志，屬魏晉之際，天下多故，名士少有全者，籍由是不與世事」，那末他的轉變應在司馬懿與曹爽激烈鬥争之時。他的著作中有一篇通易論，屢次提到先王，而這個先王却不是無爲的聖人，乃是制作的聖人；又中承認上下、君臣、貴賤有一定的常位與本分，應該子遵其父，臣承其君，尊卑有分，長幼有序。他説：

> 先王何也，大人之功也。故建萬國，親諸侯，樹其義也；作樂薦上帝，正其命也；省方觀民，施其乏也；明罰勑法，督其政也；閉關不行，静亂民也；茂時畜德，應顯其福也；享帝立廟，昭其禄也；稱聖王所造，非承平之謂也。

末一句總括上文，是說聖王從事制作，而不是承平無事。我們看通易論中的大人之功與他大人先生傳中逍遥浮世的大人多麼不同？他的樂論也說「禮踰其制則尊卑乖，樂反其序則親疏亂」，可證他並不反對名教，甚至不一定主張無爲。這一類作品大約還是他抱濟世之志的時期寫的。他寫達莊論、大人先生傳應在後，那時他竭力反對名教，特別在大人先生傳中他非常大胆地反對有君臣貴賤之别，認爲「汝君子之禮法誠天下助殘賊，亂危死亡之術耳」。但是他是否真的在内心也作如此想却很難說，毋寧說他是在譏刺像何曾那樣的僞君子。

嵇康和阮籍一樣，他所寫的與山濤絕交書、自然好學論都推崇老莊，非毁仁義、名分以至六經，養生論更明確提出要「越名教而任自然」。但世說新語言語篇注引嵇紹趙至序稱嵇康「在學寫石經古文」，〔一〕足見他很重經學，因此不憚煩地抄寫。他的誡子書竭力要他兒子謹慎，又說：「不須作小小卑恭，當大謙裕，不須作小小廉耻，當全大讓；若臨朝讓官，臨義讓生，若孔文舉求代兄死，此忠臣烈士之節。」〔二〕他對於封建道德倒是頗爲固執的。他的幽憤詩有云：「人之多僻，政不由己，惟此褊心，顯明臧否。感悟思愆，怛若創痏。」就說明他不滿意邪僻之人，想要分别是非而「政不由己」，才只好遁

〔一〕晉書卷九二趙至傳同。

〔二〕我們應該注意他所提出的孔融是反對曹氏專權而被殺的「漢室忠臣」，下面他特別提出忠臣烈士，而不說忠臣孝子，便因爲司馬氏的名教只提倡孝道，而反對司馬氏却以「忠」來對抗，忠孝不兩立問題是三國時論題之一，曹丕曾以之問人，見三國魏志卷一一邴原傳注引原別傳。

入老莊。嵇康爲曹氏之壻，他對於司馬氏的專政當然更爲憎惡，因此他反抗司馬氏所提倡的名教和阮籍相同，而不合作的態度更爲明顯，以致被殺。

嵇阮在原則上並不反對儒家所規定的倫理秩序，只是反對虛僞的名教，他們理想中真率自然之人格仍然與封建道德不可分割。他們認爲倫理道德本之自然，不須以虛僞的名教，所謂「小廉曲謹」而表現，至於大謙、大讓，忠臣烈士才是體現了自然人格。這樣說來，在名教本於自然這一點上，假使不把名教解釋作虛僞的禮法，嵇阮與正統玄學家也沒有衝突。我們可以再引一段嵇康的話爲例。嵇康答向子期難養生論云：

聖人不得已而臨天下，以萬物爲心，在宥羣生，由身以道，與天下同以自得，穆然以無事爲業，坦爾以天下爲公，雖居君位，享萬國，恬若素士接賓客也；雖建龍旂，服華衮，忽若布衣之在身。故君臣相忘於上，烝民家足於下，豈勸百姓之尊己，割天下以自私，以富貴爲崇高，心欲之而不已哉。

按嵇康作養生論，向秀作難養生論，認爲「有生則有情，稱情則自然，若絕而外之，則與無生同」，因此「好榮惡辱，好逸惡勞，皆生於自然」，而崇高莫大於富貴也是「關之自然，不得相外」，向秀的說法近於爲縱欲自肆辯護，所以嵇康駁他聖人只是不得已而臨天下，並非「以富貴爲崇高，心欲之而不已」。可是我們看莊子逍遙遊肩吾問於連叔條注：

夫聖人雖在廟堂之上，然其心無異於山林之中，世豈識之哉？徒見其戴黄屋，佩玉璽，便謂足以纓紼其心矣；見其歷山川，同民事，便謂足以憔悴其神矣；豈知至至者之不虧哉。假使如傳説所云郭注即出於向秀的莊子隱解，那末與嵇康所稱的聖人並無不同。我們知道向子期以儒道爲一，即是主張名教本於自然，這一點在一定條件下（摒除富貴出於自然的那種説法）嵇康是可以承認的。

然而如嵇阮之流作出了一些軼出名教範圍的行動，統治階級中以之結合向秀縱欲自肆的理論傾向造成了一時放蕩恣情的風氣，一到晉惠帝時更爲流行。東晉初期葛洪所著的抱朴子中疾謬、刺驕二篇便曾力加申斥。我們知道蔑棄禮法名教之説在漢末便已産生，所以産生乃是由於對儒家的名教有懷疑，由於對現實政治感覺到不安。無論是一種害怕革命的感覺，或是對於執政者之憎恨，總之覺得封建秩序的安穩不能依靠名教。嵇康、阮籍發展了這種風氣，可是再發展下去便發生與統治階級利益不符的傾向。第一是這種放誕的風氣如抱朴子所説京洛的公子王孫都染上了，他們奢侈、荒淫、不問世事，號爲自然；而這些公子王孫恰正是統治階級中的中心人物，他們這種頹廢放蕩生活一方面損害了家族中的倫理基礎，另一方面既然不問世事就無法執行其代表階級利益的政治任務。其二，這種反名教的理論可以發展爲革命的理論，阮籍的大人先生傳已經有反抗現實政權的傾向，一到鮑敬言就公然提出無君的主張。他認爲君臣之道只是强凌弱、智吞愚的結果，以致「役彼黎烝，養此在官，貴者祿厚而民亦困矣」，於是「勞之不休，奪之無已，田蕪倉虚，杼軸之空，食不充口，衣不周身，欲令勿亂，其可得乎」？他認爲一切亂源，「皆有君之所致」，基本上無所謂仁君，仁君正好比「盜跖分財，取少爲讓」，仍然是盜，所以應該恢復上古無君之世，才是天下太平。〔一〕鮑敬言的説法對於統治者是十分危險的，而其説却也是出於莊子，出於流行的道家著作。以上兩種從玄學出發的傾向，不但像葛洪那様的舊派人物要大聲疾呼的斥責，就是正統玄學家也覺得要加以糾正。晉書卷四三樂廣傳云：「是時王澄、胡母輔之等皆亦任放爲達，或至裸體者，廣聞而笑曰：『名教内自有樂地，何必乃爾。』」樂廣也是玄學名士，他却不滿意那時的風氣。當時名士任放爲達，自以爲能得自然之趣，抱朴子疾謬篇所云「嘯傲縱逸，謂之體道」，樂廣的意思是説名教中就能得自然之趣，就能體道，這是申述自然、名教合一之説以糾正不要名教的放恣之行。

可是以玄學家的見地進一步説明這個問題的是裴頠。

四　由貴無到崇有

蔑棄禮法，輕視世務的根據是因其不合自然，不是道；道者體無，所以無爲本而有爲末。嵇、阮的放蕩亦即從貴無賤有發展出來，爲了糾正這種風氣，産生崇有論。晉書卷三五裴秀附子頠傳：

頠深患時俗放蕩，不尊儒術，何晏、阮籍素有高名於世，口談浮虚，不遵禮法，尸禄耽寵，仕不事事；至王衍之徒聲譽太盛，位高勢重，不以物務自嬰，遂相倣效，風教凌遲，乃著崇有之論，以

〔一〕見抱朴子詰鮑篇。

釋其蔽。

從前人往往把裴頠之論認爲反道家，是由於崇有論中重視禮制、世務之故，他說：「賤有則必外形，外形則必遺制，遺制則必忽防，忽防則必忘禮，禮制弗存則無以爲政矣。」他又深斥「薄綜世之務，賤功烈之用，高浮游之業，卑經實之賢」，以及「悖吉凶之禮，而忽容止之表，瀆棄長幼之序，混漫貴賤之級」，以爲這都是有虧士行；彷彿他是以儒家觀點來批判道家。其實裴頠仍然是一個玄學家，他所提出的問題與企圖解決的問題乃是有無之辨，這是玄學上的問題，而且他並沒有排斥道家，相反的他和王弼一樣是在綜合儒道。

可是裴頠却提出了一個新的見解。崇有論一開頭便說：「總混羣本，宗極之道也，方以族異，庶類之品也。形象著分，有生之體也，化感錯綜，理跡之原也。」他認爲宗極之道乃是羣本亦即是萬有的綜合，而萬有的各別形象即由於「有生之體」本來如此。照他的解釋除了個別就沒有全體，決沒有一個生有之無，未分之全，這與王弼之說就大爲不同。王弼主張無爲本，有爲末，「有生於無，以虛爲主」，這本是老子之意，但裴頠却說：

夫至無者無以能生，故始生者自生也，自生而必體有，則「有」遺而生虧矣。生以「有」爲己分，則虛無是有之所謂遺者也。故養既化之有，非無用之所能全也；理既有之衆，非無爲之所能循也。

他認爲無既然是無，就不能生有，始生只是自生，而生之始只能體有，也就是「有」始能存在，「無」不能存在。既然「體有」那末遺棄了有就不能全生，就不能存在。生既「以有爲己分」，那末虛無乃是「有」之所遺，而非「有」之所體。所以既已「有」了，只能順有之用以全身，循有之道以理衆，而不能以「無」濟「有」或復反於「無」。從裴頠的說法看來首先認爲自然即是萬有的綜合，萬物各本其分而自生；其二他認爲無不能生有。他所理解的「無」似乎即是空虛。

裴頠的「有」當然包括名教，所以名教不僅本之自然，而且本身即是自然。他的說法與老子本意不合，但是他却仍然推尊老子。他說：「老子以無爲辭，而旨在全有。」這與王弼所云「老子未免於有，故恒言無所不足」，語雖相似，宗旨恰相反。

發揮崇有論的還有莊子注。莊子注的公案現在還沒有鬧清楚，照晉書卷九四向秀傳和世說新語文學篇所說現存的郭象注乃是盜竊向秀的莊子隱解，然從列子注及經典釋文中所引向書看來，也有不同之處。例如列子天瑞篇生物者不生，化物者不化條，張湛引向秀云：

吾之生也，非吾之所生，則生自生耳，生生者豈有物哉？故不生也。吾之化也，非物之所化，則化自化耳，化化者豈有物哉？無物也，故不化焉。若使生物者亦生，化物者亦化，則與物俱化，亦奚異於物，明夫不生不化者然後能爲生化之本也。

這個不生不化的生化之本不是物，頗有無生有的傾向，而通觀莊子注却貫徹崇有思想，因此向郭義即使有很多地方相同，在崇有這一點上只能說是郭象的主張。

郭象和王弼之不同也即是裴頠與王弼之不同。例如齊物論夫吹萬不同而使其自已也條，郭注：

「無既無矣，則不能生有。有之未生又不能爲生。然則生生者誰哉？塊然而自生耳。自生耳，非我生也。我既不能生物，物亦不能生我，則我自然矣。」這和裴頠「夫至無者無以能生，故始生者自生也」之説是相同的。又王弼認爲宇宙運行乃是有規律的發展，這一個規律乃是本來如此，是自然，也是天道，郭象認爲天道並非另外一個總規律，而是萬有的自我發展所合成。大宗師庸詎知吾所謂天之非人乎，所謂人之非天乎條，郭注：「物無非天也，天也者自然也。人皆自然則治亂成敗，遇與不遇非人爲也，皆自然耳。」又逍遥遊若夫乘天地之正條，郭注：「天地者萬物之總名也。天地以萬物爲體，而萬物必以自然爲正。」萬物之自然合乎天之自然，自然不越於萬物之外，因此郭象主張萬物只是自生自化，並無總的規律。這也是與裴頠「宗混羣本，宗極之道也」相合。

郭象的莊子注發揮了門閥制度統治下適時的政治哲學。莊子中的最高理想爲逍遥，逍遥遊郭注對於逍遥的體會是小大各足其性，「理有至分，物有定極」，「小大之殊，各有定分」，各安本分就能自足其性，就是逍遥，如果以小羡大，或以大羡小，便是不安其分，結果便不能無困。如果應用到政治上來，他就要人民安分受統治。齊物論如是皆有爲臣妾乎條，注云：

若皆私之，則志過其分，上下相冒而莫爲臣妾矣。臣妾之才而不安臣妾之任，則失矣。故知君臣、上下、手足、外内乃天理自然，豈直人之所爲哉。

下面他又説：「夫時之所賢者爲君，才不應世者爲臣，若天之自高，地之自卑，首自在上，足自居下，豈有遞哉。雖無錯於當而必自當也。」他告訴大家上下、貴賤各由其才，臣妾只有臣妾之才，因此只有安分守己，不能「志過其分」。推而廣之則一切現存制度，倫理秩序都是自然，非人力所能强爲，因此無可非難。如果臣妾越出本分，那就上下相混，以致沒有人肯當臣妾，在郭象看來是不合乎自然的。而且郭象雖然肯定「天地萬物無時而不移也」（大宗師注），所有禮義等等亦是暫時適用，「不能時過而不棄」（天運篇注），但却只能因任自然，出於「無錯」而自得其當。就他的論點看來，他是在曉諭大家承認現有秩序。大小、上下、貴賤各有其分，彼此不能比較，這就是「齊物」；彼此各安其分就是逍遥。同時他又主張無爲，而所謂無爲即是放任，他説「無爲者非拱默之謂也，直各任其自爲，則性命安矣」（在宥篇注），即是告誡皇帝不要多管事，放任人人的「自得」，這種多餘的反對刑法之治，實質上只能是爲大族縱恣辯護。

玄學發展到了郭象，已經完成了它的任務，可是還有一點餘波。

五　東晉以後的餘波

我們説玄學只剩下一點餘波，是就實際政治上名教問題説的，至於理論上的紛争，借着佛教教義來發揮的却正是大有其人，關於這些我們在這裏不再涉及。

東晉之後非難放誕之風的還有一些人，有的是儒家，也有的仍是玄學家。晉書卷五六江統附子淳傳：

性好學，儒玄並綜，每以爲君子立行，應依禮而動，雖隱顯殊途，未有不傍禮教者也。若乃放達不羈，以肆縱爲貴者，非但動違禮法，亦道之所棄也。乃著通道崇檢論……東陽太守阮裕、長山令王濛皆一時名士，並與淳遊處，深相欽重。

通道崇檢論業已失傳，但也可以推測是一種自然名教合一論。阮裕、王濛是當時著名的談士。世說新語品藻篇撫軍問孫興公條注引徐廣晉紀稱：「凡稱風流者皆舉王劉爲宗焉。」王是王濛，劉是劉惔，王濛敬重江淳，大概同意他的說法。晉書卷九二文苑李充傳云「幼好刑名之學，深抑虛浮之士，嘗著學箴」，學箴中有云：「聖教救其末，老莊明其本，本末之塗殊而爲教一也。」李充還是個南方經學家，但他的深抑虛浮，却是用玄學家的說法。同書卷九四隱逸戴逵傳，說他「常以禮度自處，深以放達爲非道」，他主張「達其旨故不惑其跡」，認爲惠帝元康年間的名士是「好遯跡而不求其本」，他說「儒家尚譽……其弊必至於末僞，道家去名……其弊必至於本薄」，總之，如果不達其旨，儒道同有弊端，竹林名士並非爲放達而放達，所以如能知其旨趣，就無損於名教。同書卷七五王坦之傳稱「坦之有風格，尤非時俗放蕩，不敦儒教，頗尚刑名學，著廢莊論」，他說「孔父非不體遠，以體遠故用近；顏子豈不具德，以德備故膺教」。這種說法與王弼「聖人體無，無又不可以訓」之說相同。又云「使夫敦禮以崇化，日用以成俗，誠存而邪忘，利損而競息，成功遂事，百姓皆曰我自然」；這是說名教與自然相符，但「自足者寡」，所以要教化，教化之成功，仍是因人之性，故云「百姓皆曰我自然」；如果「語道而失其爲一，即是有體無用，也就不是道之全。同卷韓康伯傳康伯作辯謙云：「體有而擬無者聖人之德，有累而存理者君子之情。」也是合儒道的說法。這一些人都不非毁「道」，更不是以儒家的觀點來討論問題，大體上他們仍襲王弼、裴頠、郭象等對於名教與自然結合之説，用以批評另一派放逸的玄學家。

東晉以後名教與自然的結合，基本上已經解決，但放逸之風，特別是不問世務的風氣却在士大夫間始終存在。因此直到梁代還有人提出討論，我們現在轉引於下，作爲尾聲。梁書卷五一處士阮孝緒傳孝緒著論云：

夫至道之本，貴在無爲，聖人之跡，存乎拯弊，弊拯由跡，跡用有乖於本。本既無爲，爲非道之至，然不垂其跡，則世無以平，不究其本，則道實交喪。丘旦將存其跡，固宜權晦其本，老莊但明其本，亦宜深抑其跡。跡既可抑，數子所以有餘，本方見晦，尼丘是故不足；非得一之士，闕彼明智，體二之徒獨懷鑒識。然聖已極照，反創其跡，賢未居宗，更言其本。良由跡須拯世，非聖不能，本實明理，在賢可照；若能體茲本跡，悟彼抑揚，則孔莊之意其過半矣。

這正是王弼以至李充、王坦之等傳統的説法，末幾句，對於孔老品第更完全是用郭象的説法。

正因爲東晉以後名教與自然的關係已有較一致的結論，所以在學術上的表現便是禮玄雙脩，而這也正是以門閥爲基礎的士大夫利用禮制以鞏固家族爲基礎的政治組織，以玄學證明其所享受的特權出於自然。當時著名玄學家往往深通禮制，禮學專家也往往兼注三玄；例如晉書卷七三庾亮傳稱亮「善談論，性好莊老，風格峻整，動由禮節」，又如范汪以禮學著稱，而卷七五本傳又稱其「博學多通，善談名理」；庾范二人在通典禮典序末注中列於歷代論禮諸家中。又如上引最負盛名的談士王濛、劉惔也都研究禮制，通典中曾錄王濛論禮制三條，〔一〕又婦遭大功喪可迎議條稱范汪問劉惔云云，〔二〕可見王劉雖以玄談著稱，同時也深研禮制，這種玄禮雙修之風，只有名教、自然合一之説盛行以後才能樹立起來。世説新語言語篇：

> 劉尹（劉惔）與桓宣武（桓温）共聽講禮記。桓云：「時有入心處，便覺咫尺玄門。」劉曰：「此未關至極，自是金華殿之語。」

桓温聽禮，忽然有咫尺玄門的體會，假使不是講者與聽者先有名教與自然，儒之與道互相貫通的觀點是不會有此想的。由禮以窺玄，即是在名教中顯示自然，這就是樂廣所云「名教内自有樂地」之説。然二人説雖不同，却並不衝突，因爲劉惔只説「未關至極」，而桓温也認爲禮與玄門還是有咫尺的距離的。

我們看到自王弼、向、郭以來直到齊梁時期，正統玄學家所努力的乃是維護名教，不論是説名教本於自然，或者是説名教即是自然，其目的是一致的。東晉以後這個問題既然業已獲得解決，因此談到名教，往往就加上自然的帽子。例如晉書卷九二文苑袁宏傳宏作三國名臣頌，其夏侯太初（玄）贊云：「君親自然，匪由名教，愛敬既同，情禮兼到。」通典卷八〇晉康帝奔喪詔曰：「孝慈起於自然，忠孝發於天成。」宋書卷四三徐羡之傳，宋文帝誅羡之詔：「民生於三，事之如一，愛敬同極，豈惟名教。」同

〔一〕通典卷八〇奔大喪條，卷九五前母黨爲親及服議載蔡謨答王濛問，當出謨之喪服譜，又卷一〇二改葬服議亦載濛語。
〔二〕通典卷五九。

書卷五五傅隆傳，隆議黄初妻罪云：「原夫禮律之興，蓋本之自然，求之情理，非從天墮，非從地出也。」這樣説來，所有君臣、父子、上下、貴賤等等在社會上以至法律上的區别及各人應盡的義務，應享的權利都是自然如此，被統治者不但是不准反抗，而且根本無反抗的可能。這種説法在控制與麻痹人民的反抗情緒上可以起相當的作用；同時也鼓勵了統治階級中消極分子，教他們要好好的掌握與運用統治的武器。

在意識上控制與麻痹人民原來自古已然，但此時却有更精緻的一套理論。

六　佛教與名教的關係

自然與名教問題在東晉時業已解決。可是這時佛教盛行，寺院經濟的發展與俗世地主經濟産生矛盾，而佛教教義也存在着與名教的矛盾，因此又引起了争執。

開始時，由於信仰佛教的士人早已接受名教與自然合一之説，所以很快地就利用過去「將無同」的辦法，〔二〕簡單承認周孔與佛相合。弘明集卷三孫綽喻道論：

周孔即佛，佛即周孔，蓋外内名之耳。故在皇爲皇，在王爲王。佛者梵語，晉訓覺也，覺之爲義，悟佛之謂，猶孟軻以聖人爲先覺，其旨一也。應世軌物，蓋亦隨時，周孔救極弊，佛教明其本

〔二〕晉書卷四九阮籍附瞻傳云：「舉止灼然（按此止字衍，灼然是一種舉士之名，見本書九品中正制度試釋篇），見司徒王戎，戎問曰：『聖人貴名教，老、莊明自然，其旨同異？』瞻曰：『將無同。』戎咨嗟良久，即命辟之。」

耳。共爲首尾，其致不殊。

孫綽的説法完全是玄學家對於儒道二家的見解，與李充學箴「聖教救其末，老莊明其本」一樣，僅僅是老莊換上一個佛而已。弘明集卷一無名氏正誣論云：「佛與周孔但共明忠孝信順，從之者吉，背之者凶。」也是同樣的意思。甚至對佛教較有研究的宗炳在明佛論中也説：「是以孔、老、如來雖三訓殊路，而習善共轍也。」這種説法都是脱胎於名教自然相合之説，却不能説是佛教教義，因此如釋道安二教論便反對周孔即佛之説，認爲佛之言覺不等於孟子之先覺，但盡管以後佛教徒不肯承認儒佛相等，除梁武帝以外沒有人逕斥周孔爲邪道。

這一類簡單的牽合自然不大説得通，因此佛教教義與名教的關係是存在着問題的，我們現在僅提出三件公案來加以觀察。

第一是沙門不敬王者問題。弘明集卷一二桓玄難王中令云：

又云：「君臣之敬，禮盡名教，今沙門既不臣王侯，故敬與之廢。」何爲其然！夫敬之爲理，上紙言之詳矣。君臣之敬皆是自然之所生，理篤於情，本豈是名教之事邪！

桓玄認爲君臣之敬本之自然，非名教之事，實際上仍是以名教即自然之説來駁王謐。此時儒道在名教上的不同觀點已被統一，但是佛教與儒術如何協調就較爲困難，在現實的俗世王者與佛教徒的統屬關係上就表示了佛法與名教的矛盾，因爲儒家之説一向認爲「普天之下莫非王土，率土之濱莫非王臣」，而佛教却是把佛教寺院及僧人説成超出於俗世政權的統治以外。弘明集卷五慧遠沙門不敬王者論在家一云：

在家奉法則是順化之民，情未變俗，跡同方內，故有天屬之愛，奉主之禮。禮敎有本，遂因之而成敎，本其所因，則功由在昔；是故因親以敎愛，使民知其有自然之恩；因嚴以敎敬，使民知有自然之重……故不可受其德而遺其禮，沾其惠而廢其敬。是故悅釋迦之風者，輒先奉親而敬君；變俗投簪者必待命而順動……乃佛敎之所以重資生，助王化於治道者也。

慧遠承認就在家而言，名敎本於自然，而且佛敎還是有助於名敎。如果出了家，則既已「不存身而息患，不順化而求宗」，自與俗世的敎化生養無關，因此就不與「順化之民，尸祿之賢」同其孝敬（均見上引論）。慧遠並不排斥名敎，但方外、方內之别他却是堅持的，他認爲名敎只能行於方內，不能拘束方外。在同一篇中體極不兼應四云：

常以爲道法之與名敎，如來之與堯孔，發致雖殊，潛相影響，出處誠異，終期則同，詳而辯之，指歸可見。理或有先合而後乖，有先乖而後合；先合而後乖者諸佛如來則其人也；先乖而後合者歷代君王未體極之主，斯其流也。何以明之？經云：佛有自然神妙之法，化物以權廣，隨所入或爲靈仙轉輪聖帝，或爲卿相國師道士，若此之倫，在所變現，諸王君子，莫知爲誰；此所謂合而後乖者也。或有始創大業而功化未就，跡有參差，故所受不同，或期功於身後，或顯應於當年，聖王則之而成敎者亦不可稱算；雖抑引無方必歸塗有會，此所謂乖而後合者也。若令乖而後合，則擬步通塗者必不自崖於一揆；若令先合而後乖則釋迦之與堯孔，發致不殊，斷可知矣。是故自乖而求其合，則知理會之必同，自合而求其乖，則悟體極之多方，但見形者之所不兼，故惑衆塗而駭其異耳。

同書卷一二釋慧遠答桓太尉（玄）書大致與上引論略同。總之慧遠之意在於分別在家與出家兩個世界，堯孔之教爲入世之至道，佛教本來就不反對，而且還肯定與佛教「發致不殊」，「歸塗有會」。堯孔與釋迦在兩個世界中各體其極，但二者不能兼應，所以在家與出家不同。我們看這樣區別内外，在玄學初期也有這個問題，世說新語任誕篇：

阮步兵喪母，裴令公往弔之。阮方醉，散髮坐牀，箕踞不哭。裴至，下席於地，哭弔，喭畢便去。或問裴：「凡弔，主人哭，客乃爲禮，阮既不哭，君何爲哭？」裴曰：「阮方外之人，故不崇禮，我輩俗中人，故以儀軌自居。」時人歎爲兩得其中。

這也是以方内、方外區别對於禮法的態度，此時名教與自然合一之説尚未有一致的認識，所以各從所執，時人還以爲兩得其中。東晉之後玄學中的方外之士已不被肯定，於是區别内外移轉於佛教與儒術之分；慧遠以在家與出家之不同説明禮法不能拘束僧人，豈非即是裴楷所云之方外與俗中，只是在東晉之末這個問題只存在於佛教中而已。

慧遠之説否定佛教和名教可以合一，但是他肯定可以並行，而且「潛相影響」，佛教還有助於名教。弘明集卷一一何尚之答宋文帝讚揚佛教事：

帝……謂侍中何尚之曰：「吾少不讀經，比復無暇，三世因果，未辨致懷……若使率土之濱，不可，適道固自教源，濟俗亦爲要務。世主若能翦其訛僞，獎其驗實，與皇之政，並行四海，幽顯協力，共敦黎庶，何成、康、文、景獨可奇哉！使周漢之初復兼此化，頌作刑清，倍當速耳！』竊謂此說有契理奧，何者？百家之鄉，十人持五戒，則十人淳謹矣；千室之邑，百人修十善，則百人和厚矣。傳此風訓，以遍寓内，編户千萬則仁人百萬矣……夫能行一善，則去一惡，一惡既去，則息一刑，一刑息於家，則萬刑息於國，四百之獄，何足難錯，雅頌之興，理宜倍速，即陛下所謂坐致太平者也……」

這裏說明了統治者容許並且鼓勵佛教發展，主要的乃是由於深切認識了佛教有扶持名教的作用。稍後宋明帝恢復佛寺詔也說「妙訓淵謨，有符名教」，〔二〕佛教於名教雖然分處兩個世界，但却取得了合作的關係。

上文所引釋慧遠的沙門不敬王者論說順化不求宗，體極不兼應，彷彿佛教只求解脱，不及濟俗，將名教隔離了，但上引何尚之轉述慧遠的話，他却從另一方面申述佛教也是濟俗的要務。這個要務是什麽呢？便是助成統治者安安穩穩的坐享太平，也即是安安穩穩的剝削人民。

慧遠一方面竭力把佛教與俗世政權隔開，僅僅是爲了不讓帝皇及俗世貴族駕於寺院之上，他所

〔一〕宋書卷九七夷蠻傳。

堅持的沙門不敬王者作爲寺院獨立的一個象徵，而寺院獨立正與當時寺院經濟的發展相關。可是他另一方面又竭力把佛教與俗世政權相聯繫，藉以取得人王的護法。因此他不但弘宣佛教，而且還常講禮經，著名禮學專家雷次宗的義疏據説就是慧遠所授。〔一〕當時高僧頗有兼講儒經的；如釋曇濟在虎邱寺講禮、易、春秋各七遍，釋僧旻從僧迴受五經，據説他立義多儒，釋智琳禮、易、老、莊悉窮幽致；〔二〕這裏我只是隨便舉幾個例，如果詳細檢查，這類例子是很多的。這種兼修内外之業正與儒玄兼綜之風相同，亦如慧遠所云濟俗與適道不但不衝突，而且必須並行。

在沙門不敬王者這個問題上表示名教與佛教的矛盾，但同時却也表示二者在統治人民這一點上有取得合作的可能與必要。

第二件公案是顧歡夷夏論。這篇夷夏論是從儒家夷夏之别出發來排斥佛教的。南齊書卷五四高逸顧歡傳説他「晚節服食……事黄老道，解陰陽書」，所以弘明集、佛道論衡都稱之爲顧道士。他的論文首云：「國師、道士無過老莊，儒林之宗孰出周孔，若孔老非佛，誰則當之。」又説：「道則佛也，佛則道也。」彷佛並不鄙視佛。但他却是「雖同二法，而意黨道教」，他的攻佛却並非完全是道教的觀點，至少一部分是用周孔名教爲武器的。他説：「下棄妻孥，上廢宗祀，嗜欲之物皆以禮伸，孝敬之典獨以法屈，悖禮犯順，曾莫之覺。」這就是説佛教不娶，不祭祖宗，不敬君親，有違名教。而反駁顧歡者

〔一〕續高僧傳卷六慧遠傳。
〔二〕俱見續高僧傳本傳。

有些倒是用道家之説來替佛教辯護，如謝鎮之與顧道士書，認爲「俗禮者出乎忠信之薄，非道之淳」，而墮冠削髮則是「爲道者日損，豈夷俗之所制」；〔一〕又如釋慧通駁顧道士夷夏論云：「故禮者忠信之薄取亂之首也，既失無爲而尚有爲，寧足加哉……老氏謂五色令人目盲，多藏必之後失，故迺翦髮玄服，捐財去世，讓之至也。」〔二〕顧歡雖欲崇道抑佛，但就這一點來説却是儒家名教與道家自然之爭，顧歡將周孔之道拉到自己這一邊，於是反對顧歡者把老莊抬了出來。

第三件公案是范縝神滅論。這是篇振撼一時的大文章，關於其全篇的涵義在這裏無須多説，總之，其具有唯物論傾向是顯著的。在這裏我只引一段關於道家的話，神滅論云：

若知陶甄稟於自然，森羅均於獨化，忽焉自有，怳爾而無；來也不御，去也不追。乘夫天理，各安其性；小人甘其壟畝，君子安其恬素。畊而食，食不可窮也；蠶而衣，衣不可盡也。下有餘以奉其上，上無爲以待其下；可以全生，可以養親；可以爲己，可以爲人；可以匡國，可以霸君；用此道也。

這幾句話大都採取郭象莊子注崇有獨化之意，所謂獨化即是無待而自生自化。莊子大宗師死生命焉條注云：「故知死生者命之極，非妄然也，若夜日耳，奚所繫哉。」又彼特以天爲父條注云：「卓爾，獨化之謂也，夫相因之功莫若獨化之至也，故人之所因者天也，天之所生者獨化也……況乎卓爾獨化至於

〔一〕弘明集卷六。

〔二〕弘明集卷七。按南齊書卷五四顧歡傳云此論爲袁粲託名通公。

玄冥之竟，又安得而不任之哉。既任之，則死生變化唯命之從也。」獨化在於無待，所謂「忽焉自有，恍爾而無」，亦即所謂「塊然自生」，「死生唯命之從」，如此則安有因果報應，安有所謂不滅之神，更用不着修行。梁書卷四八儒林范縝傳：「（蕭）子良問曰：『君不信因果，世間何得有富貴，何得有貧賤？』縝答曰：『人之生譬如一樹花，同發一枝，俱開一蔕，隨風而墮，自有拂簾幌，墜於茵席之上；自有關籬牆，落於溷糞之側。墜茵席者殿下是也，落糞溷者下官是也。貴賤雖復殊途，因果竟在何處。』子良不能屈。」這裏范縝所説是傾向於偶然的，而這也正是莊子注中的傾向，至於「乘夫天理，各安其性」，就可以全生、養親等等，更是道家之説。

我當然不想把范縝的神滅論完全歸之於道家，但某些觀點是出於道家，特别是出於郭象的莊子注。然而他能够從道家學説中採取其素樸的唯物觀點來反對佛教，這是完全肯定的。

而攻擊神滅論者最有力的武器却不是佛教的妙諦而是周孔名教，抬出顧歡所云宗祀之典來證明神之不滅。弘明集卷一〇梁武帝勅答臣下神滅論云：

觀三聖設教皆云不滅，其文浩博，難可具載。止舉二事，試以爲言。祭義云：「惟孝子爲能饗親」，禮運云：「三日齋，必見所祭。」若謂饗非所饗，見非所見，違經背親，言語可息。神滅之論，朕所未詳。

當時范縝之論始出，佛教信徒如曹思文的辯難也是提出儒家經典中郊祀配天之制來證明神不滅，而自梁武之論發表後，大家紛紛附和，歌頌皇帝儒釋兼弘。弘明集同卷馬元和答勅旨稱：「神滅之爲論，妨政實多，非聖人者無法，非孝悌者無親，二者俱違，難以行於聖世矣。」可見一斑。這一件公案是用政治上的壓力制服的，也是用周孔之道來支持神不滅的。這裏儒佛之爭恰恰與顧歡夷夏論問題相反，名教拉到佛教那邊去了，從這一個角度來看仍是名教與自然之爭。

如上所述，我們看到儒道之間的自然與名教之爭，從佛教流行之後又作爲佛教徒與反佛者之間的爭端之一，所以如此也是有關於現實的經濟與政治問題。這一點只要看當時勞動人口轉入寺院之多就可知道，〔一〕現在不能詳述。凡是攻擊佛教的立論大抵都持名教本於自然或二者合一之說，范縝的神滅論雖在神滅問題上所持之觀點有傑出的主張，而大體上還承用名教與自然合一之說。在佛教徒這一方面也常常要將周孔之道扯過來，慧遠的說法可見一斑。梁武帝之說是極粗略的，但顯而易見是企圖以周孔之道來支持佛教輪迴生死之說。由此可見儒家名教是適合於封建統治者利益的，在封建社會經濟結構的基礎上，無論那一種新興的理論最後必須要與之調和或配合。佛教流傳中國之後，在宗教信仰上固然有了變化，但就實際作用來說却只是爲名教羽翼，以爲現實政治服務。不單是佛教如此，歷代常常有人提倡三教同源，不論怎樣說法，總之是必須肯定儒家名教，至少在現實問題的處理上如此。肯定了這一點，什麽宗教都可以在中國傳播，而且也都受統治者的歡迎。

〔一〕南史卷七〇循吏郭祖深傳言：「都下佛寺五百餘所，窮極宏麗，僧尼十餘萬，資産豐沃，所在郡縣不可勝言。道人又有白徒，尼則皆畜養女，皆不貫人籍，天下户口幾亡其半。」此雖是梁代突出的情況，但南北朝一般的都有人口流入寺院的問題。又參看梁書卷七王皇后傳所載梁武帝奪王騫田以施大愛敬寺之事，可見靈俗地主之矛盾。

七　後論

如上所述，從漢末開始，由於黃巾起義，統治階級中的一部分士人感覺到階級利益的動搖，因而對於東漢所行的名教之治發生懷疑，於是開始分析與批判名教，並企圖重新建立一種新的統治理論。這種新理論又是反映新興統治者對東漢舊士族的鬥争，二者的不同觀點便是「尚名」與「崇實」；新興的理論發展爲名理之學與新政權的名法之治相配合。

由於現實政治的變化，理論本身隨之變化，便從「正名」與「循名責實」發展爲「無名」。在這時期新學派有了分歧：一部分調和「有」「無」，亦即調和名教與自然，這是依附司馬氏政權或是與之妥協的正統玄學家；另一部分從貴無賤有出發，進而破壞司馬氏政權所提倡的被認爲虛僞的名教，這是反抗司馬氏政權或是消極不合作的别派玄學家。正統玄學家爲了排除别派玄學家在封建秩序上所起的破壞作用，與唤醒統治階級自己的積極性，發揮了崇有的理論。到了此時名教與自然的矛盾在適合於統治階級需要的理論上圓滿解決了。

這一套理論是從東漢末年士族的削弱與消沉到門閥制度的形成與發展的長期過程中形成與發展起來的。正統玄學家主張以孝道禮法維繫家族組織，這樣就必須維持名教；同時主張以無爲之治放任家族的擴張（自晉以來就有人不以那時的大臣不理政事爲然，其實這就是取得各大族協調的無爲之治）。名教與自然既已統一，所有封建秩序被認爲出於自然而無可反抗，這樣就可以教訓人民各安本分，自得其樂。

這個問題東晉時期只剩了尾聲，一般名士都禮玄雙脩，表示名教與自然之統一。但自佛教勢力漸盛，由於靈俗地主之間的矛盾，這個問題重又引起争論，然而其結論是佛教有助於名教，可以並行不悖。

東漢末年的新思潮通過長期發展過程，使名教一合於老莊的自然，再合於佛教的濟俗之務，不但沒有破壞，其理論基礎更擴大了。這個思潮的發展並未立時結束，調和三教而以名教爲骨幹的思想到了宋代理學才完全形成其系統。因此我們找尋宋代理學的淵源應該從魏、晉玄學開始。

（一九五三年十二月，於武昌珞珈山）

附識：本篇是由舊稿修改的，所云名教與自然關係大體本之陳寅恪先生之説（陶淵明之思想與清談之關係），由於我的哲學修養很差，所論一定有不少錯誤，或者對寅恪先生之説亦有誤解，希望同志們指正。

讀抱朴子推論南北學風的異同

一　抱朴子譏惑篇中所論四事

抱朴子外篇卷二六譏惑篇云：

上國衆事所以勝江表者多，然亦有可否者。君子行禮，不求變俗，謂違本邦之他國，不改其桑梓之法也；况其在於父母之鄉，亦何爲當事棄舊而强更學乎？吴之善書則有皇象、劉纂、岑伯然、朱季平，皆一代之絶手，如中州有鍾元常、胡孔明、張芝、索靖，各一邦之妙，並用古體，俱足周事。余謂廢已習之法，更勤苦以學中國之書，尚可不須也；况於乃有轉易其聲音以效北語，既不能便良似，可恥可笑，所謂不得邯鄲之步，而有匍匐之嗤者。此猶其小者耳，乃有遭喪者而學中國哭者，令忽然無復念之情。昔鍾儀、莊舄不忘本聲，古人韙之。孔子云：「喪親者若嬰兒之失母。」其號豈常聲之有！寧令哀有餘而禮不足，哭以泄哀，妍拙何在，而乃治飾其音，非痛切之謂也。又聞貴人在大哀，或有疾病服石散，以數食宣藥勢，以飲酒爲性命；疾患危篤，不堪風冷，幃帳茵褥，任其所安。於是凡瑣小人之有財力者，了不復居於喪位，常在別房，高牀重褥，美食大飲，或與密客引滿投空，至於沈醉，曰：「此京洛之法也。」不亦惜哉！余之鄉里先德君子，其居重難，或並在衰老，於禮唯應縗麻在身，不成喪致毀者，皆過哀啜粥，口不經甘，時人雖不肖者莫不企及自勉，而今人乃自取如此，何其相去之遼緬乎！

關於葛洪，我們在第三節中將更詳細地談到，這裏只就本篇所説討論。

葛洪是吳人，當吳國滅亡與晉室東遷之後，親見江南人慕效洛陽風氣，他是個比較保守的人，對於舊俗的廢棄很不滿意，所以加以譏刺。他所提出的例證有四：一是書法，二是語言，三是哀哭，四是居喪，我們現在稍加解釋。

葛洪把吳之善書者與中國之書分列，二者之間一定有所不同。諸家手跡現在業已不能見到，有一些保留在宋代閣帖中的刻本，真僞既難鑒定，而又傳拓失真。葛洪所舉吳國書家四人，止有皇象還見於記載，其餘三人不但筆跡失傳，連最簡單的事跡也不能知道。法書要録卷一宋王愔文字志下卷有一個岑泉，卷二庾肩吾書品論下之中有一個岑淵，應是一人，他本名淵，避唐諱作泉，這個人可能即葛洪所舉之岑伯然。三國吳志卷一二虞翻傳注引會稽典録云：「孫亮時有山陰朱育，少好奇字……造作異字，千名以上。」文字志下卷亦載朱育，也許即是葛洪所舉之朱季平。劉纂、岑伯然、朱季平自唐以後論書藝者如張懷瓘、竇泉等已没有著録，筆跡必久已失傳。既然如此，現在要比較中原書法和江南的不同是有困難的。如果就傳世碑刻而論，吳之天發神讖、禪國山、谷朗三碑與曹魏諸碑確有區別，但是否這種書法僅在南方流行還是不能斷定。我們現在所能知道的只是江南書法與北方是不同的。法書要録卷一載王僧虔論書：

陸機書，吴士書也，無以較其多少。

説明「吴士」的書法和中原鍾胡以至二王的書法太不同了，因此也無法比較其優劣。他特别提出「吴士」，就是説此一類型是普遍流行於江南的。例如法書要録載竇臮述書賦上云：

吴則廣陵休明（即皇象）樸質古情，難以窮真，非可學成，似龍蠖蟄啓，伸盤復行。（以上皇象）賀氏興伯，同時共體，瘠而不踈，逸而寘禮，等殊皇賀，品類兄弟。（以上賀邵）

賀邵並非著名書家，但其書體却和皇象類似，可見江南書藝之風尚。這一類的書體大概是較古。北方書法之南流改變了吴人「樸質古情」的形制，我的推測主要是在於行書的推廣。晉書卷三六衛瓘傳載衛恒四體書勢：

魏初有鍾胡二家爲行書法，俱學之於劉德昇而鍾氏小異，然亦各有巧，今大行於世云。

衛恒所謂四體乃是古文、篆書、隸書、草書。行書、八分、楷書都屬於隸書範圍。衛恒於每一書體中都列舉若干精於此一體的書家，鍾繇、胡昭只見於隸體項下，而且特别説明其「爲行書法，今大行於世」。可見西晉書家之推重鍾胡只在於他們的爲行書立法，而大行於世的鍾胡體實即此行書法。固然法書要録卷一王僧虔論書云：「鍾公之書，謂之盡妙。鍾有三體：一曰銘石書，最妙者也；二曰章程書，世傳秘書教小學者也；三曰行押書，行書是也（亦作相聞書）；三法皆世人所善。」似乎鍾繇最擅長的是銘石書。按當時碑銘都用篆隸（狹義之隸），漢末以隸著稱的是師宜官和梁鵠。衛恒四體書勢云：「鵠弟子毛弘教於祕書，今八分皆弘法也。」王僧虔自己也這樣説，可知在魏時鍾繇不以八分（隸）著

稱，也就不能以銘石書爲最妙。〔一〕

行書是一種較新的書體。僧虔論書又云：〔二〕「劉德昇善爲行書，不詳何許人，潁川鍾繇魏太尉，同郡胡昭公車徵，二子俱學於德昇，而胡書肥，鍾書瘦。」同書卷七張懷瓘書斷云：「案行書者後漢潁川劉德昇所作也，即正書之小僞，務從簡易，相間流行，故謂之行書。王愔云：『晉世以來工書者多以行書著名，昔鍾元常善行押書是也。』……劉德昇即行書之祖也。」自晉以來，論書法者一說到行書就必以鍾胡並論，鍾胡同學於劉德昇則衛恒已如此說。劉德昇的事跡我們也不知道，張懷瓘以之爲潁川人，恐怕因鍾胡籍貫而推測，王僧虔爲南齊人已經不詳德昇爲何許人了。〔三〕至於以德昇始作行書，乃是由於鍾胡之前只知德昇善行書，再往上推就不知道了。我們知道書體創造決非一兩個人所能，漢代木簡上我們已看到了行書，可見流傳於民間已久。但這種較新的書體在士大夫間本來沒有重視，大概到了劉德昇始加以提倡，到了鍾胡才形成風氣，流行於士大夫間，於是行押書提高了地位，與篆隸（八分）正書並列。行押書稱爲劉德昇所創造，或鍾胡立法，其實際意義乃是民間樸質的藝術開

〔一〕法書要錄卷二陶弘景與梁武帝書有云：「世論咸云江東無復鍾跡，常以歎息。皆曰貯望中原廓清，太邱之碑，可就摹採。」則鍾之銘石書在梁代知道的僅有太邱碑，而南北分裂，南人並不能看到，王僧虔何從知其「最妙」。

〔二〕法書要錄以僧虔論書爲羊欣，恐有誤。

〔三〕書斷中妙品行書十六人第一個即是劉德昇，云：「字君嗣，潁川人，桓靈之時以造行書著名，雖已草創，亦豐妍美，風流婉約，獨步當時。」所述或有所本，但恐不可信，鍾書南朝已皆是摹本，張懷瓘更何從見劉德昇之書。

始爲文人所接受和加工，於是形成了一種最能表現藝術之美的新書體。〔一〕

據王愔的説法，晉以來工於書法者皆以行書著稱，而行書是一種新興的字體，晉初除掉鍾胡無可取法。晉書卷三九荀勗傳：「俄領祕書監……又立書博士，置弟子教習，以鍾胡爲法。」照衛恒所説祕書監所教習的書法有毛弘的八分書；王僧虔認爲祕書所教又有章程書，即出於鍾繇；章程書既非八分，亦非行押，大概是指正書（即今所云楷書）；我想秘書所授必備四體，荀勗傳所云「以鍾胡爲法」，雖也可能包括章程書，主要恐怕是指行押書。荀勗是鍾氏外甥，也是潁川人，所以要尊重新書體，而且事實上新書體也是較進步而合用。

行書一體既然在漢末始在潁川受到提倡，曹魏時才流行於中原士大夫間，江南民間雖或流行，而號稱書家的士大夫則尚未接受。吴人善書如皇象，照王僧虔論書，説他「能草，世稱沈著痛快」，又張懷瓘書斷引歐陽詢語云：「張芝草聖，皇象八絶，並是章草。」三國吴志卷八張紘傳注引吴書説紘「善楷篆書」。僧虔論書又稱吴人張弘特善飛白。吴國書家没有以行書著稱的人，可知這是滅吴之後才傳入江南的新書體。以後王羲之、獻之父子書名最盛，晉以後又多學二王，特别是學獻之，但羲之也學鍾書，所以也可以説自晉之後行書之法悉出鍾繇。胡昭從東晉後名望漸減，大概由於羲之學鍾不學胡之故。葛洪所稱吴人所學的中原書法雖非專指行押，但主要應即此江南所未有的新書體。

〔一〕行押書亦稱爲史書，三國魏志卷一一管寧附胡昭傳稱昭善史書。史書之意恐是指令史之書。因爲行書簡便，適合於令史所用之故。

東晉之後，新書體的發展掩蓋一切，篆與八分固然過了時，正書也不足與行書相比，而此時書藝重心也從洛陽移到了建康。

在這裏我附帶的説明晉室東渡帶着中原新興文化一起遷移，書藝是其中之一，但這決不是説北方就此絕跡。魏書卷二四崔玄伯傳：

尤善草隸行押之書，爲世摹楷。玄伯祖悦與范陽盧諶並以博藝著名。諶法鍾繇，悦法衛瓘而俱習索靖之草，皆盡其妙。諶傳子偃，偃傳子邈，悦傳子潛，潛傳玄伯，世不替業，故魏初重崔、盧之書。又玄伯之行押特盡精巧，而不見遺跡。

可見北魏書藝同樣的取法鍾繇。衛瓘書法不知如何，晉書卷三六衛瓘傳稱瓘「與敦煌索靖俱善草書」，似以草書見長，但崔悦之草却又學索靖，那末所云法衛瓘者不知是那一種。衛恒爲瓘之子，他所著的四體書勢明説鍾胡爲行書法，衛瓘即使亦善行押，想仍不脱鍾胡之法，因此崔玄伯之行押書直接、間接可信仍出於鍾胡。我們現在已不能見到北朝的尺牘箋奏之類的遺跡，假使有之，應與南朝不甚相遠，其差別只是南方有二王對於新書體的發展，東晉之後便師法二王，與鍾胡隔了一層而已。

葛洪所舉的第二件事是「語言」。關於這個問題，陳寅恪先生有東晉南朝之吴語一文，闡發已明，〔一〕周一良先生的南朝境内之各種人及政府對待之政策一文中亦有解釋，〔二〕這裏我不再贅述。陳

〔一〕前中央研究院歷史語言研究所集刊，第七本，第一分。
〔二〕前中央研究院歷史語言研究所集刊，第七本，第四分。

周二先生的結論完全可以證明葛洪之説，即是江南士族普遍學習洛陽話。宋書卷八一顧琛傳稱：「先時宋世江東貴達者會稽孔季恭，恭子靈符，吴興邱淵之及琛吴音不變。」陳先生根據這一條證明「其餘士人，雖本吴人，亦不操吴音，斷可知矣」。周先生的結論是：

蓋揚州之僑人不自覺中受吴人薰染，於中原與吴人語言以外漸形成一種混合之語音。同時揚州土著士大夫求與僑人沆瀣一氣，競棄吴語而效僑人之中原語音。然未必能得其似。中原語音反因吴人之模擬施用，益糅入南方成分。此種特殊語音，視揚州閭里小人之純粹吴語固異，視百年未變之楚言（此指北方語言）亦自不同。

其實吴士學習洛陽語，早在東渡之前。陸士龍集有與兄平原（陸機）書，提出「音楚」的問題，還説他作文時，「會結使説音」。楚與雅相對，「音楚」即音韻不正，這裏當指吴音。「結使」當爲給使之訛，即伺候官吏的使役，作文要使役説音，當因其爲洛陽人。這封信説明二陸入洛後，爲了免於「音楚」的譏評，已有學洛陽語音之事。但是吴士雖然學説洛陽語，終究帶着吴音。顔氏家訓音辭篇便説「南染吴越，北雜夷虜，皆有深弊，不可具論」。顔之推所説「南染吴越」的音辭，包括南渡僑姓與吴士。葛洪所謂「既不能便良似，可耻可笑」的語言就是這種吴人口中的北語，隔了多少年之後，連僑人也受到同化，一樣的説那種不南不北的吴化洛陽語了。簡單地説，這種吴化洛陽語相當於藍青官話，因爲是官話，所以只行於士族間。

吴語在音韻上的問題，我將另外討論，不再涉及。

葛洪所舉的第三件事是「哀哭」，這是無關重要的瑣事，現在也稍加説明，以證南北風俗的轉移。照葛洪所説這種南人所學的北方哭法乃是「治飾其音」的，也就是説有「妍」「拙」區別的，有「常聲」的哭聲。我們現在只能證明南北哭聲之不同，究竟怎樣哭法是難以知道的。藝文類聚卷八五引笑林：

有人弔喪……因齎大豆一斛相與。孝子哭喚「奈何」，以為問豆，答曰：「可作飯。」孝子哭，復喚「窮己」，曰：「適得便窮，自當更送一斛。」

笑林大概是晉人所作，隋書經籍志有笑林三卷，題邯鄲淳著。今考類聚所引有吴張温使蜀事，邯鄲淳當不及知。類書所引笑林多南人或吴人到京師，由於風俗語言不同而鬧笑話的故事，顯然是吴亡之後的著作；例如吴人食酪的笑話亦見於笑林，世説新語和晉書都以爲即陸玩事，此種由於南北習慣不同而發生的笑話不一定坐實陸玩，但一定是滅吴以後吴人大量入洛以後事。因此我們相信此書當爲晉滅吴後北人所寫。這一條所述孝子喚奈何、喚窮疑爲洛陽及其附近的哭法。晉書卷四九阮籍傳稱他在母死之後「直言窮矣，舉聲一號，因又吐血數斗」，大概父母之喪，孝子循例要喚「窮」。這一條笑林未指明南人，但不懂得這個通例的可能是指南人，因爲笑林是慣於嘲笑南人的。

南北朝時南北哭法不同亦見記載。顔氏家訓風操篇云：

江南喪哭時有哀訴之言耳。山東重喪則唯呼「蒼天」，期功以下則唯呼「痛深」，便是號而不哭。

江南哭法時有哀訴之言，可能有聲調節奏，就是葛洪所云「治飾其音」的哭法，現在蘇州一帶的婦女哭法還是一種有聲調節奏的哀訴之言。顏之推説山東（此當指鄴都及其附近）號而不哭，蓋即言其無聲調。「治飾其音」的哭聲出於洛陽，而爲吴人所倣效，顏之推已經不知其來源，而此時北方反而没有這種哭法，所以逕認爲江南之俗。酉陽雜俎前集卷一三尸窔類述北朝喪儀云：

哭聲欲似南朝傳哭，挽歌無破聲，亦小異於京師焉。

這一段乃是南朝人所紀北魏的風俗，所稱京師是指建康。在葛洪的時代是吴人學習北人的哭法，但此時北魏却效學南朝一種傳哭，這大概是比較特殊的哭法。這裏説明南北哭法不同，但南北朝後期的建康哭法可能倒是出於洛陽而非南方土法。

葛洪所舉第四件事是「居喪」。吴國風俗居喪哀毁過於北方，宋書卷三〇五行志：

故吴之風俗相驅以急，言論彈射以刻薄相尚。居三年之喪者往往有致毁以死。諸葛（恪）患之，作正交論，雖不可以經訓整亂，蓋亦救時之作也。

和葛洪所説江南舊俗相符合。這種喪過於哀的舊俗，從晉室東遷之後帶來了京洛名士放誕之風，於是遭到破壞。正確地説，如葛洪所指責的「居喪不居喪位」及「美食大飲」等也不是北方舊俗，而只是魏晉以來放誕名士的行爲，但南渡僑人很多就是染有這種放誕之風的名士或貴族子弟，因此逕以爲京洛之風如此。關於這種蔑棄禮法之事在世説新語及晉書中所載阮籍、阮咸、王戎等事爲人所共知，可以不再引證。

葛洪對於貴人的不遵喪禮，由於服散之故而加以原諒。醫心方卷一九引皇甫謐說，服散有十忌，第二忌愁憂，第三忌哭泣，第五忌忍飢；諸病源流引皇甫謐說服散須要常飲酒，令體中醺醺不絕，當飲醇酒，勿飲薄白酒；又說服散有六反、七急、八不可、三無疑，云：「當食勿忍飢二急也，酒必醇清令溫三急也……食不厭多七急也。」而以「飲食畏多」爲八不可之一。所以服散者雖居喪也不能不美食大飲。法書要錄卷一〇王羲之書有云：

民以傾情事不可不勤，思自補節，勤以食噉爲意，乃勝前者，而氣力所堪不如。自喪初不哭，不能不有時惻愴，然便非所堪。

王羲之也是服散的人，他的「勤以食噉爲意」，「喪初不哭」即是怕犯禁忌之故。五石散雖是古方，其盛行則在魏末。世說新語言語篇何平叔條注引秦丞相（相應作祖）五石散論云：「寒食散之方雖出漢代而用之者寡，靡有傳焉。魏尚書何晏首獲神效，由此大行於世，服者相尋也。」服散既出何晏提倡，吳亡之前在江南大概不會盛行。但吳亡之後，此風亦即傳入。晉書卷六八賀循傳說他爲了拒絕陳敏之命，「又服寒食散，露髮袒身示不可用」，可爲南人效法京洛貴人服散之證。〔二〕葛洪不反對服散，却責備那些不服喪的凡瑣小人居喪無禮，大概由於他自己也是服散的人。

葛洪所舉四事，前三事都在建康或其附近地區形成風俗，只有居喪無禮似乎並未普遍流行。東

〔二〕以上所說服散事，均出輔仁學報七卷一、二期合訂本余嘉錫先生寒食散考。

晉以後名士一般都禮玄雙修，對於居喪倒是十分拘忌的。

綜上所述雖有些只是瑣細之事，但整個説來却表示了吴亡之後，江南士人羨慕中原風尚的心理。一到晉室東遷，以洛陽爲中心的中原文化便移到了建康，改變了江南所固有的較保守的文化、風俗等等。因此我們可以説東晉以後所謂江南的風尚有一部分實際上乃是發源於洛陽而以僑人爲代表，並非江南所固有。

二　魏晉期間江南的學風

在討論這個問題之先，我們有必要説明魏、晉期間所謂南北的界限。世説新語文學篇：

褚季野語孫安國云：「北人學問淵綜廣博。」孫答曰：「南人學問清通簡要。」支道林聞之曰：「聖賢固所忘言，自中人以還，北人看書如顯處視月，南人學問如牖中窺日。」

從來引這一段來説明南北學風的都以爲褚裒、孫盛和支道林所説的南北就相當於以後南北朝的界限。我覺得在東晉時可能範圍有些出入。褚裒（季野）爲陽翟人，孫盛（安國）是太原人，所謂南北應指河南北。東遷僑人並不放棄原來籍貫，孫褚二人的對話只是河南北僑人彼此推重，與隋書儒林傳序所云：「南人約簡，得其精華；北學深蕪，窮其枝葉。」雖同是南北，而界限是不一致的。晉書卷六二祖逖附兄納傳：〔二〕

〔二〕又見梁元帝金樓子卷五。

時梅陶及鍾雅數説餘事，納輒困之。因曰：「君汝潁之士利如錐，我幽冀之士鈍如槌，持我鈍槌，捶君利錐，皆當摧矣。」陶、雅並稱：「有神錐，不可得槌。」納曰：「假有神錐，必有神槌。」雅無以對。

祖納爲范陽人，鍾雅爲潁川人，這又是河南北人的彼此詆毁，與褚孫的相互推重事雖不同，而同以河南北相對比則一。這種以河南北相對比的人物論大概始於東漢。三國期間盧毓冀州論：〔一〕

冀州，天下之上國也。尚書何平叔、鄧玄茂謂其土産無珍，人生質樸，上古以來，無應仁賢之例，異徐、雍、豫諸州也。

何晏的貶抑冀州也許意在貶抑河内之司馬氏。但盧毓爲涿郡人，何晏、鄧颺都是南陽人，盧毓爲漢代經學世家，何晏則新興之玄學創始人，這裏的徐豫與冀州也是河南北的對比，雍州只是作爲陪襯而已。

魏晉新學風的興起實在河南。王弼創通玄學，乃是山陽人，同時名士夏侯玄是譙郡人，阮籍是陳留人，嵇康是山陽人。潁川荀氏雖然還世傳經學，但荀氏的易學與王弼接近，而荀粲「獨好言道」，也屬於新學派開創人之一。創立行書法的鍾繇、胡昭均是潁川人，而鍾會也是精練名理。這些人都是河南人，大河以北我們很少看到這類人物。三國魏志卷二八鍾會傳注引何劭王弼傳云：「太原王濟

〔一〕見初學記卷八。

好談，病老莊，嘗云：見弼易注，所悟者多。」可見王濟本來不以老莊爲然，見了王弼注易才有所啓悟。注又引孫盛曰：

易之爲書，窮神知化，非天下之至精，其孰能與於此，世之注解殆皆妄也。況（王）弼以傅會之辨而欲籠統玄旨者乎？故其叙浮義則麗辭溢目，造陰陽則妙賾無閒；至於六爻變化，羣象所效，日時歲月，五氣相推，弼皆擯落，多所不關，雖有可觀者焉，恐將泥夫大道。

按王弼注易的特點正在於擺脱漢人的象數，然而孫盛却因此而表示不滿，可見他是尊崇漢儒舊説的。孫盛的年輩較後，但魏晉之學多仍家門傳習之舊，孫氏自孫楚以降大概即持此説。又魏志卷一六杜畿傳注引魏略稱「至今河東特多儒者」。考魚豢寫魏略應在魏末，〔一〕當時玄學業已流行，而河東獨崇儒學，也可説明河南北學風之不同。魏時著稱的易學家還有個管輅，其學完全以陰陽五行之説結合卜筮，魏志卷二九本傳云鄧颺稱管輅之言爲「老生之常談」，就因其不脱漢儒象數之術。管輅是平原人，屬於何晏、鄧颺所譏的冀州。如上所述，可證河南北學風不同，而河北是比較保守的。當然這裏所説的界限並非毫無出入，而只是一般的説法。〔二〕

綜合上面所説，褚裒所謂「北人學問淵綜廣博」乃指大河以北流行的漢儒經説傳注；孫盛所謂「南人學問清通簡要」乃指大河以南流行的玄學。就是經學中鄭玄、王肅的差異也由於鄭較近於漢儒

〔一〕史通正史篇稱：「先是魏時京兆魚豢私撰魏略，事止明帝。」則寫成必在明帝死後。

〔二〕例如魏時最有名的經學家應是孫炎，而炎爲樂陵人，却在大河南岸，又如山東區域由於鄭玄之故，其學亦與河北較接近。

家法，而王肅則年輕時曾從荆州學派的宋忠讀太玄，多少受新經學影響。南齊書卷三九陸澄傳稱王肅易注「在玄（鄭玄）、弼（王弼）之間」，可見其易注雖承其父王朗之業，而一部分也出於荆州之學，和王弼同出一源，所以一方面承漢學之舊，而另一方面又與新學相合。王肅在師承上與新學接近，而且他是東海人，亦屬於此時的南方界限内。

魏晉期間所謂南人學問只能指以洛陽爲中心的河南；其時江南自荆州學派星散之後還是繼承漢儒傳統，全未受什麼影響，而與河北的經學傳注之學相近。

在孫吴時江南有幾種易注。其一是陸績的注京氏易傳。三國吴志卷一二陸績傳：

績容貌雄壯，博學多識，星曆算數，無不該覽……作渾天圖，注易，釋玄，皆傳於世。

陸績注已失傳，鹽邑志林收陸績易解一卷，乃明人姚士粦從李鼎祚集解和經典釋文中搜輯的。張惠言易義别錄云：「公紀（績字）注京氏易傳，則其易京氏學也……今觀公紀所述，凡納甲、六親、九族、四氣、刑德生剋（這些都是京氏易特有的東西）無一言及之。至言六爻發揮，旁通卦爻之變，有與孟氏易相出入者。京氏自言其學即孟氏易，公紀儻得之邪？」陸績是否專門京氏學，或是兼通孟氏，我對於經學所知甚淺，不敢妄談，只就現在所遺留的陸氏説法看來，他是專以象數説經的。因此後人也以他的易注與王弼易注對舉。太平御覽卷六〇八引顔延之庭誥云：

易首體備，能事之淵；馬（馬融）、陸（陸績）得其象數而失其成理；荀（荀爽）、王（王弼）舉其正宗而略其數象。

顔延之以荀王爲連類，想因二人同用費氏易及不重象數之故，其實二家仍有新舊之別。馬陸連類亦因同重象數；但馬融已由崇古文而趨於兼採今古，陸績之易却還守西京博士之遺緒，較之馬融更爲專門，也更爲保守，跟王弼的距離更不必說了。

他的釋太玄也抱同樣的態度，范望太玄注曾引他的述玄，他說：

章陵宋仲子（宋忠）爲作解詁……仲子之思慮誠爲深篤，然玄道廣遠，淹廢歷載，師讀斷絶，難可一備，故往往有違本錯誤……故遂卒有所述，就以仲子解爲本。其合於道者因仍其說，其失者因釋而正之。所以不復爲一解，欲令學者瞻覽彼此，論其學術，故合聯之耳。夫玄之大義，揲蓍之謂，而仲子失其指歸，休咎之占，靡所取定，雖得文間義說，大體乖矣。

陸績認爲太玄一書的大義在於卜筮休咎；他所以不滿意宋忠的解詁就在於不重視占卜而但得「文間義說」。可見宋忠的注易和太玄基本態度是在於掃除象數，而注意發揮理論，這正是新經學的道路，而陸績却是長於曆算，又習京氏易，其治經沿襲漢儒的舊法已不待論，所以他要把太玄的大義放在占卜這一點。

其二是虞翻的易注。虞翻和陸績同時，出於家傳孟氏易的世家。吴志卷一二虞翻傳注引别傳所載翻上易注奏云：

臣高祖父故零陵太守光少治孟氏易，曾祖父故平輿令成纘述其業，至臣祖父鳳爲之最密，臣先考故日南太守歆受本於鳳，最有舊書，世傳其業，至臣五世。前人通講多玩章句，雖有秘說，於經疏闊。臣生遇世亂，長於軍旅，習經於枹鼓之間，講論於戎馬之上，蒙先師之説，依經立注。

又有一奏云：

> 經之大者莫過於易，自漢初以來，海内英才，其讀易者解之率少。至孝靈之際，潁川荀諝號爲知易，臣得其注，有愈俗儒。至所説「西南得朋，東北喪朋」，顛倒反逆，了不可知……又南郡太守馬融名有俊才，其所解釋，復不及諝……若乃北海鄭玄、南陽宋忠雖各立注，忠小差玄，而皆未得其門，難以示世。

虞翻易學出於家門傳授。他對於漢代幾家易注都表示不滿，馬鄭都是今古雜採的通儒，宋忠是新易學的啓蒙者，都和虞氏專家之學不同，所以都受到「未得其門」的批評。他對於荀諝（即荀爽）注説了一句「有愈俗儒」，這只是因爲荀氏注的底本雖用費氏，却也兼用孟氏，和他的專業較近之故。陸績、虞翻行輩較前，他們都不能見到王弼注，然而此時荆州之學已行，宋忠的注易及太玄他們是見到的，可是未受影響。

第三種易注比較不出名。隋書經籍志載吴太常姚信易注十卷。經典釋文稱其人於孫皓寶鼎初爲太常。吴志卷一三陸遜傳云：「遜外生顧譚、顧承、姚信並以親附太子，枉見流徙。」他是陸氏外甥，其易學可能與陸績有關。張惠言易義别録輯姚氏易注序云：

> 其言乾坤致用，卦變旁通，九六上下則與虞氏之注若應規矩，元直（姚信字）豈仲翔（虞翻字）之徒歟？抑孟氏之傳在吴，元直亦得有舊聞否？

我們知道陸績雖注京氏易傳，而據張惠言之説，他的説法頗近孟氏，姚信之孟氏易或亦得之陸績。

孫吴時期同時出現了三種易注，可見易學之盛，而就三種易注看來江南所流行的乃是孟氏、京氏，都是今文説，這與時代學風相背馳，從這一點可以證明江南學風較爲保守。

孫吴時江南流行的學術還有「天體論」。吴志卷一二陸績傳稱績作渾天圖。開元占經卷一卷二都載陸績的渾天儀説，又卷六七載陸績的渾天圖。晉書卷一一天文志載葛洪駁王充論，中有引渾天儀注語。以上大概皆即陸績的渾天圖，他主張張衡之渾天而駁王充之蓋天。晉書天文志又稱：「至吴時中常侍廬江王蕃善數術，傳劉洪乾象曆，依其法（依陸績法）而制渾儀，立論考度」云云。〔一〕劉説「天體員如彈丸也，而陸績造渾象，其形如鳥卵」，認爲不對，且陸績自己説天形正圓，不免矛盾。劉氏意在糾正陸績，但主張渾天是一致的。王蕃，吴志卷二〇有傳云「博覽多聞，兼通術藝」，後爲孫皓所殺。陸凱上疏稱蕃「知天知物」，乃是孫吴有名的天文曆算學者。他雖是廬江人，但渡江已久，仍可認爲吴人。晉志又云：「吴太常姚信造昕天論」，結論是「天行寒依於渾，冬依於蓋」，他認爲天體南低北高，所以稱「昕天」。〔二〕又太平御覽卷二引晉陽秋云：「吴有葛衛字思真，改作渾天，使地居中，以機轉之，天轉而地止。」

就是入晉以後，江南人論天體者還有數家，據晉書天文志所載晉成帝時虞喜作安天論。喜稱其

〔一〕宋書卷二三天文志同。
〔二〕錢大昕十駕齋養新録卷五以爲「昕」與「軒」雙聲、假借，「昕天」即是「軒天」，因爲南低北高，其形似軒之故。

族祖河間相聳立穹天論。〔二〕吳志卷一二虞翻傳注引會稽典錄：「聳字世龍，翻第六子……在吳歷清官，入晉除河間相。」他立穹天論可能還在吳末。虞氏之論天體必亦與家學有關。此外葛洪主渾天而駁安天、蓋天亦見晉志及抱朴子。

如上所述，可知天體的討論盛於江南，晉宋二書的天文志所載各家自陸績起都是江南人。晉書卷八四魯勝傳稱「元康初遷建康令（康應作鄴），到官，著正天論」。魯勝是代郡人，上面我們已說過大河以北學風亦如江南之多遵漢人傳統。魯勝曾注墨辯，也是個名理學者，但他或者早先學過這一套天文曆算之學，到了江南，習聞天體論者之爭辯，因此也寫了這一篇。

我們知道漢代天體的討論是很流行的，自淮南子的天文訓開始以至劉向、揚雄、桓譚、張衡、馬融、王充、鄭玄這些著名學者都曾著論討論這個問題。可是一到三國却只流行於江南，中原幾等於絕響，這也是江南學風近於漢代之一證。

吳亡之後，京洛學風自當流入江南，然老莊之學在江南缺乏基礎，接受自較困難。劉敬叔異苑云：

陸機初入洛，次河南之偃師。時陰晦，望道左若有民居，見一年少，神姿端遠，置易投壺，與機言論，妙得玄微。機心服其能，無以酬抗，乃提緯古今，總驗名實，此年少不甚欣解。既曉便

〔二〕見太平御覽卷二引安天論，晉志即本虞喜說。

去，税駕逆旅，問逆旅嫗。嫗曰：「此東數十里無村落，止有山陽王氏冢爾。」機往視之……方知昨所遇者王弼也。〔二〕

此事亦見晉書卷五四陸雲傳，最後説「雲本無玄學，自此談老殊進」。我們當然不相信這種鬼話，傳説中逢見王弼鬼魂的是陸機或是陸雲更不必問。但是這個故事的産生却有其背景。二陸在入洛之前，在江南的學術環境中對於中原玄學必未深入研究，入洛先後，爲了適應京洛談玄之風可能加以學習，有人奇怪他們「本無玄學」，而居然也能對答一下，才生出這樣一個故事來。陸機入洛已在吴亡後十年，但江南尚無玄學，即二陸雖染習玄風，而現在傳世二陸著作均與玄談無關。五等論、辨亡論均過秦之類，正所謂「提緯古今，總驗名實」之作而爲王弼鬼魂所不甚欣解者。嚴可均全晉文卷一一七輯抱朴子佚文云：「秦時不覺無鼻之醜，陽翟憎無癭之人，陸君（機）深嫉文士放蕩流遁，遂往不爲虚誕之言，非不能也。」葛洪自己不懂玄學，深恨虚浮，因此代陸機申説，但足見葛洪所見之陸機作品全部也是「不爲虚誕之言」的；至於陸機是否如葛洪所説由於深嫉文士放蕩流遁，有意不作玄談，我想就上述故事看來，他倒是學之而未成，並非薄之而不爲。

不但二陸在入洛時似曾學習玄談，當時吴士入洛者可能都要作此準備。晉書卷六八紀瞻傳：

〔二〕此事又見水經穀水注引袁氏王陸詩叙，太平御覽卷六一七、八八四及太平廣記卷三一八引異苑，諸本略有異同。晉書卷五四陸雲傳亦載此而以爲雲事，叙述較簡。太平廣記首作「晉清河陸機」，考機爲平原内史，清河内史是陸雲，又不當脱去内史二字。今從津逮秘書本異苑。

召拜尚書郎，與（顧）榮同赴洛，在塗共論易太極。

顧榮是吴郡人，紀瞻是丹陽人，都是江南名士。兩人討論太極意見不同，但同樣沒有理解王弼的説法。顧榮反對王弼「太極天地」的説法。他認爲「太極者，蓋謂混沌之時，曚昧未分」的一個宇宙構成階段，老子所云「有物混成，先天地生」，即指易之太極，而天地即是兩儀。他説「若謂太極爲天地，則是天地自生，無生天地者也」。他的太極論乃是講宇宙構成先後次序，而王弼所講的太極則是本末體用之辨，也就是顧榮以漢儒的舊説來駁魏晉的玄學。紀瞻是支持王弼説的，認爲「王氏指向，可謂近之」，他不承認有「曚昧未分」的階段，而謂「太極極盡之稱，言其理極，無復外形，外形既極，而生兩儀」，並非混沌，所以天地即太極。紀瞻的説法仍然在講宇宙構成的先後次序，並非王弼本意。兩人同引老子「有物混成，先天地生」這句話，顧榮以爲即指易之太極，亦即混沌未判之狀，以此駁王弼；紀瞻則云：「老氏先天之言，此蓋虚誕之説，非易者之意也。」乾脆就把他拋開，彷彿王弼之言與老子無關。由此我們可以相信顧紀二人都沒有看王弼的老子注。王弼注明明白白説：「冥然不可得而知，而萬物由之以成，故曰混成也。不知其誰之子，故先天地生。」王弼正是把這個混成之物指太極，但這個太極只是作本體解；所以説「先天地生」，只因其爲體、爲全，而天地有名即只能是末、是用；所云先後乃指體用而非宇宙構成之時間先後。這裏的説法正好與太極即天地之説互相發明，而顧氏據此以駁王弼，紀瞻則斥爲虚誕，可見二人雖高談王弼易注，實則仍守漢儒家數。

顧紀二人在赴洛陽的途中討論太極王氏説，而陸機（或陸雲）也在赴洛陽途中逢到王弼鬼魂；兩件事情雖一真一虛，但却可以説明一個問題，就是吴亡之後江南名士對於玄學的態度。當時他們雖也可能看了王弼易注之類的書，但由於江南學術與此不同，所以一時不易理解。他們當然瞭解洛陽的風氣正在玄學籠罩之下，自己要到洛陽去做官，不能不先事揣摩，所以即在途中還從事學習，希望不致臨時無法對答，爲京洛名士所笑，這種心理是不難猜測的。

如上所述，三國時期的新學風興起於河南，大河以北及長江以南此時一般仍守漢人傳統，所謂南北之分乃是河南北，而非江南北。吴亡之後，名士企慕中原，於是玄學以及其他風俗習慣亦傳入江南，但仍未深入，所以入洛吴士在十年之後仍然沒有能以此見長。我們的結論是魏晉期間的江南學風是比較保守的。

三　東晉以後南方士著與僑人學風的差異

晉室東遷之後，京洛風氣移到了以建康爲中心的江南地區，江南名士不少接受了新學風，開始重視三玄，而如抱朴子所云其他如書法、語言等也多仿效北人。世説新語言語篇：

張玄之、顧敷是顧和中外孫，皆少而聰惠，和並知之，而常謂顧勝，親重偏至，張頗不壓。於時張年九歲，顧年七歲，和與俱至寺中，見佛般泥洹象，弟子有泣者，有不泣者。和以問二孫。玄謂：「被親故泣，不被親故不泣。」敷曰：「不然，當由忘情故不泣，不能忘情故泣。」

又同書夙惠篇：

司空顧和與時賢共清言。張玄之、顧敷是中外孫，年並七歲，在牀邊戲，於時聞語，神情如不相屬。瞑，於燈下二兒共叙客主之言，都無遺失。顧公越席而提其耳曰：「不意衰宗，復生此寶。」

又同書文學篇：

張憑舉孝廉，出都，負其才氣，謂必參時彦，欲詣劉尹……頃之長史諸賢來清言，客主有不通處，張乃遥於末坐判之，言約旨遠，足暢彼我之懷，一坐皆驚。真長延之上坐，清言彌日……即同載詣撫軍……撫軍與之話言，咨嗟稱善，曰：「張憑勃窣爲理窟。」即用爲太常博士。

上引三條都説明吴郡顧張二氏均染清談之風，尤其是張氏。西晉時張翰的通脱爲人所習知，門風如此，所以當京洛名士帶着玄學清談與任誕之習一起渡江之後，張氏最易於接受。宋書卷四六張邵附子敷傳稱敷「好玄言」，南齊書卷四一張融傳（邵之姪孫）説他的遺令是：「令人捉麈尾，登屋復魂曰：吾生平所善，自當凌雲一笑。三千買棺，無置新衾。左手執孝經、老子，右手執小品法華經。」又稱「融玄義無師法，而神解過人，白黑談論，鮮能抗拒。」也是這個張融能作洛生詠，足見善於洛陽語。〔一〕

東晉以後的江南名士受新風氣的影響自無可疑，但江南土著與渡江僑舊在學風上仍然有所區

〔一〕參見陳寅恪先生東晉南朝之吴語，載前中央研究院歷史語言研究所集刊第七本第一分。

別；這只要看世説新語中叙述南人者大都不是虚玄之士，而一時談士南人中可與殷浩、劉惔輩相比的更是一個都没有，便可知道玄談還不是南士的專長。另一方面我們却可以看到南士還相當重視傳統經學。晉書卷六八賀循傳：

會稽山陰人也，其先慶普，漢世傳禮，世所謂慶氏學，族高祖純博學有重名，漢安帝時爲侍中，避安帝父諱，改爲賀氏……循少玩篇籍，善屬文，博覽衆書，尤精禮傳，雅有知人之鑒，拔同郡楊方於卑陋，卒成名於世。〔一〕

三國吴志卷二〇賀邵傳（循之父）注引虞預晉書賀循傳：

時朝廷初建，動有疑義，宗廟制度，皆循所定，朝野諮詢，爲一時儒宗。

據晉書卷六九刁協傳及卷七五荀崧傳，東渡禮儀爲二人所定。荀崧爲潁川荀氏，荀彧的玄孫，乃經學世家；刁協也以諳練故事著稱，但剖析疑義却不能不徵求南士賀循的意見。晉書卷一九禮志上稱郊祀儀「其制度皆太常賀循所定，多依漢及晉初之儀」；親耕籍田儀亦賀循等所上。此外見於通典的賀循議禮之文又有數十條，可證慶氏禮學僅傳於江南。

賀循之後在南朝世代以專門禮學著稱。南史卷六二賀瑒傳：〔二〕

會稽山陰人，晉司空循之玄孫也，世以儒術顯……祖道力，善三禮，有盛名……父損亦傳家

〔一〕賀循附楊方傳云方著有五經鉤沈，也是個經學家。
〔二〕梁書卷三八賀琛傳，卷四八儒林賀瑒傳略同。

業……時（梁）武帝方創定禮樂，瑒所建議，多見施行……所著禮、易、老、莊講疏，朝廷博士議數百篇，賓禮儀注一百四十五卷。瑒於禮尤精，館中生徒常數百，弟子明經對策至數十人。二子革季、弟子琛並傳瑒業。

革字文明……通三禮，及長，偏治孝經、論語、毛詩、左傳。

琛字國寶。幼孤，伯父瑒授其經業，一聞便通義理。瑒異之，常曰：「此兒當以明經致貴。」……尤精三禮，年二十餘，瑒之門徒稍從問道。初瑒於鄉里聚徒教授，四方受業者三千餘人。瑒天監中亡，至是復集……既世習禮學，究其精微，古述先儒，吐言辯絜，坐之聽授，終日不疲……琛所撰三禮講疏、五經滯義及諸儀注，凡百餘篇。

可見賀氏自漢以來家學相傳不絕。禮爲五朝顯學，我不是説只有南人才研究禮，而是想説明江南的經學直接兩漢，其傳授淵源長期保存在家門中。當然我們還必須承認南朝玄禮雙修已成風氣，所以賀瑒亦撰易、老、莊三玄的講疏，而保存在禮記正義中的賀瑒之説，有一些頗帶着玄學氣味，但其爲慶氏禮之傳襲却是主要的一面。

江南易學偏重象數，已如前述，而東晉之後仍有其痕跡。隋書經籍志有周易難王輔嗣義一卷，晉揚州刺史顧夷等撰。世説新語文學篇：「謝萬作八賢論以示顧君齊。」注引顧氏譜云：「夷字君齊，吴郡人。」又宋書卷九三隱逸關康之傳：「晉陵顧悦之難王弼易義四十餘條，康之申王難顧，遠有情致。」悦之，晉書卷七七有傳，世説新語言語篇作顧悦。二顧反對王弼易義的内容大概是與象數有關。南齊書卷三九陸澄傳載澄與王儉書云：

> 易近取諸身，遠取諸物，彌天地之道，通萬物之情；自商瞿至田何，其間五傳，年未爲遠，無訛雜之失；秦所不焚，無崩壞之弊。雖有異家之學，同以象數爲宗。數百年後，乃有王弼。王濟云：「弼所悟者多。」何必能頓廢前儒，若謂易道盡於王弼，方須大論。意者無乃仁智殊見，四道異傳，無體不可以一體求，屢遷不可以一遷執也。晉太興四年（三二一），太常荀崧請置周易鄭玄注博士，行乎前代。於時政由王庾，皆儁神清識，能言玄遠，捨輔嗣而用康成，豈其妄然。泰元立王肅易，當以在玄弼之間。元嘉建學之始，玄弼兩立。逮顔延之爲祭酒，黜鄭置王，意在貴玄，事成敗儒。今若不大弘儒風，則無所立學。衆經皆儒，唯易獨玄，玄不可棄，儒不可缺，謂宜並存，所以合無體之義。

陸澄雖不反對王弼易注，而只主張應該鄭王並立。但他説王弼之前的易學「同以象數爲宗」，而且並無訛雜崩壞之弊，暗示易本完整，無待新説，其本意顯然重視象數。陸澄自己雖云讀易三年，「不解文義」。〔一〕但這一封書信却代表南士對於易經的見解。至於書中頗推重杜預的左傳注，這自然是受僑人的影響。

此外我們還可以提出幾個南士來證明其與僑人學風的區别。晉書卷九一儒林虞喜傳：

〔一〕見本傳。

會稽餘姚人，光祿潭之族也……永和初，有司奏稱十月殷祭，京兆府君當遷祧室，征西、豫章、潁川三府君初毁主，内外博議不能決。時喜在會稽，朝廷遣就喜諮訪焉，其見重如此。喜專心經傳，兼覽讖緯，乃著安大論以難渾（渾天）、蓋（蓋天）。又釋毛詩，略注孝經，爲志林三十篇，凡所注述，數十萬言行於世。

這個虞喜也就是以隱匿户口爲山遐所治的豪族地主，虞氏與顧陸一樣都是孫吴以來江南大族，其學當與虞翻有關。他讀讖緯，著安天論都可以説明他還是遵守漢人治學的塗徑。本傳所云爲了祧遷問題朝廷不能解決，必須諮詢他的意見，與賀循定禮事參觀，可知經學之傳流在於江南學門而不在傖人。

虞喜之弟虞預最討厭名士放誕的人，晉書卷八二虞預傳：

徵士喜之弟也……預雅好經史，憎疾玄虚，其論阮籍裸袒，比之伊川被髮，所以胡虜遍於中國，以爲過衰周之時。

虞預的論調和葛洪相似，江南人對於名士放蕩的行爲開始是看不慣的。晉書卷七二葛洪傳：

丹陽句容人也。祖系，吴大鴻臚；父悌，吴平後入晉，爲邵陵太守。洪少好學……以儒學知名……從祖玄，吴時學道得仙，號曰葛仙公。以其鍊丹秘術，授弟子鄭隱，洪就隱學，悉得其法焉。後師事南海太守上黨鮑玄。玄亦内學，逆占將來，見洪深重之，以女妻洪。

葛洪的學問綜合了南北的舊傳統、舊思想。那種神仙家與内學（讖緯）正是漢代盛行的東西。他的老師鮑玄是上黨人，在魏晉時黃河北岸的學風和江南一樣保守。葛洪的地域、家學、師承都重保守，因此他的學問純爲漢人之舊。他所著的抱朴子，内篇專論金丹、符籙之術，長生不死之法；外篇論治國之道。他在明本篇中說「道德衰而儒墨重」，彷彿在排斥儒家，但是他所說的「道」，初則提出易經中的道字，認爲即是道家之道；終則以飛昇爲學道的目標，所說支離膚淺，自相矛盾。他也尊重老子，但是他的老子爲神仙家的教祖，而不是玄學家的聖人。他憎恨京洛名士的放蕩，而以維護禮教的理由予以痛斥。在外篇卷二五疾謬篇中，他說：

漢之末世則異於茲，蓬髮亂鬢，橫挾不帶，或褻衣以接人，或裸袒而箕踞……終日無及義之言，徹夜無規箴之益，誣引老莊，貴於率任，大行不顧細禮，至人不拘檢括，嘯傲縱逸，謂之體道，嗚呼惜乎！豈不哀哉……若問以墳索之微言，鬼神之情狀，萬物之變化，殊方之奇怪，朝廷宗廟之大禮，郊祀禘祫之儀品，三正四始之原本，陰陽律曆之道度，軍國社稷之典式，古今因革之異同則怳悸自失……强張大談曰：「雜碎故事蓋是窮巷諸生、章句之士吟詠而向枯簡，匍匐以守黃卷者所宜識，不足以問吾徒也。」

本篇所譴責的漢末風俗，實際即指晉代。〔二〕葛洪强調這些名士對於學術的無知，總括起來他所列舉的可分爲三類：一是神仙讖緯之學，二是禮制典章之學，三是陰陽律曆之學。這三類學術的結合正是

〔一〕抱朴子中常常用「陳古刺今」的手法以譏斥當代，不但本篇如此。像上面所述種種，漢末確已有萌芽，但至少不是普遍的風氣。其他篇中所云漢末之弊亦然，但也有自漢以來相沿之習。近人往往多誤會，以此說明漢事，我們應該謹慎地引用。

董仲舒以降漢儒治學的特徵，也是江南儒生自陸績、虞翻、賀循以至葛洪自己治學的特徵，而是爲玄學家所不屑道的。

葛洪在剌驕篇中更直率的批評戴叔鸞、阮嗣宗，認爲「其後羌胡猾夏，侵掠上京」，這種不守禮法的現象是其先兆。這種説法是與虞預相同的。抱朴子諸篇中隨處可以找到責備浮華任誕之語，這裏不再列舉。批評這種風氣者並不限於葛洪，但是以漢儒傳統説法來批評的在當時却並不多。我們完全有理由説葛洪是漢代遺風的繼承人。

如上所述，晉室東渡之後，玄學開始在江南發展，江南成爲各種新學風的移殖地域，但南方土著保守舊業者還有其人，例如上述的賀、虞、顧、陸諸家和葛洪都是。一般説來，江南土著之學還是以儒家經典注釋見長。梁書卷四八儒林傳序稱梁武帝設立五經博士，「以平原明山賓、吴興沈峻、建平嚴植之、會稽賀瑒補博士，各主一館」，五人中四人爲南士。南史卷七一儒林傳連附傳在内一共二十九人，其中南人占十九人，現在節録如下：

嚴植之字孝源，建平秭歸人也。少善莊老，能玄言，精解喪服、孝經、論語。及長，徧習鄭氏禮、周易、毛詩、左氏春秋……所撰凶禮儀注四百七十九卷。

孔僉，會稽山陰人。少師事何胤，通五經，尤明三禮、孝經、論語……僉兄子元素，又善三禮，有盛名，早卒。

沈峻字士嵩，吴興武康人也。家世農夫，至峻好學，與舅太史叔明師事宗人沈麟士……遂博通五經，尤長三禮，爲兼國子助教。時吏部郎陸倕與僕射徐勉書，薦峻曰：「凡聖賢所講之書必以周官立義……此學不傳，多歷年世。北人孫詳、蔣顯亦經聽習而音革楚夏，故學徒不至。唯助教沈峻，特精此書。比日時開講肆，羣儒劉喦、沈宏、沈熊之徒並執經下坐，北面受業，莫不歎服，人無間言。弟謂宜即用此人，令其專此一學，周而復始，使聖人正典，廢而更興。」勉從之，奏峻兼五經博士……傳峻業者又有吴郡張及、會稽孔子雲……太史叔明吴興烏程人……少善莊老，兼通孝經、論語、禮記，尤精三玄……峻子文阿。

文阿字國衛……少習父業，研精章句。祖舅太史叔明，舅王慧興並通經術，而文阿頗傳之，又博採先儒異同，自爲義疏，通三禮、三傳，位五經博士……所撰儀禮八十餘條，春秋、禮記、孝經、論語義記七十餘卷，經典大義十八卷。並行於時。

孔子袪，會稽山陰人也……勤苦自勵，遂通經術，尤明古文尚書，爲兼國子助教……子袪凡著尚書義二十卷，集注尚書二十卷，續朱異集注周易一百卷，續何承天集禮論一百五十卷。

皇侃，吴郡人……少好學，師事賀瑒，精力專門，盡通其業。尤明三禮、孝經、論語，爲兼國子助教……撰禮記講疏五十卷……所撰論語義、禮記義見重於世，學者傳焉。

沈洙字弘道，吴興武康人也……通三禮、春秋左氏傳，精識强記，五經章句，諸子史書，問無不答。

戚袞，字公文，吴郡鹽官人也。少聰慧，遊學都下，受三禮於國子助教劉文紹，一二年中，大義略舉……哀於梁代撰三禮義記，逢亂亡失，禮記義四十卷行於世。

鄭灼，字茂昭，東陽信安人也……少受業於皇侃……灼性精勤，尤明三禮……時有晉陵張崖、吴郡陸詡、吴興沈德威、會稽賀德基俱以禮學自命……賀德基，字承業，世傳禮學，祖文發，父淹仕梁，俱爲祠部郎，並有名當世。

全緩，字弘立，吴郡錢塘人也……緩通周易、老、莊，時人言玄者咸推之。

顧越，字允南，吴郡鹽官人也。所居新坂黄岡，世有鄉校，由是顧氏多儒學焉……(越)家傳儒學並專門教授……越遍該經義，深明毛詩，傍通異義，特善莊老，尤長論難，兼工綴文，閑尺牘……所著喪服、毛詩、老子、孝經、論語等義疏四十餘卷。

沈不害，字孝和，吴興武康人也……不害通經術，善屬文……著五禮儀一百卷。

吴郡陸慶少好學，徧通五經，尤明春秋左氏傳。

我們絲毫也不懷疑上列諸人之受玄學影響，他們的釋經自然也或多或少地滲雜玄學成分，特别是易、論語大概多主新經學，只是我們就其被稱爲儒生説來，不妨説南人較重經學而已。這不但在南朝如此，隋唐之際還是一樣，隋書儒林傳有四個江南人，吴郡褚煇、餘杭顧彪，[一]餘杭魯世達、吴郡張沖，

[一] 吴郡褚煇、餘杭顧彪二人的籍貫應該互易，因爲褚姓據元和姓纂有錢塘一望，世説新語賞譽篇張華見褚陶條注引褚氏家傳云：「陶字季雅，吴郡錢塘人。」錢塘至陳時立爲郡，隋改爲餘杭郡，所以褚煇應作餘杭。顧氏爲吴郡四姓之一，舊唐書儒學朱子奢傳稱子奢爲蘇州吴氏，「少從鄉人顧彪習春秋」，可證彪爲吴郡人。

而無僑人，也表示南人治經比僑人多注意一點，而隋書經籍志所載顧彪的關於尚書著作三種，其一爲今文尚書音，又其一爲尚書大傳音，似乎不主僞孔傳，這也許和家學有關。

這裏我們看出的跡象是東晉以後僑人和南方土著間在學風上還有一些差異，雖然禮玄雙修已成風氣，互相影響是很明顯的。

魏晉雜胡考

魏、晉北境各族是極其複雜的，本篇所論只限於與匈奴有關的各部，照當時的慣例稱爲雜胡。以這些極爲粗略的考證來企圖解決中古各族的分併關係，當然不可能獲得完全正確的結論，這裏只是提出一些問題來請大家指教而已。

一　屠各

（一）屠各的由來

晉書卷九七北狄匈奴傳：

北狄以部落爲類，其入居塞者有屠各族（等）……凡十九種，皆有部落不相雜錯，屠各最豪貴，故得爲單于。

這一段又見於文選卷四三丘遲與陳伯之書及卷四四陳琳爲袁紹檄豫州文中李善注引何法盛中興書，晉書此傳大概截取了何氏書胡錄的總序。何氏書及北狄傳所說「屠各最豪貴，故得爲單于」，自然是指南單于。日本岡崎文夫氏著魏晉南北朝通史曾認爲可疑，但並未充分説明。我們如果考查後漢書的紀載，屠各應即是休屠各的省稱，也有省稱休屠的，和屠各亦是一族。後漢書卷七六循吏任延傳：

拜武威太守……郡北當匈奴，南接種羌，民畏寇抄，多廢田業。延到，選集武略之士千人，明其賞罰，令將雜種胡騎休屠、黄石屯據要害。

這是光武帝時事，考武威在西漢初本是匈奴休屠王居地，〔一〕東漢初年武威郡的休屠應該就是休屠王所統之衆遺存於故地者。漢書卷五五霍去病傳：「渾邪王與休屠王等謀欲降漢……降者數萬人，號稱十萬……迺分處降者於邊五郡故塞外，而皆在河南，因其故俗爲屬國。」當時休屠屬部遷移者甚多，所以在後漢時分佈於故塞内外。後漢書卷六五張奐傳：

時休屠各及朔方烏桓並同反叛，燒度遼將軍門……（奐）乃潛誘烏桓，陰與和通，遂使斬屠各渠帥，襲破其衆，諸胡悉降。

此事又見於卷九〇烏桓傳，云：「桓帝永壽中朔方烏桓與休著屠各並叛，中郎將張奐擊平之。」李賢注云：「度遼將軍屯五原」，休屠各所居大概與朔方、五原相近。同卷鮮卑傳：

熹平三年（一七四）冬，鮮卑入北地，太守夏育率休著屠各追擊破之。

這又是在北地的休屠各。到了漢末，屠各更活躍了。後漢書卷八靈帝紀，中平四年（一八七）十二月，

〔一〕漢書卷二八下地理志下武威郡本匈奴休屠王地。

稱「休屠各胡反」，次年（一八八）正月又稱：

休屠各胡寇西河，殺郡守邢紀……三月，休屠各胡攻殺并州刺史張懿，遂與南匈奴左部胡合殺其單于。

後漢書卷八九南匈奴傳：

中平四年（一八七），前中山太守張純反叛，遂率鮮卑寇邊郡，靈帝詔發南匈奴兵配幽州牧劉虞討之。單于遣左賢王將騎詣幽州。國人恐單于發兵無已。五年，右部〔一〕醢落與休著各胡、白馬銅等十餘萬人反，攻殺單于。

此時南單于庭在離石，休屠各又寇西河，攻殺并州刺史，可能就在并州。

如上所述，從武威向東，北地、五原、西河及於并州都有休屠各的蹤跡，這雖然不一定都是在西漢原徙之地，相差也不會太遠。紀載上或稱休屠，或稱屠各、休屠各、休著各、休著屠各。錢竹汀廿二史考異後漢書南匈奴傳下云：

按休屠之「屠」音「儲」，而「著」亦音「直慮」切，譯語有輕重，其實一也。烏桓、鮮卑傳俱云休著屠各，此必讀范史者音「著」爲「屠」，後遂攙入正文耳。

我們看張奐傳前稱休屠各，後稱屠各，范曄所本假使是漢末著述，那末此時已經有省去首字的。

〔一〕疑當作左部。

休屠各入居邊郡遠在南匈奴之先，雖然同是匈奴，却有所區別，所以上引靈帝紀和張奂傳南匈奴與屠各並舉而後漢書卷七〇鄭太傳，〔一〕太說（董）卓曰：

且天下彊勇，百姓所畏者有并涼之人及匈奴、屠各、湟中義從、西羌八種而明公擁之，以爲爪牙。

也是以屠各與匈奴、湟中義從、胡、西羌並舉，可知南匈奴不能包括屠各在内。既然如此，所謂「屠各最豪貴，故得爲單于」之説就難以成立。

（二）魏晉以後屠各的分佈

魏晉以至北朝末期，屠各之名還可以常在歷史紀載上見到，他們的分佈較之東漢更爲廣泛。我們現在分别叙述如下：

一、太行山東麓：這個區域的屠各必然是在漢末董卓亂後，由并州内遷的。後漢書卷七四上袁紹傳：

（初平四年）六月……遂與黑山賊張燕及四營屠各、〔二〕雁門烏桓戰於常山。

又文選卷四四陳琳檄豫州文云：「爾乃大軍過蕩西山，屠各、左校皆束手奉質，争爲先登。」所謂西山

〔一〕三國志卷一六鄭渾傳注引張璠漢紀略同。
〔二〕文選卷四四陳琳檄豫州文作「西營屠各」。

即是太行山東支諸山。屠各以後住在那裏相當悠久。太平御覽卷四二八引十六國春秋後趙錄云：「張進，元城屠各人也，爲刺奸外部都督。」元城在今大名東南，正是太行東麓。資治通鑑卷一〇五晉孝武帝太元九年（三八四）正月：

於是（慕容）農驅列人居民爲士卒……使趙秋説屠各畢聰，聰與屠各卜勝、張延、李白、郭超及東夷餘和勑勃、易陽烏丸劉大各率部衆數千赴之。

按晉書卷一二三慕容垂載記沒有紀載這件事，湯球十六國春秋緝補據御覽補，但不詳。我想通鑑也是根據十六國春秋，只是御覽引書本多删節，所以有詳略之異，並非別有所本。列人在今肥鄉北，和元城相近，也在太行東麓。那裏的屠各與東夷、烏丸雜居，畢聰等是擁有部衆的。上面所舉之姓，卜氏爲匈奴大姓，屠各既是匈奴別部，所以亦有姓卜的人，其外畢、張、李、郭雖是漢姓，名亦是漢名，但畢也是西域姓，張有烏丸姓，可見這裏的屠各種族可能也不單純，只是漢化較早。直到北魏中葉，這裏還有不少屠各。魏書卷五一韓均傳云：

廣阿澤在定、冀、相三州之界，土廣民稀，多有寇盜，乃置鎮以静之……於是趙郡屠各、西山丁零聚黨山澤以劫害爲業者，均皆誘慰追捕，遠近震跼。

廣阿澤即在肥鄉北，所謂趙郡屠各亦在太行東麓，與元城、列人之屠各自爲一支。

這個地區的屠各從後漢末期始見到元魏中期有三百年之久，名號未曾消失。自魏以後，這個地區的屠各不見史籍。

二、涼州：這是屠各原來所居地區，漢武帝遷移了大部分，東漢初年仍有居於武威者，已如前述。曹魏時又曾遷徙一批。三國魏志卷二六郭淮傳：

> 涼州休屠胡梁元碧等率種落二千餘家附雍州。淮奏請使居安定之高平，爲民保障，其後因置西川都尉。

高平今固原，本來就有屠各（見後），這一次的遷移大概爲了使其易於相處。但武威仍有其族類。晉書卷一二六禿髮傉檀載記：

> 傉檀懼東西寇至，徙三百里内百姓入於姑臧，國中駭怨，屠各成七兒因百姓之擾也，率其族三百人叛傉檀於北城，推梁貴爲盟主，貴閉門不應，一夜衆至數千……七兒奔晏然，殿中騎將白路等追斬之。

這是武威郡姑臧城内的屠各，可能還是漢代遺留下來的。梁貴被推爲盟主，大概也是屠各，和上述梁元碧是同族。以後涼州或武威的屠各不見紀載。

三、秦隴區域：這一個區域屠各的分佈最廣，見於紀載的時間也較悠久。三國魏志卷九夏侯淵傳："「轉擊高平屠各皆散走。」高平即今固原，大概即後漢時期的北地屠各。晉書卷八九忠義鞠允傳稱「雍州刺史賈疋爲屠各所殺」，據晉書卷六〇賈疋傳說疋被盧水胡彭夫護所殺，盧水胡和屠各雜居一地，有時就不免混淆。賈疋於安定被殺，這裏的屠各也即是高平來的。

五胡時期秦隴境内屠各更爲活躍。晉書卷一〇三劉曜載記：

黃石屠各路松多起兵於新平、扶風，聚衆數千，附於南陽王保……松多下草壁，秦隴氐羌多歸之……曜進攻草壁又陷之。松多奔隴城。進陷安定，保懼，遷於桑城，氐羌悉從之。

黃石已見前引後漢書任延傳，李賢注：「黃石，雜種號也。」則似是部落名，但魏書卷一〇六下地形志下涇州長城郡有黃石縣，元和郡縣志云苻堅所置，可能由於爲黃石族所居，才取以爲縣名，這裏稱黃石屠各，似在苻堅前已有此地名，即今平涼縣地。新平今邠縣，扶風今涇陽，草壁據通鑑卷九一胡三省注云在陰密東，那末在現在靈臺縣界，隴城今清水縣北。御覽卷四六五引趙書：「劉曜討陳安於隴城，安下小將劉牙、趙牢、路松多堅戍不下，城内得安死力。」按路松多起兵應南陽王保在晉元帝太興二年（三一九），劉曜攻陳安於隴城在晉明帝太寧二年（三二四），中間有五年之久，而路松多還在隴城。陳安與屠各族的關係還有一件事。劉曜載記於述陳安殺魯憑之後，接着稱「休屠王石武以桑城降」，〔二〕以後又說：「太寧元年（三二三），陳安攻曜征西劉貢於南安。休屠王石武自桑城將攻上邽以解南安之圍。安聞之懼，馳歸上邽，遇於瓜田，武以衆寡不敵，奔保張春故壘。安引軍追武曰：『叛逆胡奴，要當生縛此奴，然後斬劉貢！』……安衆大潰，收騎八千，奔於隴城。」桑城據洪氏十六國疆域志以爲就是南安的桑壁，那末應該在今隴西縣界。從陳安語中，石武也是先附於安而後降趙的。休屠、屠各本爲一族，而路石二人一附陳安，爲之堅守，一降劉曜，反攻陳安，可見部落離散之狀。劉曜亦是

〔一〕太平御覽卷二九九引蕭方等三十國春秋曰：「陳安奔隴城，前趙將劉賁馳將追之。石虎止賁。」這個石虎即是石武，其人本名虎，唐避諱改作武，正如後趙石虎稱石季龍。又此劉賁，載記作劉貢。

屠各，路松多、石武與之同族，而劉曜也不能將屠各統一起來，這樣一種情況，説明他們並不注重同族的關係。

前趙亡國時，石勒曾經屠殺大批屠各人，這可能是劉曜帶入關中的并州屠各，至於本居其地者前趙以後還是很多。晉書卷一〇五石勒載記下：

秦州（即天水）休屠王羌叛於勒……隴右大擾，氐羌悉叛，勒遣石生進據隴城。王羌兄子擢與羌有仇，生乃賂擢與掎擊之。羌敗奔涼州，徙秦州夷豪五千餘户於雍州。

按晉書卷一〇七石季龍載記下攻前涼將帥中有王擢，晉書卷八六張重華傳稱王擢爲苻雄所破，也逃奔涼州。石勒遷到雍州的夷豪必然有很多屠各，以後也常見於史。晉書卷一一三苻堅載記上：

屠各張罔聚衆數千，自稱大單于，寇掠郡縣，堅以其尚書鄧羌爲建節將軍，率衆七千討平之。

這一條不著地名，但此時前秦尚未滅燕，苻氏所有止於關中，大約不在秦隴，也在雍州。等到前秦瓦解之際，屠各在前後秦之間起着很大作用。晉書卷一一六姚萇載記：「天水屠各、略陽羌胡應萇者二萬餘户。」但秦雍屠各也有附苻登的，雍州方面姑待後述，今先以秦隴爲限。姚萇載記云：

萇如安定，擊平涼胡金熙，鮮卑沒弈于大破之。

晉書卷一一五苻丕載記云：「平涼太守金熙，安定北部都尉鮮卑沒弈于率鄯善王胡員吒、護羌中郎將梁苟奴等與萇左將軍姚方成，鎮遠强京戰於孫丘谷，大敗之。」晉書卷一一七姚興載記：「姚碩德破平涼胡金豹於洛城，剋之。」金熙、金豹都是平涼休屠胡的酋長（見後），他們在此時是支持苻登的。

平涼金氏是休屠大姓，所以姓金，恐怕與西漢金日磾之姓有關，大家都知道日磾爲休屠王子，因祭天金人而姓金，同時改姓的必非止日磾一家，那末平涼之金氏也許還是原來的王族。魏書卷四〇陸俟傳：〔一〕

平涼休屠金崖、羌狄子玉等叛，復轉爲……平西將軍、安定鎮大將……追討崖等皆獲之。

魏書卷四上世祖紀延和二年（四三三）二月：

征西將軍金崖與安定鎮將延普及涇州刺史狄子玉爭權構隙，舉兵攻普不克，退保胡空谷，驅掠平民，據險自固。詔散騎常侍、平西將軍安定鎮將陸俟討獲之……（十二月）金崖既死，部人立崖從弟當川領其衆。

這個金崖與上述金熙、金豹同姓，又同居平涼，金崖死後，還由其從弟繼承，可見金氏爲世襲酋豪。可是世祖紀在神麚元年（四二八）八月却稱「上郡休屠胡酋金崖率部內屬」，先於延和二年（四三三）者五年，似乎金崖及其部衆先居上郡（今延安一帶）而後徙平涼，但金氏既世居平涼，金崖所保之胡空谷應即是今邠縣西南的胡空堡，離平涼較近，或紀載有誤。

北魏時與秦隴屠各的交涉很繁，世祖紀於延和二年（四三三）十二月稱「隴西休屠王弘祖率衆內屬」。我們知道秦州王氏如王羌、王擢也是休屠大姓，秦隴酋豪姓王的就很多，魏書卷五一

〔一〕北史卷一六陸俟傳同。

呂羅漢傳："上邽休官呂豐、屠各王飛廉等八千餘家據險爲逆，詔羅漢率騎一千討擒之。"這件事紀在楊難當寇上邽之後，太武帝南侵之先，應在太延、真君之間。上邽今天水縣，其地之屠各在太平真君七年（四四六）以蓋吳爲領導的反魏起義中曾起而響應。同卷封勑文傳：

金城邊冏、天水梁會謀反，扇動秦益二州雜人萬餘户，據上邽東城，攻逼西城……被傷者衆，賊乃引退。冏會復率衆四千攻城，氐羌一萬屯於南嶺，休官、屠各及諸雜户二萬餘人屯於北嶺爲冏等形援……勑文表曰："安定逆賊帥路那羅遣使齎書與逆帥梁會，會以那羅書射於城中。那羅稱纂集衆旅，剋期助會……"表未及報，梁會謀欲逃遁……勑文縱騎躡之，死者大半，俘獲四千五百餘口。略陽王元達因梁會之亂聚衆攻城，招引休官、屠各之衆，推天水休官王宦興〔一〕爲秦地王。勑文與臨淮公莫真討之，軍次略陽……大破之。

本傳所述共有三事，一爲邊冏、梁會召集休官與屠各攻上邽西城，二爲安定路那羅之通謀，三爲略陽王元達又召集休官、屠各攻城。休官是氐族，常與屠各並見，想係雜居之故。天水屠各在前秦末期已見，當爲西漢所徙。這個梁會可能是屠各，但氐族中亦有梁姓，華陽國志卷八及晉書卷一二〇李特載記並稱氐叟族中有梁、竇、苻、隗、董、費，其中隗董亦是屠各姓（見後）。晉書卷一一八姚興載記下又

〔一〕北史卷三七封勑文傳作王官興。

有西胡梁國兒，這個西胡應指來自涼州之屠各胡。〔一〕關於姓氏之混淆在下面再說，但由此可見秦隴屠各與氐族的密切關係。至於路那羅則亦是屠各，魏書卷四下世祖紀下太平真君七年（四四六）八月稱：「高涼王那破蓋吴黨白廣平，生擒屠各路那羅於安定。」路那羅爲蓋吴黨，天水的各族顯然是響應蓋吴的。但宋書卷九五索虜傳稱「屠各反叛，（蓋）吴自攻之，爲流矢所中」，那大概是另一部分屠各。路那羅在安定被擒，應與劉曜時之路松多爲同族或其後裔。最後起義的王元達可能也是屠各，我們知道「王」是秦隴屠各大族，但也可能與王宦興同屬休官，即氐族。〔二〕

以後以王氏爲首的秦隴屠各常見於史。魏書卷五高宗紀興安元年（四五二）十一月稱：「隴西屠各王景文叛。」魏書卷三一于栗磾附子洛拔傳：

會隴西屠各王景文恃險竊命，私署王侯，高宗詔洛拔與南陽王惠壽督四州之衆討平之，徙其惡黨三千餘家於趙、魏。

上引世祖紀之隴西休屠首領王弘祖與此王景文當有親族關係。本條説徙於趙魏未知究在那一郡，我們記得上引韓均傳稱趙郡屠各爲盜，難道這是新徙而非漢末遺存下來的麼？

秦隴屠各雖經幾次的鎮壓，誅殺與遷移的數字一定很大，但仍然有很大力量。北史卷一七元麗傳：

〔一〕晉書卷一二五乞伏國仁載記稱上述之平涼休屠金熙爲東胡金熙，屠各不屬於東胡族是無疑的，所以稱爲東胡，想因國仁所都在勇士川，在平涼之西。以此推測梁國兒之稱西胡，亦非由於來自西域。

〔二〕周書卷二五李賢傳（北史卷五九李賢傳同）云：「曾祖富，魏太武時以子都督討兩山屠各，歿於陣。」疑即指梁會、路那羅事。

時秦州屠各王法智推州主簿吕苟兒爲主，號建明元年，置立百官，攻逼州郡。涇州人陳瞻亦聚衆自稱王，號聖明元年，以麗爲使持節都督，與楊椿討之。

北史卷五八楊椿傳稱「秦州羌吕苟兒，涇州屠各陳瞻等聚衆反」，那末陳瞻也是屠各。涇州領安定、平涼、隴東等六郡，秦州領天水、略陽、漢陽三郡，所以這次起義也即是安定、天水、略陽等地屠各，與太平真君七年（四四六）相同。

直到北周時期我們還可以見到屠各的蹤跡。周書卷二七梁臺傳：

大統初，復除趙平郡守，又與太僕石猛，破兩山屠各。

趙平在今靈臺縣北，所謂兩山大概即指上引封勑文傳之南北嶺。周書卷三九王子直傳：

大統初漢熾屠各阻兵於南山，與隴東屠各共爲脣齒。太祖令子直率涇州步騎五千討破之。

漢熾地名未詳，隴東即今隴縣，還是秦隴的屠各。

從北周之後，秦隴屠各才不見於史。

四、渭北：在陝西渭水北岸的屠各以前不見紀載，但必已有之，上引石勒載記遷秦州夷豪於雍州必然包括不少屠各人民。苻秦重修鄧太尉祠碑：〔一〕

甘露四年（二五九）十二月二十五日到官，以地（一作「北」）接元朔，給兵三百人，軍而（一作

〔一〕碑文見吴山夫金石存、趙琴士金石文鈔、陸曜遹金石續編，今據金石續編。

「府」是）吏屬（吴趙本此二字缺）一百五十人，統和寧戎、鄜城、洛川、定陽五部領屠各，上郡夫施黑羌、白羌，高涼西羌、盧水、白盧（一作「虜」是）、支胡、粟特、苦水，雜户七千夷類十二。

按這是苻秦鄭能進任馮翊護軍時爲鄧艾祠所立碑，碑文列舉護軍所統各族。護軍之官在曹魏時設立，以統邊境各族，相當於漢代的屬國都尉。苻秦設立護軍不止這一處，而即以馮翊護軍所統看來，種族就包括了屠各、盧水胡、羌、鮮卑（即白虜）與西域胡，關於其他各族將在下面再談，只就屠各而論就有分屬五城的五部，[一]人數大概不少。前秦瓦解時，其地屠各與秦、隴屠各一樣在前後秦之間活動。晉書卷一一五苻登載記：

於是貳縣虜帥彭沛穀，屠各董成、張龍世，新平羌雷惡地等盡應之，有衆十餘萬。

這裏的屠各應在陝北。晉書卷一一六姚萇載記稱雷惡地起兵時，姚萇説：「惡地多智，非常人也，南引羯飛，東結董成。」通鑑卷一〇七太元十五年（三九〇）四月胡注：「董成，屠各種也，時據北地。」所以説在北地是因爲他與貳縣虜帥共同起兵，而貳縣在平涼東南之故，然雷惡地是新平羌，董成在其東，應在陝北。張龍世後來又降姚萇，所以苻登載記稱攻張龍世於鴛泉堡，堡不知所在。後來又稱登「盡衆而東，攻屠各姚奴、帛蒲二堡」。通鑑卷一〇八太元十九年（三九四）此條胡注云「二堡在胡空堡之東」，也只是由於苻登居胡空堡，既然説他盡衆而東，二堡必在其東無疑。方輿紀要卷五四

[一] 和寧戎乃和戎、寧戎的合稱，碑下題名有和戎某人、寧戎某人，加上鄜城、洛川、定陽共五城，亦即五部。

云「胡空堡在邠州西南」，那末屠各所據二堡亦即在新平、扶風界。

北魏初有一些屠各渡河歸附。魏書卷二太祖紀天興元年（三九八）五月稱：「鄜城屠各董羌（等）各率其種内附。」我們記得鄧太尉祠碑所記馮翊護軍所統五部就有鄜城，鄜城即今洛川縣。魏書卷三太宗紀神瑞元年（四一四）六月稱「斗城屠各帥張文興等率流民七千餘家内屬」，斗城不知所在，然并冀之地已久爲北魏占領，其地屠各不得云内屬，我想也是從姚興統治區域内亦即陝北渡河歸附的。在泰常五年（四二〇）四月又有一條稱「河西屠各帥黄大虎、羌酋不蒙娥等遣使内附」，此時赫連勃勃據關中，這一條不著地名，想亦是從陝北來的。又魏書卷四上世祖紀上神䴥元年（四二八）十月稱「上郡屠各隗詰歸率萬餘家内屬」。魏初稱内屬者大都徙居平城，那末現在大同一帶又有了屠各族，大概部落解散之後，名號也就消失了。

在陝北的屠各以後很少見，魏書卷三〇尉撥傳：

出爲杏城鎮將，在任九年，大收民和，山民一千餘家，上郡徒各、盧水胡八百餘落盡附爲民。

這是高宗時事。考休屠各之「屠」音「儲」，今又改作「徒」，北魏中期已經不念古音了。此後遂不見於史。

就上面四個區域看來，大抵當北魏時期屠各族的分佈西起涼州，夾隴坻東西，直至渭北，和西漢時五郡故塞之地大體上相符合。

四個區域之外還有并州屠各，將留在下面再談。

我們現再就屠各姓氏考察一下。上面所舉有姓名的屠各酋豪幾乎全部與漢人姓名無異，匈奴大姓只卜氏一見，餘皆無徵。這就説明屠各與南匈奴的關係不深，他們由於久和漢人共处，漢化較深，至少表現在姓名上是如此。各個區域的姓氏是有區別的，只有張姓較普遍，而秦隴區域之金王二姓似最爲大族。最值得注意的，這些姓氏不但是漢姓，同時又與其他諸族容易混淆，例如「張」也是烏丸姓，石勒載記中就有烏丸張伏利度，通鑑卷一〇五又見烏丸張驤；梁、董、隗據上引華陽國志又是氐姓；「石是羯姓，而晉書卷一二二呂光載記説他的老婆與女壻姓「石」，應是氐人；成姓據華陽國志卷八有北地盧水胡成豚堅、成明石。這裏一方面説明當時各族由於雜居之故，由這一部落分解入另一部落是不足爲奇的（特别秦隴屠各與氐族的關係非常密切），姓氏上的混淆往往就是種族間的混合；另一方面也説明從姓氏上判斷種族關係有時是不適宜的，尤其是當五胡時期各族正在動盪之際。

（三）前趙的種姓

屠各族有一部分與南匈奴雜居并州，我們在上面已經提到，這一部分究是西漢所遷，還是南匈奴入塞時一起帶進來的，我們不明瞭。匈奴帝國本來就包含了許多部族、部落，南匈奴中間就種族而論是相當複雜的，所以在魏晉時往往稱爲雜胡、山胡。我們看晉書卷五六江統傳説：「并州之胡，本實匈奴。」特别要加説明，可見當時已慣稱南匈奴所屬爲胡。并州屠各大概屬於南單于所管，與其他各部通稱爲胡。建立漢與前趙的劉氏可能並非南單于後裔而是屠各族。晉書卷一〇一劉元海載記云：

中平中單于羌渠使子於扶羅將兵助漢，討平黄巾，會羌渠爲國人所殺，於扶羅以其衆留漢，自立爲單于。屬董卓之亂，寇掠太原、河東，屯於河内。於扶羅死，弟呼厨泉立，以於扶羅子豹爲左賢王，即元海之父也。魏武分其衆爲五部，以豹爲左部帥，其餘部帥皆以劉氏爲之。太康中改置都尉……豹妻呼延氏魏嘉平中祈子於龍門……自是十三月而生元海……七歲遭母憂，擗踊號叫……時司空太原王昶等聞而嘉之，並遣弔賻……太原王渾虚襟友之，命子濟拜焉。咸熙中爲任（殿本作侍）子在洛陽……會豹卒，以元海代爲左部帥。

載記和後漢書南匈奴傳略有異同，這裏不加討論，〔一〕至於匈奴之分爲五部，據江統傳「泰始之初，又增爲四」之語，似非曹操所分，現在也姑且勿論，唯劉淵爲南單于於扶羅之嫡裔却甚爲可疑。日本内田吟風氏曾引史籍以證劉淵出於屠各：〔二〕

靳準歸矩，稱劉元海屠各小醜（晉書李矩傳）。王彌罵劉曜曰：「屠各子豈有帝王之意乎。」（晉書載記）劉聰一名載，字玄明，屠各人（孫盛晉陽秋）。屠各匈奴劉淵（魏書衛操傳）。

可是内田意在證成屠各爲匈奴王族，所以又引杜佑的話「頭曼、冒頓即屠各種也」。我認爲屠各決不能與頭曼、冒頓相混，現在再引幾條例證以補内田所未及。晉書卷六二劉琨傳盧諶、崔悦上表云：

〔一〕後漢書稱羌渠單于發兵助漢乃討張純而非鎮壓黄巾，率兵助漢者爲左賢王某而非右賢王於扶羅。然晉書卷五六江統傳也說：「中平中以黄巾賊起，發調其兵，部衆不從，而殺羌渠。」雖當從後漢書，而晉初傳聞異辭，亦早有助平黄巾之說。

〔二〕史林一九卷二號後漢末期至五胡亂時匈奴五部之形勢。

「屠各乘虛，晉陽沮潰。」這是指劉粲（聰子）陷晉陽事。晉書卷六三李矩傳矩謂張肇曰：「屠各舊畏鮮卑。」這裏的屠各亦指劉淵之衆。晉書卷一〇二劉聰載記王延罵靳準曰：「屠各逆奴，何不速殺我！」又晉書卷一〇三劉曜載記稱石勒滅劉曜，「坑其王公等及五郡屠各五千餘人於洛陽」。又晉書卷一〇四石勒載記上稱「曜潛與（卜）泰結盟，使宣慰諸屠各」。南齊書卷五七魏虜傳：「并州刺史劉琨爲屠各胡劉聰所攻。」這幾條都説明漢及前趙王室及其基本羣衆是屠各。

上面業已説明屠各即休屠，本居涼州，西漢時徙居西北五郡塞外，如果劉淵爲屠各人，就不可能爲南單于嫡裔。所謂「屠各種最豪貴，故得爲單于」僅僅適用於劉淵起事之後。魏書卷一序記云：

> 匈奴别種劉淵反於離石，自號漢王。

按照當時習慣用語，所謂「别部」、「别種」乃是服屬於一個主要部族的其他部族或部落，魏收稱劉淵爲匈奴别種就説明其非南單于一族，〔一〕結合魏書卷二三衛操傳所載操所著的頌德碑稱劉淵爲屠各匈奴，就可知道與劉淵同時的近鄰拓跋族内很清楚劉淵乃是屠各族。只是魏收在寫匈奴劉聰傳時又採取了十六國春秋，以致自相矛盾。

晉書劉元海載記所述劉淵的世系和事跡還有很大疑點。

〔一〕魏書此條資料必出於較前紀載。卷一〇四收自序云：「始魏初鄧淵撰代記十餘卷，其後崔浩典史，游雅、高允、程駿、李彪、崔光、李琰之世修其業。浩爲編年體，彪始分作紀表志傳，書猶未出。」考魏初事跡，最早紀載見於鄧淵代記，後來大概不會别有什麼依據，我們相信此條可能即出於鄧淵書。

第一、載記稱其父劉豹之死在樹機能起兵反晉之後，也就是在泰始十年（二七四）之後，而其爲左賢王乃在呼厨泉始立之時，也即是漢興平二年（一九五），從這一年到泰始十年（一九五——二七四）有八十年之久，假使劉豹以二十歲左右爲左賢王，則死時將在百歲左右，而劉淵生於魏嘉平中（二四九——二五三），則劉豹生他時年齡超過了七十歲，有點不近情理。

第二、載記稱：「會豹卒，以元海代爲左部帥。」似乎以劉豹卒於任上，即由其子劉淵繼承，但晉書卷三武帝紀泰始八年（二七二）稱「左部帥李恪殺（劉）猛而降」，又晉書卷九七北狄匈奴傳稱：「乃潛誘猛左部督李恪殺猛。」左部督也即是左部帥。假使劉豹卒後即由劉淵繼任，試問何時安插這個李恪？

第三、載記稱劉淵爲新興匈奴人。新興乃是匈奴五部中北部所居地。李慈銘晉書札記認爲劉淵應該是左部人。他說：

晉書於石氏、慕容、苻、姚皆先舉其所居郡縣而後系之曰羯人或鮮卑人，或氐人，或羌人，獨於劉元海曰：「新興匈奴人。」僅舉郡而無縣，於例既不畫一，且四夷傳云：魏武分匈奴爲五部，左部居太原故茲氏縣，北部居新興縣。元海載記亦云：左部居太原茲氏，北部居新興。元海爲左部人，世爲左賢王，領左部帥，則當爲茲氏人，非新興人矣。茲氏，魏時改屬西河郡，晉時西河爲國，移治茲氏，改茲氏曰隰城。是元海當曰西河隰城匈奴人，於例方合。

按李氏之說否認劉淵爲新興人是錯誤的。考元和郡縣志卷一四云：「秀容故城在宜芳縣南三十里，劉元海感神而生，姿容秀美，因以爲名也。」秀容城在新興（今忻縣）北，所謂姿容秀美，自然是望文生義，但劉淵既生於此城，自爲新興人。晉書卷一〇二劉聰載記稱：「新興太守郭熙辟爲主簿。」州郡掾屬照例辟本地人，可證劉氏世居新興。晉書卷一〇三劉曜載記稱曜「隱跡管涔山」，水經汾水注稱「水出太原汾陽縣北管涔山」，酈道元注：「劉淵族子曜嘗隱避於管涔之山。」這座山和秀容相近，也在新興西北，是劉曜爲新興人。如上所舉可證劉淵爲新興人，載記並沒有錯，下面不舉縣名是因爲秀容胡人所居，不屬於縣之故。但劉淵既是北部人，何以作左部帥，李氏這個問題却提得很有意思。劉豹以左賢王領左部應爲左部人，何以父子異部呢？劉元海載記云：

會豹卒，以元海代爲左部帥，太康末，拜爲北部都尉。

文選卷四九干寶晉紀總論：「彼劉淵者離石之將兵都尉。」〔一〕李善注：「太康八年（二八七），詔淵領北部都尉。」按離石爲舊單于王庭，既非北部，亦非左部，只是劉淵起兵時曾駐其地，他的本官實是北部都尉。魏書卷九五匈奴劉聰傳：「及魏分匈奴之衆爲五部，以豹爲左部帥……豹卒，淵代之。後改帥爲都尉，以淵爲北部都尉。」魏收五胡諸傳因襲十六國春秋，故與晉書多合，但帥與都尉既然只是一官的改稱，劉淵先已爲左部帥，何故以改官名之故並改其領部？我們知道部落酋長是不能像地方官那樣隨便調動的，劉淵以北部人統左部，又從左部調回北部是難以理解的。又劉元海載記稱成都王穎

〔一〕庾信哀江南賦序亦云「離石有將兵都尉」。

拜劉淵爲北單于，此時早已沒有北匈奴，何來北單于，且南單于此時也已虛位，假使劉淵爲南單于嫡裔，爲什麽不叫他當南單于。這些糾紛都由於劉淵本非南匈奴之族而發生，他實是北部屠各人，領北部都尉，所以任之爲北單于。劉淵既是北部人，爲北部都尉，那末與左部的關係不能很深，可是他的父親劉豹却又長期任左部都尉之職，這是非常費解的。

上面所舉疑點當然不能便據以判斷，但結合時人稱之爲屠各的諸例便顯得劉元海載記所述有出於僞託之嫌。劉元海載記出於十六國春秋已不待論，而十六國春秋的根據大約出於和苞趙記之類，那是前趙史官頌揚其君主的著作，自然完全照劉曜自己所述記下來，且爲之修飾，大都是靠不住的。我們還可以舉出一件事來證明御用史官的謬妄。劉元海載記稱「王渾虛襟友之，命子濟拜焉」，今考王渾死於元康七年（二九七），年七十五，上推當生於魏黃初四年（二二三）。劉淵七歲喪母，其時渾父昶方爲司空，應是魏甘露三、四年（二五八——二五九）間，〔一〕以此推之，劉淵當生於嘉平四、五年間（二五二——二五三）。王濟爲王渾次子，先渾卒，年四十六，其年歲與劉淵相當，或者還要大幾歲。晉書卷四二王濟傳説他「風姿英爽，氣蓋一時」，他是晉武帝的妹壻，過着極端奢侈的生活，驕狂之狀可以從世説新語和本傳中見到。這樣一個人，年齡又比劉淵略長，不但無下拜之禮，甚至可能不屑下交。劉元海載記之説自然出於前趙史官依託著名人物以抬高聲價而已。其他如述劉氏一門都博通

〔一〕三國魏志卷四齊王芳紀王昶於甘露三年（二五八）拜司空，次年即死。

經史，恐怕也出於揑造。這類例子不獨劉元海載記爲然，如石勒爲王衍所識，慕容廆受知於張華，〔一〕恐怕都是依託名人題目以自重，並非事實。

劉淵的假託世系，自然首先要取得匈奴貴族如劉宣等的承認，這也是不難理解的，因爲此時匈奴部族實際上已不存在，大體分爲屠各、羯胡、盧水胡三大類，一個屠各酋長掌握的實力要比空名的左右賢王大得多，劉宣等憑藉屠各實力而假以南單于世嫡之空名，企圖恢復匈奴舊業，這樣就造成了合作。我們看王莽時卜者王郎假託成帝子，居然取得趙國大豪的擁護，在河北形成很大的勢力，就不會疑惑爲什麽劉淵能够這樣做了。但同時人却大都知道這種詭計，所以「屠各」之稱，在史籍上還可以找到痕跡。

并州屠各在劉聰死後發生内亂時很多遷移到長安，晉書卷一〇三劉曜載記稱：「靳明率平陽士女萬五千人歸於曜。」其中必然絶大多數爲屠各，後來前趙亡時載記稱石虎「執其僞太子熙、南陽王劉胤並將相諸王等及其諸卿校公侯已下三千餘人皆殺之」，又説「坑其王公等及五郡屠各五千餘人於洛陽」，〔二〕大概西遷的并州屠各所存無幾，留在并州的與羯胡、鮮卑、烏丸等相雜，屠各的名號不復存在。

綜合以上所述，屠各應即休屠各的省稱，他們自漢武帝元狩二年（前一四〇）由匈奴渾邪王挾以歸漢，分佈於西北塞外，經過幾百年，始終保存其種族名號，但實際上與漢氏各族已多混淆；雜居於

〔一〕 見晉書卷一〇四石勒載記上，卷一〇八慕容廆載記。
〔二〕 通鑑卷九四咸和四年（三二九）胡三省注：「五郡屠各即匈奴五部之衆。」恐有誤，五郡當沿用漢代五郡塞外之稱。

秦隴區域者直到西魏大統年間（五三五——五五一）始不復見，上溯始遷之時將近七百年之久。這些屠各中間以并州屠各爲最强，曾經一度在北方建立王朝，其酋長劉淵自稱爲匈奴南單于嫡裔。

二　盧水胡

晉書卷一二九沮渠蒙遜載記：

沮渠蒙遜，臨松盧水胡人也。其先世爲匈奴左沮渠，遂以官爲氏焉。

宋書卷九八氐胡傳：

大且渠蒙遜張掖臨松盧水胡人也。匈奴有左且渠、右且渠之官，蒙遜之先爲此職，羌之酋豪曰大，故且渠以位爲氏，而以大冠之，世居盧水爲酋豪。

按沮渠蒙遜爲臨松人，晉書卷一四地理志上涼州後序云：「張天錫又別置臨松郡。」太平寰宇記卷一五二甘州張掖縣條云：「臨松山一名青松山，又名馬蹄山，又云丹嶺山，在縣南一百二十八里。十六國春秋：晉元嘉（當作永嘉）元年（三〇七）張掖臨松山有石如『張掖』字，後『掖』字漸滅而『張』字分明〔一〕……後魏太和中置臨松郡，在此山下。」按本條及隋書地理志、通典州郡都説後魏始置臨松郡，當從晉志爲是。

〔一〕晉書卷八六張軌傳云：「張掖臨松山石有金馬，字磨滅，粗可識，而張字分明。」與此略異。

盧水胡之名始見於東漢，後漢書卷八七西羌傳：

時燒何豪有婦人比銅鉗者年百餘歲，多智算，爲種人所信向，皆從取計策，時爲盧水胡所擊，比銅鉗乃將其衆，來依郡縣，種人頗有犯法者，臨羌長收繫比銅鉗。

又云：

二年（章帝建初二年即公元七七）夏，迷吾遂與諸衆聚兵，欲叛出塞……於是諸衆及屬國盧水胡悉與相應。

西羌傳於明章二帝時兩見盧水胡，其居地與臨羌不遠，臨羌在今西寧西。盧水胡既爲屬國都尉所管理，所以亦受徵發出兵，後漢書卷二三竇融附弟子固傳稱永平十六年（七三）明帝發兵征匈奴「固與（耿）忠率酒泉、敦煌、張掖甲卒及盧水羌胡萬二千騎出酒泉塞」。從以上三條紀載中可以知道東漢初年已有盧水胡之名，他們所居地與今西寧相近。水經河水注：「湟水又東，逕臨羌縣故城北……湟水又東，盧溪水注之，水出西南盧川，東北流注於湟水。」這條盧溪水，李賢注以爲即是盧水，亦即是盧水胡所居地，此水約在今西寧西。

可是盧水胡的分佈在漢末三國時期極爲廣泛，不限於湟水附近。後漢書卷八六南蠻西南夷傳：

冉駹夷者武帝所開，元鼎六年（前一一一）以爲汶山郡……其西又有三河槃于虜，北有黄石、北地、盧水胡，其表乃爲徼外。靈帝時復分蜀郡北部爲汶山郡云。

汶山爲今四川茂縣，黄石爲雜種胡名，北地似亦指雜胡之舊居北地者，而盧水胡則是從西寧一帶南下至今四川境内。此一地區的盧水胡在晉初還見於紀載，華陽國志卷八大同志元康八年（二九八）：

汶山興樂縣黄石、北地、盧水胡成豚堅、安角、成明石等與廣柔、平康、文降劉紫利羌有仇，遂與㠗峒羌郅逢等數千騎劫縣令，求助討紫利。太守楊邠撻殺豚堅而降其餘類，餘類遂叛。

這一段中興樂、廣柔、平康都是汶山屬縣，文降爲汶江之訛，也是汶山屬縣。成爲屠各姓，已見前，安是西域姓，他們可能是盧水胡。汶山的盧水胡以後似罕見。

曹魏時涼州盧水胡曾經一度起事，三國魏志卷一五張既傳：

涼州盧水胡伊健妓妾、治元多等反，河西大擾……既至金城，欲渡河，諸將守以爲兵少道險，未可深入……（既）遂渡河，賊七千餘騎逆拒軍於鸇陰口。既揚聲軍從鸇陰，乃潛由且次出至武威，胡以爲神，引還顯美。既已據武威……大破之，斬首獲生以萬數。

此事在魏文帝的黄初二年（二二一）。三國蜀志卷三後主延熙十年（二四七）稱「涼州胡王白虎文、治無戴等率衆降，衛將軍姜維……居之於繁縣」。治無戴和治元多同姓，應亦是盧水胡，〔一〕白虎文恐亦同族（見後），皆盧水酋豪。張既傳之盧水胡居於顯美附近，故云「引還」。顯美是武威屬縣，清一統志云在今甘肅永昌縣東。鸇陰縣，漢書卷二八下地理志下屬安定。然後漢書李賢注引闞駰十三州志云：「涼州姑臧縣東南有鸇陰縣故城，因水以爲名。」後漢書郡國志五武威郡有鸇陰縣，疑前漢之安定

〔一〕魏志卷二文帝紀黄初二年（二二一）注引魏書：「十一月辛未，鎮西將軍曹真命衆將及州郡兵討破叛胡治元多、盧水封賞等，斬首五萬餘級，獲生口十萬，羊一百一十一萬口，牛八萬，河西遂平。」似乎將叛胡與盧水胡分列。

鶉陰與此非一地。太平寰宇記卷三七會州會寧縣本漢鶉陰縣地，清一統志稱鶉陰今靖遠西北，即指此，乃是安定的鶉陰。寰宇記卷一五二涼州姑臧縣條又云：「鶉陰城在縣東，鶉，水名，俗名正陰城，是漢鶉陰縣，今廢城存。」通典卷一七四武威郡姑臧縣注：「又有漢鸇陰縣在今縣東南，因水爲名。」都是指後漢武威的鸇陰。今靖遠和武威相去甚遠，而鶉陰又即在姑臧附近，似不能由安定改屬。

從以上地名看來，三國時一部分盧水胡居於武威附近。

其居於關中者亦見於三國時。三國魏志卷一五梁習傳注引魏略：

（建安）二十二年（二一七）太祖拔漢中諸軍，還到長安，因留騎督太原烏丸王魯昔使屯池陽，以備盧水。

池陽漢屬左馮翊，今陝西三原縣，盧水胡應在渭北。三國魏志卷二文帝紀，延康元年（二二〇）五月云：

馮翊山賊鄭甘、王照率衆降，皆封列侯。

注引魏書：「初鄭甘、王照及盧水胡率其屬來降。王得降書以示朝曰：『前欲有令吾討鮮卑者，吾不從而降；又有欲使吾及今秋討盧水胡者吾不聽，今又降。』」其事亦見於魏志卷二六郭淮傳，稱淮「護左將軍張郃、冠軍將軍楊秋討山賊鄭甘、盧水叛胡皆破平之。關中始定，民得安業」。這都是渭水北岸的盧水胡，他們在關中的聲勢是相當大的。鄭甘、王照稱「山賊」，他們並非胡人，但却能率領盧水胡反抗曹魏統治，又可見種族間的界限不是太嚴格的。

西晉末年關中各族起兵反晉，其中就有盧水胡。晉書卷四惠帝紀元康六年（二九六）五月：

匈奴郝散弟度元帥馮翊北地馬蘭羌、盧水胡反，攻北地，太守張損死之。馮翊太守歐陽建與度元戰，建敗績。徵征西大將軍趙王倫爲車騎將軍，以太子太保梁王肜爲征西大將軍，都督雍涼二州諸軍事，鎮關中。秋八月雍州刺史解系又爲度元所破，秦雍氐羌悉叛，推氐帥齊萬年僭號稱帝。〔一〕

這件事引起巴氐入蜀，乃是晉末各族反晉規模較大的一次，其發端還在以前兩年。惠帝紀於元康四年（二九四）五月稱：「匈奴郝散反，攻上黨，殺長吏。」八月又稱：「郝散帥衆降，馮翊都尉殺之。」晉書卷五六江統傳稱「郝散之變，發於穀遠」，穀遠爲上黨縣名，今沁源東。我們知道上黨爲羯胡聚居之地，羯胡是雜胡，盧水胡也是雜胡，所以這個稱爲匈奴的郝散可以統領盧水胡，而且郝氏還是盧水大族（見後）。

當劉淵起兵之後，關中大亂，盧水胡的活動也見於紀載。晉書卷六〇賈疋傳云：

遷安定太守，雍州刺史丁綽貪橫，失百姓心，乃譖疋於南陽王模，模以軍司謝班代之。疋奔瀘水，與胡彭蕩仲及氐竇首結爲兄弟，聚衆攻班。綽奔武都，疋復入安定殺班……旋自渭橋襲蕩仲殺之，遂迎秦王，奉爲皇太子。後蕩仲子夫護帥羣胡攻之，疋敗走，夜墮於澗，爲夫護所殺。

〔一〕文選卷二〇潘安仁關中詩注引傳暢諸公讚云：「北地盧水胡、馬蘭羌因此爲亂，推齊萬年爲主。」以晉書所云校之，似乎北地還是指胡之名號，所謂馮翊北地馬蘭羌、盧水胡猶云在馮翊的北地胡、盧水胡與馬蘭羌。

我們在屠各考中所引麴允傳又説殺賈疋的「胡」是屠各，二者同是雜胡，或共殺賈疋，或有所混淆，現在無法斷定。但彭氏確是盧水酋豪，宋書卷二九符瑞志下云：「瀘水胡王彭護獻嘉禾。」可以爲證。賈疋傳所云盧水胡居於安定，傳云疋奔瀘水，考隋書卷二九地理志上安定郡陰盤縣下注云：「後魏置平涼郡，開皇初郡廢，有盧水。」按今地圖鎮原之東北有水名黑河，盧即是黑，那末「疋奔瀘水」，可能即指此河，而盧水胡恰又居於附近，難道此時所指盧水已不是遠在湟中的盧溪水麽？秦、隴之有盧水胡還見以後的紀載。晉書卷一二五乞伏乾歸載記：

鮮卑豆留鞬、叱豆渾及南丘鹿結并休官曷呼奴、盧水尉地跋並率衆降於乾歸。

此盧水胡與休官同降，應即在安定、天水之地。

前秦瓦解之後，張掖的盧水胡乘機興起，同時渭北的盧水胡也曾一度占領長安。晉書卷一一六姚萇載記：

（慕容）沖既率衆東下，長安空虛，盧水郝奴稱帝於長安，渭北盡應之。扶風王驎有衆數千，保據馬嵬。奴遣弟多攻驎。萇伐驎破之，驎走漢中，執多而進攻奴，降之。

我們在屠各考中引前秦鄧太尉祠碑，馮翊護軍所屬有盧水胡，這裏所述的郝奴大概即馮翊護軍所屬，他們居於杏城。通鑑卷一〇六晉孝武帝太元十一年（三八六）三月云：「鮮卑既東，長安空虛，前滎陽高陵趙穀等招杏城盧水胡郝奴帥户四千入於長安，渭北皆應之。以穀爲丞相（下同載記）……奴懼，請降，拜鎮北將軍，六谷大都督。」按杏城在今中部縣界，爲渭北盧水胡聚居之處。這個郝奴在魏書中又見到他的名字，魏書卷二太祖紀天興元年（三九八）四月稱：「鄜城屠各董羌、杏城盧水郝奴……各率其種内附。」太元十一年至魏天興元年即安帝隆安二年不過十二年（三八六——三九八），可能是同一郝奴。

北涼沮渠氏在太延五年（四三九）爲北魏所滅，涼州人民被迫遷移到平城的有三萬餘家，其中必有盧水胡。又過了三年（太平真君二年，即公元四四一）北魏又攻下酒泉，沮渠氏的殘餘由沮渠無諱率領逃奔高昌，後來被柔然所併。張掖的盧水胡就這樣消滅了。魏書卷九九沮渠牧犍傳稱太平真君八年（四四七）有人告發「牧犍猶與故臣民交通謀反」，以致賜死，這些故臣民自然不一定指盧水胡，但也包括徙居平城的盧水胡，以後這批盧水胡大概與屠各一樣在鮮卑與漢人中消失了。但是關中盧水胡却還不斷起來反抗拓跋氏的統治。〔一〕魏書卷四下世祖紀下太平真君六年（四四五）三月：

酒泉公郝温反於杏城，殺守將王幡，縣吏蓋鮮率宗族討温，温棄城走，自殺，家屬伏誅。

郝氏爲杏城盧水胡大姓，這個縣吏蓋鮮也是盧水大姓，就在這年九月以盧水胡蓋吴爲領導的反魏大起義就爆發了，世祖紀下載：

盧水胡蓋吴聚衆反於杏城。冬十月戊子長安鎮副將元紇率衆討之，爲吴所殺，吴黨遂盛，民皆渡渭奔南山。

〔一〕北魏時期杏城盧水胡之活動亦見於燕京學報三九期周一良先生北朝的民族問題與民族政策。

這一次起義規模相當巨大，種族方面包括了漢族、盧水胡、屠各、氐、羌、蜀（即叟）、新平、安定諸夷酋；範圍擴大到秦隴的金城、天水、略陽，東及河東，南至渭水南岸長安、盩厔，參加起義人數據本紀所載蓋吴進攻李閏堡時，被魏軍所敗，溺死於河者即三萬餘人，不久又敗於渭北，被魏軍屠殺的又有三萬餘人，魏書紀載自然在於誇耀其屠殺行爲，實際上此時蓋吴在軍事上是勝利的，但從魏書的紀載上義軍人數之多可以推知。蓋吴從這年九月起義，屢敗魏軍，拓跋燾（世祖）只好自己出馬，幾乎用了全部力量才於次年擊敗義軍，然而蓋吴還是再接再厲，世祖紀於太平真君七年（四四六）五月稱「蓋吴復聚杏城，自號秦地王，假署山民，衆旅復振」，直到八月蓋吴征屠各，爲流矢所中而死，〔一〕才能將義軍鎮壓下去。

關於蓋吴之事詳見於魏書世祖紀，崔浩、陸俟、裴駿等傳和宋書索虜傳，今不贅述，總之這次起義乃是胡、漢各族的大聯盟，業已爲北魏末期北鎮大起義的先聲。

蓋吴起義被鎮壓後，仍有餘波，魏書卷四〇陸俟傳云：「安定盧永劉超等聚黨萬餘以叛。」「永」乃是「水」字之誤，〔二〕這一條所稱盧水就是西晉時賈疋所奔之瀘水無疑，稱安定盧水劉超還是指安定的盧水胡，抑是指居於盧水，暫且只好不論。我們所能知道的便是南北朝時所瞭解的盧水已非湟中之盧溪水，而是安定、北地之盧水，譬如宋書索虜傳便稱蓋吴爲北地瀘水人。

〔一〕魏書世祖紀稱爲下人所殺，卷四〇陸俟傳稱爲其二叔所殺，此從宋書索虜傳。

〔二〕百衲本、殿本都作「盧永」，似爲人名，但下文只説劉超，絶未提及「盧永」，可知爲盧水之訛。

杏城的盧水胡被慘酷屠殺者必多，但人口還不少，魏書卷三〇尉撥傳：「出爲杏城鎮將，在任九年，大收民和，山民一千餘家，上郡徒各、盧水胡八百餘落盡附爲民。」這是文成帝時事，到了獻文帝又有一次起義，魏書卷四三唐和附兄子玄達傳：

顯祖時出爲華州刺史……杏城民蓋平定聚衆爲逆。顯祖遣給事楊鍾葵擊平定，不克而還。詔玄達討平之。杏城民成赤李又聚黨自號爲王，逼掠郡縣，殘害百姓，玄達率騎二百邀其狹路擊破之。

蓋平定自然是盧水胡，〔一〕成赤李之成姓據上引華陽國志可能是盧水胡，但也可能是屠各。自此以後盧水胡之名在歷史上不見紀載。

盧水胡的種族照沮渠蒙遜載記以及魏書、宋書的沮渠蒙遜傳並沒有說是匈奴，只是沮渠氏的祖先曾爲匈奴此官而已，雖照當時通例言之，似不妨認爲匈奴別部，但推其由來，我同意周一良教授與小月氏有關的說法（見第三九六頁注〔二〕）。照漢書卷九六西域傳下所説月氏西遷之後「其餘小衆不能去者，保南山羌，號小月氏」，史記卷一一一驃騎傳稱霍去病「逾居延，遂過小月氏，攻祁連山」，按漢居延在今額濟納河東之黑城，逾居延而過小月氏，始攻祁連，可見小月氏在西漢時還是居於祁連山麓，也即是漢書西域傳所云「保南山羌」，以後又深入湟中，後漢書卷八七西羌傳稱「其大種有七，勝

〔一〕蓋郝爲盧水大族，不但從蓋吳起義中可以看到，鄧太尉祠碑題名有軍功曹寧戎蓋周、彦容，軍主簿寧戎郝子靈永文，亦可取證。

兵有九千餘人，分在湟中及令居」，這樣，從張掖以南直達湟中都有小月氏，所以水經河水注引十三州志云：「西平、張掖之間大月氏之別，小月氏之國。」從地域上看來小月氏的分佈與沮渠氏及湟中盧水胡之分佈相合。此外晉書卷一二九沮渠蒙遜載記稱蒙遜自云：

昔漢祚中微，我之乃祖，翼奬竇融，保寧河右。

按後漢書卷二三竇融傳稱建武八年（三二），西征隗囂，「融率五郡太守及羌虜小月氏等……與大軍會高平第一」，可以證明小月氏確曾與竇融合作，蒙遜所云或即指此。

但魏、晉以後的盧水胡却已是雜胡，從姓氏上看來郝氏是上黨匈奴姓，但也是烏丸姓，後漢書卷八五東夷烏丸傳見有遼西烏桓大人郝旦，可以爲證；成氏也與屠各相混。而其中還雜有西域姓：其一是白氏，魏書卷四下世祖紀述蓋吳起義時，他的將領有一個部落帥白廣平，我們知道白氏是龜茲王姓，其二爲安氏，見上引華陽國志，安氏爲安息或安國人也是人所共知之事，其三是車氏，沮渠蒙遜載記稱蒙遜母爲車氏，車乃車師之姓。這種西域姓我以爲是匈奴、月氏中間本來就有，也即是說他們久已進入匈奴或月氏族内。

這個盧水胡北魏以後就不見了，而魏末出現了一種稽胡，稽胡是所有雜種胡的總稱，我將在下節再討論，現在只引周書卷四九稽胡傳所述以證其轉變。傳云：

武成初延州稽胡郝阿保、郝狼皮率其種人附於齊氏……其後丹州、綏州、銀州等部内諸胡與蒲川别帥郝三郎等又頻年逆命……天和二年（五六七），延州總管宇文盛率衆城銀州，稽胡白郁久同、喬是羅等欲邀襲盛軍，盛並討斬之。

郝、白固然不一定就是盧水胡姓，但延州、銀州均在杏城之北，正是北魏盧水胡較多地區。這裏的郝、白二姓應與上述郝奴、白廣平同族，但在北周時業已被稱爲稽胡，同時匈奴大姓喬氏也在稽胡之中，可見陝北各族融合的情況。

三 羯胡

晉書卷一〇四石勒載記上：

上黨武鄉羯人也，其先匈奴別部羌渠之胄。

魏書卷九五羯胡石勒傳：

其先匈奴別部，分散居於上黨、武鄉、羯室，因號羯胡。

按晉書卷九七北狄匈奴傳所説入居塞内的匈奴十九種之中有羌渠，還有一種稱爲力羯，二者可能與羯族有關。當時稱爲別部，本來表示其非一族。世説新語識鑒篇稱石勒爲匈奴苗裔，恐怕不符事實。至於稱爲羯胡之故，照魏書的解釋是由於居於羯室之故，可是晉人稱羯常常泛指雜胡，並非專指羯室之胡。例如晉書卷八六張寔傳：

帝將降於劉曜，下詔於寔曰：「……羯賊劉載，僭稱大號。」

又同書卷六三李矩傳：

後劉聰遣從弟暢步騎三萬討矩……矩謀夜襲之，兵士以賊衆，皆有懼色。矩令郭誦禱鄭子產祠曰：「君昔相鄭，惡鳥不鳴，凶胡臭羯，何得過庭！」

文選卷三七劉越石勸進表李善注引王隱晉書懷帝紀：

羯賊劉曜破洛，皇帝崩於平陽。

我們在上面已經説過劉淵一族應是屠各，而此三條稱之爲羯，可知雜胡皆可稱羯。南齊書卷五七魏虜傳稱：「初佛狸討羯胡於長安，殺道人且盡。」這裏的羯胡即指盧水胡蓋吴。我們在上面提到晉元康四年（二九四）在上黨起兵的匈奴郝散應爲上黨雜胡，亦即羯胡，但杏城郝氏實爲盧水大族，可以證明二者的關係。至於宋書卷六〇范泰傳、卷七〇袁淑傳之稱拓跋爲羯，那恐怕是一種過於廣泛的用法。

羯胡固可用爲各種雜胡的泛稱，但嚴格地説應限於河北區域内亦即山西、河北間的新徙諸胡。

文選卷五九沈休文齊安陸昭王碑李善注引朱鳳晉書：

前後徙河北諸郡縣，居山間，謂之羯胡。

這一條指出羯胡分佈地區既不限於羯室一地及其附近，亦不包括關中秦涼雜胡如屠各、盧水等。可惜本條無頭無尾，沒有説清楚所徙者之種族及何處徙來，但就前後所徙而言即是不止一次，而其分佈地區也較廣，當時除了匈奴以外，別無他族可以相當。我們知道所謂内徙匈奴諸部實際上很多只是曾經爲匈奴役屬而已，不必即爲匈奴族。魏晉期間匈奴部族正在或業已分解，雜胡、山胡、羯胡一般都號爲匈奴，其實都是極其含糊的泛稱。

大體言之，此時匈奴族之分解與其他各族併合的結果形成了多種雜胡。其中屠各以匈奴族成分較多，盧水出於小月氏已如上述，羯胡是包含西域胡較多的，我們雖然不能説即是羯胡之主要成分，但所占比重相當大。可是我們必須説明，這些西域胡本來是作爲匈奴部族的一部分而内遷的。

關於羯族的相貌特徵爲深目、高鼻、多鬚，這裏不想多説，現在另外舉出兩件事來證明。晉書卷一〇五石勒載記下，勒下令云：

其燒葬令如本族。

説明羯族通常用火葬。隋書卷八三西域石國傳云：

正月六日、七月十五日，以王（石國王）父母燒餘之骨金甕盛之，置於牀上，巡遶而行。

王尚燒葬，人民可知，是石國在葬禮上與羯胡相同，豈非説明石勒本是石國人麽？晉書卷一〇七石季龍載記下附石鑒：

龍驤孫伏都、劉銖等結羯士三千，伏於胡天。

隋書卷七禮儀志二：

後主（北齊）末年，祭非其鬼，至於躬自鼓儛，以事胡天……後周欲招徠西域，又有拜胡天制，皇帝親焉。

北齊宫廷中有很多的西域胡人，所以深染其俗，後周則隋書説明爲了招徠西域，可見胡天乃是西域之神，亦即是火祆教。魏書卷一〇二西域康國傳：

有胡律置於祆祠，將決罰則取而斷之……俗奉佛爲胡書。

石趙奉祆教而又奉佛亦與康國同，是在宗教信仰上也有出於西域之嫌疑。羯胡的宗教、風俗與西域之昭武九姓相同再加上相貌的特徵，我們可以相信西域胡在羯族中必占相當重要的地位。

以下我們再從姓氏上加以研究。

一、石：石氏在漢姓中並非稀姓，少数族中石氏也不單是羯胡。上面已經説到石勒可能爲石國人血統，他的兒子石宣據説「胡狀目深」，相貌特徵是顯著的。但屠各中有石氏，氐族中也有石氏（見前）。華陽國志卷八大同志稱羅尚進攻李特時：「營中氐、羌因苻成、隗伯、石定叛……」這個石定必是與李特等一起入蜀的氐人。（苻成、隗伯與石定均略陽氐，與李特不同族）晉書卷一二二呂光載記稱：「光妻石氏、子紹、弟德世至自仇池。」呂光是略陽氐，仇池更是氐人所聚居，他的妻子就很可能爲氐人；載記又稱光甥石聰，更可見呂、石二姓互爲婚姻，疑非同族不能。此外他的部下還有一個西安太守石元良。晉書卷一二六秃髮烏孤載記稱烏孤之將有石亦于、石真若留二人；秃髮爲河西鮮卑，其部下之石氏當是出於西域之秦、涼胡人。

石氏並不限於羯族，氐族之石氏是否與羯胡之石氏同出石國，無從斷定，但自涼州南下的西域胡人當時分佈於秦隴以至蜀地的一定很多，所以仍然有此可能。

二、支：晉書卷一〇四石勒載記上稱初起時之十八騎有支雄、支屈六。元和姓纂輯本卷二支氏條云：「石趙司空支雄傳云：『其先月支人也。』晉有高僧支遁字道林，天竺人。」按慧皎高僧傳卷四云：「支遁字道林，本姓關氏，陳留人，或云河東林慮人。」其非胡人，自不待論，而支氏也不能出於天竺，其誤顯然。考月支入居中國有以部落形式內遷者，僧祐出三藏記卷一三支謙傳云：「大月支人也，祖父法度以漢靈帝世率國人數百歸化，拜率善中郎將。」可以爲證。因此在諸胡族中特別有支胡名稱。後漢書卷七二董卓傳注引獻帝紀：

(牛)輔帳下支胡赤兒等素待之過，急，盡以家寶與之……輔傷腰不能行，諸胡共取其金，並誅輔首詣長安。

三國魏志卷六董卓傳云：「(牛輔)乃取金寶與素所厚友胡赤兒等五六人相隨，踰城北，渡河，赤兒等利其金寶斬首送長安。」這裏「支」字作「友」，意義大爲不同，按獻帝紀之「支」決不能爲「友」之誤，「帳下友」是聯不起來的。趙一清三國志注補云：「支胡，胡號也，友字誤，支字亦誤。」但他卻沒有説明應作什麼字。吳翊寅的夾註便認爲「支即氏之誤，古氏支同音，月氏亦作月支可證」。考月氏之「氏」音「支」，所以月氏也作月支，上引支謙傳便是。又漢安定縣之烏氏縣魏書地形志寫作烏氏，則「氏」本亦可作「氐」。這類「氐」作「支」、作「氏」之例還多，這裏不列舉，但吳氏以「支」、「友」二字均爲「氐」之誤卻有問題，大概趙吳二人都感到支胡的名稱有點生疏，所以要改字，其實在晉代我們還可以找到支胡的名號，晉書卷五懷帝紀永嘉三年(三〇九)七月云：

平陽人劉芒蕩自稱漢後，誑惑羌戎，僭帝號於馬蘭山。支胡五斗、叟郝索聚衆數千爲亂，屯新豐，與茫蕩合勢。

據畢校長安志卷二〇云同官縣北有馬欄山，應即是馬蘭山，新豐在今渭南縣南，所云「支胡五斗、叟郝索」的解釋應爲支胡人五斗和叟人郝索。支胡五斗猶之獻帝紀之支胡赤兒。晉書卷六〇索琳傳稱「（劉）聰將蘇鐵、劉五斗等劫掠三輔」，可知五斗爲當時通行的人名。在前面我們引前秦鄧太尉祠碑馮翊護軍所統有「高涼西羌、盧水、白虜、支胡、粟特」，這裏支胡與西羌、盧水並舉，更顯爲部落名號。碑出於今涇陽縣，〔一〕所統各族均應在渭北。〔二〕

就以上兩條推測，當西晉末年以至五胡時期關中渭水南北曾有支胡部落存在。支胡當即月支胡之省稱，後漢書卷八七西羌傳稱：「湟中月氏胡，其先大月氏之別也。」月氏可作月支，月支胡省作支胡，等於休屠各省作屠各。以後直到北魏時期支胡還曾一度起義。南齊書卷五七魏虜傳：

北地人支酉聚衆數千人於長安城北西山起義，遣使告梁州刺史陰智伯。秦州人王度人起義應酉，攻獲僞（魏）刺史劉藻，秦雍間七州民皆響震，衆至十萬，各自保壁，望朝廷救其兵。宏（魏孝文帝）遣弟僞河南王幹，尚書盧陽烏擊秦雍義軍，幹大敗。酉迎戰，進至咸陽北濁谷，圍僞司空長樂王繆老生，合戰，又大破之，老生走還長安。梁州刺史陰智伯遣軍主席德仁、張弘林等數千

〔一〕孫星衍寰宇訪碑錄以爲此碑出於蒲城縣，是錯誤的。

〔二〕魏書地形志高涼屬晉州，在今聞喜西，但北魏郡縣東西移易，苻秦時高涼應在渭北，故爲馮翊護軍所統。

人應接。酉等進向長安，所至皆靡。會世祖崩，宏聞關中危急，乃稱聞喪退師……遣僞大將軍楊大眼、張聰明等數萬人攻酉。酉廣等並見殺。〔一〕

這一件事在魏書中毫無紀載，太和十七年（四九三）關中並無任何軍事行動的痕跡可以比附。南齊書所列舉的鎮壓義軍大將，照魏書諸傳趙郡王幹此時方都督關右諸軍事，還不算錯，至於繆老生（即穆亮）則留鎮洛陽，並未到長安去，楊大眼還只是一個軍主，也不能充當主帥；可見南齊書的叙述是不正確的。但齊朝既然派兵應接，也決不是無中生有。大概支酉起義是事實，他向齊朝要求援助時必然加重説明自己的力量，陰智伯據以入奏，又必張大其辭以聳動朝廷，而此時正當魏兵南下之際，朝廷爲了安定人心與對敵宣傳可能更加以誇大，南齊書根據當時紀錄來叙述，於是彷彿義師一起，關中震動。實則如這種各族「變亂」之事，在關中常常發生，從個別的事件上來説，還不能威脅北魏政權到太嚴重的地步。

支酉爲北地人，北地爲今之耀縣，我們知道北地是各族雜居之地，所以有「北地胡」之稱。所云北地人恐是指其族類，並非居於北地，正如稱蓋吳爲北地瀘水人一樣。支酉大約還是在渭北起義，其部衆亦在渭北。不管南齊書如何誇大，從晉以來渭北的支胡部落至魏時還存在是可以相信的，雖然支酉所號召的不限於支胡人。

〔一〕廣應即上面的王度人，但不知是「度人」二字誤合爲「廣」，還是「廣」字誤分爲「度人」，檢宋蜀本已如此。

渭北的支胡我們不能知道其所從來，但和羯胡中的支姓必有關係。

三、粟特：晉書卷一〇七石季龍載記附冉閔云：

降胡粟特康等執冉胤及左僕射劉琦等送於（石）祇。

上引鄧太尉祠碑所記馮翊護軍所統諸部有粟特，則渭北也有粟特部落。粟特是地名，與康居、康國都有關，這一些我不想討論。北史西域傳始見粟特之名，後漢書西域傳與晉書西戎傳都稱作粟弋（後漢書傳本均訛作粟弋），宋書卷五文帝紀元嘉十八年（四四一）朝貢諸國中有肅特，亦是一種異譯。苻秦之世，渭北已有其部落，羯胡中又有粟特將領，可信其白西东遷當在五胡占據北方之前。粟特是地名，就是撒馬爾干一帶那密水流域，我想以粟特名稱出現的應即是康國（或康居），因爲按照隋書西域傳的紀載，這個國家是粟特地區諸國的宗主（而康居則是居於其地的種族名）。假使這個推測不誤，那末粟特康乃是粟特加上康，不是隨便起名。史籍上姓粟特的就我所知雖然只此一人，但姓康的却頗多，從而可以推測渭北之粟特部人可能很多姓的是康。

康氏最著名的一族居於陝西藍田。梁書卷一八康絢傳：

康絢字長明，華山藍田人也。其先出自康居，初漢置都護盡臣西域，康居亦遣侍子，待詔於河西，因留爲黔首，其後即以康爲姓。晉時隴右亂，康氏遷於藍田。絢曾祖因爲苻堅太子詹事。生穆，穆爲姚萇河南尹。宋永初中穆舉鄉族三千餘家入襄陽之峴南。宋爲置華山郡、藍田縣。

按晉書卷一一八姚興載記下稱後秦將有康宦。〔一〕又云：「揚武安鄉侯康宦驅略白鹿原氏胡數百家奔上洛，太守宋林距之……興赦之，復其爵位。」太平寰宇記卷二六雍州藍田縣有白鹿原，在縣西北九里，則康宦也是藍田之康。宋書卷四八傅弘之傳稱劉裕入關滅後秦時，弘之等「進據藍田，招懷戎、晉，晉人龐斌之、戴養，胡人康橫等各率部落歸化」，晉人所率應是部曲，此部落乃專指康橫所領，康橫和康絢的祖父康穆都是藍田康氏首領，他們的關係我們不明瞭。

藍田在渭南，但渭北不是沒有康姓，魏書卷四一源子雍傳：

賊帥康維摩擁率羌、胡，守鋸谷，斷甄棠橋，子雍與交戰，大破之。

按太平寰宇記卷二八同州韓城縣有崌谷水，在縣南一里，注於河，其地正是馮翊護軍所屬。

涼州康氏仍然很多，前涼張天錫有一個將領康妙，後涼吕纂有一個力士康龍，均見晉書本傳及載記，晉書卷一二二吕光載記在苻堅死的那一年稱：

光西平太守康寧自稱匈奴王，阻兵以叛，光屢遣討之不捷。

西平即今西寧，這個康寧自稱匈奴王，大概早先隸屬於匈奴。北史卷九六吐谷渾傳見別駕康盤龍，當是康寧之族。

還有一部分康姓胡人進入蜀地。華陽國志卷八大同志泰始十年（二七四）皇甫晏討白馬胡，云：

〔一〕魏書卷九五姚萇傳云北魏擒後秦將領中有康宦、康猥二人，按宦爲宧之形訛，猥又宧之音誤，實只一人。

「胡康水子燒香，言軍出必敗。」這自然也是從涼州南下的。

四、白：晉書卷一〇七石季龍載記附冉閔稱：

慕容彪攻陷中山，殺閔寧北白同。

此事亦見於晉書卷一一〇慕容儁載記。白同當是石氏故將，也是羯胡。白（或作帛）氏爲龜茲姓，不須贅述，自晉以後盧水胡、羯胡中常見白姓，最早或亦出於龜茲，但與其他西域胡姓一樣，早已成爲雜胡，三國時期涼州就有白姓胡王。三國蜀志卷三後主延熙十年（二四七）：

涼州胡王白虎文、治無戴等率衆降，衛將軍姜維迎逆安撫居之于繁縣。

這個白虎文決不能爲龜茲王，即使龜茲酋豪也不可能率其族人，跋陟長途，越過魏屬涼州而歸附蜀漢，因此只能是久居涼州的部落，我們在上面提到和他同降的治無戴可能是盧水胡（見第二節盧水胡）。宋書卷三三五行志四，水不潤下，晉武帝泰始四年（二六八）九月條：

昔歲及此年，藥蘭泥、白虎文秦涼（按「秦」上當有缺字）殺刺史胡烈、牽弘，遣田璋討泥。

按胡烈之死實在六年，自延熙十年至泰始六年（二四七——二七〇），相距二十三年，可能爲同一白虎文，他大概先入蜀而又返還秦涼，更可證其爲原居秦涼之部落。

苻秦時關中有很多白姓，金石粹編卷二五著錄苻秦揚武將軍□產碑陰題名，有翔威將軍酋大白安、帛大谷、行事白禽、主簿白國，碑在今宜君縣，其地正是各族雜居之處。宋書卷九八沮渠蒙遜傳云：「羌之酋豪曰大。」行事、主簿都是郡縣掾屬，照例用本地大族，由此可見白氏爲其地大姓，並且還是部落酋豪。

北魏時蓋吴起義已見上述。魏書卷四下世祖紀太平真君六年(四四五)十一月：

蓋吴遣其部落帥白廣平西掠新平、安定。

蓋吴爲杏城盧水胡，其部落帥亦應爲其同族，□産碑出於宜君縣，與杏城相去不遠，白廣平大概也是個「酋大」。但宋書卷九五索虜傳載蓋吴所上表云：「私署安西將軍常山白廣平練甲高平，進師汧隴。」白氏郡望並無常山，而其人亦非居於常山，不知道何故。難道渭北白氏是從河北徙來的麼？

山西的山胡中白氏也是大姓。魏書卷三太宗紀神瑞二年(四一五)三月：

河西饑胡屯聚上黨，推白亞栗斯爲盟主。

魏書卷四上世祖紀延和三年(四三四)七月：

行幸美稷，〔一〕遂至隰城(今隰縣)，命諸軍討山胡白龍於西河。九月戊子克之，斬白龍及其將帥，屠其城。冬十月……破白龍餘黨於五原。〔二〕

白亞栗斯稱河西胡，這個「河西」既非指涼州，也非指陝北、内蒙古自治區的伊克昭盟自治區，而只是指汾河之西。因此「河西」與「西河」可以互稱，例如魏書卷三太宗紀永興五年(四一三)五月見西河

〔一〕按此東漢之美稷，與下隰城相近。

〔二〕魏書卷一〇六地形志上五原屬附化郡，今盂縣西。卷四二薛辯附子謹傳稱：「山胡白龍憑險作逆，世祖詔鎮南將軍奚眷與謹自太平北入，討平之。」太平即今盂縣，可證此五原非西漢之五原。

張外，而卷一一八劉潔傳却稱之爲河西胡張外；卷五一皮豹子傳、卷八九李洪之傳都載進攻河西胡事，而進攻之地乃是石樓，可見不指黃河以西。河西胡與西河胡既是互稱，白亞栗斯與白龍應均爲山西西部舊晉代西河國之山胡。

山胡與羯胡均爲雜胡之泛稱，這些雜胡都是舊屬匈奴，並以匈奴名義內徙的，盧水胡也是雜胡，所以中間有出於龜茲的白姓，但其入於匈奴必然是很久以前的事。

蜀地既爲西域胡人的通道，而如上面所述蜀漢又曾遷徙涼州胡王白虎文於繁縣，所以亦有帛氏。宋書卷四五劉粹附弟道濟傳：

初道濟以五城人帛氏奴梁顯爲參軍督護，費謙固執不與……氐奴既懷恚忿，因聚黨爲盜賊。

梁書卷二〇劉季連傳：

新城人帛養逐遂寧太守譙希淵。

五城、新城都在今中江縣，去繁縣（今新繁）不遠，或者白虎文雖返秦涼，其族仍有留居蜀土者，我們看宋、齊益州亂事兩次均有帛氏參加，可見其在當地有相當勢力。

五、其他：石勒初起十八騎中之西域姓尚有夔安，古今姓氏書辯證卷三脂韻夔氏條云：「石虎有太保夔安，自天竺徙遼東，玄孫逸，姚秦司空，騰仕後燕。」通鑑卷一〇八晉孝武帝太元十七年（三九二）六月慕容垂攻翟釗，稱：「初郝晷、崔逞及清河崔宏、新興張卓、遼東夔騰、陽平路纂皆仕於秦……皆降於燕。」那末夔氏是居於遼東的。魏書卷三〇安同傳云：「遼東胡人也。其先祖曰世高，漢時以安息王侍子入洛，歷魏至晉，避亂遼東，遂家焉。」安世高是漢末高僧，關於他有很多傳說，既是僧人，就不大可能有後系，而況出三藏記集傳上安世高傳、高僧傳卷一安清傳都沒有說他避亂遼東，所以安同世系一定出於僞託，但遼東之有西域胡却可由此證明。只是夔安爲石勒十八騎之一，似不能從天竺遷居遼東，我想夔氏之遷居應在石趙滅後。

十八騎中還有三個姓劉的（劉膺、劉徵、劉寶），匈奴各部中很多冒姓劉氏，可以認作匈奴或屠各人，但西域胡人也有冒姓劉的。通鑑卷九九晉穆帝永和九年（三五三）三月稱：「西域人劉康詐稱劉曜子，聚衆於平陽，自稱晉王。」劉康想是屬於匈奴的西域胡。

此外晉書卷一〇七石季龍載記下還有個司農卿曹莫，也有西域姓的嫌疑。我們知道前秦時曹氏是擁有部落四萬餘的匈奴右賢王，[一]是否出自西域，我們難以斷定，但有此可能。曹莫是文臣，漢人的可能似乎大一些，所以不加引證。

上面雖然列舉了一些西域姓，我絲毫沒有企圖以之證明羯胡即西域胡。只是說羯胡中有若干出於西域的姓氏而且占很大的比例而已。這些包含在羯胡中的西域胡決非直接來自西域，大概他們的祖先已經是匈奴部族中的一部分，又以匈奴名義遷居各地。十八騎中有呼延莫顯然爲匈奴人，上述三個劉氏假使不是南匈奴，也是屠各，西域人的可能較小。石趙統治期間張姓顯貴很多，十八騎中有

〔一〕見晉書卷一一三苻堅載記。

張噎僕、張越，而張越又是石勒的姊夫；石勒稱趙王時以張離、張良爲門生主書，司典胡人出入，石虎時張離爲右僕射，領五兵尚書，專總兵要，張舉爲太尉，這些張姓顯貴當以胡人爲多，我們知道屠各有張氏（見前屠各考），烏丸亦有張氏。太平御覽卷七四四敘藝引後趙錄云：「張材伎烏譚部人也，善棊博。」據晉書卷九七北狄匈奴傳烏譚爲入塞匈奴十九種之一。張氏顯然不是西域姓。又如十八騎中的王陽，說明是胡人，王氏也許是烏丸，西域似無此姓。所以羯胡只是雜胡，其中雖有不少西域胡，却決不能相等同。

四　烏丸

烏丸是漢代强大的部落，與鮮卑同屬於東胡族，三國魏志卷三〇烏丸傳注引魏書：

建武二十五年（四九），烏丸大人郝旦等九千餘人率衆詣闕，封其渠帥爲侯王者八十餘人，使居塞内，布列遼東屬國、遼西、右北平、漁陽、廣陽、上谷、代郡、鴈門、太原、朔方諸郡界，招來種人，給其衣食，置校尉以領護之。〔一〕

東漢末年，曹操遠征烏丸，遼東、遼西、右北平三郡烏丸曾大量移居内地。這時除了上述地區之外，又加上了陝西北部，在魏志卷一武帝紀中有一個上郡烏丸行單于那樓。

〔一〕後漢書卷九〇烏桓傳郝旦作郝旦，下不敘分佈地域。

關於這一些，我們不想細説，這裏所要説明的是魏晉以後的烏丸已是雜胡。魏書卷一一三官氏志説：

其諸方雜人來附者，總謂之烏丸，各以多少稱酋庶長。

這雖是叙述拓跋珪時制度，但將「諸方雜人」，一律給予烏丸的名號，必然烏丸先有各族雜處之情况。我們看拓跋始起之時已擁有很多烏丸，而這種烏丸實際上恐怕就是包括諸方雜人在内的部落。魏書卷一序紀於始祖力微的五十八年稱「烏丸王庫賢，親近任勢，先受衛瓘之貨」，以致造成諸部離散，力微憂死。以後猗盧被其子所殺，拓跋境内的晉人及烏丸逃奔劉琨。這裏的晉人及烏丸，在魏書卷二三衛操附從子雄傳中稱之爲「新人」，可見拓跋部内有既非晉人，亦非鮮卑的新附諸部，他們被稱爲烏丸。又晉書卷一一三苻堅載記上稱堅遷移前燕境内各族云：

徙關東豪傑及諸雜夷十萬户於關中；處烏丸雜類於馮翊北地，丁零翟斌於新安。

烏丸稱爲雜類也與官氏志相應。那末所謂「雜人」、「雜類」的名稱爲什麽加於烏丸呢？我們還需要有所説明。

晉書卷六二劉琨傳：

雁門烏丸復反，琨親率精兵出禦之，聰遣子粲及令狐泥乘虚襲晉陽。太原太守高喬以郡降聰，琨父母並遇害。琨引猗盧併力攻粲大敗之。〔一〕

〔一〕按本傳在雁門烏丸復反下面，接着就説劉粲陷晉陽，這是錯誤的，通鑑考異已經駁正。

按雁門爲烏丸所居地，自東漢初直到魏晉，沒有什麼變動，三國魏志卷二六牽招傳便說：「出爲雁門太守，郡在邊陲……又表復烏丸五百餘家租調。」便可知之。可是這時的雁門烏丸却又有一個新的名稱。魏書卷一序紀穆帝猗盧的三年也紀載這件事，稱：

白部大人叛入西河，鐵弗劉虎舉衆於雁門以應之。攻琨新興、雁門二郡。琨來乞師。帝使弟子平文皇帝將騎二萬助琨擊之，大破白部，次攻劉虎，屠其營落。虎收其餘燼，西走度河，竄居朔方。

「鐵弗劉虎舉衆於雁門」，顯然即是劉琨傳的「雁門烏丸復反」。通鑑卷八七晉懷帝永嘉三年（三〇九）夏劉琨自將擊劉虎條考異引劉琨集六月癸巳琨答太傅府書云：

當聰、彌之未走，烏丸劉虎構爲變逆，西招白部，〔一〕遣使致任，稱臣於淵。殘州困弱，内外受敵，輒背聰而討虎，自四月八日攻圍。

更是明顯地以鐵弗劉虎爲烏丸。魏書卷九五鐵弗劉虎傳：

鐵弗劉虎南單于之苗裔，左賢王去卑之孫，北部帥劉猛之從子，居於新興、慮虒之北。北人謂胡父鮮卑母爲「鐵弗」，因以爲號。

雖然這裏彷彿只是由於其酋長與鮮卑通婚而有鐵弗之號，但是我們相信決不限於酋長一族。至於劉

〔一〕白部乃是鮮卑族。通鑑卷八七永嘉三年夏（劉）虎立，居新興，號鐵弗氏，與白部鮮卑，皆附於漢。考異稱：「劉琨集作百部。」但此處引劉琨集仍作白部。

虎是否真爲左賢王去卑之孫，我們倒可以不問，總之鐵弗之被稱爲烏丸是由於在血統上與所領部落上都有混雜之嫌。鐵弗部世與拓跋爲敵，以後在劉虎曾孫赫連勃勃時曾經建立夏國，赫連勃勃自稱爲匈奴嫡派，從此再沒有人稱之爲烏丸。

劉虎的同宗，鐵弗的堂兄弟獨孤部在當時也稱作烏丸。晉書卷一一三苻堅載記云：

烏丸獨孤、鮮卑沒弈于率衆數萬，又降於堅。

魏書卷二太祖紀：「堅使劉庫仁、劉衞辰分攝國事，南部大人長孫嵩及元他等盡將故民，南依庫仁，帝於是轉幸獨孤部。」北史卷八〇外戚賀訥傳：「會苻堅使劉庫仁分攝國事，道武還居獨孤。」〔一〕則獨孤部即劉庫仁所領的部落。魏書卷二三劉庫仁傳云：「劉虎之宗也……苻堅以庫仁爲陵江將軍、關内侯，令與衞辰分國部衆而統之……於是獻明皇后攜太祖及衞秦二王自賀蘭部來居焉。」今按獨孤部之降苻堅遠在拓跋滅亡之前，魏書卷一序紀稱苻堅攻拓跋時，劉庫仁統兵禦敵，恐怕靠不住。拓跋部此時實際上被稱爲烏丸的鐵弗及獨孤所瓜分。獨孤部之爲烏丸，又有一個證據。通鑑卷一〇七晉孝武帝太元十二年（三八七）七月：

劉衞辰獻馬於燕，劉顯掠之。燕主垂怒，遣太原王楷將兵助趙王麟，擊顯大破之，顯奔馬邑西山……燕主垂立劉顯弟可泥爲烏桓王以撫其衆，徙八千餘落於中山。

〔一〕魏書卷八三外戚傳即出北史。

按照魏書劉庫仁傳，劉顯是庫仁的兒子，劉顯之弟名亢泥，亢泥即可泥，〔一〕他被封爲烏桓王，更可證明獨孤是被認爲烏丸的。

鐵弗自稱爲南匈奴之後，獨孤與之同宗，自然也是匈奴，可是他們同被稱爲烏丸。鐵弗又是匈奴、鮮卑的混血，獨孤部劉庫仁爲拓跋氏之壻，也是與鮮卑通婚的，這樣在種族上就很複雜。我們知道雁門、朔方烏丸久居其地，南匈奴所居的五原、西河與之鄰接，通過戰爭、征服、婚姻，二者之間已經難以分別，所以稱爲烏丸，就因爲此時烏丸已是「雜人」、「雜類」的泛稱；他們與雜胡、羯胡之區別，大概是東胡族成分比較重一些。

西晉末年并州方面之烏丸亦曾在山西、河北間活動，晉書卷五九東海王越傳：

初東瀛公騰之鎮鄴也，攜并州將田甄、甄弟蘭、任祉、祁濟、李渾、薄盛等部衆萬餘人至鄴，遣就穀冀州，號爲「乞活」。

按晉書卷一〇一劉元海載記説東瀛公騰「率并州二萬餘户下山東」，所謂山東是指太行山東。這批乞活中間自然以漢族人民爲多，但却也包括并州各族，李劍農先生曾經指出石勒及許多羯胡即是乞活隊中被掠誘的「軍實」，〔二〕而烏丸族大概也不少，并州諸將中之薄盛便是烏丸。晉書卷一〇四石勒載記上稱：

〔一〕魏書卷二太祖紀皇始元年（三九六）六月癸酉：「遣將軍王建等三軍討（慕容）寶廣寧太守劉亢泥，斬之，徙其部落。」

〔二〕見武漢大學歷史學系研究報告李劍農先生撰魏晉南北朝民户大流徙。

> 烏丸薄盛執渤海太守劉既率户五千降於勒。

自然是同一薄盛。載記又云石勒「徙平原烏丸展廣、劉哆等部落三萬餘户於襄國」，平原、渤海本是鄰郡，我想這裏的烏丸至少一部分是從并州來的乞活。其時還有一批烏丸居於太行山區，我們不知道是久居此地，還是由別處移來，石勒載記上：

> 烏丸張伏利度亦有衆二千，壁於樂平……（勒）率其部衆歸元海，元海加勒督山東征討諸軍事，以伏利度衆配之。

樂平在今山西和順、昔陽之間，這一批烏丸以後自然也遷到襄國（今河北邢臺縣附近）。此外幽州方面的烏丸也有被遷徙的，石勒載記上稱：

> 烏丸審廣、漸裳、郝襲背王浚，密遣使降於勒。

及王浚破滅之後稱「遷烏丸審廣、漸裳、郝襲、靳市等於襄國」。這樣在襄國就集中了很多烏丸。苻堅時遷徙烏丸於馮翊，大約就是這一部分，但到前秦瓦解時，太行山東的烏丸仍有相當力量。通鑑卷一〇五晉孝武帝太元九年（三八四）：

> 慕容農之奔列人也，止於烏桓魯利家……農乃詣烏桓張驤，説之曰：「家王已舉大事，翟斌等咸相推奉，遠近響應，故來相告耳。」驤再拜曰：「得舊主而奉之，敢不盡死。」於是農驅列人居民爲士卒，斬桑榆爲兵，裂襜裳爲旗，使趙秋説屠各畢聰。聰與屠各卜勝、張延、李白、郭超及東夷餘和、勑勃，易陽烏桓劉大各帥部衆數千赴之。農假張驤輔國將軍，劉大安遠將軍，

魯利建威將軍。

張驤等爲列人烏丸，列人在今肥鄉附近，易陽即今臨洺關，都在襄國周圍，而在太行東麓，這些烏丸與乞活及石勒的移徙都有關係。晉書卷一一四苻堅載記下稱「（慕容）垂引丁零、烏丸之衆二十餘萬爲飛梯地道以攻鄴城」，丁零是翟斌所統之衆，烏丸則爲慕容農所招張驤等。但其時仍有不少烏丸沒有歸附。通鑑在這一年又稱：

東胡王晏，據館陶爲鄴中聲援，鮮卑、烏桓及郡縣民據塢壁不從燕者尚衆……（慕容）楷乃屯於辟陽，（慕容）紹帥騎數百，往說王晏，爲陳禍福。晏隨紹詣楷降，於是鮮卑、烏桓及塢民降者數十萬口。〔一〕

這一條所說的烏丸雖然沒有說明其分佈地區，只是館陶與列人相去甚近，大概仍在太行山東麓。由此可見其地烏丸相當强大。

到北魏攻燕時，張驤所領的烏丸曾替後燕盡力，魏書卷二太祖紀皇始二年（三九七）七月：

普鄰（慕容詳）遣烏丸張驤率五千餘人出城（中山）求食，寇常山之靈壽，殺害吏民。賀驎（慕容麟）自丁零中入於驤軍，因其衆復入中山，殺普鄰而自立。

考魏書於本年正月已稱「（慕容）寶輔國將軍張驤、護軍將軍徐超率將吏已下舉城（信都）降」，必是降

〔一〕十六國春秋纂錄本亦載此事，但只簡單地說「夷夏不從燕者尚衆」，晉書卷一二三慕容垂載記並不載此事。通鑑大概是根據十六國春秋。

魏後復又逃歸中山，這年十月中山攻下，張驤被擒，拓跋珪「赦而不問」。太祖紀於天興元年（三九八）九月又書：「烏丸張驤子超收合亡命聚黨二千餘家，據渤海之南皮，自號征東大將軍烏丸王，抄掠諸郡，詔將軍庾岳討之。」二年（三九九）二月又稱：「征虜將軍庾岳破張超於渤海，超走平原，爲其黨所殺。」渤海、平原本是烏丸聚居之地，張超所聚之衆，必有烏丸在內。

直到張超破滅之後，太行山東麓的烏丸就不再有活動的紀載。

太行東麓的烏丸是與屠各雜處的，從姓氏上看來有些與屠各相同，例如張姓爲烏丸大族，但也有元城屠各張進列人屠各張延，羯胡中間張姓更多，我疑心是入於羯胡的烏丸。屠各姓劉的很多，烏丸中劉虎、劉庫仁本出於匈奴不必說，而太行東麓也有劉姓烏丸如劉哆、劉大；烏丸之姓劉必然受匈奴影響。

幽州烏丸有郝襲，我們知道在東漢時已見烏丸大人郝旦，應是烏丸姓，但我們又見上黨雜胡中有郝散，而杏城郝氏更是盧水大姓。與郝襲同降石勒的有個靳市，靳是屠各姓無疑。

從姓氏上看來各族相雜的痕跡也是顯著的。可是烏丸中却並沒有西域姓的痕跡，這與羯胡、盧水胡就有些區別。

五　乞伏

晉書卷一二五乞伏國仁載記：

乞伏國仁隴西鮮卑人也。在昔有如弗斯、出連、叱盧三部自漢北南出大陰山，遇一巨蟲於路……俄而不見，乃有一小兒在焉。時又有乞伏部，有老父無子者，請養爲子，衆咸許之……年十歲，驍勇善騎射，彎弓五百斤，四部服其雄武，推爲統主，號之爲乞伏可汗託鐸莫何。託鐸者言非神非人之稱也。其後有祐鄰者即國仁五世祖也。泰始初率户五千遷於夏緣，部衆稍盛。鮮卑鹿結七萬餘落屯於高平川，與祐鄰迭相攻擊。鹿結敗，南奔略陽，祐鄰盡併其衆，因居高平川。

這一段叙述乞伏氏的源流和他們的移徙經過很詳細。關於神話方面我們可以不論，總之這個部落是自漢北南踰陰山而到達高平。魏書卷九九鮮卑乞伏國仁傳云：「鮮卑乞伏國仁出於隴西，其先如弗，自漠北南出。」魏收所根據的和晉書載記同爲十六國春秋，可是却有些異點：第一、魏書明確如弗即乞伏氏之先，晉書載記三部並列，又別出乞伏部，似乎三部與乞伏氏的關係很偶然；第二、魏書但稱如弗，沒有「斯」字。元和姓纂輯本卷二脂韻期氏條下引西秦錄云：「乞伏氏與期引氏自漢北出陰山。」多出了一個期引氏，考古今姓氏書辯證卷三支韻斯引條引西秦錄云：「有乞伏氏與斯引氏自漠北出陰山。」通志氏族略同，又氏族略出連氏條引西秦錄云：「乞伏國仁之先如弗與出連、斯引、叱盧二部（按二當作三）自漠北出陰山。」則姓纂之期引爲斯引之誤，而載記「斯」下又脱「引」字，十六國春秋纂錄本正作「其先有如弗、斯引、出連、叱盧三部」，但假使如此，就該作四部，爲什麽又同作三部呢？我以爲當從氏族略所引西秦錄如弗下又脱一「與」字，但氏族略又誤以三部作二部。如上所述，十六國春秋或晉書原文應作：

在昔有如弗〔與〕斯〔引〕、出連、叱盧三部自漠北南出大陰山。

如弗自即乞伏，乞伏一作乞佛，在音韻通借上是否可以符合，我不敢有所論列，但魏書與氏族略引西秦錄並云如弗爲乞伏國仁之先，可以説明這一點。

從十六國春秋以後各書都稱乞伏氏爲鮮卑。可是北史卷八四孝行乞伏保傳云：〔一〕

乞伏保，高車部人也。

雖然本傳屢稱伏保，似乎單姓乞氏，但姓乞者照古今姓氏書辯證所舉只有見於通鑑的一人，仍可能爲乞伏之省，我認爲乞伏保乃複姓乞伏，與西秦同姓。北史卷九八高車傳云：〔二〕

高車之族又有十二姓，一曰泣伏利氏。

這個泣伏利應即乞伏的異譯。〔三〕載記上稱與如弗同出陰山的部落有一個叱盧部（氏族略作叱靈），今按通典卷一九七稱高車十二姓之二曰「叱盧氏」。雖然北史和魏書的高車傳都作吐盧，我想「吐」字是「叱」字之誤。北史卷九八蠕蠕傳稱：「初高車叱洛侯者叛其渠帥，導社崘破諸部落。」這個叱洛侯

〔一〕魏書卷八六孝感傳即出北史。
〔二〕魏書卷一〇三高車傳即出北史。
〔三〕魏書卷七四爾朱榮傳見南秀容内附胡民乞扶莫于。通鑑卷一五〇作乞伏莫干。按照當時通例，鮮卑不稱胡，而南秀容本爲胡族所居，故亦可説明乞伏之爲高車。

麃即叱盧之異譯，晉書卷一二五乞伏國仁載記稱：「建威將軍叱盧烏孤跋擁衆叛保牽屯山，國仁率騎七千討之，斬其部將叱羅侯。」叱羅亦即叱盧，叱羅侯又即叱洛侯。此外在魏書卷七四爾朱榮傳見勑勒叱列步若，北史卷四八爾朱榮傳見西部高車叱列殺鬼。勑勒即高車，高車部中的叱列應即是叱盧氏，由此可見叱靈、叱洛、叱羅、叱列均是高車十二姓叱盧的異譯，魏書卷一一三官氏志雖分列叱盧、叱羅、叱列，那只是同部別出之故。

晉書卷一二五乞伏國仁載記：

以其將乙旃音渥爲左相，屋引出支爲右相，獨孤匹蹄爲左輔，武羣勇士爲右輔。

按北史卷九八高車傳十二姓之三曰「乙旃氏」，是乙旃也是高車姓，魏書官氏志稱「獻帝又命叔父之胤曰乙旃氏，後改爲叔孫氏」，則鮮卑自有此姓，但二者之間當有關係，周書卷二文帝紀魏恭帝元年（五五四）「茹茹乙旃達官寇廣武」，蠕蠕中間高車族人很多，這個乙旃達官應是高車人。

屋引氏據元和姓纂輯本屋韻下云：「屋引氏，代人，隨魏南徙河南。」所謂代人不一定即是拓跋同族，考北史高車傳云：「彌俄突遣其莫何去汾、屋引叱賀真貢其方物。」莫何爲酋長號，去汾疑俟分之誤，與屋引叱賀真爲二人之名，可知高車中有屋引氏。

乞伏國仁開國之初，左右相都有高車族之嫌疑，我想決非偶然。

西秦國内還有個煊赫的姓族翟氏。晉書卷一二五乞伏乾歸載記見冠軍翟瑥，後爲吏部尚書；又見土客尚書翟勍，乞伏熾磐時爲相國；同卷乞伏熾磐載記見冠軍翟紹，後爲左僕射。翟氏是丁零大族，曾經在五胡時期率領部衆活躍於太行東麓。丁零即是勑勒，亦即高車之同族（塞外的勑勒由於用高車之故而得名），翟和狄在古代可以互通，北史高車傳稱高車爲古赤狄之餘種，狄氏是六個氏族之一，丁零之翟顯即高車之狄。晉書卷一二九沮渠蒙遜載記稱蒙遜襲狄洛磐於番和，可見秦涼區域内丁零狄氏還擁有部衆（但狄氏也有入於羌族的）。

如上所述乞伏及西秦將相大臣的姓氏好幾個都有高車族的嫌疑，我們雖然不應僅僅從姓氏上來考慮種族關係，何況西秦將相還有若干可以確知爲漢、羌、鮮卑諸族人，但至少可以說明乞伏各部内是包含高車或丁零的。

這樣一個包含高車或丁零及鮮卑、羌族的部落（或部族），我以爲可能是貲虜。三國魏志卷三〇注引魏略西戎傳云：

貲虜，本匈奴也。匈奴名奴婢爲「貲」。始建武時匈奴衰，分去，其奴婢亡匿在金城、武威、酒泉北、黑水西、河東西，畜牧逐水草，抄盜涼州，部落稍多，有數萬，不與東部鮮卑同也。其種非一，有大胡，有丁令，或頗有羌雜處，由本亡奴婢故也。當漢魏之際，其大人有檀柘，死後，其枝大人南近在廣魏。今居界有禿瑰，來數反，爲涼州所殺。今有𨚗提，或降來，或遁去，常爲西州道路患也。

這一段中特別提出不與「東部鮮卑同」，即因其亦稱爲鮮卑，我們知道照當時習慣匈奴及其別部稱胡，鮮卑及其別部稱虜，〔一〕此稱爲貲虜，即把他們當作了鮮卑。貲虜種族不一，有大胡、丁令與羌，這與西秦乞伏氏的情况相同，魏略説貲虜分佈雖在涼州，而金城、苑川（蘭州與靖遠）一帶恰是乞伏氏活動之地；乞伏氏從姓氏上、地域上皆與貲虜相合，因此我們的推測也許不致與事實太遠。

六　稽胡

稽胡是北朝後期才出現的一種雜胡，其全名爲步落稽。魏書卷七四爾朱榮傳：

內附叛胡乞，步落堅胡劉阿如等作亂瓜肆……榮並滅之。

這一條「乞」字下應有脱文，「瓜」字疑亦有誤，或是「汾」字，北史卷四八爾朱榮傳不紀此事，無可對校。步落堅應即步落稽。魏書所見似只此一條。北齊書卷二神武紀下：

初孝昌中山胡劉蠡升自稱天子，年號神嘉，居雲陽谷，西土歲被其寇，謂之胡荒。

按山胡一名，由來已久，晉書卷六二劉琨傳，他赴并州刺史任，在路上上表，説「羣胡數萬，周匝四山，動足遇掠，開目覩寇」，所指自爲汾水兩岸山區之胡人，這種周匝四山之胡即是山胡。晉書卷一〇四

〔一〕北史卷三六薛聰傳聰答孝文帝問云：「臣九世祖永隨劉備入蜀，時人呼爲蜀，臣今事陛下，是虜非蜀也。」又隋書卷七九外戚蕭琮傳：「（楊）素時爲尚書令，見琮嫁從父妹於鉗耳氏，因謂琮曰：『公帝王之族，望高族美，何乃適妹鉗耳氏乎？』琮曰：『前已嫁妹於侯莫陳氏，此復何疑？』素曰：『鉗耳羌也，侯莫陳虜也，何得相比！』素意以虜優羌劣。琮曰：『以羌異虜，未之前聞。』」都可説明虜爲鮮卑之稱。

石勒載記上：「琨司馬温嶠西討山胡，勒將逯明要之，敗嶠於潞城。晉書卷六七温嶠傳，他由上黨潞令遷上黨太守，所討山胡疑即樂平、上黨雜胡。山胡的名稱是很廣泛的，但似以指汾水西岸吕梁山區之胡人較多。北魏時期概括一點則稱爲山胡、汾胡、河西胡，分別言之則稱爲離石胡、西河胡、吐京胡、五城郡胡，北齊時仍然如此。而北齊書之山胡等，在周書中一律寫作稽胡。周書卷四九稽胡傳：

稽胡，一曰步落稽，蓋匈奴别種劉元海五部之苗裔也，或云山戎赤狄之後，自離石以西，安定以東，方七八百里，居山谷間。種落繁熾，其俗土著，亦知種田地，少桑蠶，多麻布。其丈夫衣服及死亡殯葬與中夏略同；婦人則多貫蜃貝以爲耳及頸飾。又與華民錯居，其渠帥頗識文字，然語類夷狄，因譯乃通……雖分統郡縣，列於編户，然輕其徭賦，有異齊民。山谷阻深者又未盡役屬，而凶悍恃險，數爲寇亂。魏孝昌中有劉蠡升者居雲陽谷，自稱天子，立年號，署百官。屬魏氏政亂，力不能討。蠡升遂分遣部衆，抄掠居民，汾晉之間，略無寧歲。

魏齊的山胡遠承晉代舊稱，一般只指黄河以東的胡族，但有時也旁及陝北。與周書稽胡傳所述分佈地區大致相合，而北齊書之山胡劉蠡升却正是稽胡首領，因此稽胡即山胡是無疑的。關於這一點周一良先生在北朝的民族問題與民族政策一文中取證甚詳，〔一〕我完全同意。只是我願意補充一點，即是稽胡或山胡從北魏後期以來所包括的族類應更爲廣泛，我們知道陝北地區的種族極其複雜，如前

〔一〕載燕京學報第三九期。

所述有屠各、盧水、鐵弗、支胡等等，這些種族在魏初還以各別的名稱出現，而從稽胡出現了之後就不見紀載，因此我們可以推測除了與漢族同化以外，其餘避入山谷的就一律被稱爲稽胡。魏書卷四二薛和傳：

山賊劉龍駒擾亂夏州，詔和發汾、華、東秦、夏四州之衆討龍駒，平之。

這件事也見於魏書卷四五辛祥傳，稱「胡賊劉龍駒作逆華州，勑除祥華州、安定王燮征虜府長史，仍爲別將，與討胡使薛和討平之」，這個華州當爲北華州，亦即是杏城，夏州在今橫山，似乎太遠，我想薛和傳之夏州可能是華州之誤。劉龍駒稱爲山賊及胡賊，不再分別其族類，而我們知道杏城一帶是盧水胡聚居之地。此外從姓氏上也可以獲得證明。周書卷四九稽胡傳有延州稽胡郝阿保、郝狼皮，蒲川別帥郝三郎；太平寰宇記卷三五丹州汾川縣見胡賊郝仁朗；烏丸、匈奴、盧水胡都有郝姓，已見上述，但陝北之郝氏北魏以來是認作盧水胡的。稽胡傳又見白郁久同，舊唐書卷八三程務挺傳稱：「永淳二年（六八三），綏州城平縣人白鐵余率部落稽之黨據縣城反。」〔一〕白氏亦盧水胡姓。

周先生指出山胡或稽胡可能是服屬於匈奴的西域胡人，從姓氏上說山胡及稽胡中如白，如穆，〔二〕如曹均爲西域姓，此外我們還可以提出一點，山胡及稽胡中很多的劉姓，也有西域胡（見第三節羯胡考）。又太平寰宇記卷三五丹州風俗條引隋圖經雜記云：

〔一〕新唐書卷一一一程務挺傳作綏州步落稽白鐵余。
〔二〕周書卷四九稽胡傳見穆支。

丹州白室，胡頭漢舌，即言其狀似胡而語習中夏，白室即白翟語訛耳。近代謂之部落稽胡，自言白翟後也。

隋圖經説部落稽爲白翟之後自然和稽胡傳以爲赤狄之後同樣不可信，但這裏却説明稽胡的狀貌異於漢人而似胡，雖然我們不能確知其特徵，但狀貌特殊的胡應是西域胡，似亦可作一旁證。又稽胡傳稱「語類夷狄，因譯乃通」，而隋圖經却稱其「語習中夏」，可見自北周以後的稽胡逐漸漢化的過程。太平寰宇記中還記述若干胡語的地名，我對於語言學一無所知，所以無從比較，我只能説似非匈奴語，例如雲巖縣庫利川條云：「稽胡呼奴爲庫利，因此爲川名。」而我們知道匈奴稱奴婢爲「貲」。

但是我想如果如周先生之説將稽胡完全當作西域胡也似欠妥。第一、汾水西岸的稽胡就地域分佈來説確即是魏晉期間匈奴五部分佈所在。晉書卷九七北狄匈奴傳稱匈奴左部都尉居於太原故慈氏縣，〔一〕右部都尉居祁縣，南部都尉居蒲子縣，北部都尉居新興縣，中部都尉居太陵縣。其中左部、南部所居便是北魏以來山胡、稽胡最活躍的地帶。魏書所常見的西河胡即左部地，地形志西河郡治兹氏（即慈氏，今之汾陽），但西河胡見於太祖紀，這時還沒有西河郡，正確一點應該是指晉的西河國，晉的西河國治隰城，本漢兹氏。太平寰宇記卷四一汾州孝義縣（即漢兹氏）有團城，説是後魏所築以

〔一〕晉書原作泫氏，今從通典改。

防稽胡；又有六壁府，寰宇記引後魏書云：「太平真君五年（四四四）討胡賊於六壁。」六壁與劉淵起事的左國城相鄰；可見晉代匈奴左部的分佈地也即是魏世西河胡所居。魏書中之離石胡更不消說，離石也是晉西河國統縣之一，又是劉淵最早建都之處。魏世之吐京胡所居即漢之土軍縣，魏之吐京郡，東魏的北吐京郡，今石樓縣西北，其地與南部都尉所居之蒲子（今石樓南）相鄰，石樓是山胡所據守的要地；所以吐京胡所居即晉代南部都尉地。這個地理分佈上的相同在一定程度上也表示種族間的關係。我們當然不能把山胡當作純粹的匈奴，因爲五部所統本已不是純粹的匈奴，而是雜胡，但必然包含一部分匈奴在内。劉淵是屠各族，所以魏書序紀，周書稽胡傳都稱之爲匈奴别種，他所統的五部本是包括屠各、南匈奴、西域胡等各族在内的雜胡；以後的稽胡也正如此。至於黄河西岸的陜北諸族更爲複雜，稽胡既爲各族之混合，必然也包含西域胡以外的其他各族。所以稽胡的種族成分應不限於西域胡人。

其次，從姓氏上看來，劉氏、喬氏、呼延氏爲匈奴著姓，稽胡中既有此姓氏，我們似亦不能一概認爲假冒。

稽胡是最後出現的各種雜胡的混合，而所謂雜胡都是與古代匈奴有統屬上或血緣上關係的各種「别部」。直到唐初稽胡仍然擁有部落數萬人，被建成一次誘殺的即有六千人。〔一〕陳伯玉集卷八上軍

〔一〕舊唐書卷六四隱太子傳。

國機要事一條云：

今國家爲契丹大發河東道及六胡州綏、延、丹、隰等州稽胡精兵悉赴營州，而緣塞空虛，靈夏獨立。

丹、延、綏三州均在陝北，隰州就是魏之汾州。陳子昂上書在武后時，此時稽胡的分佈還是跨黃河兩岸，與前代無大差別。自此以後雖亦偶見稽胡名稱，我想恐怕只是在文字上因襲舊稱，未必還有部落存在，推測起來大部分已接受漢化，小部分則北入突厥，西入党項、吐谷渾諸族中。稽胡的同化與分化乃是漢代以來入塞匈奴及其「別部」在長期分併過程中最後的消失。

七　後論

本篇所討論的爲入塞胡族的分合關係。關於「胡」的名稱由來在這裏我們暫且不論，只是就當時一般的習慣用法而言，所謂「胡」者即是指曾經隸屬於匈奴帝國的某些部族與部落；及匈奴部族中所包含的某些部落與氏族。

匈奴帝國的組成分子是十分複雜的，斯大林曾經指出居魯士、亞歷山大、凱撒和查理大帝所建立的帝國「是一些各有各的生活方式、各有各的語言的部落和部族的集合體」。〔一〕匈奴帝國也是如此，

〔一〕斯大林：論馬克思主義在語言學中的問題，載馬克思主義與語言學問題，人民出版社一九五三年版第九頁。

漢代以來降服的、被遷徙入居中國的匈奴部落很多只是作爲這個帝國的組成分子而被稱爲匈奴。

可是在匈奴帝國中也自有其匈奴部族。我們從歷史紀載上可以看到比較集中的匈奴人遊牧於較完整的土地上，共同受單于以及其他貴族所組成的軍事與行政機構所管理。然而匈奴部族還處於幼稚的階段，內部的部落必然還保持其特點及相對的獨立性。根據斯大林的指示，部族和民族之不同主要是在於其較爲不穩定，因此易於分解和聚合。像匈奴那樣一個剛形成的部族當他的國家崩潰以後，內部各個部落所保持的特點如風俗、習慣、語言等等必然重又活躍起來，另一方面也必然受鄰近較高文化的影響而融合到其他部族中去。

所謂雜胡我想包含以上兩類，只是我們還不能弄清楚哪幾種部落只是匈奴帝國的成員，哪幾種是匈奴部族中分解出來的部落。屠各族與呼韓邪單于率領的附塞匈奴應該是匈奴部族的一部分；晉書卷九七北狄傳所舉的十九種就不容易分別了，但必然也有從匈奴部族中分解出來的部落。此外還有爲數不算太少的西域胡，他們大概很早融合在匈奴部族中，雖然在姓氏、狀貌、宗教上這些西域胡還保持其特點，但並不妨礙其自稱爲與被承認爲匈奴人。因此我認爲當時被喚作匈奴的雜胡，一方面正因其雜而更表示其爲歷史上形成的共同體，另一方面又表示其正在分解與新的融合的過程中。

這個新的融合過程最後是絕大部分的雜胡歸入漢族。但是所走的道路是極其迂迴曲折的。五胡的割據與拓跋氏的占領北中國造成的後果之一是漢族與邊境各族的融合，但是在過程中間還貫串着鮮卑、氐、羌各族間的相互影響與分解、融合的問題。如上所述，我們看到同一屠各或者與氐羌相混，或者併入拓跋；同一山胡或者與鮮卑、烏丸相混，或者併入拓跋。如果我們抛開這些複雜的問題，大體上當北魏時期雜胡之中除了稽胡之外就有鮮卑化與漢化的兩大支。直到北朝後期，通過北鎮起義，鮮卑化的各族人民才與漢族作進一步的融合，也即是説漢族的較高級文化在此期間戰勝了一切。

我們現在將鮮卑化的問題加以説明。

北齊書卷一神武紀上：

葛榮衆流入并肆者二十餘萬，為契胡凌暴，皆不聊生，大小二十六反，誅夷者半，猶草竊不止。（爾朱）兆患之，問計於神武。神武曰：「六鎮反殘，不可盡殺，宜選王素腹心者，私使統焉，若有犯者，直罪其帥，則所罪者寡。」……兆以神武為誠，遂以委焉。

六鎮之衆是包含了鮮卑、匈奴、勅勒、氐、羌各族的，高歡所領之衆也應該包含各族，可是北齊書卷二〇慕容紹宗傳却説爾朱兆「割鮮卑隸高祖」，〔一〕北史卷三六薛辯附薛孝通傳稱孝通對賀拔岳説：「高王以數千鮮卑，破爾朱百萬之衆。」都把六鎮之衆當作了鮮卑。我們知道在北魏中期邊鎮人民中「胡」與鮮卑是有區別的，魏書卷五〇尉元傳稱太和十六年（四九二）元上表云：

今計彼戍兵，多是胡人。臣前鎮徐州之日，胡人子都將呼延籠達因於負罪，便爾叛亂，鳩引胡類，一時扇動，賴威靈遐被，罪人斯戮。又團城子都將胡人王敕懃負釁南叛，每懼姦圖，狡誘同

〔一〕北齊書神武紀與慕容紹宗傳在將六鎮人或鮮卑分配給高歡的時間上雖有不同，但必是一事。魏書卷七四爾朱兆傳説此事的時間與慕容紹宗傳同，但却説爾朱兆「分三州六鎮之人，令王統領」。顯然慕容紹宗傳所説的鮮卑即是三州六鎮之人。

黨。誠所見宜以彭城胡軍換取南豫州徙民之兵，轉戍彭城，又以中州鮮卑，增實兵數，於事爲宜。

這裏說明「胡」與鮮卑有主從之別，在統治者看來胡人是難以信任的。直到北魏末期北鎮起義及以後歷史紀載上還是可以認識匈奴、勑勒等等領袖人物，而且有些還保留其部落組織，所以邊鎮胡人有許多並未與鮮卑人融合，這一點沒有疑問。然而邊鎮上的鮮卑化也是顯著的，例如北齊皇室高氏便自認爲鮮卑人。而在習慣上當時也常常以鮮卑、漢人對舉，例如杜弼稱鮮卑車馬客，會須用中國人，高洋認爲是譏笑他，[一]高洋說「高德政常言宜用漢人，除鮮卑，此即合死」[二]高歡對鮮卑人說漢民是汝奴，對華人則云鮮卑是汝作客，[三]像這樣的對舉顯然是把所有非漢族軍人都當作了鮮卑，鮮卑這個名稱廣泛地用於一切鮮卑化的各族人。

從語言上也足以證明這一點，即是鮮卑語已是邊鎮上通用的語言，北齊書卷二一高乾附弟昂傳云：

高祖每申令三軍，常鮮卑語，昂若在列，則爲華言。

說明當時軍隊中通用的語言有鮮卑語與漢語兩種。考隋書經籍志經部字書類有關於鮮卑語的字書十三種，其中有國語號令四卷，鮮卑號令一卷。後序上說：「後魏初定中原，軍容號令皆以夷語，後染

[一] 北齊書卷二四杜弼傳。
[二] 北齊書卷三〇高德政傳。
[三] 資治通鑑卷一五七梁武帝大同三年（五三七）九月條。

華俗，多不能通，故錄其本言，相傳數習，謂之國語。」隋書所說的話是有理由的，但只能是指洛陽鮮卑貴族，至於邊鎮上却不盡然。正因爲邊鎮上鮮卑語通用，所以有必要使已經忘掉本族語言的鮮卑貴族學習鮮卑號令，以便其統率軍隊。顏氏家訓教子篇云：

> 齊朝有一士大夫嘗謂吾曰：「我有一兒，年已十七，頗曉書疏，教其鮮卑語及彈琵琶。以此伏事公卿，無不寵愛。」

北齊公卿很多出於北鎮，他們之間通行鮮卑語，所以學會這種語言，就能「伏事公卿」，而且獲得其寵愛。

從鮮卑語言在邊鎮上的流行這一點看來，足以說明鮮卑化的勢力，從而也可以了解爲什麼邊鎮人民都被稱爲鮮卑。

南遷洛陽的代遷户從孝文帝之後即已加緊漢化。可是我們如果從魏書官氏志中所舉氏姓來考察，就知道不論代遷户與留居北邊的所謂代人實際上都包含各種不同的族類，只是南遷的一部分很早就融合於鮮卑部族，而此際也是先走了一步，漢化得更快；留在北鎮邊境的雖然很多没有與鮮卑融合，但絕大部分都鮮卑化程度很深，他們遲走了一步，通過北鎮大起義，通過整個的齊周統治時期才接受漢化；總的説來所有五胡以來内遷各族直到隋代才與漢族融合起來（除了稽胡）。他們所走的道路往往是由鮮卑化以至漢化，這是一條迂迴的道路。

以上所講的不限於「雜胡」，但雜胡與漢族的融合很多也是這樣。

我們現在只舉出鮮卑化，但不是説這是必經之路，另外也還有通過氐化、羌化，以至融合到北方塞外各族如蠕蠕、高車、突厥中去的。不管怎樣，這種新的融合是極其複雜迂迴的，而其開端則從匈奴帝國崩潰之後即已開始，到了晉末就更加速的進行，大體上直到隋唐才完成。

斯大林在駁斥資本主義學者所説民族在資本主義以前即已形成的謬論以後，指出「民族的要素——語言、地域、共同的文化等等——都不是從天上掉下來的，而是還在資本主義以前的時期逐漸地創造出來的。但這些要素當時是處在萌芽狀態中，至多也不過是將來在某些有利條件下可以形成爲民族的一種潛在力」。[一]資本主義以前的部族僅僅只具有四個要素的萌芽，這個歷史形成的人們的共同體是不穩定的，因而「在這個時期中許多部落和部族分開了和分散了，聚合了和融合了」。[二]我們就雜胡看來，豈非正如這樣非常容易的「分開了和分散了，聚合了和融合了」呢。

[一] 斯大林：民族問題與列寧主義，人民出版社一九五三年版第五頁。
[二] 斯大林：論馬克思主義在語言學中的問題，載馬克思主義與語言學問題，人民出版社一九五三年版第二五頁。

跋語

本書一共收集了十三篇論文，其中大部分是解放前的舊作，一部分是最近三、四年所寫的。不論舊作或是新著都在一九五四年春天加以修改或重寫。

這些論文涉及的範圍很廣，由於自己理論水平的低下與掌握資料的不够全面，自然談不到能够正確地作出結論，我的企圖只是就自己的低下水平提出對於這些問題的初步意見，請求同志們加以批評、指正。

在研究過程中，我深刻體會到企圖解決歷史上的根本問題，必需掌握馬克思列寧主義的理論。在這一方面我特別感到慚愧，從解放到現在經過了五年的學習，然而一接觸問題的本質，面對着一大堆資料就常常會束手無策，不能作深入的追尋。郭沫若院長指出：

我感覺着我們許多上了年紀的人，腦子實在有問題。我們的大腦皮質就像一個世界旅行家的手提篋一樣，全面都巴滿了各個碼頭上的旅館商標。這樣的人，那真可以説是一塌胡塗，很少有接受新鮮事物的餘地了。所以盡管學習馬克思列寧主義已經有五年的歷史，但總是學不到家。好些老年人都愛這樣説：「我自己的思想水平很低。」我想，這倒不是一味的客氣，確實是先入之見害人，舊的東西霸占着我們的腦子，不肯讓位。〔一〕像我這樣四十多歲的人，還够不上稱爲上了年紀的老人，然而由於過去所受資産階級唯心思想的毒害並不輕，因而「學不到家」是一樣的。爲了「學到家」，首先就得清洗各種各樣的「旅館商標」，這不但自己要時刻檢查，並且必須同志們幫助揭發，這一本書中不待説是遺留着未洗淨的痕跡的。

我應該感謝爲我審閱文稿的同志們，特別是李劍農先生，他以七十五歲高齡將全部文稿審閱一過，並提出寶貴的意見。我還應該感謝三聯書店，不僅允許出版這本書，而且編輯部同志們還作了非常耐心的校閱，指出了許多校勘上的錯誤。

唐長孺　一九五五年一月三十一日，於珞珈山。

〔一〕郭沫若：三點建議，載人民日報，一九五四年十二月九日。

唐長孺文集

魏晋南北朝史論叢續編

魏晋南北朝史論拾遺

中華書局

一九八〇年代參加學術討論會

一九四八年武漢大學歷史系師生合影（前排右起第二人）

一九五〇年代在農村進行歷史調查（左起第三人）

前言

唐長孺先生(一九一一年七月四日——一九九四年十月十四日),江蘇吴江人,我國著名歷史學家。一九三二年畢業於上海大同大學文科,後於浙江南潯中學、上海聖瑪麗亞女子中學等多所學校任教,講授中國史地、國文、政治制度等課程。一九四〇年任上海光華大學歷史系講師,一九四二年春轉任湖南藍田國立師範學院史地系副教授,一九四四年受聘爲遷至四川樂山之國立武漢大學歷史系副教授,一九四六年晉升爲教授,此後長期執教於武漢大學。歷任武漢大學歷史系中國古代史教研室主任、魏晉南北朝隋唐史研究室主任、歷史系主任、中國三至九世紀研究所所長;兼任中國社會科學院歷史研究所研究員暨學術委員會委員、國務院古籍整理出版規劃小組成員、國家文物局古文獻研究室主任、中國史學會理事,中國唐史學會會長,中國敦煌吐魯番學會副會長,湖北省中國史學會會長,湖北省考古學會理事長、六朝史研究會名譽會長、中國魏晉南北朝史學會顧問等學術職務,亦曾擔任武漢市人民政府委員、九三學社中央委員暨武漢分社副主委等職。他學識淵博,精通文、史,於魏晉南北朝隋唐史、古籍整理、敦煌吐魯番文書整理與研究等領域皆有卓越貢獻,被海内外學術界公認爲二十世紀傑出的史學大家之一。

唐先生早年因家學淵源，於經史子集多所研習；而在上海南洋大學附中、光華大學附中以及大同大學求學期間，主修英俄語言文學、政治、法律、歷史、地理諸科，故於當時東西方之學術文化皆有瞭解或掌握。他初攻舊體詩詞，兼習崑曲、彈詞，曾在國學叢刊等發表絶慮、曉竹、解連環諸詞作，並先後翻譯海桑東遊録、元經世大典圖釋序、弗蘭克林自傳及賽珍珠大地系列兒子們續編分家、美國傳教士格雷比爾新中國等多種著作。同時研治宋遼金元史，自一九三五年至一九四〇年前後，於國學論衡、齊魯學報等發表箭内亘可敦城考駁議、耶律大石年譜、周文武陵考、蔑兒乞破滅年次考證等多篇論文。

受聘藍田國師，特别是於武漢大學執教期間，唐先生由於教學和科研工作的需要，在兼治遼金元史的同時，研究重心轉爲魏晉南北朝隋唐史諸領域。自二十世紀四十年代初至五十年代初，於燕京學報、歷史研究、學原、武漢大學社會科學季刊等發表論金代契丹文字之興廢及政治影響、蒙元前期漢文人進用之途徑及其中樞組織、敦煌所出郡姓殘葉題記、論五朝素族之解釋、清談與清議、唐代軍事制度之演變、白衣天子試釋、南朝的屯、邸、别墅及山澤占領、范長生與巴氏據蜀的關係等篇章。

一九五五年，唐先生所撰魏晉南北朝史論叢由三聯書店出版，對這一歷史時期許多前人未及或懸而未決的重大問題進行了研究，獲得了一系列富於啓迪性的結論或見解，在海内外學術界引起重要反響。陳寅恪先生曾致函稱賞，謂「寅恪于時賢論史之文多不敢苟同，獨誦尊作，輒爲心折」。論叢之問世，可視爲一九四九年以來我國史學界在充分占有諸種史料的基礎上，運用科學的歷史觀和方

法論，融會貫通，將考據學與理論探討彙爲一體，對這一歷史時期的田制和賦役制度、生產關係、階級結構、政治制度、兵制、民族問題、宗教及學術文化諸論題展開深入剖析的史學名著之一，也由此奠定了唐先生在中國中古史諸領域的學術地位。

二十世紀五十年代中期以後，唐先生又相繼撰著出版三至六世紀江南大土地所有制的發展（上海人民出版社一九五七年版）、唐書兵志箋正（科學出版社一九五七版）、魏晉南北朝史論叢續編（三聯書店一九五九年版）、魏晉南北朝史論拾遺（中華書局一九八三年版）和山居存稿（中華書局一九八九年版）等著作。並於歷史研究、中國史研究、文物、中華文史論叢、武漢大學學報、魏晉南北朝隋唐史資料及日本東方學、東方學報、東洋史研究等刊物發表均田制度的產生及其破壞、門閥的形成及其衰落、關於武則天統治末年的浮逃户、唐代宦官籍貫與南口進獻、漢末學術中心的南移與荆州學派、太平經與太平道、論南朝文學的北傳、錢塘杜治與三吴天師道的演變、魏晉南北朝の客と部曲、唐代の部曲と客等學術論文數十篇。特别是在其晚年目疾加重、身患癌症的情況下，以驚人的毅力撰著魏晉南北朝隋唐史三論（武漢大學出版社一九九二年版）一書，對其長期研究魏晉南北朝隋唐歷史做出理論性概括。他在東西方歷史比較研究的基礎上，對兩漢時期的社會性質進行了探討，提出了「亞洲型」封建社會的論斷；從依附關係的發展歷程即「客的卑微化與普遍化」入手，論證了「魏晉封建論」之重大問題；探討了南北朝時期南北方由於歷史條件的不同從而在社會經濟、政治制度、門閥體制、學術文化等方面產生的諸般差異；對唐代的變化逐一剖析，對唐代「南朝化」傾向之問題

進行了系統論述，進而對中國封建社會前期階段性發展之特質及演變趨勢等做出了新的詮釋。

唐先生在古籍整理和研究方面同樣做出了重要貢獻。他的唐書兵志箋正一書，對舊史記載做了一系列去僞存真的鑒别工作，條分縷析，糾正了兵志記載中的許多疏漏和錯誤。一九五七年，他被聘爲國務院古籍整理出版規劃小組成員；一九六〇年底，參加中華書局點校二十四史工作，承擔其中「北朝四史」（魏書、周書、北齊書、北史）的點校，出任武漢大學歷史系「北朝四史」點校小組組長。一九六三年，赴京主持點校「北朝四史」。前後歷時十載，終告完成。這一點校本，既充分參考前人成果，又多發前人之所未發。他不僅根據册府元龜、通典等增補傳本魏書禮、刑二志中之脱葉、脱文，同時所撰寫的校勘記，廣徵博引，按斷精審，將校勘與考訂有機結合，融古籍整理與歷史研究於一爐，被海内外學術界視爲古籍整理的「優秀成果和範本」。

唐先生歷來重視出土文物、文獻資料。早在二十世紀四十年代末即對新興的敦煌學多所關注。一九五七年四月至九月，他在北京參加中國科學院歷史研究所學術活動期間，於科學院圖書館閱讀敦煌文書縮微膠卷，抄録大量卡片；曾向歷史研究所所長尹達先生提出成立敦煌學研究室之建議，因故未果。二十世紀五十年代末至一九七四年前後，新疆維吾爾族自治區博物館文物考古隊及吐魯番地區文物保管所曾發掘清理吐魯番晉唐古墓葬近四百座，出土大量古代官私文書。唐先生敏鋭地意識到這批文書重要的學術價值，遂於一九七四年建議國家組織專門力量對之進行系統整理，並於一九七五年與國家文物局王冶秋局長、復旦大學譚其驤教授一道親赴新疆考察，在庫車古道上，唐先

生因路途顛簸，右眼視網膜脱落，竟致失明。同年，因唐先生之倡議，經國務院批准，受命主持成立「吐魯番出土文書整理組」。他不顧眼疾，全身心投入文書的整理與研究，帶領一批中青年學者，對近萬枚文書殘片逐一識讀，通過紙質、書體加以綴合、録文，並在悉心考訂的基礎上予以斷代和定名，十易寒暑，終將吐魯番古墓葬所出此批十六國至唐代的官私文書，古籍殘卷、佛道文獻等整理完畢。主編吐魯番出土文書釋文本一至十册；圖文本一至四册，先後於文物出版社出版，使沉睡千年的古冢遺文公諸中外學人，並總結出一套科學的文書整理的規範和方法。唐先生又結合出土文書的整理，將之與中國中古史研究有機結合，主編敦煌吐魯番文書初探（武漢大學出版社一九八三年版）、敦煌吐魯番文書初探二編（武漢大學出版社一九九〇年版）。他所撰寫的吐魯番出土文書中所見高昌郡縣行政制度、唐肅代期間的伊西北庭節度使及留後、吐魯番所出唐代西州差兵文書跋、吐魯番文書中所見高昌郡軍事制度、唐貞觀十四年手實中的受田制度和丁中問題、唐西州諸鄉户口帳試釋、吐魯番文書中所見絲織手工業技術在西域各地的傳播、吐魯番文書所見的西州府兵等一系列有關出土文書與十六國至唐代歷史的重要專論，與新出文書之整理一道，將我國敦煌吐魯番學引向深入。

唐先生還致力於中國古代史教材建設與相關工具書的探索與研究。一九五五年，受高教部委託，主編中國通史（二）魏晋南北朝史講義及教學大綱；同年，在武漢主持高教部魏晋南北朝史教材編寫會議；一九六二年，應邀參加中國科學院哲學社會科學學部中國史稿審稿會議，負責審定魏晋南北朝隋唐部分。一九六五年八月，主編中國通史參考資料古代部分第三册（魏晋南北朝），由中華書局出版。二十世紀八十年代初，唐先生被聘爲中國大百科全書總編輯委員會委員，中國大百科全書中國歷史編輯委員會副主任、隋唐五代史卷主編，他除了對該卷之條目逐條細擬、審定之外，還親撰「隋」等長文辭條。他還曾創辦魏晉南北朝隋唐史資料等刊物，與其他多位著名學者一道，共同發起創建中國唐史學會、中國敦煌吐魯番學會等學術團體，爲我國史學研究的繁榮和發展做出了貢獻。

唐長孺先生一生筆耕不輟，著述宏富，在其長達半個多世紀的學術生涯中，於中國古代政治、經濟、典章制度、民族、社會、宗教、學術文化、出土文獻諸領域縱横馳騁，皆有建樹，且不斷開掘學術研究的新課題。唐先生治學，嚴謹認真，實事求是，一絲不苟，既踵事增華，博取衆家之長，複獨辟新徑，形成了自己獨特的治學理路和學術風格。他注重對史料的充分占有和辨析，注意新資料的挖掘和運用，對相關資料去僞存真，去粗取精，洞悉史實之間的因果聯繫是唐先生治史的重要特點之一。而這一特點既包含了中國傳統「實證」史學的優秀成分，又使之在新的歷史條件下展示出無窮的學術魅力。他同時善於以小見大，從具體問題入手，透過具體的乃至零碎的片斷的史料記載，揭示出重大的歷史問題；他注重「循名核實」，從相關詞義的變化洞悉歷史演變的脈絡，獲得事關全局的重要結論，如所撰晉書趙至傳中所見的曹魏士家制度、九品中正制度試釋、西晉户調式的意義、南朝的屯、邸、别墅及山澤占領、唐代色役管見等即是；他十分注意各種歷史現象之間的内在邏輯和有機關聯，如討論士族問題，則密切關注其蔭客、免役之特權；研究兵制問題，則旁及户籍制、身分制、色役制及部曲、奴婢等相關經濟社會之内容，由此及彼，由表及裏，在研究的深度和廣度上達到了很高的

境界。他研究每一論題，必探其淵源和流變，通過長時段的考察，探尋其「變化與發展」。如有關魏晉時期江南的學風、魏晉至唐之官府工匠、魏晉南北朝的客與部曲、唐代的客户、南朝文學的北傳諸篇，或上溯兩漢以至戰國時代，或下延至兩宋時期，體現出廣闊的歷史視野。與此同時，唐先生在實證研究與理論探討、微觀研究與宏觀考察的結合上以及歷史與邏輯的統一上達到了新的高度。如晚年撰成的魏晉南北朝隋唐史三論之許多篇章即爲之樹立了典範。總之，唐先生成爲一代史學大家絶非偶然，與他的學養、學風、對史料與理論的高度重視以及不懈探求的學術精神密切相關。他晚年自題的聯語「著書敢期延歲月，湖山倘許小盤桓」，表達了他對人生的通達和學術的執著追求。且常謂：「史家『四才』須銘記，爲文切忌『急就章』」，這是他自勉之語，也是他教示學子之箴言。唐先生的學風、學術成就、學術理路和研究方法作爲二十世紀中國史學的優秀遺産之一，值得珍視和繼承。

由於唐先生的論著發表或出版於不同時期，有不少篇章已不易搜求；甚至一些專著也因出版經年，迄無再版，而於坊間難以獲見。他的相關論著，除魏晉南北朝史論叢、三至六世紀江南大土地所有制的發展、唐書兵志箋正、魏晉南北朝史論叢續編、魏晉南北朝史論拾遺、山居存稿、魏晉南北朝隋唐史三論等係他生前業已結集出版之外，尚有不少論文散見於各種報刊，另有一些手稿、講義、劄記等未公開刊行。爲滿足學術界的需要，繁榮學術研究，同時便於海内外學人相對全面地瞭解和研究唐先生的學術道路和學術思想，我們在中華書局的大力支持下，對其論著進行了一定程度和一定

範圍的搜集、整理，結集爲八卷本唐長孺文集。

經審慎協商，唐長孺文集確定如下取捨標準：

（一）譯著暫不收録，但與古史相關的重要譯文酌情收録。

（二）先已發表，後又經作者親自修改、補充的論文，只收最後修訂稿，原刊不再收録，如武則天統治末年的浮逃户、北涼承平七年寫經題記與西域通往江南的道路、舊唐書中關於元和三年對策案的矛盾記載、貞觀十四年手實中的合受田等。

（三）個别時代色彩較濃的論文，暫不予收録。

（四）序跋類文章，酌情收録。

（五）講義類暫酌收一部分。手稿中國中古史大綱中卷、中國中古史大綱補編、中國近古史大綱（講稿）等，因卷帙浩瀚，眉批繁複，擬另行刊印。

唐長孺文集的校核、整理或加工，大致遵循如下原則：

（一）文集悉用通行規範繁體字竪排，全式標點，人名、地名、書名等標專名線。特殊情況下（如敦煌吐魯番文書録文）適當保留異體字、古今字；原屬内刊稿或未刊稿中尚難辨識的文字以□標出。

（二）作者生前已刊專著、論文，以原書、原文爲底本；原文或原稿有疑問處，或參考作者修訂本及手稿做較大增删改動者，則一律出按語加以説明（專著置於出版説明或整理附記中，論文置於文

木)。

(三)引文校核,一般依據作者所用版本或通行本,明顯錯訛處徑改; 版本異文原則上不做改動。所引古籍、前人今人論著的指稱(如簡稱或其他習慣用法),不予統一,以保留原貌。

(四)除個别文章外,注釋一律採用脚注。凡援引作者已刊專著、論文的注釋,雖頁碼變動,原所示參見之頁碼、注碼等,仍舊保留,另注明文集本頁碼、注碼。

唐長孺文集各卷所收專著或大致篇目如次:

第一卷 魏晉南北朝史論叢

第二卷 魏晉南北朝史論叢續編、魏晉南北朝史論拾遺

第三卷 山居存稿

第四卷 魏晉南北朝隋唐史三論

第五卷 唐書兵志箋正(外二種: 三至六世紀江南大土地所有制的發展、魏晉南北朝史籍舉要)

第六卷 山居存稿續編

第七卷 山居存稿三編

第八卷 講義三種(秦漢三國史、魏晉南北朝史三章、魏晉南北朝隋唐史)。附唐長孺先生生平及學術編年

武漢大學中國三至九世紀研究所師生、歷史系相關同事和唐長孺先生的學生、子女等分别承擔了唐長孺文集的整理或校核工作。茲大致條列，以志其事。第一卷，魏斌、劉安志、朱海；第二卷，劉安志、何德章、朱海；第三卷，凍國棟、何德章、劉安志、朱海、申萬里；第四卷，凍國棟、朱海、黄樓；第五卷，孫繼民、王延武、劉安志；第六卷、第七卷，朱雷、凍國棟、何德章、劉安志、朱海、申萬里、黄樓、姜望來；第八卷，唐剛卯。其中，唐長孺先生生平及學術編年與文集前言由凍國棟執筆。石墨林在文集各卷的複印、收寄等方面承擔了不少工作。

唐長孺文集的整理與出版，還獲得諸多單位和友人的幫助。唐先生不同時期的學生在文集的編選和清樣的審讀方面，也付出了勞績。先後參與這一工作的有張澤咸、張弓、李文瀾、王素、黄正建、孫曉林、李方諸先生。此外，一些學界同行或建言獻策，或幫助複製、翻拍唐長孺先生早年文稿，多方襄助，不能一一列名，謹在此一併表示衷心的感謝。

程千帆先生、啓功先生、金克木先生生前對唐長孺文集的出版均十分關心。啓功先生還曾抱病親爲題簽，令人感銘。

武漢大學中國三至九世紀研究所

二〇一〇年六月

魏晉南北朝史論叢續編

目録

西晉户調式的意義

晉書食貨志稱晉平吴之後，「又制户調之式」。式是一種法令的名稱。唐六典卷六刑部説：「凡律以正刑定罪，令以設範立制，格以禁違正邪，式以軌物程事。」律、令、格、式是四種「文法之名」。照食貨志所説，似乎所載的文件就稱爲户調式。但也可能所謂「户調之式」乃是後人綜合相關法令而加以「式」的名稱。不管怎樣，户調式的内容包含了三個部分：一是户調之制，二是占田、課田之制，三是蔭族和蔭客之制。唐六典刑部的注稱：「晉命賈充等撰令四十篇……九户調，十佃，十一復除。」户調式的内容實際上超出了户調的範圍，而牽涉到佃令、復除令的一部分。

關於户調之制我曾有專文討論，這裏不擬重複。關於占田課田制也曾在西晉田制試釋一文中提出一些意見。但是還有一些没有接觸到的問題，現在試加補充。至於最後一部分關於蔭族和蔭客制度似乎還很少有人談到，本文將提出我的不成熟意見。

占田、課田制的重要意義在於封建國家以最高土地所有者的地位對全國土地進行督課耕種。國家不但課耕官有荒田，也課耕「私有」土地；不但把官有荒田按丁分配，而且試圖對「私有」土地加以干涉。不管課耕和干涉的實際效果怎樣，但法令的頒佈多少意味着國家具有這樣的權力。以皇帝爲首的國家所以具有這樣的權力應該有它的基礎，同時也應該有它的歷史淵源。

從戰國以來，土地早已允許買賣，土地私有制是存在的。這一點很明白。漢代並沒有明確限止過土地的兼併，所以師丹説漢文帝時「未有併兼之害，故不爲民田及奴婢爲限」。〔一〕然而武帝以來國家常常企圖干涉私人的土地，這也是明白的。從董仲舒開始就提出了限民名田的建議，以後師丹更制定和頒佈了具體的制度，到了王莽便在短期間實施王田制度。從董仲舒以至王莽所以作這樣的企圖甚至付之實施決非單純出於主觀願望，而是基於皇帝的最高土地所有權。既然如此，土地的私有性質是受限制的，皇帝在一定範圍内干涉私人的土地是不足爲奇的。漢武帝元封五年（前一〇五）設立十三部刺史，以六條察吏。第一條便是「强宗豪右田宅踰制，以强凌弱，以衆暴寡」，〔二〕由此可見田宅是有制的。武帝還曾完全禁止商人占有土地。史記平準書稱武帝時，「賈人有市籍者及其家屬皆無得籍名田以便農，敢犯令，没入田僮」。以後大批没收賈人田畝、奴婢雖由於告緡，亦必和這條法令有關。

東漢時期，豪强兼併，日益發展，但是法律上仍然維持商人不得占有土地的禁令。後漢書卷八〇上黄香傳稱「田令：商者不農」，所謂不農的意義應該包括不準占有作爲農業的主要生産資料土地而言。〔三〕劉祐作大司農還曾根據「科品」没收宦官蘇康、管霸所占的良田、美業、山林、湖

〔一〕漢書卷二四食貨志。
〔二〕漢書卷一九百官公卿表注引漢官典職儀。
〔三〕惠棟補注引劉般傳永平中下令禁民二業，以爲「商者不農之令始於永平」。我以爲永平禁民二業，雖與此有關，但商者不農之令應沿襲西漢。

澤。〔一〕所謂科品大致是按照等級規定的各種享有制度，〔二〕土地似乎也有一種不明確的規定。這就是説私人對於他所占領的土地没有完整的所有權。

漢代雖然很少認真干涉私人的土地，但皇帝仍然有權在認爲需要時加以干涉。

到了東漢末年，不少人主張國家應該擴大對於土地支配的權力。仲長統昌言損益篇主張「限夫田以斷兼併」，又説：「今者土廣民稀，中地未墾。雖然，猶當限以大家，勿令過制。其地有草者，盡曰官田，力堪農事，乃聽受之。」〔三〕仲長統的建議是以有草之田亦即荒田作爲官田。〔四〕這些官田只是給與有力從事農業勞動的人，而對於大土地占有（大家）則應加以限止。魏志卷一五司馬朗傳稱朗主張「宜復井田」，他説：「往者以民各有累世之業，難中奪之，是以至今。今承大亂之後，民人分散，土業無主，皆爲公田。宜及此時復之。」由此可見當時國家直接支配的荒田是非常多的。司馬朗主張恢復

〔一〕後漢書卷六七黨錮劉祐傳。

〔二〕後漢書卷四二濟南安王康傳稱「康遂多殖財貨，大修宫室，奴婢至千四百人，廐馬千二百匹，私田八百頃。奢侈恣欲，遊觀無節。永元初，國傅何敞上疏諫康曰：……輿馬、臺隸，應爲科品，而今奴婢、廐馬皆有千餘……又多起内第，觸犯防禁……願大王修恭儉，遵古制，省奴婢之口，減乘馬之數，斥私田之富，節遊觀之宴」。科品主要是指「輿馬、臺隸」等等的制度。但私田也連帶涉及。大概漢代對於私田並没有明確規定，但總是有一個籠統的禁令，即是不能太多。

〔三〕後漢書卷四九仲長統傳。

〔四〕草田即荒田。漢書卷七七孫寶傳：「帝舅紅陽侯立使客因南郡太守李尚占墾草田數百頃。頗有民所假少府陂澤，略皆開發。」同書卷六五東方朔傳：「又詔中尉、左右内史，表屬縣草田，欲以償鄠、杜之民。」都可説明草田屬官有，或皇室所有。

井田，仲長統、荀悦都有這傾向。〔一〕當時也確有地方官執行限止大土地占有的政策。三國魏志卷一六倉慈傳説他作敦煌太守時，「舊大族田地有餘，而小民無立錐之土，慈皆隨口割賦，稍稍使畢其本直」。所謂有餘的田地何所指，還不明瞭。倉慈的辦法是按照人口將這些有餘之地分配給「小民」，但應逐漸償還地主的本直。這樣做法顯然對地主並無損失。但「割賦」給小民是出於强制的，因而也足以説明國家對於有主之地也有權支配。

由此可見，當户調式頒佈以前，一直推溯到漢代，土地的私有性質雖然不能否認，但是在一定程度與一定範圍内是受限止的。山林、川澤、荒地以及各種官有土地由國家直接支配，而當認爲必要時，國家還可以干涉「私有」土地。因此，封建國家對於土地的權力不僅表現在直接支配的土地上，也表現在對於私人土地的最高所有權上。

占田、課田制正是根據這個歷史傳統制定的封建國家土地所有制形式。

占田即漢代的名田，漢書食貨志師古注：「名田，占田也。」史記平準書：「賈人有市籍及其家屬皆無得籍名田以便農。」索隱云：「謂賈人有市籍，不許以名占田也。」又「各以其物自占」，索隱云：「按郭璞云：占，自隱度也。謂各自隱度其財物多少，爲文簿送之官也。若不盡，皆没入於官。」根據這些解釋，名田即是以自己的姓名將田畝呈報上籍。占的原意只是估計自己財物價值多少，登記上文籍，

〔一〕前漢紀卷八荀悦論田租。

向官呈報，以便繳納賦稅，所估計的財物意味着屬於此人名下，因而占的意義演變而爲占有。〔一〕由此可見西晉占田之制也即是漢代的「限民名田」。

户調式中充分表明國家肯定了貴族、官僚大土地占有，同時也肯定國家對於土地的最高支配權。不管事實上所占之田是從哪裏得來，祖傳、購買、强占等等，按照法令的精神只能是國家土地的一部分，由國家分配給各級官僚以至人民。不管事實上是否真正執行規定，法律上占田是有限額的。貴族官僚之成爲大地主乃由於國家予以法律上的保證，使之分割了國有土地的一部分，因而貴族官僚的大土地是從屬於封建國家土地所有制的。

在户調式中也充分表明每個壯丁、次丁男耕種一定數量的土地乃是對封建國家承擔的義務，因此具有强制性。束晳曾經建議「一人失課，負及郡縣」，〔二〕顯然認爲容許人民規避課田義務是一種失職。課田既然是普及於每個壯丁、次丁男的措施，所以課田農民即是最一般的農民，他們的身分高於公家的佃兵、屯田客和私家的佃客、衣食客，他們是廣泛意義上的「自由」農民。在封建社會前期的「自由」農民多少是帶有公社性的，但他們却隸屬於國家，國家以租調形式掠奪他們的剩餘生産品，而這一筆收入是用來爲封建主服務的，或者是由封建主分享的。

〔一〕後漢書卷二明帝紀中元二年即位詔有云：「流人無名數欲自占者人一級。」「無名數」即户籍上無名及其家人口數，自占即以名數呈報上籍。參考前漢書卷八宣帝紀地節三年三月「流民自占八萬餘口」條師古注。

〔二〕晉書卷五一束晳傳。

課田旨在獲得租調，没有土地的農民可以由國家配給土地。然而文件並未説明所配給的土地能否買賣。這一點當時可能並没有考慮。因爲課田是督課耕田，國家目的只要這塊田有人耕種，就可以掠取租調，徵發服役，誰在耕種，國家可以不加干涉。法律既然規定壯丁及次丁都要耕種一定面積的土地，賣掉了田的農民如果不逃亡，他仍然要課田。在國家看來，准許買賣並不損害其賦役徵發，重要在於禁止逃亡。

逃亡農民中，頗大的一部分是投身豪强，成爲封建依附者。爲了防止國家控制的編户流入私門，西晉政權很早就注意到這個現象。晉書卷九三外戚王恂傳稱：「武帝踐位，詔禁募客。」同書卷二六食貨志稱泰始五年（二六九）正月：「敕戒郡國計吏，諸郡國守相令長務盡地利，禁遊食商販，其休假者令與父兄同其勤勞。豪勢不得侵役寡弱，私相置名。」敕書目的是要地方官「盡地利」，也即是開發農業生産。爲了保證有足够的勞動人手；所以禁止不從事農業勞動的商販、遊食，並聲明豪强不準「私相置名」。所謂置名，也即是建立「庇護」或依附關係。〔一〕按照晉代法律，藏匿户口是非常嚴厲的，嚴厲到可以處死刑。〔二〕關於這些我在西晉田制試釋和三至六世紀江南大土地所有制的發展文中均曾述及，這裏不再重複。

〔一〕南史卷五齊本紀下東昏侯紀稱：「先時諸郡役人，多依人士爲附隸，謂之屬名。」所謂置名也即是把依附者之名置於自己的庇蔭下，和屬名相同。

〔二〕程樹德：九朝律考晉律考藏户棄市條。

西晉政權一方面力圖防止農民脱離國家的控制，另一方面却不得不肯定封建主的庇護權，户調式中關於蔭族、蔭客的規定是在這個意義上制定的。晉書食貨志所載户調式云：

而又各以品之高卑，蔭其親屬，多者及九族，少者三世。宗室、國賓、先賢之後及士人子孫亦如之。而又得蔭人以爲衣食客及佃客。品第六已上得衣食客三人，第七、第八品二人，第九品及舉輦、跡禽……一人。其應有佃客者：官品第一、第二者，佃客無過五十户，第三品十户，第四品七户，第五品五户，第六品三户，第七品二户，第八品、第九品一户。

法令表明各級官僚有庇護其宗族、客的權利。所謂「蔭」的意義主要在於免除賦役，宗族、客在貴族官僚的庇護下獲得復除。魏書卷一一〇食貨志云：「蔭附者皆無官役，豪强徵斂，倍於公賦。」説明「蔭附」不服官役，但豪强的剥削却很重。〔一〕

蔭族和蔭客實際上早已通行，但是在漢代却不見明文，復客制度也僅見於孫吴。我們知道自漢以來所謂豪强都是以宗族、賓客爲其基本隊伍的。西漢末年大小武裝集團初起時總是以宗族、賓客爲主要力量，劉縯、劉秀起兵便是這樣。〔二〕東漢末年，其例更多，這裏不再列舉。〔三〕

〔一〕南史卷五齊本紀下東昏侯紀稱：「凡屬名多不合役，止避小小假，並是役蔭之家。」按蔭庇主要在於免除賦役。漢代復除亦如此。但也有説明所復者是那一項的。隸釋卷二光和二年樊毅復華下民租田口筭碑便只復租算以便服齋禱之役。

〔二〕後漢書卷一光武紀，卷一四齊武王等傳。

〔三〕按三國志諸傳中如卷一六任峻傳宗族、賓客並舉，卷一八李典傳先舉賓客後舉宗族。卷一一田疇傳稱「宗族及他附從」，所謂「附從」亦即賓客。

左傳宣十二年晉楚之戰「知莊子以其族反之」，杜預注云：「族，家兵。」正由於東漢末年以來，家兵是以宗族和族内賓客組成的，因而杜氏有此解釋。總之，自漢以來，宗族和賓客正在逐漸走向程度不同的依附關係。

關於宗族的問題，不打算在這裏詳細討論。大致説來，宗族是帶着氏族家長制殘遺的以血緣相聯繫的大小家庭的組合。各個家庭有它自己的私有經濟，内部家庭間的貧富差別很顯著。漢代以來，族中的顯貴在各種機會中把自己提升到「宗主」的地位，〔一〕使宗族成員聽命於他。在聚族而居的農村中，鄉閭組織和宗族組織具有密切的聯繫，鄉閭之豪通常就是大族的首領。豪强很少能够脱離他的宗族、鄉里而別自構成他的勢力。

宗族是農村中最牢固的組織。在封建社會中它是爲封建統治階級服務的。但另一方面，宗族中間仍然保持着一些原始的民族習慣，宗族成員間彼此承擔着一定的義務。這種義務或者是保護其成員逃避甚至抗拒國家的賦役，或者是隱藏宗族中的犯法的人；當發生事故時，宗族常常組成武裝力量來對抗。〔二〕宗族中的富人在道德上負有「周濟」其族人的義務。漢代「散財宗族」的事屢見記載。王莽建立的王田制度是「其男口不盈八而田過一井者分餘田予九族、鄰里、鄉黨」。〔三〕正因爲社會上

〔一〕「宗主」名稱出自魏書食貨志。這裏是借用。
〔二〕魏晉南北朝史論叢孫吴建國及漢末江南的宗部與山越。三至六世紀江南大土地所有制的發展第一六——一八頁。
〔三〕漢書卷九九王莽傳。

本來就有分財予宗族、鄉里的習慣，所以王莽才敢於這樣做。他只是把某一些人的道德行爲變成普遍性的法律來强制執行，才遭到反對。直到東漢時，散財宗族的事還是數見不鮮。〔一〕宗族之間的貧富相通以及其他互助習慣通常爲宗族中上層分子所利用，使自己更好地控制其成員，宗族組織成爲保衛以至發展其利益的可靠力量。

宗族組織在一定程度上帶有公社性質，它的長期存在也像公社一樣，由於統治者（皇帝和封建主）和被統治者都需要它。以皇帝爲首的國家利用這個組織來協助防止編户的流散及其反抗，穩定農村中統治者的秩序，特別是通過宗族中的上層分子來統治農村。那些上層分子既然把自己的經濟、政治利益放在剥削、利用其宗族的基礎上，當然不願意也不可能消除這個組織。被統治者也需要它，因爲他們在傳統上和統治者的宣傳影響下認爲宗族可以保衛自己。宗族組織已經成爲統治者所利用的工具，但宗族内部的公社殘遺仍然起一定的作用。而在困難的時期，宗族是最現成的集體組

〔一〕例如：後漢書卷五六种暠傳稱：「父爲定陶令，有財三千萬，父卒，暠悉以賑恤宗族及邑里之貧者。」卷六二荀淑傳：「産業每增，輒以贍宗族知友。」卷七六童恢傳：「父仲玉，遭世凶荒，傾家賑恤九族、鄉里，賴全者以百數。」卷八二上廖扶傳：「扶逆知歲荒，乃聚穀數千斛，悉用給宗族姻親。」同卷折像傳：「國有貲財二億，僮八百人……及國卒，感多財厚亡之義，乃散金帛貲産，周施親疎。」如此之類的例子還有一些。齊民要術卷三引崔寔四民月令稱「九月治場圃，塗囷倉，修竇窖，繕五兵，習戰射，以備寒凍窮厄之寇。存問九族，孤寡老病不能自存者，分厚徹重，以救其寒。十月……五穀既登，家儲蓄積，乃順時令敕喪記，同宗有貧窶久喪不堪葬者，則糾合宗人共興舉之，以親疎貧富爲差，正心平斂，無相踰越，先自竭以率不隨。……十二月，請召宗族、婚姻、賓旅講好和禮，以篤恩紀」。也可見宗族中間富有者及於其宗族成員間的關係。

織，他們集體逃荒、墾荒、避亂等等，我們知道孤身一人是不可能進行這些活動的。

由此可見，宗族保護其成員的職能淵源於遙遠的氏族習慣。自從族中的顯貴（奴隸主或封建主）置身於宗族之上，使宗族爲他的利益服務，於是這種職能掌握在他手中，他以宗主的身分把自己打扮爲宗族的保護者。

雖然統治者力圖使宗族組織爲其服務，雖然作爲國家統治農村力量的「宗主」在根本利益上和專制皇權一致，但是作爲「保護」其成員逃避賦役和法律懲處的宗族組織終究是和專制政權有矛盾的，從而「保護」也只能是非法的。國家從來也没有承認過這種實際存在的「保護」權利，因而宗主及其成員間也談不上合法的庇護關係。就免役亦即復除而言，在漢代就從未見到蔭族的記載。〔一〕按照西漢制度，「雖丞相子亦在戍邊之調」，〔二〕後漢書卷二七王良傳：「後光武幸蘭陵，遣使者問良所疾苦，不能言對。詔復其子孫邑中徭役。」王良曾官大司徒司直，又是一個經師，可是他的兒子免役，必須由皇帝恩賜。宗族當然更不能免除。像這樣明確規定各級官僚的蔭族權利，就現存資料看來還是第一次。法令表明國家肯定了宗主「庇護」其宗族成員的權利，而這個「宗主」確定爲族中的官僚。受蔭者所獲得的復除權利既然被認爲來自「宗主」的庇護，那末他們也就必然要對「宗主」承擔着一定的義務。雖然宗主及其成員間的關係不同於佃客、部曲之與其主人，一般地說是采取家長制形式，但實

〔一〕東漢會要卷二九復除條徐天麟按語。九朝律考漢律考三論自復免條引周禮地官鄉大夫注及程樹德的按語。
〔二〕漢書卷七昭帝紀元鳳四年正月（前七七）注引如淳說。

質上仍然是庇護制下的從屬關係。

這個法令的重要意義還在於特别提出了「先賢之後及士人子孫亦如之」。「士」之成爲「族」，成爲享有免役特權之族，在户調式中首次以法律形式給固定下來。關於士族産生的問題，這裏不擬討論，大致可以説從東漢以來社會上便存在着一種具有特殊身分的士人，獲得此種名號不必決定於本人的官爵。三國魏志卷二一王粲附吴質傳注引魏略曰：「始質爲單家，少游遨貴戚間，蓋不與鄉里相沈浮，故雖已出官，本國猶不與之士名。及魏有天下，文帝徵質，與車駕會洛陽，到拜北中郎將，封列侯，使持節督幽、并諸軍事，治信都。太和中入朝，質自以不爲本郡所饒。謂司徒董昭曰：『我欲溺鄉里耳。』」吴質身居高位，又有文才，但却不算「士」。魏略所云「不與士名」大概和九品中正制有關，但鄉里評定某人之爲「士」與否必然由來已久。我們看吴質爲了不獲士名而如此憤恨，便可知道這個稱號的尊貴。雖然如此，東漢以來，我們並没有看到士人蔭及子孫的明確規定，這樣一個規定始見於户調式。我們不妨説，士族的形成雖早在其先，但是從各個宗族中提升起來並確認其特殊地位這個意義上，户調式具有重要的作用。

户調式中另外一類被庇護者是客。我們在上面已經提到自漢代以來宗族和賓客一直是豪强所掌握的基本隊伍。我們從史籍上常常看到兩漢時期貴族、官僚、豪强、大姓擁有很多賓客。從廣泛的意義上説「客」只是表示其非本族人或本鄉人，因而「客」的地位可以很不相同。所有賓客一般是在主人的庇護下，只是在庇護下所從事的職務可以很不相同，因而庇護的實質也就存在着差别。

史籍上記載的大族豪門的賓客常常依靠主人的勢力横行鄉里，甚至作盜賊，〔一〕也有一部分出仕爲官。〔二〕這些人是戰國食客之類，不從事勞動，其中一部分顯然是所謂士人。後漢書卷二四馬援附子防傳稱：「防兄弟貴盛……賓客奔湊，四方畢至，京兆杜篤之徒數百人，常爲食客，居門下，刺史、守、令多出其家。」可以爲證。可是我們應該承認，在賓客的廣泛名稱下確有一部分和農業生產有關。漢書卷七七孫寶傳：「時帝舅紅陽侯（王）立使客因南郡太守李尚占墾草田數百頃。」可以理解所占草田即以客墾種。〔三〕後漢書卷二四馬援傳所述援賓客屯田上林苑之事爲人所熟知，而本傳説：「（馬援）在北地，賓客多歸附者，遂役屬數百家。」由此可知這些賓客長期追隨馬援，他們是爲主人所役屬的，不論從事生產或戰争都受主人的支配，因而可以説存在着人身依附關係，而這種依附關係大體上

〔一〕這種例子很多。如史記卷一〇七魏其武安侯傳稱灌夫「宗族、賓客爲權利，横於潁川」。漢書卷七六趙廣漢傳稱京兆掾杜建「素豪俠，賓客爲姦利」。又稱潁川郡「大姓原、褚，宗族横恣，賓客犯爲盜賊」。同書卷九酷吏嚴延年傳稱涿郡大姓東高氏、西高氏「賓客放爲盜賊」。後漢書卷七六循吏任延傳稱武威大姓田紺，「子弟賓客，爲人暴害」。卷七八宦者侯覽傳稱宦官段珪、侯覽「僕從賓客，侵犯百姓，劫掠行李」。魏志卷一一王修傳：「高密孫氏素豪俠，人客數犯法，民有相劫者，賊入孫氏，吏不能法。」

〔二〕這類例子也不少。如後漢書卷三四梁統附玄孫冀傳稱梁冀誅後「故吏賓客免黜者三百餘人」。同書卷二三竇融附曾孫憲傳稱憲敗後「宗族、賓客以憲爲官者皆免歸本郡」。又卷四五袁安傳稱：「（竇）憲、景等日益横，盡樹其親黨賓客於名都大郡。」又卷五七劉陶附陳躭傳稱：「其宦官子弟賓客雖貪污穢濁，皆不敢問。」

〔三〕按本條意義不太明確，也可解釋爲只是使「客」向李尚交涉占田。但所占之田，必須有人耕種，似以第一種解釋爲是。

是從庇護制産生的。

我們當然不是説凡是稱爲「客」的勞動者都存在着同等的人身依附關係。群書治要卷四五崔寔政論云：「長吏雖欲崇約，猶當有從者一人。假令無奴，當復取客，客庸一月千，芻、膏肉五百，薪、炭、鹽、菜又五百，二人食粟六斛。」這一種「客」按月取得報酬，並由主人供給飯食。他們和投靠庇護的客在身分上應該不同。三國魏志卷一一管寧傳注引魏略稱焦先「饑則出爲人客作，飽食而已，不取其直」。客作應該取直，但飽食而不取直是特殊行爲，所以述及。像焦先那樣「庸力客作」，只是一種臨時雇傭。這類雇傭之客雖然在較後期間仍然存在，但不能以此説明兩漢時期「客」的地位。兩漢時期的賓客可以包含不勞動的士人及其他投靠者，以及從事勞動的投靠者。從事勞動的客在人身依附關係上也不一致。我們知道，投靠大族豪門的客(不管從事勞動與否)在西漢時期習慣上已經和奴並稱了。漢書卷六七胡建傳稱昭帝姊蓋主和上官安、丁外人等「多從奴客，奔射追吏」，同書五行志還説漢成帝微行時帶着私奴客。東漢初年竇憲兄弟專權，後漢書卷二三竇融附曾孫憲傳説：「奴客緹騎，依倚形勢，侵凌小人。」顯然與奴並列的客的身分是低微的。東漢末年以至三國時奴和客簡直難以區别。三國魏志卷九曹仁附弟純傳注引英雄記：

> 年十四喪父，與同産兄仁别居。承父業，富於財，僮僕、人客以百數。純綱紀督御，不失其理。

三國蜀志卷八麋竺傳：

祖世貨殖，僮客萬人，資産巨億……竺於是進妹於先主爲夫人，奴客二千，金銀貨幣，以助軍資。

同書卷一〇李嚴傳注引諸葛亮與嚴子豐教曰：

願寬慰都護，勤追前闕。今雖解任，形業失故。奴婢、賓客百數十人。君以中郎參軍居府，方之氣類，猶爲上家。

三國吴志卷一〇陳武附子表傳：

初，表所受賜復人（按即復客）得二百家，在會稽新安縣……表乃稱曰：「今除國賊，報父之仇，以人爲本，空枉此勁鋭，以爲僮僕，非表志也。」皆輒料取，以充部伍。

從以上諸例看來，客的身分非常低微，他們像奴婢一樣作爲饋贈，也像奴婢一樣以數目之多寡表示主人財富之大小，而且在計算時奴客混在一起，不知何者爲奴，何者爲客。資治通鑑卷七秦二世元年七月：「二世乃大赦天下，使章邯免驪山徒，人奴産子，悉發以擊楚軍。」這裏所稱「人奴産子」，胡注列舉諸家的解釋，其中引臣瓚曰：「人奴之産子，今田客家兒。」〔一〕臣瓚之姓，古今人多所考證，這裏無須涉及，但應該是西晉人，則自姚察以後，並無異説。〔二〕由此可見，西晉人是把當時的田客與秦代之奴等同起來了。在這裏，我們認爲奴和客的混同，並非簡單地客墮落爲奴，可能一方面是客的奴化而另一

〔一〕此條由同事陳仲安先生見示。按胡三省所引臣瓚説應亦出於顔師古注，但檢漢書有關諸傳，未見此條。

〔二〕漢書叙例臣瓚條下宋祁引余靖校本所引姚察漢書訓纂。

方面却是奴的客化。

我們不妨説，從西漢時起客的身分已經開始卑微化，東漢以至三國，在長期過程中，我們可以肯定客的依附地位正在建立。可是實際存在的依附關係却並不確定。事實上客已經喪失了國家編户的地位（當然要把杜篤之類的賓客除外），國家也不能不容忍大族豪門的庇護，但是似乎像宗族一樣，法律上没有正式承認客可以獲得復除。假使國家認爲有必要同時也有力量來否定這種庇護，那麽主人就不能合法地保有其所屬的客。三國魏志卷一二司馬芝傳：

太祖平荆州，以芝爲管長。時天下草創，多不奉法。郡主簿劉節舊族豪俠，賓客千餘家出爲盗賊，入亂吏治。頃之，芝差節客王同等爲兵。掾史據白：「節家前後，未嘗給繇，若至時藏匿，必爲留負。」芝不聽，與節書曰：「君爲大宗，加股肱郡，而賓客每不與役。既衆庶怨望，或流聲上聞。今條同等爲兵，幸時發遣。」兵已集郡，而節藏同等，因令督郵以軍興詭責縣。縣掾史貧困，乞代同行。芝乃馳檄濟南，俱陳節罪。太守郝光素敬信芝，即以節代同行。

由此可見，三國初期在曹魏統治區域内庇護制實際存在，而且地方政府也完全瞭解豪强庇護下的賓客一向不服役。王同之爲劉節的客，縣吏是知道的，司馬芝也是知道的。他之被差爲兵，必然户籍上仍然是管縣的編户。因而這不是隱匿逃亡的問題。既然如此，王同縱使是劉家之客，習慣上地方政府也默認其被庇護，但他仍然是國家編户，因此仍然可以編户身分被徵爲兵，劉節絲毫没有根據抗拒地方官的決定，他只能將王同藏匿起來。當王同爲客之時他並不需要隱藏，只有到逃避徵發時才要這樣做。這裏説明客的依附地位是不確定的，雖然是客，户籍册上並不消除他的編户身分。也正因爲如此，漢代大族豪門擁有大量賓客既不算違法，也没有合法的庇護權利。

三國時期發生的變化首先便是庇護制的合法化。孫吴方面很早就有復客制度。〔一〕客之得復是古所未有的，這是首次承認實際上久已存在的庇護制。大概在曹魏後期，也把租牛客户賞賜給公卿以下，於是「小人憚役，多樂爲之」。〔二〕這樣在曹魏區域内也實行了復客制。其次，三國時期也初步規定了法律限度内的庇護制。孫吴的復客和曹魏的租牛客户不管其實際來源怎樣，名義上都是出於皇帝的賞賜，這裏就意味着只有在賞賜限額内的客才能得到合法的庇護權利。〔三〕從此之後，貴族、官僚享有合法的庇護權利，而同時私自募客便是犯法行爲。這和漢代有很大的不同。

顯然西晉户調式中的蔭客制度是魏吴制度的整齊劃一及其推廣。魏、吴兩國賞賜客户是不普遍的，也是可多可少的。户調式的規定使各級官僚都可以獲得多少不等的佃客、衣食客，庇護權利給推廣了，同時也規定了蔭客數字。

蔭客數字的規定是和庇護制的承認相聯繫的，國家不能容許過多的編户變成已被肯定了的庇護制下的佃客，因而必須加以限止。

〔一〕參考魏晉南北朝史論叢第二五頁（文集本二二——二三頁）。三至六世紀江南大土地所有制的發展，第二二——二四頁。
〔二〕晉書卷九三外戚王恂傳。
〔三〕自户調式頒佈以後，直到南朝，額外之客是非法的占有。額外之客大體上即是隱丁匿口。

在上面我們提到當時習慣上奴僮和客常常通稱。但嚴格講來客畢竟不是奴僮。隋書卷二四食貨志稱東晉南朝時「都下人多爲諸王公貴人左右、佃客、典計、衣食客之類，皆無課役」，又説「其佃穀皆與大家量分」，「客皆注家籍」。這裏的記載雖説是東晉以後的事，但必然沿襲西晉。就佃客之注家籍，無課役，和主人分佃穀這些特點看來，他們應該是封建剥削下的依附者。大家知道西漢時期師丹的建議是以限奴婢和限田並舉的，而王莽雖然指出了豪强的「分田劫假」，他所下的法令却也單單禁止奴婢買賣和禁止土地買賣並舉。這不一定是漢代的賓客數量甚少，或尚未使用於農業生產，因而無須限止，重要的是庇護制下的依附關係還没有肯定。我們從史籍上看到不少大姓豪門，擁有大量賓客，然而在漢代却從來没有限止過。

户調式中的蔭客制度正像土地制度一樣，貴族、官僚根據占田制合法占有較大面積的土地，但只有作爲被配給的一定數量的國有土地之一部分（占田，此外還要加上賜田），才能獲得國家的承認，而庇護制也只有作爲國家配給的一定數量的佃客、衣食客才算合法。東晉初就把它稱爲給客制度，雖然事實上絶大多數的客並非真的由國家給與。〔一〕

如上所述，根據户調式只有貴族、官僚可以多占土地，也只有貴族、官僚纔可以占有相應的依附地位的勞動人手，而土地和依附者則是由國家配給的。這裏就意味着貴族、官僚大土地占有雖然和

〔一〕西晉時也有一部分的客是真由國家賜與的，見晉書卷四四華表傳。

封建國家土地所有制有矛盾的一面——這種矛盾表現在貴族、官僚力圖擴大其土地和依附人口的占有而國家則企圖加以適當的限止，但二者存在着極其密切的聯繫，我們不妨説貴族、官僚大土地占有制正是有賴於國家土地所有制的保存。

北魏均田制中的幾個問題

——均田制度的産生及其破壞的附録

本文爲均田制度的産生及其破壞(曾發表在歷史研究一九五六年第二期)一文的附録。在寫上述那篇論文時,涉及一些考證問題,爲了避免喧賓奪主,我不打算牽扯在一起。但這些考證問題對於整個均田制度的瞭解不是無關重要的,因而也還值得把它寫出來,作爲參考。

一　均田制實施年限質疑

我在均田制度的産生及其破壞一文中假定均田制在太和九年(四八五)頒佈後立即付之實施。根據魏書卷七上高祖紀太和九年十月詔書所說:「今遣使者循行州郡,與牧守均給天下之田,還受以生死爲斷,勸課農桑,興富民之本。」又卷一一〇食貨志所稱:「九年下詔,均給天下民田。」記載是明確的,但却不是並無疑問。

第一、魏書卷五三李孝伯附子安世傳稱:「時民困饑流散,豪右多有占奪。」安世上疏建議恢復農業,他説要「宜更均量,審其經術,令分藝有準,力業相稱」。在記載這篇奏疏之後,魏收加上這麽一句「均田之制,起於此矣」,這是説均田制是由這篇奏疏引起的。可是疏中却又有「三長既立,始返舊墟」的話。按照高祖紀和食貨志「立黨、里、鄰三長」是在太和十年（四八六）二月，後於均田令的頒佈，那麼不可能在未行均田之先已經「三長既立」，這兩種記載就有了矛盾。

關於這個問題史學家曾經注意到，並加以解決。南齊書卷五七魏虜傳稱：「（永明）三年（四八五）初令鄰、里、黨各置一長，五家爲鄰，五鄰爲里，五里爲黨。」齊之永明三年即魏之太和九年（四八五），那麼三長制的建立就提早了一年。均田令的頒佈在十月，假使立三長在本年初，接着李安世上疏，這是很可能的。〔一〕

另外一種解釋是從校勘上得到的，册府元龜卷四九五載李安世疏中「三長既立」作「子孫既立」，這樣就不發生先後問題了。〔二〕

兩種解釋都能成立，但南齊書得之傳聞，册府元龜由於轉引或傳刻之訛也常有錯誤，譬如均田令的頒佈誤列於太平真君九年，李安世上疏列於文成帝時，我們難以保證册府元龜引文一定正確。假使除了李安世疏之外並無矛盾記載，我們也可以承認兩種解釋之一，然而還不止於此。魏書卷六〇韓麒麟傳：

太和十一年（四八七）京都大饑，麒麟表陳時務曰：「……今京師民庶，不田者多，遊食之口，三分居二。蓋一夫不耕，或受其饑，況於今者，動以萬計。故頃年山東遭水而民有餒終，今秋京

〔一〕這個解釋曾由繆鉞先生口頭説過，未見發表論文。
〔二〕李劍農先生：中國經濟史講義。

都遇旱，穀價踴貴。實由農人不勸，素無儲蓄故也……上垂覆載之澤，下有凍餒之人，皆由有司不爲明制，長吏不恤其本……故令耕者日少，田有荒蕪。穀帛罄於府庫，寶貨盈於市里，衣食匱於室，麗服溢於路，飢寒之本，實在於斯。愚謂凡珍玩之物皆宜禁斷，吉凶之禮，備爲格式，令貴賤有别，民歸樸素。制天下男女計口受田，宰司四時巡行，臺使歲一檢校，勤相勸課，嚴加賞賜，數年之中，必有盈贍，雖遇災兇，免於流亡矣。往年校比戶貫，租賦輕少，臣所統齊州租粟，纔可給俸，略無入倉，雖於民爲利，而不可長久，脫有戎役，或遭天災，恐供給之方，無所取濟，可減絹布，增益穀租。」

韓麒麟上奏是在太和十一年（四八七）代京一帶大旱災之後。根據卷一一〇食貨志這年旱災異常嚴重，「加以牛疫，公私闕乏」。政府命令准許人民到關外逃荒，「行者十五六，道路給糧禀，至所在，三長贍養之」，但仍然餓死不少人。在韓麒麟奏中還提到山東的水災，按卷一〇五之三天象志太和十年（四八六）條云：「自八年至十一年（四八四——四八七）黎人阻饑，且仍歲災旱」注云：「九年（四八五）……是歲北冀州數州大水，人有鬻男女者。」又卷一一二上靈徵志上稱「（太和）九年（四八五）九月南豫、朔二州各大水，殺千餘人」，應即是奏中所指的水災。由於災荒而造成的糧食缺乏的原因，韓麒麟躲開殘酷賦役壓迫不談，却完全歸咎於「京師民庶，不田者多，遊食之口，三分居二」，「農人不勸，素無儲蓄」，不管他怎樣避免問題的本質，總之暴露了當時有不少農民游離於農業生產之外。因此他建議「制天下男女，計口授田」，如韓麒麟之說京師有那麽多的「遊食」，不像才「均給民田」的樣子。而且卷七下高祖紀下太和十一年（四八七）八月稱「罷山北苑，以其地賜貧人」，假使九年、十年已經實行均田，何故立刻就喪失其土地，又要以苑地賜與。由此可見代京一帶在十一年還没有實行均田。特别是韓麒麟建議「制天下男女，計口授田」是對整個北魏統治區域而言的。假使九年已頒佈均田令，均田即是計口授田，那麽應該指出雖有此令而没有能够切實執行，何故作爲一種建議提出，而且預測照這樣做就能使「數年之中必有盈贍」呢？

不但韓麒麟仿佛完全不知道九年有均田令之頒佈，爲了災荒問題而提出屯田建議的李彪也仿佛完全不知道這回事。卷六二李彪傳，彪上封事七條，其第三條云：

頃年山東饑，去歲京師儉，內外人庶，出入就豐，既廢營産，疲而乃達，又於國體實有虚損……臣以爲宜析州郡常調九分之二，京都度支歲用之餘各立官司。年豐糴積於倉，時儉則加私之二，糶之於人，如此，民必力田以買官絹，又務貯財以取官粟。年登則常積，歲兇則直給。又别立農官，取州郡户十分之一，以爲屯人。相水陸之宜，料頃畝之數，以贓贖雜物餘財市牛科給，令其肆力。一夫之田，歲責六十斛，蠲其正課，並征戍雜役。行此二事，數年之中，則穀積而人足，雖災不爲害。

李彪的建議又見於卷一一〇食貨志，説「十二年（四八八）詔群臣求安民之術，有司上言」云云，據稱：「帝覽而善之，尋施行焉。」我們不能説業已施行均田，就不能又施行屯田，事實上正是均田和屯田同時存在，但李彪建議假使在均田令頒佈之後，像這樣以十分之一的州郡户（亦即受田農民户）充當屯民，〔一〕對於均田制必然發生巨大影響，不應和韓麒麟一樣絶不提到均田這一回事。

李安世疏中既然有矛盾的記載，加上上述疑點，我們對於均田令之頒佈年月就很難確定爲九年（四八五）。卷七下高祖紀太和十四年（四九〇）十二月詔：

依準丘井之式，遣使與州郡宣行條制，隱口漏丁即聽附實，若朋附豪勢凌抑孤弱，罪有常刑。

詔書説明太和十四年，有了一種「丘井之式」可以依準，又有「條制」可以宣行，按周禮地官小司徒云：「乃經土地而井牧其田野，九夫爲井，四井爲邑，四邑爲丘，四丘爲甸，四甸爲縣，四縣爲都，以任地事，而令貢賦。」井是以九夫所受之田的土地來計算的單位，「丘井之式」和所宣行的「條制」顯然是與均田和三長制相關。

如上所述，均田令是否在太和九年（四八五）頒佈是可疑的，但至遲太和十四年（四九〇）十二月前已有此制。

二　太和十年租調制度的輕重問題

魏書卷一一〇食貨志云：

太和八年（四八四）始準古班百官之禄，以品第各有差。先是天下户以九品混通，户調帛二

〔一〕按原文當作「民」，唐人避諱改作「人」。

匹，絮二斤，絲一斤，粟二十石；又入帛一匹二丈，委之州庫，以供調外之費，至是，户增帛三匹，粟二石九斗，以爲官司之禄。後增調外帛滿二匹。所調各隨其土所出。（下略）

九年（四八五），下詔均給天下民田。（下略）

魏初不立三長，故民多蔭附，蔭附者皆無官役，豪强徵斂，倍於公賦。十年，給事中李沖上言，宜準古五家立一鄰長，五鄰立一里長，五里立一黨長……其民調一夫一婦帛一匹，粟二石。民年十五以上未娶者四人出一夫一婦之調，奴任耕，婢任績者八口當未娶者四。耕牛二十頭當奴婢八。其麻布之鄉一夫一婦布一匹，下至牛以此爲降。大率十匹爲工調，二匹爲調外費，三匹爲内外百官俸，此外雜調。

對於太和十年頒佈的租調額由於解釋的不同，輕重就有了問題，可能懷疑所載數字的正確性。可是我們應該注意在三長制建立前繳納租調單位的户是很大的，魏書卷五三李沖傳稱：「舊無三長，惟立宗主督護，所以民多蔭冒，五十三十家方爲一户。」我們知道當時的租調額異常高，尤其是臨時性的徵發大得駭人。例如卷三太宗紀泰常三年（四一八）九月詔：「諸州調民租户五十石，積於定、相、冀三州。」卷七上高祖紀上延興三年（四七三）七月詔：「河南六州之民户收絹一匹，綿一斤，租三十石。」十月詔：「州郡之民十丁取一，以充行，户收租五十石以備軍糧。」這樣高額的租還要加上絹帛徭役，就迫使人民采取合户、共籍的辦法，在豪强「庇護」下生活。三長制度立後，繳納租調單位是一夫一婦的單個家庭，家庭中未娶者則是按丁計算。這就和過去的「三十、五十家方爲一户」大爲不同。正因爲宗主督護制下的大家庭在三長制下分解爲單個家庭，其徵發對象發生了變化，因而租調額也相對地減輕。從按户徵收額而説是減輕了，但因大户的分解，所以實際租調收入却大大的增加了。

其次，三長制的建立是要把蔭户從豪强手中争取到封建國家手中。因而制定較輕與較固定的租調額。卷五三李沖傳記載了一段争論：

沖曰：「民者，冥也，可使由之，不可使知之，若不因調時，百姓徒知立長校户之勤，未見均徭省賦之益，心必生怨。宜及課調之月，令知賦税之均。既識其事，又得其利，因民之欲，爲之易行。」著作郎傅思益進曰：「民俗既異，險易不同，九品差調，爲日差久，一旦改法，悉成擾亂。」太后曰：「立三長則課有常準，賦有恒分，苞蔭之户可出，僥倖之户可止，何爲而不可？」

從這段記載中可以看出新賦役法相對地有「均徭省賦之益」，和「課有常準，賦有恒分」，亦即賦課比較固定，這是可能争取苞蔭户的條件。假使單個家庭也要徵收像過去三五十家合户那麽多的租調，另外又要加上徭役，試問怎樣能够達到争取苞蔭户目的呢？

從建立三長制目的和徵收辦法的變化上我們不難理解爲什麽太和十年會驟然降低法定的每户徵收額。

就當時人所説的話看來也可以證明建立三長以後租調有所減輕。上引韓麒麟傳太和十一年（四八七）所上表就説：「往年校比户貫，租賦輕少，臣所統齊州，租粟纔可給俸，略無入倉，雖於民有利而不可長久。」「校比户貫」當然是指建立三長制檢查户籍之事，據他所説租賦是輕少了，特别是「租粟」。假使單個家庭的負擔不減於前韓麒麟的話就不能理解。

從太和十年（四八六）定制之後，直到唐代，租調額大體上就在這個基礎上增減。北齊書卷二八元孝友傳，說他東魏時上表要求把鄉閭組織所包含的人户擴大，藉以減少免除徵發的三正（即三長）名額，他說如果照他的辦法就可以「族少十二丁，得十二匹資絹」。他所說的資絹就是户調絹，他的計算是按丁一匹，這是因爲户調絹雖按單個家庭徵收而丈夫免徵也就等於全免了。由此可見東魏時法定户調是絹一匹，與太和十年（四八六）制同。北齊河清三年（五六四）令：「率人一床，調絹一匹，綿八兩，凡十斤綿中折一斤作絲。墾租二石，義租五斗。奴婢各準良人之半。牛調二尺，墾租一斗，義租二升。」北齊租調較重，但所加五斗稱爲義租，就意味着正租還是二石。北周之制，「有室者歲不過絹一匹，綿八兩，粟五斛，丁者半之」，「其非桑土，有室者布一匹，麻十斤，丁者又半之」。〔一〕北周租粟是重了，隋書卷四一蘇威傳云：「初威父在西魏，以國用不足，爲徵税之法，頗稱爲重。既而嘆曰：『今所爲者，正如張弓，非平世法也。後之君子，誰能弛乎。』至是，奏減賦役，務從輕典。上悉從之。」因爲北周之制，租五斛較之魏制二石加了一倍半，才能説「頗稱爲重」，如果太和十年制租粟並不低於十年以前的數字，那麽五石是大大減輕了。隋制：「租粟三石，桑土調以絹絁，麻土以布，絹絁以匹，加綿三兩，布以端，加麻三斤，單丁及僕隸各半之。」開皇三年減輕了徭役，並「減調絹一匹

〔一〕隋書卷二四食貨志。

爲二丈」，〔二〕賦役都比較北周輕減，特别是調絹比北魏、齊、周都輕了一半。唐武德七年（六二四）制：「每丁歲入粟二石。調則隨鄉土所産綾絹絁各二丈，布加五分之一。輸綾絹絁者兼調綿三兩，輸布者麻三斤。」〔三〕租粟因唐制婦人不授田，所以按丁徵收，其租額與太和十年（四八六）同，調和隋制略同。

從東魏以至唐代，租額高至五石，低至二石；調大體相同，隋唐低至二丈。一般地說，租調額的升降差數除個别例子外是不大的，假使太和定制高到數倍以上，那麽北齊、北周突然降低的條件在那裏？

最後我們還附帶的提出一個問題。太和十年（四八六）定制有這麽一段話：「大率十匹爲工調，二匹爲調外費，三匹爲内外百官俸，此外雜調。」這段話相當費解，可能引起誤會，認爲三長制建立後，單個家庭還要納十五匹以上的調絹布。但如上所述，這種加重情况是和各種記載不符的，而且即使以太和八年（四八四）調絹額加上十年（四八六）額也不能在十五匹以上，因此這段話只能認爲有錯誤脱漏。通典卷五這段話引作：「大率十匹中五匹爲公調，二匹爲調外費，三匹爲内外百官俸。」加了「中五匹」三字，「工調」作公調，删去了「此外雜調」四字。照通典記載似乎是指國家調絹收入的支配而言，即是在徵收調絹中以十匹爲一單位，其中五匹充作過去公調（魏書作工）之用，三匹充作俸禄，二匹充作調外費，由於過去有這樣的名目，每項名目各有其特殊用途，現在取消了這些名目，就在總

〔二〕隋書卷二四食貨志。

〔三〕唐會要卷八三，舊唐書卷四八食貨志，唐六典卷三略同。

額中以十匹爲單位分配一下。這種解釋是講得通的，但還是杜佑所見魏書和今本不同呢，還是杜佑按照他的理解加以增删却無從知道。我又疑心這一段或是錯簡，本在太和八年條下。「十匹爲公調」乃「二匹爲公調」之誤，這與八年（四八四）所增數「户調帛三匹」，「調外帛滿二匹」均相符合。但還當然只是推測。我們只能説這段話有錯誤不能以此證明太和十年户調絹布在十五匹以上。

三　桑果田制的解釋

魏書卷一一〇食貨志所載均田令中關於桑果田者有下列四條：

（一）諸桑田不在還受之限，但通入倍田分。於分雖盈，没則還田，不得以充露田之數，不足者以露田充倍。

（二）諸初受田者男夫一人給田二十畝，課蒔餘種桑五十樹，棗五株，榆三根。非桑之土，夫給一畝，依法課蒔榆棗。奴各依良。限三年種畢，不畢，奪其不畢之地。於桑榆地分雜蒔餘果及多種桑榆者不禁。

（三）諸應還之田不得種桑榆棗果，種者以違令論，地入還分。

（四）諸桑田皆爲世業，身終不還，恒從見口。有盈者無受無還，不足者受種如法。盈者得賣其盈，不足者得買所不足，不得賣其分，亦不得買過所足。

法令中有幾點很不容易解釋。第一條既説「諸桑田不在還受之限」，又説「没則還田」，就有矛盾。李亞農先生對於這一條的解釋是桑田通入倍田分，但不得當作露田與倍田退還，因此他說：

假如一家有父子兩口男丁，共分得露田八十畝，倍田八十畝。父子二人所應分得的桑田四十畝，是包括在倍田八十畝之内的。父親一旦死亡，則這家農民應退還給國家機關八十畝田。在這八十畝田地中，本來有二十畝桑田在内，但追還田地之時，不能把桑田退還，而只能退六十畝耕地，至於不足二十畝耕地，則在兒子的露田或倍田中抽二十畝來補足。因此，兒子所應有的耕地，只剩下六十畝，即露田三十畝，倍田三十畝，而其每年所應繳納的地稅和賦稅，則仍舊是露田四十畝的地稅和賦稅。〔一〕

我們認爲李先生的解釋還有疑點。照這樣解釋，這個兒子假如也有個兒子，那麽這後一代的父子共分得露田七十畝，倍田七十畝，倍田之中却包含桑田六十畝。後一代父親死後便又得在兒子的露田或倍田中抽四十畝追還國家，那麽豈非只剩下四十畝的耕地了麽？顯然，這樣辦法是說不通的。李先生之致誤即由於發現了上述的矛盾。今檢通典卷一和册府元龜卷四九五所載北魏均田令這一條都没有「没則還田」四字，今本魏書食貨志（包括百衲影宋本）是把上面關於露田、倍田部分那一句「没則還田」在本條重出了。如果删去此四字，就比較容易理解。

這一條是針對均田之前原有桑田而言的。所以還没有提到男夫給桑田二十畝，開頭就說「諸桑

〔一〕見周族的氏族制與拓跋族的前封建制。

田不在還受之限」，這就意味着這一條所指的不是初受的桑田，而是原已有之的。對於這類桑田在初均田時並不動它，但却可以算作倍田分。即是少給或不給倍田。如果原有桑田超過了倍田分（四十畝以上），法令規定不能勺入露田數中，即是説並不減少其應受露田數。其超額桑田根據第四條「盈者得賣其盈」，可以出賣。如果倍田分由於部分或全部作爲桑田以致不足額時，法令準許把露田抽取一部分來補足，即是維持必要的休耕地。

這一條的規定主要是不觸動原有桑田。

第二條是針對原來没有土地而由國家初次授與者而言。按照第一條規定「諸桑田不在還受之限」，已有者不還、不受，而且「通入倍田分」。這一條却説「男夫一人給田二十畝」作爲種植桑棗榆之用，也没有説所給二十畝在倍田内還是倍田外。其所以不同就由於這一條只適用於「諸初受田者」。因爲桑及其他樹木非短期内所能成長，如果也在倍田數内計算，一般農民是不願意把耕地來種植樹木的，所以國家以另外給地的方式來鼓勵。同時也規定給地以後在三年内必須按照令文種植一定數量的桑、棗、榆等，如不種畢，就要收還。

這一條中還有一個問題。令文上説「給田二十畝，課蒔餘種桑五十樹，棗五株，榆三根」。這還是説課蒔之餘才種這些桑、棗、榆呢？還是二十畝之地一共只種那麽多的桑、棗、榆？二十畝之地無論如何可以種遠多於此數的桑果，那麽二十畝中更大的面積必然可種其他農産品。從隋以後桑田稱爲永業，應該只是土地所有關係的不同而不是種植物差别。可是又有矛盾記載。通典卷二引開元二十五年（七三七）令云：「諸永業田皆傳子孫，不在收授之限……每畝課種桑五十根以上，榆棗各十根以上。三年種畢，鄉土不宜者任以所宜樹充。」這裏却説永業田每畝要種那麽多的桑、榆、棗。〔一〕假使正確的話，那麽二十畝永業田應種桑一千根以上。由此似乎可以推測北魏均田令中此條所規定的種植桑果數也是指每畝而言。可是我以爲開元令文有誤。根據隋書卷二四食貨志所載北齊河清三年（五六四）令稱：「又每丁給永業二十畝，爲桑田，其中種桑五十根，榆三根，棗五根，不在還受之限。」〔二〕又唐律疏議卷一三户婚律引田令云：「户内永業田，課植桑五十根以上，榆棗各十根以上，土地不宜者，任依鄉法」，唐律疏議所引田令自然不是開元二十五年（七六七）所頒佈的田令，但我們知道開元令和最早的武德令没有太大差異。唐代較早之田令只籠統地説户内永業田應種若干，没有説每畝，推之北齊河清令就更爲明白，因而只有認爲通典引開元令有誤。

桑田既然並非只準種桑果，種桑果者只有一部分，所以又説「於桑榆地分，雜蒔餘果及多種桑榆者不禁」，假使如通典所引開元令每畝要種那麽多，這一段話就成爲多餘的了。

第三條是上兩條的補充。法令既已規定「諸桑田不在還受之限」，可能有人在露田、倍田中也種上桑榆，以求獲得「不還」的權利，於是法令定出這一條來，種了桑榆並非就承認其爲桑田，還得像露田、倍田一樣退還而且加以違令之罰。

〔一〕册府元龜卷四九五同。

〔二〕通典卷二引河清令，「其中」作「其四中」。

第四條説明諸桑田（包括原有和初受田者）都由子孫傳襲。「恒從見口」這一句較費解，合上句觀之，似是説桑田永遠屬於現有人口，即是現在這塊桑田由誰占有即由其子孫傳襲，不再分配。「有盈者無受無還」亦即第一條「於分雖盈不得以充露田之數」，「不足者受種如法」之法就包括第一條之「以露田充倍」和第二條之「男夫一人給田二十畝」。關於買賣規定，我在均田制度的産生及其破壞文中已經論及其局限性，這裏不再贅述。

以上我們試行解釋了均田制中關於桑田的條文。但這裏還有一個重要的問題。馬端臨曾説：「觀其立法，所受者露田，諸桑田不在還受之限。意桑田必是人户世業，是以栽植桑榆其上，而露田不栽樹，則似所種者皆荒閑無主之田。必諸遠流配謫無子孫及户絶者墟宅桑田盡爲公田，以供授受，則固非盡奪富者之田以予貧人也。」〔一〕馬端臨的意見部分地正確，所謂桑田如上述第一條所指確是田中栽植桑榆的已經開墾的人户「世業」。但假使理解爲「富者之田」因之而得保存是有疑問的。因爲桑田是以種植桑果爲重要條件。〔二〕而所有土地並非都適宜於種植桑樹。均田令上規定初受田者男夫給二十畝，但「非桑之土」便只給一畝。又云：「諸麻布之土，男夫及課，别給麻田十畝，婦人五畝，奴婢從良，皆從還受之法。」麻布之土範圍很廣，根據魏書卷一一〇食貨志列舉了幽平等十九州，上谷

〔一〕文獻通考卷一田賦二。
〔二〕這只要看上述第二條對於初受田者所受之桑田，假使不種畢規定的桑果即得退田，即可知之。直到唐代還規定永業田必須栽植桑果。

等七郡，二十五縣「皆以麻布充税」。這些土地不宜種植桑樹，因此只給麻田，而麻田和露田一樣要還受。假使我們把不觸動桑田理解爲不觸動「富者之田」，那麽我們既不能認爲「麻布之土」没有「富者之田」，便怎樣理解均田法令只優待桑土的富者而完全不顧麻布之土的富者呢？因此，我們只能承認桑田的不還受條文對於田中原有桑果之田准予保留，「富者之田」固然可以憑藉這一條多保留一些，但決不能説富者之田都種着桑樹。至於馬端臨所云「固非盡奪富人之田以予貧人」自然也是對的，但其辦法在於均田範圍之外的賜田以及奴婢丁牛受田而不在於桑田之不還受。

魏、晉至唐官府作場及官府工程的工匠

中國從更古的時代起就有規模巨大的官府作場，殷墟的遺跡和先秦文獻都證明了這一點。漢代官府作場的生産品在整個手工業間也占有一定的比重。從漢以後官府作場一直保持其規模，甚至有擴大的趨勢。雖然在較長期間官府作場的設置很少變動，但是其直接勞動者所受剥削却不能不隨着時代而有所差别。本文所擬討論的僅限於漢末以至唐代即公元第三世紀至第九世紀七百年的演變過程，這顯然不够全面，而且由於作者理論水平與占有資料的限止，即使在這一個範圍内也不敢希望解決全部的問題，僅能就一些資料上提出某些問題以供參考而已。本文所述雖以官府作場爲主，但也必須涉及官府工程中一般的徵發，因爲在説明問題上這兩者是常常難以劃分的。

一　魏、晉期間對工匠的控制與手工業生産的恢復

從漢末三國時期開始，我們看到政府曾經努力加强對工匠的控制，使之爲政府服役。這種控制使手工業者固着在他們的專業上，藉此保證統治者對於手工業品需要之滿足及官府工程之完成。這一點正與當時勞動者的缺乏有密切關係。勞動者的缺乏不但直接影響到坑冶以及其他手工業無法獲得足够的勞動者，並且手工業者的生産與生活資料都從農村取得，農業勞動者的減少必然使農村

生產大爲衰落，這就使手工業也隨之而衰落。

自從一八四年黄巾起義以後，對義軍的鎮壓和各個割據集團間的混戰使無數的城市遭受到嚴重的破壞，當時仲長統曾經慨嘆「時至今日，名都空而不居，百里絶而無民者不可勝數」。〔一〕名都之中漢代兩京長安與洛陽便是破壞最嚴重的所在。城市手工業由於城市之破壞而陷於停頓，手工業者流移四方，他們或者被軍隊俘獲，作爲隨營工匠，或者死亡。

當時，坑冶業一度幾乎陷於停頓。鐵成爲稀罕的材料。晉書卷三〇刑法志説當時因爲缺乏鐵，「犯鈇左右趾者，皆易以木焉」，就證明了這一點。不但是鐵，連銅也幾乎停止開採，魏國曾經一度廢除錢幣，以穀物交易，這主要是由於商品生産的萎縮，不需要錢幣，但銅的缺乏也造成鑄幣的困難。南齊書卷二八崔祖思傳稱：「劉備取帳鈎銅鑄錢以充國家。」我們知道蜀地本是産銅之區，西漢鄧通所賜的銅山即在蜀，此時假使産銅豐富，劉備的帳鈎就没有銷毁的必要。

大約從東漢時開始，統治者業已向人民徵收機織物，〔二〕這時就成爲經常的制度。可是某些手工業生産品無法從農村中徵斂。首先是鐵器，各個軍事集團爲了獲得從事戰争的武器與藉以組織農民生産以便剥削的農具，他們就必需恢復坑冶的開採；而爲了他們的享受，精緻的手工業也要恢復起來。既然這時坑冶已陷於停頓，既然城市手工業已被破壞，手工業者業已流散，那麽企圖滿

〔一〕後漢書卷四九仲長統傳載所著昌言理亂篇。

〔二〕見拙著魏晉南北朝史論叢，三聯書店一九五五年版，第六四頁（文集本六〇頁）。

足其需要，只有迅速建立官府作場，强迫人民在集中管理下勞動。我們現在先從冶鐵業的恢復説起。

曹操平定冀州之後，首先在河北設置冶鐵機構，有司金中郎將、司金都尉、監冶謁者等官。〔一〕蜀漢亦有司金之官，蜀志卷一一張裔傳云：「還爲司金中郎將，典作農戰之器。」其組織大概與魏相似。吴國雖不見這一種官職，但冶鑄機構却設置很多。宋書卷三九百官志稱江南諸郡縣鐵冶機構「多是吴所置」。

吴、蜀兩國冶鑄機構的組織系統我們不大明瞭，至於魏國顯然是直屬於中央的機構。它和農官一樣由中郎將、都尉、監冶謁者各級專職官吏管理。我們知道後漢對於鹽鐵的控制不像前漢那樣嚴格，中間曾經一度罷鹽鐵之禁，「縱民煮鑄，入税縣官」；〔二〕當政府管制時，也只屬於地方，而非直屬大司農。〔三〕曹操重又將鹽鐵置於中央直接控制之下，在鐵冶方面主要是爲了對於停廢了的鐵冶業得以迅速恢復，使自己能够獲得足够的武器，與充分供給分佈各地而直屬中央的屯田民以足够的農具；與之相關的則是通過兵器、農具鑄造權之統一而防止地方勢力的擴大。

〔一〕三國職官表。
〔二〕後漢書卷四和帝紀初即位時。
〔三〕後漢書百官志三大司農條云：「郡國鹽官鐵官本屬司農，中興皆屬郡縣。」所以上引和帝罷鹽鐵禁的詔書也説：「遣戒郡國，罷鹽鐵之禁。」

供給統治者奢侈享受的宫廷作場不久也恢復了。魏志卷二四王觀傳稱：「少府統三上方，〔一〕御府内藏玩弄之寶，爽（曹爽）等奢放，多有干求。」上方工官在漢代就不準爲外人製造器物，〔二〕曹魏仍沿漢制，私自干求是犯法的行爲，魏志卷九任城王彰傳和卷二〇王公傳提到三個宗室都爲了這樣的罪狀而被減削了封户。由此可見工巧匠人都集中在洛陽的宫廷作場中，所以那些王公爲了滿足他們的享受只有冒犯法之禁，遠道囑託了。集中的工匠與精美製作品據卷四高貴鄉公紀，在他即位那一年曾下詔廢罷，當然這只是一種例行文章而已。吴國宫廷作場除了配隸犯法婦女的織室之外，〔三〕也有上方設置，吴志卷五何姬傳注引江表傳説孫皓「使上方以金作華燧步搖假髻以千數」。蜀漢雖不見記載，想也不會減省。

吴國還曾建立造船工業。吴志卷八張紘傳説他的孫兒張尚因觸怒孫皓，「送建安作船」。元和郡縣志卷二九福州條下云：「郡又有冶縣……吴於此立曲郍（典船）都尉，主謫徙之人作船於此。」我們知道漢代廬江郡有樓船官，京兆屬縣有一個稱作船司空的乃是因官名立縣，〔四〕司空是管罪人的官，吴以謫徙造船正是沿襲漢制。

〔一〕 三上方指中、左、右三個作場。

〔二〕 史記卷五七周勃傳。

〔三〕 吴志卷五潘夫人傳稱：「父爲吏，坐法死，夫人與姊輸織室。」卷一六陸凱傳説孫皓時「織絡及諸徒坐乃有數千」。

〔四〕 漢書地理志顔師古注。

我們應該特别提到蜀漢的織錦手工業。水經江水注云：「道西城，故錦官也。言錦工織錦，則濯之江流而錦色鮮明，濯之他江則錦色弱矣，遂命之爲錦里也。」〔一〕文選卷四左思蜀都賦云：「闤闠之裏，伎巧之家，百室離房，機杼相和，貝錦斐成，濯色江波。」左思所云聚居在城中的伎巧之家，應即是錦官所管理的錦工。按錦本是成都特産，〔二〕但漢代只有工官而無服官，工官製造之物應是金屬器皿和漆器，〔三〕錦還没有受到重視。一到三國，蜀錦才成爲通銷全國的名産。太平御覽卷八一五引丹陽記：「江東歷代尚未有錦，而成都獨稱妙，故三國時魏則市於蜀而吴亦資西道。」後漢書卷八二下方術左慈傳就曾提到曹操遣人到蜀地買錦的事，可知蜀錦在全國推銷的情况。但是蜀錦雖然行銷全國，却不一定精美。太平御覽同卷又引魏文帝詔説：「前後每得蜀錦殊不相比，適可訝，而鮮卑尚復不愛也。」那麽就品質上説，至少不會超過中原所産，所以得名，恐怕在於當北方機織業衰落之際，蜀錦大量生産之故。蜀志卷六張飛傳稱劉備平益州之後賜給諸葛亮、法正、關羽及張飛的錦各千匹，〔四〕卷

〔一〕華陽國志卷三蜀郡下亦載此條，但錦工濯錦之「工」字作「江」，疑誤。水經注與國志大概都根據譙周的益州志，今文選三都賦注引益州志有删略處，但語氣略同。

〔二〕嚴可均全漢文卷五一輯揚雄蜀都賦已云：「爾乃其人，自造奇錦。」則西漢已以産錦著稱。

〔三〕揚雄蜀都賦又稱：「雕鏤釦器，百伎千工。」漢書卷七二貢禹傳，元帝初，禹奏稱：「蜀、廣漢主金銀器，歲各用五百萬。」後漢書卷一〇和熹鄧皇后紀稱：「其蜀、漢釦器，九帶佩刀並不復調。」可知漢代蜀郡、廣漢工官主要是鑄作精緻的金銀器。漆器雖不見記載，但上引貢禹傳如淳注云：「工官主作漆器物者也。」今樂浪漢墓所出漆器有廣漢工官所造的題字，則蜀地工官也製造漆器。

〔四〕華陽國志卷六先主志千匹作萬匹。按常氏書紀蜀漢事完全根據蜀志，未必别有所本，疑此處「萬」字仍是「千」字之誤。

三後主傳注引蜀記說蜀漢滅亡時，送到鄧艾軍前的錦、綺、彩、絹各二十萬匹。錦和綺是較貴重的絲織品，但是它的數量却和粗製的絹相等，可見生產量的巨大。御覽卷八一五又引諸葛亮集云：「今民貧國虛，決敵之資唯仰錦耳。」這一句話可以說明錦的生產在蜀漢財政上的巨大作用。所以如此重要，我想與對外輸出有關。我們知道這種產量較多的精緻織物，並非從農村中取得，而是出於集中在錦官的錦工之手。錦官的設置可能還在後漢，但生產量的擴大當在三國時。

爲了保證官府作場原料的充足，所以不但鐵、銅、金、銀等坑冶的開採全由政府主持，即其他物資也有由政府控制的。這一點至少在魏國可以獲得證明。魏志卷二四王觀傳云：「徙少府，大將軍曹爽使材官張達斫家屋材及諸私用之物。觀聞知，皆録奪以没官。」這個材官並非漢代兵士之名，宋書卷三九百官志云：「魏右校又置材官校尉，主天下材木事。」這是管理木材的官。曹爽專政之時，他要蓋房屋及造器物還必須從材官那裏取得材料，就可知道巨大木材也像鹽鐵一樣的不準私自賣買。通典卷二六司農卿所屬有司竹監，稱：「魏、晉河南淇縣竹各置官守之。」竹不但是建築及造器物的材料，而且還是箭材，所以要加以管制。

如上所述，我們可以看出三國期間手工業由極度衰落以至恢復的過程，其中最顯著的一點便是恢復的乃是官府作場。官府作場的生產保證了統治者從事戰爭的武器與屯田農民、工匠從事生產的工具獲得供應，還保證了皇帝、貴族、官僚的奢侈享受。官府作場的生產基本上是爲了政府的自給自足，然而這並不排除在一定程度上製造出現在市場上的商品。鹽鐵之作爲商品出賣自不須說，鐵不但是鐵器，可能連生鐵也可以販賣，晉書卷三三石苞傳說他曾經「販鐵於鄴市」，所販者應是官鐵。又晉令上有關於賣漆器的規定（見後），也只是限制而非絕對不能出賣。官府作場在自給之餘出賣其生產品，本是漢代原有的辦法。

現在我們要問官府作場中的直接生產者是什麼人？漢代官府作場中的勞動者可以分作三類：第一類是奴隸，第二類是犯法的刑徒，第三類是從人民中間徵發出來的吏、卒。〔一〕至於作場或臨時性的工程普遍徵發工匠是很少見的事。漢書卷九九下王莽傳稱莽作九廟時「博徵天下工匠」，似乎這類專以工匠爲對象的徵役在漢代不常有，所以是一種暴政。然而東漢時期官府作場或工程中有一部分徵發的或雇用的工匠存在。太平御覽卷八二六引崔寔正論云：「吾乃賣儲峙得二十餘萬，詣雁門、廣武迎織師，使巧手作機及紡以教民織。」這是五原太守雇用織師以教民織的事。自然，這僅是臨時性的個別的雇用。這種雇用是給予報酬的，但在東漢末年已有强迫工匠服役的事。群書治要卷四五引崔寔政論（即正論）云：

> 今官之接民，甚多違理，苟解目前，不顧先哲，作使百工及從民市，輒設計，加以誘來之，器成之後，更不與直。老弱凍餓，痛號道路，守闕告哀，終不見省，歷年累歲乃才給之。又云「逋直」請十與三。此逋直豈物主之罪耶！……既爾，復平弊敗之物與之，至有車輿，故謁者寇（冠之訛），

〔一〕歷史研究一九五四年第五期，白壽彝、王毓銓兩位先生的說秦漢到明末官手工業和封建制度的關係。

賣之則莫取，服之則不可，其餘雜物，略皆此輩。是以百姓創艾，咸以官爲忌諱，遁逃鼠竄，莫肯應募，因乃捕之，劫以威勢。心苟不樂則器械行沽，虛費則用不周於事。

崔寔的話説明東漢末年政府「作使百工」和在民間市買器物常常用欺騙方式招誘，而最後則是「更不與直」或是打三折給直，而所給的直還是根本無用的「弊敗之物」。這樣就使人民不肯再受欺騙，逃亡避役，政府於是加以追捕，脅迫服役，從這段話中可以看出「作使百工」是應該給予酬勞的，而且也還没有形成制度，所以要「設計誘來之」，這種招募顯然是臨時性的。但政府却因人民的逃亡而加以追捕，這就説明了百工服役當時已經成爲奴役性的義務。

到了三國期間，對百工的奴役便成爲一種官府作場獲得勞動力的制度。

三國期間，官府作場勞動者的取得，一部分還是沿襲漢制。上述孫吴造船是以謫徒之人充當的，而照陸凱的話看來，孫吴宫廷作場内「織絡及諸徒坐」有數千之多（見本書第三十七頁注〔三〕）。三國時奴婢由於來源缺乏而減少，私家畜奴婢者數量不像漢代那樣多，但政府還可以用法律强制没收人民爲官奴婢。魏志卷一二毛玠傳稱玠出見黥面反者，其妻子没爲官奴婢，毛玠大概認爲太殘酷，曹操命鍾繇責備他，責辭中有一句，説「今真奴婢祖先有罪，雖歷百世猶有黥面供官」，這種供官的奴婢是世襲的，其中必然有許多分配在官府作場中服役。晉書卷三〇刑法志稱魏文帝受禪，「時有大女劉朱撾子婦酷暴，前後三婦自殺，論朱減死，輸作上方」，這一類的減死輸作則是終身服役，而不牽涉子孫。

此外如崔琰曾被罪爲徒隸，[一]劉楨以罪輸作，[二]這類例子三國都有，其中自然有終身的，也有一定限期的，總之刑徒仍是官府作場勞動力重要來源。

然而在徵發百工服役上不僅承襲東漢末年的欺騙脅迫，而且有了新的發展。魏志卷四高貴鄉公紀初即位(二五四)詔：「罷尚方御府百工技巧，靡麗無益之物。」這就是説免除尚方御府百工技巧與靡麗無益之物的製造。像上面所説輸作的刑徒不會在刑期未滿前免除其刑罰，這裏的百工技巧可能是指被迫在官府作場服役的有專門技術的手工業者。魏志這句話雖然不够清楚，也缺乏其他具體的記載，但我們却可以從吴國獲得明確的例證。

我們在上面説過東漢末年城市破壞，因之具有較高技術的城市手工業者陷於流離分散之境，農村中季節性外出作工的手工業者自然也是一樣，當時各割據集團爲了滿足其需要，就將他們控制起來，成爲束縛於軍營或官府作場中的「百工」。吴志卷一孫策傳注引江表傳：「自與周瑜率二萬人步襲皖城，即克之。得袁術百工及鼓吹部曲三萬餘人。」這裏把「百工」「鼓吹」與一般部曲分開即因他們具有專門技術，與一般兵士不同。由此可見「百工」之作爲俘虜是以一種特殊的身分、特殊的集團相待的。他們在袁術的軍營作場或官府作場中是和部曲並列的，大概也是用軍事編制的方式管理，現在移轉到了孫策那裏，自然還是分配於軍營及官府作場中。除了出於俘虜的百工之外，吴國還從

[一] 魏志卷一二本傳。
[二] 魏志卷二一本傳注引文士傳。

民間徵發。吴志卷三孫休傳永安六年五月：「交阯郡吏吕興等反，殺太守孫諝。諝先是科郡上手工千餘人送建業而察戰至，恐復見取，故興等因此扇動兵民，招誘諸夷也。」徵發手工遠及交阯，内地雖缺乏記載，自必同樣的被徵發。

不論是被俘虜的或是被徵發的「百工」，他們的身分與一般平民不同，史記卷一〇九李將軍傳索隱引如淳云：「良家子，非醫巫商賈百工也。」如淳是三國魏時人，可知那時的百工不算良家。吴志卷三孫皓傳稱「有鬼目菜生工人黄耇家」，又稱「有買菜生工人吴平家」，特别標明其爲工人。晉書卷三武帝紀太康元年平吴之後，稱：「將吏渡江復十年，百姓及百工復二十年。」更是明確地將百工與百姓區别開來。

晉朝代魏之後，就用法律形式規定了「百工」的卑微身分。晉書卷四六李重傳載重奏云：

八年己巳詔書申明律令，諸士卒、百工以上所服乘皆不得違制，若一縣一歲之中有違犯者三家，洛陽縣十家已上，官長免。

李重上奏當在太康中，所稱八年當指泰始八年，這時尚未滅吴。西晉制度大體沿襲曹魏，對於「百工」的控制及卑微身分的規定必然也早在曹魏時已經如此。我們知道魏、晉士卒是父子相襲的，身分低微，百工與之聯稱，即因身分及所受束縛相類似。律令上對於士卒百工服乘的規定，在太平御覽中還保存一些令文，今將嚴可均全晉文卷一四五所輯轉録如下：

士卒百工履色無過緑青（御覽卷六九九）。士卒百工不得著假髻（七一五）。百工不得服大絳、紫襈、假髻、真珠璫耳、文屏、瑇瑁、越疊以飾路張乘犢車（七七五）。士卒百工不得服瑱璫（七一八）。士卒百工不得服真珠璫珥（八〇二）。士卒百工不得服犀、玳瑁（八〇七）。這就是李重所説已巳詔書所申明的律令。照李重的話看來，這種限制通行全國各縣，這就説明官府作場所奴役的百工，不但存在於洛陽及較大城市中，而是全國各縣都有這類處於一般百姓之外，和士卒並稱的「百工」。其次律令上對於違法的百工是用家來計算的，這就是説百工的卑微身分包括了他們的家屬在内，暗示着世襲的不可移動的户籍。

晋代法令中還有殘存的一條，説到賣漆器的規定。太平御覽卷七五六引晋令云：「欲作漆器物賣者各先移主吏者名，乃得作。皆當淳漆，著布骨。器成以朱題年月姓名。」照晋令規定可以有兩種解釋：一是商人欲作漆器物出賣，可以委託官府作場製造，但必須通過主管之吏，並報告自己的姓名；另外一種解釋是漆工自己也可以出賣其製成品，但亦須報告姓名，並獲得主管之吏的允許。不論那一種解釋都説明漆工是由官府作場的「吏」主管的，他們不能自由生産商品。另一方面也説明官府作場的生産品有時也作爲商品出賣。

這種對於手工業的控制與剥削的加强正是配合着當時城市手工業衰落，勞動者缺乏的情况來進行的。當時官府作場與官府所主持的工程還使用奴隸和刑徒，此外，農民自然也不能免於徵發。〔二〕

〔二〕魏志卷二八毌丘儉傳：「出爲洛陽典農，時取農民以治宫室。儉上疏曰：『臣愚以爲天下所急除者二賊，所急務者衣食，誠使二賊不滅，士民飢凍，雖崇美宫室，猶無益也。』」這裏所説似專指屯田民，一般農民之不能免役，更不消説。

他們所擔負的勞動主要是在那些艱苦而不需要高度技術水平的部門。然而官府作場必需配備一些具有較高技術水平的工匠，像漢代那樣的「工巧奴」已不易獲得，城市手工業者又是那麽少，而且那麽易於流散，爲了集中生産，政府便將手工業者變成官府工匠，使之附着於所服役的作場，規定了終身以至世襲的特殊身分。

上引一些資料並不能明確那些工匠所受的剥削形態；他們是否有報酬，服役有没有期限，這一些完全看不出來。我們所能知道的：第一，他們在名義上喚作「百工」，不算奴隸；第二，其來源是採用徵發形式的，但也有俘虜；〔一〕第三，他們的身分被認爲低於一般平民而與士卒相等；第四，他們不能在市上自由營業，不能自由被人雇用及出售其生産品；第五，他們是有家庭的，法律上承認百工家庭的獨立户籍，這種卑微身分及所承擔的義務是世襲的。

我們雖然還不明瞭「百工」所受剥削的確切情况，可能和奴隸、刑徒很少區别，但是被徵發的工匠畢竟與奴隸、刑徒不同，他們只是作爲承擔服役義務的手工業家庭中的一員而被徵發，正像從農民家庭中徵發兵士與工役一樣。就他本人所受剥削來説可能和他的同侣奴隸、刑徒没有差别，但就全家來説只能算是徭役，因爲工匠家庭中的其他成員當他們尚未被徵發時仍然可以用自己的工具製造商品出賣，假使有土地的話，也可以從事農業生産。曹魏士家制度也屬於同一性質，士家的男丁不一定

〔一〕晉書卷五七陶璜傳稱晉將孟幹等被吴國俘虜後，自稱能作蜀側竹弓，孫皓將他們分配給作部。

都是現役兵，但每個男丁，甚至於未成丁的孩子却都是後備兵，兵士的補充責成士家承擔，百工的補充，則由百工家庭負擔。〔一〕

東晉制度沿襲西晉，自不必説，對於百工的徵發奴役那時更爲嚴重，以致發生了困難。晉書卷八〇王羲之傳載了一封羲之給謝安的書信，他説：

百工醫寺死亡絶後，家户空盡，差代無所，上命不絶。事起或十年、十五年，彈舉獲罪無懈息而無益實事，何以堪之！謂自今諸死罪原輕者及五歲刑可以充此。其減死者可長充兵役，五歲者可充雜工醫寺，皆令移其家以實都邑。

王羲之提出的問題是百工醫寺由於本人的死亡與其家户的絶後無人，以致無法補充。由此可見百工醫寺家庭中合於徵發條例的成員人人都負有「差代」的義務，死了或是逃亡了就得有人頂替。不但如此，當政府感到有需要時，還可以增加徵發名額。照王羲之的話看來在那時「百工」家庭都已空盡了，即是業已成爲絶户，所以「差代」就没有着落。王羲之的意思是要完全用刑徒代替。我們知道漢代官府作場與官府工程中刑徒可能是占很大比重的勞動者，三國時期還占相當大的比重。但晉代似乎已加重了與擴大了百工的使用，所以他企圖恢復舊制。這個建議彷彿很講不通，因爲百工醫寺是有專門技術的人，刑徒之犯五歲刑者不可能具有一定的技術。這裏我們可以有兩種解釋：一是歷史傳統

〔一〕見拙著魏晉南北朝史論叢中晉書趙至傳中所見的曹魏士家制度。

使王羲之作此建議，一是百工醫寺雖然應該有專門技術，但政府的徵發使用此時已達到毫無限制的程度，任何徭役，百工都得擔負起來，而這些徭役很多並不需要專門技術，例如有人曾經建議徵發醫卜屯田，〔一〕百工大概亦如此胡亂使用，實際上百工醫寺已變爲世襲的「役門」。

王羲之的建議不可能被完全採納，但是在南方，刑徒在官府作場中的比重以後確在增加，自宋以後坑冶方面便以刑徒爲主要勞動者，〔二〕而以俘虜配入作場也是通常的辦法，例如淝水戰後的戰俘至少有一部分是這樣處理的。

官府作場中刑徒使用的擴大乃是政府加緊控制與壓榨勞動人民使之奴化的表現，這一點將在第三節中討論。現在我們再觀察晉朝東遷之後各族割據政權與北魏領域中官府作場及所占有的工匠情況。

二　北朝的伎作户

五胡各國的賦役制度由於資料缺乏我們瞭解得很不够。就少數資料看來內遷各族政權對於獲得工匠的要求非常迫切。北境部落內部一般缺乏手工業，他們進入內地以後，必然要强制手工業者

〔一〕晉書卷七〇應詹傳。

〔二〕減死補冶常見於記載，今略舉數例：宋書卷三武帝紀永初元年七月詔：「反叛、淫、盜三犯、補冶士。」此年八月又詔云：「又制有無故自傷殘者補冶士。」

爲其服務，這在以後女真、蒙古等族進入内地時就非常顯著。所以即使魏、晉時期並没有嚴格控制工匠的制度，各族統治者也會用暴力集中手工業者以進行奴役，而十分凑巧，中國的固有制度給予他們以更大的便利。

晉書卷一〇四石勒載記稱：他稱趙王時已經設置太醫、尚方、御府諸令。當他修建宫殿時曾命「從事中郎任汪帥使工匠五千採木以供之」，這個任汪在卷一〇六石季龍載記中稱爲「典匠少府」，他是個以少府官稱專管工匠的人，由此可知工匠是被集中管理的。工匠來源怎樣雖無記載，大概不外俘虜與徵發。石季龍載記中還有一條可注意的記載，季龍曾下書云：「前以豐國、澠池二治初建，徙刑徒配之，權救時務，而主者循爲恒法，致起怨聲，自今罪犯流徙皆當申奏，不得輒配也。」我們知道以刑徒配冶本是漢代舊制，南朝也如此，但照石虎（季龍）所下命令看來，似乎只因初建冶鑄機構而以刑徒權救時務，不是「恒法」，假使這是晉朝舊制的沿襲，那麽這句話怎樣解釋呢？〔二〕我的推測是：第一，晉代雖有刑徒配冶之法，但實際上多徵百工而少配刑徒，這一點從上引王羲之的信上可以看出。第二，石虎曾經毫無人性地徵發人民服役，説是有意的「苦役晉人」，爲什麽偏偏會考慮到刑徒的怨聲呢，這就因爲刑徒包括了羯胡諸族在内，羯胡的怨聲在他統治政策上是值得考慮的事情。此外，他又在宫廷設置專以婦女擔任的雜伎工巧，説是「皆與外侔」。宫廷中的織室、暴室本是以犯罪婦女或罪

〔二〕宋書百官志東冶令條明明説：「晉置，令掌工徒鼓鑄。」工指百工，徒指刑徒無疑。

人家屬從事勞動的機織及染色作場，此時大概仿照外廷尚方御府等機構而加以擴大及添置，至於那些女工的來源，我想很可能也是强行徵發來的。

其他各國大概都設置官府作場並占有工匠。前燕曾經一度限止百工人數。晉書卷一〇九慕容皝載記封裕上書說：「習戰務農，尤其本也，百工商賈猶其末耳，宜量軍國所須，置其員數，已外歸之於農。」慕容皝聽他的話，下令：「百工商賈數，四佐與列將速定大(？)員，餘者歸農。」商賈百工都依軍國所需而設置，顯然不是獨立的小生產者。太平御覽卷八一五引丹陽記云：「鬥鷄錦署，平關右遷其百工也。」所云平關右是指劉裕滅後秦，可見後秦百工也是集中管理，而且被遷到建康之後，依然是官府作場所占有的工匠。晉書卷一二五馮跋載記記載他曾經將一個以賄賂得官的工人處死，可以想見工匠身分的卑微。魏書卷九五鐵弗劉虎傳說到赫連勃勃的殘暴，據說「所造兵器，匠成必死，射甲不入，即斬弓人，如其入也，便斬甲匠」。又說他所建宮殿是「臺榭高大，飛閣相連，皆雕鏤圖畫，被以綺綉，飾以丹青，窮極文彩」，其奢侈程度連後來北魏拓跋燾都爲之驚嘆。夏國統治地區不可能有足够的巧匠，除了將本地僅有的手工業者集中之外，便只有使用俘虜補充。太平廣記卷一一〇南宮子敖條説子敖在新平城破時被「拂拂虜兒(即勃勃)長樂公」所獲，全城數千人盡被屠殺，他却因自稱能作馬鞍而免於一死。這段故事如果與蒙古進入時情况相比較，可以明瞭落後部落對於手工業者的需要。

如上所述，五胡政權對於工匠的殘酷奴役一方面是魏晉以來固有制度的繼承，另一方面是部落内部家長奴役制之發展，雖然關於那些工匠所受的剥削形態可能不甚一致。至於工匠來源當然不外俘虜、刑徒、徵發三者，但明白寫出從手工業者中間徵發的只有成漢一國。晉書卷一二一李壽載記稱：「又以郊甸未實，都邑空虚，工匠械器事未充盈，乃徙傍郡户三丁以上以實成都，興上方、御府，發州郡工巧以充之。」這已經在李雄建國之後三十年了，以前不見得就没有官府作場，只是上方、御府機構未建立而已。

五胡諸國的官府手工作場我們知道得不多。北魏時期記載較詳，我們可以窺見其發展過程以及手工業者所遭受的慘痛遭遇。

北魏統治下的手工業者被稱爲雜户、伎作户等，他們的身分卑微，並附着於所屬的作場。魏書卷九四閹宦仇洛齊傳：

魏初禁網疏闊，民户隱匿，漏税者多，東州既平，綾羅户民樂葵因是請採漏户，供爲綸綿。自後逃户占爲細繭羅縠者非一，於是雜營户帥遍於天下，不屬守宰，發賦輕易，民多私附，户口錯亂，不可檢括。洛齊奏議罷之，一屬州縣。〔一〕

綾羅、細繭、羅縠都是户名，他們是不屬州縣而由特置機構及其官長管理的機織工匠。長官稱爲雜户或營户帥，可知工匠是用軍事編制的。所謂東州既平是指北魏平河北事。魏書卷二太祖紀天興元年（三九八）正月：「徙山東六州民吏及徙何高麗雜夷三十六萬，百工伎巧十萬餘口以充京師。」十萬餘

〔一〕魏書食貨志同。

口的百工伎巧與三十六萬的民吏雜夷分别計數，必然在後燕時已有區别，纔可能分得清。他們被遷到平城之後，分配居住於固定地區，並使之爲官府服役，〔二〕規定其專業，例如織綾羅的便喚作「綾羅户」。不久由樂葵建議，擴大了對工匠的占有，於是又搜集漏户充當。〔三〕毫無疑問，這種漏户絶大部分是農民，由於當時農民所受剥削嚴重，雜户的管制還不甚嚴密，所以漏户假使漏不了，倒寧可選擇這一條獲得「庇護」的道路。他們稱爲「私附」，即因其不屬州縣而屬於雜户或營户帥所管，此外也表示其身分不同於一般平民。照仇洛齊傳所説，似乎經洛齊奏請之後，各種綾羅等户都廢罷了，實際上恐怕只是廢罷了一部分，其他則由雜營户帥手中移交給各地地方機構及正式的官府作場而已，所以雜户、伎作户之名始終存在。

以後到拓跋燾統治時曾經頒佈了嚴格管制工匠的命令。魏書卷四下太平真君五年（四四四）正月：

戊申，詔曰：「自王公以下至於庶人有私養沙門師巫及金銀工巧之人在其家者，皆遣詣官

〔二〕魏書卷六〇韓麒麟附子顯宗傳載顯宗在孝文帝時上書云：「仰惟太祖道武皇帝創基撥亂，日不暇給，然猶分别士庶，不令雜居。伎作屠販，各有攸處。但不設科禁，買賣任情，販貴易賤，錯居混雜。」這裏是説開始時伎作只能在指定地區内居住，同時也説明當時管理不太嚴格，伎作們往來販賣，居處可能變動，以致有士庶雜居現象。這裏我們當然不能瞭解爲伎作們完全可以自由生産，因爲他們必需向官府作場提供勞動力。但此時各種作場大概並不能立刻完備，所以管理既未嚴格，可以「買賣任情」，而徵發亦未「空户」，可以有一部分餘力自己生産。

〔三〕漏户當即指州郡户籍上無名的户口，亦即是隱户。

曹，不得容匿，限今年二月十五日，過期不出，師巫、沙門身死，主人門誅，明相宣告，咸使聞知。」

庚戌，詔曰：「……今制自王公以下至於卿士，其子孫皆詣太學，其百工伎巧騶卒子息皆當習其父兄所業，不聽私立學校，違者師身死，主人門誅。」

戊申詔書即在有名的第一次毁滅佛教之時，其中涉及金銀工巧之人，或與造像和作諸供養有關，但也因金銀工巧之人應該屬於官府作場，私家容留便是奪取官府占有的工匠，所以要使之「遣詣官曹」。庚戌詔書在於規定階級待遇的區别，並使手工業者的技術世代傳襲以便奴役。這樣本來由於傳統習慣而世代相傳的專門技術便以法律形式規定爲世襲的階級。爲了保持他們卑微的身分，所以特别嚴厲禁止讀書，以免獲得提升的機會。南北朝時期表現身分高低的是婚與宦，不準讀書的用意是制止百工伎巧「濫入清流」，而當拓跋燾之孫拓跋濬（高宗）統治時又下詔「皇族、師傅、王公侯伯及士民之家不得與百工伎巧卑姓爲婚」。〔一〕這裏的「士民」之民乃是與士族相對的庶民，連庶民都不準與百工伎巧通婚，就因爲伎作户還不能算作「民」（見下）。

從孝文帝元宏統治時開始，政府對於手工業者的控制略予放寬。魏書卷七上高祖紀延興二年（四七二）四月詔：「工商雜伎盡聽赴農。」從這一條上我們可以看出：第一、它把過去不準轉業的禁令開放了；第二、然而轉業只準歸農；第三、這就説明官府占有工匠的來源不成問題，所關心的，倒是

〔一〕魏書卷五高宗紀和平四年（四六三）八月詔。

農業勞動者的缺乏；第四、這些工商雜伎是可以獲得土地或本來有一些土地的。以後到了太和十一年（四八七）皇帝又下一道詔書，説「罷尚方錦綉綾羅之工，四民欲造，任之無禁」，連宫廷作場所占有的機織工匠也遣散了，還準其自由營業，這假使不是工匠來源已足够應付隨時的需要，决不會突然放鬆的。

在孝文帝統治以前，我們看到皇帝屢次下詔，企圖防止「百工伎巧」獲得提高其社會身分的機會，藉以鞏固强加在他們身上的束縛，在孝文帝之初，（四七七年，即准許工商雜伎赴農之後的第四年）又曾下詔禁止工商爲清官，詔云：「工商皂隷，各有厥分，有司縱濫，或染清流。自今户内有工役者唯止本部丞以下，準次而授。若階藉元勳，以勞定國者不從此例。」詔書所云「户内有工役者」即是有在官府作場服役義務的伎作户，此時竟然有人充當限於士族任職的「清官」。皇帝爲了維持士族特權而加以禁止，本只是根據舊的傳統法令，但却有了例外，即是那些「階藉元勳，以勞定國」的人可以不受此項拘束。其次，詔書説明如果僅在原服役機構内當管理工役的卑官是可以容許的，但這種卑官應按照年資授予。因爲這次詔書給予伎作户做官機會，所以韓顯宗公然譴責孝文帝：「朝廷每選舉人士則校其一婚一宦，以爲升降何其密也，至於開伎作宦途，得與膏粱華望接閈連甍，何其略也。」〔一〕統治者在伎作户中間提拔管理工役的人，由統治者看來，正像從奴隷或農奴中間提拔管理奴隷或農奴的

〔一〕魏書卷六〇韓麒麟附子顯宗傳。

人一樣，並不奇怪。至於其中出現的一些「元勳」，〔一〕和伎作户本身的提高没有什麽關係。這些人或者是以戰功起家的，或者是憑藉宫廷的寵倖，他們「濫入清流」即使士庶區别極端嚴格的時期也難以防止。

不管伎作户身分之卑微，在遷都洛陽以後由於城市經濟的恢復繁榮，有些工商伎作之家居然發了財。洛陽伽藍記卷四稱：「市東有通商、達貨二里，里内之人，盡皆工巧屠販爲生，資財鉅萬。」〔二〕他們所以能發財一方面由於社會經濟的發展，特别是城市消費者貴族、官僚對於高貴手工業生産品的需要，但是更重要的是孝文帝以後逐漸放鬆了對官府工役的控制。

雖然如此，手工業者的身分還是卑微，他們仍然是雜户之類的伎作户，而且還附着於所屬作場。魏書卷一九任城王澄傳，他在世宗時奏事十條，其第六條云：「逃亡代輸去來年久，若非伎作，任聽即

〔一〕魏書卷九一術藝蔣少游傳：「始北方不悉青州蔣族，或謂少游本非人士，又少游微，以工藝自達，是以公私人望，不至相重。唯高允、李沖曲爲體練，由少游舅氏崔光與少游從叔衍對門婚姻也。高祖、文明太后常因密宴謂百官曰：『本謂少游作師耳，高允老公乃言其人士。』眷識如此。」按少游被遷時爲雲中兵户，身分相當於隸户，後來由於建築宫殿受任，官至前將軍兼將作大匠，又兼太常少卿，已是清官了。當時雖把他當作作師，即工師，但却没有加以抑制，這固然由於高允等承認其爲士族，但也可能被算作「以勞定國」之流，和少游同時的有一個王顯乃是醫生，當時也屬於伎作之類，他做到平北將軍，相州刺史，太子詹事，也是列於清官。

〔二〕上引韓顯宗上書論遷都又云：「今稽古建極，光宅中區，凡所徙居，皆是公地，分别伎作，在於一言，有何爲疑，而闕盛美。」今考洛陽伽藍記所述，工商屠販貨殖之家都集中在市的周圍，「分别伎作」的建議是被採納的。

住。」他的建議即是準許逃亡農民在所逃地點居住，也準許爲逃亡户代繳賦税的人即在該地居住（自然即領得逃亡户的土地），但伎作户却不能獲得同樣的權利，可見對於手工業者的控制仍然較嚴。直到北魏末期，以拓跋氏爲首的統治集團已不能維持其政權，因而就想緩和階級矛盾並分化雜户。同書卷一一前廢帝紀普泰元年（五三一）三月詔：「百雜之户貸賜民名，官役仍舊。」百雜之户應亦包括伎作户，他們一向不算「民」，此時給予「民」的名義，乃是身分上的提高，但仍然要服官役。在這年十一月又下詔：「募伎作及雜户從征者正入出身，皆授實官。」這時由於募兵缺乏，藉此招徠，由此可見雖然普授「民」名，還與民有别。

直到北齊時還有兩次免伎作雜户的記載，北齊書卷四文宣帝紀天保二年（五五一）九月詔：「免諸伎作、屯、牧、雜色役隸之徒爲白户。」（白户亦稱白民，魏書卷一一一刑罰志：「若獲劉輝者，職人賞二階，白民聽出身，進一階，廝役免役，奴婢爲良。」等級很清楚）似乎北魏前廢帝的詔書未被承認，現在再來一次，可是同書卷八後主紀天統三年（五六七）九月又稱：「太上皇帝（即後主）詔：『諸寺署所綰雜保（疑爲役之訛）户姓高者天保之初雖有優勑，權假力用未免者今可悉蠲雜户，任屬郡縣，一準平人。』」以這次詔書推測，似乎天保年間所免各色雜户只限於高氏。天統三年詔書統稱雜户，通前詔看來即知也包括伎作在内。既然高齊所免的只以高姓爲限，那麽一般雜户仍然是「諸寺署所綰」可知，伎作户當然也不例外。

北齊官府作場的設置在隋書百官志中有較詳記載。尚書省祠部所屬有起部曹「掌諸興造工匠等事」，而由少府改名的太府寺則是管理官府作場的總機構，百官志的記載是：

太府寺掌金帛府庫，營造器物。統左、中、右三尚方，左藏、司染、諸冶東西道署，黄藏、右藏、細作、左校、甄官等署令丞。左尚方又别領别局、樂器、器作三局丞；中尚方又别領别局、涇州絲局、雍州絲局、定州紬綾局四局丞；右尚方又别領别局丞。司染署又别領京坊、河東、信都三局丞。諸冶東道又别領滏口、武安、白間（澗）三局丞；諸冶西道又别領晉陽冶、泉部、大邻、原仇四局丞。甄官署又别領石窟丞。

北齊制度大體因襲北魏，上引太和元年（四七七）詔工商伎作出仕唯止本部丞以下，即百官志所記的諸署諸局丞。上述太府寺所領除鄴城之外又領分佈於各地的官府作場。冶分東西兩道，河北、山西的坑冶都由中央管理。甄官署所領的石窟丞當即繼承北魏鑿窟造像的機構。除了太府寺之外，管營造的將作寺，管橋梁的都水臺等所屬作場規模想也不小。

私藏工匠的禁令在北齊時曾經認真執行。北齊書卷四七酷吏畢義雲傳：「又坐私藏工匠，家有十餘機織錦，並造金銀器物，乃被禁止，尋見釋。」我們看太和十一年已有解散尚方機織工匠，「四民欲造，任之無禁」之令，似乎放寬了對工匠的控制，但大概只準伎作户在市上營業，不準私家藏匿，以便在必要時仍可隨時徵發。畢義雲之收納工匠即是收納逃亡户，侵犯了官府作場對伎作户的占有，所以受了處分。

如上所述，我們可以明瞭北朝的伎作户與魏晉「百工」相同，他們承擔爲官府作場服役的義務，官府從伎作户中徵發作場工匠，但並不一定全家就役，這只看太和元年詔書稱「户内有工役者」一句，就可知道。這些伎作户開始是後燕百工的移徙和繼承，不久又曾採「漏户」充當。實際上以上兩項必然已包括所有手工業者，可能這時除了農村中以手工業爲副業的人便没有伎作户以外的手工業者了。延興二年的詔書准許工商雜伎歸農，任城王澄的建議不準伎作遷居，説明他們不一定必須全部倚靠其手工業勞動而取得生活資料，只是由於已被固着於所傳襲的專業上，因而不能轉業。統治者既然强制其服役，所以倒不注意賦税剥削的形式，連關市之税也成爲可有可無的情況。〔一〕

伎作户之外，官府作場中的直接勞動者還有刑徒。北朝法律大體沿襲漢制，加上部落殘遺習慣與南朝傳入的某些變更，無論從那一方面説來刑徒的使用都没有多大改變。隋書刑法志説北齊的「刑」即是漢的耐罪，各依罪之輕重規定期限「鎖輸左校而不髡」「婦人配春及掖庭織」；北周「論徒輸作者，皆任其所能而役使之」；北魏的徒刑雖無輸作的明確記載，應亦相似。北齊只鎖輸左校，亦即充當營造工，其餘諸作場未言，北周則完全和梁制相同。犯了重罪的人在法律上規定没收家屬入官，在漢代照例没爲官奴婢，北朝則稱爲雜户或隸户。左傳襄公二十三年孔疏引魏律云：「緣坐配没爲工、樂、雜户者皆用赤紙爲籍，其卷以鉛爲軸。」孔穎達將寫在赤紙上的雜户來比附春秋時「著於丹

〔一〕魏書卷六八甄琛傳世宗時琛奏稱：「今僞弊相承，仍崇關鄽之税，大魏恢博，唯受穀帛之儲。」可證直到後期仍無關市之税。魏書食貨志稱肅宗孝昌二年才有入市與店舍等税，隋書食貨志稱北齊將亡時由顔之推建議而立關市邸店之税。北周初年就把承自魏末的市門税廢掉，也到周末宣帝時才恢復。一般説來北朝的關市税不是經常的制度。

書」之隸是恰當的，但北魏雜户包括工、樂在内所受剥削却和真正的奴隸有所不同，和一般刑徒也有差别，因爲至少在北魏後期他們已被容許保留一部分爲自己勞動的時間。〔一〕隋書刑法志説北周之法：「盜賊及謀反、大逆、降叛、惡逆罪當流者，皆甄一房配爲雜户。」亦即沿襲魏制。由此可知北朝官府作場中占有一部分犯罪輸作的刑徒和連坐没收爲雜户的「工」。雜户中之「工」出於配没，從來源上説與伎作之出於俘虜和投充的漏户不同，但實際上並無高低之分，我們看上面所引各條伎作户也是雜户之一，或是與雜户並列的，而且很可能連坐配没的「工」亦即包括在伎作之中，因爲除魏律之外我們還没有看到記載中特别提出這個名辭來。

在南朝我們常常看到刑徒配冶的記載，北朝比較少見。魏書卷二太祖紀天賜元年（四〇四）五月稱：「置山東諸冶，發州郡徒，謫造兵甲。」似坑冶工人亦以刑徒充配，但以後却缺乏記載。北魏有鐵官設置是無疑的，〔二〕魏書食貨志説：「鑄鐵爲農器兵刃，在所有之。」可知鐵冶作場之多，食貨志也提到長安和桓州在世宗時設立銀官，「常令冶鑄」，鑄錢的銅坑也在此時開採，可是都没有説明冶鑄工匠的來源。我們知道南朝配冶是僅次於死刑的處罰，北朝却以流戍軍鎮爲重，魏書刑罰志説孝文帝統治時「全命徙邊，歲以千計」，所以重罪的刑徒主要是作爲駐防軍的補充，只有「不合遠配者」才用以

〔一〕洛陽伽藍記卷二：「孝義里東，市北殖貨里有太常民劉胡，兄弟四人，以屠爲業。」所稱太常民即是配隸太常而不屬州縣的雜户，但他們却可以在市上以「屠爲業」，可知容許有自己勞動的時間。

〔二〕魏書卷五七崔挺傳云：「（兖）州内少鐵，器用皆求之他境，挺表復鐵官，公私有賴。」

充役。〔一〕至於輸作的刑徒大抵是處罪較輕的，照上引北齊之法主要是作土木營造工作。這樣，即使以刑徒配冶也必不如南朝的大量使用。鐵冶方面南北朝控制都不太嚴格，特别是北朝私家經營鹽鐵是公開的，〔二〕這就説明爲什麽不把大量刑徒投入坑冶業的原因。

這裏還應該説明一點，流戍軍鎮的罪人也是很多被當作手工業奴隸使用的。〔三〕

從上面所説的情况中我們看到什麽呢？首先是魏晉時期的「百工」在北朝以「伎作户」的名稱繼續爲官府作場所控制。其次，從來源上看來，伎作户不一定都是過去百工家庭的繼續，至少有一部分是由農民中搜尋漏户充當的，可是一經被派作伎作户以後便强迫固着在所服役的專業上，不準轉業。其三，北魏初期嚴格控制伎作户的禁令正在逐步鬆弛，不管爲了什麽理由，不管統治者從什麽角度上考慮問題，這個放寬控制的趨勢正在發展，而且南北是一致的。具體的辦法在南北朝中期已經開始。

〔一〕隋書刑法志。

〔二〕魏書卷六顯祖紀皇興四年十一月，卷七高祖紀太和六年八月都曾罷山澤之禁。而私人占有坑冶的却很多，卷二一咸陽王禧傳稱禧「田業鹽鐵遍於遠近，臣吏僮隸相繼經營」，卷九四閹宦劉騰傳：「山澤之饒，所在固護。」卷四五辛紹先傳：「長白山連接三齊瑕丘數州之界，多有盜賊……又諸州豪右在山鼓鑄，姦黨多依之，又得密造兵仗。」這一些都説明鐵冶多半在私人手中。卷五二趙柔傳説有人送給他鏵數百枚，他送到市上去出售。用數百枚鏵作禮物的人，大概就是擁有鐵冶的豪右。

〔三〕魏書卷六九袁翻傳翻上表論鎮戍將領的貪暴稱：「其羸小老弱之輩，微解金鐵之工，少閑草木之作，無不搜營窮壘，苦役百端。自餘或伐木深山，或耘草平陸，販貿往來，相望道路。」可知鎮戍軍士假使有手工伎術的，都被搜尋出來，按照其專門伎術加以苦役。

三　番役制度

東晉以後，南朝官府作場的設置大概與前朝相同，據隋書卷二六百官志梁代少府所屬有「材官將軍、左、中、右尚方，甄官、平水署，南塘邸、税庫、東西冶、中黄、細作、炭庫、紙官、柴署等令丞」，除了少數機構以外，絶大部分是各類作場。

除了屬於中央機構的作場之外，地方設置的公開或私置的作場也很普遍。宋書百官志稱管理鐵冶的冶令是少府屬官，但似只限於揚州區域，其他地區的冶則屬於地方官。例如宋書卷四五劉粹附弟道濟傳云：「府又立冶，一斷私民鼓鑄而貴賣鐵器，商旅吁嗟，百姓咸欲爲亂。」這是益州所立的冶，顯然不屬於少府，其他州郡的冶想亦如此。此外還有專供地方官製造器物的作場。宋書卷四七劉敬宣傳：「宣城多山縣，郡舊立屯以供府郡費用。前人多發調工巧，造作器物。敬宣到郡，悉罷私屯，唯伐竹木，治府舍而已，亡叛多首出，遂得三千餘户。」這種專供地方官私人享受的屯乃是包含手工作場在内的一種組織，其勞動力至少有一部分是從「工巧」也即是百工家庭中徵發來的。這裏所謂私屯並不意味着私人所有，實際上還是由地方官府設立，只是不經中央批準與專供地方官府私人享受而已。〔一〕地方手工作場的設置是相當普遍的，南史卷五七范雲傳：「又郡（始興郡）相承，後堂有雜工

〔一〕關於南朝的屯，見歷史研究一九五四年第三期南朝的屯、邸、别墅及山澤占領。

作，雲悉省還役。」這也是專供地方官享用的手工作場。〔一〕由於人民既在那裏服役就可以免除其他徭役，所以范雲廢止後堂作場説是「使之還役」，至於從勞動者説來一樣是被剥削。

由上所述，可知東晉以後南方的中央以及地方的手工作場是非常多的，這些作場廣泛地徵發工巧，給予百工嚴重的負擔，這就造成了如王羲之信上所説「家户空盡」的慘狀。

東晉以來的徭役，包括百工在内，是人民負擔中最沉重的一項，人民曾不斷地進行鬥争以避徭役。這種鬥争方式，是極其多樣性的。我們知道，南朝統治階級内部的矛盾也是極其複雜的，人民可以利用這種矛盾以達到避役目的。劉敬宣傳説當時爲了「發調工巧」之故，大批逃亡，劉敬宣廢止了屯以後，歸來的就有三千餘户。這些逃亡户都是爲了避役，其中也必然包括了「百工」。逃亡户很多是流入私家作爲隱户及各種名目的私屬，百工也是一樣。宋書卷七九竟陵王誕傳云：「賊義宣初平，餘黨逃命，誕含縱罔忌，私竊招納，名工細巧，悉納私第。」這種名工細巧應爲劉義宣所占的逃亡手工業者，至義宣被滅之後，又爲他的侄兒劉誕所匿。南朝並没有象北朝那樣嚴格禁止私家藏匿工匠，這裏所以列爲劉誕罪狀之一，因爲他們算作義宣餘黨之故。不管怎樣，從這裏我們可以明瞭貴族、官僚、大封建主家中是有工匠被占有的。

〔一〕晉書卷七五王述傳：「述家貧，求試宛陵令，頗受贈遺，而修家具，爲州司所檢，有一千三百條。」王述修家具大概也是徵發百工製造的。按宛陵爲宣城首縣，可與劉敬宣傳參觀。

爲了避役，人民還利用了户籍册，買通胥吏在上面注上各種獲得免役的證據。〔一〕政府曾經用土斷，檢查户籍等辦法企圖增加直接控制的勞動力。南齊建元二年（四八〇）特别設置審查户籍機構，審查的官吏從中作弊，廣收賄賂，不納賄賂的便被撤消免役權利。這樣經過了五年，人民從消極的避役被迫轉向武裝的鬥争。南齊書卷四四沈文季傳：「是時（永明三年，即四八五）連年檢籍，百姓怨望，富陽人唐寓之僑居桐廬，父祖相傳圖墓爲業……（永明）三年冬寓之聚黨四百人於新城水斷商旅，黨羽分佈近縣。」這次起義是爲了檢查户籍，其中最主要的一點即是徭役徵發的問題。起義群衆當然包括所有被壓迫人民，手工業者應是其中的一部分。南齊書卷二二豫章王嶷傳稱唐寓之起義之後，嶷上啓云：「但頃小大士庶每以小利奉公，不顧所損者大，撻籍檢工巧，督郵簡小塘藏丁匿口，凡諸條制，實長怨府。」所云「撻籍檢工巧」自指搜查手工業者，〔二〕而義軍領袖唐寓之是個計劃造墓爲業的人，也是屬於百工醫卜階層。手工業者在這時是極其微弱的，他們没有足够的力量單獨進行起義，因而只能作爲每一次農民起義的參加者，但像這次由於檢查户籍而引起的反抗，因爲受害的偏重於在户籍册上獲得免役權利的人，而這些人不能是一般的貧苦農民（因爲貧苦農民無錢

〔一〕南齊書卷三四虞玩之傳。

〔二〕當時檢查户籍中常常用「巧」字，例如虞玩之傳稱建元二年詔便説「氓俗巧僞，爲日已久，至乃竊注爵位，盜易年月，增損三狀，貿襲萬端」，檢籍時又「限人一日得數巧」。這裏的「巧」字乃是作弊，弄巧之意，但此處之「撻籍檢工巧」既然工巧連稱，應是實指工巧之人，亦即手工業者。

行賄，改注籍狀），也不能是爲豪强所庇蔭的隱户等等（因爲當時的政府不會過分損害豪强的利益），所以手工業者亦即百工應該是起義群衆中重要的一部分。義軍不久被殘酷鎮壓了，永明八年政府下令將所有在户籍册上作弊的人罰充沿淮一帶的鎮戍軍，可是由於「人民怨望」，迫使政府在下一年取消了這個命令，並申明不再追究過去的作弊。無疑的這是唐寓之起義給予統治者的教訓，使他們知道「人民怨望」會釀成對統治者的反抗。

人民的鬥爭迫使統治者放鬆了對勞動力的直接占有，而表現在官府作場方面則是明確了番役制度。南齊書卷六明帝紀建武元年（四九四）十一月詔：

細作、中署、材官、車府，凡諸工可悉開番假，遞令休息。

過去從手工業者家庭中徵發的官府作場工匠怎樣服役的情況我們知道得很不够，他們有没有服役年限，生活資料是否由官府供給都不見記載。從干義之所云百工醫寺「家户空盡」這句話看來，在東晉時所有百工除了逃亡隱匿以外便幾乎全家被徵發了，所以「差代無所」，即是永遠服役，無人代替。法律上不一定徵發所有百工服役，也可能並未硬性規定終身服役，所以還有「差代」，但實際上却是終身服役。

建武元年的番役制至少是以法律形式規定的制度。這種制度的確立是與百工的鬥争分不開的。曾經建議停止檢查户籍的蕭嶷當齊朝建立之先，就曾在荆州頒佈「曹吏聽分番假」的命令，〔一〕通過唐

〔一〕南齊書卷二二豫章王嶷傳。

寓之的起義，這種制度從地方移到了中央，但仍只限於百工。百工獲得番假，也就是在上番服役之外獲得一定的時間，爲自己進行生產，因而就當時説來是個進步的制度。

南朝對於手工業者的控制以後很快的逐步鬆弛。梁書卷三八賀琛傳載梁武帝回答賀琛的話：

凡所營造不關材官及以國匠，皆資雇借，以成其事。

材官是管理木材的機構，國匠即是官府作場中的工匠。照梁武帝所説當時營造所用的材料和工匠都不由國家機構供給而是在市上購買及雇用。〔一〕這裏出現了一種不屬於官府的以雇傭方式爲政府服務的工匠。雇傭方式的出現固然還要古老，〔二〕但作爲官府作場或某種工程的主要勞動力却還是新

〔一〕太平廣記卷一一九弘氏條記載一個富人弘氏想乘梁武帝建造寺院，採訪木材的機會發一點財，因此特地到湖南去訪尋大木材還來，結果却被官吏誣陷爲盜，弘氏處死，木材被没收。這就是梁武帝所説不關材官，購買得來的木材，此事又見通鑑卷一五七梁武帝大同二年正月。

〔二〕恩格斯：反杜林論，第二八三頁自注（一九五六年三聯版）：「包含着全部資本主義生産方式的萌芽於其中的雇傭勞動，是從古代就存在的。在偶發的分散的形式之下，雇傭勞動曾經在好幾個世紀内，與奴隸制度相並存，但是只在它所必需的歷史條件已經成熟之時，這一隱藏着的萌芽，方能發展爲資本主義生産方式。」中國很早就出現雇傭勞動，所謂「傭力客作」。傭耕與酒家傭保老早見於秦、漢，雖然漢以前之傭究竟是什麽性質的勞動者，還不明瞭，但至少漢以後是可以瞭解爲雇傭勞動者的。輯本東觀漢記卷二三劉玄載記云：「官爵多群小，里閭語曰：使兒居市決作者，不能得傭，之市空返。問何故？曰：今日騎都尉往會日也。」這種隨時到市上去覓雇主的雇傭勞動者正如恩格斯指示的乃是以偶發的、分散的形式爲特徵的。他們的雇主騎都尉是「群小」，即是商人或富裕的手工業者，上面説「居市決作者」，似乎是指手工業勞動。後漢書卷五三申屠蟠傳説他「家貧傭爲漆工」，卷六七夏馥傳，説他被宦官誣陷，逃入林慮山中，「隱匿姓名，爲冶家傭」，那是顯著的手工業中的雇（轉下頁）

鮮的辦法。

既然官府作場開始採用雇傭辦法，於是徵發也可以縮減，（實際上徵發對象也異常缺乏）。陳書卷五宣帝紀太建二年（五七〇）八月詔：「巧手於役死亡及與老疾，不勞訂補。」在此以前，官府作場中工匠有缺就向民間徵發，所謂「訂補」。這次詔書雖然在實際行使上及實施時間上的久暫都不能估計太高，但却是第一次申明不再徵發「巧手」服役。從輪番上役，雇借以至停止徵發是長期鬥争的結果，但同時却也説明了南朝社會經濟的發展是比較快的。

雇借這種辦法的採用最重要的原因是缺乏徵發的對象，梁代人民逃亡的現象是非常突出的，據説半數已上的人口流入私門，「百工」當然很少還留在政府的掌握中，這樣就使得政府不能不採用雇借辦法，給予少量工資以圖招誘，這樣，補充番役工匠的雇傭工匠就産生了。

雇傭辦法只是臨時性的番役制度之補充，但仍不失爲一種進步的辦法，可是補充番役制度的還

（接上頁）傭勞動。傭又常稱爲客，群書治要卷四五崔寔政論説地方官「假令無奴，當復取客，客傭一月千」，這是作爲僕從的雇傭。宋書孝義傳中郭世道、郭原平、吴逵、王彭都曾在農村中傭力自給，除郭原平爲一木工外，其他應是雇農。此時的傭力常常帶着借貸性質，窮人無可作抵，即把勞動力作抵，但又和典貼有些不同，因爲不是把全部勞動力出賣，而自己還保留一部分。關於這些，我將在另外一篇論文中討論。現在只是證明在民間，無論農業、手工業、家庭服役中自漢以來即有雇傭勞動存在，但與資本主義方式之雇傭勞動應該區别。官府作場中有没有雇傭勞動呢？我想可能是有的。上引崔寔政論所謂「作使百工」也可能是雇工，只是短期的以「器成」爲限的雇用，等於手工業者到人家家中去製造器物，主人供給材料而已。像這類事情是非經常的，而且是少量的。梁代「皆資雇借」便有些不同了。

有刑徒的大量使用。上面已經説過南朝坑冶方面一向以刑徒爲主要的勞動者，到了梁代所有官府作場幾乎都依靠刑徒支持。隋書卷二五刑法志載梁制云：

刑二歲以上爲耐罪，言各隨伎能而任使之也……劫身皆斬，妻子補兵。遇赦降死者，黵面爲劫字，髡鉗補冶鎖士終身；其下又讁運，配材官、冶士、尚方鎖士，皆以輕重差其年數。

（梁武）帝鋭意儒雅，疏簡刑法，自公卿大臣咸不以鞫獄留意。姦吏招權，巧文弄法，貨賄成市，多致枉濫。大率二歲刑已上，歲至五千人。……是後囚徒或有優劇。大同中皇太子在春宫視事，見而愍之。乃上疏曰：「臣以比時奉敕，權親京師雜事。切見南北郊壇、材官、車府、太官、下省、左裝等處上啓，並請四五歲已下輕囚助充使役。自有刑均罪等，愆目不異，而甲付錢署，乙配郊壇。錢署三所，於事爲劇，郊壇六處，在役則優。今聽獄官，詳其可否，舞文之路，自此而生……愚謂宜詳立條制，以爲永準。」帝手敕報曰：「頃年以來，處處之役，唯資徒讁，逐急充配。若科制繁細，義同簡絲，切須之處，終不可得，引例興訟，紛紜方始；防杜姦巧，自是爲難；更當别思，取其便也。」竟弗之從。

梁武帝所云「處處之役，唯資徒讁」一語，説明當時徵發對象的缺乏，因此就不能不依靠刑徒作爲官府作場或工程中主要的勞動力。也正因爲如此，政府就不斷地製造刑徒以滿足其需要。隋書刑法志説梁武帝優待士人，而「百姓有罪皆案之以法，其緣坐則老幼不免，一人亡逃，則舉家質作」，就説明了這種旨在奴役人民的政策。

刑徒所服之役並非都屬於官府作場或工程，但如上所述坑冶、鑄錢以及尚方諸署便擁有很多的刑徒。特別是坑冶，補冶爲僅次於死刑的處罰，這時似乎以這類「冶士」爲唯一的直接勞動者了。但官府作場中刑徒所能代替的大概只能是非技術性的簡單作業，隋書刑法志雖說二歲以上的徒刑犯都按照本人所具的技能任使，就一般説來，這種技能是不會很專門的，而多數是除了農耕以外没有其他技能的農民，這就説明番役工匠與雇傭工匠的必要。

雇借辦法和大量製造與使用刑徒都是在嚴重的逃亡形勢下産生的。政府一方面企圖招誘業已逃亡隱匿的勞動力爲了獲得少許報酬而就役。另一方面又將部分未逃亡的人民變成刑徒以加緊控制及加强剥削，因爲刑徒很多是帶着鎖鏈工作的（即所謂鎖士），是在禁閉狀態下工作的，而他們是無報酬的。

官府作場或工程中大量刑徒的使用自然是一種「倒行逆施」的辦法。而代表南朝社會經濟上升現象的則是新的番役制和雇借辦法。這在北朝後期也可以見到。

北魏後期，手工業者有時亦偶發地被官府所雇用。魏書食貨志載三門都將薛欽請用雇車牛的絹帛充造船輸送租調的建議，他説：「計船一艘舉十三車，車取三匹，合有三十九匹，雇作手並匠及船上雜具食直足以成船。」船是用原來雇車的絹雇用作手及匠造作的。番役制度雖不見魏時記載，但孝文帝遷洛以後，市上出現了聚居營業的手工業者，而我們又看到伎作户仍然要服官役，推測起來，北魏後期可能也採用了輪番制。〔一〕其明確記載却只見於北周。隋書卷二四食貨志稱隋高祖即位（五八一）後徵發丁匠的事云：

發山東丁，毁造宫室，仍依周制，役丁爲十二番，匠則六番。

這裏還是丁匠分列，負擔不同。六番即每年六人輪流，亦即每個工匠每年服役兩個月，匠應即伎作户的改稱。丁是從一般農民中徵發的，北周舊制爲八丁兵，後改十二丁兵，即自每年四十五日役減至一月，比匠的服役期短。

如上所述，從南北朝中葉開始，南北同樣確立了番役制度；又同樣出現了雇傭工匠，雖然這只能是帶着偶發性的作爲番役工匠之補充。不管怎樣，官府對手工業者控制的放寬必然促使民間手工業有所發展，因爲被徵服役的工匠在一年之中除了爲官府作場勞動之外，還保留了爲自己勞動的時間，而照北周制度所規定，上番服役的時間是比較短的。

隋代統一之後，北周六番的匠役應即推行於全國。然而這個制度也不是完全被尊重的。隋書卷

〔一〕魏書卷三七司馬楚之附孫悦傳説他審一件命案，獲得殺人者遺下的一個刀鞘，「悦取鞘視之曰：『此非里巷所爲也。』乃召州城刀匠示之。有郭門者前曰：『此刀鞘門手所作，去歲賣與郭民董及祖。』悦收及祖詰之」，固然是殺人犯。這裏所説的州城刀匠可以自行出賣刀鞘，可見至少有一部分製成品屬於工匠自己。此外還有里巷中作刀鞘的人，那可能是不屬於官府的以手工業爲副業的人了。魏書卷七下高祖紀下太和二十年十月：「司州之民十二夫調一吏，爲四年更卒，歲開番假以供公私力役。」雖不指伎作，也可作爲一種旁證。

四五房陵王勇傳：「副將作大匠高龍義預追番丁，輒配東宮使役，營造亭舍。」這裏的番丁應亦包括番匠，建築「亭舍」不可能完全由農民來完成。從這條記載中可知番役制度常被破壞，但此時畢竟只能預追還不應上番的丁匠，而不是隨意徵發。到了煬帝時，各種徭役同時並興，徵發直至婦女，番役制——不論丁或匠——全部破壞自不待言。

隋煬帝毫無限制的徵發服役召致了規模巨大的農民起義，隋帝國終於滅亡，起義群衆中必然有工匠參加，例如尉遲敬德據傳說乃是個煅鐵工匠。〔一〕到了唐代，在農民起義的教訓下不能不減輕剥削，包括工匠在内的徭役制度也有所放寬，其中最重要的便是納資代役制度的推廣。

四、由番役到納資代役

唐代初年制度大體上恢復開皇年間的舊制，關於工匠的徵發自然沿襲輪番辦法，通典卷六稱：「諸丁匠歲役工二十日，有閏之年加二日，須留役者滿十五日免調，三十日租調俱免，通正役並不過五十日。」這裏丁匠並稱，服役期相同。周、隋之際，役匠每年兩個月，較役丁加倍，隋開皇三年（五八三）役丁減爲二十日，役匠是否亦減輕没有明文，唐代丁匠相同那是減輕了的。〔二〕

〔一〕太平廣記卷一四六引逸史尉遲敬德條。

〔二〕舊唐書卷二八食貨志，唐會要卷八三所載武德七年令都只説役丁之制每年二十日，没有提到匠，唐六典卷三户部所載賦役制亦然。我想通典所記雖不一定是武德令，但必有根據。

丁匠在唐代常常聯稱，服役期限亦相同，我們可以認爲這時的手工業者和均田農民身分相同，過去「百工」「伎作」那些表示卑微身分的名稱在唐代已不存在，當然和農民一樣，這並不表示他們脱離了官府的束縛，他們仍然是農奴化的手工業者，官府作場仍然要强迫他們作無報酬的輪番服役。唐六典卷七工部稱：「凡興建修築材木工匠則下少府將作以供其事」，下有注云：

少府監匠一萬九千八百五十人，將作監匠一萬五千人，散出諸州，皆取材力强壯，伎能工巧者，不得隱巧補拙，避重就輕。其驅役不盡及别有和雇者徵資市輕貨納於少府、將作監。其巧手供内者不得納資。有闕則先補工巧業作之子弟。一入工匠後不得别入諸色。其和雇鑄匠有名則解鑄者補正之。〔一〕

這裏説明工匠是從諸州「伎能工巧」中徵發來的。按照新唐書卷四六百官志所説，他們被徵之後，就「以州縣爲團，五人爲火，火置長一人」，這就是説工匠上工時的組織是仿照府兵制度編制的。府兵照例要自備糧食及其他用度，工匠是否也如此呢？據仁井田陞唐令拾遺六七一頁引日本賦役令歲役條集解云：「十日役者不給公糧。何者？唐令云：『除程糧外，各唯役賫私糧者。』而此令除彼條，此條闕衣糧文，即知鈔唐令兩條，納此一條耳。其留役者官給公糧也。」這裏所引唐令説明服役者只能獲得路程上所需糧食，到了目的地，就役之後，便由自帶私糧維持。日本法令正丁歲役

〔一〕按新唐書卷四八百官志少府監下注合計各項工匠不足六千人。將作監下注短蕃匠一萬二千七百四十四人，明資匠二百六十人，均與六典數字不合，這是因爲所據時間不同之故。新唐書所根據的資料一般要晚一點。

十日，所以說「十日役者不給公糧」，唐制歲役二十日，那麽就只有在二十日以外留役者才給公糧。這條令文包括所有徭役，工匠當然不能例外。由此可見工匠自帶私糧也和府兵相同。

照六典所說，這些工匠如果「驅役不盡」，或是某項工作不用所屬工匠服役而由官府另外雇用者，那麽工匠就該向所屬機構繳納一筆代役的輕貨。六典規定納資只限於一般工匠，至於供內廷需要的「巧手」不在此例。可是新唐書卷四六百官志却說「內中尚巧匠，無作則納資」，我們知道按照六典所述，就是非巧手供内者也只有「驅役不盡及別有和雇」才納資，至於巧手則不管怎樣都不準納資。新唐書説巧手「無作」可以納資，那就和非巧手没有什麽區别了。我想新唐書所據材料較晚，可能准許納資是以後的改制。

工匠有了缺額，就以工匠家的子弟補充。作了官府工匠之後，就不能改變其職業與服役名色（不得别入諸色）。雇傭的冶鑄匠如有一定的伎術就補作正式工匠。爲什麽只說「鑄匠」而不及其他，這裏没有解釋。工匠的痛苦我們可以引一首詩來證明。敦煌掇瑣上輯所載許多民歌有一首說：「工匠莫學巧，巧即他人使，身是自來奴，妻亦官人婢，夫聟暫時無，曳將仍被耻。來作道與錢，作了擘眼你。」這首詩的年代與其他詩合觀應在開元前。詩中所說首先就是工巧匠之被奴役，甚至夫婿已無，而他的妻子要被牽引。最後兩句是説名爲和雇，而實不給工資。

六典所記的數字只限於少府、將作監所屬的工匠，其分屬各地方的作場工匠並不在内。唐大詔令集卷一〇八開元二年禁奢侈服用敕云：「兩京及諸州舊有官織錦坊並停。」全唐文卷四一四常衮減江南租庸地税制提到揚、洪、宣三州的作坊。唐大詔令集卷七二乾符二年南郊赦書稱：「諸州本置作坊只合製造干戈兵甲及進獻供需。」詔書責備現在「作坊惟使雜伎，弓甲之匠十無一人」的情況。就以上各條看來直到唐末各地方都有作場，這些作場雖以製造武器爲主，但也有織錦及其他「雜伎」。諸州作坊早已設置，而安史亂後，可能由於地方權力的擴大而設置更多。地方作場占有的工匠究有多少，我們並不明瞭，但合計起來應該不在少數。

唐初工匠番役制，職業固定及世襲制，徵發制都是沿襲過去。但此時却出現了兩種新制度，第一是納資代役制，第二是和雇制，而二者又是彼此相關聯的。這兩種新辦法我們已經知道在南北朝後期特别在南方早有萌芽，到了唐代由於社會經濟的發展使臨時的適用於部分地區的制度有作爲經常制度並推廣到全國的可能。我們現在先討論納資代役的問題。

就整個徭役制度而論，唐代較之過去不同的一點，便是納資代役的普遍化。南北朝後期部分徭役已在向納資轉化。例如南齊書卷二六王敬則傳稱他曾將保海塘的服役「悉評斂爲錢，送臺庫以爲便宜」，〔一〕這便是納資代役。通典卷三五叙北齊制度云「諸州刺史、守、令以下幹及力皆聽敕乃給。幹出所部之人，一幹輸絹十八匹，幹身放之」。幹是侍奉地方官的僕役，北齊有賜食某地幹的辦法，即使不是地方官，皇帝也可以指定某一地區之幹作爲賞賜，即是將幹所納之絹賜給他。〔二〕周書卷三五

〔一〕參見拙著魏晉户調制及其演變。

〔二〕此種食幹制度疑即南朝送故輸錢之制在北朝的襲用。

裴俠傳：「此郡（河北）舊制有漁獵夫三十人以供郡守。俠曰：『以口腹役人，我所不爲也。』乃悉罷之。又有丁三十人供郡守役使，俠亦不以入私，並收庸直，爲官市馬……民歌之曰：『肥鮮不食，丁庸不取，裴公貞惠，爲世規矩。』」周、齊的例子都是官府僕役的納資代役。到了唐代不但那些侍奉官府的門夫、白直之類如通典卷三五所説乃是「舉其名而徵其資以給郡縣之官」，而且部分的軍官、軍士如三衛、彍騎、弩手等以及太常樂人、中央各機構的名目繁多的雜役，皇帝的儀仗隊等逐漸都有變爲納資人的可能。特別是農民所服正役，唐初已有代役的規定。我們知道過去對於正役只有在個別地區偶然的有代役辦法。〔二〕隋代的制度，據隋書卷二文帝紀開皇十年六月稱：「制人年五十，免役收庸。」這裏所謂役者即使已包括了一切，也還有年齡的限止。〔三〕到了唐代，代役制推進了一大步，舊唐書食貨志及唐會要卷八三，所載武德七年令便明確規定了「凡丁歲役二旬，若不役則收其庸，每日三尺」，於是正役也不受年齡限止，可以納絹代替。

既然整個徭役制度表現着納資代役的傾向，工匠當然也如此。我們現在還不知道工匠納資之成爲制度在什麼時候。據唐六典注中已有「驅役不盡」徵資納少府、將作監的規定，通典卷六引開元二十五年敕已稱「諸丁匠不役者收庸」，那麼至遲在開元末已經制度化了。册府元龜卷四八七開元二十

〔一〕南齊書卷七東昏紀稱：「永元以後，魏每來伐，繼以内難，徐、揚二州人丁三人取兩，以此爲準，遠近悉上米准行，一人五十斛，輸米既畢，就役如故。」這是政府欺騙人民，納米而仍不得免役，但上米准行之制必早有之。

〔二〕按隋書卷二四食貨志在開皇十年五月稱「百姓年五十者輸庸停防」，似只限於兵役。

三年敕云：「比緣户口殷衆，色役繁多，每歲分番，計勞入仕，因納資課，取便公私，並租脚税户權宜輕率，約錢定數不得不然。」本條所云包括所有色役在内，工匠也是色役之一種，大約此時確定爲制度未久，所以要申明「約錢定數」的理由。

輪番與納資代役制不但在一般人民所服徭役上推廣，甚至也推廣到配没的罪人及其家屬。唐代使用刑徒從事手工業及其他勞動還是沿襲舊制。唐律疏議卷二九斷獄律議云：「徒流應送配所，謂徒罪斷訖即應役身。準獄官令，犯徒應配居作，在京送將作監，在外州者供當處官役。」唐六典卷六所載較詳，大意相同。都官郎中條云：「凡初配没，從其能而配諸司，婦人工巧者入於掖庭，其餘無能，咸配司農。」可見唐代官府作場工匠來源仍有刑徒一項。六典的注又云：「官户皆在本司分番，每年十月都官按比，男年十三以上，在外州者十五已上，容貌端正送太樂，十六以上送鼓吹及少府教習。有工能官奴婢亦准此，業成準官户分番。父兄先有伎藝堪傳習者不在簡限。」犯罪配没的官户以及有伎術的官奴婢都不是常年服役而可以分番，這和過去大不相同了。注又云：「番户一年三番，雜户二年五番，番皆一月，十六以上當番，請納資者亦聽之，其官奴婢長役無番也。」這裏所云番户即是官户，他們不但准許分番，而且還准許納資，只是較短番匠上番期限合計較長與納資可能較多而已。官奴婢有「工能」者一樣分番，其「無能」者雖是長役，但按照法律可以逐漸提升由番户、雜户以至良人，所以長役的官奴婢在唐代是不太多的。

那些有伎術的刑徒和學習伎術或學藝有成的官户子弟分配太樂與少府，他們的名稱是工、樂户。

唐律疏議卷三工樂雜户條云：

工樂者，工屬少府，樂屬太常，並不貫州縣。雜户者散屬諸司上下，前已釋訖。太常音聲人謂在太常作樂者，元與工、樂不殊，俱是配隸之色，不屬州縣，唯屬太常，義寧以來，得於州縣附貫，依舊太常上下，别名太常音聲人。

我們在上面已經看到北魏律中已有工、樂雜户名目，唐代想亦繼承舊制。即輪番也可能魏末已如此（見上）。但北魏配隸之工和徵發的伎作没有太大區别，而唐代徵發之匠一般並不這樣對待。納資更是唐代新制。新制推廣到了配没之工樂雜户，可見其普遍。

大概在開元以前，番上工匠還以現役爲主，唐大詔令集卷一〇八先天二年（七一三）停修大明宫詔云：「雖復工徒所須，止於蕃（即番）匠，補緝所擬，無煩外力，然以麥秋爰及，農務方勤，維夏在辰，執役爲弊……勞人自奉，予所不爲。其修大明宫宜即停，待至閒月，方使畢功……所有先役工匠，即優還價直，勿令懸欠，仍即放散。」蕃匠即是名屬官府作場而輪番上役之匠，據新唐書卷四八百官志，將作監有短蕃匠一萬二千七百四十四人，修大明宫的工匠當即使用將作監的短蕃匠。由此可知在不久以前工匠上番服役是經常的。然而先天二年詔書中却暴露了兩個問題。第一，工匠假使都真從各州工巧中徵發，他們既非農民，與農務方勤没有關係，爲什麽要以此爲理由而停工；第二，既是「蕃匠」，服役規定無償，爲什麽要優還價直，然後放散。這兩個問題，首先反映了所謂從「工巧」中徵發的短番匠實際上很少是獨立的手工業者而是以某種手工業作爲副業的農民，正如恩格斯所指出的

「不時出去作短工的農人，自已有着小塊土地，這土地能够維持他的貧困的生活」。〔一〕過去的「百工」「伎作」是用法律强制集中在城市，特别是附屬於官府作場，不準其歸農，唐代的長上匠、巧手不準納資，始是真正的手工業者，至於短蕃匠便有所不同。正因此故，所以通典卷二引開元二十五年田令稱：「諸以工商爲業者，永業、口分田各減半給之，在狹鄉者並不給。」〔二〕規定了工商給田的限度，而所以不給只是由於狹鄉而不是不準歸農。短蕃匠既然出於農民，其伎術水平一般是不太高的。其次，從「優還價值」這一點看來，這種短蕃匠必然已經超過了服役期限，所以要給予報酬，名義上按期輪替，實際上已是「和雇」。

正因爲被徵工匠並非真正的各州「工巧」，而實行輪番又接替不易及時，仍須給價留役，所以政府就推廣納資代役制度，以便獲得貨幣及實物來雇用可以在較長期間服役的伎術較高的工匠。唐大詔令集卷四改天寶三年（七四四）爲載制：「諸色當蕃人應送資課者宜當郡縣申尚書省勾復，如身至上處，勿更抑令納資，致使往來辛苦。」諸色當蕃人中當然也包括蕃匠。這時政府是歡迎納資的，因而竟有「身至上處」的上蕃者被抑令納資，致使去了又還來的事。政府要的是錢或實物，並不要「當蕃人」

〔一〕反杜林論，人民出版社一九五六年版，第二八三頁。
〔二〕全唐文卷三七營興慶宫德音「其應當番兵丁匠等，灼然單貧者，並放營農」，可見「匠」是有農可營的。册府元龜卷四九〇開元十九年幸東都敕云：「供頓州百姓及充夫匠及雜祇供人等宜放今年地税。」匠所免者也是地税，可知此種短期徵發服役之匠都有土地，所以通典以丁匠並稱，而且免租調之制也相同。

老實上番。大概天寶年間已以納資代役爲常，但如果就農民或以手工業爲副業的農民而言，繳納錢幣却並不容易，而繳實物有時會拒絕，所以只好仍然依例上番，那些巧手獲錢較易，可是政府却又不準納資因爲還需要他們。到了安、史亂後代宗廣德二年京兆府的諸色納資人達到每月八萬四千五十八人，其中工匠占多少我們却難以估計。〔一〕

諸色納資人繳納多少大概按業務性質而有輕重，〔二〕時期先後也有差别。納資工匠所繳數字據册府元龜卷四八七大曆八年（七七三）詔書稱：「諸色丁匠如有情願納資課代役者每月每人任納錢二千文。」唐大詔令集卷一一一減徵京畿丁役等制却説「掌閑、彍騎、三衛及橋堰丁匠」所納資課爲錢三千，米六斗。數字遠遠超過大曆八年的規定，但也是代宗時事。此條只説橋堰丁匠，是否適用於其他工匠亦不明確。不管輕重常常有變更，繳納的總以錢幣爲主，各種色役所納數字亦不相同，這就和向一般農民徵收的庸有所不同。固然納資有時也可繳納實物：例如開元二十三年（七三五）爲了錢重物輕曾經准許「資課」及其他若干税目「不須令出見錢，抑遣徵備，任以當土」；二十五年爲了關中豐

〔一〕唐大詔令集卷六九廣德二年南郊赦。

〔二〕唐六典卷五諸衛注云：「三衛違番者徵資一千五百文，仍勒倍番，有故者免徵資。」這是違番的罰款，必高於資課。會要卷九三稱太宗時給三品以上官的親事和帳内每年納錢一千五百。通典卷三五稱給鎮戍官的仗身納錢六百四十，而開元定制稱：「防閤、庶僕、白直、士力納課者每年不過二千五百，執衣不過一千文。」比較低的是守門的門夫只有一百七十至二百文。但通典又説「課之高下，任土作制，無有常數」，可知上舉數字也只是估計而已。

收而減少江、淮運送糧食數量，也曾在命令中提到「關内諸州庸、調、資課並宜準時價變粟取米送至京」，[一]然而這只是一種將錢折合實物繳納之法，原來規定仍然是錢。代宗時的錢米兼徵，想也由於關中資課本有折米的習慣。

從徵納物上看來，政府要的是錢，諸色當蕃人特别是工匠是可能有錢幣收入的，但實際上很多工匠却只是農民或以手工業爲副業的農民，所以納錢就非常困難。政府加以折换，名爲照顧，實則折换結果喫虧的還是納資人。

官府鼓勵甚至强制諸色役人納資造成了一種矛盾現象。一方面屬於各種政府機構的諸色役人無錢繳納，這從上引開元二十三年（七三五）敕中已可知道。另一方面「色役」又成爲避役的場所。我們知道唐代充當各項「色役」的人家依法得免本門職務以外的其他徭役，[二]而本門職務又可納資代役，於是城市商人，較富裕的手工業者，或作坊主，[三]就有可能在官府或禁軍中掛上一個「入役」的

[一] 並見册府元龜四八七。
[二] 唐六典卷三户部郎中條稱諸色雜有職掌人合免課役。這種雜有職掌人即是諸色番役。通典卷六載開元二十二年勅云：「其雜匠及幕士並諸色同類有番役合免征行者，一户之内，四丁以上任此，免役不得過兩人，三丁以上不得過一人。」本來凡是諸色番役便應免一家之役，此時正因爲投充色役以免征行者之多，所以才下令加以限止。
[三] 唐令拾遺六七一頁引日本養老賦役令第四條云：「若欲雇當國郡人及遺家代役者聽之，劣弱者不合，即於送簿名下，具注代人貫屬姓名。其匠欲當色雇巧人，代役者亦聽之。」日本諸令大體抄襲唐令，這一條雖於唐代記載無考，當亦如賦役令其他各條，仍是出於唐令。匠可以雇巧人代役，這種匠大概是作坊主。

空名，繳納一筆錢，藉以避免更重的徭役。關於這種事例玄宗天寶年間業已見於記載，〔一〕而安、史亂後更有發展，幾乎每一次皇帝所下的赦書、德音上都特別提到如何處理「諸軍、諸司」影占京城坊市人户的事。所謂「諸軍、諸司」主要是指宦官所管理的禁衛軍隊和宫廷機構。這種以入役爲避役的巧妙方法反映了唐代統治集團間的矛盾，特别是中唐以後外朝官僚與宦官間所謂南北衙的矛盾。我們現在不想列舉所有事例，只引證一些與手工業者有關的資料以説明這個問題，而首先要説明北衙諸軍、諸司與官府作場的關係。

唐代官府作場大抵屬於少府、將作兩監，其分佈於各地者則由地方官管理。玄宗以後，藩鎮割據形勢已盛，即使還算作中央控制地區的地方作場也多少表現爲地方長官服務的性質，而少府、將作所屬作場逐漸移轉到宦官手中。宦官所領的宫廷機構，唐人通稱二十四使司，但使名却難以列舉，其中也有和手工作場無關的，而很多却擁有作場與工匠。唐會要卷二六少府監條説：「開元以來別置中尚使，多以少府監及諸司高品（高級宦官）爲之。」這是專管内廷作場的宦官。唐書卷四八百官志説少府監所屬的織染署也由高品專任。〔二〕文苑英華卷四二八大和三年（八二九）南郊赦書，卷四二九大中元年（八四七）南郊赦書，都見到内作使之名，據唐書百官志少府監有内作使綾匠及内作巧兒；將

〔一〕唐會要卷七二京城諸軍條稱天寶末「六軍諸衛之士皆市人白徒，富者販（疑當作服）繒彩，食粱肉，壯者角抵、拔河、翹木、扛鐵，日以寢鬥，有事乃股慄不能授甲」。所謂市人白徒中之富者顯然是商人。

〔二〕舊唐書卷一七上敬宗紀長慶四年四月見「染坊使」，大概就是織染署中管染坊的宦官。

作監也有内作，則是管理内廷宫殿修理之職。舊唐書卷一四憲宗紀元和二年（八〇七）提到東都莊宅使所屬的織造户，這種織造户可能是從過去東都綾錦坊中接管來的。以上略舉數例，藉以説明關於諸軍諸司影占人户的問題其中即包括工匠在内。杜牧樊川集卷一〇同州澄城縣户工倉尉廳壁記云：

耆老咸曰：「西四十里即畿郊也。主（至）如禁司東西軍、禽坊、龍厩、彩工、梓匠、善聲、巧手之徒第番上下，互來進取，挾公爲首，緣一以括十，民之晨炊夜舂，歲時不敢嘗，悉以仰奉，父伏子走，尚不能得其意，往往擊辱而去。」

其中所云彩工、梓匠、巧手即是諸司使所屬之工匠。杜牧這一段話，説得很不明白，看來似乎勒索鄉民的就是那些彩工、梓匠等等。實際上應該是禁司東西軍中管理工匠的人。此外也還有假冒工匠的無賴之徒。文苑英華卷四二九會昌五年（八四五）南郊赦書云：

畿内諸縣鄉村及城内坊市人户不是正額食糧官健及非工巧之徒，假以他名，諸司、諸使影占納課，其數至多，各本司釐革，凡是納課人户並停，解送歸本縣收入色役。

由此可見諸司使所屬作場的工匠很多是假冒工巧名義而納資避役的人，如杜牧所云，連真正上番的工匠也可能有假冒的在内。

諸司使所影占的納課人照會昌赦書所述都是長安附近諸縣、鄉和長安城内坊市人户，顯然多數是商人、作坊主或較富裕的手工業者（假冒工巧的想是商人和無賴之徒）。會要卷七二京城諸軍載長慶四年（八二四）三月敕稱：「應屬諸軍、諸司、諸使人等於城市及畿内村、鄉店鋪經紀，自今已後，宜與百姓一例差科，不得妄有影占。」上引會昌赦書又稱：「諸使、諸軍、諸司人在鄉村及坊市店舍經紀，準前後赦文收，與百姓一例差科，不得委（妄）有影占。應屬官莊宅使司人户在店内及店門外經紀求利，承前不復隨百姓例差科者從今後並與諸軍、諸使一例準百姓例供應差科。」諸軍、諸使所屬人户名爲「色役」，實際却在鄉、村、坊、市開設店鋪，也可以證明那些納資代役的是什麽人。他們納錢代役比之被差科服役遠爲有利。照那時情形看來，要獲得一個諸司使色役名義，恐怕還不止繳納規定的幾千文資課，而是要花費更多的錢才能投充，真正得利的便是宦官。政府固然要錢，但此時錢既入於宦官之手，南衙及地方機構人財兩失，一無所得，所以常常要作毫無效果的争執與禁止。

由商人、作坊主或手工業者組成的坊市人户乘統治集團内部矛盾的間隙買得免役特權，一到宋代坊郭户免役便成爲得到政府承認的權利，而他們承擔的義務則是從「和市」「和雇」演變來的當行制度。

以上我們叙述了官府作場的工匠從輪番到納資代役的轉變過程。這個轉變反映了從南北朝後期以至唐代社會經濟的上升現象，整個徭役制度正在向納資代役的趨向發展，而這個趨向是進步的。與納資代役並生的，互相聯繫的制度便是和雇與和市。

五　和雇與和市

納資代役制度之被採用是由於徵發，番上、逃亡給予政府種種的困難，而就手工作場方面説徵發來的工匠又往往技術不高；這樣就使得統治者感到錢幣能够更有效地滿足其慾望。錢幣可以雇用隨需要決定的一定數量的可以更好地使用的勞動者。此外統治者還可以用錢購買本國各地以至外國的貨物，而這些貨物是不可能或已不必要徵發工匠來製造的。這樣就產生了和雇與和市。可是在這裏還有個必要的條件，便是城市手工業與商業要有一定程度的發展。我們當然不能過分誇大唐代社會經濟的進步，但從玄宗統治時期起城市的繁榮是顯著的，這樣才有可能獲得和雇的「巧手」與和市的「輕貨」。

和雇制度表現着一定的進步意義。但我們必須認識在那時候小生產者農民與手工業者並沒有與全部生產資料脫離，因此政府大量使用勞動力的所謂「和雇」必然帶着封建的强制性。政府給予和雇人及和市物品的價格又是常常低於市價的，所以能够這樣做，也就表現了强制這一點。這樣我們就不難理解「和雇」與「和市」實質上只不過是封建統治者利用更有效的方式以進行封建性的剝削而已。

在上節我們已經提到南北朝後期的雇借辦法，到了唐代，這種辦法普遍化了。

官府作場中有許多部門是極其細緻，需要高度技術水平的，其作業往往不適宜於技術水平不等的工匠輪番合作，因此，即使在實行番上制度時也必然要有少數經常工作的工匠。經常性的工匠稱爲長上匠（長上與短番相對，在禁衛軍與其他色役中也有此名目）。唐六典卷七注云：「巧手供內者不得納資。」雖未明言長上，應以長上爲多。同書卷二三將作監丞條：「凡諸州匠人長上者，州率其資，納之，隨以酬顧。」新唐書百官志這句話作「長上匠、州率其資以酬雇」，雖然意義均不明瞭，但以長征健兒爲例，〔一〕可以認爲長上匠是上番期滿，使之留役而獲得報酬的定額工匠。他們取得的報酬是月糧，襲自唐令的日本賦役令就有一句「其留役者官給公糧也」，此外大概也有絹布，這些報酬實質上即是給予「雇傭勞動者」的工資。官府作場或工程一直有長上匠存在，唐大詔令集卷七七元和十五年（八二〇）景陵優勞德音見「掌上（長上）巧兒工匠」，卷七〇寶曆元年（八二五）正月南郊赦書見「定額長上雜匠巧兒」，卷七七咸通七年孝明太皇太后山陵優勞德音見「長上巧兒、工匠」。這種長上匠是有定額的，經常在職的，有固定報酬的。

此外，還有一種明資匠，唐書百官志將作監條注云：「短蕃匠一萬二千七百四十四人，明資匠二百六十人。」這裏没有長上匠名目，而上引六典將作監是有長上匠的，二者可能是互稱。但六典於將作監河渠署却又分列長上、短蕃、明資三類「魚師」，二者之間又似有别，可能長上即短番之留用，而明資則完全出於雇用，也可能明資是短期雇用，不是長上。唐書百官志在少府監條下云：「短蕃匠五千二十九人，綾錦坊巧兒三百六十五人，内作使綾匠八十三人，掖庭綾匠百五十人，内作巧兒四十二人，配京都諸司、諸使雜匠百二十五人。」既不説長上，也不説明資，我想那些巧兒、綾匠應屬於此二類。百官志的數字不大，但我們知道這只限於少府所屬，通計其他機構如將作監以及各地之官府作場算

〔一〕 參考武漢大學社會科學季刊第九卷一號（一九四八年）拙著唐代軍事制度之演變。

來應不止此數，例如玄宗爲楊貴妃特置的宮廷作場就有「織錦刺繡之工凡七百人，其雕刻鎔造又數百人」，〔一〕這類工匠應是長上巧兒。〔二〕

長上匠與明資匠是有定額的，人數不太多，唐代和雇制度的發展特別表現在臨時性的短期工，其中包括：「和雇巧兒」即手工業者（見本書第七九頁注〔二〕），但絶大多數應是農民與以手工業爲副業的農民。唐會要卷八六城郭類稱：「永徽五年（六五四）十一月十一日和雇雍州夫四萬一千人修京羅城郭。」又稱：「天寶十二載（七五三）十月十七日和雇華陰、扶風、馮翊三郡丁匠及京城人夫一萬三千五百人築興慶宮城，並起樓，四十九日畢。」這種建築工程特別是修城築墻之類不需要很多真正的工匠，上引巨大和雇人數絶大部分應是農民。

大概還在玄宗統治以前就常見政府責令地方或某些機構對於徭役採用和雇辦法。例如唐大詔令集卷二中宗即位（六八四）赦文便説：「頃者户口逃亡，良由差科繁劇，非軍國切要者並量事停減。若

〔一〕舊唐書卷五一后妃傳。

〔二〕唐大詔令集卷七七景陵優勞德音及同卷孝明太皇太后山陵優勞德音均云：「諸司諸使應緣山陵修造及專知修造作，並諸色檢校，執當官典，白身及直身長上巧兒工匠等五品以上各加兩階，六品以下各加一階，合選人、前資見任各減兩選，白身各賜勳兩轉。其直和雇者不在此例。」下面又云：「京兆府及諸州雇作玄宮石匠及宮寢作頭、巧兒，雖給庸直，就中辛苦，各賜勳一轉。」這些人乃是上面所説不在此例的和雇匠。如上所舉，可知一種是長上巧兒工匠，一種是和雇巧兒、工匠、作頭等。長上所得的報酬雖然基本上也是工資，但與當時通稱的和雇匠不同。和雇匠是無定額的，帶有臨時性的，比較大量的工匠，他們的工資照法令應按照當時市價發給，事實上却總是低於市價。

要和市、和雇，先依時價付錢。」根據這一條我們可以明瞭由於人民（農民及工匠，主要是農民）的逃亡，迫使皇帝不能不放棄或減縮徭役的徵發。然而自開元以後，我們還常常見到確定以和雇代替差科的詔令，這裏也反映出新制度的推行並不堅決，因爲統治者總企圖盡可能的加重剥削人民，而且國庫中也不一定常常有錢支付工資。册府元龜卷八七肅宗乾元元年（七五八）享廟赦文稱：「其州縣府上什物，並以公廨及官人料錢依時價和雇造買，不得分配典正。」將官府什物分配給典正，實即通過典正在人民中間進行掠奪。乾元元年和貞元元年（七八五）兩次赦文都提到要在長安、萬年兩縣設置一萬貫的和雇、和市專款必須付給價錢，〔一〕同樣的事一再下令，便可知其爲虚文。京城尚然這樣，地方更不必説，文苑英華卷四三〇大中元年（八四七）正月赦書云：「如聞所在修築，動踰數月，事非甚切，所妨即多，自今已後，所在州縣如要修理者任和雇諸色人役使，仍須據時價給錢。方今就使農户，輒不得追擾。」説明各地仍然没有按照和雇辦法雇人修築。唐大詔令集卷七二乾符二年（八七五）南郊赦書云：「訪聞五嶺諸郡修補廨舍城池，材石人工并配百姓，至於糧用，皆自賫持，既不折税錢，又全無優恤，永言凋瘵，實可憫傷。自此委節度、觀察使接借本錢，并刺史百計收拾運轉，别立修造案名額，遣幹濟官主持，常令急逐修整，勿遣大段摧毁，永放百姓額外差科。」像這類徭役徵發我們可以搜尋更多的例子，僅就上引兩例而言，已可知唐末各地現役制之盛行，而且直到五代仍在徵發工匠人夫

〔一〕並見唐大詔令集卷六九。

服役。〔一〕唐末地方官至多能做到分配徭役較爲公平就算好官了。樊川集卷一三與汴州從事書説他自己任刺史時「應是役夫及竹、木、瓦、磚、工巧之類並自置板簿，若要使役即自檢自差，不下文帖付縣」，「這樣可以做到「一年之中，一縣人户不着兩度夫役」。至於「遠户不能來者」，准許納錢，「與於近河雇人，對面分付價直」。同書卷八處州刺史李君墓誌銘，杜牧所稱譽的也是在於「創立簿籍，民被徭役者，科品高下，鱗次比比」，以免姦吏作弊而已。據簿輪差不過恢復到番役制，由此可見唐末徭役在地方上異常混亂。

我們知道兩税制已經包括代替力役的「庸」在内，對於農民本不應再有徭役負擔；手工業者也本可納資課代役，可是統治者現在已經不管這一些。假使我們説統治者以前還怕人民逃亡而企圖以減輕徭役來挽回，此時則已腐朽到不再關心較長久的剥削利益了。

和雇的特點首先是「和」即是兩和情願，其二是「雇」即是以相當工資購買勞動力，如果不給或少給工資，便變成「差科」「徭役」，可是還在唐初和雇開始推廣時已經存在這種現象了。唐大詔令集卷八二儀鳳二年（六七七）申理冤屈制便提到「營造器物」而「顧無半直」的事。上面提到的歷朝赦書在説到實行和雇時常常要附帶申明「依時價給直」，就反映了「和雇」的價格遠低於市價。這種降低雇價的辦法除了少給錢之外往往全部或一部分以實物支付。我們知道和雇照例應該給錢。唐大詔令

〔一〕册府元龜卷四五四晉天福六年八月：「宣三司指揮鄴都、澶、相、貝、博五州配買修軍管（營）材料一萬五千間，仍差工匠人夫共九千人充役。」

集卷七四開元二十三年（七三五）藉田赦書：「兩京城内今年所有雜諸夫役並宜放免，應須使役，以諸（色）錢和雇取充。」[一]以後直到唐末「和雇」仍以給錢爲原則，但實際上常常將實物折錢。唐大詔令集卷二順宗即位（八〇五）赦書便曾分付「諸有費用，先給工價，仍以見錢，更不折物，不得輒令科配」；文苑英華卷四二〇大中十三年懿宗嗣位（八五九）赦書説建築陵墓工程所用「人夫功價」，以絹帛和見錢「分數支給」，只是申明絹帛不照官定價格折合見錢而已。我們知道唐代物價從憲宗以後日益低廉，以實物支付雇價實即抑低工資。這種直接間接抑低雇價的辦法已使人民之被雇者受到很大損失，更有不給雇價者，那就完全成爲差科，例如舊唐書卷一六穆宗紀和卷一七二令狐楚傳稱令狐楚當山陵使，「縱吏於鞏刻下，不給工徒價錢」，扣下了十五萬貫，作爲「羨餘」進獻給皇帝。由此可知晚唐差科復盛，很多是在「和雇」名義下進行的。

如上所述，我們可以看出當唐代社會經濟在上升階段時，官府作場或工程曾經廣泛施用和雇制度。和雇制度是與納資代役制度並生的。然而就其推行情況看來，産生了兩種不同的情況。其一是坊市户中的商人、作坊主或一部分較富裕的手工業者利用統治者之間的内部矛盾，取得特殊勢力的「保護」以躲避徭役；其二是絶大多數的農民、手工業者却在和雇的名義下仍然受着徭役的壓迫。可

[一] 唐大詔令集不著時間，此據文苑英華卷四六二，括號内「色」字也是據英華補。本文引詔令，凡是唐大詔令集所收入的，不别引他書，本書不載，始引册府元龜、文苑英華等所録。又按新唐書卷四六百官志工部條云：「雇者日爲絹三尺。」不知何據。

是我們可以認識不論是獲得「保護」的納資工匠與雖然業已繳納兩税或資課而仍被差科的農民與工匠同樣是在受這樣或那樣的封建剥削。

雖然唐代的和雇帶着奴役的性質，但是我們仍不能不承認這種制度的進步性，因爲它恰好反映了當時社會經濟發展的水平，這樣的水平是魏、晉以來所從未達到的，從而使魏、晉以來的徵發奴役傳統初步動摇。我們並認爲唐代廣泛施用和雇制正是農奴化工匠争取解放的一個重要表現。

與和雇具有同樣意義的是唐代和市的發展。所謂和市乃是政府向民間收購物資之稱。南北朝以來通常將收購糧食稱爲和糴，列於和市之外，這裏不擬討論。

和市的辦法也像和雇一樣在南朝已經出現。南齊書卷三武帝紀永明五年（四八七）九月云：

自水德將謝（指宋末），喪亂彌多……軍國器用，動資四表，不因厥産，咸用九賦，雖有交貿之名，而無潤私之實，民咨塗炭，寔此之由……可蠲三調二年，京師及四方出錢億萬，糴米、穀、絲、綿之屬，其和價以優黔首。遠邦嘗市雜物，非土俗所産者皆悉停之，必是歲賦攸宜，都邑所乏，可見直和市，勿使逋刻。

從這一條記載上我們可以看出自宋末以來「軍國器用」都假借「交貿」即購買的名義在各地進行掠奪。此次出錢億萬收購，特别申明要和價，而除了米、穀、絲、綿之外，還有在遠邦收購的雜物，據稱也要「見直和市」。詔書上没有詳細列舉所購物資的種類，通典卷一二輕重篇記下了一紙賬單，稱：

齊明帝永明中天下米穀布帛賤，上欲立常平倉，市積爲儲。六年，詔出上庫錢五千萬，於京師市米，買絲、綿、紋、絹、布；揚州出錢千九百一十萬，南徐州二百萬，各於郡所市糴；南荆河州二百萬市絲、綿、紋、絹、布、米、大麥，江州五百萬市米、胡麻，荆州五百萬，郢州三百萬皆市絹、綿、布、米、大小豆、大麥、胡麻；湘州二百萬，市米、布、蠟，司州二百五十萬，西荆河州二百五十萬，南兗州二百五十萬，雍州五百萬，市絹、綿、布、米；使臺傳並於所在市易。

這些物資都由政府出錢在民間購買，京師附近地區由地方機購負責，南豫州（即南荆河州）以下則由中央所置的臺傳市易。臺傳職務本帶有商業活動性質，〔一〕大抵與和市有關。物資之中機織物占有很大比例。我們知道魏、晉以來的户調一向徵收絹、布及其原料綿、麻。統治者所享用的高貴織成品由官府作場供給，普通絹布又由農村中徵收，本來就没有必要在民間大量收購。可是南朝賦税名義上雖與過去一樣徵收實物，而政府常常將實物折成錢來徵收，使農民不能不廉價出售其生産品以求獲得繳賦税的錢。上述永明年間的大量和市即是在錢重物輕的情況下進行的，也即是用賦税所得的錢（其中有商税，但自然也包括農民所繳的錢），購買由農民廉價出售的實物。

南齊書上所説的「遠邦雜物」在賬單上没有提到，隋書卷二四食貨志云：「其軍國所須雜物，隨土所出，臨時折課、市取，乃無恒法。」應即指此。按南齊政府所購物資幾乎全部是從農村中購得的，「遠邦雜物」中有一些「非土俗所産者」或是從市場上購得，可能是交廣輸入的外國貨與北方産品（包括

〔一〕歷史研究一九五五年第三期拙著南朝的屯、邸、別墅及山澤占領。

原料與製成品）。

如上所述，我們可以證明和市制度在南朝已經通行，其中主要是農村的穀物、家庭手工業生産品、原料，此外可能有少量的外國貨與城市手工業生産品。

唐代初期和市制已被採用，唐大詔令集卷二中宗即位（六八四）赦書便説到「若要和市、和雇先依時價付錢」。到了玄宗時這種制度更推廣了。開元二十五年（七三七）政府決定了一個供應關中物資的新辦法，即是將河南北的租折成絹，江南的租折成布送往關中，而關中庸、調、資課都折成米繳納，同時又將絹布送往邊鎮以充和糴之用。〔一〕不久，又由於絹布儲積充裕，政府對於地方向中央輸送的物資便常常改折錢幣，並以之購買各種珍奇産物，這樣，就將和市制度推廣到了各地，和市對象也大爲廣泛。唐六典卷三户部度支郎中條云：「凡和市糴皆量其貴賤，均天下之貨，以利於人。凡金、銀、寶貨、綾羅之屬皆折庸調以造焉。」雖然六典將和市與庸調折造分爲兩件事，實際上庸調不能直接折變爲金、銀、寶貨、綾羅，而是通過折錢和市的過程的。舊唐書卷一〇五楊慎矜傳云：「（開元）二十六年服闋，累遷侍御史，仍知太府出納……慎矜於諸州納物者有水漬傷破及色下者令本州折徵估錢，轉市輕貨，州縣徵調不絶於歲月矣。」這是將一部分損壞及品質較低的絹布退還本州，把它按官定價格折成錢，並以之購成輕貨，六典所云「折庸調以造」的辦法當亦相同。輕貨是指輕便易運之物，亦即

〔一〕參考陳寅恪先生：隋唐制度淵源略論稿財政篇。全漢昇：唐宋帝國與運河第三章。

六典所云之金、銀、寶貨、綾羅等。

這種收購輕貨的辦法特别在江淮區域推行更力。舊唐書卷四八食貨志云：「又有韋堅規宇文融、楊慎矜之迹，乃請於江淮轉運租米，取州縣義倉粟轉市輕貨，差富户押船，若遲留損壞，皆徵船户。關中漕渠鑿廣運潭，以挽山東之粟，歲四百萬石。」按江淮義倉粟在開元二十一年（七三三）裴耀卿任江淮、河南轉運都使時曾「變粟取米」，運往關中，開元二十五年停運江南租米，義倉粟自然更不必輸送，大概也和租米一樣折成了布繳納，或仍將粟儲在倉中，而此時則以之轉市輕貨。我們從記載上看來這一筆物資數字是不小的，舊唐書卷一〇五韋堅傳云：

天寶元年（七四二）三月擢爲陝郡太守，水陸轉運使……穿廣運潭以通舟楫，二年而成。堅預於東京、汴、宋取小斛底船三二百隻，置於潭側。其船皆署牌表之。若廣陵郡船即於栿背上堆積廣陵所出錦、鏡、銅器、海味，丹陽郡船即京口綾衫段，晉陵郡船即折造官端綾綉，會稽郡船即銅器、羅、吴綾、絳紗，南海郡船即玳瑁、珍珠、象牙、沉香，豫章郡船即力瓷、酒器、茶釜、茶鐺、茶椀，宣城郡船即空青緑、紙、筆、黄連，始安郡船即蕉葛、蚺蛇膽、翡翠，船中皆有米，吴郡即三破（棱）糯米、方文綾。凡數十郡。駕船人皆大笠子、寬袖衫、芒屨，如吴、楚之制。〔一〕

韋堅以義倉粟轉市的輕貨包含了各種手工業製成品，其中一部分更可確定爲城市手工業者的製成

〔一〕所載諸郡産物，影宋本，聞人銓本，殿本均有異同，如力瓷，聞本作力士二小字，殿本作名瓷，今檢新唐書卷一三四韋堅傳亦作力士瓷。空青緑，殿本作空青石，聞本作空青石緑，新唐書韋堅傳同。疑聞本之同新書者，或即據新書改，故今但據影宋本。

品。它們毫無例外的都是長江以南諸郡的土特産，這裏説明了南方手工業的發展。至於像這樣的大量和市所以要在江南推行之故固然與減輕遠道運輸的費用相關聯，但另一方面也由於吸收南朝政府的舊有成法。

韋堅不久得罪，此後義倉粟是否經常轉市輕貨我們不能明瞭。我們只能説以江淮各種税收轉市輕貨運上長安的辦法終唐世都存在。〔一〕舊唐書卷一〇五王鉷傳：「其時有敕給百姓一年復，鉷即奏徵其脚錢，廣張其數，又市輕貨，乃甚於不放。輸納物有浸漬，折估皆下本郡徵納。」這是用脚錢市輕貨的例子，損壞之物折官價退還本郡本是楊愼矜所曾施行之法，大概也如舊例改市輕貨上繳。新唐書卷二〇六外戚楊國忠傳説他判度支時將各州縣儲存粟帛「變輕賫内富京師」。輕賫即輕貨，〔二〕這一次市買規模大概很不小。

安史之亂發生之後，運河斷絶，當時從江淮輸送到關中的物資改由長江入漢水以至陝西，這一條路水道淺窄，又要經過山地陸運，大量米穀和布帛的運輸是有困難的，所以需要「折市輕貨」。肅宗初

〔一〕册府元龜卷四九八天寶十四載八月制：「所運糧儲，本資國用，太倉今既餘羡，江淮轉輸艱勞，務在從宜，何必舊數，其來歲水陸運入京宜停。」可知天寶末年江淮糧運仍然依舊數輸送入京，其中有租穀、義倉米自無問題。但由此看出長安倉庫充裕，糧食不一定每年依靠江淮接濟，即迴造納布之制也未必經常的全部照辦。既然如此，留在江淮的儲存物就有可能隨時變成輕貨上繳。

〔二〕資治通鑑卷二一六玄宗天寶八載二月亦載此事，云：「楊釗（國忠）奏請糶變爲輕貨。」

年第五琦建議在江淮設置租庸使,「市輕貨緜江陵、襄陽上津路轉至鳳翔」。〔一〕這自然只是短期間的事。以後關中糧食固然經常要江淮接濟,不可能像玄宗時全部停運或折布、折輕貨上繳,但其中一部分輸送物資仍然是輕貨。新唐書卷四三食貨志稱代宗統治期間劉晏當轉運使時「輕貨自揚子至汴州,每馱費錢二千二百」。我們知道劉晏所主持的鹽鐵院兼作商業活動,舊唐書卷一二三劉晏傳云:「自諸道巡院距京師,重價募疾足,置遞相望,四方物價之高下,雖極遠不四五日知,故食貨之重輕盡權在掌握,朝廷獲美利而天下無甚貴賤之憂。」鹽利收入所以和四方物價的高低相關即因鹽鐵院佈置了情報網,隨時進行和市之故。上面所述自揚子院輸送的輕貨來源大概即是以江淮稅收及鹽利在四方轉市的。太平廣記卷二八六胡媚兒條云:

唐貞元中,揚州坊市間忽有一妓術丐乞者,不知所從來,自稱姓胡名媚兒……須臾,有度支兩稅綱自揚子院部輕貨數十車至……媚兒乃微側瓶口,大喝,諸車輅輅相繼悉入瓶,瓶中歷歷如行蟻然,有頃漸不見。

這當然不是實事,但這裏却說明了一個問題。我們知道劉晏之後鹽鐵使照例兼轉運使,其駐在地的揚州鹽鐵院乃是東南各道賦稅、鹽利的總彙集處。從這一條上我們可以看出兩稅通過揚子院輸送到長安時業已轉變爲輕貨。這裏稱爲「兩稅綱」自然大部分爲以兩稅所市的輕貨,但也未必限於兩

〔一〕新唐書卷五一食貨志,唐會要卷八七。

税，其中可能也有鹽利。總之鹽鐵轉運使必然常常要進行和市以獲得上繳的輕貨，〔一〕至於進獻給皇帝的珍玩所謂月進者其屬於轉市輕貨之列更不必説了。〔二〕

關於以兩税轉市輕貨的例子我們還可以舉出兩個。唐會要卷八四載開成四年（八三九）十月中書門下奏請廢止專員押送兩税，即委地方官負責，説「諸道有上供兩税錢物者，大小計百餘處，差州縣官充綱，亦不聞有敗闕」，但照老例「州縣官充綱送輕貨四萬已上無欠少，不踰程限者書上考」等等，還嫌稍輕，請更從優獎賞。由此可見兩税轉市輕貨運輸是普遍於全國的。同書同卷的下一條即是這年十二月的事，記載邕管經略使唐弘實奏請將本地上供兩税錢一千四百七十三貫文中的現錢每年附廣州的運輸隊繳納，皇帝批準了他的請求，降敕稱：「邕管兩税錢八百餘千自令輸納，頗甚艱弊，宜委嶺南西道觀察使每年與受領過（迴）易輕貨附綱送省。」這是説邕管兩税中現錢部分由嶺南西道接受並市易輕貨上繳。

除兩税鹽利之外，其他解送中央的物資也往往轉市輕貨，舊唐書卷一一代宗紀稱大曆九年（七七

〔一〕舊唐書卷一二三王紹傳稱：「包佶領租庸鹽鐵，亦以紹爲判官，時李希烈阻兵，江淮租輸所在艱阻，特移運路，自潁入汴。紹奉佶表詣闕，屬德宗西幸，紹乃督緣路輕貨，趣金商路，倍程出洋州，以赴行在。」這是德宗建中四年的事。王紹所押運的輕貨也是奉鹽鐵之命送往長安的。

〔二〕唐會要卷八八稱：「貞元二十一年停鹽鐵使月進。舊錢總入正庫，以助經費，而主此務者，稍以時市珍玩時新物充進獻，以求恩澤。其後益甚，歲進錢物，謂之羨餘，而經入益少，及貞元末遂月獻焉，謂之月進。至是乃罷。」

四)五月曾經下詔停止諸道赴西北防禦的軍隊，而將應支付的軍費解繳中央。詔稱：「各委本道每年取當使諸色雜錢及迴易利潤贓贖錢等每人計十二貫，每道據合配防秋人數多少都計錢數，市輕貨送納上都，以備和糴。」册府元龜卷四八四貞元二年(七八七)度支奏請將浙東西的供軍資費、賞設等錢六十一萬六千貫「市輕貨，送上都」。以上都是以軍費市輕貨上繳之例。新唐書卷四一食貨志稱「大曆元年(七六六)……天下苗一畝税錢十五，市輕貨給百官手力課」。這是以青苗錢市輕貨之例。

如上所述，我們可以看出從玄宗以後政府歲入賦税中有一部分是轉市輕貨上繳的。這裏就暗示了和市制度廣泛地並且經常地在各地推行。

所謂輕貨照唐六典所説即是金銀、寶器與綾羅，如果以韋堅所佈置的「土特産展覽」上看來，輕貨的範圍還要更廣泛些。我們並不想説所有輕貨都是手工業製成品，因爲也有金銀，(一)但顯然以手工業製成品爲多。我們也不想説這些手工業製成品都是出於城市手工業者之手，相反的很多倒是出於家庭手工業的製成品，但仍然可以看出有一些出於城市手工業的精緻的東西也包括在内。不管是哪一類輕貨，我們現在所要説明的乃是和市制度的推廣。這些東西在過去或者由地方作爲貢品上進，或者即由官府作場徵發具有此項技術的工匠製造，而現在却是出於購買。這裏就反映了下列情況，

(一) 按輕貨中的金銀不一定都鑄成挺、餅等形式，可能也有打制器飾在内。册府元龜卷四八四天(大)曆二年七月壬辰：「户部侍郎崔元略進，准宜常見在左藏庫挺銀及銀器十萬兩，金器七千兩。舊制户部所管金銀器悉貯於左藏庫，時帝意欲便於賜與，故命盡輸内藏。」户部所管金銀器應該是從賦税中取得的輕貨。這些東西不一定出於市買，可能即在地方作場中打造。

第一，唐玄宗以後，民間手工業商品增多了，這樣纔可以供給大量的與經常的購買。商品的增多不但由於唐代中葉以後城市作坊的發展，也由於農村家庭手工業製成品也有小部分投入了商品流通過程。第二，官府作場已不能完全滿足統治者的需要，但是以皇帝爲首的政府已經不再企圖如唐六典所規定的集中天下諸州的工巧匠人。

可是我們不能忘掉在封建統治下的和市與和雇一樣都帶着强制性，因而常常成爲掠奪行爲的藉口。新唐書卷四一食貨志所云：「改科役曰召雇，率配曰和市以巧避微文。」説明了和雇、和市的本質是賦役的另一種形式。還在高宗時就已經「境内市買，無所畏憚，虚立賤價，抑取貴物」，〔一〕册府元龜卷四八四玄宗開元十六年（七二八）敕更明顯地説明和市所採取的率配形式。敕云：

年支和市，合出有處，官既酬錢，無要率户，如聞州縣，不配有家，率户散科，焚損尤甚，設今（令）給假（價？）亦慮隱藏，宜令所司，更申明格敕，應欲反配，須審料度，所有和市，各就出處。

詔敕上先説「官既酬錢，無要率户」，可是下面却只是「應欲反配，須審料度」，並没有嚴格禁止「率配」方式的和市。以後貞元元年（七八五）、貞元九年（七九三）皇帝都曾在赦書上對和市、和糴欠負百姓價值假惺惺地表示惋惜，〔二〕足見和市欠價是常有的事。德宗時京兆尹李充爲了「爲百姓妄請積年和

〔一〕唐大詔令集卷八二儀鳳二年申理寃屈制。

〔二〕文苑英華卷四二一貞元元年改元赦書，卷四二六貞元九年冬至大赦制。

市物價」，敕令他賠償損失，這就證明赦書上的話完全是虛誑不實。〔一〕資治通鑑卷二三五德宗貞元十三年（七九七）十二月條：〔二〕

先是宫中市外間物，令官吏主之，隨給其值。比歲以宦官爲使，謂之宫使，抑買人物，稍不如本估。其後不復行文書，置白望數百人於兩市及要鬧坊曲，閱人所賣物，但稱宫市則斂手付與，真僞不復可辨，無敢問所從來及論價之高下者。率用直百錢物買人直數千物。多以紅紫染故衣敗繒，尺寸裂而給之，仍索進奉門户及脚價錢。人將物詣市，至有空手而歸者。名爲宫市，其實奪之。商賈有良貨皆深匿之。每敕使出，雖沽漿賣餅者皆撤業閉門……諫官、御史數諫不聽，建封（徐州節度使張建封）入朝，具奏之，上頗嘉納。以問户部侍郎判度支蘇弁。弁希宦者意，對曰：「京師游手萬家無土著生業，仰宫市取給。」上信之，故凡言宫市者皆不聽。

按宫市之名，由來已久，玄宗時楊國忠所領四十餘使就有宫市使。〔三〕德宗時宫市使由宦官任職，其横暴就更顯得突出。照上面所説，宫市的範圍很寬，連小販都不免遭受劫掠，這些東西不一定真是宫中

〔一〕舊唐書卷一三五裴延齡傳：「又誣奏李充爲百姓妄請積年和市物價，特敕令折填，謂之底折錢。」

〔二〕通鑑此條乃據韓愈順宗實録（昌黎先生外集卷七）和舊唐書卷一四〇張建封傳寫成。唐會要卷八六也記載宫市，較爲詳細，與傳世順宗實録稍有不同。

〔三〕見全唐文卷二二五授楊國忠右相制。又太平廣記卷三三一薛矜條，亦有知宫市的名稱。

所需，而只是爲宦官以及「白望」所藉名中飽。可是宫市的存在本身就反映了宫廷所需要的物品在數量上或品質上不能依靠官府作場獲得滿足。

德宗死後，順宗的即位（八〇五）赦書中提到了應緣宫市並出正文帖，仍依時價買賣，不得侵擾百姓，〔一〕這只是改正了過去「不復行文書」「置白望」及不依時價强奪的辦法，宫市依然存在。不但存在，以後還有發展。唐會要卷八六會昌六年（八四六）七月敕云：「如聞十六宅置宫市以來稍苦於百姓。成弊既久，須有改移。自今以後，所出市一物以上並依三宫直市，不得令損刻百姓。」十六宅爲皇子們的住宅，置宫市不知在哪一年，似應在貞元之後。所稱三宫乃指武宗祖母郭太后、嫡母王太后、文宗生母蕭太后。〔二〕這樣加上皇帝自己就有五處宫市。至於順宗即位時宣佈的依時價買賣，從「稍苦於百姓」這句話看來顯然又是空話。

宫市也像所有和市一樣，名爲照時價買賣而實際上只是一種率配甚至公然掠奪。

如上所述我們看到了和雇、和市制度從南朝以至唐代的發展過程。這種制度和納資代役制之被採用説明官府作場或工程上徵發徭役制傳統之削弱。毫無問題，和雇、和市制度之形成以至推廣必需以當時社會經濟發展水平爲其條件，因而它的發展過程就反映了此一時期，城市手工業、商業以至農業的上升，同時由於當時城市手工業、商業乃是作爲完整的封建經濟的一部分而爲之服務，所以和

〔一〕唐大詔令集卷二順宗即位赦，唐會要卷八一。
〔二〕舊唐書卷五三后妃傳。

雇、和市制度也只能是封建剥削的特殊形態，到了宋朝就形成手工業者與商人對官府的「當行」義務。雖然這樣，我們仍然認爲納資代役、和雇、和市具有一定的進步意義，因爲這表現了手工業者對官府作場的封建隸屬性之削弱。

六 後 論

在上面我們叙述了從魏晉至唐七百年間官府作場或官府工程中工匠身分的轉變。官府作場有悠久的歷史，隨着社會經濟的發展，作場中的直接勞動者所受剥削方式在各個時期也有所不同。這種轉變意味着手工業者對官府作場的隸屬性正在削弱。我們認爲漢代官府作場中的直接勞動者主要是奴隸和奴隸性的刑徒，還有被奴役的一般農民，魏、晉以至唐初，主要是農奴化的手工業者，與被迫從事於手工業勞動的農民。此外也還有刑徒，但已不是主要的勞動者。農奴化的手工業者被稱爲「百工」「伎作」「匠」，法律上規定了他們的卑微身分。

決定工匠身分及其所受剥削形態的原因首先是手工業者本身所處的社會地位，但還不止於此，他們無可避免地要受過去歷史傳統習慣的影響，尤其是當時的基本所有制形式，以及由此產生的基本生產關係所給予的影響。

魏晉南北朝工匠身分的卑微及其接近於奴隸性勞動的剥削形態是有其歷史淵源的。

我們知道從更古的時代直到漢朝，公私手工業勞動都大量使用着奴隸，而官府作場中直到南北朝還大量使用着刑徒，這就必然產生輕視手工業者的傾向。馬克思指出：「凡有奴隸制的地方，被釋放的奴隸總企圖用他們後來往往因以積蓄大量財富的那種職業來保證自己的生存，所以在古代，這種行業常常落在他們手裏，因而便被認爲不適合於公民之事；因此就有允許手工業者獲得全權公民身分是一件冒險的事的意見。」〔一〕馬克思所説的乃是西方的古代社會，我們並不是説漢代與之完全相同，但就手工業的範圍來説，漢代公私作場中既然存在着大量奴隸，那末，通過黄巾起義而流散四方的城市手工業者必然包括了曾經是奴隸的後裔和當時被解放的奴隸。這樣，「百工」階層的組成分子就包含着奴隸或類似奴隸的人，從而使與之爲伍的「自由」手工業者也不能獲得與一般人民相等的身分。

然而「百工」「伎作」畢竟不是奴隸，封建土地所有制的基本形式以及由此產生的基本生產關係給予農奴化的烙印。魏晉以至隋唐程度不同的封建國家土地所有制並由此產生的剥削形式對於官府作場中工匠的地位起着決定性的影響，使之成爲有自己的經濟，有自己的生產工具，但隸屬於官府作場並承擔着服役義務的「百工」、「伎作」户。從魏晉開始在七百年的漫長期間，由於社會經濟的發展，由於農民、手工業者各種形式的鬥争，他們逐漸由長期服役轉變爲輪番服役，以後又變爲納資代役，唐代中葉以後，由於封建國家土地所有制的解體，農村中發生了一些變化，出現了接近於租佃關

〔一〕前資本主義生產形態，人民出版社一九五六年版，第一三頁。

係的大量的佃農與一部分的短工，徭役上的納資代役制更爲普遍，官府作場的番役工匠也變爲帶着奴役性的但是給予少量工資的和雇匠了。

這種發展並不是直綫上升的，各個地區間也是不平衡的，正像三種不同的地租形態一樣，同時並存的不同剥削形式在歷史的實際上常常出現，因而帶着錯綜複雜的現象。毫無疑問，官府作場直接控制工匠權之削弱是合乎封建社會中經濟發展要求的，因而較新的剥削形式相應地成長，並成爲主要的形式也是必然的。但這並不是説一切都是順理成章地進行，由於特殊原因，落後的剥削形式得以在某些時期重複擡頭。東晉對於百工的奴役已經弄到「家户空盡，差代無所」，把百工推到奴隸的邊緣上去了，而梁代則是「處處之役，唯資徒謫」，刑徒的使用擴大到漢代的狀態。唐代在玄宗統治期間納資代役、和雇、和市等制度已經廣泛推行，而到了晚唐現役制與番役制在和雇制的掩飾下重又被採取了。這種現象之産生並不表示國家直接控制勞動力的加强，恰恰相反，落後形態的出現總是在地方分裂主義發展，國家控制力更爲削弱的時候。這裏反映了被壓迫者的鬥争——鬥争形式主要是逃亡——已使政府感到難以維持規模龐大的作場，因而加緊控制並剥削尚在掌握中的勞動力（農民與手工業者）藉以制止逃亡並補償其損失。它的效果不言而喻只有使鬥争更爲尖鋭，使落後制度終趨於没落。

通過封建剥削形態的變化，工匠對於官府作場的依附性逐漸削弱，同時官府作場在整個手工業中的比重也相對地減輕。

封建社會中自然經濟占有統治地位，毛主席指出中國封建時代特點之一，就是「自給自足的自然經濟占主要地位。農民不但生產自己需要的農產品，而且生產自己需要的大部分手工業品」。〔一〕這種農業與手工業的緊密結合幾乎是牢不可破地延續了許多時間，「在印度和中國，生產方式的廣闊基礎，是由小農業和家内工業的統一形成的」。〔二〕

正因爲家内手工業和農業的結合，所以官府作場在封建社會前期的城市手工業中占有很大的比重，除了官府作場以外城市中私手工業是微不足道的。官府作場主要是滿足皇帝及其政府的需要而生產，皇室、貴族、官僚的享受部分也從賞賜獲得；但也有一部分生產品是當作商品出售的。南北朝後期城市私手工業有一些發展，到了唐代中葉以後，私營作場逐漸增多，官府作場的比重就隨之減輕，盡管官府作場以後一直存在，甚至日益擴大，但一般説來，它在整個手工業中所占比重不是相應擴大而是減輕了。

滿足皇室以及貴族官僚需要的官府作場越來越變成無用的贅疣，但在一定時期内它曾經起過一些積極的作用。

如上所述，官府作場對手工業者的控制是在漢末城市衰落、手工業萎縮的情況下開始的，其生産目的也像西歐封建前期附着於領地的手工業性質一樣，只是爲了統治者的消費。可是作爲東方國家

〔一〕毛澤東選集第二卷，人民出版社一九五二年版，第六一八頁。
〔二〕資本論第三卷，人民出版社一九五三年版，第四一二頁。

的特點，中國老早就形成了君主專制的國家。雖然魏、晉以後封建割據勢力長期存在，而且還是當時的基本形態，但是每個王國的領域還相當廣大，王國内部不管怎樣的分散，名義上總各有其皇帝，到了隋、唐便是統一的封建國家了。這樣就使得中國的官府作場（中央的和分佈於地方的）較之西歐領地手工業具有遠爲巨大的規模，如果説西歐封建前期的世襲領地上只有個别的爲封建主服務的工匠，那麼中國很早就具備了工匠集中的，有了初步專業分工的名稱其實的作場。從這一點來看，官府作場的作用首先是組織了並且集中了手工業者，有限度地維持了日趨萎縮的社會分工。

其次，由於官府作場與官府工程集中地使用勞動力，因此使工作效能得以提高。〔一〕

其三，官府作場還保證了伎術的傳授。在官府作場控制下的百工、伎作都是以户計算的，也就是説他們是有家庭的，這就和奴隸不同；另一方面他們是有一定程度的專業伎術的，或是强制學習與固定在某種專業伎術上的工匠，這又和刑徒、更卒不同；這兩種不同就有可能「使職業成爲世襲職業，硬化爲世襲階級」，〔二〕而使之較漢代的工巧奴、刑徒、更卒之使用遠爲優越，因爲它保證了伎術的

〔一〕資本論第一卷，人民出版社一九五三年版，第三九一頁：「我們要着重指出，相互補充的多數勞動者，是在做同一的或同種的工作，因爲這種最簡單的共同勞動形態，現今依然在最完成的協作形態上，起着重大的作用。在勞動過程複雜時，只要協同勞動的人數衆多，我們就可以把不同的工作分給不同的工作者，使其同時進行，並由此把完成總生産物所必要的勞動時間縮短。」

〔二〕資本論，第四〇八頁。

傳授，促進了專業分工。

不但職業的世襲使伎術由傳授而趨於熟練，而且在唐代還規定了世襲以外的傳授。新唐書卷四八百官志少府條稱：

鈿鏤之工教以四年，車路樂器之工三年，平漫刀矟之工二年，矢鏃竹漆屈柳之工半焉，冠冕弁幘之工九月。教作者傳家技，四季以令丞試之，歲終以監試之，皆物勒工名。

傳授還是以家伎爲基礎，但受教之工却不一定即是「教作者」的子弟，除了工樂雜户中之「工」以外還有上述官户子弟。他們所學伎術基本上還是獨立手工業者的訓練，並非部分工作之分割。但即使如此，官府作場在組織與培養熟練工匠上仍然起着一定的積極作用，從而替以後城市手工作場的發展準備了條件。

然而像這樣個體勞動者之集中不是由於生産過程之社會性，也不是由於勞動力之商品化，而是由於作爲最高土地所有者皇帝的無限權力，由於直接勞動者對於國家的依附性而産生的經濟外强制，農民服役是從國有土地上徵發來的，而手工業者實質上只是作爲履行手工業任務的農民而已。

既然如此，個體勞動和强迫集中制度不能不産生矛盾。

我們知道這時要成爲一個獨立的手工業者並不太困難。在封建社會中，「勞動資料——土地、農具、作坊的和手工的工具——曾是個人的勞動資料，只備個人應用，所以不得不是碎小的、粗陋的、狹隣的。也正是因爲如此，它們通常是爲生產者自身所有的」。〔一〕手工業者和農民一樣天然是自己的工具所有者，剩下的問題便是技術的傳授與原料的占有。「百工」、「伎作」既然是世襲階級，技術是固有的，只有精粗高下之别；原料有時由於爲政府所獨占或其他原因而感到缺乏，但還不是普遍存在的與極端嚴重的情況。假使他已經是一個工具和原料的所有者，那麽他所希望的便是自由出賣其生產品以獲得生活資料。只有這樣，才得以刺激他的生產積極性，推動手工業的發展。可是官府作場却使爲數不小的熟練手工業者束縛在無報酬的勞動上，並限制了商品生產，這樣就成爲妨礙城市手工業發展的桎梏。

官府作場或官府工程不但控制了手工業者，而且還大量徵發農民和以手工業爲副業的農民。這種奴役是封建國家以土地所有者地位對農民進行的徭役地租性質之剥削。官府作場或工程正是吞没農民任何可能的剩餘勞動力的虎口。農民在繳納租税之後，所餘的一點時間既不可能爲自己進行生產，當然不用談爲市場生產商品以及種植技術作物等等了。

官府作場縱使在先還起着一定的積極作用，越到後來越顯得不適合於正在發展的社會生產力。社會生產力的發展要求手工業者發揮更大的潛力，官府作場所採取的辦法必須有所改變。從南北朝後期以至唐代中葉，官府作場的工匠逐漸由輪番變成納資，政府放鬆了控制工匠的尺度却獲得了錢，有了錢就可以用「和雇」、「和市」的剥削形式來滿足其需要。免於徵發的手工業者雖然還要納

〔一〕反杜林論，人民出版社一九五六年版，第二八一頁。

資，但現在他可以有較多時間使用他所占有的生産資料爲出售其製成品而生産。

我們當然没有忘掉，即使在此以後，手工業者所獲得的自由還是非常有限的，帶着强制性的和雇只不過是另一形式的封建剥削，官府作場仍然在和雇的掩飾下占有手工業者，甚至名爲和雇而實際上還是徵役。但我們不能不承認和雇形式的産生有着一定的進步意義，縱使進步極爲微細、緩慢，也還是極可寶貴的，它是數百年來農民、手工業者不斷鬥争的成果。

唐代以來社會的發展重要表現之一在農民對於國家逐漸減少其勞役形式的剥削也表現在手工業者逐漸減少其對官府作場的勞役形式的剥削，這裏意味着依附性的緩和，因而有可能在一定程度上擴大社會分工，在城市中構成獨立手工業者這個階層，隨之而形成真正的商品生産的作坊手工業。唐代中葉僅僅是一個起點，這時期出現了兩税制，出現了納資代役制，出現了和雇、和市制。這一連串的制度是相互關聯的，共同説明了一個問題，即是基於封建國家土地所有制的國家直接占有勞動力權力的削弱。

這種權力的削弱對於推動社會發展是有利的，九世紀到十七世紀乃是中國封建經濟的繁盛時期，在唐代中葉我們看到了一個開端。

最後，我們必須着重指出，國家直接占有勞動力權力之削弱並不意味着封建國家統治人民力量之削弱，相反的，封建國家依然高壓在人民頭上，封建專制主義從唐以後正在發展，只是代表封建地主階級利益的國家不以土地及勞動力的直接占有者出現而已。

南朝寒人的興起

（一）

魏、晉以後統治階級中的門閥貴族掌握着政權。他們被認爲是最高貴的等級，經濟上他們通常是最大的地主，政治上則是最高級的官僚。等級的世襲性保證他們的家族乃至宗族永久保持法律規定的各項特權。他們不僅高壓在人民頭上，同時在嚴格區分士庶的原則下，凡是不屬於這個最高等級的人，即使處於同一階級，在他們看來也是卑微的。門閥貴族被稱爲士族，此外便都是寒門或庶族。因而士庶之别一方面是階級區分的等級形式，所有一切被壓迫階級都是庶族、寒人；另一方面又是統治階級内部上下層的等級區分，不管是原有的地方豪强，新興的各樣地主在他們没有取得士族稱號以前也只能是庶族、寒人。

等級既然具有世襲性，變動就非常困難，寒人地位的改變受着極其嚴格的限止。關於這一些的史例很多，我們無須多説。然而事實上在南朝歷史發展過程中由於各種經濟的和政治的原因，寒人地主的力量正在增長，門閥貴族的力量却日益削弱。原先基於經濟上相對穩定性而確立的各種符合於門閥利益的規定也就難以維持。統治階級上下層的實際形勢和固定下來的法律地位顯得不相適應。寒人中間的地主或正在向地主轉變的商人，力圖衝破束縛着他們的等級限制，以便開闢自己政治上的道路，更有效地保障和擴大他們的利益。

我們認爲門閥的形成大體上是在漢、魏之間，而那時興起的高門很多出於寒微。例如潁川陳氏、庾氏、陽翟褚氏，便都是出於寒微。就是東晉以來江南僑姓中最高級士族陳郡謝氏也在晉代才上升到和瑯琊王氏並列。至於西晉期間個別寒人被提升到士人地位還不是太稀罕的事，我們在這裏不再列舉。總之，魏、晉期間門閥統治正在形成，一部分「新出門户」和一部分漢代高門如袁、楊諸族成爲統治階級中的最高等級，到了晉、宋之間士庶區分已經凝固，以後除了個别家族如蘭陵蕭氏由於兩朝帝室和其他原因而成爲第一流高門之外，就很少有上升的寒門獲得公認的士族地位。

士庶區別在晉、宋之間似乎已成爲不可逾越的鴻溝，然而那只能是表示士族集團業已感到自己所受的威脅日益嚴重，才以深溝高壘的辦法來保護自己。

寒門上升爲士族的道路被那些「舊門」所阻礙。然而寒人地主不但廣泛地存在，而且其勢力却正在滋長。

這些寒人地主有一些本是地方豪强，他們在地方上具有一定的勢力，但不算士族。宋書卷九一孝義傳：

> 張進之，永嘉安固人也。爲郡大族，少有志行。歷郡五官主簿，永寧、安固二縣領校尉。家世富足，經荒年，散其財救贍鄉里，遂以貧罄。全濟者甚多……元嘉初，詔在所蠲其徭役。

張進之雖是大族，富人，却仍是寒門，他的官職，當時已是寒官。這一點從以後特詔免除他徭役一事看來就可知道，因爲如果是士族那就本來不服徭役，不須免除。梁書卷五三良吏沈瑀傳：

起爲振武將軍、餘姚令。縣大姓虞氏千餘家，請謁如市，前後令長莫能絶。自瑀到，非訟所通。其有至者，悉立之階下，以法繩之。縣南又有豪族數百家，子弟縱橫，遞相庇蔭，厚自封殖。百姓甚患之。瑀召其老者爲石頭倉監，少者補縣僮，皆號泣道路，自是權右屏跡。瑀初至，富吏皆鮮衣美服，以自彰别。瑀怒曰：「汝等下縣吏，何自擬貴人耶！」悉使著芒屩粗布，侍立終日。足有蹉跌，輒加榜棰。或曰，瑀微時，嘗自至此鬻瓦器，爲富人所辱，故因以報焉。由是士庶駭怨。

按這裏所述的虞氏是會稽四姓之一，沈瑀雖也加以抑制，但只是不受請託，不加禮貌而已，至於對待「縣南豪族」就不一樣了。這些縣南豪族既能「遞相庇蔭」，又能「厚自封殖」，在餘姚自然有不小勢力。但沈瑀却可以把他們補縣僮，這在當時是一種嚴重的徭役，顯然他們還是「役門」。至於「富吏」更不必說，既爲縣吏，雖是富人，只能受那種待遇。南史卷七一儒林王元規傳：

太原晉陽人也……元規八歲而孤，兄弟三人隨母依舅氏往臨海郡，時年十二。郡土豪劉瑱者資財巨萬，欲妻以女。母以其兄弟幼弱，欲結强援。元規泣請曰：「因不失親，古人所重，豈得苟安异壤，輒婚非類。」母感其言而止。

這個劉瑱是土豪、富人，在臨海有頗大勢力，所以謂之「强援」。流移遷徙的高門太原王氏無論從經濟上或者政治上在臨海地方是無能爲力的，然而畢竟是高門，劉家却被視爲「非類」，也即是非士族。關於寒人竭力企圖和高門聯姻的事，史實甚多，〔一〕這裏没有叙述必要，所以引證這一條是在於説明地方土豪不被承認爲士族的事例，但他們在本地却具有實際力量。臨海還不算偏僻，至於荆、揚以外諸州郡的大姓豪門可能由於本地没有像王、謝等高門，所以在地方上地位頗高，可能享受士族特權，但就士庶區别的嚴格觀點看來，仍然遭受到歧視。

我們説當時寒人地主廣泛存在，還可以舉出一些例證。宋書卷九五索虜傳：

是歲（元嘉二十七年，即公元四五〇），軍旅大起，王公妃主及朝士牧守各獻金帛等物以助國用。下及富室小民亦有獻私財至數十萬者。

這種富室小民不是商人，便是地主。同書卷八四鄧琬傳：

時軍旅大起，國用不足，募民上米二百斛，錢五萬，雜穀五百斛，同賜荒縣除；上米三百斛，錢八萬，雜穀千斛，同賜五品正令史滿報，若欲署四品在家，亦聽；上米四百斛，錢十二萬，雜穀一千三百斛，同賜四品令史滿報，若欲署三品在家，亦聽；上米五百斛，錢十五萬，雜穀一千五百斛，同賜三品令史滿報，若欲署内監在家，亦聽；上米七百斛，錢二十萬，雜穀二千斛，同賜荒郡除，若欲署諸王國三令在家亦聽。

〔一〕文選卷四〇沈休文奏彈王源云：「自宋氏失御，禮教凋衰。衣冠之族，日失其序，姻婭淪雜，罔計厮庶，販鬻祖曾，以爲賈道，明目腆顔，曾無愧悔。」可知宋代以來寒門以財物賄賂以聯姻士族的風氣甚盛。這個被彈的王源就獲得聘錢五萬。至於下聘錢以求婚王氏的滿璋之，雖然有錢，却仍然是寒人。

這是明帝泰始二年（四六六）的事。〔一〕納資所得之官自國三令以下都是寒官，納資的人自然是寒人，而有力繳納大量米穀的寒人必然是地主。同書卷九一孝義傳：

徐耕，晉陵延康人也，自令史除平原令。元嘉二十一年（四四四），大旱民飢。耕詣縣陳辭曰：「……今以千斛助官賑貸……」詔書褒美，酬以縣令。大明八年（四六四），東土荒飢，東海嚴成、東莞王道蓋各以穀五百斛助官賑貸。

徐耕的平原令，就是由於捐穀賑災而獲得的。他原來是令史，自係寒人。同書卷八三宗越傳：

武念，新野人也。本三五門出身……念爲龐道符隨身隊主。後大府以念有健名，且家富有馬，召出爲將。

蔡那，南陽冠軍人也。家素富而那兄局善接待賓客。客至無少多，皆資給之，以此爲郡縣所優異，蠲其調役。

武念、蔡那都是富人，但却是役門。他們既非商人，應該是地主。梁書卷一〇鄧元起傳：

元起至巴西……軍糧乏絶……李膺退，率富人上軍資米，俄得三萬斛。

這裏所說的富人也應包括地主和商人。

如上所述，南朝廣泛存在着寒門地主與富有的商人。他們的法律地位是較低的。不管是地主或

〔一〕南史卷三宋明帝泰始二年三月條。

是商人，他們當然也在吞噬人民的剩餘生産品，但是他們擁有的財富却不太穩固，煩重的徭役經常威脅他們。爲了取得財富的保障，他們力求開闢和擴大自己的政治道路。

（二）

在門閥統治下寒人上升的道路遭受到阻礙，但貴族們決不能把寒人完全排斥於政權組織之外。龐大的官僚機構貴族們無法由自己包辦下來。九品論人雖然三品以下便成卑庶，畢竟都具有被選拔做官的資格。九品中的一條界綫是上品和下品，官職上的分別則是清官和濁官。上品由清官出身一直當清官，下品除了由於特殊原因而升高其地位，便只好由濁官出身一直當濁官。

所謂清濁在漢代用以分别善惡或君子、小人。〔一〕西晉以後，清濁之分即士庶之别，官職亦以此爲準，凡是士族做的官就是清官，寒人做的官則是濁官。南北朝評定門第標準是婚與宦，「宦」不是完全看他自己及其家族所任官職之高卑，重要的倒是在於所任官職特别是出身官的清濁。當時在品級高低和位望清濁之間有時不甚一致，即有品高而較濁者，也有品低而較清者，在這種情況下，通常寧可選擇清官。南朝後期自梁武帝建立九品十八班制後清濁之分更爲顯著。隋書卷二六百官志：「陳承

〔一〕後漢書卷六一黄瓊傳稱：「瓊復上言，復試之作將以澄洗清濁，復實虛濫，不宜改革。」所云清濁含有邪正、善惡之意。三國吴志卷一二朱據傳：「是時選曹尚書暨艷疾貪污在位欲沙汰之。據以爲天下未定，宜以功復過，棄瑕取用。舉清厲濁，足以沮勸。」也還是此意。

梁，皆循其制官……而官有清濁，自十二班以上並詔授，表啓不稱姓，從十一班至九班禮數復爲一等。又流外有七班，此是寒微士人爲之，從此班者，方得進登第一班。」從十二班以上是最高級官，那都是清官，其中雖也有分別，如散騎常侍和侍中同在十二班，而常侍不如侍中，〔一〕但這是清官中的區別。流外七班以處通常被認爲寒微的低級士族，以下還有所謂「三品藴位」、「三品勳位」，那便是寒人之職。自流内第一班以上有一大段有清有濁。百官志又說：「其官唯論清濁，從濁官則（得）微清，則勝於轉。」〔二〕意思是說從濁官遷授較清之官要比陞轉優越。這種例子我們可以找到不少，百官志稱：「令僕子起家祕書郎，若員滿，亦爲版法曹，雖高半階，望終祕書郎下。」〔三〕也是說版法曹官階雖比祕書郎高，而位望却在下。百官志所述雖是梁、陳之制，就清濁區分而言，則東晉南朝大體上也一樣。關於南朝清濁官問題近人已有詳細考證，在這裏我不想多談，只是從這些官職區别中我們却可以看出關於士庶在政權組織中的一些問題。

官制中清濁兩途之分怎樣産生的呢？首先自然由於士庶等級的嚴格劃分。那末根據什麽把某些官劃爲清官，某些官劃爲濁官呢？晉書卷四八閻纘傳：「國子祭酒鄒湛以纘才堪佐著，薦於祕書監華嶠。嶠曰：『此職閑廩重，貴勢多争之，不暇求其才。』遂不能用。」大概所謂清官本是在於多由高門爲

〔一〕宋書卷八四孔覬傳：「初晉世散騎常侍選望甚重，與侍中不異。其後職任閒散，用人漸輕。」

〔二〕上則字當爲得字之誤。通典卷三八作「從濁得官微清，則勝於轉」，可證。

〔三〕通典卷三一陳制下注作：「雖高半階，資給祕書郎下。」

之而清，高門所以多爲此種官職，則是由於「職閑廩重」，不僅祕署爲然。雖然南朝從來没有在各種官職上標明清濁，〔一〕根據記載我們可以相信這樣。當時祕書省官屬，東宫官屬都是出身官中的第一等清官，〔二〕職務是很優閒的。其次則是王國公府參佐。隋書卷二六百官志稱：「諸王公參佐等官仍爲清濁，或有選司補用，亦有府牒即授者，不拘年限，去留隨意。在府之日，唯賓餘宴賞，時復修參，更無餘事。若隨府王在州，其僚佐等，或亦得預催督，若其驅使，便有職務。其衣冠子弟多有修立，非氣類者唯利是求。」此類官職士庶皆得爲之，所以説「仍爲清濁」。充當這類官的人平時没有職事，優遊宴賞，但如果隨所屬之王出鎮，那末可能要被「驅使」，有了職務，也正爲如此，所以要用一部分寒人，所謂「非氣類者」。大概「仍爲清濁」是和可能有職務驅使相關的。王府參佐雖兼清濁，但較之尚書郎爲優，〔三〕可能由於尚書郎職務較繁，又有棰罰之故。〔四〕至於吏部郎獨爲清重，則因品第人倫，銓衡之職傳統上一直重視，而且辨别士庶清濁正爲吏部選舉標準，在這一點上士族高門決不能放鬆。然而

〔一〕北魏似乎有明確規定，魏書卷七七辛雄傳稱雄上疏，「請上等郡縣爲第一清，中等爲第二清，下等爲第三清」。又卷八八明亮傳稱「延昌中，世宗臨朝堂，親自黜陟，授亮勇武將軍。亮進曰：『臣本官常侍是第三清，今授臣勇武，其號至濁，且文武又殊，請更改授。』」以後唐代且把清官一一列舉，見舊唐書卷四二職官志。蓋因北朝之制。但唐代清濁已和門第無關了。

〔二〕祕書官屬最清，歷見於宋書卷六四何承天傳，卷八〇蕭惠開傳，梁書卷三三張率傳，劉孝綽傳，卷三四張緬附弟纘傳。東宫官屬爲清選見梁書卷五九庾於陵傳，全晉文卷一六齊王攸與濤書。

〔三〕晉書卷七六王彪之傳：「從伯導謂曰：『選官欲以汝爲尚書郎，汝幸可作諸王佐邪。』」可知諸王佐優於尚書郎。

〔四〕南齊書卷三九陸澄傳：「爲尚書殿中郎……郎官舊有坐杖，有名無實。澄在官積前後罰，一日拜受千杖。」

我們必須説明，史籍所載關於任官清濁的事大體上只是清官中的區别，如所謂「甲族不居臺郎」，〔一〕「甲族不居憲臺」，〔二〕也只指甲族而言，稍次的士族獲得尚書郎、治書侍御史仍然是清選。〔三〕至於真正的寒人專任之官如不入流的三品藴位、三品勳位諸官以及入流的諸卿官屬少府丞、大市令之類和較高級的令史，那是士族決不幹的。大體上清官都不是繁劇之職，他們或是文學侍從之臣，或是議論而不治事。清濁雖然由於習慣，而習慣的養成顯然有關於優閒與繁劇的選擇，優閒而不負實際責任的爲清，辦理庶政者較次以至於濁。這樣一種區别本來是官僚制度中習見之事，但在這裏恰好説明門閥貴族之腐朽，實際工作既由寒人來辦，權力自然要轉入寒人手中。顔氏家訓卷四涉務篇：

晉朝南渡，優假士族，故江南冠帶有才幹者擢爲令僕已下，尚書郎、中書舍人已上，典掌機要。其餘文義之士，多迂誕浮華，不涉世務。纖微過失又惜行捶楚，所以處於清高，蓋護其短也。至於臺閣令史、主書、監帥，諸王簽省，並曉習吏用，濟辦事須。縱有小人之態，皆可鞭杖肅督，故多見委使，蓋用其長也。人每不自量，舉世怨梁武帝父子愛小人而疏士大夫，此亦眼不能見其

〔一〕晉書卷七五王坦之傳和王國寶傳。宋書卷五九江智淵傳。梁書卷三三王筠傳。

〔二〕南齊書卷三三王僧虔傳，梁書卷五〇謝幾卿傳。

〔三〕梁書卷三四張緬傳稱：「殿中郎闕。高祖謂徐勉曰：『此曹舊用文學，且居鵷行之首，宜詳擇其人。』勉舉緬充選。」可知其任不輕。又卷二七到洽傳説他兄弟二人皆曾爲殿中郎，「時人榮之」。到氏是將家，得此已是莫大榮幸了。至於御史中丞或治書侍御史既然琅琊王氏分枝居烏衣者爲之，當然亦是清官。但殿中侍御史、南臺御史却甚輕，南史卷七七恩倖傳中很多寒人曾任此職，可知爲寒官。

睫耳。

顏之推所云冠帶有才幹者所任的尚書郎已非甲族所居，至於中書舍人梁代雖亦兼用士人，而宋、齊以來以此職專權的却都是寒人，〔一〕史籍所載恩倖或倖臣傳中人物幾乎都任此職。由此可見顏之推所稱「有才幹者」所任之職反不如「不涉世務」者之清。太平御覽卷三一五引山公啓事稱：「舊選尚書郎極清望，號稱大臣之副，州取尤者以應。」在西晉時非常重視此官，但東晉已經降低，降低原因就是必須有才幹者任之，而有才幹人却在甲族中産生不出，或者說不屑於有才幹。他們是「貴仕素資，皆由門慶，平流進取，坐至公卿」，〔二〕因而反視有能力辦事，以至立功升遷爲耻。南齊書卷三二張岱傳說皇帝因其弟張恕有功，要以恕爲晉陵郡太守，張岱的答覆是「若以家貧賜禄，臣所不辭，以功推事，臣門之耻」，可以代表那些門閥貴族的意見。陳書卷六後主紀末史臣論曰：

自魏正始、晉中朝以來貴人雖有識治者，皆以文學相處，罕關庶務，朝章大典，罕參議焉。文案簿領，咸委小吏，浸以成俗，訖至於陳後主，因循未遑改革，故施文慶、沈客卿之徒專掌軍國要務，姦黠左道，以褒刻爲功，自取身榮，不存國家。

陳書作者姚思廉把陳亡歸咎於寒人執政，只能代表門閥的意見，至於所論貴人不問庶務，小吏由文案

〔一〕宋書卷四〇百官志中書舍人一人，中書通事舍人四人，似乎是兩官並置，其實東晉以來已合通事和舍人爲一。南齊書卷一六百官志便只有通事舍人而無舍人。至梁乃去通事，單稱舍人（通典卷二一）。顏之推所說的舍人，實即宋、齊之通事舍人。

〔二〕南齊書卷二三褚淵王儉傳論。

簿領之任以至專掌軍國要務的過程是正確的。

（三）

由於門閥貴族的腐朽，也由於寒人隊伍的增强，南朝的實際政權正在轉入寒人手中。然而我們不能過分誇大寒人的力量。不論是寒門地主或是商人（他們的發展前途也是地主）在這時期還只能處於卑微的地位，但他們却是統治階級的一部分。他們自己不能作爲一種獨立的力量來和上層統治集團（包括皇室和門閥貴族）鬥争，他們不但經常利用皇室和門閥貴族間矛盾來從中獲取利益，而且他們還不得不依靠皇室和貴族官僚的保護和提拔。

當時在上層統治者的周圍聚集了不少寒人，所謂「門生」或「左右」，很多便是力圖擺脱徭役和求得官職的寒門地主和商人。他們成爲一種特殊的依附者。

門生本來就是門下的生徒。東漢以來門生和師門具有極其密切的關係。大致門生受師之汲引，其師死後的「恩卹」也常常及於門生；如果其師得罪，門生也連帶受罰，其地位常和父兄子弟宗族、故吏列在一起。〔一〕就在此時，有些號稱門生者已只是依附者的假稱，並非真正有學業傳授方面的關係。顧炎武日知録卷二四門生條便曾指出外戚竇憲、宦官王甫都有門生，顧氏問道：「憲外戚、甫閹人也，

〔一〕後漢書卷六六陳蕃傳，蕃得罪後「宗族、門生、故吏皆斥免禁錮」。卷六七黨錮李膺傳：「詣詔獄考死，妻子徙邊，門生、故吏及其父兄皆被禁錮。」後漢紀卷二四靈帝熹平四年（一七五）閏五月稱：「於時申黨人之禁，父兄子弟、門生、故吏皆免官禁錮。」

安得有傳授之門生乎？」顯然，像這一類門生乃是投身豪門的依附者。關於門生的地位，日知録，錢大昕廿二史考異，郝懿行晉宋書故，趙翼陔餘叢考都有考證，在這裏我不想贅述。總之南朝時期的門生相當於隨從，但通過主人的關係，也可以獲得官職。

門生的地位雖低，然而充當門生的有不少富人。宋書卷七一徐湛之傳：

門生千餘人皆三吴富人之子，姿質端研，衣服鮮麗。每出入行遊，塗巷盈滿，泥雨日悉以後車載之。

這些三吴富人自然是商人和地主，而尤以商人爲多。宋書卷四六張邵附子暢傳云：「暢遣門生荀僧寶下郡，因顔竣陳義宣釁狀。僧寶有私貨，止巴陵，不時下。」這個門生就是依託官僚以經營商業的。有一些例證雖然不稱爲門生，但門生本人又叫做「白從」「力人」，〔二〕所以隨從和門生性質没有什麽太大不同。隋書卷二四食貨志：「都下人多爲諸王公貴人左右、佃客、典計、衣食客之類，皆無課役。」這裏所謂「左右」也是一種隨從。〔三〕南齊書卷五六倖臣傳：

茹法亮，吴興武康人也。宋大明中出身爲小史，歷齋幹、扶侍。孝武末年作酒法，鞭罰過差。

〔一〕日知録卷二四門生條。廿二史考異卷七王弘奏彈謝靈運條。
〔二〕晉書卷一〇〇祖約傳云：「潁川人陳光率其屬攻之，約左右閻秃貌類約，光謂爲約而擒之。」世説新語考異祖士少道王右軍條注引王隱晉書云：「約佃客閻秀（一作秃）亦老白鬢，謂是約，便斫腰斷。」可知左右和佃客可以互稱，由佃客中間選出隨從也是很自然的。

校獵江右，選白衣左右百八十人，皆面首富室。從至南州，得鞭者過半。法亮憂懼，因緣啓出家，得爲道人。

所謂齋幹、扶侍也就是左右，其身分亦即門生之類，宋孝武帝從他們中間選擇的白衣左右都是長得漂亮的富室，茹法亮是其中之一。白衣左右亦即白從，只是皇帝的隨從而已。這些富室大概以商人爲多，可能也有寒門地主。隋書卷七五儒林何妥傳：「妥字栖鳳，西域人也。父細胡……事梁武陵王紀，主知金帛，因致巨富，號爲西州大賈。」主金帛大致相當於「典計」。這是明白標出爲西域商人的。

根據上述例證，可以説明南朝王公貴人的左右或門生很多是富人。他們屈身當這種有似僮僕的職務，不但没有受主人的錢，相反的，他們還要獻納錢物給主人。日知録卷二四引宋書顔竣傳，梁書顧協傳，南史姚察傳證明「其初至皆入錢爲之」是正確的。出錢物以充當賤役，自然有它的原因。首先是逃避課役，這一點隋書食貨志已經説清楚了。其二是商人獲得貴族官僚的保護以後，可以避免各方面的阻礙以便進行商業活動。他們假藉爲主人經商之名來夾帶私貨。按照南朝法律，軍人、士人可以不納商税，南史卷七七恩倖沈客卿傳稱：「以舊制軍人、士人二品清官並無關市之税。」商人的貨物和主人的夾在一起，甚至冒充主人的東西就可以自由通過重重的徵税網，這顯然是非常有利的。上述荀僧寶就是一個例子。何妥的父親因爲得到武陵王的信任而大發其財。南史卷五三武陵王紀傳説他「在蜀十七年，南開寧州、越嶲，西通資陵、吐谷渾，内修耕桑鹽鐵之功，外通商賈遠方之利」，何妥的父親在其間起了一定作用。我們知道南朝貴族官僚一般都兼營商業，收納商人作門生是雙方有

利的事。〔一〕

聚集在上層統治者周圍的寒人經常在各方面影響着他們的「恩主」，特別是對於皇室的影響。晉書卷六四會稽王道子傳，稱左衛領營將軍許榮上疏稱：

今臺府局吏、直衛武官及僕隸婢兒取母之姓者本臧獲之徒，無鄉邑品第，皆得命議，用爲郡守縣令，並帶職在内。委事於小吏手中。

按自宋以後，寒人掌機要之事已見於晉末，道子和他的兒子元顯所持政策乃是引用寒人以排斥門閥。傳稱「道子使宫人爲酒肆，沽賣於水側，與親昵乘船就之，飲宴以爲笑樂」，又稱道子作吴語，顯然是受寒人的影響。〔二〕南史卷一宋少帝紀末云：「時帝於華林園爲列肆，親自酤賣，又開瀆聚土以象破岡埭，與左右引船唱呼以爲歡樂。」又同書卷三宋後廢帝紀末云：「帝謂豫章王妃庾氏曰：『阿婆，佛法言有福生帝王家，今見作天王，便是大罪，左右主帥動見拘執，不如市邊屠酤富人百倍。』」又廢帝東昏侯紀末云：「又於苑中立店肆，模大市，日游市中，雜所貨物，與宫人閹豎，共爲裨販。以潘妃爲市令，自爲市吏録事，將帽莫不精絶。」同書卷五齊廢帝鬱林王紀末云：「凡諸鄙事，過目則能，鍛銀、裁衣、作

〔一〕初學記卷二四引王彪之整市教云：「近檢校山陰市多不如法，或店肆錯亂，或商賈投漏，假冒豪强之名，擁護貿易之利，凌踐貧弱之人，專固要害之地。」這裏説明豪强和商賈共同經營商業，並欺壓貧弱的事實。

〔二〕東晉以來士人皆不作吴語，唯對寒人則作吴語。參考前中央研究院歷史語言研究所集刊第七本第一分陳寅恪先生東晉南朝之吴語。

門者就潘妃罰之。帝小有得失，潘則與杖……又開渠立埭，躬自引船，埭上設店，坐而屠肉。」司馬道子與南朝這一些昏君所作之事有很多類似之處，其中之一，便是仿傚市里工商的行爲，這種巧合，很難説他們偶而都有同樣的嗜好，只能是宫廷中久有此種風習，而此種風習之造成就因爲宫廷中長久聚集各種寒人特别是商人。宋書恩倖傳、齊書倖臣傳、南史恩倖傳中人物就有好幾個明著爲商人的。〔一〕

不但如此，南朝宫廷文學的産生及其特點多少也和上述情況相關。大家知道南朝流行的民歌所謂吴歌與西曲一般是反映城市生活而以愛情爲主題的歌謡。歌謡中的男子通常是來往於長江中下游諸城市的商人、估客。南渡以後，就在北來人士中傳播，〔二〕而且特别在宫廷中盛行。自宋至陳很多皇帝或皇室曾模擬此種民歌而寫出一些作品。樂府詩集卷四六引古今樂録：「懊儂歌者晉石崇緑珠所作，唯絲布澀難縫一曲而已。後皆隆安初民間訛謡之曲。宋少帝更製新歌三十六曲，齊太祖常謂之中朝曲。梁天監十一年，武帝敕法雲改爲相思曲。」關於石崇擬作姑置不論，大抵東晉末年流行

〔一〕南史卷七七恩倖傳：「戴法興，會稽山陰人，家貧，父碩子以販紵爲業……法興少賣葛山陰市，後爲尚書倉部令史。」又茹法亮爲面首富室，可能是商人。又周石珍「建康之厮隸也，世以販絹爲業」。厮隸當即左右、門生之類。又陸驗吴人，借富人鬱吉卿錢米，爲商販，因致千金。這只是有明文的，其他如徐爰、劉係宗、王道隆等或有文學或習書畫，並非武人，大致非商人即地主。

〔二〕世説新語言語篇：「桓玄問羊孚，何以共重吴聲？羊曰：『以其妖而浮。』」可見東晉之末吴聲已經爲人所共重了。太平御覽四九一引晉中興書：「王恭嘗宴於司馬道子室，尚書謝石爲吴歌。」如前所述，司馬道子是作吴語和使宫人爲酒肆的人。謝石之爲吴歌蓋是投其所好。晉書卷九一范弘之傳議謝石謚法稱石「貨黷京邑，聚斂無厭」，意味着謝石從事於商業活動。

的都是民間歌謡。宋少帝是第一個擬作民歌的皇帝，〔一〕我們在上面已經提到他在宫中是酷愛商人生活的。他的侄子宋孝武帝不但自己擬作，〔二〕而且公然把那種被認爲不登大雅之堂的「淫聲」作爲正式的音樂。宋書卷一九樂志云：

孝武大明中以鞞拂雜舞合之鍾石，施於殿庭。順帝昇明二年尚書令王僧虔上表言之，并論三調哥曰：「……大明中即以宫縣合和鞞拂，節數雖會，虡乖雅體，將來知音，或譏聖世……又今之清商，實猶銅雀……十數年間，亡者將半，自頃家競新哇，人尚謡俗，務在噍危，不顧律紀，流宕無涯，未知所極，排斥典正，崇長煩淫……故諠醜之製，日盛於廛里，風味之韻，獨盡於衣冠……」

所謂雜舞自然是很複雜的，其中包括吴舞的白紵及若干西曲，樂志説「隋王誕在襄陽造襄陽樂，南平穆王爲豫州造壽陽樂，荆州刺史沈攸之又造西烏飛哥曲，並列於樂官，哥詞多淫哇，不典正。」我們當然不是説宋孝武帝施於殿庭的鞞拂雜舞盡是吴歌西曲，宋志所述襄陽樂等也不見得都在此時列於殿庭，只是説雜舞中包括一部分吴歌、西曲而已。〔三〕自宋孝武後皇室模擬民歌的新歌見於記載者不絶，這裏無須列舉。南齊書卷七東昏侯紀説他被殺之夜「在含德殿，吹笙歌作女兒子」，據樂府詩集卷四七引古今樂録女兒子是西曲之一。舉此一例已可見宫廷中流行之盛。

〔一〕宋書卷一九樂志亦稱「懊儂歌者，晉隆安初民間謳謡之曲，宋少帝更制新歌」。
〔二〕玉臺新詠卷一〇有宋孝武丁督護歌二首。
〔三〕樂府詩集卷四八西曲引古今樂録輒云「舊舞十六人，梁八人」，所謂舊舞正指宋孝武後之舞。

宫廷中流行吴歌、西曲的原因之一正是和模仿市里工商一樣由於宫廷中聚集了大批「市里小人」，特别是商人。我們看吴歌、西曲在皇室中流行起於宋代，而這個時期恰恰也是寒人掌機要的開始。我想這不能説是偶合。

聚集在宫廷的寒人爲了爲自己開闢政治道路，皇帝爲了强化自己趨於衰弱的皇權，都有必要對門閥貴族進行一些鬥争。在這個目標上寒人和皇權就有可能結合起來。

我們通常説東晉南朝的皇權衰弱，這僅是相對於秦漢的説法，也是一般的估計。實際上江南從東晉後畢竟還保持一個以建康政府爲首的統一的局面，而且宋、齊時期皇權還曾作有限度的强化。專制皇權的强弱一般決定於對直接控制農民的力量，在這一點上東晉南朝顯然大爲低降。但是皇權決不是甘心讓步，一無作爲的，有些時期也曾經進行土斷、檢籍的辦法來鬥争，這種鬥争常常是徒勞無功，或者取得了一些成績，却不能鞏固，但鬥争本身就表示一定的力量。這種力量的基礎首先在於揚州區域内交租服役的農民畢竟還不在少數。其次江南城市經濟的保持和發展部分地彌補了由於喪失直接控制的農民而造成的損失，並相應地提供了各地經濟聯繫的有利條件。東晉南朝統一局面的維持和南朝皇權的有限度恢復，這是個重要因素。

作爲國家統治中心的建康有一個龐大的官僚機構，也有一支不小的禁衛軍，宋、齊時期皇帝引用寒人以加强對政治和軍事的控制。南齊書卷五六倖臣傳序云：

晉令：舍人位居九品，江左置通事郎，管司詔誥，其後郎還爲侍郎，而舍人亦稱通事。元帝用瑯邪劉超以謹慎居職，宋文世秋當、周糺並出寒門。孝武以來，士庶雜選。如東海鮑照世以才學知名，又用魯郡巢尚之……及明帝世胡母顥、阮佃夫之徒專爲佞倖矣。齊初亦用久勞及以親信，關讞表啓，發署詔敕，頗涉辭翰者亦爲詔文，侍郎之局，復見侵矣。建武世，詔命殆不關中書，專出舍人。省内舍人四人，所置四省，其下有主書令史，舊用武官，宋改文吏，人數無員，莫非左右要密。天下文簿版籍，入副其省，萬機嚴密，有如尚書。外司領武官，有制局監，領器仗兵役，亦用寒人被恩幸者。

由此可見，中書舍人之控制中書省，制局監之控制禁衛軍是皇權和寒人結合的表現。〔一〕宋書卷九四恩倖傳序稱：「孝建、泰始主威獨運，官置百司，權不外假，而刑政糾雜，理難偏通，耳目所寄，事歸近習。」也説明皇權增强和寒人柄用的關係。此時不但中央方面如此，宋、齊時對地方也引用寒人監督軍政，典籤之任成爲「威行州郡，權重蕃君」的要職。〔二〕關於中書舍人、典籤職權之重，趙翼已有詳細説明，〔三〕總之，門閥貴族雖然高踞在統治集團的頂峰，權力却實際上正在移轉到寒人手中。

雖然如此，我們還必須説明，寒人地主和正在向地主轉化的商人爲了開闢自己的政治道路，爲了

〔一〕制局監的權力是相當大的。南齊書卷五六吕文度傳云：「世祖即位，爲制局監……殿内軍隊及發遣外鎮人，悉關之，甚有要勢。」南史卷七七茹法亮傳稱：「文度爲外監，專制兵權，領軍將軍守虚位而已。」

〔二〕南史卷七七恩倖吕文顯傳。

〔三〕趙翼廿二史劄記卷八南朝多以寒人掌機要條，卷一二齊制典籤之權太重條。

鞏固整個地主階級的統治利用各種機會爭取參加政治，他們的企圖在一定程度上獲得成功，但是他們一般是依靠貴族特别是依靠皇室以達成其目的，還没有能够擺脱從屬的地位。在經濟上，商人的經營商業，寒門地主的擺脱徭役還得藉門閥貴族的保護，政治上也是這樣，他們的進身都是受貴族、皇室的提拔。因而即使掌握政柄的部分寒人在整個統治階級中也還不是處於最高的地位。我們可以看出，他們雖然按照當時婚宦標準業已符合於士族身分，但在門閥貴族面前還是寒人，而他們的最高願望不是打破這種士庶等級區别，相反的是想擠入士族行列，乞求承認，〔一〕並且轉而以之自傲，甚至同樣堅持士庶區别觀點。齊時嚴格檢查户籍，懲罰假冒士族的人據説便是一個寒人吕文度的主張。〔二〕總之，這一些得志的寒人客觀上他們正在逐漸排擠門閥貴族，主觀上他們却正想把自己妝點成貴族模樣，以便獲得各種特權。當然這是一般的情況，梁、陳之時確乎也有掌權寒人明顯地表示其從寒人觀點出發的一些言行。例如梁代權臣朱异曾説：「我寒士也，遭逢以至今日，諸貴皆恃枯骨見輕，我下之則爲蔑尤甚，我是以先之。」〔三〕又如陳後主所寵任的寒人沈客卿曾經建議打破南朝士族

〔一〕南史卷三六江夷附曾孫斅傳：「先時中書舍人紀僧真幸於武帝，稍歷軍校，容表有士風，謂帝曰：『臣小人，出自本縣武吏，邀逢聖時，階榮至此，爲兒婚得荀昭光女，即時無復所須，唯就陛下乞作士大夫。』帝曰：『由江斅、謝瀹，我不得措意。可自詣之。』僧真承旨詣斅。登榻坐定。斅便命左右曰：『移吾榻讓客。』僧真喪氣而返。告帝曰：『士大夫故非天子所命。』」就婚宦而論，僧真已合於士族標準，但必須士族承認。

〔二〕南史卷七七恩倖茹法亮傳。

〔三〕南史卷六二朱异傳。按梁書、南史本傳都還看不出朱异出身的卑微。但陳書卷二六徐陵傳陵爲吏部尚書爲書宣示有云：「若問梁朝朱領軍异亦爲卿相，此不踰其本分邪！」可知其爲寒人。

「並無關市之稅」的傳統特權，「不問士庶，並責關市之估」。〔一〕顯然，這些例子表明宫廷寒人對於士族存在着矛盾，但這種矛盾並没有導致重要的政治改革。

（四）

晉、宋之間，士庶區别日益嚴格，宋、齊時已經達到僵化的程度。趙翼陔餘叢考卷一七六朝重氏族條所録士大夫拒絶和寒人相接的史實大抵發生在宋、齊時。我們在上面提出寒人的進用恰也在此時，而且更多的寒人地主和正在向地主轉化的商人正以各種手段擠入士族行列，以便享受特權。門閥貴族堅決反對把新興的或假冒的士人處於自己的同一等級，他們認爲必須保持原來獨占的統治軌道。士庶區别的嚴格化發生在此時正因爲士庶有混淆的危險，所以這裏並不表示門閥勢力的强大，相反的倒是由於他們害怕這種新形勢足以削弱甚至消除他們長期以來引以自傲的優越地位。

士庶從來有别，但是怎樣才算士族却缺乏明確規定。按照門閥貴族的觀點是只能限於若干魏、晉舊門和個别的獲得他們承認的新興家族。但從宋代開始國家頒佈了一種硬性規定以後，士族標準有定，士族的稱號却反而易於獲得。南齊書卷三四虞玩之傳，建元二年（四八〇）玩之上表云：「元嘉二十七年（四五〇）八條取人，孝建元年（四五四）書籍，衆巧之所始也。」南史卷五九王僧孺傳稱尚書

〔一〕南史卷七七恩倖沈客卿傳。

令沈約云：「宋元嘉二十七年始以七條徵發，既立此科，人姦互起，僞狀巧籍，歲月滋廣。」所謂元嘉二十七年七條或八條是施之於徵役的，其内容如何，虞、沈二人却都没有講。考此年正是宋文帝大舉北伐之時。宋書卷九五索虜傳，尚書左僕射何尚之參議，「發南兗州三五民丁，父祖伯叔兄弟仕州居職從事，及仕北徐、兗爲皇弟、皇子從事，庶姓主簿，諸皇弟皇子府參軍、督護，國三令已上，相府舍者不在發例，其餘悉倩征行。」我想這就是所謂七條或八條内容的節録。符合於上述規定的就是士族，〔一〕也就享受免予徵發的特權。這是最起碼的條件，至於出身秘書東宫官屬其爲士族便不須説了。

既然有此規定，大概以後就成爲典例，孝建元年編户籍時，企圖避役的人就以此爲依據，增損籍狀，在父祖伯叔兄弟的名下填上或改成所規定的合於免役條例的官位，就可以享受士族特權，所以説「衆巧所始」。本來没有明確的士族標準這時明確了，但却替寒人開了一條方便道路，不管那些門閥貴族承認與否，只要户籍上有了根據，法律承認了他們是士族。

從元嘉二十七年之後，由於七條或八條的頒佈，大量寒人利用賄賂在户籍上弄巧，這樣就大大縮減了國家徵役範圍，因此也自宋孝武帝統治時開始直到齊代不斷的在檢查户籍。檢籍的原則是尊重真正符合於規定的士族（其實上述那些官職很多是清濁同流，即使非屬假冒也不一定爲士族），同時把添注爵位的假冒者清洗出去。然而檢查户籍既不是容易的事，同時又産生新的作弊機會，因而就

〔一〕梁書卷四九庾杲之附叔庾蓽傳云：「（鄧）元起位已高，而解巾不先州官，則不爲鄉里所悉。元起乞上籍出身州從事。」可知出身州從事爲士族的規定直到梁代還沿用，當然其他諸條也一樣。

引起了亂事。宋書卷八二沈懷文傳：

> 上（宋孝武帝）又壞諸郡士族，以充將吏，並不服役，至悉逃亡，加以嚴制不能禁。乃改用軍法，得便斬之。莫不奔竄山湖，聚爲盜賊。懷文又以爲言。

按懷文於大明三年（四五九）爲侍中，五年（四六一）出爲廣陵太守，他進言應在出守之前。建康實録卷一三於大明五年末亦云：〔一〕

> 是歲，始懷（壞）士族離（雜）婚者補將吏，於是民多逃亡，王役弗增而盜賊代起，侍中沈懷文諫不聽。

沈懷文出守不知在五年那一月，但壞諸郡士族必不在歲末。這裏所説的「壞諸郡士族」，如建康實録所云乃是專指雜婚者。其意在於否認他們的士族特權，使之服役。但在此以前由於徵發徭役而引起反抗的事已經發生。宋書卷六孝武帝紀大明二年（四五八）六月詔就曾説到：「往因師旅，多有逋亡，或連山染逆，懼致軍憲，或辭役憚勞，苟免刑罰。」所謂「連山染逆」就是亡入山林，反抗徭役。當時徭役非常嚴重，爲了避役而在户籍上弄巧的也就特别多，大概在孝建元年，書籍時所以要有一個士族的硬性標準，其目的本在於清查户籍上的士族，不料却反而變成「衆巧之所始」，因此不久以後就曾加以

〔一〕資治通鑑卷一二九大明五年末云：「是歲，詔士族雜婚者皆補將吏。士族多避役逃亡，乃嚴爲之備，捕得即斬之。往往奔竄湖山爲盜賊。沈懷文諫不聽。」當據裴子野宋略和宋書沈懷文傳參合寫成。建康實録宋代部分也是據宋略寫成，所以與通鑑紀年相合。建康實録通行本訛字極多，這裏據通鑑改正。

糾正。宋書孝武紀大明五年二月詔：

近籍改新制，在所承用，殊謬實多，可普更符下，聽以今爲始，若先已犯制，亦同蕩然。

所謂「籍改新制」説明大明五年之前在户籍上又有一種新的辦法。其内容我們完全不知道，但必然行不通，所以在五年又申明新制只「以今爲始」，至於「先已犯制」便不加追究了。然而又就在這一年下令把雜婚的士族作爲將吏，也就是取消他們的士族特權。所以知道其雜婚，顯然是和檢查户籍有關。冒稱士族的人確實是太多了。所以雖然清查士族的企圖常常行不通，而直至宋末，檢查户籍始終未停止。當時把不予承認的冒充士族退還本地審查，叫做「却籍」。南齊書卷三四虞玩之傳，玩之表云：

自泰始三年（四六七）至元徽四年（四七六）揚州等九郡四號黄籍共却七萬一千餘户，〔一〕於今十一年矣，而所正者猶未四萬。神州奥區猶或如此，江、湘諸部倍不可念。

可知宋代一直在檢查户籍。南齊書卷三三王僧虔傳，僧虔爲吴興太守，「又聽民何係先等一百十家爲舊門，委州檢削，坐免官」，此事正在宋明帝泰始中。同書卷二二豫章王嶷傳：「初沈攸之欲聚衆，開民相告，士庶坐執役者甚衆。嶷至鎮，一日遣三千餘人。」沈攸之在荆州聚衆正在元徽中，他開民相告，把冒稱的士族檢出來使其服役，用以擴充武力。這種措施自然表面上是遵循當時檢籍命令。從

〔一〕黄籍、白籍的區别很不容易明確，但自宋後，似乎只有黄籍。參見三至六世紀江南大土地所有制的發展第九二頁注〔三〕（文集本八九頁注〔二〕）。

這裏也可看出虞玩之所説只舉揚州爲例，其實其他各州也同樣在檢查。蕭嶷在平定沈攸之後繼任荆州刺史，他所放免服役的人必然很多是士族，但這種士族是由「開民相告」而服役的，也即是沈攸之所不承認的被舉發的冒稱的士族。

虞玩之所説被却的有問題的人户揚州九郡達到七萬一千餘户之多，其數字是駭人的。他説至今十一年中改正的不到四萬。十一年如自建元二年（四八〇）上推應爲宋元徽六年（四七〇）；與泰始三年，元徽四年均不合，恐有誤。我們看宋書卷三五州郡志揚州領户一十四萬三千二百九十六，有問題的占上一半，已改正的有三分之一，可知其嚴重。我們當然不是説所有被却籍的人都是藉冒充士族爲手段以取得免役權利，照虞玩之所説還有列於勳簿即因軍功而取得勳位的人和諸將所領部曲之類，以及詐爲入道等各種辦法，〔一〕但假冒士族是主要手段之一，大量寒人合法的或不合法的取得了法律上的士族地位。

齊代一開始就注意這個問題，蕭道成即位的第二年就採取了虞玩之的建議，進行檢查户籍。虞玩之傳説：「上省玩之表，納之。乃别置版籍官，置令史，限人一日得數巧，以防懈怠。於是貨賂因緣，籍注雖正，猶强推却，以充程限。」户籍上的弊端反而更爲嚴重。

〔一〕南齊書卷三四虞玩之傳玩之上表有云：「生不長髮，便謂爲道，填街溢巷，是處皆然。或抱子並居，竟不編户，遷徙去來，公違土斷。屬役無滿，流亡不歸，寧喪終身，疾病長卧。」這許多詐稱僧人，不編户籍，服役永遠不注滿期，因喪和疾病都長期不銷假之類都是户籍上取得免役權利的辦法。

建元二年的檢籍繼續到永明三年(四八五)導致了一次唐寓之領導的起義。南齊書卷四四沈文季傳：

是時連年檢籍，百姓怨望。富陽人唐寓之僑居桐廬，父祖相傳，圖墓爲業……(永明)三年冬，唐寓之聚衆四百人於新城……是春，寓之於錢塘僭號……錢塘富人柯隆爲尚書僕射、中書舍人，領太官令，獻鋌數千口，爲寓之作仗，加領尚方令。

唐寓之所領導的起義還是農民起義性質，(一)其原因由於檢籍，其目的則是爲了反抗徭役壓迫。正因爲檢籍所及的範圍很廣，因而參加起義的群衆中也包括了像柯隆那樣的富人。柯隆顯然是寒門，他所受的官職是奇怪的，中書舍人領太官令、尚方令乃是當時寒人權要之職，同時却又被任爲位望、品級與其兼官很不相稱的尚書僕射。這裏正反映了寒人的要求。他們熟習於自己這個等級所能達到的最高職位，不想放棄，但又想擠上士族所獨占的高級官位，於是只好不相稱地兼任。柯隆是富人，他不惜獻出財富來參加起義，大概就因爲他在檢籍中受到損失。可能就是被却籍的人。南史卷七七恩倖茹法亮傳：

(吕文度)又啓上籍被却者悉充遠戍，百姓嗟怨，或逃亡避咎。富陽人唐寓之因此聚黨爲亂，鼓行而東，乃於錢塘縣僭號……三吴却籍者奔之，衆至三萬。竊稱吴國，僞年號興平。其亂始於

(一) 唐寓之起義應該有不少手工業者參加。參見本書魏、晉至唐官府作場及官府工程的工匠。

虞玩之而成於文度。

却籍者包括各種不同階級、階層的人，而其中一部分是寒門地主和商人，作爲基本群衆的則是逃亡農民、手工業者。檢籍不但招致了人民群衆的反抗，同時也使部分寒門地主、商人和士族的矛盾尖鋭化。

唐寓之領導的起義，在下一年就給鎮壓了，檢籍仍然進行。然而效果看來很微細。南齊書卷四六陸慧曉附顧憲之傳，憲之議曰：

山陰一縣，課户二萬，其民資不滿三千者，殆將居半。刻又刻之猶且三分餘一。凡有資者，多是士人復除，其貧極者悉皆露户役民，三五屬官，蓋惟分定，百端輸調，又則常然。比衆局檢校，首尾尋續，横相質累者亦復不少……是以前檢未窮，後巧復滋，網辟徒峻，猶不能悛。竊尋民之多僞，實由宋季軍役繁興，賦役殷重，不堪勤劇，倚巧祈優，積習生常，遂迷忘反……化宜以漸，不可疾責。

顧憲之上議在永明六年（四八八），那時檢籍還在進行。從憲之議中可以看出山陰縣士人之多，獲得復除權利的有資士人多到幾乎達到户口的半數。山陰爲僑舊士族聚居之地，可能多一些，但如此之多，顯然包括許多獲得士族稱號的寒門地主和商人。檢籍進行了好幾年，清洗非士族而冒稱士族的意圖至少在山陰縣没有實現。其次，檢查出一批，並不能阻止又有一批在户籍上弄巧，所謂「前檢未窮，後巧復滋」，寒人爲了逃避徭役，並不管嚴厲的刑法。所以顧憲之建議要「化宜以漸，不可疾責」。本傳上説齊武帝是採納他的意見的。人民的起義和檢籍之無效（無效也是鬥争的結果）終於迫使皇帝宣佈讓步，而寒門地主和商人却利用了人民的起義使自己獲得利益。虞玩之傳稱：

至世祖永明八年（四九〇），謫巧者戍緣淮各十年。百姓怨望。世祖乃詔曰：「夫簡貴賤，辨尊卑者莫不取信於黄籍。豈有假器濫榮，竊服非分，故所以澄革虚妄，式允舊章，然釁起前代，過非近失，既往之眚，不足追咎。自宋昇明以前，皆聽復注。其有謫役邊疆，各許還本。此後有犯，嚴加翦治。」

齊武帝乘鎮壓起義之後，想要嚴厲一下，然而在「百姓怨望」的情況下，看來又會導致反抗，於是只好宣佈完全恢復宋末户籍所注的原狀，「悉聽復注」，這就是説建元二年以來十餘年的「却籍」完全無效。至於在這次檢籍中産生的「新巧」怎樣，當然一並不究，詔書最後説得很清楚，只有「此後有犯」才「嚴加翦治」。

自宋代孝建元年（四五四）至齊永明八年（四九〇），三十六年來的檢籍終於失敗了。許多寒門地主商人公然變成了士族。通典卷三所載沈約在梁代所上議把這段經過説得最清楚。他説：

宋元嘉二十七年始以七條徵發，既立此科，苟有迴避，姦僞互起，歲月滋廣，以至於齊。於是東堂校籍，置郎令史以掌之，而簿籍於此大壞矣。凡粗有衣食者莫不互相因依，競行姦貨，落除卑注，更書新籍，通官榮爵，隨意高下，以新换故，不過用一萬許錢。昨日卑微，今日仕伍……假令兄弟三人，分爲三籍，却一籍父祖官，其二初不被却，同堂從祖以下，固自不論，諸如此例，難可悉數。或有應却而不却，不須却而却。所却既多，理無悉當，懷冤抱屈，非止百千，投辭請訴，充曹物府，既難領理，交興人怨。於是悉聽復注，普停洗却。既蒙復注，則莫不成官。此蓋核籍不精之巨弊也。臣謂宋、齊二代，士庶不分，雜役減闕，職由於此……臣又以爲巧偽既多，並稱人士，百役不及，高卧私門，致令公私闕乏，是事不舉。宜選史傳學士，諳究流品者爲左人郎、左人尚書專共校勘。所責卑姓雜譜，以晉籍及宋永初、景平籍在下省者對共讎校。若譜注通籍，有卑雜則條其巧謬，下在所科罰。

我們應該注意沈約所説冒稱士族者起碼是粗有衣食的人。他們要達到偷改黄籍目的，需要納賄一萬許錢，這個數字自然不大，但照顧憲之傳所説山陰縣半數户口是資不滿三千的，那末能够一次拿出一萬許錢的人自然是較富裕的，其中絶大多數應是地主和商人。這一些人的士族稱號在永明八年獲得國家承認，所謂「既蒙復注，則莫不成官」。士庶區别至少在户籍上是在消除，所以沈約要説「宋、齊二代，士庶不分」。當宋、齊二代的門閥貴族如王球、江斅之流傲慢地不接待寒人之際，却也正是大量寒人擠入士族，以至士庶不分之時，這是非常明顯的。也正因爲如此，徭役徵發範圍就越來越縮小。〔一〕沈約的建議還是要檢查，但是他認爲委託令史没有用，要請學士們先稽考家譜，然後按譜校對。梁武帝是採納他的建議的，〔二〕可是梁、陳兩代却從没有這樣大規模檢籍過。總之，寒門地主和

〔一〕當然還要加上人民流亡和成爲部曲、佃客的私家依附者之多。

〔二〕通典卷三云：「帝以是留意譜諜，詔御史中丞王僧孺改定百家譜，由是有令史、書吏之職，譜局因此而置。」又見南史卷六九王僧孺傳。

轉向地主的商人們通過宋、齊二代的長期的統治階級内部鬥争，他們獲得了勝利。向來由門閥貴族獨占的權利不能不對寒門地主、商人開放，雖然這並不是甘心的。

（五）

南朝自宋以來士庶區别日益嚴格，同時却又是士庶之間趨於混淆；皇室和寒人在政治上構造特殊的關係，同時寒人擠入士族的結果却又嚴重影響國家的賦役徵發。統治階級内部矛盾的複雜關係及其變化就其傾向來説意味着一種新的妥協即將産生。這種妥協是在改變傳統制度的條件下進行的。

我們認爲不論其表現形式有何等差别，專制皇權自秦、漢以來一直建築在剥削自耕農民的基礎上。廣大自耕農民不論是在奴隸社會或是封建社會初期都必然帶有公社農民的性質，他們之遭受專制皇權的無限剥削就因爲皇帝是公社之父。不管土地買賣如何地不加禁止，只要具有小塊土地的農民還是國家賦役對象的堅固柱石，只要國家對於土地占有和勞動力占有還不是完全放任，那末實質上只能是屬於國家土地所有制的範疇。不同社會發展階段都可以出現國家土地所有制，問題是這個國家代表哪一階級的利益，在階級社會中，國家所有制實質上就是奴隸主、封建主乃至資産階級的所有制，它和社會主義的全民所有制有着本質的不同。我們在這裏必須指出其階級屬性，而没有必要把國家土地所有制的形式歸之於哪一種社會所特有。人所共知，東方奴隸制的專制國家中國家土地所有制占統治地位，而許多東方封建國家也還是這樣，或者繼續保持了一個較長期間才發生變化。馬克思關於亞細亞封建國家中地租和課税合併在一起的指示是人所熟知的，〔一〕在中國的古代和中古期間，固然不像印度那樣長期具有完整的公社，因而封建國家所有制也不完整，但在唐代中葉以前，我想是與馬克思的指示相符合的。

我們説我國的古代中古期間國家所有制的不完整，就是説公社内部私有性的滋長早已破壞了公社，農民的份地是私有化了。這就無可避免地出現土地的兼併和集中。國家並不能制止這種形勢的發展，但總是力圖從控制公有土地與勞動力的角度來保持國家所有制的優勢。

我們知道當時的門閥貴族作爲封建大土地私有者正在盡一切力量把公有土地、自由地及其勞動者劃爲己有，在這個意義上他們是和國有制相對立的。然而在另一方面，統治階級中的門閥貴族却必然和代表他們利益的國有土地制相互聯繫着的。門閥的形成是非常複雜的，就構成門閥的特殊條件來説，其中主要的一點是世禄之家，按照門閥形成不久之後所頒佈的土地制度西晉占田制的内容是依據官品高低决定土地、佃客的占有額。不管他們獲得土地的手段可以各種各樣，有的出於皇帝的賞賜，也有的掠自農民，但是按品分配土地的制度就意味着他們合法占有的土地是從國有土地中分割出來的。其次，我們不能忽略，决不是所有門閥貴族都是大地主，有的只有很小的土地，有的甚

〔一〕參考馬克思：資本論第三卷，人民出版社一九五三年版，第一〇三二頁。

至没有土地。顏氏家訓涉務篇説，晉時南渡的「江南朝士」有的直到梁、陳之時「未有力田，悉資俸禄而食」，雖專指江南僑人，其實北方高門中也有此種情況，例如北魏孝文帝時當權的大臣隴西李沖，據説「家素清貧」，由於太后的巨額賞賜「始爲富室」，〔一〕又如另一家門閥博陵崔挺在分家之後，「惟守墓田而已，家徒壁立」。〔二〕他們在未做官時已經是高門，可是並非大地主。然而只有很少土地和没有土地並不能説他們和封建土地所有制無關。因爲他們是「世禄之家」，就保證他們世代相傳以俸禄形式分取國庫中的財物。不論其俸禄是以錢帛支付的，或是配給公田，總之，主要是掠自自耕農民的財富。由此可見，只有國家土地所有制（即使是不完整的）的存在才能保證他們合法占有土地或分取國家租調收入。因而我們完全有理由説門閥貴族是和國家土地所有制相聯繫的。

必須指出，當時的國家不可能不是封建地主階級的工具，國家所有制也就是封建地主的所有制。但是門閥貴族自己却又正是國家土地所有制的積極破壞者。以破壞國家土地所有制來增殖財富的門閥貴族同時又依賴着以此爲基礎的等級土地分配制和獲得賜田與俸禄，這就是一種矛盾。作爲國家土地所有制的破壞者，他們不能不和皇權相對立，而作爲國家土地所有制的支持者，他們又不能不和不屬於本集團的破壞者相對立。他們不讓寒人享受和自己同樣的經濟和政治特權。而富有的寒人只要在經濟上還得交納租調和負擔徭役，在政治上不能或者難以獲得較高品位，那末其財富也就

〔一〕魏書卷五三李沖傳。
〔二〕魏書卷五七崔挺傳。

缺乏保障。這樣就使門閥貴族足以排斥一切新興的競爭者，至少是限止了他們的發展。簡單地説門閥貴族一方面力圖擴大自己對土地和勞動力的占有，另一方面却又企圖延緩私有大土地制在更廣泛的地主階級基礎上發展。

然而這些意圖是決不能如心稱意的。正當生產力發展，階級關係與社會財富分配乃至社會基層組織都在發生變化的時候，門閥貴族的努力只能是徒勞。

我們知道從三世紀以後江南的生産力有顯著的進步，西晉末年，由於大量北人帶着先進生産技術南渡，發展更爲迅速。生産力的發展通過商品經濟促使公社殘餘進一步瓦解，從而加速了農村内部貧富分化的傾向。所謂寒人地主除了原來就有的尚未擠入士族行列的地方豪强以外，也有小部分是由農民内部分化出來的，或是由商人轉變來的地主。

本來，農民份地早經私有化，農民經濟的獨立性使每個家庭的發展不可能平衡。而從東晉以來，江南城市商品經濟的發展，使國家對於貨幣的需要加增，因而對農民的課税經常折變爲貨幣。爲了獲得貨幣以繳納課税，農民必須把部分生産品以低廉價格出售，這就加速了多數農民的破産過程。從這裏獲得好處的便是商人、高利貸者，乃至參加商業和高利貸活動的地主、極少數的富裕農民。這樣就不僅加深了原有的剥削者與被剥削者之間的對立，同時也加深了農民之間財富不平均的差别。絶大部分農民爲了參加交換而和市場接觸，大大地吃了虧，但在這個過程中，也使農民熟悉了商業，熟悉了城市。於是不少農民抛棄了土地變成商販。隋書卷二四食貨志説南朝「人競商販，不爲田業」，還有其他記載都説明了這種情況。〔一〕轉化爲商販的農民之中有極少數發了財，成爲富有的商人，如上所述，也有一部分做了官，而且獲得皇帝的寵任。不管怎樣發了財，做了官的商人，最後他們仍然要轉變爲地主。封建社會中的商人地位低微，擁有的財富很不穩定，他們會感到獲得土地以徵收地租較之經營商業既「高尚」而又穩妥。因此不但這些當權的寒人要購置田宅，就是尚未作官的大商人至少也願意購買土地爲子孫之計。這雖然缺乏具體的事例，我們認爲就當時社會經濟觀察也是可以推知的。

這些新興的地主和原有的未擠入士族隊伍的豪强結合在一起，寒人地主的隊伍是擴大了。他們要和門閥貴族鬥争，力圖打破門閥獨霸的統治軌轍。他們的意願是和門閥貴族一樣享有免役、免税(部分的)蔭客和政治上的同等權利。和門閥的鬥争有時是和皇權相結合的，但又是和皇權相矛盾的。通過鬥争，自宋以後，士庶逐漸混淆，這就是説享受士族特權的人越來越多，相對縮小了作爲皇權基礎的賦役徵發對象。向國家交納租調的自耕土地和附著於土地的農民有更大可能流入私門，因爲享有士族權利的地主越來越多，必然使承擔租調力役的義務越來越重地落在農民頭上，與之同時地主們向農民進攻也必然更加猖狂，這就加速了農民的破産和逃亡。在這樣情況下所産生的結果，一方面是階級矛盾的尖鋭化，另一方面是動摇了專制皇權的統治基礎。

〔一〕宋書卷五六傳末史臣論曰：「昏作役苦故穡人去而從商，商子事逸，末業流而浸廣。」南史卷七〇循吏郭祖深傳稱：「今商旅轉繁，遊食轉衆，耕夫日少，杼軸日空。」

統治階級間爲了謀取妥協就必須改變某些傳統制度。那將是封建的國家土地所有制和門閥貴族的削弱與消除。首先是皇權不再企圖維持那個業已無法維持的對於土地和勞動力的控制。這就是説讓所有能够進行兼併的人們明目張膽地擴大其地産和勞動隊伍。其次，如上所述，門閥貴族和封建國家土地所有制有一定的聯繫，國家這一部分傳統權力的放棄也就是取消了門閥貴族在土地和勞動力占有方面的特權，按品分配土地、佃客的辦法不但實際上久已不能施行，而且法律上也不復存在了。世禄的特權正在削弱，俸禄的意義也不像過去那樣重要。我們必須認識貴族地主之爲貴族並不在於他們和國家土地所有制相矛盾的一面，而在於相聯繫的一面。因而國家土地所有制的衰落過程也就是貴族衰落的過程。剩下來的便只有「地主」，貴族和寒人的區别不大了。在土地所有制上貴族、寒人既然没有區别對待，那麽在政治上統治階級間士庶之别也就必然消除。皇權、門閥貴族、寒人地主複雜矛盾的焦點在於封建國家土地所有制，它的衰落使新的妥協得以達成。至於國家土地所有制的終於衰落當然不是單純的出於統治階級間主觀地謀取妥協的結果，重要的是作爲它全部力量的公社殘餘勢力在此期間已經微弱到不能抗拒外部和内部所加的壓迫了。

上述的過程在南朝並没有全部走完，北方從北齊時起還剛才開始，中間還有幾次翻覆，一直要到八世紀中所有這些變化才能穩定。以後的國家當然還是專制政體，但是皇權的基礎已經不是以公社殘餘的存在爲前提的封建國家土地所有制。專制皇權的需要乃是由於地主階級本身擺脱了各種公社殘餘的牽制，同時也削弱了所能控制的力量以後爲了統治和鎮壓人民，軍事、政治權力的集中成爲必要。

南北朝後期科舉制度的萌芽

南北朝後期的選舉制度發生了一些變化，這些變化的産生和發展反映了寒人地主的政治要求。假使那時寒人的力量還不够壯大，他們的要求是不會實現的。我們通常把這些變化的産生歸之隋代，而其完成則在唐時。這種看法當然是有理由的，因爲州郡辟舉權的廢除既在隋時，而作爲科舉中最重要的科目進士科也在隋時創置；至於科舉取士之在選舉中取得統治地位自然應該要下達李唐。但是我們仍然應該追溯到隋代以前，寒人地主的上升既不能突然出現，那麽反映其政治要求的選舉上的變化也應該有一個較長過程。

大家知道魏、晉南北朝選拔官吏的制度即是九品中正制。九品中正制依據門第保證清濁即士庶的分流，從而也就保證了門閥貴族（北朝還包括鮮卑貴族）的政治特權。然而九品中正制只是保證清濁分流，並不等於選舉制度的全部，各項選舉必須依據中正品第，但出身授職還得通過各條入仕道路。南北朝門閥貴族的出身固然「皆由門慶」，但大體上也還繼承兩漢以來歲舉、辟舉、徵召的道路（北朝鮮卑貴族和一般鮮卑軍人自然不在其内）。只是被舉被召的條件主要在於門第。

唐代科舉中最重要的進士、明經兩項科目，從形式上來看和過去的孝廉、秀才有繼承關係，只是當門閥盛時被舉爲秀才孝廉的人必定出於士族，而唐代並無此限止。唐代進士、明經必須通過考試，過去的秀才、孝廉按照規定也要通過考試。東漢時左雄建議「儒者試經學，文吏試章奏」，〔一〕東晉南北朝常常不考試，但也間或舉行，所試科目仍然是經學和文章。〔二〕我們在這裏没有必要詳細叙述秀才、孝廉的考試方法及其内容，大致孝廉主要試經，秀才主要對策，有時兼及經文，南北大致相同。晉書卷七八孔愉附從子坦傳稱：「先時以兵亂之後，務存慰悦，遠方秀孝，到不策試，普皆除署。至是帝申明舊制，皆令試經。」結果，那些秀孝或者托疾不試，或者不到。孔坦上奏有云：「又秀才雖以事策，亦泛問經義，苟所未學，實難暗通。」文帝詔令「皆令試經」，孔坦認爲秀才「苟所未學」，無法通解經義，可知秀才以試策爲主，就是這次經義也僅是泛問而已。東晉以後，南朝一般仍是秀才試策，孝廉試經。北朝末期周、齊之制亦是如此。周書卷七宣帝紀：初即位未改元（五七八）詔制九條，宣下州郡。其八條云：「州舉高才博學者爲秀才，郡舉經明行修者爲孝廉。上州上郡歲一人，下州下郡三歲一人。」明確規定了貢舉秀才和孝廉的標準，「高才博學」才能對策，而經明始能試經，這是很顯著的，特别此時已包含了秀才重文章之意。北齊書卷四四儒林馬敬德傳：

少好儒術，負笈隨大儒徐遵明學詩、禮，略通大義而不能精。遂留意於春秋左氏。沈思研求，晝夜不倦，解義爲諸儒所稱……河間郡王每以教學追之。將舉爲孝廉，固辭不就。乃詣州求舉秀才。舉秀才例取文士，州將以其純儒，無意推薦。敬德請試方略，乃策問之，所答五條，皆有

〔一〕後漢書卷四四胡廣傳。
〔二〕參考通典卷一四。

文理，乃欣然舉送。至京，依秀才策問，唯得中第，乃請試經業，問十條並通。馬敬德之被舉爲孝廉是由於他通經，不肯舉他秀才是由於他是純儒。他到京試秀才，策問剛够中第，試經却考了滿分。由此可知北齊也是孝廉試經，而秀才對策。對策所重在文，故例舉文士。儒林傳中還有個馬敬德的學生劉晝，本傳說他：「河清初，還冀州，舉秀才，入京考策不第，乃恨不學屬文。」也説明秀才試策，其中第標準在於文章。

秀才、孝廉考試科目的不同，也就是以後進士、明經二科之別。明經自應試經，而進士初置也只是試策。舊唐書卷一一九楊綰傳載綰上疏云：「近煬帝始置進士之科，當時猶試策而已。」隋代設置進士科，倒不是在考試科目上有什麼特點，而是由於秀才録取標準日益嚴格，不輕得第，設立進士科可以放寬標準，使文士雖不能取得秀才的稱號，也有入仕的道路。舊唐書卷一〇一薛登傳載登所上疏云：「煬帝嗣興，又變前法，置進士等科，於是後生之徒，復相仿傚，因陋就寡，赴速趨時，緝綴小文，名之策學。」便可知應進士科者只是「因陋就寡」，用以應付考試的乃是「緝綴」起來的策學。與之同時，秀才對策却越來越困難，並且在策外加試了雜文。北史卷二六杜銓附族孫正玄傳云：

隋開皇十五年（五九五）舉秀才，試策高第。曹司以策過左僕射楊素。怒曰：「周、孔更生，尚不得爲秀才，刺史何忽妄舉此人，可附下考。」乃以策抵地不視。時海内唯正玄一人應秀才……素志在試退正玄。乃手題使擬司馬相如上林賦、王褒聖主得賢臣頌、班固燕然山銘、張載劍閣銘、白鸚鵡賦，曰：「我不能爲君住宿，可至未時令就。」正玄及時並了。素讀數遍，大驚曰：「誠好秀才。」

……正玄弟正藏……開皇十六年（五九六）舉秀才。時蘇威監選，試擬賈誼過秦論及尚書湯誓、匠人箴、連理樹賦、几賦、弓銘。應時並就，又無點竄。

由此可知，秀才録取標準極其嚴格，以致唐代簡直成爲一種虛懸的科目。〔一〕隋時秀才尚以試策爲正規的辦法，然而録取與否却須要看加試的雜文。唐初秀才仍試策，而進士科繼承隋制也只是試策，高宗以後進士加試雜文，録取與否也就取決於雜文。隋、唐兩代秀才、進士兩科雖同時存在，其實從考試内容來説，進士只是秀才的替身。

從考試内容説，明經和孝廉相同。但明經和孝廉並立却比秀才、進士並立更早。我們知道明經之名早見漢代，〔二〕南齊建立國子學，其試生徒之制不詳，但應該試經。〔三〕梁代國子生更多，梁書卷四八儒林傳序稱：「館（立五經博士爲五館）有數百生，給其餼廩，其射策通明者即除爲吏。」射策通明之

〔一〕通典卷一五：「初秀才科等最高，試方略策五條，有上上、上中、上下、中上凡四等，貞觀中有舉而不第者坐其州長，由是遂廢。」又注云：「開元二十四年以後復有此舉。其時進士漸難，而秀才本科無帖經及雜文之限，反易於進士。主司以其科廢久，不欲收奬，應者多落之。三十年來無及第者。至天寶初禮部侍郎韋陟始奏請有堪此舉者，令官長特薦。其常年舉送者並停。」按秀才如隋制本加試雜文，梁制也泛問經義，但按照規定，都是加試的項目，所以唐代進士加試雜文而秀才却反而取消了雜文。雖然考試内容簡單而録取標準却異常嚴格。其名義高於進士，而考試項目却又易於進士，所以只能廢絶不舉了。

〔二〕通典卷一三云：「桓帝建和初，詔諸學生年十六以上比郡國明經試，次第上名。」

〔三〕南齊書卷一六百官志稱：「建元四年（四八二）有司奏置國學，祭酒準諸曹尚書，博士準中書郎，助教準南臺御史，選經學爲先，若其人難備，給事中以還明經者以本位領。」

策亦即試經，其録取等第雖有明經、高第、甲科等，〔一〕通常却可以概稱明經。顔氏家訓勉學篇説梁朝貴遊子第「明經求第則顧人答策」，顯然已把學館射策得第者通稱爲明經，明經成爲一種科目的稱號。梁代仍然有秀、孝，但秀、孝有額而明經似無額，秀、孝大致仍然爲高門壟斷，特别是秀才，這可以從列傳中提到曾舉秀才者的家世來推測。至於明經則雖然不少貴遊子弟顧人答策而登第，〔二〕但法令上入學就試却並没有門第限止。梁書卷二武帝紀天監八年（五〇九）五月詔云：「其有能通一經，始末無倦者策實之後，選可量加叙録。雖復牛監、羊肆、寒門後品並隨才試吏，勿有遺隔。」又隋書卷二六百官志云：「舊國子學生，限以貴賤。帝欲招來後進，五館生皆引寒門儁才，不限人數。」由此可見，具有射策資格的國子生既不限門第，也不限名額，這就爲寒人入仕開闢了一條道路。

南朝秀才爲高門壟斷，孝廉間或有寒門，但亦稀見，〔三〕所以必須有另一種科目來滿足寒人要求。

〔一〕陳書卷三四文學岑之敬傳云：「御史奏曰：『皇朝多士，例止明經，若顔、閔之流，乃應高第。』」可知高第是較高於明經的等第。射策甲科的記載，也多見於梁陳書。

〔二〕梁書四八儒林傳序説，天監七年（五〇八）「皇太子、皇子、宗室、王侯始就業焉」。從列傳中也可以看到不少皇室、高門由國子學射策得第。

〔三〕宋書卷九一孝義傳稱郭世道，「太守孟顗察孝廉，不就」。世道子原平，「太守王僧朗察孝廉不就」。又云：「會稽貴重望計及望孝，盛族出身，不減祕、著。太宗泰始七年（四七一），（蔡）興宗欲舉山陰孔仲智長子爲望計，原平次息爲望孝。仲智會土高門，原平一邦至行，欲以相敵。會太宗别敕用人，二選並停。」原平長子伯林也是舉孝廉不就。郭家是寒門，而祖孫三世都曾舉孝廉。孝義傳中又有吴逵、潘綜都曾察孝廉，吴逵傳明説「門寒」。可知孝廉也有寒人。但這都是統治者有意破格取人，不是常例。南齊書孝義傳中人物便不見此種事例了。

至於北朝則秀孝直接成爲寒人入仕的道路。

上面所舉馬敬德和劉晝便顯然不是高門。北史卷八一儒林傳序云：

> 胄子以通經進仕者唯博陵崔子發、廣平宋游卿而已，自外莫見其人。幸朝章寬簡，政網疏闊，游手浮惰，十室而九，故横經受業之侶，徧於鄉邑，負笈從宦之徒，不遠千里。入閭里之內，乞食爲資，憩桑梓之陰，動逾十數。燕、趙之俗，此衆尤甚焉。齊制，諸郡並立學，置博士、助教授經。學生具差逼充員，士流及豪富之家，皆不從調……諸郡俱得察孝廉。其博士、助教及遊學之徒通經者推擇充舉。射策十條，通八以上，聽九品出身，其尤異者亦蒙抽擢。

這裏所説的是魏末及北齊情況。北齊時孝廉是從學校的博士、助教和遊學之徒中推舉出來，而遊學之徒被稱爲「游手浮惰」，由於「政網疏闊」，才能受業。他們是被認爲應該從事生産而脱離生産的人也就是一般編户。序中明確指出郡學生徒是士族及豪富之家所不屑就的。他們雖不是豪富之家，但能够容許脱離生産，也必須具備一定的經濟條件，我們認爲其中不少是寒人地主和極少數向地主階級轉變的富裕農民。儒林傳中有不少人曾被舉孝廉，這裏不再列舉，只引一例爲證。李業興傳云：「上黨長子人也。祖虬、父玄紀，並以儒學舉孝廉。」他自己也被舉爲孝廉，可算得是儒學世家，可是傳中又説「業興家世農夫，雖學殖而舊音不改」，在南北朝時語音常常是判别士庶的標準之一，李業興雖三世孝廉，説他舊音不改，就意味着他還不是士族。像這樣一種人家正是才擠入統治者行列的寒人地主，由北魏以至齊代，由通經入仕的道路提高了他們的政治地位。

不但孝廉如此，秀才也是一樣。北史卷八三文苑樊遜傳：

河東北猗氏人也。祖琰、父衡並無官宦……遜少好學，其兄仲以造氈爲業，亦常優饒之……屬本州淪陷，寓居鄴中，爲臨漳小吏。縣令裴鑒莅官清苦，致白雀等瑞，遜上清德頌十首，鑒大加賞重，擢爲主簿，仍薦之於右僕射崔暹……後崔暹大會客，大司馬襄城王旭時亦在座，欲命府僚。暹指遜曰：「此人學富才高，兼之佳行，可爲王參軍也。」旭目之曰：「豈能就耶？」遜曰：「家無蔭第，不敢當此。」武定七年，齊文襄崩，暹爲文宣徙於邊，賓客咸散。遜遂徙居陳留。梁州刺史劉殺鬼以遜兼録事參軍事，遜仍舉秀才。尚書案舊令，下州三載一舉秀才，爲五年已貢開封人鄭祖獻，計至此年未合……遜竟還本州。天保元年，本州復召舉秀才。二年春，會朝堂對策，策罷，中書郎張子融奏入。至四年五月，遜與定州秀才李子宣等以對策三年不調，被付外，上書請從罷。詔不報，梁州重舉遜爲秀才。五年正月，制詔問焉。尚書擢第，以遜爲當時第一。……楊愔言於衆曰：「後生清俊莫過盧思道，文章成就莫過樊孝謙，几案斷割莫過崔成之。」遂以思道長兼員外郎，三人並員外將軍。孝謙辭曰：「門族寒陋，訪第必不成，乞補員外司馬督。」愔曰：「才高不依常例。」特奏用之。

樊遜自云「家無蔭第」「門族寒陋」，自然是寒人，但他却三次被舉秀才，以第一名登第。由此可見舉秀才的門第條件較寬。他不敢應大司馬府的辟舉而應秀才舉，可能由於他知道辟舉更容易招致他人的反對。

北朝後期孝廉、秀才已容納寒人，北史儒林、文苑及其他傳中被舉秀孝的很多不屬於高門，李業興、樊遜的家世是非常明確的。這種情況大概始於魏末，〔一〕而盛於北齊。至於北周則根本選無清濁。周書卷二三蘇綽傳大統十年（四五四）綽所奏行的六條詔書，其四擢賢良云：

自昔以來，州郡大吏，但取門資，多不擇賢良，末曹小吏，唯試刀筆，並不問志行。夫門資者乃先世之爵禄，無妨子孫之愚瞽；刀筆者乃身外之末材，不廢性行之澆僞……今之選舉，當不限資蔭，唯在得人，苟得其人，自可起厮養而爲卿相。伊尹、傅説是也，而况州郡之職乎？苟非其人，則丹朱、商均雖帝皇之胤，不能守百里之封，而况於公卿之胄乎？

雖然這裏只是針對州郡辟舉而言，然而其整個精神既是在於否定門第取人的習慣，那末秀孝之舉的不限門資，自不待論。

如上所述，我們完全可以相信南北朝後期北朝的舉秀、孝和南朝的明經射策從考試内容上特别是從放寬門第限止上説已經爲唐代科舉制度開闢了道路。這裏還可以提到一件事，唐代應舉可以自行報名，唐書卷四四選舉志：「選舉不由館學者，謂之鄉貢，皆懷牒自列於州縣。」這種辦法也起於北齊。上引北史儒林傳説馬敬德的被舉秀才是自請在州先行考試而獲得通過的。准許懷牒自試爲唐代科舉特點，而北齊已經看到其萌芽了。

〔一〕魏書卷六〇韓顯宗傳，顯宗太和中上言云：「今之州郡貢察，徒有秀孝之名，而無秀孝之實。而朝廷但檢其門望，不復彈坐，如此則可令别貢門望，以叙士人，何假秀孝之名乎。」可知孝文帝統治時期對於秀孝的門第條件是頗爲認真的。

拓跋族的漢化過程

（一）

從漢代以來，在中國北方的邊境上居住着許多不同種姓的部落、氏族，他們長期與漢族人民雜居來往，通過和平的關係，也通過戰爭，逐漸接受漢族的先進生產方式和由此產生的文化。在「五胡亂華」和拓跋入據北方以後，這許多部落、氏族先後同化於漢族，形成中古期間漢族、鮮卑等各族的大融合。漢化的過程也即是較高級的經濟、文化戰勝較低級的經濟、文化的過程。漢族早已建立了成熟的封建制度，他的文化也反映了此一階段間社會物質生產和精神生活所達到的水平。「五胡」以至拓跋族之同化於漢族首先由於漢族的經濟、文化是較高級的，有助於各族人民生產上和生活上的改進，因而能够在嚴重的破壞下堅持下來，並且吸收了各族帶進來的好的東西，形成一個内容更爲豐富的新的民族文化。

關於「五胡」各族的漢化問題牽涉很廣，在這裏不可能一一分析，我們現在所要討論的是鮮卑族，特别是由鮮卑族分出來的拓跋部。

鮮卑的名稱老早見於記載，〔一〕漢代大體分佈於今遼寧、熱河一帶。東漢時匈奴衰落，鮮卑才强

〔一〕見逸周書王會解及楚辭大招。

大起來。東漢晚期一個部落酋長檀石槐成爲部落聯盟的軍事首領，幾乎繼承了過去匈奴帝國的地位。檀石槐死後，另外一個出於小種鮮卑的酋長軻比能興起，那時正在三國分立時期。以後鮮卑部落中較强大的是慕容、宇文、段、拓跋，他們各自以本部落爲核心建立部落聯盟。

從東漢以至晉初二百五十年間鮮卑人的社會經濟發展情況大致是處於氏族社會的末期。二世紀初他們和漢帝國經常進行交换，漢朝特地設置了「胡市」以便管理，鐵器亦由偷漏而大量輸入，〔一〕三世紀時他們從漢人那裏學到製造兵器的技能。〔二〕我們可以推想他們的工具必然也早使用鐵器，只是原料還是要由漢地輸入。他們主要的生産是畜牧、射獵。大概和他們的鄰居烏丸人一樣也有了農業，種的是穄（小米）和「東墻」，然而要靠漢地供給米。階級是不顯著的。檀石槐時因爲「田畜、射獵不足自給」，曾經俘虜一批汗國人，叫他們捕魚助糧，顯然知道從俘虜的勞動生産中掠奪剩餘生産品，但這還只是奴隸制的萌芽時期。還在檀石槐以前鮮卑人已經有了部落聯盟組織，但很不穩固，聯盟部落常常分解出去。聯盟軍事首領由大部落的「大人」（酋長）推舉，各部落的大人也由選舉産生。檀石槐時大概「大人」的選舉已限於若干富有的顯貴家庭，他們從長期的軍事掠奪中擴大了財富和權

〔一〕後漢書卷九〇鮮卑傳靈帝時（一七六）蔡邕議稱「關塞不嚴，禁網多漏，精金良鐵盡爲賊有」。可知鮮卑從漢朝購鐵，而漢政府對於鐵的輸出是有禁的。

〔二〕三國魏志卷三〇注引魏書烏丸傳稱「男子能作弓矢鞍勒，鍛金鐵爲兵器」。鮮卑與烏丸同俗，當亦能自己鍛冶金鐵，但可能都是漢末情况。

力，到檀石槐死後聯盟軍事首領和部落酋長便開始世襲了。然而即使如此，也還没有確立，聯盟部落仍然隨時分解和隨時聯合，仍然可以推舉軍事首領和酋長。檀石槐的繼起者軻比能出身於小種鮮卑，也即是不屬於顯貴家庭的成員，僅由於他的勇敢、公平、不貪財物等品格而被推舉爲大人，以後他又成爲部落聯盟的軍事首領。

從二世紀初到三世紀中鮮卑的名號已經不限於血緣部落的範圍，當北匈奴崩潰時，有一批匈奴殘餘到了遼東，和鮮卑人雜居，他們自稱爲鮮卑；另外有一批包括丁令及其他種族的匈奴奴隸逃亡到河西，他們後來被稱爲河西鮮卑。〔一〕這裏説明鮮卑人正在擺脱狹窄的血緣部落範疇，雖然並没有形成部族。

三世紀末期鮮卑諸部落中慕容氏强盛。當慕容廆和他的兒子慕容皝開始占有遼寧、熱河建立前燕王國時，就在流亡的漢族士大夫指導下，仿照魏晉屯田制度組織流亡農民墾荒，仿照魏晉建立了政權機構和政治制度。四世紀中前燕占領河北，三七〇年爲前秦所滅。前燕在東北時，流亡人民要占原有人口數的十倍，而原有人口，自然還是以漢族爲多，爲了便於統治漢族人民，不但需要和漢族士大夫勾結，而且那些國王們還加强了貴族們對漢文化的學習。慕容皝曾設置學校，學徒千餘人，他的兒子慕容儁又增設「小學」，學徒是大臣的子弟，必然包括鮮卑貴族。據説慕容皝還親自編製了教本，

〔一〕三國魏志卷三〇注引魏略西戎傳。

「每月臨觀，考試優劣」。〔一〕

前燕初步推進了漢化政策，雖然效果並不大。繼前燕而起的便是拓跋鮮卑。

三世紀中期，拓跋部落遊牧於今內蒙古自治區和山西北部。他們的酋長力微成爲部落聯盟的軍事首領，經常掠奪東北諸郡。西晉末年大亂，酋長猗盧由晉朝封爲代王，要他夾攻羯胡，他乘機占領了山西北部五縣。猗盧企圖把自己變爲真正的國王，進行了殘酷的屠殺，結果部落離心，爲兒子所殺。猗盧死後，拓跋中衰，以後又爲苻堅所敗，本已世襲的聯盟首領也爲鐵弗和獨孤部落所奪。直到三八六年拓跋珪才恢復了這個世襲權利，三九八年滅掉後燕，占領了黃河流域，建立了北魏帝國。

從力微到拓跋珪，以拓跋部落爲核心的軍事聯盟正在部族的形成過程中。魏書卷一序紀提到北魏的祖先曾經「統國三十六，大姓九十九」，卷一一三官氏志列舉了這些氏姓，並説明都是力微時「餘部諸姓內入者」。我們審查所列舉的氏姓很多不屬於鮮卑系統，但却和許多血緣氏姓一起共同構成了拓跋諸姓的全部。鮮卑語言顯然是通行於各部落間的語言。隋書卷三二經籍志稱：「又後魏初定中原，軍容號令，皆以夷語。」所謂夷語，也即是鮮卑語，可以證明鮮卑語是流行於邊境的語言。一種語言之被各部落所接受，便標識着超越於部落組織的共同體正在産生。而且所有部落在拓跋珪時已定居在一定的地域上。魏書卷一一〇食貨志云：「天興初，制定京邑，東至代

〔一〕晉書卷一〇〇慕容廆載記，卷一〇九慕容皝載記。

郡，西及善無，南極陰館，北盡參合爲畿内之田。其外四方四維，置八部帥以監之。」說着同一的鮮卑語的三十六國、九十九姓大體上居住在這個範圍的内外，他們的部落，氏族組織在同時趨於瓦解，〔一〕地域性的公社開始形成。

北魏國家所包含的有操着不同語言的部族、部落，而拓跋部族是占統治地位的部族。

部族是在階級和國家形成的過程中產生的。私有制和個體勞動破壞了氏族的公有制和集體制，破壞了作爲最初人類社會共同體所必需的血緣紐帶。這就使不同氏族、部落的人可能在寬闊的範圍上形成更高級的聯合組織。由此可知部族是在原始公社的廢墟上建立起來的人們社會的共同體。

在拓跋珪進占河北以前，階級和國家正在形成的過程中，作爲軍事首領的國王已經企圖把自己變成真正的代表富有者階級利益的統治者。正如恩格斯所指出來的：「最高軍事首領，如希腊人及羅馬人裏面那樣，已經開始陰謀篡奪專制的權力，有時也能達到目的。這樣僥倖的篡竊者決不是絕對的統制者；不過他們已經開始粉碎氏族制度底枷鎖了。」〔二〕到了拓跋珪滅燕以後，那時他已經真正篡奪了專制權力，雖然某些和氏族相聯繫的軍事貴族還想加以限制。

當拓跋珪統治時，奴隸生產制正在發展，對外掠奪的軍事勝利中，每次總有大量的俘虜作爲奴婢或隸户而賞賜給將領們。南齊書卷五七魏虜傳稱義熙中（四〇五——四一八）仇池公楊盛的報告

〔一〕魏書卷一一三官氏志在列舉諸氏姓之後說：「凡此四方諸部，歲時朝貢，登國初太祖散諸部落，始同爲編民。」

〔二〕恩格斯：家庭、私有制和國家的起源，人民出版社一九五四年版，第一三九頁。

説：「妃妾住皆瓦屋，婢使千餘人，織綾錦販賣，酤酒，養猪羊，牧牛馬，種菜逐利。」從王宫中使用奴婢生產的情况便可以推測那些貴族、將領們怎樣使用奴婢與隸户生產。然而當時主要的勞動者却還不是奴隸。牧地上的牧民和耕地上的農民絶大部分是牧社或村社成員和也是出於俘虜而未被當作奴婢的「牧子」和新「民」。〔一〕拓跋族的階級社會並没有向着奴隸制發展，他們走的是向封建制飛躍的道路。

拓跋族社會的飛躍發展原因首先是由於本身的生產力已經達到一定的水平。他們很早就使用和鍛製鐵制工具，恩格斯曾經指出：「鐵已經爲人類服務，這是在歷史上起了革命作用的各種原料當中的最後者（直到馬鈴薯的出現爲止）和最重要者。」〔二〕從世界史上看來，鐵的使用或者促使低級的奴隸制走向高級的奴隸制；或者促使在萌芽狀態中的階級社會急速走向封建制。鐵製工具所要求的生產關係高於低級的奴隸制，這樣就使那些業已使用鐵器的原始公社在其瓦解過程中不走奴隸制的道路，因爲奴隸制開始形成既不可能就是充分發展的，而低級的奴隸制已經不能適應那種發展的生產力水平。當然我們不能忽視金屬的使用，對於遊牧社會所起的作用，決不能與農耕社會相提並論，但像拓跋族那樣却不是單純的遊牧經濟，從拓跋珪剛即代王位那一年（三八六）已經在歷史上記載着「息衆課農」，到了滅燕之後，大量的河北人民被强迫遷移到代京一帶去「計口授田」。〔三〕那些貴

〔一〕見拙著魏晋南北朝史論叢拓跋國家的建立及其封建化。
〔二〕恩格斯：家庭、私有制和國家的起源，人民出版社一九五四年版，第一五六頁。
〔三〕魏書卷二太祖紀。

族也在那裏擴大農業方面的財富。〔一〕農業的比重增加，「鐵」的作用也越來越大，終於推動了社會經濟的發展，並成爲封建生產關係形成的重要因素。其二，我們知道拓跋氏族的瓦解是在侵入中原以後，拓跋部族定居在山西河北一帶土地上發展起來；包圍着它的除了一些比較更落後的部落、氏族之外，便是漢族的業已鞏固和成熟了的封建制度，這就給予拓跋族以巨大影響，使之走向封建制。

正因爲拓跋族的封建生產關係是從家長奴隸制飛躍發展的，因而也就包含着大量的宗法氏族的殘餘。在「分土定居」之後，所有氏族内部的個别集團，也即是各個家長制大家庭與單個家庭包括貴族在内一律變成了「編户」，顯然這是地域性的編制，但家長制家庭並没有都分解；各個家庭間的血緣紐帶由於遷移、雜居而削弱了，但家長制家庭内部的血緣關係仍然起着一定作用。〔二〕甚至由於當時雖然業已達到一定水平，但仍然是脆弱的社會生産還没有力量使每個家庭單獨作戰，因而從大家庭中分解出來的單個家庭或没有分解的大家庭彼此之間有必要保持着血緣的聯繫。這些或大或小的彼此有血緣聯繫的家庭常常聚居在一處。這樣又使遺留下來的宗法氏族殘餘得以長期保持下去。

因爲如此，所以由於貧富分化而産生的封建剥削也帶着原始的宗法氏族制痕迹。拓跋燾統治時，他的兒子在畿内頒佈了一個課田令。它的主要内容是：「使無牛家以人牛力相貿，墾殖鋤耨。其

〔一〕魏書卷二八和跋傳。

〔二〕魏書卷二八和跋傳稱拓跋珪殺死和跋時，和跋對他的兄弟説：「灅北地瘠，可居水南，就耕良田，廣爲産業。」由此可見和跋兄弟共同構成的家庭没有分解，同時他們完全可以脱離其氏族而遷移。

有牛家與無牛家一人(牛?)種田二十二畝,償以耘鋤功七畝,如是爲差,至與小老無牛家種田七畝,小老者償以鋤功二畝。」[一]有牛人家借一頭牛給無牛家耕田二十二畝,無牛家就要替有牛家耘鋤七畝作爲報償。如果借給只有老弱的人家,那末牛耕七畝,報償耘鋤功二畝。這是淵源於氏族互助制而演變爲封建剥削制的形態。徭役地租的實質是掩飾在各個家庭間的互助下面的。

以上我們追溯了拓跋族先世和北魏前期的歷史發展,在這長期過程中拓跋族由部落融合爲部族,由家長奴隸制過渡到封建制。我們現在要考察在這樣一個基礎上産生的文化。

(二)

拓跋社會經濟的發展與變化決定其文化的發展與變化。

拓跋帝國是在軍事征服過程中形成的,正如斯大林所指出的,乃是「一些各有各的生活方式、各有各的語言的部落和部族的集合體」。[二]這些部族、部落的社會發展階段是各不相同的,從最先進的漢族以至逗留在氏族末期的邊塞部落所組成的集團僅是「暫時的不鞏固的軍事行政的組合」。帝國内部的文化顯然具有極大的差異。從拓跋部族内部來看同樣有這個問題。拓跋部落來自塞外,當它以自己的核心而組成部落聯盟以至部族萌芽時,他們的經濟生活以畜牧爲主,文化具有塞外畜牧業

[一] 魏書卷四下世祖紀。又「私鋤功」,據册府元龜卷四九五改作「耘」。下面「無牛家一人」的「人」,册府元龜作「牛」。
[二] 斯大林:馬克思主義與語言學問題,人民出版社一九五三年版,第九頁。

類型的特徵。他們騎射的訓練，亢爽明朗的歌曲、音樂，以及各種適合於畜牧經濟的起居飲食風俗、習慣和農業文化有顯著的差異。這一些從保存在稱爲梁鼓角横吹曲的鮮卑歌中便可以看到。〔一〕從拓跋珪以後，農業經濟日益發展，農業類型的文化也隨之滋長。這兩種不同類型的文化一方面是混合，另一方面也不能不産生矛盾。拓跋族的農業是由漢族人民傳入的，在拓跋部族定居的畿内還有大量的漢族人民從事於農業勞動，因而在拓跋族中滋生的農業文化也即是漢文化的傳播。既然如此，那末拓跋族固有的畜牧業文化和新生的農業文化之間的關係也即是鮮卑文化與漢文化之間的關係。北魏初期兩種文化處於一種混合的形態。南齊書卷五七魏虜傳稱「佛狸（拓跋燾）以來，稍僭華風，胡風國俗，雜相揉亂」，便是這種混合而不協調的表現。

在階級社會中統治階級的文化（精神方面的）占有統治地位，統治者不能不關心怎樣利用文化以達成其階級目的。然而在拓跋族統治者之間對於怎樣對待這兩種類型文化的態度却産生了分歧。這種分歧在經濟上是畜牧封建主和田園封建主之間的矛盾表現；在政治上是帶着氏族殘遺的軍事貴族和傾向集權的貴族、官僚間矛盾的表現。在北魏初期雖然畿内及其周圍地區農業日益發展，但畜牧業仍占頗大比重，部落貴族掌握着軍政大權，他們對於漢文化基本上是抗拒的。

然而不管那些部落貴族怎樣想法，經常遷移的牧人已經定居下來，並且部分地轉向農業，甚至尚

〔一〕郭茂倩：樂府詩集卷二五。

未融合於鮮卑的高車也「漸知粒食」。〔二〕繁榮的畜牧業不能代替日益加增的「粒食」的需要，四三九年頒佈的課田制就説明拓跋統治者對增加糧食生産的企圖。在農業發展要求的基礎上漢文化正在擴大。而且拓跋統治者也不可能遵循已往的軌轍來統治其占領的廣大土地和居民。軍事性的掠奪、俘虜給予北方人民以巨大災害，使農業經濟最爲發展的黄河流域大片土地變爲荒蕪，同時也使拓跋統治者不能從黄河流域人民那裏攫取更多的財富和鞏固其統治。爲了達到這個目的，他們需要和那個地區固有的封建統治階級勾結起來，並從那些大族士大夫那裏吸取統治經驗，建立有效的封建政治制度；並學習封建統治者的理論。這就使不同族類的上層分子在階級利益上結合起來。漢族封建統治者的文化從而滲透到拓跋封建統治者中間。除此之外，我們還應該提到才從部落聯盟軍事首領轉變來的北魏皇帝在轉變過程中經常要和堅持氏族權利的貴族們進行鬥争。那些貴族也即是抗拒漢文化的人，因爲他們的權利是和過去遊牧部落舊習相聯繫的。而與之鬥争的皇權爲了排斥貴族們的權利，就必須解除鮮卑舊習的約束，並吸引一批漢族官僚士大夫在他周圍。皇權的日漸擴大也意味着在統治階級中漢文化影響的擴大。

拓跋部族自身經濟、政治的發展要求走向漢化，而且不這樣也不能維持這個「不鞏固的軍事行政組合」。到了四七一年孝文帝元宏即位，他和他的祖母馮太后決定進行一系列的改革措施。加緊漢

〔二〕北史卷九八高車傳。

化不但是中間重要的部分，並是改革政策的主要環節。

這些改革中最重要的自然是四八五年頒佈的均田制和下一年頒佈的三長制。這兩種制度是相互結合的，按其性質乃是通過地域公社的組織形式以保證農業生産，並藉此取得租調剥削的封建國家土地所有制。

均田制中包含的複雜問題，在這裏不擬討論，僅就拓跋族漢化這一點來考察，此一制度顯然起着巨人的推動作用。我們知道從「五胡」以來，就有許多不同種族的人民散居在中國土地上。而從拓跋燾以後，還曾大量遷徙部落人民到河北境内，於四四四年、四七一年、四七三年三次所遷徙的北部民及敕勒民就不在少數。〔一〕被徙的人民稱爲營户，即是由軍營押領而不屬於州縣的特殊户口。均田制和三長制施行之後，非營户的各族人民自然和漢族人民一樣在三長制的地域性組織下受田與繳納租調，正在消失中的種族特點更快地消失了。至於那些營户是否立即成爲均田農民呢？那還不能説，但在此後較長期間也必然這樣。各族人民既然先後同樣在固定的地域公社組織形式下從事農業生産並負荷起對國家的封建義務，這就加快了各族間的融合。

其次，我們在上面説過，畿内的農業是有發展的，而且統治者由於糧食供應問題也在努力推動。但是畿内的地理條件在當時的農業技術水平上起一定的作用，因而農業發展也是有它的局限性。畜

〔一〕見魏書卷四下世祖紀太平真君五年，及卷七高祖紀上延興元年及三年條。

牧業不能不占頗大的比重。在均田制施行之先，拓跋政權對於黄河流域是一種軍事掠奪性的統治，没有建立經常的賦税制度。那裏的豪强大族占有大量人口作爲他們的蔭户。不給俸禄的各級地方官由皇族和鮮卑貴族、漢族地主分擔，也就是分贓，〔一〕貪污風氣盛行。輸入國庫的租調收入是不太多的。這一點只要看拓跋皇帝曾經爲了不能收足其剥削物資而處罰地方官的嚴厲命令就可知道。一般地看來，在拓跋魏初期，掠奪和出於部落貢納的財富較之出於租調者對於統治者可能更爲重要。可是均田制的推行使拓跋政權對於黄河流域農業剥削的依存性大大增加，同時相應地削弱了部落畜牧業與拓跋政權的聯繫。這樣就使以元宏爲首的一部分統治者決心改變其面貌，以便鞏固其統治。

四九四年元宏決定遷都洛陽。我們在上面提到，代京農業的發展有其局限性，而糧食的需求却由於「粒食」者的增加而日益迫切。還在拓跋嗣統治時期，由於代京一帶常常發生天災，拓跋嗣就有遷都鄴城之意，雖然由於崔浩的勸阻而打消，但仍然把一部分飢民分發到河北去「就食」。拓跋弘時建立了繳納租穀的制度。其内容是把人民分爲三等九品，上三品直接到代京繳納，中三品到備有重要穀倉的州郡繳納，下三品就繳在本州。〔二〕這些輸送到代京的糧食絶大部分應該出於黄河流域。這

〔一〕魏書卷一一三官氏志：「又制諸州置三刺史，刺史用品第六者，宗室一人，異姓二人……郡置三太守用七品者，縣置三令長，八品者。」異姓有鮮卑貴族，也有漢族大姓。照當時貫例刺史守令是常常用本地大族充當的。由此可見三頭分治很可能是代表皇室、鮮卑貴族和地方大族的三種勢力。

〔二〕魏書卷一一〇食貨志。

裏説明在均田制施行之前，代京糧食供應早就要依靠黄河流域。在四八七年那一次的代京大旱，又是移民就食，「行者十五六」，〔二〕弄得「内外人庶，出入就豐，既廢營産，疲而乃達」。〔三〕這時均田令業已頒佈，黄河流域的農業正在恢復，那末爲了解決代京的嚴重糧食問題，遷都就有必要。其次，皇權和軍事貴族們的鬥争也促使元宏拋棄這個保持舊有勢力及其風習的國都，因爲只有這樣才能擺脱舊勢力的威脅。然而更重要的則是拓跋政權既然日益依存於黄河流域的租調剥削，那末也必然要加緊控制這一個地區。我們知道從元宏即位以後黄河流域的反魏起義不斷地發生，爲了鎮壓起義必須加强軍事和政治力量，遷都到洛陽就起了這個作用。而爲了鞏固拓跋政權不但對人民要加强統治，同時黄河流域的大族在經濟、政治、軍事上有巨大的勢力，這也使拓跋族君主不太放心，於是一方面要加緊合作，另一方面也要適當控制，遷都既使鮮卑貴族和漢族大地主的合作統治推進一步，同時使中央軍事、政治勢力便於延伸到地方上去。

遷都是由客觀形勢決定的，但並不太容易，大部分鮮卑貴族都不贊同。元宏假稱南征以威脅那些業已被漢族以及其他各族人民的血汗餵肥了的貴族才勉强獲得同意。下一年元宏命令代京貴族軍士和一部分人民都遷居洛陽。這些内遷的拓跋族人民一律受田耕種，魏書卷一九中任城王雲附子澄傳説元澄諫阻南伐時就説到「代遷之衆」纔到洛陽，「今茲區宇初構，又東作方興，正是子來百堵之

〔二〕魏書卷一一〇食貨志。
〔三〕魏書卷六二李彪傳。

日，農夫肆力之秋」；卷六五李平傳，他諫元洛（宏子）幸鄴表也説「代民至洛」，「事農者未積二年之儲，築室者才有數間之屋」。由此可見那些代遷户都是農民，他們和一般漢族農民不同者即是充當禁衛軍。魏書卷七下高祖紀太和二十年（四九六）稱：「以代遷之士，皆爲羽林虎賁。」這種既受田、又當衛士的羽林虎賁，也即是以後府兵制度的淵源。那些貴族們則是「田業鹽鐵，遍於遠近，臣吏僮隸相繼經營」，「公私營販，侵剥遠近」。〔一〕内遷的拓跋族投身在漢族的汪洋大海中，他們離開固有的生活越來越遠。斯大林在駁斥反動的「民族文化自治」口號時指出：「這些已經遷徙的集團漸漸失去舊有的聯繫，而在新的地方取得新的聯繫，一代一代學得新的風俗和新的嗜好，也許還會學得新的語言。試問有没有可能把這些彼此隔絶了的集團合併成爲一個統一的民族聯盟呢？」〔二〕斯大林的指示是針對資本主義發展的高級階段上民族開始分散的情況説的，但在不鞏固的部族時期，遷徙集團之失去舊有聯繫與取得新的聯繫將是更快和更易。拓跋部族中的一部分遷徙集團不久便和漢文化取得新的聯繫，而和另一部分留居在北邊的同族人隔離開了。

遷徙集團必然要與漢族融合，這一點是決定了的。但我們也不能否認元宏推行的漢化政策所起的作用。他決定要消滅統治階級間種族上的隔閡，藉以更有效地統治人民。現在他不是代表拓跋貴族利益的君主，而是代表整個胡漢統治階級的君主了，而這樣做法實質上又恰恰是代表了拓跋貴族

〔一〕魏書卷二一上咸陽王禧傳、北海王詳傳。

〔二〕斯大林：馬克思主義與民族、殖民地問題，人民出版社一九五三年版，第五七頁。

的利益，因爲如果不能打成一片，在反魏起義中最先倒下來的自然是那些拓跋族的統治者。首先他把拓跋貴族加以門閥化，使帶着氏族殘餘的軍事貴族和地方大族合流。當他剛在洛陽定居下來，立刻就頒佈了詳定姓族標準的條例，合格的稱爲郡姓，郡姓之中又根據祖宗官位高低分爲甲、乙、丙、丁等級，稱爲四姓。像這樣以法令形式硬性規定族望的高低連南朝也没有這樣做。同時便將鮮卑貴族站起隊來，決定以穆、陸、賀、樓、劉、于、嵇、尉八族爲最高，稱爲八姓，八姓所享的權利和漢族四姓一樣。八姓以外的各個宗族也按照祖宗官位列入姓和族（姓比族高），五世以内的同族都包括在内，五世以外就不在此例。[一]這樣就將拓跋貴族改造成和漢族大姓一樣的門閥。一般本族人民被排斥在姓族之外。他們和本同一源的貴族分割開了，成爲編户與庶姓。於是不同種族的統治者在門閥系統下構成一個統一的階級。

在南朝，士庶的官職、婚姻都有嚴格的區别。元宏把這一套完全抄襲過來。他頒佈了統一官制的命令，把過去部落殘遺的制度和隨時設置的官稱一律廢除，根據漢魏以來以至晉宋的制度規定一個新的官制。在新的官制中明白規定了官職的清濁。[二]他自己在朝堂上竭力説明「清濁同流，混齊一等，君子小人，名品無别」的辦法「殊爲不可」。[三]不管是拓跋族或是漢族在選舉上都按照門閥標

[一] 魏書卷一一三官氏志。

[二] 適合於士族所做的官叫清官，適合於庶族所做的官叫做濁官。這是南朝的習慣語，但南朝似乎也没有以法令形式硬性規定某一官職的清濁，而北魏則是在定制時就規定了。

[三] 魏書卷五九劉昶傳。

準來決定。

在婚姻上也是一樣，元宏提倡在門閥的基礎上打破種族界綫。在四九六年他自己將第一等門閥崔、盧、李、鄭、王五姓之女收爲妃嬪，同時又勒令五個皇弟把前娶的王妃降作姬妾，另娶漢族高門，只有一個皇弟娶的是拓跋貴族之女，〔一〕這一個特例顯然只是一種點綴，其意只是要和漢族高門通婚。

通過這一些措置，不同種族的統治者在政治與婚姻方面都統一於一個共同的門閥基礎上，階級利益戰勝了種族的隔閡。

元宏認爲一切拓跋部族的特徵都應該消滅，徹底地同化於漢族，才能消除漢族人民的反抗異族統治的情緒。在四九四年他下令改革服裝，即是説不準穿本族衣服，而改穿漢裝。下一年他見到婦女們還有些穿夾領子、小袖口衣服、戴帽的，就很生氣，嚴厲責備洛陽的官吏。〔二〕四九五年他將自己的姓改爲「元」氏，從此皇室便姓了元，又將所有各族的二字、三字複姓一律改成單姓。〔三〕同時，他又禁止説鮮卑語，要大家一從「正音」，所謂正音即是漢語。三十以上的人口語不容易改變，犯了不處罰，三十以下在朝廷作官的拓跋族人如果仍舊不改，就要降爵黜官。改變語言的範圍限於作官的人其目的似乎也只在確定漢語爲官話，但實際效果却超出了這個範圍。不久之後，那些貴族們竟然完

〔一〕魏書卷二一上咸陽王禧傳。
〔二〕同上及卷一九中任城王雲附子澄傳。
〔三〕魏書卷七下高祖紀太和二十年正月改姓元。陳毅魏書官氏志疏證以爲當在十八年，而諸複姓之改單姓在十九年。

全忘掉了自己本族的語言，以致反而要用漢字音譯來「相傳教習」那些「軍容號令」了。〔一〕

通過元宏這一系列的改革，拓跋内遷集團，特別是貴族們和漢族的差別很快的消失，幾代以後僅僅在追溯祖先的譜系時知道其出於拓跋鮮卑而已。

元宏在遷都之後二、三年間推行了這些改革，其目的正是在於鞏固拓跋政權，然而改革不是毫無阻礙地進行的，幾乎在每一件事上都遭到貴族們的抗議。他們對於「變俗遷洛，改官制服，禁絶舊言，皆所不願」，〔二〕有的貴族説遷都不便，因爲，「征伐之舉，要須戎馬，如其無馬，事不可克」。〔三〕有的貴族不願學習漢文，説「北人何用知書」，〔四〕他們抱怨元宏親近漢人，疏遠本族。〔五〕在四九六年貴族發動了一次叛亂，參加者包括了宗室和穆、陸、賀諸族，連太子恂也在内。亂事還未爆發就發覺了，太子恂給廢掉，但他們並不甘心，又曾組織反抗。平服之後，追究黨羽，據説只有于家無人參加。由此可見反對漢化的貴族集團人數很多。

這個集團是由落後的貴族組成的。他們的財富，他們的政治勢力和氏族殘餘及畜牧經濟相聯

〔一〕隋書經籍志經部字書類後序。
〔二〕魏書卷一四元丕傳。
〔三〕魏書卷一四元丕傳。
〔四〕魏書卷二一廣陵王羽傳。
〔五〕魏書卷四〇陸俟附孫凱傳。

繫，因此他們反對向農業轉化，也反對向專制皇權轉化，而遷都以及一切改革是和他們的願望相背馳的，所以引起叛亂。在這時期代京人民不一定擁護他們，而元宏這一面有漢族地主和一部分傾向漢化的貴族支持，亂事就很快地平定了。在拓跋族內部兩種勢力的長期鬥爭中，先進的那一派終於取得勝利。

遷徙集團在洛陽以及其他中原地區定居下來，到了元恪統治時已經「安居歲久，公私計立，無復還情」，〔一〕他們迅速融合於漢族了。

（三）

然而拓跋族的漢化過程並没有全部完成。部族是不鞏固的社會共同體，既可以全部融合於其他部族，也可以分解爲若干部分而融合於不同部族。斯大林指出從階級出現，國家萌芽以至較長期間的發展中，「許多部落和部族分開了和分散了，聚合了和融合了」。拓跋部族的形成不久，直到遷洛時還處於幼稚的階段，因而分合就更爲容易。當這個遷徙集團急速漢化之際，他們和留在北邊的同族人就日益疏遠。拓跋部族中兩種不同文化的差異性也隨之滋長。作爲漢化核心的統治集團和大量的農業人口遷出了代京，留在代京及其附近地區的拓跋族人多半就是不願遷移的人。他們很多和畜

〔一〕北史卷一五元暉傳。

牧經濟相聯繫。五一七年北魏政府曾經下詔說:「北京根舊,帝業所基,南遷二紀,猶有留住,懷本樂故,未能自遣,若未遷者,悉可聽其仍停,安堵永業。」〔二〕從遷都至此二十多年還有許多應遷而未遷的人户,他們都是懷戀本土,樂於故風的人。在代京及其附近的拓跋部族中留住集團仍然保持着鮮卑風習,而且使那些正在融合於拓跋部族的其他部落也迅速鮮卑化。因而在這些地區裏出現了這樣一種傾向,即是拓跋留住集團和若干部落鮮卑化的加强。北邊各族的漢化停頓了,甚至於少數漢人也走向鮮卑化。

還在拓跋珪時在北方的境上就曾設置若干軍鎮。按照當時制度,公社自由民構成軍隊的全部,因而被移充駐防軍的最早即是拓跋本族的自由民,兵民既然不分,所以軍鎮並没有治民、治兵之别。不久以後,很多的征服或降附部落的人民也被徵發出來充當駐防軍,犯罪的官吏和人民也被發到軍鎮,出於不同來源的鎮兵最後就没有什麽區别了。他們一律被稱爲「府户」,即是屬於軍府管理的户口。「府户」是最受壓迫的一個階級。不論是拓跋族人或被征服部落人,良民或犯罪者,他們共屬於這一個階級。洛陽的統治集團已經漢化之後,他們便把若干文化上的權利當作自己的特權;爲了排斥被壓迫階級的同族人於自己的集團之外,也爲了保持足夠數量的駐防軍——我們知道北魏後期的兵源已呈枯竭,内遷的拓跋族人仍然在當禁衛軍,但要使之戍邊是有困難的,而且連一部分

〔二〕魏書卷九肅宗紀熙平二年。

的禁衛軍還得從高車族中選出；他們把府户包括本族人在内一齊束縛在軍鎮上，不準他們「浮游在外」，以至「少年不得從師，長者不得遊宦」，〔一〕這就是説阻遏了他們和漢族人民接觸，接受漢族文化的道路。

代京的留住集團，征服與降附的各部落，以及束縛在軍鎮上的府户在魏末不管是鮮卑人與否都呈現着强烈的鮮卑化傾向。

我們在這裏不想討論魏末北方軍鎮起義的問題。總之，這次以「府户」爲基本隊伍的起義在性質上是各族被壓迫人民對於洛陽漢化貴族及漢族大地主官僚的階級鬥争。但是正因爲北方境上的鮮卑化，而壓迫者恰恰是漢化貴族與漢族地主官僚，所以也就帶着反對漢文化的意味。這種鮮卑化和漢化的對抗一直延長到齊、周分立時期。

當遷徙集團學會了漢語以至忘掉了本族語言之時，鮮卑語言繼續是而且在較前更爲廣泛的範圍内是邊境上共同的語言。北齊書卷二一高乾附弟昂傳稱高歡「每申令三軍，常鮮卑語，昂若在列，則爲華言」。高歡的軍隊也即是由北鎮義軍失敗後改編的。北鎮群衆不一定是鮮卑人，但都懂得鮮卑話，他們雖可能也懂得漢話，然而軍隊中鮮卑話是主要的語言，北齊書二四孫搴傳説他「又能通鮮卑語，並宣傳號令」，由此可見「宣傳號令」必用鮮卑語，高歡自稱他的祖先出於渤海高氏，也有人疑爲僞

〔一〕魏書一八廣陽王深傳。

造，這一點不必管它，但他「累世北邊，故習其俗，遂同鮮卑」，[一]即使真爲渤海高氏，也是鮮卑化了的。高歡部下有一個勇將斛律金，他是朔州勑勒部落的酋長，當北鎮起義時曾經參加義軍，不久便叛降政府軍。他曾經唱出一首有名的勑勒歌，據樂府詩集卷八五引樂府廣題説這首著名歌曲「本鮮卑語」，即是斛律金所唱的歌本用鮮卑語，後來翻譯爲漢語。這一個勑勒酋長唱勑勒歌，用的却是鮮卑語，我們知道勑勒語言，「略與匈奴同」，[二]和鮮卑語是不一樣的。由此可見北鎮的勑勒人説的也是鮮卑語。顔氏家訓教子篇諷刺一個自命善於教子的北齊的士大夫，他的辦法是「教其鮮卑語及彈琵琶，以此伏事公卿，無不寵愛」。正因爲北齊公卿大部分出於説鮮卑語的北鎮軍人，所以學了鮮卑語就能獲得寵愛。這一位士大夫確乎看到了當時一些由通鮮卑語而得意的人，譬如上述的孫搴和另一個做到大官的祖珽便都從通鮮卑語進身。附帶的提一下，琵琶雖不是鮮卑固有樂器，鮮卑貴族却特别愛好，例如齊末倖臣和士開便因「能彈胡琵琶，因此親狎」，後主時還有一些「以音樂至大官者」，[三]所以彈琵琶也成爲「伏事公卿」的必要技術。

北周方面對待漢文化的態度較北齊有些差異，但統治集團和軍人一樣出於北方軍鎮，鮮卑語仍然是通用的語言。隋書卷四二李德林傳説北周武帝（宇文邕）「嘗於雲陽宮作鮮卑語謂群臣

[一] 北齊書卷一神武紀。
[二] 北史卷九八高車傳，高車即勑勒。
[三] 北齊書卷五〇恩倖傳。

云……」，顯然群臣至少有一部分是懂得鮮卑語的。隋書卷三二經籍志記載有關鮮卑語的字書十三種，其中有鮮卑號令一卷是周武帝所撰，可以推知軍隊同樣通用鮮卑語。而北周時期所載的胡帽，據說是「索髮的遺像」，〔一〕也就是鮮卑遺制。連琵琶之爲普遍愛好的樂器和北齊都没有什麼不同，譬如隋文帝就能够自己彈。〔二〕

從北鎮起義以後進入中原的鮮卑化的部落人民，他們都説鮮卑話，愛好鮮卑風俗，善於騎射，不懂漢文，他們從種族上説不一定都是出於鮮卑，但一律被稱爲鮮卑，也自認爲鮮卑。例如高歡便常常把自己所統帶的北鎮軍人唤作鮮卑。韓陵之戰，他認爲高昂「純將漢兒，恐不濟事，今當割鮮卑兵千餘人共相參雜」，〔三〕而薛孝通也説高歡「以數千鮮卑破爾朱百萬之衆」。〔四〕鮮卑的稱號當時在頗爲廣泛的範圍内使用，這種例子可以舉出很多。

鮮卑化的部落人民由於憎恨洛陽政權，連帶的也憎恨漢文化，這是不難理解的。某些從北鎮軍人中提升的新興軍事貴族，他們爲了要鞏固自己的政權，企圖維持强大的鮮卑化軍隊，藉以鎮壓人民，也爲了防止漢族士大夫像過去一樣爬到他們的頭上來；他們利用了這種情緒。

〔一〕隋書卷一二禮儀志。
〔二〕隋書卷三七李穆附從孫敏傳。
〔三〕北齊書卷二一高乾附弟昂傳。
〔四〕北史卷三六薛辯附孝通傳。

然而歷史的發展並不能按照他們的主觀願望進行。所有進入中原的鮮卑或鮮卑化人民也像他們的前輩一樣業已投入漢族的大海中；他們也將像他們前輩一樣走上漢化的道路。

我們可以從軍事制度上加以觀察。當時基本上是鮮卑人當兵，漢人務農。高歡對鮮卑人說：「漢民是汝奴，夫爲汝耕，婦爲汝織，輸汝粟帛，令汝溫飽，汝何爲凌之。」他又對漢人說：「鮮卑是汝作客，得汝一斛粟，一匹布，爲汝擊賊，令汝安寧，汝何爲嫉之。」[一]這裏說明兵農隔離也即是鮮卑和漢人的隔離(高歡所指雖只限於東魏境内，但西魏也没有不同)，如果農民當兵，兵士歸農，那末這種差别也就隨之消除，所以兵農合一的過程就標識着融合的過程。

高歡和宇文泰政權都以北鎮群衆爲其軍事基礎，他們擴大隊伍也只在北邊鮮卑化地區打主意。但高齊方面直到最後没有什麼變化。高澄曾經命孫搴「大括燕、恒、雲、朔、顯、蔚、二夏州、高平、平涼之民以爲軍士，逃隱者身及主人、三長、守令罪以大辟」。[二]所括地區相當於代京一帶和北魏軍鎮的範圍。高洋統治時又曾選取一批「華人之勇力絶倫者謂之勇士，以備邊要」。[三]這裏並没有説明從那裏選取，可是我們根據天保二年(五五一)石刻邢多等五十人造像記説他們是被徵發的鄉豪，「今在肆土，爲人領袖」(肆土即肆州，今山西忻縣)，由此可知高洋所選拔的勇士主要還是在北邊。[四]直到

[一] 資治通鑑卷一五七梁武帝大同三年。
[二] 北齊書卷二四孫搴傳。
[三] 隋書卷二四食貨志。
[四] 山右石刻叢編卷三。

齊末，還曾在和北周交界地區，建立軍府，安置六州軍人和家口，〔一〕所謂六州即指燕、恒、雲、朔、顯、蔚。當然北齊並非完全不徵發内地漢人服兵役，只是一般不是用作主力（當時主力是騎兵），或者只用於運輸，建築等工役而已。河清三年（五六四）頒佈的法令雖然有「民率以十八受田，二十充兵」一句，但這裏的「兵」按照習慣僅僅是指服徭役而言。

六州軍人本來一部分已雜處内地，統治者有意把他們蒐括出來，使之充當軍士，也就使之和漢族人民分開，以便保持其鮮卑化武裝力量，並使這種武裝力量保衛鮮卑化的皇室及貴族的統治權。統治者把鮮卑或鮮卑化的人民和漢族人民隔離開的企圖是違反當時各族融合的總傾向的，對於漢族與鮮卑人民都没有好處，因而其結果便招致了北齊皇朝自身的滅亡。滅亡以後的北齊境内鮮卑或鮮卑化人民或者改編到北周的府兵系統中，或者散處民間，而兩者同樣地最後和漢族融合。

宇文泰所建立的府兵制度也是一種鮮卑化武裝組織，並且他把各級將領和兵士的隸屬關係又罩上一層部落化的色彩。最高級的將領六柱國分統六個軍團，也就是六個假想的部落，兵士被硬派作部落中各族的成員。將領們一齊把自己的姓——不管鮮卑或漢姓——改換上一個代表指定氏族的姓，兵士們便跟着他所屬的那個將領也把自己的姓改上這個指定的姓，簡單地説就是兵士和他的將領是一姓，而這個姓是代表某一氏族的，於是將領成爲酋長，兵士成爲氏族成員。六個軍團的關係也

〔一〕北史卷五五唐邕傳。

即是六個部落的軍事聯盟，而宇文泰自己就仿佛是部落聯盟的軍事首領。這種辦法可以說是更徹底的鮮卑化。可是氐族、部族是屬於人種學範疇的共同體，硬派原來没有血緣關係與超過了血緣結合的各族人拼湊成這樣一種組織顯然只能是形式而已。而且宇文泰所擁有的北鎮之衆遠不如高歡，爲了擴大兵源，便不能不把漢人也徵發當兵。開始時以漢人組成的軍隊只是作爲輔助隊伍，稱爲鄉兵，由當地大族統帶。到了宇文邕（宇文泰之子）統治時鄉兵就納入了府兵系統，這樣鮮卑和漢人就同樣當兵了。我們知道西魏，北周和東魏、北齊一樣，所有鮮卑或鮮卑化人民都是兵，所以只要軍事編制中打破了鮮卑和漢人的隔離狀態，也就意味着打破了全部鮮卑和漢人的隔離狀態。在北周時鮮卑和漢人的兵農界綫初步突破，但還没有混合起來，漢族組成的基本隊伍（他們也即是受田農民）稱爲鄉團，平時居於鄉間，鮮卑組成的基本隊伍集中居於城或堡中，居住之處稱爲軍坊，軍坊和鄉團還是有區别的。由於軍事上的要求，北周軍隊日益擴大，鮮卑或鮮卑化人民之補充有極大的限制性，毫無問題漢族農民在軍隊中的比重必然日益增加。到了隋文帝統治時，在五九〇年下了一道詔書，命居於軍坊的軍人也是「墾田籍帳，一與民同」，〔一〕這樣就把所有鮮卑或鮮卑化部落人民一齊變成受田農民，兵農合而爲一，鮮卑和漢族同樣受田，也同樣當兵，二者的差别完全消失了。

在上面我們討論了北魏末期北境的鮮卑化，及北鎮起義以後内遷鮮卑和鮮卑化人民的漢化問

〔一〕隋書卷一高祖紀開皇十年。

題。我們可以稱這一次爲拓跋族的第二次漢化，因爲北鎮起義群衆大部分是拓跋族成員。

這一批北鎮群衆從起義以後遷入了中原，從此没有返還他們的故鄉，「天蒼蒼，野茫茫，風吹草低見牛羊」只能成爲一種回憶，他們也像他們遷洛的前輩一樣和故鄉及其同族人的聯繫日益疏遠，而和漢族廣大人民的聯繫日益密切。不久以後他們已是漢族構成中的一部分，而他們的少數北邊同族則將在一個較長時期内分解到柔然、勅勒、突厥等族去。

從北鎮起義群衆中分化出來的新興軍事貴族爲了鞏固其統治權，力圖保持鮮卑化軍隊的原則，甚至企圖把落後的制度在其統治地區内推行。他們曾對各族融合起了阻礙作用。可是高級文化必然要戰勝低級文化。恩格斯指示我們：

每一次當文明較低的人民是戰勝者的時候，經濟發展的進程不言而喻地就被中斷，大批的生産力遭受破壞。可是在長時期的征服中間，文明較低的征服者，在絶大多數的場合上，也不得不和那個國度被征服以後所保有的較高的「經濟情況」相適應；他們爲被征服的人民所同化，而且大部分甚至還採用了他們的語言。〔一〕

我們從拓跋部族的漢化問題上所看到的情況，完全證明恩格斯論斷的正確性。北魏遷洛時期的和北齊的軍事貴族都曾千方百計阻撓漢化，可是在不同情勢和不同方式下他們的阻撓先後失敗，終

〔一〕恩格斯：反杜林論，人民出版社一九五六年版，第一八九頁。

於包括他們或其後裔在内爲本地人民所同化，而且極大部分引用了他們的言語。他們自己的文化也隨着民族大融合而融合於漢族文化的總軌道。

從「五胡」以來入居中國的各族以至拓跋部族先後和漢族融合，在這個基礎上就將創造出一個當時在全世界站在最前列的光輝燦爛的文化。

（原載一九五六年歷史教學，編入本書時稍有修改）

范長生與巴氏據蜀的關係

我在晉代北境各族「變亂」的性質及五胡政權在中國的統治（見魏晉南北朝史論叢）一文中業已提到范長生與巴氏的關係，但未詳述，本文僅就此一問題加以論證，與前文間有重複，其不必要的重複則加以删略。

范長生對於巴氏李氏的建國起了不小的作用。晉書卷一二〇李流載記：

> 三蜀百姓，並保險結塢，城邑皆空，流野無所掠，士衆飢困。涪陵人范長生率千餘家依青城山。尚參軍涪陵徐轝求爲汶山太守，欲要結長生等與尚掎角討流。尚不許，轝怨之，求使江西，遂降於流。説長生等使資給流軍糧。長生從之，故流軍復振。

當時由於蜀中堡塢武裝對於氐、漢流民集團的反抗，李特被殺，李流繼統軍事，而當大敗之後加以糧食困乏，情況非常危急，假使不是徐轝、范長生轉而支持他們，巴氏李氏能否占領巴蜀是難以預料的。所以一到李雄占領成都之後，范長生首先受到特殊的尊敬。同書卷一二一李雄載記：

> 雄以西山范長生巖居穴處，求道養志，欲迎立爲君而臣之。長生固辭……范長生自西山乘素輿詣成都，雄迎之於門，執版延坐，拜丞相，尊曰范賢。長生勸雄稱尊號，雄於是僭即帝位……

加范長生爲天地太師，封西山侯，〔一〕復其部曲，不預軍征，租稅一入其家。

李雄對於范長生的尊敬是爲了他挽救了自己的危機，本不足怪。但是范長生何故要支持李氏？他是涪陵人，爲什麼住在成都附近之青城山，並擁有部曲？爲什麼他與徐轝的歸附便能影響成敗局勢？即使爲了感恩而給予特殊尊禮，又何至要讓長生爲君？徐轝的地位相同，爲什麼没有像范長生那樣獲得尊重？這一些乃是本文所擬説明的問題。

華陽國志卷一巴志涪陵郡條：

> 延熙十三年，大姓徐巨反，車騎將軍鄧芝討平之……乃移其豪徐、藺、謝、范五千家於蜀爲獵射官。分羸弱，配督將韓蔣□□，名爲助郡軍，遂世掌部曲爲大姓。晉初，移弩士於馮翊蓮勺，其人性質直，雖徙他所，風俗不變，故迄今有蜀漢關中涪陵。

按三國蜀志卷一五鄧芝傳稱延熙十一年「涪陵國人殺都尉反叛，芝率軍征討，即梟其巨帥，百姓安堵」，紀年略有參差，應即一事。徐范既係涪陵豪姓而被遷於蜀，則涪陵人徐轝、范長生自即爲徙蜀而世掌部曲的大姓。

我們知道涪陵郡居民種族是複雜的。華陽國志涪陵郡條稱「多儴蜑之民……蜀丞相亮亦發其勁卒三千人爲連弩士」。周書卷四九蠻傳稱信州蠻冉令賢「遠結涔陽蠻爲其聲援」。同書卷四四李遷

〔一〕通鑑考異晉惠帝光熙元年以范長生爲天地太師條，引華陽國志云，「尊長生爲四時八節天地太師」，今按影明鈔本華陽國志但云「天地太師」。又魏書卷九六賨李雄傳，西山侯作西山王。

哲傳：「黔陽蠻田烏度、田都唐等每抄掠江中，爲百姓患。」涔陽與黔陽並即今彭水縣，亦即晉涪陵郡地。太平寰宇記卷一二〇黔州條云：

在漢爲武陵郡之酉陽縣地，武帝於此置涪陵縣。按賈耽四夷述，武陵五溪蠻之西界也……後周保定四年蠻帥田思鶴以地内附，因置奉州，建德三年改爲黔中。

黔州之蠻一向認爲即五溪蠻，〔二〕但與巴蠻即賨人相鄰，實爲雜居區域。太平寰宇記黔州控制臨蕃部落共十五種，其中有「巴」與「白虎」即是賨人，可知到宋代仍爲各族雜居之地。

如華陽國志所述，蜀漢徙涪陵豪姓於蜀爲獵射官，晉代又將一部分徙居馮翊，也是充當弩士，其人善於弩射可知。我們知道弩射爲蠻族專長，特别是賨人或板楯蠻的專長。華陽國志卷一巴志：

秦昭襄王時白虎爲害，自秦蜀巴漢患之，秦王乃重募國中有能煞虎者邑萬家，金帛稱之。於是夷朐忍（今雲陽縣）廖仲藥、何射虎、秦精等乃作白竹弩於高樓上射虎，中頭三節……大呴而死……漢興亦從高祖定秦有功，高祖因復之，專以射白虎爲事，户歲出賨錢口四十，故世號白虎復夷，……今所謂弜頭虎子者也。〔三〕漢高祖滅秦爲漢王，王巴、蜀，閬中人范目有恩信方略，知帝必定天下，説帝爲募發賨民，要與共定秦。

按南齊書卷五八蠻傳稱蠻人「虎皮衣楯，便弩射」，所説雖泛指蠻族，但以虎皮及弩射二事看來，似應

〔二〕黔州即五谿之地，漢之武陵，故亦稱武陵蠻。

〔三〕按板楯蠻亦見於後漢書卷一一六南蠻傳，夷朐忍作巴郡閬中夷人。

爲巴蠻亦即賨人或板楯蠻的特徵。涪陵徙民善於弩射，而太平寰宇記所述黔州蕃部又有白虎，我們雖然不能徑以被徙之人都是賨人，其雜有賨人與染有賨人風俗習慣是可信的。漢初閬中的賨人首領是一個姓范的人，而涪陵范氏亦爲其地統有部曲之大姓，當非偶然。很可能范氏即出於賨人部落。

和范氏同遷的涪陵徐氏也同樣有巴蠻的嫌疑。晉書卷一〇三劉曜載記：「長水校尉尹車謀反，潛結巴酋徐庫彭。曜乃誅車，因庫彭等五十餘人於阿房……盡殺庫彭等……於是巴氏並叛。」〔一〕華陽國志卷一巴志巴東朐䏰縣條云「大姓扶、先、徐氏……有弜頭白虎復夷」，這一條有脱文訛字，但可知朐䏰有白虎復夷，其大姓有徐氏。我們知道扶氏爲巴蠻姓，周書卷四四扶猛傳：「上甲黄土人也，其種落號曰獸蠻，世爲渠帥。」獸蠻即虎蠻，避唐諱改，稱爲虎蠻自即華陽國志之白虎復夷。三國魏志卷一太祖紀建安二十年九月見「巴七姓夷王朴胡」，亦見華陽國志卷二漢中志，朴讀若扑，亦即是扶，則扶氏爲巴蠻姓無疑，與之同列的朐䏰大姓徐氏頗亦有巴蠻的嫌疑。徐庫彭之爲巴蠻已有明證，朐䏰之徐亦有可能，那麼涪陵徐氏亦有出於巴蠻的可能。

入蜀的巴氏本是遷居略陽的賨人，晉書李特載記云：

李特字玄休，巴西宕渠人。其先廩君之苗裔也……秦并天下，以爲黔中郡，薄賦斂之，口歲出錢四十。巴人呼賦爲賨，因謂之賨人焉……魏武帝克漢中，特祖將五百餘家歸之。魏武帝拜

〔一〕資治通鑑卷九一晉元帝太興三年六月丙辰亦記此事，而徐庫彭作勾徐庫彭，其下又云「因徐彭等五十餘人於阿房」，似以勾徐及庫彭爲二人。但載記明云庫彭，疑十六國春秋本作勾徐庫彭，勾徐爲雙姓，載記省作徐。巴蠻之徐應是勾徐之省。

爲將軍，遷於略陽，北土復號之爲巴氏。特父慕爲東羌獵將。

關於廩君、盤瓠、板楯三種蠻的關係，我們這裏不加討論，總之巴氏出於賨人。李特之父爲獵將，當亦由善於弩射之故。出於涪陵而有賨人嫌疑的蜀漢射獵官范氏、徐氏與李氏頗有同族可能。

以上所述雖近於推測，然涪陵既爲蠻族聚居區域，直到趙宋時仍有巴蠻與白虎部落的踪跡，而范徐二姓又均與賨人有關，似乎不能算作附會。這樣我們就不難解釋徐范二人首先歸附李氏之故，至於載記及國志並云徐轝求爲汶山太守不成，因而怨恨晉刺史羅尚，自然也是降附原因之一，只是並非單純由於此一原因而已。

然而范長生之重要及其所受特殊禮遇却另有其原因。華陽國志卷九云：「(范)賢名長生，一名延久，又名九重；一曰支，字元，涪陵丹興人。」這一串奇怪的名字大抵與道教有關。〔二〕載記稱他「巖居穴處，求道養志」，魏書卷九六賨李雄傳稱：「時涪陵人范長生頗有術數，雄篤信之。」太平御覽卷一二三引十六國春秋蜀録云：「范長生卒，以其子賁爲丞相。長生善天文，有術數，民奉之如神。」各條都説明范長生是一個道教徒，而如十六國春秋所述，還是擁有不少信徒的宗教首領。晉書卷五八周訪附子撫傳：

永和初，桓溫征蜀……以功遷平西將軍。隗文、鄧定等復反，立范賢子賁爲帝。初賢爲李雄

〔一〕范長生又名蜀才，隋書經籍志有周易十卷蜀才注，顏氏家訓書證篇引李蜀書(一名漢之書)云是范長生。

國師，以左道惑百姓，人多事之。賨遂有衆一萬。撫與龍驤將軍朱壽擊破，斬之。

本條更充分説明范長生宗教首領的地位及其在蜀中的勢力，所以當李氏破滅之餘，他的兒子還能依憑其聲勢號召黨徒，並被推爲帝。由此可見李雄要推范長生爲君，不僅報恩，而是范長生確有稱帝的力量。

我們知道巴郡爲天師道根據地，關於東漢末年張修及張陵祖孫在巴蜀傳播天師道的事迹，這裏無須贅述，涪陵既是在其教區範圍内，其地人民接受此種宗教，本極自然。水經江水注云：「有平都縣……縣有天師治。」平都即今酆都縣，其地與涪陵（彭水）相近，范長生及其先世必早爲天師教徒。他所居之青城山是道教洞天福地之一。太平寰宇記卷七三永康軍青城縣條：「此第五大洞，寶仙九室之天，黄帝所奉……又有石日月象，天師立青城治於其中。」雲笈七籤卷二七洞天福地引司馬紫微集青城山洞亦列第五，卷二八於列舉道教二十四治之外，又舉若干後加之治，青城治列於八游治之一，稱是係師即張魯所立。全唐文卷九三二杜光庭青城山記稱：「山傍有誓石，天師張道陵與鬼兵爲誓，朱筆畫山，青崖中絶。」又有修青城山諸觀功德記也提到張天師在山上所立的天地日月石刻、羊馬臺、三師壇等。這些鬼話都可證明青城山爲天師道聖地之一。范長生居於青城山不止是避亂，而是因爲宗教上的關係。

此外從范長生的一些奇怪名號中也可看到含有天師道習慣語的特徵。晉書卷一〇〇孫恩傳，「號其黨曰長生人」，則「長生」亦是道教徒名稱。范長生之尊爲范賢恐與太平道之大賢良師有關，〔一〕至於天地太師之號實即是天師之繁稱而已。

如上所述，我們可以相信范長生爲天師道首領。而當晉滅蜀漢之時，蜀中天師道相當流行。華陽國志卷八：

咸寧三年春刺史濬（王濬）誅犍爲民陳瑞。瑞初以鬼道惑民，一（疑當作入）道始用酒一斗，魚一頭，不奉他神，貴鮮潔，其死喪產乳者不得至道治，其爲師者曰祭酒。父母妻子之喪不得撫殯入弔及問乳病者。……自稱天師，徒衆以千數百。濬聞，以爲不孝，誅瑞及祭酒袁旌等，焚其傳舍。益州民有奉瑞道者，見官二千石長吏巴郡太守犍爲唐定等皆免官除名。

但這種禁令必然難以持久，所以范長生能够傳播其教，而且被「奉之如神」。他既擁有不少信徒，一朝歸附李氏，其影響之大是可以想見的。

同時，天師道又是范長生與巴氏結合的橋梁，因爲巴氏崇奉天師道亦是由來已久。李特載記云：

漢末張魯據漢中，以鬼道教百姓，賨人敬信巫覡，多往奉之。值天下大亂，自巴西之宕渠，遷於漢中楊車坂。

可證李特及其所領巴氏多係天師教徒。北史卷六六泉企傳：「巴俗事道，尤重老子之術。」當南北朝後期居於山南洛州之巴蠻仍尊奉其世傳之宗教，那末，西晉初年入蜀之巴蠻更不須説。這樣，從宗教

〔一〕後漢書卷七一皇甫嵩傳云：「初鉅鹿張角自稱大賢良師。」

關係上也可以解釋范長生歸附李氏之故。而范長生所以獨受特殊尊重，即因他不單是有功於李氏，而且還是一個宗教首領。從這一點來説，他的地位高於李雄，所以李雄要執版相見，行下僚參謁之禮，而且要讓位給他。

當巴氏李氏統治期間天師道在巴蜀一定更有發展，這只要看上引周撫傳所述李氏滅亡之後，繼之稱帝的乃范長生之子就可知道。而周撫之子周楚也曾平定過蜀中道教徒的暴動。晉書卷五八稱周楚繼父監梁益二州，「太和中蜀盜李金銀、廣漢妖賊李弘並聚衆爲寇，僞稱李勢子，當以聖道王，年號鳳凰……楚遣其子討平之」，其事亦見卷八海西公紀。太和五年，已是平蜀之後二十五年了。

以上論證僅在解釋范長生與巴氏李氏的結合原因與他在巴氏據蜀時所起的作用。

我在晉代北境各族「變亂」的性質及五胡政權在中國的統治一文中業已説明秦隴氐、漢各族流民所發動的鬥爭與當時長江中游各地發生的流民反晉鬥爭，特別與蠻族張昌的起義相似。二者同樣羼雜着種族的與宗教的因素，但決不能以此説明其反晉性質。晉代各流民集團的規模是相當巨大的，這是一種以地方大族爲領導的包含各階級的區域性組織，因而一起來就無可避免地以主客對立的形態出現。但是流民中絶大多數乃是喪失了土地，並遭受流亡地的政府及豪强所壓迫的農民，因而鬥争的本質仍然是被壓迫階級對於壓迫者的反抗。

秦隴流民集團開始起事時，不但攻擊政府軍，同時也威脅土著地主，這只要看杜弢之不能安居成都，而要避難東下，便可知道。〔一〕於是土著地主的武裝也發動起來了，經過一次戰鬥之後，以巴氐李氏爲首的氐、漢大族與土著地主取得了妥協；晉朝的地方政府被推翻了，巴氐李氏安穩坐上寶座，流民却没有獲得什麽。

范長生便是擔任溝通主客統治者以取得妥協的角色。他是擁有部曲的地主武裝首領，又是宗教首領，通過他與巴氐李氏種族上、宗教上的特殊關係主客統治者接近了；他和徐轝與李雄的合作構成了以後聯合統治的條件。

主客統治者在階級關係上取得合作是必然的，但范長生以其特殊身分縮短了彼此的距離並帶動了他的信徒，這樣就使得合作迅速取得，而隨後他又成爲李氏割據政權的有力助手，因而他的身分及其活動在歷史上有一定的重要性。

〔一〕晉書卷一〇〇杜弢傳云：「……蜀郡成都人也。祖植有名蜀土，武帝時爲符節令，父眕略陽護軍，弢初以才學著稱，州舉秀才。遭李庠之亂，避地南平。」按杜弢被舉秀才，按照當時慣例，應是士族。傳稱杜弢避亂是爲了李庠，考李庠爲李特弟，爲益州刺史趙廞所殺，此時流民還没有起事。

讀「桃花源記旁證」質疑

二十年前陳寅恪先生寫過一篇桃花源記旁證。這篇論文指出桃花源記有寓意的部分和紀實的部分，也即是説陶淵明寫此記時，曾根據所聞的一些實事作爲素材，而後加以理想化。陳先生所論證的專在「紀實」部分。文中從避難入山推到塢保組織，又從塢保推到「檀山塢」和「皇天原」。又以「皇天原」所在地的閿鄉即古之桃林而推到桃花源，於是作出如下的結論：

甲、真實之桃花源在北方之弘農或上洛，而不在南方之武陵。

乙、真實之桃花源居人所避之秦乃苻秦而非嬴秦。

丙、桃花源紀實部分乃依據義熙十三年春夏間劉裕率師入關時戴延之等所聞見之材料而作成。

陳先生所論，在説明當時常見的避難入山之事，與桃花源記所述有關的一方面，觀察非常敏鋭。但是如果只就這三點結論來看，似乎還缺乏足够的證據。當時的流亡避難集團確實很多建立塢保，然而塢保却不一定爲流亡避難集團所建。陳先生已引説文，知道「塢」是小障、庳城，亦即是一種軍事防禦建築。漢代北方邊境到處有這樣的建築，常見的亭隧堡壁都是這類防禦物。檀山塢、皇天塢等只能説其地曾建軍事防禦性的小城，不能斷言爲避難入山者所築，或曾保聚之處，更不能由桃林之名偶合而斷定爲桃花源的真實所在地。武陵是否真有如記中所述的桃花源，可以不必指實，因爲這畢竟是一篇寓意文。但作者説故事發生在武陵，假使作者不是完全出於虛構，我們没有理由把它移到北方，假使完全出於虛構，那麽東西南北任何一地都可由作者自由指定，没有必要加以考證。我們認爲桃花源的故事本是南方的一種傳説，這種傳説晉、宋之間流行於荆湘，陶淵明根據所聞加以理想化，寫成了桃花源記，但聞而記之者不止淵明一人。劉敬叔異苑卷一：

> 元嘉初武陵蠻人射鹿，逐入石穴，才容人。蠻人入穴，見其旁有梯，因上梯，豁然開朗，桑果蔚然，行人翱翔，亦不以怪。此蠻於路砍樹爲記，其後茫然，無復仿佛。

這段故事顯然和桃花源記所述相似。按劉敬叔事迹不詳，胡震亨秘册彙函本異苑後附有小傳，稱：

> 劉敬叔字敬叔，彭城人。少穎敏，有異才，起家中兵參軍，司徒掌記。義熙中，劉毅與宋高祖共舉義旗，克復京郢，功亞高祖，進封南平郡公。敬叔以公望推借，拜南平國郎中令。既而有詔，拜南平公世子。毅以帝命崇重，當設饗宴，親請吏佐臨視。至日，國僚不重白，默拜於厩中。使人將反命，毅方知之。謂敬叔典禮，故爲此慢，大以爲恨，遂奏免敬叔官。及毅誅，高祖受禪，召爲征西長史。元嘉三年，入爲給事黄門郎，數年，以病免。太(泰)始中，卒於家，所著有異苑十餘卷行世。

這篇小傳我們還不能找到其來源。其中爲劉毅郎中令，因事免官一段見於宋書卷三〇五行志一，姚振宗的隋書經籍志考證已經指出。小傳只説義熙中，五行志是義熙七年(四一一)事。四庫提要卷一四一以本書自述知道敬叔於義熙十三年爲長沙王道憐的驃騎府參軍。〔一〕按本書卷七吳興沈慶之條，述廢帝殺慶之事，這一年末即是泰始元年（四六五），大概即小傳卒於泰始中所本。考敬叔於義熙七年爲南平國郎中令，下距泰始元年已五十五年，假定他爲郎中令時爲二十五歲至三十歲，那麽死時當在八十歲以上。陶淵明卒於元嘉四年（四二七），大約五十餘歲。〔二〕劉敬叔與淵明同時而略晚。他當然能够看到陶淵明的作品，然而這一段却不像是桃花源記的複寫或改寫，倒像更原始的傳説。我們認爲陶、劉二人各據所聞的故事而寫述，其中心内容相同，而傳聞異辭，也可以有出入。敬叔似乎没有添上什麽，而淵明却以之寄託自己的理想，並加以藝術上的加工，其作品的價值就不可同日而語了。在這裏我們還應該提出異苑的蠻人也是在武陵發現這個石穴的。

異苑所載的故事又見於太平御覽卷五四引武陵記，内容幾乎與異苑完全相同。御覽卷四九引武陵記云：「武陵山中有秦避世人居之，尋水號曰桃花源，故陶潛有桃花源記。」另外一條又説：「昔有臨沅黄道真在黄聞山側釣魚，因入桃花源。陶潛有桃花源記。今山下有潭名黄聞。此蓋聞道真所説，遂爲其名也。」武陵記據章宗源隋書經籍志考證，以爲黄閔撰，不知爲何時人。但後漢書注既引其書，應亦是南朝後期著作。這本書中是漁人和射鹿蠻人的兩種傳説並列的。桃花源故事説明本之陶氏之記，射鹿蠻人雖無説明，觀其文字，應即本之異苑。

〔一〕異苑卷三。

〔二〕梁啓超陶淵明年譜謂壽五十六，古直譜謂五十二。

在其他書中，也還有類似的記載。雲笈七籤卷一一二神仙感遇傳蜀氏條：

蜀氏〔一〕遇晉氏飢，輩三五人挾木弓竹矢入白鹿山捕獵以自給，因值羣鹿駭走，分路格之。徐行一人見鹿入兩崖間，纔通人過，隨而逐之。行十餘步，但見城市櫛比，閭井繁盛，了不見鹿。市中，以問人曰：「此何處也？」人曰：「此小成都耳，非常人可到，子不宜久住。」遂出穴，密誌歸路，以告太守劉悛，悛使人隨往，失其舊所矣。庾仲沖雍荆記曰：「武陵西（酉）陽縣南數里，有孤山，崖石峭拔，上有葱自成畦壠，拜而乞之，輒自拔，食之甚美。〔二〕山頂有池，魚鼈（鼈）至七月七日皆出而游。半巖室中有書千餘卷，昔道士所遺經也。元嘉中有蠻人入此山，射鹿入石穴中，蠻人逐之。穴旁有梯，因上，即豁然開朗，别有天日。行數十步，桑果蔚然，阡陌平直，行人甚多，蠻人驚遽而出，旋削樹記路，却結伴尋之，無復處所。」

按神仙感遇傳見於宋史藝文志，無撰人名，上面爲杜光庭的著作，或亦光庭所撰，總之應爲唐末五代時書。這一條記載其實包含兩部分，第一部分是白鹿山小成都故事，當在後面再說。第二部分是引庾仲沖雍荆記所述，故事内容完全與異苑相同，但更確指石穴在武陵西（酉）陽縣南數里。所謂庾仲

〔一〕「氏」字疑當作「民」，涉下「氏」字而誤。

〔二〕水經夷水注稱佷山縣「東十許里至平樂村……從平樂順流五六里東亭村北。山甚高峻，上合下空，空竅東西廣二丈許，起高如屋，中有石牀，甚整頓，傍生野韭，人往乞者，神許則風吹别分，隨偃而輸，不得過越，不偃而輸，輒凶」。野韭傳説相似而地點不同。

沖雍荆記當是庾仲雍荆州記、湘州記之誤。隋書經籍志有庾仲雍湘州記二卷，漢水記五卷。舊唐書經籍志有仲雍的江記五卷，漢水記五卷，尋江源記五卷、又一卷。這一卷的尋江源記，亦見隋志，但不著撰人名。新書藝文志同舊志而無一卷之尋江源記。新志有湘州記四卷，湘州圖副記，舊志則僅有湘州圖記一卷，都没有説庾仲雍撰。姚振宗隋書經籍志考證引宋晁載之續談助鈔殷芸小説引庾穆之湘中記，姚氏以爲「似庾穆之即仲雍也」。按雍、穆名字相應，姚氏的推測可信，章宗源隋書經籍志考證稱藝文類聚山部所引正作庾仲雍湘中記，似庾氏所撰湘州記和湘中記本是一書之異稱。仲雍又有荆州記，見於文選注，藝文類聚所引。庾仲雍是一個專精荆、湘地理的專家，他的事迹一無可考，亦不知何時人，但殷芸、酈道元都引他的著作，當是梁以前人。他所記蠻人入石穴事大致本之異苑。但他指定石穴所在或亦本之傳説。

神仙感遇傳另外一段蜀民入白鹿山事地點便不在武陵了。太平寰宇記卷七三彭州九隴縣白鹿山條引周地圖記：

> 宋元嘉九年有樵人於山左見羣鹿，引弓將射之。有一麢所趨險絶。進入石穴，行數十步，則豁然平博，邑屋連接，阡陌周通。問是何所？有人答曰：「小成都。」後更往尋之，不知所在。

此當即神仙感遇傳所本。但神仙感遇傳更加煊染爲一個鬧市，以求合於小成都之名。地點是在彭州九隴縣，移到了四川，但射鹿入穴的内容和異苑荆州記或湘州記相同。周地圖記隋志著録一百九卷，不著撰人名，疑當是北周官書。

如上所述，我們可以設想，這個故事先在荆、湘一帶傳播，陶淵明所聞爲漁人捕魚，發見異境，而稍後的劉敬叔所聞則是爲射鹿的蠻人所發見。以後故事又流入蜀地，這個異境也就移到了彭州九隴縣，也可能九隴縣本有相似傳説，説那裏有一個隱藏着的小成都，後來和荆、湘傳來的射鹿入石穴故事相結合，才構成周地圖記所載的故事内容。

我們知道，陶淵明是曾在江陵住過一個時期的，他有「辛丑（晉隆安五年，三九八）歲七月赴假還江陵，夜行塗口」的詩題，其祭程氏妹文亦云「昔在江陵，重罹天罰」，皆可爲證。劉敬叔於義熙七年（四一一）爲南平國郎中令，南平即在江陵之南。但劉毅是时方爲荆州刺史，南平僚佐應亦隨任江陵。以後他又作長沙王道憐驃騎參軍，自云「在西州」，西州亦即荆州，道憐於義熙十一年（四一五）以驃騎將軍爲荆州刺史，至義熙十四年（四一八）徵還，〔一〕敬叔在江陵兩次任職，居住時期較長。至於庾仲雍應是新野庾氏，這個家族自南渡後長期住在江陵。〔二〕江陵距武陵不遠，我們可以推想陶劉都在江陵聽到這個故事，庾仲雍所述雖本之異苑也可能他原來聽到過，而在寫作時參考了異苑。桃花源記還提到南陽劉子驥。晉書卷九四隱逸劉驎之傳：「驎之字子驥，南陽人……居於陽岐。」戴校本水經江水注「江水又右徑陽岐山北」下注云：「今考陽岐即今石首縣西山，在江

〔一〕宋書卷五一長沙景王道憐傳云：「高祖平定三秦，方思外略，徵道憐還。」劉裕平關中在義熙十四年（四一八）。

〔二〕隋書卷七八藝術庾季才傳：「新野人也，八世祖滔，隨晉元帝過江，官至散騎常侍，封遂昌侯，因家於南郡江陵縣。」南齊書卷五四高逸庾易傳：「新野新野人也。徙居屬江陵。」

之南岸。」〔一〕劉子驥所居應即在此，距武陵更近一些。

我們應該注意異苑所記發見異境者是一位蠻人。具名陶潛的搜神後記卷一所載的桃花源記有注云：「漁人姓黃名道真。」傳世陶淵明集李公煥本桃花源記亦有此注，陶澍箋注認爲李氏據搜神後記注是有理由的。不管搜神後記是否爲淵明所著，總還是南朝前期的書。還有稍後的武陵記也採取黃道真爲漁人姓名之説，並且指出是明沅人。這裏送給漁人的黃姓就頗有蠻族嫌疑。風俗通卷九世間多有蛇作怪者條稱「武陵蠻吏黃高攻燒南郡」。魏書卷六一田益宗傳：「蕭衍建寧太守黃天賜築城赤亭，又遣其將黃公賞屯於漴城。」按宋書州郡志郢州西陽太守屬有建寧左縣長稱：「孝武大明八年（四六四）省建寧左郡爲縣，屬西陽。徐志有建寧縣，當是此後爲郡。」又蘄水左縣長條稱：「文帝元嘉二十五年（四四八）以豫部蠻民立建昌、南昌、長風、赤亭……十八縣屬西陽。」〔二〕按照當時通例，左郡縣的守令都以蠻族首領充當，所以黃天賜、黃公賞都應該是西陽蠻。〔三〕因此桃花源記中的漁人有姓黃的傳説並不偶然。

〔一〕太平寰宇記卷一四六荆州石首縣下云：「陽岐山在縣西一百步……荆州記曰：『山無所出，不足書，本屬南平界，范玄平記云：故老相承云胡伯始以本縣境無山，置此山，上計偕簿。』」

〔二〕按據宋書州郡志大明八年已廢建寧郡爲縣。南齊書州郡志並無此縣，但卷五八蠻傳稱太祖時以西陽蠻田治生「爲輔國將軍，虎賁中郎，轉建寧郡太守」，似宋末齊初復立此郡，其後又廢，至梁復立。

〔三〕陳寅恪先生魏書司馬睿傳江東民族條釋證及推論以黃道真的黃姓爲谿人，亦即以爲武陵五谿蠻。並引尚書故實黃氏爲谿洞豪姓爲證，我這裏僅是補充這個説法而已。

武陵本是蠻族所居之地，這段故事發生在武陵，發見異境者是蠻人或具有蠻族氏姓的漁人，很可能本來是蠻族的傳說。水經沅水注：

沅南縣西有夷望山，孤竦中流，浮險四絶，昔有蠻民避寇居之，故謂之夷望也。南有夷望溪。

我們當然不想證明夷望山就是於此射鹿入穴的山，更不想把夷望溪當作桃花源記中的溪。〔一〕只是用以説明蠻民避寇進入深山在武陵是有傳説的。蠻民所避之寇是什麽呢？不言而喻，那就是歷朝統治者政治上的乃至軍事上的壓迫，其目的在於掠奪蠻民財富。這種事例在歷史上經常看到，史籍中的蠻傳都有較詳細的記載，這裏没有必要加以引證。本來山居的蠻族人民當遭受壓迫之後，通常總是退入更深險的山中。我們知道深險地區一般不適宜於農耕，因而希望獲得如故事所傳的那樣一塊樂土是很自然的。此外，蠻族的社會發展階段雖然我們知道得不多，大致還逗留在氏族公社末期，他們内部已經出現了世襲的氏族貴族，但没有顯著的奴隸生産制，内部的階級矛盾也是不顯著的。蠻族人民當然要受自己貴族的剥削與壓迫，但這不是主要的，主要的壓迫來自外部的各皇朝統治者。宋書卷九七蠻傳：

荆雍州蠻，槃瓠之後也。分建部落，布在諸郡縣。……蠻民順附者，一户輸穀數斛，其餘無雜

〔一〕桃源傳説既在武陵，自唐以後便在武陵範圍内尋找這個異境。大致南朝人著作如武陵記之類雖也提到此種傳説，却還没有確切指出那一條溪，那一座山就是漁人問津之處。唐代地志如元和郡縣志連桃源都不提。然而唐代中葉桃源、秦人洞之名大致都已確定，所以宋初就在那裏建立桃源縣了。顯然我們無法相信後來人的確立遺迹有什麽根據。

調，而宋民賦役嚴苦，貧者不復堪命，多逃亡入蠻。蠻無徭役，强者又不供官稅。結黨連群，動有數百千人……所在多深險。居武陵者有雄谿、樠谿、辰谿、酉谿、舞谿，謂之五谿蠻。

這一段記載，説明所謂「順附」的蠻民，是要向政府繳納租穀的，〔一〕雖然史籍上認爲無雜調、徭役，較之「宋民」爲輕，但仍然是一種苛重的負擔，以致常常引起反抗。而且當政府進行軍事鎮壓時，大量的蠻族人民及其財富便被掠奪。〔二〕在這段記載中我們也可以看到飽受壓迫的漢族人民「逃亡入蠻」，他們並没有被當作奴隸，而是被接納下來，和蠻族人民共同在艱苦的環境中從事生産，也共同反抗封建統治者的進攻。蠻族人民渴望擺脱外來的封建羈絆，以便保持其分隔的、狹隘的但是比較平静的公社生活。這一點也是很自然的。

我們認爲桃花源記和異苑所述故事是根據武陵蠻族的傳説，這種傳説恰好反映了蠻族人民的要求。

然而陶淵明在寫作時並不是單純復述了所聞的傳説，他也可能結合了當時常見的逃亡入山事。記中稱桃花源居民的來歷乃是「先世避秦時亂，率妻子、邑人來此境，不復出焉」。他所説的「秦時亂」既不像後來的御用史學家以農民起義爲「亂」，也不指劉、項紛争。在他的詩中開頭就是「嬴氏亂

〔一〕晉書食貨志西晉户調式稱「夷人輸賨布户一匹，遠者或一丈」。又云：「遠夷不課田者輸義米，户三斛。遠者五斗。」這裏所指夷人輸賨布，自指蠻族而言。遠夷也必然包括蠻人。

〔二〕宋書卷七七沈慶之傳。

天紀，賢者避其世」，顯然是承用漢代以來「過秦」的議論，下面特别提到桃花源中人的生活是「春蠶收長絲，秋熟靡王税」，通篇没有一句説到逃避兵亂的話。由此可見，他所説的「亂」是指繁重的賦役壓迫。我們知道三國時江南的宗部、山越中不少都是逃避賦役的農民。〔一〕東晉時期仍然如此，「逃亡」是當時最普遍的一種鬥争形式，而其中一部分是亡入山林川澤，深險之區。〔二〕他們一般都在困苦的環境下堅持生産，主要是農業生産。

我們知道，山林川澤一直被認爲是王有的，那裏不發生土地私有的問題，特别是深險之處，人迹罕到，除了空洞的王有之外更談不上歸誰所有。因而當逃亡人民遷入山中時，不難設想，在土地方面只能是作爲公有的土地，計口配給份地。我們也不難設想，按照當時條件，在山林湖沼地帶墾荒是一種極端艱苦的工作。逃亡人民很難有足够的農具和牛馬，生産配備非常薄弱，剩餘生産品必然也不會多。爲了保證生存，就只有最大限度地採取通力合作，彼此互助的辦法。既然如此，公社形式的組織自然給恢復起來，而且，恢復公社也正是農民的要求。

陶淵明的祖先原是鄱陽人，後來遷居尋陽。〔三〕我們知道漢末孫吴時期鄱陽以至南城一帶是宗部勢力相當强大的地區。〔四〕這種宗部是以宗族爲核心的組織，在一定程度上帶着氏族殘

〔一〕吕誠之師燕石札記山越條。
〔二〕參考拙著三至六世紀江南大土地所有制的發展第一八——一九頁，又第五〇——五二頁（文集本四六——四八頁）。
〔三〕晉書卷六六陶侃傳：「本鄱陽人也，吴平徙家廬江之尋陽。」
〔四〕參閲拙著魏晉南北朝史論叢第四——五頁（文集本二——三頁）。

餘。〔一〕原始性氏族殘餘當集體避難時發揮了巨大作用，曾經暫時延緩其成員的進一步封建化。三國吳志卷九諸葛恪傳：

衆議咸以丹陽地勢險阻，與吳郡、會稽、新都、鄱陽四郡鄰接，周旋數千里，山谷萬重。其幽邃民人未嘗入城邑，對長吏；皆仗兵野逸，白首於林莽。逋亡、宿惡咸共逃竄。

這裏雖然是說丹陽山越，但山越是和宗部本有密切關係，鄱陽宗部的情況大致也相同。由此可見，這些「幽邃民人」長期以來處於深山，幾乎和外界隔絕，他們的生活是艱苦的，但似乎還没有顯著的封建剥削關係。陶淵明既然祖籍鄱陽，遷居的尋陽亦距離不遠，故老流傳，應熟知舊事，而且東晉以來逃避賦役而入山的事仍然在繼續。因此當他聽到武陵的蠻族傳説後就會很自然地與他自己的見聞結合起來，寫成桃花源記。

陳先生曾經舉出若干史例證明宗族、鄉里組成集團避難入山爲當時習見之事，桃花源記所述即以此爲背景。這一點和我們的説法部分相似。但是陳先生似乎把所有避難集團一般化了。我們認爲避兵和避賦役二者應有區别。陳先生所舉之例都是避兵。我們知道當時避兵不管入山或是流移他鄉通常都是由宗族鄉里中的首領統率的，集團中間一開始就包含着兩個對立的階級。而逃避賦役却除了個别例子以外，〔二〕一般很少可能有封建統治者參加，因爲他們無需逃避。逃亡人民的集團是

〔一〕這一點我在過去所寫的論文中没有明確。後來寫三至六世紀江南大土地所有制的發展一書時談到了這一點。

〔二〕宋書卷八三沈懷文傳：「上（宋孝武帝）又壞諸郡士族，以充將吏。並不服役，至悉逃亡，加以嚴刑不能禁。乃改用軍法，得便斬之。莫不奔竄山湖，聚爲盜賊。」這裏所説逃亡入山者中間是有士族的。

在封建統治者的圍攻下建立起來的。如上所述，由於所處環境的艱困和生産配備的薄弱，他們必須在較長期間保持通力合作，彼此互助的辦法。至於在豪强統率下的避兵集團就不能出現這種情況，或者説縱有之，也立刻就會發生變化。

我們可以承認豪强統率下的集團既然是以宗族、鄉里組成，所以也可能帶有一定程度的公社色彩。我們也承認他們入山或者流移之始，原來的豪强和所有成員一樣喪失了他的土地，而眼前的土地由於本來是山險之地或由於經常遷徙，一時還説不上歸誰所有。加上生産的艱苦，合作互助的必要，因而在一個短期内也可能使原有的公社因素滋長。陳先生所引晉書卷八八庾衮傳所述大致就是這樣一種情況。庾衮和同族、庶姓「保於禹山」時是彼此間「均勞逸，通有無」，而他後來避兵大頭山當饑荒時，也是「食木實，餌石蕊，同保安之」。顯然，這種情況下很難有剩餘生産品可供剥削，庾衮自己參加收穫，似乎没有脱離勞動，他之作爲首領是一種氏族家長式的。

可是我們必須指出存在於這種集團中的另外一個更重要的因素。宗族、鄉里組織縱然帶有殘餘的公社性質，但是既然爲其中的豪强（通常是官僚）所統率，這個豪强就必然要利用現存的組織爲自己服務，庾衮入山之後，第一件事就要立主。所有的「主」不管是保聚的塢主、營主，流移的行主總是把自己和所有成員間的關係變成庇護者與被庇護者的關係。縱使在短期間公社殘餘發揮了一些作用，但終於要走回原來發展的道路，即是成員的封建化。陳先生曾經提出蘇峻和祖逖的例子，我想這兩個例子恰好説明這個問題。晉書卷一〇〇蘇峻傳説他「糾合得千餘家，結壘於本縣」，以後蘇峻又率其所部數百家泛海南渡，到了廣陵。這所部之數百家當然就是原先糾合的千餘家中之一部分。當他們隨蘇峻南渡時，業已成爲他的部曲了。〔一〕同書卷六二祖逖傳稱西晉亂時，「逖率親黨數百家，避地淮、泗」，被推爲行主。以後祖逖北伐除了召募了一批以外，〔二〕「仍將本流徙部曲百餘家渡江」。所謂本流徙部曲自然是指自太原南渡的親黨。

關於部曲這個名辭所包涵的内容可能是異常廣泛的，我們在這裏不擬討論，但可以明確部曲對於將領具有私屬的關係。而且在此時部曲和客有時很難以分別。〔三〕

我們還可以看出，那些塢主、營主在他們所屯據的土地上就是封建主，他們常常招徠流民。〔四〕這些流民被安置在土地上進行生産，繳租服役。在塢主、營主的勢力範圍内分配土地的權力就操在塢主、營主的手中。不管這些土地名義上是否有主，實質上是由塢主營主等占有的。分配到一塊耕地的人民在塢主、營主的統治下承擔着耕戰義務，這種義務是屬於封建性質的。

由此可見，不管避兵入山或是流移，豪强統率下的宗族、鄉里集團縱使在短期内帶有公社殘餘因

〔一〕按蘇峻傳稱晉明帝死後，「徵峻爲大司農，加散騎常侍，特進，以弟逸代領部曲」。這裏的部曲雖不止於挾以南渡的千餘家，却必然包括這一部分。當時東晉政府企圖削奪蘇峻兵權，但仍然須要承認部曲之屬於蘇氏家族。

〔二〕世説新語考異祖車騎過江左條引王隱晉書稱：「使自募人得六七百。」

〔三〕參考拙著三至六世紀江南大土地所有制的發展第八三——八七頁（文集本八一——八五頁）。

〔四〕晉書卷六三邵續、李矩、魏浚、郭默諸傳。

素，但立刻就會發生變化。庾袞在最艱困的時候死了。如果他所在的地區獲得暫時安定，如果有更多的流民來歸附，而以他爲主的勢力擴大了，很難想象如本傳所述的那種太古之風會保持下去。

因此，如桃花源記所述的那種没有剥削的生活，那種「雖有父子無君臣」的秩序是和那時常見的避兵集團的塢壁生活很不相同的。

跋語

魏晉南北朝史論叢續編收入一九五四年至一九五七年三年内所寫的論文八篇，其中范長生與巴氏據蜀的關係和拓跋族的漢化過程兩篇曾分别在歷史研究和歷史教學上發表，餘外六篇都没有發表過。

在我寫這幾篇論文的時候，我們在黨的領導下經歷了偉大的社會主義改造運動，開展了整風，擊敗了右派。接着在一九五八年全面大躍進的基礎上建立了人民公社。面對着這一個令人鼓舞的形勢，我應該爲自己慚愧，幾年以來，我究竟有什麽進步，作出了什麽成績呢？在論叢初編出版時，我的跋語中引用了郭沫若院長的話，爲自己定出了一個前進的指標，即是清洗各色各樣的資産階級唯心主義的旅館商標。從這一本續編中以及其他的論著來檢查，顯然並没有達到這個指標。去年冬天，同學們曾經對我的資産階級唯心主義學術思想進行了嚴正的批判。批判得很好，打破了同學們的迷信，也打破了我自己的迷信，使我能够開始清醒，初步認識到滲透在學術思想中的各種錯誤論點，認識到資産階級唯心主義依舊霸占着我的頭腦，不肯讓位。没有這次批判，錯誤繼續掩蓋起來，就不能促進自己思想上的革命，多少會覺得就這樣「研究」下去也可以，這就會「既以自誤，亦以誤人」。

通過批判，我認識到通貫在我思想中的一個基本問題便是重視統治階級内部矛盾而忽視階級矛在許多問題上用以解釋歷史現象的，總是糾纏在皇權、大族、寒人等等錯綜複雜的矛盾。這一些矛盾確實存在，但是過高估計這些矛盾和鬥争的結果，必然相對貶低了農民起義推動歷史發展的作用；同時强調了統治階級内部矛盾，也必然會相對削弱他們在壓迫剥削人民上的一致性。這樣就陷入了唯心主義的泥淖，把本質的和非本質的、主要的和次要的東西相提並論，混淆不清。在這種思想指導下進行的「研究」，實際還是繼承了過去資本主義的乃至封建主義的僞史學傳統。這個圈子不突破，盡管你在口頭上想要研究人民的歷史，而當你寫出來時却仍然是統治者的歷史，盡管你承認歷史的主人是人民，而在内心深處人民仍然是消極的多數，歷史的主人仍然是統治者們。難道説這種錯誤不是和階級立場相關的麽？難道説這樣的「研究」歷史能够爲無産階級政治服務麽？幾年以來我一直自以爲在認真學習馬克思主義理論，可是我恰巧忘記了最重要的一條，馬克思主義是階級鬥争的武器，甚至在自己的學術思想範圍内也没有能够運用這個武器來清除各色各樣的旅館商標，相反的却企圖最大限度的不觸動自己固有的某些看法，這種思想的實質只能是堅守唯心主義陣地，不願改造的表現。同學們的批評對我個人來説，正是有力地促進了我的改造，因而是非常有益的。

續編中所收論文當然存在着同樣的唯心主義論點，例如南朝寒人的興起和拓跋族的漢化過程兩篇便是過份强調了統治階級内部矛盾，而在後一篇中不恰當地誇大了畜牧文化和農業文化的差異，也就是沖淡了甚至抹殺了文化的階級性。論文中還有好幾篇考證流於煩瑣，例如魏、晉至唐官府作場及官府工程的工匠一文中許多引據並不是必要的。像這類分析階級關係上的錯誤和方法上的煩瑣考證在其他各篇中也同樣存在。去年冬季，我在考慮了同學們的批判以後，曾經想作一次修改，但那時已經排好了版，更重要的是由於錯誤屬於整個思想體系的問題，很難以一些枝節的修改來彌補，所以只好暫時這樣出版了。其中如果有什麽可供參考之處，那只是個别問題上的看法和考證，有一些可以討論，有一些則是提出了問題。

我深切盼望同志們繼續揭發、批判我的錯誤論點。雖然在目前我還没有達到初編跋語中提出的指標，我相信，在這一個偉大的時代中，在黨和群衆的教育下，通過批評，我一定能够堅定地、迅速地改造自己，清洗掉各色各樣的唯心主義商標，使自己在偉大的社會主義建設中貢獻出自己微不足道的一點力量。

唐長孺　一九五九年三月一日，於珞珈山。

魏晋南北朝史论拾遗

目次

魏晉南北朝時期的客和部曲

客和部曲都曾以法律形式規定其私屬地位，但是合法的有限的客和部曲從來没有滿足封建大土地無限發展的要求，大量破産逃亡的農民以各種名稱依托豪强地主充當「佃客」、「佃家」。但是封建國家並不承認這種「私附」和蔭庇的合法性，爲了穩定國家直接控制的編户人丁，總是企圖使這些逃亡者復歸於編户。因此，在一個很長期間呈現一種特殊現象，即以逃亡者組成的「佃客」、「佃家」一方面對封建主具有强烈的人身依附關係，另方面這種依附關係却不穩固。本文試圖根據史料，稍加説明，並請批評指正。

一　客的卑微化和普遍使用於農業勞動

客本來是外來人，相對於宗族而言，非宗族成員是客；相對於鄉里而言，外鄉人是客。本來並不含有身分低微的意思。但是早在西漢我們就見到奴客連稱的例子。〔一〕漢書五行志記載谷永責備漢成帝「崇聚票輕無誼之人以爲私客」。「無誼」即無行，似乎漢成帝的私客是一些遊手無賴之徒，充當

〔一〕前漢書卷六胡建傳、同書卷二七中之上五行志「貌不恭」項。

隨從，不是勞動者。史籍記載兩漢貴族豪强門下的賓客倚仗主人權勢，「爲奸利」、「作盜賊」，即谷永所説的「票輕無誼之人」。〔一〕客的卑微化始於生活上和權勢上依托豪强，而不是開始於以勞動者的地位和豪强發生關係。

賓客從事勞動生産見於後漢書馬援傳。根據記載，知道馬援役屬的賓客至少一部分從事畜牧和農業勞動。他們又被稱爲「田户」，收穫和馬援對半分成。〔二〕顯然，馬援的賓客是私屬，受主人驅使，從事畜牧和農業勞動，作戰時又是馬援的部曲。但是這些賓客之從事畜牧、農耕，似乎帶有偶然性。馬援率領他們屯耕的上林苑或苑川的牧師苑都不是馬援的私有土地，賓客也没有定着在土地上。因此，馬援的賓客呈現着一種過渡的形態，即從隨從性質的客轉向近似農奴的分成制佃農。東西漢之間這個轉化並未完成。我們很難説這些賓客和土地有緊密聯繫，也難以明確人身依附關係的强弱程度究竟怎樣。

東漢後期，豪强擁有的客愈來愈多，人身依附關係越來越强烈，和封建大土地的聯繫也出現新的跡象。三國志卷三八麋竺傳：「東海朐人也。祖世貨殖，僮客萬人，貲産鉅億。」僮客亦即奴客，本傳説麋竺曾送給劉備「奴客二千金銀貨幣以助軍資」，這二千奴客使劉備得以重整隊伍，成爲劉備的部曲。當時似乎對奴和客不需要嚴加區別。

〔一〕參見拙撰魏晉南北朝史論叢續編第一〇頁注〔一〕（文集本一二頁注〔一〕）。這樣的賓客以後仍繼續存在。
〔二〕水經卷二河水注。

麋竺擁有數以萬計的僮客，很難設想全都不事生産。太平寰宇記卷二二海州東海縣「縣理城」條引水經注：

朐縣東北海中有大洲，謂之鬱州……古老傳言，此島上人皆先是麋家之隸。今有牛欄一村，舊有麋家莊牧，猶枯（祀？）祭之，呼曰麋郎。臨祭之日，著犁鏵，執耕鞭。又言初取婦者必先見麋郎，否則爲祟。〔一〕

按今水經注無此文，文字也不似酈注，前人已疑寰宇記有誤，但書名雖誤，樂史必有所據。引文説鬱州牛欄村「舊有麋家莊牧」，莊即莊田，牧是牧場。「麋家之隸」自即「僮客」，他們被安置在鬱州島，在麋家的莊、牧上從事農牧勞動，並且世代相承，一經安置就定着在土地上，所以後世子孫仍然居住在鬱州，而且在祭祀「麋郎」時，還須「著犁鏵，執耕鞭」，表示他們祖先的身分。「麋家之隸」顯然更接近於農奴。由此可知，麋竺成萬的僮客至少其中不小的一部分是從事生産勞動的。仲長統昌言理亂篇和損益篇提到漢末有一種「豪人」，他們有横跨郡國的大土地，經營農業、畜牧業和商業，役使成群的奴婢和成萬的徒附，還喂養着刺客死士爲他效死。仲長統所説的「徒附」應即是客，豪人擁有的奴婢、徒附（即奴客）我想是和他横跨郡國的大土地相結合的。麋竺也正是這樣一個「豪人」。

建安元年（一九六），曹操屯田許下，屯田民也稱屯田客、租牛客户，不屬郡縣，設置田官管理

〔一〕同書海州朐山縣牛欄村條引郡國志云：「麋竺放牧之所，今民祭猶呼麋堆。」按今後漢書郡國志無此文。

上屬大司農。屯田客不承擔國家租調徭役，收穫用己牛的與官中分，用官牛的官六客四分成。據此可知，屯田是國家的私田，屯田客是國家的私客。屯田形式雖繼承漢代邊境屯田，但更直接的是當時通行的封建大土地經營方式的模擬。日本宮崎市定指出屯田帶有天子莊園的性質，我以爲是恰當的。〔一〕

自建安元年屯田許下開始，以後曹操統治下的「郡國列置田官」遍及境内。

曹魏後期，朝廷把租牛客户（屯田客户）賞賜給公卿大臣。租牛客户本來不承擔國家賦役，只納分成租，賜給私家後，當然也只向私家納地租。因此「小人憚役，多樂爲之，貴勢之門動有百數」，〔二〕除了賞賜的客以外，困於徭役的下層人民（小人）也去投充，太原一帶甚至招收胡人爲田客。客的隊伍在封建大土地上普遍存在。

曹操在北方廣開屯田，稍後孫吴也在江南廣開屯田，還把屯田客甚至一般人民賞給功臣作客，並免除其賦役，稱爲「復客」。賜客與復客的數字有的達到數百，比如吕蒙就受賜尋陽屯田六百户之多。〔三〕官私土地上的客在江南和江北同樣普遍。這時，通過賜客、復客，客的私屬身分業已確定，以客的名稱出現的封建依附者遍佈南北。

〔一〕宫崎市定：從部曲到佃户（上），東洋史研究第二十九卷，第四號三二一頁。
〔二〕晉書卷九三外戚王恂傳。
〔三〕拙著魏晉南北朝史論叢第二一五頁（文集本二二二頁）。

兩個相互對立的政權，在不同地區同時推行内容和形式相同的屯田制度和佃客制度，絶非偶然，我們認爲這是漢代以來社會發展的必然。

二　晉代對於蔭客特權的限制

如上所述，西漢中葉以來奴客連稱，標誌着客的卑微化，但直到東漢末，法律上並没有規定客的卑微身分。三國志卷二三常林傳：

太守王匡起兵討董卓，遣諸生於屬縣微伺吏民罪負，便收之，考責錢穀贖罪，稽遲則夷滅宗族，以崇威嚴。林叔父撾客，爲諸生所白，匡怒收治，舉宗惶怖。

常林的叔父因爲撾客被收治，雖由於太守王匡借此勒索錢穀，却也可知主人不得隨便撾客，至少可以作爲「收治」的藉口。這豈非暗示客仍是良人嗎？〔一〕

常林叔父的事可能是很個别的特例，舉此一事只爲了説明儘管事實上客已和奴連稱，身分卑微，但法律上尚未承認這個現實。以後，通過賜客，復客，客的私屬地位業已確定，但除了特許復除之客

〔一〕唐律疏議卷二二鬬訟有「良人毆傷殺他人部曲」及「諸毆緦麻小功親部曲奴婢」律條，而毆自身之部曲無文。只有「毆部曲致死」律文云：「諸主毆部曲致死者徒一年，故殺者加一等，其有愆犯，決罰致死及過失殺者各勿論。」可知主只有毆殺部曲才有罪，也只徒一年，而且若「其有愆犯，決罰致死及過失殺者」勿論。常林叔父只是「撾客」，不云死傷，比照唐律，客要是賤口，便不應有罪。

以外，自行投靠豪强的客並不能作爲私屬而免除賦役。三國志卷一二司馬芝傳記載司馬芝爲管長時制裁當地豪强劉節的事爲人所熟知，司馬芝所以能差「節客王同等爲兵」，就因爲王同等是自行投靠的客，法律上不承認劉節有擅自蔭客的權利。傳稱劉節有賓客千餘家，管縣的掾吏説「節家前後未嘗給繇」，把千餘家賓客全都列入「節家」這個範圍内，顯然被當作劉節的私屬；事實上千餘家的賓客也多年來在劉節的庇護下不服徭役。但是這種庇護全憑劉節權勢，並非朝廷特許，司馬芝完全可以不理會。又三國志卷五四周瑜傳記周瑜、程普死後，孫權下令，周、程兩家的人客，「皆不得問」，所謂「問」，即是追查人客來歷，糾舉隱藏逋亡。孫權下令特别舉出這兩家的人客「不得問」，豈非暗示别家的人客是可以「問」的嗎？而且如果不下此令，周、程兩家的人客當然也是可以「問」的。可知除了賜客、復客之外，自行投靠的客也是認爲非法的，即使功臣大將，没有孫權的命令，他也不能庇護其人客。

不承認貴族豪强在特許以外自行招納私屬，這個原則以後基本上没有改變。

盡管以租牛客户賞賜公卿可能即在司馬氏當權以後，盡管那時候曾經放任「貴勢之家招收避役小民和胡人爲田客」，但當西晉政權一旦建立，就立即制止貴族豪强繼續擴大客的隊伍。晉書卷九三外戚王恂傳：

累遷河南尹（中叙「魏氏給公卿已下租牛客户」云云，已見上）武帝踐位，詔禁募客，恂明峻其防，所部莫敢犯者。咸寧四年（二七八）卒。

按太平御覽卷二五二引晉起居注稱武帝咸寧三年（二七七），王恂爲河南尹，他在任上，嚴格執行募客的禁令，必在咸寧三、四年間，那時距司馬炎稱帝（武帝踐阼）已十餘年了。按同書食貨志載（泰始）五年（二六九）正月癸巳勅，内云：「豪勢不得侵役寡弱，私相置名。」「私相置名」也即是私自記録姓名，置爲私屬，疑與王恂傳所云「詔禁募客」爲一事。自泰始五年至咸寧三年（二六九——二七七）已有八年之久，而王恂仍努力奉行禁令，可知當時對此事頗爲認真。同書卷三七高陽王睦傳：

咸寧三年（二七七），睦遣使募徙國内（中山國，睦初封）八縣，受逋逃，私占及變易姓名，詐冒復除者七百餘户。冀州刺史杜友奏睦招誘逋亡，不宜君國。有司奏事在赦前，應原。詔曰……其貶睦爲縣侯。

司馬睦的罪名總的説來就是「招誘逋亡」。七百餘户都是「逋亡」即逃亡者，招誘過來就私自占有，也即作爲私屬，其中有的冒名頂替應受復除的人。所謂「募徙」、「私占」按其性質亦即「募客」或「私相置名」。這件事發生在咸寧三年，王恂即在本年爲河南尹，揭發司馬睦的是冀州刺史杜友，他和王恂一樣嚴格執行募客禁令。對於司馬睦，有司議奏「應原」，武帝却仍給以貶爵處分。可知禁令還不是具文。我想晉初户口增加可能與之有關。〔一〕

過了二年太康元年（二八〇）晉滅吴，隨即頒布户調式，其中規定了各級官員蔭佃客、衣食客的限

〔一〕通典卷七户口注云：「蜀劉禪炎興元年則魏常道鄉公景元四年（二六三）歲次癸未。是歲魏滅蜀。至晉武帝太康元年（二八〇）歲次庚子，凡一十八年。户增九十八萬六千三百八十一，口增八百四十九萬九百八十二。」通典所舉是晉滅吴前疆域内增加的户口數字。

額。衣食客想必由主人供給衣食，充當隨從或驅使雜役，佃客則是如隋書食貨志所説「其穀與大家量分」的分成制佃農。所有的客都没有獨立户口，只附注在主人户下，即隋書食貨志所説「客皆注家籍」，其依附關係是明顯的。

户調式所規定的限額内的客，是公開合法的，但限額很小。一、二品佃户五十户，可能是十五户倒誤，因爲三品只有十户，以下至八、九品一户。這個定額與當時封建大土地占有的情況不能適應，自不待言。如前所述，曹魏末年貴勢之門擁有的佃客「動有百數」，晉初雖説「詔禁募客」，不聞追奪已有之客；只不過二年前，司馬睦就曾招誘逋逃七百户，我們很難相信這個限額能够有效執行。但是，雖然無效，仍然具有歷史意義。第一：表明魏晉期間大量逃亡農民的前途是依托豪强，充當佃客，其數量之多促使晉武帝注意到這一問題的嚴重性。西晉政權建立以來，始而禁募客，禁「私相置名」，繼而規定蔭客限額，這些對於「客」的措施過去是没有的。難道這不正好反映客在全國人口中的巨大比例和農業生産中的地位麽？第二：表明只有限額内的客和限外特許復除的客以外，限外私占是違法的，因而私自投靠而建立的依附關係是不穩固的。

限客規定第二次見於東晉。南齊書卷一四州郡志南兗州條：

時百姓遭難，流移此境，〔二〕流民多庇大姓以爲客。元帝太興四年（三二一），詔以流民失籍，

〔二〕南兗州，東晉初是徐州的一部分。

使條名上有司，爲給客制度。而江北荒殘，不可檢實。

太興四年是東晉政權建立後重要的一年，晉元帝在本年曾頒佈一系列抑制王氏，及觸犯豪强利益的措施，導致王敦之亂。檢查徐州流民，頒佈給客制度是這些措施之一。所云「流民多庇大姓以爲客」，當然是自行投庇。給客制度就是爲了限止大姓私占，重新頒佈客的限額，把自行投庇的客納入法律的軌道。隋書卷二四食貨志記載的各級官員依品蔭客限額，比西晉限額有所增加，第一、二品佃客無過四十户，以下按品遞減五户，至九品五户。我想這就是太興四年的給客制度。隋書食貨志明確記載，客無課役，佃客分成交租，又説「客皆注家籍」，説明佃客是接近農奴的分成制佃農。

東晉給客制度當然更是空文，次年王敦在南北大族支持下起兵攻入建康，上年頒佈的損害豪强利益的措施自必不能執行。

以後儘管不可能真正遏制人量逃亡農民流入私門，而逃亡農民自行投靠和豪强私自蔭庇却始終是非法的行爲。晉書卷四三山遐傳説東晉「豪族多挾藏户口以爲私附」，山遐當會稽郡餘姚令，「到縣八旬，出口萬餘」。當地高門大名士虞喜匿藏户口按法應處死刑。結果，虞喜安然無事，山遐却丢了官。按餘姚地廣人稀，宋代孔靈符曾經建議把山陰縣貧民遷往餘姚、鄞、鄮三縣去開墾湖田。〔二〕東晉時餘姚户口決不會比宋時多，而在那裏八十天内檢查出的匿藏户口却就達萬口之多，這是個非常

〔二〕宋書卷五四孔靈符傳。

龐大的數字。傳稱匿藏户口都是大姓的私附。會稽大姓虞、魏、孔、賀，虞、孔就是餘姚人。建議遷徙山陰貧民的孔靈符就是「産業甚廣」的大土地所有者。〔一〕可以推斷，這數以萬計的「私附」，應即是他們的佃客。山遐爲餘姚令當在晉成帝咸和、咸康間，〔二〕那時距太興四年（三二一）頒佈給客制度已十餘年。給客限額當然没有能實行，但不允許豪强隱藏私附這一條至少在法律上仍是有效。山遐只是個縣令，那時也没有詔書叫地方官檢查「私附」，他却能够在境内嚴行檢括，就因爲地方官本來就有檢查户口之職，禁止募客等法令並未失效，所以虞喜按法當處死刑。山遐這次是失敗了，因爲當國宰相是王導，他一貫主張結好江南大族。〔三〕

以後，比較有效地制裁豪强隱匿户口是在晉末劉裕當國時，餘姚虞亮藏匿亡命千餘人，劉裕處以死刑。虞亮縱使不是虞喜的直係後裔，也是晚輩族人。「亡命」即「逋亡」，虞亮幹的事只不過步八十年前他祖先的後塵而已，可是他没有他祖先那樣幸運，斷送了性命。

像劉裕那樣以「藏匿亡命」處死會稽第一流高門虞亮恐怕是自晉初以來第一次依法判刑，也是最

〔一〕宋書卷五四孔靈符傳。
〔二〕山遐爲餘姚令，據本傳會稽内史爲何充。卷七七何充傳，咸和四年（三二九）蘇峻之亂平後，經過二任官才遷會稽内史，又説何充在會稽内史任内「薦徵士虞喜」。卷七成帝紀咸和八年（三三三）四月徵處士尋陽翟湯、會稽虞喜。據此，咸和八年前後何充爲會稽内史，山遐爲餘姚令，亦當在此時。
〔三〕晉書卷七三庾翼傳叙山遐罷官事，指責「皆前宰惛謬」，前宰即指王導。

後一次。從此以後直到唐代，雖然檢户括客屢見記載，却只見使逃户還本，從不見懲罰豪强。

進入南朝以後，封建大土地所有制日益發展，逃亡日益嚴重，佃客隊伍當然相當擴大，梁代賀琛便曾指出「百姓不能堪命，各事流移，或依於大姓，或聚於屯封」。〔一〕屯封指封禁山澤，雖有官有私，主要是貴族豪强廣占山澤的經營方式，因而「依於大姓」和「聚於屯封」基本上是一致的。那時客往往以别的名稱出現，南齊時「諸郡役人，多依人士爲附隸，謂之屬名」，〔二〕陳代王公百官招納逃亡，稱爲「程蔭」。〔三〕那時朝廷雖然已不想沿用晉律，懲罰豪强，但東昏侯還想「檢正屬名」，陳宣帝也要把程蔭「解還本屬」，仍然不承認逃亡者自行投靠，豪强自行蔭庇的權利。

值得注意的是，自宋大明五年（四六一）至齊永明八年（四九〇），曾經斷斷續續檢籍達三十年之久，還引起一次暴動，但是主要目的是要檢出假冒士族的寒門，雖然也是爲了擴大徵役對象，其矛頭却没有指向托庇豪强的「私附」。

三　北朝的蔭户

西晉永嘉亂後，北方原有地方機構遭到破壞，新的統治秩序還没有建立起來。根基深厚的宗族、

〔一〕梁書卷三八賀琛傳。
〔二〕南史卷五齊本紀下東昏侯紀。
〔三〕陳書卷五宣帝紀太建二年（五七〇）八月詔。

鄉里是當時最活躍和最可靠的社會基層力量。當時北方塢壁林立，塢壁的群衆基礎和相互聯繫的紐帶便是宗族、鄉里。塢壁主對於所統率的群衆既是家長，又是領主；所有群衆都是他的領民，以包括子弟賓客的家族組成的武裝就是家兵和部曲。他們在塢壁主統率下從事戰鬥和生産，塢壁是戰時的特殊組織，在長期混戰中，塢壁時興時滅，隨着北方走向統一，有的被消滅，有的自行解散。

塢壁消失，宗族組織仍然存在。北魏前期，不置鄉官，建立以宗族爲基礎的宗主督護制，這是對北方實際情況的承認，也是鮮卑拓跋部貴族所能理解的基層組織形式。

晉書卷一二七慕容德載記記載南燕時尚書韓諱上疏建議檢查户口，就談到「百姓因秦晉之弊，迭相蔭冒，或百室合户，或千丁共籍，依托城社，不懼燻燒，公避課役，擅爲姦宄」。「百室合户，千丁共籍」，説明南燕時一户非常龐大，實際上一個家族中包含着許多「公避課役」的蔭户。這次韓諱在南燕境内檢查出的蔭户達五萬八千之多。這種大户苞蔭的形式據韓諱説是「因秦晉之弊」，可知由來已久。而且很可能遍佈於北方。我以爲這就是塢壁組成的基礎，若逢戰爭立即可以形成一支以宗族、賓客（蔭户）組成的武裝隊伍。北魏宗主督護制就是在那種大户苞蔭的現實情況下建立的。魏書卷一一〇食貨志稱：

> 魏初不立三長，故民多蔭附，蔭附者皆無官役，豪强徵斂，倍於公賦。

「蔭附」自即韓諱所説的蔭户，韓諱没有説蔭户對主人承擔什麽義務，食貨志説明他們向豪强交納的比公賦加倍，和魏晉的佃客、南朝的「屬名」、「程蔭」所處地位基本相同。可能有的區别即南朝私屬多半源自外地來的逃亡農民，南燕、北魏的「蔭户」也許即是本地人。

北魏頒佈均田令、立三長後，蔭户獨立出來，受田納課。無可置疑，均田制施行以後，封建大土地私有制繼續存在，孝文帝就曾把陂田賞賜給李沖，咸陽王禧「田業鹽鐵遍於遠近」。〔二〕但由誰耕作却不明瞭，我們只能推斷那時除了奴婢之外，必然存在大量的佃客之類的封建依附者。

魏書食貨志記載即在太和年間設置屯田云：

又別立農官，取州郡户十分之一以爲屯民。相水陸之宜，斷頃畝之數，以贓贖雜物市牛科給，令其肆力。一夫之田，歲責六十斛，甄其正課並征戍雜役……帝覽而善之，尋施行焉。

按「屯户」屬於雜户一類，〔三〕一夫之田即百畝，當時每畝估計收穫一斛，屯民的牛是官給的，歲責六十斛相當於曹魏屯田客「持官牛者官得六分，士得四分」的租率。同書卷一一四釋老志還記載以平齊户及諸民置的「僧祇户」，他們「歲輸穀六十斛入僧曹」，這個六十斛也當據「一夫之田」徵納的。國家對中户，僧官對僧祇户的租額既根據傳統，也必須根據當時一般封建地租額制定，我們有理由相信封建人土地上存在着身分類似屯户、僧祇户的分成制佃農。他們的名稱我們不知道，可能非常含糊地叫

〔一〕太平寰宇記卷九鄭州管城縣李氏陂條記載：「李氏陂在縣東南四里。後魏孝文帝以此陂賜僕射李沖。」關於咸陽王禧見下頁注〔二〕。

〔二〕北齊書卷四文宣帝紀天保二年（五五一）九月：「詔免諸伎作、屯、牧、雜色役隸之徒爲白户。」白户即普通百姓、良人，可知屯户地位低下。

做「僮隸」，〔一〕甚至是在廣泛的奴婢名義下存在。僮隸一般來源於充賞的戰俘，因而是公開合法的私屬。均田令明確規定奴婢受田，僮隸當然也包括在奴婢的範圍内。這就是説貴族豪强的廣大土地即使不是特賜也可以奴婢（僮隸）名義合法占有。史籍没有記下受田奴婢對他們主人承擔什麽義務。或者以全部收穫交給主人，而由主人向國家交納奴婢應納的租並供給其衣食。這是真正的剥削奴隸的形式，我們認爲南北朝時代主人直接經營的田園往往採用這種形式。〔二〕同時，更爲廣大的土地上名叫奴婢或僮隸的生産者實際上承擔的是封建性剥削，猶如上述的屯户、僧祇户。我們不能想像魏晋以來的佃客、南燕和北魏前期的蔭户，忽然就没有了。

奴婢、僮隸的來源主要是戰俘充作賞口，他們是合法的賤口，以奴婢名義受田是法令規定的。那時是否也仍然有自行投靠以求豪强蔭庇的逃亡者呢？應當有，但缺乏記載。延昌元年（五一二）元暉爲冀州刺史，「檢括丁户，聽其歸首，得調絹五萬匹」。〔三〕魏制一夫一婦調絹一匹，五萬匹相當於五萬户之調，數字巨大。這麽多的隱藏丁户來自哪裏，傳文不載，可能有像過去那樣的「蔭户」，也可能是增减年歲，「詐老詐小」，「妄注死亡」之類，很難斷定。

〔一〕魏書卷二一上咸陽王禧傳：「奴婢千數，田業鹽鐵遍於遠近，臣吏僮隸相繼經營。」臣吏指王國的家臣和吏員，當是管理和監督者。僮隸是勞動者。「僮隸」有類奴客，是賤口的泛稱。隸是隸户，魏書屢見以俘虜作隸户賞給功臣。

〔二〕南齊書卷三八蕭景先傳及顔氏家訓卷五止足篇。

〔三〕魏書卷一五元暉傳。

如上所述，由於北方大族經歷長期戰亂以後，宗族關係更爲嚴密，勢力也更爲强大，因而其蔭庇形式是大户下的蔭户制。南燕對於蔭户曾經進行大規模的檢查，北魏實行三長制，也曾把許多蔭户從大户中分離出來。但是大族聚居的情況没有改變，宋孝王關東風俗傳就曾指出那些大族「一宗近將萬室，煙火連接」，大户下的蔭户必然繼續存在。

四　南北朝後期的部曲與隋初的浮客

部曲是軍隊編制的名稱，後來用以指私兵。曹操部下任峻、吕虔、李典等都曾組織部曲或家兵。[一]部曲也即是他們的賓客，但也只有編成軍隊才稱部曲。如前所述，麋竺曾送給劉備奴客二千，我想他們也就成爲劉備的部曲。當時客的身分業已卑微化，部曲也卑微化了。然而當時的部曲不是身分性的名稱，也不是勞動者的名稱。部曲活躍的時候通常也必是軍事活動頻繁的時候，建安時期和永嘉亂後便是。但正常時期就較少見到部曲的活動。

劉宋晚期以後，由於境内戰爭和南北戰争，將帥廣事招募，困於賦役的人民紛紛投充部曲，到了梁代，竟然有人説「大半之人並爲部曲」。[二]這時的部曲是非常多的，他們與主人（將帥）的關係和承擔的義務不盡相同。名義上他們是招募來的兵，戰時隨主人作戰，平時接受指揮，從事各項勞役和其

〔一〕　見三國志卷一六、卷一八諸人本傳。
〔二〕　文苑英華卷七五四何元之梁典高祖事論。

他活動。實際上，部曲中間有的只是支一筆錢物，名屬軍簿，隨軍走上一段路便逕自還家，既不從軍，亦不服役，和接納入軍的將帥並未真正建立什麼關係。〔一〕當然像這樣的部曲是很少的。絕大多數的部曲是被役使的，但役使也各各不同，部分部曲從事生產勞動，更多的似乎承擔各種臨時性的勞役，比如宋代大將王玄謨曾想派遣部曲五百人營墓。〔二〕也還有許多「不耕而食，不蠶而衣」跟隨將帥、守宰勒索百姓的親隨之類。〔三〕部曲和「私附」、「屬名」、「程蔭」不一樣，他們的身分是公開的士兵，不承擔國家賦役義務是合法的。由於他們一經投充便終身隸屬，甚至可以傳給子孫，因而他們就帶有私屬的性質。但是其所以合法，不是由於法律確定其私屬身分，相反，正由於他們是公開召募的兵士，不同於依托豪强的「逋亡」。法律上顯然没有承認部曲之爲私屬，因而對主人的人身依附關係是不確定的。主人死亡，部曲可以離去，〔四〕留下來的稱爲「門義」、「義故」，意思是可去而不去，以義相從。部曲雖終身隸屬，但皇帝可以隨時把某一將帥的部曲收歸朝廷。〔五〕

值得注意的是南朝後期我們見到部曲使用於農業生産。

〔一〕南史卷七〇循吏郭祖深傳，祖深梁時上封事有云：「而此勳人投化之始，但有一身，及被任用，皆募部曲。而揚徐之人，逼以衆役，多投其募。利其貨財，皆虚名上簿，止送出三津。名在遠役，身歸鄉里。」

〔二〕宋書卷五七蔡興宗傳。

〔三〕文苑英華卷七五四何元之梁典高祖事論。這樣的部曲只是其中一部分，何元之認爲所有部曲都是這樣，顯然不合事實。

〔四〕南齊書卷三八蕭景先傳載遺言稱：「周旋部曲，還都理應分張。其久舊勞勤者，應料理，隨宜啟聞乞恩。」

〔五〕宋書卷五七蔡興宗傳，記王玄謨部曲三千人被宋前廢帝「徹配監者」。

如所共知，梁書卷五一張孝秀傳記載他罷官後，「有田數十頃，部曲數百人，率以力田」。這是史籍上明確記載使用部曲農作的唯一例子。日本宮崎市定氏曾據陳書卷二武帝紀永定二年（五五八）三月詔書中所云南豫州刺史沈泰「良田有踰四百，食客何止三千」。及「其部曲妻兒各令復業」之文，推斷沈泰四百頃良田即由部曲妻兒耕作。〔一〕據上例，可以推知南朝後期以部曲使用於農業生產可能頗有其人。此外，陳宣帝爲了興復梁末荒殘的姑孰，在太建四年（五七三）下過一道詔書，〔二〕其内容大致是説駐屯姑孰諸將罷任後，分留部下，在姑孰經商墾田，一律免税，最後説「給地賦田，各立頓舍」。詔書所説「衆將部下」自即部曲，這些「部下」除少數經商外，多數墾辟荒地，「給地賦田，各立頓舍」，從此定居下來，不再隨所屬將帥東西上下。詔書説：「有無交貨，不責市估；萊荒墾闢，亦停租税」，經商的和開荒的都無限期不收租税，但却没有説分留的部下附籍充當百姓，似乎他們仍是諸將部下，身分没有改變。假使如此，則除經商以外，大多數分留的部下都成爲農業勞動者，他們不承擔國家賦役，而對所屬將帥承擔義務。但墾荒的土地又像即給予耕作的部下，那就很難斷定其身分了。

南朝對於部曲身分並不見明確規定，部曲作爲法律上的賤口名稱始於北周。

北魏時期很少見部曲，魏末亂時地方大姓如勃海高氏擁有部曲，但只見用以作戰。他們的來歷

〔一〕宮崎市定：從部曲到佃户（上）東洋史研究二十九卷四號。
〔二〕陳書卷五宣帝紀太建四年閏十一月條。

大致是「招集鄉閭」，部曲東方老早先「結輕險之徒共爲賊盗」。這類部曲只是私兵，[一]北周後期第一次確定部曲的身分。周書卷六武帝紀建德六年（五七七）十一月詔：

自永熙三年（五三四）七月已來，去年十月已前，東土之民被抄略在化内爲奴婢者，及平江陵之後，良人没爲奴婢者並宜放免，所在附籍，一同民伍。若舊主人猶須共居，聽留爲部曲客女。

詔書説明奴婢釋放可以免爲良人，也可以留爲部曲客女。部曲客女和主人共居，亦即共籍。他們和晉代佃客一樣没有獨立户口，只附注於主人户下。其身分高於奴婢，但却不能「一同民伍」。

在南朝，部曲是終身隸屬的兵士，因而帶有私屬性質，但他們的私屬身分是否由法律確定不明。建德六年詔書明確了這點。其次，過去我們在史籍上見到有關部曲的記載，多半和軍事編制有聯繫，以賓客組成的私兵，塢壁主統率的武装隊伍，招募投充的士卒，都被稱爲部曲。據此詔書，奴婢被放免，而主人「猶須共居」，留爲部曲客女，並非爲了把他們（男丁）編入軍隊。這點和過去存在着差異。

東晉末年我們看到「免奴爲客」，[二]這次是免奴爲部曲，又婦女稱爲「客女」，表明部曲身分相當於客。

詔書釋放的奴婢都出於俘虜，一部分略自東魏、北齊，一部分俘自江陵。東魏、北齊境内抄略來

[一] 見北齊書卷二一高乾及弟昂、弟季式傳。高季式爲州刺史，自領部曲千餘人，傳中明言其爲「私軍」。
[二] 晉書卷六四會稽王道子附子元顯傳。

的奴婢難以統計。江陵俘虜没爲奴婢的十餘萬。〔一〕顔氏家訓勉學篇慨嘆梁代那些不讀書的士族子弟，亂離之後（指江陵之破），雖百世公卿也「莫不耕田養馬」，可知這批没爲奴婢的俘虜是從事耕牧生産勞動的。

本來，按照北魏均田令，奴婢受田納課，這在西魏大統十三年計帳中獲得實證，北周當亦沿襲此制。那麽建德六年的部曲客女是否受田呢？上文我們已經推論以奴婢的名義受田不一定都是奴婢，部曲客女受田也不過相當於僮隸之類受田而已。隋書卷二四食貨志記隋初新令中租調之制，「丁男一床租粟三石；桑土調絹絁一疋，加綿三兩；麻土調布一端，加麻三斤」，接着説「單丁及僕隸各半之。未受田者皆不課」。按過去田令都記奴婢受田額及輸課調額，隋令却獨稱「僕隸」，豈非因爲部曲客女是放免的奴婢，不能像過去那樣仍以奴婢名義受田麽？食貨志又説煬帝即位後「乃除婦人及奴婢部曲之課」。據上引隋初新令云「未受田者皆不課」，表明受田人才承擔賦役。今既除免婦人、奴婢、部曲之課，亦即意味着這些人過去受田，而此時已不受田。唐武德七年（六二四）令，婦人、奴婢、部曲不受田，亦不課，史學界一般都認爲上承隋制是有理由的。

如果上面的推斷不誤，周隋之際的部曲客女和奴婢一樣受田，則放免奴婢聽留爲部曲客女，既保證主人土地不因奴婢放免而受損失（北魏均田令「奴婢、牛隨有無以還受」，北周當承用），又保證爲

〔一〕周書卷二文帝紀魏恭帝元年。

主人耕田養馬的奴僮繼續在主人的土地上勞動。當然，身分上發生了變化，所受剥削和待遇也應有所改變，但我們完全不知道。

這時，部曲和軍事並無必然關係，他們之間多數應是封建大土地上的直接勞動者。他們對主人的人身依附關係是强烈的，也是牢固的。後來唐律中詳密的有關部曲條文必定是周隋律的沿襲和發展。無可置疑，當時社會上必然存在一定數量的部曲，因此統治者認爲有必要從法律形式把他們的卑微身分固定下來。

周隋之間應當是北方部曲制盛行的時代，但當時封建大土地上的勞動者主要仍然是源自非法投靠的逃亡農民。

隋代高熲立輸籍定樣，依樣定户，通典卷七丁中論述此事云：

隋受周禪，得户三百六十萬。開皇九年平陳，又收户五十萬。洎於大業二年，干戈不用，惟十八載，有户八百九十萬矣。其時承西魏喪亂，周齊分據，暴君慢吏，賦重役勤，人不堪命，多依豪室，禁網隳紊，姦僞尤滋。高熲覩流冗之病，建輸籍之法。於是定其名，輕其數，使人知爲浮客，被彊家收大半之賦；爲編甿奉公上，蒙輕減之征。先敷其信，後行其令，烝庶懷惠，姦無所容。隋氏資儲遍於天下，人俗康阜，熲之力焉。

在這段中間，杜佑還有個注解釋「浮客」，云：

浮客謂避公税，依豪强作佃家也。

顯然，這類以浮客組成的佃家上承前代佃客、屬名、蔭户，他們是自行投靠豪强的逃亡者。杜佑高度評價高熲，他説：

高熲設輕税之法，浮客悉歸於編户，隋代之盛，實由於斯。

杜佑以隋代之盛由於高熲設輕税之法，使浮客復歸於户籍。高熲置輸籍究在哪一年杜佑没有説，通鑑卷一七六記於開皇五年（五八五），不知是否别有根據。隋書食貨志記高熲爲輸籍定樣，在「大索貌閲」之後。而「大索貌閲」的年代又很複雜，這裏不擬詳考。輸籍定樣雖已頒佈，浮客自歸也不必即在此年。杜佑既以大業二年（六〇六）户口增多的主要來源是「浮客自歸」，食貨志於開皇十二年下記「時天下户口歲增」，如果認爲開皇年間浮客陸續自歸大致當不誤。因此，按照杜佑的説法，自東西魏分立至隋文帝統治時約五十年間，出於浮客的佃家應是豪强土地上的主要勞動者。猶如過去一樣，這種依附關係没有獲得法律的認可，國家通過一些措施使浮客又還到國家户籍上。杜佑把隋代户口增加完全歸之於「浮客自歸」，當然是誇大的，而且浮客也不一定都是「依强豪作佃家」，但當時豪强的封建土地上存在着大量出於浮客的佃家應當是可信的。

如上所述，周隋之間北方存在着兩種封建依附者，一是公開合法的部曲，二是以浮客組成的佃家，第二類是主要的。

五　後論

以上我們探討了魏晉南北朝時期封建依附者和部曲的問題。

客的卑微化和普遍使用於農業生産在魏晉期間已經完成，早在建安時代（一九六——二一九），官、私佃客遍佈南北。西晉太康元年（二八〇）頒佈的户調式明確規定客的私屬身分，隋書食貨志更明確指出佃客是在主人户下記注姓名的分成制佃農。以後，東晉南朝的「私附」、「樂屬」、「屬名」、「程蔭」，北朝的「蔭附」，以及南北朝後期直到隋唐的「部曲」，以浮客組成的「佃家」，盡管名稱不一，按其性質，都是合法和非法的封建依附者，基本上都是依托豪强，納大半之賦的類似農奴的分成制佃農。

在這一歷史階段，甚至直到唐前期，呈現出這樣一種現象，即封建大土地所有者力圖擴大自己的依附者的隊伍，而封建國家却只在某種程度内承認封建貴族官僚蔭庇私屬的合法性。即在南北普遍使用佃客，實現封建剥削的時候，西晉初年就頒佈了私自募客的禁令。以後，經歷東晉南北朝直到唐代前期，雖然具體措施不同，封建國家企圖使非法的封建依附者復歸於編户這一努力却間歇地在進行，封建大土地所有者無限蔭庇其依附者的事實盡管一向存在，法律上却從未承認他們這種權利。

晉代合法的依附者「佃客」、「衣食客」，法令明文規定的限額是很少的；南北朝後期到唐，合法的依附者是部曲，雖没有名額限止，由於各種條件，來源很仄，數量也不多。合法的「佃客」和「部曲」都不足以適應封建大土地所有制發展的要求。因而封建大土地上的直接勞動者從來就存在着大量的非法蔭庇的逃亡農民。農民逃亡的直接原因主要是逃避嚴酷的賦役壓迫，而逃避賦役是違法的。他們浮游異鄉，如果没有地方豪强的庇護就無法安身，因此逃亡農民的多數不得不淪爲「私附」，建立起依附關係。法律不承認「私附」，封建國家往往通過各種强迫或招誘辦法，使依附者復歸於編户。

傳統的統一國家體制不能容許編户無限流入私門，因爲只有編户才是全部賦役的承擔者。西晉課田制規定（其實是假定）丁男女都課田，北魏以至隋唐的均田制規定丁必授田，租調力役都是在假定的丁與田結合的基礎上徵發的。東晉、南朝的制度不太清楚，但賦役都落在户籍有名的所謂「露户役民」頭上是無疑的。〔一〕只要籍上有名，那怕實際没有土地也得承擔全部賦役。〔二〕隋書食貨志記載南朝後期除田税外，租調一律按丁徵收。國家必須控制一定數量的承擔賦役的課丁，困於賦役的人丁則必須逃亡才能擺脱賦役的羈絆，而地主豪强却正好在兼併了他們的土地以後，又把他們吞吸到他們的田業中去。一個破産農民在一般情況下不可能保留户籍的條件下去依托豪强充當佃客，因爲他的賦役義務即源於户籍上有名，不逃亡就不能擺脱，而他當佃客又得交高額地租。如果既承擔國

〔一〕南齊書卷四六顧憲之傳載憲之上議云：「凡有貲者多是士人復除，其貧極者悉皆露户役民；三五屬官，蓋唯分定（此指役）；百端輸調，又則常然（此指租調）」。

〔二〕宋書卷九一郭世道傳稱「家貧無産業，傭力以養繼母」，當然是無地貧民，但直到元嘉四年（四二七），爲了旌表他的孝行，才「蠲其税調」，可知在此以前他雖赤貧，仍須納税調。又南齊書卷五五公孫僧達傳説他堂弟死後，他「販貼（有期限的賣身）與鄰里」，以供葬事；兄姊婚嫁，他又「自賣以成禮」，當然是個貧民，也到建元三年（四八一）旌表孝義，才「蠲租税」。同樣表明只要户籍有名，除非獲得特旨蠲免，就得承擔賦役。

家賦役，又承擔封建地租，那是無法生存下去的。

這種據丁課田或受田，賦役以人丁爲本的原則直到唐代前期没有變化，因而仍然不容許國家編户無限止地流入私門，仍然不承認「傭假取給」的逃亡農民——客可以合法存在，〔一〕因此多次進行括客。唐代中葉，均田制徹底破壞。均田制的破壞也可以認爲西晉以來據丁課田、授田爲基礎的賦役制度的破壞。兩税制的頒佈實際上是其先賦役制度各項變化的總結。按照兩税制「不以人丁爲本，而以貲產爲宗」的徵税原則，無貲貧民在原則上不承擔兩税，他們充當地主的佃客，與國庫收入的盈虧没有很大關係，國家没有必要加以阻止，地主擁有佃客或地客，也不一定就是隱匿逋亡。從此以後，封建國家既容許土地的無限兼併，也不再阻止佃客隊伍的擴大。中國封建社會正在這一個變化過程中由前期轉入後期。

〔一〕唐大詔令集卷一一一開元二十四年聽逃户歸首勑。

東漢末期的大姓名士

一　東漢後期的大姓和地方政權

東漢時期大小封建地方勢力具有發育滋長的傾向，這種封建勢力是在宗族、鄉里基礎上培育成長起來的，因而具有古老的農村結構根源。

史籍上我們經常見到大姓、著姓、冠族、甲族，與之相對稱的是所謂「單家」。大約在東漢時南北各郡正在逐漸形成較固定的、普遍承認的地方當權大姓，比如天水有姜、閻、任、趙，〔一〕馮翊有桓、田、吉、郭，〔二〕廣陵有雷、蔣、穀、魯，〔三〕吴郡有顧、陸、朱、張，會稽有虞、魏、孔、賀，更爲世所習知。華陽國志記巴、蜀、漢中、南中諸郡所屬縣大姓甚詳。

各級地方行政機構通常是由地方大姓中代表人物組成的。漢代的刺史、太守、縣令是由朝廷任命的，而他們的僚屬却必須由當地人充當。大姓子弟享有優先任用的權利，三國志卷八公孫瓚傳注引英雄記：

> 瓚統内外，衣冠子弟有材秀者必抑使困在窮苦之地。或問其故，答曰：「今取衣冠家子弟及

〔一〕三國志卷一三王朗傳注引魏略薛夏傳。

〔二〕三國志卷二三裴潛傳注引魏略嚴幹李義傳。

〔三〕晉書卷四六劉頌傳。

善士富貴之，皆自以爲職當得之，不謝人善也。」所寵遇驕恣者類多庸兒。

公孫瓚的話説明東漢後期州郡進用「衣冠子弟」是通例，他們獲得職位也認爲理所當然，不會感謝進用他的長官。由于州郡僚佐所謂「大吏」、「右職」例由大姓充當，單家要擠入這個行列就很困難。三國志卷二三裴潛傳注引魏略嚴幹、李義傳：

> 馮翊東縣舊無冠族，故二人並單家。其器性皆重厚……逮建安初，關中始開，詔分馮翊西數縣爲左内史郡，治高陵；以東數縣爲本郡，治臨晉。義於縣分當西屬。義謂幹曰：「西縣兒曹不可與争坐席，今當共作方牀耳。」遂相附結，皆仕東郡爲右職。

嚴、李二人是單家，爲了突破冠族的壟斷，他們在分郡時一起在東部落籍。果然，在無冠族的東部他們都當上本郡右職，他們成功地投上了這個分郡之機。

既然州郡大吏照例由大姓、冠族充當，而大姓冠族每郡只此數姓，因而州郡大吏就帶有世襲性。後漢書卷六六王允傳：「太原祁人也，世仕州郡爲冠蓋。」王允祖先名位不見本傳，只是世代充當州郡僚佐，也就成爲冠族。我們翻檢後漢書、三國志諸傳累世出身州郡僚佐的頗有其人，雖然升遷官位不止於此，論出身也可説「家世仕郡」。蜀、吴政權創立者劉備、孫堅雖然門第不太高，但劉備的父祖「世仕州郡」，孫堅也是「家世仕吴」，〔一〕在本郡至少不是單家。地方各級長官有任期，而地方僚佐多

〔一〕 三國志卷三二先主傳，卷四六孫堅傳。

世襲，我們認爲東漢時期的地方政權在一定程度上是由當地大姓、冠族控制的。

大姓、冠族又累世通過察舉和辟舉跨出地方，爲朝廷登用。東漢察舉孝廉，史籍有明文記載其由州郡吏得舉的凡四十人，茂才六人。這個數字並不大，但不少孝廉、茂才出身無徵，舉自州郡吏的肯定超過此數。州郡大吏一般既由大姓、冠族允當，舉自州郡吏的孝廉、茂才自然也是大姓、冠族。其實，非舉自郡吏的多半也是大姓、冠族，因爲主管選舉的功曹也即是這一階層的代表人物。

更重要的是東漢選舉和鄉里清議有緊密的關係，而主持鄉里清議的則是所謂「名士」。名士是習見於東漢的一種稱號。後漢書卷八二上方術傳論中范曄曾對東漢名士作了概括性的評論，他說這些名士都「刻情修容，依倚道藝，以就其聲價」。所謂「刻情修容」，是指言行帶有矯揉造作的味道，這一點在後漢書和應劭的風俗通義中都有記載；所謂「依倚道藝」，是指依託經術；這兩句也就是東漢博取功名必要的條件即所謂「經明行脩」。最後一句「以就其聲價」是說憑藉上述二條以博取名譽，高擡身價。范曄的評論固然不能包括所有名士，因爲也有一些名士並非這樣虛僞，但却真實地刻畫了一時風氣。當時，一些人由於某種道德方面的表現超人一等，因而出了名，被認爲名士，那就察舉秀、孝有他，公府州郡辟舉也有他；進而朝廷下詔特徵，平步青雲；退而操縱選舉，隱操政局。東漢後期，名士的活動對於當時政治起了相當大的作用，對於選舉幾乎起決定性的作用。後漢書卷六八符融傳：

時漢中晉文經、梁國黃子艾並恃其才智，炫曜上京，臥託養疾，無所通接。洛中士大夫好事者承其聲名，坐門問疾，猶不得見。三公所辟召者輒以詢問之，隨所臧否，以爲與奪。這兩個高卧京都，暗通聲氣的大名士曾經隱操三公辟舉之權。漢末品評人物的專家並推郭泰、許劭。後漢書卷六八許劭傳説「故天下言拔士者咸稱許、郭」。又説許劭與從兄靖「俱有高名，好共覈論鄉黨人物，每月輒更其品題，故汝南俗有月旦評焉」。人倫臧否本是當時名士專業之一，名士清談的主要内容就是臧否人物，像汝南那樣有組織的每月升降品題雖然不見他郡，但諸郡通常由名士主持鄉里清議，品題人物是無疑的。

名士固然不一定從大姓、冠族中產生，但出於大姓、冠族的恐怕要占頗大的比例。上述兩位人物品題權威，郭泰出身低微，汝南許氏却是累世三公。被黨錮之禍的名士們家世可考的也以大姓、冠族爲多，三君中竇武是貴戚，陳蕃祖是河東太守，劉淑祖是司隸校尉。八俊以下，李膺祖是太尉，父趙國相；荀翌叔父荀淑是有三公之望的大名士，這一家有好幾個太守；杜密雖不記先世官爵，杜氏却是潁川名門，前有杜根，三國時有杜襲，應是冠族；王暢父是太尉；劉祐是宗室，「代有名位」；魏朗出身縣吏，門户不高，但會稽魏氏乃四姓之一；趙典祖是太尉；〔一〕尹勳伯父是司徒，兄爲太尉；羊涉

〔一〕後漢書卷六七黨錮傳序説趙典「名見而已」，據華陽國志卷一〇「蜀郡士女」有趙典，云：「字仲經，成都人也。太尉戒孫也，與潁川李膺等並號八俊。」又有趙謙、趙温，並趙戒孫。謙歷位卿尹，初平元年爲太尉；温初平四年拜司空、司徒。二人官三公並在初平，在黨錮事後，趙典或已不及見。

「家世冠族」，泰山羊氏七世二千石卿校；張儉、岑晊父並是太守；陳翔祖父是司隸校尉；孔昱一族自西漢後期以來卿相牧守五十三人，列侯七人。黨錮傳中人物不記先世官爵的固然不乏其人，明言出自卑微或單家的却没有，而且幾乎都以察舉孝廉起家，應當亦以出自大姓冠族爲多。當時大名士陳寔「出于單微，少作縣吏，常給事厮役，後爲都亭刺佐」；〔一〕郭泰「家世貧賤，母欲使給事縣廷」，〔二〕像這類出自貧賤，因受名人賞識提拔因而成名者也不乏其人，那時還不像門閥制度形成後那樣「士庶之間，實自天隔」，但畢竟是少數，而且通過名士這條道路，即將成爲大姓、冠族，陳、郭二家便是這樣。

名士通過功曹職位和主持鄉里清議來操縱選舉，實質上也就是當地大姓、冠族操縱選舉。東漢後期政論家崔寔、王符、仲長統在他們的著作中議論選舉之弊主要有兩項：一是重視家世族姓；二是朋黨交結，〔三〕二者的結合也就是大姓和名士的結合。

由於政治地位和文化修養的優越性，大姓、冠族中能够産生名士；同時，由於宗族、鄉里組織所起的作用和在當地的政治、經濟力量，大姓、冠族的代表人物又有能力組織武裝隊伍。名士和武裝隊伍的豪帥有時相兼，如資助曹操起兵的陳留孝廉衛兹，他能散家財組織武裝，爲太守張邈將，却又是

〔一〕後漢書卷六二陳寔傳。
〔二〕後漢書卷六八郭太傳。
〔三〕見王符潛夫論讚學篇、實貢篇，全後漢文所輯崔寔政論及仲長統昌言。

受到郭泰贊揚的名士。〔一〕又如鮑信，父丹官至少府，「世以儒雅顯」，顯然是泰山冠族。他自己是何進當國後舉用的名士之一，何進命他以騎都尉名義還泰山募兵。當他率領募兵到洛陽時，何進已死，又還泰山，再次募集了步兵二萬，騎七百，參加關東討董卓軍。〔二〕還有個王匡，也是泰山人，情況亦與鮑信相同。〔三〕鮑信、王匡是大姓、名士，同時又能在本鄉募集武裝隊伍；也有出自同族，而名士與豪帥却各有其人。三國志卷一一王脩傳：

膠東人公沙盧宗强，自爲營塹，不肯應發調，脩獨將數騎，徑入其門，斬盧兄弟。公沙氏驚愕，莫敢動。脩撫慰其餘，由是寇少止。

公沙是膠東大姓，後漢書卷八二下方術傳有公沙穆，北海膠東人，舉孝廉，官至弘農令，六子皆知名。注引謝承後漢書稱穆子孚，亦舉孝廉，官至上谷太守。惠棟後漢書補注卷一五引北海耆舊傳：〔四〕「公沙孚字允慈，與爽共約，出不得事貴勢。而爽當董卓時，脱巾未百日，位至司空。後相見，以爽違

〔一〕三國志卷二三衛臻傳注引先賢行狀稱他「爲車騎將軍何苗所辟，司徒楊彪再加旌命」，又引郭林宗傳曾經稱贊他「少欲」，當然亦一時名士。

〔二〕三國志卷一二鮑勛傳注引魏書。

〔三〕三國志卷一武帝紀注引英雄記。

〔四〕隋書卷三三經籍志史部雜傳類有四海耆舊傳。章宗源隋書經籍志考證云：「新唐書著録，題韋氏；舊唐書作李氏，群輔録注公沙孚事，引北海耆舊傳，『北』字疑誤。」姚振宗隋書經籍志考證引章説，云：「公沙氏本北海人，稱『北海』不誤。此云『四海』，似以東、西、南、北分篇，北海爲其中之一篇。」

命，割席而坐也。」按荀爽與孚交好，孚當是一時名士。他和公沙盧同族無疑。這個强宗既産生公沙穆父子這樣名士，也産生公沙盧兄弟那樣自立營塹，拒絶調發，而且還兼事寇掠的豪帥。

大姓擁有很多宗族成員，分屬於各個貧富不等的家庭。族内的顯貴成爲首領，他們憑藉其財富權勢控制宗族，並收納和庇護外來逃亡者所謂「賓客」。宗族成員和賓客的身分是不同的，但對於宗族首領都存在着從屬關係，大姓的武裝隊伍即是由宗族、賓客組成的。宗族首領對于族内成員和族外賓客處於父家長的地位。像公沙氏那樣組織武裝，拒絶調發的强宗在長江中、下游就叫做宗部，首領稱爲宗帥。〔一〕在北方諸州那種以宗族、賓客組織武裝的大姓豪强如任峻、李乾、李通、吕虔、許褚，〔二〕以及所謂「舊族冠冕」建立的堡壁也俱見史籍。〔三〕但是這些大姓强宗多半没有著稱的名士，算不上冠族，社會上的聲望也就遠遠不如。

大姓、冠族是控制地方的力量，他們是漢末割據政權的階級基礎。

除了大姓、冠族，還有一類在地方上擁有實力的人物，仲長統稱之爲「豪人」。後漢書卷四九仲長統傳載昌言理亂篇、損益篇説這類豪人擁有横跨郡國的大土地，經營農業和畜牧業，奴役成群的奴婢和成萬的「徒附」（即賓客、附從，是封建性的依附者）。他們在全國進行廣泛的商業活動，都市中屯

〔一〕拙著魏晋南北朝史論叢孫吴建國及漢末江南的宗部與山越。

〔二〕三國志卷一六任峻傳、卷一八李典、吕虔、許褚傳。

〔三〕三國志卷二三常林傳。

積大量貨物。他們過着奢侈的生活，就像公侯君長一樣。這些豪人並沒有沾上一官半職，連管理五家的伍長都不是，僅僅憑藉他們的財富，享受超過貴族，權勢比得上太守、縣令。他們還喂養一些刺客、死士替他賣命，犯了法便行使賄賂，不受法律制裁。仲長統憤怒譴責的「豪人」是「同爲編户齊民而以財力相君長者」，他們背後没有强大的宗族，先世没有顯赫的達官，自己没有任何官職，還是「編户齊民」。這樣的人竟然能像大姓、冠族一樣，在地方上享有如此巨大的權勢，仲長統認爲是不可容忍的。

仲長統在他的著作中鄭重指出這類豪人的存在，當然不是個别現象。當劉備在徐州被吕布打敗，部隊潰散之際，曾經以「奴客二千，金銀貨幣」幫助劉備重新拉起隊伍來的麋竺也就是這種「豪人」，三國志卷三八本傳説他「祖世貨殖，僮客萬人，貲産鉅億」。上面我們提到公孫瓚不願進用不會感恩的衣冠子弟，三國志卷八本傳注引英雄記，説他所寵遇的是「故卜數師劉緯臺、販繒李移子、賈人樂何當等三人」，三人「富皆巨億」，公孫瓚和他們結爲兄弟，或「取其女以配己子」。劉、李、樂雖然巨富，地位却卑微，公孫瓚任用他們，一來利用他們的財力，二來正是破格登用，希望他們知恩圖報。

仲長統所述的「豪人」是大商人，也是大地主；麋竺和除卜數師以外的其他二人也是大商人，麋竺也仍是大地主，他在鬱州島上擁有大地産，經營農業和畜牧業。〔一〕後漢書卷六七黨錮岑晊傳説他

〔一〕太平寰宇記卷二二海州東海縣縣理城條引水經注：「朐縣東北海中有大洲，謂之鬱州……古老傳言，此島上人皆先是麋家之隸。今有牛欄一村，舊有麋家莊牧，猶枯（祀）祭之，呼曰麋郎。臨祭之日，著犂鏵，執耕鞭。又言初取婦者必先見麋郎，否則爲祟。」這段文字不見今水經注，前人已疑非酈注，當是樂史誤記，但必有所本。麋竺擁有僮客萬人，據此知其中有的安置在鬱州島麋氏「莊、牧」上勞動。

當南陽功曹，勸太守成瑨殺死與中官通連的宛富賈張汎，及其宗族、賓客二百餘人。這個張汎「用勢縱横」，自然是豪人。

儘管這些豪人在漢末地方上有頗大聲勢，像麋竺那樣能够以自己的奴客金幣資助劉備，當然他也能够爲自己組織武裝隊伍。但是我們還沒有看到有哪一個豪人列于漢末群雄之中。雖然東漢末年各種地方力量也應當把非大姓、冠族的豪人估計在内，但他們在當時既不能作爲一支獨立的主要力量在群雄争霸中出現，往後更看不到他們或其後裔的活動。這些財富巨億的豪人似乎在大動亂中間悄然隱去，銷聲匿跡了。

二　東漢末年的政局和割據政權

東漢末年，反對宦官的名士集團被稱爲黨人，受到禁錮，即不准出仕爲官的處罰，重的被處死。黄巾起義時，靈帝怕黨人與起義軍結合，下詔大赦。黄巾起義被鎮壓後，當權宦官與黨人名士間的鬥争重又激化。

中平元年（一八四），黄巾大起義被鎮壓，主持鎮壓的大將皇甫嵩手握强兵，當時就有個漢陽人閻忠勸他「徵冀方之士，動七州之衆」南下洛陽，翦除宦官，最後推翻漢朝，自己稱帝。〔一〕閻氏是漢陽大

〔一〕後漢書卷七一皇甫嵩傳。

姓，後來涼州發生亂事，閻忠被推爲主，統率三十六部，〔一〕可知他在涼州有很高的聲望。皇甫嵩這時以車騎將軍領冀州刺史，參加鎮壓起義軍的諸州兵都歸他指揮，所以除了徵發冀州士兵以外，他還有權發動七州之衆。〔二〕這個大膽的建議皇甫嵩認爲是「非常之謀」，拒絶了。

中平五年（一八八），冀州又有一次發動軍事政變的陰謀。發動者是黨人領袖陳蕃的兒子陳逸、南陽許攸、沛國周倣和一個術士襄楷。他們説動冀州刺史王芬，乘漢靈帝到冀州河間重遊他未即位前舊宅之際，發動兵變，把靈帝廢掉。這件事由于靈帝停止了還河間舊宅的打算而作罷。王芬害怕泄露，自殺。〔三〕

兩次政變陰謀都没有實現，却是個值得注意的朕兆，即部分名士（哪怕極少數）爲了翦除宦官，已不惜爲「非常之謀」，即使冒易代廢帝那種越出儒家道德軌範的大風險也不妨幹一下。而要達到這個目的，閻忠、陳逸等都把希望寄託在地方軍隊上，日後的事態發展正是這樣。

中平六年（一八九）靈帝去世，少帝辯即位，照舊例，何太后兄何進以國舅身分爲大將軍、録尚書事，與太傅袁隗共同輔政。何進與袁隗的姪兒袁紹合作，謀誅宦官，辟召所謂「智謀之士」二十餘人。後漢書卷六九何進傳只記下荀攸、何顒、龐（逢）紀三人，據他傳所載共有十三人，除上述三人外，有鄭

〔一〕後漢書卷七一皇甫嵩傳李賢注引英雄記。「部」原爲「郡」，依惠棟後漢書補注改。
〔二〕七州似指冀州外的幽、青、徐、荆、揚、兗、豫七州，都是黄巾軍兵鋒所及之州。
〔三〕三國志卷一武帝紀。

泰、陳紀、王匡、王允、王謙、伍瓊、鮑信、劉表、華歆、蒯越，這些人大抵都是出於大姓、冠族的名士，也大都是黨人或其親族。〔一〕何進與宦官的鬥争，實質上是名士集團與宦官的鬥争。

在這場鬥争中何進被殺，長期盤踞宫廷的宦官也全部翦滅，宦官擅權的局面終于結束，但是袁紹和名士們還來不及慶祝勝利，就發現洛陽不是他們的，朝廷不是他們的，一切都落入奉召領兵入洛的涼州軍閥董卓手中。

董卓入洛以後進行了三件重大事項，首先是併吞洛陽城内以及外地召來的各種軍隊，擴大自己的武力；二是廢少帝辯而立獻帝協，爲了廢立，袁紹和他鬧翻，逃奔冀州。這二件都是爲了樹立自己的威權，專制朝政。第三件則是爲被殺害的陳蕃、竇武及其他黨人平反，並大量進升和起用黨人名士，這項措施是爲了取得黨人的擁護。董卓知道要控制政局，單憑武力是不行的。後漢書卷七二董卓傳説他所任用的有吏部尚書漢陽周珌、侍中汝南伍瓊、尚書郎鄭泰、長史何顒等。以上四人除周珌外，其他三人都是何進辟召的名士。人所共知，董卓親信還有個大名士陳留蔡邕，他因得罪宦官，逃亡江南，這時應召入洛。〔二〕那時候，黨人名士佈列朝廷，後漢書董卓傳稱「幽滯之士，多所顯拔」。

〔一〕何顒、鄭泰、王允、劉表後漢書有傳，劉表三國志亦有傳，陳紀附後漢書陳寔傳，荀攸、華歆三國志有傳，王謙見三國志王粲傳，鮑信見三國志鮑勛傳，王匡見三國志武帝紀注引英雄記，伍瓊見三國志注引謝承後漢書，蒯越見三國志劉表傳注引傅子。

〔二〕後漢書卷六〇下蔡邕傳。

主持選舉的是吏部尚書周珌，事跡不詳，但知爲漢陽人，父親周慎官豫州刺史，他獲得董卓信任，可能由於是涼州同鄉之故。周珌大概也是個名士，而參與選舉的更是以「善于人倫臧否」著稱的汝南名士許靖，三國志卷三八許靖傳：

察孝廉，除尚書郎，典選舉。靈帝崩，董卓秉政，以漢陽周毖爲吏部尚書，與靖共謀議，進退天下之士，沙汰穢濁，顯拔幽滯。進用潁川荀爽、韓融、陳紀等爲公卿郡守。拜尚書韓馥爲冀州牧，侍中劉岱爲兗州刺史，潁川張咨爲南陽太守，陳留孔伷爲豫州刺史，東郡張邈爲陳留太守，而遷靖巴郡太守。不就，補御史中丞。馥等到官，各舉兵還向京都，欲以誅卓。卓怒毖曰：「諸君言當拔用善士，卓從君計，不欲違天下人心。而諸君所用人，至官之日，還來相圖，卓何用相負！」叱毖令出，於外斬之。靖從兄陳相瑒又與伷合規，靖懼誅，奔伷。

傳所謂「沙汰穢濁」大致指貶斥與宦官結交的官僚；所謂「顯拔幽滯」即指進用過去被禁錮的黨人。這個録用人士的名單是在周珌主持下，許靖等諸名士議定的，所以董卓責備周珌，說是「諸君所用人」。應該説，這些被録用的人是名士集團中的代表人物。三國志許靖傳和後漢書董卓傳都特别提到荀爽、陳紀、韓融三人。三人都是潁川人。荀爽父荀淑，陳紀父陳寔，韓融父韓韶，都是大名士，荀淑、陳寔尤其名重。他們自己也是大名士。〔一〕荀爽、陳紀都是何進已加徵辟，董卓再

〔一〕後漢書卷六二荀淑韓韶陳寔傳。

辟。〔一〕荀爽自布衣到司空，只有九十五日。當時也考慮以陳紀爲司徒，陳紀已赴平原相任，又召還爲尚書令。東漢尚書臺掌握實權，不像三公帶有榮銜性質，董卓用陳紀爲尚書令，可知對他很信任。韓融官爲太僕，事跡不詳。

周珌、許靖所用的州郡牧、守也是這類名士。冀州牧韓馥出任冀州前的事跡不詳，他也是潁川人。潁川舞陽韓氏「世爲鄉里著姓」，韓韶、韓融已見前；東漢初有韓棱，官至司空，棱孫演，桓帝時爲司徒。〔二〕韓馥和他們的親疏關係不詳，但他是潁川大姓名士是無疑的。兗州刺史劉岱是東萊牟平冠族，伯父寵官至太尉，著稱的清官；父方官至太守，劉岱與弟繇兄弟齊名，人稱「二龍」。〔三〕豫州刺史孔伷，陳留人。鄭泰說他「能清談高論，噓枯吹生」，〔四〕當時「清談」多指人物評論，所謂「噓枯吹生」，也即是臧否人物。陳留太守張邈是列於「八厨」之一的名士，厨的意思是「能以財養人」，鄭泰說他是「東平長者，坐不窺堂」，〔五〕「長者」漢代通常指富人。三國志卷七張邈傳說他「少以俠聞，振

〔一〕荀爽事見後漢書卷六二荀淑附子爽傳。同卷陳寔附子紀傳說：「董卓入洛陽，乃使就家拜五官中郎將，不得已，到京師。」古文苑卷一九邯鄲淳後漢鴻臚陳君碑則云何進保舉爲五官中郎將，不云董卓徵辟。疑陳紀應何進保舉入洛，到時何進已死，董卓以爲平原相，又欲用爲司徒。

〔二〕後漢書卷四五韓棱傳。

〔三〕後漢書卷七六循吏劉寵傳。

〔四〕後漢書卷七〇鄭太傳。

〔五〕後漢書卷六七黨錮傳序，鄭太語見後漢書本傳。

窮救急，傾家無愛」。此人擁有財富，結交豪傑，所以「士多歸之」。還有個南陽太守張咨，潁川人，也是個名士。〔一〕

以上刺史、太守五人並董卓專權時所授，均見上引許靖傳及後漢書董卓傳，此外，史傳無明文。考授官時間實在董卓時的，如王匡、鮑信二人都奉何進之命，還本郡泰山募兵，領兵還洛陽時何進已死，就重又還泰山。〔二〕又荆州刺史劉表，據後漢書卷七四下本傳説孫堅殺荆州刺史王叡，詔書以表爲荆州刺史。孫堅殺王叡據三國志卷四六孫堅傳事在初平元年關東軍起兵討董卓時，則表代叡爲荆州刺史必董卓所授無疑。劉表是宗室，名列「八顧」（或八俊）之中。鮑信「家世儒雅」，父丹官至少府，應是冠族名士；王匡「輕財好施，以任俠聞」，乃張邈一流人物。

另外還有個重要人物袁紹，他由董卓任命爲勃海太守。袁紹四世五公，家世貴顯。他年輕時竭力博取聲譽；當濮陽長，有清名；母亡除喪後，他説嗣父死時，他還是個嬰孩，不懂事，服了喪不算，重又追服三年，一共廬墓六年；除喪以後，他隱居洛陽，不輕易接見賓客，來往的都是海内名士；又好遊俠，在黨錮禍發後，與何顒等設法掩護黨人脱免；公府辟召，他一概拒絶。他的家世和本人的行動使他獲得很高聲名。他和許多人一樣也是范曄所説的「刻情修容」「以就聲價」的名士。他和董卓

〔一〕三國志卷四六孫堅傳注引英雄記。
〔二〕王匡事見三國志卷一武帝紀初平元年注引英雄記，鮑信事見三國志卷一二其子鮑勛傳。

什麼立問題上發生爭論之後，逃奔冀州。董卓採納了袁紹的友好也是董卓所信任的伍瓊、何顒等建議，任命袁紹爲勃海太守，封侯。這是個對袁氏的和解措施，董卓知道，涼州軍的力量並不能控制州郡，事實上，袁紹對諸郡大姓名士的號召力遠比董卓强大。

勃海太守當然不能安撫袁紹，初平元年（一九〇）冬天，以袁紹爲首，山東牧、守聯合討伐董卓。董卓委任的人都站到了他的對立面。那時除韓馥、劉岱、孔伷、張邈、王匡、鮑信、劉表已見前外，參加討卓軍的還有東郡太守橋瑁、山陽太守袁遺、廣陵太守張超、西河太守崔鈞、青州刺史焦和、陳國相許瑒。橋瑁，梁國睢陽人，太尉玄族子；袁遺，袁紹從兄；張超，張邈弟；崔鈞，涿郡安平人，太尉烈子；焦和「好立虛譽，能清談」，應是名士；〔一〕許瑒，許靖從兄。〔二〕這些人何時受任刺史、太守，不詳，有的可能在董卓擅政前就已授官，論家世地位，他們和韓馥、劉岱等相同，都是大姓、名士。

如上所述，不論朝廷或地方，何進所用的是這類人，董卓所用的也是這類人；其實在此以前，除了宦官子弟親族、賓客以外，佈列中外的官僚基本上也是這一類大姓、名士。

三國創業人都參加了討卓聯軍。曹操以奮武將軍名義帶着家兵和召募的隊伍參加。他雖出身宦官家庭，但早就擠入了名士行列。孫堅是富春豪强，「家世仕吴」，這時是長沙太守。劉備也是「世仕州郡」的大姓，而且是著名經學大師盧植弟子。據説他在初平元年（一九〇）和曹操一起到沛國募

〔一〕後漢書卷五八臧洪傳、三國志卷七臧洪傳注引九州春秋。

〔二〕三國志卷三八許靖傳。

兵，參加了討卓軍。〔一〕孫堅、劉備當然不在名士之列。孫堅由於久經戰陣，資望較深，又有較强實力，在討卓聯軍中居於重要地位。劉備那時位望很低，並不能成爲獨立力量。

袁紹等發動討伐董卓，大小地方勢力紛紛組織武裝，參預這次軍事行動，曹丕典論對於當時形勢有一段概括性的叙述：〔二〕

初平之元，董卓殺主鴆后，蕩覆王室。是時四海既困中平之政，兼惡卓之凶逆，家家思亂，人人自危。山東牧守咸以春秋之義，衛人討州吁於濮，言人人皆得討賊，於是大興義兵。名豪大俠，富室彊族，飄揚雲會，萬里相赴。兗、豫之師戰於滎陽，河内之甲軍於孟津。卓遂遷大駕，西都長安。而山東大者連郡國，中者嬰城邑，小者聚阡陌，以還相吞滅。會黄巾盛於海岱，山寇暴於并、冀，乘勝轉攻，席捲而南。

曹丕這一段話説明了東漢皇朝末日的來臨。所謂「四海既困中平之政，兼惡卓之凶逆，家家思亂，人人自危」，正是階級矛盾和統治階級内部矛盾一齊激化的表現。那些「萬里相赴」的「名豪大俠、富室彊族」有的集結於當地牧守的旗號下，有的可能無所歸屬，總的形勢就是長期培育起來的潛伏的大小封建割據勢力的公開暴露。

從中平六年（一八九）四月靈帝去世，何進輔政，到初平元年（一九〇）春山東兵起，爲時不到一

〔一〕三國志卷三二先主傳注引九州春秋，但本傳只説他爲高唐令，「爲賊所破，往奔中郎將公孫瓚」，没有説起兵討董卓事。
〔二〕三國志卷二文帝紀末注引典論。

年。大姓、名士曾經是何進依靠的政治力量，也曾是董卓依靠的政治力量，而藉討伐董卓之名，乘機割據的又正是他們。他們是社會上最具有活動力量的集團。

三　曹操統治時期的選舉制度

東漢末年，大姓、名士處於左右政局的重要地位，他們在經濟上、政治上廣泛地控制農村，文化上幾乎處于壟斷地位。東漢皇朝瓦解後，他們是各個割據政權的骨幹，三國政權的上層統治者主要也是從老一代到年輕一代的大姓名士中選拔出來的，他們是構成魏晉士族的基礎。

曹操爲了恢復統一和集權的統治秩序，針對漢代尚名背實，朋黨結交的選舉之弊，提倡「唯才是舉」，主張「治平尚德行，有事賞功能」。他以輕藐態度對待儒家提倡的倫理道德，不容許有和朝廷相對立的政治集團，也不容許利用所謂鄉里清議來干擾朝廷用人之權。這樣一個統治政策和用人方針曾經取得顯著的效果，而且還延續了一個相當長的時期。

但是曹操仍然只能從大姓、名士中選用他所需要的人才，也仍然需要大姓、名士推薦他所需要的人才。

當曹操還是兵微將寡的東郡太守時，第一個投效他的名士是荀彧。荀彧是荀淑孫，荀爽姪，潁川高門。早先，他的同鄉韓馥爲冀州牧，曾經派人到潁川迎接諸名士。他們帶着宗族到達冀州時，韓馥已讓位給袁紹，這些潁川名士辛評、郭圖、荀彧、荀諶弟兄都爲袁紹所任用。荀彧和曹操並非舊交，去袁歸曹，去强歸弱，是否真如史傳所説他業已看出袁紹終不能成大事，姑且不論，總之，他是曹操最得力的也是最早投效他的輔佐。曹操收羅人才，他起決定性的影響。三國志卷一〇荀彧傳末注引彧別傳云：

前後所舉者命世大才，邦邑則荀攸、鍾繇、陳群，海内則司馬宣王；及引致當世知名郗慮、華歆、王朗、荀悦、杜襲、辛毗、趙儼之儔，終爲卿相以十數人。取士不以一揆，戲志才、郭嘉等有負俗之譏，杜畿簡傲少文，皆以智策舉之，終各顯名。荀攸後爲魏尚書令，亦推賢進士。太祖曰：「二荀令之論人，久而益信，吾没世不忘。」

荀、陳、鍾三家都是潁川人，都是漢末第一流高門，荀彧、荀攸、荀悦和鍾繇、陳群，都是從他們的祖父一輩起傳下來世襲性的名士。何進、董卓徵召的海内名士有三家的代表人物。除了三家之外，荀彧推薦的潁川人尚有杜襲、辛毗、趙儼、郭嘉、戲志才。杜襲是安帝朝直臣杜根之後，祖父安「既名知人，清高絶俗」，官至巴郡太守，杜襲當然出於冠族；辛毗先世自隴西遷來，「世爲冠族」。[一]趙儼、戲志才家世不詳。郭嘉雖和戲志才都有「負俗之譏」，曾被陳群指責，但那是説他行爲不檢，爲鄉論所不與，和家世無關。我們知道袁紹任用的郭圖也是潁川名士，郭嘉和他的關係我們不知道，但潁川郭氏不像是單家。

荀彧所舉人才以潁川爲多，可能有二個原因：一是曹操要他保薦鄉人，三國志卷一四郭嘉傳載

[一] 三國志卷二三杜襲傳、卷二五辛毗傳。

曹操與彧書云：「自(戲)志才亡後，莫可與計事者，汝潁固多奇士，誰可以繼之？」曹操所以要荀彧舉汝潁之士，自然因爲對鄉人的情況比較熟悉；另一個原因是黨人名士汝潁本來就多。東漢時期，豫州境内潁川、汝南、南陽諸郡文化水平高，是人才集中之地。這些人的進用大致在獻帝遷許以後。豫州是曹操占領地區(那時曹操只有兗、豫二州)，許是潁川屬縣，原來流移在外地的潁川人士便想重返故鄉。對於他們，歸朝，仕州郡，還鄉完全一致。杜襲、趙儼避亂荆州，知獻帝遷許，便同歸曹操。荀攸已是蜀郡太守，道路不通，留在荆州，也是獻帝遷許後，曹操請他還來的。曹操任用很多潁川大姓、名士自然與荀彧的推薦有關，同時也因潁川恰巧是新都所在。辛評、郭圖後來力勸袁譚降曹，可能也雜有這種因素。

荀彧所薦舉的潁川人九人，其中確知爲大姓、名士者六人。附帶提一下，建議許下屯田的棗祗也是潁川人。

據史傳所載，荀彧還曾推薦司馬懿、華歆、王朗、杜畿、郗慮、孫資、仲長統等。司馬懿是河内大姓。華、王、杜、郗四人，荀彧别傳稱爲「當世知名」，自然都是名士。華歆、王朗那時名位俱高，華歆聲名尤重。杜畿是京兆大姓。郗慮爲鄭玄弟子，高平郗氏在西晉末年能集合宗族鄉里建立堡壁，一定是大姓。[二]孫資是太原人，漢末太學生，受到同郡王允的贊賞，爲兄報仇，避地

〔一〕三國志卷一武帝紀建安十八年注引續漢書，晉書卷六七郗鑒傳。

河東，〔一〕這種經歷也是漢末名士得名的經歷。仲長統，家世不詳，其爲名士也是無疑的。〔二〕

以上七人，確知爲大姓者唯司馬懿、杜畿二人，其他五人先世不詳，但自此以後，平原華氏、東海王氏、高平郗氏、太原孫氏都是魏晉士族。

荀彧薦舉的人士後來構成曹魏政權的上層骨幹，魏晉士族中的重要組成部分。

上舉諸人都是平定河北前進用的。平鄴之後，曹操雖然殺掉冀州勢力最大的强宗大姓首領審配，並下令抑制豪强，但他仍然注意網羅名士。三國志卷一四郭嘉傳注引傅子云：「河北既平，太祖多辟召青、冀、幽、并知名之士，漸臣使之，以爲省事、掾屬，皆嘉之謀也。」郭嘉是建議者，具體辟召四州人士，還得徵詢訪問當地人。曹操幕府過去並無著稱的四州人士，我想新附的如清河崔琰、北海王修等可能參預選拔。特别是崔琰，據三國志卷一二本傳，平冀州後，曹操即辟琰爲别駕（那時曹操兼任冀州牧），遷丞相東西曹掾屬，主管選舉。卷二二盧毓傳説：「文帝爲五官將，召毓署爲門下賊曹，崔琰舉爲冀州主簿。」盧毓是經學大師盧植之子，涿郡大姓，他爲冀州主簿，時間稍遲一些，但也可證冀州人士的進用與崔琰有關。

平荆州後，曹操又録用了一批荆州名士。三國志卷六劉表傳稱劉琮降後，蒯越、韓嵩等侯者十五人，這十五人都是勸降有功，除傅巽外都是荆州大姓、名士。後漢書卷七四下劉表傳説曹操因韓嵩名

〔一〕三國志卷一四劉放傳注引孫資别傳。
〔二〕三國志卷二一劉劭傳注引繆襲撰仲長統昌言表。

重，甚加禮待，「使條列州人優劣，皆擢用之」。知除十五人外還由韓嵩品評優劣，加以録用。

曹操進用潁川人士，並由郡人荀彧推薦；進用荆州人士，特命州人韓嵩條列優劣；盡管曹操蔑視鄉里清議，而録用人才仍必須訪問當地名士的意見；盡管曹操用人不拘一格，而所用之人仍以大姓、名士爲多。

所謂鄉里清議，像汝南月旦那樣的形式並不通行，一般都是諮詢某些大姓、名士對於當地人才的評論而已。如果就諮詢當地人士意見這一點來説，曹操乃至任何人在當時歷史條件下都不可能真正放棄。因爲那時的選舉仍然按照漢代舊規，人物評價重在觀察而非考試，理論上評價最合乎實際的必然是觀察最全面的，那就是鄉里。曹操蔑視鄉里清議，鄉里清議却仍在起作用。進用「汝潁奇士」要訪問荀彧，進用荆州人士要訪問韓嵩，荀彧、韓嵩各自代表其本州郡進行人物評論。如果廣泛地説，凡是評價當地人物都可以算作鄉里清議，那麽陳群詆斥郭嘉不治行檢，〔一〕潁川人批評潁川人；徐宣詆斥本姓劉氏的陳矯與劉氏爲婚，〔二〕廣陵人批評廣陵人，都是鄉里清議。雖然，曹操不理會這些，事實上那時候鄉里清議對於某些人依舊具有權威性，三國志卷二一王粲傳注引魏略：

（吴）質爲單家，少遊遨貴戚間，不與鄉里相沈浮，故雖已出官，本國猶不與之士名。及魏有天下，文帝徵質與車駕會洛陽，到，拜北中郎將，封列侯，使持節，督幽、并諸軍事，治信都。太和

〔一〕三國志卷一四郭嘉傳。
〔二〕三國志卷二二陳矯傳。

中，入朝。質自以不爲本郡所饒，謂司徒董昭曰：「我欲溺鄉里耳！」昭曰：「君且止，我年八十，不能老爲君溺攢也！」

所云「本國（濟陰）猶不與士名」，魏略記於曹丕稱帝前。曹丕稱帝前數月，已行九品官人法，設置中正，則「不與士名」，也有可能即指中正不給與士人相稱的品第。但云「雖已出官」，更可能指吴質初任朝歌長時，那時却並無中正，則所謂「不與士名」僅指鄉里清議不把他當作士人看待。這就説明漢代遺風仍然在起作用。

曹操統治時期鄉里清議並未絶響，而且往往即由在朝的達官代表本州郡保舉當地人才。當時何夔就曾建議今後用人要「核之鄉閭」。如晉代衛瓘所説，當時「人士流移，考詳無地」。〔二〕在兵亂中人民轉徙死亡，説明怎樣「核之鄉閭」，〔一〕史稱「太祖善之」，至少原則上曹操是贊同的。但是何夔並未原來的鄉閭組織發生巨大變化，建安七年，曹操還到他的故鄉譙縣，他説：「舊土人民，死喪略盡，國中終日行，不見所識。」〔三〕兵亂之後，本鄉連親識都見不到，怎麽能考核某個鄉人的操行呢？而且也還有吴、蜀境内人士北徙的。在這樣的歷史條件下「核之鄉閭」是困難的。

如上所述，東漢以來形成的地方大姓、名士的力量仍然存在；鄉里清議的威力是削弱了，但仍然

〔一〕三國志卷一二何夔傳。
〔二〕晉書卷三六衛瓘傳載瓘與汝南王亮上疏。
〔三〕三國志卷一武帝紀。

在起作用；曹操反對朋黨結交，干擾選舉的政策在一個時期内繼續執行；人士流移的情況建安後期有所改善，但没有根本變化。在這樣情況下，使朝廷選舉和名士月旦統一，朝官保舉和鄉里清議統一，人士流移和核之鄉閭統一，是一個需要解決的問題。

延康元年（二二〇）二月曹丕繼承魏王、丞相之位，由吏部尚書陳群建議，制定九品官人之法，設置郡中正，品第郡人，中正由本郡推舉現任朝官的郡人充當。〔一〕這樣，在野的名士月旦變作官府品第，「核之鄉閭」變成訪之中正，也就考詳有地，問題就解決了。

制度是由陳群建議，延康元年頒佈的，但建安年間實際上已採取這種辦法，只是既不是普遍推行，更没有形成制度而已。曹操用潁川人即由荀彧薦舉，荀彧豈非就是潁川中正麽？用荆州人由韓嵩條列優劣，韓嵩豈非就是荆州大中正麽？我們認爲九品官人法既是創舉，又是傳統的大姓、名士品評人物、主持鄉議的繼續與曹操全部選舉政策的繼續。

不管曹操、曹丕的主觀意圖怎樣，歷史的傾向是門閥專權，因而九品官人法或九品中正制歸根到底只能爲士族門閥的世襲性政治特權起保證作用，它是歷史的産物。

值得一提的是由朝廷委任官員負責評定當地人士的辦法同樣在孫吴實行。三國志卷六一潘濬傳末注引襄陽記：

〔一〕通典卷一四注稱：「魏氏革命，州、郡、縣俱置大小中正，各以本處人任，諸府公卿及臺省郎吏德充才盛者爲之。」按州大中正後置，杜佑乃綜一朝之制説的。

襄陽習温爲荆州大公平，大公平，今之州都。秘（潘濬子）過辭於温，問曰：「先君昔曰君侯當爲州里議主，今果如其言，不審州里誰當復相代者？」温曰：「無過於君也。」後秘爲尚書僕射，代温爲公平，甚得州里之譽。

按潘濬卒於赤烏二年（二三九，魏明帝景初三年），如果他預期習温「當爲州里議主」即指大公平，則設置尚在赤烏以前。習氏是襄陽大姓，〔一〕潘濬是武陵人，亦荆州名士，〔二〕仕吴官至太常，這一家當然也是荆州名門。又吴九真太守谷朗碑記谷朗自陽安長内遷「郎中、尚書令史、郡中正」，谷朗是荆州桂陽耒陽人，郡中正即指桂陽郡中正。後來他自廣州督軍校尉「拜五官郎中，遷大中正」，碑文説他「平衡清格，彝倫攸叙」，指的也是評定人物，選用人才。谷朗死於鳳凰元年（二七二，晉武帝泰始八年），年五十四，當生於魏黄初元年（二二〇），碑稱「弱冠仕郡」，即在吴赤烏二年（二三九），此後又歷陽安長，内遷郎中，則爲桂陽郡中正，亦當在赤烏中。碑文於谷朗自廣州督軍校尉遷五官郎中、大中正後接書「交州竊邑叛國，戎車婁駕，干戈未戢……遷九真太守」。三國志卷四八孫休傳永安七年（二六四）七月書「復分交州置廣州」，谷朗爲廣州督軍校尉必在此年後，交阯郡吏吕興殺太守孫諝亦即在此年五月。孫皓傳建衡元

〔一〕晉書卷八二習鑿齒傳：「襄陽人也，宗族富盛，世爲鄉豪。」同書卷四三山濤附子簡傳，永嘉三年（三〇九）簡都督荆、湘、交、廣四州軍事，鎮襄陽，「諸習氏荆土豪族，有佳園池，簡每出嬉游，多之池上」。

〔二〕三國志卷六一潘濬傳稱濬「弱冠從宋仲子受學，年未三十，荆州牧劉表辟爲部江夏從事」，又注引吴書稱「山陽王粲見而貴異之，由是知名，爲郡功曹」。

年(二六九)十一月:「遣監軍虞汜、威南將軍薛珝、蒼梧太守陶璜由荆州,監軍李勖、督軍徐存從建安海道,皆就合浦擊交阯。」三年稱:「汜、璜破交阯,禽殺晉所置守將,九真、日南皆還屬。」則谷朗之爲荆州大中正,當在孫皓元興與寶鼎間(二六四——二六八)。據此,則吴亦稱州、郡中正,可能先名公平,後改中正,這個問題暫置不問,總之,孫吴亦有中正或職務同於中正之公平,且亦以朝官兼任,與魏相同。據碑文稱谷朗「豫章府君之曾孫,公府君之孫,郎中君之子」,當然是耒陽大姓。

兩個分立的政權却先後創立中正(公平)之官,主持州郡評議人物,這不能説偶合或單純的倣效,而是在一定程度上有共同的歷史淵源和歷史條件。

江南地區從東漢以來經濟、文化都有很大發展,雖然較之中原還相對落後。同中原一樣,各郡都有大姓强宗。東漢末年,這些强宗和北海公沙氏相同,組織武裝,建立營塹,拒絶州郡調發,稱爲宗部、宗伍,他們的首領被稱爲「宗帥」、「民帥」。但是這些宗部、宗伍一般没有能像公沙氏和其他北方許多大姓一樣産生名士。另一方面,我們也看到東漢二百年來培養了具有高度文化修養的名士,這些名士多半是由社會經濟較發達地區的大姓中産生的。會稽虞氏自零陵太守虞光至玄孫翻五世傳易。[一]會稽賀氏世傳禮學。[二]有名的黨人名士,被列爲八俊之一的魏朗是會稽人。[三]吴郡陸氏是

〔一〕三國志卷五七虞翻傳注引翻别傳所載上易注奏。
〔二〕晉書卷六八賀循傳、三國志卷六〇賀齊傳注引虞預晉書。
〔三〕後漢書卷六七黨錮傳序。

「世江東大族」，自東漢初陸閎至漢末陸康，有好幾個名士、達官。〔二〕吴郡顧氏，順帝時顧奉官至潁川太守，是個大名士。〔三〕也有許多先世名位不見史傳，但可以肯定是大姓的，如吴郡之朱、張、錢塘全氏、陽羨周氏、丹陽朱氏等皆是，即使遠郡桂陽也有谷朗那樣的「衣冠子弟」。

這些大姓、冠族在地方上享有優先選拔的權利，三國志卷五六朱治傳云：「然公族子弟及吴四姓多出仕郡，郡吏常以千數，治率數年一遣詣王府，所遣數百人。」可知漢代衣冠子弟壟斷州郡掾屬的慣例，在孫吴仍然繼續。吴郡的顯貴多，子弟求仕的也多，孫權特予照顧，其他各郡不可能有那麽多的郡吏，但州郡掾屬同樣辟舉大姓是無疑的，谷朗就是「弱冠仕郡」。

如上所述，州郡大姓的力量在江南同樣存在，大姓「世仕州郡」大概也和中原一樣通行。雖然像中原那樣由大姓、名士操縱的鄉里清議不那麽顯著，許多州郡的大姓恐怕就不能產生名士，但地方選舉由大姓控制是一致的，這就是共同的淵源。

這裏應該提出一個問題，即設立州郡中正是爲選拔當地人士，那麽對於流寓人士及其子弟怎樣處理呢？曹魏境内雖也有吴蜀州郡的流人，數量大約不多，而孫吴境内的北方流寓却是大量的，孫吴政權早期掌握軍政大權的主要是他們，當時既没有僑州郡，當然也不可能設立原籍所在州郡的中正，他們的子弟又如何參預選舉呢？　我以爲這些北來流寓在過了一個時期以後可能就落籍江南，其中

〔二〕三國志卷五八陸遜傳、後漢書卷八一獨行陸續傳。
〔三〕三國志卷五二顧雍傳注引吴録。

貴顯大概居於建業，就落籍丹楊。晉書卷六八薛兼傳：

丹楊人也。祖綜，仕吴爲尚書僕射。父瑩，有名吴朝。吴平，爲散騎常侍。兼清素有器宇，少與同郡紀瞻、廣陵閔鴻、吴郡顧榮、會稽賀循齊名，號爲五儁。

按三國志卷五三薛琮傳：「沛郡竹邑人也。少依族人，避地交州，從劉熙學。」又注引吴録謂孟嘗君之後「去之竹邑，因家焉，故遂氏薛。自國至綜，世典州郡爲著姓」。所謂孟嘗君之後是否可信，可以不論，薛綜世居沛郡，而且爲州郡著姓，當可信。他的孫兒薛兼却在晉時稱爲「丹楊人」，而且與另外四位江南士人齊稱。顯然，這一家已落籍丹楊。又晉書卷七〇甘卓傳：

丹楊人，秦丞相茂之後也。曾祖寧，爲吴將。祖述，仕吴爲尚書。父昌，太子太傅。吴平，卓退居自守。郡命主簿、功曹，察孝廉，州舉秀才，爲吴王常侍。

按三國志卷五五甘寧傳：「巴郡臨江人也。」注引吴書：「寧本南陽人，其先客於巴郡，寧爲吏，舉計掾，補蜀郡丞。」則甘寧本居南陽，徙籍巴郡。其曾孫甘卓却稱「丹楊人」，仕郡爲主簿、功曹，郡察孝廉，州舉秀才，完全以本郡大姓對待。又晉書卷五八周訪傳：

本汝南安成人也。漢末避地江南，至訪四世。吴平，因家廬江潯陽焉。祖纂，吴威遠將軍；父敏，左中郎將。訪少沈毅……周窮振乏，家無餘財，爲縣功曹。

按周訪爲縣吏，顯然被視爲廬江潯陽人。這一家在吴時地位不高，所以居廬江而非丹楊，周訪亦止出身縣功曹，但汝南周氏留居未遷的却是魏晉高門。又晉書卷七六張闓傳：

丹楊人，吴輔吴將軍昭之曾孫也。少孤有志操。

按三國志卷五二張昭傳：「彭城人……刺史陶謙舉茂才，不應……漢末大亂，徐方士民，多避難揚土，昭皆南渡江。」張昭是徐州名士，他的曾孫却著籍丹楊。

據上薛、甘、周、張四家改籍江南的記載，似乎是孫吴時流寓的普遍情況。本來，漢代改籍是頗爲常見的，那種高標郡望，不願附籍所居州郡的風氣只能出現在士族門閥形成之後。孫吴時流寓的衣冠子弟在附籍後當然和本州郡人士一樣，由中正評議優劣（孫吴是否也分九品，不明），參預選舉。但是，孫吴時流寓名臣的後裔，在晉代却罕見記載，薛、甘、周、張是僅見於史的四家。在這一個歷史時代，大姓、冠族中人士一旦失去自己的宗族、鄉里，看來在所附的他鄉很難保持他們的地位。

士族的形成和升降

盡人皆知，九品中正制是爲士族服務的，通過這種制度保證士族在政治上的世襲特權。我們在前一篇文中，曾經提到東漢以來培養滋長的大姓、名士是構成魏晉士族的基礎，但決不是所有漢末大姓、名士都能在魏晉時成爲士族，也不是出於單家就都像吴質那樣，鄉里「不與之士名」。漢末在政治上最活躍的大姓、名士是所謂「黨人」，我們看到很多權威人物，後來對他們的家族地位並無影響。潁川的荀、陳、鍾三家固然出於黨人名士，但黨人中有極高威望的李膺、杜密却後嗣無聞。陳蕃、竇武、劉淑號稱「三君」，三家都没有在魏晉士族中占一席地。「汝潁（泛指豫州）固多奇士」，〔一〕汝南的陳蕃、范滂那樣高的聲望，而晉代的汝南高門却是周氏。〔二〕滎陽鄭氏爲鄭泰同族及其後裔，魏晉至唐是第一流高門；陳留蔡氏應當爲蔡邕同族，也是東晉以下的僑姓高門，〔三〕而黨錮傳中人士如陳留夏馥，

〔一〕晉書卷七一陳頵傳：「（解）結曰：『張彦真以爲汝潁巧辯，恐不及青徐儒雅也。』頵曰：『彦真與元禮不協，故設過言。老子、莊周生陳梁，伏羲、傅説、師曠、大項出陽夏，漢魏二祖起於沛譙，準之衆州，莫之與比。』結甚異之，曰：『豫州人士常半天下，此言非虚。』」

〔二〕晉書卷六一周浚傳、卷六九周顗傳。

〔三〕晉書卷三三鄭沖傳、卷四四鄭袤傳、卷七七蔡謨傳。

汝南蔡衍、陳翔，潁川賈彪等的家族却不見記載。事實很清楚，潁川那麽多大名士，只有荀、陳、鍾和拔自卑微的庾氏成爲士族（見後），無非由于這幾家魏晉時子孫貴顯，汝南周氏和陳留蔡氏也是曹魏達官，特别東晉時周顗弟兄及蔡謨位高名重。這種例子我們還可以舉出一些，説明魏代在漢末大姓、名士中選拔統治者需要的人才，漢末大姓、名士是魏晉士族的基礎，而士族形成在魏晉時期，九品中正制保證士族在政治上的世襲特權，實質上就是保證當朝顯貴的世襲特權，因而魏晉顯貴家族最有資格成爲士族。

中正品第人才根據德、才、家世三項，家世亦即所謂「簿閥」、「簿世」，在品第中所占分量愈來愈重，終于成爲唯一的標準。晉以後人指責以門第舉人的很多，但是所據的門第是舊門楣還是新貴顯，晉代和後人的理解是有差别的。〔一〕魏晉所重者是父、祖官爵，時代懸隔的遠祖對於定品高低至少在

〔一〕舊唐書卷六五高士廉傳：「是時朝議，以山東人士好自矜誇，雖復累葉陵遲，猶恃其舊地，女適他族，必多求娉財。太宗惡之，以爲甚傷教義，乃詔士廉……等刊正姓氏……撰爲氏族志。士廉乃類其等第以進。太宗曰：『我與山東崔、盧、李、鄭，舊既無嫌，爲其世代衰微，全無冠蓋，猶自云士大夫。婚姻之間，則多邀錢幣；才識凡下而偃仰自高，販鬻松檟，依託富貴，我不解人間何爲重之！祇緣齊家唯據河北，梁陳僻在江南，當時雖有人物，偏僻小國，不足可貴，至今猶以崔、盧、王、謝爲重。我平定四海，天下一家，凡在朝士，皆功效顯著……我今特定族姓者，欲崇重今朝冠冕，何因崔幹猶爲第一等……卿等不貴我官爵耶！不須論數世以前，止取今日官爵高下作等級。』遂以崔幹爲第三等。」據此可知高士廉以及同修氏族志者據以定氏族高低的乃是數世以前的舊門楣，唐太宗不能容忍這種輕視當代官爵的思想，明確指出「不須論數世以前，止取今日官爵高下作等級」。其實士族形成時也正如太宗所説「止取今日官爵作高下」，所以西晉人都譴責中正定品趨附權勢。

魏晉時並無重大關係。簡單地說，中正考慮的主要是「當代軒冕」，而不是「塚中枯骨」。有名的左思詠史詩：「世胄躡高位，英俊沈下僚」，他所說的「世胄」也僅僅指魏晉公卿子弟而已。東漢時「四世五公」的袁氏，公卿將軍滿家的梁、竇、耿、鄧業已銷聲匿跡了。應該說，魏晉時其實並不輕視新貴，相反，定品的標準主要是新貴。晉代不少人指責選舉重家世，我們可以考查一下他們的議論。最早提出這一問題的是劉寔，晉書卷四一劉寔傳載他所著崇讓論云：

官職有缺，主選之吏不知所用，但案官次而舉之。同才之人先用者，非勢家之子，則必為有勢者之所念也。非能獨賢，因其先用之資，而復遷之無已。遷之無已，不勝其任之病發矣。觀在官之人，政績無聞，自非勢家之子，率多因資次而進也。

劉寔這裏指出由于「能否混雜，優劣不分」，因此主選之吏就按兩種條件用人，一是根據資格次序，二是先用「勢家之子」。所謂「勢家之子」當然指當朝掌權人物的子弟。劉寔這篇文章主題是要求官員們推讓官職，論選舉之弊只帶上幾句，没有詳述。本傳載此論在魏滅蜀後，泰始前，似當在魏咸熙元、二年（二六四——二六五）間，但文中云「自魏代以來」，「自漢魏已來」，不似魏時所作，而應在晉初。劉寔没有直接提到中正定品與「勢家子」的關係，段灼十分清楚地指出了這點，晉書卷四八段灼傳，他取長假還鄉里，臨去上表陳事，其第二條云：

今臺閣選舉，塗塞耳目；九品訪人，唯問中正。故據上品者非公侯之子孫，即當塗之昆弟也。二者苟然，則華門蓬户之俊，安得不有陸沈者哉！

段灼此條先云「吴人不臣」，則上表應在太康滅吴前。他譴責尚書臺用人只據中正品第，而被品爲上品的都是當朝顯貴的子孫昆弟，因而阻塞寒門貧士的上進之路。他所説的「公侯子孫、當塗昆弟」也即劉寔所説的「勢家之子」，中正定品，根據的是當前的政治地位，與前世無關。膾炙人口的劉毅論九品有八損疏，第一條就是譴責中正不公，〔一〕他説：

今之中正，不精才實，務依黨利；不均稱尺，務隨愛憎。所欲與者獲虚以成譽，所欲下者吹毛以求疵，高下逐强弱，是非由愛憎。隨世興衰，不顧才實，衰則削下，興則扶上，一人之身，旬日異狀。或以貨賂自通，或以計協登進，附託者必達，守道者困悴。無報於身，必見割奪；有私於己，必得其欲。是以上品無寒門，下品無勢族。暨時有之，皆曲有故。慢主罔時，實爲亂源，損政之道一也。

值得注意的是劉毅譴責中正不公，除了愛憎之私和接受賄賂以外，更重要的是趨炎附勢，「高下逐强弱」，「隨世興衰」，勢衰就降下，勢盛即扶上，以致一人之身隨着家門盛衰而前後異狀。他説「上品無寒門，下品無勢族」，「勢族」即劉寔所説的「勢家」，段灼所説的「公侯子孫，當塗昆弟」，所重的是個「勢」字。「勢族」和「世族」在當時雖有密切的關係，有時可以互通，但畢竟不是同義語。當然，即使在南北朝，同樣也存在門户興衰影響子弟宦途的情況，但這裏説的是中正定品，沈約在宋書恩倖傳序

〔一〕晉書卷四五劉毅傳。

中說「凡厥衣冠，莫非二品」，門户有盛衰，仕宦有升沉，但士族終究是士族，士族子弟定品一般不受家門盛衰的影響。而如劉毅所說，似乎即使士族高門，一旦失勢，中正就會使這一家的子弟降品。品之高低決定於一時權勢，而不是祖先名位。這裏我們可以舉一個例子，晉書卷三三何曾附子劭傳：

邵初亡，袁粲弔岐（劭子），岐辭以疾。粲獨哭而出曰：「今年決下婢子品！」王銓謂之曰：「知死弔死，何必見生，岐前多罪，爾時不下，何公新亡，便下岐品，人謂中正畏强易弱。」粲乃止。

王銓的話正好與劉毅所説相應，只是袁粲聽從王銓勸告，顧忌有人說他「畏强易弱」，沒有把何岐降品而已，但也可知中正定品「隨世興衰」的情況是存在的。劉毅上疏後，衛瓘和司馬亮等也上疏論九品，〔一〕他說開始時「鄉邑清議，不拘爵位……猶有鄉論餘風。中間漸染，遂計資定品，使天下觀望，唯以居位爲貴」。衛瓘指出九品中正制的流弊是「計資定品」，所云「計資」計的是門資，指當前官爵，所以說「唯以居位爲貴」，這是和上引諸人的議論一致的。晉書卷九二文苑王沈傳載所作釋時論雖然不是直接譴責九品中正制，却也譏嘲按照門資的選舉，文云：

夫道有安危，時有險易，才有所應，行有所適。英奇奮於縱横之世，賢智顯於霸王之初……故有朝賤而夕貴，先卷而後舒。當斯時也，豈計門資之高卑，論勢位之輕重乎？今則不然，上聖下明……百辟君子，奕世相生。公門有公，卿門有卿。指秃腐骨，不簡蚩儜。多士豐於貴族，爵

〔一〕晉書卷三六衛瓘傳。

命不出閨庭。四門穆穆，綺襦是盈。仍叔之子，皆爲老成。賤有常辱，貴有常榮。肉食繼踵于華屋，蔬飯襲跡于耨耕。談名位者以諂媚附勢，舉高譽者因資而隨形。

王沈說天下紛爭才破格用人，不拘「門資之高卑」，他說晉代「上聖下明」云云都是譏刺的話，實際上是說統治者苟且偷安，粉飾太平。於是在這種局面下公卿百官，世代承襲，貧賤之士無仕進之途。不難看出，所謂「公門有公，卿門有卿」是「計門資」的結果，而西晉人講門資如前所舉都是和「論勢位」聯繫起來談的。

魏晉相承，政治上没有發生大動蕩，晉代開國勳貴亦即曹魏功臣的子孫，這一點劉頌說得很清楚。〔二〕因此「計門資」是從曹魏計起的。漢代大姓、名士是曹魏選拔臣僚的基礎，其士族地位決定於某一家族在魏晉時的政治地位，特别是魏晉嬗連的政治地位。因爲最終決定於當時官位，因而在漢代算不上大姓，甚至出身卑微，只要在魏晉時因某種機緣在政治上獲得一定地位，也得以上升，我們可以舉出一些家族爲例：

潁川庾氏是東晉最顯赫的士族之一，然而先世却出身卑微。後漢書卷六八郭太附庾乘傳：

潁川鄢陵人也。少給事縣廷爲門士。林宗見而拔之，勸遊學官，遂爲諸生傭。後能講論，自以卑第，每處下座。

〔二〕晉書卷四六劉頌傳，頌於太康末（二八九）上疏云：「泰始之初，陛下踐祚，其所服乘，皆先代功臣之胤，非其子孫，則其曾玄。」

庾乘因受郭太識拔，才能擺脱卑微的地位，但他「遊學宫」不是當太學生，而是「爲諸生傭」，直到他學業有所成就，仍然自處卑微。據晉書卷五〇庾峻傳：「祖乘，才學洽聞，漢司徒辟，有道徵，皆不就。伯父嶷，中正簡素，仕魏爲太僕。父道，廉退貞固，養志不仕。」三國志卷一一管寧傳注引庾氏譜云：

嶷字劭然，潁川人。子霬，字玄默，晉尚書、陽翟子。嶷弟遁（即道）字德先，太中大夫。遁胤嗣克昌，爲世盛門。侍中峻、河南尹純，皆遁之子；豫州牧長史顗，遁之孫；太尉文康公亮、司空冰，皆遁之曾孫，貴達至今。

庾乘起自卑微，成爲名士，爲庾氏之成爲士族開闢了道路，但終于成爲士族並不決定於庾乘的「司徒辟、有道徵」，而決定於魏之太僕、晉之尚書、侍中、河南尹，而在士族中突出地爲江南僑姓第一流高門則決定於庾琛締姻皇室，庾亮弟兄以國戚先後執政。庾氏在漢代出身卑微，由於魏晉間官位蟬聯，成爲「盛門」。

比庾家更遲一些起來的單家寒門還有陽翟的褚氏。晉書卷九三褚裒傳：

（潁川陽翟人也。）祖䂮，有局量，以幹用稱。嘗爲縣吏，事有不合，令欲鞭之……家貧辭吏，年垂五十，鎮南將軍羊祜與䂮有舊，言於武帝，始被升用，官至安東將軍。

褚裒父洽，武昌太守。祖䂮在魏晉間爲縣吏，不免被鞭，類似張既、孫秀。〔二〕褚氏之列於士族，至早也

〔一〕三國志卷一五張既傳注引魏略云：「既世單家，爲人有容儀。少小工書疏，爲郡門下小吏。」又云：「初既爲郡小吏，功曹徐英嘗自鞭既三十。」晉書卷五五潘岳傳：「初芘（岳父）爲琅邪内史，孫秀爲小史給岳，而狡黠自喜，岳惡其爲人，數撻辱之。」

在西晉初，却也因褚裒連姻皇室，穆帝即位，爲太后之父，尊重莫比，成爲東晉、南朝第一流高門。

如前所述，潁川李膺、杜密身爲黨人領袖，名位顯赫，却因子孫在魏晉没有人獲得必要的政治地位，潁川士族高門就數不上他們。甚至如趙儼、杜襲，可以算得曹魏功臣。三國志卷二三趙儼傳説他與荀彧、陳群、辛毗齊名，人稱「荀、陳、辛、趙」，曹芳時官至司空，官位更爲顯赫，然而這兩家的子孫却没有能在晉代蟬連官爵，以後也就在潁川不能和荀、陳等族並稱。庾、褚與趙、杜的顯晦，豈非正好證明劉寔以下諸人所説選舉以當時權勢爲斷麽？

如上所舉諸例，我們看到漢末大姓、名士有的在曹魏時就後嗣無聞，而曹魏時的士族有的又在晉代喪失了地位；我們也看到漢末甚至魏代還是單家寒門的家族，却因子孫貴顯，「爲世盛門」。雖然我們涉及的只有幾個家族，地區也只限於潁川旁及河南，但這種升沉是普遍存在的。

我們還可以舉一個單家變成大姓的例子。在東漢末期的大姓名士文中，曾經引過魏略所記馮翊單家嚴幹、李義的事，二人自知難以和馮翊西部的冠族競爭，分郡時設法都分到東部（仍名馮翊，西部爲左内史），因而得以「仕郡爲右職」，晉書卷六〇牽秀傳却提到「馮翊大姓諸嚴」的活動。嚴幹並無很高官爵，只因在本郡充當大吏，西晉末竟然被稱爲大姓了。

以上我們初步分析了西晉人關於選舉及中正品第的議論，考察了漢末魏晉一些大姓高門的升沉顯晦，企圖説明一個問題，即九品中正制保證了士族的世襲特權，而首先保證的是當代顯貴家族的世襲特權。可知列於士族和士族中高低序列基本上不決定於「塚中枯骨」，而決定於眼前的權勢。

西晉以後，北方由于少數族内遷，情況較複雜，當另文討論，這裏只考察東晉南朝的士族升降。士族制度發展到了這個階段，業已定型；皇朝更迭也像晉之代魏，政治上没有大動盪，新朝公卿是從前朝繼承下來的，所以士族地位穩定，中正定品只是例行公事，「士庶之間，實是天隔」，很少發生變化。這是個基本情況，但士族内部的高下序列仍有升降。上舉庾、褚兩族，雖然西晉時已列士族，其成爲高門甲姓却都遲至東晉聯姻皇室之後。以後，庾氏受桓温，桓玄兩代的打擊，宋以後地位降低；褚氏却因褚淡之兄弟和褚淵相繼爲宋齊佐命，煊赫一時。又如陳郡謝氏，誰都知道是與琅邪王氏並列的東晉南朝最高貴士族，然而晉宋間却還有人對這一家的門第不太尊重。世説新語簡傲篇：

謝萬在兄前，欲起，索便器。於時阮思曠在坐，曰：「新出門户，篤而無禮。」

那時謝氏還被認爲是新出門户。又宋書卷六〇荀伯子傳：

伯子常自矜蔭籍之美，謂（王）弘曰：「天下膏粱，唯使君與下官耳。（謝）宣明之徒，不足數也。」

荀伯子的門資源遠流長，遠承漢末荀淑，魏晉之間，位望極盛。東晉時荀氏已非昔比，而伯子還以「蔭籍之美」傲視後起的謝家，不免爲史所譏。荀伯子的話表明荀、謝二家地位的升降，這種升降已與中正品第無關，但終究是一種升降。

南朝時期後起的新門是蘭陵蕭氏。唐書卷一九九儒學柳沖傳記柳芳論士族云：「過江則爲僑姓，王謝袁蕭爲大；東南則爲吴姓，朱張顧陸爲大。」柳芳這個論斷的年限很不清楚。「朱張顧陸」是孫吳舊姓，東晉南朝朱氏不見有名人物，梁代朱异甚至自稱寒士。〔一〕僑姓中蕭氏始起，實因劉宋外戚，後來又是兩朝皇室，才得與王、謝、袁並列。宋書卷七八蕭思話傳：「南蘭陵人，孝懿皇后弟子也。父源之。」孝懿皇后是劉裕繼母，劉裕出身微賤，按照當時婚配通例，他的繼母也一定出於寒門。蕭源之歷官至琅邪太守，從弟摹之官至丹陽尹，蕭思話「歷州十二，仗節監、都督九焉」，都是劉裕當國以後和宋朝的官；思話子惠開等又在宋齊時歷任大官。確可算得一門鼎盛，但同樣確實的是出自寒微。齊梁兩代的皇室是思話同宗，齊武帝蕭道成父承之，受到蕭源之、摹之的知遇，元嘉中蕭思話平漢中，承之是他的部將，梁武帝蕭衍父順之又是蕭道成的部將。蕭源之既然出自寒微，他的同族齊梁兩朝皇室當然也出於寒微。南齊書卷五二文學檀超傳：

嘗與別駕蕭惠開共事，不爲之下，謂惠開曰：「我與卿俱起一老姥，何足相誇。」蕭太后，惠開之祖姑；長沙王道憐妃，超祖姑也。

檀超説得很清楚，蕭家是以劉宋外戚起家的，蕭思話傳也説他是「宗戚令望」。在宋代，蕭氏包括齊武帝父承之、梁武帝父順之都是將家，以軍功顯，那時不過與高平檀氏相比，雖擠入士族，並非高門。齊梁兩代是宗室，不以一般門第論。柳芳以蕭氏和王、謝、袁並列，恐怕實以梁陳以後蕭氏的地位爲斷。在南朝，出於寒微，以軍功顯達的人很多，但能列於士族的已不多，被稱爲高門、甲族的只蕭氏一家而已。

〔一〕南史卷六二朱异傳稱异吳郡錢塘人，當然是「吳姓」之一，但傳又云异自云「我寒士也，遭逢以至今日，諸貴皆恃枯骨見輕」。

上面我們論證了士族的形成是在魏晉，因而只有在魏晉時獲得政治地位的家族才有資格列於士族。西晉人譴責中正品第高下據當時權勢而定，中正所據的「門資」，實際上即當代的官爵。東晉南朝中正品第業已固定，沈約指出：「凡厥衣冠，莫非二品。」若干家族屬于「門地二品」，即按照門地理應二品，當前官爵的高低，權勢的大小和中正定品的關係並不像西晉那樣重要。但是士族内部的高低升降仍然視當時官爵而定。我們在上面舉出謝、庾、褚、蕭四族爲例，説明這些家族在東晉南朝成爲第一流高門是和權重位尊（蕭氏更是皇室）有關的。

附帶提一下，聯姻皇室對于一些家族的地位起着不可忽視的作用。上面我們已經指出庾、褚在東晉時成爲甲族，蕭氏在宋代列于士族，其根源即在於聯姻皇室。誠然，甲族高門並不靠這個來維護門户，梁書卷二一王峻傳記王峻對梁始興王説：「臣太祖（即曾祖）是謝仁祖（謝尚）外孫，亦不藉殿下姻媾爲門户。」王峻的話固然不是虚辭，琅邪王氏確實不需要和皇室結姻，但不少士族却正是藉「國婚」爲門户的。南齊書卷三三王僧虔傳記高平檀珪與僧虔書，有云：

尚書同堂姊爲江夏王妃，檀珪同堂姑爲南譙王妃；尚書婦是江夏王女，檀珪祖姑嬪長沙景王。尚書伯爲江州，檀珪祖亦爲江州；尚書從兄出身爲後軍參軍，檀珪父釋褐亦爲中軍參軍。僕與尚書，人地本懸，至於婚宦，不肯殊絶。

檀珪持以和王僧虔相比的「婚」就是聯姻皇室。當時門第高卑，婚姻是一項重要標準，從檀珪的話可以知道當時並不輕視「國婚」。

十　士人蔭族特權和士族隊伍的擴大

晉書卷二六食貨志載晉太康滅吴後制訂的户調式，其中包括蔭族及蔭客制度，今録如下：

而又各以品之高卑蔭其親屬，多者及九族，少者三世。宗室、國賓、先賢之後及士人子孫亦如之。

而又得蔭人以爲衣食客及佃客。品第六以上，得衣食客三人，第七、第八品二人，第九品及舉輦、跡禽……一人。

其應有佃客者，官品第一第二者，佃客無過五十（十五？）户，第三品十户，第四品七户，第五品五户，第六品三户，第七品二户，第八品、第九品一户。

蔭是庇蔭，法令規定各級官僚有庇蔭其宗族及客的特權。受庇蔭者得以免除官役，而對庇蔭者承擔義務。魏書卷一一〇食貨志說：「蔭附者皆無官役，豪强徵斂，倍於公賦。」這雖是後來的記載，晉代也同樣適用。

宗族、賓客是豪强所控制的人口，也是豪强武裝的基本力量，這是個自漢代以來農村封建化的問題，這裏不擬涉及，蔭客與此密切相關，也不在這裏討論，這裏只談士族免役權問題。

户調式説明蔭族範圍的大小決定於官品高卑，但没有列叙不同官品廕庇的範圍，只説「多者及九

族(即上起高祖,下及玄孫),少者三世(即父、身、子)」。唐令拾遺賦役令二〇:

諸皇宗籍屬宗正者,及太皇太后、皇太后、皇后緦麻以上親;内命婦一品以上親,文武職事官三品以上若郡王周親及同居大功親;五品以上及國公同居周親,並免課役。

又第二一:

諸内外六品以下官及京司諸邑職掌人合免課役。

按此二條乃仁井田陞氏綜合六典、通考等所記有關條文而成,諸書異同,仁井田陞氏業已詳注,大致原來令文必遠爲詳備,今不贅舉。考唐令只有宗室、國親才蔭及緦麻親,即九族;三品以上官和郡王只蔭及期親和同居大功親,即三族至五族;五品以上官和國公更限於同居周親,即三族。六品以下官甚至和介於入流、未入流及雜任的所謂「諸色執掌人」一樣,只本身免課役,談不上蔭庇。西晉户調式所云「少者三世」如果直至九品卑官的話,那就比唐制寬得多。毫無問題,品官之中即使高級官也不免有出自卑庶的,至於中下級官有的本來就是雜用士庶,或本是寒官。根據户調式,姑不論業已上升到高官的寒人(以軍功起家的歷代都有),就是剛沾上一官半職的寒人也得以廕及期親。如果單從按品蔭族來看,只能證明西晉所重在當代官職,不能説明士族特權。但是户調式緊接着補充了一句:「宗室、國賓、先賢之後及士人子孫亦如之。」宗室不消説,在唐代是蔭及緦麻親的;國賓指漢後山陽公及魏後陳留王;先賢之後可能包括孔子以及諸州郡所謂鄉賢等;至關重要的便是「士人子孫」。顯然,這裏所稱「士人」是指一種具有特殊社會身分的人,我們知道曹魏時吴質雖已當了官,鄉里却不與「士」名。三國志卷三八許靖傳注引魏略所載王朗與許靖書有云：「又惜使足下、孔明等士人氣類之徒，遂沉溺於羌夷異種之間，永與華夏乖絶。」王朗稱許靖、諸葛亮爲「士人氣類」，也是指社會身分。魏晉時期的政治核心就是由這些「士人氣類」組成的，因而品官蔭族特權實際上必然包括大量「士人子孫」，而且即使本人並無官職，多半也是在品官蔭庇的親屬範圍之内。但是這一條「士人子孫」的補充還是必需的，也是十分重要的。一是因爲官有任免，人有死亡，品官一旦罷免或死亡，蔭族權利就自然消失，而作爲「士人子孫」（如果是被承認爲士人的話）就得以把這種權利繼續下去；二是品官蔭族不包括目前尚無官職的士人及其子孫。應當注意，户調式是在滅吴以後頒佈的，吴國大姓高門已喪失了原有官爵，也還没有被新朝任用，「士人子孫」這一條便保證他們的社會身分和享受的免役特權不受損害。此外也還有一些隱居不仕的士人。晉書卷八八王裒傳：

裒少立操尚，行己以禮……痛父非命，未嘗西向而坐，示不臣朝廷也。於是隱居教授，三徵七辟皆不就……家貧躬耕，計口而田，度身而蠶，或有助之者，不聽。諸生密爲刈麥，裒即遂棄之。知舊有致遺者，皆不受。門人爲本縣所役，告裒求屬令。裒曰：「卿學不足以庇身，吾德薄不足以蔭卿，屬之何益！且吾不執筆已四十年矣。」乃步擔乾飯，兒負鹽豉，草屩送所役生到縣，門徒隨從者千餘人。安丘令以爲詣己，整衣出迎之。裒乃下道至土牛旁，磬折而立，云「門生爲縣所役，故來送别」。因執手涕泣而去。令即放之。一縣以爲耻。

按王裒是曹魏有名的大臣王修之孫，他父親王儀觸怒司馬昭，被殺，因此他終身不作晉朝的官。他不但是士人子孫，本人也是受三徵七聘的大名士，當然得以享受蔭族權利。這只要看他門生之獲得免役，就可知道他的親屬必然得到他的蔭庇。和王裒同時的隱逸霍原，門徒數百，爲燕王所尊重。燕國大中正劉沈評他爲二品，曾引起一場激烈的争論，〔一〕最後劉沈得到勝利，霍原列爲上品。既列上品，當然成爲士人，有資格蔭族。

户調式規定按官品蔭族、蔭客和占田，基本精神是保證當代各級官僚貴族的特權，蔭族部分對于「士人子孫」的條文只是補充，然而却從此確定了士人的蔭族特權，從而確定士之爲族，士族的名稱也就在此時開始出現。〔二〕

户調式只説「士人子孫亦如之」，究竟憑什麽條件定爲士人，我們不知道；各級官僚按品蔭庇自三族至九族，士人蔭庇範圍又怎樣。這些似乎都没有明確規定，但是必然要求作出明確規定，因爲這關係到徵發徭役問題。封建國家要求在維護士族免役特權的前提下確保徵役對象。

隨着江南社會經濟的發展，農村中分化出一批新興的寒門地主和商人，他們擁有土地財富，但政治地位仍然低微，不能取得免役特權，而這對於保有其財富是至關重要的。宋書卷九一孝義傳記載一些寒門地主取得免役特權的事例：

〔一〕晉書卷九四霍原傳、卷八九劉沈傳、卷四六李重傳。

〔二〕晉書卷一〇五石勒載記下云：「勒清定五品，以張賓領選。復續定九品，署張班爲左執法郎、孟卓爲右執法郎，典定士族，副選舉之任。」同書卷一二四慕容寶載記稱寶即位後，「定士族舊籍」。

嚴世期，會稽山陰人也。好施慕善，出自天然……山陰令何曼之表言之。元嘉四年，有司奏榜門曰：「義行嚴氏之間」，復其身徭役，蠲租税十年。

張進之，永嘉安固人也。爲郡大族。少有志行，歷郡五官、主簿，永寧、安固二縣領校尉。家世富足，經荒年散其財，救贍鄉里，遂以貧罄，全濟者甚多……元嘉初，詔在所蠲其徭役。

徐耕，晉陵延陵人也。自令史除平原令。元嘉二十一年，大旱民飢，耕詣縣陳辭曰：「……晉陵境特爲偏枯。此郡雖弊，猶有富室，承陂之家，處處而是，並皆保熟，所失蓋微，陳積之穀，皆有巨萬。旱之所弊，實鍾貧民，温富之家，各有財寶。謂此等並宜助官，得過儉月……」縣爲言上，當時議者以耕比漢卜式，詔書褒美，酬以縣令。大明八年，東土飢旱，東海嚴成、東莞王道蓋各以穀五百斛助官賑卹。

范叔孫，吴郡錢唐人也。少而仁厚，周窮濟急……鄉曲貴其義行，莫有呼其名者。世祖孝建初，除竟陵王國中軍將軍，不就。

以上孝義傳所載四人，都擁有一定財富，應是地主，其中嚴世期、張進之二人由於散財賑濟，獲得朝廷褒賞，免除徭役；徐耕、范叔孫則授予官職。他們雖然富有，但却是寒門。張進之是大族，出身爲郡綱紀，這是漢代大姓冠族出仕的正常途徑，當他任職時當然是免徭役的，後來又因他「救贍鄉里」，降詔「蠲其徭役」，那就因爲他不是士族，罷了官不僅不能蔭族，連自身也得服役。徐耕獲得的褒賞是

「酬以縣令」，其免役大概也限於任職時；范叔孫更没有接受官爵，是否免役不詳。不管他們獲得的酬報不一定相同，我們相信他們都爲免除徭役而作出努力。行孝仗義在漢代本是獵取聲譽的有效行動，這時似乎主要爲了避役。除此以外，當然還有許多辦法。宋書卷八三宗越附武念蔡那傳：

武念，新野人也。本三五門，出身郡將……後大府以念有健名，且家富有馬，召出爲將。

蔡那，南陽冠軍人也。家素富，而那兄局善接待賓客，客至無少多，皆資給之，以此爲郡縣所優異，蠲其調役。

這兩人也是富人。武念屬於三五門，即役門，他以軍功起家。蔡那則因其兄善於招待賓客，獲得免役，但蔡那也因軍功起家。寒門以軍功貴顯的非常多，事實上也只有寒人才能立軍功，因爲士族不但不服兵役，南朝時甚至已不能統率軍隊，而且以立軍功爲耻。這些以軍功升進的寒門地主固然可以位至三公，按規定，當然理應享受士族待遇，但是否列於士族，還需要具備特定的條件，南史卷四九庾杲之附叔庾蓽傳：

後爲荆州别駕……初梁州人益州刺史鄧元起功勳甚著，名地卑瑣，願名挂士流。時始興忠武王憺爲州將，元起位已高，而解巾不先州官，則不爲鄉里所悉。元起乞上籍出身州從事。憺命蓽用之，蓽不從。憺大怒，召蓽責之曰：「元起已經我府，卿何爲苟惜從事！」蓽曰：「府是尊府，州是蓽州，宜須品藻。」憺不能折，遂止。

按庾蓽爲荆州别駕，在齊時。蕭憺爲荆州刺史，在齊和帝中興二年（五〇二），其年四月蕭衍代齊，爲梁天監元年。其時庾蓽早已内遷，並已爲蕭衍驃騎府功曹參軍，並非蕭憺的州府别駕。南史記事錯誤。〔二〕梁書卷一〇鄧元起傳：「初，元起在荆州，刺史隨王板元起爲從事，别駕庾蓽堅執不可，元起恨之。大軍既至京師，蓽在城内，甚懼。及城平，元起先遣迎蓽，語人曰：『庾别駕若爲亂兵所殺，我無以自明。』因厚遺之。」據本傳所云「刺史隨王」即齊和帝寶融，他始封隨郡王，永元元年（四九九）改封南康王，都督荆雍等七州、荆州刺史。〔三〕庾蓽出爲荆州别駕，在鬱林王被廢，蕭鸞稱帝時，據鄧元起傳見「刺史蕭遥欣」，遥欣都督荆雍等七州、荆州刺史在齊明帝（蕭鸞）建武元年（四九四，即隆昌元年十月後），東昏侯永元元年（四九九）死在任上，繼任者即寶融。庾蓽大概即在寶融受任荆州後不久被召。

南史記載時間雖誤，所云荆州刺史用鄧元起爲州從事，與梁書合。那時鄧元起是武寧太守，官位並不高，但他之所以求爲州從事，目的是爲了在户籍上注明出身州從事，以便「名挂士流」，並非一定要當這個官。雖然史籍記載庾蓽拒絶了刺史的任命，但事實上鄧元起的願望還是達到了的，梁書鄧元起傳明白記載元起「起家州辟議曹從事史」。

根據鄧元起的故事，説明即使官位貴顯，是否士族決定於起家官，而以户籍記注爲憑。所以要努力争取一個士族的出身官，並登記上籍，像鄧元起那樣已無關本人的晉升，而是爲了所謂「門户」，也

〔二〕見梁書卷五三庾蓽傳、卷二二始興王憺傳。
〔三〕南齊書卷八和帝紀。

即是取得士族蔭族特權，首先是免役特權。

皇子爲刺史時的荆州從事史是士族起碼的起家官之一，規定最起碼的士族起家官是在元嘉二十七年（四五〇）。宋書卷九五索虜傳，尚書左僕射何尚之參議：

發南兗州三五民丁，父、祖、伯叔、兄弟仕州居職從事，及仕北徐、兗爲皇弟、皇子從事，庶姓主簿，諸皇弟、皇子府參軍督護、國三令已上，相府舍者，不在發例，其餘悉倩暫行征。符到十日裝束，緣江五郡集廣陵，緣淮三郡集盱眙。

雖然這裏没有説凡充任上舉官職的才是士族，但既承認其免除兵役權利，實際等于宣佈這些官職是最起碼的士族標識。宋書卷四〇百官志下記州佐有「別駕從事史、治中從事史、主簿、西曹書佐、祭酒從事史、議曹從事史、部郡從事史」。卷三九百官志上記公府掾屬有十八曹參軍，又云「參軍督護，江左置」。百官志下記王國官有「典書、典祠、典衛、學官令」，則是四令，據隋書卷二六百官志上梁官品流外第六班有「皇弟、皇子國典書令」，第五班有「皇弟皇子國三令、嗣王國典書令」，知國三令乃指典祠、典衛、學官三令。今按宋志不言府、州佐屬品秩，據隋書卷二六百官志上，記梁官品皇弟皇子府參軍督護在流外六班，國三令在流外五班；其皇弟、皇子爲刺史的州從事及庶姓爲刺史的主簿，在梁代諸州既有差別，而中從事、議曹從事等諸曹從事品秩亦不相同，宋和梁不能強相比附，但在梁代都在流内三班以下以至流外三班以上。據上引鄧元起傳，他所追求的是荆州議曹從事史，據隋志，「皇弟、皇子荆、雍、郢、南兗四州西曹、祭酒、議曹從事」在流内一班，也是士庶雜用官。宋書卷七四沈攸之傳：「臺直閣高道慶家在江陵，攸之初至州，道慶時在家，牒其親戚十餘人，求州從事、西曹，攸之爲用三人。道慶大怒，自入州取教，毁之而去。」按高道慶是寒人佞倖，他的親戚當然也是寒人，求爲從事、西曹，也同鄧元起一樣，不僅爲了求取郡職，更重要的是取得士族地位。

這些官一部分是流外官，隋書百官志上稱梁、陳之制云：

其餘並遵梁制，爲十八班，而官有清濁。自十二班以上並詔授，表啟不稱姓。從十一班至九班，禮數復爲一等。又流外有七班，此是寒微士人爲之。從此班者，方得進登第一班。

元嘉二十七年規定諸官，我以爲多半是「寒微士人爲之」的流外官和「仍爲清濁」的流内卑官，即是最起碼的士族標識。〔二〕

據上引何尚之所請，凡「父、祖、伯叔、兄弟仕州」云云，知任州從事以下均蔭及期親，即三族。既然有了這樣的標識，寒門地主和富裕商人爲了取得免役特權，就努力設法使自己的家族符合于上述規定。於是户籍上履歷的增損改竄十分嚴重，而於此相應的宋齊兩代檢查户籍反覆進行。檢籍固然不止於檢僞官，户籍不實也不止於假冒士族，比如假託死亡、疾病、在役、入道等等，但主要是檢僞官。

〔二〕宋書卷九四恩倖傳記戴法興與戴明寶、蔡閑俱爲「參軍督護」，戴明寶傳見「武陵國典書令董元嗣」，又李道兒官「湘東國學官令」。這些人都是寒人。宋孝武帝時中書通事舍人巢、戴並稱，戴法興傳稱「魯郡巢尚之人士之末」，南齊書卷五六倖臣傳序稱「孝建以來，士庶雜選，如東海鮑照以才學知名，又用魯郡巢尚之」。巢尚之、鮑照應都是寒微士人，戴法興等應都是寒人。但他們爲參軍督護及國三令，若按何敬之所奏，也當認作准予蔭三族的起碼士族。

南齊虞玩之、梁沈約都把户籍上發生巧僞歸咎於元嘉二十七年的七條或八條徵發，[一]沈約説「既立此科，苟有畏避，姦僞互起」，我以爲七條或八條即使不就是何尚之所建議的免予徵發規定，也必包含這些規定在内。虞玩之説「孝建元年書籍，衆巧之所始也」。大概這是元嘉二十七年後第一次定籍，一些寒門地主、商人就利用了元嘉徵發條例，通過賄賂，改竄祖先爵位，使自己符合於士族條件。

從此以後，所謂「符籍大壞」，人們的議論集中在祖先官爵，籍注不實。大致户籍上注有士族標記的人户大大增多，封建國家喪失了大量可供徵發的丁口，因此力圖把假冒的士族清洗出去，使他們復歸於役門。我們知道東晉時期爲了擴大徵發服役的對象，桓温、劉裕都曾厲行土斷，使僑人或冒稱的僑人就地著籍服役。宋以後雖也仍有土斷的記載，但幾乎都是在邊州或一般的處理流亡。擴大徵發服役對象的辦法，主要是檢籍。由於「前檢未窮，後巧益滋」，[二]檢籍反覆進行，「新巧」也反覆滋生，始終没有效果，沈約認爲「宋齊二代士庶不分，雜役減闕，職由於此」。應當指出，沈約所説「士庶不分」是指「寒微士人」及冒充士族與庶族的界綫不明，高門甲族和庶族的區分宋齊時代是十分嚴格的。孝建以後，檢查整頓户籍始見於大明五年（四六一），那時距「衆巧所始」的孝建元年（四五四）書籍才七年。[三]宋書卷六孝武帝紀大明五年二月詔：

〔一〕南齊書卷三四虞玩之傳記玩之上表，通典卷三鄉黨記沈約上言，以下記二人語並同。
〔二〕南齊書卷四六陸慧曉附顧憲之傳。
〔三〕南齊書卷三四虞玩之傳。

近籍改新制，在所承用，殊謬實多，可普更符下，聽以今爲始，若先已犯制，亦同蕩然。

所云「籍改新制」，内容不明，據下文所説「先已犯制」，必然有關禁約。詔書對於違反户籍新制的似乎「既往不究」，却就在這年，對諸郡士族大加清洗。建康實録卷一三大明五年（四六一）末云：

是歲，始懷（壞）士族離（雜）婚者補將吏，於時民多逃亡，王役弗增而盗賊代起，侍中沈懷文諫不聽。

又魏書卷九七劉裕傳亦記此年事云：

是歲，凡諸郡士族婚官點（玷？）雜者悉黜爲將吏，而人情驚怨，並不服役，逃竄山湖，聚爲寇盗。侍中沈懷文苦諫不納。

按建康實録只説「壞士族雜婚者」，魏書則云「婚官點雜者」，則不僅雜婚，還有雜官。這件事又見於宋書卷八二沈懷文傳，只云「上又壞諸郡士族以充將吏」，不言「雜婚」或「婚官點雜」。宋孝武帝要壞諸郡士族，總得有個「壞」的理由，不可能一概不予承認。士庶標識本在婚官，「婚官失類」即使本出高門，地位也必貶損，魏書所記似是。

這些被「壞」的「婚官點雜」的諸郡士族多半是孝建元年書籍時取得士族記識的人户，但既然對象是「雜」而不是「僞」，和後來的檢籍重點有所不同。

這次没有説檢籍，但要查明婚官之雜，當然需要看籍注，我們認爲宋代檢籍實始此時。自此以後，直到宋末，檢籍一直在進行。南齊書卷三四虞玩之傳，玩之上表有云：

自泰始三年至元徽四年（四六七——四七六），揚州等九郡四號黄籍，共却七萬一千餘户，於今十一年矣，而所正者猶未四萬。神州奥區尚或如此，江、湘諸部，倍不可念。

據宋書卷三五州郡志，揚州領户一十四萬三千二百九十六，而十年間檢查出問題需要改正的達七萬一千餘户之多，占了全部户數的一半，這是個非常龐大的數字。當然，其中假冒士族的可能只占很小比例，如虞玩之所説，在户籍上弄虚作假的所謂「巧僞」有許多種，總起來的數字應該遠在假冒士族之上。〔一〕但即使只占十分之一，清查出來的假冒士族也就不算少了。南齊書卷三三王僧虔傳稱僧虔爲吴興太守時「聽民何係先等一百十家爲舊門，委州檢削，坐免官」。這件事發生在宋泰始中。據虞玩之所説：「凡受籍，縣不加檢合，但封送州，州檢得實，方却歸縣。」似乎由縣造籍，直接送州，又由州檢實，提出有問題人户，退縣改正，中間不經過郡的一級。從上引王僧虔傳看來，一郡户籍中門户高卑還得由太守批准。王僧虔得罪，乃因阮佃夫指使御史中丞孫敻彈奏，才「委州檢削」，即是説若無人揭發，即以太守的審批爲準。傳所云「舊門」，即士族。何係先等之被檢削，是否都由于假注祖先官爵我

〔一〕虞玩之傳稱：「自孝建已來，入勳者衆，其中操干戈衛社稷者，三分殆無一焉。勳簿所領而詐注辭籍，浮遊世要，非官長所拘録，復爲不少……尋物之懷私，無世不有，宋末落紐，此巧尤多。又將位既衆，舉卹爲禄，實潤甚微而人領數萬。如此二條，天下合役之身已居其大半矣。」按「舉卹爲禄」指諸將募兵，實際並不入伍，只是向將領納資，所納即作爲將領俸禄。這是公開的，檢籍與此無關。所謂「勳簿所領，詐注辭籍」，指假冒軍功，勳簿記注授官，據此上籍。虞玩之認爲宋末「此巧尤多」，當然應在檢籍時清查。這類人是非常多的。

們不知道，也可能是「婚官點雜」，總之被認爲够不上士族標準。吴興一郡被揭發檢削的有疑問的士族就有一百十户，被認爲合格的士族當然要多得多，可知宋代的低層士族隊伍正在擴大。同書卷二二豫章王嶷傳：「初沈攸之欲聚衆，開民相告，士庶坐執役者甚衆。嶷至鎮，一日遣三千餘人。」攸之爲荆州刺史在元徽中（四七三——四七五），也正在檢籍時。他「開民相告」，部分士族由此謫役，必因籍注巧僞。盡管他别有企圖，但這一行動完全符合當時檢籍法令。

南齊皇朝建立之初，建元元年（四七九）即下令造籍，次年，齊高帝蕭道成命群臣議論如何清除積弊，整頓户籍的問題。隨即採納虞玩之的建議，由朝廷設置檢籍專員，限令每天都得檢出幾宗注籍巧僞的事。結果是大開賄賂之門，花上一萬錢上下就可以「落除卑注，更書新籍」，没有錢的，即使籍注並無欺詐，也强行退還改削，藉以充定限之數，愈檢愈亂，沈約説「符籍以此大壞矣」。〔一〕

建元二年檢籍延續到齊武帝永明三年（四八〇——四八五），終於導致了一次以富陽人唐寓之爲首的反檢籍暴動。南史卷七七茹法亮傳説唐寓之在錢塘稱帝，「三吴却籍者奔之，衆至三萬」。這次暴動的基本群衆是「三吴却籍者」，其中不少是改竄籍注的寒門地主和商人，也有如虞玩之傳所説並無欺巧，强行推却的人，有寒微士人，也有謊報死亡的平民。

這次暴動在次年就被鎮壓，檢籍仍在進行。由於檢籍既無效果，又怕再次導致暴動，皇帝終於堅

〔一〕南齊書卷三四虞玩之傳、通典卷三沈約上言。

持不下去，承認原有户籍記注，虞玩之傳云：

至世祖永明八年（四九〇），謫巧者戍緣淮各十年，百姓怨望。世祖乃詔曰：「夫簡貴賤，辨尊卑者，莫不取信於黄籍，豈有假器濫榮，竊服非分。故所以澄革虚妄，式允舊章。然釁起前代，過非近失，既往之僭，不足追咎。自宋昇明以前，皆聽復注。其有謫役邊疆，各許還本。此後有犯，嚴加翦治。」

自建元二年檢籍十年，終於全部推翻，恢復宋代籍注。沈約説：「於是悉聽復注，普停洗却。既蒙復注則莫不成官。此蓋核籍不精之巨弊也。臣謂宋齊二代，士庶不分，雜役減闕，職由於此。」由於承認宋代籍注而成官的人户是非常之多的，南齊書卷四〇竟陵王子良傳載永明初子良密啟有云：「自宋道無章，王風陵替，竊官假號，駢門連室，今左民所檢，動以萬數。」這樣「駢門連室」數以萬計的假冒士族就獲得了承認，享受士族免役和其他特權。〔一〕

宋齊時期，大量寒門地主擠入士族行列，「昨日卑微，今日仕伍」，在底層形成「士庶不分」的情況。〔二〕這是自宋以來幾十年寒門地主長期鬥争包括流血鬥争所取得的勝利。盡管在社會上、政治上

〔一〕通典卷一六選舉載沈約天監中上疏有云：「今之士人並聚京邑，其有守土不遷，非直愚賤。且當今士人繁多，略以萬計，常患官少才多，無地以處。」按聚於京邑的士人即數以萬計，「守土不遷」被沈約譏爲「愚賤」的更不知若干。梁末侯景亂時就有不少地方上所謂「著姓」、「四姓」組織武裝，他們多半也列于士族。

〔二〕通典卷三鄉黨載沈約上言。

他們仍然受到高門甲族的歧視，但無論如何，在地方上他們取得士族身分，特别是取得了免役特權，這是真正的勝利。

士族隊伍的擴大意味着作爲封建國家賦役對象的縮小。南齊書卷四六陸慧曉附顧憲之傳，憲之上議有云：

山陰一縣，課户二萬，其民貲不滿三千者，殆將居半。刻又刻之，猶且三分餘一。凡有貲者多是士人復除。其貧極者悉皆露户役民，三五屬官，蓋惟分定，百端輸調，又則常然。比衆局檢校，首尾尋續，横相質累者亦復不少……竊尋民之多僞，實由宋季軍旅繁興，役賦殷重，不堪勤劇，倚巧祈優，積習生常，遂迷忘反。

山陰縣課户二萬，其中一半户資不滿三千，即使極其嚴刻，也有三分之一。而三分之二有資人户中以獲得復除的士人爲多。顧憲之上議在永明六年（四八八），那時還在檢籍，再過二年，就承認了宋代籍注上的士族，也即是承認了他們的免役特權。全部徭役負擔就落在非士族的有資人户和資不滿三千的役門身上。

論北魏孝文帝定姓族

過去往往有一種錯覺，認爲自魏晉間門閥形成後，姓族高卑，士庶區别就長期没有變化。事實並非如此，門閥作爲制度固然終南北朝一直在推行，魏晉舊門固然有不少長期保持其崇高地位。但是，隨着政治形勢的變化，姓族高低盛衰也不免發生變化，有的變化還很大。這一點我在士族的形成和升降一文中曾經論證，北方發生的變化將在本文討論。

一

晉皇朝崩潰後，北方的封建統治秩序經歷了一個長時期的混亂。許多士族高門背井離鄉來到江南，也有不少留居故鄉，或者展轉流徙，仍在北方，其中不乏第一流高門。〔一〕爲了謀取與北方固有封建統治力量的合作，各個少數族政權大都承認魏晉時期形成的士族特權，魏晉士族舊籍仍被認爲判别士庶的主要依據。關於這些我在過去已有所論述，〔二〕這裏不再重複。北魏太武帝統治時，當權宰

〔一〕晉書卷四四盧欽附從孫諶傳稱「（諶）與清河崔悦、潁川荀綽、河東裴憲、北地傅暢並淪陷非所，雖俱顯於石氏，恒以爲辱」。按諶爲盧毓曾孫，崔悦爲崔林曾孫，荀綽是荀勗孫，裴憲是裴徽孫、裴楷子，傅暢是傅嘏孫、傅祗子，都是魏晉第一流高門；此外如京兆韋氏、杜氏，見於魏書卷四五韋閬、杜銓傳。

〔二〕魏晉南北朝史論叢所載晉代北境各族「變亂」的性質及五胡政權在中國的統治第四節。

相崔浩企圖「齊整人倫，分明姓族」，亦即清定流品，區別士庶。崔浩是魏晉以來第一流高門，他所尊重的也就是這一類人物，他的「分明姓族」也不外以士族舊籍作爲主要依據。後來崔浩被殺，史稱「頗由于此」。〔一〕

從石趙以至北魏前期，定士族的依據是魏晉舊籍（也許只是主觀上的魏晉舊籍）。當時的政治形勢已經發生巨大變化，爲了把各種封建的政治力量結成爲鞏固拓跋政權的積極因素，定士族需要有一個新的準則。

太和十八年（四九四），孝文帝遷洛以後，爲了謀取鮮卑貴族和漢士族之間，舊士族和非士族新興門户之間進一步合作，決定重定士族。這一決定，對于鮮卑人，一方面是在階級分化完成的基礎上完成拓跋族的封建化；另一方面則是使門閥化了的鮮卑貴族與漢士族合流，以便消除矛盾，加强合作。對于漢士族和非士族豪强，又是和鮮卑貴族一起，在新形勢下制定新的標準重新編制門閥序列。

這個新標準便是依據先世官爵判别姓族高低。魏書卷一一三官氏志載太和十九年（四九五）定代人姓族詔云：

其穆、陸、賀、劉、樓、于、嵇、尉八姓，皆太祖已降，勳著當世，位盡王公，灼然可知者，且下司州、吏部，勿充猥官，一同四姓。

〔一〕魏書卷四七盧玄傳，關於崔浩尊重魏晉舊門事，參陳寅恪先生金明館叢稿初編所收崔浩與寇謙之。

這八姓定爲鮮卑第一等貴族，他們自北魏開國以來，位極王公。志又云：「自此以外，應班士流者，尋續別敕」，別敕云：

原出朔土，舊爲部落大人，而自皇始已來，有三世官在給事已上，及州刺史、鎮大將，及品登王公者爲姓。若本非大人，而皇始已來，職官三世尚書已上，及品登王公而中間不降官緒，亦爲姓。諸部落大人之後，而皇始已來官不及前列，而有三世爲中散、監已上，外爲太守、子都，品登子男者爲族。若本非大人，而皇始已來，三世有令已上，外爲副將、子都、太守，品登侯已上者亦爲族。凡此姓族之支親，與其身有緦麻服已内，微有一二世官者，雖不全充美例，亦入姓族；五世已外，則各自計之，不蒙宗人之蔭也。雖緦麻而三世官不至姓班，有族官則入族官，無族官則不入姓族之例也。

根據這個條例，可知決定姓族的標準是官爵高卑。官爵又分三類：①皇始（即拓跋珪稱帝的第一個年號，三九六——三九八）已前是否部落大人？②皇始已後的官，③皇始已後的爵，三者平衡，高者入姓，次者入族。同族有服者亦據本人先世官位受宗人之蔭，或入姓，或入族，如本人先世無族官，即使是緦麻親，也不入姓族。

很清楚，決定代人入姓或入族的唯一標準就是官爵。那麼決定漢人入士族的標準又怎樣呢？由于官氏志只記載拓跋部族諸姓族，因此只録有關代人姓族的詔書，其實定漢人士族也是一樣，見于唐人柳芳所述的具體規定同樣以官位爲標準。新唐書卷一九九儒學柳沖傳記柳芳論氏族有云：

郡姓者，以中國士人差第閥閱爲之。制：凡三世有三公者曰膏粱，有令僕者曰華腴，尚書、領、護而上者爲甲姓，九卿若方伯者爲乙姓，散騎常侍、太中大夫者爲丙姓，吏部正員郎爲丁姓，凡得入者謂之四姓。

柳芳所述疑即本之太和十八年定四海士族的規定，〔一〕很明顯，能否入四姓決定于官位高低。由于柳芳不是專記太和之制，新唐書所引又必多删節，因此上引這段話，僅只簡單的概略而已。按照官氏志所載代人先世分爲皇始前和皇始已來兩載，我想差第漢人門閥很可能也分先朝官爵和入魏後官爵，二者平衡。那些魏晉舊門，入魏仍有官宦，雖然官品稍低，仍列於士族；次等士族以及本非士族者，只要入魏官爵顯赫，也入士族，甚至上升爲高門右姓。大致先朝與當代兼顧，而以當代爲主。這雖是比附代人姓族之例，當近于事實。

我們知道早在魏晉士族形成之初，決定族姓高卑的也是當代官爵，這一點我在士族形成及其升降一文中已加論證，但史籍上絶未見到像北魏那樣具體規定先世曾爲何等官才入士族，也沒有具體規定官爵高卑與門閥序列的密切關係。東晉南朝辨別士庶和門閥高低的標識是婚、宦。宦在於清濁官的區別，特別重視的是出身官，而不僅依據官爵高低；門閥升降固然與當前官爵有關，也沒有具體

〔一〕魏書卷二四崔玄伯附族人崔僧淵傳記僧淵與族兄慧景書歌頌孝文帝有云：「分氏定族，料甲乙之科；班官命爵，清九流之貫。」所謂「甲乙之科」，即指甲、乙、丙、丁四姓。又通鑑卷一四〇齊建武三年（太和二十年，四九六）正月記薛宗起與孝文帝爭辯事，稱：「帝徐曰：『然則朕甲、卿乙乎？』乃入郡姓。」所云甲、乙亦指甲姓、乙姓。可知柳芳之説確有依據。

規定當上什麽品級的官就升，當不上就降。因此，北魏這一規定就目前所見有關記載看來並無先例，但按其精神，也不妨説是傳統慣例的具體化與制度化。

二

孝文帝定士族，以當代官爵爲主要標準，從而突破了「士族舊籍」的限止，建立了新的門閥序列。在新的門閥序列中，一些次等士族、非士族地方豪强，有的提高了門户等級，有的進入了士族行列。

唐代最高門閥是崔、盧、李、鄭、王五姓七家，獲得這個崇高地位即在太和定士族時。隴西李氏是五姓七家之一，却並非魏晉舊門。晉書卷六〇李含傳：

隴西狄道人也，僑居始平。少有才幹，兩郡並舉孝廉。安定皇甫商州里年少，少恃豪族，以含門寒微，欲與結交，含拒而不納。商恨焉，遂諷州以短檄召含爲門亭長。

李含爲隴西狄道人，西晉時却被認爲寒門，以致被召作門亭長。北魏盛門隴西李氏出於西涼王室。魏書卷三九李寶傳：「隴西狄道人，私署涼王暠之孫也。」李暠和李含同出隴西狄道，應爲一族。晉書卷八七涼武昭王李玄盛（暠）傳、北史卷一〇〇序傳歷舉李氏家世，官位未必可信，同族李含既是寒門，李暠疑非士族。西涼亡于北涼，李寶隨舅唐契占領伊吾。魏滅北涼，李寶入魏，子孫貴顯。孝文一朝李寶少子李沖最受寵任，官至僕射，封侯，殁贈司空，「兄弟子姪皆有爵官」，李寶傳稱：

李氏自初入魏，人位兼舉，因沖寵遇，遂爲當世盛門。

決定隴西李氏爲第一流高門的主要因素是當代官爵。特別是由于李沖的寵遇。

當隴西李氏煊赫一時，列于最高門閥之時，西晉時自恃豪族，欺壓李族的安定皇甫氏在魏却很冷落，魏書中列于附傳的還是景明元年（五〇〇）隨南齊豫州刺史裴叔業降魏的皇甫光一家，可知景明以前，北方没有皇甫氏的顯貴人物。雖然皇甫仍不失爲西州著姓，〔一〕却遠不能與隴西李氏相比。二族的升降正好説明當代官爵的重要遠過魏晉舊門。

其實何止隴西李氏，五姓七家哪一家不是當代顯貴。可能有人説，那是因爲這些家本是舊門，社會地位崇高，所以官位顯達，當然這也是一個原因，但決不是主要原因。不然，我們就很難解釋隴西李氏與安定皇甫氏的升沉顯晦。

河東薛氏是柳芳所説關中首望之一。但是他得列于郡姓却經過一番争論，其事具見通鑑卷一四〇齊建武三年（魏太和二十年，四九六）正月條和北史卷三六薛聰傳，近人已多徵引，今不録。通鑑此條據考異採自唐元行沖後魏國典，記述薛宗起與孝文帝辯論，得入郡姓事；北史薛聰傳記聰與孝文帝有關「蜀薛」的争論，直接間接亦當與門户高低有關。究竟是誰代表薛氏和孝文帝争論可以不管，是否由于薛宗起的抗議，河東薛氏才得入郡姓也可不問。總之，薛氏本非士族，僅僅在太和時才

〔一〕周書卷三九皇甫璠傳：「安定三水人也，世爲西州著姓，後徙居京兆焉。」漢魏南北朝墓誌集釋圖版二一七（亦見八瓊室金石補正卷一四）皇甫璘墓誌，安定朝那人也，其父辟主簿、州都，璘自身亦辟州都，拜主簿，舉秀才，當然是士族，但璘祖先並無事跡，並不舉名，自身官亦止于太守。

得與河東舊門裴、柳並列。魏書卷四二薛辯傳：

其先自蜀徙于河東之汾陰，因家焉。祖陶，與薛祖、薛落等分統部衆，故世號三薛。父强，復代領部落，而祖、落子孫微劣，强遂總攝三營。善綏撫，爲民所歸。歷石虎、苻堅，常憑河自固。仕姚興，爲鎮東將軍，入爲尚書。强卒，辯復襲統其營……劉裕平姚泓，辯舉營降裕……裕失長安，辯來歸國，仍立功于河際。太宗授平西將軍、雍州刺史，賜爵汾陰侯。

薛强所領稱爲部落，説明本是少數民族，以後又稱爲營，由部落轉變爲營是部落封建化的一種形式，前、後燕，後秦的酋豪領有軍營，以營領户，亦即此類。〔一〕那時薛氏在河東已和漢族地方豪强没有多大區别。宋書卷八八薛安都傳稱：「河東汾陰人也，世爲强族，同姓有三千家。父廣爲宗豪，高祖定關、河，以爲上黨太守。」薛廣和薛辯都已由部落酋帥轉化爲宗豪，亦即宗主。薛辯在晉書卷一一九姚泓載記中作「薛帛」，他先降晉，後降魏，都是就地授官。

雖然入魏時蜀人的部落組織久已轉變爲「營」，爲「宗」，但終魏一代都知道他們是蜀人。魏書卷二四崔玄伯附族人道固傳説他自青州北徙之後，訴説：「非我族類，其心必異，安都視人，殊自蕭索，畢捺固依依也。」這二句話是説同遷諸人中出自蜀人的河東薛安都與漢族東平豪强畢衆敬在對待漢士族的態度上頗爲不同。魏書卷九肅宗紀孝昌二年（五二六）記「絳蜀陳雙熾聚衆反，自號

〔一〕參見拙作魏晉南北朝史論叢所載晉代北境各族「變亂」的性質及五胡政權在中國的統治第三節。

始建王……詔假鎮西將軍、都督長孫稚討平之。」北齊書卷二〇薛脩義傳：「河東汾陰人也……絳蜀賊陳雙熾等聚汾曲，詔脩義爲大都督，與行臺長孫稚共討之。脩義以雙熾是其鄉人，遂輕詣壘下，曉以利害，熾等遂降。」絳蜀自即居于絳郡的蜀人，與河東之蜀同族，所謂「鄉人」亦即指同爲蜀人。盡管遲至北魏末年，住在汾水下遊的蜀人仍然被認爲是少數族，但他們的同族薛氏却早在太和定士族時列于郡姓，當然這決非由于他們自稱漢相薛廣德之後獲得人們的承認，而是由于薛辯子孫在魏官爵顯赫。以後河東薛氏在隋唐時名人輩出，北史薛氏諸傳和新唐書宰相世系表就完全抹去了源出蜀人的痕跡，而且叙述諸薛在魏官爵也大大提高，這就無須深究了。

崔道固所説對他態度親切的畢捺即畢衆敬，乃東平豪强，魏書卷六一畢衆敬傳：

小名捺，東平須昌人。少好弓馬射獵，常於疆境盜掠爲業。劉駿（宋孝武帝）爲徐、兖刺史，辟爲部從事。

這一家亦官亦盜的大土豪，魏天安元年（四六六），在宋朝的一場皇位繼承争奪中，他最早投降北魏，從而受到所謂「上客」的待遇。他和兒子元賓相繼爲兖州刺史，受封公侯，一門顯貴。衆敬姪聞慰、孫祖朽並曾爲兖州中正，顯然在太和時列于士族無疑。然而這一家先世並無名宦，衆敬傳並不舉他的父、祖名字，可知不是舊門。北齊書卷四三羊烈傳：

烈天統中（五六五——五六九）與尚書畢義雲争兖州大中正。義雲盛稱門閥，云我累世本州刺史，卿累世爲我故吏。烈答云：「卿自畢軌被誅以還，寂無人物。近日刺史，皆是疆埸之上彼此而得，何足爲言！豈若我漢之河南尹，晉之太傅，名德學行，百代傳美；且男清女貞，足以相冠，自外多可稱也。」

按義雲乃衆敬曾孫、元賓孫，也曾爲兗州刺史，北齊書卷四七本傳説他「少粗俠，家在兗州北境，常劫掠行旅，州里患之」，真可算得「不替祖風」。羊烈傳稱「太山鉅平人也，晉太僕卿琇之八世孫，魏梁州刺史祉之弟子，父靈珍，魏兗州别駕」，又云「弱冠，州辟主簿，又兼治中從事」。羊烈父子都爲兗州僚佐，所以畢義雲説他累世爲畢氏故吏。若論家世，太山羊氏誠如羊烈自稱爲魏晉第一流高門，漢代羊續、羊陟，〔一〕特别是晉之羊祜在士大夫中享有極高的聲譽；若論當代官爵除伯父羊祉外，父、祖都算不上貴顯，以致新興的地方豪强畢義雲竟然在他面前「盛稱門閥」。

如上所述，我們看到晉代寒門隴西李氏與西州豪强皇甫氏在北魏時期的門閥升降，看到號稱「蜀薛」的河東薛氏與魏晉第一流高門裴氏並列于河東首望，也看到家世並無名宦的東平豪强畢氏與魏晉第一流高門泰山羊氏爭奪兗州大中正。這些事例正好説明孝文帝定士族所起的變化，新的門閥序列代替了舊的。

〔一〕後漢書卷三一羊續傳、卷六七羊陟傳。

三

關于北魏定士族等級，另有與柳芳之説似有差異的記載，隋書卷三三經籍志史部譜系類後序：

後魏遷洛，有八氏十姓，咸出帝族。又有三十六族，則諸國之從魏者；九十二姓，世爲部落大人者，並爲河南洛陽人。其中國士人則第其門閥，有四海大姓、郡姓、州姓、縣姓。

隋志稱漢族士人門閥等第有四海大姓、州、郡、縣姓，與柳芳之説似乎很難相合，但細讀柳芳之論，所謂「四姓」即是高門，亦即隋志的「四海大姓」。柳芳歷舉「右姓」的不同稱號，他説「太和以郡四姓爲右姓」，表明只有郡的四姓才是右姓，並非所有入郡姓的都是右姓。太和的「郡四姓爲右姓」，而北周建德氏族志的右姓爲「四海通望」，唐人柳沖的姓族系録「凡四海望族則爲右姓」。隋志的「四海大姓」與柳芳的郡四姓是一致的。四海大姓表明他們門閥之高超越州郡範圍，但不管怎樣，士族高門也必需繫于郡，至少表面上仍由諸郡中正列上于州大中正，上申吏部。〔一〕所以四海大姓仍列于郡姓，是郡姓中的右姓。隋志把右姓（即柳芳所説的「四姓」）從郡姓中提出來，名之爲「四海大姓」，但仍有非四姓的郡姓，其較高者爲州姓，卑者爲縣姓。

隋志的記載得到石刻的證明。金石萃編卷二九正光三年（五二二）魯郡太守張猛龍清德頌碑陰

〔一〕唐書卷一九九柳沖傳又記柳芳稱：「魏太和時，詔諸郡中正各列本土姓族次第爲舉選格，名曰方司格。」

題名有魯郡士望孔文憘等三十人，其中除剥落不可辨識者外，孔姓五人，韋姓三人，王姓九人，條（？）姓二人，散姓二人，爰、沈、柏各一人。按敦煌雜録載氏姓書魯國郡七姓：夏、孔、車、庚（唐？）、曲、栗、齊。據太平寰宇記卷二一兗州，魯國郡七姓，曲、栗、齊作顔、栗、宰，碑陰所記士望除孔氏外無一相合。碑陰題名又有魯縣、汝陽、陽平、弁縣、新陽諸縣族望，魯縣族望有顔姓四人，爲寰宇記七姓之一。新陽縣族望二十二人，田、樊、雷、梅，並是蠻姓，除漫漶不可識外田姓八人之多，尤爲可怪。據此，郡有士望，縣有族望，相當于隋志的郡姓、縣姓。定代人姓族，高者爲姓，次者爲族，縣稱族望，與此相類。既稱士望當然屬于士族，碑陰有郡中正爰孝伯、中正顔文遠、功曹史孔暉祖。柳芳論士族説「舉秀才、州主簿、郡功曹，非四姓不在選」，孔氏列于四姓無疑；中正職在品第人士，爰、顔疑亦是四姓。但這個郡中正是郡府僚佐，非朝廷所任命，且其時已在魏末，通典卷一四選舉二後魏州郡皆有中正條云：

自太和以前，精選中正，德高鄉國者充。其邊州小郡，人物單鮮者則併附他州；其在僻陋者則闕而不置。當時稱爲簡當，頗謂得人。及宣武、孝明之時，州無大小，必置中正，既不可悉得其人，故或有蕃落庸鄙，操銓覈之權，而選叙頹紊。

魯郡自然不能説邊州小郡，但中正是否定是四姓也難以究詰。

又金石萃編卷三〇東魏興和二年（五四〇）潁州刺史敬使君碑碑陰題名，民望沈清等四十一人，許孫姓六人，韓姓四人，趙姓四人，許姓三人，陳、宋、王、閻、劉、張各二人，沈、藥、李、姜、仇、聶、毛、屈、丘、馬、龍各一人。内陳樹一人獨稱「都民望」。太和二十年即定士族的次年三月，孝文帝又下詔説：「諸州中正各舉其鄉之民望年五十已上守素衡門者，授以令長。」〔一〕潁州本潁川郡，敦煌所出氏姓書潁川郡七姓，陳、荀（荀）、韓、鍾、許、庚（庾？）、庫（疑亦「庾」之訛）。寰宇記卷七許州條，潁川郡八姓，陳、荀、鍾、許、庫、于、鮮于、鮮。寰宇記之「于」疑爲「庾」音近而訛，「庫」亦「庾」形成而訛，「鮮」則「韓」之訛，「鮮于」又因「韓」、「庾」之訛而重。

按二書並以「陳」爲首望，碑陰題名陳樹稱「都民望」，題名又有州都陳始和、州主簿陳延、州主簿別駕陳遵、郡功曹陳敬。潁川陳氏爲陳寔之後，魏晉第一流高門，據此題名仍是潁州四姓。荀、韓、鍾並亦爲魏晉第一流高門；民望無荀氏，却有個「長史荀樂」；韓姓除民望四人外別有邑子韓亮；鍾姓無民望，却有個鍾遵列于「長流」之下。魏晉第一流高門潁川陳、荀、鍾、韓四大姓東魏時尚可踪跡，他們既列爲潁州民望，疑是隋志之「州姓」。州都還有個郭惠秏，〔二〕州主簿別駕在陳遵下還有個趙亮。郭、趙兩姓在敦煌氏姓書和寰宇記都不著録，考三國志郭圖、郭嘉也是潁川名士；趙儼潁川人，爲魏司空，郭、趙二人可能是他們的後裔或同族。

〔一〕魏書卷七下高祖紀下，「民望」有時是廣泛的稱謂，魏書卷五六鄭羲傳稱羲爲「河南民望」。鄭氏爲第一流高門，河南泛指黄河以南，非河南郡。

〔二〕此「州都」和上張猛龍清德頌碑陰之郡中正並是州郡僚佐，地位低於朝廷任命之州郡中正，詳見嚴耕望中國地方行政制度史卷中魏晉南北朝地方行政制度第七章。

根據碑刻，隋志所説漢族士人有四海大姓和州、郡、縣姓的四級制大致是可信的。

門閥制度的作用就是按照門户等級，區别士庶在經濟、政治、文化上的不同地位。士庶區别既是階級的區分（所有被統治的勞動人民都是庶族寒門），也是地主階級不同階層的等級區分。定士族的實質就在于規定誰能够享受免役特權，誰能够蔭庇其家族，蔭庇範圍有多大；誰能够優先入官，當所謂「清官」、大官。孝文帝按照當代官爵和魏晉士籍，定門閥爲四等，按等級享受免役、蔭族和入官權利，非常明確地在統治區域内普遍建立包括鮮卑等族在内的新的門閥序列和體制。它具有明確、具體的官爵標準和明確的四級區分，而這在兩晉南朝至多是習慣上的而不是法律上的。以朝廷的威權採取法律形式來制定門閥序列，北魏孝文帝定士族是第一次。

孝文帝定士族的意圖如前所説，是爲了謀取鮮卑貴族和漢士族之間，漢族舊士族和新興門户之間，進一步合作以鞏固拓跋政權的統治。這一意圖部分地實現了，比如鮮卑貴族的門閥化，新士族的形成，士族的四級制，都説明這一點。但顧了一頭，顧不了那頭，門閥制度本身存在的矛盾是無法解決的。魏書卷七八孫紹傳宣武帝延昌間（五一二——五一五）上表説：

且法開清濁而清濁不平，申滯理望而卑寒亦免。士庶同悲，兵徒懷怨。中正賣望于下里，主按舞筆于上臺，真僞混淆，知而不糾，得者不欣，失者倍怨。使門齊身等而涇渭奄殊，類應同役而苦樂懸異。士人居職，不以爲榮；兵士役苦，心不忘亂。

這時距太和十九年（四九五）定士族還不到二十年，門閥制度的危機便十分顯著，實際上這些弊端在太和時必已産生，只不過那時還沒有暴露而已。孫紹所説「申滯理望」和「中正賣望」之「望」也即是敬使君碑和張猛龍清德頌碑題名的「民望」、「士望」和「族望」之「望」，説明本是卑寒的地主、富人通過賄賂手段列于士族。他們享受了免役權利，而另一部分「門齊身等」的人却排除在外，以致「類應同役而苦樂懸異」，引起他們的不滿。階級矛盾和地主階級内部矛盾日益深化，企圖通過重建門閥體制以鞏固拓跋政權的意圖也許是適得其反。

北魏的青齊土民

一

南北朝的時期，青齊地區是豪强武裝縱横之地。南北朝都倚仗豪强武裝來争奪和據守其地，州郡鎮戍和豪强武裝常常合而爲一。青齊豪强之一崔僧淵曾經指出「淮蕃海捍本出北豪」，〔一〕雖然説的是南朝，其實北朝也存在着這種情況。

從晉末劉裕滅南燕後（晉義熙六年，四一〇），這個地區就歸於東晉、劉宋，直到宋明帝時才被北魏占領（四六六——四六九）。宋明帝和他的姪兒子勛皇位之争，在青齊實際上是所謂北豪的混戰，終于把這塊土地奉送給北魏。青齊豪强具有很大的地方勢力，可是試加考察，他們中間最强大的大都不是青齊的土著，而是從河北遷來的大姓。宋書卷八八崔道固傳：

清河人也……景和元年（四六五），出爲寧朔將軍、冀州刺史，鎮歷城。泰始二年（四六六）……時徐州刺史薛安都同逆（支持子勛，反對宋明帝），上（明帝）即還道固本號爲徐州代之。

〔一〕魏書卷二四崔玄伯附族人僧淵傳。

道固不受命，遣子景微、軍主傅靈越率衆赴安都。既而爲土人起義所攻，屢戰失利，閉門自守。會四方平定，上遣使宣慰，道固奉詔歸順。先是與沈文秀（宋青州刺史）共引虜。虜既至，固守拒之，因被圍逼。

關於崔道固在劉宋皇位繼承鬥争中的反覆，這裏暫置勿論，由上引記載中可以看出宋明帝此時並無力量出兵青齊，威脅崔道固的乃是支持宋明帝的「土人」。土人是什麽人呢？魏書卷四三房法壽傳：

法壽亦與清河太守王玄邈起兵西屯，合討道固……屢破道固軍，甚爲歷城所憚。

可知所謂「土人」乃是指另外一派豪强房法壽與王玄邈所領之衆。我們可以追尋一下崔、房、王這三家的來歷。魏書卷二四崔玄伯附族人道固傳：

琰八世孫也。祖瓊，慕容垂車騎屬。父輯，南徙青州，爲泰山太守。

同書卷六七崔光傳：

東清河鄃人也。祖曠，從慕容德南渡河，居青州之時水。慕容氏滅，仕劉義隆爲樂陵太守。父靈延，劉駿龍驤將軍、長廣太守，與劉彧冀州刺史崔道固共拒國軍。

可以知道冀州的清河崔氏有一批跟隨慕容德到青州。〔一〕據崔道固傳説青州刺史辟他爲主簿，這一家

〔一〕魏書卷六六崔亮傳，崔道固是崔亮叔祖，他的父親元孫支持宋明帝，起兵與青州刺史沈文秀作戰被殺。可知崔氏中就有二派。但元孫死後，崔亮和其母房氏却到歷城去投靠道固。這一家在魏末仍居青州。

已經成爲青州人。住在青州的崔氏是從河北遷來的，却有很大勢力，從南燕直到魏末都很顯著，這將要在下面談到。

反對崔道固的房法壽也是清河人。魏書卷四三房法壽傳說他是清河繹幕人，又説「弱冠，州迎主簿」，却没有説他自河北南徙，令人乍看彷彿房氏仍居冀州之清河繹幕。但本傳附族子景伯傳云：「高祖諶，避地渡河，居於齊州之東清河繹幕。」〔一〕則這一家也是由本郡渡河南遷。房氏一門附法壽傳者很多，都居於齊州。當宋明帝和子勛争奪皇位時，以及魏占青齊時，這一家族是很活躍的。

反對崔道固的另一「土人」是王玄邈。玄邈見南齊書卷二七，附王玄載傳，以爲下邳人。南史卷一六王玄謨傳，説玄邈爲玄謨從弟。宋書卷七六王玄謨傳：

太原祁人也。六世祖宏，河東太守，綿竹侯，以從叔司徒允之難，棄官北居新興，仍爲新興、雁門太守。其自叙云爾。祖牢，仕慕容氏爲上谷太守，陷慕容德，居青州。

史籍記載姓族所出，加上「自叙云爾」，照例表示其不可信，本傳所云出於太原，自出依託。其隨慕容德南渡，與崔氏相同，當是事實。玄邈宗族皆居青州，是大地主豪强，玄謨傳説他曾經散私穀數十萬斛，牛百頭以濟北土災荒，可以想見擁有大量田地。至於玄邈之爲下邳人，當是又一次遷移。

如上所述，宋書崔道固傳所稱土人，其首領却不是青州土著，而是由河北南渡的豪强和他們反對

〔一〕東清河是劉宋在青州設置的僑郡，在今山東的博山縣西北。

的崔氏一樣。

劉宋在青齊的另一個據點是梁鄒，其守將幽州刺史劉休賓參與了皇位繼承之爭，後來在魏軍進攻下降魏，與崔道固同。魏書卷四三劉休賓傳：

本平原人。祖昶，從慕容德渡河，家於北海之都昌縣。父奉伯，劉裕時北海太守。

據此，平原劉氏也是隨慕容德南渡的河北大姓。南齊書卷二七劉懷珍傳：

平原人。漢膠東康王後也。祖昶，宋武帝平齊，以爲青州治中……懷珍北州舊姓，門附殷積，啟上門生千人充宿衛。孝武（宋孝武帝劉駿）大驚，召取青冀豪家私附得千餘人。

按懷珍傳稱休賓爲懷珍從弟，當然也是「門附殷積」的大豪强。當時青冀豪家都有大量私附，這裏說得很清楚，而其所云「冀」者，實指僑置於青州之冀州。在明帝和子勛的鬥争中，劉懷珍曾二次奉命到青州去，當然企圖利用其在當地的勢力以瓦解支持子勛的羽黨。那時支持子勛的多半是由河北南渡的豪强。泰始二年（四六六）徐州刺史薛安都、青州刺史沈文秀、冀州刺史崔道固聯合反對宋明帝。文秀遣劉彌之、張靈慶、崔僧琁三人，道固遣傅靈越及子景徽二人分領軍隊到徐州去支援安都。〔一〕這些將軍也都是南渡的河北大姓。劉彌之是劉懷珍、劉休賓同族。崔僧琁當是崔道固同族。張靈慶恐亦是清河張氏。魏書卷六一張讜傳：

〔一〕宋書卷八八薛安都傳。

清河東武城人也。……父華，爲慕容超左僕射，讜仕劉駿……劉彧之立，遥授冠軍將軍、東徐州刺史，及革徐兖，讜乃歸順於尉元……讜性開通，篤於撫恤，青齊之士，雖疏族末姻，咸相敬視。

同書卷七六張烈傳：

清河東武城人也……高祖悕，爲慕容儁尚書右僕射，曾祖恂，散騎常侍，隨慕容德南渡，因家齊郡之臨淄……時青州有崔徽伯、房徽叔，與烈並有令譽，時人號曰三徽（烈字徽仙）……後靈太后反政，以烈（元）乂黨，出爲鎮東將軍、青州刺史。于時議者以烈家産富殖，僮客甚多，慮其怨望，不宜出爲本州。

據此，則居於臨淄的張氏也是源出清河，隨慕容德南渡。直到魏末，張烈與崔、房並稱，他還是青州大豪强，擁有大量僮客。雖然，張靈慶和張讜、張烈的關係不明，但頗大程度上是出於同族。崔道固所派的將軍傅靈越見於宋書薛安都傳，説是清河人。魏書卷七〇傅豎眼傳：

本清河人。七世祖伷，伷子遘，石虎太常。祖父融南徙渡河，家於磐陽，爲鄉閭所重，性豪爽。有三子：靈慶、靈根、靈越，並有才力……故豪勇之士，多相歸附。

按傅融年輩較後，其渡河當在崔、房、張諸清河大姓之後，但也是由清河南徙青州。同卷傅永傳，也是清河人，爲崔道固城局參軍，隨崔道固降魏。

如上所述，崔、沈部將實多南遷大姓。不久之後，劉彌之歸附宋明帝，劉氏宗族和上述王玄邈弟兄聯合，反過來抗拒沈文秀。宋書卷八八沈文秀傳：

彌之青州强姓，門族甚多，諸宗從相合，率奔北海，據城以拒文秀。平原、樂安二郡太守王玄默據琅邪，清河、廣川二郡太守王玄邈據盤陽城，高陽、渤海二郡太守劉乘民據臨濟城，並起義。文秀司馬房文（元）慶謀應之，〔一〕爲文秀所殺。文秀遣軍主解彦士攻北海，陷之。乘民從弟伯宗合率鄉兵，復克北海，因率所領向青州所治東陽城……太宗遣青州刺史明僧暠，東莞、東安二郡太守李靈謙率軍伐文秀。玄邈、乘民、僧暠等並進軍攻城，每戰輒爲文秀所破，離而復合，如此者十餘。

這時，劉彌之倒向建康，平原劉氏居於北海，就「諸宗從相合」，占領了北海。劉乘民是劉休賓親弟，劉彌之從子，劉伯宗亦是同族，不久劉氏雖然一度失去北海郡城，却還有能力組織鄉兵與沈文秀的州兵對抗。王玄默與玄邈當是兄弟。房元慶是房法壽的從叔。這些人都是青齊豪强，但又是由河北遷來的豪强。連宋明帝派來的青州刺史明僧暠也是一樣。南齊書卷五四高逸明僧紹傳：

平原鬲人也……（僧紹）宋元嘉中隱長廣郡嶗山，聚徒立學。淮北没虜，乃南渡江。

明僧暠即僧紹之弟。〔二〕這一家也是由冀州平原南遷青齊。青齊爲北魏占領後，始渡江。明家還和崔道

〔一〕文慶乃元慶之訛。魏書四三房法壽傳提到法壽從叔元慶。卷五五劉芳傳稱「舅元慶爲劉子業（前廢帝）青州刺史沈文秀建威府司馬，爲文秀所殺」。可證「文」字之誤。

〔二〕南史卷五〇明僧紹傳。

固是至親。崔道固被魏軍圍困時，崔、明二家族人曾率兵「從淮海揚聲救援」。〔一〕北史卷三一高允附族弟遵傳，説他當齊州刺史時「其妻明氏，家在齊州，母弟舅甥，共相憑屬，争取貨利，嚴暴非理，殺害甚多」。這一些都説明明氏爲當地大豪强。宋明帝派明僧暠爲青州刺史，也是旨在利用當地豪强勢力。

當然，隨慕容德南徙的不一定都在青齊獲得很高政治地位。魏書卷七一李元護傳：

遼東襄平人。八世祖胤，晉司徒、廣陸侯，胤子順、璠及孫沈、志皆有名宦。沈孫根，慕容寶中書監。根子後智等隨慕容德南渡河。居青州。數世無名位，三齊豪門多輕之。

這可以説是南遷豪强中的寒門。他於魏取青、齊後南奔，被任用爲邊郡太守。

據上所舉例，可證青齊地區完全是地方豪强掌握的世界，而這些地方豪强却不是土著，多半是隨慕容德南渡的河北大姓。他們都擁有以宗族、門附組成的武裝，分別參加了劉宋皇室繼承之争，招致魏軍的是他們，反覆於宋、魏之間的也是他們。

跟隨慕容德南遷的還有渤海封氏和高氏。封孚在南燕的地位很高，官至太尉，史籍記載他「常外總機事，内參密謀」。〔二〕他的族人封愷，愷子伯達在後燕滅亡後遷居代京，以後也逃奔南燕。還有個封靈祐，劉宋的青州治中、勃海太守，魏軍南下時降魏。〔三〕高軌隨慕容德徙青州，他的妻子是王玄謨的姊妹。

〔一〕魏書卷二四崔玄伯附族人道固傳。
〔二〕晉書卷一二八慕容德載記附封孚傳、魏書卷三二封懿傳。
〔三〕並魏書卷三二封懿附從兄子愷傳。

孫兒高聰後來當北魏大臣。〔一〕封、高二家在上述的混戰中没有什麽活動，南遷宗族可能較少，但也是這批豪强中的構成分子。

爲什麽這些南遷的河北豪强在僑居地區有這樣巨大的地方勢力呢？我們有必要追究一下。

二

當鮮卑拓跋部進入後燕占領區時，雖然由於慕容寶企圖「定士族舊籍」和「校閱户口」，導致地主豪强的不滿；〔二〕雖然拓跋部統治者也打算拉攏一些地主豪强；〔三〕但兵鋒所及，難免觸動他們的利益；而在占領河北之後，除了大量遷移漢族與鮮卑慕容部人民以外，還曾遷徙「守宰、豪傑」二千家到代都；因而這個地區的地主豪强與拓跋統治者的矛盾一度很尖鋭。有的在廣大人民反對民族壓迫的推動下，組織武裝進行反抗；〔四〕有的逃亡各地。南遷的一部分當慕容德率領的後燕殘軍初入滑

〔一〕魏書卷六八高聰傳。

〔二〕晉書卷一二四慕容寶載記，通鑑卷一〇八晉太元二十一年二月條。

〔三〕魏書卷二太祖紀皇始元年（三六九）九月取燕并州後稱：「帝初拓中原，留心慰納諸士大夫詣軍門者無少長皆引入賜見，存問周悉，人得自盡，苟有微能咸蒙叙用。」

〔四〕魏書卷二太祖紀天興元年（三九八）十二月「徙六州二十二郡守宰豪傑吏民二千家於代都」。次年發生中山太守仇儒和前清河太守傅世的反抗。

臺，繼占青齊之際，就和慕容德結合起來了。〔一〕不難推測，當時也有許多人民遷移青齊。按照當時通例，流移人民很難擺脱宗族、鄉里中豪强的控制，因而在青齊地區立即形成南遷豪强的勢力。這支力量和慕容部殘餘勢力結合，建立了南燕政權。這種情況和東晉政權的建立相似。

南燕政權建立以後，也像東晉一樣，對於南遷的和當地的豪强給予特殊的權利，特别是南遷豪强在政治上和經濟上的待遇更爲優越。晉書卷一二七慕容德載記稱尚書韓諱上疏云：

陛下中興大業，務在遵養。矜遷萌之失土，假長復而不役；愍黎庶之息肩，貴因循而不擾，斯可以保寧於營丘，難以經措於秦越……而百姓因秦晉之弊，迭相蔭冒，或百室合户，或千丁共籍，依託城社，不懼燻燒，公避課役，擅爲姦宄，損風毁憲，法所不容，但檢令未宣，弗可加戮。今宜隱實黎萌，正其編貫，庶上增皇朝理物之明，下益軍國兵資之用。

這個建議被採納後，檢查出來的蔭户達到五萬八千，在青齊一隅之内，這個數字是不小的。韓諱以蔭户之多歸之於二種因素。一是對「遷萌」，亦即河北遷來的人，給予永遠不服役的權利，這和東晉之待僑人一樣。第二是對「黎庶」，亦即當地人，則因循過去舊習，不加檢查。這裏存在着合法免役和非法逃役二種情況。不管合法或是非法的容許，實際上獲得利益的只有具有蔭庇權力的豪强們。奏疏似乎着重在第二類，因爲「遷萌」本來可以免役，談不上「公避課役，擅爲姦宄」，所云「秦晉之弊」更與

〔一〕晉書卷一二八慕容德載記附封孚傳云：「及蘭汗之篡，南奔辟閭渾（晉青州刺史），渾表爲渤海太守。德至莒城，孚出降。」封孚奔青州時，尚是晉地。史籍所載隨慕容德南遷，只表示參與南燕政權已建立，未必都和慕容德一起進入青齊。

「遷萌」無關，秦晉占領青齊時，他們還没有來。[一]韓諄要求「隱實黎萌，正其編貫」，大致有類於東晉的土斷，那就不管是「遷萌」或「黎庶」都得登記上籍，從而變私屬爲編户。顯然這是對所有豪强都不利的。而當時最有資格蔭庇人户的除了慕容部貴族之外，便是遷萌中的大族豪强，不僅准許免役的「遷萌」原是他們的宗族、門附，而且憑藉免役規定，使許多困於謀役的非「遷萌」的本地人也成爲他們的私屬，而且在合户共籍的辦法下變成户内成員，從而也變成「遷萌」。[二]很明顯，一切豪强都不會同意這個措施，最有資格蔭庇人户的慕容部貴族和南遷漢族豪强應該反對更激烈。南燕快滅亡時統治者内部矛盾的激化我以爲和這次檢查户口有關。

南燕檢查户口在晉元興二年（四〇三），不久就發生了一次在晉降將劉敬宣策劃下的南遷豪强和慕容部貴族的政變陰謀。[三]宋書卷四七劉敬宣傳：

（敬宣）乃結青州大姓諸省（崔）封，[四]并要鮮卑大帥免逵謀滅德，推（司馬）休之爲主，剋日

[一] 當然不能説那時就没有外地遷來人户，南燕政權給予免役權利的也可能包括以前遷來的人甚至在晉代他們和江南僑人一樣就不服役，但這裏主要是説最近遷來的人。

[二] 資治通鑑卷一一三晉元興二年（四〇三）四月紀此事云：「備德（即慕容德）優遷徙之民，使之長復不役，民緣此，迭相蔭冒，或百室合户，或千丁共籍，以避課役。」似乎以遷徙之民享有免役權利爲蔭冒發生的唯一原因，忽略了「秦晉之弊」，不始於慕容德之優遷徙之民，但遷萌免役確與蔭冒有密切的聯繫，通鑑的理解基本上是對的。

[三] 劉敬宣是東晉北府大將劉牢之的兒子。當牢之企圖反對桓玄失敗而自殺後，敬宣與劉軌、高雅之投奔後秦，後來又入南燕。

[四] 「省」字各本皆同，顯爲「崔」之訛。

垂發。時劉軌爲德司空，大被委任，雅之又欲要軌。〔二〕敬宣曰：「此公年老，吾觀其有安齊志，必不動，不可告也。」雅之以爲不然，遂告軌。軌果不從。謀頗泄，相與殺軌而去。

這件事慕容德載記不載，但有司隸校尉慕容達謀反事。敬宣傳中的「免逵」疑即「慕容達」。「逵」「達」形似，不知孰是，免達或免逵之作達或逵，猶慕容備德之作德。但事在劉敬宣奔南燕與韓諄上奏之先，若爲一人則繫年有誤。資治通鑑卷一一三元興三年（四〇四）三月紀劉敬宣、高雅之結青州大姓及鮮卑豪帥謀殺南燕主備德事，與劉敬宣傳略同，但不及崔、封及豪帥之名。事泄之後，又稱「南燕人收軌殺之，追及雅之，又殺之」，却與敬宣傳不同。疑本之十六國春秋。此事發生即在韓諄上奏之次年，所云青州大姓崔、封實爲自河北南遷的豪强，劉敬宣能够發動他們乃至慕容部貴族，當然由於他們和慕容德及某些臣僚存在着十分尖鋭的矛盾，而檢查户口恰巧發生在上一年，決不是偶然。雖然不能斷言爲唯一因素，因爲慕容氏宗室還存在着爭奪皇位問題，但總是重要的因素。

慕容德在義熙元年（四〇五）病死，慕容超嗣立。晉書卷一二八慕容超載記在他即位後記載慕容法、慕容鍾、段宏謀反，即在義熙元年（四〇五）。〔三〕這時劉敬宣已經南歸了。這次謀反立即被鎮壓，載記稱：

於是收其黨侍中慕容統、右衛慕容根、散騎常侍段封誅之。車裂僕射封嵩於東門之外，西中

〔二〕劉軌、高雅之都是晉降將。

〔三〕資治通鑑卷一一四記此事在義熙二年。

郎將封融奔於魏……徐州刺史段宏奔於魏。封融又集群盗攻石塞城，殺鎮西大將軍餘鬱，青土震恐，人懷異議。

這場南燕統治者内部的鬥争，我以爲實即上一年陰謀政變的最後發露。載記雖没有涉及崔氏，但封氏却是參加了的。劉敬宣之謀雖在上年已經泄露而那時慕容德久病，未及窮治，或者不知道宗室和封嵩等大臣參與陰謀，或者知道而不問，以免驚動人心，暫時僅以殺劉軌、高雅之了事。到了慕容超即位後，才追究懲治。

劉敬宣企圖利用南燕統治者内部矛盾推翻慕容德的統治，他所聯繫的是青州大姓和慕容部貴族。所謂青州大姓却並不是青州人，他們由河北遷到青州爲時不久。這裏説明他們在一個很短的時間内已經在青州扎下了根子，成爲强大的地方勢力，甚至壓倒了當地豪强。南燕滅亡後，慕容部殘餘勢力雖然消滅，這批豪强却没有動，宋朝依靠他們的武裝力量來守衛這塊土地。刺史雖也常常由建康委派外地人充任，〔一〕太守以及軍府、州、郡掾屬却照例在崔、劉、房、王等等豪强中選拔，這種選拔是根據他們的固有勢力决定的。

如上所述，青齊地區從南燕割據之日起，遷入了一批河北大姓。他們憑藉宗族和鄉里關係控制同時南遷的人民，還利用「遷萌」免役的權利吸引當地破産農民，使大量外來的和本地的人民作爲他們的

〔一〕冀州刺史僑治歷城，其刺史也常用冀州人，崔道固之先已有崔元孫，也是清河遷來的，見南齊書卷五五崔懷慎傳。

蔭户，所謂「門附」、「門生」。這樣就構成了青齊地區最有勢力的封建割據力量。南燕滅亡後，這個地區幾乎完全由幾個大姓支配。他們的私人武裝即是州郡鎮戍軍，成爲守衛青齊的主要軍事力量。

三

自劉裕滅南燕後，這一塊土地歸於東晉、劉宋達六十年（四一〇——四六九）。北魏獻文帝的天安元年（四六六），由於宋朝發生皇位繼承之争，青齊豪强分黨混戰，勾引魏軍，魏將慕容白曜進兵青齊，經過三年多的戰争，至皇興三年（四六九）遂歸魏有。當時北魏曾把許多青齊人户遷到代京，按照階級、社會地位、降拒態度區别待遇。第一等是客，只有少數高級地方官、將軍們得到這種待遇，〔一〕其中降附最先的爲上客，次客，先守後降的爲下客。其次是在代京附近立了個平齊郡，一般地位較次的地主豪强所謂「民望」作爲「平齊民」。最下是曾經拒守的兵士和人民便一律被賞給將軍、百官當奴婢。關於遷徙青齊民及其待遇歷見魏書有關諸傳，〔二〕無須贅述。

當上了「客」的，上客作大官、賞賜田宅、奴婢自不須論，就是當下客的也還可以獲得一官半職。中間一等的平齊民在被分給百官當奴婢的人民自然遭到最殘酷的壓迫和剥削，從此過着非人生活。

〔一〕據魏書卷四三劉休賓傳，得爲「客」的梁鄒城内只十餘人，可見是很少的。這些人只有個别的不是青齊豪强。

〔二〕魏書卷二四崔玄伯附族人道固傳、卷四三劉休賓、房法壽傳、卷五〇慕容白曜傳、卷六一薛安都、畢衆敬、沈文秀、張讜傳，卷九一蔣少遊傳以及第一節所引崔亮、崔光、張烈、高聰、傅永、傅豎眼等傳。

一定程度上也帶有俘虜性質。高聰和蔣少遊以平齊民被發到雲中鎮爲兵，雖然依仗他們親族北魏大官高允的保護，實際上没有到鎮，但也「窘困無所不至」。〔一〕也可以設想，還有不得達官貴人保護而成爲兵户的人。有的平齊民被賞給寺院作僧祇户，承擔着每年交穀六十斛的重擔，成爲寺院的依附人户。〔二〕有的北遷以後「饑寒十數年」，「戮力傭丐，得以存立」，〔三〕有的「傭書以自資給」。〔四〕房景伯、景宣弟兄靠着傭書和樵柴生活。〔五〕著名文學家劉孝標是平原劉氏，劉休賓的堂弟，住在東陽。他八歲時，東陽陷落，被人掠賣，有人贖了他出來，北魏政府知道他江南有戚屬，「徙之桑乾」，大概也當平齊民；母子生活困苦，只好母爲尼，子爲僧。〔六〕一向過着寄生生活的所謂「民望」對於目前所受的待遇自然是不滿意的，所以有的就逃奔江南，如劉孝標、劉聞慰（休賓姪）、房崇吉、房伯玉、叔玉等，甚至如崔僧祐（道固姪）竟然參加了太和五年（四八一）沙門法秀爲首的一次起義。〔七〕這次起義牽涉的青

〔一〕魏書卷六八高聰傳，卷九一蔣少遊傳。蔣少遊是樂安人，乃青州本地大族，但當時許多人不承認他是「士人」，這不但由於他以善於營造起家，被當作不合於士人身分的「作師」，同時也由於青州本地大族地位較低。
〔二〕魏書卷一一四釋老志。
〔三〕魏書卷七〇傅永傳。
〔四〕魏書卷五五劉芳傳。按劉芳本彭城人，因隨伯母房氏居梁鄒城中，也被北遷爲平齊民。
〔五〕魏書卷四三房法壽傳附族子景伯。
〔六〕梁書卷五〇劉峻（即孝標）傳，魏書卷四三劉休賓傳附見從弟法鳳、法武（孝標初名）。
〔七〕魏書卷二四崔玄伯傳附見族人僧祐。

齊北遷人大概不少。根據魏書卷七上高祖紀上起義群衆是奴隸，而最近一次大量被掠爲奴隸的是青齊人，平齊民參加者也必不止崔僧祐一人。起義給鎮壓後，參加起義者的家族兄弟子姪被配發到薄骨律鎮去當兵，〔一〕歷城人徙配薄骨律鎮的如此之多，以至他們聚居之處也叫做歷城。〔二〕

這一番大遷徙，〔三〕此外如升城等曾經拒守的鎮戍想必同樣迫使城内人户北遷。鄉民是否被遷雖無明文，想也不會秋毫無犯，只是爲數可能不多而已。城内人户基本上只有二類，一是大族豪强，二是兵士，而兵士同時實即大族豪强的部曲。城内豪强或者是以地方官員、將領的身分居住城中，或者避兵入城。經過這番遷徙，對於崔、劉、王、房、傅等青齊豪强的打擊無疑是沉重的。當然不是在這些州城、鎮戍中的豪强没有被遷走，例如住在青州的清河崔懷慎一房便没

〔一〕魏書卷二四崔玄伯附族人僧淵傳，僧淵爲僧祐弟，連坐徙薄骨律鎮。

〔二〕水經注卷三「河水又東北逕渾懷障西……太和初，三齊平，徙歷下民居此，遂有歷城之名矣」。這裏是屬於薄骨律鎮所管，實即徙配薄骨律鎮。按三齊平不在太和初，太和初遷徙的歷下民，參觀上述崔僧祐、僧淵事，可知與法秀領導的起義有關。

〔三〕魏書卷五〇慕容白曜傳稱「徙（歷城、梁鄒）二城民望於下館」，其實徙的不止「民望」，注〔二〕引水經河水注便可知道歷城民是大量被徙的。白曜傳於破東陽後稱東陽「城内户八千六百，口四萬一千，吴蠻户三百餘」，吴蠻户恐即是沈文秀帶來的南人，爲數甚少。卷六顯祖紀皇興三年（四六九）五月稱「徙青州民於京師」，主要當是此九千户之城内人户。東陽、梁鄒、歷城恐皆空城而遷。

有北遷。〔二〕但觀劉孝標只因有戚屬在江南，雖在中山，也迫使北遷，則最有勢力的豪强絶大部分是被遷走了，青齊地方豪强勢力被削弱了。

但是他們並没有一蹶不振，過了不多久，他們便擺脱了帶有俘虜性質的徙民身分，恢復了或者取得了士族地位和享受士族特權，在孝文帝統治時，聯翩登朝，很多當了大官。他們中間大都又還到了青齊，仍然是當地最有勢力的豪强。這個變化大致在孝文帝遷洛前後。魏書卷四三房法壽附族子景先傳稱：

太和中，例得還鄉，郡辟功曹，州舉秀才。

這是條重要的記載，房景先是平齊民，所謂例得還鄉，當然不限於房景先一人或房氏一族，而是帶有普遍性的規定。由此我們可以知道這批平齊民在太和中曾經有過准予還鄉之例，毫無疑問，合乎條例的也就是被肯定爲士族的人，因此一還鄉就以士族身分爲州郡所辟舉。不但一般的平齊民中士族准許還鄉，享受士族特權，甚至已配發爲鎮兵的也同樣恢復了士族身分。魏書卷二四崔玄伯附族人僧淵傳：

〔二〕南齊書卷五五崔懷慎傳：「清河東武城人也。父邪利，魯郡太守，宋元嘉中没虜……泰始初，淮北陷没，界上流奔者多有去就，懷慎因此入北，至桑乾。邪利時已卒，懷慎絶而復蘇，載喪還青州……喪畢，以弟在南，建元初逃歸。」其事亦略見魏書卷二四崔玄伯附族人崔邪利傳。按邪利於太平真君十一年拓跋燾南下時降魏。崔懷慎仍在青州。這時他不在城中，或者由于他是降將人之子，所以没有被遷。他之到代京是爲了載喪歸葬，以後仍然留居青州。類此者當亦有之。

僧淵入國，坐兄弟徙於薄骨律鎮，太和初得還。〔一〕高祖聞其有文學，又問佛經，善談論，敕以白衣賜褠幘，入聽於永樂經武殿。後以僧淵爲尚書儀曹郎。遷洛之後，爲青州中正……僧淵元妻房氏，生二子：伯麟、伯驥。後薄房氏，更納平原杜氏。僧淵之徙也，與杜俱去。生四子：伯鳳、祖龍、祖螭、祖虬。得還之後，棄絶房氏。遂與杜氏及四子家於青州。伯驥與母房氏居於冀州。

崔僧淵因兄僧祐參加起義連坐，已見前。他之徙薄骨律鎮顯然是作爲罪犯發配軍鎮。他在太和年間得歸，當亦是援「例」。清河崔氏本居冀州，而僧淵自己却歸青州，當上青州中正，讓離棄了的妻子居住冀州。這類自冀州南遷的豪强雖然經過一番遷徙，他們仍然自認爲青州人而不想還冀州祖居，這就是説他們是道地的青州豪强。僧淵在遷還洛後當青州中正，恐即在太和二十年（四九六）孝文帝定姓族時。這也表明這一家的士族地位及其特權完全恢復了。傳又稱他的從弟平昌太守崔和家財巨富，「埋錢數百斛」，這當然也是例得還鄉以後的事。

房景先與崔僧淵的得還，説明太和年間曾經頒佈一種條例，准許平齊民乃至平齊民中配爲鎮兵的所謂士人還青州。他們經濟上政治上都恢復了過去的地位。魏書卷四三劉休賓附從弟法鳳、法武傳有云：

太和中，高祖選盡物望，河南人士，才學之徒，咸見申擢。法鳳兄弟無可收用，不蒙選授，後

〔一〕法秀領導的起義在太和五年，崔僧淵配流亦當在此年。得還疑在數年之後，當云太和中。

俱奔南。

法武即劉孝標，其文學造詣高出同時諸人，非崔僧淵輩可比。所以「不蒙選授」，決非如魏收所詆斥爲「無可收用」。這點可以不管。但由此可知「河南之士」絶大多數爲孝文帝所選拔。所云「河南之士」自然包括兖、豫、徐諸州在内，而主要是青齊士人。這些一度充當平齊民的豪强，在太和時，除了極少數如劉孝標弟兄外，大都還到本鄉，並被選拔爲官了。

我們還可以舉出這些青齊豪强之被任用和還居青齊的事例，魏書卷六六崔亮傳：

（李）沖薦之爲中書博士，〔一〕轉議郎，尋遷尚書二千石郎。高祖在洛，欲創革舊制，選置百官……馳驛徵亮兼吏部郎，俄爲太子中舍人，遷中書侍郎，兼尚書右丞……世宗親政，遷給事黄門侍郎，仍兼吏部郎，領青州大中正。

崔亮長期擔任銓選之職，直做到尚書右僕射。孝文帝認爲他符合於「才望兼允」的條件，故選用他爲吏部郎。所謂「望」即指門閥。孝文帝熱衷於門閥制度在北方的推行，選置百官和定姓族其實是一件事，因爲選授標準主要是姓族高卑。關於孝文帝定姓族當另文討論，這裏不擬多談。只是由崔亮被任爲吏部郎一事，便可以知道這回選置百官不但必須由熟悉門閥制度的士族來主持，而且特别需要熟悉「河南人士」的人來主持。這樣，身爲魏晉舊門而一度爲平齊民的崔亮便合乎此選了。

〔一〕據卷六七崔光傳，「太和六年，拜中書博士」。崔亮和崔光同爲李沖館客，當是同時推薦，則崔亮之爲中書博士亦在太和六年（四八二）。

崔亮自己一直在洛陽做官，似乎未歸青州，但他的家族實已還鄉。亮傳末云：「（弟）敬默弟隱處，青州州都。亮以其賤出，殊不經紀。」[一]則其弟實居青州。崔亮從父弟光韶、光伯兄弟也居於青州東陽城之南郭。[二]崔亮是平齊民，弟兄群從自亦隨徙，而在魏末卻家於青州，應亦是隨例得還。這一家在一度北遷後，又還到青州，仍是本州大豪强。

崔亮的從兄崔光，在當平齊民時，與亮同爲李沖館客。太和六年（四八二）拜中書博士，以後歷任要職，世宗時官登極品，他死後葬於本鄉，即時水。他在世宗時爲齊州大中正，死後，其子勵繼領此職，[三]北齊時勵弟劼又任齊州大中正。[四]崔光弟敬友是本州治中，本州亦指齊州。[五]崔敬友附見崔光傳，稱「自景明（世宗年號，五〇〇——五〇三）已降，頻歲不登，饑寒請丐者，皆取足而去。又置逆旅於肅然山南大路之北，設食以供行者」，也可證其家於齊州。他當然是個大地主，才能以屯積剝削所得穀物一部分來賑濟饑荒，藉以防止武裝起義。崔光這一家也是由平齊民還鄉，繼續爲本鄉大地

〔一〕魏書此處有缺文。敬默爲亮親弟，敬默弟亦即亮弟。據北史卷四四云「敬默弟敬遠，以其賤出，殊不經記」，知其名當爲敬遠。
〔二〕魏書卷六六崔亮附光韶傳云「以母老辭官歸養」，又云侯淵「令數百騎夜入南郭，劫光韶」，這個南郭乃青州治所東陽之南郭。當崔祖螭組織土民攻打東陽時，青州刺史元貴平「欲令光伯出城慰勞」。這些都證明崔光韶弟兄奉母歸養，居於東陽。
〔三〕以上並見魏書卷六七崔光傳。
〔四〕北史卷四四崔光傳。
〔五〕齊州即宋僑置於青州之冀州改稱。

主、大豪强，而且三代任齊州大中正。

清河房氏因爲房法壽一房率先降魏，受到優待。在歷城、梁鄒、東陽三城未被魏占領之先，法壽被任爲冀州刺史，所屬諸郡太守皆由房氏族人充任，以示獎賞。但是以法壽爲首的房氏這一派也免不了北遷，只是法壽爲上客，隨之北徙的族人也没有當平齊民。這部分受到優待的房氏族人到了太和時自然更便於還居本土。同時，曾經抗拒魏兵的部分房氏族人却也免不了充當平齊民。魏書卷四三房法壽傳附見從父兄弟靈建、靈賓，他們在戰爭時入梁鄒城中，支持劉休賓守城，因此北遷爲平齊民。靈建子宣明，「高祖擢爲中書博士，遷洛，轉議郎」。靈賓從父弟堅也是平齊民，「太和初，高祖擢爲秘書郎，遷司徒諮議，齊州大中正」。法壽族子景伯，祖元慶，因爲支持宋明帝，爲沈文秀所殺。元慶是房氏宗族首領，死後，其子愛（景伯父）曾經率鄉部攻文秀。房愛雖然反對沈文秀，却也没有即行降魏，所以仍然被徙爲平齊民。房景伯由盧淵薦於李沖，「被拔爲奉朝請、司空祭酒、給事中、尚書儀曹郎」。景伯弟景宣在太和中例得還鄉，郡辟功曹，州舉秀才，已如上述。景宣以後也領齊州中正。上述崔光三世爲齊州中正，太和定姓族以後，此職大致即由崔房二姓輪流充當，而這二家恰好都是出於平齊民。景先弟景遠，傳稱他「重然諾，好施與，頻歲凶儉，分贍宗親，又於通衢以食餓者，存濟甚衆」，其事與崔敬遠相同，這只有説明他們還鄉以後，經濟地位迅速恢復，藉賑贍宗親、鄉里以達到控制宗族鄉里的手段重又在進行。法壽傳附見族子士達，在魏末居齊州城中，曾率領州郭之人鎮壓齊州鄉人的暴動。但這一家是否北徙歸來，没有明文。

如上所見，房氏之充當平齊民者和崔氏一樣，在太和中都還居本鄉，享受士族特權。

以平齊民被選拔爲官的還有高聰、蔣少遊、傅永。高聰是大官高允族人，蔣少遊是高允親戚。魏書卷六八高聰傳説二人皆由高允推薦爲中書博士，以後皆歷任顯職。傳稱高聰「乃因茹浩啟請青州鎮下治中公廨，以爲私宅，又乞水田數十頃，皆被聽許」。治中公廨當然在東陽城中，同時乞請的水田想亦在東陽。這一家也是平齊民還鄉而城居的。還有個平齊民傅永曾經「饑寒十餘年」，「戮力傭丐，得以存立」，晚年才被召爲治禮郎，以後又除中書博士，改議郎，轉尚書考功郎中。官至平東將軍、光禄大夫。他死後，妻妾争求合葬，牽涉葬地。雖然他生前已決定葬在洛陽，最後經靈太后判斷，歸葬所封貝丘縣（他曾封爲貝丘男）。貝丘爲齊州東清河郡屬縣，想必其妻即居齊州，所以力争歸葬。

如上所述，從太和六年（四八二）以後，大批平齊民中士人擺脱了卑賤地位，接踵登朝。其以中書博士起家的有崔光、崔亮、房宣明、高聰、蔣少遊、傅永六人，這個官幾乎是河南人士特别是平齊民最一般的起家官，由此上升顯位。也在這時這批平齊民終于例得還鄉，依然是青齊大豪强。至於未被强制北遷的更不待論。〔一〕

正是在這個時候，像劉宋一樣，北魏開始讓青齊豪强充當當地太守、縣令。魏書卷六〇韓麒麟傳：

〔一〕魏書卷七六張烈傳：「高祖時入官代都，歷侍御、主文中散。」這一家並未北遷，但也到太和中才被召到代都作官。

尋除冠軍將軍、齊州刺史……麒麟以新附之人，未階臺宦，士人沉抑，乃表曰：「齊土自屬僞方，歷載久遠，舊州府僚，動有數百。自皇威開被，并職從省，守宰闕任，不聽土人監督。竊惟新人未階朝宦，州郡局任甚少，沉塞者多，願言冠冕，輕爲去就。愚謂守宰有闕，宜推用豪望，增置吏員，廣延賢哲，則華族蒙榮，良才獲叙，懷德安土，庶或在兹。」朝議從之。

按上文稱「高祖初」，下文稱「太和十一年」，麒麟上表時間大致與准許平齊民還鄉相先後。韓麒麟的建議是爲了擴大「三齊豪望」的入仕道路，免得他們「輕爲去就」，即投奔南朝。從表文中我們知道北魏占領青齊後，曾經不准任用「豪望」充當守宰，這當然爲了限止「豪望」控制地方，但到了此時，却反過來期望這些固有力量不致爲南朝所利用。麒麟上表後，當平齊民大批還鄉之日，可以想見，青齊守宰大概又由他們壟斷了。

除了蔣少遊以外，這批太和時被選拔的平齊民，其祖先都是由冀州南遷的豪强。平原劉氏北遷後没有還鄉的痕跡，也没有人在太和時充任達官，但在魏末劉氏在青州似乎仍有一定的力量，有幾次土民暴動的領導人姓劉。由新興遷青州的王玄謨一族遷居下邳，似乎退出了青齊。其他各族雖原籍冀州，却仍歸青齊僑郡。這當然由于他們離開青齊不太久，在那裏的影響並未消失，易于恢復他們政治上和經濟上的特殊地位。源出河北的青齊豪强没有還河北，他們根子早已扎在青齊。

四

北魏末年六鎮、關隴各族人民大起義爆發之後，青齊地區也發生了一系列性質複雜的武裝暴動。青齊豪强中有的和北魏地方政權一起鎮壓暴動，有的却是暴動的組織者，他們的活動對於當時的政治、軍事形勢有巨大的影響。

這些暴動發端于武泰元年（五二八）邢杲領導的河北流民暴動。

邢杲是河間大姓，曾任幽州平北府主簿，當北鎮起義軍横掃河北時，他率領部曲在鄚縣抗拒，達三年之久。孝昌三年（五二七），北魏在河北的主力軍被起義軍擊敗，河北豪强帶着他們的宗族、鄉里、部曲紛紛南渡，邢杲也到了青州北海。那時朝廷爲了安撫流民，下令隨流民所聚之處設置河北的僑郡縣，即令豪强充當守宰。邢杲爲了争奪河間太守不遂，便起兵反魏，自稱漢王，年號天統。流民南渡後，受到土人「凌忽」，聽到邢杲起兵，遠近奔赴，很快就吸引群衆十萬以上，打敗朝廷派來鎮壓的軍隊，一時聲勢很盛，永安二年（五二九），爾朱榮派元天穆和高歡領兵鎮壓，邢杲敗降被殺。〔一〕

毫無問題，參加暴動的廣大流民群衆是勞動人民，他們所憎恨的土人主要也就是長期在青齊横行霸道的土豪。但是流民和土民都是在各自的豪强控制下的，實質上只能是流民、土豪争奪青齊的

〔一〕 以上並見魏書卷一〇孝莊帝紀及卷一四高涼王孤附六世孫天穆傳。

鬥争。

北魏政權早先爲了鞏固其統治，隨着軍事力量的推進，派遣了拓拔本族人隨帶家屬分屯諸州鎮。他們是貫屬軍府的世襲兵，由于居住在城中，所以被稱爲「城民」。青齊城民大致是由河北冀、定、相諸州遷來的拓跋人。〔一〕當時青齊也有來自河北的分番出戍之兵，〔二〕但州軍的骨幹是城民。城民的任務本是防止土民反抗，二者處于對立的地位（詳下），但在鎮壓流民暴動上，二者却又是一致的。魏書卷六六崔亮附從父弟光韶傳：

孝莊初，河間邢杲率河北流民十餘萬衆攻逼州郡，刺史元儁憂不自安，州人乞光韶爲長史以鎮之。時陽平路回寓居齊土，與杲潛相影響，引賊入郭。光韶臨機處分，在難確然。

崔光韶是土民豪强，他的家在青州城郭，當時河北流民由路回導引入郭，傳稱光韶「在難確然」，亦即指他和流民對立的態度。同書卷七二陽尼傳附見從曾孫弼云：

屬洛周陷城，弼遂率宗親南渡河，居于青州。值邢杲起逆，青州城民疑河北人爲邢杲内應，

〔一〕魏書卷五八楊椿傳：「自太祖定中山，多置軍府，以相威攝。凡有八軍，軍各配兵五千……自中原稍定，八軍之兵，漸割南戍，一軍兵纔千餘。」據此知五分之四的中山駐屯軍逐漸出戍河南，可以肯定青齊城民至少一部分即由河北遷來。同書卷二太祖紀天興元年（三九八）正月在鄴和渤海的合口都曾派兵駐守。不難推斷，當時出鎮河北的戍軍基本上都從拓跋部中徵發出來。

〔二〕魏書卷一六河南王曜附孫平原傳説他當齊州刺史時，「北州戍卒一千餘人，還者當給路糧」，其事當在孝文帝延興、太和間（四七四——四七七），這種戍卒有一定的番换期，故稱爲「番兵」。

遂害弼。

據此，陽弼是被青州城民殺死的，而北齊書卷四二陽休之傳卻說：

魏孝昌中，杜洛周破薊城，休之與宗室及鄉人數千家南奔章武，轉至青州。是時葛榮寇亂，河北流民多湊青部。休之知將有變，乃請其族叔伯彥等曰：「客主勢異，競相凌侮，禍難將作。如鄙情所見，宜潛歸京師避之。」諸人多不能從，休之垂涕別去。俄而邢杲作亂，伯彥等咸爲土民所殺，〔一〕一時遇害，諸陽死者數十人。

據此則諸陽被殺，又是土民幹的事，實際上流民反魏是受「土民凌忽」聯繫起來的，土民和城民合力抗拒流民暴動也是勢所必至。殺死諸陽，大概城民、土民都有分。當時崔光韶正是青州長史，很可能也參與了這次屠殺。

雖然土民、城民合力對付流民，但土民暴動也不斷爆發。今據魏書卷九肅宗紀、卷一〇孝莊紀摘録如下：

孝昌元年（五二五）二月，齊州魏郡民房伯和聚衆反，會赦，乃散。

同年三月，齊州青河民崔畜殺太守董遵，廣川民傳堆執太守劉莽反，青州刺史安樂王鑒討平之。

〔一〕「土民」，諸本並作「士民」，誤，中華書局點校本據北史卷四七陽休之傳改。

孝昌二年十一月，齊州平原民劉樹、劉蒼生聚衆反，州軍破走之。劉樹奔蕭衍。〔一〕

孝昌三年三月，齊州廣川民劉鈞執清河太守邵懷，聚衆反，自署大行臺。清河民房須自署大都督，〔二〕屯據昌國城。六月，詔都督李叔仁討劉鈞，平之。

建義元年（五二八）五月，齊州郡民賈皓聚衆反，夜襲州城，會明退走。

同年七月，光州人劉舉聚衆數千，反于濮陽，自稱皇武大將軍。

以上見于本紀的青、齊、光州的暴動記載，很簡略，很難判斷其性質。據上舉暴動的領導者都稱爲「民」或「郡民」，按照魏書書法，凡是「城民」，例必標明，稱「民」或「郡民」應是「土民」；其二，這些領導者的姓氏房、崔、劉、傅等全都是前已論證的青齊土民，其中清河之崔，平原之劉，顯然是從冀州遷來的。當然，我們不能根據姓氏來判斷其階級成份，但從姓氏和暴動發生的地區看來，這些姓族中的豪强必將通過宗族鄉里關係在暴動中控制鬥争的方向。

上舉這些暴動都很分散，除了劉鈞、房須以外，一般往往即由本州和鄰州的州軍鎮壓下去。而州

〔一〕劉蒼生及明年劉鈞、房須暴動，並見魏書卷四三房法壽附從子士達傳。

〔二〕房須，魏書卷二一下彭城王勰附子劭傳、册府元龜卷一二二作「房頊」，通鑑卷一五一作「房項」。彭城王劭傳云：「又除……平東將軍、青州刺史。于時齊州民劉鈞、房頊等扇動三齊，蕭衍遣將彭群、王辯等搔擾邊陲，劭頻有防拒之效。」則此次暴動與蕭梁相結。同書卷七九鹿悆傳説他此時爲青州司馬，「廣州人劉鈞、東清河人房須反，劭遣悆監州軍討之。戰於商山，頗有所捷」。按劉鈞、房須雖稱齊州民，而廣川及東清河二郡與青州相鄰，房須屯據的昌國城據地形志中，在東清河郡之武城縣，即在青州東陽城東。商山，據中國歷史地圖集第四册四二——四三頁亦在青齊交界處。因此，青州出動州軍鎮壓。

軍士要即由城民組成。

分散性的小規模郡民暴動只是一次土民大暴動的前奏，魏書卷一一前廢帝普泰元年（五三一）三月稱：

鎮遠將軍清河崔祖螭聚青州七郡之衆十餘萬人圍東陽。

崔祖螭是曾經配發薄骨律鎮的崔僧淵之子，附見魏書卷二四崔玄伯傳，説他「驫武有氣力」，青州刺史元羅委任他當統軍，「普泰初，與張僧皓俱反，圍青州，爾朱仲遠遣將討平之」。他是個不得志的豪强。他的同伙張僧皓是張烈之弟，附見卷七六張烈傳，因爲朝廷屢次徵他上洛陽做官，他没有去，因此被稱爲「徵君」。這一家是「家産畜殖，僮客甚多」，「藏鏹巨萬」的大富豪。〔一〕魏書卷一九下安定王休附子貴平傳：

前廢帝時，以本官行青州事，屬土民崔祖螭作逆，賊徒甚盛，圍逼東陽一百餘日。貴平率城民固守，又令將士開門交戰。大軍救至，遂擒祖螭等斬之。

在這段記載中明確地稱崔祖螭爲「土人」，並且表明城民和土民是相互對立的兩種人。同書卷六六崔亮附從父弟光伯傳：

前廢帝時，崔祖螭、張僧皓起逆，攻東陽，旬日之間衆十餘萬。刺史東萊王貴平欲令光伯出

〔一〕魏書卷七六張烈傳。

城慰勞。兄光韶曰：「城民凌縱，爲日已久，人人恨之，其氣甚盛。古人有言，衆怒如水火焉。以此觀之，今日非可慰諭止也。」貴平强之……光伯遂出城。數里，城民以光伯兄弟群情所繫，慮人劫留，防衛者衆。外人疑其欲戰，未及曉諭，爲飛矢所中。

崔祖螭所以能够在旬日之間發動七郡十餘萬衆，據崔光韶所說，乃是由于土人普遍憎恨「凌縱」的城民。他們之所以爲土人所憎恨，正如北魏統治者自己所說，「諸州鎮城人（即城民）本充爪牙，服勤征旅」，〔二〕他們本是作爲北魏政權的爪牙屯駐各地的。他們和廣大土民群衆間的矛盾具有階級的和民族的雙重性質。但是這場鬥争却是在崔祖螭、張僧皓這樣的豪强大姓領導下進行的。

崔祖螭、張僧皓等青齊豪强縱使也對「城民凌縱」，有所不滿，但二者間並没有根本性的利害衝突。他們起兵的時機正是在爾朱兆入洛，孝莊帝被殺之後。魏書卷一一前廢帝紀在記載崔祖螭起兵之後，接着就記載「幽州刺史劉靈助起兵于薊，撫軍將軍……河北大使高乾邕及弟……敖曹率衆夜襲冀州，執刺史元嶷」。劉靈助、高乾邕都以爲孝莊帝報仇爲名。崔祖螭胞兄伯鳳，與爾朱兆作戰敗死。〔三〕祖螭這次起兵，我想大概也以討爾朱兆爲名，企圖乘亂割據。

這次青州土民大暴動發展很快，消滅也很快，同年五月就被爾朱兆派兵鎮壓了。〔三〕

〔一〕魏書卷九肅宗紀正光五年（五二四）八月改鎮爲州詔。
〔二〕魏書卷一〇孝莊紀永安三年（五三〇）十二月條；同書卷二四崔玄伯附伯鳳傳。
〔三〕魏書卷一一前廢帝紀普泰元年（五三一）五月條。

以後，孝武帝永熙二年（五三三），青州人耿翔在蕭梁的資助下一度占領膠州；〔一〕次年，東清河人傅愚殺太守韓子捷，據郡反；〔二〕東魏静帝天平初（五三四），齊州土賊崔伽葉拘執慰勞青州大使崔肇師。〔三〕除耿翔不明外，傅、崔均爲河北南遷的青齊土民。〔四〕可知直到東魏初，有力量在青齊地區聚衆起兵的多半是這些大姓。

五

以上我們探討了自慕容德南遷到北魏末期一百四十年間（三九八——五三四）青齊地區被稱爲「土民」的來歷和活動，我們發現其中頗大一部分豪强是隨慕容德南渡的河北人。他們在一個不太長的時間内便被認爲當地「土民」。我們又發現，盡管他們脱離河北本鄉；盡管他們在北魏占領青齊時被遷往代京，受到很大打擊，却既能在他鄉異地形成其控制地方的勢力，又能長期保持下來，這究竟是什麽原因呢？

對于這個問題，尚待探討，這裏只是就某些跡象試作解釋。

〔一〕魏書卷一一出帝紀、卷七一裴業附子粲傳、卷八〇樊子鵠傳。

〔二〕魏書卷一一出帝紀永熙三年九月條。

〔三〕北史卷四四崔亮附孫肇師傳。

〔四〕傅愚爲東清河人，魏書卷七〇傅豎眼傳：「祖父融，南遷渡河，家於磐陽。」磐陽即東清河治。崔伽葉與崔肇師同族。

本來，當時形成地方勢力的豪强一般都和宗族、鄉里聯繫在一起，這一點無須多説。隨慕容德南渡的河北豪强也是各自攜帶其宗族鄉里成員以及依附人口進入青齊，這是他們的基本隊伍。但僅僅控制這一部分人還不够。另外還有個重要條件，就是他們和南燕政權的關係。南燕政權和東晉政權一樣，都是從别的地區遷來的，這批河北豪强也和東晉僑姓大族一樣，他們是現政權的組成分子和依靠力量。當然，他們得以憑藉其政治地位和享有的特權在原有基礎上擴大其土地和依附人口的占有，從而形成具有地方色彩的力量。

然而這批豪强進一步在青齊扎下根子却在南燕亡後。我們知道東晉歷年百餘，繼承東晉的四個皇室同樣是僑人，僑姓大族歷久不衰是不足怪的。南燕却一共只有十二年（三九八——四一〇），在這樣短的時期内，他們的勢力很少可能發展到後來的模樣，更難如此迅速地由外來力量演變爲地方力量。這樣的發展和演變是在劉宋統治時期。

劉宋雖然占領了青齊，但保衛這片與北魏鄰接的地區，就必須借助于當地豪强。南燕滅亡，不僅對他們没有多大影響，相反，由于鮮卑貴族的消除，使他們成爲這一地區唯一的地方力量。劉宋統治青齊五十五年間是北遷豪强勢力大發展和徹底土民化的時代。〔一〕

〔一〕南齊書卷二七劉懷珍傳稱：「懷珍北州舊姓，門附殷積，啟上門生千人充宿衛。孝武大驚，召取青冀豪家私附得數千人，土（百衲本作「士人」，誤）人怨之。」據此知那些豪家都擁有大量私附。傳稱「土人怨之」，即指青冀豪家怨恨劉懷珍不該獻上門生千人，導致宋孝武帝普遍召取私附，可知那時已把北來豪强叫做「土人」。

北魏取青齊後，遷徙了許多豪家，留在本土的也不准充當守宰，確實有意消滅這股舉足重輕的地方勢力。但過不多年，在孝文帝加强鮮卑貴族與漢族豪門聯合統治的國策指導下，他們不但准許重返故鄉，而且撤消了不許當本地守宰的禁令，恢復了曾經一度喪失的士族特權。他們在青齊地區的勢力當然就這樣繼續下去。

以上說的就是北來豪强所以能够在青齊地區形成、發展其勢力的原因。簡單地說，這是南燕政權的組成，南北軍事形勢以及北魏孝文帝的政策，三種因素所造成。

西晉分封與宗王出鎮

一　都督的設置及魏晉間司馬宗室都督重鎮

魏晉之間人們有一種議論，認爲曹氏代漢，司馬氏代魏，都由於漢魏宗室失位，藩王無權。所以司馬炎泰始元年（二六五）即位之初，立即分封宗室二十七王；另一個措施是任用宗王爲重要諸州的都督。分封與宗王出鎮是晉初企圖藉以鞏固司馬氏政權的重大措施。但實際上王國在泰始年間（二六五——二七四）基本上没有建立，皇室控制地方的力量在於出任都督的宗王。

西晉王國地不過一郡，王國的相（後改内史）由朝廷任命，和太守無異，王國官並不掌握地方政權。晉武帝曾經特許諸王自選國内令長，似未實行。〔一〕王國户數最多二萬户，租調所入，王三分食一，財政亦不能自擅。泰始分封之始，據地理志同時就建立王國置軍的制度，大國五千人，次國三千

〔一〕晉書卷三八琅邪王伷傳云：「武帝踐阼，封東莞郡王……始置二卿，特詔諸王自選令長。伷表讓，不許。」又同卷齊王攸傳云：「詔議藩王令自選國内長吏，（攸上表辭讓）書比三上，輒報不許。其後國相上長吏缺，典書令請求差選。攸下令曰：『……至於官人叙才皆朝廷之事，非國所宜裁也。其令自上請之。』」似曾實行，但這是「特詔」，並非經常制度。故卷四六劉頌傳，太康末年（二八九）上疏還要求除相以外，其餘衆官，由王任命。

人，小國一千五百人。但職官志詳記王國及異姓公侯國置軍和王國軍依世次削減的制度，却繫於咸寧三年（二七七）。這裏記載年次互異，可能由於泰始初封，雖有置軍之制，而諸王皆未就國，並未實行，所以重申；也可能地理志因封王之始，連帶叙及，其時實未置軍。不管怎樣，泰始以至咸寧二年（二六五——二七六）二十年間王國置軍只是虛文。從上述情況看來，西晉分封，基本上承東漢之舊，君國而不臨民。因此，當時人對於這樣的分封認爲起不了什麽作用，晉書卷四八段灼傳，他於泰始間上疏云：

臣以爲太宰（司馬孚）、司徒（司馬望）、衛將軍（司馬攸）三王宜留洛中鎮守。其餘諸王自州征足任者，年十五以上悉遣之國。爲選中郎、傅、相，才兼文武以輔佐之。聽於其國繕修兵馬，廣布恩信。必撫下猶子，愛國如家，君臣分定，百世不遷，連城開地，爲晉、魯、衛，所謂磐石之宗，天下服其强矣。

段灼上疏應在泰始元年至三年間（二六五——二六七），因爲司馬望於四年已遷太尉。從這段話中可知當時諸王都没有就國，王國機構也没有完備，國中也缺乏兵馬。後來他取長假還鄉里，臨行，命兒子代上表，指責「而今諸王有立國之名，而無襟帶之實」，表中陳時宜五條，其第五條有云：

臣以爲可如前表，諸王宜大其國，增益其兵，悉遣守藩，使形勢足以相接，則陛下可高枕而卧耳。

照段灼看來，當時王國太小，兵力不足，應當擴大王國，加强兵力，而最重要的是要諸王「悉遣守藩」，否則起不了鞏固皇室的作用。

直到武帝末年（二九〇），劉頌爲淮南相，那時距段灼上疏已有二十餘年，晉書卷四六劉頌傳，載頌上疏仍云：〔一〕

今諸王裂土皆兼於古之諸侯，而君賤其爵，臣耻其位，莫有安志。其故何也？法同郡縣，無成國之制故也。今之建置，宜使率由舊章，一如古典。然人心繫常……臣之愚慮，以爲宜早創大制，遲回衆望，猶在十年之外，然後能令君臣各安其位，榮其所蒙，上下相持，用成藩輔，如今之爲，適足以虧天府之藏，徒棄穀帛之資，無補鎮國衛上之勢也。

劉頌所謂「君賤其爵，臣耻其位」，並非過甚其辭，這只要看咸寧三年（二七七）令諸王就國，弄得「涕泣而去」；趙王倫的趙國王官孫秀「起自琅邪小史」；秦王柬的郎中令李含也家門寒微，曾被召爲門亭長，〔二〕都出於寒人，就可知諸王既不願就國，王國官也不受重視。劉頌所謂「法同郡縣，無成國之制」，即君國而不臨民，他認爲必須改革，那怕由于議論不一，可能要在十年以外。他極言像目前那樣的分封，只是耗費國庫，並不能「鎮國衛上」。

〔一〕晉書卷三武帝紀太康十年十一月稱「濮陽王允爲淮南王，並假節之國」。劉頌傳稱「頌元康初從淮南王允入朝」，且頌疏中說「封幼稚皇子於吴蜀」，指封穎爲成都王，晏爲吴王，亦太康十年十一月事。知頌上疏當在太熙元年（二九〇）。

〔二〕見晉書卷五九趙王倫傳、卷六〇李含傳。

如段灼、劉頌所論，晉武帝統治期間，王國力量不强，形同虚設。加强宗室權勢的措施更有效的可能是宗王出鎮。

都督職稱，南齊書百官志以爲始於東漢順帝時馮緄爲督揚徐二州軍事，但那只是臨時性的名號，並未成爲制度，宋書百官志：

持節都督無定員……建安中魏武帝爲相，始遣大將督軍。二十一年，征孫權還，夏侯惇督二十六軍是也。魏文帝黄初二年，始置都督諸州軍事，或領刺史……晉世則都督諸軍爲上，監諸軍次之，督諸軍爲下。使持節爲上，持節次之，假節爲下。使持節得殺二千石以下；持節殺無官位人，若軍事，得與使持節同；假節唯軍事得殺犯軍令者。

宋書以夏侯惇督二十六軍爲都督的起源，但都督諸州軍事却始於魏文黄初二年（二二一）。今按隸釋卷一九魏公卿上尊號奏記諸臣具銜爲都督者四人：

使持節、行都督、督軍、鎮西將軍、東鄉侯臣真

使持節、行都督、督軍、領揚州刺史、征東將軍、安陽鄉侯臣休

使持節、行都督、督軍、征南將軍、平陵亭侯臣尚

使持節、行都督、督軍、徐州刺史、鎮東將軍、武安鄉侯臣霸

按上尊號事在漢獻帝延康元年十月前，據此似延康元年（二二〇，即黄初元年）都督職稱已成定型。唯文中諸人具銜與三國志本傳多不合，因此顧炎武以爲文當在延康元年而刻於黄初之後，武億又據

文中賈詡稱太尉，證成顧説。王昶又駁武説。〔一〕二説是非，今不欲詳論，就此四都督而言，三國志本傳只稱「假節」，而碑並稱「使持節」，夏侯尚之授都督，又在曹丕即帝位後，碑記具銜實在咸康後者又不止此四人，顧説不爲無據。但不管怎樣，即據本傳，延康元年十月前，曹真亦已爲「鎮西將軍、假節、都督雍涼諸軍事」；臧霸亦已爲「鎮東將軍……都督青州諸軍事」；曹休於夏侯惇死後爲「鎮南將軍、假節、都督諸軍事」，而夏侯惇死在咸康元年四月庚午；唯夏侯尚遲一些，當在黄初元、二年間。因此，我們仍然有理由認爲延康元年曹丕稱帝前都督職稱已制度化了。黄初元、二年間已有四個都督，具銜並是「使持節、都督、督軍」，本官並是征、鎮將軍。晉書卷四七傅玄附子咸傳，咸寧五年（二七九）咸上言有云：〔二〕「舊都督有四，今並監軍，乃盈於十。」傅咸所謂舊時的四都督應即指上尊號奏所見咸康、黄初間的雍涼、揚州、荆州、青州四都督。洪飴孫三國職官表記曹魏都督設置云：

都督揚州一人。甘露二年（二五七）分揚州爲二都督。又置都督淮北一人。

都督淮北。

都督青徐一人。青徐二州或合置都督，或分置都督，無定員。

都督青州一人。

都督徐州一人。

〔一〕金石萃編卷二三上尊號碑跋。

〔二〕本傳上文是「咸寧初」，據上言稱「然泰始開元……暨於今十有五年矣」，知當在咸寧五年。

都督荆揚益州一人，不常設。
都督揚豫一人，不常設。
都督荆豫一人，荆豫二州或合置都督，則有是官。
都督荆州一人。甘露四年分荆州爲二都督，又置都督江北一人。
都督江北。
都督豫州一人，亦云都督江南。
都督雍涼一人。甘露二年分雍州爲二都督，別置都督隴右一人，後遂分置關中、隴右都督各一人。
都督隴右。
都督關中。
都督河北一人，兼轄冀、幽、并三州軍事。

洪表所列甚詳，除去不常設者以外，大致合則都督有六，即㈠揚州，㈡青徐，㈢荆州，㈣豫州，㈤雍涼，㈥河北；分置則有十，即㈠揚州，㈡淮北，㈢青州，㈣徐州，㈤荆州，㈥沔北，㈦豫州，㈧雍州，㈨隴右，㈩河北。曹魏都督的分合大致如此。〔一〕

〔一〕魏末兗州置監軍事，見下，洪表不數。

現在我們根據萬、吴兩家晉方鎮表，以泰始元年至十年間（二六五——二七四）諸王被任爲都督者列表如下：〔一〕

	泰始元年	二年	三年	四年	五年	六年	七年	八年	九年	十年
豫	汝陰王駿	同上	同上	汝陰王駿、太原王輔	汝陰王駿復鎮	汝陰王駿、王渾	王渾	王渾、太原王瓌	太原王瓌	同上
鄴城守	濟南王遂	濟南王遂、梁王肜	梁王肜	高陽王珪	同上	高陽王珪、彭城王權	彭城王權	同上	同上	同上
雍涼	扶風王亮	同上	同上	同上	同上	扶風王亮、汝陰王駿	汝陰王駿	同上	同上	同上
徐					東莞王伷	同上	同上	同上	同上	同上
青										
兗	琅邪王伷	同上	同上							
沔北						隨王整	下邳王晃	同上	下邳王晃、華廙	
揚				汝陰王駿						

〔一〕萬斯同與吴廷燮二家時有不同，彼此亦各有錯誤，今酌取二家。

據上表，可知泰始年間宗王出鎮或四或五。泰始元年即有四人，所占都督總數的比例很大。值得注意的是，此四都督的職位在魏末已由司馬氏占領。晉書卷三八扶風王駿傳：

出爲平南將軍、假節、都督淮北諸軍事，改封平壽侯，轉安東將軍。咸熙初（二六四），徙封東牟侯，轉安東大將軍，鎮許昌。

司馬駿先已都督淮北，即在晉受魏禪的前一年徙鎮許昌，許昌是豫州都督治所，知司馬駿督豫州尚在泰始前。卷三七濟南惠王遂傳：

景元二年，轉封武城鄉侯，督鄴城守諸軍事、北中郎將。

據此知司馬遂之督鄴城更早在晉代魏前四年。而司馬遂之督鄴城又是取代司馬伷。卷三八琅邪王伷傳：

早有才望，起家爲寧朔將軍，監守鄴城，有綏懷之稱。累遷散騎常侍，進封東武鄉侯。拜右將軍，監兗州諸軍事、兗州刺史。五等初建，封南皮伯，轉征虜將軍、假節。武帝踐阼，封東莞郡王。

司馬伷早就監守鄴城，轉監兗州軍事，由司馬遂繼監鄴城守。他在泰始元年仍留任。

泰始元年宗王爲都督者四人，三人可以確知魏末已經任職，只有都督雍涼，魏末是否亦是司馬宗室，没有明文。按卷三七安平王孚附子義陽成王望傳稱魏高貴鄉公時，他「每不自安，由是求出，爲征西將軍、持節、都督雍涼二州諸軍事，在任八年，威化明肅」。按景元三年（二六二）司馬昭決策伐蜀，是年冬又以鍾會「爲鎮西將軍、假節、都督關中諸軍事」。〔一〕司馬望都督雍涼，洪表繫於甘露元年至景元四年（二五六——二六三），據鍾會傳，望内遷當在景元三年冬。鍾會於景元四年入蜀，明年（二六四，即咸熙元年）被殺。疑咸熙元年司馬亮已被任爲都督雍涼諸軍事。卷五九汝南王亮傳：

拜左將軍、加散騎常侍、假節，出監豫州諸軍事。五等建，改封祁陽伯，轉鎮西將軍。武帝踐阼，封扶風郡王，邑萬户。置騎司馬，增參軍掾屬，持節、都督關中雍涼諸軍事。

按司馬亮先已監豫州諸軍事，如上所述，咸熙元年司馬駿已以安東大將軍鎮許昌，司馬亮當即於本年解監豫州軍事之任。傳稱「五等建，改封祁陽伯，轉鎮西將軍」，建五等爵事正在咸熙元年秋，假使此時司馬亮仍在豫州，不可能轉鎮西將軍，因爲都督豫州照例以「南」或「東」爲將軍號，而雍涼（或關中、隴右）才以「西」爲號，鍾會正是以鎮西將軍都督關中的。司馬亮當是於咸熙元年秋自豫州轉鎮西將軍、都督雍涼，疑本傳删改舊文失當。

如上所述，可知在司馬氏代魏之前，先已作好佈置，分派子弟出任幾個重要地區的都督。這些地區並不處於邊防前綫，備蜀的前綫是隴右，甘露元年即已別置都督；〔二〕備吴的前綫是荆揚；備北方少數族的是幽并；那裏才是真正用兵之地。而許昌、鄴、長安是大兵站、武庫、糧倉，是控制邊州、拱

〔一〕並見三國志卷二八鍾會傳。
〔二〕見三國志卷二八鄧艾傳。

衛洛陽的樞紐。曹丕稱帝後，黄初元年就建立長安、譙、許昌、鄴、洛陽爲五都。〔一〕除了譙僅因曹氏故鄉，才特予提升之外，其他三個陪都並是軍事重鎮。當時蜀漢北伐總是指向關隴，關隴又是民族錯居，十分複雜的地區，所以自建安十六年（二一一）平定關中以後，長安從來就是大兵屯聚的重鎮。司馬懿自太和五年至景初二年（二三一——二三八）任職雍涼都督，開府長安首尾十年。當時關隴大興屯田，青龍三年（二三五），關東飢荒，司馬懿曾運糧至洛陽達五百萬斛之多，〔二〕可知屯田頗有成效。許昌是漢獻帝舊都，曾經是曹操統一北方的政治軍事中心和屯田積穀基地。晉書地理志上許昌縣條下稱「漢獻帝都許，魏禪，徙都洛陽，許宫室、武庫存焉」。按曹丕代漢稱帝後，黄初三年、四年、五年、六年，連年「行幸許昌」，發動南征。七年原來打算到許昌去，因爲許昌城南門崩塌，認爲不吉利，没有成行，這年五月就死了。曹丕稱帝後，在許昌時多，在洛陽時少，除了洛陽雖名首都，經營未就之外，主要因爲許昌屯兵積穀，是南征的後方基地。這個地位以後也没有變化，三國志卷二七王基傳：「毌丘儉、文欽作亂，以基爲行監軍、假節，統許昌軍。」通鑑卷七六高貴鄉公正元元年（二五四）記此事，胡注云：「魏受漢禪，以許昌爲别宫，屯重兵，以爲東南二方根本。」胡三省當即據黄初以來史事作出這一論斷。司馬宗室出鎮的另一要地是鄴。鄴是曹操封魏時的都城，那裏屯聚大量兵士。三國志卷二五辛毗傳：「帝（曹丕）欲徙冀州士家十萬户實河南。時連蝗民飢，群司以爲不可……帝遂徙其

〔一〕見三國志卷二文帝紀黄初二年注引魏略。

〔二〕見晉書卷一宣帝紀。

半。」曹操時來自各地的「士家」集中在鄴，這次曹丕想遷走的就有十萬户，全部士家一定超過此數，後來因群臣諫阻，遷了半數即五萬户，留在鄴的自然更多。按照當時制度，兵士即從士家中徵發，因此鄴城是巨大兵站。曹操曾「堨漳水，廻流東注，號天井堰」，〔一〕左思魏都賦説：「墱流十二，同源異口，畜爲屯雲，泄爲行雨，水澍粳稌，陸蒔稷黍。」可知這裏的糧食生産是很豐富的。此外，鄴又是曹魏王公所聚居之地，爲了防制他們，司馬昭以來就任用親信鎮守。〔二〕

如上所述，曹魏末年，司馬氏爲取代曹魏準備條件，已經分派子弟占據了曹魏境内幾個最重要地區的都督職位，泰始元年繼續留任。當時雖然分封諸王，却都没有就國，王國置軍也是空文。藉以鞏固司馬氏政權的軍事力量，除了洛陽的中軍以外，就是依靠以宗王及親信掌握的都督所領軍隊。

二　諸王就國和移封就鎮

泰始分封，諸王並未就國，多數留官或留居洛陽，有的出任都督。諸王就國實在咸寧三年（二七七），晉書卷二四職官志稱：

咸寧三年，衛將軍楊珧與中書監荀勗以齊王攸有時望，懼惠帝有後難，因追故司空裴秀

〔一〕水經注卷一〇濁漳水注，並參看宋會要輯稿食貨卷七之十五水利記天聖四年（一〇二六）王沿上疏。

〔二〕晉書卷四三山濤傳：「而文帝（司馬昭）將西征。時魏氏諸王公並在鄴，帝謂濤曰：『西偏吾自了之，後事深以委卿。』以本官行軍司馬，給親兵五百人鎮鄴。」按山濤是司馬氏親戚，當時司馬遂督鄴城守，又以山濤佐之。

立五等封建之旨，從容共陳時宜於武帝，以爲「古者建侯，所以藩衛王室。今吴寇未殄，方岳任大，而諸王爲帥，都督封國，既各不臣其統内（此句疑有訛脱），於事重非宜。又異姓諸將居邊，宜參以親戚，而諸王公皆在京都，非扞城之義，萬世之固」。帝初未之察，於是下詔議其制。

以下記有司奏，其内容大致是：一、「從（徙）諸王公，〔一〕更制户邑」，具體規定封國的大、次、小三等，封國不滿萬户的，以鄰近縣增補；二、規定郡公、郡侯比照小國王及五千户王，也各置國軍；三、非皇子不得王，諸王的子孫除繼承王位的嗣王以外，依世次按公、侯、伯、子男等遞降；四、所有王國和公國、侯國一律置國軍，按國的大小和世次多者三軍，少則一軍，都設置中尉統領。職官志在這段最後説：「既行，所增徙各如本奏，遣就國，而諸公皆戀京師，涕泣而去。」

這年諸王就國是否由於楊珧、荀勖旨在排擠齊王，我們可以不問，但我們知道，早在泰始之初，段灼已經一再陳請諸王就國了。

按照上引職官志所載，楊珧、荀勖的建議是以建立五等爵作題目的；他們又主張不論出鎮或居洛，諸王都得就國，認爲諸王任都督，而所督之州與封國不相關，「各不臣其統内，於事重非宜」。今按同書卷三九荀勖傳所載他的議論，却好相反，他不贊同實行五等爵，也不同意使出鎮諸王就國，因此

〔一〕據下文「所增、徙各如本奏」，知「從」爲「徙」字之訛，册府元龜卷二六二宗室部封建總序這兩句只作「從制」二字，更是訛脱。

通鑑只稱「楊珧等」，不舉荀勖名。〔一〕傳稱：

時議遣王公之國，帝以問勖，勖對曰：「諸王公已爲都督而使之國，則廢方任。又分割郡縣，人心戀本，必用嗷嗷。國皆置軍，官兵還當給國，而闕邊守。」帝重使勖思之。勖又陳曰：「如詔準古方伯選才，使軍國各隨方面爲都督，誠如明旨。至於割正封疆，使親疏不同，誠爲佳矣。然分裂舊土，猶懼多所摇動，必使人心恖擾，思惟竊宜如前。若於事不得不時有所轉封，而不至分割土域，有所損奪者，可隨宜節度。其五等體國經遠，實不成制度。〔二〕然但虛名，其於實事，略與舊郡縣鄉亭無異。若造次改奪，恐不能不以爲恨。今方了其大者，以爲五等可須後裁度。凡事雖有久而益善者，若臨時或有不解，亦不可忽。」帝以勖言爲允，多從其意。

本傳没有詳舉當時有關諸王就國的諸問題，必須比對職官志才明白。如上所載，荀勖第一次提出意見就不贊同出鎮王公就國，認爲「王公已爲都督而使之國，則廢方任」；他也反對「分割郡縣」，亦即反對有司所奏以鄰近縣補充王國；還反對「國皆置軍」，認爲官兵給了王、公、侯、伯這樣多的國，就將邊備有闕。第二、三兩條是駁有司議奏，第一點若如職官志所記，恰正是他和楊珧共陳的意見，豈非自駁其説！武帝要他再加思考後，他第二次提出的意見，在處理出鎮諸王的問題上，同意武帝意見，做照古代在諸侯中任命「方伯」的故典，「使軍國各隨方面爲都督」，意即是隨王國所在爲這一方面的

〔一〕通鑑卷八〇咸寧三年七月條及考異。
〔二〕「實不成制度」句，疑有訛脱。

都督」；其次，他反對按照親疏，重新分割所封疆土，認爲這樣做會摇動人心，但是他同意如果不得不轉封而又在一定條件限止下，可以有所調整；最後，他反對實行五等爵制，以爲如果倉卒推行，恐怕要後悔。如職官志所記，五等爵也是他和楊珧共同提出的，又是自駁其説，所以發生牴牾，大概由於唐修晉書删節綜合舊文失當，荀勖在使諸王就國這一點上是和楊珧一致的，但建五等爵和使出鎮諸王就國却持異議，職官志不及細察，合之楊珧之奏，以致志、傳矛盾。

楊珧認爲封國和出鎮的地區隔離是不妥的，解決這個問題的辦法即是荀勖傳所説「使軍國各隨方面爲都督」，簡單地説即使宗王爲都督的移封就鎮。這一點是在本年實行了的。移封就鎮雜見本紀及諸王傳，通鑑卷八〇咸寧三年據紀傳綜合叙述云：

諸王爲都督者，各徙其國使相近。八月癸亥，徙扶風王亮爲汝南王，出爲鎮南大將軍、都督豫州諸軍事；琅邪王倫爲趙王，督鄴城守事；勃海王輔爲太原王，監并州諸軍事；以東莞王伷在徐州，徙封琅邪王；汝陰王駿在關中，徙封扶風王。又徙太原王顒爲河間王；汝南王柬爲南陽王；輔，孚之子；顒，孚之孫也。

其無官者皆遣就國，諸王公戀京師，皆涕泣而去。

通鑑叙述很明白，當年的一個重大措施是使所王之國和所督的方面一致。所王之國雖只一郡，所督的方面却大。這是個綜合古之方伯、連率和宗王出鎮現狀而制定的奇特制度。

徙國就鎮在當時並不困難，因爲諸王有的在洛陽，有的出鎮，本來就没有之國，所謂徙封，除了王國機構遷移一下以外，只是徙食某郡户而已。

按照封國應在所鎮地域内的制度，勢必使任都督的宗王或者終身久任，或者遷鎮必遷國，這當然很難持久，但在晉武帝在世時自咸寧三年至太熙元年（二七七——二九〇）十四年間是嚴格執行了的。

太康三年（二八二）齊王攸出鎮青州，齊國本屬青州，明年三月攸死，五月都督徐州琅邪王伷亦死，下邳王晃兼督青徐，下邳屬徐州。太康七年（二八六）扶風王駿死，以隴西王泰都督雍州；十年，泰因病還洛，南陽王柬徙封秦，繼督雍涼。隴西本屬雍州，太康七年雍州分置秦州，改屬；而秦國即以扶風國改。太康八年（二八七），監豫州諸軍事孔恂罷，梁王肜繼任。太康十年，始平王瑋徙封楚王，都督荆州；濮陽王允徙封淮南，都督揚州；封國都在所督區域内。

惠帝永熙（二九〇）以後逐漸不拘此例。永熙元年，下邳王晃内遷，梁王肜繼督徐州，明年又改督雍州；本年（元康元年）肜内遷，趙王倫自督鄴城守改督雍涼；梁、趙二王都未徙封。元康間，〔一〕清河王遐都督豫州，清河不屬豫州；元康元年（二九一）趙王倫遷督雍涼，趙亦不屬雍涼；均未徙封。同年，河間王顒繼督鄴城守，河間屬冀州；而元康九年（二九九）顒繼督雍涼，成都王穎都督冀州，都

〔一〕吴表於元康五年（二九七）記清河王遐都督豫州，云：「樂安王鑒傳：元康初，徵爲散騎常侍，領射聲校尉，遷使持節、都督豫州諸軍事，代清河王遐鎮許昌，以疾不行。七年薨。」按卷六四清河王遐傳不記其督豫州。據鑒傳也不能斷言其督豫州在元康五年，故只稱元康間。

與本國渺不相及。元康以後，制度更加混亂，就不必説了。

實行徙國就鎮，可能原先假定所任都督基本爲終身職，非有必要不遷。司馬倫督鄴城，自咸寧三年至元康元年（二七七——二九一）始遷，凡鎮鄴城首尾十四年；扶風王駿自泰始六年已督雍涼，太康七年卒於任上，首尾十七年（二七〇——二八六），即自咸寧三年定制算起，也有十年；其他如太原王輔督并州凡七年（咸寧三年至太康四年，二七七——二八三）；琅邪王伷督青徐亦七年（咸寧三年至太康四年），卒於任；下邳王晃督青徐凡八年（太康四年至永熙元年，二八三——二九〇）。咸寧三年後任都督的宗王一般都是久任。

通過移封就鎮的措施使出鎮的宗王半固定化，正是段灼十年前所提出的「諸王宜大其國，增益其兵，悉遣守藩」的要求在另一形式下的實施。

三 政策的失敗

如上所列表，終泰始之世（二六五——二七四），宗王出鎮，經常有四至五人，幾乎占了都督的半數，這是個很大的比例。而到了晉武帝末年，太康十年至太熙元年（二八九——二九〇），出任都督的王達到六人之多，計：㈠都督豫州梁王肜。㈡督鄴城守趙王倫。㈢都督雍涼秦王柬。㈣都督青徐下邳王晃。㈤都督荆州楚王瑋。㈥都督揚州淮南王允。超過全國都督名額的半數以上。

我們可以看到，早在魏末即由司馬氏任都督的豫州、冀州、雍涼三大鎮，後來又加上青徐四個地區的都督，自西晉皇朝建立直至崩潰前夕，基本上都由宗王出任。其中雍涼和冀州（鄴城）從未任用過異姓充都督。都督雍涼自泰始元年司馬亮到永嘉五年司馬模，凡四十六年（二六五——三一一）任都督的全是司馬氏。鄴城守也是自泰始元年司馬遂到永嘉元年司馬騰，凡四十三年（二六五——三〇七）任都督的没有一個異姓。豫州和青徐雖兼用異姓，但由宗王出鎮的自泰始到永嘉四十餘年間占三分之二以上的時間。終西晉一朝，這四大鎮基本上由司馬氏掌握。

我們還可以看到，「八王之亂」後期，宗室間混戰不休。自永寧元年（三〇一）所謂「三王起義」討趙王倫，到光熙元年（三〇六）東海王越入洛，六年混戰中的主要人物，却就是都督豫州的齊王冏，都督冀州的成都王穎，都督雍涼的河間王顒和都督徐州的東海王越。〔一〕諸王間的混戰進一步激化了階級矛盾和民族矛盾，瓦解了統治力量，加速了西晉皇朝的崩潰。原來旨在鞏固其統治的措施，結果却適得其反。

值得注意的是，像西晉那樣用宗室，如晉書八王傳序所説的「或出擁旄節，莅嶽牧之榮；入踐台階，居端揆之重」的情況，既不見於秦漢，也不見於唐以後，但却在不同程度上通行於南北朝，甚至延續到唐初。前人議論，通常認爲西晉重任宗室是有鑒於曹魏禁錮諸王，「思改覆車」，〔二〕這當然是一

〔一〕晉書卷五九東海王越傳説「東海中尉劉洽勸越發兵以備（成都王）穎」，知越初起兵時用的是東海國兵。傳又稱「既起兵，（徐州都督、東平王）楙懼，乃以州與越，越以司空領徐州都督」，則越統兵西征時的主力應是徐兗兵。

〔二〕亦晉書卷五九八王傳總序語。

個重要原因。但是經過「八王之亂」的教訓，爲什麽劉宋、齊、梁和北魏卻没有鑒晉的「覆車」而繼續任用皇子和宗室入輔出鎮呢？北朝如果諉之部落遺風，那麽南朝又怎樣解釋呢？我想這是否可能與這一歷史時期的政權結構有關？人所共知，當時高踞於政權上層的是門閥貴族，西晉政權結構是以皇室司馬氏爲首的門閥貴族聯合統治。皇室作爲一個家族駕於其他家族之上，皇帝是這個第一家族的代表以君臨天下，因而其家族成員有資格也有必要取得更大權勢以保持其優越地位。西晉以後，除了東晉皇室在流離之餘，十分衰弱，無法争取强大權勢以外，南北諸皇朝縱使其皇室本非高門如南朝，或出於鮮卑如北朝，其政權結構依然以皇室爲首的門閥貴族聯合統治，皇室作爲聯合統治中的第一家族駕於其他家族之上的基本特徵並没有變化，重用宗室的政策就得延續下去。這種情況與門閥統治共始終恐怕不是偶然。

魏晉州郡兵的設置和廢罷

魏晉時期，地方有兩種軍隊，一是由朝廷特派的各種名號將軍以都督名義統率的駐屯軍。二是由刺史、太守統率的州郡兵。都督不是地方官，所領軍隊也非地方軍。曹操時，這類軍隊還沒有固定屯駐地，往往隨形勢需要遷移。以後，隨着形勢的穩定，都督設置的制度化，屯駐地逐漸固定，軍隊也逐漸地方化。關於都督所領軍隊的中央軍性質，四十年前何兹全同志早經指出，〔一〕本文不再贅述。

真正地方軍是州郡兵。東漢時期，雖然光武帝曾廢郡都尉，罷輕車、騎士、材官、樓船及軍假吏，「還復民伍」，太守不再「都試」兵士，〔二〕但史籍記載，郡國兵屢見徵發，靈帝中平元年（一八四），黄巾起義，便曾發天下州郡兵。〔三〕至關東州郡起兵討董卓時，州郡各自擴大軍隊，豪强也紛紛組織武裝，正如曹丕所説「山東大者連郡國，中者嬰城邑，小者聚阡陌」，〔四〕州郡縣鄉到處有兵，十分混亂，當然也就談不上什麼定制。曹操在統一北方過程中，這些大小割據軍隊不小一部分被收編入以曹操爲統

〔一〕歷史語言研究所集刊十七本，何兹全：魏晉中軍。
〔二〕續漢書百官志及後漢書卷一下光武帝紀建武七年（三一）三月。
〔三〕後漢書卷六四盧植傳。
〔四〕三國志卷二文帝紀末注引典論自序。

帥的指揮系統，[一]又隨形勢需要屯駐各地。根據當時人之説，似乎在北方曾經有一個時期没有刺史、太守統率的州兵。三國志卷一五司馬朗傳：

入爲丞相主簿，朗以爲：「天下土崩之勢，由秦滅五等之制，而郡國無蒐狩習戰之備故也。今雖五等未可復行，可令州郡並置兵，外備四夷，内威不軌，於策爲長（下叙宜復井田，略）。」議雖未施行，然州郡領兵，朗本意也。

按曹操於建安十三年（二〇八）爲丞相，司馬朗入爲丞相主簿，至早應在本年。據此知建安十三年（或更晚）以前有一段時期在曹操統治區域内州郡不領兵。司馬朗建議以後，傳稱「議雖未施行」，是兼指州郡置兵和復井田呢？還是單指復井田，不清楚，但可以肯定州郡置兵在曹操統治時業已實行。

同書卷一六杜畿附子恕傳：

恕以爲古之刺史，奉宣六條，以清静爲名，威風著稱。今可勿令領兵，以專民事。俄而鎮北將軍呂昭又領冀州，乃上疏曰：「帝王之道，莫尚乎安民；安民之術，在於豐財。豐財者，務本而

[一] 三國志卷二三趙儼傳：「遷扶風太守，太祖徙出故韓遂、馬超等兵五千餘人，使平難將軍殷署等督領。以儼爲關中護軍，盡統諸軍……時被書差千二百兵往助漢中戍守，署督送之。行者卒與室家别，皆有憂色。」按趙儼雖是扶風太守，他却具有「關中護軍」的職銜，所以能「盡統諸軍」，太守本身並没有兵。又馬超、韓遂的部分軍隊被收編後，即歸平難將軍殷署等統率，隨時接受命令出發征戍。曹操的策略是不讓原來的關中軍隊留在本地，所以先以一千二百兵出戍漢中，遭到反抗後，最後全部遣往曹操的大營。通鑑卷六七記此事在建安二〇年（二一五）末，曹操于明年二月返鄴，此時大營，疑在洛陽。

節用也。方今二賊未滅，戎車亟駕，此自熊虎之士展力之秋也。然搢紳之儒，横加榮慕，搤腕抗論，以孫吴爲首。州郡牧守，咸共忽恤民之術，修將率之事；農桑之民，競干戈之業；不可謂務本。帑藏歲虚而制度歲廣；民力歲衰而賦役歲興；不可謂節用。今大魏奄有十州之地，〔一〕而承喪亂之弊，計其户口不如往昔一州之民……以武皇帝之節儉，府藏充實，猶不能十州擁兵，郡且二十也。今荆、揚、青、徐、幽、并、雍、涼緣邊諸州皆有兵矣；其所恃内充府庫、外制四夷者惟兖、豫、司、冀而已。臣前以州郡典兵則專心軍功，不勤民事，宜别置將守，以盡治理之務。而陛下復以冀州寵秩吕昭。冀州户口最多，田多墾闢，又有桑棗之饒，國家徵求之府，誠不當復任以兵事也。若以北方當須鎮守，自可專置大將以鎮安之。計所置吏士之費與兼官無異……夫天下猶人之體，腹心充實，四支雖病，終無大患，今兖、豫、司、冀亦天下之腹心也。是以愚臣慺慺，實願四州之牧守獨修務本之業，以堪四支之重……」

杜恕上疏在明帝太和中(二二七——二三三)，那時沿邊八州業已置兵，追溯曹操時，疏稱「不能十州擁兵，郡且二十」，可知當時已有若干州郡置兵。杜恕反對州郡置兵的主要理由是刺史、太守領了兵便專力治軍，忽略生産、詞訟等民事。他的基本論點是軍民分治，他認爲如果有必要置兵，也應該另外派遣大將，不能由刺史兼管；同時也不能由都督兼領刺史。事實上，當時都督兼領刺史的不多，所

〔一〕據下文應是十二州。

以宋書卷三九百官志上稱：「魏文帝黄初二年，始置都督諸州軍事，或領刺史。」所謂「或領」即是特例。但刺史領兵雖限於沿邊八州，也占了十二州的三分之二。而且杜恕所舉不置兵的兗豫司冀四州似亦有例外。三國志卷二三裴潛傳：「潛出爲沛國相，遷兗州刺史，太祖次摩陂，歎其軍陳齊整，特加賞賜。」按卷一武帝紀，曹操自洛陽征關羽，至摩陂，在建安二十四年（二一九）。裴潛不是都督，也未加將軍號，只是以兗州刺史領兵。同書卷二八王淩傳：「文帝踐阼（二二〇），拜散騎常侍，出爲兗州刺史，與張遼等至廣陵討孫權。」按王淩這時也只以兗州刺史領兵從征。〔一〕同書卷一五賈逵傳：「逵爲豫州刺史，……州南與吴接，逵明斥候，繕甲兵，爲守戰之備，賊不敢犯。外修軍旅，内治民事。」事在黄初元年（二二〇），賈逵雖未加都督、軍號，仍兼治豫州軍民。裴潛、王淩以兗州刺史，賈逵以豫州刺史領兵治軍，可能是特例，但也可證即使不置兵的兗、豫二州，刺史也不是絶對不領兵。

杜恕軍民分治的主張當時並未被採納，却曾一度行於五十餘年之後。續漢書百官志五刺史條劉昭注云：

晉太康之初，武帝亦疑其然，乃詔曰：「上古及中代或置州牧，或置刺史，置監御史，皆總綱紀而不賦政。治民之事，任之諸侯、郡守。昔漢末四海分崩，因以吴、蜀自擅。自是刺史内親民事，外領兵馬。此一時之宜爾。今賴宗廟之靈，士大夫之力，江表平定，天下合之爲一，當韜戢干

〔一〕王淩傳又言淩都督揚州，「外甥令狐愚以才能爲兗州刺史，屯平阿。舅甥並典兵，專淮南之重」。令狐愚亦以兗州刺史典兵。但時間較晚（齊王芳正始、嘉平間，二四〇——二四九），在杜恕上疏後。

戈，與天下休息。諸州無事者罷其兵。刺史分職皆如漢氏故事，出頒詔條，入奏事京城。二千石專治民之重，監司清峻於上，此經久之體也。其便省州牧。」

如詔書所云，刺史不僅不領兵，而且也不治民，像西漢刺史那樣作爲「監司」監察地方官。那比杜恕建議又進一步，但事實上當時做到的仍只是刺史不領兵，軍民分治。北堂書鈔卷七二引王隱晉書：

太康三年（二八二），罷刺史將軍官。刺史依漢制，三年一入奏事。〔一〕

王隱所述應與劉昭所引太康詔書爲一事。詔書没有説「罷刺史將軍官」，只云「諸州無事者罷其兵」，稍有出入，則劉昭引文必有删節，王隱晉書更只是書鈔所引，僅存最粗略的大概而已。劉昭注記此事在太康初，據王隱晉書知是太康三年。南齊書卷一六百官志州牧刺史條：

晉太康中，都督知軍事，刺史治民，各用人。惠帝末乃並任，非要州則單爲刺史。

所述與王隱晉書相符。據此，自太康三年以後，刺史不加將軍、不領兵的軍民分治制度終武帝之世乃至惠帝初年都繼續執行。金石録卷二〇晉護羌校尉彭祈碑有云：

有詔以軍州始分，河右未清，豺狼肆虐，授君節鉞，除護羌校尉，統攝涼土。前後軍功，應封七侯，勞謙退讓，陰德不伐。年未知命，太康十年（二八九）三月癸酉薨。

按曹魏時涼州刺史例兼護羌校尉，洪氏三國職官表記温恢（黄初）、徐邈（太和）、李憙（景元）並以涼

〔一〕晉書卷三武帝紀太康三年七月記「罷平州、寧州。刺史三年一入奏事」。不載「罷刺史將軍官」，當是删節舊文漏失。

州刺史兼護羌校尉。碑稱「詔以軍州始分」，即指刺史與護羌校尉各用人，不相兼。晉書卷二四職官志護羌等校尉條稱「元康中（二九一——二九九）護羌校尉爲涼州刺史，西戎校尉爲雍州刺史，南蠻校尉爲荆州刺史」，知刺史兼校尉罷於太康，復於元康，晉書卷五七胡奮傳稱兄子喜「任至涼州刺史、建武將軍、假節、護羌校尉」，必在元康中或稍後。彭祈死於太康十年（二八九），他出任護羌校尉，正在「軍州始分」時，當即太康三年（二八二）。彭祈碑證明刺史與校尉或都督分治軍民之制，至少到太康十年沒有改變。〔一〕

刺史和校尉分職又見於華陽國志卷八大同志，志云：

> 三年更以益、梁州爲輕車（廖刻本校云：「當作州，句絶，按下文元康六年復以梁、益州爲重州，可證也。」），刺史乘傳奏事。以蜀多羌夷，置西夷府，以平吳軍司張牧爲校尉，持節統兵，州別立治，西夷治蜀，各置長史、司馬。〔二〕

益州刺史既不領兵，故置西夷校尉，各自立治。其時亦正在太康三年。所謂「輕州」，即刺史不加將軍號，不領兵。同書下文又云：

〔一〕吳廷燮晉方鎮年表以爲「晉涼州刺史例兼護羌校尉」，附列彭祈於涼州刺史表中，其實碑文明言「軍州始分」，吳氏偶未注意。這樣的誤會，亦見於平州刺史，吳據夫餘傳太康六年（二八五）列鮮于嬰，據傳，嬰實是護東夷校尉，又列何龕，亦是東夷校尉。

〔二〕各置長史、司馬句疑有誤，刺史不加將軍號，即不應有司馬，「各」字疑衍。

元康六年（二九六），復以梁、益州爲重州，遷益州刺史栗戭爲梁州，加材官將軍；揚烈將軍趙廞爲益州刺史，加折衝將軍。

據此，知輕重的差別主要在於刺史是否加軍號，亦即是否領兵。據華陽國志，似乎即使在太康三年實行軍民分治，也有一些重州不受此限止，亦即劉昭所引詔書所云「諸州無事者罷其兵」，並非諸州一律罷兵，但重州肯定是很少的。

刺史罷將軍官，不領兵，從另一方面説即是罷州郡兵，晉書卷四三山濤傳：

吴平之後，帝詔天下罷軍役，示海内大安，州郡悉去兵，大郡置武吏百人，小郡五十人。帝嘗講武於宣武場，濤時有疾，詔乘步輦從，因與盧欽論用兵之本，以爲不宜去州郡武備，其論甚精。於時咸以濤不學孫吴而闇與之合。帝稱之曰「天下名言也」，而不能用。及永寧之後，屢有變難，寇賊猋起，郡國皆以無備不能制，天下遂以大亂，如濤言焉。

罷州郡兵及山濤之論，傳泛稱「吴平之後」，故通鑑卷八一置於太康元年（二八〇）歲末。我以爲與刺史不領兵是一件事，應該同在太康三年。至於山濤論兵則又在下一年。傳稱山濤這番話是在隨從宣武場講武時説的，據卷三武帝紀，太康四年（二八三）「十二月庚午，大閲於宣武觀」。卷二一禮志下稱：「武帝泰始四年（二六八）、九月、咸寧元年（二七五）、太康四年、六年（二八五）皆自臨宣武觀，大閲衆軍。」武帝紀同。太康元年却並無閲武宣武觀的記載。據此，我們可以斷定所謂「罷州郡兵」即在太康三年，山濤論兵則在四年。

山濤不贊成廢州郡兵，所論不見記載，無從論其是非，但傳中説他有先見之明，認爲永寧（三〇一）之後，「寇賊猋起」，即由於郡國無備，以致「天下大亂」，這一論點當然是錯誤的。不僅永寧以後的禍亂原因之一正由於諸王弄兵，而且如前所説元康以後刺史已大都領兵，即諸郡亦多有兵，比如張昌起義，首先發兵鎮壓的正是江夏太守弓欽。〔一〕

根據太康詔書只説「諸州無事者罷其兵」，意味着有事者不罷，晉書卷五七陶璜傳：

吴既平，普減州郡兵，璜上言曰：「（前略）又臣所統之卒本七千餘人……死亡減耗，其見在者二千四百二十人。今四海混同，無思不服，當卷甲消刃，禮樂是務。而此州之人，識義者寡，厭其安樂，好爲禍亂……州兵未宜約損，以示單虛。」（以下請開放珠禁，規定珠分三等輸官，略）並從之。

按陶璜上言時間亦當在太康三年。山濤傳稱「罷州郡兵」，本傳則稱「普減州郡兵」，陶璜也只説「未宜約損」，「罷」與「減」異，但是一事無疑。按陶璜本吴將，在吴爲前將軍、都督交州諸軍事、交州刺史，降晉後，傳稱「帝詔復其本職，封宛陵侯，改爲冠軍將軍」，所謂「復其本職」，疑暫仍都督職銜。同卷吾彦傳稱「會交州刺史陶璜卒，以彦爲南中都督、交州刺史」，吾彦有都督職銜，當即承陶璜之舊。若此説不誤，則陶璜所領之衆既有都督所統，也有州軍。傳稱「減」，恐是籠統的説法，其實是都督領

〔一〕晉書卷一〇〇張昌傳。

兵如故，而罷刺史名義所領的兵。太康三年，刺史罷將軍官，若陶璜是都督，當然仍可保留將軍號。陶璜的建議是被採納的。那時晉朝既没有可能别派都督領兵，也没有别派刺史治民，在交州陶璜仍然兼治軍民，也許交州情況特殊，故不在「無事罷兵」之列。

以上我們探討了魏晉期間州郡兵的置罷問題。根據記載，大致在建安十三年（二〇八）前後，曹操統治境内没有或基本没有州郡兵，而由諸將領兵駐屯各地。建安晚年，曹操生前業已採納司馬朗的建議在一些州郡設置軍隊。至明帝太和時（二二七——二三三）十二州中有八個州置兵，還有若干郡（據杜恕所説不超過二十郡）。當時置兵州占州的多數，置兵的郡却不多。魏末晉初，諸州或以都督領刺史（較少），或刺史加將軍號領兵，大概除司州王畿以外，州皆置兵，郡的情況不明瞭。西晉統一後，太康三年（二八二）頒佈詔書，對舊制有所改革，其内容大致是：（一）諸州無事者罷其兵（或云「罷州郡兵」，「普減州郡兵」）；（二）刺史只作爲監司，罷將軍名號，不領兵，也不兼領兵的校尉官；（三）實行軍民分治，都督、校尉治軍，刺史（詔書雖説刺史爲監司，並不治民，實際並未做到）、太守治民。這個新規定在武帝統治時期基本上是實行了的。惠帝元康（二九一）後才破壞。

我們知道魏晉期間的軍事力量主要在於集中在洛陽的中軍和由都督統率的屯駐諸州的外軍，州郡兵的比重較輕，因此可以隨軍事形勢的變化而或置或罷。對於州郡兵的置罷曾經有過不同議論，大抵主張設置的人認爲置州郡兵便於鎮壓人民，如司馬朗所説的「内威不軌」，山濤所論雖已不傳，據史臣贊揚他的話看來，也不外此。主張限止或罷州郡兵的如杜恕及太康詔書是爲了使地方官專心民事與所謂「與民休息」。二者議論不同，實質上都是爲了鞏固封建政權。

最後，應當指出，西晉滅吳之後，隨即頒佈户調式，定占田、課田之制，罷州郡兵也即是擴大承擔賦役的課丁。

王敦之亂與所謂刻碎之政

王敦之亂是東晉政權建立後第一次朝廷與藩鎮之爭，也是司馬氏帝室與以王氏爲代表的南北士族之爭。

和西晉政權一樣，東晉仍然是以司馬氏爲首的門閥貴族聯合統治爲内容的君主專制政體。本來，司馬氏家族得以駕于諸士族之上，不僅由于他的帝室地位，更由于這個家族掌握了内外軍政大權。東晉却遠不是這樣情況，五馬渡江，宗室零落，毫無實力，晉元帝幾乎是孑身處于南北士族之間。他所以能够君臨江南，是由于晉皇朝已是漢族政權的象徵，北來僑姓只能在晉朝旗號下才能在江南立足，南方士族也只能在晉朝旗號下才能抗拒來自北方的各種勢力。曾經是一統皇朝帝室的司馬氏所具有的影響當時没有一個家族能够代替他，但是作爲駕于所有士族之上的帝室權威是帶有象徵性的，朝廷宰輔、地方都督全没有司馬氏的份。晉元帝對自己的地位是知道得很清楚的，他知道他在江南是「寄人國土」，即位時要王導和他一起登上御牀。〔一〕但是他又不安于自己的地位，力圖表現他自己，使士族感到他的存在，因此，在一定程度上他和他的扶植者王氏又處于政策對立地位，終于導致

〔一〕晉書卷六五王導傳。

王敦起兵這場鬥爭。

爲了改變這種主弱臣强的形勢，元帝拋棄了司馬家族「本諸生家傳禮來久」的儒學傳統，忽然推重申韓。晉書卷四九阮籍附從孫孚傳：

避亂渡江，元帝以爲安東參軍。蓬髮飲酒，不以王務嬰心，時帝既用申韓以救世，而孚之徒，未能棄也。

元帝「用申韓以救世」是否旨在糾正京洛帶來的任誕放達之風呢？也許有之，但不是主要的。又同書卷七三庾亮傳：

時帝方任刑法，以韓子賜皇太子。亮諫以申韓刻薄傷化，不足留聖心，太子甚納焉。

元帝任刑法的具體事實亦見于史籍，世說新語考異元帝始過江條，敬胤注：

（元帝）以法御下，明于黜陟。宋典，上所親也，其人犯法，免官，典斬其司馬以徇；〔一〕桂陽太守程甫，王敦所私，奢侈踰度，上遣御史戴弘檻車，斬之；永康令胡毋崇侵横百姓，懼罪亡叛，既而歸首，於朱雀門頓鞭二百，除名爲民；徐州刺史蔡豹征伐違律，斬而磔之。

敬胤是齊、梁時人，所記必有所本。其中宋典見元帝紀，元帝自蕩陰奔洛陽，他是隨從。蔡豹晉書卷八一有傳。他奉命進擊叛將太山太守徐龕，都督是太山高門羊鑒。蔡豹請進軍，羊鑒堅持不許，被刁

〔一〕當作「免典官，斬其司馬以徇」。

協彈劾，已判死罪，據説由于他是夏侯太妃的外親，免死除官。據卷八一本傳羊鑒乃王敦舅，他當都督是由王導竭力推薦的。他所以已判死刑而獲得赦免，所謂「太妃外屬」疑是託辭，其實涉及刁協與王敦、王導的鬥爭，元帝終于退縮了。

敬胤所舉誅程甫、鞭胡毋崇事不見記載，據元帝紀，太興元年（三一八）他即帝位後曾兩次下詔整飭吏治，第一次在三月，詔書説「及當官軟弱，茹柔吐剛，行身穢濁，修飾時譽者各以名聞」。第二次在七月，詔稱：

二千石令長當祇奉舊憲，正身明法，抑齊豪强，存恤孤獨，隱實户口，勸課農桑；州牧刺史當互相檢察，不得顧私虧公。長吏有志在奉公而不見進用者，有貪惏穢濁而以財勢自安者，若有不舉，當受故縱蔽善之罪；有而不知，當受闇塞之責。各明慎奉行。

如上所引敬胤注語，所謂「用申韓以救世」在一定程度上亦曾見之行動。協助元帝推行這一政策的是劉隗、刁協。晉書卷六九劉隗傳説他西晉末已是彭城内史，元帝爲丞相，「遷丞相司直，委以刑憲」，他「彈奏不畏强禦」，其中有王敦兄王含，本傳稱「南中郎將王含以族强顯貴，驕傲自恣，一請參佐及守長二十餘人，多取非其才。隗劾奏文致甚苦，事雖被寢，王氏深忌疾之」；還有個王籍之，乃王敦、王導從姪，〔一〕因爲居叔母喪而婚，也被彈劾；爲了枉殺督運令史淳于伯，他彈奏義興豪族周莚等，

〔一〕王籍之見晉書卷七六王彬傳，籍之爲彬兄子。劉隗彈籍之文見通典卷六〇，辭連籍之妻父周嵩及叔父王廙、王彬。

迫使王導「引過請解職」，雖元帝免予追究，也帶有對士族豪門示威的性質，當然也引起他們的不快。元帝稱晉王，他爲御史中丞，汝南高門周嵩嫁女，門生斷道，行兇斫人，劉隗彈劾嵩兄吏部尚書周顗免官。就這樣，他得罪了不少士族豪門，本傳説他「善承人主意」，顯然，上述行動都秉承元帝意旨。本傳又説：

> 太興初，長兼侍中，賜爵都鄉侯，尋代薛兼爲丹陽尹，與尚書令刁協並爲元帝所寵，欲排抑豪强。諸刻碎之政，皆云隗、協所建。隗雖在外（指丹陽尹），萬機秘密皆豫聞之。

同卷刁協傳稱「永嘉初爲河南尹」，没有就職，渡江避難。元帝稱晉王，以協爲尚書左僕射，當時禮儀制度的制訂，都由他主持。太興初，遷尚書令。傳稱：

> 協性剛悍，與物多忤，每崇上抑下，故爲王氏所疾。又使酒放肆，侵毁公卿，見者莫不側目。然悉力盡心，志在匡救，帝甚信任之。

此二人欲「排抑豪强」，「崇上抑下」，不能不觸及士族豪門，特别是權勢最盛的王氏，所以都「爲王氏所疾」。事實上他們犯了士族豪門的衆怒，仇視他們的決不止於王氏。世説新語方正篇：

> 周伯仁（周顗）爲吏部尚書，在省内，夜疾危急。時刁玄亮爲尚書令，〔一〕營救備親好之至，良久小損。明旦，報仲智（周嵩），仲智狼狽來。始入户，刁下牀對之大泣，説伯仁昨危急之狀。仲

〔一〕晉書卷六元帝紀，刁協爲尚書令，在太興元年（三一八）。

智手批之，刁爲辟易於户側。既前，都不問病，直云：「君在中朝，與和長輿齊名，那得與佞人刁協有情！」逕便出。

周氏弟兄曾被劉隗彈劾，他們對於劉、刁是不滿的，元帝疏遠王導，周嵩曾上疏力諫，把王導比作諸葛亮，他説疏忌王導、王廙等是「以危爲安，以疏易親，放逐舊德，以佞伍賢」，〔一〕他所説的「佞」正指劉、刁，與上引世説新語周嵩指刁協爲佞人相合。周氏弟兄後來並爲王敦殺害，那是因爲他們雖不滿劉、刁，却反對王敦「舉兵脅主」的行動，周顗名望素高，爲王敦所忌之故。

元帝企圖推行的所謂「以法御下」的政策不可能通過王導貫徹下去。太平御覽卷二四八府司馬條引何法盛晉中興書：

中宗（元帝）遷鎮建康，以導爲謀主，推心親任。於時朝野傾心，號曰「仲父」，導忠于事上，達於從政，以百六之弊，寄寓江左，爲治之本，務在清靜。

「務在清靜」正和「以法御下」背道而馳。晉書卷八三顧和傳：〔二〕

王導爲揚州，辟從事……既而導遣八部從事之部，和爲下，傳還，同時俱見。諸從事各言二千石官長得失，和獨無言。導問和：「卿何所聞？」答曰：「明公作輔，寧使網漏吞舟，何緣採聽風聞，以察察爲政。」導咨嗟稱善。

〔一〕晉書卷六一周浚附子嵩傳。

〔二〕按此事晉書採自世説新語規箴篇，唯世説末有「諸從事自視缺然也」一句。

按王導以右將軍爲揚州刺史，在建武元年（三一七）元帝稱晉王時。〔一〕顧和乃吴郡首望，顧榮族子，他的議論在士族豪門中具有一定的代表性，而且與王導「務在清静」的政策相符，所以能獲得王導的贊賞。顧和反對「察察爲政」，世説新語賞譽篇：「王丞相（王導）云：『刁玄亮（協）之察察，戴若思之巖巖，卞望之（壼）之峰距。』」顧和的話雖未必實指刁協，而王導既贊賞「不以察察爲政」，則以「察察」評刁協實是貶辭而非賞譽。至於「寧使網漏吞舟」的所謂寬政，其實就是縱容官吏貪污，豪强兼併，而這却正是王導的主張。晉書卷七三庾亮附弟翼傳載翼上兄冰書有云：

大較江東政以傴僂豪强，以爲民蠹，時有行法，輒施之寒劣。如往年偷石頭倉米一百萬斛，皆是豪將輩，而直打殺倉督監以塞責。山遐作餘姚半年，而爲官出二千户，政雖不倫，公强官長也。而群共驅之，不得安席。紀睦、徐寧奉王使糾罪人，船頭到渚，桓逸還復，而二使免官。雖皆前宰之惛謬，江東事去，實此之由也。

庾翼所説「前宰」即指王導，其時王導已死，所舉諸事也在成帝時，但所云「江東政以傴僂豪强以爲民蠹」，却不始見于王導執政的晚年，他早就同意顧和「寧使網漏吞舟」的政策了。

如上所述，元帝與王氏的矛盾，在政策上是「以法御下」和「務在清静」的對立。根據記載，矛盾由來已久，或者可以説，在元帝渡江後不久就已産生，具體反映在劉隗、刁協的被寵任。由

〔一〕晉書卷六五王導傳：「晉國既建，以導爲軍諮祭酒……俄拜右將軍、揚州刺史。」

于那時元帝在政治上特別在軍事上並没有足够的力量可以威脅王氏，同時王氏也還難以取得南北士族必要的支持，因此在彼此克制的情況下暫時相安。到太興三、四年間（三二〇——三二一），矛盾日益尖鋭，元帝任命親信大臣分居方鎮，積極組織軍隊，充實軍備；而組織軍隊和糧運的措施又廣泛損害了士族和大小地主豪强的利益，使王敦獲得更多的支持。於是矛盾迅速激化，一場内戰爆發了。

太興三年梁州刺史周訪卒，湘州刺史甘卓調任梁州，王敦要求以他的親信沈充爲湘州刺史，〔一〕元帝不准，任命譙王司馬承出鎮湘州。太興四年七月以戴若思爲征西將軍、都督司兗豫并冀幽六州諸軍事、司州刺史，鎮合肥；劉隗爲鎮北將軍、都督青徐幽平四州諸軍事、青州刺史，鎮淮陰。〔二〕王敦已決定起兵，遣使告知梁州刺史甘卓，甘卓答應支持；又遣親信吴興豪門沈充以葬父爲名，還鄉糾合徒衆。雙方的軍事行動都作好準備，永昌元年（三二二）正月王敦以誅劉隗爲名，起兵東下，指向建康，上疏列舉劉隗罪狀云：

劉隗前在門下，邪佞諂媚，譖毁忠良，疑惑聖聽，遂居權寵……大起事役，勞擾士庶，外託舉

〔一〕晉書卷九八王敦傳稱「敦欲以從事中郎陳頒代卓，帝不從」，卷三七譙王遜附子承傳稱「敦表以宣城内史沈充爲湘州」。

〔二〕晉書卷六九劉隗傳稱隗「率萬人鎮泗口」，戴若思傳稱若思「鎮壽陽」。按同書卷一五地理志下青州後序云：「自元帝渡江，於廣陵僑置青州。」淮陰屬廣陵郡，元帝紀作「鎮淮陰」是；戴若思傳云「若思至合肥而王敦舉兵，詔追若思還鎮京都」，則本當鎮壽陽。

義，内自封植，奢僭過制，乃以黄散爲參軍，晉魏已來，未有此比。傾盡帑藏，以自資奉，賦役不均，百姓嗟怨。

以上是總綱，包括劉隗任侍中及丹陽尹以至出鎮這幾年的「劣跡」，下面列舉具體罪狀五事，今分别稍加解釋如下：

一、「免良人奴自爲惠澤，自可使其大田以充倉廩，今便割配，皆充隗軍」。按在較大範圍内普遍發奴爲兵，這是創舉，以後却往往成爲補充兵源不足的臨時措施。此事亦見于卷六九劉隗、戴若思傳，戴若思傳説「調揚州百姓家奴萬人配之」，王敦起兵只以誅劉隗爲名，所以説「悉配隗軍」，其實若思所領萬人也都以揚州奴充配。據卷六元帝紀事在太興四年五月，尚在任命劉、戴出鎮前，詔云：

昔漢二祖及魏武皆免良人，；武帝時，涼州覆敗，諸爲奴婢，亦皆復籍，此累代成規也。其免中州良人遭難爲揚州諸郡僮客者，以備征役。

上引王敦及劉、戴諸傳都説免的是奴，詔書引證漢晉成規也是免奴，下文却説免的是僮客，似不一致。

按僮即奴，奴和客至少在法律上是有區别的，東晉末年，司馬元顯「發東土諸郡免奴爲客者號曰樂屬，移置京師，以充兵役」，很清楚，免奴則爲客，客的身分也是賤口，但高奴一等。由于同是賤口，隨着時間的推移，東漢以來，奴的身分日益接近於客，客的卑微化，也日益接近于奴，因此奴與客可以互稱，注漢書的臣瓚解釋章邯發酈山徒及「人奴産子」，説：「人奴之産子，今田客家兒。」〔二〕隋書卷二四食貨志叙東晉的佃客，「其佃穀皆與大家量分」，又説「客皆注家籍」，很明顯，晉代之客是依附性十分强烈的分成制佃農或農奴，不是奴。西晉户調式所記的佃客應亦相同，臣瓚是晉人，豈有不知，他所以把「人奴産子」與「田客家兒」併爲一談，大概二者身分非常接近，習慣上往往通稱之故。今諸傳都稱「免奴」，而詔書稱「僮客」，應以詔書爲準，當時所發實不止于奴，同時也有客。南齊書卷一四州郡志南兗州序云：

時百姓遭難，流移此境，流民多庇大姓以爲客。元帝太興四年詔，以流民失籍，使條名上有司，爲給客制度。而江北荒殘，不可檢實。

按南齊南兗州承晉宋之舊，常鎮廣陵，所云「流移此境」，自指江北廣陵、盱眙一帶當時南兗州境内。但北來流民在廣陵一帶的「多庇大姓以爲客」，其渡江到揚州境内的難道只爲奴麽？其實流移南兗州境内的也當有淪爲奴婢的，南齊書乃舉客以包奴，在揚州境内的亦是兼有奴、客，諸傳舉奴以包客。值得注意的是南齊書引太興四年詔，此詔與免中州良人爲僮客之詔同一年，詔書以流民失籍，要求「條名上有司，爲給客制度」。誰負責「條名」呢？當然是庇客的大姓。所云「給客制度」疑即隋書食貨志所載按官品差等蔭客之制。〔三〕既定給客數字，其超額之客當然被認爲非法，國家有權處理，我以爲和奴一樣「以充兵役」，配入劉隗、戴若思軍府。

〔二〕見通鑑卷七秦二世元年「使章邯免酈山徒」條胡注引，今本漢書顔注未見，但胡注必有據。
〔三〕隋志所記載蔭客數字略高于晉書食貨志所載户調式規定的按品蔭客數字。

人所共知，魏晉南朝都推行世襲兵制，除特殊情況外，所謂「良人」即普通百姓是不該服兵役的。世襲兵的來源不外于自然增殖與刑徒充配，東晉初年，江南地區原有世襲兵大概非常之少，元帝移鎮建鄴時從下邳帶來的安東軍府兵也不會多，遠不足以應付規模巨大的新的兩大軍府建置需要。奴和客本來經常被充作私人的「家兵」、「部曲」，很自然地會想到把他們配充兵役。這次徵發的「僮客」，劉、戴兩軍府合計達二萬人之多，徵發所及，必然導致有僮客的大姓豪强的怨恨。二十年後庾翼發六州奴爲兵，〔一〕弄得「百姓嗟怨」；到了晉末，司馬元顯發「東土諸郡免奴爲客者」充兵，也是「東土囂然，人不堪命」。〔二〕史傳所謂「百姓」和「人」實際上只是那些爲此而受到損失的大姓豪强。這次當然同樣遭到這些人的怨恨。

二、「臣前求迎諸將妻息，聖恩聽許，而隗絶之，使三軍之士莫不怨憤」。按三國時魏、吴諸將征鎮皆以妻子作質，稱爲質任。晉初已除其法。但王敦請迎諸將妻息，仍須元帝特許。所説劉隗「絶之」，恐非事實。當時積嫌已深，王敦要迎諸將妻息，爲的是一旦舉兵，解除顧慮，元帝豈肯輕許他的請求。然而不遣妻息顯然並無任何效果。

三、「又徐州流人辛苦經載，家計始立，隗悉驅逼，以實己府」。按此事不見紀傳。晉書卷一五地理志下徐州後序稱「元帝渡江之後，徐州所得惟半」，僑置淮陽等四郡，又以隨元帝渡江的琅邪國

〔一〕晉書卷七三庾亮附弟翼傳、卷七七何充傳。二傳都説發奴，而卷九四翟湯傳却説「大發僮客」，疑實亦並發奴與客。

〔二〕晉書卷六四會稽王道子附子元顯傳。

人「置懷德縣及琅邪郡」。又說「是時，幽、冀、青、并、兗五州及徐州之淮北流人相帥過江淮，帝並僑立郡縣以司牧之」。王敦疏所云之「徐州流人」並没有淪爲奴、客，他們「辛苦經載，家計始立」，應是屬於僑郡縣的「良人」。所謂「隗悉驅逼，以實己府」，既非僮客，即不在調發充兵之例，可能以召募或別的什麽名義召充軍吏，但又何故被「驅逼」的只是徐州的流人而不及其他？這一條我們還弄不清楚，可以懂得的是劉隗曾經「驅逼」一批自有家計的徐州流人以充實他的鎮北府，當然這又是招怨的事。

四、「陛下踐阼之始，投刺王官本以非常之慶，使預蒙榮分，而更充征役」。按卷六九戴若思傳稱「發投刺王官千人爲軍吏」。卷七一熊遠傳：「及中興建，帝欲賜諸吏投刺勸進者加位一等，百姓投刺者賜司徒吏，凡二十餘萬。」刺是名刺，「投刺」指元帝稱帝前投送名刺勸進。這在當時似是一種通行表示贊同的形式。南齊書卷一高帝紀記元徽二年（四七四）桂陽王休範起兵攻建康事，稱：「休範既死，典籤許公與詐稱休範在新亭，士庶惶惑，詣壘投名者千數，太祖隨得輒燒之。」這些人相信訛言，以爲休範已據新亭，所以「詣壘投名」，壘指新亭的壘。梁書卷一四江淹傳云：「永元中（五〇〇），崔慧景舉兵圍京城，衣冠悉投名刺，淹稱疾不往。」休範謀廢蒼梧王自立，崔慧景亦欲廢帝而立江夏王寶玄或巴陵王昭胄，〔一〕投名刺都含有勸進的意思。所謂「王官」，當然不能是指王國三卿之類的王國官，據上引熊遠傳，投刺的諸吏加位一等，百姓賜司徒吏，則此「投刺王官」本當是吏，所以得配充

〔一〕見南齊書卷五一崔慧景傳。

軍吏，但不知爲什麽投刺諸吏中獨以王官配充。如王敦疏所説，他們本來因投刺勸進獲賞「王官」，却反而被配入軍府，所以爲之不平。

五、「復依舊名，普取出客。從來久遠，經涉年載，或死亡滅絶，或自贖得免，或見放遣，或父兄時事，身所不及，有所不得，輒罪本主。百姓哀憤，怨聲盈路」。按上引太興四年五月詔書説的是免中州良人爲僮客者爲兵，這些僮客是北來流人，並無名籍，據南齊書州郡志，詔書要求將流人爲客者列名條上有司；而本條所説是「依舊名出客」，即舊籍上有名，可知與發僮客或「免奴」是兩件事。王敦疏没有説「普取出客」爲的什麽，卷六九刁協傳説：「以奴爲兵，取將吏、客使轉運，皆協所建也，衆庶怨望之。」據此知取客是使他們承擔轉運之役。承擔轉運之役的還有「將吏」，我想可能即指「投刺王官」。所云「舊名」即指户籍上主人户下記注的客的姓名。隋書卷二四食貨志記東晉蔭客之制，云「客皆注家籍」，表明客没有獨立户口，只附注于主人的家籍上，又依家籍申報上黄籍。晉及南朝凡收納依附人口，稱爲「置名」、「録名」、「屬名」，〔二〕意並指依附人口的姓名登記上主人家籍。本來，奴隸没有獨立户口，客的身分雖較奴高，却同屬賤口，也同樣没有獨立户口。直到唐代，部曲、客女還是和奴婢一樣附于主人户下的。正因爲有籍可稽，才能「依舊名出客」。同時也説明這些「客」不是「私相置名」，隱丁匿口，而是在法律許可範圍内公開的私屬。由于是「依舊名」，而不是新的「條名列上有

〔二〕晉書卷二六食貨志泰始五年（二六九）正月癸巳勅「豪勢不得侵役寡弱，私相置名」。同書卷四四華表附子廙傳：「初表有賜客在鬲，使廙因縣令袁毅録名。」南史卷五齊本紀下東昏侯紀：「又先時諸郡役人，多依人士爲附隸，謂之屬名。」

司」的客，所以王敦疏稱「從來久遠，經涉年載」，有的業已死亡，有的贖免和放免，有的還是父兄時登記的客，一句話，雖有舊名，却無此客。由此可見，所依的舊名確實相當舊了。我們知道僑人的舊籍無從檢查，談不上依舊名，顯然，所普取的都是江南土著豪强地主的客，由此蒙受損失的也是他們。如王敦所說，這一措施弄得「怨聲盈路」，依舊名「取客」是劉隗、刁協招致江南大姓豪强忿怒的主要原因之一。

這批所取的客和將吏是用於運輸的，我想當是爲了供應劉隗、戴若思兩鎮的軍糧。運輸是非常嚴重的力役，特别是在戰時。〔一〕隋書食貨志叙東晉南朝之制，「又率十八人出一運丁役之」，這是民運，我們不知道這是什麽時期定的制度。這一制度即使在平時大概也很難遵守。以上王敦罪狀劉隗所舉五事，除第二事請取諸將妻息以外，都與劉隗、戴若思出鎮，置立軍府及運糧有關。元帝決心要建立和加强自己的武裝力量以抗王敦，提高帝室的威信，但是這一系列措施却進一步導致南北大姓豪强的怨恨，使王敦獲得必要的支持。

據元帝紀，王敦舉兵，上疏請誅劉隗在永昌元年（三二二）正月戊申，亦即正月十四日；又據王敦傳，他行到蕪湖，又上表罪狀刁協，元帝才下詔討伐，徵劉隗、戴若思還軍保衛建康，據元帝紀，已在三月；四月，王敦前鋒到達石頭城。在二個多月時間内，雙方並未交戰。王敦前鋒攻打石頭城，守將是

〔一〕見晉書卷八〇王羲之傳羲之與殷浩及謝安書。

江南最强大的豪門周札，他開門出迎。王敦傳云：

敦至石頭，欲攻劉隗，其將杜弘曰：「劉隗死士衆多，未易可克，不如攻石頭。周札少恩，兵不爲用，攻之必敗。札敗則隗自走。」敦從之，札果開城門納弘。諸將與敦戰，王師敗績。

杜弘只估計周札不得軍心，一定戰敗，却不料竟然開門迎降。劉隗、戴若思率衆反攻，也没有經過激戰就告失敗。實際上周札迎降，戰事基本結束。周札爲什麽不戰而降呢？王導有一個解釋。晉書卷五八周處附子札傳記王敦死後，周家故吏要求追贈周札、周莚（周札、周莚後來都被王敦殺死），對於周莚没有争議，對於周札却因有石頭開門迎降之事，尚書卞壼、尚書令郗鑒却不同意，爲此，王導兩次立議駁卞、郗，其第二議有云：

論者謂札知隗、協亂政，信敦匡救，苟匡救信，姦佞除，即所謂流四凶族以隆人主，巍巍之功耳。如此，札所以忠于社稷也。後敦悖謬，出所不圖，札亦闔門不同，以此滅族，是其死于爲義也。夫信敦當時之匡救，不圖將來之大逆，惡隗、協之亂政，不失爲臣之貞節者，于時朝士豈惟周札耶！

王導認爲當劉、刁亂政，比於古代四凶，王敦舉兵，周札認爲是匡救亂政，翦除姦佞，他開門迎降，正是「忠於社稷」，完全正確。如王導所説，周札開門是響應王敦討劉、刁的積極行動。王導的話當然不能認爲就是周札的真實意圖，但可以肯定像他那樣的「豪右」，必然不滿劉、刁「排抑豪强」和「諸刻碎之政」，如果認爲他的迎降基本上符合于那些深惡劉、刁「亂政」的南北大姓豪門的願望，恐怕不算過分。

王導爲周札辯護，其實也是爲自己辯護，在追贈周札第一議中他聲稱「至於往年之事，自臣等有識以上，與札情豈有異」，即是説王敦第一次起兵，他和其他有識之士内心與周札並無不同。追贈周札的争議已在王敦第二次起兵徹底失敗以後，更早些時王敦剛死，王含繼續領兵指向建康時，王導與含書有云「昔年佞臣亂朝，人懷不寧，如導之徒，心思外濟」，毫不諱言王敦第一次起兵正符合於他的心願。王導一再説「自臣等有識以上」，「如導之徒」，表明抱同樣態度的不止一人，王氏宗族王舒、王廙以及至親羊鑒等自不必論，其他在不同程度上反對劉、刁，同情王敦的雖史無明文，亦大有人在。這一點只看迎降的周札竟得追贈，而死難的刁協却一直被稱爲「佞臣」，〔一〕直到成帝咸康中（三三八——三四二）經過一番争議，才得追贈，便可知道。〔二〕

我們當然不是説所有士族豪門都贊同王敦的軍事行動，像周顗就是强烈反對王敦舉兵作亂的，我們只是説士族豪門多數反對劉、刁奉行的「崇上抑下」政策即所謂「刻碎之政」，其中一部分對于王敦舉兵認爲是他們的希望，有的是持默許的態度，在輿論上王敦不可能獲得絶對的優勢，但他獲得必要的支持，特別是在太興四年發奴、發客之後。

以上我們初步探討了導致王敦之亂的複雜因素和所謂「刻碎之政」的指導思想。我們認爲王敦

〔一〕前引周嵩手批刁協，斥爲「佞人」，世説新語人方正篇，可知宋代劉義慶仍認爲刁協確是佞人。

〔二〕晉書卷六九刁協傳稱咸康中，協子彝上疏請追贈協，「時庾冰輔政」，按卷七三庾亮附弟冰傳，冰輔政在咸康五年（三三八）七月王導死後。

之亂是長期以來王、馬之争亦即帝室與南北士族之争的總爆發。二者之間的矛盾早在元帝渡江之始就已有跡象，到元帝即位時更有發展。元帝要王導升御座共坐，表面是優禮，實際上暗示他已察覺到王氏之權越出了通常大臣的範圍。元帝力圖維持帝室的權威，他企圖「以法御下」，奉行元帝意旨的劉隗、刁協推行了一系列以「排抑豪强」、「崇上抑下」爲中心内容的所謂「刻碎之政」。元帝和劉、刁的政策正和王導「不以察察爲明」、「務在清静」的政策是相互對立的，這種對立實質上是門閥貴族聯合統治與君主專制政體内在矛盾的體現。由于在一個時期内雙方爲了各自的打算，不得不自行克制，因而暫時相安。一到太興四年，元帝建立兩個軍府，組織了龐大的親帝室軍隊，政治上的暗鬥發展爲軍事上的明争。組織軍隊，充實軍府的具體措施和發奴、發客觸犯了大姓豪强的利益，使統治階級内部的矛盾更爲激化。下一年，王敦在南北士族豪門的支持下舉兵進向建康，幾乎「兵不血刃」，以江南大豪門周札獻城迎降而結束了這場戰争。

這次戰争決定了東晉一朝君弱臣强的形勢。

從孫吳開始，江南六代相承都是以皇族爲首的大姓豪門（或叫做門閥貴族）聯合統治，而形式上還是繼承秦漢君主專制政體。這種君主專制的特點，是帝室作爲一個最强大的家族駕于其他家族之上，無論在朝廷或地方，宗室都居于相對優勢的地位，東晉前的孫吳，東晉後的宋、齊、梁、陳基本上都是這樣，西晉北朝也是這樣。唯獨東晉，親疏宗室處于無權的地位。司馬氏並非最强大的家族，早期最强大的家族是王氏，以後是庾氏、桓氏、謝氏。西晉時出將入相主要是司馬家兒，而東晉却是王、以庾、桓、謝。君主專制完全是象徵性的。東晉晚期，司馬道子、元顯父子專政，也想削弱方鎮，也想以發客的辦法組織自己指揮的軍隊，最後也以失敗而告終。

最後，必須說明，元帝「用申韓」、「以法御下」固然有對付士族豪强這一面，但主要仍然是爲了鎮壓人民。晉書卷七二郭璞傳說「于時陰陽錯繆，而刑獄繁興」，郭璞兩次上疏認爲當時出現的所謂災異都是「刑獄殷繁」、「刑獄充溢」的徵應。當然刑獄所加主要是人民，但在這方面，元帝與王導、王敦並無任何矛盾。劉隗、郭璞都提到督運的丞相府令史淳于伯冤死，作爲濫刑典型，王導是這次濫刑的高級負責人；庾翼提到豪將盜取石頭倉穀而冤殺倉督監，認爲是前宰即王導之惛謬。因此在本文就不多談了。

南北朝期間西域與南朝的陸道交通

漢代以來，由河西走廊出玉門、陽關以入西域，是內地和西北邊區間乃至中外間的交通要道。但這並非唯一的通路，根據史籍記載，我們看到從益州到西域有一條幾乎與河西走廊並行的道路。這條道路的通行歷史悠久，張騫在大夏見來自身毒的邛竹杖與蜀布是人所共知的事，以後雖然不那麼顯赫，但南北朝時對南朝來説却是通向西域的主要道路，它聯結了南朝與西域間的政治、經濟和文化，曾經起頗大的作用。本文將據史籍和佛教著述以及吐魯番出土文書試加探討。由於涉及的問題較多，本人的學力有限，必多錯誤，希望同志們指正。

一　高昌沮渠政權遣使劉宋與毗婆沙論的寫送

西晉末年以來，當前涼、後涼、西涼、北涼先後占領河西走廊時，史籍記載，除後涼外，其它幾個政權一直與東晉、劉宋使命往來。由於自涼州通往江南，必須通過益州，所以前涼奉使東晉，不得不向據有巴蜀的成漢政權稱臣，〔一〕而北涼和東晉通使，也要在占有益州的譙縱政權消滅以後。〔二〕本來，由

〔一〕晉書卷八六張駿傳。
〔二〕晉書卷一〇〇譙縱傳及卷一二九沮渠蒙遜載記。

涼州到益州，可以由秦隴南下漢中，但秦隴地區也被中原或地方政權所隔絶，所以必須從敦煌或張掖南入在青海的吐谷渾境，再東行入益州。這大概一向是商旅往來的通道。

宋書卷九五索虜傳末附記粟特，稱「太祖世，並奉表貢獻」，「大明中（四五七——四六四）遣使獻生師子、火浣布、汗血馬，道中遇寇，失之」。宋書卷五文帝紀元嘉十八年（四四一）記朝貢諸國中有「肅特」，應即粟特。當時以粟特名稱通使的應即康國（撒馬爾干），這個王國當時統治那密水流域的粟特地區。

宋書記粟特入貢凡兩次，第一次在元嘉十八年，即魏太平真君二年（四四一）。前二年（四三九）九月北魏已占領北涼都城姑臧，但沮渠無諱弟兄仍據有敦煌，且曾一度反攻並收復酒泉，直至元嘉十九年（四四二）無諱始撤離敦煌，西占鄯善。粟特使者有可能在元嘉十八年初抵達敦煌，經吐谷渾入益州；也可能由鄯善直接進入吐谷渾境。第二次大明中的粟特入貢不見記載，這次肯定自鄯善直走吐谷渾，因爲北魏已全部控制河西走廊。

沮渠無諱弟兄于元嘉十九年（四四二）八月自鄯善北上高昌，九月攻占高昌城，次年建元承平。至大明四年（魏和平元年四六〇）爲柔然所吞併。這個北涼殘餘政權爲了對抗北魏，一向與劉宋交好，接受宋的官爵。史籍記載，無諱及弟安周曾四次遣使劉宋。

第一次使命往來，據宋書記載在元嘉十九年（四四二），卷五文帝紀本年六月壬午稱：「以大沮渠無諱爲征西大將軍、涼州刺史。」同書卷九八氏胡傳于同年九月記無諱占領高昌後稱：

遣常侍氾儁奉表使京師，獻方物。太祖詔曰：「往年狡虜縱逸，侵害涼土。西河（按應是「河西」倒誤）王茂虔遂至不守，淪陷寇逆。累世著誠，以爲矜悼。次弟無諱克紹遺業，保據方隅，外結鄰國，内輯民庶，繫心闕庭，踐修貢職，宜加朝命，以褒篤勳，可持節、散騎常侍、都督涼河沙三州諸軍事、征西大將軍、領護匈奴中郎將、西夷校尉、涼州刺史、河西王。

因爲本紀和傳所記月份不同，通鑑考異卷五還專出一條，說「宋本紀封爵在六月，傳在九月，今從傳」。其實本紀的六月乃宋廷發詔授予無諱官爵之時，傳在九月則是氾儁奉詔抵達高昌之日，本來並不矛盾。問題在於無諱於何時何地遣使。查本年四月無諱始放棄敦煌，西赴鄯善，六月仍在鄯善。宋廷發詔授官在六月，則氾儁到達建康應在六月前，奉使出發當然更早。我認爲氾儁出使尚在本年四月無諱放棄敦煌前。那時敦煌以東已被北魏占領，氾儁走的路當即西涼通使東晉的道路，即由敦煌南下柴達木盆地，通過吐谷渾入益州，東下建康。

第二次即在次年，宋書文帝紀元嘉二十年（四四三）稱「是歲，河西國……並遣使獻方物」。這次當是無諱接受官爵後，遣使報謝。

第三次是在元嘉二十一年（四四四），本年無諱死，弟安周繼立。宋書文帝紀本年九月甲辰稱：「以大沮渠安周爲征西將軍、涼州刺史。」氐胡傳記下了授官的詔書：

故征西大將軍、河西王無諱弟安周……雖亡土喪師，孤立異所，而能招率殘寡，攘寇自今，宜加榮授，垂軌先烈。可使持節、散騎常侍、都督涼河沙三州諸軍事、領西域戊己校尉、涼州刺史、河西王。

這回安周遣使必由於無諱死後，向宋廷報喪，並請求嗣位。我們知道無諱死後，曾發生王位繼承之爭，〔一〕獲得宋廷册封，當然有助於王位的鞏固。宋廷過去授予無諱的官爵，基本上與授予沮渠茂虔（即牧犍）相同，這次授予安周的官却以「西域戊己校尉」換去「領護匈奴中郎將、西夷校尉」，表明這是個駐屯高昌的地方政權。

上年和本年的兩次遣使毫無問題是從高昌出發的，當時北魏既已全部占領河西走廊，使人已不可能進入玉門、陽關，像第一次那樣由敦煌南下吐谷渾境。使者走的道路應該先通過焉耆到鄯善（今新疆若羌），由此沿今若羌越過阿爾金山口進入吐谷渾的白蘭地區，再東行至察汗烏蘇河的都蘭城（即隨後的吐谷渾都城），經由柴達木盆地，更東南行，以達吐谷渾東境龍涸（今松潘）而入益州。

由高昌經焉耆到鄯善這段路程從來就是行旅頻繁的通道。人所熟知，東晉隆安四年（四〇〇）法顯就是從鄯善到焉耆，而他的同伴智嚴等三人又從焉耆返行高昌求行資的，而沮渠無諱也是通過焉耆進軍高昌。〔二〕宋書氏胡傳稱無諱進軍高昌時留從子豐周留守鄯善。〔三〕雖然豐周留守到哪一年我

〔一〕魏書卷三〇車伊洛傳稱：「時無諱卒，其弟天周（安周之誤）奪無諱子乾壽兵，規領部曲。伊洛前後遣使招喻，乾壽等率户五百餘家來奔，伊洛送之京師。」

〔二〕魏書卷九九沮渠氏傳。

〔三〕同上書稱「無諱留安周住鄯善」。按同書卷四三唐和傳稱和爲柔然所逼，西攻高昌，初與沮渠入高昌的軍隊相敵，即記「時沮渠安周屯横截城」，則安周當與無諱同行，守鄯善的當是豐周。

們完全不知道，但從四四一年到以後一個時期間，鄯善、焉耆是與沮渠政權一起力圖阻止北魏勢力西進的。這一點我們將在後面談到。因此，這一段道路也許可以說在此期間是在沮渠政權的控制之下，來往自無障礙。

鄯善以東穿越今青海以達岷蜀這段道路大致能够獲得吐谷渾的保護。沮渠牧犍統治時，北涼與吐谷渾的關係是友好的，北魏太武帝罪狀牧犍，其中一條是「北托叛虜，南引仇池，憑援谷軍（吐谷渾）」；〔一〕魏平涼州後，吐谷渾主慕利延怕北魏進攻，曾率部人「西遁沙漠」；〔二〕吐谷渾也正努力交好劉宋，沮渠使者通行其境應該没有問題。

沮渠無諱弟兄遣宋使者都必攜帶進獻的「方物」，什麽方物，史籍不載，從佛教記載得知，可能其中有一次帶着佛經。出三藏記集卷一〇有釋道挻的六〇卷本毗婆沙經序叙述此書由沙門道泰自西域獲得梵本，攜歸北涼，大沮渠河西王請天竺沙門浮陀跋摩主持開譯，序稱：

遂於乙丑之歲，四月中旬，於涼城内苑閑豫宫寺請令傳譯理味，沙門智嵩、道朗等三百餘人考文詳義，務存本旨，除煩就實，質而不野。王親屢迴御駕，問其幽趣，使文當理詣，片言有寄。至丁卯歲七月上旬都訖，通一百卷。會涼城覆没，淪湮遐境，所出經本，零落殆盡。今涼王信向發中，探深幽趣，故每至新異，悕仰奇聞。其年歲首，更寫已出本六十卷，令送至宋臺，宣佈未聞。

〔一〕魏書卷九九沮渠氏傳，「谷軍」爲「谷渾」之訛。
〔二〕北史卷九六吐谷渾傳。

庶令日新之美，敞於當時；福祚之興，垂於來葉。挺以後緣，得參聽末，欣遇之誠，竊不自嘿，粗列時事，以貽來哲。

按同書卷二著録阿毗曇毗婆沙六十卷，注云：「丁丑歲四月出，至己卯歲七月訖。」序稱乙丑四月出，丁卯七月訖，干支互異。乙丑爲宋元嘉二年，沮渠蒙遜之玄始十四年（四二五）；丁卯爲宋元嘉四年、蒙遜之玄始十六年（四二七）。如序所記不誤，則此論譯於北涼沮渠蒙遜時。而丁丑爲元嘉十四年、北涼沮渠牧犍之永和五年（四三七）；己卯爲元嘉十六年，牧犍之永和七年（四三九）。即於此年八月魏軍圍姑臧，九月牧犍降魏，則此論剛譯成，魏軍已兵臨城下，似與序所云「會涼城覆没」之言相合。高僧傳卷三宋河西浮陀跋摩傳更明言：「蒙遜已死，子牧犍嗣位，以犍承和五年歲次丁丑四月八日即宋元嘉十四年，於涼州城内閑豫宫中請跋摩譯焉……再周方訖，凡一百卷，沙門道挺爲之作序。有頃魏虜拓跋燾西伐姑臧，涼土崩亂，經書什物皆被焚蕩，遂失四十卷，今唯有六十卷存焉。」隋費長房歷代三寶記卷九北涼歸阿毗曇毗婆沙論條亦同高僧傳。因此，序文的干支當是傳鈔之訛。

序文最後一段叙述此論傳至劉宋經過，諸書均未解釋，但却頗值得注意。首先，序文説「今涼王」令將今本六十卷「送至宋臺」，這個「今涼王」，在「涼城覆没」之後更無别人，只有沮渠無諱。無諱自稱涼王始於哪一年，不詳，至遲是在元嘉二十年（四四三）他占有高昌，改元承平時。據序稱「會涼城覆没，淪湮遐境」，所云「遐境」當指高昌，元嘉十九年（四四二）四月前無諱在敦煌，從北涼的疆土説，敦煌是不好算「遐境」的。據此，我們認爲此論在姑臧陷落後，殘本六十卷入高昌，序稱「其年歲首，更寫已出本六十卷令送至宋臺」，所云「其年」，連上文似乎即指「涼城覆没」之年（四三九），但那年無諱尚在酒泉、敦煌，與「遐境」不符，而且戰争方亟，也没有可能讓人重寫殘本。我以爲序文原先當有紀年，用的是承平年號，〔二〕因爲「送至宋臺」，不能公然僭稱，所以有意删去，弄得没頭没腦。「送至宋臺」是奉「今涼王」之令，因而可以設想此論是由沮渠無諱遣宋使人作爲禮品之一攜往江南的。如上所述，沮渠無諱弟兄曾四次遣使劉宋，第一次無諱尚在敦煌，似未稱涼王，比較可能的是元嘉二十年（四四三）和二十一年（四四四）這二次。如果是第三次，「今涼王」就當指沮渠安周了。

毗婆沙論是小乘一切有部的重要論集，浮陀跋摩所譯是新出全譯本，中原尚未獲見，却先送往江南，從佛經傳播過程來説是值得注意的事。我們知道東晋末年釋慧遠承釋道安之後，在江南兼修有部之學，名僧傳鈔附名僧説處第十記「廬山惠（慧）遠習有宗事」，廬山曾經是小乘毗曇的基地。此論傳入，對於江南毗曇學的影響如何尚待研究。

二　沮渠政權第四次遣使劉宋與北魏鄯善鎮之設置

如上所述，自元嘉十九年（四四二）以後，無諱、安周弟兄連年和劉宋通使，而此後却忽然中斷了十四年一無記載，直到宋大明三年（四五九），也即是沮渠安周爲柔然所滅的前一年，宋書卷六孝武帝

〔二〕高僧傳及歷代三寶記並以道挻作序即在譯成之時，亦即沮渠牧犍之永（承）和七年（四三九）。據序明言，作序之時姑臧已陷，沮渠無諱已稱涼王，此論已重寫清本決定送往宋臺，當然不可能寫於牧犍時，應是寫於高昌。

紀於是年十月記「戊申，河西國遣使獻方物；庚戌，以河西王大沮渠安周爲征虜將軍、〔一〕涼州刺史」。爲什麼元嘉二十一年（四四四）之後高昌和劉宋間的通使中斷了呢？

原因很簡單，就是由高昌經鄯善、吐谷渾以入益州的道路從元嘉二十一年之後阻塞不通了。魏書卷四下世祖紀下記載四四四——四四五年間這條路上發生的事件：

太平真君五年（元嘉二十一年，四四四）。

三月，遣使者四輩使西域。

八月，晉王伏羅督高平、涼州諸軍討吐谷渾慕利延。

十月癸未，晉王伏羅大破慕利延，慕利延走白蘭。

太平真君六年（元嘉二十二年，四四五）

四月庚戌，征西大將軍高涼王那等討吐谷渾慕利延於陰平白蘭。

同月，散騎常侍、成周公萬度歸乘傳發涼州以西兵襲鄯善。

八月壬辰，度歸以輕騎至鄯善，執其王真達以詣京師。

同月，高涼王那軍到曼頭城，慕利延驅其部落，西渡流沙。那急追，慕利延遂西入于闐國。

兩年間北魏發動了對吐谷渾的進攻，迫使吐谷渾「西渡流沙」，到達于闐。北史卷九六吐谷渾傳記此

〔一〕宋書卷九八氐胡傳不記授官，但云「獻方物」，按元嘉二十一年，宋已授安周征西將軍軍號，征西和征虜雖晉宋官品同在第三，而「征虜」班在「征西」之下，這次遠道遣使朝貢，不宜忽降軍號，疑有誤。

事，説「七年，遂還舊土」，七年乃指太平真君七年（四四六）。當然，在這幾年内，吐谷渾境内難以通行。同時，魏軍又攻下了鄯善，沮渠政權的使者也不能通過鄯善進入吐谷渾，這條路完全阻塞了。

北魏所以要襲取鄯善，是因爲鄯善不讓北魏遣使與西域相通。上引魏書世祖紀下真君五年（四四四）三月魏曾遣使西域。據當時的交通情況，由敦煌經伊吾通過沮渠占領的高昌是不可能的，那就只能通過鄯善，但這條路也走不通。北史卷九七鄯善傳説：

> 及太武平涼州，沮渠牧犍弟無諱走保敦煌。無諱後謀渡流沙，遣其弟安周擊鄯善。王比龍恐懼欲降，會魏使者自天竺、罽賓還，俱會鄯善，勸比龍拒之……後比龍懼，率衆西奔且末，其世子乃應安周。〔其後，魏遣使使西域，道經其國〕，〔一〕鄯善人頗剽劫之，令不得通。太武詔散騎常侍、成周公萬度歸乘傳發涼州兵討之……其王真達面縛出降。度歸釋其縛，留軍屯守，與真達詣京都。

據此知鄯善剽劫北魏遣往西域使人乃在降沮渠氏之後，被剽劫者疑即上引魏書世祖紀下真君五年（四四四）所遣的「使者四輩」。〔二〕

〔一〕括號内字原缺，據通志卷一九六鄯善傳補，見中華書局標點本北史西域傳校記〔六〕。

〔二〕北史卷九七西域傳序稱：「涼州既平，鄯善國以爲『脣亡齒寒，自然之道也。今武威爲魏所滅，次及我矣……不如絶之，可以支久』。乃斷塞行路，西域貢獻，歷年不入。後平鄯善，行人復通。」按武威被陷後，沮渠無諱在酒泉、敦煌與魏作戰，北魏很少可能遣使西域；且據鄯善傳，沮渠安周攻鄯善時（四四一），從天竺、罽賓返至鄯善的使人尚力勸比龍抗拒安周，豈有敵視魏使之事。知西域傳序之説不足信。

上面我們已提到元嘉十二年（四四二）八月沮渠無諱進軍高昌時，曾命從弟豐周留守鄯善，雖大概不久即撤離，但鄯善一度是在沮渠政權控制下的，至少也是政治上受其影響的，所以他們聯合抗拒北魏勢力的西進，而與之同時即四四二至四四四年間，高昌遣往劉宋的使人却可以取道鄯善，通行無阻。

元嘉二十二年，吐谷渾已被迫西走，鄯善又被魏軍攻占，〔一〕高昌通往江南的道路全被堵塞。次年，吐谷渾雖返故居，而魏軍仍然屯守鄯善，依然難以通行。而且二年以後，還有新的發展。魏書卷四下世祖紀下太平真君九年（宋元嘉二十五年，四四八）稱：

五月，以交趾公韓拔爲假節、征西將軍、領護西戎校尉、鄯善王，鎮鄯善。賦役其民，比之郡縣。

秋九月，成周公萬度歸千里驛上，大破焉耆國，其王鳩尸卑那奔龜茲。

十有二月，詔成周公萬度歸自焉耆西討龜茲。

本年，韓拔以鄯善王、護西戎校尉名義鎮守鄯善，萬度歸進軍占領焉耆，並立了焉耆鎮。度歸西征龜茲，留下沮渠氏死敵西涼殘餘勢力代表唐和鎮守焉耆。〔二〕

〔一〕據魏書卷四下世祖紀下稱萬度歸「執其王真達以詣京師」，而真君八年（四四七）十二月仍有「遣子入侍」的記載，則鄯善仍自立王。據鄯善傳知度歸曾留軍屯戍。

〔二〕魏書卷四三唐和傳。

自元嘉二十一年（四四四）以後，高昌通往江南的道路阻塞，這就是四四四年以後再也不見高昌遣使劉宋的原因。

但是爲什麽過了十四年，到宋大明三年（四五九）又有高昌使人到達劉宋呢？可能是一次成功的偷越。偷越的行旅大概隨時都有，只要越過魏軍防守地帶，進入吐谷渾領地就不難通往益州，因爲吐谷渾一直對北魏懷有戒心，而對劉宋則力圖交好。但也不能排斥那時魏軍已撤離了焉耆、鄯善。魏書卷四三唐和傳説他在魏正平元年（四五一）已從焉耆同代京。同書卷三〇車伊洛傳説這位移居焉耆的前車師前部王也在次年到了代京。以後絶不見有人充當焉耆鎮將，而且又有了焉耆王。很可能就在正平二年（四五二）魏軍已撤離焉耆。

魏軍屯守鄯善究竟持續多久是不明確的。魏書中屢見鄯善鎮，而且直到魏末尚見記載，〔二〕但所指却不像都是韓拔所鎮的鄯善鎮。元和郡縣志卷三九鄯州條：

後魏以西平郡爲鄯善鎮，孝昌二年（五二六）改鎮立鄯州。

可知北魏曾在今青海樂都設置鄯善鎮，它不能與在今新疆維吾爾自治區若羌的鄯善鎮混爲一談。魏書中所見鄯善鎮除了卷三〇王建附孫安都傳一例外，都可肯定指的是置於今樂都的鄯善鎮。我們有理由相信在今樂都的鄯善鎮即遷自新疆若羌。因爲樂都、西寧一帶從來不是鄯善人的故居，很難設

〔二〕鄯善鎮歷見魏書卷三〇王建附孫安都傳、同卷樓伏連附從曾孫毅傳、卷三二高湖附孫猛虎及從孫幹傳、卷八六乞伏保傳、卷一一二靈徵志等。

想憑空以所置之鎮命名爲鄯善。因此，可以理解爲新鄯善鎮的設置即舊鄯善鎮的撤廢。元和志不記設鎮時間，我們難以斷言何時自若羌遷來，只能説不能排斥宋大明三年（四五九）已遷而已。關於鄯善鎮的問題需要進一步研究，這裏只是對於在中斷十四年後高昌得以恢復與劉宋通使的一種推測。

三　齊梁時期的河南道

宋大明三年（四五九），高昌沮渠政權最後一次通使劉宋，下一年被柔然吞滅。但吐谷渾仍然是西域、柔然與南朝使命往來的通路。南齊書卷一五州郡志下報導了這一情況，説益州「西通芮芮（柔然）、河南，亦如漢武威、張掖，爲西域之道也」。

柔然與宋朝一向通使，北魏太武帝於元嘉廿七年（四五〇）與宋文帝書便責備宋朝「往日北通芮芮，西結赫連、蒙遜、吐谷渾，東連馮弘、高麗」。〔一〕史籍記載，自元嘉五年（四二八）至宋順帝昇明三年（四七九）宋亡，柔然使宋有十次之多，〔二〕南齊時仍在繼續，南齊書卷五九芮芮傳綜括一句，「芮芮常由河南道而抵益州」。無疑，柔然和南朝通使，一定得通過西域和吐谷渾。同卷河南傳：

宋世，遣武衛將軍王世武使河南。是歲（齊建元元年四七九），隨拾寅（吐谷渾可汗）使來

〔一〕宋書卷九五索虜傳。

〔二〕中國科學院歷史研究所編柔然資料輯録。

獻。詔答曰:「……王世武至,得元徽五年(四七七)五月二十一日表……今詔升徽號,以酬忠

款,遣王世武銜命拜授。又仍使王世武等往芮芮,想即資遣,使得時達……」

知南朝遣使柔然必須吐谷渾可汗資送。同卷芮芮傳記載宋昇明二年(四七八)曾遣驍騎將軍王洪範使柔然,約剋期攻魏。此事即在王世武東還的前一年。資治通鑑卷一三五齊建元元年(四七九)亦記此事云「洪範自蜀出吐谷渾,歷西域,乃得達」,具體説明柔然與南朝往來的道路。

南朝與柔然間通使之頻繁,也即説明高昌、焉耆、鄯善、吐谷渾的道路是暢通的。我們知道早在沮渠安周時,柔然就與沮渠政權聯合滅車師前部,〔一〕四六〇年又滅了沮渠政權,勢力擴展到西域諸地,宋書卷九五索虜傳末附芮芮云:「歲時遣使詣京師(建康),與中國(指宋)亢禮,西域諸國焉耆、鄯善、龜兹、姑墨東道諸國並役屬之。」這正是宋齊間的柔然情況。

南齊永明五年(四八七)高車西遷,高昌、焉耆、鄯善等地的柔然勢力被逐出,南齊仍通過吐谷渾遣使高車。南齊書卷五九芮芮傳:

先是,益州刺史劉悛遣使江景玄使丁零(高車),宣國威德。道經鄯善、于闐。鄯善爲丁零所破,人民散盡;于闐尤信佛法。丁零僭稱天子,勞接景玄,使反命。

丁零即鐵勒異譯,亦即高車。據南齊書卷三武帝紀劉悛任益州刺史自永明九年正月至十一年二月

〔一〕魏書卷三〇車伊洛傳、卷一〇二車師傳。

（四九一——四九三），江景玄使丁零亦必在此二年内。〔一〕

梁天監十五年（魏熙平元年，五一六）柔然大敗高車，「盡并叛者，國遂强盛」。〔二〕也就在此時恢復了和南朝的來往，〔三〕走的當然仍是經西域、吐谷渾到益州的道路。

南齊一朝二十四年内（四七九——五〇二）雖與柔然通使必經西域，但不見西域各地直接通使的記載，一到梁代却屢見於史。梁書卷五四諸夷傳中所謂「西北諸戎」，除河南、仇池、宕昌、鄧至、芮芮以外，還有高昌、滑國、周古柯、呵跋檀、胡密丹、白題、龜茲、于闐、渴盤陀、末國、波斯諸傳，他們在梁武帝統治時（五〇二——五四八）有的一次，多至三四次分别遣使梁朝，今列表如下：〔四〕

天監二年（五〇三）七月　龜茲遣使獻方物（傳不載）。

天監九年（五一〇）三月　于闐國遣使獻方物。

天監十三年（五一四）八月　于闐國遣使獻方物。

天監十五年（五一六）　滑國王厭帶夷栗陀始遣使獻方物（紀不載）。

〔一〕馮承鈞：西域南海史地考證論著彙輯一七頁注〔二九〕。

〔二〕北史卷九八蠕蠕傳。

〔三〕梁書卷五四芮芮傳稱：「天監中，始破丁零，復其舊土……十四年（五一五）遣使獻烏貂裘。」據此則柔然破高車尚在天監十四年前，與北史不合，未知孰是。

〔四〕以下並據梁書卷二及卷三武帝紀及卷五四諸夷傳，大抵傳詳而紀略，唯天監二年龜茲遣使傳不載。

天監十八年（五一九）七月　于闐國遣使獻方物。

普通元年（五二〇）三月　滑國遣使獻方物。周古柯、呵跋檀、胡密丹國並使使隨滑來獻方物（紀不載）。

普通二年（五二一）　龜兹王尼瑞摩珠那勝遣使奉表貢獻（紀不載）。

普通三年（五二二）　白題國遣使獻方物（紀不載）。

普通五年（五二四）　末國遣使獻方物（紀不載）。

普通七年（五二六）正月　滑國遣使獻方物。

中大通二年（五三〇）　波斯國遣使獻佛牙（紀不載）。

中大通五年（五三三）八月　波斯國遣使獻方物。

大同元年（五三五）三月　滑國王遣使獻方物。

同年四月　波斯國獻方物。

大同七年（五四一）三月　滑國遣使獻方物。

同年　于闐又獻外國刻玉佛（紀不載）。

大同中（五三五——五四六）　高昌麴子堅遣使獻鳴鹽枕、蒲陶、良馬、氍毹等物（紀不載）。

中大同元年（五四六）八月　渴盤陀國遣使獻方物。

按遣使梁朝諸國，遠至於波斯、滑國。當時嚈噠（滑國）盛强，幾乎控制了波斯以東直到于闐。〔一〕自于闐以東，且末、鄯善並屬吐谷渾，〔二〕而嚈噠與吐谷渾友好，這條路的通行就没有太大阻礙了。

自從宋大明四年（魏和平元年，四六〇）高昌的沮渠政權被柔然破滅後，高昌經歷了幾次政權更迭，長期没有和南朝通使，但自宋以來和柔然、高車的往來大概都得經由高昌。北史高車傳記北魏宣武帝給高車主彌俄突的詔書便説：「蠕蠕、嚈噠、吐谷渾所以交通者，皆路由高昌，掎角相接。」這裏説的是嚈噠、吐谷渾與柔然間的交通，而南朝則是經吐谷渾以與柔然交往的，當然也必「路由高昌」。雖然自沮渠安周於大明三年（四五九）最後一次遣使劉宋以後，直到梁大同中（五三五——五四六）經過了八十多年才一度通使，由於所處的地理位置，正處於柔然、高車與南朝的交通樞紐地位，實際上並未隔絶。

四　求法僧人在河南道上的來往

通過吐谷渾北上西域、南下益州的道路在求法僧人的傳記中屢見記載。高僧傳卷七宋釋慧叡傳：

釋慧叡，冀州人。少出家，執節清峻，常遊方而學。經行蜀之西界，爲人所鈔略，常使牧羊。

〔一〕北史卷九七嚈噠傳、梁書卷五四滑國傳。

〔二〕洛陽伽藍記卷五引神龜元年（五一八）宋雲、惠生西行求經，稱鄯善城爲吐谷渾部落屯守。隋書卷三煬帝紀大業五年（六〇九）六月平吐谷渾，「置西海、河源、鄯善、且末等四郡」，知鄯善、且末並屬吐谷渾。

有商客信敬者見而異之，疑是沙門。請問經義，無不綜達，商人即以金贖之。既還襲染衣，篤學彌至。遊歷諸國，乃至南天竺界。音譯詁訓，殊方異義，無不必曉。後還，憩廬山。俄又入關，從什公諮禀。後適京師（建康），止於烏衣寺……叡以宋元嘉中卒。

按慧叡往返西域，都在晉末，本傳没有具體叙述他的行程。據所云被略在「蜀之西界」，贖免後不記他北還，便説「遊歷諸國」，想即由益州經吐谷渾入西域以至南天竺。他東還走的哪條路，不明，傳止説他憩廬山，可能從海道返國，也可能仍由原陸道返益州，再東下荆州。同書卷一一釋慧覽傳：

姓成，酒泉人……覽曾遊西域，頂戴佛鉢，仍于罽賓從達摩比丘諮受禪要……後以戒法授覽。覽還至于闐，復以戒法授彼方諸僧。後乃歸，路由河南。河南吐谷渾慕延、世子瓊等敬覽德聞，遣使並資材，令于蜀立左軍寺，覽即居之。後移羅浮天宫寺，宋文請下都，止鍾山定林寺。孝武起中興寺，復敕令移住……宋大明中卒，春秋六十餘矣。

慧覽于何時「遊西域」，此傳不詳。名僧傳抄惠攬傳，却有紀年可尋，傳稱：

習禪于罽賓達摩。達以元嘉四年（四二七）於樹上得菩薩戒。本人定見彌勒，云是「我與汝漢地道士多發大心，欲使大德宣流」。達摩問言：「何處受之？」答曰：「當于尼揵訶羅國影邊受之。」此國去罽賓五千餘里，隨彼受之，還授惠攬。謂攬曰：「汝宜還東國，多有利益。」來至于闐，沙彌皆習，從攬師受。舉國禪思，思法忘飡。蜀聞禪學，莫不師焉。

惠攬即慧覽，此傳不言自吐谷渾入蜀事，乃當時鈔録時删削。據稱元嘉四年，達摩得菩薩戒，則慧覽至罽賓，達摩授以戒法，必在元嘉四年之後可知。據高僧傳，我們知道他從于闐東返，經過吐谷渾，受到吐谷渾主慕延和世子瓊的禮遇。傳稱吐谷渾爲河南，據宋書卷九六吐谷渾傳，宋封慕延爲河南王在元嘉十六年（四三九），同年，以「慕延嫡子瑍爲左將軍、河南王世子」。「世子瑍」應即高僧傳之世子瓊，「瑍」當爲「瓊」之訛。在蜀立左軍寺，「左軍」亦指瓊軍號。據此，慧覽東返應在元嘉十六年之後。這一年即魏太延五年，魏軍占領了北涼都城姑臧。以後三年（四四〇——四四二）敦煌、酒泉一帶爲沮渠無諱與魏軍搏戰的場所，由鄯善通過玉門、陽關入河西走廊的道路難以通行。元嘉十九年四月，沮渠無諱撤離敦煌，西占鄯善，〔一〕以後二年，這條道路仍然阻塞（見下）。但直到元嘉二十一年（北魏真君五年，四四四）北魏進攻吐谷渾並占領鄯善前，由鄯善通過吐谷渾以入益州的道路却不聞有什麽阻礙。因此，我們推測慧覽由于闐東返入吐谷渾可能在元嘉十七年至二十一年（四四〇——四四四）間。元嘉二十一年北魏進軍吐谷渾，次年吐谷渾被迫西走，殘破了于闐，「殺其王，死者數萬人」，又「南征罽賓」，元嘉二十三年（四四六）始返故土。〔二〕這幾年罽賓、于闐和吐谷渾都遭到戰禍，如果慧覽尚在西域，那就不太可能如高僧傳所説在罽賓、于闐從容求法受戒了。

劉宋時求法僧人由這條道路到西域的還有法獻，高僧傳卷一三釋法獻傳：

西海延水人，先隨舅至梁州，乃出家……以宋元徽三年（四七五）發踵金陵，西遊巴蜀。路出

〔一〕以上並見魏書卷九九沮渠氏傳、宋書卷九八氐胡傳。

〔二〕北史卷九六吐谷渾傳。

河南，道經芮芮。既到于闐，欲度葱嶺，值棧道斷絶，遂於于闐而反。

法獻從益州經由河南即吐谷渾以入西域，即慧覽的歸路。但自河南到于闐怎麽會「道經芮芮」（柔然）呢？從吐谷渾到于闐可以經由鄯善、且末，也可以自鄯善北上，取道焉耆、龜兹，再南下到于闐，不管走哪條路都不會經過柔然。這裏只有一個解釋，就是鄯善以西、于闐以東當時都在柔然控制之下，因此説成「道經芮芮」。

經過這條道路的西來僧人也見於梁代。續高僧傳卷二九釋明達傳：

姓康氏，其先康居人也。童稚出家，嚴持齋素……以梁天監初（元年爲五〇二）來自西戎，至於益部。

無須多説，明達由「西戎」到益部，多半經過吐谷渾。

西域與益州間的旅途必經吐谷渾是因爲這條路最便捷，可以繞過北魏占領的涼州地區。值得注意的是，從中原到西域的求法僧人也往往不經河西走廊而經吐谷渾。高僧傳卷三曇無竭傳：

幽州黄龍人。幼爲沙彌……遂以宋永初元年（四二〇）招集同志沙門僧猛、曇朗之徒二十五人，共賫幡蓋供養之具，發跡北土，遠適西方。初至河南國，仍出海西郡，進入流沙，到高昌郡。

按曇無竭從黄龍（今遼寧朝陽）出發，穿越北魏境内，這段路程，本傳略而不記，第一個提到的地點是「河南國」。「河南國」通常指吐谷渾，但吐谷渾主被封爲河南王是宋元嘉十六年（四三九）事，已見上述。此時可能指占有今甘肅境内黄河以南地區的乞伏氏政權。乞伏乾歸和其子熾盤先後都稱河南

王，這時（四一四）雖已稱「秦王」，史稱西秦，但佛教著作中仍常稱其故號。〔一〕

曇無竭第二個提到的經行地名是「海西郡」，近代學者都認爲是西海郡的倒誤。〔二〕我們知道後漢以來的西海郡置於居延。曇無竭既已到達「河南國」（今甘肅西南部至青海東北部），忽又北上横越北涼境以至居延，然後才西行到高昌，這是很難理解的。如果他要經由北涼境以至高昌，也没有必要北行數百里繞道居延。夏鼐同志曾經解釋曇無竭所經應指王莽所置的西海郡，地處青海湖之西。〔三〕這個解釋是正確的。史籍雖無此郡復置的記載，使用古地名也是常事。北史卷九六吐谷渾傳記北魏曾封吐谷渾主伏連籌爲「西海郡開國公、吐谷渾王」。顯然，「西海郡公」之封即因此時的吐谷渾都城即在王莽所置的西海郡境。因此，曇無竭以西海郡稱吐谷渾，在地理上和習慣上都是講得通的。

曇無竭從西海郡出發以後，一下就到了高昌。這段路程除了「入流沙」一語外，完全不提經過什麽地方。本來，他既到河南國，就可以由今蘭州北上至武威，或由今西寧北上至張掖西行至敦煌出玉門，或經伊吾到高昌。他却不北上而西行至今青海境的古西海郡，似乎也没有進敦煌，看來他有意要繞過河西走廊。所以要繞過，即因這條平時通行的道路受到阻礙。

〔一〕高僧傳卷一一釋玄高傳稱「杖策西秦，隱居麥積山……時河南有二僧……乃向河南王世子曼讒構玄高」。此傳之「河南」即指西秦。又大唐内典録卷三西秦乞伏氏傳譯佛經録，「右一十五經，合二十二卷，晉孝武世沙門聖堅於河南國爲乞伏乾歸譯」。亦以西秦爲河南國。

〔二〕高僧傳此傳即本出三藏記集卷一五法勇法師傳，法勇即曇無竭，亦作「海西郡」。

〔三〕夏鼐：青海西寧出土的波斯薩珊王朝銀幣，考古學報一九五三年第一期。

他從「黃龍」出發是在宋永初元年(四二〇),永初元年和二年間西秦和北涼的關係比較緊張,元年六月和二年七月都曾發生戰事。大概他要由西秦進入北涼境有困難。也正在這二年間北涼併吞了西涼。永初元年七月北涼攻取西涼都城酒泉,次年三月又攻取敦煌;同年十二月北涼攻圍西涼殘餘勢力於晉昌(今甘肅安西);而敦煌——伊吾——高昌這條道路當時還經常受來自北方的柔然遊騎的干擾。曇無竭從吐谷渾西行之際估計當在永初二年,正是北涼占領敦煌前後,由敦煌出玉門到鄯善的道路大概難以通行,由敦煌出玉門,經伊吾以至高昌的道路恐怕阻礙更爲嚴重。這就是他寧願穿越吐谷渾境直向西域而不走河西走廊的原因。

南朝與西域間使節來往必須通過吐谷渾,那是因爲道路雖艱,却較便近,而且河西走廊爲魏所領,難以通行。但我們却也看到北魏朝廷所遣西行取經僧人有時也走這條道路。洛陽伽藍記卷五記述魏神龜元年(五一八)十一月胡太后遣僧惠生與敦煌人宋雲向西域取經,引行記云:

> 初發京師,西行四十日,至赤嶺……發赤嶺,西行二十三日,渡流沙,至吐谷渾國……從吐谷渾西行三千五百里,至鄯善城。其城自立王,爲吐谷渾所吞。今城内主是吐谷渾第二息寧西將軍,總部落三千,以禦西胡。從鄯善西行一千六百四十里,至左末城。

按惠生、宋雲西行取經乃奉胡太后之命。所以派遣宋雲同行,可能由于他是敦煌人,熟悉由敦煌通往西域的道路。但這位向導却没有把一行人帶往敦煌以出玉門,却和百年前的曇無竭一樣,穿過吐谷渾,繞過敦煌,直達鄯善。曇無竭所以不經河西走廊,如上所述乃由于這一帶的戰事。神龜元年河西走廊却不聞發生什麼事故。惠生一行既是朝廷所遣，自應受涼州官吏供應，按理不當「捨正路而不由」。然而他們却竟然南出吐谷渾，似乎表明這一條路在當時更具有優越性，比如在吐谷渾保護下也許比走河西更爲安全。又續高僧傳卷二闍那崛多傳：

> 犍陀囉國人也……師徒結志，遊方弘法。初有十人，同契出境。路由伽臂施國，淹留歲序……便踰大雪山西走，固是天險之峻極也。至厭怛國……又經渴羅槃陀及于闐等國……棲遽非久，又達吐谷渾國，便至鄯州。於時即西魏大統元年（五三五）也。

崛多在惠生、宋雲之後二十年，雖所記來往有異，走的却是同一條路。傳於崛多自于闐東行，沒有提且末、鄯善，即云達吐谷渾，知其時上述兩地仍爲吐谷渾占領。崛多所以不入河西而經行吐谷渾，大概也認爲這條路比較安全。

從曇無竭、惠生和崛多的行程，可以知道，將近一個半世紀，往來西域，繞過河西走廊而穿越吐谷渾不僅是南朝與西域間的孔道，而且也是北朝與西域間並不罕見的通路。

五　吐魯番所出佛經題記中的跡象

我們還從吐魯番所出佛經題記中看到高昌與南朝往來的跡象。新疆鄯善縣吐峪溝所出佛經殘頁，〔一〕存卷末題記如下：

〔一〕日本書道博物館藏。

持世第一

歲在己丑涼王大且渠安周所供養經

吴客丹陽郡張休祖寫

用帋廿六枚

按出三藏記集卷二著録「持世經四卷(原注「或三卷」)，姚秦鳩摩羅什譯」，同書卷一四鳩摩羅什傳也記所譯有此經。〔一〕己丑是沮渠安周的承平七年(四四九)。

題記只記干支，不記承平年號，自稱「吴客」，還標明「丹陽郡」(治所在今江蘇南京市)人。傳世這一時期的寫經，還有一件菩薩藏經，題記稱「承平十五年，歲在丁酉，書吏臣樊濟寫」。〔二〕而此經題記却不記年號，不稱臣，表明張休祖是來自江南的寓客，不是北涼的臣民。他在什麽時候以及怎樣從丹陽到達高昌無從查考，但由此可證高昌和江南不僅有官府的使命往來以及僧徒行踪，也還有普通人較長期的流寓。

德意志民主共和國古代史及考古研究所藏吐魯番所出佛經殘頁，有蕭道成具銜的題記兩件，其一稱：〔三〕

1. 尒 □

〔一〕持世經一名法印經，亦即持人菩薩經。開元釋教録卷四，鳩摩羅什所譯持世經四卷，注云：「一名法印經，或三卷，第三出，與法護持人經同本，見二秦録及僧祐録。」

〔二〕日本書道博物館藏。

〔三〕德意志民主共和國古代史及考古中心研究所藏吐魯番所出漢文佛經殘文書目録圖版一三。

2. 有衆□

3. 示現神□

4. 普門品時衆中八萬□

5. 耨多羅三藐三□

6. 使持節侍中都督南徐□

7. 騎大將軍開府儀同□

8. 郡開國公蕭道成□

又一件稱：〔一〕

1. 使持節侍中都督南徐兗北徐□六州諸軍事驃騎大將軍

2. 開府儀同三司録尚書事南徐州刺史竟陵□開國公蕭道成普爲一切敬造供養

據第一件知所寫爲普門品。出三藏記集卷二著録竺法護譯「普門經一卷（原注一本云普門品，太康八年（二八七）正月十一日出」。開元釋教録卷一一大寶積經下普門品經一卷，稱「右一經與寶積第十文殊師利普門會同本異譯」。又注云：「新舊三譯，一譯缺本。」〔二〕

〔一〕德意志民主共和國古代史及考古中心研究所藏吐魯番所出漢文佛經殘文書目録圖版四六及四七。

〔二〕出三藏記集卷二引見普門品經一卷，注闕，稱：「西域沙門祇多蜜所出，傳云晉世出，未詳何帝時。」

題記無紀年，據蕭道成具銜知在宋末。南齊書卷一高帝紀，元徽二年（四七四）桂陽王休範起兵被鎮壓後，蕭道成「遷散騎常侍、中領軍、都督南兗、徐、兗、青、冀五州軍事、鎮軍將軍、南兗州刺史，持節如故，進爵爲公」；四年，加尚書左僕射。元徽五年（四七七）後廢帝被殺，順帝即位後，昇明元年七月丙申，紀稱道成「進位侍中、司空、録尚書事、驃騎大將軍，持節、都督、刺史如故，封竟陵郡公」，道成辭司空，「庚戌，進督南徐州刺史」。〔一〕題記「都督南徐、兗、北徐」下所缺應爲「南兗、青、冀」，合六州之數，亦即元徽二年之都督南兗、徐、兗、青、冀五州」，加「南徐」。據上所述道成歷官，知寫經在昇明元年（四七七）八月至九月間，至十月戊辰，南齊書高帝紀稱「又進督豫、司二州」，〔二〕則是都督八州。題記「州」上「六」字雖殘，但上一横依稀可辨，必非「八」字，且第2行所缺只一「郡」字及「陵」「開」二字之半，1行所缺不可能有六個字之多。

蕭道成具銜的寫經大概數量較多，其傳入高昌者即有二本。何時傳入，不能確知，據前引南齊書芮芮傳稱宋昇明二年（四七八）曾遣驍騎將軍王洪範使柔然，通鑑説洪範「歷西域，乃得達」，可能就

〔一〕宋書卷一〇順帝紀昇明元年（即元徽五年，四七七）記道成遷官略同，惟於七月丙午書「司空、南兗州刺史齊王改領南徐州刺史」，八月庚午書「齊王固讓司空，庚午以爲驃騎大將軍、開府儀同三司」。是月壬午朔，丙午爲二十五日，南齊書卷一高帝紀是月庚戌，進督南徐州刺史，庚戌爲二十九日，記日稍遲，又「南徐」上當脱一「領」字。又南齊書記讓司空即在七月，而宋書在八月庚午，亦不同。

〔二〕宋書卷一〇順帝紀不載。

是這次出使攜往高昌作供養的。

又日本書道博物館所藏佛説金剛般若波羅蜜經題記云：

1. 大同元年正月一日散騎常侍淳于☐
2. 於芮芮願造金剛波若經一百卷今☐
3. 届梁朝謹卒本誓以斯功果普施人卷
4. 境

金剛般若波羅蜜經，出三藏記集卷二著録鳩摩羅什譯「金剛般若經一卷」，注「或云金剛般若波羅蜜經」。以後自魏至唐，又有異譯五種，不贅述。造經人淳于某在柔然發心造經，他大概就是梁朝遣往柔然的使人。按照當時南北朝通使慣例，正使例加散騎常侍，副使加散騎侍郎，出使柔然或偶用此例。淳于某造經在大同元年（五三五）正月，地點亦在梁，他何時出使，此經又何時流入高昌，並不可知，但也可以取證梁與柔然、高昌間的交通。

六　後論

以上我們從史籍記載和佛教著述與寫經題記中摘録了有關南北朝期間西域與江南交通的資料，説明當時益州與鄯善間有一條與河西走廊並行的所謂「河南道」。這條道路大概早就是今新疆、青海、甘肅、四川的古代各族人民友好往來的道路，但到了南北朝才更加顯得重要。本來，益州和西域之間的往來可以在河西走廊東頭與進入關中的大道分路，不必要穿越今青海省境，但由於南北分立，來自南朝和往南朝境内去的行旅不得不繞過北朝所屬的河西走廊，取道吐谷渾。

這條道路上的朝聘使節和求法僧侶表明了江南與西域間的政治和文化聯繫，當然也通過商人的貿販密切了兩地間的經濟聯繫。

在上面我們曾經提到晉末僧人慧叡在「蜀之西界」被人擄去，幸而遇見信佛商客將他贖免。這些出現在益州西部的商客近則到吐谷渾、仇池、宕昌諸族以及涼州，遠則也可能進入西域進行貿易。南齊書卷五九芮芮傳稱：南齊建元三年（四八一）柔然曾「獻師子皮袴褶，皮如虎皮，色白毛短。時有賈胡在蜀見之，云『此非師子皮，乃扶拔皮也』」。師子皮的真假是由在蜀的賈胡辨識的，大概在蜀地的西域商人並不罕見。

續高僧傳卷二五釋道仙傳：

一名僧仙，本康居國人，以遊賈爲業。梁、周之際，往來吴蜀，江海上下，集積珠寶。故其所獲貲貨，乃滿兩船，時或計者，云值錢數十萬貫。既懷寶填委，貪附彌深，唯恨不多，取驗吞海。行賈達於梓州新城郡牛頭山，值僧達禪師説法。

下叙道仙聽説法後，恍然大悟，「沉寶江中，出家離著」。這位高僧是個胡商，他「往來吴蜀，江海上下，集積珠寶」，疑與西域、南海的商貨有關；他後來沉在江中的貨物也稱爲「寶」，寶貨通常指商胡販貿的奇珍異寶。本傳没有説他來自哪裏，是否在蜀定居，但他與蜀有密切關係是無疑的。隋書卷七五何妥傳：

西城〔域〕人也，父細胡，通商入蜀，遂家郫縣。事梁武陵王紀，主知金帛，因致巨富，號爲西州大賈。

按通志卷一七四何妥傳「西城」作「西域」，是。〔一〕何是昭武九姓之一，九姓胡歷來以善於經商著稱，細胡「通商入蜀」，很可能也是走「河南道」。這一家入蜀以後就定居郫縣。華陽國志卷三蜀志郫縣條稱「冠冕大姓何、羅、郭氏」，何、羅都是胡姓，疑其地本多胡姓後裔，何妥一家定居此縣，實是依附本族人。

何細胡的活動時間與康僧仙略同，並同爲「西州大賈」，昭武九姓商胡入蜀通商當然不始於此時，也不限於此二家。今舉此二例只是説明南北朝時期西域與江南存在着貿易往來的跡象。

這條道路主要是西域與江南間的交通，但有時西域與中原間的行旅也走這條路，特別在北朝後期一個短期内幾乎代替了河西走廊，這一點第四節中已提到。這種情況的發生，或者由於河西走廊上發生了什麼阻礙，也可能由於柔然遊騎對敦煌的干擾，出入玉門、陽關不太安全，而青海地區東至龍涸（今四川松潘），西達鄯善（今新疆若羌）、且末，自北魏中期直至隋大業五年（六〇九）吐谷渾一度被破滅止一百餘年之久都由吐谷渾管理，一個相對穩定的吐谷渾地方政權對於這條道路的暢通起

〔一〕中華書局標點本北史卷八二校勘記〔一八〕。又「細胡」，北史作「細脚胡」。

了保證作用。

無可懷疑，在南北阻隔的局面下，這條道路爲維護西域與内地特别是與江南的交通起了巨大作用。通過這條道路，政治上從另一渠道加强西域乃至北方各族與内地的聯繫；丹陽人張休祖客居高昌，不少僧人和商客在這條路上往來，説明由陸道交通西域與内地文化、經濟的交流，在這個南北對立時代，不僅存在於西域與中原間，而且也存在於西域與江南間。

北朝的彌勒信仰及其衰落

彌勒在佛經中是釋伽懸記的未來佛，北魏時期彌勒信仰盛行，反映在造像類别上是很顯著的。葉昌熾語石卷五叙造像云：

所刻之像以釋伽、彌勒爲最多，其次則定光、藥師、無量壽佛、地藏菩薩、琉璃光、盧舍那、優填王、觀世音。

這個估計如果單論北魏，大致没有錯，若通論唐代就不盡然。從北朝後期到唐，阿彌陀佛或無量壽佛及觀世音的造像大大超過釋伽和彌勒，似乎這中間有條界綫。日本塚本善隆支那佛教史北魏篇三龍門造像之盛衰及尊像之變化列有紀年的尊像表四件，這些表顯示北魏時期（五四〇年以前）釋伽造像達四十六，彌勒造像達四十四之多，而同一時期無量壽佛（即阿彌陀）却只八尊，觀世音二十二尊。很明顯，除了釋伽以外，彌勒造像最多，阿彌陀與觀世音都不能與之相比。北朝後期至隋，龍門造像衰歇。唐初復興，所造尊像發生了巨大的變化。從六二〇年起至七一〇年，釋伽像加優填王一共十八尊，彌勒更減至十二尊，而阿彌陀達一百二十尊之多，觀世音亦達四十五尊，都大大超過了釋伽和彌勒。最近日本佐藤智水北朝造像銘考，〔一〕列舉雲岡、龍門、鞏縣諸石窟和所知傳世金銅像

〔一〕見史學雜誌一九七七年八六編第一〇號。

的類別數字，列了個北朝有紀年的諸尊像表，今轉録釋伽、彌勒、阿彌陀及觀世音四尊像的數字如下：

	北魏	東魏 北齊	西魏 北周	合計
釋伽	一〇三	四六	二九	一七八
彌勒	一一一	三六	三	一五〇
阿彌陀(無量壽)	一五	一七	一	三三
觀世音	六四	九四	十三	一七一

根據上引統計，北魏時期諸尊像數字多少也和塚本氏龍門諸像統計基本一致，而觀音像則是在北魏分裂後激增。造像統計充分表明北魏時期彌勒信仰的流行，兜率天宫對西方極樂世界占了壓倒的優勢。自北朝後期，至唐而趨於衰落，這究竟是什麽原因呢？

湯錫予先生曾列舉自漢至魏彌勒淨土經典共十五種，現存七種。這些有關彌勒的佛經中宣揚信念彌勒，死後得以往生兜率天宫，免除輪迴，永不退轉；還説釋伽預言，久後彌勒將自兜率天降生，那時世界變得非常美滿，人壽八萬四千歲，安穩快樂，沒有水火刀兵饑饉之災。有個大城叫翅頭末(或譯雞頭)，由轉輪聖王儴佉治理，彌勒就託生在此城中，他出家學道，在一棵奇異的龍華大樹下悟道成佛。他在樹下三會説法，初會九十六億人，次會九十四億人，三會九十二億人一齊獲得所謂「阿羅漢果」。

當然，這些嚮往兜率的宣傳無非用于麻痺人民反抗鬥志的精神鴉片煙，在這個分裂動亂時代對于飽受各種災難的人民却具有很大的誘惑力，所以統治者自北魏皇帝以下曾經造了很多的彌勒像，以便誘引人民把希望寄託在往生兜率和彌勒降生。但是流行在廣大群衆中間的彌勒信仰却並非盡如造像題記中所表達的（也是北魏統治者所希望的）那様止於祈求福報，嚮往來生；有時，彌勒降生竟然成爲鼓動反抗封建統治的手段，他們要求立即實現令人神往的儴佉聖王治世；他們相信憑自己的力量可以創造出一個聖王或彌勒來。北魏至隋末，多次農民起義與性質不明的暴動與彌勒信仰有密切關係。魏書卷九肅宗紀延昌四年（五一五）六月：「沙門法慶聚衆反於冀州，殺阜城令，自稱大乘。」同年九月被鎮壓。下一年（熙平二年，五一六）又稱「大乘餘賊復相聚結，攻瀛州，刺史宇文福討平之」。這件事詳見卷一九上元遥傳，傳稱：

冀州沙門法慶既爲祆幻，遂説勃海人李歸伯，歸伯合家從之，招率鄉人，推法慶爲主。法慶以歸伯爲十住菩薩、平魔軍司、定漢王。自號大乘，殺一人者爲一住菩薩，殺十人爲十住菩薩。又合狂藥，令人服之，父子兄弟不相知識，唯以殺害爲事。於是聚衆殺阜城令，破勃海郡，殺害吏人。刺史蕭寶夤遣兼長史崔伯驎討之，敗於煑棗城，伯驎戰没。凶衆遂盛，所在屠滅寺舍，斬戮僧尼，焚燒經像，云「新佛出世，除去舊魔」。詔以遥爲使持節、都督北征諸軍事，帥步騎十萬以討之。法慶相率攻遥，遥並擊破之。遥遣輔國將軍張虯等率騎追掩，討破，擒法慶并其妻尼惠暉等斬之，傳首京師。後擒歸伯，戮於都市。

李歸伯是勃海大族，據卷七二李叔虎傳，歸伯是他從兄弟，他胞弟臺户也參與這次暴動。正因爲李家是勃海大族，所以他能够「率合鄉人」。這次暴動的規模是比較大的，北齊書卷二一封隆之傳説「大乘之衆五萬餘」，魏書卷六四張彝傳説元遥鎮壓時「多所殺戮，積尸數萬」。而元遥鎮壓之後，次年大乘餘衆又突襲瀛州城，衝進州衙，焚燒齋閣，刺史宇文福幾乎燒死。〔一〕據此可知大乘在冀瀛二州擁有很多群衆。

大乘暴動的口號是「新佛出世，除去舊魔」。毫無疑問，所謂「新佛」，就是從兜率天宫下降的彌勒。在傳世有關彌勒降生的佛經中未見掃魔之説，但隋衆經目録疑僞部有彌勒成佛伏魔經，正與此相應。在「大乘教」信徒看來，凡是被認爲魔的都應該掃除，除魔當然是功德，也是最好的修行，因而很自然地得出「殺一人爲一住菩薩，殺十人爲十住菩薩」，那樣的殺人晉級邏輯。這當然是十分殘忍的，但秦漢以來軍爵之制早就以殺人計功晉級了。只不過滲入佛教因素，不是授爵而是名之爲一住以至十住菩薩而已。

這是一次以彌勒信仰組織起來的暴動，按其性質應該是反抗僧俗地主的農民起義，由于帶有濃

〔一〕魏書卷四四宇文福附子延傳。

重的宗教迷信色彩，因而帶有盲目的狂熱性。

北魏孝明帝正光五年（五二四）爆發了各族人民起義，本年十二月，汾州正平、平陽山胡起而響應。魏書卷六九裴良傳：

時有五城郡山胡馮宜都、賀悦回成等以妖妄惑衆，假稱帝號，服素衣，持白傘白幡，率諸逆衆，於雲臺郊抗拒王師。融等與戰敗績，賊乘勝圍城。良率將士出戰，大破之，於陣斬回成，復誘導諸胡令斬送宜都首。

按汾州山胡是魏晉五部匈奴後裔。五城郡在今山西寧鄉縣北，其地有雲臺山。傳稱這些山胡「以妖妄惑衆」，表明他們具有某種宗教信仰，其特徵是「服素衣，持白傘白幡」。這種對白色的尊尚是彌勒信仰的特徵（詳下）。至於山胡奉佛也是由來已久。高僧傳卷一三竺慧達傳：

竺慧達，姓劉，本名薩何，并州西河離石人。少好田獵，年三十一，忽如暫死，經日還蘇，備見地獄苦報。見一道人，云是其前世師，爲其説法訓誨，令出家往丹陽、會稽、吴郡，覓阿育王塔像，禮拜悔過，以懺先罪。既醒，即出家學道，改名慧達，精勤福業，唯以禮懺爲先。晉寧康中（三七三——三七五）至京師。

這個劉薩何，梁書卷五四扶南傳也説是西河離石縣胡人。續高僧傳卷二五釋慧達傳説是「咸陽東北三城定陽稽胡也……爲梁城突騎，守於襄陽」，又云「達後出家，住於文成（城）郡，今慈州東南高平原，即其生地矣。見有廟像，戎夏禮敬」。劉薩何是個傳説中的神僧，究是哪裏人以及確切的年代，傳

聞異辭，無須深究，至于他是胡人却是一致的。〔一〕

值得注意的是續高僧傳説他出家後，住在文城，那裏還有他的廟像，「戎夏禮敬」，而裴良傳所説「妖妄惑衆」，身穿素衣的山胡又恰好居於五城郡，地域相接。我們固然没有證據説劉薩何宣揚的含有彌勒信仰，但可以確信這一帶的山胡早已奉佛，而這與劉薩何的行化有關。

如上所述，魏末五城山胡尊尚白色，信奉佛教，「以妖妄惑衆」，這就有信仰彌勒的嫌疑。隋書卷三煬帝紀大業六年（六一〇）正月記：

癸亥朔，旦，有盜數十人，皆素冠練衣，焚香持華，自稱彌勒佛。入自建國門，監門者皆稽首。既而奪衛士仗，將爲亂，齊王暕遇而斬之。於是都下大索，與相連坐者千餘家。

同書卷二三五行志下也載此事，「素冠練衣」作「白練裙襦」，「自稱彌勒佛」下有「出世」二字。據此可證白衣冠是彌勒信徒的服飾。

隋末以彌勒出世號召的起義不止這一起，五行志緊接着記下另外兩起，云：

（大業）九年（六一三），帝在高陽，唐縣人宋子賢，善爲幻術。每夜，樓上有光明，能變作佛形，自稱彌勒出世……遠近惑信，日數百千人，遂潛謀作亂。將爲無遮佛會，因舉兵，欲襲擊乘輿。事泄，鷹揚郎將以兵捕之……遂擒斬之，并坐其黨與千餘家。其後復有桑門向海明，於扶風

〔一〕關於劉薩何的傳説又見法苑珠林卷三八敬塔類，大致本之梁高僧傳，但誤寧康爲太康。同書卷一三敬佛類記劉薩何至涼州事，則又本之續高僧傳。

自稱彌勒佛出世，潛謀逆亂……三輔之士，翕然稱爲大聖。因舉兵反，衆至數萬，官軍擊破之。

按高陽故屬瀛州，唐縣屬定州中山郡，在今河北唐縣稍北，與大乘暴動之地相接。宋子賢自稱「彌勒出世」，也即大乘之「新佛出世」，很可能實即一派的傳襲。續高僧傳卷二四釋曇選傳稱曇選告誡徒衆結聚作道場云：

自佛法東流，矯詐非少。前代大乘之賊，近時彌勒之妖，詿誤無識，其徒不一，聞爾結衆，恐壞吾法。

曇選是唐初高陽人，他所説的「彌勒之妖」指的是宋子賢。同一地區，一百餘年中經歷了兩次佛教徒暴動，遭到慘酷鎮壓，很可能唐初已有禁令，所以曇選談虎色變。

向海明事又見于煬帝紀大業九年十二月，紀稱：

扶風人向海明舉兵作亂，稱皇帝，建元白烏，遣太僕卿楊義臣擊破之。

紀不云自稱彌勒出世，志不記建元白烏，可以相互補充。白烏之號也意味着彌勒信仰尊尚白色。這次起義距長安彌勒教派突入建國門不過三年，而向海明即在三輔宣傳，「三輔之士，翕然稱爲大聖」，可知關中彌勒信仰之盛。

由于下層彌勒教派的活動直接威脅了封建統治者，從魏末至隋，歷經鎮壓，信徒被殺者非常多，這從曇選告誡徒衆的話中已可知其株連之廣。也可以推想，彌勒教派也必然屢被禁止。特别是在隋末唐初，但未見明文。現存記載中唐代有兩次禁令。第一次是在咸亨五年（六七四），敦煌所出斯一三四四號唐勅條中有咸亨五年紀年的一條：

　長髮等宜令州縣嚴加禁斷。其女婦識文解書堪理務者，並預送比校內職。

這裏嚴禁的長髮即彌勒信徒，觀下文自明。第二次禁令是在開元三年（七一五），唐大詔令集卷一一三蘇頲禁斷妖訛等勅云：〔一〕

　比有白衣長髮，假託彌勒下生，因爲妖訛，廣集徒侶，稱解禪觀，妄說災祥。或別作小經，詐云佛說；或輒蓄弟子，號爲和尚，多不婚娶。眩惑閭閻，觸類實繁，蠹政爲甚。刺史縣令職在親人，拙於撫馭，是生姦宄。自今已後，宜嚴加捉搦，仍令按察使採訪。如州縣不能覺察，所由長官並量狀貶降。

勅末記年月爲開元三年十一月十七日。新唐書玄宗紀於本年十一月乙未（即十七日）亦記「禁白衣長髮會」。以上兩件是有明文可稽的禁止彌勒教派的詔勅。白衣一向是彌勒教派的標識，唐代又加上另一個標識「長髮」。我們知道出家爲僧則穿黑衣，因此南北朝以來通常以「緇素」代表僧俗，同時也只有僧人才披剃，俗人當然長髮。所以白衣長髮本來並沒有什麼可怪之處，很可能他們的長髮並不束髮裏頭，與常人有所不同。〔二〕

　彌勒教派是佛教的異端，「彌勒出世」對於封建統治者帶來麻煩，因此一再嚴禁。我們認爲彌勒

〔一〕冊府元龜卷一五九革弊門載此勅同，唯「長髮」訛作「青髮」。文苑英華卷四六五同唐大詔令集。

〔二〕至於彌勒教派所以白衣長髮，大概認爲彌勒就是這樣，因爲彌勒是天，是居士，沒有披剃。

造像漸衰於北朝末期而罕見於唐代，禁止彌勒教派至少是一個重要原因。

當彌勒造像趨于衰落之時，本來居于絶對劣勢的阿彌陀佛造像却突飛猛進，居于壓倒的多數。本來兜率天宫和西方安養兩淨土任人持念皈依，託願往生，不發生相互排斥問題。我想北魏彌勒淨土信仰之超過阿彌陀淨土，可能由于多了個令人神往的儴佉聖王的太平治世，人人福壽綿長；又多了彌勒降生，三會説法，同獲善果。却又因爲多了這些話，便于農民起義利用，犯了封建統治者所忌，以致被禁，造像就轉向往生西方了。阿彌陀只接引信徒往生，不涉及閻浮提的事，在統治者看來比彌勒更值得贊許。

唐初彌勒造像趨於衰落不等于彌勒信仰亦已消失。事實是這種教派在民間仍然流行。舊唐書卷三六天文志下：

永隆二年（六八一）九月一日，萬年縣女子劉凝靜，乘白馬，着白衣，男子從者八九十人，入太史局，升令廳，床坐勘問，比有何災異。太史令姚玄辯執之以聞。

隋代三輔是彌勒教派盛行之地，劉凝靜乘白馬，着白衣，闖入史局，和大業六年着白練裙襦，闖入建國門的彌勒信徒很可能是一派流傳。至於以女子爲首，當有依記。出三藏記集卷四新集續撰失譯雜經録中有彌勒爲女身經（已佚），則以女子爲彌勒降生亦不足怪。

這裏還應當提及另一件事。人所熟知，薛懷義造大雲經説武則天是「彌勒下生，作閻浮提主」。〔一〕

〔一〕舊唐書卷一八三薛懷義傳。

王國維觀堂集林卷二一唐寫本大雲經疏跋云,「卷中所云經曰及經説云云,均見後涼曇無讖所譯大方等無相經」,又云「後涼譯本之末固詳説黑河女主之事」,認爲大雲經並非僞造。〔一〕今按曇無讖譯本亦名大方等大雲經,經中有兩處講女主,一是卷三第三十六分,説大精進龍王的護法夫人,轉世爲天女,後來再轉世,「以女身當王國土」。其二就是王跋説的經末詳説的黑河女王。卷四第三十七之餘稱南天竺小國無明,其王乘明死後,女增長嗣位,「威伏天下,閻浮提所有國土,悉來永奉」。她宣揚大雲經,「受持、讀誦、書寫、解説是大雲經,然後壽盡」。佛説此女王「未來當得作佛,號淨寶增長如來」。經中絶没有説彌勒降生,無量壽佛倒提到二次,彌勒名號則不見此經。大雲經並非僞造,武則天之頒佈講説此經,正是實行增長女王「受持、讀誦、書寫、解説」大雲經的預言。她利用經中所述女主作爲自己改唐爲周的符瑞,彌勒降生既不見涼譯經,除薛懷義傳外也未見他書之言大雲經者有此説。唯舊唐書卷九三張仁愿傳御史郭霸上表,稱「則天是彌勒佛身」,與大雲經無關,也可能是史臣的誤會。

自中唐以後,關于彌勒教派雖少記載,這個教派在民間却仍然流傳不絶。太平廣記卷二八九妖妄門陳僕射條云:

青城縣妖人作彌勒會,窺此聲勢,僞作陳僕射行李……乃樹一魁妖,共翼佐之。軍府未諭,亦差迎候。至近驛,有指揮,索白馬四匹。察事者覺其非常,乃羈縻之。未及旋踵,真陳僕射速

〔一〕北宋贊寧大宋僧史略卷下賜僧紫衣已説:「新唐書言大雲是僞經,則非也。此經晉朝已譯。舊本便云女王,于時豈有天后耶?蓋因重譯,故有厚誣。加以挾薛懷義在其間,致招譏誚也。」

轡而至。其妖人等悉擒縛而俟命。潁州（指陳敬瑄）俾隱而誅之。陳敬瑄爲西川節度使，事在僖宗廣明元年（八八〇）。這一群彌勒會人僞裝陳敬瑄上任，其意大概想占領成都。他們索取白馬，令人想起二百年前女子劉凝靜也是騎白馬、穿白衣闖進太史局的。

再往後，宋代的「吃菜事魔」和明教經國内外學者早經考定爲由波斯傳來的摩尼教，這當然是對的，但也與傳統的彌勒信仰有關。志磐佛祖統紀卷四八引夷堅志云「所事佛衣白，引經中所謂『白佛言世尊』」。按「白佛言」之「白」乃啓白之意，附會衣白之佛，甚謬。沙畹認爲：「夷堅志中之摩尼白佛，應于阿彌陀佛及觀音大士二佛中尋求之。此特就其依託之佛而言，其實此『白佛』在摩尼教中當然爲摩尼。」〔一〕我以爲依託的白佛更大可能爲彌勒，因爲尊尚白色爲摩尼教與彌勒派所同。大概自宋以來，二者就結合起來。元末白蓮教首領韓山童「謂天下當大亂，彌勒佛下生河南江淮間」，鼓動群衆起義，其子韓林兒又稱小明王。〔二〕起義軍將領朱元璋後來建立王朝，號爲大明。這個「明」即摩尼教「明使」之明，宋時就有大小明王出世經，〔三〕「彌勒下生」和「大小明王出世」不但並行不悖，而且合爲一體，可知二者間關係密切。

以上，我們論述了北魏至唐彌勒信仰的盛衰。根據記載，彌勒信仰由盛而衰的轉折點恰恰正是

〔一〕沙畹摩尼教流行中國考，馮承鈞譯本七二頁。
〔二〕明史一二二韓林兒傳。
〔三〕志磐佛祖統紀卷三九引宗鑑釋門正統。

彌勒教派相繼暴動，遭到鎮壓和禁止之時。阿彌陀西方淨土徹底排擠了彌勒淨土，並非由于兩派間有什麽矛盾鬥争，也不僅由于阿彌陀淨土出了像曇鸞等那樣大師，而是封建統治者在兩種淨土間作出了選擇，從而影響其盛衰。

佛教和所有宗教一樣，本質上只能爲剥削階級（奴隸主、封建主和資産者）服務。列寧指出：

被剥削階級由于没有力量同剥削者進行鬥争，必然會産生對死後的幸福生活的憧憬，正如野蠻人由于没有力量同大自然搏鬥而産生對上帝、魔鬼、奇跡等的信仰一樣。對于辛勞一生貧困一生的人，宗教教導他們在人間要順從和忍耐，勸他們把希望寄托在天國的恩賜上。對于依靠他人勞動而過活的人，宗教教導他們要在人間行善，廉價地爲他們的整個剥削生活辯護，向他們廉價出售進入天國享福的門票。（列寧全集第二版第十二卷一三一頁。）

有關彌勒的佛經竭力渲染兜率天宫的無限壯麗美妙景色與不可思議的幸福生活，也用類似的辭句描寫彌勒降生時儴佉聖王的太平治世，讓被剥削者把希望寄託在死後的升天與來生的濟度；同時也爲剥削者打開進入天堂的大門。彌勒降生之所以竟然成爲農民起義的組織力量和思想武器並非由于篤信力行諸佛囑付，恰恰相反，正是由于起義群衆破除了這種説教的根本要義，即順從和忍耐，期望死後與來生，而要求反抗壓迫、剥削，擺脱當前諸苦難。雖然他們的活動並不能擺脱宗教迷信，實質上是對佛教的背叛。

史籍與道經中所見的李弘

道藏戒上老君音誦誡經（即魏書釋老志所述老君授與寇謙之的雲中音誦新科之誡）有如下一段話：

世間詐偽，攻錯經道，惑亂愚民，但言老君當治，李弘應出，天下縱横，返逆者衆，稱名李弘，歲歲有之……誑詐萬端，稱官設號，蟻聚人衆，壞亂土地。稱劉舉者甚多，稱李弘者亦復不少。吾大嗔怒，念此惡人以我作辭者，乃爾多乎！

上引文指出當時用李弘名義起義的非常之多。湯用彤先生康復札記歷舉見於晉書周札傳、石季龍載記上、海西公本紀、周楚傳、姚興載記中關於李弘起義的記載五條，共四事。説明：「從三二二年到四一六年前數年，前後不到百年，東起山東，西至四川、陝西，南到安徽，各地均有人以李弘名義領導農民起義，正如老君音誦誡經所言『稱名李弘，歲歲有之』。」〔一〕今檢史籍，「稱名李弘」者又得三條，晉書卷九八桓温傳記永和十二年（三五六）北征還軍後，稱：

又遣江夏（治今湖北安陸）相劉岵、義陽（治今河南信陽）太守胡驥討妖賊李弘，皆破之，傳

〔一〕載新建設一九六一年第六期。

首京師。

這一次李弘起義在荆州，大致在今湖北。宋書卷七六王玄謨傳：

尋復爲豫州刺史，淮上亡命司馬黑石推立夏侯方進爲主，改姓李名弘以惑衆，玄謨討斬之。

按玄謨再任豫州，據卷六孝武紀，事在孝建二年（四五五）六月。豫州治今安徽壽縣。隋書卷四煬帝紀大業十年（六一四）二月丁酉稱：

扶風人唐弼舉兵反，衆十萬，推李弘爲天子，自稱唐王。〔一〕

按扶風治今陝西鳳翔。這恐怕是最晚一次以李弘爲首的起義了。

此三條外，魏書卷五一封敕文傳記太平真君七年（四四六），敕文鎮壓金城邊冏、天水梁會據上邽起義，敕文上表有云：

又仇池（今甘肅成縣）城民李洪，自稱應王，天授玉璽，擅作符書，誑惑百姓。

又魏書卷四四費穆傳：

妖賊李洪於陽城（今河南登封東南）起逆，連結蠻左。詔穆兼武衛將軍率衆討擊，破於關口之南。

〔一〕舊唐書卷五五薛舉傳云：「遣（薛）仁杲引軍寇扶風郡，汧源賊帥唐弼率衆拒之，兵不得進。初弼起扶風，立隴西李弘芝爲天子，有徒十萬。舉遣使招弼，弼殺弘芝，引軍從舉。」通鑑卷一八二大業十年二月從薛舉傳作「李弘芝」。新唐書卷八六薛舉傳同舊傳。

事在魏末武泰初（五二八），又見同書卷五七崔孝芬傳，卷六六李崇傳，逕稱李洪爲「蠻首」、「蠻帥」，則當是蠻人。

我以爲上引兩「李洪」，可能即「李弘」，「弘」字避獻文帝諱改「洪」。如果這一推斷不誤，則連湯先生所舉，以李弘名義起義的共有十例，時間下及於隋末，地域更南及今河南、湖北，西北及于今甘肅成縣。仇池是氐人居住地，李洪雖未必是氐人，但他能鼓動群衆，必然「李弘應王」的讖言已在氐人中流行。陽城李洪也是一樣，可以説明這一帶蠻族也流傳這個讖言。

李弘姓名所以在這樣廣泛的地區和綿長時期内作爲人民起義領袖出現，是因爲道書中説李弘是老君許多化名之一，或者是老君轉世，下爲人主。這一點在音誦誡經中已經説得很清楚。「老君應治」和「李弘應出」二者是相互聯繫的，李弘即是老君轉世。誡經説「吾（老君）大嗔怒，念此惡人，以我作辭者乃爾多乎」！老君發怒是因爲假借他名義的惡人如此之多。「惡人」自稱「李弘」，老君認爲冒充了他老君，以致接着破口大駡：「以逋逃罪逆之人及以奴僕隸皂之間，詐稱李弘，我身寧可入此下俗臭肉奴狗魍魎之中！」上稱「李弘」，下稱「我身」，即彼即此。起義群衆原是被壓迫的逃亡農民和「奴僕隸皂」，老君認爲像他那樣高貴的神仙之祖怎麽會跑到這些下賤人中間去呢？託爲老君垂戒的寇謙之對於人民起義的敵對情緒十分激烈，然而他没有否認這種讖言，只是否認那些李弘都是「詐稱」，不是真的老君轉世。

道書中有的説李弘是老君的一個化名，道藏滿下老君變化無極經云：

隨時轉化西漢中，木子（李）爲姓，諱口弓（弘即弘），居在蜀郡成都宫。赤名之城出凌陰，弓長（張）合世建天中，乘三使六萬神崇，置列三師有姓名，二十四治氣當成。

這裏説明老君在西漢時唤作「李弘」，住在成都，東漢時授道張道陵的老君似乎還是以這個姓名出現的。又滿下三天内解經云：

老子帝帝出爲國師……變化無常。或姓李名弘字九陽，或名聃字伯陽，或名中字伯光，或名重字子文，或名宅字伯長，或名元字伯始，或名顯字元生，或名德字伯文。一日九變或二十四變。〔二〕

這裏的李弘名列第一，似乎年代非常之古。

以上兩經雖説李弘即老君化名，但都是過去的事，有的道書却説李弘在未來要降世稱王。道藏始、制太上洞淵神咒經有如下三條：〔三〕

（一）及漢魏末時，人民流移，其死亦半。至劉氏五世，子孫紹（敦煌本作「係統」）其先基。

〔二〕敦煌所出斯二二九五號爲老子變化經與上引道藏之老君變化無極經不同，乃別一書，稱老子九名：「第一姓李名老字元陽，第二姓李名聃字伯陽，第三姓李名中字伯光，第四姓李名石字子光，第五姓李名召字子文，第六姓李名宅字子長，第七姓李名光字子始，第八姓李名願字子生，第九姓李名德字伯文。」與三天内解經有異同，其第一作「李老字元陽」，不作「李弘字九陽」。經末題記爲「隋大業八年（六一二）八月十四日經生王儔寫」。

〔三〕敦煌出有此經唐寫本，日本大淵忍爾敦煌道經著録。文字間有異同，今加括號注明。

爾時四方嗸嗸，危殆（治）天下，（中國）人民悉不安居。爲六夷驅逼，逃竄江左。人民（劉氏）隱跡，亦（敦煌本無此字）避地淮海。至甲午之年，人民（劉氏）還住中國，長安開霸，秦川大樂，六夷賓服，悉居山藪，不在中川。道法盛矣，木子弓口，當復起焉。（卷一誓魔品，伯・三二三三）。

（二）道言：真君者，木子弓口，王治天下（地），天下大樂。一種九收，人更益壽，（壽）三千歲，乃復更易天地，平整日月，光明明於常時。純有先世、今世受經之人來輔真君。（同上）。

（三）道言：中國壬辰（之）年有真君出世（敦煌本上二字作「亂出李弘」），三千萬人，主者一人耳。（卷四殺鬼品，斯三三八九）。

洞淵神咒經所記干支，都是預告未來，某年將發生什麽災祥，不足據。所記史事也模糊影響之談，只能看到一點時代的影子。上引第一條敍述「漢魏末時」，到「六夷驅逼，逃竄江左」，顯然是説西晉永嘉亂後，晉室偏安江左的事，却不提司馬氏而提出個劉氏「避地淮海」，〔一〕這個劉氏也是讖，預言經過五世，到了某個甲午年「劉氏還住中國，長安開霸，秦川大樂」，李弘不久也就出世了。從這裏我們只能獲得一個晉室東渡，南北分立的大概歷史背景。其卷二遣鬼品有如下二條：

1. 道言：甲子旬年（敦煌本作「之旬年中」）有七十二種病。長安索虜，暴殺人民；南楚（走）喪（桑）失，流分他國。（國）有二虜三（一）吴合來争（諍）之。江左賢相復佐天下（劉復係

〔一〕道藏本「劉氏」作「人民」，按上面已説人民「逃竄江左」，又説「人民隱跡，亦避地淮海」，豈非重複，且人民怎麽能「隱跡」，應從敦煌本作「劉氏隱跡」。

矣)。天下不(大)樂。(下略)

2. 道言：甲戌旬年(之旬年中)，國土之人(國中國王)，共流(鬪)江左(佐)。紛繞長安蜀漢之中(繞長安人，六夷相煞，多在西國，胡亂也。天下無人主蜀漢中)。有赤鬼三萬(頭)唯殺人民爲人不信道者(煞人，人不信道)。吾(道)常使董玄珂(可)、殷仲堪化天下愚人。(下略)

兩條的干支紀年不足據，敍事也是預言未來，只能看到一點痕跡。首先第二條提到董玄珂和殷仲堪二人，董氏不詳，殷仲堪於東晉隆安三年(三九九)爲桓玄逼死。[一]這條説仲堪爲道所遣，似已是鬼官或仙官，則寫作年代至早不得在三九九年前。第一條提到「長安索虜」，疑指赫連夏，還提「二虜一吴」，[二]二虜疑指夏、魏，一吴指劉宋。據此，寫作下限應在赫連夏據有長安時，據魏書卷四上世祖紀上，魏取夏長安及占領夏都統萬，在始光三——四年(四二六——四二七，宋元嘉三——四年)，則寫作下限或即在四二七年前。經中屢言「三洞」，以「三洞」綜括道經，始見於劉宋陸修静的三洞經書目録，[三]但這種分類法陸修静可能有所承受，不一定始創。當然，以上説的只是推測。經文多次提到劉氏，如「劉氏還住中國」、「劉復係矣」，[四]又卷一誓魔品還有如下一條：

[一] 見晉書卷一〇安帝紀、卷八四殷仲堪傳，傳稱仲堪「少事天師道」。

[二] 道藏本作「三吴」，疑後人所改。

[三] 陳國符：道藏源流考，第一頁。

[四] 此據敦煌寫本。

五世之孫劉子佐（王）治天下，係紹仙基（其後）大漢人民多有值三寶者。

都表達了江南人民渴望南北統一，重建漢族政權的心情，而把希望寄託在劉氏，可能因爲劉是漢朝國姓（劉裕亦自稱漢後），我疑心此經劉氏「五世之孫」與音誦誡經所説又一個多次被作爲人民起義首領的劉舉有關。

第（三）條只是敦煌本有「亂出李弘」四字，且和上下文不相連，必有訛脱。道藏本此條文從字順，當因原文費解，删改以使通順，不能認爲原文如此。這種情況在上引2條就很顯著。

最值得注意的是第（二）條，這條十分明確地指出「真君」就是李弘，當他一旦降世稱王，「天下大樂」，「一種九收」，人壽達到三千歲，這當然是非常能吸引人嚮往的超級太平盛世。

在音誦誡經中老君大駡假借李弘名義的「惡人」，矢言他決不會和那些「下賤」的人合作，也不屑「作地上一城之主」，他一旦出世就非同小可：

若我應出形之時，宜欲攻易天地，經典故法盡皆殄滅，更出新正。命應長生之者，賜給神藥，升仙度世，隨我左右。惡人化善，遇我之者，盡皆延年。若國王天子治民有功，輒使伏杜（此二字疑訛）如故；若治民失法，明聖代之，安民平定之後，還當升舉，伏宅崑崙。我出之時，乘駕九龍之車……雜色奇異，不可目名。徵召天下真官、海嶽、風伯、雨師，役使萬鬼，傾天網，縮地脈。迴轉天地，如迴我身；把捉日月，能令天地晝闇。仙人玉女，軿車侍從；鐘鼓音樂，遍滿虚空；百獸真徒，鳳凰衆鳥，翔於其上。天地運動，人衆鬼兵，無有邊際，見我威光，無不弭伏我哉！

這裏老君誇耀自己降生時的威風，也就是說這是「世間愚人」假冒不了的。所云「廻轉天地」、「把捉日月」亦即神咒經之「改易天地，平整日月」。誡經向人民展示的老君出世後美景更爲動人，那時命應長生的立即賜給神藥，立即成仙；惡人那時也都改惡化善，都能延年益壽；國王天子好的就繼續統治，治理不好的就以明主聖君取代。「安民平定之後」，仍然升仙住到老君大治崑崙山上（這句不太清楚，是指老君自己功成之後升舉呢，還是指那些當國王天子的「明聖」）。老君出世的前景非常美妙，老君即真君，亦即李弘，道書讖言李弘總有一天要出世，讓人民把擺脱貧苦命運的希望寄託在這一個救世主降生。

道書的讖言遠承秦漢讖緯，如劉秀以赤伏符受命之類，並非襲自佛經，但老君降世却和佛經中的彌勒降生非常相像，雖然從預告的美景看來，李弘比之彌勒真是小巫見大巫。宗教的本質是精神的麻醉劑。這類讖言懸記虛構了一個永遠不能實現的神奇美景，教訓人民虔心修道，耐心等待，藉以麻醉人民的戰鬥意志。但是人民却也往往利用這些讖言來鼓動起義，他們不再等待，而是在地上自行創造一個降生的老君或彌勒。

以李弘名義發動的人民起義事件，從史籍上看來，東晉十六國時期最多，如音誦誡經所述，南北朝早期也不少，以後却比較罕見，魏末有「陽城李洪」，可能李弘諱改，往後經過八十五年（五二八——六一四），隋末農民起義數以百計，却僅有扶風李弘一例。但這不是説李弘降世的讖言不太起作用了。隋書卷三七李穆附子渾傳：

後帝討遼東，有方士安伽陀，自言曉圖讖，謂帝曰：「當有李氏應爲天子。」勸盡誅海内凡姓李者。（宇文）述知之，因誣構渾於帝……案問數日，不得其反狀……述入獄中。召出（李）敏妻宇文氏，謂之曰：「……李敏、金才（渾字）名當妖讖，國家殺之，無可救也。夫人當自求全，若相用語，身當不坐。」敏妻曰：「不知所出，惟尊長教之。」述曰：「可言李家謀反，金才嘗告敏云：『汝應圖籙，當爲天子……』」

又李穆附從孫敏傳云：

時或言敏一名洪兒，帝疑「洪」字當讖，嘗面告之，冀其引決。

按安伽陀説的是「李氏應爲天子」，没有指實其名，所以勸煬帝殺死所有姓李的人。李敏則因一名「洪兒」，引起煬帝猜疑。「李氏應爲天子」的來歷恐怕仍是李弘之讖。李敏的「洪兒」令人想到前面提到的仇池和陽城兩個李洪。我認爲兩個「李洪」本來應是「李弘」，避魏獻文帝諱而改。隋代的李洪兒當然不是諱改，難道自魏已來本有李洪應王的讖言與李弘並行麽？李洪是否由於諱改而以訛傳訛呢？但李弘之讖在隋唐時仍在流傳是無疑的。敦煌所出洞淵神咒經卷一、卷七均有題記，稱：

麟德元年（三六四）七月廿一日奉　勅爲皇太子於靈應觀寫。

這是奉勅寫給皇太子的本子。唐高宗爲什麽要把這一多次提到李弘的道經寫給太子呢？原來太子就唤作「李弘」。高宗於永徽三年（六五二）立過長子忠爲太子，六年被廢，明年即顯慶元年（六五六）立武后所生的皇子弘。舊唐書卷八六孝敬皇帝弘傳稱弘於顯慶元年立爲皇太子，上元二年（六七五）

卒。我們知道武則天往後稱帝，改唐爲周，曾大力鼓勵臣民製造和進獻符瑞圖讖，藉以表示她當皇帝合乎大意。她的長子命名爲弘，我想很可能就爲了爭取皇太子之位而造作依據。麟德元年爲太子寫洞淵神咒經可能正爲了表示李弘是應讖當王，廢忠立弘合乎天意。也就在這年，殺害了徙居黔州的廢太子忠。

唐代流傳李弘降世之讖又見於道藏寒字元始無量度人上品妙經四注「得爲聖君金闕之臣」條唐人陳少微注，稱：〔一〕

聖君者，金闕後聖太平李真君也，諱弘，來劫下爲人主，故預稱「後聖君」也。

也是公然注明李弘應降爲人主，只是把時間推到不可預期的來劫，不像洞靈神咒經那樣具列干支，彷佛指日可待的樣子。

自唐以後，記有李弘降世的道經仍然存在，但幾乎再也没有在人民中間産生巨大影響。

〔一〕此條與上引太上洞淵神咒經一、二條，日本吉岡義豐氏道教與佛教二敦煌本太平經上佛教文中已引。此條據上述書，知楊聯陞氏老君音誦誡經校釋先已引及。

魏晉期間北方天師道的傳播

東漢末年，早期道教兩大教派並立，太平道遍佈於青、徐、幽、冀、兖、豫、荆、揚八州，旁及并、涼；天師道行於巴、蜀、漢中，聲勢遠不足與太平道相比擬。自中平元年（一八四）以太平道爲組織形式的黄巾大起義被鎮壓後，作爲統一的道教組織，太平道的活動不復見於史籍；北方道教的情況我們幾乎一無所知。北朝時期我們知道北方道教大宗是天師道，但所據資料也很不足。天師道究竟怎樣在北方傳播很不清楚，本文試圖從非常有限的史籍和道經記載試加探討。我對於道教所知甚少，所述只是極其粗略的一些歷史跡象，錯誤定不能免，請同志們批評指正。

一　曹魏時期對於祠祀巫祝的禁令

三國志卷二九華佗傳引曹植辨道論云：

世有方士，吾王悉所招致：甘陵有甘始，廬江有左慈，陽城有郤儉。始能行氣導引，慈曉房中之術，儉善辟穀，悉號三百歲。卒所以集之於魏國者，誠恐斯人之徒，接姦宄以欺衆，行妖慝以惑民，豈復欲觀神仙於瀛洲，求安期於海島，釋金輅而履雲輿，棄六驥而美飛龍哉！自家王與太子及余兄弟咸以爲調笑，不信之矣。

按曹操樂府如氣出唱、精列等具有神仙思想，〔一〕歌詠服藥長生，聚集這些方士，未必完全爲了防止他們「欺衆惑民」，但仍是個重要原因，他當然記得近在目前的黄巾起義。華陀傳注又引魏文帝（曹丕）典論，説的也是郤儉、左慈、甘始三人的道術，結論云「劉向惑於鴻寶之説，君遊眩於子政之言，古今愚謬，豈惟一人哉！」逕斥信神仙爲「愚謬」。續高僧傳卷二三釋僧勔傳，周武帝毁佛，他著論難道，引魏文帝黄初三年（二二二）勅云：〔二〕

告豫州刺史：老聃賢人，未宜先孔子，不知魯郡爲孔子立廟成未？漢桓帝不師聖法，正以嬖臣而事老子，欲以求福，良足笑也。此祠之興由桓帝，武皇帝以老子賢人，不毁其屋。朕亦以此亭當路，行來者輒往瞻視，而樓屋傾頽，儻能壓人，故令修整。昨過視之，殊未整頓，恐小人謂此爲神，妄往禱祝，違犯常禁，宜宣告吏民，咸使知聞。

後漢書卷七桓帝紀延熹八年（一六五）正月稱「遣中常侍左悺之苦縣，祠老子」，曹丕修整的亦即漢桓帝所祀之祠，桓帝所祠老子其實已不是古賢人，而是神化的道教之祖。曹丕降勅，説明自己所以修整此祠，僅爲了怕房屋傾頽壓人，深恐小民誤認爲獲得皇帝尊重，「謂此爲神，妄往禱祝」，以致「違犯常禁」。由此可知祀神禱祝，曹魏時是有「常禁」的。三國志卷二文帝紀黄初

〔一〕並見樂府詩集卷二六、宋書卷二一樂志三。

〔二〕此勅亦見洪适隸釋卷四，字多殘缺，不可讀，唯末有「如故事」三字，僧勔傳所引無，於文自當有之。最後標年月爲「黄初三年十月十五日」。

五年（二二四）十二月下詔云：

叔世衰亂，崇信巫史，至乃宮殿之内，户牖之間，無不沃酹，甚矣其惑也！自今其敢設非祀之祭，巫祝之言，皆以執左道論，著於令典。

黄初三年勅中所云「常禁」，當指立祠禱祝，這裏推廣到一切「非祀之祭，巫祝之言」。三國志卷一二司馬芝傳：

特進曹洪乳母當與臨汾公主侍者共事無澗神，〔一〕繫獄。卞太后遣黄門詣府傳令，芝不通，輒勅洛陽獄考竟，而上疏曰：「……前制書禁絶淫祀以正風俗。今當等所犯妖刑，辭語始定……」

據前引黄初三年下豫州刺史勅和黄初五年詔，曹丕統治時期對於禱祝祠祀的禁令是很嚴的。曹叡即位之初，司馬芝嚴格執行了禁令，連卞太后也無能爲力。同時，累降詔勅也表明巫祝仍然盛行。

禁令之嚴，當然由于黄巾起義的餘威猶在，因此太平道必然是主要鎮壓對象。所以太平道的活動以後就不見記載，西晉以後我們却見到天師道在北方的傳播。

陳寅恪先生撰天師道與濱海地域之關係一文，〔二〕闡述齊學與道教的關係以及道教對當時政治、文化的影響，使後學獲得許多有益的啓發。文中據晉書卷一〇〇孫恩傳「世奉五斗米道」

〔一〕裴注：「無澗，山名，在洛陽東北。」陳寅恪先生疑本作無間神，即地獄神（金明館叢稿二編魏志司馬芝傳跋八二頁）。

〔二〕金明館叢稿初編一——四〇頁。

語，推論他的族人西晉時趙王倫的心腹寵臣孫秀也是五斗米道中人；又據同書卷八〇王羲之傳稱「王氏世事張氏五斗米道」以及王凝之（羲之次子）「入靖室請禱」，「請大道許鬼兵相助」的記載，論證其爲天師道世家。孫、王都是徐州琅邪郡人，如陳先生之説，遠的不論，至晚西晉時琅邪郡的天師道業已流行。

本來，太平道盛於「東方」，在中平元年（一八四）張角領導的黃巾起義被鎮壓後十年，徐州黃巾還是「陸梁五郡」，〔一〕頑强戰鬬，初平四年（一九三）徐州牧陶謙上書，還説「妖寇類衆，殊不畏死，父兄殲殪，子弟群起，治屯連兵，至今爲患」。〔二〕當然，黃巾起義是一次農民的階級鬥爭，他們英勇作戰是爲了反抗階級壓迫、階級剥削。但他們却有一個太平道的宗教組織，因此，被稱爲「妖寇」。黃巾起義軍在徐州的聲威，也表明太平道在這包括琅邪在内的徐州五郡擁有大量群衆。

琅邪的道教傳統應當是太平道，天師道傳入這一地區是較晚的事。

天師道或五斗米道和太平道是有顯著區别的。三國志卷八張魯傳注引典略明確説「東方有張角，漢中有張脩……角爲太平道，脩爲五斗米道」，傳播地域和特徵都不同。張魯傳説張陵「造作道書，以惑百姓，從受道者出五斗米，故世號『米賊』」。即使天師道創立者張陵在入蜀之先，和太平道

〔一〕三國志卷八陶謙傳注引謝承後漢書記趙昱事。
〔二〕三國志卷八陶謙傳注引吴書。

有關係（那也只從張陵原籍沛人推論，沛亦徐州屬郡，太平道盛行之地），入蜀之後，在頗大程度上與「巴郡妖巫張脩」合流，同爲五斗米道。〔一〕北方在漢末並没有天師道傳播，其傳播至早也應在天師道係師張魯北遷之後。

建安二十年（二一五）十一月，雄據漢中三十年的天師道教主張魯歸降曹操，十二月，曹操東返，張魯家族想必隨同東遷，大概即定居鄴城。張魯降後，獲得很優厚的待遇，曹操「待以客禮」，被任爲鎮南將軍。當時四征、四鎮將軍是位次三公的高官。張魯自己和五子都封侯，女兒嫁給曹操的兒子彭祖（即曹宇，後封燕王）。〔二〕曹操這樣寵待張魯，當然意在招徠吴、蜀，並非對天師道有什麽興趣。但這個家族的貴顯，可能有利於以後天師道在北方的傳播。

張魯降後即死，他的家族及教徒有没有宗教活動，我們不知道。推想起來，在曹操、曹丕統治期

〔一〕三國志張魯傳注引典略説張脩死後，「（張）魯在漢中，因其民信行脩業，遂增飾之」。逕以張魯繼承張脩，不及他的祖父張陵及父張衡。因此裴注認爲典略的張脩「應是張衡」。後人又據後漢書卷八靈帝紀中平元年七月記「巴郡妖巫張脩反」，李賢注引劉艾紀也説巴郡巫人張脩「療病愈者，雇以米五斗，號爲五斗米師」，以爲典略的張脩不誤。此外張魯傳還説張魯和别部司馬張脩一同領兵入漢中，脩被張魯所殺。這個被殺的張脩與「巴郡妖巫張脩」可能不是一人。

〔二〕太平御覽卷五一八宗親部：「魏志曰：『張廣字嗣宗，魯第二子也。魯雅爲魏武所寵，諸子未勝纓，並遣中使拜受官爵。』（按今三國志無上引語，當别有所本。）南鄭城碑曰：『位尊上將，體（當作「禮」）極人臣；五子十室，榮並爵均；童年嬰稚，抱拜王人；命婚帝族，或尚或嬪。』」按此碑不知建於何時，如碑所述，張魯聯姻曹氏，不獨女嫁曹宇，其子也有娶曹氏皇族的。

間，嚴禁祠祀，似乎活動有困難，而另一方面，宗教本質是爲統治階級服務的，並且以張氏和曹家的關係，天師道的存在是被容許的。特别在曹叡統治時禁網已疏，〔一〕而張魯壻燕王宇方被曹叡寵遇，〔二〕可能給傳播天師道提供有利條件。當然，這只是推測。

西晉以後，江南吴會地區天師道盛行，歷見史籍記載。我們知道，孫吴時期江南並無天師道傳播的記載，孫策曾經殺死一個自稱琅邪于吉的道士，從姓名和地域看來大概是太平道的一派。葛洪抱朴子道意篇記載孫吴時自蜀來的李阿（即李八百）和稍後被認作李阿的李寬，葛洪稱之爲「李家道」。葛洪的從祖葛玄（葛仙公）傳的是廬江左慈的丹經，講求煉金丹秘術（見抱朴子金丹篇），和天師道不相關涉。東晉時期江南天師道似乎自兩條路綫傳入，一是來自蜀中，但尚無確切證據；二是世奉五斗米道的僑姓如琅邪王氏等帶着他們的世傳宗教一起東渡。此外，晉書卷五八周札傳記載又一個自稱「李八百」的李脱，此人「自中州至建鄴，以鬼道療病，又署人官位」。我們知道，張魯就是「以鬼道

〔一〕三國志卷三明帝紀景初二年（二三八）歲末稱：「初，青龍三年（二三五）中，壽春農民妻自言爲天神所下，命爲登女，當營衛帝室，蠲邪納福。飲人以水及以洗瘡，或多愈者。於是立館後宫，下詔稱揚，甚見優寵。及帝疾，飲水無驗，於是殺焉。」按此婦自稱「天神所下」，又以水治病，應在黄初禁令所謂「左道」之科，而自青龍三年至景初二年首尾四年，受到曹叡的「稱揚」和優待。她在民間推行巫術，以致上達皇帝的聽聞，恐行術尚在青龍三年前，可知黄初禁令已弛。

〔二〕三國志卷二〇燕王宇傳稱：「明帝少與宇同止，常愛異之。及即位，寵賜與諸王殊。」曹叡垂死，曾一度命宇爲大將軍，屬以後事，雖旋爲曹爽所奪，亦可證終曹叡之世，曹宇的寵遇不衰。

教民」，[一]又「署人官職（祭酒）」的教主，李脱所傳播的似是李家道和天師道的合流，可能與天師道在江南的傳播有關。

二　道經中所見魏晉時期的北方天師道

江南天師道雖有來自北方的跡象，但魏晉以至十六國時期的北方天師道活動，史籍缺乏記載，目前我們只能從道經中獲得一些有限的而且還是非常凌亂的資料。

道藏力下有正一法文天師教誡科經，在上述總標題下包括五篇：（一）無分篇標題，疑總標題實即本篇篇名，（二）大道家令戒，（三）天師教，（四）陽平治，（五）天師五言牽三詩。五篇各自獨立成篇，體裁不一，内容都是教誡。總題標明「正一法文天師教誡」，（三）、（五）篇名也都標「天師」。（四）標題「陽平治」，陽平是天師道二十四治之首，太上無極變化經所謂「二十四治會陽平」。[二]據此，所題「天師」並指張道陵，五篇並屬「正一法文」，因而合編成卷。

大道家令戒記有兩個曹魏年號，一是明帝曹叡的太和五年（二三一），二是高貴鄉公曹髦正元二年（二五五）；陽平治記有一個曹魏年號，文帝曹丕黄初元年（二二〇）。這兩篇明言講的是曹魏時的天師道情況（見下）。家令戒還有如下一段話：

[一] 三國志卷八張魯傳。
[二] 道藏滿字。

昔漢嗣末世，豪傑縱横，强弱相凌；人民詭黠，男女輕淫；政不能濟，家不相禁；鈔盜城市，怨枉相争；更相僕役，蠶食萬民；民怨思亂，逆氣干天……强臣分争，群姦相將，百有餘年。魏氏永天驅除，歷使其然……是吾順天奉時，以國師命。武帝行天下，死者填坑，既得吾國之光，赤子不傷。身重金累紫，得壽遐亡。〔一〕七子五侯，爲國之光。將相掾屬，侯封不少，銀銅數千，父死子係，兄亡弟榮，沐浴聖恩。汝輩豈誌德，知其所從來乎？昔日開門教之爲善而反不相聽。今吾避世，以汝付魏，清政道治，千里獨行，虎狼伏匿，卧不閉門。

本篇託爲大道垂戒，文中第一人稱「吾」或「我」都是大道自稱。〔二〕這一段歷舉漢末社會危機，自「民怨思亂」到「强臣分争，群姦相將」，是説農民起義和董卓之亂，群雄割據，最後歌頌「魏承天驅除」，統一北方。「吾順天奉時」之「吾」仍是大道自稱，「武帝」指曹操。以下「身重金累紫」至「沐浴聖恩」，是説張魯降曹，身受寵待，對魏感恩戴德。雖然有的話説得很含糊，總的意思是可以懂得的。

這裏有個問題，篇中叙述這段歷史從「漢嗣末世」到「魏氏承天驅除」，説是經過「百有餘年」。通

〔一〕「亡」字疑爲「昌」字之誤。

〔二〕老子想爾注「吾所以有大患，爲我有身」，注：「吾，道也；我者，吾同。」又云：「吾、我，道也。」又「吾不知其名」條，「吾見」條，注並同。大道是天師道崇事之最高真宰，即「無極大道」。晉書卷八〇王羲之附子凝之傳，稱孫恩攻會稽，凝之「入靖室請禱，出語諸將佐曰：『吾已請大道，許鬼兵相助，賊自破矣。』」道藏力上録寇謙之老君音誦誡經「爲亡人設會燒香」，道官上啓「無極大道，萬萬至真無極大道」，又「道民不慎科法」，户師表章解散，也説「啓太上大道」。

常稱漢末從桓帝、靈帝算起，從桓帝建和元年（一四七）到曹魏黄初元年（二二〇）只有七十四年，不足百年。我以爲這段先只是泛論漢末社會危機，所云「豪傑縱横，强弱相凌」那種豪强兼併和欺壓小民，以致「民怨思亂」的情況也不妨推得更早一些，「百有餘年」也説得通。如果把這裏的「魏」下屬北魏，一來篇中明舉曹魏年號，二來「身重金累紫」到「沐浴聖恩」一段話明指張魯降曹，其三，從桓、靈到北魏道武帝拓跋珪天興元年（三九八）滅後燕達二百五十年之久，數字更爲懸殊。

當然，講曹魏時事，不等於寫作年代也在曹魏時。第一篇稱出家奉道者爲「道人」，不稱「道士」，時代當在南北朝之前。〔一〕家令戒和天師教兩篇留有寫作時代的跡象。家令戒叙化胡事，末云：

胡人叩頭數萬，貞鏡照天，髡頭剔鬚，願信真人。於是真道興焉。非但爲胡不爲秦，秦人不得真道。

曹魏時已有原始的化胡記載，〔二〕但如上所記是否原始記載所有，今且不論。值得注意的是以漢族人

〔一〕錢大昕十駕齋養新録卷一九道人道士之别條云：「六朝以道人爲沙門之稱，不通於羽士。南齊書顧歡傳：『道士與道人戰儒墨，道人與道士辯是非。』南史陶貞白（弘景）傳：『道人道士並在門中，道人左，道士右。』是道人與道士較然有别矣。南史宋宗室傳，前稱『慧琳道人』，後稱『沙門慧琳』，是道人即沙門。」按南北朝道人即沙門，但早期，羽流也稱「道人」。老子想爾注以其無尸故能成其尸條注：「道人所以得仙壽者，不行尸行。」又餘食餟行物有惡之條注云：「故有餘食器物，道人終不欲食用之也。」又重爲輕根静爲燥君條注云：「道人當自重精神，清静爲本。」想爾所云「道人」當然指奉道之人，而非沙門。

〔二〕三國志卷三〇傳末注引魏略西戎傳臨兒國條稱：「浮屠所載，與中國老子經相出入。蓋以爲老子西出關，過西域，之天竺，教胡。浮屠屬弟子别號合有二十九，不能詳載，故略之如此。」

爲秦人。同樣的例子又見于天師教篇，云：

走氣八極周復還，觀視百姓夷、胡、秦，不見人種但尸民。〔一〕

按西漢時匈奴猶稱漢人爲「秦人」，但只是個别例證。〔二〕按三國志卷一武帝紀建安十六年征馬超等，注引魏書曰：「賊將見公，悉于馬上拜，秦、胡觀者前後重沓。」這裏的「秦」顯然是指關中的漢人，稱之爲秦，只因本是秦地。化胡事在西域，則以秦人泛指西北漢人也有可能。但這裏的「秦」我以爲應指苻秦或姚秦。在二秦翻譯佛經的序中以漢語爲「秦言」的不乏其例，如道安摩訶鉢羅若波羅密經抄序云：

譯梵爲秦有五失本焉。一者梵語盡倒，而使從秦，一失本也。二者，梵經尚質，秦人好文，傳可衆心，非文不宣，二失本也。

道安所稱「秦」和「秦人」指的是苻秦，譯此經時，道安已入關，所以從苻氏國號。又僧叡大品經序云：〔三〕

以弘始五年（四〇三）歲在癸卯四月二十三日，於京城之北，逍遥園中出此經。法師手執梵

〔一〕老子想爾注以其無尸故能成其尸條注：「不知長生道，身皆尸行耳。非道所行，悉尸行，道人所以得仙壽者，不行尸行，與俗别異，故能成其尸，令爲仙士也。」這裏「尸民」即是行尸行之民。下文亦作「尸人」。

〔二〕漢書卷九四上匈奴傳上云：「於是衛律爲單于謀，穿井築城，治樓以藏穀，與秦人守之。」同書卷九六下西域傳下録漢武帝不欲屯田輪臺的詔書，有云：「匈奴縛馬前後足，置城下，馳言：『秦人！我匄若馬。』」所謂「秦」乃指嬴秦，秦亡漢興，匈奴習慣上仍稱漢人爲秦人。

〔三〕道安與僧叡序並見出三藏記集卷八。

本，口宣秦言，兩釋異音，交辨文旨。僧叡所説的「秦」指姚秦，以秦言當漢語，這樣的例證還有，今不悉舉。據此，大道家令戒及天師教之「秦」指苻秦或姚秦當非臆説。這二篇既然以漢（或晉魏）爲秦，其時代就不可能早於苻秦，至晚也可以到北魏初。那時姚秦滅亡未久，關中人久在兩秦統治下，可能按舊習慣的稱謂。

寫出時代雖然不能早於前秦，所述情況却仍可能早於前秦。家令戒中歌頌曹魏，並表達張魯一家及其臣僚感恩戴德的心情，很可能沿襲舊文。

家令戒於叙述「老君授與張道陵爲天師」，「造出正一盟威之道，與天地券要，立二十四治」，以及攻擊張角領導的黄巾起義之後，接稱：

道使末嗣分氣治民漢中四十餘年，〔二〕道禁真王之元。神仙之説，道所施行，何以想爾。妙真三靈七言復不真正，〔三〕而故謂道欺人，哀哉可傷！至義國隕顛，流移死者以萬爲數，傷人心志。自從流徙以來，分佈天下。道乃往往救汝曹之命。或決氣相語，或有故臣令相端正，而復不信，甚可哀哉！

這一段説的是張魯據漢中及降曹操，曹操徙漢中民事。三國志卷八張魯傳云：「群下欲尊魯爲漢寧

〔二〕按張魯據漢中，三國志本傳稱「雄據巴漢三十年」，其實還不足三十年，此云「四十餘年」，計年未確。
〔三〕三靈七言指黄庭經，上文稱：「自吾所作黄庭，三靈七言，皆訓諭本經，爲道德之光。」

王，魯功曹巴西閻圃諫魯……魯從之。」家令戒所説「道禁真王之元」，即指張魯没有稱王建元。下文稱「義國隕顛」，指張魯政權消滅，他没有稱王建元，所以稱「義國」。張魯降魏以後，曾有大量漢中人民被迫北遷，三國志卷一五張既傳稱張魯降後，「既説太祖拔漢中民數萬户以實長安及三輔」，又同書卷二三杜襲傳稱襲隨曹操到漢中，曹操北返，「留（襲）督漢中軍事，綏懷開導，百姓自樂出徙洛鄴者八萬餘口」。上面説的都是建安二十年至二十四年間（二一五——二二〇）事。建安二十四年，曹操親征劉備，於陽平相持，隨即全軍撤出漢中。這次又遷走了一批漢中人民，華陽國志卷六劉先主志：「建安二十四年，先主定漢中，斬夏侯淵，張郃率吏民内徙。」這次徙民没有具體數字，可能不太多。綜上所述，被迫遷徙的漢中人民是大量的，遷徙地區自長安三輔以至洛陽、鄴城。家令戒稱「自從流徙已來，分佈天下」，與史籍記載基本相符。

張魯和他的臣僚以及人民的北遷不但帶着他們的宗教信仰同來，而且還帶着他們的宗教組織同來。家令戒叙述了北遷後天師道諸治的活動，説：

> 諸職男女官昔所拜署，今在無幾。自從太和五年（二三一）以來，諸職各各自置，置不復由吾（五）氣、真氣、領神選舉。〔二〕或聽決氣，信内人影夢；或以所奏，或迫不得已。不按舊儀，承信持説，或一治重官，或職治空決。受職者皆濫對天地氣候，理三官文書，事身厚食。

〔一〕「吾氣」，陽平治作「五氣」，疑是。五氣、真氣、領神並道官職稱。

按三國志不載張魯卒年，陶弘景真誥卷四許子從張鎮南之夜解條注云：「張係師爲鎮南將軍，建安二十一年亡，葬於鄴東。」據武帝紀曹操於建安二十年十二月自漢中北返，明年二月至鄴，張魯一家及臣僚閻圃等當隨操至鄴，如真誥所記，則張魯北遷後即死。金石萃編卷二三録上尊號碑，上奏諸臣列名無張魯，而有隨張魯降曹操之閻圃，使張魯尚在，必當列名，知真誥云死於建安二十一年之説可信。〔一〕太和五年張魯久亡，如家令戒所述，則當時曹魏境内有天師道治和「諸職男女官」，當時道官署職，不按舊規，「各各自置」，不通過主管選舉的道官，非常混亂，大道告誡説：「諸職自今以後，不得妄署爲職也，復違，吾中傷，勿怨！」

曹魏時期諸治道官繼續存在和散漫混亂情況又見於另一篇陽平治，稱：

教：謝二十四治，五氣、中氣、領神、四部行氣、左右監神、治頭祭酒、别治主者、男女老壯散治民。

這是陽平治下諸治道官教，内稱「吾以漢安元年五月一日」云云，託爲天師張道陵的話。五氣等諸職互見諸道書，參差不一，當是先後設置不同，今不贅述。〔二〕教令先譴責道俗百姓，説他（張道陵）跟隨太上老君「周行八極，按行民間」，找不到一個够得上「種民」條件的人，所見都是「貪榮富錢財」，「掠

〔一〕真誥此下又有四十四年後，魏甘露四年（二五九），因水壞墓，張魯棺開復生又死事，故云「夜解」，自不足信。至宋人所作猶龍傳度漢天師篇稱「係師張魯以魏邵陵厲公正始六年（二四五）八月亦卒於陽平治」，則是無稽之談。

〔二〕陳國符道藏源流考附録南北朝天師道考長編署職歷舉諸道書所記道官極詳。

取他民户賦歛」等等幹各種壞事的人。天師説：「吾不能復忍汝輩也，欲持汝輩應文書，頗知與不！」天師不能再忍耐了，就要將他們處罪。接着更爲嚴厲地譴責祭酒、主者們，大致可以分爲三段。第一段説這些祭酒、主者簡直是「口是心非，人頭蟲心」，嚴重犯戒。第二段威嚇他們，説太上老君就要推治，「諸受任主者職治祭酒十人之中誅其三四」，死後還將由「天曹考掠治罪」。第三段，如同大道家令戒一樣，談到散漫混亂不按舊規辦事的情况，説：

諸祭酒主者中頗有舊人以不？從建安、黄初元年（二二〇）以來，諸主者，祭酒人人稱教，各作一治，不復按舊道法，爲得爾不！令汝輩按吾陽平、鹿堂、鶴鳴教行之，汝輩所行舉舊事相應與不！

教令問道，祭酒主者中還有没有舊人，和家令戒所説「諸職男女官昔所拜署，今在無幾」，意思一樣。這兩篇説的都是曹魏時事，所謂「昔所拜署」，所謂「舊人」，疑指北遷前署職的道官（這是説意思這樣，不是説這兩篇真的是曹魏時天師道教戒）。本篇指出「建安、黄初元年以來」，那些主者祭酒各自爲政，「不復按舊道法」，要求「按吾陽平、鹿堂、鶴鳴教行之」。家令戒和陽平治都想糾正天師道北遷以來的頽風，特别是組織上散漫混亂的狀態，恢復天師道的統一。

從這兩篇中所透露的一點跡象看來，曹魏時期天師道諸治都在北方署職行道，陽平、鹿堂、鶴鳴三大治仍然居諸治之上，特别是陽平治，名義上仍作爲天師首治；但諸治却各自署職，祭酒們「人人稱教」，不再秉承陽平等三大治的教令。

陽平治認爲這種散漫混亂狀態，起自建安、黃初元年以來，家令戒說是「太和五年以來」，時間稍有早晚。我們不了解家令戒爲什麽斷自太和五年，按情況，張魯及其臣僚北遷以後，天師道實際上已没有了教主，北遷的漢中奉道百姓和祭酒、主者們初遷異地，天師道原有的組織系統當然難以維持，散漫混亂似不待太和以後。但如前所說，黃初年間祠祀巫祝的禁令森嚴，天師道雖容許存在，舊祭酒、主者（昔所拜署的舊人）分佈民間，也恐怕很難像前引文所云「諸職各各自置」，「主者祭酒人人稱教，各作一治」那樣的開展立治傳教活動。祭酒們的活動可能在自太和以來才逐漸開展起來。因此，那種散漫混亂情況，按照漢中舊制確是不相應，而從另一角度看來，可能正是禁令初弛，重又恢復活動的現象。那時天師道没有了係天師，主持陽平治的即使仍是天師後裔也不能樹立其權威，立治署職就只能不按舊規，在各自爲政的狀態下開展。

上引有限的道經資料給我們提供了張魯北遷以後，天師道經歷魏晉十六國在北方開展傳教活動的情況，使我們極其粗略地稍知天師道在一個漫長時期内怎樣在一個原先毫無基礎的黃河流域居然成爲道教大宗，而且傳播到江南。

魏晉南朝的君父先後論

東漢的選舉制度以鄉閭清議爲基礎，而鄉閭清議則以儒家的道德爲標準，因此各種道德行爲的輕重先後及其價值應該在原則上有所評量。東漢人雖然喜歡從具體事實上出發，不大講抽象的原理，但這一類關於道德行爲的評價原則業已在討論，如延篤的仁孝論便是討論仁孝先後問題的。〔一〕延篤認爲孝是本原，仁是孝的擴大，論功則仁爲大，論德則孝爲先。批評人物只要各如其分，這個問題可以不討論。直到晉代仁孝先後還是有人在研究。晉扶風王駿和荀顗都曾著文論仁孝先後，〔二〕這裏可以證明魏晉人所討論的問題有時也就是漢人業已涉及的，但或者因當時思想上的變遷而給予一種較新的解釋，或者仍是沿襲舊説，無所發明。大體上每一問題忽然成爲討論中心，必然與現實有關。司馬駿和荀顗的論文業已失傳，不知道它的内容，但既然爲世人所注意，成爲著名論文，而司馬駿爲宗室近屬，荀顗爲晉室重臣，或者不是無的放矢，可能與當時所提倡的孝治天下有關。

仁孝雖有先後之事，二者却未必矛盾，延篤的説法也正是儒家傳統的解釋。另外有一個問題與仁孝先後有關的乃是忠孝先後。仁孝問題是企圖濟世與事親並行不悖，在當時的瞭解就是做官與養

〔一〕見後漢書卷六四延篤傳。
〔二〕見晉書卷三八扶風王駿傳。

親是否能並行，如更進一步的提出就接觸到忠君與孝親孰先的問題，君與親誰重？這種問題的提出是由於現實政治有這樣問題的存在。三國魏志卷一一邴原傳注引原別傳：

太子（曹丕）燕會衆賓百數十人，太子建議曰：「君父各有篤疾，有藥一丸，可救一人，當救君邪？父邪？」衆人紛紜，或父或君。時原在坐，不與此論。太子諮之於原，原悖然對曰：「父也！」太子亦不復難之。

曹丕假設這樣一個不可兩全的境遇來評量君父的後先，雖似泛論，却是有一個政治背境在後面。魏志卷一太祖紀建安三年（一九八）十月：

初公爲兖州，以東平畢諶爲別駕。張邈之叛也，邈劫諶母弟妻子。公謝遣之，曰：「卿老母在彼，可去。」諶頓首無二心。公嘉之，爲之流涕。既出，遂亡歸。及布破，諶生得，衆爲諶懼。公曰：「夫人孝於其親者，豈不亦忠於君乎。吾所求也。」以爲魯相。

同書卷一四程昱傳：

張邈等叛迎吕布……昱乃歸，過范，説其令靳允曰：「聞吕布執君母弟妻子，孝子誠不可爲心……夫布麤中少親，剛而無禮，匹夫之雄耳。宫等以勢假合，不能相君也。兵雖衆，終必無成。曹使君智略不世出，殆天所授。君必固范，我守東阿，則田單之功可立也。孰與違忠從惡而母子俱亡乎？唯君詳慮之。」允流涕曰：「不敢有二心。」

同書蜀志卷五諸葛亮傳：

亮與徐庶竝從，爲曹公所追破，獲庶母。庶辭先主而指其心曰：「本欲與將軍共圖王霸之業者，以此方寸之地也。今已失老母，方寸亂矣，無益於事，請從此別。」遂詣曹公。

像這一類的事情在當時常會發生。從東漢以來由於辟召的制度，君臣的關係可以在漢室以外別自在府主和掾屬間建立，因此履行「忠」的義務也不限於對漢室而言。同時在漢末門閥業已形成，家族的聯繫極爲密切，「孝」爲家族間的基本道德，而鄉閭清議主要的標準也在於家族間的道德行爲，「孝」「悌」二事，所以對於孝道的履行在社會上有嚴格的要求與熱心的鼓勵。這種道德標準是建立在當時的社會基礎上的，由於個人與鄉里與家族不可分割，仕宦之始在鄉里，進身之途在操行，所以「忠」「孝」義務不能規避，同時也樂於負擔。可是在忠孝發生矛盾時如何解決呢？在三國亂時這種矛盾可能會隨時發生。

在漢代是承認可以各行其是的，王陽、王尊的故事大家都知道。〔一〕後漢書卷二一邳彤傳：

信都復反爲王郎。郎所置信都王捕繫彤父弟及妻子，使爲手書呼彤曰：「降者封爵，不降族滅！」彤涕泣報曰：「事君者不得顧家，彤親屬所以至今得安於信都者劉公（光武帝）之恩也。公方爭國事，彤不得復念私也。」會更始所遣將攻拔信都，郎兵敗走，彤家屬得免。

同書卷八一獨行趙苞傳：

〔一〕漢書卷七六王尊傳。

遷遼西太守……值鮮卑萬餘人入塞寇鈔，苞母及妻子遂爲所劫質，載以擊郡。苞率步騎二萬，與賊對陣。賊出母以示苞。苞悲號，謂母曰：「爲子無狀，欲以微禄奉養朝夕，不圖爲母作禍。昔爲母子，今爲王臣，義不得顧私恩，毁忠節，唯當萬死，無以塞罪。」母遥謂曰：「威豪（苞字），人各有命，何得相顧，以虧忠義，昔王陵母對漢使伏劍，以固其志，爾其勉之！」苞即時進戰，賊悉摧破，其母妻皆爲所害。苞殯斂母畢，自上歸葬。靈帝遣策弔慰，封鄃侯。苞葬訖，謂鄉人曰：「食禄而避難，非忠也，殺母以全義，非孝也。如是有何面目立於天下！」遂歐血而死。

從這兩件事看來，漢代人在忠孝發生衝突時，倒還是選擇「忠」的。趙苞雖然抱恨而死，在孝的一面仍然未虧，但封爵之時，没有遭受輿論的責備，至少在當時並没有不贊成他的行爲。

上面所舉的三國時期的故事，畢諶、徐庶是盡孝，靳允是盡忠，但程昱的説法却不像邴彤、趙苞所説「事君不得顧家」、「身爲王臣，不得顧私恩」，而是從成敗利害的觀點立論，這恐怕由於靳允與曹操不是掾屬對府主的關係，但當時在這一類問題的處理似乎允許有選擇的自由。在吴國我們也看到有這個問題發生。吴志卷二孫權傳嘉禾六年（二三七）正月，詔稱：

「夫三年之喪，天下之達制，人情之極痛也。賢者割哀以從禮，不肖者勉而致之。世治道泰，上下無事，君子不奪人情，故三年不逮孝子之門。至於有事，則殺禮以從宜，要經而處事。故聖人制法，有禮無時則不行。遭喪不奔，非古也。蓋隨時之宜，以義斷恩也。前故設科，長吏在官，當須交代，而故犯之，雖隨糾坐，猶已廢曠。方事之殷，國家多難，凡在官司，宜各盡節，先公後私，而不恭承，甚非謂也。中外群僚，其更平議，務令得中，詳爲節度。」……將軍胡綜議以爲：「喪紀之禮，雖有典制，苟無其時，所不得行。方今戎事，軍國異容，而長吏遭喪，知有科禁，公敢干突，苟念聞憂不奔之恥，不計爲臣犯禁之罪，此由科防本輕所致。忠節在國，孝道立家，出身爲臣，焉得兼之？故爲忠臣，不得爲孝子。宜定科文，示以大辟，若故違犯，有罪無赦，以殺止殺，行之一人，其後必絶。」丞相雍奏從大辟。其後吴令孟宗喪母奔赴，已而自拘於武昌以聽刑。陸遜陳其素行，因爲之請，權乃減宗一等，後不得以爲比，因此遂絶。

孫權所禁者只是地方官不等交代，逕行離職奔喪。照胡綜所説聞憂不奔是一種恥辱，也就是説有爲社會所不齒的危險。宋書五行志説吴人言論刻薄，有父母之喪者怕受批評，往往哀毁以死。這種不待交割，立即奔赴的行爲正與社會清議的刻薄有關。爲了制止這種風氣，以至用死刑來恐嚇，可見這已是政治上極嚴重的問題。孫權雖意在制止，但是詔書中還不能不承認遭喪不奔不是古義，僅以有禮無時爲解釋。至胡綜之議乃提出了忠孝不兩立的理論，作爲立法根據。他的理論就是邳彤、趙苞所實踐的「身爲王臣，不得顧私親」的理論。然而孟宗這位有名的孝子冒死奔赴，雖暫時得了處分，以後却身爲司空（孫皓時）。事實上在社會風氣的鼓勵上，處分反而加增了孝子的聲價。另一方面顧雍、胡琮敢於建立這種嚴厲的法律以制裁「孝行」，也可以説當時還可以遵照另一個忠孝不兩立的理論來處理這問題。

可是在晉以後便不同了。上面所述靳允的故事，裴松之注引徐衆評：

允於曹公，未成君臣，母，至親也，於義應去。昔王陵母爲項羽所拘，母以高祖必得天下，因自殺以固陵志。明心無所係，然後可得成事人盡死之節。衛公子開方仕齊，積年不歸，管仲以爲不懷其親，安能愛君，不可以爲相，是以求忠臣必於孝子之門，允宜先救至親。徐庶母爲曹公所得，劉備乃遣庶歸，欲爲天下者恕人子之情也。曹公亦宜遣允。

徐衆是東晉時人，他雖然以未成君臣爲理由，但下面所引的王陵、公子開方、徐庶三個例子，却都是已成君臣的，在徐衆看來在兩難之際，應該先孝後忠。世説新語輕詆篇：

簡文與許玄度共語。許云：「舉君親以爲難。」簡文便不復答。許去後而言曰：「玄度故可不至於此。」

劉孝標注引邴原别傳所載與上引魏志邴原傳相同的故事，並云：「君親相校，自古如此，未解簡文誚許意。」許詢何故對簡文帝提出這個問題，可能也與當時桓温與晉室對立的局勢有關，這一點可以不管，但劉孝標以爲君親相校，自古如斯的説法實在是魏晉以後的定論，從上面所引故事看來，自漢以至三國君親之間是容許有所選擇的。

自晉以後，門閥制度的確立，促使孝道的實踐在社會上具有更大的經濟上與政治上的作用，因此親先於君，孝先於忠的觀念得以形成。同時，現實的政治也加强了，並且發展了這種觀點，我們知道建立晉室的司馬氏是河内的儒學大族，其奪取政權却與儒家的傳統道德不符，在「忠」的方面已無從談起，只能提倡孝道以掩飾己身的行爲，而孝道的提倡也正是所有的大族爲了維護本身利益所必需的，因此從晉以後王朝更迭，門閥不衰的狀態，後人每加譏議，然而在當時，這一些統治者却另有理論根據作爲他們安身立命的指導。在歷史上我們可以找到不少例子。晉武帝在喪父與喪母時，都想深衣素冠終三年，和群臣往復辯論，在晉書禮志中記載甚詳。初即位時有一篇答群臣請短喪詔，他說：「本諸生家傳禮來久，何至一旦便易此情於所天。」司馬氏本是後漢學門，說是諸生家，並非虛誣。三年之喪爲儒家孝道實踐之一端，晉武帝在家庭中「傳禮來久」，所以不願「一旦便易此情」。但他却是個政權的篡奪者，這一件事在儒學家族中不能於心無愧，這只看司馬氏的老族長司馬孚自稱大魏純臣，臨死遺令還不願受晉室的榮封而自稱「有魏貞士」，可知晉之代魏並非全爲司馬氏家族所擁護。以一個標榜儒學統治的人一旦取得統治權必然要提倡儒家的名教，但名教之本應該是忠孝二事，而忠君之義在晉初一方面統治者自己說不出口，另一方面他們正要掃除那些忠於魏室的人，在這裏很自然的只有提倡孝道，以之掩護自身在儒家倫理上的缺點。西晉初年大臣如王祥、何曾、荀顗都是當時有名的孝子。王祥除掉孝行以外毫無事業可稱，何曾、荀顗在歷史上更是奸佞之徒，但是我們看同時人對他們如何的稱頌，晉書卷三三何曾傳：

初，司隸校尉傅玄著論，稱曾及荀顗曰：「以文王之道事其親者其潁昌何侯乎！其荀侯乎！古稱曾、閔，今曰荀、何，內盡其心以事其親，外崇禮讓以接天下。孝子百世之宗，仁人天下之命，有能行孝之道，君子之儀表也。詩云：『高山仰止，景行行止。』令德不遵二夫子之景行者，非樂中正之道也。」又曰：「荀、何君子之宗也。」又曰：「潁昌侯之事親，其盡孝子之道乎！存盡其和，事盡其敬，亡盡其哀，予於潁昌侯見之矣。」又曰：「見其親之黨，如見其親，六十而孺慕，予於潁昌侯見之矣。」然性奢豪，務在華侈。帷帳車服，窮極綺麗，厨膳滋味，過於王者。每燕見，不食太官所設，帝輒命取其食。蒸餅上不坼作十字不食。食日萬錢，猶曰無下箸處。人以小紙爲書者，勑記室勿報。劉毅等數劾奏曾侈忲無度，帝以其重臣，一無所問。都官從事劉享嘗奏曾華侈，以銅鉤紖車，瑩牛蹄角。後曾辟享爲掾……曾常因小事加享杖罰，其外寬内忌，亦此類也。時司空賈充權擬人主，曾卑充而附之。及充與庾純因酒相競，曾議黨充而抑純，以此爲正直所非。

同書卷三九荀顗傳：

顗明三禮，知朝廷大儀，而無質直之操，唯阿意苟合於荀勖、賈充之間。初，皇太子將納妃，顗上言賈充女姿德淑茂，可以參選，以此獲譏於世。

何、荀二人的諂附賈充，對於司馬氏也没有確守封建道德中忠的責任，不必説他們對於曹魏怎樣。何曾的奢侈更爲人所不滿，但是傅玄對於此二人却如此的稱頌。傅氏一門本是司馬氏的羽黨，例如傅嘏反對何晏、鄧颺、夏侯玄、李豐，而親附鍾會、陳泰、荀顗，説明在司馬懿和曹爽的鬥争中，他完全站在司馬懿的方面。傅玄所著傅子特别提出他的族人傅嘏的預見，可以説明他也是何曾、荀顗的一黨，所以他這樣的稱譽，倒是不足爲怪的。但是何、荀所被稱譽的僅僅孝行這一點，而至於説「不遵二夫子之景行，非樂中正之道」。這就因爲在當時孝行在倫理上的地位可以籠蓋一切，掩護了一切缺點乃至醜行，何、荀自身是這樣想，傅玄的立論也是這樣。

晉武帝以及他的大臣既然以孝行標榜，同時也就以此爲武器來控制士大夫。當時社會本來看重家族間道德的實踐，從東漢以來的鄉里清議便如此，晉代盡管崇信虚浮，對此却特别的嚴格。歷史上所記載被清議所貶，以至爲中正降品的人幾乎全部由於家庭間在孝行方面微細的疏忽。這一種對於兒子特别嚴厲的責備，自晉開始而下及李唐。這裏我們不能不説與實際社會風氣及政治背景有關。何曾想殺阮籍，罪名就在於不孝。何曾傳：

時步兵校尉阮籍負才放誕，居喪無禮，曾面質籍於文帝（司馬昭）座曰：「卿縱情背禮，敗俗之人，今忠賢執政，綜核名實，若卿之曹，不可長也。」因言於帝曰：「公方以孝治天下，而聽阮籍以重哀飲酒食肉於公座，宜擯四裔，無令污染華夏。」帝曰：「此子羸病若此，君不能爲吾忍邪？」曾重引據，辭理甚切。帝雖不從，時人敬憚之。

這一件事情又見世説新語任誕篇及劉孝標注引干寶晉紀。孝標又引魏氏春秋，稱籍性至孝，晉書卷四九阮籍傳同，可見他並非真正與他母親有何惡感，只是以放誕的行爲來反抗像何曾那些人所提倡的孝行，亦即是與政府不合作的表示。文選卷二三阮籍詠懷詩之一云：「步出上東門，北望首陽岑，下有采薇士，上有嘉樹林。」整個的詠懷詩從顔延年、沈約以來都説是一種有寄託的諷諭，〔二〕這一首詩特别從伯夷、叔齊的故事出發，自然與魏晉禪代有關。阮籍雖不如嵇康之剛介，也還敷衍司馬氏政

〔二〕並見詠懷詩注。

權，甚至還作過勸進表，但他對於這一個政權並不滿意。當時的政府正在標榜孝道，特別注重一些家庭間以及禮文上的瑣小節目，所以他置身於當時所提倡的道德之外，以行爲作有力的諷刺，至於嵇康的被殺，也由於他的朋友吕安不孝之故。魏志卷二一注引魏氏春秋：

及山濤爲選曹郎，舉康自代。康答書拒絕，因自説不堪流俗，而非薄湯武。大將軍（司馬昭）聞而怒焉。初，康與東平吕昭子巽及巽弟安親善。會巽淫安妻徐氏而誣安不孝，囚之。安引康爲證，康義不負心，保明其事。安亦至烈，有濟世志力。鍾會勸大將軍因此除之，遂殺安及康。

嵇康爲魏室姻戚，因此不願和司馬氏合作。他的被殺止因爲吕安，吕安的不孝罪名乃由其兄之誣告，而司馬昭及其黨徒鍾會爲了他有濟世志力，所以借不孝之名來排除新政權的障礙。考嵇康的絶交書自稱「新失母兄之歡」，大概也不能謹守那些瑣細的事親之禮，他的同情吕安，一方面在忠於曹魏這個共同點，另一方面也在於對所謂不孝的諒解。從這兩件事看來，司馬氏政權所標榜的孝正是對付不肯與司馬氏合作的人，而嵇康、阮籍等之放誕行爲又正是對於標榜孝道的諷刺，自然在這裏我們還不能忘掉當時的政權是建築在高門大族的基礎上，而孝道則爲鞏固這個基礎所需要。然嵇、阮之流只是失職的統治階級，絲毫没有意識到要動摇這個基礎，只是討厭何、荀之流的標榜孝道而已。晉書卷九四戴逵傳稱逵語云：「竹林之爲放，有疾而爲顰者也，元康之爲放，無德而折巾者也。」其實竹林名士，倒未必人人是憤世嫉俗，激而爲此，不如説嵇、阮更妥當一點。藝文類聚卷三七引沈約七賢論認爲「嵇阮二生，志存保己」，嵇康的不肯出仕，和阮籍的「毁行廢禮」乃是保身之計，其實嵇康如肯做官，阮籍如遵守禮法，就可以爲山濤、樂廣之爲達官，何至遭忌，沈約剛好把話説反了。

甚至如賈充那樣卑劣無耻之徒，也以孝道來斥責人家，晉書卷五〇庾純傳：

初，純以賈充奸佞，與任愷共舉充西鎮關中，充由是不平。充嘗宴朝士……及純行酒，充不時飲。純曰：「長者爲壽，何敢爾乎！」充曰：「父老不歸供養，將何言也！」純因發怒曰：「賈充，天下兇兇，由爾一人！」充曰：「充輔佐二世，蕩平巴蜀，有何罪而天下爲之兇兇？」純曰：「高貴鄉公何在？」衆坐因罷。充左右欲執純。中護軍羊琇、侍中王濟佑之，因得出。

庾純之斥責賈充在不忠，賈充之斥責庾純則是不孝。西晉的當權官僚在封建道德中缺乏忠的一項，只好自居爲孝子，而且以此爲排斥異己的武器，已成習慣。賈充自己所行如殺死高貴鄉公，不肯迎接其前妻，都使他母親不高興，〔二〕即使以封建道德中孝道來評量也還有問題，但是他却儼然以孝養責備庾純，這是由於濡染日深，以致忘掉了自身的行爲。

這一件事情發生後，庾純因此免官，還特别命群臣會議「正其臧否」（就是問除免官外，應否由中正降品）。何曾、荀顗、石苞這一群和賈充本是一流人物，都主張從重論罪，但也有人替庾純説話的。如司徒西曹掾劉斌議：

敦叙風俗以人倫爲先，人倫之教以忠孝爲主，忠故不忘其君，孝故不忘其親。若孝必專心於

〔二〕並見晉書卷四〇本傳。

色養，則明君不得而臣，忠必不顧其親，則父母不得而子也。是以爲臣者必以義斷其恩，爲子也必以情割其義，在朝則從君之命，在家則隨父之制，然後君父兩濟，忠孝各序。

河南功曹史龐札等議：

臣聞父子天性，愛由自然。君臣之交，出自義合，而求忠臣必於孝子。是以先王立禮，敬同於父，原始要終，齊於所生，如此，猶患人臣罕能致身。

二人的議論主要的是在於孝的過度發展，必致影響到「忠」，但是他們不明瞭司馬氏君臣一體，正把孝道作爲自身行爲的掩護和控制士大夫的工具。

魏晉之際，門閥制度業已形成，東晉初期家族較王朝爲重的形勢在政治上更爲顯著，於是孝先於忠的理論也更爲肯定。例如上引的徐衆評靳允事便可以看得出來。温嶠的故事也是個適當的例子。世說新語尤悔篇：

温公初受劉司空使勸進，母崔氏固駐之。嶠絶裾而去。迄於崇貴，鄉品猶不過也，每爵皆發詔。

這件事情列入尤悔，就可知劉義慶認爲是一種值得後悔的過失。晉書卷六七温嶠傳稱「後舉秀才，灼然二品」，宋本没有二品二字，同書卷一一四苻堅載記云：「門在灼然者爲崇文義從」，灼然就是二品，也即是士族例應獲得的上品。據此温嶠本是二品，爲什麽説「鄉品不過」？我想自從他絶裾南行之後，中正曾行降品之故。既已降品便不得爲清官，所以每逢陞遷須要皇帝用特旨施行。晉書禮志和溫嶠傳都記載他拜官時群臣的議奏，雖然認爲他的行爲不算錯誤，不得遂私情以虧王命，但是中正所執行的鄉閭之評却仍然不能通過。這裏可以說明西晉之初帝皇大臣所提倡的孝正符合於門閥家族的利益，因此孝先於忠在後來成爲公議。即使不肯定孝先於忠，也必肯定忠孝不能兩全，例如弘明集卷三孫綽喻道論云：

夫忠孝名不並立，潁叔違君，書稱純孝；石碏戮子，武節乃全。傳曰：「子之能仕，父教之忠，策名委質，貳乃辟也。」然則結纓公朝者子道廢矣，何則？見危授命，誓不顧親，皆名注史筆，事標教首，記注者豈復以不孝爲罪。故諺曰：「求忠臣必於孝子之門，」明其雖小違於此，而大順於彼矣。

孫綽的議論似乎是反對孝先於忠的說法，但是他却認爲忠孝不能兩全。一做了官就是「子道廢矣」，仍然把孝擴大了講，而且與忠對立起來。他之所以要贊同那些「見危授命，誓不顧親」之人，目的在於說明佛教僧人的不娶以至削髮都不算不孝，這是在另外一個立場與另外一個問題上所提的意見。自晉之後，王朝的更改既多，士大夫安身立命的途徑不能不守何、荀的心法，其中雖也有如陳郡袁氏號稱累世忠貞，但大體上孝的實踐遠重於忠節。褚淵、王儉最受當時以及後代的譴責，但這兩人却又是著稱的孝子。南齊書卷二三褚淵傳：

遭庶母郭氏喪（即淵生母），有至性，數日中，毀頓不可復識，期年不盥櫛，惟泣淚處乃見其本質焉……淵後嫡母吴郡公主薨，毀瘠如初。

文選卷五八王仲寶褚淵碑：

孝敬淳深，率由斯至，盡歡朝夕，人無間言……以父憂去職，喪過乎哀，幾將滅性。

南齊書卷二三王儉傳：

父僧綽……儉生而僧綽遇害……數歲襲爵豫寧侯，拜受茅土，流涕嗚咽……帝以儉嫡母武康公主，同太初巫蠱事，不可以爲婦姑，欲開塚離葬。儉因人自陳，密以死請，故事不行。

褚淵、王儉所以特別爲時人所譴責之故不單爲了他們身仕二姓，這在當時是見慣的事，倒在於他們是宋室的至親，梁書卷五一何點傳說：「褚淵、王儉爲宰相，點謂人曰：『我作齊書贊云：淵既世族，儉亦國華，不賴舅氏，遑恤國家。』」說明當時的清議並非完全在於君臣關係這一方面，一部分在於親族的關係。南齊書卷三六劉祥傳：

司徒褚淵入朝，以腰扇鄣日，祥從側過，曰：「作如此舉止，羞面見人，扇鄣何益！」淵曰：「寒士不遜。」祥曰：「不能殺袁、劉，安得免寒士？」永明初，遷長沙王鎮軍，板諮議參軍，撰宋書，譏斥禪代。尚書令王儉密以啓聞，上銜而不問……祥兄整，爲廣州，卒官，祥就整妻求還資，事聞朝廷。

劉祥在家族間是沒有盡到封建倫理的本分的，他的不滿意宋齊間之禪代，也是爲了自己沒有獲得高官之故，並非真的忠於宋室，但他却以忠節責人，和褚淵、王儉的以孝行自處，都是一種對於本身行爲的解釋，所謂「貌異心同」。而這一件事又與何曾、賈充和阮籍、庾純的交涉相似，都是忠孝對立之一例。又不但褚淵、王儉企圖在封建倫理中選擇了「孝」，作爲行爲的掩護，就是齊高帝（蕭道成）也如此。南史卷五〇劉瓛傳：

齊高帝踐祚，召瓛入華林園談語，問以政道。答曰：「政在孝經，宋氏所以亡，陛下所以得之是也。」帝咨嗟曰：「儒者之言，可寶萬世。」〔一〕

劉瓛所說雖是儒生的常談，但他特別把「孝」來推崇那個政權篡奪者，使他感覺到在道德上得到安慰，而孝治天下恰正是魏晉相傳的心法，所以使齊高帝大爲贊歎，認爲可寶萬世。

綜合上面所述，我們知道君父先後本來是魏晉間辨析名教的一個論題，所以成爲論題是由於現實的政治發生了這個問題，同時牽涉到對於人物的評價，不能不加以注意。在開始時二者的輕重還沒有決定，但因現實社會及政治的發展，孝逐漸超過了忠，所以溫嶠不免受清議的責備，而何、荀、褚、王這一流人反而獲得安身立命的理論根據。後世往往不滿於五朝士大夫那種對於王室興亡漠不關心的態度，其實在門閥制度下培養起來的士大夫可以從家族方面獲得他所需要的一切，而與王室的恩典無關，加上自晉以來所提倡的孝行足以掩護其行爲，因此他們對於王朝興廢的漠視是必然的，而且是心安理得的。

然而孝道的過分發展必然要妨礙到忠節。一到唐代，一統帝國專制君主的威權業已建立，那種

〔一〕南齊書卷三九劉瓛傳不載此語。

有害於君主利益的觀點隨着舊門閥制度的衰落而趨於消沉，但在唐初却還需要對於這種觀點加以糾正，舊唐書卷二四禮儀志：

貞觀十四年三月丁丑，太宗幸國子學，親觀釋奠，祭酒孔穎達講孝經。太宗問穎達曰：「夫子門人，曾、閔俱稱大孝，而今獨爲曾說，不爲閔說，何耶？」對曰：「曾孝而全，獨爲曾能達也。」制旨駁之曰：「朕聞家語云：曾晳使曾參鋤瓜而誤斷其本。晳怒，援大杖以擊其背，應手仆地，絶而復蘇。孔子聞之，告門人曰：『參來勿内。』既而曾子請焉。孔子曰：『舜之事父母也，使之常在側，欲殺之，乃不得。小箠則受，大杖則走。今參於父委身以待暴怒，陷父於不義，不孝莫大焉。』由斯而言，孰愈於閔子騫也？」穎達不能對。太宗又謂侍臣：「諸儒各生異意，皆非聖人論孝之本旨也。孝者，善事父母，自家刑國，忠於其君，戰陣勇，朋友信，揚名顯親，此之謂孝。具在經典，而論者多離其文，迥出事外，以此爲教，勞而非法，何謂孝之道耶！」

唐太宗根據家語來説明曾子不能算大孝，其目的在於辯護自己的玄武門之事，這一點我們可以不管，但是他特别提出了忠君之義，以揚名顯親爲孝，雖然確實「具在經典」，和孝經宗旨相合，但與晉以來的傳統意見却有出入。在這裏可以看出倫理觀念上新舊的變遷。

讀史釋詞

素族

趙翼廿二史劄記卷一二「江左世族無功臣」條引南齊書卷二高帝紀下所載齊高帝（蕭道成）臨終遺詔，自謂「吾本布衣素族，念不到此」之言，以爲蘭陵蕭氏出於寒門，又以南朝諸帝並出於「素族」。周一良同志曾據史文糾正趙説，認爲「凡非宗室而爲清流者皆可爲素族」，又云「是南朝之素族皆與宗室相對而言」。〔一〕按周説是，兩晉南北朝間凡稱「素」者都没有貶低的意思，有時與宗室或公侯貴顯相對而言，有時就是士族的異稱。

素族與宗室相對而言之例，周文已舉，今但作一點補充。南齊書卷二二豫章文獻王嶷附子子操傳云：

王侯出身官無定，准素姓三公長子一人爲員外郎。建武中，子操解褐爲給事中，自此齊末皆以爲例。

本條「素姓」與「王侯」相對而言，王侯即指宗室，所以子操解褐爲給事中開宗室起家官的先例。同書

〔一〕周一良：魏晉南北朝史論集南朝境内之各種人及政府對待之政策。

卷二三褚淵傳稱：「先是庶姓三公輀車，未有定格，王儉議官品第一皆加幢絡，自淵始也。」「素姓」亦即「庶姓」，即異姓。同書卷四二王晏傳：

(王)儉卒，禮官議謚，上欲依王導謚爲「文獻」。晏啓上曰：「導乃得此謚，但宋以來，不加素族。」出謂親人曰：「平頭憲事已行矣。」

本條「素族」乃指王儉，江左第一流高門。考宋代謚「獻」者有廬陵王義貞謚孝獻，江夏王義恭謚文獻，齊代則先有臨川王映謚獻，後有豫章王嶷謚文獻，異姓確實没有。可知王晏所説「素姓」也正是對宗室而言。

有時素族或素姓乃對貴顯及受封爵而言。陳書卷一七袁敬附兄子樞傳，當時議加在梁代亡故的永世公主婿錢蔵爲駙馬都尉，樞上議云：

昔王姬下嫁，必適諸侯……漢氏初興，列侯尚主；自斯以後，降嬪素族。

很清楚，本條的素族乃對有爵邑而言。宋書卷五六謝瞻傳，瞻言於高祖(劉裕)曰：

臣本素士，父、祖位不過二千石。

按謝瞻爲謝萬後，當然是高門，他自稱素士，只因父祖官位不顯，亦無國封。同書卷五八謝弘微傳：

(元嘉)六年，東宫始建，領中庶子，又尋加侍中，弘微志在素宦，畏忌權寵，固讓不拜，乃聽解中庶子。

謝弘微自云「志在素宦」，「素宦」指一般士族充當的清官，〔二〕他不欲驟至貴顯。梁書卷一四江淹傳：

天監元年，爲散騎常侍、左衞將軍，封臨沮縣開國伯，食邑四百户。淹乃謂子弟曰：「吾本素宦，不求富貴，今之忝竊，遂至于此。」

江淹雖亦濟陽江氏，而先世並無顯貴。南史卷三〇何點傳説「稱濟陽江淹于寒素」，可知門户衰替，但應仍是士族。〔三〕江淹所云「素宦」與「不求富貴」相應，亦與謝弘微所云「素宦」和「畏忌權寵」一致，都是對貴顯受封而言。

「不求富貴」、「畏忌權寵」也含有不事營求，隨流平進的意思，宋書卷五六蔡廓附子興宗傳，興宗自云：

吾本素門平進，與主上甚疎，未容有患。

梁書卷七太宗簡皇后王氏傳云：

父騫，嘗從容謂諸子曰：「吾家門户，所謂素族，自可隨流平進，不須苟求也。」

〔二〕晉書卷九九桓玄傳：「襲爵南郡公……年二十三，始拜太子洗馬。時議謂溫（玄父）有不臣之跡，故折玄兄弟而爲素官。」按梁書卷四九庾於陵傳：「舊事，東宮官屬通爲清選。洗馬掌文翰，尤其清者，近世用人，皆取甲族有才望，時於陵與周捨並擢充職。」則洗馬爲士族高選，桓玄傳稱之爲「素官」，意謂一般士族之官。對桓玄弟兄來説，他們爲桓溫之子，地位超越於一般士族，所以説是有意折之。

〔三〕史籍所見「寒素」，固然正如荀勖所云「門寒身素，無世祚之資」（晉書卷四六李重傳），但也不一定都真是寒門，晉書卷六八紀瞻傳稱「元康中，州舉寒素」，世説新語言語篇注引晉陽秋稱周顗「舉寒素」。紀瞻先世在孫吳官位顯達，雖是異代之事，總不能逕認爲寒門，至於周顗，更是汝南高門。南史以江淹爲寒素，不必遽認江淹爲寒門。

蔡、王都是江左高門，自不須論。南齊書卷二三史臣論江左士族「貴仕素資，皆由門慶，平流進取，坐致公卿」，正是蔡興宗自云「素門平進」，王騫自云「素族不須苟求」的説明。據此則「素族」、「素門」實即士族的同義語。南史卷二三王華附弟琨傳：

宋武帝初爲桓脩參軍，脩待帝厚。後帝以事計圖脩，猶懷昔顧，使王華訪素門，嫁其二女。華爲琨娶大女，以小女適潁川庾敬度，亦是舊族。

所訪求的「素門」乃琅邪王氏和潁川庾氏，都是甲族盛門。又梁書卷五一何點傳稱點「家本甲族，親姻多貴仕」，而南史卷三〇何尚之附點傳「甲族」作「素族」，至少在李延壽看來，「甲族」和「素族」可以互稱。梁書卷四九鍾嶸傳，天監初，嶸上表論因軍功授官之濫，有云：

臣愚謂軍官是素族士人，自有清貫，而因斯受爵，一宜削除，以懲僥競。

「素族士人」連稱，亦「素族」即「士族」之證。其他如晉初衛瓘不願聯姻皇室，「自以諸生之冑，婚對微素」；宋明帝使人代江斆作辭讓尚公主表，自稱「以臣素流」，又云「媒訪莫尋，素族弗問」，「微素」與「素流」、「素族」，並指甲門士族，〔一〕只是辭氣謙抑而已。

〔一〕河東衛氏是魏晉高門。據晉書卷三六本傳附孫玠，稱「驃騎將軍王濟，玠之舅也」，王濟爲太原王氏，家世貴顯，濟尚常山公主，不但是甲族，而且是貴戚；本傳又言楚王瑋誅殺衛氏時，瓘子恒「以何劭嫂之父也，從牆孔中詣之」，何劭爲何曾子，亦魏晉高門。所謂「婚對微素」，實只對聯姻皇室而言。江斆是濟陽江氏最顯赫的一房，曾祖夷、祖湛，兩世吏部尚書，父恁尚宋淮陽公主，也是甲族而兼貴戚。

如上所述，東晉南朝時所謂「素族」、「素門」等或是對宗室而言，或是對家世顯貴受封爵邑者而言，而最一般的用法，實即士族的互稱，其對宗室或貴戚公侯而稱者實際上也是指士族。因此「素族」不但不能解釋爲寒門，而且恰恰相反。從這一點看來，蕭道成自稱「素族」，並非謙抑，却有一點高攀。我們知道蘭陵蕭氏本是寒門，宋初，道成族人因外戚起家，道成一房始得以軍功顯達，〔一〕列於士族，但按照當時士族中的等級區分，蕭氏只能是爲高門所輕的將家。

寒士

東晉南朝自稱或被稱爲「寒士」的，有的是自謙，有的是有意貶低，而大都是先代官位不顯的士人，或者士族中的衰微房分。最基本的一點，他們仍是士人，不是寒人，這一點却往往易被忽視。

晉書卷九一儒林范弘之傳，弘之與會稽王道子箋云：

> 下官輕微寒士，謬得厠在俎豆，實懼辱累清流。

按弘之爲安北將軍范汪孫，襲爵武興侯。舞陰范氏當然是士族，他自稱「輕微寒士」，乃對會稽王自謙之辭，或亦因其父穉早卒無官位之故。

〔一〕宋書卷四一孝懿蕭皇后傳，劉裕繼母爲蘭陵蕭氏，劉裕出於寒門，按照當時婚姻慣例，知蕭氏亦必是寒門。劉裕執政後，蕭源之、摹之等並貴顯，道成父承之當了他們的軍府僚佐，後來又隨源之子思話征討，以軍功官至右軍將軍。道成也以蕭思話的僚佐起家。這一家在宋代士族中的地位是不高的（以上並見宋書卷七八蕭思話傳、南齊書卷一高帝紀）。

宋書卷五三羊玄保附兄子希傳稱宋明帝下詔貶希軍號云：

希卑門寒士，累世無聞，干上逞欲，求訴不已，可降號横野將軍。

按泰山羊氏自漢以來家世顯赫，爲魏晉盛門。羊希祖爲中書侍郎，叔父玄保爲光禄大夫、特進。這一家無論如何説不上是「卑門」，詔書這樣説既是有意貶斥，並因羊希的父親並無官位。

同書卷八四鄧琬傳，記琬爲江州刺史晉安王子勛鎮軍府長史，前廢帝遣使賜子勛死，琬拒不奉詔，稱：

身南土寒士，蒙先帝殊恩，以愛子見託，豈得惜門户百口，其當以死報効。

遂起兵反抗。按本傳稱琬豫章南昌人，高、曾祖兩代爲晉吏部郎，祖潛之官至鎮南府長史，父胤之，亦曾爲吏部郎，官至光禄勳。晉書卷七五王國寶傳稱「中興膏腴之族，惟作吏部，不爲餘曹郎」，鄧琬先世三代爲此官，其爲南士中的高門無疑。同卷袁顗傳記顗爲雍州刺史，路經尋陽，與鄧琬欵狎，稱「顗與琬人地本殊，衆知其有異志」。陳郡袁氏乃江左僑姓甲門，對于南土士族鄧琬來説，不免有「人地本殊」之議，這是僑姓與南士間的差别。鄧琬自稱「南土寒士」亦因此故。

南史卷二六袁粲傳記載在一次宫廷宴會中，袁粲侮辱了宋孝武帝寵遇的顔師伯，傳稱：

師伯見寵於上，上常嫌愍孫（袁粲字）以寒素陵之，因此發怒曰：「袁濯兒不逢朕，員外郎未可得也，而敢以寒士遇物！」

按師伯爲顔延之族人，琅邪顔氏自是士族，但師伯先世官位不顯，父邵爲謝晦諮議參軍，晦起兵反，邵自殺。師伯爲人善於趨附以致顯達。這樣的家世和立身行事，宜爲陳郡高門袁粲所輕。宋書卷七七顔師伯傳云：

> 世祖鎮尋陽，啓太祖請爲南中郎府主簿，太祖不許，謂典籤曰：「中郎府主簿那得用顔師伯！」世祖啓爲長流正佐，太祖又曰：「朝廷不能除之，郎可自板，亦不宜署長流。」世祖乃板爲參軍事。

琅邪顔氏並非甲族，而師伯一房又是衰微房分，所以不獨爲袁粲所侮，而且也爲宋文帝所輕，但師伯終究還是士人。

南齊書卷三一江謐傳：

> （建元）三年，爲左民尚書，諸皇子出閤用文武主帥，皆以委謐。尋敕曰：「江謐寒士，誠當不得競等華儕，然甚有才幹，堪爲委遇，可遷掌吏部。」

按江謐亦濟陽考城江氏，本是江左高門，他的同族江斅堅持士庶區别，拒絶與當權的寒人紀僧真並坐，爲世所熟知。〔一〕但江謐一房與江斅服屬已疏，謐父又因參與劉邵殺父（宋文帝）陰謀被誅，門户衰落，因此被認爲寒士。

同書卷三六劉祥傳：

〔一〕 南史卷三六本傳。

司徒褚淵入朝，以腰扇鄣日。祥從側過，曰：「作如此舉止，羞面見人，扇鄣何益？」淵曰：「寒士不遜！」祥曰：「不能殺袁、劉，安得免寒士！」

按劉祥東莞莒人，劉宋開國元功劉穆之的曾孫。這一家雖亦列于士族，却非高門。褚淵斥劉祥爲寒士，在于貶低他的門第，而劉祥的答辭則以自己的官位不顯爲言，二人對寒士一辭的解釋不同。

南史卷六二朱异傳稱异：

輕傲朝賢，不避貴戚，人或誨之。异曰：「我寒士也。遭逢以至今日。諸貴皆恃枯骨見輕，我下之，則爲蔑尤甚，我是以先之。

朱异吳郡錢塘人，吳郡四姓「顧陸朱張」之朱乃吳郡吳人。他外祖顧歡爲吳郡鹽官人，也是先世無名位，南齊書卷五四本傳説「同郡顧顗之臨縣，見而異之」。顗之乃吳姓高門，傳稱「同郡」，不云「族人」，知顧歡非四姓之顧。朱异父祖無名位，大概亦非四姓之朱。本傳稱「舊制，年二十五方得釋褐，時异年二十一，特敕擢爲揚州議曹從事史」。按梁書卷一武帝紀上記梁武爲相國時上表，云「中間立格，甲族以二十登仕，後門以過立試吏」；卷二武帝紀中天監四年正月詔云「今九流常選，年未三十，不通一經，不得解褐，若有同甘、顏，勿限年次」，這回没有區別甲族、後門，年齡限止却是三十歲。本傳所云「二十五方得釋褐」，不知指的是甲族還是後門。朱异非甲族是肯定的，但揚州議曹從事史不是寒人起家官，所以要特敕授官，不是由於他門地不當，而是由於年齡限止，我以爲他仍當算作士族。梁書卷三八朱异與賀琛同傳，賀琛爲會稽四姓無疑，但其父無聞，家貧販粟自給。傳末姚察論曰：

「朱异、賀琛並起微賤，以經術逢時，致於貴顯。」則姚察認爲朱、賀二人的社會地位相同。賀琛決非寒人，朱异也當是所謂衰微士人。

以上就史籍所見東晉南朝自稱或被稱爲「寒士」的七人試加分析，他們的門第雖有高卑，自稱或被稱爲寒士的情況亦異，但爲士人則一，寒士與寒人仍有上庶之别。

絳衫和白衣

晉書卷四二王渾傳：

> 及誅楊駿，崇重舊臣，乃加渾兵。渾以司徒文官，主史不持兵，持兵乃吏屬絳衣。〔一〕自以偶因時寵，權得持兵，非是舊典，皆令皂服。論者美其謙而識體。

按通典卷二〇「總叙三師三公以下官屬」條云：「太尉雖不加兵者，吏屬皆絳服。」太尉主兵，所以吏屬皆絳服，司徒是文官，吏屬本皆衣皂，加兵則絳衣。王渾雖得加兵，但却認爲「非是舊典」，仍令衣皂。據此知晉代兵及武吏絳衣，文吏皂服。

以絳衣爲戎裝的制度屢見於南朝，南齊書卷三二王琨傳：

> 出爲冠軍將軍、吴郡太守，遷中領軍。坐在郡用朝舍錢三十六萬營餉二宫諸王，及作絳襖奉

〔一〕通典卷二〇「總叙三師三公以下官屬」條記王渾事，此句作「及吏屬絳衣」，通典有删節，疑此句本作「持兵及吏屬絳衣」，「及」訛「乃」。但太平御覽卷二〇八「司徒下」引晉書同今本。

獻軍用，遷光禄大夫。〔一〕

説明「絳襖」是「軍用」。其事在宋明帝時。同書卷四七王融傳：

世祖疾篤暫絶，子良在殿内，太孫未入。融戎服絳衫，於中書省閤口斷東宫仗不得進，欲立子良。

按王融乃中書郎，傳稱「竟陵王子良於東府募人，板融寧朔將軍、軍主……招集江西傖楚數百人」，所以他得服絳衫。同書卷四〇竟陵王子良傳稱「世祖不豫，詔子良甲仗入延昌殿侍醫藥」，南史卷二一王華附玄孫融傳於王融戎服絳衫於中書閤口斷東宫仗之後，又稱「俄而帝崩，融乃處分以子良兵禁諸門」。知王融此時所指麾之兵即子良率以入宫之「甲仗」，融所招之衆疑亦在内。

據此知不獨兵吏絳衣，領兵之將所衣戎服亦是絳衫。南齊書卷五一崔慧景附族人恭祖傳云：

討王敬則，與左興盛軍容袁文曠争敬則首，訴明帝曰：「恭祖秃馬絳衫，手刺倒賊，故文曠得斬其首。」

按恭祖官爲後軍將軍、直閣將軍，〔二〕亦將帥絳衣之例。

〔一〕諸本「遷」上有「左」字，三朝本、北監本無。按宋書卷四〇百官志，光禄大夫與領、護軍並第三品，而光禄大夫在前，疑不得爲「左遷」，光禄閑官，雖是平遷，實爲通廢。

〔二〕見南齊書卷二六王敬則傳。

如上所述，南朝將士戎服都是絳衣，但軍中也有穿白的將士。南齊書卷二九周山圖傳記山圖據盆城拒沈攸之，云：

> 攸之既敗，平西將軍黃回乘輕舸從白服百餘人在軍前下緣流叫，盆城中恐，須臾知是回凱歸，乃安。

「白服」當是以徵募白丁充。宋書卷八三黃回傳，蕭道成上表罪狀回，有云：

> 又廣納逋亡，多受劫盜，親信此等，並爲爪牙。

所謂「白服」，疑即此輩，他們是主將的親隨，不入軍籍，所以衣白。同書卷七四沈攸之傳：

> 攸之少孤貧，元嘉二十七年，索虜南寇，發三吴民丁，攸之亦被發。既至京都，詣領軍將軍劉遵考，求補白丁隊主。

「白丁」不屬軍籍，他們徵自百姓，別自立隊，我想「白丁隊」應當「白服」。

因爲有兵民的區別，所以絳衣、白服不相混雜，軍中如此，高級官員的隨從也是這樣。南齊書卷三八蕭赤斧附子穎胄傳云：

> 時軍旅之際，人情未安，穎胄府長史張熾從絳衫左右三十餘人入千秋門，城内驚恐，疑有同異。

左右是隨從的一種名號，張熾所帶的左右當是由兵士組成，所以服絳衫。同書卷五六倖臣茹法亮傳稱：

（宋孝武帝）校獵江右，選白衣左右百八十人，皆面首富室，從至南州，得鞭者過半。

雖然這些「白衣左右」是皇帝的侍從，與軍府長史的親隨地位不同，但「白衣左右」仍然與「絳衫左右」相對，表明兵、民之異。如本傳所云「白衣左右」是由富室有姿容少年充當的，他們不是兵，不隸軍籍，也還没有授官，所以仍然像普通百姓一樣穿白衣。寒門富室爲了避免徭役和謀取入仕，投充皇室和貴族官僚的隨從是進身道路之一。史籍上經常見到的貴族官僚的門生大都也出於富室商人，宋書卷七一徐湛之傳：

門生千餘人，皆三吴富人之子，姿質端妍，衣服鮮麗，每出入行遊，途巷盈滿。

徐湛之所收門生與宋孝武帝所選的「白衣左右」，條件完全一致，都是有姿容的富室子弟。關于「門生」，前人所談已多，這裏不再贅述，總之他們大都出于寒門富室，主人可以保送門生入官。當時皇帝有侍從的「白衣左右」，臣僚也有所謂「白從左右」，梁書卷一六王亮傳記御史中丞任昉奏彈范縝，有云：

輒收縝白從左右萬休到臺辨問，與風聞符同。

而「白從左右」又即是門生，南齊書卷三六謝超宗傳記御史中丞袁彖奏彈超宗，稱「攝白從王永先到臺辨問」，而於超宗死後，又稱「明年，超宗門生王永先又告超宗子才卿死罪」，知「白從」即「門生」，至少包括門生在内。

如上所述，我們知道兩晋南朝的兵和武吏乃至將帥穿的是絳衣，絳衣是戎服。這種衣絳的兵或武吏，是名屬軍籍，或者已授軍職的軍人。另外還有一種白衣的兵士或隨從，他們是從民間徵募，不隸軍籍，未授軍職。絳、白服色的區別表示身分的不同。

釋　解

文心雕龍卷五書記篇云：「百官詢事，則有關刺解牒。」四類文書形式中，關具見宋書卷一五禮志二所載「皇太子監國儀注」；刺見於羅布淖爾所出漢簡，流沙墜簡屯戍叢殘三十七簡下王靜安有釋；牒在唐代行用最廣，史籍及敦煌、吐魯番所出文書屢見不鮮；唯解的形式無考。唐六典卷一尚書都省左右司郎中員外郎條云：「諸司自相質問，其義有三，曰關、刺、移」，没有「解」，「牒」則另列于「下之所以達上」的六種文書中，似唐代不以「解」作爲一種官府往來的文書形式。「解」作爲一種文書形式，史籍所見，始於三國。三國志卷四一楊洪傳注引益都耆舊傳雜記述何祗事，云：

（祗）初仕郡，後爲督軍從事。時諸葛亮用法峻密，陰聞祗遊戲放縱，不勤所職，嘗奄往録獄。衆人咸爲祗懼。祗密聞之，夜張燈火見囚，讀諸解狀。諸葛晨往，祗悉已闇誦，答對解釋，無所疑滯。亮甚異之。

所謂「解狀」當即諸郡隨着所送囚犯申報牧府的公文，〔一〕内容當有囚犯姓名、罪狀以及郡官的判案。

〔一〕諸葛亮爲益州牧，何祗官督軍從事，是牧府掾屬。三國志卷四五楊戲傳稱戲「爲督軍從事，職典刑獄」，所以囚犯及解狀由何祗主管。

所以何祇熟讀之後，就可以對答諸葛亮的詢問。文稱「答對解釋」之「解釋」亦即「解」的本義。〔一〕

解作爲文書形式，多見於南北朝。宋書卷五四沈曇慶傳稱曇慶「遭母憂，哀毁致稱，本縣令諸葛闡之公解言上」，同書卷七五顏竣傳記御史中丞庾徽之奏彈竣云「多假資禮，解爲門生，充朝滿野，殆將千計。取監解見錢，以供帳下」。按沈曇慶母喪哀毁，縣令必是開具姓名行事，申請旌表，這種文書稱作「解」。顏竣接受財禮，把許多人列爲他故門生上報，當亦開列姓名、簡歷，具解申送主管的官府，以便取得免役權利。由此可見，南朝貴族官僚接收門生，需要以解的形式申報官府，才能確立彼此間的關係。

北魏時解的應用大致和南朝相同。魏書卷一一一刑罰志記世宗時關於怎樣才算「獄成」（已作出最後判決）的辯論，稱：

尚書李韶奏：「使雖結案，處上廷尉，解送至省。及家人訴枉，尚書納辭，連解下鞫，未檢遇宥者，不得爲案成之獄。推之情理，謂崔纂等議爲允。」

這裏一稱「解送至省」，再稱「連解下鞫」，所謂「解」即指審訊案件的使者申送尚書省的公文，亦即上引何祇所讀的「解狀」。其内容必具姓名事由及判案。同書卷一一四釋老志記熙平二年（五一七）靈

〔一〕文心雕龍書記篇范注（注五一）引三國魏志孫禮傳（卷二四）云：「今二郡（清河、平原）争界八年，一朝決之者緣有解書圖畫，可得尋案擿校也。」按傳稱孫禮請以魏明帝曹叡始封平原時圖爲徵，此「解書」恐是地圖的解釋。但也是解釋疑滯故謂之解。

太后令云：

年常度僧，依限大州應百人者，州郡於前十日解送三百人，其中州二百人，小州一百人。州統、維那與官及精練簡取充數……

所謂「解送」意謂具解申送，解仍是公文名稱，内容也是開列供挑選的僧人名及簡歷等。

如上所舉例，自三國至南北朝，「解」作爲官府文書大致都是下級申送上級或主管機構的公文，内容都和人事處理有關，如囚犯、應旌表人、收録門生、剃度僧人等。通常在一人以上，因此需要開列姓名，並加以必要説明，如囚犯的獄辭文案、應旌表人的簡歷、事跡，收録門生、剃度僧人可能也記有籍貫年齡。

吐魯番所出文書中有幾件提到解，今録哈拉和卓九一號墓所出兵曹行罰兵士張宗受等文書如下：〔一〕

1 兵曹掾□預史左法彊□校趙震

2 解如右。□□兵張宗受、嚴緒□等廿八人由來

3 屯守無□，馮祖等九人長逋□應如解

4 案校。馮□、毛興、陳玩、王階、隗□

〔一〕吐魯番出土文書第一册一三四——一三五頁。

5 孔章平、孫澹、李□等十人□□轉入諸軍。省不□

6 各罰髡□二百。張宗受等廿五□各□

7 縣督邑□人身行罰。事□

8 校□

9 長史　　駣□

10 □□　　□

11 司馬　　林　　功曹史　　悦

12 典軍主簿　　嘉

31 録事參軍　　填　　五官　　洿

〔後缺〕

本件1行「校趙震上」殘缺的應是「幢某某」，幢是南北朝時期軍隊基層編制，文書中幢的主將郎稱爲「幢」，幢下有校。本件所提到的「解」乃由幢某某和校趙震申送郡兵曹，〔一〕請如解處分觸犯軍法的兵士。本件2行稱「解如右」，知解的原件當粘附於本件右，但今已不存。本件是兵曹「如解案校」後，擬定對於犯法兵士的處分，送請高昌郡太守核准。原解雖已無存，從本件上也可以知道其内容應是

〔一〕哈拉和卓九一號墓文書有北涼義和三年（四三三）幢趙震上言（吐魯番出土文書第一册一二二頁），本件之趙震尚是校，知本件年代在義和三年前。

犯法兵士姓名、[一]罪狀、如何處分等。與上引史籍中所見的解相符。

此外，吐魯番哈拉和卓九六號墓所出北涼玄始十二年（四二三）兵曹牒有「如解注簿」、「如解紀識」語，九一號墓所出北涼義和□年兵曹行罰部隤五人文書有「解稱部隤等五人由來長逋」語，都是有關兵士的處理或行罰事宜，雖都殘缺，不見幢校名銜，但應都是幢校所上。

從吐魯番出土文書看來，也可證解作爲官文書形式行於南北朝。

文心雕龍對「解」的解釋是：「解者，釋也，解釋結滯，徵事以對也。」「結滯」當不限於人事處理，但我們從史籍和吐魯番文書見到的，除三國志孫禮傳外，如解送囚犯或犯軍法兵士，申請旌表孝子、收録門生、剃度僧人等莫不與人事處理有關。唐代雖然官文書類別中已無「解」的一種，而申送舉子、選人仍然稱爲解，士人得舉也叫得解，舉子第一名稱作解元，仍然淵源前代，而且與人事處理有關。

荷荷

資治通鑑卷一六二梁太清三年（五四九）五月丙辰，記梁武帝蕭衍死事云：

上卧浄居殿，口苦，索蜜不得，再曰「荷荷」，遂殂，年八十六。

「再曰荷荷」一語不見梁書、南史武帝紀及侯景傳，通鑑當本三國典略或太清紀。「荷荷」，胡注未釋，

[一] 本件是兵曹上太守的文書，只摘録或簡述幢校所上解的主要内容，故姓名只舉前數名，不全録。

通常都認爲是一種表示無可奈何的歎恨聲。今按武經總要卷二教法條云：

> 入唱護護，退唱何何，救唱交交，倒旗槍唱殺，立旗槍唱于。轉隊，左廂陽轉，右廂陰旋。鼓一聲，進一步，金一聲，退一步。

據此則「何何」是兵士退時的呼喊聲。但這裏所謂「退」，不指退兵。同卷教步兵條云：

> 旗旗三點，一點一交聲，三點三交聲。訖，鼓三聲（一聲警衆，二聲排比，三聲陳長行），便長打鼓，皆作何何聲。左右廂並進至中央，出此河立定，大叫交交……走救，與戰隊齊立定。左廂退，右廂逐之，至本土河前。左廂點信旗，喚駐隊，大叫交交，走叫，與戰隊立定……良久，聽鼓聲歇，何何聲絶。

這裏是説長打鼓，皆作「何何聲」，鼓聲當然不是退兵號。又教騎兵條云：

> 第三通角聲絶，旗稍盡舉而西，左右廂擊鼓齊動，兩廂齊叫，急行，進至中央土河，使唱何何，交戰。少時，右廂鉦聲動，右廂引退至本立處；左廂鉦動，左廂引退至本立處。其右廂遂逐至左廂第二土河。右廂鉦聲動，右廂即引退至中央土河，其左廂人還逐至中心土河。左右廂即引退，擊鼓，齊唱何何，更交戰。少時畢，左右廂擊鉦。鉦聲動，即各退還本立處。

本條兩處都是擊鼓唱何何。從來行軍都是聞鼓則進，聞金則退。通觀教步、教騎兩條，擊鼓與唱何何相應，可知唱何何不是通常所説退兵，像是既退復進之聲，所以唱何何後，接着便是「交戰」。武經總要雖是北宋時所編，其内容却大量鈔襲唐代兵書如衛公兵法之類。宋代早無折衝府，而本書却屢見折衝、果毅，即可證其襲自唐制。上引教步、騎法，必沿唐初之舊而小變之。「唱何何」、「唱殺」等宋制襲唐，而唐又沿襲南北朝。這種喊聲當然不僅用在訓練時，實戰中也必然這樣叫喊。梁武本出將門，梁書武帝紀梁武帝垂死「再曰荷荷」即再唱何何，作戰場上兵退擊鼓復進之聲。末說他「騎射弓馬，莫不奇妙」，這時爲侯景所逼，「外跡已屈，而意猶忿憤」，〔一〕垂死「再曰荷荷」，乃藉以表示他志在反擊的忿憤，並非僅是歎恨。

北朝的兵

「兵」的一辭，自魏中葉以來既指征鎮的戰士，也指被徵服勞役的丁夫。適齡丁男既服兵役，也服力役，被徵發服役時都叫做兵。

北魏前期，州郡民是不承擔或很少承擔兵役的。魏書卷二八劉潔傳，因南州（指河北地區）大水，潔奏稱：

> 自頃邊寇内侵，戎車屢駕，天資聖明，所在克殄。方難既平，皆蒙酬錫……而郡國之民，雖不征討，服勤農桑，以供軍國，實經世之大本，府庫之所資。

所說「邊寇内侵，戎車屢駕」，下文還說「今南僭强寇，西敗醜虜」，當指太武帝神䴥三、四年間（四

〔一〕梁書卷五六侯景傳。

三〇——四三一)敗宋北伐軍、滅夏和多次北伐柔然的戰事。幾年間北魏軍事行動頻煩,但如劉潔之說,州郡民(基本上是漢人)只是「服勤農桑」,並不參加「征討」。以後劉宋元嘉二十七年(魏太平真君十一年,四五〇)宋魏戰争中,雖然看到魏方有漢人被迫作戰,〔一〕但並無普遍徵兵的制度。魏書卷七高祖紀上延興三年(四七三)獻文帝南征,曾「詔州郡之民十丁取一以充行,户收租五十石以備軍糧」,可能是北魏普遍徵發民丁充兵的開始,但仍然是臨時性的,而且任務是作戰,還是運糧,不明。孝文帝太和十年(四八六)建立三長制,受田民丁服力役也服兵役,必已見於法令。魏書卷一一〇食貨志記太和十二年(四八八)設置屯田,「取州郡户十分之一以爲屯民……一夫之田,歲責六十斛,甄其正課並征戍雜役」。免除的正課指租調及正役,此外還有「征戍」之役和「雜徭」。這一規定充分説明受田丁男應承擔正役、兵役和雜徭。食貨志又記載充當鄰、里、黨三長的得復一夫至三夫,並云「所復復征戍,餘若民」,三長可以免除户内一至三丁的「征戍」,也可見百姓普遍有征戍之役。〔二〕

自此之後,至宣武帝統治時,多次南征,都徵發民丁,弄得「汝潁之地,率户從戎;河冀之境,連丁

〔一〕宋書卷七七柳元景傳記元嘉二十七年(四五〇),爲宋軍所俘的魏兵「多河内人」,他們回答柳元景的詰責説:「虐虜見驅,後出赤族,以騎蹙步,未戰先死,此親將軍所見,非敢背中國也。」據此知漢人亦多被驅迫,但應是臨時性的徵發,事罷即停。

〔二〕魏書卷一八廣陽王建附子嘉傳記他當司州牧時,建議洛陽四面作坊,並要求徵發「三正(即三長)復丁」,「充兹役」,據此知三長得復的丁夫不但「復征戍」,也復力役,也説明普通民丁既服兵役,也服力役。

轉運……死喪離曠，十室而九」，以致「通原遥畛，田蕪罕耘；連村接閈，蠶飢莫食」，嚴重破壞了農業生産。〔一〕

均田民雖然服兵役，主要仍是服力役，自北魏以至齊周，服兵役的叫做兵，服力役的也叫做兵。魏書卷一九中任城王雲附子澄傳記澄遷司徒，〔二〕上表請修明堂云：

今墉雉素修，廐庫崇列，踖府寺膠塾，少有未周，大抵省府粗得庇憩理務；諸寺靈塔俱足致虔講道。唯明堂辟雍，國禮之大，來冬司徒兵至，請籌量減徹，專力經營，務令早就。

本傳指出這時胡太后興修佛寺，又在外州建立五級浮圖，「百姓疲於土木之功」，所以元澄有此奏。從奏文中可知洛陽的城垣、官衙、佛寺、明堂，年年徵發百姓修建，這是朝廷徵發的正役。元澄要求減省興建寺院等役，專力修建明堂。這種「兵」是輪番上洛陽勞動的，番代有期，所以説「來歲司徒兵至」。但是爲什麼把上番服力役的丁夫叫做「司徒兵」呢？我想這也表示這種「兵」徵自百姓，從事力役。北魏太和官制大抵鈔襲晉宋，南朝司徒之職是「掌民事」，「領天下州郡名數、户口簿籍」，〔三〕民丁發力役與州郡户口丁中有關，因此稱之爲「司徒兵」。至於徵發當由尚書臺符下州郡，勞役管理應由將作

〔一〕魏書卷四七盧玄附孫昶傳。又同書卷四五裴駿附裴宣傳，他上言請「符出兵之鄉，其家有死於戎役者……復其年租調，身被傷痍者，免其兵役」。所云戰死和受傷的顯然是均田百姓，可證兵役的嚴重。

〔二〕魏書卷九肅宗紀，澄遷司徒在神龜二年（五一九）四月，本年十二月卒，此表當即本年冬所上。

〔三〕宋書卷三九、南齊書卷一六百官志。

等該管機構或特置的營構大將主管，司徒府不管這些事。元澄專力營造明堂的建議並沒有被採納，過了幾年，源子恭又一次提出，魏書卷四一源賀附孫子恭傳稱子恭於正光時（五二〇——五二五）上書云：

侍中、領軍臣叉總動作官，〔一〕宣贊授令，自茲厥後，方配兵人，或給一千，或與數百，進退節縮，曾無定準，欲望速了，理在難克。若使專役此功，長得營造，委成責辦，容有就期。但所給之夫，本自寡少，諸處競借，動即千計……況本兵不多，兼之牽役，廢此與彼，循環無極……今諸寺大作，稍以粗舉，並可徹減，專事經綜。

按子恭上書前云「方配兵人」，再稱「所給之夫」，後又云「本兵不多」，可知在這裏「兵」和「夫」是互稱，服土木之役的民丁，可以稱作「兵」，也可以稱作「夫」。

如上所述，北魏中葉以後，民丁既服力役，也服兵役，不管是服兵役或服力役，都稱爲兵，如果說自民間徵兵即所謂「兵農合一」，那麼這種制度早見於北魏。

東、西魏以至齊周，徵發民丁當兵服役，也都叫做兵。北齊書卷二八元孝友傳，東魏時，孝友上表建議併省三正（即三長）冗員，經過併省，每一黨族（百家）省去十二名享有優復權的正長，也即增加了十二名承擔賦役義務的民丁，他說：

〔一〕漢魏南北朝墓誌集釋圖版七八之二元乂墓誌記乂爲明堂大將。元乂即元叉。

略計見管之户應二萬餘族，一歲出貲絹二十四萬匹；十五丁爲一番兵，計得一萬六千兵。

黨、閭、鄰是農村基層組織，毫無問題，所謂「十五丁爲一番兵」是東魏時期對均田制下民丁的徵發制度。關於這種徵發制度和貲絹當另文討論，這裏只是取以說明這類番兵徵自民間。

我們認爲元孝友所說的「十五丁爲一番兵」當是一年内十五丁輪番服役，即番期爲二十四日，這可能也包括征戍之役，但主要是指力役。隋書卷二四食貨志録北齊河清三年（五六四）令：

男子十八以上，六十五已下爲丁；十六已上，十七已下爲中；六十六已上爲老，十五已下爲小。率以十八受田，輸租調，二十充兵，六十免力役，六十六退田，免租調。

令文「二十充兵」這句話，緊接着是「六十免力役」，則所謂「兵」亦兼指服兵役與力役，所謂「二十充兵」即二十服役之意。北齊書卷一三趙郡王琛附子叡傳：

（天保）六年（五五五），詔叡領山東兵數萬監築長城。……先是，役徒罷作，任其自返。丁壯之輩，各自先歸；羸弱之徒，棄在山北，加以饑病，多致僵殞。叡於是親帥所部，與之俱還，配合州鄉部分營伍，督帥監領……賴以全者十三四焉。

傳前稱「山東兵」，後稱「役徒」，他們雖稱作「兵」，具體役作是築長城。役作是有番期的，這次自山東諸州徵發的兵由高叡統領，在先已有「役徒罷作」返鄉。返時像高叡那樣率部同歸是特殊措施，通常役罷就「任其自返」。這種兵是和有部伍編制、各級將校督率的兵士很不相同，他們只是役徒。

當時分配給官府和官員們驅使的僕從叫「兵力」或事力。魏書卷六〇韓麒麟附子子熙傳稱：

遷鄴之始，百司並給兵力，時以祭酒閑務，止給二人。

這種「兵力」當然是由民丁承擔的一種力役。隋書卷二七百官志中叙北齊官制云：

自諸省臺府寺，各因其繁簡而置吏……又各置曹兵，以共（供）其役，其員因繁簡而立。

所謂「曹兵」是配給某一曹而不是給與官員個人的兵，但性質是相同的。同書叙北齊禄秩云：「又自一品已下，至於流外勳品，各給事力。」事力應即上引韓子熙傳的「兵力」，隋書百官志記尚書省五兵尚書右中兵下注云：「掌畿内丁帳、事力、蕃兵等事。」蕃兵即上番之兵，和配給百官的事力，均徵自民丁。又續高僧傳卷二那連提黎耶舍傳説他於北齊天保七年（五五六）到鄴都，獲得文宣帝高洋的優禮，他「所獲兵禄，不專自資，好起慈惠」，所謂「兵禄」之「兵」也即「兵力」，當時配給兵力不皆役使，往往納財物而已。配給這位高僧的兵大概就是這樣，因此他得以用這筆收益和俸禄來「起慈惠」。當然，受主人驅使的兵也許更多，北齊書卷一七斛律金附子羡傳記羡被殺時，自云他家：「女爲皇后，公主滿家，常使三百兵，何得不敗！」這「三百兵」即指配給他家的兵力。上引隋書百官志中，北齊給百官事力，一品三十人，以下至流外勳品遞減五至一人。斛律羡是説他家官高、官多，配給兵力也多。

如上所述，東魏、北齊上承北魏，服役民丁也叫做兵，他們從事征戍之役，但主要是力役。西魏、北周同樣上承北魏，徵發受田民丁充兵。著名的西魏大統十三年（五四七）瓜州計帳有一段關於課丁的統計，[二]其中有「六丁兵卅人」。「六丁兵」不見史籍記載，史籍却在稍後記載了「八丁兵」和「十二丁兵」。周書卷五武帝紀上保定元年（五六一）三月丙寅記：

改八丁兵爲十二丁兵，率歲一月役。

通鑑卷一六八録此條，胡注：

八丁兵者，凡境内民丁分爲八番，遞上就役；十二丁兵者，分爲十二番，月上就役，周而復始。

胡三省的解釋大概即根據本條「率歲一月役」和下引大象元年條（見下）推斷。據此，則六丁兵爲每年番期二個月。一年内八番就役，則每番爲四十五日。[三]周書卷七宣帝紀大象元年（五七九）二月稱：

發山東諸州兵，增一月功爲四十五日役，起洛陽宫。

這是十二丁兵制重又改還八丁兵制。隋書卷二四食貨志稱：

及受禪，又遷都，發山東丁，毁造宫室。仍依周制，役丁爲十二番，匠則六番。

[一] 倫敦博物館藏斯六一三文書。

[二] 六丁兵見於大統十三年（五四七）計帳。隋書卷二四食貨志記西魏賦役制度云：「司役掌力役之政令。凡人自十八以至五十有九，皆任於役。豐年不過三旬，中年則二旬，下年則一旬。」這種制度，食貨志繫於「周太祖（宇文泰）作相，創制六官」時，亦即西魏恭帝三年（五五六）。「豐年不過三旬」，即是每歲就役一月，則本年已改從十二丁兵。但據武帝紀保定元年（五六一）前行的是八丁兵制，又是哪年由十二丁改爲八丁兵呢？我認爲自魏恭帝三年（五五六，西魏即於本年亡）後，在法令上一直是每年番期一月的十二丁兵制，保定元年前和大象元年的八丁兵制可能帶有臨時性。

據同書卷一高祖紀，建新都在開皇二年（五八二）六月，稱「仍依周制役丁爲十二番」，知宣帝大象元年（五七九）恢復八丁兵，乃臨時措施。食貨志又記開皇三年「初令軍人以二十一成丁，〔一〕減十二番爲二十日役」，以後直至唐代，受田民丁正役也是二十日。

如上所見，修洛陽宫、建大興城、毁造宫室，都是力役。開皇三年（五八三）到唐代，「二十日役」是受田民丁的正役。所謂六丁兵、八丁兵、十二丁兵之兵即北魏到洛陽修建佛寺、明堂之「司徒兵」，東魏之「十五丁爲一番兵」，北齊河清令民年「二十充兵」之兵，他們主要服力役，當然也上承北魏，也服征戍之役。周書卷二三蘇綽傳，綽爲六條詔書，其第六條均賦役云：

又差發徭役，多不存意。致令貧弱者或重徭而遠戍，富强者或輕使而近防。

蘇綽所説的徭役包括了力役與兵役，「重徭」、「輕使」指的是力役，「遠戍」、「近防」指的是兵役。蘇綽爲六條詔書是在大統十年（五四四）任大行臺度支尚書之後，那時施行的應是六丁兵制。同書卷三八權景宣傳：

除南陽郡守，郡鄰敵境，舊制，發民守防三十五處，多廢農桑，而姦宄猶作。景宣至，並除之，唯修起城樓，多備器械，寇盜斂跡，民得肄業，百姓稱之。

權景宣爲南陽郡守在西魏時。本條所云「發民守防」即六條詔書所説的防戍，是徵發受田民丁承擔

〔一〕軍人即軍民，避唐諱改，這時軍民異籍，所以並舉。

的，所以前稱「多廢農桑」，廢除後説「百姓便之」。

這種防戍之役在隋唐稱爲「防丁」，隋書卷二四食貨志記「（開皇）十年（五九〇）五月，又以宇内無事，益寬徭賦，百姓年五十者輸庸停防」，防丁是由百姓即受田民丁承擔的。

根據記載，我們認爲從北魏中期以來到齊周，北朝存在着兩類兵。第一類基本上以鮮卑和鮮卑化各族人組成，他們不屬州郡户貫，大都是騎兵，承擔京城的禁衛、征行和重要地區的駐防。第二類是以州郡徵發的受田民丁充當，既承擔力役，也承擔兵役，但不是軍事上主要力量。

兩類兵的出現是民族矛盾的産物，歷史的發展是民族融合，在民族融合過程中，這種區别正在消失，最後是第二類兵吸收了第一類兵。

群厲

北齊書卷八幼主紀末云：

嘗出見群厲，盡殺之。

按厲即癘，内經素問卷一二風論篇云：

癘者，有榮氣熱胕，其氣不清，故使其鼻柱壞而色敗，皮膚瘍潰。風寒客於脈而不去，名曰癘風，或名曰寒熱。

癘疾也即是麻瘋，論語雍也「伯牛有疾」，朱熹注「先儒以爲癩也」。癩亦即癘。據素問記此疾，則古代已流行。北齊書説「群厲」，可知鄴城麻瘋病患者甚多，群聚而居，不和常人在一起。續高僧傳卷二一北天竺沙門那連提黎耶舍傳云：

天保七年（五五六）屆於京鄴，文宣皇帝極見殊禮，偏異恒倫……所獲兵禄，不專自資，好起慈惠，樂興福業……又收養癘疾，男女别坊，四事供承，務令周給。

據此，知鄴城有僧人設置收養癘疾患者的病坊。北齊幼主出行所殺「群厲」，很可能即是收養的病人。同書卷一六釋僧稠傳云：

後移止青羅山，受諸癘疾供養，情不憚其臭穢，甘之如薺。

按本傳前稱僧稠「詣懷州西王屋山」，又云「又移懷州馬頭山」，則青羅山亦當在懷州。僧稠入山受諸癘疾供養，青羅山當是癘疾患者群居之地，和常人隔離，所以僧稠在此山中只能接受他們的供養。其事在北魏孝明帝時（五一六——五二八）。又同書卷一八釋道舜傳：

嘗止澤州羊頭山……開皇之初（五八一），忽遊聚落，説法化諸村民……或醫諸癘村，受於癘供。見有濃潰外流者，皆口就而啑之，情無餘念；或洗其衣服，或浄其心業，用爲己任。情向欣然，初無顰蹙。

按澤、懷二州相鄰，懷州癘病患者群聚居山，澤州甚至有癘村之稱，可知自北魏以來山西、河南、河北間由今晉城、沁陽東至安陽一帶癘疾傳染非常嚴重。

當然，癘疾應該在南方更爲流行，同書卷二〇釋智巖傳稱智巖：

貞觀十七年（六四三）還歸建業……後往石頭城癘人坊住，爲其説法，吮濃洗濯，無所不爲。

據此，知建業在唐初也有癘人聚居的病坊。又同書卷二八釋道積傳：

蜀人，住益州福成寺……諸有癘疾洞爛者，其氣彌復鬱勃，衆咸掩鼻，而積與之供給，身心無貳，或同器食，或爲補浣。

道積卒於貞觀初，知益州亦多癘疾。

以上綴録續高僧傳所記有關癘疾諸條，知北朝時太行山南麓東及漳水癘疾蔓延；以及癘疾患者往往群聚，在鄉居山或別有村，在城則別置坊，與常人隔離。

又晉葛洪神仙傳中頗有癩疾遇仙得愈的記載，但年代大都不明，且雜神話，今並不録。

博士

自漢以來博士置官都以儒生充任，其職務是講授儒經，人所熟知。北朝亦有博士之官，而博士之稱却泛及一般儒生學究，特別是指設館授徒的儒生，因此又成爲學徒對老師的稱謂。魏書卷八四儒林李業興傳：

晚乃師事徐遵明於趙魏之間。時有漁陽鮮于靈馥亦聚徒教授，而遵明聲譽未高，著録尚寡。業興乃詣靈馥黌舍，類受業者。靈馥乃謂曰：「李生久逐羌博士，何所得也？」業興默爾不言。

按遵明從未官博士，他被稱作博士，即因聚徒講經之故。他是華陰人，是否本是羌人乃另一事，可以不問。

北齊書卷四四儒林張景仁傳：

> 後主在東宮，世祖選善書人性行淳謹者令侍書，景仁遂被引擢。小心恭慎，後主愛之，呼爲博士。

當時博士是對師傅的稱謂，張景仁因善書爲侍書，不是講授經書，不算師傅。後主稱他博士，即表示以師傅對待，所以史傳特筆記載，而且還記載景仁後來官至散騎常侍，「左右與語，猶稱博士」，他的高官就由於獲得師傅地位。同卷張雕傳：

> 魏末，以明經召入霸府，高祖令與諸子講讀……世祖即位，以舊恩除通直散騎侍郎。琅邪王儼求博士精儒學，有司以雕應選，時號得人。尋爲涇州刺史。未幾，拜散騎常侍，復爲儼講。值帝侍講馬敬德卒，乃入授經書。

按張雕早在北齊廢帝乾明初（五六〇）已任國子博士，傳稱「琅邪王儼求博士」乃是求他講經的人，與博士官無關。後來他又授後主經書，傳稱他官至侍中、開府、奏度支事，「大被委任，言多見從。特敕奏事不趨，呼爲博士」，顯然，這個博士也是對師傅之稱。

同書卷三一王昕傳記文宣帝高洋欲殺王昕，楊愔替他解釋，帝謂愔曰：「王元景（晞字）是爾博士，爾語皆元景所教。」顯然，這裏的博士也是指師傅。本傳附弟晞傳云：

齊神武訪朝廷子弟忠孝謹密者，令與諸子遊，晞與清河崔瞻、頓丘李度、范陽盧正通首應此選……補中外府功曹參軍，帶常山公演友。齊天保初，行太原郡事。及文宣昏逸，常山王數諫，帝疑王假辭於晞，欲加大辟。王私謂晞曰：「博士！明日當作一條事，爲欲相活，亦圖自全，宜深體勿怪。」乃於衆中杖晞二十。帝尋發怒，聞晞得杖，以故不殺，髡鉗配甲坊。

王晞是高歡找來「與諸子遊」的，大概那時就分配給高演（常山公，後進封王），以後爲常山王友，高演稱他爲「博士」，也因爲把他當作師傅對待。

周書卷一一宇文護傳載護母閻姬與護書有云：

於後，吾共汝在受陽住。時元寶、菩提（二人並宇文護堂兄弟）及汝姑兒賀蘭盛洛并汝身四人同學。博士姓成，爲人嚴惡。汝等四人，謀欲加害。

「博士姓成」意即師傅姓成。大概這位老師管教扑責太凶，幾被四個十歲左右的孩子所害。

由於講授經書的儒生多半孤陋無文，因此博士之稱又相當於後世所謂村學究。顏氏家訓卷三勉學篇認爲儒學與文史是兩途，他列舉南朝何胄以下十人，雖專長經學，却「兼通文史，不徒講說也」，所謂「講說」即專指講儒經。在北朝，他只舉崔浩至邢子才四人，他說「此四儒者雖好經術，皆以才博擅名」。顏之推認爲像那樣文儒兼綜的人是不多的，他說：

以外率多田里閒人，音辭鄙陋，風操蚩拙，相與專固，無所堪能。問一言輒酬數百，責其指歸，或無要會。鄴下諺曰：「博士買驢，書券三紙，未有驢字。」使汝以此爲師，令人氣塞。

這類學究，鄴下稱之爲博士。緊接着就説「使汝以此爲師」，這是因爲當時被叫做博士的也就是學館授經之師。

我們根據史籍，知道所謂博士，本來是指專經的儒生，由於設置授徒或充當豪家館客，多爲儒生，因而又成爲學徒對老師的稱謂。附帶説一句，當時文人只稱學士，僧人雖然也講説，講的是佛經，有時也兼及儒經，但他們也往往被稱爲學士，却絶不稱博士。

跋語

本書收集了一九五八至一九八二年二十多年來斷斷續續寫成的論文十四篇、讀史釋詞八篇。其中絶大部分是一九五八至六三年間起草，有的是草稿，有的有頭無尾，連草稿都算不上，還有一些零星劄記。一九六四年後，我參加點校二十四史工作，這些草稿就都擱置起來。十年浩劫中，曾被抄没，幸而復歸。由於近幾年我又參加整理吐魯番出土文書，長期在京，没有能顧及這些舊稿，這樣一擱又是幾年。直到去年返校，始於授課之餘，開始重新審閱。事隔多年，自己寫的文稿也會茫如隔世，加以叢殘零亂，我的目力又日益衰耗，整理非常費力，至本年十一月，才修改補綴完成。書名「拾遺」，紀實也，收拾於放失之遺也。

限於水平，本書諸篇提出的論點和考證，也將和過去發表的論文一樣，存在着不少錯誤，希望同志們教正。

眼力日衰，古人説「老而好學，如炳燭之餘光」，好學談不上，就眼力而論却確是「餘光」。今年正值黨的十二大勝利召開，爲我國今後二十年的發展提出了宏偉計劃，在這大好時光裏，這一點餘光也將努力争取發揮它微弱的作用。

唐長孺　一九八二年十一月十六日

唐長孺文集

山居存稿

中華書局

一九八〇年代在北京整理吐魯番文書

武漢大學珞珈山寓所書房

一九七〇年代在北京參加廿四史點校工作

前言

唐長孺先生(一九一一年七月四日——一九九四年十月十四日),江蘇吴江人,我國著名歷史學家。一九三二年畢業於上海大同大學文科,後於浙江南潯中學、上海聖瑪麗亞女子中學等多所學校任教,講授中國史地、國文、政治制度等課程。一九四〇年任上海光華大學歷史系講師,一九四二年春轉任湖南藍田國立師範學院史地系副教授,一九四四年受聘爲遷至四川樂山之國立武漢大學歷史系副教授,一九四六年晉升爲教授,此後長期執教於武漢大學。歷任武漢大學歷史系中國古代史教研室主任、魏晉南北朝隋唐史研究室主任、歷史系主任、中國三至九世紀研究所所長;兼任中國社會科學院歷史研究所研究員暨學術委員會委員、國務院古籍整理出版規劃小組成員、國家文物局古文獻研究室主任、中國史學會理事,中國唐史學會會長,中國敦煌吐魯番學會副會長,湖北省中國史學會會長,湖北省考古學會理事長、六朝史研究會名譽會長、中國魏晉南北朝史學會顧問等學術職務,亦曾擔任武漢市人民政府委員、九三學社中央委員暨武漢分社副主委等職。他學識淵博,精通文、史,於魏晉南北朝隋唐史、古籍整理、敦煌吐魯番文書整理與研究等領域皆有卓越貢獻,被海内外學術界公認爲二十世紀傑出的史學大家之一。

唐先生早年因家學淵源，於經史子集多所研習； 而在上海南洋大學附中、光華大學附中以及大同大學求學期間，主修英俄語言文學、政治、法律、歷史、地理諸科，故於當時東西方之學術文化皆有瞭解或掌握。他初攻舊體詩詞，兼習崑曲、彈詞，曾在國學叢刊等發表絶慮、曉竹、解連環諸詞作，並先後翻譯海桑東遊録、元經世大典圖釋序、弗蘭克林自傳及賽珍珠大地系列兒子們續編分家、美國傳教士格雷比爾新中國等多種著作。同時研治宋遼金元史，自一九三五年至一九四〇年前後，於國學論衡、齊魯學報等發表箭内亘可敦城考駁議、耶律大石年譜、周文武陵考、蔑兒乞破滅年次考證等多篇論文。

受聘藍田國師，特别是於武漢大學執教期間，唐先生由於教學和科研工作的需要，在兼治遼金元史的同時，研究重心轉爲魏晉南北朝隋唐史諸領域。自二十世紀四十年代初至五十年代初，於燕京學報、歷史研究、學原、武漢大學社會科學季刊等發表論金代契丹文字之興廢及政治影響、蒙元前期漢文人進用之途徑及其中樞組織、敦煌所出郡姓殘葉題記、論五朝素族之解釋、清談與清議、唐代軍事制度之演變、白衣天子試釋、南朝的屯、邸、别墅及山澤占領、范長生與巴氏據蜀的關係等篇章。

一九五五年，唐先生所撰魏晉南北朝史論叢由三聯書店出版，對這一歷史時期許多前人未及或懸而未決的重大問題進行了研究，獲得了一系列富於啓迪性的結論或見解，在海内外學術界引起重要反響。陳寅恪先生曾致函稱賞，謂「寅恪于時賢論史之文多不敢苟同，獨誦尊作，輒爲心折」。論叢之問世，可視爲一九四九年以來我國史學界在充分占有諸種史料的基礎上，運用科學的歷史觀和方

法論，融會貫通，將考據學與理論探討彙爲一體，對這一歷史時期的田制和賦役制度、生產關係、階級結構、政治制度、兵制、民族問題、宗教及學術文化諸論題展開深入剖析的史學名著之一，也由此奠定了唐先生在中國中古史諸領域的學術地位。

二十世紀五十年代中期以後，唐先生又相繼撰著出版三至六世紀江南大土地所有制的發展（上海人民出版社一九五七年版）、唐書兵志箋正（科學出版社一九五七版）、魏晉南北朝史論叢續編（三聯書店一九五九年版）、魏晉南北朝史論拾遺（中華書局一九八三年版）和山居存稿（中華書局一九八九年版）等著作。並於歷史研究、中國史研究、文物、中華文史論叢、武漢大學學報、魏晉南北朝隋唐史資料及日本東方學、東方學報、東洋史研究等刊物發表均田制度的產生及其破壞、門閥的形成及其衰落、關於武則天統治末年的浮逃户、唐代宦官籍貫與南口進獻、漢末學術中心的南移與荆州學派、太平經與太平道、論南朝文學的北傳、錢塘杜治與三吳天師道的演變、魏晉南北朝の客と部曲、唐代の部曲と客等學術論文數十篇。特别是在其晚年目疾加重、身患癌症的情况下，以驚人的毅力撰著魏晉南北朝隋唐史三論（武漢大學出版社一九九二年版）一書，對其長期研究魏晉南北朝隋唐歷史做出理論性概括。他在東西方歷史比較研究的基礎上，對兩漢時期的社會性質進行了探討，提出了「亞洲型」封建社會的論斷；從依附關係的發展歷程即「客的卑微化與普遍化」入手，論證了「魏晉封建論」之重大問題；探討了南北朝時期南北方由於歷史條件的不同從而在社會經濟、政治制度、門閥體制、學術文化等方面產生的諸般差異；對唐代的變化逐一剖析，對唐代「南朝化」傾向之問題進行了系統論述，進而對中國封建社會前期階段性發展之特質及演變趨勢等做出了新的詮釋。

唐先生在古籍整理和研究方面同樣做出了重要貢獻。他的唐書兵志箋正一書，對舊史記載做了一系列去僞存真的鑒别工作，條分縷析，糾正了兵志記載中的許多疏漏和錯誤。一九五七年，他被聘爲國務院古籍整理出版規劃小組成員；一九六〇年底，參加中華書局點校二十四史工作，承擔其中「北朝四史」（魏書、周書、北齊書、北史）的點校，出任武漢大學歷史系「北朝四史」點校小組組長。一九六三年，赴京主持點校「北朝四史」。前後歷時十載，終告完成。這一點校本，既充分參考前人成果，又多發前人之所未發。他不僅根據册府元龜、通典等增補傳本魏書禮、刑二志中之脱葉、脱文，同時所撰寫的校勘記，廣徵博引，按斷精審，將校勘與考訂有機結合，融古籍整理與歷史研究於一爐，被海内外學術界視爲古籍整理的「優秀成果和範本」。

唐先生歷來重視出土文物、文獻資料。早在二十世紀四十年代末即對新興的敦煌學多所關注。一九五七年四月至九月，他在北京參加中國科學院歷史研究所學術活動期間，於科學院圖書館閲讀敦煌文書縮微膠卷，抄録大量卡片；曾向歷史研究所所長尹達先生提出成立敦煌學研究室之建議，因故未果。二十世紀五十年代末至一九七四年前後，新疆維吾爾族自治區博物館文物考古隊及吐魯番地區文物保管所曾發掘清理吐魯番晉唐古墓葬近四百座，出土大量古代官私文書。唐先生敏鋭地意識到這批文書重要的學術價值，遂於一九七四年建議國家組織專門力量對之進行系統整理，並於一九七五年與國家文物局王冶秋局長、復旦大學譚其驤教授一道親赴新疆考察，在庫車古道上，唐先

生因路途顛簸，右眼視網膜脱落，竟致失明。同年，因唐先生之倡議，經國務院批准，受命主持成立「吐魯番出土文書整理組」。他不顧眼疾，全身心投入文書的整理與研究，帶領一批中青年學者，對近萬枚文書殘片逐一識讀，通過紙質、書體加以綴合、録文，並在悉心考訂的基礎上予以斷代和定名，十易寒暑，終將吐魯番古墓葬所出此批十六國至唐代的官私文書，古籍殘卷、佛道文獻等整理完畢。主編吐魯番出土文書釋文本一至十册；圖文本一至四册，先後於文物出版社出版，使沉睡千年的古冢遺文公諸中外學人，並總結出一套科學的文書整理的規範和方法。唐先生又結合出土文書的整理，將之與中國中古史研究有機結合，主編敦煌吐魯番文書初探（武漢大學出版社一九八三年版）、敦煌吐魯番文書初探二編（武漢大學出版社一九九〇年版）。他所撰寫的吐魯番出土文書中所見高昌郡縣行政制度、唐肅代期間的伊西北庭節度使及留後、吐魯番所出唐代西州差兵文書跋、吐魯番文書中所見高昌郡軍事制度、唐貞觀十四年手實中的受田制度和丁中問題、唐西州諸鄉户口帳試釋、吐魯番文書中所見絲織手工業技術在西域各地的傳播、吐魯番文書所見的西州府兵等一系列有關出土文書與十六國至唐代歷史的重要專論，與新出文書之整理一道，將我國敦煌吐魯番學引向深入。

唐先生還致力於中國古代史教材建設與相關工具書的探索與研究。一九五五年，受高教部委託，主編中國通史（二）魏晉南北朝史講義及教學大綱；同年，在武漢主持高教部魏晉南北朝史教材編寫會議；一九六二年，應邀參加中國科學院哲學社會科學學部中國史稿審稿會議，負責審定魏晉南北朝隋唐部分。一九六五年八月，主編中國通史參考資料古代部分第三册（魏晉南北朝），由中華

書局出版。二十世紀八十年代初，唐先生被聘爲中國大百科全書總編輯委員會委員，中國大百科全書中國歷史編輯委員會副主任、隋唐五代史卷主編，他除了對該卷之條目逐條細擬、審定之外，還親撰「隋」等長文辭條。他還曾創辦魏晉南北朝隋唐史資料等刊物，與其他多位著名學者一道，共同發起創建中國唐史學會、中國敦煌吐魯番學會等學術團體，爲我國史學研究的繁榮和發展做出了貢獻。

唐長孺先生一生筆耕不輟，著述宏富，在其長達半個多世紀的學術生涯中，於中國古代政治、經濟、典章制度、民族、社會、宗教、學術文化、出土文獻諸領域縱横馳騁，皆有建樹，且不斷開掘學術研究的新課題。唐先生治學，嚴謹認真，實事求是，一絲不苟，既踵事增華，博取衆家之長，複獨辟新徑，形成了自己獨特的治學理路和學術風格。他注重對史料的充分占有和辨析，注意新資料的挖掘和運用，對相關資料去僞存真，去粗取精，洞悉史實之間的因果聯繫是唐先生治史的重要特點之一。而這一特點既包含了中國傳統「實證」史學的優秀成分，又使之在新的歷史條件下展示出無窮的學術魅力。他同時善於以小見大，從具體問題入手，透過具體的乃至零碎的片斷的史料記載，揭示出重大的歷史問題；他注重「循名核實」，從相關詞義的變化洞悉歷史演變的脈絡，獲得事關全局的重要結論，如所撰晉書趙至傳中所見的曹魏士家制度、九品中正制度試釋、西晉户調式的意義、南朝的屯、邸、別墅及山澤占領、唐代色役管見等即是；他十分注意各種歷史現象之間的内在邏輯和有機關聯，如討論士族問題，則密切關注其蔭客、免役之特權；研究兵制問題，則旁及户籍制、身分制、色役制及部曲、奴婢等相關經濟社會之内容，由此及彼，由表及裏，在研究的深度和廣度上達到了很高的境界。他研究每一論題，必探其淵源和流變，通過長時段的考察，探尋其「變化與發展」。如有關魏晉時期江南的學風、魏晉至唐之官府工匠、魏晉南北朝的客與部曲、唐代的客户、南朝文學的北傳諸篇，或上溯兩漢以至戰國時代，或下延至兩宋時期，體現出廣闊的歷史視野。與此同時，唐先生在實證研究與理論探討、微觀研究與宏觀考察的結合上以及歷史與邏輯的統一上達到了新的高度。如晚年撰成的魏晉南北朝隋唐史三論之許多篇章即爲之樹立了典範。總之，唐先生成爲一代史學大家絶非偶然，與他的學養、學風、對史料與理論的高度重視以及不懈探求的學術精神密切相關。他晚年自題的聯語「著書敢期延歲月，湖山倘許小盤桓」，表達了他對人生的通達和學術的執著追求。且常謂：「史家『四才』須銘記，爲文切忌『急就章』」，這是他自勉之語，也是他教示學子之箴言。唐先生的學風、學術成就、學術理路和研究方法作爲二十世紀中國史學的優秀遺産之一，值得珍視和繼承。

由於唐先生的論著發表或出版於不同時期，有不少篇章已不易搜求；甚至一些專著也因出版經年，迄無再版，而於坊間難以獲見。他的相關論著，除魏晉南北朝史論叢、三至六世紀江南大土地所有制的發展、唐書兵志箋正、魏晉南北朝史論叢續編、魏晉南北朝史論拾遺、山居存稿、魏晉南北朝隋唐史三論等係他生前業已結集出版之外，尚有不少論文散見於各種報刊，另有一些手稿、講義、劄記等未公開刊行。爲滿足學術界的需要，繁榮學術研究，同時便於海内外學人相對全面地瞭解和研究唐先生的學術道路和學術思想，我們在中華書局的大力支持下，對其論著進行了一定程度和一定

範圍的搜集、整理，結集爲八卷本唐長孺文集。

經審慎協商，唐長孺文集確定如下取捨標準：

（一）譯著暫不收録，但與古史相關的重要譯文酌情收録。

（二）先已發表，後又經作者親自修改、補充的論文，只收最後修訂稿，原刊不再收録，如武則天統治末年的浮逃户、北涼承平七年寫經題記與西域通往江南的道路、舊唐書中關於元和三年對策案的矛盾記載、貞觀十四年手實中的合受田等。

（三）個别時代色彩較濃的論文，暫不予收録。

（四）序跋類文章，酌情收録。

（五）講義類暫酌收一部分。手稿中國中古史大綱中卷、中國中古史大綱補編、中國近古史大綱（講稿）等，因卷帙浩瀚，眉批繁複，擬另行刊印。

唐長孺文集的校核、整理或加工，大致遵循如下原則：

（一）文集悉用通行規範繁體字竪排，全式標點，人名、地名、書名等標專名線。特殊情況下（如敦煌吐魯番文書録文）適當保留異體字、古今字；原屬内刊稿或未刊稿中尚難辨識的文字以□標出。

（二）作者生前已刊專著、論文，以原書、原文爲底本；原文或原稿有疑問處，或參考作者修訂本及手稿做較大增删改動者，則一律出按語加以説明（專著置於出版説明或整理附記中，論文置於文

末〕。

（三）引文校核，一般依據作者所用版本或通行本，明顯錯訛處徑改；版本異文原則上不做改動。所引古籍、前人今人論著的指稱（如簡稱或其他習慣用法），不予統一，以保留原貌。

（四）除個别文章外，注釋一律採用脚注。凡援引作者已刊專著、論文的注釋，雖頁碼變動，原所示參見之頁碼、注碼等，仍舊保留，另注明文集本頁碼、注碼。

唐長孺文集各卷所收專著或大致篇目如次：

第一卷　魏晉南北朝史論叢

第二卷　魏晉南北朝史論叢續編、魏晉南北朝史論拾遺

第三卷　山居存稿

第四卷　魏晉南北朝隋唐史三論

第五卷　唐書兵志箋正（外二種：三至六世紀江南大土所有制的發展、魏晉南北朝史籍舉要）

第六卷　山居存稿續編

第七卷　山居存稿三編

第八卷　講義三種（秦漢三國史、魏晉南北朝史三章、魏晉南北朝隋唐史）。附唐長孺先生生平及學術編年

武漢大學中國三至九世紀研究所師生、歷史系相關同事和唐長孺先生的學生、子女等分别承擔

了唐長孺文集的整理或校核工作。茲大致條列，以志其事。第一卷，魏斌、劉安志、朱海；第二卷，劉安志、何德章、朱海；第三卷，凍國棟、何德章、劉安志、朱海、申萬里；第四卷，凍國棟、朱海、黄樓；第五卷，孫繼民、王延武、劉安志；第六卷、第七卷，朱雷、凍國棟、何德章、劉安志、朱海、申萬里、黄樓、姜望來；第八卷，唐剛卯。其中，唐長孺先生生平及學術編年與文集前言由凍國棟執筆。石墨林在文集各卷的複印、收寄等方面承擔了不少工作。

唐長孺文集的整理與出版，還獲得諸多單位和友人的幫助。唐先生不同時期的學生在文集的編選和清樣的審讀方面，也付出了勞績。先後參與這一工作的有張澤咸、張弓、李文瀾、王素、黄正建、孫曉林、李方諸先生。此外，一些學界同行或建言獻策，或幫助複製、翻拍唐長孺先生早年文稿，多方襄助，不能一一列名，謹在此一併表示衷心的感謝。

程千帆先生、啓功先生、金克木先生生前對唐長孺文集的出版均十分關心。啓功先生還曾抱病親爲題簽，令人感銘。

武漢大學中國三至九世紀研究所

二〇一〇年六月

目録

南朝的屯、邸、别墅及山澤占領

一　屯邸的解釋

我在討論三國時期江南宗部和孫吳建國的問題時，曾經説明孫吳領兵制度與封建的土地所有制之關係。世説新語上卷之下政事篇：

> 賀太傅作吳郡，初不出門，吳中諸强族輕之……於是至諸屯邸，檢校諸顧、陸役使官兵及藏逋亡，悉以事言上，罪者甚衆。陸抗時爲江陵都督，故下請孫皓，然後得釋。

這一條提出了孫吳時期屯邸組織的特殊意義，它是以「官兵」及「逋亡」爲其組織基礎的，因此上面指出「役使官兵」及「藏逋亡」兩條罪狀。而諸顧陸之所以與屯邸發生關係，即因孫吳大族都擁有部曲之故。

屯的意義本來只是屯聚，屯聚在一起的軍隊就是屯兵，屯聚在一起耕種就是屯田。孫吳的屯即是軍士耕戰的組織，這一點可以無須説明。西晉初年將曹魏的屯田制度廢止，但這決不是説完全放棄政府所有的土地。晉書卷二六食貨志咸寧元年（二七五）十二月詔：「今以鄴奚官奴婢著新城，代田兵種稻，奴婢各五十人爲一屯，屯置司馬，使皆如屯田法。」這是以奴婢代替田兵的措置，而其組織仍沿襲屯田法，這樣就使奴婢變成農奴。但田兵並非完全被代替。同書卷四七傅玄傳，泰始四年（二六八）玄上便宜五事，其一云：「舊兵持官牛者，官得六分，士得四分，自持私牛者，與官中分。施行來久，衆心安之，今一朝減持官牛者，官得八分，士得二分，持私牛及無牛者，官得七分，士得三分，人失其所，必不歡樂，臣愚以爲宜佃兵持官牛者與四分，持私牛者與官中分。」足以說明西晉的軍士屯田始終未廢。近人多有誤會傅玄所言爲普遍施行徭役地租者，實際上這種高額地租僅施行於軍屯，不能與一般田租混淆。

東晉以後，軍府及州郡都有「公田」，以軍吏耕種，也就是屯田，關於這個問題牽涉到徭役制度，這裏不能詳述。我們現在所要討論的乃是和一般屯田有所不同的「屯」。

大概自宋以後歷史上所見的「屯」並非單指屯田，而另有其內容，上述屯田有時逕稱爲「田」；例如宋書卷二武帝紀中義熙八年（四一二）十一月，至江陵下令：

州郡縣屯、田、池、塞諸非軍國所資，利入守宰者，今一切除之。

將屯與田並舉，可證有所區別。大體宋以後的「屯」往往指開發山林的組織。同書卷四七劉敬宣傳：

宣城多山縣，郡舊立屯以供府郡費用。前人多發調工巧，造作器物。敬宣到郡，悉罷私屯，唯伐竹木，治府舍而已。亡叛多首出，遂得三千餘户。

這裏首先提出「宣城多山縣」，下面又說「伐竹木」，可見立屯不是爲了耕田，而是開發山林，此外「屯」的任務還有「造作器物」與「治府舍」，那麼又包括了手工業。這是地方守宰所設立的，由於供守宰費用而非如劉裕所規定的「軍國所資」，因此稱爲私屯。南齊書卷二高帝紀下建元元年（四七九)四月詔：

二官諸王悉不得營立屯邸，封略山湖，太官池籞，宜停税入，優量省置。

這一條也是將立屯、邸與封略山湖相連。梁書卷二武帝紀中天監七年(五〇八)九月詔：

藪澤山林，毓材是出，斧斤之用，比屋所資，而頃世相承，並加封固，豈所謂與民同利，惠茲黔首，凡公家諸屯戍見封熂者，可悉開常禁。

又卷三武帝紀下大同七年(五四一)十二月詔也説「公家創内，止不得輒自立屯」，至於「百姓樵採」和「採捕」都不得禁止。同書卷五二顧憲之傳稱：

司徒竟陵王於宣城、臨成、定陵三縣界立屯，封山澤數百里，禁民樵採，憲之固陳不可……即命無禁。

這還是齊時事。由上引各條觀察，可知自宋以後公家的和私家的立屯都很盛行，就組織而言仍是軍吏及逋亡的墾荒組織，但却在山林而非平地，其經營也不是耕田，而是斫伐竹木，種植果樹(見下)，造作器物等等。山林的開發最後必然會將可能耕種的山地變成耕地，雖然這要經過一個較長時期。

如上所述，我們可以看出屯的意義在南朝不盡與過去相同。

現在我們再討論邸的意義。

邸的演變較「屯」爲複雜。漢書卷三四盧綰傳：「高后時，綰妻與其子亡降，會高后病，不能見，舍燕邸。」顔師古注：「舍，止也，諸侯王及諸郡朝宿之館在京師者謂之邸。」同書卷六四上朱買臣傳稱買臣「常從會稽守邸者寄居飯食」。卷七〇陳湯傳：「斬郅支首及名王以下，宜縣頭稾街蠻夷邸間。」顏注：「邸若今鴻臚客館也。」如上所引諸例，西漢之邸乃是郡國及「蠻夷」在長安設置的入朝寄宿之所。鄉人之在長安者有的也可以寄食邸中。到了東漢時，邸的名稱更推廣了。禮記王制：「市廛而不税。」鄭玄注：「廛市物邸舍，税其舍，不税其物。」那麽至遲在東漢末年市上的廛舍也被稱爲邸。朝宿之館爲寄宿之所，同時大概也儲藏物資，如郡國貢物之類，這就和市廛有相似之處，而且如朱買臣之類既然可以寄食邸中，那麽漢代這些「交通王侯，力過吏勢」的大商人可能也有寄宿或寄存貨物在邸中的，因此而以朝宿之館的名稱加於市廛是不難理解的。

邸的別一意義乃是糧倉。三國志蜀書卷三後主傳建興十一年（二三三）稱諸葛亮「使諸軍運米集於斜谷口，治斜谷邸閣」。晉書卷二文帝紀：「帝曰：『姜維攻羌，收其質任，聚穀作邸閣訖，而復轉行至此，正欲了塞外諸羌，爲後年之資耳。』」所以稱爲邸閣，即因其爲儲藏物資之所，而建築的形式爲閣狀。

不論是那一種邸，總之具有邸的名稱者，主要是作存儲物資及寄宿之用。到了唐代，邸的意義具見於唐律疏議卷四，名例篇四云「居物之處爲邸，沽賣之所爲店」；但在唐以前糧食及朝宿之館都有邸稱。

孫吳大族領兵屯田，屯田所穫之穀物應即儲於糧倉，世説新語政事篇所説之邸即是邸閣，太平廣記卷二五三賀循條亦記此事，「於是至諸屯邸」一句作「於是至諸屯及邸閣」，明白以邸爲邸閣。廣記此條脱去出處，明鈔本作出世説，而且前後二條皆引世説，當是世説原本如此。這樣屯與邸就聯繫起來了。這種存儲軍糧之邸的活動也與市場上的邸具有同樣性質，因爲它不是單純的倉庫，同時也是從事商業活動的機構。三國志吴書卷三孫休傳永安二年（二五九）三月詔：「自頃年以來，州郡吏民及諸營兵……皆浮船長江，賈作上下，良田漸廢，見穀日少。」由此可見孫吴末期諸將都使所領兵士從事商販。商販的物資當然可以儲在邸中，而事實上所販商貨亦即是「屯」所生産與「邸」所儲積的物資，於是兵屯之邸與市廛之邸已無很大區别，其差異僅在於兵屯之邸不必在市上而已。

南北朝時期的邸店有一些是市上的房産經營，例如隋書卷四二李德林傳稱「高阿那肱……枉取民地，造店賃之」，這雖是北齊事，南朝想亦有之。所以梁書卷二五徐勉傳所載勉誡子書，將興立邸店和貨殖聚斂分列兩項。其直接經營的與立屯一樣，亦有皇室、地方守宰及私家設置三類。南齊書卷四鬱林王紀：

御府諸署，池、田、邸、冶興廢沿事，本施一時，於今無用者，詳所罷省，公宜權禁，一以還民。

同書卷二二豫章王嶷傳：

伏見以諸王舉貨，屢降嚴旨；少拙營生，已應上簡。府州郡邸舍非臣私有，今巨細所資皆是公潤。臣私累不少，未知將來罷州之後，或當不能不試學營覔以自贍。

梁書卷三武帝紀下大同十一年（五四五）三月詔：

四方所立屯、傳、邸、冶、市埭、桁渡、津税、田園，新舊守宰、遊軍戍邏，有不便於民者，尚書州郡各速條上。

由此可見，皇室州郡都有邸的設置，如蕭嶷所言，則邸的利益也是作爲地方守宰私收入。私家設立之邸見於記載者多爲皇族，但並不限於皇族。宋書卷五七蔡廓附子興宗傳：

會土全實，民物殷阜，王公妃主，邸舍相望，橈亂在所，大爲民患。子息滋長，督責無窮。興宗悉啓罷省，又陳原諸逋負，解遣雜役。並見從。

同書卷八二沈懷文傳：

子尚諸皇子皆置邸舍，逐十一之利，爲患徧天下，懷文又言之曰：「列肆販賣，古人所非，故卜式明不雨之由，弘羊受致旱之責，若以用度不充，頓止爲難者，故宜量加減省。」不聽。

南史卷五一臨川王宏傳：

宏都下有數十邸，出懸錢立券，每以田宅邸店懸上文券期訖，便驅券主，奪其宅。都下、東土百姓失業非一。帝後知，制懸券不得復驅奪。自此後，貧庶不復失居業。

以上三條，立邸者均是皇室家庭成員，結合上引蕭嶷所言，「罷州之後，或當不能不試學營覔以自贍」，可知宋、齊、梁三代皇族立邸之普遍。這一種組織如蔡興宗傳及臨川王宏傳所述，其經營範圍似以高利貸爲主。然邸中又有雜役，蔡興宗傳以之與「逋負」並舉，應該都是受邸主剥削的形態。難道這些雜役即是因負債而作人身典質的麽？宋書卷九一孝義原平傳稱「世道自賣十夫，以供衆費」；南齊書卷五五孝義公孫僧遠傳説他兄弟死後，「身販貼與隣里，供斂送之費」，又自賣以供兄弟婚配之費；

宋書卷六四何承天傳稱尹嘉之母熊氏「以身貼錢，爲嘉償責」，可見由於負債而貼賣自身在當時是很普遍的。

從上引諸例中，我們可以看出這種邸舍大都設在會稽，臨川王宏傳雖云他「都下有數十邸」，但下面却說「都下、東土百姓失業非一」，可見一部分邸舍是在東土，亦即會稽。梁書卷五二顧憲之傳：

山陰人吕文度有寵於齊武帝，於餘姚立邸，頗縱横，憲之至郡，即表除之。

餘姚亦會稽屬縣。上引蔡興宗傳諸王妃主在會稽「邸舍相望」，我想必非都在會稽郡城，而且有一些可能並不在市上。我們知道南朝在錢塘江與浦陽江（今曹娥江）設立徵收商税的機構，南齊書卷四六顧憲之傳稱「浦陽南北津及柳浦四埭，乞爲官領攝，一年格外長四百許萬」，可見商旅往來之頻煩。吕文度在餘姚所立之邸自然在那裏操縱商業，但這與那裏一帶的山澤開發有關。宋書卷五四孔季恭附弟靈符傳云：

山陰縣土境褊狹，民多田少，靈符表徙無貲之家於餘姚、鄞、鄮三縣界墾起湖田。

餘姚在當時還是可以移民墾殖，未開發之地應該不少，在那裏立邸，正因爲山澤産物之豐富。隋書卷三一地理志揚州後序云：「宣城、毗陵、吴郡、會稽、餘杭、東陽其俗亦同。然數郡川澤沃衍，有海陸之饒，珍異所聚，故商賈並湊。」如隋書所述，此數郡商業之盛，乃是由於有「海陸之饒，珍異所聚」，在那裏立邸必然以壟斷這類山澤所出的物資爲務。

既然如此，邸也就和屯一樣和山澤開發發生了關係。梁書卷三武帝紀下大同七年（五四一）十二月詔：

又復公私傳、屯、邸、冶，爰至僧尼，當其地界，止應依限守視，乃至廣加封固，越界分斷水陸採捕及以樵蘇，遂致細民措手無所。

按傳是傳舍，與邸有時爲互稱。文選卷二八陸機飲馬長城窟行「受爵槀街傳」句，李善注引漢書陳湯傳晉灼注云：「邸、謂傳舍也。」〔一〕南朝在各州郡有「臺傳」的設置。隋書卷二四食貨志云：「自餘諸州郡臺傳，亦各有倉……州郡縣禄米絹布絲綿，當處輸臺傳倉庫。」所謂臺即尚書臺之臺，臺傳即是中央政府在各地設立的傳舍，其中也有倉庫，一部份賦税直接繳入臺傳。但事實上並非如食貨志所云各地均有此設置。梁書卷一七張齊傳：「又立臺傳，興冶鑄以應贍南梁。」張齊此時爲巴西太守，大概其地本無此項設置。設傳可以「應贍南梁」，説明這不是單純的傳舍，而是貿利的機構，和邸的性質相同。冶爲冶鑄之所，不須解釋。而就上引大同七年詔書看來，「傳、屯、邸、冶」四項都是「廣加封固」，占領山澤的機構。屯與冶應在山中，傳與邸可能不是直接占領山澤，而是壟斷山澤物資，與屯及下面所述的别墅相輔而行。

如上所述，我們可以看到南朝的屯與邸都與開發山澤有關。屯不限於屯田，邸亦不限於市中邸舍。

〔一〕今漢書卷七〇陳湯傳注無此語。

二　別墅或田園的性質

屯邸有公有私，別墅或田園之名則都用於私家。東漢以後的田園及南朝別墅近人已多考證，這裏不再詳述。現在只略引西晉以來關於此一問題的一些資料以證別墅或田園與山澤占領的關係。

世說新語中卷之下品藻篇注引石崇金谷詩敍云：

有別廬在河南縣界金谷澗中（去城十里），或高或下，有清泉、茂林、衆果、竹、柏、藥草之屬。（金田十頃，羊二百口，雞、猪、鵝、鴨之類）莫不畢備。又有水碓、魚池、土窟，其爲娛目歡心之物備矣。〔一〕

太平御覽卷九六四引金谷詩序云：「雜果幾乎萬株」，亦世說注所略。按金谷園中包括田畝、畜牧、竹、木、果樹、水碓、魚池，決非單純爲了「娛目歡心」。文選卷一六潘安仁閑居賦云：

築室種樹，逍遥自得，池沼足以漁釣，春稅足以代耕，灌園粥蔬，以供朝夕之膳；牧羊酤酪，以俟伏臘之費。

賦中又提到了來自各地的果樹，說是「靡不畢植」，此外又有各類蔬菜。安仁的園亦在洛陽附近，其中有牧畜、魚池、果樹蔬菜；所云「春稅足以代耕」，即指水碓的收入；大體上與金谷園的規模相似。

〔一〕（去城十里）及「金田」以下十四字，世說注無，依全晉文卷三三補，嚴氏當有所據，但未注出處。

這一種園基本上是一個自給自足的經濟組織，但有時也出賣其生產品。晉書卷四三王戎傳稱「家有好李，常出貨之，恐人得種，恒鑽其核」，而我們知道王戎是擁有不少田園的。同書卷五六江統傳惠帝初，統諫太子五事，其四云：

秦漢以來，風俗轉薄，公侯之尊，莫不殖園圃之田，而收市井之利，漸冉相放，莫以爲恥，乘以古道，誠可愧也。今西園賣葵菜、藍子、雞、麪之屬，虧敗國體，貶損令問。

西園是太子之園，其園中產物都用以貿利，其他田園當亦如是。宋書卷七七柳元景傳：

南岸有數十畝菜園，守園人賣得錢二萬，送還宅。元景曰：「我立此園種菜，以供家中啖爾，乃復賣菜以取錢，奪百姓之利邪！」以錢乞守園人。

像柳元景這樣的人已不多見，所以史傳要特別記上一筆。雖然如此，田園性質基本上是自給自足的經濟組織，當作商品出賣的產物只是自給之餘，因而也是次要的。

田園之中既然羅列各種產物，其中如竹、木、果樹之栽培，家畜的飼養放牧，漁釣水碓的設置是不一定要在平地上的，把山林湖泊變成耕地不是太簡單的事，但利用山水以從事農耕以外的生產活動却不太困難，甚至更爲合適。東晉以後的別墅就往往結合山澤的占領。宋書卷五四孔靈符傳：

靈符家本豐，產業甚廣，又於永興立墅，周回三十三里，水陸地二百六十五頃，含帶二山，又有果園九處，爲有司所糾。詔原之，而靈符答對不實，坐以免官。

果園九處大概即在所占的山上，這樣包含水陸的大塊土地當然不是全部用以耕種，一部分是用以牧畜漁獵與栽培果樹、竹、木的。

關於别墅内容敍述較詳的還有宋書卷六七謝靈運傳所載的山居賦。本傳稱「靈運父祖並葬始寧縣，并有故宅及墅，遂移籍會稽，修營别業」。他的山居賦注稱其祖車騎（謝玄）「經始山川，實基於此」，則占領此山，當始於謝玄。水經卷四〇漸江水注云：「浦陽江自嶀山東北，逕太康湖，車騎將軍謝玄田居所在。」太平寰宇記卷九六：「越州餘姚縣有㮞林山，云謝靈運作山居賦於此。」關於他的别野所在地，嵊縣志上有一篇丁謙的山居賦箋，歷歷指出賦中山水所在，我們現在不必多説。總之今上虞嵊縣間在當時是有開發餘地的。這篇賦中説：

田連岡而盈疇，嶺枕水而通阡。阡陌縱横，塍埒交經，導渠引流，脉散溝并，蔚蔚豐秫，苾苾香秔，送夏蚤秀，迎秋晚成。兼有陵陸，麻麥粟菽，候時覘節，遞藝遞熟，供粒食與漿飲，謝工商與衡牧。

這裏有水田旱田，即因兼包山水之故。靈運自注：「若少私寡欲，充命則足，但非田無以立耳。」這些大族名士彷彿極爲高尚，靈運自稱不作工商衡牧的活動，其隱居生活「非田無以立」，建築在土地剥削上面。在賦中他又描寫了竹木蔬菜魚鳥之類，而果園分佈最廣。賦稱：

北山二園，南山三苑，百果備列，乍近乍遠……杏壇、㮈園、橘林、栗圃，桃李多品，梨棗殊所，枇杷林檎，帶谷映渚，椹梅流芬於回巒，椑柿被實於長浦。

這正可與孔靈符的果園九處相參觀。

謝靈運的別墅包含南北二山，有田畝、竹林、果園、菜圃，當時別墅規模雖有大小，基本形態大略相似。

在賦注中又提到一些鄰近的別墅精舍。（一）義熙中王穆之居大巫湖，經始處所猶在。（二）五奥者，曇濟道人、蔡氏、郗氏、謝氏、陳氏各有一奥，皆相掎角，並是奇地。（三）漫石在唐嵫下，郗景興經始精舍，亦是名山之流。（四）謂白爍尖者最高，下有良田，王敬弘經始精舍。（五）曇濟道人住孟山，名曰孟埭，芋署之嵺田，〔一〕清溪秀竹，廻開巨石，有趣之極。

如上所述，我們可以看到在謝氏別墅附近已有不少北來大族及名僧的資業，可爲別墅與山澤占領相關的例證。此外僅就會稽而論，見於記載的如謝混有田業在會稽，王羲之、謝方明並曾居會稽，想亦有別墅。太平寰宇記卷九六越州會稽縣有尚書塢，云是宋尚書孔稚珪之山園；又餘姚縣太平山云是謝敷隱居之所，蕭山縣許玄度岩，云是許詢隱居之所。這些巖栖山宿的高士實際上很多即是占領山澤的地主。會稽是北方大族聚居之處，見於記載的較多，其他各地的別墅田園大概亦多在山水之區，這決非是單純由於欣賞自然景物。

南朝士族以別墅之名占領山澤是一個普遍狀態，我們現在還可以找到很多地名某墅的村鎮，有一些還可以推溯到命名的由來。

〔一〕「芋署」不知何解，殿本作「芋薯」，疑是。

屯與别墅之不同不單是官私之别，因爲也有私屯，我想恐怕只是屯爲開發之始，墅爲定居之終，因而也具有觀賞目的，以及在勞動力的組織上或有不同而已。

最後我附帶提到一點，即這些田園别墅都種植巨量果樹：孔靈符有果園九處，謝靈運有五處，西晉石崇的金谷園有成萬株的果林，已見上述。此外晉書卷九四隱逸郭文傳説王導的西園中「果木成林」；王羲之雜帖有一封信特别説明「青李、來禽、櫻桃、日給籐子皆囊盛爲佳，函封多不生」，而且還説「吾篤喜種果，今在田里，惟以此爲事」。在下一節中我們即可看到占有山嶺多半是栽種果樹的。

這些鮮果首先是自己享用及送人，但也並非不出賣，例如西晉王戎便出賣李子。宋書卷八明帝紀泰始三年（四六七）八月詔：

頃商販逐末，競早争新，折未實之果，收豪家之利；籠未膳之翼，爲戲童之資……自今鱗介羽毛，肴核衆品，非時月可採，器味所須，可一皆禁斷。

可見販賣時新鮮果是很賺錢的，這些鮮果大抵部分即種在豪家的園中，商販購自豪家而又賣與缺乏果園的豪家。

三　南朝的山澤占領制度

山林川澤在古代一向不承認私人有占領的權利。日耳曼人在氏族社會末期時「以前公有的耕地和草地，就按人所共知的方式，在新形成的單個農户之間實行分配，這一分配起初是暫時的，後來便成爲永久的，至於森林、牧場和沼地依然是公共的」。〔一〕在中國似乎維持山澤公有更久，直到出現了國家以後，便算作天子所有，私家還不能占領。秦漢時期山澤屬於皇室總務官少府所管理，漢書卷一九上百官公卿表：「少府，秦官，掌山海池澤之税，以給供養。」史記卷三〇平準書：「山海，天地之藏也，皆宜屬少府，陛下不私，以屬大農。」可見從法令上説來，山澤之利只能歸於天子。漢初禁令較寬，鹽鐵商人以此致富，然而並未準許他們占有鹽鐵所出的山澤。武帝頒鹽鐵官賣之法，奪取商人利益，即因天子有獨占山澤的權利。西漢以後，隨着皇權的消長與禁令的寬嚴，對於山澤的控制雖不能常常十分嚴格，但山澤王有的法律根據却始終保存，因此除了少數特例之外一般始終没有準許私人公開的占領。東漢時皇帝常常以出租的形式將山澤開放，後漢書卷四和帝紀永元五年（公元九三）稱「其官有陂池，令得采取，勿收假税二歲」，九年、十一年都有類似的記載。同書卷六七黨錮劉祐傳：「時中常侍蘇康、管霸用事於内，遂固天下良田美業，山林湖澤，民庶窮困，州郡累氣。祐移書所在，依科品没入之。」關於山林湖澤的科品必然還根據王有的舊制。

晉末劉裕當國，曾經兩次禁止封錮山水，義熙七年這一次已見上引，這只是對於利人守宰的屯田池塞而言。義熙九年（四一三）二月又曾下令，宋書卷二武帝紀中云：

先是山湖川澤皆爲豪彊所專，小民薪採漁釣，皆責税直，至是禁斷之。

〔一〕恩格斯：家庭私有制和國家的起源，馬克思恩格斯選集第四卷第一三八頁，人民出版社一九七二年第一版。

這裏所説是封錮山水，向小民徵税的辦法。本來從東漢以來所謂假與平民即是徵收假税，魏晉也如此，例如晉書卷七〇甘卓傳云「州境所有魚池，先恒責税，卓不收其利，皆給貧民」；太平御覽卷八三四王胡之與庾安(西)牋云「此間萬頃江湖，撓之不濁，澄之不清，而百姓投一綸、下一筌者皆奪其魚器，不輸十疋，則不得放」；可知在晉代公家封錮大抵只是單純的收税。而如上所引則豪强也在那裏私自封錮徵税。這一類的封錮除了剥削小民，減損生産以外别無其他作用。以後宋文帝元嘉十七年(四四〇)十一月詔又提到「山澤之利，猶或禁斷」；孝武帝即位後下詔稱「江海田池公家規固者，詳所開弛，貴戚競利，悉皆禁絶」；大明七年(四六三)七月又下詔稱「前詔江海田池與民共利，歷歲未久，浸以弛替，名山大川，往往占固，有司嚴加檢糾，申明舊制」。政府累次下令，即説明法令之無效，但是私家不能公開占有山澤的舊制，在形式上却仍然保存。

然而過不了幾時，這條從古以來的制度就不能不放棄了，私家占有山澤在歷史上第一次給予法律上的承認。宋書卷五四羊玄保附兄子希傳：

時揚州刺史西陽王子尚上言：山湖之禁，雖有舊科，民俗相因，替而不奉，熂山封水，保爲家利。自頃以來，頽弛日甚，富强者兼嶺而占，貧弱者薪蘇無託，至漁採之地，亦又如茲，斯寔害治之深弊，爲政所宜去絶，損益舊條，更申恒制。有司檢壬辰詔書：占山護澤，彊盗律論，贓一丈以上皆棄市。希(羊希)以壬辰之制，其禁嚴刻，事既難遵，理與時弛，而占山封水，漸染復滋，更相因仍，便成先業，一朝頓去，易致嗟怨。今更刊革，立制五條，凡是山澤，先常熂爈，種養竹木雜果爲林芿，及陂湖江海魚梁鰌鮆場，常加功修作者，聽不追奪。官品第一第二聽占山三頃，第三第四品二頃五十畝，第五第六品二頃，第七第八品一頃五十畝，第九品及百姓一頃；皆依定格，條上貲簿。若先已占山，不得更占，先占闕少，依限占足。若非前條舊業，一不得禁，有犯者水上（按南史作水土）一尺以上並計贓，依常盜律論。停除咸康二年（三三六）壬辰之科。從之。

咸康是東晉成帝年號，可見當時封固山澤之禁，形式上仍遵兩漢舊制，甚爲嚴格。在羊希立法之前，關於禁止私占山澤的法律如羊希所說乃是按照彊盜律處理的，計贓合成絹一丈以上的價值就處死刑，那就是説絶對不容許私人占有。羊希立法的精神首先是承認私人的所有權，對於既成事實予以追認，其次才是略予限止。他説「常加功修作者聽勿追奪」，既然如此，舊已占領的私家就可憑藉此條，依法保持其「先業」。不但如此，新制規定「先占闕少，依限占足」，即是使未占少占的各級貴族官僚也得以享受這個利益。這樣就得以緩和統治階級間争奪土地的矛盾。至於百姓亦得占領一頃，這裏的百姓決非一般人民，因爲貧弱百姓決不能和豪家争奪。

羊希立法反映了魏晉以來大族經濟之發展與皇權之削弱，封建的土地所有制從平地擴展到了山林川澤。中古自然經濟的特徵當統一帝國瓦解以後更明顯地暴露出來了。我們如果將依品占有山澤的制度和西晉依品占田制度相比較，就可明了占田制的性質並非什麽均田制或與徭役地租相關的土地分配，而只是基於封建社會特性而按照等級分配土地。

我們從新制中看來，南朝私家封錮山水並非單純的徵税，而具有開發山林，種植竹木雜果與修建漁場的經營方式，這裏也可以説明屯、邸、别墅的組織在開發山澤上所起的一定作用。

從此以後，封錮山水就得以公開，政府只有限止而不能禁止。宋書卷五七蔡廓附子興宗傳：

> 會稽多諸豪右，不遵王憲，又幸臣近習，參半宫省，封略山湖，妨民害治。興宗皆以法繩之。

按其事在宋明帝初，已在羊希立法之後，所謂依法繩之必然是根據新制加以限止而已。上引孔靈符傳説他在永興所立之墅包含兩座山，當然即是封錮山水。他的被糾應在孝武帝末年，亦在羊希立法之後，其占領面積一定遠遠超過新制的規定額。他有果園九處，符合於不追奪之條，所以被糾或因新立之故。可是也只是免官，没有加以没收，可見即使大明年間的限額也不能遵守。孔氏爲會稽大族，正如蔡興宗傳所云封略山湖的豪右。到了梁代大概繼續承用宋制，但仍然無效。梁書卷三武帝紀下大同七年（五四一）十二月詔：

> 又復公私傳、屯、邸、冶，爰至僧尼，當其地界，止應依限守視，乃至廣加封固，越界分斷水陸採捕及以樵蘇，遂致細民措手無所。凡自今有越界禁斷者，禁斷之身皆以軍法從事；若是公家創内止不得輒自立屯，與公競作，以收私利。至百姓樵採以供煙爨者，悉不得禁，及以採捕，亦勿訶問，若不遵承，皆以死罪結正。

在上面我們已經引證此條，説明屯、傳、邸、冶的性質在封錮山水這一點上之相同。現在引證此條則是爲了證明梁代基本上承認私家封錮山水之合法，只是應該按照所規定的界限，所以説「止應依限守視」，而不準「越界分斷」。然而由此也可以看出這僅有的限止也只是空文。

屯、邸、別墅是封建的土地所有制的組織形態，在南朝用以占領山澤並組織勞動者以從事山澤物資的開採。

四　結論

東晉南朝貴族官僚的土地所有形態有兩個特點。第一是田園的分散，例如宋書卷五八謝弘微傳稱謝混土地分佈於會稽、瑯琊、吴興三郡，田園有十餘處。第二個特點則屯、邸、別墅都與山林湖泊之占領有關，從皇室以至寺院都從事於封錮山澤。

這兩個特點反映了東晉以後三吴區域在土地分割上的特殊條件，因而使封建地主的土地慾望以此獲得滿足。

當晉室東渡時，北方大族南來者大抵集中在揚州，即今江蘇南部與浙江。這些大族當然希望在江南重新建立他們的田園，但是他們却必然遇到一些困難。我們知道三吴區域的大族在孫吴統治時期已有很大的發展，他們擁有大量的土地與勞動人手，並且有的已經在向山澤發展。抱朴子外篇卷三四吴失篇説到吴國的大族已是「僮僕成軍，閉門爲市，牛羊掩原隰，田池布千里」。吴亡之後，他們所受的損失並不大，有些大族甚至還保留其世傳的部曲，如晉書卷五八周處附孫勰傳云：「時中國亡官失守之士避亂來者多居顯位，駕御吴人，吴人頗怨。勰因之欲起兵，潛結吴興郡功曹徐馥，馥家有部曲，勰使馥矯稱叔父札命以合衆。」我們知道孫吴的部曲是與土地所有制相配合的，部曲尚存，就説明其土地未被減削。徐馥不算大族，像周氏以及其他大族必然有更多的土地與更多的部曲。晉室東渡既然首先要争取南方大族的支持，那麼必須承認其既得權益，因此北方大族重建田園的慾望不免受到限止。我们只要看當晉室東遷之始南北大族間的矛盾，便可瞭解要取得合作便決不能侵犯南方大族的利益。

這樣，剩下來可供北方大族掠取的土地就很有限了。宋書卷五四史臣論曰：

會土帶海傍湖，良疇亦數十萬頃，膏腴上地，畝直一金，鄠杜之間，不能比也。

這裏所稱會土實包吳會而言，等於揚州。土地價格之高固然與其地之生産發展有關，此外也由於求田者之多。顏氏家訓卷四涉務篇云：

江南朝士因晉中興南渡江，卒爲羈旅，至今八九世，未有力田，悉資俸禄而食耳。假令有者，皆信僮僕爲之，未嘗目觀起一墢土，耘一株苗。

按顏之推之説當然並不包括所有的僑人「朝士」，但很多「朝士」直到南朝後期還未能獲得土地，應是事實。法書要録卷一〇載王羲之帖，有云：「吳中終是所歸，中軍往以還田，一頃烏澤田，二頃吳興，想弟可還以與吾。」羲之所求田只有三頃，而且分佈兩郡，可見求田不大容易。

在這樣情況下，已耕熟田既然大部集中在南方大族手中，北方大族重建田園的願望就不能盡如其意。我們知道東晉南朝的領域内未開墾的和廢棄的曠土並不少，然而如湘贛以南是太遠了；淮河南岸從三國以來便十分荒蕪，可是地當南北戰争要衝，不是安居之所，所以雖也有人在那裏開墾荒田，〔一〕却不能吸引那些驕貴的士族。如果要在三吴區域求田問舍，就只有在過去未開墾的或土地使用價值較低的地區去找。梁書卷二五徐勉傳載勉誡子書云：「聞汝所買姑孰田地，甚爲舄鹵，彌復何安，所以如此，非物競故也，雖事異寢丘，聊可髣髴。」〔二〕姑孰即今之當塗，在當時是長江南岸的重要軍事據點，南齊書卷一四州郡志上豫州條載義熙二年（四〇六）劉毅復鎮姑孰時上表云：「忝任此州，地不爲曠，西界荒餘，密邇寇虜，北垂蕭條，土氣彊獷；民不識義，唯戰是習，逋逃不逞，不謀日會。」可見其地雖在南岸，却與淮南相似，也是不大安静。雖然如此，姑熟的農業還是相當發達的，陳書卷五宣帝紀太建四年（五七二）閏十月詔：「姑熟饒曠，荆河斯擬……良疇美柘，畦畎相望，連宇高甍，阡陌如繡。」足見並非没有良田，然而梁代徐勉的兒子却只能獲得舄鹵之地，可證在建康附近求田之難。稍遠一點的吴興，僑人也有在那裏置田宅的如謝混即是，王羲之所求之田有二頃也在吴興。吴興在當時是號稱貧瘠的。南齊書卷四六陸慧曉附顧憲之傳載憲之在齊永明中議云：「會稽舊稱沃壤，今猶如此；吴興本是瘠土，事在可知」，僑人在那裏獲得的田大概也像姑熟一樣不能要求肥美。再遠一點便是會稽。會稽郡城山陰附近土地是很肥的，然而已墾之田必已被當地大族虞、魏、孔、賀諸族所占，再加上北來士族插足其間，以後要發展田園就很困難。宋書卷五四孔季恭附弟靈符傳：

〔一〕梁書卷二八裴邃附兄子之横傳：「遂與僮僕數百人於芍陂大營田墅，遂致殷積。」

〔二〕「彌復何安」之「何」疑當作「可」。徐擬之意是説田地不好，無人争競，可以安穩。他用孫叔敖封寢丘的故事，明見此意。

山陰縣土境褊狹，民多田少，靈符表徙無貲之家於餘姚、鄞、鄮三縣界墾起湖田。上使公卿博議。太宰江夏王義恭議曰：「尋山陰豪族富室，頃畝不少，貧者肆力，非爲無處，耕起空荒，無救災歉。又緣湖居民，魚鴨爲業，及有居肆，理無樂徙。」……上違議從其徙民，並成良業。

從這一條的記載中我們可以看出由於南北大族同在山陰爭奪土地，因此土地集中的現象特別顯著；但是同屬於會稽的濱海諸縣却還有未墾湖田，需要勞動力去「耕起空荒」。全晉文卷一〇三陸雲答車茂安書稱鄮縣風土特徵云：「遏長川以爲陂，燔茂草以爲田，火耕水種，不煩人力，決泄任意，高下在心」，又稱「爲君甚簡，爲民亦易，季冬之月，□牧既畢……因民所欲，順時遊獵」，完全描寫出一個耕種技術低下，土地空曠，民風簡樸的山縣來。餘姚、鄞縣、上虞各縣大抵亦相似。這些地方直到宋代仍然可以「耕起空荒」，而開發之後便可成爲良業，這樣自然就容易吸引北方大族的注意，因此屯、邸、別墅在各地結合山澤占領而建立之時，會稽一地却更爲發展。晉書卷八〇王羲之傳載羲之與謝萬書云：「比當與安石東遊山海，并行田，視地利，頤養閒暇。」東遊即指遊會稽，而將遊山海與行田、視地利合在一起談，就可知其意不專在「頤養閒暇」，而在獲得土地。

如上所述，屯、邸、別墅所以在山澤之地發展的原因，是由於北來僑人（包括皇室、士族、軍人等）在南方獲得已墾熟田之不易，其土地慾望不能不以占領山澤方法獲得滿足，而南方大族的發展也因北來僑人的擠入而走向山澤。這正和孫吳時期將山民遷下平地來的措施相反。

我們現在再討論屯、邸、别墅的勞動力來源問題。

孫吴時期屯、邸占有的勞動人口是兵與逋亡，這已在上面提到，東晉南朝仍然如此。這種逋亡以隱户、私屬、部曲、義故等等名稱公開地或是隱蔽地在屯、邸、别墅的組織下勞動，開採山澤（當然也有平地）物資並使荒地逐漸變成耕地。公家的兵與吏及公私奴隸也參加了勞動，但是很多的兵與吏以及奴隸爲了逃避苦役也變成逋亡，往往在最後也成爲私家的各種名義的私屬。上引劉敬宣傳説罷私屯之後，「亡叛多首出，得五千餘户」，這是因爲守宰私設之屯要「發調工巧」，並且很可能徵發人民爲「吏」，一經充當了「吏」，那就終身要爲官府服役，所以要逃亡。與此相反，私人所立之屯、邸、别墅却正可吸引這些逃亡人民作爲他們的部曲、私屬等等。因爲私家的部曲、私屬等等在豪强庇護下是可以免除或逃避徭役的。關於徭役及逋亡問題這裏不能詳述，現在只略引幾個例子以説明逋亡與開發山澤的關係。世説新語上卷之下政事篇謝安條注引續晉陽秋：

自中原喪亂，民離本域，江左造創，豪族并兼，或客寓流離，名籍不立。太元中，外禦强氏，蒐簡民實，三吴頗加澄檢，正其里伍，其中時有山湖遁逸，往來都邑者。

這一條説明東晉初年豪族占有勞動人手與人口流亡的情況，下面特别提出「山湖遁逸」，可見逃亡者即遁入山湖。宋書卷六孝武帝紀大明二年（四五八）六月詔：

往因師旅，多有逋亡，或連山染逆，懼致軍憲，或辭役憚勞，苟免刑罰，雖約法從簡，務思弘宥，恩令驟下，而逃伏猶多。

這裏也提出逃亡人口是「或連山染逆」，即是遁入山間，夥同「叛逆」。南齊書卷四一周顒傳：

> 滂民之困，困實極矣，役命有常，祇應轉竭，蹙迫驅催，莫安其所，險者或竄避山湖，困者自經溝瀆爾。

同樣指出困於徭役的滂民，〔一〕也以逃入山湖爲避役之計。固然逃入山湖的人民不一定都爲豪强所役使，可能有獨立謀生的。例如晉書卷八一毛寶附孫璩傳：

> 海陵縣界，地名青蒲，四面湖澤，皆是菰葑，逃亡所聚，威令不能及。璩建議率千人討之。時大旱，璩因放火，菰葑盡然，亡户窘迫，悉出詣璩自首，近有萬户，皆以補兵。朝廷嘉之。

像這類的事，三國以後常常見到，今不贅引，總之這些逃亡人民既未依託豪家或將帥，所以就成爲政府攻擊的對象。一般逃亡人民絕大多數是投到豪家或將帥手中以求得庇護的。南齊書卷三四虞玩之傳載玩之上表云：

> 又四鎮戍將，有名寡實，隨才部曲，無辨勇懦，署位借給，巫媪比肩。彌山滿海，皆是私役。行貨求位，其塗甚易。募役卑劇，何爲投補，坊吏之所以盡，百里之所以單也。

玩之答覆「臺坊軍吏」（臺軍之吏）召募不足的問題。他的意見是由於戍將的吸引，政府軍吏是一種募役，身分卑賤而又勞苦，所以無人投充，而彌山滿海都成爲私役藏身之區。我們應該注意，這裏「彌

〔一〕「滂民」可能是爲官府採伐材木與水産品等等的服役户，淮南子卷五時則訓有「滂人入材葦」句，滂民命名，即用此義。

山滿海」四字並非空洞的極言其多，正是指出了屯、邸、别墅之開發山澤乃是掌握了逃亡人民爲私家服役的證明。梁書卷三八賀琛傳，載琛所上表云：

百姓不能堪命，各事流移，或依於大姓，或聚於屯封，蓋不獲已而竄亡，非樂之也。

賀琛所云屯封自即立屯封錮之簡稱。他將「依於大姓」和「聚於屯封」並列，因爲「屯封」不一定爲大姓所立，很多是皇族將帥幸臣所置，而大姓的田園别墅不稱爲「屯」之故，但依託大姓的流亡人民實際上很多亦是在開發山澤，與「聚於屯封」者相同。

如上所述，我們可以相信屯、邸、别墅所占有之勞動人口絶大部分出於避役逃亡，因而喪失其土地，淪爲私屬的人民。

人民從政府手中轉移到私家手中，這只能表示皇權被削弱以後，地方封建分裂的勢力擴大，因而使皇帝及其政府不能保持其對於農民的人身控制，農民便從皇帝及其政府的封建領域中，轉移到分裂的地方性的封建領域中。東晉以後屢行無效的土斷、檢查户籍、招攜流亡等措置，正説明削弱了的皇權與封建大地主的鬥争，這種鬥争從曹魏屯田制度開始，貫串於數百年的歷史中。

作爲國家編户的農民在當時由於賦役的繁重，特别是徭役，使其進一步破産，因之被迫放棄其土地（這些土地不是被政府没收即爲豪强掠奪），放棄其平民身分而託庇於大族將帥、寺院，忍受其剥削。逃亡了一批，剩下没有逃亡的便只有承擔起一切負擔，這樣就不得不也隨之逃亡，轉展相生，到了梁代「天下户口幾亡其半」〔一〕「大半之人並爲部曲」，〔二〕封建大地主取得了勝利。

可是我們並不能將皇帝及其政府與封建大地主完全對立起來，因爲政府加於人民的賦役負擔即是爲封建大族所分享的或是爲其服務的。我們的理解是封建大族一方面利用政府的力量加緊掠奪人民，使之破産；而另一方面又作爲與皇權相對立的勢力儘可能的將勞動者吸收到自己的領域中以便擴大財富。

爲了吸收人民，他們就必需給予一些利益，即解除其爲官府服役的義務。爲官府服役與爲私人服役誠然是同樣的受剥削，但是前者不但無法生活，而且幾乎無法生産，後者却還可以從事生産。屯、邸、别墅組織了廣大勞動者。在對勞動者的剥削過程中使山林川澤未開墾的土地獲得開墾，山田與湖田都增加了。同時在包羅萬象的屯、邸、别墅領域中自然物資如竹、木、坑冶的採發，水利的利用，和農業部門中如果樹的栽培，畜牧漁業蔬菜的生産以及修建房屋，製造器物等等都有一定程度的發展，這裏表明江南封建經濟的發展。

如上所述，我們可以看出北方大族——大地主，在逃往南方之後，就想盡辦法繼續其封建剥削，占據了山林川澤的廣大土地，用屯、邸、别墅等形式，把逃亡的農民重新附着於土地之上，從而吸取勞

〔一〕南史卷七〇循吏郭祖深傳，梁武帝時上書。
〔二〕文苑英華卷七五四何之元梁典高祖事論。

動者所創造的財富，以供其享用；廣大勞動人民，爲着生活，在重重壓迫和剥削下，開墾了南方廣大的山林川澤的土地，對江南農業的發展起了相當的積極作用。

（原載一九五四年歷史研究第三期）

試論魏末北鎮鎮民暴動的性質

北魏末年人民大起義首先爆發於北方邊鎮。當時以及後人一般認爲這是一次兵變。元彧墓誌說「正光之末，艱虞再起，戍卒跋扈，搖蕩疆塞」，元顥墓誌說「歲在執徐，榆關大擾，王師每喪，獯、獫（指柔然）橫行。仍以役徒苦虐史之浸，流戍積懷歸之思，緣邊萬里，影響羣飛」，〔一〕便是這種看法。事實上，破落汗拔陵之起便因爲「高闕戍主率下失和」，〔二〕首義羣衆自然是高闕戍的戍卒。六鎮居民身分上都是戍卒，也是無可懷疑的。但是兵變不足以說明事變的本質，我們有必要對六鎮鎮民的地位和處境加以考察。

鎮是駐防軍區的組織形式，所有居民全部隸屬於鎮，亦即隸屬於軍府，所以鎮民也叫做府户。鎮下既不設郡縣，也沒有三長，居民即由鎮將、戍主等管理，所以那裏也沒有民籍。鎮民未必人人是兵，但人人屬於軍貫。北鎮大致是在空荒之地建立起來的，鎮民或府户都從他處遷來。關於他們的來歷，近人已多論述，有可資補充的一些論證當另文討論，這裏不擬多談。總之，鎮民大致有三種不同

〔一〕漢魏南北朝墓誌集釋，圖版玖肆、壹捌貳。

〔二〕北史卷一六太武五王廣陽王建附孫深（淵）傳。

來源。第一類是拓跋部族的成員，史籍上常見的「畿内民」、「國人」、「内民」，通常即指拓跋部族成員。魏蘭根所說的「國之肺腑」，元淵所說的「豐沛舊門」，亦即指他們。第二類是被遷徙的漢族，以及其他各族人，其中包括豪强大族和部落首領。這就是魏蘭根所說的「中原强宗子弟」，和正光五年（五二四）詔書所說的「良家、酋帥」。第三類是高宗以後繼續配發的罪犯。元淵所說的「或投彼有北，以御魑魅」，〔一〕上引元顥墓誌所說的「流戍」，即指這些人。鎮民的來歷不同，但在北魏後期都叫做府户，他們的情況盡管存在着差別，但他們最一般的地位都屬於軍府，是世襲的軍户，不准遷移，不能充當清官。

歷來大都根據上述特點說明府户的身分，這當然是對的，但如果僅僅由此即斷定府户的階級，却未免推論得遠了一些。事實上，鎮民雖然同樣具有府户的身分，但很難說是一個統一的階級。魏書卷四一源賀附子懷傳：

又詔爲使持節，加侍中、行臺，巡行北邊六鎮、恒、燕、朔三州，賑給貧乏，……自京師遷洛，邊朔遥遠，加連年旱儉，百姓困弊。懷銜命巡撫，存恤有方，……懷又表曰：

「景明以來，北蕃連年災旱，高原陸野，不任營殖，唯有水田，少可蓄畝。然主將參僚，專擅腴美，瘠土荒疇給百姓，因此困弊，日月滋甚。諸鎮水田，請依地令分給細民，先貧後富，若分付不平，令一人怨訟者，鎮將已下連署之官，各奪一時之禄，四人已上，奪禄一周。北鎮邊蕃，事異諸

〔一〕以上引句見北齊書卷二三魏蘭根傳，魏書卷九肅宗紀正光五年詔，北史卷一六太武五王廣陽王建附孫深（淵）傳。

夏，往日置官，全不差别。沃野一鎮，自將已下八百餘人，黎庶怨嗟，僉曰煩猥。邊隅事尠，實少畿服，請主帥吏佐，五分減二。」……「時細民爲豪强淩壓，積年枉滞，一朝見申者，日有百數。」

根據源懷所述，北邊州鎮的百姓中間存在着貧與富、細民與豪强的分别，而細民是積年爲豪强淩壓的，顯然是對立的兩個階級。從這段記載中我們還可以看出北邊州鎮饑荒，除了天災以外，更重要的原因是嚴重的土地兼併問題。北鎮是邊防軍區，土地即由軍府支配，良田都由主將參僚所占，剩下荒田給人民；在連年荒旱的情況下，人民就無法生活下去了。

源懷傳的記載提供了重要的證據，證明北鎮人户存在着兩個對立的階級，還存在着土地兼併問題。但是源懷傳中所説的「百姓」、「細民」是否可以作另一種解釋，即認爲他們是在鎮民之外的，凡是鎮民便都是見役兵，不從事生産勞動，鎮上另外住着從事生産勞動的人户，他們不屬於鎮民或府户的範圍，就是所謂「百姓」、「細民」。我們認爲鎮民都屬軍貫，但未必人人是兵，鎮民中間一部分脱離生産是完全可能的。不過，如果認爲鎮民一律不從事生産則未必正確。而且不管他們來自遷徙、徵發乃至罰配，大都是帶着家屬來的，即使當了兵不再參加生産，他的家屬也不能不勞動生産。魏書卷五四高閭傳太和十四年（四九〇）上表云：

竊以北鎮新徙，家業未就，思親戀本，人有愁心，一朝有事，難以禦敵。可寬其往來，頗使欣慰，開雲中、馬城之食以賑恤之，足以感德，致力邊境矣。

高閭所云家業，無非是指田土宅舍。這些新徙的鎮民只有在「家業未就」的條件下，才奏請開隣近倉食賑恤。可以證明用以「禦敵」、「致力邊境」的鎮民是應該有家業的。即使家中當了兵的必須脱離生産，全家也不是依靠發軍餉生活的。源懷傳中没有説鎮民而稱爲百姓，我想這是因爲他所巡視的包括恒、燕、朔三州，恒、燕本是京畿，朔州爲雲中鎮所改，那裏既列州郡，自不能一概叫做鎮民之故。也可能有人根據魏書卷三一于栗磾附孫景傳提出疑問。于景傳説他當懷荒鎮將，「及蠕蠕主阿那瓌叛亂，鎮民固請糧廪，而景不給。鎮民不勝其忿，遂反叛」，似乎鎮民全部依靠政府的糧廪過活。我以爲這或者是兵士索餉，或者是鎮民由於生産遭到柔然的破壞而要求救濟，並不能作出上面的論斷。當然，我們毫不懷疑六鎮需要從别地運來巨額軍糧。在太武帝統治時，薄骨律鎮經常要輸送糧食到沃野鎮。〔一〕卷九四劉騰傳説他「尅剥六鎮」，當亦是尅扣六鎮軍糧。不生産的兵士應給口糧，特别是出征時。六鎮軍糧不能自給，因此必需由外地輸送，這是另一件事，却不能由此斷言廣大的鎮民羣衆都不從事勞動生産。

爲了減少外調糧食和安定鎮民，孝文帝時曾經在北邊興修水利。太和十二年（四八八）五月「詔六鎮、雲中、河西及關内六郡，各修水田，通渠溉灌」，次年八月又詔「諸州鎮有水田之處，各通溉灌，遣匠者所在指授」。〔二〕這是太和八年至十一年（四八四——四八七）連年災旱，特别是十一年代京一帶

〔一〕魏書卷三八刁雍傳。本傳稱太平真君七年（四四六）奉詔運屯穀五十萬斛付沃野鎮。這似乎是第一次，刁雍上表請改陸運爲水運，太武帝批准了，又説「非但一運，自可永以爲式」，可見此後仍當繼續輸送。薄骨律鎮是廣大的屯田區，曾經遷徙漢人屯田，見元和郡縣志卷四靈州保静縣條。

〔二〕魏書卷七下高祖紀。

大旱災以後的措施。〔一〕別的州郡不談，六鎮興修的水田自然由新、〔二〕舊鎮民耕種。但是到世宗時，這種水田便都被主將參僚强占去了。根據源懷傳，北鎮民肯定是配給土地的，但這種配給是否即是均田制呢？源懷要求「請依地令」云云，所指地令自然指關於均田制度的令，似乎暗示在先北邊沒有推行均田制。那就不僅六鎮，連恒、燕、朔三州也是這樣。這句話是否也可以解釋爲在先只是沒有按照地令「先貧後富」的規定呢？這個問題暫且不管，總之那裏有一種土地配給制度。如果不妨推測一下，那末或者可以説，六鎮既然經常徙民和配罰，可能在均田令頒布前早就有土地配給、調整的制度。

鎮民承擔的賦役剥削我們也完全不知道，我們只能肯定和州郡編戶不一樣。魏書卷一一〇食貨志記載太和八年(四八四)班祿增調，下面列舉貢綿、絹、絲的十九州和以麻布充稅的十八州、七郡，二十五縣，却沒有一個鎮。而且這些州郡雖然繫於太和八年，實際上包括了太和十一年、十二年設置的若干州，〔三〕這就説明均田令頒布後的租調制並不適用於軍鎮。

關於北鎮土地、賦役情況有兩個資料可以參考或作爲旁證。

一是魏書卷三八刁雍傳的記載。刁

〔一〕魏書卷七下高祖紀、卷一一〇食貨志。

〔二〕上引源懷上表亦即在十一年，表中提及「北鎮新徙」，知此時可能有一批新遷往北鎮的徙民。

〔三〕其中華、洛(治上洛)、陜、夏諸州據地形志皆太和十一年置，汾、涇州十二年置。但同在十一年由定州分置的瀛州却沒有列入，也還有其他在太和十一年前存在的州不見於食貨志。魏書卷一〇六地形志本多錯誤，這裏只是説食貨志所舉州郡大體斷自太和十一、十二年而已。

雍在太平真君五年(四四四)爲薄骨律鎮將，他上表要求開渠溉田。表云：

臣蒙寵出鎮，奉辭西蕃，總統諸軍，户口殷廣，又總勒戎馬，以防不虞，督課諸屯，以爲儲積。夙夜惟憂，不遑寧處。以今年四月末到鎮，時以夏中，不及東作。念彼農夫，雖復布野，官渠乏水，不得廣殖。乘前以來，功不充課，兵人口累，率皆饑儉。……計用四千人，……合計用功六十日。小河之水，盡入新渠，水則充足，溉官私田四萬餘頃。……穀得成實。官課常充，民亦豐贍。

太平真君七年(四四六)，刁雍奉詔本鎮與高平、安定、統萬四鎮出車五千乘，運屯穀五十萬斛付沃野鎮，以供軍糧。他認爲陸運運輸量小，往返時間長，耗費人力多，「大廢生民耕墾之業」，上表要求改用水運。他準備造船二百艘，運送人員「計須千人」。他説「臣鎮内之兵，率皆習水」，計算起來「從三月至九月三返，運送六十萬斛，計用人功，輕於車運十倍有餘，不費牛力，又不廢田」。詔書批准了他的請求，同時命令統萬鎮出兵運穀，薄骨律只「出百兵爲船工」，説「豈可專廢千人」。又於三九年(四四八)刁雍又上表要求准許建築儲藏穀物的倉城，他説：「鎮自建立，更不煩官。又於三時之隙，不令廢農。一歲、二歲不訖，三歲必成。」

刁雍傳告訴我們什麽呢？第一，薄骨律鎮有廣闊的屯田，屯穀有一個時期儲積很多，不但可以自給，而且可以外調。除了屯田以外還有「私田」。第二，薄骨律鎮從事農耕的「農夫」或「民」要交納官課和承擔開渠、運輸、築城的勞役。第三，刁雍一再提到「兵人」(即兵民)，似乎兵與民是分開的。兵不從事農業生産，但也承擔徭役，他改陸運爲水運時，用的是兵，强調「不廢田」，似乎改陸爲水，同時也改民運爲兵運。

我們所能知道的僅止於此，再追究下去便很不清楚了。從記載上看來，薄骨律鎮好像有三種人，一是屯田民，二是兵，三是有私田的人。應該説他們都是鎮民。刁雍所説陸運和築城使用的民力是否包括後兩種人一起在内？有私田的人所交官課與屯田有何不同？甚至交不交官課都不清楚。薄骨律鎮是個屯田區，那裏的情況北鎮不一定普遍存在，而且刁雍當鎮將距設鎮時不久，〔一〕到北鎮起義時經過八十年，即使單就薄骨律鎮而論，也會有變化，更何況以此推論六鎮。所以這些記載雖然值得重視，却只能旁證從事生産的「民」要承擔官課和徭役的封建義務，兵也要服徭役，但可能不從事農業生産勞動。

另一件可以參考的資料也是爲人們經常引用的魏書卷六九袁翻傳。傳稱翻議選邊戍事，其中涉及戍兵痛苦的有云：

自比緣邊州郡，官至便登，疆場統戍，階當即用。或值穢德凡人，或遇貪家恶子，不識字民温恤之方，唯知重役殘忍之法。廣開戍邏，多置帥領，或用其左右姻親，或受人貨財請屬，皆無防寇禦賊之心，唯有通商聚斂之意。其勇力之兵，驅令抄掠。若值强敵，即爲奴虜；如有執獲，奪爲己富。其羸弱老小之輩，微解金鐵之工，少閑草木之作，無不搜營窮壘，苦役百端。自餘或伐木深山，或耘草平陸，販貿往還，相望道路。此等禄既不多，資亦有限，皆收其實絹，給其虚粟，窮其

〔一〕魏書卷一〇六地形志薄骨律鎮太延二年（四三六）置，至太平真君四年（四四三）只八年。

力，薄其衣，用其工，節使食，綿冬歷夏，加之疾苦，死於溝瀆者常十七八焉。

按袁翻上議大致在宣武帝延昌二、三年間（五一三——五一四）或更早，所説的戍兵是指南邊的番兵。〔一〕其中所説「收其實絹，給其虛粟」，只有番兵可以當之，因爲番兵大致一年爲期，所以説「綿冬歷夏」云云。北鎮没有番兵的痕跡，這些情況並不完全適合。雖然如此，鎮將、戍主的貪污殘暴，苦役兵士，北鎮決不比南邊好些，因此這段話還是可以作爲旁證。

從刁雍傳和袁翻傳中看到兵、民的繁重徭役，袁翻還特别指出將領官吏的貪殘。這種情況雖然在六鎮、高平没有那樣具體的記載，但史籍上也不是一無反映。元淵就曾斥責鎮將「專事聚斂」，「政以賄成」，魏蘭根説那些府户被有司「役同厮養」，〔二〕元顯墓誌説「役徒苦虐吏之浸」，説的都是北鎮。

〔一〕傳於上議後稱：「遭母憂去職。熙平初（五一六），除冠軍將軍、廷尉少卿。」則上議應在熙平元年前二三年，如果不是上議後即因母憂去職，則當更早。又翻議中所述「淮海輸誠，華陽即敍」，乃指魏取義陽，梁將夏侯道遷以漢中降魏。二事均在正始元年（五〇四），上議不會距離得太久。或且在正始間。通鑑卷一四八置於梁天監十八年即魏孝明帝神龜二年（五一九），並稱翻官爲廷尉少卿，以求與本傳相應。所以置於此年，當因任城王澄議重選邊將，和翻議似在同時。但考之魏書卷一九中任城王澄傳，澄求重鎮將之選在梁浮山堰沖決破壞之後，則在熙平元年（五一六）八月，也不能遲至神龜二年。任城王澄上議之年已誤，把袁翻之議强移於此年，則更誤，而且澄所言者爲北鎮，翻所言者爲南鎮，豈必一時所上。通鑑不但强置翻議於澄議之後，而且删節其文，似乎袁翻説的也是北鎮。然本傳具在，袁翻一再説「梁郢之君」，「荆、揚、徐、豫、梁、益諸蕃」，決不能移之北鎮。收實絹，給虛粟，也只能指南鎮番兵。總之，在這裏通鑑記時記事都有誤。

〔二〕北史卷一六太武五王廣陽王建附孫深（淵）傳，北齊書卷二三魏蘭根傳。

如果不限於北鎮，那末辛雄在孝明帝末年上疏説那些地方官「貨賄是求，肆心縱意。禁制雖煩，不勝其欲。致令徭役不均，發調違謬，箕斂盈門，囚執滿道」。他説「自此夷夏之民，相將爲亂，豈有餘憾哉？蓋由官授不得其人，百姓不堪其命故也」。〔一〕在較早的時候，孫紹也曾指出「兵士役苦，心不忘亂」。〔二〕辛雄、孫紹的話並非專指一地，北鎮也應包括在内。

由此可見，北魏末年北鎮的階級矛盾、階級對抗形勢非常顯著。鎮上的統治者是主將、參僚和豪强，而豪强往往同時又即是參僚。被統治者是廣大的鎮民羣衆，他們遭受主將、參僚的貪虐，豪强的淩壓，土地實際上被剥奪，承擔着煩重的官役和私役，以及雖不能證實而事實上必當存在的官課。北鎮本來是爲了外禦柔然，内制勑勒、山胡而設置的，那裏民族矛盾是嚴重的。從史籍記載上看來北鎮地區歷來只有柔然進攻和勑勒、胡人起義的武裝活動，鎮民一次也没有反抗過，他們一向被認爲是「國之爪牙」。正是由於他們長期遭受高壓，階級剥削和壓迫弄得他們無法生存，階級矛盾極度尖鋭，他們纔不得不把武器轉而對準了北魏政權和地方豪强。

北鎮人民起義是反對人身奴役，反對土地不均，反對封建統治的鬥爭。但是當時人却也有另外一種説法，這種説法常常爲後人解釋北鎮起義原因的重要根據。北史卷一六太武五王廣陽王建附孫深（淵）傳北鎮起義爆發後上書云：

〔一〕 魏書卷七七辛雄傳。
〔二〕 魏書卷七八孫紹傳。

昔皇始以移防爲重，盛簡親賢，擁麾作鎮，配以高門子弟，以死防遏，不但不廢仕宦，至乃偏得復除，當時人物，忻慕爲之。及太和在歷，僕射李沖當官任事，涼州土人，悉免厮役，豐沛舊門，仍防邊戍。自非得罪當世，莫肯與之爲伍。征鎮驅使，爲虞候、白直，一生推遷，不過軍主。然其往世房分，留居京者得上品通官；在鎮者，便爲清途所隔。或投彼有北，以禦魑魅，多復逃胡鄉。乃峻邊兵之格，鎮人(民)浮遊在外，皆聽流兵捉之。於是少年不得從師，長者不得遊宦。獨爲匪人，言者流涕。

元淵接着提到官吏貪污和魏師追擊柔然無功，就説「尚書令臣崇時即申聞，求改鎮爲州，將允其願，抑亦先覺，朝廷未許」。李崇建議改州，係由於魏蘭根之説。北齊書卷二三載蘭根語云：

緣邊諸鎮，控攝長遠。昔時初置，地廣人稀，或徵發中原强宗子弟，或國之肺腑，寄以爪牙。中年以來，有司乖實，號曰府户，役同厮養；官婚班齒，致失清流。而本宗舊類，各各榮顯。顧瞻彼此，理當憤怨。更張琴瑟，今也其時，静境寧邊，事之大者。宜改鎮立州，分置郡縣，凡是府户，悉免爲民；入仕次敍，一准其舊，文武兼用，恩威並施。此計若行，國家庶無北顧之慮矣。

魏蘭根和元淵先後對北鎮鎮民的不滿情緒作了一些分析。他們一致認爲鎮民地位本來並不低，只是後來才遭到不公平的待遇。他們着重指出鎮民怨憤是由於他們在洛陽的宗族能做到大官，而他們却「爲清途所隔」，乃至「官婚班齒，致失清流」，簡單地説，便是他們不能享受士族待遇。魏蘭根、元淵對於這些心懷不滿的人寄以如此深切的同情。魏蘭根説「顧瞻彼此，理當憤怨」，元淵説他們「獨爲匪人，言者流涕」，無怪他們竟然要起來反抗。因此，他們都建議「改鎮爲州」，讓鎮民或府户擺脱軍籍，列於編户。〔一〕作爲鎮民同情者的魏蘭根、元淵之意，還不止此。魏蘭根在「悉免爲民」下，緊接着就提出「入仕次叙，一任其舊，文武兼用」，也即是要求恢復已經喪失的當清官的權利。文武兼用，重要在於文官。這個權利也就是不久以前洛陽羽林、虎賁幾乎喪失，而通過暴動纔得以保持的權利。〔二〕

魏蘭根和元淵分析了北鎮鎮民爲什麽怨憤以致反抗的原因，還代他們提出了要求。對於他們的話如何理解，是涉及這次暴動的性質問題，因此有必要加以分析。首先，要討論一下上述權利的得失在拓跋部族階級分化過程中反映了什麽問題。

我們知道遠在拓跋部進入中原前後，在拓跋部族形成和發展過程中，階級分化業已逐步完成。拓跋珪建都代京後，凡是隸屬於拓跋部的部落、氏族成員自願的與强制的遷入以代京爲中心的畿内，「離散部落，分土定居」。魏書卷一一三官氏志所謂「諸部内入者」即指遷入畿内諸部。在上面已經説過，住在那裏的人叫做畿内民、内民、國人、代人；不管原屬種族如何不同，至少在早期遷來的都一

〔一〕北史卷四三李崇傳云：「請改六鎮爲州，兵編户。太后不許。」

〔二〕魏書卷六四張彝傳。按洛陽羽林、虎賁暴動是爲了張彝子仲瑀上封事，「求銓别選格，排抑武人，不使預在清品」。文官不必皆清官，但武官皆濁官（將軍號顯然不算武官）。卷六六崔亮傳説「時羽林新害張彝之後，靈太后令武官得依資入選」，就可知道武人不得爲清官，與武官不得預吏部選是一件事。而由吏部選出的主要是文官。所以崔亮回答他外甥劉景安的書中説「又羽林入選，武夫崛起，不解書計，……忽令垂組乘軒，求其烹鮮之效」，更是清楚地説明武人要求入選的是由吏部銓選的文官，而主要是地方官。

概被認爲同族人。所謂畿内民的形成是以部落氏族的瓦解爲前提的，因而氏族權利的喪失和階級分化也是無可避免的。所以所謂「豐沛舊門」實際上早已在階級上分裂。原已存在的部落貴族以及新興富人和部落一般成員逐漸變成剥削與被剥削的兩個階級。這個分裂並不取決於是否成爲鎮民或府户。

既然如此，畿内民自始就不是統一的階級，出成邊鎮時也就包含有不同的階級。鎮民基本羣衆早就是氏族權利被踐踏得不值一顧的了，談不上和「本宗舊類」、「往世房分」中的顯貴爭取同等權利。

當然，我們也必須考慮兩種情況。第一，當國都還在代京的時期，北鎮是保衛代京的重要軍鎮，畿内民是鎮軍的主力。北魏初期民族矛盾處於主要地位。畿内民被認爲是統治族的成員，同族的貴顯要依靠這份軍事力量來鎮壓人民和防禦柔然，要他們「以死防遏」，因而給予一些優待，正如元淵所説「不但不廢仕宦，至乃偏得復除」。第二，北魏初期清濁不分。南北朝時期，軍功一直是寒人上陞的一條道路。鎮民由軍功上陞的機會較多，由此擠入統治者行列的新進並不受到歧視。這都是事實。須要説明的是，真正獲得優待與擠入統治者行列的畢竟是少數人。不管在長期過程中階級内部有陞降，參加統治的權利是不包括人民在内的。少數通過軍功而獲得官位的鎮民即使原來是平民，這時也擠入了統治階級隊伍。孝文帝以前姓族未定，清濁不分，主要表示統治階級内部特别是拓跋部族内部統治階級上下層還没有嚴格的區别，簡單地説就是還没有在拓跋族中實行門閥制度。太和定姓族的主要内容不外是按照祖先官位編定姓族高卑，分别親疏，據以規定仕途清濁和受蔭免役的範圍。

用元淵的話說，就是限止了「不廢仕宦」和「偏得復除」的權利。我們知道這正是晉代以來傳統的區別士族和寒門地主的一貫精神。

由此可見，魏蘭根、元淵寄以深切同情的只能是不能獲得士族權利的北鎮新舊上層分子。他們提出的要求事實上也只能符合於這些上層分子，亦即源懷傳中所說的豪强們的利益。他們提出改鎮爲州，免除府户軍貫固然不能說完全與廣大羣衆無關，甚至於人民也歡迎這個建議，但在頗大程度上帶有欺騙性。鎮民的痛苦首先來自殘酷的封建統治、封建壓迫和剥削，改鎮爲州，鎮民列於編户並不能減輕多少痛苦。誰都知道那時被統治的編户一樣困於徭役、調發。但是這對豪强就顯出了重大意義。立了州郡，便可以設置中正，通過中正品第，便可以列於士族，既不致爲「清途所隔」，又可以獲得蔭庇權利，〔二〕真是再再好不過的事。

魏蘭根、元淵覺察到的不滿情緒和願望都是存在的，但不能認爲這是導致北鎮起義的原因。階級矛盾和統治階級内部矛盾不能混淆。

由於北鎮上層分子對洛陽顯貴存在着矛盾，所以他們也有可能混入起義隊伍，利用鎮民起義的威力以便私圖。然而這只能是次要的。

〔二〕通典卷一四選舉：「自太和以前，精選中正，德高鄉閭者充。其邊州小郡人物單鮮者則併附他州，其在僻陋者，則缺而不置。……及宣武、孝明之時，州無人小，必置中正。」可見改州便可設置中正，關於太和定姓族的意義，見拙撰論北魏孝文帝定姓族，魏晉南北朝史論拾遺收録。這裏不再贅述。

鎮民既然存在着相互敵對的階級——封建地主與農民、牧民兩大階級，此外也還有奴隸主與奴婢兩個對抗的階級。因此在起義爆發之後，階級搏鬥不僅在政府軍與起義軍之間展開，而且也在鎮民中間激烈進行。魏書卷八〇賀拔勝傳：

神武尖山人。祖爾逗，選充北防，家於武川。以窺覘蠕蠕，兼有戰功，顯祖賜爵龍城男，爲本鎮軍主。父度拔，襲爵。正光末，沃野人破落汗拔陵聚衆反，度拔與三子、鄉中豪勇援懷朔鎮，殺賊王衛可瓌，度拔尋爲賊所害……

賀拔度拔糾合鄉中豪勇抗拒義軍大致在正光五年初（五二四），〔一〕那時懷朔和武川尚未爲義軍攻下，

〔一〕這件事的確切年月無考。據周書卷一〇邵惠公顥傳，他是在武川與衛可孤作戰亡歿的，其長子什肥，傳稱「年十五而惠公歿」。卷一一晉蕩公護傳説「年十一，惠公薨」，護是什肥幼弟，護傳又載其母閻姬與護書，説她三個兒子「大者屬鼠，次者屬兔，汝身屬蛇」，又説鮮于修禮起義後，他們被魏軍俘虜，復又爲義軍奪還，「汝時年十二」。閻姬自述兒子的生肖是不會錯的，第二子宇文導，魏恭帝元年（五五四）死，年四十四，上推生於永平四年（五一一）辛卯，正是屬兔。什肥當生於永平元年（五〇八）戊子，宇文護當生於延昌二年（五一三）癸巳。但推算起來什肥年十五而父死，應在正光三年（五二二），護年十一而父死，則當在正光四年（五二三），已有不合。即閻姬所云鮮于修禮起義時宇文護十二歲，當正光五年（五二四），其時北鎮羣衆尚未到河北，顯然不對。考傳中記宇文護年齡均誤前一年，傳稱宇文護普泰初（五三一）自晉陽到平涼，「時年十七」，按護與閻姬書稱「遠離膝下，三十五年」，通信在周保定四年（五六四），若是普泰初，止三十四年，且閻姬書説護入關在「爾朱天柱亡歲」，則自當在永安三年或建明元年（五三〇），此時護年十八，而非十七。故知傳記宇文護之年，皆差一歲，父死非十一而爲十二，鮮于修禮起義時年十三而非十二，以此推之，武川豪强抗拒義軍當在正光五年（五二四）。

所以説援懷朔鎮。周書卷一四賀拔勝傳將此事置於懷朔、武川爲義軍占領之後，恐有誤。〔一〕可知起義軍一到懷朔、武川，就立刻遇到當地豪强武裝的抵抗。周書卷一四賀拔勝傳説他的先世「魏初爲大莫弗」，莫弗是高車即勅勒酋長號，故北朝胡姓考認爲是勅勒人。〔二〕他們被「選充北防」，「以良家子鎮武川」，〔三〕即正光五年（五二四）詔書所云「選良家、酋胕增戍朔垂」。〔四〕度拔祖爾逗和他自己及子賀拔勝都是軍主，亦即元淵所云「一生推遷，不過軍主」之府户。度拔父子之陞爲統軍，那是由於那時要依靠他們組織鎮壓義軍的反動武裝之故。周書卷一四賀拔勝傳稱：「度拔與德皇帝（宇文泰父肱）合謀，率州里豪傑輿軫、念賢、乙弗庫根、尉遲真檀等招集義勇，襲殺可孤（即衛可瓌）。」此外參加者還有獨孤信。這些所謂「鄉中豪勇」、「州里豪傑」從來都是地方豪强。周書卷一文帝紀稱宇文肱先世是後燕的駙馬都尉，降魏拜都牧主，賜爵安定侯，「天興初，徙豪傑於代都，陵隨例遷武川。」這一家大概即在天興元年（三九八）徙往代京的守宰、豪傑二千餘家之中。〔五〕獨孤信的父親是領民酋長，周

〔一〕魏書卷九肅宗紀孝昌元年（五二五）三月稱「破落汗拔陵别帥王也不盧攻陷懷朔鎮」，然恐當稍在其前。
〔二〕北朝胡姓考内篇三，内入諸姓賀氏條，第一一六——一一七頁，但有莫弗之號者恐不止勅勒人，漢魏南北朝墓誌集釋圖版貳零柒奚智墓誌，奚爲達奚改姓，墓誌稱智爲「大人大莫弗烏洛顯之曾孫」，達奚當是鮮卑，但亦有莫弗之號。
〔三〕周書卷一四賀拔勝傳。
〔四〕魏書卷九肅宗紀。
〔五〕魏書卷二太祖紀。

書卷一六本傳説他「少雄豪，有節義，北州咸敬服之」。獨孤部雖出自匈奴，早與拓跋部結成聯盟部落，以後就相互融合了。這一家大概是以「豐沛舊門」出成的。念賢的父親「以大家子戍武川鎮」，他自己幼曾入學讀書，「頗涉書史」，〔一〕亦非一般鎮民。

這個武川豪强集團「糾合鄉里」組成反動武裝，〔二〕對起義軍作戰十分賣力。賀拔勝再次衝陣突圍，找尋救援懷朔城的力量，宇文肱的大兒子在戰争中陣亡，而起義軍大將衛可瓌被他們殺死。周書卷一文帝紀説衛可瓌死後「其衆乃散」，使義軍遭到挫折。然而這時「六鎮並反」，東西勅勒俱起，這一小撮人挽回不了北邊危局，不久，賀拔度拔戰死，〔三〕懷朔、武川都被起義軍攻下，這個豪强集團瓦解了。其中一部分輾轉歸於爾朱榮，如賀拔勝兄弟、寇洛等。〔四〕一部分經恒州，和大量六鎮饑民一起到了定州，如宇文肱一家、獨孤信等。六鎮饑民基本上都是在破落汗拔陵被柔然軍戰敗後流入恒州的起義羣衆，但流入恒州的也還有這幾鎮和他處的豪强。孝昌元年（五二五）六月，六鎮饑民被徙置冀、定、瀛三州，〔五〕其中就也有這些豪强在内。不久，鮮于脩禮在定州左人城起義，他們也被迫參加。

〔一〕北史卷四九念賢傳。
〔二〕周書卷一文帝紀。
〔三〕魏書卷八〇賀拔勝傳云「爲賊所殺」。周書卷一四賀拔勝傳云「爲鐵勒所殺」。
〔四〕周書卷一五寇洛傳没有説他與賀拔度拔一起鎮壓起義軍，但云「正光末，以北邊賊起，遂率鄉親，避地於并、肆，因從爾朱榮征討」。他有資格率領鄉親，必是地方豪强。
〔五〕魏書卷九肅宗紀。

魏書卷六八甄琛附子楷傳：

肅宗末，定州刺史廣陽王淵被徵還朝。時楷丁憂在鄉。淵臨發，召楷不（當作長）兼長史，委以州任。尋值鮮于脩禮、毛普賢等率北鎮流民反於州西北之左人城，屠村掠野，引向州城。州城之内，先有燕、恒、雲三州避難之户，皆依傍市鄽，草廬攢住。脩禮等聲云，欲收此輩，共爲舉動。既外寇將逼，恐有内應。楷見人情不安，慮有變起，乃收州人中粗豪者皆殺之，以威外賊，固城民之心。

同書卷五八楊播附弟津傳説他守定州時，義軍中魏朝姦細元洪業給他的信説：「又賊欲圍城，正爲取北人耳。城中所有北人，必須盡殺。」楊津也認爲城内北人都是「惡黨」，但在掌握之中，可以緩一下，只把他們監禁在子城中。從這兩件事看來，當時定州地方政權和在籍豪紳在起義軍威脅下，驚惶失措，對於北人普遍疑忌，加以屠殺監禁，宇文肱之流除了逃赴起義軍之外，很難獲得存身之地。周書卷一一晉蕩公護傳載護母閻姬書説：「鮮于脩禮起日，吾之闔家大小先在博陵郡住，相將欲向左人城。行至唐河之北，被定州官軍打敗，汝祖及二叔時俱戰亡。」可知這一家在起義爆發後才由博陵投奔起義軍，宇文肱和他次子宇文連在途中被殺，其實還没有趕上參加起義。在上面我們已經提到，北鎮豪强爲了爭取與門閥貴族的同等待遇，對洛陽政權也存在着矛盾。在普遍嫉視北人的鎮壓政策下，這種矛盾更加尖鋭，從而增加了他們轉入義軍隊伍的可能，這也是不難理解的。然而即使在此時，豪强之中仍然有人堅決頑抗。周書卷一九楊忠傳：

弘農華陰人也。……高祖元壽，魏初爲武川鎮司馬，因家於神武樹頹焉。祖烈，龍驤將軍、太原郡守。父禎，以軍功除建遠將軍。屬魏末喪亂，避地中山，結義徒以討鮮于脩禮，遂死之。

楊禎是否出於弘農楊氏，父祖官銜是否真實都可以不論，總之他是十分仇恨義軍的，直到這時還在組織武裝和義軍對抗，甘以身殉。

從上述武川豪强的活動可以清楚地看出鎮民内部兩個階級的武裝鬥争在起義爆發不久就激烈地展開。以後，一部分歸於爾朱榮，充當他鎮壓義軍的爪牙；一部分到了河北，有的被迫轉入或者混入義軍隊伍，也有一部分繼續頑抗。階級分野是明確的。

武川豪强是以後組成北周政權的核心人物。而北鎮豪强武裝和起義軍的鬥争決不限於武川一鎮。周書卷二〇閻慶傳：

河南河陰人也。〔一〕曾祖善，仕魏，歷龍驤將軍、雲州鎮將，因家於雲州之盛樂郡。祖提，使持節、車騎大將軍、敦煌鎮都大將。父進，有謀略，勇冠當時。正光中，拜龍驤將軍。屬衛可孤作

〔一〕河南河陰人乃代遷户的郡望，孝文帝遷洛後，凡代遷户一律改稱河南洛陽人。魏書卷一〇六地形志中洛州有河陰郡，云元象二年（五三九）置，屬縣一，河陰，云「晉置，太宗併洛陽，正始二年復，屬河南」。河陰立郡始於東魏，北魏世宗時只有河陰縣，太和時則並無此縣。漢魏南北朝墓誌集釋圖版貳壹伍山暉墓誌稱「河陰脩仁里人」，貳叁柒奚真墓誌稱「河陰中練里人」，貳伍玖于纂墓誌稱「河南郡河陰縣景泰鄉熙寧里人」。知正始二年之後，河陰立縣，在此縣的代遷户即稱河南河陰人。閻氏家在盛樂，不得係於河南。元和姓纂卷五、二十四鹽閻氏有河南望，云「代人，本居雲陽，魏有閻滿，孫善，善曾孫慶」。知本是代人，其稱河南，乃後世依附代遷户改郡望之事，而不知其誤。

亂，攻圍盛樂，進率衆拒守，綿歷三載，晝夜交戰，未嘗休息，以少擊衆，城竟獲全，以功拜盛樂郡守。

閻進先世官位可能依托，但其爲盛樂豪强則無疑。他所率之衆當然也是豪强武裝。這個城在地方豪强的據守下居然經過三年没有破，戰鬥情況是很激烈的。〔一〕

同樣的鬥争在高平鎮上也在反復進行。周書卷二五李賢附弟遠傳：

魏正光末，天下鼎沸，勑勒賊胡琮（琛）侵逼原州，〔二〕其徒甚盛。遠昆季率勵鄉人，欲圖拒守，而衆情猜懼，頗有異同。遠乃按劍而言曰：「……有異議者，請以劍斬之。」於是衆皆股慄，莫不聽命。乃相與盟歃。遂深壁自守，而外無救援，城遂陷。其徒多被殺害。唯遠兄弟並爲人所匿得免。遠乃言於賢曰：「……遠欲間行入朝，請兵救援，兄晦迹和光，可以免禍，内伺釁隙，因變立功。若王師西指，得復表裏相應。……」賢曰「是吾心也」。遂定東行之策。遠乃崎嶇寇

〔一〕北史卷一六太武五王廣陽王建附孫深傳載元淵上言有云：「前留元標，據乎（守）盛樂，後被重圍，析骸易子，倒懸一隅，嬰城二載。」可知這時守城主將是元淵派去的元標，但主要力量依靠閻進。守城歷時此作二載，閻慶傳作三年。按破落汗拔陵圍盛樂當在正光五年（五二四）春，次年已爲柔然所敗，不得達三年之久。至於閻慶傳稱圍盛樂者即是攻懷朔、武川之衛可瓌（作孤乃譯音之異），其人爲武川豪强所殺，當亦在正光五年，已如前述，所以孝昌元年（五二五）攻下懷朔的義軍首領是王也不盧。圍盛樂的義軍首領大致也换了人。

〔二〕按此時高平鎮未改州，應仍稱高平。

境，得達京師。……及爾朱天光西伐，乃配遠精兵，使爲嚮導。〔一〕李賢、李遠兄弟先是糾合並威脅鄉人組織武裝，抗拒義軍，高平被義軍占領後，〔二〕弟兄二人，一人上洛陽請兵，一人潛伏起來，伺機活動，等待政府軍一到就裏應外合。起義軍鎮壓了一些豪强，這兩個頭子却漏網了。他們的打算後來果然實現。李賢傳説爾朱天光打敗万俟醜奴，那時万俟道洛鎮守高平（即原州），「天光遣使造賢，密圖道洛」。李賢勾结叛徒万俟阿寶，把万俟道洛驅離高平，隨即迎接爾朱天光入城。他又「率鄉人出馬千匹以助軍」。不久万俟道洛反攻高平，城中羣衆起來響應，義軍再次入城，李賢「復率鄉人殊死拒戰」，擊退万俟道洛。接着另外一支義軍以達符顯爲首「圍逼州城」，他自己到長安去向爾朱天光求救，解了原州之圍。

高平鎮反覆進行的争奪戰繼續進行了七年之久（正光五年至永安三年，五二四——五三〇），李賢兄弟爲首的地方豪强武裝力量始終没有被消滅，以致成爲起義軍的心腹之患，終於在裏應外合的情況下消滅了起義軍。

〔一〕周書卷二五李賢傳：「其先隴西成紀人也。曾祖富，魏太武時以子都督討兩山屠各，殁於陣，贈寧西將軍，隴西郡守。祖斌，襲領父兵，鎮於高平，因家焉。」按太武時無子都督一級，官爵恐不可信。

〔二〕據本傳，似乎高平即爲胡琛所統的義軍攻下，但據魏書卷九肅宗紀正光五年（五二四）四月，胡琛爲魏將盧祖遷擊敗，並未占領高平城。六月，紀書：「（莫折）大提遣城人卜朝襲克高平」，十一月，「高平人攻殺卜朝，共迎胡琛」。可知本傳所云當是卜朝占領高平事。

在這裏還應該説明一個問題，李賢李遠傳一再提到「鄉人」，以後又曾提到李賢率領的「鄉兵」。似乎高平鎮上這場搏鬥是以鄉民爲一方和以城民爲另一方的鬥争。當然，不僅高平，就是六鎮也必然有城民與鄉民的區别，武川豪强組織的武裝也是「鄉中豪勇」。因爲駐防鎮兵皆在所鎮戍的城中，城民本來是兵。他們所糾集的徒衆既非現役鎮兵，當然是以城外鄉人爲對象。但這和州郡不同，州郡的城民屬於軍貫，鄉民是州郡户籍上的編户，二者是有嚴格區别的。六鎮、高平均是鎮，鎮民不分城鄉，都屬軍貫，没有一般編户，二者關係和州郡城鄉人關係雖或相似，却不盡同。更重要的是，城民、鄉民和鎮民一樣是極其籠統的稱謂，不能説明任何問題，主要是看這種或那種武裝力量爲哪一個階級服務。李賢兄弟的活動充分證明高平鎮也和武川一樣，當起義開始爆發，階級鬥争首先就在當地展開。

北邊未改州的軍鎮還有個薄骨律，那裏的情況記載不多。我們只知道在起義爆發之後，别將賈顯度率領鎮民坐船投奔爾朱榮。〔一〕但是我們也可以看到地方豪强和起義軍的鬥争。北齊書卷二七劉豐傳：「普樂人也。……破六韓拔陵之亂，豐以守城之功，除普樂太守。魏永安初，除靈州鎮城大都督。」〔二〕劉豐是魏末靈州刺史曹泥婿，曹、劉皆胡姓人族，他們可能都是薄骨律鎮胡城中的胡人。

〔一〕魏書卷八〇賈顯度傳。

〔二〕魏書卷一〇六地形志靈州條不載郡縣。通典卷一七三靈武郡條云「後周又置普樂郡」。通典當然不是説後周廢州立郡，而是在靈州設立此郡。據劉豐傳則魏末鎮改州後即立此郡。

那時魏將率領部分鎮民（多數應該是兵）撤退，劉豐翁婿便承擔起拒守任務，阻止起義軍南下。那時鎮兵大致被賈顯度帶走，他們必須重新組織力量，顯然這是地方豪强武裝。

高平、薄骨律二鎮可能胡人較多，民族矛盾在這二個鎮上應該置於重要地位，這一點我們將在另外一篇論文中提到。但這並不妨礙鎮民内部存在着敵對的階級，階級鬥争在沃野起義爆發後首先在當地展開的論斷。

上面我們講的都限於六鎮、高平、薄骨律的範圍内，如果越出這個範圍，在其他地區當然同樣可以找到事例。周書卷二九侯植傳：

上谷人也。……高祖恕，魏北地郡守，子孫因家於北地之三水，〔一〕遂爲州郡冠族。……正光中，……尋而天下喪亂，羣盗蜂起。植乃散家財，率募勇敢討賊。以功拜統軍。

三水在薄骨律、高平間，所謂「羣盗」當即指這一帶的起義軍。又魏書卷四一源賀附孫子雍傳，他在北鎮起義時爲夏州刺史，守了一個時期後，「遂率士馬并夏州募義之民，携家席卷，鼓行南出」，逃出關中。周書卷一九宇文貴傳：

其先昌黎大棘人也，徙居夏州。……正光末，破六汗拔陵圍夏州。刺史源子雍嬰城固守，

〔一〕魏書卷一〇六地形志三水屬涇州新平郡，魏之北地郡因曹魏之舊，屬雍州，無三水縣。自漢以來，三水並屬安定，安得云北地之三水。地形志有西北地郡，屬豳州，亦無三水縣，或後周改西北地郡爲北地郡而廢寧州（豳州改名）時，曾割入。後魏時自不得云北地之三水。

以貴爲統軍，救之，〔一〕前後數十戰。軍中咸服其勇。後送子雍還。賊帥叱干麒麟、薛崇禮等處處屯聚，出兵邀截，貴每奮擊，輒破之。……元顥入洛，貴率鄉兵從爾朱榮焚河橋，力戰有功。

按源子雍所率「夏州募義之民」，觀宇文貴傳可知至少其中一部分即是宇文貴所統之衆。以後，宇文貴隨源子雍鎮壓葛榮領導的起義軍，隨即歸於爾朱榮。他所領的稱爲「鄉兵」，應即來自夏州的所謂「募義之民」。宇文貴必是源子雍出力糾合徒黨的地方豪强。抗拒關中起義軍的豪强，還有北地的毛遐、毛鴻賓弟兄，他們「聚鄉曲豪傑」，用詐降計陰截擊義軍，給義軍造成很大損失。〔二〕

從上面舉出的很多史例，可以看到當北鎮起義爆發後，地方豪强武裝就在各地普遍組織起來。幾乎起義發動到那裏，就在那裏展開武裝鬥争。通常認爲直接鎮壓北鎮起義的除了政府軍以外，乃是爲北魏政權勾結來的柔然軍和爾朱榮統率的契胡軍，這當然是對的，但還應該考慮地方豪强武裝給予起義軍的損害。破落汗拔陵東阻於武川、盛樂，南阻於薄骨律、夏州，他所逢到的敵軍主力不是政府軍，而是豪强武裝。高平更是在長期反覆争奪的情况下。這種階級鬥争形勢需要全面的估計。事實上，不僅地方豪强這時必然按照其階級利益而起來組織自己的力量，在這嚴重的階級

〔一〕北史卷六〇宇文貴傳、册府元龜卷三九五將帥部勇敢二上記此事，均無「救之」二字，疑衍。
〔二〕北史卷四九毛遐傳。

危機面前，北魏政權也必然像所有的封建政權一樣，竭力發動地方豪强的武裝組織。北齊書卷二〇薛脩義傳：〔一〕

> 河東汾陰人也。……脩義少而姦俠，輕財重氣，招召豪猾，時有急難相奔投者，多能容匿之。……正光末，天下兵起。（元）顥爲征西將軍，都督華、豳、東秦諸軍事，兼左僕射、西道行臺，以脩義爲統軍。時有詔，能募得三千人者用爲別將。於是脩義還河東，仍歷平陽、弘農諸郡，合得七千餘人，即假安北將軍、西道別將。

薛脩義雖本蜀人，那時蜀人早和漢人没有什麽區别，薛氏在孝文帝時業已列於郡姓，爲河東豪族。〔二〕他就是根據詔書募集隊伍而得到别將職銜的大豪强。詔書目的自然在於鼓勵豪强武裝的組織。像薛脩義那樣的人是不少的。魏書卷六九裴延儁附從子慶孫傳，稱正光末，汾州山胡起義時，「詔慶孫爲募人别將，招率鄉豪，得戰士數千人以討之」，所謂「募人别將」當即按照上述詔書的規定授與。薛、裴都是河東大族，他們的活動主要在於鎮壓汾胡。但募人詔書行於河東，亦可以推知其他地區豪强應詔募人的也必然不少。薛脩義傳只稱募得三千人者爲别將，當然也還須按人數多少區别職銜高下。我想賀拔度拔、侯植、宇文貴之爲統軍，可能也是按照募人格授予的。

〔一〕脩義或作循義，脩、循二字漢隸幾乎不分，漢碑中常見的「脩行」即「循行」。北魏書法還雜隸體，所以脩、循不分的現象仍然存在，很難判斷其是非。

〔二〕北史卷三六薛辯附六世孫聰傳、資治通鑑卷一四〇齊建武三年（四九六）正月條。

上面講的都是組織豪强武裝直接參加鎮壓起義軍的反動活動。也還有這樣一些北鎮豪强，他們在起義爆發時没有顯著的活動，但從以後的情况也可以證明他們同樣讎視起義軍。北史卷五四婁昭傳：〔一〕

代郡平城人也，武明皇后之母弟也。祖父提，〔二〕雄傑有識度，家僮千數，牛馬以谷量。性好周給，士多歸附之。魏太武時，以功封真定侯。父内干，有武力，未仕而卒。

婁家是大畜牧主，擁有成千家僮，自然是豪强。本傳雖説是代郡人，〔三〕恐實居於懷朔鎮，所以三個女兒都嫁給懷朔鎮人。大姊嫁段榮，本是涼州人。北齊書卷一六本傳説：「入魏，以豪族徙北邊，仍家於五原郡。父連，安北府司馬。」五原亦即懷朔。〔四〕他出於所謂「參僚」的家庭。二姊嫁竇泰。〔五〕北史卷五四本傳稱「太安捍殊人也，本出清河觀津胄」。太安是朔州（懷朔鎮所改）屬郡。北鎮竇氏似皆出於紇豆陵，所

〔一〕北齊書卷一五本傳缺，後人以北史補。

〔二〕魏書卷八七節義傳有婁提，没有提及子孫。魏書之例，子孫貴顯者無不備載。婁昭在魏末已爲領軍將軍，東魏位至大司馬、司徒，死於北齊代魏前，又是北齊皇親、功臣，豈有在他的祖父傳中一字不提之理，故知非一人。

〔三〕漢魏南北朝墓誌集釋圖版叁貳貳婁黑女誌（亦婁昭姊同）。

〔四〕魏書卷一〇八地形志上朔州條：「本漢五原郡，延和二年（四三三）置爲鎮，後改爲懷朔，孝昌中改爲州。」又朔州附化郡屬縣有五原。本傳當作「家於五原」，指舊五原鎮或縣，「郡」字疑衍。

〔五〕北史卷五四竇泰傳（北齊書卷一五缺，後人以北史補）説泰「妻，武明婁后妹也」。但據婁黑女誌，年實長於婁后。見趙萬里漢魏南北朝墓誌集釋卷六。

他的祖父羅，傳稱「魏末破六韓拔陵爲亂，與鎮將楊鈞固守遇害」。漢魏南北朝墓誌集釋圖版叁貳壹竇泰墓誌説他祖父「才雄北邊」，他自己是大畜牧主妻家女壻，自然是當地豪强。他的父親即是以豪强助守鎮城而死的。段、竇二家和婁家大致是門當户對的婚姻。三姊嫁給高歡却是窮人。北齊書卷一神武紀所敍出於渤海高氏的家世，歷來都認爲可疑。北史卷一四后妃傳下齊武明皇后婁氏傳稱：「强族多娉之，並不肯行。及見神武城上執役，驚曰：『此真吾夫也。』乃使婢通意，又數致私財，使以娉己。父母不得已而許焉。」可知高歡不是豪强，這段婚姻是婁昭君自主的。北鎮雖有强族，却没有門閥化，而且還保存鮮卑風俗，婚姻多少自由一些，所以父母也同意了。高歡配了大豪强婁家的女兒，才有了馬，補上隊主；有了錢，「得以傾産以結客」。他所交往的除了婁家和自己的親戚以外，有懷朔省事雲中司馬子如、秀容人劉貴、中山人賈顯智、懷朔户曹史孫騰、外兵史侯景及蔡儁。〔二〕除劉貴、賈顯智外，都是懷朔鎮的胥吏。〔三〕這時，高歡的政治地位還是很低，他往洛陽送公文，只因敢於面對一個令史（也是胥吏）坐着喫肉，被捆打四十，在鎮上遭到鞭責，把背打得稀

〔一〕漢魏南北朝墓誌集釋圖版叁貳壹竇泰墓誌稱「祖盛樂府君，父司徒」。司徒自爲贈官，盛樂府君當指雲州（本朔州，舊朔州改爲雲州）盛樂郡太守，這不像贈官，但與傳不合，疑皆冒稱。

〔二〕以上均見北齊書卷一神武紀。蔡儁，北齊書卷一九本傳説「高祖微時，深相親附」。

〔三〕梁書卷五六侯景傳説他「驍勇有膂力，善騎射，以選爲北鎮戍兵」。南史卷八〇侯景傳不云爲北鎮戍兵，而云「爲鎮功曹史」。其實功曹史仍然是戍兵身分，整個鎮民都可以稱爲戍兵。

爛。〔一〕但他畢竟通過大畜牧主婁家的紐帶，逐漸形成了一個婁、竇、段諸豪和下層統治人物的集團。在懷朔被圍時，竇泰之父樂戰死，蔡儁父普「奔走五原，守戰有功」，〔二〕參加了抗拒起義軍的活動。其他人的情況不詳。懷朔破後，他們先後都投靠了爾朱榮。北齊書卷一神武紀：

孝昌元年（五二五），柔玄鎮人杜洛周反於上谷，神武乃與同志從之。醜其行事，私與尉景、段榮、蔡儁圖之，不果而逃，……遂奔葛榮，又亡歸爾朱榮。

按杜洛周於孝昌元年（五二五）八月於上谷起義，進攻燕州。高歡等人從杜洛周當在八月以後。燕州即恒州東部，杜洛周的兵鋒且曾到達代京南之黃瓜堆。〔三〕高歡等可能是在恒州附近碰上。北齊書卷一九蔡儁傳：「儁初爲杜洛周所虜，時高祖亦在洛周軍中。高祖謀誅洛周，儁預其計。事泄，走奔葛榮。」蔡儁是高歡好友之一，他不是投奔義軍，而是被虜，也可旁證高歡這批人決非自願投入義軍。這夥人一混入義軍，立刻就陰謀叛變。發覺後又利用葛榮與杜洛周的矛盾，投奔葛榮，大概也是「醜其行事」（即看不慣起義的行動），終於投靠爾朱榮。那時他們還十分困苦，〔四〕但却心安理得地住下去，

〔一〕北史卷一四后妃傳下馮翊太妃鄭氏傳。
〔二〕北齊書卷一九蔡儁傳。
〔三〕北齊書卷一七斛律金傳，黃瓜堆見水經卷十三灅水注。
〔四〕北齊書卷四文宣紀：「初高祖之歸爾朱榮，時經危亂，家徒壁立，後與親姻相對，共憂寒餒。」北史卷一四后妃傳下馮翊太妃鄭氏傳稱：「後避葛賊，同走并州，貧困，然馬屎，自作靴。」

以期博得爾朱榮的信任，共同鎮壓起義軍。

高歡的親友們也有一部分在懷朔鎮攻破後立即投奔爾朱榮的。北齊書卷一八孫騰傳「魏正光中，北方擾亂，騰間關危險，得達秀容」；司馬子如傳「孝昌中，北州淪陷，子如攜家口，南奔肆州，爲爾朱榮所禮遇」；北史卷五四竇泰傳「泰父兄戰殁於鎮，泰身負骸骨歸爾朱榮」；南史卷八〇侯景傳「魏末北方大亂，乃事邊將爾朱榮」。〔一〕這一夥人先後都到了秀容，劉貴是本地人更不消說。

以大畜牧主婁氏爲紐帶，以高歡爲中心的懷朔豪强集團一貫仇視起義軍，他們一度分散之後，重又到北邊最頑强的反動堡壘秀容聚首。這個集團是北齊政權的核心。

北鎮地區被壓迫階級的武裝起義還應該充分估計牧子的活動。牧子是官府牧場奴役的牧人，隸屬太僕，是所謂雜户之一，正光五年（五二四）、孝昌二年（五二六），南秀容、并州、河西牧子先後爆發了武裝起義。爾朱榮的反動活動就是以鎮壓南秀容、并州牧子開始的。河西牧子被稱爲費也頭，堅持鬥争，持續相當長的時期，直到東魏天平元年（五三四）紇豆陵伊利的被鎮壓而告終。〔二〕

〔一〕梁書卷五六侯景傳先敍述鮮于修禮、杜洛周、葛榮起義，繼敍爾朱榮南下洛陽，然後説「景始以私衆見榮，榮甚奇之」。乍看似乎侯景是在爾朱榮入洛後才入榮軍，實則梁書前面一大段都是泛述當時形勢，所云「景始以私衆見榮」，不是此時才見榮之意，而是説初見爾朱榮即受其賞識，推想侯景也當在懷朔破後到秀容。

〔二〕關於牧子身分和起義事跡見魏晉南北朝史論叢第二一〇——二一六頁（文集本二〇一——二〇七頁）。紇豆陵伊利在北齊書卷一神武紀中稱爲費也頭虜，周書卷一文帝紀稱爲河西流民。河西牧子應是河西地區基本羣衆的重要組成部分。

牧子是出於各個部族、部落的人民，把他們聯結起來的是共同受壓迫、被剥削的階級地位。他們與北鎮人民起義雖然缺乏明顯的聯繫，事實上却是相互支援，共同構成北邊階級鬥争的洪流。

牧子鬥争的鋒芒首先指向直接壓迫他們的牧官。南秀容牧子一開始就殺死太僕卿陸延。我們知道這種牧官常常私占牧田，破壞畜牧生産，最後受害的必然是牧子。〔二〕魏書卷八〇斛斯椿傳：

> 廣牧富昌人也。〔三〕父敦，肅宗時爲左牧令。時河西賊起，牧民不安，椿乃將家投爾朱榮。

同卷侯莫陳悦傳：

> 代郡人也。父婆羅門，爲駝牛都尉，故悦長於河西。好田獵，便騎射。會牧子逆亂，遂歸爾朱榮。

這兩個牧官子弟都在牧子起義後逃奔爾朱榮。他們因官寄居，可以推測是强占牧田的人物。

如上所述，北鎮地區的武裝階級鬥争自沃野鎮舉起了義旗之後在各鎮上乃至官府牧場上到處展開。這些豪强武裝和豪强分子的力量是分散的，看來好像不足重視。但是一方面不管他們活動規模

〔二〕魏書卷五八楊播附弟椿傳，他「爲太僕卿日，招引細人盜種牧田三百四十頃」。

〔三〕魏書卷一〇六地形志上朔州附化郡有廣收（牧）縣，隋書卷二九地理志榆林郡有富昌縣，云開皇十年置。據此傳則魏之朔州（後改雲州），曾置廣牧郡，有富昌等縣，及懷朔改州，廣牧廢爲縣，改隸之，而富昌縣廢，至隋復富昌縣而無廣牧。

如何，總之有害於起義軍的進展；另一方面，來自各地的豪强分子、豪强武裝最後都匯集在北秀容，形成最頑强的反動勢力。北秀容那時藏垢納穢，各式各樣的反動人物都向這裏集中。「物以類聚，人以羣分」，階級矛盾到了最尖鋭的關頭，階級分野也就更加清楚。雖然北鎮起義軍的敵人不一定都到秀容，〔一〕但却幾乎可以斷言，在葛榮被鎮壓前投靠爾朱榮的都是一貫讎視、反抗起義軍的死敵。爾朱榮不單單是契胡部落的酋長，他的力量更不是只仗着契胡部落軍，他已是北鎮豪强的頭子，他的軍事力量乃是北鎮反動武裝的總匯。

投奔秀容的人物包括北鎮豪强、部落酋豪以及北魏政府的殘軍敗將；除了上面提到的以外，還可成批地舉出這類人來。部落酋豪有勅勒叱列部的叱列延慶、叱列平，這個部落和契胡爾朱氏是至親；〔二〕鮮卑厙狄部的厙狄干；〔三〕勅勒斛律部的斛律金，他是在一度參加起義後降魏的；〔四〕匈奴破

〔一〕如上述宇文貴，他隨源子雍到了河北，周書卷一八史寧傳：「建康表氏人也。……魏平涼州，祖灌，隨例遷於撫寧（冥）鎮，因家焉。父遵，初爲征虜府鎧曹參軍。屬杜洛周構逆，六鎮自相屠陷。遵率鄉里二千家奔恒州，其後恒州爲賊所敗，遵復歸洛陽。」這一家也是當幕僚的，史遵能够率領鄉里奔恒州，自然是豪强。他們沒有投爾朱榮，而是南奔洛陽。

〔二〕魏書卷八〇叱列延慶傳、北齊書卷二〇叱列平傳。延慶是爾朱世隆的妹婿，見漢魏南北朝墓誌集釋圖版叁叁零叱列延慶妻爾朱元静墓誌。魏書卷一七京兆王子推附孫仲景傳云爾朱天光妻也列氏，「也」亦「叱」之誤。

〔三〕北史卷五四庫（厙）狄干傳。北齊書卷一五缺，後人以北史補。

〔四〕北齊書卷一七斛律金傳。

落韓部的破落韓常（他的父親孔雀也曾參加起義）。〔一〕政府軍敗將有費穆、〔二〕賈顯度。〔三〕其他還有從代來的樊子鵠、〔四〕慕容紹宗、〔五〕梁椿；〔六〕從懷朔、武川來的步大汗薩、〔七〕寇洛和不知哪裏來的常善。〔八〕也有一度混入起義軍的侯淵、〔九〕念賢、可朱渾元等。〔一〇〕這些人包括不同種族，來自不同地區，有的與爾朱氏原來有關係，有的素不相識，聯繫着他們的是同一的階級利益。

〔一〕北齊書卷二七破落韓常傳稱「孔雀率一萬人降於爾朱榮」，但魏書卷九肅宗紀孝昌元年（五二五）却説「蠕蠕主阿那瓌率衆大破拔陵，斬其將孔雀等」，所載不合，可能被殺的孔雀另有其人，也可能破落韓常諱言其父被殺。北齊書此卷缺，後人所補，但與北史不同。

〔二〕魏書卷四四費于附孫穆傳，他是雲州刺史。

〔三〕魏書卷八〇賈顯度傳。他以别將守薄骨律鎮。起義軍攻圍該鎮，他「率鎮民浮河而下」，到達秀容。

〔四〕魏書卷八〇樊子鵠傳。

〔五〕北齊書卷二〇慕容紹宗傳，爾朱榮是他從舅之子。

〔六〕周書卷二七梁椿傳。

〔七〕北齊書卷二〇步大汗薩傳。

〔八〕周書卷一五寇洛傳。周書卷二七常善傳：「高陽人，世爲豪族，父安成。魏正光末，茹茹寇邊，以統軍從鎮將慕容勝與戰，大破之。破六汗拔陵作亂，欲逼安成，不從。乃率所部討陵，……卒於陣。善，孝昌中從爾朱榮入洛。」按高陽郡屬瀛州，不是鎮，常安成所從之鎮將慕容勝不知是哪一鎮。高陽恐是舉其原籍，實際亦是北鎮人。

〔九〕魏書卷八〇侯淵傳：「六鎮飢亂，淵隨杜洛周南寇，後與妻兄念賢背洛周歸爾朱榮。」

〔一〇〕北齊書卷二七可朱渾元傳。北齊書此卷缺，後人所補，但與北史不同，故仍用北齊書。

爾朱榮雖然在鎮壓葛榮領導的起義軍之後纔把北鎮羣衆劫遷到晉陽，事實上自北鎮起義爆發以來，在他的反動旗幟下早已吸收了大量北鎮豪强、部落酋豪及其武裝隊伍。他掌握的實力早就超出契胡部落軍的範圍。

爾朱榮平生幹了兩件「大事」，一是鎮壓各地人民起義，二是奪取北魏政權。他的南下就是爲了完成他的「事業」。周書卷一四賀拔勝附弟岳傳：

榮士馬既衆，遂與元天穆謀入匡朝廷。謂岳曰：「今女主臨朝，政歸近習，盜賊蜂起，海內沸騰，王師屢出，覆亡相繼。吾累世受恩，義同休戚。今欲親率士馬，電赴京師，內除君側，外清逆亂。取勝之道，計將安出？」岳對曰：「夫立非常之事，必俟非常之人，將軍士馬精彊，位任隆重，若首舉義旗，伐叛匡主，何往而不尅，何向而不摧。古人云『朝謀不及夕，言發不俟駕』，此之謂矣。」

這段對話説明爾朱榮南下的雙重企圖。爲他設謀獻策和參加實際行動的主要也就是上述這夥人。首先勸他南下洛陽的除元天穆外便是高歡，而賀拔岳也是參預決策的人。高歡是南下時的前鋒，他還利用自己的關係説降葛榮軍中「別帥稱王者七人，衆萬餘」；他又是鎮壓河北起義軍的將領之一。〔一〕侯景是鎮壓葛榮領導的起義軍的先驅，因而迅速提陞爲定州刺史，封了公。〔二〕義軍餘衆以韓

〔一〕 高歡事併見北史卷六齊本紀上。（北齊書此卷缺，後人以北史充補。）

〔二〕 梁書卷五六侯景傳。

樓爲首占領了幽州，負責鎮壓的主將是侯淵。〔一〕賀拔勝是鎮壓葛榮的前鋒大都督。〔二〕鎮壓高平起義軍的主將雖是爾朱天光，實際指揮者是賀拔岳，〔三〕其次是侯莫陳悦。襲殺衛可瓌的武川豪强大致聚集在賀拔岳部下，他們本來就是鎮壓義軍的老伙伴。由此可見，最後鎮壓各路起義軍的頭子也就是最先抗拒和鎮壓北鎮起義軍的當地豪强。鎮民内部階級鬥争始終一貫地貫徹在起義過程中。

這裏還順便説明一下所謂河陰大屠殺之事。這件事客觀上是對人民有利的。以胡太后爲首的元氏親貴、門閥官僚的貪污腐化，魏書和洛陽伽藍記所載頗詳，這裏不擬引證。總之，這批貴族官僚是人民最痛恨的，也是最有資格兼併土地、奴役隸户、蔭户、奴婢及其他一切人民的大封建主，他們死得一點也不冤枉。這樣一件大快人心的舉動所以出之於堅決與人民爲敵的爾朱榮集團之手，除了爾朱榮的政治野心以外，也正是反映了北鎮豪强對洛陽政權的矛盾。我們在上面已經説明魏蘭根、元淵所表述的北鎮府户實際上只限於北鎮豪强，階級本性規定元淵等所能領會與同情的也只能限於這些人的呼聲。北鎮豪强和洛陽朝貴間的矛盾也是十分尖鋭。儘管他們鎮壓起義十分賣力，他們之間

〔一〕魏書卷八〇侯淵傳、卷一〇孝莊紀。

〔二〕周書卷一四賀拔勝傳。

〔三〕周書卷一四賀拔岳傳：「時万俟醜奴僭稱大號，……榮將遣岳討之。岳私謂其兄勝曰：『……若岳往而無功，罪責立至，假令尅定，恐讒愬生焉。』勝曰：『汝欲何計自安？』岳曰：『請爾朱氏一人爲元帥，岳副貳之則可矣。』勝然之，乃請於榮，榮大悦，乃以天光爲使持節、督二雍二岐諸軍事、驃騎大將軍、雍州刺史，以岳爲持節、假衛將軍、左大都督，又以征西將軍、代郡侯莫陳悦爲右大都督，並爲天光之副以討之。」可知爾朱榮初意就命賀拔岳爲主帥，岳爲自全之計，乃請爾朱天光爲主將。

的矛盾依然存在，洛陽朝貴對這些人仍然歧視和疑忌，連同情他們的元淵也是被疑忌的人。〔一〕所以這次殺戮出於爾朱榮之手，正反映了北鎮豪强對洛陽漢族與鮮卑門閥政權的積憤。其次，爾朱榮爲了鞏固他的統治，也必須打擊拓跋貴族和漢族門閥，這一點，勸他誅殺朝貴的費穆說得很明白。〔二〕

爾朱榮做盡壞事，只有這件事客觀上有利於人民，同時也只有在起義軍擊潰政府軍主力並威脅洛陽時他纔能這樣做。但是過了幾天，他便十分後悔，向孝莊帝上書表示悔罪，並且追贈死亡者官爵。〔三〕

在上面我們試行探討了北鎮起義的性質。我們認爲北鎮鎮民都是府户，同樣具有魏蘭根、元淵

〔一〕北史卷一六太武五王廣陽王建附孫深（淵）傳說元淵率軍鎮壓鮮于脩禮領導的義軍，靈太后勅「章武王等潛相防備」。元淵上表說：「恒州之人乞臣爲刺史，（元）徽乃斐然言不可測。及降户結謀，臣頻表啓，徽乃因執言此事。及向定州，遠彼姦惡，又復論臣將有異志。」雖然這時由於元徽和他有舊怨，有意排擠他，但元淵確和北鎮豪强有聯繫。恒州人請他當刺史，他又要求在恒州之北設置郡縣，安置所謂「北鎮降户」，都表示他和北鎮豪强有一定關係。毛普賢是他的統軍，混入起義隊伍，和元淵繼續聯繫，以致鮮于脩禮被殺。可以說明一方面他利用起義軍隊伍不純的情況，進行陰謀活動，另一方面也表示他企圖利用起義軍這份力量來滿足自己的政治野心。他退走定州時，刺史楊津也懷疑他的企圖。最後被起義軍俘虜，本傳稱「賊徒見深頗有喜者」，誰能喜歡這個鎮壓和陰謀破壞起義活動的元魏宗室大將呢？顯然只有義軍中間的北鎮上層分子。

〔二〕魏書卷四四費于附孫穆傳。

〔三〕魏書卷七四爾朱榮傳。

所說的那種府户身分。但是鎮民決不是統一的階級，鎮民之間長期存在着豪强對細民，亦即封建地主與奴隸主對勞動人民的階級矛盾，北鎮人民起義主要是反對土地兼併，反對奴役的階級鬥爭。由於南遷拓跋貴族的門閥化，北鎮豪强是被排斥於門閥之外的，他們不能享受門閥特權，因此二者之間也存在着矛盾。魏蘭根、元淵所表達的是北鎮豪强的不滿情緒和要求。這種情緒和要求與廣大北鎮羣衆反抗封建統治的憤怒和要求有本質上的區别，它不可能是北鎮人民起義的主因。

北鎮人民起義爆發之後，各個地區出現了當地豪强與起義軍的鬥争，有的組織反動武裝和起義軍對抗，有的投入政府軍。當豪强武裝和政府軍爲起義軍擊潰後，這些人物先後集中到契胡酋長爾朱榮的麾下。爾朱榮用以鎮壓各地起義軍的統兵官基本上就是這批人。我們可以清楚地看出鎮民内部的階級貫徹始終，鎮民決不是一個統一的階級。

我們在本文中只擬闡述北鎮亦即六鎮及河西二鎮的鎮民起義性質。魏末人民大起義的範圍當然不限於北鎮，擬另文探討。毫無疑問，北魏末年居於北方諸州鎮的勅勒、山胡以及氐、羌、蠻等少數民族與洛陽政權間的矛盾也是尖鋭的，更由於洛陽貴族的漢化，北鎮起義在一定程度上也帶有民族矛盾色彩，這個問題我們也將在另外一篇論文中探討。

（本文由黄惠賢同志協助收集資料，並聯名發表於一九六四年歷史研究第一期）

北魏末期的山胡勑勒起義

一

我們在上一篇論文中申述北鎮起義的階級鬥争性質，同時，我們也認爲北鎮起義帶有民族鬥争的色彩。所以具有這樣的色彩，是由於這次鎮民起義是和北鎮及其附近地區的山胡、勑勒人的反魏鬥争交織在一起的。而北鎮鎮民不小一部分即來自山胡、勑勒，他們和本族人有着一定的聯繫。

由於這場鬥争具有民族的色彩，因此北魏統治者有時把它籠統地説成好象和拓跋本族人與漢人無關的少數族起義。北史卷九八蠕蠕傳載孝昌三年（五二七）褒奬柔然可汗阿那瓌的詔書説：

北鎮羣狄，爲逆不息，蠕蠕主爲國立忠，助加誅討。

阿那瓌幫助北魏政權「誅討」的正是包括拓跋本族人在内的北鎮鎮民，詔書一概斥爲「北狄」，這只有説明北魏皇室久已自外於他的北鎮同族人。元天穆墓誌敍述北鎮起義事，〔一〕説：

於時塞虜叩關，山胡叛命。

上一句是説正光四年（五二三）柔然入塞事，下一句也是指北鎮起義。根據北鎮起義的首義人破落韓

〔一〕漢魏南北朝墓誌集釋，圖版肆陸。

拔陵的姓氏，是所謂匈奴單于之後，〔一〕亦即當時所稱的「山胡」，但是他所領導的北鎮羣衆決不限於本族。這樣以山胡代替北鎮鎮民，同樣是不正確的説法。

不管被稱爲「北狄」或「山胡」，總之是把這場鬥争納入列代所謂「邊患」的範疇中。同時，也表明了在北鎮起義中勅勒、山胡人的反魏鬥争使北魏政權感到很大的威脅。

胡人是北邊的老住户，在北魏末期他們大致分佈於汾河兩岸，主要是西岸吕梁山區，〔二〕跨過黄河，經陝北以至秦隴。「胡」是極其廣泛的稱謂，雖然記載上常常説是匈奴後裔，實際上被稱爲胡人的和匈奴的種族關係可以很不相同。汾水西岸的汾胡，或分稱爲離石胡、吐京胡，從地域上看來，即是魏晉時期五部匈奴的居地，可能和他們有關。住在黄河西岸陝北和内蒙、甘肅間的胡人被稱爲河西胡，情況就更複雜，他們和盧水、屠各、鐵弗，還有苻堅所分的東西曹應該都有關係，〔三〕甚至還包括一些鮮卑、氐、羌。秦隴地區的胡人，仍然稱爲屠各，他們似乎正在與當地的氐、羌融合。

〔一〕北齊書卷二七破六韓常傳。

〔二〕在北魏初期自汾河東岸以至太行山區，如上黨等地還有很多胡人居住。魏書卷三太宗紀神瑞二年（四一五）以白亞栗斯爲首的河西胡人起義便在上黨。但魏末汾東的胡人除肆州（即今山西忻縣）以外就很少見了。

〔三〕晉書卷一一三苻堅載記上：「匈奴右賢王曹轂、左賢王衛辰舉兵叛，率衆二萬攻其杏城以南郡縣，屯於馬蘭山……堅率中外精鋭以討之。……轂懼而降。……鄧羌討衛辰，擒之於木根山。堅自驄馬城如朔方，巡撫夷狄，以衛辰爲夏陽公，以統其衆。轂尋死，分其部落。貳城已西二萬餘落，封其長子璽爲駱川侯。貳城以東二萬餘落封其小子寅爲力川侯。故號東、西曹。」同書卷一一七姚興載記還見到貳城胡曹寅。

在胡人居住地區，北魏早期曾設置許多軍鎮。以後，這些軍鎮逐漸改置州郡。汾水流域諸鎮，肆盧鎮早在真君七年（四四六）就設置了肆州，吐京鎮在太和十二年（四八八）改置汾州，六壁鎮也在太和中改置西河郡。〔一〕但北魏末年汾水西岸還有個離石鎮和秀容護軍，〔二〕東岸有陽曲護軍，都是爲控制胡人而置的。〔三〕在陝北的統萬鎮，太和十一年（四八七）改置夏州，後來又分置東夏州。〔四〕設置州郡之後，那裏的胡人一部分列於編户，由朝廷委派的地方官統治，〔五〕但恐怕不列於編户的爲數更多。周書卷四九稽胡傳：

稽胡一曰步落稽，蓋匈奴别種，劉元海五部之苗裔也。或云山戎赤狄之後。自離石以西，安定以東，方七八百里，居山谷間，種落繁熾。……雖分統郡縣，列於編户，然輕其徭賦，有異齊民。

〔一〕肆盧鎮改肆州，吐京鎮改汾州並見魏書卷一〇六上地形志上。志雖不舉鎮名，但據有關諸傳，可以知道。六壁鎮改西河郡見水經卷六汾水注。

〔二〕元和郡縣志卷一四石州離石縣條：「本漢舊縣……漢末荒廢，魏黄初復置，後陷劉元海，石勒改爲永石郡」，「後魏明帝改爲離石鎮」，太平寰宇記卷四二石州條稱（北齊）天保三年（五五二）改爲昌化縣。知魏末至東魏有此鎮。

〔三〕秀容、陽曲兩護軍見水經卷六汾水注。

〔四〕統萬鎮改夏州見魏書卷一〇六下地形志下。志又於東夏州下云：「延昌二年置。」卷四二薛辯附曾孫和傳稱：「永平四年（五一一）正月山賊劉龍駒擾亂夏州，詔和發汾、華、東秦、夏四州之衆討龍駒平之。和因表立東夏州。」知是夏州之分。

〔五〕魏書卷二七穆崇附玄孫羆傳：「前吐京太守劉升在郡甚有威惠，限滿還都，胡民八百餘人詣羆請之。」從這條記載可知吐京鎮改州之後，胡人列於編户，由地方官統治。

山谷阻深者，又未盡役屬。

這裏寫的是周代的稽胡，稽胡是諸種胡人的通稱。他們的居地大致上還是汾水西岸以至河西陝北一帶，和魏末差不多。我們知道齊、周時期在這個地區增設了一些州郡，〔一〕但仍有一部分「未盡役屬」。這些不屬郡縣的胡人被稱爲「生胡」。周書卷一九楊忠傳提到「銀、夏之間，生胡擾動」，卷三一韋孝寬傳曾説「汾州之北，離石以南，悉是生胡」。據此可知直到周代，不屬郡縣的胡人仍然遍於汾西、陝北，北魏時可能更多。列於編户的胡人承擔租調徭役，雖説「輕其徭賦」，由於官吏貪污，兵役繁重和所居都是山谷墝瘠之地，實際的負擔決不會輕。不屬州郡的胡人自然仍由自己的酋豪管理，人民對北魏政權似並没有直接承擔固定的義務。但北魏政權經常在他們中間强制徵發出征和戍守的兵士，〔二〕在北魏前期還强制遷徙胡人到代京或其他郡縣，以便奴役。〔三〕

〔一〕見隋書卷二九地理志上北地、雕陰、延安、朔方等郡，卷三〇地理志下龍泉、離石等郡。

〔二〕魏書卷二八劉潔傳提到「潔與建寧王崇督諸軍，於三城胡部中簡兵六千，將以戍姑臧」，遭到胡人的反抗。魏軍進行了殘酷鎮壓。卷五〇尉元傳，説彭城的戍兵，多是胡人，這些强制徵發來的胡兵曾經進行武裝鬥争，尉元爲此深感不安。

〔三〕北史卷九八高車傳末説道武帝破滅了薛干部，「徙其人（民）而還」。薛干部居於三城，這次遷徙了一部份，但以後的三城胡可能還是和薛干部有聯繫的。魏書卷二八庾業延傳稱：「離石胡帥呼延鐵、西河胡帥張崇等不樂内徙，聚黨反叛。」據卷二太祖紀，這事發生在天興元年（三九八）。卷四下世祖紀太平真君六年（四四五）記載太武帝「西至吐京，討徙叛胡，出配郡縣」。在真君九年（四四八）又曾徙西河、離石胡五千餘家于京師。此外本紀所載「内屬」、「内附」的胡族部落，通常即指徙入畿内而言。

自從北魏建國以來，胡族人民的反遷徙、反徵發、反饑餓以及其他反壓迫鬥爭從來也没有停止過。北鎮起義時期的胡人起義是和整個北魏時期無數次的起義聯繫着的。

在北鎮及其附近地區還住着大量敕勒即高車人。早期遷入內地的敕勒人稱爲丁零，在北魏末期已經不見記載。住在北鎮一帶的敕勒人是新住户，從魏初以來，由於北魏的軍事强制，或由於企圖擺脱柔然統治者的奴役而陸續遷居到這裏。他們的分佈很廣，周一良同志曾據魏書紀傳説明六鎮和高平、統萬、上邽都有敕勒。〔一〕綿延於這條綫上的敕勒大致分爲東西部。〔二〕敕勒人對北魏政權承擔兵役和貢納的義務。北魏政權經常徵發他們出征和戍守。崔浩曾説：「高車號爲名騎，非不可臣而畜也。」〔三〕可以知道遷徙敕勒與擴大北魏的軍事力量有關。北史卷九八高車傳又説拓跋燾所徙的敕勒人「歲致獻貢，由是國家馬及牛羊遂至於賤，氈皮委積」。這份貢納足以影響到牲口的市場價格，可見數量是不小的。

〔一〕魏晉南北朝史論集第一四三頁。

〔二〕通鑑卷一三三，宋明帝泰始七年（四七一）三月，簡西部敕勒爲殿中武士條胡注：「自魏世祖破柔然，高車、敕勒皆來降。其部落附塞下而居。自武周塞外以西謂之西部，以東謂之東部，依漠南而居者謂之北部。」按胡注似誤以高車、敕勒爲二。所云北部似乎無此稱謂。魏書卷四上世祖紀記神䴥四年（四三一）十月稱：「行幸漠南。十一月丙辰，北部敕勒莫弗庫若于，率其部數萬騎，驅鹿數百萬，詣行在所。」胡注當據此，但此北部敕勒恐即指塞外高車。東西部敕勒以後常見，其分佈大體如胡注的分界，但亦不知胡注所本。

〔三〕魏書卷三五崔浩傳。

勑勒人一直保留他們的部落組織。北史卷九八高車傳説：「道武時，分散諸部，唯高車以類粗獷，不任使役，故得别爲部落。」北魏統治者正是考慮了勑勒人的特點，爲了便於役使才容許保留他們的原有組織。在軍鎮控制下，通過他們自己的酋長來進行徵發軍隊和繳納貢獻，這比較分列郡縣可能更爲有效。這裏統治方式直到魏末没有變化。勑勒人民承擔漫無限止的兵役，繳納貢獻，同時對自己的酋長必然要承擔義務，還要加上軍鎮將吏的私自奴役和剥削，處境當然十分困苦，因此反魏鬥争也是史不絶書。〔二〕特别嚴重的是太和二十二年（四九八）以袁紇部樹者爲首的反抗徵發南征的鬥争。這次鬥争擊敗了北魏大將宇文福，制止了孝文帝南征，破壞北鎮城堡，部分軍鎮因此後撤或暫廢。最後還是採取招撫辦法，慰勞首領樹者，重把投入柔然的勑勒人招還來。〔三〕

北鎮起義時期勑勒人的反魏起義也是和整個北魏時期無數次的起義聯繫着的。

長期以來山胡、勑勒人民對北魏政權、北魏統治者的矛盾是民族矛盾，他們進行的反魏活動是反對民族壓迫、民族剥削的鬥争。由於實行剥削壓迫的統治者是鮮卑拓跋部和漢族的地主階級，而進

〔一〕關於勑勒人的反魏鬥争具見周一良同志的論文，魏晉南北朝史論集第一四〇——一四四頁。

〔二〕魏書卷七下高祖紀下、卷一六京兆王黎附孫繼傳、北史卷九八高車傳。魏書卷四一源賀附子懷傳，他在正始元年（五〇四）到北邊去巡視諸鎮，上表説：「代表諸蕃北固，高車外叛，尋遭旱儉，戎馬甲兵，十分闕八。去歲復鎮陰山，庶事蕩盡。」可知這次勑勒的反抗，加上旱災使北鎮幾乎廢毁，直到景明四年（五〇三）才「復鎮陰山」，則在此以前處於最前綫的軍鎮已廢棄或後撤可知。

行反抗的是被統治的胡族、勅勒勞動人民，這個特定矛盾的兩個對立面，兩個對抗的階級恰恰分屬於不同民族，這就使階級矛盾賦予民族矛盾的形式。矛盾主要產生在不同民族的兩個階級之間。當然，由於生產、語言、風俗等等的差異和所屬民族的統治與被統治的不同地位，不同族的勞動人民間也可能從某種隔閡而產生的矛盾。但這類矛盾既不是對抗性的，也不是必然的。相反，由於各族人民的交錯來往，彼此之間的經濟、文化交往關係使彼此更爲接近，特別是作爲階級，彼此同樣是被剥削被壓迫的階級利害的一致性超過了差異性。因此雙方人民之間的某些隔閡必然會通過對共同敵人的鬥争而逐步獲得消除。

民族矛盾實質上是不同族的對抗階級間的矛盾，但我們還應該充分考慮被統治族的社會結構，具體地説，山胡、勅勒處於什麼樣的社會形態？有没有階級？如果還没有階級分化，那麼反魏鬥争就是全部落、氏族的，如果已經存在階級，那麼他們的統治階級怎樣對待反魏鬥争呢？

二

關於山胡和内遷勅勒人的社會形態，留下來的資料是非常少的。周書有篇稽胡傳，却幾乎没有提供這方面的資料。北史卷九八高車傳主要敍述塞外高車，〔一〕内遷高車有没有發生什麼變化，也没

〔一〕魏書卷一〇三高車傳已亡，後人即以北史補。

有説。因此判斷他們的社會結構不得不藉助於一些旁證加以推論。

如上所述，山胡的名稱實際上包括了許多種族。在魏末，部分山胡還保留部落組織，但這種組織實際上業已超出血緣關係的範疇。我們知道和山胡多少有聯繫的漢代匈奴人已經建立過奴隸制國家，鐵弗人、盧水胡人、羯人也都建立過短暫的王國。在北鎮起義時，山胡酋長劉蠡升曾經「自稱天子，立年號，署百官」，以後，他的兒子、孫子還相繼稱過帝。〔一〕他們的渠帥，「頗識文字」，這些渠帥（即酋長）大體上是世襲的。既然山胡的祖先過去早已階級分化，曾經建立國家，此時和以後胡人也曾企圖重建國家，我們認爲在北魏時期也應該存在着階級。由於山胡深居山谷，生産和生活條件都很差，氏族殘餘還在起作用，但不可能還處於氏族社會。

勅勒人的情況與山胡有所不同，塞外高車的階級分化並不顯著。但北史卷九八高車傳説：「其畜産自有記識，雖闌縱在野，終無妄取」，又説婚姻時，女黨往男黨取馬，「馬主立闌外，振手驚馬，不墜者，即取之」，隨後「夫黨還入其（女）家馬羣，極取良馬。父母弟兄雖惜，終無言者」。可知已經存在牲畜私有制，貧富也必然業已分化。塞外高車大致正在階級形成的過程中。内徙之後，貧富分化很鮮明，通過北魏政權的一些措施，酋長和豪富之家構成了統治階級。

北魏時期，勅勒没有解散部落。山胡乃至鮮卑、氐、羌也有一部分保留着部落組織，雖然那些名

〔一〕周書卷四九稽胡傳。北史卷六齊本紀上亦有天平三年（五三六）汾州胡王迢觸、曹貳龍「署立百官，年號平都」的事。

爲部落的實際上常常是一種基層的軍事行政組織。不管哪一種部落，都有自己的酋豪，北魏通常依靠他們的力量來統治各族。通過北魏政權對於山胡、勑勒以及其他各族酋豪的某些措施，鞏固了他們原有的世襲地位，也培養了一批新的酋豪。

第一，諸部酋豪由朝廷任命爲領民酋長或庶長。魏書卷一一三官氏志：「其諸方雜人來附者，總謂之『烏丸』，各以多少稱酋、庶長。」其事在拓跋珪以前，直到魏末一直沿襲這個制度，〔一〕這些酋、庶長大致就是原來的世襲酋豪，看來朝廷任命只是形式上的加委。但是，這決不是毫無意義的。首先委任領民酋長和封土常常相互聯繫。魏書卷七四爾朱榮傳：

其先居於爾朱川，因爲氏焉。常領部落，世爲酋帥。高祖羽健，登國初爲領民酋長，率契胡武士千七百人從駕平晉陽，定中山，論功拜散騎常侍。以居秀容川，詔割方三百里封之，長爲世業。

北史卷五四厙狄干傳：

善無人也。曾祖越豆眷，魏道武時，以功割善無之西臘汗山地方百里以處之。

秀容川本是契胡部落的居地，經過分封，這一片方三百里之地就在法律上成爲爾朱酋長家族的世襲

〔一〕關於領民酋長，周一良同志有詳細考證，見魏晉南北朝史論集領民酋長與六州都督。本文很多采取了一良同志的研究成果。

領地。〔一〕臘汗山地方百里，不管是原居或遷徙，也成爲庫狄酋長家族的世襲領地。〔二〕當然我們不能由此斷言，一經分封，酋長就成了封建領主，但是土地既是酋長所有，在這片土地上勞動的部落成員對他們的酋長就構成了依附關係，他們將逐漸成爲封建部曲。當然這個變化將決定於社會生產力的性質，並不決定於封土。各族原有的生產力水平和生產關係並不一致，或者不待封土，實際上已經存在着封建生產關係，或者還處於前封建社會，封建生產關係只是個因素，甚至有的還没有這種因素，因此產生的後果，也不一定相同。但無論如何，通過這一措施，在政治上和經濟上都加强了酋長在部落中的統治地位，也規定了這些部落對北魏政權的從屬關係和貢納義務。

朝廷委任領民酋長還便於確定新酋豪的地位。由於部落内部發生的變化，也由於北魏政權力圖把勢力更加深入到部落内部，從孝文帝以來除了老的世襲酋長以外，有跡象出現由朝廷委任的新的酋長。周一良同志指出：〔三〕

〔一〕魏書卷七四爾朱榮傳説他的父親爾朱新興「家世豪擅，財貨豐贏。……牛羊駝馬，色別爲羣，谷量而已。朝廷每有征討，輒獻私馬，兼備資糧，助裨軍用。」這樣多的牲口，誰替他放牧的呢？可能有奴隸。但他既是這片土地的主人，又是部落酋長，自然可以役使部落成員。

〔二〕魏書卷二三劉庫仁傳：「庫仁西征庫狄部，大獲畜産，徙其部落，置之桑乾川。」又卷二太祖紀天興二年（三九九）三月稱庾真、奚斤「討庫狄部帥葉亦干、宥連部帥竇羽泥於太渾川，破之。庫狄懃支子沓亦干率其部落内附」。善無不在桑乾河傍，也許是天興二年所徙，也可能即是所云太渾川之原居地。

〔三〕魏晉南北朝史論集第一八二頁。

魏末領民酋長，見於史者漸多，然此輩固非自太祖以來世襲此職，十九係「六鎮亂後」之北邊雄豪，新立戰功，朝廷欲以傳統之美稱羈縻之，冀得其用。

這個意見是對的。但在老世襲酋長以外，委任新世襲酋長，恐在北鎮起義前早有先例，而且在開始時恐不僅是一種稱號。周書卷一六獨孤信傳：

雲中人也，……魏氏之初，有三十六部，其先伏留屯者，爲部落大人，與魏俱起。祖俟尼，和平中，以良家子自雲中鎮武川，因家焉。父庫者，爲領民酋長。

按獨孤、賀蘭都是在北魏建國前與拓跋争霸的强部。賀蘭部早經離散，〔一〕很難設想和平以後，還有個獨孤部被遷往武川。而且始遷武川的俟尼不云爲領民酋長，則庫者充任此職並非得自世襲，而是朝廷新任。他所領的部落恐不是原來的獨孤部，而是重新組合起來的北邊新部。周書卷二九李和傳：

隴西狄道人也。後徙居朔方。父僧養，以累世雄豪，善於統禦，爲夏州酋長。

這裏所云隴西狄道人，當出依託，實是胡人。〔二〕李僧養之得爲酋長，也非出於世襲。獨孤俟尼和李僧養被任酋長的時代雖不明確，總在北鎮起義前。這兩個例子説明部落中新的酋豪通過朝廷委任成爲

〔一〕魏書卷八三上外戚賀訥傳。

〔二〕周書卷二五李賢傳：「隴西成紀人也。」北史卷五九李賢傳却説：「自云隴西成紀人，漢騎都尉李陵之後也。陵没匈奴，子孫回居北狄，後隨魏南遷，復歸汧隴。」所謂隴西成紀，或隴西狄道人，是因自稱爲李陵之後。在當時這種依託是很流行的。

新的領民酋長。此外，還有個特殊的例子也可作爲旁證。八瓊室金石補正卷一四皇甫驎墓誌：

安定朝那人也。……延興中，涇土夷民一萬餘人家，詣京中訴，請爲統酋。然戎華理隔，本不相預。朝議不可。聖上以此諸民，丹情難奪，中旨特許。

所云統酋當即領民酋長。涇州地區氐、羌、屠各錯居，不知道「夷民」指的哪一族，或者包括幾個族。墓誌説明漢人是不能充任此職的，只因「夷民」奏請，皇帝纔特旨批准。以漢人充任酋長，自然是特例，但却突出地説明遠在延興年間酋長不限於世襲，甚至不限於本族人。在這種情況下，部落有時只剩下個名稱，實際相當於一種軍事行政基層組合。後來宇文泰所施行的以他的將軍繼承三十六國九十九姓之後也就是這種制度的繼續和擴大。

這裏似乎有兩種類型的領民酋長。一種是老的世襲酋長，通過朝廷的任命和分封確立他們的家族在經濟上和政治上統治部落的地位。另一種是新選拔出來的酋長，他們是在部落進一步瓦解，階級急遽分化或發生變化的形勢下產生的，也是通過北魏政權的委任而確立他們在所謂「部落」内的統治地位。

其二，北魏政權還通過禁衛軍和皇室近侍的選拔加强和各族統治階級特别是和酋豪們的聯繫。北魏的禁衛軍羽林、虎賁除了本族人以外，主要是勑勒人。魏書卷一一三官氏志太和前職令從第四品上有「羽林中郎」、「羽林郎將」，又有「高車羽林郎將」，從第四品下的虎賁將軍分列「戟楯」、「募員」、「高車」三種名目。從第五品下的虎賁司馬和虎賁將也是「戟楯」、「募員」、「高車」並列。

從第五品中有「羽林郎」，從第五品下又有「高車羽林郎」，從第六品上有「虎賁郎」，從第六品下又是「戟楯虎賁」、「募員虎賁」、「高車虎賁」並列。總之，羽林、虎賁從官到兵，都另列高車，自成一個系統。太和前令基本上沿襲代京制度。這裏最一般的羽林郎、虎賁郎，虎賁都在六品以上，羽林郎只比統率他們的郎將低一品，虎賁也只比虎賁司馬和虎賁將低一品。他們是兵，也是貴族子弟的起家官，〔一〕能够被選拔的高車羽林郎、高車虎賁當然不是一般的勑勒人民。太和後令取消了這種並列的名目，也没有了羽林郎和虎賁，只在第六品下列虎賁中郎將和羽林監。那時的羽林虎賁地位大爲低落，再也不是貴族子弟的出身官了。〔二〕但直到魏末，通過吏部銓選，由羽林、虎賁出身的武人還可以當清官。肅宗時張仲瑀建議「排抑武人，不使預在清品」，激起了羽林、虎賁的一次兵變，打死了張仲瑀的父兄，火焚張宅，〔三〕迫使靈太后下詔「武官得依資入選」。〔四〕羽林、虎賁爲了排斥武人當清官而憤怒，可見他們直到此時還是有資格當清官的，過去的特權還没有完全喪失。即使到此時，充任羽

〔一〕魏初充任羽林郎的都是貴族子弟，如長孫肥之子陳、弟亦干（見魏書卷二六長孫肥傳），又如劉尼（卷三〇本傳）。

〔二〕遷洛以後，特别是太和二十年定姓族之後，貴族起家大抵和南朝相似。通典卷一六載肅宗時清河王懌上表所舉「自公卿令僕之子，甲乙丙丁之族，上則散騎秘著，下逮御史長兼」，又提到「公府正佐」「上宰行僚」，知魏末貴族起家以散騎侍郎、秘書郎、著作郎爲上，還有三公府（包括大司馬、大將軍）的高級掾屬。羽林虎賁是寒人起家的道路。魏書卷九三恩倖寇猛傳説「少以姿幹充虎賁，稍遷羽林中郎」。寇猛自稱上谷寇氏，實是寒人。

〔三〕魏書卷六四張彝傳。

〔四〕魏書卷六六崔亮傳。

林、虎賁的勅勒人畢竟和徵發出征戍守的勅勒人還有區别。

紀載上没有説明選拔高車羽林、虎賁的條件，却有一條選拔殿中武士的資料。魏書卷一九上汝陰王天賜傳稱：

高祖初，殿中尚書胡莫寒簡西部勅勒豪富兼丁者爲殿中武士，而大納財貨，簡選不平。衆怒，殺莫寒及高平假鎮將奚陵。

殿中武士是直宿宫殿的衛士，由殿中尚書統率。〔一〕選拔殿中武士的條件是「豪門多丁」。〔二〕胡莫寒由於「簡選不平」被殺，但却没有説明是由於没有被選上而恨他呢，還是求免不得而恨他？既然選拔禁衛軍有豪富兼丁的條件，當選的自然是勅勒上層分子的子弟。通過這條道路，勅勒富豪的子弟起家爲官，從而密切了朝廷與勅勒上層分子的關係。

挑選衛士，包括羽林、虎賁、殿中武士，除拓跋本族人以外主要是勅勒人，其他各族人可能以應募的方式選充，即所謂「募員虎賁」。氐、羌、蠻諸族人充當羽林、虎賁的雖未必没有，人數大概是不多的。但各族高級酋豪子弟入直宿衛、充當近侍却像漢魏以來的「侍子」一樣，是一種制度，至少其中也包括胡人。洛陽伽藍記卷三城南燕然館條云：

〔一〕南齊書卷五七魏虜傳「殿中尚書，知殿内兵馬、倉庫」。魏書卷一四順陽公郁傳：「高宗時，位殿中尚書。……高宗崩，乙渾專權……郁率殿中衛士數百人從順德門入，欲誅渾。」

〔二〕魏書卷八二常景傳。

北夷酋長遣子入侍者，常秋來春去，避中國之熱，時人謂之雁臣。

我們在史籍上可以見到這一類「雁臣」的例子。〔一〕魏書卷七四爾朱榮傳：

父新興，太和中繼爲酋長。……除右將軍、光禄大夫。及遷洛後，特聽冬朝京師，夏歸部落。……榮襲爵後，除直寢、遊擊將軍。

爾朱榮襲爵在他父親生前，襲爵便到洛陽去入侍，充當直寢。本傳又附見子菩提，云「肅宗末，拜羽林監，尋轉直閣將軍」，這時爾朱榮尚未起兵入洛，想是他還秀容後，菩提以長子入侍。卷七五爾朱彦伯附弟世隆傳云「肅宗末，爲直齋，轉直寢，後兼直閣，加前將軍」，當和菩提同時。魏書卷八〇叱列延慶傳：

代西部人也，世爲酋帥。……正光末，除直後。

北齊書卷一七斛律金附兄平傳：

魏景明中，釋褐殿中將軍。

按斛律平是最老的一家敕勒世襲酋長，他也是以長子入侍。以後其弟斛律金被任爲第二領民酋長，也是「秋朝京師，春還部落」，〔二〕可知被任爲領民酋長的，不是本人便是兒子要在朝廷當近侍。金石萃編卷二七孝文帝弔比干文碑陰題名有「直閣武衛中臣高車部人斛律慮」，必是斛律部酋長或其子

〔一〕北史卷五四斛律金傳，又厙狄干傳，魏書卷一五元暉傳。
〔二〕北史卷五四斛律金傳。

弟，論時間應是斛律金的祖父輩。北史卷五四厙狄干傳：

> 魏正光初，掃除逆黨，授將軍，宿衞於內。以家在寒鄉，不宜毒暑，冬得入京師，夏歸鄉里。

厙狄干封有臘汗山之地，已見上引。高歡稱他爲「鮮卑老公」，〔一〕當是鮮卑部落酋長。〔二〕

上面所舉諸人包括了契胡、勅勒、鮮卑三族領民酋長。這和殿中武士、羽林、虎賁主要在勅勒族中挑選不同。但未見氐、羌。從洛陽伽藍記所述看來，似乎入侍只限於北邊的酋長。他們充任的如羽林監、殿中將軍是官，直寢等相當於清代的所謂「內廷當差」，不是正式的官，〔三〕因此往往另外給予某種將軍官號。

侍子自然也是「質子」。但是通過入侍，北魏政權常把這些酋長子弟提升高官，這就不僅是一個部落的酋長，而且參預了中央政權。上面所舉的這些人都是最高級的部落貴族，又和北魏朝廷有緊密的聯繫，在北鎮起義時也都是人民最兇惡的敵人。

〔一〕北史卷六齊本紀上。

〔二〕北朝胡姓考內篇四狄氏條（一八五頁）疑厙狄氏即高車狄氏。又以爲諸姓氏書所云「厙狄氏爲鮮卑段匹磾之後」，據周書卷三三厙狄峙傳，乃「厙狄峙個人家世，非厙狄氏皆爲匹磾之裔也」。但也認爲厙狄干「當亦段氏之裔」。若如此說，則厙狄部有兩種來源。但出於高車似無確據。

〔三〕魏書卷一一一刑罰志：「舊制：直閣、直後、直齋、武官隊主、隊副等，以比視官，至於犯譴，不得除罪。尚書令任城王澄奏：『案諸州中正，亦非品令所載，又無祿卹。先朝已來，皆得當刑。直閣等禁直上下，有宿衞之勤，理不應異』。靈太后令準中正。」按「比視官」即是品令所不載的非正式官吏，或差遣。

第三，在改鎮爲州的地方，部落酋豪又成爲地方大姓，通過州郡辟舉，以長史、主簿之類起家。魏書卷八世宗紀正始四年（五〇七）九月記載「夏州長史曹明謀反」。曹氏是統萬、朔方胡族酋豪，夏州即統萬鎮所改，曹明當是以地方大姓身分爲長史。金石萃編卷三三焦延昌造像碑：

祖父故曹，爲勾雷平奠將軍第一領□酋長

父拔拔，西夏朔方郡功曹

按西夏州當是西魏初設置，朔方郡由東夏州割屬。〔一〕文苑英華卷九〇五庾信拓跋儉碑：「大統元年授持節西夏州刺史，加散騎常侍。郅支抱馬，如聞耿秉之戰；單于顧識，似畏王商之威。」從所引典故，知爲胡人聚居之地。焦延昌祖是領（民）酋長，父是郡功曹，乃以胡族酋豪被辟舉。八瓊室金石補正卷一九劉懿墓誌：

長子撫軍將軍、銀青光禄大夫、都督肆州諸軍事、肆州刺史元孫

次子肆州主簿徽彦

劉懿即北齊書卷一九有傳的劉貴。傳稱「秀容陽曲人」，屬肆州。〔二〕他本是秀容胡人。〔三〕長子爲肆州

〔一〕楊守敬隋書地理志考證卷一，朔方郡有關於西夏州的詳細考證。

〔二〕魏書卷一〇六上地形志陽曲屬永安郡，不屬秀容。然志乃「録武定之世」（五四三——五四九），誌立於興和二年（五四〇），在武定前或曾改録。又誌稱「弘農華陰人」，乃依託郡望。

〔三〕瞿中溶古泉山館金石文編殘稿卷一跋此誌已疑「劉懿實出左賢王去卑之後」。周一良同志領民酋長與六州都督文中更引北史卷三一高昂傳劉貴稱漢人爲「頭錢價漢」的話，證其爲胡人，甚確。

刺史，在當時所謂「衣錦」，認爲一種「寵異」。次子任肆州主簿，與前焦拔拔同例。

焦、劉兩石刻時代較遲，〔一〕然在少數聚居之地設置州郡，辟舉酋豪子弟充任掾屬是必然的。正始三年（五〇六）秦州起義領導人吕苟兒是秦州主簿，又説是「羌」。〔二〕我們知道吕本是氐族大姓，魏時這裏的氐、羌已經不甚區别，所以稱之爲「羌」。魏末南秦州刺史崔遊曾辟仇池氐渠帥楊松柏爲州主簿。〔三〕這兩個例子也可以作爲旁證。

在改鎮爲州地區，不管部落組織業已解散與否，酋豪們仍以大姓身分享受辟舉權力，他們也仍然掌握地方政權，並由此起家爲官。

如上所述，通過原有世襲酋長的加委與封土，新酋長的委任，領民酋長子弟的入侍，勑勒豪富的選充殿中武士和羽林、虎賁，州郡的辟舉等措施，部落酋豪在本部内的統治地位獲得提高與加强，同時又扶植了一批新的酋豪。他們在不同程度上享受鮮卑貴族與漢族門閥地主的特權，這就使他們的利益和北魏政權所代表的階級利益走向一致。同時，通過這些措施，對於階級分化還不顯著的勑勒

〔一〕焦延昌造像不紀年月，王昶跋，以曹續生造像有焦姓沙彌比丘五人，而此刻末有「威列將軍□□令、□陽縣開國男□續□乘馬」，其官與曹續生造像合，以爲「當與彼碑同時（大統五年即五三九）同地所立」，甚是。劉懿墓誌是東魏興和二年（五四〇）。都在北鎮起義後。

〔二〕魏書卷八世宗紀、卷一九上濟陰王小新成附子麗傳、卷五八楊播附弟椿傳。

〔三〕魏書卷五七崔遊傳。

人顯然加速了它的進程。

不管山胡、勅勒的社會結構有如何的差別，在北魏末期，他們都有兩個相互對立的階級。一個是被統治階級，他們不僅受到北魏封建政權的剥削壓迫，而且也受到本族的奴隸主、封建主酋豪的剥削壓迫。另外一個是由新舊酋豪構成的統治階級，他們愈來愈變成整個北魏封建地主階級的構成分子，愈來愈成爲北魏政權統治各少數族的政治力量。最終，他們不僅在階級利益上和自己本族人民相互對立，而且在民族利益上也日益從自己本族中分裂出來。這也是必然的，階級利益不一致，民族利益也不可能一致。階級矛盾是對抗性的，哪怕當時的主要矛盾是民族矛盾，族内的階級矛盾也還是不可調和，鬥争也遠不是停止，只不過通常以反魏和擁魏的面貌出現。

當然，我們並不否認或低估各族酋豪和北魏統治者之間的矛盾。人所共知，即使在同一族内，爲了争奪剥削人民的權益，統治階級内部也必然經常產生矛盾，這種矛盾有時也激化到武裝鬥争的程度。北魏政權的强制遷徙，無休止地徵發兵馬牲口，受損害的首先是人民，而且歸根到底也只有人民才是真正的受害者，但大量人口、牲畜的喪失在一定程度上也侵犯到酋豪們的利益。北魏政權雖然重視乃至扶植酋豪們的特殊地位，但畢竟不能完全與鮮卑貴族、漢族門閥地主平等，他們也會受到鎮將們的欺侮。爲了恢復他們統治、剥削人民的獨占軌轍，乃至爲了滿足其個人野心，各族酋豪在他們自己利益的基礎上也會反對民族歧視，也企圖擺脱北魏政權的控制。〔一〕這樣的矛盾本質上也是統治階級内部矛盾，却由於彼此處於不同的族類，也就給矛盾加上民族的色彩。由於對北魏政權存在着矛盾，酋豪們就有可能參加人民的反魏鬥争，甚至常常作爲起義的領導者出現。有的時候，酋豪們爲了自己的特殊利益而發動的暴動和本族人民的利益完全相違反，或者在他們的領導下，把正義的人民反魏鬥争引到錯誤的方向上去。階級利害既然不同，鬥争的出發點及其目的也必然不同。這個分歧在鬥争過程中遲早會暴露出來。

其次，各族酋豪一般地説和北魏政權的利益基本一致，同時又存在着矛盾，但是具體到大小酋豪又是有差别的。在矛盾極端尖鋭，鬥争激化的時候，各族酋豪内部又有分化，有堅決反對和鎮壓起義的最反動分子，有動摇妥協，參加了起義又投降了的分子，其中作爲個别的人也有堅持鬥争乃至殉難犧牲的，酋豪們内部的矛盾也必然在這時暴露出來。

〔一〕魏書卷四〇陸俟傳説太武帝時陸俟爲懷荒鎮將，諸高車莫弗控訴他嚴急，「待下無恩」，要求前鎮將郎孤還任。太武帝接受了這個請求。到明年，諸莫弗又殺掉郎孤，發生了暴動。陸俟認爲郎孤被殺的原因是由於開始「專欲以恩惠治之」，弄得無復上下，「然後收之以威」，於是「人懷怨懟」，引起暴動。這件事發生在早期，那時勑勒人的階級分化還不甚顯著，因此莫弗亦即酋長們的行動還不能説只代表他們本身的利益。但可以看出莫弗是在鎮將控制下的，這種情況在後期基本上也存在。

三

北鎮是爲外禦茹茹、高車，内制山胡、勑勒而設置的，因而北鎮鎮民起義本身就意味着北魏控制力量的瓦解，從而鼓舞了山胡、勑勒的反魏起義。其次，由於鎮民中不少是從山胡、勑勒中徵發出來的，彼此之間存在着千絲萬縷的聯繫。因此，北鎮起義爆發後，大致自正始三年（五〇六）恢復北邊鎮戍以來，〔一〕入於低潮的山胡勑勒起義就又開展了反魏鬥争高潮，和北鎮鎮民起義匯成一股洪流。

山胡起義大致爆發在三個區域。一是與沃野鎮相鄰的懷朔鎮。在懷朔鎮駐有破落韓部落。破落韓拔陵想即是從這個部落中徵發出來的沃野鎮戍兵。當他舉起了義旗後，他的同部就投入了戰鬥。世襲酋長破落韓孔雀被任爲大都督，封平南王。〔二〕這個部落和起義軍一起作戰，直到起義軍被茹茹可汗率領的軍隊所鎮壓。破落韓孔雀的下落，據魏書卷九肅宗紀説，孝昌元年（五二五）六月茹茹主阿那瓌打敗起義軍時犧牲了。但在北齊書他兒子破六韓常傳中却説「孔雀率部下一萬人降於爾朱榮」。我們不能斷言哪一種説法正確。魏書卷三一于栗磾附曾孫昕傳提到「阿那瓌擒逆賊破落汗

〔一〕魏書卷四一源賀附子懷傳。
〔二〕北齊書卷二七破六韓常傳。

聽明、出六斤等」，没有説孔雀。〔一〕這個問題我們可以不管。總之，這個部落的人民參加了這次決戰，酋豪中有的犧牲了，有的在遭受挫折後就率部投降。

另外一個在懷朔鎮的胡部是万俟普所率領的。〔二〕破落韓拔陵起義後給他太尉的名義。以後他就「率部下降魏，授後將軍，第二領民酋長」。北史卷五三万俟普傳説「破落韓拔陵構逆，逼授太尉」，可以知道他原來不願意參加起義，只是在當時形勢下，不得不勉强接受太尉名義。他在什麽時候降魏，史無明文。

万俟普、破落韓常投降後没有和六鎮流民一起南遷，他們挾持他們的部落成員留在河西。万俟普當了西魏秦州刺史，破落韓常也和他在一起。以後在大統二年（東魏天平三年・五三六）又一起率部投降東魏。〔三〕

第二個區域是陝北的夏州、東夏州、豳州、北華州。這裏就是所謂「統萬胡」、「朔方胡」、「三城

〔一〕北史卷五三破六韓常傳説「孔雀少驍勇，背其宗人拔陵，率部降爾朱榮」。删去從拔陵事，又似其降在拔陵没有戰敗之前。那麽孔雀降後，他的部落至少有一部分留在起義陣營中，參加了與茹茹軍的決戰。

〔二〕北齊書卷二七万俟普傳「太平人，其先匈奴之别種也」，魏書卷一〇六上地形志上，太平是朔州屬郡，朔州爲懷朔鎮所改。北朝胡姓考外篇一万俟氏條據續高僧傳卷三那連提黎耶舍傳以爲万俟氏是鮮卑族。但齊周時期鮮卑名稱極爲廣泛，凡非漢族北鎮人之内遷者往往稱爲鮮卑，甚至自云渤海高氏之高歡一家，也自居爲鮮卑。史稱匈奴别種通常是指胡人，又周書卷一四賀拔岳傳稱万俟普子受洛干爲費也頭。費也頭是牧子，則是表示其身分，而非種族。

〔三〕北史卷六齊本紀上、周書卷二文帝紀下、北史卷五三本傳。

胡」的居地，胡族人民反魏鬥争最活躍的場所之一。破落韓拔陵起義後，有一支起義軍南下，統萬胡人就「與相應接」，一起包圍了夏州。〔二〕夏州城中糧盡，刺史源子雍自己去到東夏州運糧，却被朔方（東夏州屬郡）胡帥曹阿各拔俘虜。曹氏是胡姓大族，史籍紀載統萬、朔方、吐京胡人起義有好幾個姓曹的領導人。〔三〕但是曹阿各拔却是個動摇分子，他開頭就不敢與北魏政權决裂，對被俘虜的源子雍十分尊敬，「常以民禮事之」。在源子雍的恫嚇誘惑下，他已準備投降。未及成事，他就死了。其弟曹桑生接任統帥，便公然降魏。使源子雍得以到達東夏州，搜括人民脂膏，「徵税租粟」，運到夏州；二夏因此得以困守一個時期。這時「東夏合境反叛，所在屯結」，起義軍聲勢很盛，源子雍原先帶的只是一些羸弱，又經邀截，大概留不了多少，他却居然「轉鬥而前，九旬之中，凡數十戰，仍平東夏」。他的兵力突然雄厚起來，顯然是和曹桑生的投降有關。〔三〕源子雍得以困守二夏，不僅内仗夏州豪强宇文貴組織的反動武裝，而且還外倚朔方胡帥曹桑生之衆。

這個地區的起義軍雖以破落韓拔陵的旗幟舉事，但和高平鎮的起義軍有更密切的聯繫。魏書卷九

〔一〕周書卷一九宇文貴傳稱「正光末，破六汗拔陵圍夏州」，魏書卷四一源賀傳附孫子雍傳稱「遷夏州刺史，時沃野鎮人破落汗拔陵首爲反亂，所在蜂起，統萬逆胡，與相應接，子雍嬰城自守」，知當時破落韓拔陵曾遣軍南下，與當地胡人起義軍一起圍城。

〔二〕魏書卷四下世祖紀太平真君八年（四四七）稱「山胡曹僕渾等渡河西，保山以自固，招引朔方諸胡」，卷七上高祖紀延興元年（四七一）「朔方民曹平原招集不逞，破石樓堡，殺軍將」，卷八世宗紀正始四年（五〇七）「夏州長史曹明謀反」。

〔三〕以上均見魏書卷四一源賀附孫子雍傳。

肅宗紀正光五年（五二四）十月：「胡琛遣其將宿勤明達寇豳、夏、北華三州。壬午，詔都督北海王顥率諸將討之。」卷二一上北海王詳附子顥傳：「其後，賊帥宿勤明達、叱干騏驎等寇亂豳、華諸州，乃復顥王爵，……兼左僕射、西道行臺，以討明達。」宿勤明達、叱干騏驎雖接受胡琛的命令，却不是高平人，他們實是二夏、豳、華的胡人起義軍首領。魏書卷七五爾朱天光傳，周書卷一四賀拔岳傳都稱宿勤明達爲夏州人。他大概是已列於編户的夏州胡人。宿勤即魏書卷一一三官氏志之宿六斤氏，乃赫連氏的分支，其族久居於統萬、朔方。〔一〕叱干也稱薛干，魏初是居於三城的一個胡人部落，北史卷九八高車傳附述薛干部事，和鐵弗、赫連勃勃有密切關係。〔二〕叱干和宿六斤一樣，部分成員遷到代京，成爲代人，列於官氏志的四方内入諸姓内。但在原居地仍然存在他們的部落。魏書卷一〇六下地形志下東夏州偏城郡廣武縣有三城。叱干騏驎當亦是東夏州胡人。他們所統率的恐亦是二夏、豳、華的胡人及其他少數族人。所以元顥墓誌吹噓元顥西征功績，説什麽「英風暫馳，戎夷震懾，義聲所及，種落知歸」。事實上正好與墓誌的吹噓相反，孝昌元年（五二五）春天，高平義軍万俟醜奴和宿勤明達進攻涇州，大敗政府軍，悍將崔延伯陣亡。〔三〕這時正當莫折念生領導的秦州起義軍爲蕭寶夤所敗，

〔一〕魏書卷三〇宿石傳：「朔方人也，赫連屈孑弟文陳之曾孫也。」卷一一三官氏志：「宿六斤氏後改爲宿氏。」北朝胡姓考内篇宿氏條（一五四頁）以爲「宿勤氏與宿六斤氏的地望相合，『勤』『斤』音又極近，疑宿勤即宿六斤之省譯」。
〔二〕北朝胡姓考内篇四薛氏條（二〇四頁）。
〔三〕魏書卷七三崔延伯傳。

破落韓拔陵領導的六鎮起義軍爲茹茹軍所敗的時候。涇州之捷，挫敗了政府軍，北邊建立了以高平爲中心的起義形勢。

宿勤明達、叱干騏驎等主要在二夏、豳、華活動。孝昌三年（五二七）正月蕭寶夤又一次在涇州被秦州起義軍擊敗。北海王顥、夏州刺史源子雍、豳州刺史畢祖暉等紛紛棄城逃遁。東秦州刺史潘義淵投降起義軍，岐州城民執刺史魏蘭根接應高平起義軍入城。這時叱干騏驎占領了豳州，胡引祖占領了北華州。〔一〕夏州的情況不明。源子雍傳稱：「宿勤明達遣息阿非率衆邀路。華州、白水被圍逼，關右騷擾，咫尺不通。」迫使夏州刺史源子雍棄城東遁。他走了後，可能即由宿勤明達占領。宿勤明達是堅持戰鬥到最後的一位胡人起義軍的領袖。直到爾朱天光入關，高平鎮、水洛城都已陷落，關隴起義軍已被鎮壓之後，他從平涼北走，「收聚部類」。那時叱干騏驎已降北魏，他「欲併其衆」，没有成功，就還到東夏，在二夏地區堅持鬥爭。到普泰元年（五三一）四月，爾朱天光北出夏州，才被擒殉難。〔二〕

二夏、豳、華的胡人起義是和過去歷次統萬、朔方胡人起義相啣接的。同時由於這一支起義軍是在高平鎮民起義領袖胡琛、万俟醜奴直接指揮下的，因而也成爲高平起義軍不可分割的一部分。

北鎮鎮民來自各族。高平鎮本是赫連夏的重鎮，與六鎮建於空荒之地者有所不同，它的鎮民似

〔一〕以上並見魏書卷九肅宗紀孝昌三年、魏書卷四一源賀附孫子雍傳。

〔二〕魏書卷七五爾朱天光傳、卷一一前廢帝紀。

乎仍以胡人爲多，因此和二夏、豳、華的胡人更容易結合起來。〔一〕

第三個區域是在汾水兩岸，主要是西岸。魏書卷九肅宗紀正光五年（五二四）十二月稱：「汾州正平、平陽山胡叛逆。詔復征東將軍章武王融封爵，爲大都督，率衆討之。」起義軍擊敗了章武王融，圍困汾州治所蒲子，迫使刺史裴良率城民逃奔西河郡。但西河也沒有守住，孝昌二年（五二六）爲起義軍攻取。〔二〕汾胡的活動是和二夏、豳、華的胡人起義軍有聯繫的。北史卷一八章武王太洛附孫融傳稱：「汾、夏山胡叛逆，連結正平、平陽」，是汾、夏並提。魏書卷四一源賀附孫子雍傳說他自夏州逃

〔一〕首義的胡琛，據魏書卷九肅宗紀正光五年（五二四）四月條，但稱爲「高平酋長」，沒有說哪一族。北史卷四八爾朱榮附從子天光傳始稱他爲勑勒酋長。北史卷四八爾朱天光傳較魏書卷七五天光傳增加了關於胡琛的一些事，乃採自別的資料，如破落韓拔陵作「忉貪」，魏、周、齊三書都無此寫法。但這個資料很難憑信，例如說破落韓拔陵派人殺胡琛，就是很離奇的捏造。因爲直到拔陵敗後，胡琛還活着。以胡琛爲勑勒酋長大致也出于這個資料，我們就不能信此孤證。而且在高平起義軍將領中一個也找不出勑勒人，這也是和領袖爲勑勒酋長之說合不上的。我以爲較大可能是胡族酋長。繼任領袖万俟醜奴，據北齊書卷二七万俟普傳，乃匈奴別種，亦即胡人。周書卷二五李賢傳提到和万俟道洛一起守高平的一位將領費連少渾，北朝胡姓考内篇四費氏條（二〇八頁）據通鑑考異引十六國春秋鈔和魏書卷四四費于傳證明費連是赫連屬部。而且此部可能長期以來就居于高平。北史卷四八爾朱天光傳又說高平首義的鎮民叫赫連貴恩，其爲鐵弗族更不須說。魏書卷五六崔辯附子模傳載有万俟醜奴將郝虎，郝是稽胡姓，也是匈奴姓，自是胡人。見于記載的高平起義軍將領必定還有鮮卑人、勑勒人等。如見於魏書卷七五爾朱天光傳的太尉侯伏侯元進，行臺尉遲菩薩，見于卷八〇賀拔岳傳的侯機長貴，便可能是鮮卑或其他非胡族的少數族人。

〔二〕魏書卷一〇六上地形志上。

跑的時候，「賊帥康維摩擁率羌胡守鋸谷，斷甄棠橋，子雍與交戰，大破之，生擒維摩。又攻賊帥契官斤於楊氏堡，破之」。按水經卷四河水注河水出龍門後云：「河水又南，崌谷水注之，水出縣西北梁山。」崌谷即鋸谷，在今陝西韓城縣，隋書卷二九地理志馮翊郡韓城縣之鬼谷，疑亦即此鋸谷。河水注下面又云「其水（溟水）東南注於河，昔韓信之襲魏王豹也，以木罌自此渡」，甄棠橋當在此。下面的楊氏堡即楊氏壁，屢見周書，亦在韓城縣南。這些地名都可考，讀史方輿紀要卷五七延安府下以爲當在今延水以南的洛川、宜川間是錯誤的。由此渡過黄河，即與當時活動於正平、五城龍門山區的汾胡相接。當時由夏州直到韓城，胡人起義軍處處屯聚，汾、夏交通綫掌握在起義軍手中，可以推測彼此是有聯繫的。

充任鎮壓這個地區汾胡起義軍的劊子手是住在聞喜的門閥大地主裴氏。聞喜亦正平郡屬縣，胡人起義軍直接威脅了他們的老巢。北魏政權利用他們在本鄉的勢力，他們也必然出死力來對抗起義軍。裴延儁、裴良被任爲西北道行臺的尚書和左丞，裴慶孫組織地主武裝，協同政府軍作戰。〔一〕這支起義軍在敵人的殘酷鎮壓下遭到挫折。但不久在汾水上游的山胡劉蠡升重新集結了隊伍，進行反抗。〔二〕劉蠡升居於雲陽谷，建號稱帝，設置百官。東魏天平二年（五三五）高歡偷襲蠡升，消滅了這個

〔一〕以上並見魏書卷六九裴延儁、裴良、裴慶孫等傳。

〔二〕同上，裴氏諸傳。周書卷四九稽胡傳。

胡人政權，俘獲胡、魏五萬户。下一年，汾州胡王迢觸、曹貳龍又聚衆反抗，「署立百官，年號平都」，也被高歡鎮壓。武定二年（五四四），高歡又一次進攻山胡，「俘獲一萬餘户，分配諸州」。〔一〕

魏末汾胡起義仍是這一地區歷次起義的延續。但却具有過去未見的特點。第一，除了劉蠡升以外，胡族大姓劉、曹沒有作爲首領出現。見於裴良傳的吐京羣胡薛羽，五城郡胡馮宜都、賀悅回成，見於裴慶孫傳的有稱王的吐京胡薛悉公、馬牒騰，郭康兒和被稱爲「賊帥」的范多、范安族。這些姓氏像是漢姓，在汾胡中很少見到。〔二〕這個現象我們還難以判斷，是改了漢姓呢？還是本是漢人。〔三〕但却可以反映在這次起義中舊的劉、曹諸酋豪不居于重要地位。第二，宗教活動在這次起義中極爲顯著。裴良傳說：「五城郡山胡馮宜都、賀悅回成等以妖妄惑衆，假稱帝號，服素衣，持白傘、白幡。」這種服色是流行的彌勒教派特徵。〔四〕劉蠡升也是「自云聖術，胡人信之，咸相影附」。〔五〕蠡升雖然姓劉，可能

〔一〕以上並見北史卷六齊本紀上。

〔二〕魏書卷四二薛辯傳。蜀人在魏末也曾暴動，但在豪族地主控制下完全成爲軍事割據的活動。又蜀人在魏末雖然仍被認爲少數族人之一，實際上和漢人看不出有任何區別。薛氏雖也有由胡部薛干或比干所改，但汾胡中從未見過，而近鄰河東薛氏乃是漢化的蜀人。魏晉南北朝史論集第一七三——一七四頁有考。

〔三〕汾河區域内胡人是與漢人錯居的，高歡滅掉劉蠡升的王國時，就獲得胡、魏五萬户。

〔四〕隋書卷三煬帝紀：「（大業）六年（六一〇）春正月癸亥朔旦，有盜數十人皆素冠練衣，焚香持華，自稱彌勒佛，入自建國門，監門者皆稽首。既而奪衛士仗，將爲亂。齊王暕遇而斬之。」以後在唐代也有關於這種穿白衣的彌勒教徒的記載。

〔五〕魏書卷六九裴良傳。

並非世襲酋豪或有權勢的人，所以需要以宗教來擴大影響。

魏書卷七四爾朱榮傳記載着兩起胡人起義。一是「秀容内附胡民乞扶莫于破郡，[一]殺太守」。這件事没有年月，但記於李崇北征茹茹後，南秀容牧子起義，殺太僕卿陸延前，應在正光四年（五二三）四月至五年八月間。爾朱榮充當屠殺起義軍的劊子手便是從這一次開刀的。二是「内附叛胡乞、步落堅胡劉阿如等作亂瓜肆」。「瓜」字當是「汾」或「并」之訛。「内附胡乞」下有脱文，也可能是上面「内附胡乞扶莫于」的衍文。步落堅自即步落稽，即稽胡。劉阿如和劉蠡升不知道有没有關係。這兩次起義都在汾水東岸的肆州或其屬郡秀容，即被秀容反動頭子契胡大畜牧主酋長爾朱榮所鎮壓。

在上面我們敍述了三個區域的胡人起義，秦隴地區我們打算另外討論，這裏没有涉及，薄骨律鎮的胡人起義缺乏記載，大體包括在牧子之中，在上一篇論文中已經談到，也不再重複。從上面所述的情況看來，從破落韓拔陵起義之後，具有長期鬥爭歷史的胡人同時並起，和北鎮起義相互呼應，甚至直接成爲北鎮起義軍的組成部分。因此元天穆墓誌竟然把整個的北邊起義説成「山胡逆命」。魏末胡人起義是和北魏建國以來無數次反魏起義相啣接的，反對民族壓迫的性質很明顯。但決不是全部胡人都參加了鬥爭行列，胡人中居於統治地位的酋豪們除了個別以外，或者是像爾朱榮那樣自始至

〔一〕通鑑卷一五〇梁普通五年（五二四）八月作「乞伏莫于」。然册府元龜卷三五四將帥部立功亦作「乞扶」，或是通鑑以「乞扶」不經見，故改「乞伏」。

終堅決以血腥鎮壓爲己任的反動頭子，或者是猶豫動摇，終於叛變投降，破落韓常、万俟普、曹阿各拔弟兄都是這樣。宿勤明達是最堅決的胡人起義領袖，他不像是酋長。汾胡起義軍的領導人中没有出現叛變分子，他們不是傳統的酋豪。酋豪中像爾朱榮那樣的人也是不多的。他不僅是一般的領民酋長，而且他自己是南安王元楨的女婿，〔一〕他的女兒是肅宗妃嬪，〔二〕和皇室有特殊關係。他的貴族身分決定他的反動活動。万俟普諸人是世襲酋豪，但在朝廷没有什麽地位，他們的階級本質決定他們反對或者不願意參加反魏鬥争，從他們的現有地位來説反魏是冒一種風險，所以曹阿各拔一經源子雍「曉以安危」，就立刻動摇。這一批人也終於跑到北魏的陣營中去了。

兩個階級，兩種立場的情況在勑勒族中甚至更爲明顯。

起來響應北鎮起義的勑勒人分佈很廣。遍佈北邊的東西勑勒，大致在正光五年（五二四）已經一起發動。〔三〕但關於勑勒起義的記載却很缺乏，所見到的只有西部勑勒，而主要是斛律部、叱列部的活

〔一〕魏書卷一九下南安王楨附孫碞傳云：「爾朱榮，碞之姑父，碞素所輕忽。碞又黨於鄭儼、徐紇，榮兼銜之。榮入洛也，見害於河陰。」爾朱榮對他的岳家是不滿的，但這是另一回事。在孝文定姓族之後，他還能與皇室結親，説明他的家族有特殊地位。

〔二〕北史卷四八爾朱榮傳。

〔三〕北史卷一六廣陽王建附孫深傳稱深上表説「二部高車亦同惡黨」，其時在正光五年（五二四）七月崔暹敗於白道之後。傳又云：「東西部勑勒之叛，朝議更思深言，遣兼黄門侍郎酈道元爲大使，欲復鎮爲州，以順人望。」魏書卷九肅宗紀改鎮爲州之詔在這年八月。

動。北齊書卷一七斛律金傳：

朔州敕勒部人也。高祖倍侯利以壯勇有名塞表，道武時率户内附，賜爵孟都公。祖幡地斤，殿中尚書。父大那瓌，光禄大夫、第一領民酋長。……（金）初爲軍主，……正光末，破六韓拔陵構逆，金擁衆屬焉，陵假金王號。金度陵終敗滅，乃統所部萬户，詣雲州請降，即授第二領民酋長。……

金兄平，……正光末，六鎮擾亂，隸大將軍尉賓北討。軍敗，爲賊所虜。後走奔其弟金於雲州，進號龍驤將軍。與金擁衆南出，至黄瓜堆，爲杜洛周所破，部落離散。及歸尔朱榮，待之甚厚，以平襲父爵第一領民酋長。

斛律部居於朔州，亦即懷朔鎮。這個部落内徙很早，人口相當多。斛律金的祖先是部落的世襲酋長。他一度參加起義後，就叛變降魏。本傳説他詣雲州請降，看來時間相當早。據魏書卷四四費于附孫穆傳，他在李崇、元淵自雲州（那時還叫朔州）退還平城時，留下他守城，這時雲州已在起義軍包圍中，「行路阻塞，糧仗俱盡，穆知勢窮，乃棄城南走，投爾朱榮於秀容」。費穆不知於何時逃遁，但總在孝昌元年（五二五）七月破落韓拔陵領導的起義軍戰敗之先。斛律金既然于雲中（即雲州）降魏，雲州自必尚在政府軍手中。所以他降魏可以肯定正當起義軍聲勢極盛之際。〔二〕他的哥哥斛律平隨尉賓北

〔二〕北齊書卷一五厙狄干傳説：「孝昌元年（五二五），北邊擾亂，奔雲中，爲刺史費穆送于爾朱榮。」和斛律金弟兄都是先投雲中，後歸爾朱榮。

征，乃是正光四年（五二三）李崇北征茹茹事，和六鎮起義無關。〔一〕但所云「軍敗，爲賊所虜」，却又不可能爲茹茹所虜，因爲李崇出征，根本没有和茹茹接觸就還來了。傳所云之「賊」，當指北鎮起義軍。他不願留在起義軍中，脱身逃走，幹鎮壓起義軍的活動。他們弟兄二人大概留在雲中不久，孝昌元年（五二五）初就跟隨費穆棄城逃跑。以後又逃奔秀容，依託爾朱榮。斛律部人民參加了這場戰爭，但被他們的酋長出賣了。

朔州斛律部的世襲酋長還有個斛律羌舉，他以後「從爾朱兆入洛」，不知何時投奔秀容。〔二〕斛律部的酋長投降了，但是斛律部却仍有人堅持鬥争。魏書卷九肅宗紀孝昌二年（五二六）三月稱「西部勑勒斛律洛陽反於桑乾，西與河西牧子通連」。那時破落韓拔陵起義軍已被鎮壓，起義中心已移河北。但河西牧子和二夏、豳、華及高平的起義形勢還在發展，形成了另一個中心。斛律洛陽爲首的這支義軍就聯繫牧子，繼續展開戰鬥。起義地點在桑乾西，據水經卷十三㶟水注魏所置桑乾郡即在黄瓜堆東。這個地方正是斛律金被起義軍截擊，「部衆離散」之處。〔三〕很可能斛律部人不願隨他們的酋長投奔秀容，在起義軍邀截時拋掉酋長，留在那裏。隨後又發動了起義。北齊書卷二〇叱列平傳稱：「後牧子作亂，劉胡崙、斛律可那律俱時構逆，以平爲都督，討定胡崙等。」斛律洛陽和可那律

〔一〕魏書卷二六尉古真附從曾孫慶賓傳。
〔二〕北齊書卷二〇斛律羌舉傳。
〔三〕傳稱爲杜洛周所破是可疑的，因爲杜洛周起於上谷，南攻燕州，入河北，似未向平城以西發展。

的關係不明瞭。但他們都與牧子有聯繫。鎮壓斛律洛陽的是爾朱榮，〔一〕叱列平是他的親信，也許實是一事。劉胡崙據北齊書卷一九高市貴傳稱爲「恒州内部勑勒劉崙」，「内」當是「西」之訛，則也是西部勑勒人。此外周書卷一五于謹傳説「與廣陽王破賊主斛律野穀禄等」，似在較早時。

西部勑勒中曾經起義的部落還有個叱列部。魏書卷七四爾朱榮傳列載被他鎮壓的起義軍，其中之一是：

勑勒北列步若反於沃陽。

「北列」是「叱列」之訛。魏書卷一〇六上地形志上恒州善無郡屬縣有沃陽，其地在善無西北，這裏當是叱列部所居地。起義時間據爾朱榮傳列在斛律洛陽起義前。叱列部人曾經起義，但這個部落的酋豪見於記載的都是鎮壓起義軍的反動人物，其中被鎮壓的也包括他們本族人民。上舉叱列平，就曾經鎮壓勑勒劉胡崙、斛律可那律的起義。本傳説他「代郡西部人也，世爲酋帥」，又説他「襲第一領民酋長，臨江伯」。按卷七四爾朱榮傳稱他爲「西部高車叱列殺鬼」，所謂「代郡西部人」也即是劉胡崙之「恒州西部勑勒」。這一家是在北魏朝廷有地位的勑勒貴族。他的叔父叱列延慶魏書卷八〇有傳，從叱列延慶的曾祖以來便世襲臨江伯，父親在孝文帝時任越騎校尉。延慶入侍朝廷，當直後。後來隨爾朱榮入洛，參加鎮壓葛榮領導的起義軍，「除都督，西部第一領民酋長」。延慶是爾朱世隆的姊

〔一〕魏書卷七四爾朱榮傳：「勑勒斛律洛陽反於桑乾西，與費也頭牧子迭相掎角。榮率騎破洛陽於深井，逐牧子於河西。」又見魏書卷九肅宗紀。

婿，叔姪二人是爾朱榮的至親和爪牙。又周書卷二〇叱列伏龜傳：

代郡西部人也。世爲部落大人。魏初入附，遂世爲第一領民酋長。至龜……嗣父業，復爲領民酋長。魏正光五年（五二四），廣陽王深北征，請龜爲寧朔將軍，委以帳內兵事。尋除善無郡守。

「叱列伏」一作「叱伏列」，亦即叱列。〔一〕稱「代郡西部人」，與叱列延慶、叱列平同例。他所以除善無郡守，即因家於善無。叱列延慶和他什麼關係雖不知道，想必是一個家族。叱列延慶叔姪爲第一領民酋長是較晚的事，可能他襲職在先。他一開始就從事鎮壓北鎮起義軍的活動。以後他跟着高歡，沙苑之戰被西魏所俘，傳稱宇文泰「以其豪門，解縛禮之」，可知這個家族在北邊的聲勢。

從叱列部三個酋長的行動上，證明他們是和敕勒族乃至本部落的人民相對立的。

關於西部敕勒，史籍上還記載着如下的一件事。周書卷一五于謹傳：

正光四年（五二三），行臺廣陽王元深治兵北伐，引謹爲長流參軍。……遂與廣陽王破賊主斛律野穀禄等。時魏末亂，羣盜蜂起。謹乃從容謂廣陽王曰：「……今殿下奉義行誅，還臨關塞，然醜類蟻聚，其徒實繁，若極武窮兵，恐非計之上者。謹願稟大王之威畧，馳往喻之，必不勞兵甲，可致清蕩。」廣陽王然之。謹兼解諸國語，乃單騎入賊，示以恩信。於是西部鐵勒酋長乜列

〔一〕北朝胡姓考外篇四李氏條注四。

河等，領三萬餘户並款附，相率南遷。廣陽王欲與謹至折敷嶺迎接之。〔一〕謹曰：「破六汗拔陵兵衆不少，聞乜列河等歸附，必來要擊。彼若先據險要，則難與争鋒。今以乜列河等餌之，當競來抄掠，然後設伏以待，必指掌破之。」廣陽然其計。拔陵果來要擊，破乜列河於嶺上，部衆皆没。謹伏兵發，賊遂大敗，悉收得乜列河之衆。

傳稱正光四年自爲五年之誤。通鑑卷一五〇把此事置於梁普通六年即魏孝昌元年（五二五）六月。所以置於此時，當因傳稱破落韓拔陵兵衆不少，而七月則拔陵已爲阿那瓌所敗，但確切時間很難斷定。于謹的陰謀，第一步是離間分化，誘使勑勒酋長投降；第二步是讓起義軍要擊勑勒，使兩敗俱傷，他坐收其利。這一回對於整個北邊起義形勢有嚴重的影響，西部勑勒的主力在這次恐怕損失殆盡。當然，這件事主要出於敵人的狡計，但酋豪們的妥協投降却是狡計得逞的關鍵。還應當指出，乜列河等降附時破落韓拔陵的起義軍還是「兵衆不少」，不是最後被擊敗的時候。

東西部勑勒在六鎮還没有全面發動時就已經起來響應破落韓拔陵，曾使北魏統治者大爲震驚。勑勒人的起義也是和過去歷次的鬥争聯繫着的。它是又一次的擺脱北魏民族壓迫的鬥争，同胡人一樣，在這次起義過程中，我們也清楚地看到勑勒族内的階級鬥争十分尖鋭。叱列部的三個世襲酋豪一貫敵視起義軍，從記載上他們像爾朱榮家族一樣和北魏朝廷有特殊的關係。斛律金弟兄和酋長乜

〔一〕通典卷一五六兵九作「析敦嶺」，北史卷二三于栗磾附六世孫謹傳作「折郭嶺」，疑作「敦」是。

列河等，一度參加了起義，但終於叛變投降，出賣其本族人民，給整個北邊起義造成嚴重的損害。儘管如此，勑勒人的鬥争即使在破落韓拔陵領導的起義已被鎮壓之後，也仍在繼續。在反魏和附魏問題上的不同態度正是反映了在同一族内不同的階級利益。

四

山胡、勑勒的起義是民族鬥争，北鎮鎮民的起義是階級鬥争。由於都在北邊，鬥争交織在一起，也由於北鎮鎮民不少來自山胡及其他各族，因此給北鎮鎮民起義帶來民族鬥争的色彩，但畢竟是有區别的。

中國從來就是統一的多民族國家。在封建社會中，各族人民通過經濟、文化交流，建立友好關係，也通過共同的反抗封建統治建立戰鬥的友誼。無須諱言，歷史上也曾經發生各族之間的衝突乃至戰争，但是這種戰争的根源只可能在兩族或若干族的統治階級之間産生而不可能在人民之間産生。雖然由於語言、風俗、習慣的差異，不同族的人民也有民族隔閡，從而産生一定的狹隘的民族情緒，但這畢竟是次要的，一般不會導致真正的戰争。

歷史上由少數族進行的民族鬥争存在着不同情況。一種是反對民族掠奪、民族壓迫、民族剥削的鬥争，這完全是正義的。我們通常所説的民族鬥争就是指這類正義的鬥争。另外一種是由統治階級或上層貴族挑起來的，他們煽動和利用所屬人民的民族情緒來鞏固或恢復其落後統治，並進行民族掠奪和民族報復。這是違背人民利益的，非正義的。

由於鬥争是以民族的名義進行的，由於各種矛盾交互滲透，更由於統治者總是企圖利用其本族人民的力量來達到他們的階級目的，因此往往令人迷惑。爲了弄清楚它的性質，我們必須以階級觀點來具體分析。首先是必須把一定的民族鬥争納入整個歷史時期的階級鬥争形勢的範圍内，具體觀察族内的階級動態，觀察和鬥争聯繫着的不同族的人民間、統治階級間的關係，最後從歷史發展傾向來考察其作用。

根據這一些分析，我們認爲北魏末年山胡、敕勒的反魏鬥争是正義的。這是因爲：

首先推翻北魏政權的腐朽統治是各族人民的共同要求。由北鎮鎮民起義開始的遍及於北魏全境的人民起義包括了漢族、山胡、敕勒、氐、羌、蠻乃至皇室的本族鮮卑人。這時北魏政權早就是代表鮮卑、漢族地主階級利益的政權。構成最高統治集團的是門閥化的鮮卑貴族和漢族門閥地主。對於廣大人民來説，他們反對鮮卑、漢族地主階級及其政權，已經不只是反對拓跋族統治者的問題，因而在廣大地區内階級矛盾處於主導地位，北鎮鎮民起義便是階級鬥争性質。北魏的北方邊境上住着許多少數族，他們和北魏政權的矛盾仍然是民族矛盾。少數族人民反抗民族壓迫、民族剥削的鬥争，鋒芒指向組成北魏政權的鮮卑貴族和漢族門閥地主，因而實質上也是階級鬥争。由於鬥争目標的一致性，山胡、敕勒的起義不僅和北鎮鎮民起義交織在一起，匯成反魏洪流，而且也是整個大起義的組成部分。這次大起義沉重打擊了各地豪强地主，打擊了北魏政權並促使其崩潰。特别是通過共同鬥爭，各族人民將在共同的階級利益上逐漸消除民族隔閡，從而推動各族人民的融合（廣泛意義上的融合）。雖然由於山胡、勅勒人民的起義或者很快就被鎮壓，或者局限在山谷地區，沒有進入中原，直接的效果不顯著，融合也還要一個較長期的過程，但是在總的鬥爭形勢中，所起的作用是積極的。

我們在上面説過，魏末山胡、勅勒人民的起義是和長期以來的鬥爭聯繫着的，長達百年的前赴後繼的鬥爭不僅加强了他們本族内部各部落間的聯繫，使魏末形成整個胡人與整個東西勅勒一時並起的形勢，而且也加强了與當地包括漢族、鮮卑在内的人民的聯繫，形成北鎮鎮民、河西牧子一時俱起、相互支援的形勢。長期的鬥爭不僅每一次都打擊了北魏的統治，而且還制止了北魏統治者的南侵，其性質是正義的，作用也是積極的。判斷這次起義的性質和作用不僅要和同時俱起的起義浪潮聯繫起來，而且也要和貫串着北魏歷史的山胡、勅勒的反抗鬥爭聯繫起來。

我們也還看到，山胡、勅勒的起義，一開始就遭到他們本族的大酋長、大貴族的鎮壓。在鬥爭十分激烈的時刻，一度參加起義的貴族酋豪就動摇妥協，投降北魏。從這個跡象可以看出，由於階級利益的一致性，山胡、勅勒人民和北鎮以及其他地區的人民站在一邊，他們的貴族酋豪却遲早站到了北魏政府這一邊。族内階級的對立充分説明起義是違背貴族酋豪們的意圖的。對立的形勢非常清楚，如果否定山胡、勅勒起義的正義性，那末是非就得顛倒過來，鎮壓起義的大酋長、大貴族爾朱榮、叱列伏龜等以及河東大門閥地主裴良等都將站在正義的一方，當然很少有人作這樣的論斷。

（本文由黄惠賢同志協助收集資料，並聯名發表於一九六四年武漢大學學報第四期）

北魏南境諸州的城民

北魏末年，六鎮、高平、秦隴諸州鎮相繼起義反魏。儘管參加起義的羣衆十分複雜，但起義領袖大都是鎮民或城民。鎮民或城民隸屬軍府，他們名隸軍籍，不附州郡户籍。北鎮鎮民號爲「府户」，即軍府所屬之户，其實城民也是府户。北鎮起義前夕，李崇領兵出擊茹茹，採納幕僚魏蘭根的建議，奏請改鎮爲州，府户悉免爲民，〔一〕當時没有獲得朝廷採納。正光五年（五二四）北鎮、秦隴起義爆發後，鎮壓北鎮起義的大都督元淵再次提出改鎮爲州的建議。〔二〕李崇、魏蘭根、元淵的建議專指北鎮，强調「改鎮爲州」。但是南、北二秦州的起義羣衆却是業已建立州郡的城民，問題不在於改鎮爲州，而在於城民的免除軍貫。北史卷五六魏收傳叙其父魏子建爲東益州刺史時事云：〔三〕

正光五年（五二四），南、北二秦城人（即城民）莫折念生、韓祖香、張長命相繼搆逆。僉以州城之人，莫不勁勇，同類悉反，宜先收其器械。子建以爲城人數當行陣，盡皆驍果，安之足以爲用，急之腹背爲憂。乃悉召居城老壯，曉示之。并上言諸城人本非罪坐而來者，悉求聽免。明帝

〔一〕魏書卷六六李崇傳、北齊書卷二三魏蘭根傳。
〔二〕北史卷一六廣陽王建附孫深（淵）傳，魏書卷一八本傳缺，後人所補。
〔三〕魏書卷一〇四自序同，但自序原文已缺，爲後人所補。

優詔從之。子建漸分其父兄子弟，外居郡戍，内外相顧，終獲保全。

魏子建的要求是除了犯罪配發的以外，城人「悉求聽免」，免什麼呢？應即免除軍貫。因此正光五年八月所下詔書實兼對北鎮鎮民與諸州城民而言。詔書先追溯自魏初以來「諸州鎮城人，本充牙爪，服勤征旅」，最後説「諸州鎮軍貫，元非犯配者，悉免爲民；鎮改爲州，依舊立稱」，〔一〕均是「諸州、鎮城人」（即諸州和諸鎮的城人）並提，非犯配的城人一律免除軍貫成爲州郡民，其未立州郡的北鎮則改鎮爲州。關於諸州鎮城人免軍貫的措施，顯然出於魏子建的奏請，主要爲了安撫二秦、東益諸州的城人。

這一措施並没有取得什麼效果。北鎮改了州，但北鎮業已起義，府户免除軍貫毫無意義。至於諸州城人不管法律上是否「悉免爲民」，至少以後河南、北諸州仍然存在着不同於一般百姓的城民。

雖然所有城人或城民都屬軍府，都是府户、戍兵，但是隨着所在地區間的差異，他們所處的社會環境和地位却很不一致，河南、北諸州的城民便和北鎮的城民不同，〔二〕甚至和秦隴諸州的城民也不盡相同。

河北地區很早就設置軍府，駐兵屯戍。魏書卷二太祖紀天興元年（三九八）正月：

帝至鄴，……乃置行臺，以龍驤將軍日南公和跋爲尚書，與左丞賈彝率郎吏及兵五千人鎮鄴。車駕自鄴還中山，所過存問百姓。……帝慮還後山東有變，乃置行臺於中山，詔左丞相、守

〔一〕魏書卷九肅宗紀。

〔二〕北鎮府户一般不稱作城民或城人，但上引正光五年詔書是以「諸州、鎮城人」並列的。

尚書令、衛王儀鎮中山，撫軍大將軍、略陽公元遵鎮勃海之合口。

當時拓跋部建國不久，是否真已設置中朝的尚書省與外州行臺，殊爲可疑，很可能只是强以魏晉官制名之，其實僅是遣派將卒戍守而已。紀稱鎮鄴吏兵五千人，鎮中山及合口的數字不記。同書卷五八楊播附弟椿傳稱：

自太祖平中山，多置軍府，以相威攝。凡有八軍，軍各配兵五千，食禄主帥軍各四十六人。自中原稍定，八軍之兵，漸割南戍，一軍兵纔千餘，然主帥如故，費禄不少。椿表罷四軍，減其帥百八十四人。

中山是後燕故都，所以置有八軍四萬人之多。觀此知鎮鄴城的五千人爲一軍，鎮合口的駐軍數字大概也不會比鄴城多。

魏軍攻入中山時，公卿、軍吏、士卒投降的有二萬多人。以後，强制遷徙「山東六州民吏及徒河、高麗雜夷三十六萬，百工伎巧十萬餘口」到代京。〔一〕中山、鄴、信都那些城中的住户本來就是文武官吏、士卒以及百工伎巧，通過這次大遷徙，可以推斷中山等城是被遷空了，新住户就是拓跋珪派來的駐屯將帥和兵士。當時來自代京的駐屯軍基本上出自拓跋本族。後來元淵追溯説：「昔皇始以移防爲重，盛簡親賢，擁麾作鎮，配以高門子弟，以死防遏。」〔二〕所云「高門子弟」，在皇始時只能指拓跋部

〔一〕魏書卷二太祖紀天興元年（三九八）正月。
〔二〕北史卷一六廣陽王建附孫深（淵）傳。

人，表明魏初軍鎮建立之始，鎮戍軍主要以拓跋本族人組成。

楊椿傳稱「中原稍定，八軍之兵，漸割南戍」。大致自太宗拓跋嗣取宋滑臺、虎牢、枋頭諸鎮，至顯祖拓跋弘占領宋的徐、豫、青、齊諸州，河南戍兵（亦即城民）至少一部分來自河北州鎮，此外也不能排斥有從拓跋本族和其他民族中徵發來的。上引肅宗紀正光五年詔書就説：「逮顯祖獻文皇帝，自北被南，淮海思乂，便差割強族，分衞方鎮。」便是説徐、豫、青、齊諸州的戍兵徵自本族和其他民族。魏書卷五〇尉元傳載太和十六年（四九二）上表陳述徐州戍兵情況云：

今計彼戍兵，多是胡人。……愚誠所見，宜以彭城胡軍換取南豫州徙民之兵，轉戍彭城；又以中州鮮卑增實兵數，於事爲宜。

尉元的建議被詔爲「甚合事機」，想必被採納。

尉元認爲胡人不可信賴，要求「換取南豫州徙民之兵」。按南豫州即劉宋治懸瓠之豫州，天安元年（四六六），宋汝南太守常珍奇據城降魏，魏以爲豫州刺史，由於魏已有治滎陽之豫州，因此治懸瓠之豫州加南字。在尉元上表之前五年，那裏曾發生一起城人密謀翻城的未遂事變。北史卷一五秦王翰附曾孫禎傳：〔一〕

初豫州城豪胡丘生數與外交通。及禎爲刺史，丘生嘗有犯懷恨，圖爲不軌，詐以婚集城人，

〔一〕魏書卷一五昭成子孫傳缺，後人所補。

告云：「刺史欲還城中大家，送之向代。」共謀翻城。城人石道起以事密告禎，速掩丘生，并諸豫謀者。禎曰：「吾不負人，人何以叛？但丘生誑誤。若即收掩，衆必大懼。吾靜以待之，不久自當悔服。」語未訖，而城中三百人自縛詣州門，陳丘生譎誑之罪。而丘生單騎逃走，禎恕而不問。

本傳不記此事發生年月。南齊書卷五七魏虜傳稱：「明年（永明五年，即魏太和十一年，四八七）……荒人胡丘生起義懸瓠，爲虜所擊，戰敗南奔。」則已在常珍奇降魏之後二十年了。翻城首謀胡丘生被稱爲「城豪」，此外還有「大家」，他們都是城人，但是城人中的上層分子。爲首的胡丘生，南齊書稱之爲「荒人」、「荒傖」原是南人鄙視北人的貶辭，告密的石道起則有胡姓的嫌疑。這批城人的來歷我們完全不知道，可能還是懸瓠降魏後留下來的老住户。尉元要求「轉戍彭城」的「南豫州徙民之兵」，肯定不是這批人。因爲事實證明這批城人和彭城胡軍一樣不可信賴。很可能在胡丘生事件發生後，對於預謀翻城的人雖然「恕而不問」，但必然要有一些防範措施，很可能從別處（多半是河北諸州）遷來一批新城人，所以被稱爲「徙民之兵」。他們肯定不是胡人，因爲尉元不信任胡人，才要求對換調防。從當時的軍事形勢看來，毫無疑問，彭城遠比懸瓠重要，因而尉元的建議被朝廷採納。

從尉元建議後又過了十六年，在宣武帝的永平元年（五〇八），南豫州再次爆發規模較大的城人暴動，魏書卷八世宗紀永平元年十月丁巳稱：

豫州彭城人白早生殺刺史司馬悦，據城南叛，蕭衍遣將齊苟仁等四將以助之。詔尚書邢巒行豫州事，督將軍崔暹率騎討之。丙子，邢巒大破早生及苟仁軍於鮑口。……十有二月己未，邢巒克懸瓠，斬白早生，擒齊茍仁等，俘蕭衍卒三千餘人，分賜王公已下。

此事具見同書卷三七司馬楚之附孫悅傳、卷六五邢巒傳、卷九八蕭衍傳，稱白早生爲豫州城人（或城民）、懸瓠城民，而世宗紀獨有「豫州彭城人」之稱，〔一〕我原先懷疑「彭」字衍，原文亦作「豫州城人」。今據上引尉元所上表，似乎所謂「豫州彭城人」也可以解釋爲十六年前由彭城調往南豫州的胡軍。白也正是胡姓。

梁書卷二武帝紀中天監七年（五〇八）十月丁丑稱：

> 魏懸瓠鎮軍主白早生、豫州刺史胡遜以城內屬，以早生爲鎮北將軍、司州刺史，遜爲平北將軍、豫州刺史。

白早（皁）生是城民，當了軍主，這正與元淵所說「一生推遷，不過軍主」之說相符。又北史卷八五節義劉侯仁傳：〔二〕

> 豫州人也。城人白早生殺刺史司馬悅，據城南叛。悅息朏，走投侯仁。……侯仁終無漏泄。朏遂免禍。事寧，有司奏其操行，請免府籍，敘一小縣。

劉侯仁也必是城民，所以要特旨「免府籍」，才能「敘一小縣」。從這一點來看，南境州鎮的城民或城人，和北鎮一樣具有府户的身分。

〔一〕北史卷四宣武帝紀亦作「豫州彭城人」，似魏書原文如此，「彭」字非衍。
〔二〕魏書卷八七節義傳缺，後人所補。

梁書叙此事，還有個胡遜與白早生並提，魏書紀傳皆不載。其豫州刺史之官則是自稱。梁書卷一七馬仙琕傳稱：

魏豫州人白早生殺刺史瑯邪王司馬慶曾，〔一〕自號平北將軍，推鄉人胡遜爲刺史，以懸瓠來降。

所謂「鄉人」，莫非也是出於彭城調來的胡軍麽？據魏書卷六五邢巒傳，白早生所遣抗拒魏軍的大將是胡孝智。姓胡的城民在這次事件中居於重要地位，令人想起二十餘年前密謀翻城的城豪胡丘生。此外，常珍奇的母親也姓胡。〔二〕似乎作爲「城豪」的胡民長期以來就居於懸瓠，雖然幾經變故，却在城民中仍具有一定的地位。假使這樣，則「鄉人」只是指同是懸瓠城民而已。

太和十二年（四八八）以後，徐州駐屯軍中鮮卑人的比例擴大了，然而並不能制止變故的發生。在豫州城民白早生發動「南叛」的同時，徐州所屬宿豫戍也發生了同樣的事變。魏書卷八世宗紀永平元年（五〇八）十月丁丑稱：

前宿豫戍主成安樂子景儁殺宿豫戍主嚴仲賢，以城南叛。十有一月庚寅，詔安東將軍楊椿

〔一〕魏書卷三七司馬楚之附孫悦傳稱悦字慶宗，此云「慶曾」，傳聞之誤。

〔二〕魏書卷六一常珍奇傳。

〔三〕這裏所説的「中州」疑指河北諸州。

率衆四萬攻宿豫。

這個成景儁，據同書卷五八楊播附弟椿傳乃是「徐州城人」，不言而喻，其父成安樂也是城人。從姓氏看來，成不是鮮卑姓，可能是胡姓，〔二〕但也是漢姓。彭城戍軍中鮮卑比例雖一度有所擴大，但決不能全部以鮮卑駐防。彭城是北魏南邊的最大軍鎮，戍兵有數萬之多，絕大部分是徵自州郡的番代兵士。〔三〕戍兵多數大概不是城民。

北魏占領淮北諸州時，豫、徐二州是由州將率衆降附的，還有治瑕丘的兖州，北魏兵到即降，懸瓠、彭城、瑕丘的城内人户大概沒有全部被遷走，胡丘生曾以爲遷往代京恐動懸瓠城中「大家」，這些「大家」大概就是降魏時幸免遷徙的部分城中居民。青、齊境内東陽（青州治）、歷城（冀州僑治）、梁鄒（幽州僑治）等城先降後拒，升城（并州僑治）被攻陷，這些城内的人户大概全部被遷走。魏書卷六顯祖紀皇興三年（四六九）五月記「徙青州民於京師」，卷五〇慕容白曜傳在破東陽後詳記俘獲的糧食、器械等物資和户口，計「城内户八千六百，口四萬一千，吴、蠻户三百餘」。毫無疑問，全部人口都被遷往代京及北鎮，其中大部分可能被作爲俘虜賞給兵將充奴婢了。歷城、梁鄒城内居民的命運魏

〔二〕晉書卷一二六秃髮傉檀載記見居於姑臧的屠谷胡成七兒，華陽國志卷八大同志見盧水胡成豚堅、成明石。

〔三〕魏書卷四四薛野賭附子虎子傳稱：「時州鎮戍兵，資絹自隨，不入公庫，任其私用，常苦飢寒。虎子上表曰：『……竊惟在鎮之兵，不減數萬。資糧之絹，人十二匹，即自隨身，用度無準，未及代下，不免飢寒。』」這種自帶資絹，定期番代的鎮戍之兵乃徵自民間。

書没有特筆記載，但仍可以判斷比東陽居民好不了多少。當時那些城的住户大致可以分爲三類，一是兵，二是官和吏，三是城居豪强和避亂入城的豪强，此外大概有少量百工伎巧。二、三實際上是一類，因爲這一地區的各級官吏，幾乎全是當地大小豪强。慕容白曜傳記載「徙（歷城、梁鄒）二城民望於下館」，通鑑卷一三二宋明帝泰始五年（四六九）五月稱：「魏徙青、齊民於平城，置升城、歷城民望於桑乾，立平齊郡以居之，自餘悉爲奴婢。」〔一〕所謂「民望」即士族豪門。大量吏兵淪爲奴婢。如果有百工伎巧的話，必然也按照舊例北遷，分屬官府作坊。總之，這些城鎮和東陽一樣，基本上被遷空了。遷空了老住户的城鎮遷進了新住户，他們是駐防軍，也是新的城民。他們有的是如楊椿所説「漸割南戍」的河北諸州駐屯軍；有的是徵自鮮卑以及其他各族，有如正光五年詔書所謂「差割强族，分衛方鎮」。新城民的來歷不一，但都不是土民。他們和居於鄉村的土民長期對立，這一點在東陽是明顯的。魏書卷六六崔亮附從弟光伯傳云：

> 前廢帝時，崔祖螭、張僧皓起逆，攻東陽，旬日之間，衆十餘萬。刺史、東萊王貴平欲令光伯出城慰勞，兄光韶曰：「城民凌縱，爲日久矣，人人恨之，其氣甚盛。古人有言：『衆怒如水火焉。』以此觀之，今日非可慰諭止也。」貴平强之。……不得已，光伯遂出城。數里，城民以光伯兄弟羣情所繫，慮人劫留，防衛者衆。外人疑其欲戰，未及曉諭，爲飛矢所中。

〔一〕通鑑此條據魏書卷二四崔玄伯附族人道固傳及其他有關諸傳綜合成文。

崔祖螭和張僧皓都是青州大豪强。〔一〕魏書卷一九下安定王休附子貴平傳：

前廢帝時，以本官行青州事。屬土民崔祖螭作逆，賊徒甚盛，圍逼東陽一百餘日。貴平率城民固守，又令將士開門交戰。大軍救至，遂擒祖螭等，斬之。

這裏稱崔祖螭、張僧皓爲「土民」，實際上青、齊土民中的豪强很多，並非真正土著，他們大都是後燕滅亡時從河北遷來的「僑人」，經過了一個時期，他們在那裏扎下根子，不但成爲土民，而且在土民中間形成巨大的力量，〔二〕以致能够很快發動十餘萬土民羣衆進攻東陽。根據上引崔光韶的話，所以發生這樣大規模的土民暴動，是由於長期以來「城民陵縱」，犯了土民的衆怒。不難知道，青、齊城民本來就是北魏强迫遷徙了東陽等城居民以後派來的駐屯軍。他們的任務就是防制當地土民的反抗，正光五年詔書所謂「諸州鎮城人，本充牙爪」，那就無怪從來就和土民相對立，爲土人所憎恨。當然像崔祖螭之流的豪强大姓，他們懷着自己的政治野心發動鬥争，但廣大青、齊土民和城民的對立却帶有民族的和階級的雙重矛盾性質。

由於北魏南境諸州城民的特殊地位，因此，魏末這一地區屢見的城民暴動絶未卷入當時震撼北魏王朝的各族人民大起義，而只是洛陽奪權鬥争的組成部分。魏書卷一〇孝莊帝紀永安三年（五三〇）十二月：

〔一〕魏書卷二四崔玄伯附族人僧淵傳，祖螭乃僧淵子。張僧皓乃張烈弟，附見卷七六張烈傳。
〔二〕見拙撰北魏的青齊土民，收入魏晉南北朝史論拾遺。

齊州城人趙洛周據西城反，應爾朱兆。刺史、丹陽王蕭贊棄城走。

按本年九月，魏孝莊帝殺爾朱榮；十二月，爾朱兆領兵入洛陽，執孝莊帝。同書卷一一前廢帝紀普泰元年（五三一）四月：

先是，南陽太守趙脩延執刺史李琰之；五月丙子，荆州城民斬脩延，送首，還推琰之爲刺史。

同書卷八二李琰之傳：

出爲衛將軍、荆州刺史。……爾朱兆入洛，南陽太守趙脩延以琰之莊帝外戚，誣琰之規奔蕭衍，襲州城，遂被囚執，脩延仍自行州事。城内人斬脩延，還推琰之釐州任。

按趙脩延囚執李琰之，亦即響應爾朱氏。普泰元年五月，劉靈助已據幽州反抗爾朱氏，高乾、封隆之亦據冀州應靈助，爾朱氏的大將高歡正在策劃與爾朱氏決裂。荆州城人殺趙脩延，恢復李琰之的刺史職位也正是反爾朱氏的表現。同書卷八〇侯淵傳：

出帝末，淵與兖州刺史樊子鵠、青州刺史東萊王貴平密信往來，以相連結，又遣間使通誠於獻武王（高歡）。及出帝入關，復懷顧望。汝陽王暹既除齊州刺史，次於城西，淵擁部據城，不時迎納。民劉桃符等潛引暹入據西城，淵争門不克，率騎出奔。妻兒部曲，爲暹所虜。行達廣里，會承制以淵行青州事。〔二〕齊獻武王又遣淵書曰：「卿勿以部曲輕少，難於東邁。齊人澆薄，唯利是從。齊州城民尚能迎汝陽王，青州之人豈不能開門待卿也。但當勉之。」淵乃復還，暹始歸其

〔二〕孝武帝西奔關中，高歡入洛陽，以清河王亶爲名義上的執政，「承制」，指亶所下制詔。

部曲。而貴平自以斛斯椿黨，亦不受代。淵進襲高陽郡，克之。……淵親率騎夜趣青州。……城人兇懼，遂執貴平出降。淵自惟反覆，慮不獲安，遂斬貴平，傳首京師，欲明不同於斛斯椿也。〔一〕

按侯淵傳所述事均在魏孝武帝（即出帝）永熙三年（五三四）七月出奔關中，高歡入洛陽之後，青、齊二州城民的行動也正是孝武帝與高歡間矛盾的外延。同書卷七七辛雄附從兄纂傳：

（永熙三年，五三四）九月，行西荆州事，兼尚書、南道行臺，尋正刺史。時蠻酋樊五能破析陽郡，應宇文黑獺。纂議欲出軍討之。……遂遣兵攻之，不克而敗，諸將因亡不返。城人又密招西賊，黑獺遣都督獨孤如願率軍潛至，突入州城，遂至廳閤。纂左右惟五六人，短兵接戰，爲賊所擒，遂害之。

按西荆州即荆州。〔二〕上述前廢帝普泰元年荆州城民的行動有關孝莊帝與爾朱氏之間的鬥争，這次則是歸附西魏宇文泰，反對東魏高歡，兩次相互敵對的勢力不同，却同樣都和洛陽政權的轉移相關。

在北魏末年動盪的時代裏，北魏南境諸州城民的活動頻繁，州城的得失往往取決於城民的向背。

〔一〕斛斯椿是孝武帝的親信。

〔二〕資治通鑑卷一五六梁中大通六年（五三四）閏十二月記東魏西荆州刺史辛纂欲討蠻酋樊五能，胡注：「據隋紀，辛纂時鎮穰城，則西荆州即荆州，以穰城在東荆州之西，故云。」檢隋書本紀及通鑑隋紀均未見此文。周書卷一九楊忠傳稱「東魏荆州刺史辛纂據穰城」，胡三省當即據此。

值得注意的是，這一地區城民的活動大都只限於州城内，與鄉村廣大羣衆（土民）絶無聯繫。不但如此，諸州城民間也同樣没有什麼聯繫，他們的向背並不一致，每個州的城民暴動都是孤立的事件。這種情況和北鎮鎮民、秦、隴城民截然不同。這種不同如上所述，由於各自所處的社會環境和社會地位不同。北鎮鎮民羣衆是受壓迫、剥削的農牧民，他們反對以洛陽政權爲代表的鮮卑和漢族門閥貴族的封建統治，秦、隴城民羣衆的情況雖不清楚，但他們和北鎮鎮民一樣反對洛陽政權的統治。南境諸州城民雖也是名屬軍府的府户，内部必然也有上下層之别，上層分子像懸瓠那樣有所謂「城豪」，也還有像定州鎮戍軍一樣有「食禄主帥」，他們當然不從事勞動，即使其下層分子是否參加勞動，我們也不清楚。按照上引崔光韶的話，這些城民長期以來欺壓土民（主要是農民），因而城、土之間存在着深刻的矛盾，他們的活動當然不可能和廣大羣衆相聯繫。他們大抵忠於洛陽政權，暴動只不過表示他們對於洛陽政權轉移的向背而已，正如高歡所説「唯利是從」。而諸州城民的利害既不一致，當然也不可能聯合行動。

以上我們粗略地論證了北魏南境諸州城民的來歷和其他問題，今綜合如下：

（一）城民是一個廣泛的名稱，一般地説，包括北鎮鎮民在内，所有城民都是隸屬軍府的鎮戍兵及其家屬，也即是府户。諸州的州軍主要當由城民組成。

（二）北魏在南向進軍，擴大疆土的過程中，通常把新占領的州治及重要城鎮的居民（這些居民主要是官吏、軍人及其家屬和地方豪强）遷往代京及北方諸鎮，而遷入鎮戍將士及其家屬，他們成爲這些城鎮的新住户，即城民。

（三）南境諸州的城民有一部分遷自河北，他們是北魏早期屯戍在定州和其他河北諸州的鮮卑鎮戍軍及其家屬。此外也有逐漸遷來的鮮卑和其他少數族人。以後，和北鎮、秦、隴諸州鎮一樣，還有配發來的罪犯。南境城民頗多漢姓，可能先世出於配流。在城或城郊居住的雖然也有當地豪强大姓，〔二〕但他們當然不是隸屬軍府的城民。城民中並無當地土人。

（四）南境諸州城民本是鎮戍軍，其任務除了防禦南朝北伐之外，便是鎮壓散處鄉村的所謂「土民」的反抗。長期以來土民受其欺凌（受欺凌的土民當然是土民中的下層，主要是農民），城、土之間存在着深刻的矛盾。

（五）由於上述矛盾，魏末頻頻發生的南境諸州城民暴動都和廣大羣衆没有聯繫。他們的暴動不是反抗北魏政權，而往往是對洛陽政權變相的支持或反對。如果説北鎮鎮民和秦、隴城民在魏末發動了與廣大羣衆相結合的各族人民反對封建統治的起義，則南境諸州的城民只不過是反覆於統治者各種敵對勢力之間的地方軍事力量而已。

〔一〕魏書卷六八高聰傳稱聰媚附倖臣茹皓，「乃因皓啓請青州鎮下治中公廨以爲私宅，又乞水田數十頃，皆被遂許」。按治中公廨當然在青州城中。又卷六六崔亮附從父弟光韶傳稱青州刺史侯淵「令數百騎夜入南郭，劫光韶」、卷八〇侯淵傳亦云「夜襲青州南郭，劫前廷尉卿崔光韶」，知光韶宅在青州南郭，雖在城外，仍在城區範圍内。高聰、崔光韶當然不是城民。

跋敬史君碑

金石萃編卷三〇録東魏興和二年（五四〇）禪静寺刹前銘敬史君之碑。「史」即「使」，敬使君即敬顯儁，他當潁州刺史時，曾修復禪静寺，僚佐及邑人立石頌德。敬顯儁北齊書卷二六、北史卷五五有傳，都很簡略，興和二年前的出身及歷官不及此碑之詳。前人題跋已多論及。但碑文中有些較重要的事跡，特别是碑陰題名，很值得注意，前人却未詳考。本文就這二方面作一些補充，凡諸家已言者今不贅及。

碑文在敍述敬顯儁爲晉州刺史之後，有一段説他曾奉命鎮壓幽、冀地區的一次暴動，碑云：

又燕司失馭，編荒作逆，連黑山之衆，峙黄巾之勢，縱横海表，陸梁幽冀，震感皇衷，命公是討。公……紛紜馳突，遂夷兇醜。凱旆而歸，增隆寵秩，拜儀同三司。

如碑文所述，大致在東魏初，幽冀地區曾發生一次規模較大的農民起義，但北齊書和北史本傳不載，遍檢紀傳，都没有記録。魏書卷一二、北史卷五孝静紀天平四年（五三七）十二月稱：「河間人邢摩納、范陽人盧仲禮等各聚衆反。」元象元年（五三八）九月稱：「大都督賀拔仁擊邢摩納、盧仲禮等，破平之。」此事又見於北史卷三〇盧同附從子景裕傳，〔一〕知仲禮爲盧同從子，景裕從兄，論時間、地點都

〔一〕魏書卷八四儒林盧景裕傳即以北史此傳補。

相符。但邢摩納、盧仲禮均河北大姓高門，這次暴動是在高歡沙苑敗後，乘機起兵響應西魏，與碑文所云「黑山」、「黄巾」性質不合，而且鎮壓暴動的主將是賀拔仁，不及敬顯儁，因此不能斷言爲一事。就碑文而論，這是一次失載的繼杜洛周、葛榮之後的一次人民起義。

在鎮壓這次起義後，敬顯儁被任爲潁州刺史，碑文云：

韓地邊險，繡連蠻楚。夏風攸改，彫僞成俗，密人不恭，鴟張溪壑，黠虜因資，玩威疆埸，歷政爲鯁（梗），莫能芟遏。……拜（公）驃騎大將軍、潁州刺史、大都督、潁州諸軍事、儀同三司。

這一段是説敬顯儁被任爲潁州刺史前的潁州形勢。周書卷二文帝紀下大統三年（五三七）十月稱：「東魏潁川長史賀若統與密縣人張儉執刺史田迅舉城降。」魏書卷一二孝静紀天平四年（五三七）四月稱：「先是，滎陽人張儉等聚衆反於大騩山，通寶炬。壬辰，武衛將軍高元盛討破之。」據漢書卷二八上地理志河南郡密縣條、水經注卷二二溟水，大騩山即在密縣。張儉是滎陽人，但聚衆却在密縣。所以周書逕以爲「密縣人」。碑文稱「密人不恭」，亦即指張儉。這年十月，東魏潁州長史賀若統與張儉以潁州降西魏，元象元年（五三八）正月，東魏行臺任詳等集合一支很大的兵力收復潁州。〔一〕

碑文没有説敬顯儁參加元象元年正月反攻潁州的戰事，其被任爲潁州刺史當在此年正月以後。據碑文稱「豹驕争先，鬼出電入，梟囚萬計」，則他剛到任時，當地仍有戰事。

〔一〕并見魏書卷一二孝静紀。

從碑陰題名中我們可以知道敬顯儁是帶着他的一批宗族上任的。題名共二百二十九人，其中具官二十四人，多數是潁州所屬軍府及州府僚佐及守令等，而敬姓題名者十五人，除重複實十四人。

持節假征西將軍、太中大夫、陽翟太守敬鴻顯。

陳留太守敬忻，小郎君敬清奴。

州録事參軍敬遵顯。

騎兵敬穆。

州治中敬伏護。

中軍將軍敬景儁。

中兵敬乾歡。

主簿敬頻。

主簿敬子瑜。

都督敬世。

都督敬珍。

都督敬難阤。

都督敬文賢。

持節、假征西將軍、平西將軍、陽翟鎮將、帶陽翟太守，晉州平陽郡晉秋鄉吉遷里人敬鴻顯。

題名敬鴻顯兩見，計十四人，内太守二人（陽翟、陳留，其一以鎮將兼），州治中一人，録事、騎兵、中兵各一人，主簿二人，都督四人，中軍將軍一人，小郎君一人。太守是地方官，非僚佐；中軍將軍是軍號，小郎君未仕；其他十人都是僚佐，又只州治中是州佐，其他九人均潁州驃大府或督府僚佐及所屬都督。值得一提的是州治中，自漢代以來州佐併由刺史辟舉，例必以本州人充。治中是州的上佐，却以晉州平陽人充當，這表示北魏後期傳統制度的破壞。〔二〕主簿則軍府、州府均有，題名别有州主簿陳延、陳遵，知不加「州」字的主簿必是府佐。

這些敬姓人當然是隨敬顯儁來到潁州的，他們中間有的官階較高，名義上由朝廷任命，實際上也是敬顯儁署置。但却有一個問題，他們以及碑陰題名的其他州府、軍府僚佐是前官還是現任？據碑正面在銘文後有如下一行：

新除使持節、都督潁州諸軍事，驃騎將軍、潁州刺史、當州都督崔叔仁。

知興和二年（五四〇）立碑時，敬顯儁已遷官，新任潁州刺史崔叔仁已到任。舊刺史所辟舉或奏署的潁州文武官當然不可能在新刺史管下全部留任。敬顯儁是驃騎大將軍，第三列題名有「中堅將軍、潁州驃大府倉曹參軍向邕」。顯儁已離任，「潁州驃大府」當然也不存在；新任刺史的軍號是「驃騎將軍」，没有加「大」，向邕假使被留任，也只能是「驃騎府」的倉曹參軍，今稱「驃大府」，知是前官。以向

〔二〕嚴耕望北朝地方政府屬佐制度考，載一九四八年歷史語言研究所集刊第十九本（二七二頁）。

邕爲例，題名所列職銜實是前官而非今職。這樣，我們可以推測，敬姓族人隨宗主敬顯儁俱來，恐除極少數外亦須隨宗主而俱去。

我懷疑敬顯儁是帶着以宗族爲核心的部曲到潁州來的。在題名中有柴姓三人，「邑子外兵柴軌」、「潁陰令柴興」、「許昌令柴儁」，又賈姓二人，「鎧曹賈思慶」、「參軍賈充」。按太平寰宇記卷四三晉州姓氏條稱「平陽郡六姓：柴、賈、解、馬、路、鄧」。柴、賈五人得爲潁州縣令及軍府僚佐，疑亦是與敬氏族人一起隨敬顯儁來的部曲。「外兵柴軌」獨標「邑子」，當誤。當然部曲非平陽大姓的更多，但無從考證。

這類帶着部曲赴州任的事並不罕見。北齊書卷二一高乾附弟季式傳稱：「季式兄弟貴盛，並有勳於時，自領部曲千餘人，馬八百匹，戈甲器仗皆備，故凡追督賊盜，多致克捷。」他任齊州刺史，就是帶着他家部曲去的。

敬姓族人爲核心的部曲是外來的力量，在潁州自有其大姓，這是當地的統治力量。

潁州本潁川郡，敦煌所出唐代氏姓書記「潁川郡七姓：陳、荀、韓、鍾、許、庚、庫」，〔一〕太平寰宇記卷七河南許州姓氏條：「潁川郡八姓：　陳、荀、鍾、許、厙、于、鮮于、鮮」。按敦煌姓氏書之「荀」顯爲「荀」之訛，「庚」顯是「庾」之訛，潁川荀氏、庾氏都是魏晉高門。寰宇記之「于」當是「庾」音近而訛，

〔一〕日本池田溫氏唐代郡望表有詳細考證，見東洋學報第四二卷第三號（一九五九）、第四號（一九六〇）。

「鮮」爲「韓」之訛，「鮮于」又因「韓」、「庾」之訛而重出。我又疑氏姓書之「庫」，寰宇記之「厙」也都是「庾」之訛，「庾」寫作「庳」〔一〕形近而訛。潁川大姓除去疑誤以外，爲陳、荀、韓、鍾、許、庾六姓，二書是一致的。陳、荀、韓、鍾、庾都起於漢末，出了不少名人，無須贅述，唯許氏不詳。今檢碑陰題名，陳氏有九人：

州都陳始和。
州主簿陳延。
州主簿、別駕陳遵。
郡功曹陳敬。
都民望陳樹。
民望陳世用。
邑子陳始明。
都督陳族。
都督陳胡。

按陳氏九人除都督二人不能確定其爲潁川陳氏外，其餘七人的職銜身分都表示他們是潁川首望。

〔一〕敬史君碑陰題名第二列有「都督庳翫」。

「州都」過去即州大中正的別稱，〔一〕地位很高，例由朝廷大臣兼任；這裏的「州都」乃刺史州府僚佐，地位較低。但不管怎樣，任州都的仍是本州大姓。主簿、别駕、功曹是州郡首僚。碑陰題名，民望很多，而陳樹獨標「都民望」，表明陳氏地位高出於其他大姓。從陳氏職銜和身分上可以看到，與敬氏相反，他們所任均爲州、郡府屬，也即表明他們是被辟舉的地方大姓。

荀氏只有長史荀樂一人，却是軍府首僚；鍾氏只鍾遵一人，連上題名，當是長流參軍，也是軍府僚佐；庾氏也只有都督庾翫一人，乃軍職。荀、庾二家均盛於東晉，特别是庾氏，大概留居潁川的地位降低，所以「民望」中也没有此二姓。鍾氏也可能是渡江之故。韓氏題名有民望四人，都督二人，又韓章連上署名爲邑子。潁川韓氏雖也是漢末高門，後世却不甚通顯，但從題名中可以知道他們直到這時還是潁川大姓。許氏有民望三人，都督一人，黨（黨長）一人。

敦煌所出氏姓書和寰宇記所記潁川大姓基本上都在此碑題名中見到蹤跡。荀、鍾、庾三姓在本州地位顯然降低，不但遠不如陳氏，而且也比不上韓、許二姓。

不少魏晉舊門經歷十六國以至北魏，業已衰微，北魏孝文帝定姓族，雖也考慮前代名位，主要還是當代官爵，所以像魏晉煊赫一世的陳、荀、鍾、韓、庾這些潁川高門遠不能與崔、盧、李、鄭、王五姓七家相比。但如題名所表明的，他們之中有的還保持其在本鄉的特殊地位，如陳氏；其他諸姓畢竟也

〔一〕晉書卷六〇李含傳先稱「本州（雍州）大中正傅祗」，後録傅咸上表稱：「臣從弟祗爲州都。」

都在僚佐中找到姓氏。

碑陰題名列民望四十一人，孫氏最多，共六人，韓氏、趙氏次之，各四人，以下許氏三人，陳、宋、工、閻、劉、張各二人，沈、藥、李、姜、仇、聶、毛、屈、丘、馬、龍各一人，内陳樹稱爲「都民望」。「民望」是指未出仕的當地人士，主要是當地大姓。魏書卷七下高祖紀下太和二十年（四九六）三月下詔稱：「諸州中正各舉其鄉之民望，年五十以上守素衡門者，授以令長。」所謂「望」即族望之「望」。魏書卷七八孫紹傳，延昌中（五一二——五一五）上表，其中論選舉之弊，有云：「中正賣望於下里，主按舞筆於上臺。」「賣望」即受賄而提高族望。碑陰題名中稱爲「民望」的諸姓中，趙氏最顯赫，有「安東將軍、銀青光禄大夫、潁州督府長史趙懃之」及「許昌太守趙文光」、「主簿趙安」、「都督趙珍」，所任却都非州、郡府僚佐。此外宋氏有潁州長史一人，士曹一人；孫氏有縣令一人，祭酒一人。趙氏並無潁川一望，但三國志魏書卷二三趙儼傳稱「潁川陽翟人也」，他在齊王芳時位至司空，少時和同郡辛毗、陳羣、杜襲齊名，應是士族。題名的趙氏可能是他的後裔或族人。又州都除陳始和外還有個郭惠蚝。任州都者例爲本州大姓，此外還有郎中郭延賓、臨潁令郭叔。三國時郭圖、郭嘉都是潁川人，〔一〕郭氏亦必是潁川著姓，但民望中却不見郭氏。

題名所列民望達二十一姓之多，他們應該在法令上都是大姓士族，如果再加上不見於民望而應

〔一〕三國志卷六袁紹傳稱「潁川郭圖」。卷一四郭嘉傳稱「潁川陽翟人」。

爲潁州士族的荀、鍾、庾、郭四姓，則有二十五姓。其中除上舉陳、荀、鍾、韓、庾、許六姓外，孫氏以下十九姓在傳世諸氏姓書中都没有潁川一望。這裏説明諸氏姓書不一定總能反映各地現實情況，事實上現實的被承認爲士族的總比氏姓書所記載的多得多；同樣也説明題名所反映的只是一時的情況，所列「民望」中很多可能即是通過「中正賣望」而取得地位，獲得法令上承認，但社會上未必都承認。但不管他是「魏晉舊門」，或者「後起新門」，乃至「濫厠清流」，在特定時期内他們是統治潁州的姓族。

西晉政權瓦解，北方各地大姓實際上統治各自的鄉土。大姓豪强以塢營堡主、宗主的身分，以宗族鄉里爲基礎，組成封建集團，他們是家長，又是封建領主和武裝首領。北魏中期孝文帝改革以後加强中央集權，那種宗主督護制被廢除了。但作爲社會組織，宗族鄉里間密切關係既然存在，在一定條件下仍然要反覆出現。在敬史君碑中我們可以看到以敬顯儁爲首的晉州平陽的宗族鄉里組織，他們跟隨敬顯儁到潁州，即在潁州充任官職。我們也看到潁州大姓，有的是魏晉舊門，有的可能是後來興起的「暴發户」，他們通過傳統的辟舉制或奏署充任軍府特别是州府的要職。從這裏清楚地反映了這一時期社會結構的特點。

北齊標異鄉義慈惠石柱頌所見的課田與莊田

河北石徵第一集載北齊標異鄉義慈惠石柱頌。石柱在今河北定興縣治西北二十里。太平寰宇記卷六七易州易縣下所記石柱即此。光緒定興縣志卷一六載沈曾植長跋，考證史事甚詳審，本文不擬贅述。

石柱是爲「標異」（亦即旌表）那些興立義坊，掩骼施食的「義衆」而建立的，據石柱頌序，這個「興設義食，以拯饑虛」的義坊原在舊官道旁，東魏武定四年（五四六），高歡巡視北境城戍，〔一〕下令把官道往西移動。這樣就「舊堂寥落，行人稍簡」，於是跟着遷移，「依隨官路，改卜今營」。這個遷建幾乎全由嚴僧安合宗施地助成。頌序有如下一段記載：

爰其經始，厥堵靡立。便有篤信弟子嚴僧安，合宗夙籍道因。……若父若子，乃識乃親，或前或後，非貧非富。……各捨課田，同營此業，方圓多少，皆如別題。

頌序敍述嚴氏父子親識「各捨課田」的事，又説施捨多少，別有題記。這個「別題」即在柱側，上排是施主姓名，自嚴僧安起至嚴海賓止，共二十三人，其中嚴姓二十人，李姓二人，陳姓一人。下排先有一

〔一〕北史卷六齊本紀上武定三年（五四五）十月記：「神武上言，幽、安、定三州北接奚、蠕蠕，請於險要修立城戍以防之。躬自臨履，莫不嚴固。」（北齊書此紀即以北史補）頌序所云「武定四年，神武北狩」，即指此事，可能上言在三年十月，巡視實在次年。

段總敍初施義園宅地主嚴僧安等七人名，次分别記載此後施主全家父子兄弟名，施田多少、地段等。

這個施地題名，是本件中史料價值最高的部分，今録如下：

1 初施義園宅地主篤信弟子嚴僧安，故人嚴□、嚴法胤、嚴僧芝、嚴道業、嚴惠仙、

2 嚴市仁等，併解苦空，仰慕祇陁之惠，設供招納，捨地置坊。僧安□自穿井，定基立

3 宅，實是起義檀越。今義坊園地西至舊官道中，東盡明武城墴，悉是嚴氏世業課

4 田，皆爲種善來資，忻捨無悔。施主僧安夙植定□，遭災無難，荒後寶育男女，

5 併各端慧。長子懷秀、次息奉悦、第三息懷達、第四要欣，性併恭孝，敬從父命，立

6 義十載有餘，重施義南課田八十畝，東至城門，西至舊官道中，平坦良□，立文

7 永施，任義食衆□（領？）蒔果，普天共味，隨時禮念。願□施主因慈感悟，宗房相學，廣

8 施如左：施主嚴承，長息侍伯、伯弟阿繼，孝心純至，爲父□重施義東城壕、城南

9 兩段廿畝地，任義拓園種殖供賓，冥資施主，冀若把土，來招輪□。施主嚴光璨，璨

10 弟市顯，兄弟門華禮，[一]風儀併著，兒孫端質，鄉里敬尚，施心彌隆，念福重義，有甚山

11 人。璨弟市顯、顯息士林，璨息惠房、第三息定興、璨孫洪略，共施武郭垬田四頃，施心堅

12 固，衆雖□，垬任衆迴便賣買，垬田收利衤□用，見倐薄拘之因，來受菩提無盡之果。

〔一〕「禮」字上或下疑脱一字。

13 施主嚴道業、業長息桃賓，父子重義輕財，爲福捨地，現招十利，當獲提伽淨寶。　施主

14 嚴惠仙、長子阿懷、第二蘭懷、天保等，信義精誠，弗鄰世報，各施地廿畝，任衆造園，種牧

15 濟義，心度如海，捨着爲念。　施主嚴市念、念大兒□□、長弟阿禮、阿灰兄弟，順仰慕

16 亡考，舍地卌畝，□嚴奉地，與義作園，利供一切，願資亡者，既□存亡博惠，離車□畢非

□。〔一〕

上録施地題記十六行，中有缺文訛字以及漫漶不清的字，但全部施地情況是清楚的。據上録題記，1行稱「初施義園宅地主」嚴僧安等七人，應是武定四年的事。七人施地多少没有記下來，只説所施都是嚴氏「世業課田」。4行「施主僧安」以下則是以後陸續施入。5至6行記嚴僧安的兒子們「性併恭孝，敬從父命，立義十載有餘，重施義南課田八十畝」。因爲嚴僧安武定四年已曾施捨，所以這裏記他的兒子們爲「重施」，時間已在武定四年(五四六)初施後十年餘，即北齊天保七年(五五六)稍後。8至9行記嚴承的兒子「孝心純至，爲父□重施義東城壕、城南兩段廿畝地」。1行「故人嚴□」，所缺應即「承」字。這一家也是重施。13行嚴道業，14行嚴惠仙名在1行「初施」七人中，這裏應當也是「重施」。此外，嚴光璨兄弟子孫及嚴市念父子，初施無名，可能是新施主。1行初施七人中嚴法胤、嚴僧芝、嚴市仁三人不見後記，當是只於武定四年施入一次。

〔一〕此句疑有訛脱。

如上所述，可知所記畝數只是「立義十載以後」嚴氏施入的數字，初施田地數並沒有記下來。「初施」義坊園地雖説「悉是嚴氏世業課田」，至於後來施入的却有課田、莊田以及只説施「地」的。那種只稱爲「地」的姑置不論，所記「課田」及「莊田」名目不見北魏、北齊乃至唐代的田令。但是，「課田」早見於西晉，而莊田却在此後隋唐時大爲興盛，因此石柱頌題名上出現這二種田畝名稱，仿佛具有承上啓下的意味。

西晉滅吴之後（太康元年，二八〇）頒布了户調式，其中包括占田、課田制。我的舊稿西晉田制試釋中曾認爲「課田是督課耕田之意」，還曾引北魏太和元年（四七七）詔書所云「其勑在所督課田農。……一夫治田四十畝，中男二十畝」，以爲正和西晉的課田相似。〔一〕這個意見現在没有改變。但這裏的課田恐怕應解釋爲課納租調的田。據晉故事所載，課田是和徵納租調聯在一起的，〔二〕因此，督課耕田和課納租調的田並非不能相通。當然，我們記得立石柱時是實行均田制的時代。在均田制下，「諸民年及課則受田」，所受田有露田、桑田或麻田，應該説都是課田，但這裏説的是「世業課田」，因而按照北魏和北齊田令，只能指桑田。魏書卷一一〇食貨志記載太和九年（四八五）均田令稱，「諸桑田皆爲世業，身終不還」，而露田則是「老免及身没則還田」，談不上世業；而且露田不准許買賣，桑田則在二十畝的基準上准許「盈者得賣其盈，不足者得買所不足」，既然在一定條件下准許買

〔一〕魏晉南北朝史論叢卷五〇—五三頁（文集本四六——五〇頁）。
〔二〕初學記卷二七絹引。

賣，當然也允許轉讓。因此，「世業課田」解釋爲桑田是有理由的。

當然，我們必須注意到義坊所在是北魏幽州上谷郡故安縣，即北齊幽州范陽郡范陽縣。〔一〕魏書卷一一〇食貨志太和八年班禄條記録貢綿絹及絲的十九州，和「以麻、布充税」的十八州一郡二十九縣，幽州是出麻布的十八州之一。據北魏均田令稱：「諸麻布之土，男夫及課，則給麻田十畝，婦人五畝，奴婢依良，皆從還受之法。」義坊既在「麻布之土」，嚴僧安這些施主就不可能持有用以施捨的桑田，所以不能説「世業課田」即桑田，只能説是桑田化了的麻田。隋書卷二四食貨志記北齊河清三年（五六四）令有如下一條：「土不宜桑者，給麻田，如桑田法。」這是個很重要的改變。根據這一條，「麻布之土」和「桑土」一樣，課丁都受二十畝不還受的世業田，到了此時，桑田、麻田都是世業，除了種植物不同而外，已無區别，所以施地題名逕稱爲「世業課田」，到了隋代就根本取消桑、麻田名目，一概稱爲永（世）業田。〔二〕

〔一〕太平寰宇記卷六七易州條稱：「漢置涿郡，今州即涿郡之故安縣也。晉爲范陽國，後魏又爲上谷郡。」易縣條云：「本漢故安縣也。……地理志：故安縣屬涿郡。晉地道記屬范陽國。按故城在今縣東南七百步武陽故城東南隅故安故城是也。高齊天保七年省。」隋書卷三〇地理志中上谷郡易縣下亦云「舊有故安縣，後齊廢」。故安縣廢入哪一縣，諸書不載。今按石柱首稱：「標義門使范陽郡功曹盧宣儒、典西曹掾解寶憐、范陽縣使丞李承叔、典西曹掾龍仲裕。」標異使人爲范陽郡與范陽縣的僚佐，知北齊時舊故安縣省入范陽縣。

〔二〕隋書十志唐高宗顯慶元年（六五六）成書，見唐會要卷六三修前代史。食貨志中記北齊河清令中的「永業」，疑本作「世業」，因避太宗李世民諱而改。吐魯番哈拉和卓三九號墓所出唐貞觀間缺名手實，又阿斯塔那一〇三號墓所出貞觀年間范延伯等户口田畝簿，仍稱「世業」，可知早自魏齊直至唐初并稱「世業」，稱「永業」者都是高宗時所改。

雖然直到河清三年田令，我們才看到明文取消了北魏關於麻田的田額及還受規定，但事實上的改變當在其前。因爲嚴氏初施田是在武定四年（五四六），有年可稽的「重施」也在天保七年（五五六）稍後，均在河清前，而頌序及題名所記的「世業課田」在均田範圍内，只能在麻田桑田化以後才能出現。這個變化不可能發生在北魏，因爲敦煌所出西魏大統十三年（五四七）瓜州效穀郡（？）計帳仍然嚴格執行北魏均田令關於麻田的規定，〔一〕可知北魏未分東西魏前，麻田數額及還受規定未變。我們推測這一變化應即在東魏時。

前面我們已提到按照北魏均田令，桑田在一定條件下准許買賣。隋志没有記下河清令中關於土地賣買的規定，但可以斷言，東魏、北齊時永（世）業田的賣買幾乎没有限止。通典卷二敍北齊田制，引關東風俗傳稱：

帖賣者，帖荒田七年，熟田五年，錢還地還，依令聽許。露田雖復不聽賣買，賣買亦無重責。貧户因王課不濟，率多貨賣田業，至春困急，輕致藏走。

既稱「露田雖復不聽賣買」（賣買雖實際存在，總究是非法的），則上面所説「依令聽許」帖賣的荒田、熟田應指二種永（世）業田。隋志所載河清令稱「職事及百姓請墾田者，名曰永業田」，這是一種；又稱「每丁給永業二十畝爲桑田」，這是另一種。關東風俗傳所説准許帖賣的荒田即是墾荒的永業田，

〔一〕斯〇六一三號文書，見敦煌資料第一輯所載鄧延天富等户殘卷，日本池田温氏中國古代籍帳研究第一四九——一六五頁。

所謂「熟田」即作爲永業的桑田（也包括麻田）。上面説過，既許賣買，當然更許施捨。由此可知頌序及施地題名中强調「世業課田」，其實際意義在於説明田畝轉移的合法性。

在施地題名中嚴光璨兄弟子孫施入的是「埏田四頃」，「埏」是莊的俗寫。六十年前，日本加藤繁氏曾經對莊園、莊田進行考證，〔一〕以後中外史學界頗多論述，大都着重在唐宋時期的莊園。雖然南北朝史籍詩文上早已見到「莊」或「山莊」，也可以斷定這些莊、別墅、別業不僅是玩賞場所，而且多半帶有大片種植穀物、果、蔬的土地，但「莊田」或「莊園」聯稱却是少見的。就我所見，只有兩條，今録如下：

（一）周書卷二九宇文盛傳稱盛告趙貴謀殺宇文護，趙貴被殺，宇文盛加官進爵，此外還「賜甲一領，奴婢二百口，馬五百匹，牛羊及莊田、什物等稱是」。按此事在周閔帝元年（五五七）。

（二）同書卷四四李遷哲傳稱：「武成元年（五五九）朝於京師。世宗甚禮之，賜甲第一區及莊田等。」

嚴光璨施田的確實時間不清楚，既列於嚴僧安及嚴承兒子輩「重施」之後，大概至早不得在天保七年（五五六）前，也可能稍晚幾年，大致和周書所載兩條時間相當。雖然事實上的莊田早已存在，因而這一名詞的出現，似乎僅僅是個名稱而已。但這個名稱恰恰出現在北朝後期，而且幾乎在周、齊兩

〔一〕加藤繁中國經濟史考證第一卷唐代莊園的性質及其由來、唐宋時代的莊園組織及其成爲村落而發展的情況。

地同時出現，至少也表明隋唐通行的莊田、莊園與北朝的繼承關係。施地題名中的莊田記載可能有助於這一課題的研究。

我們從史籍上見到的有關莊田、田園、別墅等記載，其主人全部都是貴族官僚。而這裏的「莊田」主嚴光璨却没有任何官銜，雖然題名中恭維這一家「兄弟門華」，漢魏以來幽州范陽郡的高門大姓却並無嚴姓，他至多是個本縣豪强，也可能只是個普通地主，但他同樣擁有莊田。這樣，使我們瞭解以莊田形式占有土地在當時是較普遍的封建土地所有制。

在施地題名中施捨課田或單稱「地」的不過數十畝，最多也只有八十畝，而嚴光璨施捨的「莊田」却有四頃，大大超過了他的同族人。這豈非表明在均田制範圍内「世業課田」至少在法律上是有限止的，而均田制以外的莊田是没有限額的。當然我們不能確知嚴光璨究竟有多少土地，但可以肯定必然遠遠超過四頃。

應當指出，嚴光璨的四頃莊田是在「武郭」，即屢見於題名的明武城郭。明武城無考，大概是個古城，[一]這個義堂即在明武城西，嚴僧安所施的課田「東至城門，西至舊官道中」；嚴承所施的兩段地，也在「義東城壕、城南」；嚴光璨的莊田是和這些「世業課田」相聯接，都在明武城與舊官道之間。這一情況，似可說明這種莊田即錯出於課田（包括世業與露田）之間，這種莊田課田錯雜的情況，似乎和

〔一〕太平寰宇記卷六七易州易縣下有武陽故城，沈曾植跋疑即石柱頌之「明武城」，但無確據。

「連畛亘陌」、「兼嶺而占」的別墅、山莊很不相同。根據本條，這類間錯的莊田當時可能普遍存在。

值得注意的是，莊田施入義堂後的用途很特別，施地題名說：

共施武郭垟田四頃，施心堅固，衆雖□，垟任衆迴便賣買，垟田收利祁（福？）用。

「衆雖□」句似有脱文訛字，不可解。「迴便賣買」指商業活動，「收利」似指莊田上的一切收入。雖然這二句的確切解釋還不明瞭，但它與其他施入田地之「任義園食」、「拓園種植」、「造園種牧」、「與衆作園」很不相同。其他田地的用途脱不了一個「園」字，即施給義堂作園，而這塊莊田似乎不是作園，而是獨自成爲一個義坊所屬的單位。爲什麽存在這個差異，可能由於附有莊舍，而課田則止有土地。是否由於莊田收穫用來「迴便賣買」和出貸「生利」，而園中果蔬糧食等生産則是用來供養駐堂的「上座」、「寺主」、「居士」之類呢？暫時不能斷言。

這些義田施入義坊後，成爲「義坊園地」，除了在這裏「穿井」、「定基」、「立宅」，以後又興建門堂，圍牆立院和起建寶塔之外，空地上「蒔果」、「種牧」，大概有果園、菜園和牧羊、飼雞的場所，此外還有應是種植穀物的四頃莊田，義坊占有的土地較之大型田園、別墅要小得多，但確實具有一般田園、別墅的規模。今引一段有關資料作爲參考。周書卷四二蕭大圜傳說他「心安閑放」，説過如下一段話：

北山之北，棄絶人間；南山之南，超踰世網。面脩原而帶流水，倚郊甸而枕平皋，築蝸舍於叢林，構環堵於幽薄。……果園在後，開窻以臨花卉；蔬圃居前，坐簷而看灌畦。二頃以供饘粥，十畝以給絲麻。侍兒五三，可充紝織；家僮數四，足代耕耘。沽酪牧羊，協潘生之志；畜雞種黍，應莊叟之言。穫菽尋氾氏之書，露葵徵尹君之録。

蕭大圜占有土地不算大，却有果園、蔬圃，二頃種穀物，十畝植桑麻，還牧羊喂雞，可謂色色俱全，他具體描寫了一個自給自足的田園。義坊的園地莊田合起來也就是這樣一個田園。蕭大圜没有提到商業、高利貸活動，但貴族官僚以及寺院進行此種活動見於史籍者很多，近人論證已多，無須贅述。

這裏還有個不能解決的問題，即誰是義坊園地的直接勞動者？蕭大圜説得很清楚，他有「家僮」替他耕種，「侍兒」即婢替他織紝，反映了「耕當問奴，織當問婢」的俗諺直到此時還有現實意義。但是我們不能由此斷定所有田園都這樣。根據頌序和題名，義坊組織完全摹仿寺院，寺院是有奴婢的。據魏書卷一一四釋老志北魏還有以涼州軍户設置的封建性的僧祇户和以罪犯、官奴設置的類似奴隸的佛圖户。當然，義坊還不是寺院，而且北齊時寺院也早已没有上項的户口，我們只能説寺院中的直接生産者大致存在着奴隸性的和封建性的兩類。可能這也是一般田園、别墅中的情況。頌序和題名記載了田地的施捨，却完全看不出這些園地、莊田由誰耕種。這個問題暫時只好存疑。

（原載一九八〇年武漢大學學報第四期）

唐代的客户

我在魏晉南北朝時期的客和部曲一文中論及唐代客户的變化，〔一〕本文將就這一問題作進一步探討，實是前文的續篇。國内外學者幾乎都認爲唐代中期在經濟、政治、軍事、文化各方面都發生顯著的變化，但這種變化的性質，國内外存在着巨大的分歧。我以爲探討客户地位的變化將有助於這一問題的深入研究。以我的學力，無論在理論上或者資料的掌握上都遠不足以把全部客户問題解釋清楚，這裏只是就變化過程提出自己的一得之愚而已。其中有些論點已在過去所寫拙文中涉及，〔二〕間有重複或有出入，不擬一一説明。

一　浮客與括客

唐代史學家杜佑曾經以隋代户口增多、倉庫充裕，歸功於高熲創立輸籍定樣，他説：「高熲覩流冗之病，建輸籍之法，於是定其名，輕其數，使人知爲浮客，被强家收大半之賦，爲編氓，奉公上，蒙輕減之征。……烝庶懷惠，姦無所容。隋氏資儲遍於天下，人俗康阜，熲之力焉。」在這段話中，還有個

〔一〕魏晉南北朝史論拾遺收録。

〔二〕關於武則天統治末年的浮逃户，載歷史研究一九六一年第六期。

解釋浮客的注文，稱：「浮客，謂避公税，依强豪作佃家也。」又説：「高熲設輕税之法，浮客悉自歸於編户，隋代之盛，實由於斯。」〔一〕

杜佑認爲輸籍法的頒佈，浮客悉歸於編户，當然是誇大的。我們知道當時蘇威建議減削功臣土地，用以配給受田不足的農民，立即遭到大功臣王誼的反對，〔二〕如果把他們以及一切豪强之家占有的浮客悉數檢括爲編户，顯然會遇到阻撓，怎麽可能如史籍所載進行得頗爲順利呢？據隋書卷二四食貨志，檢查出來的大概雖也有「避役惰遊」的人，但不一定都是豪强土地上的「佃家」，而且還有不少是隱丁、匿口，增減年齡以避役的所謂「疲人」，並非全屬浮客。〔三〕杜佑解釋「浮客」似乎全是依託豪强，納大半之賦的佃家也是不全面的，因爲「浮客」僅僅指在見居地不編户貫的逃亡者，其中包括各色各樣的人，有通過買賣或開墾荒地而獲得小塊土地的自耕農，有流入城市的商販和待雇的傭作，還有没有一定職業的所謂「遊食」，甚至還有少數地主。這在唐代可以看到，隋代應該也是這樣。然而，

〔一〕並見通典卷七丁中。

〔二〕見隋書卷四〇王誼傳。

〔三〕隋書卷二四食貨志稱：「是時山東尚承齊俗，機巧姦僞，避役惰遊者十六七。四方疲人，或許老許小，規免租賦。高祖令州縣大索貌閲，户口不實者，正長遠配，而又開相糾之科。大功已下，兼令析籍，各爲户頭，以防容隱。於是計帳進四十四萬三千丁，新附一百六十四萬一千五百口。」同書卷六七裴藴傳却説是大業五年（六〇九）由裴藴奏請貌閲，叙述「一人不實，則官司解職，鄉正里長皆遠流配，又許民相告」云云，大致與食貨志所述開皇條例同，而所得户口數尾數全同。日本學者認爲食貨志紀年有誤，「貌閲」實是大業五年事。

儘管杜佑的話不免有些誇大，也有點籠統，「依强豪作佃家」的浮客畢竟是絶大多數，所以杜佑作出這個解釋。我們知道，以逃亡農民組成的勞動隊伍長期以來直到唐代，一直是封建大土地上的主要勞動者。杜佑在這裏雖然説的是隋代高熲使浮客歸於編户的功業，其實也正是慨嘆唐代没有處理好浮客問題。

唐代逃亡問題武后統治時開始嚴重，唐會要卷八五逃户記證聖元年（六九五）李嶠上表便説到「今天下之人流散非一，或違背軍鎮，或因緣逐糧，苟免歲時，偷避徭役」，他憂心忡忡地指出這些「浮衣寓食，……或出入關防，或往來山澤，非直課調虚蠲，闕於恒賦，亦自誘動愚俗，堪爲禍患」。他建議「令御史督察檢校」，採取四條措施，即「設禁令以防之，垂恩德以撫之，施權衡以御之，爲制限以一之」。所謂設禁令、垂恩德乃是軟硬兼施，迫使或誘使浮逃者歸還原籍，所謂施權衡則是允許「離失本業（指本貫已喪失土地），心樂所在，情不願還，聽於所在隸名，即編爲户」。所謂制限，即限逃亡者在符到百日以内自首，「限滿不出，依法科罪」。李嶠並没有説這些逃户怎樣在異鄉生活，但却有「殷富者令還，貧弱者令住」一句，知逃户有富有貧而已。李嶠的建議並未被採納，但四項措施却一直爲後來括客時所承用。

在李嶠上表後三年（聖曆元年，六九八），陳子昂提出川蜀逃户問題，他説：〔一〕

今諸州逃走户有三萬餘，在蓬、渠、果、合、遂等州山林之中，不屬州縣。土豪大族，阿隱相容，徵斂驅役，皆（不？）入國用。〔二〕其中遊手惰業、亡命之徒，結爲光火大賊，依憑林險，巢穴其中。

〔一〕陳伯玉集卷八上蜀川安危事。
〔二〕「皆」字下當脱「不」字，或「皆」爲「不」之訛，否則不可通。

陳子昂説武后時蜀川逃亡有三萬餘户之多，聚集在今四川東北部遂寧、南充、儀隴一帶山林之中。這些逃户分爲二類，一類受土豪大族蔭庇，被徵斂驅役。他們大致在山林中墾荒。我們知道山林川澤可耕之地早就被土豪大族占爲己有，〔一〕即使尚有許多無主荒山，從事開墾的逃户爲了躲避官府追捕，爲了獲得生活與生産資料，比如糧食、種子、刀斧犂鋤之類，他們也只能依託土豪大族，受其「徵斂驅役」。這一類基本上都屬於「依强豪爲佃家」。另外一類被説成是「遊手惰業，亡命之徒」，他們公然結成「光火大賊」，甚至「攻城劫縣」。正如李嶠所憂慮的「恐動愚俗」。

陳子昂認爲對於這些逃户，不能「縱而不括」，他要求制訂「條例括法」，進行檢括。但這一回他没有提到有什麽具體措施。雖然陳子昂説的只是蜀川地區，但逃户當然不限於蜀川。大約又過了五、六年，逃户問題越加嚴重，舊唐書卷八八韋思謙附子嗣立傳，武后時嗣立上疏有云：〔二〕「今天下户口，亡逃過半，租調既減，國用不足。」「亡逃過半」，那是多麽嚴重啊！李嶠、陳子昂建議括逃户，並未立即採納，到了這時，統治者認爲必須付之實施了。長安三年（七〇三），武后派遣御史在全國範圍内進行括浮逃。此事見於新唐書卷一二五蘇瓌傳，稱「十道使括天下亡户」，在敦煌、吐魯番也都發

〔一〕這種情況在南北朝時已很顯著，見拙撰南朝的屯邸别墅及山澤占領，原載歷史研究一九五四年三期。又通典卷二田制下引關東風俗傳稱北齊時「河渚山澤，有可耕墾，肥饒之處，悉是豪勢，或借或請，編户之人不得一壟」。

〔二〕韋嗣立上疏，本傳不記年，據疏稱「永淳以來二十餘載」，嗣立上疏後，於長安四年（七〇四）爲同鳳閣鸞臺平章事，則上此疏必在長安初。

現有關這次括浮逃户的文書，今引吐魯番所出長安三年（七〇三）敦煌縣典陰永爲括浮逃户事上縣司牒如下：〔一〕

1 甘涼瓜肅所居停沙州逃户

2 牒奉處分：上件等州，以田水稍寬，百姓多

3 悉居城，莊野少（生）執作。沙州力田爲務，

4 小大咸解農功。逃迸投詣他州，例被招

5 擕安置。常遣守莊農作，撫恤類若家

6 僮。好即薄酬其傭，惡乃横生構架。爲

7 客脚危，豈能論當。荏苒季序，逡巡不

8 歸。承前逃户業田，差户出子營種。所收苗

9 子，將充租賦，假有餘賸，便入助（生）。今奉

10 明勅，逃（生）括還，無問户第高下，給

11 複（復）二秊。又今秊逃户所有田業，官貸

12 種子，付户助營。逃（生）若歸，苗稼見在，課

〔一〕本件爲大谷二八三五號文書，見池田温中國古代籍帳研究三四二頁。内容是關於沙州即敦煌括浮逃户事，但出土地點應在吐魯番。

13 役俱免，復得田苗，或恐已東逃生，還被主生

14 誸誘，虛招在此有苗，即稱本鄉無業。

15 漫作由緒，方便覓住。此並甘涼瓜肅百姓，

16 共逃生相知，詐稱有苗，還作住計。若不牒

17 上括户採訪使知，即慮逃生訴端不息。

18 謹以牒舉。謹牒。

長安三季三匜　㐅　典　陰永牒。

〔下判署畧〕

沙州農民逃亡的去處只在河西諸州，他們一到他州，即在地主莊上農作勞動，正如杜佑所説「依强豪爲佃家」。我們在上面曾引陳子昂的話，川蜀逃亡也仍在較近的蓬、渠、果、合諸州。後來杜甫論川蜀逃亡，稱：〔一〕

蜀之土肥，無耕之地。流冗之輩，近者交互其鄉村而已，遠者漂寓諸州縣而已，實不離蜀也。

大抵祇與兼并豪家力田耳。

杜甫著論，時代較晚，而河西、川蜀的基本情况相同。

〔一〕全唐文卷三六〇杜甫東西兩川説。

牒文說浮逃户獲得的待遇是「撫恤類若家僮」。「家僮」名稱屢見記載，〔一〕唐代是私家賤口的泛稱。廣韻卷一東韻：「僮，僮僕。」唐律疏議卷二二鬥訟：「諸部曲、奴婢過失殺主」條疏議云：

部曲、奴婢是爲家僕，事主須存謹敬。

奴婢、部曲都是「家僕」，亦即家僮。這裏說「類若」，因爲依託豪强的佃家並未正式成爲法律上的賤口，但其待遇却相當於這類人。牒文還説到浮逃户遭主人的苛重剥削，「好即薄酬其傭，惡乃横生構架」，「傭」在這裏應指傭值。史記卷四八陳涉世家：「少時嘗與人傭耕。」索隱：「廣雅云：『傭，役也。』按：謂役力而受雇直也。」則牒文指浮逃户爲地主傭耕，杜佑所云浮客輸大半之賦乃是佃耕，二説有異。其實浮客之依豪强，有佃耕也有傭耕。唐大詔令集卷一一一開元二十四年（七三六）聽逃户歸首勅説逃户「忍棄枌榆，轉徙他鄉，傭假取給，浮窳求生」。勅文指出逃户在他鄉「求生」之途是「傭假取給」，「傭」是傭僱，已如上述。「假」應指租佃。史記卷一二二酷吏甯成傳記成得罪歸家後，「貰貸買陂田千餘頃，假貧民，役使數千家」。正義曰：「假貧民，言假借貧民力營而分其利也。」説的正是租佃。〔二〕

〔一〕太平廣記卷二三八薛氏子條見「家僮、役客輩」，卷三四八辛神邕條見「傭者劉萬金與家僮自勤」，卷三七二盧涵條見「家僮及莊客十餘人」。家僮與莊客、傭者、役客（當即莊客）並提，知有區别。家僮當是奴、部曲等賤口的泛稱，莊客、傭者法律上並非賤口。

〔二〕漢書卷九〇酷吏甯成傳本條顔師古注却説：「假謂雇賃也。」似乎以「假」爲僱傭。又漢書卷二四上食貨志「豪民侵陵，分田劫假」條師古注云：「分田，謂貧者無田而取富人田耕種，共分其所收也；假，亦謂貧人賃富人之田也；劫者，富人劫奪其税，侵欺之也。」則假即假田，賃田，亦即租佃，和甯成傳注不太一致。疑師古甯成傳注有訛奪。

我們認爲傭耕與佃耕同爲封建大土地上存在的兩種剥削形式。大抵莊的周圍土地往往由主人（或主人的代理人）直接營種，有的是種植穀物的田，有的是種植蔬果、桑柘的園，通常役使奴婢和僱傭，此外廣闊的土地當然只可能採取租佃方式。雖然二種形式都存在，我們有理由認爲租佃是封建大土地的主要剥削形式。

牒文指出這些逃户雖遭到殘酷壓榨和剥削，但却由於身爲浮客，處境危險（爲客脚危），不敢理論。他們是逃亡者，沙州是有軍府州，因而也是「背軍逃亡」，流入他鄉，首先必須取得豪强庇護，否則便難以容身，有被追捕判刑的危險。正是在這種情況下，他們實際上處於私屬的地位，主人「横生構架」，也不能和主人理論。但是，法律上從未承認這種自行投靠的庇護關係，遣使括浮逃的目的就爲了把浮客括還本貫，使他們復歸於編户，以便承擔國家賦役。上引牒文提到當時頒發的勑書，宣佈逃户歸還本貫，一律免除賦役二年，給還原有田宅；由他人營種的逃户土地，即使已長苗稼，逃户歸來，仍然歸還。這些所謂寬優措施，都是爲了誘使歸籍。從牒文中我們還看到，如果逃户本貫無業，見居地墾種的土地已長苗子，也可「方便覓住」。所謂「虚招此地有苗」，「詐稱有苗」，即是詐稱當地墾荒已長苗子。浮客實際上是佃耕、傭耕，並非自行墾荒，所以要這樣「虚招」和「詐稱」，即因括客條例對於墾荒有成的浮客比較寬容，得以留住，而無田的浮客却必須勒令還籍之故。證聖元年（六九五）李嶠上表有如下一段話：

逃人有絶家去鄉，離失本業，心樂所在，情不願還，聽於所在録名，即編爲户。

可知長安三年敕書實即七年前李嶠建議的實施。〔一〕

長安三年的括浮逃究竟取得什麽效果，我們不知道。到玄宗開元九年（七二一）採納宇文融建議，發動了一次大規模的全國性括客，時間一直延續到開元十三年（七二五），得新附客户八十餘萬。檢得的客户除少數歸本貫以外，〔二〕絶大多數准許即在見居州縣附籍，六年内免除租調力役等全部負擔，每丁納一千五百文入官。六年期滿准照一般百姓例輸課服役。八十餘萬户是個很大的數字，開元十四年（七二六）户部進計帳，本年管户七百六萬九千五百六十五，〔三〕其中上年括客所得占了十分之一有餘。雖然未被括出的浮客必定遠遠超過這一比例，總還算取得了巨大成果。

附籍客户至此首次見於史册，長安三年括浮逃雖也准許在一定條件下即在當地附籍，但一經附籍即是百姓，並無附籍而又是「客」的規定。然而這僅是臨時措施，其終極目的仍然是在六年後收歸百姓，一體承擔賦役。

關於開元括客，中外史家論述頗多，本文不擬贅述，這裏只畧引史籍記載説明八十餘萬附籍客户

〔一〕舊唐書卷六則天皇后紀長安三年四月「李嶠知納言事」，卷九四李嶠傳長安三年，嶠復以成均祭酒平章事，尋知納言事，明年遷内史。括浮逃遣使之議雖出於蘇瓌，時間也似在李嶠爲相前，恐仍與嶠有關。

〔二〕唐會要卷八五逃户載開元十八年（七三〇）裴耀卿上疏稱：「竊見天下所檢客户，除兩州計會歸本貫已外，便令所在編附。」所謂「兩州」疑指京兆府及河南府。唐六典（宋本、日本廣池本）卷三户部郎中員外郎條稱「京兆、河南府不得住餘州」。

〔三〕唐會要卷八四户口數條、舊唐書卷八玄宗紀。

的來蹤去跡。唐大詔令集卷一一一開元十二年（七二四）五月置勸農使安撫户口詔有云：

> 且違親越鄉，蓋非獲已，暫因規避，旋被兼併。既冒刑網，復捐産業，客且常懼，歸又無依，積此艱危，遂成流轉。或因人而止，或傭力自資。……思弘自新之令，其先是逋逃，并容自首。如能服勤壟畝，肆力耕耘，所在閑田，勸其開闢，任逐土宜收税，勿令州縣差科，徵役租庸，一皆蠲放。

詔書指出人們爲了逃避賦役，以致逃亡，既觸犯了刑法，而本貫田業又被兼併，因此「客且常懼，歸又無依」。「客且常懼」是由於「既冒刑網」，這就使他們必須獲得豪强的廕庇。詔書説逃户流入他鄉之後，「或因人而止」，即是依托豪强「於莊蔭家住」。〔一〕所謂「或傭力自資」，即上引開元二十四年勅所説的「傭假取給，浮窳偷生」，〔二〕亦即長安三年陰永牒所説「好即薄酬其傭，惡乃横生構架」那樣的境遇。當然，八十餘萬客户中必然還包括在他鄉墾種荒地和通過其他手段獲得小塊土地的自耕農民、非農業的各種僱傭、小商販和極少數的地主，但傭耕、佃客應屬多數。這是杜佑所論，陰永牒所述，以及此後開元、天寶間有關詔勅所反映的基本情況。

上引開元十二年詔書提到「所在閑田，勸其（客户）開闢」，這個安撫措施實行到什麼程度，有没有效果，我們不得而知。可以肯定的是，多數附籍客户並未獲得土地。開元十八年（七三〇）是六年

〔一〕唐會要卷八五籍帳條載寶應二年（七六三）九月勅。按：册府卷四八六户籍作寶應元年九月勅。二年七月，已改元廣德，應以册府所記爲是。

〔二〕唐大詔令集卷一一一開元二十四年聽逃户歸首勅。

期滿之時，宣州刺史裴耀卿上疏，〔一〕認爲「年限向滿，須准居人，更有優矜，即此輩僥倖；若全徵課稅，目擊未堪」。他建議寬鄉有剩田諸州取部分剩田作爲客户耕地和園宅地。親戚鄉里十户已上自行結合爲坊。每户給五畝爲園宅，每丁給五十畝作爲私田。每坊人共耕公田一頃，公田的收穫交納隨近州縣，免除所有課役。他説「既是營田户，且免征徭，〔二〕安樂有餘，必不流散」。至於狹鄉無剩田而又客户衆多的州，如果寬鄉處理妥善，也不難使他們遷往寬鄉。他的建議没有下文，當然只是空言，却透露了一個情況，即逃户中的多數原先就没有土地，成爲附籍客户以後也没有獲得土地，他們的生活來源很可能仍然是「傭假取給」。六年後如果没有重又逃散，成爲「百姓」，境遇恐怕也難以改善。這一點在下面還要談到。

這次括客以後，逃亡仍然不絶，歷見唐大詔令集卷一〇四開元間處分朝集使勅，卷一一一開元二十四年聽逃户歸首勅，唐會要卷八五開元二十六年七月勅、〔三〕天寶八載正月勅、天寶十四載八月勅，册府元龜卷四八六開元二十四年七月勅，大致都是責成地方官認真檢查户口，安撫逃户。本來州縣每年造帳，三年造籍，必須清查户口，所以括客也是例行公事。從上述詔勅看來，促使逃户復業的措施仍不外對自首歸貫者予以免除賦役、給還田宅的優惠；也允許逃户在當地附籍，却未見附籍以後

〔一〕唐會要卷八五逃户。
〔二〕原作「日免征徭」，從册府卷四九五校改。
〔三〕此條亦見册府卷四八六，唯七月作二月。

仍在一定期限内稱作客户的記載。

關於浮客附籍的事例亦見於吐魯番所出文書開元二十一年（七三三）西州都督府案卷中蔣化明辯辭，〔一〕今摘録如下：

102 化明辯：被問先是何州縣人，得共郭林驅驢？仰答：但化明

103 先是京兆府雲陽縣嵯峨鄉人，從涼府與郭元暕驅馱至北庭。括

104 客乃即附户爲金滿縣百姓。爲飢貧，与郭林驅驢伊州和糴

108 　　開元廿一年正月　　日

以下判語亦稱：「無行文蔣化明壹人，推逐來由，稱是北庭金滿縣户，責得保識，又非逃避之色，牒知任還北庭。」按蔣化明本貫京兆府雲陽縣，從涼州驅馱到北庭，大概流落不歸，遇到括客即附籍金滿縣爲百姓。他在哪一年驅馱到北庭，哪一年括附金滿縣籍，辯辭都没有提及。他是京兆府人，爲什麼又在涼府爲人驅馱呢？我想很可能他本是逃人，先流入涼州，又到北庭。從辯辭看來，他逢到括客，即附籍爲百姓，没有經過六年附籍爲客户的階段，似乎不是開元十三年括客所出的浮客。按照先前條例，兩州（當即指兩京）逃人應當勒還本貫，準式不合留住，但他却没有勒歸京兆府，而是就地落籍。從這裏看到禁令進一步寬弛。值得注意的是，蔣化明先時爲郭元暕驅馱從涼州到北庭，這次又替郭

〔一〕見吐魯番出土文書第九册。

林驅馱和羅到伊州。他浮遊在外以驅馱爲業，括附爲百姓後，依然爲驅馱，似乎並未受田。郭元暕和郭林的關係辯辭没有説，我懷疑蔣化明驅馱到北庭後就是郭家庇護下的浮客，附籍爲百姓後仍在郭家勞作。他專業驅馱，還是以傭耕、佃耕爲主不明，總之一直「因人而止，傭力自資」。蔣化明的境遇大致也是多數浮客包括開元十三年附籍客户的境遇。

從開元九年至十二年大規模括客後，如前所述，朝廷爲了「流庸未復」多次頒佈詔勅，但却毫無效果。唐大詔令集卷一〇四開元二十九年（七四一）遣使黜陟諸道勅有云：

其浮寄逃户等亦頻處分，頃來招携，未有長策。

勅書表示對浮逃問題已束手無策，到了天寶末年，有跡象表明朝廷在制止浮客流入私家方面已不想有什麽行動，進一步承認浮客「依豪强爲佃家」的現實。册府卷四九五天寶十一載（七五二）十一月詔書説明了這一點，詔稱：

如聞王公百官及富豪之家，比置莊田，恣行吞併，莫懼章程。……致令百姓無處安置。乃別停客户，使其佃食。既奪居人之業，實生浮惰之端。遠近皆然，因循亦久，不有釐革，爲弊慮深。

詔書明確指出貴族豪强使用各種手段占有的廣大莊田是由客户佃食的，而且「遠近皆然，因循亦久」，即具有普遍性與習慣性。這裏所説的客户是否已附籍呢？據下文又稱「潛停客户」，作爲非法行爲，與非法占有土地相提並論，如果業已附籍，便不能説是「潛停」，因此這裏的「客户」亦即下文提到的「無籍貫浮浪人」。「別停」和「潛停」之「停」即居停，這些客户由貴族豪强招留居停在他們的莊田上佃食，即是「依豪强爲佃家」，「例被招攜安置，常遣守莊農作」。詔書在後面宣佈了釐革的措施，對於土地是利用各種勳蔭及職官永業田等條款，「務使弘通」，使非法占有的土地合法化。對於佃食客户，是將官收餘地（指利用各項條款仍不能盡的莊田）按照丁口給與復業及無籍貫浮浪人，便與編附。詔書一字不提勒還本貫的話，也不説無餘地可給或餘地不够遍給的情況下，是否也編附。總之，對佃食客户如何處理非常含糊，一筆帶過。不僅如此，而且最後詔書還特别告誡「客户人無使驚擾」，顯然表示朝廷無意採取强制性的手段迫使他們歸貫或附籍。當然，詔書也聲稱這次格外從寬，今後再也不准像這樣「肆行吞併」與「潛停客户」，但已併已停既然已往不咎，今後也就有先例可援了。

武周長安三年的括浮逃已准許浮逃户在一定條件下（主要應指當地已有開墾土地）就地附籍，而重點在於勒還本貫。開元九年至十二年的括客基本上循武周舊章，〔一〕但重點在於就地附籍。不管

〔一〕唐令拾遺九户令一八：「諸居狹鄉者聽其從寬，居遠者聽其從近，居輕役之地者聽其從重（畿内諸州不得樂住畿外，京兆、河南府不得樂住餘州，其京城縣，不得住餘縣，有軍府州，不得住無軍府州）。」按本條據唐六典卷三户部郎中員外郎條引户令，其「京兆、河南府不得住」八字諸本皆缺，日本廣池本據宋本補，仁井田陞氏唐令拾遺又於「住」上加「樂」字。唐會要卷八五證聖元年（六九五）李嶠上表也説議者「以爲軍府之地，户不可移；關輔之民，貫不可改」。議者之論即據户令。唐六典所據大抵爲開元七年令，據李嶠所言，知是早就有此條文。長安三年括客條例不太清楚；開元年間的括客，據唐會要卷八五所載裴耀卿開元十八年（七三〇）上疏稱「天下所檢客户除兩州計會歸本貫以外，便令所在編附」，兩州即指京兆府及河南府（亦即雍州與洛州），則只保留了這條限止，其他寬狹鄉等條文均已打破。而且即使保留的這條以後也没有遵守。上引吐魯番文書，京兆府人蔣化明也准許在北庭金滿縣附籍。

是勒還原籍或就地附籍，總的目標不外使浮客復歸於編户。天寶十一載詔書默認了貴族豪强「潛停客户」這個事實，但畢竟算是法外的權宜措施。這個問題的解決有待於傳統的以人丁爲本的賦役制度的改變。

二　地方官掌握的客户名籍

唐代課役以人丁爲本，所有户籍登記的課丁必須承擔賦役義務。客户原是浮逃户，他們既已脱離本貫，在居住地的户籍上本來没有他們的姓名户口，因而得以逃避課役，被稱爲逋亡。但是實際上地方官是基本掌握他們的姓名户口和數字的。正式籍帳上雖然没有他們，很可能另有登記客户的簿籍。文苑英華卷七四七柳芳食貨論云：

昔開元初，宇文融首以稅客户、籍外剩田、户口色役之策行於天下。……初，玄宗以雄武之才，再開唐統，賢臣左右，威至在己。姚崇、宋璟、蘇頲等皆以骨鯁大臣，鎮以清靜。……繼以張嘉貞、張説守而勿失。自後賦役頓重，豪猾兼并，强者以才力相君，弱者以侵漁失業。人逃役者，多浮寄於閭里，縣收其名，謂之客户，雜於居人者十一二矣，蓋漢魏已來浮户流人之類也。是時也，天子方欲因士馬之衆，賈將帥之勇，高視六合，慨然有制御夷狄之心。然懼師旅之不供，流傭之未復，思覩奇畫之士，以發皇明，蓋有日矣。而宇文融揣摩上旨，欵開（疑當作闔，全唐文卷三七二作闕）謁見，天子前席而見之，恨得之晚。言發融口，策合主心，不出數年之中，獨立羣臣之上。無德而禄，卒以敗亡。……而王鉷、楊國忠威震海内，尤爲暴横，人反思融矣。大凡數子，少者帶數使，多者帶二十使，判官佐使遍於天下，客户倍於往時。主司守以取決，備員而已。

據柳芳所説，則在宇文融括客之先，避役浮寄的人即已「縣收其名，號爲客户」，即是説雖不附籍，寄居之縣實已録名。〔二〕柳芳所説的時間不太明確，他説「自後賦役頓重」云云的「自後」，乃是張説、張嘉貞（爲相）之後，但二張爲相大致即在宇文融括客時。〔三〕不管柳芳記述時間含糊，早在宇文融括客前，地方一直存在着由地方録名的客户。我們知道，宇文融括得的八十餘萬户雖已附籍，但免除課役，輕税入官與一般編户有别，所以仍被稱爲客户。但那是有六年期限的，如上所述，六年期滿，即與一般百姓同樣承擔課役。據柳芳之説，則開元、天寶間王鉷、楊國忠當權時，客户比過去成倍增加。這些客户和宇文融括得的八十餘萬附籍客户是有區别的，他們没有附籍，但「縣收其名」，另有簿籍。

太平廣記卷二四三引朝野僉載段崇簡條云：

唐深州刺史段崇簡性貪暴，到任，追里正，令括客。云「不得稱無上户，上户每家取兩人，下户取一人」。以刑脅之，人懼，皆妄通。通訖，簡云：「不用唤客來，但須見主人。」主人到，處分每

〔二〕史記卷五七絳侯周勃世家：「取庸苦之，不予錢，庸知其盗買縣官器。」索隱：「縣官謂天子也。」這裏所云「縣收其名」，似亦可以解釋爲「天子收其名」，但觀上下文，柳芳是説宇文融括户前事，其時並没有在全國收録客户名的事。

〔三〕宇文融建議括客實在開元九年（七二一），據兩唐書紀傳，張説即以是年以兵部尚書同中書門下三品，十一年遷中書令，十二年免；張嘉貞於開元八年爲中書侍郎同中書門下平章事，尋遷中書令，十一年貶。則宇文融建議括客時，二張並在相位。

客索絹一匹。約一月之内，得絹三十車。

按段崇簡，見元和姓纂輯本去聲二十九換段韻下，云「崇簡，右衛將軍、鄭州刺史」。岑氏元和姓纂四校記據有關碑誌及南部新書，知其人於開元十八年（七三〇）爲定州刺史，十九年徙代州刺史，二十年再任定州。本條稱崇簡爲深州刺史，徙任邠州，不知確在何時。朝野僉載作者死於開元間，〔一〕然書中頗有後人附益，就不能確定其時間。但段崇簡總是開元、天寶間人，他任深州刺史應在宇文融括客後。

這個貪黷的刺史命令里正括客，結果是他根據里正通報的數字，勒索每個客一匹絹。他得了大量絹帛之後，既不勒令客户還貫，也不命其就地附籍，發了一筆大財，滿載而去。這裏所謂「妄通」，「通訖」之「通」，當即通報姓名、户口，這就是柳芳所謂「縣收其名」。雖説是「妄通」，至少里正是基本掌握鄉里内客户姓名數字的。段崇簡要見的所謂「主人」，即客户的居停主人。當然，有勢力的「莊蔭家」是喚不到的，甚至里正根本不敢去喚，〔二〕喚到的「主人」必然不是權勢人家，可能也是「妄通」。每個客一匹絹固然向主人索取，毫無疑問仍然落在客的身上。本條記載有不太好懂之處，深州所屬有四縣，段崇簡是出巡各縣去召集里正宣佈括客的麽？怎麽不通過縣令就直接召集里正呢？所謂上户、下户是指客户

〔一〕四庫全書總目提要卷一四〇及余嘉錫四庫提要辨證卷十七子部小説類朝野僉載條。

〔二〕全唐文卷三六〇杜甫東西兩川説稱：「今富兒非不緣子弟職掌，盡在節度衙府州縣官長手下哉！村正雖見面，不敢示文書取索，非不知其家處，獨知貧兒家處。」杜甫説的是村正不敢向富兒出示文書，索取徵調賦斂，可以推知里正也不敢上莊蔭家去，要求主人上刺史衙門去聽候處分。

還是指主人？即使是指客户，則地方不僅掌握客户姓名、數字，而且也像一般百姓那樣分户等了。〔一〕假使指主人，則不僅上户，連下户也居停客户，這似乎不太可能。所謂「上户每家取二人，下户取一人」，是徵發服役麽？如果説上户、下户指編户百姓，取二人或一人又是什麽意思呢？這些問題我們難以明確解釋，從這條記載中可以確知的即地方官通過里正基本上可以掌握管内客户的數字並進行勒索。

安史亂後，兩税法施行前，不消説户籍十分混亂，但州縣官既要徵發賦役，實際上一如既往，他們仍然基本上掌握包括浮客在内的管内户口實數（除了戰禍頻仍的一些地區）。唐會要卷八五籍帳載寶應二年（七六三）九月勅：

客户若住經一年已上，自貼買得田地，有農桑者，無問於莊蔭家住及自造屋舍，勒一切編附爲百姓差科，比居人例量減一半，庶填逃散者。

這裏只是要求「自貼買得田地有農桑者」才編附爲百姓，已開宋代有土地的爲主户，無土地者爲客户的先聲。而能够這樣區分，首先必須地方官早已掌握客户名數和他們的經濟情況。獨孤及毗陵集卷一八答楊賁處士書：〔二〕

算口徵賦，以代他徵，意欲因有爲以成無爲。爲未著而人已告怨。……然來書所陳：富人出萬，今易以千；貧人出百，今亦數倍。富倍優，貧倍苦。竊詳雅旨，事或未然。昨者據保簿數，

〔一〕客户中的上户應是地主或富裕商賈。
〔二〕亦見文苑英華卷六九三，稍有異同，參取兩書，不一一作注。

百姓并浮寄户共有三萬三千，比來應差科者，唯有二千五百，其餘二萬九千五百户，蠶而衣，耕而食，不持一錢以助王賦。……每歲三十一萬貫之税，悉鍾於三千五百人之家。謂之高户者歲出千貫，其次九百、八百，其次七百、六百貫，以是爲差。九等最下，兼本丁租庸，猶輸四五十貫。以此，人焉得不日困，事焉得不日蹙！其中尤不勝其任者，焉得不繼負而逃。……今爲口賦，誠非彝典，意欲以五萬一千人之力，分三千五百家之税，……損有餘補不足之道，實存乎其中。……竊料動摇不安，以遁逃相扇者，不過以規避之户與寄客耳。此輩浮食偷安，以久漏差科，惡同均税賦之名，祗思苟免。若編户地著者，雖驅之使逃，亦固不從。今已擇吏分官，以辨其等差，量分入賦其數，懸榜以示之信。若信之不明，分之或過，等差之不均，官吏之不仁，困而後去，誰曰不可。

此書末署舒州刺史獨孤及拜署，不記年月。今按本集卷九舒州山谷寺覺寂塔隨故鏡智禪師碑銘稱「皇帝後五年歲次庚戌，及剖符是州」，庚戌爲大曆五年（七七〇）；又同卷山谷寺覺寂塔禪門第三祖鏡智禪師塔碑陰文亦明言「皇唐大曆五年舒州刺史河南獨孤及字至之，以慈惠牧人於兹土」，知獨孤及於大曆五年任舒州刺史。卷二祭亡妻博陵郡君文稱「大曆八年二月十五日檢校司封郎中兼舒州刺史獨孤及」，知八年春尚在舒州。答楊賁處士書當即在此數年間。〔一〕

〔一〕獨孤及自舒州遷常州刺史，兩唐書本傳及本集附録崔祐甫撰神道碑均不記年。碑稱及卒於大曆十二年（七七七）四月，本集卷五常州奏甘露降松樹表稱「臣爲州三年，無蹟可紀」，所謂甘露降之時，表稱「自今年十月十三日夜至今月十八日夜」，則上表已在此年冬末。假使獨孤及死於次年，則表賀甘露降應在大曆十一年冬，由此上溯三年，爲大曆九年（七七四），改革税收制度必在九年前。

根據獨孤及所述，那時舒州包括浮寄户在内共有三萬三千户，這個數字是根據一種所謂「保簿」計算出的。其中承擔租調力役及各項雜差科的只有三千五百户，其餘二萬九千五百户「不持一錢，以助王賦」。這二萬九千五百户應該包括合法和詐僞的不課户，部分的不輸課户，而如上文所説，主要是諸色浮寄户。很清楚，即使在安史亂後，地方官也是基本掌握浮寄户數字的，所據的乃是一種保簿。保簿當是五保之簿，唐令拾遺户令一〇：

諸户皆以鄰聚相保，以相檢察，勿造非違。如有遠客來過止宿，及保内之人有所行詣，並語同保知。〔一〕

保内有遠客止宿就須通知同保，浮客「因人而止」，「潛停客户」的豪勢之家雖未必按照規定通知同保，但保内當然知道，因而置有簿籍登記名數，掌管保簿的大概是里正、村正之類。柳芳所説「縣收其名」亦必根據保簿。

據書中所述，獨孤及掌握管内全部户口數，共有户三萬三千，口五萬一千，他建立了按口徵税之法，據稱税法是「辨其等差」的，浮客也有貧富區别，對於充當佃耕、傭耕的浮客是否列等納税我們不清楚。

這種不分土客，不分課與不課，一律等差交税的辦法，實已是兩税法「户無土客，以見居爲簿；人

〔一〕唐令拾遺本條乃仁井田陞氏據宋天聖令及日本養老令復原。

無丁中，以貧富爲差」的先聲。安史亂後，諸州爲了應付軍費以及各項支出，自行立制徵收，舒州刺史竟可以在本管内擅自改變賦税制度，表明當時賦税非常混亂。關於安史亂後兩税制創立前的賦税問題，當另外討論，〔一〕這裏只是説明至遲開元、天寶以來法律上浮客仍是逋亡，他們仍然避免在正式户籍登記，實際上在州縣却是公開或半公開的，地方另有簿籍登記浮客姓名户口，這種簿籍名爲「保簿」，地方官有可能根據保簿掌握了管内客户數字。

三　兩税法施行後的土户與客户

安史亂後，人民流徙，浮寄客户大幅度增加，朝廷力圖使客户承擔租調差科，以便增加税收和勞役對象。上引寶應元年（七六二）勅曾命令自貼買得田地的客户編附上籍，比照原有土户（百姓）減半承擔課役。大曆四年（七六九）普加户税，唐會要卷八三所載勅文有如下一段話：

其寄莊户準舊例從八等户税，寄住户從九等户税，比類百姓，事恐不均，宜各遞加一等税。其諸色浮客及權時寄住户等，無問有官無官，亦所在爲兩等收税。〔三〕稍殷有者準八等户税，餘準

〔一〕陸贄翰苑集卷二二均節賦税恤百姓第一條論兩税之弊須有釐革有云：「大曆中紀綱廢弛，百事從權，至於率税少多，皆在牧守裁制。」可知像獨孤及那樣在所管州内自行創立徵税之法，在諸州普遍如此。

〔二〕據上引毘陵集卷一八答楊賁處士書，獨孤及在舒州實行計口徵税已在大曆五年之後，可知大曆四年普加户税的辦法並不能認真推行。舒州在朝廷直接控制的地區内，獨孤及是文臣，尚且如此，他州可知。

九等户税。

寄莊、寄住户是客户的上層，都是地主。一般客户中也有稍殷有者和非殷有者的區別。敕文不要求附籍，也不問有無田業，與寶應敕文有殊，但同樣對浮客以貲産區别徵免及多少。在這樣人口流移、户籍十分混亂的時候，居然要求税及寄莊、寄住及諸色浮客，也即因地方上對浮客本有簿籍，而且早已或公或私、半公半私地按簿徵税。

從開元九年宇文融括客至建中元年兩税法頒佈，中間經過了六十年（七二一—七八〇），在這段時間内對於客户處理總的傾向是客户合法化。在賦税上，不論全國性的或地方性的，總的傾向是謀求使客户承擔義務，或者説縮小土客區别，着重貲産區别，終於在建中元年頒佈了兩税法。兩税法是土地制度和封建經濟種種變化在賦税制度上的反映，也是長期以來局部的、凌亂的、臨時性的，但却適應於上述種種變化的賦税改革的總結。

兩税法頒佈時曾經在朝廷所能控制的諸州按比户口，户數增加很多。通典卷七歷代盛衰户口末注云：

至大曆中唯有百三十萬户。〔一〕建中初，命黜陟使往諸道按比户口，約都得土户百八十餘萬，客户百三十餘萬。

〔一〕通典殿本「百三十萬」作「百二十萬」，今從日本影印北宋本。

同卷丁中條亦云：

自建中初天下編氓百三十萬，賴分命黜陟，重爲案比，收入公税，增倍而餘。

下有注云：「諸道加出百八十萬，共得三百一十萬。」〔一〕關於建中總計户數，史籍記載多有差異，這裏姑置不論，〔二〕大致三百十萬是個成數，據土户百八十萬，客户百三十萬，相加應爲三百十餘萬，比舊唐書卷一二德宗紀本年户部計帳「三百八萬五千七十有六」之數稍多，但無關大體。據通典大曆中亦即兩税法施行前夕，朝廷控制區内有一百三十萬户，這是「編氓」，也即是土户。使人按比的結果增加了一百八十萬，合計也是三百一十萬。通典又説按比總户數中土户一百八十餘萬，客户一百三十餘萬。則原有土户（大曆户）一百三十萬，加增了五十萬，這五十萬應是土户中的隱漏户，則建中元年黜陟使按比所得爲隱漏户五十萬，客户一百三十萬（不計餘數）。

這裏即逢到了難題，杜佑稱按比户口所得土、客户分列，那麽户部計帳上的三百八萬五千七十六總數，是否也有土、客之分呢？土户與客户作何解釋？是否待遇上有所不同？關於這些問題，國内外史學界均有不同意見，我閲讀未遍，不敢妄有評論，這裏只提出自己不成熟的推斷。

人所共知，兩税法的原則是「户無土客，以見居爲簿；人無丁中，以貧富爲差」。貲産有無多少是

〔一〕通典殿本「三百一十萬」作「三百二十萬」，今從日本影印北宋本。

〔二〕舊唐書卷一二德宗紀建中元年歲末稱户部計帳三百八萬五千七十有六，册府卷四八八，通鑑卷二二六均同。唐會要卷八四户口數作「三百八十萬五千七十六」，當是「八」下衍「十」字。其源蓋同出於實録。

納税多少、徵免的標準。唐會要卷八三租税上載建中元年正月赦文稱：

宜委黜陟使與觀察使及刺史、轉運所由，計百姓及客户，約丁産、定等第，均率作年支兩税。

下又載本年二月起請條稱：

請令黜陟、觀察使及州縣長官，據舊徵税數及人户土客，定等第錢數多少，爲夏秋兩税。其鰥寡惸獨不支濟者，準制放免。

據此可知，當時土、客户一起依照貲産定户等，差等分攤兩税。雖有土、客户之分，定户時客户和土户一樣按貲産有無多少定等第，其中免徵的是「鰥寡惸獨不支濟户」（他們可能不列户等）。〔一〕不支濟户當然包括原有有籍與編籍的土户及新收的客户。法令上雖然冠以「鰥寡惸獨」，按照「以貲産爲宗」的原則，他們如果有貲産恐怕也得承擔兩税，同時赤貧人户即非鰥寡惸獨按法令也應屬於不支濟户。

建中兩税法施行後，原先的土、客户凡是按比所得（只是按比所得，隱漏浮逃的當然遠遠超過三百餘萬），不論土客包括免徵的不支濟户統統被稱爲兩税户，也即是籠統地被當作承擔賦税的人户。唐會要卷八四户口數「建中元年十二月定天下兩税户凡三百八十（「十」字衍）萬五千七十六」，册府

〔一〕建中起請條明確説明不支濟户準例放免，元和六年吕温奏中所説不支濟户也與「堪差科户」分開（見下），應該屬於免徵。但唐末仍有不支濟户納兩税的記載，唐會要卷八四租税下載大中二年（八四九）正月制稱：「諸州府縣等納税，祇合先差優長户車牛。近者多是權要及富豪之家，悉請留縣輸納，致使單貧之人，却須僱脚搬載。從今以後，其留縣並須先饒貧下不支濟户。」本條稱「單貧之人，却須僱脚搬載」，顯然「貧下不支濟户」也要納税，只是要地方官讓他們留縣交納，不須長途搬運。

卷四八八賦税二稱「是年（建中元年）天下兩税之户凡三百八萬五千七十六」。〔一〕唐會要卷八四户口數雜録條稱：

元和二年（八〇七）十二月，史官李吉甫等撰元和國計簿十卷。……見定户二百四十四萬二百五十四，每歲縣賦入倚辦，止於浙西、浙東、宣歙、淮南、江西、鄂岳、福建、湖南等道，合四十州一百四十四萬户，比量天寶供税之户四分有一。

所云「天寶供税之户」指的是課户。〔二〕很明顯，李吉甫是把浙西等道一百四十四萬户餘都作爲「賦入倚辦」亦即承擔兩税的人户。這當然是籠統的説法，其中還包含爲數甚多的不支濟户，但也説明諸州計帳上的總户數都被認爲是賦入倚辦之户。

不支濟户往往認爲總是少數，其實不然。唐會要卷八五定户等第條載元和六年（八一一）衡州刺史吕温奏：

當州舊額户一萬八千四百七，除貧窮、死絶、老幼、單孤不支濟等外，堪差科户八千二百五十七。臣到後，團定户税（按即兩税），次檢責出所由隱藏不輸税户一萬六千七。……臣昨尋舊案，

〔一〕通典卷七丁中杜佑注云：「建中新令，並入兩税，恒額既立，加益莫由；浮浪悉收，規避無所。」亦以爲建中新令，所有檢獲的浮浪都收入兩税户。

〔二〕通典卷七歷代盛衰户口稱「（天寶）十四載管户總八百九十一萬四千七百九」，君卿自注云：「應不課户三百五十六萬五千五百一，應課户五百三十四萬九千二百八十」，約當一百四十四萬的四倍弱。

詢問閭里，承前徵税，並無等第。又二十餘年都不定户，存亡孰察，貧富不均。臣不敢因循，設法團定，檢獲隱户，數約萬餘。州縣雖不徵科，所由已私自率歛，與其潛資於奸吏，豈若均助於疲民。臣請作此方圓，以救凋瘵。

按元和郡縣圖志卷二九衡州條注云「户一萬八千四十七」，唯「十」與「百」稍異，知是吕温未團定以前的衡州户數。據吕温奏文，其中免徵者包括貧窮、死絶、老幼諸色不支濟户竟達一萬零一百五十户之多，超過了堪差科户，他們顯然是一般百姓，並非客户。此外還有隱藏不納税户一萬六千七，那就是像過去那樣由地方掌握的人户，其中應包括土户隱漏和浮客。

衡州的免徵不支濟户數量超過了堪差科即納税户。應當注意，吕温所説的不支濟户首先就舉貧窮，我以爲不論土客，如果没有任何貲産淪爲佃家、傭耕者應歸入此類。上面已經説過，實際上歸於不支濟户的老幼、單孤多半也是没有貲産的貧困户。當然，不支濟户中決不可能包括實際存在的全部佃家、傭耕，這是由於兩税立法「不以丁身爲本」，對於無貲赤貧人户也無意以很大力量檢括，而且既無貲産，流動性就很大，也難以搜括。

如上所述，我們認爲建中元年諸道按比户口時是區别土户與客户的，按比後客户一百三十萬，包括其中免徵的不支濟户與土户一起，籠統地被稱爲「兩税之户」。不支濟户都是無貲産的貧困户，包括佃家、傭耕，其數量很多，至少有一些州或許多州超過了承擔兩税的人户。諸州上申户部的計帳總户數都是附籍見在户數。當然未被收歸户籍的浮客大量存在，但表面上却正如杜佑所説「浮浪悉收」。

我們這裏只是説户部計帳總户數即是建中元年附籍兩税户數，決不是説計帳内容不存在客户名色。唐代計帳不可得見，吐魯番出有以鄉或里爲範圍的户口帳，[一]這是爲西州造計帳提供的基本材料。在唐永徽二年西州某鄉户口帳中記有「去年計帳以來新附（下缺）」一行。[二]參照同是吐魯番所出的其他户口帳，建中計帳大致包括以下幾項内容：

①建中元年都合户三百八萬五千七十六，内免徵户若干，徵納兩税户若干。

②大曆某年計帳都合户一百三十萬，内免徵户若干，徵納兩税户若干。

③新附户一百八十萬，内免徵户若干，徵納兩税户若干。

④大曆某年帳漏籍括附户五十萬，内免徵户若干，徵納兩税户若干。

⑤建中元年新附客户一百三十萬，内免徵户若干，徵納兩税户若干。

如果全國總户數下没有②以下諸項，則以下分記諸州户數也應有這幾項，但具體數字不詳。

計帳分列舊户與新附户歷來就是這樣，新附客户始見於開元十二年。[三]建中計帳只是沿襲舊制，建中以後大概也仍分列新舊，新附中主要仍是招徠的客户。開元新附客户曾給以六年内輕税入

[一] 見敦煌吐魯番文書初探所收拙作唐諸鄉户口帳試釋文中録文。

[二] 同上書一四二頁。

[三] 此前只有浮逃户、浮客，正式文件上没有客户名色。

官的「優惠」，實應元年的新附客户給以減半的「優惠」，建中新附客户是否也有所優減，不得而知，但可以肯定的是，除了其中不支濟户之外，有貲産的附籍客户在法令上終究是不能免徵的。建中元年按比户口，表面上是「浮浪悉收」，實際上衆多浮客並未附籍，建中以後也仍然屢見客户。陸贄翰苑集卷二二均節賦税恤百姓第三論長吏以增户加税闢田爲課績條云：

長人者……迭行小惠，競誘姦氓，以傾奪鄰境爲智能，以招萃逋逃爲理化。捨彼適此者既謂新收而獲宥，倏忽往來者又以復業而見優。

本條所説「新收」即是「新附客户」，陸贄説他們由於「新收而獲宥」，「獲宥」當是不追原籍的欠負兩税，可能還免除當年徵納。但原則上仍須按户等分攤兩税，陸贄在均節賦税恤百姓第一論兩税之弊須有釐革條云：

復以創制之首，不務齊平，但令本道本州各依舊額徵税。……所在徭賦，輕重相懸……舊重之處，流亡益多；舊輕之鄉，歸附益衆。有流亡則已重者攤徵轉重，有歸附則已輕者散出轉輕。

歸附的流亡即新附客户，如陸贄所論，知他們歸附後分攤了兩税定額，所以本來負擔較輕的就更輕，在以貲産爲宗的原則下有貲産的新附客户應一律按户等納税。至於如吕温所説由於久不定户，所以納税並無等第，那是另一問題。唐會要卷八五逃户稱：

貞元十二年（七九六）六月，越州刺史皇甫政奏，貞元十年，進綾縠一千七百匹，至汴州，值兵逆叛，物皆散失，請新來客户續補前數。上使謂宰臣曰：「百姓有業則懷土，失業則去鄉。彼客户者咸以遭罹苛暴，變成瘡痍之人，豈可重傷哉！可罷其率。」特免所失物。

新來客户即新附客户，皇甫政所以要他們承擔補還失損綾縠的義務，大概因爲他們是「新來」，原先没有承擔上述綾縠的率配，或者優免當年兩税。德宗所説「有業」和「失業」應即指有田與無田，他認爲客户都是「瘡痍之人」，雖不盡然，但他們大都是典賣了或者拋棄了原籍田業應是事實。部分客户在遷居地通過墾耕荒閒、請射逃人田宅、貼買等手段獲得土地，那只能是少數，多數是很難獲得的，〔二〕有的可能成爲商販，較多的恐怕是佃客、傭耕，像過去一樣「傭假取給」。他們既無貲産，即應歸入貧窮不支濟一類，不擔承兩税。既然附籍客户中有貲産納兩税的只是很小一部分，地方官爲什麼還要招徠流亡呢？其原因即在於户口增損是地方官考課的一個重要標準。唐會要卷八四租税下雜録：

（元和）六年（八一一）二月制：自定兩税以來，刺史以户口增減爲其殿最，故有析户以張虚數，或分産以繫户名。兼招引浮客，用爲增益，至於税額，一無所加。徒使人心易摇，土著者寡。

「招引浮客」並没有增加税額，刺史却因考課關係，廣爲招引。爲了考課殿最而招引浮客，陸贄在均節賦税恤百姓第三條中已經指出，可見這一情况長期存在。而這一點也説明儘管兩税法不以人丁爲本，却仍然有部分無貲客户收歸編户之故。

客户不問附籍的或者隱藏不出的，多數是無地貧民，特别是佃家和傭耕，即使原是地主，他們逃

〔二〕這裏説的只是大部分地區，至於在邊遠荒僻地區通過開墾而獲得土地的浮客較多。

離本鄉時也必然喪失了他原有的土地。土户却總有一點貲產，哪怕最可憐的一小塊貧瘠土地，甚至「產去稅存」，〔一〕虛掛的一塊小土地。如上引德宗的話，土户喪失了土地只好逃離本鄉，成爲客户。客户和無地不是一碼事，却存在密切的聯繫。

按照常規，客户掛上「新附」只是當年的事，明年或幾年後新造計帳，他們就不再是新附而是舊户，僅在本户下注明某年帳後括附或更詳一點的話。既然新附客户轉爲舊户，而客户中多數無貲，豈非舊户或土户中也存在大量無貲（多半是佃家、傭耕）的人户麽？

我們一再提到附籍的只是客户的一部分，更多浮客一如已往通過里正由地方官掌握。上引元和六年（八一一）吕温所叙衡州户數除了大量不支濟外還有更多的「所由（基層胥吏）隱藏不輸稅户」，他們雖然不納兩稅，基層胥吏「已私自率斂」，這些隱藏户中客户當占很大比例。唐會要卷八五定户等第載元和十五年（八二〇）二月敕節文稱：

天下百姓，自屬艱難，棄於鄉井，户部版籍，虛繫姓名。建中元年已來，改革舊制，悉歸兩稅。法久則弊，姦濫益生。自今已後，宜準例三年一定兩稅。非論土著客居，但據貲產差率。

敕文説建中改革舊制，背井離鄉者「悉歸兩稅」，亦即「浮浪悉收」，成爲兩稅之户。目前「姦濫益生」，所以重申建中條例，要求按照不問土客，據貲定户納稅。這主要是針對隱藏的客户而言的，其目的仍

〔一〕唐會要卷八四租稅下載大中四年（八五〇）正月制，稱：「青苗兩稅，本繫田土，地既屬人，稅合隨去，從前赦令，累有申明，豪富之家，尚不恭守，皆是承其急切，私勒契書，自今已後，勒州縣切知覺察。」表明當時富豪兼併土地，而原主仍承擔兩稅。

然是要求客户附籍，差等承擔兩税。

建中以來，籍帳上一批又一批的新附客户，新附成舊，又有新附。客户中雖然絶大多數爲無貲户，但新附成舊，則無貲即不限於客户。土客之分似乎仍是外來與土著的區别而不是有貲與無貲（有田與無田）或承擔兩税與不承擔之别。

綜合上面所述，我們的不成熟意見是：

（一）建中總户數三百八萬五千七十六，當時都籠統地稱爲兩税户，實際上其中存在着數量相當大的所謂不支濟户，即無貲户，有的是土户，有的是新附客户。不支濟户照例免除兩税，但後來也常被迫徵納。

（二）建中計帳大致在總户數下分列舊户和新附，舊户即土户，新附有原是土户而隱匿不報的人户，更多的是新附客户。新、舊分列，新附客户成爲一類，可能是籍帳舊例。新附人户中有的承擔兩税，有的不承擔，也像過去户籍中有的是課户，有的是不課户。

（三）客户中除了極少數寄莊、寄住户以外，他們基本上都是典賣或抛棄了在本貫的土地，因而都是無貲即無地户。他們在留居地極少數通過墾荒及貼買等手段獲得土地，但多數是地主土地上的佃家或傭耕。

（四）新附客户按照造籍計帳常規在下一次造籍帳時應即轉入舊户即土户，因此新附客户在籍帳上是不固定的。

（五）在唐代土、客之分仍是土著和外來户的區别。

四　兩税法施行後地主田園上的直接勞動者

兩税法改變了以丁身爲本的租庸調制，對於地主土地上的勞動者帶來巨大影響。由於賦役以丁身爲本，國家必需保持一定數量的人丁作爲賦役對象，不能容許人丁無限止地流入私家。兩税制「不以丁身爲本，而以貲産爲宗」，赤貧農民作爲貧窮不支濟户，「準制放免」，他們充當地主田園上的佃家、傭耕，國家没有必要加以干預，地主豪强招納佃家，也不再是隱匿逋亡。無限止地擴大封建田園上的勞動隊伍是和無限止地擴大土地占有相互適應的。

兩税法施行後不久，陸贄曾經提出土地兼併和地租剥削的嚴重問題。翰苑集卷二二均節賦税恤百姓第六論兼併之家私斂重於公税條云：

今制度弛紊，疆理隳壞，恣人相吞，無復畔限。富者兼地數萬畝，貧者無容足之居，依託强豪，以爲私屬，貸其種食，賃其田廬，終年服勞，無日休息，罄輸所假，常患不充。有田之家，坐食租税，貧富懸絶，乃至於斯。厚斂促徵，皆甚公賦。今京畿之内，每田一畝，官税五升，而私家收租，殆有畝至一石者，是二十倍於官税也；降及中等，租猶半之，是十倍於官税也。……望令百官集議，參酌古今之宜，凡所占田，約爲條限，裁減租價，務利貧人。……微損有餘，稍優不足。

陸贄這段話古今人徵引爛熟，但其中反映的兩税法行後的新情況仍值得進一步探討。陸贄嚴厲譴責豪强兼併和壓迫剥削佃家的罪惡行爲，並提出限田減租的建議。值得注意的是，他所説的「依託豪强，以爲私屬」的人是一般的「貧者」、「貧人」，和浮逃没有必然聯繫，意味着兩税法施行後，被認爲「浮浪悉收」，充當所謂「私屬」的有土户，也有原來的客户，但客户附籍就不是浮逃。他們都是附籍的無貲貧人，不像過去那樣兼併土地和居停浮客有密切聯繫。所以，他的建議並不像過去屢見於詔勅、奏疏、論議那樣要求制止浮逃，當然也就不發生勸還本貫、就地附籍等問題，因爲這些「貧人」不是浮逃。他提出的問題是土地兼併和高額地租，要求百官集議限田與減租。限田之論古已有之，減輕地租却是新的倡議。唐代前期，史籍所載有關農民痛苦的議論不少，大都針對煩重賦役，要求減省，却從没有人提到減輕地租。長安三年（七〇三）陰永牒指責被地主招攜在莊田上農作的浮客遭到像家僮那樣的殘酷待遇，但那樣的指責不是要求改善浮客的境遇，而是勸告浮客復歸舊貫，充當百姓。玄宗多次下詔勅，對於「庸假取給」的浮客給以廉價的同情，勸誘浮客改變這種境遇的方法，也無非是還貫和附籍。這當然不是過去的地租不重。人所共知，早在漢代，地租額就和陸贄所説相同，杜佑也曾指出隋代佃家交納的是「大半之賦」即三分之二的收穫物。然而誰也没有提到減輕地租。其原因即在於過去説的都是由浮客充當的佃家（漢代不明確），當務之急是要使浮客復歸於編户，當時基本上不承認任何豪强可以在法外無限止地占有勞動人手。陸贄所説的「私屬」不是浮客，即使其中有浮客也是貧窮人户，例得免徵，也就不發生隱匿逋亡的問題。國家完全允許這些人户流入私門。朝廷關心的是冒充衣冠户、色役僞濫，諸軍諸司隱占人户的事，那都是不同程度的有貲人户。陸贄並不企圖勸誘「私屬」脱離豪强的田園，而僅僅建議百官討論如何減輕地租，這正是兩税制施行後新形勢下的新建議，也許可以説，這是第一次作這樣的建議。形勢發生了變化，均田制徹底破壞，以丁身爲本的租調庸制變成以貲産爲宗的兩税制，豪强無限止地廣占土地，與之相適應的則是無限止地廣占勞動人手，國家已不能也無意干預。

陸贄説這番話時，兩税制施行不過幾年，二十多年後，柳宗元也曾指出租佃農民被壓迫剥削的嚴重情況。柳河東集卷三二答元饒州論政理書有云：

兄所言免貧病者而不益富者税，此誠當也。……今富者税益少，貧者不免於捃拾以輸縣官，其爲不均大矣。然非惟此而已，必將服役而奴使之，多與之田而取其半，或乃出其一而收其二三。主上思人之勞苦，或減除其税，則富者以户獨免，而貧者以受役，卒輸其二三與半焉。是澤不下流，而人無所告訴，其爲不安亦大矣。

柳宗元此書申述「免貧病者而不益富者税」是辦不到的，也是無濟於事的。他認爲如今富人納税少，貧人却要竭蹶輸納，這是不均之一類。又一類是貧者被富者奴役驅使，租佃富人田地，以收穫的半數交地租；或者遭受高利貸剥削，納息達到本錢的二、三倍。皇帝有時減或免税，富者是承擔兩税人户，得以減免，貧者租佃富者土地，仍然要交納高額地租，借貸仍然要支付二、三倍於本的利息，得不到一點好處。元饒州和柳宗元都只區分貧富，不及土客，貧者有的仍得納税，他們大概還有一點田地；或者簿籍上還有一點田地，赤貧農民没有田宅，他們不承擔兩税，免税對他們没有關係，他們交的是高額地租。從這一書信中我們同樣看到那種租佃地主土地的人（包括有一點土地和全無土地的兩類人）只是一般的「貧者」，和浮客没有聯繫。當然這不等於其中没有浮客，相反，可能還很多。但貧者之爲土爲客並不認爲重要。在本信中柳宗元並未提出減輕地租，然而言外之意是有的。

本件未記年月，書中稱「永州僻隅，少知人事」，知作於永州司馬任上。他貶永州在永貞元年（八〇五）十月，到任當在歲末或明春。元和十年（八一五）三月遷柳州刺史，〔一〕他在永州有十年之久，此書究作於何年不可考，大致當在陸贄建議後二十餘年。

今更舉五代時一例，岳珂寶真齋法書贊卷八五代名人真跡録後唐宰相豆盧革田園帖云：

外郎云：大德欲要一居處。畿甸間舊無田園，鄜州雖有兩三處小莊子，緣百姓租佃多年，累有令公大王書，請給還人户，蓋不欲侵奪疲民，兼慮無知之輩妄有影庇色役，以此未便副來旨。其他計外郎當亦細話垂悉。謹狀。〔二〕

據此，豆盧革在鄜州的莊田由「百姓」租佃，也與浮客没有聯繫。豆盧革，兩五代史均有傳，他於後唐莊宗同光間（九二三——九二六）爲相，明宗天成元年（九二六）七月以「强奪民田，故縱田客殺人」等

〔一〕宗元貶永州司馬及遷柳州刺史時間並見舊唐書卷一四、卷一五憲宗紀。

〔二〕舊五代史卷六七豆盧革傳末附清人注引此帖，稍有删節，又「色役」訛「包役」。全唐文卷八四四録此帖，删節訛字全同舊五代史，蓋即直抄本傳注，未檢岳珂原書，疏畧之甚。

罪貶辰州刺史，不久又長流陵州爲百姓，次年復勒令自殺。〔一〕此帖不記年月，當即在同光間。帖稱「畿甸問舊無田園」，〔二〕只鄜州有三兩處田園，疑「强奪民田，故縱田客殺人」事即發生在鄜州。帖稱「累有令公大王書，請給還人户」，〔三〕蓋不欲侵奪疲民」，似與「强奪民田」的罪狀有關。我們還不能斷言被控殺人的「田客」是否即在帖中所説租佃他田園的百姓之中。假使是這樣，則佃耕莊田的百姓也被稱爲田客。田客就不一定真是來自他鄉的客，只要是佃農，即使是百姓，也可以稱作「田客」，這倒可以和宋代以有田者爲主户，無田者爲客户聯繫起來。

綜上所述，我們從陸、柳二人的議論中，看到地主田園上的勞動者不再是過去經常提到的浮客，而是一般的貧人。豆盧革在鄜州的莊田明確説到由「百姓租佃」，這種佃耕莊田的百姓有被稱爲「田客」的跡象。這就説明，佃家或者傭耕，不管來自土户或新附客户，乃至尚未附籍的浮客，都被認爲或默認爲合法。他們與地主間不是庇護與被庇護，逋亡與隱匿逋亡的關係。前面已經説過，處於庇護下的佃家、傭耕對主人具有强烈的人身依附關係，强烈的程度可以達到「類若家僮」的低賤身分。同時，這種關係又是不鞏固的，因爲封建國家從來不承認任何豪强有私自庇護浮逃人户的權利。兩税

〔一〕豆盧革任免貶謫並見舊五代史卷六七、五代史記卷二四本傳。貶官罪狀，本傳並無「强奪民田」四字，此據通鑑卷二七五後唐明宗天成元年七月。

〔二〕後唐都洛陽，此畿甸似指洛陽一帶。但也可能沿舊稱指長安一帶。

〔三〕岳珂寶真齋法書贊以爲「令公大王」指高萬興。萬興官檢校太師、中書令，封北平王。按舊五代史卷一三二高萬興傳，萬興卒於後唐同光三年（九二五）。

法施行後，國家不再干預豪强地主廣占土地和與此相適應的廣占貧人爲佃家、傭耕，主佃關係也就相對鞏固。豪强地主與浮客間强烈的人身關係原是由庇護關係産生的，至此似乎應該消除，但事實並不如此。陸贄把依託豪强的貧人逕稱爲「私屬」，他們住的是主人的廬舍，種子、食糧都得向主人借貸，還得爲主人通年服役，他們的境遇和敦煌寺户相似，較之過去「類若家僮」的境遇未見改善。柳宗元也説地主對佃農是「必將服役而奴使之」，表明他們像奴僕一樣服役。豆盧革的罪狀是「故縱田客殺人」，雖然罪狀的成立在於「故縱」，但似乎也表示田客殺人，主人負有責任。這一些帶有人身依附關係的跡象是長達幾百年的歷史遺留，不可能很快消除，在封建社會裏也不可能徹底消除，但歷史的發展傾向終究是人身依附關係的逐步削弱，由於舊傳統和新傾向往往交織在一起，佃家、傭耕的身分往往帶有二重性；更由於不同地區各種條件的差異，經濟發展的不平衡，因此呈現出錯綜複雜的現象，需要具體分析。但歷史傾向還是可以看清楚的。宋會要食貨卷六三之一七七農田雜録天聖五年（一〇二七）十一月詔：

江淮、兩浙、荆湖、福建、廣南州軍，舊條私下分田客，非時不得起移。如主人發遣，給予憑由，方許別住，多被主人抑勒，不放起移。自今後客户起移，更不取主人憑由，須每田收田畢日，商量去住，各取隱便，即不得非時衷私起移。如是主人非理攔占，許經縣論詳。

天聖五年詔書説明直到北宋中朝，江淮以南幾乎包括整個南方，客户對主人的人身依附關係是嚴重的。除了詔書所説諸道，還得加上巴蜀地區的所謂旁户。宋史卷三〇四劉師道傳稱：「宋初，川峽豪民多旁户，以小民役屬者爲佃客，使之如奴隸，家或數十户。凡租調庸斂悉佃客承之。」其嚴重更甚於天聖詔書所説必須主人「給予憑由，方許别住」。

雖然南方客户或佃客的人身依附關係依然存在，川峽即夔州路尤其强烈，但從詔書中可以推測整個北方没有這種情況，反證北方的佃農是可以在田收畢後自由「起移」的。宋會要食貨卷六六之五六免役錢元祐元年（一〇八六）四月六日王巖叟上言：

富民召客爲佃户，每歲未收穫間，借貸賙給，無所不至，一失撫存，明年必去而之他。

所謂「未收穫間，借貸賙給」，也即是陸贄所説「假其種食」，正是地主藉以迫使佃客固着於土地上的手段。王巖叟本着地主階級立場講話自不需説，但却也反映佃客如果並無欠負（實際上當然很難做到），可以自由離開，「去而之他」。我想所反映的應是北方情況。

關於南方强烈人身依附關係一直延續到元代，具見元典章卷五七刑部禁典賣佃户老小條（至元十九年，一二八二）、〔二〕同書卷四二刑部主户打死佃客條（大德六年，一三〇二）。關於宋代南方佃客人身依附關係，中外論者已多，我對此並未深入研究，不敢妄論，只能説自唐中葉以後以至宋代，北方佃農對主人的人身依附關係顯然在削弱。南方諸路所以長期存在甚至强化，我想各個地區也各有其原因，比如巴蜀、川峽、荆湖是民族錯居地區，江浙一帶是圩田盛行地區，這些因素，中外學者多有論述，我以爲應當考慮。

〔一〕本條最後御史臺看語稱「腹裏無此體例」，「腹裏」亦指北方。

唐代色役管見

唐代色役是個複雜的問題，史籍有關記載非常零碎，既缺乏明確的解釋，又很少標明爲色役的項目，究竟色役應包括哪一類、哪一些項目，它的淵源和特徵，這一專詞的内容先後有什麽變化，訖今還不太清楚。日本西村元佑氏在大作唐律令における雜任役と色役資課に關する一考察中認爲色役在律令上的用語就是雜任，其淵源爲見於西魏大統十三年計帳的「雜任役」。〔一〕國内王永興同志大作唐敦煌差科簿研究中對色役作了詳細的探討，大致以番上供役、不役納資爲色役特徵。〔二〕兩家論斷各有所見，對我有很大啓發，但也感到彼此牴牾，難以貫通。本文將就兩家之説提出一些不成熟的意見和作一點補充説明。自愧疏陋，談不上獲得什麽結論，只是聊備參考而已。

一　雜執掌、雜任與色役

執掌是供事官府的卑官末秩與無品胥吏、雜職的總稱，大致相當於漢代的少吏或小人吏。〔三〕通

〔一〕西村元佑中國經濟史研究第五章。
〔二〕載北京大學中國中古史研究中心編敦煌吐魯番文獻研究論集。
〔三〕漢書卷一九上百官公卿表上稱：「秩四百石至二百石，是爲長吏。百石以下有斗食、佐史之秩，是爲少吏。」續漢書百官志五注引胡廣曰：「明帝詔書不得僇辱黄綬，以别小人吏也。」按漢制，四百石至二百石黄綬，則百石以下爲小人吏，亦即少吏。

典卷三六至三九於記載後漢、晉、宋、後周、隋官品後，都記有内外職掌（或只舉内職掌）員數，並略舉名色。卷四〇唐官品後所記職掌名色較詳，今録如下：

内職掌：齋郎、府、史、亭長、掌固、主膳、幕士、習馭、駕士、門僕、陵户、樂工、供膳、獸醫、學生、執御、門（問）事、學生、後（俊）士、魚師、監門校尉、直屯、備身、主仗、典食、監門直長、親事、帳内等。

外職掌：州縣倉督、録事、佐史、府、史、典獄、門（問）事、執刀、白直、市令、市丞、助教、津史、里正，及嶽廟齋郎，并折衝府旅師（帥）、隊正、隊副等。

總三十四萬九千八百六十三，内三萬五千一百七十七，外三十一萬四千六百八十六。

所記職掌名色較詳，但顯然仍是略舉，比如有幕士而無在赦書中經常與之連稱的掌閑，有白直而無與之同類的執衣、仗身等。其中也有訛字，如内外兩「問事」都訛作「門事」，「俊士」訛作「後士」，又内執掌中「學生」重出，外執掌中却不記州縣學生。

所記名色中有一些可以確知爲雜任。吐魯番所出文書，哈剌和卓一號墓出有唐西州某鄉户口帳，内記雜任有醫學生、州□（學）生、縣□（學）生、□（博）士、白直、□（執）衣，〔一〕阿斯塔那四二號墓出有唐永徽元年（六五〇）後西州某鄉户口帳，殘存雜任名色有縣佐、里正、州倉督、州倉史、渠長、烽帥、□道。〔二〕這些名色中，白直、縣佐、州倉督、里正均見於外職掌。由此可知内外職掌中至少不少名

〔一〕吐魯番出土文書第四册八——九頁。
〔二〕吐魯番出土文書第六册二三〇——二三一頁。按原缺「雜任」標目，推斷應屬雜任。

色與雜任一致，但如通典所記，不能説二者完全一致。關於雜任，唐律疏議有明確的解釋。卷一一職制「役使所監臨」條「即役使非供己者」句下注云「非供己，謂流外官及雜任應供官事者」，疏議曰：

非供己謂流外官者，謂諸司令史以下有流外告身者；雜任謂在官供事，無流外品，爲其合在公家驅使，故得罪輕於凡人，不合供官人之身。……其應供己驅使者，謂執衣、白直之類。

據此知雜任是無流外品的在官供事之人，有的供公家驅使，有的供官員私人驅使。供私人驅使的，疏議舉白直、執衣爲例，我想配給在京各級官員的防閤、庶僕等也應屬於這一類。但通典所舉職掌却不限於無品人員。其中流内品官，〔一〕如監門校尉在從六品，監門直長在從七品，備身在正八品，折衝府旅帥在從八品，隊正在正九品，隊副及都督、都護府、上州録事，市令並在從九品，流外官如亭長在流外六品，掌固在流外七品，津史則流外六品、七品並見。〔二〕職掌既然包括某些流内外官便和無流外品的雜任不同。按列於職掌的流内官自監門校尉以下並是所謂「衛官」，〔三〕爲什麼衛官列於職掌，我們不清楚，可能並非舊制。雖然職掌中列有流内外官，但多數名色乃無流外官品的在官供事者，據上引唐律疏議，應都屬雜任。我們是否可以説除了衛官和流外官以外，通典所列内外職掌都是雜任。

我們又看到職掌中有些名色確屬色役。唐大詔令集卷二神龍元年（七〇五）中宗即位赦：

〔一〕以下諸流内外官品並見通典卷四〇唐官品、舊唐書卷四二職官志一同，但不記流外官品。

〔二〕通典卷四〇記流外官，六品有諸倉、關、津、府、史，七品又有諸倉、關、津史。

〔三〕並見舊唐書卷四二職官志一記官品内這些官的注。

其諸司官員，並雜色役掌（「閑」）、幕士、門役之徒，〔一〕兼音聲人及丁匠等，非灼然要籍，並量事減省，所司速爲條制。

敕書要求減省的人員有三類：一是冗官，武則天時授官甚濫，歷見記載，與本文無關，無須贅述；第二類是雜色役，其具體名色爲掌閑、幕士及門役（僕）；第三類是作爲特殊户口的專業人員音聲人和丁匠。雖是三類，但「雜色役」通貫下文音聲人及丁匠，所以實只二類，即諸司官員和諸司雜色役。又唐會要卷八三租税上載開元二十二年（七三四）五月十三日敕云：〔二〕

其雜匠及幕士並諸色同類，有番役合免徵行者，一户之内，四丁已上，任此色役，不得過兩人，三丁已上不得過一人。

本條所見色役爲雜匠及幕士，並見中宗即位赦文。唐代前期標明爲色役項目的僅見掌閑、幕士、門役和音聲人、丁匠（或雜匠）五種。按掌閑屬殿中省尚乘局，幕士屬尚舍局及衞尉寺守宫署，具見六典及兩唐書官志。門役乃是「門僕」之訛。唐六典卷八門下省城門郎有門僕八百人，卷一四太常寺有太廟門僕，京、都各三十二人，又兩京齊太公廟署有門僕八人，又卷二六太子宫門局有門僕一百三十三人。〔三〕按幕

〔一〕「閑」字，據文苑英華卷四六三中宗即位制校補，「門役」，英華作「門僕」，是。

〔二〕敕文亦見通典卷六、舊唐書卷四八、册府卷四八七。

〔三〕通典卷三五禄秩「齊氏（指南齊）衆官有僮幹之役」條注云：「幹者，若門僕之類也。」按南北朝之幹大抵在官府供役，似唐代門僕亦非專掌門鑰，也不限於六典所載的少數機構。

士、門僕並見内職掌。又内職掌有「樂工」，乃泛稱，疑爲「樂正」之訛，太樂署、鼓吹署並有樂正，從九品下。幕士確知爲色役，則内職掌中與幕士同屬殿中省、同一類型的執馭、駕士等亦當是色役。其他如内職掌中的魚師、親事、帳内，外職掌中的白直，雖未見明標色役的記載，一般都認爲是色役。

但是同樣明顯，諸色職掌並非都屬色役。諸雜色役也非盡歸職掌。不待説，職掌中的流内外官既非雜任，亦非色役。根據國内外學者研究，都認爲分番供役，不役納資是色役的主要特徵。上述可以確知的五種色役大致都具有此特徵，〔一〕册府卷四八七邦計部賦税一載開元二十三年（七三五）六月勅也説「色役繁多，每歲分番，計勞入任，因納資課，取便公私」，因此分番納資雖不一定爲色役，色役却大都分番納資。然而職掌中却不少名色是長上無番，更不可能納資。上文已經説到，職掌中除了流内外品官外，其餘可能都屬雜任。據上引吐魯番文書，雜任中包含了長上無番與分番納資兩類人員，是否可以説，雜任中除去長上無番者以外，他們既是雜任，又是色役呢？我想就通典所列諸色職掌而言，不妨這樣説。但是我們只能假定職掌這一名稱包含全部雜任，却不能説雜任包含全部色役，從而職掌也不包含全部色役，這一點也是明顯的。通典稱内職掌三萬五千一百七十七，外職掌三十一萬四千六百八十六，加起來内外職掌一共三十四萬九千八百六十三。唐六典卷三户部郎中員外郎條敍唐代課役，「一曰租，二曰調，三曰役，四曰雜徭」下注云：

〔一〕掌閑番上納資，見文苑英華卷四三四常袞減徵京畿丁錢制。幕士、音聲人、工匠番上納資並見王永興敦煌差科簿研究。六典卷八門下省城門郎有門僕八百人，無品，「分番上下，掌佐管鑰」，則門僕亦分番，但是否不役納資，無明文。

開元二十二年（七三四）敕，以爲天下無事，百姓徭役務從減省，遂減諸司色役二十二萬二百九十四。

如果職掌包含全部色役在内，則減省的色役幾乎多達職掌全部員額的三分之二，更何況雜任全部名額應少於職掌，那比例就更大了。減省的數字如此巨大，則色役全部決不可能包括在職掌内，更不可能包括在雜任内。因而我們説雜任中的番上納資名色，也即是色役名色，却不能説色役全部都可以納入雜任這一名義下。許多色役是在雜任或職掌外的。

由於缺乏像官品令那樣羅列無遺的雜任簿録，我們無法確知哪些色役在雜任以外，以下我們將作一點推測。

二　雜徭、正役與色役

我們認爲色役大致包括兩大類：一類居於吏與役之間，有如業已確知的掌閑、幕士、門僕，以及可以推知的配給貴族官僚的親事、帳内、防閤、白直等。這一類在律令上又是雜任或職掌，其淵源是漢代的少吏或小人吏，南北朝的僮幹、吏力、雜任役；〔一〕另一類是單純的徭役，其中一部分本是雜徭

〔一〕通典卷三五禄秩云「齊氏（指南齊）衆官有僮幹之役，而不詳其制」。杜佑注云「幹者，若門僕之類也」。杜佑以南齊之幹比唐代的門僕，顯以僮幹如唐之色役。隋書卷二七百官志中記北齊朝官「自一品已下至於流外勳品，各給事力。」又稱「諸州刺史、守、令已下，幹及力皆聽敕乃給」。此外，州郡機構又有白直。雜任役見敦煌所出西魏大統十三年計帳有獵師、防閤、虞候。

或正役；一部分是專業性的特殊人户，如樂人、音聲人、丁匠。他們不是吏，不能納入雜任或職掌。

在最廣泛的意義上，所有色役不管哪一類都屬雜徭。上述色役第一類，從吏的角度來看，他們是雜任或職掌，應當附列於品官、職員之後。從役的角度來看，既非正役，便只能附於雜徭。至於單純勞役，除了正役以外，律令上便只有雜徭。正因如此，所以唐六典記載開元二十二年減省諸司色役的注便置於「四曰雜徭」之後。〔一〕

關於雜徭的研究，國内唐耕耦、張澤咸、程喜霖諸同志均有專文。日本堀敏一氏在均田制研究中曾列舉日本學者的研究成果，並提出自己的論斷。雜徭的問題相當複雜，諸家之説有頗大紛歧，本文不擬討論。如上所述，我以爲廣義的雜徭包括正役以外的各種勞役，一般恐怕只指帶有地方性的勞役，但仍有許多問題不易解釋。這裏只舉出二個例子説明有些色役本是雜徭。

其一是門夫。門夫的有關記載具見於通典卷三五禄秩，人所熟知，不再轉録。唐律疏議卷二八捕亡「丁夫雜匠亡」條疏議云「丁謂正役，夫爲雜徭」，又白氏六帖事類集卷二二征役引户部式稱「正丁充夫」及「中男充夫」云云，充夫也即指服雜徭。門夫稱夫，當是雜徭。充門夫的限於殘疾及中男，我們知道，殘疾、中男是不服正役，只服雜徭的。通典卷三五云「州城郭之下，户數不登者，通取於他縣」，知州治的城門及諸官署、倉庫所取門夫，原則上應即以城郭户充，若州城郭户不足才通取他縣。所謂他縣當然指本州管内諸

〔一〕日本令集解卷一四賦役令「凡同條之外雜徭」句下注云「調庸之外，國中之事，不論大小，總爲雜徭」。日本之「國」相當於唐的州，意指地方勞役，其説可資參考。

縣。至於縣城諸門、官署、倉庫原則上必也取之縣城郭户，這種役不踰境的規定，表明其地方性勞役性質。根據以上幾點，不妨説門夫是雜徭。通典又説「其後舉其名而徵其資，以給郡縣之官」，所謂其後是指什麽時期呢？

吐魯番阿斯塔那二一〇號墓所出唐西州都督府諸司廳倉庫等配役名籍第四段：〔一〕

〔前缺〕

1 右件人等並門夫

2 范智洛

3 甯白積

4 □□德

〔後缺〕

按本件紀年已缺，據同出文書當屬唐初。又阿斯塔那二一〇九號墓出有唐王君子等配役文書，其第十行記「竇餁飩　門子」，門子應即門夫。文書紀年亦缺，大致應在中宗神龍前。〔二〕以上二件都説明門夫是見役，由州縣徵發配官署、倉庫。我們不知道門夫納資始於何時，但如通典所説那樣「皆舉其名

〔一〕見吐魯番出土文書第六册九〇頁。按第六段人名下記功曹庫、倉曹庫、桃庫、油庫，疑皆指諸庫門夫，此段當在第四段前。年代考訂見本墓説明。

〔二〕見吐魯番出土文書第七册五二頁。本墓爲夫婦合葬墓，女屍後葬，本件拆自女屍紙鞋，同出女屍紙鞋的文書，有武周新字，背面爲神龍二年（七〇六）習書千字文，本件年代應亦相當。

而納其資」，恐怕是較晚的事了。〔一〕從納資這一點看，門夫應爲色役。門夫的服役期與蠲免待遇也和一般雜徭人夫有差異。據白氏六帖事類集卷二二所引户部式，「中男充夫滿四十日以上免户内地租（税），無他（地）税，折户内一丁，無丁聽旁折近親户内丁。〔二〕中男原則上没有租調，不服正役，只服雜徭。因而不像正丁充夫那樣有「四十日免〔役〕，七十日免租，百日以上課役全免」的規定，充夫即是服雜徭，因而滿四十日以上免的是地税。而通典所説關於門夫的役期和待遇是「十日一番」，「滿五旬者殘疾免租調，中男免雜徭」。「滿五旬」也可解釋爲即「滿四十日以上」，殘疾應納租調，因此給與免租調的補償；中男原則上無租調，却給與「免雜徭」的補償，豈非表明充門夫不是服雜徭麽？有些問題我們還不能解決，但據納資和免雜徭兩點，充門夫不是雜徭而是色役。同時，從門夫稱夫，帶有地方性（就地徵發，役不踰境），番期較短這些點來看又具有雜徭的痕跡，因此假定門夫本是雜徭，逐漸轉化爲色役。

又一例爲烽子。關於烽子，程喜霖同志從吐魯番出土文書中所見的唐代烽堠制度之一一文中據武經總要所載唐兵部烽式、吐魯番所出傭人上烽契、敦煌所出安西判集，日本養老令等有關資料，論

〔一〕册府卷八七帝王部赦宥六肅宗乾元元年（七五八）四月赦文云：「其州、府、縣門夫，勳官並於舊額數減一半，其庸丁殘疾人等，不須更差。」據此則安史亂後仍有見役門夫，但部分由勳官充任。又稱「庸丁殘疾人等，不須更差」，則充門夫的也有丁，不只殘疾、中男，但那時雖仍被差，恐亦納資，真正上番服役的是勳官。

〔二〕括號内字據日本宫崎市定氏考定，下同。

證甚詳，無須贅述。〔一〕按程文據安西判集中烽子亦稱烽夫，充烽子的亦有殘疾、中男，認爲應是雜徭，這當然是有理由的。又據烽式「二年而代」，僱人上烽契每次上烽番期十五日，認爲二年是服役期，十五日是上番期，也是對的。但二年更代似更近於色役。日本令集解一四賦役令「凡令條之外雜徭」條，釋云「唐令烽條云『取中男配烽子者，免雜徭』故也」。〔二〕這當然不是唐令全文，但很清楚，中男充烽子，滿若干日得免雜徭。與門夫相同，如果充烽子即是服雜徭，那就不能以免雜徭作爲補償了。我們没有見到烽子納資的記載，但僱人上烽契屢見不鮮，〔三〕至少在西州已成慣例，業已公開或半公開，但這種契券却只見於玄宗以前，玄宗統治期間絶不一見。實際上僱人上烽，已是納資代役的前奏，僱價就是出錢免役。只要將多少不等的僱價規定統一的錢數輸納給官府，官府置長上烽子而給以某種補償，或者雖非長上而延長番期，烽子納資代役不難由私而公，形成制度。當然，這只是個推測，但烽子二年而代，有固定番期，中男免雜徭這幾點却更像是色役。

以上我們舉門夫、烽子爲例，説明色役中部分名色是從雜徭轉化來的，它們不列於雜任或職掌。色役中純係勞役的部分也有由正役轉變而來的。通常往往認爲唐代輸庸代役，正役不再徵發人

〔一〕見敦煌吐魯番文書初探二七五——三一五頁。
〔二〕日本的令也是把正役以外的勞役都歸入雜徭，所以當句下引唐令中男配烽子云云。
〔三〕僱人上烽契在全部僱人契中占絶大比例。

丁，這是個誤會。唐制「凡丁歲役二旬，不役則收其庸」，或「無事則收其庸」，〔一〕意思是未被徵發服役的人丁責令納絹或布，或者没有役事徵發則輸納庸絹、布。事實上唐初正役徵發，仍然是相當繁重的。舊唐書卷七〇戴胄傳，貞觀五年（六三一）將修洛陽宮，胄上表諫云：

比見關中、河外盡置軍團，富室强丁，並從戎旅。重以九成作役，餘丁向盡。去京二千里内，先配司農、將作，假有遺餘，勢何足紀。亂離甫爾，户口單弱，一人就役，舉家便廢。

戴胄疏並言府兵設置和丁役徵發。這類從去京二千里内徵發來的供役人丁當然是服正役。戴胄説這些人丁先已配給司農寺和將作監，剩下來可供役的也就不多了。將作監主管土木建築，如九成宮、洛陽宮的修建，除徵發工匠外，也有大量人丁。司農寺諸苑監的園池宮觀修築，特别是諸屯監的屯墾，都得徵發人丁供役。當時關中以及河東、河南地區正役的繁重可以想見。貞觀政要卷六奢縱貞觀十一年（六三七）馬周上疏有云：

今百姓承喪亂之後，比於隋時纔十分之一，而供官徭役，道路相繼，兄去弟還，首尾不絶，遠者往來五六千里，春秋冬夏，略無休時。

這種情況與六年前戴胄所説相同。直到高宗永徽六年（六五五），還曾徵發丁夫四萬築長安羅郭。〔二〕

〔一〕舊唐書卷四八食貨志上、唐會要卷八三賦税上、唐六典卷三户部郎中員外郎條。
〔二〕舊唐書卷四高宗紀。

由于和僱制的推行，正役徵發日益減少，太宗修玉華宫，高宗修蓬萊宫便採取和僱形式，〔一〕輸庸人丁也就日益增多。但正役徵發並未停止，高宗上元二年（六七五）爲太子弘修造陵墓，「萬姓厭役，吁嗟滿道。遂亂投磚瓦而散」。〔二〕繁重的勞役激起了人民的反抗。大致到玄宗時，輸庸代役才普遍化，所以通典卷六賦税總計天寶間國庫的庸調絹布收入，便按全國丁數計算，那時正役徵發的明確記載雖無可考，必不能全部採取和僱形式，我以爲其中某些帶有固定性的項目多半被保留下來，隨即成爲色役的一部分。唐大詔令集卷六九廣德二年（七六四）南郊赦：

其京城諸司使，應配彍騎官、散官、諸色丁匠、幕士、供膳、音聲人、執祭、齋郎、問事、掌閑、漁師，並諸司門僕、京兆府驛丁、屯丁諸色納資人，每月總捌萬肆千伍拾捌人數内，宜每月共支二千九百四十四人，仍令河東、關内諸州府（據户口分配），〔三〕不得偏出京兆府。餘八萬一千一百一十四人並停。所須衛役，便宜撙節定數，官給資錢，不得干擾百姓。

按彍騎本是開元間召募的禁軍，安史亂前已名存實亡，唐代後期，南、北衙禁軍將卒都有那種借名入

〔一〕舊唐書卷五一太宗賢妃徐氏傳稱「時軍旅亟動，宫室互興，百姓頗倦勞役」，徐氏上疏提到翠微宫、玉華宫的修建，説「假使和僱取人，不無煩擾之弊」，知當時已採取和僱，但實際上和僱仍帶有强制性。卷四高宗紀永徽五年（六五四）三月發丁夫築長安羅郭，而十一月又記「築京師羅郭，和雇京兆百姓四萬一千人」。龍朔三年（六六三）修蓬萊宫，徵收關中十五州民錢，想必也採用和僱。（此據新唐書卷三高宗紀，舊書卷四高宗紀「一十五州户口」下脱「錢」字。）

〔二〕舊唐書卷八六孝敬皇帝弘傳。

〔三〕「據户口分配」五字，按唐會要卷六五衛尉寺所録赦文校補。

軍以避役的納資人；散官雖一向納資，並非色役，並暫置不論。此外絶大部分既屬色役，又是雜任。值得一提的是屯丁。

屯丁原先應是由民丁徵發的正役。上引貞觀五年（六三一）戴胄奏疏説「二千里内（丁男）先配司農將作」。配入司農的疑多屯丁。唐代司農寺主管屯田事宜，徵自民間的屯丁是司農所屬屯田上的勞動者。通典卷二屯田引開元二十五年令云：

諸營田，若五十頃外更有地剩配丁、牛者，所收斛斗，皆準頃畝折除。

唐制，每屯五十頃，令文是説，如果一屯超過五十頃，這種額外剩田也配有丁、牛，其收穫量就按照剩田頃畝多少折算。這裏的「丁」即指屯丁。舊唐書卷九八李元紘傳記元紘諫以廢罷職田置屯田，有云：

今百官所退職田，散在諸縣，不可聚也；百姓所有私田，皆力自耕墾，不可取也。若置屯田，即須公私相换，徵發丁夫。徵役則業廢於家，免庸則賦闕於國。内地置屯，古所未有；得不補失，或恐未可。

按李元紘於開元十四年（七二六）四月爲同中書門下平章事，諫阻内地屯田即在此時。據元紘所云置屯田即須「徵發丁夫」，並因此「免庸」，可知除軍屯外，屯田均徵發丁夫耕墾，丁夫是泛稱，應即屯丁。因而可以斷言屯丁是正役，開元間仍在繼續徵發現役。直到天寶末年我們還看到徵發屯丁的記載。册府卷八六天寶十載（七五一）南郊赦：

且京兆府及三輔郡，百役殷繁，自今已後，應差防丁、屯丁，宜令所由支出別郡。

據此則天寶十載仍在徵發屯丁，〔一〕那時輸庸代役業已普遍化，對於充當屯丁的待遇是否像過去那樣僅止免庸，以及按正役常規，對超過役期的人丁給以全免課役作爲補償，未見明文，但却有旁證。敦煌所出水部式中關於海運水手的條文提到了屯丁。這類水手的待遇是：

宜兩年與替，不煩更給勳賜，仍折免將役年及正役年課役，兼准屯丁例，每夫一年各帖一丁。其丁取免雜傜人家道稍殷有者充，人出二千五百文資助。

這一類水手所以給帖丁，必因海運艱險，役期長達二年之故。〔二〕屯丁是否也役期二年，我們不知道，但必然役期較長，遠超過正役五十日之限，才有帖丁補償的規定。延長役期而給與帖丁補償，實質上類似半和傭。這個帖丁，納錢而免除雜傜，實質上成爲水手、屯丁等諸色納資人。在這裏我們可以看到屯丁色役化的一點痕跡。屯丁納資雖然始見於廣德二年南郊赦文，我想當沿自安史亂前。上引天寶十載南郊赦中所見的屯丁恐怕已不同於開元十四年李元紘所説屯田上的免庸丁夫。

由正役轉爲色役，我們只能舉屯丁一例。

以上我們舉門夫、烽子、屯丁爲例，説明色役中純屬勞役部分有的自雜傜轉化，也有的由正役轉化。除此之外，色役中純屬勞役的項目還有許多，比如見於水部式的有分番看守龍首等五堰的中男，都

〔一〕防丁原先也是正役，詳本書收録拙撰敦煌所出郿縣尉判集中所見的唐代防丁。

〔二〕上引唐兵部烽式，烽子的役期也是二年，可能每年有番，海運水手從事海上運輸，往返日期難以確定，恐無固定番期。

水監三津的分番上下守橋丁(兼取中男),均屬色役。文苑英華卷四三四常袞減徵京畿丁役制:〔一〕

其京兆府諸色番役等,訪聞諸司,或有徵課。比緣時儉,資數稍多,估折皆賤,不仍舊貫。其掌閑、彍騎、三衛及橋堰丁匠等,如本司須徵資,並納錢三千,米六蚪。

木條所云諸色番役,掌閑已見上節,彍騎由禁軍轉化亦已見上文,三衛當是雜任入色役。橋堰丁匠應兼指守橋、堰丁及雜匠,見於水部式的守龍首諸堰中男、守三津橋丁以及雜匠都包括在内。橋堰丁兼取中男,大概由雜徭轉化爲色役。見於唐六典卷七工部水部郎中員外郎條的渡子也屬此類。由于記載缺略,這裏只是個推斷,難以確證。

三 兩税法施行後的色役

如上所述,廣義的雜徭也包括色役,而且色役中至少有一些項目即從雜徭轉化。但在唐代前期,二者是有區别的,這一點只要看服色役者例得免雜徭便可知道。但自兩税法施行後,色役這個專詞的内容發生了變化。那時色役與差役、差科往往互稱,實際上成爲雜徭的代用語,或者包括了雜徭和差科。而且凡稱色役均指見役,並不具有不役納資課的特徵。唐會要卷九三諸司諸色本錢下:〔二〕

〔一〕亦見唐大詔令集卷一一一,有個别異字。

〔二〕亦見册府卷五〇七,又舊唐書卷一四憲宗紀元和二年六月乙丑條,稱「五坊色役户及中書門下兩省納課陪厨户及捉錢人並歸府縣色役」。

元和二年(八〇七)六月,中書門下上言:「聖政維新,事必歸本,疏理五坊户色役令府縣却收,萬民欣喜,恩出望外。臣等敢不釐革舊弊,率先有司。其兩省納課陪厨户及捉錢人總一百二十四人,望令歸府縣色役。

按本條所稱「五坊色役」指五坊供役人,其中不少一部分納課而不任役。〔一〕這是傳統意義的色役。下稱「歸府縣色役」實指見役雜徭、差科。在其他勅文中又見「夫役」、「差遣」、「差科」,只是用語差互,實際上與稱「色役」相同。唐會要同卷又載元和六年(八一一)五月御史中丞柳公綽奏云:

諸司、諸使應有捉利錢户,其本司、本使給户人牒身,稱準放免雜差遣夫役等,如有過犯,請牒送本司、本使科責,府縣不得擅有決罰,仍永爲常式者。

充當諸司、使捉利錢户例免「雜差遣夫役」,有過犯不准府縣處罰,因此吸引了許多人,願意不領本錢,虚立納利文契。柳公綽「訪聞諸使,並同此例,户免夫役者通計數千家」。本條所云「雜差遣夫役」,亦即雜徭、差科,前引元和二年條則稱爲色役。册府卷九〇帝王部赦宥九元和十五年(八二〇)二月丁丑,穆宗即位赦文説「度支、鹽鐵院等所在影占富商高户,庇人(入)院司,不伏州縣差科」,〔二〕這裏的「差科」也即指元和二年條的「色役」和元和六年條的「雜差遣夫役」。同書同卷又記長慶元年

〔一〕唐會要卷七八五坊宫苑使條云「五坊,謂鵰、鶻、鷹、鷂、狗,共爲五坊」,又云「元和二年六月勅:五坊户諸色影占者多,宜令府縣收管」,知勒歸州縣色役者主要是影占的納課户。
〔二〕「入」字,據册府卷一六〇帝王部革弊二校改。

(八二一)七月册尊號制:

其京兆府百姓屬諸軍、(諸)使者,[一]宜令各具挾名,勑下京兆府,一户之内,除已屬軍屬使,餘父兄子弟據令式年幾合入色役者,並令京兆府明立簿籍,並同百姓一例差遣。

本條所稱「色役」,也即前條之「夫役」。文苑英華卷四二三寶曆元年(八二五)四月二十日册尊號赦文:

京畿百姓多屬諸軍、諸使,或户内一人在軍,其父兄子弟不受府縣差役。……宜委京兆府重舉用長慶元年七月十八日赦文條疏聞奏。

按上引諸條之「色役」、「夫役」,這裏亦稱差役,均是一名異稱。文苑英華卷四二八大和三年(八二九)十一月十八日赦文:

京城坊市及畿甸百姓等多屬諸軍、諸使、諸司。占補之時,都無旨勑;差科之際,頓異編氓。或一丁有名,則一户合(原注,詔令作「全」,是)免,往年制勑,無復遵行。宜委本軍、本使及京兆府各切提舉,準元和二年八月京兆府所奏勑及長慶元年制度(「度」字疑衍)節文處分。

按本條稱「差科之際,有異編氓」,稱差科與上引穆宗即位赦文同,册府卷一六〇帝王部革弊二大和五年(八三一)十月中書門下奏:

應屬諸使、内外百司、度支、户部、鹽鐵在城及諸監院、畿内并諸州監牧、公主邑司等、將健官

[一]「諸」字據唐大詔令集卷一〇補。

> 典所繇等，准承前例，皆令先具挾名勑牒，州府免本身色役。自艱難已後，事或因循，多無挾名，自（疑脱一字）補置，恣行影占，侵害平人。自元和二年、長慶元年、寶曆元年、大和三年，前後赦令約勒，皆令條疏，及勒具挾名聞奏，所司竟未遵行，姦弊日深，須有釐革。

奏文歷舉元和二年、長慶元年、寶曆元年、大和三年有關處分諸使、諸司影占人户的勑令，均見上引，這些勑令或稱色役，或稱夫役、差科、差役，本條重申前令，提到應屬諸使、諸司的各色人「州府免本身色役」，可知名稱雖異，實只一事。文苑英華卷四二三會昌二年（八四二）四月二十三日上尊號赦文：

> 度支、鹽鐵、户部諸色所由茶、油、鹽商人準勑例條免户内差役。天下州縣豪宿之家皆名屬倉場、鹽院，以避傜役。或有違犯條法，州縣不敢追呼。以此富屋皆趨倖門，貧者偏當使役。其中亦有影庇，其（原注「疑作真」，是）僞難分。自今已後，委本司條疏，應屬三司及茶鹽商人，名據所在場鹽正額人名，牒報本貫州縣，準勑文處分。

本條指出三司所屬諸色人包括茶、油、鹽商「準勑例免户内差役」，因此倉場、鹽院成爲富家逃避傜役的藏身之所。而上引大和五年中書門下奏則云「度支、户部、鹽鐵在城及諸監院」所屬人，「准承前例……州府免本身色役」，顯然差役與色役是互稱。同書卷四二九會昌五年（八四五）正月三日南郊赦文：

> 畿内條税百姓，准元和二年八月二十五日勑。會昌元年正月九日赦節文，計户内丁數多少充諸司盡稱弟子，致令鄉縣所由，無人差役。各委諸軍、諸使、司準前後勑文收補，仍具姓名奏聞，勑下京兆府重磨勘。如有人户違越，妄托屬諸軍、諸使，不准勑文影占收補者，並準前後勑文

處分。諸使、諸軍、諸司人在鄉村及坊市店舍經紀，準前後赦文，收與百姓一例差科，不得委有影占。應屬官莊宅使司人户在店内及店門外經紀求利，承前不復隨百姓例差科者，從今後並與諸軍、諸使一例準百姓例供應差科。……

畿内諸縣鄉村及城内坊市人户，不是正額食糧官健及非工巧之徒，假以他名，諸司、諸使影占納課，其數至多，各本司釐革。凡是納課人户並停解，送歸本縣，收入色役。……

或因官遊，遂輕土著，户籍既減，徵徭難均。江淮客户及逃移規避户税等人，比來雖係兩税，並無差役。或本州百姓子弟，纔霑一官，及官滿後移住鄰州，兼於諸軍、諸使假職，便稱衣冠户，廣置資産，輸税全輕，便免諸色差役。其本鄉家業，漸自典賣，以破户籍，所以正税百姓日減，州縣色役漸少。從今已後，江淮百姓非前進士及登科有名聞者，縱因官罷職居別州寄住，亦不稱爲衣冠户，其差科色役並同當處百姓流例處分。

按上引赦文原分隔爲三段，中間雜以他事，但内容都是爲了使各種諸軍、諸司、使的影占人户復歸地方管轄，承擔徭役。赦文指出各種投身諸軍、諸司、使以求影庇的情況，甚爲具體，本文不擬詳論，只是從赦文中可以看到差科、色役、差役、「差科色役」及「諸色差役」，前後雜見。差役似即「差科色役」的合稱或簡稱，色役亦即「諸色差役」的簡稱，意義並無差異。唐會要卷八四租税下：

（大中）六年（八五二）三月勅：先賜鄭光鄠縣及雲陽縣莊各一所，府縣所有兩税及差科、色役並特宜放（免）者。中書門下奏：伏以鄭光是陛下元舅，寵待固合異等。然而據地出税，天下皆同；隨户雜徭，久已成例。將務致治，實爲本根。……況徵賦所入，經費有常；差使不均，怨嗟斯起。事雖至微，繫體則大。……謹録奏聞，伏聽勑旨。

按本條所引勑文稱鄭光兩莊「兩税及差科、色役並特宜放免」，似乎色役與差科有别，實際上據上引諸條，二者往往是互稱，或徭役的總稱。如果有區别，那就是過去雜徭與差科之别。在前期常見的免除雜徭、差科，這裏則以色役一詞代雜徭。觀中書門下奏，説「隨户雜徭，久已成例」，分明以勑文的色役、差科一概當前期之雜徭。前期的正役、雜徭、差科按律令本來應該按户等差遣，户等高的儘先徵發，「隨户雜徭」也就是這意思。

根據上引諸條，我們清楚地看到，唐代兩税制施行後所謂「色役」與前期所謂色役存在顯著區别。其時色役一詞實際上代替了前期的雜徭，或者説内容包括了前期的雜徭，乃至包括了差科。根據兩税法，兩税之外「租庸雜徭悉省」。〔一〕雜徭是正役以外的法定勞役。玄宗統治時期，正役已普遍以交納庸絹、布代替，法定勞役便只有雜徭。雜徭既明令宣佈與租庸一例「悉省」，剩下來不在省免之條的便只有法外的色役與差科了。但是實際上雜徭不可能「省」，於是就在色役或差役、差科的名義下繼續徵發。

我們還看到，唐代前期的色役，既有人親身上番供役，也有人（可能更多的人）只是交納資課，並不供役，甚至全部人員都「捨其身而收其課」，「舉其名而徵其資」。〔二〕而兩税法施行後所見色役，却

〔一〕舊唐書卷一一八楊炎傳。這裏所云「租庸」實包括租庸調三項。

〔二〕通典卷三五禄秩執衣條、門夫條。按親事、帳内、防閤、庶僕、仗身等亦同。

都是見役。那時投充諸軍、諸司、使以避徭役的諸色人不比前期少，他們很多仍然納課而不上番供役，但並不説他們投充色役，而是被稱爲「納課户」。

唐代前期投充色役是逃避兵役、勞役的道路，色役的擴大也即是國家賦役對象的減耗，因此自睿宗以來直到天寶末，封建國家多次企圖限止和減省色役。兩税法施行後，恰好相反，人民力圖逃避的正是色役或「諸色差役」，而國家不但再也不想減省色役，却三令五申地要使諸軍、諸司、使所影占的納課户「收歸州縣色役」。以各種名色投靠諸軍、諸司、使仍然是過去投充色役的繼續，但是色役的内容發生了變化，形成了奇怪的先後對照。

四 後論

人所共知，作爲中國封建社會發展的徵象之一，便是封建國家對人民的人身控制有所削弱。在唐代賦役制度上的表現形式便是從人丁爲本的租調庸制轉變爲以資產爲宗的兩税制，單從勞役制度來看，便是從見役到納税代役。這一轉變過程在唐以前就醞釀了很長時期，直到唐代中葉還只能説部分完成。納税代役的第一環節是正役的輸庸代役，它始於隋代，到唐玄宗統治後期才基本完成。第二環節是部分吏役和雜徭、正役通過色役途徑走向納資代役。色役是在由見役到納税代役的過程中一個特殊階段中出現的。色役的一個根本特徵便是本身是役，同時又爲避役大開門路，這種奇怪的結合正是過渡階段中的特殊現象，它決定了色役必然具有的内在矛盾。

玄宗統治後期，輸庸代役基本上已普遍化，但輸庸只能免正役，而兵役、雜徭以及臨時性的雜差科仍然是見役。而且自武后以來，由于北方軍事行動頻繁，兵役和與軍事有關的勞役成爲人民的沉重負擔。色役中相當大的部分是雜任，例免課役。〔一〕純係勞役的部分色役，待遇不盡相同，我們還不太清楚，但仍可以斷言，多數課役俱免，少數免役而不免租調，兵役和雜徭總是得以免除。〔二〕既然如此，投充色役便成爲避役的途徑。

唐代前期，儘管府兵制日益廢弛，徵行鎮防兵士不論是衛士、兵募、團結兵、防丁等基本上仍然需要徵（或者名爲募而實是强制徵發）自民間。儘管和僱制日益廣泛採用，許多雜徭、差科乃至某些正役也仍然需要徵發大量人丁（和僱也往往是强制徵發）。因而在唐代前期，曾多次企圖限止色役人員的擴大。

上文已經提到早在中宗時就曾一度減省諸司雜色役。玄宗統治期間，限止和減省色役人員的行動多次進行。唐會要卷八五逃户稱：

開元九年（七二一）正月二十八日，監察御史宇文融請急察色役僞濫，并逃户及籍（外）田，

〔一〕唐律疏議卷二五詐僞諸詐自復除條疏議曰：「詐爲雜任之類而得復免役使者，徒一年。」通典卷六敍唐賦役云：「其雜任被解應附者，皆依本司解時日月據徵。諸春季附者，課役並徵；夏季附者，免課從役；秋季附者俱免。」據此知雜任未解任時並免課役。

〔二〕敦煌所出水部式所見各項色役，大抵得免課役，而都水監三津守橋丁，但云「不在簡點及雜徭之限」，不云免課。

因令充使。〔一〕

通典卷七歷代盛衰户口稱：〔二〕

（開元）八年，天下户口逃亡，色役僞濫，朝廷深以爲患。九年正月，監察御史宇文融陳便宜，奏檢察僞濫，兼逃户及籍外賸田。於是令融充使推勾。獲僞勳及諸色役甚衆。

如上所引，知開元九年宇文融建議内容有三點，一是檢查色役僞濫，二是檢括逃户，三是檢籍外賸田，他出使任務也包括這三點。〔三〕檢查色役僞濫與括逃户所以並提，就因爲都關係到兵役、雜徭徵發對象的減縮。〔四〕據通典及舊傳，宇文融這次出使在檢查色役方面是取得一定成果的。檢查逃户及籍外賸田要困難得多，直到十二年才結束。九年以後，朝廷注意力全在檢括逃户方面，色役問題不再提起，但終究不能置之不顧。唐會要卷八三租税上載開元二十二年（七三四）五月十三日勅：

其雜匠及幕士，并諸色同類，有番役合免徵行者，一户之内，四丁已上，任此色役，不得過兩

〔一〕册府卷四八六邦計部户籍記此事同唐會要，下又云「於是奏勸農判官數十人，使還，得户八十餘萬，田亦稱是」。乃兼十二年事，終言之。

〔二〕舊唐書卷一〇五宇文融傳略同，唯無「籍外賸田」語，又色役並訛「免役」、「勳」訛作「濫」。

〔三〕通鑑卷二一二開元九年正月記此事云：「監察御史宇文融上言，天下户口逃移，巧僞甚衆，請加檢括。」二月：「敕有司議招集流移，按詰巧僞之法以聞。」似乎認爲「僞濫」即指户籍上的巧僞，所以不提色役，恐是誤解。

〔四〕張説之文集卷二奉和送宇文融安輯户口詩云：「念兹人去本，蓬轉將何依。外避征戍數，内傷親黨稀。」强調的正是「避征戍」。雖專指逃户，投充色役的主要原因也是一樣。

人，三丁已上，不得過一人。〔一〕這是對丁男投充色役的限止，從敕文中我們也可以看到投充色役的主要目的是「免徵行」。敕文規定一户之内充任色役的限額，實際上必已超過此數。雖然投充的大都是有能力交納資課的人户，〔二〕因此而免役的丁男數量還是相當多的，而且按照先富後貧的徵發原則，他們正該儘先徵發。也就在這一年，玄宗大規模地減省諸司色役二十二萬餘人。

減省色役目的決非如六典所説由於國家無事，所以減輕人民的徭役負擔，恰恰相反，正是爲了使更多人丁承擔他們企圖逃避的賦役義務，特别是兵役、勞役義務。

開元二十五年（七三七），玄宗下詔諸軍鎮普遍召募長征健兒，以代替徵自民間的各色番上士兵，原有鎮防士兵不願長住的一律遣返。〔三〕醖釀已久的鎮防兵職業化，到這時才普遍推行，初步完成中國封建時期軍事制度上一大變革。這一變革當然不能徹底執行。以後仍然見到府兵出戍，乃至大規

〔一〕通典卷六、舊唐書卷四八、册府卷四八七所記敕文同。

〔二〕唐會要卷八三租税上建中元年（七八〇）八月楊炎請建立兩税疏，陳述安史亂後，賦税制度混亂，「科斂之名凡數百」，他説：「凡富人多丁，率爲官，爲僧，以色役免。貧人無所入，則丁存，故課免於上而賦增于下。」所説雖是安史亂後情況，富人逃避的是苛暴雜税，但也可以説明投充色役的大都是富人。

〔三〕唐六典卷五兵部郎中員外郎「天下諸軍有健兒」條注。册府卷一二四帝王部修武備開元二十五年五月詔，卷一三五帝王部愍徵役開元二十六年正月親迎氣詔。

模的徵發人丁遠征。〔一〕但在一定程度上有助於著籍人户的穩定，從限止色役的角度看來，也多少減輕了投充色役的吸引力。

爲了減省色役以擴大賦役對象，天寶五載（七四六）下詔裁撤爲數衆多的白直。唐會要卷九一內外官料錢上：

（天寶）五載三月二十日勅：〔三〕郡縣官人及公廨白直，天下約計一載破十萬丁已上。一丁每一月輸錢二百八文，每至月初，當處徵納，送縣來往，數日功程，在於百姓，尤是重役。其郡縣白直計數多少，請用料錢，加（疑當作「地」）税充用，其應差丁充白直，望請並停，一免百姓艱辛，二省國家丁壯。

經過開元二十二年大量省減色役之後，保留下來的單是白直一項就有十萬丁，可知投充色役人數之多。那時白直業已納課代役，玄宗決心裁撤，不惜以加（地？）税支付地方官員們應得的白直課錢，可以推知，即使兵役在原則上不再在編户中徵發，國家仍然需要更多的人丁承擔雜徭、差科和租調。

〔一〕通鑑卷二一六天寶十載四月：「制大募兩京及河南、北兵以擊南詔；人聞雲南多瘴癘，未戰士卒死者什八九，莫肯應募。楊國忠遣御史分道捕人，連枷送詣軍所。」這次名爲「募」，實是强制徵發，通典卷七歷代盛衰户口末亦記此事，即云「徵關輔、河南、京兆人討之」。册府卷一二四帝王部修武備：「天寶十四年（七五五）正月，詔河南（西？）置白亭管軍（按當作「軍管」）武士、健兒五千人，馬一千匹。」武士即衛士改稱，則至天寶末仍有衛士出鎮。

〔二〕册府卷五〇六文同，按此下實是臣僚奏請，故云「望請並停」上應云「某官奏」，下當有「從之」二字。

限制人丁投充色役的措施還見於其他方面。唐會要卷六五衛尉寺條：

（天寶）十一年（七五二）十二月奏，幕士、供膳、掌閑取浮逃無籍人充。勅旨：「幕士、供膳、掌閑并雜匠等，比來此色，緣免征行，高户以下，例皆情願。自今已後有闕，各令所由先取浮逃及無籍實堪驅使人充使，與編附，仍委御史中丞都充勾當。」

按其時正是大舉徵兵攻南詔的次年，因而色役例免徵行，對於高户加强了吸引力，國家也又一次加以限制。這種先取浮浪無籍人的措施，一方面限制了高户投充的機會，另一方面又可藉此使浮逃人户復歸於編户，可謂一舉兩得，但實際情況如何，不得而知。

玄宗一代，我們看到針對色役的限制、省減多次進行。這一現象實質上是封建國家對於見役與代役制的抉擇。按照歷史發展傾向，代役制必將取代見役制，但這還需要在長期過程中逐步完成。安史亂後，國家控制的編户大幅度減少，也更需要設法增多承擔課役的人丁。唐會要卷六五衛尉寺載廣德元年（七六三）二月二十一日赦文：

京兆諸司，使幕士、丁匠，總八萬四千五百人，〔一〕數内宜每月支二千九百四十四人，仍令河東、關内諸州府，據户口分配，不得編（偏）出京兆，餘八萬一千一百一十四人，一切並停。

幕士、丁匠的總額（絶大多數是丁匠）是相當大的，而裁減數字竟達到95%以上，更是大得驚人，

〔一〕此数有误，據前引唐大詔令集卷六九廣德二年南郊赦當爲八萬四千五十八人。

由此可見大量人員都是不役納資人。〔二〕那時候原先配給内外官僚的警衛隨從人員大概也停廢了，〔三〕但如楊炎所説，色役仍然是富人逃避賦役的道路之一。

兩税制建立後，色役一詞成爲見役雜徭、差科的代用語，已如前述。但是和過去一樣，有能力交納資課的人户仍然投身到官府機構和禁軍中，以納課求得影庇。徭役仍然嚴重，官府機構招納避役户的大門依然敞開。儘管那時投身各機構以求影庇不叫做投充色役；儘管傳統的色役項目已多停廢，許多影占人户的名色前所未見；但納課避役的性質没有變，國家使這些納課人户承擔徭役的意圖也没有變。這種情況一直沿續到唐末。

經歷五代到宋，徭役在人民的全部賦役負擔中的比重大大減輕。宋史卷一七七食貨志役法稱：

宋因前代之制，以衙前主官物，以里正、户長、鄉書手課督賦税，以耆長、弓手、壯丁逐捕盜賊，以承符、人力、手力、散從官給使令；縣曹司至押、録，州曹司至孔目官，下至雜職、虞候、揀、

〔二〕唐會要於上引下接稱：「其年（廣德元年）衛尉寺奏：『當寺管幕士，總八百六十九人，其七百八十九人停，八十人依舊，定四十人長上幕士，本司招補，不差百姓。並請依舊定四十人，減外請留。其幕士申請停差。每人每月別官給錢三千五百文，付本司通勘處置。……』旨依奏。」幕士總額大致與六典所載相當。當時實際需要只八十人，可知不役納資人是非常多的。至於國家甘願放棄這筆資課收入，當然由于使納資人歸州縣，承擔賦役，對國家更爲有利。據當時奏文，幕士八十人中四十人召募長上，每人每月官給錢三千五百文，實是和傭。其他減留下來的四十人可能仍是番上納資。

〔三〕據通典卷三五禄秩注載乾元元年（七五八）、大曆三年（七六八）俸給制，唐會要卷九一内外官料錢上有關諸條，知内外百官警衛隨從人員的「資課」，已統一以「手力資錢」或「料錢」的形式支付，防閤、庶僕、白直、執衣諸名色已不見記載，必已停廢。

招等人，各以鄉户等第定差。京百司補吏，須不礙役乃聽。建隆中（九六〇——九六三），詔文武官、内諸司、臺省、寺監、諸軍、諸使，不得占州縣課役户，州縣不得役道路居民爲遞夫。後又詔諸州職官不得私占役户供課。

從這段記載可知宋代的役限於一個較小的範圍，食貨志所列舉的項目雖然多數不見於唐代記載，當是唐後期至五代逐漸演變而來，但按性質都是吏役，也即是唐代非色役的雜任或職掌，所以文獻通考稱之爲職役。役的範圍是縮小了，但對承擔這類職役的人户來説仍是嚴重的，藉官府機構影庇的現象在宋初也仍存在，所以也像唐代一樣要加以禁制。人所共知，王安石推行免役法，徵收官户、女户等所謂「六色免役錢」，改差役爲僱役，遭到保守派的激烈反對。差役與僱役之争仍然是傳統的見役與代役之争。宋代免役法的推行也許可以説是由見役到代役制的最後一個環節。

宋代山民間承擔的徭役所以能縮小到職役的範圍内，主要由于大量徭役由稱爲廂軍的士兵承擔。馬端臨説：「宋朝凡衆役，多以廂軍給之，罕調丁男。」〔一〕宋史卷一七七食貨志亦云：「自餘衆役，多調廂軍。大中祥符五年（一〇一二），提點刑獄府界段惟幾發中牟縣夫二百修馬監倉，羣牧制置使代以廂卒，因下詔禁之。惟詔令有大興作而後調丁夫。」據此知地方官、鳌務官都不准擅自調發民丁，只有大工程由朝廷特詔徵發。這就是説，各色雜徭、差

〔一〕文獻通考卷一二職役，又卷一五六兵載馬端臨言：「自五代無政，凡國之役，皆調於民，民以勞敝。宋有天下，悉役廂軍，凡役作工徒營繕，民無與焉。故天下民力全固，至今遵之。」其言不盡符合現實，但比唐代較少調役丁男是實。

科（它們都不是「大興作」）至少在法令上均不得徵發民丁，而是調廂軍充役。當代視爲繁重的治河夫役，真宗天禧元年（一〇一七）便曾下令，「治河勿調丁夫以役充」。〔一〕宋史卷一八九兵志三廂兵稱「廂兵者，諸州之鎮兵也」，又説「然罕教閲，類多給役而已」。不但地方徭役即由當地廂兵擔承，汴京「役兵不足」，也調發各路廂兵充役。〔二〕廂兵供役項目繁多，王曾瑜同志宋朝兵制初探有一段綜合叙述，今録如下：〔三〕

廂兵服役範圍很廣泛，如壯城軍用於修築城池，作院軍用於製造武器，橋道軍用於修路築橋，船坊軍用於造船，裝發軍用於運輸，河清軍用於治理黄河，如此等等。南宋高宗時「浚運河」，一次「用二浙廂軍四千餘人，月餘而畢」（建炎以來繫年要録卷七二紹興四年正月癸酉）。宋時官僚機構臃腫龐大，官員們的侍衛和送往迎來，占用廂兵，「動皆數百人，多者至千人」（蔡忠惠公集卷一八論兵十事）。……在戰争期間，廂兵往往充當運糧隊。……有的廂兵還從事墾荒（續資治通鑑長編卷五一七元符二年十月丁未、癸亥）。在個别場合，廂兵也用於戰鬥。

〔一〕文獻通考卷一二職役。
〔二〕宋史卷一八九兵志三稱：「初樞密院言：京師役兵不足，歲取於諸路，而江淮兵每饑涷，道斃相屬。略計歲所用外軍七千人，調發增給不貲。」據此知汴京興造雜役，每年自外州調廂兵達七千人，遠及江淮。又記崇寧四年（一一〇五）又詔：「廂軍工匠，除上京修造外，其餘路所差，並放還休息之。」由此可知，直至北宋末，汴京修造，仍調諸路廂軍工匠充役。
〔三〕宋朝兵制初探六七——六八頁。

本條列舉了廂兵的諸項役務，又文獻通考卷一五六兵考八載樞密院以「諸路廂軍名額猥多」，請求省廢移併，提到各種役務，有「工作、榷酤、水陸運送、通道、山險、橋梁、郵傳、馬牧、堤防、堰埭」，〔一〕并上初探書中所舉，實在是名色繁多，論性質包括了唐代的正役、雜徭、匠役、色役以及臨時性的雜差科。

神宗末年，廂軍經過提升爲禁軍和省廢併合之後，「總天下廂兵馬步指揮凡八百四十，其爲兵凡二十二萬七千六百二十七人，而（開封）府界及諸司（指有廂兵服役的諸寺監等），或因事募兵之額不與焉」。〔二〕這是一支龐大的勞動隊伍。宋代養兵的巨額支出，一向爲當時以至後人所詬病，特別是募集了大量根本不加軍事訓練的廂兵。但是從另一角度看來，無非是國家設置了一支經常性和專業性的勞役隊伍而已，養兵支出換來了人民徭役的輕減。當然，有如王曾瑜同志所指出的「巨額養兵費用也無非是搜刮百姓膏血而得」，而且有時也不免仍然徵發農民，「對廂兵減輕民户夫役的程度，不能估計過高」。但宋代徭役在一定程度上能縮小到職役範圍内，終究是和廂兵服役有關。免役法的實行，使唐代以來長期存在的見役與代役的問題基本上得到了解決。

〔一〕宋史卷一八九兵志文同。「郵傳」，通考原作「鄧傳」，據宋志校改。
〔二〕見宋史卷一八九兵志。北宋時期歷朝廂兵數大致爲三十餘萬至五十萬左右，參宋朝兵制初探七一頁。

唐修憲穆敬文四朝實録與牛李黨争

牛李黨争是唐代中葉統治階級内部的重大政治鬬争，鬬争的中心本是對於怎樣維護走向衰亡的唐皇朝具有不同政見，却又涉及家世出身和私人恩怨。由於唐皇朝的頽勢無可挽救，力圖强化朝廷的李德裕一派不得不終於失敗，而主張因循苟安的牛僧孺一派獲得勝利。關於牛李黨争問題當另外討論，本文只擬探討憲宗以後四朝實録中褒貶是非和黨争的關係。

由於元和以後牛李黨人在政治上的升沉進退，监修和執筆史官在不同時期各自具有門户之見，因之無可避免地存在着徇私曲筆，造成不少矛盾混亂的記載。舊唐書紀傳據前人考證，大體根據唐修實録和所謂「國史」（其實並不盡然）。册府元龜中唐代部分除採自舊唐書外，往往直接採取實録；資治通鑑也是兼採實録，考異中屢見徵引。實録中存在矛盾牴牾問題常常反映在上述各書中，所以我們雖然已看不到實録，還可以從上述書中窺見其部分内容，藉以分析某些事件的記載與當時史官的黨派關係。有些問題在通鑑考異中業已指出，本文將作一些補充和進一步探討。

一　憲宗實録

新唐書卷五八藝文志乙部起居注類：

憲宗實録四十卷　沈傳師、鄭澣、宇文籍、蔣係、李漢、陳夷行、蘇景胤撰，杜元穎、韋處厚、路隋監修。景胤，弁子也。

舊唐書卷一六穆宗紀長慶二年（八二二）閏十月己亥：

勑翰林侍講學士諫議大夫路隨、中書舍人韋處厚兼充史館修撰憲宗實録。仍更日入史館。實録未成，且許不入内署，仍放朝參。

按册府元龜卷五五六國史部採撰，記長慶二年修憲宗實録，與上引舊紀同，但於「仍放朝參」後詳記成書實在文宗大和四年（八三〇），稱：

其實録雖未絶筆，統例取捨皆處厚創起。文宗朝，隋爲中書侍郎平章事，監修國史。大和四年三月，隋表上憲宗實録曰：「長慶二年，詔監修宰臣杜元穎，命翰林侍講學士臣處厚、臣隨（原作「趙」，誤）、暨史官沈傳師、鄭澣、宇文籍等分年編次實録。屬中外多故，筆削未遑；或職秩遽移，刊綴莫就。……臣今採處厚等所録，又與見在史官蘇景裔等〔一〕博訪遺逸，精加研覈，以畢其功。建茲周歲，錯綜方就，謹撰憲宗皇帝實録爲四十卷，目録一卷，謹隨表奉獻。……」詔報曰：「……賜監修國史路隋及見在史官司封郎中蘇景胤、起居舍人陳夷行、屯田員外郎李漢、右拾遺蔣係各綿綵銀器有差。」

據此知長慶二年開始修撰憲宗實録，經歷了八年才得以成書。所以經歷多年，據路隨表乃由於「中外

〔一〕按宋人避諱，改「胤」爲「裔」，下文仍作「景胤」，則又明人回改。

多故」和「職秩遽移」。這二點原因之外，我以爲可能還有是非褒貶難定，這一點留在下面再談。

這次表上的憲宗實録，十年以後又行改修。舊唐書卷一八武宗紀會昌元年（八四一）四月辛丑：

勑憲宗實録舊本未備，宜令史官重修進内。其舊本不得注破，候新撰成同進。時李德裕先請不遷憲宗廟，爲議者沮之，復恐或書其父不善之事，故復請改撰實録，朝野非之。

又本年十二月稱：

中書門下奏修實録體例：「舊録有載禁中之言。伏以君上與宰臣、公卿言事，皆須衆所聞見，方可書於史册。且禁中之語，在外何知，或得之傳聞，多涉於浮妄，便形史筆，實累鴻猷。今後實録中如有此色，並請刊削。又宰臣與公卿論事，行與不行，須有明據。或奏請允愜，必見褒稱；或所論乖僻，因有懲責；在藩鎮上表，必有批答；居要官啟事者，自有著明。並須昭然在人耳目，或取捨存於堂案，或與奪形於詔勑。前代史書所載奏議，罔不由此。近見實録，多載密疏，言不彰於朝聽，事不顯於當時，得自其家，未足爲信。今後實録所載章奏，並須朝廷共知者，方得紀述，密疏並請不載。如此則理必可法，人皆向公，愛憎之志不行，褒貶之言必信。」從之。李德裕奏改修憲宗實録所載吉甫不善之迹，鄭亞希旨削之。德裕更此條奏，以掩其迹。搢紳謗議，武宗頗知之。

按四月條稱李德裕「復恐或書其父不善之事」一句，觀十二月條已明。册府卷五五六國史部採撰「李紳爲宰臣」條注亦云：

先是，李德裕秉政，以其父元和初爲宰相，前史官或書其不善之事（下同上引舊唐書）。

可知李德裕所以要求改修乃由於路隨所上實録中寫了有關他父親李吉甫聲譽的話。據十二月條，這些「不善之迹」大抵出於密疏、奏對，以後夏侯孜、蔣偕收集的李相國（絳）論事集就是記載李絳不少斥責吉甫不善之事的密疏、奏對。

會昌年間改修當然由李德裕一黨的人物主持和執筆。舊唐書卷一八上武宗紀會昌三年（八四三）十月：

> 宰相、監修國史李紳，兵部郎中、史館修撰判館事鄭亞進重修憲宗實録四十卷，頒賜有差。

這次改修在會昌三年十月完成上進，監修宰相李紳和史館修撰鄭亞受賞，過了五年，宣宗即位，李德裕及其徒黨全被貶謫，牛黨執政，朝局發生變化，會昌重修的憲宗實録即被廢棄，仍行舊本。册府卷五六二國史部不實：

> 李紳，會昌中爲平章事，監修國史。武宗遣紳與修撰鄭亞重修憲宗實録，紳、亞取行狀、謚議，將相之間過爲增飾。至宣宗大中二年（八四八）十一月，勅「憲宗實録宜施行舊本。其新本委州府長史（吏？）察訪，如録得者並送史館，不得輒留。」〔一〕

又杜牧樊川文集卷七東川節度使周公（墀）墓誌銘稱：

> 李太尉德裕會昌中以恩撰元和朝實録四十篇，溢美其父吉甫爲相事。公上言曰：「人君唯

〔一〕會昌重修憲宗實録及大中復行舊本事亦見唐會要卷六三修國史。

不改史，人臣可改乎？元和實録皆當時名士目書事實。今不信，而信德裕後三十年自名父功，衆所不知者而書之。此若垂後，誰信史？」竟廢新本。

據此知新本被廢，由周墀發端。一個主要問題是寫上一些人所不知之事以贊美李吉甫，册府所云「取行狀、謚議，將相之間，過爲增飾」，雖泛指將相，主要也當是針對李吉甫。憲宗實録的改修和復行舊本，關鍵集中於對李吉甫的褒貶。顯然，這種褒貶的政治背景不外黨爭。我們不妨考察一下先後監修和秉筆史官與牛李的關係。

長慶二年監修和修撰史官有四人是元和末李德裕爲翰林學士時的同官，李文饒集别集卷七懷嵩樓記：

元和庚子歲（八二〇），予獲在内庭，同僚九人，丞弼者五。數十年間，零落將盡，今所存者，唯三川守李公而已（已殁者西川杜公、武昌元公、中書韋公、鎮海路公、吏部沈公、左丞庾公、舍人李公）。

按文末署「丙辰歲丙辰月銀青光禄大夫、守滁州刺史李德裕記」，丙辰乃文宗開成元年（八三六），三川守李公即李紳，西川杜公即杜元穎，武昌元公爲元稹，中書韋公爲韋處厚，鎮海路公爲路隨、吏部沈公爲沈傳師，左丞庾公爲庾敬休，舍人李公爲李肇。〔一〕七人中杜元穎長慶中監修憲宗實録，韋處厚、

〔一〕杜元穎以下六人並見兩唐書紀傳，李肇兩唐書無傳，其爲翰林學士，唯見翰林志，詳歷史語言研究所集刊第十五本岑仲勉翰林學士廳壁記注補。

路隨、沈傳師都是當時史官，他們和李德裕的關係是比較友好的。

杜元穎於長慶二年三月任平章事，可能此時已例加監修國史，閏十月勑撰憲宗實録，次年十月即出任西川節度使，大和三年（八二九）南詔侵入成都羅城，元穎坐貶循州司馬，六年卒。〔二〕次年李德裕爲相，得追贈湖州刺史，新唐書卷九六杜如晦傳附元穎傳稱：「李德裕爲相，與元穎善，特與贈官。」按李文饒集卷一二有論杜元穎褒贈狀二篇，頗爲元穎在西川不修兵備辯護。看來杜不會有意貶抑李吉甫。元穎出鎮後，誰監修國史無考，當時宰相是李逢吉和牛僧孺，二人是吉甫政敵，但穆宗於四年（八二四）正月死去，距元穎出鎮不過二月，可能未及任命。敬宗即位後，長慶四年十二月，牛僧孺加集賢殿大學士、監修國史，次年正月即出鎮武昌。〔三〕監修國史在當時還並非僅是例加的虚銜，但僧孺監修僅止一月，也來不及藉此修怨。路隨進實録表就没有提到牛僧孺。

長慶二年修憲宗實録的主要史官之一爲韋處厚。舊唐書卷一五九本傳和上引册府卷五五六都説「統例取捨，皆處厚創起」。處厚於寶曆二年（八二六）十二月文宗即位後即任中書侍郎同平章事，大和二年（八二八）卒。他爲相時已帶監修國史銜，所以新唐書卷五八藝文志亦於憲宗實録條下記處厚在監修之列，但不見全唐文卷六九授韋處厚中書侍郎同平章事制。

上面已提到，元和末他和李德裕同官翰林。劉夢得文集卷二三唐故韋公集紀稱處厚「初爲集賢

〔二〕並見舊唐書卷一六三杜元穎傳。
〔三〕舊唐書卷一七二牛僧孺傳。

殿校書郎，宰相李趙公監修國史，引公入東觀」，李趙公即李吉甫，則是他第一次入史館，由李吉甫薦引。〔一〕但以後却發生不愉快的事，唐會要卷六四史館雜録下：

（元和）六年（八一一）四月，史官左拾遺樊紳、右拾遺韋處厚、太常博士林寶並停修撰，守本官。以考功員外郎獨孤郁充史館修撰兼判館事。又以兵部尚書裴垍爲太子賓客。垍以疾罷相，拜兵部尚書，久未任朝謝。宰相李吉甫自淮南至，復監修國史，與垍有隙，又以垍抱病方退，不宜以貞元實録上進，故史官皆罷，垍亦更移散秩。

按會要當是根據路隨監修之憲宗實録，也是李德裕認爲記載了李吉甫「不善事」之一，但應是事實。元和十一年（八一六）八月，宰相韋貫之議暫緩征討鎮州王承宗，專力攻淮西，與裴度争論，貫之罷相，韋處厚和貫之交好，也被出爲開州刺史，其時吉甫已死。從韋處厚和裴垍、韋貫之的關係看來，他和李吉甫是合不來的，對於元和用兵也不會贊同，他執筆修史，大概不會贊揚吉甫。但他和吉甫也没有很深惡感。敬宗朝李逢吉陷害李紳，他力加救助，詆斥逢吉，〔二〕和德裕的關係似乎也不壞，對吉甫或不

〔一〕舊唐書卷一五九本傳稱：「授秘書省校書郎，裴垍以宰相監修國史，奏以本官充直館。」與韋公集紀不同。按舊唐書卷一四憲宗紀元和二年正月記吉甫爲中書侍郎同平章事，不云監修國史，然於十二月己卯記「史官李吉甫進元和國計簿」，「史官」疑當作「監修國史」。韋處厚入史館，由吉甫薦引，劉夢得受處厚兒子的委託，作此文，必不致誤。但吉甫於次年八月出鎮淮南，裴垍爲中書侍郎同平章事，監修國史（紀亦不書），册府卷五五六國史部採撰記裴垍爲中書侍郎平章事，監修國史，奏上德宗實録，修撰史官受賞者有處厚。知非裴垍所薦。

〔二〕以上並見舊唐書卷一五九韋處厚傳。

至於有意貶抑。

憲宗實録自長慶二年開始，大和四年成書，始終其事的史官只有路隨一人，他於大和二年（八二八）韋處厚死後，代爲中書侍郎同平章事，加監修國史。他是李德裕翰林同僚，大和九年（八三五），他曾因救李德裕而罷相出鎮。舊唐書卷一七四李德裕傳：

（大和）九年三月，左丞王璠、户部侍郎李漢進狀，論德裕在鎮，厚賂（宫人杜）仲陽，結託漳王，圖爲不軌。四月，帝於蓬萊殿召王涯、李固言、路隨、王璠、李漢、鄭注等，面證其事。璠、漢加誣構結，語甚切至。路隨奏曰：「德裕實不至此，誠如璠、漢之言，微臣亦合得罪。」羣論稍息。

按上年九月李訓、鄭注已援引李宗閔入相，德裕罷相，十一月，出爲鎮海軍節度使。王璠本是李逢吉的親信，這時又與李訓、鄭注相結；〔一〕李漢是李宗閔一黨（見下）。這次二人一起摭拾業已過去的漳王案，竟欲致德裕於死地。顯然，背後發縱的是李訓、鄭注與李宗閔。由於路隨救解，德裕才得免死謫爲太子賓客、分司東都，再貶袁州長史。路隨則因此罷相，出爲鎮海軍節度使。〔二〕據此知路隨與德裕不但没有嫌隙，而且在這件事上主持公道，有德於德裕。舊唐書卷一五九本傳稱：

〔一〕　見舊唐書卷一六九王璠傳。

〔二〕　通鑑卷二四五文宗大和九年三月丙申「路隨充鎮海軍節度使」條考異云：「舊隨傳（舊唐書卷一五九）曰：『德裕貶袁州長史，隨不署奏狀，始爲鄭注所忌，出鎮浙西。』按實録，隨出鎮在德裕貶前四日，今不取。」今按德裕貶袁州雖在前，但中書議貶當在前，正由於路隨不肯署狀，不得逞。至路隨罷相出鎮，始得以中書合議之狀上奏。舊傳不誤。

（隨）在相位，宗閔、德裕朋黨交興，攘臂於其間；李訓、鄭注始終姦詐，接武於其後，而隨藏器韜光，隆污一致，可謂得君子中庸而常居之也。

路隨不介入牛、李兩黨的政争，舊傳把他説成是個容身保位如漢代胡廣一類人物，就上述力救德裕一事，這一評語是稍欠公道的。

路隨與吉甫無怨，又與德裕交好，當不會故意貶抑吉甫。

長慶修憲録史官還有個李德裕翰林同僚是沈傳師。他於長慶三年（八二三）十月出任湖南觀察使，由於杜元穎奏請，准許他隨帶一部分史稿，在任修史。〔一〕據此知憲宗實録一部分由沈傳師在湖南任所寫成。他任翰林學士時和李德裕友好，樊川文集卷十四吏部侍郎沈公行狀：

上欲面授之（授以翰林學士承旨），公奏曰：「學士院長，參議大政，出爲宰相，臣自知必不能爲。……」故相國李公德裕與公同列友善，亦欲公之起，辭説甚切，公終不出。……公與先少保（傳師父既濟）俱掌國史，撰憲宗實録，未竟，出鎮湖南，詔以隨之，成於理所，時論榮之。

今李文饒集中還載有德裕與傳師唱和詩，可見二人私交不淺。傳師堅辭學士承旨，固然如本傳所説，由於他秉性恬淡，同時恐也由於他不願介入日趨激烈的牛李之争。據行狀，傳師登進士第，由於權德輿的揄揚。行狀稱「文公（權德輿謚文）門生七十人，時人比公爲顏子」，而牛僧孺、李宗閔、楊嗣復也

〔一〕見舊唐書卷一六穆宗紀、卷一四九本傳。按沈傳師在任所修史，由宰相監修國史杜元穎奏請；韋處厚充史官，由宰相監修國史李吉甫奏請。後來吉甫再次入相，韋處厚等史官被撤换，可知那時監修國史不像後來那樣僅是虚銜。

都是權德輿門人，〔一〕傳師若聽李德裕勸説，受學士承旨之職，即有背棄同門之嫌，所以他堅辭不就。傳師與德裕友善，當也不致在所撰實録中詆毁吉甫。

預修憲録的長慶史官其他尚有鄭澣與宇文籍。鄭澣，舊唐書卷一五八附其父餘慶傳，看來與黨爭無關，李文饒别集卷四有與鄭澣唱和詩。宇文籍，舊唐書卷一六〇有傳，也没有介入黨爭。

以上長慶二年預修憲録的監修及修撰共六人，他們有的與德裕友好，有的在政爭中還救援過德裕及德裕一黨的李紳，一般與吉甫、德裕父子並無很深嫌隙。也都没有卷入牛李之争，雖然不會對吉甫作踰量的贊美（李德裕正是作這樣要求），也不可能有意謗毁吉甫。

然而憲録成書已在大和四年，當時史官除路隨外都已换了新人，其中除個别外都是德裕政敵。大和史官據記載爲蘇景胤、李漢、蔣係、陳夷行四人。蘇景胤本是李逢吉親信，舊唐書卷一七六李宗閔傳記陳夷行的話：

比者宗閔得罪，以朋黨之故，恕死爲幸。寶曆初（八二五），李續之、張又新、蘇景胤等，朋比姦險，幾傾朝廷，時號「八關十六子」。

陳夷行是李德裕一黨，他斥蘇景胤「朋比姦邪」，爲李逢吉羽黨八關十六子之一，可知蘇是他們的政敵。新唐書卷一七五楊虞卿傳：

〔一〕見舊唐書卷一七六楊嗣復傳。

虞卿佞柔。……歲舉選者，皆走門下，署第注員，無不得所欲，升沉在牙頰間。當時有蘇景胤、張元夫，而虞卿兄弟汝士、漢公爲人所奔向，故語曰：「欲趨舉場，問蘇、張；蘇、張猶可，三楊殺我。」〔二〕

這樣一種廣事結交、把持科場的人物，必然與牛黨氣味相投，而爲李德裕等所深惡。

又一史官李漢於大和九年誣告李德裕已見上述。舊唐書卷一七一李漢傳：

預修憲宗實録，尤爲李德裕所憎。大和四年（八三〇），轉兵部員外郎。李宗閔作相，用爲知制誥。……九年四月，轉吏部侍郎。六月，李宗閔得罪罷相，漢坐其黨，出爲汾州刺史。宗閔再貶，漢亦改汾州司馬，仍三二十年不得録用。會昌中，李德裕用事，漢竟淪躓而卒。

李漢爲牛、李（宗閔）羽黨，自不待言。本傳明言他預修憲録爲德裕所惡，則所謂「書吉甫不善事」的史官，他是個主要人物。

大和史官又一人是蔣係，他是蔣乂的兒子，舊唐書卷一四九蔣乂附子係傳云：

武宗朝，李德裕用事，惡李漢，以係與漢僚壻，出爲桂管都防禦觀察使。

蔣家世爲史官，蔣乂預修裴垍監修的德宗實録。傳稱：「書成奏御，以功拜右諫議大夫。明年，監修國史裴垍罷相，李吉甫再入，以乂、垍之修撰，改授太常少卿。」其事與韋處厚同。傳又云：

〔二〕按新唐書乃據唐摭言卷七升沉後進類「大和中，蘇元胤、張元夫爲翰林主人」條。

本名武，因憲宗召對，奏曰：「陛下已誅羣寇，偃武修文，臣名於義未允，請改名乂。」上忻然從之。時帝方用兵兩河，乂亦因此諷諭耳。

他不贊成用兵，與韋貫之、韋處厚等同。他對李吉甫大概是不滿的。蔣係是憲宗實録的主要執筆史官之一，舊唐書卷一五憲宗紀的論稱「史臣蔣係曰」云云，必是採之實録。長慶以來史官多人，而對憲宗政事的總論却待蔣係執筆，可以知道他在諸史官中的地位。本傳雖説他的外任因與李漢同爲韓愈子壻，我想還由於他也是憲録主要執筆史官之一。

預修憲録的大和史官中三人可以確定爲牛黨，但也有一人爲李德裕一黨，即陳夷行。舊唐書卷一七三陳夷行傳：

（開成）三年（八三八），楊嗣復、李珏繼入輔政，夷行介特，素惡其所爲，每上前議政，語侵嗣復，遂至往復。……五年，武宗即位，李德裕秉政。七月，自華（時夷行爲華州刺史）召入，復爲中書侍郎、平章事。

夷行和德裕的關係可知。但彼衆我寡，那時他大概起不了多大作用。

還應當注意，大和三年八月李宗閔爲相，四年正月牛僧孺爲相。路隨奏上憲録在四年三月，正是李宗閔、牛僧孺相繼爲相之時。

長慶二年（八二二）開始修撰的憲宗實録所以遲至大和四年（八三〇）始成書奏上，如路隨所説原因之一是「史官遷秩」，換了人，而且還不是單純人事變動，而是新除史官多數是牛黨人物，又當牛黨得勢之時，是非褒貶就有待於新史官的筆削，所以路隨奏上表稱「與現在史官蘇景胤等博訪遺逸，精加研覈」，而憲宗政事的總論有待於蔣係。可知蘇景胤等對原稿的修訂增删起了很大的作用。而在修實録上，李德裕的猜疑憎恨也是針對新史官而不是舊史官。

究竟憲宗實録寫了些什麽不利於李吉甫的話呢？原書已佚，無從確知，只能摘録一些大體採自實録（或所本的「國史」）的舊唐書和册府元龜等有關記述加以推斷。

册府卷三一七宰輔部正直二：

李絳爲中書侍郎、平章事，同列李吉甫便辟喜逢迎君意，絳鯁直，多所規諫，故與吉甫大不同。時議以吉甫通於吐突承璀，故絳尤惡之。憲宗察絳忠直自立，故絳論奏多所允從。

舊唐書卷一六四李絳傳記載與册府全同，只有最後一句傳作「絳性剛訐，每與吉甫争論，人多直絳」，疑五代史臣稍改易其辭。對於二李争論，顯然完全贊美李絳，對於吉甫斥言爲「便辟喜逢迎君意」，而且明確指出吉甫交通宦官吐突承璀，單這兩句話，就令人感到李吉甫起碼是個佞臣。

又册府元龜卷三三七宰輔部徇私：

李吉甫，憲宗初爲相。元和三年二月，勑：「許新除官及刺史等假，於宣政門外謝，便進狀辭；其授官於朝堂禮謝；並不須候假開。……」時吉甫之舅新除河南少尹裴復求速之任，適遇寒食假，吉甫特奏請，遂兼刺史同有是命，非舊典也。

又裴垍初罷相，以太子賓客卒。時吉甫復入相，以宿嫌怒垍，不加贈官。給事中劉伯芻疏論，贈垍太子少傅。伯芻妻，其從姨也。或言吉甫以此奏論，伯芻懼，亟請散地，因出爲虢州刺史。

按此兩事不見舊唐書，册府必採自實録。前一事無關大體，後一事指責吉甫忌刻。吉甫對裴垍積嫌甚深，藉端報復，上引唐會要記吉甫撤换裴垍監修時的史官亦必出於憲録。裴、李交惡，在舊唐書卷一四八李吉甫傳中却頗爲吉甫隱諱，傳稱「吉甫以裴垍久在翰林，憲宗親信，必當大用，遂密薦垍代己，因自圖出鎮」。按本年四月，因牛僧孺、李宗閔對策案，裴垍罷翰林學士，其事與吉甫有關（見下節），嫌隙已構，豈有密薦裴垍之事。拜垍爲相而吉甫出鎮；元和五年冬垍罷而次年正月吉甫入相，二人更迭進退，關係如此，舊書李吉甫傳顯然曲筆隱諱。本傳來歷不詳，通鑑考異曾認爲舊書李吉甫傳所記元和三年罷相事當出於會昌改修的憲宗實録（見下），但傳末一段話，對吉甫有廻護，也稍有微詞，亦不像全出會昌改本。

以上所引册府及前引唐會要條的内容並不見舊唐書，册府敍唐代事凡不見於舊唐書者大抵採自歷朝實録，由此可信大和奏上的憲宗實録中確有一些有損吉甫聲譽的話，所以德裕當國必欲改修。但公正地説，如果僅據上舉數條，看來並非虚構，只是不爲吉甫隱諱，有些話如「便辟逢迎」，説得不太含蓄而已。

會昌元年（八四一）改修憲録的監修是李紳，修撰爲鄭亞。舊唐書卷一七三李紳傳：

穆宗召爲翰林學士，與李德裕、元稹同在禁署，時稱「三俊」，情意相善。

以後，會昌元年，德裕執政，即引李紳自淮南節度使入相。四年，以病求出，再鎮淮南，六年卒。死後，牛黨還追究他在淮南任上斷吴汝納案，追削三任官告，李德裕也因袒護李紳再貶潮州司馬。他和李德裕的關係密切自不待言。

鄭亞起家即是李德裕浙西幕僚，舊唐書卷一七八鄭畋傳：

元和十五年（八二〇）擢進士第。……李德裕在翰林，亞以文干謁，深知之。出鎮浙西，辟爲從事。累屬家艱，人多忌嫉，久之不調。會昌初，始入朝，爲監察御史，累遷刑部郎中。中丞李回奏知雜，遷諫議大夫、給事中。五年，德裕罷相，鎮渚宫。授亞正議大夫，出爲桂州刺史、御史中丞、桂管都防禦經略使。大中二年（八四八），吴汝納訴冤，德裕再貶潮州，亞亦貶循州刺史。

鄭亞是李德裕一手提拔起來的人，今李文饒集首有鄭亞序，對吉甫、德裕兩世功業大加贊揚，贊揚吉甫的一段云：

洎憲宗皇帝英武啟運，雄圖赫張，中興之業，高映前古。其時則先太師忠公翺翔内署，有密勿贊佐之績，平吴定蜀，時惟其功。及登樞衡，作霖雨，尊王室，卑諸侯，圖蔡料齊，外定内理，顯王言於典誥，彰帝範於圖籍，紀在徽册，播於無窮。

據前引樊川文集周墀墓誌，會昌改修憲録旨在贊美吉甫功績，改本實録早已不傳，從上引鄭亞序文中也可以看到一個大概。

大中二年（八四八）廢憲録改本，五代修唐史時是否能見，不可知，北宋時人所見便只有舊本。

二　舊唐書中關於元和三年對策案的記載

元和三年（八〇八）對策案是導致此後數十年黨争的重要事件，李吉甫是案中的被告人，但史籍記載他在案中所處的地位却不一致，甚至相反，這種牴牾矛盾是否與所據憲宗實録有關呢？舊唐書卷一七六李宗閔傳：

元和四年（三年之誤），復登制舉賢良方正科。初，宗閔與牛僧孺同年登進士第，又與僧孺同年登制科。應制之歲，李吉甫爲宰相，當國，宗閔、僧孺對策，指切時政之失，言甚鯁直，無所迴避。考策官楊於陵、韋貫之、李益等又第其策爲中等。又爲不中第者注解牛、李策語，同爲唱誹。又言翰林學士王涯甥皇甫湜中選，考覈之際，不先上言。裴垍時爲學士，居中覆視，無所異同。吉甫泣訴於上前，憲宗不獲已，罷王涯、裴垍學士，垍守户部侍郎，涯守都官員外郎；吏部尚書楊於陵出爲嶺南節度使，吏部員外郎韋貫之出爲果州刺史；王涯再貶虢州司馬，貫之再貶巴州刺史；僧孺、宗閔亦久之不調，隨牒諸侯府。〔一〕

這次影響巨大的對策案，宗閔傳記載最詳，傳中指出：（一）策文指切時政之失，無所迴避的只牛僧孺和李宗閔二人；（二）皇甫湜是王涯外甥，考前考後都没有上報；（三）宰相李吉甫泣訴憲宗，以致考

〔一〕宗閔傳對此案説得非常詳細，可怪的是舊唐書卷一七二牛僧孺傳却一無所言，而卷一七四李德裕傳敍此事却同李宗閔傳。

策官、覆審的翰林學士都受到處分；王涯則因外甥中選，有請託之嫌，也被貶責。顯而易見，製造這件巨案的主謀是李吉甫，牛、李對策指切時政之失，當然觸犯了宰相李吉甫。舊唐書卷一四八李吉甫傳却是另外一種完全不同的記載，傳稱：

三年秋，裴均爲僕射、判度支，交結權倖，欲求宰相。先是，制策試直言極諫科，其中有議刺時政，忤犯權倖者。因此均黨揚言皆執政教指，冀以摇動吉甫，賴諫官李約、獨孤郁、李正辭、蕭俛密疏陳奏，帝意乃解。

據本傳：（一）不言對策譏刺時政的是誰，他們觸犯的是不提姓名的某「權倖」；（二）裴均爲了想當宰相，利用對策觸犯「權倖」之機，散播謡言，説背後指使人是李吉甫，藉此動摇吉甫；（三）幸虧李約等諫官密奏，吉甫才得無事；（四）一字不提考策官、覆視官被貶責的事。據此，對策雖然「譏刺時政」，却和吉甫無涉。相反，吉甫被裴均一黨説成是幕後指使者，幾乎被連累。這裏暗示吉甫也與策文所指的「權倖」不合，甚至與本年吉甫罷相有關。當然，這種説法是頗爲離奇的，通鑑卷二三七元和三年九月李吉甫出任淮南節度使條考異駁此傳云：

（上引傳文略）按牛僧孺等指陳時政之失，吉甫泣訴，故貶考覆官。裴均等雖欲爲譏，若云執政自教指舉人詆時政之失，豈近人情邪！吉甫自以誣構鄭絪，〔二〕貶斥裴垍等，蓋憲宗察見其情

〔一〕李吉甫搆鄭絪，事見李相國論事集卷二論鄭絪事。論事集是李絳甥夏侯孜及蔣係弟蔣偕所編集，專斥李吉甫，不盡可信。

而疏薄之，故出鎮淮南。及子德裕秉政，掩先人之惡，改定實録，故有此説耳。

按本傳爲吉甫曲筆迴護，非止一端，已見上節，這裏有意不舉牛、李名，暗示吉甫與所謂「權倖」不合，顯是李德裕一黨迴護吉甫之辭，司馬光疑出於會昌改修的憲録是有理由的。但會昌改本，北宋已佚，司馬光並未親見，五代史官是否曾見改本也不知道，只好存疑。又司馬光實是據舊唐書李宗閔傳以駁此傳，所説也未盡然。比如吉甫傳所云「譏刺時政」必然被認爲與吉甫無涉，而是指向某一權倖，則裴均藉此中傷吉甫，説是吉甫指使，也未必不合情理。這裏一個關鍵問題即牛、李、皇甫策文中指責的是什麼樣的「時政」，主要針對着誰？今按舊唐書中有關紀傳存在二種不同的書法，一種直接間接指出策文觸犯和造成此案的即李吉甫，李宗閔傳是最明顯也是最突出的。此外，舊唐書卷一六四楊於陵傳：

元和初，以考策升直言極諫牛僧孺等，爲執政所怒，出爲嶺南節度使。

按當考策時宰相有吉甫及杜佑二人，杜佑以司徒入中書視事，〔一〕並不真正管事，所以實止吉甫一人，執政即指吉甫無疑。同書卷一六九王涯傳：

元和三年，爲宰相李吉甫所怒，罷學士，守都官員外郎，再貶虢州司馬。

本傳雖没有提到對策案，却明確指出王涯之貶由於觸怒李吉甫。〔二〕此外，卷一七四李德裕傳敍此事

〔一〕見舊唐書卷一四憲宗紀元和二年十一月。

〔二〕舊唐書卷一五八韋貫之傳但言「指切時病，不顧忌諱」，既没有舉牛、李、皇甫，也没有説爲誰所怒，因而被黜，但傳稱「奏居上第者三人」，顯然包括皇甫湜在內，則王涯之貶也不僅由於爲湜親舅，有囑託之嫌，而且皇甫湜對策同樣「指切時病，不顧忌諱」。

略同李宗閔傳，且明言「事在李宗閔傳」，可以不論。

另一種説法是策文譏切的和造成此案的人是某一「權倖」或「貴倖」，舊唐書卷一四憲宗紀元和三年四月乙丑書：

貶翰林學士王涯虢州司馬，時涯甥皇甫湜與牛僧孺、李宗閔並登賢良方正科第三等，策語太切，權倖惡之，故涯坐親累貶之。

又卷一四八裴垍傳：

（元和）三年，詔舉賢良，時有皇甫湜對策，其言激切，牛僧孺、李宗閔亦苦詆時政。考官楊於陵、韋貫之升三子之策皆上第，〔二〕垍居中覆視，無所同異。及爲貴倖泣訴，請罪於上。憲宗不得已，出於陵、貫之官，罷垍翰林學士，除户部侍郎。

按上引紀、傳敍對策三人並以皇甫湜爲首，與宗閔、於陵傳以牛僧孺爲首不同；策文觸怒的紀稱「權倖」，裴垍傳稱「貴倖」，與李吉甫傳合，而與宗閔、於陵兩傳指稱李吉甫者大異。今按史籍所記佞倖、恩倖、倖臣一般指出身寒微，侍奉宫廷，獲得皇帝恩寵的近侍。李吉甫出自北朝以來第一流高門，身爲宰相當國，不能稱之爲「倖」；而且唐代也没像前代那樣出身寒門的倖臣，當時所説「權倖」、「貴倖」通常指的是宦官。李相國論事集卷三論讒毁事云「學士奏事，極論宦官權倖侵毁政事，罔惑聖

〔二〕按上引李宗閔傳稱「第其策爲中等」，憲宗紀稱皇甫、牛、李「登賢良方正科第三等」，而此傳稱「上第」，似有差互，其實唐代考試例無一、二等，三等正是上第。

聽」，「宦官權倖」連稱，實即指宦官，觀下文稱「中人本性，唯在財利」云云可知；李文饒外集卷三有近倖論，所謂「近倖」及文中的「倖臣」指的也主要是宦官。〔一〕我們可以斷言，紀傳所述對策觸犯的「權倖」、「貴倖」均指宦官而非吉甫。

我們現在試行考查一下牛、李、皇甫三人策文究竟譏切的主要目標是什麽事，什麽人。牛、李策文已失傳，皇甫湜的策文却保存在本集卷三、文苑英華卷四八九，我們完全可以明了其内容。今觀策文固然極言時政之失，但對宰相却是留有餘地的，一則「請日延宰輔，與論義理」，再則稱「以宰相之公忠，豈不欲人之足用乎」，並没有直接攻擊宰相，其激烈攻擊的乃是宦官。策文先談到要「屏近習之邪佞」，有如下一段話：

今宰相之進見亦有數，侍從之臣皆失其職，百執事奉朝請而退，而律且有議及乘輿之誅，未知爲陛下出諫喉舌者爲誰乎？爲陛下爪牙者爲誰乎？日夕侍起居遊豫，與之論臣下之是非賞罰之臧否者復何人也？股肱不得而接，何疾如之！爪牙不得而衛，其危甚矣！若夫裔夷虧殘之微，〔二〕褊（集作「偏」，誤）險之徒，皂隷之職，豈可使之掌王命，握兵柄，内膺腹心之寄，外當耳目之任乎！此貞夫義士所以寒心銷志，泣憤而不能已者。誠能復周之舊典，去漢之末禍，……

〔一〕晚至五代也仍然如此，册府卷五五七國史部採撰三記石晉天福六年（九四一）趙瑩奏稱：「自實應已來，典章漸缺，……勢移權倖，禮或謬差。故軍容釋奠於儒宫，舉朝議誚；巷伯扈鑾而法服，博士抗論。」所謂「權倖」即指魚朝恩輩。

〔二〕英華「裔夷」作「褻狎」，下注云「集作『裔夷』」。按唐代宦官多出自閩、粤、蜀諸地各族人，故策文云然，「褻狎」乃後人所改。

則政不足平，刑不足措，人不足和，財不足豐，蠻夷戎狄不足臣，休徵嘉瑞不足致矣，又何慮乎視聽之表有所不周乎？〔二〕

這段話真所謂「深切著明」，他認爲一切危機的根源即在於宦官專權，如果能抑制宦官，所有政治、財政、軍事上的危機便迎刃而解。皇甫湜雖是一般指斥宦官，但具體地説，矛頭是指向掌王命、握兵柄的樞密使和神策護軍中尉，而當時宦官中最顯赫的便是中尉吐突承璀，其次則樞密使梁守謙、劉光琦。舊唐書憲宗紀和裴垍傳、李吉甫傳所云策文觸犯的「權倖」、「貴倖」，均指宦官，而具體地説也是吐突承璀、劉光琦、梁守謙，特別是吐突承璀。從這裏就可以明瞭爲什麽憲宗紀和裴垍傳舉對策獲得上等的三人，以皇甫湜爲首的原因。也可以知道李吉甫傳所説並非全出虚構，只是把裴垍也牽入其中，説吉甫也蒙受指使之嫌，則是爲了開脱他結連吐突承璀的惡名而已。

牛、李策文已不能見到，據樊川文集卷七太子少師牛公墓誌銘，僧孺策的中心内容還可以窺見，墓誌没有説牛的策文觸怒了誰，其内容則舉二事，一爲「數强臣不奉法」，二是「憂天子熾於武功」。按吉甫爲人，偏袒他的本傳説他「性畏慎」，譴責他的李絳傳説他「便辟喜逢迎君意」，至多説他從中排擠打擊異己，却從没有人説他（爲）「强臣不奉法」，「强臣」的考語對吉甫是不適合的。我以爲文中「强臣」，所指有二個可能，一是指方鎮如于頔、韓弘。于頔在襄陽，韓弘在汴州，都是擁兵自重，擅留

〔二〕策文又云：「今之將帥，勝任而知兵者亦寡矣，怙衆以固權位，行貨以結恩澤。」「澤」疑是「倖」之訛，恩倖亦指宦官，當時將帥並厚賂宦官以求升遷，史籍記載甚多。

財賦，專恣殺人，〔一〕算得「强臣不奉法」。另一個可能是指吐突承璀。李相國論事集卷五上言承璀事條云：

承璀受殊常恩私，當非常要任，威揚中尉，權傾朝廷，無有賢愚，望風畏服，外間私語，不敢斥言其名。中外人云「寧可上忤陛下，不敢斥言承璀，忤陛下或有恩貸，忤承璀必有禍害摧破」。黨類相託，無復振起，威福既盛，恩寵又深。

這段話雖是在元和五年李絳爲户部侍郎後説的，但承璀弄權早在憲宗即位初，説承璀爲「强臣不奉法」，也尚可通。

至於第二事「憂天子熾於武功」，則承璀、吉甫對藩鎮都主戰。但元和元年（八〇六）平西川劉闢，平夏綏陽惠琳，都是杜黄裳以宰相決策；二年平浙西李錡，則吉甫與武元衡並相，定計徵李錡入朝的是武元衡。三次戰事都很快取得成功，吉甫主張抑制藩鎮，與杜、武一致，不但有功無罪，而且即使以慫恿憲宗用兵爲罪，也很難獨責吉甫。從杜牧所述牛僧孺的對策内容，我們看不出矛頭針對着吉甫的確證。按杜牧撰牛僧孺墓誌已在宣宗時，李德裕一黨盡遭貶謫，誌文斥言「李太尉專柄五年，多逐賢士，天下恨怨」，措辭直率，如果僧孺策文果然激烈攻擊吉甫，決無到這時敍元和對策案時還要

〔一〕並見舊唐書卷一五六本傳。韓弘於元和十年（八一五）入朝，于頔於元和三年（八〇八）九月入朝，對策時尚在山南東道任上。

隱約其辭，不但不出吉甫名，而且連「宰相」、「執政」都不提之理。〔一〕

我們現在還不能弄清楚舊唐書紀傳所述對策案的牴牾矛盾和憲宗實録的關係，我們也不知道五代修唐史是否曾見過會昌新修本。册府對於這一案件幾乎一無記載。〔二〕宰輔部中記載了李吉甫徇私忌刻的事，對此事却一字不提。我想可能憲宗實録舊本也只有像舊唐書憲宗紀那樣的簡略記載，造成此案的是某權倖而不指言吉甫，裴垍傳、李吉甫傳的「權倖」、「貴倖」之稱即出於實録，但又加入了許多德裕一黨之私言，但是否採自新本，未敢斷言，也許採自間接出於新本的某種資料。李宗閔傳和楊於陵傳明言或暗示策文觸怒的和造成此案的人爲吉甫，則是牛黨之私言，疑非憲宗實録舊本所有。此兩傳和王涯傳疑是五代史臣别據牛黨所撰某種資料寫成。當然這些都是推測，但不管怎樣，都説明關於這一案件，兩家黨人各自有自己的記述。我以爲皇甫湜與牛僧孺的策文主要不是以李吉甫爲攻擊對象，這有皇甫的策文與杜牧的僧孺墓誌爲證。正因爲如此，所以大和史臣即使要「書吉甫不善事」也没有在憲録中寫上李吉甫這條罪狀。

〔一〕文苑英華卷八八八李珏撰故丞相太子少師贈太尉牛公神道碑敍此事稱：「聯以賢良方正舉，又冠甲科。策中盛言時事，無有隱避，持權者深忌之，出爲伊闕尉。」這裏「持權者」當然可以説指李吉甫，但爲什麼不説「執政」、「宰相」、「時宰」等，而説比較籠統的「持權者」呢？在碑文中李珏比杜牧攻擊李德裕更爲激烈，説「行險者乘時而起，凶德參會，倒置天下事」，當然不會對吉甫有所保留。

〔二〕册府元龜六四四貢舉部考試二記（元和）三年二月御宣政殿試四科舉人條有一個注，採自舊唐書裴垍傳。

三　穆宗實録

穆宗實録於大和七年（八三三）撰就上進，史官大抵爲牛黨，或與牛黨接近。新唐書卷五八藝文志乙部實録類：

穆宗實録二十卷，蘇景胤、王彦威、楊漢公、蘇滌、裴休撰，路隋監修。

舊唐書卷一五九路隨傳稱：「（大和七年）表上史官所修憲宗、穆宗實録。」按憲録進書實在大和四年，已見上，此誤。舊唐書卷一七下文宗紀大和六年七月甲午：

以諫議大夫王彦威、户部郎中楊漢公、祠部員外郎蘇滌、右補闕裴休並充史館修撰。故事，史官不過三員，或止兩員，今四人並命，論者非之。

穆録踰年即告成，可謂甚速。按大和三年八月李宗閔同平章事，四年正月牛僧孺自武昌軍節度使入爲同平章事；六年十二月，僧孺出鎮淮南；七年二月，李德裕同平章事；六月，李宗閔出鎮山南西道。〔一〕六年七月任命四史官時牛、李（宗閔）並相，其進書不知在七年哪一月，疑亦在宗閔未罷相時。路隨雖以宰相監修，四人的任命恐是牛、李（宗閔）之意。

新任史官中蘇景胤已見上，乃牛黨，大和四年修憲録之史官唯景胤一人再任。王彦威此時似與

〔一〕以上諸人任免並見舊唐書卷一七下文宗紀。

兩黨都没有很深關係。舊唐書卷一五七本傳稱彦威因爭上官興殺人自首免死事，他到中書省去和宰相面論，「語訐氣盛，執政怒，左授河南少尹」。按卷一七下文宗紀，上官興案在大和六年五月，正是牛、李並相時。六月授史館修撰，面爭當在後，十月貶爲河南少尹，任史官不過四月。據上引似乎王彦威因議刑得罪執政（即僧孺、宗閔）而外貶，但傳又云：

未幾，改司農卿。李宗閔重之，既秉政，授青州刺史，兼御史大夫、充平盧軍節度、淄青等觀察使。

按宗閔再入相在八年（八三四）九月，彦威以司農卿出鎮淄青在九年二月。六年之貶彦威，並非黨派關係，其人既爲宗閔所重，至少不是德裕一黨。

楊漢公是楊虞卿弟，登第後即充李絳山南西道節度使府的從事。楊氏一門都是牛黨健將，無須論證。〔一〕

蘇滌，兩唐書無傳，新唐書藝文志穆宗實録條下注云：「滌字玄獻，冕子也，荆南節度使、吏部尚書。」舊唐書卷一八九儒學傳有蘇弁，弁兄冕。蘇景胤爲弁子，與蘇滌乃從兄弟。這一家是儒學世家，也是親牛家族。文宗紀大和九年（八三五）七月記貶考功郎中、皇太子侍讀蘇滌爲忠州刺史。按本年六月楊虞卿被罪下獄，李宗閔極言救解，貶明州刺史，蘇滌之貶，亦以宗閔黨。在大中朝，蘇滌累遷至

〔一〕舊唐書卷一七六楊虞卿傳。

兵部尚書，知吏部銓事。〔一〕其人爲牛黨無疑。

裴休是大中時宰相，舊唐書卷一七七本傳稱：「大中初，累官户部侍郎，充諸道鹽鐵轉運使，轉兵部侍郎，兼御史大夫，領使如故。六年（八五二）八月，以本官同平章事。」他在大中朝當官任事，應該是接近牛黨的人。

這些史官撰述的實録當然會寫上貶抑政敵的話。通鑑卷二四三長慶三年（八二三）九月有如下記載：

李逢吉爲相，内結知樞密王守澄，勢傾朝野。惟翰林學士李紳每承顧問，常排抑之，擬狀至内庭，紳多所臧否。逢吉患之。而上待遇方厚，不能遠也。會御史中丞缺，逢吉薦紳清直，宜居風憲之地。上以中丞亦次對官，不疑而可之。會紳與京兆尹、御史大夫韓愈争臺參及他職事，文移往來，辭語不遜。逢吉奏二人不協，冬十月丙戌，以愈爲兵部侍郎，紳爲江西觀察使。……韓愈、李紳入謝，上各令自敍其事，乃深寤。壬辰，復以愈爲吏部侍郎，紳爲户部侍郎。

本條下考異云：

穆宗實録曰：「紳性險果，交結權倖，自以望輕，頗忌朝廷有名之士。及居近署，封植己類，以樹黨援，進修之士，懼爲傷毒，疾之。常指鈞衡，欲逞其私志。時宰病之，因以人情上論，諫官

〔一〕舊唐書卷一八宣宗紀大中十一年（八五七）八月記「以太常卿蘇滌爲兵部尚書，權知吏部銓事」。

歷獻疏，方有江西之命。行有日矣，因延英對辭，又泣請留侍，故有是拜（按指留拜户部侍郎）。人情憂駭。」此蓋修穆宗實録者惡紳，故毁之如是。今從敬宗實録。

據考異所述，知通鑑記事出於敬宗實録，兩相比對，穆、敬兩録不獨對李紳褒貶相反，而且對李逢吉的處事也連帶的有所肯定。這裏有兩個原因。一是李逢吉之被牛、李（德裕）兩黨公認爲姦邪，實在大和九年甘露事變之後，那時因爲李訓爲逢吉族子，與逢吉關係頗深，而兩黨黨人同被斥逐，因而牽連到逢吉，穆宗實録撰述時，逢吉尚未死，他的聲譽還不像後來那樣壞。其二是李紳本也是牛黨政敵。

舊唐書卷一七三李紳傳：

穆宗召爲翰林學士，與李德裕、元稹同在禁署，時稱「三俊」，情意相善。……時德裕與牛僧孺俱有相望，德裕恩顧稍深。逢吉欲用僧孺，懼紳與德裕沮於禁中。二年九月，出德裕爲浙西觀察使，乃用僧孺爲平章事，以紳爲御史中丞，冀離内職，易掎摭而逐之。（以下叙京兆尹韓愈與紳争臺參，李紳既出復留事，與通鑑所記略同。）

按本傳叙逢吉引用僧孺爲相事，不見通鑑，是否亦出於敬宗實録不可知，但必出於李德裕黨人的記叙無疑。這次僧孺拜相是否果由逢吉薦引雖不可盡信，[一]但李德裕於二年九月出爲浙西觀察使，三年

[一] 樊川文集卷七贈太尉牛公墓誌銘、文苑英華卷八八八李珏贈太尉牛公神道碑，並言這次僧孺爲相乃因案劾宿州刺史李直臣贓罪和拒受宣武節度使韓弘賄賂事，受到穆宗賞識。

三月牛僧孺爲相，李紳也即於本月出翰林爲御史中丞，〔一〕逢吉之排德裕、李紳，不論主觀或客觀上確有利於僧孺。

上引李紳傳是説僧孺與德裕争相位，另一種説法却是逢吉怕李紳取得相位。舊唐書卷一六穆宗紀長慶三年（八二三）十月稱：

宰相李逢吉與李紳不協，紳有時望，恐用爲相。及紳爲中丞，乃除韓愈爲京兆尹，兼御史大夫，仍放臺參（下叙愈、紳紛争事略）。

説李紳有時望也不是毫無根據，因爲本年二月李紳已授翰林學士承旨，〔二〕而承旨是取得相位的階梯。在舊唐書中記載李逢吉排擠李紳事的尚有卷一六七李逢吉傳、卷一七四李德裕傳，均與通鑑所採之敬宗實録及上引李紳傳略同，〔三〕可知五代史官和司馬光一樣認爲穆宗實録的記載不可信。

長慶元年（八二一）又發生了一件重大科場案，本年錢徽以禮部侍郎知舉，李宗閔壻蘇巢、楊汝士弟殷士及第，爲罷相出鎮的段文昌及翰林學士李紳、元稹所揭發，重行覆試，蘇、楊和其他八人被落，錢徽、李宗閔、楊汝士都貶謫外任。這件事也涉及李紳，舊唐書卷一六八錢徽傳與册府卷三三七宰輔部徇私的記載幾乎全同，但却有值得注意的微細差異。今録册府如下：

〔一〕李紳爲御史中丞年月據岑仲勉翰林學士廳壁記注補，見歷史語言研究所集刊第十五本。

〔二〕岑仲勉翰林學士廳壁記注補，見歷史語言研究所集刊十五本。

〔三〕册府卷三三九宰輔部忌害叙李逢吉排擠裴度、李紳事即採舊唐書李逢吉傳。

（前言段文昌酷好收集書畫，略）憑（故刑部侍郎楊憑）孽子渾之狂險干進，盡（所）有獻於文昌；又翰林學士李紳好惡頗乖，有進士周漢賓者倚以求事。長慶元年春，禮部侍郎錢徽入貢院日，文昌及紳懇言二人，繼以私書。（錢徽傳此下有「及牓出，渾之、漢賓皆不中選」一句，册府脱漏）……楊汝士與徽有舊。會宗閔子壻蘇朝（傳作「巢」，是），與右補闕楊汝士季弟殷士俱及第，遂搆成其事。時文昌已除西州（川）節度使，面辭日，首其事，指摘牓内鄭郎（朗）等十四人，謂之子弟，不當在選中。穆宗以其事訪於翰林學士（元）稹、（李）紳等，奏與文昌同。遂内出題目重試之。郎（朗）等惶駭就試，不能成其文，遂考落郎（朗）等十人，而貶錢徽爲江州刺史，宗閔劍州刺史，汝士爲開州臨江縣令。

舊唐書錢徽傳記此事與册府幾乎全同，但於「翰林學士李紳」下没有「好惡頗乖」一語。這句貶抑李紳的話必是穆録原有，册府直録原文，而五代史臣修唐史時删去此四字。按唐代科場防閑本不嚴密，關節請託習以爲常，段文昌、李紳、李宗閔、楊汝士都是爲親識求薦。本文叙述却詳述段的受賄，李則「好惡頗乖」，以及他們除口頭請託外，又有「私書」。而對李宗閔、楊汝士却只説壻弟中選，二人是否請託却一字不提，令人讀了彷彿只是由於壻弟關係，受了牽累而已。然而我們試觀段文昌糾舉的以鄭朗爲首，鄭朗也覆試被落，但朗兄鄭覃這時方爲給事中，〔一〕並未因此貶黜，可知宗閔、汝士得罪，並

〔一〕舊唐書卷一七三鄭覃傳。

非僅由於中選進士恰恰有二人的壻、弟，而是由於他們爲壻弟請託有據。段文昌有接受賄賂一節，李紳和周漢賓既非親族，也非受賄，却加上「好惡頗乖」一語，顯爲乘機詆斥。我們知道穆録修撰史臣楊漢公正是汝士、殷士的從弟，〔一〕就不難知道這段記載不僅爲一般牛黨的私言，而且還夾雜着楊家的特殊關係。

册府卷六六九内臣部貪貨記載了一件李德裕交結宦官的事，稱：

李國澄爲太原監軍，時李德裕爲本府司録參軍。時謂國澄曰：「何不以近貴取事，而自滯於外閫乎？」國澄曰：「豈所不欲，其如貧何！」乃許借錢十萬貫，促國澄赴闕。國澄初爲未信，及至闕，咸如其諾，尋除中尉，遂爲中人所稱。

按此事不見舊唐書，疑亦出穆録。舊唐書卷一七四李德裕本傳云：

（元和）十一年（八一六），張弘靖罷相，鎮太原，辟爲掌書記。……十四年府罷，從弘靖入朝，真拜監察御史。明年正月，穆宗即位，召入翰林，充學士。

按德裕以元和十五年（八二〇）閏正月穆宗初即位時以監察御史爲翰林學士，〔二〕上引册府云云必是穆録寫在德裕爲翰林學士後的一段話。李國澄也當是穆宗初年的中尉。〔三〕按當時官僚交結宦官以

〔一〕舊唐書卷一七六楊虞卿傳。

〔二〕同書卷一六穆宗紀。

〔三〕按元和末年的神策軍左右中尉爲吐突承璀及梁守謙。元和十五年正月憲宗被殺害，穆宗即位。承璀被殺，守謙則直到文宗時始致仕。李國澄當是穆宗初年的中尉。（參舊唐書卷一八四宦官傳，册府卷六六七内臣部將兵。）元和末國澄未爲中尉。

求陞遷數見不鮮，記德裕交結宦官事也非止一端，〔一〕交結李國澄事之有無，無從深究，但穆録特筆記載（如果確是出於穆録的話），仍是秉筆史臣有意貶抑。

上舉採自穆録（或疑採自穆録）的貶抑李紳、李德裕的記載，説明黨争和修史的關係。第一件關於李逢吉排李紳事，通鑑考異明確指出，出於穆録的記載不可信，而採取敬宗實録的記載。而舊唐書也早就捨穆録而採敬録。長慶元年科場案事，舊唐書、通鑑的主要依據必是穆録，但並没有寫上李紳「好惡頗乖」的話，至於李德裕結交宦官李國澄事則舊唐書、通鑑都不載。通鑑於史料慎於取捨，自不待言，而由此也可以看到五代史臣之修史也不是毫無鑒裁。

四　敬宗實録的褒貶

新唐書卷五八藝文志乙部實録類：

敬宗實録十卷，陳商、鄭亞撰，李讓夷監修。

按藝文志不載敬宗實録修撰及奏上年月，册府卷五五六國史部採撰二、唐會要卷六三修國史並不記修敬録事，晁氏郡齋讀書志敬宗實録條亦止云「武宗會昌中」，不記具體年月。今按新唐書卷八武宗紀會昌二年（八四二）七月，李讓夷爲中書侍郎同平章事。前面已經提到會昌二年八月李紳監修國

〔一〕册府卷六六九内臣部貪貨記李德裕賄賂監軍王踐言，踐言入爲樞密使，德裕因之入相。又幽閒鼓吹記李德裕爲淮南節度使，賄賂監軍楊欽義，欽義爲樞密使，德裕「武皇一朝之柄用，皆欽義所致」。交結王踐言事必出於文宗實録（見下）。

史，史官鄭亞改修憲宗實録，三年十月奏上。三年十月前，鄭亞不可能同時又修撰敬録，李讓夷也不可能與李紳同時監修國史，則敬録至早於會昌三年十月後開始修撰（其時監修仍是李紳），明年七月李紳罷相出鎮淮南，乃以李讓夷監修，書成奏上當在會昌五年。

舊唐書卷一七六李讓夷傳，說他爲鄭覃知重，而爲李珏、楊嗣復所惡；又說李德裕執政，「驟加拔擢」，當上宰相，宣宗即位，罷相，以太子賓客分司東都以卒。其人爲德裕黨，自不待言，鄭亞已見上，他改修憲録，秉承德裕意旨，削去李吉甫不善之跡，是李德裕所信賴的史官。

陳商，兩唐書無傳，新唐書卷五八藝文志敬宗實録條下注云：「商字述聖，禮部侍郎、祕書監。」同書卷七一宰相世系表，商爲唐初宰相陳叔達兄叔虎曾孫。其人在會昌朝久任禮部侍郎，屢知貢舉，會昌六年（八四六）出任陝虢觀察使。〔一〕他和德裕關係大概不深，但六年外任，疑仍由於被認爲德裕黨人。

舊唐書卷一六七李逢吉傳叙逢吉排李紳事當採自敬宗實録，已見前。通鑑卷二四三長慶三年（八二三）李逢吉爲相，内結知樞密王守澄條，考異曰：

李讓夷敬宗實録曰：「逢吉用族子仲言之謀，因鄭注與守澄潛結上（敬宗）於東宫，且言逢吉實立殿下，上深德之。」又曰：「張又新、李續之皆逢吉藩僚。時又新爲右補闕，續之爲度支員外郎。」劉昫承之爲逢吉傳，亦言：「逢吉令仲言賂注，求結於守澄。仲言辯譎多端，守澄見之甚悦。

〔一〕見嚴耕望唐僕尚丞郎表禮侍目下引唐摭言卷三、卷一四，唐會要卷二一、卷七六及金石萃編卷八〇華岳題名。

自是逢吉有助，事無違者。」其李訓傳則云：「訓自流所還，丁母憂，居洛中。時逢吉爲留守，思復爲相，乃使訓因鄭注結王守澄。」然則逢吉結守澄，乃在文宗時，非穆宗時也。二傳自相違。逢吉結守澄，要爲不誣，然未必因鄭注。李讓夷乃李德裕之黨，惡逢吉，欲重其罪，使與李訓、鄭注皆有連結之跡，故云用訓謀，因注以交守澄耳。又張又新、李續之爲逢吉藩僚，乃在逢吉再鎮襄陽後，於此時未也。今不取。

按司馬光認爲逢吉雖然勾結王守澄，却未必通過李訓、鄭注，敬宗實録所以這樣説，乃由於李讓夷等企圖加重李逢吉的罪狀，有意牽合李訓、鄭注。舊唐書李逢吉傳採取敬宗實録，也説穆宗時逢吉通過李訓、鄭注勾結王守澄，但李訓傳却又説逢吉因鄭注結守澄在文宗時，二傳自相矛盾。至於張又新、李續之被逢吉用爲幕僚更是後事，均不可信。司馬光的論證是有理由的，但還需要加一些解釋：一，逢吉通過李訓、鄭注勾結王守澄之説雖未必可信，李訓爲逢吉族子，早在元和時就與逢吉建立了密切關係，穆、敬時在所謂「八關十六子」之列，甘露事變前後，訓、注已成爲牛、李（德裕）兩黨和宦官的「公敵」，所以强調甚至虛構逢吉與訓、注間陰事勾結，即所以加重逢吉罪狀；其二，逢吉通過訓、注以結王守澄的時間，舊唐書李逢吉傳與李訓傳先後不同，自相矛盾，應由於所據史料不同，即逢吉傳出於敬宗實録，而李訓傳則出於文宗實録或其他記載。

李逢吉在穆宗朝排斥李德裕、李紳；敬宗即位之初，又欲陷害李紳，因韋處厚力救得免，事並見前，其爲德裕黨人所深惡，自不待言，所以李讓夷監修、鄭亞執筆之敬宗實録對逢吉極力詆斥，採自敬宗實録的舊唐書李逢吉傳中詆斥之辭如「逢吉天與姦回，妬賢傷善」，又説他玩弄種種陰謀，排擠裴度，終於「醜跡皆彰」，在史臣論中，甚至説逢吉：「欺蔽幼君，依憑内豎，蛇虺其腹，毒害正人，而不與李訓同誅，天道福淫明矣。」從「不與李訓同誅」這句話中也可以看到力圖牽合逢吉與訓、注的用意，這些話不能確定其即是敬宗實録原文，也是採納了敬録的論點。逢吉原先與牛黨雖未必親近，却並無深仇。上面已經説到牛黨所修之穆宗實録對逢吉有所肯定。又册府卷三二〇宰輔部識量有如下一段記事：

李逢吉，穆宗長慶中平章事。汴州李岕叛，詔僕射、尚書左、右丞、侍郎、給事中、中書舍人並至中書，與逢吉及杜元穎同議汴州事。先是，公卿務苟安者多舉河北近事，請授李岕以節，帝將從之。逢吉獨議不可，以爲河北之事，蓋有不得已者，與河南固殊，若又以節付之，則長淮以北，從此難制。元穎與户部侍郎張叔（按「叔」上脱「平」字）將沮其議，且確（？）争曰：「安有惜數尺之節，而不惜一方之性命乎！」議未決，適有宋、亳、潁三州刺史急奏繼至，皆請朝廷即别命帥。穆宗大悦，以逢吉議是，立遣中使分往三州宣慰焉。於是逢吉請以將帥印綬徵李岕入朝，以義成軍節度韓充乃韓弘母弟，寛厚得衆，汴人懷之，請移鎮大梁。脱岕敢旅拒，即徐、許兩軍南北夾攻之，東倚滑臺之師而充入（疑爲「克之」之訛）必矣。帝皆從其議。

按如上述一節事皆屬實，則逢吉之論汴州正與後來李德裕之論澤潞相同。澤潞之平，史籍和後人論議都歸功德裕，而逢吉汴州之議舊唐書逢吉傳及穆宗紀一字不提。册府此段不見舊唐書，必採自穆録。通鑑卷二四二長慶二年（八二二）七月記李岕之變，亦載逢吉謀議，當亦出於穆録，唯稍有删改。〔一〕此事看來不像是虚構，李逢吉至少在這件事上有一節可取。修穆録的蘇景胤等對李逢吉的態度和修敬録的李讓夷、鄭亞很不相同，不獨表現在斥逐李紳的記載上。甘露變前，訓、注發動楊虞卿妖言之獄，李宗閔被貶謫。〔二〕訓、注既與逢吉舊交親密，〔三〕於是逢吉爲兩黨之所同惡，成爲兩黨同聲詆斥的奸邪。但即使此時，牛、李（德裕）兩黨對於逢吉的態度仍然不同。舊唐書卷一七六李宗閔傳記開成三年（八三八）宰相楊嗣復、李珏、陳夷行、鄭覃，爲了起用李宗閔事，在延英殿奏對時展開了一場激烈的争辯，其中涉及李逢吉的羽黨李續之。今録如下：

陳夷行曰：「比者宗閔得罪，以朋黨之故，恕死爲幸。寶曆初，李續之、張又新、蘇景胤等，朋

〔一〕册府記逢吉先説「河北之事，蓋有不得已者，與河南固殊」，繼言「長淮以北，從此難制」，因爲汴州在河南、淮北，這樣説前後相應。通鑑删去「與河南固殊」一語，遂改「長淮以北」爲「江淮以南」，似與原意不符。

〔二〕舊唐書卷一七六楊虞卿傳。卷一六九鄭注傳云：「是時，訓、注之權，赫於天下。既得行其志，生平恩讎，絲毫必報。因楊虞卿之獄，挾忌李宗閔、李德裕，心所惡者，目爲二人之黨。朝士相繼斥逐，班列爲之一空。人人惴慄，若崩厥角。」

〔三〕舊唐書卷一六七李逢吉傳：「八年，李訓用事。三月，徵拜左僕射，兼守司徒。時逢吉已老，病足不任朝謁，即以司徒致仕。九年正月卒。」按卷一六九李訓傳稱，「（逢吉）思復爲宰相」。「乃遺訓金帛珍寶數百萬」，賄賂鄭注以勾結王守澄云云，雖未必可信，但李訓用事，逢吉即内召却是事實，彼此間有親密關係是無疑的。又通鑑卷二四五大和八年八月辛卯記文宗欲以李訓爲諫官，置之翰林，李德裕固諫，文宗曰：「李逢吉薦之，朕不欲食言。」所云逢吉薦李訓必出於李德裕之兩朝獻替記，所以加重逢吉之罪，但也不能斷其必無。

比奸險，幾傾朝廷，時號『八關十六子』。」李珏曰：「主此事者，罪在逢吉。李續之居喪服闋，不可不與一官。臣恐中外衣冠，交興議論，非爲續之輩也。」夷行曰：「昔舜逐四凶天下治，朝廷求理，何惜此十數纖人！」嗣復曰：「事貴得中，不可但徇憎愛。」上曰：「與一郡可也。」鄭覃曰：「與郡太優，止可洪州司馬耳。」夷行曰：「宗閔養成鄭注之惡，幾覆邦家，國之巨蠹也。」嗣復曰：「比者陛下欲加鄭注官，宗閔不肯，陛下亦當記憶。」

按這次争論原先只爲起用李宗閔，却又涉及李續之服闋授官事。牛、李（德裕）兩黨在這問題上的態度都是非常鮮明的。從陳夷行的話看來，李德裕一黨實際上把李逢吉、李宗閔及他們的羽黨看成「一丘之貉」。牛黨方面雖然必須把李逢吉隔離開，但也不惜爲李續之等講話。最後陳夷行一個殺手鐧，就是把李宗閔和鄭注牽合在一起，從這段記録中我們看到牛黨與李逢吉一伙有蛛絲馬跡的關係，他們並不深惡李逢吉，對逢吉黨人的被歧視，甚表同情。

舊唐書卷一五四劉栖楚傳也是根據敬宗實録寫的。通鑑卷二四三長慶四年（八二四）三月（敬宗初即位，未改元）劉栖楚諫視朝晏起條，考異云：

實録曰：「莊周云：『爲善無近名，爲惡無近刑。』意者既能爲近名之善，則必忍爲近刑之惡。栖楚本王承宗小吏，果敢有聞，逢吉擢而用之，蓋取其鷹犬之效耳。夫諫諍之道，是豈能知之乎！……時危事迫，不得不然，故忠臣有死諫之義。至如上年少嗜寢，坐朝稍晚，蓋宰臣密勿、諫臣封事而可止者也。豈在暴揚面數，激訐於羽儀之前。致使上疑死諫爲不難，謂細事皆當碎首，從此遂不覽章疏，卒有克明之難，實栖楚兆之。况諫辭皆羣黨所作，而使栖楚道之哉！賣前直而資後詐，殊可歎駭。」按李讓夷此論，豈非惡栖楚而强毁之邪！今所不取。

按舊唐書卷一五四劉栖楚傳云：

劉栖楚出於寒微，爲吏鎮州，王承宗甚奇之。後有薦於李逢吉，自鄧掾擢爲拾遺。性果敢，逢吉以爲鷹犬之用，欲中傷裴度及殺李紳。

所云「性果敢，逢吉以爲鷹犬之用」，與上引考異所引敬宗實録中叙栖楚來歷語略同，知亦採自敬録，考異所引重在史臣之論，疑叙栖楚來歷數語，有所删節。

李讓夷修敬録所以要力詆劉栖楚，乃因栖楚爲逢吉之黨。上引史臣論斥栖楚好名賣直，甚至以敬宗被殺害也歸罪於栖楚，未免深文周納，宜爲通鑑所不取。不但不取此論，而且司馬光還爲之辨誣，即在本年四月記李逢吉黨有八關十六子條下，考異云：

按宰相之門，何嘗無特所親愛之士，數蒙引接，詢訪得失，否臧人物，其間忠邪溷殽，固亦多矣。其疏遠不得志者，則從而怨疾之，巧立品目，以相譏誚，此古今常態，非獨逢吉之門有八關十六子也。舊逢吉傳以爲「有求於逢吉者，必先經此八人納賂，無不如意」。亦恐未必然。但逢吉之門，險詖者爲多耳。此皆出於李讓夷敬宗實録。按栖楚爲吏，敢與王承宗争事，此乃正直之士，何得爲佞邪之黨哉！蓋讓夷，德裕之黨，而栖楚爲逢吉所善，故深詆之耳。

據此知「八關十六子」云云，舊唐書逢吉傳亦採自敬録。至於司馬光力爲劉栖楚辨誣並肯定爲「正直之士」，恐怕與宋代諫官激訐之風以及司馬光本人的政治主張有關。

敬宗在位不到三年，李逢吉自穆宗長慶二年六月拜相，至寶曆二年（八二六）十月出鎮山南東道，十二月敬宗即被殺害。當時宰相竇易直、李程都無所表見，掌權的實只逢吉。牛僧孺於寶曆元年正月即已出鎮武昌，李宗閔本年爲兵部侍郎，旋即丁憂，不在朝。敬宗實録筆鋒所指就只有逢吉及其羽黨了。

五　文宗實録

新唐書卷五八藝文志乙部實録類：

> 文宗實録四十卷，盧耽、蔣偕、王渢、盧告、牛叢撰，魏謩監修。

册府卷五五六國史部採撰：

> 魏謩爲相，監修國史。大中八年（八五四）三月，謩修成文宗實録四十二卷上之。史官給事中盧耽、太常（原作「嘗」，乃避明諱）少卿蔣（原作「將」，誤）偕、司勳員外郎王渢、右補闕盧告。

按志稱四十卷，册府稱四十二卷，宋史卷二〇三藝文志及宋人目録並作四十卷。又册府記史官無牛叢，當是脱漏。

上舉諸人中監修魏謩是李德裕死敵。舊唐書卷一七六本傳：

> 謩初立朝，爲李固言、李珏、楊嗣復所引，數年之内，至諫議大夫。武宗即位，李德裕用事，謩坐楊、李之黨，出爲汾州刺史。楊、李貶官，謩亦貶信州長史。

又裴庭裕東觀奏記云：

令狐綯夢德裕曰：「某已謝明時，幸相公哀之，許歸骨故里。」綯具爲其子滈言之。滈曰：「李衛公犯衆怒，又崔相鉉，魏相謩皆敵人也，見持政，必將上前異同，未可言也。」

奏記所述雖未知信否，魏謩深仇德裕，則是事實。

參加撰述的史官蔣偕爲預修憲録之蔣係弟，舊唐書卷一四九附其父蔣乂傳，〔二〕蔣乂與李吉甫不合，蔣係爲李德裕所惡，已見上。蔣偕曾編集李相國論事集並作序，〔二〕此書多記李吉甫的「不善事」。從家世和他的撰述看來，其爲牛黨無疑。

盧躭等三人，藝文志本條下注云：「躭字子嚴，一字子重，歷西川節度使，同中書門下平章事；渢字中德，歷東都留守；告字子有，弘宣子也，歷吏部侍郎。」按王渢一作王諷；〔三〕盧告附見新唐書卷一

〔一〕本傳稱「咸通中，與同職盧躭、牛叢等受詔修文宗實録」，「咸通」乃「大中」之誤。

〔二〕四庫全書總目提要卷五七史部傳記類載此書稱：「陸游集有此書跋，稱舊有兩本，其一本七卷無序，其一本一卷，史官蔣偕作序。以序考之，偕所序蓋七卷者。今一卷之本未見，而此爲七卷之殘本，乃有偕序，豈後人以游跋更正歟？」指海本此書錢熙祚跋據郡齋讀書志「李絳論諫集七卷，其甥夏侯孜所編，大中史官蔣偕爲序」，以爲七卷本爲夏侯孜編，蔣偕作序。今按今本有蔣偕序，稱「今中執法夏侯公乃授余以公平生所論諫，凡數十事，……次成七篇，著之東觀，目爲李相國論事集」，則當是由夏侯孜提供材料，而編爲七卷及題目則爲蔣偕，以爲蔣偕編，不誤。

〔三〕全唐文卷七九一漳州三平大師碑銘的作者王諷，曾爲吏部侍郎、東都留守等職，從其所處時代及經歷來看，王諷、王渢應是同一個人。

九七其父盧弘宣傳，諸人事跡均不詳。大中朝史官必無德裕黨人。魏謩監修，蔣偕、牛叢撰述的文宗實録自必力詆德裕及其黨人，但這却在舊唐書、册府和通鑑中很少反映。可以信爲採自文宗實録的僅二條。册府卷六六九内臣部貪貨：

王踐言爲四（西）川監軍，節度使李德裕加徵疲人三十萬貫緡，因踐言赴闕，盡以餞行。及踐言爲樞密使，德裕果爲宰相。

按「加徵疲人」及賄賂事不見舊唐書，當採自文宗實録。按德裕爲相，是否確與踐言有關，亦難斷言。舊唐書卷一七四李德裕傳：

會監軍王踐言入朝知樞密，嘗於上前言悉怛謀縛送以快戎心，絶歸降之義，上頗尤僧孺。其年冬，召德裕爲兵部尚書，僧孺罷相，出爲淮南節度使。七年二月，德裕以本官平章事。

本傳没有説踐言受賄。按踐言以西川監軍入朝，向文宗報告維州事件並陳述本人意見是必然的，也是正常的；踐言既是監軍，維州如果受降，德裕有功，他當然也獲賞，因此他必然以送還悉怛謀爲失策，這也是不足爲怪的，不能説他由於得賄才是李非牛，爲德裕入相出力。而且當時在這一問題上是李非牛的輿論已很强烈，〔一〕也不待踐言宣傳（踐言入朝時，德裕是否餽送了大量財物，那是另一件事）。值得注意的是杜牧的僧孺墓誌和李珏的神道碑叙大和六年（八三二）僧孺罷相，並没有提到王

〔一〕舊唐書卷一七二牛僧孺傳云：「僧孺素與德裕仇怨，雖議邊公體，而怙德裕者以僧孺害其功，謗論沸然。」

踐言和維州事件。碑、誌中對李德裕激烈指責，絲毫没有顧忌（見上）。假使這次牛、李進退，確因王踐言受了德裕厚賂，因而在維州事件上譖毁僧孺，碑、誌起碼也得加上一句如「會李某得中人助，於上前詆公維州之議」云云這類的話，可知李珏、杜枚也没有想把這次牛、李進退與王踐言聯繫起來。因此，我們相信不但上引册府德裕賄賂王踐言事出於文宗實録，即舊傳雖不取納賄之説，而敍王踐言論維州事疑仍出於文宗實録。

另一件即是「加徵疲人三十萬貫緡」事。通鑑卷二四五大和九年（八三五）四月庚子稱：

制以鄠日上初得疾，王涯呼李德裕奔問起居，德裕竟不至，又在西蜀徵逋懸錢三十萬緡，百姓愁困，貶德裕袁州長史。

按不奔問起居及徵逋懸錢均不見舊唐書紀傳，〔二〕據同月丙申路隨充鎮海節度使條考異辨路隨救德裕，被忌出鎮，事在德裕貶袁州長史前，云：「按實録，隨出鎮在德裕貶前四日。」知上引四月庚子貶德裕爲袁州長史之制，必亦採自實録。按舊唐書卷一七四李德裕傳稱大和九年德裕一貶太子賓客分司，再貶袁州長史，乃因王璠、李漢誣奏德裕「結託漳王，圖爲不軌」，讀上引通鑑條，知袁州之貶，在表面上别有他罪。舊傳不取，當以爲再貶的主要原因仍是被誣奏的結託漳王案，不妨略去。通鑑所以

〔二〕新唐書卷一七四李宗閔傳記大和九年貶宗閔，云「踐言監軍劍南，受德裕賕，復與宗閔交私」。言德裕賂踐言，疑本文宗實録。

採録，則因制書所言德裕再貶的罪狀如此。

據通鑑此條所云「徵逋懸錢三十萬緡」，自即上引册府條所記用以賄賂王踐言的徵疲人錢三十萬緡，疑文宗實録糾合王踐言與徵斂三十萬緡二事爲一，藉以加重德裕之罪。

以上二事均不見舊唐書，見於舊唐書言德裕不善者，其一爲卷一七二牛僧孺傳，傳末稱：「僧孺數爲德裕掎摭，欲加之罪，但以僧孺貞方有素，人望式瞻，無以伺其隙。」但這裏説的是會昌中事。與文宗實録無關。又一件見於卷一七四李德裕傳，傳稱：

開成二年（八三七）五月，授揚州大都督府長史、淮南節度副大使、知節度使事，代牛僧孺。初僧孺聞德裕代己，乃以軍府事交付副使張鷺，即時入朝。時揚州府藏錢帛八十萬貫匹。及德裕至鎮，奏領得止四十萬，半爲張鷺支用訖。僧孺上章訟其事，詔德裕重檢括，果如僧孺之數。德裕稱初到鎮疾病，爲吏隱欺，請罰。詔釋之。補闕王績、魏謩、崔黨、韋有翼，拾遺令狐綯、韋楚老、樊宗仁等，連章論德裕妄奏錢帛，以傾僧孺。上竟不問。

按本文稱德裕官具全銜，論德裕的諫官列舉姓名，必採之文宗實録。原文疑尚有譴責德裕的話，五代史臣删去。這件事德裕自有誣陷僧孺之嫌。

舊唐書中言德裕不善而可信爲出於文宗實録者只此一條。我們從卷一七下文宗紀、卷一七三鄭覃等傳、卷一七四李德裕傳、卷一七六李宗閔等傳中叙文宗朝牛、李進退事，往往對宗閔等有貶辭。下面我們摘録幾條：

卷一七三鄭覃傳叙大和八年（八三四）事云：「其年，德裕罷相，宗閔復知政，與李訓、鄭注同排斥李德裕、李紳。二人貶黜，覃亦左授祕書監。」明確指宗閔與訓、注同謀排斥德裕等。傳末稱：「覃少清苦貞退，不造次與人款狎。位至相國，所居未嘗增飾，纔庇風雨。家無媵妾，人皆仰其素風。然嫉惡太過，多所不容，衆憚而惡之。」鄭覃清儉，應是事實。但這些話決非牛黨所樂道，特别是説他缺點只是「嫉惡太過」，至少把牛、李、楊等牛黨諸人都包括在「惡」之内，貶抑牛黨很明顯。

同卷李紳傳亦云：「九年，〔一〕李訓用事，李宗閔復相，與李訓、鄭注連衡，排擯德裕罷相，紳與德裕俱以太子賓客分司。」所叙與鄭覃傳同。傳末稱：「紳始以文藝節操進用，受顧禁中。後爲朋黨所擠，濱於禍患。賴正人匡救，得以功名始終。」這裏朋黨及「濱於禍患」是指李逢吉陷害事，但也兼及大和間被排擠事，所以有「得以功名始終」一句。大中初，吴汝納控訴李紳在淮南節度使任上枉殺其弟吴湘，本卷吴汝納傳更明言原審官崔元藻「陰爲崔鉉、白敏中、令狐綯所利誘」，遂爲吴湘翻案。崔、白、令狐都是大中宰相，牛黨中人。

同卷李珏傳叙開成初事云：「（開成）三年（八三八），楊嗣復輔政，薦珏以本官同平章事。珏與固言、嗣復相善，自固言得位，相繼援引，居大政，以傾鄭覃、陳夷行、李德裕三人。凡有奏議，必以朋黨爲謀，屢爲覃所廷折之。」這一段話顯然指開成間李宗閔、李珏、李固言朋黨合謀，斥逐德裕。

〔一〕按德裕罷相，宗閔再任並是大和八年事，此云「九年」誤。

上引鄭、李二傳記文宗朝牛、李進退，貶抑牛黨，決非採自文宗實録。需要考慮的是本卷的史臣論。論稱：

陳、鄭諸公，章疏議論，綽有端士之風。天子待以賢能，付之以鼎職。延英獻納，罕聞康濟之謨；文陛敷歇，莫副具瞻之望。加以互生傾奪，競起愛憎。惟回奉使命而喻藩臣，救危邦而除宿憾。（疑有脱文）況昭獻文章可以爲世範，德行可以爲人師，有啟、誦之上才，非桓、靈之失道。詎可不思己過，衹務面欺，輔弼之宜，安可垂訓？若俾韓非之言進矣，子輩安可逃乎？土運之衰，斯爲魍魎，悲夫！

這篇史臣論，粗看似乎通責本卷諸臣，其實中有脱文。本文第一段是説鄭覃、陳夷行、李紳，首先肯定他們「綽有端士之風」，繼而責備他們「互生傾奪，競起愛憎」，評論此三人至此，下有脱文，但有褒有貶，其意可見。第二段是肯定李回會昌奉使河朔之功，只一句。下面却突然贊揚文宗文章德行，説「詎可不思己過，衹務面欺」云云，若説這一段是通論傳中諸人，那麽爲什麽對李珏、李固言二人獨無一言呢？論末更痛斥這些人是「魍魎」，若是通論，又與前稱陳、鄭「綽有端士之風」語相矛盾，「端士」怎麽在「魍魎」之列呢？因此，我認爲「況昭獻（即文宗）」云云之上必有脱文，第三段是評論李珏、李固言，前面脱二李名及其他的話，故與上文文義不接，且滋誤會。這雖只是據史論一般體裁和文義推斷，但與諸人傳中的褒貶基本相符。如果這一推斷可以成立，則五代史臣之論實與文宗實録相背。

同書卷一七四李德裕傳，不取可能爲穆宗實録及文宗實録所載德裕交通宦官事，已見前；本傳記穆、敬兩朝德裕被排斥事，一則稱「逢吉、僧孺、宗閔以私怨恒排擯之」，再則稱「逢吉欲引僧孺」，出德裕爲浙西觀察使，都以僧孺、宗閔與逢吉爲一黨，這一點在上文也曾提到。其敍大和三年李宗閔爲相事云：「大和三年八月，召爲兵部侍郎，裴度薦以爲相。而吏部侍郎李宗閔有中人之助，是月拜平章事，懼德裕大用。九月，檢校禮部尚書，出爲鄭滑節度使。」斥言大和三年宗閔爲相是由於得到宦官的助力。敍大和八年二李進退事則云：「訓、注惡德裕排己，九月十日，復召宗閔於興元，授中書侍郎、平章事，代德裕，出德裕爲興元節度使。」這次宗閔召相由於訓、注，其目的就爲了排擠李德裕。傳稱德裕面奏不願出鎮，文宗又想留他當兵部尚書，却因「宗閔奏，制命已行，不宜自便」，終於出任鎮海軍節度。據此則文宗時宗閔兩次入相，第一次是由於得中人之助，第二次則是訓、注所引，都是所謂「進由徑竇」。同樣，這些記載決非採自文宗實録。

同書卷一七六李宗閔傳記大和三年任相事稱：「裴度薦李德裕，將大用。德裕自浙西入朝，爲中人助宗閔者所沮，復出鎮。尋引牛僧孺同知政事，二人唱和，凡德裕之黨皆逐之。」所述大抵與德裕傳合。而述大和八年宗閔再次入相及罷免事，更是具體敍述他和宦官的勾結。傳稱：

宗閔爲吏部侍郎時，因駙馬都尉沈𫂈，結託女學士宋若憲及知樞密楊承和，二人數稱之於上前，故獲徵用。及德裕秉政，羣邪不悦，而鄭注、李訓深惡之。文宗乃復召宗閔於興元，爲中書侍郎、平章事，命德裕代宗閔爲興元尹。既再得權位，輔之以訓、注，尤恣所欲。……九年六月，京兆尹楊虞卿得罪，宗閔極言救解，文宗怒叱之曰：「爾嘗謂鄭覃是妖氣，今作妖，覃耶、爾耶？」翌日，貶明州刺史，尋再貶處州長史。七月，鄭注發沈㠢、宋若憲事，内官楊承和、韋元素、沈㠢及若憲姻黨坐貶者十餘人，又貶宗閔潮州司户。

大和九年宗閔因沈㠢、宋若憲事發再貶事亦見於卷一七下文宗紀九年八月，紀云：

丙子，又貶處州長史李宗閔爲潮州司户。……丙申，内官楊承和於驩州安置，韋元素象州安置，王踐言思（恩）州安置，仰錮身遞送。言李宗閔爲吏部侍郎時，託駙馬沈㠢於宫人宋若憲處求宰相，承和、踐言、元素居中導達故也。宗閔黨楊虞卿、李漢、蕭澣皆再貶。

紀、傳坐實了大和三年宗閔爲相，得中人之助的中人爲楊承和、韋元素、王踐言。發沈㠢、宋若憲及楊、韋事者實爲鄭注，主要目標在於楊、韋、王諸宦官，連及宗閔。這件事的真實情況究竟怎樣，可置勿論，〔一〕但上引紀、傳至少没有説寃屈了宗閔。文宗實録必然記載此事，大概也寫上宗閔罪狀，但必然説明出於訓、注誣陷，不可能像舊唐書紀傳那樣的書法。值得注意的是，舊唐書不取文宗實録李德裕貶遣王踐言事，而多處記載文宗實録必有所諱飾的李宗閔通宦官

〔一〕舊唐書卷五二尚宫宋氏傳叙此事云：「訓、注惡宰相李宗閔、李德裕，構宗閔憸邪，爲吏部侍郎時，令駙馬都尉沈㠢，通賂於若憲，求爲宰相」云云，這裏下一個「構」字，意即誣告。後又云「李訓敗，文宗悟其誣構，深惜其才」。如本傳所云，則宗閔交通沈㠢、宋若憲出於鄭注誣陷。

事，〔一〕這和五代史臣寫李德裕傳的態度是一致的。

同卷楊虞卿傳稱：「虞卿性柔佞，能阿附權幸，以爲姦利。每歲銓曹貢部，爲舉選人，馳走取科第，占員闕，無不得其所欲，升沉取捨，出其唇吻。而李宗閔待之如骨肉，以能朋比唱和，故時號黨魁。〔二〕」對虞卿的評價也是力加貶抑。

以上我們列記舊唐書文宗紀和牛、李（德裕）兩黨著稱人物列傳中所載文宗朝有關黨争的記載，藉以説明舊唐書很少採取牛黨所修的文宗實録，或者可能採取了實録記事，而論斷却可以看出和文宗實録不同，乃至截然相反。五代史臣在取捨褒貶方面顯然傾向於李德裕，大中以前牛黨中人除牛僧孺傳基本肯定之外，没有一個獲得佳傳。

六 後論

以上我們考查了唐代憲、穆、敬、文四朝實録的監修宰相及纂修史臣的黨派分野，自册府、通鑑及

〔一〕通鑑卷二四五大和九年七月辛亥記鄭注揭發李宗閔通沈議，結宋若憲、楊承和，求爲宰相，再貶處州長史。本條只記楊承和，無韋元素，更無王踐言。甲子，記貶沈議爲邵州刺史，八月丙子記宗閔再貶潮州司户，賜宋若憲死。丙申稱「詔以楊承和庇護宋申錫，韋元素、王踐言與李宗閔、李德裕，中外連結，受其賂遺」，接書貶承和、元素、踐言。丙申一條稱「詔」，則當時貶諸人詔中楊承和罪在庇護宋申錫，而元素、踐言則受宗閔、德裕賂遺。通鑑記事並有月日，多出於舊書文宗紀之外，必採文録無疑。丙申詔書必出文録，其中涉及德裕，當即指「徽疲人三十萬緡」以賂王踐言之事，但不知何以德裕得免再貶嶺南。

舊唐書中搜集了確有明證或可以推斷出與實録有關的記載，探討了這四朝實録的是非褒貶與當時牛、李黨争的關係。毫無問題，歷朝史局幾乎和當時政局不可分，史局不得不隨政局的變化而變化。監修國史是宰相兼職，宰相易人，監修當然也换人，而遴選與撤换史官即由監修國史的宰相提名奏請，這一點只要看元和八年（八一三）李吉甫再次入相，兼監修國史，就立即撤换裴垍監修時的史官便不難明白。既然如此，實録撰述便必成爲政争的工具。當然，封建皇朝的實録或多或少都有這種情況，比如宋代神宗實録便是新、舊兩黨激烈争議的一例，但唐代牛、李之争反映在這方面確是比較突出。

這四朝實録，憲、穆、文三朝並由牛黨史臣修成，李黨所修止敬宗實録，份量上牛黨占優勢；史臣中蘇、蔣兩家各二人，他們是儒學世家，世代修史；李漢爲韓愈子壻，亦古文名家，論史才也是牛黨占優勢。特别是由於牛黨在科場上具有很大聲勢，通過座主門生以及同門關係彼此相結，廣務聲氣，所以在文士中的輿論，牛黨更占莫大優勢。元和以來享盛名的文人如杜牧等即使不屬牛黨中心人物，在政治上也是傾向牛黨。大中以後，李德裕貶謫至死，後嗣至唐末始被收録。〔一〕除鄭覃一家外，其他德裕一黨的子孫也都没有達官；而牛黨則牛、李、楊等諸家都子孫貴顯，牛黨這樣的政治優勢就更不

〔一〕陳寅恪先生李德裕貶死年月及歸葬傳説辨證據出土德裕子李燁墓誌、燁女懸黎墓誌、新唐書李德裕傳、新唐書宰相世系表、舊五代史卷六〇李敬義傳、十國春秋卷六二李殷衡傳、南部新書乙詳考德裕孫在唐代咸通末始被收録。諸書名字紛錯難定，今不贅引。文見金明館叢稿二編。

待論了。

牛黨在輿論上、政治上較之李黨實具有巨大優勢，反映在實録中的牛黨私見似乎在評價牛、李人物事跡上對後代史籍應有很大影響。事實上却並不盡然。上文已經提到舊唐書李吉甫傳不但基本上肯定其事業，而且含有爲之「辨誣」之意，即使不必採自會昌改修憲宗實録，亦必取之李黨記載；叙長慶中李逢吉排李紳事不採牛黨所修之穆宗實録而採李黨所修之敬宗實録，又不採大致出於穆宗實録之李德裕賂宦官李國澄事。其李逢吉傳記逢吉與李訓、鄭注關係和勾結王守澄事與敬宗實録一致，而與穆宗實録間載逢吉善事不同；其文宗紀及李德裕、李宗閔等兩黨主要人物傳，都貶抑牛黨，亦可推斷與牛黨修纂的文宗實録相背。這些事例説明五代史臣修唐史時的態度倒向德裕一邊，而使他們受到影響的不是反映在歷朝實録中的牛黨觀點，而是唐末爲德裕鳴不平的輿論，這在舊唐書卷一七四李德裕傳末史臣論中説得很清楚，論云：

臣總角時，亟聞耆德言衛公故事。是時天子神武，明於聽斷；公亦以身犯難，酬特達之遇。言行計從，功成事遂，君臣之分，千載一時。觀其禁掖彌綸，巖廊啟奏，料敵制勝，襟靈獨斷，如由基命中，罔有虚發，實奇才也。語文章，則嚴、馬扶輪，論政事，則蕭、曹避席。罪其竊位，即太深文。所可議者，不能釋憾解仇，以德報怨，泯是非於度外，齊彼我於環中。與夫市井之徒，力戰錐刀之末，淪身瘴海，可爲傷心。古所謂攫金都下，忽於市人，離婁不見於眉睫。才則才矣，語道則難。

這篇議論開頭就説這位史臣兒時聽到「耆德」講述李德裕的故事，説明他從小就對德裕有很好的印象。對德裕事業從當翰林學士起到身爲輔相都備極推崇。後面一段雖也責備他度量太仄，計較恩仇，但實是惋惜之辭，而對於他的政敵則斥爲「市井之徒」，意思是説不該與不值得較量的人較量。寫此傳論的史臣是誰，我們不知道。舊唐書成書以石晉宰相趙瑩之功爲多，趙瑩卒於周廣順間（九五一——九五三），年六十七，〔一〕上推當生於唐僖宗中和、光啟間（八八五——八八八），他和他的同輩所見到的「耆德」應是唐宣、懿間人。唐自懿宗以後朝政日益腐化，農民起義和兵變不斷發生，藩鎮日益專恣，當時封建士大夫的輿論不禁回想到會昌政事和伐叛安邊的成就；〔二〕而趙瑩修史又正當全國分裂、石晉稱臣契丹之時，當然更加深了對李德裕的懷念。這正如明人詠張居正詩「恩怨盡時方論定，邊疆危日覺才難」同樣的心情。

唐末同情和懷念李德裕的輿論，五代史臣既然童而習之，又加上他們身處的政治背景，因此在對待牛、李黨爭的問題上，對於歷朝實録頗有去取，是非褒貶更與牛黨所修的實録異趣。册府卷五五七

〔一〕見舊五代史卷八九本傳。

〔二〕唐范攄雲溪友議卷中衛公勳條有云：「或問贊皇之秉鈞衡也，毁譽無如之何。削禍亂之階，闢孤寒之路，好奇而不奢，好學而不倦，勳業素高，瑕疵不顧，是以結怨於俟門，取尤羣彦。後之文場困辱者，若周人之思鄉焉，皆曰『八百孤寒齊下淚，一時回首望崖州。』」按范攄爲懿僖間人（見新唐書卷五九藝文志丙部小説類本書條下注及書中乾符年號），這裏雖主要是説李德裕拔取孤寒（德裕拔孤寒亦見唐王定保唐摭言卷七好放孤寒和玉泉子），但也肯定他「削禍亂」、「勳業素高」。

國史部採撰三記石晉天福六年（九四一）宰相監修國史趙瑩奏修唐史有云：

臣等復奉綸言，俾令撰述。褒貶或從於新意，纂修須按於舊書。

表明事跡雖採自舊史，褒貶却自有標準，這一點在有關牛李黨争的記載上是貫徹了的。

自石晉修唐書頒行之後，儘管宋代重修新書，舊書若存若亡，但新書乃至通鑑在記牛、李黨争方面，褒貶予奪，却基本上採取舊唐書的論點。

唐代的内諸司使及其演變

唐代南、北衙對立爲中葉以後政局的關鍵性問題之一，爲世所習知。唐代宦官專横，不僅中尉掌握了禁軍，樞密使盜竊政柄，而且還具有一個由宦官指揮的内諸司使行政系統。北衙的諸司使分部細密，組織龐大，與南衙以宰相爲首的行政系統相互對立。這一點爲歷代所罕見，同樣以宦官專權著稱的漢、明兩朝也没有這種現象。宋史卷一六八職官志記載王旦的一段話，説：

唐設内諸司使，悉擬尚書省：如京，倉部也；莊宅，屯田也；皇城，司門也；禮賓，主客也。雖名品可效，而事任不同。

所謂「事任不同」，當指職掌有區别，這也是對的，但另一方面，不能忽略内諸司使的設置又是侵奪了尚書省職權；而且不僅如王旦之説「悉擬尚書省」而已，自三省以至卿監，很多設有對口或相關的北衙諸司。

北衙諸司使之首是左右神策護軍中尉、樞密使和宣徽使，相當於南衙的宰相。中尉掌握京城諸軍以及京畿附近一帶的行營，實際上除了中尉掌握的軍隊以外，朝廷再没有直接指揮的兵，其權勢熏赫，氣凌人主，爲人所習知，不待贅述。

樞密使的設置雖在中葉，但樞密使的職務早就由宦官掌握。舊唐書卷一八四高力士傳：

每四方進奏文表，必先呈力士，然後進御，小事便決之。

力士所處的地位即後來的樞密使，只是還没有這一職銜而已。册府元龜卷六六五内臣部總序稱：

永泰二年（七六六）始以中人掌樞密用事（代宗用董秀專掌樞密）。〔一〕……憲宗元和中，始置樞密使二人（劉光琦、梁守謙皆爲之）。

據此，知代宗、德宗時但有宦官掌樞密，無使名，元和始置使。通鑑卷二三五德宗貞元十六年（八〇〇）三月記宦官薛盈珍自義成軍監軍入朝，四月，「仍使掌機密」，此「機密」疑亦當作「樞密」。宋王明清揮麈後録卷一宰相樞密分合沿革條稱樞密使「初不置司局，但以屋三楹貯文書。其職唯掌承受表奏，於内進呈。若人主有所處分，則宣付中書門下施行而已」。〔二〕按樞密與中書門下的關係，猶如漢代尚書、中書與丞相之關係。〔三〕論實力樞密不如中尉，而地居近密，干預政事的機會較多，通鑑所記下列諸條可證。通鑑卷二四七會昌三年（八四三）五月壬寅稱：

以翰林學士承旨崔鉉爲中書侍郎、同平章事。……上夜召學士韋琮，以鉉名授之，令草制。

〔一〕文獻通考卷五八樞密使條同，但「董秀」作「董廷秀」。

〔二〕揮麈後録本條前一段叙樞密設置之始，以爲「永泰中始置内樞密使二員」，微誤。永泰至貞元但有掌樞密事，無使名。

〔三〕宋項安世家説稱：「唐於政事堂後列五房，有樞密房，以主曹務，則樞密之任，宰相主之，未始他付，其後寵任宦官，始以樞密歸之内侍。」按承受和進呈章奏，出納詔命，本爲門下省職司，但宫廷中亦必經由宦官，上舉高力士無樞密使之名而實居其任即是。疑與中書門下堂後官之樞密房無關。

宰相、樞密皆不之知。時樞密使劉行深、楊欽義皆愿慤，不敢預事，老宦者尤之曰：「此由劉、楊懦怯，墮敗舊風故也。」

本條説武宗命相，「宰相、樞密皆不知」，没有提中尉，老宦官也只抱怨兩個樞密使懦怯，同樣不提中尉，可知照例樞密使得干預大臣的任命，中尉却不一定參預。同書卷二六二天復元年（九〇一）正月記誅王仲先、劉季述兩中尉，昭宗復位後敕云：〔一〕

近年宰臣延英奏事，樞密使侍側，争論紛然。既出，又稱上旨未允，復有改易，橈權亂政。自今並依大中舊制，俟宰臣奏事畢，方得升殿，承受公事。

胡注：

大中故事，凡宰相對延英，兩中尉先降，樞密使候旨殿西。宰相奏事已畢，樞密使案前受事。

按此云「兩中尉先降」，昭宗敕文也只説「樞密使侍側」，知中尉在宰相奏事時已退出，宰相奏事畢，也不再上殿。我們知道宣宗大中間曾稍抑宦官之權，所以定制宰臣奏事，樞密只候旨殿西，不參謀議。但既「案前受事」，則傳宣仍由樞密，仍有參預政事的機會。至於大中以先，如前所述，除授大臣，樞密例得預聞，所以武宗命崔鉉爲相，宰相、樞密不知爲僅見之事。

從上述事例中可以看出，中尉掌握武裝，足以控制朝廷，但兩樞密在日常政治生活中可能更爲重

〔一〕其事實在光化四年（九〇一），本年四月始改元天復，通鑑紀年例從後改之元。

要。同書卷二五〇咸通二年（八六一）二月記杜悰拜相後云：

一日，兩樞密使詣中書。宣徽使楊公慶繼至，獨揖悰受宣。三相起，避之西軒。公慶出斜封文書以授悰。發之，乃宣宗大漸時，宦官請鄆王監國奏也。且曰：「當時宰相無名者，當以反法處之。」……公慶去，悰復與兩樞密坐，謂曰：「內外之臣，事猶一體，宰相、樞密共參國政。今主上新踐阼，未熟萬機，……豈得遽贊成殺宰相事。若主上習以性成，則中尉、樞密權重禁闈，豈得不自憂乎？……」兩樞密相顧默然，徐曰：「當具以公言白至尊，非公重德，無人及此。」慚悚而退。

按此事胡三省認爲出於杜悰家傳，又引洪邁隨筆辨其不實，以爲「野史之妄」。[一]按洪邁考證甚明，這件事大概不能盡信，但仍能反映某些真實。杜悰說「宰相、樞密共參國政」，與上引諸例相符，足證樞密的政治地位，實爲北衙之首。

上引條中提到了宣徽使，這也是個高於諸司使的宦官首領。金石續編卷一〇宮闈令西門珍墓誌銘稱「大曆之末，擢居宣徽」，設置時間與樞密使年代略同。[二]上引通鑑咸通二年條宣徽使似亦傳宣詔勅，但這不是宣徽使本職。宋徐度却掃編叙宋代宣徽使職務云：

宣徽使本唐宦者之官，故其所掌皆瑣細之事。本朝更用士人，品秩亞二府，有南、北院，南院資望比北院尤優。然其職猶多因唐之舊：賜羣臣新火；及諸司使至崇班內侍供奉，諸司工匠、

[一] 按見容齋隨筆卷六杜悰條。
[二] 代宗時但有掌樞密，實際上也就是樞密使。

兵卒名籍；及三班以下遷補、假故、鞫劾；春秋及聖節大宴，節度迎授恩命，上元張燈，四時祠祭，契丹朝貢，内庭學士赴上，督其供帳；内外進奉名物，教坊伶人歲給衣帶；郊、御殿，朝謁聖容，賜酺，國忌；諸司使下別籍分産，諸司工匠休假之類。〔一〕

按宣徽使在唐代已分南、北院，〔二〕宋代宣徽使的執掌自即繼承唐代，所掌皆具體事項，主要部分爲對諸司使所屬吏職、工匠的管理，其典禮、宴會等供張也涉及諸司使。〔三〕職司雖然瑣碎，却非限於一個機構，而是通管北衙諸司，因此地位與樞密並重。

中尉掌兵，樞密參政，宣徽通知諸司使事，都是北衙首領，下統北衙諸軍諸使。諸司使則是分管各部門的具體事務，所謂「有司之事」。我們現在還弄不清楚所屬諸司究有多少，唐人一般統稱二十四司。文苑英華卷九三八杜牧東川節度使周公墓誌銘稱：

出爲工部侍郎、華州刺史，八禁軍、〔四〕二十四内司居華下諸籍没等百姓，不敢妄出一詞。

〔一〕文獻通考卷五八宣徽院條叙職務畧同。

〔二〕金石萃編卷一一八内樞密使吴承泌墓誌稱承泌昭宗時以學士使改宣徽北院使。又唐會要卷七九諸使雜録下記天祐元年（九〇四）四月勅見「宣徽兩院」，而二年二月十六日勅：「只置宣徽院使，以權知樞密事王殷充。……其樞密使並宣徽南院使並停。」則唐亡前夕，南院合於北院，只一宣徽院使。

〔三〕新唐書卷二〇八劉克明傳：「敬宗善擊毬，於是陶元皓、靳遂良……以毬工得見便殿，内籍宣徽院或教坊。」按教坊伶人歲給亦由宣徽主管，擊毬諸人當是籍隸教坊，供奉宣徽。

〔四〕八禁軍指左右神策及左右羽林、龍武、神武軍，即唐代詔勅屢見的神策、六軍。樊川文集卷七作「入禁軍」，義亦可通解。

樊川文集卷一〇同州澄城縣户工倉尉廳壁記：

耆老咸曰：「西四十里即畿郊也。主(至)如禁司、〔一〕東西軍、禽坊、龍廐、彩工、梓匠、善聲、巧手之徒，第番上下，互來進取，挾公爲首緣，以一括十。民之晨炊夜舂，歲時不敢嘗，悉以仰奉，父伏子走，尚不能當其意，往往擊辱而去。

北衙諸司使所屬諸色人是一種特殊户口，在史籍上常常見到對於諸軍諸使影占人户的限止或裁減措施，〔二〕如杜牧之説，這些人身充色役，不隸州縣，倚仗他們的特殊身分，欺壓百姓，當然不是真正的勞動者。諸軍諸使不限於北衙，但屬北衙的爲多。關於這一問題非本文所能詳，但可以見到南、北衙對立，不僅在於宦官與士人，而且在京畿一帶也存在於州縣百姓與諸軍諸使所屬人户間。

杜牧所説二十四内司既没有列舉，也爲史籍所不詳，〔三〕今就我所見的一些記載，作一粗略的考證。

〔一〕「至」字，據文苑英華卷八〇五同州澄城縣功倉户尉廳壁記校改。

〔二〕文苑英華卷四二三寶曆元年(八二五)四月册尊號赦文云：「京畿百姓多屬諸軍、諸使，或户内一人在軍，其父兄子弟不受府縣差役。頃者頻有制勑處分，如聞尚未遵行，宜委京兆府重舉用長慶元年(八二一)七月十八日赦文條疏聞奏。」同書卷四二八大和三年(八二九)十一月赦文、卷四二九會昌五年(八四五)正月南郊赦文，都提到諸軍諸司影占人户的事。又唐會要卷七二京城諸軍也載有這類詔敕多條。

〔三〕二十四内司恐是泛稱，所以有「二十四」的數字，或因尚書二十四司而起。

（一）飛龍使。飛龍使職務是掌握內廄馬匹，領有大量有關養馬、調馬等人員。肅、代間宮廷政變，飛龍使起了重要作用。舊唐書卷一一代宗紀：

寶應元年（七六二）四月，肅宗大漸，所幸張皇后無子。后懼上（代宗）功高難制，陰引越王係於宮中，將圖廢立。乙丑，皇后矯詔召太子。中官李輔國、程元振素知之，乃勒兵於凌霄門，俟太子至，即衛從太子入飛龍廄，以俟其變。

按當時李輔國掌握兵權，程元振是內射生使、飛龍副使，[一]所以能伏兵凌霄門，擁太子入飛龍廄。新唐書卷二〇八劉克明傳記克明等殺害敬宗後，稱：「于時樞密使王守澄、楊承和，中尉梁守謙、魏從簡與辛相裴度共迎江王，發左右神策及六軍、飛龍兵討之。」則飛龍使也領兵，但可能兼指所領養馬、調馬人員。元振之後，代宗朝另一個當權宦官魚朝恩也曾爲內飛龍閑廄等使，[二]唐末馬存亮、楊復恭都曾以中尉、樞密使退爲飛龍使，[三]其地位高於其他諸使。

按飛龍本仗內六廄之一，新唐書卷四七百官志殿中省條：

六閑馬，以殿中監及尚乘主之。武后萬歲通天元年（六九六），置仗內六閑：一曰飛龍，二曰

〔一〕舊唐書卷一八四程元振傳稱「代宗即位，以功拜飛龍副使」，新唐書卷二〇七程元振傳則稱代宗即位前，元振已爲「内射生使、飛龍廄副使」，據舊書卷一一代宗紀，即位後稱「飛龍閑廄副使程元振爲右監門將軍」，知先已爲飛龍副使，新傳是。

〔二〕舊唐書卷一八四魚朝恩傳，册府卷六六五恩寵。

〔三〕新唐書卷二〇七馬存亮傳、卷二〇八楊復恭傳。

祥麟，三曰鳳苑，四曰鵷鸞，五曰吉良，六曰六羣，亦號六廄。以殿中丞檢校仗内閑廄，以中官爲内飛龍使。聖曆中（六九八——七〇〇）置閑廄使，以殿中監承恩遇者爲之，分領殿中、太僕之事，而專掌輿輦牛馬。自是，宴游供奉，殿中監皆不預。開元初（元年爲七一三）閑廄馬至萬餘匹，駱駝、巨象皆養焉。以駝，馬隸閑廄，而尚乘局名存而已。

按閑廄使與殿中監及太僕卿之關係不屬本文討論範圍，這裏只是説明内飛龍使設置的時間，並知閑廄使設置之後，殿中省名存實亡，内飛龍使亦當接受其指揮。自程元振、魚朝恩爲内飛龍閑廄使，地位開始提高。中葉以後，閑廄使只是管理舊馬牧地，〔一〕管下並無馬匹，京城官馬全歸飛龍使管理調度。唐會要卷六五閑廄使條：

大曆十四年（七七九）七月十日，閑廄使奏：「置馬隨仗，當使凖例，每月於月華門立馬八匹，仗下歸廄去。廣德元年（七六三）蕃寇後，使司無使，頻申論，飛龍不支，自後未至。臣忝職司，不敢不奏。」勅旨：「宜付飛龍使，依舊支置。」

按廣德元年吐蕃入侵，牧馬盡失，閑廄使雖然有置仗馬之責，但馬却要由飛龍使支付，飛龍不支，便難以置辦。從這裏可以看到中葉以後閑廄使失職，正如以前之殿中監。

（二）軍器使。舊唐書卷一八四吐突承璀傳：

〔一〕唐會要卷六五閑廄使條稱：「至德（七五六——七五八）已後，監牧使與七馬坊名額盡廢，其地利因歸於閑廄使。寶應中（七六二——七六三），鳳翔節度請監牧廢田給貧人及軍吏已上者，相承數十年矣。」

段平仲抗疏極論承璀輕謀弊賦，請斬之，以謝天下。憲宗不獲已，降爲軍器使。

按吐突承璀以中尉降爲軍器使，所任仍不輕。唐會要卷六六軍器監條：

武德元年（六一八）置，貞觀元年（六二七）三月十日廢，併入少府監。開元三年（七一五）十二月二十四日，以軍器使爲監，領弩、甲二坊。十一年（七二三）十月二十五日罷，隸入少府監，爲甲弩坊，加少監一員以統之。天寶六載（七四七）五月二十八日復置。乾元元年（七五八）六月十三日，又廢置使，其監已下並停。

同卷西京軍器庫條：

乾元元年六月，勑軍器監改爲軍器使，大使一員，副使二員，判官二員。其使以内官爲之。

按武德以至天寶，軍器監屢廢屢復，當廢時則隸屬少府監，仍是南衙系統。開元三年以軍器使爲監，則早有使名，但是否必以宦官充使，不明。〔二〕至乾元元年廢監置使，其使專任宦官，甲弩之製造調發事歸北衙，南衙大概不再預聞。以後，「武德軍器」屢見於文苑英華卷四二七至四三〇諸南郊赦書，知

〔二〕八瓊室金石補正卷三八載右軍器使陳君暨東海縣君徐氏誌，誌文殘缺，有「□右軍器使」字，「右」上不知是什麽字。這位陳君死於□元二年，跋文認爲應是高宗上元二年（六七五），證據是「縣君徐氏」之父爲司刑卿，而改刑部爲司刑事在高宗龍朔二年（六六二），咸亨元年（六七〇）復爲刑部。按此説雖可通，但作開元二年（七一四）也同樣可通。妻父在四十五年前曾官司刑卿，死當在其後；女婿死在妻父官司刑卿後四十餘年並不奇怪。但不管是上元或開元，開元三年前有軍器使，與會要説合。至於這位陳君是否宦官，仍不明。因爲唐代，宦官娶妻封贈和士人一樣。

乾元置使後相承至唐末。

（三）弓箭庫使。　舊唐書卷一八四吐突承璀傳：

時弓箭庫使劉希先取羽林大將軍孫璹錢二十萬以求方鎮，事發賜死，辭相告訐，事連承璀，乃出爲淮南節度監軍使。

按弓箭庫使亦是宦官顯職。文苑英華卷九三二張仲素内侍護軍中尉彭獻忠神道碑，其人以元和元年（八〇六）充飛龍使，三年，授左神策軍副使，六年，遷知内侍省事、充弓箭庫使，同年十月，充左神策軍護軍中尉。新唐書卷二〇七吐突承璀傳記承璀出爲淮南監軍後，召爲内弓箭庫使，復爲左神策軍中尉，事在元和九年（八一四）。[一]册府元龜卷六六七記「魏弘簡爲内弓箭庫使，寶曆二年（八二六）遷右神策軍護軍中尉。」以上三人並以内弓箭庫使升神策中尉。又册府元龜卷六六五記敬宗於長慶四年（八二四）即位後，「賜兩軍中尉、樞密、飛龍、弓箭等使及諸供奉官錦綵、金銀器有差」，又記文宗寶曆二年（八二六）即位後，賞功亦只舉左右神策中尉、樞密使、飛龍使及弓箭庫使，知飛龍、弓箭庫二使地位高於他使。上引兩詔不及宣徽，可能由於不預擁立，或缺位。

中尉掌握京城諸軍及諸神策行營兵，飛龍使掌握馬匹，軍器使、内弓箭使掌握武器，京畿所有兵

[一] 舊唐書卷一八四吐突承璀傳稱元和八年（八一三）召承璀爲神策中尉，但不云先充内弓箭庫使。通鑑卷二三九元和元年（八〇六）二月甲辰記承璀至京師，復以爲内弓箭庫使、左神策中尉。按内召在八年，至京師在九年，二月授官。但上引彭獻忠碑，獻忠爲左神策護軍中尉，十二年致仕，未曾罷任。獻忠、承璀分官左右中尉，左、右二字易混，不知孰是。

卒及武裝配備全都由宦官主管，南衙的十六衛久已成爲虛名，閑廄使無馬可管，軍器監、武器庫並廢，軍事上南衙是處於無權的地位。

（四）鴻臚禮賓使。　上引宋史職官志王旦語，認爲禮賓使做尚書禮部之主客，其實主客郎中所職的具體事務並在鴻臚寺。〔一〕鴻臚所管的有關國内諸民族及外國君長、使節等事，早在安史亂前已置禮賓院專司其事。唐會要卷六六鴻臚寺條：

天寶十三載（七五四）二月二十七日，禮賓院自今後宜令鴻臚勾當檢校，應緣供擬一物已上，並令鴻臚勾當。

據此知天寶十三載以前已有禮賓院，自本年始歸屬鴻臚寺。當時禮賓院是否置使，何時由宦官充使，均不詳。舊唐書卷一八四魚朝恩傳記朝恩帶職有光禄、鴻臚禮賓、内飛龍閑廄等使。通鑑卷二三二貞元三年（七八七）六月稱：

初，河隴既没於吐蕃，自天寶以來，安西、北庭奏事及西域使人在長安者，歸路既絶，人馬皆仰給於鴻臚禮賓，委府縣供之。

以下記李泌設策，使留居胡客分隸神策。其事出於李繁所撰鄴侯家傳。這裏没有説以宦官充禮賓使。但金石萃編卷一一四大中五年（八五一）勅内莊宅使牒，具銜爲「使兼鴻臚禮賓等使特進知□□

〔一〕唐六典卷四禮部主客郎中條、卷一八鴻臚寺卿條。

田紹宗」，知此職相承不廢。

又考宋會要職官二十五之一鴻臚寺條云：

凡四夷朝貢、宴享送迎之事，分隸於往來國信所、都亭懷遠驛、禮賓院，本寺但掌祭祀朝會。

又同書職官二十五之二禮賓院條注云：

哲宗正史職官志掌回鶻、吐蕃、党項、女真等國朝貢館設及互市、譯語之事。

按宋承五代，官制大抵沿唐中葉以後的變化，禮賓院所職也必沿襲唐代，只是宋代與契丹之關係至爲重要，所以别置國信所，又有專管西域的懷遠驛，在唐代當然統歸禮賓院。觀宋會要所云鴻臚寺「但掌祭祀朝會」，也是唐中葉後情況。不妨説，自有禮賓院，而鴻臚寺部分的職務廢，自以宦官爲禮賓使，而南衙不復預聞有關事務。

（五）五坊使。唐會要卷七八五坊宫苑使條云：

五坊，謂雕、鶻、鷹、鷂、狗，共爲五坊，宫苑舊以一使掌之。自寶應二年（七六三）後，五坊使入隸内宫苑使。近又有閑廄使，兼宫苑之職焉。

據此，則五坊、宫苑合爲一使。寶應二年後，五坊歸入内宫苑，始以宦官爲使。所謂「近又有閑廄使，兼宫苑之職」，實指以閑廄使兼領五坊宫苑，其事在寶應前，所云「近又有」，令人誤會爲在寶應後，可能是措辭不當。觀唐會要上引條下即云：

開元十九年（七三一）金吾將軍楊崇慶除五坊宫苑使，其後，來擢、牛仙客、李元祐、韋衢、章仇兼瓊、王鉷、吕崇賁、李輔國、彭體盈、藥子昂等爲之。

上舉諸人除李輔國外都不是宦官。據同書卷六五閑廄使條，列舉聖曆三年（七〇〇）以後任閑廄使的姓名，自楊崇慶以至藥子昂並見上引五坊宫苑使條。唯閑廄使有安禄山，五坊宫苑使無，則因禄山在外爲節度使，不能兼内苑之職；五坊宫苑使有王鉷，閑廄使條無，乃是偶漏。〔一〕可知開元、天寶間閑廄使必兼領五坊宫苑使。故新唐書卷四七百官志殿中省監條稱閑廄使押五坊以供時狩（下舉五坊名同會要）。安史亂後，閑廄使失職，五坊始由宦官爲使，其内宫苑也别自置使。〔二〕德宗晚年，五坊小兒暴横，歷見韓愈所撰順宗實録及兩唐書紀傳以及通鑑、會要，人所習知，今不贅舉。宦官任五坊使最早有李輔國，見兩唐書本傳。此後最著者爲仇士良，文苑英華卷九三二鄭熏撰仇士良神道碑稱士良於元和三年（八〇八）充内外五坊使，至元和十年才出爲平盧軍監軍。十五年（八二〇）再任内外五坊使，又云「長慶初（八二一），罷五坊使」，至文宗大和二年（八二八），三任内外五坊使，七年（八三三）轉大盈庫，領染坊，旋升飛龍使，九年，升左神策軍中尉。據此知長慶初曾罷五坊使，大概不久即復置。

（六）内園總監裁接等使。　苑囿園地之事本屬司農寺之上林署令，又置京都苑總監、京都苑四面監，並屬司農。〔三〕但唐會要卷六六宫苑監、西京苑總監條與諸監並列，不屬司農，其西（兩）京苑總

〔一〕舊唐書卷一〇五王鉷傳稱：「八載（七四九），兼充閑廄使及苑内營田、五坊宫苑等使。」

〔二〕文苑英華卷四二七寶曆元年正月七日赦文、同書卷四二八太和三年（八二九）十一月十八日赦文諸司諸使中並見「内宫苑」。

〔三〕唐六典卷一九司農寺。

監條稱：「永淳元年（六八二）五月十日，置東都監管諸圃苑，未置已前，隸司農寺。」據此則似既置之後即不屬司農。雖然本條説的只是東都宮苑監，西京苑總監想也只是名屬司農，實具有相對獨立性。

安史亂前宮苑總監是否有宦官充當，不詳。〔一〕但兩唐書李輔國傳並記肅宗還京，「拜殿中監、閑廄、五坊、宮苑、營田、栽接總監使」。文苑英華卷四二七寶曆元年（八二五）正月七日赦文、卷四二八大和三年（八二九）十一月十八日赦文受賜諸司諸使中並有内園總監、栽接名色。但總監雖以宦官充當，是否有使名，不詳，且李輔國以後似乎不一定由宦官充當。唐會要卷六六西（兩）京苑總監條：

開成五年（八四〇）四月勅：「總監宜令内官司管，仍别置使，其總監及丞、簿共四員，宜並停。」

似乎直至本年才確定以宦官充使，而廢總監及所屬丞簿。

（七）中尚使。唐六典卷二二少府監中尚署令條：

中尚署令，掌供郊祀之圭璧及歲時乘輿器玩、中宮服飾，雕文錯綵，珍麗之制皆供焉。

唐會要卷六六少府監中尚署條云：

本中尚方，天后時，去「方」字，避監號。開元已來，别置中尚使，以檢校進奉雜作，多以少府監及諸司高品爲之。

據此則玄宗時已有高品（即高級宦官）充中尚使。此後據文苑英華卷四二八、四二九、四三〇諸赦文，

〔一〕舊唐書卷九七鍾紹京傳稱「景龍中（七〇七——七一〇）爲苑總監」，知玄宗前尚不以宦官充使。事物紀原内園條引李吉甫百司舉要云：「則天分置園苑使，後改曰内園。」又曰：「司農别有園囿使。」或者苑總監與内園使並存。

知相承不廢。

（八）染坊使。　按少府監有織染署，置令、丞。其中分爲織紝、組綬、紬線及練染之作。[一]染坊只是織染署所屬作坊之一。染坊别自置使不知始於何時。舊唐書卷一七上敬宗紀，初即位未改元，長慶四年（八二四）四月鎮壓了染工張韶的反抗後，稱「染坊使田晟、段政直流天德，以張韶染坊役夫故也」。上叙五坊使引英華所録仇士良碑，文宗時士良曾領染坊使。

染坊以宦官充使，原先少府織染署所屬織紝之事疑亦由宦官主管。新唐書卷四八百官志少府監織染署令條稱：「凡綾錦文織，禁不於外。高品一人專涖之。」似乎部分精美絲織作坊早就由宦官執掌。

（九）内作使。　文苑英華卷四二八大和三年（八二九）十一月十八日赦文、同書卷四三〇大中元年（八四七）正月十七日赦文諸司使中並見「内作」。[二]所謂「内作」包含哪些内容，不太明確。新唐書卷四八百官志少府監條注云：

有……短蕃匠五千二十九人，綾錦坊巧兒三百六十五人，内作使綾匠八十三人，掖庭綾匠百五十人，内作巧兒四十二人，配京都諸司諸使雜匠百二十五人。

關於少府與工匠的關係、工匠類别，我曾有專文討論，今不贅，[三]從本條中可以看到的是有所謂「内

〔一〕唐六典卷二二少府監織染署令條。
〔二〕文苑英華卷四二九會昌五年（八四五）正月三日南郊赦文作「内中尚」，「内」下脱「作」字，指内作、中尚二使。
〔三〕拙撰魏晉至唐官府作場及官府工程的工匠，載魏晉南北朝史論叢續編。

作使綾匠」、「内作巧兒」。又百官志將作監條稱：「大明、興慶、上陽宫、中書門下、六軍仗舍、閑廄，謂之内作」。既屬將作，當然指土木建築。宦官充當的内作使，究竟主管原少府所屬的内作（這大約應包括織染署的綾錦文織）呢，還是將作監所屬的内作，不詳。但不管怎樣，總是侵奪南衙職司。

（一〇）翰林使。册府元龜卷六六九内臣部譴責稱：

吕如金，憲宗時爲翰林使。元和四年（八〇九）杖四十，配恭陵，行至閿鄉而卒。如金以密書請託於鹽鐵使李巽，故有是責。

按文苑英華卷七九七杜元穎翰林院使壁記云：〔一〕

聖明以文明敷于四海，詳擇文學之士，置於禁署，實掌詔命，且備顧問。又於内朝選端肅敏裕、邁乎等倫者爲之使，有二員。進則承睿旨而宣於下，退則受嘉謨而達于上；軍國之重事，古今之大體，庶政之損益，衆情之異同，悉以關攬，因而啟發。

據此，知翰林使之職是宣示皇帝意旨，以便學士草制，又向皇帝報告學士們的意見。隨着翰林學士職任之增重，翰林使也如壁記所説，參預了軍國大政。使職設置不知何時，大概德宗時已有之。壁記又稱：「先聖（指憲宗）躬勤萬務，志清九有，築壇互登，持柄驟移，贊命。〔二〕於是乎出號令，於是乎發急宣，密付波至飈去。二使之任，尢所重難。」則翰林使職任之重，實在元和用兵時。因此「徵前院使之

〔一〕此記由陳仲安同志見告。
〔二〕「贊命」下有脱文，疑下文「密付波至飈去」之「密付」二字錯簡，原作「贊命密付」。

官族，斷自元和已後」。杜元穎於元和十二年（八一七）自太常博士充翰林學士，元和十五年閏正月以司勳員外郎翰林學士加承旨，長慶元年（八二一）二月，以户部侍郎、翰林學士承旨同中書門下平章事。〔一〕壁記撰成於庚子即元和十五年五月，其時正爲學士承旨。

（一一）學士使。　文苑英華卷四一八薛廷珪授學士使郄文晏將軍金紫光禄大夫制：

勅：國家設翰墨之林，延髦碩之士，以潤色鴻筆，發揮王猷，妙選内官，修辭立誠者，以與我言語侍從之臣朝夕遊處，……敬承寵渥，往莅清華，率由此途，以致崇達。

在宦官中這一職事看來也是所謂「清華之選」。金石萃編卷一一八内樞密使吴承泌墓誌：

聖上（指昭宗）虔承大寶，……尋加内寺伯，判内侍省内給事，……加内侍，充學士使。嚴、徐論思之地，枚、馬視草之司，公之精識通才，光膺是選。絲綸夜出，得以講陳；鴛鷺會同，靡不宴洽。改宣徽北院使。

從上引文看來，充當學士使的宦官，「絲綸夜出，得以講陳」，也參預了議論，與上翰林使同。按薛廷珪於昭宗時爲中書舍人，郄、吴二人並於此時爲學士使，疑即翰林使的改稱或異稱，實是一使。

（一二）閤門使。　舊唐書卷一九上懿宗紀咸通十三年（八七二）五月乙亥：

國子司業韋殷裕於閤門進狀，論淑妃弟郭敬述陰事。上怒甚，即日下京兆府決殺殷裕，籍没

〔一〕見翰苑羣書收録丁居晦重修承旨學士壁記、元稹承旨學士院記。

其家。……閤門使田獻銛奪紫，配於橋陵，閤門司閤敬直決十五，配南衙，爲受殷裕文狀故也。

按通鑑卷二五二亦云「郭淑妃弟內作坊使敬述」，其人也是宦官。文苑英華卷四一八李磎授閤門使李全績中大夫行內侍省內謁者監等制云：「夫榮參禁署，光總內朝，贊文武俾不失威儀，導君臣令無所壅隔。」李磎爲翰林學士、中書舍人，亦在咸通末。〔二〕制文說明閤門使的職務是贊導官員朝見和通達奏狀。通鑑卷二五〇咸通四年（八六三）八月：

敕以閤門使吳德應等爲館驛使。臺諫上言：故事，御史巡驛，不應忽以內人代之。上諭以敕命已行，不可復改。

胡注：

唐中世置閤門使，以宦者爲之，掌供奉朝會，贊引親王、宰相、百官、蕃客朝見、辭。唐初中書通事舍人之職也。

胡注甚明，閤門使的設置侵奪了中書通事舍人之職。宋代閤門使由武臣充當，凡唐代宦官充當的使職，五代及宋多用武臣，別見下文。

（一三）教坊使。文苑英華卷九三二內侍彭獻忠碑：

（貞元）二十年（八〇四），加正議大夫，內侍省內侍，仍賜上柱國，充教坊使。

〔二〕舊唐書卷一五七李鄘傳附孫磎傳。

按舊唐書卷四三職官志中書省下有内教坊，注云：

武德已來，置於禁中，以按習雅樂，以中官人充使。則天改爲雲韶府，神龍復爲教坊。

新唐書卷四八百官志太常寺太樂署令條稱：

武德後，置内教坊于禁中。武后如意元年（六九二），改曰雲韶府，以中官爲使。開元二年（七一五），又置内教坊于蓬萊宫側，有音聲博士、第一曹博士、第二曹博士。京都置左右教坊，掌俳優、雜技，自是不隸太常，以中官爲教坊使。

按内教坊武德時已置，本以宦官充使，不隸太常。因爲無所歸屬，所以舊唐書置於中書省下，實非屬中書。至於左右教坊則以太常所屬俳優雜戲改。玄宗時内外教坊並存。〔一〕教坊記序稱：「開元初詔曰：『太常禮司，不宜典俳優雜技。』乃置教坊，分爲左右而隸焉。左驍衛將軍范安及爲之使。」按范安及似非宦官，其人開元十五年（七二七）曾爲將作大匠。〔二〕則左右教坊初置時仍以朝臣充使。即中葉以後，教坊副使或以伶人充，不盡宦官，唐會要卷三四論樂雜録稱：「太和九年（八三五）文宗以教坊

〔一〕唐會要卷三四論樂雜録開元二十三年（七三五）敕稱：「内教坊博士及弟子須留長教者，聽用資錢，陪（倍？）其所留人數，本司量定申者（省？）爲簿。音聲内教坊博士及曹第一、第二博士房悉免雜徭，本司不得驅使。」這裏特舉内教坊，以别於左右教坊。

〔二〕任二北先生教坊記箋訂頁一二引唐會要，此條見卷八七漕運。按宦官加將軍號乃常事，將作大匠却不可能由宦官充當，如果此將作大匠范安及與教坊記之驍衛將軍范安及爲一人，則初置左右坊時仍以朝官充使。

副使雲朝霞善吹笛，……自左驍衛將軍宣授兼帥府司馬。宰臣奏：帥府司馬，品高郎官，不可授伶人。……乃改授潤州司馬。」〔一〕據此則伶人可充副使。

（一四）如京使。舊唐書卷一七五莊恪太子傳見「如京使王少華」。〔二〕按王旦云「如京，倉部也」。唐六典卷三户部倉部郎中條：

（倉部）郎中員外郎之職，掌判天下倉儲，受納租税，出給禄廪之事。

又同書卷一九司農寺司農卿條云：

司農卿之職，掌邦國倉儲委積之政令，……凡京都百司、官吏禄廪，皆仰給焉。

户部之倉部與司農寺並掌倉儲，尚書不過總其大綱，具體管理實在司農及州郡。京都官吏的俸禄請受，由司農主管。如京使之職當是主管直屬内廷之倉廪俸食。

（一五）内莊宅使。金石萃編卷一一四大中五年（八五一）勅内莊宅使牒，具銜有「判官、内僕局承（丞）彭□，副使、内府局令、賜緋□□劉行宣，使、兼鴻臚禮賓等使、特進、知□□田紹宗。」三人並是宦官。關於内莊宅使的沿革、職掌近人考證甚詳，今不贅述。〔三〕

〔一〕舊唐書卷一七六魏謩傳文同。

〔二〕通鑑卷二四六開成三年（八三八）記文宗欲廢太子事，胡注：「唐置如京使，以武臣爲之，内職也，未知所職何事。」按王旦之説，如京使自當以宦官充，職在倉廪無疑。

〔三〕日本加藤繁有内莊宅使考（中國經濟史考證收録），引證甚詳。

以上列舉十五使，大抵較爲重要或多見於史籍，其他見於記載者也還不少。舊唐書卷二〇上昭宗紀天祐元年（九〇四）閏四月戊申勅：

今後除留宣徽兩院、小馬坊、豐德庫、御厨、客省、閤門、飛龍、莊宅九使外，其餘並停。

此九使本以宦官充當，這時已盡誅宦官，使名雖留，乃以文武官充。此九使中，小馬坊、御厨、豐德庫、客省四使即在前舉十五使之外。豐德庫當是內庫。此種內庫名目時有變更。據陸贄翰苑集卷一四奉天請罷瓊林大盈二庫狀，知二庫並玄宗所置。文苑英華卷九三二仇士良神道碑，大和七年（八三三），「轉大盈庫，領染坊」。隋唐石刻拾遺卷下載劉遵禮墓誌，記遵禮曾官大盈庫使，時在大中五年。知瓊林、大盈之類的內庫例以宦官充使。陸贄請廢二庫，但大盈庫唐末尚存。豐德庫始於何時，不詳。

册府元龜卷六六五內臣部總序稱「後有左右三軍辟仗使」，同書卷六六九內臣部朋黨稱「田全操，文宗時爲闢仗使」。通鑑卷二四〇元和十三年（八一八）四月：「內出廢印二紐，賜左右三軍辟仗使。」胡注引宋白曰：「舊制，內官爲三軍辟仗使，監視刑賞，奏察違謬，猶方鎮之監軍使。」〔一〕宋白叙辟仗使之職務甚爲明白。

隋唐石刻拾遺卷下録劉遵禮墓誌稱：

〔一〕本條承陳仲安同志舉示。

（會昌）六年（八四六）……加供奉官、轉徵仕郎、内僕局令、充監醫官院使。

按唐六典卷一一殿中省尚藥奉御條云：「掌合和御藥及診候之事。」宮中醫藥本屬殿中省，以後似歸於翰林院。唐會要卷六五殿中省條載貞元十五年（七九九）四月勅云：

殿中省尚藥局司醫，宜更置一員，醫佐加置兩員，仍並留授翰林醫官，所司不得注擬。

據此知殿中省之醫官雖不廢，實際上已是翰林醫官的加銜。文獻通考卷五五職官九太常寺太醫署條云：

五代時，有翰林醫官使。宋制，翰林醫官院使副各二人，並領院事，以尚藥奉御充。

宋制承五代，五代又承唐中葉後的制度。劉遵禮充任之「監醫官院使」當即翰林醫官院使。唐代設置諸院使，多見記載。金石續編卷一〇宮闈令西門珍墓誌銘稱：

順宗嗣位，爰選耆德以輔儲皇，轉爲少陽院五品。永貞元年（八〇五）屬今上龍飛，公以密近翼戴之績，賜紫金魚袋，充會仙院使。元和元年（八〇六），改充十王宅使。

按少陽院太子所居，故云「以輔儲皇」。長安志卷六宮室四東内大明宮條：「次北翰林門，内翰林院學士院，又東翰林院，北有少陽院、結鄰殿。翰林門北曰九仙門。」據此知少陽院在翰林院北，九仙門之西南，相距甚近。舊唐書卷一四順宗紀稱德宗死後，「上（順宗時爲太子）力疾衰服，見百僚於九仙門」。通鑑卷二三六永貞元年（八〇五）正月（按實是貞元二十一年，八月始改元永貞）條：「太子知人情憂疑，紫衣麻鞋，力疾出九仙門，召見諸軍使。」順宗此時亦以太子居少陽院，所以能力疾出九仙門。〔一〕九仙門外爲神策右軍、右羽林、右龍武軍駐屯之地，所以即在此見諸軍使。又舊唐書卷一七五莊恪太子傳記文宗謀廢太子，稱「太子歸少陽院，以中人張克己、栢常心充少陽院使」。據此知德、順、文三朝，太子並居少陽院，置使以主管院事。疑穆宗、敬宗爲太子時亦居此院。舊唐書卷一七五昭宗十子傳記宦官劉季述幽昭宗，立太子裕爲帝，及季述事敗，羣臣請殺裕，昭宗曰：「太子沖幼，爲賊輩所立。依舊令歸少陽院。」可證直到唐末，太子仍居少陽院。

十王宅置於開元，新唐書卷八二玄宗諸子傳末云：

開元後，皇子幼，多居禁内。既長，詔附苑城爲大宫，分院而處，號十王宅，所謂慶、忠……等王，以十，舉全數也。中人押之，就夾城參天子起居。〔三〕

所云「中人押之」，當即十王宅使。後來又稱「十六宅」。十王宅使實際任務是監視諸皇子，舊唐書卷一七五憲宗以下諸皇子傳末史臣所謂「手纔攬於萬機，目已睨於六宅，防閑禁錮，不近人情」，「六宅」乃「十六宅」省文，亦即十王宅，十王宅使的任務就是防閑禁錮諸王。王旦說：「皇城，司門也。」唐會要卷七八皇城使條稱：

〔一〕順宗紀作「衰服」，通鑑作「紫衣麻鞋」，不同。按昌黎外集卷六順宗實録，貞元二十一年（八〇五）正月二十三日：「上……紫衣麻鞋，不俟正冠，出九仙門，召見諸軍使。……二十四日宣遺詔，上縗服見百寮。」紫衣麻鞋出九仙門，所見者乃諸軍使，通鑑本此。次日始成服，故縗服見百寮，不云在九仙門，本是二日事。

〔二〕舊唐書卷一〇七涼王璿傳敍兹事較詳。

天祐三年(九〇六)閏十二月皇城使奏:「伏以皇城之內,咫尺禁闈,伏乞準元敕條流,鼓聲絶後,禁斷人行。」

按時在唐亡之前一年,此時宦官早被誅戮,內諸司使如上所引舊唐書卷二〇上昭宗紀所載天祐元年(九〇四)閏四月勅大都業已廢罷,皇城使雖被保留,亦以朝臣充任。職務自當仍舊。

以上我們非常粗略地列舉唐代內諸司使的職名、執掌等,疏漏當然很多。但就十分粗略的彙記,我們也可以看到唐代有一個極其龐大的北衙所屬行政系統。這個起於唐代中葉的北衙行政系統,雖然出於宦官專權而產生、擴大,但並沒有隨唐末宦官的誅戮而廢除,經歷五代直到北宋仍然存在,以下我們繼續考察唐末以至北宋初內諸司使的演變。

通鑑卷二六三昭宗天復三年(九〇三)正月庚午,崔胤奏云:

「請悉罷諸司使,其事務盡歸之省寺;諸道監軍俱召還闕下」。上從之。是日,全忠以兵驅宦官第五可範等數百人於內侍省,盡殺之。

舊唐書卷一八四宦官傳記崔胤奏稱「內諸司使務宦官主者,望一切罷之,諸道監軍使并追赴闕廷」。兩書都説崔胤請罷內諸司使,但「其事務盡歸之省寺」一句,舊傳所無。按內諸司使的機構十分龐大,職務複雜,宦官既誅,職務應當有所歸屬,崔胤原奏應有「盡歸省寺」之請。但事實上不但當時並沒有「盡歸省寺」,直到宋代,仍然有諸司使列於省寺之外。通鑑卷二六四天祐元年(九〇四)閏四月勅:

內諸司惟留宣徽等九使外,餘皆停廢,仍不以內夫人充使。

舊唐書卷二〇上昭宗紀没有最後一句。據考異，這段記事出於編遺録，司馬光説：「蓋初誅宦官後，内諸司使皆以内夫人領之，至此始用外人也，而實録改『充使』爲『宣事』，誤也。」據此知宦官誅後，内諸司使的機構曾由宫人接管，並未歸入省寺，而這本來就是崔胤的初謀。舊唐書卷一七七崔慎由附子胤傳云：

> 天復反正之後，宦官尤畏胤，事無大小咸稟之。每内殿奏對，夜則繼之以燭。常説昭宗請盡誅内官，但以宫人掌内司事。

這一建議當時自然難以實行，天復三年由崔胤主持盡誅宦官，就實行了「以宫人掌内司事」的原來計劃。但内諸司使的職務遍及宫廷及内外朝，非常複雜，不但「盡歸省寺」只是空言，内夫人充使恐也只一部分專司宫内職務的使職。天祐元年「惟留宣徽等九使，餘皆停廢」，也只行於昭宗遷洛以後的短暫時期，其目的在於徹底剥奪昭宗在宫廷内的一點微弱力量，而不是真的要廢除内諸司使，所以梁朝建立，這龐大的行政系統便重又恢復。五代會要卷二四諸使雜録云：

> 梁朝諸使司名目有：崇政院使、租庸使、宣徽院使、客省使、天驥使、飛龍使、莊宅使、大和庫使、豐德庫使、儀鑾使、乾文院使、文思院使、五坊使（原脱「使」字）、如京使、尚食使、司膳使、洛苑使、教坊使、東上閤門使、西上閤門使、内園栽接使、弓箭庫使、大内皇城使、〔一〕武備庫使、引進

〔一〕按梁避朱温祖諱「成」字，不可能有皇城使，據通鑑卷二七三後唐同光三年正月胡注作「大内皇牆使」是，下西京大内皇城使，「城」亦當作「牆」。

使、左藏庫使、西京大内皇城使、閑廄使、宫苑使、翰林使。〔一〕共三十使，乾文院使爲文思院使改名，乃是重出，實爲二十九使。租庸使唐代自開元至安史亂後，並以文臣充使，不屬内諸使；左藏在唐代爲太府寺所屬國家正庫，不聞以宦官充使。崇政院使即樞密使改稱，司膳爲御食改稱，天驥爲小馬坊改稱，乾文院爲文思院改稱，儀鑾爲同和院改稱，並見記載。〔二〕尚食疑自御食使分置，其他諸使大抵仍唐之舊，有的使名雖不見唐代，職務仍同，如大和庫之爲内庫使，宫院使主管内廷諸宫院，洛苑使主管洛陽内苑，唐代並有司此類職務的使職。因此，我們看到天祐廢罷諸使，只是别有目的的臨時措施。

梁代諸使雖大抵因襲唐制，却有巨大差異，即唐代諸使並由宦官充任，而梁代幾乎全用武臣。梁代雖然不再任用宦官充使，但唐代以樞密使爲首的内諸使依然自成系統，與宰相爲首的六部卿監並立。舊五代史卷四梁太祖紀四開平三年（九〇九）四月朱温到河中，紀稱：

壬寅辰時，駕巡于朝邑縣界焦黎店，冀王友謙及崇政内諸司使扈從，至申時廻。己亥，御前殿，宴宰臣及冀王友謙扈從官。

崇政院使爲樞密使改稱，這裏稱「崇政内諸司使」，表明内諸司使以崇政院使爲首，實是唐制的沿襲。

〔一〕通鑑卷二七三後唐同光二年（九二四）正月勅「内官不應居外」條胡注列舉梁代諸司使名，不記崇政、租庸、宣徽、西京大内皇城使，餘同五代會要，乾文院使與文思院使亦並見。

〔二〕見五代會要卷二四、舊五代史卷一四九職官志同。唯云「同和院使爲儀鑾使」，同和院使唐代未見，但並不排斥唐末曾有此使。

同書卷六梁太祖紀六乾化元年（九一一）七月稱：

自辛丑幸會節坊張宗奭私第，宰臣視事於歸仁亭子，崇政使、内諸司及翰林院並止於河南令廨署。

本條同樣以崇政使、内諸使與宰臣對稱。

梁代内諸司使除崇政院使以外，見於紀傳的都是武臣。任宣徽使的有張筠、趙縠、韋堅，任客省使的有張筠、元相，任飛龍使的有婁繼英，〔一〕任内皇城使的有徐璫，任洛苑使的有董璋，任天驥院使的有李隨權，任莊宅使的有段凝，任宣和庫使（這也是内庫，五代會要未見）的有李嚴。〔二〕這些人中張筠、董璋、段凝、婁繼英兩五代史都有傳，〔三〕其他諸人事跡不詳。但觀史載，他們的本官都是諸衛將軍，均爲武臣無疑。

據上所述，梁代仍然存在着一個以崇政院爲首的行政系統，任使職的都是親信將校。在諸司使的演變過程中，梁代上承唐制，下啟宋代，是一個重要的階段。

後唐莊宗時有一次反覆。

〔一〕五代史記卷四五袁象先傳，稱子正辭「以父任爲飛龍副使」，象先爲梁貴戚，正辭得官當在梁代。

〔二〕以上並見舊五代史卷九、卷一〇梁末帝紀。

〔三〕張筠，舊五代史卷九〇、五代史記卷四七有傳；段凝，舊五代史卷七三、五代史記卷四五有傳；董璋，舊五代史卷六二、五代史記卷五一有傳；婁繼英，五代史記卷五一有傳，舊五代史卷七〇有李嚴傳，與此宣和庫使李嚴非一人。

天復三年（九〇三）誅宦官，河東並未執行。監軍張承業是輔佐莊宗滅梁的大功臣。莊宗建立後唐政權後重又任用宦官，曾經下詔招集流散四方的故唐宦官。通鑑卷二七三後唐同光二年（九二四）正月稱：

勅「內官不應居外，應前朝內官及諸道監軍，并私家先所畜者，不以貴賤，並遣詣闕。」時在上左右者已五百人，至是殆及千人，皆給贍優厚，委之事任，以爲腹心。內諸司使，自天祐以來以士人代之，至是復用宦者，浸干政事。既而復置諸道監軍。節度使出征或留闕下，軍府之政皆監軍決之。陵忽主帥，怙勢争權，由是藩鎮皆憤怒。〔一〕

通鑑說內諸使「至是復用宦者」，那時士人與宦官並用。人所共知，五代時樞密使權重，莊宗雖也任宦官爲樞密使，但當權的樞密使是郭崇韜，並非宦官。任樞密使的宦官有張居翰與宋唐玉，而「邦家之政皆出於郭崇韜」，居翰等並不當權。〔二〕崇韜被殺後，莊宗又用宦官李紹宏。不久莊宗被殺，明宗李嗣源即位後，由於紹宏曾對自己有恩，仍被任爲樞密使，〔三〕而當權的樞密使爲安重誨，亦非宦官。以後，經歷後唐、後晉、後漢、後周四朝，再也没有宦官爲樞密使，任此職者大多數是武臣。直到周世宗始盡用文臣，那時范質、王樸、魏仁浦、吳延祚等相繼爲樞密副使。

〔一〕舊五代史卷三一莊宗紀二同光二年正月亦載此事，畧同。

〔二〕舊五代史卷七二張居翰傳。宋唐玉於同光二年四月由内客省使升任樞密副使，見舊五代史卷三一莊宗紀。

〔三〕舊五代史卷七二李紹宏傳，又張居翰、李紹宏並見五代史記卷三七伶官傳。

莊宗時諸司使兼用宦官與「士人」，例如同光二年（九二四）四月既見内客省使、内侍省内侍楊希朗，[一]三年九月又見客省使李嚴，李嚴不是宦官。[二]可能用宦官則加「内」字，後來分爲兩官，内客省使較高，却不一定是宦官。[三]同光朝「士人」爲諸司使見於紀傳的有引進副使楊希詢、馬坊使康福；[四]宦官任諸司使的有宫苑使王允平、飛龍使顏思威。[五]

明宗時又一次大殺宦官，史籍所載明宗朝充任樞密、宣徽及諸司使者，朱弘昭歷任文思使、内客省使、宣徽南院使、樞密使（見舊五代史卷六六本傳）、孟鵠曾任客省副使（舊五代史卷六九本傳）、李從璋曾任大内皇城使（舊五代史卷八八本傳）；此外潞王從珂稱帝，劉延浩曾爲洛苑使（舊五代史卷六九本傳），他們都是武臣，没有一個宦官。以後歷晉、漢、周三朝，同樣不見宦官任諸司使的記載。當然，不能斷言後唐明宗以後絶無宦官任諸司使，我們知道諸司使職務不少一部分涉及宫廷，必須由宦官執掌，但他們是否充使，並無明證。總之，五代時，除後唐莊宗朝有一次小反覆以外，梁代以武臣充當諸司使的制度基本上長期沿用。

〔一〕舊五代史卷三一莊宗紀五。
〔二〕同書卷三二莊宗紀六、卷七〇李嚴傳。
〔三〕同書卷六六朱弘昭傳，天成三年（九二八）弘昭以内客省使遷宣徽南院使，弘昭非宦官。
〔四〕同書卷九〇楊彦詢傳、卷九一康福傳。
〔五〕王允平見舊五代史卷三二莊宗紀六同光三年三月，顏思威見同書卷三四莊宗紀八同光四年二月。二人先後奉命採擇宫人，故知是宦官。

宋代官制繼承唐末至五代的演變，諸司使成爲武臣銓選的階官，然而這一個系統却仍然被保留，樞密使、宣徽使仍然作爲諸司使之首。樞密院不僅主管諸司使的除授，而且還主管内侍省官的除授，宣徽院掌管諸司使副和崇班内侍供奉官的名籍，甚至掌管諸司使副的别籍分産。〔一〕諸司使本來是實職，後唐莊宗時康福爲馬坊使，仍然主管馬牧。〔二〕大概五代後期，用以位置武臣，有的成爲虚銜。到宋代，諸司使職銜只用以表示中、高級武臣銓選上的品級高卑，雖有使名，並非實職。即使是本使，也必須加上管勾、勾當、幹辦等名義纔能理事。本官不釐務，以差遣行事，本是宋代官制特點，不足爲怪，這裏只是指出直到宋代，至少在形式上仍然還保留以樞密、宣徽使爲首的諸司使系統。

這個作爲武臣遷轉高卑秩序的諸司使職名，即使到宋神宗元豐三年（一〇八〇）改革官制，也没有廢除，直到徽宗政和二年（一一一二）廢除所有諸司使副職名，而代之以某某大夫、某某郎等新的武階官。〔三〕從唐代中葉到宋政和二年，大致經歷了三百五十年，内諸司使行政系統的殘跡纔徹底掃除。至於諸司使的職務在先已以管勾、勾當等名義主管，以後也仍然這樣，其中不小一部分有關宫廷的職務仍由宦官主管。

〔一〕樞密院、宣徽院職務並見宋史卷一六二職官志二。
〔二〕舊五代史卷九一康福傳。
〔三〕見宋史卷一六九職官志九。

附記： 本文爲三十餘年前舊稿，當時武漢大學遷徙四川樂山，書籍缺乏，只能就常見書稍加鈎稽，極爲粗疏。今稍加整理，也未能更多的搜集資料，特别是有關碑誌，新舊出土的均未能引用，只是爲研究唐代中葉以後宦官專政之局及諸司使系統的演變，聊備參考而已。

跋唐天寶七載封北嶽恒山安天王銘

金石萃編卷八八載大唐博陵郡北嶽恒山封安天王之銘及碑陰題名。銘文撰人李荃，碑陰題名序撰人康傑並戴千齡書。萃編後附顧亭林、朱竹垞、葉奕苞、錢竹汀及萃編編者王蘭泉跋，諸家考證雖詳，但仍有存疑未決的問題，本文將作一點補充，以資參考。

一　撰文人李荃及結銜

銘文題署「左羽林軍兵曹參軍直翰林院學士供奉上柱國李荃撰，吴郡戴千齡書並題篆」。王蘭泉跋云：

此碑撰文者李荃，書碑者戴千齡，兩唐書俱無傳。新書藝文志有李筌注孫子二卷，又太白陰經十卷、青囊括一卷，或即其人。但「筌」、「荃」不同耳（原注：舊書經籍志無）。金石録但載大曆十一年張同敬一碑，爲戴千齡書，而於安天王則但載碑陰，云「分書，無姓名」，則不但未見碑陽，即碑陰亦未見其全也。

知蘭泉於此碑銘撰文人李荃，與注孫子及著太白陰經之李筌是否爲一人，未能斷言。

今按敦煌所出閫外春秋殘本撰人作李荃，與封安天王銘之李荃合。然新唐書卷五八藝文志史部雜史類、宋史卷二〇七藝文志六子部兵家類、直齋書録解題卷一二子部、通志卷六七藝文略五、文獻通考卷二二一經籍四八並於兵家類著録，均作李筌。考署名李筌的著作尚有中臺志、驪山母傳陰符玄義（亦名黄帝陰符經、陰符經疏、驪山母傳陰符妙義）、太白陰經、孫子注等均作李筌。「筌」本來可作「荃」，莊子外物篇「荃者所以在魚，得魚而忘荃」，荃，經典釋辭卷二八莊子音義云：「七全反，荃音孫，香草也，可以餌魚；或云積柴水中，使魚依而食焉；一云魚笱也。」釋作魚笱，則荃即筌，許多本子都逕作「筌」。〔一〕而且分書從竹之字常寫作從艸，敦煌、吐魯番文書中從竹寫作從艸的更是不乏其例。因此，封安天王銘撰人和敦煌本閫外春秋撰人雖作李荃，仍不能判斷與孫子注、太白陰經、陰符經疏撰人李筌爲二人。前人於封安天王銘撰人雖少涉及，但見於記載的李筌所撰諸書均認爲一人，並無異説。唯近人王重民先生對此提出了新的論斷。敦煌古籍敍録卷二閫外春秋第二跋云：

唐同時同地蓋有兩李筌，一作「筌」、一作「荃」，羅氏（羅振玉）蓋混而一之耳。全唐文卷三六一載李筌黄帝陰符經疏自序，〔二〕稱「少室山達觀子李筌」；又卷三六四載李荃北嶽恒山封安天王銘一文，並系以小傳云：「荃官左羽林兵曹參軍、直翰林學士、内供奉、上柱國。」然全唐文所載兩文，實出於一李筌，故分之亦誤。陰符經疏三卷，今尚有珠叢別録單本，以道家言言兵事，正

〔一〕見王叔岷莊子校釋。
〔二〕按此文實録自陰符經疏，正統道藏閏一有此書。

與太白陰經合。其封安天王銘一文，純係道家言，而孫子注又純係兵家言（在吉天保輯孫子十家註中）。然則集仙傳所稱，全唐文所録，著有太白陰經、陰符經疏、孫子注、封安天王銘之李筌，爲以道家而言兵者。蓋取莊子「得魚忘筌」之意以爲名，故又號達觀子，居少室山，迭任内外諸軍職。著閫外春秋、中臺志之李筌，則爲儒家言者。亦居少室山，終於布衣；著書擬於春秋，意在分别邪正，褒貶善惡。與驪山老母之徒之李筌，迥異其趣。

按上跋以李筌、李荃爲二人，筌、荃可通，已如上説。王跋所云「得魚忘筌」之「筌」亦作「荃」。封安天王銘作者爲李荃，王跋認爲與太白陰經諸書作者之李筌爲一人，中臺志作者爲李筌，王跋又認爲與敦煌本閫外春秋題名之李荃爲一人，知亦不拘守署名或「筌」或「荃」之差異，主要以内容的或儒或道爲準。但是封安天王銘一文却很難作出「純係道家言」的判斷。文中説恒山「可久可大，取諸恒」，説「陰陽不測之謂神，神聰明正直，害盈福謙」，説「古者天子望於山川，遍於羣神」，「範圍天地，幽贊於神明」，所用典故、成語大都出於周易、禮記等儒家經典，反倒可以説「純係儒家言」。當然，我們也不能據此斷言作道家或兵家言的與作封安天王銘的必非同一李筌。從所著書看來，閫外春秋敍「明君良將，戰爭攻取之事」，雖名「春秋」，實是論兵的著作，所以除新唐書藝文志外，諸書目録都列於兵家；孫子注、太白陰經之爲兵書，自不待論，因此，李筌主要是個軍事學家。封安天王銘一文記述玄宗崇封山嶽的所謂「盛典」，是篇應用文，體裁應當莊重典雅，其敷衍儒經是與文體相適應的。中臺志敍列代宰輔邪正之跡，當然與仙道、兵機無關；都不能以此論李筌屬於哪一家。

關於李筌事跡，四庫總目提要、余嘉錫四庫提要辨證子部兵家類太白陰經條，羅振玉雪堂校刊叢書叙録卷下、王重民先生敦煌古籍叙録卷二閫外春秋跋一，都有考證，而以王跋引證最詳。他們所據的前代記載不外下列十種書：

（一）唐范攄雲谿友議卷上「南陽録」條。

（二）五代杜光庭神仙感遇傳卷一「李筌」條。

（三）宋曾慥集仙傳（未見原書，據太平廣記卷六三引）。

（四）宋晁公武昭德先生郡齋讀書志卷二下史部職官類中臺志條。

（五）陳振孫直齋書録解題卷一二閫外春秋條。

（六）新唐書卷五九藝文志子部道家類驪山母傳陰符玄義條。

（七）太白陰經序及進書表。

（八）敦煌本閫外春秋進書表。

（九）全唐文卷三六一陰符經疏序。

（一〇）全唐文卷三六四北嶽恒山封安天王銘所系小傳。

（八）、（九）、（一〇）僅王重民先生閫外春秋跋中引用。其（七）太白陰經自序及進書表，則羅、王都以爲後人僞作。

據王氏敦煌本閫外春秋第二跋附録李筌進書表，末稱「天寶二年（七四三）六月十三日少室山布衣臣李荃上表」，知其時尚未得官，後有内宦袁思藝宣勅，玄宗對此書頗爲贊賞，命付史館。很可能他就因進書得充翰林供奉，並授羽林軍兵曹參軍。這在當時不乏其例，李白即以布衣待詔翰林，杜甫獻三大禮賦，以布衣召試文章，授京兆府兵曹參軍。〔一〕晁公武郡齋讀書志卷二下史部職官類著録李筌中臺志十卷，稱：

右唐李筌撰。起殷周迄隋唐，纂輔相邪正之跡，分皇、王、霸、亂、亡五類，以爲鑑戒。唐相以李林甫、陳希烈附皇道。筌上元中（七六〇——七六一）乃自表天寶初迫以綴名云。

按晁氏没有記李筌官職，也没有説是布衣。我想如果他以布衣私撰此書，李林甫、陳希烈似乎也不必以綴名皇道爲重，大概也是進呈的書，很可能他已入翰林，身居卑官末職，李、陳才得以「迫以綴名」。考李林甫以開元二十二年（七三四）五月以禮部尚書同中書門下三品，二十四年十一月以兵部尚書兼中書令，旋改右相。天寶十一載（七五二）十一月卒；陳希烈於天寶五載（七四六）四月以門下侍郎同中書門下平章事，明年四月遷左相，兼兵部尚書，十三載（七五四）罷爲太子太師。〔二〕林甫與希烈自天寶五載至十一載並相。舊唐書卷九玄宗紀下天寶五載九月壬子記「於太清宮刻石爲李林甫、陳希烈像，侍於聖容之側」，明年希烈與林甫並爲左右相。晁氏稱李筌於上元中自表「天寶初迫以綴名」，

〔一〕並見舊唐書卷一九〇文苑傳下。
〔二〕李林甫、陳希烈任免並見舊唐書卷八、卷九玄宗紀。

稱「初」則中臺志成書應即在天寶五、六載間。如果天寶三載進呈閫外春秋未即授官，至遲在天寶五、六載間亦必以進呈中臺志得官，因爲據封安天王銘，他在天寶七載（七四八）已是「左羽林兵曹參軍、直翰林學士、内供奉」了。

按諸衛參軍是本官，直翰林院學士、供奉是差遣。值得注意的是李荃的翰林職稱。人所習知，唐代翰林院本是詞章、琴棋書畫、醫術等所謂藝能之士被召所處的機構，各以專長聽候召喚，稱爲待詔。玄宗嫌中書舍人草寫制詔遲緩，翰林院置在銀臺門内，地處内廷，纔選擇朝臣中文學之士入翰林，草寫機要制詔，稱爲供奉。被選的翰林供奉如張説、張九齡都是當時第一流文人，名位俱高。翰林院中待詔與供奉地位高低不同，職司亦異。據唐人記載，開元二十六年（七三八），改供奉爲學士，在舊翰林院之南别建學士院，爲學士所處之地。舊翰林院中没有學士，更與草寫制詔無關。雖然學士和學士院實自翰林院分出，但唐人記載却不加翰林二字，而且强調翰林院没有學士，其置學士要到德宗時代。〔一〕今據李筌題銜，則至遲天寶七載，學士院已冠翰林之名。又諸書多言翰林供奉改稱學士，〔二〕據

〔一〕以上並據李肇翰林志、韋執誼翰林院故事，此二篇均收入宋人洪邁所輯翰苑羣書。又舊唐書卷一九〇下文苑吴通玄傳記陸贄云：「承平時工藝書畫之徒，待詔翰林，比無學士。只自至德後，天子召集賢學士於禁中草書詔，因在翰林院待進止，遂以爲名……今四方無事，百揆時序，制書職分，宜歸中書舍人。學士之名，理須停寢。」陸贄以爲至德後，召集賢學士於禁中草書詔，「至德」當是開元偶誤。

〔二〕韋執誼翰林院故事、新唐書卷四六百官志。

此碑題銜則李荃雖是直翰林院學士，仍有供奉之號。又直翰林院學士的職稱亦不見記載，唐六典卷九中書省有集賢殿書院，置集賢學士，注云：「五品已上爲學士，六品已下爲直學士。」知翰林學士院初置亦同集賢之例。羽林軍兵曹參軍正八品下，所以稱直學士。

李筌當時有一定文名，所以能被選爲翰林院直學士、供奉，博陵太守賈循遠道請他作封安天王銘。

再往後，李筌有紀年的著作便是太白陰經。此書前有自序及進書表，羅振玉曾力斥爲僞造。按自序題「唐永泰四年秋河東節度使都虞候臣李筌」，羅氏已指出「永泰無四年，二年十一月即改大曆，作僞之跡顯然」。今按李筌唐臣，似不當永泰上冠「唐」字，又河東節度使都虞候雖是軍中要職，却不是官，自序雖不必題全銜，似亦不應只署軍職而不具本官。此序守山閣本有注：「舊抄無此序，張刻本有之，今姑存以俟考。」則錢氏刻此書時已疑其不可信。其進書表則注云：「張刻本無此表，今依舊抄本。」表末題「乾元二年（七五九）四月二十八日正議大夫、持節幽州軍州事、幽州刺史、並本州防禦使、上柱國臣李筌」，署銜與當時官制符合。值得注意的是所題「乾元二年四月」這個年月。自安史亂起，幽州是叛亂集團的根據地，朝廷怎麼能任命刺史？爲了志圖恢復，雖也可能命官遥領，但總覺可疑。〔一〕今只能就書中内容推測成書年代似當在安史亂後一段時期。本書卷三關塞四夷篇大體據天寶間形勢，

〔一〕舊唐書卷一一〇李光弼傳稱「（乾元二年）八月，兼幽州大都督府長史，河北節度、支度、營田、經略等使，餘如故」。其時幽州及河北尚未恢復。太白陰經進書表也在乾元二年，但時在四月，尚在李光弼授幽州都督府長史、河北節度使前。

諸道節度與唐六典卷五兵部郎中條所載八節度合，又加上自范陽分置的平盧，自磧西分置的北庭，仍是開、天間制度，又加上黄河北道及河南道。其黄河北道稱「安北……今移在永清」。按唐會要卷七三安北都護條下稱「（天寶）八載，於木剌山置横塞軍城，及移安北大都護府於永清栅北築城」。初讀此文，似安北府移永清栅即在天寶八載（七四九），但據舊唐書卷九玄宗紀下天寶十二載十二月稱「改横塞城爲天德軍」；同書卷一二〇郭子儀傳：

天寶八載，於木剌山置横塞軍及安北都護府……十三載，移横塞軍及安北都護府於永清栅北築城。仍改横塞衞（軍之訛）爲天德軍，子儀爲之使。

據此，知横塞軍改天德軍實在天寶十二載或十三載（七五三或七五四），安北都護府移治永清栅亦即在此時，唐會要牽連敍述，未加分别。〔一〕李筌既云安北「今移在永清栅」，太白陰經成書必在此年後。更爲明顯的是太白陰經卷七祭文總序直稱「唐元（玄）宗」。玄宗卒於上元二年（七六一）四月，則成書更晚在代宗時（七六二——七七九）。〔二〕

郡齋讀書志説李筌於上元中自表申理，大概仍在當官，可能曾以郎中任荆南節度判官或節度副使（見下）。

〔一〕元和郡縣志卷四關内道四天德軍條稱：「乾元（七五八——七六〇）後改爲天德軍，緣居人稀少，遂西南移三里，權居永清栅。」按改天德軍在天寶十二載，玄宗紀有明文，而改名天德軍與安北都護移永清栅爲同時事，疑元和志紀年有誤。

〔二〕此條由孫繼民同志見告。按守山閣本作「唐元宗」，墨海金壺本無「唐」字，「唐」字爲後人妄加，「玄」作「元」乃清人避諱改。

陰符經疏的著作年代比較複雜。道藏閏一載黄帝陰符經疏序稱「少室山達觀子李筌好神仙之道」，説他在嵩山虎口巖石壁中獲得北魏寇謙之所藏的黄帝陰符經，後來在驪山遇見一位老母教導他讀懂這部書。後來他依驪山老母的傳授，作陰符經疏。神仙感遇傳李筌條和集仙傳驪山姥條敍李筌得陰符經事大致與序同，但文句各有增損。序也像後人所作，疑出於同一來源。雲溪友議的紀載則很不相同，本書卷上南陽録條云：

李筌郎中爲荆南節度判官，集閫外春秋十卷。既成，自鄙之曰「常文也」。乃注黄帝陰符經，兼成大義。至「禽獸之制在氣」，經年，懵然不解。忽夢烏衣人引理而教之。其書遂傳於世……筌後爲鄧州刺史。（以下敍李筌在鄧州任上，安禄山生於南陽，筌一見預知其爲「假天子」。前人早經指出其説荒誕無稽。）

據此則李筌注陰符經在作閫外春秋之後，早已入仕爲官。教導李筌讀懂陰符經的是夢中所遇的一個「烏衣人」。驪山老母和烏衣人當然均出假託，無須多説。所云李筌作閫外春秋是任荆南節度判官時，也是臆説，閫外春秋進呈在天寶二年，有進書表可證。而天寶二年也還没有荆南節度。據新唐書卷六七方鎮表，荆南節度置於至德二載（七五七），已在進呈閫外春秋後十四年了。更不論安禄山未生之先，那時節度使尚未形成制度。〔二〕但是説陰符經疏成書在閫外春秋後却有確證。經疏卷上神仙

〔一〕據安禄山事跡卷下，安禄山死於至德二載（七五七），年五十五，上推當生於長安三年（七〇三），那時並無節度使。

抱一演道章稱「禄山、思明篡逆悖亂之臣」，顯然成書必成於安史亂後。〔一〕然而問題並不那樣簡單。道藏閏五還收録署名張果先生黄帝陰符經注一卷。舊唐書卷一九一方伎張果傳説張果「嘗著陰符經玄解，盡其玄理」。則天遣使召之，果佯死不赴」。張果是個煊赫的神仙，當然難以追究他究竟活到什麽年代，但本傳和他書所記他的活動大致在武則天至玄宗時，開元末入山隱居，新唐書卷二〇四方伎張果傳稱果離長安後「至恒山蒲吾縣，未幾卒」，未及安史之亂。道藏閏五所收陰符經注專駁李筌説，序稱：

近代李筌假託妖巫，妄爲注述，徒參人事，殊紊至源。不揣窺管之微，輒呈酌海之見，使小人竊窺，自謂得天機也，悲哉！臣固愚昧，嘗謂不然。朝願聞道，夕死無悔。偶於道經藏中得陰符傳，不知何代人製，詞理玄邈，如契自然。臣遂編之，附而入注。

所云「妖巫」即指驪山老母。據序文可知此書旨在駁斥李筌的注釋。如果此書確是張果所作，〔二〕則

〔一〕范攄以李筌作閫外春秋在任荆南節度判官時雖誤，但李筌曾在荆南當官却是廣泛流行的傳説，神仙感遇傳李筌條稱筌「開元中爲江陵節度副使、御史中丞」，「入山訪道，不知所終」。杜光庭以李筌於開元中任荆南節度副使，誤同范攄，但也説明李筌曾在江陵（荆南節度治所）任官。集仙傳驪山姥條則云「仕爲荆南節度使、仙州刺史」。雖然所記區域不同，但三書都説他曾在荆南當官，知此説流傳較爲廣泛。

〔二〕舊唐書卷一九一張果傳敍張果著陰符經玄解。新唐書卷五九藝文志丙部道家類神仙著録張果陰符經太無傳一卷，又陰符經辨命論一卷，無玄解。宋史卷二〇五藝文志子部道家類著録張果陰符經注一卷，又陰符經辨命論一卷。陰符經注當即唐志之陰符經太無傳。道藏本張果注序稱「得陰符傳」，「附而入注」，每章必首稱「傳曰」，可證。但不能知道是否即本傳所記的陰符經玄解。陰符經辨命論也可能爲一書之異稱，因爲駁正李筌説，所以名「辨命論」。

必李筌經疏早經傳播，其成書年代就應當推前。但又怎樣解釋經疏中明見安史悖逆之文呢？不但如此，張果書中駁李筌説凡十四條，其中引李筌説不見或部分異於今傳本經疏者達九條之多，則張果所見的李筌書和今傳本經疏不同。這裏只能有一個解釋，即張果所見的是李筌的初稿本，成書至晚在開元間，那時他尚未入仕，故只署少室山李筌，今傳本乃安史亂後的改定本。在改定時删改了一些被駁斥的論點和例證。當然，這一解釋是以道藏閏五的陰符經注確爲張果著作爲前提的。

綜上所述，可以列舉如下九點：

（一）李筌、李荃應是一人。

（二）李筌早年居少室山，大致在開元間著有陰符經疏，流傳於世。

（三）天寶二年（七四三）進呈所著閫外春秋。

（四）天寶五或六載（七四六或七四七）進呈所著中臺志。可能於天寶二年已因進書得官，至遲進呈本書時得官。

（五）天寶七載（七四八），李筌官左羽林軍兵曹參軍事、直翰林院學士、供奉，上柱國勳。

（六）上元中（七六〇——七六一）李筌上表，申明中臺志中以李林甫、陳希烈列於皇道，出於被迫。官職不詳。

（七）大致在代宗時（七六二——七七九）太白陰經成書。

（八）安史亂後某年，改定陰符經疏。

（九）李筌於安史亂後可能以郎中出任荆南節度判官或荆南節度副使。

二　安禄山的郡望質疑

銘序稱：

驃騎大將軍員外置同正員，兼范陽郡長史、柳城郡太守，平盧節度、支度、營田、陸運、兩蕃、四府、河北海運、兼范陽節度、經略、支度、營田副大使，採訪處置使，兼御史大夫，上柱國，柳城縣開國伯常樂安公曰禄山，國之英也。

按姚汝能安禄山事跡卷上稱「（天寶）七載（七四八）六月，賜實封三百户，並賜鐵券，封柳城郡開國公」，碑立在五月，故封爵仍是「柳城縣開國伯」。事跡載録進封郡公詔，記禄山官，與碑微異，稱：

驃騎大將軍、兼羽林大將軍、員外置同正員，兼御史大夫，范陽郡大都督府長史、柳城郡太守，持節、范陽節度、經略、度支（按當作支度）、營田副大使、知節度、兼平盧節度使、度支（當作支度）、營田、陸運、押兩蕃、渤海、黑水四府經略、處置及平盧、河北轉運、并管内採訪等使、上柱國、柳城縣開國伯。

碑失記「羽林大將軍」。「副大使」下又漏「知節度」。唐制，親王出鎮爲節度大使，例以副大使知節度事。天寶七載出鎮范陽的親王無考，然禄山既是副大使，「知節度」三字不可省。「採訪處置使」上不繫「河北」或「管内」字也不妥。官職次序，碑、詔參差，碑列御史大夫於最後，亦當以事跡所載詔書列於「范陽郡長史」之上爲是。新唐書卷二二五安禄山傳稱天寶九載（七五〇），禄山兼「河北道採訪處置使」，通鑑卷二一六同，繫於九載八月丁巳。據通鑑考異司馬光是見到事跡的，却不從事跡而同新書。但事跡縱或可疑，碑文乃當時所刊，雖有失漏，決不敢妄加官銜，何況事跡所載詔書還是堅强的旁證，以此知新唐書、通鑑繫於九載是錯誤的。〔一〕

碑稱禄山爲「常樂安公」，常樂應是禄山郡望，諸家題跋都没有説明這個郡的所在，精於地理沿革的錢竹汀也未加考釋，王蘭泉跋稱：

碑稱禄山之貫曰「常樂安公」，常樂未詳。河北冀州魏齊周皆置長樂郡，別無所謂「常樂」者。兩唐書禄山傳稱其爲營州柳城人，則距冀州甚遠，非以「長樂」爲「常樂」明矣。

按籍貫與郡望有別，南北朝隋唐稱某郡某人往往指這一姓族的郡望而非本貫。禄山雖是營州柳城胡人，仍不妨別附高望。但禄山爲什麼有取於常樂，常樂又在哪裏？確是問題。

按常樂是唐代瓜州屬縣，北魏至北周時曾爲郡，歷見於隋書、兩唐書的地理志、通典卷一七四州郡、元和郡縣圖志卷四〇瓜州條。其沿革比較複雜，今綜述如下：西晉惠帝分敦煌及酒泉二郡置晉昌郡，屬涼州；前涼於敦煌置沙州，晉昌爲沙州屬郡。北魏太武帝廢沙州爲敦煌鎮，晉昌郡亦廢。孝明帝改鎮爲瓜州，分舊晉昌郡爲晉昌、常樂二郡。常樂郡領涼興、廣至等四縣。北周合四縣爲涼興一

〔一〕舊唐書卷二〇〇上安禄山傳亦云「（天寶）三載，代裴寬爲范陽節度、河北採訪、平盧軍等使如故」。則天寶三載初授范陽節度，已兼河北採訪使。

縣，常樂郡只領一縣。隋初廢郡，改涼興縣爲常樂縣，直屬瓜州。唐初，治敦煌之瓜州復爲沙州，別置瓜州於常樂縣，縣改稱晉昌，又於廣至廢縣置常樂縣。〔一〕

簡單地説，在北魏末至北周，常樂是瓜州（治敦煌）的屬郡，在隋唐是瓜州（隋治敦煌，唐治晉昌）的屬縣，地在今甘肅安西東南。

常樂爲郡的時間較短，又非漢魏舊郡，禄山祖先和他自己似乎都没有和這個常樂郡發生關係，以常樂爲禄山族望是很難解釋的。當然，唐人稱某郡某人也往往和本人及祖先實際上並無關係，只是標識門閥而已。然而標識安氏門閥的却並無常樂。元和姓纂輯本卷四寒韻安氏條只「姑臧涼州」一望。安氏是姑臧大姓，隋末李軌割據涼州，興亡命運，以安修仁、安興貴弟兄爲首的胡人向背幾乎是決定性的因素。〔二〕安氏本是胡人，無所謂族望，但在唐代，武威（治姑臧）安氏官爵十分顯赫，禄山也是胡人，如果依附高門，爲什麽捨武威而取久廢之常樂呢？這一點很難解釋。

安禄山的來歷非常複雜，本文不擬多談，據文苑英華卷六一九邵説代郭令公（子儀）請雪安思順表稱：

安禄山，牧羊小醜，本實姓康，遠自北番，來投中夏。思順亡父波主哀其孤賤，收在門闌，比至成立，假之姓氏。及禄山擁旄薊北，思順授鉞朔方，雖則兄弟，而情非黨與。

安禄山是否本是康姓，還是爲了追雪由於兄弟關係而被殺的安思順，纔説他冒姓安氏，無從究詰。但

〔一〕舊唐書卷一〇三郭知運、王君㚟傳並稱「瓜州常樂人」，即指以廣至廢縣置的唐代常樂縣。

〔二〕見兩唐書李軌傳。

祿山既自稱安氏，並與思順爲兄弟，則常樂這個族望必就是安波主、思順的族望。史籍並稱祿山爲營州柳城胡，難道營州柳城是祿山出生地，而安波主、思順却是世居瓜、沙的胡人麽？

三　賈循事跡

碑爲博陵太守賈循所立，銘序稱：

明威將軍、守右威衛將軍、使持節博陵郡諸軍事、兼博陵郡太守、北平軍使、上柱國、賜紫金魚袋武威賈公曰循，時之傑也。

賈循，兩唐書無傳，[一]明威將軍爲武階第四品下，又守右威衛將軍，並是武資，當以軍將起家，至北平軍使則例爲定州刺史（天寶改州爲博陵郡，刺史爲太守）兼職。[二]元和姓纂輯本卷七馬韻下賈，有長樂、宛句、洛陽、廣平、樂陵五望，並祖賈誼；又有河東、河内野王及濮陽三望不詳所祖。其長樂一望稱誼「十代孫龔居武威」；龔孫詡，魏太尉」；廣平一望亦稱「賈詡之後」；宛句一望則云「誼九代孫秀玉，後漢武威太守，又家武威」；則此三望均得稱武威賈氏。[三]姓譜出於家狀，多依託名人，以賈詡爲

[一] 賈循，舊唐書無傳，新唐書卷一九二有傳。——編者按。

[二] 武階及北平軍使並見唐六典卷五兵部郎中條。

[三] 古今姓氏書辨證卷二六馬韻下賈亦祖賈誼，武威太守秀玉作季玉，其子機徙長樂，又樂陵、河南兩望，河南一望稱「世居姑臧」，均與姓纂不合。

賈誼之後，本無據，賈循之稱武威更無須辨其真僞。

賈循後來陞遷爲范陽節度副使，末節屢見史籍記載。通鑑卷二一七天寶十四載（七五五）二月記楊國忠、韋見素獻策云：

臣有策可坐消禄山之謀。今若除禄山平章事，召詣闕，以賈循爲范陽節度使，吕知誨爲平盧節度使，楊光翽爲河東節度使，則勢自分矣。

據考異，此段記載乃根據玄宗實録，事跡卷上所記同，知亦本實録。這一計策最後並未被玄宗採納。

同書於本年十月記禄山反，「命范陽節度副使賈循守范陽」。〔一〕按天寶七載，因有親王爲節度大使，故禄山以副大使知節度事，事跡載封禄山東平郡王制，其中稱禄山銜爲范陽節度、經略、度支（應作支度）等使，據舊唐書卷九玄宗紀下封東平郡王在天寶九載五月，其時已無親王領大使，故禄山逕爲節度使，置副使當即在本年左右。賈循於何年陞遷，不可考。按禄山於本年二月爲了發動叛變，請以蕃將易漢將三十二人，他對漢將是不信任的。賈循當是漢人，却在起兵時將根本重地交給他留守，可知他和禄山關係的密切不下於史思明（賈循死後，即以思明爲留守）。但是很快就發生了變故。舊唐書卷一三四馬燧傳：

安禄山反，俾光禄卿賈循守范陽。燧説循曰：「禄山負恩首亂，雖陷洛城，必當夷滅。公盍

〔一〕安禄山事跡卷中作「以節度使賈循爲留後」脱一「副」字。

建不代之功，誅其逆將向潤客、牛廷玠，拔其根柢。禄山西不能入關，則坐而受擒，天下可定也。」循雖善之，計不時決，事泄，禄山果遣韓朝陽來召循。朝陽至范陽，與循語，陰伏壯士，以弓弦縊殺之。

文苑英華卷九七四權德輿北平郡王贈太傅馬公行狀記此事較簡。通鑑卷二一七天寶十四載十二月所述同舊傳，唯先云「(顔)杲卿又密使人入范陽招賈循」，當是據殷亮所撰杲卿傳。事跡卷下繫此事於天寶十五載正月，所述稍有異文，稱：

僞節度留後賈循，右虞候程超謀以范陽歸順，爲禄山僞支度副向潤客所覺，潛令送赦書使韓朝陽告之。庚寅，朝陽自洛陽致禄山意旨。將畢，命入别館。循不虞朝陽之害己，與朝陽欵曲行禮。朝陽引之密語，抽佩刀斬之。遂宣僞詔，數循罪逆，并斬超，並傳首東郡(都)，戮及妻子。以平盧僞持節吕知誨爲留後，亦爲本軍所殺。又加潤客右散騎常侍代之。

此段敘事詳悉，云韓朝陽爲赦書使，必在禄山稱帝後，故繫年在十五載正月。又賈循、程超密謀歸唐，不云因馬燧或顔杲卿之勸。吕知誨也爲本軍所殺，河東留後楊光翽則先被誘殺，楊國忠曾策劃取代禄山的三漢將留後這時全被禄山清除。

附録　張果駁李筌陰符經疏考異

道藏閏五張果陰符經注駁李筌説共十四條，其中引文與今經疏全同者僅二條，半同者亦二條，其他十條引文全不見今經疏，今列舉如下：

（一）觀天之道，執天之行盡矣。　李筌以陰爲暗，以符爲合，以此文爲序首，何昧之至也！

按經疏首爲釋題，稱「陰，闇也；符，合也」，與引文合。

（二）故天有五賊，見之者昌。　李筌不悟，以黄帝賊少女之命，白日上騰爲非也。

按今經疏無此語。

（三）五賊在乎心，施行乎天；宇宙在乎手，萬化生乎身。　李筌等以五賊爲五味，順之則可以神仙不死，誣道之甚也。

按經疏有「在食爲五味」語，與五音、五色等並列，不云「順之則可以神仙不死」。

（四）九竅之邪，在乎三要，可以動静。　太公以三要爲耳目口，李筌爲心神息，皆忘機也，俱失陰符之正意。

按今經疏云「邪正禍福之急者在三要焉，即耳目口也」，以下皆申述此意，並無三要爲心神息之説。

（五）故曰食其時，百骸理；動其機，萬化安；人知其神，而神不知其神，所以神也。　李筌不知此文意通三靈，别以聖人、愚人爲喻，何其失也。

按今經疏此條下無聖人、愚人語。

（六）日月有數，大小有定，聖功生焉，神明出焉。　筌以度數爲日月，以餘分爲大小，以神烝能生聖功神明，錯謬之甚也。

按今經疏云：「日月運轉，不差度數；大小有定，方顯聖功之力生焉，神明之功出焉。」張果當是概括上引文，但經疏未見「神𢖐能生聖功神明」之意，亦不全同。

（七）瞽者善聽，聾者善視，絶利一源，用師十倍。　筌不知師是衆，以爲兵師，誤也。

按今經疏云「師者兵也」，與引文合。

（八）心生於物，死於物，機在於目。　筌以項羽其目機，心生於物；以苻堅見機，心死於物，殊不知有否臧之用。

按今經疏無項羽、苻堅語。

（九）天之無恩而大恩生，迅雷烈風，莫不蠢然。　李筌以天地不仁爲大恩，以萬物歸於天爲蠢然，與陰符本意殊背。

按今經疏云：「天地萬物，自然有之，此皆至道之所含育，不求恩報於萬物；萬物承天之覆育，自懷恩於天。」無「天地不仁爲大恩」意。其釋「莫不蠢然」，則云「凡此風雷，陰陽自有，本不威人，人自畏之，莫不蠢然而動」。亦無「萬物歸於天爲蠢然」之意。

（一〇）至樂性餘，至静性廉。　筌以奢爲樂性，以廉爲静，殊乖至道之意。

按今經疏斥絲竹之樂爲奢淫，以爲非至樂，未見「以奢爲樂性」之意。又經疏但云「廉則可以致静」，非逕「以廉爲静」。

（一一）天之至私，用之至公。　筌引孫子云：視卒如愛子，可以之俱死，何也？

按今經疏無引上述孫子語。

（一二）擒之制在烝。　筌不知擒義，誤以禽獸注解，引云玄龜食蟒，黄腰啖虎之類，爲是悲哉。

按經疏所據本「擒」作「禽」，故以禽作注，但無玄龜、黄腰語。

（一三）生者死之根，死者生之根，恩生於害，害生於恩。　筌引孫子：用兵爲生死，丁公、管仲爲恩害，異哉！

按經疏稱兵術曰「致兵於死地而反生」，即所謂「引孫子以用兵爲生死」，但無以「丁公、管仲爲恩害」語。

（一四）愚人以天地文理，聖我以時，物文理哲；人以虞愚，我以不愚，聖人以其期聖，我以不其期聖。　筌不瞭天道，以愚人、聖人體道，愚昧之人而驗天道，失之甚也。

按今經疏但有前二句，無「人以虞愚」等二十字。解釋以聖人、愚人對舉，亦本經文，所駁「以愚昧之人而驗天道」，不知何指。

如上所舉，明顯看到張果所駁李筌説絶大部分不見今經疏。張果但引李筌説，不記書名，然而駁的必是經疏，非李筌别的什麽書，因爲有兩條完全與經疏符合，半合的也有二條。據此我們只能説張果所見的李筌陰符經疏與今傳本不同。

讀隋書札記

一　隋代尚書省長官和他官參預朝政

唐六典卷一尚書令條：

皇朝武德中，太宗初爲秦王，嘗親其職，自是闕不復置。

舊唐書卷一二〇郭子儀傳載子儀兩表辭尚書令，即强調太宗曾爲此官，自後廢不復置，他説「豈可猥私老臣，隳厥成式」，六典本因開元令式成書，可知不置尚書令載於令式。

就唐事言唐制，對於不置尚書令的解釋當然是正確的，但不置尚書令隋代已然。文帝一朝不置尚書令，煬帝大業元年（六〇五）二月以左僕射楊素爲尚書令，那是爲了酬答他擁立大功，是個特例。次年六月楊素即進位司徒，〔一〕名爲尊崇，實是將他擠出尚書省外。隋代不置尚書令，當然不是避諱，只是由於尚書省位高權重，文帝、煬帝都不願有這樣一個上逼皇權的宰相。

隋既不置尚書令，主省事的歸於左右僕射，稱爲宰相，〔二〕而左僕射尤爲權重，處於朝廷最高行政

〔一〕隋書卷四八楊素傳。

〔二〕隋書卷五二賀若弼傳：「弼自謂功名出朝臣之右，每以宰相自許。既而楊素爲右僕射，弼仍爲將軍，甚不平，形於言色。」按卷四八楊素傳，素先已官納言，轉中書令，而賀若弼但以素任右僕射爲宰相。可知只有左右僕射才是真宰相，納言、中書令雖亦預政，隋代還不被認作宰相。

長官的地位。文帝初即位，開皇元年（五八一）二月即以最親信的相府首僚高熲爲左僕射，直到開皇十九年（五九九）八月，由於卷入了皇位繼承的鬥争，才被罷免，凡任左僕射十九年。隋書卷四一高熲傳：

當朝執政將二十年，朝野推服，物無異議。治致升平，熲之力也。論者以爲真宰相。

開皇年間任左僕射的只熲一人，地位和實權遠在同時任職的右僕射之上。當時右僕射前後四人，開皇元年（五八一）爲趙煚，大概開皇三、四年間外任。〔一〕四年虞慶則，九年遷右衛大將軍，由蘇威取代。十二年（五九二）蘇威罷，楊素繼任。十九年（五九九）高熲罷，仁壽元年（六〇一）楊素由右遷左僕射，蘇威再任右僕射。大業元年（六〇五）楊素爲尚書令，這是隋代唯一的尚書令，明年遷司徒。〔二〕當楊素爲尚書令之後，可能蘇威以右遷左，卷三煬帝紀大業三年（六〇七）七月記「尚書左僕射蘇威坐事免」，蘇威本是右僕射，楊素既遷尚書令，即以蘇威爲左僕射，紀偶失書。

自大業三年蘇威罷左僕射後，終煬帝一朝不僅不置尚書令，而且隋書紀傳也不見左右僕射的除

〔一〕趙煚爲右僕射，見隋書卷一高祖紀上開皇元年二月。卷四六趙煚傳稱：「徵拜尚書右僕射。視事未幾，以忤旨，尋出爲陝州刺史。」據高祖紀開皇三年四月記「以尚書右僕射趙煚兼内史令」，四年四月記虞慶則爲右僕射，則趙煚外任應在三年五月至四年四月間，首尾至少有三年，傳云「視事未幾」，誤。又卷四六趙芬傳稱芬周末爲東京左僕射，「開皇初，罷東京官，拜尚書左僕射……俄兼内史令，上甚信任之。未幾，以老病出拜蒲州刺史。」按開皇元年高熲任左僕射，趙芬不可能任此官。即右僕射亦趙煚、虞慶則相繼，知「左」亦爲「右」之誤。本紀凡拜僕射必書，却無趙芬曾爲此官之記載，本傳蓋涉東京左僕射而誤。沈炳震二十一史譜據趙芬傳繫高熲後，實誤。

〔二〕以上諸人任免並見高祖紀及本傳。

授，尚書都省已無長官。煬帝寵任的大臣宇文述等没有誰當過僕射。卷四一蘇威傳稱：

高熲、賀若弼等之誅也，威坐與相連，免官。歲餘，拜魯郡太守。俄召還，參預朝政。未幾，拜太常卿。其年從征吐谷渾，進位左光禄大夫。帝以威先朝舊臣，漸加委任。後歲餘，復爲納言，與左翊衛大將軍宇文述、黄門侍郎裴矩、御史大夫裴藴、内史侍郎虞世基參掌朝政，時人稱爲「五貴」。

按蘇威爲太常卿時已參預朝政，以後雖受煬帝委任，却没有復任僕射。就「五貴」的官職看來，包括了門下、内史（即中書）兩省長官，而宇文述、裴藴以他官參預。即此可知尚書省不置令僕，也别無尚書省官當權任事，實際上處於「尚書受成而已」的地位。

以他官參預朝政的制度其實隋初已然。隋書卷四三觀德王雄傳：

高祖受禪，除左衛將軍，兼宗正卿，俄遷右衛大將軍，參預朝政……雄時貴寵，冠絶一時，與高熲、虞慶則、蘇威稱爲「四貴」。

所云「四貴」當是開皇初事。開皇元年高熲已爲左僕射。卷四〇虞慶則傳云「開皇元年，進位大將軍，遷内史監、吏部尚書、京兆尹」。四年，慶則遷尚書右僕射。卷四一蘇威傳稱「及受禪，徵拜太子少保……俄兼納言、民部（應云「度支」）尚書……漸見親重，與高熲參掌朝政」。所謂「四貴」，高熲爲尚書左僕射，虞慶則爲内史監，蘇威爲納言，乃三省長官合議，而楊雄以右衛大將軍參預朝政，右僕射趙煚及門下、内史兩省侍郎不在其列。這種三省或兩省長官合議而以他官參政，隋代雖不必是常規，但仍然是唐代以他官爲參知機務、參知政事的先聲。煬帝不置尚書令、僕成爲慣例，直到煬帝死後，越王侗在洛陽即位時仍然被遵守。隋書卷五九越王侗傳敍述他即位時的授官云：

以段達爲納言、右翊衛大將軍、攝禮部尚書，王世充亦納言、左翊衛大將軍、攝吏部尚書，元文都内史令、左驍衛大將軍，盧楚亦内史令，皇甫無逸兵部尚書、右武衛大將軍，郭文懿内史侍郎，趙長文黄門侍郎，委以機務，爲金書鐵券，藏之宫掖。於時洛陽稱段達等爲「七貴」。

按所謂「七貴」包括了門下、内史兩省長官以及兵部尚書；内史令和納言乃至各二人，又有黄門、内史侍郎，却没有尚書令、僕。段達、王世充、元文都、盧楚四人地位相軋，誰也不敢爲尚書令、僕，也不甘别人充當，只能恪守大業舊例。即此可見令、僕之重。只有圖謀利用李密抗宇文化及時才以李密爲太尉、尚書令，那是一種權宜措施。打破這一舊例的是王世充，卷八五王世充傳記世充發動政變，殺死元文都、盧楚後，稱：

充尋遣韋節等諷侗，令拜爲尚書左僕射、總督内外諸軍事。又授其兄惲爲内史令，入居禁中。

那時王世充手握强兵，專制朝政，他要當什麼官誰也不能抗拒，但却只稱左僕射。這固然由於此時李密尚强，他的地位還不够强固，但也因爲開皇以來左僕射就是尚書省主，權位極重之故。不久，他打敗了李密，那就無所顧忌了。傳稱「充又令韋節諷侗，拜爲太尉，署置官屬，以尚書省爲其府」。那時他以太尉專政，越過了尚書令，尚書省改爲太尉府，實際上廢除了尚書都省，從某種意義上仍守尚書省不置令、僕之制。

不置尚書令，以僕射主省事的慣例在一些羣雄建立的政權中也可以見到。舊唐書卷五四竇建德傳記建德破宇文化及後，除授隋舊臣官職云：

又以隋黄門侍郎裴矩爲尚書左僕射，〔一〕兵部侍郎崔君肅爲侍中，少府令何稠爲工部尚書，自餘隨才拜授，委以政事。

傳於建德敗後，見左僕射齊善行、右僕射裴矩，未見尚書令。在先已見納言宋正康、内史侍郎孔德紹，知建德於大業十三年（六一七）稱長樂王時，署置百官，已備三省，而尚書省不置令，〔二〕齊善行當是那時除授的左僕射，破宇文化及後，乃以裴矩爲右。舊唐書卷五五劉黑闥傳武德四年（六二一）七月黑闥起義後，「又徵王琮爲中書令，劉斌爲中書侍郎，以掌文翰」。又稱：

（武德）五年正月，黑闥至相州，僭稱漢東王，建元爲天造，以范願爲左僕射，董康買爲兵部尚書，高雅賢爲右領軍……其設法行政，皆師建德。

〔一〕按下文稱右僕射裴矩，隋書卷六七裴矩傳亦作「右」，夏政權之左僕射爲齊善行，此「左」字乃「右」字之訛。通鑑卷一八七唐武德二年閏二月亦作「左僕射」，則其訛已久。

〔二〕舊唐書卷一高祖紀上武德四年（六二一）正月記：「竇建德行臺尚書令胡大恩以大安鎮來降。」行臺有尚書令，而都省不置，也是隋初舊例。

據此知黑闥建立政權，悉遵夏制，大致也備置三省而尚書省不置令，但有僕射。其不置尚書令乃沿自隋代。同卷李軌傳稱軌武德元年（六一八）稱帝時，以曹珍爲左僕射，本傳又見尚書左丞鄧曉，知亦置尚書省而無令。又同書卷五五劉武周傳稱，武周稱帝，「以衛士楊伏念爲左僕射」，却不記有誰當尚書令。

羣雄中置尚書令的有王世充，以其兄世惲充任。〔一〕蕭銑以張繡爲尚書令，舊唐書卷五六蕭銑傳説蕭銑稱帝，「署置百官，一準梁故事」，所以打破了隋的慣例。此外還有個沈法興，自稱大司馬、錄尚書事，承制置百官。法興並未稱帝，才以這樣的崇高官銜自尊。隋末羣雄當然不必要遵照隋制，但有些政權却仍然置尚書省而不置令，這也許是習慣勢力。

綜上所述，我們知道隋代文帝一朝不置尚書令，但有左、右僕射，而左僕射尤爲權重。煬帝時，楊素一度短期被任爲尚書令，乃是特例。自大業三年（六〇七）蘇威罷左僕射後，尚書不僅無令，也不置僕射。當時以門下、内史兩省長官（納言、黄門侍郎與内史令、内史侍郎）和他官參預朝政者共同執政。這種以他官參預朝政的制度可以追溯到隋初。尚書省長官虚位成爲慣例，一直沿用到越王侗的隋洛陽殘餘政權。以後王世充專權，也只稱左僕射而不稱令。隋末羣雄中也有一些政權，設置尚書省而不置令，但有僕射。據此，我們認爲唐代不置尚書令雖亦由於太宗曾爲此官，〔二〕但也是隋代舊制的因襲。而隋、唐不置尚書令的主要原因，恐怕還是由於位高權重，有上逼君權之嫌。此外，唐代

〔一〕見通鑑卷一八七武德二年（六一九）四月。
〔二〕太宗於武德時爲尚書令，因爲他是親王，而又有大功，只是特例。

以他官參知機務、參知政事也是因襲隋制。

二　蘇威請減功臣地以給民及隋初户口

隋代極盛時，户數接近九百萬。口數四千六百餘萬。通典作者杜佑根據他所掌握的北周末年户口數字，認爲自隋初到煬帝大業二年才二十六、七年（五八一——六〇六），户數激增了四百八十萬有餘。對於杜佑之説前人從來没有懷疑過。故友汪籛同志作了精詳的論證，指出通典所記北周末年只有三百九十萬户的數字未可信賴，並據隋書李德林傳，知開皇前期户數已達六七百萬，推斷周末隋初户數當在四百五十萬左右。〔一〕這一論斷是令人信服的。本文只是稍作補充，助成汪説而已。

隋書卷四〇王誼傳：

> 太常卿蘇威立議，以爲户口滋多，民田不贍，欲減功臣之地以給民。誼奏曰：「百官者，歷世勳賢，方蒙爵土。一旦削之，未見其可。如臣所慮，正恐朝臣功德不建，何患人田有不足。」上然之，竟寢威議。

按本條上承「及隋受禪」，下接「開皇初，上將幸岐州」。卷一高祖紀上記「幸岐州」在開皇元年十月前。則蘇威建議當在元年。同書卷四一蘇威傳：

〔一〕隋代户數的增長，載一九六二年六月六日光明日報，汪籛隋唐史論稿收入。

及受禪，徵拜太子少保……俄兼納言、民部尚書……初威父（綽）在西魏，以國用不足，爲徵税之法，頗稱爲重。既而歎曰：「今所爲者，正如張弓，非平世法也。後之君子，誰能弛乎？」威聞其言，每以爲己任。至是，奏減賦役，務從輕典，上悉從之。

據此知開皇初蘇威方任民部尚書，王誼傳作太常卿誤。又高祖紀上開皇元年三月戊戌記「以太子少保蘇威兼納言、吏部尚書」亦誤，此時吏部尚書爲虞慶則。但開皇元年稱度支尚書，三年始改度支爲民部，〔二〕故通鑑卷一七五陳太建十三年（即隋開皇元年）三月逕作「以太子少保蘇威兼納言、度支尚書」，從傳不從紀，又改正本傳作「民部」之疏，可見精審。〔三〕户口墾田本屬度支（或民部、户部）執掌，〔三〕所以蘇威有上述建議。

王誼傳稱「户口滋多，民田不贍」，則開皇之初業已由於户口的增長而授田發生困難。開皇初户口增多又有他證，隋書卷四九牛弘傳稱開皇初，弘上表請開獻書之路，有云：「今土宇邁於三王，民黎

〔一〕隋書卷二八百官志下作「改度支尚書爲户部尚書」，當是避唐諱改。隋書中唐諱或避或不避，不避，或由後人回改，錢大昕廿二史考異卷三四有説。

〔二〕隋書卷一高祖紀開皇三年閏十二月戊午記「刑部尚書蘇威爲民部尚書」。按元年稱以蘇威爲吏部尚書，中間不記遷官，而本條又稱以刑部遷民部，前後不相應。其實蘇威元年即爲度支尚書，本年度支改民部，並非以刑部遷。

〔三〕隋書卷二八百官志下不記百官執掌，卷二七百官志中記北齊度支尚書所屬左户曹，掌天下計帳、户籍之事；右户曹掌天下公私田宅租調之事。唐六典卷三稱「户部尚書、侍郎之職，掌天下户口井田之政令」，隋制多倣北齊，唐制因隋，則隋之度支尚書所職亦如北齊及唐。

盛於兩漢。」下文的紀年爲三年，則此表必在元、二年間。所云「民黎盛於兩漢」，當然是誇大了的，但户口增長應是事實。我以爲户口增長，在於關中，亦即故北周境内，「民田不贍」主要也是在故北周境内。蘇威所説「功臣」和王誼所説「歷世勳賢」的「百官」主要均指西魏、北周以來的關隴世襲貴族，因爲山東雖也有「歷世勳賢」的「百官」，却除了個别以外没有隋室功臣。所謂「爵土」實指賜田，封爵只是食封户，與土地無關。舊唐書卷七八于志寧傳：

顯慶元年（六五六），遷太子太傅，嘗與右僕射張行成、中書令高季輔俱蒙賜地。志寧奏曰：「臣居關右，代襲箕裘，周魏以來，基址不墜。行成等新營莊宅，尚少田園，於臣有餘，乞申私讓。」帝嘉其意，乃分賜行成及季輔。

于志寧爲西魏柱國于謹的曾孫，所云「代襲箕裘」正可與王誼所云「歷世勳賢」互證。那些「功臣」之地當然集中在關中。所謂「户口滋多，民田不贍」必然也是關中的情況，所以蘇威建議削減功臣之地以給民。至於山東地區（北齊故壤）的土地關係在隋初至少不會比過去更緊張。通典卷一七九冀州風俗條稱鄴郡高齊舊都，「浮巧成俗」，注云：

自北齊之滅，衣冠士人多遷關内，惟伎巧商販及樂户移實郡郭。

遷入關中的衣冠士人大都應即原居於鄴都的官僚地主。此外，北齊宗室王公全部被俘西遷。〔一〕這些

〔一〕周書卷六武帝紀下建德六年四月乙巳記：「至自東伐，列齊主於前，其王公等並從。」

貴族官僚在鄴都周圍占有大量土地。隋書卷二四食貨志記北齊河清三年（五六四）令：

京城四面，諸坊之外三十里内爲公田。受公田者三縣代遷户執事官一品已下，逮於羽林、武賁各有差。其外畿郡，華人官第一品已下，羽林、武賁已上，各有差。職事及百姓請墾田者，名爲永業田。奴婢受田者，親王止三百人；嗣王止二百人；第二品嗣王已下及庶姓王，止一百五十人；正三品已上及皇宗，止一百人；七品已上，限止八十人；八品已下至庶人，限止六十人。

據此可知，北齊皇室、官僚、禁軍在鄴都及魏尹所屬郡縣内占有土地的廣大是驚人的。北齊亡後，他們大量被遷入關中，所占的土地當然也被没官。這就是説，可供授田的田在鄴都一帶是大大增加了。而自建德六年（五七七）至大定元年（五八一）二月隋代周稱帝不過四年，正如汪籛同志所説北齊境内户口在隋初不會超過齊亡時的三百餘萬户。故齊境内户口不增，可供授受的土地則在本來人口較密集的地區都有所增加，顯然不會産生嚴重到引起度支部門關注的「户口滋多，民田不贍」問題。因而我們有理由認爲早在周、隋之間，關中户口已逐漸上升。通典所舉大象中周的户數（包括北齊舊境户數）僅三百五十九萬的數字是不合實際的。

這種「民田不贍」的情況，以後也不可能緩和。隋書卷二四食貨志又云：

時天下户口歲增，京輔及三河，地少而人衆，衣食不給。議者咸欲徙就寬鄉。其年冬，帝命諸州考使議之。又令尚書以其事策問四方貢士，竟無長算。帝乃發使四出，均天下之田。其狹鄉，每丁纔至二十畝，老小又少焉。

按本條「其年」，承上文爲開皇十二年（五九二）。志稱「地少而人衆」的地區是京輔（即關中平原）及三河（即河東、河內及河南）。京輔、河東是北周舊境，可知授田不足最嚴重的地區一直延續到此時。這是因爲户口在持續增長，更因爲「功臣之地」也在繼續擴大。

三　楊雄高熲爲雍州州都

隋書卷四六韋師傳：

時晉王爲雍州牧，盛存望第，以司空楊雄、尚書左僕射高熲並爲州都督，引師爲主簿，而（韋）世康弟世約爲法曹從事。

錢氏廿二史考異卷四〇北史韋師傳條云：

州都下疑衍「督」字。魏晉以後，諸州皆置大中正，以甄別流品。隋時避諱，改爲州都，而去中正之名。後人校書，不達州都爲何語，妄加「督」字，隋書既然，北史亦爾，真所謂以不狂爲狂也。高熲自言勃海蓨人，而得爲雍州州都者，熲賜姓獨孤，獨孤爲代北貴族，周、隋之世，代人例稱京兆人也。韋氏京兆望門，師又爲州主簿，而世約位在師下，故世康以州都不平爲恨。

按「督」字衍，錢説是，隋書卷二八百官志記「雍州置牧，屬官有……州都」，通典卷三二正作「州都」

（見下）。唯州都本爲州都中正之簡稱，晉時已見，〔一〕北朝後期亦見於碑刻，〔二〕非僅因避隋諱始改稱。又傳稱「司空楊雄」。據隋書卷一高祖紀上，楊廣爲雍州牧，事在開皇六年（五八六），同書卷二八年十月記「置淮南行臺省於壽春，以晉王廣爲尚書令」；九年正月伐陳，二月廢淮南行臺，四月「拜晉王廣爲太尉」。楊廣出任行臺尚書令後雖也可能仍兼雍州牧，然開府置屬必在六年。考卷四三觀德王雄傳載楊雄拜司空册文，首稱「維開皇九年八月朔壬戌」云云，卷二高祖紀下記楊雄拜司空年月日並同。開皇六年楊雄官爲右衛大將軍，宗正卿，尚未爲司空。隋書既誤，北史仍之。此事又見於通典卷三二職官一四總論州佐中正條云：「隋有州都，其任亦重。」注云：

晉王廣爲雍州牧，司空楊雄、太僕高熲並爲州都。

亦作司空楊雄，誤同韋師傳。高熲自開皇元年（五八一）後久任尚書左僕射，本傳不載曾兼太僕，即使曾兼，亦不當不舉僕射高官而稱品秩較低之太僕，疑本亦作「左僕射」，「左」字訛「太」，又脱「射」字（或後人妄删）。至杜佑以此證「隋有州都，其任亦重」，恐有誤會。魏晉期間，州都與州大中正本是互稱，確實權位兼重；北魏孝文帝重定門閥，州大中正也具有實權。到了北朝後期，仍由朝廷命朝臣爲本州大中正，那時品評人士的九品官人法業已破壞，但州大中正仍然是个值得競争的榮

〔一〕晉書卷四五劉毅傳上疏論九品有云：「置州都者，取州里清議，咸所歸服。」太平御覽卷二六五引傅子稱：「郡置中正，平次人才之高下，各爲輩目，州置都而總其議。」所云州都即州大中正。

〔二〕金石萃編卷三〇東魏興和二年（五四〇）潁州刺史敬使君之碑碑陰題名見「州都陳始和」、「州都郭惠蚝」。

轡職稱。此外，諸州刺史又自己辟舉州都，這是州的僚屬，地位不高。隋代不再以朝臣任州大中正，只保留作爲州屬的州都。隋書卷二八百官志下記流内視品，雍州州都在視正八品，諸州州都在視從八品，乃是卑官末秩。這次楊廣以皇子親王任雍州牧，爲了顯示牧府的崇高體制，所以任命執政大臣楊雄、高熲爲州都，又打破開皇三年定制、州佐由吏部任命的常規，而由州都選擇出於本州高門的朝臣充任主簿以下諸曹。那是個特例，不能認爲隋代州都普遍受到重視。大致不久以後，州都和縣正（縣中正，隋避諱去「中」字）即被廢罷，楊廣之後也不再有雍州牧府以朝臣充僚佐之事。所以開皇六年以大臣充州都，是隋代唯一的一次，同時又是魏晉以來州都或州大中正協助府主辟置僚佐的最後一次。

四　隋代大索貌閲的時間

隋書卷二四食貨志云：

是時山東尚承齊俗，機巧姦僞，避役惰遊者十六七。四方疲人或詐老詐小，規免租賦。高祖令州縣大索貌閲，户口不實者，正長遠配，而又開相糾之科。大功已下，兼令析籍，各爲户頭，以防容隱。於是計帳進四十四萬三千丁，新附一百六十四萬一千五百口。

本條不記年月，上文記年爲「開皇三年（五八三）正月，帝入新宫」，又稱「突厥犯塞，吐谷渾寇邊……令朔州總管趙仲卿於長城以北，大興屯田」。按卷一高祖紀上，突厥寇邊事在開皇三年二月，吐谷渾寇臨洮，事在同年四月。至於趙仲卿於長城以北屯田，據卷七四酷吏趙仲卿傳似在三年以後。〔一〕以下又接書「京師置常平監」。本紀不載置常平倉事，册府元龜卷五〇二邦計部常平、通典卷一二輕重並繫於開皇三年。册府邦計部記事多本通典，而通典或即據隋書食貨志上承開皇三年，非必别有所據。食貨志在大索貌閲條下即叙高熲爲輸籍定樣，其事也不見本紀及高熲傳，究在哪一年，難以確定。册府卷四八六邦計部户籍，記大索貌閲及高熲立輸籍定樣並在開皇三年，亦只是承食貨志二事並上承三年正月之文而已，唯所得丁口稱「於是計帳進四十萬三千丁，新附一百六十四萬五百户」，與食貨志微異。通鑑卷一七六陳長城公至德三年（即隋開皇五年，五八五）五月甲申書置立義倉，按書大索貌閲及高熲立輸籍定樣，所述全本食貨志，但繫於五年。按置義倉在五年五月，高祖紀有明文，但大索貌閲及立輸籍定樣何以定在五年，不知所據。〔二〕

總之，大索貌閲的時間，册府與通鑑雖有三年、五年之異，其實同本食貨志，而食貨志的記年却是含糊不清的，因此，二書各本自己的理解確定年份。然而食貨志之説，確切年月雖然難定，終究在開皇初。

〔一〕趙仲卿傳云：「開皇三年，突厥犯塞，以行軍總管從河間王弘出賀蘭山……復鎮平涼，尋拜石州刺史……盗賊屏息，皆稱其能。遷兖州刺史，未之官，拜朔州總管。於時塞北盛興屯田，仲卿總統之。」按仲卿於開皇三年（應即在二月）破突厥後，鎮平涼，歷石州刺史，在石州以治盗稱能，必非短期間事，然後遷朔州總管，至早亦應在四、五年間。但據仲卿傳又似先已興屯田，則食貨志或是終言之。

〔二〕食貨志於此前記趙仲卿爲朔州總管，於長城北屯田，卷一高祖紀上開皇五年十一月甲子稱「以上大將軍源雄爲朔州總管」。是否因大索貌閲事在趙仲卿爲朔州總管時或稍後，而五年十一月仲卿已去職，由源雄代爲朔州總管，所以姑置於五年？

另外一種記載却説在煬帝時。隋書卷六七裴藴傳：

于時猶承高祖和平之後，禁網疏濶，户口多漏。或年及成丁，猶詐爲小，未至於老，已免租賦。藴歷爲刺史，素知其情，因是條奏，皆令貌閲。若一人不實，則官司解職，鄉正、里長皆遠流配。又許民相告，若糾得一丁者，令被糾之家代輸賦役。是歲，大業五年（六〇九）也。諸郡計帳，進丁二十四萬三千，新附口六十四萬一千五百。帝臨朝覽狀，謂百官曰：「前代無好人，致此罔冒。今進民户口皆從實者，全由裴藴一人用心。古語云：得賢而治。驗之信矣。」由是漸見親委。

按卷三煬帝紀上及食貨志並不記此事。通鑑卷一八一記於大業五年九月煬帝自河隴返長安後，即本裴藴傳，唯稍有删節。通鑑兩採志、傳，以爲隋代大索貌閲實有二次，一在開皇五年，一在大業五年。但這裏却頗有可疑之處。其一，裴藴傳叙事似乎全不知開皇初已曾有一次大索貌閲。傳稱「于時猶承高祖和平之後」云云，若知開皇先曾有此措施，就不會這樣説了。[一]其二，志、傳叙懲處科條大抵相同，而傳詳志畧，如，志稱「户口不實者，正長遠配」，傳稱「若一人不實，則官司解職，鄉正、里長皆遠流配」，「官司解職」四字傳有志無；又如志但稱「又開相糾之科」，而傳詳言「若糾得一丁者，令被糾之家代輸賦役」，似乎同出一源，而傳更接近於原文。但志有「大功已下兼令析籍，各爲户頭，以防容隱」，則又傳所不載，似乎是各有删節。其三，具體措施，既志、傳略同，這就不是裴藴創舉，而煬帝却

[一] 通鑑卷一八一删去此句，必因察覺到這一點，而且文帝一朝用刑嚴酷，也説不上「和平」。

贊賞裴蘊之功，説「前代無好人，致此罔冒」，也不太講得通。其四，所獲丁口，志作「四十四萬三千丁，新附一百六十四萬一千五百口」，傳稱「進丁二十四萬三千，新附口六十四萬一千五百」。進丁只是「四十四萬」與「二十四萬」，一字之差，尾數並同；新附口則傳於「六十四萬」上無「一百」二字，尾數也相同。何以這樣巧合，也甚爲可疑。

如上所述，我們認爲隋代大索貌閲實止一次，若非食貨志誤「大業」爲「開皇」，即裴蘊傳所述全出虚構。我以爲志文綴合諸事，先後失次比較常見，若説裴蘊傳無端虚構此事，而且虚構得如此具體，還編造了煬帝誇獎裴蘊的話，却很少可能。因此，我認爲如果大索貌閲只有一次之説可以成立的話，則事在大業五年有較可信。

食貨志雖然有錯誤可能，但開皇年間在北齊境内確曾有檢查户口的記載。食貨志説「是時山東尚承齊俗，機巧姦僞，避役惰遊者十六七」，也明確指出户口不實主要在山東即北齊舊境。隋書卷五五乞伏慧傳：

高祖受禪，拜曹州刺史。曹土舊俗，民多姦隱，户口簿帳恒不以實。慧下車按察，得户數萬。遷涼州總管……歲餘，轉齊州刺史，得隱户數千。

乞伏慧任曹、齊二州刺史，都曾檢查户口，得户甚多。曹、齊均故北齊境内州，時間正在開皇初。卷五六令狐熙傳：

蜀王秀出鎮於蜀……以熙爲益州總管長史。未之官，拜滄州刺史。時山東承齊之弊，户口簿籍，類不以實。熙曉喻之，令自歸首，至者一萬户。在職數年，風教大洽，稱爲良二千石。開皇四年，上幸洛陽，熙來朝。

按高祖紀上，楊秀爲西南道行臺尚書令，事在開皇二年正月，令狐熙爲滄州刺史，亦當在二年，其令隱匿户自首，得户一萬，當在二、三年間。四年朝高祖於洛陽，傳稱在滄州數年，「風教大洽」，其實不過二年而已。滄州亦在故齊境内，所云「山東承齊之弊」，更與食貨志合。乞伏慧、令狐熙檢括户口大致均在開皇二、三年間。又卷七一誠節皇甫誕傳：

開皇中，復入爲比部、刑部二曹侍郎，俱有能名。遷治書侍御史，朝臣無不肅憚。上以百姓多流亡，令誕爲河南道大使以檢括之。

此事時間較晚，但也可見開皇間常有檢括户口的事，只是或限一州，由刺史主持；或擴大到一道，由朝廷特派大使，都不是普遍進行。見於隋書記載的開皇時檢括户口止此三事，並在故齊境内，然故齊境内諸州檢括户口在不同時間内進行檢括的恐不止此三事，只是史籍不載而已。正是由於開皇年間故齊境内進行檢括户口屢見不鮮，以致與大業五年大索貌閱相混。

附識：我於數年前講授隋唐史，即持大索貌閱實只大業五年一次之説。後得讀日本礪波護氏隋的貌閲與唐初的食實封（載東方學報三七，一九六六）一文，已有此説，但没有詳論，疑日本學者别有論文。本文撮取舊講義的一節，所論不知是否與日本學者相符，如果闇合，則本文草寫在後，不敢掠美。

新出吐魯番文書簡介

一　發掘整理經過

一九五九——一九七五年，新疆博物館考古工作隊在吐魯番阿斯塔那和哈剌和卓兩墓葬區進行十三次考古發掘，計出文書的墓葬一一八座（全部發掘的兩處墓葬有四五六座）。經過碎片綴合共出漢文文書約一千六百餘件。

文書年代最早爲前涼升平十一年即東晉海西公太和二年（三六七），下訖唐大曆十三年（七七八），其中唐代文書占多數。除漢文文書外，尚出有古回鶻文、古藏文、粟特文等古少數族文字文書。其他還有少量木簡（晉泰始九年買棺券）、木版（北涼沮渠封戴追贈令）及書於絲織物上的柩銘等。不少墓内有書於磚上的朱書墓誌。

這批文書當新疆博物館每次發掘後都進行了初步整理，一九七五年冬，由國家文物管理局組織人員參加整理，隨後成立古文獻研究室領導這項工作。五年來經過攝影、錄文、綴合、核對、斷代、標題等工作，現已將次完成。全書十册，分别圖錄本與簡裝本兩種，計十六國（前涼至北涼）墓葬所出文書一册，麴氏高昌墓葬所出文書二册，唐初墓葬雜有高昌和唐初文書者二册，唐代墓葬僅出唐代文書者五册，此外又附人地名及文書分類索引一册。簡裝本第一册即將出版，二册、三册已付印，圖録本第一册亦即將付印。

二　文書簡介

1　十六國（前涼——北涼）文書

這一時期出文書的墓葬共十六座，内阿斯塔那十座，哈剌和卓六座；出土文書共一五五件，其中二件麴氏高昌時期文書乃後來盜擾混入。

這時期文書雖止一五五件，但過去在吐魯番似未發見這樣早的，自從前涼於咸和二年（三二七）建立高昌郡以後的該地情況也是很不明瞭的，這批文書的發現給我們提供了一些前所未知的史事。

由於真興年號文書的發現使我們知道，北涼與夏雖然曾以平等關係結盟，載於晉書，但真興年間，沮渠蒙遜曾用夏的年號，可知曾向夏稱臣。各種年號見於文書的非常多，前涼使用的建興、升平，苻秦的建元，北涼段業的神璽，西涼李暠的建初，李歆的嘉興，北涼沮渠蒙遜的玄始、義和和有問題的沮渠安周的承平，各個小朝廷在這一地區的統治除後涼以外都可以通過年號反映出來。同時，見於文書的還有一些年號頗成問題。哈剌和卓八八號墓和九九號墓所出文書、契券有「建初二年庚午」、「承平五年丙戌」、「承平八年己丑」、「義熙五年甲午」，這些年號都見於史籍，而且論時間也恰當，但却與西涼的建初，沮渠安周之承平，東晉安帝的義熙干支都不相符。不但干支不符，而且還有别的疑點，所以新疆博物館考古隊的發掘簡報推斷建初二年庚午之建初爲馬儒年號，兩個承平及義熙爲麴嘉年號。〔一〕這個推斷雖仍嫌證據不足，却也有一定理由。此外還有「緣禾」、「建平」、「龍興」三個年號不見史籍或雖見而距離遥遠。我懷疑「緣禾」即北魏太武帝的「延和」。酒泉石佛子灣所出石塔有題爲「涼故大沮渠緣禾三年歲次甲戌」的白雙且發願文，蘇聯亞洲民族研究所敦煌特藏漢文寫本目録二記有曇無讖譯大方等無想大雲經題記，亦稱「緣禾三年歲次甲戌」。按北魏延和三年（四三四）正當甲戌，北涼向魏稱臣，故境内民間用魏年號，官府文書仍用自己紀年。但延和止三年，次年改元太延，而見於文書的却有緣禾五年、六年、十年，這一點尚待解釋。建平紀年文書共三件，並不記干支，據哈九一號墓所出「建平五年祠□馬受屬」的a面爲「玄始十一年（四二二）酒□馬受條呈」，知建平必在玄始後。北涼玄始之後爲承玄及義和，承玄止三年，文書見有義和二年、三年（四三二——四三三），疑建平尚在義和之後。有人疑爲沮渠牧犍承和某年曾改元建平，史失載，我又疑爲當時占有高昌，自稱太守的闞爽曾稱王改元建平，但都是推測，並無確據。最後還有個「龍興」年號，僅一見於衣物疏，更難考查。

由於年號的問題，我們很難確定這批文書下限究在何時，如新博考古隊之説可信，承平、義熙爲

〔一〕文物一九七八年六期。按建初二年庚午，據干支屬闞首歸時，非馬儒。

麴嘉年號，那就下及麴氏高昌初年了。

這批文書中以兵曹文書爲最多，共有三十餘件，絶大部分出於哈九一和九六號墓，二墓均北涼墓葬，有紀年的軍事文書也都是北涼年號，所反映的是北涼時期軍事活動和軍事制度。從文書中我們可以看到當時兵士出自兩個來源，一是徵發或稱爲「入募」，見哈九一號墓所出「下二部督郵、縣主者符」和阿二二號墓所出「翟蔥等應募入幢名籍」。符下給主管地方的二部督郵及縣主者，這些兵士稱爲「見入軍之人」，可知徵自民間。當時南朝是沿襲魏晉相承的世襲兵制，北魏當時基本上以鮮卑和其他少數族人當兵，行之於高昌郡的徵發制度應該也繼承戊己校尉時代遺制。

另外一種兵士來源是謫發。哈九一號墓所出「兵曹條往守白芀(讀如棘)人名文書」說到「輸租各謫白芀十日」，大概這些人輸租短缺或出了什麽其他問題，受到謫戍白芀的處罰。同墓所出還有「坐閲馬逋謫守白芀文書」，又一件「馮淵上主將啓」，訴説馬已死去，必將因「閲馬逋」謫守白芀，希望獲得恩免。「閲馬逋」當即指官府閲視時，無馬可交。同墓還出有「建□年按貲配生馬帳」，當與此有關。謫戍地點另一處是「海」，新疆博物館考古隊簡報認爲應即指原柳中縣界東南通向敦煌的「沙海」，亦即見於敦煌所出西州志的「大海道」。據文書，不論徵發或謫戍白芀或海的，都是十日，番期這樣短，不知何故。

由於這一地區開渠灌溉的重要性，在放水時要屯兵守水，這當是漢代以來的傳統。

這批文書中還值得我們注意的是高昌地區的絲、綿紡織手工業。周書卷五〇高昌傳説高昌「氣候温暖，穀麥再熟，宜蠶」，北史、隋書的高昌傳同，兩唐書高昌傳都删去「宜蠶」二字，可能當地蠶桑和絲、綿紡織手工業，到麴氏高昌後期才逐漸衰落而疊布漸盛。阿斯塔那一號墓所出文書見到西涼建初年間官府「取床作糸（絲）」和向民間徵發絲、綿的文書。哈八八號墓出有「承平五年（這就是有問題的「承平五年丙戌」）道人法安弟阿奴舉錦券」，内稱「從翟紹遠舉高昌所作黄地丘慈中錦一張，綿經綿緯」。本件告訴我們①高昌是生產錦的，②丘慈（即龜茲）也生產錦，這種錦的特點是「綿經綿緯」，高昌人曾倣製這種錦。丘慈錦大概在高昌很流行，這個舉主翟紹遠還有個「承平八年（也是有問題的承平八年己丑）買婢券」，買價是丘慈錦三張半。這種丘慈錦用綿抽的絲織成，就像後代的錦綢那樣。北史卷九七焉耆傳、大唐西域記卷一二瞿薩旦那條和續高僧傳卷二七釋道休傳都説焉耆、于闐、龜茲等國都養蠶，由於尊信佛教，不殺蠶蛹，要等繭破蛾飛，才治繭取綿。似乎西域各國都不紡絲，今據此件，知西域各地取綿以後，也治綿紡絲，織成綿經綿緯的錦或其他綿織物。這種錦甚至行銷到高昌，爲高昌所倣製。哈九〇號墓出有「（永康？）十年（四七五）用綿作錦絛殘文書」，永康是柔然年號，永康十年爲高昌闞伯周在位的十六年，〔一〕闞伯周爲柔然所立，所以行用其年號。哈九九號墓出有「失火燒損財物帳」。燒損的財物有錦，有白疊布，還有「絹經四匹」、「綿經緯二斤」、「布縷八斤」、「綿十兩」、「疊縷四十兩」，還有蠶種與「絹姬（機？）一具」。失火的像是個紡織手工作坊，所生

〔一〕王樹枏新疆訪古録記吐魯番所出蓮華經殘卷題跋紀年爲「永康五年歲在庚戌七月」。據之，永康十年當是乙卯，即四七五年。

產的有絲織品、棉織品，也有綿經綿緯的綿織品。哈九九號墓是北涼墓葬，本件出於墓道，爲後來盜擾混入，但也不會晚於麴氏高昌時期。

新博發掘簡報報導出土的絲織花色不一，根據西涼取系文書，我們認爲這一時期高昌地區存在着較發達的蠶桑和絲織手工業。根據承平五年、八年契券，我們還知道龜茲那時也生產綿經綿緯的錦。哈九〇號墓有一件「傳供帳」，記有「疏勒錦」，疏勒也「淳信佛法」，〔一〕所製的錦恐也是綿織品。這種具有特點的錦傳入高昌，並爲高昌人所倣製。如果新博考古隊所説此二券所署承平爲麴嘉年號是可信的，則麴氏高昌初期絲織與錦織可能並行。以後是否仍生産這種綿織品，我們不清楚。據文書，可以知道的是麴氏高昌時期仍然普遍生産絲、綿和紡織絹練，這一點從當時普遍徵納絹、綿的賦税上得到證明。阿九二號墓出有「高昌諸寺田畝綿絹簿」，内記寺院田畝數，下注「絹一綿一」或「絹半綿半」，似是據田畝徵納絹、綿。同墓還出有一件原題名爲「官絹捎本」的文書，内亦記諸寺絹、綿數，多的「絹五綿五」，少則「絹半綿半」。「官絹捎本」的意思雖不明，總是以絹、綿爲徵納對象。此外，高昌文書中我們看到一些所謂「劑僧俗絹練條記」，名義上徵納的是絹、練，但實際已折合錢交納。折錢當是後來的事，原先必是繳實物。絹、練、綿既然是麴氏高昌時期某項或某幾項賦税的徵納對象，當然説明絹、綿生産的普遍。直到唐代民間仍然産綿，阿二一四墓出有「氾貞感付

〔一〕見大唐西域記卷一佉沙國條。

綿當青稞帳」。

以上就年號、軍事制度、絲、綿織手工業三方面談一下這一時期文書所提供的材料，此外如哈九一號墓所出的「西涼建初四年秀才對策文」和哈九六號墓所出「功曹下田地縣符爲以孫孜補孝廉事」，告訴我們察舉秀、孝之制此時仍存而不廢。至於文書中所見高昌郡行政制度我已另文考證，〔一〕這裏就不必贅舉。

2　麴氏高昌時期文書

這一時期出有文書的墓葬共五十一座，内阿斯塔那四十五座，哈剌和卓六座，出土文書二六四件；唐初墓葬二十七座，内阿斯塔那一十九座，哈剌和卓一座，出土高昌文書一三九件，合計麴氏高昌時期文書共四〇三件。

麴氏高昌有没有推行均田制度是一個有争議的問題，新出文書提供了一些重要材料。

文書中有三件買田券：

①章和十一年（五四一）某人從左佛得邊買田券阿四八號墓

②延壽十四年（六三七）康保謙買園券阿一五號墓

〔一〕文物一九七八年六期。見本書吐魯番文書中所見高昌郡縣行政制度。

③張元相買葡萄園券阿一四〇號墓，此墓出有高昌晚年及唐初文書，本件當是高昌晚年物。

據此，知長期以來高昌存在着田園買賣活動，從契券内容上看不出有什麽條件限止。但據文書我們又知道當時田園買賣有待高昌王的認可。阿斯塔那一五二號墓出有二件請買葡萄園辭。

①延昌六年（五六六）吕阿子求買葡萄園辭。

②延昌三十四年（五九四）吕浮圖乞貿（貿）葡萄園辭。〔一〕

兩件都指稱某地有葡萄一園，請求「買取」或「貿取」。兩辭文完，分别接書「中兵參軍傳」及「史麴儒傳」，後面擡行書一大「令」字，下注「聽買取」或「聽貿」。這兩件説明買園要買主呈請國王聽許。在上述買田園契券中固然看不出必須由官府批准的痕跡，但别的文書却表明買賣土地立券後，至少在某種情況下仍須獲得國王聽許，才能生效。阿九九號墓所出「侍郎焦朗等傳尼顯法等計田承役文書」6—7行云：

次依卷（券）聽張夸子買張永守永安佛圖渠常田一分承四畝役，次買東高渠桃一薗承一畝半卌步役永爲㯮。

又同件10行爲「依卷聽」，10行以後已缺，据上例推知亦當是聽買田園。由此可知田園買賣雖已立券，仍得國王聽許。吕阿子、吕浮圖是在未買之前，先呈辭請許，張夸子是在立券之後，國王「依券聽買」。

〔一〕同墓所出尚有「延昌十七年（五七七）史天濟求買田辭」，内稱「矜濟貧窮，聽□□取，以爲永業」，「取」上缺文，「令」下旁注也殘存二「聽」字，聽什麽，不知道。據文理，似乎也是「買取」，但不能斷言。

可能是兩道手續，先呈辭請買，得批准後才立券成交，然後又呈辭並所立券請把這筆土地轉移記注上册，這個「侍郎焦朗等傳土地轉移及計畝承役文書」便是傳王令彙總下達，以便該管官府登記的。該文書殘存十行，1行首存「田二畝半役永爲㯚」，已下侍郎焦朗傳：「張武儁寺主尼顯法桃一畝半役聽斷除（即免役）」一項，張羊皮桃一薗承一畝半六十步役「給與張武儁寺主顯法永爲㯚」一項，及聽陰崇子薄田二畝承厚田一畝役「給與父陰阿集永爲㯚」一項。以下通事張益傳索寺主德嵩交河二處常田、一處薄田「聽出俗役入道役永爲㯚」一項，依卷聽張夌子買田園（見上引）一項；侍郎明舉傳汜寺主法興俗役常田「聽入道役，永爲㯚」一項；通事張益傳高寧宋渠底參軍文受田「給與麴僧伽用作常田承五畝役永爲㯚」一項，「依券聽（買田）」一項。本件共傳土地轉移及計畝承役事共八項，其中「聽斷除」一項，給田三項，依券聽買田二項，聽出俗役入道役二項。所謂「聽出俗役入道役」的田園必是先屬俗家所有，通過施捨、買賣等途徑轉入寺院，「聽出俗役入道役」的意義也就在於最後認可這些土地歸寺院「永爲㯚」。事項儘管不同，承認土地轉移與所屬則一，所以最後結尾總是「永爲㯚」。即此可見高昌王直接支配土地的巨大權力。值得一提的是陰崇子薄田二畝給與其父陰阿集永爲㯚，也得由國王聽許，土地轉移即使父子之間也不能私相授受。

高昌國王對於土地具有巨大的直接支配權，他可以把某人的田園給與另一人，無論買賣、施捨、繼承，至少在某種情況下，土地轉移必須由他聽許，但從這些文書中我們看不出均田的痕跡。

但是唐初手實却對於高昌是否推行均田制提出了值得注意的問題（見下文）。

麴氏高昌時期的賦役制度，過去知道得很少，僅僅周書卷五〇高昌傳有「賦税則計（田）輸銀錢，無者輸麻布」的記載。〔一〕唐太宗貞觀十四年討高昌詔曾譴責麴文泰統治下「賦斂繁重」，〔二〕究竟怎樣繁苛，史所不詳，這批文書提供了許多材料。

首先文書告訴我們高昌賦役都分僧俗，僧尼寺院負擔可能較輕，但除特許外，不能全免，而我們知道南北朝直到唐代僧尼道士都是不承擔賦役的。

見于文書的賦役項目有：

（1）田租：

周書卷五〇高昌傳説「計（田）輸銀錢」在文書中得到證明。阿斯塔那七八號墓出有「高昌田租簿」，叁拾步納銀錢半文，六十步納壹文，似乎田畝多少與徵納多少有關。而阿九六號墓所出「延壽八年（六三一）高昌田畝出銀錢簿」，一部分納銀錢二文，一部分納三文，但同納二文的和同納三文的田畝數却各不相同，五畝八十步和六十步同納二文，六畝和二畝六十步同納三文，而且納二文的有的田畝數比納三文的還多，可知所謂「計田」不一定計田畝多少，可能田的美惡更爲重要。

周書卷五〇高昌傳説「無者輸麻布」，文書却絶無其例，另見有納粟麥租。哈剌和卓五號墓所出「高昌和婆居羅等田租簿」記人名（或寺名）、畝數及斛斗數，與納銀錢一樣，斛斗數同而田畝多少不

〔一〕「田」字據北史卷九七高昌傳，通典卷一九一西戎校補。
〔二〕見唐大詔令集卷一三〇，册府卷九八五討伐，全唐文卷六。

同。阿一五五號墓、一一七號墓都出有麴氏高昌晚期的「出俗租麥(或粟)條記」,阿三〇五號墓所出文書記有「僧租粟」。這些條記都不記田畝數,因此不知道租額與田畝關係。根據文書,周書所説「無者輸麻布」或者可以更正爲「無者輸麥粟」。

(2)葡萄園租酒:

高昌土地上葡萄園所占的比例是不小的。葡萄園的收穫物主要用以釀酒,徵納物也是酒,稱爲「租酒」,因爲徵税性質也是租。阿一五二號墓出有兩件「請放脱租調辭」,阿一五五號墓出有「延壽二年(六二五)張熹兒入租酒條記」,和阿一三八號墓出有兩件延壽十三年(六三六)趙寺法嵩「入僧租酒條記」,知租酒也是分僧俗的。租酒是高昌國庫一筆很大的税收,阿三二〇號墓所出「高昌張武順等葡萄園畝數租酒帳」和阿二四號墓所出「高昌條列得後入酒斛斗數奏行文書」表明高昌國庫徵納和儲存大量的葡萄酒,奏行文書後總記「都合得後入酒究佰柒拾叁斛壹㪷半升」,這類入藏酒文書不止此一件,本件記的也只是「後入酒」,先入的不在内。唐太宗討高昌詔説高昌「畜牧園果悉有徵税」,「園果」税應即指租酒。

(3)調:

據上引阿一五二號墓所出「請放脱租調辭」,我們知道高昌賦税項目有調,調有大、小,但文書中僅於阿八〇號墓「寺院條列糧食帳歷」中見「大調麥拾究斛」,知調亦有僧俗。此外,阿五二〇號墓和阿三〇七號墓都出有「調薪文書」,據文書,這種調薪似爲土地上的附加税。據上述「請放脱租調辭」

的判語，大、小調似與常田有關。關於高昌的「調」，我們所知，僅此而已。

（4）僧俗絹練：

文書中見有「劑僧俗絹練條記」，似折錢交納。又阿九二號墓出「高昌諸寺田畝綿絹簿」似計田徵收綿、絹（以上並見前十六國文書敍高昌絲綿、紡織手工業部分）。

（5）商稅：

隋書卷八三高昌傳云：「有商胡往來者則稅之，送於突厥。」知高昌有商稅，阿五一四號墓出有「高昌內藏奏得稱價錢帳」，記金、銀、香數量，有的數量頗大，均不具價，僅記注於某人（姓名皆胡人）邊得錢一至四文不等，半月一結。如半月無貨，即記「某月一日至十五日（或十五日至廿九、卅日）無稱價錢」。由此得知所得的錢稱爲「稱價錢」。「稱價」即評價，當是商貨到後，由官府評價，徵收一筆錢。所納錢很少，似還不是正式的商稅。交與突厥的商稅如何徵收，文書未見。

（6）徭役：

如前所説，高昌有俗役與道役之分。其徭役名目，見於文書的很多。阿四八號墓出有「傳判麴究居等除丁輸、役課文書」，其中大多數人記的是「除丁輸一年」。同墓所出有關丁輸文書五件，其中三件是高昌諸城「丁輸木薪額文書」，其內容是徵發諸城丁男運輸木薪，例如「洿林等城丁輸木薪額文書」列舉徵發洿林、交河、永安、安樂、横截、永昌、臨川、寧戎諸城人數，多達八十，少則十餘。即此一件，徵發涉及八個城，可知丁輸是普遍性的力役，在「傳判麴究居等文書」上除免的亦以丁輸爲多。輸丁承擔運輸，文書雖止見「木薪」，當然運輸的決不會限於木薪。阿四八號墓還出有「洿林等城丁輸額及將阿勇等所領人名籍」，將「丁輸」和將阿勇所領人寫在一起，我以爲阿勇所領人實即徵發來的人丁，同墓所出還有吏、將領人名籍，所領人疑並是負責運輸人丁。高昌的「丁輸」可以和唐代的「輸丁」印證。

上引「傳判麴究居等文書」中還有所謂「羇人役」與「商人役」，內稱「次傳羇人□□范懷慶作供人壹年除」，「（前缺）熹羇人役麴伯連營家壹年除」，次傳商人役康懷願、交河趙應兒兵役，二人「爲校尉相明作供人壹年除」，「次傳商人役康相願爲劉保歡營家壹年除」。我們知道高昌徭役也是據地徵發的，商人沒有土地，羇人當指羇旅之人，也是沒有土地的，但他們仍須承擔輕役，如作官吏的供人或是爲他人（想亦是貴族官僚）「營家」。供人當即隨從驅使，「營家」意義不明，或是家庭勞役。值得注意的是兩個商人都姓康，乃九姓胡。他們當供人或營家都是一年，恐非往來道路的行商，而是在高昌經營商業的坐賈。

除丁輸以外，官府各項勞役經常在民間徵發作人。阿一三八號墓出有「延壽四年（六二七）丁亥田畝作人文書」，共四片，每片都有威遠將軍麴仕悅押衙，蓋有「奏聞奉信」朱印，內記「丁亥歲四月某日田畝作人某某（或只稱作人）貳人合貳人作」，個別的稱「某人壹人伍日作車牛一具五日作」。顯然，這是徵發人夫耕作官田，他們叫做「田畝作人」。此外，築城的就叫做「城作」，作堛土塼的就叫做「堛作」，並見文書。

除了上述賦役以外，見於阿五〇七號墓延壽年間「張明熹入劑鹽城（個別無上二字）丁正錢條記」五件，丁正錢疑是人丁税。見於阿一〇號墓和一五五號墓的有高昌重光二年或四年（六二一、六二三）傅阿歡和張相熹的「入俗劑遠行馬錢條記」，遠行車馬是一種重役，遠行馬錢可能是家有馬匹，出錢免徵，當然這只是推測。已上所舉，正如唐太宗所譴責的「賦斂繁重」，阿一五號墓還出有一件「延壽十二年至十五年（六三六——六三八）康保謙入驛馬粟、劑驛羊、租酒錢、劑田畝小麥等條記」，那更是苛細之至。

高昌賦役十分繁苛，大體上除苛雜以外，仍是租、調、役三項。

唐平高昌後，賦役改從唐制，從貞觀户籍上我們知道按丁租粟六斗，緤布一疋。租額遠低於賦役令規定的租二石，想必由於西州受田狹小之故。緤布一疋却又遠多於令文規定的調布二丈五尺。緤是高昌特産，奇怪的是却絶不見麴氏高昌時期徵收緤布。我們不知道唐初對於在土地面積中占頗大比例的葡萄園怎樣課税，但租酒顯已取消。高昌文書中見到的「作人」是一個較廣泛的名稱，前面我們已提到官府徵發人夫服役稱爲「作人」。寺院或私人傭人勞作也叫「作人」，阿斯塔那三七七號墓所出「延壽三年（六二六）丙戌歲某寺條列月用斛斗帳歷」稱「起三月一日至月竟雇外作人貳拾人」，這些作人用來「掘溝種粟」，雇價是「粟肆斛貳斗」。〔一〕二十個作人是自外面雇來的爲期一月的零工。

〔一〕 四斛二斗當是一人雇價。

這種受雇傭的作人在唐代也普遍存在，所謂「庸力客作」。但麴氏高昌時期却另有一類身分卑微可以買賣，可以繼承的作人。阿三三八號墓出有「延壽四年（六二七）趙明兒買作人券」，券稱「趙明兒從主簿趙懷祐邊買作人胳奴年貳拾□□□價銀錢叁伯捌拾文」。券契内容和買奴婢相同，後面説「後有人何（呵）道（盜）忍（認）名者仰本主承了」，〔一〕本主即指趙懷祐，胳奴原是他的作人，由他出賣，如有問題，也由他負責，胳奴本人全由主人支配。阿一〇號墓還出有「延壽四年（六二七）參軍范顯祐遺言文書」，分配遺産，將所有石宕渠蒲桃園、東北坊里舍等分與親屬，其中有「作人儆得與師（下缺）」一語。〔二〕

可以買賣和繼承的作人過去從未見過，唐代也没有，在高昌却似乎數量不小。阿一五四號墓出有「作人名稱」七件，其中一件是「西南坊作人名籍」，所記作人都有主，〔三〕例如：「張相斌作人相□、□護、養兒，范像護作人阿□，嚴歡岳作人寅豐，鎮軍作人桑奴、相洛、賢遮……」，最後總計「合六十」，即西南坊的作人有六十人，高昌城内分東南、西南、東北、西北諸坊，一坊有六十人，其他諸坊想亦相似，總計就不少了。如上所見，一主通常一個作人，或二人，唯鎮軍有三人。鎮軍乃鎮軍將軍的

〔一〕「何道忍名」亦作「呵盜認名」，買物、買牲口、奴婢券常見，意謂如有人呵斥所賣之人或物由竊盜而得，並認爲己有。
〔二〕遺書末稱「夷（遺）言文書同有貳本，壹本在夷（姨）母邊，壹本在俗人女師女二人邊」，師女當是范顯祐女，没有出家爲尼，故稱俗人女。
〔三〕但同墓所出其他「作人名籍」不記主人。

簡稱，官位較高，占有作人也較多。

值得注意的是這類作人都没有姓，西南坊所有作人，被賣的賂奴，被當作遺産繼承的傚得全都一樣。

作人身分低微，對自己的人身也没有任何自主權，奇怪的是却可以和平常百姓一樣立券租佃。阿一一七號墓出有「延壽九年（六三二）曹質漢、海富合夏麥田券」，券稱「曹質漢、張參軍作人海富貳人從□□□邊夏石乘南奇部麥田拾參畝」云云。這個作人屬於張參軍，連姓都没有，但在夏田券上完全和另一非作人曹質漢一樣和田主立券，承擔夏價。是張參軍要他與曹質漢合夏佃耕的麽？田中收穫除交租外，他的一份歸誰所有？也許張參軍不屑與一個普通農民曹質漢合伙佃耕，特意由他的作人出面訂券，那麽海富只管勞動，收成事實上不能分取。

作人不是奴婢，雖然接近於奴婢，因爲高昌别自有奴婢；作人也不像魏晉以來的佃客；也許類似部曲。唐代作人是僱傭，平高昌後這類依附性十分强烈的作人怎樣對待呢？解放？改爲部曲？我們全不知道。

這批文書中值得重視的還有租佃契券二十七件，上起延昌二十四年（五八四），下至延壽九年（六三二），出租田園的包括官府、寺院和私人。

從文書中我們發現麴氏高昌後期的一次重大政治事件。歷來考證麴伯雅延和紀元凡十二年

（六一三），明年改元義和，義和六年（六一九）麴伯雅死，子文泰嗣立，明年改元重光（六二〇），重光凡四年，明年改元延壽（六二四）。我們却發現阿一一六號墓出有「延和十八年（推算相當於義和六年，六一九）夏田殘券」，阿三三九墓出有「延和十九年（相當於重光元年，六二〇）寺主智□舉麥粟券」；又發現阿三三一墓「義和六年（六一九）伯延等傳付麥粟床狀」的「義和」年號全遭塗抹。根據這些跡象，結合高昌貴族張雄妻麴氏墓誌，我們判斷麴伯雅延和十二年發生一次政變，王位爲人奪取，自立爲王，改元義和。義和六年（六一九），麴伯雅復辟，恢復延和十八年紀元，明年延和十九年改元重光，重光即重新光復之意。重光四年（六二三），伯雅死，子文泰嗣位，改元延壽。這樣糾正了以義和爲麴伯雅年號之誤，也糾正了以重光爲麴文泰年號之誤，證明資治通鑑記麴伯雅死於武德六年（即重光四年，六二三）是對的，舊唐書卷一九八高昌傳稱死於武德二年（六一九）實誤。〔一〕由於文書的發現，沈埋千年的史實才爲世人所知。這件事新疆博物館吴震先生已有專文論證。

過去黄文弼先生曾據高昌墓磚考證麴氏高昌時期的官制，利用新出文書可以作很多補充。北史卷九七高昌傳稱高昌「俗事天神，並信佛法」，根據史籍記載，高昌佛教一向盛行，文書中我們見到幾乎所有佛寺都冠以高昌大姓，高昌大姓張、馬、陰、索、闞等無不有寺，王寺好幾處，可能是麴王所建。高昌豪族不僅控制政權，同時也控制宗教。文書中見有「丁谷天」、「胡天」，也證明高昌境

〔一〕舊唐書卷一高祖紀武德三年三月記「麴文泰遣使朝貢」，與高昌傳伯雅死於武德二年的記載自相矛盾，疑傳之「二年」乃字訛。

内祆教的流行。從隨葬衣物疏和祭祀祝文中可以看到民間迷信與道教的關係，阿三〇三號墓還出有符籙。

高昌墓中所出古寫本有義熙（非東晉）寫本毛詩鄭箋殘片、孝經殘片、逸周書殘片、不知名晉編年史（疑是晉陽秋）殘片、阿三三七號墓出有「延昌八年（五六八）寫急就章古注本」，疑爲北魏崔浩注本。這些古寫本的發現説明中原文化與高昌地區的密切聯繫。

3　唐代文書

唐代墓葬出有文書的八十九座，計出文書八三八件；兼出高昌和唐初文書的墓葬二十七座，計出唐代文書一八二件，合共一千又二十件。又不能確定是高昌還是唐代的文書十件，古寫本七件。

唐代文書中契券有一百五十件左右，約占文書總數15%，而其中租佃契上起貞觀十四年（六四〇），下訖大曆三年（七六八）有六十四件。前面我們已提到麴氏高昌時期的租佃契共二十七件，加起來共九十一件，其中未發表的居絶大多數。根據契券實證，我們有充分理由認爲，從公元六世紀後期到八世紀末租佃契約關係在吐魯番地區曾廣泛流行。

過去，我們曾據爲數不多的租佃契券，對於契券的性質、類别各自提出意見，我想今後由於新出契券的發表，必將對提出的許多問題作出新的考慮。

在這些租佃契券中值得注意的是阿五〇六號墓所出的兩件互佃契。一爲「天寶七載（七四八）

楊雅俗與某寺互佃田契」，契稱：「楊俗寄住南平，要前件寺地營種，今將郡城樊渠口分地彼此逐□□種，緣田地税及有雜科税，仰□□□各自知當。如已後不願佃地者，彼此收本地。」同墓出有幾件馬寺文書，這裏所説的「寺」應即馬寺（尼寺），楊雅俗據其他文書，〔一〕知是「道門領袖」。其二是「張小承與某人互佃田契」，其内容是將「匡渠西奇口分常田五畝」與「酒泉城口分枍渠常田一段五畝」换種互佃，爲期十年，地上課役「各自祇承」。其所以要互佃，楊雅俗契上説得很清楚，他寄住南平，田却在郡城，馬寺在郡城（前庭縣即原高昌縣）却有田在南平，故彼此换種互佃。互佃契的發現，有助於日本學者提出的論點，西州租佃盛行由於土地分散，一人所受的田往往距離較遠耕種不便之故。

同墓出有「某寺狀上田畝出租及租糧破用帳」，此寺共管田六十畝六十步，内出租十八畝六十步，餘卌二畝空荒。爲什麽空荒如此之多我們不知道，可以知道的該寺凡是耕種的土地都採取租佃方式。這個寺我以爲多半是馬寺。同出有「大曆四年（七六九）馬寺尼訴令狐虔感積欠二年地子辭」，同年「訴高寧城左寺僧□□租佃本寺常住田不與地子請改租辭」，這都證明天寶——大曆間寺院土地採取租佃方式。阿五〇九號墓出有「寶應元年（七六二）建午月西州使衙榜」，告訴我們西州寺觀擁有供「驅馳」的人户，這時楊志烈充當節度使，「與僧道商度，並放從良」。顯然，這些人户是寺觀的依附者，可與敦煌的寺户相比，但除本件和阿五〇一墓所出同年「西海縣横管狀」外，未見有關寺户的文書，情況

〔一〕馬寺是尼寺，楊雅俗是「道門領袖」，本人不是勞動者，但不問僱人耕種或租佃以及其他，都有耕種或管理不便的問題。

不明。

唐代文書中包括手實、户籍和各種形式的籍帳也是大量的。阿斯塔那七八號墓出有唐貞觀十四年（六四〇）手實八件，其中稱「合受田八十畝」的有安苦咖延和李石柱兩户。安苦咖延户手實家口不全。李石柱户手實有卌七歲丁男一人，四十歲丁妻一人，十五歲中男（原文）一人，又黄女二人。據唐令，李石柱户應受田的只丁男一人，按狹鄉規定合受田六十畝（園宅不計），與八十畝之數不符。假定李石柱户手實前有殘缺，所缺者即使是老男户主，狹鄉也應受田三十畝，相加則合受田九十畝（園宅不計），超過了八十畝。因此，李石柱户的合受田八十畝很難以唐令受田規定解釋。但一丁男、一丁妻合受田八十畝却與北齊、周及隋初之制相合。同時，李石柱户内中男一人十五歲，也與唐令丁中之制不符，却又與「西魏大統十三年計帳」及隋初之制相合。對此，有可能解釋爲麴氏高昌已經在境内推行均田制，中男年限也是高昌倣照内地規定的舊制。雖然貞觀十四年手實加强了麴氏高昌曾推行均田制的論據，但高昌文書中没有獲得説明，尚難作出結論。

這批文書中還發現由五個里正聯署申報的當鄉户口帳（有的是一個里的户口帳，應由本里里正一人主持），分别出自阿一〇三號墓（六件）、哈一號墓（一件）、阿四二號墓（一件）、哈三九號墓（一件）、阿五號墓（四件）、阿七八號墓（二件）。

這些户口帳大致有簡、繁兩類。阿七八號墓所出兩件都是算草。繁的一類基本形式和户口名色與日本所傳「阿波國計帳」和「延喜大帳式」相似，簡的一類也只是大項目下不分細目，大體亦相同。〔一〕這類户口帳過去從未見過，我們起先懷疑即是計帳，亦即唐書食貨志所説的「鄉帳」，但却没有如志所説的記「地之澗狹」，又不記租調，與「鄉帳」不合，也與日本的大帳不盡同，因爲日本大帳是記有庸調徵收數字的。我們現在依内容稱之爲「里正申報當鄉户口帳」，它與大帳式的計帳可能有密切的關係。

此外，諸墓所出有只記家口的各户家口簿，有只記户主及田畝的簿籍，也有兼記某户家口及田畝而不記應受、未受田的簿籍，形式不一，也不知道唐代叫什麽名目。阿三五號墓所出的「神龍三年（七〇七）點籍樣」，只因背縫有此名，才據以標題，餘外只能據内容姑擬一名。總之，唐代調查登記户口田畝的簿籍是多種多樣的。

諸墓出有大量的官文書，涉及土地、賦役、軍事、訴訟、館驛各個方面。其中有的是同案或同類文案按日連接成卷，我們暫擬爲「案卷」。同屬一案而辭牒判語連接的案卷例如阿九一號墓所出「貞觀十七年（六四三）何射門陀案卷」爲寄宿旅客患病身亡事、阿五〇九號墓所出「行車人康失芬誤傷兒童案卷」等。有的案卷包含同一類型却非一事的幾宗案件，按日交錯排列。阿五〇九號墓所出「開元二十一年（七三三）有關過所的案卷」便包括了唐益謙家口、麴嘉琰、蔣化明、王奉仙等人案件的辭牒判語，相互交錯。阿二三九號墓所出「景龍三年（七〇九）十二月至四年正月（七〇九——七一〇）高昌縣案卷」殘存一百

〔一〕日本所傳大帳是一國相當於唐一州之帳，文書所見只是當鄉。按州成於縣，縣成於鄉的原則，州的帳必然以鄉帳爲基礎。

三十七行，包括麴孝逸、董毳頭、嚴令子妻阿白、張大敏、張智礼、大女張和妻、高屈富諸人請退田、請給田、訴家族分田不公諸有關土地的案件，排日相互交錯。這些案卷除了案件内容提供各方面的材料之外，可以看到法律程序和文案審批手續。我們還可以看到少數族人和漢人同受唐代法度的約束。

阿一〇五號墓出有「請地簿」，由於殘缺，丁中請地數不明，却還殘存老寡「人得常田貳畝，部田壹畝」。同墓又出有「侯菜薗子等户佃田簿」，這件文書存在着不好解釋的問題，暫且不管，其中有「壹丁合得常田肆畝，部田貳畝」的話，可以知道丁男受田爲「請地簿」所記老寡請地的一倍。上舉阿二一三九號墓所出「景龍三年至四年高昌縣案卷」，内有阿白訴夫堂弟住君多分户内常田辯及住君辯辭，也可以看到丁男一人所分得常、部田大體上也和這個數字相當，甚至更少。但由於這家所受部田爲二易田，所以數額較多。西州本地實際掌握的給田額可能爲丁男一人常田四畝，部田二畝，老寡減半，三易之田可能加倍給。

據貞觀户籍，西州丁男一人的租調是粟六斗，緤布一疋。文書所見西州的徭役是繁重的。有關徭役的文書有差科簿、配役名籍、城作名籍、按户等徵夫役名籍等等。其中多半是指雜徭，甚至可能都指雜徭。阿三五號墓出有「武周證聖元年（六九五）前官陰名子牒」，内容是四角官陶（桃，指葡萄園）内作夫役頻追不到，又「聖曆元年（六九八）前官史玄政牒」，也是爲了四角官陶徵發人夫事。同出還有「聖曆元年四角官陶所役夫名籍」。這種徵發人夫在官家葡萄園役作的制度必沿自高昌。顯然，這是地方自己掌握的雜徭。

阿三七六號墓所出開耀二年（六八二）寧戎驛長康才藝的二件牒文都是爲了驛丁違番不到，請予處分。阿九三號墓出有大致在高宗時的「雇人上烽契」。唐代烽堠制度見稱後世，但烽子徵自民間，據雇人契每番十五日，而早在高宗時至少一部分應上番的烽子已雇人代上。這些以及其他同類文書對於唐代徭役制度，特别是雜徭提供了史籍罕見的材料。

唐代墓葬還出了一批有關軍事的文書。阿一五〇號墓出有「唐歸政等府衛士領馬文書」，雖只存八行，所記折衝府却有九府之多，府名可考的其中三府分列同、隴、絳州，其餘六府無考。本件爲唐初文書，説明唐初徵發關隴、河東及他州衛士出戍西州的情況。西州天山、前庭、岸頭三軍府的文書武周時最多，阿一二五、二〇九、五〇九三座墓葬所出不下三十件。在這些文書中我們已看到年滿衛士被抑留的事。阿二二六號墓出有「開元十年（七二二）伊吾軍上支度營田使留後司牒」和「開元十一年北庭都護府所屬諸守捉斸田頃畝數牒」，以及有關諸烽鋪、鎮戍斸田牒狀共二十餘件，説明當時朝廷要求諸軍事據點積極開展營田，以求解決軍糧問題。阿八三號墓出有先天二年（七一三）軍事文書七件，告訴我們本年西州除府兵以外，還組織了一支由白丁、奴和部曲混合組成的地方軍隊。奴和部曲雖比白丁少，仍占有相當大的比例，可能超過三分之一。這些軍事文書的發現有助於了解唐代則天、玄宗間軍事制度的變化。

阿五〇六號墓所出文書多達九十九件，其中「天寶十三至十四載（七五四——七五五）交河郡長行坊支貯馬料文書」，共有二十二件，都比較完整，内容主要是各館驛定期結算來往官員馬匹支取的馬料帳歷。從這些帳歷中可以看到西州各館設置和行程，著名人物伊、西、庭節度使封常清和詩人岑參的行踪見於文書。

諸墓所出的古寫本雖然不多，但却有久佚的論語鄭注，大致不少於半部，還有隋薛道衡的典言也是佚書。尚書隸古定禹貢、甘誓，禮記檀弓以及孝經均有發現。文選殘存木玄虛海賦殘片，漢書殘存楚元王傳一片，唐律疏議殘存名例律中片斷。這些都是殘片，但若認真校勘，可能發現重要的異文。

發現的論語、孝經多半爲學童誦習抄本，此外還發現學童習字很多，全部都是寫千字文。顯然，千字文是通行的啓蒙書。同時，一入唐代，一些官文書（不是全部）乃至學童習字都風格一變，帶有像聖教序那樣的味道。這些跡象說明高昌地區的文化隨時視中原風尚而轉移。

最後，還有兩件事值得一提。一是吐魯番墓葬中出的敦煌文書。阿二二五號墓所出文書幾乎全屬敦煌，其中有「武周久視二年（七〇一）沙州敦煌縣懸泉鄉康萬善牒」、「敦煌縣田畝簿」，其他是豆盧軍牒六件，墨離軍殘文書二件。阿二三〇號墓也出有「敦煌縣田畝簿」，又「武周果毅等娶妻文書」，蓋有敦煌縣章。敦煌文書之在吐魯番發現必因墓主或其親族在敦煌當官或經商行旅，由於某種用途自敦煌攜歸。

又一是這批文書中有一些與大谷文書有密切聯繫。比如阿二一四墓和二三〇墓所出有關主簿高元禎南平職田的辭牒共十件以上，而大谷文書中也有三件，很可能是一個案卷。

以上我們初步介紹了這批文書的發掘經過和部分文書的內容。其中可能有錯誤，應以正式發掘報告和即將出版的文書圖錄爲準。

舊出吐魯番文書散在各國，數量巨大，有的業已整理發表或基本上已整理發表，有的却還止見目錄，或者連目錄也不全，我們希望能在一個時期内能够與史學界見面。

（原載一九八二年日本東方學報第五四期）

魏晉時期有關高昌的一些資料

關於前涼張駿設置高昌郡的經過，中外史學界根據史籍記載和羅布淖爾所出李柏文書已多論列，本文不擬贅述。高昌郡的設置是張駿於咸和二年（三二七）擊擒「叛將」戊己校尉趙貞的直接後果，也是自漢以來高昌地區本身發展的結果。本文將就曹魏復置戊己校尉至高昌郡設置以前這一段時期提供一些有關高昌的資料，以備探索。

人所共知，早在漢宣帝地節二年（前六八）就曾派遣士卒到車師前部屯田，「益積穀以安西國」。〔一〕漢元帝初元元年（前四八）設置戊己校尉，主管屯田和軍事事宜。〔二〕也像其它的邊區屯田一樣，在屯戍區内建立了壁壘羣，〔三〕總稱爲高昌壁。西漢時，高昌壁是戊己校尉治所。〔四〕東漢時曾三次復置戊己校尉，最早的一次校尉兩員分駐柳中、金滿，第二次明確記載治高昌壁，第三次復置的時間和治所都失

〔一〕見漢書卷九六下西域傳。

〔二〕見漢書卷一九上百官公卿表。

〔三〕漢書卷九六下西域傳記王莽時戊己校尉所屬諸壁、諸壘，可知史籍所記「高昌壁」，指的是高昌境上的諸壁壘。

〔四〕西漢時戊己校尉治所没有明確記載，據漢書卷九六下西域傳稱平帝元始中（一——五），戊己校尉徐普想要開闢一條新路，召車師後部王姑句作證，姑句不肯，被徐普拘留，後來，姑句終於「馳突出高昌壁」，投奔匈奴。姑句被召作證，當然召到校尉治所，被拘留的地點也當在此，而他「馳突出」的恰就是高昌壁，可知校尉治所在高昌壁無疑。

載，大概仍治高昌壁。見於史籍的最後一任戊己校尉是董卓，任職時間應在靈帝中晚年。〔一〕

高昌和涼州特别和敦煌有密切的關係。東漢後期不置西域都護，在桓、靈時西域長史和戊己校尉實際上接受敦煌太守和涼州刺史的指揮。〔二〕高昌早被認爲是敦煌所屬，北魏時人闞駰所著的十三州志就曾明確地指出：「高昌壁，故屬敦煌。」闞駰所謂「故」，當指東漢。我們有理由相信，在東漢時高昌已被認爲是涼州乃至敦煌郡所屬之地。

東漢末年，涼州大亂，形成了許多地方割據集團。三國志魏書卷一六倉慈傳説敦煌郡「以喪亂隔絶，曠無太守二十歲」。〔三〕敦煌尚如此，高昌更可知。建安二十五年（二二〇）曹丕繼曹操爲魏王，平

〔一〕三國志魏書卷六董卓傳稱卓「爲軍司馬，從中郎將張奂征并州有功，拜郎中……遷廣武令，蜀郡北部都尉，西域戊己校尉，免，徵拜并州刺史、河東太守」。據後漢書卷六五張奂傳，董卓從張奂平東羌，事在桓帝永康元年（一六七），是年十二月桓帝死，明年，靈帝繼位。此後，他經歷了三任官，才任戊己校尉。中平元年（一八四），他内召爲中郎將，鎮壓黄巾起義。由此推測，他任戊己校尉當在靈帝中晚年。後漢書卷八八西域傳記靈帝熹平四年（一七五），于闐王攻拘彌，戊己校尉和西域長史發兵安定拘彌事，戊己校尉不具名，大概不是董卓，否則本傳會提到，疑卓任戊己校尉尚在熹平四年後。

〔二〕據後漢書卷八八西域傳拘彌條，陽嘉元年（一三二）擊于闐，是敦煌太守徐由主持的；于闐條，元嘉二年（一五二），敦煌太守馬達令西域長史王敬查核于闐王毒死前長史趙評的事，而隨後解決于闐王殺王敬事的是敦煌太守宋亮；車師後王條，永興元年（一五三），車師後王阿羅多亡走匈奴，請立故王軍就質子卑君爲後部王的也是宋亮；疏勒條，建寧五年（一七二）主持進攻疏勒軍事的是涼州刺史孟佗。如上所引，可知敦煌太守、涼州刺史實際主管西域事務，權在西域長史、戊己校尉之上。

〔三〕三國志魏書卷一八閻温傳稱「敦煌太守馬艾卒官」，時在建安二十五年（二二〇），繼任者是尹奉，所云「曠無太守二十歲」當指馬艾任職之前，大致在董卓亂後。

定了涼州諸割據集團的叛亂，西域道路重又暢通。〔一〕這年十月曹丕代漢稱帝，過了二年，復置戊己校尉。三國志魏書卷二文帝紀黃初三年（二二二）二月稱：

> 鄯善、龜茲、于闐王各遣使奉獻，詔曰：「西戎即敘，氐羌來王，詩、書美之。頃者，西域外夷并款塞内附，其遣使者撫勞之。」是後西域遂通，置戊己校尉。

同書卷三〇烏丸鮮卑東夷傳末裴注引魏略西戎傳，指出曹魏戊己校尉仍治高昌。曹魏第一任戊己校尉是張恭，第二任即張恭的兒子張就。三國志魏書卷一八閻温傳説敦煌太守馬艾卒官，功曹張恭代行長史，協助平定涼州割據集團有功，「黃初二年（二二一），下詔褒揚，賜恭爵關内侯，拜西域戊己校尉。數歲，徵還，將授以侍臣之位，而以子就代焉。恭至敦煌，固辭疾篤，太和中卒」。張恭爲敦煌郡功曹，顯然是敦煌大姓，父子相繼爲西域戊己校尉，當然是考慮到敦煌和高昌的傳統密切關係的。

據上引傳，張就最後官至金城太守。他任戊己校尉的時間較長，晉書卷一三天文志下「月五星犯列舍」條：

〔一〕三國志魏書卷二文帝紀延康元年（即建安二十五年）三月，記「焉耆、于闐王皆各遣使奉獻」，事在平涼州地方集團前。但同書卷一六蘇則傳云：「文帝問則曰：『前破酒泉、張掖，西域通使，敦煌獻徑寸大珠，可復求市益得不？』」則西域通使應在平涼州後。疑紀誤。但後漢書卷九獻帝紀建安七年（二〇二）五月記「于闐國獻馴象」，可知西域和内地政治經濟聯繫並没有完全中斷，只是不能暢通。

（景初）四年（二四〇）九月，涼州塞外胡阿畢師使侵犯諸國，[二]西域校尉張就討之，斬首捕虜萬計。

阿畢師的族姓不可知，當是西域較强大部落。這次戰爭的規模也不小，從這條記載可以知道曹魏時期，戊己校尉仍然執行制止各族相互掠奪，安定西域的使命。

三國志魏書卷一六倉慈傳：

太和中，遷敦煌太守……數年卒官，吏民悲感，如喪親戚……及西域諸胡聞慈死，悉共會聚於戊己校尉及長史治下發哀。[三]

倉慈爲敦煌太守在太和中，其死當在太和、青龍間，當時的戊己校尉正是張就。張就以後，魏晉間充任戊己校尉的姓名不可考，當然這只是記載不及而已，直到咸寧初年又見戊己校尉馬循。晉書卷三武帝紀咸寧元年（二七五）六月稱：「西域戊己校尉馬循討叛鮮卑，破之，斬其渠帥。」二年七月又書：「鮮卑阿羅多等寇邊，西域戊己校尉馬循討之，斬首四千餘級，獲生九千餘人，於是來降。」王國維認爲鮮卑西部「當據車師後部之地，故能西接烏孫，南侵戊己校尉治所」。[三]馬循之後的戊己校尉我們雖不知道，却知道索靖曾任戊己校尉長史。[四]晉書卷六〇索靖傳：「敦煌人

〔一〕此句「使」字疑錯簡，本作「使西域校尉張就討之」。景初只有三年，四年已是正始元年（二四〇）。

〔二〕「史」各本都作「吏」，據王國維觀堂集林卷一七流沙墜簡序改。

〔三〕觀堂集林卷一七尼雅城北古城所出晉簡跋。

〔四〕漢書卷一九上百官公卿表戊己校尉有丞、司馬各一人，侯五人，無長史。宋書卷四〇百官志下稱「郡當邊戍者，丞爲長史」，這裏説的是秦漢時郡的丞和長史，但也可知丞與長史在郡屬中職位相當。戊己校尉的長史即丞的改稱。

也……拜駙馬都尉，出爲西域戊己校尉長史。太子僕同郡張勃特表，以靖才藝絶人，宜在臺閣，不宜遠出邊塞。武帝納之，擢爲尚書郎，與襄陽羅尚、河南潘岳、吴郡顧榮同官。」按顧榮於太康元年（二八〇）吴亡後始入洛陽，由郎中遷尚書郎，索靖和顧榮同官，必在太康中。他出任西域戊己校尉長史當在太康初。索靖和張恭父子都是敦煌人。另一個戊己校尉馬循是哪裏人没有記載，但馬氏是涼州大姓。我們所能知道的魏晉間屯駐高昌的官員，僅有四人，而其中三人爲敦煌人，另一個很可能是涼州人，似乎當時選派戊己校尉及其屬僚，涼州特别是敦煌人居於優先地位。

如上所述，自黄初三年（二二二）復置戊己校尉以後，直到西晉，戊己校尉仍如兩漢那樣領兵屯戍，安定西域。但對於屯戍的情況史籍從未記述，羅布淖爾北古海頭所出的晉代木簡可能有助於我們思考這個問題。

斯文赫定取去的晉代木簡有如下二簡：〔一〕

①一〇四簡

劉得秋失大戟一枚皮豊（？）兜鍪一枚（簡面）胡支得失皮鎧一領皮兜鍪一枚角弓一張箭卅枚木桐一枚（簡背）

②一一四簡

〔一〕孔好德（Conrady）：斯文赫定在樓蘭所獲的中國文書和零星文物。

兵曹泰始四年發訖部兵名至高昌留屯逃亡物故等事

上引二簡都記下屯戍高昌兵士的死亡。一〇四簡背記錄一個兵士名胡支得的丟失皮鎧等裝備，〔一〕旁記「高昌物故」，意謂此人已在高昌死亡。一〇四簡面記的劉得秋也丟失大戟等裝備，却無旁注，可能簡背的「高昌物故」也包括正面的劉得秋。一一四簡是兵曹簿籍，記錄泰始四年（二六八）發往高昌留屯兵士的逃亡、物故等事。可能後面還有記錄每個逃亡、物故兵士的名籍，沒有留下來；也可能一〇四簡就是這種名籍的殘遺一簡。據上引簡我們確知泰始四年有一批兵士由海頭調發到高昌留屯。留屯當然是一種較長期的（定期或不定期）帶有經常性的屯戍，而不是臨時調發。海頭是西域長史所在地，兵曹爲長史府屬，所發的兵應即是西域長史所統的兵，所以要由長史府的兵曹開具逃亡、物故名册。所謂「部兵名」即所部兵名之意。當時兵士由諸將分統即稱爲將某人部，在本書和流沙墜簡所載晉代木簡中數見不鮮。〔二〕但是西域長史所領兵也是且佃且守的屯戍兵。在漢代，和戊已校尉一樣，這些屯戍兵的來源不外出於徵發、召募和弛刑徒，他們都來自内地。魏晉時的屯戍情況似乎有

〔一〕「胡支得」當是胡人支姓。同書五〇簡是記廩給的簡，見「將尹宜部兵胡支鸞卜（？）二人」。流沙墜簡記有好幾個姓胡的人，如「胡浮屈」（八三簡）胡犁支（八四簡）胡阿宗（八一簡）胡秋兒（五七簡），疑並因是胡人，而加上「胡」字。

〔二〕上引五〇簡見「將尹宜部」，流沙墜簡簿書類三七簡亦見「將尹宜部溉北河田一頃」。本書四八簡見「徐（？）部百一人」，一二三簡見「將梁惠部卅二人」，流沙墜簡戍役類三一簡記佃兵屯田頃數，見「背張僉部見兵廿一人」，「將梁襄部見兵廿六人」，雜事類亦見這種以某某部兵爲基層單位的軍屯編制。在高昌大概也一樣，因爲從吐魯番發現的麴氏高昌時期的屯田文書，仍有以將某人爲一單位的痕跡。顯然這是從前代遺留下來的。

變化，也即是西域長史府自己擁有相當於州郡兵的固定的部隊，不一定完全依靠内地調發。否則，很難設想從内地調發到海頭的屯戍兵又由西域長史調發到高昌留屯，而不是由内地直接調發到高昌。

就在這一時期，高昌出現了所謂「土兵」。流沙墜簡廩給類四六是寫在紙上的一件廩給文書，記錄出糧若干斛廩兵若干人，一共七起，第四行最後一件稱：

□床五斛四斗廩高昌土兵梁秋等三人日食六升起九月一日盡卅日

王國維跋云：

右三簡一紙亦記廩給事，其紙本書於本書簡牘遺文第三十七紙之背，以係廩給事，故附於此。中有高昌土兵三人。高昌者，自前漢以來爲戊已校尉治所，其兵梁秋等三人，時殆以事留西域長史所，故其廩食由海頭給之也。又上第三十二簡有梁秋姓名，簡背又有梁鸞姓名，則二人同時。而梁鸞一人亦見本類第二十八簡及雜事類第六十七簡。此二簡一爲泰始四年物，一爲泰始五年物，則梁鸞、梁秋皆泰始時人，此紙亦泰始時物也。

王考此紙是泰始間物是可信的。梁秋等三人何故在海頭受廩，不清楚，和他們同紙記錄的受廩兵還有六起，每起多至廿八人，少只二人；受廩都自九月一日起，多的全月至卅日，少則二十日、十日；受廩數量有的「日食六升」，也有「人日八升」；這七起受廩兵顯然不是來自一處。其中只有梁秋等三人標明「高昌土兵」，其他六起都只稱兵某某，不標來自何地。王考所引三十二簡稱：

床二斛四斗廩兵鄧□〔下殘〕

兵梁秋等四人人日食六升〔下殘〕

簡背署「領功曹掾梁鸞」。按此簡二行只稱「兵梁秋等四人」，不標「高昌士兵」，但前行下殘，可能二行聯寫，「高昌士」三字在一行末，缺了。上引廩給文書記「高昌士兵梁秋等三人」，三十二簡記「兵梁秋等四人」，多一人，是否由於另一人不是高昌士兵，却與梁秋等一起給廩，所以不能混稱呢？這些問題我們還弄不清楚，暫且不問。值得注意的是「高昌士兵」的稱謂。士兵這一名稱，在當時是不經見的，顧名思義，應該即以高昌士人充當的兵。如果這個推測不誤，那就表明這個自漢以來的屯戍區已存在着一定數量的土生土長的定居人户，也表明戊己校尉所領兵除了來自别地（包括來自海頭和内地州郡）的屯戍兵以外，還有在高昌居民中組成的隊伍。

這些定居人户是哪裏來的呢？最早自然是長期以來就在這裏耕牧的車師前部人。但車師前部人大多聚居在交河城周圍（今吐魯番雅爾湖一帶），散居高昌（今吐魯番哈拉和卓）的似不多。隨後來的是漢代的屯戍兵。魏書卷一〇一高昌傳云：「或云昔漢武遣兵西討，師旅頓弊其中，尤困者因住焉。」〔一〕唐姜行本紀功碑云：「高昌國者，乃西漢屯田壁，遺兵所居。」我們知道漢代屯戍兵將是往往帶着妻子兒女同居的，居延所出漢簡中有許多燧長、燧卒家口廩食的名籍。漢書卷九六下西域傳下

〔一〕武帝雖曾發兵擊姑師，並没有「師旅頓弊其中」，魏書記載不確，但其意實指宣帝時屯田高昌及元帝設置戊己校尉後的屯戍兵。

車師條記王莽時戊己校尉管下吏士男女二千餘人被叛將裹脅入匈奴，也可推知屯戍吏士是有家口的。留居不歸的屯戍吏士長子育孫，成爲高昌土人完全可能。此外，兩漢以來，在戊己校尉管理下，這一帶開渠屯田，耕地面積日益擴大，從今哈拉和卓到魯克沁都已開發；地當玉門關外，天山南北的交通要道，長期以來就是内地與西域經濟、文化交流的門户，這就會吸引西域各地和内地人的遷入。上引三國志魏書卷一六倉慈傳所説聚集在戊己校尉治所爲倉慈發哀的「西域諸胡」，固然多半是往來道路的「商胡」，但也未必没有遷居高昌的西域人。至於來自内地的人户固然要到西晉末年和西涼時期纔大量增加，以前幾百年間也不能説没有。總之，不管他們的祖先怎樣在這裏定居下來，也不管是漢人、車師以及其他各族人，他們統統是晉朝戊己校尉管下的高昌人，他們共同生産，共同服役當兵。

高昌土兵的出現還表明高昌也有了類似州郡兵的軍隊。魏晉時期實行軍民異籍，兵士一般由所謂「士家」、「軍户」世襲充當，但高昌土兵和上面提到的西域長史部兵的身分我們不知道。

西晉末年，中原大亂，涼州比較安定，遷入了大量人口，大概有一批遷入高昌。魏書卷一〇一高昌傳記北魏熙平初（五一六）給高昌王麴嘉的詔書稱：

彼之甿庶，是漢魏遺黎，自晉氏不綱，因難播越，成家立國，世積已久。

這是説高昌人户都是在西晉亂後遷入的，當然不太正確，但西晉末年遷入涼州的人户有的遠達高昌並非不可能。

永寧元年（三〇一）張軌被任爲涼州刺史，建興二年（三一四），張軌卒，子寔繼位，以後子孫相承，統治涼州地區，歷史上稱爲前涼。但張寔以後，除了短暫的幾年之外，都作爲晉的涼州地方官統治這個地區。早在張軌、張寔時，高昌實際上已被認爲是涼州的一個郡，晉書卷八六張軌傳於張寔繼位後稱：

賊曹佐高昌隗瑾進言曰（所言畧），寔納之，增位三等，賜帛四十疋。

本傳敍此事不記年，通鑑卷八九繫於建興四年（三一六），據上下文所載史實是對的。這裏值得注意的是，「隗瑾」姓名前冠「高昌」。我們知道魏晉以來慣例往往在姓名前加上郡名，在此傳中就有「晉昌張越」、「西平王叔」等。晉昌、西平都是涼州屬郡，而高昌在那時却還不是郡。稱某郡某人不僅表示他的籍貫，在門閥制度盛行的時代裏，更重要的是表示他的門閥，標識着他是特定的某個郡的某姓，而不是泛泛的某郡人，而這個特定郡的某姓一定是當郡大姓。我們還知道，魏晉時期，州的僚屬由刺史從屬郡的大姓中辟舉。賊曹佐是州的諸曹佐之一，〔一〕隗瑾被辟充任此官，表明隗瑾是高昌大姓。〔二〕雖然那時高昌還是戊己校尉管理的屯戍區，但已像郡名一樣加在隗瑾的姓名前，而且也像其他屬郡一樣，當地大姓取得被辟舉爲涼州僚屬的權利。僅僅「賊曹佐高昌隗瑾」七個字，表明演變到

〔一〕晉書卷二四職官志記州僚屬有「諸曹佐」，宋書卷四〇百官志上記州的諸曹有「兵、賊、倉、户、水、鎧之屬」。

〔二〕晉書卷一二九沮渠蒙遜載記稱蒙遜以隗仁爲高昌太守，其時當在宋永初二年，北涼玄始十年（四二一）西涼亡後。隗仁和隗瑾的關係不知道，他所以被任爲北涼第一任高昌太守，除了獎賞他不降西秦外，我想很可能因爲隗氏是高昌大姓。

這個時期，高昌雖還不是郡，而實際上已被認爲涼州屬郡之一，正式建郡已爲期不遠了。

以上我們引證了一些資料，説明魏晉時期高昌由屯戍區發展爲郡的經過。從這有限的幾條資料看來，即使在東漢末以至三國鼎立，「晉室不綱」的這個歷史階段，高昌以至西域仍然接受朝廷派遣的戊己校尉、西域長史的管理，我們也看到戊己校尉屯戍區早就被認爲是涼州的一部分。也正在這個時期，「高昌壁」開始删去「壁」字，單稱「高昌」，出現了「高昌士兵」、高昌大姓，從而表明了出現了包括漢族和其他各族人在内的高昌人，出現了和内地一致的門閥制度（這是以早已存在着剥削和被剥削階級爲前提的）、選舉制度。當然，有了定居人户，必定出現了賦役制度。總之，在置郡前，高昌已具有郡的規模以及作爲郡的一切軍、政制度。由屯戍區發展爲郡，并不罕見，同屬涼州的西海郡就是由居延都尉屯戍區發展來的。西域長史府所在地海頭，據所出晉簡提供的資料，也向這個方向發展，只是由於地理條件限制，中途荒廢了。

（原載一九七九年中國史研究第一期）

吐魯番文書中所見高昌郡縣行政制度

從東晉咸和二年（三二七）前涼張駿建立高昌郡起，經歷前秦、後涼、西涼、北涼段氏和沮渠氏五個政權，高昌一直是涼州或沙州的屬郡。新疆博物館藏吐魯番所出文書中少量屬於高昌郡時代。史籍上有關高昌郡的記載是非常少的。過去馮承鈞先生曾摘錄史籍和佛教著述中有關高昌的史事，彙成高昌事輯，雖偶有疏漏，搜羅略備，但由於文獻不足，搜剔雖勤，仍感貧乏，特别是高昌郡時代的資料更少。館藏吐魯番所出高昌郡文書的整理發表，爲研究這一時期高昌地區的政治、經濟、文化的發展情況，提供了極其珍貴的材料。本文將以出土高昌郡官文書中所見僚屬押衔，與史籍記載相互印證，供史學界參考。

一　郡府僚屬

出土高昌郡文書中較多的是北涼時期郡府文書，具有僚屬押衔，今節錄四件如下：[一]

（一）北涼玄始十二年（四二三）兵曹牒爲補代差佃守代事 哈拉和卓九六號墓

〔前略〕

[一] 本文所引文書均見吐魯番出土文書第一册，以下不再加注。

15 兵曹掾張龍、史張□白。牒事在右，事諾注簿。
16 □□□□〔一〕 識
17 □始十二年正月十三日白〔二〕
18 主簿 暖
19 功曹史 □流

〔後缺〕

（二）北涼義和三年（四三三）兵曹條知治幢墼文書 哈拉和卓九一號墓

〔前略〕

4 □謹條知治幢□□右，事諾
5 □
6 校曹主□ □
7 義和三年□
8 主簿 識

〔一〕所缺四字，據其他文書應是「校曹主簿」。
〔二〕□始十二四字缺損，第一字全缺，「始」字只存殘筆，「十二」兩字尚可辨識。這一時期有十二年的紀年，只有西涼建初和北涼玄始，據「始」字殘筆，不可能是「初」字，故定爲玄始十二年。

9 功曹史　　悅

10 典軍主簿　　嘉

11 □官　　善

（三）北涼義和□年兵曹行罰部隤五人文書 哈拉和卓九一號墓

1 兵曹掾□預史左法

〔中略〕

4 鞭二百，□□餘者。仰本幢□曹

5 行刑罰。事諸奉行。

6 校

7 長史　駥　義

8 主

9 司馬　林　功

10 典

11 錄事參軍　填　五官　洿

12 典軍　胤

13 參軍　錄事　□

（四）兵曹下八幢符爲屯兵值夜守水事哈拉和卓九一號墓

〔前略〕

3 兵曹掾張預、史左法彊白。明當引水溉兩部。

〔中缺〕

4 司馬　　　　　藺　　　　功曹史　　　　璋

5 　　　　　　　　　　　　典軍主簿　　　嘉

6 録事參軍　　　悦　　　　五官　　　　　洿

〔後缺〕

以上節録四件，三件都知爲北涼玄始、義和紀年，一件紀年已缺，據押衙僚屬名也可斷定爲同一時期。所録四件和其他一些未録的同一形式文書都是兵曹文書。其格式大致是先具兵曹掾、史白事文牒，接書「事諾奉行」或「事諾注簿」，次校曹主簿押衙，又次具年月日，年月日後是郡府主要僚屬（有的又有軍府主要僚屬）押衙。以下分别論證一些問題。

一、關於「事諾奉行」或「事諾注簿」，在其他文書中也或寫作「事諾班示」，「事諾蓮勅奉行」〔一〕；另外一種形式不同的兵曹文書，則敍事訖，寫「白諾」，「諾」字提行。按所云「奉行」、「注簿」、「班示」

〔一〕「蓮」字不詳。玉篇卷一〇辵部有「蓮」字，古及字，但「蓮勅」仍不可解。

等當是隨所請事項而異，只需登記上簿則稱「注簿」，需頒布則稱「班示」，通常交付執行則書「奉行」，無須多說。我們認爲「事諾」云云是通行南北的當時文書術語。宋書卷一五禮志二皇太子監國儀，其中牋儀云：

尚書僕射、尚書左右丞某甲，死罪死罪。某事云云。參議以爲宜如是。事諾奉行。某年月日，某曹上。

這是尚書臺上皇太子牋，所云「事諾奉行」似是呈請批准執行之意，而非已經批准。但又有符儀，稱：「今聽如所上處事諾。明詳旨申勤（勒），依承不得有虧。符到奉行。」則又似已獲批准，故有「依承不得有虧，符到奉行」語。這裏所引四件文書似亦是已獲批准。所云「事諾」之「諾」，應即是畫諾之「諾」。後漢書卷六七黨錮傳序引漢末汝南太守宗資任用功曹范滂，當時爲謡云「汝南太守范孟博，南陽宗資主畫諾」。宗資雖是太守，却一切信任范滂，自己只在文件上「畫諾」而已。又梁書卷二〇陳伯之傳云：「伯之不識書，及還江州，得文牒辭訟，惟作大『諾』而已。」則自漢以來，太守、刺史批准某事，例於文件上畫「諾」字。由此可知，所謂「事諾」云云即指所上事項已經（或請求）太守畫諾。但在這批郡縣文書上絕未見過太守寫的「諾」字，却往往有個粗筆大勾勒，有的同志認爲這就是畫諾，也有可能。另有個可能是太守是在兵曹文牒原件上畫諾，而我們所見却是校曹主簿的抄件，只根據太守原件上的畫諾，於文牒末寫上「事諾」云云。這個問題尚待更多的出土文書參證。這裏只是說明「事諾」云云的文書術語通行南北，高昌和內地同樣習用。

二、校曹主簿：此官不見史籍。北涼中樞曾置校郎，資治通鑑卷一一八義熙十三年（四一七）九月：

河西王蒙遜聞太尉裕滅秦，怒甚。門下校郎劉祥入言事。蒙遜曰：「汝聞劉裕入關，敢研研然也！」〔一〕

胡注：「自曹操、孫權置校事，司察羣臣，謂之校郎，後遂因之。蒙遜置諸曹校郎，如門下校郎、中兵校郎是也。」按曹操所置校事，專主刺舉。孫權所置校事，其職務是「典校諸官府及州郡文書」，屬中書，所以稱爲「中書典校」。典校郎，雖也刺舉羣臣，名義上却是中書審查文書的郎官，與魏之校事稍有不同。〔二〕北涼的門下校郎似較接近孫吳；且據三國志卷六一陸凱傳，孫皓時曾「張立校曹」，則校曹之名始見孫吳。但時間和地區相隔甚遠，很難説北涼的校郎直接繼承孫吳舊制。

北涼的門下校郎一官屢見於吐魯番出土的麴氏高昌時期奏文，其形式大致是：先具所奏事項，後書「記識奏諾奉行」；次門下校郎等門下官押銜；次書年月日某曹奏；最後高昌尹、綰曹郎中等或有關機構官員押銜。高昌政治制度尚待研究。從這些奏文的署銜和文書形式看來，像是門下審核傳宣，尚書臺奉行之制。麴氏高昌的制度毫無問題乃沿襲北涼，由此可以推知北涼門下校郎的職務也當相同，胡三省認爲因襲魏吳校事「司察羣臣」，可能有所誤會。

〔一〕通鑑此條據晉書卷一二九沮渠蒙遜載記。
〔二〕見洪飴孫三國職官表下。

上舉高昌郡兵曹文書，於「事諾奉行」後校曹主簿押衙，後具年月，與麴氏高昌時期奏文中的門下校郎押衙地位相同。〔一〕因此，北涼諸郡之有校曹主簿，似可認爲正如中樞之有門下校郎，其職務是審查和傳宣太守批准的文書。〔二〕

魏晉以來，州郡不見校曹之名，唯金石録卷二〇晉彭祈碑陰掾屬題名有個「領校録事」。按録事之職本是審查文書，北堂書鈔卷六九録事參軍條引干寶司徒儀云：「録事之職，掌總録衆曹，管其文案，凡府自上章以下意遠（違？）失者，彈正以法，掌凡詣（諸？）同案之事。」録事而又冠以「領校」，可能是重其職任，但不知和北涼的校曹主簿是否有因襲關係。

三、郡府主要僚屬：上録四件和其他未録的一些郡府文書，於年月後例有主簿、功曹史、典軍主簿、五官押衙，有的還加上典軍和録事。按主簿、功曹史、五官掾都是協助太守通管郡府諸曹的主要僚屬，稱爲綱紀。晉書卷三三孫鑠傳説鑠自縣吏提陞爲河内郡主簿是「録自微賤登綱紀」，同書陶侃傳，侃爲廬江郡主簿，太守妻有疾，「將迎醫於數百里，時正寒雪，諸綱紀皆難之，侃……乃請行」，這是稱主簿爲綱紀。三國志卷二二陳矯傳稱廣陵太守陳登「請爲功曹」，而同書徐宣傳説宣「還本郡（即指廣陵），與陳矯並爲綱紀」，這是稱郡功曹爲綱紀。五官雖不見稱作綱紀的記載，

〔一〕奏文中門下校郎與他們下官一起押衙，而兵曹文書則校曹主簿單獨於年月前押衙，稍有不同。

〔二〕並非所有郡府文書都有校曹主簿押衙，有的可能由於無須太守批准，所以既無「事諾」云云，亦無校曹主簿押衙，却也有明寫「事諾」而無校曹主簿押衙的。

但在郡掾屬中地位也很高。續漢書百官志五敍郡屬稱:「有五官掾,署功曹及諸曹事」,宋書卷四〇百官志下稱「五官掾主諸曹事」。據此則五官掾得通署功曹及諸曹事,當在綱紀之列。北堂書鈔卷七七小吏條引韋昭辨釋名稱「門下吏當作三綱」,所謂三綱當即指主簿、功曹和五官。他們都是通署諸曹事的大吏。過去對於郡府主要僚屬的地位職權從史傳官志中雖也可以知道,但郡府文書應由哪些僚屬聯署是完全不知道的,這些文書的出土使我們對於漢魏以來的郡屬綱紀之職有進一步的了解。

主簿、功曹史、五官之爲主要郡屬是漢以來諸郡皆然的,高昌郡却有個不見史籍的典軍主簿,押衙地位在功曹史之下,五官之上。在五官之下有的文書又有典軍。漢魏以來以典軍爲名的校尉、中郎將、將軍,歷見史籍。孫吳有左、中、右三典軍,三國志卷五二張昭傳附子休傳稱:「(休)爲侍中,拜羽林都督,平三典軍事……與顧譚、承俱以芍陂論功事,休、承與典軍陳恂通情,詐增其伐,並徙交州。」可知孫吳時典軍是管功罪賞罰的。晉書卷二四職官志說陳勰「明解軍令」,「使典兵事」。後來,「受諸葛亮圍陣用兵倚伏之法,又甲乙校標幟之制」,被任爲典兵中郎將,遷將軍。典兵自即典軍。上面所舉都是中央官,大致掌管功罪賞罰,行軍布陣等軍令之事。宋書卷三九百官志上説司馬叡爲鎮東大將軍、丞相,開府置二十四曹,其中有「典兵曹」,這是公府僚屬。地方僚屬以典軍爲名的極爲罕見,唯華陽國志卷八大同志記王濬爲益州刺史,咸寧五年(二七九)將興兵伐吴,「以典軍從事張任、趙明、李高、徐兆爲牙門」。晉書職官志敍州僚屬有功曹、都官從事、諸曹從事、部郡從事、武猛從事等，典軍從事當是諸曹之一，猶公府之有典兵曹。高昌郡有典軍主簿及典軍，據晉代公府有典兵曹，益州有典軍從事，恐内地郡屬亦間有此名目，只與史無徵而已。〔一〕我又疑典軍主簿、校曹主簿並是主簿的分職。典軍主簿與典軍只在兵曹或有關軍事的文書上聯署，不像主簿、功曹史、五官之通署諸曹事。這批文書中還有一件捉曹殘文書，殘存「捉曹主簿仙」的押衘。主簿本是門下僚屬之首，並無專職，北涼時分領諸曹，遂有校曹、典軍、捉曹的名目。捉曹主簿當是分職管捕捉「盗賊」的主簿。當時諸曹中自有賊曹，而晉書卷二四職官志敍郡屬門下又有賊曹，捉曹或即由門下賊曹改。

文書上押衘諸僚屬還有録事。録事主管文案，已見上引干寶司徒儀。北堂書鈔卷七三主簿條引韋昭辨釋名：「簿書必有掌者，録事總領之耳。」總領簿書文案本是録事之職，此時置校曹主簿，典校文書，録事已不重要，所以往往不在文書上押衘。

四、軍府主要僚屬：上引四件文書年月後有二件上下兩排押衘。下排爲郡府主要僚屬，已如前述。上排是長史、司馬、録事參軍，此三官在有雙排押衘的其他文書中均同，只有一件最後有參軍，具

〔一〕晉書卷一二四慕容熙載記稱「典軍杜静載棺詣闕」，通鑑卷一一四晉義熙三年（四〇七）記此事作「宿軍典軍杜静」。載記稱慕容熙「大城肥如及宿軍，以仇尼倪爲鎮東大將軍，營州刺史，鎮宿軍」，則宿軍爲營州治所。十六國疆域志卷二二後燕營州遼西郡有宿軍，洪亮吉疑是「後燕時所立縣」。此典軍疑非州屬。又唐六典卷二九記親王府有親事府，帳内府典軍。注引齊職儀稱「諸公領兵，職局有庫典軍，倉典軍」等十餘種典軍，這是管理各項雜務的典軍，與上述典軍不同。

官而不署名。這些都是軍府僚屬。宋寧州刺史爨龍顏碑陰題名，龍驤將軍府、鎮蠻校尉府、州府僚屬分列，軍府與校尉府都是長史、司馬、錄事參軍首列。按此三官本是公府僚屬。宋書卷三九百官志上稱「自太尉至大將軍、驃騎、車騎、衛將軍，皆有長史一人，將軍又各置司馬一人」。又云「長史……主吏，司馬主將」。通典卷三三總論郡佐條稱「錄事參軍，晉置，本爲公府官，非州郡職也。掌總錄衆曹文簿，舉彈善惡」。由於晉以後刺史和大郡、邊郡太守一般都加將軍號，即不加開府名義，也都開府置屬，所以又成爲州郡軍府僚屬。北涼高昌太守帶有將軍號，建置軍府，〔一〕兵曹文書有關軍事，所以有軍府主要僚屬押衔。一件後列參軍，不署名，可能由於缺員；更可能這類散參軍既無職掌如錄事參軍、記室參軍之類，又無員額，已是閑散冗官，所以不署名。

上引文書有的止有郡府僚屬押衔，有的是軍府、郡府兩排。同是有關軍事的兵曹文書，我們看不出文書性質有什麽不同。可能只由於高昌太守或加將軍號或不加之異。

五、其他文書上所見的郡屬：除了上舉四件兵曹文書中押衔諸僚屬之外，見於其他文書的還有幾個郡屬值得一提。

一是監領屬縣的督郵。高昌郡有東部督郵，見哈拉和卓九一號墓建□某年兵曹下高昌横截田地

〔一〕宋書卷三九百官志上云：「小號將軍爲大郡、邊守置佐吏者，又（當作「不」）置長史，餘則同也。」高昌太守加的什麽將軍號我們不知道，大概不會很高，却也有長史，則當北涼時未必盡遵舊制。

三縣符爲發騎守海事；(二)中部督郵殘文書；二部督郵見哈拉和卓九一號墓下二部督郵縣主者符。按郡督郵自漢以來視各郡情況或不分部，或分爲二至五部，每部督郵一人，歷見漢書卷七六尹翁歸傳、續漢書百官志五郡守條劉昭注、太平御覽卷二六二引良吏傳，史傳碑刻亦屢見東部、西部、中部、北部督郵。近人已多論證，不再贅述。高昌郡可能分中東西三部，也可能只分中東二部，因爲那時高昌西部交河城（今吐魯番雅爾湖）一帶是車師前部治所。

上舉三件文書都是關於發兵的事。兵曹發騎守海符稱：

〔前略〕

6　東部督□。　橫截主者

7　海守十日。

〔後略〕

中部督郵殘文書稱：

〔一〕「建」下當是「平」字，建平年號在這批文書中有建平五年祠□馬受屬、建平六年張世容隨葬衣物疏，中國歷史博物館藏有建平六年田地縣催召諸軍到府文書。祠□馬受屬的另面爲北涼玄始十一年馬受條呈爲出酒事，知距玄始不遠。又據本件押衙「主簿悅」，又見北涼義和三年兵曹條知治幢壂文書押衙作「功曹史悅」，則去義和亦近。魏書卷一〇一高昌傳稱「世祖時，有闞爽者，自爲太守」，其事疑在義和三年沮渠蒙遜死後，闞爽於四四二年爲沮渠無諱所破，統治高昌十年之久，或曾自立建平年號，但這只是推測。

1 中部督郵。高〔一〕□

2 稱身具私袍□

〔後略〕

下二部督郵縣主者符稱：

1 二部督[郵]。□縣主者：前部□

前下□

2 討[符][到]□見入軍之人、人□

〔後略〕

督郵本職是督察糾舉所領縣，太守的命令也往往由督郵傳達。三國志卷一五梁習傳注引魏略苛吏傳稱魏弘農太守劉類「每出行，陽敕督郵不得使官屬曲修禮敬，而陰識不來者」，所云官屬自當指督郵所領屬縣官吏。從上舉三件文書看，其他郡府下縣文書恐亦如此。

二是博士。阿斯塔那五九號墓所出文書中有一件西涼嘉興四年（四二〇）殘文書，有「博士頡」的押衡。秦漢以來的博士都屬太常。通典卷三三總論郡佐條：「經學博士，漢郡國皆有文學掾，歷代多闕。」注云「隋潘徽爲州博士」，則杜佑認爲州博士（隋代省郡爲州，州郡合一）始於隋。按晉書職官

〔一〕「高」下當缺「昌縣」二字，橫截縣屬東部督郵，高昌縣則屬中部督郵，當時又有高寧縣，但高寧治所在今鄯善縣西南，當屬東部督郵。

志記「郡國皆置文學掾一人」，不稱博士。晉書卷一〇六石季龍載記上稱石虎「下書令諸郡國立五經博士」，史籍所見郡博士似始見於此。以後，魏書卷六顯祖紀天安元年（四六六）九月己酉稱「初立鄉學，郡置博士二人」。杜佑偶未記及，故以爲始於隋代。今據上舉文書，則西涼已置博士。晉書卷八七涼武昭王傳稱李暠曾「立泮宮，增高門學生五百人」，諸郡置博士當在同時。

三是平水。哈拉和卓八八號墓西涼建初二年功曹書佐左謙奏爲以散翟定□補西部平水事，内稱「以散翟定□□補西部平水」。本件紀年是否即爲西涼的建初是有疑問的，可能是麴氏高昌時期的年號，〔二〕但平水一官必非麴氏始置，故仍可認爲高昌郡時代的郡屬。

晉書、宋書都不見「平水」官。續漢書卷二八百官志五稱：「郡有水池及魚利多者，置水官，主平水，收漁税。」這裏的「平水」是水官職司，非官稱。三國志卷一六杜畿附子恕傳注引魏略説曹魏時孟康爲弘農太守，出行時，「豫敕督郵、平水，不得令屬官遣人探候，修設曲敬」。督郵不是水官，不能解釋爲使督郵平治水土，應該是與督郵並列的郡屬名稱。金石録卷二〇晉彭祈碑陰題名有「蜀渠平水」，彭祈歷官西郡、酒泉、略陽三郡太守，此蜀渠平水雖不知屬哪一郡，應是郡屬。如上所述，曹魏時郡屬已有平水，晉代也有，其職務當是管理水渠。孟康出行，要預敕督郵和平水，蓋因督郵監領屬縣，

〔二〕本件末書「建初二年，歲在庚午」，西涼建初二年（四〇六）的干支是丙午，與此不合，這是官文書，不應有此差誤；又稱「奏諸記職（即識）奉行」，與麴氏高昌時期奏文基本相同，而與這一時期文書習見的「事諸奉行」不同，根據上舉兩點和其他相關聯的問題，有的同志認爲據干支庚午，應是公元四九〇年，爲麴嘉的年號，但無確據。

而平水則主管水渠，各縣亦有所屬水官之故。高昌農耕從來就倚仗水渠灌溉，所以設置此官。以後直到唐代，敦煌境内還有「壽昌平水」，〔一〕也因敦煌對水渠灌溉的管理非常重視。

二　縣僚屬和鄉官

陳顧野王輿地記於高昌置郡之初，只有「立田地縣」一語，推想應有附郭的高昌縣，却無明文。此外還有什麽縣我們就一無所知了。魏書卷四三唐和傳提到高昌境内横截、白力、〔二〕高寧三個城和高昌，那已是公元四四二年的事了。城不一定置縣，唐和傳所稱三個城是否立縣，仍不清楚。這批文書中明確稱爲縣的有四，即高昌、田地、横截、高寧，可知北涼時期高昌郡所屬至少有此四縣。當然還可能有一些縣名尚未發現，看來不會太多，因爲其時西部的交河仍是車師前部治所，直到麴氏高昌初期，交河早經合於高昌，魏書卷一〇一高昌傳所記也只八城。

高昌郡屬縣僚佐也見於這批文書，今録二件：

（一）縣兵曹刺爲點閲兵人事阿斯塔那二二一號墓

〔前略〕

〔一〕唐天寶差科簿，見伯三〇一八號，參考王永興敦煌唐代差科簿考釋，歷史研究一九五七年十二期，敦煌吐魯番文獻研究論集改定收録。

〔二〕「白力」，據這一時期文書都寫作「白芀」。

5 □會廿四日縣閲過，一人不具，lang防行鞭一百。

6 三月廿二日起兵曹

7 □簿　雲　廷掾　超　録事　琿

（二）建平六年田地縣催諸軍到府文書中國歷史博物館藏

1 建平六年正月十二日，田地縣廷掾侯馥、李

2 珎，録事闞銀、闞林，兵曹張通、陳悦，

3 賊曹閻開、索珎，鎧曹闞茗、張慶等

4 召催諸軍破列，並箭工、鎧工、

5 拾角，明寅到府。若違召不到，廷掾、録事受

6 罰二百，主者受頓鞭，遠使一道。

7 召具。

上舉兩件所見的縣僚屬具見續漢書、晉書、宋書官志。通典卷三三總論縣佐條據史志綜敍云：

漢縣有丞、尉及諸曹掾，後漢縣諸曹略如郡員。又五官爲廷掾，監鄉五部，春夏爲勸農掾，秋冬爲制度掾。晉縣有主簿、功曹、廷掾、法曹、金、倉、賊曹掾、兵曹、賊捕掾等員。

通典敍晉代縣佐，首舉主簿、功曹、廷掾。晉書職官志則首舉主簿、録事史、主記室史及縣門下諸吏，次舉廷掾、功曹史及諸曹掾史。先後雖異，都有功曹。前引下二部督郵縣主者符，要求入軍之人自具

钁和斤斧弓箭，接稱「慮其不辨，三綱、幢校主者督□」。〔一〕所云「三綱」在這裏應指縣的主要僚屬，似當爲縣主簿、功曹史、廷掾，與郡三綱略同。但上舉兩件都没有功曹史。第一件押衔的是主簿、廷掾、録事，不知是功曹史缺員還是北涼曾廢省。第二件後面没有僚屬押衔，前面所舉廷掾、録事、兵曹、鎧曹、賊曹等都是負責召催諸軍吏。廷掾、録事和「主者」受罰不同，廷掾、録事是綱紀，主者即文書所舉兵、賊、鎧諸曹掾、史。催召諸軍應有兵曹、鎧曹，不知何以有賊曹。

阿二二號墓所出文書有一件請奉符敕尉推覓逋亡文書，大致是説有逃亡者「遊移縣界」，上級下符，因此「請奉符敕尉部……推覓」。漢以來縣皆有尉，續漢書卷二八百官志五稱：「尉主盗賊，凡有賊發……則推索行尋，案察姦宄。」「推覓」逋亡自當爲尉的職司。

縣以下的基層組織是鄉里。哈拉和卓九六號墓文書中有兩件都鄉嗇夫被符徵發役作文書，今録一件：

〔前缺〕

1 ——右五家户作次逮

2 都鄉嗇夫

3 被符通當

〔一〕幢是當時軍隊編製單位名，有幢帥、幢主。校似指幢帥下一級的將校，也可能是幢下一級的編制。

4　竟奉符□

〔後缺〕

日知録卷二二都鄉條：

集古録宋宗慤母夫人墓誌：湼陽縣都鄉安衆里人，又云：窆於秣陵縣都鄉石泉里。都鄉之制，前史不載。按都鄉即今之坊廂也。漢濟陰太守孟郁堯廟碑：成陽仲氏，屬都鄉高相里。

阿斯塔那一號墓文書中有西涼建初十四年（四一八）韓渠妻隨葬衣物疏，稱「高昌郡高縣都鄉孝敬里民韓渠妻」，〔一〕所云都鄉自即指以高昌坊郭設置的鄉。上舉都鄉嗇夫文書於哈拉和卓墓葬出土，都鄉亦當指高昌縣的都鄉。晉書卷二四職官志云：「又縣五百以上皆置鄉，三千以上置二鄉，五千以上置三鄉，萬以上置四鄉，鄉置嗇夫一人。」續漢書卷二八百官志五稱縣之廷掾「監鄉五部」。鄉五部疑指都鄉及東西南北四鄉。居延漢簡見「都鄉嗇夫」，又見「東鄉嗇夫」和「東西南北都□」。〔二〕但據晉志依户多少不分或分二至四鄉，不必定是五鄉，亦如督郵多至五部，亦不必其爲五。晉志稱萬户以上置四鄉而止，當是不計都鄉。

三老、嗇夫、游徼是秦漢以來的鄉官。續漢書卷二八百官志五稱嗇夫「知民善惡，爲役先後，知民貧富，爲賦多少，平其差品」，上舉文書正是安排「爲役先後」。

〔一〕第二個「高」下當脱「昌」字。

〔二〕見居延漢簡甲編一一六七A、一八七三A、一八七三簡。

文書所云「五家户作次」，疑即指以五家爲單位的勞作次序。漢制，五家爲伍，二伍爲什，十什爲里，十里爲亭，十亭爲鄉，晉、宋並同。五家户當指同伍。上引韓渠妻隨葬衣物疏見高昌縣都鄉孝敬里，可知高昌郡自鄉、里以至伍的基層組織與内地完全一致。

以上我們對文書所見的高昌郡行政制度作了一些説明。我們看到這一套制度遠承漢魏，近同晉宋，從鄉里組織直到郡和軍府機構完全和内地郡縣相一致。

新疆和内地的關係是由悠久的歷史形成的一個國家内部不同地區間的緊密關係。即使在這一段所謂十六國五涼争衡的期間，新疆和中原、江南間的政治、經濟、文化聯繫也從未中斷，這在歷史記載上是斑斑可考的。建立在河西走廊的各個政權，不管政權建立者是漢人（前涼、西涼）、氐人（後涼）、盧水胡人（北涼），在西域人民看來，都是兩漢涼州地方政權的延續。他們繼續接待來自西域的使節，維護西域和内地的交通。作爲西域門户的高昌地區也正在這時從兩漢戊己校尉的基礎上建郡立縣，加强了和内地的政治紐帶。

（原載文物一九七八年第六期）

吐魯番文書中所見高昌郡軍事制度

我於魏晉時期有關高昌的一些資料一文中曾據流沙墜簡所載西晉泰始年間廩食簿中的「高昌土兵」，疑西晉時駐高昌的戊己校尉所領兵，「除了來自別地的屯戍兵以外，還有在高昌居民中組成的隊伍」。〔一〕前涼建立高昌郡以後，推想仍以涼州兵出戍，并繼續在高昌郡内組織「土兵」，但未見記載。前秦滅前涼，「以高昌楊幹爲高昌太守」，〔二〕苻堅以高昌人爲高昌太守，與後來沮渠蒙遜以隗仁爲高昌太守，並是利用當地大姓力量以確保其統治，疑亦與當地軍隊多高昌人有關。晉書卷一一四苻堅載記下記太元七年（三八二）苻堅的侄兒苻陽謀反，「徙陽於高昌」，高昌是犯罪謫徙之地，我想那裏如漢代一樣也有來自内地的刑徒謫戍。後涼時，吕光曾派遣他的兒子和貴族子弟去鎮守高昌，晉書卷一二二吕光載記稱：

羣議以高昌雖在西垂，地居形勝，外接胡虜，易生翻覆，宜遣子弟鎮之。光以子覆爲使持節、鎮西將軍、都督玉門已西諸軍事、西域大都護，鎮高昌，命大臣子弟隨之。

〔一〕中國史研究一九七九年一期，見本書三五一——三五二頁。

〔二〕資治通鑑卷一〇四東晉太元元年（三七六）九月。按此楊幹應即同書卷一〇六太元十年九月及晉書卷一二二吕光載記所載之高昌太守楊翰。通鑑卷一〇四作「楊幹」，又明言他是高昌人，當别有所據。

吕覆出鎮，當然带着一支軍隊去的，所謂「大臣子弟」當以氐人爲多，他們是統率軍隊的骨幹。這批鎮守高昌的將卒，後涼亡後，下落不明。

史籍所載高昌郡時代的郡兵情況，僅此而已。吐魯番出土文書第一册爲北涼高昌郡軍事制度提供了寶貴的資料，今就文書所見兵士來源、軍事編制等問題綜述如下：

一　兵士來源

根據文書，我們知道北涼時期的高昌郡兵士來自兩個來源，一是徵發或召募，二是謫戍，兵士都是出於當地編户。

哈拉和卓九一號墓文書二一、下二部督郵縣主者符：〔一〕

1　二部督[郵]□縣主者：前部□
　　前下□
2　討[符][到]□見入軍之人，人□
3　賷鑊五□口，斤斧五十口，□
4　悉具弓□。見軍人具屯頭□，行

〔一〕本文所引文書除注明外，均見吐魯番出土文書第一册。

5 軍之具，□令備辦。[若]〔慮其不[辦]〕○○○，三綱、幢

6 校主者[督]○○軍行有不□□，□身行

7 鞭二百，[幢]□杖一百。

8 □鞭杖□□承望

〔後缺〕

本件無紀年，據同出文書當是北涼後期，符的内容是郡府下給二部督郵及所屬縣主者，〔一〕徵發兵士。這種由地方官徵發的「見入軍之人」，應來自民間。符稱「賫钁五□(十？)口、斤斧五十口」，又説「悉具弓□」。钁和斤斧都是五十口，似乎是基層編制兵士數爲五十人。所云「钁五□口、斤斧五十口」，當是合計數，亦即人各一具。爲什麽要這樣多，不清楚，〔二〕是官給還是自備，也不明白，但不説每人一具，而舉總數，可能由官給。弓矢明云「悉具」，應是自備。符中還特别指出「行軍之具，□令備辦，慮其不辦」，責令三綱(指縣主簿等首僚)及幢校主者督察，〔三〕所謂「行軍之具」，究竟除钁、斤斧、弓矢

〔一〕二部督郵指中部及東部，哈拉和卓九一號墓文書一一建□某年兵曹下高昌横截田地三縣符爲發騎守海事見東部督郵，哈拉和卓九六號墓文書二二中部督郵殘文書見中部督郵。

〔二〕新唐書卷五〇兵志也説到府兵每火按帶的用具多種，其中也有钁、斧，但品類甚多，而每種只一、二件。

〔三〕三綱見北堂書鈔卷七七引韋昭辯釋名，詳吐魯番文書中所見高昌郡縣行政制度，見本書第三六三頁。

之外還有哪些，由於文書殘缺不能具知，也不知道哪些是官給，但至少弓箭是由兵士自辦的。這種自辦弓矢或尚有其他物件的「入軍之人」應是從民間徵發來的。

阿斯塔那二二一號墓文書一縣兵曹刺爲點閱兵人事：

1 ……□□宋□□
2 ……□□韓成、鞏黃
3 ……通令狐受、令狐宗。
4 ……○黃刺到，催同刺十五人具弓箭
5 ……會廿四日，縣閱過，一人不具，防行鞭一百。
6 三月廿二日起兵曹
7 □簿 雲 廷掾 超 録事 琿

刺的本意爲書寫，釋名釋書契云：「書又稱刺，以筆刺紙簡之上也。」黃刺應即寫在黃紙上的文書，內容是縣兵曹點閱兵士，同在一個「刺」上的共十五人，要求各具弓箭，如不具，即勒行鞭一百。這裏也說明入軍之人要自具弓箭。

阿斯塔那二二一號墓文書七是翟葸等應募入幢名籍，內云：

1 ……[冤]、翟葸(蔥)、索盧早、索忠○○○
2 ……長、李息尼、高善生、蘇道容、李進、

3 □子、尚(臘)騰生、孔受、趙朱、帛弘持、范生、

4 □人，○○左艾幢入募。

5 □王休、吴男安、李生、王□

6 □麴生、王士阿息、孔□

7 □子、趙世安、○□

〔後缺〕

本件是募集兵士分别編入各幢的名籍，前面是否殘缺，不明，後面還缺幾人也不明，最後必是「若干人某某幢入募」，已缺。這裏翟葱諸人稱爲「入募」，通常「募」與徵發不同，但有時「徵」與「募」并不如人們所理解的那樣嚴格區别，册府元龜卷一二四載先天二年(七一三)正月睿宗誥稱：

初分府衛，計户充兵，纔足周事，遂使二十一人入募，六十出軍。

這裏説的是府兵，當然來自徵發，但却也説成「入募」。唐律疏議卷一六擅興「揀點衛士(徵人亦同)取捨不平」條，疏議：「徵人，謂非衛士，臨時募行者。」徵人指臨時募行的兵士，與衛士不同。但疏議又説：「揀點之法，財均者取强，力均者取富，財力又均，先取多丁。」所謂「取捨不平」即是捨富取貧，捨强取弱，捨多丁而取少丁。如上所引，這一條是徵人與衛士同樣適用的。由此可知，在唐代，「募」和「徵」往往没有嚴格的區别。本件所謂「入募」，我想和上引哈九一號墓所出下二部督郵縣主者符所云「見入軍之人」是一致的。

高昌郡徵發兵士的標準雖不清楚，似乎也有些值得注意的跡象。哈拉和卓九六號墓文書三北涼玄始十二年（四二三）兵曹牒爲補代差佃守代事有如下幾句話：一是説補兵的事，提到「以殭補隤」，「隤」是當時兵種名稱，[一]下稱「殭信單身，請如事脱」，意謂這個名叫殭的人確是單身，[二]請按本例脱免。這裏似説明單身可以免補。本件又一事是差人佃耕，内稱「以闞相平等殷可任佃」。這是兵曹牒，所差的當是屯田上的勞動者，牒稱「殷可任佃」之「殷」即「户殷丁多」之「殷」。「單身脱免」，「户殷任佃」，基本上也和「先富後貧，先多丁後少丁」之制相符。

如上所述，北涼時期高昌郡兵的來源之一是徵自民間，這是主要的來源。另一來源是謫發，哈拉和卓九一號墓文書一七兵曹條往守白芳人名文書：

〔前四行並是人名，略〕

5 □□輸租，各謫白芳□十日。高寧

6 □□橫截二人，合卅人，次□芳守十日。

7 □□□次往領攝。

8 兵曹掾張預白：謹條往白芳守人名

9 在右，事諾班示，催遣奉行。

〔一〕 隤音頽，義亦同。吐魯番文書中的「隤」，似即是兵的别稱，也可能指騎兵，詳後。

〔二〕 上文有「以李子殭代祖子」，「殭」可能即「李子殭」。

10　　校曹主簿　□

〔後缺〕

據本件，知白芳戍兵至少有一部分出於謫發，被謫發的戍兵有的是爲了「輸租」上犯了什麽刑法。本件所記姓名除殘缺外仍有十三人（引文略）。此外，還有來自高寧和横截縣的守白芳戍兵没有説「謫」，是否也是謫發，不明。當時高昌郡人還往往爲了犯所謂「閱馬逋」的罪名而謫戍，哈九一號墓文書二四殘存一行云：

右五人坐閱馬逋，有謫白芳。□

又同墓文書二六馮淵上主將啟爲馬死不能更買事：

1 [馮]淵啓：□□右具□

2 馬，馬去春中惡死。淵私理

3 貧窮，加□有折□，□能更

4 買，坐□閱馬[逋]□

5 當往□芳守。遭遇

6 節下，□垂恩矜，□

7 耳。恩□付曹。謹□

8 □

關於「閱馬逋」究竟是指什麼，我們還不清楚，據本件所說，應與所飼養的馬匹死失相關。這個馮淵因馬死無力更買，才坐「閱馬逋」謫守白芀（原缺「白」字）。馮淵的身分不明，從本文語氣看來，似非一般百姓，但坐「閱馬逋」被謫發的當然主要是一般百姓。

從上引文書中我們可以看到北涼高昌郡兵來源雖有徵發和謫發的差別，但大致可以推斷都出於郡縣居民。這些文書的紀年均已缺失，由於有墓葬及同出文書可憑，定爲北涼晚期即公元五世紀三十——四十年代間，想無大誤。像這樣經常性的、制度化的徵發兵士疑是魏晉時期高昌地區性徵發士兵的沿襲。而這種制度所以能維持下來又和高昌郡的特點分不開。人所共知，高昌郡的前身是漢代戊己校尉所管理的屯田區，原先在那裏的軍和民本沒有嚴格的區別。高昌士兵從當郡居民中徵集，而當地居民繼承漢代以來的傳統，本來就是兵。前涼張駿時，戊己校尉趙貞不服從張駿，曾打敗駿將西域長史李柏。〔二〕趙貞的軍隊頗大程度上當以高昌人組成。

二　高昌郡軍事管理制度和軍隊編制

我們見到高昌郡軍事文書幾乎都是郡兵曹上行、下行的符、牒、屬等，個別的有縣兵曹文書。凡發兵、遣戍、軍內人員的補代，行罰軍將，甚至具體到修治軍事建築等都由郡兵曹掾、史上白郡府（有時還有軍府），經首僚審核後押署，付有關機構執行。雖然這些文書都不見太守押署或批示，但都有

〔二〕晉書卷八六張軌傳。

「事諸注簿」、「事諸奉行」，有稱爲「屬」的文書則單有一個「諾」字，「諾」就是所謂「畫諾」，[一]即表示太守批准施行。毫無問題，高昌郡的軍事最高長官是太守，而具體管理軍事的則是兵曹。兵曹有掾和史，歷見哈九一號墓、九六號墓所出諸文書。有的文書只舉「兵曹」，指的是「掾」，如哈九六號墓文書一九兵曹白爲胡愍生永除□佃役事文書稱「□李二兵曹」，署名「李禄」、「張龍」，從其他文書知道二人都是兵曹掾。又據上舉文書我們知道同時任兵曹掾的不止一人，但二兵曹合署名却只此一件，它件大都掾、史同署。按晉書卷二四職官志、宋書卷四〇百官志都没有舉兵曹掾、史，金石録卷二〇晉彭祈碑陰題名掾和史並見。彭祈歷任西郡、酒泉、略陽三郡太守，此兵曹掾、史當是郡屬。則北涼高昌郡掾史並置，恐是沿襲晉制。

這裏却有個問題。我在吐魯番文書中所見高昌郡縣行政制度一文中，曾經提到有的文書末尾押署有上下兩排，下排是郡府首僚，[二]上排是軍府首僚長史、司馬和録事參軍，個别的還有録事(但無押署)。所以有軍府首僚，即因高昌太守帶有將軍號，開府置屬。但同是有關軍事的文書有的却止有郡府僚屬押署，我以爲「可能由於高昌太守或加將軍號或不加之異」。然而却又有疑問，在置軍府時，爲什麽發兵、戍守、行罰等事一切仍由郡兵曹掾、史具體主管？據文書絶不見分曹署事的參軍，似軍府並無實際職務。

[一] 詳吐魯番文書中所見高昌郡縣行政制度，見本書三五九——三六〇頁。
[二] 文物一九七八年六期，見本書三六四——三六五頁。

首僚除了主簿、功曹史、五官以外，軍事文書還有典軍主簿的押署，應是主簿分職，專管軍事。哈九六號墓文書三北涼玄始十二年(四二三)兵曹牒爲補代差佃守代事：

1 □范晟□佃，請以外軍張成代晟

2 □隗休[身]死，請以外軍王阿連[代]

〔下略〕

高昌郡既有外軍，應亦有中軍。南北朝諸州軍府僚佐並有中兵參軍及外兵參軍，高昌郡則似同屬郡兵曹主管。本件所云「范晟□佃」，以下9至11行説的是差人任佃。兵曹管理的田應屬軍屯。高昌郡前身本是戊己校尉屯田所在，軍屯長期保存下來是很自然的，但佃耕屯田的人不可能像漢代那樣都用田卒，本件下文説「闞相平等殷可任佃」，似乎不像田卒。哈九六號墓文書一九兵曹白爲胡愍生永除□佃役事文書：

1 □李二兵曹：胡愍生□

2 □□永除□佃役。己白

　祿

3 諾。名□

4 主簿[龍]□

這個胡愍生得以永除佃役是由兵曹呈請的，所謂「佃役」，恐亦指佃耕屯田的勞役。胡愍生佃役名屬兵曹，但也不像是田卒。關於屯田，與當時土地制度有關，今姑勿論。

軍隊的基本編制爲幢。上引阿斯塔那二二號墓文書稱若干人「左艾幢入募」，知入募兵士即編入各幢，左艾似即本幢主將姓名。哈九一號墓文書一四兵曹下八幢符爲屯兵值夜守水事，所云「八幢」當指八個幢，文書内容是差遣八個幢的將士去守護中部督郵區内屯田灌溉事。由於前缺，八幢的具體名稱已不可知。

幢是軍隊編制的名稱，同時又即指領幢主將，成爲職稱。哈九一號墓文書五北涼義和三年（四三三）幢趙震上言：

〔前缺〕

1 義和三年五月廿一日幢趙震　言

2 令狐　壹(躉)生

3 廿二日琦帥　趙　集

4 主者杜來注

幢即趙震的職稱。同墓所出文書一六兵曹行罰幢校文書稱「幢杖五十，校將杖七十」，幢與校將分別判刑。又上引同墓文書一四兵曹下八幢符爲屯兵值夜守水事稱「幢共校將一人撰（選）兵十五人夜住守水。殘校將一人，將殘兵值苟（狗）還守」，此件也是幢與校將分列，幢只一人，校將有二人，一人

「夜住守水」，餘下一人還守。幢是領幢的主將，其下至少有校將二人。上言的幢趙震據同墓文書一二兵曹行罰兵士張宗受等文書見「校趙震」，應是一人，但職稱爲「校」，時間應早於義和三年（四三二）五月。

趙震上言後有「琦？」的押署，應是上級，又有「帥」二人，主者一人。别的文書均不見有「帥」，通常文書押尾的是該管上級，至於「主者」，一般泛指主管人，這裏似指管理文書的人，故云「主者杜來注」。〔一〕帥和幢是什麽關係我們不清楚。

由於幢是軍隊的基本編制，所以幢所在營地如塢壁之類也叫做幢，同墓文書七北涼義和三年（四三三）兵曹條知治幢壍文書雖已殘缺，大意是指派人「作壍」「治幢」，〔二〕顯然，本件所記的「幢」指的是幢所駐的軍事建築物，所以要「作壍」修治。

本來，幢止是旌旗之類，軍中用來識别隊伍和表示將領所在。西晉時大將建赤幢曲蓋。作爲軍隊編制的幢不見前代，但南北朝已普遍採用。宋書卷六孝武紀大明五年（四六一）二月閲武詔稱「軍幢以下，普量班錫」；同書卷四四謝晦傳，河東人商玄石以參軍領幢；卷四九蒯恩傳，恩「以寧遠將軍領幢」；卷六四何承天傳，承天作安邊論，有云「諸商賈往來，幢隊挾藏者皆以軍法治之」；可知在劉宋時幢是軍隊的基層編制。北魏初已見幢將，魏書卷二八莫題傳稱題「初爲幢將，領禁兵」；卷三〇

〔一〕杜來亦見同墓文書四三無馬人名籍，其中所記姓名又多見於同墓文書四二細射步稍等兵人名籍，杜來亦當是普通兵士。

〔二〕壍是土磚。「作壍」屢見居延漢簡。

來大千傳稱大千「遷内幢將，典宿衛禁旅」，二人並領禁兵。但作爲軍隊編制當然不限於禁兵，魏書卷七二路特慶附弟思令傳，魏末上表論軍事，説「軍幢統領，亦皆故義」，知軍隊編制，軍下爲幢，與南朝相同。金石萃編卷三一東魏興和三年（五四一）兖州刺史李仲璇修孔子廟碑陰題名有幢主二人，所領應是本州兵。軍幢編制不僅通行南北朝，北史卷九八蠕蠕傳説柔然軍隊「千人爲軍，百人爲幢」，軍下爲幢，與宋魏全同。

如上推斷，高昌郡分中軍和外軍。北堂書鈔卷六九中兵參軍條引干寶司徒儀云：「中兵參軍掌督帳内牙門將及軍器，治其事。」這裏説的是司徒府中兵參軍的職司，據宋書卷三九百官志，當時州郡軍府僚佐及職司也略同公府。高昌郡的軍府如上所述，不見諸曹參軍，中兵、外兵參軍的職司並歸郡兵曹。哈九一號墓文書三北涼玄始十一年（四二二）馬受條呈爲出酒事，其中有「次出酒□斛，付孫善，供帳内□隤騎、箱□等」的記載，「隤騎、箱□等」亦即類似司徒儀所説的「帳内牙門將」，他們是守護太守官衙的將士。其中「隤騎」的「隤」屢見文書，意義不明（見後文）。「箱□」當是「箱直」，同墓文書四爲北涼真興七年（四二五）箱直楊本生辭〔一〕殘存年月及「箱直楊本生辭：前十月」十九字。宋書卷九八氏胡大沮渠蒙遜傳稱涼州吕光「使蒙遜自領營人配箱直」。箱直當指在官衙内兩廂當直的將士，他們屬於帳内。北朝後期帳内是主將親兵的專稱，魏書卷八〇賀拔勝及弟岳傳記他們

〔一〕真興本是夏赫連勃勃年號，當是北涼向夏稱臣，用了夏的年號。

弟兄都曾充當廣陽王淵的帳内軍主，帳内都督更多見。〔一〕帳内軍主或帳内都督所領的親兵就叫做帳内，北齊書一九張保洛傳稱「以帳内從高祖（高歡）出山東，有麴珍」等七人，「並以軍功至大官」。

從文書中我們還看到按照專長分工的名色。哈九一號墓所出文書四二細射步矟等兵人名籍：

1 ——右九人細射。隗保彊、令狐玩、孫澹、張保受、樊受、

2 孫佛狗、李晟、蓴明、張保、吴澹、——右十人步矟。

3 嚴緒、隗迴、右過筷水。祝歸、唐利、竺黄媚、

4 □國、姜富、隗益幼、□□、張□、張仁、王楷、

〔後缺〕

由於前後殘缺，我們不知道除現存細射、步矟、過筷水之外還有什麽名色。

細射是以善射者組成的隊伍。魏書卷三〇豆代田傳稱「太宗時以善騎射爲内細射」，同書卷二六長孫肥附子翰傳説他「以善騎射爲獵郎」，後來「給殿中細拾隊」，「細拾」乃「細射」的音訛。矟是長矟，有馬矟與步矟之分。魏書卷一〇八之四禮志四記天賜二年（四〇五）魏帝出行鹵簿，稱「侯在步矟内」，宋書卷四八朱齡石傳稱「高祖（劉裕）遣齡石領鮮卑步矟，過淮擊之」，同書卷七四沈攸之傳稱「世祖（劉駿）以其善戰，配以仇池步矟」。知劉宋亦有以善於步矟的鮮卑及氐人組成的專業隊伍。

〔一〕見北齊書卷一九韓賢傳，周書卷二〇尉遲綱、卷二八陸騰、卷二九王勇、李和諸人傳。

但善用矟的實亦不僅鮮卑等族，本件列於步矟的兵士姓名，和細射一樣多應是漢人。三國志魏書卷一武帝紀建安十六年（二一一）七月曹操西攻關中，裴注引魏書稱「議者多言關西兵彊，習長矛」，則早在漢末，西北地區戰士即習用長矛（矟）。所云「關西兵」指的是馬超和關中割據將領所統之衆，其中雖有氐、羌，當然不限於氐、羌，更多的應是漢人。

本件所見人名還多見於另外兩件文書。同墓文書四三爲無馬人名籍，於記錄姓名後，稱「右十七人無馬」。十七人中見於上引細射步矟等兵人名籍的有令狐玩、孫澹、孫佛狗、張保、張保受、蕁頟（疑即前件的蕁明），並配入步矟人中；嚴緒，配入「過校水」中；又祝歸、竺黃媚、姜富三人，因後缺不知配入何類。分配歸入那種名色和登記有無馬匹，表明他們都是新入軍之人。無馬與分配，二件文書之間有什麼關係我們不清楚。這些人配入步矟而不是馬矟，是否與無馬有關呢？

見於上述兩件文書的人名有的又見於同墓文書十二兵曹行罰兵士張宗受等文書：

1 兵曹掾□[預]、史左法彊□[校]趙震

2 解如右。□□兵張宗受、嚴緒□等廿八人由來。

3 屯守無□，[馮]祖等九人長[逋]，□應如解

4 案校。馮□、毛興、陳玩、王階、隗□

5 孔章平、孫澹、李□等十人□□轉入諸軍。省不□

6 各罰髡□二百。張宗受等廿五□[各]□

7　縣督昌□□人身行罰。事□

〔下略〕

本件内容是兵曹據校趙震所上解，處罰兵士。這些兵士有的由於「屯守無□」，有的由於「長逋」即長期逃亡，兵曹按情狀分别判處髡鞭等刑。其中嚴緒、孫澹二人並見上引兩文書，王階疑即「細射步矟等兵人名籍」中的王楷。如果上引二件所記姓名都是新入軍之人，此件必在其後。又這些處刑兵士都據校趙震所上解文定罪，當然都屬趙震所領。趙震上有缺文，應是「幢某人」。細射步矟等兵人名籍中嚴緒列於「過䆗水」，孫澹列於步矟，他們又同屬趙震所領，則細射、步矟、過䆗水等專業仍爲一幢内的分工。

前面曾提到柔然之制是「千人爲軍，百人爲幢」，至於宋、魏的幢可能要大得多。宋書卷九五索虜傳稱「汝陽城内有虜一幢，馬步可五百」，這是宋人偵察所得的情報，如果兵力估計正確的話，則北魏一幢人數遠超過百人。高昌郡的幢究有多少人，難以確知，但據上引兵曹行罰兵士張宗受等文書，一幢内由於屯守犯了什麽過錯的二十八人，長逋的九人，合共三十七人，全部人數恐當在百人已上，但從文書所見諸如發兵、出戍、守水等，所記兵士人數都很少，則每幢人數也不會太多。

如上所述，據文書我們知道北涼高昌郡兵分中軍及外軍，其基本軍事編制爲幢，其主將亦稱幢，下有校，每幢領兵大致百人以上。幢内似按專業將兵士配入細射、步矟、過䆗水（意義不明）等隊伍。中軍守護太守官衙的有隤騎、箱直等，總稱爲帳内。所有這些基本上都可與同時的宋魏軍事制度相印證，唯有「隤」的一辭不見南北朝諸史，[一]却屢見文書。哈九六號與九一號墓所出軍事性文書中「隤」凡九見。哈九六號墓文書三北涼玄始十二年（四二三）兵曹牒爲補代差佃守代事中有兩處見「隤」，一是一個名叫彊的陳訴，説奉文書「以彊補隤」，他訴稱單身，不應充當，經審查「彊信單身，請如來脱」。這裏「補隤」似即補某種兵，由於殘缺，不太清楚。另一處比較完整，今録本件12至14行如下：

大塢隤左得等四人訴辭稱：爲曹所差，知守塢兩道，今經一月，不得休下，求爲更檢。信如所訴，請如事勑，當上幢日，差四騎付張欑，守道□□。

左得等四人是「隤」，他們的任務是「守塢」，訴稱過期不得番休，請求檢審。經檢審，訴辭屬實，呈請照事例，命令到「上幢」即上番日，差四騎兵交給張欑，充任「守道」。這裏的隤是守塢的兵，差發的四騎兵可能就是代替他們的，他們的任務是守塢側道路，所以説「知守塢兩道」。又前引哈九一號墓文書三北涼玄始十一年（四二二）馬受條呈爲出酒事中的「隤騎」，當然是騎兵。又同墓文書一二建□某年兵曹下高昌横截田地三縣符發騎守海事有如下的話：

隤杜福、帛午、任□三人乘所配馬。田□三騎，通身合七騎，次往海守十日，以休領。

本件内容就是發騎守海，隤杜福三人配給馬匹，顯然是騎兵。此外，有兩件文書説的是「部隤」某人等

〔一〕據新疆博物館同志見告，北魏互文記有「隨主」，隨應即是隤的繁寫，但所領的是工匠，不是兵士，見考古一九七三年二期。

「由來長逋」，予以處罰；〔二〕又兩件殘缺太甚，内容不明。〔三〕據文書，確指騎兵的有三條，但是否必指騎兵，尚待他日更多記有「隤」的文書發見。

三　戍守和守水

文書中屢見有關戍守的記載，上文已經述及高昌郡兵出戍有的由於讁發，有的調發各縣居民，前引哈九一號墓文書一七兵曹條往守白芀人名文書一，有因輸租讁戍的十三人，有來自高寧縣的若干人和來自横截縣的二人。同墓所出文書一一建□某年兵曹下高昌横截田地三縣符爲發騎守海事：

〔前缺〕

1 □□一人自乘所□自乘□□

2 隤杜福、帛午、任□三人乘所配馬，田□

3 三騎，通身合七騎，次往海守十日，以休領。

4 兵曹□趙茖、史蕁興□

5 羅人□□右，請下縣違□

〔一〕哈拉和卓九一號墓文書十三北涼義和□年兵曹行罰部隤五人文書、同墓文書二三某幢上言爲部隤王貴興等長逋事。

〔二〕哈拉和卓九一號墓文書一九兵曹張預班示爲讁所部隤事殘存「讁所部隤尅明」及次行「班示」二字，同墓文書三六高寧縣上言殘存「謹案華豹部隤明當」一行。

6 東部督□横截主者
7 海守十日，□高昌三騎，田
8 七騎，起□□十五日尅遣盡
9 乃下符□□休詣田地縣
10 案奉行。
11 校□□簿　　訣
12 建□□年九月十二日白

〔以下押署略〕

據此知守海的騎兵由高昌、横截、田地三縣調集。同墓文書三六高寧縣上言殘存一行，稱「高寧縣言：謹案華豹部隤明當」十二字，上引發騎守海符，調發的騎稱「隤」，此高寧縣上言是否與發騎守海符直接有關，不可知，但可以説明至少有的縣是有軍隊的，這些軍隊雖下屬於縣，郡兵曹仍得調戍邊境。

令人不解的是番期的短暫。上引發騎守海符是「次往海守十日」，同墓文書一七兵曹條往守白芳人名文書一記嚴興等是「各謫白芳□（守）十日」，從高寧、横截調來的卅人是「次□（白）芳守十日」，不管守白芳或守海番期都止十日。又前引哈九六號墓文書三玄始十二年（四二三）兵曹牒記大塢隤左得等四人訴辭，説他們「知守塢兩道，今經一月，不得休下」，雖未明言番期，但一月業已超當規定上番期無疑。當然，不管戍守兵士來自謫發或徵募，決不可能十日即退伍，十日僅是番休期。即使如此，十日更番，戍兵紛紜道路，也是難以理解的。我想這可能與戍守地點的艱苦條件有關。

戍守所在，文書所見只有兩處，一是「守海」，二是「守白芀」。另外還有一處守大塢，乃具體據守點，姑不論。所謂「海」，據新疆博物館考古隊簡報，認爲應即指「原柳中縣東南通敦煌的沙海，亦即唐代的大海道」。〔一〕我同意這個意見，今不贅論。「白芀」，魏書卷一〇一高昌傳作「白棘」，同書卷四三唐和傳、唐釋彦悰大慈恩寺三藏法師傳作「白力」，梁書卷五四高昌傳作「白刀」，標點本改作「白力」。今按梁書作「白刀」字訛不待辨。「白力」，文書都寫作「白芀」，從未省去艸頭。芀，字書並音勒，義爲香菜。通鑑卷二四九唐宣宗大中十二年（八五八）正月記王式爲安南都護、經畧使，稱「至交趾，樹芀木爲柵，可支數十年」。胡注：

余按廣韻，芀，都聊切，又音調者，葦華也，其字從艸、從刀；又類篇有從艸、從力者，香菜也，歷得切。昔嘗見一書，從艸從力者，讀與棘同。棘，羊矢棗也，此木可以支久。〔二〕

今按「力」字必誤，廣韻卷五德韻下有「芀」字，云「羅芀，香草」。玉篇卷一三艸部同。顯然葦華、香草都不可能用來樹柵，胡注以爲羊矢棗之棘才可以支久，所見之書，胡已失記，但必非臆造。據此，可證文書的「白芀」即魏書之「白棘」，音義並同，這樣艸頭是不能省的。白芀城在今新疆鄯善縣，近人考

〔一〕吐魯番哈喇和卓古墓羣發掘簡報，文物一九七八年六期。
〔二〕辭海艸部芀亦引通鑑胡注，但頗有删節。

證並同。

守海、守白芳文書有紀年可考者僅上引建□某年兵曹發騎守海符。「建」下缺文，據同墓文書一〇建平五年祠□馬受屬及哈九九號墓文書一建平六年張世容隨葬衣物疏，知本件「建」下乃「平」字，這一時期的建平年號不見記載，唯祠□馬受屬寫在北涼玄始十一年（四二二）馬受條呈爲出酒事的紙背，知建平必在玄始後。北涼玄始之後紀年爲承玄及義和，同墓出有義和三年（四三三）文書，則建平尚在義和以後。義和三年沮渠蒙遜卒，子牧犍嗣，改元承和。〔一〕承和年號却絶不見於文書。魏書卷一〇一高昌傳說：世祖時，有闞爽者，自爲高昌太守。太延中，遣散騎侍郎王恩生等使高昌，爲蠕蠕所執。按太延元年（四三五）即沮渠牧犍之承和三年，很可能闞爽那時自立爲太守，已不用北涼年號，建平也許是闞爽的紀年。有的同志疑沮渠牧犍在承和某年改元建平。不管建平是誰的年號，實際上都是闞爽統治時期。又據文書押署姓名，與義和間文書押署姓名參錯互見，同墓文書一八兵曹條往守白芳人名文書二首稱「兵曹掾張預」，而文書一三北涼義和□年兵曹行罰部隤五人文書亦首稱「兵曹掾張預」。因此，我們認爲這些有關守海、守白芳文書大致都在北涼義和至承和（相當於建平）年間，當無大誤。

建平年間的軍事行動是比較頻繁的，歷史博物館藏吐魯番文書建平六年田地縣催諸軍到府召：

〔一〕太平御覽卷一二四引十六國春秋北涼錄作「永和」，通鑑卷一二二宋元嘉十年同，魏書卷九九沮渠蒙遜傳作「承和」，北史同，作「永和」誤。

1 建平六年正月十二日田地縣廷掾侯馥、李

2 珎，録事闞銀、闞林，兵曹張通、陳悦，

3 賊曹閻開、索珎，鎧曹闞茗、張慶等

4 召催諸軍破列，並箭工、鎧工、

5 拾角，明寅到府。若違召不到，廷掾、録事受

6 罰二百，主者受頓鞭，遠使一道。

7 召具。

據本件知建平六年曾召集田地縣諸軍到府，而且還包括隨軍工匠，召集的原因不明，大概是爲一個較大規模的軍事行動作準備。

義和至建平間高昌軍事行動的敵對力量是誰，我們不清楚。白芳城和大海道都是邊境進入高昌的咽喉。

爲了防止外部來的進攻和抄掠，發兵防守，本是常事，但北涼後期可能有特殊背景（見下）。高昌郡兵奉命戍守邊境，還奉命在開渠灌溉時守護渠水，哈拉和卓九一號墓文書一四兵曹下八幢符爲屯兵值夜守水事：

1 右八幢知中部屯。次屯之日，幢共校將一人撰(選)兵十五人夜住

2 守水。殘校將一人，將殘兵，值苟(狗)還守。

3　兵曹掾張預、史左法彊白。明當引水溉兩[部]。

〔中　缺〕

4　司馬　藺　功曹史　璋

5　　典軍主簿　嘉

6　[録]事參軍　悦　五官　洿

〔後　缺〕

本件雖缺紀年，亦當是義和、建平間文書。

文書所云「知中部屯」即是負責中部屯田，承擔此項任務的有八個幢，規模是相當大的。文書稱「明當引水溉兩部」，即中部和東部二督郵轄區。本件説的八幢是負責中部屯的，應當還有負責東部屯田的若干幢。兩部是否包括高昌全境不可知，但已包括很大地區是可以肯定的，八个幢分布的地點相當廣。據本件，高昌郡屯田有一個十分嚴密的管理制度，開渠引水灌溉兩部定在同日，由郡府尅期定限，並派遣相當多的兵士去守護，這充分表示開渠灌溉是當地的一件大事。

開渠引水時派兵守護以便調節用水量防止意外，可能沿自戊己校尉時代的舊制。漢代早期那裏大概除車師前部地域外没有民田，東漢後期特别自晉以來不僅已存在民田，而且出現了大族豪强，所以要派兵守護就不僅爲了調節用水，防止渠道出什麽問題，而且也爲了彈壓争水糾紛，實質上也就是優先保證官府屯田和豪强私田的灌溉。

上引文書中說除了夜住守水的將士之外，每幢以校將一人帶着其餘兵士和「值苟（狗）還守」。軍中畜狗值夜也是漢代屯戍遺制。居延漢簡甲編所錄，如：

南部隊六所，狗籠一（二四六〇）

狗少一見不入籠（一三八三）

類此提到狗的簡尚有一些，今不贅引，據居延簡可知諸隧都畜狗，狗和狗籠都有名額，在器物簿上登記。這種制度也反映在敦煌所出漢簡上，其中西部候長的移文，竟把狗和卒徒並列。〔二〕從守狗值夜這一點也看到高昌郡軍事制度殘留着漢代遺制。

四　北涼晚期高昌郡的兵士逋亡問題

如上所述，北涼晚期高昌郡的軍事活動比較頻繁。同時，兵士逋亡，在文書中也屢見不鮮。哈九一號墓所出軍事文書有四件提到兵士「逋」或「長逋」：

「馮祖等九人長逋。」（文書一二兵曹行罰兵士張宗受等文書）

「部□（隤）□雙等五人由來長□（逋），不逐部伍。」（文書一三北涼義和□年兵曹行罰部隤五人文書）

〔二〕流沙墜簡考釋廩給類十七簡。

「幢校○逋，□□在守，（中略）兵責破列□□定逋，別案推□（檢）」。（文書一六兵曹行罰幢校文書）

「謹案部隤王貴輿、楊惠二人由來長逋」。（文書二三某幢上言爲部隤王貴輿等長逋事）

從上引文書中可以看到兵士常因所謂「長逋」的罪狀受罰。「長逋」意謂長期不歸隊，所以文書說「由來長□（逋），不逐部伍」。阿斯塔那六二號墓所出文書幾乎全部是一個名叫翟彊的訴辭，其中三件（二辭一啓）是關於翟彊受賕賣放征行兵士事。今錄文書三翟彊辭爲受賕事如下：

〔前缺〕

1 □受兵魯得□

2 令狐國、王朴子等五人賕物，放住殘□

3 □逋，彊即上辭，蒙教付曹檢校。款疊□

□

4 ○恤。彊白：子等九人，逋不從征（亡還），各□□

5 鞭二百。韓□一人款，勑彊省冀表逋○□ ○（款用卭塞賕罪。）

6 ㊀塞㊀賕㊀罪。彊即白以諸書付曹，攝兵行□□

〔後缺〕

本件及其它二件紀年均已殘缺，同出文書有北涼緣禾五年隨葬衣物疏，死者爲男子，可能即翟彊。緣禾疑即北魏太武帝的延和，止三年，五年實爲太延二年，亦即沮渠牧犍之承和四年（四三六），仍是北涼晚期，亦即闞爽統治時期。

有關此案的二辭一啓文多殘缺，殘存語亦不盡可解，但大意還是可以知道的。翟彊應是個下級官或吏，在一次征行中，他被控受賕賣放兵魯得、令狐國、王朴子等五人，因而入獄。他先後陳訴太守請付曹司檢校和陳述事件經過，自稱枉屈，被人誣攀。按同墓文書九韓暖等名籍，其中亦有五人之一的令狐國，上引翟彊訴辭稱「韓□一人款」，疑即韓暖，則此名籍亦與受賕案有關。

翟彊受賕，是否確如他自己所説「横見搏引」，可以不論，但征行兵士多「長逋」，翟彊訴辭中魯得等五人「逋不往」，又「子等九人逋不從征」，總是事實。結合哈九一號墓文書所見，知北涼晚期高昌郡兵逋亡之風盛行。

北涼晚期闞爽統治高昌，那時候兵士逋亡之風我以爲與人民反對闞爽的分裂活動有關。闞氏是高昌大姓，他的分裂活動代表部分豪强的封建割據要求。據魏書卷四三唐和傳，宋書卷九八大沮渠蒙遜傳，後來唐契和沮渠無諱先後進攻高昌時，闞爽曾獲得柔然的支持，敗後又投奔柔然，他自立爲太守是獲得柔然支持的。

高昌地處西域與内地經濟、文化交流的要道，自西漢設置戊己校尉以來，和涼州地區有非常密切的關係，前涼以後，經歷後涼、前秦、西涼、北涼，一直是涼州的屬郡。高昌郡的居民包括少量當地車師人（那時尚有車師前部王，車師人大都居於交河城周圍）、漢代戍兵的後代和大量來自西域和内地的漢族和其他各族人民，其中從涼州進入的最多。包括高昌在内的西域各族人民歷來把涼州作爲歷届中原皇朝的地方政權。歷史的要求是繼續和加强高昌與内地的政治、經濟、文化聯繫，把地處玉門内外的高昌從涼州分割出去，就意味着削弱、阻礙這些聯繫，闞爽的分裂活動違背了歷史要求，違背高昌人民乃至其他西域各地人民的願望，理所當然地要遭到人民的反抗。如前所説，高昌郡兵是由當地人民組成的，兵士逋亡正好反映了高昌人民反抗闞爽分裂活動的意志。

（原載社會科學戰綫一九八二年第三期）

吐魯番文書中所見絲織手工業技術在西域各地的傳播

漢代以來，出玉門、陽關通向西域的道路被稱爲「絲綢之路」，中國的絲綢經過西北邊境，跨越葱嶺以達波斯、大秦。伴隨着絲綢的輸出，中國内地的養蠶技術也逐漸傳播到西北各族，傳到國外。這已人所熟知，無須贅述。但是來自内地的絲織手工業在西北各地傳播的記錄却很少見，那裏是否自己生産絲織品，也不清楚。新出吐魯番文書在這方面爲我們提供了珍貴資料。本文將就這些資料，對上述問題進行探索。我對於絲織技術的發展和東西交通所知甚淺，談不上什麽研究，希望同志們指正。

哈拉和卓八八號墓出有北涼承平五年（四四七？）道人法安弟阿奴舉錦券，〔一〕録如下：

1　承平五年，歲次丙戌，正月八日，道人法安弟阿奴

2　從翟紹遠舉高昌所作黄地丘慈中

3　錦一張，綿經綿緯，長九五寸，〔二〕廣四尺五寸。

〔一〕見吐魯番出土文書第一册一八一頁。

〔二〕「九」字下當脱「尺」字。

4 要到前年二月卅日，償錦一張半，
5 若過期不償，月生行布三張。民有私
6 要，要行二主，各自署名爲信。（沽）故各半，
7 共員馬一匹，各〇了。倩書道人知駿
8 時見　道智[惠]〔一〕丞安

承平本是北涼殘餘勢力割據高昌的沮渠無諱及弟安周年號，其五年是丁亥，與本件的五年丙戌不合，很可能這個承平乃高昌王麴嘉的年號，這一疑問，吐魯番出土文書第一册已有説明。年號問題不屬本文討論的範圍，總之本件年代至晚也在公元五〇六年。

契券告訴我們，道人法安及弟阿奴所舉的錦稱爲「高昌所作黄地丘慈中錦」。「丘慈」即龜茲，今新疆庫車。據券，這張黄色爲地的錦是高昌當地生産的，仿照丘慈製作的，其特點是「綿經綿緯」。這裏可以知道，高昌、丘慈都生産錦，大概這種「綿經綿緯」的錦始於丘慈，因此即以丘慈命名。丘慈錦似乎在高昌銷行較廣，所以爲高昌所仿製。哈拉和卓九九號墓出有北涼承平八年（四五〇年？）翟紹遠買婢券，〔二〕録如下：

〔一〕「道」下脱「人」字。
〔二〕見吐魯番出土文書第一册一八七頁。

1 承平八年，歲次己丑，九月廿二日，翟紹遠從石阿奴
2 買婢壹人，字紹女，年廿五，交與丘慈錦三張半，
3 賈(價)則畢，人即付。若後有何(呵)盜仞(認)名，仰本
4 主了，不了，部(倍)還本賈(價)。二主先和後券，券成
5 之後，各不得返悔，悔者罰丘慈錦七張，入不
6 悔者。民有私要，要行二主，各自署名爲信。
7 券唯一支，在紹遠邊，倩書道護

本件的承平八年己丑同樣與沮渠安周的承平八年(四五〇)庚寅干支不符，吐魯番出土文書編者疑爲公元五〇九年，亦是麴嘉年號，晚於上件止三年。據券，買婢人翟紹遠與上件舉錦券的錦主姓名相同，賣婢人石阿奴之名亦與上件舉錦人名同。本件出於墓道，很可能原來與上件同爲哈拉和卓八八號墓物，後來經盜擾混入此墓道。本券載明，婢價以丘慈錦償付，悔約也以丘慈錦賠償，可知丘慈錦在本地區相當流行。

丘慈錦的特點是「綿經綿緯」。所謂「綿經綿緯」，即指用以織錦的蠶絲不是治繭抽絲，而是治繭爲綿，自綿抽絲。周書卷六武帝紀下建德六年(五七七)九月戊寅稱：「初令民庶已上，唯聽衣綢、綿綢、絲布、圓綾、紗、絹、綃、葛、布等九種，餘悉停斷。」通鑑卷一七三陳太建九年(五七七)記此事，胡注：「綿綢，紡綿爲之，今淮人能織綿紬，緊厚，耐久服。」紡綿爲綢至今有之，五、六十年前江浙鄉鎮常

常可以見到。「綿經綿緯」的錦亦即紡綿爲絲織之。哈拉和卓九〇號墓出有高昌永康（？）十年用綿作錦絛殘文書〔一〕記「[須]綿叁斤[半]作錦絛」。本件年號已殘缺，據同墓出有永康十七年殘文書擬定。「永康」是柔然受羅部真可汗年號。永康十年相當於公元四七三年。〔二〕正是闞氏高昌時代。假使上引兩券的承平爲麴嘉年號，則此件尚在其前四十餘年（四七五——五〇六），那時用綿作錦絛的。

哈拉和卓九九號墓經過盜擾，出有擾入文書三件，其中之一爲某家失火燒損財物帳，據共出的擾入文書有高昌延昌二十二年（五八二）紀年，本件年代當在麴氏高昌中期。文書首稱，「九月十四日家人不慎，失火燒家」，下列被燒財物，除房屋的梁、椽及少量生活用具外，絕大部分是各種衣服、紡織製成品和紡織所用的原料。這些原料計有「綿經緯二斤」、「布縷八斤」、「綿十兩」、「疊縷卌兩」。此外還有「蠶種十薄」和「絹姬（機？）一具」。這一失火人家簡直像是「紡織手工業作坊」。這些種類不同的原料表明當時高昌地區在生產一般的錦、絹、疊布、麻布之外，還生產「綿經綿緯」的紡織品。由此得知，早自闞氏王朝，晚至麴氏王朝中期，高昌地區百年間一直在紡織這種具有綿經緯特點的錦或其它綢之類。

這樣一種紡織技術在西域有它的特殊意義。北史卷九七焉耆傳：「俗事天神，並崇信佛法也。尤重二月八日、四月八日。是日也，其國咸依釋教，齋戒行道焉……養蠶，不以爲絲，唯充綿纊。」焉耆和高

〔一〕吐魯番出土文書第二册第七頁。

〔二〕北史卷九八蠕蠕傳稱北魏文成帝之和平五年（四六四）爲柔然之永康元年，則十年爲癸丑，公元四七三年，據吐魯番所出蓮花經殘卷題記稱「永康五年，歲在庚戌」，則永康十年爲公元四七六年，與魏書不合。詳吐魯番出土文書第二册四頁注。

昌一樣，火祆教與佛教並行，但佛教顯然居優勢。法顯傳記法顯於後秦弘始元年（三九九）到傷夷，稱「傷夷國僧亦有四千餘人，皆小乘學，法則齊整」，又大唐西域記卷一記阿耆尼國云：「伽藍十餘所，僧徒二千餘人，習學小乘教說一切有部。經教律儀，既遵印度，諸習學者即其文而翫之。戒行律儀，潔清勤勵。然食雜三淨，滯於漸教矣。」傷夷、阿耆尼並即焉耆，法顯稱僧徒「法則齊整」，玄奘也說「戒行律儀，潔清勤勵」，其養蠶不取絲，當由佛教戒殺之故。這一點大唐西域記卷一二瞿薩旦那（于闐）條記載甚明。本條在記鹿射僧伽藍時敍述了蠶種西傳的故事。據說當地本來「未知桑蠶」，後來得娶「東國君」之女，這位王女私自「以桑蠶之子置帽絮中」，避免了關防的搜查，傳入瞿薩旦那。這段故事中的「東國君」是誰？是何朝何代發生的事可以不管，總之表明于闐蠶桑之業傳自東方。在記敍這一故事後，接着有如下一段話：「陽春告始，乃植其桑，蠶月既臨，復事採養。初至也，尚以雜葉飼之，自時厥後，桑樹連蔭。王妃乃刻石爲制，不令傷殺，蠶蛾飛盡，乃得治繭，敢有犯違，明神不祐。遂爲先蠶建此伽藍。數株枯桑，云是本種之樹也。故今此國，有蠶不殺，竊有取絲者，來年輒不宜蠶。」于闐「上宜五谷及桑麻」，亦見北史卷九七本傳。其地一直是西域崇信大乘佛教的重鎮，內地第一個西行求經的僧人朱士行即在于闐求得大乘經放光般若。法顯傳說于闐「衆僧乃數萬人，多大乘學」。大唐西域記說此國「崇尚佛法，伽藍百有餘所，僧徒五千餘人，並多習學大乘法教」。王妃刻石爲制，要待蛾出繭破纔得治繭，當然亦因戒殺之故。續高僧傳卷二七釋道休傳記載道休「不服繒纊，以傷生也」，同卷並記釋道宣云：「余曾參翻譯，親問西域諸僧，皆以布毡而爲袈裟，都無繒絹者，縱用，以爲餘衣，不得加受持也。其龜茲、于遁（闐）諸國，見今養蠶，唯擬取綿，亦不殺害。」道宣親自詢問西域諸僧，知道龜茲、于闐諸國養蠶只取綿，和玄奘所説相符。龜茲也是「習學小乘教説一切有部」（亦見大唐西域記卷一），佛法甚盛。大慈恩寺三藏法師傳卷一稱玄奘到屈支（即龜茲），「將近王都，王與羣臣及大德僧木叉毱多等來迎，自外諸僧數千皆於城東門外張浮幔，安行像，作樂而住」。玄奘所以受到這樣厚待，應與高昌王麴文泰作書二十四封，「通屈支等二十四國」有關（亦見上引傳）。傳又云：「有高昌人數十於屈支出家，别居一寺，寺在城東南，以法師從家鄉來，先請過宿。」可知高昌與龜茲宗教上的關係密切。高昌人仿製丘慈錦，與這種「綿經綿緯」的錦在高昌流行，疑亦與宗教有關，不僅貿易往來。

據上所引諸書記載，西域的焉耆、于闐、龜茲都有蠶桑，由於遵守佛戒，不願殺生，所以一定要待繭破蛾出，方纔治繭取綿。話説到這裏爲止，似乎西域各地養蠶只滿足於將繭製成綿絮。但據吐魯番所出文書，知道至少龜茲在取綿之後，還紡綿成絲，織成「綿經綿緯」的錦。既能織錦，當然也能織絹綢之類。那就説明養蠶不僅取綿，而且也取絲紡織。

當然，我們目前只知道龜茲有這樣綿織的錦，並爲高昌所仿製，焉耆、于闐是否也以綿取絲作錦呢？我們不知道。從高昌仿製這點看來，其他各地也未必不能仿製。哈拉和卓九〇號墓出有高昌主簿張綰等傳供帳，〔一〕其中有云：「張綰傳令，出疏勒錦一張，與處論无根。」上面已提到此墓大致在

〔一〕吐魯番出土文書第二册第一七頁。

闞氏高昌時期。疏勒在法顯傳中爲竭叉國，稱「有千餘僧，盡小乘學」。大唐西域記卷一二，稱「佉沙國」，那時佛教比前更爲興隆，玄奘説其地「淳信佛法，勤營福利，伽藍數百所，僧徒萬餘人，習學小乘教説一切有部」。據法顯傳，那裏因爲山高地寒，「不生餘穀，唯産麥耳」，假使這樣，那就很難種桑養蠶了。但玄奘却説其地「稼穡殷盛，花菓繁茂」。北史卷九七疏勒傳也説「土多稻、粟、麻、麥」。疏勒即今新疆喀什市，氣候雖寒，當時未必只能植麥。從上引文書看來，那裏不僅有蠶桑，而且還生産以疏勒命名的錦。疏勒也崇佛教，是否也是綿織的呢？我們不清楚。假使如此，那麽龜兹錦所以命名的特點可能别有所在。但不管疏勒錦是否用綿抽絲織成，紡織手工業傳入疏勒並生産具有自己特點的錦是毫無疑問的。

此外，哈拉和卓九〇號墓還出有高昌□歸等買鍮石等物殘帳，〔一〕記有「鉢斯錦」。鉢斯疑即波斯，鍮石也正是波斯的産物，〔二〕這樣，紡織手工業技術的傳播就目前所知，起自高昌，經過焉耆、龜兹、疏勒，由此西越葱嶺，以達波斯。這一條傳播的道路和漢代以來著名的北道相符。

高昌地區大概早就有蠶桑和紡織手工業。北史卷九七高昌傳説「其地宜蠶」，大概本之魏書，〔三〕

〔一〕吐魯番出土文書第二册第二四頁。

〔二〕北史卷九七波斯傳。按波斯錦亦見於梁書卷五四諸夷傳滑國條。傳稱：「普通元年（五二〇），又遣使獻黄獅子、白貂裘、波斯錦等物。」時間晚於哈拉和卓九〇號墓。

〔三〕魏書卷一〇一高昌傳，原缺，後人以北史卷九七西域傳補，而删去魏以後事。

以後周書、隋書的高昌傳都這樣説，想也沿襲魏書，但却是實況。前引文書正説明了這一點。下面我們將再作一些補充。

阿斯塔那一號墓出有西涼建初十四年嚴福願賃蠶桑券，〔一〕内稱「嚴福願從闞僉得賃叄薄（簿）蠶桑」，〔二〕同墓又出某人條呈爲取床及買毯事，内稱「楊奣從劉普取官床四斛，爲絲十三兩。□□得床十一斛，作絲二斤三兩半」；又出劉普條呈爲綿絲事，稱「都合綿七斤」，「楊瓜生絲一斤、索盧來絲十兩」。〔三〕這二件條呈中所見的絲、綿是和官府有關的，條呈内有「請副内紀識」語，可以爲證，但這是徵納物呢，還是交換、折價物品，還不明白。根據文書，我們可以肯定的是，在麴氏高昌期間綿、絹確是某種賦税的徵發對象。阿斯塔那一五五號墓出有劑俗絹殘條記二件，〔四〕其一云：

〔一〕本墓出有建初十四年八月韓渠妻隨葬衣物疏，建初是西涼李暠年號，李暠卒於建初十三年（四一七）初，子李歆嗣位，隨即改元爲嘉興，建初十四年實爲嘉興二年。按西涼占有酒泉、敦煌，高昌雖説僻遠，由酒泉，經敦煌、伊吾以達高昌，不出十日，不應遲至次年八月尚不知改元，且所引條呈乃官府文書，更不應惘然不知改元。這批出土文書具有建初紀年的有兩種情況，一是確知爲西涼「建初」，哈拉和卓九一號墓的西涼建初四年（四〇八）秀才對策文即是；也有很可疑的，哈拉和卓八八號墓所出西涼建初二年（四〇六）功曹書佐左謙奏即是（以上兩件並見吐魯番出土文書第一册一七——二〇頁。）本墓所出的建初紀年文書也難確定其爲西涼，但從文字内容和書法看，應早於麴氏高昌時期。

〔二〕這裏所云「蠶桑」，實即指蠶，所以用「簿」計算，但不解蠶怎樣租賃。

〔三〕以上所引阿斯塔那一號墓所出文書並見吐魯番出土文書第一册一七——二〇頁，又查原文「絲」併作「系」。

〔四〕並見吐魯番出土文書第三册二九三、二九四頁。

其二云：

1 □［歲］二月劑俗絹，將慶祐下□

2 □參軍孟仕斌、［翔］阿延、張衆護、陰　　八月七日

1 □歲三月劑俗絹拾肆文，練壹□

2 □［壹］文，唐　　陰伯、孟斌、田□

3 □［入］。

按本墓所出文書有紀年者早自高昌重光二年（六二一），晚至延壽十年（六三三）。此二條記亦應爲高昌後期文書。又阿斯塔那三六六號墓出有高昌某年永安等地劑僧俗逋絹錢條記，〔一〕內稱：

1 永安五月劑俗逋絹錢七十一文半。　次十月［劑］

2 ［逋］錢七文。　　　次僧逋［錢］

3 □寧十月劑俗逋絹錢卌文。

〔後缺〕

本墓文書止出此一件，據內容與前引條記類似，亦當是高昌後期文書。像這類「劑僧俗絹、練錢條記」還有一些，今不悉引。所謂「劑僧俗絹」的確切解釋究竟是什麽，尚待研究，這裏只能肯定其爲一種賦

〔一〕見吐魯番出土文書第三册三三五頁。

税，其徵納本來是絹，高昌後期已折錢交納。又阿斯塔那九二號墓出有高昌諸寺田畝官絹帳，上記諸寺田畝數及樹數，下記絹、綿數，〔一〕例如「絹半綿半」，「絹二半、綿二半」等。末稱「合計得絹」云云。本件似是據田、樹徵納絹綿，但舊畝多少和徵納絹綿多少並無必然關係。同墓所出還有一件高昌某歲諸寺官絹捎本，「官絹捎本」是原件標題，意義不明，内記諸寺名及絹、綿數，多的「絹五綿五」，少則「絹半綿半」，却没有田畝及樹的數量，與上件不同。這些絹、綿是否就是所謂「劑僧俗絹」的僧絹呢，還是對諸寺的布施，不明。

阿斯塔那九二號墓爲合葬墓，出有高昌延壽十六年（六三九）陽保久妻張氏墓誌及唐總章二年（六六八）楊保久墓誌，這二件文書均拆自女屍紙鞋，應在延壽十六年前，但也不會太早。

根據上引文書，麴氏高昌時期曾經以絹、綿作爲賦税徵納物是無疑的，既然被作爲賦税徵納物，當然也反映當地的絹、綿生產較爲普遍。即使在後期，絹、綿已折錢交納，但從寺院文書中（且不管是徵納或者布施）仍反映當地的絹、綿生產。完全可以證實史籍關於高昌「宜蠶」的記載。

關於高昌「宜蠶」的記載，兩唐書高昌傳已不見，只稱「有草名白疊，國人采其花織以爲布」。〔二〕

〔一〕本件共有五段，除第一段絹、綿爲墨書外，其他四段均朱書，與下件並見吐魯番出土文書第五册一七五——一七九頁。

〔二〕新唐書卷二二一上高昌傳此句作「擷花可織爲布」。此用舊唐書卷一九八。

唐代西州的調據貞觀户籍是緤布而不是絹或麻布，〔一〕也表明當地以種白疊，織疊布爲主，〔二〕養蠶織錦、絹的手工業已經衰落，但也還不是完全不見記載。新唐書卷四〇地理志隴右道西州交河郡條下記「土貢絲、㲣布、氈、刺蜜、蒲萄、五物酒漿、煎皺乾」，絲仍列爲土貢物品的第一位。唐六典卷三户部郎中員外郎條記隴右道厥賦稱「西州白氈㲣」，元和郡縣志卷四〇隴右道西州貢物稱「開元貢㲣毛、〔三〕刺蜜、乾蒲萄」，通典卷六記諸郡土貢，交河郡（西州）是「貢㲣布十端」。歷考諸書，均不見貢絲的記載。但六典以下所述都是開元制度，通典稱郡，更是天寶時制，新唐書卷四〇地理志所述也可能別有所據，源出唐初記載。

最後，附帶提一下，阿斯塔那二一四號墓，出有唐氾貞感等付綿練當青科（稞）帳，内容是列記諸人姓名及付綿若干屯或練若干疋，計當青科若干斛斗。付綿最多二十屯，少則兩屯；付練多至二十疋，少則五疋，與應納青科多少相當。内「綿拾屯」與「練伍疋」都「計當青科（稞）陸碩伍㪷（斗）」，則綿兩屯相當於練一疋。本件只付綿、練，却没有絲。本件紀年已缺，同出有唐麟德二年（六六五）張君

〔一〕見哈拉和卓三九號墓所出唐貞觀二十一年帳後□苟户籍，吐魯番出土文書第六册，第一〇二頁。

〔二〕按梁書卷五四高昌傳已云：「草實如繭，繭中絲如細纑，名爲白疊子，國人多取織以爲布，布甚軟白。」前引哈拉和卓九〇號墓所出高昌主簿張綰等傳供帳多處記載「行緤」，多至四十匹，這是較早時期的墓，可知疊（緤）布的生産早已有發展。但高昌文書還未見普遍徵納疊布的記載。

〔三〕「㲣毛」可能是「㲣氈」之訛。

妻麴勝墓誌，本件當不晚於本年，據書法和内容也不能早於唐代。徵納青稞是什麽税目，經常性的賦税還是臨時徵發，我們難以確定，但知這不是對個别人户的徵納，以綿練當青稞也不是個别人户的特殊處理。是否可以反映唐代西州仍然有較普遍的蠶桑和紡織手工業呢？

附記： 本文寫成後，承新疆博物館武敏、吴震二位同志見告：新疆出土的北朝織物中有「綿經綿緯」所織之絁，又阿斯塔那三〇五號墓所出屍衾亦係「綿經綿緯」織成，但較粗疏。今附記文後誌謝。

（原載出土文獻研究一九八五年第一期）

敦煌所出鄮縣尉判集中所見的唐代防丁

敦煌所出唐開元二十四年（七三六）岐州郿縣尉□勳牒判集殘存第廿四之後半至第卅一，[一]其中許資助防丁第廿八、判問宋智咆悖第廿九、岐陽郎光隱匿防丁高元牒問第卅、岐山吕珣隱匿防丁王仵牒問第卅一，並是有關徵發防丁的判辭。

關於唐代防丁，日本濱口重國氏曾經論及，[二]玉井是博氏撰唐代防丁考專論，[三]引據甚詳，上述郿縣尉判集中有關判文業已録引。玉井氏對濱口氏的某些論點提出不同意見，看來是對的。但我認爲某些論點還可以商榷，有些問題尚待補充説明，因草此文。遺憾的是日本二位學者均已逝世，未能就正。

一　防丁溯源

濱口和玉井二氏都認爲唐代防丁是在府兵制破壞時出現的。據史籍記載，唐代開元前確未出現

〔一〕伯二九七九號。劉復敦煌掇瑣（中）七〇，北京大學中國中古史研究中心編著敦煌吐魯番文獻研究論集六一五——六二六頁，日本池田温中國古代籍帳研究三七四——三七五頁。又原件作「卅一」，應作「卅二」。

〔二〕濱口重國府兵制度より新兵制へ，秦漢隋唐史研究收録。

〔三〕玉井是博唐代防丁考，載支那社會經濟史研究，一九四二年岩波書店出版。

過防丁，但如果追溯其淵源，却可以推到更早的時代。周書卷二八權景宣傳稱：

除南陽郡守。郡鄰敵境，舊制，發民守防三十五處，多廢農桑，而姦宄猶作。景宣至，並除之，唯修起城樓，多備器械。寇盜斂迹，民得肄業。

傳文說得很清楚，守防人是由郡守徵發的當地民丁，他們是農民，所以被徵守防，便「多廢農桑」。權景宣任南陽郡守，據傳在大統四年（五三八）邙山戰後，大統十年（五四四）東魏侯景降西魏前。周書卷二三蘇綽傳稱大統十年，綽奏上六條詔書，其六爲均賦役，有云：

又差發徭役，多不存意，致令貧弱者或重徭而遠戍，富彊者或輕使而近防。守令用懷如此，不存卹民之心，皆王政之罪人也。

詔書說的「遠戍」、「近防」，均指徵發民丁。

上引二條充分說明西魏時期即有自民間徵發的防戍之役，守防的民丁應即是防丁，他們是府兵制以外的地方兵。府兵制的形成嚴格地說應在大統十六年（五五〇），其基本隊伍乃是早就存在的宇文泰所統的十二軍；十二軍的骨幹則是爾朱天光率以入關的六鎮餘衆；以後，又募集了所謂關隴豪右以擴大隊伍。府兵包括他們的家屬，在西魏、北周時都別有軍籍，不屬州縣，地方的户籍、計帳都不登載他們的姓名。直到建德二年（五七三），周武帝廣募百姓充當府兵，仍然要「除其縣籍」。這一切都和由地方官徵發的防戍民丁絶不相同。

西魏、北周時期曾經設置大量的防或戍，特別在與東魏、北齊鄰接地區，這些防戍多見史籍記載，本文不擬列舉。〔一〕應當指出的是守防士兵除了如權景宣傳所見徵自百姓以外，還有地方豪强擁有的武裝隊伍。〔二〕周滅齊後，軍事形勢發生巨大變化，周齊鄰接地區的防想必大量撤廢。防的名稱以後很少出現，可能統稱爲鎮或戍。守衛這些鎮戍的士兵來源，周末情況我們不清楚，但發民守防的制度在隋代却有明確的記載。隋書卷二四食貨志稱：

（開皇）十年（五九〇）五月，又以宇内無事，益寬徭役，人年五十，〔三〕輸庸停防。

按同書卷二高祖紀下開皇十年六月辛酉制稱「人年五十，免役收庸」，月份與食貨志不同，「不役收庸」的役包括兵役、力役，不限於「防戍」之役，但當然也包括防戍之役在内。值得注意的是詔書只説「人年五十」才得「輸庸停防」，這就意味着五十歲以下的丁男仍然是被徵防戍的對象。由此可見，從西魏、北周直到隋代，一直從民間徵發丁男擔承防戍之役，這種制度直到開皇十年仍繼續執行。充防戍之役的丁男應即防丁。

我們從史籍記載中還見到隋代有一種防戍人被稱爲「戍子」。新唐書卷四九下百官志下鎮將戍主條注云：

唐廢戍子。每防人五百人爲上鎮。

〔一〕勞格讀書雜識周齊防戍鎮城考考證甚詳，知防、戍、鎮往往爲互稱。
〔二〕周書卷三五薛善附敬珍傳，卷四三李延孫、魏玄傳。
〔三〕「人年五十」之「人」本是「民」字，唐人修隋書避太宗諱改。

這條注文不見舊唐書職官志及通典、唐六典。如果可信的話，則既云「唐廢戍子」，顯然隋代舊有此稱，但在隋代記載中却絶未見到。據唐制，凡是被稱爲「子」的通常是指從當地或側近地區的白丁内徵發，承擔某項定期勞役的人夫，例如烽子、渡子、驛子等等，〔一〕戍子大概也屬於這一類型。假使這樣，戍子是否即是隋書食貨志所見那種承擔防戍之役的人呢？但是注稱「唐廢戍子」，是廢其名呢？還是廢除徵發民丁防戍之制？我們還不清楚。

以上我們追溯了防丁之役早見於西魏，沿襲至隋。雖然難以斷言西魏至隋就有防丁名色，隋代有可能被稱爲戍子，但由地方徵發承擔防戍之役的民丁，本質上終究即是防丁。

二　關於官賜及唐代防丁的身分

判集許資助防丁第廿八、宋智咆悖第廿九，都是有關親鄰資助防丁衣裝的判辭。根據上述的三道判，我們看到有如下四點：

(一)防丁一役，不請官賜，只是親鄰間轉相資助。

(二)親鄰資助防丁衣裝，准法無例，只是舊俗如此。

(三)雖是舊俗，仍須官府出榜曉諭，强制執行，實際上是攤派。

〔一〕並見日本濱口重國氏唐に於ける兩税法以前の徭役勞働，秦漢隋唐史研究上卷收録，五二一——五二九頁。

（四）官府出榜曉諭，限期交納，却仍有宋智其人抗拒不納，以致被帖獄留問。

我們先討論官賜問題。這裏所稱「官賜」實際只指衣賜。

唐代開元以後，作爲軍需支出的衣賜大致可分爲三類。

白氏六帖卷一六軍資衣糧第一衣賜式引兵部式云：

給賜者用所在官庫，絹布相兼。其軍每年得賜者不在別給時服限。其賜，每年隨庸調預支。

諸應有知發軍處，所司與兵部計會，量支當年庸調及脚價，留本州，便充兵賜。

據兵部式，衣賜有三類。一是其軍每年得賜者。按通典卷六賦税下記天寶末年財政支出，稱「給衣賜則五百三十萬（疋）段」，下注朔方、隴右、河西、伊西北庭、安西諸節度及羣牧的衣賜數。〔一〕這一項衣賜常年給與節度使所屬諸軍，應即兵部式所云「每年得賜者」。

第二類是所謂「別給時服」，凡是每年得衣賜的諸軍均不再給與。可知另屬一類，推想當是由於季節變換，作爲特賜給與臨時派遣軍的。

第三類是兵士出發時所給衣裝。兵部式稱「應有知發軍處，所司與兵部計會」云云，意思是説負責發兵的地方官員（所由），和尚書省兵部計算應給絹布數額，在本年徵收的庸、調、脚價内預支部分

〔一〕注文無范陽、平盧及嶺南、劒南。南方二鎮可能本無每年衣賜，范陽、平盧不知何以不舉。本條上文記糴米粟（即和糴）數亦不舉上述四鎮，知非偶漏。

留在本州（即發軍州），作爲兵士的衣賜。

以上三類，前二類是發往屯駐軍所在地的，不涉本文討論範圍，姑置不論。判集所云「不請官賜」，當指兵士出發時的衣賜。

我們知道衛士是自備資裝的，具見新唐書兵志，無須贅述。防丁由地方官從民丁中徵發，不是衛士，也無煩論證。出發時給與衣裝的乃是名爲募而實是徵的兵募。册府元龜卷一三五帝王部愍征役開元十四年（七二六）六月詔云：

至於兵募，尤令存邺，去給行賜，還給程糧。

開元十四年尚是鄯縣尉□動牒判案的前十年，可見，那時的兵募出發時早已是給與行裝的。

唐初不請官賜的兵士有一種稱爲義征。舊唐書卷八四劉仁軌傳麟德元年（六六四）仁軌上表稱：

臣問：「往在海西，見百姓人人投募，争欲征行，乃有不用官物，請自辦衣糧，投名義征。何因今日募兵，如此儜弱？」

仁軌説的是太宗征遼時事，通鑑卷一九七貞觀十九年（六四五）三月稱「有不預征名，自願以私裝從軍，動以千計」，可以互證。

防丁由縣在民丁中徵發，既不是名屬軍府的衛士，也非自願投軍的義征，他們有似兵募，却是一種帶有經常性的徵發，又不請官賜，也與兵募不同。防丁有時與兵募並稱，那是因爲同屬征防行人。[一]有時却又與屯丁並稱。[二]關於防丁的待遇，文苑英華卷四六二張九齡開元二十三年（七三五）正月藉田制稱：

> 行人及防丁有身亡者，爲造棺櫬，遞還本處。諸州應發遣防丁，去本貫一千里已上，比來除正課之外，給一丁充資，多不濟辦，宜更量與資助。

據此可知防丁出防有的遠達千里之外，顯然不在本州。這和周書權景宣傳所見在本州徵發，也即守衛本州諸防的地方兵很不相同。但同書蘇綽傳所載六條詔書中百姓服役本有近防和遠戍，唐代防丁出防有遠有近仍可能沿襲前代。

據上引藉田制，出防千里外的防丁除免正課（指租調庸）外，還給一丁充資（即免除一丁課役，命其出錢物資助防丁），以及含糊不清的「量與資助」。千里内的大概可免除正課。按敦煌所出水部式有如下記載可以互證：[三]

> 1 滄瀛貝莫登萊海泗魏德等十州共差水手五千
> 2 四百人；三千四百人海運，二千人平河，宜二年與替，不煩

[一] 册府元龜卷八五帝王部赦宥開元二十年「十月辛卯，北巡狩至潞州飛龍宮，曲赦潞州，給復三年，兵募、丁防悉放」。

[二] 同書卷八六天寶十載（七五一）正月南郊赦書稱「京兆府及三輔三郡，百役殷繁，自今已後，應差防丁、屯丁，宜令所由支出别郡」。

[三] 伯二五〇七號文書，見羅振玉鳴沙石室佚書。

3 更給勳賜，仍折免將役年及正役年課役。　並准

4 屯丁例，每夫一年各帖一丁。　其丁取免雜徭人家道

5 稍殷有者，人出二千五百文資助。

據此，知遠戍防丁「給一丁充資」，和屯丁的帖丁待遇相同，海運及平河水手也是按屯丁例帖丁。至於屯丁是否亦分遠近，不詳。

上引藉田制是開元二十三年正月頒佈的，毫無疑義，開元二十四年鄜縣尉徵發防丁必須遵用有關條例。從判辭中我們看不明出防道里近遠，據判辭一則稱「昨者長官見說資助及彼資丁」，再則說「幾欲判停此助，申減資錢」，所云「資丁」，應即藉田制所說的「給一丁充資」，水部式所說「每年各帖一丁」。這種帖丁是免除課役，「人出二千五百文」給與受資助的屯丁、水手。知判辭所說「資錢」即資丁或帖丁所納之錢。由此可知，這次鄜縣徵發的防丁中也存在着遠防千里外而享受帖丁待遇的人。至於判辭所說「判停此助」之「助」乃指親鄰相助的衣裝，這一項「准法無例」，但似也可以牽合藉田制中意義含糊的「宜更量與資助」。

屯丁、水手的性質，據水部式「折免將役年及正役年課役」一語，可知不屬於正役範圍。據唐大詔令集卷六九廣德二年（七六四）南郊赦書中提到的諸色納資人中有「驛丁」、「屯丁」，看來屯丁、水手應屬色役。和屯丁、水手同樣徵自民丁，享受同等待遇的防丁是否也可以認作色役呢？這一點我們難以斷言。這裏只是說防丁雖是兵役，却不同於府兵、兵募以及由諸軍召募的健兒，其徵發、待遇與

作爲色役的屯丁、水手類似而已。

三　後論

以上我們對唐代防丁作了一些探討，我們認爲防丁名色雖然始見於開元，實際上這種由地方官徵發民丁充當的防戍之役至遲可以追溯到西魏，遠一點還可以推到北魏。〔一〕直到隋代開皇年間這種制度相承不廢。我們知道西魏、北周時期有所謂丁兵制，即是由地方官從民丁中徵發有番期的勞役，其中包括防戍之役，〔二〕或者説勞役與部分兵役構成丁兵制服役的總體。見於周書權景宣傳、蘇綽傳的由民丁承擔的防戍之役大概屬於丁兵制的内容。在隋代也許這是丁兵制廢除後的遺存。隋時似亦稱爲戍子，唐代廢除了這一名稱。

唐代法令上稱承擔防戍之役的兵士爲防人，歷見於唐律中的擅興律。新唐書百官志鎮將戍主條注於「唐廢戍子」後緊接着就叙述上、中、下鎮、戍所領的防人名額。防人是怎樣組成的呢？當然有府兵，同時也可以肯定有非府兵的成員，唐律疏議卷三名例律除名者條云：

又依令，除名未叙人免役輸庸，並不在雜徭及征防之限。

〔一〕魏書卷五五皮豹子傳，又卷八二常景傳，又卷九四劉騰傳，又卷八〇賀拔勝傳。

〔二〕關於丁兵制日本山本達郎、西村元佑、越智重明等諸學者各有專題論文，我對於這一課題並未深入研究，這裏只是據堀敏一氏大作均田制研究第五章第五節從丁兵制到番役制略舉大概，諸家之説頗有出入，非本文所深論。

犯法除名的官員附籍爲民之後，就「一同百姓」，但仍得免除雜徭及征防之役。顯然普通百姓要承擔征行和防戍的兵役，亦即充當征人和防人。當然，我們不是説非府兵的防人即是防丁，因爲還有兵募，但不能排除其中也有防丁。假使是這樣，則唐廢戍子，僅廢其名，仍然從民間徵發丁男充當諸鎮戍的防人。防丁一辭雖遲至開元時始見，其實一向存在，只是當府兵未廢，邊軍未盛前，防丁的徵發不像後來那樣繁重，因此不見於史籍記載。當然，這只是一種推測，並無確據。

鄜縣發防丁在開元二十四年，次年玄宗即下詔命諸軍召募長征健兒，〔一〕二十六年正月下詔説：「今諸軍所召，人數向足，在於中夏，自可罷兵……自今已後，諸軍兵健，并宜停遣，其見鎮兵並一切放還。」〔二〕唐六典卷五兵部「天下諸軍有健兒」下注云：

舊健兒在軍，皆有年限，更來往頗爲勞弊。開元二十五年勅，以爲天下無虞，宜與人休息。自今已後，諸軍鎮量閑劇利害置兵防健兒，於諸色征行人内及客户中召募，取丁壯情願充健兒長住邊軍者，每年加常例給賜，兼給永年優復。其家口情願同去者聽至軍州，各給田地屋宅。人賴其利，中外獲安。是後州郡之間，永無徵發之役矣。

唐六典的注文由李林甫具銜，長征健兒的決策本出於林甫，〔三〕所以注文自詡這一變革。但是所云

〔一〕册府元龜卷一二四帝王部修武備開元二十五年五月詔。
〔二〕册府元龜卷八五帝王部赦宥四、卷一三五帝王部愍征役，開元二十六年正月迎氣詔。
〔三〕玉海卷一三八引李蘩鄴侯家傳云：「開元末，李林甫爲相，又請諸軍召募長征健兒，以息山東兵士。」

「州郡之間，永無徵發之役」，却遠非事實，只能説諸節度軍鎮不再徵發番代的衛士兵募及健兒而已，我們知道防丁之役，直到天寶十載仍然繼續徵發。杜甫名作兵車行有句云：

車轔轔，馬蕭蕭，行人弓箭各在腰。耶孃妻子走相送，塵埃不見咸陽橋。牽衣頓足攔路哭，哭聲直上干雲霄。道旁過者問行人，行人但云點行頻。或從十五北防河，便至四十西營田。

這首詩究作於何時，並無明文。後人以結尾有「君不見青海頭」之句，以爲指天寶八載（七四九）哥舒翰攻吐蕃，取石堡城之役，錢謙益箋杜詩，以爲天寶十載楊國忠發動的攻南詔之役，認爲「舉青海之故，以明征南之必不返也」。〔一〕今按石堡之役，未聞徵發百姓，青海一向爲與吐蕃的交戰地點，不必實指哪一次戰役。錢説也不免牽强，既指南詔之役，通篇却皆言西及北，防河、營田也和南征渺不相干。我以爲這是杜甫親見帶有經常性的兵役，所云「北防河」即防丁，西營田即屯丁，防丁非必北防，屯丁非必西行，只是作爲對文，不必拘泥。據杜甫此詩也可以知防丁之役非常嚴重，直到天寶時仍然，而且徵及十五歲的小男。

最後，值得注意的是關於親鄰資助的處理經過。據判，親鄰借助，「准法無例」，而是「舊俗如此」。既云「舊俗」，一定相沿日久。我們知道，宗族、鄉里歷來就是堅强的社會基層組織。漢代以來，散財宗族、鄉里的記載屢見不鮮。隋代義倉也是根據親鄰借助的習俗以社爲單位建立的共同捐

〔一〕錢注杜詩卷一兵車行箋。

輸貯備糧食以便救災的組織。但已經通過官府來組織與定制，不久就收歸官府，義倉粟也成爲一種稅收。資助防丁衣裝本來是舊俗，即既非法定亦非官府指派。但在判中我們却看到傳統的親鄰間道義上的責任却有待於官府的出榜曉示和强制執行。而且看來早就如此，所以判文説：「頃年防者，必擾親鄰，或一室使辦單衣，或數人共出給服。」似乎資助防丁，歷年即由官府攤派。判辭最後告誡，指派衣裝必須如期交齊，違者處罪。即使這樣，也還有個宋智投狀抗拒，以致被下獄審問。造成這種情況，當然由於徵發頻繁，困於賦役的人民無法承擔這種義務，但同時也反映了傳統的親鄰鄉里間關係較之前代有所衰弱。參照隋代義倉的設置經過，我們還看到，這種互助關係越來越成爲封建政權掌握的統治人民的一條繩索。

唐肅代期間的伊西北庭節度使及留後

天寶十三載（七五四）封常清兼領安西、四鎮及伊、西、北庭節度使，十四載常清入朝，以後伊、西、北庭節度有哪幾人，史所不詳。吴廷燮唐方鎮年表卷八磧西北庭下於封常清入朝後，惟據楊炎所撰楊和神道碑於乾元二年及上元元年（七五九——七六〇）記一楊預，此後直到大曆元年（七六六，吴表誤列於二年）才據通鑑記楊休明，中間好幾年缺載。在吴廷燮撰此表時，他所能見的史料不過如此。到了今天，由於敦煌、吐魯番文書的發見和碑刻的傳布，我們所知乾元以後至大曆元年楊休明以前的伊、西、北庭節度使及留後，除楊預外尚有楊志烈、周逸及缺名的楊某三人。這個楊某與楊預、楊志烈有什麽關係，存在着有待探討的問題。有關文書除了可補節度及留後姓名之外，還記載了當時這個地區發生的重大事件。今輯録這些資料，稍加論證，撰次成文。我所見到的有關資料不多，疏失之處，請批評指正。

一　都督楊公紀德碑與楊和碑

敦煌文化舘藏索勳紀德碑的另一面爲大唐都督楊公紀德頌，由於這一面深嵌壁中，長期不爲人所知，直到一八九三年（清光緒十九年）始被發見，張維隴右金石録卷二録文，並跋云：

按此碑上下俱有剥泐，今僅就其尚存者録之。吾所得拓本較志稿多二十餘字，又志稿誤將兩截錯列，今爲尋求文義而更正之。至於楊公何人，是何年代，不可詳考，就碑文繹之，蓋爲肅、代之間也。

按肅、代之間的河西史事，很少見於紀載，此頌雖多殘泐，仍然具有珍貴的史料價值。我未見原碑和拓本，僅能就張維録文稍加考證。張維雖説他更正了新志稿的錯誤，但他的録文仍有扞格難通之處，可能仍有錯誤，目前無法詳校。〔一〕今録如下：

1〔前缺〕冥安丞扣□□□支度判官揚□扣□□□

2人也，曾祖諱言，隨舉孝廉，累遷中散大夫，除□蒲臺

3漢太尉□□□。皇雲麾將軍、右武衛大將軍。河、華之靈，貂蟬之族，世

4爲河州太□□□□□□。邁於往古，書不絶於青史。圖牒焕發，其由可觀。公幼而□中而立。

5減封之□□□□□□，孰能坐致青雲。壯室之餘，□縉紳口鏡者也。初大將軍府君擅專經

6訓，非四□□□□□□□俟甲科，何必爲儒，拾其青紫。公以温凊左右，文藝箕裘，出將冠關西之雄。

〔一〕此碑已斷爲二截，聞半截已遺失。

7 舉秀才，□□□□□，高平郡沁水府果毅，絳郡桐鄉、京兆崇仁二府折衝。雖筮仕之初，子
云屈□
8 □授汧□□郎將。爪牙之任，社稷之心，不屑行間，屢回天眷，加左司御率府□
9 展騏驥□□□□□朱羽林之□。時以山東餘孽，尚軫皇情，分命我公，宣慰四道。徵甲□
10 式周廬□□□□□□□（來）蘇之咏，河湟懷挾纊之恩，二庭發貔武之師，四鎮敍琅玕之
貢，王室□□
11 一身艱□□□□□□閣，豈獨議功靈臺而已哉！詔優公忠武將軍、守左威衛將軍、河西
副總管。
12 彰義□□□□□□路人有光。下車無何，能事日集，豈止才用不器，所謂知機其神。此州
之創也□
13 西□□□□□□，郊有野馬，資彼外府，以成軍興。況時之艱，路之難，不去食存信，何猛
而濟寬，此
14 □□□□□□□郊祀，脩羽儀，大張禮容。眷彼勳舊，有詔詔公入朝，列郡居守獨□
15 □□□□□□□日除伊、西、庭節度等使，攝御史中丞，霜威夏寒，勁節秋凛，總我戎律，懿
茲謀猷□
16 □□□□□□者飭裝，不疑於衰，吾道西矣。此又公之惠澤。若郵傳甲仗，警候田疇，長

幼夫妻，工□

17 □西□□長史滎陽鄭嶙謂，司馬東海徐止戈，大將軍河南富去盈□公之施惠，不在報□

18 □□□□漢水，徒有沈□之心，人去陜郊，當銘聽訟之所。余實不敏，有愧於文。頌曰

〔從略〕

碑文第一行「冥安丞」和「支度判官」當是撰書碑人署銜，第二行開頭就是「人也」，顯然上面脱去「□某某」等文字。録文却没有在「人也」上記缺字號。頌文敍這位楊公的曾祖名言，隋代由中散大夫除蒲臺□（令）。父（？）在唐任雲麾將軍，右武衛大將軍。三行末爲「世」字，四行起首是「爲河州太□□□」，連起來，似是「世爲河州」的什麽官。考河州屬縣有大夏，「太」「大」常通用。但三、四行是否銜接有疑問，這一家不是河州人（見下），「世爲河州大夏令」不太可能，當是祖先有人當過河州大夏縣令。碑文敍世系較簡，又多殘缺錯簡，所知只不過這些。

楊公是誰呢？我們先考查一下他的世系。文苑英華卷九一七楊炎四鎮節度副使右金吾大將軍楊公（和）神道碑與這位楊公很有關係。楊和碑云：

公名和，字惟恭，河東人也。爲高祖驃騎之曾孫，大父諱言，隋朝散大夫，國士經術之奥，高論上庠。洎河海風塵，吴輿敗露，出補棣州蒲臺令。考諱楷，河州大夏縣令。

楊和祖父的名諱和官職與紀德頌楊某的曾祖名位相同，唯中散與朝散微異。通典卷三四敍歷代文散官，中散大夫下没有説「隋置散官」，而朝散下有之，則頌文是錯的。楊和的父親名楷，是河州大夏縣

令，紀德頌敍世系記有此官，雖然殘缺錯簡，應是先世無疑。據此，可以斷言楊和與紀德頌的楊某同出楊言、楊楷之後，楊和要高一輩。楊和碑敍楊和事跡甚詳。他曾「三破石國，再征蘇禄」，歷官「自武衛將軍、四鎮經畧副使，加雲麾將軍，兼于闐軍大使……又遷金吾大將軍，四鎮節度副使」，天寶十四載五月，死於任上。碑末還記載其子預的事跡和歷官，稱：

嗣子預，有霸王之畧，好倜儻之奇。初以右武衛郎將見於行在。天子美其談説，問以中興，遂西聚鐵關之兵，北稅堅昆之馬，起日城，開天郎，特拜左衛將軍，兼瓜州都督，關西兵馬使。又遷伊、西、北庭都護，策茂勳也。誅門人以息羣盜，設勇爵以酬諸戎……以月日輿次於某，葬我公於某所，禮也……中丞以炎聽於親宗，服於祖業，捧持簡牘，見託斯文。

楊和官終金吾大將軍，四鎮節度副使，紀德頌楊某之父是右武衛大將軍，不能定爲同一人，或是胞兄弟。楊預和楊某似是同祖兄弟。他們弟兄倆的事跡歷官頗多相同：

（一）二人都曾在安史亂時出使西、庭和四鎮。紀德頌説「時以山東餘孽，尚軫皇情，分命我公，宣慰四道。」所謂「四道」，據紀德頌10行「□蘇之咏」四句，知是河西，隴右，伊、西、庭及四鎮。出使取得成績，「二庭發貔武（虎）之師，四鎮敍琅玕之貢」，即頒來了軍隊，徵集了物資。而楊和碑説楊預「以武衛郎將見於行在」，隨後也「西聚鐵關之兵，北稅堅昆之馬」，亦是從西、庭、四鎮頒來了兵馬。如果嚴格據文字考證出使年代似乎楊預在前。碑稱他「見於行在」，乃肅宗在靈武或鳳翔時，長安尚未克復，爲至德元載七月至二載十月（七五六——七五七）間事，其出使有可能即在此時。楊某出使之時，文稱「時以山東餘孽，尚軫皇情」，「餘孽」當指安慶緒、史思明，時間當在至德二載收復兩京後，比楊預稍晚。當然這是從文字出入之間立説的，前人行文是否這樣嚴謹是很難斷言的。

（二）二人都在河西管内任都督和重要軍職。紀德頌説楊某出使有功，「優公忠武將軍、守左威衛將軍、河西副總管」，此時諸州總管早已改爲都督，行軍大總管也早演變爲節度使，並無副總管一官，可能是指河西節度副使。楊和碑説楊預出使後，「特拜左衛將軍，兼瓜州都督，關西兵馬使」。按紀德頌額稱「都督楊公」，文内没有説他任哪一州的都督，據碑在敦煌，應是沙州。

（三）二人都從河西遷任伊、西、庭節度使御史中丞。這一點，紀德頌與楊和碑都説得很清楚。楊和碑稱楊預官爲「伊、西、北庭都護」，乃伊、西、庭節度使，北庭都護二官之省。又不云攝御史中丞，亦省文，下而楊炎即稱楊預爲中丞，當時節度使加御史中丞憲銜是通例。二人遷伊、西、庭節度，並無紀年，只有一點可以明確，即楊預應在肅宗時，因爲代宗名豫，「預」是代宗嫌名，楊炎撰文不當犯諱，而楊炎撰文又是楊預被任爲伊、西、庭節度之時。但無論如何，也得在肅宗之末，因爲他即使出使在至德間，中間還歷瓜州都督，關西兵馬使之官。吴廷燮唐方鎮年表卷八楊預始任置於乾元二年，大概因爲楊炎本年仍在河西。〔一〕假定他於至德二載（七五七）出使徵兵，乾元元年（七五八）任瓜州都督，關

〔一〕舊唐書卷一一八楊炎傳説：河西節度使吕崇賁辟炎掌書記，「後副元帥李光弼徵爲判官，不應。」據卷一一〇李光弼傳，光弼爲天下兵馬副元帥，在乾元二年（七五九）七月，其時楊炎仍在河西可知。據楊和碑「捧持簡牘」一語，似楊預面請楊炎作碑文，吴表所以列於乾元二年，可能即據此推斷。

西兵馬使，明年立即遷任伊、西，他的升遷可算得非常快了。那他在伊、西任上又有多少時間呢？肅、代之間還有個紀德頌的楊某要趕着接他的任呢？ 楊某何時由河西節度副使（假定副總管即是節度副使）遷任伊、西、庭，我們完全不知道，只是推斷他出使四道可能後於楊預，假定他升遷也比楊預遲一步，由乾元二年到代宗的寶應元年（七五九——七六二）短短首尾四年，伊、西、庭要有兩個節度使，已經是十分緊湊的了，而且前後任都是楊楷之孫，兄弟蟬聯，真是巧得很。然而還不止此，也是在肅、代之間，還有個姓楊的伊、西、庭節度使，御史中丞，此人就是廣德年間（七六三——七六四）任河西節度使的楊志烈。

二　唐寶應元年（七六二）西州使衙牓文

吐魯番阿斯塔那五〇九號墓出有唐寶應元年伊西庭節度使楊志烈牓爲寺觀人户應割附充百姓事，〔一〕今録如下：

1 使衙　　牓西州

2 諸寺觀應割附充百姓等

3 右件人等，久在寺觀驅馳，矜其勤勞日久，遂與僧道

〔一〕見文物一九七五年七期。

4 商度，並放從良，充此百姓。割隸之日，一房盡來，不能有愧
5 於僧徒。更乃無厭至甚，近日假託，妄有追呼。若信此流
6 擾亂頗甚。今日以後，更有此色者，當便決然。仍仰所由
7 分明曉諭，無使踵前，牓西州及西海縣。
8 以　前　作　狀　如　前
9 　　建午　月　四　日
10 使　御　史　中丞　楊　志烈

牓文止稱「建午月」，即寶應元年的二月，〔一〕具銜的「使」自即伊、西、庭節度使。至於憲銜與楊預、楊某同爲御史中丞，那倒是常例。楊某何年接替楊預我們不知道，但我們知道他坐席未暖，又被另一個姓楊的人接替。那麼自乾元二年至寶應元年四年之間像走馬燈似的有三個姓楊的節度使到西州先後上任，其中二個或是同祖兄弟。

楊志烈的牓文在寶應元年二月，他是否就在本月上任我們也全然不知，但他同樣席不暇暖，可能就在這一年又遷任河西節度使了。舊唐書卷一九六上吐蕃傳上記廣德元年（七六三）十月吐蕃退出長安，攻圍鳳翔，「會鎮西節度兼御史中丞馬璘領精騎千餘自河西救楊志烈回，引兵入城」。同書卷一

〔一〕肅宗上元二年（七六一）十一月廢去上元年號，止稱元年，以十一月爲歲首，稱建子月，以後每月依次爲建丑、建寅……建亥。但到建巳月，肅宗於垂死時改元寶應，建巳月仍稱四月，只隔了一天就死了。代宗即位，仍以寶應紀年。

五二馬璘傳云：

嘗從李光弼攻賊洛陽……明年，蕃賊寇邊，詔璘赴援河西。廣德初，僕固懷恩不順，誘吐蕃入寇。〔一〕

按李光弼攻洛陽有兩次，一在上元二年二月，爲史思明所敗；又一次在寶應元年（七六二）十月。這次主將實是僕固懷恩，據常袞馬璘碑，馬璘擊敗史朝義軍，則應是寶應元年十月事。馬璘於本年或明年（廣德元年）初領兵救援河西。據吐蕃傳，當時的河西節度使已是楊志烈了。爲什麽三個姓楊的擠在短短四年裏輪流當伊、西、庭節度使呢？我先懷疑楊預、楊某是一人，但紀德頌和楊和碑敍父親和自身的官職有參差，不能斷言，只好存疑。楊志烈是否即紀德頌的楊某呢？似不能排除這個可能。

馬璘於寶應元年救援河西，明年（廣德元年，七六三）東返。那時吐蕃以全力東下長安，對河西的威脅可能暫時減輕。所以廣德二年楊志烈尚能遣兵東攻靈州。新唐書卷六代宗紀廣德二年十一月乙未書：「河西節度使楊志烈及僕固懷恩戰於靈州，敗績。」這件事，在通鑑卷二二三廣德二年十月庚午，記僕固懷恩與吐蕃、回紇進逼奉天，京師戒嚴後，接書：

懷恩之南寇也，河西節度使楊志烈發卒五千，謂監軍柏文達曰：「河西鋭卒，盡於此矣。君

〔一〕全唐文卷四一九常袞故四鎮北庭行營節度使扶風郡王贈司徒馬公神道碑於寶應元年十月，敗史朝義後書：「既而移軍右輔，疾援河西，因已離之心，存將棄之地，及聞僕固懷恩之變，即日旋師。」

將之以攻靈武，則懷恩有返顧之慮，此亦救京師之一奇也。」文達遂將衆擊摧砂堡、靈武縣，皆下之，進攻靈州。懷恩聞之，自永壽遽歸，使蕃、渾二千騎夜襲文達，大破之，士卒死者殆半。文達將餘衆歸涼州，哭而入。志烈迎之曰：「此行有安京室之功，卒死何傷。」士卒怨其言。未幾，吐蕃圍涼州，士卒不爲用。志烈奔甘州，爲沙陀所殺。

通鑑記涼州陷落即在廣德二年。舊唐書卷一九六吐蕃傳也説：「廣德二年，河西節度楊志烈被圍，守數年，以孤城無援，乃跳身西投甘州，涼州又陷於寇。」〔一〕涼州之陷在廣德二年，諸書無異辭。〔二〕但柏文達靈州之敗已在十一月，還涼州時似乎還没有危急情況，所以志烈方以安京室爲功，則陷落至早也在歲末，甚至在明年（永泰元年，七六五）初。

新唐書卷六代宗紀永泰元年十月書「沙陀殺楊志烈」，這裏既不載涼州之失及志烈奔甘州，突然記被沙陀所殺，乍讀令人不解，但志烈之死在永泰元年是可信的。通鑑卷二二四永泰元年閏十月記郭子儀入朝奏請事云：

河西節度使楊志烈既死，請遣使巡撫河西及置涼、甘、肅、瓜、沙等州長史。上皆從之。

楊志烈的死訊想是於永泰元年十月才到達朝廷，所以新紀即繫於是年十月，實際上應死於十月前。

〔一〕新唐書卷二一六上吐蕃傳上同。
〔二〕除前引通鑑卷二二三及兩唐書吐蕃傳外，元和郡縣志卷四〇涼州條亦云：「廣德二年陷於西蕃。」舊唐書卷一九六吐蕃傳稱「被圍，守數年」，乃追叙前事，「廣德二年」四字應置於「守數年」之下，文意始明。

通鑑卷二二三記廣德二年（七六四）十月，「吐蕃圍涼州，士卒不爲用，志烈奔甘州，爲沙陀所殺」。所言較爲可信。

楊志烈在西州出的牓文是關於解放寺觀依附人口的事。過去，根據敦煌所出寺院文書，大家都知道敦煌寺院在吐蕃占領和歸義軍統治時期擁有人身依附關係非常强烈的寺户或常住百姓。今據牓文知道西州也有。這些「久在寺觀驅馳」的依附者，牓文既稱「放良」，可知屬於賤口，在法律上也只有奴婢、部曲免爲良人才叫「放良」，由此可知西州寺觀依附者的身分大致和敦煌寺户相同。根據敦煌文書，寺户的出現是比較晚的，而據此牓文，在西州必然早在安史亂前就有了。楊志烈在伊、西、庭節度任上，不顧僧道的阻撓，毅然實行這一重大改革措施，表明在中原并非流行的制度。可是這裏却存在一些問題。如果楊志烈真的就是紀德頌的楊某，那麽他在伊、西節度前，就以河西節度副使駐在沙州，是否也曾有過相同的措施？即使不是一人，那麽楊志烈即在寶應元年已調任河西節度，在河西首尾三年，似乎也應當同樣推行這一措施。更進一步，那時敦煌是否和西州一樣早就有了寺户？西州寺觀依附者和敦煌寺户是先後繼承關係呢？還是各自有其歷史背景？這一些是值得探討的問題，非本文所能詳。

楊志烈解放西州寺觀依附人口當然是爲了擴大賦役對象，并非出於仁慈，但這一改革明顯地反映了他是個頗有作爲的人物，他敢於把大部分軍隊東下攻靈州以解長安之危，也説明了這一點。

伯二九四二號文書是判牘的集録，内容絶大部分是判，只有三件是牒及書札（公函）。日本池田温氏録入中國古代籍帳研究，爲諸種文書之二三六號，題爲唐年次未詳（C七六五）河西節度使判集，注云：「寫存四十七項，不完一項。」按判案内容涉及河西管内甘、肅、沙、瓜及建康、豆盧等州軍賦税、兵士給養等事，並判州刺史及軍使的處罰，擬爲河西節度使判集是有理由的（也可能是實際掌權的留後，詳下）。文書無紀年，池田温氏假定爲七六五年，即代宗永泰元年。所以作此假定，可能據本件最後一條周逸與逆賊僕固懷恩書。〔一〕兩唐書紀傳都説懷恩死於永泰元年九月，一般説來書札應作於懷恩生前（或未知死訊，作於死後不久）。當然這只是我的猜測，但定在永泰元年也是有理由的。廣德二年（七六四）楊志烈已遣兵攻靈州，稱懷恩爲逆賊亦理所當然；〔二〕懷恩死於永泰元年九月，那時涼州早陷，道路艱難，死訊不可能立即傳到涼州已西。

三　伊、西、庭留後周逸

值得注意的是判案涉及甘、肅、沙、瓜四州，却獨獨没有涼州。涼州是節度使治所，節度使照例都

〔一〕本條已殘，只存首一行又半，内有「周逸猖狂素懷悖亂」語，知題爲周逸與逆賊僕固懷恩書，當有脱誤。

〔二〕通鑑卷二二三永泰元年九月丁酉，記懷恩死於鳴沙，云：「懷恩拒命三年，再引胡寇，爲國大患，上猶爲之隱，前後敕制未嘗言其反；及聞其死，憫然曰：『懷恩不反，爲左右誤耳。』」新唐書卷二二四上僕固懷恩傳略同。據此則朝廷從未説他反，當然也不會稱他爲逆賊，但這並不妨礙臣僚對他的看法。

督涼州兼刺史，事務殷繁，爲什麽一無所見呢？豈非暗示涼州已陷了麽？其又判條（54行）首云，「某某自到沙州，編户盡無率税」，又伊、西、庭留後周逸構突厥煞使主條云：「軍將親觀事跡，近到沙州具陳。（152行）」判案者人在沙州，似亦暗示涼州業已陷落。通鑑卷二二四大曆元年（七六六）五月稱：「河西節度使楊休明徙鎮沙州。」此件是否就是楊休明的判集呢？據集内甘州兵健冬裝，肅州及瓜州並訴無物支給條有云：「休明肅州少物，今請迴易皮裘。（47行）」楊休明人在肅州，而且也不可能自己給自己下判，因此判案人雖在沙州，身分亦是節度使，却決非楊休明。關於判案者是誰的問題，且留在下面再討論，今將有關伊、西、北庭事件的條文移録如下：

（一）判集伊、西、庭留後周逸構突厥煞使主兼矯詔河已西副元帥條云：

1 禍福無門，唯人所召，姦回不軌，在法攸書。副帥巡内徵兵，
2 行至長泉遇害，軍將親觀事跡，近到沙州具陳。建謨出
3 自中權，縱逼方憑外寇。逐兔者犬，可矜愚於小戎，指縱者
4 人，宜責智於大匠。覽三軍之狀，已辨淄澠；聽兩道之辭，了
5 分曲直。館中毀玉，曾未誶於守持；衙内攫金，何遽受於
6 旌節。承偽便行文牒，憑虚莫畏幽明。侮法無懼三千，搏
7 風妄期九萬。尚書忠義，寮屬欽崇。生前人無閒言，歿
8 後狀稱矯　詔。假手志逕（？）爲　國，披心恨不顯誅，豈惟名

行湮沈，實謂奏陳紕謬。將士見而憤激，蕃虜聞而涕流，咸謂煞 國之忠良，更興謗讟，屏 王之耳目，使不聰明。伏尋表草之言，却似首陳之狀。上書自然不實，下策何煩漫行。此乃欲蓋彌彰，將益反損。既知指的，方敢奏聞。又僞立遺書，躬親筆削，恣行貪猥，莫顧章程。況隨使資財，盡知優贍，供軍玉帛，衆委豐饒。人雖非命薨亡，物合却歸府庫。今者馬承官印，貨被私收，雜畜全留，家僮半放。語親殊非眷屬，論義正是血讎，更何因依，獨擅豐植！且煞人求餉，尚召初征；害使貪榮，能無後患！ 離心速寇，當即非賒；奪魄喪名，期於不遠。事復彰露，跡甚猖狂，非直紊亂二庭，亦恐動摇四海。察其情狀，法所難容，宜絶小慈，用崇大計。彼道軍將，早挹忠貞；數州具寮，素高節操。前車既覆，已莫辨於薰蕕；後轍須移，可早分於玉石。事上固能剿絶，臨下豈憚槌埋。請從曲突之謀，勿誤焦頭之禍。周逸非道，遠近盡知，理合聞天，義難釐務，既要留後，任擇賢良，所貴當才，便請知事。某某謬司觀察，忝跡行軍，欲寬泉下之魚，有慚弦上之矢。公道

25 無隱，敢此直書。名牒所由，進狀勘報；當日停務，勿遣東西，仍
26 録奏聞，伏待　進止。

上引似是牒文，内容敍述了伊、西、庭留後周逸勾結突厥，殺死「使主」的事。題有「兼矯詔河已西副元帥」一語不知何指，或是周逸矯詔自稱此官，所以在下面又有「丞僞便行文牒」一語。出事地點是長泉，乃由伊州到北庭途中的一個站，[一]這位使主是在去北庭中途被殺的。他死了以後還遭到周逸的誣陷，「生前人無間言，殁後狀稱矯詔」，似乎周逸把矯詔推在死者身上。而且周逸還僞造遺書，處理隨行資産，以便吞没。本件曉諭伊、西、庭軍將、官屬，要求他們「早分玉石」，免遭牽累。周逸已不能再充當留後，要求當道軍將，具寮選擇「賢良」充當，即可「知事」。所有發生的情況將奏聞朝廷，聽候處理。

這是安史亂後在伊、西、庭管内發生的重大變故。這一事件又見於判集下一條：

（二）判集差鄭支使往四鎮索救援河西一萬人條云：

1 戮力勤王，古今所重；帥義殄寇，春秋則書。蓋生人之令謨，實
2 臣子之守節。況河湟尚阻，亭障猶亭（亭字疑衍）虞。元帥一昨親巡，本期

[一] 新唐書卷四〇地理志伊州條下云：「自羅護守捉西北上乏驢嶺，百二十里至赤谷；又出谷口，經長泉、龍泉，百八十里有獨山守捉；又經蒲類，百六十里至北庭都護府。」

3 兩道徵點；豈謂中途遇害，遂令孤館自裁，痛憤轅門，悲感
4 □□□□□□□問水濱之人。雜虜未平，須徵塞上之馬。
5 ［　］俗，令必惟行。周獨坐忠信臨邊，謨無不
6 ［　］□□日以遄征。四鎮驍雄，佇排風而驟進。彼此
7 ［　］□□及時。勉哉是行，以副斯請。差河
8 □□□□□贊善，專往計會，徵發訖先報。各牒所由，准狀
9 □條表録奏。

這像是給四鎮的牒文，由此得知，這位「使主」又是「元帥」，是被迫自殺的，他本來是要「兩道徵點」，現已被害身死，所以河西又派專使要求四鎮派兵一萬救援。

被殺的究竟是誰？這個人文件（一）在題内稱爲「使主」，内稱「副帥」，又稱「尚書」；文件（二）則稱爲「元帥」。他這回到北庭去是「巡内徵兵」，知伊、西、北庭在他巡察範圍之内。判集中屢見「尚書」，第一條標題即是尚書判，内容是督飭肅州和建康軍，還要「甘州切須撙節」；第三條和第九條是説「尚書」在建康軍所留緤布被軍使處理不當的事；二十一兩界來往般次食頓遞條開頭便説「尚書處置，非不分明」，可能與「尚書」出河西赴北庭有關；三十六條，題爲玉門過尚書妄破斛斗，開頭説「尚書當過，具有文牒，所由顔情，妄事周匝」；最後便是上引周逸殺使主這一條。根據以上諸條可知「尚書」判案甚至判集的主人也得尊重，三十六條「尚書」之上還空格以示

尊敬。從判集各條看，他先在建康軍，這個軍屬甘州，地處甘、肅二州間，〔一〕三十六條說他已過玉門，最後就是自伊州經長泉赴北庭，在長泉被害。他在河西有沒有職務呢？是否河西僅是過境？他被稱爲「副帥」、又稱爲「元帥」，當然不可能是真正的元帥或副元帥，唐代一般除親王外，只有像郭子儀、李光弼、李抱玉、馬燧等那樣的大將才授予全國性副元帥或地區性的元帥職銜，被害者的本官僅是尚書，與元帥或副元帥不太相稱。因此很可能是指節度使，或節度副大使。唐制親王當節度大使不赴任，以節度副大使知節度事，這樣，他既稱「副帥」，又稱「元帥」是說得過去的。〔二〕「元帥」、「副帥」假使指的是節度使，又是哪一道節度使呢？這個節度使出入河西與伊、西、庭，又是誰呢？難道他就是楊志烈麽？

如上節所述，據新唐書卷六代宗紀，志烈在永泰元年十月爲沙陀所殺，我以爲這是奏報到朝廷之時，他爲沙陀所殺，是否一定在甘州也難確定。〔三〕假定他於廣德二年或永泰元年初投奔甘州，爲了徵集兵馬救援河西，那時他兼領伊、西、庭節度，就由甘州出發至建康軍，經肅州、沙州，徑赴北庭。判集

〔一〕新唐書卷四〇地理志甘州條下云：「西北百九十里祁連山，北有建康軍，證聖元年（六九五），王孝傑以甘、肅二州相距回遠，置軍。」

〔二〕但在廣德、永泰間不見有親王領節度使的記載。

〔三〕新唐書卷六代宗紀只說沙陀殺楊志烈，没有記出事地點。通鑑卷二二三廣德二年（七六四）十月條則似即在甘州被殺，但這是總敍後事，非必確指其地。

本條題爲伊、西、庭留後周逸構突厥煞使主，沙陀本是西突厥别種，他們一向遊牧於北庭，也曾遷徙伊州，張九齡曲江集卷八敕伊吾軍使張楚賓書云：

近得卿表，知沙陀入界，此爲劉涣凶逆，處置狂疎，遂令此蕃蹔有遷轉。今劉涣伏法，遠近知之，計沙陀部落，當自歸本處。卿可具宣朝旨，以慰其心，兼與蓋嘉運（北庭瀚海軍使）相知，取其穩便。豐草美水皆在北庭，計必思歸，從其所欲也。

其事在開元二十三年（七三五），沙陀後來究竟返歸北庭與否，或部分返歸，部分留住，不明。長泉既在伊吾北庭間，那裏有沙陀是完全可能的。這一假定在時間上没有衝突，官稱也基本相符。所謂「巡内徵兵」、「元帥一昨親巡」，也好解釋爲他兼領河西和伊、西、庭兩鎮。更因爲他雖兼領兩鎮，通常駐節河西，所以伊、西、庭置留後，對周逸而言，他是「使主」。

假定死者即楊志烈，却有一個很大困難。楊志烈是河西節度使，那麽判集的主人是什麽官職？爲什麽河西管内諸州軍文牒要送往沙州請處分？對於這個問題必須作出答覆。

根據周逸構突厥煞使主條稱「某某謬司觀察，忝列行軍」，觀察處置使通常爲節度使兼職，而「行軍」若指「行軍總管」就當指節度使。但新唐書卷四九下百官志下觀察使條有副使、支使，節度使的首僚是行軍司馬。是否有可能判集的主人不是河西節度使，而是觀察副使、行軍司馬呢？至於諸州軍政要事由他處分，則當節度使楊志烈出巡之時，他以行軍司馬充當留後也是合理的。

以上所述僅是一種推測，並無充分證據。但把這個被殺的「尚書」、「元帥」作爲楊志烈死後的又一個被殺的大員，也是於史無徵。並且假設判集的主人是河西節度使，則在楊志烈與楊休明之間，即永泰元年至二年間又得插上一個節度使，也同樣不見於史。

（原載中國史研究一九八〇年第三期）

關於歸義軍節度的幾種資料跋

唐末歸義軍節度建立以後，一直維持到北宋初，其事跡國内外不少人曾加考證，日本藤枝晃氏的沙州歸義軍節度使始末引據許多資料，最爲詳盡。我在一九五七年於科學院圖書館從顯微膠片中抄録了一些斯坦因盜竊去的敦煌文書，其中也有涉及歸義軍節度的資料，回來後發現有些問題還没有解決，曾稍加整理。但此時尚未見藤枝晃的論文。一九六一年在北京忽促借閲了此文，覺得有些資料還没有利用，但旅途中未帶原稿，未及檢對。今草成此稿，僅對這些資料加以介紹而已。我所抄録的資料很不完備，又多誤字，現在難以校正，一定存在着許多錯誤，希望指正。

一　沙州進奏院上本使狀

自從張義潮於咸通八年（八六七）入朝長安之後，沙瓜地方政權即由其姪張淮深掌握。一般認爲即在此時或義潮在長安逝世後（咸通十三年，八七二），淮深就被任命爲歸義軍節度使。這從張景球撰的張淮深墓誌銘、張氏勳德記、張淮深變文這些資料看來，似乎没有什麽疑問。〔一〕其正式

〔一〕前歷史語言研究所集刊七本三分孫楷第敦煌寫本張淮深變文跋。

任命如墓誌銘所述：「乾符元政，以功再建節髦，特降皇華，親臨紫塞。」則應在乾符中（八七四——八七九）。這裏所云「再建節髦」和張淮深變文中的「虎旗龍節曜雙旌」，都只能是指朝廷授予節度使名義。通典卷三二都督條、唐六典卷五兵部郎中條都指出唐代節度使皆給予旌節。舊唐書卷四四職官志上州刺史條注還説明所賜的爲雙旌雙節。因此唐代通常把賜旌節作爲授予節度使名義的代用語。

然而在敦煌文書中却發現有與之相矛盾的資料。斯一一五三號是沙州駐長安的進奏院上本使的狀。文書末尾已殘，所以上狀的年月缺失，但據狀中所述之事考之，應在光啟三年（八八七）。文書一開頭就已經標明「當道三般專使所論旌節次第，逐件具録如後」，也即是向「本使」報告關於授予節度使名義的交涉經過。文書中説在光啓三年二月十七日，三般專使都到興元駕前。〔一〕他們面見軍容長官和宰相，〔二〕具説「本使一門拓邊效順，訓襲義兵，朝朝戰敵，爲國輸忠，請准舊例建節。廿餘年，

〔一〕這時唐僖宗爲避長安的兵亂，逃奔興元。

〔二〕按狀内稱「二月二十日参見四宰相、二軍容」。四宰相當是韋昭度、孔緯、杜讓能和鄭從讜。新唐書卷七五上宰相表從讜列於三公，不在宰相中，通鑑考異卷二五光啓二年三月條云：「按新傳，拜司空，復秉政，進太傅，兼侍中，從至興元，以太子太保還第。新表誤也。」按從讜罷爲太子太保在光啓三年三月僖宗到鳳翔時。沙州使者所見的四宰相應有從讜。如據宰相表則此時只有三宰相，由此亦可見通鑑的精審。所見的兩軍容，其一是楊復恭，復恭此時爲左右神策十軍觀軍容使，另一人無考。然當時宦官中没有人可和楊復恭的地位相並，或兼指軍容和中尉，復恭此時是以左軍中尉爲觀軍容使，其右軍中尉亦無考。（記載也有以復恭爲右軍中尉的，疑誤。）

朝廷不以指撝，今因遣（宋）閏盈等三般六十餘人論節來者」。話説得很清楚，他們的使命就是爲了「論節」，即爲了交涉節度使名義的授予。而且這並不是第一次，問題已經拖延了二十餘年了。以後皇帝到鳳翔，他們又追隨到鳳翔，繼續交涉。他們不斷的上狀給宰相和軍容，並囑託中書門下的書吏所謂「堂頭要人」，乃至行使賄賂等等。這些事都在文書中詳細報告。文書只敍到這年的三月廿二日，以後怎樣結果，由於殘缺，我們不知道。

按張淮深之死，據墓誌銘在大順元年（八九〇）。光啟年間遣使論節的所謂「本使」或「僕射」非淮深莫屬。文書中一則云「廿餘年朝廷不以指撝」，再則云「二十年已前，多少樓羅人來論節不得」，從光啟三年上溯二十年恰好是咸通八年（八六七），即張義潮入朝長安的那一年。當時張淮深代替義潮掌握瓜沙政權是無疑的。那時他大概只以節度留後名義繼任。〔二〕所以從那年起，他就不斷遣使要求實授節度使。文書中説「修文寫表，萬遍差入，涉歷沙磧，終是不了」，一直拖了二十年，要求並没有獲得滿足。

如上所述，張淮深繼任後，長期並未授予節度使名義。但據張氏勳德記却説淮深曾「加授户部尚書，充河西節度」，這可能是自稱。例如張承奉在光化三年（九〇〇）才授予節度使名義，但斯四四七〇號乾寧二年（八九五）施物疏中張承奉的具銜已經是「歸義軍節度使」了。所云尚書職銜的授予也未

〔二〕唐代長安與西域文明四二〇頁引張編四六號石窟供養人題名，張義潮已加右神武統軍銜，這是他入朝所授之官，而张淮深的具銜是銀青光禄大夫、檢校太子賓客（下缺），這也不是節度使的加官。

必是實。按照唐代後期慣例，檢校官以太子賓客爲兵馬大使，軍使的加官，節度留後或副使一般止加檢校散騎常侍。檢校尚書是初任節度使的加官。張淮深變文稱「詔命貂冠加九錫」，又云「去歲官崇總馬政，今秋寵遇拜貂蟬」，所云「貂冠」「貂蟬」，均指散騎常侍而言。〔一〕通典卷二一職官散騎常侍條云：「散騎常侍亦武冠，右貂金蟬，絳朝服，佩水蒼玉。」可以爲證。按所謂「今秋」即變文中所述李衆甫等到沙州時，變文說他們到時止是「紅桃初熟」，「碧空秋思」，符合於初秋到仲秋時的景色。由此可知，這一回實是授予檢校散騎常侍的官銜而已。我們有理由說，截至李衆甫等到沙州時，張淮深並没有加授尚書。光啓三年的交涉如果成功，那末授尚書，賜旌節即在此年或次年。如果這次仍没有解決，那末所謂尚書也和僕射一樣都是淮深在其境内的自稱，實際上他終身未曾獲得長安政府授予節度使及所帶官位的正式任命。

當然，也許可以作這樣的解釋。狀中所述奉命論旌節事並非奉淮深之命，或者所論者並非淮深之旌節而是别一人。但狀中稱「本使一門，拓邊效順」又論節逹二十年之久，很難稱之他人，而且此時既然由張淮深掌握政權，沙州不可能另有一人得以派人爲自己論節。或者還可以解釋，所論者不是

〔一〕據敦煌變文集卷一。按孫楷第先生以爲貂蟬指侍中或中書令，疑誤。即使孫説張淮深在乾符中即檢校尚書，也不可能在「今秋」即加侍中、中書令。唐代在懿僖時雖然官爵已濫，但藩鎮加侍中，中書令還得有個資歷，豈能由尚書一躍而至，越過僕射、同中書門下平章事。

歸義軍節度使名義，而是另一節鎮，〔一〕那就除非是張淮深要求兩鎮節度使的名義，但不能設想二十年前剛繼位時已經提出這個要求。

獲得長安旌節與否實際上關係不大，因爲不管怎樣，二十年來張淮深總是事實上的節度使。這裏可怪的倒是朝廷的態度。我們知道懿僖之間，長安政府日益腐朽，對於藩鎮的控制權力更爲削弱，但是除河北三鎮以外，世襲的節度使並未普遍化。在先會昌四年（八四四）李德裕堅持不准劉稹承襲澤潞節度使，其理由是「澤潞內地，不同河朔」。〔二〕可能對張淮深的承襲，也由於不同河朔而不即真除。新唐書卷四〇地理志隴右道云：「張義潮以瓜、沙、伊、肅、鄯、甘、河、西、蘭、岷、廓十一州來歸，而宣、懿德微，不暇疆理，惟名存有司而已。」然咸通時唐還能派兵去戍守涼州，〔三〕可能在義潮入朝後朝廷曾企圖另派節度使，所以遲遲未批准張淮深的請求。而以後則因循拖延，視瓜沙得失爲無關痛癢，所以就一直拖了下來。

在這番交涉中，沙州專使中有兩種不同態度。宋閏盈等主張繼續交涉，說「如不得節者，死亦不

〔一〕徐松西域水道記以爲張淮深在咸通十三年（八七二）曾遷伊西節度使，似乎可以解釋歸義軍節度曾分爲二鎮。但徐説恐是誤以李氏再修功德記的殘缺結銜爲全銜，不知歸義軍節度本有伊、西二州。徐氏所以置於咸通十三年的根據我們也不知道。這一點，羅振玉的張義潮補傳已有説明。

〔二〕舊唐書卷一七四李德裕傳。

〔三〕五代史記卷七三四夷附録吐蕃傳。（見下本文四引）

歸」；另外張文徹等却主張立即還去，他們説「僕射有其功勞，覓他旌節」，認爲繼續交涉也是無濟於事。從這裏也可以看出沙州中下級軍將對於張淮深的態度並不一致。大順元年（八九〇）二月張淮深死於非命，〔一〕相去不過三年，從使者的態度上也可以窺見他在沙州的統治並不鞏固。他之所以不憚「修文寫表，萬遍差人」，未必由於尊重長安的朝廷，倒是企圖憑朝廷的任命以加强自己的統治。至於張文徹等堅決要求還去，一方面表示他並不忠誠於張淮深的委任，另一方面也爲了道路的艱難。宋閏盈等奉使的年月在這件文書上並未記載。斯三八八九號中和四年（八八四）肅州防戍都所上狀中提到由於党項抄掠，「宋閏盈　行□□涼州未發」，可能就是出發到長安之時。他們經過了四年之久才到達内地，却又正逢到李克用、朱玫等繼續占領長安，僖宗奔逃鳳翔、興元的混亂局面。張文徹認爲「路次危險」，希望「跟隨韓相公兵馬相逐歸來」，〔二〕也是可以理解的。

二　張承奉題名結銜考異

隴西李氏再修功德記後面有兩行題名：〔三〕

□□（乾寧）元年（八九四）歲次甲寅拾月庚申朔、伍日甲子勅封宋國（中缺）伊、西等州節度

〔一〕沙州文録張景球撰張淮深墓誌銘。

〔二〕韓相公當是靈、夏節度使韓遵。由靈州到涼州是當時一條大道。韓遵不見史傳，參考唐方鎮表卷一。

〔三〕見沙州文録。

使兼司徒張淮深；妻弟前沙、瓜、伊、西□河節度使檢校□部尚書兼御史大夫張淮氵；（中缺）史

（中缺）等州節度使兼御史大夫（下缺）

按第一人張淮深的結銜，所缺應是「公前沙瓜」四字。淮深稱宋國公僅見於此，如上所述，爵和官恐皆是自稱。第二人結銜所缺應是「等州」二字，下一「河」字恐有誤。這個張淮氵何時爲節度使，或係追贈，均無可考，但此人獨標妻弟之稱，當係義潮之子。第三人名已殘，乾寧元年（八九四）可以稱爲節度使的有二人，即索勳和張承奉。這裏列名的前二人皆張氏，似以張承奉爲較合。千佛洞張一三五號窟内有如下的題名：〔一〕

光禄大夫、檢校司徒、同中書門下平章事……南陽郡開國公張承奉一心供養

這個高官是什麽時候加上的呢？就在這窟内與張承奉題名南北相對的另一個供養人題名爲：

□（勅）歸義軍節度管内觀察處置押蕃落營（田）使……檢校右散騎常侍兼御史大夫索勳

索勳在景福元年（八九二）已爲節度使，但他所帶檢校官却遠較張承奉爲低。容齋三筆卷七節度使稱太尉條：

唐節度使帶檢校官，其初只左右散騎常侍，如李愬在唐、鄧時所稱者也。後乃轉尚書及僕射、司空、司徒，能至此者蓋少。僖、昭以降，藩鎮盛强，武夫得志，才建節鉞，其資級已高；於是

〔一〕唐代長安與西域文明四二四頁。

復升太保、太傅、太尉，其上唯有太師，故將帥悉稱太尉。索勳之稱散騎常侍和懿、僖以前的常規相合，但在此時却顯然覺得低了。他在另外一處洞窟中的題銜爲：〔一〕

勅歸義軍節度沙、瓜、伊、西等州管内觀察處置押蕃落營田諸使，定□軍，檢校吏部尚書，兼御史大夫鉅鹿郡開國公，食邑貳阡户，實封二百户，賜紫金魚袋，上柱國索勳一心供養

其中「定□軍」三字難以解釋，〔二〕或有誤。其餘是合乎規制的。此窟題名時間按索勳官階應在一三五號窟之後。前窟張承奉的結銜很高，向覺明先生認爲「所殘缺或者即舊唐書昭宗紀之節度副使諸官勳」，恐有誤。舊唐書卷二〇上昭宗紀光化三年（九〇〇）八月己巳稱：

前歸義軍節度副使、權知兵馬留後、銀青光禄大夫、檢校國子祭酒、監察御史、上柱國張承奉爲檢校左散騎常侍、兼沙州刺史、御史大夫，充歸義節度、瓜沙伊西等州觀察處置押蕃落等使。

昭宗之時唐朝基本上已經瓦解，節度使所帶檢校官三公、三師不足爲奇，但對索勳、張承奉的官爵却還以舊例對待，這正和對待張淮深請節的態度一致。我們看在光化三年未正授之前，張承奉所帶官位很低，無論如何和題名的檢校司空、同中書門下平章事聯不起來。三公使相的崇高職銜即使在此時也不可能成爲節度副使的加官。我以爲一三五窟題名是在索勳初任節度使時。據索公紀德碑，他

〔一〕 唐代長安與西域文明四二三頁。

〔二〕 按照這裏的地位應該是散官，即銀青金紫光禄大夫、光禄大夫等。

在景福二年（八九三）曾接受朝廷詔命。從他的具銜較低，而且和光化元年張承奉所受官職相同這點看來，倒可以相信唐朝確曾給予正式任命。不久，他由散騎常侍升尚書亦是按級升遷，雖未必出於朝命，却與舊制亦合。張承奉的題銜却是太高了，我以爲這是索勳給他的尊稱，所以安張氏之心，而非來自長安。否則很難設想，至少經過了九年之久，反而貶降幾級，由檢校司徒、同平章事變作檢校散騎常侍。李氏再修功德記所云「星使兩臨，親抵敦煌，頒宣聖旨」，那時所授的應即是昭宗紀所稱的節度副使及加官，而非石窟題銜之高官。

根據上引資料，我認爲當索勳爲節度使時，張承奉的官位比索勳高，雖非朝廷任命，却可以由此斷定他不是節度副使。索勳尊之以虛銜而自攬實權。乾寧元年（八九四）或稍後，張承奉自稱雖是節度使兼御史大夫等等，但他所受的正式官職僅是節度副使及檢校國子祭酒、監察御史等。那時沒有節度使，承奉以副使權知兵馬留後。這也是通例，我們試檢唐書藩鎮諸傳，就知道凡舊節度使去職（不管是被殺、被逐或病死），軍中擁立一人，朝廷派中使到該鎮觀察，即授以副使或留後之職，以後才授予使節。當時朝廷還是遵照在内地早已行不通的舊例辦理。而張承奉在其管内的稱號也非朝廷所能制。斯四四七〇號乾寧二年（八九五）張承奉和李弘願的施物疏使自稱爲歸義軍節度使，而據舊唐書卷二〇上昭宗紀他獲得節度使的任命遠在五年之後。

唐末的長安政府雖然十分衰弱，但朝廷派往沙州的使者却一直被尊重，張淮深時代是這樣，張承奉時代也是這樣。李氏再修功德記把星使降臨作爲一件大事，説是「遐曜天威，呈祥塞表」。他們所重者不在於所授官爵，再高的官爵他們都不妨自稱，長安無法加以干涉，而且事實上他們也都以自稱的官爵題銜。所以看重長安的遣使，他們只是通過「星使降臨」這件事向轄區内表示其政權的合法性而已。而這一點可能爲在這個地區内維持其政權所必要的條件之一。

三　曹議金的繼任及其卒年

張承奉直到天復末年還是稱節度使，除了向覺明先生所舉例證之外，〔一〕斯五七四七號文書稱：

歸義軍節度，沙、瓜、伊、西管内觀察處置押蕃落等使，金紫光禄大夫，檢校司空，兼御史大夫南陽張公□以牲牢之奠敢昭告於風伯神

文書紀年爲天復五年（九〇五）正月五日，亦即天祐二年。這個張公自然只能是張承奉，那時他檢校官已稱司空，不久他便自稱爲西漢金山國白衣天子了。〔二〕

西漢金山國終於何年，我們還不能確定，一般根據宋史卷四九〇沙州傳和斯一五六三號西漢敦煌國聖文神武王勅，認爲至早不得在梁末帝的乾化四年（九一四）前。曹議金代張氏而掌握沙州地方政權也不能確定在哪一年。瓜沙曹氏年表根據貞明六年（九二〇）五月所書大佛名經卷九題記有「府主尚書曹公」之稱，認爲議金在貞明間（九一五——九二一）已主州事，但又認爲議金稱尚書，則

〔一〕唐代長安與西域文明四二五頁。

〔二〕西漢之漢當指漢族而言。

「仍是以長史爲留後，以領州事，非己爲節度」。可是我們却發現一個與此不合的資料。斯四三九八號曹元忠獻硇砂狀的題銜爲：

新授歸義軍節度、觀察、留後、光禄大夫、檢校司空、御史大夫譙縣開國男食邑三百户曹元忠

（中略）

天祐十四年五月日新授（銜與前同，略）曹元忠

天祐十四年即梁貞明三年（九一七），那時議金之子元忠已稱節度觀察留後、檢校司空，議金當已爲節度使。佛名經後的題記所云府主尚書曹公就很難確定其爲議金了。三年之前，兒子已是檢校司空，三年之後，父親還是尚書麼？據此，曹議金之任節度使便需要提早幾年。而且張承奉既稱天子，歸義軍節度使也可以早授與别人，他不能以天子兼任節度使，那就張氏之絶和議金之爲節度使也不必在一時。當然也可能在張承奉稱天子後便廢去節度使不設。

斯四二七六號文書標題爲管内三軍百姓奏請表，表内具名爲：「歸義軍節度右都押衙，銀青光禄大夫，檢校國子祭酒，兼御史大夫安懷恩，并州縣僧俗官吏、兼二州六縣耆老，及通頰退渾十部落，三軍蕃漢百姓一萬人」。表是草稿，故表内人名只稱某乙，且已殘，不知道上表何事，向誰上表。表的内容是敍張義潮（稱爲張某乙）恢復河湟和入朝之事。表内「唐風」「大中」「唐史」都抬頭寫，顯然是上給唐朝的表。但却有這樣一句，「爾後子孫相繼七十餘年，建節龍沙」。從大中二年（八四八）起算，到天祐四年唐亡（九〇七），共六十年，與此不符。我想這應是上後唐的表，後唐皇室雖出沙陀，却自

稱中興，所以抬頭格式一遵對李唐之制。從大中二年到後唐莊宗的同光元年（九二三）是七十六年。瓜沙曹氏年表已引册府元龜卷九七二同光二年（九二四）沙州曹議金進貢事，此表可能即隨這次的入貢所上。同光二年之入貢和此表之由管内三軍百姓上奏，都是爲了要求旌節。表中列敍張氏之事正是説明自己繼任的由來。可惜後面殘缺，否則一定可以爲張、曹繼代之際提供一些資料。

據舊五代史卷七九晉高祖紀曹議金死於天福五年（九四〇）二月，這是報訃到達朝廷的年月，近人已經論證。按斯四二九一號歸義軍節度使批准百姓張富子女勝蓮出家文牒有云，「今爲父王忌日，廣會齋（齋）筵，既願出家，任從剃削」，署年爲「清泰伍年二月拾日」，具銜爲「使檢校司空，兼御史大夫曹」，署名爲一個「元」字。清泰伍年實即晉天福三年（九三八）。在此時，文牒中的「父王」非議金莫屬，顯然此時已死，而從「忌日」來推測，至少已經是週年，則議金之死至遲不出天福二年（九三七）二月，或更早一、二年。

議金死後的繼位人，舊五代史卷七九晉高祖紀天福五年説是「元德」，但宋會要、宋史、文獻通考諸書的沙州傳都説是元忠。上引斯四三九八號文書，遠在貞明三年（九一七）元忠已稱節度留後，照慣例，這便是指定繼承人的職位，爲什麽又經過元德、元深二代才由元忠繼任呢？這個問題還不能解決。

四　歸義軍節度和甘州、涼州的關係

斯三三二九號張義潮傳記〔一〕敍述當時收復河西地區的經過，大中二年（八四八）「敦煌、晉昌收復已訖」，這年是收復了沙、瓜二州，又云「次屠張掖、酒泉，攻城野戰，不踰星歲，克獲兩州」，那是説在大中三、四年間（八四九——八五〇）攻取甘州和肅州。又據斯九三六號沙州伊州地志大中四年義潮又收復西州。而在上述的義潮傳記又述及收復涼州事，但不記年月。按通鑑卷二五〇咸通四年（八六三）三月稱：「歸義節度使張義潮奏自將蕃、漢兵七千克復涼州。」此事不見兩唐書懿宗紀。斯六三四二號是一個關於收復涼州事宜的表和批答。今録如下：〔二〕

張議朝奏：咸通二年（八六一）收涼州，今不知却□又雜蕃、渾。近傳嗢末隔勒往來，累詢此人，皆云不謬。伏以涼州是國家邊界，嗢末百姓本是河西、隴右陷没子將。國家棄擲不收，變成部落。昨方解辨，只得撫柔。（缺文）使爲豺狼荆棘。若（缺文）餽送不充，比於贅疣。置（缺文）棄擲與獷俗，連耕相絲（率）狀堯（？）犯開爲寇，國家又須誅翦，不可任彼來侵。若徵舉兵戈，還撓州縣。今若廢涼州一境，則自靈武西去，□爲毳幕所居，比年使州縣辛勤，却是爲羯胡修造，言之可爲痛惜。今涼州之界，咫尺帝鄉，有兵爲藩垣，有地爲襟帶；扼西戎衝要，爲東夏開防；捉

〔一〕斯六九二四號也是張義潮傳記，疑是一卷裂爲二段。
〔二〕本件抄録很草率，有些空格不一定原件辨認不清，而是抄得可疑，所以暫缺，以後檢對原件，再行補正。

守則內有金湯之安，廢指則外無牆塹之固。披圓可矜（？），指事足明，不得□言，希□聖鑒。今豈得患欺盜，給放爲寇讎。臣恐邊土之人，坐見勞弊。臣不可伏匿所知，偷安爵位，俾國家勞侵，忍霄肝（宵旰）憂勤。臣不言有□負於國，言而不用，死亦甘心。噬齊（臍）雖□□經，祭廟亦彰於唐典。

後面是批答：

勅涼州朝廷舊地，收復亦甚辛勤，蕃屏□陲，固不拋棄。但以麴長申奏，糧料欠□，途暫見權宜，亦非久制。近知蕃□狀，不便改移。今已允依，一切仍舊，□心推許國，遽有奏論，念其懇□，深可嘉奬，宜令中書門下宣示。

十月三日召　張

僕射相公中書門（下缺）

此表哪一年所上，没有寫明（或是殘缺），也没有具銜。上表時，張義潮在長安或在沙州也難斷定。文書上九月廿五日進表，十月三日即批答，似應在長安，但也可能所記月日乃是進奏院上表之時而非義潮上表之日，那就也可能還在沙州。

據此則收復涼州在咸通二年，較通鑑所記早了二年。按通鑑卷二五〇咸通四年正月記左拾遺劉蜕上疏云：「今西涼築城，應接未决於與奪。」西涼即涼州，築城一事也未見其他記載。這裏暗示在四年正月以前，唐朝已在涼州築城，義潮奏中的二年收涼州或是言其始，而通鑑則言其終。

義潮奏中特别提出了嗢末，並指出嗢末「本是河西隴右陷没子將」。資治通鑑卷二五〇咸通三年末云：

是歲，嗢末始入貢。嗢末者，吐蕃之奴號也。吐蕃每發兵，其富室多以奴從，往往一家至十數人，由是吐蕃之衆多。及論恐熱作亂，奴多無主，遂相糾合爲部落，散在甘、肅、瓜、沙、河、渭、岷、廓、疊、宕之間，吐蕃微弱者反依附之。〔一〕

這段記載和義潮奏中所述雖似不合，却可以互相補充。嗢末是由吐蕃的奴隸組成的部落，其中大概不小一部分即是「河西隴右陷没子將」。可以設想，嗢末之組成部落決非由於「奴無所主」，恰巧相反，正是廣大的奴隸隊伍展開了對吐蕃奴主的鬥争，擺脱了奴主的羈絆，才能够組成獨立的部落。嗢末的出現正好説明吐蕃奴隸主國家的衰落既是吐蕃本族人民反抗統治者的結果，又是漢族和其他各族奴隸對奴主鬥争的結果。階級矛盾尖鋭化是吐蕃奴主階級走向衰亡的主要因素。關於這個問題需要另外研究，這裏不可能討論。

張義潮上奏是要求朝廷加强經營涼州。我們知道咸通年間唐朝業已接近崩潰，裘甫領導的浙東農民起義表明了階級矛盾極端尖鋭，對南詔的戰事已經弄得筋疲力竭，最後又導致了龐勛領導的徐州戍兵起義。統治者首先考慮的是加强鎮壓人民，對於涼州當然没有餘力來經營。因此雖然説「固

〔一〕新唐書卷二一六下吐蕃傳下也有此記載。

不拋棄」，而且也一度派兵和築城，却終於如義潮所説「棄擲不收」了。

關於唐末涼州的情況，五代史記卷七四吐蕃傳有簡略的記載：

長興四年(九三三)涼州留後孫超遣大將拓跋承謙及僧、道士、耆老楊通信等至京師，求旌節。明宗問孫超等世家。承謙曰：「吐蕃陷涼州，張掖人張義朝募兵擊走吐蕃，唐因以義朝爲節度使，發鄆州兵二千五百人戍之。唐亡，天下亂，涼州以東爲突厥、党項所隔，鄆兵遂留不得返。今涼州漢人皆其戍人子孫也。」〔一〕

這段記載以義潮爲張掖人，與諸書記載不同，當誤。謂涼州已東爲突厥、党項所隔，此時突厥已衰微，與當時形勢亦不盡合。至於以義潮爲涼州節度使亦未見他書。然新唐書卷六七方鎮表稱「咸通四年(八六三)置涼州節度，領涼、洮、西、鄯、河、臨六州，治涼州」，又云：「河、鄯、西三州隸涼州節度。」却未言節度使爲誰。如五代史記所述可信，那末涼州於咸通二年或四年收復後，張義潮即被任爲涼州節度使。如果這樣，那就是身兼兩鎮了。斯三三二九號張義潮傳記稱收復涼州後，義潮「賜功勳甲士……司空、食實封」，可惜後面殘缺，不知道是否恰巧殘缺的是兼領涼州的記載。吴廷燮唐方鎮年表卷五歸義軍節度下咸通四年亦引新唐書方鎮表，但又説「今檢諸書無除涼州節度使者，惟通鑑於乾

〔一〕五代會要卷三〇吐蕃條注亦云涼州漢人爲鄆州兵的子孫。舊五代史卷一三八吐蕃傳不載此語。

寧二年（八九五）十二月書胡敬璋爲河西節度，應考」。〔一〕可知咸通四年雖有置涼州節度的記載，却没有任涼州節度使的人。而且所云涼州節度所屬支郡也是奇怪的，河、臨、鄯、洮四州本屬隴右，其中河、鄯兩州在大中初張義潮進獻的十一州地圖之中，此二州割歸涼州節度，那末十一州中的蘭、岷、廓三州怎樣呢？如果還屬歸義軍節度，那就隔越了涼州。而涼州節度的支郡又有西州，這也在義潮進獻的十一州地圖之中，地在沙州之西，又怎樣能越沙州的歸義軍節度而遠屬涼州呢？因此，新唐書方鎮表的記載是可疑的。我以爲涼州收復後即屬歸義軍管內，河西節度使本治涼州，大曆以後改治沙州，〔二〕所以歸義軍亦即河西節度的軍名，所管有涼州是當然的。〔三〕五代史記所載拓跋承謙的話也可以解釋爲以張義潮爲河西節度使，不一定是涼州別設節度使，而義潮兼領。

收復涼州經過了一段艱巨的戰鬥，而且收復以後還不斷發生戰爭。沙州文録載李氏再修功德記稱李明達：「二十餘載，河右麾戈……克服神烏，而一戎衣。」按神烏乃涼州屬縣。又索法律窟銘稱，

〔一〕按資治通鑑卷二六〇唐昭宗乾寧二年（八九五）十二月稱：「克用既去，李茂貞驕橫如故，河西州縣多爲茂貞所據，以其將胡敬璋爲河西節度使。」胡注：「河西謂涼、瓜、沙、肅諸州。」按胡注僅就河西舊管諸州來解釋，恐未必然。李茂貞的勢力不可能達到涼、肅諸州。五代史記卷四〇李茂貞傳稱其盛時有地二十州，下注岐州以下二十州名，並不包括涼、肅、瓜、沙。這個河西節度使恐不是舊河西道。

〔二〕吴氏方鎮年表卷八河西節度下大曆元年楊休明，引通鑑大曆元年五月河西節度使楊休明徙鎮沙州。新表同。

〔三〕按李氏再修功德記稱李明達上長安獻捷，「别勑授涼州司馬」，李是在收復瓜、肅後奉義潮命到長安的使人之一，其授涼州司馬也暗示涼州爲歸義軍管，但此時涼州尚未收復。

索忠顗「助收六郡，毗贊司空」，〔一〕又云「許國之稱已彰，攻五涼而剋獲，駐軍神烏，鎮守涼城，積祀累齡，長衡白刃」，可知在涼州的戰鬥延續了一個時期。這個索忠顗鎮守涼城，後來就「枕疾殂殞武威」。索公紀德碑先云「（上缺）韜鈐而五涼廓靖」，則涼州已收復，而下面又說「姑臧寇擾」，則克復之後，又有戰事。涼州既然經常發生戰爭，沙州鎮戍軍也就長期留居其地。斯五一三九號涼州節院使押衙劉少晏狀：

右伏以少晏等當初惣是沙州本躰骨肉，自從張太保□上政直，河西道路安太，弟（遞）牒便統戔（老）兵馬，惣是本州之人，放首（守？）涼州□土經年。前般老人惣以不殘，只殘後輩男女。

同樣的文書有二件，後一件已殘，前一件是完整的，但別字多，文理也不通順，有幾處很難辨認和解釋。紀年在乙酉，應是後唐同光三年（九二五）（見下）。根據這個文書，可知張義潮收復涼州後，曾留沙州兵士駐守，劉少晏等即其子孫。狀稱「前般老人惣以不殘，只殘後輩男女」之殘即「迴殘」之殘，即是剩的意思。猶云老人已皆不存，只剩下後輩男女。

前引五代史記就涼州使人拓跋承謙語謂涼州漢人皆鄆州戍兵子孫。按鄆州兵出戍自是事實，藤枝晃曾引斯四三九七號觀音經題加以證實。〔二〕但這裏却强調了沙州戍兵的後輩。我想二者應皆有之，所以說得不同，只是由於申述者本人和講話的對象不同。拓跋承謙所以這樣說恐由於後唐明宗

〔一〕 司空是張義潮收復涼州後的加官，見上引張義潮傳記。

〔二〕 據藤枝晃沙州歸義軍節度使始末轉引。東洋學報十二期第三分。

曾作過鄆州天平軍節度使，企圖拉上關係，而劉少晏狀則是要求沙州的救援（見下）。

如上所述，可知自咸通二年（八六一）之後，涼州屬於歸義軍，沙州軍隊留戍其地，並長期進行戰鬥。但二州之屬歸義軍爲時並不太久。到了張淮深統治時期，便逐漸不能控制。斯二八八九號中和四年（八八四）肅州防戍都營田□漢君縣□張勝君等狀有云：

榆略等七人從邠州出河州，路過涼州。其同行回鶻使并□□州。先淮詮（？）郎君路上遭賊，落在党項之心（？）。邠州節度續□邠州，郎君二人及娘子家累軍將常□等廿人，榆略等親自見面，並在邠州。淮詮郎君擬□嗢末使發來，緣裝束不辦，發赴不得……遊奕使白永吉、〔一〕陰清兒等十月十八日平善已達嘉麟。緣涼州鬧亂，鄭尚書共□□諍位之次，不敢東行。宋閏盈一行□□涼州未發。

這裏所稱榆略等七人是從邠州經河州、涼州而到達肅州的。大概肅州防戍都從他們那裏知道一個叫做淮詮郎君的和他的家屬在路上爲党項虜去，由邠州節度贖往邠州。又說到兩個軍將白永吉和陰清兒等到達了涼州的屬縣嘉麟，却因涼州（指武威）鬧亂，不敢東行。所云涼州鬧亂是因爲鄭尚書和另一個什麼人爭位。尚書是初授節度使所帶官，可能這時涼州自有節度使，已不屬沙州管了。張勝君狀後而又說：

〔一〕伯三四五一號張淮深變文見先鋒遊奕使白通吉，疑是一人，抄録有誤（敦煌變文集卷一）。

其甘州迴鶻和斷未定，二百迴鶻常在甘州左右捉道劫掠。甘州自胡進達去後，更無人來往。從這段話看來，甘州受迴鶻的壓力很大，正在講和。而且似乎甘州也不屬沙州管了。斯三八九號也是肅州防戍都給歸義軍的報告，詳細敘述了甘州情況，今錄如下：

今月七日，甘州人楊略奴等五人充使到肅州。稱：其甘州，吐蕃三百，細小相兼五百餘衆，及退渾王撥乞狸等，十一月一日並往，歸入本國。其退渾王撥乞狸妻則牽馱，夫則遮駈（驅），眷屬細小等卄（？）已來隨往，亦其苦切。餘者百姓、奴、客并不聽去。先送崔大夫迴鶻九人，內七人便隨，後尋吐蕃蹤，亦往向南；二人牽攏嘉麟，報去甘州，共迴鶻和斷。□由其迴鶻王稱：「須得龍王弟及十五家只（質）便和爲定。」其龍王弟不聽充只（質）：「若發遣我迴鶻內入只（質），奈可自死。」緣弟不聽，龍王更發使一件。其弟推患風疾，不堪充只（質）。更有迆次弟一人及兒二人內堪者，發一人及十五家只（質）。得不得，取可汗處分。其使今即未迴。

其龍王衷私發遣僧一人，於涼州嗢末首令（領）邊充使。將文書云：「我龍家和迴鶻和定，已後恐被迴鶻侵凌。甘州事，須發遣嗢末三百家已來，同往甘州，似將罕（牢）古（固）。如若不來，我甘州便共迴鶻爲一家討你嗢末，莫道不報。」

其吐蕃入國去後，龍家三日衆衙商量，城內絕無糧用者。揀得龍家丁壯及細小壹佰玖人，退渾達票（？）、供榆昔達票（？）、阿吴等細小共柒拾貳人，舊通頰肆拾柒人，羌（？）大小叁拾柒人，共計貳佰伍拾柒人，今月九日并入肅州，且令逐糧居（下缺）

這件文書由於殘缺年月不明。從所叙事看來正和上件「迴鶻和斷事未定」一語相合。上件紀年爲中和四年十一月一日，叙事有十月十八日事。這一件叙事自十月卅日起至十一月九日止，可能就是接着上件所打的報告。

從狀中所説的情况看來，甘州這時是回鶻、吐蕃、龍家等族角逐之場。吐蕃和部分退渾從甘州撤退的原因，顯然由於不能抗拒回鶻。吐蕃撤退後，甘州的占領者是龍家。〔一〕這從狀中龍家自稱爲「我甘州」便可知道。前狀所云和斷是指回鶻和龍家之間的事。照狀中所述，龍家雖發使議和，背地却在威脅嗢末給他援助，牢固甘州。嗢末的回覆怎樣狀中未述，但龍家却終於考慮「城内絶無糧用」，而繼吐蕃之後帶着丁壯細小及其他部落退往肅州了。看來龍家和沙州是有關係的，但他們似乎是獨立的部落。狀中始終不提甘州駐軍和官吏等等，文狀開頭就説甘州人楊略奴等五人充使到肅州，雖不知是誰的使者，却也暗示甘州不屬於歸義軍。當時吐蕃、退渾、龍家都已撤離甘州，城内絶無糧用，在這種情况下，回鶻自然毫不費力地占領了甘州。

回鶻何時占領甘州，史籍都没有記載。舊五代史卷一三八、五代史記卷七四都只説梁乾化元年（九一一）十一月，甘州回鶻遣使入朝進貢，其占領甘州當在其前。上引之狀如果與張勝君狀確在同時，那末唐中和四年（八八四）回鶻曾占州城。但乾寧元年（八九四）所立的李氏再修功德記稱李弘

〔一〕五代史記卷七四回鶻傳稱：「又有别族號龍家，其俗與回鶻小異。」據光啟元年（八八五）寫本沙州伊州地志殘卷云：「龍部落本焉耆人，今甘、肅、伊州各有首領。其人輕鋭，健鬥戰，皆稟皇化。」日本羽田亨曾有叙述，譯文見唐代文獻叢考九〇頁。

諫爲「使持節甘州刺史兼御史中丞」，説他「洎分符於張掖，政卹惸孤」，似乎不是空名遥領。那末在中和四年以後歸義軍曾經重又把勢力擴展到甘州。然不久回鶻占領甘州已經鞏固，歸義軍終於不能維持其在甘州的地位。這一些近人已經據敦煌所出龍泉神劍歌和梁乾化三年(九一三)沙州百姓上回鶻可汗書有所説明，這裏無須贅述。

涼州雖然鄰近吐蕃、嗢末，但自唐末以來，鄆州、沙州戍兵的子孫仍然掌握地方政權。五代史記卷七四吐蕃傳稱「甘州爲回鶻牙，而涼、瓜、沙三州將吏猶稱唐官，數來請命……而涼州自立守將」。〔一〕從上引張勝君狀中也可看出唐末的涼州已經脱離歸義軍。兩五代史吐蕃傳都曾述及唐長興四年(九三三)涼州留後孫超遣使入朝，後唐明宗授予節度使之事。上引斯五一三九號劉少晏上歸義軍的狀在此以前。狀中敍述了涼州的情况：

甘州迴鶻兵强馬裝(壯)，不放涼州使人拜奉沙州。昨此迴鶻三、五年來，自亂計作三朋(？)，氣(兼)及土蕃(番)二人會兵劫取涼州。今經三五年來，沙州骨子、心兒屈鐵，不放下悇(祭)城隍，至今全得好在安樂。後便置(值)太保阿郎政直，開以河西老道。使人内外亟歸進奉來前。以册(？)涼府之人惣是沙州百姓之人數，奉俗蕃(番)人教亂劫剥，政此不放，大受飢饉，糧用不充，人艮(？)教寇(？)，伏乞太保阿郎仁恩照察，涼府先郡之人，賜乞倓良(餱糧)帖兵及

〔一〕舊五代史卷一三八吐蕃傳同。

餘二邑。

狀後署「乙酉年六月日涼州節院使押衙劉少晏狀」。從咸通二年以後第一個乙酉即咸通六年（八六五），第二個乙酉是後唐同光三年（九二五），第三個乙酉是宋雍熙二年（九八五）。雍熙二年，涼州已爲吐蕃占領，與此狀所述情況不符，咸通六年去張義潮收復涼州至多四五年，若如通鑑所載，咸通四年才收復涼州，那就只得二三年，不應有「前段老丈總以不殘，只殘後輩男女」的話。而且甘州回鶻此時還弱，更没有占領甘州，豈能「不放涼州使人拜奉沙州」和三五年來和吐蕃「會兵劫取涼州」。因此此狀不能置於咸通六年。既然如此，這個乙酉就只有是同光三年，狀中所稱的太保也應是曹議金。狀中前稱張太保，後稱太保阿郎，也暗示後面的太保已不姓張。舊五代史卷三二後唐莊宗紀同光二年（九二四）五月授予曹議金的檢校官是司空，似與太保之稱不合。但是涼州的劉少晏是未必知道得那末清楚的，很可能以稱張義潮之官稱之，而曹議金也有可能在沙州境内久已自稱太保，我們知道遠在梁貞明三年（九一七），他的兒子已經自稱檢校司空了。

同光三年（九二五）至長興四年（九三三）孫超上表時只九年。劉少晏狀中强調「涼府土人總是沙州百姓之人數」。涼州幾年來遭受回鶻、吐蕃的聯合進攻，也由於沙州人「心兒（如）屈鐵」，保衛了城隍。這時由於「大受飢饉」，要求太保阿郎接濟糧食和給予援兵。由此可見沙州戍兵後裔是涼州軍隊中的一份力量。不可能只隔九年涼州便只存在鄆州戍兵的後裔。劉少晏是涼州節院使押衙，他没有説誰是節度使，可能缺位，才由押衙出面。曹議金對於劉少晏的答覆我們不知道，但議金後娶甘州回鶻可汗之女，採取和親政策，未必能支援涼州。

在張淮深統治時代，肅州設有防戍都，經常向他報告東方的情況。到他的末年，肅州也脱離了歸義軍。伯二五六九號光啓三年（八八七）官酒户馬三娘、龍鞏堆牒就已把肅州使和西州回鶻、涼州嗢末等使並列。〔二〕又斯一三六六號寺院帳中甘州使、伊州使、于闐使也和肅州使同在一起，其中還有狄寅及使一項，狄寅即回鶻可汗狄銀，〔三〕那是較遲的事了。大致在張淮深末年歸義軍節度所管雖然仍稱河西十一州，實際上只有沙、瓜二州而已。

（原載一九六二年中華文史論叢第一輯）

〔一〕據沙州歸義軍節度使始末，東方學報十二册第四分。

〔二〕帳中甘州使和狄寅分開，當是狄銀還未繼任可汗時，即在後唐同光二年（九二四）前。

遼史天祚紀證釋

一　阿鶻産與阿踈

遼史卷二七天祚紀天慶二年（一一一二）九月載女直稱兵之始曰：

初，阿骨打混同江宴歸，疑上知其異志，遂稱兵，先併旁近部族。女直趙三、阿鶻産拒之，阿骨打虜其家屬，二人走訴咸州，詳穩司送北樞密院。樞密使蕭奉先作常事以聞上，仍送咸州詰責，欲使自新。後數召，阿骨打竟稱疾不至。

天慶三年三月又有紀載曰：

阿骨打一日率五百騎突至咸州，吏民大驚。翌日，赴詳穩司，與趙三等面折庭下。阿骨打不屈，送所司問狀。一夕遁去。遣人訴於上，謂詳穩司欲見殺，故不敢留。自是召不復至。

按此兩條與契丹國志卷一〇所載文意相同，要之起釁由於阿鶻産也。顧遼史於天慶四年又出一構成戰禍之阿踈，而契丹國志則絶不見其姓名，天祚紀天慶四年正月曰：

初，女直起兵，以紇石烈部人阿踈不從，遣其部撒改討之。阿踈弟狄故保來告，詔諭使勿討，不聽，阿踈來奔。至是女直遣使來索，不發。……秋七月，女直復遣使取阿踈，不發，乃遣侍御阿息保問境上多建城堡之故。女直以慢語答曰：「若還阿踈，朝貢如故，不然，城未能已。」

據此，則不從阿骨打而奔遼者，阿鶻產之外，別有一阿踈矣。然試以金史考之，則知遼史所云阿踈事實隱括金史所載也。金史卷一世紀曰：

（穆宗三年），紇石烈部阿踈、毛睹禄阻兵爲難，穆宗自將伐阿踈，撒改以偏師攻鈍恩城，拔之。阿踈初聞來伐，乃自訴於遼。

卷二太祖紀二年六月又曰：

康宗嘗以不遣阿踈爲言，稍拒其使者。太祖嗣節度，亦遣蒲家奴往索阿踈，故常以此二者爲言，終至於滅遼然後已。至是，復遣宗室習古廼、完顏銀术可往索阿踈。……遼復遣阿息保來詰之。太祖謂之曰：「我小國也，事大國不敢廢禮。大國德澤不施，而逋逃是主，以此字小，能無望乎？若以阿踈與我，請事朝貢。苟不獲已，豈能束手受制也。」

阿踈，金史卷六七有傳，所載略同。顧金史乃絕無一言及阿鶻產，適與契丹國志有阿鶻產而無阿踈相反。夫此兩人皆以女真而不從阿骨打相同，奔遼相同，因之而起釁相同，更以金史與契丹國志之有無互見證之，[一]其爲一人必矣。至其旁證則又有一。

遼史卷二八天祚紀天慶五年（一一一五）載耶律章奴之叛曰：

章奴……趨廣平淀犯行宫。順國女直阿鶻產以三百騎一戰而勝。

[一] 按契丹國志以女真之伐阿鶻產在阿骨打混同江宴歸後，而金史紀伐阿踈遠在穆宗時，當從金史。

此條亦見於契丹國志卷一〇，而遼史卷一〇一耶律阿息保傳曰：

六年，從阿疎討耶律章奴。

阿疏即阿疎，其事相同一也。〔一〕

遼史天祚紀天慶五年載女真之議和條件。一曰歸我叛人阿疎，二曰遷黄龍府於别地。首以阿疎爲言，然天慶八年和議，乃不及此。據遼史卷二八天祚紀曰：

金主復書曰：「能以兄事朕，歲貢方物，歸我上、中京、興中府三路州縣；以親王、公主、駙馬、大臣子孫爲質，還我行人及元給信符，并宋、夏、高麗往復書詔、表牒，則可以如約。」

至七月，女真又改寬其條件爲「免取質子及上京、興中府所屬州郡，裁減歲幣之數」。但求一「以兄事朕，册用漢儀」。按此次和議爲遼、金開戰後最具體亦最有成功希望之一次。金史卷六七阿疎傳云：「及太祖伐遼，底遼之罪告於天地，而以阿疎亡命，遼人不與爲言，凡與遼往復書命必及之。」到天慶八年之獨遣阿疎，疑有遺漏。今考之三朝北盟會編卷三所記，乃知其全文蓋有十條：

乞徽號大聖大明一也，國號大金二也，玉輅三也，衮冕四也，玉刻御前之寶五也，以兄弟通問六也，生辰正旦遣使七也，歲輸銀絹二十五萬匹兩，大宋歲賜之半八也，割遼東長春兩路九也，送還女真阿鶻産、趙三大王十也。

按此蓋七月修改後之條件也。一至五及七可視爲包括「册用漢儀」一語中。六即「以兄事朕」，八則

〔一〕按阿息保傳又言阿疎其後叛遼，考阿疎後爲金所擒，未嘗叛遼，而天慶六年以後亦無阿疎叛事，則此文必有誤。

裁減歲幣也，九但求長春路，是時金已盡得東京，此不過欲遼之承認，亦即免割上京、興中府也。獨十無所附麗，不能不認爲遼史之缺脱。姑退一步言之，三朝北盟會編所記，未必可信，然至少可以證明原作者必習聞金人索阿鶻産之事乃無可疑。夫金人所索者在金史則阿疎也，而宋人所聞者在契丹國志和三朝北盟會編則阿鶻産也，其事相同，可證者二也。

夫阿疎與阿鶻産不過一音之轉，金史是也，宋人諸書亦是也，其誤乃在於遼史編者但務博採而不知比附耳。

二　蕭奉先與蕭得里底

遼史卷二七天祚紀乾統四年（一一〇四）見西北路招討使蕭得里底，天慶二年（一一一二）見樞密使蕭奉先。蕭奉先遼史卷一〇二有傳，所述唯四事。一爲混同江頭魚宴諫殺阿骨打事；〔一〕二爲護

〔一〕按混同江頭魚宴，阿骨打不肯起舞，天祚欲殺之，奉先諫而止。此事亦甚可疑，金史既所不載，而考其年月，是時阿骨打尚未襲位，完顏部之酋尚是烏雅束也。洪皓松漠紀聞卷上曰：「道宗末年，阿骨打來朝，以悟室從，與遼貴人雙陸，貴人投瓊不勝，妄行馬。阿骨打憤甚，拔小刀欲剚之，悟室急以手握鞘，骨打止得其柄杙其胸不死。道宗怒，侍臣以其强悍，咸勸誅之。道宗曰：『吾方示信以待遠人，不可殺。』或以王衍縱石勒，張守珪赦安禄山，終致後害爲言，亦不聽，卒歸之。」此當爲一事之兩傳，而言在道宗時，又以雙陸起釁，所言絶異。要之當時自有此一種傳説，所聞則各不相同也。余考金史，天祚時阿骨打實未嘗入朝，而世紀於揚割嗣節度之九年（遼乾統二年）書穆宗（揚割追尊號）朝遼主於漁所，十年二月歸。而遼史卷二七天祚紀於乾統三年（一一〇三）正月書如混同江，女直函蕭海里首，遣使來獻，與金史合。疑天慶二年（一一一二）鈎魚混同江云云，即由此致誤也。此事固不能證其必無，然其可信之程度，僅當視爲一種傳説而已。

其弟嗣先敗逃罪；三爲讒殺晉王，逼反大將耶律余覩；四則述其死狀。按此四事皆見天祚紀，今考其文皆與契丹國志同，蓋出於亡遼録諸書也。蕭得里底則遼史卷一〇〇亦有傳，顧其名絶不見於契丹國志，今以事蹟校之，知是一人兩傳，宋人稱其漢名，遼、金人則稱其契丹名耳。

考天祚紀天慶二年之前，絶不見奉先名，是年二月忽書樞密使蕭奉先，雖不言南北，而以下文考之，知是北院樞密使。按天祚紀乾統四年七月，「以西北路招討使蕭得里底……知北院樞密使事」，六年正月又書遣知北院樞密使蕭得里底使宋，〔一〕官雖微異而遼史知院與樞密使互稱，故是一官耳，如卷一〇一蕭陶蘇斡傳即稱蕭得里底爲北院樞密使也。

蕭奉先者誤國之庸臣也，契丹國志稱自天祚兵敗，中外歸罪蕭奉先，乃考遼史則女真兵起，奉先初未嘗涉征伐大計，其輕敵致敗，養癰貽患者蕭得里底也，無緣咎責奉先，遼史卷一〇〇蕭得里底傳曰：

女直初起，廷臣多欲乘其未備，舉兵往討，得里底獨沮之，以至敗衄。

而卷一〇一蕭陶蘇斡傳曰：

時金兵初起，攻陷寧江州。天祚召羣臣議，陶蘇斡曰：「女直國雖小，其人勇而善射。……爲今之計，莫若大發諸道兵，以威壓之，庶可服也。」北院樞密使蕭得里底曰：「如陶蘇斡之謀，徒

〔一〕按契丹國志卷一〇乾統六年書「遼復遣泛使同平章事蕭保先，牛温舒詣宋」。保先爲奉先弟，疑誤，當作「奉先」。

示弱耳。但發滑水以北兵，〔一〕足以拒之。」

審此則得里底誤國之罪不可逃，故天慶五年七月天祚親征，九月即書「知北院樞密使蕭得里底出爲西南面招討使」，而蕭得里底傳亦云「天祚以得里底不合人望，出爲西南面招討使」。然天祚猶寵信之也，故於八年四月復内召爲樞密使。至於蕭奉先則據遼史當親征之始方爲御營都統，嗣後亦不聞貶謫，固似截然爲兩人也。乃考契丹國志卷一〇天慶六年紀文曰：「自天祚親征敗績，中外歸罪蕭奉先，於是謫奉先西南面招討，擢用耶律大悲奴爲北樞密使。」又云「是歲，止罷耶律大悲奴，再詔蕭奉先代之」。乍讀其文，一似罷而復召皆在六年者，然復召書於燕王（即秦晉國王淳）東征之後，則至早亦當在七年以後。契丹國志本亦薈萃衆説以成書，其有牴牾，不足深辯。要之兩人之貶西南招討間，其罪則一曰不合人望，一曰中外歸罪，語氣亦同，罷而復召更無不同，而遼史但有蕭得里底之貶，不及奉先，契丹國志則但有奉先而不及得里底，其故可長思也。

至於遼史於得里底被貶之時，奉先固儼然都統，似有可疑而其實無可疑也。五年親征諸將遼史糅雜諸書而載之，奉先之爲都統，出於亡遼録和契丹國志，遼史不書奉先之貶，而採亡遼録和契丹國志之文以見其爲兩人，似有剪裁，而其實大謬。蓋奉先未嘗爲都統也。〔二〕

又考蕭得里底傳曰：「是時諸路大亂，飛章告急者絡繹而至，得里底不即上聞，有功者亦無甄别，

〔一〕 按遼史卷二七天祚紀天慶四年（一一一四）七月作「遂發渾河北諸軍」。

〔二〕 見下親征諸將辨。

由是將校怨怒，人無鬬志。」契丹國志卷一一天慶九年（一一一九）紀曰：「金人攻陷上京路。……蕭奉先皆抑而不奏。」此與得里底傳所謂「飛章告急，絡繹而至，得里底不即上聞」，可爲互證。

奉先誤國之又一事爲逼反余覩，寃殺晉王，其事紀與本傳皆詳載，而紀尤詳。卷二九天祚紀保大元年（一一二一）正月曰：

初，金人興兵，郡縣所失幾半。上有四子：長趙王，母趙昭容；次晉王，母文妃；次秦王、許王，皆元妃生。〔二〕國人知晉王之賢，深所屬望。元妃之兄樞密使蕭奉先恐秦王不得立，潛圖之。文妃姊妹三人：長適耶律撻曷里，次文妃，次適余覩。一日，其姊若妹俱會軍前，奉先諷人誣駙馬蕭昱及余覩等謀立晉王，事覺，昱、撻曷里等伏誅，文妃亦賜死；獨晉王未忍加罪。余覩在軍中，〔三〕聞之大懼，即率千餘騎叛入金。

二年正月又書：

聞余覩引金人婁室孛堇奄至，蕭奉先曰：「余覩乃王子班之苗裔，此來欲立甥晉王耳。若爲社稷計，不惜一子，明其罪誅之，可不戰而余覩自回矣。」上遂賜晉王死。（契丹國志卷一一同）

知此似晉王之死，全由奉先，乃考蕭得里底傳則曰：

〔二〕按卷六四皇子表天祚六子：文妃出晉王敖魯斡第一。元妃出梁王雅王第二，燕王撻魯第三。趙王習泥烈第四，秦王定第五，許王寧第六，皆不詳所出。而后妃傳云撻魯爲惠妃出，亦不言秦王、許王爲元妃所出，與此不同。

〔三〕遼史卷一〇二耶律余覩傳出於宋人書，與後蕭奉先傳合。

保大二年，金兵至嶺東，會耶律撒八、習騎撒跋等謀立晉王敖魯斡。事泄，上召得里底議曰：「反者必以此兒爲名，若不除去，何以獲安？」得里底唯唯，竟無一言申理。

又但言得里底而不及奉先何邪？ 試考之金史卷一三三耶律余睹傳，則尤有可資證明者。傳曰：

余睹作書，具言所以降之意，……又言：「樞密使得里底本無才能，但阿諛取容，其子磨哥任以軍事。」又言：「文妃長子晉王素係人望，宜爲儲副。得里底以元妃諸子，已所自出，使晉王出繼。〔一〕文妃（按此二字疑衍）又言：「晉王與駙馬乙信謀復其樞密使，來告余睹共定大計，而所圖不成。」又言：「已粗更軍事，進策遼主，得里底蔽之，遼主亦不省察。」又曰：「大金疆土日闢，余睹灼知天命，遂自去年春與耶律慎思等定議，約以今夏來降。近聞得里底、高十捏等欲發，〔二〕倉卒之際不及收合四遠。」

夫據遼史天祚紀、奉先及余覩傳，契丹國志紀傳皆以沮立晉王，逼反余覩爲奉先罪，顧出之余覩自言則不及奉先一字，而怨毒所中獨在得里底，若非以奉先、得里底爲一人，此傳殆不可解矣。

而其他又有可證者則兩人之歸宿同也。卷一〇二蕭奉先傳曰：

〔一〕按遼史卷六四皇子表晉王敖魯斡出繼大丞相耶律隆運後。

〔二〕審此知擁立晉王之謀非誣，而余覩降時，其事猶未發，紀言文妃賜死，余覩聞之大驚，亦誤。遼史卷六四皇子表曰：「保大元年（一一二一），南軍都統耶律余睹以敖魯斡有人望，與文妃密謀立之，不果。余覩降金，文妃伏誅。」正與遼史卷一〇二耶律余覩傳及金史卷一三三耶律余睹傳合，可證紀之誤。

當女直之兵未至也，奉先逢迎天祚，言：「女直雖能攻我上京，終不能遠離巢穴。」而一旦越三千里直擣雲中，計無所出，惟請播遷夾山。天祚方悟，顧謂奉先曰：「汝父子誤我至此，〔二〕殺之何益！汝去，毋從我行。恐軍心忿怒，禍必及我。」奉先父子慟哭而去，爲左右執送女直兵。女直兵斬其長子昂，送奉先及次子昱於其國主。道遇我兵，奪歸，天祚並賜死。（天祚紀同）〔三〕

而卷一〇〇蕭得里底傳則曰：

金兵踰嶺，天祚率衛兵西遁。元妃蕭氏，得里底之姪，謂得里底曰：「爾任國政，致君至此，何以生爲！」得里底但謝罪，不能對。明日，天祚怒，逐得里底與其子麽撒。得里底既去，爲耶律高山奴執送金兵。得里底伺守者怠，脱身亡歸，復爲耶律九斤所得，送之耶律淳。時淳已僭號，得里底自知不免，詭曰：「吾不能事僭竊之君！」不食數日，卒。子麽撒，爲金兵所殺。

按此兩段皆言受責被逐，責之之人雖異，而皆以爲應負誤國之責任則同也。且被逐同，被逐之時亦同（紀皆繫於保大二年（一一二二）三月，父子爲左右執送金人同，父得脱而子被殺同，所異者唯在死狀。或云賜死，或云自殺，或云被殺，同一奉先而史與契丹國志異，天祚紀又絕不言得里底之死，則亦終歸疑案而已。至於其巧合處固可證爲一人也。此又得以金史作反證，金史卷二太祖紀曰：

〔一〕按此云父子，甚可思。凡言奉先之奸，初未嘗及其子，金史余睹傳言得里底子磨哥任軍事，亦爲罪狀之一，可以互證。

〔二〕按契丹國志卷一一言奉先行二十里，爲左右所殺。遼史與國志奉先傳其他皆合，唯此爲異，史、志所本之書，今已無可考，則不能知孰爲合於原本，然即使原本爲被殺，遼史改爲賜死，亦必有所本，要之奉先之死，但以疑案視之可也。

天輔六年（遼保大二年，一一二二）五月，先是，獲遼樞密使得里底，節度使和尚、雅里斯、余里野等，都統杲使阿隣護送赴闕。得里底道亡，阿隣坐誅。

卷七六遼王杲傳曰：

撻懶請益兵於都統杲，而獲遼樞密使得里底父子。

卷七七撻懶傳又書：

宗翰使撻懶追擊之，不及，獲遼樞密使得里底及其子磨哥、那野以還。

所載與遼史蕭得里底傳合。〔一〕按此事金史一見於紀，兩見於傳，獲則以爲功，逃則戮其將，金人之重視得里底爲何如！反觀奉先據遼史諸書固亦爲金人所獲也，而金史乃寂無一言，同一樞密使，同一爲遼尊寵用事之大臣，夫何輕重之不同如此？則知奉先與得里底初非兩人矣。

要之遼史言得里底事皆本之金皇統中陳大任所修遼史，故其言皆與金史合。蕭奉先事則本之史愿亡遼録等書，故多與契丹國志合。金修遼史但知博採，而不知考核，至有一人兩傳之巨謬，昔人譏元史一人兩傳，而遼史則無人爲發其覆，不知其中亦有兩傳同陷此誤也。〔二〕

〔一〕撻懶傳之磨哥，即蕭得里底傳之磨撒。
〔二〕按遼史卷八九有傳之楊晳與卷九七有傳之楊績爲一人，余別有考。

三　耶律章奴與耶律張家奴

遼史卷二八天祚紀曰：

（天慶五年，一一一五）九月乙巳，耶律章奴反。

其下即列敍章奴謀立魏國王淳，而淳不從，章奴乃侵掠上京路諸州，兵敗，爲遼兵所得，腰斬而死，其事皆書於九月。卷一〇二章奴有傳，所載略同。契丹國志卷一〇於本年亦有此記載，與遼史幾於一字不易，知同出一源也。

章奴既平之後，紀於是年十二月乙巳又書：

耶律張家奴叛。

其下列敍其戰事，至次年四月親征，敗之，饒州、渤海平而止。

按本紀以章奴之叛在五年九月，其平亦在是年，而張家奴之叛則在五年十二月，亂事綿延至次年四月始平，似截然爲兩事，然細察之，則固一事兩紀也。

考章奴之名始見於紀天慶四年（一一一四）十一月，云：

以西北路招討使耶律斡里朶爲行軍都統，副點檢蕭乙薛、同知南院樞密使事耶律章奴副之。

金史卷二太祖紀收國元年（一一一五）正月亦有同樣之記載：

遼遣都統耶律訛里朶、左副統蕭乙薛、右副統耶律張奴、都監蕭謝佛留，騎二十萬、步卒七萬戍邊。

金史之張奴即遼史之章奴，固不待言。而宋元通鑑政和五年記此事則作耶律張家奴，王宗沐叙阿婁岡之戰，全本金史，何故忽改張奴爲張家奴，雖不可知，然不能遽視爲妄改也。遼史卷二八天祚紀於天慶五年（一一一五）三月書：

遣耶律張家奴等六人齎書使女直，斥其主名，冀以速降。五月，張家奴等以阿骨打書來，復遣之往。六月壬子，張家奴等還，阿骨打復書，亦斥名，諭之使降。

其說張家奴與章奴爲二人，亦不待言，顧考金史則初無分判。太祖紀收國元年四月曰：

遼耶律張奴以國書來。上以書辭慢侮，留其五人，獨遣張奴回報，書亦如之。六月己亥朔，遼耶律張奴復以國書來，猶斥上名。上亦斥遼主名以復之，且諭之使降。

審此則知遼史之張家奴，金史固仍呼之爲張奴，與四年之都統章奴初未視爲兩人也。若考之遼史卷一〇一之耶律阿息保傳，則即遼史之中亦有未加分判者。傳曰：

金兵陷寧江州，邊兵屢敗，遣阿息保與耶律章奴等齎書而東，冀以脅降。

夫天祚紀明言齎書而東者張家奴也，而此作章奴，則亦視章奴與張家奴爲一人矣。其證一。

復次，天祚紀於天慶五年十二月書：「錦州刺史耶律术者叛應張家奴。」〔二〕而卷一〇〇耶律术者傳曰：

术者……嘗與耶律章奴謀立魏國王淳。及聞章奴自鴨子河亡去，即引麾下數人往會之。

〔二〕按遼史卷一〇〇耶律术者傳錦州應爲銀州之誤。

紀言應張家奴而傳云應章奴，非亦以章奴與張家奴爲一人乎！其證二。

紀於六年二月書：

張家奴誘饒州渤海及中京賊侯槩等萬餘人，攻陷高州。三月，東面行軍副統酬斡等擒侯槩於川州。

而卷一〇〇耶律章奴傳云：

時饒州渤海及侯槩等相繼來應，衆至數萬。

夫侯槩所應者據紀爲張家奴而又書之於章奴傳，〔一〕則其爲一人之證三。

紀稱耶律章奴之侵擾地域，爲上京所屬之祖州、慶州、懷州、饒州，而書張家奴之侵擾地域，亦爲上京道之祖州、〔二〕饒州及中京道所屬之川州、高州。區域大抵相合，其證四。

蓋遼史之記章奴事，全出於宋人書，故與契丹國志合。因原書之不著月日也，亦遂於九月下牽連書之，一若章奴旋起旋滅同在此一月内者，不思章奴說魏王，轉戰上京，結羣盜，犯行宮，然後受擒，爾

〔一〕按紀書章奴事，但言結渤海羣盜，衆至數萬，而不舉其名，似亦疑同一侯槩而忽應章奴忽應張家奴，故疑不書，至章奴傳則遥隔數十卷，不復憶改矣。

〔二〕紀於六年二月書「侍御司徒撻不也等討張家奴，戰於祖州，敗績」。而卷九八蕭兀納傳云：「兀納一名撻不也，（天慶）六年，耶律章奴叛來攻京城（按是上京），兀納以死拒戰，章奴無所得而去。」疑此撻不也即兀納。祖州故上京國也，然官號不同，不敢妄斷。然傳言章奴之攻上京在六年，若如紀言，則章奴在五年九月即已覆滅，六年擾上京地者，乃張家奴也。此亦爲章奴與張家奴實爲一人之證。

許大事，豈得於一月中了之，而又別書一張家奴以亂之，可謂無識之甚。

四 天慶五年親征諸將辨

遼史卷二八天祚紀天慶五年正月下詔親征，八月趨軍中，記其從征諸將爲：

以圍場使阿不爲中軍都統，耶律張家奴爲都監，率番、漢兵十萬；蕭奉先充御營都統，諸行營都部署耶律章奴爲副，以精兵二萬爲先鋒。餘分五部爲正軍，貴族子弟千人爲硬軍，扈從百司爲護衛軍，北出駱駝口；以都點檢蕭胡覩姑爲都統，樞密直學士柴誼爲副，將漢步騎三萬，南出寧江州。自長春州分道而進，發數月糧，期必滅女直。

至十一月又云：

遣駙馬蕭特末、林牙蕭察剌等將騎兵五萬、步卒四十萬、親軍七十萬至駝門。

按以上書分遣諸將，凌雜無次，由於採取諸書而未加考核，今爲釋之，則中軍都統阿不即蕭胡覩姑，亦即卷一〇一有傳之蕭胡篤。胡篤傳云：

五年，從天祚東征，爲先鋒都統，臨事猶豫，凡隊伍皆以圍場名號之。進至剌離水，與金兵戰，敗，大軍亦却。……胡篤長於騎射，見天祚好游畋，每言從禽之樂，以逢其意。天祚悅而從之。國政隳廢，自此始云。

本傳雖不言其爲圍場使，然云凡隊伍皆以圍場名號之，此固圍場使之作用矣。又其都監爲耶律張家奴，前已證張家奴與章奴爲一人，今以章奴傳考之，則云：「及天祚親征女直，蕭胡篤爲先鋒都統，章奴爲都監。」張家奴與章奴既是一人，阿不、胡篤亦不容有二。

然此疑是舊史原文，阿不或爲胡篤别譯，或爲别名，其誤不過名號之不統一爾，其下又别取宋人書以補之，而益兹糾紛。契丹國志卷一〇曰：

天慶五年（一一一五）八月，天祚下詔親征女真，率蕃、漢兵十餘萬出長春路。命樞密使蕭奉先爲御營都統，耶律章奴副之，以精兵二萬爲先鋒。餘分五部爲正兵，諸大臣貴族子弟千餘人爲硬軍，扈從百司爲護衛軍，北出駱駝口。車騎亘百里，鼓角旌旗，震耀原野，别以漢軍步騎三萬，命都檢點蕭胡覩姑爲都統，樞密直學士柴誼副之，南出寧江州路，自長春州分路而進，齎數月之糧，期必滅女真。

試閱此文，即知遼史之記載不過沿襲雜抄諸書的契丹國志而已，其間偶有小異則遼史亦未必一字不易也。以蕭奉先爲御營都統，耶律章奴爲副，考之奉先、得里底、章奴三傳均無是語，其爲訛傳無疑。而其致誤之故，則亦自有由。奉先之契丹名爲得里底，已如前述，而奉先之弟嗣先，則名敵里，〔一〕敵

〔一〕遼史卷二七天祚紀：「天慶四年十月，以守司空蕭嗣先爲東北路都統，……引軍屯出河店，兩軍對壘，……蕭嗣先軍潰，……十一月壬辰，都統蕭敵里等營於斡鄰濼東，又爲女直所襲，士卒死者甚衆。」而金史卷二太祖紀則云：「十一月，遼都統蕭糺里……會於鴨河北，……俄與敵遇於出河店，……遼兵潰，逐至斡論濼。」出河店之役，遼史以嗣先爲都統，而金史則以蕭糺里當之。日本箭内亘氏疑爲遼易都統而金人不知，故以後之糺里（敵里）當前之嗣先（見箭内亘遼金糺軍考），王静安先生駁之，以糺里或敵里爲嗣先之契丹名，其言甚是。

里與得里底本爲一名兩譯，是奉先與嗣先之契丹名同也。故遼史卷一〇〇耶律棠古傳曰：「會蕭得里底以都統率兵與金人戰，敗績，棠古請以軍法論。」本文所指之得里底實爲嗣先，以出河店之敗，嗣先爲都統也。以兄弟同名，故一誤而以得里底當敵里，再誤則以奉先當嗣先矣。其實天祚親征在八月，而奉先之貶在九月。契丹國志所謂天祚兩敗之後，以奉先爲不知兵者，一指蕭嗣先出河店之敗，一指耶律訛里朶達魯古及白馬濼之敗也，事皆在親征之先，故親征之初，奉先已不爲天祚所信，不容復以爲都統也。其出寧江州之一軍，都統爲蕭胡覩姑亦即胡篤也，其爲一人甚明。

至於十一月一條則又出自金太祖實録，故與金史合。金史卷二太祖紀收國元年（一一一五）曰：

十一月，遼主聞取黄龍府，大懼，自將七十萬至駞門。駙馬蕭特末、林牙蕭查剌等將騎五萬、步四十萬，至斡鄰濼。

按此文甚明白，而遼史改自將爲親軍，義已費解，又不書特末一軍之至斡鄰濼，遂若倶至駞門，與原文亦不合。考金史言遼軍之分配，但此一條，蓋所云遼主自將七十萬至駞門者，即契丹國志之五部正兵扈從百司等出駱駝口者也，是爲天祚自將之大軍。其云特末所將之騎五萬，步四十萬至斡鄰濼者，即契丹國志之步騎三萬，蕭胡覩姑率之南出寧江州者也，是爲別將之一軍，〔二〕要之，此次親征實不過兩道而已。

〔二〕蕭特末遼史無傳，似不能與蕭胡篤爲一人，此金史與遼史、亡遼録皆不合，然云至斡論濼，則即南出寧江州之一軍無疑，特其統帥既互見，未知孰是耳。

然則遼史如但承用舊史，或但採契丹國志及亡遼録，或但録金太祖實録，均無不可，其失未至甚謬，今乃兼收並蓄，遂如屋上架屋，重複乖忤而不可理矣。

五　結論

以上述四篇訖，按遼史簡略，昔賢所譏，今考其失，更以雜糅。蓋元修遼史，據脱脱所上表則合遼耶律儼之皇朝實録，金陳大任之遼史，而更「發故府之櫝藏，集遐方之匭獻」，冶之一爐，勒爲專史。夫天祚而上，舊史足徵，室昉之統和實録，至明猶存，而史稱興宗重熙中（一〇三二——一〇五四）曾修起居注，道宗欲觀起居注，則史官所職，至是差備。爰自統和（九八三——一〇一二），迄於壽昌（一〇九五——一一〇〇），三朝史實，載筆易詳。天祚蹉跌，乘輿播遷，乾統（一一〇一——一一一〇）之前，當仍前軌。天慶（一一一一——一一二〇）而後，缺失可知。陳大任金人也，則採金史以補之，其其所關涉，止及兵戈，治亂之跡，度難博贍。於是至正（一三四一——一三七〇）重修，兼採野史。其曰「遐方之匭獻」，則宋人書矣。然遼制書禁至嚴，傳書境外者罪至大辟，天祚覆國，圖書入金，中秘所藏，不傳於宋。南渡諸人，蒿目世變，推本亂源，頗言北事，而文獻無徵，紀載缺略，不無誣罔之辭，稍依口耳爲説，是猶曹瞞之傳，出自江東，海陵之紀，修於大定（一一六一——一一八九），足廣異聞，實爲典要。雖然，言東事者詳於金，言燕事者詳於宋，是皆境壤相接，耳目所及，遼人既不能自言，則捨此亦無以爲史，雖云蕪累，義難求全。顧其失也，則顛倒錯亂，重文復出，於是天祚一紀，卒不可讀。

夫金太祖實録雖亡，而金史現在，亡遼録諸書雖逸，而三朝北盟會編、契丹國志、續資治通鑑長編、紀事本末、建炎以來繫年要録，頗存涯略，苟加覆按，痕跡不掩；以金史還金史，宋人書還宋人書，去其重複，梳其糾紛，整齊之道，固亦非難也。抑天祚而上亦不云完書也，景、穆之前事涉五代，今亦以兩五代史、資治通鑑校之，其顛倒錯亂，亦猶天祚紀，而有時亦可訂兩五代史之失，則以耶律儼、蕭韓家奴所修，遼人之所自言也。至於一書之中，紀表志傳各不相謀，數行之隔，名字别號，隨事而異，全書皆然，更僕難數，此則人事之不盡，不得以書缺有間爲辭，治之者能審其源，證其同異而校其實，則庶乎其可也。至於清宫本考證，每引宏簡録以證遼史，而不知宏簡録之即出於遼史，既昧其源，安能核實，其陋妄不足論矣！

（原載一九四二年國立師範學院史地系編史地教育特刊）

附記： 我在四十餘年前曾治遼、金、元史。那時初讀遼史，感到記載牴牾重複，很想倣照汪龍莊元史本證之例，對遼史作一點整理工作。紀傳部分大致作了校勘考證，而羅繼祖先生的遼史校勘記已出，輾轉覓得此書，發覺校勘上有很多相同，羅書既出，我就没有必要繼續下筆了。太平洋戰争爆發，作爲「孤島」的上海淪陷，我應前國立師範學院之聘，間道入湘。我的遼史校記寫在一部局刻本上，留在上海，没有帶走，後來也丢失了。幾年來治遼、金、元史，深感自己對古少數族語言一無所知，實在缺乏治此三史所必需的條件，很難取得較大成就。到國師後，由於教學需要，讓我開中國中古史課，講的是秦漢魏晉隋唐，我對遼金元史既有内怯之感，因而興趣就轉到了魏晉隋唐這一段歷史時代上去了。一九四二年，國師史地系學生創辦史地教育特刊，徵求文稿。那時我對魏晉隋唐史只好算初學，寫不出像樣的論文，因而就記憶所及，寫成遼史天祚紀證釋一文，指出遼史中某些重複紀載和一人二傳。本文發表後才知道，約在同時，傅樂煥先生有遼史複文舉例之作，却未得見（後來閱讀，知拙文没有重複）。一九四四年，我應聘到四川樂山武漢大學，開的課除通史外，便是魏晉南北朝史與隋唐史，遼金元三史從此擱置，但也還發表了幾篇舊稿。這回輯録我已發和未發表的舊作，將這一組論文也收録在内，只不過留下我早年治史的塵跡而已。

記阻卜之異譯

王静安先生在韃靼考一文中假定阻𩨰爲韃靼之倒誤，後來王静如先生根據滏水集證明此説之不可信，但是這還只是孤證，論者可以説，元人既能够删改遼、金史舊文，也何曾不能竄改滏水集。明人記載中的「建夷」、「奴酋」很多就給清朝改成了「大清」、「大兵」。我想静安先生既然説「阻卜」或「阻𩨰」是字面上的塗改，那麽就决不能真有以此爲名號的種族，因此假使有阻卜或阻𩨰的異譯發見，静安先生之説也就不攻自破。現在我們恰好在史籍中找到了異譯。

（一）术不姑。這個種族在遼史中時常見到。照契丹人的讀法應該就是阻卜。遼史卷六九部族表太宗會同五年（九四二）七月載：「术不姑、鼻骨德、于厥里來貢。」卷四太宗紀却寫作七月辛卯，「阻卜、鼻骨德、烏古來貢」。聖宗太平六年（一〇二六）九月表載：「术不姑諸部皆叛。」卷一七聖宗紀却寫作八月，「自是阻卜諸部皆叛」。卷七〇屬國表在太宗天顯八年（九三三）十月載：「术不姑來貢。」卷三太宗紀記「九月庚子，阻卜來貢」。本年七月表上固然有「阻卜、术不姑來貢」一語，似乎可以反對我的説法，可是在太宗紀本年七月却只有「阻卜來貢」一條，可知表的阻卜與术不姑並舉乃是重出。

（二）术保。「阻卜」一名宋人有時稱之爲「术保」，東坡奏議卷一四乞增修弓箭社條約第二狀云:「大抵北虜近歲多爲小國達靼、术保之類所叛,破軍殺將非一。近據北人契丹四哥探報,北界爲差發兵馬及人户家丁往招州以來,收殺术保等國。」這個「术保」,自必是阻卜、术不姑之異譯。這裏達靼與术保並舉,似乎有助於王静如先生的「阻卜非達靼」説,但是根據遼史的紀載,此説還有問題,這裏不想多説。

(三)速不。蒙古有大將速不台。照蒙古以種族爲名的慣例,「速不台」應該與兀良哈台、南家台、弘吉剌台一樣,以種族命名。此外,宋人所殺的蒙古使者名「速不罕」,元史卷一一五睿宗傳作「搠不罕」,元秘史作「主不罕」,「速不」、「搠不」、「主不」應皆爲「阻卜」的異譯。阻卜的名號,我們還可以推得更早,史記卷一一一衛將軍驃騎列傳(漢書卷五五霍去病傳同),説元狩二年(前一二一)霍去病出征河西,隸屬於匈奴的諸族中有一種稱爲「遬濮」,本年去病再度出征,他的將領趙破奴又曾斬了個「遬濮王」。這個「遬濮」的譯音可能與遼、金時期的阻卜或阻轐有關。

關於阻卜的人種問題一般都相信閻復的説法,認爲沙陀後裔,我想也有疑問,當别論之。關於阻卜的字源,我完全同意王静如先生的説法,但是我想最好能解決爲什麽一個突厥族却採用藏語Sogpo爲名號。

(原載一九四七年五月十六日天津大公報文史周刊)

論金代契丹文字之廢興及政治影響

金源建國之初，未有文字，當時所用者皆契丹文。金史卷七三完顏希尹傳所云「與鄰國交好，迺用契丹字」。關於女真文字之創製，希尹傳記述甚詳，今不贅述。然女真字創製之後，契丹字承用不廢，此固由於女真國境半爲契丹故壤，包有大量通用契丹語文之民族，而此外又似有別一原因可以爲解釋者，金史卷九章宗紀明昌二年（一一九一）四月癸巳：

諭有司：自今女直字直譯爲漢字，國史院專寫契丹字者罷之。

據此則其先女真字蓋先譯爲契丹字而後重譯爲漢文也。女真起自邊陲，其於漢族文化較之契丹所涉深淺懸殊，而天會之後，入據中原，不能不以傳統漢文法約束之，此所以必藉契丹文字爲居間，而其禮樂刑政之效中土諸朝者又多間接自契丹傳習而來，則女真字與漢字之間自必有賴於契丹字之媒介也。故在金太祖阿骨打時，諸臣多學契丹文字，金史卷六六完顏勗傳：

女直初無文字，及破遼，獲契丹、漢人，始通契丹、漢字，於是諸子皆學之，宗雄能以兩月盡通契丹大小字，而完顏希尹乃依倣契丹字製女直字。

本傳雖以契丹、漢人並稱，然諸子所學者爲契丹字，故當時女真人通契丹字者多，而能漢字者蓋鮮。宗雄所通爲契丹大小字，而同卷胡十門傳稱「善漢語，通契丹大小字」，則雖能通漢語，仍不解漢字也。

他若完顏宴、紇石烈胡剌得等，金史本傳並稱其通契丹大小字而不及漢字，足以證明金太祖時女真人通曉契丹字者甚多，而曉漢字者實寡。及天會以後，女真人頗有通習三種文字者，金史卷六五斡者附孫璋傳、卷七二仲傳、卷七三宗雄子阿鄰傳、卷八一夾谷謝奴傳並稱通女真、契丹、漢字。惟所謂「通漢字」，疑亦止於粗解字義而已。但觀金初使宋諸臣，如高慶裔、蕭仲恭、蕭慶之屬，或奚人，或渤海人，奚與渤海廣義言之，皆契丹也。是知使宋之職猶非稍通漢字之女真人所能勝任也。金史卷七八韓企先傳：

燕京人。九世祖知古仕遼爲中書令，徙居柳城，世貴顯。……天會六年（一一二八）劉彥宗薨，企先代之，同中書門下平章事、知樞密院事。七年，遷尚書左僕射兼侍中，封楚國公。初，太祖定燕京，始用漢官宰相。賞左企弓等，置中書省、樞密院於廣寧府，而朝廷宰相自用女直官號。太宗初年，無所改更。及張敦固伏誅，移置中書、樞密於平州。蔡靖以燕山降，移置燕京，凡漢地選授、調發、租稅皆承制行之。故自時立愛、劉彥宗及企先輩官爲宰相，其職大抵如此。斜也、宗幹當國，勸太宗改女直舊制，用漢官制度。天會四年（一一二六），始定官制，立尚書省以下諸司府寺。十二年，以企先爲尚書右丞相……於是，方議禮制度損益舊章。企先博通經史，知前代故事，或因或革，咸取折衷。……（大定）十一年（一一七一），將圖功臣像於衍慶宮，上曰：「丞相企先，本朝典章制度多出斯人之手，……前後漢人宰相無能及者，置功臣畫像中，亦足以示勸後人。」

按企先雖是漢人，而自知古以降，世爲遼貴臣，遼代初步創改制度，知古實與其事，而其裔孫企先復以此教女真，可云巧合。遼代制度南北面分立，亦即漢與契丹不同制度並立。企先爲金創制立法，自必本之遼制。然則天會、皇統之時，女真與漢族語文間既藉契丹人之通譯，其創立制度又倣自契丹，其統治中原漢地則委之故遼降臣。此所以契丹文字在當時居於重要地位，而在女真文字創製之後仍承用不廢也。

契丹文字既具有溝通女真、漢人之作用，故在官府中特置契丹令史，而契丹文字亦得與漢及女真文字並立而三。樓鑰北行日録云：

又聞彼中有三等官，漢官、女直、契丹三者雜居省部，文移、官司、榜示各用其字，吏人及教學者亦以此爲别。

按樓鑰北使在南宋乾道五年，亦即金大定九年（一一六九），在海陵王實行漢化之後，而官府文書及教學，契丹文字猶得與女真、漢字相抗衡者如此。金史卷八九移剌慥傳：

通契丹、漢字，尚書省辟契丹令史，……正隆南伐，兼領契丹、漢字兩司都事。

按移剌慥，契丹人，以兼通契丹、漢字而爲契丹令史，其後又兼領契丹、漢字兩司都事，契丹人之作用可思。同書卷九章宗紀大定二十九年（一一八九）八月壬寅制：

提刑司設女直、契丹、漢兒知法各一人。

如上所述，知自金初以訖明昌，凡有關文法之事，並由女直、契丹、漢人三分其額也。考金代政治，胥吏實居極重要之地位，劉祁歸潛志卷七：

金朝用人，大概由省令史遷左右司郎中、〔一〕員外郎、首領官，取其簿書精幹也。由左右首領官選宰相、執政，取其奏對詳敏也。

據此則省令史實爲仕宦捷徑，而其職則女真、契丹與漢人分處之。此雖不盡由於行用契丹文字之故，而仍不失爲重要原因之一。金史卷九章宗紀明昌二年（一一九一）十二月乙酉稱：

詔罷契丹字。

同書卷五二選舉志二女直進士令史條云：

明昌三年，罷契丹令史，其闕内增女直令史五人。

廢契丹字與罷契丹令史之關係固甚明顯也。據劉祁之説，省令史實爲仕宦捷徑，今既罷契丹令史，則契丹人由此以登相位之道絶。是以大定以前，契丹、奚、渤海人爲宰執者較多，海陵時尤盛，而章宗一朝止一移剌履官至尚書左丞，嗣後則寂寥無人。盛衰之際與文字之興廢時間略同，夫豈無故哉。

至於契丹字之廢於明昌，蓋亦有故，金史卷五三選舉志三稱：

國史院書寫，正隆元年（一一五六）定制，女直書寫，試以契丹字書譯成女直字，限三百字以上；契丹書寫，以熟於契丹大小字，以漢字書史譯成契丹字三百字以上，詩一首，或五言、七言四

〔一〕「遷」一作「選」。

韻，以契丹字出題；漢人則試論一道。

據此知海陵時，國史院吏之考試女真人爲契丹與女真文對譯，而契丹人則爲契丹與漢文之對譯，由此亦知女真人通曉漢文者之少。當時海陵方力行漢化政策，不以契丹之居間稗販爲已足，而謀直接倣效宋人，其事非茲篇所能詳，但由此而促使女真人學習漢文，則勢所必至。金史卷七三宗尹傳：

宗尹乞令子銀朮可襲其猛安，會太尉守道亦乞令其子神果奴襲其謀克。凡承襲人不識女直字者，勒令習學。世宗曰：「此二子。吾識其一習漢字，未習女直字，自今女直、契丹、漢字曾學其一者，即許承襲。」遂著于令。

夫以世宗之崇尚舊風，力謀維持女真語文之通行，而女真貴冑乃有但習漢字者，其契丹字之不被重視，更可想而知。令文雖女直、契丹字並言，恐習契丹文字者罕矣。金史卷九八完顏匡傳：

大定十九年（一一七九）……擇日使皇孫行師弟子禮。七月丁亥，宣宗、章宗皆就學。顯宗曰：「每日先教漢字，至申時漢字課畢，教女直小字，習國朝語。」

按世宗挾帝皇之威力，持種族之成見，力圖挽回女真人漢化之趨勢，而其孫輩至不能作女真語（見卷九章宗紀），其教之也亦不能屏漢語不學。蓋既爲漢地之君主，統治衆多文化居於優越地位之漢人，既不能强漢人之習女真語文，又不能長恃契丹人之轉譯，於理於勢，宜其然也。女真貴冑既通習漢文，不藉轉譯，則自無習學契丹文之必要，以故章宗、宣宗啟蒙之教不及契丹文矣。

女真人學漢文者漸多，則契丹文之居間作用亦漸消失，至女直進士科之建立，遂命女直省令史自進士中選取。金史卷八世宗紀大定二十三年（一一八三）閏十一月戊午：

上謂宰臣曰：「女直進士可依漢兒進士補省令史。」

考進士爲省令史，行於皇統，罷於天德，復於大定者文資令史也。是時女真人無中詞賦進士者，即女直令史之選猶以右職、蔭任進。以右職、蔭任進之省令史，未必盡通漢文，如世宗所云「三者通一」之流當必有之。至於女直進士，雖法令上所試並無漢文，而史籍所載就可知者數之，殆無不兼通漢文者，此所以二十三年之制行而不越十年遂廢契丹令史也。

世宗創立女直進士科之用意，乃在保存女真語文以挽回海陵以來女真人漢化之趨勢，然其所以教者既仍借資於漢籍經典之女真譯本，則企羨漢文化之心理將更因之加深，而亦終不能屏斥漢文。其所發生之作用乃横及於契丹、奚人之仕途及其政治地位，所以大定以降，尚書省長官自左右丞至參知政事猶多漢人、南人，而明昌以後，契丹、奚人寂焉罕覩，此又豈始計之所能料哉？

（原載一九四七年六月二十三日武漢日報文學副刊）

金初皇位繼承制度及其破壞

金初有一個嚴格的皇位繼承制，可以概括爲「嫡子繼承，兄弟相及」八個字。說是制度，也許不太確切，因爲没有見之法令，但自熙宗以前直到完顏氏成爲部落聯盟首領之始，一向遵循這一不成文的制度或習俗。據金史卷一世紀，石魯（阿骨打的曾祖）始受遼惕隱官號，但部落聯盟首領的地位没有獲得諸部的承認，世紀說「諸部猶以舊俗不肯用條教」。至其子烏古迺（阿骨打祖）始役屬諸部，接受遼生女直節度使官號，生女真部落聯盟形成，部落聯盟首領也由他的家族世襲。烏古迺九子，嫡出五子，長劾者，次劾里鉢，次劾孫，次普剌速，次盈歌。劾里鉢（阿骨打父）、普剌速、盈歌兄弟相承爲生女直部族節度使，劾者、劾孫不得立，雖然以嫡子地位也有繼承資格。金史卷六五始祖以下諸子傳稱劾里鉢有子十一人，嫡子五，長烏雅束，次阿骨打，次斡帶，次吳乞買，次斜也。盈歌死，由劾里鉢長子烏雅束繼位；烏雅束死，弟阿骨打繼位。阿骨打於收國元年（一一一五）正月稱帝，七月即以吳乞買爲諳班勃極烈，這個高貴官稱被認爲即指定繼位人。那時斡帶已死，否則諳班勃極烈之位可能給予斡帶而非吳乞買。天輔七年（一一二三）七月阿骨打死，九月，吳乞買嗣位，十二月即以斜也爲諳班勃極烈。繼承序列嚴格遵守嫡子繼承，兄弟相及的舊規。天會八年（一一三〇）斜也死，諳班勃極烈缺位。那時劾里鉢嫡子五人均已亡故，這一代兄弟相及已經輪遍，輪到了第三代。烏雅束雖是長房，其子止謀良虎一人，却是個文武兼資的人才，但此時已先死，〔一〕而且即使尚存，也不能與滅遼創業的阿骨打一系爭皇位。但阿骨打嫡子這時也都死亡。金史卷六九太祖諸子傳稱太祖（阿骨打）十六子，元配聖穆皇后生宗峻、烏烈、宗傑三人，實爲嫡子，其他自宗幹以下並是庶出。宗峻、烏烈、宗傑均死在斜也前，因此究竟由誰繼承皇位，没有舊例可循。金史卷四熙宗紀云：

諱亶，本諱合剌，太祖孫，景宣皇帝（宗峻）子，母蒲察氏，天輔三年（一一一九）己亥歲生。天會八年，諳班勃極烈杲（斜也漢名）薨，太宗意久未決。十年（一一三二），左副元帥宗翰、右副元帥宗輔、左監軍完顏希尹入朝，與宗幹議曰：「諳班勃極烈虚位已久，今不早定，恐授非其人。合剌，先帝嫡孫，當立。」相與請於太宗者再三，迺從之。四月庚午，詔曰：「爾爲太祖之嫡孫，故命爾爲諳班勃極烈。……」諳班勃極烈者，太宗嘗居是官，及登大位，以命弟杲。杲薨，帝定議爲儲嗣，故以是命焉。

同書卷七四宗翰傳記此事略同，云「請之再三。太宗以宗翰等皆大臣，義不可奪，乃從之，遂立熙宗爲諳班勃極烈」，可知太宗本無意立熙宗，但由於宗翰等手握軍政大權，又持合剌太祖嫡孫，按嫡子繼承舊規應立爲嗣之説，只能聽從。

〔一〕金史卷七三宗雄傳稱：「宗雄好學嗜書……因學契丹大小字，盡通之。凡金國初建，立法定制，皆與宗幹建白行焉。及與遼議和，書詔契丹、漢字，宗雄與宗翰、希尹主其事。而材武蹻捷，挽强射遠，幾三百步。……宗雄方逐兔，撻懶亦從後射之。已發矢，撻懶大呼曰：『矢及矣！』宗雄反顧，以手接其矢，就射兔，中之。其輕健如此。」其死在天輔六年（一一二二）。

金史記載似乎這次皇位繼承，並没有多大争執，宋人記載却不盡然，洪皓松漠紀聞卷上云：

繩果（宗峻女真名）死，其妻爲固碖（指宗幹）所收，〔一〕故今主（熙宗）養於固碖家，及吴乞買卒，其子宋國王（宗磐）與固碖、宗翰争立，以今主爲嫡，遂立之。

其云吴乞買死後争立，未確，但宗翰、宗幹、宗磐於斜也死後各有覬覦皇位之意倒是可以相信的。但宗翰是旁支，宗幹是庶子，二人名分不正，終於達成協議，並獲得大將希尹的贊助，創立無嫡子立嫡孫之法以補充舊制之所未及，熙宗才得越過諸伯叔而嗣皇位。〔二〕

熙宗即位，太師宗磐、太傅宗幹、太保宗翰同領三省事。本年宗翰死，卷七六太宗諸子傳稱「宗翰没後，宗磐日益跋扈」，至於「於熙宗前持刀向宗幹」，可知鬬争的激烈。天眷二年（一一三九）宗磐以謀反罪被殺，並殺太祖子宗雋，顯然仍是皇位之争的餘波。皇統元年（一一四一）宗幹死，在剪除威脅皇位的宗磐與宗翰黨羽高慶裔、蕭慶這些事上，宗幹是實際的主持人。直到這時，熙宗並没有立誰爲諳班勃極烈，而且深以爲諱，金史卷七三完顔希尹傳：

（天眷）二年（一一三九）復爲左丞相兼侍中，俄封陳王。與宗幹共誅宗磐、宗雋。三年，賜

〔一〕金史卷七六宗幹傳云「太宗即位，宗幹爲國論勃極烈，與斜也同輔政」，此固碖乃國論勃極烈之省，乃官名。宗幹女真名幹本。

〔二〕宗磐爲太宗長子，卷七六太宗諸子傳但言「太宗子十四人」，不記所生母爲嫡與否。卷六三后妃傳太宗欽仁皇后唐括氏，不載妃嬪，疑宗磐亦非嫡子。

希尹詔曰：「帥臣密奏，姦狀已萌，心在無君，言宣不道。逮燕居而竊議，謂神器以何歸，稔於聽聞，遂致章敗。」遂賜死，并殺右丞蕭慶并希尹子同修國史把答、符寶郎漫帶。是時，熙宗未有皇子，故嫉希尹者以此言譖之。

所謂「謂神器以何歸」，即是議論皇位繼承問題。太宗朝希尹和宗翰議論「神器何歸」，擁立熙宗獲得成功；這一回是否提出具體人選，不明，却因此觸怒熙宗，以致被賜死。

希尹被殺後三年，皇統二年（一一四二）二月皇子濟安生，三月立濟安爲皇太子。這又是個創舉。金史卷八〇熙宗二子傳贊云：

國初制度未立，太宗、熙宗皆自諳班勃極烈即帝位。諳班勃極烈者，漢語云最尊官也。熙宗立濟安爲皇太子，始正名位，定制度焉。

從漢人看來，立皇太子是皇位繼承制度的確立，在位的君主立自己的兒子也是理所當然的；而從女真習俗看來，却是舊制的破壞。那時，宗峻嫡子還有個胙王常勝，〔一〕按照嫡子繼承，兄終弟及的慣例，常勝早就該居諳班勃極烈之位，捨弟立子違背了這個舊制。但那時已非開國之初，濟安又確是嫡長子，希尹的前車可鑒，所以没有引起什麽争議。然而這位皇太子非常短命，本年十二月就死了，繼承問題仍然没有解决。

〔一〕金史卷五九宗室表，卷六九胙王元（常勝漢名）傳，宗峻三子，熙宗、常勝、查剌，查剌爲安武軍節度使，未封王，當是庶子。

熙宗尚有一子道濟，熙宗二子傳稱：

皇統三年（一一四三），命爲中京留守，以直學士阿懶爲都提點，張玄素爲同提點，左右輔導之。俄封魏王，……初居外，至是養之宫中。未幾，熙宗怒殺之。

按道濟若是濟安弟，濟安生於皇統二年二月，道濟即使異母，亦必生於二月後，則皇統三年尚是嬰兒，嬰兒爲皇太子，封王不足爲怪，授留守之官，又别以提點輔導，却很難置信。熙宗紀皇統四年八月「殺魏王道濟」，不知何故。道濟當是熙宗庶長子。當是即位前所生，其母卑微，所以居外，死時當在十歲以上。熙宗雖早有子，而皇太子之位必待嫡子之生，可知舊制尚未全部破壞。

熙宗即位後，宗幹長期輔政，宗幹死後，宗弼輔政。宗弼在時，憑着他的威望，對熙宗雖有異心，還不敢妄發，皇統八年（一一四八）十月宗弼死，政變陰謀急速進行。金史卷五海陵紀云：〔二〕

熙宗嘗以事杖左丞唐括辯及右丞相秉德。辯乃與大理卿烏帶謀廢立，而烏帶先以此謀告海陵。他日，海陵與辯語及廢立事，曰：「若舉大事，誰可立者？」辯曰：「胙王常勝乎？」問其次，曰：「鄧王子阿懶。」亮曰：「阿懶屬疎，安得立？」辯曰：「公豈有意耶？」海陵曰：「果不得已，捨我其誰！」於是旦夕相與密謀。護衛將軍特思疑之，……熙宗怒，召辯謂曰：「爾與亮謀何事，將如我何！」杖之。亮因此忌常勝、阿懶，且惡特思。因河南兵士孫進自稱「皇弟按察大王」，而

〔二〕卷一三二逆臣唐括辯傳同，卷六九胙王元（常勝漢名）傳無「唐括辯曰：公豈有意乎，海陵」云云。似當時海陵雖自任不疑，却未定議。

熙宗之弟止有常勝、查剌。海陵乘此構常勝、查剌、阿懶、達懶（阿懶弟）。熙宗使特思鞫之，無狀。海陵曰：「特思鞫不以實。」遂俱殺之。

這一段海陵與唐括辯的問答值得注意。海陵當時雖自以爲「捨我其誰」，而在唐括辯心目中却認爲最合格的皇位繼承人乃常勝，其次是阿懶，海陵初不在考慮之中。常勝的地位已如前述，早就該作爲指定繼承人。更求其次，則查剌大概是庶出，所以唐括辯也不予考慮。却提出個阿懶。阿懶是太祖嫡曾孫、趙王宗傑孫、鄧王奭子。當時太祖諸子尚存者還有好幾個，宗敏方以太保、都元帥領三省事，位高屬尊，諸孫中海陵也官居宰輔，唐括辯均置之不顧而舉一輩行甚卑，名位無聞，父祖都早死並無功動的阿懶，只不過爲了他是太祖的世嫡曾孫而已。宗峻之後有常勝，常勝不立，則宗峻胞弟宗傑之後有阿懶，等於宗峻、宗傑以太祖之嫡兄弟相及。宗敏、海陵都是庶出，按照嫡子繼承原則，不但不能與常勝争，而且也不能和阿懶争。常勝、阿懶既然處於這樣一種政治地位，不但爲海陵所忌，而且也爲熙宗所忌，在排除皇位繼承合格人選這一點上，海陵、熙宗是一致的，所以海陵利用孫進假託皇弟之事，乘機嫁禍常勝、阿懶，立即被熙宗採納。

唐括辯與海陵問答中只是探詢海陵是否有意自立，並没有確定，直到熙宗已死，唐括辯、秉德尚在猶豫，卷一三二逆臣僕散師恭傳云：〔一〕

〔一〕同卷秉德傳略同，但無「忽土曰：始者議立平章，今復何疑」一語。

既弒熙宗，秉德等尚未有所屬。忽土（即思恭）曰：「始者議立平章（指海陵），今復何疑。」乃奉海陵坐，衆前稱萬歲。

據此則海陵奪取皇位，定於倉卒之際。先前諸人議論繼立人選，海陵雖然居之不疑，却並未決定，所以直到此刻，秉德等還在猶豫。但常勝、阿懶已死，太祖世嫡已盡，更没有其他合乎舊制的人選，所以忽土一言，秉德等也就「拜稱萬歲」了。

海陵兩世庶子，通過武裝政變而奪取皇位，女真嫡子繼承，兄弟相及的舊制至是澈底破壞。以後海陵强迫宗室南遷及大肆屠殺，固然爲了鞏固以燕京爲中心的政權，排除推行改革政策的障礙，但也由於他以庶子篡奪皇位，對宗室更加猜忌，卷八世宗紀下大定二十三年（一一八三）十二月記世宗語云：

海陵自以失道，恐上京宗室起而圖之，故不問疎近，並徙之南。豈非以漢光武、宋康王之疎庶得繼大統，故有是心。過慮若此，何其謬也。

正是説明了這點。

金代收繼婚

金史卷五海陵紀天德二年(一一五〇)十月辛未:

殺太皇太妃蕭氏及其子任王偎喝。使使殺行臺左丞相、左副元帥撒离喝于汴,并殺平章政事宗義、前工部尚書謀里野、御史大夫宗安,皆夷其族。以魏王斡帶之孫活里甲好修飾,亦族之。

同書卷七六宗義傳云:

宗義,本名孛吉,斜也之第九子。天德間,爲平章政事。海陵已殺太宗子孫,尤忌斜也諸子盛强,欲盡除宗室勳舊大臣。……於是都元帥府令史遥設迎合風指,詐爲撒离喝與其子宗安家書,宗安誤遺官外,遥設因拾得之,以上變。……以是殺宗義、謀里野,并殺宗安及太祖妃蕭氏、任王隈喝,及魏王斡帶孫活里甲。……殺斜也子孫百餘人,謀里野子孫二十餘人。謀里野,景祖孫,謾都訶次子。

這次大屠殺主要對象是斜也(太祖弟遼王杲)子孫。任王偎喝乃太皇太妃蕭氏子,何以牽連被殺,紀、傳並不詳。按太皇太妃是太祖之妃,卷六三后妃傳:

崇妃蕭氏,熙宗時封貴妃,天德二年正月封元妃。是月,尊封太妃。海陵母大氏事蕭氏甚謹。海陵篡立,尊大氏爲皇太后,居永寧宫。每有宴集,太妃坐上坐,大氏執婦禮。海陵積不能平,及殺宗義等，誣太妃以隱惡，殺之，併殺所生子任王隈喝。大定十九年（一一七九）……上欲復太妃舊號，下禮官議。「前代稱太妃者皆以子貴。……恐不得稱『太』，止當追封妃號。」詔從之，乃封崇妃云。

本傳也説任王隈喝爲太妃所生子。但隈喝却非太祖子。卷六九太祖諸子傳稱「崇妃蕭氏生紀王習泥烈、息王寧古、莒王燕孫」，却没有隈喝。而卷七六宗義傳稱：「大定初，追復宗義官爵，贈特進。弟蒲馬、孛論出、阿魯、隈喝並贈龍虎衞上將軍。」則隈喝乃宗義弟，亦即斜也子。卷五九宗室表遼王杲（斜也漢名）子亦有隈喝。由此可知，必是太祖死後，蕭妃爲斜也收繼，生子隈喝，而金史諱之。然則隈喝自以斜也子被殺，蕭妃也因爲斜也收繼之配偶受禍。又觀后妃傳，蕭妃雖爲斜也收繼，却在熙宗朝及海陵即位之初，仍被視爲太祖妃而進封，而且仍居宫中。是雖被斜也收繼，並未出居呢，還是斜也死後重又恢復她太祖妃的名號呢？這裏難以斷言。清太宗之孝莊皇后下嫁攝政王多爾袞一事，世所習知，孟心史先生曾力辯其非實，若以金太祖、蕭妃之事看來，下嫁而仍是太后，不出宫，是完全可能的。

又洪皓松漠紀聞卷上云：

繩果（太祖嫡子宗峻女真名）死，其妻爲固倫（指宗幹，爲國論勃及烈）所收，故今主（指熙宗）養於固倫家。

又李心傳建炎以來繫年要録卷八四亦云：「宗幹，亶（熙宗）伯父，且妻其母，如己子也。」〔一〕並言宗峻

〔一〕李心傳原注「此據神麓記修入。」

死後，其妻蒲察氏爲宗幹所收繼，而金史諱之。金史卷七六宗幹傳記宗幹病篤，「上及后同往視，后親與宗幹饋食」，死後致祭，值庚戌日，太史奏戌亥不宜哭，熙宗不聽，説：「朕幼沖時，太師（指宗幹）有保傅之力，安得不哭。」喪事如此隆重，非其他伯叔父可比，所云幼沖時，宗幹有保傅之功，也可與宋人幼年養於宗幹家之説互證。卷四熙宗紀天會十三年（一一三五）九月追尊皇妣蒲察氏爲惠昭皇后，而卷六四后妃傳不列蒲察氏，也是有意隱諱。

金史卷七三宗雄傳：

初，宗幹納宗雄妻，海陵銜之。及篡位，使宿直將軍晁霞、牌印閭山往河間，囚宗雄妻於府署。明日，與其子婦及常春兄弟（宗雄孫）、荼扎（亦宗雄孫）之子七人皆殺而焚之，棄其骨於濠水。

按宗雄爲太祖兄烏雅束子，宗幹從兄。卷五九宗室表，康宗（烏雅束追尊廟號）子三人，長謀良虎（宗雄女真名），次同括茁，次隈可。宗雄死後，其妻不由親弟收繼而歸從弟宗幹，可能二弟均先死。收繼爲女真習俗，宗幹納宗雄妻也是常事，何以海陵如此憤恨，當別有原因，今姑不論。

卷六四貞懿皇后李氏傳云：

舊俗，婦女寡居，宗族接續之。后乃祝髮爲比丘尼，號通慧圓明大師，賜紫衣。歸遼陽，營建清安禪寺，別爲尼院居之。

李氏乃世宗母，她爲了拒絶被宗族收繼，遂出家爲尼，而且還到故鄉遼陽，以表示和皇室脱離關係。

李氏是漢人，所以不願遵循女真習俗。由此可知，若不出家就難以幸免，收繼之俗在女真中普遍推行，可以想見。卷六世宗紀大定九年（一一六九）正月丙戌制云：「漢人、渤海兄弟之妻，服闋歸宗。以禮續婚者聽。」世宗下此詔，必是有感於其母而發，這裏只舉漢人、渤海，不及女真，知女真仍須遵守收繼習俗，而且對漢人、渤海也留下「以禮續婚者聽」一句話，至多不准强迫而已。元典章卷一八不收繼類漢兒人不得接續條稱：

至元七年（一二七〇）八月，尚書省户部呈：南京路備息州申：民户丁松告，中統元年（一二六〇）與母主婚，將妹定奴聘與本州時小六長男歹兒爲妻。至元二年，女壻身故，有妹定奴守服四年，不令歸宗，令男兩兒或姪姚驢收納爲妻。其定奴不肯順從。（下河間路申趙青兒不願夫弟收繼事略）送法司檢詳得，舊例漢兒、渤海不在接續有服兄弟之限。移准中書省咨議得：舊例同類自相犯者各從本俗法。其漢兒人不合指例比及，通行定奪以來，無令接續。若本婦人服闋，自願守志，或欲歸宗改嫁者，聽。咨請照驗。省府除已劄付户部遍行各路出榜曉諭外，仰依上施行。

按本條所云「舊例，漢兒、渤海不在接續有服兄弟之限」以及服闋歸宗並是上述金大定九年定制，直至元代仍然遵用。

收繼之制一般都是夫之弟姪接續，收繼弟妻在元代是違法行爲，元典章同卷兄收弟妻斷離條有明文，而宗幹收宗峻妻實是兄收弟妻，也許女真習俗不禁，也可能是特例。

張萬公諫開築界壕及東北路壕塹畢工年月

金代開築界壕以防禦北方遊牧民族的内侵。這一巨大工程始於金初，斷斷續續，直到章宗統治時全部畢工。界壕分四部分，其西北、西南、臨潢三路大致在章宗承安二、三年間（一一九七至一一九八），王静安先生金界壕考作了明確的論斷，〔一〕無須贅述。唯東北路界壕究於何時畢工，史籍記載有不易解之處，王考也説「惟東北路界壕則築自何人，成於何年，殊無可考」。述東北路界壕開築的唯一資料，爲金史卷九三内族宗浩傳，傳稱：

進拜尚書右丞相，超授崇進。時徼北邊不寧，議築壕壘以備守戍，廷臣多異同。平章政事張萬公力言其不可。宗浩獨謂便，乃命宗浩行省事，以督其役。功畢，上賜詔褒賚甚厚。

王考云：

考宗浩拜右丞相，在泰和三年（一二〇三）正月，而張萬公即以三月朔致仕。又據萬公傳，萬公諫開壕，乃因旱災言之，而旱災在承安元年（一一九六），則傳所謂宗浩行省事以督開壕之役者，與傳首所云「北邊有警，命宗浩佩金虎符駐泰州，便宜從事」者實爲一事，事當在承安元、二

〔一〕觀堂集林卷一五。

年。傳繫之於拜右丞相之後，殊爲失實。

按王考認爲宗浩傳有誤，其主要根據是張萬公因旱災諫開界壕，而旱災在承安元年（一一九六），而且宗浩於泰和三年正月始爲尚書右丞相，而萬公於三月致仕。這裏涉及到張萬公反對開築界壕究在何時。卷九五張萬公傳：〔一〕

初，明昌間（一一九〇至一一九六），有司建議，自西南、西北路沿臨潢達泰州，開築壕塹，以備大兵，役者三萬人，連年未就。御史臺言：「所開旋爲風沙所平，無益於禦侮，而徒勞民。」上因旱災，問萬公所由致。萬公對以「勞民之久，恐傷和氣，宜從御史臺所言，罷之爲便」。後丞相襄師還，卒爲開築，民甚苦之。

傳稱「後丞相襄師還，卒爲開築」，其事具見卷九四内族襄傳，不記年月，卷一一章宗紀三承安三年十一月丁酉，「樞密使、兼平章政事襄至自軍，癸卯，以爲尚書左丞相，監修國史」。張萬公請罷開築既在内族襄還師前，故王考認爲張萬公傳所云「因旱災問萬公」云云，乃指承安元年之旱災，但傳文却頗有牴牾，傳稱：

（明昌）六年（一一九六，是年十一月改元承安），改知河中府，……移鎮濟南，以母憂去職。卒哭，詔起復，拜平章政事，躐遷資善大夫，封壽國公。時李淑妃有寵，用事，帝意惑之，欲立爲

〔一〕元好問遺山文集卷一六平章政事壽國張文貞公神道碑無萬公請罷開築壕塹事。

后，大臣多不可。御史姬端修上書論之，帝怒，御史大夫張暐削一官，侍御史路鐸削兩官。端修杖七十，以贖論。淑妃竟進封元妃。又大兵雖罷，而邊事方殷，連歲旱暵，災異數見。……萬公於是兩上表，以衰病匄閒。詔諭曰：「……卿年未老而遽告病，今特賜告兩月，復起視事。」初，明昌間，有司建議，自西南、西北路沿臨潢，達泰州，開築壕塹，以備大兵。

以下叙章宗因旱問萬公。據此則萬公反對開築壕塹之前，正爲平章政事，這時又發生了譴責言官，李淑妃進封元妃，以及萬公賜告兩月事。按卷一一章宗紀承安四年（一一九九）正月書「前知濟南府事張萬公起復爲平章政事」，承安元年，萬公出知河中府，未拜平章。又章宗紀載張暐、路鐸、姬端修得罪事在承安四年四月，李淑妃進元妃在十二月。〔二〕至張萬公賜告兩月又在次年，章宗紀承安五年七月辛未書「平章政事萬公特賜告兩月」。以上諸事，年月班班可考，並在承安四、五年間，萬公請罷開築壕塹，傳叙於此數事後，怎麽能在承安元年呢？

至於旱災則明昌二年、三年，承安元年、四年都曾發生。俱見卷二三五行志，所以萬公傳説「連歲

〔二〕遺山文集卷一六平章政事壽國張文貞公神道碑云：「元妃李氏有寵，上欲立爲后，臺諫以爲不可，交攻之。監察御史宗端修、右拾遺路鐸、翰林修撰趙秉文皆得罪去。……上言：『國朝立后，非貴種不預選擇。元妃本出太府監户，細微之極，豈得母天下。』上默不言，明日出公爲彰德軍節度使、兼應州管内觀察使，其後立后議寢。上思公言，召爲大興府尹。（明昌）二年九月，拜參知政事。」按封元妃在承安四年十二月，金史卷六四后妃章宗元妃李氏傳稱「明昌四年，封爲昭容，明年，進封淑妃」，豈得於明昌元年已議立爲后。碑文顯誤。

旱暵」。章宗紀承安四年五月壬申朔書「以旱下詔責躬，求直言」，可知本年旱災是比較嚴重的。然萬公建言，傳繫於承安五年七月賜告兩月之後，則還不是四年五月應詔直言。章宗紀承安五年十月辛丑書「集百官於尚書省，問：間者亢旱，近則久陰，豈政有錯謬而致然歟？各以所見對」。萬公傳所云「上因旱災問萬公所由致」，當在此時。

張萬公傳叙事年月，本來明確可據，却在後面忽然加上一句「後丞相襄師還，卒爲開築，民甚苦之」一語，以致導致錯亂。如上所述，丞相襄師還乃在承安三年十一月，考卷九四内族襄傳云：

因請就用步卒穿壕築障，起臨潢左界北京路以爲阻塞。……詔可，襄親督視之，軍民並役，又募飢民以傭即事，五旬而畢。於是西北、西南路亦治塞如所請。

至承安五年十月，不但臨潢路界壕早已畢功，西北、西南兩路，據卷九三獨吉思忠傳、僕散揆傳、卷九四完顔安國傳也在承安三年訖事，何但張萬公之力阻。内族襄傳只稱臨潢、西北、西南三路的壕塹開築，唯獨不舉東北路，知承安三年還剩下東北路界壕没有完成，承安五年御史臺諸臣及張萬公所請罷者實止針對東北路界壕而言。可能因羣臣請罷此役，曾經暫停，泰和三年（一二〇三）正月，宗浩爲右丞相，乃以行省事督役，東北路界壕始告畢工。宗浩傳所云「時懲北邊不寧，議築壕壘，以備守戍，廷臣多異同，平章政事張萬公力言其不可」數語，顯然是追叙之辭，「議築壕壘」當然不起於泰和三年宗浩拜相後。又考宗浩傳云：

功畢，上賜詔褒賚甚厚。撒里部長陀括里入塞，宗浩以兵追躡，與僕散揆軍合擊之，殺獲甚衆，敵遁去。詔徵還。

按卷一一章宗紀泰和三年九月書「召右丞相宗浩還朝。冬十月……壬子，右丞僕散揆至自北邊」。卷九三僕散揆傳稱「進拜尚書右丞，尋出經略邊事，還拜平章政事，封濟國公」。章宗紀僕散揆爲右丞即在泰和三年正月。宗浩與僕散揆合軍破敵，宗浩於九月徵還，僕散揆亦於十月還朝。紀失載二人於何時行邊，却記下了還朝的月日。如果宗浩於春夏間以行省督役，在五、六個月内畢工是完全可能的，内族襄督臨潢路界壕工事，本傳説「五旬而畢」，並不需要很長時間，因爲那是督役，並非開始興築。

綜上所述，東北路界壕於泰和三年畢工，主其事者是宗浩，宗浩傳不誤。張萬公請罷開築壕塹，事在承安五年十月，張萬公傳記於給假兩月後，叙事次序亦不誤，誤在以内族襄開築界壕繫於張萬公請罷此役後。

貞祐南遷後的河北砦寨與九公分封

金貞祐二年（一二一四）五月，宣宗南遷汴京，明年五月，蒙古軍占領中都。那時河北地區州縣大都仍屬金有。以後蒙古軍雖曾攻占或降下中都以南許多城邑，却没有占領。親征録甲戌年（按實爲乙亥年，即金貞祐三年）稱：「上遣脱脱欒闍兒必帥蒙古、契丹、漢軍南征，降真定，破大名，至東平阻水，不克，大掠而還，金人復取之。」蒙古兵力雖强，在短時期内征服這片廣闊土地是有困難的。而且成吉思汗這時還要對付蔑兒乞和乃蠻殘部，繼之以大規模西征，不能以全力經營中原。

宣宗南遷時，河北軍隊大部分南撤，拒守黄河。金史卷四四兵志稱「初南渡時，盡以河朔戰兵三十萬分隸河南行樞密院及帥府」，留在河北的兵力很微弱，不可能依靠這些殘兵來守衛疆土。所謂「金人復取之」的「金人」主要是指另外一種軍事力量，那便是在蒙古南下時形成的大小地方武裝集團。這種武裝集團大致在貞祐二年蒙古軍大掠兩河、山東時就已開始組織起來。他們的向背對於蒙古、金朝雙方力量對比有很大關係，因此雙方都以官爵競相招徠。姚燧牧庵集卷二五磁州滏陽高氏墳道碑：

> 金既播汴，太祖徇地，北人能以州縣下者，即以爲守令，僚屬聽自置，罪得專殺。

這是蒙古方面的招徠。被蒙古招降的人物及其後裔很多成爲滅金亡宋功臣，大至萬户、元帥，小至縣令，歷見元史和元人所撰碑誌，別見七萬户考，今不贅述。

同書卷二二金故昭勇大將軍行都統萬户事榮公（榮祐）神道碑：

在金叔世，宣宗蹙國播汴，河朔豪傑，所在争起，倡糾義兵，完保其鄉。金訹以官，冀賴其力，復所失地。聞公有衆踰萬，以爲昭勇大將軍，行都統萬户府事。

這裏説的是金朝方面的招徠。金朝招徠的人物也很多，他們大都隨着金的滅亡而消失，没有文人替他們作碑誌家傳，所以事跡不詳。其中最强大的集團首領所謂「九公」和早期的苗道潤金史有傳，這些傳基本上由元代史臣據宣宗實録所載排比成文，除武仙傳採取其他記載，敍他的晚期活動較詳外，其餘都很簡略，甚至歸宿也不知道。然而他們却是金朝與蒙古争奪河北以及河東、山東的重要力量，甚至主要力量。蒙古與金朝在這片廣大地區的角逐，在頗大程度上是歸附蒙古的與歸附金朝的武裝集團間的混戰。

這些武裝集團一般利用山水深阻的複雜地形，建立山砦水寨，蒙古軍騎射馳逐的特長到此無所施其技，消除這些砦寨就有賴於依附他們的熟悉地形的地方武裝。河北地區内附金集團的活動西傍太行，東臨渤海，中包白溝巨濼，有險可據，侯摯曾説「雄、保、安肅諸郡據白溝、易水、西山之固」，〔一〕西山（河北西部的太行山）砦堡和白溝水寨曾是附金集團長期據守以進行戰鬪的場所。

〔一〕金史卷一〇八侯摯傳。

早在南遷以前，金朝就曾派遣侯摯往西山招撫「義軍」。貞祐三年(一二一五)八月又命侯摯以參知政事行省河北，金史卷一〇八侯摯傳：

(貞祐)二年正月，詔摯與少府監丞李迥秀分詣西山招撫。……三年……八月，權參知政事。俄拜參知政事，行尚書省於河北。先是，摯言「河北東、西兩路最爲要地，而真定守帥胡論出輒棄城南奔，州縣危懼。今防秋在邇，其爲可憂。臣願募兵與舊部西山忠義軍往安撫之」。制可，故有是命。

他說的「舊部西山忠義軍」必是貞祐二年他往西山招撫之衆。金史卷一一八苗道潤傳說他「貞祐初，爲河北義軍隊長」，靖安民傳稱「貞祐初，充義軍」，靖安民是苗道潤部將，他們的據點即在涿、易以西的太行山東麓。元史卷一四七張柔傳：

易州定興人。……金貞祐間，河北盜起，柔聚族黨保西山東流寨，選壯士，結隊伍以自衞，盜不敢犯。

張柔後來降蒙古，爲七萬户之一，早先也是苗道潤的部將。還有後來和苗道潤不和，刺死道潤的賈瑀，他所據的砦寨也在這一帶。元朝名臣事略卷六萬户張忠武王(即張柔)條引王鶚所撰墓誌稱賈瑀「據孔山臺」，太平寰宇記卷六七易州易縣有孔山，云「在州西南四十五里」。由此往南，真定以西的西山也是砦堡林立。金史卷一一八武仙傳：

武仙，威州人。……貞祐二年，仙率鄉兵保威州西山，附者日衆。

威州控扼井陘之險，後來這一帶的山砦都隸屬武仙。上舉諸人當然不一定都是侯摯招募的舊部，但西山「義軍」多少和侯摯有一點關係。金史卷一〇九陳規傳：

貞祐三年十一月，上章言：參政侯摯……自請鎮撫河北。陛下遽授以執政，蓋欲責其報效也。既而盤桓西山，不能進退。及召還闕，自當辭避，乃恬然安居。

據此知侯摯行省河北，三個月來一直逗留在西山一帶。據侯摯傳，他本來就想依靠「西山忠義軍」安撫由於真定守帥棄城南奔而危懼的州縣，「盤桓西山」自不足怪。他於十一月還朝，十二月即又「行省河北」，可能由於陳規彈劾他「恬然安居」才迅即復任。這時他是否仍在西山一帶，不明。四年五月他以尚書右丞行省東平，始離河北。

河北另一個著稱的據點是信安水寨。李心傳建炎以來朝野雜記乙集卷一九韃靼款塞條：

唯燕南雄、霸數州乃三關舊地，塘濼深阻，韃兵不能入，金將張甫、張進二人據信安軍以守之，北距燕山百八十里。

又親征録甲戌（實乙亥事）年稱：

時金通州元帥七斤率衆來降，唯張復、張鐶柄、衆哥、也思元帥據守信安不下。〔一〕

王静安校云：

〔一〕親征録記張復等守信安事在甲戌，乃牽連敍述，凡乙亥事均繫於甲戌。然據金史卷一一八張甫傳稱「甫初歸順大元，涿州刺史李瘸驢招之」，則乙亥（貞祐三年）已降蒙古，大致在同年或次年復歸金，非如親征録所云自始即據守信安不下。

某氏云：張復即高陽公張甫，衆哥即河間公移剌衆家奴，張鑊柄（王校據説郛本「鑊」作「鐶」）疑即張進，與甫同守信安，唯也思無考。屠敬山以也思爲楊壽之譯音。右並見金史移剌衆家奴傳。〔二〕

按親征録本自蒙文譯出，譯音與漢文姓氏自必參差不合。金史卷一一八傳贊別見「河間公移剌中哥」，以爲正大間繼封，也可能即衆家奴。張鐶柄與也思是否即張進、楊壽難以確定，却可以肯定張復之即張甫。牧庵集卷二二懷遠大將軍招撫使王公（王興秀）神道碑云「時恒山公武仙壁真定西山，滄海公張福柵信安水中」，又訛「甫」爲「福」，且與滄海公張進相混。姓名雖訛，而信安水寨與西山砦壁並舉，足見這兩處是附金武裝集團的著名據點。

這種建砦立寨，有事入守，無事出耕的情況在這個時期是帶有普遍性的，可以舉出若干例證，今只引兩條記載。金史卷一〇二蒙古綱傳：

綱奏：恩州武城縣艾家凹水濼、清河縣澗口河濼，其深一丈，廣數十里，險固可恃。因其地形，少加浚治，足以保禦。請遷州民其中，多募義軍以實之。

按山東地區附金的燕寧所居的天勝寨，附蒙古的嚴實所盤據之青崖都是據險自守的砦寨。本條蒙古綱所奏，是要把尚未立寨的水濼加工開浚以便備禦，而且打算把州民遷去。那就不是人民自動避難

〔一〕王校並據屠寄蒙兀兒史記卷三太祖紀十年乙亥（金貞祐三年）本條下注，某氏據屠注乃莊賡熙。

而是官府的防禦措施。卷一六宣宗紀元光二年（一二二三）八月丙戌：

遣官分行蔡、息、陳、亳、唐、鄧、裕諸州，洎司農司州縣吏同議，凡民丁相聚立砦避兵，與各巡檢軍相依者，五十户以上置砦長一員，百户增副一員，仍先遷一官。能安民弭盗勸農者論功注授。

到了這時，河南已岌岌可危，這是在河南境内普遍推廣和鼓勵立砦據險的措施。據此兩條就可以知道依據深險，建立砦寨已被認爲防禦蒙古軍以及所謂「盗賊」的有效措施。

早期河北附金集團中最强大的是苗道潤，金史卷一一八苗道潤傳：

貞祐初，爲河北義軍隊長。宣宗遷汴，河北土人往往團結爲兵，或爲羣盗。道潤有勇略、敢戰鬥，能得衆心。比戰有功，略定城邑，遣人詣南京求官封。宰相難其事，宣宗召河南轉運使王擴問曰：「卿有智慮，爲朕决道潤事。今即以其衆使爲將，肯終爲我盡力乎？」擴對曰：「……道潤得衆有功，因而封之，使自爲守，羈縻使之，策之上也。今不許，彼負其衆，何所不可爲。」……於是除道潤宣武將軍、同知順天軍節度使事。貞祐四年，復以功遷懷遠大將軍、同知中山府事。再閲月，復戰有功，遷驃騎上將軍、中都路經略使、兼知中山府事。頃之，加中都留守、兼經略使。道潤前後撫定五十餘城。

金朝授予道潤的官職先是同知順天軍節度使事，順天乃保州（今保定）軍號，繼授同知中山府（今定縣）事，並在西山東麓，道潤應是貞祐二、三年間組織起來的所謂「西山忠義軍」首領之一。同時起來的小股「義軍」逐漸歸附，在他獲得金朝官位後，小股義軍首領即由他委任爲當地守令，張柔即由他以中都經略使名義授予定興縣令之職。〔二〕由此也可知道潤所以要求金朝給予官位，不僅爲了虛名，而是爲了藉此擴大他的勢力。傳稱「道潤前後撫定五十餘城」，可想而知，五十餘城的長吏多半即由他委任。在道潤盛時，北自涿、易，南達雄、霸諸州都受他節制。

但是在苗道潤的管區內，各據州縣砦寨的將領，有的是他的部下，有的却是别的武裝集團首領。爲了爭權奪地，彼此經常發生戰鬭。早在貞祐四年就有人建議分封諸將，劃定地界，以免紛爭，但有人認爲這樣做將會全部喪失汴京政權對地方的即使很有限的官吏任免權和賦稅徵發權，竭力反對，因而没有實行。〔三〕

興定元年（一二一七）苗道潤和順天軍節度使李琛相攻，李琛奏請：「河北州府官不相統攝，並聽帥府節制，仍遣官增減諸路兵力，使權均勢敵，無相併吞。」〔三〕所謂帥府是朝廷在一些路分設置的元帥府。李琛的建議分明是要求削弱苗道潤中都經略使的職權和兵力。〔四〕當時没有被採納。但明年終於下詔，命道潤、賈同、王福、武仙、賈瑀分屬各路元帥府。增減兵力這點是辦不到的，只是承認了

〔一〕元史卷一四七張柔傳。

〔二〕金史卷一〇七高汝礪傳、卷一一八苗道潤傳。

〔三〕同上苗道潤傳。

〔四〕李琛是順天軍節度使，順天是保州軍號，保州屬中都路。

勢力大體相當的不同集團首領間「不相統攝」。就在這一年，道潤被賈瑀派人刺死。道潤死後，他的部將靖安民、張柔分領其衆。本年八月，朝廷命涿州刺史李瘸驢爲中都經略使，張甫、張柔副之。〔一〕即在本月，蒙古軍出紫荆關，張柔被擒降蒙古。〔二〕張柔之降對金朝有嚴重影響。四年來藉以抗拒蒙古軍的所謂「西山忠義軍」相當大的一部分轉爲蒙古效力。以後消滅河北附金集團中最强大的武仙集團，張柔起了很大作用。不久，張柔攻滅了易州的賈瑀，盡有其衆。〔三〕

興定三年（一二一九）金以李瘸驢爲中都東路經略使，節制雄、霸以東，靖安民爲中都西路經略使，節制易州以西。不久張甫消滅了永定軍（雄州軍號）節度使賈同。〔四〕李瘸驢也降蒙古。〔五〕

興定二年九月蒙古軍占領太原，三年正月朝廷認爲「河北形勢非復向日」，命百官集議。貞祐四年曾經提出來的分封諸將之策重又被提起，建議設置公府。明年（一二二〇）二月終於分封九公。金

〔一〕金史卷一五宣宗紀興定二年八月，卷一一八張甫傳。
〔二〕元史卷一太祖紀十三年戊寅八月，卷一四七張柔傳。
〔三〕元史卷一四七張柔傳。
〔四〕金史卷一一八張甫傳。按元史卷一四七張柔傳稱柔降蒙古後，「招集部曲，下雄、易、安、保諸州」，則雄州已被張柔攻下。但當時州縣旋得旋失，無可究詰，且賈同雖是雄州節度使，也未必占有州城。
〔五〕金史卷一一八苗道潤傳稱「無何，李瘸驢歸順大元」，而卷一六宣宗紀元光二年（一二二三）正月記「四方館使李瘸驢以罪罷，宰臣請以散地羈縻之。上曰：『此輩豪傑，正須誠待，若以術制，適使自疑，但不畀軍政，外補何害。』授瘸驢恒州刺史。」施國祁金史詳校卷九本條以爲或先「召與内職，迨改授後始降元耳」。按也可能降元後復歸金。

史卷一一八苗道潤傳：

興定三年，以太原不守，河北州縣不能自立，詔百官議所以爲長久之利者。……辛臣欲置公府。……四年二月，封滄州經略使王福爲滄海公，河間路招撫使移剌衆家奴爲河間公，真定經略使武仙爲恒山公，中都東路經略使張甫爲高陽公，中都西路經略使靖安民爲易水公，遼州從宜郭文振爲晉陽公，平陽招撫使胡天作爲平陽公，昭義軍節度使完顏開爲上黨公，山東安撫副使燕寧爲東莒公。九公皆兼宣撫使，階銀青榮禄大夫，賜號『宣力忠臣』，總帥本路兵馬，署置官吏，徵斂賦税，賞罰號令得以便宜行之。仍賜詔曰：「……除已畫定所管州縣外，如能收復鄰近州縣者，亦聽管屬。」

九公劃分所管地界具見於卷一一八本傳，今録如下：

一、滄海公王福　領清、滄、觀州，鹽山、無棣、樂陵、東光、寧津、吴橋、將陵、阜城、蓨縣，相當於今河北東南部，山東北部濱海地區。

二、河間公移剌衆家奴　領獻、蠡、安、深州，河間、肅寧、安平、武强、饒陽、六家莊、郎山寨，相當於今河北中部，白洋淀以南。

三、恒山公武仙　領中山、真定府，沃、冀、威、鎮寧、平定州，抱犢寨，欒城、南宫縣，相當於今河北西部太行山中段東麓諸縣。

四、高陽公張甫　領雄、莫、霸州，高陽、信安、文安、大成、保定、静海、寶坻、武清、安次縣，相當於今河北北部京、津、保三角地帶，白洋淀、文安洼周圍。

五、易水公靖安民　領涿、易、安肅、保州，君氏川、季鹿、三保河、北江、礬山寨、青白口、朝天寨、水谷、權谷、東安寨，相當於今河北西北部太行山北段東麓諸縣。

以上五公並在河北路。

六、晉陽公郭文振　領河東北路諸州，相當於今山西北部諸縣。按文振公府實在遼州（今山西左權縣），屬河東南路。

七、平陽公胡天作　領平陽、晉安府，隰、吉州，相當於今山西西南黃河與汾河間諸縣。

八、上黨公張開　領澤、潞、沁州，相當於今山西東南上黨盆地和沁河、汾河流域諸縣。

以上三公在河東路。

九、東莒公燕寧　領益都府路，相當於今山東東南部益都一帶，東達膠東半島諸縣。

以上一公在山東路。

興定四年（一二二〇）二月分封九公，即在本年，河北五公中三公已或亡或降。卷一一八王福傳：

（興定）四年七月，宋人與紅襖賊入河北，福嬰城固守。益都張林、棣州張聚日來攻掠，滄州危蹙。福將南奔，爲衆所止，遂納款於張林。

張林本金益都治中，興定三年逐走權知益都府事田琢，降宋。〔二〕張聚來歷金史卷一六宣宗紀和田琢

〔一〕金史卷一〇二田琢傳、宋史卷四〇三賈涉傳、卷四七六李全傳。

傳與王福傳互異，〔一〕今不具論。傳稱王福「納款於張林，東平元帥府請討福」，知王福降張林後，仍守滄州。宋史卷四〇寧宗紀嘉定十四年（金興定五年，一二二一）十月癸丑稱：「京東、河北節制司言復滄州，詔以趙澤爲河北東路鈐轄，知州事。」〔二〕疑王福去滄州在此時，但下落也不明。

王福敗亡是由於歸宋各種力量的進攻。

就在本年八月，九公中最强大的武仙降蒙古。元史卷一太祖紀十五年庚辰（金興定四年）稱：「秋，木華黎徇地至真定，武仙出降，以史天倪爲河北西路兵馬都元帥，行府事，仙副之。」按武仙降蒙古之先，曾被張柔擊敗，喪失許多城邑砦寨。元史卷一四七張柔傳：

徙治滿城，金真定帥武仙會兵數萬來攻，柔以兵數百，出奇迎戰，大破之。乘勝攻完州，下之。……己卯，仙復來攻，敗走之。進拔郎山、祁陽、曲陽，諸城寨聞之，皆降。既而中山叛，柔引兵圍之。與仙將葛鐵鎗戰於新樂，流矢中柔頷，折其二齒，拔矢以戰，斬首數千級，擒藁城令劉成，遂拔中山。仙復會兵攻滿城，柔登城拒戰，復爲流矢所中，……柔不爲動，開門突戰，皆敗走。

〔一〕金史卷一一八王福傳稱：「興定元年，福遣提控張聚、王進復濱、棣二州，以聚攝棣州防禦使，進攝濱州刺史。久之，福與聚有隙，聚以棣州附於益都張林。」而卷一〇二田琢傳稱：「是月（興定二年八月），棣州裨將張林殺防禦使斜卯重興，遂據棣州，襲濱州，其衆數千人。琢遣提控紇石烈醜漢會兵討之。聚棄濱，專保棣州。諸軍趣棣，聚出戰，敗之。……聚僅以身免。」卷一六宣宗紀同田琢傳，所載與王福傳大異。

〔二〕取滄州疑是歸宋紅襖軍，故趙澤無官號，也不出主帥名。

略地至鼓城，……城遂降。又敗仙於祁陽，進攻深澤、寧晉、安平，克之。分遣別將攻下平棘、藁城、無極、欒城諸縣，闢地千餘里，由是深、冀以北，真定以東三十餘城，緣山反側鹿兒、野狸等寨相繼降附。一月之間，與仙遇者凡十有七，每戰輒勝。

按本傳乃據王鶚所撰張柔墓誌及王若虛所撰勳德碑寫成，〔一〕戰績不免鋪張，但興定二、三年間張柔曾戰敗武仙，一度攻降若干城邑砦寨，不致全出虛飾。戰爭中，張柔兩中流矢，滿城被圍，可知戰鬥之激烈。兩年來的會戰至少在一定程度上削弱了武仙的力量。

擊敗武仙的力量還有附蒙古的藁城董氏集團，元史卷一四八董俊傳：

己卯（金興定三年），以勞擢知中山府事，佩金虎符。金將武仙據真定；定武諸城皆應仙。俊率衆夜入真定，逐仙走之，定武諸城復去仙來附。庚辰春，金大發兵益仙，治中李全叛中山應之。俊軍時屯曲陽，仙鋭氣來戰，敗之黄山下，仙脱走。獻捷於木華黎。由是仙以窮降。

按本傳全録元明善所撰藁城董氏家傳，〔二〕同樣不免誇飾。後來正大二年（一二二五）武仙背蒙歸金，董俊又有一次夜襲真定（見下），未免可疑。但説明迫使武仙投降的有藁城董氏這份力量。

木華黎進軍真定時，武仙的力量已爲張、董兩家所削弱，所以木華黎一到滿城，他就不戰而降。〔三〕

〔一〕見蘇天爵元朝名臣事略卷六萬户張忠武王條所引。
〔二〕見元文類卷七〇。
〔三〕元朝名臣事略卷一太師魯國忠武王條稱「庚辰，由中都徇趙至滿城，金真定府主武仙舉城降」，知武仙降時，木華黎實駐滿城，未入真定境。

元史卷一四七史天祥傳説木華黎至真定，天祥説降武仙，那時武仙所領城邑已大部喪失，處於困守孤城的處境了。史天祥傳又説：

引兵南屯邢西遥水山下，仙兄貴以萬人壁於山上，負固不下。天祥擒完顔胡速及黑軍百人由鳥道扳援而上，盡掩捕之。〔一〕仙驚曰：「公若有羽翼者，不然，何其能也！」

據此則永清史家也參與了這次戰役。武仙之降雖由於木華黎大兵壓境，而與武仙激戰，削弱其勢力的實是滿城張氏和藁城董氏兩家的士兵。攻下武貴所據山寨的則是永清史家的士兵，所謂「黑軍」。

本年十月易水公靖安民被部下殺害。金史卷一一八靖安民傳：

（興定四年）十月，安民出兵至攀山，復取檣車寨。大元兵圍安民所居山寨，守寨提控馬豹等以安民妻子及老弱出降。安民軍中聞之駭亂。衆議欲降，以保妻子，安民及經歷官郝端不肯從，遂遇害。

據此知靖安民雖領涿、易等州，實際控制的只有一些山寨，他的公府也設在寨中。苗道潤的部衆本由安民與張柔分領，張柔降蒙古後，大概又吸收了安民所領的部分士兵，所以他的力量很弱，没有真正作戰就被消滅了。所謂「大元兵」無主將名，那時木華黎所統蒙古大軍已東下濟南，此外分兵南略黄河北岸的懷、孟二州，没有留兵在涿、易一帶，而這時張柔鎮滿城，史天倪鎮真定，疑此大元兵仍是張、

〔一〕按元史卷一一九木華黎傳云：「兵至滏陽，金邢州節度使武貴迎降。」名臣事略卷一引世家云：「至滏陽，先是邢州節度使武貴聞大軍至，棄城遁，繼聞王仁厚不殺，乃詣軍門降，復其職。」武貴自己恐没有在遥水山被掩捕。

史所統的土兵。

興定五年（一二二一）東莒公燕寧戰死，這個公府也就消失。燕寧事跡很少記載，卷一一八本傳説他於興定五年與蒙古綱、王庭玉保全東平有功。卷一六宣宗紀興定五年正月庚戌記「山東行省報東平之捷」。按元朝名臣事略卷一太師魯國忠武王條引世家稱木華黎於庚辰（一二二〇）圍東平，又云：

王以東平久不下，〔一〕召嚴實囑之曰：「我料東平糧盡，必棄城走。若然，汝即入城，綏輯安慰之，勿苦郡縣，以敗乃事也。」乃留唆魯呼禿以蒙古軍屯守之，以實權山東西路行省，王北還。

燕寧傳所謂「保全東平」，宣宗紀所謂「東平之捷」，並指木華黎「久圍不下」及其北返，其事實在興定四年冬。〔二〕東平形勢暫時緩和。五年四月蒙古綱奏燕寧戰死，「寧所居天勝寨據險，寧死，衆無所歸，變在朝夕」，要求任命部將「撫其衆」。五月，東平食盡糧絶，行省蒙古綱放棄東平，撤軍到邳州。燕寧既死，東莒公府也就不復存在。

以後一、二年間即金宣宗元光元、二年間，河東三公和河間公移剌衆家奴相繼或降或南撤。平陽公胡天作於元光元年（一二二二）被擒降蒙古。卷一一八胡天作傳：

元光元年十月，青龍堡危急，詔遣古里甲、石倫會張開、郭文振兵救之。次彈平寨東三十里，

〔一〕元史卷一一九木華黎傳實採世家，而删去「久不下」語。
〔二〕金史卷一六宣宗紀興定四年十一月記「是月大元木華里國王以兵圍東平」，北返當在歲末。

不得進。知府事朮虎忽失來、總領提控王和各以兵歸順，臨城索其妻子，兵民皆潰，執天作出。天作已歸順，詔誅忽失來子之(在)南京者，命天作子定哥承應如故。

按本傳不云蒙古軍進攻，忽云「青龍堡危急」，又胡天作此時在青龍堡還是在平陽也含糊不明。考元史卷一一九木華黎傳云：

壬午(元光元年)秋七月，……大兵道雲中，攻下孟州四蹄寨，遷其民於州。拔晉陽義和寨，進克三清巖，入霍邑山堡，遷其人於趙城縣。薄青龍堡，金平陽公胡天作拒守，裨將蒲察定住、〔一〕監軍王和開壁降，遷天作於平陽。

此傳全本東平王世家。〔二〕據此知本年七月木華黎親統大軍由雲中南下，破所經寨堡，遂攻青龍堡。〔三〕胡天作的公府即在堡內。世家於青龍堡降後，稱遷天作於平陽，可知平陽先已陷落。胡天作降後，接受蒙古官職，不久，又想脱走歸金，爲蒙古所殺。金朝不殺天作子，原想招他還來，天作既死，乃命史詠權行平陽公府事，明年五月，史詠軍也還解

〔一〕降蒙古金將之一，金史卷一一八胡天作傳作「朮虎忽失來」，元史卷一一九木華黎傳及東平王世家作「蒲察定住」。據胡天作傳，宣宗殺忽失來子，疑作忽失來是。

〔二〕元朝名臣事略卷一太師魯國忠武王條引。

〔三〕蒙古取青龍堡，金史卷一一八胡天作傳在十月，元史卷一太祖紀在九月。世家上承七月，下文稱八月，似以爲七月事。其實乃歷敍攻下諸堡寨，牽連敍述，不可拘泥。九月、十月各據奏報，不知孰是。又胡天作傳「二將在城外」，木華黎傳及世家稱「二將開壁降」。

州。〔一〕

晉陽公郭文振在元光二年（一二二三）徙軍孟州。卷一一八郭文振傳稱：

（元光）二年，詔文振應援史詠復河東。是歲，遼州不能守，徙其軍於孟州，以部將郝安等爲文振副，護沿山諸寨。

按卷一六宣宗紀元光二年四月癸酉朔，記「復霍州汾西縣」，五月乙卯記「權平陽公史詠復霍州及洪洞縣」，傳所云「應援史詠復河東」或在其前，然五月辛酉記「徙晉陽公郭文振兵於孟州」，甲子又記「徙權平陽公史詠兵於解州、河東府」。此時未見蒙古軍在河東有軍事活動，郭文振的徙軍實因糧食困難之故。本傳記「上黨公張開以厚賞誘文振將士，頗有亡歸者。詔分遼、潞粟賑太原饑民，張開不與」，又記「文振請分上黨粟以贍太原，詔文振與張開計度」，大概也没有給。同卷張開傳末稱：

郭文振處開西北，當兵之衝，民貧地瘠，開又不奉命以糧賑文振軍，文振窮竄，開勢愈孤，以至於敗。

正説明文振南徙的主要原因是缺乏糧食，張開不但不援助，而且還以厚賞招誘文振將士，最後兩敗俱傷。文振徙孟州不久，又因所部和孟州守將不和，再徙衞州。傳稱「然亦不可以爲軍，迄正大間，寓於衞而已」。實際上元光二年五月徙孟州時，公府名號雖然保留，業已「不可以爲軍」了。

〔一〕見胡天作傳及卷一六宣宗紀。

元光二年五月後，河東三公只張開仍在潞州，但形勢已很危急。金史卷一一八張開傳說「元光二年，潞州危急」，張開上奏說「比聞郭文振就食懷、孟，史詠徙解州」，時間當在五月後。卷一六宣宗紀元光二年十一月戊午說：「以上黨公完顏開（即張開賜姓）之請，諭開及郭文振、史詠、王遇、張道、盧芝等各與所鄰帥府相視可耕土田，及瀕河北岸之地分界而種之，以給軍餉。」據此知元光末張開仍在潞州，而且還計劃與諸將帥分界屯田以給軍糧。大概這時糧食問題更爲嚴重。張開傳接着說：「正大間，潞州不守，開居南京，部曲離散，名爲舊公，與匹夫無異。」潞州究於何時丢失，史無明文，唯卷一七哀宗紀正大元年（一二二四）九月，書「樞密判官移剌蒲阿復澤、潞」，潞州之失應在本年九月前。張開到南京閒居，亦即在此時。移剌蒲阿雖復澤、潞，不久又爲蒙古奪取，所以正大六年蒲阿與武仙又再度收復（見下文）。

到了這時，河東三公全部喪失了封土。

河北的河間公移剌衆家奴與高陽公張甫兩個公府存在的時間較長，但移剌衆家奴早在元光元年就失守河間，以後只是依靠張甫，共保信安。卷一一八移剌衆家奴傳：

興定末，所部州縣皆不可守，元光元年（一二二二）移屯信安，本張甫境内。……詔改信安爲鎮安府。是歲，與甫合兵，復取河間府及安、蠡、獻三州，與張甫皆遷金紫光禄大夫。二年，衆家奴及張甫同保鎮安，各當一面。別遣總領提領（控？）〔二〕孫汝楫、楊壽，提控袁德、李成分保外

〔一〕按金史卷四四兵志「元光間，……外設一總領提控」。傳作「提領」，誤。

垣，遂全鎮安。

河間及諸州並於興定、元光間失守。卷一六宣宗紀元光元年八月癸巳記：「河間公移剌衆家奴、高陽公張甫兵復河間府，是日，報捷者始達，上以道途梗塞，報者艱虞，命厚賞之。」則河間之復早在其前，失而復得爲時不久。然衆家奴仍與張甫共守信安，没有還去，大概還是守不住，不妨説河間這一據點元光間已經喪失。

自興定四年分封到哀宗正大元年首尾五年（一二二〇——一二二四），九公中就只剩高陽公張甫仍堅守信安。

張甫受封後的事跡，金史本傳一無所述，他的歸宿怎樣也没有説，實際上關於張甫、張進的末路倒是頗見於史的。金史詳校卷九張甫傳後曾搜集資料爲之補缺，今録如下：

宋史卷四七六李全傳：劉慶福在山陽，與李福（李全兄）互相猜貳。福僞病，慶福不往。張甫者，素厚慶福，約同往問疾。及寢，遥見福卧不解衣。心恐而身已至牀前，牀頭見鞘刀，慶福口問疾而手按鞘，福拔刀起，傷慶福。甫救之，被害。甫者，金元帥、高陽公，金亡河北，甫據雄、霸、清、莫、河間、信安。信安出白溝，距燕二百里而阻巨濼，大元兵不能涉，後歸李全者。〔一〕

按張甫之死在宋寶慶三年（金正大四年，一二二七）李全以益都降蒙古後。其歸李全不知何時。據移

〔一〕詳校録李全傳稍有删節。

刺衆家奴傳，元光二年（一二二三）他與張甫同守信安。宋史卷四七六李全傳於寶慶二年（金正大三午）春稱「會金與大元爭大名，全得往來經理」，疑張甫即於此時歸李全，次年夏間即被殺。

張甫雖歸李全，自己到了楚州，信安却没有放棄，由張進留守。關於張進事蹟，詳校也有輯録：

元史卷一五二楊傑只哥傳：己丑（正大六年、蒙古太宗元年，一二二九）阿朮魯攻信安，信安城四面阻水，其帥張進數月不降。傑只哥曰：「彼恃巨浸，我師進不得利，退不得歸，不若往説之。」……凡二往乃降。卷一六六張榮實傳：霸州人，父進，金季封北平公，守信安城。壬辰歲（天興元年、蒙古太宗四年）率所部降。卷一五〇何伯祥傳：太宗定河朔，惟保定王子昌、信安張進堅守不下，伯祥生擒子昌，進聞之，亦遁。又卷一六五張禧傳：東安州人，父仁義，金末徙家益都，太宗下山東，仁義乃走信安。時燕、薊已下，獨信安猶爲金守，其主將用之左右。國兵圍信安，仁義率敢死士三百開門出戰，圍解，以功署軍馬總管，守信安踰十年，度不能支，乃與主將舉城内附。案進爲元臣張榮實之父，困守信安踰十年，皆在完顔。〔一〕不終張甫入宋後事。進雖不與九公之列，而北平之號，必是正大繼封，史贊復引他書載滄海、易水二爵，或傳聞異辭耶？〔二〕

〔一〕句下必有脱文，讀不可通。

〔二〕金史卷一一八傳末贊云：「他書載滄海公張進、河間公移剌中哥、易水公張進、晉陽公郭棟，此必正大間繼封，如史詠繼胡天作者，然不可考矣。」按易水公張進必另有其人，易水與信安遠不相及，移剌中哥，即見於親征録之「衆哥」，疑即移剌衆家奴。信安張進封公時，或張甫尚在，故不繼高陽而別封滄海或北平。

施考甚詳。然張榮實傳稱張進於壬辰降蒙古實誤。據楊傑只哥傳，張進之降在正大六年己丑，主將爲阿朮魯，元史卷一二三阿朮魯傳稱：「西夏勢蹙，其主懼，乞降，執之以獻，太宗殺之，賜以所籍貲產。繼領兵收附信安。」按西夏主睍之降在太祖二十二年丁亥（金正大四年）六月，七月，太祖卒，拖雷監國，己丑八月太宗始即位。楊傑只哥傳首稱「己丑，睿宗（即拖雷追尊廟號）賜以金幣，命從阿朮魯攻信安」，知阿朮魯受命攻信安，尚在己丑八月前拖雷監國時。信安豈得於壬辰始降。又張禧傳稱其父仁義金末徙益都，「太宗下山東，仁義乃走信安」，李全以益都降蒙古，事在金正大四年，所云「國兵圍信安」，仁義出戰云云，即指正大六年阿朮魯攻信安事。仁義在信安不過二年，所云「守信安踰十年」乃指主將即張甫、張進，傳文敍述不明，遂以仁義亦守信安踰十年，則降蒙古更推遲到金亡以後了。

施氏收輯張進事略備，但不及張進之死。按金史卷一一七國用安傳：

北大將阿朮魯聞安用（用安原名）據徐、宿、邳，大怒曰：「此三州我當攻取，安用何人，輒受降！」遣信安張進等率兵入徐，欲圖安用，奪其軍。安用懼，謀於德全（徐州總帥王德全）劫殺張進及海州元帥田福等數百人。

其事在金天興元年（一二三二），距張進之降不過三年餘。

信安四面阻水，不但蒙古騎兵無能爲力，而且習慣於平原及山地作戰的漢將如楊傑只哥也感到爲難，所以能堅守十餘年之久。而更大的原因則由於這一四面環水之地對於全部軍事形勢關係不大，而正大二年武仙重又背蒙歸金，河北的戰爭重點在於西部山區，區區信安就暫且置之不問了。

正大二年（一二二五）二月，降蒙古已六年的武仙殺真定主將史天倪，重又歸順金朝。元史卷一四七史天倪傳：

甲申（正大元年）夏，大名總管彭義斌以宋兵犯河朔，天倪逆戰於恩州，義斌敗，入保大名。乙酉，師還，聞武仙之黨據西山腰水、鐵壁二砦以叛，天倪直擣其巢穴，盡掩殺之。仙怒，謀作亂，乃設宴邀天倪。……遂爲仙所殺。

武仙背蒙歸金，金史本傳説是由於金的招納，上引史天倪傳説是由於天倪剿滅了他的西山黨羽，這兩個原因是存在的，但更重要的原因可能由於正大元、二年間河北、山東形勢的巨大變化。宋嘉定十五年（金元光元年，一二二二）歸宋紅襖軍李全逐走張林，據有益都，〔一〕另一紅襖軍首領彭義斌統兵北伐，攻降附蒙古集團首領嚴實的老巢青崖堌，〔二〕嘉定十七年（金正大元年）夏間占領大名，〔三〕河北震動。遺山文集卷二九千户喬公神道碑銘：

〔一〕宋史卷四七六李全傳。

〔二〕元史卷一四八嚴實傳、遺山文集卷二六東平行臺嚴公神道碑。

〔三〕宋會要稿兵一七之三九嘉定十七年（一二二四）「六月二十八日，詔蘇椿補授武功郎、河北東路馬步軍副總管，兼知大名府。……以京東河北節制司言，京東西路副總管彭義斌申蘇椿等係北京大名府僞行首，舉城歸順，故有是命」。宋史卷四〇寧宗紀同，但僅記「大名府蘇椿舉城來歸」，不及義斌。按元史卷一五二王珍傳云：「宋將彭義斌帥師侵大名，椿戰不利，降之。」知蘇椿降宋之時亦即義斌占領大名之時。

宋將彭義斌既破東平，隨據大名，〔一〕聲勢甚張，南、北軍待爲勁敵，無敢試之者。一日，義斌提鋭卒數千北向，猝與公遇於真定之南。公以騎數百直前，挫其鋒，義斌慴焉。

據此知義斌取大名後，兵鋒曾至真定南。武仙正是在這樣的形勢下乘機起事。上引史天倪傳説他在恩州戰後還師，立即對武仙部下在西山的砦寨採取行動，必然由於聽到或者估計到這些砦寨的活動與雄據大名的彭義斌有聯繫，而且必然也會猜疑到武仙，所以武仙立即發動事變。

武仙占據真定，鄰近州縣很多歸附，但史天倪的部隊却多散在郊外，並未消滅。不久，天倪弟天澤返自燕京，重新組織隊伍，在蒙古軍與張柔所派援軍的支援下，本年六月復取真定。〔二〕武仙退入雙門寨。〔三〕

〔一〕碑文以破東平在據大名之前。按彭義斌占領大名在宋嘉定十七年六月，降東平實在次年。遺山文集卷二六東平行臺嚴公神道碑云：「乙酉（金正大二年，宋寶慶元年，一二二五）四月，（義斌）遂圍東平。……城中食且盡，乃與義斌連和。義斌亦欲藉公取河朔而後圖之，請以兄事公。」碑文諱降爲連和，姑不論，記東平之降在乙酉是對的。喬公碑之「破東平」，當作「破青崖」。

〔二〕元史卷一五五史天澤傳不記天澤復取真定月份，卷一太祖紀二十年己酉繫於三月，王惲秋澗集卷四八丞相史公家傳、遺山文集卷三〇龍山趙氏新阡碑並作「六月」。按天澤在燕京聞訊，傾資置器仗而南，至滿城收兵，又請蒙古軍援助，然後擊敗武仙驍將葛鐵鎗，攻下中山、無極等城，始敗武仙，一月餘的時間決不能辦到，作「六月」是。又金史卷一七哀宗紀正大二年四月辛卯記「恒山公武仙自真定來奔」，更不可信。

〔三〕元史卷一一九木華黎附孛魯傳稱「同知真定府事武仙叛，殺都元帥史天倪，脅居民遁於雙門寨」，則武仙這次撤退，還攜帶了城中居民一起入山。蒙古軍經常屠城，居民之隨武仙出奔，恐非脅從。

彭義斌這時近在大名，正是進攻的時機，但在史天澤復取真定以前，他却没有迅速北進。這可能由於武仙發動事變之際，他的兵力正用於包圍東平，四月中才迫使嚴實投降，當然他不能解圍而去，在後方留下禍患。還有一個也許是更大的原因，原來也正在二月裏李全在楚州發動兵變，迫使宋淮東制置使許國自殺。彭義斌認爲李全這一越軌行動必須制裁，因此雙方矛盾尖鋭。〔一〕這年五月李全竟然進攻義斌，戰於恩州。義斌雖然擊敗李全，並通過繼任制置使徐晞稷的調解，雙方講和，〔二〕却就誤了北上進軍的時機。七月，義斌提兵北上，降將嚴實也帶領自己的部隊從征。史天澤與蒙古大將笑乃解（即元史卷一二〇有傳之肖乃台）在贊皇迎戰，嚴實臨陣倒戈，〔三〕義斌戰敗被擒，英勇犧牲。〔四〕武仙撤出真定，實力並没有受太大損失，幾個月後他夜襲真定，〔五〕史天澤狼狽越城，東奔藁城，

〔一〕當時宋朝猜忌出自紅襖軍的李全，許國竭力壓制李全及其將卒，李全發動這次兵變，不能完全責備李全。這一問題不屬本文範圍，今不贅論。

〔二〕見宋史卷四七六李全傳。

〔三〕元史卷一四八嚴實傳云：「七月，義斌下真定，道西山，與孛里海等軍相望，分實以帳下兵，陽助而陰伺之。實知勢迫，急赴孛里海軍，與之合。遂與義斌戰，宋兵潰，擒義斌。」據此可知這次義斌之敗，嚴實的背叛是個重要因素。

〔四〕見宋史卷四七六李全傳、元史卷一五五史天澤傳。

〔五〕武仙夜襲真定的時間，金史本傳説「閲月，乘夜復入真定」，應在七、八月間。元史卷一五五史天澤傳於彭義斌敗死後稱：「未幾，仙復令諜者結死士於城中大曆寺爲內應，夜斬關而入，據其城。」則亦當在本年秋天。王惲丞相史公家傳稱「後數月，仙潛約諜者」云云，似乎要遲一些，但也在本年。唯元史卷一九三耶律忒末傳稱「乙酉，金降將武仙據真定以叛」，又云「明年，仙復犯真定」，則以爲在正大三年丙戌，疑誤。

在董家武裝集團的援助下，再次奪取真定。〔一〕元史卷一五五史天澤傳云：

至藁城，求援於董俊。俊授以鋭卒數百，夜赴真定，而笑乃觧兵亦至，捕叛者三百餘人，仙從數騎，走保西山抱犢寨。

按這裏説董俊「授以鋭卒數百夜赴真定」，其實不是「夜赴」，而是「夜入」。元明善藁城董氏家傳就説「久之，公復夜入真定，仙走死，〔二〕内（納）史帥之弟天澤」，又以爲董俊親自參加這次夜襲。董俊是否親自參加，難以斷言，却可以肯定夜入真定，開城納天澤的是董家士兵，笑乃觧也是開城後才進去的。不但夜入真定是董俊的功勞，史公家傳説「公（天澤）跳走藁，守帥董俊以全軍授公」，並非只是夜襲的「鋭卒數百」。

正大三、四年間，武仙儘管被逐出真定，他的勢力不僅嚴重威脅太行山東麓諸州縣，而且遠達河東。元史卷一九三攸哈剌拔都傳：

丁亥（正大四年）五月，姦人夜獻太原東門於武仙。仙引兵入，哈剌拔都鏖戰。仙兵大至，諸將自城外呼曰：「攸哈剌拔都，汝當出！」哈剌拔都曰：「真定史天倪、平陽李守忠、隰州田雄皆失守矣，我又棄太原，將何面目見主上及國王乎！家屬任公等所俘，哈剌拔都誓與城同存亡。」

〔一〕史天澤再次奪取真定究在何時，史無明文。蒙兀兒史記卷三成吉思汗紀繫於二十一年丙戌（金正大三年，一二二六）秋，不知何據。

〔二〕武仙死於蒙古太宗之六年甲午，金已亡，此時未死。

遂殁於陣。

又牧庵集卷二八河東檢察李公（李懋時）墓誌銘亦云「真定同知總管武仙將兵襲下太原，殺興（攸興，即攸哈剌拔都），傍縣皆附」。這是正大四年（一二二七）五月的事，武仙當已撤出真定，他攻太原，必是通過井陘西下。平陽則是上一個月被金將攻下的。元史卷一九三李伯温附子守忠傳：

丁亥夏四月，金紇石烈真襲擊平陽行營招討使權國王按察兒於洪洞，守忠出援之，會於高梁，師潰入城，平陽副帥夾谷常德潛獻東門以納金兵，城遂陷。〔一〕

擊敗按察兒軍而取平陽的不是武仙部隊，但按察兒之敗，給予武仙奪取太原的時機。

和過去一樣，這些暫時歸金的州縣不久重又喪失，〔二〕只是説明只要西山砦寨没有消滅，武仙就有進行軍事活動的基礎。大致即在正大四年，史天澤攻下了武仙的幾處據點。元史史天澤傳説天澤再奪真定後，武仙走保西山抱犢砦，「以抱犢諸砦仙之巢穴，不即剪覆，恐貽後患，急攻下之，仙乃遁去」。大致在這年冬天，武仙到了汴京。明年，金哀宗命他以恒山公的封號「置府衛州」。〔三〕衛州是

〔一〕元史卷一二二按札兒傳不記爲紇石烈真所敗及平陽失守事，應是諱言其事。

〔二〕金史卷一七哀宗紀正大四年三月記「以銀贖平陽虜獲男女，分賜官軍者聽自便」。則平陽之復在本年三月前，與元史卷一九三李守忠傳不合，而是月即書「大元兵復下平陽」。據李守忠傳則四月平陽始歸金，豈有先一月蒙古收復之理，記載參差，不可究詰。唯平陽旋即復爲蒙古攻下，應是事實。

〔三〕見金史卷一一八武仙傳。

河北岸的河防要地，武仙在那裏扼守三年，直到正大六年（一二二九）還曾一度攻克潞州，給予蒙古軍重大創傷。元史卷一一九木華黎附孫塔思傳云：

庚寅（金正大七年，一二三〇）秋九月，叛將武仙圍潞州，太宗命塔思救之。仙聞之，退軍十餘里。……是夜五鼓，金將移剌蒲瓦來襲，我師與戰不利，退守沁南。賊還攻潞州，城陷，主將任存死之。冬十月，帝親征，遣萬户因只吉台與塔思復取潞州。仙夜遁，邀擊之，斬首七千餘級。

又元史卷一二二按札兒傳云：

歲庚寅，孛魯由雲中圍衛州，金將武仙恐，退保潞東十餘里原上。孛魯馳至沁南，未立鼓，乞石烈引兵襲其後。孛魯戰失利，輜重人口皆陷没，按札兒妻奴丹氏亦被獲。

按這次戰事實在正大六年己丑，金史卷一七哀宗紀於正大六年八月記「移剌蒲阿再復澤、潞」，卷一一二移剌蒲阿傳同。上引兩傳並作「庚寅」，金史卷一一八武仙傳亦作正大七年，均誤。〔一〕又按札兒傳稱孛魯亦爲塔思之誤，孛魯時已死。

這次戰役，金方武仙、移剌蒲阿、石紇烈真會師合擊蒙古軍，取得勝利，攻克重鎮潞州，最後却仍被蒙古軍擊退，潞州再陷。

七年秋天，史天澤會合蒙古軍圍攻汲郡（本衛州治），金大將完顔合達、移剌蒲阿統兵救援，擊敗

〔一〕蒙兀兒史記卷四斡歌歹汗紀及卷二七木華黎附孫塔思傳、卷五七按札兒傳均繫於己丑，但未言其故。按七年秋，史天澤已圍武仙於衛州，十月，蒲阿救衛州（見下），武仙豈能於九月擊敗塔思攻克潞州。

史天澤，解了衛州之圍。但是武仙也無力堅守，隨即撤走。秋澗集卷四八丞相史公家傳云：

庚寅（正大七年）冬，圍武仙於汲，小大凡十餘壁。金將合達以衆十萬來援，鋒始交，不利，諸將乘虚，一時奔北。公獨以千人繞出敵後，挺刃横擊，敗一都尉軍。既而復與大軍合攻，仙逸去，復取衛州。

按金史卷一六哀宗紀正大七年（一二三〇）八月書「大元兵圍武仙於舊衛州」，「冬十月，平章合達、副樞蒲阿引兵救衛州，衛州圍解」。卷一一二完顏合達傳：

河朔諸軍圍衛，内外不通已連月，但見塔上時舉火而已。合達等既至，先以親衛兵三千嘗之，北兵小退，翼日圍解。

這次戰役，史天澤集合了蒙古、漢軍，兵力是强大的，但却攻圍二月不下，遭到了挫折，終於解圍，但衛州已是孤城，所以解圍後，武仙全軍撤出，徙屯胡嶺關，扼金州路，撤出了河北。

武仙撤出河北後，史天澤對西山砦寨再次發動進攻。遺山文集卷三〇西寧州同知張公（張榮祖）之碑云：

庚寅冬，河平失利，〔一〕陷堅陣中，率死士五十餘人突圍而出，所向披靡，莫有當其鋒

〔一〕金史卷二五地理志：「衛州下，河平軍節度，宋汲郡。……貞祐二年七月城宜村，三年五月徙治於宜村新城。」衛州本治汲郡，貞祐徙治，所以金史卷一七哀宗紀稱汲郡爲「舊衛州」，又衛州屬縣有蘇門，本共城，大定二十九年改爲河平，今輝縣。正大七年之戰在汲郡。「河平失利」即指上述衛州之戰。

者。……遷總統巡山軍民千户。恒山公仙壁雙門，遣别將屯抱犢山(中缺)宣。權萬户，親以軍守之。隘猛(?)可上者十有八所，而山上皆有備禦，不便仰攻。公期以三日破之。乃潛軍由鳥道攀援而上，出其不意，山軍震蕩，謂從天而下，投死無所。問知公名，皆束手自歸。黨與未盡者依太行爲巢穴，在所有之。根結盤互，時出剽掠。旁近之民，陰爲齎助，以舒焚劫之禍。嘗乘隙入吾境，公測其來，設伏擊之。軍卒踊躍而戰，戮首領一人而擒其副，餘衆悉降。郡邑倚公爲重，亦得少安。

按武仙第一次自真定撤出，是「奔雙門」，第二次是「奔抱犢砦」，正大四年，史天澤曾攻下抱犢(見前)，衛州解圍後，武仙即徙屯胡嶺關，不可能仍在雙門及抱犢，這裏必是追溯前事，下有缺文，致文意不明。從碑文中可以看到衛州戰後，仍有許多西山砦寨繼續抗拒蒙古政權。張榮祖是史家部將，他的官銜是總統巡山軍民千户，所巡之山當即是這一帶的西山，他攀登險峻的山嶺，攻下山砦十八所，但「依太行山爲巢穴」的「山軍」還是在所有之。這種情況還得繼續一個時期。

自正大二年二月武仙殺史天倪據真定，到至大七年十月衛州戰役，經過了六個年頭(一二二五——一二三〇)才被逐出河北。

武仙是九公中最後一個喪失其封土的。先後和他作戰的主要力量是永清史家、藁城董家、定興張家的土兵。

武仙撤離河北後，天興元年(一二三二)曾參加鄧州和三峯山之戰。戰敗後他在南陽留山重又組成數達十萬的隊伍。由於給養困難，率衆就食鄧州。天興二年，金哀宗在蔡州，下詔要他領兵救援。他認爲道路梗塞，未必能到達，即使到達，蔡州也守不住，没有去，却覬覦宋朝的金州山寨。他對部下説：

近遣人覘視，宋金州百姓據山爲栅，極險固，廣袤百里，積糧約三百萬石。今與汝曹共圖之，可不勞而下。留老弱守此寨以爲根本，然後選勁勇趨蔡，迎上西幸，未晚也。

他企圖在南方重新建立「西山砦寨」，就這樣由淅水逆流而上，水流湍急，又逢霖雨，老幼溺死的不可勝數，糧食竭盡，士卒大量逃亡。武仙無計可施，只好東還，却没有可以屯駐的據點。他進退失據，遂謀北返。那時將士全部散亡，只有十三人隨他渡河。次年（蒙古太宗六年，一二三四）五月被澤州戍卒所殺。這年正月蔡州破，金朝已亡。

武仙自從河南後除了參加鄧州和三峯山大戰外並没有較大規模的戰爭，三峯山戰後鳩集的十萬之衆是在蒙古軍席卷兩河的形勢下，糧盡援絶，託足無地，終於不戰自潰。

武仙北渡時雖只剩下十三人相隨，陸續散亡的他的西山舊部却很多還到了故鄉。郝經陵川集卷三五中書令江淮荆湖南北等路宣撫大使楊公（楊惟中）神道碑：〔二〕

金亡，恒山公武仙潰於鄧州，其餘黨散入太原、真定間，據大明川，用金國開興年號，衆至數

〔一〕金史詳校卷九武仙傳下已引，但誤以爲秋澗集中書令楊惟中碑。

萬，出没劫掠數千里，詔會諸道兵討之，不克。公仗節開諭，降其渠帥，其黨悉平。」

武仙餘黨散入的太原、真定間正是太行山，所云「衆達數萬」必定包括如前引元遺山張榮祖碑提到的「依太行爲巢穴」的武仙「未盡餘黨」。

以上我們敍述了河北砦寨和九公始末。自興定四年分封到正大七年武仙撤出衛州，前後不過十年（一二二〇——一二三〇），除了張甫與再起的武仙以外，其餘七公到正大元年（一二二四）均已降、遷、死亡，存在的時間很短暫。但他們以及其他據險立砦的大小頭目大都在貞祐二、三年間（一二一四——一二一五）蒙古軍在黄河北岸大掃蕩時就已崛起，他們的活動時間最短的也有七、八年，像武仙那樣加上他最後在河南的活動就長達二十年，也就是説從蒙古進軍中原到金朝滅亡，九公一直是金朝恃以抗拒蒙古的一份重要力量，在一定程度上牽制蒙古部分兵力，保衛殘土，汴京政權得以苟延，他們起了一定的作用。

九公中最强大的武仙及其西山砦寨是河北幾個附蒙古武裝集團合力消滅的。大致清除涿、易諸州砦寨的主力是從「西山義軍」中分化出來的定興張柔集團，清除中山、真定一帶砦寨張柔在打擊信安張甫的戰鬥中也出了力。其他地區山砦水寨的清除我們不太清楚，却可以推知主要倚仗出自地方武裝集團的「漢軍」，蒙古騎兵對此是無能爲力的。

地方武裝集團雖有附金、附蒙古之别，本質上並無不同。他們的首領不外是地主豪强、鄉里宗主，以及武勇材力之徒。他們所要維護的無非是封建統治秩序，因此，儘管集團之間相互敵對，在鎮壓所謂「盜賊」這一點上是一致的。所謂「盜賊」固然也有土豪惡霸以及流氓歹徒之輩，有時還是敵對集團間相互指責的名辭，但主要是指既不附金又不附蒙古，反抗民族壓迫、封建統治的農民起義隊伍。史籍上一致譴責的「紅襖賊」，便是當時最强大的農民軍，也是宋、金、蒙古三個政權以及附從這三個政權的諸武裝集團共同鎮壓的「盜賊」。

如果説當時的大小武裝集團首領對歷史也起過一點積極作用，那就是以他們爲首的山砦、水寨曾經爲大量避難人民暫時提供了免於横遭屠殺的場所，並且客觀上有限度地維護了農業生産的繼續，比如郭文振「招降太原東山二百餘村，遷老幼於山寨，得壯士七千，分駐營栅，防護秋穫」。〔一〕這種措施是帶有普遍性的。但是由於九公管區内局勢異常不穩定，除了蒙古軍與敵對集團的進攻以外，附金集團間也經常發生戰事，因此在維護農業生産方面本來已很有限的積極作用也歸消失。早在苗道潤與他將相攻時，朝廷曾經下詔，説「士兵本以義團結，且耕且戰，今乃聚之城寨，遂相併吞，百姓不安」，〔二〕就可以知道。

〔一〕金史卷一一八郭文振傳。
〔二〕金史卷一一八苗道潤傳。

蒙元前期漢文人進用之途徑及其中樞組織

一　蒙元前期之中書省及尚書省

蒙元前期制度，史籍所載至略，且或包含若干之誤解。經世大典敍録官制但云：「國初肇基朔方，輔相之臣與凡百執事惟上所命，其各官皆目其事而命之。方事征討，重在軍旅之事，故有萬户千户之目，而治政刑則有斷事之官，可謂簡要者矣。」大典本文散失，雖不能知其内容，然以元文類所載之敍録制官條與大體根據大典之元史百官志觀之，知其於前期制度已不可詳，其所稱述殆皆中統以後之制也。卷八五百官志敍中書省官云：

中書令一員，銀印。典領百官，會決庶務，太宗以相臣爲之。

右丞相、左丞相，各一員，正一品，銀印。統六官，率百司，居令之次。令缺，則總省事，佐天子，理萬機。國初，職名未創。太宗始置右丞相一員、左丞相一員。

按志云中書令，太宗以相臣爲之，語不可解。一若其時别有一官稱宰相者，實爲不辭，而其以中書令及左右丞相置於太宗時則固有所本。親征録云：

辛卯（一二三一）：……八月二十四日，上至西京，執事之人，各執名位。兀都撒罕中書令，粘合重山右丞相，鎮海左丞相。

元史卷二太宗紀與親征録本出一源，故於三年辛卯八月書：

始立中書省，改侍從官名，以耶律楚材爲中書令，粘合重山爲左丞相，鎮海爲右丞相。

耶律楚材即兀都撒罕，其爲中書令，兩書皆同。唯重山與鎮海左右互異。王氏親征録校注引中州名賢文表卷二二許有壬撰丞相怯烈公神道碑曰：「始立中書省，尚左，公爲左丞相，繼尚右，改右相。」則似無問題矣。然考其官稱尤有乖異者。元史卷一四六粘合重山傳：

立中書省，以重山有積勳，授左丞相。時耶律楚材爲右丞相，凡建官立法，任賢使能，與夫分郡邑，定課賦，通漕運，足國用，多出楚材，而重山佐成之。

語不及鎮海，而以楚材爲右丞相，與親征録、元史本紀不合一也。

同書卷一五三劉敏傳：

帝聞之，（太宗）命漢察火兒赤、中書左丞相粘合重山、奉御李簡詰問得實，罷牙魯瓦赤，仍令敏獨任。

又以重山爲左丞相，其不合二也。

黑韃事略云：

其相四人曰按只帶、（黑韃人，有謀而能斷。）曰移剌楚材、（字晉卿，契丹人，或稱中書侍郎。）曰粘合重山，（女真人，或稱將軍。）共理漢事。曰鎮海，專理回回國事。

按只帶當如王氏箋即祕史續集卷二之額勒只吉歹，其爲相不見他書，已爲甚異，而楚材乃稱中書侍郎，此官久廢，蒙元更無此官名。據王氏箋日本宮内省圖書寮所藏西遊録有牌子云「燕京中書侍郎宅刊本」，則必非彭氏誤解，其不合三也。

孔氏祖庭廣記卷三：

宣差東平路萬户嚴實課税所長官張瑜申稟

朝省丞相領省耶律楚材重道出於特意

古燕義士蕭元素與朝廷斷事官丞相耶律丑山爲師友，獨蕭公親詣以爲先容，具道其所以然，

儒教由此復興。

書末又附有一條云：

大蒙古國領中書省耶律楚材奏准

皇帝聖旨於南京特取襲封孔元措令赴闕里奉祀。

其稱楚材曰丞相，曰領省，初無中書令之號，其不合四也。

綜上四端，可知太宗時但有一中書省之機關，省官並無一定之稱號，故以楚材一人之身，忽曰丞相，忽曰侍郎，尊之曰領省，曰令，而粘合重山則忽左忽右，其實乃其自稱與人之姑稱之云爾，無所謂是非也。

黑韃事略徐霆疏曰：

移剌及鎮海自號爲中書相公，總理國事，鎮海不止理回回也。韃人無相之稱，只稱之曰必徹徹，必徹徹者漢語令史也，使之主行文書耳。

又云：

霆見其自上至下，只稱小名，即不曾有姓，亦無官稱，如管文書則曰必徹徹，管民則曰達魯花赤，環衞則曰火魯赤。若宰相即是楚材輩自稱爲中書相公。若王檝則自稱曰銀青光祿大夫、御史大夫、宣撫使入國使爾，初非韃主除授也。

然則太宗時之中書省官，在漢人視之固儼然爲出納王命，宰相之任，若自蒙古人視之實止一怯薛執事官之必闍赤耳。

中書既不過爲必闍赤之任，故其職權唯掌文書及宣佈命令之印章而已。元史卷一四六耶律楚材傳：（元文類卷五七宋子貞撰神道碑同）

即日授中書省印，俾領其事，事無鉅細，一以委之。

若據黑韃事略所云，則所謂省印，亦是文飾之辭。事略云：

其印曰宣命之寶，字文疊篆，而方徑三寸有奇。鎮海掌之，無封押以爲之防，事無鉅細，須僞酋自決。楚材、重山、鎮海同握韃柄，凡四方之事或未有韃主之命，而生殺予奪之權，已移於弄印者之手。

徐霆疏曰：

霆嘗考之，祇是見之文書者則楚材、鎮海得以行其私意，蓋韃主不識字也。若行軍用師等大事，祇韃主自斷，又却與其親骨肉謀之。漢兒及他人不與也。

據此則中書省印殆即此宣命之寶，而所謂省官之權力僅限於文書之宣發。故其後六皇后攝政，奧都剌合蠻權勢熏灼，而中書之可以少掣其肘者，運用必闍赤之職權，拒絶宣發詔書也。其事詳後，今不贅論。

太宗末年鎮海出領宏州工匠，重山亦卒。於是三年所任命之三中書省官但有楚材。楚材於六皇后攝政之三年（一二四四）卒，繼其任者爲楊惟中。元史卷一四六楊惟中傳云：（郝經陵川集中書令楊公神道碑同）

拜中書令。太宗崩，太后稱制，惟中以一相負任天下。

按本文似以楚材在太宗時罷官者，其實中書省官本出自稱，何有於罷，但太宗末年楚材頗見疏外，國事或不復關決，故時人以爲罷相耳。又同卷楚材子鑄傳云：

楚材薨，嗣領中書省事，時年二十三。

則郝伯常以楊惟中爲獨相者未免不審。然使知耶律鑄所襲者止於一必闍赤，則委任有輕重，雖仍自稱領省，未必預事耳。

定宗起用鎮海，未幾即崩。憲宗一朝則蒙古人忙古撒兒、阿藍答兒等用事，其時爲掌印必闍赤者孛羅合也。元史卷三憲宗紀元年（一二五一）六月書：

以孛魯合掌宣發號令、朝覲貢獻及内外聞奏諸事。

多桑書第二卷第五章二五三頁（馮譯本）：

蒙哥即位後，任命諸大臣及國中諸要職，以那顏忙古撒兒爲大斷事官，以聶思托里派之基督教徒孛勒海掌文書省及財政、内政兩部事。分文書省爲數局，設波斯、畏吾兒、漢地、西番、唐兀等令史，使主往來文書。

多桑自注云：「見世界侵略者傳第二册、史集。」而元史譯文證補卷二定宗憲宗本紀補異：文臣以孛爾該爲首。句下注云：

西書曰：「以孛爾該爲大筆帖齊，職視大學士。」孛爾該當即孛羅合，筆帖齊即必闍赤。西書又云「其人奉訥司托耳天主教」，即唐之景教。

按洪氏此卷，自云悉本多桑書，今以馮譯本校之，頗有所删節。其所注之西書，不知何指，然必有所本，則掌印必闍赤之職，孛羅合實任之，孛羅合蓋怯烈人。憲宗紀二年十二月又書「孛魯合掌必闍赤，寫發宣詔」，與西書合。中書省者本爲掌漢回文書之一機關，漢人稱之曰中書省，而名治漢回文書之必闍赤爲省官，憲宗一朝既不復用漢人專治漢地文書，則中書之號亦隨之而消滅。至於世祖即位，乃真有中書省之建立。

在太宗之初，漢地文書以及賦税諸事悉委之耶律楚材。及其晚年乃於燕京别有治漢地財賦、刑政之官，當時稱之尚書省，以與在和林之中書省相對立。考燕京之有尚書省，由來已久，自燕京之破，石抹明安、咸得不、忽都華世守其地，行省燕京。元史卷一五〇石抹明安傳：

子二人：長咸得不，襲職爲燕京行省。次忽篤華，太宗時爲金紫光禄大夫、燕京等處行尚書省事，兼蒙古漢軍兵馬都元帥。

按本文所稱官號，蓋襲金人之舊而假以自稱，唯咸得不但云行省，而忽篤華則稱行尚書省，其間似有分别。蓋石抹明安、咸得不之稱行省僅爲照例之稱謂，至於忽篤華則實有專職。卷二太宗紀六年（一二三四）甲午七月書：

以胡土虎那顔爲中州斷事官。

親征録同年書：

又遣忽都忽主治漢民。

祖庭廣記卷三載太宗諭孔元措詔：

札魯火赤也可那演胡都虎、斡魯不、衆札魯火赤那演言語。

忽篤華、胡土虎、忽都忽、胡都虎並爲一名之異譯，自不待論，而紀之中州斷事官，傳之燕京行尚書省，與祖庭廣記之札魯火赤亦是一官之異稱。元史卷三憲宗紀元年（一二五一）辛亥書：

以牙剌瓦赤、不只兒……充燕京等處行尚書省事。

而卷四世祖紀：

歲壬子……憲宗令斷事官牙魯瓦赤與不只兒等總天下財賦於燕，視事一日，殺二十八人。

同書卷一二三布智兒傳：

憲宗以布智兒爲大都行天下諸路也可札魯忽赤。

同書卷一二四忙哥撒兒傳：

定宗陞爲斷事官……（憲宗）廼以爲斷事官之長，其位在三公之上，猶漢之大將軍也。既拜命，……其僚列坐左右者四十人。忙哥撒兒問曰：「主上以我長此官，諸公其爲我言，當以何道守官？」衆皆默然。又問之，有夏人和斡居下坐，進曰：「夫札魯忽赤之道，猶宰之刲羊也，解肩者不使傷其脊，在持平而已。」

馬祖常石田先生集卷一三故禮部尚書馬公神道碑銘：

國朝天造之始，總裁庶政，悉由斷事官，燕故城爲斷事官治所。

如上所引，足證斷事官爲札魯火赤之漢譯名，而駐燕京之斷事官之飾稱則爲行燕京尚書省也。故姚燧牧庵集卷二四譚公墓誌銘亦云：

朝廷置斷事官於燕，曰「司瓊林園之臺人」，人則曰行臺。

元史卷一九一譚澄傳全襲此文，而獨遺此語，殆以元初之制已不復爲人所知，疑其不經而删之歟？蓋太宗時之燕京行尚書省，自蒙古人視之，僅爲札魯火赤之外任，卑之爲瓊林園監，尊之爲行省、行臺，皆出於漢人之稱謂而已。然忽篤華之世雖已有主治漢民之明文，而親征録於太宗即位之初稱「河北先附漢民賦調命兀都撒罕主之」，則猶以在和林之「中書省」統屬燕京之「尚書省」也。及太宗晚年，「燕京行省」之組織始漸龐大，而權力亦日增。元史卷一五三劉敏傳：

辛丑春，授行尚書省，詔曰：「卿之所行，有司不得與聞。」俄而牙魯瓦赤自西域回，奏與敏同治漢民。……罷牙魯瓦赤，仍令敏獨任，復辟李臻爲左右司郎中。

辛丑，太宗之十三年（一二四一）也。秋澗先生大全集卷六〇左右司員外郎韓公神道碑云：

庚子歲，詔行臺於燕，開幕府，選參佐，得良能爲亟。用安侯薦，首聘公充尚書省都事。

庚子爲太宗十二年，與劉敏傳稍異，要之尚書省之徵辟掾屬，儼具規模，蓋當在劉敏初任行省時也。然既曰行省，則當有省官，今劉敏、牙老瓦赤、奥都剌合蠻等並稱行尚書省事而初不帶省銜。元遺山集卷二八大丞相劉氏先塋神道碑雖稱敏爲大丞相，而文中但云：「明聖繼統萬國，連紹詔勳舊大臣行尚書省事於漢境，節制所及凡二十餘道，分陝之命，公實膺之。」並不敍省銜，然則此一治漢地財賦刑政之機關，雖組織略具，其官猶是札魯火赤或斷事官而已。又既稱行尚書省則必有居中之尚書省，今居中稱中書而行省稱尚書，可謂離奇。蓋金自正隆之後，廢中書、門下兩省不置，中樞但一尚書省，故金末之行省悉係尚書之號，蒙元之初，人皆猶襲故名，而必闍赤之任又適類於中書，不可以尚書呼之，於是遂成此不倫不類之局。然所謂不倫不類者自漢人視之則然，若在蒙古人則本無「省」稱，必闍赤與札魯火赤同爲怯薛執事官，安有中書、尚書之異哉！

自太宗十三年擴大燕京札魯火赤之權限以後，在和林之必闍赤遂不能干涉漢地之行政，而形成對立之形勢，此事當於下文詳之。唯所謂燕京行尚書省，所理事務，大抵以賦税爲主，與前代尚書省之職權，廣狹殊不相侔也。多桑書第二卷第四章二三五頁（馮譯本）注：

考波斯史家之記載，窩闊台時代行省事於中原者爲馬合木牙剌洼赤。中國史家則以爲耶律楚材。窩闊台死後，奪牙剌洼赤官，耶律楚材亦被罷。楚材歿於一二四四年，牙剌洼赤後在蒙哥即位之初尚存，蒙哥復命行省事於中原。……觀中西紀載歧互之點，吾人不知何所適從，然其所指者要必爲同一人無疑。

按楚材未嘗行省於中原，但在太宗之初，在和林之「中書省」實統治漢地財賦耳。波斯史家所述者燕京之「行尚書省」也，中國史家所述者和林之中書省也，實無若何歧互。然西域知有牙老瓦赤，而不知有楚材，可證自劉敏與牙老瓦赤開府燕京之後，楚材之權日削，不復能控制漢地之行政矣。元史卷一五三劉敏傳：

丙午（一二四六），定宗即位，詔敏與奧都剌同行省事。辛亥（一二五一）夏六月，憲宗即位，召赴行在所，仍命與牙魯瓦赤同政。

關於牙老瓦赤、奧都剌合蠻之事跡，諸書所載，頗有違異，當留待下節述之，所可知者，憲宗之時不復有號稱中書省之一機關而在燕京之「行尚書省」則仍不廢，此外憲宗初即位時又有別失八里及阿母河等處行省，其實亦斷事官也。及世祖即位，始正式建立中書省而罷燕京之行尚書省焉。

綜上所述，則太宗時雖有兩省之名，實爲漢人習慣上之稱謂，中書省爲治漢回文書之機構，其省官正稱應是必闍赤。尚書省爲治漢地財賦及刑政之機構，其省官正稱應是札魯火赤。而必闍赤與札魯火赤皆怯薛職事官也。怯薛組織實即蒙元初期之政府，經世大典列之軍典者以後來制度説之也，當漢北四汗時怯薛之制非獨如日本箭内亘氏之考證，僅爲親軍中之親軍而其職事官爲宿衛之管雜務者矣。今請引元史卷九九兵志以明之。志云：

其它預怯薛之職而居禁近者，分冠服、弓矢、食飲、文史、車馬、廬帳、府庫、醫藥、卜祝之事，悉世守之。雖以才能受任，使服官政，貴盛之極，然一日歸至内庭，則執其事如故，至於子孫無改，非甚親信，不得預也。其怯薛執事之名……爲天子主文史者，曰必闍赤。

同書卷八五百官志云：

斷事官，秩三品，掌刑政之屬，國初嘗以相臣任之，其名甚重，其員數增損不常。其人則皆御位下及中宫、東宫、諸王各投下怯薛丹等人爲之。

兵志列舉怯薛職事官而遺札魯火赤，如百官志所稱則亦是以怯薛丹爲之也。夫所謂怯薛執事官者即由怯薛中選取若干適合於此等位置之人爲之，而仍許其世襲。成吉思汗以至憲宗時疆域雖廣而仍不脱部落之風，王室之與朝廷，本無若何分别。怯薛執事官固爲王室治其家事，同時亦即朝廷之大臣。中國政治制度，至周而大備，周官所述雖不必真爲周公致太平之跡，而其制度多少必依周制。今觀五官所屬，多與蒙元之怯薛執事官相合。即秦漢官制爲别一系統，而九卿執掌，亦爲王室家臣之擴大。然則謂怯薛職事官在蒙元初期實當中樞之任者應非過言，而中書、尚書兩省自怯薛中分化而出亦猶西漢尚書自少府分化而出也。又怯薛執事官既皆世襲，則耶律鑄之襲領省，亦不足怪，正如司馬氏之世以文史星曆爲太史耳。

二 論耶律楚材事跡

如上所述，怯薛執事官之執掌，就能力言之，其始大抵皆蒙古人所優爲，無需借才異族，然拓境既遠，異族文化既有一部分爲蒙元所接受，其文史、星曆、卜祝、醫藥、工技、錢穀之知識，蒙古人又遠不如漢人以及西域人。則無論其爲政治上之需要，抑爲王室之享受，其勢不能不容異族參加此種組織，而異族仕進之階除戰功外，亦唯有以此種專門技術獲得蒙元君主之信用。

所謂專門技術者亦包括宗教在内，自蒙古人觀之，無論何種宗教皆應有祈天永命，長生久視，呼風喚雨之技能。儒家者流，雖不若其他宗教之多術，然蒙古人認爲文史星曆皆儒生之事，而錢穀之術亦應通曉，於是孔子之徒乃自成一類，挾其技能，與其他宗教，同受蒙元君主之歡迎。（儒本非教，此本蒙古人觀點言之。）而儒生以技能首爲蒙元君主所識拔者耶律楚材也。今請先述漢文人參加政治組織之本末，以及蒙古人所稱漢人之範圍。

蒙元時期之所謂漢人，更包括曾接受漢文化諸族。陶宗儀輟耕録卷一氏族條列舉漢族八種，曰：契丹、高麗、女直、竹因歹、朮里闊歹、竹温、竹亦歹、渤海。其竹因歹以下四種以字音察之，又似一名之轉譯。錢竹汀十駕齋養新録卷九漢人八種曰：

陶九成輟耕録載漢人八種……按遼金元三史唯見契丹、女直、高麗、渤海四國，餘未詳。考元史鎮海傳「從攻塔塔兒、欽察、唐兀、只温、契丹、女直、河西諸國」。只温蓋即竹温之轉歟？

按只温與契丹、女直，連類而及，其爲竹温之異譯，當如錢君之説。考當時與女直、契丹同居漢地，或曾受多少漢化之種族，在太祖朝曾與戰争者唯有雜類之乣人。王静安氏觀堂集林卷一六元朝祕史之主因亦兒堅考以祕史之主因亦兒堅，比定於乣軍，立論堅卓。乣人雖云雜類，然蒙古人每與契丹、女直連稱，且屢曰主因種的，實視爲一種族。然則輟耕録之竹因歹、竹温、竹亦歹者並即「主因」之異譯也。朮里闊歹音稍不類，疑即主兒只（女真）之異譯，姑不深考。然主因之族類既罕明確之界限，以之闌入漢族，實不可從。又蒙古人以南人後服，反列於漢人之外，亦無理由，故本文所稱之漢人，唯以漢人、南人以及受漢文化較深之契丹、女真爲斷。

成吉思汗時以漢人而爲怯薛者得四人。元史卷一四六粘合重山傳：

粘合重山，金源貴族也。國初爲質子，知金將亡，遂委質焉。太祖賜畜馬四百匹，使爲宿衛官必闍赤。

按重山爲金中都留守粘割合打之孫。親征録稱中都降時，其留守爲哈答。祕史續一曰：「初金主遷都時，命其臣合答留守燕京。」李仲約注疑即金史卷一三衞紹王紀大安三年（一二一一）四月所載與蒙古議和之西北路招討使粘合合打。按李注是也。親征録於中都降後書：「哈答因見其孫崇山（從説郛本作崇山，汪、何均作榮山，誤。）而還。」崇山即粘割重山，與本傳質子之説合。度其時尚在稚齡，故歷相五朝，至世祖之中統四年（一二六三）始卒，距中都之降四十七年矣。

又卷一五三劉敏傳，太祖時，爲奉御。卷一五一張拔都傳，太祖時留備宿衛。卷一四九耶律秃花傳，拜太傅，總領也可那延，似皆可解釋爲參預怯薛組織者，但未嘗明言其爲執事官。且張拔都、秃花皆以戰功勇力顯，蒙古本重武事，本文所論者不涉武人，姑置不論。劉敏則童稚被俘，隸中宫帳下，以通曉諸部語得幸。元遺山作劉氏先塋碑所云「合侍御而爲家人父子之親」者，其事與粘合重山略似。然則史有明文者，既僅重山一人，而其他三人者或以童稚入侍，或以戰功宿衛，與夫以才能受知者不同，使漢人僅得憑此以爲進身之階，則中土文人殆將永斥於蒙元政府之外。

成吉思汗時之漢怯薛執事官別得一人，則耶律楚材也。宋子貞撰神道碑，元史本傳以及元朝名臣事略所引諸文均不言其曾爲怯薛執事官，然參互考之，其在成吉思汗時實爲必闍赤。除上引黑韃事略徐霆疏之外，又有數證。湛然居士集卷八寄趙元帥書：

備員翰墨，軍國之事，非所預議。

蒙韃備録云：

燕京現有移剌晉卿者，契丹人，登第，見爲内翰掌文書。

按蒙韃備録作於辛巳，成吉思汗之十六年（一二二一），其時方征西域，楚材從征，不在燕京，此或指其寄籍耳，其云内翰掌文書與楚材之所自述者，均爲必闍赤之任，内翰亦其漢譯耳。

楚材之得進用，據神道碑云：

太祖素有并吞天下之志，嘗訪遼宗室近族，至是徵詣行在，入見。上謂公曰：「遼與金爲世仇，吾與汝已報之矣。」公曰：「臣父祖以來，嘗北面事之，既爲臣子，豈敢復懷二心，仇君父邪！」上雅重其言，處之左右，以備咨訪。

成吉思汗之利用契丹人，在當時確曾收其功效，則楚材以契丹王族之身分被徵，或非矯誣。然其所以結主知者，別有所在。蓋楚材之爲必闍赤，除文書以外，又當治曆之任。湛然居士集卷八進征西庚午元曆表云：

欽承皇旨，待罪清臺。

按漢書卷二一上律曆志：

詔下主曆使者鮮于妄人詰問，壽王不服。妄人請與治曆大司農中丞麻光等二十餘人雜候日月晦朔弦望、八節二十四氣，鈞校諸曆用狀。奏可。詔與丞相、御史、大將軍、右將軍史各一人，雜候上林清臺，課諸曆疏密。

則清臺爲漢上林苑中之天文臺也。楚材不獨治曆，兼亦任候望天文吉凶之任。元史卷一四六本傳：（神道碑略同）

己卯夏六月，帝西討回回國。禡旗之日，雨雪三尺，帝疑之。楚材曰：「玄冥之氣，見於盛夏，克敵之徵也。」庚辰，冬，大雷。復問之。對曰：「回回國主當死於野。」後皆驗。夏人常八斤以善造弓，見知於帝。因每自矜曰：「國家方用武，耶律儒者，何用！」楚材曰：「治弓尚須用弓匠，爲天下者豈可不用治天下匠耶？」帝聞之甚喜，日見親用。西域曆人奏五月望夜月當蝕。楚材曰：「否。」卒不蝕。明年十月，楚材言月當蝕，西域人曰：「不蝕。」至期果蝕八分。上大異之曰：「汝於天上事尚無不知，況人間事乎！」（上大異之云云據神道碑補。）壬午八月，長星見西方。楚材曰：「女直將易主矣。」明年，金宣宗果死。帝每征討，必命楚材卜，帝亦自灼羊胛，以相符應。指楚材謂太宗曰：「此人，天賜我家，爾後軍國庶政，當悉委之。」甲申，帝至東印度，駐鐵門關，有一角獸，形如鹿而馬尾，其色綠。作人言，謂侍衛者曰：「汝主宜早還！」帝以問楚材，對曰：「此瑞獸也，其名角端，能言四方語，好生惡殺，此天降符以告陛下。……願承天心，以全民命。」帝即日班師。丙戌冬，從下靈武，諸將爭取子女金帛，楚材獨收遺書及大黃藥材。既而士卒病疫，得大黃輒愈。

按此則楚材之得被寵任者：一曰天文，二曰占卜，三曰醫藥，以後之弘濟時艱正藉此專門技術爲進身之階，而蒙元君主亦以此而承認文士之能力，爲之闢一仕進之途，凡蒙元前期漢文人之入仕蒙廷者遂罕出此三者之範圍。

太宗即位之後，楚材更以錢穀受知，蓋理財之道，本非蒙古人所知，於是驚悚於漢文人之能力，而進用之道又闢一新途徑。元史木傳云：（神道碑略同）

太祖之世，歲有事西域，未暇經理中原。……近臣別迭等言：「漢人無補於國，可悉空其人，以爲牧地。」楚材曰：「陛下將南伐，軍需宜有所資，誠均定中原地稅、商稅、鹽、酒、鐵冶、山澤之利，歲可得銀五十萬兩、帛八萬匹、粟四十餘萬石，足以供給，何謂無補哉！」帝曰：「卿試爲朕行之。」乃奏立燕京等十路徵收課税使，凡長貳悉用士人，如陳時可、趙昉等皆寬厚長者，極天下之選，參佐皆用省部舊人。辛卯秋，帝至雲中，十路咸進廪籍及金帛陳於廷中。帝笑謂楚材曰：「汝不去朕左右，而能使國用充足，南國之臣，復有如卿者乎？」對曰：「在彼者皆賢於臣，臣不才，故留燕，爲陛下用。」帝嘉其謙，賜之酒。即日拜中書令，事無鉅細，皆先白之。

則蒙元君主之始用文人，除上述三事之外，更以爲文臣能多得錢耳。元文類卷四〇載經世大典治典入官敍録：

方天下未定，軍旅方興，介胄之士莫先焉，故攻取有功之士，皆世有其軍而官之，事在樞府，不統於吏部。惟簿書期會、金穀、營造之事，供給應對，惟習於刀筆者爲適用於當時，故自宰相百執事皆由此起，而一時號稱人才者，亦出於其間，而政治繫之矣。擇吏之初，頗由於儒，而所謂儒者，姑貴其名而存之耳，其自學校爲教官，顯達者蓋鮮。

按本文雖通論一代之制，而造端乎微，已於太宗時見之矣。所云宰相百執事起皆由此起，則蒙元之任用漢人本但求技術人員，其他非所需，文學、經術之士宜其顯達者鮮矣。擇吏之初頗由於儒者，耶律楚材用儒生任課税之官，太宗驟得財帛，方以此爲儒生獨具之知識而用之也。漢文人之技能既由耶律楚材而爲蒙元君主所承認，故其徵求人才亦即以是數項爲標準。元文類卷五七宋子貞撰耶律公神道碑云：

汴京垂陷，首將速不解遣人來報，且言此城相抗日久，多殺傷士卒，意欲盡屠之。……上疑而未決，復奏曰：「凡弓、矢、甲仗、金、玉等匠，及官民富貴之家，皆聚此城中，殺之則一無所得，是徒勞也。」上始然之，詔除完顏氏一族外，餘皆原免。時避兵在汴者，户一百四十七萬。仍奏選工匠、儒、釋、道、醫、卜之流，散居河北，官爲給贍，其後攻取淮、漢諸城，因爲定例。

當汴京未破之先，金史卷一七哀宗紀天興元年（一二三二）三月條已述及蒙古人之需索，云：

書索翰林學士趙秉文、衍聖公孔元措等二十七家，及歸順人家屬，蒲阿妻子，繡女、工匠、鷹人又數十人。

按趙閒閒一代文宗，在當時最負盛名，與孔元措同以儒教宗主之資格被徵，惟閒閒爾時已死。而與之同行者繡女、工匠與鷹人也。歸順人家屬則爲免除其生命危險，蒲阿妻子則取以爲質，非趙孔倫也。但蒙元君主之垂青及於衍聖公者别有其故。祖庭廣記卷五所載詔書云：

大蒙古朝皇帝聖旨節文：據襲封孔元措奏告燕京、南京等處尚有太常禮樂官及工人等乞行拘刷事。准奏。若有前項人等并家屬，用鋪頭口起移赴東平府地分住坐。分付孔元措收管，令本路課税所量給口糧養濟，就於本廟閱習，聽候朝廷不測用度。并自來有底禮册、詞章、樂器、鍾磬等物，盡行拘刷見數申奏。

本文所述，拘刷太常禮樂官及工人移住東平府，惟尚候朝廷之不測用度，且須呈報樂器等物。是蒙元君主於至聖先師之後裔，雖踰格優待，而在其心目中衍聖公殆一樂人之首領，命其管領此項技術人員以聽差遣耳。儒家者流本以禮樂爲先，魯之儒生盤辟爲禮容，此固亦一專門技術也。元史卷一五八姚樞傳：

曲阜有太常雅樂，憲宗命東平守臣輦其歌工舞郎與樂色俎豆至日月山，帝親臨觀。飭東平守臣員缺充補，無輟肄習。

此則前所云不測用度者矣，而蒙元君主之優待孔氏，其故可思。

及派兵攻宋，亦曾懸格以徵求人才。姚樞傳：（姚燧牧庵集卷一五中書左丞姚文獻公神道碑略同）

歲乙未南伐，詔樞從（楊）惟中即軍中求儒、道、釋、醫、卜者。會破棗陽，主將將盡坑之，樞力辯非詔書意，他日何以復命，乃蹙數人逃入篁竹中脱死。

此種不奉詔旨横施屠戮之事，固非隨處皆然。同書同卷竇默傳：

金主遷蔡，默恐兵且至，又走德安。……適中書楊惟中奉旨招集儒、道、釋之士，默乃北歸。

同書卷一四六楊惟中傳：（郝經陵川集楊忠肅公神道碑略同）

皇子闊出伐宋，命惟中於軍前行中書省事。克宋棗陽、光化等軍，光、隨、郢、復等州，及襄陽、德安府，凡得名士數十人。

按姚燧撰姚樞神道碑，棗陽逃死之徒皆匿嚴實營，則其後必隨嚴實至東平。其後東平幕府最負時譽，及世祖朝乃聯翩登朝，其中或有棗陽之孑遺歟？而德安之破，又得江漢先生趙復以歸燕都，其後樹理學之幟，許衡、劉因之徒接踵而起，於是程朱之學始傳北土，而獨尊者七百年，然則乙未詔求三教人之關涉於近古學術思想者可云巨矣。同書卷一二四李楨傳：

十年，從大將察罕下淮甸。……楨奏尋訪天下儒士，令所在優贍之。

是則自破汴京之後，儒士之徵求以爲常例矣。

在太宗九年（一二三七）又定優待三教之條例，其議亦發自楚材。在先儒生雖在徵求之例，而不能免賦稅。黑韃事略徐霆疏：

霆在燕京，見差胡丞相來，黷貨更可畏，下至教學行及乞兒行亦（出）銀作差發。

按胡丞相即上述之燕京行省忽篤華。其括户口在六年甲午，此時教學行不免出差發銀，至九年丁酉乃有考課復役之法，或者楚材有見於甲午之苛暴耶。楚材神道碑云：

丁酉汰三教，僧道試經通者給牒受戒，許居寺觀，儒人中選者則復其家。公初言僧道中避役者多，合行選試，至是始行之。

元史卷一四六本傳云：

丁酉，楚材奏曰：「制器者必用良工，守成者必用儒臣。儒臣之事業，非積數十年，殆未易成也。」帝曰：「果爾，可官其人。」楚材曰：「請校試之。」乃命宣德州宣課使劉中隨郡考試，以經義、辭賦、論分爲三科，儒人被俘爲奴者，亦令就試，其主匿弗遣者死。得士凡四千三十人，免爲奴者四之一。

楚材傳不舉僧道，其實在當時三教並言，在楚材之意，在於優儒生，汰僧道，以蒙元君主觀之，則同爲課試而已。虞集道園學古録卷四二僉燕南河北道肅政廉訪司事趙公神道碑：

金之亡，其民顛沛奔走無底止，四民無所占其籍，徵調一起，柔彊並驅，俊乂無别。太宗皇帝思養其賢才而用之，乃擇知名之士，乘傳行郡縣，試民之秀異者，以爲士籍而别於民，其尤異者復其家，而浮圖、老子之徒亦有定數，然後軍旅、驛傳、工人之役，逢掖不與，得以世脩其業，而二氏之競起亦自此始矣。

亦以丁酉課試，三教相同，故云「二氏之競起亦自此始」也。其實道教之受優待遠在其先，長春真人西遊記附錄載成吉思汗保護道教詔書云：

成吉思皇帝聖旨：道與諸處官員每，邱神仙應有底脩行底院舍等，係逐日念誦經文告天底人每，與皇帝祝壽萬萬歲者所據，大小差發賦税都休教著者。據邱神仙底應係出家門人等隨處院舍，都教免了差發税賦者，其外詐推出家，隱占差發底人每，告到官司治罪斷案。主者奉到如此，不得違錯，須至給付照用者，右付邱神仙門下收執。照使所據神仙應係出家門人，精嚴住持院子底人等，並免差發税賦，准此。

癸未羊兒年三月　御寶　日。

按癸未太祖之十八年也(一二二三)，距丁酉課試三教十四年矣，則爲全真教者正當云儒釋之競起始於丁酉矣。

楚材既以占候、卜筮、醫藥、錢穀之術得蒙元君主之寵任，抑且以是動人主之心，而使儒生以及醫卜之徒脱命於兵火之中，最後並使儒生儕於釋道之列，享有免賦役之特權。然醫卜占驗之術本非儒生所必知，而儒家理財之原則爲損上益下，敦本抑末，以求社會經濟之穩定。楚材選任之十路課税使史稱皆寬厚長者，則必刻薄未甚可知。此種理財政策自不易爲蒙元君主之所瞭解，而以能力言之，則讀孔孟書者易流於迂闊，其精明幹練遠不如商胡以及刀筆之吏。於是西域商胡與刀筆之吏乘機而起，終元一代更勝迭代，争能於蒙元君主之前，此則當於下節述之。今但述楚材與西域人之争執，以具本末。

西域人之殖財能力，久已著稱於世。成吉思汗時其商人即已常來中土而與王室發生關係，當太宗即位之初，漢地、西域分爲兩區徵收賦税。親征録於己丑年太宗即位時稱：

河北先附漢民賦調命兀都撒罕主之，西域賦調命牙魯瓦赤主之。

按祕史續一曰：

太祖再取了回回各城，命人鎮守，有姓忽魯木石名牙剌洼赤的回回父子二人，自兀籠格赤城來見太祖。因其能知城池的緣故，遂命其子馬思忽惕與鎮守官一同管不合兒、薛米思堅、兀籠格赤、兀丹、乞思合兒、兀里羊、古先、答憐等城。又命牙剌洼赤管北平。

則其人在太祖時已得任用。至太宗之十三年又命其主管漢民公事。然使耶律楚材失意者尚非此人而爲奥都剌合蠻。楚材神道碑曰（傳多删節）：

燕京劉忽篤馬者陰結權貴，以銀五十萬兩撲買天下差發。涉獵發丁者以銀二十五萬兩撲買天下係官廊房、地基、水利、豬雞。劉廷玉者以銀五萬兩撲買燕京酒課。又有回鶻以銀一百萬兩撲買天下鹽課。至有撲買天下河泊、橋梁、渡口者。公曰：「此皆姦人欺下罔上，爲害甚大。」咸奏罷之。……初公自庚申年定課税所額，每歲銀一萬定，及河南既下，户口滋息，增至二萬二千定。而回鶻譯史安天合至自汴梁，倒身事公，以求進用，公雖加獎借，終不能滿望，即奔詣鎮海，百計行間，首引回鶻奥都剌合蠻撲買課税，增至四萬四千定……公反復争論，聲色俱厲。上曰：「汝欲鬬搏耶！」公力不能奪，乃太息曰：「撲買之利既興，必有躡跡而篡其後者，民之困窮，將自此始，於是政出多門矣。」

按元史卷二太宗紀於十二年（一二四〇）正月書：「以奥都剌合蠻充提領諸路課税官。」親征録亦於是年正月書：「命暗都剌合蠻主漢民財賦。」蓋至是課税既出於撲買，而次年燕京又別立機構專主漢地，楚材之權乃削。神道碑曰：

奥都剌合蠻方以貨取朝政，執政者亦皆阿附，唯憚公沮其事，則以銀五萬兩賂公，公不受。事有不便於民者輒中止之。時后已稱制，則以御寶空紙付奥都剌合蠻，令從意書填。公奏曰：「天下先帝之天下，典章號令自先帝出，必欲如此，臣不敢奉詔。」尋復有旨，奥都剌合蠻奏准事理，令史若不書填，則斷其手。公曰：「軍國之事先帝悉委老臣，令史何與焉！事若合理，自是遵行，若不合理，死且不避，況斷手乎！」

夫既行撲買之制，則政府自必保護撲買人之利益，此耶律楚材之終不能沮其事也，唯猶得以消極抵制者，必闍赤之任本在文書，楚材運用其職權可以不爲書填耳。此正如宋之中書舍人可以繳回詞頭，唐之給事中可以封駁詔書，然正以此見其爲必闍赤而不得爲昔之中書令也。又元史本傳悉本碑文而忽於楚材諫以御寶空紙付奥都剌合蠻「臣不敢奉詔」句下，增「事遂止」三字，試參下文，則事竟得行，奥都剌合蠻以付令史書填，而楚材禁之，故有斷手之語。唯其已有御寶之空紙，故曰書填，否則不必著「填」字矣。楚材於六皇后攝政之三年（一二四四）卒，晚年鬱悒，可以想見。其以錢穀受知者終亦以此失意，而後人方且步其後塵，繼續與西域人紛爭不已。

三　世祖朝漢文人之進用

耶律楚材以天文占驗、卜筮、醫藥之術進身，繼以錢穀受知，其事已如前述。在蒙古人之心目中，儒者固應有此種技能，可以能享受免賦役之特權。然儒生既不必盡有此技能，而有此技能者更不必爲儒生。元史卷一二五高智耀傳：

憲宗即位（一二五一），智耀入見，言：「儒者所學堯、舜、禹、湯、文、武之道，自古有國家者，用之則治，不用則否，養成其材，將以資其用也。宜蠲免傜役以教育之。」帝問：「儒家何如巫醫？」對曰：「儒以綱常治天下，豈方技所得比。」帝曰：「善，前此未有以是告朕者。」詔復海內儒士傜役，無有所與。

按太宗九年（一二三七）已命儒生中選者復其家，此復云云者，蓋前此有中選與否之別，今更推廣之於國內也。然既無考試以甄別之，不知何以明其人之爲儒與否，殆亦徒垂空文以見意耳。夫憲宗之問正以儒者既非巫醫，復何所憑藉以邀免役之權利，而智耀則以治天下之技能推重儒生，此宜非蒙元君主之所前聞矣。然儒生雖非巫醫，而其進身之階猶不得不以之爲敲門磚，世祖金蓮幕府，人才稱盛，中統之治，廟堂多用儒生，爲史家所艷稱，日本箭内亘氏至以唐太宗之十八學士爲比（見大正六年十一月東洋時報）豈知潛邸舊臣，大抵由巫醫進身，及登位之後又多委以錢穀，豈真能有悟於漢文化之高遠哉！今請列舉幕府人物及中統漢文臣之事跡以明此説。

當世祖開府金蓮，幕府中以漢人而得親信者莫如劉秉忠，其人固一僧也。元史卷一五七劉秉忠傳：

劉秉忠字仲晦，初名侃，因從釋氏，又名子聰，拜官後始更今名。……隱武安山中。久之，天寧虚照禪師遣徒招致爲僧，以其能文辭，使掌書記。後遊雲中，留居南堂寺。世祖在潛邸，海雲禪師被召，過雲中，聞其博學多才藝，邀與俱行。既入見，應對稱旨，屢承顧問。秉忠於書無所不讀，尤邃於易及邵氏經世書，至於天文、地理、律曆、三式六壬遁甲之屬，無不精通，論天下事如指諸掌。世祖大愛之，海雲南還，秉忠遂留藩邸。

又云：（名臣事略卷七引王磐撰神道碑略同）

（至元）十一年（一二七四）……秋八月，秉忠無疾端坐而卒，年五十九，帝聞驚悼，謂羣臣曰：「秉忠事朕三十餘年，小心縝密，不避艱險，言無隱情。其陰陽術數之精，占事知來，若合符契，惟朕知之，他人莫得聞也。」

按秉忠之得侍世祖，由於海雲禪師之攜挈，而其得愛幸則由於陰陽術數也。

秉忠汲引漢文人最多，名臣事略卷七引王磐撰神道碑曰（本傳刪略）：

閒燕之際，每承顧問，輒推薦南州人物可備器使者，宜見錄用，由是弓旌之招，蒲輪所迓，耆儒碩德、奇才異能之士，茅拔茹連，致無虚月。逮今三十年間，揚歷朝省，班布郡縣，贊維新之化，成治安之功者，皆公平昔推薦之餘也。

命掌王府書記，日見信任。

又云：

則其影響於世祖一朝之政治，實非淺鮮。元史卷一五七張文謙傳云：

與太保劉秉忠同學。世祖居潛邸，受邢州分地，秉忠薦文謙可用。歲丁未，召見，應對稱旨，

文謙蚤從劉秉忠，洞究術數。晚交許衡，尤粹於義理之學。

然則文謙之受徵殆亦由術數也。當時秉忠同學，又得數人。元史卷一六四郭守敬傳：（名臣事略引齊撰行狀同）

時劉秉忠、張文謙、張易、王恂同學於州西紫金山。

張易以被誅故，碑傳無徵，史不爲立傳，柯、屠二家亦未爲補立，長孺嘗檢元人文集，輯其事跡爲補傳，今不悉引。考張易在世祖初期恩遇甚隆，中書省初建已爲參知，世祖紀之張啓元，即易也。至元十九年（一二八二）官樞密副使，以「盜殺阿合馬事誅」。用事尊寵二十餘年。其人本亦僧也。牧庵集附錄劉致撰姚燧年譜至元四年（一二六七）條云：

先君日記云：「中統二年奉旨，令右丞相公於平陽、太原行中書省。」……右丞則前書記張公

也，本姓魯……冒張姓，長祝髮爲僧，及遇知世祖皇帝，得所攀附云。

按元史卷四世祖紀中統二年（一二六一）十月庚子書：

以右丞張啓元行中書省於平陽、太原等路。

啓元之即張易據中堂事紀可證，則此右丞張公亦即易也。元史卷一一世祖紀至元十七年（一二八〇）二月乙亥書：

張易言：高和尚有祕術，能役鬼神爲兵，遥制敵人。命和禮霍孫將兵與高和尚同赴北邊。

據此則易之進用及尊寵用事之故，由於巫術陰陽也。

秉忠之同學，又有王恂。恂父良金精究天文算數，恂傳其家學。名臣事略卷九引墓誌稱：「公早以算術妙天下。」元史卷一六四本傳又稱其從秉忠學，則在師友間者。恂之天文曆數爲當時所稱，因爲蒙元君主所注意。有如旭烈兀命天文家納速剌丁以巨款建天文臺。多桑書（馮譯本）第四卷第五章九一頁云：

納速剌丁開具建築天文臺之經費單，呈於旭烈兀。旭烈兀嫌其費巨，乃詢天文臺有何功用，而所費如此之多。納速剌丁請其命人持一銅盤擊之山上，士卒聞聲皆倉卒出帳觀之。旭烈兀與納速剌丁知此聲之所自來，則不爲動。納速剌丁曰：「星宿運行認識之功用在此，蓋其預示事變，知之者可能預防，不知者則驚愕也。」

按以天文預示吉凶固爲古人之所共信，不得謂蒙古人所獨然。然中土儒家以天道遠，人道邇之説解之，故不若起自偏隅之族信之篤耳。蒙元君主以迷信之故而引用天文家，然元代曆學昌明，遠過前代，斯亦不爲無功於實學也。至元授時曆乃王恂與郭守敬主之。元史卷一六四王恂傳云：

帝以國朝承用金大明曆，歲久浸疏，欲釐正之，知恂精於算術，遂以命之。恂薦許衡能明曆之理，詔驛召赴闕，命領改曆事，官屬悉聽恂辟置。恂與衡及楊恭懿、郭守敬等，遍考曆書四十餘家，晝夜測驗，創立新法，參以古制，推算極爲精密。

郭守敬亦劉秉忠之徒也。守敬之進用，其一爲水利，其二爲曆數，其三爲工技。張文謙之薦守敬即以通知水利及巧思絕人。名臣事略卷九引行狀曰：

公以純德實學爲世師法，然其不可及者有三，一曰水利之學，二曰曆數之學，三曰儀象制度之學。

關於守敬之曆法算數，人所共知。又其制作儀器，皆見於行狀，今不贅述，但略引二事，已見其巧。行狀曰：

公於世祖朝進七寶鐙漏，今大殿每朝會張設之，其中鍾鼓皆應時自鳴。又嘗進木牛流馬，雖不盡得諸葛舊制，亦自機妙。

守敬製渾天儀本已利用齒輪，其七寶鐙漏之能應時自鳴以及木牛流馬殆亦由此法。守敬之製作是否受西域之影響，或出自胸臆，固不可知，然據魯不魯克所述（見洛克希爾英譯本）則蒙哥汗座旁有巴黎金匠所製之酒器也。要之守敬進用由於天算之術與精巧之奇器，而其施之水利者，爲功猶大。成宗且歎爲神人焉。

參加修曆者除張文謙、張易之外，又有楊恭懿及許衡。牧庵集卷一八領太史院事楊公神道碑：

明年（至元十二年）正月元日之翼日，上御香殿，以大師南伐，使久不至，方念之深，欲筮之。時以日者待詔公車，百十爲輩，獨以命公，蓋以其道德素著，可交神明者，其言頗祕。

（元史一六四本傳多删節）

則恭懿之進用由於卜筮也。以上自王恂以下三人皆官位不至，蓋恂等非出幕府，登朝較遲，已在王文統被誅，漢人勢力日衰之際，故不能參大政也。其爲潛邸舊臣而未及用者有李俊民，元史卷一五八本傳云：

俊民在河南時，隱士荆先生者授以邵雍皇極數，時之知數者，無出劉秉忠之右，亦自以爲弗及也。世祖在潛藩，以安車召之，延訪無虚日。遽乞還山，世祖重違其意，遣中貴人護送之。又嘗令張仲一（按即張易）問以禎祥。及即位，其言皆驗，而俊民已死，賜謚莊静先生。

名臣事略卷八引竇默墓誌：

上嘗謂侍臣曰：「朕訪求賢士幾三十年，唯得李狀元、竇漢卿二人。」

則俊民被徵以通數學故，使其不死，必將大用矣。

其時以道學著者爲許衡。然魯齋之學極爲廣泛。名臣事略卷八引耶律有尚考歲略曰：

父母知世將亂，因欲稍知占候之術，以爲避難計，遂令與日者遊。

又云：

（竇默）最知敬先生，每相遇則危坐終日，出入經傳，泛濫釋老；下至醫藥、卜筮、諸子百家、兵、刑、貨殖、水利、算數之類，靡不研究。

按元史卷一五八易此語爲「經傳、子史、禮樂、名物、星曆、兵刑、食貨、水利之類，無所不講」。又不著其曾學占候之術，蓋世方以道學尊魯齋，病其不爲純儒，故諱之也。其實孔子多能鄙事，朱子曾研道經，於魯齋何尤。魯齋之得名固在道學，尤以道學而爲顯宦，爲國子學師，此方將爲劉靜脩所鄙，不必再論純駁也。考至元十三年（一二七六）之徵召即由於議曆。元史本傳云：

十三年，詔王恂定新曆。恂以爲曆家知曆數而不知曆理，宜得衡領之。乃以集賢大學士兼國子祭酒，教領太史院事，召至京。

名臣事略卷八引國學事跡曰：

先生欲以蒙古生習學算術，遂自唐堯戊辰距至元壬申，凡三千六百五年，編其世代歷年爲一書，令諸生誦其年數而加減之。

則魯齋於曆學雖不必如郭守敬、王恂輩之專精，亦當習之有素。又元文類卷三七載魯齋與楊元甫論梁寬甫病證書，其言於醫術亦有根柢，其學本事博涉耳。

自劉秉忠以訖許衡雖名位不同，而其進用則皆由於天文占候術數，此耶律楚材之一體也。同時以醫術進者亦有其人。蒙元君主之徵求人才，醫爲其中之一，已見上文，太宗朝且欲以醫爲相。牧庵集卷三鄭龍岡先生挽詩序：

公大節有三：一曰廉。太宗賜銀五萬兩，辭，今上賜鈔二千緡償責，辭。二曰讓。太宗再富以地，比諸侯王封，再辭，貴以上相，位兩中書右，又辭。（按此自指太宗時，云兩中書則鎮海、重山、楚材三人中必遺其一，此與重山傳之不數鎮海參觀，可知時人以鎮海理西域文書，不以爲中書也。）三曰仁。金以蹙國，汴都尚城守，太宗怒其後服，拔，將甘心，公拂逆曲折陳解，城賴不屠，所全無慮數十萬人。世之知公淺者，惟曰尚醫。夫善鍼艾藥石者孰與和、扁、意、陀，稽之書傳，所起死惟各數人。使四子者存，盡鍼艾藥石一世之技，能起數十萬人之死於膏血横流之下乎？嗚呼！四子之所能者，公或能不能，公之所能，不惟四子之必不能，雖一時四海勳戚將相，結主知未固者，皆不能也。

按汴京之免於屠戮，人皆知由於耶律楚材之一言，詎知幕後尚有一尚醫鄭龍岡乎？其人於史籍無徵，以蒙元之優待醫人，待以相位非不可能。至世祖時而竇默以醫得幸。元史卷一五八竇默傳：

醫者王翁妻以女，使業醫。轉客蔡州，遇名醫李浩，授以銅人針法。……繼還肥鄉，以經術教授，由是知名。世祖在潛邸，遣召之。

按元史本傳悉本李謙撰墓誌銘。名臣事略卷八引作：

河南既下，中書楊君奉朝命招集釋、道、儒士，公應募北歸，至大名。尋返鄉里，以經術教授邑人，病者來謁，無貧富貴賤，視之如一，鍼石所加，應手良已。久之，道譽益著。

所云以「經術教授」，語與本傳同，顧下文乃述病者來謁，與經術無與。考名臣事略引卷八耶律有尚考歲略乃云：

亂後，先生（許衡）隱居於魏，時竇默子聲以鍼術得名，累被朝廷徵訪，亦隱於魏。

「鍼術」二字聚珍本作「經術」，畿輔本從聚珍，元統本作「鍼術」是也。乃知墓誌本亦作以「鍼術教授邑人」，故接以病者來謁云云。後人不欲默以醫受徵辟，妄改爲經術。或即修元史時改，後人又據元史以改名臣事略耳。今幸考歲略爲述許衡事連及，猶存其真，然聚珍本亦已從改本。此一字之誤，有關於漢文人之出處者既巨，而中統之初蒙元君主已知尊經術亦爲不可解矣。

竇默既以醫術著，故醫書頗有著默名者。錢遵王讀書敏求記著録竇太師銅人鍼經密語一卷。又四庫醫家類存目著録瘡瘍經驗全書。題跋云：「舊本題宋竇漢卿撰。卷首署燕山竇漢卿，而申時行序乃稱漢卿合肥人，以瘍醫行於宋慶曆、祥符間，曾治太子疾癒，封爲太師。所著有竇太師全書，其裔孫夢麟亦工是術，因增訂付梓云云。考宋史藝文志不載此書，僅有竇太師子午流注一卷，亦不詳竇爲何名，疑其説出於附會。且其中治驗皆夢麟所自述，或即夢麟私撰，託之乃祖也。國朝康熙丁酉（一七一七）歙人洪瞻巖重刊，乃云得宋刻祕本校之，殆亦虚詞。」長孺按默初字漢卿，見於元史本傳，此書不知果爲默撰與否，然署云燕山竇漢卿而不云合肥，知是舊本如是。殆夢麟得其書，適又姓竇，而不知漢卿爲何許人，遂妄認爲祖，又益以己之治驗而爲之刊佈。四庫提要題跋疑夢麟僞造，殆不然也。申時行序蓋亦僞託，宋時安得以太師酬醫，時行不至陋妄若此也。其宋史著録之子午流注與錢氏著録之銅人鍼經，殆與此書同爲竇太師全書之一種，元修宋史已不知其爲默矣。此種著作雖不敢遽認爲默書，然默曾搜輯醫方則是事實。秋澗先生大全集卷六〇左右司員外郎韓公神道碑云：

晚節專以方書濟人爲事，聞一祕方奇訣，求訪百至，易千金不吝。歲久得益多，如煙霞醫林等集，悉鋟梓流佈，……當時少傅竇公亦以醫方談客（疑有誤）多獵神農經所載爲用。公則博採經驗，所謂海上方者，録之無遺；二公雖趣向不同，於博施則一也，故竇、韓之名並傳於世。

按竇默既廣徵醫方，其如韓仁之鋟梓流佈，或又有假其名者殆不足怪。默既以醫進，既貴而猶不厭，可謂不忘本矣。

竇默之外，更有以醫進者。王惲中堂事紀載中統二年（一二六一）：

以太醫院官焦仲益、李子敬爲右三部侍郎。

仲益、子敬事跡不詳，然其爲右三部侍郎則以醫官而委之錢穀矣。

當時秉忠之所汲引者，天文卜筮之才而外，又有以錢穀進者，其最著者爲王文統。元史卷一二六廉希憲傳云：（名臣事略引高克恭撰家傳同）

希憲曰：「昔攻鄂時，賈似道作木柵環城，一夕而成。陛下顧扈從諸臣曰：『吾安得如似道者用之。』劉秉忠、張易進曰：『山東王文統，才智士也，今爲李璮幕僚。』詔問臣，臣對亦聞之，未嘗識其人也。」

則文統進用由於秉忠及張易也。元史卷二〇六王文統傳曰：

世祖在潛藩，訪問才智之士，素聞其名。及即位，厲精求治，有以文統爲薦者，亟召用之，乃立中書省，以總内外百司之政，首擢文統爲平章政事，委以更張庶務，……文統雖以反誅，而元之立國，其規模法度，世謂出於文統之功爲多云。

關於文統之功罪，無討論之必要，但其以反誅，恐未必然，殆爲忌者所陷耳。秉忠稱其才智，固非妄譽。中堂事紀稱其「敷對明敏，慮無遺策」。又稱其罷鐵冶歸民一事，計算之周密，真綜練之才也。考其得世祖之信任仍在於錢穀。中堂事紀云：

（五月）廿五日……僕散禧起燕京帑藏至上都。辰刻，上觀於内藏，喜甚曰：「自祖宗以來，未有如是之多也。」……是日諸相授麻制於都堂。

文統當日唯以收入數廣，壓伏西域人。故燕京之帑藏一至，世祖喜動顔色，即日命相宣麻，其事與楚材當日之動太宗者如出一轍，然則蒙元君主之用漢人，其故可長思矣。

其他以錢穀爲秉忠汲引者：元史卷一六三李德輝傳：

年十六，監酒豐州，……世祖在潛藩，用劉秉忠薦，使侍裕宗講讀，乃與竇默等皆就辟。……世祖潛藩，擇廷臣能理財賦者俾調軍食，立從宜府，以德輝與孛得乃爲使。……中統元年，爲燕京宣撫使。

同書同卷馬亨傳：

金季，習爲吏。庚寅，太宗始建十路徵收課税使，河北東、西路使王晉辟亨爲掾，以才幹稱。……庚戌，太保劉秉忠薦亨於世祖。召見潛邸，甚器之。既而籍諸路户口，以亨副八春、忙哥撫諭西京、太原、平陽及陝西五路。……世祖征雲南，留亨爲京兆榷課所長官。……凡五年，民安而課裕。……中統元年，世祖即位，陝西、四川立宣撫司，詔亨議陝西宣撫司事。

同書同卷程思廉傳：

思廉用太保劉秉忠薦，給事裕宗潛邸，……時方規取襄樊，使任轉餉。

又同書卷一五七劉秉忠傳稱秉忠曾薦劉肅，卷一六〇劉肅傳不載。傳云：

壬子，世祖居潛邸，以肅爲邢州安撫使，肅興鐵冶，及行楮幣，公私賴焉。中統元年，擢真定宣撫使。

其非秉忠所薦而以錢穀用者猶多，凡元史卷一六三所傳諸人皆是也，今不悉舉。

蒙元前期漢文人雖大抵以錢穀方技進，而其末流終不能不與之異趣，故中統、至元之間亦有以文辭爲翰林官者，凡元史卷一六〇王磐、王鶚諸人皆是。蓋爾時規模已具，中書省不復爲必闍赤，體制既隆，則文書之任宜别有所主也。儒生以文辭進身爲昔時常態，可以無述，但終元一代以文彩風流雅步取宰相者實罕其人耳。

至元之後所謂儒生與錢穀之吏，陰陽術數、醫藥之流漸以分化。虞集道園學古録卷一三兩浙運使智公神道碑：

世祖皇帝之初，進二三大儒於左右，與之論議，以混一宇内，豪傑之士以軍事立功。天下且定，立官府，別郡縣，治租賦，有調度繕作禁令之事，士始以文法趣具，善承迎辦治爲務，而公卿大夫之選，悉自此矣。末流之弊，更爲之名以自別於士，識者閔焉。夫孰知有用之材，常趨所急以致用，故其所樹立，有足表見於時，若智公者固何可誣也哉！

又同書卷一五嶺北等處行中書省左右司郎中蘇公墓碑：

我國家初以干戈平定海内，所尚武力有功之臣。然錢穀、轉輸、期會、工作、計最、刑賞、閥閱、道里、名物，非刀筆簡牘無以紀載施行，而吏始見用，固未遑以他道進仕，公卿將相畢出此二者而已。事定，軍將有定秩，而爲政者吏始專之，於是天下明敏有材智操略志在用世之士，不由是無以入官，非欲以是名家，趨急用也。

按虞道園所云公卿將相畢出於文法刀筆，是至元之前儒之與吏未分時事。末流之弊，更爲之名，以自別於士，是至元後儒與吏分時事。然既非此無以入官，則士仍必以吏自效也。蓋自金源以來，儒之與吏因緣已深，蒙元前期又以吏才責儒，故最高級之胥吏在「儒」「吏」已分之後仍取之於儒。據元史卷八二選舉志至元以後部吏之選，蓋有二途：其一由儒學内選；其二由自按察司書吏内選，然後貢之朝廷。至元二十二年（一二八五）之前，上路總管府凡三年一貢，「儒」「吏」各一人，下路二年貢一人。自二十三年起改爲各道按察司每歲於書吏内以次貢二名。儒人一名，必諳吏事，吏人一名，必知經史者，遇各部令史有闕，以次勾補。十九年擬貢吏條例，尚不云「隨路司吏及歲貢儒人先補按察書吏，然後貢之於部」，僅由按察司本路總管府於儒學學生中選取而已。元代科舉罕舉行，而貢吏之法則每歲有之，雖名額不多，而自爲漢文人出身之大道。且立法考試，儼然取科舉而代之。自是學校之中亦歧爲二，其學生之出身或以吏進，或以教官用，此即道園所歎更爲之名以自别於士矣。

其天文、占候、卜筮、醫藥之術始雖爲儒生進身之階梯，最後亦獨立而自設其學校，自祀其所祖。元史卷八一選舉志曰：

世祖中統二年(一二六一)夏五月，太醫院使王猷言：「醫學久廢，後進無所師授。竊恐朝廷一時取人，學非其傳，爲害甚大。」乃遣副使王安仁授以金牌，往諸路設立醫學。其生員擬免本身檢醫差占等役，俟其學有所成，每月試以疑難，視其所對優劣，量加勸懲。

其設置與儒學同一年，其規模制度及免差占等役皆與儒學同。據世祖紀自中統二年以迄至元二十六年(一二六一——一二八九)，其間屢次遣使訪求儒、釋、道、醫、陰陽人等，在蒙古人心目中其爲技術人員，三教之與醫卜無以異也。

以蒙元君主之提倡，醫之地位亦驟高。於是醫家乃倣儒學之例，别立所祖以宗祀之。元史卷七六祭祀志郡縣三皇廟條：

元貞元年(一二九五)初命郡縣通祀三皇，如宣聖釋奠禮。太皞伏羲氏以句芒氏之神配，炎帝神農氏以祝融氏之神配，軒轅黄帝氏以風后氏、力牧氏之神配。黄帝臣俞跗以下十人，姓名載於醫書者，從祀兩廡。有司歲春秋二季行事，而以醫師主之。

考三皇廟之普遍設立，乃在元貞時，然其先固已有之。秋澗先生大全集卷五九大元國衛輝路創建三皇廟碑銘稱：

衞之廟祀三皇，權輿於國初。醫家者流因城隍祠右，故壇屋而像之。

此所云國初者度當在世祖之前，元好問遺山集卷三二三皇堂記：

太原醫師趙國器謂吾業當有所本也。即其家起大屋，立三聖人像事之，以歷代名醫岐伯而下凡十人，侑其坐。棟宇既備，像設既嚴，介於太谷李進之，請余爲記，……國器名天用，今爲惠民局直長。……己酉初吉新興元某記。

按己酉，定宗海迷失后元年（一二四九）也。據遺山之說，則是時之三皇廟僅爲私人所設立，而未列入朝廷之祀典，則衞州立廟疑亦當在憲世兩朝時矣。元貞之初，三皇之祀比於孔子，而與醫學亦合而爲一。道園學古錄卷三六吉安路三皇廟田記云：

今天下自國都至於郡縣，得通祀者惟社稷之神與學之先聖先師，而醫學有伏羲、神農、黄帝之祠，居其一焉。

則三皇廟之地位由私人之供養，一轉而爲醫業之專祀，再變而爲朝廷之大祭。及元之末葉，宗祀尤隆，京師春秋之祭，比於國子學文廟釋奠之禮，由中書省臣代行（見祭祀志），一切儀式皆倣其制焉。

儒學、醫學之外又有陰陽學。元史卷八一選舉志曰：

世祖至元二十八年（一二九一）夏六月，始置諸路陰陽學，其在腹裏、江南，若有通曉陰陽之人，各路官司詳加取勘，依儒學、醫學之例，每路設教授以訓誨之。其有術數精通者，每歲錄呈省府，赴都試驗，果有異能，則於司天臺內，許令近侍。延祐初，令陰陽人依儒、醫例，於路、府、州設教授一員，凡陰陽人皆管轄之，而上屬於太史焉。

觀延祐之再設教授，則世祖之後，陰陽學殆曾中廢也。陰陽學固不能與儒、醫二學相比，至其受蒙古人之重視，爲立專門之學以傳授生徒，則與儒、醫鼎足而爲三矣。

醫、陰陽之立學足徵，與儒生始雖暫合而終以分化，獨錢穀之吏，雖已自別於士而猶開此一途，以待所謂有志功名之士，其制始於金源而終於元亡。可謂源遠而流長。至其取士之法與元代文化之發展，如天文、醫學之進步至有關係，則非兹篇所能詳，僅識其端於此。

四　漢人與西域人之衝突

自耶律楚材之死，定、憲兩朝漢文人之地位遂爲西域人所壓倒。當時在燕京之「尚書省」雖仍以劉敏爲長官，而牙老瓦赤與奧都剌合蠻迭主其事。中西記載於此頗有乖忤。元史卷一五三劉敏傳云：

丙午（一二四六），定宗即位，詔敏與奧都剌同行省事。辛亥夏六月，憲宗即位，召赴行在所，仍命與牙魯瓦赤同政。

多桑書（馮譯本）第二卷第四章二三九頁於一二四七年八月後書：

（定宗）殺奧都剌合蠻，仍以馬合木、牙剌洼赤綜理中原財賦。

元史譯文證補卷二定宗憲宗紀補異同，洪氏注：「可補元史之闕。」

按元史卷二定宗紀無殺奥都剌合蠻事，若以劉敏傳考之則不獨不殺，且命與敏同行省事。又據元史卷三憲宗紀元年辛亥(一二五一)，世祖紀未即位時，多桑書第二卷第五章並言憲宗即位時命牙老瓦赤總治漢地，使於定宗時已被命總理財賦，則又何必再受新命。似定宗殺奥都剌合蠻而易以牙老瓦赤之説不可信。然元史卷一五九趙璧傳云：

> 憲宗即位，……一日，斷事官牙老瓦赤持其印請於帝曰：「此先朝賜臣印也，今陛下登極，將仍用此舊印，抑易以新者邪？」時璧侍旁，質之曰：「用汝與否，取自聖裁，汝乃敢以印爲請邪！」奪其印，置帝前。帝爲默然久之。既而曰：「朕亦不能爲此也。」自是牙老瓦赤不復用。

審此則牙老瓦赤之所稱先朝自指定宗，其印爲先朝所授，則是定宗所命而爲憲宗所罷矣。其説又與諸書不合。竊疑奥都剌合蠻之被殺誠有其事，但不必在丙午即位時，其後即以牙老瓦赤繼任。至憲宗即位時别頒新命者，牧庵集卷一七潁州萬户邸公神道碑稱蒙元之制，新君即位，藩鎮例交進所賜符節也。然大抵以例還其故所佩，而趙璧遽奪其印，故憲宗云「朕亦不能爲」耳。牙老瓦赤雖非萬户千户之比，而交還舊印，或符節之制通乎中外，非必限於藩鎮也。至趙璧傳云不復用則甚誤。憲宗一朝，漢人殆已屏斥於政局之外，而中書之稱亦已消滅，及世祖即位，乃真有中書省之建立。唯以前之「中書省」在於和林，其在燕京之札魯火赤則號爲行尚書省。世祖即位之初，和林爲阿里不哥所據，故其中書省乃設於開平及燕京。其時燕京行尚書省乃併入中書。

考元史卷四世祖紀於中統元年(一二六〇)四月戊戌書：「立中書省，以王文統爲平章政事，張文謙爲左丞。」而王惲中堂事紀則曰：「庚申年春三月十七日世祖皇帝即位於開平府，建號爲中統元年，秋七月十三日立行尚書省於燕京。」不云四月立省事。本紀於是年七月又書：「以燕京路宣慰使禡禡行中書省事。燕京路宣慰使趙璧平章政事，張啓元參知政事。」似爾時已分中、行二省者。乃中堂事紀所載行中書省官四員。丞相禡禡，平章政事王文統，平章政事趙璧，參知政事張易，而無張文謙。及北上開平，始於二年三月十六日見右丞廉希憲。四月六日見左丞張文謙，是時文謙似尚在開平。當是紀所載四月所授之中省官矣。然張易亦在開平而列之行省官何耶？至王文統則紀明言其爲中省官矣，然其人確在燕京與禡禡同時北上者也（見中堂事紀及本紀）。殆爾時實無中、行兩省之分，及中統二年五月二十八日中堂事紀稱「奉詔定擬中、行兩省去留人員」，始有分別也。本紀書諸執政除拜年月與事紀多不合。王惲此時親爲省掾，事紀本於當時之直省日錄，必無大誤，唯紀載元年五月丙戌建元中統詔云：「故內立都省，以總弘綱，外設總司，以平庶政。」總司當指宣撫司，非謂行省，但建省必在五月以前，紀云四月戊戌者是也。蓋四月立省未分中、行，而爲省官者亦止於文統及文謙二人，五月乙未置十道宣撫使，文謙出任大名彰德路使節。至七月，世祖將親征阿里不哥，乃移中書省於燕京而王文統赴燕，號爲行省。元文類卷四〇經世大典治典制官各行省條曰：「國初分任軍民之事，或稱行省，無定制。既立都省，車駕行幸，都省官從，而留都者亦謂之行省。」考中統元年世祖親征，文統既不從行而此時又別無他省官扈從，則自無都省之名。及文統赴燕，禡禡等並爲省官，號爲行省，其實別無中省也。簡言之，四月之立中書省，但有在開平之中省而無在燕京之行省，七月之建行省則又但有在燕京之行省而無在開平之中省耳。

當建省之始，禡禡猶居首相。中堂事紀云：

丞相禡禡資嚴厲，凜然不可犯。初與趙用行六部於燕，至是就用爲行省長官。

按禡禡疑即牙老瓦赤，禡禡者馬合木之别譯也。所謂行六部於燕疑即行尚書省事，亦即燕京之斷事官或札魯火赤也。中堂事紀稱月合乃爲前行部尚書，而馬祖常撰神道碑（石田集卷一三）稱爲贊斷事官事，則行六部即斷事官矣。趙用當是人名，或是趙君之訛則趙璧也。世祖紀於此二人並稱爲燕京宣慰使，而王惲稱爲行六部，可見官號之無定譯。禡禡是否即牙老瓦赤尚待他證，然其人之爲回教徒自無可疑。中統二年禡禡罷（見元史卷一一二宰相年表而紀不載），似亦由於與王文統之衝突。中堂事紀稱：

（中統二年四月）二十七日戊午上命平章王文統與前省官庭辯中元民賦虛實比上年多寡之數，若人爲語塞。

廿八日己未，暑氣甚隆，有旨昨者比附前政甚優，終未服其心也，奏准差宣使僕散禧悉起燕京所有金帛等物。

五月甲午壬戌朔，黎明，達官巨僚畢集中省，遂檢前省民賦，以上年比中元數多，而所入者鮮，以中元比上年（中元即中統建元）户同，而所入者廣。論辯者久之，前省官屈服，始無異議焉。諸相僉曰：「先後之事明矣。」遂具以聞。夜漏下八刻，廉右丞、賈郎中傳旨曰：「若輩無狀，凡所以欺蔽不應等事悉索焉以聞。」

明日癸亥，天威雷震，前省官始知懼待罪矣，中外聞者有萬口一詞之快。（此下三日皆書詰問前省官事）

十日辛未，……有旨遣上都同知阿合馬計點燕京萬億庫諸色物貨。

十三日甲戌，究問前省官，一切事理，皆有定論，令左右司官具奏目，然後詳聽……向夕，内省官忽魯不花傳旨，令前省官及諸路在都管民等官，詰旦集闕下以聽聖訓。

廿五日……僕散禧起燕京帑藏至上都。辰刻，上觀於内藏，喜甚，曰：「自祖宗以來，未有如是之多也。」……是日諸相授麻制於都堂。

文中言前省官不出姓名。考禡禡於二年三月與文統等同詣開平，此後絶不復見，宰相年表云二年罷，是所謂前省官者禡禡亦其一也。中統三年文統誅，紀於是年三月又見平章政事禡禡行省陝西之文，其故可知。據中堂事紀所述，知文統之所以能壓倒自定、憲以來專主漢地財賦之西域人者，由於能多得錢耳。

文統以中統二年五月二十八日受命行中書省於燕，六月十二日啓行，此後事紀所述政事不過除授之制誥，可知行政之權專委行省，中省但負承轉之責，但尚有駁正之權耳。唯爾時兩省意見甚洽，與前此之立於對立地位者不同。事紀云：

（七月）廿日庚辰，行省諮者數事。都堂議有可否。史公曰：「雖分兩省，其實一也。若非關利害者不宜妄有阻駁，使王事成就可也。今後凡行省所諮須三日内咨報。」自是上下云爲如流水之源矣。

茲以中統二年之宰執列表如下。

右丞相　不花

元史無傳。中堂事紀二年五月十九日拜。云：「不花時三十三歲，憲宗朝怯薛丹長，領斷事官。其祖太祖神元皇帝朝功臣，父也孫秃花，憲宗朝萬夫長。」按爲怯薛長者必爲四傑之子孫，而徵之史籍不見所出。頗疑也孫秃花即博爾忽之子脱歡，則不花或是失烈門之弟，俟考。

同上　史天澤　不花同日拜。

左丞相　忽魯不花　不花同日拜。

元史無傳。中堂事紀云：「時年三十一歲，父不令吉歹官人。」又稱之爲内省官，則亦本怯薛也。考祕史卷九置怯薛宿衛官中有秃格子不吉歹。續集卷二太宗置怯薛宿衛官時作不乞歹，疑即忽魯不花父矣。

同上　耶律鑄　紀載二年六月拜。

平章政事塔察兒　不花同月拜。

元史無傳。事紀曰：「時年廿八歲，其父憲宗朝世臣千夫長。」

同上　廉希憲　不花同日拜，旋出行省關中。

　王文統　紀載元年四月拜。

　趙璧　紀載元年七月拜。

　賽典赤　紀載二年八月拜。事紀七月十七日拜。

左丞　張文謙　紀載元年四月與王文統同日拜。

　闊闊　紀載二年八月拜。事紀七月廿二日拜。

右丞　張易　紀載元年七月拜參知，二年六月拜右丞。

　粘合南合　紀載元年八月拜左丞，左當作右。宰相表作三年誤。

參知政事商挺　不花同日拜。按商挺實行省秦蜀不居中。

　楊果　不花同日拜。

按此表合中行省官，然燕京之行省地位與他行省不同，若商挺、廉希憲之行省關中、秦、蜀與王文統之在燕者輕重懸殊也。是時不花雖曰首相，實不任事。中堂事紀稱史天澤與忽魯不花五日一輪值秉筆而不花不與焉。天澤之地位蓋漢文臣藉其勳伐家世以取重，故世祖欲相王文統而楊果等推天澤。中堂事紀云：

上召前濟南宣撫宋子貞、真定宣撫劉肅、河東宣撫張德輝、北京宣撫楊果於內殿，以擢用輔弼爲問。楊果等前奏曰：「王文統才略規模，朝士罕見其比，然以驟加登庸，物論不無新舊之間。如史天澤累朝舊臣，勳碩昭著，若使宅百揆，大厭人望。令文統輩經畫其間則省事成矣。」上曰：

「置史某相位，念之久矣，卿等所言，允協朕意。」

事紀又稱天澤自言：「天澤武臣，何克負荷，但物務未安者，老夫通譯其間，爲諸君條達耳。」其所自任者僅爲通譯，故其相業亦止於調停彌縫之間。實際任事者乃王文統也。

考是時宰執漢人居其九，西域僅二人，而廉希憲漢化甚深，且不久外任，則只賽典赤一人而已。蒙古四人，其位雖高而不花不任事，闊闊爲王鶚弟子（見元史卷一三四本傳），亦染漢化，非一般蒙古人比。可則中統二年之中書省，漢人之影響可以想見。王文統之所以能取信於人主者，以賦稅之收入加增，足以折伏彼西域商胡也，於是耶律楚材之後，漢人第二次以錢穀之才伸眉於蒙元君主之前。文統以三年三月因通李璮謀叛事發誅，繼之而起者乃爲西域人阿合馬。元史卷二〇五本傳稱爲回紇人實誤。多桑書（馮譯本）第三卷第三章三二三至三二四頁引史集：

忽必烈即位之初，命不花剌人穆斯林賽典赤綜理全國財賦，一二七〇年賽典赤死，人皆服其廉潔。以細渾河畔費納客忒城人阿合馬代之。先時弘吉剌之一部長阿勒赤那顏女察必可敦尚未入宫爲忽必烈正后時，阿合馬識可敦於可敦父所。可敦正位後，命之隨侍皇后宫廷。阿合馬多智巧言，以功利成效自負，可汗試以行事，頗有成績，由是奇其才，專委任之，所言無不從。賽典赤死，遂命其綜理財賦。

按元史卷一二五有賽典赤傳，其死在至元十六年（一二七九）。一二七〇年即至元七年，與元史不合。至於阿合馬則在中統二年已任上都留守同知。（此似爲追稱，其時開平未升上都）中堂事紀二年五月十日云：「遣上都同知阿合馬計點燕京萬億庫諸色物貨。」十二日又稱：「上都留守同知阿合馬兼太倉使，請立和糴。」而元史卷二〇五阿合馬傳云：「世祖中統三年，始命領中書左右部，兼諸路都轉運使，專以財賦之任委之。……世祖陞開平府爲上都，又以阿合馬同知開平府事，領左右部如故。」以阿合馬之同知上都在四年，當據中堂事紀正之。

王文統當國時，賽典赤與阿合馬均在文統領導之下。其時漢人除竇默外多與文統相得。薦之者爲劉秉忠、張易已如上述，而牧庵集卷一五中書左丞姚文獻公神道碑稱：「文統之相，參知政事商公挺實譽之。」又名臣事略卷八引許魯齋考歲略云：「『三年……面奉德音：『竇漢卿獨言王以道，當時汝何爲不言，豈孔子教法使汝若是耶！』」則劉、張、商諸人固與文統相厚，即許衡、姚樞、張文謙輩，或言爲文統所忌，恐未必然，故世祖謂：「曩言王文統不可用者，惟竇漢卿一人，向使更有一二人言之，朕寧不之思邪！」（見元史卷一五八竇默傳。）可證在文統敗後儘多諱飾之詞，不足據也。

及文統之誅，西域人乃緣其間隙，以排漢人。牧庵集卷一五姚樞神道碑：

三年，文統伏誅，西域之人爲所壓抑者，伏闕羣言，回回雖時盜國錢物，未若秀才敢爲反逆。帝曰：「在昔潛藩商訂天下人物亦及文統。姚公茂言此人學術不純，以遊説干諸侯，他日必反。去年竇漢卿上書累數千言，亦發其必爲亂首，秀才豈盡皆斯人。」

按姚燧爲其親者諱，故云文統進用之先，姚樞已言其心術不正，若以竇默傳及耶律有尚之許魯齋考歲略證之，則當時惡文統者止一默耳。唯文統當國之日排抑西域人以及文統誅後，西域人以積怨之深與族類之感覺起而攻擊漢人，得本文而更曉然於當時之政局矣。阿合馬自中統三年執政，直至至元十九年被殺，用事二十餘年（一二六二——一二八二），世祖委任不貳，其間漢人之被疏，自可想見。二十年間漢人竭力與之反抗，前期擁一史天澤，後期擁一安童，然尚不足以搖動其地位。

漢人與西域人在蒙元朝廷上之對立形勢遠自太宗時，已如前述。世祖未即位時，幕府中人頗斥西域人。名臣事略引李冶王庭問對：

又問：「回鶻人可用否？」對曰：「漢人中有君子小人，回鶻人亦有君子小人；但其人貪財嗜利，廉謹者少，在國家擇而用之耳。」

按所謂「回鶻」，實指所謂「回回」，非唐以來之回鶻。觀李冶之意顯祖漢人，則非獨自文統當國而始有衝突也。

蒙元前期既襲金源季世之制，誤認行六部尚書爲尚書省之全體，於是在燕京之斷事官遂假行尚書省之名以治財（此言其最主要者）。此後則尚書治財幾爲一代規制。當中統建省之始，中書所統止有左三部與右三部，雖仍分六部而問其所治者不過財賦而已。故領六部即成爲財政機構，唯此時已上屬中書，非若其先之「兩省」並立。故阿合馬首謀擺脱此種束縛。元史卷一五七張文謙傳：（元文類卷五六中書左丞張公碑略同）

（中統）三年（一二六三），阿合馬領左右部，總司財用，欲專奏請，不關白中書，詔廷臣議之。文謙曰：「分制財用，古有是理，中書不預，無是理也。若中書弗問，天子將親莅之乎？」帝曰：

「仲謙言是也。」

阿合馬之計既敗，乃謀入中書。同書卷一六〇王鶚傳：（名臣事略卷一二引王氏先塋碑略同）

詔儒臣廷議可任宰相者。時阿合馬巧佞，欲乘隙取相位，大臣復助之，衆知其非，莫敢言。鶚奮然擲筆曰：「吾以衰老之年，無以報國，即欲舉任此人爲相，吾不能插驢尾矣。」振袖而起，奸計爲之中止。

然阿合馬卒於至元元年（一二六四）拜中書省平章政事而罷左右部，於是漢人乃擁太子真金領中書以制之。名臣事略引元明善撰商挺墓誌：

初中統三年（一二六二）立領部，以阿合馬總錢穀，至是革去。公與太保劉公（秉忠）等奏燕王爲中書令，入省聽政。

真金者少從姚樞、竇默受孝經，素與漢文人親近者也。元史卷一一五裕宗傳：

每與諸王近臣習射之暇，輒講論經典，若資治通鑑、貞觀政要，王恂、許衡所述遼、金帝王行事要略，下至武經等書，從容片言之間，苟有允愜，未嘗不爲之灑然改容。時侍經幄者，如王恂、白棟皆朝夕不出東宮，而待制李謙、太常宋衜尤加諮訪，蓋無間也。

又云：

（至元）二十二年（一二八五），以長史耶律有尚爲國子司業，中庶子伯必以其子阿八赤入見，諭令入學。伯必即令其子入蒙古學。踰年又見，太子問讀何書。其子以蒙古書對。太子曰：「我命汝學漢人文字耳，其亟入胄監！」

則其嚮慕漢文化可謂甚殷，而漢人擁之以與阿合馬抗，固爲得計也。裕宗傳稱：「阿合馬擅國重柄，太子惡其姦惡，未嘗少假顏色。」多桑書（馮譯本）第三卷第三章三二四頁引史集曰：「一日太子以弓擊阿合馬面，破其頰。忽必烈見傷，詢其故，阿合馬以馬蹄所傷對。真金時在側，斥之曰：『汝以我擊傷爲恥，故不敢實對歟！』又有一日，真金當帝前以拳擊阿合馬。」按西域所傳雖不必其爲實錄，然真金之惡阿合馬，殆爲人所周知之事實。

真金之外又擁木華黎曾孫安童爲相。安童亦親近漢人者。元文類卷二四元明善撰丞相東平忠憲王碑：（名臣事略引東平王世家略同）

年十八入相，薦引端良，責成職任，漢士如史丞相天澤、姚左丞樞、許左丞衡、商參政挺、竇學士默尤傑者也。……公退，府南開一閣延進賢士大夫，講論古今治道，評品人物得失，亹亹應接不倦。

夫以真金安童二人之地位，輔以姚、許諸公，其足以掣阿合馬之肘者自不須論，故於三年（一二六六）正月立制國用司，阿合馬以中書省平章事領之。五年，又議立尚書省治財賦刑政以恢復太宗時之情狀，如此則中書但一空洞之虛銜，六部統於尚書矣。元史卷一二六安童傳：（神道碑略同）

五年，廷臣密議立尚書省，以阿合馬領之，乃先奏以安童宜位三公。事下諸儒議。商挺倡言曰：「安童，國之柱石，若爲三公，是崇以虛名而實奪之權也。甚不可！」衆曰然，事遂罷。

則當時漢人恃安童爲重，可以想見。五年之議雖未遽行，而七年尚書省竟建，於是中書之權日削。牧庵集卷一九參知政事賈公神道碑：

（至元）五年再爲左右司郎中者三年，盗殺臣爲平章，欲擅利權，病其束手中書，不得肆欲，奏求分六曹繁務，立尚書省，授公中書給事中，丞相惟署制勅而已，隨同兩丞相史公、耶律公潤色國史。

中書唯署制勅則又是昔日必闍赤之任矣。在此種情況下，中書與尚書之衝突日烈。元史卷二〇五阿合馬傳：（安童神道碑略同）

初立尚書省時，有旨：凡銓選各官，吏部擬定資品，呈尚書省，由尚書咨中書聞奏。至是阿合馬擢用私人，不由部擬，不咨中書。丞相安童以爲言，世祖令問阿合馬。阿合馬言：事無大小，皆委之臣，所用之人，臣宜自擇。安童因請自今唯重刑及遷上路總管，始屬之臣，餘事並付阿合馬，庶事體明白。世祖俱從之。

按財賦之不關中書已是定制，至於刑政，中書猶得預其事，然所争得者亦止於重刑之判決權及上路總管之委任權而已，及九年（一二七二）正月阿合馬復欲併吞中書，於是兩省重又合併。阿合馬之意在於排斥異己，尤欲使安童脱離政府，以便控制。名臣事略卷一二引李野齋撰王磐墓誌曰：

權臣阿合馬秉政，諷大臣奏言尚書省當併入中書，拜右丞相安童爲三公，蓋名示尊崇，實奪之相權。奉旨會議。公言：「兩省合而爲一，命右丞相總統之爲便，如其不然，則兩省姑宜依舊，三公既不與政，不宜虛設。」

是安童第二次幾罷相，而以漢人之擁護得保其位也。二人同處一省，不洽如此。而漢人中最負重望之許衡亦起而劾阿合馬（見元史卷一五八許衡傳）。然世祖之委任阿合馬如故也。

安童於至元十二年（一二七五）隨北平王那木罕北征海都被虜，漢人驟失其支柱，乃謀運動廉希憲入相，希憲雖亦西域人，而漢化甚深，其不滿於阿合馬者與漢人同。牧庵集卷一五董文忠公神道碑：

自安童北伐，犯法臣阿黑馬獨用國柄，盜弄威福，衆立親黨，懼平章廉希憲復相，必妨其私。表以右丞行省江陵者踰年。公奏：「希憲昭代名臣，今端揆虛席尚多，不可久使居外，以孤人望，宜早賜還。」從之。十六年一月乙亥還自萬壽宫祝釐所，奏曰：「陛下始以燕王爲中書令，樞密使，纔一至中書。後册儲皇，累使明習軍國事者十有餘年，終守謙抑。……以臣所知，曷令有司啓而後聞，其有未安，斷以制勅，則理順而分不踰，必不敢辭責元良矣。」其日盡前省院臺臣將百人。上而諭曰：「自今庶務聽皇太子臨決而後入聞。」尋語儲皇：「董八崇植國本者，其識勿忘！」

（名臣事略引微異）

按文炳兩奏仍是一面歸重真金，一面擁一非漢人而漢化之廉希憲以代安童，藉以抗阿合馬。夫以儒家理論言之，元良之位不宜干涉國政，宜爲劉、商、姚、許諸公之所熟知，然而董八之奏，衆口無異辭，乃知之時勢遷易，不獨儒生經常之恆言不可與論當年時勢，而亦捨此無以抗阿合馬也。

廉希憲雖入而竟不得入政府。雖侍中一席，真金屬意甚深，竟亦爲阿合馬所沮。元文類卷六五元明善撰平章政事廉文正王神道碑：

議立門下省。上曰：「首官何稱？」曰：「侍中，非希憲不可。」……皇太子方聽天下政，遣人賜蒲桃酒，諭王曰：「上命公領門下省，勿難羣小，吾爲公德。」阿合馬不利而止。

自安童被虜不還，雖首相之任，委之蒙古人，而實際上可云阿合馬獨相。漢人中能得世祖歡心者惟有久侍内廷之藁城董氏弟兄與一張易。名臣事略引姚燧撰趙良弼家廟碑（聚珍本牧庵集似未收入）：

公與清河相共政八年，諷規：「權臣姦欺，結舌其旁，若無與己然者。」

此權臣即指阿合馬，則知張易未嘗劾奏。董氏雖與阿合馬抗，而文炳一入中書，竟不敢署省案，雖家傳稱其自有深慮，故預其大政而忽細務，然自言亦懼讒行而身毁耳（見元文類卷七〇元明善撰董氏家傳）。夫以董氏之親近，尚畏其鋒，其他可知，則六七年間阿合馬之勢力不待詳論。

至元十九年阿合馬爲千户王著所殺，其事乃假真金之名行之，而張易信以爲真。時易爲樞密副使，遽以兵與之，致陷大戮。元史卷一六九高觿張九思兩傳本之虞集道園學古録二碑紀載此事甚詳，今不述。若據馬哥波羅所云可認爲漢人之反抗。波羅書稱之爲「大都契丹人之造反」。其云阿合馬之荒淫貪虐，其二十五子皆居高位，言皆與元史相合，而書發動此事之陰謀則爲中土書籍所不具。馬可波羅書第二卷第二十三章（裕爾古狄本）稱此一陰謀在盡殺有鬍之韃靼人、回回人與基督教徒，且非僅在燕京發動，其組織遍於各城市。又言漢人皆憎疾大汗，因彼使韃靼與回回統治漢人。其所言者固或未可信，然波羅之至中國已在至元十年（一二七三）之後，則云世祖之信任蒙古、西域以治漢人者，自非虛誣。由此可知阿合馬事件在政治上之意義固巨，而同時實兼有民族上之意義也。

阿合馬當國時所汲引者不盡西域人，如郝楨、耿仁、張惠皆由阿合馬以至執政。郝楨爲霸州益津人，秋澗先生集卷五四郝氏世德碑即紀其先世事，耿、張雖不可考，而觀其姓氏，自爲漢人。但此輩類皆無恥之徒。如元史卷一七三崔彧傳載運使張庸以獻妹得官，而馬哥波羅亦言此類情事，則在此時間稍知自好者必不能受阿合馬之優容矣。

阿合馬死後，至元二十一年（一二八四）冬，漢人盧世榮曾任理財之職。在中書僅數月即以人言交集而誅。世榮爲阿合馬所用而桑哥所薦，當政後所用人物又多阿合馬遺黨，故爲漢文人所嫉，然實無大罪。

世榮之後又用桑哥。元史不言其爲何地人，但云膽巴國師之弟子。多桑書云是畏吾兒人，不知何據。其人在先已隱爲幕後之操縱者。至二十四年（一二八七）復建尚書省，乃以桑哥與帖木兒爲平章政事而改天下行中書省爲行尚書省。元史卷二〇五本傳云：

> 桑哥，膽巴國師之弟子也。能通諸國言語，故嘗爲西番譯使，爲人狡黠豪橫，好言財利事，世祖喜之。……至元中，擢爲總制院使。總制院者，掌浮圖氏之教，兼治吐蕃之事。……嘗有旨令桑哥具省臣姓名以進，廷中有所建置，人才進退，桑哥咸與聞焉。二十四年閏二月，復置尚書省，遂以桑哥與帖木兒爲平章政事，詔告天下，改行中書省爲行尚書省，六部爲尚書六部。

是時，安童於二十一年（一二八四）三月南反，由盧世榮之推舉，是年十一月再爲中書右相，於是再與桑哥相角，然亦終不能勝。元史卷一二六安童傳：

是歲（二十四年），復立尚書省。安童切諫曰：「臣力不能回天，乞不用桑哥，別相賢者，猶或不至虐民誤國。」不聽。二十五年，見天下大權盡歸尚書，屢求退，不許。二十八年（一二九一），罷相，仍領宿衛事。

按元文類卷二四東平忠憲王神道碑所言與傳同，但「二十八年罷相，仍領宿衛事」一句，作「明年（二十六）宰相止掌環衛」。今檢名臣事略卷一所引元明善撰東平王勳德碑即神道碑也，而此句作「明年罷相，止掌環衛」。元史全襲事略，其改明年作二十八年者，以宰相表稱安童以二十八年罷也。考之本紀二十六年、二十八年皆無安童罷相之紀載。蓋自立尚書，庶務已不關中書，桑哥傳曰：

桑哥既專政，凡銓調內外官，皆由於己，而其宣勅尚由中書。桑哥以爲言，世祖乃命自今宣勅並付尚書省，由是以刑爵爲貨而販之。

則其後中書省併必闍赤之宣勅權而亦失之，宰相宜無所事而止領環衛也。正不可據以疑文類。桑哥所用之人又以西域人爲多。元史卷一六世祖紀至元二十八年（一二九一）十一月云：

監察御史言：「沙不丁、納速剌丁滅里、烏馬兒、王巨濟、璉真加、沙的、教化的，皆桑哥黨與。受賕肆虐，使江淮之民，愁怨載路。」

同書卷一三〇徹里傳：

桑哥既誅，諸枉繫者始得釋。復奉旨往江南，籍桑哥姻黨江浙省臣烏馬兒、蔑列、忻都、王（巨）濟，湖廣省臣要束木等，皆棄市，天下大快之。

按此所謂桑哥黨者，王巨濟或王濟當爲漢人，教化的據王文獻集卷一〇亦輦真公神道碑，知爲女真完顏氏，其官則陝西行中書省右丞也。沙的、烏馬兒爲賽典赤孫，此外雖多無可考，而其名多回教教名，要束木則基督教名，殆皆西域人也。

考桑哥當國之日，漢文人中之元老多已去世，今以元史列傳考之，劉秉忠至元十一年（一二七四）卒。張文謙二十年（一二八三）卒（傳但云十九年拜樞副，歲餘卒，今據神道碑）。姚樞十七年（一二八〇）卒。許衡十八年卒。竇默十七年卒。趙良弼二十三年卒。趙璧十三年（一二七六）卒。張易十九年誅。惟商挺至二十五年（一二八八）卒，然二十一年以事繫獄即罷政。雖有存者亦久罷政歸鄉，而真金於二十二年卒，宜安童再相，有寂寞之感，反不若其先與阿合馬衝突之際，尚能屢折其氣矣。

桑哥既誅，治財賦者仍爲西域人麥朮丁。元史卷一三〇不忽木傳：

麥朮丁請復立尚書省，專領右三部。不忽木庭責之曰：「阿合馬、桑哥相繼誤國，身誅家没，前鑒未遠，奈何又欲效之乎！」事遂寢。

則其時世祖信任西域人之意不衰也。

不忽木者康里人，桑哥既誅，世祖欲以爲相，讓於完澤，以不忽木爲平章政事。自王文統以來丞相多不預事，實權每在平章，而其時西域人任平章者最多。今以至元三十年（一二九三）之宰執列表如下：

中書右丞相　完澤　蒙古人，以世掌御膳進。

左丞相　闕

平章政事　麥朮督丁　西域人。元史無傳。以名爲回教徒推之疑是。

不忽木　康里人。以侍裕宗潛邸進。

咱喜魯丁　西域人。元史無傳。以名爲回教徒推之疑是。

鐵哥　伽葉彌兒人。以掌饔膳湯藥進。

剌真　畏吾兒人。以知尚乘寺事進。

伯顏　西域人，賽典赤瞻思丁之孫。故宰相表作賽典赤。

右丞　阿里　西域人。元史無傳，以名爲回教徒推知。成宗紀初即位未改元。七月辛未，中書省臣言向御史臺劾右丞阿里嘗與阿合馬同惡云云。

崔彧　漢人。以集賢侍讀學士進。

何榮祖　漢人。以中書省掾進。

左丞　別都魯丁　西域人。元史無傳，以名爲回教徒推知。

張九思　漢人。以侍裕宗潛邸進。

參知政事　梁暗都剌　漢人。即卷一七〇之梁德珪。

杜思敬　漢人。元史無傳，以姓氏推知。

高翿　漢人。元史無傳，以姓氏推知。

按完澤雖爲丞相，實無大權，世祖顧命，完澤至不得入見。元史卷一三〇不忽木傳：

三十年（一二九三），帝不豫。故事，非國人勳舊不得入卧内。不忽木以謹厚，日視醫藥，未嘗去左右。帝大漸，與御史大夫月魯那顔、太傅伯顔並受遺詔，留禁中。丞相完澤至，不得入，伺月魯那顔、伯顔出，問曰：「我年位俱在不忽木上，國有大議而不預，何也？」伯顔歎息曰：「使丞相有不忽木識慮，何至使我屬如是之勞哉？」完澤不能對。

則不忽木之親近且在完澤之上矣。考爾時平章政事六人，以廣義言之，悉是西域人，亦即元代所謂色目人也。其位左右丞者又兩人。漢執政雖亦有六人，而位皆在下，可知世祖末年政治上之地位西域人遠在漢人之上矣。

以上述世祖一朝漢人與西域人之衝突竟。自耶律楚材以天文、卜筮、醫藥、錢穀之才進身，爲漢人開仕宦之途徑，而世祖朝之漢文臣亦循是術以至於大官。然西域之人繼之而起，遂得恃其錢穀之才廣行聚斂以媚統治中原之君主，於是中統文臣亦循楚材之覆轍而爲西域人所敗。自漢北四汗以及世祖一朝，漢人與西域人更進迭退，非僅歷朝習見之政争，其涉及於蒙元統治時之民族關係及文化之衝突、交流者固甚巨也。

（原載一九四八年學原第二卷七期）

補元史張易傳

張易是元世祖統治時期被寵任的漢大臣之一，自中統元年至至元十九年（一二六〇——一二八二），他在中樞任職達二十三年，由於在姦臣阿合馬被殺事件中他牽連坐誅，既無碑誌家傳可據，明修元史遂不爲立傳，清末柯劭忞撰新元史，屠寄撰蒙兀兒史記也没有補。考之元史和元人文集，他的事跡尚非一無可徵，今輯録有關記載，撮次成篇，聊以補柯、屠之遺，以備參考。

張易一名啓元，字仲一，太原交城人。

王惲秋澗集卷八〇中堂事紀上記中統元年（一二六〇）燕京行中書省官四員，「參知政事張易，字仲一，太原交城人」。元史卷四世祖紀一中統元年七月癸酉記「張啓元參知政事」，知啓元即張易。

本姓魯，父名聚。易以社日生，小字社住。父爲人所殺，其母負易行丐於市。至郝太守家。有張孔目者無子，攜去，養以爲子，遂冒姓張。長祝髮爲僧。

以上並見姚燧牧庵集附録劉致撰姚燧年譜至元四年（一二六八）條。「父名聚」下原無「易」

字，遂若其父小名社住，然此記易事，無須及父之小名，今增「易」字。又按上引中堂事紀稱易太原交城人，而姚譜則稱臨州臨泉縣人，似不合。若臨州爲易原籍，交城則張孔目之貫，易既冒張姓，遂爲交城人。

邢州劉侃（即劉秉忠初名）博學擅天文、律曆及術數之學，隱於磁州武安之紫金山，易與之遊。

元史卷一五七劉秉忠傳稱秉忠「隱武安山中」，又云「秉忠於書無所不讀，尤邃於易及邵氏經世書，至於天文、地理、律曆、三式、六壬、遁甲之屬，無不精通」。〔一〕卷一六四郭守敬傳：「時劉秉忠、張文謙、張易、王恂同學於州西紫金山。榮（守敬祖父）使守敬從秉忠學。」〔二〕按此紫金山亦即劉秉忠傳武安之山。武安屬磁州，故卷一六四王恂傳稱「從秉忠學於磁之紫金山」。武安東北與邢州沙河縣相接，故郭守敬傳以爲山在邢州西。太平寰宇記卷五六磁州武安縣有紫山，當即紫金山。秉忠、文謙、守敬並邢州人，故得同學；張易乃太原人，何以得與秉忠相識，何時來磁州，均難確知。據劉秉忠傳，秉忠爲僧後，遊雲中，隨海雲禪師北行，遂留世祖藩邸，疑秉忠遊雲中途出太原，因與張易相識。其時易已爲僧。傳又稱秉忠父死，奔喪返邢州守制，易與秉忠同學紫金山或在此時。又五人同學亦不在一時。

〔一〕元朝名臣事略卷七太保劉文正公條引王磐所撰神道碑云：「公自幼好學，至老不衰，通曉音律，精算數，善推步，仰觀占候，六壬遁甲，易經象數，邵氏皇極之書，靡不周知。」

〔二〕同上書卷九太史郭公條引行狀同。

元朝名臣事略卷七張忠宣公條引李謙撰神道碑稱文謙「自入小學，與太保劉公同研席」，又稱秉忠「薦公才可用，歲丁未，驛召北上」，則文謙與秉忠同學乃在小學。丁未爲定宗之二年（一二四七），已被薦入世祖幕府。〔一〕同書卷九太史王文肅公條引楊公乂撰墓誌稱：「歲己酉，太保劉公自邢北上，取道中山，方求一時之俊，召公與語，賢其才，欲爲大就之。逮其南轅，載之來邢，復居磁之紫金山。〔二〕己酉爲定宗之四年（一二四九），張文謙已於二年前受徵北上，不得與王恂同學。張易可能與王恂同時在磁。

秉忠以陰陽術數之學，受世祖寵遇，廣攬南州文人，薦之藩府，而易與焉。

秉忠薦張易無明文，然紫金同學，張文謙、王恂並由秉忠得進，可以推知。名臣事略卷七太保劉文正公（劉秉忠）條引王磐撰神道碑云：「閒燕之際，每承顧問，輒推薦南州人士可備器使者，宜見錄用，由是弓旌之招，蒲輪所迓，耆儒碩德，奇才異能之士，茅拔茹連，至無虛月。」張易應在「奇才異能」之列。其時疑與王恂同被召，即憲宗三年癸丑（一二五三）或稍前。

憲宗之八年戊午（一二五八），世祖奉命伐宋，易與秉忠、文謙並從。明年二月，會諸王於邢州，世祖夙聞澤州李俊民善占候推步之術，命易往問禎祥，且徵之。

王惲秋澗集卷八二中堂事紀下中統二年（一二六一）六月八日記追贈李俊民爲莊靜先生，

〔一〕元史卷一五七張文謙傳略同，刪去「自入小學」四件。
〔二〕元史卷一六四王恂傳同。

稱：「己未（一二五九）間，聖上（指世祖）在潛，令張仲一就問禎祥，優禮有加。……初張辭去，曰『繼請以蒲輪來起公』，先生笑不答。」元史卷一五八李俊民傳亦記其事。按己未爲憲宗之九年。元史卷四世祖紀一記丁巳（一二五七）十二月議攻宋，戊午十一月，世祖自開平啓行，己未二月，會諸王於邢州，五月，駐小濮州，徵東平宋子貞、李昶訪問得失。中堂事紀張易奉命訪問李俊民在己未年（一二五九），是年二月，世祖在邢州。以師次濮州徵宋子貞、李昶之例推之，訪問李俊民必在師次邢州時。

九月，軍次於鄂，宋賈似道以木柵環城，一夕而辦。世祖謂隨行諸臣曰：「我安得如似道者用之。」秉忠、易言「山東一王文統，才智士也，今爲李璮幕僚」，廉希憲和之。文統進用，易與有力焉。

見名臣事略卷七平章廉文正王條引家傳。又元史卷一二六廉希憲傳稱：「李璮反山東，事連王文統，平章趙璧素忌希憲勳名，因言文統由張易、希憲薦引，遂至大用。」又記劉秉忠、張易進曰：「山東王文統，才智士也，今爲李璮幕僚」云云，即本家傳，唯薦文統者無劉秉忠。元史卷二〇六王文統傳云：「世祖在潛藩，訪問才智之士，素聞其名。及即位，厲精求治，有以文統爲薦者，亟召用之。」不言何人所薦，且薦文統在世祖即位後，然廉希憲家傳之說必不誤。元史卷四世祖紀一己未（一二五九）九月庚戌圍鄂；壬子，生擒宋兵二人，知賈似道率兵救鄂，張易等薦王文統應即在此時。

明年三月，世祖即位於開平，四月立中書省，擢文統爲平章政事。五月，建元中統。七月，置行中書省於燕京，以禡禡爲丞相，趙璧爲平章政事，拔易爲參知政事，而文統亦移燕京。

元史卷四世祖紀一中統元年（一二六〇）「四月戊戌朔，立中書省，以王文統爲平章政事，張文謙爲左丞」。七月癸酉，又書「以燕京路宣慰使禡禡行中書省事，燕京路宣慰使趙璧平章政事，張啓元（即張易）參知政事」。秋澗集卷八〇中堂事紀上稱：「庚申年（一二六〇）春三月十七日，世祖皇帝即位於開平府，建號爲中統元年；秋七月十三日立行中書省於燕京。」事紀不載四月置省開平事，蓋王惲被召爲燕京行省掾屬，故略開平立省之始。事紀載燕京行省官四員，丞相禡禡，平章政事王文統、趙璧，參知政事張易，知文統移行省，而張文謙留開平。

明年二月，詔行省官詣開平，既行，以山北地寒，命緩來。三月，丞相禡禡率行省官北上。

元史卷四世祖紀一中統二年二月丁未，「詔行中書省平章禡禡及王文統等率各路宣撫使赴闕」。按禡禡乃丞相，作「平章」誤。又王惲中堂事紀上云：「二月癸巳朔。五日丁酉，行省官奉旨北上。」二月癸巳朔，丁酉爲五日，紀作「丁未」則是十五日。王惲親歷其事，事紀排日記載，必不誤。且此行未達開平，即折返燕京，自此至二月末，行省官並在燕京治事，安得於丁未北上。事紀云：「前次北口店，復有旨，山北寒沍，可緩來，遂還。」此後記行省官議鈔法，議淮海都督府（指李璮）申宋人圍海州事，並在燕京。至二十二日始記「役（使）來，趣闔省北上」，至三月五日丙寅始記「未刻，丞相禡禡與同僚發自燕京」，「丁未」之誤顯然。

又事紀稱「十五日丙子停午至察罕腦兒。……十六日丁丑，上遣參知政事張易、廉右（原作

「名」訛）轄（右丞廉希憲）……傳旨慰諭行省官」，時世祖在察罕腦兒行宮，廉希憲乃中省之右丞，故隨世祖在行宮，張易本行省參政，應與禡禡同行，何故與希憲同奉命慰諭行省官，疑易先已北行。

五月，東平行省官邢衡銓以事告易，遂於世祖前詰對，邢款服，世祖命誅之，諸相監戮。易手剸其腹，從初請也。

是月，增補中書省官，易遷右丞。

見秋澗集卷八一中堂事紀中五月十五日記事。

中堂事紀中中統二年五月十九日庚辰云：「入見，奏裁大拜及六部事，詔以世臣不花、經略史天澤爲右丞相，……忽魯不花、耶律鑄爲左丞相，……塔察兒、廉右丞平章政事，……張參政爲右丞，……宣撫楊果、宣撫商挺參知政事，餘如故。」元史卷四世祖紀一中統二年五月丁亥，但記以河南經略宣撫使史天澤爲中書右丞相，其他省官皆不記，疏漏之甚。又是月壬戌朔，庚辰爲十九日，丁亥則二十六日。蓋庚辰爲面奏得旨命相之日，而宣麻則在數日後。事紀於二十五日丙戌記「是日，諸相授麻制於都堂」，較世祖紀早一日。

旋議中、行兩省去留人員，世祖命天澤、文謙、楊果留中，文統、希憲、易行省於燕京。

見中堂事紀中五月廿八日己丑記事。按事紀不言不花、忽魯不花、塔察兒、耶律鑄、商挺行止。其時商挺已以參政行省京兆。事紀下中統二年（一二六一）六月三日癸巳見「京兆參知政事商挺」，其他諸人疑並留開平中省。未幾，又以商挺奏請，廉希憲宣撫關中，而命耶律鑄赴燕京

（並見事紀下三月三日記事）。

十月，易以右丞行中書省於平陽、太原等路。

見元史卷四世祖紀一中統二年十月庚子條，「張易」作「張啓元」。牧庵集附錄劉致撰姚燧年譜至元四年條云：「先君日記云：『中統二年，奉旨令右丞相公於平陽、太原行中書省。』平陽、太原，河東、山西也。是中統、至元皆嘗行省其地。右丞則前書記張公也。」

中統三年（一二六二）李璮以益都反，王文統坐同謀誅。趙璧有憾於廉希憲，謂文統由易、希憲薦得進用，宜連坐。世祖不問。

見元史卷一二六廉希憲傳、名臣事略卷七平章廉文正王條引家傳。

其年，李德輝起爲山西宣慰使，至元元年（一二六四）改太原總管。易勉以興滯補弊。德輝在任，免權勢家籍民爲奴者，崇學校，勸耕桑，立社倉諸善政，與易意合。

李德輝事跡見元史卷一六三本傳。山右石刻叢編卷二五至元四年（一二六六）重修汾東王廟記：「總管李公由山西兩路宣慰使，承特旨來殿是邦。……中書右丞張君勉以興滯補弊之語，適與公意合。」按碑雖立於至元四年（一二六七），德輝官山西實始中統三年（一二六二），張易時以右丞行省平陽、太原，故得以興滯補弊語德輝。

旋召歸。至元三年（一二六六）正月立制國用使司，平章政事阿合馬爲使，易爲同知制國用使司事，參知政事張惠爲副使。阿合馬者，西域人，以言利干世祖。中統三年，王文統既誅，立領中書左右部，主財賦，阿合馬實居其任，患不得專奏事，謀取相位。至元元年八月，罷領中書左右部，而以阿合馬爲平章政事，至是，遂以平章政事爲制國用使，專財柄。

張易何時歸朝，不詳。元史卷六世祖紀三至元二年閏五月丁卯記「中書左丞姚樞行省事於西京、平陽、太原等路」，三年二月壬午，「以中書右丞張易同知制國用使司事」。牧庵集卷一五中書左丞姚文獻公神道碑：「至元之元，出省臣三，罷世侯，置牧守，遷轉河東、山西、河南、山東官吏，公行省河東、山西，明年而歸。」與紀合，唯其事實在二年，云「至元之元」微誤。又名臣事略卷一一參政商文定公條引墓誌云：「至元二年，平章趙璧奏立諸路行省，丞相耶律鑄行省河東，公爲之貳。」元史卷一五九商挺傳云「二年，分省河東」，蓋即本墓誌，然紀載至元二年，三省臣出行省事者爲趙璧、廉希憲與姚樞，無耶律鑄。卷一四六耶律楚材附子鑄傳稱「（至元）二年，行省山東」，據世祖紀行省河東者爲姚樞，行省山東者爲廉希憲。疑商挺墓誌及耶律鑄傳不足據。要之，至元二年姚樞行省河東之先，河東行省已罷，至是復置，知張易已早内召，或即在中統三年李德輝任宣撫使時，既置宣撫，即罷行省也。

阿合馬事見元史卷二〇五本傳，阿合馬欲專輒奏聞，不關中書，見元史卷一五七張文謙傳。[二]七年（一二七〇），阿合馬奏立尚書省，罷制國用使司，以阿合馬爲平章尚書省事，易爲同平章尚書省

〔一〕名臣事略卷七左丞張忠宣王條引神道碑同。

事，於是六曹繁務盡歸尚書，中書之權益削。

見元史卷七世祖紀四，又卷一一二宰相年表。牧庵集卷一九參知政事賈公（賈居貞）神道碑：「（至元）五年，再爲左右司郎中者三年。盜殺臣（阿合馬）爲平章，欲擅利權，病其束手中書，不得肆欲，奏求分六曹繁務立尚書省。授公中書給事中。丞相唯署制勅而已，隨同兩丞相史公、耶律公潤色國史。」元史卷七四祭祀志記「八年九月，太廟柱朽。從張易言，告於列室而後修。奉遷栗主金牌位與舊神主于饌幕殿，工畢安奉。自是修廟皆如之」。

九年（一二七二）正月，尚書省併入中書省，阿合馬、易並任中書平章政事。

元史卷七世祖紀五至元八年十二月「甲寅，詔尚書省遷入中書省」。九年正月，「併尚書省入中書省，平章尚書省事阿合馬、同平章尚書省事張易並中書平章政事」。名臣事略卷一二內翰王文忠公（王磐）條引李野齋撰墓誌：「權臣阿合馬秉政，諷大臣奏言尚書省當併入中書，拜右丞相安童爲三公，蓋明示尊崇，實奪之相權。奉旨會議。公言：『兩省合而爲一，命右丞相總統之爲便。如其不然，則兩省姑宜依舊。三公既不與政，不宜虛設。』」據此則兩省合併，出於阿合馬之意，謀排安童出爲三公，而已得專省事。然七年立尚書省，六曹繁務歸尚書，中書唯署詔勅，阿合馬何爲忽欲合併，疑合併之請實欲制阿合馬。既合則安童以右丞相主省事，臨於阿合馬之上，故請以安童爲三公。參見元史卷一二六安童傳。

是年十月，以易爲樞密副使。勅令與姚樞勘問進攻襄樊的都元帥劉整是否有貳心。

見元史卷七世祖紀五及卷一六一劉整傳。

十三年(一二七六)三月，兼知祕書監事。閏月辛亥，命易送宋降臣吴堅、夏貴等赴上都。隨後，上都火灾，有人議徙都邑，張易等廷辯反對。

見元史卷九世祖紀六按本年正月，蒙古軍迫臨安，宋主降；世祖紀二月丁巳，「命焦友直括宋祕書省禁書圖籍」；三月丁卯，「伯顔入臨安，遣郎中孟祺籍宋太廟四祖殿，景靈宫禮樂器、册寶暨郊天儀仗，及祕書省、國子監、國史院、學士院、太常寺圖書、祭器、樂器等物」。張易之兼祕書監適在此時，或與收宋圖書有關。張易等反對徙都。見元史卷一二六廉希憲傳。

六月，以大明曆浸差，命太子贊善王恂與江南日官置局更造新曆，以易董其事。易、恂奏：「今之曆家徒知曆術，罕明曆理，宜得耆儒如許衡者商訂。」詔命衡赴京師。

見元史卷九世祖紀六。按新曆由王恂、郭守敬及許衡修成。元史卷一六四郭守敬傳記：「以守敬與王恂率南北日官，分掌測驗推步於下，而命(張)文謙與樞密張易爲之主領，裁奏於上，左丞許衡參預其事。」恂及守敬、文謙、張易並紫金山同學，張易董其事，不獨以官高位尊，亦由略知曆算之術。

十六年(一二七九)八月，宋降臣王虎臣陳便宜十七事，令易等議，可者行之。

元史卷一〇世祖紀七。

十七年(一二八〇)二月，易言「高和尚有祕術，能役鬼爲兵，遥制敵人」。世祖命和禮霍孫與高和尚同赴北邊。同簽樞密院事趙良弼諷易：「權臣姦欺，結舌其旁，若無與己然者。加太盛盈蚤，宜收身末路。比聞譽僧善役鬼神，試每有徵者於上前，大臣可巫事君耶！罪且相及。」易不能用。

張易薦高和尚見元史卷一一世祖紀八。趙良弼語見名臣事略卷一一樞密趙文正公條引姚燧撰趙氏家廟碑。〔一〕碑稱「公與清河相共政八年」，清河爲張氏郡望，即指張易，良弼於至元十年同簽樞密院事，至是適八年。按至元十二年正月，「敕追諸王海都、八剌金銀符三十四」，是年，右丞相安童輔皇子北平王行邊。十四年七月，「諸王昔里吉劫北平王於阿力麻里之地，械繫右丞相安童，誘脅諸王以叛。使通好於海都，海都弗納；東道諸王亦弗從，遂率西道諸王至和林城北。詔右丞相伯顏帥軍往禦之」。〔二〕海都雖不從昔里吉，然時侵擾別失八里。北邊之患方亟，故張易薦高和尚，即遣往北邊。〔三〕張易昔曾爲僧，蓋亦以占候卜筮之術進，其薦高和尚正不足怪。

是時，易再入中書爲平章政事，兼樞密副使如故。四月，道教提點甘志泉、長春宮道士王志真誣告奉福寺僧徒縱火燒長春宮，讞得實，誅甘志泉、王志真，他道流治罪有差。於是有以道家僞經尚存爲言

〔一〕今本牧庵集輯自永樂大典，無此文。
〔二〕元史卷九世祖紀六、屠寄蒙兀兒史記卷七四昔里吉傳，屠氏考證昔里吉之變實在至元十三年夏秋間，伯顏出征則在十四年，是。
〔三〕同前注。

者，聞誅皇太子。十八年九月，命易與前左丞張文謙等甄別道經真僞。十月己酉，易等奏：「參校道書，惟道德經係老子親著，餘皆後人僞撰，宜悉焚燬。」世祖曰：「彼言水火不能焚溺，可姑以是端試之，俟其不驗，焚之未晚也。」已而正一真人張宗演等皆慴伏不敢試。於是詔諭天下：道家諸經可留道德二篇，其餘文字及版本、化圖，一切焚燬，隱匿者罪之。是月，易又兼領祕書監、太史院、司天臺事。

按易再入中書爲平章事，無明文，唯元史卷一一世祖紀八至元十八年十月稱「以平章政事、樞密副使張易兼領祕書監、太史院、司天臺事」。而至元辨僞錄卷五載至元十七年（一二八〇）誅道教提點甘志泉等碑稱「八月二十二日有孛羅副樞、張平章、張右丞、焦尚書、耿參政、脱因脱里、阿里尚書等官員欽奉聖旨節該」云云，此張平章自即張易，知易於十七年已入中書。

十七年四月道流誣告僧徒縱火事具見上引碑，其事及焚燬道經始末並見辨僞録卷五王磐等撰聖旨焚燬諸路道藏經之碑。碑立於至元二十一年（一二八四），張易已被殺，故碑文但言「命樞密副使及前中書省左丞文謙」等，考證真僞，其樞密副使不具名，即易也。其下又稱「樞密副使孛羅」而不及易。然元史卷一一世祖紀八固明言奏請焚燬道經者爲「張易等」，知當時奏狀具銜實以易爲首。

十九年（一二八二）二月，世祖詣上都，皇太子從，易以平章、副樞留守。千户王著因民憤殺阿合馬，起事之初假皇太子令旨命易發兵，易以是亦坐誅，事具阿合馬及高觿、張九思諸傳。王著倡義，高和尚

與謀，故姚燧謂易見誤是僧，坐擅發衛兵以醢云。〔一〕

王著殺阿合馬事備見元史卷一二世祖紀九、卷一六九高觿傳、張九思傳，卷二〇五阿合馬傳。高、張兩傳本之虞集高魯公觿神道碑及張忠獻公（九思）神道碑（兩碑並載道園學古録卷一七）。按張忠獻公碑云：「樞密副使張易素稱有權略，爲上信倚，故以宥密留京。賊之入也，傳太子令索兵甚遽，易不能辨其僞，不敢抗，以兵與之，坐棄市。而論者以爲易知謀，請傳首郡邑。公入告裕皇（即太子）曰：『張易不察賊詐而與之兵，罪至死宜矣，而爲其預賊謀則無也。大臣被罪而死，傳首則過矣。』裕皇悟，言諸上而從之。」據此則易本不知其謀也，故阿合馬傳亦云「易莫察其僞」。然而高魯公碑則云：「日暮，聞樞密院副使張易以兵（下當有脱字）。公與張尚書（九思）問易曰：『此將何爲？』易曰：『夜二鼓當自知之。』公又謂易曰：『此大事，豈得不令吾二人知！』易附耳語曰：『得密報，聞太子來誅左相，殆是也。』蓋易亦不察其僞也。」則易雖不辨其僞，而未嘗不知其謀。元史卷一六〇王思廉傳記「千户王著，矯殺奸臣阿合馬於大都，辭連樞密副使張易」。又卷一二世祖紀，十九年三月「壬午，誅王著、張易、高和尚於市，皆醢之」。

（一九四二）

〔一〕名臣事略卷一一樞密趙文正公條引姚燧撰家廟碑。

跋語

本書收集我四十餘年來舊稿和近作二十九篇，其中已發表的十五篇，未發表或未正式發表的十四篇。

我早年治遼、金、元史。三十至四十年代曾在報刊發表過一些論文，有的疏誤不足存，有的現已無從找到，這裏只選録了三篇。未發表的五篇是從四十年前舊講稿中輯録的。在治學過程中，我深感到自己缺乏治遼、金、元史必要的古少數族語言及外國語基礎，很難深入研究。至四十年代中期，由於教學需要，專業轉向了魏晉南北朝隋唐史，此後再也没有重理舊業。這回整理舊稿，恍如隔世。當時見聞隘陋，能够看到的有關史料非常有限，現在不僅無力補苴罅漏，舊所肄習者也强半遺忘，輯録數篇，只不過聊備一格，或其中偶有可採，往年精力也就不算白費了。

關於魏晉南北朝史的論文寫得比較多，一九五五年以來，陸續出版了魏晉南北朝史論叢、魏晉南北朝史論叢續編、魏晉南北朝史論拾遺三部集子。本書收録的多數是散見刊物，未曾收入上述三書的零篇。近作二篇，其一曾在我們研究室的内部專刊上發表。尚有已發表的論文，有的不足存，有的需要作較大幅度的修改，没有收入。

隋唐史部分的論文收録六篇，均未發表或未正式發表。其中唐修憲穆敬文四朝實録與牛李黨争和唐代的內諸司使及其演變兩文自舊講稿中輯錄，其他幾篇爲近作。有關隋唐史事的論文過去已發表的需要作較大幅度修改，沒有收入。律文書兩種跋，在解釋吐魯番文書研究八篇，除唐代防丁一文外，均已發表。過去發表的論文，敦煌所出唐代法文書，以致定名有誤，且錄文不全，故未收入。另一篇武則天統治末年的浮逃戶，主要引據和論點已併入唐代的客戶一文，不擬重出。其他已收入研究室專刊敦煌吐魯番文書初探的三篇也不收入。

四十餘年來，我在學術途徑上探索的陳迹，到此次結集，大致已盡。時間將近半個世紀，回顧陳迹，至多只是在前人沒有注意到的或尚有疑義的問題上「補苴罅漏」而已，更何況限於學力，就是這一點微末成果也不免錯誤，有待於同志們的批評指正。在學術上百家爭鳴，獲得進一步貫徹的今天，我國史學必將在歷史唯物主義指導下蓬勃發展，我這一點已往陳迹如果在今後史學研究的途程中留着微弱的回響，那我也可聊以解嘲了。

最後，我應當感謝中華書局繼魏晉南北朝史論拾遺之後，又出版我這本書；還應當感謝中華書局張忱石同志、歷史研究所張澤咸同志、張弓同志爲此書作了細緻的校訂，得以改正一些校勘上的錯誤。

一九八六年八月唐長孺跋於麻城龜山

唐長孺文集

魏晉南北朝隋唐史三論

——中國封建社會的形成和前期的變化

中華書局

一九八〇年代在武漢大學珞珈山寓所

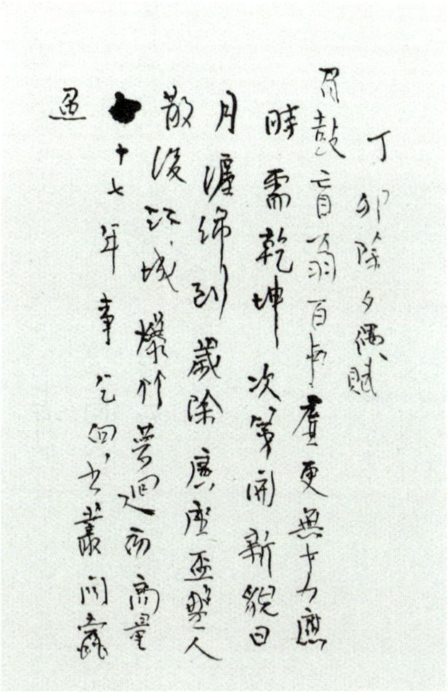

詩稿手迹

一九八六年在湖北蒲圻與學生們在一起

前言

唐長孺先生（一九一一年七月四日——一九九四年十月十四日），江蘇吴江人，我國著名歷史學家。一九三二年畢業於上海大同大學文科，後於浙江南潯中學、上海聖瑪麗亞女子中學等多所學校任教，講授中國史地、國文、政治制度等課程。一九四〇年任上海光華大學歷史系講師，一九四二年春轉任湖南藍田國立師範學院史地系副教授，一九四四年受聘爲遷至四川樂山之國立武漢大學歷史系副教授，一九四六年晉升爲教授，此後長期執教於武漢大學。歷任武漢大學歷史系中國古代史教研室主任、魏晉南北朝隋唐史研究室主任、歷史系主任、中國三至九世紀研究所所長；兼任中國社會科學院歷史研究所研究員暨學術委員會委員、國務院古籍整理出版規劃小組成員、國家文物局古文獻研究室主任、中國史學會理事，中國唐史學會會長，中國敦煌吐魯番學會副會長，湖北省中國史學會會長，湖北省考古學會理事長、六朝史研究會名譽會長、中國魏晉南北朝史學會顧問等學術職務，亦曾擔任武漢市人民政府委員、九三學社中央委員暨武漢分社副主委等職。他學識淵博，精通文、史，於魏晉南北朝隋唐史、古籍整理、敦煌吐魯番文書整理與研究等領域皆有卓越貢獻，被海内外學術界公認爲二十世紀傑出的史學大家之一。

唐先生早年因家學淵源，於經史子集多所研習； 而在上海南洋大學附中、光華大學附中以及大同大學求學期間，主修英俄語言文學、政治、法律、歷史、地理諸科，故於當時東西方之學術文化皆有瞭解或掌握。他初攻舊體詩詞，兼習崑曲、彈詞，曾在國學叢刊等發表絶慮、曉竹、解連環諸詞作，並先後翻譯海桑東遊録、元經世大典圖釋序、弗蘭克林自傳及賽珍珠大地系列兒子們續編分家、美國傳教士格雷比爾新中國等多種著作。同時研治宋遼金元史，自一九三五年至一九四〇年前後，於國學論衡、齊魯學報等發表箭内亘可敦城考駁議、耶律大石年譜、周文武陵考、蔑兒乞破滅年次考證等多篇論文。

受聘藍田國師，特别是於武漢大學執教期間，唐先生由於教學和科研工作的需要，在兼治遼金元史的同時，研究重心轉爲魏晉南北朝隋唐史諸領域。自二十世紀四十年代初至五十年代初，於燕京學報、歷史研究、學原、武漢大學社會科學季刊等發表論金代契丹文字之興廢及政治影響、蒙元前期漢文人進用之途徑及其中樞組織、敦煌所出郡姓殘葉題記、論五朝素族之解釋、清談與清議、唐代軍事制度之演變、白衣天子試釋、南朝的屯、邸、别墅及山澤占領、范長生與巴氏據蜀的關係等篇章。

一九五五年，唐先生所撰魏晉南北朝史論叢由三聯書店出版，對這一歷史時期許多前人未及或懸而未決的重大問題進行了研究，獲得了一系列富於啓迪性的結論或見解，在海内外學術界引起重要反響。陳寅恪先生曾致函稱賞，謂「寅恪于時賢論史之文多不敢苟同，獨誦尊作，輒爲心折」。論叢之問世，可視爲一九四九年以來我國史學界在充分占有諸種史料的基礎上，運用科學的歷史觀和方

法論，融會貫通，將考據學與理論探討彙爲一體，對這一歷史時期的田制和賦役制度、生産關係、階級結構、政治制度、兵制、民族問題、宗教及學術文化諸論題展開深入剖析的史學名著之一，也由此奠定了唐先生在中國中古史諸領域的學術地位。

二十世紀五十年代中期以後，唐先生又相繼撰著出版三至六世紀江南大土地所有制的發展（上海人民出版社一九五七年版）、唐書兵志箋正（科學出版社一九五七版）、魏晉南北朝史論叢續編（三聯書店一九五九年版）、魏晉南北朝史論拾遺（中華書局一九八三年版）和山居存稿（中華書局一九八九年版）等著作。並於歷史研究、中國史研究、文物、中華文史論叢、武漢大學學報、魏晉南北朝隋唐史資料及日本東方學、東方學報、東洋史研究等刊物發表均田制度的産生及其破壞、門閥的形成及其衰落、關於武則天統治末年的浮逃户、唐代宦官籍貫與南口進獻、漢末學術中心的南移與荆州學派、太平經與太平道、論南朝文學的北傳、錢塘杜治與三吴天師道的演變、魏晉南北朝の客と部曲、唐代の部曲と客等學術論文數十篇。特别是在其晚年目疾加重、身患癌症的情況下，以驚人的毅力撰著魏晉南北朝隋唐史三論（武漢大學出版社一九九二年版）一書，對其長期研究魏晉南北朝隋唐歷史做出理論性概括。他在東西方歷史比較研究的基礎上，對兩漢時期的社會性質進行了探討，提出了「亞洲型」封建社會的論斷；從依附關係的發展歷程即「客的卑微化與普遍化」入手，論證了「魏晉封建論」之重大問題；探討了南北朝時期南北方由於歷史條件的不同從而在社會經濟、政治制度、門閥體制、學術文化等方面産生的諸般差異；對唐代的變化逐一剖析，對唐代「南朝化」傾向之問題進行了系統論述，進而對中國封建社會前期階段性發展之特質及演變趨勢等做出了新的詮釋。

唐先生在古籍整理和研究方面同樣做出了重要貢獻。他的唐書兵志箋正一書，對舊史記載做了一系列去僞存真的鑒别工作，條分縷析，糾正了兵志記載中的許多疏漏和錯誤。一九五七年，他被聘爲國務院古籍整理出版規劃小組成員；一九六〇年底，參加中華書局點校二十四史工作，承擔其中「北朝四史」（魏書、周書、北齊書、北史）的點校，出任武漢大學歷史系「北朝四史」點校小組組長。一九六三年，赴京主持點校「北朝四史」。前後歷時十載，終告完成。這一點校本，既充分參考前人成果，又多發前人之所未發。他不僅根據册府元龜、通典等增補傳本魏書禮、刑二志中之脱葉、脱文，同時所撰寫的校勘記，廣徵博引，按斷精審，將校勘與考訂有機結合，融古籍整理與歷史研究於一爐，被海内外學術界視爲古籍整理的「優秀成果和範本」。

唐先生歷來重視出土文物、文獻資料。早在二十世紀四十年代末即對新興的敦煌學多所關注。一九五七年四月至九月，他在北京參加中國科學院歷史研究所學術活動期間，於科學院圖書館閱讀敦煌文書縮微膠卷，抄録大量卡片；曾向歷史研究所所長尹達先生提出成立敦煌學研究室之建議，因故未果。二十世紀五十年代末至一九七四年前後，新疆維吾爾族自治區博物館文物考古隊及吐魯番地區文物保管所曾發掘清理吐魯番晉唐古墓葬近四百座，出土大量古代官私文書。唐先生敏鋭地意識到這批文書重要的學術價值，遂於一九七四年建議國家組織專門力量對之進行系統整理，並於一九七五年與國家文物局王冶秋局長、復旦大學譚其驤教授一道親赴新疆考察，在庫車古道上，唐先

生因路途顛簸，右眼視網膜脱落，竟致失明。同年，因唐先生之倡議，經國務院批准，受命主持成立「吐魯番出土文書整理組」。他不顧眼疾，全身心投入文書的整理與研究，帶領一批中青年學者，對近萬枚文書殘片逐一識讀，通過紙質、書體加以綴合、録文，並在悉心考訂的基礎上予以斷代和定名，十易寒暑，終將吐魯番古墓葬所出此批十六國至唐代的官私文書，古籍殘卷、佛道文獻等整理完畢。主編吐魯番出土文書釋文本一至十册，圖文本一至四册，先後於文物出版社出版，使沉睡千年的古冢遺文公諸中外學人，並總結出一套科學的文書整理的規範和方法。唐先生又結合出土文書的整理，將之與中國中古史研究有機結合，主編敦煌吐魯番文書初探（武漢大學出版社一九八三年版）、敦煌吐魯番文書初探二編（武漢大學出版社一九九〇年版）。他所撰寫的吐魯番出土文書中所見高昌郡縣行政制度、唐肅代期間的伊西北庭節度使及留後、吐魯番所出唐代西州差兵文書跋、吐魯番文書中所見高昌郡軍事制度、唐貞觀十四年手實中的受田制度和丁中問題、唐西州諸鄉户口帳試釋、吐魯番文書中所見絲織手工業技術在西域各地的傳播、吐魯番文書所見的西州府兵等一系列有關出土文書與十六國至唐代歷史的重要專論，與新出文書之整理一道，將我國敦煌吐魯番學引向深入。

唐先生還致力於中國古代史教材建設與相關工具書的探索與研究。一九五五年，受高教部委託，主編中國通史（二）魏晉南北朝史講義及教學大綱；同年，在武漢主持高教部魏晉南北朝史教材編寫會議；一九六二年，應邀參加中國科學院哲學社會科學學部中國史稿審稿會議，負責審定魏晉南北朝隋唐部分。一九六五年八月，主編中國通史參考資料古代部分第三册（魏晉南北朝），由中華

書局出版。二十世紀八十年代初，唐先生被聘爲中國大百科全書總編輯委員會委員，中國大百科全書中國歷史編輯委員會副主任、隋唐五代史卷主編，他除了對該卷之條目逐條細擬、審定之外，還親撰「隋」等長文辭條。他還曾創辦魏晋南北朝隋唐史資料等刊物，與其他多位著名學者一道，共同發起創建中國唐史學會、中國敦煌吐魯番學會等學術團體，爲我國史學研究的繁榮和發展做出了貢獻。

唐長孺先生一生筆耕不輟，著述宏富，在其長達半個多世紀的學術生涯中，於中國古代政治、經濟、典章制度、民族、社會、宗教、學術文化、出土文獻諸領域縱横馳騁，皆有建樹，且不斷開掘學術研究的新課題。唐先生治學，嚴謹認真，實事求是，一絲不苟，既踵事增華，博取衆家之長，複獨辟新徑，形成了自己獨特的治學理路和學術風格。他注重對史料的充分占有和辨析，注意新資料的挖掘和運用，對相關資料去僞存真，去粗取精，洞悉史實之間的因果聯繫是唐先生治史的重要特點之一。而這一特點既包含了中國傳統「實證」史學的優秀成分，又使之在新的歷史條件下展示出無窮的學術魅力。他同時善於以小見大，從具體問題入手，透過具體的乃至零碎的片斷的史料記載，揭示出重大的歷史問題；他注重「循名核實」，從相關詞義的變化洞悉歷史演變的脈絡，獲得事關全局的重要結論，如所撰晋書趙至傳中所見的曹魏士家制度、九品中正制度試釋、西晋户調式的意義、南朝的屯、邸、别墅及山澤占領、唐代色役管見等即是；他十分注意各種歷史現象之間的内在邏輯和有機關聯，如討論士族問題，則密切關注其蔭客、免役之特權；研究兵制問題，則旁及户籍制、身分制、色役制及部曲、奴婢等相關經濟社會之内容，由此及彼，由表及裏，在研究的深度和廣度上達到了很高的境界。他研究每一論題，必探其淵源和流變，通過長時段的考察，探尋其「變化與發展」。如有關魏晉時期江南的學風、魏晉至唐之官府工匠、魏晉南北朝的客與部曲、唐代的客户、南朝文學的北傳諸篇，或上溯兩漢以至戰國時代，或下延至兩宋時期，體現出廣闊的歷史視野。與此同時，唐先生在實證研究與理論探討、微觀研究與宏觀考察的結合上以及歷史與邏輯的統一上達到了新的高度。如晚年撰成的魏晉南北朝隋唐史三論之許多篇章即爲之樹立了典範。總之，唐先生成爲一代史學大家絕非偶然，與他的學養、學風、對史料與理論的高度重視以及不懈探求的學術精神密切相關。他晚年自題的聯語「著書敢期延歲月，湖山倘許小盤桓」，表達了他對人生的通達和學術的執著追求。且常謂：「史家『四才』須銘記，爲文切忌『急就章』」，這是他自勉之語，也是他教示學子之箴言。唐先生的學風、學術成就、學術理路和研究方法作爲二十世紀中國史學的優秀遺産之一，值得珍視和繼承。

由於唐先生的論著發表或出版於不同時期，有不少篇章已不易搜求；甚至一些專著也因出版經年，迄無再版，而於坊間難以獲見。他的相關論著，除魏晉南北朝史論叢、三至六世紀江南大土地所有制的發展、唐書兵志箋正、魏晉南北朝史論叢續編、魏晉南北朝史論拾遺、山居存稿、魏晉南北朝隋唐史三論等係他生前業已結集出版之外，尚有不少論文散見於各種報刊，另有一些手稿、講義、劄記等未公開刊行。爲滿足學術界的需要，繁榮學術研究，同時便於海内外學人相對全面地瞭解和研究唐先生的學術道路和學術思想，我們在中華書局的大力支持下，對其論著進行了一定程度和一定

範圍的搜集、整理，結集爲八卷本唐長孺文集。

經審慎協商，唐長孺文集確定如下取捨標準：

（一）譯著暫不收録，但與古史相關的重要譯文酌情收録。

（二）先已發表，後又經作者親自修改、補充的論文，只收最後修訂稿，原刊不再收録，如武則天統治末年的浮逃户、北涼承平七年寫經題記與西域通往江南的道路、舊唐書中關於元和三年對策案的矛盾記載、貞觀十四年手實中的合受田等。

（三）個别時代色彩較濃的論文，暫不予收録。

（四）序跋類文章，酌情收録。

（五）講義類暫酌收一部分。手稿中國中古史大綱中卷、中國中古史大綱補編、中國近古史大綱（講稿）等，因卷帙浩瀚，眉批繁複，擬另行刊印。

唐長孺文集的校核、整理或加工，大致遵循如下原則：

（一）文集悉用通行規範繁體字竪排，全式標點，人名、地名、書名等標專名線。特殊情況下（如敦煌吐魯番文書録文）適當保留異體字、古今字；原屬内刊稿或未刊稿中尚難辨識的文字以□標出。

（二）作者生前已刊專著、論文，以原書、原文爲底本；原文或原稿有疑問處，或參考作者修訂本及手稿做較大增删改動者，則一律出按語加以説明（專著置於出版説明或整理附記中，論文置於文

末)。

(三)引文校核，一般依據作者所用版本或通行本，明顯錯訛處徑改；版本異文原則上不做改動。所引古籍、前人今人論著的指稱(如簡稱或其他習慣用法)，不予統一，以保留原貌。

(四)除個別文章外，注釋一律採用脚注。凡援引作者已刊專著、論文的注釋，雖頁碼變動，原所示參見之頁碼、注碼等，仍舊保留，另注明文集本頁碼、注碼。

唐長孺文集各卷所收專著或大致篇目如次：

第一卷　魏晉南北朝史論叢

第二卷　魏晉南北朝史論叢續編、魏晉南北朝史論拾遺

第三卷　山居存稿

第四卷　魏晉南北朝隋唐史三論

第五卷　唐書兵志箋正(外二種：三至六世紀江南大土地所有制的發展、魏晉南北朝史籍舉要)

第六卷　山居存稿續編

第七卷　山居存稿三編

第八卷　講義三種(秦漢三國史、魏晉南北朝史三章、魏晉南北朝隋唐史)。附唐長孺先生生平及學術編年

武漢大學中國三至九世紀研究所師生、歷史系相關同事和唐長孺先生的學生、子女等分别承擔了唐長孺文集的整理或校核工作。兹大致條列，以志其事。第一卷，魏斌、劉安志、朱海；第二卷，劉安志、何德章、朱海；第三卷，凍國棟、何德章、劉安志、朱海、申萬里；第四卷，凍國棟、朱海、黄樓；第五卷，孫繼民、王延武、劉安志；第六卷、第七卷，朱雷、凍國棟、何德章、劉安志、朱海、申萬里、黄樓、姜望來；第八卷，唐剛卯。其中，唐長孺先生生平及學術編年與文集前言由凍國棟執筆。石墨林在文集各卷的複印、收寄等方面承擔了不少工作。

唐長孺文集的整理與出版，還獲得諸多單位和友人的幫助。唐先生不同時期的學生在文集的編選和清樣的審讀方面，也付出了勞績。先後參與這一工作的有張澤咸、張弓、李文瀾、王素、黄正建、孫曉林、李方諸先生。此外，一些學界同行或建言獻策，或幫助複製、翻拍唐長孺先生早年文稿，多方襄助，不能一一列名，謹在此一併表示衷心的感謝。

程千帆先生、啓功先生、金克木先生生前對唐長孺文集的出版均十分關心。啓功先生還曾抱病親爲題簽，令人感銘。

武漢大學中國三至九世紀研究所

二〇一〇年六月

目録

第二篇　論南北朝的差異

緒論——漢代社會結構

魏晉時期是一個變革的時期，經濟、政治、軍事、文化各方面都呈現出有別於兩漢的時代特徵。當然，這種差别並非突然發生，中間有個漸變過程，因此我們有必要先對漢代社會結構及其相關問題略作探索。

在漢代全部人口中，自耕農民占有很大的比重，這一點在史學界並無争議。但以兩漢四百年而言，自耕農民所占比重是有起伏的，大致西漢前期最多，武帝以後隨着土地兼并的加劇，自耕農數字也就相應減少。著稱的晁錯令民入粟拜爵疏記述了西漢文帝時自耕農的境遇。大抵五口之家，兩個勞動力，有田百畝，年收穫百石，平時生活已很拮据，如遇「水旱之災」，或「急政暴賦」，有儲積的人家只得半價出賣其收穫物，没有儲積的則不免向商人、高利貸者借債，還不起就出賣田宅，甚至鬻賣子孫。〔一〕同時代的賈誼也曾在上疏中談到「失時不雨，民且狼顧，歲惡不入，請賣爵子」。〔二〕這樣的農家在西漢前期大概是較普遍的。

晁錯談到貧困農民迫於債務「賣田宅鬻子孫」，子孫自然被鬻賣爲奴婢，賣去了田宅的農民則多

〔一〕漢書卷二四上食貨志。
〔二〕漢書卷二四上食貨志。

半成爲佃農和雇農，也有流入城市成爲雇工。在武帝時大概從自耕農中分化出相當數量的佃農，人所熟知，董仲舒在武帝時曾建議「限民名田」，他譴責秦「除井田民得賣買」，以致「富者田連阡陌，貧者亡立錐之地」。他又譴責賦役沉重，迫使自耕農喪失土地，淪爲佃農。他説：

或耕豪民之田，見稅十五。故貧民常衣牛馬之衣，而食犬彘之食。重以貪暴之吏，刑戮妄加，民愁亡聊，亡逃山林，轉爲盗賊，赭衣半道，斷獄歲以千萬數。漢興，循而未改，古井田法雖難卒行，宜少近古，限民名田，以澹不足，塞并兼之路。〔一〕

董仲舒提到了對半分成的佃農，認爲這是自秦廢井田之後的事，漢代循秦之弊。顯然，這種「或耕豪民之田」是和「貧者亡立錐之地」相聯繫的。「或耕豪民之田」的「或」字，表明喪失土地的小農只有一部分從事佃耕。但「或耕豪民之田」的佃農盡管非常困苦，却看不出他們對地主有任何人身依附關係。

史記卷一二二酷吏寧成傳記成得罪歸家後：

貰貸買陂田千餘頃，假貧民，役使數千家。

唐人張守節正義曰：「假貧民，言假借貧民力營而分其利也。」〔二〕解釋爲分成制佃農。按漢書卷九〇

〔一〕漢書卷二四上食貨志。

〔二〕正義此條，今中華書局點校本未收。一九五五年文學古籍刊行社出版史記會注考證（日本瀧川資言考證本）卷一二二寧成傳收録。

酷吏寧成傳本條顔師古注却云：「假，謂雇賃也。」則是雇農。但是顔師古在另一處的解釋又和張守節略同。漢書卷二四上食貨志載王莽下令曰：「漢氏減輕田租，三十而税一，常有更賦，罷癃咸出，而豪民侵陵，分田劫假，厥名三十，實什税五也。」「分田劫假」下師古注：「分田，謂貧者無田而取富人田耕種，共分其所收也。假亦謂貧人賃富人之田也。劫者，富人劫奪其税，侵欺之也。」很清楚，在這裏師古也認爲「假」是貧人租賃富人之田，「分田劫假」即地主剥削佃農的手段。假就是假借，並無異義，顔師古所以二處解釋不一，在於所假對象各異。寧成傳稱「假貧民」，師古釋爲「雇賃」貧民，即所假者爲勞動力，張守節也解釋爲「假借貧民力營而分其利」，「分其利」當然是佃農，但他也把「假貧民」解釋爲寧成假借貧民力營田，這和師古解釋「分田劫假」之「假」爲「貧人租賃富人之田」雖一，而「假」的是人還是田却有不同，所以志、傳注不一致。

究竟寧成「役使數千家」是雇農還是佃農，我們不能斷言。至於王莽令中所説的被「分田劫假」的農民當然是佃農無疑。

西漢自武帝以後土地兼併日益嚴重，喪失土地的貧苦農民日益增多，佃農在全部人口中的比重必然有所滋長，但在身分上他們和自耕庶民一樣，是自由佃農。

西漢末期開始見到參加農牧業勞動的客，他們也是分成制佃農，但是帶有一定程度的依附性。東漢晚期，這類具有依附性的客日益增多，但盡管如此，一般佃農在東漢時仍然是很多的。荀悦前漢紀卷八文帝十三年（前一六七）六月「詔除民田租」條荀悦論曰：

古者什一而税，以爲天下之中正也。今漢民或百一而税，可謂鮮矣。然豪强富人占田逾侈，輸其賦太半。官收百一之税，民收太半之賦，官家之惠優於三代，豪强之暴酷於亡秦，是上惠不通威福分於豪强也。今不正其本而務除租税，適足以資富强。

以下荀悦歷叙西漢董仲舒、何武的限田之議，並詳述井田制。他以爲漢初和光武中興時，地廣人稀，恢復井田制「立之易矣」，當時既没有恢復井田，現在只能「宜以口數占田」。我想他這部書，至少是這段議論，很可能寫於董卓亂前。他這段議論雖針對文帝十三年「詔除民田租」而發，而叙述其豪强富人兼併，則實兼包兩漢。大致東漢末年和西漢末年情况相同，只是董仲舒、王莽都説佃農交納田租爲什五之税，即對半分成，而荀悦説「太半之賦」，則是地租高達收穫量的三分之二。我們知道東漢末年已明顯出現具有封建依附性的「徒附」，與奴連稱「奴客」，故荀悦所説就不一定都是自由佃農。但總的來説，我們認爲漢代存在着相當數量的佃農，他們的身分與自耕農民相同，都屬於庶民，他們是自由佃農。至於那種帶有封建依附性的客的卑微化與普遍化，則是在東漢末至三國時期，這將在下文討論。

耕種主人的土地，或隨主人墾種荒田，主客分成，以後稱爲佃客；由主人供給衣食，受主人庇護而爲之服役，後來稱爲衣食客。還有一種接受雇值服役的客。崔寔政論説到地方官「雖欲崇約，猶當有從者一人，假令無奴，當復取客，客庸月一千」。〔一〕這種客承擔的是非生産性勞動。可以肯定漢代

〔一〕群書治要卷四五引政論。

農業和手工業中都有這種接受雇值的勞動者。陳勝爲人傭耕是衆所周知的，傭耕就是雇農。賈誼過秦論説「陳涉，甕牖繩樞之子，甿隸之人，而遷徙之徒」。〔一〕以傭耕比於「甿隸」，極言其貧賤。後漢書卷一一劉盆子傳記赤眉入長安，設樂大會，諸將不遵禮儀，隨意起坐，大司農楊音按劍罵曰，「諸卿皆老傭也」。老傭顯然是一種罵詈之辭。據史籍記載，欒布窮困賃傭於齊爲酒人保，高漸離變名姓爲人傭保，東漢杜根逃竄宜城山中爲酒家保，夏馥在黨錮事起後變形隱姓入林慮山爲冶家傭。〔二〕按方言卷三云：

臧、甬、侮、獲，奴婢，賤稱也……自關而東，陳魏宋楚之間，保庸謂之甬。

本條所謂賤稱均即奴婢之類，則保傭身分與奴婢相類。楚辭抽思「固庸態也」，王逸注：「厮賤之人也，皆以庸爲之。」〔三〕亦可見雇傭地位低下。史籍中有時甚至傭奴、傭隸並稱。〔四〕三國志卷二八王淩傳注引魏略，稱單固罵楊康爲「老庸」，又罵爲「老奴」。通鑑卷七五本條胡注云：「傭，雇也，奴僕受雇者曰傭，老傭，猶言老奴也。」按傭雇畢竟不等於奴婢，胡注所謂「奴僕受雇者曰傭」未知何據，但從中可見，傭的實際社會地位低下，乃是事實。方言卷三又云：「佁、𠋤，農夫之醜稱也。南楚凡罵庸賤

〔一〕史記卷六秦始皇本紀。
〔二〕史記卷一〇〇欒布傳，卷八六刺客荆軻傳；後漢書卷五七杜根傳，卷六七黨錮夏馥傳。
〔三〕楚辭卷四抽思。
〔四〕史記卷八九張耳傳；吴越春秋卷七勾踐入臣外傳。

爲田佁，或謂之䞋，或謂之辟。辟，商人醜稱也。」農夫也蒙受各種「醜稱」，但不是「賤稱」，此條不與奴婢相連。而辟爲商人醜稱，漢代商人例被賤視，列入七科謫戍行列，但畢竟不與奴婢同類。由此可見，農夫（包括自耕農和佃農）和傭耕、傭保身分不同。不過傭的地位誠然低下，但身分却仍然是自由的。後漢書補注卷一一劉玄傳「其所授官爵者皆群小賈豎或有膳夫庖人」條下，惠棟注引東觀漢記云：

> 更始在長安，官爵多群小。里閭語曰：「使兒居市決作者，不能得傭，之市空返，問何故，曰，『今日騎都尉往會日也』。」

此條記載長安民間嘲笑更始官爵之濫，傭雇之人都當上騎都尉。據此可知當時待雇之傭多聚於市，需要傭作者可以到市上去雇傭，就雇與否是自由的。

傭保的社會地位和客有類似之處。他們實際身分卑微，甚或傭奴並稱，正與奴客並稱相似。傭保雖然受雇主的庇護，却也和客一樣，並不具有法律上的依附關係。兩漢編户齊民都著於户籍，稱爲名數。史籍所載高漸離、杜根、夏馥皆爲避罪亡命，欒布梁人而賣傭於齊，他們都不是當地人，自然在當地户籍上無名，也不承擔賦役。在這種情況下主人對他們是庇護者，這也和客有類似之處。正因爲客與傭如此之相似，因而有時可以連稱或互稱。後漢書卷六四吳祐傳：

> 公沙穆來游太學，無資糧，乃變服客傭，爲祐賃春。

本條即客傭連稱。當然傭和客還是有區别的。那些手工作坊、酒家的傭保從未通稱爲客，而爲主人效命的劍客死士之流大概也不能稱爲傭保。傭大抵都是以勞力取得雇值，而客却不一定是勞動者，也不一定受相應的傭值。一般來説，客的身分略高於傭。至於兩漢時期傭和客究竟在全部人口中占多大比例，今已不得而知。

兩漢時期特别是西漢，是奴隸生産制最盛的時代，奴婢在全國總人口中的比例可能是中國歷史上最高的。但如所周知，較之自耕農和自由佃農仍要少得多。

漢代大冶鐵商人卓王孫、程鄭等擁有成百上千的奴僮；魚鹽商人刁間使用奴隸「逐魚鹽商賈之利」，起富數千萬；竇少君被掠賣爲奴，與他奴一起上山燒炭；張安世家僮七百人皆有手伎作業。〔一〕總之，漢代手工業大量使用奴婢生産，乃爲人所熟知，無須贅舉。

值得特别注意的是農業領域的奴隸生産制。史記季布傳載朱家一次購買季布在内的數十名奴隸而「置之田」，並將田事委託季布負責，被認爲是西漢早期農業中使用奴婢的一條典型例證。湖北江陵鳳凰山漢墓（文、景帝時）竹簡的出土，證明這種現象在西漢初非常普遍。鳳凰山八號墓遣策所記直接從事農業勞動的有「操柤（鉏）」大婢八人，「將田操臿」的大奴一人，「芻牛」的小奴一人；九號墓遣策所記有「田、操柤」的大婢四人，「田、操臿」的大奴一人；一六七號墓記有「耕大奴四人」，小奴一人「持臿」；一六八號墓的簡牘中記有「大奴良等廿八人，大婢益等十八人」，遣策則分别記爲「田

〔一〕史記卷一二九貨殖列傳，華陽國志卷三蜀志；漢書卷九七上外戚孝文竇皇后傳，卷五九張湯附子安世傳。

又二人，大奴」，「田者男女各四人，大奴大婢各四人」；一六九號墓的遣策記有「田者三人」、「服祖一」等。上述各墓的木俑大體都能同簡策所記相對應，雖不能認爲簡策所記就是墓主生前擁有奴婢的實録，但仍可充分證明農業中使用奴婢勞動的普遍。女奴和小奴也構成農業奴隸勞動的一部分，則在一定程度上反映了農業生産中對奴隸的較大需求。〔二〕鳳凰山漢墓墓主，爲九級爵五大夫，當時九級以上爵屬高爵，但也不過是一般低級官吏，更大的可能是嗇夫有秩之類的鄉級胥吏。我們知道秦漢時規定家貧不得推擇爲吏，能充當鄉縣胥吏的至少是較富裕的自耕農，恐怕更多的還是擁有較多土地的人。這些人的土地主要由奴隸耕作，亦反映了農業中奴隸勞動的普遍。這雖是江陵鳳凰山一地墓葬所見，聯繫有關史籍，我們不應該認爲這是個别地區的特殊情况。

江陵鳳凰山漢墓約在文帝景帝時代，同時代人賈誼、晁錯上疏都談到商人兼併農民，貧困農民賣爵子、鬻賣子孫償債。文、景時自耕農尚屬穩定，但分化仍在進行，窮困淪落的自耕農一般是成爲土地所有者的奴隸或帶有奴隸烙印的傭耕。「或耕豪民之田」的佃農在武帝以後才逐漸多起來。我們知道西漢時不少商人擁有大小不等的土地，耕作者主要是奴隸。史記卷三〇平準書載武帝時算緡令有云：「賈人有市籍者，及其家屬，皆無得籍名田，以便農，敢犯令，没入田僮。」司馬貞索隱曰：「若賈人更占田，則没其田及僮僕，皆入之於官。」僮與田相連，當即耕種所没收田地的僮僕。平準書又記武

〔一〕 俞偉超：古史分期問題的考古學觀察，文物，一九八一年第五期。

帝推行算緡令後，「得民財物以億計，奴婢以千萬數；田大縣數百頃，小縣百餘頃，宅亦如之，於是商賈中家以上大率破。」這一條也説明商人中等以上並擁有土地和奴婢，其中至少有一部分奴婢使用於農業勞動。

西漢末年，土地兼并更加嚴重，漢書卷二四上食貨志記師丹在哀帝時建議限田，也將土地與奴婢並提。他説孝文帝承秦末大亂之後，天下空虚，民始充實，没有兼并之害，「故不爲民田及奴婢爲限」，如今承平已久，貧富差異大，民田「宜略爲限」。於是丞相孔光、大司空何武奏請：

諸侯王、列侯皆得名田國中，列侯在長安，公主名田縣道，及關内侯、吏民名田皆毋過三十頃。諸侯王奴婢二百人，列侯、公主百人，關内侯、吏民三十人，期盡三年，犯者没入官。

志稱「時田宅奴婢賈爲減賤，丁傅用事，董賢隆貴，皆不便也，詔書且須後，遂寢不行」。按孔光等限田限奴婢的數量都是非常小的，外戚如丁傅，佞幸如董賢，均反對此舉，正説明當時王公貴戚擁有的土地奴婢遠過此數。董仲舒早就指出，那些「身寵而載高位、家温而食厚禄」者，「因乘富貴之資力」，「衆其奴婢，多其牛羊，廣其田宅，博其産業，畜其積委，務此而亡已，以迫蹴民，民日削月朘，浸以大窮」。[一]上自高官貴族，下至見於鳳凰山漢墓簡策的九級爵五大夫，都擁有多少不等的奴婢，西漢時期，奴隸主在剥削階級中占有較大比例。

[一] 漢書卷五六董仲舒傳。

限田與限奴婢並提暗示二者的密切關係，以後王莽居攝時下令「更名天下田曰王田，奴婢曰私屬，皆不得賣買」，〔一〕也是土地奴婢並提。但這次只是限田，而沒有限奴婢數。

自武帝時董仲舒建議限田及「去奴婢，除專殺之威」，至師丹要求限田限奴婢，王莽禁止土地和奴婢買賣，説明土地兼并和奴隸制度一直是西漢突出的社會經濟問題。經過三百年，到了西晉，推行限田性質的占田制時，連帶的已不是限奴婢，而是限客了，這無疑是一個巨大的變化，當然這其中有一個緩慢而長期的變化過程。

後漢書卷三二樊宏傳：

南陽湖陽人也，……爲鄉里著姓。父重，字君雲，世善農稼，好貨殖。重性溫厚，有法度，三世共財，子孫朝夕禮敬，常若公家。其營理產業，物無所棄，課役童隸，各得其宜，故能上下戮力，財利歲倍，至乃開廣田土三百餘頃。其所起廬舍，皆有重堂高閣，陂渠灌注。又池魚牧畜，有求必給。嘗欲作器物，先種梓漆，時人嗤之，然積以歲月，皆得其用，向之笑者咸求假焉。貲至巨萬，而賑贍宗族，恩加鄉閭，外孫何氏兄弟争財，重耻之，以田二頃解其忿訟。縣中稱美，推爲三老，年八十餘終。其素所假貸人間數百萬，遺令焚削文契。責家聞者皆慚，争往償之，諸子從敕，竟不肯受。

〔一〕漢書卷九九中王莽傳。

本傳形象地描述了一個自給自足的莊園，我以爲是個奴隷制莊園。傳稱「課役童隷，各得其宜」，與張安世家奴婢「無游手」相似。雖然傳中强調了自給自足性質，但自給自足並非只是封建經濟特徵，前資本主義社會在不同程度上都具有自給自足性質。值得注意的是，傳中説樊重「好貨殖」，可知這一家也有商業活動。樊重是西漢末年人，傳中没有説他家的具體奴婢數字，從園宅規模和經營範圍之廣大看來，奴婢必不在少數。後漢書卷八二折像傳：

（像父）國，有貲財二億，家僮八百人。……國卒，感多藏厚亡之義，乃散金帛資産，周施親疏。〔二〕

折國有家僮八百人，本傳雖不言他們從事勞動，當然不會只是隨從以及供家内勞動。同書卷三四梁統附玄孫冀傳記冀横暴，有云：

又起别第於城西，以納姦亡，或取良人，悉爲奴婢，至數千人，名曰自賣人。

按掠賣良人爲法律所不容，自賣却是法所不究，單以自賣人名義作奴婢的就有數千人之多，本非良人的奴婢尚不在内，梁冀擁有如此衆多的奴婢，至少不小一部分用於農業和手工業生産。藝文類聚卷三五人部奴引風俗通曰：「南陽龐儉，少失其父，後居廬里，鑿井得錢千餘萬，行求老蒼頭，使之耕種，直錢二萬。」則是買奴以主耕作的事例。

〔二〕 參據華陽國志卷一〇中先賢士女總贊廣漢士女馮顥、段恭諸傳，知折像爲順桓間人。

人所共知，光武帝從建武二年到十四年先後多次下詔赦免奴婢，要求改變對奴婢的專殺和虐待。歷次放免奴婢的詔書，除了建武二年（二六）五月的第一次具有普遍性以外，其他都是在一定條件下放免。建武二年時光武帝統治區域只限於河南、北，並且在該區域内政權也没有完全穩定，此後雖然多次放免，實際上仍具有很大的局限性。其所以多次放免，我以爲主要是爲了新建立的政權多獲得提供賦役的國家編户，同時也是爲了安撫青、徐、凉、益等新平定區域的人民，而並不意味着東漢政權有意廢棄奴隸生産制。儘管如此，東漢時期奴隸地位仍有新的提高。後漢書卷一下光武紀建武十一年（三五）記有三次有關奴隸待遇的詔書：

二月詔：「天地之性人爲貴，其殺奴婢，不得減罪。」

八月詔：「敢灸灼奴婢，論如律，免所灸灼者爲庶人。」

十月詔：「除奴婢射傷人棄市律。」

三次詔書仍然以奴婢在法律上的卑賤地位爲基礎，但多少説明奴婢的待遇至少在法律上有所改善。

如上所述，東漢時豪富如折像、梁冀仍然擁有大量奴婢，但對奴婢的待遇在逐漸寬緩。同時身分不太明確的客更多地使用於勞動生産，他們對主人的依附關係在逐漸强化。

毫無疑問，東漢時期奴隸生産制仍然在社會生産中占有一定的比重，但值得注意的是，非奴婢的依附者數量却在增加。仲長統昌言理亂篇、損益篇所述的豪人是如所周知的，他們「膏田滿野」，「田畝連於方國」，擁有大量的土地；「船車賈販，周於四方，廢居積貯，滿於都城」，而且「馬牛羊豕，山谷不能受」，即同時經營商業、畜牧業；隸屬於這些豪人的人口是「奴婢千群，徒附萬計」。漢代計算財富往往只列舉奴婢數量，而從來不及非奴婢的從屬人口，這裏除了「奴婢千群」外，尚有成萬的「徒附」。李賢注「徒，衆也；附，親也」，那只是望文生義。漢代徒即刑徒，他們是官奴婢的主要來源之一。刑徒在服刑期間等同於奴婢，因此徒也引伸爲一種賤稱，但徒畢竟不同於奴，他們有刑期限制，所謂徒附當即隸屬豪人的封建依附者。通典卷一田制引崔寔政論譴責秦始皇毀壞法度，尊獎并兼之人：

於是巧猾之萌，遂肆其意，上家累鉅億之貲，斥地侔封君之土，行苞苴以亂執政，養劍客以威黔首，專殺不辜，號無市死之子，生死之奉，多擬人主。故下户踦𨁏，無所跱足。乃父子低首，奴事富人，躬帥妻孥，爲之服役，故富者席餘而日熾，貧者躡短而歲踧。歷代爲虜，猶不贍於衣食。生有終身之勤，死有暴骨之憂，歲小不登，流離溝壑，嫁妻賣子，其所以傷心腐藏，失生人之樂者，蓋不可勝陳。

崔寔所説的下户是喪失了土地的農民，「無所跱足」亦即無容足之居。他們父子妻孥全家爲富人服役，而且「歷代爲虜」。文中没有説明這些下户是富家的雇傭或佃耕，從「歲小不登，流離溝壑，嫁妻賣子」等語來看，似乎是佃耕。我以爲下户也就是仲長統所説的「徒附」的前身。崔寔所説的東漢富人比之於秦烏氏及巴寡婦清，又是「斥地侔封君之土」，和仲長統所説的「田畝連於方國」，兼營商業、畜牧業的豪人亦同。

下户雖然全家爲富人服役，而且歷代如此，似乎具有强烈的依附關係，但從下文崔寔建議移民看來，他們仍然是庶民，不是私屬。前文提到西漢時存在着佃農或半自耕佃農，他們受封建地租剥削，但仍然是編户庶民，身分上是自由的，但崔寔所説「下户」與「上家」的關係，有如仲長統所説的豪人與其依附者的關係，「相與同爲編户齊民，而以財力相君長」。〔一〕崔寔所説的「下户」狀況，表明自由佃農逐步走向封建化，他們和庸客一起，逐漸成爲了仲長統所説的「徒附」。

上文提到梁冀别第中收納流亡。流民問題在東漢是突出的問題，據後漢書記載，自光武帝建武十二年（三六）到靈帝中平五年（一八八），有關流民問題的記載多達二三十次。〔二〕流民大致包括貧困的自耕農和崔寔所説的「下户」亦即有户籍的佃農，東漢政府曾經通過開放皇室苑囿假與流民耕種，減輕租税，以賜爵鼓勵流民隨處占籍等措施，希望把流民安定下來，但是並没有收到預期的效果。流民構成貴族官僚和所謂上家、豪人田園别墅中勞動人手之另一來源，和下户不同的是，他們是在當地没有户籍的客。

西漢是商品貨幣經濟相當發達的時代。史記卷一二九貨殖列傳載：

安邑千樹棗；燕、秦千樹栗；蜀、漢、江陵千樹橘；淮北、常山已南，河、濟之間千樹萩；陳、

〔一〕後漢書卷四九仲長統傳。
〔二〕參見王仲犖魏晉南北朝史上册第五一—一〇頁所列流民情况表。

夏千畝漆；齊、魯千畝桑麻；渭川千畝竹；及名國萬家之城，帶郭千畝畝鍾之田，若千畝卮茜，千畦薑韭：此其人皆與千户侯等。

上舉各種果樹、漆、竹、麻以及城市郊區的顏料、蔬菜諸經濟作物的種植，都是以千畝、千畦計，顯然不是爲了自給自足，而是爲市場生産的商品。據西京雜記卷四記載，在所謂「名國萬家之城」的長安，成帝時有名叫陳廣漢的，家有東西二囷米，共一千四百四十六石。另有「藷蔗二十五區，應收一千五百三十六枚；蹲鴟三十七畝，應收六百七十三石。千牛産二百犢，萬雞將五萬雛。」以及「羊、豕、鵝、鴨」，「果蓏肴蔌」等。〔一〕這恰好爲上引貨殖列傳提供了一個具體實例，城郊種植大批經濟作物，盛行畜牧業生産，顯然是爲了供應長安市場需要。這些田園上的直接勞動者究竟是什麽身分，史無明文，據上述手工業、商業以及農業方面的情況，我們不難推測是奴婢或帶有奴婢烙印的傭、客。西漢農業領域中的商品生産是和奴隸生産制相聯繫的。

手工業方面自武帝鹽鐵官賣以後使用奴隸生産，最大的冶鐵、煮鹽業不再有私營，東漢也仍然官營。但其他手工業作坊恐怕仍然使用奴婢。〔二〕史記卷一二九貨殖列傳記西漢有以賣漿致富的張氏，修理舊刀劍致富的郅氏，製賣乾肉致富的濁氏，這些飲食業作坊主能够藉此致大富，規模必然不小，

〔一〕太平御覽卷四七二人事部富引西京雜記載「茂陵富人袁廣漢藏鏹萬億」云云，疑即此人。

〔二〕拾遺記卷六記：「郭况，光武皇后之弟也，累金數億，家僮四百餘人，以黄金爲器，工冶之聲，震於都鄙，时人謂郭氏之室，不雨而雷，言其鑄鍛之聲盛也。」此即以奴僮從事手工業勞動的事例。按郭况即光武郭皇后弟，見後漢書卷一〇皇后紀。

作坊中的直接勞動者也應爲奴婢及傭、客。因而西漢時手工業的商品生産也是和奴隸生産制相聯繫的。正是在大量奴隸勞動的基礎上，並實現了一定程度的專業化和簡單協作，才帶來了西漢商品貨幣關係的繁榮。

東漢時仍然存在着大商富賈，但似乎主要是囤積居奇，轉運販賣，有如仲長統所説「舟車周乎四方」的巨商。而且如王符潛夫論卷一務本所説，當時百工「好造雕琢之器，巧僞飾之，以欺民取賄」；商賈「競鬻無用之貨，淫極之弊，以惑民取産」；也就是説多是一些滿足統治階級所需要的奢侈消費品。史記貨殖列傳所舉通都大邑中貿易的數十種主要屬於生産、生活資料的重要商品，已爲鮮見。那種專業性的以生産商品爲目的的大種植業主可能没有絶迹，但畢竟是衰弱了。西漢時在社會經濟領域裏，商品市場上最活躍的商人是奴隸主，市場上的商品不小一部分是由奴隸勞動生産的。東漢中葉以後商業不如西漢繁盛，反映奴隸生産制已日趨衰落。

也正是由於商品經濟的衰弱，東漢時，實物逐漸在納税和交换關係中代替了貨幣。漢代算賦本來徵納錢，東漢時期有迹象表明，正在轉變爲納布帛，而且由按丁口交納演變爲按户交納。〔二〕

總之東漢是一個由奴隸社會走向封建社會的過渡階段，其社會結構特徵是：自耕農在全部人口中仍然占較大的比例；奴隸生産制在社會生産領域中呈現衰退現象，商人奴隸主不再是生産領域内

〔一〕　拙撰魏晋南北朝史論叢，三聯書店一九五五年版，第六三——六五頁（文集本五九——六一頁）。

最活躍的分子，商業活動主要是囤積貨物，轉運販賣，而不像西漢那樣存在着廣泛的種植園主和手工作坊主；對奴婢的控制有所鬆弛，西漢時期的自由佃農逐步轉變爲具有封建依附關係的所謂「下户」，賓客的身分正在日趨低落，封建化的自由佃農、賓客和雇傭組成所謂「徒附」。在大地産上「徒附」或「客」與奴婢都是直接勞動者，封建依附關係逐漸居於優勢。

東漢仍然是亞洲型的奴隸社會，封建化尚未完成。實際上由於中國是一個亞洲型的國家，奴隸社會帶有亞洲社會的特徵，封建社會同樣也帶有亞洲型的特徵，這就是奴隸社會中奴隸在全部人口中只占很少的一部分，西漢奴隸數量即使按最高的估計也遠遠少於自耕農與自由佃農。魏晉時期的封建化也很不徹底，而且法律上認可的封建依附者爲數非常之少。我們只能説兩漢時代的勞動者除了真正的奴隸以外，其他的勞動者，有如雇傭、刑徒，都帶有奴隸的烙印，這就是奴隸社會。魏晉以後，除了法律認可的封建依附者而外，其他生産勞動者，被蔭庇的佃客、蔭户，官府手工作坊中的工匠，都帶有類似農奴的烙印，如此而已。

構成漢代奴隸社會的特點之一，是奴隸來源的局限性。漢代奴隸除了出於西南夷的所謂滇僰僮及所獲匈奴等諸族戰俘以外，不管出於掠賣、家長賣、自賣乃至出自罪人，基本上都是漢族人。由於奴隸多從本族平民轉化而成，自然會減少在籍編户數量從而損害國家的利益，因而政府禁止掠賣良人。從董仲舒起，不斷有人主張對私家奴婢人數加以限制，以保證國家的賦役對象，這就是東漢光武帝時釋放奴婢的主要原因，從而勢必對奴隸數量的增加造成某種限制。西漢時奴隸市場興盛，史記貨殖列傳所列交易商品中，有「僮手指千」一項。據考察，從西漢到東漢早期，奴婢價格比較穩定，東漢晚期價格開始增高，曹魏時又高於兩漢。〔一〕逐步高昂的奴隸價格正反映奴隸來源的缺乏，也表明奴隸生產制的衰落。

綜觀兩漢社會結構及其演變，大體可得如下概念：兩漢時期特别是西漢，是奴隸生產制最盛的時代，奴婢占全國總人口中的比例可能是中國歷史上最高的時期，也是在社會經濟生活中起作用最大的時期，工商業及農業領域的大宗商品生產，大抵出於奴隸或帶有奴隸化烙印的傭、客之手。大工商業及大種植業奴隸主是社會生產和交换領域中最活躍的分子，也是剥削階級中的骨幹。當然在兩漢，包括奴隸生產最盛的西漢時期，作爲編户齊民的自耕農，始終是國家的基本賦役對象，始終是普遍、大量存在的，但他們在東漢時所占比重呈現出下降的趨勢。更重要的是，自耕農經濟成分程度不同地受到奴隸制關係的制約，貧困破產的編户齊民通過各種方式淪爲奴隸，是兩漢特别是西漢前期絶大多數破產小農的歷史命運。破產自耕農也有淪爲工商及種植奴隸主的客、傭，其低賤的地位仍帶有奴隸的烙印。武帝以後「或耕豪民之田」的佃農日益衆多，他們在法律身分上是自由的，但處境却每況愈下，及至崔寔政論中的「下户」，則明顯帶有封建依附者的痕迹，類若仲長統昌言中的「徒附」。與之相應的是自耕農的繼續破產，流民的增多，奴婢地位的有所改善，以及此後漢魏之際客的

〔一〕　王仲犖：《峼華山館叢稿》，中華書局一九八七年版，第五〇——五三頁；吴榮曾：《試論秦漢奴隸勞動與農業生產的關係》，載《鄭天挺紀念論文集》，中華書局一九九〇年版；三國志卷二七王昶傳，世説新語卷下排調第二十五「符朗初過江」條。

卑微化與普遍化，這些我們將在下文論及。

附注： 關於漢代社會結構問題，參考了下列同志論著中的一些觀點：王思治兩漢社會性質問題及其他，三聯書店一九八〇年版；俞偉超古史分期問題的考古學觀察，文物一九八一年第五、六期；吴榮曾試論秦漢奴隸勞動與農業生產的關係，鄭天挺紀念論文集，中華書局一九九〇年版；馬克垚羅馬與漢代奴隸制比較研究，歷史研究一九八一年第三期。

第一篇　論魏晉時期的變化

第一章　社會經濟的變化

第一節　魏晉時期人口的減耗

東漢統一帝國崩潰之後，形成南北分裂、三國鼎立的局面。各個軍事集團之間轉相攻伐，北中國社會經濟遭到嚴重破壞。仲長統昌言理亂篇云：

以及今日，名都空而不居，百里絶而無民者，不可勝數。〔一〕

大片的土地荒蕪，無數人民死於戰亂，或者向他們認爲安全的地方流移。人口的減耗成爲當時乃至以後相當一段時期内引人注目的一個問題。占據大河南北廣大地區的曹魏政權，轄境内的著籍户口非常寡少。通典卷七食貨歷代盛衰户口條有如下記載：

〔一〕後漢書卷四九仲長統傳載所著昌言理亂篇。

（魏氏）有户六十六萬三千四百二十三，口有四百四十三萬二千八百八十一。按三國志魏書及晉書地理志均缺載曹魏户口，通典所載大抵是據魏滅蜀後的合計數推算而來。以通典所載曹魏時期户口數，比照續漢書郡國志載東漢相當區域户口數，可知人口的減耗十分驚人。

曹魏景元（二六〇——二六四）中所轄司、冀、并、幽、凉、雍、荆、兖、豫、揚、青、徐十二州及西域長史府，其範圍大抵相當於東漢時期的司隸、冀、并、幽、兖、豫、青、徐、凉等州、西域長史府以及荆州的南陽郡、南郡的襄陽一帶、揚州的廬江郡一帶。其中廬江郡在三國時爲魏吴交兵之地，襄陽一帶人口遷移不定，西域長史府户口無考，這類地區可略而不計。僅由上舉東漢諸州郡（國）相當區域内的人口數字，即有五百六十四萬八千七百户，三千一百三十七萬一千零六十九口，且揚州之廬江郡、荆州南郡之襄陽户口數不計在内。這個數字，就比通典所載曹魏時期全境户數六十六萬三千四百二十三多出約七點五倍，口數四百四十三萬二千八百八十一多出約六點一倍。

曹魏人口的鋭減或可從戰亂中喪亡乃至饑荒、疾疫等方面獲得解釋。人所共知，當時戰争所導致的人口損耗是可驚的，但也決不致如此之大，其主要原因在於官府和私家佃客不列於州郡户籍，詳見下文。

在南方孫吴境内也看到户口減耗的情形。三國志卷四八吴書孫皓傳注引晉陽秋：（王）濬收其圖籍，領州四，郡四十三，縣三百一十三，户五十二萬三千，吏三萬二千，兵二十三萬，男女口二百三十萬……後宫五千餘人。

孫吴所領四州指荆、揚、交、廣四州，範圍大抵包括漢代揚州、交州、荆州大部。按三國時荆州除南陽郡和南郡的襄陽一帶爲曹魏占據之外，大部爲孫吴所有。據續漢書郡國志，東漢荆州共有一百三十九萬九千三百九十四户，六百二十六萬五千九百五十二口，即便減去南陽郡、南郡二地户口，大致仍有七十萬八千二百七十三户、三百零七萬八千七百三十口，〔一〕僅此數字，就遠高於孫吴圖籍所載户口總數，何況南郡所屬十七縣，只有襄陽等縣爲曹魏所有，江陵等十餘縣仍屬孫吴。孫吴之揚州，共有六郡，其中廬江郡在長江以北，爲魏吴兵争之地，姑不列入孫吴轄境。僅江南部分吴郡、會稽、丹陽、豫章、九江等五郡在東漢就有九十一萬九千七百零四户、三百九十一萬三千八百五十五口，比孫吴全境户口數多出近一倍。東漢交州舊境七郡盡爲孫吴所有，據續漢志，交州之鬱林、交趾兩郡户口失載。按鬱林十一城，交趾十二城，與蒼梧郡城數略同，比照蒼梧户口數，估計七郡相加大致接近四十萬户、一百五十萬口上下。〔二〕合計上述東漢荆、揚、交三州相當孫吴轄境的户口數

〔一〕據續漢書郡國志，東漢荆州所屬南陽郡有五十二萬八千五百五十一户，二百四十三萬九千六百一十八口；南郡有一十六萬二千五百七十户、七十四萬七千六百零四口。

〔二〕按續漢書郡國志，東漢交州所轄七郡，合浦、九真、日南、蒼梧、南海等五郡有户口數，合二十萬一千一百三十五户、一百零二萬七千八百二十七口，鬱林、交趾二郡户口失載。上列七郡合計户口數，係將鬱林、交趾比照蒼梧户口推算而來，必不甚精確。

約有二百零二萬七千九百七十七户、八百四十九萬二千五百八十五口，比孫吴户數多出近二點九倍，口數多出約二點七倍。

孫吴荆州人口的減少可以找出一些原因來。我們知道，當曹操退出江陵時，整個荆州一片荒殘，三國志卷三七蜀書龐統傳注引九州春秋言統説劉備曰：「荆州荒殘，人物殫盡」，可知這一地區經濟的破壞、人口的喪亡都是非常嚴重的。又比如前面提到的荆州南陽郡、南郡襄陽一帶爲曹魏控制，還有劉備入川時曾帶去一部分荆州兵民等等，則荆州户口較之東漢大爲減少似可得到解釋。但孫吴揚州的江南部分除孫策占據江東時有過幾次戰事，基本上未遭大創，交州也基本上未遭戰争破壞，而且當時還有大量人民由北方渡江南遷。如三國志卷四七吴書孫權傳稱：

初，曹公恐江濱郡縣爲權所略，徵令内移，民轉相驚，自廬江、九江、蘄春、廣陵户十餘萬皆東渡江，江西遂虚，合肥以南，惟有皖城。

僅一次南遷就有十萬户之多，此外自願的或是被迫的南渡事例屢見記載，我們無須一一列舉。〔一〕大量的北人南渡，加上孫吴政權迫使山中漢越人民出山，江南人口理應大爲增加，但官府户籍上的數字却又如此之少。而且在這極其有限的著籍户口之中，成丁者僅占很小比重，大多是殘老之人。三國志卷五七吴書駱統傳云：

〔一〕參見三國志卷一三魏書華歆傳、卷五二吴書張昭傳、卷五四吴書魯肅傳注引吴書、卷四九吴書士燮傳、卷三八蜀書許靖傳。

是時徵役繁數，重以疫癘，民户損耗。統上疏曰：「……今彊敵未殄，海内未乂……徵賦調數，由來積紀。加以殃疫死喪之災，郡縣荒虚，田疇蕪曠。聽聞屬城，民户浸寡，又多殘老，少有丁夫。聞此之日，心若焚燎。」

户口耗減竟到了「少有丁夫」的地步，以致駱統如此焦慮。

這裏還有必要提到上列王濬受降時所收孫吴的圖籍。内列「吏三萬二千，兵二十三萬」，則吏、兵似不算在「五十二萬三千」「正户」之内。按兵、吏以後在東晉南朝亦屬特殊户口，一般是不列於正式户口的。三國時代之吏分立於民籍之外，不只是吴國，蜀漢也是如此，而且有迹象表明，魏晉同樣如此。〔一〕但據上引，兵、吏都有口數，無户數，又似不列於户籍之外，即使將兵、吏加上，也同樣少於東漢。關於三國時代吏、兵之作爲特殊户口問題，擬另文探討。我們只是指出，即使將吏、兵列於民户之内，孫吴境内的著籍户口總數仍然較東漢舊境爲少。我們知道，早在孫權赤烏五年（二四二）即有「户五十二萬三千，男女口二百四十萬」，〔二〕以此數字與晉陽秋所載孫皓天紀四年（二八〇）的户口數相比，可知在長達三十八年的時間内，孫吴户數未見增加，口數反而減少了十萬。

蜀漢的户口也有同樣的問題。據晉書卷一四地理志上，劉備章武元年（二二一）「其户二十萬，

〔一〕八瓊室金石補正卷九晉南鄉太守郛休碑陰所列郡吏數額亦是民户與吏、兵人數對舉，與蜀、吴二國基本相似，大概當時諸郡上計都是這樣三者並列。參見拙撰晉郛休碑跋，載魏晉南北朝隋唐史資料第八輯。

〔二〕晉書卷一四地理志上。

男女口九十萬」。〔一〕後主時微有增加，三國志卷三三蜀書後主傳注引王隱蜀記云：

（劉）禪……又遣尚書郎李虎送士民簿，領户二十八萬，男女口九十四萬，帶甲將士十萬二千，吏四萬人（後略）。

按自先主章武元年（二二一）至後主炎興元年（二六三），長達四十二年間，蜀漢户數增加了八萬，口數幾乎沒有增加。以此數字，對照續漢書郡國志載東漢益州刺史部户口數，可以知道其下降情況。

蜀漢時益州所轄地域與東漢略同。雖漢水、大巴山以東地區爲曹魏所有，但北部的武都、散關、羌道、白馬一帶盡爲蜀漢所據，大致範圍差别不大。然而在這同一地區，東漢時約有一百五十二萬五千二百五十七户，七百二十四萬二千零二十八口，蜀漢時期的户口數與之相比大大下降。即以後主炎興元年（二六三）的最高數字相比較，户數下降約81.6%，口數下降約87%。而我們知道，蜀漢境内相對安定，戰爭破壞的程度遠比中原地區爲輕，而且有不少流民入川，劉備離開荆州時亦帶去不少兵民，而著籍户口反而大幅度減少。

我們不妨將魏、蜀、吴三國人口數字與東漢永壽三年（一五七）户口數作一比較，以概見三國時代人口減耗的基本情狀：〔三〕

由下表可知，三國時期著籍户口總數約有一百四十六萬六千四百二十三户，七百六十七萬二千

〔二〕通典卷七食貨歷代盛衰户口、册府元龜卷四八六邦計部户籍門同。
〔三〕雖然三國户口數字時間上有出入，但孫權時和孫皓時户口數略同，因而可以比較。

八百八十一口。與東漢永壽三年（一五七）相比，户數下降近86.3%，口數下降86.4%强。

朝代	時間	户數	口數	總計	升降%
東漢	永壽三年（一五七）	一〇六七七九六〇	五六四八六八五六	三國總户數 一四六六四二三 三國總口數 七六七二八八一	户數下降 86.3% 口數下降 86.4%
曹魏	景元四年（二六三）	六六三四二三	四四三二八八一		
蜀漢	炎興元年（二六三）	二八〇〇〇〇	九四〇〇〇〇		
孫吳	天紀四年（二八〇）	五二三〇〇〇	二三〇〇〇〇〇		

著籍户口數字的急劇下降直到西晉太康年間才略見回升。晉書卷一四地理志上載太康初户口有云：

> 太康元年（二八〇），平吳，大凡户二百四十五萬九千八百四十，口一千六百一十六萬三千八百六十三。〔一〕

晉初户口的增加主要在於廢除民屯和詔禁募客以及在一個時期内社會的相對安定。我們知道曹魏時期的民屯户是不屬州縣管轄的，因而曹魏户籍中不包括屯田民。魏末晉初接連兩次宣布廢除民屯

〔一〕三國志卷二二陳群傳裴松之注云：「案晉太康三年地記，晉户有三百七十七萬，吳、蜀户不能居其半。」今據晉書地理志所載各郡户數統計，並參照隋書地理志總序所載晉太康户數，裴注三百七十七萬疑爲二百七十七萬之訛。

以均政役，〔一〕將屯田民改隸郡縣，登録於民籍。晉武帝踐祚之後，又先後下詔禁止私自募客。〔二〕這些措施當然都是太康年間户口回升的重要原因。但即使是回升，較之東漢時期仍屬減耗。兹將西晉太康元年户口與東漢永壽三年户口數對照如下：

東漢永壽	西晉太康	下降	東漢永壽	西晉太康	下降
三年（一五七）户	元年（二八〇）户	%	三年（一五七）口	元年（二八〇）口	%
一〇六七七九六〇	二四五九八四〇	77%	五六四八六八五六	一六一六三八六三	71.4%

西晉同東漢一樣爲統一王朝，但官府直接控制的編户却大大減少。户數下降77%，口數下降71.4%，下降幅度仍然很大。

西晉太康初年的户口數不僅遠少於東漢，而且比以後北魏正光（五二〇——五二五）以前的户口數字也大爲減少。〔三〕可以證實太康户口雖有增加，但主要是在曹魏境内，這與廢除屯田、詔禁募客有關。

〔一〕見三國志卷四魏書少帝陳留王奂紀咸熙元年、晉書卷三武帝紀泰始二年條下。

〔二〕晉書卷九三外戚王恂傳、同書卷二六食貨志。

〔三〕魏書卷一〇六上地形志上總序云：「正光已前，時惟全盛，户口之數，比夫晉之太康，倍而已矣。」北魏乃半壁江山，但其户口數竟倍於晉之太康，可證實太康户口的增加是極有限的。

魏晉户口下降的原因雖有多方面，但根本的原因在於魏晉時期封建大土地所有制的發展，使大量户口淪爲私家的佃客。關於這一點，將在下節論證。

第二節　客的卑微化與普遍化

如緒論所述，東漢時期奴隸生産制仍在社會生産中占有相當比重，富室豪家仍然擁有大量生産性與非生産性的奴婢。但同時我們也看到，非奴婢的依附者數量在增加，一個最重要的表現是身分不太明確的客，日益增多地使用於勞動生産，他們對主人的依附關係在趨於强化。

客本來是外來人。相對於宗族而言，非宗族成員是客；相對於鄉里而言，外鄉人是客；本來並不含有身分低微的意思。但是早在西漢中葉我們就開始見到奴客連稱或奴客互稱的例子，〔一〕標誌着客的卑微化。史籍所載西漢時期的賓客多爲貴族豪强門下的隨從，不是勞動者。客的卑微化始於生活上和權勢上依託豪强，而不是始於以勞動者的地位和豪强發生關係。〔二〕

漢書卷九〇酷吏寧成傳載寧成「貰貸陂田千餘頃，假貧民，役使數千家」。寧成所役使的貧民是陂田上的勞動者，他們不可能都是本地人，必有不少人來自外地，但史籍並不稱之爲客，我們也不清楚他們的確切身分。我們還在後漢書光武紀和開國諸將傳中見到不少有關賓客的記載，無論是反叛

〔一〕　漢書卷六七胡建傳，卷二七中之上五行志「貌不恭」條，卷四四衡山王賜傳，卷七六尹翁歸傳。

〔二〕　詳見拙撰魏晉南北朝史論拾遺，中華書局一九八三年版，第一——二頁。

王莽或反對起義軍的大族武裝，宗族和賓客都是主要組成部分，他們依附於主人，戰時爲其部曲，但他們是否從事農耕，我們却不清楚。

首次明確記載賓客從事生産勞動的是後漢書馬援傳。根據記載，知道馬援役屬的賓客至少一部分從事畜牧業和農業勞動。他們又被稱爲「田户」，收穫和馬援對半分成。顯然，馬援的賓客是私屬，受主人驅使，從事畜牧和農業勞動。但這些賓客之從事畜牧、農耕，似乎帶有偶然性。上述寧成役使貧民耕種的土地賃自政府，馬援率領賓客屯耕的上林苑和苑川的牧師苑，也都不是馬援的私有土地。賓客也没有定着在土地上，他們在戰時又是馬援統率的兵士。因此，馬援的賓客呈現出一種過渡的形態，即由隨從性質的客轉向近似農奴的分成制佃農。

明確記載賓客從事勞動雖然僅見於馬援一例，但我們相信類似的情況必然還很多。當然，客的農奴化即向分成制佃農的轉化在兩漢之間並未完成，我們很難説這些賓客一定和土地有緊密聯繫，也難以明確其人身依附關係的强弱程度究竟怎樣。

緒論曾提到東漢時日益嚴重的流民問題，還談到梁冀在别第中收納流民。背離鄉井的流民是脱離了國家户籍或者説没有名數的客。我們知道在當時的鄉村社會中，一個人脱離了自己的宗族本鄉便無所歸屬，他必須投靠一個有權勢的人來保護自己。因此東漢中、後期日益增多的流民，以及土地的高度集中，促使依附人口大量出現。我們看到東漢後期豪强擁有的客越來越多，人身依附關係越來越强烈，和封建大土地的聯繫也出現了新的迹象。仲長統昌言理亂篇和損益篇所提到的漢末的那種「豪人」，有横跨郡國的大土地，經營農業、畜牧業和商業，役使成群的奴婢和成萬的徒附，還豢養着刺客、死士爲他效命。仲長統所説的「徒附」應即是「客」（包括崔寔政論所説的下户），豪人擁有的奴婢、徒附（即奴、客）我想是和他横跨郡國的大土地相結合的。劉備的妻兄麋竺也正是這樣一個豪人。三國志卷三八蜀書麋竺傳稱：

東海朐人也，祖世貨殖，僮客萬人，貲産鉅億。

僮客亦即奴客，本傳又説麋竺曾送給劉備「奴客二千金銀貨幣以助軍資」。這裏奴客連稱，不像仲長統昌言將奴婢與徒附分開。不過當時似乎對奴和客不需要嚴加區别。

麋竺擁有數以萬計的僮客，很難設想全都不事生産。太平寰宇記卷二二海州東海縣「縣理城」條所引水經注稱這些僮客爲「麋家之隸」，他們被安置在麋家的莊、牧上從事農牧勞動，且一經安置，就世代相承地定着在土地上。〔一〕這種「麋家之隸」顯然更接近於農奴。由此推知麋竺成萬的僮客至少其中不小的一部分是從事生産勞動的。

如上所述，西漢中葉以來，奴客連稱，標誌着客的實際身分已是相當低下。但直到東漢末，法律上並没有規定客的卑微身分。據三國志卷二三魏書常林傳，常林的叔父曾坐撾客被「收治」。固然由於當地政府想借此勒索錢穀，却也表明主人不得隨便撾客，至少可以作爲收治的藉口，這暗示客仍屬

〔一〕 拙撰魏晉南北朝史論拾遺第二——三頁。

良人。盡管事實上客已和奴連稱，身分卑微，但法律上尚未認可這個現實，國家也從未承認豪强有庇護客的權力。

三國志卷一二魏書司馬芝傳所載司馬芝爲菅長時制裁當地豪强劉節的故事爲治史者所熟知。司馬芝所以能差「(劉)節客王同等爲兵」，就因爲法律上不承認劉節有擅自蔭客的權力。王同是本地人，在本地户籍上有名，他被稱之爲客，不是因爲來自外地他鄉，而是在於其投庇豪强以避徭役的依附身分，由此可見，客作爲外來人的原始含義已經發生變化，漸成爲一種身分性的稱呼。上引司馬芝傳稱劉節有「賓客千餘家」，菅縣的掾吏説「節家前後未嘗給徭」，把千餘家賓客全都列入「節家」範圍，顯然被當作劉節的私屬，事實上這千餘家賓客也多年來在劉節庇護下不服徭役。但這種庇護全憑劉節權勢，而非法律允許。此事表明當時一方面是大量的包括外地和本地的人户投靠豪强作客，另一方面是官府並不承認這種依附關係。而司馬芝差劉節客服役作爲他秉公奉法的事迹載入本傳，可知當時這類事尚屬少見。

東漢末年的軍閥混戰使社會經濟遭到嚴重破壞。土地荒蕪，人户流亡，即如前引仲長統昌言理亂篇所稱，「名都空而不居，百里絶而無民。」面對這種局面，統治者不得不考慮如何恢復生産，使流民附著於土地，於是有建安元年(一九六)曹操的許下屯田。

曹魏的屯田民也稱屯田客、租牛客户，不屬郡縣，設置田官管理，上屬大司農。屯田客不承擔國家的租調徭役，收穫時，用官牛的官六客四分成，用私牛的與官中分。這種「中分」實即沿襲西漢以來佃農與地主對半分成的傳統租率。而屯田客的不負擔稅役爲法律所許，亦暗示了私家客「未嘗給繇」的特點。據此可知屯田是國家的私田，屯田客是國家的私客。屯田形式雖前承漢代邊境屯田，但更直接的是當時通行的封建大土地經營方式的模擬。〔一〕

曹魏後期，朝廷把租牛客户（屯田客户）賞賜給公卿大臣。租牛客户本來不承擔國家徭役，只納分成租。賜給私家後，當然也只向私家納地租。因此「小人憚役，多樂爲之，貴勢之門動有百數」。〔二〕除了賞賜的客以外，困於徭役的下層人民（小人）也去投充，太原一帶甚至招收胡人爲田客，而漢代却是以少數族人充作奴隸。客的隊伍在封建大土地上普遍存在，並迅速擴大。

曹操在北方廣開屯田，稍後孫吴也在江南廣開屯田，還把屯田客和一般人民賞賜給功臣作客，並免除其賦役，稱爲「復客」。賜客與復客的數字有的達到數百，比如吕蒙就受「賜尋陽屯田六百人」之多。〔三〕官私土地上的客在江南江北同樣普遍。這時，通過賜客、復客，客的私屬身分業已確定，以客的名稱出現的封建依附者遍布南北，並在相當程度上影響到在籍編户的數量。

三國時期魏吴兩國境内的封建生産方式普遍存在，佃客在人口總數中占相當比例。但當時的佃客往往與奴隸相混，通稱奴客、僮客及僮隸而不加區别。實際上封建大土地上的勞動者主要是佃客。

〔一〕 拙撰魏晉南北朝史論拾遺第三——四頁。
〔二〕 晉書卷九三外戚王恂傳。
〔三〕 三國志卷五四吴書吕蒙傳。

抱朴子吴失篇稱吴國的豪强大族「僮僕成軍，閉門爲市，牛羊掩原隰，田池布千里」。這裏的僮僕實際上就是田客。三國志卷五五吴書陳武傳注引江表傳稱武死後，孫權命「復客二百家」，其子陳表上書推讓，認爲這些復客年輕力壯，可以當兵，他説：「空枉此勁鋭，以爲僮僕，非表志也。」可知復客也稱爲僮僕。〔一〕

魏吴兩個相對獨立的政權，在不同地區同時推行内容和形式基本相同的屯田制度和佃客制度，則國家仿照封建大土地的經營形式組織屯田生産，絶非偶然。〔二〕它説明在這個時期這樣一種經營方式是恢復農業生産唯一可行的方法，或者説這種封建的生産方式在這個時代有它的生命力，我們認爲這是漢代以來社會發展的必然。

總之，東漢以來封建生産制在全國範圍内逐步發展，到三國時代使用佃客生産已相當普遍。客的私屬身分業已確立，他只向主人（這個主人可能即是國家）交納分成地租，也只對主人提供某些勞役，而不承擔國家的賦役。但賜客、復客之外自行投靠豪强的客並不能作爲私屬免除賦役，國家不承認貴族豪强在特許之外自行招納私屬，這樣的原則仍然没有改變。盡管當時私自投靠豪强作客的依

〔一〕 拙撰魏晉南北朝史論叢第二五頁（文集本二二一——二二三頁）。

〔二〕 蜀漢方面，據三國志卷四〇蜀書李嚴傳注引諸葛亮與嚴子豐教稱，李嚴罷官後，仍有「奴婢賓客百數十人，……方之氣類，猶爲上家」。知蜀漢一般豪勢之家都擁有奴婢賓客。又華陽國志亦載當地大姓多擁有部曲。但這些奴婢賓客、部曲是否與魏吴相同，我們還不清楚。

附人口，即不公開的封建依附者事實上數量很大。

魏末晉初先後滅掉蜀漢和孫吳，全國復歸統一。我們知道，中國古代長期以來實行專制主義中央集權制，這種體制必須擁有一定數量的作爲主要賦役對象的自耕農。因此西晉初年，政府先後採取措施企圖阻止大量的人口依附豪强爲客。根據記載，司馬炎在其實際當國的晉王時代，以及他稱帝以後，都曾先後下令廢止民屯，使屯田民著籍州縣，成爲編户。其次是在即位之初「詔禁募客」。晉書食貨志又稱泰始五年（二六九）敕「豪勢不得侵役寡弱，私相置名」。私相置名即私自記録姓名，置爲私屬，也就是「募客」。據晉書卷九三王恂傳，在泰始五年之後七八年的咸寧三年（二七七），王恂仍在河南尹任上努力奉行募客之禁，傳稱「所部莫敢犯者」，可知當時對此事頗爲認真。事實上這項禁令確曾得到認真執行，同書卷三七高陽王睦傳稱西晉宗室司馬睦就因「招誘逋亡」七百餘户，亦即坐募客之罪被奪掉王國貶爲縣侯。此事發生在咸寧三年，本年王恂即在河南尹任上厲禁募客，可知禁令並非具文。我想晉初户口有所增加，當與廢止民屯和詔禁募客有很大關係。

封建生產方式普遍推行的魏晉時代要限制封建依附者即類似農奴的佃客隊伍的擴大，封建國家政權嚴厲制止封建主的貴族豪强無限止地擴大自己的私屬。實際上這些措施有如奴隸生產方式占相當地位的漢代嚴禁擅自没民爲奴，並一度解放奴婢一樣，根本原因仍在於中國傳統的中央集權始終要保持一定數量的自耕農。

太康元年（二八〇）晉滅吳，隨即頒布了户調式，規定了各級官員按品級占有土地的限額，以及各級官僚貴族蔭占田客、衣食客的限額。限額之内的客數量不大，它與當時封建大土地占有的實際情況顯然不相適應，而且我們很難相信這個限額能够有效執行，但它仍然具有重要歷史意義。第一，盡管東漢以來客的實際身分已是私屬，曹魏將租牛客户，孫吴將屯田客賜給官僚亦暗示了客的私屬地位，但過去在法律上從未明確規定其身分。户調式規定官員按品級蔭客，一方面有限制的意義，另一方面却是在法律上第一次明確規定了客的私屬身分。這種客即隋書食貨志所説「其佃穀，皆與大家量分」的分成制佃農，没有獨立户口，只依附在主人户下，即隋志所説「客皆注家籍」，其依附關係是明顯的，也是法律明確規定的。第二，西晋政權建立以來，始而禁「募客」，禁「私相置名」，繼而規定蔭客限額，這些對於客的措施是過去没有的，它表明魏晋期間大量逃亡農民的前途是依託豪强，充當佃客，也反映了客在全國人口中的巨大比例和在農業生産中的重要地位。第三，限額以外私占客是違法的，私自投靠而建立的依附關係是不穩固的，它體現了西晋時期這樣一種矛盾的政策：一方面限制封建大土地和封建依附者隊伍的無限擴大；另一方面在法律上承認客的私屬地位。

總的説來，魏晋時期作爲封建依附者的客在大量發展，從本意爲外來人的身分降落到與奴隸相混的地位。這種情況作爲一種社會現象是由來已久，直到西晋才以法律形式予以肯定。東漢以來客的卑微化與普遍化進程至此最後完成。可以説，這是一個大量的自耕農和自由佃農封建化的時代。

應當指出，奴隸生産制在魏晋時期仍然占有相當大的數量，但封建莊園中的勞動者主要是佃農。由於佃客身分的不確定性，三國以來與奴隸常常相混，所謂僮僕、僮隸，甚至奴婢，實際上並非專指奴隸，在相當多的場合下就是指的佃客。〔一〕魏晉時期是漢代以來自由農民（包括自耕農與佃農）封建化過程的最後完成。但由於作爲社會基層結構的宗族鄉里的存在起着抵抗封建化的作用，〔三〕而傳統的專制主義中央集權制盡管在此時有所削弱，仍然力圖最大限度保存作爲賦役對象的自耕農民，因而封建化的完成並不意味着徹底完成。即使在三國時期，國家仍然控制了部分編户，然而編户數量之少不足以維持一個中央政權，因而國家還以屯田形式使自己成爲最大的封建主，擁有最多的私屬。

第三節　自然經濟地位的加重

我們在緒論中談到兩漢時期尤其是西漢的商品貨幣關係相當發達，商人非常活躍。即使到東漢，仲長統昌言提到的那種豪人也經營商業，「船車賈販，周於四方」。前述擁有上萬僮客的麋竺就是一個大商人。東漢後期商品經濟已遠不如西漢發達，實物交易現象開始增多，但錢幣仍是主要的交换媒介，商品經濟仍在社會經濟中居有一定地位。

這種情況在三國時代發生了重大變化，商業活動和私人手工業在一個時期内幾乎陷於停頓。當

〔一〕如上引仲長統昌言理亂篇，三國志蜀書麋竺傳，抱朴子吴失篇。

〔三〕參日本中國中世史研究會編中國中世史研究所收川勝義雄、谷川道雄二氏文，日本東海大學出版社一九七〇年版；川勝義雄：六朝貴族制社會研究，岩波書店一九八二年版。

時貨幣鑄造很少，市場上的主要交換媒介是布帛等實物，甚至爲了交易將成匹的布帛裂成碎段，錢幣基本不通行。曹魏曾經企圖重行五銖，又一度下令廢止，使「百姓以穀帛爲市」。漢代交納錢幣的算賦、口錢也完全轉變爲交納絹布的户調。與市場的萎縮相適應，封建主的莊園基本上是自給自足。〔一〕總之，魏晉時期自然經濟基本上占統治地位。

這樣一種自然經濟統治了很長時期，它與封建社會封閉的自給自足的形態相符合，與兩漢尤其是西漢大不相同。我們不是説當時没有商品生産及流通。如蜀漢的錦就曾遠銷魏吴，〔二〕左思三都賦也反映了三國首都的繁榮。相對起來，孫吴境内的商品經濟似乎表現得更爲發達一些，吴主孫休永安年間，「州郡吏民及諸營兵」，「皆浮船長江，賈作上下」，以至政府專門下詔禁止，以保證農業上有足够的勞動人手。〔三〕魏晉時代貨幣使用和交換經濟不僅没有完全絶迹，而且在西晉時期還有所回升。當時貴族官僚多經營商業，如義陽王司馬望之孫司馬奇「好畜聚，不知紀極，遣三部使到交廣商貨」；竟陵王司馬楙「殖財貨，奢僭踰制」。〔四〕至於王戎貪財好利賣李鑽核，愍懷太子於宫中爲市，令西園賣菜收利的故事乃爲人所熟知。而當時貨幣關係的相對發達，從魯褒的錢神論和和嶠之「錢癖」

〔一〕參見何茲全讀史集，上海人民出版社一九八二年版，第六五頁。

〔二〕見李劍農魏晉南北朝隋唐經濟史稿，三聯書店一九五九年版，第八五——八六頁。

〔三〕三國志卷四八吴書孫休傳。

〔四〕晉書卷三七義陽成王望傳、竟陵王楙傳。

亦可見知。〔一〕自然經濟占統治地位是前資本主義社會尤其是封建社會的特徵。但官府和官僚貴族總需要一定的商品交換滿足其對奢侈品的需求；中國地大物博，不同經濟區域之間農副手工業產品的差異性，不同時期不同地區農副手工業商品的價格波動性，也爲商人從事地區間的轉運貿易提供了可能。因而在交通較少阻礙的統一王朝之下，常常表現出商品交換關係的活躍景象。自漢末動亂以來，至西晉統一，爲時也很短暫，隨即又亂亡相繼，因而商業的恢復發展爲時未久。而且較之兩漢，魏晉時期的商業衰退終究十分明顯。官府手工業，官府、軍隊控制下的商業經營，占有相當的比重，與兩漢時期私人手工業、商業的活躍大不相同，那種專業性的以生產商品爲目的的大種植園主更是絕少見到。魏晉時南方官僚地主的莊園也有從事商業經營的，這是漢代豪人的繼續。但這些封建主多是追求自家不產的鹽鐵或產於外地的奢侈品而出賣一部分剩餘產品，市場上的商品與莊園經營没有直接聯繫。

兩漢官府作坊的勞動者主要是奴隸和帶有奴隸身分的刑徒，東漢時出現通過欺騙、脅迫手段臨時召募的「作使百工」。這種被迫在官府作場服役、有專門技術的「百工伎巧」，在三國時期身分已低於一般百姓。至遲在西晉初，法律上規定了百工的卑微身分，而與同樣是父子相襲、户籍單列、身分低微的魏晉士卒並列。工匠身分的卑微化，與同時期客、士卒身分的卑微化，體現了當時

〔一〕晉書卷四三王戎傳，卷五三愍懷太子遹傳，卷四五和嶠傳，卷九四魯褒傳。

的歷史傾向。〔一〕

〔一〕 詳見拙撰魏晉南北朝史論叢續編，三聯書店，一九五九年版，第三五——三九頁（文集本四一——四六頁）。

第二章　門閥政治

第一節　東漢末期的大姓名士

門閥制度源於兩漢以來的地方大姓勢力，這種地方勢力是在宗族鄉里基礎上發育滋長起來的，因而具有古老的農村結構根源。

兩漢書中我們經常見到稱爲某地大姓、著姓的。這一類宗族團體以血緣爲紐帶，内部關係十分緊密，勢力相當强大；而且由於他們往往在某一郡具有特殊的勢力，又帶有很强的地方色彩。這種地方性的宗族團體本來是與中央集權相對立的力量，我們看到西漢時朝廷經常要削弱這種地方勢力，西漢刺史六條問事，第一條就是「强宗豪右田宅逾制，以强凌弱，以衆暴寡」。還有一條是地方官「阿附豪强」。漢書酷吏傳中人物，便多以鎮壓地方大族著稱。西漢皇朝之力圖抑制大姓豪强，表明這一地方勢力的頑强存在。不過在西漢政治上居於重要地位的，前期主要是開國功臣、貴族子孫，以及文吏、出身軍功者和以貲候選的富人。武帝以後政治舞臺上最活躍的是儒生，盡管這些儒生都必須精通儒家經典，出身却各種各色。因此終西漢一代，我們還看不出仕進選舉與地方勢力有必然聯繫。

西漢末年農民起義，地方大姓紛紛組織武裝抗拒義軍，或者反對王莽，這在後漢書光武紀和開國諸將列傳中可以見到不少。如著名的割據者之一隗囂，就是甘肅天水的著姓，他以十六家豪族聯盟的形式起兵。〔一〕這類聚集宗族賓客起事的著姓豪强大多是具有一定文化修養的士大夫，趙翼廿二史劄記卷四即有「東漢功臣多近儒」一條，這些人正是開創和組織東漢政權的中堅力量。

我們知道，東漢各級地方行政機構中的僚屬，以及各地貢舉的秀才、孝廉、賢良方正、文學等，照例由地方長官從本地人中辟舉，這在西漢時已是如此。而本地大姓子孫享有優先進用的權利至遲在東漢後期被視爲通例，從而州郡僚佐中所謂大吏右職照例由本地大姓壟斷。大姓冠族每郡只此數姓，所以州郡大吏就帶有世襲性。翻檢後漢書、三國志諸傳，所謂「世仕州郡」、「家世仕郡」者爲數甚多，只要世代充當州郡僚佐，也就成爲一方「冠蓋」。各級地方長官有任期，而地方僚佐多世襲，我們認爲東漢時期的地方政權在一定程度上是由當地大姓、冠族控制的。〔二〕

大姓冠族中最有資格被辟舉的是所謂「名士」。名士即有聲名者，是習見於東漢的一種稱號。後漢書卷八二上方術傳論中范曄曾對東漢名士作過概括性的評論。他說這些名士都「刻情修容，依倚道藝，以就其聲價」。「依倚道藝」是指依託經術，也就是通經。當時由於經學派別林立，注重師承關係，因而通經並不容易，往往爲了精通某一學派的學說，負笈千里從師問學。而有家學淵源的大族由於父子相傳，在通經上自然比千里從師優越，因而世代通經的人户總是以大族著姓居多。「刻情修

〔一〕 後漢書卷一三隗囂傳。

〔二〕 拙撰魏晉南北朝史論拾遺第二六頁。

容」是指在操行上刻意追求儒家所提倡的「孝義」等倫理標準以至於矯揉造作。只有做到這兩條也就是所謂「經明行修」，才能博取聲名擡高身價，即所謂「以就其聲價」，成爲名士。

要得名成爲名士，除了自己的道德實踐以外，還必須得到鄉里的公認。儒家所提倡的倫理秩序爲由内向外、由親及疏的擴展，將起點放在作爲一個家族成員的道德行爲上，然後推及鄉黨。因此考察一個人的道德行爲，其宗族鄉黨（包括師友）的評論，即所謂「鄉論」，是最有權威性的。太守辟舉屬僚、舉薦秀孝，都必須考慮和依據鄉論，而主持鄉里清議即操縱鄉論的，往往是地方大姓中的名士。東漢時最有名的人物批評家公推郭泰、許劭。後漢書卷六八許劭傳説「天下言拔士者咸推許、郭」。又説他與從兄許靖「俱有高名，好共覈論鄉黨人物，每月輒更其品題，故汝南俗有月旦評焉」。像汝南這種有組織的每月升降品題人物雖然不見他郡，但臧否人物既是當時名士的專業之一，故諸郡例由名士主持鄉里清議、品題人物是無疑的。

上述兩位人物品題權威，郭泰出身低微，汝南許氏却是累世三公。遭罹黨錮之禍的名士們家世可考的也以大姓、冠族爲多。〔一〕因此名士固然不一定從大姓冠族中産生，但出於大姓冠族的恐怕要占頗大比例。這自然由於他們通經條件優越，在地方上有勢力，交結天下豪俊方便。

東漢後期，名士的活動對於當時政治起了相當大的作用，對於選舉則幾乎起决定性的作用。當

〔一〕拙撰魏晉南北朝史論拾遺第二八頁。

時的選舉注重鄉里清議，而主持清議操縱鄉論的多是大姓名士，掌握選舉權的州郡功曹往往即由他們充當。不僅地方官辟舉屬僚、歲舉秀孝，大姓名士有巨大影響乃至決定性作用，而且作爲最高政府機構的公府辟舉也得徵求以至取決於他們的意見。後漢書卷六八符融傳所載漢中晉文經、梁國黄子艾高臥京都，暗通聲氣，隱操三公辟舉之權，即是其例。

由於政治地位和文化修養的優越性，大姓冠族中能够產生名士；同時，由於豪族鄉里組織所起作用，以及他們在當地的政治經濟實力，大姓冠族的代表人物又有能力組織武裝隊伍，因此我們看到有些名士又和武裝隊伍的豪帥相兼。〔二〕

總之，東漢後期的大姓冠族及其代表人物「名士」，一方面通過「世仕州郡」，操縱鄉論，主持選舉，在相當程度上掌握着地方政權；另一方面又憑藉政治文化上的優勢和手中的選舉權，通過察舉和辟舉跨出地方，步入朝廷，甚至「世爲公卿」。還由於他們在社會上的優越地位，特别是在地方上的勢力，他們最有資格和條件蔭庇逃亡農民和占有廣大土地。因此我們看到，大姓名士作爲當時社會上最具有活動能量的分子，一方面他們是控制地方的力量，在一定意義上是中央集權的對立面，並最終構成漢末割據政權的社會基礎；另一方面，他們的頭面人物通過辟舉步入中央，即由世仕州郡到世爲公卿以後，又具有反對地方割據、維護中央政權的一面。不過他們作爲地方勢力的一面仍時有

〔二〕 拙撰魏晉南北朝史論拾遺第二九頁。

體現。東漢末年，反對宦官的名士集團被稱爲黨人，受到禁錮。宦官外戚集團是宫廷勢力即王權的代表者，他們與黨人的鬬争在一定意義上反映了中央王權與地方勢力的對立。我們看到身受禁錮的黨人名士們在朝廷的鬬争中敗北以後，又回到地方上繼續鬬争。當黄巾起義被鎮壓，當權宦官與黨人名士間的鬬争再度激化的時候，部分名士爲了翦除宦官，甚至不惜冒易代廢帝之大不韙。他們把希望都寄託在地方武裝上，後來謀誅宦官的大將軍何進，率軍入洛的凉州軍閥董卓，所依靠的政治力量也無非大姓名士。再後來發動討伐董卓的袁紹，更是聲震海内的大名士，而借討卓之名一時紛起並乘機割據的大小地方武裝，同樣還是各地的大小名士及當地豪强。曹丕典論所謂當「初平之元，董卓殺主鴆后，蕩覆王室」，「於是大興義兵，名豪大俠，富室强族，飄颻雲會，萬里相赴」，不過是這些長期培育起來的潛伏的大小封建割據勢力乘此機會的公開暴露而已。〔二〕其實在此之前，除了宦官子弟親族、賓客以外，布列中外的官僚基本上都是這一類大姓豪强及其代表人物。

第二節　九品中正制與門閥制度的形成

東漢末年，大姓名士處於左右政局的重要地位，他們在經濟上政治上廣泛地控制農村，文化上幾乎處於壟斷地位。東漢皇朝瓦解後，他們是各個割據政權的骨幹，三國政權的上層統治者主要也是

〔二〕详見拙撰魏晉南北朝史論拾遺第三三——四〇頁（文集本三三——四一頁）。

從老一代到年輕一代的大姓名士中選拔出來的，他們是組成魏晉士族的基礎。

曹操爲了恢復統一和集權的統治秩序，針對漢代尚名背實、朋黨交結的選舉之弊，主張「唯才是舉」。他不容許有和朝廷相對立的政治集團，也不容許利用所謂鄉里清議來干擾朝廷用人之權。這樣一個統治政策和用人方針曾經取得顯著的效果，並且延續了一定的時期。但曹操並不能擺脱傳統的大姓名士的勢力，他仍然只能從大姓名士中選用他所需要的人才，而且也仍然需要大姓名士推薦他所需要的人才。

獻帝遷許以後，曹操大批進用新都所在的潁川大姓，其中最受信重的是荀彧。憑藉他的影響，曹操政權收羅了許多著名的人才，其中有漢末第一流高門的潁川荀、陳、鍾三家，此外出自潁川大族的還有杜襲、辛毗、郭嘉等人。郭嘉雖有「負俗之譏」，曾被陳群指責，但那是説他行爲不檢，爲鄉論所不與，和家世無關。荀彧還曾薦舉了司馬懿、杜畿等潁川以外的大族，以及先世不詳自此以後即是魏晉士族的平原華氏、東海王氏、高平郗氏、太原孫氏等。平鄴以後，曹操又依靠出自冀州高門的清河崔琰網羅當地名士。平荆州後，曹操同樣録用了一批荆州大姓，並命荆州名士韓嵩「條列州人優劣」，加以任用。〔一〕

由於東漢以來形成的地方大姓名士勢力仍然存在，人物評價注重鄉里清議的傳統仍然在起作

〔一〕 拙撰魏晉南北朝史論拾遺第四一——四四頁（文集本四一——四五頁）。

用，所以盡管曹操蔑視鄉里清議，而録用人才仍須訪問當地名士的意見；盡管曹操用人不拘一格，而所用之人仍以大姓名士爲多。但在曹操統治時期，由於戰亂中人民轉徙流亡，「人士流移，考詳無地」，影響了鄉里清議的貫徹和威力，而且曹操反對朋黨交結干擾選舉以加强中央集權的政策，也在一個時期内繼續執行。因此怎樣使朝廷選舉和名士月旦統一，朝官保舉和鄉里清議統一，人士流移和核之鄉閭統一，便成爲一個需要解決的問題。

延康元年（二二〇）二月，曹丕繼承魏王、丞相位，由吏部尚書陳群建議，制定九品官人法，設置郡中正品第郡人，吏部據其品第加以任用，中正由本郡推舉現任朝官的郡人充當。這樣，在野的名士月旦變作官府品第，「核之鄉閭」變成訪之中正，從而考詳有地，問題也就解決了。制度雖由陳群建議，在延康元年頒布，但在建安年間實際上就已採取這種辦法。如向曹操薦舉潁川人士的荀彧，條列荆州人士的韓嵩，豈非就是本州、郡的中正麽？甚至可以説是對漢代地方辟舉照例進用本地大姓的繼承。因此我們認爲，九品官人法既是創舉，又是傳統的大姓名士品評人物主持鄉議與曹操全部選舉政策的繼續。

東漢以來地方大姓勢力的發展所體現的歷史傾向是門閥專政，因而九品官人法歸根到底只能爲士族門閥的世襲性政治特權起保證作用。它是歷史的産物，我們看到孫吴也創立了類似中正的「公平」之官，由朝廷委任，負責評定當地人士。〔二〕兩個分立的政權却先後採取了大致相同的選舉政策，

〔一〕 拙撰魏晉南北朝史論拾遺第四七——四九頁。

進一步説明這種制度的産生有某種共同的歷史條件和歷史淵源，這就是地方大姓勢力的同樣存在。

關於九品中正制與門閥制度的關係，一般認爲九品中正制有鞏固門閥、促進門閥制度形成的作用，它説明了士族勢力的强大。這種説法當然是不錯的，從倡建中正制的乃是出自潁川高門的名士陳群亦可見知。但陳群又是曹魏的大臣，代表地方大姓勢力僅僅是一個方面。我們知道，根據九品中正制度的規定，當中正的一定是現任朝廷的大官，中正亦由朝廷委任。這樣就把原來跟朝廷相對立的鄉里清議納入朝廷選舉的軌道，也就是把東漢時地方大姓控制的鄉論轉由朝廷控制，從而使原來與政府不無矛盾的大姓名士與政府取得協調，他們對鄉里清議的私家操縱也由此取得合法地位。這誠然是曹魏中央集權對地方大族勢力的某種妥協，但更體現了中央集權對地方大族勢力的强力控制。

盡管創立九品中正制的初衷在於將選舉權收歸中央，但却無法逆轉門閥專政的歷史傾向，九品中正制最終還是鞏固了門閥的統治。制度初創之時，本以家世、才德並列，綜合二者定品，至少在曹魏時家世還不是定品的唯一標準。然而如所周知，及至晉代，才德標準已是非常次要，主要取決於家世，所謂「上品無寒門，下品無勢族」。我們看到西晉初期批評士族獨占上品的議論極多。需要指出的是，九品官人法實行以後，雖然最重家門出身，也同樣重當代官爵。魏晉門閥有的的確是淵源於漢代的名士，却不是所有漢代名士的子孫都能在魏晉時期躋身於門閥之列。漢代許多聲望赫赫的名士，其子孫在魏晉時代却默默無聞。如「三君」之首的陳蕃，潁川大名士李膺，均在魏晉士族行列中後嗣無聞，原因就在於他們的子孫在魏晉時没有當上高官。這與其後只要血統高貴即是門閥的情形還有差别。我們從門閥制度開始形成的魏晉之際，不重兩漢時父祖地位，而重當代官爵尤其是西晉時的政治地位，可見中央集權制在門閥形成中仍然起着顯著的作用。

第三節　貴族政權與中央集權

盡管曹操曹丕都力圖加强中央集權的力量，事實上中央集權制也始終在起作用，但當時的政權性質仍是一種貴族政權。因爲只有在中正九品中居於高品（即二品）的才能作高官，當中正的人以及有權參預推舉中正的人自己也必須是二品，而獲得二品的幾乎全部是大姓冠族，所以這個政權是門閥貴族政權。我們看到甚至皇帝本身，在西晉時也是門閥貴族之一，皇族司馬氏爲河南大姓，世代通經，以家門禮法著稱。因此盡管當時政權的集權形式不變，實際上乃是一個以皇室司馬氏爲首的門閥貴族聯合統治。

從曹操到魏文帝、明帝時期，爲了加强中央集權曾作出種種努力，當時在職官制度上還出現過某些相應的變化，如設置與皇帝親近的中書令監傳發詔書。但中書令監仍然由那些門閥貴族充任，始終不可能擺脱貴族政治的影響。因此當時的政體雖然還是中央集權制，但較之兩漢實際上已發生顯著變化。

上述地方勢力的强大及其對政權結構的影響，體現出封建社會的早期特徵。

貴族政權或者說士族政權，即是有文化的家族壟斷高官、清官職位，魏晉時雖未十分明顯，但大體上已是如此。當時既然是封建社會，這種貴族政權的性質當然是封建政權。這些貴族或士族並不一定都擁有大量的土地，有的甚至並不富裕，但最大的封建土地所有者畢竟是他們。

由於中國古代長期以來是專制主義中央集權制，即使以貴族政治爲特點的魏晉南北朝也不例外，因此壟斷朝廷高官、清官的門閥貴族既帶有地方性，又是集權官僚體制中的當權者，從而使他們所組成的貴族國家包含着深刻的内部矛盾。如這個政權首次確定了田客的私屬地位，同時又肯定了兩漢以來「其穀與大家量分」即對半分成的傳統租率。既以法律形式承認了門閥貴族按官品高低占田蔭客的特權，同時又嚴格限制法定以外的擴大私屬。這種矛盾的原因亦如前章所述，在於中國古代的中央集權始終要保持一定數量的自耕農。

我們注意到貴族政權中皇室本身也是貴族之一的特點，深刻影響到統治上層的權力分配。東漢時，宦官外戚作爲皇權或者說宫廷政權的代表人物，長期握有重權，對政治影響甚巨。但在三國時宦官外戚專權的情況幾乎没有，曹丕還特地禁止太后聽政與外戚掌權。西晉時，武帝臨死曾以外戚楊駿輔政，後來惠帝賈皇后也一度專權，重用賈家兄弟，但外戚掌權究屬一時之事，西晉宗室的力量始終占有絶對優勢。我們知道魏文帝雖因王位繼承對諸侯王加以種種限制，但魏國的兵權直到魏明帝時期仍爲宗室執掌。晉武帝司馬炎稱帝後即大封宗室，後世通常認爲西晉有鑒於東漢、曹魏亡於孤立而「思改覆車」。實際上西晉諸王國，範圍不過一郡，封國内官吏均由朝廷任命，國内租賦除收取一部分外均上交中央國庫，可以説除了王國視封土大小擁有爲數不多的軍隊以外，西晉分封與東漢並無二致。西晉之重用宗室，表現在西晉諸王在内即身居朝廷最高官職，在外則身任都督擁有一方强兵，所謂「或出擁旌節，莅嶽牧之榮；入踐臺階，居端揆之重」。〔二〕值得注意的是，這種重用宗室子弟特别是以之充當握有重兵的地方軍政長官的現象，既不見於秦漢，也不見於唐以後，大致萌芽於曹魏，顯著於西晉，下延至南北朝乃至唐初基本未變。如果説西晉重用宗室還在於思改曹魏孤立的覆車，那麽經過八王之亂的教訓，爲什麽宋齊梁和北朝諸帝却没有鑒晉之弊，而繼續重用皇子宗室入輔出鎮呢？我認爲問題的癥結還在貴族政權之下，皇室作爲第一家族凌駕於其他家族之上，皇帝作爲這個第一家族的代表君臨天下，其家族成員有資格也有必要取得更大權勢以保持其優越地位。門閥貴族政權之重用宗室，其基礎仍然是以王室爲首的中央集權制。中世紀的歐洲國王對於領主的權力遠遠不及中國的皇帝，就是中央集權相對爲高的神聖羅馬帝國時期，較之中國傳統中央集權制有所削弱的魏晉南北朝，仍然是遠遠不如。

〔二〕晉書卷五九傳序。參見拙撰魏晉南北朝史論拾遺第一二三——一四〇頁（文集本一二四——一四一頁）。

第三章　兵士身分的卑微化

魏晉時代的軍事制度較之漢代發生了巨大變化，兵士身分的降低是這一變化的基本特徵。西漢初年實行普遍徵兵制，凡是二十歲以上的丁男都有義務服兵役。漢書卷二四上食貨志引董仲舒上書稱，「月爲更卒，已復爲正一歲，屯戍一歲。」即每個丁男除了每年在郡縣服徭役一月外，終身要充當郡國領率的正卒一年，屯戍京師或者邊境的戍卒一年。(一)屯戍京師的戍卒稱爲衛士，他們必須在規定的時間到達京師，不能失期，服役期滿便按時罷遣。朝廷對衛士的番代十分重視。據漢舊儀稱，衛士初至京師，丞相一定躬自到都亭迎接慰勞；每年正月部分衛士役滿還鄉之日，朝廷還要大擺酒席餞行。據漢書蓋寬饒、王尊等傳，皇帝必定親臨饗罷衛士的酒會，丞相、大鴻臚等官員照例也要出席。又據續漢書禮儀志中：

饗遣故衛士儀：百官會，位定，謁者持節引故衛士入自端門。衛司馬執幡鉦護行。行定，侍御史持節慰勞，以詔恩問所疾苦，受其章奏所欲言。畢饗，賜作樂，觀以角抵。樂闋罷遣，勸以農桑。

(一)　參勞幹漢代兵制及漢簡中的兵制，歷史語言研究所集刊第十册。

可知歡送衛士的筵會仍然十分隆重。不僅皇帝坐朝，百官聚會，賜酒食陳百戲，而且還要徵求衛士關於服役期間待遇以及對於時政的意見。看來西漢衛士所受到的禮遇在東漢大體沿承不變。上述反映了兩漢兵士的社會地位絶不低下。如前節所述，從軍還是漢代入仕的基本途徑之一，有軍功可以拜爵，爵至五大夫可以得官。我們看到武帝後期到東漢初年的居延漢簡中，所記士卒多有爵位。史記卷三〇平準書稱武帝時「軍功多用越等，大者封侯卿大夫，小者郎吏」。李廣利征大宛之役，部下以功得二千石官以上者百餘人，千石以下者千餘人。〔一〕錢文子補漢兵志即列有「以軍功推遷得至將相」條。總之，漢代兵士的地位較高，這種制度應沿自秦代。

漢武帝時由於長期對匈奴等周邊少數民族作戰，正規徵兵以外常有臨時性徵發和募兵，以彌補兵源的不足。臨時性徵發的情況在漢高祖時就有，漢武帝時所謂「七科發謫」，〔二〕實際上始自秦朝。七科包括吏有罪，亡命，贅婿，賈人，故有市籍者，父母有市籍者，大父母有市籍者。其中與商人有關的就有四項。另外還有發罪徒爲兵。商人以及贅婿，自秦漢以來身分低微，他們在普遍徵兵制下没有兵役義務，或者説没有服兵役的權利，罪徒更不用説。他們被徵募爲兵完全屬於臨時應急，非屬經制。募兵則有發六郡良家子，以及勇敢、伉健、應募、從軍孤兒、羽林孤兒諸色。〔三〕這顯然也屬於臨時

〔一〕漢書卷六一李廣利傳。
〔二〕漢書卷六武帝紀；史記卷一二三大宛傳。
〔三〕錢文子補漢兵志。

募徵，而不是正規徵兵。大體來說，漢代軍隊雖然仍是從一般百姓中正規徵發，但上述臨時性徵發或召募的士兵却有日益擴大的傾向。

如上節所述，西漢末王莽時代，天下兵起，各地大姓豪强紛紛組織武裝集團。這些武裝集團基本上是以宗族賓客組成的。後漢書卷二一耿純傳稱純爲「鉅鹿大姓」，光武帝遭到王郎的威脅，「自薊東南馳，純與從昆弟訢、宿、植共率宗族賓客二千餘人，老病者皆載木自隨，奉迎於育。」耿純所率即是一支以宗族賓客組成的武裝。前章提到的馬援的賓客，亦即他所率領的武裝隊伍。同書卷三一郭伋傳又稱「更始新立，三輔連被兵寇，强宗右姓，各擁衆保營，莫肯先附」。關於東漢建國以後這一類武裝的歸屬，没有明確記載。按光武開國功臣既多爲擁有這類武裝的大姓豪强，則其宗族賓客隊伍，我們推想或者被改編爲東漢國家的軍隊，或者被陸續罷遣。

史籍記載建武六年（三〇）廢省都尉，「無都試之役」，即郡國兵不再訓練，次年有詔罷郡國兵。〔一〕我們知道漢代由郡國太守内史主持閲兵操練的「都試」，直到西漢末年執行不誤。實際上光武帝之取消郡國兵制度，也只取消了都試，郡國兵仍然是存在的。東漢時調發郡國兵的事實，勞榦先生曾列舉三十餘例，並指出「後漢的軍事仍然以州郡兵爲主毫無疑問」。〔二〕因此東漢郡國肯定有兵，只是來源如何尚不清楚。史籍所見的調動郡國兵往往是臨時徵發，即如漢末人指出的，兵多不練，「忘

〔一〕 續漢書百官志，後漢書卷一下光武帝紀。
〔二〕 上引勞榦漢代兵制及漢簡中的兵制。

戰日久」，亂事發生則臨時徵發素無訓練之人，故不免失利敗北。〔一〕除了臨時徵發外，我們相信郡國仍有固定軍隊，大概徵自百姓，而且東漢時衛士仍從各地徵發。如前所述，衛士始至之丞相迎勞，歲盡罷遣之皇帝賜筵，也還是一如西漢。

然而我們也看到，東漢始終維持着的普遍徵兵制度，是在日見破壞。西漢時業已存在的非良人徵發和募兵，東漢時繼續推廣，漢明帝以後，政府曾多次下詔發弛刑徒爲兵，戍守邊疆。西漢已有的募士、奔命及義從等募兵在東漢得到廣泛運用，如馬援即「將十二郡募士及弛刑四萬餘人征五溪」。〔二〕及至東漢末大亂，募兵更爲普遍。隨着徵兵範圍的擴大，當兵不再是良人的專業，特别是愈來愈多的罪人、刑徒及逋逃等低微身分者被徵募入伍，不免直接影響到士兵的地位。可以説從普遍徵發良人到非良人的徵發以及募兵的普遍化，是兩漢以來軍事制度變化的基本傾向，與之相應的則是兵士身分趨於低落。前述王莽時代出現許多大姓豪强組織宗族、賓客爲主的私人武裝隊伍，到東漢末年黄巾起義時，又有更多的大姓豪族組織武裝，抗拒義軍。後來袁紹等發動討伐董卓，這些大小武裝勢力紛紛起事，參預這次軍事行動。曹丕典論概述當時形勢云：

初平之元，董卓殺主鴆后，蕩覆王室。是時四海既困中平之政，兼惡卓之兇逆，家家思亂，人人自危。山東牧守，咸以春秋之義，「衛人討州吁於濮」，言人人皆得討賊。於是大興義兵，名豪

〔一〕後漢書卷七〇鄭太傳。

〔二〕後漢書卷二四馬援傳。參上引勞榦漢代兵制及漢簡中的兵制。

大俠，富室强族，飄颻雲會，萬里相赴；兖豫之師戰於滎陽，河内之甲軍於孟津。卓遂遷大駕，西都長安。而山東大者連郡國，中者嬰城邑，小者聚阡陌，以還相吞滅。會黄巾盛於海岱，山寇暴於并、冀，乘勝轉攻，席卷而南。

這些「萬里相赴」的「名豪大俠、富室强族」，有的集結於當地牧守的旗號下，有的可能無所歸屬。他們的紛紛起兵，是長期孕育、潛伏的大小封建割據勢力的公開暴露。三國的創業人都帶着家兵和召募的隊伍參加討董卓聯軍，鎮壓黄巾起義。

我們知道東漢後期的大姓豪强，一般都族大人衆，聚族而居，擁有成片的土地和大量的賓客等依附人口，因而很容易組成軍隊，這種私人武裝當時被稱爲家兵。家兵在黄巾起義前業已出現。後漢書卷七一朱儁傳記載他「簡募家兵」以討交阯。本條李賢注：「家兵，僮僕之屬。」即是説家兵以僮僕組成。同條惠棟後漢書補注引左傳宣公十二年「知莊子以其族反之」條杜預注：「族，家兵。」二者解釋似乎不同，其實並不矛盾，因爲大族家兵的組成本來就包括宗族及奴僮賓客，這在後漢書開國功臣列傳中不乏其例，我們在前面已經提到。三國志魏書李典、梁習、任峻諸傳也都記載他們以宗族賓客組織隊伍，他們都是擁有家兵的大姓豪强。吴國皇族孫氏是富春豪族，起兵之初所依靠的武裝力量即是宗族鄉里。史籍記載孫堅的弟弟孫静就曾「糾合鄉曲及宗室五六百人」保障鄉里。〔一〕吴將周瑜、

〔一〕三國志卷五一孫静傳。

魯肅、甘寧、吕範諸將在投靠孫氏之前也都自有私兵。三國志吴書吕範傳稱範「避亂壽春，孫策見而異之，範遂自委昵，將私客百人歸策」。同書甘寧傳稱寧「少有氣力，好遊俠，招合輕薄少年，爲之渠帥」。本傳注引吴書則稱「寧將僮客八百人」投劉表，再投黄祖，又「招懷亡客並義從者得數百人」，最後投依孫權。

在東漢時，我們還看不出以宗族賓客組成的家兵具有卑微身分。但是隨着客的身分的卑微化，家兵也就如上引李賢注，被視爲「僮僕之屬」。當然這不能包括宗族，因爲宗族一般是不能以僮僕對待的。三國志卷三八麋竺傳説他「家世貨殖，僮客萬人」，他曾贈送給劉備「奴客二千人」。當時劉備被吕布奪取徐州，十分狼狽，這批奴客的贈送不在於經濟意義，實際上就是提供武裝隊伍。抱朴子吴失篇説孫吴的大姓豪族「僮僕成軍」。從前引馬援傳中，我們知道隨從的賓客從事農耕、畜牧勞動，也隨時可以組成武裝隊伍，但他們的身分還不固定，麋竺和孫吴的大姓豪門都是大地主、大商人，他們擁有的僮客、僮僕或奴客，大部分也像馬援的賓客一樣，既從事農業生産，拿起武器又是士兵。而且他們的身分已完全私屬化，依附地位業已固定，他們即是家兵式的部曲。部曲原是指軍隊的編制，此時幾乎已成爲私家武裝的專稱。這種家兵式的部曲，即是豪强大族武裝化的田客，田客和部曲之間往往有密切的關聯。

三國時期的軍事制度發生了顯著變化，國家軍隊基本上仿照漢末以來的家兵部曲制度組成。曹魏的士家制度和孫吴的世襲領兵制都是世襲兵。士家是曹魏兵士的特稱。漢代没有爵位的普通丁男被稱爲士伍，〔一〕曹魏的士家專指世襲兵。這種世代爲兵的士家另有士籍，不入州郡户版。集中居處，男丁打仗，婦孺運輸，役及全家。父亡子繼，兄終弟及，世襲爲兵，除非功至封侯，一概不能免除軍籍。士兵逃亡，坐及家人，妻女没爲奴婢。婚姻由政府配嫁，只能在兵户内部聯姻。士兵死後，遺孀由官府改配，除非因功封侯。〔二〕總之，兵户身分十分卑微。嚴可均輯全晉文卷一四五所録晉令有云：

士卒百工履色無過緑青，百婢履色無過經〔紅〕青；
士卒百工都得著假髻；
士卒百工不得服瑱璫；
士卒百工不得服真珠璫珥；
士卒百工不得服犀玳瑁；
士卒百工不得服越疊。

可見當時士卒身分較一般編民爲低，與百工奴婢同被法定於低賤的地位上。

這種身分卑微的世襲兵是大姓豪門家兵的模擬和擴大。士家子只服兵役，無其他徭役；士家有

〔一〕漢書卷五景帝紀元年秋七月詔及師古注。
〔二〕拙撰魏晉南北朝史論叢第二〇——三六頁（文集本二七——三三頁）。參見何兹全魏晉南朝的兵制，載歷史語言研究所集刊第十六册。

專門的士籍，不貫郡縣。大姓豪門的家兵亦即武裝化的佃客，往往兼勞動生産與當兵打仗爲一身，而曹魏的士家和吴蜀的兵士也都推行軍屯，以「帶甲之士」「且耕且守」。〔一〕我們在前章已指出曹魏的屯田制度是封建大土地經營方式的模擬，屯田即是國家的私田，屯田客即是國家的私客。而從上述我們看到，曹魏的士家制和孫吴的世襲領兵制正是大姓豪門家兵的模擬。軍隊是國家的私人武裝，士家則是國家的私兵。事實上我們看到，曹魏初年的國家軍隊，即如三國志魏書梁習傳所載，係直接收羅改編家兵而成。孫吴方面，由於名宗大族擁有「家部曲」十分普遍，且勢力强大，因而這些私兵雖在形式上被收編爲孫吴國家軍隊，却在相當程度上保留着私兵的性質，其將領幾視部曲爲私産。〔二〕

隨着三國時代士家制度的建立，士兵的身分甚爲低落，其地位較之兩漢兵士迥然不同。文館詞林卷六六二載晉武帝咸寧五年（二七九）伐吴詔有云：

自宣皇帝以來，每以吴蜀爲憂，邊事爲念。今孫皓犯境，夷虜擾邊，此乃祖考之遺慮，朕身之大耻也。故繕甲修兵，大興戎政，内外勞心，上下戮力，以南夷勾吴，北威戎狄，然乃得休牛放馬，與天下共饗無爲之福耳。今調諸士，家有二丁、三丁取一人，四丁取二人，六丁以上三人，限年十七以上，至五十以還。先取有妻息者。其武勇散將家亦取如此，比隨才署武勇掾史。樂市馬爲騎者，署都尉司馬。

〔一〕參黄惠賢試論曹魏西晉時期軍屯的兩種類型，武漢大學學報一九八〇年第四期。

〔二〕拙撰魏晉南北朝史論叢第一九——二六頁（文集本一六——二三頁）。

詔書可見，即使西晉大舉伐吴，也盡先從士家中徵發兵士。除非特殊情況，一般人民不再服兵役。

值得指出的是，東漢時期既有從普通百姓中徵發衛士，又有臨時徵發的各種各色的兵，很像唐代的府兵與兵募。而曹魏時期士兵地位的變化，又類似唐末以降兵制的變化。這當然有着特殊的歷史原因，而非一種簡單的循環。

如前所述，東漢時存在有州郡兵，只是來源還不清楚。根據記載，大致在漢末建安十三年（二〇八）前後，曹操統治境内没有或者基本上没有州郡兵，而由諸將領兵屯駐各地，統一由曹操指揮。此即後來由朝廷遣將以都督名義統率的駐屯軍。這種都督原非地方官，所領軍隊亦非地方軍。這樣一種制度始於魏晉，爲兩漢所無，原其初衷，旨在加强中央對地方的控制。至於以後都督職稱的地方官化，以及地方都督有的成爲對抗中央的力量，乃是變化的結果。西晉統一後，曾一度廢罷州郡兵。但這一部分軍隊力量不大，都督所帶兵依然存在，而且還在加强。〔一〕

總之，漢代以來，兵士逐漸由普遍徵發定期服役演變爲魏晉時期的職業世襲兵，是一個巨大的變化。這一變化的特徵是兵士身分的低落，而這一點也正是私家武裝的特徵。因此我們認爲這種變化反映了國家軍隊的私兵化，它是與同時期封建大土地所有制的發展和佃客身分的卑微化相適應的。

最後要指出的是，儘管兵士的社會地位在魏晉時期已相當低落，並爲法律所肯定，但在事實上却

〔一〕 拙撰魏晉南北朝史論拾遺第一二三——一四〇、一四一——一五〇頁（文集本一二四——一四一、一四二——一五一頁）。

還没有完全凝固在低賤的地位上。世説新語卷下賢媛篇王渾妻條：

王渾妻鍾氏生女令淑。武子爲妹求簡美對而未得，有兵家子有儁才，欲以妹妻之，乃白母，曰：「誠是才者，其地可遺，然要令我見。」武子乃令兵兒與群小雜處，使母帷中察之。既而母謂武子曰：「如此衣形者，是汝所擬者非邪？」武子曰：「是也。」母曰：「此才足以拔萃，然地寒，不有長年，不得申其才用，觀其形骨，必不壽，不可與婚。」武子從之，兵兒數年果亡。

這則故事表明，當時兵家子上升的道路儘管十分曲折，但只要才能超群，終究還有上升的機會。尚不至像南朝的兵家，低賤的身分幾乎無可更改，即使偶因軍功進身，也還是擺不脱受歧視的地位。

第四章　思想學術的變化——魏晉玄學的形成及其發展

第一節　經學的衰微與名教之治的動摇

與東漢末年以來社會經濟和政治、軍事變化的同時，思想界也起了變化，這個變化就是魏晉玄學的形成。

我們知道，西漢前期盛行黄老之學，至漢武帝獨尊儒術，儒家學説遂在思想界被定於一尊。但兩漢列於學官的今文經學，大體上與陰陽家合流，包含着大量的讖緯迷信成分，各種荒誕怪異的説法充斥於解釋經典的文字中。今文經學的另一個弊端是章句煩瑣支離。漢代採取通經致仕、恪守家法的制度，經師章句之學十分發達。所謂「經有數家，家有數説」；「一經説至百餘萬言」；「説五字之文，至於二三萬言」。〔一〕西漢後期興起的古文經學，反對荒誕無稽的讖緯迷信，注重名物文字的訓詁，輕視支蔓瑣碎的章句，是對今文經學的一種改革。但由於今文經學中讖緯迷信内容是君權神授的理論基礎，所以某些最高統治者能够容忍時人的厭棄章句，甚至還下令删節章句，却不肯放棄讖緯之學。

〔一〕漢書卷三〇藝文志，卷八八儒林傳末「贊曰」。後漢書卷三五鄭玄傳。

因此古文經學始終流行於民間，未能取得正統官學的地位。而且古文經學偏重訓詁，也是相當的煩瑣。東漢中葉以後的馬融、鄭玄學通今古，在注經中「網羅衆家，删裁繁蕪」，但鄭玄在對各家學説的調停取捨之間，仍難免蕪雜，而且由於兼採今文經學的緯書怪説，亦未能擺脱讖緯迷信的影響。故鄭學雖然一時「爲天下所宗」，普遍流行於北方，但同樣未能動摇今文經學的正統地位。

總之，作爲兩漢正統官學的經學，由於自身固有的弊端，日見衰微，不少學人早就對之表示厭棄。而當漢末大亂，統一王朝解體，通經致仕的道路中斷以後，經學的衰微更是無法逆轉。史稱漢魏之際「紀綱既衰，儒道尤甚」，以致曹魏京師上萬名大小官吏和太學生中，通經知禮的「略無幾人」。〔一〕經學既已衰微到這種地步，學術上的變化或者説新思想新學説的出現，已是不得不然了。作爲一種新思潮的魏晉玄學正是在兩漢經學衰微的情况下出現的。

經學衰弱以後，玄學在魏晉之際形成一種時代思潮，還有着深刻的社會政治背景。盡管魏晉玄學崇尚玄遠，追求虚無，但它仍是一種反映現實社會政治的哲學思潮。從某種意義上，魏晉玄學的形成正是開始於對東漢名教之治的研究，而又歸屬於魏晉時代的實際政治。

我們知道，東漢以名教治天下。所謂名教即是因名立教，内容包括政治制度、職官設置、人才配合以及禮樂教化等等。但其中最爲重要的是依據儒家的倫理道德標準選拔人才，使被選拔的人才與

〔一〕三國志卷一三王朗附子肅傳注引魏略。

所居職位相配合，做到人盡其才，官稱其職。當時的選舉標準即所謂經明行修，尤其注重人的道德操行。而名教政治最重名聲，一個人的名氣越大，社會政治地位越高。因此當時人爲了追求聲名，常常採取詭異的行動，其結果自然是矯飾虛僞，名不副實；或者交結朋黨，彼此標榜。對於這些追求聲名的弊端，漢魏間有不少政論著作，如王符潛夫論，徐幹中論，劉廙政論以及劉邵人物志等，都曾指出並加以激烈批評。經歷東漢末年的動亂，尚名之弊更加突出。因爲依據名教標準所選拔的官僚由於盜竊虛聲，名不副實，並不能應付時局，維護統治階級的利益，所以統治者感到名教標準難以選拔自己所需要的人才，甚至對這種基於儒家倫理道德的選舉標準乃至整個名教之治發生懷疑。

兩漢經學的衰弱使過去定於一尊的儒家學說不能維持以往的尊嚴，儒家所主張的名教之治亦因尚名之弊趨於破産。經學的衰弱雖然並不意味儒家的綱常名教已不再適應統治階級的需要，但這種衰弱的經學却無力爲綱常名教的合理性作出理論論證。統治階級必須尋找新的思想武器和統治法術，傳統的綱常名教如果不能放棄，也必須得到新的理論論證，以獲取新的生命。在漢末大亂和統一皇權解體的情況下，這種新的理論的出現，對於統治者來說，與其説是一個理論問題，毋寧説是一個迫切的現實政治問題，其中尤爲迫切的，是需要一個新的理論標準來選擇代表統治階級利益的人才。新的思潮正是在這樣的政治背景下出現的。

由於統治階級中各階層各集團的利益不同，從而所尋求所發展的理論各異，也由於儒家學説獨尊地位的喪失，我們看到魏晉時期的思想界表現得十分活躍。當時有不少人從事先秦諸子的研究，在儒家之外尋找新的理論；也有人突破漢代經學傳統，重新在原始的儒家經典中作新的發掘；還有人試圖綜合各家，别創新説。總之是百家争鳴，各售其説。

在各派學説中最先獲得重視的是法家和名家。三國時期的政治領導人物大都崇尚法術，曹操對東漢以來追求虚名、朋黨標榜的風氣尤其深惡痛絶。他認爲依據虚僞的道德行爲選拔出來的人才不足以應付當時的政局，故對漢代選舉中的名教標準採取輕蔑的態度。從建安八年（二〇三）到二十二年（二一七），他以統治集團領袖身分先後四次下令，宣布重才能輕德行的選舉標準，悍然提出「行」先於「名」、唯才是舉的口號。從曹操到曹叡，又先後發動幾次巨案，以制裁浮華朋黨。由於曹操及魏文帝、明帝均重法術，儒學的地位在當時十分衰微。三國志卷一六魏書杜畿附子恕傳有云：「今之學者師商、韓而上法術，競以儒家爲迂闊，不周世用。」文心雕龍論説篇亦稱，「魏之初霸，術兼名法」。西晉人傅玄則説：「近者魏武好法術，而天下貴刑名。」〔一〕不僅魏國，吴、蜀的情况也大體如此。諸葛亮治蜀厲行法治，號稱「循名責實」，「賞罰必信」。劉備給後主的遺詔中，談到諸葛亮曾爲劉禪「寫申、韓、管子、六韜一通」，要他學習。〔二〕孫權也是尚法重刑，陸遜曾上書要求施德緩刑，遭到孫權的堅决拒絶。〔三〕當時還有不少學者在那裏研究和提倡法家學説，有的雖然没有公開標榜申韓，但從他們

〔一〕晉書卷四七傅玄傳。
〔二〕三國志卷三五蜀書諸葛亮傳，卷三二蜀書先主傳。
〔三〕三國志卷四七吴書吴主權傳。

的論著中可看出明顯的法家傾向。

與法家相關的是名家。名法二家均言循名責實，故二者關係十分密切，這從前引文心雕龍「魏之初霸，術兼名法」的論斷可知。魏晉時期運用先秦名家論難之術討論問題的頗有其人，其中晉人魯勝在所著墨辯序中，稱名辯之學是政治教化的標準，並把「别同異，明是非」、「以正刑名」的名學（亦稱刑名學），同孔子的正名和法家的循名責實聯繫起來。大約出自魏晉人之手的今本尹文子亦是討論刑名問題的著作，仲長統序其書云「本於黄老」。魏人鍾會是一位「校練名理」的刑名家，其書却名之爲道論。同時人任嘏的任子道論，隋書經籍志列爲道家，其内容也屬於刑名。可知名辯之學又與道家相通聯。

名法二家之外，儒、墨、道德、縱横以至兵家都在魏晉時期得到一定程度的發展。這種百家争鳴的局面，只有在傳統上已定於一尊的儒家之道喪失或削弱了在思想界的領導地位以後，才有可能出現。特别是名法二家的興起，正是有鑒於儒家的「不周世用」和東漢名教之治的「名實乖濫」。各派的論著與其説在研究先秦諸子，不如説是在研究現實政治，也就是根據儒家以外的理論針對名不副實的名教之治進行批判、分析、辯護乃至糾正。因此諸家議論大多聚焦於名實之辯特别是人才選拔中的名實相背問題，而解决問題的辦法仍不外儒家的正名與法家的循名核實，由此進一步推論，勢必會歸結到道家的無名。這樣，從研究名實出發的問題，就溝通了儒、道、名、法諸家，而不再局限於名家。〔一〕

〔一〕 以上關於思想學術的變化，詳見拙撰魏晉玄學之形成及其發展，魏晉南北朝史論叢。下同。

第二節　魏晉玄學的形成與發展

一、名理學

從研究名實出發的學問即是名理學，亦即上述刑名之學。名理家大抵以名辯方法考察名實關係，作爲推行正名與循名核實政治的張本，具體地說，就是企圖在理論原則上決定選舉和人與職位配合的標準。潛夫論考績篇稱：「是故有號者必稱典，名理者必效於實，則官無廢職，位無非人。」意林卷五引物理論云：「國典之墜，猶位喪也；位之不建，名理廢也。」作爲一種政治理論的名理學，由於特別重視人物的考察，所以古人曾將專論人物的一類著述列入名家，如隋書卷三四經籍志子部名家類有魏文帝士操一卷，劉邵人物志三卷，等等，此不備舉。當然魏晉名家的範圍十分廣泛，大抵包含儒、道、名、法各家的成分。

魏晉名理學家不限於名辯之術而推廣到政治理論，仍然與先秦名家的理論有關。管子中的心術、白心、内業、樞言四篇，據郭沫若同志考證爲宋鈃、尹文的遺書，〔一〕其内容大致是檢查刑名以求正名而最後歸於無名，這正是魏晉思想從名理發展到玄學的途徑，其中心術篇特别注意道與德即心與器官、君與臣之分，更契合於魏晉玄學的政治理論，因此我們可以説魏晉名理與先秦名家有密切的關係。

〔一〕郭沫若：十批判書名辯思潮的批判，人民出版社一九五四年版。

魏晉名理學家既然採用名辯之術，故在著論中講究邏輯，注重論難。史稱「傅嘏、王粲校練名理」，鍾會「精練名理」，嵇康「研至名理」，表明這一類文章都以精當有條理著稱。宋書卷六四鄭鮮之傳載鮮之滕羨議云：「自非名理，何緣多其往復。」由於名理重論難，所以每一命題往往彼此非難，反復研討，例如才性之辯，言意之辯，宅無吉凶，自然好學，養生諸論都是正反兩面互相詰難，從而使名理顯豁，這是採取了名辯方法的。

初期名理學家大抵由檢察名實，特別是由考察人物以至於循名責實，使人位相稱，因此與法家相近。一到稍後，便轉入了道家。這是由於兩重原因。其一是理論本身的發展。如前述管子中所包含的名家理論就表明名家的刑名與道家的無名相關，追求名理必然要歸宿到無名。就道家理論而言，凡是有名就有限制性，是器，是用；在政治上即是臣道。名理學是一種政治學，各安其位各得其所的臣道是可以循名責實的，但執行循名責實的最高主持者即君道却應該没有限制性和具體性，是道，是體，因此必然無名。管子卷一三心術篇云：「天之道虛其無形，虛則不屈，無形則無所位迕，無所位迕，故遍流萬物而不變。」正是説明這個道理。魏晉時期的刑名或刑名著作，諸如劉邵的人物志，其所論君德即從檢核刑名出發而轉取道家君道無爲之旨。內容本爲刑名家的鍾會的著作，却名之以道論，「蓋因當時論刑名者往往提高到道的原則，即由具體人事以至抽象玄理」。〔一〕其二是由於現實政

〔一〕 參見湯用彤讀〈人物志〉，湯用彤學術論文集，中華書局一九八三年版，第二〇五頁。

治的發展。名理學本來是適應名教之治的動摇而興起的。曹魏政治即是與初期名家相配合的名法之治，要求檢察名實，裁抑大族，擴大君權。到了齊王芳時，君權削弱，門閥士族力量上升，政治趨於寬緩，皇帝徒有虚位，於是由綜核名實轉而提倡無爲，即如文心雕龍論説篇所云：「迄至正始，務欲守文，何晏之徒，始盛玄論，於時聃周當路與尼父争途矣。」總之由於理論本身的發展，更由於現實政治的發展，名理學遂由刑名歸本於道家，並最終形成玄學。

二、玄學的形成

西漢初年盛行的黄老之學也是政治學，即所謂君人南面之術。自漢武帝罷黜百家，獨尊儒術，道家在政治上的地位低落。儘管東漢時期也還有人鼓吹道家，反對儒家，以自然非難名教，但終究聲勢不大，影響有限，其末流支脈竟演蜕爲一種宗教或者一種養生術。道家學説作爲一種政治理論足以同儒家抗衡，則是在玄學興起的魏晉時期。

興起於曹魏後期的玄學是反映這一時代的新思潮新學風，它以老莊思想爲骨架，但並不否定儒家。所研究的課題是本末體用問題，即本體論的研究，在政治上是自然與名教之辨。這一新思想新學派在以洛陽爲中心的河南地區得到充分的發展。我們可以概括地分爲在朝的正統派與在野的激進派。他們的區别在理論上有老或莊之偏重，但主要的仍是對於儒家名教的態度，即政治傾向的不同。

在正統派玄學家中，最先由研究名理而發展到無名的是何晏。他在無名論中指出，「自天地以來」，萬物都是「有所有」，即是有名的。但有名的都是具體的，部分的，不完全的，從而有限制性。只有無名之物方可擁有天下之名。無名爲道，而聖人體道，故聖人無名。唯其無名，才可以遍以天下之名名之；唯其無所有，故能用有所有。這是理想的聖人，也是理想的帝王，例如堯即是。何晏雖推重無名，却不廢有名，因爲自天地以來，都是有所有，重要的是能「復用無所有」。這與王弼注易復卦「復者反本」之意相同。何晏的本意並不反對名教，只是説名教應復本於自然。傳世的何晏論文很少，還有一篇無爲論，説「天地萬物皆以無爲爲本，無也者，開物成務，無往不成者也」。與無名論主張相同。何晏身前在政治上占有重要地位，主選舉時號稱得人，他還有關於禮制的論著，可見並非「祖尚虚浮」，不關心世務，更没有企圖破壞名教。他所提出的無名、無爲出發於名理而又批判了曹魏的名法之治。

在朝的正統玄學家是不想破壞名教的。當漢魏之際，盡管名教之治的理論由於曹操執行尚才不尚德的選舉政策開始動摇，盡管統治階級曾經努力在諸子百家的學理中努力搜尋且不無所得，但這些都不意味着儒家的綱常名教不再適合統治階級的需要。相反，儒家的道德倫理仍是統治者維持現存秩序所必需的思想武器。東漢以來的世家大族本是在日益發展的封建經濟基礎之上通過名教之治以取得政治地位的，黄巾起義的打擊權貴和曹操的反對名教曾使他們的地位一度有所下降，但世家大族終究是曹魏統治集團不能不依靠的社會基礎。爲了維護自己的政治優勢，從學門、儒族發育起來的世家大族絶不願意破壞名教。而名法之治經過曹魏三帝的全盛時代，到齊王芳時隨着曹魏政權的没落趨於消沉，儒家學説擡頭的時代顯然已經到來。但名教之治在前一段時期由於自身的弊端曾經遭到批判，新起的玄學正在思想界流行，道家的自然已經提了出來。因此在存廢名教的問題上首先要説明不廢名教的理由，巧妙地將自然與名教統一起來，爲名教作出新的理論論證。開始提出「自然」的夏侯玄，提出「無名」的何晏，都已經不反對名教，而真正將名教與自然統一起來的，乃是年輕有爲的哲學家王弼。

王弼的學説内容豐富，在思想界影響甚巨，所著周易注、易略例、老子注，對本末體用之辨進行了深入探討和發揮。在王弼的理解中，「無」爲本，「有」爲末，但去「有」亦不能體「無」；自然是本，名教爲末，但名教即是自然的體現。他認爲名教不可能廢棄，就因爲它即是自然的體現。他把易道解釋爲宇宙有規律的發展，一切事物有變化，但都遵照一定的條理次序進行，這樣整個宇宙運行不是「妄然」，而是「必由其理」。這個理就社會人事方面來説，應該就是現存的封建秩序，這種秩序又是本之自然的，故人世一切變化只能在現有秩序下遵照一定的軌道進行。則王弼對自然的尊崇體現於人世社會就是對現存封建秩序的肯定。

何晏、王弼的學説都不否定儒家，王弼更是在綜合儒道兩家。三國志卷二八鍾會附王弼傳説弼「好論儒道」。他從來没有菲薄孔子，甚至更推尊孔子。同書注引何劭王弼傳稱弼云：「聖人體無，無又不可以訓，故不説也；老子是有者也，故恒言無所不足。」他把孔子尊爲聖人，駕於老子之上，但是這個聖人却是體無以應有的聖人，乃是道家的聖人。

王弼用一套十分精緻的玄學理論綜合儒道，即用一種發展了的道家學說來解釋和論證儒家的合理性，使名教合於自然，從而解決了名教的存廢問題，而這正是現實統治所迫切需要的。

我們知道曹爽被殺以後，魏朝政權實際操於司馬氏之手。司馬氏爲河内的儒學大族，所謂「本諸生家，習禮來久」，十分注重禮法。司馬氏的政權基礎同樣是高門大族，特别是儒學世家。晉室開國元勛如潁川荀氏，平陽賈氏，潁川鍾氏，東海王氏以及河東衛氏等，大抵都是東漢以來的學門。所以司馬氏統治集團重又提倡名教，特别重視維護家族秩序的孝道，以配合門閥政治統治。而何晏王弼等在朝的正統玄學家綜合儒道，統一名教與自然的學説，重新爲名教找到了理論根據，正好適應司馬氏當國以後儒學復興的要求。

然而在野的激進派玄學家却不願與司馬氏政權合作。他們看到號稱恪守禮法的司馬氏家族一邊提倡名教，一邊又翦除異己篡奪曹魏政權，因此從口頭到行爲上對這種虚僞的名教深表輕蔑與反抗，將自然與名教對立起來。阮籍、嵇康便是這一類玄學家的代表。他們所追求的乃是莊子的逍遥，他們的理想人格不是何晏提出的堯，而是超出世界的「大人先生」。他們反對一切人爲的束縛，認爲不合自然，因此要抉破禮法，非堯舜，薄周孔。晉書嵇、阮等人列傳和世説新語的任誕等篇，記載了不少這一類人的放蕩故事，其事未必盡皆可信，但所表現的總的精神風貌却大體不錯。當然，有如不少人所指出的，嵇、阮等輩實在並非要真正破壞封建道德，他們在言論和行爲上趨於激進絶非無緣無故。

太平御覽卷三一引竹林七賢論稱阮籍的家族「前世儒學」，「內足於財」，只有他這一支好尚道家，而且貧寒。晉書卷四九本傳說他「本有濟世志，屬魏晉之際，天下多故，名士少有全者，籍由是不與世事」。則其思想轉向激烈當在司馬懿與曹爽激烈鬭爭之時。他的著作中有一篇通易論，其中屢次提到的先王即是一個有爲的、製作的聖人，且承認上下、君臣、貴賤各有定分。他作樂論說「禮踰其制則尊卑乖，樂失其序則親疏亂」，可證他並不反對名教，甚至不主張無爲。這一類作品大概還是他抱「濟世志」時所撰。及至他寫達莊論、大人先生傳時，則竭力反對名教。特別是在大人先生傳中，嘲笑禮法之士如褌中之虱，大膽地反對君臣貴賤之別，指斥「汝君子之禮法，誠天下殘賊亂危死亡之術耳」。然而這未必是阮籍對於禮法名教的真實態度，當是有感於西晉君臣的虛僞禮教而發，旨在譏刺大孝何曾、荀顗之類的僞君子和庸碌之輩。阮籍之蔑視禮法不僅形諸文字，而且還表現在他的行爲上，他的這類故事人所熟知，兹不贅述。

嵇康自稱非堯舜而薄周孔，他所寫的與山濤絶交書、自然好學論，都推崇老莊，非毁仁義名分以至六經，養生論更明確提出要「越名教而任自然」。在行爲上一如阮籍，追求真率自然，蔑視虛僞的禮法規範。但史稱嵇康「在學寫石經古文」，表明他注重經學。他在家誡中，叮嚀周至地規勸兒子既要謹慎處事，又要做一個大謙大讓顧全大節的忠誠烈士。可知他和阮籍一樣，所非議的只是現實社會中的虛僞名教和那些標榜禮法而阿諛逢迎的朝士，其內心深處對於儒家所提倡的倫理價值倒是非常固執。他們理想中真率自然的人格仍然與儒家倫理道德不可分割，但他們認爲倫理道德本之自然，不須借助虛僞的名教表現。假若不把名教解釋爲虛僞的禮法，阮、嵇與正統玄學家在名教本於自然的問題上並無實質性衝突。嵇康答向子期難養生論云：

聖人不得已而臨天下，以萬物爲心，在宥群生，由身以道，與天下同於自得，穆然以無事爲業，坦爾以天下爲公，雖居君位，享萬國，恬若素士接賓客也；雖建龍旗，服華衮，忽若布衣之在身。故君臣相忘於上，烝民家足於下，豈勸百姓之尊己，割天下以自私，以富貴爲崇高，心欲之而不已哉。

按嵇康作養生論，向秀作難養生論，認爲「有生則有情，稱情則自然，若絶而外之，則與無生同」。因此「好榮惡辱，好逸惡勞，皆生於自然」，而崇高莫大於富貴也是「關之自然，不得相外」，向秀的説法近於爲縱欲自肆辯護，所以嵇康駁他聖人只是不得已而臨天下，並非「以富貴爲崇高，心欲之而不已」。嵇、阮蔑視禮法的種種放誕言行出於對現實政治的不滿，即針對虛僞的名教，所謂「有疾而爲顰者也」。然而這類軼出名教範圍的種種行爲却造成了一種任情縱欲、消極享樂的風氣，到晉惠帝時更爲流行，不少門閥貴族子弟競相傚法，上引向秀的難養生論，特別是張湛的列子注，充分表達了爲任情縱欲辯護的思想。在野的激進派玄學由之分化爲兩種派別，沿着兩種不同的思想道路發展。但這兩種派別的發展都不利於現實政治。第一，這種任情縱欲的放誕風氣如抱朴子所説，京洛的公子王孫都染上了，他們無視禮法規範，奢侈荒淫，不問世事，號爲自然。而這些公子王孫正是門閥政權未來的統治骨幹。他們的頹廢放蕩不僅損害門閥統治賴以維系家族門户的倫理基礎，而且因不問世事無法執行其代表本階級利益的政治任務。第二，嵇、阮反對名教的理論如果繼續發展必然危及現存統治。阮籍的大人先生傳已經有反抗現實政權的傾向，發展到極端便是鮑敬言的無君論，公然提出無君的主張。他認爲君臣之道只是强凌弱、智吞愚的結果，以致「役彼黎烝，養此在官，貴者祿厚而民亦困矣」，於是，「勞之不休，奪之無已，田蕪倉虛，杼軸之空，食不充口，衣不周身，欲令無亂，其可得乎？」認爲一切亂源，皆因「有君」，基本上無所謂仁君，不過「盜跖分財取少爲讓」而已。所以應該恢復上古無君之世，才是天下太平。鮑敬言的無君論只見於抱朴子外篇卷四八詰鮑，或以爲實無其人，係葛洪所虛構。但從嵇、阮這種思想脈絡發展下去，出現無君論是合乎邏輯的，葛洪即使能虛構一個代表人物鮑敬言，但這種思想却不是虛構。這種思想對於統治者顯然十分危險，而其說同是出於流行的道家著作莊子。

上述兩種從在野激進玄學出發的傾向，不但像葛洪那樣的舊派人物要大聲疾呼、斥責，就是正統玄學家也甚不以爲然，覺得要加以糾正。晉書卷四三樂廣傳云：「是時王澄、胡毋輔之等皆亦任放爲達，或至裸體者，廣聞而笑曰：『名教内自有樂地，何必乃爾。』」樂廣也是玄學名士，他的意思是説名教中就能得自然之趣，就能體道，這是申述自然名教合一之説來糾正不要名教的放恣之行。而以玄學家的立場進一步説明這個問題的是裴頠的崇有論。

三、貴無與崇有

晉書卷三五裴秀附子頠傳：

頠深患時俗放蕩，不尊儒術，何晏、阮籍素有高名於世，口談浮虛，不遵禮法，尸祿耽寵，仕不事事；至王衍之徒聲譽太盛，位高勢重，不以物務自嬰，遂相仿傚，風教凌遲，乃著崇有之論，以釋其蔽。

蔑棄禮法輕視世務的根據是因其不合自然，不是道，道者體無，所以無爲本而有爲末，嵇阮的放蕩即從貴無賤有發展而來。裴頠的崇有論正是針對這種風氣而發。前人往往認爲裴頠之論是反道家的，乃因崇有論中重視禮制世務，仿佛他是以儒家觀點來批判道家。其實裴頠仍是一個玄學家，他提出的以及企圖解決的問題是有無之辨，這仍屬於玄學問題。而且他並没有排斥道家，相反他和王弼一樣，是在綜合儒道，並且是在新的基礎上綜合。

崇有論一開頭便説崇極之道乃是「群本」亦即萬有的綜合，而萬有的個別形象即由於「有生之體」本來如此。照他的説法，除了個別就没有全體，除了特殊就没有一般，決没有一個生有之無，未分之全。這與王弼無爲本、有爲末，「有生於無」的老子之意頗爲不同。他認爲既然是無，就不能生有，「始生」只是「自生」，而生之始只能「體有」，也就是「有」始能存在，「無」不能存在。既然「體有」，那麽遺棄了有，就不能全生，就不能存在。生既「以有爲已分」，則虛無乃是「有」之所遺，而非有之所體。所以既已「有」了，只能順有之用以全生，循有之道以理衆，而不能以「無」濟「有」或復返於「無」。總之，裴頠認爲自然即是萬有的綜合，萬物各本其分而自生，無不能生有。裴頠的「有」當然包括名教，所以名教不僅本之自然，而且本身即是自然。他的説法不合老子本意，却仍然推尊老子。

他説老子「以無爲辭，而旨在全有」，與王弼所云「老子未免於有，故恒言無所不足」，語雖相似，宗旨却相反。

發揮崇有論的還有郭象的莊子注。〔一〕郭象注中貫徹崇有的思想，他和王弼之不同，亦即裴頠與王弼之不同。他認爲「無既無矣，則不能生有。有之未生又不能爲生。然則生生者誰哉？塊然而自生耳」。這和裴頠「夫至無者無以能生，故始生者自生也」的説法是相同的。又王弼認爲宇宙運行乃是有規律的發展，這一規律是本來如此，是自然亦是天道。郭象認爲天道並非另外一個總規律，而是萬有的自然發展所合成。他説：「物無非天也，天也者自然也。人皆自然則治亂成敗，遇與不遇非人爲也，皆自然耳。」又稱「天地者萬物之總名也。天地以萬物爲體，而萬物必以自然爲正。」因此郭象認爲萬物只是自生自化，並無總的規律，這也和裴頠的「總混群本，宗極之道也」相合。

郭象的莊子注發揮了門閥統治下適時的政治哲學。莊子中的最高境界是逍遥。郭象對逍遥的體會是小大各足其性，「理有至分，物有定極」，「小大之殊，各有定分」，各安本分就能自足其性，就是逍遥，否則就是不安其分，結果便不能無困。如果應用到人世政治上來，就是要人民各安其分。齊物論「如是皆有爲臣妾乎」條郭象注云：

若皆私之，則志過其分，上下相冒而莫爲臣妾矣。臣妾之才而不安臣妾之任，則失矣。故知

〔一〕莊子注究爲郭象抑或向秀所注，尚屬未了公案，但注中崇有思想却只能説是郭象的主張。拙撰魏晋南北朝史論叢第三三三——三三四頁（文集本三二一——三二二頁）。

君臣、上下、手足、外内乃天理自然，豈直人之所爲哉。

又稱「夫時之所賢者爲君，才不應世者爲臣，若天之自高，地之自卑，首自在上，足自居下，豈有遞哉？雖無錯於當而必自當也。」以此觀點推及現存制度，則倫理秩序都是自然，非人力所能强爲，因此無可非難。如果上下不安，越出本分，以致無人肯當臣妾，則不合乎自然。雖然所有禮儀道德等亦是暫時適用，「不能時過而不棄」，但却只能因仍自然而自得其當。按照他的論點，是在曉諭大家承認現有秩序，各人自足其分。他在逍遥游注中又主張無爲，告誡皇帝不要多管事。「夫聖人雖在廟堂之上，然其心無異於山林之中。」即任其自然，放任人人自得。那些世居高位的門閥貴族，亦可以不問世事，逍遥於享樂，因爲養尊處優亦是他們的本分，所以這種理論實質上是爲大族縱慾辯護。

總之在郭象看來，名教和現有秩序不僅本於自然，合乎自然，而且本身即是自然。儒家倡導的一套倫理道德和統治理論，自漢末曹操破壞以後，至此得到重新肯定，這種肯定即借助道家學説進行新的理論論證，或者説是儒家的玄學化。儒家所提倡的名教之治和尊卑名分，無論對於奴隸制度還是封建制度都是適用的。盡管漢魏之際社會各方面發生了重大變化，但君臣關係特别是家族内部的孝悌等倫理關係，幾乎仍没有區别。故而玄學發展到自然與名教完全合一的郭象時代，不僅在理論上，而且在政治上也完成了它的任務。

第二篇　論南北朝的差異

第一章　南北社會經濟結構的差異

第一節　南北朝户口多寡的比較

一、南方户口

永嘉亂後，大量北方人民南移，形成中國歷史上規模巨大的移民浪潮。根據史籍記載和近人的研究，這種移民浪潮在東晉時期前後有三次，第一次流徙狂潮發端於西晉末年，即所謂「永嘉南渡」；第二次是在石趙滅亡之後，據稱「荆、楚、徐、揚，流叛略盡」、「青、雍、幽、荆州徙户及諸氐羌胡蠻，數百餘萬，各還本土，道路交錯」，雍秦流民多南出樊沔，或至漢中；〔一〕第三次是在東晉孝武帝太元八年（三八三）淝水之戰後，苻堅敗亡，人民的大規模遷移。〔二〕流徙大抵表現爲東北、西北、東南呈輻射

〔一〕參見晉書卷一〇六石季龍載記下、同卷冉閔載記、同書卷九三外戚褚裒傳。

〔二〕見宋書卷三七州郡志三。

狀的流向，但以由中原向江南的流徙規模最大。〔一〕東晉之後，還有幾次北人南渡。〔二〕大量的北方人民流徙江南，加之在侯景亂前，江南並無大的戰爭，户口理應大幅度增加，但史籍記載東晉乃至整個南朝户口增長甚少。這裏表明的是著籍户口遠遠低於實際户口。

東晉時期户口數失載，由當時人的議論來看，官府户籍册上的「正户」數量非常少。晉書卷九八桓温傳載桓温上疏陳便宜，便説「户口凋寡，不當漢之一郡」；同書卷八五劉毅傳載毅上表稱：「江左區區，户不盈數十萬」，又説「荆州編户，不盈十萬」。可知當時著籍户口數字比孫吴時增加不了好多。

劉宋時期的户口數據宋書州郡志記載，累計各州郡共有九十萬一千七百六十九户，五百一十七萬四千零七十四口，〔三〕這是大明八年（四六四）的著籍户口數。以此數字與孫吴時期的户口數相比，似乎有較大增加，但劉宋所轄的區域遠超於孫吴，如除去故蜀漢地區的益、梁、寧三州和長江北岸的曹魏故境，則除口數略有增加外，户數還少於孫吴。如果以劉宋大明八年的户口數與西晉時相比，還要下降得多。西晉太康初相當於劉宋統轄地域的各州郡國約有一百三十三萬一千三百零五户，劉宋

〔一〕參見譚其驤晉永嘉喪亂後之民族遷徙，載燕京學報第一五期，一九三四年六月；李劍農：魏晉南北朝隋唐經濟史稿第一章，三聯書店一九五九年版。

〔二〕如劉宋元嘉二十七年、泰始二年等，參見王仲犖魏晉南北朝史上册，第三四四頁。

〔三〕通典卷七食貨歷代盛衰户口條載劉宋大明八年（四六四）有户九十萬六千八百七十，口四百六十八萬五千五百零一，户、口數均與宋志不合。不過，除口數少於宋志外，户數相差不大。

大明八年總户數九十萬一千七百六十九，僅及西晉舊境户數的67.73%，人口的減少是顯而易見的。

蕭齊之户口數，史籍失載，南齊書州郡志二卷，僅叙州郡沿革，不記户口。通典卷七食貨歷代盛衰户口條云：「齊氏六王，年代短促，其户口未詳。」南齊書卷三四虞玩之傳載建元二年（四八〇）玩之上表云：「今户口多少，不減元嘉，而板籍頓闕」，即是説實際户口不少於劉宋元嘉盛世，但在户籍上登記的户口却減少了。按齊初淮北之青、冀、徐、兗及豫州之淮西部分約五州之地於劉宋明帝泰始年間（四六五——四七一）已全爲北魏占領，劉宋時期，此五州之地約有十六萬二百一十一户，九十三萬八千六百三十五口，齊初除去此數，户口仍不減於元嘉之數。又南齊書卷二八崔祖思傳載祖思啓陳政事云：「案前漢編户千萬，……今户口不能百萬。」〔一〕按崔祖思上言是在齊武帝即位之永明年間（四八三——四九三），時間較虞玩之上表略晚，此時户數已近百萬，可證蕭齊時户口較劉宋大明八年還略多一些。總之，根據虞玩之、崔祖思所説，南齊的疆域蹙於劉宋，但户口不少於劉宋大明八年，即在同一地區内户口較劉宋時甚至有所增加。又南齊書卷四六顧憲之傳載南齊時「山陰（今浙江紹興）一縣，課户二萬」，山陰縣屬會稽郡，劉宋大明時全郡十縣有五萬二千二百二十八户，〔二〕宋書卷八一顧覬之傳載覬之「東遷山陰令，山陰民户三萬，海内巨邑」；同書卷九二江秉之傳：「出爲山陰令，民户三萬，政事繁擾，訟訴殷積。」可見山陰作爲會稽郡治所，人户歷來殷繁。據南齊書卷五三沈憲傳

〔一〕　本條又見於南史卷四七崔祖思傳。

〔二〕　宋書卷三五州郡志。

載，宋末齊初蕭道成以「山陰户衆難治，欲分爲二縣」，爲蕭頤啓奏不行。可知齊時山陰仍是劇邑。顧憲之所云「課户二萬」，僅指承擔賦役者，不課户尚不在内。估計全會稽郡人户不會少於劉宋。根據以上所引，我們完全有理由相信，南齊時期在相同地域内的户口數應盛於劉宋，但爲何「版籍頓闕」即列於户籍的編户數量比之劉宋要少？ 這是一個矛盾的現象。

梁代户口也不見記載。通典卷七食貨歷代盛衰户口條云：「梁武之初，亦稱爲理，及精華耗竭，貪地邀功，侯景逆亂，竟以幽斃；元帝慘虐，骨肉相殘，纔及三年，便至覆滅。墳籍亦同灰燼，户口不能詳究。」梁書卷三八賀琛傳載琛啓事云：「天下户口減落，誠當今之急務。雖是處凋流，而關外彌甚」，又説：「東境户口空虛。」據此，梁代户口在梁武帝時各地普遍減少，以致一向號稱殷實的「東境」（即會稽一帶）也空虛了。到了梁元帝承聖年間（五五二——五五五），更有驚人下降。南史卷八梁本紀下承聖二年（五五三）十二月條下載：「自侯景之難，州郡太半入魏，自巴陵以下至建康，緣以長江爲限，……文軌所同，千里而近，人户著籍，不盈三萬。」注於官籍的編户竟不足三萬，不抵劉宋時山陰一縣，這當然不盡事實，但説明自巴陵以下至建康一帶廣大區域内經侯景之亂著籍户口的大幅度減少是没有問題的。我們也看到，某些不由梁元帝直接控制的地區人口有所增加，如魏書卷六五邢巒傳載邢巒於正始二年（梁天監四年）上疏魏宣武帝，建議取蜀時稱：「益州殷實，户餘十萬。」按劉宋大明八年益州有五萬三千一百四十一户，此時「户餘十萬」，增加近一倍。南史卷五六張弘策附張纘傳載張纘爲湘州刺史，「在政四年，流人自歸，户口增十餘萬，州境大寧。」本條繫之太清二年（五四八）以前，當爲中大同（五四六——五四七）末至太清初時事。劉宋大明八年，湘州十郡，四萬一千六百九十八户，此時增至十餘萬，則以湘州爲中心的湘水流域人口也有所增加。益、湘二州都非元帝直接統轄的地區，上舉二條也並非對各該州户口的統計數字，而是對實際户口的估計。實際户口可能多於著籍户口，正像虞玩之所説蕭齊時户口增加，而「板籍頓闕」，賀琛傳也是如此，著籍户口減少，而實際户口是增加的。估計梁代三吴地區經侯景之亂著籍户口大爲減損，而在其他戰火没有波及或影響較小的地區自梁武帝以來户口應有所增加。

陳代後期喪失長江以北地區及西部的益、寧二州，疆域較東晉、宋、齊、梁均小。隋書卷二九地理志云：「逮於陳氏，土宇彌蹙，西亡蜀漢，北喪淮淝，威力所加，不出荆揚之域。州有四十二，郡唯一百九，縣四百三十八，户六十萬」。北史卷一一隋本紀上開皇九年（五八九）正月丙子條下載隋平陳，「合州四十，郡一百，縣四百，户五十萬，口二百萬。」吕誠之師認爲，隋志、北史隋本紀所載户數不合，「蓋昔人好舉成數，其户數當在五十至六十萬之間也。」〔二〕這個結論是正確的，即陳之户數大抵在五十至六十萬之間。〔三〕此數字與孫吴時期相比約略相等，而地域略少於孫吴。劉宋大明八年相當於陳末所轄地域的諸州郡，約有四十八萬三千五百九十二户、三百零七萬四千三百二十三口，陳末户數較

〔二〕 吕思勉：兩晉南北朝史第一七章，上海古籍出版社一九八三年版，第九三五頁。

〔三〕 參見拙著三至六世紀江南大土地所有制的發展，上海人民出版社一九五七年版，第三二頁注〔三〕（文集本三一页注〔二〕）。

之略多一些，而口數還少於劉宋時期。

自孫吳至陳亡的六個王朝，在長達三百年的時間内，江南户籍上的户口幾乎完全没有增長，這與六朝時期江南經濟的迅速發展是極不相稱的。

著籍户口的大量減少，我們可以找出幾點原因來。

首先是人民的大規模逃亡所致。世説新語政事篇謝安條注引續晉陽秋：

自中原喪亂，民離本域，江左造創，豪族并兼，或客寓流離，名籍不立。太元中，外禦强氏，蒐簡民實，三吳頗加澄檢，正其里伍。其中時有山湖遁逸，往來都邑者。

本條説明早在東晉初年，版籍混亂，人民流亡的情形已十分嚴重。流亡的途徑主要是二類，一是所謂「山湖遁逸」，即逃入山林湖泊之地者，一類是「往來都邑者」，即在都市中從事工商業活動。關於「山湖遁逸」，屢見於東晉南朝，如晉書卷七五范汪附子寧傳載范寧向晉孝武帝陳時政所云賦役之重「人不堪命，叛爲盜賊，是以山湖日積，刑獄愈滋」；同書卷八一毛寶附孫璩傳載廣陵海陵縣之青蒲「四面湖澤，皆是菰葑，逃亡所聚」；同書卷八三江逌傳載東陽之太末「縣界深山中，有亡命數百家，恃險爲阻」。南齊時，會稽一帶的「滂民」困於徭役，「險者或竄避山湖，困者自經溝瀆」；〔一〕梁代之晉安，「郡居山海，常結聚逋逃」；永嘉郡之横陽「山谷險峻，爲逋逃所聚」，〔二〕等等。則可見歷東晉南朝，民户

〔一〕南齊書卷四一周顒傳。

〔二〕梁書卷四二臧厥傳，卷五三良吏范述曾傳。

逃亡一直存在，所謂「山湖遁逸」是逃亡農民的一支重要隊伍，他們的足迹遍及沿海各地。由於江南大土地所有制的發展以向山澤推進爲特點，故逃入山澤湖泊之地的農民的歸宿或者爲官府迫出重新成爲編户，〔一〕或者成爲大土地所有者的私屬。而後者更爲多數，對之下文還要論述。另一類「往來都邑者」也占有相當比重。隋書卷二四食貨志叙東晉南朝賦役之制云：

其無貫之人，不樂州縣編户者，謂之浮浪人。樂輸亦無定數，任量，準所輸，終優於正課焉。

這些所謂「浮浪人」是指「都下」即建康一帶的浮遊人口，他們不屬州縣編户，大抵包括都市中的賈販。前引世説新語政事篇謝安條所説「往來都邑者」也就是這一類人。

當然，人民流亡的途徑不限於以上兩類，他們的另一歸途是逃往少數民族地區。我們知道，早在孫吴時期，即有不少漢族人民不堪封建賦役的壓迫而逃往山越居住的幽深林莽之地，東晉南朝仍有不少漢族人民走上這條道路。宋書卷九七蠻傳載：

荆、雍州蠻，槃瓠之後也，分建種落，布在諸郡縣。……蠻民順附者，一户輸穀數斛，其餘無雜調，而宋民賦役嚴苦，貧者不復堪命，多逃亡入蠻。蠻無徭役，强者又不供官税。結黨連群，動有數百千人，……所在多深險。

逃亡入蠻的漢族人民「結黨連群，動有數百千人」，可見規模不小，這也是南朝特别是劉宋時期著籍户

〔一〕參見晉書卷八一毛寶附孫璩傳、同書卷八三江逌傳。

口減少的一個原因。此外，在東晉南朝所轄的疆域之内，經濟開發的進程極不平衡，在當時的一些偏遠地帶，不少民户尚未賓屬中央政府。晉書卷五七陶璜傳載：

又廣州南岸，周旋六千餘里，不賓屬者乃五萬餘户，及桂林不羈之輩，復當萬户，至於服從官役，才五千餘家。

本條所云「廣州南岸」當指嶺南包括雷州半島和海南島在内的廣大地區。這一地區的總户數不明，「不賓屬」晉中央官府的即有五萬餘户，而桂林的所謂「不羈之輩」即不爲中央官府控制的又有萬户上下，真正承擔官役者五千餘家，可見官府對這一地區的統治力量非常薄弱。當然這是西晉時的情況，推測東晉時不會有大的變動。

以上幾點無疑都可以在某種程度上説明東晉南朝著籍户口數增長甚少的原因。但是民户的逃亡歷來如此，南北皆然，因而還不能真正解釋其主要原因，我們認爲主要原因在於大量的人民流入私門。

由於東晉南朝繼承魏晉封建大土地發展的趨勢，大量户口成爲封建大土地上的佃客。他們大多是投庇大姓、不貫户籍的私客，所謂給客制度即是爲了把這類私客納入法律的軌道。但法令所承認的一定限額的佃客爲數甚少，事實上，還有更多的遠遠超出限額的客。晉書卷八八孝友顏含傳載顏含除吴郡太守：

王導問含曰：「卿今莅名郡，政將何先？」答曰：「王師歲動，編户虚耗，南北權豪，競招遊食，國弊家豐，執事之憂，且當徵之勢門，使返田桑。數年之間，欲令户給人足。」

顔含是否真正「徵之勢門」，史無明文。但他至少看到了「編户虚耗」的原因在於「南北權豪，競招遊食」。真正强有力地嚴以峻法、打擊豪强的是山遐。晉書卷四三山濤附孫遐傳：

（遐）爲餘姚令。時江左初基，法禁寬弛，豪族多挾藏户口以爲私附，遐繩以峻法，到縣八旬，出口萬餘。縣人虞喜以藏户當棄市，遐欲繩喜。諸豪强莫不切齒於遐，言於執事，以喜有高節，不宜屈辱。又以遐輒造縣舍，遂陷其罪。遐與會稽内史何充箋，乞留百日，窮翦逋逃，退而就罪無恨也。充申理不能得，竟坐免官。

這件事亦見於晉書卷七三庾翼傳，傳稱「大較江東政，以傴僂豪强，以爲民蠹，……山遐作餘姚半年，而爲官出二千户」。按餘姚地廣人稀，在會稽郡中屬人户較少的縣之一，宋代孔靈符曾建議把山陰縣貧民遷往餘姚、鄞、鄮三縣去開墾湖田，〔一〕東晉時餘姚户口決不會比宋時多，而山遐在數月内檢查出的匿藏户口就達二千户之多，未出者尚不在内。傳稱匿藏户口都是大姓的私附。會稽大姓虞、魏、孔、賀，就是餘姚人。建議遷徙山陰貧民的孔靈符就是「産業甚廣」的大土地所有者，〔二〕可以推斷，這數以萬計的「私附」應即是他們的佃客。〔三〕山遐這次是失敗了，因爲當國宰相是王導，他一貫主張結好江南大族，也如庾翼傳所云「大較江東政，以傴僂豪强，以爲民蠹」之故。

〔一〕宋書卷五四孔靈符傳。
〔二〕宋書卷五四孔靈符傳。
〔三〕參閱拙著魏晉南北朝史論拾遺第九——一〇頁。

以後，比較有效地制裁豪强隱匿户口是在晉末劉裕當國時，餘姚虞亮藏匿亡命千餘人，劉裕處以死刑。這個虞亮縱使不是虞喜的直接後裔，也是晚輩族人。「亡命」即「逋逃」，虞亮幹的事只不過是步八十年前他祖先的後塵而已。可是他没有他祖先那樣幸運，斷送了性命。

像劉裕那樣以「藏匿亡命」處死會稽第一流高門虞亮恐怕是自晉初以來第一次依法判刑，也是最後一次。進入南朝以後，封建大土地所有制日益發展，與之相聯繫的「挾藏户口，以爲私附」之風便無法遏止，佃客隊伍無疑進一步擴大。他們有所謂「屬名」、「程蔭」等不同名目，都是私客的代名詞。〔一〕這類私客的數量是巨大的，是東晉南朝著籍人户減少的主要原因。

除了大量的爲大姓蔭庇的佃客之外，還有爲將帥所領帶有私屬性的部曲和世襲性的兵户、營户和吏户，不入民籍。

部曲原是軍隊編制名稱，後來用以指私兵。曹操部下任峻、吕虔、李典等都曾組織部曲或家兵，〔二〕但在魏晉時期部曲還不是身分性的名稱，也不是勞動者的名稱。部曲活躍的時候通常也是軍事活動頻繁的時候，正常時期便較少見到。劉宋晚期以後，由於境内戰争和南北戰争，將帥廣事招募，困於賦役的人民紛紛投充部曲。文苑英華卷七五四何元之（應作之元）梁典高祖事論號稱其時「太半之人並爲部曲」，可見這時的部曲是非常多的。他們與主人（將帥）的關係和承擔的義務不盡

〔一〕 參閲拙著魏晉南北朝史論拾遺第一一頁。
〔二〕 分見三國志卷一六、卷一八諸人本傳。

相同，對之我們還要在下文討論。大體説來，部曲和「私附」「屬名」「程蔭」不一樣，他們的身分是公開的士兵，不承擔國家賦役義務是合法的。由於他們一經投充便終身隸屬，因而就帶有私屬的性質。

吏户、兵户和營户屬特殊户口。東晉南朝的吏大致有二類：一類是强制徵發的，一經充吏，終身乃至全家空户從役，帶有世襲性。除供官府驅使外，不小一部分使用於生産性勞動，戰時也隨同作戰。這一類的吏在軍府、州府的大量屬吏中占很大比例。第二類是出於召募的吏。其來源主要是「山湖人」即逃亡人民，也有一般編户。他們所以自願投充，對於「山湖人」來説是爲了擺脱作爲逋亡的困境；對於編户來説是爲了擺脱嚴重的賦役壓迫。募吏的數量本來較少，特別在軍府、州府中所占的比例更少，但劉宋中葉以後似乎在增加。〔一〕兵户或營户，均爲世執兵役的人户，歸官府管轄，户籍另立自不待言。像這些吏户、兵户或營户等特殊户口在當時的人口中當占有相當大的比重。由於户籍另行編制，便在一定程度上影響了著籍人户的數量。

以上討論了東晉南朝著籍户口數字的若干問題。我們看到自永嘉亂後，大量北方人民南移，侯景亂前，江南並無大的戰爭，户口理應大幅度增加，但史籍記載户口增長甚少，它表明的是著籍户口遠遠少於實際户口。由於東晉南朝沉重的賦役壓迫，使得大量的人民流亡，更由於東晉南朝繼承魏晉封建大土地發展的趨勢，大量户口成爲封建大土地上的佃客，流亡人民的歸宿也有不小一部分成

〔一〕參拙撰魏晉南北朝時期的吏役，載江漢論壇一九八八年第八期。

爲佃客和部曲。他們絶大部分是不貫户籍的封建依附者。還有世襲性的吏户、兵户或營户等特殊户口不入民籍，因此南朝户籍上的户口數字遠遠低於實際户口數字。這反映了國家控制的自耕農民的減少，封建大土地上的佃客和將帥所領帶有私屬性的部曲的增多，也反映了無籍浮浪人與所謂「山湖逋逸」以及不上州郡户籍的兵、營、吏户和無籍商販的增多。〔一〕

二、北方户口

北方自永嘉亂後，黄河南岸户口大量南遷江淮，河北民户除一部分南遷外，較多流入遼東西，關隴地區除流入荆、益外，很多流入涼州，〔二〕黄河南北人口大量減耗，劉石、苻秦以及其他諸國都没有户口記載，〔三〕

〔一〕應當指出，東晉户籍有所謂黄白籍之分，北方南遷人户著於白籍。爲了擴大賦役對象，東晉南朝曾經進行過多次土斷，關於這個問題詳見吕誠之師兩晉南北朝史第十七章第三節，王仲犖魏晉南北朝史第五章第二節。

〔二〕參見晉書卷一〇八慕容廆載記、同書卷八六張軌傳、卷八七涼武昭王李玄盛傳；李劍農魏晉南北朝隋唐經濟史稿頁三一——五。

〔三〕按晉書卷一〇二劉聰載記，前趙曾在其直接控制的平陽及其周圍地區設置單于臺，置「單于左右輔各主六夷十萬落，萬落置一都尉」，以統轄胡、羯、鮮卑、氐、羌等各族人民；設尚書臺，「置左右司隸，各領户二十餘萬，萬户置一内史，凡内史四十三，」以統治漢族人民。前趙之左右輔與司隸範圍小於西晉之司州，西晉時司州有四十八萬六千一百户，平陽郡四萬二千户（見晉書卷一四地理志上），而前趙在其更小的範圍内胡漢總户數即達六十餘萬，其中左右司隸所領的漢族人民有四十萬之多。當然，這些民户多係前趙統治者自其他地區略徙而來，並不能真正反映當時户口的實際水平（參見拙著魏晉南北朝史論叢第一五九頁，文集本一五三頁）。石趙時也有零碎之户口數字，當劉曜封石勒爲趙王時，以冀州二十四郡、户十九萬爲趙國，冀州在西晉時有十三郡，三十三萬六千户，石勒所領冀州地域較爲廣闊，增至二十四郡，但僅有十九萬户。以後，石趙政權開拓疆土，注重農桑，人口可能有所增長，但具體情況不明。

唯一留下的户口記載是前燕滅亡時的數字。晉書卷一一三苻堅載記上載前秦苻堅攻下前燕首都鄴城時，「閱其名籍，凡郡百五十七，縣一千五百七十九，户二百四十五萬八千九百六十九，口九百九十八萬七千九百三十五。」這個數字與西晉太康初全國户數幾乎完全相等(西晉太康初户數爲二百四十五萬九千八百四十户)，口數接近一千萬，較之太康少了六百餘萬。前燕疆域南不到江淮，西不得關隴、蜀漢。據晉書地理志，西晉太康初相當於前燕地域内有青、兖、冀、幽、并五州，豫州安豐、弋陽以外的八郡國，司州弘農、上洛、平陽、河東以外的八郡，徐州廣陵以外的五郡國及臨淮郡之半，再加上東北地區的昌黎、玄菟、遼東三郡國，荆州的南陽郡，合計約有一百一十一萬六千三百一十七户。〔一〕前燕同一地域内的户數比之多出一倍多，實在可驚。而晉志各州郡國下無口數記載，難以進行比較，估計大致與太康時這一地區的口數相差不遠，可能還少一些。那是合乎實際的。前燕户數的驚人增長主要是前燕統治者大力檢括「蔭户」使大量户口歸籍的結果。我們知道，前燕在慕容儁統治時，爲了進攻東晉和經略關西，「乃令州郡校閱見丁，精覆隱漏，率户留一丁，餘悉發之。欲使步卒滿一百五十萬，期明年大集。」〔二〕徵集一百五十萬步卒，若按每户出一丁計，當有一百五十萬户。值得注意的是，他爲了州郡「校閱見丁」，曾「精覆隱漏」，可能對户籍嚴加控制，以防隱丁漏口，當時户數是多少，不明，每户留一丁，加上徵集一百五十萬的步卒，再加上老弱、女口在内，則口數相當多。大概在慕容暐

〔一〕 參見晉書地理志；中國歷史地圖集第二、三册。

〔二〕 晉書卷一一〇慕容儁載記。

當政時，採取罷軍封蔭户等措施，户口更有較大增長。晉書卷一一一慕容暐載記載前燕僕射悦綰言於暐曰：

「太宰政尚寬和，百姓多有隱附……今諸軍營户，三分共貫，風教陵弊，威綱不舉，宜悉罷軍封，以實天府之饒，肅明法令，以清四海。」暐納之。綰既定制，朝野震驚，出户二十餘萬。慕容評大不平，尋賊綰，殺之。

本條所云「太宰政尚寬和，百姓多有隱附」，太宰當指慕容恪，大抵是説他執政時，容許擴大軍營封户，以消除内部矛盾，所以獲得貴族們的擁護，那時民户隱附之嚴重可以想見。所謂「諸軍營户」是指「軍營封蔭之户」，即那些編户因投靠了某個王公貴人而充當了軍營的蔭户。資治通鑑卷一〇一晉紀海西公太和三年（三六八）九月條載：「燕王公貴戚，多占民爲蔭户，國之户口，少於私家，……至使民户殫盡，委輸無入。」通鑑所記與晉書不同，但指一事無疑。由此可知營户即蔭户，他們不屬州郡而屬軍營，主持軍營的便是王公貴戚。營户又稱爲「軍封」，即是那些王公貴戚的封户。〔一〕據本條可見當時前燕的王公貴戚占有蔭户的數量非常之多，甚至導致「國之户口，少於私家」的情形。慕容暐採取左僕射悦綰的建議，制定嚴格條例，以罷軍封，一次即出户二十餘萬，當然不包括那些尚未檢罷的軍封之户。但是，這次「罷軍封」之舉却遭到以慕容評爲首的王公貴人的反對，不久，主持這次罷軍封的

〔一〕參見拙著魏晉南北朝史論叢第一六五頁（文集本一五八頁）。

悦綰便被處死。因爲這些王公貴戚大都以「軍封」之名占有大量的「封蔭之户」，罷軍封的措施觸犯了廣大慕容氏貴族的既得利益。以後，在後燕境内，我們也看到同樣的舉措。晉書卷一二四慕容寶載記：

遵垂遺令，校閲户口。罷諸軍營，分屬郡縣，定士族舊籍，明其官儀，而法峻政嚴，上下離德，百姓思亂者十室而九焉。

慕容寶的措施有二點，一是校閲户口，罷軍營分屬郡縣；二是「定士族舊籍，明其官儀」。「罷軍營」即是罷軍營封蔭之户，至於定士族籍、明官儀，我想也與罷軍封有關，即限制王公貴人占有蔭户的數量，定士族舊籍，將冒充士族以取得免役的人從士族籍上清除出去。他的這些措施同樣遭到反對，所謂「百姓思亂者十室而九」，其中的「百姓」既包括王公貴人和清除出去的假冒士族，也包括「封蔭之户」在内。因爲前者將因此而失去其既得的利益，而後者即封户從此要歸於郡縣百姓承擔政府的賦役。可見，軍營封户是鮮卑慕容氏政權之下的一種制度。當然，前燕户口的增長，不只是「罷軍封」的結果，可能還和檢括隱户有關。悦綰對慕容暐的上言中提到「百姓多有隱附」，隱附可能有二類，一類是上述的「軍營封蔭之户」，一類是大户苞蔭下的隱户。關於第二類，在前燕時期没有明確的史料記載，但我們可以從南燕境内做一旁證。晉書卷一二七慕容德載記：

尚書韓諄上疏曰：「……而百姓因秦晉之弊，迭相蔭冒，或百室合户，或千丁共籍，依託城社，不懼燻燒，公避課役，擅爲姦宄，損風毁憲，法所不容，但檢令未宣，弗可加戮。今宜隱實黎遣其車騎將軍慕容鎮率騎三千，緣邊嚴防，備百姓逃竄。以諱爲使持節、散騎常侍、行臺尚書，巡郡縣隱實，得蔭户五萬八千。

萌，正其編貫，……」德納之。

「百室合户，千丁共籍」，説明南燕時一户非常龐大，實際上一個家族中包含着許多「公避課役」的蔭户。這次韓諱在南燕境内檢查出的蔭户達「五萬八千」之多。按南燕地處膠東半島，最盛時據青、齊二州之地，這種大户苞蔭的形式據韓諱説是「因秦晉之弊」，可知由來已久。而且很可能遍布於北方。前燕時之舊境包括膠東半島在内，那時無疑也是大户制盛行。這種大户苞蔭是塢堡組成的基礎，若逢戰争立即可以形成一支由宗族、賓客（蔭户）組成的武裝隊伍。前燕在慕容暐統治時期，可能一方面推行罷軍封蔭户以爲郡縣百姓的政策，同時也像以後的南燕那樣檢查户口、析大户爲小户，從而使官府控制的編户增多。根據前秦苻堅滅南燕時所獲的數字來看，户數和西晉時約略相等，而口數却增加不多，也説明前燕時曾經針對大户苞蔭的現象推行過析户政策。當然，這只是一種推測。

永嘉亂後大量北人南遷，按理説黄河南北人口應大大減少，但在十六國的前燕境内却仍然有不減於西晉太康初相當地域的户口數。太康時户口數的寡少主要是由於大土地所有制的發展。前燕時雖然由於塢堡的大户苞蔭以及軍營蔭户的存在，但著籍户口却仍然遠比南方多，可見作爲封建私屬的户口比南方少。换句話説，也就是國家所控制下的自耕農民要多於南方。

北魏前期推行宗主督護制，由於北方宗族聚居的情況没有改變，宗主督護制就是在那種大户苞蔭的現實情況下建立的。魏書食貨志稱：

> 魏初不立三長，故民多蔭附，蔭附者皆無官役，豪强徵斂，倍於公賦。

「蔭附」即韓諱所説的蔭户。韓諱没有説蔭户對主人承擔什麽義務，據食貨志，他們向豪强交納的比公賦加倍，和魏晉的佃客、南朝的「屬名」、「程蔭」所處地位基本相同。可能有的區别即南朝私屬多半源自外地來的逃亡農民，而南燕、北魏的「蔭户」也許即是本地人。〔一〕

在宗主督護制下面，宗主是大姓之長，他所管轄的宗族非常之多，魏書卷五三李沖傳記李沖上言立三長之制，所云宗主督護制下民多蔭冒的記事與魏書食貨志略同。下又云「五十、三十家方爲一户」，這與南燕境内「百室合户，千丁共籍」的情形相比，稍有遜色，但仍然驚人。北史卷三三李靈附孫顯甫傳：

> 李靈字武符，趙郡平棘人也。父勰，……有聲趙魏間，道武平中原，聞其已亡，哀惜之，……（孫）顯甫，豪俠知名，集諸李數千家，於殷州西山開李魚川，方五、六十里居之，顯甫爲其宗主。

李顯甫部勒宗族諸李數千家，自爲宗主，説明宗族所轄的遠不止三十五十家。雖説宗族組織，實際上也包含非同族的親戚鄉里以及投靠的蔭户。這種宗主督護制下的大户制來源是塢堡組織。和平時期塢堡解散，作爲塢堡組織主體的宗族仍然存在。各族政權雖然也在中土傳統制度影響下建立户籍制度，徵發賦役，但同時並未消除原有的看法，即仍然視聚居的大姓爲一個部落，宗主督護制就是在

〔一〕參見拙著魏晉南北朝史論拾遺第一二頁（文集本一二——一三頁）。

這樣一種認識下建立的。在鮮卑政權看來，宗主如同部落酋長，負責徵集賦税、調發徭役。因此，北方在各族政權統治下形成奇特的法律認可的宗主督護制下的大户制。這種大户制並不見於兩漢魏晉，南朝且與此相反，社會上盛行的是「父母在而兄弟異計」、〔一〕「同居異爨，一門數竈」〔二〕的小户制。

南朝小户是由於魏晉以下户調按户貲多寡，評定交納的數字，合户則貲多丁多，交納的也多，相反，則貲寡丁少，交納的也少。〔三〕北魏宗主督護制下的大户制是法律認可的，雖然也繼承魏晉以來的計貲徵調九品混通舊制，但那是在大户制的基礎上推行的，所以户調數額非常大，並不追求户數增多。直到太和十年（四八六）實行三長制，才嚴格推行一夫一婦爲一家的小户制。由於合户是法律認可的公開的和半公開的，而作爲鮮卑貴族的上層和「大户」以及對中原地區的土地占有没有直接的關係，因而析大户爲小户可能並不困難，在均田制下，分出來的一夫一婦小户原則上是自耕農民。南朝大土地上的依附者是隱匿的户口，法律上不予承認。所以實際上大姓豪强是擁有大量依附者的大户，却並不構成三十五十家方爲一户，或「百室合户，千丁共籍」的情況，因爲依附者户籍上根本没有登記上籍。

北魏自實行三長制後，户口數字大量增加，據魏書卷一〇六上地形志上總序稱：「正光已前，時

〔一〕宋書卷八二周朗傳。
〔二〕魏書卷七一裴叔業附從子植傳。
〔三〕參見拙撰魏晉户調制及其演變，收於魏晉南北朝史論叢。

惟全盛，户口之數，比夫晉之太康，倍而已矣。」通典卷七食貨歷代盛衰户口條袒魏志之説，但改末四字爲「倍而餘矣」。「今云倍而餘者，是其盛時，則户有至五百餘萬矣。」杜佑推測北魏有户五百餘萬，是其盛時之數字，亦即魏志所云「正光」以前的數字，大抵在熙平、神龜年間（五一六——五二〇）。此期北魏全境著籍户有五百餘萬恐與實際情況相符。上引魏志總序又云：

孝昌之際，亂離尤甚，恒代而北，盡爲丘墟；崤潼已西，煙火斷絶，齊方全趙，死如亂麻。於是生民耗減，且將大半。永安末年，胡賊入洛，官司文簿，散棄者多，往時編户，全無追訪。今録武定之世，以爲志焉。

據此，知魏志所録爲東魏孝静帝武定年間（五四三——五五〇）的户口數。累計魏志載各州郡有户二百萬七千九百六十六户。經過魏末喪亂，「生民耗減，且將大半」，東魏武定年間的户數尚有二百餘萬之多，而且不包括關隴在内，則魏志總序所言北魏正光以前盛時户數倍於晉之太康恐非誇大之辭。以此數字與西晉太康初全國户數相比，有驚人的增長。西晉初淮水、秦嶺以北的司、冀、并、兖、青、徐、雍、秦、幽、豫、凉、平十二州，計有一百四十一萬三千九百三十七户，〔一〕其中平州所轄五郡四千九百户，不在北魏轄境之列，除去此數，相當北魏轄境諸州郡有一百四十万九千零三十七户，與此相較，

〔一〕　具見晉書地理志。

北魏在相當地域内户數增長近三倍。北魏疆域不包括江南，淮南也不由其全部占領，而户口却倍於西晉統一時期，這裏表明自耕農民的數量遠遠超過魏晉南朝，他們是國家直接控制的編户。同樣也意味着在全部户口中，封建大土地上的私屬比例遠少於南朝。

東魏時期的户數據前引在孝静帝武定年間有二百萬七千餘户，這個數字大抵是對的。魏書卷一八太武五王列傳臨淮王譚附孝友傳（參見北齊書卷二八元孝友傳）載孝友奏表云：

略計見管之户，應二萬餘族。

按「百家爲黨族」計算，二萬餘族相當於二百餘萬户，與魏志總序所説相合。這是在魏末喪亂之後的著籍户口數字，當然，仍有不少民户並未歸於編户。關東地區歷來是大土地高度發展，人口隱匿最嚴重的地區之一。北魏推行均田制、三長制之後，曾析出大量「隱户」和「蔭户」，但隨着均田制的破壞，這一問題重新嚴重起來。魏末孝莊帝時，宋世良爲殿中侍御史，「詣河北括户，大獲浮惰」，還，孝莊帝勞之曰：「知卿所括得丁，倍於本帳。」〔一〕宋世良在河北括户所獲得的丁口竟倍於州縣的著籍户口。按此在六鎮起義之後。在魏末大起義的過程中，河北冀、瀛諸州的漢族人民二十餘萬户流亡到青州一帶，在河間世族邢杲率領下爆發了起義，史載「所在流人，……率來從之，旬朔之間，衆逾十萬」。〔二〕起義失敗後，這批流民又回到河北，因而宋世良可以括得「倍於本帳」的丁口。東魏時期曾派遣使者搜括無籍之户，魏書

〔一〕北齊書卷四六宋世良傳。

〔二〕魏書卷一四高凉王孤附六世孫天穆傳。

卷一二孝静紀武定二年（五四四）冬十月丁巳，「太保孫騰大司馬高隆之各爲括户大使，凡獲逃户六十餘萬。」〔一〕可見這時户口逃隱之風是十分嚴重的。西魏的户口數字完全没有記載，大概關隴地區在宇文泰時期曾採取蘇綽的建議，推行計帳和户籍制度，户口隱匿的情形應較東魏要好一些。

北齊户籍不實，隋書卷二四食貨志載北齊「陽翟一郡，户至數萬，籍多無妻」，荒唐得令人發笑。史稱北朝後期，「暴君慢吏，賦重役勤，人不堪命，多依豪室」，〔二〕人口隱匿現象看來十分嚴重，然而據周書卷六武帝紀、隋書卷二九地理志和通典卷七食貨歷代盛衰户口條，北齊有户三百餘萬，口二千餘萬（隋志無口數）。從隋代户口推測，這個數字並非過分誇大。北周户口數字通典卷七所載存在着難以解釋的問題，〔三〕今暫不論。總之，即使在齊周對立之際，北齊户口嚴重不實的情况下，而北方户籍

〔一〕北齊書卷一八各本傳僅言二人出使括户，十分簡略，參通鑑卷一五八本條。

〔二〕通典卷七食貨丁中條。

〔三〕按北周户口數僅見於通典卷七食貨歷代盛衰户口條，本條述北周户口數有云：「周大象中，有户三百五十九萬，口九百萬九千六百四。」大象（五七九——五八〇）爲周静帝第一個年號，時距滅齊已有三年時間，通典所舉數字是含滅齊後的户口數在内，還是僅指北周境内原有户口數，很不明確。岑仲勉氏認爲此係指北周原有區域而言，不包滅齊之數（岑仲勉：隋唐史上册，中華書局一九八〇年重印本，第七二——七三頁）。汪籛氏對此提出質疑，據隋志載隋大業中約當北周舊境有户二百九十八萬，説明北周户口不能如此之多，並據北齊舊境從周建德六年到隋大業中78%的增長率推算，估計北周舊境户數當在一百四十萬以上（汪籛隋唐史論稿，中國社會科學出版社一九八一年版，第二八——三九頁）。總之，通典本條記載十分籠統。

上的户口數字相對南朝而言仍然是比較多的，也就是自耕農民直至北朝後期仍然占很大比例。

在户口問題上南北的差異表現在兩個方面：

第一，南朝户籍上的户口寡少，反映了國家編户主要是自耕農民的減少與籍外諸色人的增多，首先是由於封建大土地所有制的發展，封建依附者的增多。這是繼承了魏晉以來發展的軌轍。北朝自太和建立均田制和三長制後，國家户籍上以自耕農爲主的均田民增多，比之南朝，封建依附者在全部人口中所占比例要少得多。

第二，從户口結構來看，南朝繼承戰國秦漢以來什伍制下的小户制，而由於據貲徵調之故，小户制更爲流行。北朝前期，實行宗主督護制下的大户制。太和改制後，由於均田制與三長制的推行，形成了基本上以一夫一婦爲單位的小户制，這種小户制是和均田制、三長制相結合的，它和南朝由於逃避賦役而形成的小户制有不同的原因。

宗主督護制下的大户制既是永嘉亂後塢堡制度的遺存，又與北方各族政權對於宗族的認識有關。南朝國家編户即自耕農民的減少主要是由於不上户籍的封建依附者的增加，北朝自耕農民的增多是由於均田制與三長制的推行。

這兩大差異表明南朝繼承魏晉以來歷史發展的軌轍，而北朝則由於戰禍和北方各族政權的建立，越出了這個發展軌轍。

第二節　南北朝土地制度的差異

一、南朝封建大土地所有制的發展

從東漢以來，土地制度的歷史傾向是封建大土地所有制的發展。進入東晉南北朝以後，這一總的歷史傾向雖然繼續得到加强，但在南方和北方却經歷了很不相同的發展過程，從而使南北朝的土地制度各具特點，呈現出明顯的差異性。

早在孫吴時期，江南的豪門地主勢力即在迅速發展壯大。抱朴子外篇卷三四吴失篇稱吴國的大族是「僮僕成軍，閉門爲市，牛羊掩原隰，田池布千里」，表明孫吴時期的江南即已存在規模巨大的封建田園。西晉征服孫吴後，正在發展中的江南豪門地主在經濟上基本没有受到觸動，後來的東晉僑寓政權更不敢觸動他們的既得利益，因此江南豪門的大土地所有在原來的基礎上得到進一步擴展。

永嘉亂後許多北方士族遷到江南，他們力圖在江南重新建置田園，渴望獲得土地的心情十分迫切。然而孫吴時期的江南豪門既已「田池布千里」，北來士族聚居的三吴一帶又正是江南豪門勢力最强大的區域，所以僑人士族想在那裏無限止地發展田園而不觸動原有勢力，顯然十分困難。他們之中居於上層統治集團中的人物曾通過各種方式獲得土地，例如王導就由皇帝賜給建康土地八十餘頃，著名書法家王羲之、名臣謝安也擠在建康及吴、會地區「求田問舍」，並在不同程度上實現了重建田園的願望。但僑人士族中的大多數人却往往不能如願以償，有的甚至直到南朝後期仍無「一廛之田」，「悉資俸祿而食」。〔一〕充分體現了在三吳地區得田的不易。然而如湘贛以南是過於僻遠了些；淮南一帶自三國以來便十分荒曠，卻因地當南北要衝，常爲戰地，不是安居樂業之所；另外如現在的鎮江至常州一帶，自孫吳以來就是個地廣人稀的屯田區，家道中落的刁氏還曾在這一帶重新建立規模巨大的封建田園。〔二〕但這裏的風氣素來尚武習戰，和標榜禮法的高門士族習尚不合，因此那些第一流士族似乎不屑於枉顧。三吳地區的良田沃壤既已大部集於南方大族之手，僑人士族在這一地區獲得已墾熟田的企圖既然難以達到，所以他們如果一定要在這一地區求田問舍，就只有找過去未曾開墾或者土地使用價值較低的地區。事實上他們正是這樣做的。如當時號稱貧瘠的吳興，有王羲之、謝安等第一流高門在那裏置田立產，梁代徐勉的兒子則在姑孰買得「舄鹵之地」。再遠一點的會稽，郡城所在的山陰附近雖然土地肥美，卻早已爲當地的虞、魏、孔、賀諸姓大族占領，再加上北來士族插足其間，以致「土境偏狹，民多田少」，土地集中的現象十分顯著。而同屬會稽境內的餘姚、鄞、鄮等濱海諸縣，卻還有大量的未墾湖田，需要勞動力去「耕起空荒」。晉書卷八〇王羲之傳載羲之與謝萬書云：「比當與安石東游山海，並行田，視地利，頤養閒暇。」當時習稱會稽爲東土，他到那裏去不僅僅是游賞，而且還爲了「行田、視地利」，即巡行田舍，視察可以開墾的土地。與王羲之結伴東游的謝安同樣

〔一〕 拙撰三至六世紀江南大土地所有制的發展第五八——六一頁（文集本五七——五九頁）。

〔二〕 晉書卷六九刁協附孫逵傳。

不是專爲欣賞山水，在他遺留給子孫的田業中，就有分布於會稽者。謝家除謝安一支外，謝玄在會稽的田業也不少。宋書卷六七謝靈運傳稱「靈運父祖並葬始寧縣，並有故宅及墅。遂移籍會稽，修營別業，盡幽居之美」。他在山居賦自注中也説這個別業是他的祖父車騎（玄）「經始此山」。本傳稱靈運自己亦「鑿山浚湖，功役無已。尋山陟嶺，必造幽峻……嘗自始寧南山伐木開徑，直至臨海，從者數百人。臨海太守王琇驚駭，謂爲山賊」。又稱「會稽東郭有回踵湖，靈運求決以爲田」。後因太守孟顗「堅執不與」，靈運「又求始寧岯崲湖爲田」。宋書卷五七蔡廓附子興宗傳稱「會稽多諸豪右，不遵王憲，……封略山湖，妨民害治」。梁任昉爲齊竟陵王世子臨會稽郡教云：「富室兼併，前史共蠹；大姓侵威，往哲攸嫉。而權豪之族，擅割林池，勢富之家，專利山海。」〔二〕總之，聚居於吴會地區的北來僑人在本地區獲得已墾熟田的願望受挫以後，遂以屯封別墅形式將封建田園向山林湖澤地區發展，這一點又似乎在會稽一帶表現得最爲突出。〔三〕

僑人士族中的上層集團擠在建康、吴會地區求田問舍，進一步加速了當地土地集中的趨勢。而江南豪門也在原有基礎上繼續擴大他們的土地占有。宋書卷五四孔季恭附弟靈符傳：

靈符家本豐，產業甚廣，又於永興立墅，周回三十三里，水陸地二百六十五頃，含帶二山，又有果園九處。爲有司所糾，詔原之。

〔二〕藝文類聚卷五〇職官部太守引。
〔三〕關於山澤占領問題，詳見拙撰南朝的屯、邸、別墅及山澤占領，原載歷史研究一九五四年第三期，收入拙撰山居存稿。

作爲會稽四姓之一的孔氏原本「產業甚廣」，永興所立田墅乃是新的發展。該墅含山帶水，自係封錮山澤所立。吳興豪族沈慶之則在婁湖辟有園舍。宋書卷七七本傳稱他：「以宅還官，悉移親戚中表於婁湖，列門同閈焉。廣開田園之業，每指地示人曰：『錢盡在此中。』身享大國，家素豐厚，產業累萬金，奴僮千計。」江南豪門在原有基礎上的擴大田產，也同樣採取屯封別墅的方式向山澤進軍。

在南朝大土地所有向山澤的進攻中，依仗特權的皇室也不落人後。南齊書卷二高祖紀建元元年（四七九）四月己亥詔：「二宮諸王悉不得營立屯邸，封略山湖。」這種詔書當然得不到貫徹。後來齊竟陵王蕭子良竟在宣城、臨成、定陵三縣「封山澤數百里，禁民樵採」。梁宗室蕭正德則「自征虜亭至於方山，悉略爲墅」。（一）

由此看來，北來僑人重建田園的願望主要只能通過占領山澤來滿足，而江南豪門的土地擴展因北來僑人的擠入也只能走向山澤。我們看到在三吳地區與開發山澤相適應的是屯封別墅紛紛建立，它成爲東晉南朝大土地所有制發展的一種獨特形式。

我們知道兩漢時期就常常有豪强私占山澤，但法律上從來没有承認其合法，除非皇帝下令封禁，山林湖泊在原則上應對一切人開放。東晉以至宋初，政府曾經多次下令禁止私家封禁山澤，並聲稱要加重處罰。然而據宋書卷五四羊玄保傳所載，這些禁令對於競相私占山澤的南北大族並無多少約

（一）梁書卷五二顧憲之傳，南史卷五一蕭正德傳。

束力。所謂「山湖之禁，雖有舊科，民俗相因，替而不奉，熂山封水，保爲家利，自頃以來，頹弛日甚，富强者兼嶺而占，貧弱者薪蘇無托，至漁採之地，亦又如玆」。這從前文所述也可以得到印證。而且由於無法禁止大土地所有者向山澤的進攻，國家竟而放棄自己對於山林川澤的傳統權力，重新制定了若干條妥協性較强的法規。這些法規首先承認山林川澤的私人占有，只要對已占山澤進行過「加功修作」的，就准其占有。對於少占或未占者可以按品級補給，以保證利益均沾。無論舊有還是新占，國家一律承認私有，納入財産項目，在貲産簿上登記。基於既得利益不予觸犯和利益均沾的原則，政府滿足了已占、未占或少占的各級貴族官僚對於山澤的要求以後，才宣布規定之外不得再占。這個文件第一次以法律形式肯定了山林川澤的私人占有，它標誌着山林川澤這一塊最後的國家「公有地」也通過屯封別墅的形式和大土地所有聯繫起來。這是漢末以來南方大土地所有制的一個重大進展。從此僑人士族以屯墅形式占領山澤建立田業，即「權豪之族擅割林池，勢富之家專利山海」，成爲一種公開而普遍的狀態。

東晉南朝的屯墅、田園作爲封建大土地所有的組織形態在經營方式上表現出高度的自給自足性質，所謂「閉門而爲生之具已足」。因此田園別墅包括了各種各樣的生産項目。如宋書卷六七謝靈運傳所載山居賦，描寫他的別墅包括水陸田畝、竹林、果園、菜圃等。賦中説「春秋有待，朝夕須資，既耕以飯，亦桑貿衣，藝菜當肴，採藥救頹，自外何事，順性靡違」。由於別墅幾乎提供了一應生活所需，所以他完全可以「謝工商與衡牧」。田園別墅的主人偶爾也出售一部分自給有餘的東西，但這在田園別墅的經濟中是很次要的。

田園别墅的直接勞動者主要是佃客和其他各種名目的封建依附者，以及奴婢，他們中的絶大部分是出於避役逃亡因而喪失土地淪爲私屬的人民。大土地所有者爲了使自己有足够的勞動人手，自魏晉以來就經常地争取國家的編户，使之成爲自己的依附者。西晉給客制規定了官員按品級蔭客的限額，同時又在法律上第一次規定了客的私屬身分。東晉時我們又見到關於限客的規定。隋書卷二四食貨志：「都下人多爲諸王公貴人左右、佃客、典計、衣食客之類，皆無課役。」下文具載按品占有佃客的數目。據南齊書卷一四州郡志南兖州條：「時百姓遭難，流移此境，流民多庇大姓以爲客。元帝太興四年（三二一），詔以流民失籍，使條名上有司，爲給客制度，而江北荒殘，不可檢實。」所云「流民多庇大姓以爲客」，是指永嘉亂後流移南境的人户自行投庇大姓爲私客。「給客制度」就是爲了限制大姓私占，重新頒布客的限額，把自行投庇的客納入法律的軌道。隋志所載各級官員依品蔭客限額，大比西晉户調制的限額有所增加，第一、二品佃客無過四十户，以下每品遞減五户，至九品五户。這大抵是太興四年的給客制度。隋志明確記載客無課役，佃客分成交租，又説「客皆注家籍」，表明他們是合法的私屬。然而合法的有限的私屬並不能滿足東晉南朝封建大土地的迅速發展，事實上還有大量的超額的私屬即所謂隱丁匿口聚於私門。如上文所述，東晉豪强大量隱匿私附，山遐到餘姚任縣令，到縣八旬，清查出豪强私附户口萬餘，後來還因此事免官。正如晉書庾翼傳所云，「大較江東政，以傴僂豪强，以爲民蠹。」東晉末年劉裕當國時曾對豪强私附進行過一番整頓，但此後這種隱丁匿口的情况並没有改善。南史卷五齊本紀東昏侯紀稱：「諸郡役人，多依人士爲附隸，謂之屬名。……凡屬名多不合役。」陳書卷五宣帝紀太建二年（五七〇）八月甲申詔：「其籍有巧隱，並王公百司輒受民爲程蔭。」所謂「屬名」、「程蔭」等名目，均是私附。我們還看到，隨着南北豪門向山澤的進攻，他們以屯封别墅形式把逃亡農民重新附着於封建大土地上，使私屬隊伍急遽擴大。南齊虞玩之稱「彌山滿海皆是私役」，梁代賀琛説「百姓不能堪命，各事流移，或依於大姓，或聚於屯封」。政府繁重的徭役也促使農民成批逃亡，投附私門，梁代號稱「天下户口幾亡其半」，〔一〕「太半之人並爲部曲」。〔二〕這都標誌着大土地所有在與國家争奪勞動人手的鬬争中取得了勝利。不過屯邸别墅組織了廣大勞動者，在對勞動者剥削的同時，也使山林川澤得到開墾利用，對江南的開發起到了一定的積極作用，當然這主要是佃客等各種依附者辛勤勞作的成果。

討論東晉南朝大土地所有制的發展，還應該提到各種形式的官府土地。東晉南朝的軍府和州郡縣都有公田。東晉初應詹上表建議，「都督可課佃二十頃，州十頃，郡五頃，縣三頃，皆取文武吏、醫、卜，不得撓亂百姓。」〔三〕應詹的建言是否立即實施，我們不知道，但東晉以至南朝的軍府、州郡縣有田

〔一〕南齊書卷三四虞玩之傳；梁書卷三八賀琛傳；南史卷七〇郭祖深傳。

〔二〕文苑英華卷七五四何元之（應作之元）梁典高祖事論。按南朝部曲雖然帶有私屬的性質，梁書張孝秀傳還記有部曲從事農業生産的事例，但部曲的身分乃是將帥公開召募的士兵，詳見下文。

〔三〕晉書卷七〇應詹傳。

並且由吏耕種却是事實。王羲之曾在一封信上説：「此三頃田樂吴舊耳，云卿軍府甚多田也。」〔一〕晉書卷八一朱序傳載序「表求故荆州刺史桓石生府田百頃，並穀八萬斛，給之。」此府即指荆州軍府。關於州郡縣公田，史載陶淵明在義熙元年因「彭澤去家百里，公田之利，足以爲酒，故便求之」。受任彭澤令後，果得公田三頃，由吏耕種，〔二〕與應詹上表縣課佃三頃取文武吏耕種正相附合。元嘉初始興太守徐豁曾在上表中談到，「郡大田，武吏年滿十六，便課米六十斛，十五以下至十三皆課米三十斛，一户内隨丁多少，悉皆輸米。」他認爲這種苛重的吏役是造成民户「歲減」的主要原因。〔三〕宋書卷三武帝紀載永初二年（四二一）二月制，稱「中二千石加公田一頃」，暗示中央官吏在此之前就擁有作爲俸禄的公田。同書卷六孝武紀載孝建三年二月詔亦稱，「内外官有田在近道，聽遣所給吏僮附業」。更表明中央各機構都擁有相當數量的公田，而且一如地方州府軍府，也是以吏耕種。

關於魏晉南北朝的吏役，我曾寫過專文論述。〔四〕大抵東晉南朝時期地方的軍府、州府以至中央官府都擁有爲數衆多的吏。如劉宋永初二年，荆州軍州二府擁有的吏員經過裁減以後還有一萬五千。一般散州小鎮，吏額自然比不上重鎮荆州，但也總是大大超過規定的員額。這些爲數衆

〔一〕張彦遠法書要録卷一〇右軍書記。
〔二〕宋書卷九三，南史卷七五陶潛傳，參晉書卷九四陶潛傳。
〔三〕宋書卷九二徐豁傳。
〔四〕拙撰魏晉南北朝時期的吏役，江漢論壇一九八八年第八期。

多的吏雖然不全是從事生產，但其中相當一部分是各級政府、軍府公田上的勞動者。上述東晉將領朱序曾向荆州軍府求得田百頃，穀八萬斛，表明荆州軍府田面積廣大，而這些田必定是以吏和兵耕種。從上引徐豁傳中所載吏役的苛重，我們有理由認爲東晉南朝用於生產的吏實際上是魏晉軍屯制度的繼續。宋書卷二武帝紀載義熙八年劉裕平定江陵後下令，「州郡縣屯田池塞，諸非軍國所資，利入守宰者，今一切除之。州郡縣吏，皆依尚書定制實户置。」一方面要求州郡縣除掉那些「非軍國所資」亦即地方官私自設置圖利的屯、田、池、塞，另一方面要求各級地方政府按照規定員額置吏，不要超過。實際上這二者是相關的，因爲地方政府如果在規定的公田之外另置屯、田等，耕作屯、田的吏必然要相應超額增置。這段材料除了反映公田與吏的聯繫以及地方軍政機構超額置吏的原因以外，還透露出一個重要信息，即地方機構的土地經營與山澤占領的關係。

所謂屯在劉宋以後並非單指屯田，往往與開發山林有關，既有農業性開發也有手工業性開發。〔一〕劉裕令中要求罷除的屯、池等，正是地方官爲謀取私利封錮山水所置。宋書卷四七劉敬宣傳：「宣城多山縣，郡舊立屯以供府郡費用，前人多發調工巧，造作器物。敬宣到郡，悉罷私屯，唯伐竹木，治府舍而已。」則宣城郡在屬縣山區立屯供「府郡費用」由來已久，後來有的官員另立劉裕令中所謂「利入守宰」的私屯，「造作器物」，敬宣到郡一律廢罷，只留下那些所謂「軍國所資」的舊屯。宣

〔一〕上引拙撰南朝的屯、邸、别墅及山澤占領。

城郡開發山縣所立之屯似乎主要是手工業性質，但劉裕令中是屯、田以及水産業性質的池並列。官方開發山澤的情況劉宋以後似乎愈演愈烈。盡管嚴禁官私「封略山湖」的詔書不斷頒布，但多是具文。直到梁大同十一年（五四五）還在下詔處理各地所置「不便於民」的屯、傳、邸、冶以及田、園等，〔一〕其中屯和田園都與官府的大土地占有有關。

上面粗略分析了東晉南朝各級政府機構和軍府的公田及其經營，並涉及到公田以屯、田、池形式向山林川澤的擴展。這種公田，特别是各級官僚在規定之外私自置立的屯、田、池等，往往以各種形式與大土地所有發生聯繫，或者説滋長了新的大土地據點。梁書卷三載大同七年（五四一）十一月詔：「如聞頃者豪家富室多占取公田，貴價僦税以與貧民，傷時害政，爲蠹已甚。自今公田，悉不得假與豪家，已假者特聽不追。其若富室給貧民種糧共營作者，不在禁例。」對於富家豪室以假賃形式占取公田後再以貴價轉租給貧民，詔書既承認了已假者的既得利益，「特聽不追」，又規定只要富室貸給貧民種糧，就不在禁例。而赤貧農民在無法籌措種糧的情況下又不能不忍受「貴價僦税」的剥削，因而這種限制只能是空文。

在大土地所有制迅速發展的同時，也還存在普通地主，他們不具有蔭庇逃亡的力量，其土地上的勞動者可能是非依附性的佃農或所謂「十夫客」的傭工之類。〔二〕

〔一〕 上引拙撰南朝的屯、邸、别墅及山澤占領。

〔二〕 宋書卷九一郭世道傳；南齊書卷五五吴達之傳。

二、十六國至北魏前期土地所有權的不穩定

自從西晉末年大亂，北方人民成批遷徙到江南以及東北、涼州等地，擁有大片土地的大姓豪門也拋棄了他們的田園。隨着各族政權的更迭和無休止的戰爭掠奪，尚在北方的漢族人民和其他各族人民也被頻繁地强制遷移，或由南而北，或自東徂西，紛錯往來，全視各個割據政權的統治需要而定。十六國時期見於記載的大規模移民竟達五十餘次，〔一〕這一方面造成農業勞動力的游離狀態（加之戰亂和遷徙過程中的死亡），使北方農村中勞動力缺乏，生產停滯，大片土地荒蕪；另一方面又使黄河流域的土地所有關係發生急速的變化，土地所有權乃至使用權都非常的混亂和不穩定。

我們知道塢堡組織在十六國時期具有特別重要的意義。永嘉之亂以後，北方原有地方機構遭到破壞，新的統治秩序又還没有建立起來，根基深厚的宗族鄉里是當時最活躍和最可靠的社會基層力量。因此留在北方的漢族豪强，都紛紛集合宗族鄉里，結塢築壘以自保，一時黄河流域塢堡林立。無論是晉朝在北方的殘餘勢力，還是北方各族政權的統治者，都不能忽視這些塢堡主的力量，往往根據其勢力的大小而分别授予所占地區的地方官頭銜，塢堡主之間也根據各自力量的强弱相隸屬，這樣就形成塢堡組織部分取代原有地方行政系統和基層組織的局面。

當時的塢堡組織大抵可分兩類。一爲本地大姓豪門在其家鄉附近所建。晉書卷八八庾袞傳稱

〔一〕參西村元佑中國經濟史研究頁九六——九九所列五胡諸國徙民表，東洋史研究會一九六八年版。

西晉末大亂,「袞乃率其同族及庶姓保於禹山」,在那裏「峻險阨,杜蹊徑,修壁塢,樹藩障,考功庸,計丈尺,均勞逸,通有無……量力任能,物應其宜,使邑推其長,里推其賢,而身率之。」「及賊至,袞乃勒部曲,整行伍」,進行抵抗。兗州高平人郗鑒在永嘉之亂時率千餘家到鄰郡魯郡的嶧山避亂,後被東晉遥授輔國將軍、都督兗州諸軍事。在本土結塢自保的廣平大族游綸,則被石勒署爲將軍。另一類塢堡是流民組織,即所謂流人塢主。晉書卷六三所列諸人大抵都是這種流人塢主。如平陽人李矩被流徙的鄉人「推爲塢主,東屯滎陽,後移新鄭」;東郡人魏浚先與「流人數百家東保河陰之硤石」,再屯洛北石梁塢;餘不備舉。此外如劉琨之在太原,祖逖之據譙,雖然都具有晉朝地方軍政長官的身分,實際上也類似於流人塢主。

無論是本地大姓豪門就近擇險屯守的塢堡,還是保聚異鄉的流人塢堡,都是戰亂時的一種特殊組織。塢堡主對於統率的群衆,既是家長,又是領主。所有群衆都是他的領民,又是包括子弟賓客的家族組成的武裝即家兵和部曲。他們在塢堡主統率下從事戰鬬和生産,所實行的大抵是屯田制。本鄉就近建立的塢堡盡管没有離開本土,但也無法完全保留原有的土地占有關係,因爲在屯田方式下,土地名義上爲塢堡組織所共有,實際上由塢堡主支配。流人塢堡組織既脱離本鄉,自然喪失原來的土地占有關係,而在新的地方建立塢堡後,又必定要占據土地,組織生産。如上面提到庾袞先在鄰縣的禹山結塢,後見時局惡化,流徙到林慮的大頭山立堡,而在大頭山下耕種田地,實際上是在武裝保護下的屯耕。晉書卷六三所載流人塢主邵續在與割據青州的大塢堡主曹嶷的對峙中,曾被嶷「破續屯田」，李矩曾派他的部將郭誦到陽翟「阻水築壘，且耕且守」。又如劉琨在太原，「百姓負楯以耕，屬鞬而耨」，〔一〕拿着武器從事生産；祖逖在譙「佃於城北，慮賊來攻，因以爲資，故豫安軍屯，以禦其外」。收穫時「丁夫戰於外，老弱獲於内」。〔二〕在這種情况下，當然談不上土地究竟歸誰所有。而且流人塢主遷徙不定，在長期混戰中興滅無常，彼此掠奪人口或者被兼并者强徙居民的事常有發生，這就更加造成土地占有關係的不鞏固。至於苻健載記所記以流民大都督屯田，所耕屯的當然也是無主拋荒之田。

自劉石之亂到北魏統一的百餘年間，中間固然有相對安定的時期，比如石勒載記所説的「司冀漸寧，民始租賦」，以及前後燕占領河北，苻秦統一北方和後秦時期。但都爲時不長，遂即大亂。在這短暫的和平中，國家户籍上的户口，大致還保持一定數量的自耕農民，從上節所述前燕户口可證。但由於戰禍旋即發生，這種土地所有權與使用權自然是不穩定的。

林立於黄河流域的塢堡組織隨着北方走向統一，有的被消滅，有的自行解散。但塢堡可以消失，塢堡賴以建立的宗族鄉里組織却依然存在。拓跋魏統一中原的時候，還是遍地可見這樣的宗族集團。北魏前期不置鄉官，而建立以宗族爲基礎的宗主督護制，正是對北方實際情况的承認，也是拖着氏族制殘餘的鮮卑拓跋貴族所能理解的基層組織形式。

〔一〕晋書卷六二劉琨傳。
〔二〕晋書卷七七蔡謨傳。

關於宗主督護制的土地占有情況，没有具體史料可以説明。宗族成員應該各自擁有大小不等的土地，事實上當時北方的荒田也很多。其中大小地主從以後的均田制奴婢受田來看，可能比較普遍地使用奴隸勞動。豪强擁有蔭冒户，在十六國時期的北方就十分普遍，所謂「百室合户，千丁共籍」。這種大户苞蔭的形式正是當時塢堡組織的基礎，若遇戰争立即可以形成一支以宗族賓客亦即蔭户組成的武裝隊伍。北魏宗主督護制同樣是在大户苞蔭的現實基礎上建立的，但蔭冒户與宗主之間的土地關係我們也不清楚。可能是帶着土地投靠豪强，耕種的仍然是自己的土地；也可能是在豪强蔭庇下墾種無主之田或佃種豪族的土地，於史均無具體例證。據魏書食貨志所載太和十年（四八六）行三長制詔稱，「富强者兼併有餘，貧弱者糊口不足」。因而施行三長制時，「豪富并兼者尤弗願也」，充分表明豪强兼併的問題是嚴重的。值得注意的是直到太和改制前，宗主督護制還有短時塢壁屯墾的迹象。北史卷三三李靈附孫顯甫傳：「顯甫豪俠知名，集諸李數千家於殷州西山，開李魚川方五六十里居之，顯甫爲其宗主。」顯甫爲北魏第一流高門趙郡李氏，他所集合的族人達數千家之多，則趙郡李族聚居恐怕將近數萬家。顯甫所開之李魚川應即是墾荒，大概顯甫以宗主身分主持土地的分配，甚至是集體屯墾。魏末葛榮起義，顯甫子元忠「率宗黨作壘以自保」，〔一〕顯然元忠繼承了其父的宗主地位。誠然那時宗主督護制已廢，但大姓實際上自有其宗主，這種宗族力量是不能消除的。通典卷三

〔一〕北史卷三三李元忠傳。

所載關東風俗傳稱魏末齊初,「瀛冀諸劉,清河張宋,并州王氏,濮陽侯族,諸如此輩,一宗近將萬室,煙火連接,比屋而居。」這種情況自然在以前即是如此。

土地所有權的不穩定狀況一直延續到太和改制以前。李安世上疏建議均田,說到流移人家返鄉爭田,而「年載稍久」,甚至「事涉數世」,故難以判明。又說爭地者「遠認魏晉之家」云云。〔一〕可知返鄉所爭之田是數世以前他們祖先因流徙而拋棄的,長期以來歸屬不明。李安世的上疏表明,這些久棄土地的歸屬問題引起了激烈而長久的爭訟,同時也表明北方土地所有權長期不穩定的狀況開始改變,正在趨於穩定。

十六國以至北魏前期,與土地所有權不穩定相聯繫的另一個特點,是存在大片的荒田。西晉末年以來的頻繁戰亂,使大量人民死亡、流移。留在北方的人民更是經常處於顛沛流離的過程中,大量勞動力長期游離於土地,致使黄河流域及關中的大片大片土地長期拋荒。北魏在統一北方的戰爭中,每下一地,往往將大批人户遷到代京一帶。如拓跋珪天興元年(三九八),曾經一次遷徙河北各族人民三十六萬,百工技巧十餘萬人到代京及其附近地區,〔二〕致使人口業已減耗的河北地區更爲空荒。河南一帶,永嘉亂後人民相率南遷,所謂「洛京傾覆,中州士女避亂江左者十六七」。直到桓温北

〔一〕 魏書卷五三李安世傳。
〔二〕 魏書卷二太祖紀;通鑑卷一一〇本條記遷徙總人口爲十餘萬,與此有異。

伐，河南仍是滿目蕭條，史稱「蒼生殄滅，百不遺一，河洛丘墟，函夏蕭條，井堙木刊，阡陌夷滅」。〔一〕破敗荒凉的程度更甚於河北。北方統一後，戰争趨於平息，北魏便企圖從别處遷徙人民到河北等地填補空荒。如拓跋燾真君五年（四四四）曾遷徙被征服的北部民到冀、定、相三州爲營户，這次反魏的北部民有五千餘落，殺死之外悉被遷徙，爲數必不少。真君六年、七年又曾「南略淮泗以北，徙青徐之民，以實河北」。〔二〕拓跋宏延興年間（四七一——四七六）又兩次遷徙敕勒部落於冀、定、相、青、徐、齊、兖諸州爲營户，暗示黄河流域大量荒地的存在。直到孝文帝遷洛之後，還在黄河南岸開闢廣闊牧場。魏書卷四四宇文福傳稱：

遷洛，敕福檢行牧馬之所。福規石濟以西、河内以東，拒黄河南北千里爲牧地。事尋施行，今之馬場是也。

那時（太和十七年，四九三年）均田制早已施行，黄河兩岸却還容得下如此廣大的馬牧。十六國時期石趙、苻秦以及中原地區的塢堡組織曾以屯田方式墾荒生産，北魏早期也曾在五原屯田。魏書卷二太祖紀登國九年（三九四）條載，「使東平公元儀屯田於河北五原，至於棝陽塞外。」其地當今河套的北套地區，規模頗大。直到均田制施行之後，我們還看到北魏「别立農官」，「取州郡户十分之一以爲屯民」，進行全國範圍内的屯田。州郡民的十分之一是一個巨大的數字，這樣大的屯田規模，足見北

〔一〕晋書卷六五王導傳，卷五六孫綽傳。
〔二〕魏書卷四下世祖紀；北史卷二魏世祖紀。

魏境内國家掌握的無主荒田面積之廣。至於南北交界的兩淮地區，直到魏宣武帝景明正始之際，還在廣開軍屯，「詔緣淮南北所在鎮戍，皆令及秋播麥，春種粟稻，隨其土宜，水陸兼用，必使地無遺利，兵無餘力。」〔一〕總之，即使在均田制施行後的北方仍有大量的未墾荒田。而大片國有荒地的存在，正是均田制得以推行的重要條件之一。

荒田和無主之地的相當一部分被强宗豪族所占，上引李顯甫開李魚川即是一例。魏書李安世傳說，由於饑荒，民多流移，豪强多有隱占。豪强廣占土地接納流亡是南北朝的共同現象。但南朝的隱丁匿口不上户籍，北朝的蔭附户「五十、三十家方爲一户」，如上節所述，自十六國以來即是如此。然而十六國的塢堡制以及北魏前期的督護制下，這些隱附户口似乎是公開的或半公開的。北魏前期户租重至三五十石，實際上即是對北魏一家三五十户的一種默認。

三、均田制的施行

據魏書卷五三李孝伯附安世傳，均田之議發於李安世上疏。傳稱「時民困饑流散，豪右多有占奪，安世乃上疏」。疏中認爲古老的井田制度可以使「土不曠功，民罔游力」，「雄擅之家不獨膏腴之美，單陋之夫亦有頃畝之分」。還指出數世以前流徙他鄉的人民返回舊墟以後，土地占有關係業已變更，因此出現「連紀不判」的土地爭訟，導致土地荒蕪。關於土地兼併問題，他認爲即或不能恢復井

〔一〕魏書卷六二李彪傳，卷一一〇食貨志，卷八世宗紀。

田，也應另作處置，「令分藝有準，力業相稱，細民獲資生之利，豪右靡餘地之盈。」即按照一定的標準分配土地，使勞動力與田業適當地結合。關於土地争訟問題，他認爲既「事久難明」，就應「悉屬今主」，即主張在承認現實土地關係的情況下迅速穩固土地使用以至占有權，以免被争訟的土地長期荒蕪。我們看到太和九年所頒布的均田詔中也提到同樣的問題，即一方面存在土地兼併，一方面又存在大量荒蕪的土地，詔書認爲這種情況是嚴重的，因而要派遣使者到各地去和地方官「均給天下之田」。李安世上疏和詔書都反映當時鄉村的現實情況是土地兼併與荒蕪的同時存在。土地所有權的混亂爲「豪强侵凌」提供了方便，一些有争議的土地，豪强即使不能霸占到手，也寧願任其荒曠，不許别人耕種。當時北魏境内地廣人稀的區域内存在着大量的荒地，已如前述。土地兼併和土地争訟，又使很多農民喪失土地或者被迫離開土地。李安世上疏和均田詔中認爲推行均田的目的，就是要解決「地有遺利，民無餘財」這種土地與勞動力嚴重脱節的現象，因此一方面肯定現實土地關係即現在耕作者對所耕土地的使用權，另一方面「令分藝有準，力業相稱」，没有土地的農民有權耕墾一定數量的荒田或無主之田。至於政府鼓勵墾荒的根本目的在於取得租調本是不待説的。

基於上述，北魏孝文帝在太和九年頒布了均田令，共有十五條。規定「諸男夫十五以上，受露田四十畝，婦人二十畝，奴婢依良，丁牛一頭受田三十畝，限四牛」。如採用二圃或三圃制的休耕法，則男女受田分别增加一倍或二倍。另外男子給桑田二十畝，非桑之土，男子給麻田十畝，婦人五畝。男子還給田一畝，課種榆棗。原無宅田者三口給宅田一畝，「以爲居室」，其五分之一充作菜園田。除了

「桑田皆爲世業，身終不還，恒從見口」以外，其餘「老免及身死則還田，奴婢、牛隨有無以還受」。此外還對老小、殘疾、寡妻妾受田，年度内土地還受的時期，寬鄉狹鄉的區别，露田、倍田的位置安排，罪流及絶户的土地處理，進丁受田，公田分配中先貧後富先親後疏的差别，以及地方官的公田等等，都作了詳細而嚴密的規定。

北魏國家雖然對於宗主督護下的大户苞蔭採取了容忍和默認的態度，但擴大編户數量以增加賦役對象的努力却始終没有放棄。韓均曾在獻文帝時奉命檢括冀、定、相、青、東青五州户口，出萬餘户。孝文帝延興三年（四七三）九月「詔遣使者十人循行州郡，檢括户口，其有仍隱不出者，州、郡、縣、户主並論如律」。〔一〕而要推行均田制，無論是土地的配給還授，還是使流亡人口和隱附人口重新著籍，都必須進行嚴密的户口檢查。因此北魏政府爲了保證均田制的實施，根據李沖的建議在太和十年建立了黨、里、鄰三長制，「取鄉人强謹者」爲長。三長制取代了宗主督護制，三五十家相合的大户分成一户一户爲基礎的小户，並給各户配給國家掌握的土地即口分田，使之承擔租調力役。相對於代表大户、宗族與外界交涉的宗主，三長是政府的鄉官，是本地户口檢查和賦調徵發的負責者。

均田、三長制的基本精神乃至某些具體措施可以看作是太和九年（四八五）以前勸課農桑、計口

〔一〕魏書卷七上高祖紀。

受田等制度的延續和推廣。如所周知，從拓跋珪到拓跋燾征服華北的過程中，大批被征服的人民被强制遷徙到代京一帶。這些「内徙新民」主要是農民，他們被安置在配給的土地上，而且還得到農具和耕牛，即所謂「計口受田」。較大規模的計口受田見於記載的有太祖天興元年（三九八）和太宗永興五年（四一三）兩次。當時在作爲拓跋族根據地的代京一帶，基本上没有發達的土地私有制。魏書食貨志所謂以代京爲中心的「畿内之田」，由八部帥監督勸課農桑。魏書恭宗紀稱恭宗監國時曾下令推行課田制度，令曰：「其制，有司課畿内之民，使無牛家以人牛力相貿，墾殖鋤耨。」無牛家要給有牛家償以鋤功，並要各家將姓氏、人口及所勸種頃畝，明立簿目，標於地首，「以辨種殖之功」。在均田制實行前不久的太和元年（四七七），孝文帝有詔云：「其敕在所督課田農，有牛者加勤於常歲，無牛者倍庸於餘年，一夫制治田四十畝，中男二十畝，無令人有餘力，地有遺利。」〔一〕前述均田、三長制力圖使勞動力和土地結合以便有效地開墾不耕之地增加國庫收入的精神，即是上引恭宗令和太和元年詔中所宣稱的「使人牛力相貿」，「無令人有餘力，地有遺利」。計口受田制有關勸課農桑的政策措施都貫穿着這一精神，而太和元年詔中的「一夫制治田四十畝，中男二十畝」，則直接爲均田制所沿承。大致在太和十二年（四八八）左右，孝文帝與文明太后召見王公，「高祖曰：『比年方割畿内及京城三部，於百姓頗有益否？』（公孫）邃對曰：『先者人民離散，主司猥多，至於督察，實難齊整。自方割以

〔一〕魏書卷七上高祖紀。

來，衆賦易辦，實有大益。』太后曰：『諸人多言無益，卿言可謂識治機矣。』」〔一〕說明在代京畿内分配公田給各族群衆，從而使國家税收增益。但在初行均田時，代京地區的統治階層中是有不同認識並有過爭論的。在均田令頒布以前的計口受田及勸課農桑，帶有明顯的村社分配土地的色彩。高祖紀延興三年（四七三）二月條載：「詔牧守令長勤率百姓，無令失時，同部之内，貧富相通，家有兼牛，通借無者，若不從詔，一門之内終身不仕。守宰不督察，免所居官。」所謂「同部之内」未知所指，當時三長未立，實行的是宗主督護制，疑「部」即指宗主所督之内。這類「家有兼牛」者均是官僚或有資格當官的人户，所以説「一門之内，終身不仕」。這種貧富相通之制，以及上引恭宗紀中的有牛家無牛家以人牛力相貿，均是帶有村社性的。均田制還規定三長之内有相互同恤的義務，所謂「孤獨癃老篤疾貧窮不能自存者，三長内迭養食之」。進丁受田時「先貧後富」，罪流及絶户的土地作爲公田授受之際，首先「給其所親，未給之間，亦借其所親」。這些原則都體現了村社分配土地的遺迹。

從另一方面，均田制又是西晉課田制的沿襲。課即督課，就是國家督促每一個丁男、丁女、次丁男、次丁女必須耕種一定的土地。關於各地丁口及其所耕墾的頃畝，地方官似乎有一個統計數額，作爲考課的標準。〔二〕上引恭宗課田令以及太和元年詔中的「督課田農」，即體現了西晉課田制的精神。

所以對於均田制的推行，在拓跋族政權看來，乃畿内計口受田等部族舊制的推廣；而在李安世

〔一〕魏書卷三三公孫邃傳。
〔二〕晉書卷二六食貨志載杜預上奏。

等漢族臣僚看來，却是對漢代限田以及西晉占田課田制的沿襲。一如三長制的推行一樣，按照李沖等的看法，不過是傳統鄉閭制度的恢復；然而按照拓跋統治者的觀點，則類似於拓跋珪時代的離散部落氏族皆爲編户。

從漢代的限田到西晉的占田課田制，雖然體現了作爲一個集權國家對土地占有的干預權，實際上却没有認真執行，或者説徒有虛文，根本没有實行。而且也没有關於土地還授的具體規定。北魏均田制却得到了比較認真的執行，那是因爲當時具備實行這一制度的若干條件。首先是國家掌握了大量的無主拋荒田。這與南朝的情形很不相同。劉宋時的山陰一帶號稱「土境褊狹，民多田少」，南北大族豪門對土地的追求不得不採取占領山澤的形式，至少在三吴地帶確實如此。均田制旨在使地無遺利，人無餘力，具體説就是開墾荒田，因此均田制的頒行乃至破壞都和國家掌握荒田的多寡有着至爲密切的關聯。東西魏以至隋初、唐初重行均田，雖是沿襲舊制，但當時的國家在不同程度上掌握大量的荒田，仍是重要的條件之一。其次，掌握政權的拓跋貴族和中原土地很少關係。他們的經濟基礎主要在代京一帶，在那裏擁有大片牧場和耕地，從事農牧的多是奴隸和隸户，因此均田制的推行與他們没有直接的利害衝突。我們知道，建立三長制時曾遭到漢族豪門的强烈反對，所謂「諸人多言無益」，「豪富并兼者尤弗願也」。因爲當宗主的是他們，三長制使蔭隱户復歸於國家編籍，觸及到他們的切身利益。在朝廷討論三長制時，中書令鄭羲，秘書令高佑以及著作郎傅思益等漢族官僚均持反對意見，而作爲大畜牧主的皇室重臣元丕却支持文明太后，力主執行。〔一〕當然，首倡三長制的李冲也是隴右大姓，但他來自涼州，在中原大地没有大量的土地和蔭户。其三，實施均田制對於大小地主的既得利益也並没有多大損害。他們可以通過奴婢及牛受田保持廣占土地。均田制的原則是人盡其力地盡其利，奴婢及牛受田也是不使地有遺利人有餘力的政策的體現。貴族官僚還通過賜田侵占土地，如孝文帝時朝廷賜李冲田，其地周回十八里，後被稱爲「僕射陂」。〔二〕

均田制在北方特殊條件下得以實行。上述三條前二條南朝根本不具備。國家掌握大量荒田在漢末三國時期的黄河流域同樣存在，當時司馬朗曾建議復古井田，仲長統也曾建議限田，但都僅僅停留在口頭上。如前所述，曹魏恢復北方農業生産的主要辦法是模擬封建田園的屯田制，而北魏却能够實行均田，這不能不説明少數族政權的存在是實行均田制的一個十分重要的條件。

均田制既然没有觸動鮮卑貴族和漢族大地主的既得利益，因而在均田制下大土地所有制仍在頑强地發展。我們看到實施均田制後，擁有大量奴婢耕牛的鮮卑貴族在很大程度上與大土地所有發生關係，特别是孝文遷洛後，更與黄河南岸的土地發生關係。如咸陽王禧「昧求貨賄，奴婢千數，田業鹽鐵遍於遠近，臣吏僮隸，相繼經營」。〔三〕各地大族豪門乃至一般普通地主都競相擴占土地，建立田莊。

〔一〕魏書卷五三李冲傳。
〔二〕太平寰宇記卷九鄭州管城縣條。
〔三〕魏書卷二一上咸陽王禧傳。

魏齊之際的宋孝王在關東風俗傳中説，「其時强弱相凌，恃勢侵奪，富有連畛亘陌，貧無立錐之地。」表明均田制下土地兼併的激烈與大土地所有的發展。均田制實施之前，封建大土地上的勞動者主要是所謂「苞蔭户」。均田制實施之後，大量的苞蔭户固然被清出著籍，成爲受田農民，但宗主督護制不復存在，宗主實際上仍然存在，苞蔭户也不可能全部括出，破産逃亡的農民將繼續成爲封建大土地上的勞動者，這種情況還要長期存在。〔一〕

北魏以後，均田制通常是以滿足貴族官僚特别是鮮卑貴族的土地占有這一條件而一再頒布，其内容也出現了一些相應的變化。北魏均田制只有桑田爲「世業」，身終不還，北齊河清令開始出現永業田，麻田和桑田均屬於永業。據北齊標異鄉義慈惠石柱頌，〔二〕麻田的世業化在河清以前可能在東魏時即已出現。隋代已無桑田麻田之分，統稱爲永業田。太和均田令只有桑田在一定條件下得以買賣，宋孝王關東風俗傳記北齊時却可以依令（當指河清令）帖賣桑田以外的荒地熟田，「露田雖復不聽賣買，賣買亦無重責。」説明受田者對所受田的私有權在日益深化。太和均田令規定「諸土廣民稀之處，隨力所及，官借民種蒔，後有來居者，依法封授」。河清令雖對受田的奴婢規定了一個限額，但又規定「職事及百姓請墾田者，名爲永業田」。據關東風俗傳，北齊豪勢即利用河清令中墾田私有的規定，壟斷未開發的土地，這在唐代是所謂借荒、置牧等形式。

〔一〕北史卷三三李靈傳附李顯甫、李元忠傳，通典卷七丁中杜佑論輸籍定樣。

〔二〕拙撰北齊標異鄉義慈惠石柱頌所見的課田與莊田，上引拙著山居存稿收入。

從太和九年(四八五)均田令頒布之後,均田制雖然從未徹底地按照法令實施,但是經過幾個王朝的更迭,直到兩税制頒布以前,均田制始終是爲國家法律所認可的土地制度,僅在破壞之後一次次地重新頒布並加以若干修補而已,從而構成三百年間至少是北方的一種最基本的土地所有制形式。盡管它没有也不可能完全逆轉魏晉以來大土地所有的發展趨勢,但它的推行終究促使北方的自耕農大爲增多,使無主荒田與無地農民在一定條件下結合起來,從而有利於北方農業生產的恢復發展,並在某種程度上阻滯了北方大土地所有制發展的速度。

綜觀南北朝的土地制度,我們看到南朝大土地所有制繼承魏晉以來封建大土地的發展趨勢,繼續發展,幾乎呈直綫上升。大土地所有的發展過程,也就是國家編户日益縮減的過程,故與人口的實際增長相反,南朝在籍自耕農趨於減少。北朝由於少數族的介入以及中原的一些特殊條件,實行了均田制,從而使大土地所有的發展經過了一條迂迴的道路。如果没有「五胡亂華」以及十六國、北朝諸國相繼出現於中原,北方封建大土地所有制的發展也將一如南朝。其後隨着南北的統一,南北之間的差異性將趨於縮小,南北土地所有制的發展道路也將逐漸趨於一致。

第三節　南北商品貨幣經濟的發展差異

一、南朝商品貨幣經濟的發展

漢末大亂以後的魏晉時代,自給自足的自然經濟基本上占統治地位,南北朝時期仍是如此。但正如上篇第一章所指出的，即使在三國時代，商品貨幣經濟也不曾完全絶迹，三國之間公私商旅的往還交市不僅始終存在，東吴沿江上下的商業活動及其與東南亞諸國的海外貿易還得到一定程度的發展。及至西晉時代，伴隨着政治上的重歸一統和社會經濟的逐漸恢復，商品貨幣經濟的回升表現得相當顯著。晉末八王之亂及其所謂的「五胡亂華」，短暫統一的西晉皇朝很快覆亡，而代之以東晉南朝和十六國北朝的長期對峙，遂使魏晉以來商品貨幣經濟的恢復發展也因爲南北的分裂表現出明顯的地域差異。

大體説來，東晉南朝的商品貨幣經濟在西晉的基礎上得到繼續發展，它首先表現爲城市的繁榮。兩漢時期，商業都會多在黄河流域。自董卓之亂下及北朝，以長安、洛陽爲中心的黄河流域諸都會多次遭到戰火摧殘，長期處於興廢不定的狀態中。而南方的益州、廣州、荆州等都會在六朝時期繼續維持其繁榮。長江下游的建康，則是孫吴時新興起來的都會，歷東晉、宋、齊、梁、陳均是國都所在，爲六朝名都，始終是南方政治、文化及商業的中心。其間雖有梁末侯景之亂，但所受破壞的程度遠較北方的洛陽、長安及鄴城爲輕。史稱「梁都之時，城中二十八萬餘户（約一百四十萬口），西至石頭城，東至倪塘，南至石子岡，北過蔣山，東西南北各四十里」。城中有四市，商業十分繁盛，所謂「小人率多商販，君子資於官禄，市廛列肆，埒於二京（長安、洛陽）」。〔一〕建康而外，長江下游著名都會還有京口、山陰、吴、吴興等。

最足以説明南方商業發展的，是非官方市鎮的草市的出現。如所周知，東晉南朝仍然遵循傳統，

〔一〕太平寰宇記卷九○引金陵記；隋書卷三一地理志。

商品交换大致在官設的特定市場内進行。由於南方地理環境的特點，州縣城池往往依山傍水而築，民居與市廛不可能嚴格分開。雲笈七籤卷一一一洞仙傳扈謙條：

精於易占，常在建康後巷許新婦店前筮，一卦一百錢。

按：據下文，許新婦店是舊店，它不在市上而在巷内，此乃東晉海西公時事。〔一〕南朝時廣陵市内亦有非商人之居民，梁書卷一一一吕僧珍傳載僧珍：

舊宅在市北，前有督郵廨，……姊適于氏，住在市西。小屋臨路，與列肆雜處，僧珍常導從鹵簿到其宅，不以爲耻。

可知這裏的市區和官廨、住宅區有雜處的迹象。此外，貴族官僚設置之邸不一定都在市區，劉宋時孝武帝諸子「皆置邸舍，逐什一之利」，〔二〕明帝時，在會稽的「王公妃主，邸舍相望，撓亂在所，大爲民患」。梁武帝之弟臨川王蕭宏在建康「都下有數十邸」，多達數十個庫房，堆放物品。〔三〕顯然這些邸舍、邸店大都不在市内。又三國時江夏石陽縣的市場和市民就集中在城外水埠邊，〔四〕那些未有城郭的州縣治所就更不用説。即使如南朝名都建康，也是「若干小城分散獨立」，與北方都城「具有包括宫

〔一〕洞仙傳見於隋書經籍志注録，應爲南朝人所作。
〔二〕南史卷三二沈懷文傳。
〔三〕宋書卷五七蔡廓附子興宗傳；南史卷五一臨川王宏傳。
〔四〕三國志卷五八陸遜傳。

殿官衙市場之統一城郭者不同」。〔一〕南方城郭的這種特點爲非官方市場的發展提供了獨特的條件。隨着東晉南朝商品貨幣經濟的發展，我們看到在州縣城郊以及津埠渡口等交通樞紐之處，發生了日益頻繁的商業貿易活動，開始形成一些不同於城内正規市的非官方市場。南齊書卷五〇鄱陽王蕭寶夤傳記載，東昏侯永元三年（五〇一）張欣泰之亂中，蕭寶夤被亂軍裹挾，進攻臺城，事敗，「衆棄寶夤逃走，寶夤逃亡三日，戎服詣草市尉。」按太平寰宇記卷九〇昇州上元縣條：「古建康縣，……（晉咸和中）有七部尉，……南尉在草市北。」則蕭寶夤傳中草市尉即東晉建康城七部尉之一的南尉，因駐治於草市之北得名。據南齊書五行志，在張欣泰之亂的前五年（四九七），南齊大臣王晏被誅前夕也曾來到同一個草市。該草市自東晉以來一直存在，是一個經常性的非官方市場。實際上東晉南朝時期的建康城外，與此草市相類的非官方市場非止一處。當時除了城内官立的建康大市、北市、東市、宫市等市場外，沿秦淮河東北岸一綫又有備置官司徵税的大市及十餘所小市，這裏遠處臺城之東，却幾乎聚集着建康的大部分市廛居民，蕭寶夤傳中的草市也在這一帶。這些小市亦即草市，乃相對於「備置官司」的大市或官市，是一種應商業發展自然興起的交易市場，若興起於鄉村的津埠路口，則蔚爲一個新的商業市場。東晉南朝見於記載的草市雖不是獨無僅有，如晉宋之際屬於南朝的壽春城石橋門北有草市，宋徐州城外亦有小市，〔二〕但終究爲數不多。不過由於草市的產生是作爲經濟發展過程的自然結果，是社會分工發展、商品交換相對活躍的產物，因而它在東

〔一〕 參周一良魏晉南北朝史札記，中華書局一九八五年版，第八七——八八頁。
〔二〕 水經注卷三二淝水；宋書卷四六張暢傳，參魏書卷五三李孝伯傳。

晉南朝的開始出現仍具有重要意義，它是南方商業相對發展的一個標誌。

南朝都市的繁盛與商業市場的擴展，既是商業發展的真實表徵，又促進了商業的進一步繁榮。我們看到活躍在都市、草市的商人包括皇室、貴族、官僚、軍人、寺院僧侶以及編户小民，幾乎遍及各個社會階層。從商人數日益增多。南史郭祖深傳稱梁時「商旅轉繁，遊食轉衆，耕夫日少，杼軸日空」。隋書食貨志云：「晉自過江，……歷宋齊梁陳，……人競商販，不爲田業。」志中所談到的那種「不樂州縣編户」的無貫「浮浪人」，也大抵都是商人。宋書恩倖戴法興傳稱其家貧，「父碩子販紵爲業」，法興少時亦「賣葛於山陰市」。南齊書倖臣茹法亮傳稱宋孝武帝「校獵江右，選白衣左右百八十人，皆面首富室」。這種白衣即無官職的寒人富室子弟，必多商人。根據宋、齊「恩倖」傳以及宋書徐湛之、張暢諸傳，當時所謂的恩倖以及貴族官僚的門生，大多是商人及其子弟，他們多是經營商業致富，交結權貴起家。南齊書鬱林王紀載鬱林王對庾妃説，「今日見作天王……動見拘執，不如作市邊屠酤富兒百倍矣。」亦可見當時商人生活的優裕。

隨着南朝商業的發展，長途轉運貿易趨於活躍。長江水系四通八達，水上交通方便，這是南方得天獨厚的自然地理優勢。早在孫吴時代，水運造船事業即號稱發達，從事長途轉賣的吏民多「浮船長江，賈作上下」，東晉南朝時更有進展，所謂「昔在江南，不信有千人氈帳；及來河北，不信有二萬斛船」。〔一〕

〔一〕顔氏家訓卷五歸心篇。

江南私人造船業也很興盛，隋文帝平陳後曾下詔禁止，稱「吴越之人，往承敝俗，所在之處，私造大船。……其江南諸州，人間有船長三丈已上，悉括入官」。這些大船多用於長途轉運貿易。東晉安帝元興三年（四〇四）二月，建康發大水，史稱「濤水入石頭，是時貢使商旅，方舟萬計，漂敗流斷，骸胔相望」。足見建康河埠商船之盛。[一]樂府詩集所載西曲、吴歌多屬戀歌，但有不少詩篇反映了沿江上下商船旅客的頻繁來往。西曲中商人歌尤多，如「大艑珂峨頭，何處發揚州」；「江陵三千三，西塞陌中央」。其中三洲歌則爲三洲商人歌，「商客數游巴陵三江口往還，因共作此歌。」有不少商人泝江至益州販運。宋書劉粹附道濟傳稱「遠方商人，多至蜀土，資貨或有直數百萬者」。貿易規模遠遠超過三國時吴蜀之間的「互市」貿易。

南北對峙，烽火相接，經濟交流自然受到阻礙。但由於南北氣候不同，物産各異，彼此之間傳統的物質交流不可能完全凍結。實際上商人往往通過邊境將吏或私自越境進行走私貿易（即所謂「幢隊挾藏」），[二]南北政府之間也往往通過互市或遣使報聘形式進行貿易。總之東晉南朝與十六國北朝間的商業往來始終不絶。特别是孝文帝遷洛，北方商業取得較大發展後，南北交往更其頻繁。值得特别注意的是，盡管東晉南朝與西域之間阻隔着十六國北朝，但二者間的貿易往來仍在通過艱難曲折的途徑進行。東晉時期，互市是南北經濟交流的特殊形式，有關史料表明，東晉設在襄陽的「互

[一] 隋書卷二高祖紀；宋書卷三三五行志；晉書卷二七五行志。
[二] 宋書卷六四何承天傳。

市」，不僅與長安保持着密切的經濟聯繫，而且活躍其間的「互市人」還有出自昭武九姓並仍在河西走廊從事商貿的胡商。通過互市以及這些胡商互市人的過境貿易活動，輾轉溝通了東晉與河西走廊乃至西域諸族的商業聯繫，也就是説傳統的「絲綢之路」貿易不僅没有中斷，還由長安延伸到東晉的襄陽。〔一〕但這條通道常受戰爭阻隔不能暢通，同時期南朝與西域的另一條通道「河南道」，由益州取道青海、吐谷渾以至西域，它幾乎與河西走廊並行，在這條傳統道路上活躍着大量的朝聘使節、求法傳法僧侶以及中外商賈。續高僧傳卷二五釋道仙傳稱這位康居高僧「以游賈爲業」，「梁周之際，往來吴蜀」，「行賈達於梓州新城郡牛頭山。」又隋書卷七五何妥傳云：「西城（域）人也，父細胡，通商入蜀，遂家郫縣，事梁武陵王紀，主知金帛，因致巨富，號爲西州大賈。」細胡自西域通商入蜀很可能也是走河南道，説明南朝與西域之間的貿易聯繫未斷。我們還從吐魯番所出佛經題記中看到高昌與南朝往來的迹象，甚至還有普通的江南人在高昌長期流寓。〔二〕總之，南朝通過這條通道，仍與西域保持着不間斷的經濟以及文化的交流。

如果説南朝仍維持着與西域的陸道交通，絲綢之路貿易尚未中絶，那麽，南朝與海外諸國的商貿往來，即海上絲綢之路貿易，則表現出超邁前代的繁榮。宋書夷蠻傳論云：「若夫大秦、天竺，迥出西溟，二漢銜役，特艱斯路，而商貨所資，或出交部，泛海陵波，因風遠至。……山琛水寶，由兹自出，通

〔一〕參朱雷東晉十六國時期姑臧、長安、襄陽的互市，載古代長江中游的經濟開發，武漢出版社一九八八年版。

〔二〕拙撰南北朝期間西域與南朝的陸道交通，收入拙著魏晉南北朝史論拾遺。

犀翠羽之珍，蛇珠火布之異，千名萬品，並世主之所虛心，故舟船繼路，商使交屬。」表明劉宋時已與南洋諸國乃至東羅馬進行貿易往來。歷史性都會廣州是當時海外貿易的中心，梁朝時外國「海船每歲數至」或「歲十餘至」，通商國家遠至大秦、波斯和海南諸國中的天竺、師子、扶南、林邑等國，「及宋齊至者有十餘國」，「自梁革運，……航海歲至，逾於前代矣。」〔一〕繁盛的海外貿易使南朝政府獲得了巨大的利益，所謂「商船遠屆，委輸南州，故交廣富實，牣積王府」。〔二〕當時廣州刺史是一個爲人艷羨的職位，有「但經（廣州）城門一過便得三千萬」的説法。〔三〕南洋馬來亞一帶的商船甚至航抵南朝首都建康，載來皇室貴族所需的「倮然褥表、美玉盈尺」等「奇貨」，帶走絲錦等中國特産。〔四〕

南方商業的繁盛和商品交易額的增加，引起了統治者對商業税的重視。我們看到在東晉南朝的財政收入中，商税據有重要的地位，有些税目和徵税方式則爲南朝所獨有。

隋書食貨志稱：

晉自過江，凡貨賣奴婢馬牛田宅，有文券，率錢一萬，輸估四百入官，賣者三百，買者一百。無文券者，隨物所堪，亦百分收四，名爲散估。歷宋齊梁陳，如此以爲常。……又都西有石頭津，

〔一〕梁書卷五四諸夷海南諸國，參宋書卷九七夷蠻傳。
〔二〕南齊書卷五八東南夷傳。
〔三〕南齊書卷三二王琨傳。
〔四〕南齊書卷三一荀伯玉傳；北齊書卷二七魏收傳。

東有方山津，各置津主一人，賊曹一人，直水五人，以檢察禁物及亡叛者。其荻炭魚薪之類過津者，並十分税一以入官。……淮水北有大市，自餘小市十餘所。大市備置官司，税斂既重，時甚苦之。

案隋志所記東晉南朝商税大體可分三類。一爲估税，二爲關津税，三爲市税。市税或稱市租、市調，是指商人在官立市區内占有一定場所，而向税收機構交納的市税。有迹象表明，這種制度在秦漢甚至更早時期即與官市制相輔而行，晉南渡後仍得保留。王敦之亂中，隱居教授的杜夷遭遇兵寇，廬江郡「常以市租供給（夷）家人糧廩，勿令缺乏」。劉裕稱帝後，即「以市税繁苦，詔優量減降」。宋文帝元嘉十七年（四四〇）詔稱「所在市調，多有煩刻」。整個南朝有關市税的記載極多，大抵都是認爲「市税重濫」，要求從優蠲減，但幾乎都是具文，未見任何實際效益。直到陳亡前夕，後主仍是「税江税市，徵收百端」。〔一〕

估税或稱文券税，是買賣成交後由買賣雙方所納的交易税。史籍中所謂「市税」，往往兼指估税與傳統的市税。估税分爲輸估與散估兩種，輸估用於大宗或特定商品的交易，立有契券；散估用於零散日常的小額交易，不立文契。二者均隨價徵税，税率相同。這種按交易額大小由買賣雙方共出4%的估税，不見北朝，也似乎不見於前史，當是「晉自過江」始有之事。東晉以至宋齊梁陳，皆有估税

〔一〕晉書卷九一杜夷傳；南齊書卷二三豫章王蕭嶷傳；宋書卷五文帝紀；南史卷一〇陳後主紀。

徵收。文苑英華卷六七二徐陵與顧記室書云：「吾市徐樞宅，爲錢四萬，任人市估，文券歷然。」正如上引隋志所載，房宅以及奴婢、牛馬、土地等大宗買賣必須先與市評估，確定價格，然後訂立文券，據以徵税。根據有關史傳，東晉南朝的估税十分繁苛。南齊書蕭子良傳載子良指責「市司驅扇」，「租估過刻」。陳書宣帝紀載太建十一年（五七九）詔，要求「市估津税」，「更須詳定，唯務平允」。可見法定估税税率往往被巧立名目加以突破。有如隋志所稱，東晉南朝創立估税的目的雖然名爲均輸，實際上是「以此爲辭」，「利在侵削」。它説明當時市場貿易之趨向活躍，促使政府新立税目搜刮。

關津税是商人過關津時所交的通過税。在大一統的秦漢時代，關津税一度取消，漢末三國時又恢復，兩晉南朝沿承未變。南方水運交通發達，故關税特稱爲關津税，甚或徑稱津税。上引隋志表明，東晉南朝時的重要津渡皆置有官司，以稽察亡叛走私，徵收津税。其法定税率高達10%，實際徵收往往還超過這一限額，因此上引東晉南朝時期要求優減市税的詔令和上書中，都要並提津税。

關津通過税中又有「桁渡税」和「牛埭税」。桁是津埠渡口所搭浮橋，埭是河流中所築以助船行的土壩，即在河流水淺不利行船處，以土堰水築壩，中留航道，兩岸樹立轉軸，行船通過時，以人力或畜力推動轉軸，牽引船隻，牛埭即以牛力牽挽者。東晉南朝隨着商業的繁盛，水上交通事業有較大發展，當時在一些地區尤其是長江下游地區的河埠津口，建築了不少桁渡、牛埭。這些桁、埭起初本爲方便交通而設，向過往商旅徵收一點費用，也是爲了補償建築成本和維持管理，但其後商旅往來增多，政府見有利可圖，遂成爲一種正式的關津通過税。東晉已有徵收桁渡、牛埭税的記載。〔一〕南朝時成爲常制。據南齊書卷四六顧憲之傳，當時不管需不需要用牛力助渡，也不管有否商貨，凡過桁埭者就得納稅，甚至爲了增加桁埭稅收，禁絶其它道路，不准通行。桁埭稅十分可觀，如一個牛埭一年的稅利即以百萬計。有迹象表明桁埭稅後來逐漸成爲關津稅之外的一個獨立稅目。梁武帝大同十一年（五四五）詔書，要求「四方所立屯、傳、邸、冶、市、埭、桁渡、津稅，……有不便於民者，尚書州郡各速條上。」〔二〕即以桁渡牛埭稅與市稅、津稅並列。詔中談到桁埭稅的苛繁和不便民之處，我們從上引顧憲之傳即可見知。而桁埭稅之所以在南朝得到重視並獨立於津稅之外，顯然是當時日漸活躍的商貿往來使之有利可圖，激起了統治者的貪慾。我們還看到在關津、桁埭稅之外，有些單項貨物還專門抽稅，如魚稅、木材稅、皮毛稅等，兹不備舉。

值得特别注意的是，南朝商稅徵收中出現一種前史未載的包稅制。南齊書卷四〇蕭子良傳載永明時所上啓云：「司市之要，自昔所難。頃來此役，不由才舉，並條其重貲，許以賈衒。前人增估求俠，後人加稅請代，如此輪迴，終何紀極？兼復交關津要，共相脣齒，愚野未閑，必加陵誑，罪無大小，横没貲載。」表明當時主徵市稅的官員不論有才無才，只要保證上交高額稅利並有足够的家産作抵，即可得之。因此爲了謀取「司市」之職，便競相擡高上繳稅額，即所謂「前人增估求俠，後人加稅請代」，從而使市估稅額越來越高。上任後既要完成高額的包稅，又要中飽私囊，於是只好競相交結權

〔一〕晉書卷九孝武帝紀，卷七八孔愉附嚴傳。
〔二〕梁書卷三武帝紀。

貴，突破法定税率，甚至以莫須有的罪名没奪過往商旅的資財。不但市税如此，關津交通税也同樣採取定額包徵的辦法。同書卷四六顧憲之傳載永明六年(四八八)會稽西陵戍主杜元懿上啓：

吴興無秋，會稽豐登，商旅往來，倍多常歲。西陵牛埭税，官格日三千五百，元懿如即所見，日可一倍，盈縮相兼，略計年長百萬。浦陽南北津及柳浦四埭，乞爲官領攝，一年格外長四百許萬。西陵戍前檢税，無妨戍事，餘三埭自舉腹心。

杜元懿本是西陵牛埭税的承包人，他見商旅往來增多，有利可圖，就以提高原來税額一倍的條件，要求將西陵和附近的另外三個牛埭一並由他及其腹心承包，保證四個牛埭一年之内在原定税額基礎之上另增四百萬，此即蕭子良所謂「增估求俠，加税請代」。後來朝廷就此事徵求行會稽郡事顧憲之的意見，憲之認爲，初立牛埭本在便利交通，非爲徵税。「而後之監領者，不達其本，各務己功，互生理外，」唯以徵括收斂爲事。吴興連歲歉收，當年尤爲飢困，人民多到會稽謀生，或轉販糧食，或傭工糊口，而「埭司責税，依格弗降。舊格新減，尚未議登，格外加倍，將以何術」。憲之還指出類似杜元懿「加格置市者前後相屬」，但往往不能兑現。而且杜元懿「稟性苛刻，已彰往效」，現在加税承包，亦是「幸災榷利」。所舉腹心，也一定是像他那樣的人。

由於顧憲之的反對，杜元懿加税承包西陵等四埭事未能如願。但從中可見，當時的商税實行包税制。包税人爲了完成税額，拼命割剥商旅，從而加重了商人的負擔，並最終轉嫁到一般人民身上。然而擡高税額畢竟有一個限度，税收過於苛重必然會影響商品流通，反而使包税人無法完成税額，即顧憲之所謂「非唯新加無贏，並皆舊格猶缺」。導致包税人破産抵償。梁書武帝紀載天監十七年（五一八）正月詔書稱：「坐爲市埭諸職割盗衰減應被封籍者，其田宅車牛，是生民之具，不得悉以没入，皆優量分留，使得自止。」詔書旨在從寬發落。當然在一般情況下，包税制雖使政府獲得高額税利，包税人更是有厚利可圖。其所以能獲得厚利，還在於商業有較大的發展。這是南朝出現這種特有的包税制的重要原因。

南朝商業的發展還表現在商品交换媒介即貨幣的行用上。如前篇所述，漢末三國之際隨着交换經濟的萎縮，貨幣很少鑄造，布帛等實物取代錢幣成爲市場上的主要交换媒介。西晉統一全國後，五銖錢重新穩定下來，在一個時期内貨幣經濟明顯回升。東晉南朝時期，歷代都有貨幣的鑄造與改鑄，盡管名目混亂，通貨時而膨脹時而緊縮，並且始終是錢貨雜用，但貨幣使用的範圍有明顯擴大。宋文帝元嘉中，中領軍沈演之曾説，「晉遷江南，疆境未廓，或土習其風，錢不普用，其數本少，爲患尚輕。今王略開廣，聲教遐暨，金鏹所布，爰逮荒服，昔所不及，悉已流行之矣。」〔一〕根據隋書食貨志記載，「梁初唯京師及三吴、荆、郢、江、湘、梁、益用錢，其餘州郡則雜以穀帛交易，交、廣之域，全以金銀爲貨。」可知南朝貨幣流行的地區十分廣泛。在東至三吴西至梁益的整個長江流域，錢幣是主要的交易媒介和價值尺度。貨幣在當時的社會經濟生活中據有十分重要的地位，我們看到無論是政府的財政收支，還是一般民衆的日常生活，都與錢有相當緊密的聯繫。

〔一〕宋書卷六六何尚之傳。

東晉南朝的政府税收主要包括户調、田租、商税三項。商税收錢自不待言。連傳統徵納穀物的田租，徵納布帛的户調，東晉以後也部分以錢幣折收。南齊書卷二六王敬則傳載蕭子良駁收塘役錢啓是人所熟知的。他説晉自渡江，「絹布所值，十倍於今；賦調多少，因時增減。」似乎表明東晉初年調布即以錢折納，故政府折布爲錢時隨時價增減。宋代低估布價，旨在使編民折錢交納時略低於市價，但當時錢不易得，且濫，政府税錢又要圓大無缺，所以人民負擔未必真有減輕。逮至南齊，布價在市上已跌落至每匹百餘文，但官方折價還是一如宋元嘉年間舊估，「匹准五百」。按照此價折合，人民須到市上出售四五匹布才能獲得一匹布的官方折價。又據宋書孔琳之、沈懷文諸傳，宋代即有租穀折納綿絹的情況。南齊書卷三武帝紀永明四年（四八六）五月詔：

揚、南徐二州今年户租三分二取見布，一分取錢，來歲以後，遠近諸州輸錢處，並減布直，匹准四百，依舊折半，以爲永制。

則南齊户租也是折布交納，且既折爲布，又再折一部分布爲錢。按照當時規定，租調一半納布，一半納見錢，詔許揚、南徐二州「二取見布，一分取錢」，乃屬優惠。蕭子良永明四年上啓中即指出：「錢帛相半爲制永久，或聞長宰須令輸直，進違舊科，退容奸利。」〔一〕可見實際徵收中存在不按規定多收錢的現象。總之，南朝租調徵收中的折錢交納有政府財政需要的因素，更是爲了最大限度地

〔一〕南齊書卷四〇蕭子良傳。「爲制永久」，見同書卷三武帝紀。

榨取，同時也表明南朝相當一部分地區内錢幣流行的狀況，這是租調折錢交納制度得以産生的經濟背景。

南齊書王敬則傳載：「會土邊帶湖海，民丁無士庶皆保塘役，敬則以功力有餘，悉評斂爲錢，送臺庫以爲便宜，上許之。」上述蕭子良駁塘役錢啓奏即是針對此事而發。不過王敬則的建議最終還是得到實行。後來齊東昏侯下詔，令「揚、南徐二州橋桁塘埭丁計功爲直，斂取見錢，供太樂主衣雜費。」我們從蕭子良啓稱「僮邮所上，咸是見直」，也可以看到南朝納代役錢並不鮮見。〔一〕

政府的財政支出中也有相當一部分是用現錢，諸如各級政府、軍府的歲費，一部分官吏俸禄，都是以錢開支。齊武帝永明中曾舉行一次大規模的和買，中央和地方共出錢一億貫收購，説明地方府庫和國庫中擁有大量的錢幣。

關於東晉南朝時期貨幣在民衆日常生活中的地位，有關史料甚多，前人論述亦詳，〔二〕此處略舉幾例，以概其餘。南史卷五一梁臨川王宏傳，稱宏「恣意聚斂，庫室垂有百間」，又説「宏性愛錢，百萬一聚，黄榜標之，千萬一庫，懸一紫標，如此三十餘間。（梁武）帝與佗卿屈指計見錢三億餘萬，餘屋貯布、絹、絲、綿、漆、蜜、紵、蠟、朱沙、黄屑雜貨，但見滿庫，不知多少」。本傳又稱他還經營高利貸，「都下有數十邸，出懸錢立券，每以田宅邸店懸上文券，期訖便驅券主，奪其宅。都下東土百姓，失業非

〔一〕拙撰魏晉南北朝史論叢第七八——八四頁（文集本七四——八〇頁）。

〔二〕參何兹全東晉南朝的錢幣使用與錢幣問題，收入何著讀史集，上海人民出版社一九八二年版。

一。」表明蕭宏的財産，不僅有通過高利貸兼并來的田宅，多方聚斂而來的布絹絲綿等實物，而且還貯積了巨量的貨幣。錢在他的全部財富中占有相當大的比例。又宋書卷七七沈慶之傳，稱慶之晚年「廣開田園之業，每指地示人曰：『錢盡在此！』」他的財富是田園，但估計財富却是用錢，可證貨幣是當時衡量財富多寡的一般標準。正因爲錢是當時廣泛行用的交換媒介，是物質財富的代表，所以成爲一般人追求和蓄積的對象。南朝貴族官僚積聚錢幣的熱情很高，而且也很普遍，上引蕭宏只是其中的突出典型而已。大量貨幣的貯積也體現了封建商品經濟的特點。

貴族官僚經商盛行於南北，南朝由於商品貨幣經濟的發展，似乎更爲普遍一些，特別是在轉運貿易和邸店經營方面，表現得更爲突出。邸大抵是屯積貨物和經營高利貸的機構，南方官僚貴族尤其是皇室大都經營邸舍。上面提到的梁臨川王宏在都下即有數十邸。宋孝武帝諸皇子「皆置邸舍，逐什一之利，爲患遍天下」。商業發達的會稽郡更是「王公妃主，邸舍相望」。南齊豫章王嶷曾在上啓中説，「伏見以諸王舉貨，屢降嚴旨，少拙營生，已應上簡。府州郡邸舍，非臣私有，今巨細所資，皆是公潤，臣私累不少，未知將來罷州之後，或當不能不試學營覓以自贍。」〔二〕公開提出經商營利的要求。又梁書卷二五徐勉傳載其誡子書有云：「所以顯貴以來，將三十載，門人故舊，亟薦便宜，或使創闢田園，或勸興立邸店，又欲舳艫運致，亦令貨殖聚斂，若此衆事，皆距而不納。」表明當時官僚獲致財富的

〔一〕上引拙撰南朝的屯、邸、別墅及山澤占領，收入山居存稿。

途徑，除了創立田園以外，便是經營商業，其中「舳艫運致」即是長途水運轉販，這在南朝官僚經商中表現得尤爲普遍。按南史卷七七沈客卿傳稱：「舊制軍人士人，二品清官，並無關市之稅。」可知南朝貴族官僚及軍人經商之衆，且享有免税特權。沈客卿建議廢除此項特權，爲時人所非議。

南朝市場上的商品中，有相當一部分是享有免税特權的貴族官僚通過長途水運轉販而來，或者地方官卸任後從當地攫奪的所謂「還資」。宋書卷八三吴喜傳載明帝詔責吴喜有云：「因公行私，迫脅在所，入官之物，侵竊過半，納資請託，不知厭已。西難既殄，便應還朝，而解故槃停，託云扞蜀。實由貨易交關，事未回展。……又遣部下將吏，兼因土地富人，往襄陽或蜀、漢，……興生求利，千端萬緒。從西還，大艑小艒，爰及草舫，錢米布絹，無船不滿。自喜以下，迨至小將，人人重載，莫不兼資。」離任的還資雖然有時爲見錢，如宋後廢帝元徽中張興世「擁雍州還資見錢三千萬」，〔一〕但更多的則是像吴喜那樣在當地掠奪或低價收購的貨物，諸如「蒲葵扇五萬」「芒屩兩舫」「乾薑二千斤」之類的土特産品。〔二〕這些物資顯然是要作爲商品流入市場的。宋書卷八四孔覬傳：「覬弟道存，從弟徽，頗營産業。二弟請假東還，覬出渚迎之，輜重十餘船，皆是綿絹紙席之屬。」孔覬將其全部燒掉，並責備他們既「忝預士流，何至還東作賈客邪？」由此亦可知地方官的還資多半表現爲商品形態流入市場。一般地方官之擁有還資、從事轉販，乃屬常事，看重士流體面不願經商如孔覬者，反倒屬於特例。

〔一〕南齊書卷五一張欣泰傳。
〔二〕晉書卷七九謝安傳；南史卷二三王曇首傳，卷二七孔覬傳。

關於南朝市場上的商品來源，還必須簡略談到南朝手工業的發展。南北朝時，手工業同樣以家庭手工業爲主，官府擁有龐大的手工業作坊，工匠身分卑微，這是魏晉舊制的繼承。然而南朝手工業仍自有其特點。宋書卷八二周朗傳載其上書指責當時的奢侈之風，有云：「尚方今造一物，小民明已睥睨；宮中朝制一衣，庶家晚已裁學。」表明南朝存在着製作奢侈品的私人作坊。江南民間造船業的發達，從上引隋文帝禁括民間大船的詔書中可以知道。而且南朝似乎没有像北朝那樣嚴格禁止私家雇傭或者蔭庇工匠，如宋竟陵王誕就曾將「名工細巧，悉匿私第」。〔一〕史載表明，南朝官府作坊還出現了前所未見的和雇制和召募制，雖然大致限於粗重勞動，不需要很高的工藝技術，但這種和雇、召募制仍是唐代明資匠的先河。〔二〕

南朝手工業的進步以及政府對於手工業控制的相對放鬆，在一定程度上有利於商業發展，爲市場上提供了較豐富的商品。但這並不是市場上商品的主要來源。由於南朝實行部分租調力役以錢折納的制度，迫使農民以低價將農産品投入市場，換回賦税所需的現錢。其二，市場上的商品相當一部分來自貴族官僚的「還資」等掠奪來的財物，帶有較强的超經濟剥削色彩。因此南朝商業的發展具有濃厚的封建性質。

〔一〕宋書卷七九本傳。
〔二〕拙撰魏晉南北朝史論叢續編第五一——五九頁（文集本六〇——六九頁）。

二、北朝商業發展的相對緩慢

北方自永嘉亂後，社會生產遭到嚴重破壞，城市荒廢，常規商業活動幾乎陷於停頓。然而正由於物資匱乏，商人更得以乘機攫取暴利，北邊少數族統治階層也很需要商人爲之效力，以便滿足其奢侈品和其它物質的需求，所以北族君主顯貴周圍經常有商人活動。如苻秦時達官貴人多喜歡與富商大賈來往，商人趙掇等「家累千金，車服之盛，擬則王侯」，被任爲「國卿」。〔一〕北魏早在拓跋猗㐌時代，即有「洛陽大賈賫金貨」隨行，〔二〕可知晉朝商人已深入到拓跋族内部。魏書卷三〇安同傳云：「遼東胡人也，其先祖曰世高……父屈，仕慕容暐，爲殿中郎將，苻堅滅暐，屈友人公孫眷之妹没入苻氏宫，出賜劉庫仁爲妻，庫仁貴寵之。同因隨眷商販，見太祖有濟世之才，遂留奉侍。」按以安同爲安世高之後自不可信，他大概是世代經商的胡人。安屈友人公孫眷也是商人，故安同「隨眷商販」，安屈之爲前燕殿中郎將，大約是以商人得官。安同在魏初顯貴，實際上當時留居於拓跋部落並取得重要地位的商人並不止於安同，由此可知魏初商人在政治上的地位和作用。〔三〕

北魏前期百官不給俸禄，既是部落遺風，也是永嘉亂後北方諸政權的傳統慣例。魏書卷七高祖紀載太和八年六月百官給禄詔稱，「置官班禄，行之尚矣……自中原喪亂，兹制中絶，先朝因循，未遑

〔一〕晉書卷一一三苻堅載記。
〔二〕水經注卷三河水。
〔三〕拙撰魏晉南北朝史論叢第一九四——一九五頁（文集本一八六——一八七頁）。

釐改。」又説「故憲章舊典，始班俸禄，罷諸商人，以簡民事」。班禄與罷商人相互關聯，表明當時從中央到地方的各級官僚機構都專置商人，他們的任務就是經營貨殖，爲官僚提供財物。據魏書記載，魏前期「官無禄力，唯取給於民」，故「牧守之官，頗爲貨利」。如崔寬爲陝城鎮將，因「弘農出漆蠟竹木之饒，路與南通，販貿來往」，以致「家産豐富」。〔二〕這些從事貨利、販貿的當是官府所置的商人。南齊書卷五七魏虜傳記平城宫廷云：「妃妾住皆土屋，婢使千餘人，織綾錦販賣，酤酒，養猪羊，牧牛馬，種菜逐利。」皇室宫妃以婢使生産，經營販賣這些生産品的當然不可能是這些妃嬪，我想也像諸官僚機構一樣設置商人。大致北魏早期自宫廷妃嬪以至各級官僚機構都設置商人，爲他們殖貨求利。當然，商人也即在貴族官僚保護下爲自己增殖財富。這是一種非常特殊的制度。總之，在北魏前期，商業表現爲一種特殊的形態，商人活動與拓跋皇室、貴族官僚和官府機構緊密聯繫在一起，這一點與當時北方商品貨幣經濟的發展水平有關，也恐怕與拓跋族社會及其政權特點有密切的關聯。

孝文帝統治時代，通過一系列的改革，社會經濟明顯增長，常規的商業活動得到恢復。遷洛以後，這個歷經波折的昔日名都又成爲北方商業中心，市場繁榮，估販雲集，居民多達十餘萬户。據洛陽伽藍記記載，商業市場已由晉時的三個增加到六個，在新設的大市市東有通商、達貨二里，「里内之人，盡皆工巧，屠販爲生，資財巨萬。」包括附近的延酤、治觴、準財、金肆各里，「多諸工商貨殖之民」。

〔二〕魏書卷二四崔玄伯附寬傳，卷一一〇食貨志。

來洛陽做買賣的外國商人亦絡繹不絕，所謂「自葱嶺已西，至於大秦，商胡販客，日奔塞下」。北魏宣武帝時商業更爲興盛，史載當時「承升平之業，四疆清晏，遠邇來同，於是蕃貢繼路，商賈交入」。但奢侈品貿易所占比例甚大，所謂「珍貨常有餘，國用恒不足」。〔一〕東魏北齊時商人與權門緊密勾結，史稱「富商大賈，多被銓擢」；「齊氏諸王，選國臣府佐多取富商」。〔二〕首都鄴城商賈勢力充斥，其中所謂胡商亦特別活躍。

然而孝文帝遷都後洛陽的商業繁榮，很快隨着魏分東西以及齊周對峙後長期争戰而化爲烏有。鄴城的繁榮是北齊時商人勢力的膨脹以及定都的結果，即一定政治環境下的産物，並不具有堅實的社會經濟基礎。我們没有看到北方出現類似南方的草市，貨幣行用也遠不及南方普遍。魏書食貨志稱，「魏初至於太和，錢貨無所周流」，當時充當交换媒介的基本上是實物，反映了北方交换經濟的萎縮。孝文帝時始詔天下用錢，直到太和十九年（四九五）才開始鑄造太和五銖貨幣，標誌着北方商業的恢復與發展。太和鑄錢之後，宣武帝和孝莊帝時也都鑄造過五銖錢，但錢幣不足和幣制混亂的現象始終存在，布帛仍被當作最重要的貨幣使用，從而構成影響北方商業進一步發展的一個因素。事實上北朝商品貨幣經濟的發展程度遠較南朝落後，北方不僅未見到自然形成的草市，洛陽也不見非官置的小市。陳寅恪先生根據魏書甄琛傳所云，「今僞弊相承，仍崇關廛之税；大魏恢博，唯受穀帛

〔一〕魏書卷六五邢巒傳。
〔二〕北齊書卷一六段榮傳，卷一〇襄城王淯傳。

之輸。」指出：「南朝國用注重於關市之税，北朝雖晚期亦征關市之税，然與南朝此税之地位其輕重頗有不同。」〔二〕根據有關史載，北魏直到明帝孝昌二年（五二六）始征市税，名曰入市税，「入者人一錢」，那是由於「國用不足」而採取的應急措施。前廢帝普泰元年（五三一）罷除市税與鹽税，及至北齊末武平六年（五七五）方因「軍國資用不足」，由給事黄門侍郎顔之推建議，「税關市舟車山澤鹽鐵店肆輕重各有差。」按顔之推爲梁人，他的建議的依據就是南朝商税制度。閔帝元年（五五七）亦即北周政權取代西魏之初，「除市門税」，及宣帝即位，「初税入市者，每人一錢」。同年五月楊堅輔政，復罷入市税。〔三〕總之，北朝後期始徵收入市税，且被視爲苛政，常在存廢不定之中。關税的徵收僅見於武平六年（五七五），比市税徵收的時間更短。關市之税即使在徵收之時，也在北朝政府的財政收入中所占比重不大，確與南朝「崇關廛之税」有很大差異。這種差異當然與南北商業的不同發展狀況有密切的聯繫。

與商業發展密切相關的交通條件來看，南方可兼資舟車，水運交通歷來發達。北方河流利於航運者少，造船技術亦相對落後，平原大地不能不偏重於陸運。陸運自然不如水運便捷，而且成本更高。魏書食貨志載三門都將薛欽上言有云：「計京西水次汾華二州、恒農、河北、河東、正平、平陽五郡年常綿絹及貲麻皆折公物，雇車牛送京。道險人弊，費公損私。」他算了一筆賬，在華州雇一車「官

〔一〕陳寅恪隋唐制度淵源略論稿，中華書局一九六三年版，第一四四頁。
〔二〕隋書卷二四食貨志；魏書卷一一前廢帝紀，卷一一〇食貨志；北齊書卷八後主紀；周書卷三孝閔帝紀，卷七宣帝紀，卷八静帝紀。

酬絹八匹三丈九尺，别有私民雇價布六十匹」。如果以船代車，從每車的雇絹中取出三匹，那麽，十三車合三十九匹絹，即可造一船，「計一船剩絹七十八匹，布七百八十匹」。「又租車一乘，官格四十斛成載；私民雇價，遠者五斗布一匹」，一車合八十匹布，而造一艘裝七百石的船，只要三百匹布，計七百石私雇價爲一千四百匹，即可餘布一千一百匹，即使扣除上船前下船後的短途陸運費等，仍有較大盈餘。從薛欽上書足見舟車運輸成本的差異。當時録尚書事元雍、尚書僕射李崇等也贊同薛欽上言，認爲「舟車息耗實相殊絶」。實際上早在魏太武帝太平真君七年（四四六），薄骨律鎮將刁雍即認爲要保證六鎮軍糧供應，只有改車運爲水運，那樣不僅可節省轉運時間，而且「計用人功，輕於車運十倍有餘，不廢牛力，又不廢田」。〔一〕上述足見北方水運條件不如南方，陸運成本較高，這自然要影響商業交换和商品的流通。

北朝手工業也有自己的特點。北魏初滅後燕，曾徙百工伎巧十萬餘口至代京，可知後燕的百工伎巧已是特殊户口。北魏將這些百工伎巧按照專業分别編户，那時還没有設置傳統的宫廷和官府作坊，這從上引南齊書魏虜傳關於後宫婢使織綾錦販賣的記載可以推知。專業伎作户是以貢賦形式提供手工業製品。以後採取綾羅户民樂葵的建議，收羅隱漏户口爲細繭羅縠户，賦納絲織品，由特置的軍營管理，不屬州縣，免除賦役，史稱「發賦輕易，民多私附」，「於是雜營户帥遍於天下。」這種形式實

〔一〕魏書卷三八刁雍傳。

即前後燕軍營蔭户的形態。所謂細繭羅縠户本來大都是避役農民，所提供的絲織品實際上恐怕仍是農民家庭手工業製成品。由於他們本是農民，所以太武帝拓跋燾採取仇洛齊的建議，將他們一律罷屬州縣，重歸於編户。

北來遊牧民族缺乏手工業，入主中原後對於手工業的需求，特别是皇室貴族對於奢侈品的貪慾，更爲强烈，因此對工匠的控制十分嚴格，魏太武帝時工匠世襲，嚴禁民間藏匿，否則處以極刑。〔一〕魏孝文帝太和十一年（四八七）十一月，「詔罷尚方錦繡綾羅之工，四民欲造，任之無禁。」〔二〕紡織工匠控制似有所鬆動，有助於民間紡織技術的提高與發展。然而北齊時，御史中丞畢義雲仍因「私藏工匠，家有十餘機織錦，並造金銀器物」被彈劾。〔三〕總之，北朝控制工匠比南朝嚴格，北朝私營手工業發展自然要受到更多的限制，其爲市場提供的手工業製成品就更有限，這可能是影響北朝商業發展的另一個因素。

第四節　南北差異的地域及歷史性因素

綜上所述，南北朝社會經濟存在着顯著的差異。應當指出，這些差異有的根源於地域性因素，即

〔一〕魏書卷四下太武帝紀。
〔二〕魏書卷七下高祖紀。
〔三〕北齊書卷四七畢義雲傳。

自然地理特點，如在農業生產方面，水陸種植各有所宜，就自古如此。南方水田農作的生產率就其本質而言是高於北方旱作農業的，但這種較高的生產率只有在一定的生產技術條件和集約化經營方式下才能實現，而這些恰恰限制了稻作農業的早期發展。自上古以來，直至西漢時期，南方稻作農業還滯留於火耕水耨的粗放撂荒制水平，而同時的華北大地上，先民們的旱作已使用鐵製農具精耕細作，並開始普及牛耕。東晉南朝時期，南方特别是三吳地區的稻作農業有突出發展，南北農業的差距趨於縮小。但就總體看來，南北農業之間的差異在當時仍然十分顯著，有些方面，如水旱農業之間耕作技術之别、生產潛力之異，自然還會長期存在下去。其次，北方畜牧業的繁榮亦遠爲南方所不及，這在秦漢時代即是如此，魏晉南北朝時期由於北方畜牧族的成批湧入而更有甚之。據有關史傳，當時在北邊和西北地區等傳統的畜牧區内，畜牧業更形滋長自不待言，值得注意的是，遷洛後，宇文福所置官牧却在河南。均田制還規定洛陽周圍各給代遷户芻牧田，可知代遷户大抵有馬。從當時河北騎射之風盛行亦可推知河北强宗豪族擁有大量馬匹。齊民要術有關於牛馬飼養的專門章節，推測其中有某些技術當傳自北方少數族。其三，長江流域水道交通的便利也對南朝商業發展有着獨特的作用。這在上文已經詳述。類似這種根源於自然地理特點的差異還可以舉出一些。南北朝社會經濟存在顯著差異的原因固然與這些地域性因素分不開，而社會歷史因素同樣是不可忽視的。

北魏推行均田制與北方大量荒地的存在以及拓跋族村社性質的殘餘有密切關係，已見前節。均田制度在一定程度上保證了自耕農民的存在，這是北朝户籍上户口增加的主要原因，然而自耕農民的小農經濟從來很不穩定，因而在某個特定時期内雖然保證了他們的存在，却並不能經久，故而就北方自耕農而言，有一個再次封建化的問題。

江南是另一種情況。在那裏漢末孫吴以來的封建大土地所有制持續發展，大量困於賦役的逃亡農民投附到封建田園，成爲私屬。他們都是不上户籍的隱丁匿口，以致南朝户籍上的户口大量減耗，這在長江下游揚州地區表現得最爲突出。實際上上游益州地區也有着類似的現象。西晉末，巴氏和秦隴六郡大姓率領大批流民入蜀，他們是「隨穀庸賃，一室五分」，應是在地主土地上充當雇傭或佃客。後來李氏建國，下令天師道領袖范長生的部曲一律免除賦役。〔一〕可知封建大土地所有制在蜀地已有發展。秦隴六郡大姓我想也和下游北來大姓一樣在巴蜀重建田園。雖然那裏的情況不太明瞭，大概也是新舊大姓的封建大土地所有制的繼續發展。長江中游以及嶺南的土地形態，我們幾無所知，當時諸州軍府都有軍府田，由兵士和吏耕種。根據宋書徐豁傳，嶺南始興郡的武吏都課種官田，被迫交納奇重的田租，諸州武吏大概也都如此。荆州兵吏非常多，軍府想必擁有大量的土地。由於人口分布的不平衡，大致長江中游（即今江西、兩湖）以及閩粤等地還有許多未開墾土地，下游揚州三吴地區雖是人口密集，但在浙東沿海一帶也仍然是地廣人稀。

南北經濟差異的歷史性因素也同樣反映在手工業和商業上。當時手工業以自給自足性的家庭

〔一〕拙撰魏晉南北朝史論叢第一四八——一四九，一八三——一八四頁（文集本一四二——一四三，一七六——一七七頁）。

手工業和官府手工業爲主。城市私營手工業自魏晉以來即在全部社會經濟結構中微不足道，這點是南北共同的基本形態，農業或手工業提供給市場的商品都非常有限，因而商業總的說來是不發達的。但是由於歷史因素，南北同樣出現了顯著差異。

秦漢作爲統一的中央集權制國家，爲國內交通和貨物流通創造了條件。三國南北朝雖是南北分裂，但各個政權的政治體制基本上仍是統一的中央集權制，在這種政治體制下，在封建經濟的基礎上和可以容納的範圍內，商品交換關係不但繼續存在，而且隨着歷史條件時有盛衰。我們在第一篇曾經說魏晉是自然經濟占統治地位的時代，南北朝也是一樣。前面也指出，即使在三國鼎立時期，各國間的商業來往也從未斷絶。孫吴境内沿江上下的商業活動頻繁。西晉統一後，從魯褒錢神論、和嶠有「錢癖」得知貨幣流通相當廣泛。南朝繼承了這一發展，出現了需要專業工藝的私營手工業的迹象，官府工匠出現了和雇制，特别是出現了非官方的草市、小市，出現了描寫商人沿江上下從事貿易的詩歌，商税在國庫收入中占有一定比重。所有這些，固然存在着地理環境的因素，更有着歷史發展的内在原因，並非是偶然出現的。

由於長期戰亂破壞和北方民族政權的部落遺風，在手工業和商業方面北方呈現出與南朝的差異。如前所述，北魏早期對待手工業者和商人的措施帶有部落遺風，孝文帝以前基本上不使用貨幣，自然經濟長期居於絶對統治地位。如同三國前期一樣，這是社會經濟遭到嚴重破壞的結果。孝文帝時，北方社會經濟有了發展，太和十九年（四九五）開始鑄錢，但是商品貨幣經濟的發展水平還不能與南朝相比。

自西晉滅亡（三一七）到孝文帝太和九年（四八五）實行均田制，一百數十年間的北方社會經濟已是落後於南方。太和改制後，通過實施均田制，開墾了大片荒地，使勞動力與土地相結合。田令禁止或限制土地買賣，在一定程度上穩定了自耕農民的個體經濟，北方農業迅速得到恢復發展。然而自耕農經濟從來是不穩定的，他們是國家賦役的基本承擔者，禁不起日益繁重的賦税特别是力役和兵役的壓迫，也禁不起窺伺在他們身旁的大小地主和商人高利貸者的進攻。自太和九年後不過二三十年，在宣武帝元恪統治時，均田制即開始破壞。孝明帝元詡時，北鎮大起義爆發，黄河流域再次成爲戰場，接着契胡爾朱榮入洛，東西魏分裂，十餘年間，黄河流域又一次遭到嚴重破壞，西魏、北齊正是在大片荒地存在的基礎上再次頒布均田制。齊周時期，社會經濟雖然不同程度地獲得恢復，但黄河南岸仍然荒凉，十六國後期以至北魏時，關中經濟一直没有恢復，北魏末年更遭到戰争的破壞，西魏北周時法度比較嚴明，關隴經濟有所發展，但仍然比不上北齊。代表北方農業水平的是黄河中下游，即冀、定、相、瀛、濟、齊一帶，那裏的陸種農業技術在北方是最高的，這從齊民要術可以知道。代表南朝農業水平的是揚州，那裏的水田耕作技術也是相當高的。宋書卷五四末「史臣曰」：

既揚部分析，境極江南，考之漢域，惟丹陽、會稽而已。自晉氏遷流，迄於太元之世，百許年中，無風塵之警，區域之内晏如也。及孫恩寇亂，殲亡事極，自此以至於大明之季，年逾六紀，民户繁育，將曩時一矣。地廣野豐，民勤本業，一歲或稔，則數郡忘饑。會土帶海傍湖，良疇亦數十萬頃，膏腴上地，畝直一金，鄠、杜之間，不能比也。

這一論斷可證揚州三吳地區農業的發展，它足以和太和改制後的北方農業相抗衡。

手工業方面，北方絲織手工業（包括官府作坊與家庭紡織）居於先進地位，是無疑的，那裏有歷史傳統因素。江南蠶桑自孫吳以來還處在初步發展的途程中，當然不能與北方爭勝。商業方面，即使在太和之後，北方也仍然不如南方，上文已有詳述。

總之南方是在一個較落後的經濟基礎上沿着魏晉那些變化的軌轍繼續發展，北方則由於戰禍，北方邊境諸民族的內遷和政權的建立，走上了曲折的道路，從而發生了差異，這樣一個曲折過程並不是歷史的必然，經過較長時期發展，北方也逐漸轉入魏晉以來的發展軌轍，也就是走南朝發展的道路。實際上這種迹象在孝文帝改革時業已透露出來。

第二章　南北朝門閥士族的差異

第一節　南朝士族的結構及其衰弱

魏晉士族是在東漢大姓名士的基礎上依據當代官爵通過九品官人法而形成的，那時士庶區別還不像後來那樣不可逾越，晉代士族有的拔自漢末曹魏時的寒門，如作爲東晉當權士族之一的潁川庾氏，漢魏之際仍出身卑微；又如東晉第一流高門的陳郡謝氏，也是到東晉才上升到與琅琊王氏並列，唯其「先世無聞」，故被視爲「新出門户」，及至晉宋間還有人對這一家的門第不太尊重。〔一〕我們知道永嘉亂後，以河南地區爲主的北方士族大量南渡，正是這些所謂「僑姓」構成東晉政權的核心。漢代以來的三吴高門在孫吴滅亡以後，政治地位下降，當時的西晉政權爲了安撫南人，也曾徵召一些代表人物入洛任官，但畢竟爲數不多。不過江東大族的經濟基礎未嘗動摇，他們在當地的社會地位和潛在勢力仍然十分强大。在鎮壓石冰起義和陳敏之亂中，以義興周氏爲代表的三吴士族作爲地方力量充分顯示了他們的作用。他們和僑姓高門共同擁

〔一〕拙撰魏晉南北朝史論拾遺第六一頁。

戴司馬叡，建立東晉政權。東晉時期的高門實際上是以洛陽爲中心的青兗司豫士族和以建康爲中心的三吴士族。

高門大族是士族的最高層，中正品第，所謂「凡厥衣冠莫非二品」中的衣冠，就是指的這些高門。士族低層被稱爲「寒士」、「卑微士人」、「士人之末」等。他們顯然也取得了士族最基本的特權即免役，但在門閥序列中仍受到高門的蔑視，在作爲門户高低標誌的婚、宦上不可能與高門等同。諸州郡又各自有地方性的士族，他們在本州郡按照東漢以來傳統，被闢爲州郡掾屬，特别是在没有高門的地區，他們作爲地方勢力而受到尊重。如所周知，門户高低的標誌是婚、宦，宦的主要標識是所謂「起家官」。原先並没有規定起家什麽官職才被認爲是士人並享有免役特權。宋元嘉二十七年（四五〇）頒布了七條準則，凡曾任七條規定的這些官職，就得以「名掛士流」免除徭役，也即享受士族的基本特權。[一]既然有了這樣的標誌，寒門地主和富裕商人爲了躋身士族行列得到免役特權，就努力設法使自己的家族符合上述規定。因此宋齊時代許多寒門地主和富商紛紛賄賂主管人員，按照上述標準改竄户籍，冒注父祖官職，以取得士族身分，從而擴大了士族隊伍。[二]到了梁代，梁武帝通過職官制度的改革，擴大了所謂「清官」的範圍，將原來鄉論列於中、下等的官職也作爲「二品清官」，實際上也就是在法律上承認那些以各種途徑取得士族身分的新興門户得與

[一] 宋書卷九五索虜傳；南齊書卷三四虞玩之傳。
[二] 拙撰魏晉南北朝史論叢續編第一一〇——一一七頁（文集本一二六——一三五頁）。

高門並列。〔一〕

宋齊時代一方面是士庶區分最嚴格的時代，所謂「士庶之科較然有辨」，「士庶之際實自天隔」。另一方面在社會底層又是士庶趨於混淆的時代，所謂「昨日卑微今日仕伍」，「宋齊二代士庶不分」。〔二〕士庶區別在宋齊時代的嚴格化，也正因爲此時士庶有混淆的危險。面對大量的寒門地主商人紛紛擠入自己的行列，受到威脅的高門士族不得不深溝高壘，嚴加提防，以保護自己的權益，阻斷寒門上升的途徑，企圖表明法令認可甚至皇權直接干預也不能代替和逾越士庶區別的傳統界限。南朝高門誠然也有升降，但除了因聯姻皇室上升的蘭陵蕭氏出自寒門以外，基本上仍然是魏晉以來舊門。東晉時他們是統治核心。琅琊王氏，潁川庾氏，譙郡桓氏，陳郡謝氏，太原王氏，先後掌握軍政大權，充任幾次北伐的主帥。東晉末年，孫恩領導的農民大起義席捲吴會，好幾個在當地擁有田園別墅的高門貴族，如會稽内史王凝之一家，吴興太守謝邈、黄門郎謝冲一門，中書郎孔道、太子洗馬孔福兄弟，以及南康公謝明慧、嘉興公顧胤等，相繼被起義軍殺死。而當義軍臨陣擊斬統兵鎮壓的第一流高門陳郡謝琰以後，東晉高門士族中將才竭絶已盡，此後直到陳朝，統兵大將絶大多數出自寒門，高門士族幾乎完全喪失了軍隊的指揮權。也是在宋齊時期，皇帝親信的寒人充當中書舍人，專掌軍國機要，奪取了至關重要的中書省大權，南朝史籍所載恩倖或倖臣傳中人物，幾乎都任此職。當時不僅中

〔一〕詳見日本越智重明氏梁陳政權與梁陳貴族制，載日本學者研究中國史論著選譯第四卷，中華書局一九九二年版。

〔二〕宋書卷四二王弘傳，卷九四恩倖傳序；通典卷三食貨鄉黨。

央方面由寒人擔任將帥執掌機要，而且地方上也任用寒人爲典簽，監督軍政，典簽之職號稱「威行州郡，權重蕃君」。〔一〕因此齊梁時代，高門士族雖然仍舊擔任中央最高長官，高踞統治集團頂峰，但實權業已旁落下移，逐漸轉移到地位稍低的士人或寒人之手。這種政治格局的演變根源於皇權與高門士族的矛盾，皇帝爲了强化趨於衰弱的君主集權，必須對一些門閥大族進行限制和削弱。而上升中的寒人也力圖打破高門士族的政治壟斷，於是在某種程度上皇權得以依靠次等士族和寒人勢力，限制乃至剥奪高門士族的權力。然而更重要的還在於高門士族自身的腐朽，使他們無法勝任作爲統治核心的職責。這一方面由於他們中的不少人是在玄學清談盛行的氛圍中成長，以「身在廊廟心在山林」自居，但求放達，不嬰事務，於是「望白署空」，「以躬親吏事爲耻」。另一方面，他們憑藉高貴血統，可以「平流進取坐致公卿」，没有也不必有「應世經務」之才，不能也不需要在政治上有所作爲。早在東晉末年，高門士族就大都鄙薄武事，不肯屈志戎旅，逐漸喪失了軍事上的指揮權。到齊梁之際，更是熏衣剃面，傅粉施朱，出則車輿，入則扶侍，未嘗乘騎，多不習射，騎則果下馬，射則「弱弓長箭」，博射而已。因此「不知有戰陣之急」，更不用説躬自馳騁疆場，統兵臨陣。正因爲這些高門士族難以「應世經務」，所以顔之推批評「舉世怨梁武帝父子愛小人而疏士大夫」，是「眼不能見其睫」。承平之時，高門士族雖無實權，尚能高官厚禄，以門地自矜，及至梁末侯景之亂，他們中的許多人由於「膚脆骨

〔一〕拙撰魏晉南北朝史論叢續編第一〇八頁（文集本一二四頁）。

柔」，「體羸氣弱」，「坐死倉猝者往往而然」。離亂之後，朝市遷革，銓衡選舉非復往昔，「求之身而無所得，施之世而無所用」，於是顛沛流離，轉死溝壑。〔一〕

侯景之亂既沉重打擊了以建康爲中心的僑、吴高門士族，破壞了行將没落的門閥統治秩序，稍後的西魏攻占江陵，聚居在江陵的荆、揚士族又全部被虜北遷，身爲囚虜，即使是「千載冠冕」，若非死於轉徙之途，也不免「耕田養馬」。在建康廢墟上重新建立政權的陳王朝，幸免被虜的高門士族如琅琊王冲、王通及其子弟，以及陳郡謝哲、謝嘏等，〔二〕雖然仍居高位，不過是作爲門閥政治的點綴而已。事實上身居高位的高門士族作爲政治上的點綴品由來已久。這是由於士族日益加深的腐朽性所決定的；也是由於高門士族傳統的文化、政治與經濟地位，以及社會上根深蒂固的門閥觀念在頑强地起作用。士族固然需要附庸於皇權，而皇帝也需要利用他們，諸如擢才取士，贊禮導傳，乃至禪代之際的奉册授璽，都還離不開他們，甚至出於寒門的皇室也樂於同士族聯姻。這種情况不獨陳朝而然，宋、齊、梁諸朝也大抵如此。

隋朝開皇九年（五八九）滅陳，又一次將陳朝貴族官僚北遷關中，所謂「文物衣冠盡入秦，六朝繁盛忽埃塵」。從此江南高門士族，特别是早就脱離了宗族鄉里根基的以王謝爲代表的僑姓高門，幾乎倏然從江南消失。全唐詩卷一三〇崔顥江畔老人愁記老人「自言家代仕梁陳，垂朱拖紫三十人。兩

〔一〕 顔氏家訓卷四涉務篇；卷三勉學篇等。

〔二〕 顔氏家訓卷三勉學篇；陳書卷一七、卷二一諸傳。

朝出將復入相，五世叠鼓乘朱輪。父兄三葉皆尚主，子女四代爲妃嬪。南山賜田接御苑，北宫甲第連紫宸」。後隋軍攻入建康，衣冠士子多陷鋒刃，他雖脱身逃到海邊，却「罷兵歲餘未敢出」。其後逃歸故里，「零丁貧賤常辛苦」，不得不躬自采樵刈稻以謀生計。詩中未言此人姓氏，但從詩中所叙可知是江南高門無疑，很可能即是王謝後裔。滅陳次年，江南爆發大規模的反隋暴動，幾乎遍及故陳境内，爲首的竟没有一個當年的高門，他們大抵是諸郡土豪和偏遠地區「窮陬深洞」的酋豪，即所謂「郡邑巖穴之長，村屯鄔壁之豪」，屬於梁陳之際崛起的邊區地方勢力。

綜上所述，可知組成東晉政權統治核心的是河南諸州的僑姓高門和三吴地區的吴姓高門，他們都是魏晉、孫吴時期的舊門閥，居於士族的最高層。諸州郡各自有地方性的士族，他們地位較低，但仍能享受被辟舉爲州郡僚佐或歲舉爲秀孝的權力，特别在没有高門的州郡是這樣。史籍所載被稱爲「寒門」或「卑微之士」的，部分就是這些人。免役是士族的基本特權，宋齊時代許多寒門地主賄賂主管人員改竄户籍上父祖官位使之合於士族條件，以及梁武帝的職官制度的改革，導致士族隊伍擴大。宋齊以來高門士族的腐朽性日益暴露，權力旁落下移，統兵大將全都是寒人或次等士族，宋齊時代中書省長官的權力幾乎全移於由低級士族或寒人充當的中書舍人之手。侯景之亂，西魏攻占江陵，給予高門士族以沉重的打擊。隋滅陳後，江南的高門士族基本上消失。

第二節　北朝門閥的形成

永嘉亂後，大批士族南渡，其中尤以河南諸州士族爲多，河北關中士族則大都留在北方。新建立的北方少數族政權爲了鞏固其統治，需要與當地固有的封建統治力量取得合作，因此我們看到北方各個少數族政權大都起用高門士族任職爲官，也大都承認魏晉時期形成的士族特權。我們知道士族地位的獲得正是表現爲士族基本特權，即免役和選舉上的優越地位獲得承認。當石勒初起時，似未充分認識到聯合高門士族的必要，凡「得公卿人士多殺之」，〔一〕未嘗分別士庶。然而一旦他們需要鞏固政權時，就轉變了態度。石勒先是下令「不得侮易衣冠華族」，既而「清定五品」，「典定士族」，〔二〕也就是恢復傳統的區別士庶等級的制度。以殘暴著稱的石虎也曾經下令給予「雍秦二州望族」皇甫、胡等十七姓以免役和選舉特權（「蠲其兵貫，一同舊族，隨才銓叙」）。〔三〕前燕慕容氏初起遼東即與流亡該地的漢族士大夫合作，共同統治。後燕慕容寶曾刊定士族舊籍，分別清濁。〔四〕因此在前後燕境内人族勢力還有所滋長。前秦苻堅曾下令「復魏晉士籍，使役有常聞」，〔五〕這和慕容寶的「定士族舊

〔一〕晉書卷六二劉琨傳。
〔二〕晉書卷一〇四——一〇五石勒載記。
〔三〕晉書卷一〇六石季龍載記。
〔四〕晉書卷一二四慕容寶載記。
〔五〕晉書卷一一三苻堅載記。

籍」的精神一致。同時也表明十六國時期魏晉士籍仍被認爲是判别士庶的主要依據。當時不僅關中、河北幾個較大的政權如此，益州巴氏李氏和凉州的諸凉政權也同樣注意與當地大姓勢力的合作。〔一〕總之大量的史載表明，留在北方的魏晉士族在所謂「五胡亂華」的動盪時代中，通常保持着他們的優越地位和基本權力。

史稱北魏太祖拓跋珪「初拓中原，留心慰納，諸士大夫詣軍門者，無少長皆引入，……苟有微能，咸蒙叙用」。〔二〕初平後燕，拓跋珪起用第一流高門崔玄伯，寄以專任，總裁制訂典章制度，深受寵信。如果説這只是個别高門士族的任用，那麽太宗拓跋嗣則特派使者到各地搜訪人才。魏書卷三太宗紀永興五年（四一三）二月條：

詔分遣使者巡求儁逸，其豪門强族爲州閭所推者，及有文武才幹、臨疑能決，或有先賢世胄、德行清美、學優義博、可爲人師者，各令詣京師，當隨才叙用，以贊庶政。

這是普遍訪求人才，既然是在「豪門强族」和「先賢世胄」的範圍内訪求，那麽魏晉士族應該居優先地位。但當時一般漢族民衆都對拓跋政權心存疑懼，害怕去平城，哪怕是去做官。〔三〕而且參據有關記載，這次巡求儁逸固然是爲了拉攏漢族高門，擴大統治基礎，同時又在相當程度上是强迫地方豪强脱

〔一〕拙撰魏晉南北朝史論叢第一六八——一八八頁（文集本一六一——一八〇頁）。
〔二〕魏書卷二世祖紀。
〔三〕魏書卷九四仇洛齊傳。

離自己的宗族鄉里到中央去做官，以加强對他們的控制。不過史實表明，這次訪求人才並没有達到預期的目的，反而招致了具有被任用條件者的反抗。〔一〕

世祖拓跋燾在神䴥四年（四三一）九月又一次下詔舉拔人才。〔二〕詔中指名徵辟一批所謂「冠冕州邦」的「賢儁之胄」，其中以第一流高門范陽盧玄爲首。此外還有由州郡遣送的總共數百人，「皆差次叙用」。當時司徒崔浩當朝，尊寵用事。浩爲崔玄伯子，是魏晉以來第一流高門。他對門閥高卑非常重視，史稱指名徵辟的名單是「訪諸有司」之後決定的，崔浩一定起了很大甚至是決定性的作用。可以認爲，家世是人選確定的一個重要條件。在指名徵辟的人士中有渤海高允，據魏書卷四八高允傳載允所撰徵士頌，神䴥四年與他一起指名同徵的共有四十二人，其中有徵而不至者，至者三十五人。但在徵士頌所舉應召到代京的三十四人（不包括高允自己）中，可以確認爲魏晉高門的不多，不少只是世仕後趙及前後燕者。即如渤海高氏，同徵者三人，魏書高湖傳雖稱是漢太傅褒之後，實際上恐是依託，其先世在魏晉時並無官位。高允的曾祖、祖父都是後燕貴顯，父、叔均在後燕當官，可見這一家直到後燕時才成爲名族。高允叔父高湖在後燕末領户三千降魏，應是地方大族無疑。從魏末高乾高昂兄弟擁有部曲鄉兵以及他們在當地的聲勢，也不難得到證明。趙郡李氏這次同徵者三人，該族在北魏官位顯赫，爲第一流高門，但在魏晉時亦無著稱人物。魏書李順傳但稱其父爲慕容垂散騎

〔一〕魏書卷三太宗紀，卷二四崔玄伯傳。
〔二〕魏書卷四上世祖紀。

侍郎，而不叙祖先官爵，可知並非舊門。前引北史李顯甫傳所載顯甫集諸李數千家於殷州之西山，那麼聚居於趙郡的李氏當在萬家以上，真正是當地的强宗大族，然而却説不上是魏晉高門。我們還看到這次同徵郡望中，雁門多至三人，廣寧二人，上谷二人，這些北方邊郡，魏晉時並無名族。

崔浩尊重門閥，但在他當國時徵辟諸人中却很少魏晉高門，大都是父祖顯達於燕魏之際的當地大姓豪强。當然不能排斥他們的祖先魏晉時已列入士族，但即或如此也是士族中社會地位較低的或地方性的，素爲高門士族所輕視。這次徵召的主要是河北人。我們知道河北在西晉時就很少所謂「人士」。晉書卷七一陳頵傳有云：「河北白壤膏粱，何故少人士，每以三品爲中正。」這裏所説的人士乃指鄉品二品的高門。我們知道鄉品二品以下的士人，按照最嚴格的門閥觀點算不上「人士」，高門並不認爲他們和自己有同等身分，所謂「凡厥衣冠莫非二品，自此以還遂成卑庶」。而西晉的河北却以三品爲中正，表明當時河北地區就少有人士，故神䴥四年的「徵士」中鮮有高門也就不足爲怪。不過那時既然可以以三品爲中正，負責品第鄉人，那麼至少在本郡被認爲是「人士」。士族或士人的稱號包含着極其複雜的等級，高門内部有等級差别，有升降，被高門蔑視甚至視同卑庶的非高門士族中也有等級差别和地位升降，各地强梁豪族在本郡没有高門的情況下他們仍然可以當中正，被辟舉。神䴥四年被徵召諸人中，我認爲大都屬於這一類。〔一〕

〔一〕 太宗永興中徵召即因爲「郡國豪右大爲民蠹」，其中多是這種當地豪强以及少數族酋豪。當時是長吏催逼，這次是以禮遣之。當時戀本，不願脱離宗鄉，甚至武裝反抗，這次也有不應召者。

神䴥四年(四三一)的徵召旨在舉拔人才,並非定姓族高卑,但一定程度上也起到了這一作用。以後孝文帝定姓族,受徵諸人很多列於士族的最高或較高等第。值得特别注意的是,這些人的絶大多數本來不是魏晉高門。

在此之後,崔浩企圖全面恢復門閥體制,並着手區别士庶。魏書卷四七盧玄傳:

> 浩大欲齊整人倫,分明姓族。玄勸之曰:「夫創制立事,各有其時,樂爲此者,詎幾人也?宜其三思。」浩當時雖無異言,竟不納,浩敗頗亦由此。

既然崔浩「不納」,即是曾經實施。「分明姓族」無非是定門第高卑,區别士庶帶有尊重漢族高門意味,鮮卑貴族當然反對。漢族官僚或出或入,或高或低,也難免産生矛盾,從而招致讎怨。崔浩之死,主要原因就是得罪了鮮卑貴族,「分明姓族」亦爲激怒鮮卑貴族之一事。崔浩究竟怎樣「分明姓族」,不見記載,只知早在孝文帝定姓族之前,崔浩已曾作過一次嘗試。我們還知道那時州郡並非没有門第高低之别。魏書卷四八高允傳載顯祖拓跋弘時上表論郡國置學校事有云:

> 學生取郡中清望,人行修謹,堪循名教者,先盡高門,次及中第。

據此可知那時諸郡均有高門、中第(即次等士族)的區分,亦即後來所謂「郡姓」等,難道那就是崔浩當國時評定的麽?也可能高允只是籠統地提出要求,由地方官斟酌去取。這裏無從論證,只是表明二十餘年後孝文帝評定門閥等第在漢族方面並非前無所承。

孝文帝太和十九年(四九五)定姓族,魏書官氏志只載評定鮮卑姓族的詔書,其中具體規定了列入姓或族的先世官爵標準，没有提到漢姓。而根據史籍記載，這一次評定姓族是在鮮卑和漢姓中同時進行。〔一〕鮮卑姓族的高低全部以祖先北魏初皇始以來的官爵尊卑爲準。記載表明，漢族門閥中甲乙丙丁四姓等第也是按照先世官爵評定。實際上同樣是以北魏本朝官爵爲標準，魏晉舊門只是參考條件而已。事實上如前所述，北魏統治區域内魏晉舊門是非常少的，正是按照以當代官爵爲重的原則，西晉時還被認爲寒門的隴西李氏，魏晉時並無人物的趙郡大姓李氏，非正支的博陵崔氏，得以和清河崔氏，范陽盧氏，滎陽鄭氏，太原王氏，並列爲全國性的「盛門」，而出自西南少數族的河東薛氏，攀附弘農楊氏的馬渚諸楊，以及如前所述本爲當郡豪族的渤海高氏、廣平游氏、河間邢氏等，無不列於高門。這是一次以當代官爵爲主要標準的北方新門閥體制的建立，與南朝以魏晉高門爲主的門閥體制有着因襲和新定的差異。

更爲顯著的是鮮卑貴族也納入了門閥體制。太和十九年詔書明確規定，「其穆、陸、賀、劉、樓、于、嵇、尉八姓，皆太祖已降，勛著當世，位盡王公，灼然可知者，且下司州吏部，勿充猥官，一同四姓。」所謂四姓在不同場合有各種解釋，暫置不論，在這裏乃是將鮮卑八姓比同漢姓第一流高門。詔書中規定鮮卑貴族隨着祖先官爵高卑有入姓與入族的區分，大致「入姓」比同漢姓高門，入族有如上述高允説的「中第」即次等士族，這樣鮮卑貴族便門閥化了。

〔一〕拙撰論北魏孝文帝定姓族，收入拙著魏晉南北朝史論拾遺。

鮮卑貴族門閥化旨在調和以至消除長期以來鮮卑與漢族上層分子之間的矛盾和隔閡，以便形成一個在門閥體制下鮮卑貴族與漢族士族相結合的統治集團。南朝顯然並不存在這個問題。東晉初年存在僑姓與吴姓的矛盾，乃是高門士族階層中的地域性隔閡，遠遠不如北魏前期胡漢上層的衝突來得激烈，並且在民族矛盾上升的特定情況下很快得到緩解。降至南朝，面對寒人的興起，僑、吴高門沆瀣一氣，共築深溝高壘，嚴士庶之别，拒絶與擠入士族下層的地方豪門認同。而如上所述，北魏孝文帝後諸州强宗豪族大抵列於高門，與魏晉第一流高門的身分並不十分懸殊。

孝文帝定姓族是太和改制的組成部分，目的是爲了鞏固北魏政權的統治。作爲定姓族的成果——鮮卑貴族門閥化，有效地消除了胡漢統治上層的隔閡，同時以當代官爵爲標準等第高卑，又形成了適應現實形勢的統一的新門閥體制，而這種門閥體制正是鞏固北魏統治政權的工具。應該説孝文帝定姓族的目的是基本達到了。

第三節　南北朝門閥體制的差異

前節我們提到南朝高門的腐化，其主要特徵就是當官而不任事，尤其是鄙薄武職。他們先是喪失了軍事上的統率地位，繼而又喪失了政治上的決策地位，終於成爲政治上的點綴品。南朝高門除了自身的腐化以外，他們還缺乏强大的宗族基礎。僑姓高門早就脱離他們的宗族鄉里，自不必説，吴姓高門也由於江南風俗的影響，宗族關係相對疏遠，逐漸脱離其宗族。〔一〕脱離了宗族意味着他們力量的脆弱，經不起打擊。北朝高門大都有一個强大的宗族基礎，宗族關係密切。崔浩之禍，爾朱榮的河陰大屠殺，北齊的滅亡，河北高門都遭到了沉重的打擊。然而只要他們的宗族存在，作爲高門的條件便依然存在，門户不可能輕易衰落。我們也看到，由於他們本是强宗豪族，趙燕以來很多就是塢堡主，歷經戰亂，又受北族影響便習騎射，所以他們有力量組織武裝，甚至親自參加作戰。北魏向南發展，范陽盧氏就曾起兵幽州反抗。〔二〕盧玄嫡孫盧淵，自稱本爲儒生，不諳軍旅，但在孝文帝時幾次受命出征，專總一方軍事。盧玄族孫盧同在世宗元恪時是進攻蕭梁豫州的魏軍主將之一。北魏末年盧勇曾組織武裝，降附葛榮起義軍，受封爲王，後爲東魏將領，領兵作戰，以武幹見稱。〔三〕河間邢巒是元恪時攻取巴蜀的統帥，魏末邢杲組織武裝抗拒葛榮起義軍達三年之久，隨後率衆南至青州，還曾起兵反魏。東魏初還有個河間人邢摩納與范陽人盧仲禮，同時起兵反對高歡。趙郡李元忠在魏末組織宗族武裝保據西山事已如前述。渤海高乾於魏末起兵附葛榮，又附高歡反爾朱氏，其弟高昂更是東魏著稱的驍將，所領部曲「戰鬭不減鮮卑」。〔四〕史籍中關於北朝高門士人組織武裝領兵作戰的事例甚

〔一〕拙撰讀陶淵明贈長沙公詩序論江南風俗，載魏晉南北朝史論集，華東師範大學學報叢刊，一九八六年。

〔二〕魏書卷二太祖紀。

〔三〕魏書卷四七盧玄傳，卷七六盧同傳；北齊書卷二二盧文偉傳。

〔四〕魏書卷二一孝静紀；北齊書卷二一高乾傳。

多，無須贅舉。直到北周末尉遲迥在相州起兵反對楊堅時，河北士族仍紛紛起兵響應，所謂「趙魏之士，從者若流，旬日之間，衆至十餘萬」。〔一〕總之北朝士族中不乏將才，並始終擁有以宗族鄉里爲基礎的潛在軍事實力，絕不像南朝高門那樣鄙薄軍武，「筋骨脆弱」。

政治上北朝出於高門的官僚也不像南朝高門那樣放誕不任政事。太和改革的主要人物是李沖、李安世、宋弁。建議均田的是李安世，倡立三長的是李沖，其他如劉芳、宋弁等，都在不同程度上參預改革。王肅自南齊北來時，北魏改革大局基本已定。肅宗時盧同針對「人多竊冒軍功」的弊端，對勛簿制度進行了改革，創立了「勛簿」、「勛券」之制，爲周、隋、唐諸朝所承襲。魏末崔亮爲吏部尚書，制定「停年格」，據年資升進，爲當世及後世所譏，但他意在制止武人爭官，至少並非居官而不任事。〔二〕北齊楊愔是著名的良相，史稱「權綜機衡，千端萬緒，神無滯用」。齊末被稱爲「衣冠宰相」的祖珽人品不佳，顏之推却對他頗爲贊美，說「祖孝徵用事則朝野翕然，政刑有綱紀矣」。〔三〕這當然由於祖珽和他友好，不無偏私，但不管評價美惡，祖珽絕不是無所作爲的宰相。

當南朝高門喪失軍事上的統率地位和政治上的決策地位，終於成爲政治上的點綴品之時，北朝高門却在太和改革中起了積極的推動和組織作用。此後，他們無論在軍事上還是政治上仍然發揮着

〔一〕隋書卷一高祖紀。
〔二〕李沖、李安世諸人，各見魏書本傳。
〔三〕北齊書卷三四楊愔傳，卷四五顏之推傳。

自己的作用，絶不是無所作爲的點綴品，就是説當南朝高門走向衰亡之際，北朝高門却還有生命力。

北魏末年，經歷了北鎮大起義、爾朱氏之亂，漢族高門盡管受到了創傷，但他們在政治上社會上的優越地位没有動摇，而以元氏爲首的宗室十姓和以穆氏爲首的鮮卑貴族八姓却幾乎喪失了他們的一切，基本上在孝文帝苦心創立的新門閥序列中消失了。他們和南朝高門一樣，脱離了本鄉代京，脱離了他們源自部落的宗族，經不起沉重打擊，代之而起的是來自北族的新興軍事貴族。創立東魏和北齊政權的是以高歡爲首的懷朔鎮酋豪，創立西魏和北周政權的是以宇文泰爲首的武川鎮酋豪，不論高歡還是宇文泰都無意追隨北魏孝文帝，使這批軍事貴族門閥化。高歡雖然自稱漢族高門渤海高氏（那一定是高乾以及漢族高門出的主意），北齊皇帝却一直堅持自己是鮮卑人，終北齊一代，有如北魏前期一樣，鮮卑貴族以至所謂「佞倖」與漢族高門的矛盾時常激化，不過門閥仍然受到重視。北齊書卷二三崔㥄傳：

> 㥄一門婚嫁，皆是衣冠之美，吉凶儀範，爲當時所稱。婁太后爲博陵王納㥄妹爲妃，敕中使曰：「好作法用，勿使崔家笑人。」

按北齊諸王多娶崔、盧、李、鄭、王諸高門女，事與北魏孝文帝爲諸弟婚配略同。婁太后這番話更是明顯表達出對漢族高門的企羨之意。盡管高齊無意使新興貴族門閥化，但從皇室自稱渤海高氏之日起，便表明漢族高門的社會地位和他們在政治上的力量是被承認的。但是東魏北齊的最高統治核心仍然是出於懷朔鎮的軍事貴族。

西魏宇文泰不僅無意使北鎮新貴門閥化，而且通過「賜姓」，使北鎮將領改從拓跋部族早期所屬部落氏族所謂「三十六國、九十九姓」之姓，所統軍人也各從所隸將領之姓，從而使北鎮軍將部落化。他對傳統的門閥特權也有所改革，早在西魏文帝大統十六年（五五〇）頒布的蘇綽制定的六條詔書中，其四條「擢賢良」有云：

自昔以來，州郡大吏，但取門資，多不擇賢良；末曹小吏，唯試刀筆，並不問志行。夫門資者，乃先世之爵禄，無妨子孫之愚瞽；刀筆者，乃身外之末材，不廢性行之澆僞……今之選舉者，當不限資蔭，唯在得人，苟得其人，自可起厮養而爲卿相，伊尹、傅説是也，而况州郡之職乎？苟非其人，則丹朱、商均雖帝王之胤，不能守百里之封，而况於公卿之胄乎。〔一〕

蘇綽批評州郡長官選拔人才，一是以門資取人，二是刀筆之吏。關於取門資的批評，原本是西晉以來劉毅等早就説過的老生常談，但在魏孝文帝定「四海姓族」之後，却具有新的意義。蘇綽制定的六條是以詔書的形式頒布的，表明宇文泰意在打破選舉上的門閥特權。嗣後魏恭帝三年（五五六），宇文泰又仿照周官，在中央廢除秦漢以來的官制，實行所謂「六官制」。看似是毫無意義的復古，却也包含着打破門閥制度下清濁分途的意義。魏晉門閥制度確立以後，士庶區别日益嚴格，百官分爲清濁兩類。士族自起家以後的遷轉都是「清官」，庶族則是「濁官」，清濁分途和士庶區别完全一致。魏孝文

〔一〕周書卷二三蘇綽傳。

帝「定四海姓族」，同時也改革官制，對於清濁分途同樣十分嚴格。如孝文時御史中尉李彪出身寒微，雖與大中正宋弁「結管鮑之交」，但宋弁「猶以寒地處之，殊不欲微相優假」。其後李彪自以「位經常伯，又兼尚書」，爲子求官時估計吏部當「以貴游拔之」。但吏部仍從寒門例，「以舊第處之」。〔一〕世宗元恪曾臨朝授員外常侍明亮爲勇武將軍，明亮認爲「本官常侍，是第三清，勇武之號至濁，且文武又殊」，力請改授。〔二〕宇文泰的六官制取法周官，與秦漢以來的中央官制完全不同，屬於另一系統，從而魏晉以來的清濁分途也就被全部打破。通典卷一四選舉稱，「自後周以降選無清濁」。雖然說的是選舉，其實也包括自起家以至官職的區分與升遷。自六條詔書的頒布到六官制的實施，都體現了宇文泰有意在政治上打破或者削弱士庶區別的態度。

宇文泰要打破孝文帝時品定的「四海士族」和鮮卑貴族與漢族高門合流的門閥體制，其目的在於另建以新興北鎮武川系貴族（他們在原體制下應該都是庶族寒門）爲主體的統治體制。這些新興貴族都是府兵制中最上層的將帥，即人所共知的八柱國、十二大將軍和二十四軍的開府儀同。北鎮軍將以外，宇文泰又命當地大姓豪門統率鄉兵，隨後也納入府兵系統之中。正是這些部落化的北鎮軍將構成了西魏北周的統治核心，也正是他們衝破並取代了孝文帝建構的門閥體制。府兵部落化和中央六官制那些貌似荒誕的舉措，都是爲創建新統治體制服務的。我們看到處於府兵制上層的武川系

〔一〕魏書卷六二李彪傳。
〔二〕魏書卷八八明亮傳。

北鎮貴族「當時榮盛莫與爲比」，〔一〕而據周書卷三孝閔紀，宇文覺即位不久，詔令「二十四軍宜舉賢良堪治民者，軍列九人」。則表明諸軍領兵之外，還擁有過去高門士族所壟斷的選舉權。說明武川系貴族享受着過去門閥的特權。盡管八柱國十二大將軍的結局不同，他們的後裔有盛有衰，但這批武川系軍事貴族，基本上一直居於周隋政權的統治核心，具有最高的政治地位。這一點和北齊懷朔軍事貴族的地位相同，但士族（包括關中和入關河内士族）的地位却不如北齊。

魏孝文帝品定士族，高門多在河北，如上所述，他們在東魏北齊時仍保持着優越的社會地位，北齊皇室多和他們聯姻。而在關中，高門的地位在魏世就遜於河北地區，但也具有較强的地方實力。宇文泰建立政權，當然必須收納這份力量，如武功蘇氏、河東薛氏，都曾統率鄉兵加入府兵系統。但是北周畢竟和北齊不同，如北周諸皇后就没有一個出於關中高門，由此可見宇文皇族對待關中高門的態度。

如前所述，宇文泰的「賜姓」、「六官制」等復古主義措施絶非陡然，而是旨在打破原有的門閥體制。它體現了一個值得注意的歷史傾向，這就是門閥體制趨於消滅。當然我們所説的是諸如中正品第、州郡辟舉、仕宦清濁等門閥制度日趨消滅，門閥士族則是仍舊存在。如前所説，江南士族高門，由於本身的腐朽和宗族基礎的喪失，經過幾次沉重打擊後，隨着江左入隋他們基本上從江南消失了。北方士族高門由於大都具有深厚的宗族基礎，而且他們大部分具有地方實力，其中還能産生出封建政權所需要的人才，因而還有一定的生命力，他們在歷史上的消失還有一個較長期的過程。

〔一〕周書卷一六史臣曰。

第三章　南北兵制的差異

第一節　東晉南朝兵制的因襲與發展

本章討論南北兵制，以兵士來源及身分爲重點，並不涉及軍事制度的全部。東晉南朝的兵制，較之三國西晉時代有沿有革。作爲國家常備軍主體的世襲兵即承自三國西晉。這種兵士子孫世襲，身分卑微，自有軍籍，不屬郡縣，被稱爲兵户或營户，全家隸屬於主管軍府。晉書卷二九五行志載，孝武帝太元十六年（三九一）春，「發江州兵營甲士二千人、家口六七千，配護軍及東宫，後尋散亡殆盡。」即爲軍士與家口闔户營居之例。南朝還是軍户聚居，置營率領。宋書卷九後廢帝紀末稱帝「與右衛翼輦營女子私通，每從之遊，持數千錢，供酒肉之費」。這是屬於臺軍（中央軍）右衛翼輦營的營户。正因爲軍户營居，所以可以免軍户置郡縣，見於宋書州郡志的有南彭城的蕃、薛二縣，益州的宋寧、宋興二郡，雍州建昌郡的永興、安寧二縣及昌國郡，均爲免軍户立。據宋書卷四五劉粹附弟道濟傳，益州所立二郡，即是在司馬飛龍起事時，刺史道濟「免吴兵三十六營以爲平民」所置。南朝各代不乏解免軍户爲民的事例，不過都必須由皇帝特旨。我們曾在上篇中指出魏晉士家身分的卑微化，同時又指出世襲兵在當時還有上升的途徑。從曹魏時「士爲侯其妻不復配嫁」看來，兵士還可以累功封侯。

唯其如此，西晉高門的太原王濟（王渾子）才一度想把他妹妹嫁給有才能的「兵家子」。在封建等級制度日趨嚴格、僵化的東晉南朝，軍户的身分更加低落，通過軍功封侯罕見史籍，世襲兵幾乎被凝固在卑賤的地位上。晉書卷七五范寧傳載寧孝武帝時上陳時政，說是一旦身染軍名，便「辱及累世，親戚旁支，罹其禍毒」。又宋書卷一〇〇自序沈亮陳府事云：「伏見西府兵士，或年幾八十，而猶伏隸；或年始七歲，而已從役。」可見世襲軍户不僅終身被甲，累代爲兵，戰時當矢石之危，平時受勞役之苦，而且闔家老少爲軍府驅使，伏隸從役，甚至親戚旁支也被連染。兩晉時兵士身分已然卑微，人們習慣上猶以「士卒百工」並稱，南朝時兵士地位更其下降，梁書卷二武帝紀載天監十七年（五一八）八月詔書則徑以「兵騶奴婢」聯稱。

世襲兵盡管闔户入軍，子孫世襲，却由於戰死、逃亡、私家分割及軍户解免等非止一途的兵員減耗，使得來自世襲兵内部的正常補充遠不足以抵擋其消耗，因此很難想象南朝軍户全爲吴晉世家的後代。事實上以世襲兵爲主體的常備軍早在東晉時就已大量減損，政府感到補充無門。東晉以至劉宋前期，曾以讁兵、强迫少數族人當兵等多種方式補充兵户，維持世襲兵的存在。〔一〕但這類補充均屬權宜，不是經常來源，這類世襲軍户實際上是以力役爲主，很少參加真正的戰爭，而且通過這種方式補入的兵員不可能有戰鬭力。我們看到南朝政府及其將帥多次以解免軍户身分作爲刺激士氣的手

〔一〕參何茲全魏晉南朝的兵制，收入何著讀史集，上海人民出版社一九八二年版。

段，並且往往是成批放免，可見軍户制已走到盡頭，封建政府也不再把世襲兵看作自己的主要武裝力量。我們在下文就要談到，召募、徵發等集兵方式在東晉南朝日漸興盛，募兵最後完全取代了世襲兵，成爲國家的常備軍。盡管有迹象表明，召募和徵發的軍隊中可能有一部分被補充或改編爲世襲兵，〔一〕但這只見於東晉時代，而且由於平民身分高於軍户，這種補兵方式始終被認爲是非法的。

東晉南朝還有一種類似於世襲兵而又有所區别的武吏。我們知道漢代的吏分爲長（大）吏和少（小）吏，少吏本來也是官，由於地位卑下，受長官驅使奔走，東漢時已是處於半官半役之間，後來則完全成爲侍候長官乃至從事各種勞役的人員，也包括兵役。三國時吏和兵一樣，在人口統計中於普通百姓之外自爲一類。據三國志卷四八孫休傳所載孫休永安元年十一月詔，孫吴的吏役十分繁重，幾乎是「空户出役」，還要隨長官出征，參加戰争。不過這些吏仍是從編户中徵發出來，尚未成爲特殊户口，也不是世襲。西晉武帝廢州郡兵，郡國各置武吏若干人，稱之爲武吏，雖然不等於兵，却應該是擔任州郡武備、治安之類的軍事職役。前已談到，東晉初年應詹建議地方官府推行課田，都督、州、郡、縣各若干頃，「皆取文武吏、醫、卜」耕種。義熙年間陶淵明擔任縣令的彭澤縣有公田三頃，即全部用吏耕種。我們知道東晉以前的吏雖受長官驅使，從事各種勞役，包括被視爲低賤的侍候長官之類，却未見從事生産勞動。應詹將這些課種官田的文武吏排除於普通百姓之外，並與那些帶有世襲性的特

〔一〕 晉書卷七五范汪附子寧傳；文館詞林卷六六七晉孝武帝霆震大赦詔；宋書卷五三謝方明傳。

殊户口——醫卜並列，表明他心目中的吏是一種依附於官府的特殊户口。東晉末年劉裕兩平江陵，所下書中都曾提到荆州州、軍二府的兵吏數額，以及吏役兵役之重，所謂「童耄奪養，老稚服戎，空户從役」。他要求「荆雍二州、西局、蠻府吏及軍人年十二以還，六十以上，及扶養孤幼，單丁大艱，悉仰遣之」。〔一〕由此可知，吏確實是封建政府掌握的一種特殊户口，子孫世襲，闔家從役，身分地位與兵户幾乎没有什麽不同，所謂武吏乃是與兵並提的武裝隊伍。據前引宋書徐豁傳，始興郡武吏課田，租額異常沉重。以至「年及應輸，便自逃逸」，「或乃斷截支體，産子不養」。東晉南朝時期軍府州郡的吏爲數衆多，除了少數僚屬參佐以及擔任職役者外，絶大多數當與始興武吏一樣用於勞動生産，戰時自然也用於補充兵士。

東晉南朝時的吏特别是武吏，在實際身分上和世襲軍户幾乎没有什麽不同，甚至可以説是以吏的名義編制的兵。但二者之間恐怕還是有些差異。如上所述，吏的實際身分和世襲軍户一樣，形同僕隸，十分卑微，宋書卷六孝武紀載孝建三年（四五六）二月詔，卷六一江夏王義恭傳，梁書卷五三沈瑀傳，即是將吏與僮並稱或互稱。但吏的法律身分却高於世襲軍户。宋書孝武紀載大明二年（四五八）正月壬戌下詔優獎奉迎宋文帝入繼大統的「文武」，稱「吏身可賜爵一級，軍户免爲平民」。可見吏仍是平民，當然這裏的吏除了武吏和下層役吏以外，還包括有官職的州府吏佐。其次，武吏的來源

〔一〕宋書卷二武帝紀。

也和兵不同。一般來説，吏是從普通百姓中强制徵發，盡管一經充吏便終身服役。而兵户在原則上却不能以平民充補。再次，兵也從事力役，但以戰鬭爲主。武吏、役吏雖然也參加戰争，却以力役爲主。故東晉末袁豹講，「分職以任務，置吏以周役」。梁代范縝則稱當時人多信佛，以致「兵挫於行間，吏空於官府」。〔一〕另據晉書王渾傳，兵服絳衫，吏服皂衣，是黑色。梁代王僧孺即自稱早年「久爲尺板斗食之吏，以從皂衣黑綬之役」。此外，官府冶鐵作坊的勞動者有刑徒也有出於招募的吏，中央和地方官府機構中同樣也有供官員驅使的募吏，他們似乎不帶軍事性，與本題無關，故不再涉及。〔二〕

總上可知，東晉南朝時期的世襲兵身分更其低落，最後淪爲賤民階層。軍户制在劉宋時趨於瓦解，齊梁陳時期兵户已是大大減少。吏是從事勞役的特殊户口，實際身分與世襲兵幾乎没有什麽不同，但在法律上還是高於兵户。兵和吏的卑微身分乃是魏晉舊制的沿襲。

歷史上著稱的北府兵本是招募勁勇組成。據田餘慶同志考證，〔三〕東晉政府主要是募將而非募兵，被募的流民帥和流民之間本來就存在着牢固的宗族鄉里聯繫和隸屬關係，這種情況與建安時代曹操收羅、改編梁習、吕虔等人的私部曲爲國家軍隊頗相類似。那些流民帥和流民被改編組建成北府官兵以後，似應世襲，但並無確切的材料説明。

〔一〕宋書卷五二袁湛附弟豹傳；梁書卷四八范縝傳。

〔二〕關於吏役，詳見上引拙撰魏晉南北朝時期的吏役。

〔三〕田著東晉門閥政治，北京大學出版社一九八九年版，第二一三頁。

隨着世襲兵制的日益崩壞，東晉南朝時期由國家直接掌握的以世兵爲主體的常備軍日趨減少，世兵既不足依賴，募兵便相應興盛起來。南齊書卷二七李安民傳：「宋泰始以來，内外頻有賊寇，將帥以下，各募部曲，屯聚京師。」可見自劉宋後期，每逢戰事即准許將帥自行招募部曲。部曲本是軍隊編制的單位，三國時爲私家武裝。宋齊時部曲的公開身分是招募來的兵士，當了部曲就不承擔國家賦役，所以困於賦役的人民，以及逃役的逋亡或所謂「山湖人」，都紛紛投充，因此當時的部曲是非常多的，他們戰時隨主人（將帥）作戰，平時接受指揮，從事各項勞役和其他活動。其中有些人只是支付一筆錢物，名屬軍籍，身歸鄉里，人不在軍。〔一〕部曲與接納的將帥之間不是主人和私屬、私兵的關係，至於那些名掛軍籍的部曲甚至與將帥没有什麽關係。到了梁代，部曲招募的範圍更寬，據文苑英華卷七五四載何之元梁典高祖事論，非但王侯、將帥，連地方守宰也廣事招募，以致「太半之人並爲部曲」。他們跟隨將帥守宰横行不法，欺壓百姓。這類部曲顯然不從事生産勞動，而是募兵，他們與將帥守宰的關係，只是軍事組織上的從屬關係，而這種從屬關係的世襲性並不明確。南齊書卷三八蕭景先傳載其遺囑有「周旋部曲，還都理應分張」云云。表明主人死後，部曲可以離去，從屬關係也就終止，主人的後裔不能繼承這種關係，同時部曲的後代當然也不繼承這種關係。這類部曲顯然與三國以來的私家武裝有異，他們隸屬於主人，不隸屬主人的一家，隸屬關係及身而止。他們的身分是將帥

〔一〕 宋書卷八明帝紀；南史卷七〇郭祖深傳。

公開召募的兵士，所以皇帝可以隨時把某一將帥的部曲轉屬他人，或者收歸朝廷，或者解散歸農。無論是將帥召募部曲，還是子弟繼領父兄的部曲，原則上都必須得到朝廷的認可。〔一〕這是宋末以降特別是齊梁時期迅速發展起來的募兵。募兵原則上有在役年限，還可得到勛爵賞賜，很有別於世襲兵。當然這些及身而止的部曲身上仍帶着私家部曲的烙印。

實際上私家部曲直到南朝末年並没有絶迹，只是隨着軍隊募兵化的潮流浸染，發生了很大變化。陳書卷一八沈衆傳：

侯景之亂，衆表於梁武，稱家代所隸故義部曲，並在吴興，求還召募以討賊，梁武許之。及景圍臺城，衆率宗族及義附五千餘人，入援京邑。

沈衆所説「故義部曲」是「家代所隸」，表明是帶有世襲性的私家部曲。然而他們對於沈衆已没有現實的、完全的更没有法定的隸屬關係，完全的隸屬關係過去有過，但已成故往。同時過去的隸屬關係又没有完全斷絶，仍在一定程度上世代相傳地存在於雙方的心理上、習慣上乃至實際生活中，那是以情義相隸。由此之故，沈衆要召集他們原則上必須取得皇帝的認可，並採取召募的形式。他們可以應募也可以不應募，儘管出於故情舊義，他們大多會應募。沈衆稱「故義部曲」，募集以後仍稱義附，即體現了這種以故舊情義相附的關係，並非以私屬身分服從主人的命令。翻檢陳書紀、傳，可以看到

〔一〕宋書蔡興宗、沈勃諸傳；南齊書武帝紀及李安民、垣崇祖、王廣之諸傳；陳書周文育、陸子隆、程靈洗、胡穎、蔡徵諸傳。

梁末侯景之亂時，各地勤王之師中類似吴興沈衆以募集宗鄉「故義」舉兵者，不勝枚舉。陳書卷三五熊曇朗等傳末「史臣曰」所稱梁末崛起的「郡邑巖穴之長、村屯鄔壁之豪」，大抵都是這樣起家。這種地方豪强募集的部曲帶有濃厚的私兵色彩，有的原本就是所謂「故義部曲」，因此史籍中有時徑以「家兵」相稱。〔一〕他們的正式身分仍是朝廷公開召募的士兵。總之，南朝後期的部曲雖然帶有私屬的性質，但法律上顯然没有承認其私屬身分，部曲不是身分性的名稱，部曲作爲法律上的賤口名稱始於北周。〔二〕

綜上所述，晉宋時期的常備主力部隊是世襲兵。由於世襲兵嚴酷的境遇，又没有上升的道路，戰鬬力極差，且減損多途，補充無門。劉宋中葉以後，成批解免軍户成爲激勵戰士鬬志的經常手段，表明政府放棄了挽救世襲兵制的努力。宋泰始以後，内外用兵莫不依靠募兵，標誌世襲兵制走到了盡頭。齊梁時，迅速發展的募兵完全取代了世襲兵，成爲封建國家的基本軍事力量。一直是私家武裝的部曲也募兵化了，盡管還打着家兵的烙印。由世襲兵而募兵，這是一個很大的變化。

最後還應該提及東晉南朝的徵兵。當時的徵發大抵可分兩類。一是發奴客爲兵，據晉書惠帝紀，惠帝曾「發奴助兵」以拒張方。這是西晉時事，東晉發奴客爲兵屢見記載，如元帝太興四年（三二一）詔發揚州奴客爲兵；安帝時庾翼發江、荆等六州編户奴爲兵；司馬元顯發東土諸郡免奴爲

〔一〕陳書卷一三荀朗傳。

〔二〕拙撰魏晉南北朝史論拾遺第一七頁。

客者充兵役等等。奴客本是私家依附人口，徵發爲兵後當即編入國家正式軍隊中，成爲世襲兵。發奴發客僅見於晉代，劉裕即位後下詔，「先因軍事所發奴僮各還本主」。二是徵發普通百姓當兵，東晉南朝不乏其例。晉康帝時荆州刺史庾翼曾發所統六州良人爲兵，宋元嘉二十七年（四五〇）與北魏大戰，曾大舉徵發民丁爲兵。〔一〕無論是徵發百姓還是發奴、客爲兵，都是在發生大規模戰爭或應急時的權宜措施。在世襲兵制尚在維持的東晉時代，平民在原則上不服兵役，故徵發編户民丁以及作爲私屬的奴客，常常引起「百姓嗟怨」。即使臨時徵發百姓，事後也應罷遣歸農。總之，徵兵制在東晉南朝兵制中不是經常制度，也不居重要地位。

第二節　十六國北朝兵制

一、十六國時期

永嘉亂後，北方各族先後在黄河流域、關隴、河西以及遼河流域建立政權，其中不管哪個政權，本族成員總是軍隊的主力和骨幹。

劉淵起事，選擇在匈奴聚居的左國城，主要兵員來自匈奴五部之衆。史稱起兵兩月，即有「見衆十餘萬，皆一當晉十」。石勒初起，没有自己的部落可以依靠，但稍能立足便注意打出羯族酋帥的旗

〔一〕　關於徵發民丁及奴客爲兵，詳見上引何兹全魏晉南朝的兵制。

號，派人到羯族聚居的「并州山北諸郡」招附本族成員。前秦早在苻洪時即以關中群氐的首領身分擁有大量部族兵。姚秦的軍事實力同樣來自羌族。〔一〕可見諸入塞少數族起兵，均是依靠本族部落，保持在內地的部落組織是他們的基本兵源所在。諸如起於北方邊境地區的鮮卑拓跋、慕容諸部，部落尚是他們的基本社會組織，故其軍事力量更只能來自本部族。

但十六國時期的任何一個少數族，都不能僅僅依靠本部族力量，在漢族衆多的中原地區建立政權，進行統治。當某一少數族在中原地區取得軍事政治優勢時，往往允許附從於己的其他部族保持部落完整，並要求他們承擔奉命調發軍隊的義務。劉淵舉兵反晉以後，影響日益擴大，史載懷帝永嘉二年（三〇八）徙都蒲子，「上郡四部鮮卑陸逐延、氐酋大單于徵、東萊王彌及石勒等並相次降之。」〔二〕關中氐酋苻洪、羌族首領姚弋仲也先後歸附。後劉曜被後趙擊敗，苻、姚又相繼向石虎輸誠。歸附同時，歸附部族也就負有向征服部族提供兵員的義務。少數族政權往往把這些附從部族作爲自己軍隊的重要來源。由於附從部族保持自己的部落，對這些部落的徵發，就只能通過其酋帥進行，劉漢、石趙、姚秦等政權中的單于臺，就是爲了保證對附從部族的管理和徵發而設。

在各族政權直接控制的區域內，漢人除交納租賦負擔差調外，通常只服力役，不服兵役。只有在發動大規模戰爭時才普遍徵發漢族編戶。例如前燕慕容儁準備大舉南侵、前秦苻堅大舉南侵時，都

〔一〕各見晉書載記。
〔二〕晉書卷一〇一劉元海載記。

曾大規模地普遍徵發民丁。石勒的軍隊中有爲數不少的漢兵，其中有在將領率領下投降的西晉部隊和放棄抵抗的流民武裝，如「魏郡太守劉矩以郡附於石勒，勒使矩統其壘衆爲中軍左翼」，北中郎將劉演部將臨深、牟穆等「率衆數萬降於勒」。〔一〕有關史籍表明，石勒並没有將這些晉軍降部分别編入部落軍，而是令其單獨成軍。石勒敗降雍州流民武裝王如、嚴嶷等部後，大抵也是同樣對待。除此以外，少數族軍隊的漢兵還有由塢堡組織提供的士兵。漢人塢堡主歸附某一政權後，他們同統治者構成的關係，類似部落酋長同征服者的關係，塢堡主向征服族提供士兵和糧食，以换取自己的地位。石勒攻擊魏郡、頓丘諸塢堡後，「假壘主將軍都尉，簡强壯五萬爲軍士。」苻堅於淝水敗後，被慕容沖軍圍困在長安，「關中堡壁三千餘所，推平遠將軍馮翊趙敖爲統主，相率結盟，遣兵糧助堅。」〔二〕

綜上可知，十六國時期，建立政權的少數族無不以本族成員作爲軍隊的骨幹。以本部落民爲基礎，並有大量附從部落參加而組成的部落軍，是十六國少數族政權的基本軍事力量。無論是本部族，還是附從部族，均採取普遍徵兵的方式。當兵是部落民的義務和權利，他們正是以所有部落民都有兵役義務的觀點，來對待統治區域内的漢人，在大規模軍事行動時普遍徵發漢族民丁當兵。他們同樣是用對待附從部落的辦法，把投降的晉軍、歸附的塢堡主和流人武裝皆視同附從部落，從中調發隊伍參加作戰。總之，十六國時期，魏晉的世襲兵制已經不復存在，代之的部落軍，兵士身分至少不低

〔一〕 晉書卷一〇四石勒載記。
〔二〕 晉書卷一〇四石勒載記，卷一一四苻堅載記。

於一般同族人，甚至更高。當兵的漢人在身分上除了民族歧視外，在兵役上也被視爲部落或附從部落成員。

二、北魏時期

北魏是鮮卑拓跋族人建立的民族政權，前期兵制與十六國諸政權大致相同，最基本的一點便是以拓跋族爲主力和骨幹並包括附從諸部落組成軍隊。據魏書劉潔傳，直到太武帝時漢族人也只「服勤農桑」，承擔租調力役，不參與軍事征討，也就是説常備兵不徵發漢人。北魏與南朝作戰時，有時也强制徵發一些漢人爲兵，但那是臨時性的，非正規的，而且往往在騎兵的驅逼下打頭陣，被當作「肉籬」送死。〔一〕拓跋族及附從部落人組成禁衛軍、遠征軍以及邊防軍或内地駐防軍，統率軍隊的主將照例是拓跋宗室貴族，下屬各級政權也都是本族或附從部落人組成。魏書卷一一三官氏志記魏初制度云：「其年（登國元年）置都統長，又置幢將及外朝大人官。其都統長領殿内之兵，直王宫；幢將員六人，主三郎衛士，直宿禁中者自侍中已下中散已上皆統之。」這是禁軍，這種制度直到太和改制前不變。從宋書索虜傳中屢見幢將、三郎之稱，充當三郎衛士的應都是拓跋及附從部落人。孝文帝遷洛，下詔代京人户南遷，稱爲代遷户，那時禁軍有羽林、虎賁及直從三類，詔以代遷户悉爲羽林虎賁。〔二〕我想所遷之代京人户大致本充禁軍。羽林、虎賁中以拓跋族人爲主，據魏書官氏志所載，太和前品令

〔一〕宋書卷七七柳元景傳。
〔二〕魏書卷七七高祖紀。

有高車羽林、高車虎賁，他們不但不會受到歧視，而且比士人更爲優越，孝文帝重視士人並區分清濁，仍然不能不讓包括羽林、虎賁在内的武人和士人同列清途。但實際地位業已降低，因而張仲瑀有排抑武人「不使預在清品」的建議。〔一〕從這裏可以看到羽林、虎賁基本上保持原有的身分。

魏初已在今内蒙及山西北部陸續設置軍鎮，派遣拓跋族人防守，以宗室貴族爲鎮都大將，外禦茹茹高車，内控緣邊諸族。這些軍鎮的兵士即是居民，配給土地營種，軍民完全合一，這類軍鎮在太和時大致有六至七鎮。在今寧夏設置的薄骨律、高平等鎮，也屬於這種類型，但那裏原有胡漢居民，並非全是派遣來的拓跋族人。北齊書卷二三魏蘭根傳稱，六鎮起義後，李崇領兵鎮壓，蘭根爲長史，向李崇建議改鎮爲州，他説：「緣邊諸鎮，控攝長遠。昔時初置，地廣人稀，或徵發中原强宗子弟，或國之肺腑，寄以爪牙。」設鎮所在地廣人稀，可知北鎮初置，並無居民。如蘭根之説，則鎮兵有兩類：一是「中原强宗子弟」，應是漢人；二是「國之肺腑」，則是拓跋族人。但我們罕見北鎮有中原强宗的後裔，即使有之，也不居重要地位。而且類似謫戍，與本族人不同。拓跋珪占領冀、定、相等地後也設鎮駐軍，定州即有八軍四萬人之多。〔二〕那裏本是漢族居民聚居地區，經歷一段過程，最後駐軍都由地方長官統轄。像這類設置在原來城邑的鎮魏初很多，後來都先後廢鎮爲州。顯祖拓跋弘時占領了劉宋淮北諸州，南方邊境綫進一步南推。遷都洛陽後，代京的拓跋族人大部分遷洛，再也没有足够的本族

〔一〕魏書卷六四張彝傳。
〔二〕魏書卷五八楊播附弟椿傳。

人移往南境駐防，於是原在河北諸州的駐軍被分遣到徐、兖、青、齊諸州，不足，又加上附從諸族即所謂「胡人」，甚至還有來源不明的漢人。和河北諸州一樣，南邊駐防軍都在原先漢人聚居地區，大抵先是州鎮並立，最後廢鎮爲州。按照慣例，拓跋部族在攻占敵國都城及重要城邑後，總是把城内人户（在城居住的不外官吏、兵士、商人或避亂入城的豪族等）遷移到代京或北方諸鎮。派遣來的駐軍及家屬，就居住在遷空或半空的城中，因而這一類型的駐防軍被稱爲「城民」。駐防軍的身分和禁軍相同，也是部族軍。〔一〕魏書卷一八廣陽王淵傳載其六鎮起義後上疏論北鎮人户由來，有云：「昔皇始以移防爲重，盛簡親賢，擁麾作鎮，配以高門子弟，以死防遏。不但不廢仕宦，至乃偏得復除。當時人物，忻慕爲之。」這是説充當北鎮邊防軍的都是高門子弟，後面又説是「豐沛舊門」，即是指拓跋本族人。他們獲得免除賦役的待遇，還可以升遷作官，可知北鎮軍的身分不低於禁衛軍。第二類型即駐防内地諸州的城民，身分也應相同。他們的任務除了防禦南朝北伐以外，便是鎮壓散處鄉村的土民的反抗。所謂土民實際上很多是在後燕亡滅時隨同慕容德遷來的河北人。直到魏末，青齊城民與土民的矛盾仍然激化，魏書卷六六崔亮附從弟光伯傳曾説「城民陵縱，爲日已久」。由於城民本是拓跋政權派來的駐防軍，因而長期以來欺壓土民。〔二〕

綜上所述，北魏時期的禁軍，三郎衛士或羽林虎賁，以及作爲邊防軍或駐防軍的鎮民、城民，早先

〔一〕 拙撰北魏南境諸州的城民，收入拙著山居存稿。

〔二〕 拙撰北魏的青齊土民，收入拙著魏晉南北朝史論拾遺。

是以拓跋族人爲主體或骨幹的部族軍，他們的身分至少不低於本族人民。北鎮兵和城民都是世襲兵。源自三郎衛士的羽林虎賁自拓跋族和附從部落中選拔，後來又行召募，似乎不是世襲，但從代遷户均爲羽林虎賁看來，也帶有世襲性。這種世襲和南朝世襲根本不同，因爲南朝世襲兵淵源於三國的士家，那是家兵部曲的模擬；而北魏則是源於部落兵，身分高卑懸殊。

北魏後期北鎮兵的地位日益降低。據上引魏書廣陽王淵傳和北齊書魏蘭根傳，他們在六鎮起義後所論北鎮人對於洛陽政權的不滿，都談到這一點。元淵説：

及太和在歷，僕射李沖當官任事，涼州土人，悉免厮役，豐沛舊門，仍防邊戍。自非得罪當世，莫肯與之爲伍。征鎮驅使，但爲虞候白直，一生推遷，不過軍主。然其往世房分留居京者得上品通官，在鎮者便爲清途所隔。或投彼有北，以御魑魅，多復逃胡鄉，乃峻邊兵之格。鎮人浮游在外，皆聽流兵捉之。於是少年不得從師，長者不得遊宦，獨爲匪人，言者流涕。自定鼎伊洛，邊任益輕，唯底滯凡才，出爲鎮將，轉相模習，專事聚斂。或有諸方姦吏，犯罪配邊，爲之指蹤，過弄官府，政以賄立，莫能自改。咸言姦吏爲此，無不切齒憎怒。

元淵所説可概括爲兩點。一是鎮人的升遷之路被堵塞，他們只能充當低級軍吏虞候白直，最高也不過升到軍主，那是低級軍官。留居在京（應泛指代京、洛陽）的别房的同一氏族人却能當上清官、大官，待遇截然不同。而且由於防止充配邊鎮的犯人逃往塞外，便禁止鎮人離鎮外遊，以至從師遊學和到外地去謀求官職都不可能。這裏是説出於同一氏族的人只因居京和出鎮的不同而政治待遇高卑懸絕。第二點是遷都洛陽後輕視鎮將人選，受任者專務聚斂，又有犯法配軍的貪官污吏爲他們出謀畫策，剥削鎮民，導致鎮民的怨憤。第一點抱怨當不上清官、大官的，當然多半是北鎮上層分子，第二點受害者則多半是普通鎮民。無庸贅言，鎮兵的地位大大降低了。魏蘭根建議改鎮爲州，也説「中年以來，有司乖實，號曰府户，役同厮養。官婚班齒，致失清流。而本宗舊類，各各榮顯，顧瞻彼此，理當憤怨」。魏蘭根所説與元淵所説第一點一致。

在孝文帝改革以後，重文輕武，文武分途。文武分途意味着士庶分途，清濁分途，這在上章已經論及，從而軍人身分的低落帶有普遍性。張仲瑀即建議在選舉上「排抑武人，不使預在清品」。其中受影響最大的首先是北鎮兵。不過北鎮兵即使身分低落，仍與南朝世襲兵不同，他們抱怨不能當清官、大官，不能遊學遊宦，這種抱怨對於卑賤身分業已固定的南朝世襲兵來説，幾乎是不可想象的，也没有人爲他們鳴不平。

上面提到北魏前期漢人没有常規的兵役。但從拓跋弘占領淮北後，我們已看到由漢人充當的番兵。魏書食貨志稱「自徐揚内附之後，仍世經略江淮，於是轉運中州，以實邊鎮，百姓疲於道路。乃令番戍之兵，營起屯田。」據魏書卷四四薛野賭附子虎子傳載，太和四年(四八〇)，虎子以彭城鎮將遷除開府、徐州刺史。傳稱：

> 時州鎮戍兵，資絹自隨，不入公庫，任其私用，常苦飢寒。虎子上表曰：「……竊惟在鎮之兵，不減數萬，資糧之絹，人十二匹，即自隨身，用度無準，未及代下，不免飢寒。論之於公，無毫

釐之潤；語其利私，則橫費不足。非所謂納民軌度，公私相益也。徐州左右，水陸壤沃，清汴通流，足盈激灌。其中良田十萬餘頃。若以兵絹市牛，分減戍卒，計其牛數，足得萬頭。興力公田，必當大獲粟稻。一歲之中，且給官食，半兵耘植，餘兵尚衆，且耕且守，不妨捍邊。一年之收，過於十倍之絹；暫時之耕，足充數載之食。於後兵資，唯須內庫，五稔之後，穀帛俱溢。匪直戍士有豐飽之資，於國有吞敵之勢。

據傳所云，可知太和四年徐州有一種携帶資絹十二匹的戍兵，按「未及代下」之文，這種戍兵是番代上下的，即是後來元澄所說「常戍宜遣蕃兵」。〔一〕番代期限通常是一年，即是薛虎子傳所說，「在州戍兵每歲交代，虎子必親自勞送。」薛虎子建議以戍兵之半開創屯田，其時拓跋族或其他北方少數族人固然已多從事農業勞動，但如此大量使用於屯田，應出自漢族農民。他們被徵發南戍，番代上下。但當時徵發的具體情況，我們完全不知道。可以明確的是早自太和以前漢人已經被徵發兵役。戍兵每人携帶資糧之絹十二匹，徐州戍兵不減四萬，通計應有四十八萬匹之多，如此巨額支出，不可能由徵納的調絹中支出，應該仍是由民間徵納的。〔二〕

由此可知，這些由漢人充當的南邊番戍之兵是自己携帶十二匹絹作爲番戍期間衣食之資。自薛虎子建議之後，兵絹被收歸軍鎮，即以絹市牛，開墾屯田，屯田收穫充兵食。

〔一〕魏書卷一九中元澄傳。
〔二〕關於資絹亦見於北齊書卷二八元孝友傳，此處不詳考。

戍兵貧富不等，所携資糧之絹爲什麽人人都是十二匹？貧窮兵士能承擔麽？爲什麽不多不少恰好是十二匹呢？很可能即是所謂丁兵制，即十二丁爲一組，輪番服役，每丁納絹一匹，當番之丁，受取不當番的同組十一丁之絹，作爲資助，合自己應納之絹，共十二匹。〔二〕如上所述，拓跋燾時漢人只限力役，並無常規兵役，至遲在拓跋弘時業已形成番戍制度。但是這種由漢人充當的番戍兵只限於南邊，他們服兵役實際上只是力役的延伸，或者説是兵役形式的力役。

南邊戍兵既有固定番期，其身分和作爲駐防兵的城民大不相同，也和北邊府户不同。魏書卷六九袁翻傳載世宗元恪時議邊戍之事，翻上議云：

自比緣邊州郡，官至便登；疆場統戍，階當即用。或值穢德凡人，或遇貪家惡子，不識字民温恤之方，唯知重役殘忍之法。廣開戍邏，多置帥領，或用其左右姻親，或受人貨財請屬，皆無防寇禦賊之心，唯有通商聚斂之意。其勇力之兵，驅令抄掠。若值强敵，即爲奴虜；如有執獲，奪爲己富。其羸弱老小之輩，微解金鐵之工，少閑草木之作，無不搜營窮壘，苦役百端。自餘或伐木深山，或耘草平陸，販貿往還，相望道路。此等禄既不多，資亦有限，皆收其實絹，給其虚粟，窮其力，薄其衣，用其工，節其食，綿冬歷夏，加之疾苦，死於溝瀆者常十七八焉。是以吴楚間伺，審此虚實，皆云糧匱兵疲，易可乘擾，故驅率犬羊，屢犯疆場。

〔二〕參堀敏一均田制的研究，福建人民出版社一九八四年版，第二一五——二二〇頁。

據「收其實絹，給其虚粟」和「吴楚間伺」之言，很明顯袁翻説的是南邊戍兵，即薛虎子所説携帶資絹的番兵，他們徵自普通農民，「綿冬歷夏」而不云綿歷歲月，亦可證番期爲一年。徵自漢族農民的南邊戍兵既與源自部落軍的三郎衛士、羽林虎賁不同，與源自部落軍出戍的北鎮府户及南北城民不同，與魏晉以來的世襲兵及募兵也不同，這種南邊戍兵是普遍徵發的。〔一〕北齊書卷二二李元忠傳云：「魏孝明時，盗賊蜂起，清河有五百人西戍，還經南趙郡，以路梗共投元忠。奉絹千匹，元忠唯受一匹，殺五羊以食之。」所謂西戍當指戍關中，據上引袁翻傳，南戍之兵是「收其實絹，給其虚粟」，十分困苦。這些西戍的清河兵何以代還時還有那麽多的絹送給李元忠呢？是否誤「去」爲「還」呢？這個問題姑且不論，却可以看到直到孝明帝元詡時這種普遍徵發的番兵仍然紛錯於道上。

如上所述，北魏前期漢人基本上没有經常性的兵役，代京的中央禁軍、北鎮兵和各地的駐防軍都以拓跋本部人爲主，輔以其他附從諸少數族人充當。至遲在獻文帝占領淮北後，除了原派駐河北諸州的駐防軍及徵發所謂中原强宗子弟南戍青、徐、兖以外，又從漢族農民中徵發戍兵，這是丁兵制。自此至孝文帝遷洛以後，北魏軍隊包括兩類。一是主要由拓跋本族人組成的禁軍所謂羽林虎賁、北鎮府户、諸州城民，這種軍隊組成基本上繼承部落軍遺軌。第二類是自均田民中徵發的番兵，他們原先似乎總是戍防南邊，魏末更及於西部（應是關中）。

〔一〕從李沖建言實行三長制，三長分别享有復免户内一至三丁征戍之役的特權，以及李彪建言取州郡户十分之一屯田，免其征戍雜役，可見戍兵徵發的普遍性。見魏書卷一一〇食貨志。

三、東魏北齊、西魏北周時期

東魏北齊和西魏北周的兵制都繼承了北魏舊制。

高歡所領爲六鎮之衆，東魏建立以後，又在河北括取六州人户，六州也即以六鎮改置，[一]都是鮮卑或同化於鮮卑的漢族和其他族人。通鑑卷一五七載高歡對鮮卑人説：「漢民是汝奴，夫爲汝耕，婦爲汝織，輸汝粟帛，令汝温飽，汝何爲陵之？」又對漢人説：「鮮卑是汝作客，得汝一斛粟、一匹絹，爲汝擊賊，令汝安寧，汝何爲疾之。」非常清楚地表明，東魏時基本上是鮮卑人當兵，漢人生産。隋書卷二四食貨志記北齊之制云：

文宣（高洋）受禪，多所創革，六坊之内徙者更加簡練，每一人必當百人，任其臨陣必死，然後取之，謂之百保鮮卑。又簡華人之勇力絶倫者，謂之勇士，以備邊要。

按「六坊之衆」亦即洛陽之羽林虎賁，基本上是鮮卑人，據此知東魏北齊時以鮮卑組成的軍隊有兩類。一是爾朱兆給予高歡的六鎮餘衆及括取的六州户；二是從洛陽遷來的以代遷户組成的羽林虎賁，所謂「六坊之衆」。舊羽林虎賁的戰鬭力並不强，所以高洋重加簡練，組成「百保鮮卑」。

漢人當兵的也有二類。其一如上所述，「簡華人之勇力絶倫者，謂之勇士，以備邊要。」這是通過召募選拔的兵士，只用於邊防。而選自六坊之衆的百保鮮卑則是禁衛軍，備邊勇士不可能很多。其

〔一〕周一良：北魏鎮戍制度考及續考，收入周著魏晉南北朝史論集，中華書局一九六三年版。王仲犖：北周地理志附録三種，中華書局一九八〇年版。

二，漢人充當的主要是據丁徵發的番兵。隋書食貨志載河清令，男年「二十充兵，六十免力役」。所謂二十歲充兵實際上主要指服力役，也包括兵役。〔一〕隋書卷二七百官志記北齊尚書右中兵曹之職爲「掌畿内丁帳、事力、蕃兵等事」，左外兵曹之職爲「掌河南及潼關已東諸州丁帳，及發召征兵等事」。右外兵曹之職爲「掌河北及潼關以西諸州，所典與左外同」。據此知北齊五兵尚書下右中兵、左右外兵諸曹兵役都與丁帳聯繫，暗示並據丁征募。右中兵稱「事力蕃兵」，包括給與百官使喚的幹力和蕃兵。左右外兵則云「發召征兵」，似有不同。我以爲可能各舉一端，其實外兵也同樣有徵發的蕃兵，並非河南北諸州專掌發召征行而没有據丁徵發。北史卷一六元孝友傳稱東魏時孝友上奏，認爲舊制「百家爲黨族，二十家爲閭，五家爲比鄰，百家之内，有帥（有黨里鄰三長）二十五，徵發皆免，苦樂不均」。〔二〕這樣，獲得免役權力的太多了，因而建議「百家爲族，四閭，閭二比」。孝友認爲如此並省之後，「計族少十二丁，得十二匹貲絹。略記見管之户應二萬餘族，一歲出貲絹二十四萬匹。十五丁出一番兵，計得一萬六千兵，此富國安人之道也。」本傳所云每丁一匹之「貲絹」應即是薛虎子傳所説的「資糧之絹」。〔三〕三長只能免力役（包括兵役），不能免租調。據元孝友所云，每丁納貲絹一匹，已是

〔一〕 拙撰魏晉南北朝史論拾遺第二六七頁（文集本二六九頁）。
〔二〕 魏書卷一八、北齊書卷二八元孝友傳均以北史補。
〔三〕 按族四閭，則二十五家爲閭，閭二比，但二十五家何以平分？而且據以合算所省之丁數亦不符。又元孝友所説貲絹，過去我認爲即是調絹，是錯誤的。

定制。「十五丁爲一番兵」即十五丁爲一組，輪番服役，則每丁每年服役二十四日。北魏之制，似乎是十二丁爲一番，所以賫絹人十二匹，平時服力役則是每年服役一個月，不知何時改爲十五丁爲一番。魏末力役兵役皆繁重，然東魏必繼洛都舊制。元孝友説十五丁爲一番兵主要仍是指力役，所以河清令稱民年「二十充兵，六十免力役」。

如上所述，東魏北齊兵制，主力是以鮮卑及鮮卑化的其他族人組成，鄴都的禁衛軍和守衛晉陽的軍隊均是。北齊的皇室雖自稱渤海高氏，却又以鮮卑自居。高級將領都由鮮卑人充當。〔一〕這種軍隊顯然帶有部落軍性質。據丁徵發的漢族番兵不是主力，其服兵役是力役的延伸，其任務蓋與北魏相同，番戍本州及諸鎮防。

西魏北周創業者宇文泰掌握的基本隊伍是北魏末年爾朱天光率以入關的部分六鎮餘衆，這一點陳寅恪先生已有論證。以後大統三年沙苑之戰宇文泰所領十二軍和大統十六年創立的府兵制系統，即是以六鎮餘衆爲核心的軍事力量爲基礎，兵士都是鮮卑族和同化於鮮卑的各族人。

但是爾朱天光率以入關的六鎮餘衆是不多的。據魏書卷七五爾朱天光傳，初入關時「唯配軍士千人」，後「復遣軍士二千人以赴」，一共是三千人。在鎮壓關隴起義軍的過程中，大致收編、招納關中各種軍事力量，軍隊不斷擴大，他們大抵是關隴鮮卑和其他各族人。到了大統九年邙山之戰失利

〔一〕北齊書卷二四杜弼傳。參見日本濱口重國東魏的兵制，收入所著秦漢隋唐史研究上卷，東京大學出版會一九六六年版。

以後，「廣募關隴豪右，以增軍旅」。〔一〕所謂關隴豪右，應當包括少數族人與漢人。到了武帝建德二年，「改軍士爲侍官，募百姓充之，除其縣籍，是後夏人半爲兵矣」。〔二〕這時府兵中包含了大量的漢人，他們入軍以後，不屬州縣。毫無疑問，作爲府兵基礎的軍隊除了鮮卑以外，還有其他各族人，也包括漢人，而且漢人的比例越來越高。盡管如此，這支軍隊仍是鮮卑化和部落化的，大統十五年「初詔諸代人太和中改姓者並令復舊」，魏恭帝元年命諸功臣作爲鮮卑拓跋族内的三十六國之後，所統軍人各從其姓。〔三〕就是説所有軍人不管原是哪一族人，都成爲拓跋族内諸部落人，將領則成爲部落酋長。

以爾朱天光入關所領六鎮餘衆爲核心和骨幹，後來逐漸擴大的鮮卑部落化軍隊，〔四〕是宇文泰擁有的武裝力量，宇文泰爲大行臺時屬於行臺，後任都督中外諸軍事，這些軍隊就屬於中外府，不是禁軍。西魏時的禁軍是隨孝武帝入關的所謂「六坊之衆」，也就是原來洛陽的羽林虎賁。隋書食貨志説「六坊之衆從武帝而西者不能萬人」，「餘皆北徙」，歸於東魏。入關六坊之衆如上所述，主要以代遷户組成，這部分軍隊後來怎樣，我想在大統十六年（五五〇）建立府兵系統時可能已併入府兵組織。

〔一〕周書卷二文帝紀下。
〔二〕周書卷二文帝紀下，北史卷五西魏文帝紀。
〔三〕周書卷二文帝紀下，北史卷五西魏文帝紀。
〔四〕我們還看到大統三、四年東西魏交戰時，所虜東魏「甲士」都被留，所謂甲士亦即騎兵，多半是鮮卑或鮮卑化的他族人，而步兵或遣返或被殺。大統四年留在長安的東魏兵作亂，也就是這些甲士。被留甲士大抵被改編入伍，成爲鮮卑部落軍的一部。見周書卷二文帝紀。

漢族充兵的有二類。一類是鄉兵。周書卷二三蘇綽附弟椿傳：

（大統）十四年（五四八），置當州鄉帥，自非鄉望允當衆心，不得預焉，乃令驛追椿領鄉兵，其年，破槃頭氏有功，除散騎常侍，加大都督。

按蘇氏爲武功冠族，本傳稱「正光中，關右賊亂，椿應募討之，授蕩寇將軍」。所稱「應募」，必是率鄉人應募，可知蘇椿原即擁有以宗族鄉里組成的隊伍。領鄉兵見於周書的尚有柳敏、郭彥、韋瑱等人，具見本傳，他們都是當郡冠族。鄉兵大概像過去一樣，以宗族鄉里組成，所以必由當郡冠族統率。在大統十六年（五五〇），鄉兵可能被納入府兵系統，府兵中的鄉團，當即源自鄉兵。〔一〕

也有未見明文領鄉兵而實際上統率鄉兵者。周書卷三六令狐整傳，令狐爲敦煌冠族，他在大統十二年（五四六）平定瓜州後，傳稱：

遂立爲瓜州義首，仍除持節、撫軍將軍、通直散騎常侍、大都督。整以國難未寧，常願舉宗效力。遂率鄉親二千餘人入朝，隨軍征討。整善於撫馭，躬同豐約，是以人衆並忘羈旅，盡其力用。……尋除驃騎大將軍、開府儀同三司，加侍中。太祖又謂整曰：「卿勛同婁、項，義等骨肉，立身敦雅，可以範人。」遂賜姓宇文氏，並賜名整焉。宗人二百餘户，並列屬籍。

按令狐整先授瓜州義首，當因所領爲宗族鄉里，非正規兵之故。後來他率宗親二千餘人入朝，隨軍征

〔一〕拙撰魏晉南北朝史論叢第二七五——二七九頁（文集本二六四——二六八頁）。這類鄉兵是否納入府兵系統，國内外學者有不同看法，這個問題尚待探討。

討，所領應即從敦煌帶來的二千餘人。令狐整所領實亦是鄉兵，但他却離開本土，以後賜姓宇文，其組織形式也就類似鮮卑軍。所領之衆是否並入府兵系統，不明。

像這類糾集宗族鄉里組織隊伍而被稱爲「義從」或「義衆」者不乏其人。例如楊㩳，正平人，當地豪族，稱爲「馬渚諸楊」，北魏末年，梁武帝遣軍北上，送元顥入洛，魏孝莊帝將渡河北依爾朱榮，他率宗人「收船馬渚」，以備北渡。東西魏分立，他以大行臺左丞「率義徒」在弘農一帶活動，大統十二年（五四六），他已升遷至開府、建州諸軍事。周書本傳稱十六年「大軍東討，授大行臺尚書，率義衆先驅敵境」。所領仍稱爲「義衆」。傳又稱入周後保定四年（五六四），遷少師，其年大軍「圍洛陽，詔㩳率義兵萬餘人出軹關」。就在這次戰役中，楊㩳兵敗降齊。二十年間，楊㩳長期在建州一帶，亦即他鄉里所在，與東魏北齊作戰，所領兵一直稱爲「義衆」、「義兵」，這也是鄉兵，但却與蘇椿、柳敏等所領鄉兵不同，從未成爲正規軍。也與令狐整所領「宗親」遷居關中賜姓屬籍有異。他降齊時已在保定四年，府兵制早已建立，但他所領尚稱「義兵」，可知並未納入府兵系統。

如上所述，漢人充當的鄉兵，一類如蘇椿、柳敏等所領，那是明令建置的，後來可能成爲府兵中的鄉團。另一類如楊㩳所領，則始終是「義兵」，算不上正規軍，當然談不上成爲府兵。至於像令狐整那樣則屬於個別特例。

鄉兵以漢人組成，統率的也是漢族豪門，不管是哪一類，本質上都是由來已久的大姓武裝隊伍，亦即家兵部曲一類。其中明令組織的那一類如果編入府兵系統，實際上破壞了宇文泰力圖使軍隊鮮卑部落化的企圖。而且既納入府兵系統，就不可能仍由當地冠族大姓統率，這個問題尚須探討。

漢族充兵的第二類是丁兵制。西魏北周繼承北魏實行丁兵制，敦煌所出大統十三年（五四七）瓜州計帳文書，載有六丁兵三十人，很明確，六丁兵由均田民充當（其中也有少數族人，但那是邊區，絕大多數應是漢人）。其二，凡是雜任役及有官職的人不當六丁兵，計帳所載雜任役有五人，雜任役亦即唐代的雜任，唐代的雜任正是例免兵役和力役的。所謂「六丁兵」即是六丁爲一組，輪番上役，每年每丁服役二個月，西魏定制本承魏制，北魏十二丁兵制，每丁每年服役一個月，六丁兵每年服役兩個月是加重了。隋書卷二四食貨志記宇文泰建立六官制時的役制是「人自十八以至五十有九，皆任於役。豐年不過三旬，中年則二旬，下年則一旬」。按建六官制在魏恭帝三年（五五六），在大統十三年之後十年，據法令役期大大減輕，但恐只是具文。隋書食貨志又稱，「武帝保定元年（五六一），改八丁兵爲十二丁兵，率歲一月役。」據此則在此以前實行的是「八丁兵」制，即八丁番上，每年各服役四十五日。本年改爲十二丁兵，既恢復了北魏舊制，也是恭帝三年所頒法令的實施。然而並不長久，周書卷七宣帝紀大象元年（五七九）二月，爲了修洛陽宮，「發山東諸州兵，〔一〕增一月功爲四十五日役」，則又恢復八丁兵。隋書食貨志記楊堅代周後，「又遷都（指建大興城），發山東丁，毁造宮室。仍依周制，役丁爲十二番，匠則六番。」據此則隋初依保定舊制，改八丁兵爲十二丁兵，工匠倍番，實未遵行，

〔一〕 隋書食貨志記此事無「兵」字，按此字不宜删。

不知何時改爲八丁兵。武帝保定元年（五六一）改十二丁兵，至宣帝大象元年（五七九）又迴改爲八丁兵，至隋初恢復十二丁兵。

當時所謂「兵」意爲服役丁男，如前所説，丁兵主要是服力役，兵役乃是力役的延伸。西魏北周時徵自農民的丁兵，如史籍所載周宣帝建洛陽宫，隋高祖建大興城及新宫，並指力役。但可以明確，仍有番戍之役，這是漢族充兵的第三類。周書卷二三蘇綽傳，大統四年（五三八）奏上六條詔書，第六均賦役有云：

差發徭役，多不存意。致令貧弱者或重徭而遠戍，富彊者或輕使而近防。

所説是守令差發的人，顯然即是均田民，他們既服力役，也服防戍的兵役。前已論證，早在北魏獻文帝時，農民已番戍南邊。周書卷二八權景宣傳：「除南陽郡守，郡鄰敵境，舊制，發民守防三十五處，多廢農桑，而姦宄猶作。景宣至，並除之，唯修起城樓，多備器械，寇盜斂迹，民得肄業。百姓稱之。」按本傳不記年，據上下文當在大統十年（五四四）左右。守防的發自農民，正如蘇綽所云「輕使而近防」。他們應即是番上的丁兵。這種防戍之役一直延續到隋初。〔一〕隋書卷二四食貨志：

（開皇）十年（五九〇）五月，又以宇内無事，益寬徭賦。百姓年五十者，輸庸停防。

據同書卷二高祖紀開皇十年（五九〇）六月記，「制人年五十，免役收庸」，與食貨志微異，時間也有五

〔一〕 拙撰魏晉南北朝史論拾遺第二六七——二七四頁（文集本二六九——二七七頁）。

月、六月之不同。可能是詔書「停防」與「免役」並提，紀與志各有删節，實即一事。據此知開皇十年，丁男仍有守防之役。開皇十年停防亦限於五十歲之丁男，五十以下仍有此役。究竟這種普遍性的丁男承擔的防戍之役沿續到何時，無明確記載，可能隋代以後某一年即已免除。我們知道唐玄宗時期仍有徵自丁男的防丁，〔一〕也許是舊制廢除後的恢復。

據魏書薛虎子傳及北史的元孝友傳，我們知道名屬丁兵的丁男應納資絹一匹。最初資絹不是賦税，推測是同組（六丁、八丁、十二丁、十五丁等）用以資助組内當番戍丁作爲衣糧之費的。因爲丁兵制每年一丁服役多則兩個月，少止二十天，防戍之役不可能按月上下番，同組之丁以資絹交給同組番上丁兵，番期一歲，如十二丁兵制，亦即承擔了十二丁每年一月的全部役期，在這一年内納絹之同組丁則不必另外再上番。因而這種資絹帶有鄰里互助性質。同時，對於同組不上番的十一丁而言，又帶有納絹代役性質。這些資絹當時通過鄉里民間組織（如隋代之社）直接交付給當番兵，由他自行管理。太和初薛虎子建議將資糧之絹收歸軍鎮，以後即成爲一種賦税，這從元孝友的奏議中可以知道。

然而，隋書食貨志所載北齊河清令和西魏賦役制却没有這一税目。敦煌所出大統十三年（五四七）計帳記有「六丁兵」，但在各户承擔的税目中並不見有資絹。按元孝友所以建議併省鄉官，即因三長例免傜役，免納資絹，併省之後，可以增加國庫資絹收入之故。那是一筆不小的收入，北齊和西魏豈肯

〔一〕 拙撰山居存稿第三九九——四一〇頁（文集本四一三——四二四頁）。

輕易除免，這個問題目前還難解答。

西魏北周的軍隊，基本上可分爲兩大類。一類是以六鎮餘衆爲核心的鮮卑人或同化於鮮卑的其他族人爲骨幹的部落化軍隊，大統十六年這類軍隊建立了府兵組織系統。在此之前，大統九年曾召募「關隴豪右」入軍，其中必有不少漢人，他們理應編入府兵軍隊中。魏恭帝元年（五五四）「以諸將功高者爲三十六國後，次功者爲九十九姓後，所統軍人，亦改從其姓」，通過這次部落化措施，包括「關隴豪右」在內，所有漢族軍人全都編入鮮卑部落。武帝建德二年大批漢人被徵募入軍，在府兵構成中占有很大比例。

這類軍隊原先是十二軍，後來擴大爲二十四軍。由開府統率的二十四軍是府兵的基本單位，各自可以通貢舉，表明部落與郡縣分治軍民。府兵的任務是保衛皇宫和京都，有似北魏的羽林虎賁，他們是禁衛軍，發生重大戰爭時府兵是征行部隊的主力軍。隨着疆域擴展，府兵也派遣到新占領地區的主要軍事重鎮駐防，如江陵、成都、鄴等。那也是北魏禁衛軍的任務。

由於鮮卑是軍隊的主力和骨幹，和東魏北齊一樣，鮮卑語是西魏北周軍中「宣傳號令」的官方語言。隋書卷三二經籍志記載有關鮮卑語的字書十三種，其中有北周武帝所撰鮮卑號令一卷，可以推見軍隊中通用鮮卑話的情況。〔一〕

〔一〕 拙撰魏晉南北朝史論叢續編第一四七——一五二頁（文集本一六六——一七二頁）。

大統十二年及其稍後，曾經在關中、河東諸郡設置鄉兵，由當地大姓統率，這些分布諸郡的鄉兵以後可能併入府兵系統，成爲府兵中的鄉團。此外，潼關以外河東、河内東西魏交錯地區，雙方都有由當地大姓以宗族鄉里組成的軍隊，實際上也是鄉兵，但被稱爲「義從」、「義兵」，不是正規軍隊。

另一大類是均田民中據丁普遍徵發的丁兵。大統十三年（五四七）爲六丁兵，以後改爲八丁兵，北周武帝保定元年（五六一）改爲十二丁兵，静帝大象元年（五七九）又恢復八丁兵，至大定元年（五八一）楊堅當國，重又恢復十二丁兵。這種兵主要是服力役，但也承擔防戍的兵役。丁兵是北魏制度的沿襲，他們的任務是防戍，近的就在本郡，遠的或出戍邊郡，在全部軍隊中丁兵不占重要地位。

四、南北兵制的差異

以上我們分别概述了東晉南朝和十六國北朝的兵制，不難看出，南北兵士的來源和身分顯然不同。

東晉南朝繼承三國西晉的世襲兵制，兵士（包括武吏）身分卑微，子孫相承。其來源除了世襲以外，可能出自强制徵發，但不是經常情況，還有罪人或逃亡罪人的家屬。一人入軍，全家從役，稱爲「營户」或「軍户」，不屬州郡。世襲兵是東晉南朝中央和地方的基本隊伍，同時也有召募。東晉以來，隨着軍事需要，往往聽將帥召募。召募對象主要是逃亡農民，即所謂「山湖人」。著名的北府兵則召募北來僑人組成。應募士卒成爲主帥的部曲，他們隨從主帥征鎮，並從事主帥私人的力役。部曲對主帥在一定程度上具有封建依附關係，但既非世襲，也不一定終身服役，和世襲兵不同。南朝召募制推行日廣，逐漸成爲主要的軍隊建置形式，到了梁代，甚至「太半之人皆爲部曲」。雖然所説部曲可能不盡指募兵，但至少可以看到被稱爲部曲的募兵較多，從東晉南朝兵制的發展看來，是世襲兵轉向募兵。

概而言之，東晉南朝兵制的特點，一是兵士身分卑微，包括世襲兵和某種程度上帶有封建依附性的出於召募的部曲；二是東晉南朝的農民没有普遍徵發的常規兵役；三是東晉南朝的兵制的發展傾向是由世襲兵轉向募兵。

北方自永嘉亂後，各族先後建立的政權大致都以本族人和附從各少數族人組成主力部隊，本族人是核心和骨幹，特别是禁衛軍，基本上以本族人組成。漢族人只有在大規模戰争時才行徵發，通常只提供力役。北魏前期也是這樣。獻文帝元弘占領青、齊、徐、兖、淮北諸州，我們開始見到徵自農民的南邊番上戍兵。以後東魏的十五丁兵，西魏的六丁兵，北周的八丁兵、十二丁兵，都是這類普遍徵發的服役丁男，也即是受田百姓。他們承擔的兵役除了在特殊情況下征行作戰之外，通常番上防戍，丁兵從來不是軍隊的主力。應當説明，番上防戍的丁兵下番之後，仍然是州縣編户，他們的身分不低於一般百姓。

西魏北周的府兵制實際上只是十六國以來部落兵的繼續。從北魏以至齊周的軍隊主力都是鮮卑部落兵，因此軍令用的是鮮卑語。隋書食貨志記載周武帝建德二年夏人即漢族人大量應募入軍，他們本來是郡縣户籍上登記的百姓，一旦入軍，就全家入軍籍，在府兵制下，有如北史卷六〇傳論所云，「自相督率，不編户貫」，也就是府兵不編入州縣民籍。直到隋文帝開皇十年，下詔「凡是軍人，可悉屬州縣，墾田籍帳，一與民同」。軍民異籍分治源自鮮卑人當兵，漢人務農，種族界限這時基本上業已消除，建德二年（五七三年）已經「夏人半爲兵矣」，軍民分治也就順理成章地隨之革除。

概括言之，北魏兵制的特點有三。一是北朝以鮮卑人及鮮卑化各族人組成的軍隊爲主力，這種軍隊帶有部落軍性質，身分不低於平民和一般部落成員，由於鮮卑是統治民族，又由於軍功是致身貴顯的途徑，軍人身分甚至更爲高貴。其二，北魏中葉以後，漢族百姓有經常性的番上征戍之役，這種兵役是力役的延伸。其三，北魏兵制的發展傾向是軍民分治即鮮卑漢族分治的革除。

南北兵制的差異是顯著的，差異的原因在於東晉南朝是三國西晉舊制的繼承和發展，而北朝則是部落遺風的繼承和發展。此外，東晉南朝户籍上編户寡少，而北朝中葉以後，特别是孝文帝改革以後，著籍户口遠過於南朝，因此得以普遍徵發百姓番上防戍，而南朝却不可能。

第四章　南北學風的差異

第一節　東晉南朝的學風

三國時期，以洛陽爲中心的河南地區，玄學興起，學術上形成排除漢代章句煩瑣及讖緯迷信的新學風。當時大河之北和長江以南大體仍遵循漢代治學軌轍，學風偏於保守。西晉統一後，江南人士開始接觸這種新風尚，入洛人士或試加研習，也有人大聲斥責，但還看不出有巨大影響。永嘉亂後，大批名士南渡，本來盛行於京洛的玄學和一些新的理論，從此隨着這些渡江名士傳播到江南。以琅琊王氏、陳郡謝氏、殷氏爲首的僑姓高門在江左大暢玄風固不必論，一向偏於保守的江南學門，如吴郡陸氏、會稽虞氏、賀氏等，雖然大體上仍傳授漢代以來累世相承的家學，但也不免逐漸爲僑人風尚所移，開始重視玄理。特别是吴郡張氏，家世相傳，研習玄學，受到新學風的影響更深。然而正當所謂正始之音復聞於江左，〔一〕即玄學清談在江南風靡之時，北方玄學却幾乎絶響，南北學風呈現出顯著的差異。隋書卷七五儒林傳序稱：「大抵南人約簡，得其英華；北學深蕪，窮其枝葉。」即是對這種

〔一〕晉書卷三六衛玠傳。

差異的典型概括。不過所謂「約簡」與「深蕪」不一定在乎文字的繁簡，據隋書經籍志所著録，江南儒生所撰諸經的「講疏」和「義疏」，卷帙也相當繁重。「約簡」和「深蕪」也許可以解釋爲南學重義解，北學重名物訓詁，這正是魏晉新學風和漢代學術傳統的區別所在。

儒林傳序説的是經學。重義解的經學和玄學在江南的傳播有密切的關係，而重名物訓詁的經學則是以鄭玄之學爲主的漢代經學。這種重義解的儒經注釋或者可以説是玄學化的經注，王弼的周易注早就樹立了典範，這是玄學的經典著作之一，也是南朝長期列於學官的經注。〔一〕論語也是便於從玄學角度來解釋的儒經，曹魏時成書的論語集解署名何晏，據上書表實是孫邕、鄭冲、曹羲、荀顗、何晏等五人合撰，其中匯集漢代孔安國、包咸、周生烈、馬融、鄭玄諸人之説，大抵解釋字句，間有新注，帶有玄味者，或許是何晏所增，但還算不上玄學化經注。在集解基礎上充分發揮玄學論點的則是梁代皇侃的論語義疏。本書從多方面闡發了王弼的貴無思想，郭象的獨化思想，以及玄學家得意忘形的方法論，〔二〕這裏不能一一列舉。近代皮錫瑞經學歷史對此書有如下一段評論：〔三〕

如皇侃之論語義疏，名物制度，略而弗講，多以老莊之旨，發爲駢儷之文，與漢人説經相去懸絶。此南朝經疏之僅存於今者，即此可見一時風尚。

〔一〕晉書卷七五荀崧傳，南齊書卷三九陸澄傳。
〔二〕參孫述圻論皇侃的〈論語義疏〉，南京大學學報，一九八六年第三期。
〔三〕周予同注釋本，頁一七六，中華書局一九五九年版。

皮氏是一位今文學家，評論是否恰當，可以不論，但他認爲論語義疏代表了南朝以「老莊之旨」研治經學的時代風尚，却可以説明這是一部充分玄學化的經注。梁書卷四八儒林皇侃傳：

> 吴郡人也。……侃少好學，師事賀瑒，精力專門，盡通其業，尤明三禮、孝經、論語。

南史卷六二賀瑒傳（梁書本傳略同）稱：「會稽山陰人，晉司空循之玄孫也。世以儒術顯。……祖道力，善三禮，有盛名，仕宋爲尚書三公郎，建康令。父損，亦傳家業。……（瑒）所著禮、易、老、莊講疏，朝廷博議數百篇，賓禮儀注一百四十五卷。」按賀瑒爲賀循玄孫，晉書卷六八賀循傳稱本姓慶，避漢諱改，先世慶普爲漢代禮學專家，賀氏世傳慶氏禮。賀瑒生於這樣一個儒學世家，却也兼老莊，通習三玄，足見一時風尚。他的著作均已散佚，孔穎達禮記正義卷五二中庸篇引述賀瑒「性之與情，猶波之與水」云云，頗有玄趣。皇侃「盡通」賀瑒之學，論語義疏大暢玄風，疑亦受之於瑒。

值得注意的是，禮記中庸篇在南朝被抽出來别爲傳疏。隋書卷三二經籍志經部禮記類著録禮記中庸傳二卷，宋散騎常侍戴顒撰；中庸講疏一卷，梁武帝撰；私記制旨中庸義五卷，不記撰人名。〔一〕中庸之所以在這時裁篇别出，自然是因爲篇中所述誠明之體、天命之性等義理，是玄學家感興趣的命題，可以藉之闡發玄義。最先抽出中庸加以注釋的戴顒，宋書卷九三本傳稱他「隱遁有高名」，「乃述莊周大旨，著逍遥論，注禮記中庸篇。」他的中庸傳以及上舉梁武帝關於中庸的義疏，今雖都已不傳，

〔一〕梁書卷三武帝紀末稱武帝著制旨孝經義等二百餘卷，「王侯朝臣皆奉表質疑，高祖皆爲解釋。……天監初，則何佟之、賀瑒、嚴植之、明山賓等覆述制旨。」推測私記制旨中庸義當是群臣聽講中庸後「覆述制旨」所記。

却也可以推斷爲玄學化的經注。

皇侃和賀瑒皆名列梁書儒林傳中，賀瑒更是梁代最著名的儒學大師，如上所述，他們師生都兼通三玄。實際上南朝文士大抵濡染玄風，著稱的經師亦多不免。梁書儒林傳序云：「其伏曼容、何佟之、范縝，有舊名於世；爲時儒者，嚴植之、賀瑒等首膺兹選。」又同卷何佟之傳：「（齊建武中）時步兵校尉劉瓛、徵士吳苞皆已卒，京邑碩儒，唯佟之而已。」據之可知，齊梁間儒學推此數人。其中賀瑒已見前述，他曾獲得劉瓛的贊許。南齊書卷三九劉瓛傳稱瓛「少篤學，博通五經，聚徒教授，常有數十人。」傳末史臣曰：「劉瓛承馬、鄭之後，一時學徒以爲師範。……身終下秩，道義空存。」據本傳所述，劉瓛似乎是「純儒」。但傳中載他與張融書。張融是個好爲詭異的清談名士，家世奉佛，也研習老子，臨終遺令説：「三千買棺，無製新衾。左手執孝經、老子，右手執小品、法華經。」遺令如此，可知他儒、釋、道兼修。〔一〕劉瓛與之交好，必有相契之處。高僧傳卷八釋慧基傳：

後周顒莅剡，請基講説。顒既素有學功，特深佛理，及見基訪覈，日有新異。劉瓛、張融並申以師禮，崇其義訓。

據此則劉瓛曾與張融同師慧基，事與前輩經師雷次宗、周續之師事慧遠相類。〔二〕又高僧傳同卷釋法安傳：

〔一〕 南齊書卷四一張融傳及弘明集卷六張融門律。

〔二〕 宋書卷九三隱逸傳雷、周二傳，又見高僧傳卷六慧遠傳。

還都，止中寺，講涅槃、維摩、十地、成實論，相繼不絕。司徒文宣王（蕭子良）及張融、何胤、劉繪、劉瓛等，並禀服文義，共爲法友。

按何胤、劉繪並從劉瓛受經，而又與釋法安同爲法友。佛理對於劉瓛的學術有何影響，無從詳究，只是從他與張融的友好關係及同師高僧共爲法友看來，至少他也是個禮玄雙修儒釋兼綜之士。

與劉瓛並稱之齊末碩儒吴苞，南齊書卷五四高逸傳有傳，寥寥數行，稱苞爲「濮陽鄄城人也。儒學，善三禮及老、莊。宋泰始中，過江聚徒教學。」又云「自劉瓛卒後，學者咸歸之」。按濮陽屬兗州，青、齊、兗、徐諸州自晉末至宋並南屬，經學亦大致接近江南。北齊書卷四四儒林傳序稱「河南及青、齊之間，儒生多講王輔嗣所注周易」，又説春秋左氏傳，「其河外儒生俱伏膺杜氏」。吴苞善三禮及老、莊，這種禮玄雙修學風與江南相合，所以在宋失淮北之後，他在建康講學，能够繼踪劉瓛。

另一位齊、梁間被稱爲碩儒的何佟之，似乎專精儒學，今姑不論。

齊世已著稱的名儒還有伏曼容與范縝。伏曼容卒於天監元年（五〇二），故梁書儒林傳列爲首篇。傳稱「少篤學，善老、易，倜儻好大言，常云『何晏疑易中九事，以吾觀之，晏了不學也，故知平叔有所短』。聚徒教授以自業」。著作有周易、毛詩、喪服集解，老、莊、論語義。很明顯，伏曼容以專精三玄見長，甚至對於一代玄宗何晏的易學，他也有微辭。

范縝和嚴植之以及同載於儒林傳的司馬筠，均是劉瓛弟子。范縝傳稱「博通經術，尤精三禮」。劉瓛奉佛，范縝却作神滅論非難佛教，極言奉佛蠹政害民，與其師異趣。他在神滅論末稱「陶甄禀於自然，森羅均於獨化，忽焉自有，怳爾而無」，乃是郭象義，可知亦兼習玄學。嚴植之傳稱「少善莊、老，能玄言，精解喪服、孝經、論語。及長，徧治鄭氏禮、周易、毛詩、左氏春秋」。嚴植之少年所學乃是當時最通行的學術途徑，即玄禮雙修，而論語、孝經乃是玄學化的儒經。〔一〕後來他博通群經，梁武帝設置五館，「以植之兼五經博士」，乃是通儒。司馬筠傳稱「博通經術，尤明三禮」。此三人中除司馬筠外，范縝、嚴植之雖精研儒經，也兼善玄學。

然而劉瓛弟子中最受梁武尊重的乃是何胤。梁書卷五一處士何胤傳：

既長好學。師事沛國劉瓛，受易及禮記、毛詩，又入鍾山定林寺聽内典，其業皆通。而縱情誕節，時人未之知也，唯瓛與汝南周顒深器之。

按何胤與劉瓛據上引高僧傳，知二人又與張融及釋法安「並爲法友」。他在齊代官至國子祭酒、左民尚書、中書令。齊明帝時辭官隱居會稽若邪山雲門寺。梁武帝與胤及其兄點是舊交，曾兩次親筆致書，請他出山，不應命。於是特遣學徒六人到會稽就學。在敕書中梁武慨嘆「頃者學業淪廢，儒術將盡」，希望他出山「開導後生」。又説「卿居儒宗，加以德素，當敕後進有意向者，就卿受業」。何胤兼通儒釋，晚年移居吴郡虎丘西寺「講經論，學徒復隨之」。「經論」通常指佛典，但從「學徒復隨之」一語看來，想必也講儒經。傳稱「胤注百法論、十二門論各一卷，注周易十卷，毛詩總集六卷，

〔一〕據隋書卷三二經籍志孝經類，不少玄學名士都兼習孝經，留下了大量的注釋、義疏，甚至釋慧始、慧琳，道士陶弘景亦有孝經注傳世。梁又有孝經玄一卷，不記撰人，姚振宗隋書經籍志考證案：「此殆以玄義解釋孝經者。」誠是。

毛詩隱義十卷，禮記隱義二十卷，禮答問五十五卷」。也兼儒經、佛典。但梁武所重乃是他的經學。

何胤受到周顒的器重，二人又同以奉佛著稱，具見南齊書卷四一周顒傳。周顒是振興般若學的重要人物，爲三論宗先驅。本傳又云：「兼善老、易，與張融相遇，輒以玄言相滯，彌日不解。」文選卷四三孔德璋北山移文稱周顒「既文既博，亦玄亦史。……談空空於釋部，核玄玄於道流」。都説他兼通玄學。本傳及其他記載都没有提到他的儒學，〔二〕其實他對於齊梁時期儒學風尚有頗大影響。傳稱：「轉國子博士，兼著作如故。太學諸生慕其風，争事華辯。」所謂「華辯」，也就是儒學的玄談化。周顒創導的華辯學風特别表現在周氏一家的門風。梁書卷二五周捨傳：

父顒，齊中書侍郎，有名於時。捨幼聰穎，顒異之。……既長，博學多通，尤精義理，善誦書，背文諷説，音韻清辯。起家齊太學博士，遷後軍行參軍。建武中，魏人吴包南歸，有儒學，尚書僕射江祏招包講，捨造坐，累折包，辭理遒逸，由是名爲口辯。

按周捨「尤精義理」，亦即其父之學，又善誦書，「音韻清辯」，這也是東晉以來玄談所重。吴包（苞）爲齊代「碩儒」已見上述，他於宋泰始初已南渡，這裏將南歸時與江祏請講的時間連叙，未免籠統。吴苞也是玄儒兼通之士，周捨能够折服他，仗的是辯才，這正是「争爲華辯」之風，也是玄談化的儒學。他是梁武帝最信任的臣僚之一，傳稱「雖居職屢徙，而常留省内，罕得休下。……日夜侍上，預機密，二

〔一〕隋書卷三二經籍志周易類：「周易論十卷。齊中書郎周顒撰，梁有三十卷，亡。」大概是玄學論著。

十餘年未嘗離左右」。普通五年(五二四年)卒後,梁武下詔褒贈,稱他「義該玄儒,博窮文史」云云,也可以説明周氏學風。

周捨身居要職,並未講學。他的侄子弘正是梁陳間最負盛名的碩學大師。陳書卷二四周弘正傳:

> 弘正幼孤,及弟弘讓、弘直,俱爲伯父侍中護軍捨所養。年十歲,通老子、周易,捨每與談論,輒異之,曰:「觀汝神情穎悟,清理警發,後世知名,當出吾右。」

弘正十歲即通老、易,獲得周捨的贊賞,或有誇飾,但他早歲即治玄言,應是事實。他十五歲爲國子生,就開講周易,以後累遷國子博士。傳稱「時於城西立士林館,弘正居以講授,聽者傾朝野焉」。可知他講學很能吸引聽衆。這時他提出周易疑義五十條,又和國子生三百一十二人上啓請梁武帝「釋乾坤二繫」。啓稱「自制旨降談,裁成易道……臣親承音旨,職司宣授」云云,應是他聽了梁武帝談易之後,感到有疑問,而「乾坤二繫」,梁武並未談及,所以提出這一要求。梁武答應予以考慮。梁書卷三武帝紀末叙武帝著作有「周易講疏,及六十四卦、二繫、文言、序卦等義」,大概就是應弘正等的啓請而撰。周易爲弘正專長,啓請解答也正是投梁武之所好。自梁末至陳,官位貴顯,而屢任國子祭酒。傳稱弘正「所著周易講疏十六卷,論語疏十一卷,莊子疏八卷,老子疏五卷,孝經疏兩卷,集二十卷,行於世」。弘正著作其實只是三玄加論語、孝經。論語的玄學化已見上述,孝經亦是玄談名士所重,上引張融遺誡便以孝經與老子、小品、法華經並提。

周捨、弘正伯侄的學術似以玄學爲主，兼以玄學化或玄談化的經學。但是伯侄在當時確都以儒學見稱。顏氏家訓卷三勉學篇就以周氏伯侄與何胤、劉瓛、明山賓、朱异、賀琛、賀革、蕭子政、劉縚並稱爲梁代「冠冕爲此（儒學）者」。

周弘正與國子生三百餘人奏請梁武帝解釋「乾坤二繫」，國子生首列張譏，乃是弘正高足弟子。陳書卷三三儒林張譏傳稱：「譏幼聰俊，有思理，年十四，通孝經、論語。篤好玄言，受學於汝南周弘正，每有新意，爲先輩推伏。」孝經、論語爲玄學化的儒學，所以與「篤好玄言」相聯，而這也正是周氏之學。本傳記載梁武帝在文德殿講周易乾坤文言，他參預講筵，並與梁武論難。後來侯景圍臺城，「於圍城之中，猶侍哀太子於武德後殿講老、莊。」入陳以後，還曾與他的老師周弘正辯論周易。後主爲太子時，賜以玉柄麈尾，命他在温文殿講莊、老。傳又云：

後主嘗幸鍾山開善寺，召從臣坐於寺西南松林下，敕召譏竪義。時索麈尾未至，後主敕取松枝，手以屬譏，曰：「可代麈尾。」

這裏没有説明所謂「竪義」是指什麽，想來不外玄、釋之義。張譏在陳官至東宫學士、國子博士，陳亡入隋卒。傳末云：

譏性恬静，不求榮利，常慕閑逸，所居宅營山池，植花果，講周易、老、莊而教授焉。吴郡陸元朗、朱孟博、一乘寺沙門法才、法雲寺沙門慧休、至真觀道士姚綏，皆傳其業。譏所撰周易義三十卷，尚書義十五卷，毛詩義二十卷，孝經義八卷，論語義二十卷，老子義十一卷，莊子内篇義十二卷，外篇義二十卷，雜篇義十卷，玄部通義十二卷，又撰遊玄桂林二十四卷。本傳記張譏講論均爲三玄，其他儒經止稱某經「義」，雖然其書不傳，大概是講述大義，他正是汝南周氏學派嫡傳。值得注意的是這樣一位執麈清談的名士却列於儒林傳。陳書儒林傳又載全緩，稱緩「受易於博士褚仲都，篤志研玩，得其精微」。梁代任國子助教，「兼司義郎，專講詩、易。」此二經可能他所長，但傳末却說「緩治周易、老、莊，時人言玄者咸推之」。則全緩也是以精於三玄而入儒林傳。

如上所述，自劉瓛、何胤以來，南朝儒生多兼涉玄、釋，而如汝南周氏，自周顒以下三世以及其嫡傳張譏，實際上是以玄爲主而兼涉儒經。這裏我們清楚地看到南朝經學的玄學化與玄談化。這種風氣極盛於梁代，乃是統治者提倡的結果。

梁武帝是個皈依三寶的佛教信徒，却也是儒玄兼綜的名士。梁書卷三武帝紀末說他「少而篤學，洞達儒玄」。並列舉了他的大量著作，其中儒經和佛經的講疏、義記等，卷帙浩繁，還有老子講疏。又魏書卷八四儒林李業興傳記載東魏天平四年（五三七，梁大同三年）業興出使梁朝時與朱异及武帝的問答。朱异和業興的問答是關於郊丘及明堂的規制問題，大致業興篤守鄭注，兼採讖緯，朱异則郊丘用王肅注，明堂遵裴頠說，又不信讖緯。梁武帝所問實際上也是懷疑鄭注，這裏可以看到北方繼承漢代經學，南朝偏重魏晉新說。問答中有兩處涉及到玄學：

蕭衍親問業興曰：「聞卿善於經義，儒、玄之中何所通達？」業興曰：「少爲書生，止讀五典，至於深義，不辨通釋。」……衍又問：「易曰太極，是有無？」業興對：「所傳太極是有，素不玄學，何敢輒酬。」

梁武帝問儒玄之中「何所通達」，也就是如何會通儒玄，簡捷地說，就是問業興能否從玄學角度解釋經義，而這正是南朝時興的學風，梁武帝和當時名儒賀瑒、皇侃正是這樣做的。至於太極有無，乃是純粹的玄學命題，篤守漢學的李業興當然不能酬答。

梁武帝的第三個兒子簡文帝蕭綱，梁書卷四（南史卷八）本紀稱：「幼而敏睿，識悟過人，六歲便屬文。……（既長）讀書十行俱下。九流百氏，經目必記；篇章辭賦，操筆立成。博綜儒書，善言玄理。」曾親講梁武所制五經講疏，著作有禮大義、老子義、莊子義各二十卷，易林十七卷，又有長春義記一百卷，法寶連璧三百卷等。高祖第七子梁元帝蕭繹，亦博學，梁書卷五本紀末記其著作近二十種約四百卷，儒、道、釋及史傳、地記，無所不包。有關玄學者有周易講疏十卷，老子講疏四卷，内典博要一百卷。總之梁武、簡文、元帝父子皆以博學多才、儒玄兼綜著稱。顏氏家訓卷三勉學篇中歷詆何、王以來諸玄談名士，又云：

直取其清談雅論，剖玄析微，賓主往復，娱心悦耳，非濟世成俗之要也。洎於梁世，兹風復闡，莊、老、周易，總謂三玄。武皇、簡文，躬自講論。周弘正奉贊大猷，化行都邑，學徒千餘，實爲盛美。元帝在江、荆間，復所愛習，召置學生，親爲教授，廢寢忘食，以夜繼朝，至乃倦劇愁憤，輒以講自釋。

顏之推的話是對梁朝一代學風的概括。

如上所述，南朝思想學術上的儒玄兼綜、儒玄「通達」，導致重義解的經學，並產生玄學化的經注。這種經注繼承王弼周易注的傳統，重點不在名物訓詁，疏通經義，而在發揮作者自己的理論見解，探尋玄學義理。由於這種玄學化的治經方法在南朝蔚爲風尚，因此儒家經典也往往成爲清言玄談之資，説經亦玄談化，正如趙翼廿二史劄記卷八六朝清談之習條所云：「雖從事於經義，亦皆口耳之學，開堂升座，以才辯相爭勝，與晉人清談無異。」

當然，我們不能忽略東晉南朝是佛教盛行的時代。經過一二百年的歷程，佛教思想正在思想學術界逐漸取代玄學而居於優越地位。所謂玄，本來只指何晏王弼創始的新道家思想，南朝有時雖仍沿用舊義，却往往兼指佛學。玄禮雙修，也就推廣到儒釋兼通，不但名士多信奉佛法，而且不少高僧兼講儒經。至於梁武帝皈依三寶，親自疏講佛經，以至蔬食使宗廟不血食，三次捨身同泰寺，朝野崇佛翕然成風，更是人所周知，不待細述。然而江南佛學之發達及其特點却與玄學有極爲密切的關係。湯用彤先生曾在漢魏兩晉南北朝佛教史中多次指出，南北朝佛教的差異是「南方偏尚玄學義理」，「北方重在宗教行爲」，也就是南朝注重學理上的探討，北朝注重宗教上的皈依。而南朝之所以重義解，也正是在玄學盛行的氣氛中形成的。盡管隨着佛學研究的深入，佛學義理日益顯明，脱離佛經本義的玄學化傾向不再繼續，但南朝佛教之重義解不僅出於玄學，而且繼續受到玄學的影響，並最終在更高的基礎上玄學化。關於東晉南朝的佛教思想，湯用彤先生漢魏兩晉南北朝佛教史，吕澂先生中國佛學源流略講，論述已詳，而本人對佛學又並無通解，故此從略。

第二節　北朝學風

永嘉亂後流傳於洛陽及其周圍地區的玄學隨着南渡名士播遷江左，北方老莊之學雖未絶迹，但大抵爲僧徒所誦習，以備格義連類，及至姚秦僧肇以後，北方玄學幾乎絶響，學術風氣與南方迥異。

我們知道魏晉時期的玄學新風興起於以洛陽爲中心的河南地區，河北、關中一帶，尤其是河北地區，比較保守，很少受到新學風的影響。〔一〕永嘉亂後河洛名士南遷，河北學門崔盧等仍返鄉里。北朝經學亦即河北之學，大抵篤守漢代以來的傳統，以集漢代今古文學大成的鄭玄之學爲宗，而王弼周易注、尚書僞孔傳、杜預春秋左傳集解，北方大致無傳習。這一點隋書儒林傳序講得很清楚。傳序所謂「北學深蕪，窮其枝葉」，正是指漢代以來的章句訓詁之學。「北學」的中心地區在河北，而北朝儒學最盛的地區亦在河北。魏書卷八四儒林傳序記載孝文和宣武帝時儒學之盛有云：

> 時天下承平，學業大盛。故燕齊趙魏之間，横經著録，不可勝數。大者千餘人，小者猶數百。州舉茂異，郡貢孝廉，對揚王廷，每年逾衆。

序所稱地域除齊在河南外，均在河北。北齊書卷四四儒林傳序稱境内「横經受業之侣，遍於鄉邑；負笈從宦之徒，不遠千里。伏膺無怠，善誘不倦」。但特别指出「燕趙之俗，此衆尤甚」。傳序以下歷叙

〔一〕　拙撰魏晉南北朝史論叢第三六一——三六三頁（文集本三四八——三五〇頁）。

儒生師傳淵源，著稱的儒生均爲河北人，所傳周易、尚書、毛詩、三禮，皆宗鄭玄注。春秋左傳則遵服虔注。又稱「河南及青齊之間，儒生多講王輔嗣所注周易」。春秋左傳河北只有個別儒生「兼講杜元凱所注」，「河外（即河南）儒生俱伏膺杜氏」。至於尚書僞孔傳，直到北齊末年才經由梁費甝尚書義疏傳到河北，爲個別儒生所「留意」。這裏説明在北朝統治區域内，大河南北仍有差異，河北盛行鄭玄之學（服虔左傳注亦出於鄭氏），河南（包括青齊）流行魏晉新經注，不專主鄭學。學風所尚接近南朝。按獻文帝平青齊後，當地一些精於儒術的學者，如平原明山賓、濟陰卞華等，已跑到江南，〔一〕但當地大批士庶仍被强制北遷。其中儒生文士如劉芳、崔光、崔亮、高聰等，後來受到重用，官位顯達。〔二〕劉芳在孝文、宣武兩朝號爲「當世儒宗」，在北魏改革及制禮作樂等方面，劉芳起了頗大作用。這批北徙的青齊士人可能對於北方經學有所影響，但影響不大。大抵河南、青齊地區受南朝影響較大，不過最能代表「北學」的仍是河北，「北學」著名儒生基本上在河北。上引北齊書儒林傳序稱齊代儒學「多出自魏末大儒徐遵明門下」，據魏書本傳，遵明雖爲華陰人，但受業從師均在河北。他在河北曾先後轉學數人，亦可見河北開館授徒之盛。

關隴河西自後秦、北涼破滅之後，經濟文化大爲衰弱。西魏北周時期，以儒學著稱者大抵來自他方。注大戴禮的盧辯爲范陽士族，「累世儒學」。周書卷四五儒林傳所載儒生六人，范陽盧氏居其

〔一〕梁書卷二七明山賓傳，卷四八卞華傳。

〔二〕各見魏書本傳。

二：盧誕、盧光。光乃辯之弟。三盧都先後西奔入關。樊深、樂遜均爲河東人。熊安生，長樂人，齊亡入關。沈重，吴興人，江陵破後入關。六人中没有一個關中人。

隋書卷七五儒林傳序稱隋初儒學之盛，云：「京邑達乎四方，皆啓黌校，齊魯趙魏，學者尤多。」可知直到隋初，儒學最盛的地域仍爲齊魯趙魏，大致與魏齊時一致。

上述可知，北朝經學實即河北之學，而河北之學基本上沿襲漢末的鄭玄之學。所謂「北學深蕪，窮其枝葉」，亦即鄭玄之學的特點，表現之一是重視章句訓詁，其次是雜以讖緯占候。北魏崔浩、高允都明陰陽占候之術，崔浩曾作周易注，書已失傳。叙中自稱每「以左氏傳卦解之」，當是以陰陽占候闡釋易經諸卦之義。〔二〕魏書高允傳稱允博通「天文術數」，「尤好春秋公羊」，又以明災異著稱。公羊爲今文學，自與讖緯占候有密切關係。前述李業興出使梁朝答朱异問中，稱北方郊、丘規制用鄭玄義，而參以緯書孝經援神契，朱异答以「緯候之書何用信也」，對之頗不以爲然。由此可見雜以讖緯占候，實爲北方經學的一個特點。

「北學」上承漢代經學，自然要重視名物訓詁。崔浩解急就章，劉獻之作章句疏，孫惠蔚任祕書丞時集諸儒「專精校考」經史，「校練句讀」，「參定字義」，皆是章句訓詁之學。徐遵明爲一代大儒，史稱他「每臨講坐，必持經執疏，然後敷陳」。曾見「鄭玄論語序云『書以八寸策』，誤作『八十宗』，因曲爲

〔一〕　魏書卷三五崔浩傳，卷五二張湛傳。

之説」。〔一〕儼然漢儒拘泥章句的遺風。見於魏書儒林傳的十多名儒生，大抵如此。他們都謹守鄭義，注重師承，不背「先儒之旨」。如劉蘭以學問淵博精悉，「爲儒者所宗」，却因「排毁公羊，又非董仲舒」，而見譏於世。陳奇則以駁鄭玄義得罪游雅，竟至殺身。

顏氏家訓卷三勉學篇論北方儒學云：

洛陽亦聞崔浩、張偉、劉芳，鄴下又見邢子才：此四儒者，雖好經術，亦以才博擅名。如此諸賢，故爲上品。以外率多田野閒人，音辭鄙陋，風操蚩拙，相與專固，無所堪能，問一言輒酬數百，責其指歸，或無要會。鄴下諺云：「博士買驢，書券三紙，未有驢字。」使汝以此爲師，令人氣塞。

按所謂「如此諸賢」，乃兼上文所述南朝何胤、劉瓛等。「以外率多田野閒人」云云，雖亦兼指南北，主要是指北朝儒生，故引鄴下諺語爲證。下文又云：

俗間儒士，不涉群書，經緯之外，義疏而已。吾初入鄴，與博陵崔文彦交遊，嘗説王粲集中難鄭玄尚書事。崔轉爲諸儒道之，始將發口，懸見排蹙，云：「文集只有詩賦銘誄，豈當論經書事乎？且先儒之中，未聞有王粲也。」崔笑而退，竟不以粲集示之。魏收之在議曹，與諸博士議宗廟事，引據漢書，博士笑曰：「未聞漢書得證經術。」收便忿怒，都不復言，取韋玄成傳，擲之而起。博士一夜共披尋之，達明，乃來謝曰：「不謂玄成如此學也。」

〔一〕劉獻之、孫惠蔚、徐遵明，俱見魏書卷八四、北史卷八一儒林傳。

所謂「俗儒」也應南北都有之，但讖緯之學盛於北方，無論「俗儒」，即如顏氏所稱道的崔浩和同樣博學能文的高允也講讖緯，已如上述。所以「經緯之外，義疏而已」，也指北方俗儒。所引兩則事例均北齊時事。顏氏嘲笑那些博士的鄙陋，不知有王粲，〔一〕並不讀漢書，他們對於文史一無所知。家訓前文論「（末俗以來）士大夫子弟皆以博涉爲貴，不肯專儒」，乃指梁代學士不專章句之學。陳書卷三三儒林沈洙傳稱：「（梁）大同中，學者多涉獵文史，不爲章句，而洙獨積思經術，吴郡朱异、會稽賀琛甚嘉之。」然而即使這位「積思經術」，從事章句之學的沈洙，本傳説他五經章句之外，也是「諸子史書，問無不答」。還有通曉三禮大義的戚衮，並不以博涉著稱，却也能與博學多才的文士徐摛論難，「對答如流」。〔二〕這兩人在梁朝都曾官博士。

北朝儒生當然不盡如顏氏所説那樣鄙陋，但獨抱經緯義疏，此外暗昧無知的「俗儒」，却確有其人。北齊時最著名的大儒是熊安生。周書卷四五儒林熊安生傳：「博通五經，然專以三禮教授。弟子自遠方至者，千餘人。乃討論圖緯，捃摭異聞，先儒所未悟者，皆發明之。齊河清中，陽休之特奏爲國子博士。」他正是一位通曉經緯義疏的儒生，也正是精於三禮的國子博士。齊亡入周，北周施行六官制，他以通周官受到周武帝的賞識，給以特殊優待。著有周禮義疏二十卷，禮記義疏四十卷，孝經

〔一〕隋書卷三二經籍志尚書類稱：「（梁有）尚書釋問四卷，魏侍中王粲撰。……亡。」則王粲釋尚書自有專書，梁代尚存，顏之推應能見之，不知何以引王粲集，也許集中別有駁鄭之説。

〔二〕陳書卷三三儒林戚衮傳。

義疏一卷。當時他負極大的聲譽，北朝後期以至隋代著名儒生，如劉焯、劉炫，多出其門。然而這位大儒在經學以外簡直孤陋寡聞。北史卷八二儒林下熊安生傳末記載如下一件事：

安生在山東時，歲歲遊講，從之者傾郡縣。或詐之曰：「某村古塚，是晉河南將軍熊光墓，去此七十二世。舊有碑，爲村人埋匿。」安生掘地求之，不得，連年訟焉。冀州長史鄭大讙判之曰：「七十二世，乃是羲皇上人；河南將軍，晉無此號。訴非理記。」安生率其族向塚而號。

這真是個笑柄，這樣的博士不讀漢書是非常可能的。顏氏所鄙陋的博士正是指熊安生一流人。又隋書卷七五儒林傳序稱，「爰自漢、魏，碩學多清通，逮乎近古，巨儒必鄙俗。」所謂「近古」指自晉以後，當然亦兼南北而言，但主要也指北方巨儒有如熊安生等。南朝巨儒劉瓛、何胤，世傳禮學之會稽賀氏賀瑒、賀琛，吳興沈氏沈峻、文阿父子以及沈洙、沈重，皆一代巨儒，或涉於玄釋則有之，豈得謂之「鄙俗」。

當然我們無意貶低北方儒學。如前所述，顏之推也肯定了崔浩、張偉、劉芳、邢子才四人。崔浩曾遍汗群經，與崔浩同時的高允也是「博通經史」，並善屬文，著有「詩賦誄頌箴論表讚，左氏、公羊釋、毛詩拾遺、論雜解、議何鄭膏肓事，凡百餘篇」。〔一〕高允是通經能文的「碩儒」。太武帝時與高允同時就徵的范陽盧玄等三十五人不乏通經博學的名士。平涼州，遷往代京的士人趙逸、宋繇、闞駰、

〔一〕魏書卷四八高允傳。

索敞等，也多博通經史，並善文筆。其時徵辟及平涼所得文士大都被任爲中書博士（即國子博士改稱），和顏之推所嘲笑的「博士」顯然不同。魏書卷八四儒林傳序云：「高祖欽明稽古，篤好墳典，坐興據鞍，不忘講道。」〔一〕前文已談到劉芳爲當世儒宗。魏書卷五五本傳稱：「芳才思深敏，特精經義，博聞强記，兼覽蒼、雅，尤長音訓，辨析無疑。」他的著作大部分是諸經音訓，但也著徐州人地録，並非不涉文史。同書卷六二李彪傳記彪「述春秋三傳，合成十卷」。儒林孫惠蔚傳稱「惠蔚與李彪以儒學相知」。但本傳又説他著有「詩頌賦誄章奏雜筆百餘篇，别有集」。他的志願是要撰述紀傳體的魏史，絶非專經的儒生。劉、李二位當然不能與經緯之外但知義疏的博士比類。

盡管自崔浩、高允以至劉芳、李彪，北方不乏通博之儒，但是學風終究和南方玄學化與玄談化的儒學有異。北方儒學雖然不能認爲就像顏之推所嘲笑的北齊博士那樣鄙陋，但學風保守，遵循漢代以來章句義疏的治學道路，乃是普遍的現象。總之，北朝經學繼承漢代傳統，注重章句訓詁，南朝經學受到魏晉新學風的影響，注重義理，這是南北學風最顯著的差異。

我們還要提到北朝的玄學。永嘉亂後玄學中心雖從洛陽南移建業，但直到石趙統治時期老莊之學仍在洛陽傳習，慧遠爲諸生時即在洛陽誦習老莊。以後玄學在士人中幾成絶響，却得以在僧侶中

〔一〕魏書此卷據宋人校勘，非魏書原文，乃後人雜取高氏小史及北史所補。但高氏小史叙北魏事即本魏書，序中此數語仍可作爲魏收之論。

流傳保存，即因玄學命題中的有無本末之辯、方内方外之説與佛教中的空有和真諦俗諦之論可以比附。姚秦時鳩摩羅什在長安弘法，最重般若、三論之學，門下薈萃一批名僧，有所謂「八俊十哲」之目，均兼善内外，崇尚玄談，其中最負盛名的僧肇，就是一個以玄學解釋般若學的大師。據高僧傳卷六僧肇傳載，他自幼「歷觀經史，備盡墳籍，志好玄微，每以老莊爲心要」。常覺老子道德經於「栖神冥累之方，猶未盡善」，及見佛經，「乃言始知所歸」，出家以後「學善方等，兼通三藏」，後從鳩摩羅什，深得般若真昧，所著物不遷論、不真空論及般若無知論，將般若精義與魏晉玄理熔爲一爐，於有無體用問題有極爲深切的證知，號稱解空第一，甚得江左高僧名士激賞，被譽爲我國佛教發展史上最爲重要的著作之一。由於「三論」純用中國文體，命意遣詞多取老莊之書，當時人廬山隱士劉遺民便稱贊「不意方袍，復有平叔」，將僧肇比諸玄學大師何晏，因此湯用彤先生將之劃屬玄學系統。至於僧肇其人其學，湯先生所論已詳，這裏無須多説。〔一〕

僧肇死於東晉義熙十年（四一四），稍後劉裕入關，赫連夏破長安，永嘉亂後一度成爲北方佛學重鎮的長安迭遭戰禍，名僧星散，從此南方獨專義理，而北方佛教偏重行業，玄學瀕於絶響。

隋書儒林傳序和顔氏家訓勉學篇所論北朝學風作爲普遍現象，直到隋代基本上没有變化。但自孝文帝遷洛以後，特别是北朝末期，我們看到了一些值得注意的迹象。

〔一〕湯用彤：漢魏兩晉南北朝佛教史第十章，中華書局一九八三年版。

在孝文帝統治時期，北方學風開始受到南朝影響，逐漸注重義解，佛教講經之風盛行洛陽。孝文帝本人即博覽經史，並能講説，魏書本紀稱「善談老莊，尤精釋義」，每與名德沙門討論往復。當時在毗鄰南朝的彭城，多有名僧聚居，其中頗有擅長義學者，這些湯用彤先生論述已詳。〔一〕北朝末期，特別是侯景之亂以後，不少南朝士人來到北方，南學的北漸更其明顯。顏之推於鄴都儒學獨推邢子才。北史卷四三邢臧傳：「博學有藻思。年二十一，神龜中舉秀才，考上第，爲太學博士。正光中議立明堂，臧爲裴頠一室之議，事雖不行，當時稱其理博。」按梁立明堂用裴頠一堂無室之制，〔三〕邢臧之説，疑受梁制影響。邢邵（字子才）乃臧弟，北史本傳即在邢臧傳之後，傳末稱邵「博覽墳籍，無不通曉。晚年尤以五經章句爲意，窮其指要」。按子才博學多才，文章名震一時，他的經學崇尚我們不清楚，文學企慕南朝則史有明文。北史卷五六魏收傳：

始收比温子昇、邢邵稍爲後進，邵既被疏出，子昇以罪死，收遂大被任用，獨步一時。議論更相訾毁，各有朋黨。收每議陋邢文。邵又云：「江南任昉，文體本疏，魏收非直模擬，亦大偷竊。」收聞乃曰：「伊常於沈約集中作賊，何意道我偷任。」任、沈俱有重名，邢、魏各有所好。武平中，黄門郎顏之推以二公意問僕射祖珽。珽答曰：「見邢、魏之臧否，即是任、沈之優劣。」

據此可知北齊士人對南朝文學的崇仰。北齊書卷二四杜弼傳還記載邢邵與杜弼一場關於神滅與否

〔一〕上引湯用彤漢魏兩晉南北朝佛教史第二十章。

〔二〕見魏書卷八四儒林李業興傳記業興使梁與朱异論辯事。

的辯論。邢邵堅持唯物的神滅論，杜弼則竭力爲唯心的神不滅論辯護。這場辯論據説「前後往復再三」，杜弼傳所記甚詳，也還只是部分内容，這裏不擬徵引。按神滅與否的辯論晉宋時業已展開，〔一〕齊代范縝著神滅論，信奉佛教的齊竟陵王蕭子良和梁武帝都曾集合名士高僧力加辯難，最後梁武以帝皇之威，以儒家祀先之禮，壓制范縝之説，其事爲人所共知，無須贅説。總之，這是南朝歷代爭論的哲學課題，邢、杜的論難正是南學北流的一端。杜弼傳稱：「弼性好名理，探味玄宗，自在軍旅，帶經從役。注老子道德經二卷。」又云「耽好玄理，老而愈篤。又注莊子惠施篇、易上下繫，名新注義苑，並行於世。」他表上道德經，魏靜帝稱他「息棲儒門，馳騁玄肆，既啓專家之學，且暢釋、老之言」。他不僅遍注三玄，又精通佛學。武定六年（五四八）魏靜帝集名僧講説佛理，「敕弼昇師子座，當衆敷演」，諸僧「問難鋒至，往復數十番，莫有能屈」。他還跟魏靜帝討論過佛經中佛性、法性爲一爲異的問題，這是深入探討佛學義理過程中必然要涉及的問題。杜弼之深明佛義，當與他精通玄學義理有關。總之，杜弼學術深受南朝影響是非常明顯的。

杜弼是北朝僅見的玄學家，並非經師。然而在魏齊之間像南朝那樣以經師而兼涉玄釋的也不乏其人。北史卷三〇盧景裕傳稱：「先是，景裕注周易、尚書、孝經、論語、禮記、老子，其毛詩、春秋左氏未訖。齊文襄入相，於第開講，招延時俊，令景裕解所注易。景裕理義精微，吐發閒雅。時有問

〔一〕具見弘明集卷二宗炳明佛論及卷五所載晉孫盛、羅含及宋鄭道子諸論。

難，……從容往復，無際可尋。」又云：「景裕雖不聚徒教授，所注易大行於世。又好釋氏，通其大義。天竺胡沙門道悕，每譯諸經論，輒託景裕爲之序。」按景裕爲當世碩儒，值得一提的是他除儒經以外還注老子，並通佛經大義。他爲多種儒經作注，而非爲舊注作義疏，有異於河北偏重鄭注之風。所注周易却「大行於世」，這裏是否表明北方學風轉變的迹象呢？

景裕弟辯在西魏北周官位顯達，所注大戴禮流傳至今。宇文泰依託周官，在西魏施行所謂「六官制」，盧辯是主要創制人。〔一〕景裕還有弟光，字景仁，周書卷四五(儒林)本傳說他「博覽群書，精於三禮，善陰陽，解鐘律，又好玄言」。又云「光性崇佛道，至誠信敬」，兼涉玄釋與景裕同。范陽盧氏自漢末盧植以來，世傳經學，景裕弟兄都以經學著稱，但從景裕、景仁的治學道路上可以看到接受南朝學風的迹象。

北朝儒生大抵篤守漢學傳統，注重章句訓詁，儒經之外，寡有研習，即如李業興所說，「止讀五典」，「素不玄學」。這是河北傳統經學的一派，代表着北學的風氣。孝文帝以後以至北朝末期，以儒生兼習佛經義理者漸有其人，這種兼習釋玄的儒生當是受南朝學風的影響所致，即皮錫瑞之所謂「北學之折入於南者」。〔二〕但玄學在北朝終究不盛，儒生之兼習釋玄，似乎對他們的治經方法影響不大。因而北學在義理上始終不如南學，諸如杜弼那樣於儒釋玄兼綜並通的實屬罕見。

〔一〕　北史卷三〇盧辯傳。
〔二〕　上引皮氏經學歷史第六節。

綜合本章所述，可知自永嘉亂後晉室東遷，政治上南北對峙，學術風氣亦出現顯著的差異。概括而言，即是南方注重義理，上承魏晉玄學新風，北方繼承漢代傳統，經學重章句訓詁，雜以讖緯，佛教重宗教行爲，有佛道遺風。所謂南學與北學的區别，有着地理上的分野，但首先是學風的差異。當然，這種差異乃是相對的，如南朝官立經學中仍有漢代舊學，北朝河南青齊一帶也流行魏晉新經注。南北學的互相影響、滲透，是在與日俱增。隋代統一南北，魏晉新經注傳入河北，劉焯、劉炫於周易、尚書、左傳三經注皆捨舊從新，改變了北方恪遵鄭學的學風，進入皮錫瑞經學歷史所謂經學統一的時代，當然，這是以南學爲主體的統一。

第三篇　論唐代的變化

第一章　社會經濟的變化

第一節　南北人口分布

一、唐代前期户口分布概述

隋大業年間（六〇五——六一七），全國著籍户數高達八百九十萬七千五百四十六，口數有四千六百零一萬九千九百五十六。〔一〕若按隋書地理志各州郡分計數合計則更多一些，達九百零七萬餘户。然而到了唐初，著籍户數却大爲減耗。通典卷七歷代盛衰户口條録杜正倫奏稱：武德年間（六一八——六二六）天下户數僅二百餘萬。同卷丁中條又載貞觀（六二七——六四九）中有户三百萬。則唐初武德、貞觀年間的户口數較之隋大業户口顯著下降。兹據舊唐書地理志載唐貞觀十道舊領户口數列表如下：

〔一〕隋書卷二九地理志上。

道別	户數	口數
關內道	三九八〇六六	一七四四六二八
河南道	二七五六一八	一一六九二一四
河東道	二七一一九九	九九八四九三
河北道	三六九七三〇	一五八九三二〇
山南道	一八〇七二四	七八七六九七
淮南道	九一〇九一	四〇五七三七
江南道	四〇三九三九	一九五九五一〇
隴右道	五五九五六	一九八二三二
劍南道	六三八二〇〇	二八五六六七九
嶺南道	三五七三四八	六四二一八一
合計	二〇四一八七一	一二三五一六八一

按舊唐書地理志所列貞觀舊領户繫年不詳，據舊唐志序稱：「自隋季喪亂，群盜初附，權置州郡，倍於開皇大業之間。貞觀元年，悉令併省，始於山河形便，分爲十道。……至十三年定簿，凡州府三百五十八，縣一千五百五十一。」另據初學記卷八州郡部總叙州郡第一所引魏王泰編括地志記事，與此相合，故知舊唐志十道舊領户口數係根據貞觀十三年（六三九）大簿而來。〔二〕總計上表所列貞觀十

〔一〕參見日野開三郎唐貞觀十三年户口統計的地域的考察，東洋史學二四（一九六一年）第一——二四頁。

三年十道下轄各州郡户數爲三百零四萬一千八百七十一，口數爲一千二百三十五萬一千六百八十一。各道州所轄户口數與隋同一區域内户口數相比都有大幅度下降。下降的地區以黄河中下游最爲嚴重。我們知道，隋代的關東一帶（即相當於唐代的河南、河北二道境）是人口最爲稠密的地區，隋大業年間户數高達四百八十八萬四千六百一十七，占全國總户數的53.7%，人口稠密居全國首位。至唐初貞觀年間，據魏徵説：

今自伊洛以東，暨於海岱，灌莽巨澤，茫茫千里，人烟斷絶，鷄犬不聞。道路蕭條，進退艱阻。〔一〕

這是指的今河南、山東一帶。這一區域在隋代約有户二百七十二萬餘，貞觀户不足三十萬，僅及隋代的九分之一，可知魏徵所言不虚。魏徵這段話没有提到河北，而是因爲他上奏爲了諫止封泰山，河北不是東封道路可經。其實，河北在殘酷鎮壓劉黑闥起義之後，受到的破壞也極其嚴重。那裏人口大量死亡流移，户口減損恐不下「伊洛以東」。檢舊唐志，河北道貞觀户僅三十五萬餘，而同一地區在隋代却高達二百多萬户，可知河北一帶的户數同樣是成倍下降，其中相、衛、貝、博四州不及隋相當區域户數的十分之一。經過貞觀、永徽初，至高宗永徽三年（六五二），全國著籍户數達三百八十餘萬，〔二〕與貞觀户數相比，增長幅度不甚明顯，仍然遠較隋代爲低。大體在這一階段，全國著籍户數基本處於

〔一〕 貞觀政要卷二直諫。
〔二〕 通典、舊唐紀作三百八十萬，整數記，唐會要作三百八十五萬。

停滯、徘徊階段。至武后末年以降，户口數開始呈直綫上升趨勢。中宗神龍元年（七〇五），户數已達六百一十五萬六千一百四十一，口數爲三千七百一十四萬。〔一〕到了天寶中後期已趕上隋大業户口數。〔二〕在此期間，黄河中下游經濟迅速恢復，户口隨之增長。唐初户口減耗主要在這一地區，以後增長幅度最大的也是這一地區。這只要一看兩唐書地理志所載唐天寶年間河南、河北兩道的户口數即可知道。

關中一帶在唐初也受到戰爭破壞，隋代該區户數有九十萬四千五百零二，唐貞觀中存户約三十九萬六千零六十，減耗一半多。但還不像河南、河北那樣嚴重。貞觀十八年（六四四），唐太宗至京兆府新豐縣之靈口，見「村落逼側。問其受田，丁三十畝。遂夜分而寢。憂其不給，詔雍州録尤少田者，給復，移之寬鄉。」〔三〕另據唐會要卷八四移户門載：貞觀元年（六二七年），「朝廷議户殷之處，聽徙寬鄉。陝州刺史崔善爲上表曰：『畿内之地，是謂户殷，丁壯之民，悉入軍府，若聽移轉，便出關外，此則虛近實遠，非通經之義。』其事遂止。」則京兆一帶在唐初仍然是地狹人稠，百姓受田遠不足數，故有遷畿内户口於寬鄉之議。

江淮地區是隋末的重要戰場，户口同樣損耗。隋大業年間這一地區有户四十五萬二千九百七十六，唐貞觀中僅存九萬一千零九十一户，僅及隋代的五分之一，但與兩河一帶相比略好一些。巴蜀之

〔一〕舊唐書卷八八蘇瓌傳。
〔二〕唐會要卷八四載天寶十三載（七五四）有户九百零六萬九千一百五十四，顯與隋大業户相埒。
〔三〕册府元龜卷四二帝王部仁慈門；同書卷一一三帝王部巡幸二。

地比較安定，唐初户數較隋代同一地區有所增加，更不待論。

唐天寶年間，各地户口普遍增長。兹根據兩唐書地理志所録各道州户口統計數列表如下〔一〕：

道别	舊唐志户數	新唐志户數
關内道	八一〇二六三	八一五九九八
河南道	一七九五五三九	一八五〇五八八
河東道	六三二六一一〔二〕	六三〇五一一
河北道	一五一四七六五	一五五六八五八
山南道	五七六八八三	六四〇六五七
淮南道	四二二四四八	四一八六七四
江南道	一八二四〇〇四	一八一七六一八
隴右道	一一二八七四	一三八二二八
劍南道	九二二三五三	八五一七〇七
嶺南道	三二六五一二	三五六六九一
合計	八九二八二五二	九〇七七五三〇

〔一〕唐行政區域在開元年間發生了變化，唐初十道至開元二十二年增爲十五道，天寶十五道沿此而來。其間少數州郡歸屬亦有所變化，但總的來説變動不大，爲了便於和貞觀年間乃至隋代人口分布格局進行比較，特加以技術處理，仍按十道統計，其間個别州郡的歸屬變動，不作細究；新舊唐志各道州户口數字多有差異，總體上看，新志數字較舊志爲高，兹分别開列，相互對照，目的只在於説明天寶年間户口分布大勢，並不强求兩志數字的完全一致。

〔二〕舊唐志絳州户數缺，新志作八萬二千二百零四户，今據以補入。

據上表，天寶年間各道州人口數較之唐初均有較大程度的發展。其中人口最多的是江南、河南、河北、劍南、關内五道。若以秦嶺、淮河一綫爲界，則位於此綫以南的江南、山南、淮南、劍南、嶺南五道户數達四百零六萬二千二百，占全國總户數的45.5%，位於此綫以北的關内、河南、河北、河東、隴右五道爲四百八十六萬六千零五十二户，占全國總户數的54.5%，僅河南、河北二道即達三百三十一萬零三百零四户，占全國總户數的37.1%。〔一〕從這個比例來看，人口重心仍然在北方特别是黄河中下游地區。這裏表明黄河中下游地區雖經過隋末戰亂，仍然有其發展的條件和潛力，因而通過百餘年間的恢復和發展，至天寶年間又成爲全國人口分布最爲密集的地區。當然，天寶年間北方人口雖多於南方，但與隋大業年間相比，南方人口的增加是大量的，所占比重的上升也是明顯的。我們知道，隋代南方户數僅有二百一十多萬，江南部分只有八十九萬餘户，而唐天寶年間僅江南道的户數就有一百八十二萬四千零四，接近隋代整個南方户數。據此可知，江南的開發在唐前期有了很大進步。

二、安史亂後著籍户口的普遍減耗

安史之亂爆發，黄河流域又一次遭到嚴重破壞。全國户數自天寶十四載的八百九十一萬四千七百零九户驟降至代宗大曆中的一百二十萬户，〔二〕這當然只是户部計帳上的數字，當時不申報的州必定非常多。申報户口諸州由於流亡遷移，也很難核實，所以實際減耗不會如此之多。但減耗總是事

〔一〕此據舊唐書地理志户數統計。
〔二〕通典卷七食貨歷代盛衰户口條。北宋本作「百三十萬户」。

實，而且是全國性的。舊唐書卷一二三劉晏傳載代宗時，劉晏爲轉運鹽鐵使，上宰相元載書稱：

東都殘毀，百無一存……函陝凋殘，東周尤甚。過宜陽、熊耳，至武牢、成皋，五百里中，編户千餘而已。居無尺椽，人無烟爨。蕭條凄慘，獸遊鬼哭……今於無人之境，興此勞人之運，固難就矣。

同書卷一二〇郭子儀傳亦稱：

夫以東周之地，久陷賊中，宫室焚燒，十不存一。百曹荒廢，曾無尺椽。中間畿内，不滿千户。井邑榛棘，豺狼所嗥……東至鄭汴，達於徐方，北自覃懷，經於相土，人烟斷絶，千里蕭條。

洛陽、相州以至河北的常山都是戰場，人民死亡流移均極嚴重。南至唐鄧，東至徐泗，北自幽冀，農業經濟一片殘破。元結請省官狀稱：「右方城縣舊萬餘户，今二百户已下。其南陽、向城等縣更破碎於方城，每縣正員官及攝官共有六十人。」又稱：「自經逆亂，州縣殘破，唐鄧二州，實爲尤甚。荒草千里，是其疆畎，萬室空虚，是其井邑，亂骨相枕，是其百姓，孤老寡弱，是其遺人。」〔一〕方城屬唐州，向城、南陽屬鄧州，開、天之際，都是人口甚稠密的地區，而此時方城一縣由原來的萬餘户減至二百户以下，而南陽、向城等縣較方城殘破更其嚴重，幾到了荒無人烟的地步。長安收復後，據杜甫無家别詩稱：

寂寞天寶後，園廬但蒿藜。我里百餘家，世亂各東西。……四鄰何所有，一二老寡妻。〔二〕

〔一〕元次山集卷一〇請省官狀（乾元三年上來大夫）唐鄧等州縣官。

〔二〕全唐詩卷二一七。

可知户口減損之狀。當時的京西北遭吐蕃掠奪，河隴並被占領。江南代宗時遭到嚴重旱災，方清、陳莊領導的起義遭到殘酷鎮壓，今湖南南部道州一帶有西原蠻的暴動，這些地區雖遠離戰禍中心，却也在不同情況下户口凋零。大曆十四年（七七九）計帳之一百二十萬户，雖由於許多州不申報户口，但如劉晏、郭子儀所見，元結所述和其他記載，可知户籍上編户大量減損也是事實。

三、安史亂後人口的南遷

根據文獻記載，安史亂時和亂後，北方人口大量南遷。舊唐書卷三九地理志二山南東道荆州江陵府條下載：

> 自至德後，中原多故，襄、鄧百姓，兩京衣冠，盡投江湘，故荆南井邑，十倍其初。

文苑英華卷八〇四梁肅吴縣令廳壁記：

> 自京口南被於淛河，望縣數十，而吴爲大。國家當上元之際，中夏多難，衣冠南渡，寓於兹土，參編户之一。

這類記載甚多，兹不備舉。僅此兩條，便足以證明當時北方人口有很多遷往長江流域及其以南地區。這是中唐以後南方人口迅速增加的一個重要原因。建中元年（七八〇）實行兩税制，清查户口，將原來户籍上不登記的客户收編上籍，合天下兩税户三百零八萬五千零七十一，〔一〕分布情況不詳。唐會

〔一〕此據舊唐書本紀的數字而來。通典卷七食貨歷代盛衰户口條原注合計土客户數爲三百一十餘萬，與舊紀數字相近，唐會要卷八四、册府元龜卷四八六作三百八十餘萬，恐有誤植，今不取。

要卷八四户口數雜録引元和二年李吉甫等所撰元和國計簿稱：

總計天下方鎮凡四十八道，管州府二百九十三，縣一千四百五十三，見定户二百四十四萬二百五十四。每歲縣賦入倚辦，止於浙西、浙東、宣歙、淮南、江西、鄂岳、福建、湖南等道，合四十［九］州，一百四十四萬户。比量天寶供税之户四分有一。

按當時諸州爲藩鎮割據者如河北三鎮及淄青、淮西等並不向中央申報户口，即使朝廷控制的京西北諸州也没有申報户口。故唐會要於本條下注云：

其鳳翔、鄜坊、邠寧、振武、涇原、銀夏、靈鹽、河東、易定、魏博、鎮冀、范陽、滄景、淮西、淄青十五道，七十一州，並不申户口數。

這些不申户口的七十一州分兩種類型，一是藩鎮割據下的地區，一是京西北的軍事要地。因而元和二年國計簿中所見的「見定户二百四十四萬二百五十四」遠非户口的實際數字，僅爲申報户口的那些州府。其中江淮八道即有一百四十四萬餘户，占申户州户口總數的58.3%以上。這八道人户除淮南外均在江南。「賦入倚辦」諸州没有提到東西川，那裏的户口據元和郡縣志只有十五萬九千八百六十户，但元和志所録東西川節度使下四十二州户數殘缺不全，存户州的户口數字或者有錯誤，或者有具體的政治原因，總之，不當如此之少，實際户口數字必定要高得多。此外，國計簿也没有提到嶺南，據元和志，嶺南二十二州，僅廣州以下循、潮、端、封、昭等州有户數，邕管八州户數全缺，安南二十州僅五州有户，其他長、諒、武安、唐林等州雖有户數，却未注明年代，難以斷爲元和户。表明嶺南和劍南一樣，户數多有缺失。盡管如此，如果加上兩川、嶺南的户數，則南方户口比例更大。雖然我們不知道河北及淄青、淮西等道户口多寡，但仍可説明安史亂後南北户口比例的變化。

根據元和志所載開元及元和江淮等八道户口比重來看，江淮八道户口與上引國計簿户口總數不相符，姑置不論。諸州元和户比之開元亦有升有降，蘇、洪、鄂、饒、吉、衡、道等州的户數甚至遠遠超過開元、天寶盛時的數字。常、杭、潤、湖等州雖有下降，但仍然保持數萬户甚至近十萬户的規模。户口下降諸州大抵由於漏籍不報者多，並非實況。就是户口增多諸州也必遠少於實際户口。這種情況終唐一代始終存在，早在安史亂前即已如此。〔二〕兩税法頒布後，「户無土客，以見居爲簿，人無丁中，以貧富爲差」，曾將大量的隱漏户按比上籍，收到明顯效果。照杜佑所説，是「浮浪悉收」，但在兩税法「不以丁身爲本」的原則下，對於無貲赤貧人户無意以很大力量檢括，而且既無貲産，流動性就很大，也難以搜括。唐會要卷八五定户等第載元和六年（八一一）衡州刺史吕温奏：

當州舊額户一萬八千四百七，除貧窮、死絶、老幼、單孤不支濟等外，堪差科户八千二百五十七。臣到後，團定户税，次檢責出所由隱藏不輸税户一萬六千七。……臣昨尋舊案，詢問閭里，承前徵税，並無等第。又二十餘年都不定户，存亡孰察貧富不均。臣不敢因循，設法團定，檢獲隱户，數約萬餘。州縣雖不徵科，所由已私自率斂。與其潛資於姦吏，豈若均助於疲民。臣請作此方圓，以救凋瘵。

〔一〕參見通典卷七食貨歷代盛衰户口及同卷丁中條自注。

按元和志卷二九衡州條注云：「户一萬八千四十七」，唯「十」與「百」稍異。知是呂温未團定以前的衡州户數。據呂温文，其中免徵者包括貧窮、死絶、老幼諸色不支濟户達一萬零一百五十户之多，超過了堪差科户，他們顯然是一般百姓，並非客户。此外還有隱藏不納税户一萬六千七，那就是像過去那樣由地方掌握的人户，其中應包括土户隱漏和浮客。〔一〕據此可知，衡州在兩税法頒行之後，户口隱漏現象仍然十分嚴重，幾達當州著籍户的半數以上。衡州如此，其他州郡也應如此。總的説來，安史亂後南方人口由於大量北人南遷，有很大增長，但也像過去一樣，北來户口很多並未編貫，特别是集中在城市裏的商賈和其他浮游無法團定的人。

四、唐末五代的户口分布

（一）南方户口的繼續增長。

元和以後，中經穆宗長慶朝，全國著籍户口數逐漸回升。敬宗寶曆中（八二五——八二七）已接近四百萬，〔二〕文宗大和中（八二七——八三五）至四百三十五萬七千五百七十五户，〔三〕開成四年（八三九）達四百九十九萬六千七百五十二户，〔四〕接近五百萬，是安史亂後唐中央户部計帳所掌握民户的最高數

〔一〕參見拙撰唐代的客户，收於山居存稿，中華書局一九八九年版。
〔二〕唐會要卷八四作三百九十七萬八千九百八十二户，册府元龜卷四八六作三百九十四萬四千九百五十九户。
〔三〕唐會要卷八四。
〔四〕分見唐會要卷八四、舊唐書卷一七文宗紀下開成四年（八三九）條。

字。武宗會昌五年（八四五）大體維持這個記録。〔一〕大中、咸通以後，戰事又起，直至唐亡，中央所控制的著籍户口數字不見記載，全國民户數量究有幾多，不明。估計較會昌年間要減少一些。

盡管此期全國户口不得而詳，著籍户口稍減於會昌之世，但南方的户口可能仍在繼續增長。我們可以蘇州（吴郡）的例子加以推論。陸廣微吴地記載蘇州户口總數有云：

管縣七，鄉一百九十四，户一十四萬三千三百六十一，税茶鹽酒等錢六十九萬二千八百八十五貫七十六文。

又分計下轄吴、長洲、嘉興、昆山、常熟、華亭、海鹽等七縣户數，累計有十二萬五千八百九十六户，較前述七縣總户數少一萬六千四百六十五户，不知何故。按陸廣微舊史無傳，吴地記稱：「周敬王六年丁亥，至今唐乾符三年（八七六）庚申，〔二〕凡一千八百九十五年。」則廣微爲唐僖宗時人，書中所記大抵也是僖宗時事，蘇州下轄七縣的户數亦應是僖宗乾符年間（八七四——八七九）的數字，雖未注明出處，但必有所據。〔三〕蘇州户數在唐初貞觀年間僅一萬一千八百五十九户，〔四〕開元年間已達六萬八

〔一〕唐會要卷八四、資治通鑑卷二四八稱會昌五年户數爲四百九十五萬五千一百五十一，稍遜於開成四年的户數，但不減於四百九十萬户。

〔二〕按乾符三年應爲丙申。

〔三〕吴地記一書中的僞異之處，實爲後人輯佚時竄入了他説以足卷帙所致，詳見四庫總目提要卷七〇史部地理三。

〔四〕舊唐書卷四〇地理志。

千零九十三户，〔一〕天寶户七萬六千四百二十一，〔二〕元和年間高達十萬零八百零八户，〔三〕完全是直綫上升。因而自元和初至乾符中六十餘年間，增至十二萬餘户應當是可信的。蘇州是這樣，其餘兩浙、江西、福建、湖南各道州中唐以後相對安定，戰亂波及較弱，户口數應當同樣增長。

降至五代時期，各政權户口數多有缺失，根據宋史卷八五地理志、通考卷一一户口考二歷代户口丁中賦役條所載宋初滅國所得州縣户數計有三百三十萬四千二百九十一，除去後周、北漢在北方之外，南平、湖南、後蜀、南漢、南唐、漳泉、吴越全在南方。北宋繼承後周得户數爲九十六萬七千三百五十三，〔四〕滅北漢得户數爲三萬五千二百二十五，計一百萬二千五百七十八户，南方七政權計有户二百三十萬一千七百一十三，其中的後蜀據兩川，滅國時有户五十三萬四千零三十九，較之元和志所載劍南道的十五萬餘户增加了兩倍多；南平據荆南，所領僅三州之地，有户十四萬二千三百，因元和志缺失，無從比較其升降。南漢據廣州，領州六十，有户十七萬零二百六十三，與元和志相比有所上升。其餘的湖南、南唐、漳泉、吴越四國所據之地除淮南爲後周所有外，大抵相當於元和國計簿所言的東

〔一〕元和郡縣志卷二五江南道一。
〔二〕舊唐書卷四〇地理志。
〔三〕元和郡縣志卷二五江南道一。
〔四〕按舊五代史食貨志曾載後周顯德五——六年（九五七——九五八）派使者赴諸州檢責户口，獲户二百三十餘萬，但據宋史卷八五地理志、文獻通考卷一一、續資治通鑑長編卷一太祖建隆元年十月條均載宋受周禪有户九十六萬餘，與舊五代史食貨志記後周境内二百餘萬户相差懸殊，待考。

南七道之境。國計簿記載元和初年江淮八道共有一百四十餘萬户，元和志淮南道八缺，據太平寰宇記可補入淮南開元户約十八萬餘，元和户仍付闕如。假定該道自開元至元和户數全無增長，亦應維持十八萬户的規模（事實上淮南户口中唐以後也一定有所增長）。減去此數，東南七道尚有户一百二十餘萬，而據宋初攻滅湖南、南唐、漳泉、吴越四國所獲的數字來看，共有一百四十五萬五千一百一十一户，較元和初增加二十餘萬。上述數字當然不盡精確，但大體上也可説明唐末五代時期南方户口繼續增長的情形。

（二）唐末農民大起義前北方户口的回升。

安史亂後的北方户口缺乏明確記載，估計在肅、代和德宗前期損耗較爲嚴重。一是由於戰爭的破壞，許多人死於兵革之中；二是由於北方人民爲避戰亂，大量南遷；三是藩鎮控制的地區和京西北的軍事要地不向中央申報户口。因而這一時期中央户部所直接控制的北方户口必不太多。元和二年李吉甫所上的國計簿載全國著籍户二百四十餘萬，除了東南八道的一百四十餘萬户，其餘的一百餘萬主要應爲北方户口。據唐會要原注稱，北方不申户州府達七十一個，範圍包括河北道全部，河東道、河南道、關内道一部。那時隴右已被吐蕃占領，因而這一百餘萬户主要是關内京畿腹心地帶、山南東西道、河南、河東二道直接爲中央所控制的部分州縣的著籍户數。如果加上不申户的七十一州，北方户數仍然不在少數。這裏透露出北方在又一次戰亂之後户口數字逐漸回升的迹象。

元和郡縣志録有北方各道州不甚完備的户口數字，總計約有八十餘萬户，其中包括原來不申報户口的河東、魏博、鎮(恒)冀、易定、滄景等地，淄青和京西北的若干州郡仍不申户。這個數字較國計簿所載北方户數爲少，殊爲可疑。我們推測這或許由於上述諸道州雖重新向中央申報户口，但申報的數字遠低於實數，或者由於元和志所載的數字本身有訛誤。否則，很難解釋北方申户州大量增加而户數反倒減少的原因。

(三)五代十國的户口分布。

按照北宋初年攻滅各國所獲的户數來看，五代十國時期的户口分布以南唐、吴越、閩、後蜀所轄的相當於今江西、浙江、福建三省及蘇南皖南、四川盆地一帶與後周統治腹心地帶開封府及其附近地區較爲稠密；馬氏所據楚地(今湖南境)和漢江以北、關中一帶次之；嶺南及北方緣邊地區户口較爲稀疏。據太平寰宇記所載五代末和北宋初年的户口數字，亦可進一步推測五代十國時期的户口分布。

北宋初年的疆域北方之燕雲十六州已歸於遼，北邊僅及桑乾河以南，西北河套平原大部爲西夏所有，西方沿青海湖、黄河上源東側至四川盆地西緣與吐蕃諸部相鄰，西南至雲貴高原與大理分界，北宋疆域大抵與唐元和年間相若。根據寰宇記所載，五代末北宋初户數最多的是江南道(相當於唐江南東西道、黔中道境)，達一百八十三萬三千九百五十七户，較唐天寶年間江南道的户口總數略高一些；其次是河南道，有一百二十三萬零一百三十九户，它是宋京師所在地，户數高達百萬，但仍較唐天寶年間河南道户數爲少；其三是劍南道，有户八十六萬七千四百八十八，接近唐天寶年間同一地區的總户數；其四爲河北道，有户五十八萬六千六百二十四，大大少於唐天寶户數。中唐以後，河北不向中央申報户口，因而户數究有多少，不明，大抵不會少於北宋初年的數字；其五是山南道，有四十三萬三千七百一十二户，接近於唐天寶户數；其六是淮南、關西兩道，户數分别爲三十七萬八千六百一十六户和三十五萬八千八百九十五户。淮南道接近唐天寶年間户數，關西道即唐關内道，户數較唐天寶年間減少一半多；其七爲河東道，有户二十六萬一千零五十三，較唐天寶户減損一倍餘；其八爲嶺南道和隴右道，户數最少，分别爲九萬六千九百七十八和六萬一千一百七十三户。

若仍以淮水、秦嶺劃綫，則居此綫以北的河南、河北、關西、河東四道和隴右道的一部分，除去宋初業已廢去和不屬北宋版圖的地區，共有户二百四十九萬七千八百八十四，占全國總户數的40.9%，南方的江南、山南、劍南、淮南、嶺南五道，除去主客户不分或不完備的地區外，共有三百六十一萬零七百五十一户，占總户數的59.1%，南北相比，南方占有絶對優勢。從各州府人口分布的比重來看也是如此，當時十萬户以上的州府共有五個，河南道居其二（開封府、宿州），江南道居其三（益、洪、吉州）；五萬至十萬户的州共二十二個，北方僅居其五，南方占十七州；二萬至五萬户的州共八十五個，北方占四十二，南方占四十三個；一萬至二萬户州計五十四個，北方占二十二個；南方占三十二個。由此可見，無論是南北各道的人口比重，還是各州府的人口比重，南方都占有絶對優勢。北方黄河中下游地區自秦漢以來的人口重心已不復存在。這個變化大體自唐安史之亂開始，至中晚唐、五代時期最後完成。中國古代人口的分布格局至此便成爲一個不可逆轉的態勢。

第二節　均田制的最後放棄和土地占有形態

北魏均田制是拓跋政權早期淵源公社份地分配的計口授田制的推廣。推行均田制的重要條件是國家掌握大量拋荒土地，承魏末北鎮大起義之後，東西魏和北齊北周都曾繼續推行均田，這已在第二篇論述。隋開皇二年（五八二）重頒均田令，大抵因循北齊河清舊制，制度形式上没有什麽重大改變，但在具體實施上面臨着新的情况。我們知道隋政權是通過宫廷政變建立的，其先既没有西晋末年那樣持續的不安定局面，也没有經歷魏末北鎮起義那樣的大掃盪，因此政府並没有掌握大量的拋荒土地，現存的封建大土地所有也没有受到觸動。故齊境内土地兼併的嚴重是人所盡知的，所謂「强弱相凌，恃勢侵奪，富有連畛亘陌，貧無立錐之地」；「肥饒之處，悉是豪勢」，「編户之人，不得一壟」。雖然由於北周滅齊和尉遲迥起兵失敗，使北齊境内的部分士族豪門受到一定程度打擊，有的被遷往關内，〔一〕但他們中的大多數仍然保有自己的田園。作爲隋皇朝支柱的關中武川系軍事勛貴和士族官僚，更是憑仗其優越的政治地位，不斷擴大他們的土地占有。隋朝均田令第一次正式確立了按官吏身分給永業田的制度，從而爲貴族官僚廣占土地提供了法律依據。事實上隋初功臣勛貴除合法授得大量永業田及奴婢部曲授田之外，還擁有爲數衆多的特賜土地、賤口，非法强占的土地尚且不論。

〔一〕隋書卷七九循吏梁彦光傳。

隋朝政府手中可供授受的國有土地本來十分有限，這些有限的土地又要首先滿足貴族官僚廣占土地的需要，加之人口的自然增殖，檢括浮客的顯著成效，受田不足的現象日益突出。大致早在開皇三年（五八三），蘇威即因户口滋長、「民田不贍」，建議減功臣之地以給平民。這一建議遭到「大功臣」王誼的反對，未得實行。開皇十二年（五九二），京輔三河地區（今關中平原、河南西北部、山西西南部）地少人衆，百姓受田嚴重不足，竟致「衣食不給」。文帝「發使四出，均給天下之田，其狹鄉每丁才至二十畝」，僅相當於規定受田額的五分之一。〔一〕都城所在的京輔三河爲貴族官僚所聚，是「功臣之地」最爲集中的地帶，他們的永業田、奴婢部曲受田、賜田，以及爲數甚多的職田、公廨田之外，可留供普通百姓授受的土地自然相應減少，可見該地區受田不足固然與人口增加有關，根本原因還在於貴族官僚的土地兼并，而這個原因又是封建制度本身無法排除的。因此所謂「均給天下之田」也只是一種無法實現的法令規定。

民田不贍的現象固然以京輔三河爲最，却並不限於這一地區。當時在編户口仍在繼續增長，煬帝即位之初，不得不免除婦人、奴婢、部曲之課，按照「未受田者皆不課」的原則，也就意味着婦女、奴婢、部曲不再受田。大業五年，煬帝又曾「詔天下均田」。到大業十一年，隋朝覆亡在即，還在下令「人悉城居，田隨近給」。當時授田已不可能，所謂「人悉城居，田隨近給」，不過是十六國以來塢堡制

〔一〕隋書卷二四食貨志，卷四〇王誼傳。

度及其田土分配的模擬。

實際上在煬帝統治時期，由於力役兵役繁重，自大業七年（六一一）王薄長白山起義之後，農民起義此伏彼起，徧及全國，貴族和地方勢力也紛紛起兵，摇摇欲墜的隋王朝已不遑顧及百姓受田的問題。直到唐初，鎮壓農民起義和削弱割據群雄的戰争前後延續了十餘年，戎馬倥偬，當然談不上檢籍定户，土地授受。武德七年（六二四）三月底鎮壓輔公祏起義，平定江南，大規模的軍事行動基本結束，四月初唐廷公布新律令，再次頒布均田制度。以後歷經重頒，我們知道得比較清楚的乃是開元二十五年（七三七）所頒的田令，此外有關補充、重申田令的具體詔敕屢見於史載。就法規條例而言，越到後來越詳備。但在基本原則和核心内容方面，却與武德七年令無大差異。

經過隋末以來的戰亂，隋唐之際户口大量減耗，作爲全國農業最發達的黄河中下游地區遭到戰禍的破壞最爲嚴重。隋末楊玄感所謂「黄河之北則千里無煙」，魏徵諫止唐太宗東封泰山談到黄河中下游的種種荒凉景象，已見前述。直到高宗顯慶年間，中書令杜正倫還説河南一帶「田地極寬，百姓太少。」〔一〕按此在籍户口，貞觀十三年（六三九）河南、河北兩道户數分别只有大業五年（六〇九）的11%和15%，貞觀十一年馬周上疏稱「今百姓承喪亂之後，比於隋時才十分之一」，若就河南河北地區而言，誠爲實録。當時「秦隴之北」也是「城邑蕭條，非復有隋之比」。〔二〕雖然人口減耗、土地荒蕪的

〔一〕　通典卷七食貨歷代盛衰户口。
〔二〕　舊唐書卷七四馬周傳；卷一九八高昌傳。

情况各地程度不一，比如以長安爲中心的京兆地區和劍南一帶還是地狹人稠。〔一〕但總的來説，唐初由國家掌握的荒閑土地是很多的，這就具備了推行均田制的條件。

這裏存在着一個問題，即隋唐兩代江南是否推行了均田制。毫無疑問，在法令上均田制是在全國普遍推行的，江南没有例外的理由。據史籍記載，隋開皇九年（五八九）正月平陳，次年冬，故陳境内廣泛掀起反隋暴動，遍及江南諸州，十一年平定，〔二〕也就在下一年隋文帝「發使四出均天下之田」，應該也包括江南在内，而且大量門閥貴族的北遷和以後地方勢力的被鎮壓，他們原有的田園别墅多少提供了可供土地授受的條件。唐武德七年（六二四）鎮壓輔公祏起義。輔公祏是這年三月戊戌（二十八日）在丹陽被害，次日己亥，或者再過一天，四月一日（庚子），唐廷即在發布平定江南的大赦令同時，頒布了均田、租庸調法在内的新律令。〔三〕均田令不遲不早，恰恰在平定江南後頒布，也暗示均田制在江南的推行。不過從隋唐法令和有關史籍記載中，我們還看不出江南有推行或者不推行均田制的確實證據，因此仍然不無疑問。

唐六典卷三户部郎中員外郎條記「凡嶺南諸州税米者，上户一石二斗，次户八斗，下户六斗」云

〔一〕册府元龜卷一〇五帝王部惠民。

〔二〕隋書卷四八楊素傳；通鑑卷一七七隋紀一。

〔三〕唐會要卷八三租税上作三月二十九日，通鑑卷一九〇、唐大詔令集卷一一三均作四月一日，未知孰是。

云。〔一〕按所謂嶺南諸州税米者是否包括所有嶺南諸州在内，今已不可考，但至少可以説明嶺南一些州是按户等税米，而不行按丁額徵收租調。因而史學界據此認爲嶺南没有推行均田制。

江南方面，通典卷六食貨賦税下載：「其江南諸州租，並廻造納布。」本條上有「（開元）二十五年（七三七）定令，諸課户一丁租調准武德二年之制」云云，則當爲武德舊制。但據唐六典、唐會要、舊唐書食貨志諸書所載武德令制，均無所謂江南租廻造納布的記載，則似乎又是開元二十五年所定新制。然而江南至遲在武后時期已有折租納布之制，具見日本濱口重國氏和陳寅恪先生的論述，〔二〕這裏不必贅述。當然，江南租布折納制可能到開元時代才得到全面推行，並成爲或修訂爲定制。通典同卷所載天寶計帳還進一步提供了有關租布折納的情況：

約出布郡縣計四百五十餘萬丁，庸調輸布約千三十五萬餘端。其租約百九十餘萬丁，江南郡縣折納布約五百七十餘萬端。

其下注文曰：「大約八等以下户計之，八等折租每丁三端一丈，九等則二端二丈，今通以三端爲率。」據注可知，天寶年間江南折租布是按户等折納徵收的。如上所述，江南折納租布早見於武后

〔一〕本條唐會要卷八三、舊唐書卷四八食貨志、册府元龜卷四八七邦計部賦税門均作武德七年令，唯通典卷六食貨賦税作武德二年制，疑二年爲七年之訛。

〔二〕濱口重國：唐玄宗朝江淮上供米與地税之關係，收入所著秦漢隋唐史研究下卷，東京大學出版會一九六六年版。陳寅恪：隋唐制度淵源略論稿第七節財政，中華書局一九六三年版。

時代，屬於承襲武德舊制。陳寅恪先生還曾進一步追溯其淵源，指出折納乃是南朝舊制的沿襲。對於賦税問題下節還要詳述，值得注意的是江南租布乃按户等高下交納。自北魏實行均田制，田租都是根據應受田數定額交納，而不問實際受田多寡。唐代計丁徵租，每丁二石，不論貧富，也不按户等高下差别多寡。如敦煌所出開元四年（七一六）沙州敦煌縣慈惠鄉户籍殘卷所載，董思勖爲上下户，余善意爲下中户，杜客生爲下下户，應受、實受田數並不相同，却一律注明交租二石。〔一〕只有嶺南税米依户等交納。租調定額與按丁受田有關，嶺南據户等税米，暗示没有推行均田制，以此類推，江南按户等高下折納租布，似乎也不曾實行均田制。當然這只是一個疑問，實行與否，均尚無確證。

均田制原則上禁止土地買賣，占田過限，但自北魏以來都有一定條件下允許買賣的規定。相對而言，尤以唐代田令關於土地買賣的限制最爲寬松。官員的永業田、賜田可以買賣、典質不論，就是普通農民的永業田乃至口分田，也都可以在遠比前代寬鬆的限制條件下典貼、買賣，這自然爲大土地所有的發展提供了更多的機會和藉口。事實上土地兼併的道路從來没有杜絶。小農經濟本來極不穩定，受田百姓承擔的賦役特别是兵役、力役又十分繁重，稍遇不測就不得不典賣土地，或者破産流亡，窺伺在旁的各色地主和商人高利貸者則隨時吞噬。大抵自武后以降，土地兼并日益嚴重，玄宗時

〔一〕池田温：中國古代籍帳研究録文第一七三頁，東京大學東洋文化研究所報告，一九七九年。據吐魯番所出文書，每丁租六斗，當因西州地狹，受田太少，或者以高昌斛斗二石折合唐斗之故，但也是不分受田多少，户等高下，一律六斗。

期雖然幾次修訂均田法令，制度條文臻於完備，但實際上徒爲具文。通典卷二食貨田制在記載開元二十五年令之後，注云：

雖有此制，開元之季，天寶以來，法令弛壞，兼併之弊，有踰於漢成哀之間。

杜佑是針對開元二十五年田令而言，所以只説開元天寶間土地兼并的嚴重，實際上兼并之弊由來已久。史籍所載廣占土地之例不勝列舉，多見近人論著，今不贅述，只引册府元龜卷四九五邦計部田制天寶十一載(七五二)十一月乙丑詔，稍加説明。詔稱：

如聞王公百官及富豪之家，比置莊田，恣行吞併，莫懼章程。借荒者皆有熟田，因之侵奪；置牧者唯指山谷，不限多少。爰及口分、永業，違法賣買。或改籍書，或云典貼，致令百姓無處安置。乃别停客户，使其佃食，既奪居人之業，實生浮惰之端，遠近皆然，因循亦久。

詔書指出廣置田園者既有王公百官，也有無官爵的豪富之家。王公百官特别高等勛爵和高級官僚，本來可以通過永業田、勛田、賜田等形式占有較多的田畝，以借荒、置牧等名義攫取土地的，也就是這些官僚貴族。兼并土地的另一種手段是「典貼」，實際上是一種變相的買賣。以請借荒田及貼買手段攫取土地，可以説自有均田制以來便是如此。北魏時規定「諸土廣民稀之處，官借民種蒔」。北齊時「肥饒之處，悉是豪勢，或借或請」，亦聽「賣帖田園」。〔二〕唐代法令同樣允許一定條件下的土地典貼

〔一〕通典卷二田制。

和買賣，詔書指的是那種用「私改籍書」，或實是買賣而假稱典貼(因爲典貼條件寬，實際上並無限制)的非法土地買賣。吐魯番阿斯塔那左憧憙墓中出土了一批墓主作爲債權人的高利貸契。債契規定債務人以田産作爲「錢質」亦即抵押，月利高達10—15%，若債務人在債主「須錢之日」不能本利「俱還」，即以所抵土地償債。雖然這還不是直接的土地典貼，但事實上債務人多不能如期償還，往往以出讓土地爲結局。據同墓所出左憧憙夏菜園契，左還在田主生活困窘有求於己時通過租賃實即變相典賣形式使對方田産逐漸轉移到自己手中。〔二〕墓主左憧憙不過是西州高昌縣崇化鄉的一個普通衛士，却號稱「財豐齊景」，推測像左憧憙這種無官爵的富裕之家，可能主要是使用典賣或者賃質等變相典賣的手段兼并土地。

關於王公百官廣置莊田的事例遍見史籍，這裏無須贅引。無官爵的「富豪之家」，其中有的本來就是地主，還有普通農民中分化出來的富人、高利貸者。小農經濟原本脆弱，在均田制下所謂「百姓」原本就有貧富差別，這種差別必然日益擴大。唐代兼并形勢的普遍化，實際上包含着一個均田百姓貧富進一步分化的問題。敦煌所出王梵志富饒田舍兒詩：

富饒田舍兒，論情實好事。廣種如屯田，宅舍青煙起。槽上飼肥馬，仍更買奴婢。牛羊共成群，滿圈豢肥子。窖内多埋穀，尋常願米貴。

〔二〕吐魯番出土文書第六册阿斯塔那四號墓文書，文物出版社一九八五年版。

又貧窮田舍漢詩：

貧窮田舍漢，菴子極孤凄，兩窮前生種，今世作夫妻。婦即客舂擣，夫即客扶犁，黄昏到家裏，無米復無柴。男女空餓肚，狀似一食齋。里正追庸調，村頭共相催。幞頭巾子露，衫破肚皮開。體上無褌袴，足下復無鞋。醜婦來怒罵，啾唧搦頭灰，里正被脚蹴，村頭被拳搓。驅將見明府，打脊趁回來，租調無處出，還須里正陪。門前見債主，入户見貧妻。舍漏兒啼哭，重重逢苦災。如此硬窮漢，村村一兩枚。〔一〕

按王梵志是衛州黎陽人，生於隋代，可能武后時尚在世。傳世王梵志詩是否均爲梵志一人所作，或雜有後人仿作，今置無論。但詩作於唐代前期，似無可疑。〔二〕二詩前云「富饒田舍兒」，後云「貧窮田舍漢」，均爲一般編民，而貧富懸絶，充分表明均田百姓之兩極分化。這位「富饒田舍兒」擁有大片土地，「廣種如屯田」。另一首傳世王梵志詩也描寫這類富人「多置莊田廣修宅，四鄰買盡猶嫌窄」；「良田收百頃，兄弟猶工商」。〔三〕他們當是上引天寶十一載詔書中與「王公百官」相對的「富豪之家」或「工商富豪兼并之家」。同樣出自梵志筆下的那位「貧窮田舍漢」卻夫婦客作，生計艱難，自己似乎並無立錐之地，但卻仍然要交納租調。貧窮漢是課丁見輸，然而卻没有田。當然他的口分、永業只能是被兼并了。

〔一〕王梵志詩校輯卷五，頁一六三，張錫厚校輯，中華書局一九八三年版。
〔二〕拙撰王梵志詩校輯偶得，載中國文化與中國哲學，東方出版社一九八六年版。
〔三〕全唐詩外編上册頁七六，下册頁三五一，中華書局一九八二年版。

土地兼并的廣泛流行，暢通無阻，表明均田法令的失效，國家實際上業已喪失本來就有限的土地分配職能，均田系統以外的大小莊田、莊園遍布各地。盡管王梵志詩中見有「廣種如屯田」的大地主，盡管吐魯番文書中見到武后時期有從莊園中括出的奴婢、部曲、客女，也有武后天授二年陰永牒文中所説沙州百姓逃往甘、凉、肅、瓜等州去「守莊農作」的記載，還有高宗時期通過高利貸等手段兼并土地聚斂財富從而「財豐齊景」的左憧憙那樣富饒田舍兒，但是從敦煌吐魯番所出的户籍中，却絶没有見到一個超過法定授受田數範圍的人户。難道沙州、西州就没有一個「廣種如屯田」的大地主莊園麼？這豈非表明地主莊田、莊園占有的廣大土地被屏除於田籍之外麼？敦煌吐魯番出土文書表明普遍受田不足，尤以吐魯番爲甚，唐代西州固然地狹，土地兼并的劇烈使大量可供授受的土地脱離了國家的控制也許是更重要的原因。

均田制度得以推行的一個最重要條件是國家掌握了可供授受的土地，由於土地兼并的盛行，國家掌握的土地日益縮小，授受可能在相當程度上只是文簿上玩弄的遊戲而已。

盡管如此，天寶十一載詔書還是企圖對兼并稍稍予以限制。限制的條文是軟弱無力的，只不過是盡可能地將兼并之家的超額土地納入均田法令範圍之内，使之合於令式，也即是盡可能使非法攫取的土地合法化而已。所置莊田面積過巨，以致現有令式仍不足於容納，「仍更從寬典，務使弘通」，規定「其有同籍周期以上親俱有勛、蔭者，每人占地頃畝，任其累計」。即允許把一家期服兄弟子侄應得的和承襲的勛田、蔭田數累加起來計算，累計起來仍然超額，也不要緊，如果超額土地是買得的勛蔭地，「不可官收」，只須在規定期限内出賣多餘部分。即使是違法買的百姓永業、口分田，「若無主論理」則不予追究，有主論理雖則要退還原主，却由國家償還買主的原價。這裏詔文還特别指出，按照以往法規，違法買賣永業口分理應無償退還原主（「准格並不合酬備」），但現在特「官爲出錢，還其買人」，使「蔭家不失其價值」。總之是務從寬典，盡量融通，充分承認兼并者的既得利益，已往不究，下不爲例。其所以又想稍稍予以限制，無非是企圖維持一定數量的受田課丁，以便承擔國家賦役。

安史亂事開始，自肅宗至德元年（七五六）至德宗建中元年（七八〇）的二十多年，在中央政權所及的地區内大概還在玩弄授受田的遊戲，這從敦煌所出大曆四年（七六九）手實可以知道。實際上以人丁爲本的租庸調制已分别在中央直屬的京兆府和各州府爲其他形式的賦税制所代替。建中元年（七八〇）頒布以資産爲宗的兩税制，標志租庸調制的徹底崩潰。既然賦税不再以人丁爲本，文簿上丁中受田的文字遊戲已是毫無必要，早已成爲具文的均田制也就在法令、文簿上完全消失了，國家遂完全放棄了限止兼并的企圖。陸贄翰苑集卷二二均節賦税恤百姓第六論兼并之家私斂重於公税：

> 今制度弛紊，疆理隳壞，恣人相吞，無復畔限。富者兼地數萬畝，貧者無容足之居，依託强豪，以爲私屬，貸其種食，賃其田廬，終年服勞，無日休息，罄輸所假，常患不充。有田之家，坐食租税，貧富懸絶，乃至於斯。厚斂促徵，皆甚公賦。今京畿之内，每田一畝，官税五升，而私家收租，殆有畝至一石者，是二十倍於官税也；降及中等，租猶半之，是十倍於官税也……望令百官集議，參酌古今之宜，凡所占田，約爲條限，裁減租價，務利貧人。……微損有餘，稍優不足。

陸贄所説的兼并形勢與西漢董仲舒以來直至上引天寶十一載詔書所云相同。歷代提出的改革措施都是制止兼并，天寶十一載詔書盡管承認兼并之家的既得利益，也仍然企圖限制其進一步發展。陸贄建議「凡所占田，約爲條限」，却僅僅是要求減輕租額，並没有對「恣人相吞」進行「畔限」。這裏説明實行兩税法以後，只要求廣占田畝之家按户貲交納兩税，兼并完全合法化。在這一點上和天寶十一載詔書（哪怕其實質也是盡可能使兼并合法化）有原則上的區别。〔一〕自此以後，國家放棄了對土地兼并的干預。

均田制原是北魏早期代京一帶計口授田制的推廣，南朝繼承魏晉封建大土地所有制的發展傾向，從未試行由國家分配土地。唐代均田制的完全廢弛，大土地所有無限制的發展，意味着在土地制度上歷史重又與魏晉南朝相銜接。

均田制的破壞還表現爲均田百姓的大量逃亡。由於賦役壓迫的嚴重，特别是兵役的沉重，逃亡問題自武周以來日益突出。〔二〕長安初韋嗣立上疏稱「今天下户口，亡逃過半」。〔三〕玄宗開元年間號稱治世，詔敕中也多次責成地方官認真檢查户口，安撫流亡。杜佑在通典卷七食貨歷代盛衰户口末注稱天寶時實際户口「可以比崇漢室，而人户才比於隋氏，蓋有司不以經國馭遠爲意，法令不行，所在

〔一〕 拙撰山居存稿第一五九——一六〇頁（文集本一六四——一六五頁）。
〔二〕 拙撰關於武則天統治末年的浮逃户，歷史研究一九六一年第六期。
〔三〕 舊唐書卷八八韋思謙附子嗣立傳。

隱漏之甚也」。足見逃户之嚴重。關於逃户問題多見史籍記載及近人論著，人所周知，無須多談。這些「既冒刑網，復捐産業」的逃亡百姓，「客且常懼，歸又無依」，於是或流入城市，成爲商販，如太平廣記卷一六五所載鄴城王叟客坊中販賣雜粉香藥的客。或成爲雇傭，即開元詔書中所謂「因人而止，庸力自資」，如吐魯番文書所載原籍京兆雲陽，後逃亡北庭並於開元中附籍金滿縣爲人驅駝的蔣化明。然而更多的則成爲莊田上的租佃農民。上引天寶十一載詔書，就談到廣置莊田之家，「别停客户，使其佃食」。通典卷七食貨歷代盛衰户口論隋代户口增多，歸功於高熲創輸籍定樣，使浮客悉歸編户，注稱「浮客謂避公税依强豪作佃家也」。杜佑所云雖指隋代，其實也正是有感於唐代的浮客問題而發。逃亡百姓爲莊田、莊園提供了勞動力，他們多半是佃農，也還有一部分是雇農。武后時李嶠疏中所稱逃户「傭力客作，以濟糇糧」，開元二十四年(七三六)詔書所稱「傭假取給，浮窳求生」，其稱傭、傭力當是傭耕，假、客作應指租佃。上引天寶十一載詔書所云莊田上「别停客户使其佃食」和杜佑所説的「田家」，則確爲租佃農民，而陰永牒中所説「守莊農作」的浮逃户，「好即薄酬其傭，惡乃横生搆架」，正是傭耕農民。史實表明，浮逃客户中，雖然也包括在他鄉通過種種方式獲得小塊土地的自耕農民，非農業的雇傭、小商販和極少數的地主，但莊田、莊園上的佃客、雇農應占絶大多數，尤以佃耕爲地主莊田、莊園土地上的基本剥削形式。〔一〕

〔一〕 拙撰唐代的客户，收入拙著山居存稿。

東晉以來的大土地所有一般稱爲田園、田業或者莊、墅。莊田連稱始見於北朝後期，至遲在隋朝已出現莊園一詞，那時，莊田莊園常作爲均田制以外的私田出現。〔一〕唐代莊田與莊園雖然不妨通稱，其實也是有區别的，從文苑英華卷四二六長慶元年（八二一）正月南郊改元赦文所云「應天下典人莊田、園、店，便合只承户税」即可見知。〔二〕莊園之園，亦即均田令中園宅地之園，通常都是在莊宅周圍，以種植蔬菜瓜果爲主，間有藥材、茶葉以及供觀賞的花木。一般由莊主或其代理人直接經營，勞動者多半是奴婢身分的所謂家僮、傭保以及雇傭身分的所謂莊客、役客，不過莊客的名目下還包括一部分佃客。莊園的面積大小不等，像太平廣記卷一五九定婚店條所説宋城南一個孤女的莊園，由乳母種植，鬻賣蔬菜爲生，即是一例。莊田之田則是一般種植穀物的大田。莊田不必在莊宅周圍，通常有較大面積，勞動者主要是交納高額田租的佃農，間或也有雇農。莊本是區别於本宅而言的，貴族官僚一般居住在城中，那裏有他們的第宅，在城郊和鄉村占有的土地上别建房屋以備奴婢、莊客、雇傭居住及徵收田租、貯藏穀物，就叫做莊。元稹彈奏劍南東川節度使狀中稱節度使嚴礪等在管内擅設將士官吏百姓及前資寄住莊、宅，「都計諸州擅設莊共六十三所，宅四十八所」，即將莊、宅對舉。莊即指田莊，宅即指第宅。史籍上更多的是莊宅聯稱，這種莊宅多半是指附有田園的莊田、莊園。于志寧讓賜地與張行成、高季輔的故事爲人所熟知，他説自己從先世繼承了足够的土地，而「行成等新營莊宅，尚

〔一〕隋書卷八〇鄭善果母傳。拙撰北齊標異鄉義慈惠石柱頌所見的課田與莊田，收入拙著山居存稿。

〔二〕參見日本日野開三郎氏唐代先進地帶的莊園序言，自家版，一九八六年。

少田園」，〔一〕可知莊宅通常與田園有連帶關係。由於區别於本宅的莊原本具有供莊主游樂的功能，所以有些莊園，特别是達官貴族在城郊或風景區建立的莊園别墅，往往有亭臺樓閣與「林泉之美」，甚至有個别莊墅乃以這種游樂功能爲主，〔二〕但唐代絶大多數的莊田、莊園或者莊、莊墅、别業等，都一定擁有相當數量的土地。如王方翼的鳳泉别業，「闢田數十頃，修飾館宇，别植竹木」。司空圖的中條山王官莊，方圓十里，極泉石之美，而受泉水流注灌溉的良田達數十頃。〔三〕中小地主的莊田主要是田産。總之，土地是莊田、莊園最基本的財産内容和物質基礎。

有些大地主土地散布各地，那就「數處有莊田」，如元載在長安附近的「膏腴别墅，連疆接畛，凡數十所」。號稱有「地癖」的李憕，「伊川膏腴，水陸上田……自城及闕口，别業相望。」安史之亂以後，不少南遷官僚、地主往往南北皆有莊産。崔群戲稱自己「有三十所美莊，良田遍天下」，雖屬借喻其主考時所録進士，却也是當時社會實際的反映。〔四〕有的地主雖住居農村，他占有的土地不少却遠離本地，也就要另外置莊管理。如果他占有的土地即在本宅附近，而且面積不太大，諸如柳宗元從弟柳謀

〔一〕舊唐書卷七八于志寧傳。

〔二〕如蕭復的昭應别業，見舊唐書卷一二五蕭復傳；裴度的午橋莊，見舊唐書卷一七〇裴度傳，唐語林卷七。餘不備舉。

〔三〕舊唐書卷一八五上王方翼傳，卷一九〇下司空圖傳，參南部新書辛。

〔四〕舊唐書卷一一八元載傳，卷一八七下李憕傳；唐會要卷八三租税上大曆四年正月十八日敕；太平廣記卷三三六李瑩，卷四五三王生，卷一八一崔群。

在江陵的莊園，陸龜蒙在吴興顧渚的田産，均是四、五頃，那就没有必要在本宅之外别建莊宅。〔一〕一般來説，這種以本宅爲中心的小規模莊園，容易連成一片，多由莊主役使奴婢、雇農及佃農直接耕種，如柳謀、陸龜蒙即是。而大地主的田莊，動輒十餘頃、數十頃甚至上百頃，不可能連成一片，多遍布各處，分莊管理。在這種廣闊而分散的土地上，當然只可能採取租給佃農耕種的經營方式。

佃農絶大多數來自逃亡農民。逃亡是違法的，他們必須託庇於當地强豪，擁有廣大土地的强豪當然也擁有大量來自他鄉的佃客。莊内屋舍不可能容留衆多的佃客，就在莊屋周圍或所占田畝内修置簡陋的居住處租賃給佃農。因此不管居住在莊屋内或莊屋外的房屋，都是强豪的房屋，初來時所用糧種、口糧也必定由强豪貸與，而且即使定居以後，由於利率高昂，地租苛重，生産品被剥削的一乾二净，來年的種子和青黄不接時所缺食糧也仍須向莊家借貸。即使定居的佃客中偶有節衣縮食貼買得一點土地，但他們還必須租種一部分莊家土地以補苴生計，有的仍然是「莊蔭家住」，即賃住地主的房屋，有時仍須向地主借貸。所以陸贄説那些交納地租的「私屬」是「賃其田廬，假其種食」。〔二〕

陸贄稱這些佃客爲「私屬」值得我們注意，這裏有必要説明唐代佃客的身分。在上篇中我們已指出西晉户調式和東晉給客制中所見佃客是被庇蔭的私屬，他們不承擔國家賦役，户籍附注於主人户下，其身分是封建依附者。法律上認可的佃客定額很少，大量出於逃亡農民的佃客、屬名、程蔭等等

〔一〕柳河東集卷二四送從弟謀歸江陵序；甫里先生文集卷一六甫里先生傳。
〔二〕册府元龜卷四八六邦計部户籍寶應元年九月敕；翰苑集卷二二均節賦税恤百姓第六。

在法律上是不被承認的，但是由於他們同樣託庇於貴族、官僚和地方豪强，以逃避國家的賦役，他們既不可能脱離庇蔭家的羈絆，因而同樣具有强烈的人身依附關係。唐代前期的佃客仍然屬於這種狀態。陰永牒稱沙州逃往甘、凉、瓜、肅諸州的農民在地主莊田上「農作」，「撫恤類若家僮」，盡管相待猶如奴僮，却由於「爲客脚危」，不敢理論。這是由於流亡、逋逃在唐代仍爲法律所禁，〔一〕背井離鄉的佃客在「既冒刑綱、復捐産業」的情況下，必須投庇當地强豪，從而不得不忍受莊蔭家的殘酷待遇。盡管法律上没有承認他們的卑微身分和依附關係，實際待遇却類似奴僮。

唐代法律沿襲周隋，類似奴僮的賤口爲部曲客女。按照北周建德六年法令，奴婢在解放後，「若舊主人猶須共居，聽留爲部曲客女。」〔二〕他們的身分高於奴婢，有如兩晉的佃客。唐代史籍幾乎不見有關部曲客女從事勞動的記載，在北周及隋代前期他們是和奴婢一樣受田的，亦即同樣在主人土地上勞動。隋書食貨志稱，煬帝「除婦人及奴婢部曲之課」，按照「未受地者皆不課」的原則，可知部曲客女原先本屬課口，也和奴婢一樣受田。由於私屬身分，所受之田名義上爲國家授與，實際上即是主人所有的廣大田畝，以奴婢部曲的名義合法占有。由此可知，部曲客女在實際上屬於主人的土地上從事勞動，有如佃客。而大量逃亡人民組成的佃客在法律上只是違法浮逃的人，其實際身分則相同於部曲客女。

〔一〕唐律疏議卷二八捕亡律。

〔二〕周書卷六武帝紀建德六年十一月詔。

如上所述，天寶十一載詔書表明國家實際上已承認土地兼并的現實，也承認了在莊田上存在着「别停客户使其佃食」的現實（「客户人無使驚擾」）。建中元年（七八〇）實行兩税制，按照「户無主客以見居爲簿」的原則，客户一律在當地登記上籍，佃食客户一旦附籍，便不再是違法逃移的客户，他們與莊田主之間也不再存在庇護與被庇護的關係。按照「人無丁中以貧富爲差」的原則，佃雇農多爲赤貧農民，即所謂「貧窮不支濟户」，「准制放免」兩税，因而不再存在逃避賦役的問題。他們租種地主莊田，向主人交納地租而不納兩税，是完全合法的。因而從法律上説，佃雇農對莊田的人身依附關係有所削弱。然而事實上並非如此。前文指出，莊田上的佃食客户在法律上是違法逃亡的良人，由於他們同居受庇護的地位有如部曲客女，因而也視同部曲客女，「撫恤類若家僮」。兩税法施行後，這種類比依然存在。陸贄径稱依托强豪的佃農爲「私屬」，柳宗元也説地主對佃農是「必將服役而奴使之」。〔一〕從陸贄、柳宗元所描寫的佃農的悲慘生活看來，他們較之過去「類若家僮」的境遇，未見改善。我們還看到賃居莊主房屋的佃客、傭客，常常與「家僮」等賤口同居一室，從事相同的勞動，同被主人驅使，或者家僮莊客連稱。〔二〕這些表現佃客、傭耕仍然存在嚴重人身依附關係的迹象，是長達幾百年的歷史遺留，這種歷史的傳統和慣性不可能因兩税法的頒布很快消除，並且佃客與部曲客女的類比不僅如上所述在事實上習慣上依然如故，而且還逐漸從傳統習慣上的類比形成法律上的類比。經歷

〔一〕柳河東集卷三二答元饒州論政理書。

〔二〕參上引日野開三郎氏唐代先進地帶的莊園，第三二五頁。

五代以至兩宋，元朝便正式以良人比附部曲法確定佃客與主人間的不平等關係，從而佃客與部曲客女在事實上和傳統習慣上的類比便以法律形式確定了。〔一〕

兩税制只是在均田制崩潰基礎上適時的新興賦税制，它接受了土地占有形態的現實。唐代並没有正式宣布廢除均田制，但是現實的土地占有形態既然被接受，均田制便一去不復返了。

最後我們有必要對唐代租佃契約關係作一點説明。租佃關係由來已久，現存較早的租佃契約却僅見於高昌麴氏時期以至唐代。從敦煌石窟和吐魯番墓葬中發現的租佃契約數以十計，絶大多數爲吐魯番所出，除了幾件高昌時代的以外，時間均屬唐代前期，最早爲貞觀十七年（六四三）趙懷滿租佃契。敦煌所出不到十件，其中最早一件屬於吐蕃占領時代，其它並屬唐末以至宋初歸義軍節度時代。中日學者對兩地所出契約曾作過大量深入的研究，本文不擬詳述。〔二〕大致就吐魯番所出唐代前期租佃契約的内容而言，有的佃人一次預付幾年田租，有的分年交納；契約尾部押署有的田主居前，有的佃人以錢主或麥主名義居前；契約最後多附有同時强調地主、佃人雙方義務的違約處罰條文，偶亦

〔一〕上引拙撰唐代的客户。參唐剛卯論封建法律中的同居法範圍，中國史研究一九九〇年第四期。

〔二〕關於敦煌吐魯番所出租佃契約及其研究情况，上引堀敏一均田制的研究第六章有詳細介紹。近年來有關研究論文有孔祥星唐代前期的土地租佃關係，中國歷史博物館館刊一九八二年第四期；堀敏一唐代土地的賃貸借與抵當、質入的關係，東洋史研究三九卷三號，一九八〇年；陳國燦唐代之民間借貸——吐魯番敦煌等地所出唐代借貸契券初探，載敦煌吐魯番文書初探，武漢大學出版社一九八三年版。

有單方面追究佃人者；租額高低和租期長短也不盡相同。中日學者已從不同角度注意到這些差異，並對這些差異進行了各自不同的分析歸納。但從總的方面看來，盡管這些差異表明有的契約田主居於優越地位，有的佃人居於優越地位，但雙方都是均田制下的附籍百姓，身分平等。租佃的土地都是所受小塊永業口分田。契約上大都明確規定雙方各自的權利與義務，比如到期不得田佃者要罰田主，不如期交納規定的田租則罰佃人；「租殊（輸）百役」由田主承擔，「渠破水溢」（當指維修渠道方面的勞役或違反渠道管理規定的處罰）由佃人承擔。清楚表明彼此之間以平等的身分地位訂立契約，不存在人身依附關係。同時正像大多數論者都同意的，這種租佃契約關係得以流行的一個重要原因，是當地土地緊狹，所授田土零散，占有少量土地的均田民之間有必要通過交錯出租土地方式就近從事生產。租額的高低及其支付方式的差異則與土地質量高低和租田種類密切相關。敦煌所出唐代後期租佃契約也大抵是在身分平等的土地所有者之間訂立的，反映的租佃關係與前期大抵相同。當然我們並不排除在這些租佃契約中有的田主與佃人雙方經濟地位並不平等，它反映了普通農民之間的兩極分化。但這種契約關係不同於雇農與莊主之間的關係則是明顯的。而如上文所述，占有廣人土地的莊田主與佃食客户之間是庇護與被庇護的關係，佃食客户的實際身分「類若家僮」，習慣上視同部曲客女，與租佃契約中田主與佃人間的關係迥然不同。唐代封建土地占有形態的發展方向是均田制的破壞與地主田莊的擴展，因此我們很難根據這些租佃契約關係的存在而作出人身依附關係削弱的結論。

前面談到，兩税法施行後佃雇農對莊田主的人身依附關係仍然强烈，他們的身分以後還在法律上比同部曲，但畢竟與法律上的部曲不同。部曲是賤口，在户籍上没有獨立的户口，不能自行脱離主人。佃雇農是良人，盡管在作爲莊田上的佃雇農時身分與莊主尊卑有别，但他們既不是豪强庇護的非法逃亡者，法律上也没有禁止他們脱離主人，他們完全可以離去。在這種情况下，契約往往成爲迫使佃雇農履行其義務的手段，比如交高額地租，不准自行起移之類。這種契約單方面規定佃雇農義務，與地主處於不平等的地位，我們見到的宋代契約便是如此。我們承認由庇護與被庇護關係轉爲租佃契約關係，在一定程度上表明人身依附關係有所削弱。同時我們認爲唐代後期封建土地所有形態是前期莊田、莊園的繼續與發展，不平等的契約關係也是過去莊田主與佃雇農之間不平等關係的繼續和發展。這種佃農，正如毛澤東同志在中國革命和中國共産黨一文中所説，實際上等於農奴。

漢末魏晉土地占有形態的發展傾向是以佃客生産制爲内容的封建田園不斷增加和擴大，與之同時，自耕農民破産逃亡，組成巨大的佃客隊伍，東晉南朝繼承了這種發展傾向。北朝在特殊歷史條件下産生了均田制，在一定程度上維護了相當多的自耕農民，限制了封建田園的發展。由於自耕農民經濟上的脆弱性和不穩定性，在日益嚴重的賦役壓迫和大土地所有的兼并下，必然要喪失由均田法令維護的小塊土地，這是歷史的必然。從太和九年頒布均田制後，均田制破壞了又重建，再破壞再重建，到唐代建中元年頒布兩税法，終於徹底破壞，一去不復返。唐代土地制度的變化過程表明歷史又沿着漢末魏晉以來的道路前進。

第三節　賦役制度的變化

一、租調庸制及地、户税

北魏至隋初，徵納租調以一夫一婦即一牀爲單位，那時已嫁婦女受田。隋煬帝免婦女、奴婢、部曲之課，當因他們不再受田，按照未受田者皆不課的原則，合予免除。唐代也不授婦女田，賦役令明確規定諸課口每丁一人輸租粟二石，調絹二丈，布加八尺。〔一〕由此可知納課與受田有密切的關係，因而不妨説均田是租調制的基礎。我們從敦煌吐魯番兩地所出户籍上見到所有附籍户口，凡是家有課口的課户全都有多少不等的「已受田」。〔二〕盡管寬狹鄉之間每丁受田數額懸殊，一鄉之間也有差異，比如西州實際授田情況是常田四畝，部田二畝（常田、部田有各種解釋今姑不論），〔三〕十畝即算足額。沙州遠遠超過此數，但是大多受田不足，未受田遠遠超過已受田。又如以長安爲中心的渭南地區，歷來就地狹人稠，受田不足，貞觀中新豐縣靈口每丁受田只三十畝，也遠少於應受田。至於狄仁傑所説「彭澤地狹，山峻無田，百姓所營之田，每户不過十畝五畝」，則更不

〔一〕唐律疏議卷一三户婚。

〔二〕西州永業也和口分一般還授，二者之間幾乎没有什麽區别。

〔三〕吐魯番出土文書第四册第一〇三號墓文書唐侯菜園子等户佃田簿，在每户之下寫有「壹丁合得常田四畝部田二畝」，這應是唐高昌縣的給田標準。

待論。〔一〕雖然丁男受田數差距很大，但是徵納租調却假定每丁受田足額，一律按定額同等徵收，因此租調只是據丁徵納。陸贄翰苑集卷二二均節賦稅恤百姓第一條便説「丁男一人，授田百畝，但歲納租粟二石而已」，即是假設每丁都受田足額。又説兩稅法「唯以資産爲宗，不以丁身爲本」，表明租調據丁徵納，不問包括土地在内的資産多寡。因此國家財政收入的盈絀與課丁的增減密切聯繫，國家以嚴密的籍帳制度控制户口，主要是控制課丁，以保證財政收入。

武周以後，附籍人户大量逃亡。不但貧苦農民在繁重賦役和地主、商人、高利貸盤剥下被迫逃亡，甚至較富裕的農户也通過逃亡和各種隱匿手段以逃避加在他們頭上的重擔（主要是兵役和各種正課外的所謂差科）。這就使國家喪失了大量課丁。根據吐魯番所出唐西州諸鄉户口帳，我們看到唐初西州諸鄉人户中，丁中比例較大，課丁在全部人口中的比例至少不低於20%。大約從武則天以後到中宗睿宗統治時代，課丁數字大幅度下降，當時曾有不少人提出户口逃亡問題，表明課丁的大量損耗並不限於西州一隅，而是一個全國性的現象。〔二〕我們看到高宗以後至玄宗天寶年間，户口數持續增長，但課丁在總户口中的比例却有下降的趨勢。通典卷七食貨歷代盛衰户口記天寶十四載（七五五）户口數：

管户總八百九十一萬四千七百九（原注：應不課户三百五十六萬五千五百一，應課户五百

〔一〕册府元龜卷一一三帝王部巡幸太宗貞觀十八年二月己酉條；全唐文卷一六九狄仁傑乞免民租疏。

〔二〕拙撰唐西州諸鄉户口帳試釋，載敦煌吐魯番文書初探，武漢大學出版社一九八三年版。

三十四萬九千二百八十），管口總五千二百九十一萬九千三百九（原注：不課口四千四百七十萬九百八十八，課口八百二十萬八千三百二十一）。

據此，天寶末年課户占全部户數的60%，這還不算突出。課口却在全部人口中只占15.5%，似乎可怪。日本日野開三郎氏在所著唐代租調庸研究Ⅲ課輸篇（下）中對此作出解釋，認爲四千四百多萬不課口中包括不輸課丁在内。這是有理由的。吐魯番所出唐貞觀十八年（六四四）西州某鄉户口帳正是把不課口和課口不輸合併計算。〔一〕通典卷六食貨賦税下載天寶末年租調所入，按課丁數計算，也是八百二十餘萬課丁，應亦不計不課口。不輸課口包括衛士、兵募、雜任和各種色役，詳見下文，這裏暫置不論。但課口寡少不僅在於排除了不輸課口，又在於大量課口隱漏，户籍不實。敦煌所出天寶間户籍出現了一個奇特的現象，即女口遠遠超出男口。殘存的敦煌縣龍勒鄉天寶六載籍中，女口約爲男口的三倍，並在前籍後的三年間，女口增加十九人，男口僅增加一人。産生這樣奇特的現象，即因男口隱漏之故。不但課丁隱漏，甚至爲了防患未然，連中小男也通過謊報死亡或以男作女而大量隱漏。〔二〕由此可知，課丁實數由於隱匿謊報而大大縮減。我們還知道籍上有名的八百二十餘萬課丁中，有不少是所謂「虛掛」，這個數字的根據應爲當年的户部計帳，户部計帳的根據是本年諸州計帳所列課口、課不輸與不課口的數字，實際上業已死亡、没落、逃走、遷移的人户中的課丁在籍上並没有除

〔一〕上引拙撰唐西州諸鄉户口帳試釋。
〔二〕池田温：中國古代籍帳研究第三章第四節，中華書局一九八四年版。

名，他們承擔的租調例由親鄰代納，因此國家控制的課丁實際上還遠少於八百幾十萬，對之下文還要詳及。

户口不實、課丁相對減損是租調制難以維持的主要原因。

如上所述，自從北魏施行均田制以後，租調便和受田有密切的聯繫，據丁徵課的根據在於據丁受田。早在唐初，官府就從事調查每户占有田畝的情況，吐魯番發現多種以記載田畝分配爲主的簿帳。有的只記户主姓名及户内田畝數，有的除户主及田畝數外還記家口，但不記名字及丁中老小黄。這類簿籍關注的是田主與田畝的現狀。我們發現至遲在武周時期，這種田主與田畝的關係已非常混亂。吐魯番出有武周時期的西州勘田簿殘片，内容是勘查籍、田、主三者的關係，對之近人多有考述。〔一〕殘片所反映的大致有如下幾種情況：一是「田籍同」，應指三者符同；二是「有田無籍」，應指經勘查某人有此段田畝，但在本人户籍上却無記載；三是「有籍無田」，應指籍上有這段田畝，實地勘查却没有，當然是由於某種原因轉易到他人之手，故對原户主來説，這段田畝徒存籍面，實已無田；四是「有籍無主」或「有籍無主田」，應指籍上登記的某段田畝並不屬於籍上的田主，現在的田主也查不到；五是「無籍無主」，這類土地既不見載於籍，又無現主。以上幾種情況的解釋只是推測，不一定正確，總之表明武周時

〔一〕黄文弼：吐魯番考古記，中國科學院一九五四年版；池田温：中國古代籍帳研究録文第一二一號。王永興：武則天長安二年西州括田括户中官府勘田文書考釋，載出土文獻研究續集，文物出版社一九八九年版；陳國燦：吐魯番舊出武周勘檢田籍簿考釋，載敦煌吐魯番文書初探（二編），武漢大學出版社一九九〇年版。

期籍、田、主三者的關係往往互有出入，籍上登記的某段田畝没有着落，籍上登記的田主並非現在的田主，十分混亂。前引王梵志貧窮田舍漢詩中的這位貧苦農民，「婦即客舂擣，夫即客扶犁」，夫婦都是「客作」以謀生活，顯然没有田（或已典賣或本來未曾受田），但他却是課丁見輸，仍然要交納租調。上文談到，附籍農民盡管受田多寡不等，但籍面上總有一定田畝，基本上没有無田課丁，然而事實上却有，而且「如此硬窮漢，村村一兩枚」，並非個别現象。這種無田農民大概即屬於勘田簿上的「有籍無田」。

玄宗開元九年至十二年（七二一——七二四）曾經在全國大規模括客與檢田，據稱「得户八十餘萬，田亦稱是」。這次檢田主要是檢查所謂「籍外剩田」，屬於勘田簿上所謂「有田無籍」或者「無籍無主田」。籍外剩田大概有兩類，一是隱匿不報的熟田，二是新開墾的荒田。籍外剩田如此之多，表明籍與田不相符合的情況十分嚴重。盡管經歷年月，籍、田、主三者關係發生異動，不再符合，但是新造籍帳往往照抄原籍，並未作相應的改動。日本山本達郎氏曾比勘開元十年（七二二）籍草案與大曆四年手實，發現兩種文書所記田畝四至中的人名有十五人相同，其中確知開元時年齡的趙玄義、趙玄表二人，如果大曆時還健在，則均逾百歲。另外還有十段地的四至未經改寫就徑從開元十年籍草案移録到大曆四年手實中去，盡管它們的所有者實際上至少改變了兩次以上。山本達郎氏認爲這種怪事即由於照録舊籍使然。〔一〕這樣，據丁納課的租調制便往往脱離了與據丁受田的關係，也違背了「未

〔一〕 山本達郎：關於敦煌地區均田制末期土地的四至記載的考察，東方學四六、四八期，一九七二——一九七四年。

受田者皆不課」的原則。這又是租調制難以維持的一個原因。

建中元年楊炎建議創立兩税法，他陳述租調之弊說：[一]「開元中，玄宗修道德，以寬仁爲理本，故不爲版籍之書。人户寖溢，隄防不禁。丁口轉死，非舊名矣；田畝移換，非舊額矣；貧富升降，非舊第矣。户部徒以空文總其故書，蓋非得當時之實。」楊炎所說「玄宗修道德以寬仁爲理本」，當然不是事實，姑置不論。他認爲租調所依據的丁口、田畝、户等都嚴重失實，户部只是「以空文總其故書」，所謂「故書」即指舊籍。上文我們曾經說到基層諸鄉户籍往往照抄舊籍，州據以造籍帳，申報户部，户部當然也就只能「以空文總其故書」了。

楊炎所言三端，丁口、田畝直接與租調徵發有密切關係，户等高下主要是徵發兵役、力役先後的依據，法令上與租調並無直接關係。不過江南租却是按户等高下折布徵納，所以也並非毫不相關。

楊炎又云：

舊制，人丁戍邊者，蠲其租庸，六歲免歸。玄宗方事夷狄，戍者多死不返。邊將怙寵而諱敗，不以死申，故其貫籍之名不除。至天寶中，王鉷爲户口使，方務聚斂，以丁籍且存，則丁身焉往，是隱課而不出耳。遂按舊籍，計除六年之外，積徵其家三十年租庸。天下之人，苦而無告，則租庸之法弊久矣。

[一] 唐會要卷八三租税上；舊唐書卷一一八楊炎傳。

這裏説的是戍卒死亡，户籍上却没有除名，王鉷認爲「丁籍且存，則丁身焉往」，按舊籍徵課的事。這類事例我們在敦煌吐魯番户籍中數見不鮮。户籍在丁名下注明「金山道行」、「疏勒道行」等，追溯他們從征年代，則遠在數十年前，有的征行未還，有的早已没落，但姓名却依然見於户籍。〔一〕王鉷據以徵納的就是這種户籍。由此可知，天寶時租調不但與均田脱離關係，單純按丁徵課，而且和課丁實際上也脱離關係，僅僅是據户籍按名徵納而已，所據户籍即是那種與實際情况相差甚遠的舊籍故書。無怪乎楊炎最後總括玄宗統治時期賦税混亂的情况時説：「租庸之法弊久矣。」

楊炎所説的「租庸」也就是指的租調庸。庸是交納絹布以代力役的税目。力役從來就按丁徵發，與均田本無直接關係。力役折庸的淵源可以追溯到南北朝甚至西漢。漢代姑且不論，〔二〕南北朝時那是一種地方性的納錢代役。南齊書卷二六王敬則傳稱他曾將保海塘的服役「悉評斂爲錢」，名爲塘役錢。周書卷三五裴俠傳記述他任河北郡守時「丁庸不取」的故事。北齊給予地方官員使唤的幹，「輸絹十八匹，幹身放之」，也是納絹代役。〔三〕但所代的都不是正役，南朝所代當爲地方性的雜徭，北

〔一〕唐開元三年帳後柳中縣高寧鄉户籍殘卷，載敦煌資料第一輯，中華書局一九六一年版；唐開元二年帳後西州柳中縣康安住等户籍，載吐魯番出土文書第八册，文物出版社一九八七年版。

〔二〕漢代力役折庸的情况，見張澤咸唐五代賦役史草，中華書局一九八六年版，第二七三頁。關於唐代賦役制度，對澤咸同志此書多有參考，不再備注。

〔三〕通典卷三五職官禄秩。

朝則爲官府僕役的納資代役，它在西魏大統十三年計帳中稱爲「雜任役」，唐代稱爲雜任，屬於色役，所納的稱爲「資課」，與庸有别。史載隋開皇三年「始令人以二十一成丁，歲役功不過二十日，不役者收庸」。開皇十年又下詔，「人年五十，免役收庸。」這是輸庸代正役的開始。〔一〕但除非年滿五十以上，只有官府不需要力役時才允許折庸代役。我們知道隋代户口頗盛，課丁所服正役，每年不過二十天，開皇六年、七年修築長城之役，均是「二旬而罷」。開皇四年六月詔開關中廣通渠，稱「旬日之功堪省億萬」，則不過十天。〔二〕事實上開皇間除初年興建大興城、開鑿關中運河以外，没有大工程。滅陳以後也没有大規模戰事，似乎不需要在全國徵發民丁服役。因此五十歲以下因驅役不盡而納庸代役的課丁應當有相當數量。只是隋代折庸免役的具體做法我們還不清楚。

唐高祖武德七年（六二四）頒布的賦役令規定：「凡丁歲役二旬，若不役，則收其庸，每日三尺。」〔三〕力役時間及不役收庸的辦法係直接沿襲隋制。不過唐初力役仍以見役爲主。舊唐書卷七〇戴冑傳載貞觀五年（六三一）冑上表諫修洛陽宫云：「比見關中河外盡置軍團，富室强丁，並從戎旅，重以九成作役，餘丁向盡，去京二千里内，先配司農、將作，假有遺餘，勢何足紀。」貞觀十一年，馬周在上疏中亦極言力役繁重，「供官徭役，道路相繼，兄去弟還，首尾不絶，遠者往來五六千里，春秋冬夏，

〔一〕　隋書卷二高祖紀下；北史卷一一隋文帝紀；隋書卷二四食貨志。以上記載稍有差異，但所説應是一事，兹不詳考。
〔二〕　隋書卷一高祖紀上，卷二四食貨志。
〔三〕　舊唐書卷四八食貨志。

略無休時。」〔一〕所謂「去京二千里内」，「往來五六千里」，範圍很廣，大致包括了北方大部分地區。在這樣一個廣大地區内，特别是所謂「帝京三輔」的關中地區，由於「差科非一」力役繁苛，「不役收庸」的丁男恐怕爲數甚少，納庸地區當主要在於「徭役全少」的「關河之外」，特别是「彌復優閒」的江淮、劍南。〔二〕

唐代前期，隨着社會經濟的恢復發展，納庸代役及其與之相應的和雇制逐漸得到廣泛實施，不僅那些侍奉官府的門夫、白直之類皆「舉其名而徵其資以給郡縣之官」，而且部分軍隊官兵以及太常樂人等名目繁多的雜役，乃至因罪配没官府的番户、雜户，都逐步准許納資代役。「諸丁匠不役者收庸」，也至遲在開元末制度化。〔三〕

更爲重要的是，農民所服正役的不役收庸也在玄宗統治時期普遍化。唐會要卷五八記開元六年五月敕，庸調與租、資課並列爲國家正税收入。册府元龜卷四八七載開元二十三年敕稱：「天下百姓，正丁課輕，徭役所入，唯納租庸。」通典卷六食貨賦税下所載天寶計帳，庸調絹、布合併按課丁數計算，可知課丁皆納庸絹、布，與租調同。唐代法令規定，丁男不役收庸，每日三尺，折庸絹六丈，爲調絹二丈的三倍，可知在天寶計帳年入七百四十餘萬匹庸調絹、一千零三十五萬端庸調布中，庸絹、布占

〔一〕 貞觀政要卷六奢縱，唐會要卷八三租税上略同。
〔二〕 舊唐書卷七八高季輔傳。
〔三〕 拙撰魏、晉至唐官府作場及官府工程的工匠，收入拙著魏晉南北朝史論叢續編。

3/4，約一千三百餘萬匹（端），足見其在國家財政收入中的地位。總之，當時由中央徵發的所謂「正役」雖然還不能説全部不役，但至少已減省到最低限度。與玄宗時代納庸代役普遍化相隨共生的，則是和雇制的普遍化。

唐高宗永徽年間我們已見到大量和雇夫役築城之事，〔一〕以後見於記載的事例很多，特別是中葉以後的修築陵墓之役。大致在玄宗時代，和雇制趨於普遍化。按築城與修陵墓應屬正役（包括匠役）。官府作坊中的工匠有「明資匠」，當然是給予工資的技工，所謂「巧手」。又有「長上匠」，那是留用的番上工匠，由官府支付工資，也帶有雇傭性質。由於採用和雇方式，所以國家可以日益廣泛地擴大納錢物代役的範圍，同時也由於納錢物代役制的推廣，使國家獲得更多的錢物以和雇丁夫。見役轉爲代役，與和雇方式的推廣有密切的關係。我們知道早自戰國以來，民間不論農業或手工業以至家庭僕役，雇傭制即已流行，人所共知，無待舉例。但是國家力役採用和雇方式，却僅見於南朝。梁書卷三八賀琛傳載梁武帝駁賀琛所上書有云：「凡諸營造，不關材官，及以國匠，皆資雇借，以成其事。」「雇借」即雇傭，梁武帝所云「營造」，應指修建佛寺。修建宮室是正役已見前引舊唐書戴冑傳，修建佛寺也應是正役。梁武帝雖然只提到「國匠」，即官府所屬工匠，但像修建佛寺那樣大規模工程，當然必須使用一般丁夫，據此可知梁代正役（包括匠役）已採用和雇方式。

〔一〕舊唐書卷四高宗紀永徽五年十一月癸酉條。

就整個力役制度而論，唐代較之過去的顯著特點，便是和雇制和納資代役的普遍化。這兩種制度是互相聯繫互爲條件的，但他們都是以社會經濟發展的一定水平爲基礎的。

正役由見役轉爲代役，由部分代役轉爲基本上全部代役，這是役法上的一大變化，這一變化基於和雇制的推廣，而和雇制如上所述，早已見於南朝。

按照法令，兵役力役都按照「先富强後貧弱先多丁後少丁」的次序徵發。〔一〕這樣的次序先後，在見役爲主的時期是有意義的，但到了普遍納庸代役時，按丁納庸，這些先後原則便全是空文了。唐律疏議卷一六應差丁夫而差遣不平條稱「應差丁夫」，丁指正役，夫指雜徭。雜徭徵發及於中男，所謂「成童之歲即掛輕徭」，〔二〕當然不能稱「丁」。法令上的雜徭包括所有非正役的各種徭役，諸如臨時徵發的所謂「雜差科」和所謂「色役」，但通常指的是地方性的徭役。納庸只代正役，雜徭仍是見役。事實上雜徭和雜差科非常繁重，而且限於本州、本縣，能够徵發的丁中數量有限，很難有「驅役不盡」的情況。由於雜徭具有很强的地方性和臨時性，各地情況不同，服役項目亦因地而異，名目非一。比如吐魯番出有在官府葡萄園服役的文書，服役的稱「夫」，應屬雜徭，顯然這是西州的特殊項目。〔三〕

由地方徵發的還有雜差科。我們還不太清楚雜徭與雜差科的明確區別。可能雜徭指經常性的

〔一〕 唐律疏議卷一六擅興。
〔二〕 唐大詔令集卷七四玄宗親祭九宫壇大赦天下敕。
〔三〕 見吐魯番出土文書第七册頁四四四武周證聖元年（六九五）前官陰名子牒爲官萄內作夫役頻追不到事等。

勞役，雜差科指臨時性的徵發，亦即唐律疏議卷一三差科賦役違法條疏議所稱之臨時别差科。〔一〕

雜徭、雜差科本來應該都是見役，我們從王梵志詩中看到唐代前期徭役的嚴重，所指基本上都屬雜徭與雜差科。爲了逃避兵役和雜徭、雜差科，中小地主和富裕農民很多投充色役。色役内容非常複雜，大致包括爲兩類：（一）吏役。淵源於漢代的少吏、小人吏，魏晉以降的雜職掌、雜任役，其地位介於吏和役之間。唐代所謂「執掌」和雜任中，不小一部分分番服役，可以納資課代役，這部分便轉入色役。（二）勞役。這一類大致由雜徭轉化，原先均屬見役，後來可以納資代役，比如門夫稱「夫」，又是經常性的地方勞役，應屬雜徭，但後來却可以納資代役，轉爲色役。也有由正役轉化，例如屯丁。正役本來納庸絹、布代役，屯丁在開元時似仍屬見役，不知何時也納資代役。

色役的基本特徵是納資代役和服役有番期。納資代役與納庸代役是歷史傾向。總的説來，由於商品經濟發展，國家和貴族官僚們樂於攫取更多的錢物而不是直接役使人身，所需要的人力可以通過和雇取得。至於色役都屬番上，却只是因爲從來徵發勞役都有番期，勞役性的色役既多由雜徭轉變，番上自不待言。吏役有的長上無番期，比如佐、史、里正之類的雜任，這些大致有一定職務，一定名額，不能漫無限止地擴大，也不能納資代替。而有番期的吏役如執仗、掌閑之類雖也有專職，實同閒散，雖有名額，卻不妨隨時增補，便於投充掛名。

〔一〕參西村元佑從唐代敦煌差科簿看均田制時代的徭役制度，收於所著中國經濟史研究中，東洋史研究會一九六八年版。

按照法令，在役丁夫例免租調及兵役和本色以外的包括正役、雜徭、差科等各種勞役。成爲不輸課口的色役當然享受這種待遇。而且本色之役又可以納資代替。於是投充色役成爲避役的一條大道，隊伍不斷擴大。據唐大詔令集卷二中宗即位赦，早在中宗時期已曾企圖對色役有所限制。玄宗開元九年，宇文融奏請檢查色役僞濫與括逃户、檢籍外剩田並舉。這類限制色役的詔書屢見不鮮。我們還不能確知玄宗時期投充色役者究有多少，據唐六典所載，開元二十二年（七三四）曾減省二十二萬餘人，其未減者當然遠超此數。天寶五載廢除給予地方官府和地方官服役的「白直」，詔書説此項色役，「一歲破十萬丁已上」，僅白直一色已有十萬丁，色役項目非常之多，合計恐當在百萬以上。建中元年楊炎上疏要求實行兩税，又云：「凡富人多丁，率爲官爲僧以色役免，貧人無所入則丁存，故課免於上而賦增於下，是以天下殘瘁，蕩爲浮人，鄉居地著者百不四五。」楊炎所述爲安史亂後情形，但「富人多丁」以色役免，玄宗統治時早已如此。色役也是役，但却是富人逃避賦税的淵藪。〔一〕

正役納庸，部分雜徭轉變爲納資的色役，表明了勞役制度的一大變化。

唐代法定的正項賦役租調都按丁徵發，正役和雜徭本來應與户等高下爲先後次序，但自納庸普遍化以後，庸基本上也是按丁徵發。雜徭則因見役丁中減耗，徵發遍及下户，實際上也是按丁（中）徵發。但另外有據田畝徵收的地税和據户等徵收的户税。通典卷六食貨賦税下記貞觀二年（六二八）

〔一〕 關於色役，詳見拙撰唐代色役管見，收入拙著山居存稿。

四月，「户部尚書韓仲良奏，王公以下墾田，畝納二升，其粟麥稻之屬，各以土地，貯之州縣，以備凶年。」這是用以設置義倉的税目。隋代社倉，初由民間樂輸社司管理，後轉爲官府管理後，便依户等徵税。〔一〕唐代改爲據地徵税，以後高宗時還曾一度改爲依户等徵收，不久依舊據地徵收。至開元二十五年定式，既有按畝課税，又有計户等徵收，徵收面有所擴大，徵收方式也因寬鄉、狹鄉而異。地税所入的義倉粟自武后以後成爲國庫穀物收貯的重要來源。〔二〕户税大概也早在唐初就已有之。通典卷六稱武太后長安元年（七〇一）十月詔「天下諸州王公已下宜准往例税户」，既稱「准往例」，可知先已有此税目，中間停廢，至此恢復。户税依户等徵錢，據唐六典卷三户部郎中員外郎條，當時天下諸州的户税徵收「各有准常」，並區分爲大税、小税、别税三種，各有其特殊用途。這些記載雖然不見於其他文獻，但在吐魯番出土文書中，却提供了有關户税徵收的實際情形和新資料，日本周藤吉之氏唐中期户税的研究一文已作過深入研究，這裏不再贅述。〔三〕

地税據田畝，户税據户等，都是「唯以資産爲宗，不以丁身爲本」。地税「據青苗徵税」，也就是據見營田徵税，無論永業、口分、籍外土地以及佃種公私土地，一律據地徵納，户税也不分課户與否。而且都是標明「自王公已下」，至少在法令上免除正項賦役的貴族官僚也應承擔這兩

〔一〕隋書卷二四食貨志。
〔二〕通典卷一二食貨輕重。
〔三〕收入周藤吉之唐宋社會經濟史研究，東京大學出版會一九六五年版。

項稅目。

天寶末年地稅和户稅已是僅次於租調庸的國庫大宗收入。通典卷六載天寶計帳：

天寶中天下計帳，户約有八百九十餘萬，其稅錢約得二百餘萬貫，其地稅約得千二百四十餘萬石。

據出畝資簿以徵收租調是曹魏制度，曹魏「田租畝四升，户出絹二匹，綿二斤」。田租計畝徵收，户調雖每户定額同等，實際却是按資産分等，所謂絹二匹、綿二斤只是一個平均數量，責成地方官據本管户數按資産分別九品徵收，平均達到這個數字，名爲「九品相通」。「九品相通」或「九品混通」之制一直爲晉、宋、齊及北魏均田制以前所沿襲。南朝到梁天監元年（五〇二），北方自均田制以後，始計丁徵收。〔一〕西晉丁男課田五十畝，收租四斛，似乎改爲計丁徵收。但東晉時仍計畝徵租。通典卷四食貨賦稅上稱：「成帝咸和五年（三三〇），始度百姓田，取十分之一，率畝稅米三升……哀帝即位，乃減田租，畝收二升。孝武帝太元二年（三七七）除度定田收租之制，王公以下，口稅三斛，唯蠲在役之身。八年（三八三），又增稅米口五石。」口稅三至五斛，那是非常重的，馬端臨曾經提出疑問，他認爲所謂「王公以下」也許不包括一般農民。〔二〕按上引稱口稅「唯蠲在役之身」，東晉徭役非常嚴重，范寧曾說「無三日休停」，非「在役之身」的一般百姓確實是非常少的。這問題今姑不論，據此則東晉度田收

〔一〕拙撰魏晉户調制及其演變，收入拙著魏晉南北朝史論叢。

〔二〕文獻通考卷二田賦。

租之制在太元間曾改爲按口收租。這裏可能有誤會。隋書卷二四食貨志表述南朝賦税制度云：

> 其課，丁男調布絹各二丈，絲三兩，綿八兩，禄絹八尺，禄綿三兩二分。租米五石，禄米二石。丁女並半之。男女年十六已上至六十，爲丁。男年十六，亦半課，年十八正課，六十六免課。女以嫁者爲丁，若在室者，年二十乃爲丁。其男丁，每歲役不過二十日。又率十八人出一運丁役之。其田，畝税米二斗。

據此知田租按丁徵收以外，仍然據畝徵收。但是户調似乎不再計貲，其實不然。陳書卷五宣帝紀太建九年（五七七）五月丙子詔，即有「五年訖七年逋貲絹，皆悉原之」一條，列於夏調綿絹之外。那麽在陳朝雖然在户調方面沿襲梁代陳法，却又恢復了計貲收絹的一項税目，隋書食貨志没有這一項，也許是漏掉了。由此可見，梁陳時期，據田畝徵租，據貲徵調，與據丁徵租調並行。唐代計畝徵地税，據户貲徵户税，與按丁徵租調庸並行，與東晉南朝類似。

北方自永嘉亂後，十六國時期各個政權的賦税制度我們知道的僅有石趙和割據巴蜀的成漢，大體上仍遵循晉代遺制。直到北魏前期，户調仍是「九品相通」，按户等徵收。石趙時不僅户調，似乎連田租也有迹象按户等徵收。〔一〕北魏前期所謂「裒多益寡，九品混通」，是否也包括田租，不明。北魏自實行均田制之後，租調與受田密切聯繫，人年及課則授田，未授田者皆不課，凡受田的丁男丁妻（奴婢

〔一〕拙撰魏晉南北朝史論叢第六七——六八頁（文集本六三——六四頁）。

以及丁牛都受田），也都差别納租調。經歷東西魏、齊、周，大體承襲魏制，隋煬帝時婦女、奴婢部曲不受田，亦不承擔租調，中男則齊周時大概已不受田。〔一〕

關於北朝實行均田制以後的租調制無須多説，值得一提的是，史載孝昌二年（五二六）十一月「税京師田租，畝五升，借賃公田者畝一斗」。〔二〕這也是度田收租，但限於京師，而且是臨時權宜措施，以後絶不見有據田收税之事。北魏時期我們還見到分户等的記載。魏書卷一一〇食貨志稱獻文帝時期因「山東之民咸勤於征戍轉運」，「遂因民貧富，爲租輸三等九品之制。千里内納粟，千里外納米；上三品户入京師，中三品入他州要倉，下三品入本州。」但分户等只是區别輸送租穀遠近。這種户等制到了北齊時有了新的發展。隋書食貨志稱高洋即位之初，「始立九等之户，富者税其錢，貧者役其力」，這就將户等與賦税聯繫起來，當是唐代户税的淵源之一。只是唐代户税八九等户一概徵錢，而不是「役其力」。所謂「富者」限於哪幾等，我們不知道。從「貧者役其力」看來，富者納錢帶有納錢免役的意味，但也可以説貧者以役代納錢。這種税户制在以後河清令中未見記載，似乎是一時之制。河清令中有關户等差别大抵有兩類。一是同魏制，以户等高下區别送租遠近。二是與賦税有關。隋書卷二四食貨志載河清令云：

墾租二石，義租五斗……墾租送臺，義租納郡，以備水旱。墾租皆依貧富爲三梟。其賦税常

〔一〕隋書卷二四食貨志。
〔二〕魏書卷九肅宗紀。

調，則少者直出上户，中者及中户，多者及下户。上梟輸遠處，中梟輸次遠，下梟輸當州倉。三年一校焉。

北齊義租也用以備水旱，有似唐代義倉粟，但並非地税，而是正租的附加税。所謂「三梟」即三等，却不再分九品。三梟差别承擔遠近運輸，與魏制略同。同時又有所謂「賦税常調」，依多少定上中下户承擔的次序。正項租調並無或多或少的分别，這裏是否指臨時徵發，我們不清楚。可以明確的是北齊時期的户等除了沿魏制據以定輸租道里遠近之外，還據以徵收正項租調以外的賦税。

周滅北齊，這種據户等徵税之法業已廢除，直到隋開皇十六年（五九六）始詔社倉按户等高下徵收穀物。社倉本來由民間社司勸課當社，「收穫之時，隨其所得」，出穀儲存以備水旱。開皇十五年收歸官府，大概先行於「邊境諸州」，接着推廣到内地，但那時還没有轉爲法定税目。至十六年下詔稱「社倉准上中下三等税，上户不過一石，中户不過七斗，下户不過四斗」，〔一〕規定按户等徵收的數額，從此成爲正規的税目。另一種户税是在没有課調或者户口寡少缺乏課調的州内「計户徵税」，以供當地地方官的禄力。按隋代制度，刺史、太守、縣令「皆計户而給禄，各以户數爲九等之差」。則其它有課調州縣亦當有此項税目，但是否按户等徵收不明。〔二〕

綜上所述，按畝徵租始於曹魏，西晉改爲按丁，東晉又恢復據畝，太元之後改爲據口，但據畝之法

〔一〕　隋書卷二四食貨志，卷四六長孫平傳。
〔二〕　隋書卷二四食貨志，卷二八百官志下。

似乎未廢。梁陳時據丁徵租與按畝徵税並行。據户貲徵調亦始於曹魏，歷兩晉宋齊相承沿襲，梁天監元年改爲據丁徵調，但陳代仍有「貲絹」，也是據丁與據户貲並行。據户貲徵調分爲九品，則按貲産以分户等也許魏晉時業已建立。北方自石趙以至北魏前期田租、户調大致沿用晉制，即田租據丁，户調按貲分品徵收。北魏太和九年實行均田，十年頒布三長制，租調不分户等均等徵收。魏末洛陽地區曾一度按畝徵税，乃臨時措施。北魏獻文帝時始按貧富定户等爲三等九品，但只用以區别輸租道里遠近。這種依據户等區别輸租道里遠近的制度亦爲北齊河清令所繼承。北齊時又據户等，「富者税其錢，貧者役其力」，並行用於臨時徵發。隋代社倉税據户等徵收穀物，州縣亦計户徵税以供官禄。

唐代地税可以説遠溯曹魏，近承梁陳之制，户税也可以説遠溯曹魏兩晉至南朝據貲發調之制，近則承用南北朝後期税户之制。

玄宗統治期間賦税制度正在發生變化，納絹或納錢（包括脚價錢）代役的普遍化，地税、户税在國庫全部收入中的增重，表明與均田制聯繫的人丁爲本的租調庸制業已和時代的發展不相適應，一種新税制即將産生。

二、兩税法制

安史亂後户口大量減耗已如前述。由於軍費、財政支出都大量增加，賦税十分混亂，朝廷專設租庸、轉運諸使徵斂，諸道節度、觀察等使各自責成州縣限期交納欠交、應交的正項租調庸和各種新舊税以及臨時徵發，總稱爲「科配」或「科率」。元結在代宗寶應二年任道州刺史，上任不過五十天就收到諸使所下文牒二百餘件，都要求在限期内上交索取的定額錢物，都説如果到期不交就要遭到嚴厲處分。〔一〕索取錢物雖然也有各種名色，實際上爲攤派。上級諸使將額定錢物分攤給州，州又分攤到縣，直到基層。州縣怎樣去搜刮完全可以不問。唐會要卷八三租税上載楊炎上疏有云：

迨至德之後，天下兵起，始以兵役，因之飢癘，徵求運輸，百役並作，人户凋耗，版圖空虚。軍國之用，仰給于度支、轉運二使；四方大鎮，又自給於節度、團練使；賦斂之司增數而莫相統攝。於是綱目大壞，朝廷不能覆諸使，諸使不能覆諸州。四方貢獻，悉入内庫。權臣猾吏，緣以爲奸，或公託進獻，私爲贓盜者，動以萬計。有重兵處，皆厚自奉養，正賦所入無幾。吏之職名，隨人署置；俸給厚薄，由其增損。故科斂之名凡數百，廢者不削，重者不去，新舊仍積，不知其涯。百姓受命而供之，旬輸月送，無有休息。吏因其苛，蠶食於人。凡富人多丁，率爲官爲僧，以色役免；貧人無所入則丁存，故課免於上，而賦增於下。是以天下殘瘁，蕩爲浮人，鄉居地著者百不四五，如是者迨三十年。

楊炎的話充分説明至德以後賦税情況非常混亂，「科斂之名凡數百」，誰也弄不清楚。實際上自朝廷以至地方基層各自爲政，「莫相統攝」。如下文所述，獨孤及大曆中任舒州刺史，在管内推行計口徵

〔一〕元次山集卷四春陵行，參新唐書卷一四三元結傳。

稅，以便使客户和各種逃避賦役的户口一例納稅。這是一次重大的改革，却由刺史自行決定，在管内執行，足以説明在租庸調制徹底破壞，新的統一的賦役制度又還没有産生時的那種過渡期的混亂狀態。舒州還是唐中央直接控制的地區，當地並没有重大軍事活動，情況尚且如此，那些藩鎮割據和戰事頻繁的地區就更不消説了。

如上文所述，唐代正項賦役均由著籍課丁承擔，户籍不實和以各種名義得以免除賦役的不輸課丁激增。早在天寶間著籍應輸課丁業已大量減縮，楊炎所云「蕩爲浮人」和「富人多丁率爲官爲僧以色役免」的情況，天寶時已十分嚴重。安史亂後，國家控制的編户即所謂「鄉居地著者百不四五」，但是賦役基本上還是據著籍課丁徵發，當然這只有促使現存課丁繼續逃亡。獨孤及按口徵稅就是企圖使不承擔賦役的人户納入課稅行列。毘陵集卷一八答楊賁處士書有云：

昨者據保簿數，百姓並浮寄户共有三萬三千，比來應差科者，唯有三千五百，其餘二萬九千五百户，蠶而衣，耕而食，不持一錢以助王賦……每歲三十一萬貫之稅，悉鍾於三千五百人之家。謂之高户者歲出千貫，其次九百、八百，其次七百、六百貫，以是爲差。九等最下，兼本丁租庸，猶輸四五十貫。以此人焉得不日困，事焉得不日蹙！其中尤不勝其任者，焉得不襁負而逃。若以已困之人，已竭之力，杼軸不已，恐州將不存，苟以是爲念，安敢不夙興夕惕，思有以拯之。方今爲口賦，誠非彝典，意欲以五萬一千人之力，分三千五百家之稅，愚謂之可復使多者用此以爲裒，少者用此以爲益，損有餘補不足之道，實存乎其中。富人貧人悉令均減，倍優倍苦，何從而生。

竊料動摇不安以遁逃相扇者，不過以規避之户與寄客耳。此輩浮食偷安，久漏差科，惡同均賦税之名，祇思苟免。若編户地著者，雖驅之使逃，亦固不從。今已擇吏分官，以辨其等差，量分入賦，其數懸榜以示之信。若信之不明，分之或過，等差之不均，官吏之不仁，困而後去，誰曰不可？乃未及知斂之薄厚，辨之濟否，望風聆聲，遽告勞而逃，斯豈爲政者之過乎？

按獨孤及任舒州刺史在大曆五年（七七〇）至八年或稍後，〔一〕則此書應作於此時。書中所云舒州實際户數，根據地方掌握的所謂「保簿」，包括土、客户，課户、不課户，共有三萬三千户之多。而應輸課户只有三千五百，約當州總户數的10%强，遠低於天寶末年全國課户與不課户的比例。〔二〕在籍應輸之户承擔的税額高得驚人，上户高達千貫，甚至萬貫，下户連租調庸一起計算也要三四十貫。從下户「（兼）本丁租庸」一語看來，當時據户徵税，但仍有正項租調庸。獨孤及所改的應是户税，改革内容主要是：第一，不分土客，不分課口與不課口，也不分應輸與不輸課丁，一律按貲産分等徵收；第二，改按户或按丁爲按口；第三，重新規定貧富差别承擔的税額，使上户應輸數大大降低，下户成倍提高。〔三〕

〔一〕拙撰山居存稿第一四七頁（文集本一五一頁）。

〔二〕但天寶課户數是包括所有家有課丁之户，即使這一家的課丁屬於不輸課丁，也仍作爲課户計數，而獨孤及的計數是把不輸課丁之户除外的。其二，天寶户數據諸州申報籍帳，當然不包括客户，而獨孤及則是據「保簿」，三萬三千之數包括籍帳無名的浮寄之户。二者所據不同。

〔三〕獨孤及答楊賁處士書中稱楊賁來信説，「富人出萬，今易以千，貧人出百，今亦數倍，富倍優，貧倍苦。」

這裏我們還弄不清楚計口徵稅與分別户等的關係。從楊賁所云「富人出萬，今亦數倍」和獨孤及要分別等差的話，雖是計口，却仍依貲産定户等差別納稅。值得注意的是，舒州全部稅額三十一萬餘貫是以錢計算，獨孤及稱，「九等最下，兼本丁租庸猶輸四五十貫」，則連租庸在內都以錢計算。從獨孤及的改革稅制中我們看到如下三個特點：不分編户與浮寄，不分課與不課，一律徵收；不分丁中老小，一律計口據户等差別納稅；以錢爲額。這三個特點豈非就是建中元年兩稅法「户無土客，以見居爲簿；人無丁中，以貧富爲差」，以及「以錢爲額」的特點麽？

當時賦稅由按丁爲主轉向按户爲主，由據籍課丁轉向不分土客，由租調等額徵收轉向户稅的據資分等，是必然的。早在獨孤及舒州改制之前，朝廷已頒布了調整户稅的措施。舊唐書卷四八食貨志載大曆四年(七六九)正月十八日敕云：

定天下百姓及王公已下每年稅錢，分爲九等：上上户四千文，上中户三千五百文，上下户三千文；中上户二千五百文，中中户二千文，中下户一千五百文；下上户一千文，下中户七百文，下下户五百文。其見官，一品準上上户，九品準下下户，餘品並準依此户等稅。若一户數處任官，亦每處依品納稅。其內外官，仍據正員及占額內闕者稅。其試及同正員文武官，不在稅限。其百姓有邸店行鋪及爐冶，應準式合加本户二等稅者，依此稅數勘責徵納。其寄莊户，準舊例從八等户稅，寄住户從九等户稅，比類百姓，事恐不均，宜各遞加一等稅。其諸色浮客及權時寄住户等，無問有官無官，各所在爲兩等收稅。稍殷有者準八等户，餘準九等户。如數處有莊田，亦每處税。諸道將士莊田，既緣防禦勤勞，不可同百姓例，並一切從九等輸税。

按詔書首先是有關官僚納税的條例。户税本來就包括王公以下，詔書所云九品官各依九等户等差納税，僅確定品官不必按貲産評定户等，而以官品等級爲差。税額對於貴族官僚而言是非常少的，實際上是一種優待。值得注意的是「若一户數處任官，亦每處依品納税」，不作爲一户處理，這可能是新制，因爲户内有人充任官職便全户遷往任所，他們的正項賦役依法令全免，自不待言，户税不能免，而本貫難以評定其户等，也無從徵收，只能在任所徵納。其二是關於商賈納税：「其百姓有邸店行鋪及爐冶應準式合加本户二等税。」既云「準式」，則只是重申舊式，並非新制。其三是對寄莊、寄住户。詔書説依照往例寄莊户依八等户，寄住户按九等户納税，新制各加一等。則寄莊、寄住納税本是往例，新制只是加一等而已。而且所有寄莊寄住也不據資産評等第，等額交税。其四是對諸色浮客及權時寄住户。詔書説這些人「無問有官無官，各所在爲兩等納税」，如果「數處有莊田亦每處税」。這裏不稱「準式」或「往例」，則是新制。諸色浮客和權時寄住户當是無定居人户，包括行商，逃避賦役的地主、自耕農等。這些人也是基本上不評户等，只分「稍殷有者」和「其餘」，分别依八、九等户税，比新制寄莊寄住户依七、八等户税低了一等。這些浮寄户中至少一部分是有田的，甚至「數處有莊田」。我想「數處有莊田」應該通貫上文寄莊寄住户。浮客及權時寄住户一律徵税，數處有莊田亦數處徵税是新制。事實上所謂「浮客」早就由地方官自行徵納，或者中飽私囊，或者用以科配數額之不足，這裏只是確定徵納等第，納入正規户税而已。其五是對諸道將士的優惠條例，對於他們一律依九等户税，不分貧富，也不管寄莊、寄住等名色。

如上所述，大曆四年頒布的户税條例，主要是在原有制度的基礎上增加諸户等的税額，八九等户增加得特别多，表明了封建國家的階級特徵。〔一〕品官，邸店行鋪等「坐賈」及爐冶等小作坊主，寄莊户和寄住户，本來就應納户税，新制是「數處任官亦每處依品納税」，「坐賈」、小作坊主各加二等税，寄莊寄住户從比照八、九等户提高到七、八等户。諸色浮客和權時寄住户乃是由法外徵税轉爲正規的户税。寄莊户、寄住户、浮客和權時寄住户如果數處有莊田就每處徵税，這也是新的内容。值得一提的是寄莊、寄住户和浮客、權時寄住户都不評户等，一概依下户（七、八、九）徵納。這些人户也有貧富之差，一概列於下户，顯然是對富有者的優惠。

通典卷六食貨賦税下杜佑評論這次頒布的户税條例：「至大曆四年正月制下，一例加税。其見任官一品至於九品同上上至下下户等級之數，並寄田、寄莊及前資勛蔭寄住家一切並税，蓋近如晉宋土斷之類也。」杜佑將它比類晉宋土斷，大致因爲新頒條例「數處任官亦每處依品納税」，寄莊、寄住、浮客、權時寄住户等非編户一律徵納，「數處有莊田亦每處税」，而不論土著、客户之故。如上所述，這些條例，有的是在此之前的户税「舊式」、「往例」，有的是新制。所謂「舊式」、「往例」不知是哪一年所定，但不像是初頒户税時的内容。因爲那時原則上並不承認寄莊、寄住户以及浮客的合法存在。

〔一〕 上引張澤咸唐五代賦役史草第九五頁。

它很可能是開元、天寶間所增定的條例。總的説來，反映了「户無主客」的歷史傾向。

非編户的浮客徵税在東晉南朝已有先例，隋書卷二四食貨志記南朝賦税云：

其無貫之人，不樂州縣編户者，謂之浮浪人，樂輸亦無定數，任量，準所輸，終優於正課焉。

「浮浪人」即浮客，他們是不樂編貫的人，在南朝時也要納税，但不納正課，也没有法定税額，這種情況頗與開元天寶間相似。

大曆四年正月頒布了户税新條例，獨孤及在舒州計口徵税也是在五年至八年間，楊賁和獨孤及却似乎全不知道有此詔書，所云上下户税額均以貫計，高得駭人，完全與定制不符。可知大曆四年條例並没有任何約束力，即使在朝廷控制的地區，地方官也仍然可以自作主張，隨意徵斂。

代宗時期，户税以外，朝廷還力圖增加地税税收。在朝廷控制的諸道範圍内，畝税二升的舊例雖未增加，却新增了附加税。代宗廣德二年（七六四）「税天下地畝青苗錢」，大抵每畝十五文，税額前後有變動，京兆管内一度加倍徵收。又有「青苗地頭錢」，也是計畝税錢。大曆五年（七七〇）地頭錢與青苗錢合而爲一，通稱青苗錢，京兆地區每畝三十五文，大曆八年又統一規定，「其青苗地頭，天下諸州每畝率錢十五」。史載大曆元年「斂天下青苗錢」凡四百九十萬貫，或非一年所收，但青苗錢終究是一筆可觀的財政收入。〔二〕在京兆尹管内，永泰元年曾經實行每十畝官税一畝的所謂什一之税，

〔一〕新唐書卷五五食貨志，舊唐書卷一一代宗紀。參日本日野開三郎氏東洋史學論集第三卷唐代兩税法的研究前篇第二部第一章，三一書房一九八一年版。

未久停止。代宗大曆四年十月、十二月以及五年三月，就提高地税税額等問題連續發布三次詔書，京畿地區每畝地税平均四——五升，較前畝税二升提高了一倍以上。還規定據土地肥瘠等差收税，按農産品收穫期分爲夏秋兩次徵納，從而使徵收面較過去擴大，負擔也相對合理。〔一〕不過這些改革均限於京兆尹管内，未見推廣到此外地區。

户税、地税、青苗地頭錢畢竟還是見於令式或詔敕的，地税除京兆府以外基本上没增加，青苗地頭錢，一畝税十五文，按當時價格不足一升。户税是增加了，但仍保留原來的租調即丁額税制。大曆十四年朝廷控制的編户只有一百二十萬户，姑不論其中還有不少規避賦役之户，即使每户都按照法令交納各項賦税，全部收入也非常之少。我們不知道一百二十萬户中有多少應輸課丁，按照天寶十四載計帳的比例，爲數更少。姑以每户一丁應輸，正項租調庸收入之少可想而知。户、地税固然有所增加，也遠遠不能應付巨額財政開支，實際上自朝廷以至州縣都在向人民任意勒索。當時財政收入的大宗既非正項租調庸，也不是見於令式、詔敕的户、地、青苗税，而是隨地而異隨官而異的各種雜税、攤派。前引建中元年楊炎上疏極陳安史亂後財政混亂之弊，稱朝廷用度由度支、轉運二使供應，地方財政由節度使、團練使支配，「賦斂之司增數而莫相統攝」，於是綱目大壞，朝廷管不了方鎮，方鎮管不了管内諸州，方鎮並不向朝廷上交税收，只是多少將壓榨所得的部分錢財以「進奉」名義獻給皇

〔一〕上引張澤咸唐五代賦役史草第一一三——一一五頁。

帝，這些進奉財物全部歸於皇帝的私庫，而且權臣猾吏假進奉之名大肆貪污，中飽私囊。當時軍費、財政開支巨大，而「正賦所入無幾」，於是「科斂之名凡數百，廢者不削，重者不去，新舊仍積，不知其涯，百姓受命而供之，旬輸月送，無有休息」。楊炎所説「所入無幾」的正賦，我想即指租調庸、户、地税與青苗錢。實際上無論朝廷直接控制的地區還是藩鎮自控的地區，用以支付巨大財政、軍事支出的，正是那種隨時增置、名目繁多的新税。這些誰也弄不清楚的數百種苛雜賦斂是地方巨額軍事費、官俸等各項支出和貢納給皇帝的所謂「進奉」的大宗財源。楊炎又説，「凡富人多丁，率爲官爲僧以色役免，貧人無所入則丁存，故課免於上而賦增於下。是以天下殘瘁，蕩爲浮人，鄉居地著者百不四五，如是者迨三十年。」這種「課免於上而賦增於下」以及人民逃亡的情況，基本上安史亂前已是如此，只是更爲嚴重而已。值得注意的是，如楊炎所説，大曆年間不論原來就按丁徵發的租調庸，和所謂「一切並税」的户税，據畝徵收的地税及青苗地頭錢，以及各項苛雜賦斂，實際上一如已往，「丁籍且存，則丁身焉往」，主要還是落在附籍人丁頭上。

德宗時改革方案，首先是統一財權，改變上下莫相統攝，「朝廷不能覆諸使，諸使不能覆諸州」的情況。這一點在藩鎮割據的形勢下難以奏效，但在朝廷直接控制的地區内可以有限度地執行。

第二是統一税目，改變「賦斂之名凡數百，廢者不削，重者不去」的情況。也只有統一税目，才能有限度地進行稽核，統一財權。

第三是統一徵收對象，徹底改革按丁徵收的舊制，使「富人多丁」以及浮客多少承擔法定賦税，有限度地改變「課免於上而賦增於下」的情況。

第四是穩定税額，有一個比較可靠的國庫收入。

楊炎針對上述四個要點提出了改革方案，這就是兩税法。本傳稱：

炎因奏對，懇言其弊，乃請作兩税法，以一其名。曰：「凡百役之費，一錢之斂，先度其數而賦於人，量出以制入。户無主客，以見居爲簿；人無丁中，以貧富爲差。不居處而行商者，在所郡縣税三十之一，度所取與居者均，使無僥利。居人之税，秋夏兩徵之，俗有不便者正之。其租庸雜徭悉省，而丁額不廢，申報出入如舊式。其田畝之税，率以大曆十四年（七七九）墾田之數爲準而均徵之。夏税無過六月，秋税無過十一月。逾歲之後，有户增而税減輕，及人散而失均者，進退長吏，而以尚書度支總統焉。」德宗善而行之。

新制將所有租調庸雜徭及一切苛雜賦斂都納入兩税，所謂「以一其名」。下文説，「租庸雜徭悉省」，雖僅舉正項，其實也包括因地而異的數以百計的苛雜税。實際上也就是將正項課役和苛雜税統統納入户税與地税之中。

兩税法的原則是「户無主客，以見居爲簿；人無丁中，以貧富爲差」。上文已經提到，客户雖不在當地附籍，地方官基本上是掌握其名數的，他們並非全不輸納，只是不納公賦，由地方官隨時徵收，並無定數，大都作爲地方私收入，間或用以補充正項經費之不足。安史之亂後，課丁大量逃散，朝廷企圖使客户輸納制度化，以便在一定程度上化私爲公。寶應二年曾經命令在當地住經一年，置有田屋的客户比照編户減半承擔課役。〔一〕大曆四年加增户税，寄莊户、寄住户、浮客和權時寄住户，或照往例加等，或開始徵收，但基本上不評户等，比照下户徵納。如上兩例，表明朝廷力圖使客户承擔國家正規税目，但所納終究比編户輕減，土、客户還是有差别的。兩税法無條件地使客户一律附籍，同等納税，這是很大的改革。應當指出，法令上雖然凡屬客户，一律無條件附籍，但在短促的時間内當然不可能辦到，因此漏附客户必然很多，有資産者或通過賄賂而漏附，貧困者按法免徵，括附與否無關税收，朝廷以至各級地方官更不認真清查，脱漏當然更多。而且此後歷年又有新産生的客户。因此兩税法頒布後，仍然有客户存在，關於這個問題張澤咸同志已有論述，〔二〕我在唐代的客户一文中也曾提到，這裏不再贅述。

更爲重要的是兩税法「人無丁中，以貧富爲差」，徹底改變了據丁徵發課役的舊制。陸贄譴責兩税法「唯以資産爲宗，不以丁身爲本」。資産包括田畝和田畝以外的貲産。唐代按資定户等，所據爲勞動力（包括良賤丁中）的强弱多寡，車牛多少，儲糧若干及園宅，〔三〕這可能由於均田制假定每丁均等授田之故。但據大曆四年增收户税條例，「數處有莊田亦每處税」的規定，則户資已計算田畝。我

〔一〕唐會要卷八五籍帳。
〔二〕張澤咸：再論唐代的客户，中國古代史論叢一九八二年第三輯，福建人民出版社一九八二年版。
〔三〕唐開元二十一年西州蒲昌縣定户等案卷，吐魯番出土文書第九册，文物出版社一九九〇年版。關於唐代定户等是否包括土地，中日學者意見不一，兹不詳論。

想不計田畝可能是北魏晚期及北齊據資評户等的舊制。宋書卷八二周朗傳記孝武帝統治時上疏論據資定税之弊，有云：「桑長一尺，圍以爲價；田進一畝，度以爲錢；屋不得瓦，皆責資實。」則南朝據貲徵户調是包括田畝的。安史亂後，均田制廢壞，因此田畝也列入户資計算。這一部分繼承户税舊制，徵收的是錢。另一部分計畝徵收穀物，則本是地税舊制。兩税法施行後税收分爲錢幣與穀物兩大類。過去庸調所入的絹布在兩税法中却失去了原來的地位。

兩税法很大一部分徵收的是錢，但是納税人户中居絶大多數的農民，甚至一般地主並不持有錢幣。同時由於國家財政支出上的需要，通常以絹帛（當然也有布）折錢納税。初定税時，上承安史亂時物價飛騰之後，上絹市值四千文，遠較亂前昂貴（那是物資短缺與當十大錢鑄行的後果），持有絹帛人户折錢納税，大致可以接受。隨着和平時期社會生産（主要在江南）的恢復與發展，商品經濟日益增長，社會上錢的需求量相應擴大，而商人地主又往往儲積錢幣，從而産生「錢荒」的現象。「錢重物輕」的形勢日益嚴重，兩税法後四十年間，絹價跌落到每匹八百文，米一斗由二百文降到五十文以下，按原定税錢折納實物，百姓負擔無形增長四至五倍。折錢納税實際上成爲加税的手段。終唐一代，爲了改革錢重物輕的現狀，政府曾採取過一些措施，但收效並不顯著。建議徵實物的亦不乏其人，但也没有能付諸實行。〔一〕

〔一〕 關於兩税法實行後的錢重物輕問題，今人多有論述，其中尤以日野開三郎氏東洋史學論集第四卷唐代兩税法的研究本篇第二部第四章兩税法與物價考述最詳。三一書房一九八二年版。

錢物輕重反映了封建社會内部商品貨幣經濟的發展與生産自給自足性的矛盾。

我們知道折納早見於南朝。南朝仍魏晉之舊，田租徵納穀物，户調徵納布匹。宋齊兩代經常勒令户調折錢交納，田租則先折成絹帛，又回折爲錢，通過折納形式以加重剥削。和唐代相同，宋齊臣僚鑒於社會上錢重物輕現狀，建議改徵實物。[一]南朝商品經濟相當發達，如上所述，錢重物輕是商品經濟發展與封建經濟不適應的後果。北朝商品經濟自北魏孝文帝改革後，雖然也有所發展，却一直没有達到南朝的水平，因而也不發生這種矛盾。當然，南朝租調法定納的是實物，折錢交納；唐代兩税户税部分法定以錢爲額，折納絹帛，二者不同，但産生錢物輕重的背景是一致的，折納成爲變相的加税也是一致的。

唐代折納早見於玄宗時，開元二十五年曾命關中庸調絹折納穀物，河北租折納絹帛，那是爲了適應地區生産特點，藉以滿足關中的糧食需要。[二]同時我們也看到徵錢税目折納實物的記載。全唐文卷三五玄宗禁資課税户徵納見錢敕：

比緣户口殷衆，色役繁多，每歲分番，計勞入任，因納資課，取便公私。兼租脚税户權宜輕率，約錢定數，不得不然。如聞州縣官僚，不能處置，凡如此色，邀納見錢。或非時徵納，賤賣布帛，既輕蠶織，争務貨泉，農桑之間，頗亦爲弊。……自今以後，凡是資課、税户、租脚、營窖、折里

〔一〕拙撰魏晉户調制及其演變，收入拙著魏晉南北朝史論叢。
〔二〕舊唐書卷四八食貨志；新唐書卷五一食貨志。

等應納官者，並不須令出見錢，抑遣徵備，任以當土所司（出），均融支料，當令折衷。據詔書當時徵錢稅目有資課、户稅、租脚、營窖、折里等。資課、租脚、營窖實際上是代役錢，詔書没有説折納，但既然任令「當土所司（出）均融支料」，當然以實物折錢交納。其所以有此措施，無非由於納稅人户缺乏見錢，爲了納錢，不得不「賤賣布帛」之故。這裏我們已見到錢物重輕與折納問題。問題的產生正是由於玄宗統治期間，商品經濟較前有更大發展，錢的需要擴大而流通量不足，唐會要卷八九記開元二十二年（七三四）十月敕説「布帛爲本，錢刀是末，賤本貴末，爲弊則深」。命令「自今已後，所有莊宅、口、馬交易，並先用絹、布、綾、羅、絲、綿等。其餘市價至一千以上，亦令錢物兼用。違者科罪」。詔書命令市場上大筆買賣錢物兼用，企圖以行政手段改變「賤本貴末」亦即錢重物輕之弊，當然不會有什麽效果，因爲它不可能克服封建社會商品經濟與生產自給自足性的矛盾。

如上所述，我們認爲唐代商品經濟的發展和由此而產生在賦稅折納上的矛盾是南朝的繼續。兩稅法申明「租庸雜徭悉省」，「新舊徵科色目一切停罷」，〔一〕但據史籍記載，建中以後徭役仍相當嚴重，兩稅以外的苛雜斂也遠没有杜絶，只是以色役或差科、差遣等名義徵發。差科是個泛稱，可以包括正役以外的雜徭和各種臨時性的力役，以及正項及法定稅目以外的科率錢物，通常是指力役

〔一〕唐會要卷八三租稅；册府元龜卷四八八邦計部賦稅。

徵發。唐六典卷三〇叙縣令之職，記有差科簿，縣令「親自注定務均齊焉」，敦煌吐魯番均出有差科簿，近人考證甚詳，〔一〕不擬贅述。色役在唐代前期指納資課代役的各種番上職役，是逃避賦税的淵藪。但自兩税法施行後，色役乃指見役雜差科，實際上成爲雜徭的代稱。而過去納資課以避役的色役的人户則稱爲「納課户」。色役一詞前後期包括的内容絶不相同。〔二〕

唐代前期租、調、庸及户、地税等都有全國統一税額，大曆四年增加户税仍然有統一規定（實際上諸州並不遵行），而同年地税增額却只行於京兆，諸州各有自己的定額。兩税法初行時，曾將建中以前正税、雜税及雜徭合併爲一個總額，即所謂兩税元額。元額雖規定以大曆十四年爲準，實際上如陸贄所説，是每州「各取大曆中一年科率錢穀數最多者，便爲兩税定額」。諸州原有的當州總税額各各不同，税户、税畝也隨之而有多寡之别。而且由於户口遷移改籍，攤派到各户的錢額諸州間也各有增減。各州税額既因地而異，輕重不同，而且元額一經定下便不準隨意變動，特别是元額中的上供部分，無論情况有什麽變化也不准減少，所以如陸贄所説，「假如一州之中所税舊有定額」，實際徵發便有加減。安史亂後，爲了應付上級的科派，各自擴大税斂。那時正項税額不能擅增，只能追索逋欠，苛雜税却大量産生，因此諸州總税額實際上也有輕重不同。兩税法既把各州並不均齊的苛雜税併入兩税，各州兩税元額當然也就多寡不同，加之執行過程中的種種弊端，自然也就出現如陸贄所説的舊重之處益重，舊輕之

〔一〕 見前引池田温中國古代籍帳研究第三章第五節「差科簿研究史」。
〔二〕 拙撰唐代色役管見，收入拙著山居存稿。

處益輕。〔一〕又據楊炎奏疏稱，「百役之費，一錢之斂，先度其數而賦於人，量出以制入。」諸州總税額不同的另一個原因即因各自「量出以制入」。楊炎這段話一方面説明建中定税據大曆十四年税額爲準之故，另方面也説明税額並不固定，可以隨每年支出之增減而增減。當然，諸道或諸州如果增減税額特别是上供部分原則上是需要奏請准行的，但可在留使留州部分「任於額内方圓給用」。〔二〕

關於兩税法的問題很多，比如兩税一詞的解釋，施行後的種種弊端等，非本節所能詳，今並從略。

以上我們討論了唐代賦役制度的變化。這一變化的主要内容是由按丁徵發課役的租庸調制轉變爲按户貲與按畝徵發的兩税制。正如史學界從來所公認，變化反映了均田制的徹底崩潰與封建莊園制的發展。這一點古今人論證已詳，不待多述。值得注意的是，計畝徵税與田畝列於户資項目本是南朝成法，已詳上文。

關於力役制度，上文我們已經談到唐初正役仍以見役爲主，只有「驅役不盡」的人丁才輸庸代役。到玄宗時期輸庸基本普遍化，但部分正役如屯丁仍然是見役。玄宗統治晚年正役似乎已不再徵發人丁，地方性的雜徭仍然是見役，也有部分雜徭納入色役，得以納課代役。色役全部都納資課代役。官

〔一〕陸贄翰苑集卷二二均節賦税恤百姓第二「論兩税之弊須有釐革」。

〔二〕册府元龜卷四八八邦計部賦税德宗建中三年五月條；全唐文卷七八武宗加尊號赦文。關於兩税税額問題，參上引日野開三郎東洋史學論集第四卷，第一一〇、二三四——二三九頁。

府作坊的工匠中也有一部分納資課，並不服役。色役很大的一部分屬於番上的雜任，他們可以「因勞入仕」，嚴格説來，並非徭役，今姑不論。如上所述，兩税法申明「租庸雜徭悉省」，意味着雜徭都納入了兩税徵發的錢物中，雖然實際上遠非如此，法律上見役雜徭已不復存在。總的説來，唐代役法的變化是由見役轉爲納資代役，而如前文所述，納資代役早見於南北朝。唐代力役制度的變化還表現爲與納資代役密切相關的和雇的推廣，和雇則僅見於南朝。

第四節　商品經濟與商税

唐初承隋末大亂之後，社會經濟遭到嚴重破壞。在恢復過程中，商品經濟的發展是十分有限的。那時，也可看到大商人活動的足迹，例如長安商人鄒鳳熾，邸店園宅，遍滿海内，「嘗謁見唐高宗，請市終南山樹，山中每樹絹一匹」，還用不盡他的財帛。〔一〕但這類事例在唐初尚屬少見，而且是種很特殊的例子。高宗以後，社會生産有所發展。我們首先看到長江流域的商業活動仍然遵循南朝的舊軌。早在高宗時就曾因江南私鑄盛行而下詔禁止。舊唐書卷四八食貨志上載：

高宗嘗臨軒謂侍臣曰：「錢之爲用，行之已久，公私要便，莫甚於斯。比爲州縣，不存檢校，私鑄過多。如聞荆、潭、宣、衡，犯法尤甚，遂有將船栰宿於江中，所部官人，不能覺察。自今嚴加

〔一〕太平廣記卷四九五鄒鳳熾條引西京記。按叢書集成輯存韋述兩京新記卷三懷德坊下作「鄭鳳熾」，所録文句與太平廣記本條有出入。

禁斷……」當時雖有約勑，而姦濫不息。

私鑄表明錢幣使用的廣泛與市場上錢幣需求的擴大，與商品經濟發展有密切關係。值得注意的是詔書指出私鑄活躍的諸州都在長江中下游，我們知道私鑄一直是南朝長期存在的問題。〔一〕武則天時，崔融奏疏指出：「天下諸津，舟航所聚。旁通巴、漢，前指閩、越。七澤十藪，三江五湖，控引河洛，兼包淮海。弘舸巨艦，千軸萬艘，交貿往還，昧旦永日。」〔二〕這裏表明唐代水路交通的便利，同時表明沿長江一帶商船晝夜往來不絕的盛況一如南朝。我們還見到蜀商宋霸子在長安曾進入宮中與武后賭博，〔三〕可以想見蜀中商業之盛，而這也是遠有淵源的。

玄宗以後，中經安史之亂，商品經濟繼續發展。這主要表現在以下幾個方面：

第一，農業生產品作爲商品流入市場。

一是商品糧，房山雲居寺石經題記所見買賣糧食的諸行名目，例如米行、白米行、大米行、粳米行等，〔四〕吐魯番所出唐交河郡物價表録有米麪行，標有散米、白麪、北庭麪的價格，〔五〕時間均爲天寶時

〔一〕 隋書卷二四食貨志。
〔二〕 舊唐書卷九四崔融傳。
〔三〕 舊唐書卷九二韋安石傳。
〔四〕 參見北圖金石組、中國佛圖石經組編房山石經題記彙編，書目文獻出版社一九八七年版。
〔五〕 參見池田温中國古代籍帳研究概觀録文第四四七——四六二頁。

期，表明糧食諸如米、麵等已成爲各地市場上的重要商品。商品糧的來源不外兩類，一是地主地租剥削所獲取的穀物；二是農民必須出售部分收穫物以獲得各項日用必需的鹽鐵之類，以及交税所需的錢幣（户税、運脚等）。在市場上出售的農業生産品第二大類是經濟作物，主要是茶，這是專爲市場生産的商品。使用雇傭勞動的茶園在安史亂後非常發達，大概在亂前已經存在。其他還有漆、竹、木等也多見出售。〔一〕以上表明唐代農業領域内商品經濟的活躍和發展。

第二，作爲商品投入市場的手工業品。

這類産品爲數甚多，房山石經題記彙編中所見的絹、彩帛、炭、生鐵、磨、幞頭、靴、布、油諸行，唐交河郡物價表中所述的帛練行、鐺釜行等，還有洛陽龍門石刻中所見的彩帛行、絲行、香行等。這也可分爲兩大類，一是農村家庭手工業製成品，主要是絹布，同樣爲了獲得其他不能自給的日用品與得錢交税而投入市場。第二類則是私營手工作坊的製成品，那是專爲市場所生産的。唐代的徭役徵發較之過去有所不同，一般工匠在官府「驅役不盡及别有和雇」的情況下，可以納資代役，盡管這種制度實行得並不徹底，但仍然是一個進步的趨勢，反映了封建官府對工匠人身控制的鬆弛。〔二〕唐代商品市場上手工業製成品的增多，與工匠身分的提高，「和雇」制度的普遍化密切相關。舊唐書卷一〇五韋堅傳載天寶元年（七四二）陝郡太守韋堅轉市的「輕貨」，大多是手工業製成品，諸如廣陵的錦、鏡、銅

〔一〕參見唐國史補卷中；全唐詩卷三四〇韓愈送劉師服，同書卷三〇三杜甫食筍詩等。
〔二〕參拙撰魏、晉至唐官府作場及官府工程的工匠，收於魏晉南北朝史論叢續編。

器，丹陽之京口綾衫段，晉陵之折造官端綾綉，會稽之銅鏡、羅、吴綾、絳紗，豫章之名瓷、酒器、茶釜、茶鐺、茶碗，宣城之紙筆，吴郡之方文綾等。這些「輕貨」是以義倉粟轉市而來，而非由諸郡官府作坊製作上供的，其中至少部分來自東南諸郡私人手工業作坊之手，與房山石經題記彙編、唐交河郡物價表、龍門石刻題記恰可相互印證。私營手工作坊在唐代相當發達，人所共知，定州何明遠家有綾機五百張，〔一〕揚州某富人「宅基雄壯……復有廣厦，百工製作畢備」，〔二〕崖州瓊山郡守韋公幹的私人作坊「有織花縑文紗者，有伸角爲器者，有鎔鍛金銀者，有攻珍木爲什具者，其家如市」，〔三〕長安通化門長店的制車作坊「廣備其財，募人集車，輪轅輻轂，皆有定價」。〔四〕這類手工業作坊有的規模很大，分工細密。市場上銷售的手工業品多種多樣，不外出於家庭手工業與私營作坊，這裏無須詳述。

除了上述兩點之外，唐代商品經濟的發展還表現在以下幾點：

第一，民間自然形成的非官置集市的普遍化。

上篇我們已提到東晉南朝始見草市，或在都邑城外，或在津渡要口，大抵都在商旅往來頻繁之處自然形成。唐初江南商業維持南朝舊況，推測這些草市繼續存在。中唐以後，沿江草市多見記載，前人多

〔一〕太平廣記卷二四三何明遠條。
〔二〕太平廣記卷三一五吴延瑫條。
〔三〕太平廣記卷二六九韋公幹條。
〔四〕太平廣記卷八六奚樂山條。

有論述，不擬贅引。杜牧樊川文集卷一一上李太尉論江賊書中所述可見一斑。草市的擴大和繁榮，往往形成商人和與商業有關的人們集中定居的市場。杜牧所説「江淮草市，盡近水際，富室大户，多居其間」，〔一〕元稹所作白氏長慶集序稱他於越州鏡湖旁草市——平水市中「見村校諸童，競習歌詩」，〔二〕顯然這些草市已初具市鎮的規模。草市原本是自發産生的，並不設置官吏，當它發展到一定程度，官府便置鎮管理，有的最終轉化爲州縣治所。〔三〕

除了津渡要口之處的草市以外，唐代還興起了與産地相關的專業草市，如藥市、〔四〕蠶市、〔五〕魚市、〔六〕橘市〔七〕之類，這是新的發展。

唐以前，北方未見此種自然形成的草市。唐玄宗統治期間，我們看到北方陸路商旅往來停歇的店肆。通典卷七食貨歷代盛衰户口條記玄宗時自長安往還太原、范陽、涼州、汴宋的陸道上館驛所在，都有店肆供商販飲食，「酒饌豐溢」，還有驛驢供客，倏忽數十里。設置館驛之處大都在交通要道，

〔一〕樊川文集卷一一上李太尉論江賊書。
〔二〕元氏長慶集卷五一白氏長慶集序。
〔三〕太平寰宇記卷一〇六洪州分寧縣條。
〔四〕太平廣記卷三一許老翁。
〔五〕文苑英華卷八〇八陳溪彭州新置唐昌縣建德草市歇馬亭鎮並天王院等記。
〔六〕太平廣記卷二七唐若山；全唐詩卷三八二張籍泗水行等。
〔七〕全唐詩卷四二三元稹奉和浙西大夫李德裕。

按照規定只供官員食宿。商旅往來當然只能在驛旁店肆中食宿，商貨也在那裏寄頓。我們相信其中有一些館驛所在之處已具備南方草市的雛形。長安志卷一一萬年縣記太寧驛即設在縣城東草市，這個草市當是因館驛而生。它表明隨着北方商品經濟的發展與陸路交通條件的改善，北方也正在出現自然形成的草市。據通典卷七食貨歷代盛衰户口條説，由於天寶十載（七五一）大舉征伐南詔，沿路店肆不堪騷擾，大都關閉。我們還看到，爲了防止泄漏政治及軍事機密，玄宗曾下詔禁止驛驢（館驛設置及道路修治本來都是爲了政治軍事的需要）。天寶末，安史亂起，北方再次遭到嚴重破壞，陸路上即將形成或業已形成的草市大都隨之消失，但不久以後，我們仍然看到北方草市和店的記載。全唐詩卷二九九王建汴路即事稱，在開封「草市迎江貨，津橋稅海商」，表明汴路一綫存在草市。少數草市和南方一樣也最終轉化爲州縣治所。如唐會要卷七一州縣改置下河北道德州歸化縣條、〔二〕舊唐書卷一一代宗紀載代宗大曆七年（七七二）於魏州頓邱縣置澶州，以頓邱縣之觀城店置觀城縣，以清豐店置清豐縣，並割隸澶州，以貝州臨清縣之張橋行市置永濟縣。〔三〕另據太平寰宇記卷三一河北道乾州條載：德宗興元元年（七八四）移乾州永壽縣治於順義店。這裏所謂「行市」、「店」相當於南方的草市。五代後唐天成三年（九二八）七月敕有「京都及諸道州府縣鎮坊界及關城草市内應逐年

〔二〕本條記開元十三年横海軍節度使鄭權奏稱管内安德縣有灌家口草市一所云云，按開元十三年爲元和十三年之誤（見舊唐書憲宗紀及鄭權傳）。不過灌家口草市已發展到堪立縣治，必經過一較長形成時期。

〔三〕「張橋行市」，舊唐紀作「張橋店」，今從唐會要。

買官麴酒户」云云，表明草市在各地爲數甚多。石晉時期，我們又看到了滑州的草市，〔一〕後周太祖敕提到「諸州鎮郭下及草市」，又説到「兩京城内及草市屋宅店舍」。即使在今山西境内建立的北漢，其汾州城下亦有草市。〔二〕由此可見華北境内五代時草市十分普遍，反映出中晚唐時期北方的所謂「店」、「市」和南方草市一樣也在發展。

第二，坊市制度的廢弛。

唐代沿襲傳統的坊市制度，城邑内制定商業區，稱爲市；與官府、住宅所在之坊不相混雜。所有作坊、店肆必須設在市内。中葉以後，坊市區别廢弛，大量記載住宅區的坊也開設作坊店肆。這一變化歷經近人考證，爲人所知，無須贅述。這裏只提出兩點：一，根據吐魯番發現的典質文書，我們知道早在高宗時，長安新昌坊内已開設有染坊，該坊的南半部還有釵坊裏的匠師居住，則這裏也似有某種金屬冶鑄作坊設置。〔三〕該文書還表明在長安的延興門外置有店鋪，證實早在唐初工商業店鋪已不遵坊市制的舊規。二，南方城市規制本來並不像北方那樣整齊，商業區之市當然與住宅區之坊巷有區分，但史籍記載並不嚴格。南朝市區和官廨、民居雜處的迹象已如前述。唐代南方都市内的店肆

〔一〕五代會要卷二六麴；資治通鑑卷二八一後晉天福二年（九三七）六月條並胡注。
〔二〕五代會要卷一五户部；宋史卷二七二荆罕儒傳。
〔三〕吐魯番阿斯塔那二〇六號墓出唐質庫帳，收於吐魯番出土文書第五册。參見陳國燦從吐魯番出土的質庫帳看唐代的質庫制度，收於敦煌吐魯番文書初探，武漢大學出版社一九八三年版。

也應一如南朝。例如郢州城内有王卿的酒肆，「店近南郭」，〔一〕建康江寧縣城内有王氏沽酒店，置於「縣廨之後」，〔二〕蘇州則有巷曲内的沽酒店。〔三〕雖大都爲中唐以後的事例，想必唐初已經如此。因而我們有理由相信，在唐代，一方面仍然嚴格地實行了坊市制度，另一方面這個制度隨着城市商業、手工業的發展正逐漸走向廢弛。南方早已這樣，北方隨着商品經濟的發展也和南方一樣，不能維持嚴格的坊市分置之制。

第三，行會制度的興起。

「行」作爲市内依類相聚的行列，大概從來就有。作爲一個組織形式始見於唐。唐代諸行分類具見房山石經題記彙編、龍門石刻題記、吐魯番所出唐交河郡物價表及太平廣記有關諸條。長安、洛陽市内行以百數具見長安志及河南志。行有行老、行首亦多見記載，日本學者自加藤繁至日野開三郎氏已羅列無遺，今不贅述。行的職能首先是應付官府需求，官府供應往往責令行首、行老承辦（通過「和市」手段徵發），大概行首、行老攤派本行作坊或店肆。此外常平倉在荒年賤價出售糧食令行人糶貨，禁用欠陌錢交易等事嘗責令行首承辦與檢察。〔四〕其二是各行集資作某種活動，如造像刻經，具

〔一〕太平廣記卷四五王卿條。

〔二〕太平廣記卷三一四沽酒王氏條。

〔三〕吴郡圖經續記卷下往迹大酒巷條。

〔四〕分見舊唐書卷四八食貨志上德宗貞元九年（七九三）敕，同書卷四九食貨志下建中元年（七八〇）敕。

見房山、龍門石刻題記。還有行首率同行之人舉行祭祀活動，具見太平廣記卷二八〇劉景復條引纂異記。其三是受理工匠謀求雇傭事宜，當時工匠求雇有所謂「投行」。〔一〕行的職能見於記載者不外此三類，此外官府徵稅可能也責令行首申報，但未見記載。

行是在封建社會商品經濟發展過程中產生的，在同行中，主持分配所承擔的官私義務，同行需要它，官府更需要它。

第四，貨幣在交換過程中的比重增長。

唐代仍是錢物並用的時代。唐代前期自然經濟仍然居於主要地位，國家賦稅主要徵收實物，表現國庫盈溢的是糧倉和左藏庫的絹帛，敦煌吐魯番發現的借貸物、雇傭券的雇價以及買賣奴婢、牛馬等也主要是絹帛。長安豪富的絹帛儲藏量是非常大的。〔二〕在這期間，我們也看到錢幣的廣泛使用，唐初官府已設置公廨錢，以商人爲捉錢令史，這是營高利貸，捉錢的是富商，他們領官本，從事商業活動。〔三〕高宗時已出現錢重物輕現象，長江流域的私鑄自如南朝，這些已見前述。玄宗期間，我們看到西州市公布的各項官定物價，以錢額標示，通典所記開元年間的物價也是這樣。〔四〕錢是衡量物價的

〔一〕太平廣記卷二五七織錦人條。
〔二〕太平廣記卷四九五鄒鳳熾條。
〔三〕分見唐會要卷九一、卷九三；通典卷三五職官祿秩條；新唐書卷五五食貨志。
〔四〕通典卷七食貨歷代盛衰户口條。

尺度。錢重物輕的現象在玄宗時更爲嚴重，已見上述。安史亂後，除因戰爭破壞造成的物資短缺與重輪錢的鑄造，〔一〕一度使物價騰漲之外，錢重物輕直至唐末成爲經常提出的嚴重問題。那時兩税中的户税以錢爲額，買賣園宅等大筆交易都以錢巨額償付，富豪儲藏的財富，官僚各種俸禄總額、藩鎮進奉都以錢計算，實物交換正在逐漸消失，銅錢的流通領域有所擴大。根據穆宗長慶元年（八二一）九月户部尚書楊於陵所言：「大曆以前，淄青、太原、魏博貿易雜用鉛鐵，嶺南雜用金銀、丹砂、象齒，今一用錢。」〔二〕表明在兩税法推行之後，銅錢在廣大地區普遍流通。

值得一提的是唐代貨幣流通領域内金銀在使用區域和範圍上有所擴大。南北朝時，嶺南和凉州都使用金銀。隋書食貨志稱梁代「交廣之域，全以金銀爲貨」，又稱周代「河西諸郡，或用西域金銀之錢，而官不禁。」這種情況大致遠承漢代，沿襲至唐。嶺南、河西雖都用金銀，却有區別。河西不産金銀，使用的是西域金銀幣，這從考古發掘中早見古羅馬、波斯所造之幣。這種西域金銀幣隨着西域商人輸入。周書卷五〇高昌傳説高昌「賦税則計輸銀錢，無者輸麻布」。但迄今考古發掘從未發現高昌自鑄銀錢。大概均來自境外。隨着商路的通塞，這類金銀幣的輸入時斷時續，流入内地的畢竟有限，不能廣泛使用。南朝交、廣兩地的海外貿易日盛，當然也有外國金銀幣乃至金銀塊輸入，但本地自産金銀，用以交易流入内地的必多。也即是通過内地與嶺南的商業活動，交易使用金銀之風擴展到内

〔一〕並見唐會要卷八九泉貨；舊唐書食貨志。
〔二〕資治通鑑卷二四三。

地。同時，內地銅錢也通過商業活動流入嶺南，甚至成爲內地錢荒原因之一。早在東晉孝武帝太元年間，就曾禁止銅錢流入交、廣，據説由於南方少數族鑄造銅鼓，銅的需要量很大，官私商賈貪利，將錢以入廣州「貨與夷人」，輸入之錢，鎔化改鑄。〔一〕

唐代自玄宗時已見銀鋌的使用。一九五七年西安發現的邠王宅遺址所見的由楊國忠、彭果等進奉的銀鋌，共四鋌，其中一鋌正面刻有「嶺南採訪使兼南海太守臣彭果進」，自必來自嶺南，另一鋌正面刻「郎寧郡都督府天寶二年貢銀壹鋌，重伍拾兩。朝議郎權懷澤郡」等。檢兩唐書地理志，郎寧郡即邕州，懷澤郡貴州，天寶元年更名，並屬嶺南道。另兩鋌正面刻楊國忠具銜爲「專知諸道鑄錢使兵部侍郎兼御史中丞」，背面分別刻有信安郡、宣城太守並專知官名。信安郡的標爲「税山銀鋌」，宣城郡的則標爲「和市銀鋌」。按信安郡即衢州，屬江南東道，天寶元年改名。檢兩唐志，信安本不産銀，何以有税山銀，不明。宣城郡即宣州，其下轄寧國、南陵縣有銀（具見新唐書地理志），此銀鋌或即和市而來。〔二〕

從記載中我們也屢見金銀（主要是銀）作爲交换媒介充作各項用途。除了用作饋遺、賞賜、賄賂早見於前代之外，我們見到以金銀（主要是銀）購物、支付、酒食、旅費等用途。康駢劇談録卷下慈恩寺牡丹條載長安權要子弟，與親友數人至慈恩寺，欲設法奪取寺內牡丹，以「金三十兩，蜀茶二斤，以

〔一〕晉書卷二六食貨志、通典卷八食貨錢幣上東晉孝武帝太元三年（三七八）詔。

〔二〕參見文物參考資料一九五七年第四期李問渠彌足珍貴的天寶遺物——西安市郊發現楊國忠進貢銀鋌。該文以爲信安郡屬淮南道，誤。

爲酬贈」;大日本佛教全書智證大師全集第四載在弘傳真言止觀兩宗官牒的起頭圓珍的奏狀中有云:

大中十年(八五六)……六月初四日,得達國清寺。圓珍尋訪舊事,祖師最澄大法師,貞元年中,留錢帛於禪林寺造院,備後來學法僧侣。而僧人遭難,院舍隨去,仍將右大臣給圓珍充路糧砂金卅兩買材木,於國清寺止觀院,起止觀堂,備長講之設。又造三間房,填祖師之願,即請僧清觀爲主持人。

又,唐摭言卷三慈恩寺題名遊賞賦詠雜紀云:

新進士,尤重櫻桃宴。乾符四年,永樂劉公(劉鄴)第二子覃及第。時公以故相鎮淮南,敕邸吏,日以銀一鋌,資覃醵罰。而覃所費往往數倍。邸吏以聞,公命取足而已。

由上可以看到金銀在購物、支付、酒食、旅費等方面的用途。使用範圍雖大都限於貴族、官僚以及商人,但在地域上却遍及各地。〔二〕本世紀五〇年代以來,西安、洛陽、南京等地均有銀鋌、銀錠和銀餅的出土也證明了這一點。〔三〕我們認爲唐代銀鋌基本上具有貨幣的職能,爲宋代之先河。以金銀作爲交

〔二〕以上諸條具見加藤繁唐宋時代金銀之研究上册。

〔三〕參見李問渠彌足珍貴的天寶遺物——西安市郊發現楊國忠進貢銀鋌,載文物參考資料一九五七年第四期;葉畝梅等南京北陰陽營發現唐代銀錠,載文物參考資料一九五八年第三期;蘇健洛陽隋唐宮城遺址中出土的銀鋌和銀餅,載文物一九八一年第四期。

换媒介前代固然有凉州和交廣兩個區域，但唐代内地使用金銀，主要是嶺南的推廣。

隨着商品貨幣經濟的發展，而興起的又有「飛錢」、「便换」，〔一〕類似近代匯兑的新事物的出現，都與當時貨幣經濟的發展密切相關。

第五，對外貿易的發展。

陸道絲綢之路自魏晉以至北朝從未斷絶，但自永嘉亂後，五凉紛争，柔然、高車、突厥先後興起，西域通道往往阻塞。隋代突厥歸附，一度暢通，不久隋末大亂，直到唐初，玉門以西是西突厥的勢力範圍。貞觀以後，直至玄宗時，唐朝聲威西極葱嶺，陸道絲綢之路仍然爲中外經濟文化交流的通道，商旅駝隊往來不絶。安史亂後，吐蕃占領河西隴右，這條道路不能暢通，當時從陸道到内地的往往取道回鶻，中外貿易要道主要是海上的絲綢之路。海上貿易的國家之多、貿易額之大是前所未有的。當時的廣州在海外貿易中的地位最爲重要。日本真人元開唐大和上東征傳記鑒真五渡日本，經廣州見「江中有婆羅門、波斯、崑崙等舶不知其數，並載香藥珍寶，積載如山，其舶深六七丈。師子國、大石國、骨唐國、白蠻、赤蠻等來往居住，種類極多。」李肇唐國史補卷下也説：「南海舶，外國船也。每歲至安南、廣州。師子國舶最大，梯而上下數丈，皆積寶貨。」足見當時廣州港之繁榮。地處長江下游的揚州，不僅是唐代東南地區的一大都會和商業中心，而且也是對外貿易的重要港口，這裏居住的大

〔一〕見趙璘因話録；唐會要卷八七；新唐書食貨志。

食、波斯商人竟有數千人之多。〔一〕泉州貿易港也在唐代開始興起，南海的「蕃舶」常到此貿易，出現了「市井十州人，還珠入貢頻」的繁榮景象。〔二〕福州、明州及蘇州之松江等，也都是當時重要的對外貿易港口。適應海外貿易的發展，管理外來商舶的機構——市舶司（使）開始出現，亦爲宋元時代市舶管理制度的先驅。與此相適應，唐代已開始向外商徵税，史稱「舶脚」，貴重物品收税10%，普通商品30%。〔三〕

由於商品經濟的發展，唐代商税隨之創立與增長。

南北朝時期，南朝商税在全部賦税中有相當的比重，北朝基本上没有商税，已見前篇。唐初承隋制，也没有商税。武則天長安二年（七〇二）有人建議徵關市之税，遭到崔融的反對。〔四〕所謂關市之税即是行税和住税，乃商税的兩大類。照崔融所説，古代關市之税止徵商賈，這可以説「史籍有文」，但是秦政「捨之而不用也」，漢武「去之而勿取也」，大致是説即使像秦始皇、漢武帝那樣的用兵，也没有收關市之税。而今「有司税關市事條」却「不限工商，但是行旅盡税」，實乃「不識大體」，有害軍國。他又説「關爲詰暴之所，市爲聚民之地，税市則民散，税關則暴興」。可見唐初本無關市之税。直到武

〔一〕新唐書卷一四四田神功傳。
〔二〕全唐詩卷二〇八包何送泉州李使君之任。
〔三〕中國印度見聞録，中華書局一九八三年版，第七〇頁。
〔四〕唐會要卷八六關市。

后時也被認爲是非正常的聚斂。這與北魏甄琛的見解相同。同時也反映商品經濟那時正在發展，放棄北朝舊制，仿照如甄琛所云「僞弊相承」的「關廛之賦」，已經被提上議事日程了。

玄宗統治時，特別是安史亂後，行税與住税相繼創立，逐漸形成爲税收大宗。自此直到唐末，商税大抵有以下幾種：一般正額商税；臨時性的雜商税；鹽、茶、酒税；藩鎮所徵的地方性的商税等等。

先看一般的正額商税。通典卷一一食貨鬻爵條載至德二年（七五七）七月，宣諭使侍御史鄭叔清奏有云：「其商賈，準令，所在收税。」所云「準令」應指最近修訂的開元二十五年（七三七）令。然而令文僅此一語，很難斷定究竟指的什麽，很可能仍是户税。大曆四年（七六九）重定天下百姓及王公以下每年税錢，擁有邸店、行鋪、爐冶的工商户準式在本户等上加二等收税，也是一例徵收的户税，而非商税。其中既包括本地擁有邸店、行鋪、爐冶的工商户等，也包括另外的工商，如從事販運貿易的行商等（本條詔書中所指的諸色浮客即包括這些行商）。建中元年（七八〇）頒行了兩税法，原則上「人無丁中，以貧富爲差，户無主客，以見居爲簿」。商人無例外也要納税，而且還專門規定「不居處而行商者，在所州縣税三十之一，度所取與居者均，使無僥倖」。[一]對此，新唐書食貨志的記載是「人無丁中，以貧富爲差，商賈税三十之一」。這却是連行商和坐賈都包括進去了。不管怎樣，我們由此可以看出，無論是行商和坐賈都是要交税的，交税的依據是他們資産的高低，税率是1/30。但兩税

[一] 唐會要卷八三租税上。

不是商税，所説「商賈税三十之一」乃是承前户税而來，不能以爲商税。真正的商税是建中元年九月出現的。册府元龜卷五〇四邦計部關市門載：

德宗建中元年九月户部侍郎趙贊條奏諸道津要、都會之所，皆置吏，閲商人財貨，計錢每千税二十文。二年五月以軍興，十一而税商。

趙贊建議徵收的商税即包括過税（行税）和住税，税率爲2%，即每貫約收税二十文。至建中二年（七八一）因軍興，國用不足，復增商税爲什一。資治通鑑卷二二六建中二年五月丙寅條下稱：「以軍興，增商税爲什一。」胡注云：「楊炎定税法，商賈三十税一。今增之。」按通鑑本條原文是對的，胡注實將這時的定額商税與兩税法中對商賈所徵收的户税混爲一談。故不取。總之，建中元年九月趙贊條奏中所言的是真正的商税。這時的商税税率還不算太高，但第二年即建中二年便增爲什一之税。這種正額商税的税率後來有無變化，不得而知。〔一〕但是我們看到的却是雜商税的有增無已。臨時性的雜商税和地方性的商税在安史亂後屢見徵斂。通典卷一一食貨雜税末注云：

自天寶末年，盗賊奔突，克復之後，府庫一空。又所在屯師，用度不足，於是遣御史康雲間出江淮，陶鋭往蜀漢，豪商富户，皆籍其家資，所有財貨畜産或五分納一謂之率貸，所收巨萬計。蓋權時之宜。其後，諸道節度使觀察使多率税商賈以充軍資雜用，或於津濟要路及市肆間交易之

〔一〕 憲宗元和初，獨孤郁對策説：「今天下困於商税不均，可謂甚矣！百姓之忘本，十而九矣。」見文苑英華卷四八八對才識兼茂明於體用策。似乎以後的商税税率並未降低。

上元中，敕江淮堰塘商旅牽船過處，準斛斗納錢，謂之埭程。

過處，計錢至一千以上者皆以分數税之。自是商旅無利，多失業矣。

這裏表明安史亂後商税的繁雜和沉重，既有中央政府的臨時性的商税，又有地方節度使觀察使所任意起徵的商税（而且其税率較建中元年正額商税的税率出現得更早）；既有資産税、住税，又有過境税，而肅宗上元中江淮堰塘所徵的「埭程」顯然是繼承了南朝的傳統。兩税法頒行以後，各類雜商税和地方藩鎮擅自徵商税的事例不絶於史，無須贅述。

值得注意的還有鹽、茶、酒税。其實三者徵税並不相同。鹽是自徵税到專賣基本上没有變化。大體而言，唐前期所重視的是池鹽，中葉以後幾乎都是海鹽。自唐初至於玄宗開元年間，鹽官民均可採煮，未見徵收鹽税的具體記載。開元初劉彤建議請「鹽鐵伐木等官，各收其利，貿遷於人」。玄宗採取此議，才開始徵收鹽鐵之課。〔一〕開元二十五年（七三七）倉部格記蒲州鹽池由州司監督，出租於「有力之家」營種，每年收課，「上、中、下畦通融收一萬石。」屯田格又記幽州鹽屯、大同、横野軍鹽屯等，配以屯丁或屯兵生産，按制鹽多寡而定獎懲。四川陵、綿等十州鹽井九十餘所，每年鹽課收入八千餘貫。若有閏月，則另外加課。〔二〕新唐書卷五四食貨志則記「負海州歲免租爲鹽二萬斛，以輸司農，青、楚、棣、海、滄、杭、蘇等州，以鹽鐵市輕貨，亦輸司農」。所言十分含糊，「負海州」何所指，不

〔一〕通典卷一〇食貨鹽鐵條。

〔二〕並見通典卷一〇食貨鹽鐵條引開元二十五年（七三七）倉部格、屯田格。

明。而青、楚、棣、海、滄、杭、蘇等州都在沿海，却又和「負海州」分開叙述，其中必有誤植。盡管如此，却仍可知道，各州所産並屬海鹽，有的是徵收鹽税，有的以鹽市輕貨，分送司農。則在安史亂前，鹽既有官營，也有私營。私營之鹽主要是徵税，但那時的鹽税在國家財政收入中所占的地位還十分有限。安史之亂爆發之後的乾元元年（七五八），第五琦初變鹽法，對海鹽、池鹽、井鹽一律實行官榷，那時一年的鹽利收入達四十萬緡。〔一〕劉晏充鹽鐵使之後，進一步整頓鹽法，鹽利由每年四十萬貫增長到大曆末年的六百萬貫，史稱「天下之賦，鹽利居半。宫闈服御、軍餉、百官禄俸，皆仰給焉」。〔二〕自此直至唐亡，鹽利收入幾成爲唐中央財政中的重要支柱。

茶在唐前期不見徵税的記載。舊唐書卷四九食貨志載建中四年（七八三）度支侍郎趙贊議常平事：「竹木茶漆盡税之，茶之有税，肇於此矣。」大抵是起徵茶税的最早記載。興元年間曾一度停徵，〔三〕貞元九年（七九三）復立茶税。〔四〕據稱當時税茶額每年約得五十萬貫。〔五〕此後茶税徵收再未中斷。穆宗長慶初，增加茶的税收，文宗時一度實行榷茶，但行之未久。宣宗時對於江淮茶商「皆加

〔一〕新唐書卷五四食貨志。
〔二〕新唐書卷五四食貨志。
〔三〕唐大詔令集卷五。
〔四〕新唐書卷九德宗紀。
〔五〕陸宣公集卷二二均節賦税恤百姓。

半税」，那時的茶税收入較之德宗貞元年間成倍增長，不過在整個財税收入中所占比例不大。〔一〕至於酒，唐前期甚至直到代宗以前只有酒禁，未見徵收酒税。廣德二年（七六四）十二月規定「天下各量定酤酒户，隨月納税。除此之外，不問公私，一切禁斷」。〔二〕這是向酤酒户徵收酒税的較早記載。大曆六年（七七一）分酒户爲三等，按月徵納多少不等的酒税。建中三年（七八二）「初榷酒」。〔三〕以後時而專賣，時而徵税。文宗太和年間，全國榷酒錢高達一百五十六萬餘緡。〔四〕總之，鹽、茶、酒税和其他商税一樣在唐代賦税中日益占有重要的地位。特别是鹽税，成爲國用的支柱。與此相關聯的當然還有礦税，金、銀、銅、鐵之税亦見記載，〔五〕但收入甚微，不擬詳述。〔六〕

〔一〕新唐書卷五四食貨志；舊唐書卷一七七裴休傳。

〔二〕通典卷一一；册府元龜卷五〇四。

〔三〕舊唐書卷四九食貨志下；册府元龜卷五〇四。

〔四〕新唐書卷五四食貨志。

〔五〕唐代税銀記載分見新唐書卷五四食貨志、元和郡縣志卷五、太平寰宇記卷一〇七等，税率較明確的爲寰宇記卷一〇七記饒州德興縣之銀山「令百姓任便採取，官司什二税之」。此外，元和志卷二八記饒州樂平縣，「每歲出銀十餘萬，收税山銀七千兩」。税金主要行之嶺南，這點人所共知。至於銅、鐵之税，唐六典卷二二掌冶署、舊唐書卷四四職官志均稱：「凡天下出銅、鐵州府，聽人私採，官收其税。」則銅、鐵在唐前期似已徵税，但税率不明。中晚唐時期銅、鐵之税仍然存在，大致歸鹽鐵使掌管，仍不見具體之税率。

〔六〕關於唐代礦税及其他税收情況，張澤咸同志唐五代賦役史草第一編第五章述之甚詳，可以參見。

以上我們叙述了唐代商品經濟的發展過程。我們看到唐初江南仍然沿襲南朝的舊軌，進行商業活動。我們還看到表現唐代商品經濟發展的現象，諸如非官方市鎮包括沿江的草市和北方的所謂「店」的興盛，坊市制的破壞、海外貿易的發展、錢幣乃至金銀的廣泛使用、商税的徵收等都帶有南朝的因素。不嫌誇大地説，唐代商品經濟的發展繼承了南朝的軌轍。當然，我們並不是説作爲商品經濟發展的社會生產早就南勝於北，我們只是説商品經濟尤其是商業的發展水平早就南勝於北，因而有關商業的各種活動、規制繼承了南朝。

第五節　經濟重心的南移

一、唐代前期北方經濟的恢復、發展

西漢時期北方社會生産遠比南方進步，農業生産，包括關中盆地和廣大的華北大平原，生産技術水平、耕地面積及每畝單産量，都是遠遠領先於南方。史記所説江南，生産技術是原始的粗放的火耕水耨，居民以水産物補充糧食之不足。東漢以後關中地區由於長期戰爭破壞經濟衰落，經歷魏晉南北朝，大體上没有能恢復西漢時期的盛況。華北大平原自漢末以至隋末經歷了東漢末期的割據戰爭，永嘉之亂十六國交爭，北魏末年和隋末的大規模戰爭，農業生産一次次破壞了又恢復發展，再破壞再恢復發展，直到唐代前期，仍然保持農業生産上的優勢。長江流域遭受戰禍較輕，特别下游的長江三角洲，自孫吴建國經歷六朝，長期比較安定，北方每一次的戰禍都給江南輸入了大量具有先進生

產技術的勞動力，社會迅速發展，隋末大亂雖也遭到戰禍，却遠較北方爲輕，唐初並未出現像北方那樣土地成片荒蕪的現象。

盡管自漢末以來江南社會經濟有很大的發展，特别是三吴區域更爲顯著，但是從廣闊的地域來說，發展是很不平衡的。長江中游農業較發達的地區大致在沿江一帶，以及接壤北方的南陽、襄陽地區。荆、江、湘、郢諸州，洞庭、鄱陽湖周圍還有大片未開發的土地，即使江南最先進的會稽郡傍海鄞、鄮等縣，在劉宋時也還有不少有待開墾的空荒地，更何况閩粤之地。在廣大地區内還居住着蠻族和其他少數民族，一部分與漢族雜居，更多的正在山林地區與避役投入的漢人一起開墾耕地。隋書卷三一地理志下揚州後叙説「江南之俗火耕水耨」云云，直録史記所載，當然不盡符合隋代情況。我們知道三吴地區的耕作技術水平早已超越粗放的火耕水耨階段，宋書孔季恭傳後論説會稽郡土地「地廣野豐，傍湖良疇亦數十萬頃，畝值一金，鄠杜之間不能比也」。田畝價高，除了地狹人稠之外，顯然表示這裏耕作技術水平與單產量之高。但是地理志説的是禹貢揚州之域，包括今江西、皖南，遠及閩中嶺南，在這廣大地區内相繼開發的荒地仍襲用粗放的耕作法，可能隋代仍然如此。荆湘諸州不少地區大抵也是這樣。我們認爲就江南先進地區而言，耕作技術業已達到相當高的水平，農業生產至少並不比北方差，就全部江南而言，雖然耕地面積不斷擴大，生產技術不斷提高、推廣，勞動人手不斷增多，但相對於北方直到隋唐之間還是有一定差距的。

上文我們提到北方屢經戰亂，社會生產多次破壞了又恢復和發展，荒蕪了的土地一再重又開墾，長期累積的先進生産技術和豐富經驗，北魏末農藝科學家賈思勰在他的劃時代著作齊民要術中作了總結，顯示了北方農業生産的高度水平。但是應當指出，北方土地經兩漢以來近千年的開發，在當時的技術水平下凡是可耕之地已基本上開墾出來。隋唐之際能够增加的可耕地已經不多了，歷代北方的開荒實際上多是由於戰禍而被拋荒的耕地。陸種的耕作技術在當時科學發展水平上已瀕於極限。因此北方盡管直到隋唐間農業生産仍然處於優勢，但進一步發展却比較困難。南方直到隋唐間可供開墾的生荒地還相當多，耕地面積可以繼續擴大，水稻生産技術在原來比較低下的基礎上，通過北方先進生産技術的輸入，正在不斷提高和推廣，在江南廣闊領域内藴藏着巨大的潛力。潛力的發揮將逐漸取代北方而成爲全國的經濟重心，這是勢所必至，不過那是中唐以後的事。

其次是手工業，在封建社會裏主要是與農業相結合的家庭手工業。自給自足的地主和小農家庭都在可能條件下自己生産各種手工業品，其中最重要的是紡織品。南北朝時期繼承傳統，北方以生産絲織的絹帛爲主，南方生産麻布爲主。當時北方也有不少地區生産麻布，南方則自東漢以後在荆揚各地引進了種桑育蠶和絲織技術，也生産一定數量的絹帛，但仍以麻布生産爲主。這種情況直到唐代前期基本上没有變化，只須看江南租折布交納，而河北的租在玄宗時曾折絹交納，就可以知道。南北朝以來南北都兼産絹布，只是各有所重，産品有所偏重，這裏並不存在生産水平高低問題。布與絹同樣有精粗之分，南朝會稽所産越布號稱精美，爲北方所珍視，則江南麻織技術已達到很高水平。長期以來絲織技術在北方積累了豐富經驗，漢代以來高質量的精美絲織品歷見記載，遠過南方自不待言。大致高質量的麻織品出在江南，高質量的絲織品出在北方，這很難由此判斷技術水平的高低。如果就絲織品來説，則直到唐代前期，數量和質量南方遠不如北方，但也正像農業生産一樣，南方存在着大片適宜於種植桑樹的土地尚未開發，南方的氣候條件更宜於育蠶繅絲，有一個廣闊的發展前途。

以上我們就最足以表明封建社會生産水平的農業和家庭手工業中的紡織業作了比較，毫無疑問，農業和絲紡織業這兩大項，南北朝以至唐代前期北方都居於領先地位，因而盡管南方經歷六朝的顯著發展，但經濟中心仍在北方。同時，經濟的發展在這一歷史階段中正逐漸向南方傾斜。

這裏有一個值得一提的問題。由於唐代前期特别是武周以後，兩都糧倉中來自江淮的糧食在日益增長，因而認爲北方糧食已不能自給，有賴於江淮的支援。其實遠非如此。

南北朝時期，北方的糧倉是河北，所謂「國之資儲，唯借河北」。〔一〕隋文帝開皇四年（五八四）開鑿由關中通往潼關的漕渠，設置黎陽、河陽、廣通、太原諸倉，「漕關東及汾晉之粟」以補充長安糧食。那時尚未平陳，而且平陳之後亦「以江表初定」，下詔「給復十年」，〔二〕那時長安各處糧庫充盈，並不依賴江南。煬帝開鑿大運河，曾長期住在洛陽和江東，三征遼東，江南穀物大概不需要也不會運入長安。通典卷一〇載開元二十一年（七三三）裴耀卿上疏，説他曾任濟、定、冀三州刺史，知道隋代在那

〔一〕 北史卷一五常山王遵傳。

〔二〕 隋書卷二四食貨志，卷六一郭衍傳；通典卷一〇食貨漕運。

裏沿河多有舊倉，輸送糧食入關，可知當時關中糧食補充實賴河北。江南穀物大量輸送入關是唐代的事，通典所載裴耀卿奏疏説貞觀、永徽間每年輸送到長安的糧食不過二十萬石，以後逐漸增加。裴耀卿改革漕運以前達到一百萬石。在開元二十一年（七三三）到二十四年（七三六）裴耀卿主漕時期，三年運七百萬石。〔一〕天寶三載韋堅任水陸運使時年「漕山東粟四百萬石」，合米二百四十萬石，天寶七年（七四八）達到二百五十萬石米。〔二〕這多達二百五十萬石之米，大概是來自關外各地的總數。通典卷六食貨賦税下載開元二十五年（七三七）定令，稱「諸課户一丁租調準武德二年（疑爲七年之訛）之制，其江南諸州租並回造納布」。江南折租納布已見於武后時，對之陳寅恪先生早有論述，已見前引。張澤咸同志曾歷舉史籍中關於江南輸納現租以及租米北運的記載，認爲開元二十五年以前江南租雖已折布，却並非通制。〔三〕根據這些記載，事實上納本色的似乎還是居多。上引通典既稱開元二十五年定令，又説準武德舊制，大抵江南租布折納雖在武后時確已存在，但直到開元二十五年才正式納入令式，成爲經常性的制度。通典卷六載天寶計帳：

其租，約百九十餘萬丁，江南郡縣折納布約五百七十餘萬端；二百六十餘萬丁，江北郡縣納粟約五百二十餘萬石。

據册府元龜卷四八七邦計賦税，此爲天寶八載計帳，但天寶七載至十四載計帳數字大抵相同，杜佑在

〔一〕新唐書卷五三食貨志。
〔二〕上引張著唐五代賦役史草第一五——一六頁。

通典卷六録天寶計帳時已經指出。據此知天寶時江南租基本上全部折布繳納，這種情况可能自開元二十五年以後即是如此。唐會要卷八三租稅上載開元二十五年三月三日敕：

關輔庸調所稅非少，既寡蠶桑，皆資菽粟，常賤糶貴買，損費逾深。又江淮苦變造之勞，河路增轉輸之弊，每計其運脚，數倍加錢。今歲屬和平，庶物穰賤，南畝有十千之獲，京師同水火之饒，均其餘以減遠（運）費，順其便使農無傷。自今已後，關内諸州庸調資課，並宜准時價變粟取米，送至京，逐要支用。其路遠處不可運送者，宜所在收貯，便充隨近軍糧。其河南河北，有不通水利，宜折租造絹，以代關中調課。所司仍明爲條件，稱朕意焉。

據詔書説明長安周圍地區蠶桑不發達，很少絹帛生産，爲了繳納庸調絹和資課錢，不得不廉價出售穀物以换取錢絹。那裏是一個多産穀物而少産絹帛的地區，同時爲了補充長安糧食之不足，必須從江淮、河南、河北輸送糧食到長安，「江淮變造」和由河路運輸十分勞弊，運費亦大。這就是説，長安周圍本有較多的糧食生産，只是没有充分徵集，使人民賤賣穀物，换取納庸調的絹和納資課的錢。長安本來可以就近收集糧食，却要從江淮、河南河北遠道運送，很不合理。上一年（詔書在三月，所謂今，當指上年）農業大豐收（主要指關輔），爲了減少運費和避免穀賤傷農，因此下令從今以後，長安周圍地區徵收庸調絹和資課錢一律按照當時價格折粟繳納，並變粟取米，運入長安根據需要支用。關輔地區距長安較遠諸州即隨處收貯，充隨近軍糧。河南河北水路不通諸州則折租造絹，取代關中庸調絹。這裏表示通水路諸州仍輸租穀，送往長安。

如上所述，可知關中正常年景所生產的穀物是充裕的；供應長安糧食所需，除關中以外，由江淮和河南河北運送入京作爲補充。總之長安糧食補充並非專賴江淮，更非專賴江南。這在安史之亂以前大抵都是如此，在裴耀卿改革漕運以前更是只能如此。因爲據開元十八年（七三〇）裴耀卿上疏，那時江淮漕船實行「曠年長運」法，江南各州所送租及庸調，自「正二月本州上道」集於揚州北輸，便「停滯日多，得行日少」，要到九、十月才能抵達東都，漕糧亦在曠日持久的轉運過程中大量耗散。那時江南盡管「户口稍廣」，「更無征防」，日益增多的田租庸調却囿於運輸能力不能大量運入關中。〔一〕而且當時從關東轉漕糧食到長安十分艱難，既數量有限，又成本高昂，故自高宗顯慶初到玄宗開元二十五年，皇帝百官往往長駐或者暫赴東都「就食」。但不管是在長安還是在東都，漕糧來源都不限於江淮。

解放後在洛陽唐代含嘉倉出土的磚銘中，反映税穀産地的州名共出現了九個，其中河北道五（邢、冀、德、魏、滄），河南道一（濮），淮南道二（楚、滁），江南道一（蘇）。時間是武后時代。〔二〕通鑑卷二〇九中宗景龍三年（七〇九）稱「是歲關中饑，米斗百錢，運山東、江淮穀輸京師」。又據舊唐書卷三七五行志，開元十四年七月「瀍水暴漲，流入洛漕，漂没諸州租船數百艘」。其中漂失揚、壽、光、和、廬、杭、瀛、棣租米十七萬餘石；開元十八年六月，又因瀍水暴漲，「漂損揚、楚、淄、德等州租船」。另

〔一〕 舊唐書卷四九食貨志下；通典卷一〇食貨漕運。
〔二〕 文物一九七二年第三期，五四——五六頁。

從有關皇帝詔敕和臣下疏奏中，也能看到武后常駐東都以及高宗、玄宗數幸洛京的經濟原因，一是關中遭遇水旱，糧食歉收；一是洛陽水陸輻輳，便於轉輸山東、江淮貢賦，即所謂「有河朔之饒，食江淮之利」，「溝通江汴之漕，控引河淇之運」。〔一〕以上可見漕運中包括了江淮，但尚看不出對江淮漕糧的特別倚重。至於關中災歉時東幸洛陽，更非專賴江淮漕運。還在隋開皇五年平陳以前，開皇十四年平陳未久，隋文帝就曾因關中饑歉兩次親率百官庶民到東都就食。所以開元六年（七一八）七月因「時惟雍州，禾稼有年」，開元十五年六月「關輔之地，頃則有年」，開元二十三年十月「百穀既登」，「漕運復多」，玄宗均下詔自東都還駕長安。〔二〕開元二十一年裴耀卿改革漕運有兩大成績，一是改「曠年長運」爲「節級取便」，一是「東道至陜」的「變陸爲水」。〔三〕改革的重點誠然是爲了加强江淮漕運，但變陸爲水的措施也應包括促進關東糧食向長安的轉移。這從新唐書卷五三食貨志記裴耀卿改革漕運的功效「益漕晉、絳、魏、濮、邢、貝、濟、博之租輸諸倉，轉而入渭，凡三歲，漕七百萬石」即可見知。上述關東八州，河北有四，河南、河東各有二州。其中河東汾晉絳地區，我們知道在隋代即與關東諸州一起作爲供應長安糧食的産地。據唐會要卷八七載，高宗咸亨三年，「關中饑，監察御史王師順奏，請運晉絳州倉粟以贍之，上委以漕運，河渭之間，舟楫相繼」，可見唐代汾水流域繼續向長安供應糧

〔一〕唐大詔令集卷七九開元九年幸東都詔；文苑英華卷六〇五宋之問爲東都僧等請留駕表。
〔二〕隋書卷一——二高祖紀；唐大詔令集卷七九、册府元龜卷一一三所載有關詔書。
〔三〕參張弓唐代倉廩制度初探第二章，中華書局一九八六年版。

食。又太平廣記卷四八五陳鴻東城老父傳，稱開元年間，「河州敦煌道，歲屯田，實邊食，餘粟轉輸靈州，漕下黃河，入太原倉，備關中凶年。」河西、隴右屯田自高宗武后時開始發達，唐六典記開元末二地有屯三百六十二個，規模極大，因此東城老父傳所載當有據，則河西也一度向長安轉輸糧食。可見轉輸長安的漕糧，無論是少至唐初每年一二十萬石，還是多達天寶年間每年二百數十萬石，都不僅僅來自江淮地區，還包括關東、河東乃至河西地區。

在前引開元二十五年三月的詔書中，只說河南河北不通水利處折租造絹，這些絹和通水利諸州的穀物仍並輸入長安。至於江淮是否減少運送穀物的數量，詔書没有提及。但三月以後，又有進一步的措施。唐會要卷八七載開元二十五年六月二十三日詔：「河南、陝運兩使，每年常運一百八十萬石米送京，近已減八十萬石。今據太倉米數，支計有餘，其今年所運一百萬石亦宜停。」據通鑑卷二一四，同年九月戊子又下敕：

以歲稔穀賤傷農，命增時價什二三，和糴東西畿粟各數百萬斛，停今年江淮所運租。自是關中蓄積羨溢，車駕不復幸東都矣。

通鑑又載同月癸巳敕：

河南、北租應輸含嘉倉、太原倉者，皆留輸本州。

此條實即節録册府卷四八七邦計部賦税一所載開元二十五年九月詔：

大河南北，人户殷繁，衣食之原，租賦尤廣。頃年水旱，廒庾尚虚。今歲屬和平，時遇豐稔，而租所入，水陸運漕，緣脚錢雜，必甚傷農。務在優饒，惠彼黎庶，息其轉輸，大實倉儲。今年河南河北應送含嘉、太原等倉租米，宜折粟留納本州。

按舊唐書卷九玄宗紀於開元二十五年二月戊午記「停江淮運，停河北運」，實爲九月事。九月所停者不止河北，亦有河南，本紀只説河北，疑有脱漏。且二月干支無戊午。綜合上引開元二十五年三月、六月、九月諸詔敕，看來當時長安地區的糧食儲備已較豐厚。首先是關中地區以及大河南北，繼開元二十四年（七三六）豐收之後，二十五年又是大豐收。其次，自開元二十一年裴耀卿主漕以來，每年從關東、江淮平均轉輸二百萬石左右糧食入關，以至太倉「支計有餘」。有鑒於此，朝廷遂先於三月敕關中諸州庸調「變粟取米」送京，路遠州「所在收貯」。河南北不通水利州折租造絹以代關中，以便將關中地區豐收的糧食盡量收進太倉。六月份夏麥已登，大秋豐收在望，從東都轉輸長安的糧食前已減至一百萬石，現在又下令全部停運。九月份關内關外普遍豐收，遂用彭果獻策「廣關輔之糴」，〔一〕加上河南府管内，兩京和糴粟數百萬斛，於是又命令江淮停止向東都運租，同時將此前業已施行過的江南折租納布著爲定令。下令停江淮運後的第六天，又命河南河北應送東都租一律停運，折粟留納本州。總之，在開元二十四年前後關中連年豐收的情況下，朝廷通過庸調折租與和糴等手段，立足關輔本地，一度大大充實了長安的太倉，開元二十五年次第停止了東都向關中的漕運，江淮、河南北向東

〔一〕新唐書卷五三食貨志。

都的漕運。當然此後仍有大量穀物輸入長安，如前文談到的天寶三年韋堅「漕山東粟四百萬石」。天寶七載以後入關漕米穩定在二百五十萬石左右。但也有停運之年。〔一〕

綜上所述，我們有足够的理由認爲，自唐初轉輸關外糧食入京，到通典卷一〇所记「天寶中歲運米二百五十萬斛入關」，均係包括江淮及河北、河南、河東而言，並非只指江淮。而且開元後期江淮租米已普遍折布交納，轉入長安者當只是義倉米，也不可能是義倉所儲的全部。唐都關中，供應長安食糧及各項支用的穀物當然歷來主要徵自關中，但仍須關外南北諸州的補充。開元二十五年以後採用關輔庸調資課「變粟取米」以及和糴等措施，最大限度地擴大關中糧食的徵發、收購，這一年得以停罷江淮以及河南河北租運，以後在豐收年景入關漕糧或者有所減輕或者停運。總的來説，唐代前期關中糧食在豐收年景能基本保證京師所需，可以不需外地支援。而外地支援亦不止江淮，相當一部分來自河北、河南以及河東。

盡管當時南方的經濟力量正在迅速增長，止在日益顯示其雄厚的發展潛力，但如上所述，唐代前期北方經歷隋末戰争破壞之後，又一次得到恢復發展，到玄宗統治時期，社會經濟重心仍在北方，河北大平原仍是全國經濟最發達的地區。開元天寶之際人口分布重心仍明顯偏於北方，河北一道户數即占全國1/3强。新唐書地理志所載唐代修建的二百六十餘項次農田水利工程中，除去修築時間不

〔一〕通典卷一〇食貨漕運；唐會要卷八七轉運鹽鐵總叙。

詳的項次，中唐以前共有一百五十餘項次，其中關内、河南、河北、河東四道凡一百餘項次，而河北一道即有五十餘項次，獨占全國總數的三分之一。前引開元二十五年九月詔書談到「大河南北，人户殷繁，衣食之原，租賦尤廣」。事實上河南河北地區在唐前期一直是東都糧食消費及關中糧食補給的主要來源之一。而從開元二十五年關中庸調資課折納及和糴政策的成功推行，亦足見當時關輔地區農業之發達，因爲盡管歲屬豐年，關中民間一下子能拿出這麽多的餘糧以供折納和糴，仍然是基於相當高的農業生産水平的。它還表明漕運不是解決當時關中糧食問題的唯一手段。在手工業方面，北方以絲織業見長，南方以麻織業著稱，誠不足以説明二者優劣。但在北方，官府手工業作坊中少府所屬絲織作坊分工之細，織染技術之精，固爲江淮所不及；而如太平廣記卷一四三所載定州何明遠之大規模私人絲織作坊，尤爲南方所未聞。前引陳鴻東城老父傳記録這位玄宗時的皇宫鷄坊總管對開元時代的回憶有云：

> 見張説之領幽州也，每歲入關，輒長轅輓輻車輦河間薊州傭調繒布，駕轊連軏，坌入關門，輸於王府。江淮綺縠，巴蜀錦繡，後宫玩好而已。

這段話真實生動地反映了當時南北紡織業在國家財政中的不同地位。凡此種種，都證明安史之亂以前，或者説直到唐玄宗時代，唐代經濟重心仍然在北方。

二、經濟重心的南移

上述表明，唐玄宗時代經濟重心尚在北方。然而也正是在唐玄宗時代，經濟重心開始逐漸向南方傾斜，安史亂後，傾斜度日益加深，經濟重心終於南移長江流域。

就整個長江流域而言，上游巴蜀地區開發較早。秦漢時期，當江南各地還處在火耕水耨的落後狀態時，成都平原已是全國農業最發達的區域之一。在手工業方面，巴蜀的紡織品、漆器、金銀器、鐵冶等，秦漢時即享有盛譽。可以說，自秦漢至隋唐，不管全國經濟中心是在北方，還是以後逐漸南移，巴蜀一直是全國經濟最發達的地區之一，並始終是建都關中平原的諸王朝的戰略後方。盡管巴蜀經濟在唐代又取得長足進展，但它與中唐後全國經濟中心的南移並無直接聯繫。因此本節討論主要集中在長江中下游地區。

（一）農業

長江流域農業的發展首先表現爲大片耕地的開發。史稱唐代開天之際土地墾殖達到高潮，所謂「高山絶壑耒耜亦滿」。但這主要指黄河中下游，當時的南方，除了秦漢以來就號稱沃野天府的成都盆地，六朝時期得到長足開發的太湖流域，土地開發程度較高以外，餘如長江中游和閩中嶺南的廣大地帶，勿論高山絶壑，就是淺山丘陵也還未進入全面墾闢的高潮。至於最具南方特點的水網湖澤地帶，則耒耜不至之處更多。劉宋時會稽郡傍海地區尚多空荒已見前述，甚至到玄宗時江淮南部一些州縣還由於土曠人稀，「大蟲殺人」爲患，以致玄宗專門下命李全確往淮南授捕虎法詔。[一]直到中唐以後，長江中下游流域才進入全面開發耕地的時期，主要表現在以下兩個方面：一是大興農田水利，

[一] 全唐文卷二一七。

促進稻田面積和水澆地面積的增加。新唐書地理志載中唐以後全國共興修水利工程八十餘項次，南方有七十餘項。其中江南一道即有五十項，獨占全國總數的60%。經過參照其它記載對長江中游地區進行統計，結果表明，該地區興修水利工程項次遠不止於新志所載，而就興修時間而言，該地區中唐後所興修之水利工程是中唐前的三倍，其中江西幾乎全係中唐後創修。〔一〕中唐後南方興修的水利工程不僅爲數衆多，而且規模較大，動輒溉田數百頃，甚至成千上萬頃。如大曆長慶間杭州刺史李泌、白居易相繼在西湖置閘築堤，溉田千頃。元和中孟簡在常州開古孟瀆，灌溉沃壤四千餘頃。元和中江西觀察使韋丹在南昌築東湖堤，開斗門修陂塘五百九十八個，溉田一萬二千頃。梁肅更聲稱貞元時淮南節度使杜亞所修愛敬陂「化磽薄爲膏腴者不知幾千萬畝」。水利工程的一個重要功能是大量開闢良田。如大曆中昇州句容令王昕重修絳巖湖塘，立二斗門以節旱暵，「開田萬頃」，貞元中淮南節度使杜佑「決雷陂以廣灌溉，斥海濱棄地爲田，積米至五十萬斛」。元和中福建觀察使裴次元在莆田縣堤海爲田三百頃。會昌初山南節度使盧鈞啓用水利專家李某主持修復召堰舊迹，歲增良田頓至四萬畝。通過興修水利工程開闢的耕地往往是一種集約化的擴大，如貞元中荆南節度使李皋塞江陵東北壞決的漢古堤，「廣良田五千頃，畝收一鍾」。〔二〕

〔一〕參牟發松唐代長江中游的經濟與社會第二章第五節，武漢大學出版社一九八九年版。

〔二〕王仲犖隋唐五代史上册第四三一——四五三頁分年代引述了唐代各地興修水利工程的有關史載，以上俱見王書，不再詳注。上海人民出版社一九八八年版。

此外還有幾點值得注意的，一是中唐以後長江中下游盛行堤防與水門、渠道、陂塘相配套的系統水利工程。這類工程兼有農田排、灌和捍衛田廬安全等多種功能，有效提高了水網地帶開墾洲渚湖澤的能力，實爲後世垸田開發之先聲。如潤州丹陽縣著名的練湖永泰中曾被湖旁大族强家「築堤横截一十四里，開瀆口泄水，取湖下地作田」，「專利上腴，畝收倍鍾」。這些豪强壟斷練湖水利所開發的湖田當是垸田的雛形。二是濱海地區海塘海堤的大量修造。海州、楚州、杭州、福州皆有這類工程，大都爲中唐以後所建，或築堤擋潮，或攔海成陸，兼具抗旱排澇功能，標志着沿海一帶可耕地的擴大。三是中唐以後江南水利工程明顯增多。諸如泉州莆田、晉江，福州閩縣、侯官、長樂，明州鄮縣，以及鄂州新開山洞所置之唐年縣等開發較遲的地區，也開始出現大型水利工程的興修，它反映了土地墾闢向縱深發展，即土地利用集約化程度的提高。〔一〕南方水利事業的發展以及水利田的開闢與水稻種植面積的擴大往往緊密聯繫在一起。我們看到中唐以後長江中下游地區許多河洲、湖渚、海塗被人們因地制宜地開發成各種稻田，見於史籍的有所謂圍田、圩田、湖田、渠田、溪田、渚田、沙田、葑田等。

中唐後南方土地墾殖的另一個重要方面是丘陵山區的開墾。在江淮以南半壁山河中占有很大比重的丘陵山區，雖也有興修水利或者利用山泉溪流等自然水源種植水稻者，但由於前者難以爲功，

〔一〕 詳參上引王仲犖隋唐五代史上册所輯史料。

後者不可多得，故山區土地開墾多採用撂荒制的火耕畬種形式，耕種作物多爲麥、豆、粟等，開墾者則主要是所謂蠻、莫傜、俚等少數民族，以及逃亡農民和下層僧侶。戴叔倫詩稱桂陽北嶺所見逃户：「不記逃鄉里，居然長子孫。種田燒險谷，汲井鑿高原。」劉禹錫詩稱沅湘一帶莫傜，「星居占泉眼，火種開山脊」。唐文宗時，不少逃户在吉州開墾出水陸田四百頃。大量史料表明，唐代長江流域的火耕畬田分布極爲廣泛，尤以今四川、湖南、安徽、江西諸地爲多，而江、浙及雲、貴、閩等地相對爲少。以長江中游爲例，上至三峽，中經澧、沅下流的峽、澧、朗一帶山地，以及五嶺北麓湘江上流道、衡諸州山丘乃至險谷高山，火耕畬田最爲集中。〔一〕

總之，當時南方土地墾殖一方面表現爲水稻耕種面積在洲灘渚塗等水網地區的集約化開發，另一方面則表現爲丘陵山區主要是旱作地的粗放性擴大，二者並行不悖。而且正因爲易於開發之地未耜漸滿，所以土地墾闢漸向陂澤洲渚、淺山丘陵甚至高山絶壑進展。勞動人民的辛勤開墾使許多空荒之地形成新的人口聚落，政府隨之設縣治理、徵税。據對太平寰宇記的記載進行統計，唐玄宗至北宋太祖時全國新置一百一十縣，有九十五縣分布在秦嶺淮河以南。比如今江西境内有二十七縣，福建二十縣，安徽、湖北各十縣。其中又有相當一部分是由於逃户與少數族聚居並開發荒山野澤而形成的，即所謂括逃客開山洞置。如江南東道汀州，即是「開福撫二州山洞」，「檢責得諸州避役百姓共

〔一〕　有關中唐後南方土地的墾殖、稻作生産等，具見上引牟發松唐代長江中游的經濟與社會第二章，並參張澤咸試論漢唐間的水稻生産，文史第十八輯。下不備注。

二千餘户」而置。餘不備舉。唐代開發程度較高的江州、洪州，五代宋初又增置不少縣邑，如江州潯陽一縣增置了四縣。如果説淺山丘陵括逃開山洞所增縣邑反映了土地墾闢的廣度，那麽較發達地區的縣邑增置則表明開發正在向縱深發展。

南方農業的發展還表現爲水稻生産技術的提高。在生産工具方面，至遲在中唐時適應於水田耕作的曲轅犁已在南方稻作地區廣泛推行。晚唐時在松江浦里躬耕稻田的陸龜蒙所作耒耜經，詳細記載了「江東犁」的構造、性能，此爲人所熟知。耒耜經還記載了流行江東的其它農具，表明稻田耕作過程中的大部分環節都採用了相應的畜力農具，成龍配套，相互銜接。大致在長江下游地區，只待宋元時期耖的出現，便臻於中國封建時代水田農具系統的完善形式了。在灌溉工具方面，適應於稻作地區，兼具灌溉、排澇功能的「江南水車」至少在唐代江南地區得到廣泛使用，並在中唐以後北傳京畿，東渡扶桑。〔二〕「渠堰不便之處，多構水車」，使唐代南方稻田面積向江南丘陵地帶的擴展具備了生産力基礎。如常州義興縣南離墨山善權寺前良田，平時靠山洞内泉水自流灌溉，大旱時洞泉水小則用江南水車提水灌溉。乾符年間吴興大旱「農民轉遠流漸稻本」，當然也只能依靠高效合用的江南水車。如上所述，中唐後長江中下游湖田墾闢與洲渚開發十分顯著，這些地區的水稻生産排澇更甚於

〔二〕舊唐書卷一七文宗紀大和二年閏三月：「内出水車樣，令京兆府造水車，散給緣鄭、白渠百姓，以溉水田。」而據册府卷四九七邦計部河渠：「大和二年閏三月，京兆府奏，準内出樣造水車訖。時鄭、白渠既役（復），又命江南徵造水軍（車）匠，帝於禁中親指準，乃分賜畿内諸縣，令依樣製造，以廣溉種。」可知京兆府依樣製造推廣的乃是江南水車。

防旱，如果没有排澇功能强的江南水車顯然難以保收，這種江南水車是否就是以後龍骨車的雛形呢？

在農作制方面，中唐以後南方一些先進地區出現稻麥復種的迹象，某些丘陵山區也開始突破火耕水耨爲特徵的撂荒制。水稻移植則至遲在中唐業已毫無疑義地普遍推行，這是南方稻作史上的一大進步，它可以提高除草施肥的效率，促進稻田分蘖和品種改良。意義特别重大的還在於它對於稻麥復種提供了一個必要而先決的條件。安史之亂以後北方人民自六朝以來的又一次大規模南遷，對南方稻作在中唐以後的長足進步，應該説有很大的助力，但從根本上説，主要還是南方本身長期開發積累的結果。如適應水田的犂耕工具是六朝以來南方人民通過長期實踐改進和創造的，江南水車也最先在長江下游使用和推廣，育秧移植以及選育適應於輪作復種的早晚稻品種，自然也是歸功於南方稻民。

水稻生産技術的提高，使稻作生産率的潛在優勢得到前所未有的發揮，生産集約化程度明顯高於北方。至遲在中唐以後，江西湖南開始成爲全國著名的糧食基地，所謂「江西湖南，地稱沃壤，所出常倍他州」；「湖南江西管内諸郡，出米至多」。元和初江淮旱歉大饑，憲宗「三度恩赦，賑貸百姓斛斗，多至一百萬石，少至七十萬石，本道饑儉無米，皆賜江西湖南等道米。江淮諸道百姓，差使於江西湖南般運」。江西湖南有能力以二三百萬石稻米支援遭受旱灾的長江下游，可見該地區糧食生産的地位。我們還看到德宗時自運河轉輸兩京的運米中，江西、湖南、鄂岳、福建、嶺南五道每年一百二十萬石，實際上這一百二十萬石也主要來自江西、湖南。

中唐以後，南方各種經濟作物種植也獲得較大發展，其中尤以茶葉種植最爲顯著。它首先表現在植茶面積逐步擴大，業茶人户逐步增多。由於適宜茶葉生長的地理氣候條件，茶葉産區主要分布在江淮以南。唐代茶産區遍及今川、滇、貴、閩、浙、蘇、贛、皖以及兩廣、兩湖諸省，重點産區則爲江淮、浙東西、嶺南、福建、荆襄及兩川。這些地區的許多丘陵和山坡都種上了茶樹，以致史稱「江淮人什二三以茶爲業」；「江南百姓營生，多以種茶爲業。」如歙州祁門縣一帶，「山多而田少，水清而地沃，山宜植茗，高下無遺土，千里之内，業於茶者七八矣。由是給衣食，供賦役。」蜀川瀘州管内，則「作業多仰於茗茶，務本不同於秀麥」。其次是名品衆多，産量巨大，陸羽茶經，裴汶茶述，皆有論列。記載唐代名茶最爲周備的李肇國史補，列舉了飲譽全國的二十餘種名茶，大多集中在長江流域，其中首推雅州蒙頂，次爲湖常二州紫笋，長江中游有峽州碧澗、明月，岳州含膏、洪州白露等十餘種。唐代茶産量無從查考，封演封氏聞見記但稱「茶自江淮來，舟車相繼，所在山積，色額甚多」。饒州浮梁一縣，元和志稱「每歲出茶七百萬馱，税十五萬餘貫」，可見茶産量之巨。大中年間成書的楊曄膳夫經手録稱蜀地新安茶「南走百越，北臨五湖」，「歲取數百萬斤，散落東下」。饒州浮梁茶「百倍於蜀茶」，「今關西山東閭閻村落皆喫之」。敦煌出土的茶酒論中也説「浮梁歙州（茶），萬國來求」。膳夫經手録又稱：「蘄州茶，鄂州茶，至德茶，……並方斤厚片，自陳蔡已北，幽并以南，人皆尚之。其濟生收藏榷税，又倍於浮梁矣。」其三，茶葉生産的商品性發展。中唐以後飲茶風氣遍及全國，直到南北朝後期還嘲諷南人「渴飲茗汁」的北人，到了唐代，亦視「茶爲食物，無異米鹽」。「自鄒、齊、滄、棣，漸至京邑城市，多開店鋪，不問道俗，投錢取飲。」兩都則號稱「比屋」皆飲。廣大南北下層勞動人民普遍飲茶（「閭閻村落皆喫之，不得一日無茶」），形成了巨大的茶葉消費市場，而茶葉産地集中在南方，這就大大促進了南方茶業商貿的發展。許多茶産地「山澤以成市，商賈以起家」，形成了一些以茶貿爲主的地方市集，其中有經常性營業特别是針對公私茶販需要而設的固定店鋪。杜牧上李太尉論江賊書談到江賊竊殺商旅後，「皆得異色財物，盡將南渡，入山博茶。……不敢貨於城市，唯有茶山可以銷受。蓋以茶熟之際，四遠商人，皆將錦繡繒纈，金釵銀釧，入山交易，婦人稚子，盡衣華服。……是以賊徒得異色財物，亦來其間，便有店肆爲其囊橐」。出茶季節四遠商人蜂涌南來的情形從中可見一斑。這些茶葉主要銷往不甚産茶的江淮以北乃至大河以北，南至安南交阯的溪洞之間，西北至於塞外回紇，並通過商人、遣唐使、學問僧，東至日本朝鮮。此外，中唐後南方茶業的興起，改善了當地的種植結構。茶葉本來「宜山中帶坡峻」，從而使許多淺山丘陵得到開發。[一]其它經濟作物，如柑橘、甘蔗、漆樹、中藥等，也都得到一定程度的發展，這裏不再贅述。

（二）手工業

舊唐書卷一〇五韋堅傳記天寶元年（七四二），以堅爲陝郡太守、水陸轉運使。他開鑿廣運潭，船

[一] 參張澤咸漢唐時期的茶葉，文史第十一輯；上引牟發松唐代長江中游的經濟與社會第三章第二節。

舶直達長安城東九里望春樓下。傳稱：

樓下穿廣運潭以通舟楫，二年而成。堅預於東京、汴、宋取小斛底船三二百隻置於潭側，其船皆署牌表之。若廣陵郡船，即於栿背上堆積廣陵所出錦、鏡、銅器、海味；丹陽郡船，即京口綾衫段；晉陵郡船，即折造官端綾繡；會稽郡船，即銅器、羅、吴綾、絳紗；南海郡船，即瑇瑁、真珠、象牙、沉香；豫章郡船，即名瓷、酒器、茶釜、茶鐺、茶椀；宣城郡船，即空青石、紙筆、黄連；始安郡船，即蕉葛、蚺蛇膽、翡翠。船中皆有米，吴郡即三破糯米、方文綾。凡數十郡。駕船人皆大笠子、寬袖衫、芒履，如吴楚之制。

這些滿載江淮米及各種手工業品與嶺南珍異的運船，標志了當時南方諸郡著稱的土特産品。本傳所列當然不完備，但也可見一斑。從這裏可以看出江淮絲織品生産有廣陵的錦，丹陽郡的京口綾衫段，晉陵郡的折造官端綾綉（折造官端當即折租布，或是又改折爲綾絹），會稽郡的羅、吴綾、絳紗，吴郡的方文綾。廣陵和三吴地區幾乎全都生産具有特點的生産品，可見絲紡織業的普遍化和高技術水平。吐魯番所出唐交河郡物價表中，〔一〕也看到天寶年間江南紡織品作爲商品遠銷邊陲西州。各地絲織貢品的數量種類最能反映當地絲織技術的水平。據有關資料統計，江南道的絲織貢品從唐代前期的七州十種發展到後期的十五州三十二種，躍居全國第一，中原、劍南退居其後。若以一個州而論，後

〔一〕池田温：中國古代籍帳研究録文，第四五三——四五四頁。

期絲織貢品最多的五個州依次爲越、宣、潤、定、揚。〔一〕元和志卷二六越州條云：「自貞元之後，凡貢之外，別進異文吴綾，及花鼓歇單絲吴綾、吴朱紗等纖麗之物，凡數十品。」至於白居易新樂府所述非常精美的宣城紅綫毯、會稽繚綾等，陰山篇所述用以和回紇交换馬匹的江淮地區生産的絹，以及李德裕敬宗寶曆時所上奏疏中，談到宫廷需求的精美絲織品、金銀器皆責成淮南節度使進獻，等等，皆歷見近人論著，爲人所熟知，不必贅引。江南絲織技術水平之高，還可以從代宗大曆中詔禁的絲織品種有「獨窠吴綾」，王涯准敕詳度諸司制度條件奏中要求禁絶吴越之間的某些「奢巧、害功」「前代所無」的絲織品，〔二〕得見一斑。唐語林卷七李德裕條稱蘇州的織紉之功已爲關隴地區所模仿；文苑英華卷九七三顧況晉國公贈太傅韓公行狀甚至説德宗時「江南縑帛勝於樵宋」。此言容或誇張，但國史補下稱越州綾紗「競添花樣」，「妙稱江左」，必待於大曆初年薛兼訓密令江東軍士娶北地織婦之後，也同樣不無誇張。因爲越州早在貞觀時已向北方引進蠶種，〔三〕且越州貢吴綾、交綾已見於六典，天寶初廣運潭會稽郡船上已有羅、吴綾、絳紗數種。總之，江南絲織技術在唐代進步顯著，中後期已不亞於甚或開始超過北方。

〔一〕參嚴耕望唐代紡織工業之地理分布，收入嚴著唐史研究叢稿，新亞研究所一九六九年版；王永興試論唐代絲紡織業的地區分布，載魏晉隋唐史論集第二輯，中國社會科學出版社一九八三年版。
〔二〕册府元龜卷五〇四邦計部絲帛；全唐文卷四四八。
〔三〕全唐文卷三〇一何延之蘭亭始末記。

韋堅在廣運潭展出的絲織品限於長江下游諸郡。上游的傳統名産蜀錦在唐代仍然享有盛譽，號稱「奇錦珍貝，價兼百金」，是皇宫諸王妃主服飾的主要來源之一，如文宗大和時，每歲於西川織造宫用綾羅錦八千多匹。〔一〕值得注意的是，過去絲織業不太發達的長江中游地區，中唐以後蠶桑絲織業取得顯著進步。在地區分布上從南朝以來傳統的襄陽一帶擴展到湘、贛諸州，湖南道的潭、郴，江西道的洪、虔、吉、信、撫諸州都是在中唐以後開始貢絲織品的。從技術水平來説，從五、六等低質絹發展到足以和北方及三吴地區高級絲織品比美的江陵方文綾。元稹貶謫荆州時曾目擊荆州專業貢綾户「有終老不嫁之女」，因作織婦詞。詞云：「今年絲税抽徵早。早徵非是官人惡，去歲官家事戎索。征人戰苦束刀瘡，主將功高换羅幕。繅絲織帛猶努力，變緝撩機苦難織。東家頭白雙女兒，爲解挑紋嫁不得。」此詩顯示出荆州綾織技術之專精以及荆州綾産之地位。

上述可見，中唐後長江流域的絲織手工業無論從數量上還是質量上逐漸趕上了北方，有些品種甚至開始超過北方。江淮綺縠、巴蜀錦繡在開元天寶間尚是「後宫玩好」，中唐以後則數量大增，「輦越而衣」，大量用於换回紇馬，酬功賞庸，以及士兵「束刀瘡」，主將「造羅幕」。

當然，即使在安史亂後，北方大河南北的絲織手工業仍然在一定時期内保持優勢。見於史載的元和長慶年間的絲織品貢賦，河北繳納絹帛的州數略與中唐前相若；貢特殊絲織品的州則由前期五

〔一〕舊唐書卷一一七崔寧傳，卷一七下文宗紀。

州十二種增加到九州十五種，河南增加接近一倍。〔一〕可知中原地區的絲紡織業並未因藩鎮割據而落後倒退或停滯不前。只是由於缺乏足够的資料，具體情況我們知道得不多，但從房山石經題記彙編中我們得知安史亂後范陽仍有絹帛行的記録。幽燕雖爲安史亂源，直接受到戰爭的破壞並不太嚴重。趙魏淄青，從貞元以後也没有發生大規模戰爭，推想絲紡織業也像農業一樣逐漸恢復。這一點我們看北宋時期和買絹先在京東、西推行，隨後推廣到青齊、河北以至江淮，〔二〕就可知道中唐以後直至北宋，北方原來盛産絹帛的河南、北及青齊仍然保持着相當大的産量。如同農業一樣，北方蠶桑絲織業在數量和質量上大致維持過去水平，而南方却在不斷發展絹帛生産，在此前較薄弱的基礎上取得長足進步，後從湘州跨越五嶺，推廣到廣州。最精美的絲織品則産自蜀中和三吴。

順便提及，早在南北朝時期，西北的高昌已生産棉布，所謂白叠布，唐代這裏徵收的調也是叠布。前引東城老父傳稱「都市間見有賣白衫白叠布行鄰比廛間」，可見開天時代長安市上有白叠布出售。但是唐代從西北流入的叠布却鮮見記載，而南朝後期，由交廣輸入的棉布所謂「南布」却在江南服用。陳書卷二七姚察傳記載有門生贈送給他「南布」一匹，梁武帝戴的棉布冠多年不换新的。唐後期夏侯孜穿桂管布製的衣服，從皇帝到滿朝文武皆慕而傚仿。〔三〕所謂桂管布可能即因出産於桂管地區而得

〔一〕 上引王永興試論唐代絲紡織業的地區分布。
〔二〕 漆俠：宋代經濟史上册，上海人民出版社一九八七年版，第四〇九頁。
〔三〕 太平廣記卷一六五夏侯孜。

名。王建送鄭權尚書南海詩稱「白疊家家織」，〔一〕可見嶺南棉布紡織的普遍。而從宋人周去非嶺外代答吉貝條，我們確知唐代草棉種植和棉布生産在嶺南十分發達，後來傳入内地。

唐代南方陶瓷業也取得顯著的成就。我們知道唐代前期陶瓷生産中心仍在北方，以邢窑、定窑等爲代表。新唐書地理志初載越州「貢瓷器」。越窑爲青瓷代表窑，是隋唐南方制瓷業的中心。所産青瓷製作精美，釉彩晶瑩如冰雪，又與茶色相宜，特爲陸羽所欣賞，自茶經之後被品評爲全國第一，唐代詩作中不乏贊譽之詞。前述韋堅舟運江淮珍異詣京貢獻，豫章郡即以名瓷茶具、酒器著稱。近年在景德鎮唐代窑址出土的瓷片，胎白度高達 70%，已與現代瓷器相仿佛。江淮以南的礦冶業在唐代呈現出蓬勃發展的趨勢，很多方面已明顯超過北方，張澤咸同志唐代的五金生産一文論述已詳，〔二〕這裏不再贅述。此外如揚州銅鏡，襄陽漆器，越州、宣州造紙，揚、洪、鄂諸州造船，均在全國負有盛名，爲衆所周知，故不一一列舉。

關於手工業，最後還要提到江南製鹽業的發展。南北朝時北魏所重是河東池鹽。東魏時河東爲西魏占領，始於滄、瀛、幽、青四州立屯製鹽，這是海鹽。北魏對池鹽時或收税時或罷税，即使在收税時也在全部税收中不占重要地位。東魏北齊海鹽屯則是官營製鹽，大概徵發百姓服役。西魏北周徵

〔一〕 全唐詩卷二九九。

〔二〕 載新史學第二卷第三期，一九九一年九月。

收鹽税，其法不詳。按隋書食貨志稱「掌鹽掌四鹽之政令」，所謂四鹽，謂散鹽、鹽鹽、形鹽、飴鹽。即海鹽、池鹽、井鹽與巖鹽。下云，「凡鹽鹽(池)、形鹽(井)每地爲之禁，百姓取之，皆税焉。」可見池鹽、井鹽都徵收税。但在尉遲迥取蜀前，北周境内很少井鹽，而此條乃是行六官制時所頒，那時並没有取蜀，當是預爲條例，取蜀後井鹽確實爲官所禁，隋書食貨志稱周末「鹽池鹽井皆禁百姓採用」可證。隋開皇三年，認爲北周徵收鹽税是弊政，下詔免徵，但只「通鹽池鹽井與百姓共之」，而不及海鹽。

南朝鹽務罕見記載，陳書卷三世祖紀天嘉二年(五六一)十二月條記「太子中庶子虞荔、御史中丞孔奂以國用不足，奏立煮海鹽賦及榷酤之科，詔並施行」，似乎前此並無鹽税。太平寰宇記卷九五秀州引顧吏吴郡記稱海鹽縣「海濱廣斥，鹽田相望」。同書卷一二四楚州引阮昇之南兖州記云鹽城縣「有南兖州鹽亭一百二十三所，縣人以魚鹽爲業，略不耕種」。按顧吏是東晉時人，所記鹽場實承孫吴之舊，南兖州鹽亭疑亦遠承漢代吴王濞。自古以來江淮都食用海鹽。南齊書卷四一張融傳稱融作海賦成篇後，又增加了幾句叙煮海爲鹽事，有「熬波出素」云云。這些記載未涉及税鹽，南朝似乎和北朝一樣，並不重視税鹽，但東晉時禁民私煮鹽，視鹽爲國之重利所在。〔一〕

按北朝税鹽或行或廢，南朝至陳始明確記載有鹽税。這裏有個問題，鹽既無税，國家需要的鹽所謂「軍國之用」，怎樣取給。隋代廢鹽税，但百官志司農寺有鹽倉督，不過鹽倉之鹽來源不明。南兖州

〔一〕北堂書鈔卷一四六鹽引晉令。

記稱鹽城縣人「以魚鹽爲業，略不耕種」，他們當然要繳納租調，是否以鹽折納呢？魏書食貨志説河東池鹽，或官司禁斷，或豪强固護，小民障吝。這些池旁小民大概也是以鹽爲生，在均田制下他們理應受田，一律交納租調，鹽若是副業，難道就任其障護不加課税麽？很可能無論南北，以鹽爲生的小民都是專營鹽户，他們或以鹽折納租調，但並無確證。

唐初遵循隋制，一切山澤税包括鹽税在内全部廢罷。所有史籍都明確記載唐代鹽税（主要指專賣榷税）始於開元初年左拾遺劉彤的建議。通典卷一〇食貨鹽鐵載開元二十五年倉部格，規定課税蒲州鹽池。又屯田格有幽州鹽屯，大同横野軍鹽屯，這兩地均是池鹽。又有成州長道縣以及蜀、陵、綿等十州的井鹽。蒲州池是「州司監當，租分與有力之家營種之」。按上中下畦分等納鹽交税，每年通計得鹽一萬石。幽州鹽屯是官營，配丁服役，每屯五十人，大同是兵屯，每屯配兵五十人。以上兩地池鹽均非徵税，而是官營鹽屯，與屯田同。井鹽則是隨月徵收折成錢數的鹽課，任納錢糧及銀兩，生産者爲免去雜徭受鹽監控制的專業竈户，實際上也是官營，所以見於屯田格。如通典所載，可知開元二十五年載於條格的主要是池鹽和井鹽，或許海鹽在當時的財政收入中不占重要地位。新唐書卷五四食貨志備舉産鹽地區和徵課之制，在池鹽井鹽之外，列舉北方和江淮負海諸州的海鹽。應該是天寶末和安史亂後之制。

安史亂前，雖有鹽監、鹽屯乃至鹽池使的設置，鹽利收入並不多。亂後國用支絀，自第五琦首創鹽的專賣，劉晏改定官營商銷法，鹽利遂成爲國庫收入的大宗，由每年四十萬貫增長到大曆末年的六百餘萬貫，號稱「天下之賦，鹽利居半，宫闈服御、軍餉、百官禄俸皆仰給焉」。同一時期河東鹽利不過八十萬貫，且價格高於海鹽。劉晏主鹽時四個鹽場（漣水、湖州、越州、杭州）、十個鹽監（嘉興、海陵、鹽城、新亭、臨平、蘭亭、永嘉、大昌、侯官、富都），幾乎全在江淮。「吴、越、揚、楚鹽廩至數千，積鹽二萬餘石。」四場十監「歲得錢百餘萬緡，以當百餘州之賦」。〔一〕開成年間沿海輸鹽到揚州鹽官的船隻，或三四船，或四五船，雙結繼編，不絶數十里，爲當時入唐求法的日本僧人圓仁所目擊。唐末海陵、鹽城二監歲煮鹽合一百萬餘石。〔二〕以上足見中唐後鹽利來源主要出自江淮，江淮製鹽業開始居於製鹽手工業的首位。

專賣是一種間接税，其始國家以低價向製鹽者所謂亭户收購或徵課鹽，再以高價出售給人民。劉晏改制後，不是直接售於人民，而是批售給商人，允許商人增價以獲取利潤。國用不足往往取給於鹽，售與商人的鹽價不斷提高，商人售與百姓的鹽價當然相應增長，而向亭户收購之價不增，於是亭户日益困苦，鹽價日高，窮苦百姓甚至只好淡食。

南朝見於記載的只有海鹽、鹽城二地的鹽場（亭）。新唐書食貨志所載江南産鹽諸州遠爲廣大，所云負海諸州幾乎包括了整個東南沿海。當時關中、河中等地食鹽主要由蒲州鹽池供應，川蜀食用井鹽仍如既往，河北青齊在割據下情況不明，大抵可以自給。通鑑卷二二六德宗建中元年載代宗時

〔一〕新唐書卷五四食貨志，通鑑卷二二六唐德宗建中元年七月。

〔二〕圓仁入唐求法巡禮行記卷一，太平寰宇記卷一三〇泰州海陵縣。

「汴、渭、唐、蔡之東，皆食海鹽，(劉)晏主之」，可見江淮鹽行銷、供給所及甚廣。

(三)商業與都市、市場。

我們在商品經濟與商税一節中業已論述江南商業早在唐初就沿襲南朝，相當活躍，也提到了津渡要口普遍形成的草市，無須贅述。這裏只舉出經濟上處於重要地位的幾個江淮大都市及其在全國中的地位，藉以説明經濟重心的南移。

毫無疑問，通唐朝一代，直至昭宗遷洛兩個半世紀，長安一直是全國最大的城市，那裏有繁榮的手工業與商業，除了定居的貴族官僚和各種居民以外，還匯集了來自各地的以及外國的應選人、應試舉人和商賈。長安也是當時全世界最大的城市之一，詳情在此無須多説。東都洛陽是一個足以和長安媲美的大城市，與長安並稱二京。但是長安洛陽之盛首先由於它們是唐朝的首都，是全國的政治中心，所有經濟上文化上的繁榮可以説都是由此形成。自古以來，歷朝國都都是全國最大最繁榮的都市，皇朝更迭，國都遷移，這個最大的都市也就隨之而變遷。因此長安和洛陽雖然長期保持其繁榮，作爲國都這一因素終究還居重要地位。

上文業已論證，根據農業和手工業的發展水平，唐代前期北方仍然高於南方，經濟重心仍在北方。居於全國前列的大都市北方有好幾個，河北的鄴與范陽，河南的汴州(浚儀)，河東的太原，河西的武威等，都是著稱的都會，六典所載六雄州都在北方。如相州鄴城，郭帶二縣，人口過十萬，城内多富商大賈。太平廣記卷二二四蕭静之条稱静之舉進士不第，「因遷居鄴下，逐市人求什一之利，數年而資用豐足，乃置地葺居。」同書卷二八郗鑒條稱天寶五載魏郡市邸經常有胡商活動。又同書卷一六五所載鄴城王叟家富於財，莊宅最廣，積穀萬斛，客坊有客二百餘户，其中有出賣雜粉香藥的小販，常被人們徵引。這幾條材料從不同側面反映了鄴城商品經濟的活躍。河西的涼州（武威）是絲綢之路上的交通重鎮，唐前期號稱繁華，太平廣記卷二六記唐玄宗元宵觀燈，葉法善説天下燈節之盛，只有涼州可比長安，並作法帶玄宗往涼州觀燈，但見燈燭「連亘數十里，車馬駢闐，士女紛委」。岑參涼州館中與諸判官夜集詩亦稱「涼州七里十萬家，胡人半解彈琵琶」。〔一〕汴州當南北水陸交通之衝，自隋入唐皆稱繁劇難治。隋時船商即星居於郊外，店鋪則違令向街開門。唐時「舟車輻湊，人庶浩繁」，「草市迎江貨，津橋稅海商。」〔二〕行作爲出賣同類貨物的店鋪組織，在北方都市普遍存在。如安史之亂以前范陽有大米行、白米行、屠行、絹行、大絹行、小絹行、新絹行、小彩行、彩帛行、綿行、幞頭行等。〔三〕絹帛行鋪種類之繁數量之多，反映了當地絲織業分工的細密和市場交換的活躍。

然而自安史亂後，北方大都市在全國經濟上已喪失其原有地位。河西爲吐蕃占領，陸道絲綢之路阻塞了，武威作爲國際經濟文化交流點的地位也就隨之喪失。范陽、鄴城經過戰亂，分別爲盧龍、魏博兩鎮所割據，以後不能再恢復過去的盛況。較之前期，較之南方，北方大都市相對衰弱。

〔一〕全唐詩卷一九九。
〔二〕舊唐書卷一九〇中文苑齊澣傳；全唐詩卷二九九王建汴路即事；隋書卷五六令狐熙傳。
〔三〕北京石刻中所保存的重要史料，文物一九五九年第九期。

南方大城市在唐代前期最著稱的是成都和廣陵（益州、揚州）。成都盆地是農業最發達的地區之一，傳統的織錦手工業以及金銀器雕鏤負有盛名，直到唐代一直是西南最大的商業都市和經濟中心。廣陵自漢末以來經歷六朝經常在遭受戰禍，劉宋時，鮑照的蕪城賦十分慨嘆它的荒蕪，〔一〕齊梁時期，廣陵爲軍事重鎮，也是南北商貨交流中心之一，但帶有軍隊保護下走私性質，對於都市的發展有很大的局限性。陳代爲北齊占領，作爲防禦和進攻江南的軍事根據地。周平齊以至隋代，這種形勢並未改變。隋初此地是防禦和進攻江南的軍事重鎮。隋煬帝開鑿運河，揚州是通濟渠的起點，跨江連接江南河，爲南北交通的樞紐。煬帝南游，在這裏建築宮殿，晚期留居不返，當然也擴大了城市規模，廣陵郡統縣十六，領户十一萬五千。但是當時運河還來不及充分發揮其溝通南北經濟文化交流的效能，揚州主要是政治中心。經歷隋末大亂以至唐初，基本上仍然是控制江淮的政治軍事重鎮，武德九年以後一直是揚州大都督府治所。隨着社會經濟的發展，特别是江南經濟的發展，運河在經濟上的作用日益擴大，揚州也加强了在經濟上的地位。玄宗天寶二年韋堅在廣運潭聚集的船舶上展示的江南優質産品，表明廣陵郡的銅器鑄作業特别是銅鏡在全國居於領先地位，以至民間戲唱歌詞稱「潭裏船車鬧，揚州銅器多」；還可見絲紡織業也在興起。當時揚州還是通海口岸，所以「海味」也是特産之一，與銅器、錦並列於廣陵郡船上。江南諸郡船上所載的米是補充長安糧食的來源之

〔一〕文選卷一一。

一，船上陳列的諸郡手工業品以及嶺南珍異除了作爲貢品以外，也還是運銷北方的商貨，所有這些都是以揚州爲集散地。主要是江淮政治中心和軍事重鎮的揚州正逐漸轉變爲主要是全國經濟中心的揚州。

安史亂後，黄河中下游爲藩鎮所割據，吐蕃占領河隴，京西北屯駐重兵防禦，那裏的賦税不足以供軍，長江上游富庶的劍南也一度處於割據狀態，只有京兆一府的賦税輸入國庫。長安禁軍日益擴大，浩大的軍費和臃腫的官僚俸禄等財政支出，幾乎全部仰給江淮。元和二年李吉甫所上國計簿所稱「賦入倚辦」的八道，全在江淮。所有賦税除了地方開支外，正常情況下輸入國庫的都在揚州集中，由運河轉輸兩京。代宗時劉晏主鹽，鹽利在全部國庫收入中占了一半，當時揚州設置巡院，亦是轉運鹽鐵使治所，管理鹽務轉運，大筆鹽利收入也集中在揚州，輸送入關，或者充作漕傭轉運江淮租米，毫不誇大地説，唐代中葉以後財政支柱在江淮，財政命脈是運河，揚州則是樞紐。揚州又是沿江上下與貫通南北水陸商貨的集散地，商賈如織，邸店林立，唐會要卷八六載大曆十四年詔書談到許多王公百官及天下長吏集中在這裏「置邸肆貿易」，其中有不少外國商人，史稱上元元年（七六〇）的一次戰禍中，被殺的大食波斯商人數以千計。〔二〕揚州還是通海口岸，海上來往的商船在此起航和停泊，天寶十二載（七五三）鑒真和尚東渡日本弘法，就是從揚州起錨；開成三年（八三八）日僧圓仁入唐求法，也

〔二〕 舊唐書卷一二四田神功傳。

是首先抵達揚州。揚州有大小二城，小城爲官府所在，大城爲居民店肆，最繁華的市區在唐詩中被稱爲十里長街，所謂「十里長街市井連」，晚上有夜市，並無嚴格的市門啓閉制度，號稱「夜市千燈照碧雲」。揚州碼頭則「舳艫萬艘，溢於河次」。有關揚州的繁盛歷見史籍記載，近人論述亦詳，這裏不必多説。總之揚州是除長安以外全國最大最繁華的城市，不妨説長安是政治中心，而揚州則是經濟中心。

跨過長江是六朝故都建康，那裏在乾元年間曾置昇州（通常是縣治），盛况雖不如前，却仍然居民衆多，秦淮河埠依然有市，停泊着商船。往東與揚州隔江相對的是潤州，爲浙西節度使治所。它是「三吴之會，有鹽井銅山，有豪門大賈，利之所聚」。絲織技術和銀銅器製作之精，從敬宗即位詔令浙西進銀盝子妝具及羅紗袍段、可幅盤條繚綾事即可知道。〔一〕再往東則是蘇州，六朝吴郡是大郡，中唐以後一直是江南最發達的都市之一。城内有不少商肆和金銀行，其中頗多胡商。從杜荀鶴送友人游吴、送友游吴越二詩中，我們見到蘇州郭下及水鄉皆有夜市。安史亂後北人南徙使蘇州人口劇增，所謂「版圖十萬户，兵籍五千人」。嘉興屯田、嘉興鹽監皆規模巨大，經營得法，亦爲蘇州經濟增加了實力，故商業發達，所謂「遍目舟中客，皆賈販之徒」。〔二〕杭州是江南河的終點，又是入海門户，户十萬，税錢五十萬，州城「駢檣二十里，開肆三萬室」，是「萬商所聚，百貨所殖」的大都會，傍海諸縣鹽監生

〔一〕 文苑英華卷四〇八常袞授李栖筠浙西觀察使制；舊唐書卷一七四李德裕傳。

〔二〕 參凍國棟唐代蘇州商品經濟的發展初探，蘇州大學學報一九八八年第三期。

產的鹽也在這裏集中，「大估所來交會」，「走閩禺甌越之濱」。〔一〕越過錢塘江是越州，也是六朝大郡，那裏的紡織業在唐代有很大發展，貞元以後絲織貢品花樣達數十種，白居易詩所贊美的繚綾即是越州特產。最精美的麻布稱爲越布，葛布、藤紙、越瓷皆是名產。〔二〕餘如常州、湖州，都是十萬户左右的大州，農田水利相當發達，湖州顧渚、常州義興的紫笋茶馳名天下。又宣州，「封方數百里，而銅陵鐵冶，繁阜乎其中。」礦藏十分豐富。白居易新樂府所描寫的宣州紅綫毯，以及别進五色綫毯、綾綺等珍物，「與淮南、兩浙相比」。名冠天下的宣州筆紙，在玄宗時已見於廣運潭宣城郡船上，中唐後列入貢品。〔三〕

長江中游最大的都會是江陵，在交通上「右控巴蜀，左連吴越，南通五嶺，北走上都」。在政治軍事地位上「置尹視京河，置使視揚益，爲咽腴之地」。城居人口據考最盛時不低於十萬餘户，元和中曾因坊市内邸店密集，街道狹窄，在城郊外另闢市區。城郊草市如衆星捧月般興起，其中江埠沙頭市擁擠闐咽，江面商船檣桅林立。城郭膏壤腴地布滿了官僚貴族及商人的田莊，柑橘、茶葉生産及絲織技術皆在中唐後有顯著進步。從荊州驛道北上至襄州，亦爲一都之會，爲南北陸道交通的樞紐，公私行

〔一〕樊川文集卷一六上宰相求杭州啓；文苑英華卷八〇〇李華杭州刺史廳壁記，文苑英華卷八〇七沈亞之杭州場壁記。

〔二〕元和志卷二六越州條；國史補卷下「叙諸州精紙」，李劍農魏晉南北朝隋唐經濟史稿，三聯書店一九五九年版，第一九五——一九六頁。

〔三〕文苑英華卷八〇〇李華常州刺史廳壁記；樊川文集卷一六上宰相求湖州第一啓；文苑英華卷八三〇陳簡甫宣州開元以來良吏記；國史補卷下「叙諸茶名目」、「叙諸州精紙」；元和志卷二八宣州；新唐書卷四一宣州。

旅絡繹不絶，漆器生産首冠全國，「天下取法，謂之襄樣。」自江陵順江東下是鄂州，當漢水入江之衝，商業發達，號稱「閭閻皆土著之安，貨貝有山積之富」。江埠連檣如雲，廣德元年「鄂州大風，火發江中，焚船三千艘，延及岸上居人二千餘家，死者四五千人」。江西觀察使治所洪州，唐中葉以後發展顯著，州城幾經擴建，「城御西面驛堤連，十里長江夜看舡。」城居人口號稱「控壓平江十萬家」。由於是連接揚州廣州間水陸二綫的中轉樞紐，加之境内茶業、制瓷、造船、礦冶諸業皆取得長足進展，因而洪州的商業在中唐以後日見繁盛，成爲中游地區新興的商業都會。江州「據江湖之口」，是江西的門户，江西茶葉、大米、木材、瓷器多從這裏出口，白居易的名作琵琶行充分顯示了潯陽江頭舟船商貿之盛。符載稱其地「江涵九脈，緡錢粟帛動盈萬數，加以四方士庶，旦夕環至，駕車乘舟，叠轂連檣」。洞庭湖區域的中心都市是潭州，通典稱爲「湘川之奥，人豐土闢，南通嶺嶠，唇齒荆雍」。岳窑僅亞於越瓷，不但暢銷南北，而且遠行海外，在日本、朝鮮、印度等國均有出土。〔一〕

此外，在陸道絲綢之路之後，廣州作爲海上絲綢之路的起點，是嶺南最大的都市，也是全國最大的海上貿易港口。史稱「蠻胡賈人，舶交海中」，其中有師子國、婆羅門、波斯、崑崙等大批外國商船所謂「南海舶」，載來香藥珍寶，運去絲織品、瓷器等，對外貿易十分興旺。〔二〕中唐以後，明州和泉州相繼興起，逐漸成爲新興的對外貿易港口。明州自開元以後開始建設農田水利工程，造船業也有一定規

〔一〕關於長江中游城市，具見上引牟發松唐代長江中游的經濟與社會第四章，第三章第四節。
〔二〕韓昌黎集卷二一送鄭尚書序。

模，海上交通與日本來往最多，唐末中日間來往商船，幾乎一半取道明州，輸出瓷器、藥材、絲織品及書籍，輸入砂金、水銀等。泉州城周圍地區也在唐代相繼出現一批湖塘陂埭等水利工程，製瓷業發展很快，產品類似越窑青瓷。泉州海港在開元末年經過修治，外舶可直達城下，中唐以後與阿拉伯、波斯及東南亞諸國來往日繁。

上舉南方大都市雖然多是六朝以來的大郡，是在六朝以來農業、手工業日益增長的基礎上發展起來的，但在玄宗統治時期特别是安史亂後，南方社會生産水平達到前所未有的高度，大運河的開鑿和充分發揮其效能，促進和加速了原本相當活躍的南方商業活動。而與此同時，北方却不具備生産事業繼續擴大和提高的條件，反而在一定程度上受到限制，長期的戰亂和藩鎮割據狀態還延緩甚至阻滯了北方的發展，從而原來繁榮的北方都市也就相對衰落。

南北都市的彼興此衰説明唐代中葉以後經濟重心的南移。

總之，以三吴爲核心的江南自六朝以來開發顯著，一些先進地帶至少不遜於北方先進地區。但從整個長江流域來説，開發很不平衡，直到唐玄宗時代，全國經濟重心仍在北方，經濟最發達的地區是河北。也正是在玄宗時代，江淮地區的經濟開發在數百年積累的基礎上達到了一個新的高度。安史之亂以後，整個南方的社會經濟，從農業、手工業到商業、都會，繼續得到加速發展，而大河南北却「戎事方殷」，大批勞動力流亡南徙，或「釋耒執兵」，社會經濟發展停滯甚至萎縮。在南北經濟的彼此升降之間，經濟重心從黄河流域穩健、逐步地轉移到長江流域。當然其最表面的徵象或者説最直接的表現，是財賦重心的南移。江淮財賦在中唐以後國家財政中的重要地位人所盡知，今人論述亦繁。只略引唐人所說，以概其餘。開元後期裴耀卿改革漕運的主要目的即在於轉漕江淮租賦，安史之亂以後朝廷對江淮財賦的依賴轉深。至德元年（七五六）第五琦即稱，「方今之急在兵，兵之强弱在賦，賦之所出，江淮居多。」德宗時權德輿則說，「賦取所資，漕輓所出，軍國大計，仰於江淮。」憲宗時李吉甫國計簿稱每歲賦稅倚辦，止於東南八道四十九州。韓愈說，「當今賦出於天下，江南居十九。」杜牧則說，「今天下以江淮爲國命」，「三吴者國用半在焉」。〔一〕足見當時國家財賦重心移到江南。以三吴爲核心的江淮地區有能力幾乎是獨力擔當國家財賦重擔，如上所述，是基於其雄厚的經濟實力的。

〔一〕舊唐書卷一二三第五琦傳；權載之文集卷四七論江淮水災上疏；舊唐書卷一四憲宗紀上；韓昌黎集卷一九送陸歙州序；樊川文集卷一六上宰相求杭州啓，卷一四崔公行狀。

第二章　門閥的衰弱和科舉制的興起

第一節　隋唐間的舊門閥

門閥制度趨於消滅是南北朝後期的共同歷史傾向，我們在第二篇第二章業已論及。作爲封建等級制度特殊表現形式的，以中正品第、州郡辟舉、仕宦清濁等爲具體内容的門閥制度之趨於消失，誠然反映了中央集權制的加强和深化，同時也反映了門閥大族業已喪失和宗族鄉里的緊密聯繫從而表明地方勢力的削弱，然而它並不等於門閥階層的消失，更不等於門閥貴族在社會上特殊地位的消失。門閥現象作爲一種社會存在還不會馬上退出歷史舞臺，其流風餘韻還要存續一個相當長的時期。

在隋初和唐初，南北朝以來各地的舊門閥業已喪失過去由制度所保證的政治經濟特權，但他們在社會上傳統的崇高地位仍程度不同地得以保持，同時我們看到，由於地域環境的差别和歷史遭際的不同，各地區的舊門閥在社會政治上的地位亦各有不同。

如前所述，江南地區的僑姓高門早就離開了他們的宗族鄉里，在東晉時，由於他們和王室的特殊關係，掌握了軍政大權，特别是掌握了以僑人組成的最有戰鬭力的軍隊，因而一直高踞統治的頂層。南朝以降，僑姓喪失了軍事上的統治地位，只是憑藉被公認的崇高社會地位，皇朝更迭之際還需要他們的合作，因而得以維持政治上的崇高地位。實際上他們業已喪失政治上的決策地位，後來不過成爲浮在上層的政治點綴品而已。吴姓高門其實只限於三吴地區，他們當然還和宗族鄉里有一定程度的聯繫，但這種聯繫也日漸淡薄，從陳亡以後，組織鄉里起來反隋的幾乎没有一個高門即可看出。大抵迭經侯景之亂、西魏攻占江陵以及隋滅陳數次打擊，本在衰落中的江南士族，無論是僑姓還是吴姓，除了如吴興沈氏等個别家族以外，在江南基本上不復存在。遷入關中的江南士族中，雖然仍有人躋身於統治核心，得以支撑門户，但這固然由於他們的門第閥閲尚受到社會的尊重，更由於傳統的文學修養，使他們在北朝後期以來崇尚南朝文化的風氣中致身通顯，依附於關中軍事貴族而維持其政治地位。如會稽虞世基、世南兄弟，號稱博學多才，世基在隋朝官至内史侍郎，「參掌朝政」，世南亦以文名顯於唐初。又如出身僑姓名門的錢塘褚亮、遂良父子，高陽許善心、敬宗父子，均以文學著稱，在隋唐間致身通顯。正如舊唐書卷七二褚亮傳末「史臣曰」所稱：「二虞昆仲，文學炳蔚於隋唐之際；褚河南父子，箴規獻替，洋溢於貞觀永徽之間。」

南朝齊梁宗室蘭陵蕭氏在隋唐政權中人物繁茂，其中尤以昭明太子後梁一系最爲鼎盛。這與後梁政權長期附庸於西魏北周有關。更爲直接的原因則是蕭眘一系與隋唐皇室的聯姻。不過值得注意的是，蘭陵蕭氏也是具有文化傳統的僑姓大族。如果説聯姻皇室是他們步入隋唐政權上層的一個媒介，那麽，他們得以在關中長期維持門户，所謂「八葉宰相，名德相望，與唐盛衰」，〔二〕則仍然有賴於

〔二〕新唐書卷一〇一蕭瑀傳。

其家學淵源和文化修養。有關蘭陵蕭氏的情況，毛漢光氏隋唐政權中的蘭陵蕭氏一文論述已詳，〔一〕這裏不再贅述。上述表明，南朝舊門閥主要依仗文化優勢躋身隋唐統治核心，獲得政治地位，高貴的閥閱血統並不是他們進身的憑藉，更不是他們維持門户的主要因素。門望更高於蘭陵蕭氏的僑姓王謝二門以及吴姓高門朱張顧陸等，在隋初唐初基本上没有顯赫的人物。貞觀宰相王珪乃是梁朝名將王僧辯的孫子，在南朝算不上高門，唯僧辯諸子即王珪父叔一輩多習文事，季叔王頍隋代號爲通儒，並以文學見長，載入隋書文學傳中，王珪本人曾與諸儒正定五禮，當以儒學見長。〔二〕又如貞觀宰相南陽岑文本，在南朝並無顯赫的家世，也不是第一流高門，但其祖父善方「博綜經史，善於辭令」，文本繼承家學，亦「博考經史」「善屬文」，〔三〕因此他雖然「出自書生」「非勳非舊」，以「南方一布衣徒步入關」，却憑着自己的家學與文才，最終步入唐朝統治核心層，用他自己的話説即是「徒以文墨致位中書令」。他的侄子侄孫岑長倩、岑羲先後致位宰相，「一族登清要者數十人」。

東晉南朝以來，北人就以江南爲文物衣冠的正統所在，北朝末年以及隋初唐初，崇尚南朝文化蔚爲風氣，這使得江南舊門閥中的一部分人得以在隋唐之際以家學文才支撑門户，依附並擠入關中勳貴集團核心。對於早就開始没落並先後脱離自己宗族鄉里的南朝僑土士族來説，依憑文學進身的道

〔一〕收入毛著中國中古社會史論，聯經出版事業公司一九八八年版。
〔二〕舊唐書卷七〇王珪傳，珪季叔王頍，隋書卷七六本傳作王頍。
〔三〕周書卷四八蕭詧附岑善方傳；舊唐書卷七〇岑文本傳。

路是他們在北方政權中獲得並保持政治地位的唯一可行的道路，這條道路也是以後山東士族將要走的道路。科舉制實際上就是這樣一條進身道路的制度化（詳下）。但這樣一條道路却正體現了門閥制度的崩潰。因爲如所周知，在門閥制度下，高門大族雖然大都有文化修養，但文化修養却不是他們獲取政治地位的决定因素，他們主要憑藉門閥世資，坐取公卿，故「貴遊子弟多無學術」，所謂「上車不落則著作，體中何如則秘書」。〔一〕

現在我們來看隋唐間的山東士族。如前所述，魏孝文帝品定士族，高門多集中在河北。與南方士族不同，大多數北方士族始終具有深厚的宗族鄉里基礎，而且由於永嘉亂後北方長期戰亂，只有聚集宗鄉自衛才能立穩根基。故北方士族大多有軍事才能，即使任官中央也始終擁有地方實力。直到東魏北齊，他們始終保持着優越的政治社會地位。另一方面如前所述，宇文泰在西魏推行改革，力圖打破選舉上的門閥特權，所謂「自後周以降，選無清濁」。繼而隋朝廢除了傳統的州郡辟舉和九品中正制，在選舉上繼承和發展了北周「選無清濁」的趨勢。據隋書卷七二陸彦師傳，開皇初，彦師任吏部侍郎，有鑒於「隋承周制，官無清濁」，故「頗甄别於士庶」。而據同書卷五六盧愷傳，愷在開皇中期以禮部尚書攝吏部尚書時，被控薦用尉遲迥黨羽房恭懿，及優先録用蘇威親戚，隋文帝指斥他「將天官以爲私惠」，「便行朋附」，被除名爲百姓。本傳又稱：「自周氏以降，選無清濁，及愷攝吏部，與薛道

〔一〕顔氏家訓卷三勉學篇。

衡、陸彦師等甄别士流，故涉黨固之譖，遂及於此。」可見盧愷的最大罪錯還在於違反了隋朝官無清濁的選舉原則。按范陽盧氏爲山東第一流高門，盧愷的第一個罪名是薦用了「尉遲迥之黨」。尉遲迥相州起兵時，史稱「趙魏之士，從者如流」。「尉遲迥之黨」主要即是山東士族。盧愷薦用的房恭懿即屬清河房氏。盧愷、薛道衡、陸彦師之甄别士庶，恐怕主要就是啓用山東人士。

前文即已提到，山東士族在北周滅齊及楊堅鎮壓尉遲迥時相繼受到打擊，鄴城衣冠人士在齊亡後多被遷到關内。上引盧愷傳表明，參與尉遲迥起兵的趙魏之士入隋後長期被禁錮不用。金石萃編卷四三房彦謙碑稱隋朝凡「齊朝資蔭，不復稱叙，鼎貴高門，俱從九品釋褐」。同樣是壓抑山東人士。大業初年，通事謁者，出自關中著姓的韋雲起上疏奏稱：「今朝廷内多山東人，而自作門户，更相剡薦，附下罔上，共爲朋黨，不抑其端，必傾朝政。」他還條列了這些「朋黨人姓名及姦狀」，經大理寺推究，「左丞郎蔚之、司隸别駕郎楚之并坐朋黨，配流漫頭赤水，餘免官者九人。」〔一〕郎氏兄弟蓋即韋雲起所説朝廷内山東朋黨的領袖，他們是定州新樂人，敦煌所出倫敦藏新集天下姓望氏族譜將郎氏列爲定州五姓之二，充其量只能算河北二、三流士族。可見所謂山東朋黨中並没有第一流高門。自開皇中盧愷、薛道衡因抽拔山東人士以「便行朋附」受貶，這是對朝廷内山東士族的又一次清洗，它反映了關中勛貴集團對於山東士族的警惕和壓制。事實上除了東西魏分裂時早已入關的山東士族如博

〔一〕舊唐書卷七五韋雲起傳。

陵崔氏崔孝芬之子崔楷一系，以及周武平齊後進入關内的部分被任用的山東士族如李德林之類，他們通過依附或加入關中軍事貴族集團以保持其政治地位以外，隋朝統治核心中並没有多少著稱的山東高門。李德林要算是隋代官位最顯赫的山東士人，但他却並非趙郡李氏，也不出於隴西，而是博陵安平人，而且他也是著名的文人學士。

隋末農民戰争中，史稱義軍「得隋官及山東士子皆殺之」，對於周隋以來日見衰落的山東門閥勢力又是一次沉重的打擊。同時我們看到，隋末紛起於山東河北的武裝隊伍中，領導和參加者絶大多數爲下層群衆，其中又有所謂「山東豪傑」，即非士族的當地豪强，如蘇定方、李去惑、徐世勣、黄君漢、程知節、王伯當、常何等。他們一般都家富於財，武斷鄉曲，是當地的實力派人物。隋末組織宗鄉武裝結塢作壘自保，或者抗拒義軍，或者割據反隋，投附義軍，其中絶少見到著稱的高門。〔一〕這與西晉末永嘉之亂和北魏末六鎮起義時山東士族豪强紛紛組織宗鄉武裝的情形很不一樣。它反映山東士族一如江南士族，在朝的固已喪失政治上的優越地位，在本鄉的也喪失了組織宗鄉武裝的能力。

唐代初年，山東舊門閥在政治上的地位已如唐太宗所説，「世代衰微，全無冠蓋」。當然在唐初朝廷裏也有爲數不少的山東人，如太宗一朝共任用過宰相二十八人，高祖舊相以外的二十二相中，山東

〔一〕參黄惠賢隋末農民起義武裝淺析，唐史研究會論文集，陝西人民出版社一九八三年版。

人十一個，即占了一半。〔一〕其中清河房玄齡、渤海高季輔雖屬高門，却不能與崔盧李鄭王相比，魏徵自稱鉅鹿魏氏，可能是依託。餘如張亮、李勣、馬周、張行成、戴胄等，大都是在隋末大亂群雄蜂起時乘機奮出的，家世寒微，甚者或起於農夫。其中只有崔仁師屬於博陵安平房一支，照説是山東第一流高門，但這一支非但不預於七姓十家望族之列，而且世系上推至後漢崔州平，下降十世數百年全無名位，看來也可能是依託。

大抵可以説，在唐初統治核心層裏，幾乎没有山東第一流高門的席位。隋朝以來關中勛貴集團排擠和疑忌山東士人特别是山東高門的傾向，在唐初仍然存在。唐太宗雖然自稱「唯有才行是任，豈以新舊爲差」，又説「與山東崔盧李鄭舊既無嫌」，實際上却不是完全如此，「言及山東關中人」往往「意有同異」。〔二〕唐高祖、太宗每論及山東士人以門户自矜，總是憤疾難平。如下節所説，唐太宗還通過下禁賣婚詔，令重修氏族志，壓抑山東士族的社會地位。史稱高祖太宗兩朝「王妃主婿皆取當世勛貴名家，未嘗尚山東舊族」。〔三〕這對於當時山東士族的社會政治地位不能不帶來深刻的影響。但它也從反面説明，山東名門仍享有崇高的社會地位。至於他們長期以來形成的家學傳統

〔一〕汪籛隋唐史論稿，第一三二——一四六頁。

〔二〕貞觀政要卷五論公平，卷七論禮樂；舊唐書卷七八張行成傳。

〔三〕詳參陳寅恪金明館叢稿初編所收論隋末唐初所謂「山東豪傑」、記唐代之李武韋楊婚姻集團，上海古籍出版社一九八〇年版。上引汪籛隋唐史論稿，第一五〇——一六二頁。

和文化素養更不會隨着政治的失勢而一朝喪失。山東也是全國經濟文化發達、人才薈萃的地區，唐初關中勛貴集團可以在政治上有效抑壓山東高門，但在社會、文化方面，山東高門仍有其優勢，對之下節就要論及。

這裏還要簡略討論一下關中舊門閥的情況。關中士族北魏時除隴西李氏情況特殊被列在山東以外，其他諸郡著姓，即使如京兆之韋杜，地位也較山東高門爲低。據柳芳所論士族之地域劃分，〔一〕其所云「關中」實際上是包括河東之裴、柳、薛及弘農之楊在内的，亦即西魏境内諸著姓。他們在東西魏分裂之際也像山東士族一樣，具有堅固的鄉里基礎，能够組織號稱「鄉兵」、「義衆」的宗鄉武裝力量。自宇文泰推行拉攏利用關隴豪族，將西魏地方豪强武裝納入府兵組織的政策以來，關中河東地區的門閥豪强在政治軍事上與武川系軍事貴族緊密聯繫在一起，因而直到隋朝唐初，他們仍冠冕不絶，官爵蟬聯，在政治上享有優越的地位。柳芳説「關中之人雄，故尚冠冕」，「代北之人武，故尚貴戚」。所謂雄和武、冠冕和貴戚，二者性質相近，都是説明他們在政治軍事上擁有較高地位，而與尚婚姻的山東大族，重人文的江南高門，不是同一類型，後者雖有更高的社會地位和文化修養，政治地位却遠遠不如。關中士族對待山東士人的態度，如韋雲起之彈劾山東朋黨，表明了他們對關中武川系勛貴集團的認同。當然隋朝唐初關中河東士族較爲優越的政治地位也是依附於武川系軍事貴族的

〔一〕新唐書卷一九九儒學柳沖傳。

結果，正像部分以文學進身擠入關中統治核心的江左士族一樣，南北朝後期的舊門閥在隋朝唐初政治舞臺上的榮枯興衰，全視與武川系軍事貴族的親疏而言，具有傳統的崇高社會地位的山東士族由於遭到關中統治集團的着意抑壓，因而顯得默默無聞。

大抵從南北朝後期以來，舊門閥的衰弱是一種歷史傾向，盡管有的已經衰弱，有的正在衰落；有的衰弱得急遽，有的衰弱得緩慢。舊門閥日益脱離鄉里，喪失他們固有的或者説使他們得以成爲門閥的地方勢力，不論江南、關中、山東和代北諸系，無不如此。脱離鄉里有時是自願的，有時是時勢所迫，但士族一旦脱離鄉里，就更加依附於中央政權。〔一〕西魏北周以至隋唐中央政權的權力核心是武川系貴族集團，因而隋唐間各地舊門閥的門户盛衰決定於與武川系集團的親疏關係，這是隋唐間各地舊門閥在政治上地位各異的一個重要原因。

第二節　唐代官私姓氏書的修纂

唐代前期曾經三次官修姓氏書。第一次是貞觀年間唐太宗命高士廉主修氏族志，貞觀十二年書成，凡一百卷，共分爲九等。〔二〕由於以博陵崔民幹列爲第一等，太宗非常不滿，嚴厲斥責修撰諸位不尊重本朝官爵，並勅令重修。太宗明確規定總的修訂原則是，「我今特定族姓者，欲崇重今朝冠冕」。

〔一〕參毛漢光從士族籍貫遷移看唐代士族之中央化，收入毛著中國中古社會史論，聯經出版事業公司一九八八年版。

〔二〕貞觀氏族志的修撰，具見唐會要卷三六氏族，兩唐書高士廉傳，通鑑卷一九五唐太宗貞觀十二年等，下不具注。

具體標準則是「不須論數世以前，止取今日官爵高下作等級」。太宗認爲崔盧李鄭等山東高門「世代衰微，全無冠蓋」，却還矜尚舊地，妄自尊大，「婚姻之間多邀錢幣」，而社會上仍以與這些「衰代舊門」結親爲榮。太宗正是企圖通過官修氏族志來改革這種社會陋習。重新刊定後的氏族志將崔民幹降爲第三等。又據通鑑卷一九五貞觀十二年（六三八）正月條，崔民幹之上，「以皇族爲首，外戚次之」。胡三省注稱：「九等之次，皇族爲上之上，外戚爲上之中，崔民幹爲上之下。」通鑑及胡注關於皇族、外戚在貞觀氏族志中的等第未見他書，而貞觀氏族志早已失傳，究竟如何劃分今已不可得知。按新唐書卷一九九儒學柳沖傳載柳芳論氏族，稱「唐貞觀氏族志凡第一等則爲右姓」，若皇室爲第一等，豈有右姓獨皇室一家而已。胡三省當是有見於此，將九等中前三等全部歸納爲上等。不過李唐皇室恐當另入所謂「玉牒」，不在一般姓氏書中。若唐皇室自稱隴西李寶之後，則隴西李氏固屬山東第一流高門，又不關皇室。按通鑑所載當有所據，則崔民幹雖降爲第三等，由於一、二兩等爲皇族外戚，所以他仍然是事實上的第一等。按民幹屬博陵崔氏第二房挺支，其曾祖崔孝芬在孝武帝元修入關後爲高歡所殺，祖父崔猷因之「間行入關」，投奔宇文泰。西入關中的崔猷跟隨宇文泰「禽竇泰，復弘農，破沙苑」，「常以本官從軍典文翰」，又「與盧辯等創修六官」，官至大將軍，賜姓宇文氏，入隋後又以「前代舊齒」加官進爵，可見崔猷實已躋入關中軍事勛貴集團核心層，其子孫在周、隋、唐初亦官宦不絕。又崔猷的祖父挺，父孝芬，長兄勉，均在北魏擔任本州大中正，崔猷入關後繼續擔任定州大中正，他既是山東第一流高門，又因早就依附於武川系軍事集團，在政治上有較高地位，故到唐初仍保持着山東第一流士族的聲望。〔一〕通鑑卷一八六唐高祖武德元年（六一八）十月記李密降唐後，李淵以淮安王神通爲山東道安撫大使，副使即上面提到的黄門侍郎崔民幹，也就是崔猷的孫子。本條胡三省注云：「崔民幹，山東望族，故使副神通招撫（山東）諸郡縣。」高士廉等修撰氏族志，曾「普責天下譜牒，仍憑據史傳考其真僞」，他們將崔民幹列爲第一，當然考慮到他出自山東第一流高門，同時更考慮到他這一支與關中軍事勛貴集團長期合作的親密關係，而且崔民幹官至黄門侍郎，爲正四品上階（後升正三品），本是極清要的職位，就是按照官爵他也應高列上等。按照太宗意見重修氏族志，崔民幹雖被降爲第三等，居皇族外戚之下，如上所述仍是事實上的士族中的第一等。

氏族志原則上「崇重今朝冠冕」，却又不盡如此。唐會要卷三六氏族顯慶四年改修氏族志爲姓録條中，注稱：「許敬宗以其書（氏族志）不叙明皇后武氏本望，李義府又耻其家無名，乃奏改之。」按義府不必論，武后父士彠官至工部尚書，正三品，若按「今朝冠冕」，不應不列。大抵貞觀氏族志的修撰，雖以「崇重今朝冠冕」爲原則，具體取捨叙次上又兼顧其他，疑當時自有條例，唯今日不得知而已。

事實上在門閥序列上「崇重今朝冠冕」的原則自門閥形成之日就是如此，士族的等第升降從來取決於「今朝冠冕」而不是「塚中枯骨」。北魏孝文帝定姓族，代人之入姓入族，漢人士族之區分爲所謂膏粱、華腴、甲乙丙丁，並以皇始（拓跋珪稱帝的第一個年號）以來三世官位爲斷，也就是以魏世官位

〔一〕魏書卷五七崔挺傳；北史卷三二崔挺傳；周書卷三五崔猷傳。

爲斷，漢魏以來的官爵名位僅供參考補充而已，所重者乃「今朝冠冕」。〔一〕貞觀時唐皇朝建立不過二十年，若論三代勢必上及周隋，兼包大批今日「全無冠蓋」却仍以門地自矜的山東舊門，故此太宗簡單地「不論數世之前，止取今日官爵高下作等級」。一個皇朝的官爵如果得不到社會尊重，這個皇朝的威權也就無從談起，所以唐太宗提出修撰氏族志必須以「崇重今朝冠冕」爲原則，是極其自然的，不過這一條原則並不是他的新創。在具體修撰中這些原則似乎是有條件地執行的。

高宗顯慶四年（六五九）詔令許敬宗等修姓録（一作姓氏録），具見唐會要卷三六氏族，舊唐書卷八二李義府傳等。其修撰緣由上文已經提到，即許敬宗以貞觀氏族志不列武后本望，李義府恥其家世無名，故奏修姓氏録取而代之。姓氏録是一部更徹底地貫徹「崇重今朝冠冕」原則的官修姓氏書。會要記其入録叙次標準云：

以皇后四家、酅公、介公、贈臺司、太子三師、開府儀同三司、僕射爲第一等；文武二品及知政事者三品爲第二等。各以品位爲等第，凡爲九等，並取其身及後裔。若親兄弟，量計相從，自餘枝屬，一不得同譜。

這裏非常明確地按照當代官品高低序列九等。按貞觀氏族志原則上以太宗强調的崇重今朝冠冕爲準，武后父士彠官至工部尚書、正三品，却又不載，蓋去取之際仍多少參照了門第閥閱即傳統的士庶

〔一〕 詳見拙撰九品中正制度試釋、士族的形成和升降、論北魏孝文帝定姓族等。

界限，故書成之後，「升降去取時稱允當」。姓氏録所稱皇后四家應爲獨孤、竇、長孫、武，除武氏外，三家並爲武川系軍事貴族，即非后族，亦應居上等。李義府先已官中書令，顯慶四年官「兼吏部尚書、同中書門下三品」，符合於第二等「知政事者三品」的條件，應列第二等。會要注文及李義府傳又稱姓氏録「以皇朝得五品者書入族譜」，「盡升士流」，「於是兵卒以軍功致五品者盡入書限」，舊士族「耻被甄叙，皆號此書爲勳格」。可見姓氏録之執行官本位標準更較氏族志徹底，入録標準是皇朝即唐代五品官。我們知道五品以上六品以下是隋唐官制中一條各項待遇區别的分水嶺，前者在政治、經濟等各方面的待遇較後者爲優越，這裏特别提出「皇朝得五品者」，當然不論數世以前，只以當朝爲準。而且也不論以何種途徑得官，只要官至五品，即使以軍功得五品者，也同樣入録，得以躋身士流，與舊門閥並列，從而完全打破了社會上傳統的士庶界限。我們知道折衝府折衝都尉便是五品，那時戰争頻繁，以軍功升遷者爲數極多，故舊門閥耻與爲伍，斥之爲「勳格」，表明姓氏録並不被士大夫所接受。

神龍元年（七〇五）至先天二年（七一三）間又有一次改修氏族志，書成號姓系録，其事亦具載唐會要卷三六氏族，以及新唐書卷一九九柳沖傳。會要稱神龍元年柳沖奏請修撰。按神龍元年爲中宗初復位（嗣聖元年），亦即改周爲唐之時，此時重修姓氏書，不言而喻，意在改正顯慶姓氏録，而據柳沖傳所云，則是因爲貞觀氏族志修成之後，「門胄興替不常」。此書原先命魏元忠等主修，但經歷中宗、睿宗兩朝訖未成書，後元忠等相繼死亡，直到玄宗先天二年（七一三）始成書進上，復經刊削，到次年即開元二年（七一四）始判定頒行。這次改修完全拋棄顯慶姓氏録，而以貞觀氏族志爲基礎，其入録、叙次標準，柳沖傳稱「取德、功、時望、國籍之家，等而次之」。册府元龜卷五六〇國史部譜牒載稱，一爲「高名盛德」，時望門風；一爲「勛庸克懋，榮絶當朝」。則似乎不專重當朝官爵。實際上基本原則仍是「崇重今朝冠冕」，其所以改修氏族志新撰姓系録，即因貞觀以來「門胄興替不常」，數十年間有新興門户涌現，而有的貞觀顯貴至此後裔業已衰替，其中還包括唐初因受到貶抑而「全無冠蓋」的山東士族，如今有不少已重新在政治上抬頭。不過與當年編撰氏族志一樣，姓系録編修諸位在去取等次時仍參照了名德時望亦即傳統的「士林標準」，一定程度上照顧了社會輿論，非如顯慶姓氏録唯以官品爲斷。姓系録的具體條例，今天我們一無所知，但可以知道的是，基本原則仍是「崇重今朝冠冕」。

以上所列唐代前期三種官修姓氏書，如同過去一樣，重視的是當代官位，而非數世以前。但傳統的社會地位，一般還是重要的參考條件。

其次，上述三種官修姓氏書，皆卷帙浩繁，少則百卷，多則二百卷，自必備列各族譜系、房分及代表人物。編寫體例的一個顯著特點是序列等第。本來在門閥時代，不僅「士庶之際實自天隔」，而且士族内部甚至同族各房分之間，也有高下之殊。南朝如「百家譜」之類的姓氏書是否明列等第，不明，恐怕實際上也是有區分的。北魏孝文帝定士族，明確按照三世官位區分姓族及膏粱華腴、甲乙丙丁四姓。然而在魏末州郡列於所謂鄉望、士望者却往往很多，如金石萃編卷三〇録東魏興和二年敬史君碑，碑陰題名所列潁州民望竟達二十幾姓之多，其中有「魏晉舊門」，也有不見傳世姓氏書的「後起新門」乃至「濫厠清流」者，遠遠超出了「四姓」範圍。〔一〕我們同樣不知道北朝姓氏書是否在「四姓」之下別有等第。據新唐書柳沖傳載德宗時柳芳論士族，特別注重所謂「右姓」。他説：

江左定氏族，凡郡上姓第一，則爲右姓；太和以郡四姓爲右姓；齊浮屠曇剛類例凡甲門爲右姓；周建德氏族以四海通望爲右姓；隋開皇氏族以上品茂姓則爲右姓；唐貞觀氏族志凡第一等則爲右姓；路氏著姓略，以盛門爲右姓；柳沖姓族系録凡四海望族則爲右姓。不通歷代之説，不可與言譜也。今流俗獨以崔盧李鄭爲四姓，加太原王氏號五姓，蓋不經也。

柳芳所云「右姓」指的是高級士族，大致是全國性的高門，而非所有士族。南北朝州郡籍上著録爲士族的非常之多，其中不乏僞濫假冒之輩，所謂「中正賣望於下里」，〔二〕北魏碑版中所列衆多「鄉望」、「士望」，有的就是這樣取得的。南朝被却籍的士族數以千計，均由「競行姦貨」改竄户籍而得，〔三〕他們在法律上被承認爲士族，却並不能獲得社會的承認，也不能完全反映到姓氏書中，事實上現實中法律所承認爲士族的總比姓氏書中所記載的多得多。唐代貞觀氏族志二百九十三姓，北京圖書館所藏敦煌姓氏書（位字第七九號）及玉海卷五〇所載李林甫天下郡望姓氏族譜，均爲三百九十八姓，右姓絶不可能如此之多，但是據北圖敦煌姓氏書後序，則此三百九十八姓均可通婚，也就是被認爲是門齊身等的姓族。氏

〔一〕拙撰跋敬史君碑，收入拙著山居存稿。
〔二〕魏書卷七八孫紹傳。
〔三〕通典卷三食貨鄉黨。

族志上著録的當然均屬氏族，等於南北朝時户籍上著録的士族，但實際上三百左右氏姓中，僅有極少數是「右姓」，即全國公認的士族。所録姓氏之多少，以及分爲若干等第，可能各種姓氏書都不一樣，但可以肯定的，總是一個較大的數字和較多的等級，如顯慶姓氏録即明確區分爲九等。入録即爲士族，但高低有極大區别，故分等第是這類官修姓氏書的一大特點。

唐代前期三次官修姓氏書，都是意圖以當今冠冕的高低決定各氏族的等第，藉以抑制社會上帶有地方性的傳統門户的等第，特别是抑制在婚姻上高擡身價的山東高門。但是唐代姓氏書的作用却與選舉不發生關係。在九品中正制業已廢棄科舉制又没有充分發展的唐初，蔭任仍然是選舉的一條大道，然而其高低差次全取決於父祖官品的高低，與傳統的門户高低没有關係。唐代官修姓氏書與南北朝修撰姓氏書定門户高卑所起的作用完全不同，那時爲了甄别士庶區分門品，「官之選舉必由於簿狀」，「必稽譜籍」，因而是否熟悉各族譜系，包括本族以及中表關係（亦即婚姻關係），被視爲衡量吏部尚書、吏部郎是否稱職的一個重要標準，與之相應的則是專設「譜局」，任用「博古通今之儒知撰譜事」。那時修撰姓氏書的目的就在於區别士庶，明辨各族乃至一族中各房分的等第，直接服務於官吏的選舉。北魏太和年間還曾專門下詔令「諸郡中正各列本土姓族次第爲選舉格」，又云「方司格」。〔二〕唐代雖仍注重譜學，官私修撰姓氏書不輟，但在很大程度上是一種傳統學科的繼承，有時只

〔一〕新唐書卷一九九柳沖傳；通志氏族略序。

是自炫博學。當然這時的姓氏書與門户的婚姻和社會地位尚有較大關係，却與選舉極少關涉。

唐代官修大型姓氏書只有上述貞觀、顯慶、先天三種，以後不再有官修之舉。私家個人撰述的唐人姓氏書歷見兩唐書經籍志、藝文志、以及玉海藝文譜牒所著録，今並不傳。據所載卷帙，多不過六十卷，少止一卷。通志氏族略序稱姓氏之書體例大抵有三種，「一種論地望，一種論聲，一種論字」。「論字者以偏旁爲主，論聲者以四聲爲主」，論地望當指按郡列姓。唐代三種官修姓氏書當然也是分列郡姓，只是又別分等第。同時還有只列郡望姓氏而不分等第的簡譜。新唐書卷五八藝文志史部譜牒類有唐新定諸家譜録一卷，注作者爲李林甫等。玉海卷五〇藝文譜牒據唐志著録，又引中興書目稱：「天下郡望姓氏族譜一卷，李林甫等撰（崇文目同），記郡望出處，凡三百九十八姓，天寶中頒下，非譜系相承者，不許昏姻。」按末尾數語，應出自原書序、跋，此書既云「天寶中頒下」，必是敕撰。林甫不學著稱，只因以宰相領銜監修，故云李林甫等。然其事不見唐會要氏族，柳芳論氏族亦不述此書。書只一卷，列舉三百九十八姓，僅記郡望出處，自必非常簡略。北京圖書館所藏敦煌姓氏書後跋數語，與玉海所載林甫書略同，而且所列姓氏數也相同（詳下），雖然不能據以斷言二者同爲一書，但其體例則大抵相同，亦即只列舉某郡若干姓而已，不可能細分等第、詳列譜系。却又説「非譜系相承者不許昏姻」，又似詳列各姓房分世系。這可能解釋爲林甫等所撰亦如上述三種官修書，卷帙繁重，詳列譜系，而宋人所見乃是便於行用的一種節本；還可解釋爲林甫等所修實止一卷，極爲簡明，後跋數語非原書所有，乃後人據貞觀志妄加；甚至並無根據，全出自後人杜撰。此種簡明之郡姓譜，可以歸之高士廉，也可歸之李林甫，後跋數語均可通用。

這類簡明列舉諸郡若干姓望的姓氏書殘卷敦煌所出多種。其一即上述北京圖書館所藏位字七九號文書，殘存四十六行，前一部分計三十五行，共載郡六十六，二百六十六姓。後一部分計十一行，載有如下一段話：

以前太史，因堯置九州，今爲八十五郡，合三百九十八姓。今貞觀八年五月十日壬辰，自今已後，明加禁約。前件郡姓出處，許其通婚媾。結婚之始，非舊委怠，必須精加研究，知其囊譜，相承不虛，然可爲匹。其三百九十八姓之外，又二千一百雜姓，非史籍所載。雖預三百九十八姓之限，而或媾官混雜，或從賤入良，營門雜户，慕容商賈之類，雖有譜，亦不通。如有犯者，剔除籍！光禄大夫兼吏部尚書許國公士廉等奉敕，令臣等定天下氏族，若不別條舉，恐無所憑，準令詳事訖，件録如前。敕旨依奏。（大蕃歲次丙辰後三月庚午朔十六日乙酉魯國唐氏苾蒭悟真記勘定）

後記既引高士廉奏文中語，又有「敕旨依奏」字樣，應與貞觀中高士廉主修氏族志有關。氏族志早已不傳，近代學者大抵據南宋鄧名世撰古今姓氏書辨證中所引貞觀郡姓諸條，認爲即是貞觀氏族志佚文，總共約有二十五例，二十七郡，一百七十六姓。由於其中與北京圖書館所藏敦煌姓氏書有若干條相同，又有更多條不相同，因而論者或據相同諸條認爲即是氏族志殘卷；或據相異諸條認爲是貞觀八年高士廉初奉敕修志時在正式修撰之前所上類例，亦即爲太宗斥責以崔民幹爲第一等的稿本；或認爲是貞觀氏族志目録索引；或認爲是本於貞觀氏族志初奏稿本，撰成於唐前期，流行於民間的私修氏族簡譜，等等。值得注意的是，還有的學者提出古今姓氏書辨證所引貞觀郡姓並非貞觀氏族志佚文，辨證所引貞觀郡姓只有兩例注明出處，一爲「唐魏鄭公定天下諸州姓譜」（卷五），一爲「唐魏徵定天下姓氏」（卷四），其餘則或曰「唐定」，或曰「唐貞觀定」，無一例注明引自貞觀氏族志，甚至辨證全書無一處提到氏族志。而魏徵並没有參加氏族志編修，故辨證所引貞觀郡姓可能來源於魏徵所撰天下諸州姓譜而不是氏族志。〔一〕以上諸説這裏不能一一辨析，要指出的是，無論是古今姓氏書辨證所引貞觀郡姓，還是北圖所藏敦煌姓氏書殘卷，都只列舉某郡若干姓，不分等第。貞觀氏族志多達一百卷，必然詳列諸姓家世官爵，而且不論是初奏稿本還是定本都一樣，其特點總是分別等第，而辨證所引和敦煌殘卷僅舉諸姓郡望，詳簡懸殊。若説北京圖書館殘卷是氏族志目録，尚較可通，但後面跋語並不像目録後序，姓數又不相符。辨證所引貞觀郡姓亦未明注録自貞觀氏族志，因而很難據其與辨證所引相同而證其爲高士廉書，亦難據其異以證其爲類例或初稿本以及其

〔一〕　關於敦煌所出姓氏書殘卷的名稱、性質，中日學者有不少研究，意見各異。主要有繆荃孫：唐貞觀條舉氏族事件卷跋，辛壬稿卷三，轉引自王重民敦煌古籍叙録頁一〇一，商務印書館一九五八年版。向達：敦煌叢抄叙録，北平圖書館館刊五卷六號；牟潤孫：敦煌唐寫姓氏録殘卷考證，臺灣大學文史哲學報一九五一年第三期；池田温：唐代的郡望表，東洋學報第四二卷三——四號；毛漢光：敦煌唐代氏族譜殘卷之商榷，收入上引中國中古社會史論；唐耕耦：敦煌唐寫本天下姓望氏族譜殘卷的若干問題，魏晉隋唐史論集第二輯，中國社會科學出版社一九八三年版。餘不備舉。

他姓氏書。殘卷雖與玉海所云李林甫等撰天下郡望姓氏族譜有若干相合處，但又有很重要的差異，那就是殘卷後記明引高士廉奏，而不及李林甫一字。

關於北京圖書館所藏敦煌姓氏書殘卷的歸屬今天已難以確定，就是殘卷後記貞觀八年高士廉奏文及詔勅，也難斷定真僞，我們甚至懷疑玉海所引李林甫書後記也是後人妄加。應當注意的是，唐代前期三次改修姓氏書，不僅在於區別士庶，更在於區分入録諸姓的等第和譜系相承，别等第重在「崇重今朝冠冕」，詳譜系所以防止假冒，但是煌煌上百卷巨著，雖頒行全國，絶不能家有其書。除了高門顯貴或譜學專家以外，實際上也不需要。民間流傳的即是一種簡單列舉郡望的姓氏表。民間不需明辨譜系，更不需區分等第，他們需要的只是在習慣上、禮儀上爲某一姓安上一個適當的郡望，如此而已。北圖殘卷後記中所云「知其囊譜，相承不虛，然可爲匹」，玉海所引李林甫書後記所云「非譜裔相承者不許昏姻」云云，而所舉達三百九十八姓之多，内容並無系譜，可見僅僅是姓氏書例有的套語。我們從斯坦因敦煌文書五八六一號姓氏書斷簡撰者位置存「上柱國甫等奉敕令各别爲條」字樣，其後記内容却與北圖所藏姓氏書殘卷後記中高士廉的奏文及詔敕雷同，足可爲證。當時高門大姓之間互通婚媾，必須先取家狀譜牒，瞭解門第郡望，[一]撰寫傳記碑頌，初次見面應酬，也要通曉郡望譜系，那些官私修撰的大部頭氏姓譜學著作即是應其所需，如貞觀氏族志頒行詔書即談到藉以「使識嫁娶之

[一] 太平廣記卷一六〇秀師言記。

序，務合禮典」。〔一〕而一般人民撰寫書儀墓誌及婚喪禮節等，也要一種簡明扼要、易查易記的常識性普及性的姓氏書，以備不時之需。敦煌所出幾種姓氏書殘卷，大抵都屬這類以備隨時安上郡望的姓氏簡表。斯坦因敦煌文書二〇五二號新集天下姓望氏族譜，凡一卷，共録九道九十一郡近八百個姓望，序言稱「夫人立身在世，姓望爲先，若不知之，豈爲人子。雖即博學，姓望殊乖，晚長後生，切須披覽，但看注脚，姓望分明」。〔二〕即明確顯示出這類姓氏簡表的功能乃爲滿足一般人姓望知識方面的需求。一般人民行用這種簡表固然是爲了在需要時隨宜安上一個郡望，並不管是否真是這個郡望，士人階層的郡望也不一定名副其實，有意無意冒稱郡望在當時蔚然成風。史通卷五邑里有概括性的描述，所謂「爰及近古，其言多僞，至於碑頌所勒，茅土定名，虚引他邦，冒爲己邑，若乃稱袁則飾之陳郡，言杜則係之京邑，姓卯金者咸曰彭城，氏禾女者皆云鉅鹿」。郡望不實，郡望與籍貫脱離，在當時習見不怪，其例不勝枚舉，〔三〕甚至同一姓氏竟出現幾個郡望，尤見其隨意性。如敦煌張氏自漢末以來即是著姓，伯希和敦煌文書二九一三號張淮深墓誌銘結銜爲「歸義軍節度使檢校司徒南陽張府君」，然而在伯希和三三五五六號文書沙門張氏邈真讚中，又稱張淮深的弟弟爲「清河貴派」，即成了「清河張氏」。吐魯番所出張懷寂墓誌追溯其先世提到張襄自南陽白水避霍亂「西宅敦煌」，敦煌名族志則云

〔一〕貞觀政要卷七論禮樂。
〔二〕參見上引唐耕耦敦煌唐寫本天下姓望氏族譜殘卷的若干問題。
〔三〕岑仲勉：唐史餘瀋卷四唐史中之望與貫，中華書局一九六〇年版。

張褧於西漢宣帝地節元年（前六九）自清河繹幕舉家西奔天水，輾轉徙居敦煌。〔一〕同出一家，兄弟異望，追溯淵源，籍屬異地，足見郡望之隨意性。所以有此歧異，即在於根據某種姓望簡表隨便安設所致。兩宋之際，諸如貞觀氏族志等大部頭姓氏書業已失傳，流傳的便只有這種簡表。太平寰宇記所録諸州大姓，古今姓氏書辨證所引魏徵書，玉海所記李林甫書，均屬此類，這類簡表的流行是郡望實際上的廢除。而且我們看到在唐後期編修的這類簡表，如斯坦因敦煌文書二〇五二號新集天下姓望氏族譜，雖仍止一卷，郡姓則大幅度增加，凡九十一郡，近八百姓，是唐前期官修姓氏書、李林甫書及北圖所藏唐前期氏族簡表所録郡姓的兩倍有餘。這誠然可以認爲是標志庶族地主的抬頭，似更能説明士庶之别的湮滅，郡姓招牌的廉價化，從而説明唐代士族地主的衰落。

鄭樵所説姓氏書第二類是分韻論聲，以聲韻列姓的書似始自元和姓纂。此書也已失傳，僅有清人輯本，既然分韻，當然以詳備爲貴，不管士庶胡漢，一概依韻次序編入。這就和以往别士庶、明等第的姓氏書完全不同了。但姓纂仍然保存郡望和得姓之由，以及簡明的系譜，一姓可以有幾個郡望，在列舉時的先後次序尚能略見其高低，多少還有一點舊姓氏書的遺迹，却僅僅是遺迹而已。姓纂止十卷，其叙譜系當然是非常簡明的。姓纂之後，依韻編次的姓氏書很多，鄧名世辨證也是依韻，直到明人萬姓統譜，大多以姓氏詳備爲貴，愈後愈多。

〔一〕參陳國燦跋武周張懷寂墓誌，魏晉南北朝隋唐史資料第二期。

通志所舉第三類是依字的偏旁爲序，在唐代似尚未見。依偏旁和依韻都是以便查檢，無關門第，今姑不論。

綜上所述可得如下幾點。其一，唐代三次官修姓氏書，等第原則並視當代官位之高下，實際上自門閥形成之日始，門户升降均視當代官位而轉移，所以並非唐太宗的一時之見。其二，唐代官修姓氏書和選舉没有必然聯繫，唐初門蔭仍是子弟出身大道，但出身高下差别全憑父祖官爵之高下差别，與姓氏書上的門户等級不一定符合。其三，由於唐初社會上仍然重視舊門閥，唐太宗痛恶山東士族「全無冠蓋」而仍在婚姻上妄自尊大。氏族志崇重今朝冠冕，廣列三百左右姓，其意在於貶低山東士族，同時也沿襲士庶不通婚姻的舊習。但實際上這兩方面都起不了作用。在抑制山東士族方面，盡管皇室帶頭，親王公主不尚山東高門，却由於當代元勛、籍屬山東的房玄齡、魏徵仍不顧禁婚詔令，與崔盧等五姓爲婚，山東高門「故望不減」。禁婚令還在一定程度上提高了禁婚家的身價，時人稱禁婚詔令「斯可謂美宗族人物而表冠冕矣」。〔一〕當然山東高門「故望不減」的根本原因還在於與山東新興勛貴等當朝冠冕的聯姻。從區别士庶方面而言，則姓氏書羅列諸姓如此之多，不許通婚者只限於素被賤視的「營門雜户、慕容（？）商賈」，從而實際打破了婚姻上的士庶界限。其四，唐代中葉姓氏書的修撰，在内容上由入録諸姓分别等第、詳列譜系到簡單的僅列姓氏郡望的簡譜，而流行於民間的正是這

〔一〕文苑英華卷九〇〇李華唐贈太子太師崔公神道碑。

種簡譜。從體例上由分郡列姓、區分等級到依聲韻或偏旁爲先後。這些變化都表明唐代士庶界綫已不在於族望等第，民間流行的簡譜僅僅爲了便於按照習慣在需要時安上自我選擇的郡望而已。

第三節 科舉制

一、科舉制的萌芽

人所共知，唐代選舉制度的一個巨大變化便是科舉制，特别是其中的進士科在選舉上取得優越地位。所謂科舉便是朝廷設置各種科目，通過考試，選拔統治者所需要的人才。東漢時期州郡每年向朝廷舉薦人才，名爲茂才（即秀才，避光武帝諱）、孝廉，被舉者地方掾屬爲多，他們通常也是地方著姓冠族。隨着門閥制度的形成，秀才孝廉和辟舉僚屬一樣，大都爲士族高門所壟斷。這種情形在南北朝時開始出現變化。梁書卷二武帝紀天監八年（五〇九）五月詔云：「其有能通一經，始末無倦者，策實之後，選可量加叙録。雖復牛監羊肆，寒門後品，並隨才試吏，勿有遺隔。」隋書卷二六百官志又稱：「舊國子學生，限以貴賤，（梁武）帝欲招來後進，五館生皆引寒門儁才，不限人數。」可見梁武帝時具有射策資格的國子生也不限門第與名額，從而爲寒人入仕開闢了一條道路。魏末北齊時的孝廉秀才，則已然是寒門出身的通路，當時高門子弟鮮有「通經仕進者」，諸郡學生「俱差逼充員，士流及豪富之家皆不從調」。舉秀才的門第條件也已非常寬鬆，如天保中，樊遜雖「家無蔭第」，「門族寒陋」，却三次被舉秀才，以第一名中第。北史儒林、文苑及其他諸傳中被舉秀孝的很多不屬於高門。

至於北周根本選無清濁，已如前述。[一]另一方面，秀才孝廉雖曾爲士族壟斷，但自來須通過考試，這類考試往往只是形式，梁代秀孝和國子生策試明經，貴遊子弟常常「雇人答策」。[二]西晉時秀才試策五道，北堂書鈔卷七九引晉令：「舉秀才必五策皆通，拜爲郎中，一策不通不得選。」晉武帝曾親試華譚等人五策，策問及對策具見晉書本傳，大抵皆軍國方略、用刑寬猛之類。秀才策試時有時也兼及經文，不過「泛問經義」而已。孝廉則主要試經，西晉初，魏舒被舉爲孝廉後，「於是自課，百日習一經，因而對策升第」。[三]這種秀才試策、孝廉試經的格局，歷東晉南北朝大抵不變，在北朝末年似更明顯。周書卷七宣帝紀初即位時下詔有云：「州舉高才博學者爲秀才，郡舉經明行修者爲孝廉。」即明確規定了貢舉秀才和孝廉的不同標準。又據北齊書卷四四儒林馬敬德傳，敬德因是通經的純儒，故本郡舉爲孝廉。但他「固辭不就」，「詣州求舉秀才」。州將考慮到「舉秀才例取文士」，故無意推薦，敬德因請試方略，所答五條策問皆有文理，州將遂舉送至京。結果赴京後試經「問十條並通」，「秀才策問唯得中第」。他有一個叫劉晝的學生，没有考取秀才，「乃恨不學屬文」。由此表明秀才試策特重文章，所謂「高才博學」。實際上此時秀才、孝廉考試科目的不同，也就是以後唐代進士、明經二科的區別。

〔一〕 拙撰南北朝後期科舉制度的萌芽，收入拙著魏晉南北朝史論叢續編。
〔二〕 顏氏家訓卷三勉學篇。
〔三〕 晉書卷四一魏舒傳。

二、隋唐間的進士和明經科

魏晉以來，通常州舉秀才，郡察孝廉。隋對秀才的要求非常嚴格，一般很少録取。北史卷二六杜正玄傳：

> 隋開皇十五年（五九五），舉秀才，試策高第。曹司以策過左僕射楊素，怒曰：「周孔更生，尚不得爲秀才，刺史何忽妄舉此人？可附下考。」乃以策抵地，不視。時海内唯正玄一人應秀才，餘常貢者，隨例銓注訖，正玄獨不得進止。曹司以選期將盡，重以啓素。素志在試退正玄，乃手題使擬司馬相如上林賦、王褒聖主得賢臣頌、班固燕然山銘、張載劍閣銘、白鸚鵡賦，曰：「我不能爲君住宿，可至未時令就。」正玄及時並了。……正玄弟正藏，字爲善，亦好學，善屬文。開皇十六年，舉秀才，時蘇威監選，試擬賈誼過秦論及尚書湯誓、匠人箴、連理樹賦、几賦、弓銘，應時並就，又無點竄。

又舊唐書卷七〇杜正倫傳：

> 相州洹水人也。隋仁壽中，與兄正玄正藏俱以秀才擢第。隋代舉秀才止十餘人，正倫一家有三秀才，甚爲當時稱美。正倫善屬文，深明釋典。

按楊素稱雖「周孔更生，尚不得爲秀才」，可知秀才科名之高。開皇十五年（五九五）全國只有正玄一人應秀才，終隋一代，秀才擢第止十餘人，可見秀才中第之難。而且刺史所舉不第還要牽連受黜，如楊素就準備將舉正玄的相州刺史「附下考」，則州刺史何必自找麻煩妄舉，因此秀才科實際上瀕於廢絶。相州杜氏並非高門，而在有隋一代所擢十餘名秀才中，杜正玄兄弟竟占其三，原因即在於他們都有較高的文學修養，「俱未弱冠，並以文章才辯藉甚三河之間」。秀才本來試策，在北朝末尤重文章，楊素策試正玄，蘇威監選時試正藏，都是賦、頌、銘、箴所謂有韻之文，表明楊素、蘇威意中，秀才必須具有特異的文才，判別文才優劣的準繩則是文選所崇尚的駢儷有韻之文，總之是凡舉秀才，必「善屬文」。

隋煬帝始置進士科，後人動輒以文體浮華輕薄歸咎於進士科之置，即試詩賦，其實隋代明言加試賦頌等文者爲秀才。煬帝時進士考試的科目不見記載，從唐初制度推之，可知所試者爲策，正如秀才，所以設置進士科，可能由於秀才科名太高，難以録取，各州又不敢貢舉，所以別立進士之名。

明經之名早見漢武，作爲一種考試科目的明經則始見於梁。隋代亦設置此科，〔二〕試經大概和唐代同。

三、唐代進士科的崇重

唐代進士科和明經科的重輕，正如前代秀才與孝廉之重輕。進士原來試策，其實也重在文章優劣。高宗永隆二年（六八一）詔加試雜文二篇，雜文指賦頌箴銘之類，後來「專用詩賦」。雜文通過後方能試策（「通文律者然後試策」），因此中第與否，首先決定於寫作雜文。當時朝廷詔勅都是駢儷之文，在中葉以後大都是進士出身的中書舍人和翰林學士起草詔敕，故能文之士在仕途上往往居於優

〔一〕 參呂誠之師隋唐五代史下册第二〇章，上海古籍出版社一九五九年版，第一一一七頁。

越的地位，較之明經更爲統治政權所重視。唐代進士應考者多，而録取者少，大抵每年多不過三四十人，少則一二十人，平均録取率約爲百分之一二，而明經應試者少，録取率高達百分之一二十。〔一〕進士録取既難，一旦登第便名聞天下，仕途通達，故唐代進士科爲士人所歸趨，朝廷所重視，社會所企羡。唐代流傳不少有關潦倒窮困的舉人及第後鄉里親族刮目相待的故事，這裏不待細述。〔二〕當時「縉紳雖位極人臣，不由進士者，終不爲美」，甚至遺恨終生。〔三〕

值得注意的是，過去士族所享受的經濟政治特權在隋唐間業已消失，享受這些特權的全部按照官品高低而不分士庶。然而自唐中葉以後，進士科逐漸代替過去的士族享受不限官品而只論出身的種種特權。

其一是經濟上免除賦役主要是免除徭役的特權。穆宗、敬宗即已相繼在改元赦文中下令「名登科第，即免征徭」，武宗會昌五年（八四五）下詔，申明只有前進士及登科（制科）有名聞者，始得稱衣冠户，方能享受免除差科色役的特權。會昌五年詔書是針對社會上存在着不少假稱衣冠户冒免徭役，從而明文規定衣冠户的界綫的，衣冠户所享受的免役特權事實上早就存在。會昌五年之後三十年，唐僖宗乾符二年詔書又重申了這一規定，並特别强調，只有進士及第才免一門徭役，其餘雜科只

〔一〕通典卷一五選舉。
〔二〕太平廣記卷一八二趙琮；唐摭言卷八以賢妻激勸而得第者條。
〔三〕唐摭言卷一述進士上篇；唐語林卷四企羡薛元超條。

免一身。此後幾年，楊夔復宮闕後上執政書中亦援引這條規定：「且敕有進士及第，例免一門差徭，其餘雜科，止於免一身而已。」〔一〕充分表明進士科地位的獨尊。

其二，唐代官制並無清濁之分，但選舉實際上有清濁。一般地説，進士、明經等科舉出身爲清，其他雜流爲濁，其中包括部分門蔭如三衛、親事、帳内、千牛、輦脚之類，以及各色流外及雜職掌等屬於流外銓的職吏等。唐六典卷二吏部尚書侍郎條：「凡出身非清流者，不注清資之官（原注：謂從流外及視品出身者）。」即將流外和視品排除在清資官之外。唐初門蔭出身者仍占優勢，但自武后以降，科舉出身特别是進士出身的逾來逾居於優越地位。五品以上清望官多半出身科舉，宰相中進士出身者的比例不斷上升，中葉以後居於優勢，唐末宰相幾乎全是進士出身。中葉以後上升宰相的要津是翰林學士，翰林學士必得文學之士，因而主要來自進士，翰林學士中官至宰相者幾乎全是進士出身，關於這一點具見近人論著，統計數字亦詳，此不贅述。〔二〕南北朝時期基本上只有士族高門才能充當中央最高級官員，但唐代特别是中葉以後，除了軍人，只有科舉才能上升到最高職位，特别是進士科穩定地構成高級官吏的主要來源。〔三〕至

〔一〕文苑英華卷四二六穆宗南郊改元赦文，卷四二七寶曆元年正月赦文；全唐文卷八九僖宗南郊赦文，卷八六六楊夔復宮闕後上執政書。參張澤咸唐代的衣冠户和形勢户，中華文史論叢一九八〇年第三輯。

〔二〕毛漢光：唐代大士族的進士第，收入上引毛著中國中古社會史論；卓遵宏：唐代進士與政治中有關統計，臺北「國立編譯館」一九八七年版。中國唐史學會論文集所收張澤咸、劉學沛二氏的論文，三秦出版社一九八九年版。

〔三〕吴宗國：科舉制與唐代官吏的選拔，北京大學學報，一九八二年第一期。

於以軍功起家的勛臣藩帥，例加宰相以下尚書、常侍等文職清要官者，乃屬榮銜。

其三，魏晉南北朝州郡辟舉的主簿功曹等首僚必爲當地高門，軍府辟舉僚屬不限當地人士，而且要由中央正式任命，自行辟舉的稱爲版授，不算正員，但軍府首僚通常也選自士族。隋代廢止了地方辟署，剥奪了士族在選舉上的特權。唐代自玄宗以後，諸鎮節度使有了辟舉權，「自判官副將以下皆使自銓擇」，其中有「登第未釋褐入仕而被辟舉者」。中葉以後，進士受辟藩鎮爲幕僚者日見其多。一方面，那些「初登科或未仕者」多視投名幕府爲進身的「要津」，所謂「以藩府辟署爲重」。另一方面，藩鎮也多方延攬進士。〔一〕如令狐楚弱冠舉進士，桂管觀察使王拱「愛其才，欲以禮辟召，懼楚不從，乃先聞奏而後致聘」。進士牛僧孺初仕以剛直被毁，「十府奏取，郗公士美以昭義軍書記辟，凡三上請」，但朝廷不允許。本傳稱他因得罪執政故被委曲，遂「常調而已」，足見受辟藩鎮之重。〔二〕當時號稱「大凡才能之士，名位未達，多在方鎮」。這些人不盡是進士，但進士必居優先地位。據統計，安史亂後進士中受辟藩鎮者約占總數的三分之二。〔三〕他們中大多數往往擔任藩鎮辟舉的首僚。總之，在地方辟舉方面，科舉特别是進士出身的，一如過去的士族，處於優越的地位。上述種種表明，唐代進士科出身的優越地位代替了過去的士族。

〔一〕新唐書卷四五選舉下；封氏聞見記卷三風憲；容齋續筆卷一唐藩鎮幕府；舊唐書卷一六一烏重胤傳，卷一四〇張建封傳。
〔二〕舊唐書卷一七二令狐楚傳；樊川文集卷七唐故太子少師奇章郡開國公贈太尉牛公墓誌銘。
〔三〕舊唐書卷一三八趙憬傳。參上引卓遵宏唐代進士與政治第九七——九九頁。

最後要特别指出的，是山東士族正是依憑進士科維持其門户。唐摭言卷九論述進士科之崇重，有云：「三百年來科第之設，草澤望之起家，簪紱望之繼世。孤寒失之，其族餒矣；世禄失之，其族絶矣。」足見傳統士族要維持門户，必須以科第特别是進士科作爲支柱。李德裕是瞧不起科舉的，但他也説他祖父李栖筠「以仕進無他伎」，才應進士之試。這就是説，唐代中葉仕途中最優越的只有進士出身，没有别的道路。山東士族任宰相者固然很多，但中葉以後幾乎全都是科舉出身，特别是進士出身。像李德裕那樣不願應試，所謂「好驢馬不入行」的，畢竟是極少數。而且李栖筠進士出身，官至御史大夫，其子李吉甫更是官居宰相，所以吉甫和德裕兩代得以門蔭出仕。必須説明，吉甫、德裕兩代雖不應進士舉，而且李德裕還説自他祖父登第後「家不置文選」，藉以表示對「文選爛、秀才半」的進士科之極端藐視。然而不應忽視吉甫、德裕兩代都善屬文，特别是德裕，駢文爲一時之冠，父子二人又都以翰林學士進身宰相，因此他們儘管不應進士舉，他們所憑仗的並非簡單的門蔭，更不是趙郡高門，而是以文學才幹進身，在這一點上與進士科同。德裕自云「家不置文選」，然而他的文章却正是傳統的正宗駢文，也就是以文選爲典範的文章。

山東高門，其實關中、江左士族也是一樣，除了傳統的社會地位以外，還具有悠遠的文化傳統，他們憑藉這種優勢，在科舉制時代，仍然能獵取世所企羡的進士科，並藉以維持其門户，重新獲得業已喪失的政治經濟特權。據研究統計，唐代宰相中，出身士族的仍占相當比例，僅山東崔、盧、李、鄭四姓即約占宰相總數的四分之一。但應該注意的是，中唐後士族任宰相的人數和所占比例遠過於中唐前；由科舉入仕特別是帶進士的宰相中，士族出身的占居多數；中唐後由翰林學士入相者衆，其中士族出身的更占絕大多數。〔一〕表明科舉制特別是進士科是中唐後士族子弟步入政治上層的大道。又據毛漢光氏對唐代十八家大士族子孫任相情況的分析，在唐代後期即順宗至昭宗的一百年中，十八家了孫爲相者可歸因於純門第因素者只有十人，而帶進士爲相者多達六十五人，若某姓或某房支中不帶進士第，則人物殊少，愈來愈難於列位顯官，從而顯示出進士第成爲大士族振興或延續其家族地位的關鍵因素。〔二〕這些結論與唐摭言所謂進士科「簪紱望之繼世」、「世族失之族絕」完全符合。

然而唐代正是受田農民貧富分化的時代，從一般百姓中分化出來了一大批新興地主，他們在經濟上完全有條件讀書求學，參加科考，以便擠入所謂「衣冠」的行列。太平廣記卷一五五楊收條：「唐國相楊收，江州人。祖爲本州都押衙。父維直，蘭谿縣主簿，生四子：發、嘏、收、嚴，皆登進士第，收即大拜，發以下皆至丞郎。……(子侄)盡有文學，登高第，號曰『修行楊家』，與靜恭諸楊比於華盛。」楊收父祖官如此，子孫競登科第後蔚爲世家，堪與靜恭楊氏並提。可見舊士族在文化上的優勢不可能長期壟斷下去。隋末農民起義給予山東士族以沉重打擊，隋及唐初又受到居於統治核心的關中勛貴集團的歧視、排擠，在政治和經濟上呈現出衰弱的迹象。盡管「百足之蟲死而不僵」，他們憑藉社會

〔一〕 見張澤咸「唐宋變革論」若干問題的質疑；劉學沛從唐代宰相看士族地主與寒門地主的合流；均載上引中國唐史學會論文集。

〔二〕 上引毛漢光唐代大士族的進士第。

上的傳統地位和文化上的家學優勢得以在新形勢下維持門户，乍一看唐代似乎仍是士族統治的時代，仔細分析却並非如此。如舊士族賴以進身的科舉制和進士科本身，即是對世襲性門閥制度的一種否定。唐末黄巢領導的農民大起義，以及隨後的軍閥混戰，又一次給地主階級以沉重打擊，史稱長安的門冑高華、衣冠大族爲之一空，〔一〕從此傳統士族終於徹底消亡。

綜合本章所述，山東士族經歷周武平齊，周末楊堅平定尉遲迥之後，聚居在鄴城的高級士族被遷入關中。江南士族經歷西魏破江陵，隋滅陳後，幾乎全部被遷入關中。這些遷入關中的山東、江南大族中，一部分憑藉其文化優勢，依附於關隴軍事顯貴集團以保持其政治地位。隋代繼承北周，選無清濁，又剥奪了一向爲士族所壟斷的地方辟舉權，廢除了中正品第，士族特權在制度上基本被剥奪。隋末農民大起義掃盪了士族的地方勢力，唐初山東、江南士族，除了遷入關中與關隴貴族有較密切關係的，如江南的蘭陵蕭氏，山東的范陽盧氏，博陵、清河兩崔氏等以外，其餘大致衰微。但山東士族在社會上仍然受到尊敬，首先是受到唐初開國元勛中山東人士的尊敬，因而雖然在政治上喪失了優越地位，在婚姻上仍然聲價自高。爲了强化新皇朝的統治，唐太宗下令修纂氏族志，如同往昔一樣，要求以「崇重今朝冠冕」爲原則。以後顯慶、先天兩次重修姓氏書，基本原則都是一樣。但是唐代官修姓氏書其作用僅僅在於社會地位上，特别是在於婚姻上，並不像南北朝時期的姓氏書主要是爲了吏部

〔一〕通鑑卷二五四唐僖宗廣明元年，卷二五六光啓二年至三年，卷二六五唐昭宣帝天祐二年。

銓選，以便確定門第高低時有所依據。三次官修姓氏書都是差次等第，詳列郡望世系，卷帙繁重，但流行於世的，却是一種僅列郡望、不分等第、不列世系的簡單姓望表，其作用實際上只在於使各姓在必要時選擇郡望而已。姓氏書的形式也在唐中葉以後發生了變化，即是從郡望等第序列發展成爲依聲韻、依字旁序列，這一變化正體現了氏族等第實際上不復存在。

唐代中葉以後政治上文化上最活躍的人物是科舉出身特别是進士科出身的人物。進士地位優越，過去士族在經濟、政治、文化上的特權和優越地位，逐漸爲進士出身者所取代。由世襲性的門閥地主階級專政轉向以科舉制爲杠杆的更廣泛的非世襲性地主階級專政，這是和封建社會後期土地轉移加速、商品經濟發展的形勢相適應的。在這樣一種形勢下，地主階級和農民階級兩大基本階級的對壘一如既往，但地主階級的個體成員由於地權的迅速轉移和遺産分割，却是經常發生變化的。科舉制正是維持這種個體成員變動不居的地主階級的專政的適當形式。

第三章　軍事制度的變化

第一節　唐代前期的府兵與兵募

唐代沿襲隋制，設置軍府，稱爲折衝府。府兵徵自民間，所有折衝府都分屬中央的十六衛，按道里遠近規定番期周次，輪番上長安宿衛，他們是禁衛軍，兵士總稱爲衛士。衛士的任務是上番宿衛，分番防戍遠近鎮戍，在發生戰爭時奉命出征。除了衛士以外，發生戰爭時，唐代還經常徵發兵士征行和遠鎮，稱爲兵募。徵發兵募的規模大小和數量多寡因情況而異，範圍大致限於指定地區，他們是臨時徵發的遠征（包括遠鎮）軍。

衛士、兵募的徵發，具見律令。唐律疏議卷一六擅興揀點衛士條：

諸揀點衛士，（征人亦同。）取捨不平者，一人杖七十，三人加一等，罪止徒三年。（不平，謂捨富取貧，捨强取弱，捨多丁而取少丁之類。）

疏議曰：揀點衛士，注云「征人亦同」。征人，謂非衛士，臨時募行者。……揀點之法，財均者取强，力均者取富，財力又均先取多丁，故注云「不平，謂捨富取貧，捨强取弱，捨多丁而取少丁」。「之類」者，謂老少、能否，臨時比校不平者，皆是。

律條所謂「征人」，指「臨時募行者」，亦即「兵募」。應當説明，「征人」通常指廣泛的征行人，衛士出征也是征人，疏議云征人「謂非衛士」云云，乃是解釋本條「征人亦同」之意，並非凡名征人，即非衛士。律文非常清楚，富、强、多丁優先徵發，貧富先後是首先考慮的條件。兵士徵發的制度化當在貞觀時。武德年間爲了擴充軍隊，至於徵發僧兵，〔一〕再置十二軍以防突厥，那時不可能有明確的徵發制。關中河東地區的軍府設置可能承襲隋代，其他地區的情況則不得而知。直到貞觀初年，由於人户的大量減耗，關中丁男寡少，尚不能真正執行貧富强弱條件以進行徵發。貞觀政要卷二納諫：

簡點使右僕射封德彝等並欲中男十八已上，簡點入軍。敕三四出，徵執奏以爲不可。德彝重奏：「今見簡點者云，次男内大有壯者。」太宗怒，乃出敕，中男已上，雖未十八，身形壯大，亦取。徵又不從，不肯署敕。太宗召徵及王珪，作色而待之，曰：「中男若實小，自不點入軍；若實大，亦可簡取。於君何嫌，過作如此固執？朕不解公意。」徵正色曰：「臣聞竭澤取魚，非不得魚，明年無魚；焚林而畋，非不獲獸，明年無獸。若次男已上，盡點入軍，租賦雜徭，將何取給？且比年國家衛士不堪攻戰，豈爲其少，但爲禮遇失所，遂使人無鬬心。若多點取人，還充雜使，其數雖衆，終是無用。若精簡壯健，遇之以禮，人百其勇，何必在多。」……乃停中男。

按事在貞觀三年（六二九），普遍設置軍府，可能即在此時。粗觀本文，似乎那時丁男徵發殆盡，以致

〔一〕續高僧傳卷二四智實傳。

連例免兵役的中男都被考慮作爲徵發對象簡點入軍，當然不可能區分貧富强弱與丁之多少。我想所以有簡點中男的建議，恐怕由於懷疑户籍不實減年避役之故。其實當時簡點衛士，是盡先徵發富强丁男的。舊唐書卷七〇戴胄傳載貞觀五年（六三一）太宗將修復洛陽宫，胄上表諫曰：

比見關中、河外，盡置軍團，富室强丁，並從戎旅，重以九成作役，餘丁向盡，去京二千里内，先配司農將作，假有遺餘，勢何足紀。

據此知關中河外直到此時才遍置軍團，入軍充當衛士的如戴胄所説，並是富室强丁，其次才分配爲司農寺、將作監所管的勞役。上引貞觀政要中魏徵談到衛士「不堪攻戰」，是由於「禮遇失所」，缺乏鬬志，只有「遇之以禮」，才能加强戰鬬力。我們知道府兵設置之初帶有部落軍性質，本來具有高於一般百姓的身分。開皇十年下詔「凡是軍人，可悉屬州縣，墾田籍帳，一與民同」，部落軍的性質已最後消失。但是充當府兵的首先是富室强丁，傳統的優越身分仍然被保留下來。

先富後貧、先强後弱、先多丁後少丁的徵發原則當然未必嚴格遵守。通典卷六食貨賦税載，高宗龍朔三年就曾下詔「衛士八等已下，每年五十八，放令出軍」。可知衛士中已有八九等户。但從吐魯番出土文書中，我們見到高宗時期所有户等可考的西州衛士均在七等以上，基本上户有兼丁，不盡徵發。武周以至玄宗時，律令所載的徵發原則逐漸被破壞。吐魯番文書中的下下户衛士只見於開元户籍。阿斯塔那三五號墓所出神龍三年西州高昌縣崇化鄉點籍樣雖不注户等，但課丁中充當衛士的竟占總課丁數的61%，充當衛士在課丁中百分比如此之高，其中必然有許多八九等户。

而從敦煌所出開元天寶時代諸户籍來看，八九等户被徵充衛士的不但屢見不鮮，而且衛士幾乎主要由八九等户充當。如開元四年沙州敦煌縣慈惠鄉籍，開元十年（七二二）同縣懸泉鄉籍、莫高鄉籍，天寶六載（七四七）同縣龍勒鄉都鄉里籍，所見衛士共十餘名，就没有一個是七等户以上。〔一〕

自武周時期衛士身分已大大降低，上番宿衛往往被衛官派往豪貴之家服僮僕之役，以致充當衛士爲人所賤視。更由於武周以後繁重的徭役和兵役壓迫，大量人民逃亡以避役。當時邊境吃緊，戰争頻繁，衛士或戰死或没落，以至逃亡，所謂「越關繼踵，背府相尋」。在大量丁男逃亡和通過各種途徑避役的情况下，逃死衛士很難補充，以至「年月漸久，逃死者不補」。衛士的主要任務是上番宿衛，大概自武周以後，諸衛統率的衛士所謂南衙軍，由於軍府空虚，「逃亡略盡」，既不能如額番上（「宿衛之數不給」），上番的如上所述又被派充厮役，從而保衛皇宫和京城的職責實際上早就爲帶有世襲職業性的北門軍取代了（詳下）。〔二〕但是北門軍的數量在玄宗以前不會超過萬人，就是玄宗末年北門軍已擴大爲四軍，也還是遠較府兵制全盛時期（太宗、高宗時）諸衛統率的南衙軍爲少。所以開元十三年（七二五）玄宗東封泰山，意圖藉此顯示武力，却因宿衛寡弱，才聽從宰相張説建議，先於十一年召

〔一〕拙撰吐魯番文書中所見的西州府兵，敦煌吐魯番文書初探（二編），武漢大學出版社一九九〇年版。
〔二〕玉海卷一三八引鄴侯家傳；唐會要卷八五逃户；通典卷二九折衝府；通鑑卷二一二唐玄宗開元十年。拙撰唐書兵志箋正，科學出版社一九五七年版。

募南衙宿衛兵十十二萬，號長從宿衛，十三年改稱彍騎，分隸十二衛。〔一〕從此以後，府兵雖仍有征鎮之役，宿衛之職却廢而不舉，番次上下不過徒具文書。新唐書卷五〇兵志（唐會要卷七二府兵略同）：

（天寶）八載（七四九），折衝諸府至無兵可交，李林甫遂請停上下魚書。其後徒有兵額、官吏，而戎器、馱馬、鍋幕、糗糧并廢矣。

如上所述，作爲衛士主要任務的宿衛在開元十一年（七二三）後即已由出於召募的彍騎所擔任，至此法令上正式承認了府兵停止番上宿衛的既存事實。府兵既不番上宿衛，衛士之名已失其義，故天寶十一載（七五二）「改諸衛士爲武士」。但是由南衙十二衛統率的府兵並没有立即罷廢，也不是如新志所云折衝府只有官吏和兵額，因爲直到天寶末年，我們從敦煌差科簿上仍然見有殘存的衛士，甚至天寶十四載（七五五）新升的河西白亭軍中，改自衛士的武士仍是該軍武裝力量的組成部分。〔三〕而且府兵不番上宿衛，仍然有征鎮之役，只是此後諸府殘存衛士逃死者不補，或漸次轉爲長征健兒而已。

征鎮也本是衛士的任務。關於府兵的征行及其調發程序，府兵在行軍中的組織編成，以及折衝、果毅等府兵官員在行軍編制中的職責、地位，唐律疏議、唐六典以及通典兵典所引李靖兵法等史籍中

〔一〕 上引拙著唐書兵志箋正第二六——二七頁（文集本二九——三〇頁）。
〔二〕 唐會要卷七二府兵；册府元龜卷一二四帝王部修武備；池田温：中國古代籍帳研究録文頁二六三——二八三「差科簿」。

均有詳細的規定，今人論述亦多。〔一〕唐代前期一些重大軍事行動往往有府兵參加並被視爲中堅力量，我們只要閱讀文苑英華露布（卷六四七——六四八）就可知道。在吐魯番出土文書中，也有迹象表明貞觀十四年（六四〇）侯君集所率平高昌的大軍中就有調自各地折衝府的衛士。〔二〕府兵也配合邊防軍和遠鎮軍參與邊境的防戍和鎮守。〔三〕

但不論征行或遠鎮，衛士在全兵員中所占比例一向不大，臨時徵發的兵募通常要占大多數。貞觀十八年（六四四）十一月唐太宗征高麗，那是唐初規模最大的遠征。當時主要兵力爲平壤道行軍大總管張亮所率江淮嶺峽兵士四萬，長安洛陽募兵三千，遼東道行軍大總管李世勣所率步騎六萬及蘭、河二州降胡。江南軍府極少，張亮部自然以兵募爲主。李世勣所統六萬步騎雖有一部分來自關隴的府兵，但大部分仍是募兵，這從舊唐書太宗紀稱「發天下甲士，召募十萬，並趨平壤，以伐高麗」，以及太宗自稱「朕今伐高麗，皆取願行者，募十得百，募百得千」，〔四〕可以得到證明。總之，東征兵士大多出於臨時召募。貞觀二十二年（六四八）太宗又準備大舉東征高麗，雖終未成行，但從有關史載可以

〔一〕日本菊池英夫氏：節度使制度確立以前「軍」制度的展開及續編，東洋學報四四卷二號（一九六一年），四五卷一號（一九六二年）；谷霽光：府兵制度考釋，上海人民出版社一九六二年版，第一七二——一七六頁。
〔二〕吐魯番出土文書第六册第四三、一二七、一三七——一三八頁，並參唐六典卷二四諸衛長史，詳考不贅。
〔三〕上引谷霽光府兵制度考釋，第一七二頁。
〔四〕通鑑卷一九七唐太宗貞觀十八年末、十九年四月；新唐書卷一三三郭知運傳。

推知，準備動用的兵力仍以募兵爲主。〔一〕以後高宗時征滅百濟、高麗，以及鎮守兩地，同樣依賴兵募。

舊唐書卷八四劉仁軌傳記高宗時仁軌上表有云：

臣看見在兵募，手脚沉重者多，勇健奮發者少，兼有老弱，衣服單寒，唯望西歸，無心展效。臣問：「往在海西，見百姓人人投募，爭欲征行，乃有不用官物，請自辦衣糧，投名義征。何因今日募兵，如此儜弱？」皆報臣云：「今日官府，與往日不同，人心又別。貞觀、永徽年中，東西征役，身死王事者，並蒙敕使弔祭，追贈官職，亦有迴亡者官爵與其子弟。從顯慶五年（六六〇）以後，征役身死，更不借問。往前渡遼海者，即得一轉勳官；從顯慶五年以後，頻經渡海，不被記録。州縣發遣兵募，人身少壯，家有錢財，參逐官府者，東西藏避，並即得脱。無錢參逐者，雖是老弱，推背即來。顯慶五年，破百濟勳，及向平壤苦戰勳，當時軍將號令，並言與高官重賞，百方購募，無種不道。洎到西岸，唯聞枷鎖推禁，奪賜破勳，州縣追呼，求住不得，公私困弊，不可言盡。發海西之日，已有自害逃走，非獨海外始逃。又爲征役，蒙授勳級，將爲榮寵；頻年征役，唯取勳官，牽挽辛苦，與白丁無別。百姓不願征行，特由於此。」陛下再興兵馬，平定百濟，留兵鎮守，經略高麗。百姓有如此議論，若爲成就功業？……臣又問：「見在兵募，舊留鎮五年，尚得支濟；爾等始經一年，何因如此單露？」並報臣道：「發家來日，唯遣作一年裝束，自從離家，已

〔一〕册府元龜卷一三五帝王部好邊功。

經二年。在朝陽甕津，又遣來去運糧，涉海遭風，多有漂失。」臣勘責見在兵募，衣裳單露，不堪度冬者，給大軍還日所留衣裳，且得一冬充事。來年秋後，更無準擬。

按仁軌奏在麟德元年（六六四）。據之清楚表明，貞觀永徽以來東西征戰所用之兵並是唐律疏議所云臨時募取的「征人」。從唐律所云徵發之制並同衞士，證以仁軌表中所云富人行賄藏避，無錢行賄者推背即來，可知明爲投募，實是强制徵發。只是貞觀永徽之際，投軍從征獲取軍功不失爲入仕得官的一條道路，被差點爲兵募對於普通百姓還有一定的吸引力，但到顯慶五年以後，則純屬强制徵發。至於那些「自辨衣糧投名義征」者，本是「别爲行伍，不入募人之營」。這種義征在顯慶五年以後也近於絶迹。

關於兵募的徵發、組織及其裝備的配發，具見唐六典卷五兵部郎中員外郎條。日本菊池英夫氏，我國唐耕耦氏等，先後有專文論述，〔一〕這裏無須詳論。簡單地説，唐代前期征行和遠鎮的主力是兵募，兵募的徵發早在高宗時業已貧弱者居多，先富後貧、先强後弱的徵發原則之被破壞，兵募更早於衞士。這一點是可以理解的，那是因爲，衞士的任務主要是宿衞，其次是近戍，征行和遠鎮的承擔者主要是兵募。而且隨着版圖的擴大，戰争的頻繁，徵發兵募的數量可以無限擴大，而衞士則折衝府兵額固定，他們二十一歲入軍、六十歲退役，服役期長達四十年，平時僅只是補充缺額，兵員並無大規模

〔一〕菊池英夫：關於唐代兵募的性質及名稱，史淵六七、六八卷合輯，一九五六年。唐耕耦：唐代前期的兵募，歷史研究一九八一年第四期。

的點充。因此唐代前期徵發制的破壞，首先表現在兵募，兵士身分的低落和痛苦境遇，也最先見於兵募而非衛士。

唐代軍事力量的衰弱，唐人就已歸咎於府兵制的破壞。其實唐中葉以後人對唐初軍事制度的實際情況已不太瞭解，李蘩鄴侯家傳在宋代已是言府兵制的重要資料，甚至幾乎是唯一的資料，但所述却不盡可信。其中以遠鎮兵爲府兵，將貞觀中北滅突厥、薛延陀，西平吐谷渾、高昌，高宗時東滅百濟、高麗，皆歸功於府兵，就不符合實際。〔一〕又如杜牧樊川文集卷五原十六衛也是盛贊府兵，但他所説的府兵是「父兄相言，不得業他」的世襲兵，完全與府兵相背。杜牧也十分强調府兵在征行中的作用。事實上唐代前期，府兵固然是重要的軍事力量，但其首要任務只是宿衛（限於南衙）以及近戍，在征行中從來不占重要地位。武周以後，甚至在宿衛中也不占重要地位。我們認爲唐代軍事制度的變化，首先是徵兵制（包括衛士與兵募）的破壞而不限於府兵。重要的是作爲征行遠鎮主力的兵募番上之制，在頻繁的戰争與邊境綫的延長情況下無法維持，也不足應付武周以來新的軍事形勢。因此我們認爲唐代軍事制度的變化至少不能全部歸之於府兵制的破壞。

〔一〕 拙撰唐書兵志箋正第二六頁（文集本二九頁）；玉海卷一三八引鄴侯家傳。

第二節　軍鎮的設置與兵防健兒

唐初沿襲北朝以來舊制，在軍事要地設置鎮戍，各分上、中、下三等，分別置鎮將、鎮副及戍主、戍副，統率兵士即所謂「防人」守禦來犯之敵。關於鎮戍的數量兵力，唐六典卷五尚書兵部職方郎中員外郎條：

凡天下之上鎮二十，中鎮九十，下鎮一百三十有五；上戍十有一，中戍八十有六，下戍二百三十有五。〔一〕

新唐書卷四九下百官志鎮將戍主條下注：

每防人五百人爲上鎮，三百人爲中鎮，不及者爲下鎮；五十人爲上戍，三十人爲中戍，不及者爲下戍。

據此可知鎮戍兵力單薄而又分散。鎮戍制度源自北魏。北魏南北軍鎮所領軍人，原來本都由拓跋本族和附從遊牧族人組成。後來南方軍鎮除早先鮮卑及各族人後裔之外，主要由内地諸州百姓分番出戍，這些已見前篇。那時鎮的規模龐大，領兵多以萬計。像六典所述那樣分散單薄的鎮戍當是周齊舊制。那時北方突厥興起，周齊都争相結納，竭力與之和好，「引爲外援」，北邊比較安静，無須重兵屯

〔一〕舊唐書卷四三職官志、新唐書卷四九下百官志，下戍數作二百四十五。

戍。但相對而言，突厥對北齊的威脅更大一些，北齊曾多次動用大量兵民修築長城，高洋還曾親征過突厥。〔一〕不過周齊之間的抗衡更爲重要。周齊交界潼關以外諸州，大致雙方都利用當地大族以宗族鄉里組成的武裝力量，各自防禦對方掠奪性的侵擾，如果真的發生戰争，北齊重兵集中在太原，北周府兵集中在京兆，都可以迅速動員出擊。和南朝鄰接諸州，即由地方官徵發當州百姓番戍，發生重大戰役，則北齊於河南，北周於江陵，並駐有重兵，可以迅速赴援。隋唐是統一的皇朝，北方面對着非常强大的突厥汗國，那種兵力十分單薄的鎮戍根本無法承擔防禦重任。隋初突厥南侵，直犯河隴諸州。唐初突厥騎兵一度抵於渭北，威脅長安，唐高祖甚至想要遷都山南以避之。隋唐兩朝軍府集中在關中，因而兩朝都可能迅速集中兵力反擊，採取攻勢戰略，並乘突厥内亂之機，制服突厥。〔二〕也正因爲突厥是近鄰，關中爲軍府集中地，所以開皇三年（五八三）和唐貞觀四年（六三〇）對突厥大舉出擊取得勝利，不需要在全國範圍内徵發士兵，也不需要大規模徵發百姓征鎮。大業五年（六〇九）隋煬帝西破吐谷渾，在其地設置郡縣鎮戍，留下一部分軍隊鎮守以外，又謫發天下輕罪人配爲戍卒，並大開屯田，發西北郡縣轉輸軍糧。〔三〕這次西征及其留鎮軍隊的具體構成和番上情況我們很少瞭解。至於煬帝三次遠征高麗，乃騷動全國，征遼成爲導致全國農民大起義的直接原因。東征遠離關中，對府兵

〔一〕北齊書卷四文宣帝紀；北史卷九九突厥傳。

〔二〕隋書卷八四突厥傳，卷一高祖紀上；通典卷一九七邊防突厥上；舊唐書卷二太宗紀上；新唐書卷二一五上突厥傳。

〔三〕隋書卷三煬帝紀上，卷六三劉權傳，卷八三西域吐谷渾傳，卷二四食貨志。

來說是難以忍受的遠征，而且組織如此龐大規模的遠征，自必普遍徵發百姓，征遼水軍非關中府兵所長，故須「發江淮南兵」組織「舟師」。抗拒徵發因而起義的，最早如擁衆長白山的王薄，以後如高鷄泊的竇建德、孫安祖，也都是一般百姓。〔一〕舊唐書卷五四竇建德傳稱：「大業七年（六一一），募人討高麗，本郡選勇敢尤異者以充小帥，遂補建德爲二百人長……（同縣人孫安祖）驍勇，亦選在行中，安祖辭貧，白言漳南令，令怒笞之。」可見當時雖說是募人征行，實際上是强制徵發，有類於唐代的兵募，而且也有貧富之差。聚集到王薄、竇建德身邊的，都是那些不願到遼東「浪死」的「避征役者」。〔二〕

隋代一如齊周，在緣邊險要之地設置鎮（城）戍，鎮將、副，戍主、副，也有三等之差。防守鎮戍的有徵自百姓番上的民丁或被稱爲「戍子」，有謫徙輕罪犯充任的「戍卒」，但是否都像西海諸郡鎮戍一樣，别遣兵將駐屯留守，我們還不知道。史籍所見的是遇到敵方較大規模的内侵，必須由朝廷組織軍隊命將出征或備禦。唐自武德以全貞觀初年，北方邊防基本上與隋代相同。但我們明確知道貞觀中葉已在西北地區設置由兵募番上的常駐軍。唐會要卷九五高昌條記貞觀十四年平高昌後，太宗欲以其地爲州縣，魏徵諫曰：「今若利其土壤，以爲州縣，常須千餘人鎮守。數年一易，往來交替，死者十有三四。遣辦衣資，離别親戚，十年之後，隴右空虛，陛下終不得高昌撮粟尺布以助中國，所謂散有用

〔一〕 隋書卷六四來護兒傳；舊唐書卷五四竇建德傳。

〔二〕 通鑑卷一八一煬帝大業七年十二月。

而資無用。」太宗不從，設置西州，留軍鎮守，每年調發千人防邊。所云「留軍鎮守」之兵，應即侯君集等所領的遠征軍。上文談到，吐魯番文書中有迹象表明，貞觀年間西州的鎮軍有來自諸折衝府的衛士，其中有可能是侯君集所率遠征軍中留鎮者，也可能是以後番上的戍兵。但以後每歲調發的千餘戍卒却未必全是府兵。會要同條又記褚遂良的諫諍，説「陛下歲遣千餘人，遠事屯戍，經年離别，萬室思歸，去者資裝，自須營辦，既賣芻粟，傾其機杼。經途死亡，復在其外。兼遣罪人，增其防遏。……必無益於行陣。所遣之内，復有逃亡，官司捕捉，爲國生事。」據魏徵、褚遂良所云，我們知道貞觀十四年置西州後，在一個時期内每年要遣千餘人出戍，番期一年。所發之兵大概家在河隴，這較高宗以後戍期一再延長，徵發遍及内地，至於老死不歸的情況，西州屯戍之役還算不上十分嚴重。稍後太宗經營西域，焉耆、于闐相繼歸附，當然必須遣兵屯戍鎮守。唐會要卷七三載崔融請不拔四鎮議曰：

太宗方事外討，復修孝武舊跡，並南山至於葱嶺，盡爲府鎮，煙火相望。

舊唐書卷一九六吐蕃傳云：

（貞觀中）歲調山東丁男爲戍卒，繒帛爲軍資；有屯田以資糗糧，牧使以娩羊馬。大軍萬人，小軍千人，烽戍邏卒，萬里相繼。

上引將軍鎮設置全歸之於貞觀間，未免誇大。太宗時唐與吐蕃和親關係尚好，高宗總章三年（六七〇），吐蕃吞併吐谷渾後大舉犯邊，上元、儀鳳中劉仁軌、李敬玄相繼以宰相出任大總管駐鎮洮河軍防禦，並召募關内河東驍勇，發劍南、山南兵募，直到儀鳳三年（六七八）李敬玄主動反擊爲吐蕃大敗，朝議才定下「少發兵募，且遣備邊，明烽堠，勿令侵抄」，嚴守洮河一綫的方略。〔一〕唐代軍鎮的絶大部分爲武后以至玄宗時設置，而且貞觀時，軍鎮也決没有兵士多達萬人者。不過溯源始自貞觀，應是事實。吐蕃傳稱「歲調山東丁男爲戍卒」，似乎鎮防兵士全徵自山東，當然也不確，西州戍卒即出於河隴，西防吐蕃的守軍有募自關内的，也有劍南山南兵募。但表明貞觀時已徵發山東丁男出戍。無論徵自河隴山東或劍南山南，至少多數爲兵募。而如魏徵、褚遂良所言遠戍的痛苦，即使歲調不過千餘人，河隴地區已遭到嚴重的騷擾。

長征遠戍，不僅隨時受到死亡的威脅，而且出發時自備資裝，在經濟上是沉重的負擔。不僅府兵負擔繁重，兵募的軍行器物雖説出「當州分給」、「不足則自備」，實際上也大多是自備資裝，上引劉仁軌傳及褚遂良所云可證。番期也往往延長。貞觀永徽時番期不過一年，所以褚遂良説是「經年離别」，劉仁軌記述兵募的話是出發時唯遣作「一年裝束」。唐律疏議卷一六記軍防令云：「防人番代，皆十月一日交代。」但實際上由於路途遥遠，番代困難，經常被抑留。魏徵諫置西州，講到西州戍兵「數年一易」，劉仁軌傳則稱先前出戍百濟的兵募長達五年，新來番代的亦已二年，可知一年番代雖是常制，實際上却並不遵行。由於征鎮之役十分沉重，所以早在太宗時已有自毁手足以避兵役，號稱

〔一〕舊唐書卷一九六上吐蕃傳，卷五高宗紀下。

「福手福足」的；〔一〕上引劉仁軌傳以及舊唐書卷八六高宗中宗諸子傳所載總章元年（六六八）太子弘所上書，還有鄴侯家傳，都談到百姓自殘肢體以避兵役。至於行賄藏避以及逃亡者更不待言。

隨着軍事形勢的發展，戰爭頻繁，軍鎮設置日益增多，徵發兵募也日益增多，逃避兵役成爲人民逃亡的主要原因，如果不是唯一原因的話。而且在役兵士困於久戍，也紛紛逃亡，當然不可能有任何戰鬬積極性。舊唐書卷九三張仁愿傳（唐會要卷七三略同）云：

仁愿請乘虚奪取漠南之地，於河北築三受降城……仁愿表留年滿鎮兵，以助其功。時咸陽兵二百餘人逃歸，仁愿盡擒之，一時斬於城下。

按其事在中宗景龍二年（七〇八）。咸陽年滿鎮兵不甘被抑留，一時逃亡，竟被擒殺。這種抑留兵士之事，實際上自高宗以來，早已相沿成風，嚴酷屠殺也許可收一時之效，但並不能根本阻止逃亡之風。武周以來，邊境時告緊急，軍鎮日增，徵發益廣，而逃亡日衆，戰鬬力日衰，矛盾越來越突出，普遍徵發征鎮兵募之制不可能繼續推行下去，需要有重大的改革。這一改革一是變徵爲募。二是改番替爲長征（包括長鎮），即是改百姓中徵發的番兵爲召募的職業兵。三是當州徵發的兵士只承擔防衛當州的任務，防戍不出本州。

這一改革有一個長期的發展過程。

〔一〕見册府元龜卷一五九帝王部革弊門貞觀十六年七月庚申制、唐會要卷三九議刑輕重（貞觀）十六年七月敕、資治通鑑卷一九六唐貞觀十六年庚申制。參見拙撰唐書兵志箋正卷一。

册府元龜卷一二四帝王部修武備開元二年（七一四）八月辛巳條：

上以河隴之故，命有司大募壯勇士從軍。……十月，薛訥克吐蕃，遂停親征。詔曰：「比來緣邊鎮軍每年更代，兵不識將，將不識兵，豈有緣路疲人，蓋是以卒與敵。其以西北軍鎮宜加兵數，先以側近兵人充，並精加簡擇。其有勞考等色，所司具以條例奏聞。戰兵别簡爲隊伍，專令教練，不得輒有使役。」

本條所述，一是「大募壯勇士從軍」。儀鳳中（六七六——六七八）就曾「召募關内河東諸州驍勇以爲猛士」，〔一〕但這次可能是最早一次的大規模召募。二是申述戍兵番代之弊，要求西北增加鎮兵，即以側近兵（此指原有之兵）人充當，並且要有選擇。這類措施已見於中宗神龍元年（七〇五）即位赦文，〔二〕用意不外省免遠道出戍。這些由側近兵人充當的鎮兵怎樣番代没有説明，但應仍是徵發，仍每年更代。三是區别戰隊和戍役，對鎮兵精加簡擇訓練。本來唐代行軍區分爲戰隊和輜重隊二大類，這裏戰兵則指專事戰鬪的部隊，他們不承擔經常性的戍守和其他勞役，這不可能是年常更代的番上兵募。按唐大詔令集卷一三〇景龍四年（七一〇）命吕休璟等北伐制，全唐文卷二六玄宗命薛訥等討吐蕃詔，同書卷二二玄宗命李延昌等屯兵秦州制，都提到與兵募並列的健兒。健兒在詔書中正式出現雖似始見於中宗景龍年間，但健兒人數衆至數萬甚至十數萬，且兼有蕃漢，所見不止一處，則應

〔一〕舊唐書卷一九六上吐蕃傳。

〔二〕唐大詔令集卷二。

在中宗以前早已存在。疑儀鳳中召募關內、河東驍勇以爲猛士，上引開元二年八月詔大募壯勇士從軍，所謂猛士、壯勇士，即非健兒之異稱，亦在實質上等同健兒。

那時由朝廷下詔大規模召募，仍是與衛士及兵募各自分番於所配軍鎮服役，新召募健兒也是如此。唐六典卷五兵部郎中員外郎條稱：「天下諸軍有健兒，皆定其籍之多少，與其番之上下，每季上中書門下。」注稱「舊健兒在軍，皆有年限，更相往來，頗爲勞弊」。上面提到的中宗命呂休璟等北伐制即是兵募健兒並稱。但開元間征行遠鎮的軍隊通常仍以兵募爲主，健兒終不及兵募普遍。唐大詔令集卷一〇七玄宗開元五年（七一七）鎮兵以四年爲限詔（册府卷一三五帝王部愍征役同）稱「每念征戍，良可矜省」；「多歷年所，遠辭親愛，壯齡應募，華首未歸」。因此詔令除磧西四鎮由於路途遥遠，番期以四年爲限外，其他諸軍鎮「近日遞加年限者，各依舊以三年、二年爲限，仍並不得延留」。詔書仍然説「散之州縣，務取富户丁多，差遣後量免户内雜科税」。顯然徵發一如舊制。值得注意的是，詔書又説「其情願留鎮者即稍加賜物」，這類「情願留鎮」的兵士，實際上已同召募。玉海卷一三八引鄴侯家傳云：

> 其戍邊者，舊制三年而代，後以勞於途路，乃募能更住三年者，賜物二十段，謂之召募。遂命諸軍皆募，謂之健兒。

按上引開元二年詔已大募壯勇士從軍，亦即命李延昌等屯戍秦州制所云「前年朝堂應募健兒」，知健兒本别自召募。但情願留鎮更住三年之原有鎮兵，亦爲健兒組成之一部分。

健兒召募最先集中於關隴及朔方，後逐漸推廣到幽州和其他地區。册府元龜卷一二四帝王部修武備載開元八年（七二〇）八月詔：「仍敕幽州刺史邵寵於幽易兩州選二萬灼然驍勇者充幽州經略軍健兒，不得雜使，租庸資課並放免。」開元十年玄宗上聖祖及諸廟帝后尊號推恩制中也提到諸軍健兒。〔二〕那時健兒仍然是分番交替，番期如鄴侯家傳所説仍是三年，但稍後已見有「長征人」。册府元龜卷一三五帝王部愍征役載開元十三年（七二五）正月詔有云：「其諸軍長征人家貧單乏無力者，宜令本管州縣勸率其家，助其營種，使有秋望。」這裏的「長征人」在本貫有家有田，出於徵發的兵募和出於召募的健兒都一樣，我以爲這裏所云「長征」，乃指實際存在久戍不歸之兵士，還不是在制度上已有不番代之長征人。據册府卷六三帝王部發號令載開元九年（七二一）十月詔，卷一三五帝王部愍征役載開元十四年（七二六）六月詔，知鎮戍仍以番代爲常。同卷十六年十二月詔：

如聞諸軍兵募，處置多乖，年滿之日，逃亡甚衆，自今已後，各委本道節度使及兵部侍郎裴光庭同簡較，年終類會文奏。使健兒長鎮，何以克堪，可分爲五番，每一年放一番洗沐，遠取先年人爲第一番，周而復始，每五年共酬勛五轉。

詔書説的是兩類兵士，一是兵募，由於逃亡甚衆，命各道節度使和兵部侍郎會同簡較，大概是統計逃亡兵數和如何緩和逃亡之計。第二類是健兒，制度上健兒也是番代，實際却是「長鎮」，詔書認爲還是應該維持番代制，規定番期五年，即將健兒分爲五組，每年按出戍年次先後放一組休沐。實際上這一

〔二〕全唐文卷二五。

五年番代之制，也並不能認真執行。冊府元龜卷一三五開元二年（按應是二十二年之誤）四月詔稱：「其天下諸州鎮兵募及健兒等年月已久，頗亦辛勤，或老疾尩羸，或單弱貧窶，或親老孤獨，致闕晨昏。」以上諸色，詔書命令一概放還，那是因爲他們已不具備作健兒的條件。所謂年月已久，不像有五年番代之制，至於兵募，通常三年番代，更不須説。由此可見番代定制從未認真執行，健兒是實際上的長鎮兵。

直到此時，諸軍鎮徵發的兵募與召募的健兒並存，制度上的番代與事實上的長鎮相悖。歷史傾向是出自徵發的兵募轉向出於召募的健兒，由番代轉向長鎮，簡單地説即是由兵農合一的徵兵轉向兵農分離的職業雇傭軍。開元二十五年（七三七），終於作出了重大的改革。本年五月玄宗下詔，命中書門下與諸道節度使衡量諸軍鎮「閑劇利害」，根據需要作出名爲「兵防健兒」的兵士定額。兵防健兒委托節度使在各種征行人（指原有各種鎮兵）和客户中召募，「取丁壯情願充健兒常任（住）邊軍者，每歲加於常例，給田地屋宅，務加優恤，使得存濟。」〔一〕詔書表明今後諸軍鎮定額招募兵防健兒，兵防健兒即於所在軍鎮給予田地屋宅，他們「長住邊境」，永充健兒，不再來往道路，輪番交替。這一改革的完成是在次年。冊府卷一三五帝王部愍征役開元二十六年（七三八）正月迎氣詔（唐大詔令集卷七三親祀東郊德音同）：

朕每念黎甿，弊於征戍，親戚多别離之怨，關山有往復之勤（按此指兵士家在異鄉，番代來

〔一〕冊府元龜卷一二四帝王部修武備玄宗開元二十五年五月詔；唐六典卷五尚書兵部。

往），何嘗不惻隱於懷，寤寐增嘆，所以別遣召募，以實邊軍，賜其厚賞，便令長往。今諸軍所召人數向足，在於中夏，自可罷兵。既無金革之事，足保農桑之業（按此言不再徵發農民充鎮兵）。自今已後諸軍兵健（兵募與健兒），並宜停遣，其見鎮兵並一切放還。

二十五年五月詔令召募兵防健兒，不過半載，諸軍已「召募向足」，所有邊軍從此全都是兵防健兒，他們受有田宅，長住邊軍，「在於中夏，自可罷兵」，兵募健兒一律停遣，現有非兵防健兒的各色鎮兵一律放還。這樣就在原則上徹底廢除了軍鎮防人的徵發制和番代制。

這一改革是由李林甫建議的。玉海卷一三八引鄴侯家傳便說「開元末，李林甫爲相，又請諸軍召募長征健兒，以息山東兵士」。家傳所述李泌（鄴侯）的意見，完全否定這一改革，今姑不論。所云李林甫建議應是事實。唐六典卷五兵部郎中員外郎條注云：

舊健兒在軍皆有年限，更來往頗爲勞弊。開元二十五年敕，以爲天下無虞，宜與人休息，自今已後，諸軍鎮量閑劇利害，置兵防健兒，於諸色征行人内及客户中召募，取丁壯情願充健兒長住邊軍者，每年加常例給賜，兼給永年優復。其家口情願同去者，听至軍州，各給田地屋宅。人賴其利，中外獲安，是後州郡之間，永無徵發之役矣。

按六典之注即係李林甫所加，〔一〕此處大加歌頌，也是自詡其功。所云「是後州郡之間永無徵發之役」

〔一〕 按「給永年優復」及移家口不見册府所載詔書，但移家口一語不可少，所以給田宅，即因家口隨同來鎮，故疑册府有脫文。

雖不免誇大，因爲防丁之役仍然存在，〔一〕特别是天寶十載（七五一）楊國忠發動的南詔之役，徵募兩京及河南、北兵凡二十萬，至於「分道捕人，連枷赴役」。〔二〕但那是十載以後之事。自開元二十五年至天寶十載間兵役至少是大大減輕了。白氏長慶集卷三新樂府新豐折臂翁：

新豐老翁八十八，頭鬢眉鬚皆似雪。玄孫扶向店前行，左臂憑肩右臂折。問翁臂折來幾年，兼問致折何因緣。翁云貫屬新豐縣，生逢聖代無征戰。慣聽梨園歌管聲，不識旗槍與弓箭。無何天寶大徵兵，户有三丁點一丁。點得驅將何處去？五月萬里雲南行。……村南村北哭聲哀，兒别爺娘夫别妻。皆云前後征蠻者，千萬人行無一回。是時翁年二十四，兵部牒中有名字。夜深不敢使人知，偷將大石捶折臂。張弓簸旗俱不堪，從兹始免征雲南。

這首詩的題解是「戒邊功」，以新豐老翁的自殘肢體來控訴强制征行的殘酷。據詩所云，這位老翁在天寶十載以前並没有遇到徵兵的事，天寶十載（七五一）老翁年二十四，上推應生於開元十五年（七二七）。開元二十五年停止徵發兵募他方十歲，所以説「生逢聖代無征戰，慣聽梨園歌管聲，不識旗槍與弓箭」。這次南征誠然是詩所云的「大徵兵」，而且這種反復在特殊情況下還要發生，安史亂後，據杜甫詩可以知道官府在一個時期内仍然是强制徵發，甚至及於老婦中男，但是變徵爲募畢竟是歷史傾向。當然要指出的是，邊境鎮戍上仍存在番代防戍的鎮戍兵，即所謂「防人」。唐前期擔任這類防

〔一〕　拙撰敦煌所出郿縣尉判集中所見的唐代防丁，收入拙著山居存稿。

〔二〕　舊唐書卷一九七南詔蠻傳；通鑑卷二一六唐玄宗天寶十載。

人的有府兵，也有徵自一般百姓的，後者或稱爲丁兵。而從吐魯番出土文書所見，自開元二年設置西州大山軍後，大致與此同時或稍前，出現徵自民間的土鎮兵和天山軍兵逐漸代替了過去的防人衛士，闕額衛士也不再點補，而殘存的衛士也轉爲天山軍兵的組成部分。〔一〕

在前編中業已論證南北朝軍事制度的差異。南朝的發展傾向是由世襲兵制轉向募兵制，北朝自十六國以來的發展傾向則是由以本族成員爲主的部族軍制推廣到普遍徵兵制。如前所述，自北魏中葉以來，漢族農民已受徵到南邊鎮戍，均田制下的農民也有防戍之役。至於大規模戰爭中徵發農民，更不待言。普遍徵發制的基礎是廣大自耕農的存在。唐代不僅府兵徵自均田民，征鎮兵募也是徵自均田民。唐自高宗後期以至玄宗包括府兵、兵募在内的普遍徵發制的破壞，正是與受田農民的破産逃亡同步的。通常認爲受田農民的破産逃亡導致府兵制的破壞，這當然是對的；但被破壞的不僅僅是府兵制，而是包括兵募防丁等在内的普遍徵發制。通常認爲在籍農民的逃亡破壞了均田制，這當然也是對的；但普遍徵發制下兵役的繁重恰恰又是造成均田民逃亡的一個最主要的原因。與普遍徵發制的日益破壞相應的，是募兵制的不斷推廣，終於在開元二十五年頒布詔令，所有軍鎮兵士一律以召募的長住邊境的兵防健兒充當。如果説普遍徵發制的基礎是大量自耕農的存在，這一前提能够成立，均田制下徵兵制與均田制相互聯繫，那麽募兵制則是與莊園制的發展以及大批自耕農客户化

〔一〕 拙撰吐魯番文書中所見的西州府兵，載敦煌吐魯番文書初探（二編），第一〇一——一〇二頁。

相互聯繫的。

第三節　大軍區的設置及藩鎮兵

唐初北方鄰接北突厥及鐵勒諸部。西部鄰近西突厥、吐蕃及其他各族，東北鄰接朝鮮半島三國及奚、契丹。唐初與這些邊境諸族發生戰爭時，通常派遣大將充任某道行軍大總管，統率調自各地的征行將士遠征，戰爭勝利結束，往往留兵駐屯要地，成爲軍鎮（軍及守捉），〔一〕而行軍大總管府隨即撤銷。自貞觀以後隨着軍事形勢的發展，軍鎮設置日益延伸，也日益增多。但軍鎮之間並没有統屬關係，行軍大總管既已撤銷，更没有節制諸軍的統帥。

唐代邊境的威脅主要來自北方遊牧族。與各族的分布相應，漫長的鄰接地帶上不同地區各自有主要的防禦對象。

爲了避免遠道調發，爲了明確防禦責任，爲了在較大地區内有統一的指揮，高宗以後，臨時性統率的遠征的行軍大總管逐漸演變爲大軍區的常任最高長官。舊唐書卷八四劉仁軌傳：

儀鳳二年（六七七），以吐蕃入寇，命仁軌爲洮河道行軍鎮守大使。仁軌每有奏請，多被中書令李敬玄抑之，由是與敬玄不協。仁軌知敬玄素非邊將才，冀欲中傷之，上言西蕃鎮守事非敬玄

〔一〕參日本菊池英夫氏守捉、城、鎮等唐代邊防機關的成立過程，東洋史學第二七輯，一九六四年。

奠可。高宗遽命敬玄代之。敬玄至洮河軍，尋爲吐蕃所敗。玉海卷一三八引鄴侯家傳云：「高宗始以劉仁軌爲洮河鎮守使以備吐蕃，於是始屯軍於境，而師老厭戰矣。」認爲劉仁軌爲洮河道鎮守使爲屯軍久戍之始，當然不碻，因爲貞觀以來所設諸鎮已是屯軍久戍。唯彼時鎮戍皆單薄分散，各不相屬，諸如劉仁軌率大軍留鎮百濟，則是爲「經略高麗」，非是常設。而此時仁軌以前宰相出鎮，有大使號，隴右諸軍應並接受其指揮，他下任後即有人接替。不過那時仍帶「行軍」之號，即還帶有一定的臨時征行性質。以後大使名號雖不一致，如李敬玄仍稱洮河道行軍大總管兼按撫大使，又稱河西鎮撫大使；唐休璟、郭元振並稱隴右諸軍州大使；婁師德稱隴右諸軍（疑「軍」下脱州字）大使，實並爲隴右道節度使的前身。〔一〕

高宗以後特命大使征行鎮撫，或以某道行軍大總管名義，或以某軍大使名義，統率指揮本道諸軍州，加節度某某等軍之號，他們大抵都以所在之某州都督爲本官，成爲常任的大軍區軍事長官。雖然那時尚未以節度使爲正式職稱，却早見於通行官文書。唐會要卷六一御史臺館驛：

大足元年（七〇一）五月六日敕：「諸軍節度大使，聽將家口八人，副大使六人；萬人已上鎮軍大使四人，副使三人；五千人已上大使三人，副使二人。並給傳乘。」

所謂「節度大使」，即指節度若干軍鎮之某道行軍大總管、鎮守或鎮撫大使；其次萬人以上與五千人

〔一〕拙撰唐代軍事制度之演變，武漢大學社會科學季刊，復刊後第九卷第一號，一九四八年。

以上之大使則是止統一軍之軍使。〔一〕那時節度某某等軍或某某等軍並受節度語，乃表示其指揮權限，並非職稱，却在公文上被稱爲節度大使。據唐會要卷七八，通典卷三二，新唐書卷五〇兵志，並以景雲二年（七一一）四月賀拔延嗣爲河西節度使，作爲節度使職名之始。通鑑卷二一〇睿宗景雲元年十月丁酉稱：「以幽州鎮守經略節度大使薛訥爲武衞大將軍兼幽州都督，節度使之名自訥始。」通鑑考異卷一二本條駁會要等書以景雲二年賀拔延嗣充河西節度使爲節度使名之始誤。按如前所述，節度大使之名早見於武后時，大概諸使名中帶有「節度」之名早已有之，值得一提的是高宗時劉仁軌即以洮河道行軍總管兼鎮守大使，李敬玄是河西道鎮撫大使，薛訥使名首舉「鎮守」。會要卷七八稱「先天二年（七一三）甄道一除幽州節度、經略、鎮守使」，諸使首舉節度，但仍有「鎮守」使名。這裏表明責在征行之臨時性行軍大總管轉而爲責在鎮守久任之節度使。

高宗以後玄宗初，爲了統一邊防指揮而設置的名稱不一的邊境軍事長官，大致在開元中一律稱爲節度使。天寶末共有十節度，亦即有十大軍區。自東而西北境有平盧、范陽、河東、朔方、隴右、河西、安西、北庭，南境有劍南、嶺南。每一節度區都管屬若干軍、鎮、城、守捉，配備定額兵士，發生戰事，各節度管内諸軍或聯合相鄰管内諸軍就足以防禦來侵之敵，不需要中央臨時調發兵力。開元末至天寶間大規模的征行，除了南詔之役外，都只動用本軍區及鄰近軍區的兵力。天寶八載（七四九），

〔一〕　拙撰唐書兵志箋正卷二。參上引菊池英夫節度使制度確立以前「軍」制度的展開及續編。

隴右節度使哥舒翰攻吐蕃石堡城，調動軍隊六萬五千人，出自河隴及河東、朔方以及突厥阿布思部，至如高仙芝之遠征小勃律，安禄山之征契丹，所用也都是本管士兵。〔一〕爲了統一指揮，節度使雖有十道，却往往兼任。平盧軍分自范陽，開元八年（七二〇）之後久由范陽節度使兼任，甚或一度廢并入范陽，開元二十八年（七四〇）復置，仍如舊例。河西本分自隴右，開元天寶時，郭知運、王君㚟、蓋嘉運、皇甫惟明、王忠嗣等並兼領兩鎮，天寶五載，王忠嗣兼領河隴兩鎮節度使，又權知河東、朔方節度使事，「佩四將印，控制萬里，勁兵重鎮，皆歸掌握，自國初已來未之有也」。由此可見，天寶末安禄山兼任平盧、范陽、河東三鎮節度使，哥舒翰兼任隴右、河西節度使，不過襲用舊例，並非特殊措施。〔二〕

唐代前期在邊境要地設置軍鎮，改變了分散單弱的傳統鎮戍制度。爲了適應新的邊境形勢，爲了鞏固邊防避免調發之煩，需要有常備的邊防軍，還需要有常任的統率本地區諸軍鎮的軍事長官。這類長官的名號不一，以後一律稱爲節度使。由分散而集中，從臨時到久任，其演變過程就是大軍區設置的經過。這種演變不妨説是邊防軍事的必需。這一點我們只要看武周時期突厥、契丹内侵深入河北，高宗以後吐蕃頻繁入侵，李敬玄、岑長倩、姚崇等多次以宰相爲行軍大總管出征，開元二年（七一四）玄宗甚至準備親征，而開元中期以後，戰事限於邊境，既没有侵擾内地，也不再有自内地出發遠征之舉，開元二十五年以後至天寶末期，除了征南詔之役，基本上不再有普遍徵發百姓遠征長鎮，便

〔一〕上引拙撰唐書兵志箋正、唐代軍事制度之演變。

〔二〕拙撰唐書兵志箋正、唐代軍事制度之演變。

可見知。唐會要卷七二軍雜録：

天寶末，天子以中原太平，修文教，廢武備，銷鋒鏑，以弱天下豪傑。於是挾軍器者有辟，蓄圖讖者有誅，習弓矢者有罪。不肖子弟爲武官者，父兄擯之不齒。惟邊州置重兵，中原乃包其戈甲，示不復用，人至老不聞戰聲。

本條極言天寶末重文輕武的政策和社會風氣。爲了防止人民反抗而禁圖讖和挾藏兵器見於律條，〔一〕並非玄宗時才有此禁令。尚文之風武后時已很明顯，至於「惟邊州置重兵，中原乃包其戈甲，示不復用」，也是高宗晚期以來逐漸形成的，但只有到玄宗時大軍區的形成和節度使的設置，才完成了這一轉變。舊唐書卷一〇三王忠嗣傳：

自朔方至雲中緣邊數千里，當要害地開拓舊城，或自創制，斥地各數百里。自張仁亶之後四十餘年，忠嗣繼之，北塞之人，復罷戰矣。

這裏説的是朔方、河東兩道邊備的鞏固嚴密，所云「北塞之人復罷戰矣」，即指邊境晏平，敵對力量不再能深入内侵，而兵制又逐漸變徵爲募，北邊之人不再承擔嚴重的兵役。通鑑卷二一六玄宗天寶十二載（七五三）八月條：

是時，中國盛强，自安遠門西盡唐境萬二千里，閭閻相望，桑麻翳野，天下稱富庶者無如

〔一〕唐律疏議卷一六擅興私有禁兵器條，卷九職制私造玄象器物條。

隴右。

這裏説隴右、河西兩道由於邊防鞏固，内地農業十分發達。同書卷二一七玄宗天寶十四載（七五五）十一月記安禄山出兵南下云：

> 時海内久承平，百姓累世不識兵革，猝聞范陽兵起，遠近震駭。河北皆禄山統内，所過州縣，望風瓦解，守令或開門出迎，或棄城竄匿，或爲所擒戮，無敢拒之者。

這條説的是河北諸郡縣，所云「百姓累世不識兵革」，也説明武周時突厥契丹擾動河北的那種情況，由於大軍區的建立，邊防力量的强大，不再出現，甚至久已遺忘。

以上所引記載或有誇大，但總的情況來看，「邊州置重兵，中原乃包其戈甲」的話，基本上是符合實際的。同樣，由於在大軍區内軍事指揮權的統一，足以調發足够的軍隊，從而鞏固了邊防，保證了内地的農業生産，也是事實。

邊兵盛强，節度使權重，是唐代軍事形勢的需要，因而曾起過積極的作用，但外重内輕的形勢既已形成，「天寶十四載（七五五）范陽兵起之後，朝廷實際上無兵可用。玄宗先命封常清東征，常清所統率的是在洛陽召募的新兵六萬人，史稱皆「市井白徒」。繼又命高仙芝東征，在長安召募的新兵十一萬，也是「市井子弟」。仙芝出發時所統有羽林飛騎、彍騎、新募兵、邊兵在京師者共五萬人，其實羽林飛騎和彍騎原來也募自市井白徒。封常清、高仙芝兵敗被誅，又命前河西隴右節度使哥舒翰代仙芝。哥舒翰自長安領兵八萬至潼關，史稱合仙芝、常清兵號三十萬，他新統的八萬人是否仍出自召募，史無明文，但其中當有徵自河隴的軍隊，兼有少數族部落兵，但絕大多數仍是新舊召募的所謂「白徒」。哥舒翰戰敗，潼關失守，玄宗倉卒出奔劍南，以後和安史作戰主要依靠的乃是朔方軍，也還有來自安西、北庭和河隴的軍隊。實際上朝廷和安史之争乃是以朔方爲主的西北邊防軍與東北邊防軍之争。

在平定安史之亂的過程中，中原各地相繼新設了不少節鎮，以扼守軍事要衝，不置節度使處亦置防禦使，以採訪使兼領，其後改名觀察使，例兼都團練使或都防禦使。這些新老節鎮當時都被特准自募軍隊、自調兵食以及自署使府官屬乃至本道郡縣官。〔一〕亂事平定之後，方鎮更擴展到全國，大則節度，小則觀察，均爲地方上最高軍政長官，「既有其土地，又有其人民，又有其甲兵，又有其財賦」，從而形成天下盡裂於方鎮的局面。這些藩鎮根據它們與中央的不同關係可以劃分爲各種類型，中外學者已作過大量研究，〔二〕人所周知，這裏不擬贅述。但就藩鎮兵的來源而言，不論哪一類藩鎮的兵士都基本上來自召募。上文業已論證，經過唐前期以來軍事形勢的演變和開元二十五年的重大改革，唐朝武裝力量在玄宗後期主要集中在自平盧到北庭一綫的北境大軍區中，兵士基本上全是來自召募、長住邊境的兵防健兒。安史亂後藩鎮由邊境推廣到内地，藩鎮兵士則主要由所謂官健組成。唐會要卷七八諸使雜録載代宗大曆十二年（七七七）五月定制：「其兵士量險隘召募，謂之健兒，給春冬衣

〔一〕唐大詔令集卷三六命三王制。
〔二〕日野開三郎：支那中世的軍閥，收入氏著東洋史學論集第一卷，三一書房一九八〇年版；王壽南：唐代藩鎮與中央關係之研究，嘉興水泥公司文化基金會一九六九年版；張國剛：唐代藩鎮研究，湖南教育出版社一九八七年版。

並家口糧。」通鑑卷二二五同條稱：「又定諸州兵，皆有常數，其召募給家糧、春冬衣者，謂之官健。」胡三省注官健云：「兵農既分，縣官費衣糧以養軍，謂之官健，猶言官所養健兒也。」〔二〕據之，藩鎮官健即相當於開元二十五年詔中兵防健兒。首先二者都是定額召募，即由各道長官按照國家額定的兵數自行召募。其次，二者都是職業雇傭軍。兵防健兒除按常例加賜外，本人又享受終身免除賦稅徭役的優待，家口情願同去邊鎮者還各給田宅。藩鎮官健除本人衣賜口糧以及傷殘退役後的生活保障之外，又發放兵士家口的糧餉，即由國家保證兵士家屬的生活來源。我們知道兵防健兒家屬只有情願者才隨遷邊鎮，由國家給田宅安置，而藩鎮官健的家屬則大量隨軍，由國家供應糧餉，從而使投募官健成爲養家活口的一種方式，較之兵防健兒，其職業雇傭性質更爲濃厚。這實際上是開元二十五年邊防兵制度在內地的擴展。

由於國家發放給官健的糧餉必須包括其家屬的生活費用，更由於安史之亂以來藩鎮兵力的膨脹，因而國家的軍費負擔沉重。安史之亂前的邊境軍費基本上仰賴中央度支調撥，安史亂中玄宗曾下令諸道「應須士馬、甲仗、糧賜並於當路自供」，即各道自行籌措。亂事平定後，四方大鎮仍然「自給於節度團練使」，無不「厚自奉養」。朝廷爲了限制諸道兵力，減輕軍費開支，於大曆十二年（七七七）核定諸道兵額，兩年以後的建中元年實行兩稅法，又通過派往各地的黜陟使核定諸道養兵費用，

〔二〕通鑑卷二二四唐代宗大曆三年末胡注。

確定兩税中留州、送使及上供的數額，此後各道軍費在原則上便從本道送使留州額中開支。〔一〕這實際上是將安史之亂以來軍費當道自供的狀態固定化和制度化，並企圖以「定額」的形式進行某種限制。但這些制度至多只能行於朝廷所實際控制的地區。

藩鎮官健强烈的雇傭職業兵性質和藩鎮軍費開支地方化的財政體制，使藩鎮兵制具有一些新的特點。

開元二十五年（七三七）兵防健兒基本上來自兩部分人，一是原來在鎮並情願長住邊境的兵募和健兒，一是從破産流亡的受田農民即客户中召募。兵募和健兒一般在家鄉本有土地、資産，募自客户的兵防健兒如果家口情願隨鎮，亦給田宅安置。藩鎮官健多募自没有固定職業的流民，一旦掛名軍籍，便全家隨軍，主要依靠糧餉衣賜及賞賜維持生計，所謂「仰綀廩養父母妻子」，如果突然罷兵歸農，便會無以爲生。〔二〕即使藩鎮兵中有的最初徵自農民，由於入伍後「有役干戈，無田耕稼」，亦脱離農桑，所謂「皆成父子之軍，不習農桑之業，一朝罷歸農畝，頓絶衣糧」。〔三〕可見不僅官健本人終身以當兵爲職業，而且由於全家隨軍，脱離農耕，子孫也只能把從軍視作出路，從而出現父終子繼、世襲爲兵的現象，這在唐代中後期十分普遍。如魏博牙兵自田承嗣以降皆「召募軍中子弟置之部下」，「父子

〔一〕 日野開三郎：藩鎮時代的州税三分制，史學雜誌六五卷第七期。上引張國剛唐代藩鎮研究第一一節。
〔二〕 舊唐書卷一四一田承嗣附田悦傳。
〔三〕 文苑英華卷四三七長慶元年三月十日叙用勛舊武臣德音。

相襲，親黨膠固」，即爲衆所熟知。而且唐後期詔敕中亦曾明確規定將士陣亡者「便由子弟填替」。〔一〕正因爲當兵是一種謀生的職業，所以我們看到與唐前期府兵、兵募的逃亡相反，中唐後朝廷裁減官健十分困難，不僅遭到節鎮長官的抵制，而且激起藩鎮兵士的强烈不滿，甚至導致藩鎮動亂。〔二〕也同樣因爲官健及其家口仰賴糧餉、衣賜爲生，如果藩鎮節帥不能按時發放足够的糧餉、衣賜，或「優獎不如意」，兵士就會訴諸武力，喧嘩求索，甚至變易主帥有如兒戲。〔三〕以上種種使唐代藩鎮官健具有所謂驕兵悍將的特點。還由於藩鎮所需要的是具有戰鬭力的職業軍人，因而勇健有力便成爲召募官健的最重要標準。但唯勇悍是取，致使社會上許多亡命無賴、無業遊民涌到軍隊裏來，藩鎮軍隊成分從而至爲複雜。此外，藩鎮兵士特别是節帥豢養的所謂牙兵、親軍，一方面具有「驕兵」的特點，另一方面又對主帥具有相當的依附性，雖名爲官健，實際上帶有很强的私兵色彩。〔四〕

藩鎮兵以出於召募終身甚至世襲從軍的官健爲主，但也有强制徵發一般百姓爲兵的，如田承嗣在魏博，李抱真在澤潞，均有大規模徵兵。〔五〕不過徵兵只是戰時擴充藩鎮軍的一種方式，這些兵士一

〔一〕舊唐書卷一八一羅弘信附子紹威傳；新唐書卷二一〇藩鎮魏博。唐大詔令集卷一二五平潞州德音、平徐州制。
〔二〕舊唐書卷一二七洪經綸傳，卷一七二蕭俛傳，卷一四一田承嗣附田悦傳。
〔三〕通鑑卷二四九宣宗大中十二年七月；舊唐書卷一八一羅弘信附子紹威傳；趙翼廿二史劄記卷二〇方鎮驕兵。
〔四〕參谷霽光泛論唐末五代的私兵和親軍、義兒，歷史研究一九八四年第二期。
〔五〕舊唐書卷一四一田承嗣傳，卷一三二李抱真傳。

且加入軍籍，領取衣糧賞賜，就成爲終身的職業雇傭兵，與召募的官健並無區別。此外還有「差點土人，春夏歸農，秋冬追集，給身糧醬菜」的團練兵，或稱爲團結兵、鄉兵、土團等，約與唐前期的團結兵相當，〔一〕不屬於藩鎮的正規部隊。總之，藩鎮兵的主體是來自召募的官健，他們是職業雇傭兵，這是對唐玄宗開元二十五年邊軍制度改革的繼承和發展。

第四節　北門軍的發展

唐王朝建立之初，就在宮城北面設置屯營，守衛玄武門。玉海卷一三八引鄴侯家傳云：

國初太原從義之師，願留宿衛爲心膂不歸者六萬，於渭北白渠之下七縣絶户膏腴之地，分給義師家爲永業，於縣下置太原田以居其父兄子弟。於龍首監置營以處，並爲臣高祖（李泌之高祖李仲威）起第於監内，謂之元從禁軍。……初元從軍老及缺，必取其家子弟、鄉親代之，謂之父子軍。

按新唐書卷五〇兵志叙北門軍之始，即本家傳，但「不歸者六萬」作「三萬」，又不云「於龍首監置營」。李淵太原起兵，所統舊部不過五六千人，絶大部分爲隋鷹揚府兵。入關時沿途收編擴充隊伍，其中有原隋府兵，也有隋末起義軍舊部，但絶大多數仍出於召募。〔二〕李淵進入長安後，守城衛宫，自必倚任

〔一〕唐會要卷七八諸使雜録上。參方積六關於唐代團結兵的探討，文史第二十六輯。

〔二〕大唐創業起居注卷一；舊唐書卷五八長孫順德傳、劉弘基傳、劉政會傳，卷六八段志玄傳；册府元龜卷三四五將帥部佐命姜寶誼、劉政會、楊屯、馬元規等條。

這批軍隊，但最初恐不限於守衛北門。這批「元從禁軍」在渭北白渠之下給予田宅，並移家口，又是父兄子弟遞代的世襲軍。

周隋兩代宿衛宮城，不論南衙北門均以番上府兵承擔，像唐代那樣專任守衛北門的「元從禁軍」，爲前代所無，然而都具有相同的特徵。十六國以來直至魏齊，禁衛軍基本上都以本族成員組成，本族成員最先都是「元從」，也是最可靠的武裝力量。西魏府兵初建也是帶有部族性質的軍隊，同樣是宇文政權最信賴的軍隊，因此付以守衛京師及皇宮的職責。南朝也有同樣的情形，如劉宋禁衛軍的前身即是劉裕在京口起兵時由所謂「彭沛鄉人」組成的義隊，宋孝武帝從其兄劉劭手中奪得帝位憑藉的是襄陽的軍隊，故登位後雍州籍將領紛紛轉爲禁軍將領。〔一〕自周建德五年（五七六）以後到隋開皇十年（五九〇），府兵制發生根本性的變化，部落兵性質喪失殆盡，因此隋朝在府兵之外並沒有更親密的軍隊，禁衛軍也就不可能有兩種不同的系統。盡管隋文帝曾設置左右宗衛，專以楊姓宗人充任，〔二〕但仍是擔任禁衛的諸府衛中的一支，不在府兵系統之外，且兵士來源既限於宗人，數量不可能很大。李淵起自太原，入關占領長安，建立唐皇朝，以最初跟隨他的部隊即所謂「太原元從」來承擔守衛皇宮職責，也正像魏齊以本族軍宿衛皇宮一樣，被認爲是最可靠的武裝力量，因爲這種軍隊與當時政權具有特殊的密切關係。府兵制發生變化以後，各地番上宿衛的衛士和皇室没有特殊關係，府兵和皇室

〔一〕參陳勇劉宋時期的皇權與禁衛軍，北京大學學報一九八八年第三期。
〔二〕隋書卷二八百官志下。

疏遠了，皇室需要有一支被認爲更可靠的禁衛軍，唐初「太原元從」遂首當其選。這一批「父子軍」究竟沿襲到何時，我們不知道，但却可以斷定隨着時間的推移，他們在北門軍中所占數量的比重日益縮小，武周以後是否還有「父子軍」存在則甚爲可疑。

由於宿衛皇宫的北門軍對皇室安全具有極端重要的作用，唐代前期多次發生的皇室内部鬭争幾乎都決定於北門軍的向背，這一點陳寅恪先生已有精闢的論證，無須贅述。〔一〕值得一提的是，隨着皇位的更迭，被認爲與皇室休戚相關的北門軍成員的構成，也不斷發生變化。

武德九年（六二六）六月四日太宗發動玄武門之變，太子建成及齊王元吉被殺。當時弟兄争立，建成之太子宫率及元吉之齊王府兵較之太宗之秦王府兵，實居優勢，而太宗之所以獲得勝利，即因溝通北門軍將領常何、敬君弘等，得以預先伏兵於玄武門，襲殺建成、元吉。而據守玄武門，便使尉遲敬德能持矛直入深宫，挾脅高祖，迫其下敕令諸軍並受秦王處分。〔二〕關於玄武門之變陳先生論述已詳，不須多説。當時北門屯營兵是否盡如家傳所云之元從父子軍，不可知。其中雖多太宗之黨，但與太宗關係最密切的軍隊乃秦王府之兵而非北門軍，秦王府的謀臣勇將如房玄齡、常何、張亮等多爲關東豪傑，或出自關中，如杜如晦、敬君弘等，因此太宗得繼皇位的元勛是秦王府將士。爲了鞏固已取得的勝利，事定之後，至少有部分秦府將士滲入北門軍，並掌握了指揮權。文館詞林卷四五三褚亮撰左

〔一〕陳寅恪：唐代政治史述論稿中篇，上海古籍出版社一九八二年版。
〔二〕通鑑卷一九一唐高祖武德九年。

屯衛大將軍周孝範碑銘：

武德五年（六二二）授秦王府右庫直、車騎將軍……九年六月改授太子右内率，仍檢校北門諸仗、宫率精兵，見稱歷載，儲闈禦武，允光顯職。奉鷄戟以趨侍，肅龍樓而巡警。其年授千牛將軍，封宜春縣公、食邑一千户。……貞觀元年，授右屯衛將軍，於玄武門領兵宿衛。仍以本職出使北藩，……使還，又領玄武門内左右廁仗。

按碑稱周孝範爲汝南人，曾祖及祖歷仕梁陳，父仕隋朝，並官位顯達。然孝範在隋出身齊王典籤，爲交趾郡倉曹書佐，疑上世官爵及郡望均非事實。他在武德五年已入秦王府，九年玄武門事變後，太宗爲太子，他也遷任太子右内率，檢校北門諸仗，太宗即位，他又以屯衛將軍於玄武門宿衛。他官職屢遷，所領兵士大概一直是秦王府兵。自武德九年以後，周孝範即領秦府兵宿衛玄武門，所領兵也就成爲北門屯營兵。這些出於秦王府的將士當然是太宗最信任的親兵，我們相信玄武門事變之後，北門警衛必然有一次調整，北門軍的骨幹應爲原秦王府將士而非太原元從。

唐自重建府兵後，南衙諸衛以府兵番上宿衛，北門軍可能也有選自府兵，但不是主要組成部分。不過自武德以至高宗初年，北門屯營的兵士來源雖與南衙十二衛所領兵不同，名義上却一直隸屬屯衛。北門屯營没有自己的將軍和官屬，統率屯營的將軍各有本官。唐會要卷七二京城諸軍羽林軍條稱：「貞觀十二年（六三八）十一月三日，於玄武門置左右屯營，以諸衛將軍領之，其兵名曰飛騎。」按玄武門屯營武德時已有之，貞觀十二年或是分爲左右，並名其兵爲飛騎。但那時領屯營的仍然是諸衛將軍，這是差遣，並無正官。我們知道武德時敬君弘以驃騎將軍及雲麾將軍領屯營，貞觀初周孝範以右屯衛將軍於玄武門領兵宿衛，十二年仍如舊例而已。直到高宗龍朔二年（六六二），改屯衛爲威衛，北門屯營始脱離屯衛成爲獨立的軍事組織，號羽林軍，設置大將軍、將軍等官。〔一〕

羽林軍的前身即是北門左右屯營，所領兵馬爲飛騎，溯其淵源亦可上推於武德之太原元從禁軍，貞觀初當滲入了秦府兵，但以後數十年間，兵士補代很難相信仍是世襲的父子兵。根據史籍記載，玄宗統治時期有時從衛士中選取，有時召募勇力之士，大致天寶年間，都是以召募方式選取身材、體力、武藝合乎規格的兵士。〔二〕

玄宗初年上承武周以來的發展，羽林軍又分出了龍武軍。

龍武軍由隨從皇帝遊獵的射生手所謂「百騎」發展擴充而來。玉海卷一三八引鄴侯家傳以爲百騎是高祖時從元從禁軍中選取，唐會要卷七二京城諸軍羽林軍條，通典卷二八羽林衛條和新唐書卷五〇兵志都以爲太宗從飛騎，亦即從飛騎所屬之北門屯營中選拔。舊唐書卷一〇六王毛仲傳以爲太宗從官户蕃口中選拔。記載不同，但原先只是百人組成的射生手，隸屬於北門屯營，羽林軍成立後，隸屬羽林。高宗永昌元年（六八九）擴大爲千騎，經歷武周以至中宗，兵衆日益增加，又擴大爲萬騎。由百而千，由千而萬，在發展過程中兵士來源不可能從羽林軍中選拔。一個來源如王毛仲傳所云乃

〔一〕　拙撰唐書兵志箋正第八三——八五頁（文集本九一——九四頁）。

〔二〕　拙撰唐書兵志箋正第八七——八八頁（文集本九六——九七頁）。

出於官户蕃口，通鑑卷二一〇景雲元年（七一〇）八月條記「停以户奴爲萬騎」，〔一〕胡注「户奴爲萬騎，蓋必起於永昌之後」，雖然只是推測，可能是對的，但不可能擴大隊伍全取之官户蕃口。我想羽林軍大都出於召募，萬騎亦當相同，但官户蕃口應當占一定的比例。

中宗時，玄宗爲臨淄王，蓄意結納萬騎營將領，玄宗家奴王毛仲可能是溝通玄宗與萬騎將領間的重要人物。據兩唐書王毛仲傳，他本是高麗人，其父犯罪没官，所以王毛仲自己也就是出身於官户蕃口。中宗死後，韋后專政，玄宗在萬騎將領葛福順、陳玄禮等的支持下，發動宫廷政變，殺死韋皇后，推立睿宗（玄宗父）。睿宗初登位即命平王隆基（玄宗）押左右廂萬騎，〔二〕萬騎將領有功者加號「唐元功臣」，受到優厚待遇。萬騎名義上仍屬羽林軍，實際上已獨自成軍，所以左右羽林與左右萬騎並列爲北門四軍。〔三〕至開元二十六年（七三八），萬騎始自羽林分出，號爲龍武軍。睿宗景雲元年已停户奴爲萬騎，以後擴大補充全都出於召募，而且幾乎全都是長安居民。舊唐書卷一〇六王毛仲傳：

及玄宗爲皇太子監國，因奏改左右萬騎左右營爲龍武軍，與左右羽林爲北門四軍（原誤作北

〔一〕唐會要卷七二京城諸軍記停户奴爲萬騎在中宗景龍元年十月，未知孰是。參拙撰唐書兵志箋正第八九頁（文集本九八頁）。

〔二〕舊唐書卷七睿宗紀唐隆元年（中宗子温王重茂即位的年號）六月記：「殿中兼知内外閑厩、檢校龍武右軍、仍押左右廂萬騎平王諱同中書門下三品。」按其時萬騎尚未自羽林分出爲龍武軍，檢校龍武右軍乃羽林之誤。見拙撰唐書兵志箋正第九二頁（文集本一〇一——一〇二頁）。

〔三〕拙撰唐書兵志箋正第九二——九三頁（文集本一〇二頁）。

四門軍），以福順等爲將軍以押之。龍武官盡功臣，受錫賚，號爲「唐元功臣」。長安良家子避徵徭，納資以求隸於其中，遂每軍至數千人。

按本傳以萬騎改號龍武軍在玄宗爲太子時雖誤，〔二〕然萬騎既與玄宗有特殊關係，被視爲最可信賴之親兵，因而待遇加於羽林，應是事實。本傳特别提到長安良家子爲了避徵徭納資以隸其中。以入軍爲逃避徵徭的途徑，似乎很奇怪，其所以有這種現象，就因爲北門軍責在守衛皇宫，不但無征鎮之役，而且身爲軍人，一切雜徭差科乃至租調全都免除。實際上投充北門軍和投充色役一樣，都是納資以避役。

王毛仲傳所述雖是萬騎，其實羽林軍同樣爲避徵役之所，可能由於萬騎或龍武軍地位特殊，隸身其中更爲安全，待遇更爲優厚，所以求入者更多。爲了避兵役而當兵，顯然這種軍隊是不可能真正用以作戰的。唐會要卷七二軍雜録：

天寶末，天子以中原太平，修文教，廢武備。……惟邊州置重兵，中原乃包其戈甲，示不復用，人至老不聞戰聲。六軍（按其時只有四軍）諸衛（按諸衛此時已無府兵上番，當指彍騎）之士，皆市人白徒，富者販（疑當作服）繒綵，食粱肉，壯者角抵拔河，翹木扛鐵，日以寢鬬，有事乃股慄不能授甲。

本條所述爲天寶末長安禁軍酣嬉忘戰的情況，其實由來已久。如王毛仲傳所云，睿宗時萬騎已皆是

〔一〕拙撰唐書兵志箋正第九三頁（文集本一〇二頁）。

長安市民避徵徭之所。投軍以避兵役誠是奇怪的現象，但這種奇怪現象以後還要繼續下去。

唐初以來北門禁軍固然在宫廷政變中起過重大作用，兵數却並不太多。據王毛仲傳，左右萬騎每軍只數千人，左右羽林也大抵差不多。〔一〕若如鄴侯家傳所説，武德時北門的元從禁軍已有六萬人，或如兵志亦三萬人，乃是全部願留不歸的太原元從，非止宿衛北門之屯營軍。

安禄山兵陷潼關，北門軍部分隨玄宗入蜀，從者不過千人，留給太子（肅宗）的兩千人，沿路逃亡，從入朔方的不滿百人，〔二〕當然也還有從命隨駕而留居長安或逃還的。總之天寶十五載（七五六）五月玄宗西行後，北門四軍便已瓦解，肅宗於靈武即位，改元至德，二年（七五七）置左右神武軍，兵額兩千人，雖説「先取元扈從官子弟充，不足任於諸色中簡取」，實際上隨從肅宗到達靈武的文武官（包括四軍軍官）不多，所謂他色，當指白扶風到靈武沿路召募之衆，左右神武軍與左右羽林、龍武以後同列爲六軍，肅代兩朝，六軍以外，新置軍名甚多，雖多不記兵士來源，大抵從原有諸軍中分置或出自召募，這些軍名的分並置廢，無關重要，史籍記載不詳，也無須考證。安史亂後北門軍的變化不外神策軍的擴大，最後成爲唐皇朝幾乎是唯一的軍事支柱，其二是北衙神策及六軍由宦官掌握。這兩點也是古今治史者所習知，這裏只是稍爲申述而已。

如上所述，北衙禁軍在唐代前期雖逐漸增多，至天寶末四軍合計不過三四萬人。武則天垂拱元

〔一〕唐會要卷七二京城諸軍載天寶七載七月二十日敕：「左右羽林軍飛騎，請準後加數，通舊一萬五千人爲定額，六番上下。」

〔二〕玉海卷一三八引鄴侯家傳；新唐書卷五〇兵志。

年羽林軍所領名爲羽林郎，只六千人。天寶末定額一萬五千人。唐初以來北門軍來源隨時有變化，總的傾向是出於召募，應募的至少不小一部分是長安避役市民，根本没有真正的戰鬭力，除特殊情況以外，北門禁軍基本上不出征。安史亂後，原有北門四軍實際上已不復存在，肅宗時别置神武軍，和重新組成的羽林、龍武號稱六軍，隨後又設置一些六軍以外的禁軍。新置諸軍也有如過去一樣曾在宫廷政變中起作用，如擁立代宗的寶應射生，一般都没有作爲真正的戰鬭力量使用。直到代宗廣德元年（七六三）朝廷才開始有了一支具有較强戰鬭力的禁軍，即神策軍。

據唐會要卷七二神策軍條和新唐書卷五〇兵志，神策軍本是天寶中哥舒翰擊敗吐蕃，在臨洮西之磨環川設置的軍名。安禄山反，軍使成如璆派遣部將衛伯玉領兵千餘人援助朝廷，以後吐蕃占領隴右，這支軍隊就留下來，衛伯玉由神策軍兵馬使升遷爲神策軍節度使。乾元二年（七五九）神策軍參加著稱的相州包圍戰，唐朝九節度之師被史思明擊敗，衛伯玉收兵回屯陝州。相州大戰時，匯聚了九節度之師却不置統帥，代宗派遣親信宦官魚朝恩爲觀軍容使，實即總監軍，兵敗後他也到了陝州，並掌握了神策軍。廣德元年吐蕃内侵，占領長安，肅宗先已出奔陝州，當然神策軍是依靠的武裝力量。吐蕃撤退後，代宗還京，神策軍也從入長安，那時已與六軍和其它禁軍並列，逐漸成爲北門禁軍之首。〔一〕

神策軍是駐防前綫的邊防軍，據舊唐書卷一一五衛伯玉傳，他曾率領此軍擊退史思明攻陝的騎

〔一〕兩唐書衛伯玉傳稱伯玉來自安西與會要、兵志所載不合。關於衛伯玉與神策軍的關係，以及伯玉曾任安西四鎮行營節度使事，當别爲考證。

兵，〔一〕是有戰鬭力的隊伍。神策軍既成爲禁軍，衛伯玉出任荆南節度使，宦官魚朝恩以天下觀軍容宣慰處置使的地位掌握神策軍。那時神策軍不設大將軍、將軍，只有都知兵馬使一員。代宗和德宗初，神策軍兵數究有多少，不詳，但那時常以神策軍出征，大抵出兵二千至四千，通計全軍可能在五千以上，但不會太多，它的大規模擴充應在德宗時。舊唐書卷一三五白志貞傳：

德宗嘗召見與語，引爲腹心，遂用爲神策軍使。……建中四年（七八三），李希烈陷汝州，命志貞爲京城召募使。時尚父子儀婿端王傅吴仲孺家財巨萬，以國家召募有急，懼不自安，乃上表請以子弟率奴客從軍，德宗嘉之，超授五品官。由是志貞請令節度、觀察、團練等使並嘗爲是官者，令家出子弟甲馬從軍，亦與其男官。是時豪家不肖子幸之，貧而有知者苦之。自是京師人心摇震，不保家室。時禁軍募致，悉委志貞，兩軍應赴京師，殺傷殆盡，都不奏聞，皆以京師沽販之徒以填其闕。其人皆在市廛，及涇師犯闕，詔志貞以神策軍拒賊，無人至者，上無以禦寇，乃圖出幸。時令狐建以龍武軍四百人從駕至奉天，仍以志貞爲行在都知兵馬使。

按白志貞本爲神策軍使，其爲京城召募使，所募者不知是否名隸神策，下云「兩軍應赴京師，死傷殆盡」，兩軍當即指神策軍，但當時神策軍尚未分左右軍，自是史家習於慣稱而誤。神策軍本在京師，何以説「應赴京師」？那時李晟已以神策先鋒都知兵馬使統兵三千出征河北，〔二〕本傳説白志貞任京城

〔一〕本傳稱伯玉兩次擊敗史思明之軍，疑實是一事兩記。

〔二〕舊唐書卷一三三李晟傳。

召募使，是爲了討河南的李希烈，所云「殺傷殆盡」，當兼此二次出征之神策軍。「殺傷殆盡」疑是誇大，後來李晟從河北還軍長安，先後與朱泚、李懷光所領軍作戰，也還是神策軍，正由於神策軍部分出征，志貞才以「京師沽販之徒」補闕，而以沽販充禁軍，也是舊例。

安史之亂前，北門禁軍一般不外出征鎮，已如前述。神策軍在廣德元年（七六三）代宗入長安後，已是禁軍，但在代宗大曆末已有出外征鎮的記載。〔一〕德宗建中年間，神策軍征鎮就屢見不鮮了。通鑑卷二二六德宗建中元年（七八〇）四月記，命朱泚、李懷光討劉文喜於涇州，「又命神策軍使張巨濟將禁兵二千助之」，建中二年，李晟以神策先鋒都知兵馬使率神策軍征河北，大曆末已駐鎮京西（奉天）的神策軍將領陽惠元也將兵三千參與東征田悅。〔二〕

自魚朝恩死後，神策軍由軍使統率。建中四年（七八三），德宗以涇原兵變逃奔奉天，後又以李懷光叛變，再奔興元。返長安後，始分神策左右軍，置大將軍、將軍，地位始同六軍，而駕於其上。並命宦官竇文場，王希遷爲監勾當左右神策軍，尚是監軍。貞元十二年（七九六）竇文場、霍仙鳴分別爲左右神策護軍中尉。原先神策軍大將軍還掌握一定的實權，自柏良器被宦官排斥之後，兩軍全由中尉主管，大將軍、將軍和後置的統軍都喪失了權力，直至唐末，禁軍中具有實力的神策軍和所有其他禁軍全部由宦官掌握。

〔一〕舊唐書卷一九六下吐蕃傳，卷一四四尚可孤傳，同卷陽惠元傳。
〔二〕舊唐書卷一三三李晟傳，卷一四四陽惠元傳。

上文已經提到，德宗時神策軍外出征鎮的記載屢見不鮮，貞元以後，神策軍日益擴大，由神策軍鎮防的城鎮分布於長安之西北和北面，最多時達到十二或十三鎮，設置京西和京北神策行營節度使分統之。所有諸城鎮直屬長安的兩中尉，不受行營節度使指揮（除非獲得中尉批准），這些鎮防兵名爲禁軍，實際上是長鎮邊防軍，並非像初期那樣來自長安神策總部，因此神策軍分爲兩大類：一是在長安宿衛的左右神策，那是真正的北門禁軍，另一部分是在京西北駐防的隸屬神策的鎮防軍。二者不相兼，作爲北門禁軍的部分貞元以後和所有禁軍一樣，基本上不承擔征鎮任務，駐防諸城鎮的神策軍也並不番上宿衛。〔一〕

神策兩大類兵士的來源、任務、作用各不相同，基本上與過去禁軍與邊防軍的區别相似。長安兩軍兵士和玄宗時的羽林、龍武一樣，也和同時的六軍及其他一切禁軍一樣，主要來自城内商販和各色各樣的市民。唐會要卷七二京城諸軍元和十三年（八一八）十二月敕下原注云：

自貞元以來，長安富户皆隸要司求影庇，禁軍挂籍，十五六焉。至有恃其多藏，安處闤闠，身不宿衛，以錢代行，謂之納課户。至是禁絶。

納課户不止於禁軍，更不限於神策兩軍，但是兩軍却是庇護納課户的最可靠的場所。新唐書卷五〇兵志亦稱：「自德宗幸梁還，以神策兵有勞，皆號興元元從奉天定難功臣，恕死罪，中書、御史府、兵部

〔一〕參日野開三郎氏神策禁軍的發展，載東洋史學論集第一卷第一部第四章，三一書房一九八〇年版。

乃不能歲比其籍，京兆又不敢總舉名實。三輔人假比於軍，一牒至十數。長安姦人多寓占兩軍。」上引唐會要所云「至是禁絶」，真實意義不過是從此開始禁止，但此後並没有真正禁絶，我們看到元和以後關於納課户的處理三令五申，多見記載，無須多説。〔一〕這裏我們只想指出，這種情況早見於玄宗時，其所以如此，一個最根本的原因就在於投軍可以避役。

長安宿衛的神策軍兵士既多出於長安富人之納課户，當然戰鬭力很弱。通鑑卷二五四僖宗廣明元年（八八〇）十一月記黄巢起義軍北上，遣神策兵赴潼關事云：

上命選兩神策弩手得二千八百人，令張承範等將以赴之。丁卯，黄巢陷東都。……田令孜奏募坊市人數千以補兩軍。……乙亥，張承範等將神策弩手發京師。神策軍士皆長安富家子，賂宦官竄名軍籍，厚得稟賜，但華衣怒馬，憑勢使氣，未嘗更戰陣，聞當出征，父子聚泣，多以金帛雇病坊貧人代行，往往不能操兵。

唐末神策兩軍兵士未必都是富家子弟，但大抵出自長安市人。以市人爲禁軍主要組成部分，一見於玄宗時，再見於德宗建中四年（七八三）白志貞的召募，三見於元和中之禁止納課户，四見於廣明元年（八八〇）出守潼關之神策弩手，充分説明禁軍之以市人爲主要組成部分是歷史的傳統。出於邊鎮的神策軍自列於禁軍之後，雖然在早期還保持一定的戰鬭力，但爲時不久，其在京宿衛的兩軍不免重蹈

〔一〕唐會要卷七二京城諸軍；新唐書卷五〇兵志。

故轍。宦官用以挾制宮廷則有餘，用於作戰則不堪一擊。

駐防京西北城鎮的神策軍來歷不一。有的原先以神策軍出戍，如神策大將尚可孤自代宗時到德宗初以禁兵三千鎮扶風、武功十餘年，建中四年統兵討李希烈，涇卒之變，命可孤還軍守藍田，興元元年（七八四），爲神策京畿渭南、商州節度使。可孤所率征鎮之兵，最初是三千禁兵，以後大概有擴充，但仍然是神策軍，却已非禁軍。又如韓全義，他「少從禁軍，事竇文場。及文場爲中尉，用全義爲帳中偏將，典禁兵在長武城。貞元十三年，爲神策行營節度，長武城使」。〔一〕可知長武城兵原先來自長安神策軍。有的本非神策軍，却以本部兵隸屬神策。如陽惠元，代宗時自平盧渡海歸朝，「以兵隸神策，充神策京西兵馬使，鎮奉天」，德宗建中二年（七八一）河北兵起，「乃詔移京西戍兵萬二千人以備關東」。這支軍隊不全是名隸神策的京西鎮兵。陽惠元是都將，至少所統來自平盧或以後召募之兵固非禁軍。〔二〕尚可孤和陽惠元都是代宗時已以神策軍出鎮。德宗時還有不少本來駐守京西北城鎮的軍隊，不屬神策行營，爲了神策駐防軍待遇優厚，自己要求隸名神策。陸宣公集卷一九論緣邊守備事宜狀有云：

又有素非禁旅，本是邊軍，將校詭爲媚詞，因請遥隸神策，不離舊所，唯改虚名，其於廩賜之饒，遂有三倍之益。

〔一〕 舊唐書卷一四四尚可孤傳，卷一六二韓全義傳。

〔二〕 舊唐書卷一四四陽惠元傳。

據舊唐書李晟傳，早在德宗初年，「神策軍以舊例給賜厚於諸軍」，說明神策軍所建不久，即已享受特殊待遇。諸城鎮神策軍來源不一，不論本出自禁軍，或者將帥率部隸名神策，甚至本是鎮兵，虛名遥隸，都是久戍邊鎮，並不宿衛。諸城鎮軍大概多少不等有所擴大，由於久鎮邊境時有戰事，因此一般具有一定的戰鬬力，與長安宿衛的左右兩軍不同。舊唐書卷一五一高崇文傳：

其先渤海人。崇文生幽州，朴厚寡言，少從平盧軍。貞元中，隨韓全義鎮長武城，治軍有聲。五年（七八九）夏，吐蕃三萬寇寧州，崇文率甲士三千救之，戰於佛堂原，大破之，死者過半。韓全義入覲，崇文掌行營節度留務，遷兼御史中丞。十四年（七九八），爲長武城使，積粟練兵，軍聲大振。永貞元年（八〇五）冬，劉闢阻兵，朝議討伐，宰臣杜黄裳以爲獨任崇文，可以成功。元和元年春，拜檢校工部尚書、兼御史大夫，充左神策行營節度使，兼統左右神策、奉天麟游諸鎮兵以討闢。……崇文在長武城，練卒五千，常若寇至。及是，中使至長武，卯時宣命，而辰時出師五千，器用無闕者。

按高崇文原先也是平盧軍卒，不知何時投入神策軍，隨韓全義鎮長武城。以後代全義爲城使。全義所領兵爲神策禁軍，已如前述。舊唐書卷一六二韓全義傳載全義遷夏綏銀宥節度使，「詔以長武兵赴鎮」。全義一向不得軍心，這時詔書未下，兵士們先已得知，相互商量，認爲「夏州沙磧之地，無耕蠶生業，盛夏遷徙，吾所不能」。遂發生兵變，全義踰城逃免，殺了兩個將領。那時高崇文爲都虞候，制止了這次亂事，「全義方獲赴鎮」。從這裏可以知道，原出於禁軍的長武城兵似乎在長武安於其地，不樂遷徙。我們不知道全義赴夏州最後究竟有没有帶着長武城兵去，即使帶去也只能是一部分，因長武不能無兵。但如高崇文傳所云，他練兵五千，可能是全義去後所建置的，應是補上全義所帶走的闕額，如果全義未曾帶走則是擴充，總之，這五千兵不像出於原先的禁軍。崇文奉命征蜀，所領的五千長武兵同樣絶不可能是長武兵的全部，應即是他特意訓練以備非常的那五千人。除此以外他又統率奉天麟游諸鎮兵，也是隸於神策的城鎮兵。據此，元和元年（八〇六）高崇文征蜀，所領的全是神策京西、北城鎮兵，並無長安禁軍參加。而這次征蜀很快就取得勝利，既平兩川，高崇文被任命爲西川節度使。他在長武訓練的兵士是否也隨留西川，我們不知道，推測不可能没有。那麽留在西川的長武兵當然也不再掛上神策之名了。同時可以想見，次任長武城使必須召募新兵以補缺額，而不是由京城神策派兵來填補。總之，韓全義所領來自長安的神策軍，大約經過一二十年已所存無幾，以後長武城兵雖然仍名係神策，兵士來源却截然不同。

這些駐防京西、北諸城鎮的神策軍屢有戰功，直到元和元年（八〇六）仍然具有較强的戰鬬力，而在京的神策軍却早已不堪作戰。元和四年十月下詔討成德王承宗，以神策左軍中尉吐突承璀爲鎮州行營招討處置等使，以龍武將軍趙萬敵爲神策先鋒將，當時盡管群臣切諫不可以宦官爲統帥，却只改「處置」爲「宣慰」，實際上仍是統率神策及諸方鎮兵的統帥。這次是以承璀所領神策軍爲主力，舊唐書卷一四憲宗紀元和四年（八〇九）十月己亥書：「吐突承璀軍發京師，上御通化門勞遣之。」承璀所領全是長安的神策軍，亦即以長安市人爲主要成分之北門禁軍。兵至敵境，方一交戰，先喪大將。白氏長慶集卷四二請罷兵第二狀：

今承璀自去已來，未敢苦戰，已喪大將，先挫軍威，至今與（盧）從史四軍入賊界，下營未得。……況神策官健又最烏雜，以城市之人例皆不慣，如此忽思生路，或有奔逃。一人若逃，百人相扇；一軍若散，諸軍必搖。事忽至此，悔將何及。

白居易明白指出，神策官健是出於城市之人的烏合之衆，與建中四年白志貞所募，會要所載貞元以來之納課户相同。很明顯，宿衛北門的神策軍與隸屬京西、北諸城鎮兵來源已異，邊境防禦和宫廷宿衛，勞逸又絶不相同，同號爲神策，同在元和初年，戰鬭力的强弱却判然有别。自這次神策軍出征失敗後，元和間征淮西，征淄青，會昌間征澤潞，都没有以神策軍出征。而京西、北諸城鎮也由於邊境軍事趨於緩和，將帥多出自神策，往往以賄賂受任，因而戰鬭力也日衰，但較之京城禁軍畢竟還是强一些。至唐末黄巢起義軍入長安，以市人爲主組成的長安神策軍望風奔逃，已如前述。僖宗奔蜀，鳳翔節度使鄭畋集合軍隊抗拒義軍，除了鳳翔本部軍以外，通鑑卷二五四僖宗廣明元年（八八〇）十二月稱：「時禁兵分鎮關中者尚數萬，聞天子幸蜀，無所歸，畋使人招之，皆往從畋，畋分財以結其心，軍勢大振。」本條胡注謂分鎮關中的禁兵即神策諸城鎮兵。鄭畋所集結的這支部隊以後是唐朝抗拒起義軍進攻長安的一份力量。

黄巢起義軍入長安，京城之神策軍業已潰散，僖宗奔成都，田令孜募神策新軍五十四都，每都五千人。僖、昭時不斷發生政變，方鎮兵多次進軍長安，神策軍除了作爲宦官威脅皇帝的工具外，從來不能拒禦來自各道的方鎮兵。最後宰相崔胤引朱温的汴梁軍入京，盡除宦官，神策軍以後不再存在。關於這一時期發生的亂事以及神策和其他禁軍的消滅，實際上只是起義軍攻入長安神策軍潰散後的餘波，無須贅述。

神策軍自代宗廣德以後，曾經是唐皇室賴以支持其中央政權的軍事力量。德宗貞元以後，這支軍隊成員的組成主要出於長安商賈及其他各色市民，步着過去羽林龍武的後塵，投軍成爲影庇避役之所，戰鬭力日益衰弱，宿衛北門的神策左右軍除了作爲宦官控制政局的工具以外，僅在憲宗元和三年（八〇八）有過一次吐突承璀主持的東征成德，是役失敗以後，再也不聞有外出征鎮之事。神策中尉統帥的還有分布於京西、北諸城鎮防禦來犯之敵的神策軍，這批外鎮兵士最初或是久戍不歸的神策禁軍，更有他鎮將帥率部投奔神策的，也還有本是鎮兵爲了貪圖厚賜而自請遥隸神策的，不管來自何方，補替擴充主要出自召募，但應募者絕不像禁軍那樣來自城市，而是出於邊境，當然也可能有子弟補替，這些外鎮神策軍從不宿衛，他們職在防禦（主要是吐蕃），因而具有一定的戰鬭力。

盡管神策禁軍成爲宦官控制政局的政治工具，商人、游手、富家子弟的避役淵藪，但仍然是代表皇室權威的軍事力量。唐皇室和宦官存在着相互依賴又相互矛盾的特殊關係。皇室必須依靠軍隊支持，而迫在肘腋的最親切的禁軍却掌握在宦官手中。宦官是以唐朝皇帝的名義掌握政權的，它代表的是皇權，憑仗兵權宦官可以發動宫廷政變，操縱皇位繼承，但却不能脱離皇室。皇帝曾經不止一次地設法擺脱宦官的控制，然而都失敗了，因爲皇帝不實際掌握兵權。最後，宦官掌握的神策軍已十分衰弱，但還必須藉助於方鎮兵才能鏟除宦官，而宦官既除，與之相互依賴的唐皇朝也喪失了哪怕十分衰弱的一點軍事力量，終至於滅亡。

以上我們叙述了唐代北門禁軍的産生和發展。産生北門禁軍的主要原因是府兵制本質的變化。我們在前篇業已論證。西魏、北周時期的府兵制帶有部落兵性質，出於鮮卑武川系軍人的宇文氏政權，和以武川軍人爲骨幹的北鎮軍民所組成的府兵，存在着非常密切的關係，善於騎射的府兵不僅具有很强的戰鬬力，而且是最親信最可靠的武裝力量，因而以之宿衛京師，無論守城還是衛宫，完全可以合一。隋文帝開皇十年（五九〇）徹底改革府兵制，這個漢族政權得以在周武帝改革的基礎上進一步清洗部落軍痕迹，從而使長安的守城與衛宫全由諸州番上府兵承擔。這些宿衛兵士和皇室並無特殊關係，而且由諸州輪番上下，也不可能發生密切關係。隋文帝並没有在府兵以外别置宫衛禁軍，煬帝却建立了一支來自召募的驍果，當然他認爲驍果是可靠的親兵，但是募自關中的驍果終於背叛了這位拋棄關中而親南方的皇帝。唐代自始即有非府兵的與皇室有密切關係的太原元從禁軍，以後貞觀初的秦府兵，玄宗時期的龍武軍，肅宗時的神武軍，代宗初期的寶應射生，都分别是和當今皇帝有密切關係的軍隊，在不同時期被認爲是最可靠的親兵。代宗廣德以後，出於隴右的神策軍進入長安，成爲禁軍，由於具有邊防軍的戰鬬力，從而成爲朝廷唯一可以信賴的武裝力量。代德間，除了一個短時期以外，皇帝都把這支軍隊以及所有其他禁軍交給自己最親信的宦官來統帥，從此神策軍成爲宦官操縱政局左右皇室的工具，唐皇朝賴以支撑的禁軍既由宦官掌握，最後不能不與宦官共存亡，歷史的結局正是如此。

北門禁軍的來源本來不出一途，並且隨時有變化，召募的比例越來越高却是一個基本傾向，最後則以召募爲其主要來源，而召募又主要出於長安市人。

如果總括唐代軍事制度的變化，最重要的也就是從徵發制到召募制，與之相應的則是番上義務兵變爲職業雇傭兵。這一變化固然表現爲府兵制的破壞，却絕不限於府兵，還包括兵募，甚至毋寧說首先表現爲兵募徵發制的破壞。如上所述，唐代軍事制度的變化根源於唐代經濟社會内部各種矛盾的發展，是封建社會歷史發展的必然。

第四章　唐代學術思想的變化

第一節　經　學

唐朝是中國封建社會的鼎盛時期，也是當時世界上最富强最文明的國家之一，唐代文化更以其輝煌成就和宏偉氣魄著稱於史。經過漢末以來數百年的動亂分裂之後而形成的大一統局面，決定了唐皇朝能够在文化上兼收並蓄、廣採博取。她不但繼承了漢魏南北朝以來流散到長江以南、河西走廊等地區的華夏傳統文化，而且採擷了國内各少數民族文化的精華。值得特别指出的是，由於唐帝國的重要國際地位和卓越經濟、文化成就，當時亞洲各國以及部分歐非國家樂於與之交往，使她成爲當時世界上文化交流的中心之一，而唐皇朝又以高度的自信心，「對於别系的文化抱有極恢廓的胸襟與極精嚴的抉擇，決不輕易地崇拜或輕易地唾棄」（魯迅語），而是廣泛吸收各種外來營養，提煉取捨，融匯消化，弘揚以爲己用。正是由於各種文化的匯聚、鎔冶，有抉擇地汲取和創造性地發展，使中國古代文明在唐代達到了它的高度發展階段。關於唐代文化的廣泛成就這裏不能詳述，本章僅對唐代學術思想的演變大勢稍作勾劃，並特别注意與南朝學風的繼承關係。

前篇已經談到，南北朝時周易、尚書、春秋左氏傳三經的注釋，南北崇尚不同，大抵南人受玄學影響，特重義解，北人守漢儒傳統，重章句名物。入隋以後，如隋書經籍志所稱，周易則「王注盛行，鄭學浸微」；尚書則「孔鄭並行，而鄭氏甚微」；左傳亦「杜氏盛行，服義浸微」；南學已占絶對優勢。唐太宗貞觀中國子祭酒孔穎達奉命撰定五經正義成書，凡一百八十卷，詔付國子監施行。正義於周易取王弼注，尚書取僞孔安國傳，左氏傳取杜預集解，皆捨北從南。自此周易、尚書的鄭玄注，左氏傳的服虔注，湮没不傳。這是經學史上一個重大的轉折，後人論述甚多，而尊崇漢學的經師對之極爲不滿。這裏只引清末皮錫瑞經學歷史中的一段話，以概其餘：

其所定五經疏，易主王注，書主孔傳，左氏主杜解；鄭注易、書，服注左氏，皆置不取。論者責其朱紫無别，真贋莫分，唐初編定諸儒誠不得辭其咎。而據隋經籍志，鄭注易、書，服注左氏，在隋已浸微將絶，則在唐初已成「廣陵散」矣。

孔穎達爲劉焯弟子，劉焯、劉炫爲隋代經學大師，他們所作上述三經義疏業已捨北從南。孔穎達雖然對他的老師未必心悦誠服，甚至認爲劉焯「織綜經文，穿鑿孔穴，詭其新見，異彼前儒」，劉炫「義更太略，辭又過華，雖爲文筆之善，乃非開奬之路」，也就是批評他們違背漢儒「樸實説經之體」，染上了南學玄風。〔一〕但孔穎達實際上是注重師承的，就經學重南輕北的基本傾向而言，孔穎達和二劉完全一致。隋書儒林傳序歷叙南北章句好尚互有不同之後作了總的評價，即「南學約簡，得其英華；北學深

〔一〕 舊唐書卷七三孔穎達傳；全唐文卷一四六孔穎達尚書正義序。

蕪，窮其枝葉」。揚南抑北顯而易見。隋書撰成於貞觀十年（六三三）。主編是魏徵，孔穎達亦爲參加撰述者之一，很可能儒林傳即爲孔氏執筆。這種意有偏向的評價關係到經學注釋的從違，從而影響到科舉考試經義的從違，事關重大，如果得不到主編魏徵的同意，不可能作出這種評價。隋書、五經正義都是敕撰的官書，由唐太宗下詔頒行，也可以説這一評價是獲得太宗同意的。事實上太宗在南北學之間的傾向也是很明顯的。我們知道五經正義所依據的經書定本出自顏師古，舊唐書卷七三顏師古傳稱太宗以經籍「文字訛謬」，命顏師古於祕書省考定五經，貞觀七年，〔一〕正式「頒其所定之書於天下，令學者習焉」。皮錫瑞經學歷史稱：「師古爲顏之推後人，之推本南人，晚歸北，其作家訓，引江南、河北本，多以江南爲是。師古定本從南，蓋本家訓之説。」而且顏師古還參與了周易正義的撰著。〔二〕皮氏還談到陸德明的經典釋文，他説：「前乎唐人義疏，經學者所寶貴者，有陸德明經典釋文。經典釋文，亦是南學。其書創始於陳後主元年，成書在未入隋以前。而易主王氏，書主僞孔，左主杜氏，爲唐人義疏之先聲。」按德明本是南人，且「初受學於周弘正，善言玄理」，所著經典釋文本於南學自不足怪。而唐太宗對其人其學十分欣賞，先「徵爲秦府文學館學士，命中山王承乾從其受業」，「後閱德明經典釋文，甚嘉之，賜其家米帛二百段。」〔三〕又貞觀十四年（六四〇），太宗專門下詔稱，「梁皇

〔一〕舊唐書卷三太宗紀。

〔二〕新唐書卷五七藝文志。

〔三〕舊唐書卷一八九上儒學陸德明傳。

侃、褚仲都，周熊安生、沈重，陳沈文阿、周弘正、張譏，隋何妥、劉炫等，並前代名儒，經術可紀，加以所在學徒，多行其疏，宜加優異，以勸後生。」按所列前代名儒以南朝梁皇侃爲首。周沈重號「當世儒宗」，然本爲南人，周平江陵後入關。〔一〕二劉雖爲北人，却重南學，已如前述。唐太宗命家承南學的顔師古考定五經；高度評價陸德明的經典釋文；所褒揚的前代名儒偏重南派；表明了明顯的尊崇南學傾向。因此敕撰隋書儒林傳序之揚南抑北，五經正義之捨北從南，也就不足爲怪了。事實上隋唐間經注之捨北從南早已成爲學術時尚，不待某一個最高統治者着意提倡，也不必劉焯弟子孔穎達主編才這樣做，其他經師主編也會這樣做，即如皮錫瑞所説，「蓋爲風氣所轉移，不得不俯從時尚也。」〔二〕

經學注釋之捨北從南，是南北朝以來全部學術思想總傾向的基本表現之一，所以出現這一傾向，如所周知，乃是永嘉亂後江南文化之先進性使然。

第二節　學術思想

五經正義雖然在周易等三經的注釋上捨北從南，但正義還是章句義疏之學，注不駁經，疏不駁注，不下己意。特别是其中詩、禮二經，既本鄭玄注，正義不過就鄭注加以疏解而已，故二經正義號稱

〔一〕　舊唐書卷一八九上儒學傳序；周書卷四五沈重傳。
〔二〕　上引皮氏經學歷史第七節。

義疏詳實，「名物制度亦明」。〔一〕這與魏晉時期不受漢代舊説束縛、自出手眼及重義解而輕章句的學風，還是頗有差别。經學上進一步的變化尚在唐中葉以後，其間值得一提的是隋代的王通。

文中子王通是隋朝儒林中一個奇特的人物。他是河東龍門人，在鄉里授徒講學，「仿古作六經」，著有禮論二十五篇，樂論二十篇，續書一百五十篇，續詩三百六十篇，元經五十篇，贊易七十篇，共約八十卷，號稱「王氏六經」。他的弟子薛收、姚義又輯録他和朋友、門人間的問答之辭，模擬論語，名爲中説。所謂「王氏六經」没有傳下來，也未見唐人徵引，中説間有述及其體例和寫作宗旨，但具體内容不得而知。中説却流傳至今。由於書中相與問答的人，隋代有蘇威、楊素、賀若弼等將相大臣，唐初開國大臣房玄齡、杜如晦、魏徵、王珪、李靖等又都是他的弟子，而魏徵主編的隋書竟然没有爲他立傳，兩唐書房、杜、魏、王、李諸傳中也一字不提他們的老師，因此宋代有人疑爲其人其書並是假託。同樣自宋代即有人根據兩唐書王績、王勃、王質等傳記，以及楊炯、劉禹錫、李翺、皮日休、陸龜蒙、司空圖等唐人的文集，證明確有其人其書，是後遂成定論。近人余嘉錫先生四庫提要辨證卷一〇中説條對之考證精詳，無須贅述。按王通自比聖人，續作六經，門人又擬論語作中説，有如揚雄作太玄以擬周易，作法言以擬論語。但王通的擬作規模誠然如王勃續書序所説「廣大悉備」，〔二〕遠比揚雄更全面，學識文章却遠遠不及。所謂王氏六經既已不傳，姑置不論。單就中説看來，首篇王道，又有事君、

〔一〕　上引皮氏經學歷史第七節。
〔二〕　王勃續書序見全唐文卷一八〇。

周公、禮樂諸篇，内容多敷衍儒家學説而成，或者可以説有益治道，却大抵膚淺，談不上有什麽特别的思想學術價值。唐李翺評價該書：「其理往往有是者，而詞章不能工者有之矣，劉氏人物表、王氏中説、俗傳太公家教是也。」〔一〕李翺以中説比之太公家教，這本書敦煌出有殘卷，是一部宣揚道德規範與處世之道的通俗書，向以淺陋鄙俚著稱。〔二〕中説宣揚的是儒家修身治國之道，語亦不工，二者確有相似。至於劉邵人物志，那是下啓魏晉名理之學的論著，内容、體裁與中説絶不相同，但仍有一點不妨相比，即中説内容雖卑之無高論，却也是自闢蹊徑，完全擺脱章句義疏、名物訓詁之學的束縛，而别申己意，企圖上繼孔子。他「以著書講學爲業」，所著王氏六經今雖不傳，據中説卷六禮樂篇自述其寫作要旨：「吾續書以存漢晉之實；續詩以辯六代之俗；修元經以斷南北之疑，贊易道以申先師之旨，正禮樂以旌後王之失，如斯而已矣。」可知王氏續作均自立門户，與注疏無干。他講學於河汾間，弟子整理成書的中説所載，雖或有緣飾假託，但都是儒家人倫實用之道，而非北魏以來盛行於趙魏之間的那種經學。中説卷四周公篇記劉炫來訪，「談六經，唱其端終日不竭」，王通説「何其多也」；劉炫説「先儒異同，不可不述也」，王通説「一以貫之可矣」。劉炫雖爲北人，却屬於深染南學的經學大師，但王通對他仍重章句訓詁的治經方法不以爲然，表明王通的學風與北方治經傳統相去更遠。

還要指出的是，中説所述王通思想誠然粗淺，却也透露出一些值得注意的傾向。如他認爲儒、

〔一〕文苑英華卷六八一李翺答進士梁載言書。李文公集卷六作「王載言」，全唐文卷六三五作「朱載言」，未知孰是。
〔二〕王重民敦煌古籍叙録卷三子部上，商務印書館一九五八年版，第二一九頁。

釋、道三教對於治道都是有用的，周公篇説，「詩書盛而秦（周）世滅，非仲尼之罪也；虚玄長而晉室亂，非老莊之罪也；齋戒修而梁國亡，非釋伽之罪也。易不云乎，苟非其人，道不虚行。」即國家的興亡並不能歸罪於三教，恰恰是統治者没有真正貫徹三教精神的結果。他承認佛教也是聖人之教（「或問佛，子曰聖人也」），雖三教「各有弊」，若能「通其變」，即加以改造變通，則皆有益於治，從而提出「三教於是乎可一矣」的論斷（卷五問易篇）。後來的理學家批評王通「渾三家之學」，没有强調儒學在融合佛、道學説中的主導地位，「使浮屠、老子之教，遂與儒學鼎立於天下。」〔一〕其實所謂三教合一的思想並非王通的創造，南北朝後期已有這樣的傾向。中説中王通偶亦借用玄學命題及方法，如答李靖問聖人之道云：「無所由，亦不至於彼」，「彼，道之方也，必也無至乎。」（卷二天地篇）又引用禮記中庸、大學篇，强調「化人之道」在於「正其心」（卷三事君篇），而「心者非他也，窮理者也，故悉本於天」（卷九立命篇）。幾次引用古文尚書大禹謨中「人心惟危，道心惟微，惟精惟一，允執厥中」，以明「道之難進」，必須窮理盡心。如所周知，所謂「誠意治心」（卷五問易篇），乃是中唐後韓愈、李翺着意闡述的問題，而所謂「危微精一」的十六字心傳以及「心性即理」的提法，則是宋代理學家的核心命題。無怪乎李翺雖謂中説文字粗淺鄙俗，却又稱「其理往往有是者」；程頤稱王通爲隱德君子，「其粹處殆非荀揚所及」；朱熹説荀子之學「雜於申商」，揚雄之學本於黄老，「不若仲淹之學頗近於正，而

〔一〕陸九淵集策問，參張豈之主編中國儒學思想史，陝西人民出版社一九九〇年版，第三三〇頁。

粗有可用之實也。」〔一〕當然，王通的儒學注重義理，近於南學，但義理仍難企及南朝玄學化經學家的水平，他朦朧觸及到宋朝理學家的命題，却沒有也不可能深刻把握這些命題的內涵，只有到了中唐後的韓愈、李翺，才開始觸及其實質。然而王通之學誠然粗淺，仍不失爲唐代中葉學術風氣變化的前驅。

開闢唐代中葉思想學術變化的傑出人物是韓愈，繼承發展韓愈思想的爲其學侶李翺。關於這兩位傑出的人物，古今論者很多，從思想體系說，現代學人均認爲屬於唯心主義，其目的不外維護封建統治秩序，同時也都肯定他們辟佛的積極意義。古今學人還大都認爲韓李下啓宋代理學。關於這一些，無須贅述。陳寅恪先生在論韓愈文中歷舉六端，精闢闡論他在學術思想上的特殊重要地位。〔二〕第一點是「建立道統，證明傳授之淵源」。韓愈原道所云堯、舜、禹、湯、文武周公、孔子、孟軻相傳的道統，陳先生與近代學人都認爲實受佛教，特別是禪宗衣鉢傳授系統之説的影響。唐代中葉禪宗業已盛行，所謂六祖傳授衣鉢已是人所周知，韓愈生當其時，熟聞其學，受此啓發而創立聖聖相傳的儒家道統，無待詳論，在這裏僅想補充一點，即崇重孟軻作爲最後一位得先聖心傳的繼承人。孟子在儒家諸子中一向最受重視，隋書經籍志和兩唐書經籍（藝文）志，均著録有自漢以來趙岐、鄭玄、劉熙、綦毋邃四家注本，可以知之。西漢時揚雄法言對孟子極爲推崇，但明確地以孟軻直承孔子道統，却始於韓

〔一〕朱子語類卷一三七戰國漢唐諸子；增订漢魏叢書本中説末王謨跋。

〔二〕收入陳著金明館叢稿初編，上海古籍出版社一九八〇年版。

愈。宋朱熹雖然認爲「孟子大賢，聖人之次也」，却仍以孟子列於四書，此後即尊爲經，實即接受了韓愈以孟子直承道統之説。

陳先生又指出韓愈的另一個特殊貢獻是「直指人倫，掃除章句之煩瑣」。韓愈作原道痛斥老佛特别是老子，開首就説，「博愛之謂仁，行而宜之之謂義，由是而之焉之謂道，足乎己無待於外之謂德。」又説，「凡吾所謂道德云者，合仁與義言之也，天下之公言也；老子之所謂道德云者，去仁與義言之也，一人之私言也。」這即是駁老子之説。下文引徵禮記大學篇誠意、正心、修身、齊家、治國、平天下的理論，認爲「古之所謂正心而誠意者，將以有爲也；今也，欲治其心而外天下國家，滅其天常」，導致父子君臣倫常錯亂，這是「夷狄之法」，顯然這是斥責佛教。最後有一段闡明儒家之教的結論，重述了開篇所定義的仁、義、道、德，又補充云：「其文詩、書、易、春秋，其法禮樂刑政，其民士農工賈，其位君臣父子師友賓主昆弟夫婦，其服麻絲，其居宫室，其食粟米果蔬魚肉，其爲道易明，而其爲教易行也。……曰斯道也，何道也，曰斯吾所謂道也，非向所謂老與佛之道也。堯以是傳之舜，舜以是傳之禹，禹以是傳之湯，湯以是傳之文武周公，文武周公傳之孔子，孔子傳之孟軻，軻之死不得其傳焉。」韓愈所謂道，即是儒家之仁義道德和一切政治文化設施、社會生産與生活，總之道在人倫日用之間，亦即維護封建統治秩序之道德行爲及其設施。他主張在封建倫理道德的規範内進行性情的修養。關於掃除章句煩瑣，陳先生認爲這是韓愈仿傚禪宗一掃僧徒繁瑣章句之學及直指人心見性成佛之旨。前面我們提到文中子王通及中説，其成就和影響自然遠不如韓愈，却也不妨説志在掃除繁瑣章句，企圖窮理盡心，直指人倫，也屬於義理之學。我們在前篇論南北學風差異時，曾説南朝學風不論儒佛，都在玄學影響下重視義解，掃除章句直指人心即屬義理之學範疇。當然還不能説王通韓愈直接繼承了南朝義理之學，因爲南學是以玄學爲基礎的，而王韓之學仍是以名教爲基礎的。韓愈原道中的道，即是儒家之仁義道德和一切政治、文化及社會設施的總合，他不過力圖爲之製造理論根據而已。如陳先生所説，韓愈顯然借鑒了佛教禪宗的理論和方法，但也自覺不自覺地利用了南朝義理之學的思想資料。如韓愈原性中的性三品説，不過是本於孔子關於人性的説法，而綜合孔、孟、荀、揚以來關於性品的劃分，並無新意。但關於性情關係，所謂「性也者，與生俱生也；情也者，接於物而生也」，却運用了一些魏晉南朝玄學家的範疇。韓愈力圖給性情之説注入儒家内容，説性爲仁義禮智信，情爲喜怒哀懼愛惡欲，從而名教綱常既爲人性中所固有，則「治心」（正心誠意）與「治世」（修齊治平）是一致的。他企圖通過這一套理論與佛老脱離名教所言之性情相抗衡。但韓愈的思想體系並没有完全擺脱佛道的影響，而且也没有達到足以與佛道心性學説相抗衡的哲學高度。如韓愈論性情善惡，主要還是就倫理道德方面而言的，並没有深究性命之源，而南朝玄學和唐代佛學對之是有深刻研究的。

韓愈學侶李翺著有專論性情的復性書，〔一〕立論與韓愈有異。韓愈性有上中下三品，接於物所生之情也因之隨性之善惡而或中或乖。李翺却説：「人之所以爲聖人者性也，人之所以惑其性者情也。

〔一〕李文公集卷二。

喜怒哀懼愛惡欲七者，皆情之所爲也，情既昏性斯匿矣，非性之過也。」簡單地説即是人性本善，只因七情所蔽惑，因而喪失本性爲惡。他雖然也説過「情有善有不善」，但通篇都是説正是情使本來光明之性昏惑，「人之性本皆善，而邪情昏焉。」這裏自然出現一個問題，即「聖人者豈其無情耶」？他認爲「聖人者寂然不動，不往而到，不言而神，不耀而光，製作參乎天地，變化合乎陰陽，雖有情也未嘗有情也」。另處又提出「堯舜豈不有情耶」？他説，「聖人至誠而已矣。堯舜之舉十六相非喜也，流共工放驩兜殛鯀竄三苗非怒也，中於節而已矣。其所以皆中節者，設教於天下故也。」他多次强調聖人「寂然不動」，所謂「至誠」、「中節」亦即「其心寂然」、定而不動，因此説聖人雖則有情猶若無情。至於凡人，亦「與聖人之性弗差也」，只是「情之所昏，交相攻伐，未始有窮，故雖終身而不自睹其性焉」。甚至「桀紂之性猶堯舜之性也，其所以不睹其性者，嗜慾好惡之所昏也」。因此必須下功夫袪除情之昏惑，以恢復人本來固有之性，即有類於以後宋人説的「存天理滅人欲」。然而要克服七情之昏惑而復其性，並非易事。他説：「天地之間，萬物生焉，人之於萬物一物也，其所以異於禽獸蟲魚者，豈非道德之性全乎哉？受一氣而成形，一爲物而一爲人，得之甚難也；生乎世又非深長之年也；以非深長之年行甚難得之身，而不專專於大道，肆其心之所爲，則其所以自異於禽獸蟲魚者亡幾矣。」這段話固然本於孟子「人之所以異於禽獸者幾希」，却還含有佛教「人生難得」之意。李翱的復性書也排斥佛老，其實正如前人所説又「出入佛老」。其中論性無不善，雖本於孟子告子上所云：「人性之善也，猶水之就下也，人無有不善，水無有不下」，以及「人皆可以爲堯舜」，同時也有類於人皆有佛性，「一闡提人皆可成佛」的教義。

李翺又指出過去談到性命之源，總是「入於莊列老釋」，似乎儒家之人「不足以窮性命之道」。他和韓愈一樣，力圖從儒家著作中找出性命之源的根據。復性書中歷引中庸、大學、孟子、詩、易等，其中特別推重中庸。他說，「子思，仲尼之孫，得其祖之道，述中庸四十七篇，以傳於孟軻。軻曰，我四十不動心。軻之門人達者，公孫丑、萬章之徒，蓋傳之矣。遭秦滅書，中庸之不焚者一篇存焉，於是此道廢闕，其教授者，唯節文章句、威儀擊劍之術相師焉，性命之源，則吾弗能知其所傳矣。」可知李翺對於傳統名物制度以及章句之學不以爲然，而要求盡性命之道，並以繼承和重振中庸性命之學自居。這顯然是義理之學，屬於南朝學風。

我們知道性情關係，特別是聖人有情無情，本爲魏晉南朝玄學家們饒有興趣的一個論題。三國志卷二八魏書鍾會傳注引何劭王弼傳云：

何晏以爲聖人無喜怒哀樂，其論甚精，鍾會等述之。弼與不同，以爲聖人茂於人者神明也，同於人者五情也。神明茂，故能體冲和以通無，五情同，故不能無哀樂以應物。然則聖人之情，應物而無累於物者也。今以其無累，便謂不復應物，失之多矣。

這段話表明了何晏王弼在聖人性情問題上的異同。今人馮友蘭、湯用彤先生對之有深入研究，〔一〕大

〔一〕 馮友蘭：中國哲學史新編第四册，人民出版社一九八六年版，第七〇——七四頁。湯用彤：王弼聖人有情義釋，收入湯用彤學術論文集，中華書局一九八三年版。

抵何晏認爲聖人用捨行藏順乎自然，故純理任性而無情；賢人情不違理；小人則違理任情。王弼謂聖人有情，但能以情從理，即所謂「性其情」，亦即「應物而無累於物」。至於凡人則爲情慾所累，往往違理任情。我們注意到李翺復性書大量借鑒利用了何晏、王弼以及一些東晉南朝玄學家論述性情問題的思想資料。如他認爲聖人有情，但情不自情，因性而情，故喜怒皆中於節，此即王弼所謂「應物」與「性其情」。他又説聖人寂然不動，不爲而爲，「製作參乎天地，變化合乎陰陽」，在這種意義上，「（聖人）雖有情也，未嘗有情也」。則猶若何晏聖人純理任情而無情，亦似王弼聖人應物而無累於物。世説新語文學篇：

僧意在瓦官寺中，王苟子來，與共語，便使其唱理。意謂王曰：「聖人有情不？」王曰：「無。」重問曰：「聖人如柱邪？」王曰：「如籌算，雖無情，運之者有情。」僧意云：「誰運聖人邪？」苟子不得答而去。（孝標原注：諸本無僧意最後一句，意疑其闕，慶校衆本皆然，唯一書有之，故取以成其義。然王修善言理，如此論特不近人情，猶疑斯文爲謬也。）

今按王修（苟子）一時談士，何至答問如此草率。他認爲聖人無情，大概與何晏相同，即認爲聖人動止順乎自然，與自然合一。王弼認爲「喜怒哀樂」也是「自然之性」，在有情上同於一般凡人，在「應物而不累於物」上又不同於凡人，大概是針對類似僧意謂聖人有情而又如何應物這一類問題的。李翺辨析聖人有情却不爲情所昏蔽，雖有情而猶無情，即本於王弼「應物無累」之説，已如上述。李翺説無論聖人、凡人乃至桀紂無不有性，且與生俱來，「非自外來也，故其渾也性本無失，及其復也性亦不生」，此所謂「復性」者，不過是「原始返終」，「修道歸本」，復其固有之性而已。不難看出，這正是以王弼注易復卦「復者反本」思想爲其理論基礎的。

王、何以降，性情問題一直是玄談家的論題，一些佛僧也卷入其中，上引世說新語文學篇載僧意與王修問難事，以及高僧傳卷四康僧淵傳載淵與大名士殷浩辯論「俗書性情之義，自晝至曛，浩不能屈」，均可見知。這都直接間接地爲李翺復性書的寫作提供了有益的思想資料。

過去論者多注重韓愈、李翺的思想下啓宋代理學，這當然是對的。但韓、李思想的構成也在一定程度上繼承了南朝重義理輕訓詁的學風。韓愈抬高了孟子，找出了大學，朱子曾批評韓愈闡發大學誠、正、修、齊、治、平的思想，而不及「格物致知」。〔一〕李翺復性書汲取南朝義理之學的營養，在韓愈基礎上進一步論證「致知格物」可以達到至誠，「至誠者天之道也」，然後又將這個道與「循其源而反其性」的道聯繫起來，從而爲韓愈所推原的道提供了一定的哲學理論根據。更爲重要的，是李翺引證了中庸一書，「復性」學説正是以中庸爲核心展開的。中庸的第一句話即是「天命之謂性」，李翺藉以充分發揮了自己關於性命之源的思想，這已涉及到哲學的根本問題。但如我們在上篇中業已談到的，中庸篇在南朝時即被單獨抽出來別爲傳疏，這當然是因爲篇中所述天命之性、誠明之體是玄學家感興趣的命題。李翺之重視中庸也正是出於同樣的興趣。

〔一〕朱子語類卷一八大學五或問下傳五章。

韓愈、李翱都排斥佛老，以衛護孔孟之道自任，但都在不同程度上受佛道影響，尤其李翱，他實際上繼承了南朝後期儒玄釋兼通的傾向。不妨説在魏晉南朝玄學和宋朝理學之間，李翱是一位承上啓下的重要人物，由於他的中介，二者之間依稀有一條綫索可尋。

除了上述以儒家爲本的學術思想以外，唐代文學方面也可看到對南朝的繼承。北朝後期邢子才、魏收師法南朝的任昉、沈約，西魏滅梁庾信入關，改變了關中文學的風氣，具見北齊書魏收傳和周書庾信傳論，無待詳説。新唐書文藝傳序説到唐初文學深受南朝庾、徐影響，所謂初唐四傑——王、楊、盧、駱，都是南朝末期文體的繼承。唐代考試進士所用詩賦，唐代五言律詩和律賦，均出於南朝，特别是徐庾體。即使在韓、柳發動古文運動以後，文選仍然是進士科的必讀之書，駢儷文仍然是家絃户誦，童而習之的文體，南朝文學的流風餘韻終唐一代不絶。古文運動乃是對北朝末以來文學一味追隨南朝的反響。至於書法，北朝後期同樣受到南朝影響，王褒入關，北周書法家趙文深不能不俯從時尚，改習王體。隋唐間書法名家虞世南、歐陽詢、褚遂良，都是南人。唐太宗崇尚王羲之書，親爲晉書王羲之傳作論，更爲衆所周知，不待贅言。總之，唐代學風之繼承南朝在文藝方面也可見一斑。

綜　論

一、魏晉時期作爲封建社會早期的特徵

東漢末年以至魏晉，社會發生了深刻的變化，這一變化表現了奴隸制社會開始轉變爲封建社會，一個最明顯的迹象就是客的卑微化與普遍化。兩漢時代特别是西漢，奴隸主是社會經濟領域裏最活躍的分子。手工業作坊主、種植園主和大商賈，大量使用奴隸和帶有奴隸性的雇傭進行勞動生産和商業活動，占有奴隸的數量是衡量其財富的尺度之一。東漢時期，在流通領域内活動的奴隸主已經少見，魏晉時期就更其罕見。自給自足性的封建莊園在漢末魏晉人民流亡、戰禍頻仍的時代是相對穩定的生産單位，因爲封建主可以利用他們在地方上的勢力捍衛自己的利益。大量的流亡農民投靠封建地主以求庇護，脱離國家户籍的羈絆，成爲「私屬」，從魏晉南朝著籍户口的大量減耗就可以知道。在漢代國家關心的是奴婢數量的龐大，因此不時提出鮮有實效的限止和免放奴婢的法令。魏晉時朝廷關心的乃是投靠私家的客的數量，晉武帝禁止募客，「不得私相置名」。太康元年頒布的户調式，一方面以法律形式明確佃客、衣食客的依附性，另一方面則是明確規定各級官員占有佃客、衣食客的限額。這個限額非常之小，比之西漢末期師丹建議限止的奴婢數額還要小得多。應當指出，從

漢末以來，奴婢和客的界限是不清楚的，「奴客」、「僮客」、「僮僕」實際上往往是客。晉武帝的限客法令，曾招致一些人的反對，李重奏稱「人之田宅既無定限，則奴婢不宜偏制其數」。〔一〕晉代從來没有限止奴婢，限止的是客，李重所説的「奴婢」實際上就是客，他們是封建田園中的主要勞動者。其實户調式中的占田制也限制土地占有的數量，李重所説的田宅乃是占田以外的封建大土地。漢代限奴，西晉限客，清楚地説明兩種不同的剥削形態。

奴隸制的國家要限止奴婢數，封建制的國家要限止佃客數，似乎與國家的階級性不符。我們認爲國家的階級性從兩漢到魏晉發生了本質的變化，即由奴隸主國家轉變爲封建主國家，各自代表所屬階級的利益。不過國家政體形式却没有變，魏晉仍然是統一的專制主義中央集權制，國家保證了貴族、官僚多占土地，保證了限額内占有佃客、衣食客的合法性和私屬性，保證了各級官僚和士族——他們不一定都是地主，但絶大多數是地主，最大的封建大地主也必是貴族、官僚——免役及蔭族、蔭客權利。與此同時國家並没有給予他們地方行政權和司法權，地方行政、司法是由朝廷派遣各級地方官管理，甚至基層的鄉官也由地方官任免。地方士族豪門以各級地方掾屬的身分參與地方行政、司法，那是由地方官辟舉的，他們本身並不具備這種權力。地主階級可以指望依靠這個國家的專政機構來維護他們的權益，鎮壓農民的反抗，只有在國家力量十分脆弱的時候，才需要地方士族豪門

〔一〕晉書卷四六李重傳。

組織武裝，自己管理其勢力所及的地區。

然而這裏却存在一個矛盾。地主階級指望國家維護他們的利益，需要一個强有力的中央集權制國家。而國家的强弱，往往是依照它所控制的自耕農數量多寡而定。統一國家的基本賦役對象是自耕農民，統一國家龐大的官僚機構和中央、地方的軍隊都由自耕農民提供的賦稅和徭役來維持。貴族官僚通常享受免役和免稅、減稅特權，他們庇護下的依附者就是逃避國家賦役的農民。因而國家必須維護一定數量的自耕農民，它不能容許農民無限制地流入私門。而且高級官僚是從貴族豪門中選出來的，本來士族豪門出於地方大姓，是一種地方勢力，但是他們又往往被選充中央任命的官僚，一旦選充中央官僚，他們的利益便與中央政權一致，代表地方勢力的色彩相對淡薄。在這種情況下，他們願意支持一個强有力的中央政權。

人所共知，魏晉時期的中央政權相對削弱，但體制上仍然是專制主義中央集權制，它基本上具備了秦漢以來中央政權所擁有的權力，皇權仍然是至高無上的。曹操、曹丕都力圖恢復統一的專制主義集權制。司馬炎建立晉皇朝，也是努力加强中央集權，他在當時形勢下使皇室成員充任朝廷宰輔，特别是充任擁有地方軍政大權的都督，以使皇族凌駕於所有其他士族豪門之上，鞏固司馬氏的統治，本質上是加强皇權，削弱地方勢力及各士族的重大措施。

魏晉時期另一個新事物是門閥制度的形成和九品官人法的確立。門閥制度是封建等級制的特殊形式，其內容主要是區别士庶，同時也在士族內部分别高卑。朝廷通過九品中正制，按照士庶以及等級次第選任適合其身分的出身官職，確定以後的升遷途徑。九品官人法保證了士族在政治上的特權，而所以産生九品官人法，却又正與專制主義集權的國家體制有關。由於這種國家體制需要一個自上而下的官僚網，國家必須在地主階級中選任各級官僚。東漢時地方選舉權實際由當地大姓名士掌握，他們品評人物稱爲清議，地方長官雖不是全部却大多要根據名士清議選任僚屬和薦舉秀才、孝廉。這種情況反映了地方勢力與中央集權的關係。朝廷選舉與名士清議有時一致，有時分歧，通過九品官人法，在野的名士清議變成官方委任的中正品第，中正照例是當地的大姓名士，同時又必須是中央官吏，中正人選由司徒府推薦，朝廷委任，這樣就把東漢時期往往和朝廷（或地方）選舉對立的清議歸於一途。九品官人法是爲士族服務的門閥制度的主要環節，但它又是中央控制選舉的主要環節，也就是把東漢時期逐漸削弱的中央選任官吏的權力重新收回。

適應於封建社會初期門閥政治的思想是玄學。東漢時期，政治上推行以儒家倫理道德爲準繩的名教之治，學術上盛行章句煩瑣並雜以讖緯的經學。東漢皇朝的衰亡，名教之治引起懷疑，漢武以來定於一尊的儒學也開始動摇。名、法、道諸家競起，各自探求治國任官之道，也即是如何統治人民和選擇人才的理論。三國初期，法家最受重視，魏晉之間，玄學興起。玄學是一種本體論，探討本末、體用之辨，作爲政治哲學則是探討道家倡導的自然與儒家名教的關係。玄學家們有的以道家的自然批判虚僞的名教，其主流則是力圖「以儒道爲一」，認爲名教本於自然，或者名教即自然的體現。名教的再肯定則是由於封建統治者認識到儒家倫理道德學説對於維護封建統治秩序同樣必要。在人生哲學上他們創立了「身在廊廟，心在山林」的學説，顯然這是爲門閥貴族服務的理論。學風上他們抛棄漢代煩瑣章句之學以及讖緯之術，重視義理的反復探求，從而對於漢代傳統學風起了净化作用。玄學本來在政治上具有現實意義，西晉以後，名教本於自然業已成爲定論，玄學便成爲一直爲人們譏議的所謂虚遠而不切實際的清談，當官不問事蔚爲時尚，以至後人有晉「以清談亡國」之論。雖然如此，玄學終究對當時學理與學風帶來了新鮮的空氣。

本來，漢末的大莊園主，擁有大片土地，大量依附的私屬，和以宗族、賓客（即私屬）組成的家兵，在勢力所及的地區内進行統治，很可以形成真正的封建領主。但是形勢發展並不如此，哪怕天下三分，分立的三個政權都是專制主義中央集權制的封建皇朝，他們擁有的武裝力量以各種方式，自願的或者被迫的，轉變爲國家的軍隊，他們中間的頭面人物被選拔爲中央及地方官員，雖然喪失了領主型的政治軍事權利，却换來了充任國家官僚的權利，剩下來的就是廣大的田園與大量作爲私屬的勞動者——公開的或半公開的佃客。

如所周知，魏晉時期自然經濟居於統治地位，三國時鑄造貨幣很少，貨幣使用幾乎絶迹，民間交换是以物易物，漢代納錢的算賦更賦爲納絹帛的户調所代替。漢代那種爲市場而生産的種植園主、私營手工作坊少見了，在一個時期内，過去繁榮的城市也不見了。自然經濟是和封建生産的自給自足性相適應的。然而如此典型的自然經濟只是暫時出現，到了三國末期特别是西晉統一後，這種情况就發生了變化。本來，自然經濟的統治並不排斥有限度的商品交换關係，即使最封閉的封建時期，由於各地物產的差異，由於貴族和所有上層分子要獲得奢侈品，總需要有商人進行活動。不過商業活動在封建割據形勢下要受到種種阻礙，西晉統一，爲各地生產品的交流創造了條件，實物交易已不適應當時形勢，國家需要錢，貴族官僚們需要錢，市場貿易更需要錢。自然經濟仍然居於優勢（那是封建社會最本質的生產形態），但貨幣經濟在一定限度内，由於統一國家的存在而有所發展。

中國封建社會具有自己的特殊性。封建土地所有者擁有廣闊的土地，和在土地上勞動的（法律認可的和法外投靠的）帶有人身依附關係的佃客，然而廣闊的土地固然可能部分出於皇帝的賞賜，却與封邑領地毫無關係。因此中外學者中有人認爲這不能叫做封建制，其實，封建制的實質就是地主作爲土地所有者對佃農進行地租剥削，和地主對佃農具有一定的人身占有關係，這些就構成了封建社會的主要形態特徵。

漢末魏晉作爲中國封建社會形成過程中的初期階段，必然還保留大量前一時代的遺存。奴隸生產制在生產領域内仍然有一定的比重，特别是地主自己管理的田園内。這種情況一直延伸到以後很長一段時期。但是它畢竟是殘存的事物，比重越來越輕，終歸全部消除。我們看到唐代盡管還存在奴隸生產，但已經相當衰弱，宋代除了一些邊遠地區外就全部消滅。在中國，也許在全世界，奴隸制和封建制交替的絶對年代是不太明確的，因爲奴隸與封建依附者（佃客或農奴）往往不明確，名稱上也常常混淆。雖然不免含糊，但有一點是清楚的，奴隸生產制終究作爲殘遺而歸於消滅，不能由於封建前期二者並存或名稱混淆而認爲中國從來就没有封建社會與奴隸社會的分野和交替。

還應當指出，漢魏之際奴隸生産制的瓦解和初期封建社會的形成過程，是在階級鬬争極端尖鋭化的情况下進行的。西漢末奴隸、小農的武裝起義，特别是以破産流民爲主體的東漢末黄巾大起義，都曾經嚴重動摇了當時的奴隸制國家。這些鬬争既體現了奴隸反對奴隸主的性質，更包含着奴隸生産方式下破産小農反對債務奴隸化的内容，對於推動漢魏之際的社會變革具有重要的意義，有的同志對之已有詳論，〔一〕此不贅述。

二、南北朝歷史發展的差異

東漢末年，南北雙方同步向封建社會過渡。封建大土地的發展，佃客的卑微化與普遍化，模擬封建田園的屯田和屯田客，模擬家兵部曲的國家世襲兵制，品評人才的鄉里清議之官方化，都在曹魏與孫吴同時存在。經過西晉短暫統一，永嘉亂後南北重又分裂，那時南北歷史的發展進程遂在某些方面發生相當重要的差異。

東晉南朝繼承魏吴以來歷史發展的進程，田園别墅形式的封建大土地所有制在三吴地區由平地發展到山林川澤，國家編户大量以佃客、程蔭、屬名等名義成爲私屬，士族高門不論來自中原的僑姓與當地的吴姓，都是魏晉與孫吴舊門，他們具有最高政治、社會地位，甚至本來在江南並不流行的清

〔一〕上引王思治兩漢社會性質問題及其他頁二〇——三〇，一三六——一四一；上引王仲犖峼華山館叢稿頁五四——五六。

談玄學也移植到了江南，從而繼承了魏晉學風。所有這一切使東晉南朝社會的發展遵循着漢魏以來的舊軌，或者説符合於封建社會的一般發展規律。

北方封建社會的發展和南方不一樣，在那裏不是魏晉發展的繼續，而是走着一條特殊的道路。永嘉亂後北方經歷長期的戰禍，社會生産和固有的封建統治秩序遭到嚴重破壞，聚集在洛陽作爲統治核心的高門士族紛紛渡江，和江南吴姓士族一起按照原來的模式在建康組成統治中心，北方則建立了許多來自北部邊境的少數族的政權。種族各異，社會結構、風習各不相同的部落貴族各自組成統治核心，這些内遷少數族既置身於具有先進文化水平的漢族汪洋大海中，爲了鞏固自己的統治，自然不得不遵循或改造利用漢族早已習慣的制度，承認原有的政治軍事力量，甚至進而仿習漢族文化。但他們總是按照自己熟悉的制度習慣來認識或者比附對於他們來説不無生疏的漢族社會，由於各内遷少數族原有的社會結構特點，以及他們對於漢族社會制度、文化的獨特認識，從而使北朝的歷史發展較之南朝體現出明顯的差異。

永嘉亂後，黄河兩岸山險關隘之處塢堡林立，這種漢代即已出現的塢堡形式，少數族政權看來却視同部落，塢堡主和宗族鄉里的首領則視同部落酋豪。北魏統治時期，塢堡武裝解散，但各地强宗大姓仍實際統治着各自聚居的區域，北魏同樣視如服屬部落，由宗鄉首領負責徵集賦役，名曰「宗主督護」。孝文帝廢除宗主督護設置三長，在漢族人看來，是漢魏以來鄉閭制度的恢復，但在拓跋族君主和貴族看來，可能視爲創業君主拓跋珪早曾推行的「離散部落，分土定居」在内地的推廣。

大致與推行三長制同時，北魏孝文帝時期頒布了均田令。這種旨在最大限度使勞動力和土地相結合以開墾荒地增收租調的土地制度形式，儒生們可以遠推到著名的古代井田制，也可以近溯西晉的占田制，但在拓跋部統治者看來，那只是他們曾經實行過的村社内部份地分配制度的推廣，而且早在魏初就曾在北邊對徙自河北的「新民」推行（計口授田）。井田的傳説久遠渺茫，漢代董仲舒、師丹建議的限田，王莽推行的王田，以及西晉的占田，或僅僅止於議論，或並未真正實行，但北魏均田制却是在一定程度上真正施行了的，這是由於特殊歷史條件使然：一是永嘉亂後人民遷徙，土地所有權不穩定，使北魏國家掌握了大量可供授受的拋荒土地；一是掌握政權的拓跋貴族習慣於部落内部的份地分配制度，而且當時他們多半是畜牧封建主，在内地基本上没有土地占有的既得利益。

盡管均田制從未按照法令條文徹底實施，但無論如何，至少在一個時期内保證了大量自耕農民的存在，這從南北在籍民户數的對比即可見知。

封建社會發展的大趨勢是通過地主豪强的兼并，土地日益集中，大量自耕農民破産逃亡，成爲地主土地上帶有不同程度的依附性的佃農。從漢末魏晉，以至東晉南朝，正是沿着這樣一條基本軌道發展下來。而均田制的産生和自耕農民在北朝的增多，則是在如上所述的特殊歷史條件下形成的，並不是封建社會發展的必然。

東晉南朝仍然繼承着三國西晉的世襲兵制，但隨着軍事的需要，往往聽任將帥自募部曲（這種部曲不一定終生服役，也不是世襲兵），到南朝後期，召募制逐漸推廣，成爲軍隊的主要建置形式。北方在永嘉亂後建立的諸少數族政權，都是以本族成員爲主，輔之以服屬諸少數族，組成禁衛軍和軍隊的主力，形成本族和服屬少數族人當兵，漢人務農，兵農分離，實際上是胡漢分治的基本格局。西魏北周府兵制實際上是十六國以來部落兵制的繼續，兵士的身分不僅不低於一般平民，甚至更爲高貴。北周後期爲了擴大府兵，開始從漢族中徵發，被徵發者都是地主或富裕農民，其身分至少也不低於一般百姓。那時軍民仍然異籍，軍民異籍原是適應胡人當兵漢人務農的胡漢分治形式，此時漢人既已大量徵入府兵，胡人也同樣編入户籍成爲均田民，軍民異籍也就没有繼續存在的必要。隋文帝開皇十年（五九〇）軍人「墾田籍帳一與民同」的政策掃除最後殘存的胡漢分治遺迹，兵農分離的府兵從此走向兵農合一。實際上自北魏中期普通農民也有服兵役的義務，即所謂番兵或丁兵。當然這種兵役是從徭役中分化出來的，或者説力役的延伸。包括後期府兵和番兵、丁兵的普遍徵兵制，基本徵發對象是自耕農，均田制下大量自耕農的存在，正是北朝徵兵制的基礎。

人所共知，南朝的商品貨幣經濟相對發達，這與長江水系交通運輸遠較北方便利有關，也是由於南方社會相對安定，經濟得到持續增長。我們看到南朝曾出現非官方市鎮的草市、小市，坊市分離制也遠不如北朝嚴格。納錢的商税成爲一筆可觀的財政收入，租調也往往部分折錢繳納。由於官府和市場廣泛需求貨幣，出現了錢重物輕以及盗鑄、錢幣僞濫等現象。手工業方面則出現了工匠和雇制。北方雖在西晉時開始改變曹魏前期實物交换的情形，但由於西晉末動亂和諸少數族政權的部落遺風，商品貨幣經濟的回升趨勢再度中斷，直到北魏孝文帝遷洛以後，才下詔冶鑄行用貨幣。甚至直到隋唐之際，由於北方屢經戰禍，商品經濟雖然有所恢復、發展，但水平尚不足同南朝相比。

永嘉亂後以河南地區爲主的北方士族大量南渡，這些僑姓高門與當地的三吴大族共同構成東晉的統治核心，他們都屬於魏晉時期的舊門閥，居於士族最高層。宋齊以降高門士族的腐朽性日益暴露，逐步喪失了政治軍事權力。迭經侯景之亂，西魏破江陵，隋滅陳，江南高門基本上消失。河北關中士族在永嘉亂後大都留在北方，組織宗族鄉里建立塢堡自守，堅實的宗族鄉里基礎使北方高門擁有較强的軍事政治實力，雖歷經戰亂而門户不輕易衰落。北方諸少數族政權也大都承認他們的勢力，與之共建聯合政權。因此，當南朝高門喪失軍事上的統率地位和政治上的決策地位，成爲浮在統治上層的點綴品時，北朝高門却在太和改革中起了積極的推動和組織作用，並在北方動亂的局勢中不斷顯示出自己的軍事實力。當然，歷史的傾向是門閥制度趨於消失，北朝後期門閥制也和南朝一樣走向衰落。

自永嘉亂後晉室東遷，政治上南北對峙，學術風氣也出現顯著的差異。概括而言，即是南方重義理，上承魏晉玄學新風。在玄學化風氣影響下，禮玄雙修，儒道兼綜，儒釋道三家以玄學爲樞紐，融會貫通。北方則繼承漢代傳統，經學重章句訓詁，雜以讖緯。佛教重修持，也即是坐禪造像等，有佛道遺風。隋書儒林傳序所謂「南人約簡，得其英華；北學深蕪，窮其枝葉」，即是對南北學風差異的概括。當然，内遷民族也對北方文化作出了積極的貢獻，如生産上北方畜牧業的發展，文學上北族民歌的剛健雄渾，以及北朝騎射尚武之風的流行等等，都通過民族大融合對中華民族注入了新的活力，從而爲强盛的隋唐統一王朝的出現奠定了基礎。但盡管如此，當時傳統的華夏文化畢竟更爲先進。永嘉亂後文化中心南移建康，南朝學術風尚往往爲北土士大夫所皈依，如上所述，南北朝後期南學的北漸業已十分明顯。

綜上所述，我們認爲漢末三國時期南北基本上同步進入封建社會。永嘉亂後，東晉南朝沿承三國西晉封建社會的發展途轍。北方則由於長期戰亂，社會生産遭到嚴重破壞，一批批新來的統治者原本是半耕半牧於北部邊境的少數民族，最後入主中原承擔統一北方任務的，是鮮卑拓跋部建立的魏朝。這些北族政權，特别是統一北方的北魏政權的統治，除了遵用漢魏以來傳統以外，必然雜用自己所熟悉的模式與風習，如均田制、府兵制即是典型。因而北方社會在恢復生産，鞏固政權，確立秩序的進程中，插入了一段並非必然的過程，出現了一些在特殊歷史條件下産生的制度形式，從而與繼承漢末魏晉傳統的南朝出現顯著的差異。

三、南北統一和歷史的銜接

隨着南北政治上的重歸統一和文化上的融匯交流，南北分裂時期出現的種種差異逐漸縮小。如前所述，唐代經濟、政治、軍事以及文化諸方面都發生了顯著的變化，它標志着中國封建社會由前期向後期的轉變。但這些變化，或者説這些變化中的最重要部分，乃是東晉南朝的繼承，我們姑且稱之爲「南朝化」。

唐代前期繼承北朝實行均田制。事實上自北魏頒布均田令以後，大約不過二三十年就已破壞。此後經歷東魏北齊、西魏北周以至隋唐，都曾多次重新頒布，但也都很快破壞。隨着以田莊爲據點的大土地所有的急遽發展，到唐德宗建中元年（七八〇）兩稅法正式頒行，均田制終於徹底廢棄，而且從此一去不復返。這當然是一個巨大的變化，但我們注意到，均田制原是北魏早期代京一帶計口授田制的推廣，南朝繼承魏晉封建大土地所有制的發展傾向，從未試行由國家分配土地，以佃客生產制爲內容的封建田園曾在六朝的江南得到長足發展，在這種意義上，唐代均田制的完全廢棄，莊田制的急遽發展，表明土地制度上歷史重又與魏晉南朝相銜接。

唐代中葉的另一個重大變化就是募兵制代替了包括府兵與兵募的徵兵制。前已論證，北朝軍事制度的發展傾向是由以本族成員爲主的部族軍制推廣到普遍徵發制。普遍徵發制的基礎是廣大自耕農的存在。唐代府兵、兵募以及防丁都主要徵自自耕農，均田制下大量自耕農的存在，構成普遍徵兵制的基礎。唐高宗以後邊境戰事頻繁，徵發日廣，加劇了在籍民户的逃亡，課户課丁在總人户中所占比例下降，徵兵制日益喪失其賴以徵發的基礎。高宗時開始出現募兵，玄宗時得到推廣，開元天寶之際，邊防軍主要是出自召募的兵防健兒，禁衛軍所依靠的早就是來源複雜而主要是出於召募的北門軍，遠襲十六國近承西魏北周包括府兵及其它各色的徵兵制，全爲募兵制所代替。

募兵制代替徵兵制自是一大變化。同樣應當指出的是，東晉南朝兵制的發展傾向是由世襲兵轉向募兵制，因此不妨説唐代軍事制度的變化乃是南朝兵制的繼承。如果説普遍徵兵制的基礎是大量自耕農的存在，這一前提如果成立，那麽唐代募兵制則是與莊田制發展以及大批自耕農客户化相聯繫的。

唐代賦役制度也發生了重大變化，它表現爲與均田制相聯繫的按丁徵發課役的租調庸制最終轉變爲按户資與按畝徵發的兩税制。在這樣一個變化過程中，我們同樣見到南朝化的因素。兩税法中的計畝徵税與田畝列於户資本是南朝成法。我們知道計畝徵租原是魏晉舊制，東晉後期以至南朝雖曾改爲按口或按丁徵租，但計畝徵税始終存在，這不僅是出於財政上的考慮，而且是南朝土地兼并合法化的反映。北朝實行均田制，原則上禁止土地的自由買賣，除了法律範圍内給予官僚貴族大量土地外，不承認土地兼并，因而也就没有計畝徵税法。唐代自前期的地税以至後期的兩税，計畝徵税法的採用、增重，體現了南朝的因素，這種傾向又是以土地制度的南朝化爲基礎的。

唐代賦役制度變化中的另一個南朝因素是折納。以折納作爲加重剥削的手段主要見於南朝，北朝僅於魏末一見。〔一〕它和南朝商品貨幣經濟的發展有密切的關係。北朝商品貨幣經濟的發展水平較低，税收中未見折納。唐代折納和與之相關的錢重物輕問題如同南朝，反映了封建商品經濟的發展及其局限，也表明唐代封建經濟的發展繼承了南朝的傾向。唐代賦役制度變化中的又一個南朝因素是商税。商税的有無輕重當然與商品經濟的發展直接關聯。如前所述，南朝商業發達，曾出現非

〔一〕魏書卷一一前廢帝廣陵王紀普泰元年（五三一）二月大赦詔有「天下調絹，四百一匹」諸語，疑爲折納。

官方市鎮的草市、小市，納錢的商稅十分可觀，還出現了租調的折錢繳納、貨幣緊缺以及官府手工業中的和雇制。北方由於晉末動亂和諸少數族政權的部落遺風，商品貨幣經濟水平遠遜南朝，甚至直到隋唐之際，由於屢經戰禍，商業雖有所發展，仍不足與南朝相比。我們看到隨着唐代前期特别是玄宗時代商品貨幣經濟的長足發展，南方津埠路口的草市更爲廣泛地興起，北方陸道傳驛所在也出現了店鋪，並逐步發展爲草市，長安城内素稱嚴格的坊市分離制正在破壞，貨幣的使用日益廣泛，錢重物輕、私鑄、惡錢等問題常常引起朝野的關注，官府作坊的和市和雇日益普遍化，正是在這樣的基礎上，唐代商税從無到有，由輕而重。上述種種，都不妨説帶有南朝的因素，表明唐代商品經濟的發展上承南朝。

關於力役制度，如前所述，唐初正役仍以見役爲主，只有「驅役不盡」的人丁才輸庸代役。到玄宗後期輸庸基本普遍化，只有部分正役如屯丁仍然是見役。玄宗統治晚年正役基本上不再徵發人丁，地方性的雜徭仍然是見役，也有部分雜徭納入色役，得以納課代役。色役全部都納資課代役。官府作坊的工匠也有一部分納資課代役。至兩税法頒行，申明「租庸雜徭悉省」，意味着雜徭都納入了兩税徵發的錢物中，雖然實際上遠非如此，法律上的見役雜徭已不復存在。唐代力役制度的變化還表現爲和雇的推廣。和雇和納庸納資是事關徭役制度變化的兩個方面，和雇的盛行使納庸納資代役的範圍更加廣泛，同時也由於納庸納資代役的推廣，國家才有更多的錢物和雇丁夫。唐代和雇幾乎遍及徭役勞動的各個方面，它是商品貨幣關係顯著發展的産物。如前所述，唐代納資代役之制上承南北朝，而和雇則僅見於南朝。

盡管歷史的傾向是門閥制度走向衰落，南朝北朝概莫能外，但南朝士族衰落得更早。河北關中士族由於擁有堅實的宗族鄉里基礎和軍事實力，雖歷經動亂門户不輕易衰弱。隋唐之間，江南高門基本上消失，遷入關中的南朝僑姓，主要憑藉其文化優勢依附於隋唐統治核心。河北士族除了早就遷入關中依附於關隴軍事權貴者外，也幾乎「全無冠蓋」，只能憑藉其高貴的社會地位在婚姻上聲價自高，後來雖曾通過科舉制重返政壇，却是依仗其家學淵源和文化修養，而非高貴的血統與閥閱。唐前期曾三次官修氏族志，旨在「崇重今朝冠冕」，但作用僅僅限於社會地位特别是婚姻方面，無關選舉。社會上流行的是另一種僅列郡望，不列世系，不分等第的簡單姓望表，其作用不過是便於各姓在必要時選擇自己的郡望而已，它表明氏族等第在實際上不復存在。唐代政治、文化上最活躍的人物是進士出身者，過去士族在經濟政治上的特權逐步爲進士科所取代。進士科最重文學，而重視文學正是南朝的風氣。

唐代學術風尚的變化也呈現出南朝化傾向。早在南北朝後期，南學已開始北漸。隋唐間，經學尊南抑北乃至捨北從南蔚爲時尚，貞觀中孔穎達奉命撰定五經正義，周易、尚書、左傳皆捨北從南。不妨説，隋唐間南北文化的重新統一，南方文化占據着主要地位。開闢唐代中葉思想學術變化的韓愈、李翺，在某種意義上也是對南朝經學注重義理的繼承和發展。至於文學的南朝化則更早也更顯著。南朝後期大作家，前有沈約、任昉，後有庾信、徐陵，都是魏末齊周文人寫作的楷模。直到唐代前期，活躍在文壇上的所謂「初唐四傑」，仍然是師法南朝後期的徐庾體。唐代中葉韓愈所倡導的古文運動，乃是對文學南朝化末流的反響。關於唐代書法藝術方面十分顯著的南朝化傾向，則爲人所熟知。這裏還要順便提及，早在北魏孝文帝全面推行漢化政策時，自東晉至南齊承襲并發展的漢魏以降的典章文物，經由劉芳、王肅等人傳至北魏，爲孝文帝所企慕和接受，後來構成隋唐制度的一個重要淵源。對之陳寅恪先生隋唐制度淵源略論稿早有詳確論證，不必贅述。

總之，由於晉末動亂和北方少數族政權的建立，北方封建社會的發展走上了一條特殊道路，從而與直接繼承漢末魏晉傳統的南朝出現了顯著的差異。這樣一些差異是在一種特殊的歷史條件下産生的，它必將隨着這些特殊歷史條件的消失而消失。唐代的變化，正是隨着這些特殊歷史條件的消失而産生的。這些變化從北朝傳統來説，是十分巨大的，其中一部分也的確是新的變化。而另外一些部分，應該説是最重要的部分，却只是東晉南朝的繼承。從更長的歷史視野來看，唐代的變化和對東晉南朝的銜接，即唐代的南朝化傾向，決非偶然，乃是封建社會合乎規律的必然發展。

當然，我們決不能把唐代發生的變化都歸之於繼承南朝。有一些變化並見於南北朝，比如納錢或納庸代役和科舉制的萌芽便是。又如唐代職官制度的顯著變化乃是使職差遣官的産生，這完全是一種新的變化，我們在南北朝都看不到這種現象。至於生活、藝術方面，諸如服飾、飲食、音樂、舞蹈、繪畫、雕塑等等，據近代學人考證，在頗大程度上接受了國内西北諸民族和國外天竺、波斯東傳的文化。這種被稱爲「胡化」的現象大抵起於北朝。我們在這裏只是相對而言，最足以反映歷史發展過程的方面是南朝化或南朝因素。

後記

我於一九八七年爲研究生講授魏晉南北朝隋唐史概論課。當時只在黑板上書寫章節及必要史料，並無講稿。一九八八年開始撰述。我原來就是高度近視，並患白内障。一九七五年右眼因視網膜剥離失明，以後閲讀、寫作全恃帶上眼鏡、視力只零點二度的左眼。一九八七年白内障增劇，四號字以下的排印書籍、論文全不能閲讀，唯大字木刻本尚能辨認。以後視力日衰，連閲讀大字木刻本也非常困難。囿於目力，自己寫的文稿也不能復閲，前後重復以及失於照顧、不相銜接者不一而足，更不用説翻檢與核對史籍了。因此組織上安排牟發松同志協助我撰述，凍國棟同志也擔任部分協助整理工作。初稿的整理修補以及核對補充史料等，全由牟、凍二位承擔。近代中外學人有關論著，有的過去我曾看過，很大部分或已記憶不真或並未見過，也仗他們扼要念給我聽，以便採取，並避掠美之嫌。每一章節整理告訖便念給我聽，隨時修改。這樣進程當然非常之慢。一九八九年冬老妻去世，一九九〇年胃病動手術，我曾幾次考慮擱筆，但終於鼓起勇氣，至一九九一年底完成初稿。不過原屬「七五」規劃項目，却拖延至今。

書中有關人口及唐代商品經濟四節，由凍國棟同志核對、整理補充。其他諸章節的整理、補充、核對工作，均由牟發松同志承擔。全書最後修改、通讀及謄正亦由發松承擔。

初稿完成後，曾請周一良、王忠治二位同志審閱，張澤咸、黄惠賢二位同志校訂。周、王兩同志過情之譽，愧不敢當。一良同志和黄惠賢同志提出結構上的意見，張、黄兩同志均對史料錯失、提法欠妥等提出不少修改意見，澤咸同志還補充了幾條有價值的典型史例。正是這些寶貴意見使本書得以減少許多錯誤和疏失。謹在此表示感謝。

本書雖説完成，實際上缺漏甚多，比如職官、法律的變化全未述及，思想學術方面理當説明佛道兩教的發展。事實上對於佛道二教，業已積稿數萬言，却因自己感到這方面的修養太差，終於删除。體例方面，前略後詳，但書既已定型，很難重寫。本書意圖對於中國封建社會的形成及封建前期發展過程和特點妄述管見。自度學力淺薄，加以廢疾，一定存在許多錯誤，也許全部論點都難成立。如果間有可取之處，或者錯誤有助於導致正確結論，那我也就滿足了。在此敬請同志們批評指正。

唐長孺　一九九二年九月二日

唐長孺文集

講義三種

中華書局

一九八〇年代在武漢大學珞珈山寓所寫作

一九五六年與父母姐姐在杭州靈隱寺

一九八五年在江蘇吴江平望鎮故居
“耕餘草堂”界碑前

前言

唐長孺先生(一九一一年七月四日——一九九四年十月十四日),江蘇吴江人,我國著名歷史學家。一九三二年畢業於上海大同大學文科,後於浙江南潯中學、上海聖瑪麗亞女子中學等多所學校任教,講授中國史地、國文、政治制度等課程。一九四〇年任上海光華大學歷史系講師,一九四二年春轉任湖南藍田國立師範學院史地系副教授,一九四四年受聘爲遷至四川樂山之國立武漢大學歷史系副教授,一九四六年晉升爲教授,此後長期執教於武漢大學。歷任武漢大學歷史系中國古代史教研室主任、魏晉南北朝隋唐史研究室主任、歷史系主任、中國三至九世紀研究所所長;兼任中國社會科學院歷史研究所研究員暨學術委員會委員、國務院古籍整理出版規劃小組成員、國家文物局古文獻研究室主任、中國史學會理事,中國唐史學會會長,中國敦煌吐魯番學會副會長,湖北省中國史學會會長,湖北省考古學會理事長、六朝史研究會名譽會長、中國魏晉南北朝史學會顧問等學術職務,亦曾擔任武漢市人民政府委員、九三學社中央委員暨武漢分社副主委等職。他學識淵博,精通文、史,於魏晉南北朝隋唐史、古籍整理、敦煌吐魯番文書整理與研究等領域皆有卓越貢獻,被海内外學術界公認爲二十世紀傑出的史學大家之一。

唐先生早年因家學淵源，於經史子集多所研習；而在上海南洋大學附中、光華大學附中以及大同大學求學期間，主修英俄語言文學、政治、法律、歷史、地理諸科，故於當時東西方之學術文化皆有瞭解或掌握。他初攻舊體詩詞，兼習崑曲、彈詞，曾在國學叢刊等發表絶慮、曉竹、解連環諸詞作，並先後翻譯海桑東遊録、元經世大典圖釋序、弗蘭克林自傳及賽珍珠大地系列兒子們續編分家、美國傳教士格雷比爾新中國等多種著作。同時研治宋遼金元史，自一九三五年至一九四〇年前後，於國學論衡、齊魯學報等發表箭内亘可敦城考駁議、耶律大石年譜、周文武陵考、蔑兒乞破滅年次考證等多篇論文。

受聘藍田國師，特别是於武漢大學執教期間，唐先生由於教學和科研工作的需要，在兼治遼金元史的同時，研究重心轉爲魏晉南北朝隋唐史諸領域。自二十世紀四十年代初至五十年代初，於燕京學報、歷史研究、學原、武漢大學社會科學季刊等發表論金代契丹文字之興廢及政治影響、蒙元前期漢文人進用之途徑及其中樞組織、敦煌所出郡姓殘葉題記、論五朝素族之解釋、清談與清議、唐代軍事制度之演變、白衣天子試釋、南朝的屯、邸、别墅及山澤占領、范長生與巴氏據蜀的關係等篇章。

一九五五年，唐先生所撰魏晉南北朝史論叢由三聯書店出版，對這一歷史時期許多前人未及或懸而未決的重大問題進行了研究，獲得了一系列富於啓迪性的結論或見解，在海内外學術界引起重要反響。陳寅恪先生曾致函稱賞，謂「寅恪于時賢論史之文多不敢苟同，獨誦尊作，輒爲心折」。論叢之問世，可視爲一九四九年以來我國史學界在充分占有諸種史料的基礎上，運用科學的歷史觀和方

法論，融會貫通，將考據學與理論探討彙爲一體，對這一歷史時期的田制和賦役制度、生產關係、階級結構、政治制度、兵制、民族問題、宗教及學術文化諸論題展開深入剖析的史學名著之一，也由此奠定了唐先生在中國中古史諸領域的學術地位。

二十世紀五十年代中期以後，唐先生又相繼撰著出版三至六世紀江南大土地所有制的發展（上海人民出版社一九五七年版）、唐書兵志箋正（科學出版社一九五七版）、魏晉南北朝史論叢續編（三聯書店一九五九年版）、魏晉南北朝史論拾遺（中華書局一九八三年版）和山居存稿（中華書局一九八九年版）等著作。並於歷史研究、中國史研究、文物、中華文史論叢、武漢大學學報、魏晉南北朝隋唐史資料及日本東方學、東方學報、東洋史研究等刊物發表均田制度的產生及其破壞、門閥的形成及其衰落、關於武則天統治末年的浮逃户、唐代宦官籍貫與南口進獻、漢末學術中心的南移與荆州學派、太平經與太平道、論南朝文學的北傳、錢塘杜治與三吴天師道的演變、魏晉南北朝の客と部曲、唐代の部曲と客等學術論文數十篇。特别是在其晚年目疾加重、身患癌症的情況下，以驚人的毅力撰著魏晉南北朝隋唐史三論（武漢大學出版社一九九二年版）一書，對其長期研究魏晉南北朝隋唐歷史做出理論性概括。他在東西方歷史比較研究的基礎上，對兩漢時期的社會性質進行了探討，提出了「魏晉「亞洲型」封建社會的論斷」；從依附關係的發展歷程即「客的卑微化與普遍化」入手，論證了「魏晉封建論」之重大問題；探討了南北朝時期南北方由於歷史條件的不同從而在社會經濟、政治制度、門閥體制、學術文化等方面產生的諸般差異；對唐代的變化逐一剖析，對唐代「南朝化」傾向之問題

進行了系統論述，進而對中國封建社會前期階段性發展之特質及演變趨勢等做出了新的詮釋。

唐先生在古籍整理和研究方面同樣做出了重要貢獻。他的唐書兵志箋正一書，對舊史記載做了一系列去僞存真的鑒别工作，條分縷析，糾正了兵志記載中的許多疏漏和錯誤。一九五七年，他被聘爲國務院古籍整理出版規劃小組成員。一九六〇年底，參加中華書局點校二十四史工作，承擔其中「北朝四史」（魏書、周書、北齊書、北史）的點校，出任武漢大學歷史系「北朝四史」點校小組組長。一九六三年，赴京主持點校「北朝四史」。前後歷時十載，終告完成。這一點校本，既充分參考前人成果，又多發前人之所未發。他不僅根據册府元龜、通典等增補傳本魏書禮、刑二志中之脱葉、脱文，同時所撰寫的校勘記，廣徵博引，按斷精審，將校勘與考訂有機結合，融古籍整理與歷史研究於一爐，被海内外學術界視爲古籍整理的「優秀成果和範本」。

唐先生歷來重視出土文物、文獻資料。早在二十世紀四十年代末即對新興的敦煌學多所關注。一九五七年四月至九月，他在北京參加中國科學院歷史研究所學術活動期間，於科學院圖書館閲讀敦煌文書縮微膠卷，抄録大量卡片；曾向歷史研究所所長尹達先生提出成立敦煌學研究室之建議，因故未果。二十世紀五十年代末至一九七四年前後，新疆維吾爾族自治區博物館文物考古隊及吐魯番地區文物保管所曾發掘清理吐魯番晉唐古墓葬近四百座，出土大量古代官私文書。唐先生敏鋭地意識到這批文書重要的學術價值，遂於一九七四年建議國家組織專門力量對之進行系統整理，並於一九七五年與國家文物局王冶秋局長、復旦大學譚其驤教授一道親赴新疆考察，在庫車古道上，唐先

生因路途顛簸，右眼視網膜脱落，竟致失明。同年，因唐先生之倡議，經國務院批准，受命主持成立「吐魯番出土文書整理組」。他不顧眼疾，全身心投入文書的整理與研究，帶領一批中青年學者，對近萬枚文書殘片逐一識讀，通過紙質、書體加以綴合、録文，並在悉心考訂的基礎上予以斷代和定名，十易寒暑，終將吐魯番古墓葬所出此批十六國至唐代的官私文書，古籍殘卷、佛道文獻等整理完畢。主編吐魯番出土文書釋文本一至十册；圖文本一至四册，先後於文物出版社出版，使沉睡千年的古冢遺文公諸中外學人，並總結出一套科學的文書整理的規範和方法。唐先生又結合出土文書的整理，將之與中國中古史研究有機結合，主編敦煌吐魯番文書初探（武漢大學出版社一九八三年版）、敦煌吐魯番文書初探二編（武漢大學出版社一九九〇年版）。他所撰寫的吐魯番出土文書中所見高昌郡縣行政制度、唐肅代期間的伊西北庭節度使及留後、吐魯番所出唐代西州差兵文書跋、吐魯番文書中所見高昌郡軍事制度、唐貞觀十四年手實中的受田制度和丁中問題、唐西州諸鄉户口帳試釋、吐魯番文書中所見絲織手工業技術在西域各地的傳播、吐魯番文書所見的西州府兵等一系列有關出土文書與十六國至唐代歷史的重要專論，與新出文書之整理一道，將我國敦煌吐魯番學引向深入。

唐先生還致力於中國古代史教材建設與相關工具書的探索與研究。一九五五年，受高教部委託，主編中國通史（二）魏晉南北朝史講義及教學大綱；同年，在武漢主持高教部魏晉南北朝史教材編寫會議；一九六二年，應邀參加中國科學院哲學社會科學學部中國史稿審稿會議，負責審定魏晉南北朝隋唐部分。一九六五年八月，主編中國通史參考資料古代部分第三册（魏晉南北朝），由中華

書局出版。二十世紀八十年代初，唐先生被聘爲中國大百科全書總編輯委員會委員，中國大百科全書中國歷史編輯委員會副主任、隋唐五代史卷主編，他除了對該卷之條目逐條細擬、審定之外，還親撰「隋」等長文辭條。他還曾創辦魏晉南北朝隋唐史資料等刊物，與其他多位著名學者一道，共同發起創建中國唐史學會、中國敦煌吐魯番學會等學術團體，爲我國史學研究的繁榮和發展做出了貢獻。

唐長孺先生一生筆耕不輟，著述宏富，在其長達半個多世紀的學術生涯中，於中國古代政治、經濟、典章制度、民族、社會、宗教、學術文化、出土文獻諸領域縱横馳騁，皆有建樹，且不斷開掘學術研究的新課題。唐先生治學，嚴謹認真，實事求是，一絲不苟，既踵事增華，博取衆家之長，複獨辟新徑，形成了自己獨特的治學理路和學術風格。他注重對史料的充分占有和辨析，注意新資料的挖掘和運用，對相關資料去僞存真，去粗取精，洞悉史實之間的因果聯繫是唐先生治史的重要特點之一。而這一特點既包含了中國傳統「實證」史學的優秀成分，又使之在新的歷史條件下展示出無窮的學術魅力。他同時善於以小見大，從具體問題入手，透過具體的乃至零碎的片斷的史料記載，揭示出重大的歷史問題；他注重「循名核實」，從相關詞義的變化洞悉歷史演變的脈絡，獲得事關全局的重要結論，如所撰晉書趙至傳中所見的曹魏士家制度、九品中正制度試釋、西晉户調式的意義、南朝的屯、邸、别墅及山澤占領、唐代色役管見等即是；他十分注意各種歷史現象之間的内在邏輯和有機關聯，如討論士族問題，則密切關注其蔭客、免役之特權；研究兵制問題，則旁及户籍制、身分制、色役制及部曲、奴婢等相關經濟社會之内容，由此及彼，由表及裏，在研究的深度和廣度上達到了很高的

境界。他研究每一論題，必探其淵源和流變，通過長時段的考察，探尋其「變化與發展」。如有關魏晉時期江南的學風、魏晉至唐之官府工匠、魏晉南北朝的客與部曲、唐代的客户、南朝文學的北傳諸篇，或上溯兩漢以至戰國時代，或下延至兩宋時期，體現出廣闊的歷史視野。與此同時，唐先生在實證研究與理論探討、微觀研究與宏觀考察的結合上以及歷史與邏輯的統一上達到了新的高度。如晚年撰成的魏晉南北朝隋唐史三論之許多篇章即爲之樹立了典範。總之，唐先生成爲一代史學大家絕非偶然，與他的學養、學風、對史料與理論的高度重視以及不懈探求的學術精神密切相關。他晚年自題的聯語「著書敢期延歲月，湖山倘許小盤桓」，表達了他對人生的通達和學術的執著追求。且常謂：「史家『四才』須銘記，爲文切忌『急就章』」，這是他自勉之語，也是他教示學子之箴言。唐先生的學風、學術成就、學術理路和研究方法作爲二十世紀中國史學的優秀遺産之一，值得珍視和繼承。

由於唐先生的論著發表或出版於不同時期，有不少篇章已不易搜求；甚至一些專著也因出版經年，迄無再版，而於坊間難以獲見。他的相關論著，除魏晉南北朝史論叢、三至六世紀江南大土地所有制的發展、唐書兵志箋正、魏晉南北朝史論叢續編、魏晉南北朝史論拾遺、山居存稿、魏晉南北朝隋唐史三論等係他生前業已結集出版之外，尚有不少論文散見於各種報刊，另有一些手稿、講義、劄記等未公開刊行。爲滿足學術界的需要，繁榮學術研究，同時便於海内外學人相對全面地瞭解和研究唐先生的學術道路和學術思想，我們在中華書局的大力支持下，對其論著進行了一定程度和一定

範圍的搜集、整理，結集爲八卷本唐長孺文集。

經審慎協商，唐長孺文集確定如下取捨標準：

（一）譯著暫不收録，但與古史相關的重要譯文酌情收録。

（二）先已發表，後又經作者親自修改、補充的論文，只收最後修訂稿，原刊不再收録，如武則天統治末年的浮逃户、北涼承平七年寫經題記與西域通往江南的道路、舊唐書中關於元和三年對策案的矛盾記載、貞觀十四年手實中的合受田等。

（三）個別時代色彩較濃的論文，暫不予收録。

（四）序跋類文章，酌情收録。

（五）講義類暫酌收一部分。手稿中國中古史大綱中卷、中國中古史大綱補編、中國近古史大綱（講稿）等，因卷帙浩瀚，眉批繁複，擬另行刊印。

唐長孺文集的校核、整理或加工，大致遵循如下原則：

（一）文集悉用通行規範繁體字豎排，全式標點，人名、地名、書名等標專名線。特殊情況下（如敦煌吐魯番文書録文）適當保留異體字、古今字；原屬内刊稿或未刊稿中尚難辨識的文字以□標出。

（二）作者生前已刊專著、論文，以原書、原文爲底本；原文或原稿有疑問處，或參考作者修訂本及手稿做較大增删改動者，則一律出按語加以説明（專著置於出版説明或整理附記中，論文置於文

末）。

（三）引文校核，一般依據作者所用版本或通行本，明顯錯訛處徑改；版本異文原則上不做改動。所引古籍、前人今人論著的指稱（如簡稱或其他習慣用法），不予統一，以保留原貌。

（四）除個別文章外，注釋一律採用脚注。凡援引作者已刊專著、論文的注釋，雖頁碼變動，原所示參見之頁碼、注碼等，仍舊保留，另注明文集本頁碼、注碼。

唐長孺文集各卷所收專著或大致篇目如次：

第一卷　魏晉南北朝史論叢

第二卷　魏晉南北朝史論叢續編、魏晉南北朝史論拾遺

第三卷　山居存稿

第四卷　魏晉南北朝隋唐史三論

第五卷　唐書兵志箋正（外二種：三至六世紀江南大土所有制的發展、魏晉南北朝史籍舉要）

第六卷　山居存稿續編

第七卷　山居存稿三編

第八卷　講義三種（秦漢三國史、魏晉南北朝史三章、魏晉南北朝隋唐史）。附唐長孺先生生平及學術編年

武漢大學中國三至九世紀研究所師生、歷史系相關同事和唐長孺先生的學生、子女等分別承擔

了唐長孺文集的整理或校核工作。茲大致條列，以志其事。第一卷，魏斌、劉安志、朱海；第二卷，劉安志、何德章、朱海；第三卷，凍國棟、何德章、劉安志、朱海、申萬里；第四卷，凍國棟、朱海、黄樓；第五卷，孫繼民、王延武、劉安志；第六卷、第七卷，朱雷、凍國棟、何德章、劉安志、朱海、申萬里、黄樓、姜望來；第八卷，唐剛卯。其中，唐長孺先生生平及學術編年與文集前言由凍國棟執筆。石墨林在文集各卷的複印、收寄等方面承擔了不少工作。

唐長孺文集的整理與出版，還獲得諸多單位和友人的幫助。唐先生不同時期的學生在文集的編選和清樣的審讀方面，也付出了勞績。先後參與這一工作的有張澤咸、張弓、李文瀾、王素、黄正建、孫曉林、李方諸先生。此外，一些學界同行或建言獻策，或幫助複製、翻拍唐長孺先生早年文稿，多方襄助，不能一一列名，謹在此一併表示衷心的感謝。

程千帆先生、啓功先生、金克木先生生前對唐長孺文集的出版均十分關心。啓功先生還曾抱病親爲題簽，令人感銘。

武漢大學中國三至九世紀研究所

二〇一〇年六月

總目

秦漢三國史

目録

第一章　封建統一帝國的建立

一　秦的統一

從春秋以至戰國的封建地主階級，開闢了自己的歷史道路，一步步的向着統一帝國前進。統一，在當時符合於社會生產發展的需要，也符合於人民的要求。封建地主們要求組織强有力的政府來保障自己的利益，農民要求將全國水利灌溉事業作統一的管理，商人不願意横亘在各個國家間的關隘妨礙貿易的擴展，而所有人民都厭惡没有了斷的長期的戰爭。仗真是打得够了，自從春秋開始直到秦的統一整整的打了三百多年，要停止戰爭，唯一的辦法就是全國統一。

可是由哪一國來統一呢？在戰國中期是誰也不能回答的，一到長平戰後，歷史的發展業已清楚地看出，那個後起的、但是活力充沛的秦國，從各方面構成了統一的優越條件。這個國家是先進生産方式與野蠻氣質的結合，它掌握巨大的經濟力量，渭水流域的糧倉，巴蜀的寶庫與秦涼高原的牲畜；它擁有强悍善戰的軍隊，它的政治軍事制度，更保證了它巨大力量的發揮。

公元前二四六年，秦王政（即秦始皇）即位，那時秦國的疆域已經擴展到全國的心臟地帶，東面從

山西直到山東，南面從河南到湖北，都立了郡縣；韓魏兩國在它大包圍的形勢中，齊楚還是大國，但早已削弱了，燕趙隔絕在北邊。這樣的形勢除非六國能够聯合起來或許能够阻止秦的統一，然而過去的經驗業已證明，暫時的聯合並不能收很大的效果，而永久的聯盟却不可能訂立。於是秦始皇在二十六年之中逐一將六國滅掉。秦始皇的十四年，公元前二三〇年，內史騰滅韓；前二二八年，王翦滅趙；前二二五年，王賁滅魏；前二二三年，王翦滅楚；前二二二年，王賁滅燕；前二二一年，王賁滅齊，全國統一。

秦國的統一事業進行得很順利。秦始皇用李斯的陰謀，用金錢勾通各國的內奸爲秦國服務。趙國大將李牧被內奸害死。齊國的宰相后勝受了秦的賄賂，故意不修戰備，又不發兵救五國。所以幾乎没有很大的戰爭，就將韓、魏、趙、齊、燕滅掉。比較費力的是楚國，第一次攻楚，遭受很大的損失，第二次用了六十萬大軍在河南地區堅持了一年才將楚軍擊潰。

統一是必然的趨勢，終於在公元前二二一年完成了這個工作。

二　秦始皇的事業

（一）建立制度

公元前二二一年，統一的封建帝國建立了。秦始皇要把這個帝國的制度也統一起來。

秦帝國的政治組織　首先他要替自己安上一個尊貴的名稱，因爲他覺得作爲這樣一個大帝國的統治者，是上古以來所未有，那些天子、帝王的尊號都還不配表現他的威權，因此決定稱爲皇帝，他自己稱爲始皇帝，希望二世、三世、一代代傳之無窮。在皇帝下面只有各級官僚，他決定將分封建國的辦法取消。我們知道，在戰國期間，郡縣制早已普遍建立，統一之後，有人向始皇建議齊、楚、燕三國太遠了，應該將皇帝的兒子封在那裏作王。經過一番討論，大家都贊同，只有李斯反對，他説：周代分封子弟，到了後世，便彼此像仇人般的打仗，周天子不能禁止。現在幸而統一，各國都成爲郡縣。皇子和功臣，只要多多將賦税賞賜給他們就够了。這樣，中央便容易控制，是安寧的好辦法。建立諸侯，没有好處。始皇采納了李斯的話，將全國分爲三十六郡，郡縣都直屬於中央政府。

中央政府的組織，以丞相主持政務，御史大夫做丞相的助手並管理文書檔案和監察事務，還有個主持軍政的太尉，但不是經常設立。以上三個官職品級最高（御史大夫略低）。以下便是各有專責的各部門長官——九卿，再下面便是自丞相府以至各部門的屬官。地方政府的組織：郡的一級有主持行政的守、主持軍政的尉和監察官監御史，這和中央政府相同；縣的一級有縣令或縣長與縣尉（大縣的長官稱令，小縣稱長）；下面又有鄉、亭、里的組織。地方完全受中央控制，郡縣官由中央直接派人充當，一切命令由丞相、御史大夫傳達到九卿與郡守。地方的報告也直送丞相、御史大夫，而最後彙集到皇帝手中。這樣一種制度便是皇帝的專制。一切法令一切政務，完全由皇帝決定。

我們知道戰國時期各國政府組織的精神大體與秦相似，而除了皇帝的尊稱之外，始皇以前的秦國

更早已如此。所以這並非創造。但是各國的制度雖都趨於中央集權形式，名稱却並不一致，現在正是秦國制度的推廣和統一。

秦國制度的推廣　除了政治制度以外，法令、度量衡、貨幣、文字、車軌都一律以秦國爲標準，推廣到全國範圍内，消滅了地域間的差異性。

毁除交通障礙物與清理水道系統　同時始皇傳下命令，吩咐將各地郡縣的城郭拆毁，險要之地都平掉（大概即毁去關隘）。戰國時期各國爲了擴大耕地與興立灌溉而設置的隄防也一律開通。城郭關口的拆毁顯然對交通有利，雖然始皇可能只是爲了更有效的控制與鎮壓。開通隄防自然也和交通有關，但這裏却正表示一個集權的强有力的政府擔負起水利事業的統一管理，這兩件事秦始皇做得很得意，曾經在他建立的紀功碑上提到。

對於新征服地區的控制　對於新征服的區域，始皇要制止可能發生的反抗，因此他在各國故地有重點的布置了軍站。他下令没收民間兵器集中到咸陽來銷毁，將獲得的銅鑄成大鐘和十二個各重一千石的銅人。過去秦國攻下一城、滅掉一國，就將該地人民大量遷移到偏僻地區，現在規模更大了，始皇一次遷徙了富人十二萬户到咸陽。以後又絡繹將人民遷到山東沿海、陝北、綏遠、四川、河南各地。他認爲離開了鄉土的人民不容易發動叛變。在統一的下一年，始皇徵發人民築了一條貫通全國的馳道。這條馳道以咸陽爲中心，北面直達長城，東面達到河北、山東濱海地帶，南面直到江蘇、浙江以至湖南。馳道有五十步寬，用鐵椎在兩旁鞏固路基，每隔三丈種青松一枝。戰國時各國本已築有馳道，

此時大概是將其通連並加工。陸路幹綫之建築，當然不單是爲了秦始皇便於巡視各地，而是具有軍事、政治上的意義的。

文化上的控制 始皇在文化上也加以嚴厲的控制。他所施行的制度雖然絶大部分業已在戰國時出現，但不是「先王之道」，特别是廢掉分封子弟的辦法，遊士是不大高興的。因爲這樣就喪失了「傳食諸侯」的權利。因此盼望復古的儒生、盼望列國並立的遊士，對于新制度議論紛紜。我們知道，戰國時期每一個學派都有統一思想的要求，孟子對于楊墨兩派的駁斥就含有這個意思。一到韓非子就公開主張用政治力量來控制思想，他的五蠹篇便説：「明君統治的國家，没有古代書籍的條文，只有用法令來教育。没有什麽先王之語，官吏就是老師。」他們認爲「先王之道」和現在法制不能相容，要使法令順利推行，禁止那些「是古非今」的議論是必要的。秦始皇和李斯雖然殺了韓非子，但却是韓非子的信徒。剛好前二一三年有個博士淳于越不識時務，批評不封子弟功臣的錯誤。説什麽「作事不遵守古代辦法而獲得長久，是没有的事。」秦始皇將淳于越的話，發交群臣討論。當下李斯説：「時代變了，制度也就該變。淳于越講的是古代之事，不足效法。從前諸侯並起，招納遊士，現在天下平定，法令統一，百姓從事農工來當家把計，士就該學習法令。而那些書生不學習現在的東西，却去學了古代東西來批評現代，這樣就會混亂了百姓的思想。」又説：「現在皇帝統一天下，是非已定。那些私人講學的還要批評法教，一道命令下來，就大家根據自己的學術思想來發議論，假使不禁止，皇帝的威勢就得降低，下面也就結成了黨派。所以禁止私學是有好處的。」這樣，他建議作一次大規模的

焚書。焚書的範圍是秦國史以外的歷史書籍，不屬於博士官掌管的詩、書和百家學説，只留下了醫藥、占卜、種樹的書。以後敢於談論詩書的處死刑，以古非今的合族處死，官吏知道而不告發的處同等的刑罰。頒布焚書令以後三十天還不將私藏書籍燒掉的，將他臉上刺文判處四年徒刑。如有人願意學習法令就以官吏爲師。李斯的建議立刻獲得始皇采納，於是天下書籍除了博士掌管的一部分以外，都燒了。

焚書是對于古代文化的摧殘，禁私學是不准自由議論，其總的精神是要人民絶對尊重現行法令。封建帝國還剛成立，統治者要在思想意識上澄清一切反對者的理論。

秦始皇和李斯大刀闊斧地在全國規模内建立以上的制度，這些制度雖然給漢代儒生駡得一文不值，但絶大部分成爲二千年來封建帝國的典範。每一朝的封建統治者都只有將它接受下來。

（二）擴大國境

統一帝國不但結束了從古以來國土分裂的局面，精力旺盛的統治者并要求擴大與鞏固帝國的疆土。

戰國時期，燕、趙、秦三國向北方發展，達到了草原地帶，在那裏逢到了前代所未見的善於騎射的遊牧民族，各國在邊境上建築了長城，以防禦騎兵的衝突。楚國向南方發展，曾經越過貴州到達雲南。擺在帝國面前的任務是把遊牧民族驅逐到蒙古高原上去，與繼承楚國的開拓。

防止北方遊牧民族侵略的措施 古代北方民族戎狄這時一部分已經和諸夏没有什麽不同，另外的一部分向北退入蒙古高原，大概與原來的遊牧民族結合了，這就是著名的匈奴。匈奴的東邊是東胡族，分布於山西之北和察哈爾熱河一帶，再往東便是穢、貉、朝鮮；匈奴的西邊是分布於甘肅青海的羌族，到了河西走廊便是大月氏和烏孫。東胡與羌族中間，大約也容納了很多古代的戎狄。秦國未統一前已經築了一道長城，從臨洮（今甘肅南部岷縣）經過今固原、環縣到陝西的榆林、綏德。趙國在武靈王時向北開拓，戰敗林胡、樓煩、匈奴諸族，也築了一道長城，從烏喇特旗的狼山口沿着陰山，到現在的歸綏，東由山西北境到今蔚縣爲止。燕國的長城則從察哈爾（宣化）延伸到襄平（遼陽）。趙國殺掉大將李牧之後，不久就滅亡，在秦統一之初，那一道横亘在陰山間的趙長城大概也放棄了守禦，所以匈奴族侵入綏遠境的黄河南岸，和秦的舊長城爲界。秦始皇的計劃是要恢復與鞏固趙國的長城綫。將匈奴族逐到陰山之北去，在西方的甘肅境内與東方的山西以東各邊界，則是鞏固燕趙舊長城，并向外擴展，設置城堡。

公元前二一五年，秦始皇命大將蒙恬率領三十萬大軍向北方進發攻擊胡人（胡人在此時是北方民族的通稱）。奪還黄河以南的土地。下一年，從蘭州附近開始傍着黄河直達陰山，建築了許多堡壘，沿岸種植榆樹作爲防綫；設立四十四個縣，遷徙大批犯罪的人民到那裏。這一片新獲得的土地，特别是寧夏一帶西套區域内，是極爲肥饒的，當時稱爲新秦中，秦代的人民曾經在那裏開鑿灌溉渠，現在還有秦渠的遺跡。爲了進一步鞏固邊防，蒙恬率軍渡過黄河，在陰山險要處布置了軍事據點。於是

在北套中設立一個九原郡，統屬若干新縣。對於山西以東的發展，秦代似乎沒有當作重點，但突破舊長城綫是可以推測的，舊長城自然還是重要的防綫。秦始皇徵發人民將它聯繫起來，便成爲西起臨洮東達遼東的世界偉大工程萬里長城。

這一道長城，在戰國末期，開始分段建築。大約經過七八十年到秦代始告完成。古代的勞動人民受着無比的勞苦，以無比的毅力，擔負起這個重大工作，保衛了我們祖國的邊疆。直到明代，長城幾經興廢與變遷。但始終在國防上起着重要的作用。

這樣，秦帝國的邊防有了兩重保障：內綫是長城，外綫則是長城外的要塞城堡。

秦帝國在南方的發展 秦帝國向南方的發展，也在同時開始了。我們在前面曾經説過，東南沿海區域，從浙江、福建直到兩廣、越南都是越族的居地。秦統一以前，越族的分布狀態是：（一）浙江溫州一帶的東甌，（二）福建福州一帶的閩越，（三）廣東廣西的南越，（四）廣西南部和越南北部中部的西甌。東甌和閩越，還是越王句踐的後裔在那裏爲王，秦始皇統一後，沒有費什麽事就將越族的王廢掉，在那裏設立一個閩中郡（福州）。於是組織了一支五十萬的遠征軍，通過江西、湖南的南嶺山脉，進入兩廣，（征南越大約在公元前二一九年以前。）爲了運輸的方便，秦始皇命監禄（監是官名禄是人名不知其姓），率領軍隊開鑿了一條通連湘水和灕水的水道，那就是現在湖南廣西間的興安渠。軍隊發展得很順利，一下就占領了番禺（廣州），直打到越南。可是越族的抵抗非常勇敢，他們不甘心被俘作奴隸，都跑入深山樹林中去，秦兵長期屯守在沒有人的空地上，日子久了，十分疲乏，越族就進行了

反攻，使秦兵遭受巨大損失，統兵大將尉屠睢（尉是官名，屠睢是人名）被殺。但秦兵並没有退却。公元前二一四年，秦始皇徵發了有罪的逃亡者：贅婿和商人向南方增援，終於征服了越族。在那裏建立了南海（相當於廣東省，郡的機構設在番禺——廣州）、桂林（相當於廣西的北部和中部，郡的機構設在桂林）、象郡（相當於現在越南的中部、北部和廣西的南部）三個郡。始皇所發的軍隊大約就留守其地。此外又遷徙了内地人民到新開闢的郡縣去和越族雜居，直到五世紀時，越南境内還有人民清楚地記憶自己的祖先是秦代遷來的「謫徙」。

攻越南大約費了不少人力物力，經過好幾年的時間才得到勝利。

此外秦帝國還踏着楚國人的足跡向雲貴高原進發，在這個區域居住的是來自湖北的濮族與彌漫於甘肅、四川直到西康的氐羌族，秦在貴州遵義一帶開鑿了一條山路，稱爲五尺道，據説也派遣過官吏。

中國的疆域在秦代擴大了，奠定了以後的規模。公元前二一九年，秦始皇遊行到了瑯琊（山東諸城縣），在瑯琊臺刻石紀功，其中説他統治的疆域是：

六合之内、皇帝之土，西涉流沙（大約指寧夏沙漠），南盡北户（向北開門的區域，那就是越南）東有東海、北過大夏（未詳）。

這是個偉大的帝國，可是勝利使統治者日益墮落，帝國内部的矛盾快就要爆發了。

三　人民的過重負擔與社會經濟

秦始皇從公元前二二二年起，直到他死的那一年（前二一〇）七次東遊，遠至浙江、湖南。他的巡遊除掉爲了娛樂之外，另外一個目的是，察觀情形與擴大政治影響。他非常滿意自己的事業，在山頂海邊七處刻上石碑，贊美自己的功德。

繁重的徭役　秦始皇的事業的確是值得誇耀的，在他統治期間建立了古所未有的大帝國，完成了鞏固的國防，擴大了版圖，綜合整齊了各項制度。然而這些事業，主要是從勞動人民的高度負擔上創造出來的，五十萬的人民被徵發去修建和戍守長城。又是五十萬的人民被徵發去征南越。無數的人民被徵發去輸送糧食。從山東海灣運糧一石到河北邊境，要費去三十鍾的運費，或者是價值一文的東西加上十個錢的運費還不够。此外一條貫通南北的馳道所費的人力物力，當然也不在少數。爲了充實關中與邊疆，秦始皇强迫人民遷徙到陝西、綏遠、山東和南越，每一次就是三萬家。假使只是如此，也許人民還可以負擔。可是人民以無比辛勞創造出來的事業，秦始皇一筆記在自己的功勞簿上，他認爲親手締造的帝國，應該由得他享受。他剛一統一，就在渭河北岸，模仿六國建築形式起造宮殿。從咸陽直到鳳翔，一共三百座。前二一三年，又在渭水南岸的上林苑中，開始建築一個規模龐大的「朝宮」。全部建築計劃没有完成，完成了前殿，因爲殿築在終南山之阿，天下稱爲阿房宮。這一座殿，東西五百步，南北五十丈，屋上面可以容納一萬人坐，屋下面可以樹立五丈高的旗幟。四面有架空的迴

廊，從殿下直達終南山，南山頂上建立一對石闕，又建築一條複道（兩面有牆，不給外人看見的道路），從阿房宮渡過渭水，通到咸陽。始皇又預先替自己在驪山建築墳墓高到五十餘丈，周圍五里多，墳墓中布置宮殿，這兩項巨大工程，經常有七十萬人在服役。

謫發範圍的擴大　按照秦代法律，除服兵役以外，其他徭役和築城修路開河等，照例由罪犯負擔，而兵役還只是戰爭，戍守兵士也用罪犯充當，罪犯没有那麽多，於是擴大了範圍，凡有七種人：（一）是有罪的官吏、（二）是贅婿、（三）是商人、（四）是曾經有市籍者（曾經在市籍上登記的商人）、（五）是父母有市籍者、（六）是祖父母有市籍者、（七）是逃亡者，這七種人是一般因犯以外的有服役義務的人，簡單地説，是犯法的官吏，贅婿、商人和商人的子孫，與逃亡他鄉没有取得正式户籍的人。我們知道贅婿是古代以勞役取得妻子的殘餘形態，在秦漢期間，窮人的兒子往往出贅給他人，父母可以取得一筆錢，兒子就得像奴隸般工作，長大了可能娶得主人家的女兒。這種贅婿，是爲社會所賤視的，他們和犯罪的人同樣處理，是因爲同是奴隸性的勞動者。至於商人則是在法家經濟觀點上看來，是一種不生産的寄生者，商鞅立法就有一條「事末利（工商業者）及怠而貧者舉以爲收孥（收作奴隸）」，那麽秦國法律，本來可以隨便没收商人爲奴隸的，實際上雖不能徹底執行，但要他們像犯罪的人一樣服役是不足爲奇的。逃亡者或許是奴隸，或許是欠了賦税躲避徭役的人民，這種人抓住了照漢朝法律是没收爲奴隸，秦朝自然更不用説。總而言之，可能充當奴隸的人、類似奴隸的人、和犯了罪而已經充當奴隸的人，負擔起一切的徭役。秦朝把這七種人和犯罪的徵發，稱爲「謫發」。

即使「謫發」的範圍相當大，但合於條例的，可能還不够多，於是秦朝的嚴刑苛法，執行了製造奴隸的任務，犯法的人愈多，勞動後備軍就大大的增加。到了最後，索性就不問怎樣，徵發到了閭左之卒（當時窮人住在閭門的左邊，富人住在右邊），那就是說，所有窮人都被當作奴隸或類似奴隸以從事無償勞動。

我們知道秦國自商鞅以來就以軍功決定身分。獲得軍功，就可以獲得爵位，又依照爵位的高低，占有土地與勞動力。就是說，所有的農民可以被當作一種獎品，給予有功將士爲農奴或佃農。統一之後，這種辦法當然推行到全國，這樣就使六國人民往往被分割爲秦人的農奴或佃農。這還不算，不論是什麽人都可以因偶然的機會犯了法而變成罪犯，這就變成了奴隸。這種變成罪犯的恐懼，在佃農與非佃農的平民，包括工商以及自耕農間，同樣的存在。

嚴重的剥削 爲了軍費，爲了各種巨大工程的費用，秦國除掉强迫人民服各種奴隸性的勞役之外，還得加增賦税，漢朝賈誼説秦「繁刑嚴法，賦歛無度」，便是這兩種辦法的同時并進。秦國的賦法，用人口計算，富人與窮人根據家中人口出同樣的錢，假使窮人的人口多，可能比富人還出得多。口賦加上田租、鹽鐵税，據漢朝人董仲舒説，要比古代加增二十倍。人民生產收獲三分之二都被掠奪去了，自耕農越來越少。有的被强迫作爲有功將士的農奴、或佃農，有的被没收作奴隸，土地集中自然就加緊進行。

尊重富人的政策 從商鞅以來，在經濟政策上是奬勵財富積聚的。漢人崔寔所著的政論上説：

「秦朝尊重和獎勵兼併的人……上家累積億萬資産，他們擴充土地，甚至連獲得封邑的人，都被兼併。……下户連站定脚的地方都没有，只好父子低頭，像奴僕般侍奉富人，率領妻子，替富人服役。」這裏所説上户、富人，就是大地主，下户就是農民，地主對於農民的剥削大約跟漢朝一樣是十分取五。不是地主的富人，同樣受尊重。秦始皇曾經下令將以畜牧致富的烏氏倮擡高到封君（受高級爵位的人）的地位。又替一個擁有丹砂坑的巴蜀寡婦清築了臺，以爲表揚。秦國尊重富人，却輕賤與抑制工商業者，畜牧業自然可以認爲本業，占有山澤之利的人，照當時看法，應該認作商賈，但却受到尊重。我想這兩個例子都發生在秦國原有區域内，而且在邊境，烏氏倮經常和戎王做買賣，而巴蜀寡婦能够「以財富來保衛自己，不受侵犯」，都是有勢力的人，所以受到重視。可是有勢力的富人，也不是一律尊重，這裏還有一條界綫，就是秦國的富人與六國的富人，烏氏倮和巴蜀婦是秦國人。至於非秦人的富户，秦始皇却把他們隨意遷徙，像邯鄲、大梁的冶鐵商人，便被遷到成都、南陽各地。

對于生産力的破壞 我們早已説過，秦代制度是戰國各先進制度的綜合。秦始皇完成了春秋以來逐漸發展的一統事業，使封建社會得到决定性的勝利。這種制度，在那時候還是使生産力有發展餘地的，統一更是符合於時代的要求。但是人民希望統一，是爲了可以安心生産，提高生産，不料秦始皇統一之後，給予人民的是一個沉重的負擔，以致如淮南子所説「男子不能耕田，女子不能績麻，老弱的人還要服役，大夫在街頭上按人口收賦，生病的人無法養息，死了人無法安葬」。非但不能在封建秩序下提高生産，反而降低了生産。

人民對於秦始皇、秦帝國，從滿腔希望變成深刻的仇恨，現在放在人民面前的只有一條道路——革命。

四　第一次農民大起義

反秦各階級的分析　1.反秦各階級的立場和理想：　革命的基本力量是農民，農民和地主的矛盾是封建社會中最基本的矛盾。然而這時還在封建的初期，封建制度還是進步的制度。假使秦始皇和他的兒子二世皇帝，不是那樣的壓榨人民，革命不會立刻發生，這一點只要看漢初的情形就知道了。人民決不反對秦始皇將那些六國舊貴族壓迫遷徙。這一點正是徹底破壞舊制度的殘遺，讓新社會得以成長的因素。可是搬掉了那些壓在農民頭上的小石頭以後，却壓上了一塊更大的石頭，這樣農民的仇恨就集中在秦帝國。

六國的舊統治階級，王室貴族、各地的豪强富人也要反秦。秦始皇爲了鞏固秦帝國的統治，知道這一些舊統治者自王族以至地方豪强，在各地擁有巨大勢力，所以把他們遷徙到咸陽、邊疆，以及他們生疏的地方。魏國的王族魏咎，被遷爲家人（平民）。大梁的豪傑張耳、陳餘被懸賞捉拿，就是顯明的例子。這些人從六國滅亡之後，在政治上、經濟上，完全失却了地位，例如楚懷王的嫡系、後來的義帝名唤心的，竟然流落在民間作牧羊童子。但是他們在地方上的勢力，不能一下就消滅，他們還有號召的力量。而且族大人多，一時也遷不完。例如楚國的項梁、項羽叔姪，韓國的張良，齊國的田瞻，魏國

的魏豹等，都隱藏在民間伺機起事。他們原來是壓迫人的統治者，統一之後，却喪失了政治地位及其財產，因此對於秦帝國，對於「統一」，十分痛恨，他們一心希望恢復六國，恢復舊有的統治地位。

另外還有當時的知識分子，統一本來也是他們所主張的，可是統一之後，他們却感覺到對於自己無利。首先，在過去他們可以周遊列國傳食諸侯，現在統一了，只有一個國家，一個政府，就不能那麼辦了。他們曾經要求秦始皇行先王之道，那就是說恢復分裂局面，不料建議非但没有被采納，反而招致更大的災難。秦始皇下了焚書和禁止私學的命令，這樣他們連聚徒講學的權利也被剥奪了。始皇死的前兩年，爲了許多方士替他求神仙求不死之藥，結果騙了錢逃走，使秦始皇大爲震怒，坑死了四百六十餘人。坑死的自然大部分是方士，就是自命爲能够和神仙來往的人，但其中也牽涉到文學之士（講古學的人）。這樣簡直使知識分子感到隨時有生命危險。大史學家司馬遷説：「秦代末期，焚詩書，坑術士，古代經典，從此就殘缺。」陳涉稱王之時，魯國區域内的儒生，拿了孔家世傳的禮器（各種典禮所用的器具），跑到陳王那裏，孔子的後裔孔甲還當了陳王的博士，後來和陳王死在一起。陳涉是個平民，率領一批臨時結合起來的謫戍的人，一月之間當了楚王，不滿半年就滅亡了。其事不足道，但是那批拖着大帶子的先生們，背了孔子的禮器，投奔那裏作陳涉之臣。是什麼原因呢？這就因爲秦始皇燒掉了他們的吃飯傢伙，希望靠陳王出一口怨氣。司馬遷對於知識分子的心理，判斷得很清楚，拖着大帶子的先生們，當時除了少數如叔孫通之流，由於歌功頌德博得在政府中當一名博士之外，差不多斷絶了生路，因此只好參加革命。

反秦各階級的政治理想　各個反秦派由于階級的不同，他們的立場、理想是不一致的，但是這種不一致在反秦這個口號下統一起來了。

革命的理想首先是推倒秦朝。這一點是正確的，因爲從二世即位之後，壓榨剥削更凶，秦帝國的存在，只有起着阻礙社會發展的作用，事實上已造成普遍的飢荒，不把秦朝推翻，人民就生活不下去。那麽，推翻秦朝以後又怎樣呢？當時的政治理想，是要恢復列國並立的割據局面，這一點大家也都同意。我們知道廢除分封裂土的辦法，實行統一是順應歷史發展的路綫，現在要把完整的國家再度分裂是一個不適當的主張，可是舊統治者、知識分子都堅持這一點。舊貴族豪强爲了自己的利益打算自然主張恢復六國，因爲這樣就可以恢復他們過去的地位；知識分子也有主張恢復六國的，但是他們的利益却不一定倚靠「故君」才能取得，所以雖也主張分裂，反對統一，但却不一定要恢復六國；至於農民呢？一來受到舊統治者及知識分子思想影響。例如陳涉起義後，大粱豪傑張耳、陳餘，就勸他立六國之後，在得到魏地後，另外一個將領周市，也勸他立魏王之後爲王。二來農民回想六國時代的徭役，那時在分裂局面下，徭役的路途不會太遠，時期也較短，統一以後却產生了路途遥遠的長期服役，因此對分裂發生好感。此外分裂了這麽久，而統一只有十年，農民的保守性，也促使他贊同分裂。

這樣就把「反對秦朝」和「擁護分裂」兩種絲毫没有必然聯繫的要求聯繫起來了。落後的列國並立的主張，居然獲得反秦各階級的共同擁護。

秦二世帝的統治　2.革命的爆發　公元前二一〇年，秦始皇東遊到了沙丘臺（今河北平鄉縣附

車子載着死屍回咸陽，一路上裝作沒有死的樣子，直到咸陽才發喪。在路上一個宦官趙高發動一個陰謀，說動丞相李斯，立始皇小兒子胡亥繼承皇位，而將長子扶蘇賜死。扶蘇此時和大將蒙恬一起鎮守北邊。怕蒙恬反對，索性將蒙恬和其弟蒙毅一起賜死。

二世帝胡亥即位之後，第一是繼承始皇奢侈的行爲。他繼續建築驪山陵墓。陵墓中間安置機括，防制盜墓，下葬始皇時，把工匠活活的關在裏面，以防泄漏。阿房宮沒有修成，二世說：「如果不繼續動工，倒像先帝做錯這件事」，他要作孝子，就又徵發人民來完成這個巨大建築。上面我們說過當時輸送糧食到邊境是極爲困苦的徭役。二世却又爲了養了許多狗馬禽獸，糧食不够，就吩咐各地輸送豆子、穀子、草料來豢養禽獸，運輸的人都要自己帶糧食。第二是他繼承始皇殘酷的行爲。他害怕自己的弟兄大臣不服，兩次屠殺弟兄十八人，姊妹十人，群臣更不消說。他又實行一人犯罪，合族受誅的辦法，被屠殺的不知其數。對於人民，自然更是一味嚴刑鎮壓。

在這樣情況下，革命就爆發起來了。

陳勝吴廣起義　秦二世元年（前二〇九）七月徵發「閭左」謫戍漁陽，有一批「謫戍」屯駐在大澤鄉（今安徽宿縣），一共有九百人。剛巧逢到大雨，不能前進。這一隊戍軍中有兩個屯長，一名陳勝，字涉，一名吴廣字叔。陳勝是個雇農（爲人傭耕），賈誼說他是「甕牖繩樞之子（將甕作窗，將繩作門樞，形容其窮），甿隸之人（奴隸身分），而遷徙之徒」，說明了他的身分是由窮人變成了奴隸式的謫發。

陳勝這一批謫戍逢了大雨，不能前進，按照秦國法律，誤了期是要斫頭的。那時陳吴二人打算，逃

走抓住了是一個死，誤了期也得死，只有一條起義的路。他們商量好了，就利用宗教迷信，建立自己的威信。他們在一塊帛上寫了「陳勝王」三字，讓魚吞在腹中。有人買了魚，剖開來，就發現了這塊怪東西。吳廣又藏在神廟附近的樹木叢中，晚上把火藏在籠中，裝作狐狸叫說「大楚興，陳勝王」。這樣一來，陳勝立刻就成爲群衆間著稱的人物。於是吳廣故意好幾次對秦國軍官說要逃走，軍官生了氣，將他責打。吳廣平時愛護士卒，士卒都信仰他，一見挨了打，大家憤怒，吳廣乘機奪取了軍官的劍，把他殺死。號召起義，他說：「我們逢到了雨，誤了期，依照法律要斫頭，就是不死，當戍軍，十有六七也活不了，不如立大功名，王侯將相難道有種麽。」於是他們決定假借秦始皇的大兒子扶蘇和楚國大將項燕這兩個死人的名義爲號召。這自然含有離間秦人，影響楚人的策略。義軍一起來，就攻下了許多縣。北上攻取了陳（今淮陽縣），當地三老豪傑一致擁護陳勝爲王，國號「張楚」。

陳勝、吳廣點燃的革命火燄立刻就延燒到各地，各地人民受盡了秦國官吏的虐待，這時都殺死地方官長起來響應，特別是在楚國舊有區域内，這裏幾千人，那裏幾千人，起義的不可勝計。所有義軍一律表示接受陳王的領導，於是陳勝分兵六路：第一路命吳廣爲假王，率領衆將西攻滎陽；第二路命陳人武臣，大梁人張耳、陳餘率兵北上，攻取原來趙國的土地；第三路命汝陰人（今安徽阜陽縣）鄧宗攻取九江郡（安徽壽縣）；第四路命魏人周市攻取原來魏國的土地；第五路命陳人周文直攻函谷關；第六路命銍人宋留率兵攻南陽。吳廣的一路圍攻滎陽沒有進展。武臣的一路，八月裏攻取了邯鄲，便自立爲趙王。陳勝没有辦法，只好承認他的王位，叫他率兵入關，武臣和部下商量，不願意和

陳王合作，却派韓廣去攻燕國故地。九月中，燕國的貴族豪傑又勸韓廣自立爲燕王，武臣也只好承認他。這樣，黄河以北就幾乎全部解放了。第三路鄧宗没有下文。第四路周市攻取了魏地，進兵入齊境，九月中到了狄，齊國王族田氏在本地擁有很大勢力，田儋乘機殺死狄縣令，同時却發兵拒絶周市，自立爲齊王。周市退還魏地，立了魏國王族魏咎爲魏王，自己作丞相。第五路周文的軍隊在九月中進了關，到了戲水沿岸（今新豐附近），離開咸陽不到百里，兵有數十萬，戰車有千乘。第六路宋留攻取南陽，向武關進發。

義軍的失敗 以上是于前二〇九年秋天的情形，一到陰曆九月，情勢就變更了。陳勝剛起義，秦國使者，從東方來的，將革命情况報告給二世，二世很不高興，認爲使者有意誇張，將他下了獄，後來又有使者來，不敢老實説，只好講東方有些小盗賊，不久就會消滅，不必憂慮。這時周文軍隊到了戲水，二世才大爲驚駭，召集群臣會議，當下少府章邯建議，發兵業已不及，不如赦免在驪山工作的罪犯，給他武器，編爲軍隊，於是二世下令赦免驪山的罪犯和奴隸的兒子，由章邯率領抗拒義軍。罪犯和奴隸的兒子大多數是六國人，决不會替秦出死力，其中必然還有一部分秦國軍隊。周文雖有數十萬大軍，但都是沿路收集的，戰鬥力未必很强，而且孤軍深入，後無救援。所以章邯兵一出，就將義軍打敗，周文退兵出關，章邯從後追擊。這時陳勝部下諸將如武臣等都想割據，一方没有人援助，陰曆十一月初，在澠池又戰敗了，周文自殺，這一批先鋒隊這樣的被消滅了。同時攻武關的宋留知道周文失敗，降秦被殺。關中没有危險了，章邯繼續東進。吴廣圍攻滎陽，幾個月没有攻下來，章邯軍隊快要到了，將領

要放棄滎陽，移兵迎敵秦軍，怕吳廣不肯，就把他殺了。這樣有了內部問題，自然更削弱了自己力量，結果也被章邯所敗。秦國軍隊不斷地輸送出關，義軍屢遭戰敗，不久就到達了首都陳郡。下一年春天，陳勝自己率領的軍隊也打敗了，陳勝跑到下城父（安徽蒙城縣西北），替他駕車的人背叛了他，竟然將他殺死，投降章邯。以後陳勝部下的義軍，雖然堅持鬥爭，兩度恢復「陳」（淮陽），但陳勝已死，新建立的「張楚王國」，已經沒有了領袖。

六國的建立　楚國貴族項梁和他的姪子項羽在陳勝起義之後，即在「吳」（今江蘇蘇州）起兵響應。這時已經渡江北上，項梁沿路會合與併吞了若干軍隊，到了現在的山東境內，知道陳勝確已殉難。一個七十歲的老人范增對他說，陳勝所以失敗，就由于未立楚國王室，因此項梁就立了楚懷王之孫心爲楚王，也喚作楚懷王。在此以前，趙國的武臣被一個叛徒李良所殺，武臣的將相張耳、陳餘立趙國王室趙歇爲王。魏國當陳勝在時，已經由周市立了魏王室魏咎爲王，項梁此時又立韓王室韓成爲韓王。六國後裔投了革命之機，紛紛立了起來。只有燕國仍由韓廣爲王。

章邯擊破了陳勝之後，進兵攻魏（此時魏王在今河北長垣縣），齊楚派兵救援，爲章邯所敗，魏王咎自殺。章邯引兵入齊，齊王儋也被殺。項梁親自領兵救齊，把秦兵打敗。但是齊國王室間爭立，起了內亂，以致章邯有機會獲得援軍，兵勢復振。項梁幾次要求齊趙共同擊秦，齊王田榮一定要楚國將和他爭立的田假殺死，才肯出兵，楚懷王和項梁都不答應，田榮就按兵不動。楚兵進展很順利，幾次將秦兵擊敗。但一方面秦國援兵越來越多，另一方面齊國却不肯援助項梁，結果在定陶地方，楚軍打了

敗仗，項梁被殺。

項羽鉅鹿之戰 章邯認爲項梁一死，楚國没有問題了，就渡河攻趙。趙王歇和張耳、陳餘保守鉅鹿，十分危險。自項梁敗後，楚懷王遷都彭城（今徐州），自己統率軍隊，這時就派宋義爲上將軍，項羽爲次將，范增爲末將，率兵救趙。同時命沛公劉邦西向攻秦。劉邦是豐邑人（今江蘇豐縣）當過一名亭長，在陳勝起義後占了沛縣響應義軍，不久就受項梁指揮，也算是項梁部下。這一次楚懷王命宋義、項羽救趙。劉邦攻秦，歷史上都説由於楚懷王和若干老將因爲項羽殘暴，才有意叫劉邦去擔任招撫秦人的任務，這可能不是事實。宋義是楚懷王最尊信的人，項羽作戰勇敢，所帶軍隊，也是戰鬥力較强的，當時秦兵主力在鉅鹿，必須要用最大力量進行鬥爭。劉邦西上所帶的兵並不多，只是沿路招收陳勝、項梁的潰兵，當時派遣這一支軍隊的用意，大概只是牽制，不能預料攻進武關，更不能預料秦國發生内亂，促成滅亡。

前二〇八年陰曆十月，宋義領兵到了安陽，按兵不進，天天喝酒高會，又送兒子到齊國去做宰相。項羽要求進兵，反遭責備，這樣激怒了項羽，也使軍士十分困苦。十一月，項羽殺掉宋義，領兵渡河，到了鉅鹿，九戰皆捷，解了鉅鹿之圍。這時各路諸侯派兵救趙的害怕秦兵，都立了堡壘自守，不敢交鋒。楚兵作戰時十分勇敢，使各國將領十分畏服，於是公推項羽作上將軍，各路軍聽他指揮。章邯戰敗之後怕趙高害他，就投降了項羽，這時章邯的軍隊已不是驪山罪犯，而是真正的秦兵了。以前六國人到關中去服役的，往往受秦兵的欺侮，現在反了過來，就都欺侮秦兵。秦兵心中不安，項羽知道了，行軍

到今澠池縣附近，將秦兵二十萬盡數殺死。可是項羽率領大軍一到函谷關，抬頭一望關上有兵防守，却不是秦兵，而是沛公劉邦的兵。

劉邦入關　劉邦怎樣能容易入關的呢？這裏必須倒過頭來敍述一下秦國的狀況。

二世一點也沒有繼承他父親的雄才大略，却努力模仿他父親的奢侈與猜忌殘酷。秦始皇末年，常常不讓群臣見他的面，人在那裏都不知道。二世聽了趙高的指教，也躲在宮中發號施令，大臣很少能見到他。陳勝死後，東方事情仍然不得解決，丞相李斯勸他停止建築阿房宮的工程，減少各地輸送糧食，二世就將李斯下了監獄。趙高又誣陷李斯的兒子李由和義軍往來，二世將李斯殺死。趙高當了丞相，一味專權，等到章邯投降，劉邦軍隊已從豫鄂邊境進了武關。趙高怕二世責備他，就把二世殺死，立了二世哥哥的兒子公子嬰爲秦王，將皇帝的稱號去掉，想和東方妥協。過了幾天，子嬰又把趙高殺掉，但是劉邦的軍隊已經到達了藍田，他不准軍隊擄掠，秦人很高興。秦國人民同樣受統治者壓迫，尤其是兵興以後，無數壯丁之被徵發，使秦父兄更爲怨憤。這一點楚國人也明瞭，當劉邦出發前，楚國老將都說：「秦父兄長期爲統治者所苦，現在只派一個較寬厚的人去，不要作侵略的暴行，大概只消曉諭一下，就可以獲取秦國。」劉邦果然這樣做了，所以没有堅强的抵抗，就直達咸陽附近。子嬰只好投降。從秦孝公開始經營了一百三十年而完成統一事業的秦王朝，就這樣輕易的滅亡了。

劉邦雖然最先入關，楚懷王有約在先：「先入關者王。」楚懷王也支持他這一諾言，但項羽却不願意劉邦占有關中，他攻進了函谷關。論强弱，論威望，劉邦那一樣都比不上項羽，只好向他賠禮，讓

項羽召集諸侯主持分封的大計。

五　革命的演變——楚漢之爭

項羽主持的分封　到了此時，情勢有了新的變化。推翻秦朝這個反秦各階級的共同目標，已經達到了。其次就要將這個大帝國重新分割，恢復列國並立的局面。事實這時六國都已建立起來，但卻又出現了大批滅秦功臣，這些人自然也要求裂土分王。於是誰該受封，封的大小根據什麼來決定，誰來主持分封？這三個問題在統治階級中是嚴重地存在着。主持分封的人由項羽擔任了。他打亂了原有的割據局面，將諸王紛紛調動，改立了許多。他給楚懷王一個義帝的尊稱，却把懷王攆到湖南去，國都彭城（徐州）項羽自己占了，並自封爲西楚霸王，占有江蘇、安徽、河南、山東九郡之地。劉邦本來應該作秦王，項羽説「巴蜀也是關中」，就把他封爲漢王，占有四川與陝西南部，却將陝西分爲三國，由章邯等三個秦國降將爲王。項羽主觀上認爲秦人做秦官，必然能够獲得秦人擁護，這樣就可以阻止劉邦的發展道路。此外又封了許多功臣爲王，這裏不必列舉。

爲了分封，統治者之間的矛盾加深了，反秦革命，就轉變爲各統治者之間的鬥爭，主要的是劉邦和項羽的鬥爭。

楚漢之戰　公元前二〇七年春天，分封已定，諸王都還國受封。亂事在齊國趙國先起來，接着劉邦又到了關中，項羽所布置的章邯等三人本爲秦國父兄所痛恨，劉邦入關時頗獲得寬大的名聲，這時

很快的就在秦人擁護的基礎上奪還關中。下一年出關，沿路降服五個王國。直攻彭城，這時項羽正在攻打齊國，不想劉邦軍隊進展得這麽快，没有還來救援，所以彭城也被攻下。項羽趕忙率領一部分軍隊還來，在彭城大戰，把漢兵打得落花流水，劉邦只帶了數十騎逃走。關中的軍隊不斷地輸送出來，劉邦得以堅持下去，以後雙方便在河南滎陽一帶膠着了三年。項羽屢次戰勝，劉邦常常要逃命，但却不能將劉邦力量徹底消滅，相反地黄河流域的燕、趙、齊三國，都被漢將韓信征服，長江流域的九江王英布（安徽、江西）也投降了漢。漢的軍事經濟基礎越來越擴大了。而項羽從彭城到前綫滎陽成皐間的交通綫，却常常被漢將彭越的遊擊隊所襲斷，以致糧食發生困難。公元前二〇三年秋天，楚漢講和平分天下，以鴻溝爲界（大體上説在河南省中間作爲界綫），西面屬漢，東面屬楚。項羽退兵還去，不料劉邦却乘勢追擊。到了冬末，韓信、彭越都來會師，將項羽圍困在垓下（今安徽靈壁縣東南），項羽經過一番斬將陷陣，最後表現了他的勇猛善戰以後，只好自刎而死。

楚漢之爭只是統治階級内部的鬥爭，但是由于出身階級成份所決定的意識，反映到政策上來，使得在一定程度上獲得人民擁護的劉邦，戰勝了蔑視群衆的項羽。

劉邦的階級成份及其勝利因素　劉邦大約出身於富農家庭。他可以「試爲吏，補亭長」。秦代補吏是有財産限制的。史記淮陰侯列傳説韓信「貧無行，不得推擇爲吏」。劉邦好酒色，不勞動，其「無行」是肯定了的。無行而能爲吏，就因爲他不貧。而且他從小不事生産，坐食他的父親和哥哥，家中能够容許一個壯丁坐食，總不能算窮。但是他決不是貴族，甚至也不像地主。第一，他的先世無從查

考，只知道他的父親從大梁（開封）遷到豐（江蘇豐縣），由魏人變成楚人。他的父親連名字都没有，他的大哥名伯，二哥名仲，自己名季，等於老大、老二、老么，並没有起名（後來才起名邦）。可見不是貴族。其次，他的哥哥，他的妻子，都自己下田耕種，因此也不像是地主。

像他那樣的人，一方面能理解人民的要求，另一方面也理解怎樣做一個統治者，這樣就決定了他的政策。剛入關就宣布不准虜掠，秦王子嬰投降，諸將勸他殺掉，他不聽。他向人民宣布，廢除秦朝苛暴的法律，自己聲明約定法律三章，「殺人者死，傷人及盗抵罪」。同時又宣布吏民安堵如故，隨即派人和秦吏一起到各縣、鄉、邑去曉諭人民。我們知道除秦苛法可以取得人民擁護，但是保留過去執行那些苛法的秦吏，却可以使秦政府的爪牙繼續爲他服務。至於項羽就不同了。當楚懷王點將之時，就有人説他到哪裏都要破壞屠殺，鉅鹿戰後，他坑掉秦兵二十萬人； 入關之後，馬上把子嬰殺掉； 東還時燒掉宫殿，俘虜婦女珍寶，後來攻破齊國，又把齊的宫殿城郭燒燬，俘虜老弱婦女； 打敗彭城時，外黄（河南杞縣）已投降了，他下令十五歲以上的男子都到城的東面來，想要全部坑死，雖未實行，其居心殘暴可想而知。這樣，在劉邦、項羽間，毫無疑問，人民是寧肯選擇劉邦的。

其二，劉邦和他的臣屬充分了解秦代政治制度的先進性。從分裂的封建王國進步到統一的封建帝國，必然的要采取一種保障帝國統一的制度，秦代制度是完全適合於這個要求的，這種制度表現了地主政權的高度集中，以加强控制和鎮壓農民，一方面可以發揮政治的最大力量以防禦外患和發展生産。劉邦是楚國人，但他入關之後就改用秦制，蕭何更把御史府中所藏的文件檔案一起搜羅了去，這

就是説劉邦是有意繼承秦帝國的統一規模的。至於項羽，由於出身於楚國貴族，對秦國只有憤恨憎惡，因此就一切加以破壞，他在政治制度上，便只有牢牢的守着在當時業已落後的楚制。他的政治理想，只是列國並立而自己當一個霸主。

其三，劉邦能够廣泛地引用人才。他起兵時的基本幹部，有的是地方胥吏，蕭何當過泗水郡卒史。蕭何、曹參史記上都稱爲豪吏，可見在本地很有勢力。其他如周昌也是泗水郡卒史，夏侯嬰從沛縣的司御（趕車的職務）試補爲吏，任敖是獄吏。我們已經説過秦漢時期爲「吏」的人，在本地有很高的身分。另外一部分是城市小生産者，周勃靠着在喪事時吹簫和織簾子爲生，樊噲是個屠户，後來歸從他的如彭越是傭保，英布是奴隸，韓信是無賴，這一批人大多數屬於統治階級的下層份子，也有被壓迫人民。可是他的幹部中也還有韓國的貴族張良，秦國的御史張蒼。項羽是貴族，沿着古代習慣，只信任他的宗族親戚，韓信、陳平原先是他部下，都因爲不受重視而逃。可見其在人才爭取方面遠不如劉邦。

在政策策略上，劉邦戰勝了項羽，這裏就是證明戰國貴族無法復興，代之而起的是地方下層封建勢力。

陳勝失敗的原因 自從楚漢之爭開始，農民革命已經失敗，農民的利益是被出賣了。陳勝吴廣以及其他的革命領袖，由于階級的限制，自己不可能提出革命的綱領，而農民階級的缺點却在滋長，因此不能不陷於失敗。首先我們看到階級異己分子對於農民思想行動的腐蝕作用。陳勝剛打到陳，大梁豪傑張耳、陳餘就勸他立六國之後，征服趙地的武臣是陳勝的好友，必然是農民，是誰叫他和陳勝不合

作呢？又是張耳、陳餘兩個。韓廣征服了燕地，誰叫他和武臣不合作呢？是燕國的貴族豪傑。而陳勝自己剛一稱王，就脱離了群衆。當時有一個跟他一起耕田的夥伴來見他，過去陳勝曾對這位夥伴説過：「假使獲得富貴，彼此不要忘掉老朋友。」這位夥伴現在自然希望陳勝履行這個諾言，可是他説話太不謹慎，喜歡講陳勝從前的故事，陳勝不願意了，結果將這位夥伴殺死。這正是受統治階級意識的影響。

統治階級不但在思想行動上侵蝕農民領袖，並且直接以行動反抗義軍。當農民軍正在發展之時，首先起來阻礙的乃是齊國王族田儋，他阻止了義軍進入齊國境内。當章邯還没有到河北之先，武臣已被殺了，殺死武臣的乃是混入革命隊伍的貴族李良。

如上所述，我們可以看出陳勝起義的失敗主要因素之一，是遭受統治階級各式各樣的破壞。

農民起義是失敗了，但這是推動社會發展的主力，漢帝國的强盛正是在戰國舊貴族消滅，農民獲得土地這一基礎上建立起來的。

第二章　西漢帝國

一　西漢初年的政治及社會經濟

漢初政治軍事形勢　公元前二〇二年（漢高帝五年），劉邦滅掉了項羽，陰曆二月裏邊，受諸侯的擁護，在濟陰即皇帝位。可是這時候的皇帝跟秦始皇不同，因爲業已恢復了封建制，漢中央政府直接控制的區域只有陝西全部、四川全部、甘肅東南部、河南西部、山西西部共計十五郡，此外有楚王韓信，梁王彭越，趙王張敖，淮南王英布，燕王臧荼，長沙王吳芮，韓王信，共有七個王國。這些王國在國內幾乎等於獨立，一切行政不受中央管制，人民也只對本國有賦稅服役的義務。這時候一致認爲秦的統一是不合理的，漢之代秦，大家不是希望它恢復一個統一的專制帝國，而是希望它恢復秦滅六國前的形勢。漢高帝起先想都洛陽，婁敬、張良勸他都關中，完全是從戰國時期秦的形勢立說，意思是要漢據關中以制天下，這是秦昭王的秦而不是秦始皇的秦，所以漢中央占有區域的大小，是以秦始皇十七年（前二三〇）的秦國爲標準的。

經過幾年的戰爭，社會經濟一般的凋弊；都市遭受破壞，農村人口減少，照户籍册上計算，比較

秦代十分之中只剩了二三分，自然其中有的是流亡，在亂時逃到山中，湖泊旁，没有在册子上登記的，但人口減少是事實。楚漢戰爭開始的第一年，劉邦在彭城打了一個大敗仗，蕭何把關中老弱幼童都徵發了送到前綫，可見關中壯丁從章邯敗後，本來已很缺乏。叔孫通替劉邦定朝儀，召集魯國的儒生來討論，有兩個儒生不肯應召，説：「要興禮樂，需要一百年的太平，目前死的人還没有安葬，受傷的人還没有起牀，興禮樂没有到時候。」儒生是最喜歡制禮作樂粉飾太平的，尚且這樣説。當時皇帝坐的馬車不能具備四匹一樣顏色的馬，那些將相大臣只好坐牛車，民間没有東西可以儲蓄，社會生產力的低落，加上商人的操縱，一石米要值一萬錢，一匹馬值一百金（等於一百萬錢）。

異姓王的消滅　在高帝時，戰事並未完全停止，他要消滅那些勢力龐大的異姓王。前二〇二年秋，燕王臧荼反，高帝親征，平定了燕國，命他的好友盧綰爲燕王。下一年冬，他僞裝遊雲夢，韓信來迎接，被他擒住，送往長安（漢郡）。前二〇〇年秋，韓王信據太原反，高帝親征，信逃入匈奴，高帝追到平城（山西大同），爲匈奴所圍，七天不能出來，用陳平計得脱。冬末，還到趙國，趙相貫高要刺死他，被發覺後，把趙王張敖廢了。前一九七年秋，代相國陳豨反，冬天高帝親征，平定代地。下一年殺掉韓信，將梁王彭越廢爲庶人，又將他殺掉。秋天，淮南王英布反，高帝親征，英布爲吴芮所殺。前一九五年春，燕王盧綰爲了謀反嫌疑，逃入匈奴。這一年陰曆四月，高帝就死了。

我們從上面這一節看來，自從劉邦稱帝之後，七年之中，軍事行動從來没有停止過。他的消滅異姓王，只是用自己的子弟代替了他們。在高帝死的那一年，除了一個長沙王吴芮以外，諸侯王都是姓

劉的人。姓劉的諸侯王權力一樣的龐大。漢中央還只有十五郡，全國還封了不少列侯，這種列侯，大的封幾個縣，小的一縣。在漢初，列侯也可以置官吏收賦稅，但國土小，易於控制，等於是漢的附庸。

漢高帝的軍事行動，只在於鞏固自己的劉氏政權，因此對外的戰爭從平城敗後就不再有舉動，對匈奴是用和親政策，對南越、閩越等也只是保留一個宗主權。這樣比較秦代徭役是減輕了不少，而王國人民只在本國服役，跋涉長途，遠戍邊境的痛苦也可以減少，因此在高帝之世，雖因戰爭未息，社會經濟的恢復有困難，但還是有發展的可能。

社會經濟發展的基礎　這個可能性的基礎在于舊封建貴族的徹底消滅。秦末的農民革命是失敗了，只造成了封建下層統治勢力的勝利。可是即使在統治階級階層間的變遷中，多少在社會發展方面也起了一定的作用。古老的封建貴族從秦統一之後本來已漸趨消滅，在秦末大亂時一度曾死灰復燃，但結果却更徹底地遭受了打擊。項羽、田榮、魏豹等等均被消滅，而以劉邦爲首的那一個地方下層封建勢力竄了起來。這一個統治集團「基本上」也是封建地主集團，從漢定天下之後，他們一個個都受封食邑，更不消說。可是他們却親身體會到農民的力量，知道怎樣才可以安安穩穩地統治人民，同時他們生活也比較儉樸。當舊貴族徹底消滅，新貴族吞噬人民利益的胃口還沒有擴大的時候，中間可能有一個間隙容許小農經濟與工商業有向上發展的可能。

漢高帝即位之後，繼續抄秦始皇的老辦法，消滅舊封建貴族。在他即位後第五年（前一九八）有一個謀士婁敬向高祖建議遷徙六國之後于關中，於是一次遷徙了齊諸田、楚昭、屈、景，以及豪傑十餘

萬口，這個辦法顯然是繼承秦始皇没有完成的事業。不管他的動機如何，强迫這些貴族脱離本土，是對農村生産有利的。

在他即位的那一年，就下詔鼓勵流亡的人民還家。凡是因飢餓自賣爲奴婢的一律解放爲平民，有軍爵的兵士還家之後按照身分給予田宅，照秦朝的辦法，賜予田宅，就是將政府所屬的土地、人民給予私人。因此這些占有田宅的有爵位的人，就是地主。所以在詔書上面説「七大夫以上，皆令食邑」（七大夫是軍爵之一）。又説「爵或人君」，可見不但是列侯，就是七大夫以上的軍爵也可以有食邑，而且作爲所屬地的君長。可是在漢朝，田宅的範圍縮小到七大夫以上，七大夫以下還有六級的軍爵便不再給田宅，只是免除他一家勞役而已。詔書上又提到地方小吏，没有軍功的多占田宅，有功的反而没有占到，可見那些小吏也在乘機占有土地。無論是有功的軍士或是小吏，在各地方都是中小地主。此外免役的復員兵士，也很有可能成爲富農。在這時，自耕農的數目一定要加多，因爲荒地普遍地存在，要占有一塊土地大概不困難。我想當時的農民大概分爲三類：一是中央政府所屬的農民，也就是王室所有的農民；二是諸侯王、列侯以及七大夫以上所占有的農民；三類是佃農。第一、第二兩類名義上是平民，事實上也是佃農，但他們所受的剥削較輕，繳納的田租，不論是對中央或是對王侯封君都是十五分之一或十分之一。第三類在以後的記録中説是十分之五。在漢初，佃農大概不頂多。

楚漢戰爭時，頗有一些商人投機屯積，長安附近宣曲有一個姓任的管糧倉的吏，屯積了許多糧食，因此大發其財，買了許多土地牲畜。高帝八年，下命令禁止商人穿絲織品衣服、乘車、騎馬和持兵器，

規定納很重的租稅。漢初對商人采取抑止的態度，但是在一般的生產力發展的情況下，商人還有發展的餘地，而且從惠帝後，對商人的抑止也比較寬弛了。

西漢初年的統治政策便在這樣一個社會經濟上建立起來。

無為而治的統治政策　西漢初年，大家都要求省事，從中小地主富農以至中農，從經濟利益上說，大概都有此要求，甚至王侯官僚也有此要求。第一，從經驗上大家感覺到秦代多事的後果。第二，大家感覺到省事對自己有利。由於農民革命的教訓，統治者覺得要把革命情緒安定下來，讓自己可以安穩的剥削，最好的辦法，是讓人民休息一下。一般的農民給秦代的徭役、戰爭弄得痛苦不堪，只希望這個新政權少麻煩農民一點，不管是好事或是壞事。然而最主要的原因，乃是封建舊貴族徹底消滅之後，自耕農增多，社會經濟初步安定，「省事」才有可能。這個省事的要求，表現在政治上便是「無爲而治」的統治政策。

在先秦諸子中，提倡無爲而治的是道家，它反對一切人爲的制度，認爲統治人民的最好辦法是不要干涉人民，以不治爲治這一種學說在西漢初期獲得發展的機會。「儒」、「法」、「陰陽」各家都喜歡多事，現在要省事，只有在道家學說中找到理論根據，甚至於當時的儒生也受到道家的影響。上面我已經提到魯地的兩個儒生不願意興禮樂的意見，我們還可以在陸賈新語那一部書中看到痕跡。陸賈的事跡還像戰國遊士的作風，他曾經到南越去說服趙佗，使他受漢朝封爵。他所著的書大部分是屬於儒家理論的，可是其中却不止一次地提到「無爲」的好處，這一點明顯地受社會意識的影響，因而接受

了道家學説。我們業已知道當時漢朝直接控制的區域只有十五郡，假使其他王國不肯「無爲」，這個政策還是不能收效。但是這個政策却居然推行全國，一方面當時諸王爲高帝吕后的親子弟，易於服從，另一方面諸王侯將相也都樂於「無爲」。漢朝開國功臣曹參當齊國的相國，請了一位黄老學者蓋公來商議安定人民的計劃，蓋公告訴他：只要清凈，人民自己會安定。曹參聽信他的話，在齊九年，齊國大治。吴王濞是有野心的人，可是他在吴國只靠鑄銅錢、煮鹽作爲制度，不向百姓收賦，人民服役還發給錢。史記上説：「孝惠、高后時，天下才平定，各地方政府和王國諸侯，大家都以休養百姓爲務。」可以證明這個無爲而治的政策，在當時曾經推行到全國。

在高帝時，軍事還不能完全停止。高帝死後，惠帝繼承，由母親吕后掌握政權，這時内部的問題已經没有。曹參繼蕭何爲相國，一切照老例辦事，一無變更，專用穩健老實人當丞相史（丞相府中的事務官），自己整天喝酒，有人要勸他管理事務的，一開口他就給他們喝酒，喝醉了才罷。惠帝自己來問他，他説：「陛下自己有没有像高帝那樣聖武？」惠帝説：「我怎麽敢比先帝？」曹參又説：「那麽陛下看我有没有像蕭何那樣能幹？」惠帝看他整天喝酒，也就不客氣説：「你比不上蕭何！」曹參就説：「陛下的看法是正確的，現在高帝和蕭何已定下法律以及其他制度，你陛下可以安居宫中，我們臣子照老例辦事，豈不很好？」惠帝聽他説得有理，從此也不再責問他了。

曹參死後，王陵、陳平相繼爲相。王陵不久調職，陳平也是天天喝酒。這時大權握在吕后手中，吕后是手段很毒辣的人，殺掉好幾個高帝的兒子，把高帝得寵的戚夫人斫去手足，挖却眼睛，把耳朵藥

聾,又吃上啞藥,丢在茅厠裏稱爲人彘,十足表示統治者的殘暴。但是她不大管與她個人利害不相干的事。匈奴冒頓單于寫了一封信來,内容頗爲無禮,她召集群臣會議,樊噲説:「臣只要十萬兵,就可以横行匈奴中!」中郎將季布説:「樊噲該斫頭。高帝帶了四十萬大兵,還給匈奴圍困在平城,樊噲怎麽敢説這句話,分明當面撒謊!而且秦朝爲了打匈奴,以致農民叛變。樊噲是要天下不太平麽!」吕后聽了季布的話,從此不再提打匈奴的話了。這裏充分説明統治者害怕人民革命的心理,同時也反映了對外的懦怯。然而匈奴在這時期並不能真正威脅中國,對外没有戰爭,人民可以免除許多徭役的負擔,也有好處。所以史記高后本紀雖然暴露她的許多壞事,但却稱贊在她統治時「天下晏然,刑罰罕用,罪人是希,民務稼穡,衣食滋殖。」社會生産力本來有向上發展的可能,統治者少干涉人民一點就是減輕其束縛。

吕后死後,經過一度功臣與吕氏的鬥爭,高帝的庶子代王恒即位,就是漢文帝。

漢文帝是最懂得無爲而治對於統治者的好處的。他本人對於道家學説有深刻的了解,因此他的統治整個表現了道家的精神,他的個人行爲,也是老子所謂三寶「慈」「儉」「不敢爲天下先」三者的表現。他是皇帝,他的統治政策也是代表統治階級意識的集中表現。

在他在位的二十三年之中,先是減輕田租到三十税一,從十三年之後,便全免。直到景帝二年才恢復三十税一,中間有十三年之久没有田租。他廢除了「關」門所用的通過證,廢除了家族連坐及誹謗妖言的法律,廢除了肉刑。他所任用的廷尉(掌刑法的官)張釋之也是一個道家信徒,用刑相當輕,

文帝總是同意他的判决。有人勸他制禮樂改服色等等的事,他總是推辭不肯做。吴王濞不服從中央,不肯入朝,文帝賜他几杖准許不入朝。匈奴連年入寇,他只是屯兵防守,不肯出兵攻擊。南越王趙佗稱帝,文帝將趙佗的弟兄召來,給他們官做,自己寫信給趙佗,派使者去説服他,終于趙佗去掉了帝號。他個人的私生活十分儉樸。有一次他要建築一個露臺,工匠估價要一百金(即百萬錢),他説:「一百金等于中等人家十家的財産」,因此就停工,自己穿上劣質的黑綈衣服,他所寵的慎夫人衣服不拖到地上,宫中所用幃帳,不用文繡。對于文帝的故事後來增添的很多,但是我們可以相信他是實踐了「慈」、「儉」、「不爲天下先」三寶。自然他也有一些事情做得不好,例如他寵愛一個鄧通,竟把蜀地的銅山賜給鄧通,准他自己鑄錢。這對於幣制混亂應負責任。

文帝是歷史上有名的賢君,但是他的目標只是爲了鞏固政權,爲了永久的剥削人民而放寬剥削的尺度,至於他統治成績,我們在下面再談。

文帝之後景帝繼承。景帝時有一次七國的亂事,他爲人也不如文帝寬大節儉,但是他收田租也只三十税一,這個税額從此成爲漢朝的規定比例。對於刑罰的減輕也有好幾條,基本上是遵守文帝的規模。景帝死後由武帝繼承,大家都知道漢武帝雄才大略,可是在他剛即位時年齡只十六歲,他的祖母文帝皇后竇氏是一位黄老學者,時常要干涉武帝。武帝用了竇嬰(太后的姪子)和田蚡二人爲丞相太尉,竇田二人都愛好儒學,薦舉儒生趙綰爲御史大夫,王臧爲郎中令,迎接了儒學大師申公到長安來準備大行儒道。可是結果竇太后生了氣,竇、田免官,趙、王二人下獄自殺,申公年高德劭,没有難爲他,

自己稱病同魯。對于匈奴則還使用和親辦法，不用兵，直到武帝即位的第六年上，竇太后死了，武帝才沒有拘束，下一年就徵用了儒生公孫弘、董仲舒等，準備改定制度，又下一年就與匈奴開戰，從此不再無爲。所以竇太后之死，結束了西漢初期七十年的統治政策。

無為而治的作用　我們現在要說明「無爲而治」起了些什麼作用？關于這個問題，讓我們引用一段司馬遷的話，史記平準書說：

至今上即位數歲，漢興七十餘年之間，國家無事，非遇水旱之災，民則人給家足，都鄙廩庾皆滿，而府庫餘貨財，京師之錢累巨萬，貫朽而不可校。太倉之粟陳陳相因，充溢露積於外，至腐敗不可食。衆庶街巷有馬，阡陌之間成群，而乘字牝者儐而不得聚會。守閭閻者食粱肉，為吏者長子孫，居官者以為姓號。故人人自愛而重犯法，先行義而後絀恥辱焉。當此之時，網疏而民富，役財驕溢或至兼并。豪黨之徒以武斷於鄉曲，宗室有土，公卿大夫以下爭於奢侈，室廬輿服僭於上，無限度。物盛而衰，固其變焉。

這一段話說明了四點：（一）生產力的發展造成國家財富的充實，而這種財富是表現在府庫的收入上與都市及農村生活標準的提高；（二）下級官吏地位的穩定；（三）商人的兼併和地方豪强的横行；（四）貴族官僚生活的奢侈腐化。

人口增加與物價　司馬遷的觀察是完全正確的，我們可以根據上文加以研究。首先我們知道，社會富庶的現象，乃是以府庫充實作爲主要的證明的。西漢初年賦税不算重，經過數十年的和平時期，

勞動力增加，耕地面積擴大，生產力發展是可以相信的。文帝至景帝間，曾有十三年不收田租，這一項是國家主要收入，假使不是府庫充實，就不能如此。減了田租，而府庫仍能充實，一方面與文景兩朝的開支小，王室儉樸有關，但另一方面必是田租以外的收入增加，假使不如此，縱使文景自己能够刻苦，那些王及列侯封君也是以田租收入自養的，如何肯答應？漢初主要的賦稅，田租之外就是算賦。算賦是人口稅，可見人口大大的增加了。史記高祖功臣侯者年表說，高祖時所封列侯，大者不過萬家，小的只有五六百户，後來户口增加，封邑户口多的到四萬户，那些小侯的封邑，大抵也加上一倍。根據表中所載有至五倍餘的，這是一個最實在的證據。正因爲人口增加，算賦收入隨之增加，所以可免田租。

其次，我們知道田租徵收穀物，而算賦收錢。文景時穀價相當低廉，史記律書說粟價，每石不過十餘錢。漢朝穀價大約在三十以上至百錢。三十以下是低於通常價格的，所以低廉之故，自然可以想像爲生產力的加增。但是後漢人所著的風俗通義引西漢末年劉向的說法頗爲不同，他說文帝末年爲了匈奴入寇，北方屯兵備戰運糧不絶，加上年成不好，百姓饑餓，穀價曾高漲到每石五百錢。這兩種說法實在都對。就是年成好，太平時，農民多收了穀却必須把穀出賣，所以市上盡量地壓低穀價。農民要繳納算賦，要有其他用途，必須要錢，年成雖好，農民完全没有好處。一到凶年，農民並無積蓄，只好向地主或商人借貸，而穀價却可以高漲到五百錢。貴賤相去懸殊，完全是剥削農民的表現，所以晁錯貴粟疏說：「有者半價而賣，無者取倍稱之息。」穀物之貴賤，是看穀物在那一個人手中。司馬遷這樣歌頌文帝也只好說人民的家給人足，是以無水旱之災爲條件的。這裏說明生產力雖有發展但是其果實

却落在政府的府庫和地主商人的口袋中。

誰提高了生活享受　至於阡陌之間有成群的馬，較之當年皇帝不能有四匹一色的馬來駕車，將相坐牛車的情況，不消説，畜牧生産有了很大的發展。但問題却是這些馬，是誰所有的。我們知道武帝時「民或苦牛少」（見漢書食貨志），「百姓蹠耒而耕」（淮南子），連牛都没有，那裏來有馬？街巷之間騎馬的不是商人便是官僚，阡陌之間有馬的不是地主便是富農，一般農民是没有份的。

司馬遷所説的第二點是官吏的地位穩定，不輕易更動。這種食粱肉的、守閭閻（街巷門）的人，就是三老、遊徼之類的鄉吏，等於過去的保甲長。秦漢時爲吏者不論大小都有財産限制，所以貧人不能充當。他們可以食粱肉，正表示地方下層封建統治者由於「無爲而治」而獲得好處。我們知道文帝時，人民一天只能吃兩頓飯，所以晁錯説一天不吃兩頓飯就要感到饑餓。連三餐都辦不到，何況粱肉？所以提高生活的，只是這些人。官吏地位的穩定，也是「無爲而治」的要訣。曹參做相國，相府吏有過失的，他總爲他們掩飾。漢文帝的大臣張武受賄賂，事情發覺了，文帝非但不治罪，還賞他金錢，説是讓他慚愧。這種對於官吏的放任，不問其是否稱職，讓他幹下去，只是消除統治者内部的矛盾，而養成因循、麻木，甚至於貪污的風氣。吃虧的，自然是老百姓。

土地集中形勢的造成　正是這種放任政策，一方面使高利貸和商業資本易於發展，另一方面使下層封建勢力得以更有效地控制農村，這樣兼併的形勢就日趨激烈。晁錯在文帝時就説農民爲了受賦税徭役高利貸的剥削，以致出賣田宅，子孫來償還債務。我們知道漢代田租很輕，然而輕租的利益歸

於地主，因爲農民只有很少的田，或是根本没有田，所以，在文帝時的種種措施，包括輕租在内實質上都起了助長兼併的作用。在上面我們講到在漢初自耕農（實際上是王室和大小封君的佃農）最多，佃農大概比較少。可是漢代土地准許自田買賣，在文帝時，貴族官僚商人豪强，都在大量兼併土地。

各種地主的分析 我們現在分析一下土地集中的形態。皇帝是最大的地主，名義上全國所有的土地都屬于他，他有權徵收全國的地租，并有權隨意把土地及附屬於土地的人民和徵收地租的權力分封給他的臣下。這一方面他是以最大封建領主身分出現的。同時他又占有全國非耕地的土地，在法律上一切山林、川澤、陂池，都是皇帝所有。皇帝又占有廣大面積的苑囿作爲獵場，這些非耕地的土地，如果一旦變爲耕地，那麼他就以地主身分向佃農收租額，這就不是三十税一，而是十分之五上下。此外由政府新開拓的土地，也屬於皇帝這一類土地的占有，皇帝也是以私人地主身分出現的。例如武帝時開放給農民耕種的苑囿，征伐匈奴所得的邊疆屯田，河東方面興修的水利田，這一些都是皇帝私人所有。武帝時，又没收了許多商人的土地和奴隸，各地設立農官管理，這些農官有的屬於少府（皇帝私産管理人），也有屬於水衡、大農、太僕等機構，雖然除屬少府的以外不算皇帝私産，但事實上並無多大不同。官僚貴族一部分是封君，他們有食邑，皇帝將征收地租的權利賞賜給他們。起先，列侯都可以自己設置官吏收租，文帝始行禁止，但由政府徵收，再行交給封君。對於食邑，封君是以領主身分出現的，同時他們還占有田地，例如蕭何爲怕高帝猜忌，强買了許多百姓的田宅。高帝知道之後，只命蕭何自己去處理，没有治他罪。董仲舒在武帝初年對策説：高官厚禄的人蓄養許多奴婢牛羊，廣

占田宅，擴大産業，屯積貨物毫無厭足，他們盡可能的剥削窮人，以致貧富生活太不平。當時人常時提到的是商人地主。大商人發了財，往往購買土地，武帝時曾禁止賈人名田，可見商人買田已經侵犯了地主的利益，他們憑藉金錢的力量，不斷對農民進行各種方式的剥削，甚至中小地主也受到嚴重影響，政府所以要出來保護中小地主的利益。史記貨殖傳説富商大賈倚仗財力役使窮人，甚至封君都要低頭向他們乞憐。晁錯説他們的力量勝過官吏，其實這些富商大賈都與王侯官吏勾結，而且由于漢代法令當官吏有資産限制，所以只有地主商人才有被舉爲吏的資格，那些富商大賈是不難置身於統治者之列的。

封建地主的剥削利益　當時的地主有兩種：一種是封建性的地主剥削（除了封建性的領主剥削不談），地主向佃農徵收的地租稱爲假税。大約要占收穫量的十分之五。政府的「租」雖輕，但是得到利益的自然是地主。占地愈廣，利益愈大。他向佃農收百分之五十的假税却交給政府百分之三的租，這是非常優厚的利潤，甚至於對于高級官吏規定除算賦外不納其他賦税的權利。因此這種過輕的田租促使大地主大商人兼併小地主自耕農，一般人民只有少數的土地或全然没有土地，享受不到這個輕税的利益，但却要負擔算賦徭役，與地主並無不同。漢代輕「租」不輕「賦」的財經政策，完全是站在地主立場的，所以後漢人荀悦説：「政府寬大要勝過三代，豪强的剥削比秦代還凶暴。」豪强，就是這些大地主。

奴隸剥削制度　但是豪强所進行的剥削，不止于封建性的假税，另外還有奴隸性的剥削。史記貨

殖列傳列舉收入與千户侯相等的人物，最先一項，是占有廣大土地以從事畜牧、魚池、林木、果圃、器材、農田，以及種殖各種蔬菜的大地主，史記上也把他們列入商人一類，主要的原因，是他們並不以土地出租，而且所從事的産業，不限于種植五穀，與一般出租土地的地主不同。這一種地主，主要是以奴隸勞動爲剥削對象，再加上一部分的雇傭勞動，他們其實不是商人，史記上説他們「不窺市井，不行異邑，坐而待收」可以證明。漢朝人一提到商人，總提到奴婢，武帝禁止商人占田，違者將土地奴隸没收，後來又行告緡法（告發商人不登記的資産），没收奴婢成千成萬，可以推想商人地主所占的土地是用奴隸勞作的。所以第二種的地主是奴隸主，奴隸主不限于商人，照董仲舒所説，官僚貴族蓄養奴婢、牛羊、廣占田地。這些奴婢，也是從事生産，特别是田間的勞動，所以漢人説：「耕當問奴，織當問婢。」

漢初工商業　在漢代工商業是有發展的，當時所謂商人包括上述的大地主，但是最闊綽的商人是鹽鐵業者。董仲舒所云：「專川澤之利，管山林之饒，荒淫越制，踰侈以相高，邑有人君之尊，里有公侯之富」的人，便是指鹽鐵商。武帝以前，著名的大商人如卓王孫、程鄭、宛孔氏、曹邴氏，都以冶鐵致富。他們的工人，也以奴隸爲多，但也有雇工，例如卓王孫僮（奴隸）客（雇工）八百人，程鄭數百人。他們蓄養這麽多的奴婢，決非僅爲家庭勞動而已。第二類的大商人爲運輸商。最大的運輸商，可以有千丈的船（千丈是統計數字，猶現在説多少噸），百輛的輜車，千輛的牛車，往來販賣，他們也擁有奴隸，來替他奔走貿易。這一類的奴隸，有的居然可以坐了車子交結地方官，這當然是特殊的「豪奴」。

還有一類屯積商人如上面提到的寧曲任氏，就是以屯積糧食致富，其至喪葬用品，也有人屯積。此外自然有在市上開店舖的小商人和小販，這是逐蠅頭之利的人，在當時爲人所賤視。我們自然還要提到高利貸資本，經營高利貸者稱爲「子錢家」，利息高達百分之一千。景帝時七國之亂，長安的列侯封君，大多要出發從軍，有些人没有錢辦裝，跟高利貸者借錢，因爲列侯的食邑有在關東的，高利貸者看時局不穩，不肯出借，只有個無鹽氏肯冒這個險，但利息是百分之千，結果漢朝打勝了仗，列侯封君的食邑無問題，也許他們還擄掠了不少財物，所以還來就如數償還，無鹽氏一本十利，發了大財，這是特殊的例子。一般的貸款利率大概是百分之百，所謂「倍稱之息」。

地主與商人的矛盾　商業資本與高利貸資本經常剥削農人，而商人同時也是地主。可是商人還分取了貴族官僚地主的掠奪品。商業發展腐蝕了統治階級的生活，使之日趨奢侈，同時促使農民脱離土地去從事工商業，這樣地主的糧食流到商人的倉庫中，而且他們所控制的勞動力日形減少，特别是中小地主感覺到商業資本壓力的沉重，因此代表中小地主富農階級的儒生，特别討厭商人。他們認爲農民的窮困，是完全由于受商人剥削所致。更看不上眼的，是商人居然也擁有大量土地，再加上奢侈的生活，因此他們建議抑制商人，不准他們過份的享受，不准他們作官吏。商業資本與高利貸資本的剥削農民是事實。但是農民的窮困主要的還是受地主剥削的事實。這一點除了董仲舒以外他們都不大關心，就是董仲舒的主張限田，實際上也只對大地主而言。甚至如鼂錯是最反對商人的，但他的建議，却只在地主立場上反對商人，他要「貴粟」，使人民可以「入粟拜爵」，可是誰有力量入粟呢？自然

只有地主。

官吏經商　當時的統治階級雖然憎惡商人，可是這種憎惡只有在與自身利益衝突時才發生。他們的打算，是把商人剥削農民的利益，一併奪取過來，他們的意見，是不讓商人剥削並非不讓農民被剥削。官僚貴族一方面看不過商人的勢力一天天的膨脹，一方面自己也在經營商業，而商人爲了免除官僚貴族的壓迫，也盡力與之交歡，使他們可以分潤利益。在這種情況下，貴族官僚與商人的關係弄得頗爲複雜。大體上與商人勾結者，倒是些上層貴族官僚，晁錯所謂「交通王侯，力過吏勢」。但中下級官吏，也未必不與商人勾結。總之，官僚、貴族、地主、商人，只是爭奪剥削成果，基本上這些成果都是從農民工人、奴隸手中掠奪來的。史記上所記官僚貴族經營商業的事，雖然在武帝以前没有顯明的例子，但在武帝以後却很多。例如景帝的兒子趙王彭祖，派使者在趙國境内專爲商人評價，所入多於趙國的租税。又如張湯做御史大夫，甚得武帝寵任，他與長安富商田甲、魚翁叔勾結，張湯知道政府要辦什麽事，需要什麽物品，就告訴田、魚等，他們把這類物品，便先期搜羅屯積起來，賺了錢，與張湯瓜分。武帝以後這類例子更多。

農民的負擔及其淪落　我們現在要説到歷史上號爲「文景之治比隆成康」的時期農民生活怎樣？漢代的田租雖輕，人口税和徭役的負擔却很重。人口税稱爲算賦，成人不分男女，每人一百二十文（十五歲起五十六歲止），女子十五歲到三十歲，如尚不出嫁，要加五倍繳納。商人和奴婢加一倍，七歲至十四歲稱爲口錢，每口二十文。（武帝時自三歲開始出口錢，又加到二十三文，但元帝時，即照

舊從七歲開始。）當時貨幣的使用雖很普遍，但數量似乎不頂多，而且掌握在大地主、商人手中，所以購買力甚大。漢代除掉特殊例子以外，穀價通常在三十至一百之間。一百二十文約等於二石至三石的穀，每畝收成依淮南子所述，普通年成不過四石（今八斗），那麼這一筆負擔就不輕。徭役分爲三類，一是在地方服役，稱爲更卒，每年一個月，包括兵役及其他。二是每個成丁男子都須赴長安當衛士一年，稱爲正卒。三是每個成丁男子都須在邊疆屯戍三日，稱爲過更。二、三兩類依法令終身只一次。凡是不服役的可以出錢，名爲「更賦」，更卒二千文，屯戍三百文。這種辦法是沿襲戰國以來的制度，也是很重的負擔，免役的人或者由於身分，如宗室、高級官吏、有軍爵者（限於五大夫以上）、功臣子孫，或者由於財產，如有車馬的人。武帝時更明令可以出錢免役，名爲「買復」。總之，貴族、官僚、地主和一部分的商人，是可以不服役的。一般的自耕農，照淮南子所說，每人至多耕田十畝，收入四十石（晁錯說每畝不過收一石，漢代一石等於現在二斗，未免太少），除掉租一石三斗之外，加上賦錢一百二十文和各種更賦，所餘大概只好維持最低生活。如果逢到水旱天災，或是疾病死亡，便無法生活。如果他不出更賦，自己服役，那是更不得了。當時賈誼說，淮南地方，人民到長安來當衛士的，半路上衣服就會破得不能穿，此外還得用上許多錢，所以家中送子弟服役的無不號哭，以至逃入王國，不願作漢朝的直屬人民（因爲漢時王國人民是不向中央服役的）。在這種情況下生活的農民，只有出賣田宅，或借高利貸，而借高利貸的結果，還是出賣田宅。没有了土地的農民，就變成佃農，當佃農除不出田租外——田租是很輕的，仍然要納算賦口錢與服徭役而且又加上了十分之五的假税，經濟情形更爲

惡劣。董仲舒説貧民常常穿牛馬之衣，食犬豕之食，並不是過分的描寫。在不堪負擔的情況下，他們只有兩條路。一是逃亡，二是出賣子女妻子，最後出賣自己爲奴婢。逃亡的人民喪失了户籍，統治階級所規定的法律，要予以處罰，抓到了便没爲奴婢。如果他既不逃亡，亦不自賣，那麽也將因拖欠公私錢太多而没爲奴婢。所以一個自耕農，墮落爲奴隸，是很快的。

奴隸的生活及奴隸來源　奴隸只有算賦，比常人加倍，由主人代繳。但他們本身，業已變成了財産，由主人任意的壓榨。文帝竇皇后的弟弟竇安國，少時爲人掠賣爲奴，冬天和許多奴隸一同上山替主人作炭。天氣太冷了，奴隸們晚上在山上没有住宿的地方，只好躲在岩石下邊，這一晚岩石倒下來，壓死了一百多奴隸，竇安國幸而没有死。這件故事，説明奴隸主對於奴隸如何的凶暴殘酷，奴隸挨冷受餓還得替主人工作。所以邊疆上的奴隸，只盼望逃到匈奴去。這種情況，正如羅馬帝國的奴隸逃入日耳曼一樣。漢朝法律，雖然不准主人擅殺奴隸，如果要殺奴隸必須官吏批准，事實上並不如此。董仲舒向武帝建議，有一點就説，要廢除主人專殺奴婢的威權。奴隸的來源有好多種，政府的官奴婢，都是因犯法没入或者没收犯法人的奴婢。私人的奴隸來源不外三種，一是掠賣，二是自賣，無論是掠賣或自賣，在法律上是禁止的，三是政府將官奴婢賞給私人。掠賣雖然禁止，事實上經常發生這一類事。自賣，尤其普遍，政府有時公開准許。例如高帝時，就曾因饑荒許民得賣子。賈誼説，當時百姓逢到凶年，出賣子女是極爲尋常的事。晁錯建議移民實邊，他説如果被遷人民没有配偶的，政府可以買來給他，可見連政府自己也在那裏買人。王莽説，賣買奴婢有市場，和牛馬放在一起。這雖然是西漢末期

情形，但在漢初也未必不如此，除了本國人外，邊疆上經常虜掠弱小民族來販賣，四川是一個最大的奴隸市場，來源是一種僰族的俘虜。總之，漢代奴隸數字是相當多的，絶大多數的奴隸都從事生產。奴隸愈多，主人愈富。所以史記貨殖傳以擁有一百個奴隸的主人和千乘之家相比。

奴隸生產在社會生產上的比重　既然漢代盛行奴隸剥削，那麽奴隸在生產上的重要性是否超過一般的農民和佃農呢？我想不能超過。當時的生產，主要是在農業，並且是農業中的穀類生產，奴隸主要的却是用在工業勞動上。其從事農業生產的也以畜牧、林木、蔬菜等等爲多。我們如就這一方面看，工商業誠然是奴隸生產占優勢，但就全國生產量來説，却還比不上農民和佃農所生產。我們還可不斷地看到反對畜牧的意見從「士大夫」的口中説出，主要是在反對商人，所以漢代的「士大夫」與商人的鬥爭，從本質上來説，帶有封建地主與奴隸主的鬥爭意味。此外，奴隸大都從事于工業生產及較精緻的農業生產。這一類的生產品，在當時社會經濟條件下市場有限止，不能大量生產，因此如果奴隸數字超過一定限度時，不能獲得更多利益。王室擁有奴隸最多，主要也是用以生產，但武帝時便因奴婢太多，每年要從東方運穀四百萬石，加上向市場糴進，才够關中的糧食消耗。元帝時，貢禹説官奴婢十餘萬人遊戲無事，每年消費要五六萬萬。奴隸不作事而遊戲，自然不會有這麽一回事，但其中部分的因不需要過多生産，而減輕工作以及不生產的工作，如武帝命奴婢分配在苑囿中養狗馬，則是可以相信的。賈誼説奴隸都穿上了繡衣絲履，等於皇后的服飾，這種女奴婢，完全以音樂歌舞侍奉主人。可見私人奴隸也有不生產的，奴隸不生產之多，即因生產有限止，所以在漢代，奴隸雖多，仍然不能認

作奴隸社會。

另外還有一種「客」的名稱，上面説過卓王孫僮客八百人，這種客也是從事生産等於雇工。作「客」的身分是自由的，來源不過是窮無所歸的亡命。這些人大都喪失了户籍，或是遠離故鄉寄食人家。當時各地豪强都擁有許多「客」，亡命者得豪强的庇護，爲豪强服務，特别是幫他做盗墓、鑄錢、劫掠、報仇各類犯法的事，當然也有安分當雇工的，他們按月按年受工資。擁客最多的是豪强與大商人。漢武帝時，潁陰豪强灌夫家財數千萬，食客每天數十至數百人，便是一個例子。

結論 以上所述，是漢初七十餘年間無爲而治所起的作用，也就是「文景之治」的成績。我們看到的是社會生産力的向上發展，同時也看到生産果實集中在大地主大商人手中。而人民却一無所得。在這個時期，大地主大商人的發展，使得王室感覺到不安，於是到竇太后一死，漢武帝便采用了對豪强、商人的抑制政策。但是，王室獨占的結果並没有使人民的生活好一點，相反的更壞了。這一段放在以後再説，這裏只就武帝以前的史實來説明「無爲而治」的效果，雖然也用了些武帝時期的史料，但只是補以前史料的不足，目的只在説明武帝以前的社會。

二　漢武帝的事業——儒家學説的獨尊

四個問題的提出 在文帝時，有一位洛陽少年賈誼，上書論政治，他認爲目前形勢既不安，又不治，值得痛哭流涕與歎氣。他提出了四個問題：（一）王國太强大，時時威脅漢中央。（二）漢朝與匈

奴通和結親，非但有辱國體而且不能持久。（三）商人奢侈浪費，農民飢寒。（四）漢朝没有確立制度，對於人民的教育太不够。與賈誼同時的晁錯，也有類似的見解。

賈誼所提的問題，是站在統治者這一邊説的，因爲皇帝和諸侯王，漢帝國與匈奴帝國，地主與商人，有了矛盾，爲了維護封建秩序，必須要提高皇帝威信，以樹立政權中心。因此必須解決這些問題。他没有考慮社會最基本的矛盾。

諸侯王的削弱　第一個制裁諸侯王的問題，在漢景帝時，基本解決了。景帝信任晁錯，大削諸侯王土地，前一五四年，引起以吴王濞爲首的吴、楚、趙、膠東、膠西、濟南、淄川七國的聯兵反抗。結果爲漢中央平定。景帝乘勢立下三條辦法：（一）把王國接近邊境的郡縣，收歸中央。（二）降低王國官吏品級，王國丞相與太守平等並減省王國官吏。（三）國内政治、軍事，由丞相管理，國王不得過問。這樣所有王國都處于漢郡包圍之中，並在中央任命的丞相管理之下。

武帝時，淮南和衡山二王相繼謀反，爲漢破滅，從此又增加幾條對於王國的控制法。第一條是左官律（凡作王國官的稱爲左官，表示輕視），二是附益法（不明），三是王國人民，不准居住京師，也不准當京師的衛士。最重要的是繼承文帝以來的政策，准許諸侯王申請分配土地給子弟，以此分裂大王國。高祖時期同姓九國，到武帝時分爲二十餘國，自從没收邊郡及不斷削地之後，王國本已縮小，這時就更小了，最大的也不過十餘縣而已。

附帶的在這裏提及，列侯也常常被奪去封國。因爲侯國的户口增加，列侯富饒之餘，奢侈荒淫，時常

犯法，中央便藉此收回土地。武帝更是有意要如此，前一一二九年（元鼎五年）爲了列侯貢獻助祭祀的黃金成色不足，一次削去封國的就有百餘。高、惠、吕后、文、景五朝所封，在武帝末年，幾乎無一存在。

賈誼所提的四大問題，第一個在武帝時只是承用景帝遺策，事實上問題已不太嚴重，可是另外的三個問題呢？

在現實社會生產力相當提高的基礎上，漢帝國的統治者有足够的本錢與足够的威權來進行對内對外的鬥爭，以解決這三個嚴重問題。漢武帝決心要這樣做，於是道家的無爲思想到達末路，配合統治者的需要儒家思想經過一番修飾之後，重又抬起頭來。

所謂重教化的政治意義　關於西漢儒生的學説，在這裏我不想詳細講。總之，自賈誼、晁錯，賈山，以至董仲舒，都有一致的建議，要注意教化，他們的目標，是在於維護與鞏固封建秩序。第一：他們要以教育的手段，來提高貴族以至人民對於封建秩序理論上的認識，使其各安本分。董仲舒在前一四二年，所寫的意見書上，就明白提出像秦國那樣用嚴刑酷法來統治人民，反而會引起更大的反抗，最好的辦法是使人民懂得禮義，不再犯上作亂，所以設立學校是必要的。而爲了維護等級的分别，讓統治者之間減少矛盾，同樣也得教育那些王侯將相以及各級統治者知道各守本分的好處。其次，他們認爲要提高政府統治的效能，與鼓勵人民確遵封建道德，必須要從各地區選擇適合標準的人才，參加各項政治工作，以執行政府法令。這樣辦法有幾種好處，例如調和溝通封建統治者上下各階層的意見，與統一各地區與中央的意見，以及向人民表示怎樣一種人適合於參加政治，這就可以指示一個明確的

方向。這樣還不够，政府還得建立分別貴賤的具體禮制，例如衣服、裝飾、建築、婚喪喜慶的區別。關於教化的具體方案，儒家有的是，其他各家不是不注意這個問題，便是拿不出具體方案，因此尊重儒術也變成必需。

罷黜百家的經過　漢武帝即位之初，爲了引用儒生，惹起老祖母竇太后生氣，以致竇嬰、田蚡都免官，趙綰、王臧下獄自殺。

儒家雖然暫時遭受挫折，但在一年多的時間内已替後來打下了一個推行儒術的基礎。武帝即位的第二年（建元元年，前一四〇）下詔地方官保舉賢良方正直言極諫之士，這時衛綰作丞相，經他奏請，武帝批准，凡是學習申不害、商鞅、韓非（這三個是法家），和蘇秦、張儀（這兩個是縱横家）之術的一概不録取。衛綰不提道家，大概爲了照顧竇太后的情緒，可是替後來的罷黜百家種了根。竇嬰等雖然一時倒了霉，可是在建元五年（前一三六）武帝又特别爲五經設立博士官，當時博士有七十多人，儒道法各家都有，設立五經博士，只是擴大儒家名額，這件事竇太后没有講話，因爲並没有廢去道家。下一年這位老太后死了。武帝第二次又用田蚡爲丞相，又下一年就下令各地方官保舉孝廉（孝子廉吏的簡稱），郡國各舉一人，夏天，又再下詔舉賢良。這一次的賢良之中有兩個著名人物，董仲舒與公孫弘。董仲舒在意見書中最後説：

春秋大一統者，天地之常經，古今之通誼也。今師異道，人異論，百家殊方，指意不同，是以上無以持一統。法制數變，下不知所守。臣愚以為諸不在六藝之科孔子之術者，皆絶其道，勿使並

進。邪辟之説息滅，然後統紀可一而法度可明，民知所從矣。

爲了配合一統帝國的政治經濟形勢，鞏固現存秩序，儒家之道，是值得統治者尊重的。而要免除人多口雜，思想混亂，最好消滅其他各家學説的流傳，讓思想上也統一起來。董仲舒的建議，立刻就被采納，將太常（官府名）中非儒家的博士一律廢除，從此太常中只有五經博士，儒學成爲惟一的官學。這在歷史上稱爲「罷黜百家，獨尊儒術」。

改良選舉制度　同時關於改良選舉制度，以吸收各地人才的提議，也獲得批准。在漢初，官吏大概都從郎官（皇帝的衛士、或儀仗隊）中選出來。郎官的來源是：（1）品級在二千石（年俸二千石的官吏）以上官僚的子弟，稱爲「任子」；（2）富人資産達到五百萬的可以納錢爲郎，稱爲「貲選」；（3）此外也有由高級官吏特別保薦的孝子之類，這比較少，後來稱爲「察舉」或「詔舉」。不經過「郎」的階段，直接由胥吏任子及其他出身授官的自然也不少，但通常以郎官爲入仕的途徑。（儒生爲「郎」，倒也不是武帝時開始，例如秦博士叔孫通投降漢高祖時帶了儒生弟子一百多人，他一個也没有保舉給高祖，大家都駡他。後來他率領弟子定立朝儀，高祖甚爲賞識，吩咐所有弟子都補郎官。這些弟子大爲高興，説道：「老師真是聖人，懂得當世的事務。」但這只是特例，儒生並没有任何優先的地位。）漢武帝采納董仲舒的意見，下詔每一「郡」「國」，每年保舉孝廉各一人，（在董仲舒提出意見書前幾個月，已經命「郡」「國」舉孝廉一人，但並未規定每年一次，此時始有此規定。）後來又加上秀才一人。孝廉和秀才雖没有規定限于儒生，但事實上在重儒的風氣下，武帝以後也以儒生爲多。我們知

道，孝道在儒家提倡的道德中，是最重要的一項，孝子這一個選舉項目，雖在武帝前業已舉行，但特別重視，而且規定每年保舉，却自武帝始。

創立博士弟子員　特別爲儒生開通道路的乃是創立博士弟子員並規定修業期限和授官高下。這一個意見是公孫弘提出的，公孫弘年輕時，當過獄吏，牧過豕，四十歲才學春秋，六十歲和董仲舒一同被舉爲賢良，補博士。却因出使匈奴，還來奏對不合武帝意思，因而免職，前一三〇年，他已七十一歲，又以文學（漢時文學即儒學）被召。他的意見書本來列在下等，武帝見了却把他列爲第一，從此一帆風順，直做到丞相，封侯。他治春秋公羊學不如董仲舒，但他當過獄吏，懂得法律，又加上了儒術的裝飾，説起來頗爲動聽，爲人又圓滑，因此大受武帝寵任，以至打破非列侯不爲丞相的慣例，爲儒生爲相的第一人。學儒學可以做大官，自然大家都要誦法孔子了，史記儒林傳説：「從此天下學士，靡然向風矣。」當他第二次當博士時，武帝命「太常」與博士討論興教化，以培植人才的方案。他建議爲博士官設立弟子五十人。在以前博士本有弟子，但没有如何考試任用的法規，來源也不明瞭。公孫弘的建議是，除了「太常」自己選擇以外，各地方郡縣長官都可以保送年齡在十八歲以上的青年，到長安來受業於博士，保送條件是愛好文學（即儒學），敬重長上，遵守法令，順從鄉里。在太常肄業一年，便舉行考試，能够通曉一種經典以上的補文學，掌故官。考在上等的可以補郎中，特别好的，臨時奏請皇帝定奪，不及格的送回家。這一種辦法，確立了儒生入官的道路，而且規定了地方選舉標準。史記儒林傳稱，從此所有官僚，多數是彬彬文學之士了。博士弟子員的發展，到王莽時擴充爲太學。到了東漢，便

成爲學術與政治的一個重心。

定禮制 屬於教化方面的還有規定禮制一事。這一件事似乎不頂重要，但却是最困難，漢武帝招致了許多儒生討論，十餘年還没有議出來。問題是儒生把議禮當作專業，大家在那裏考古禮，而且和陰陽五行攪在一起，議論紛紜。武帝忍不住了，封禪典禮就乾脆不用儒生多嘴，照史記禮書上說的定禮制之事，有改正朔（從前以十月爲一年的第一個月，在太初元年（前一〇四）改以正月爲第一個月），易服色（以黄色爲最尊重的色彩），封泰山（這件事在儒家是告成功於天的大典禮），定宗廟、百官之儀（這種禮節是要明尊卑之分）。漢書武帝紀加上數用五（一切以五爲基本數）、定官名（事實上武帝改定的官名不多）、協音律（設立樂府官，采訪各地歌曲，製定新音律）。武帝對於定禮制是熱心的，可是這一方面他的注意力專在求神仙與祭祀神仙的典禮，史記封禪書記得頗爲詳細，在這裏我不想多談。

結論 儒家重視教化，並非迂闊之談。這在社會意識方面所起的作用非常大，從而代替了宗教的職能，而且事實上儒家的教化之中，本來也包含宗教成份，例如祭祀之類。武帝在這一方面的成功，可以綜合爲三點：

（一）他以教育、選舉方法，使人民對於封建秩序深信不疑。

（二）他充分認識了，並且發揮了儒家學說對於統治者的效用。

（三）開始從各地區廣泛地、經常地吸收與培植智識分子作爲統治階級政策的執行人，並藉以溝通及調和統治階級各階層及地方性的意見。

之久。

三　漢帝國的發展

匈奴帝國的建立　漢武帝元光二年（前一三三）漢朝開始與匈奴開戰，從此戰事延長到百年之久。

關於匈奴的種族，以及與希臘史上的Hunne、羅馬史上的Huns有什麽關係，現在還没有得到一致的結論，我在這裏不想説。至於匈奴與中國古史上的熏鬻、玁狁是否只是一名的異譯，我也不打算討論。我們知道匈奴名稱的出現，已在戰國後期。自從歷史上有了匈奴的記載之後，在戰國初期活躍于北方邊境的許多戎狄，便不見了，因此我們推測匈奴帝國中，包含中國古代北方邊境民族的若干成份。這些北方民族，部分地成爲中國人，但也有一部分成爲匈奴人。當中國建立統一的秦漢帝國時期，蒙古高原上也建立一個北方遊牧民族的統一的匈奴帝國。當我們開始在歷史上認識匈奴時，匈奴業已是一個包含許多部落，以至許多民族的遊牧帝國。這個帝國的强大，是在秦朝末年冒頓單于在位時，他東邊滅掉在熱河、遼寧的東胡，西邊攻破在甘肅、青海間的大月氏，北方征服在西伯利亞的堅昆丁零各族，南邊滅掉在寧夏綏遠一帶的樓煩、白羊王，重又侵入秦朝蒙恬所開拓的邊疆（主要的是綏遠省），恢復秦始皇以前夾舊長城爲界的形勢。

匈奴的國家組織及其社會性質　匈奴國家的組織，是等級的封建制度，單于下有左右屠耆王（即左右賢王，左屠耆就是太子），左右谷蠡王，左右大將，左右大都尉，左右大當户，左右骨都侯。從左右

賢王以下，直至當户、都領，有數千以至萬人，一共有二十四長。二十四長下面有千人長、百人長、什人長，由萬人長自己支配。這裏所謂左右，並非僅是名號上的區别，而是真正的地域區分，匈奴帝國分爲三部：中間由單于自己統率，面對中國的山西、察哈爾、綏遠，右方諸王和右手各軍分配在西方，面對中國綏遠以西直至寧夏，并統屬甘肅以西大月氏氐羌等，左方諸王和左手各軍面對察哈爾以東直至朝鮮，這樣的分法，是軍事的也是政治的組織區分。後來的突厥、蒙古全是如此。官職都是世襲（有些官名，例如相邦等，是從中國學來的，但大部分是匈奴語官名）。匈奴完全是以畜牧爲生活的，牧地也經分配，獲得的俘虜，即充奴隸。奴隸的數目很多，東漢初年，匈奴奴隸流落在甘肅南部的，就有數萬人，其中有丁令，有大胡，也有羌人。但是匈奴本部的自由民、半自由民，大概比奴隸更多。史記上記載壯丁有三十萬，那麽全國人口大約有百萬以上。這個帝國從原始氏族社會，經過一個没有充分發展的奴隸社會階段，立即飛躍到了封建社會。他有很多的奴隸，但有更多的自由民，半自由民，國家組織也是封建化了的。

漢初的和親政策 公元前二〇〇年，韓王信（韓國此時還在山西北部）投降匈奴，高祖親自率領三十二萬兵征至平城（今大同），給匈奴四十萬人在白登圍住了七天。漢朝賄賂了閼氏（匈奴皇后稱閼氏，音煙支），閼氏講了情才放走高祖。當高祖進兵時，齊人婁敬勸他不要進攻，高祖把他下了獄，這時打了敗仗，後悔没有聽他的話，向他問計。婁敬建議將高祖自己親生的公主嫁給單于，附送豐富的贈嫁禮物。他説：「公主生了兒子，一定可以繼承爲單于，冒頓是女壻，冒頓死後的新單于，是外

孫，誰又聽過外孫敢和外公講平等的！」高祖嫡出女兒，只有一個魯元公主。吕后不答應嫁給匈奴，才取了同宗的一個女兒出嫁，每年奉送綿絮、絲織品、米、酒各種東西。從此以後漢朝對匈奴恪守和親政策。吕后時，曾受冒頓文字上的侮辱（見前），也没有計較。文帝初年匈奴又入侵。不久匈奴滅掉了大月氏，在羅布泊、塔城和賽蘭海的幾個國家也被征服。冒頓單于寫信來要求和親，文帝又送了他許多禮物，不追究入寇的事。不久冒頓單于就死了。匈奴雖然要和親，却並没有遵守條約，和戰的主動常在匈奴方面。前一六六年，稽粥單于率兵到達渭河北岸。騎兵直到長安附近。漢朝雖然發兵迎擊，匈奴兵在長城以内逗留了一月多，從容而去。以後每年來侵略邊境。直到武帝初年，和約時常訂立，邊境却始終不得安寧。匈奴對於漢朝的威脅，可以分幾點來説：第一是由于漢中央的屈辱政策，使皇帝及其領導下的政府，威信大受損失。賈誼所云：「陛下何忍以帝皇之號，爲戎人諸侯。」認爲是大辱；第二，從漢初的韓王信、盧綰等，以至景帝時的七國之亂，每逢中國諸侯王叛亂，必然勾結匈奴，這也使漢中央不大安心的；其三，匈奴連年入寇在邊境上造成的損失頗爲巨大；其四，漢朝首都在長安，西北邊必須要有安全的保障。匈奴與漢分界，只隔一道長城，離開長安最近的邊界，不過二百里。如果匈奴占有鄂爾多斯草原，對於長安的威脅太大。因此統治者爲自己打算，固然必須用兵，即使爲人民打算，長久繼續這種軟弱外交，邊境永遠不能安静，也决非辦法。我們要明瞭在武帝以前漢朝從來没有主動地出兵過，相反的是每年送禮。如果認爲漢朝是侵略了匈奴，那難道像宋高宗那樣才算不侵略嗎？誠然，我們相信漢與匈奴的爭戰，完全是雙方統治者所主持的與發動的戰爭。匈奴

人民與漢朝人民一樣的並不喜歡打仗。但是假使匈奴統治者强迫其人民來掠奪漢邊境人民的財富，發兵抵抗以至驅逐出塞，是完全正當的，就是占領入侵根據地，以保障邊境安全也不是不可容許的。漢武帝的錯誤，乃在於他不必要的浪費了人力物力，以從事可以更爲節省的戰事，以及没有在一定程度時停止戰事，使人民的負擔加重。

漢對匈奴的戰爭 前一三三年，武帝決定了一個誘敵之計，命馬邑土豪聶翁壹故意犯禁出境，去和匈奴做買賣，就便表示願意作内應，出賣馬邑城。漢朝在馬邑旁埋伏好三十餘萬兵，但等單于送死，單于果然中計，親統十萬騎來取馬邑。軍隊離開馬邑百餘里，單于看見滿地都是牛馬，却不見一人，心中奇怪，碰巧有一個雁門郡的小吏，躲在一個亭（堡壘）中，給匈奴捉住，這位小吏爲了救命，便告訴單于漢朝有伏兵在那裏，單于立即退兵，漢朝一無所獲。從此雙方翻了臉，匈奴常常入侵。但匈奴統治者喜歡漢朝貨物，所以還保存商業上的來往。隔了五年，漢朝才第一次大舉進攻。以後直到武帝之死，戰事綿延四十年，在這裏我不想列舉。就漢朝軍事策略的進展來看，大約可以分爲三個階段：第一個階段爲前一二九——前一二三年，這一個階段，是收復秦代故土鄂爾多斯草原。前一二七年，衛青領兵攻破附屬匈奴的樓煩、白羊王（在寧夏西套），奪取河套，修復蒙恬所築的堡壘，設立了朔方郡。以後三年間，匈奴屢次進攻朔方和山西邊境。前一二四年，衛青出兵朔方，包圍匈奴右賢王之衆，左賢王脱身逃走，所領精兵隨之而去。從此鄂爾多斯草原，就歸於漢朝。第二階段爲前一二一年（元狩二年）的奪取河西走廊。匈奴自驅逐大月氏之後，河西走廊爲休屠王與渾邪王所居，前一二一年春天，

霍去病出兵甘肅，攻破匈奴，夏天又出兵過居延海（在寧夏），直達祁連山，這兩次都得到巨大勝利。渾邪王和休屠王，本來負責西方軍事，現在戰爭失利，單于要殺掉他們。於是渾邪王殺掉休屠王，併其衆投降漢朝。漢朝乃獲得了河西走廊。二年之後，武帝遣張騫出使烏孫，招烏孫還到故土（烏孫本與大月氏同在敦煌、祁連間）没有成功，於是在河西建立了酒泉張掖二郡，後來又立敦煌郡，（漢書武帝紀和地理志，認爲武威郡也是武帝設立。但本紀和志紀年不同，現在根據新獲得的漢代木簡，及對於漢書重新研究的結果，武威郡設立實在宣帝時。）從此匈奴和西域及羌人的交通爲漢斷絕。漢對匈奴形成了大包圍的形勢。第三階段爲前一一九——前九六年（這一個階段因爲中間有十四年的停戰，所以比較長）。匈奴自失去河西後，往北遷移，與漢邊塞遠離。前一一九年，衛青、霍去病分道深入蒙古高原，在漠北大敗匈奴軍，直至今庫倫附近，此後匈奴在沙漠以南没有王庭。漢朝從朔方直到河西，築了許多堡壘，向北推進。這一次雖然戰勝，但損失甚大，兵士死掉數萬，馬死掉十餘萬，因此一時不能再進攻。匈奴與漢議和幾次，終因漢朝要求匈奴降爲藩屬，而没有得到協議，但也没有進攻漢邊，所以停戰了十四年。直到前一〇四年，匈奴有内亂，漢命趙破奴出軍二萬，接應降漢的匈奴大都尉，結果事情發覺，趙破奴全軍被消滅。以後匈奴又幾度東西攻入漢邊，破毁漢所築的堡壘，漢在前九九年、九七年（天漢二年、四年）兩度出兵，並没有得到勝利。前九一年（征和二年）匈奴入侵察、綏一帶，明年，漢命李廣利爲大將軍，領兵十六萬，和其他將領所領七八萬兵，分四路進攻漠北，也没有得到勝利，李廣利在途中聞得自己的妻子爲了巫蠱案被捕，又被匈奴擋住歸路，打了敗仗，就投降了。這一次，又是

全軍覆没。漢朝不再出兵，過了三年，武帝就死了。

西域交通道路的開通——張騫出使　當漢朝還没有與匈奴破臉之先，就有人獻計與大月氏夾攻，因此開通了西域道路。大月氏自被匈奴破滅後，曾兩道遷移，起先他逃到伊犂，驅逐居於此地的塞種人，這時他建國在阿姆河北，征服了亞歷山大東征所建的一個希臘化國家大夏（Bactria，今之Tachara）。匈奴降漢者告訴武帝，大月氏怨恨匈奴，但是他找不到同盟國，於是在前一三八年，武帝命張騫通使大夏。這時匈奴西邊直到羅布泊，要抵達中亞，非得經過匈奴領土不可，張騫在途中就被匈奴扣留了。十餘年後，他乘機脱逃，從烏孫（今伊犂），經過大宛（今浩罕），康居（撒馬爾干），以至大月氏，這時大月氏遷移已久，土地肥饒，鄰近並無强國侵略，不想向匈奴報復，張騫只好回去，在歸途經過青海時，又被匈奴扣留。幸而匈奴發生了内亂，他在一年後逃回漢朝（前一二六）。

張騫回國後把他的旅行見聞報告了武帝，武帝對於各國土産奇物，非常有興趣。

西域的國家與人種　我們知道所謂「西域」這個名詞可以遠推到歐洲，漢朝人所認識比較確切的，乃是在新疆、青海及蘇聯屬中亞各地，這一個區域由於地理的限制，形成分布於沙漠中的若干緑洲，因此也形成了許多小國。當時除了大月氏、康居、大宛、烏孫較大外，其餘人口大抵不過數千至數萬，最小的只有二百餘人，事實上還不能算國家。種族也非常複雜，現在我們還不能詳細知道，言語上、風俗上、以及容貌上有時有矛盾現象，無論根據哪一點來立刻判斷他是突厥族，以至雅利安族，是有危險的，我們只可以説在那裏，這幾個種族以及其文化，都有存在。

張騫的成功　在上面我們已經説過漢朝獲得了河西走廊，又將匈奴驅逐到漠北，這樣跟西域交通，就減少了不少困難。武帝對於西域寶物感到興趣，而且如果一時收服了許多外國，對於皇帝的威望與對於匈奴勢力的削弱，都有好處，而這時新獲得的河西土地，還没有作適當的處理，因此就又聽張騫建議，第二次出使西域。他的使命是招烏孫回到敦煌附近來，與漢朝聯合攻擊匈奴。這一次出使，起先也和大月氏一樣没有成功，但不久匈奴知道烏孫與漢往來，發兵攻烏孫，而跟張騫一起到漢朝的使者回去時，大大地誇張一番漢朝的强盛。烏孫王不再猶豫，决定倒向漢朝，遂即娶了漢宗室的女兒，與漢聯盟。

張騫出使時，帶了不少副使，武帝説：「只要有路可通，就分别派到别的國家去」，這些使節，在一年以後陸續回來，而且還伴隨了出使國的人，西域各國，此時普遍認識了在東方有這樣一個産絲織品的富强之國。

遠征大宛　漢朝通西域的最初目的，是想「斷匈奴右臂」，但是武帝的熱心却被那些寶物所吸引。張騫歸後一年餘就死了，以後漢朝還是不斷地派遣使節。這時大家看到張騫因通使獲得富貴，紛紛上書要求出使，武帝總是有求必應，因此使者越來越多。這些使者大部分都想發財，把帶出去的漢朝産物與外國，交易往往欺負人。各國討厭漢使的行動，時常不肯供給食物，以致和漢使發生衝突。樓蘭在羅布泊旁，車師在今新疆迪化境，正當南北兩條大道旁，漢使一到，負擔奇重，攻擊漢使也最甚。武帝爲了這事，曾幾次發兵，把樓蘭王俘虜了。大宛（今浩罕）的馬，是很出色的，武帝不斷地向大宛徵

求，却有人告訴武帝大宛把頂好的馬藏匿起來，没有送給漢朝。武帝派人帶了黄金千斤和金馬一件，前去交换大宛寶馬，大宛没有肯給。漢使駡了一頓，將金馬打碎而去，這樣激怒了大宛，把漢使殺掉。前一〇四年，武帝發動了遠征，命李廣利爲大將。沿途各小國，不肯供給糧食，隨處要攻城，損失不小，到大宛邊城時，數萬大軍只剩數千，又爲大宛打敗，李廣利只得退回，人馬十成中死了七八成。可是武帝不肯罷休，不准軍隊進玉門關，繼續徵兵六萬人，私人的隨從和運輸隊、後備軍，都不在内。配備了充足的牛馬駱駝，以及糧食，命李廣利兩度進攻，才算把大宛征服，取回了以數萬人的生命及無數人民財產爲代價的寶馬。史記大宛傳説軍隊回來的只剩一萬餘人，不是作戰犧牲了的，而是將領貪污、剥削軍糧以致死亡的。

武帝通西域，在削弱匈奴與溝通東西文化上與物資上是起了一定的積極意義的，但武帝爲了滿足他個人以及統治階級的享受而進行的侵略戰爭，却帶來了人民的痛苦。結果他獲得了東羅馬來的變戲法人，獲得了駝鳥卵，獲得了葡萄、苜蓿以及其他果物和千里馬。

開通西南夷——西南夷的種族分布 張騫在大夏時，看見蜀地所産的布和邛竹杖，大夏人告訴他這是從身毒(印度)買來的。張騫認爲身毒應該去蜀不遠，他自己兩次被匈奴扣留，假使能够從蜀通過身毒而達西域，那就可以避免穿過匈奴的危險，因此他向武帝建議向西南方面打開交通道路。武帝采納了。可是西南路的開通，却没有這樣容易，所謂西南夷的區域，包括現在雲、貴、川、康以至甘肅極南部。這一方面的種族也是非常複雜，有些種族，是從東面、北面移來的。例如：濮族和氐族，似乎

並非土著。大抵在黔江、金沙江流域的夜郎（貴州桐梓縣），滇（雲南昆明縣），邛都（西康西昌縣）是濮族。古時稱爲「百濮」，住在湖南湖北，爲楚國壓迫而向西南遷移，其生活以農耕爲業。在岷江、大渡河流域的徙（西康天全縣）、筰都（西康漢源縣）、冉駹（四川茂縣），嘉陵江上游的白馬（甘肅成縣）則是氐。氐羌族大概本來在甘肅，爲秦國壓迫，才遷入西康四川。在瀾滄江流域的巂、昆明，是羌，也是由甘肅南遷。氐羌族，大概以畜牧爲主，特別是牧羊，但也有從事農耕的。西南各族的分布很散漫，他們的生產方式還逗留在原始公社階段。

通西南的道路，至少在戰國末期已有記載。史記西南夷傳稱楚威王使將軍莊蹻沿長江上去，侵略巴蜀、黔中的區域，到了滇（昆明）。這時秦國取了巴蜀，斷了歸路，就留在那裏稱王。史記的記載略有錯誤，因爲這是楚頃襄王時的事情，莊蹻是楚國的大盜，他的入滇，未必就是奉命，這一點我們不必深論。在秦時曾在西南開通一條寬約五尺的道路，也曾遣派官吏，但似乎並未真的列爲郡縣，雖然歷史上有這樣的記載。

巴蜀從來以富庶著名，而其富庶是和西南各族分不開的，巴蜀土豪大姓富商，經常與西南夷進行貿易，主要的是馬、牛與奴隸。漢朝大冶鐵商人，臨邛的卓王孫、程鄭都擁有奴隸數百，顯然是以虜掠或買賣的方式取之弱小民族的。

唐蒙通夜郎　前一三五年（建元六年）唐蒙奉使南越，南越人請他吃蜀地所産的枸樹果所製的醬，唐蒙問他們那裏得來，他們說，由牂牁江下來（今黔江）。唐蒙回來，有蜀商人告訴他牂牁江旁邊

是夜郎，於是他向武帝建議通夜郎，以爲如果由黔江下南越，出其不意，是一個奇計。武帝乃命唐蒙使夜郎與夜郎王商議改郡縣，夜郎和他鄰近各部貪得漢的財物，認爲置郡縣僅是個名義，不會真的占有，就答應了唐蒙。漢朝就置了犍爲郡，開通由蜀抵黔的道路。不久蜀人司馬相如也建議，西康方面也可以置郡縣，武帝就命司馬相如去辦理，結果也很「圓滿」。可是爲了開道路，巴蜀人戍守、運糧，大爲困苦，道路還是没有修好。西南夷又時常不服從，屢次興兵，所費巨大，漢朝這時對外的主要對象是匈奴。因此在西南各族的英勇反抗下只好暫時放棄積極的經營。直到張騫從大夏回來，由於蜀布、邛竹杖的輸出，知道由四川可以通身毒以抵大夏，才第二次派遣使者尋求通身毒的道路，可是都爲昆明所阻閉，始終没有通。前一一一年漢攻南越，徵發西南各族兵，且蘭（今貴州平越縣）不願遠行，起兵抗拒，殺死漢使和犍爲郡太守。漢發八校尉兵進攻。這時南越已爲漢所滅，且蘭等也被攻敗。西南各族受漢兵力威脅，只好受漢置郡的命令。建立了牂牁（在貴州）、越巂、沈黎（此二郡在西康）、汶山（在四川）、武都（在甘肅南）五郡，在前一〇九年又侵入滇國，建立了益州郡（在雲南）。

漢朝在川、滇、黔、康、甘邊區設立了若干郡縣，但是通身毒的道路却並没有開通。

通西南夷的原因：一方面與通西域以制匈奴有關，另一方面與征南越有關。

南越閩中的征服——漢初的南越 在秦代曾經把自浙江、廣東、廣西以至越南沿海區域的越族征服，建立了南海、桂林、象郡、閩中等郡。秦末亂時，真定人（今河北正定）趙佗爲南海郡的龍川縣令。乘機占領了南海、桂林、象郡之地，自立爲南越武王。漢初派了陸賈去遊説趙佗，於是他受了漢朝南越

王的册封，承認漢朝的宗主權。呂后時禁止鐵器輸出南越，南越和長沙國（吳芮王長沙）鄰接，趙佗認爲這是長沙王的建議，就發兵攻長沙國，並且自稱南越武帝，與漢絶交。文帝時，有人建議征討南越、朝鮮，文帝没有答應。他命人祭祀趙佗在真定的祖墳，又召他的族兄弟爲官吏，給予豐富的賞賜，再度遣陸賈出使，責備趙佗稱帝不該不通知漢朝。趙佗上書説：「我們東面的閩越擁有千人就稱了王，西邊的甌駱（在安南）也稱王，老臣稱帝，只是自己開玩笑而已。所以不敢通知您皇帝。」這樣就取消帝號，仍受漢封。

漢初的閩越與東甌　閩中（今福建）及永嘉（在浙江）諸地的越族首領，據説還是越王句踐的後裔。秦末亂時，閩越王無諸和越東海王摇率兵從諸侯滅秦，後來又助漢破楚。漢初立無諸爲閩越王（福建），立摇爲東海王（一稱東甌王，在今浙江永嘉）。武帝初（前一三八）閩越攻東甌，武帝把東甌人遷到江淮之間（今安徽廬江縣一帶）。又過了三年，閩越又攻南越，南越又報告了漢朝，武帝出兵助南越，兵還没有到，閩越人自己殺掉了王，向漢請罪。漢朝立無諸之孫繇君爲越繇王，又立了餘善爲東甌王，於是仍有兩國。

南越滅亡　南越王胡（趙佗孫）爲了漢發兵相助，遣太子嬰齊到長安來服務。過了十餘年，嬰齊的父親死了，還國繼立。他在長安娶了個邯鄲姓樛的女子，立爲王后。嬰齊死，樛氏所生子興繼位，樛氏爲王太后。前一一三年，漢遣使者召南越王和太后來朝見，太后跟這位使者是舊情人，南越人民很不高興她的行爲。太后一心想倚靠漢朝來制伏人民，主張内屬於漢，不設邊防，和内地諸侯王一樣。

南越的丞相呂嘉是三朝元老，族大勢盛，不願意降漢，因此雙方起了衝突。武帝這時派了軍隊二千人作爲使者後盾，找了太后之弟樛樂爲將軍。軍隊一入南越境，呂嘉就率領兵士把太后和王及漢使者殺了。他向人民說：「王年輕，太后是中國人，而且和使者是舊情人，一心想屬漢，我們跟她一起到長安就會被賣做奴隸。」他發兵拒敵，消滅了漢朝二千人的隊伍，派兵守住邊境。下一年，武帝從江西、湖南、貴州四路興兵，將南越滅掉。建立儋耳（廣東儋縣）、珠崖（廣東瓊山）、南海（廣東南海）、蒼梧（廣西蒼梧）、鬱林（廣西貴縣）、合浦（廣東合浦）、交趾（越南河内）、九真（越南清華）、日南（越南乂安）九郡。

閩越東甌消亡　當征南越時，東甌王餘善自請出兵夾攻，却沒有履行諾言。武帝命軍隊駐在江西境内等候命令。滅南越的下一年（前一一一），餘善知道漢朝的動態，就起兵攻入漢地。武帝命從江西、浙江分兵進攻。下一年，東甌内部有了亂事，殺掉餘善投降。武帝下令軍隊帶了東甌和閩越人民内遷到江淮之間，於是閩越東甌地都空了。

漢滅朝鮮　滅掉南越、閩越、東甌之後，漢朝兵鋒轉向朝鮮。大家知道遠在西周初年，箕子受封于朝鮮。箕氏傳世很久，秦末朝鮮王爲箕準。漢初的燕國與朝鮮夾大同江爲界。燕王盧綰在高祖末年爲了謀反嫌疑逃入匈奴。此時有一個燕國人衛滿，糾合了千餘人，渡過大同江，居於朝鮮西界，不久把箕準驅逐到半島南部（忠清、全羅、慶尚三道地），自立爲朝鮮王。漢初承認了衛氏的王位。衛滿傳至孫右渠。這時漢人逃亡入朝鮮的很多。在半島境内的其他小國要想朝漢，又給他阻住。前一〇八年，

漢發兵征朝鮮，右渠被其臣所殺，降漢，遂置真番、臨屯、樂浪、玄菟四郡。

漢武帝對外擴展的結論　武帝對外戰事，主要是在對付匈奴，通西域，開西南夷，平定南越、閩越、東甌和朝鮮。有的是和對匈奴的戰略有關，而大體上都在與匈奴停戰期間完成。武帝對外戰事的結果，如果從疆域上說較之漢初幾乎擴張了一倍。北方推進到陰山以北，西北到玉門關，自此以西各國也成爲漢之「藩屬」，東部滅掉了朝鮮，南部恢復了秦之閩中。以後漢代疆域没有多大變更。

邊境農業的推廣　漢帝國的疆域擴大使耕地面積大大地增加了。這些新獲得的土地，在北方的，過去只是當作牧地使用，匈奴退去以後，土地没有了領主，甚至有些區域没有人民，這時在内地由於豪强兼併之故，很多農民失去了土地，因此皇帝可以大量地將勞動力遷移到新區上去，使牧地變成耕地。這樣，一方面解決了一部分的土地問題，另一方面可以充實邊防。如果從皇帝個人的利益説來，這也是一筆大收獲，因爲新開闢的土地是屬於政府，也就是屬於皇帝私人的。前一二七年，漢得河套。武帝采納主父偃的建議，在那裏建立朔方郡與五原郡，召募人民，遷徙到朔方的共有十萬人。以後繼續推行邊境屯田政策，有的用兵士，有的召募人民，大體上先行兵屯，再用民屯。最大規模的一次是在前一二〇年，這一年，東方大水災，武帝遷徙飢民於綏遠寧夏一帶（五原朔方），共有七十二萬五千口，由政府供給衣食，「假（借）予産業」。所謂「假予産業」，主要的就是借給土地。五原郡有一個地名稱爲「北假」，這個「假」字即從「假予産業」而來。所以我們可以知道邊境的移民自己没有土地，他們都是皇帝的佃農。漢代佃農向地主繳納的地租稱爲假税，其租率爲十分之五。我們從居延發見的漢簡上，

知道邊境屯田的租率大約也近於此數。除了遷徙人民之外，屯田兵士的數字也甚爲龐大。前一一一年，從陜北、綏遠直至河西走廊，分發了六十萬兵士去屯田。後來在寧夏境内居延海旁，築了居延城。在綏遠北部築了光禄城。又曾發十八萬兵士屯田，屯田制度最遠的推廣到新疆境内。

西南方面土地的處理比較不同，那時爲了修築道路，需要輸送糧食。武帝下令募「豪民」，去墾殖新獲得的土地，將穀子就地繳納，而到長安去領取錢。

除了在邊地發展農業之外，武帝又曾下令鼓勵人民在邊境上從事畜牧，特別是牧馬。其辦法是由政府借給馬母，三年之後，加上十分之一的利息，交還政府。

國防的鞏固 邊境農業、畜牧業的發展，人口的增加，也使帝國的國防大爲充實。漢武帝在各個要道又建築了新的防綫。在陰山一帶的光禄城、受降城，在甘肅青海間的令居塞（有人以爲令居在今甘肅永登縣，也有人説在青海大通），在寧夏居延海旁的居延塞，每個據點都布置了一系列的城堡。縱横交錯，形成鞏固的防綫。這一些新建立的防綫當時稱爲外城。外城的創立，控制了從蒙古高原入侵的要道，這樣就保證了邊疆人民的安全，解除了從戰國以來經常存在的嚴重威脅。

國際道路的開通 自然我們不能漏掉由於西域道路的開通，在客觀效果上，促使國際貿易獲得發展。在武帝前，蜀布、邛竹杖已早由身毒（印度）販往大夏，此時在道路暢通的狀況下，應該更有發展。中國的蠶絲和絲織品，更多的向西方輸出，西方的珍異貨物，也不斷的輸入。在上文我們提到出使西域的使者都帶着貨物出去，而史記上説西域各國大量獲得漢帝國的絲織品，以致不像過去那樣稀罕那

些繒帛了。

開邊的浪費——用人不當　漢武帝對外的事業，在以上所述的幾點上是獲得成功的，但是他所支出的代價却異常巨大。司馬遷在匈奴傳贊上批評他「建功不深」，而建功不深之故，則由於没有慎重選擇將相。所謂建功不深，自然是指匈奴没有降服。我們認爲人民並不一定要求匈奴降服，對於武帝的責備，只是在於他的巨大浪費。而浪費的原因，正如司馬遷所說，由於他的用人不當。我們知道遠征匈奴的大將衛青、霍去病、李廣利都是武帝的内親。衛青還不錯，霍去病雖是勇敢，但出身富貴，不恤士卒，他出征時，帶上數十車的食品，吃不完就丢掉，而兵士却挨餓。在塞外，兵士缺乏糧食，而他還是天天踢毬。他之所以能打勝仗，乃是由於所領都是最精鋭的軍隊，軍隊的艱苦作戰，才能獲得勝利。李廣利更是庸才，征大宛遭受了嚴重的損失。無數的士卒在將領的貪污剥削下遭受死亡。武帝所以要用他們，其目的只在於不違背高祖「非有功不得封侯」的規約下，使他的内親獲得爵位。無數生命、物資這樣便給浪費掉了。

兩種意見　武帝死後六年（前八一），在長安有一次關於鹽鐵官賣的討論會。關於開闢邊境這一點，政府當局和召集的賢良、文學爭辯得很激烈。政府方面認爲邊疆的開闢，使皇帝的後宫充滿了珍怪異物，皇帝的馬廐充滿了馬騾之屬，甚至民間都可以乘馬與吃橘子、柚子，而且長城以南各邊郡田野上，布滿了牛馬和穀物；另一方面解除了匈奴的威脅，鞏固了邊防，内地才能安穩，即使花費了人力物力，也還值得。反對政府開邊政策的文學賢良提出了不少意見，主要的是損害内地來從事開闢，是

劃不來的事（這一點在下面再談）。就邊地人民來說，文學賢良們認爲，讓人民離開內地而去墾殖邊境，等於拋棄富於水利灌溉的區域，而在山嶺沼澤地帶去耕種，他們說：「邊境農耕，不能發展，更没有桑麻之利，專靠內地綿絮的輸出才能穿衣，以致夏天没有單衣穿，冬天只好藏在土穴中。內地的人民爲了供給邊郡，大受其苦，邊境人民也没有好處，鬧得中外空虛，有何好處？」邊郡人民爲什麼這樣痛苦呢？其實倒不是真的生產量不够，而是剝削太重。假税是一種，此外史記貨殖傳説開邊之後有一個橋姚以畜牧致富，有馬千匹，牛倍之，羊萬頭，粟以萬鍾計。西漢末年，馬援也在邊境畜牧致富。這樣我們可以瞭解布滿塞外的牛馬田畝，不是皇帝所有，便是如橋姚之類的豪民所有，一般被遷徙的人民，是没有份的。至於輸入的珍寶、良馬和橘柚之類，自然只提高了統治者的享受。文學賢良的回答是：「小馬生在戰場上（因爲母馬有孕的也被徵發），農民家中没有六畜，內地田畝荒蕪（因爲壯丁被徵發），老百姓飯都不够吃，談什麼橘子、柚子！」

四　武帝的財經政策

武帝以壓倒優勢的人力物力，戰勝了匈奴，開闢了土地，並還滅掉了朝鮮、南越，這一筆軍費支出異常龐大。再加上由於軍事需要的附加費，以及他個人享受上的浪費，求神仙，造宫殿，巡遊等等，文景兩朝的積蓄，給他一起花光還不够。財政上這時已感到了困難，而他又不知節省，既不能節流，便只有開源。他在位時，便建立了許多新的增加收入的辦法，這些辦法可以歸納爲三類：（一）加重舊税增多新

税，(二)統制及專賣，(三)賣官鬻爵。此外通過各種法律，想法没收商人的財産、封君的土地等等。

新的賦税制度　（一）加重舊税增多新税

舊税加重見於明文的只有一項口錢。以前口錢由三歲到十四歲，每年納二十文，武帝加增到二十三文。據説爲了口錢負擔重，當時人生了孩子就殺死(以後在元帝時把年齡提高到七歲，數目減到二十文)。其不見於明文的，似乎算賦亦曾增加，據説每人要數百文(以前一百二十文)，但武帝末年的詔書，曾説有人請加算賦三十文以助邊境上的費用，武帝似乎並未批准。可能數百文的算賦，只是暫時的增加，不是永久的制度。

新税項目主要的是兩項：(1)舟車税——除了爲吏、鄉間三老(鄉長之類)、北邊的騎士以外，人民有軺車者，每年納一算(即一百二十文)，商人加倍。凡有五丈以上船者一算。(2)工商貨物税——不論工商業者有没有在市場登記，只要有買賣行爲，都得向政府呈報貨物的估價，估價貨物值二千文的納一算，手工業者已納市租得減半。這稱爲算緡。

以上兩項凡是呈報不實、隱匿不報，罰戍邊境一年，財産没收。有人告發，即以没收人的財産之半作爲奬金，稱爲告緡。當時隱匿的很多，告緡遍天下，中等以上商人大抵破産，政府没收的財産幾萬萬，奴婢成千成萬，田畝大縣數百頃、小縣百餘頃，一例充公。於是武帝在各地設立田官，管理這些没收的土地和奴婢。

（二）統制及專賣

鹽鐵酒的官賣 關於統制和專賣的名目繁多。甲、國營專賣事業。這一項包括鹽鐵和酒。我們在上面説過漢代最大商人是鹽鐵商。鹽鐵產地在山海之中，根據古代理論，山林川澤屬於國王所私有。秦代鹽鐵是收税的，漢初也如此，如何徵收，歷史上没有記載。文帝末年曾經開放山澤之禁，雖不限於鹽鐵，鹽鐵也應包括在内。可能自此以後根本不收税。武帝用大商東郭咸陽和孔僅二人管理鹽鐵，二人根據古代理論，主張由政府專賣鹽鐵。鹽的專買辦法是，召募人民自備資本，由政府供給煮鹽工具，所煮鹽由官吏出售，商人得利多少，並無明文。鐵的專賣辦法是，由政府在各地設立鐵官，辦理采鑛與鑄作，不出鐵的地方設立小鐵官以出售鐵器。凡是私鑄鐵器，私自鬻鹽者，左足趾帶上鐵鉗，没收其工具。酒也由政府自釀出售。

我們知道鹽和鐵都是人生日用所需，由豪民占有利權，本來不對，但武帝並非爲人民着想，只是把商人的利益奪歸政府，以解決財政問題。自鹽鐵專賣之後，人民比以前更爲困苦。因爲這是獨占的營業，政府要多賺錢，加上官吏貪污，結果所鑄鐵器不能經久使用，鹽味很苦，價却貴了，所鑄的鐵器太大，不合民間需要。而且主管賣鐵器的官吏常常不在，要買時買不到，又不許選擇，如果賣不出去，官吏就强制人民購買。煮鹽鑄鐵工人都是犯法充配者及奴隸，他們工作做得不會起勁，因此時常征發人民助工，變成一種徭役。據説當時人民恢復了原始的「木耕、手耨、土耰、淡食」的生活。

在前八一年的討論會上，文學賢良提出了對於鹽、鐵、酒官賣的種種意見，結果政府將獲利最薄的「酒」開放了，鹽鐵官賣，除了一個很短時期以外，大體上在西漢成爲經久的制度。

均輸與平準　乙、國營貿易事業。這一類也有兩種：一是均輸。過去各郡國都將土物貢獻給皇帝。武帝采納桑弘羊的建議，分發大司農（財政部長）的屬官，駐在各郡國，各縣設立均輸官，命各地貢物不限定哪一種或哪幾種，只看商人在該地搜購什麼貨物，就進貢這些貨物。貢物不一定立即輸送到長安，只看哪一個地方行市高，就在那裏出售，出售之後，又買進商人搜購的貨物，展轉變換，最後送入長安。二是平準。這批「均輸」的貨物，到了長安，便由政府設立的一個「平準」機構接受。這個機構中，還接受政府工場所製造的車子和其他製成品，所有貨物都由大司農所屬的機構出售。這樣，政府就掌握了大量的各地貨物與工場製成品，趁高價賣出，低價買進，藉以平衡物價。政府的物資豐富，就能够操縱物價，一般商人當然不能競爭。

官賣鹽鐵，是打擊鹽鐵商人的，均輸平準是打擊屯積與運輸商人的，算緡錢舟車則更無所不包，中小商人都受到打擊，這是地主階級對商人的鬥爭，其效果如何，我們在下面再談。

貨幣鑄造權的集中　丙、管制貨幣。秦代統一後，以前各國不同的貨幣，也統一爲半兩錢。漢初，政府没有力量鑄造，便任令私人自鑄，那種私人自鑄的錢，輕得像榆樹葉子一般。於是小錢流行，加以商人操縱，物價大漲，漲到一石米值一萬錢。此後貨幣一直在混亂狀態中，中央政府、地方政府、私人都在鑄造各式各樣輕重不等的錢。文帝時，吴王濞國内有銅山。文帝的寵臣鄧通，也受賜四川的銅

山。都就山鑄錢，吳鄧之錢分布全國。當時賈誼就曾痛斥私鑄之害，文帝没有采納。景帝没收鄧通財產，平七國之亂，才禁止私鑄。武帝時，幣制曾經許多次的變更，用過白鹿皮，用過銀錫合金，對於私鑄的處罰，更爲嚴厲，可是由於私鑄利益太大了，一個銀錫合金幣，要抵普通的三銖錢三百文，以至三千文。自然只有鼓勵私鑄。所以自造合金幣後，官吏、人民爲了私鑄而處死的數十萬人，遇到大赦而自首的還有百餘萬人，據説自首者還抵不過私鑄者的半數。從前一一三年到前一四〇年，經過二十七年亂糟糟的幣制變動，人民受到無窮的痛苦，直到前一一三年（元鼎四年）才下令將鑄錢機構集中到長安的上林苑中。各郡國都不准再鑄，過去所鑄的全部銷毁，作爲廢銅，運入長安作鑄錢材料。於是鑄錢權集中在中央，全國只行一種長安所造的有一定重量與一定形式的五銖錢，這樣大規模的集中鑄造，工料較好，鑄造技術也較精，私鑄不容易倣造，也不能圖利，從此貨幣價格才穩定。以後五銖錢使用了八百年，直到唐初，才取消這個名目。

武帝的貨幣政策，開始只是在抵制私鑄，使政府獲利，可是配合政治上統一的要求，配合經濟上商業發展的要求，政府必須將鑄造權集中起來，同時放棄粗製濫造的政策。

（三）賣官鬻爵

關於賣官鬻爵的名目也不少。買爵在漢初已是常見的事。所謂爵，是軍爵，是以戰功獲得的名號，一共二十等。漢初對於軍爵還重視，後來要到第九級五大夫以上，才獲得免役的權利（免役漢人

稱謂「復」），但是爵還可以贖罪。所以無論爲免役，爲贖罪，出賣是有主顧的。漢惠帝、文帝、景帝，都曾不止一次地出賣軍爵。武帝時，在舊的軍爵以外，新立武功爵十一級，總值爲三十餘萬金。買到第五級「官首」，可以補下級官吏，買到第七級「千夫」，可以免役，和優先補官吏，有罪者，可以減輕二等。這時大量征發人民當兵，有錢的人，多買爵免役，政府減少了兵士來源，於是把「千夫」、「五大夫」五大夫爲舊軍爵補吏，其任務是在上林苑中斫荆棘，挖掘昆明池，如果不願，可以獻馬免補，這是一件事。他又下令人民納錢、納穀、納奴婢給政府者，可以終身免役，或爲「郎」，或是加俸祿。大概買官的人不頂多，有人説「豪富子弟慣於鬥雞走狗，打獵、賭博敗壞風俗」，可以在他們身上想辦法。於是引用法律，將這些人捉來，一共數千人，勒令他們買「郎官」做，否則治罪。我們知道「納貲爲郎」，也是漢初即已通行。但勒逼買官，却始於武帝。後來又准許出錢贖罪。犯了死罪納錢五十萬，可以減一等。豪强贖罪缺之錢，甚至去做盜賊，獲得足够的錢來贖罪。

此外他藉口助祭黄金成色不足而奪去列侯封國，已見上述。而在下令徵收舟車、貨物税（算緡錢舟車）時，更特别下令，禁止商人之有市籍者及其家屬占有田畝，如不遵守，即没收其田和奴隸。當時政府獲得如許之多的「田僮」，不單由於「告緡」之故，可能也由這一條禁令的實施。可是在算緡錢舟車時，是不限於有市籍的商人。而不准占田，却只限於有市籍者，這裏我們可以推測没有市籍的商人，正是官僚地主貴族，因此得享受占有田畝的權利。

武帝財經政策的結論 武帝的財經政策解決了困難。史記平準書稱：「武帝北至朔方，東至泰

山，巡遊沿海，從北方邊疆回來，經過各地，賞賜甚巨，用帛百餘萬匹，錢如黄金，也以萬萬計，都由國庫擔負。桑弘羊請允許胥吏入粟補官，和罪人入粟贖罪。長安附近人民入粟甘泉，可以根據數目多少，給予終身免役的權利，或者免『告緡』之罪。其他各地入粟到最需要的區域，也可享受這權利，各地農官，在函谷關以東的所獲穀物，每年運入關中，達到六百萬石。一年之中，長安的太倉和甘泉倉，都充滿了穀物。邊境也有多餘，從均輸獲得的帛五百萬疋，百姓没有加賦税，而財政十分充裕。」依據這一段話，我們知道武帝末年，由於收入的增加，不但各種支出没有感到困難，甚至再度擁有充實的穀倉。這種情形，在當時的政論家看來，並不太樂觀，因爲他們知道這個繁榮的表面是怎樣獲得的。

抑商政策的作用 當然，我們相信以上種種措施是在抑制商人的理論下進行的。開頭我們就提到了賈誼、晁錯等抑制商人的意見，武帝的措施，使中等以上商人大半破產。他執行了這種理論，這種理論正因爲商人的勢力已經侵犯了地主的利益。從整個的政策來説，武帝是要把商人剥削的利益奪取過來，或者使商人依存政府，而不是要取消這種剥削。因此他的種種辦法，對人民毫無好處。相反的，政府自己成爲一個最大的商人，可以通過政治壓力，來進行商業剥削，使人民更遭受無邊的苦難。宋朝政論家葉適説：「抑末（工商業）厚本（農業）已非正論，如果真是意在厚本而抑末，還有些道理，而後世只是奪之以自利，談不到『抑』字。」葉氏的看法是對的，漢武帝的政策只是要「奪之以自利」而已。鹽鐵論上説（就是前八一年討論大會的記録）桑弘羊提出要專賣鹽鐵的意見，除了認爲足以富國裕民之外（這裏所謂民，自然只是一種藉口），特别强調的意見，乃是那些豪民勢力膨漲，有妨礙到皇

權的傾向。這裏說明了武帝抑商，在另一方面，是與抑豪强相配合的鞏固皇權的政策，所以他在奪取商人利益與商人依存政府（代表地主階級的政府）的目標下，並非真的要消滅商人。如果商人能爲政府所用，爲政府開闢利源，而在政府管制下分取餘潤，武帝是十分歡迎的。關於鹽法，就只是要由政府供給工具與由政府出售，將煮鹽業置於政府管制之下，而非取消鹽商。以前人認爲和鐵一樣，完全由政府經營是錯誤的，所以在武帝之後，仍然有占有鹽井之利的羅裒（見前漢書貨殖傳）。而且武帝所用財經機構的官吏，都是商人。管鹽鐵的東郭咸陽是大鹽商，孔僅是大鐵商，大司農桑弘羊是洛陽大商人的兒子，十三歲就爲侍中（宫中伺候皇帝的近侍，漢時貴族子弟多爲之），又任命富有的鹽鐵商爲吏，管理鹽鐵事。這一類依存政府或是與政府勾結的大商人，非但没有多大損失，反而獲得政府的保障。特别是由於政府的管制，官僚貴族更積極參加了商業活動（他們是没有市籍的）。鹽鐵論上說：「三業（鹽鐵均輸）之起，貴人之家在道路上紛紛來往，憑藉國法來擴張私人利益，跨有山澤。獨占官市掌握了國家威權，來横行國内，甚至以前春秋期間的權臣，都不能比。」這裏就說明了官僚、貴族、大商人與政府的結合。總之，自由發展的商業受了限制，商人依存於地主政權而存在，地主與商人的矛盾暫時解決，可是人民却只有更苦。

五　武帝統治時期的社會經濟

賈誼所提出的四大問題，在武帝時基本上都一一解決，現在我們回過頭來看一看社會經濟在這時

期有什麼發展與變化。

首先我們肯定當時的社會經濟是有發展的。勞動人民，以無比的力量，鞏固了國防，擴大了耕地面積，開闢了河渠道路。這樣創造了生產發展條件。

水利事業的興建 水利事業在統一帝國中廣泛地興建。我們知道在草原地帶發展農業，首先要保證充分的灌溉水量。漢代在河套區域，在河西走廊，開鑿了不少的河渠，從而使牧地變爲耕田，其他區域，在黃土高原上，在華北平原上，也大規模地展開水利事業的興建，千千萬萬的人民、農民以及軍士、奴隸被徵發出來結成與自然鬥爭的巨大隊伍。史記河渠書上説：「朔方、西河、河西、酒泉都引黃河和川谷來灌田，關中的靈軹渠、成國渠、漳渠導引了若干河流，汝南、九江引淮水，東海引鉅定澤的水，泰山下面引汶水，以上所開鑿的河渠，灌溉的力量，高的達到萬頃，小河渠更不可勝數。」這些河渠的開鑿，增加了可耕面積，同時還發展了水道運輸。

在水利工程中，勞動人民充分表現了創造能力。這時爲了開發陝北洛河水利，黃土層容易崩墮，發明了井渠的辦法。上面分列井口，井下水道相通。這種辦法在新疆特別適宜，因爲可以利用地下儲藏水量，引出平地來灌溉田畝。當時將這個先進技術推廣到西域之後，後來又傳入波斯。

趙過的發明 農業生產工具與生產技術有了進步。當時有一個農業家趙過推廣犂耕，二牛共輓一犂。他又發明了一種三個脚的耬犂，前面的一脚較大，用以犂田；後面的二脚較小，脚尖有洞，用以播種，這個新式工具，只消一人一牛就可運用。耕種技術方面，趙過發明了代田，他將每畝分爲三

甽，每年只種植二甽，留下一甽休耕，讓地力恢復。他的耕種方法，是在甽中播種（甽是廣一尺，深一尺的狹長條），等苗長了葉，透出頭來，就將隴上的土逐漸刨下去。一到夏天，隴平了，根也深了，便可抵抗風災與旱災。據說用這種改良辦法來耕種，比普通田畝中不作甽的散播種法，要增加每畝一石的產量。但趙過的發明，似乎沒有充分推廣。先只在政府或皇室所有的土地上試用，後來也只行於北方邊郡，以及陝西、山西、河南一帶。而這一帶，也本是政府占有土地較多的區域，東方各地和長江流域，似乎沒有采用。當時長江流域的耕種技術，還逗留在原始的火耕水耨上。

土地集中形勢　興修水利和趙過所發明的集約耕種，在當時正是針對着無地或少地的農民問題。他們認爲這個問題的發生，是由於人口增加，地狹人稠之故。這一點顯然是不正確的，因爲最主要的問題是土地集中，少數人占有了很多土地。武帝時期，由於邊疆的墾殖、由於水利的發展而增加的耕地乃是勞動的成果，可是這些土地，至少有一部分成爲政府的或是皇帝的私產。鹽鐵論上說：「興修溝渠，建立農官，擴大耕地牧場，增加苑囿；　太僕（管畜牧的官）、水衡（管理皇帝池苑的官）、少府（皇帝的總務官）、大農（大司農），每年徵收這些收入。」可見由於興修溝渠而獲得的田畝，由政府機構徵收。徵收的辦法，必然是「假税」。史記河渠書上也說：「河東（山西西南部）所開的渠道，爲了黄河決口，收獲不佳，就給與越人耕種，而由少府管理。」起先大概是發卒耕種，或是用奴隸，爲了得不償失才給與越人，但土地還是屬於皇帝。所以仍由少府管理，這時皇帝還開放了一部分苑囿，借給貧民耕種而徵收假税。我們知道這些苑囿園池的不耕，只是爲了皇帝漁獵娱樂，才有意將其荒廢，現在雖

部分的開放給貧民耕種，但皇帝仍然以地主身分收租税。這樣，皇室通過了没收商人土地，與開墾邊疆、興修水利，造成更大的土地占有。一般的官僚貴族也在那裏乘機漁利。當時酷吏寧成，罷官返家後，大放高利貸，買陂田數千頃。陂田，是水旁的田畝，大概也是由於興修水利而成爲可耕的土地，現在却被寧成占有，他將田借給貧民收假税，被他奴役的有數千家。淮南王、衡山王都曾奪人田宅，武帝的母舅田蚡，田園極其肥饒。霍去病富貴後，爲他父親大買田宅，這些例子，説明貴族官僚無限制的擴展土地。其餘地方豪强不見記載者更不知若干，董仲舒説秦代「富者田連阡陌，貧者無立錐之地」，「貧民常衣牛馬之衣而食犬彘之食」，也正是武帝時期的情況。

總之，從文帝以來就發生的土地集中問題，武帝時，更是加速的進行。因此用勞動人民的手，開闢了的發展道路，只發展了地主的利益。耕地面積的擴大，也只是地主占有面積的擴大，這樣就使正在向上的生産力，受到了阻礙。

手工業狀況　至於手工業方面，除家庭工業外，仍然是政府工場占絶對優勢。漢代中央政府有大規模的工場。又在各地設立工官、服官。齊郡（今臨淄縣）、陳留（今陳留縣）、襄邑（今葵邱縣）三地服官，所有的絲織刺繡工場，有工人數千人，每年用費上萬萬。成都、廣漢兩地的工官，專製金銀釦器（用金銀作邊的器具），每年要費五百萬。長安少府所屬三處工官和西織室，每年各費五千萬。這些工場，主要是爲滿足皇室享受而設立，製成品均不得在市場上出售。一般貴族地主家中，畜養奴婢做工，也是爲了自己的享受。市場上自然有小型的手工場，但規模大概很小。最大規模的民間手工作

場，只有冶鐵業，但自武帝收歸國有以後，也變成了政府工業。貨幣鑄造的工場，規模一定很大，但民間只是私鑄。史記上說販脂、賣漿、磨削刀剪等等，都有致富的人，但我們不能知道他們是否有很大的工場。政府工場中，集中了最精巧的工人，絲織、刺繡、漆器、金銀器都表現了高度的技術水平。

商業分布情況　商業在上面已經說得不少，這裏我們可以簡單的再敘述一下商業分布狀況，我們就當時都市的位置看來，商業分布與戰國時期大體上相同。照史記貨殖傳與鹽鐵論所列舉的漢代都市，戰國時各國舊都城，大概還是很繁榮。當時繁榮地點，還是在長江以北沿黃河兩岸分散。史記上雖然舉出長江南部的吳與番禺，但鹽鐵論上便沒有列入。史記上說「楚越之地，地廣人稀」，用不着商賈，可以自給自足。那裏没有凍餓之人，也没有大財主，可見社會比較的單純。大抵當時最大的都市是長安，其次東方的臨淄、北方的邯鄲、南方的宛，商業也繁盛。西方的成都，還要再過數十年才列入大都會。在都市中，商業規定在市場内進行，大都市可以有幾處市場，例如長安就有九市，市場由政府的市令管理，市中分布各種店舖。

都市的性質　這種商業狀態，一般說來，是在封建政府控制之下。都市的繁榮，依靠官僚、貴族以及軍隊的消費。因爲所謂都市也者，實際上僅是軍隊屯營和賦税分配所而已。戰國時期的都市，能維持到漢代，就因爲還是當時的政治和軍事重心。（至於商人依存於地主政權的情形，上文已經說過，這裏不再多說。）總之，當時的商業，一方面是爲了滿足地主需要而存在。另一方面是受地主政權的控制。

自然，我們不能抹煞武帝時商業的發展。國外貿易的發展，已見上述，就是國內也看到一個繁榮的現象。桑弘羊說：「自京師東西南北，越過山川，經過郡國，許多殷富的大都市，都是街道四通八達，商賈聚集在那裏，萬物也在那裏繁殖。」他甚至敢於說富國不一定要務農業。可知武帝雖然抑商，實際上，商業較之漢初，是無可比擬地繁榮了。

我們就以上所述看來，武帝時的農業、工業、商業一般地都表現了向上發展的情況。可是一切生產成果，通過了現實的生產關係，通過了現實的國家機構，一切都爲統治者所掠奪。人民在這個時期，只感覺得給長期的徭役（包括兵役，與建築、開河等），繁苛的賦稅、租稞與嚴酷的刑罰，壓得喘不過氣。

六　皇權與地方豪强的鬥爭

爲了鞏固皇權，武帝一朝，施行了殘酷的屠殺，這種屠殺，開始是在對付地方豪强，以後就轉變爲鎮壓廣大人民。

封建割據勢力——地方豪强　自從秦朝統一之後，政權集中在中央。但是封建社會本質上的分裂性，是無法消除的。中國從秦以至最近的蔣介石政權，從來没有一個真正的統一政府，集中的皇權與分割的地方下層封建勢力的鬥爭，也永遠没有停止過，而在秦漢帝國時表現得最爲激烈，這只要看秦末革命，由農民起義而轉變爲豪傑亡秦，便知道了。秦漢之間，更徹底地打擊了舊有封建貴族，漢初的遷徙六國王族於關中，也還是繼承秦代大勢力，他們並非六國遺留下來的貴族，但却是同樣古老的

宗族組織，在秦漢之間逐漸擴展勢力，各霸一方，魚肉鄉里。

遊俠　另外一種封建的割據勢力是遊俠。遊俠的行爲，在一定程度上，有反抗現實政權的意義，他們敢於反抗統治者的法律，藏匿亡命，扶危濟困，並作出種種犯法行爲。如掘冢、劫盜、私鑄等，同時在一定程度上，他們可以組織流亡人民，以及不事生產的流氓，形成一種勢力。各地的遊俠能够博得聲名，最重要的一點，是在於彼此間的信義，而他們勢力的大小，是看他們聯繫所及範圍的大小。遊俠大抵也是有地方性的。因此也表現了與統一帝國對抗的割據的封建勢力。漢代的遊俠，大體上說來有似於幫會組織，但没有那麽嚴密。這些人往往和地方豪强有聯繫。或者和貴族官僚相勾結。或者本身就是豪强，或貴族官僚。所以盡管他們在一定程度上，有反抗現實政權的意味，而他們本身仍然是不勞動，不生産，靠剥削來維持生活的封建統治階級。

這兩種勢力對於皇權，是有妨礙的，他們的存在，使政府的法令推行感到極大困難，他們破壞了統一帝國内秩序的完整性。因此爲了鞏固皇權，爲了整個統治階級長久的利益，當中央威權建立之後，就開始予以適當的制裁。

對於地方豪强和遊俠的制裁　漢初就有徙民關中的辦法，以後皇帝建築陵墓，便照例遷徙各地豪强富人，家資三百萬以上者，到陵墓旁居住。主父偃向武帝說：「天下豪傑兼併之徒，擾亂人民，可以遷徙到茂陵（武帝陵名）來，一方面充實京師，另一方面消滅姦猾。」就可以知道徙民的用意是在鞏固皇權。武帝時，所遷徙的有一個郭解，便是最有名的遊俠，他的財産不合標準，本可不遷，但是他的

名聲太大，地方官不敢不將他列入。衛青特別替他向武帝請求，說他家貧，可以不遷。武帝說：「一個平民，能够使大將軍爲他講話，窮不到那裏！」結果還是遷了。郭解本來並没有多少錢，但是大家送行就送了千餘萬。郭解年輕時的行爲，是替人報仇，藏匿亡命，劫盜，鑄錢，掘墳。後來聲名大了，自己表示退讓，但誰得罪了他，立刻就有人來替他報復，最後他終爲武帝族誅。

對付豪强遊俠，在景帝時已很注意。七國之亂，大將周亞夫統率大軍東征，一到洛陽，首先就去拜訪一個大遊俠劇孟，他說：「吴楚舉兵而不請劇孟相助，必無能爲！」我們可以想象劇孟的勢力，如何之大。景帝大概也感覺到這些遊俠威脅了皇權，劇孟死後，景帝曾遣使者殺掉了濟南瞯氏，陳郡的周庸等。自武帝誅郭解之後，民間遊俠據司馬遷説，人數雖多，無一可稱，雖然他還舉出了十幾個人的姓名。

應用酷吏 爲了對付地方豪强，從景帝以來就重用酷吏，大肆屠殺。上面所講的濟南瞯氏，便是豪强而兼遊俠的，瞯氏宗族三百餘家，極有勢力，地方官無法制裁。景帝用郅都爲濟南太守，一到就將瞯氏幾個爲首的人族誅。郅都不受賄賂，不受請託，專和貴戚有勢力的人爲難，列侯宗室都見他怕。作雁門太守時，匈奴不敢犯境。但是他結果却被竇太后所殺。郅都還是有骨氣的人，郅都以後的酷吏，便專事殘酷的屠殺而已。上節提到的那個寧成也是酷吏，在他罷官回南陽後，大買土地，奴役人民又成爲惡霸。但他却爲另一個酷吏義縱破家，於是南陽豪强孔氏暴氏都逃亡。義縱作定襄太守，一到便巡查監獄，這時獄中輕重罪人二百餘人，還有探望罪人的親戚賓客，也有二百餘人。義縱不問情由，將四百餘人一起殺掉。另外一個酷吏王温舒，作河内太守，捕捉郡中豪强，連帶處罪的千餘家，大的族

事，有勢力的人，他不得罪有勢力的人，有勢力的人，他不得罪有勢力的人，

誅，小的殺身。據説一次被殺死者流血十餘里。王温舒並不像郅都，他不得罪有勢力的人，有勢力的有罪如山，也不去侵犯，没有勢力的，即使是貴戚，也受他侮辱。他反因敢於侵犯貴戚，受武帝賞識，事實上只因這一些貴戚，並不是當權的人。

對於人民的屠殺　武帝時又特別設立刺史。刺史的職務，主要是彈劾地方官與豪强的交通。消滅地方割據勢力，是鞏固皇權所必需的，同時我們也得承認消滅這些豪强，在一定程度上，對一般人民並非全無好處，可是在酷吏的殘暴屠殺下，冤枉死的就非常之多，而發展到了王温舒這樣下作的人，便從對付豪强轉而爲屠殺人民。漢書刑法志説：「武帝即位，對外發動戰爭，對内滿足個人的享受，無限止的征發，以至人民貧困，窮人就被迫犯法。酷吏專事屠戮，没有獲得勝利。於是用趙禹、張湯等訂定法令……律令凡三百九十五章，死罪四百九條，一千八百八十二事。死罪比附條例一萬三千四百七十二事。滿桌子堆了那些文書。主管人員，没有辦法細看，以致郡國定罪，往往遭受中央駁斥，或者罪同而判決不同。胥吏從中作弊。要他活就比附一條活的條例，要他死就比附一條死的條例。」

這正是説明了政府利用統治者自己訂立的法律來鎮壓人民，而且同時也説明了酷吏的屠戮，雖然説是對付豪强，但是屠殺的另一個對象，所謂盜賊大部分是貧困的人民。嚴酷的例子，我們還可以舉出一條。匈奴渾邪王降漢，到了長安，長安商人買東西給他們。法吏認爲這是私將財物出國境，商人五百餘人，應該處死刑。

七　武帝事業的結束

武帝對外造就了煊赫的武功，對內建立了無比的獨裁威權，可是他快意的一生，到他統治的最後十五年間（太初四年至後元二年，前一〇一——前八七）却黯然減色了。

人民起義　對外方面，是在這一個時期對匈奴的戰事累次失利。李陵與李廣利兩次出兵，都敗降匈奴。而更嚴重的是在前一〇〇年左右，人民在高壓統治下舉起了起義的旗子。南陽有梅免、白政，楚有殷中、杜少，齊有徐勃，燕趙之間有堅盧、范生。起義區域，包括了河南、河北、山東整個華北大平原，大羣擁衆數千人，小的百餘人。義軍到處攻城，奪取庫中兵器，釋放罪犯。他們將地方長官綑綁起來盡情侮辱，或加處死。可是義軍的要求非常簡單，只是通知各縣，告訴他們趕快準備食物。武帝派遣中央高級官吏，以特派員的身分，發兵攻擊，殘酷地屠殺了無數人民，有斬首萬餘級的，凡是送飲食與農民軍的一律處死。這類事情，牽連到幾個郡，每郡屠殺多的也有數千人。數年之後，雖然捕獲了幾個領袖，但是分散的義軍，又集合到山川中。統治者毫無辦法，便制定了一條法律，叫「沈命法」。「沈命法」的內容是禁止地方官隱匿亂事不報，凡是境內有了亂事而不發覺的，或是發覺了而捕捉不足額的，從太守、都尉以至小吏，全行判處死刑。這條法律，是將鎮壓之責，完全加在地方官身上。結果地方上下互相迴護，怕報告了捉不到遭罪，因此並不能有效地消滅義軍。在前九九年，武帝下了一道詔書說：「關中豪傑，和山東群盜勾通，分付各郡國的都尉（地方掌兵官），仔細盤查往來行人。」可

見關中人心也大爲動摇。這一次起義，後來還是被鎮壓了。但是詳細的情形，由於留存下來的材料太少，我們不能知道，推測起義失敗的原因可能有幾點：（一）義軍是散漫的分別起事，没有統一的組織。（二）當時可能有那些豪强混進去，或是被出賣或是帶累了義軍的純潔性。（三）武帝對外的勝利滿足一部分人民的心理，特别是靠近邊境的西北人。（四）政府掌握强大的雇傭軍。（五）政府此時掌握了巨大數字的錢物，所以有充足的力量，對付義軍。當然以上幾點僅是推測。人民起義是失敗了，但是給了統治者一個嚴正的教訓。

正在同時，皇室家庭中又發生了一次事變。我們知道，武帝是極迷信的，他不斷的進用方士來求神仙，不斷的擴充祭祀的神祇。爲了求神仙，不惜將女兒嫁給方士，不惜以巨額金錢來建築宫殿、廟宇，結果當然一無所成。這時在長安聚集了來自各方的神巫，中國各地秦、晉、梁、楚之巫，在高祖時業已召來，武帝又加上越巫，此外還有外國來的胡巫。

巫蠱之禍　古代迷信中相信，神巫可以用一種咒詛加于象徵仇人的木偶人，就能使仇人遭逢各種災禍，而神巫也可以憑他們的法術，探知這種災禍的來源。漢代尤其相信這一件事，稱爲巫蠱，武帝第一個皇后陳氏，就因犯了巫蠱嫌疑被廢，牽連死者三百人，這還是武帝二十七歲時的事。前九二年（征和元年）武帝六十五歲了，他求長生感覺没有希望，却總懷疑自己身體不好是由於人家在那裏咒他死。這時的皇后衛氏已失寵，她的姊夫丞相公孫賀的兒子，也就是她的姨甥兼女壻公孫敬聲，先就因犯了巫蠱嫌疑族誅，這使得武帝尤其懷疑親近的人不懷好意。當時他用了個江充捕捉盜賊，江充爲

了小事與皇太子(衛皇后之子)有過衝突,他怕武帝一死,自己爲太子所殺,就説武帝生病由於巫蠱。武帝派他專辦理此事。他帶領了胡巫,到處掘地,找木偶人,捕捉巫蠱者,用嚴刑酷罰來逼供,人民被迫亂引他人,因而被殺者就有幾萬。最後他説宮中也有「蠱氣」,便到宮廷中發掘,掘來掘去,在太子宮中,也掘出了木偶人。太子怕無辜被殺,只好僞造武帝詔書,將江充殺死。武帝這時在甘泉宮養病,知道此事,便命丞相發兵來捉太子,太子也聚集了獄中犯人和長安市民抗拒。打了三天,太子的軍隊敗了,他逃到湖縣(今河南閿鄉縣東),被發覺後,便自殺了。太子的母親衛皇后也自殺,高級官吏和太子的親戚朋友,被殺的不計其數。下一年,丞相劉屈氂又因巫蠱被族誅。李廣利便因在行軍途中,聞得家屬下獄而降匈奴的。

武帝一生冤死了無數生命,這一次巫蠱案就有幾萬,他並不在乎。可是他兒子雖多,對於這位太子,似乎感情還不壞,所以衛皇后失寵了一二十年,還保持太子的地位。太子死後,頗有人替他訴冤,武帝非常後悔,又將江充黨羽殺死。他建築了歸來望思臺與思子宮以表示他的哀思。

人民起義給武帝一個教訓。前八九年(征和四年),他對群臣説道:「我從即位以來,所作所爲,狂妄無理,使得天下困苦,現在後悔莫及。」因此他遣散了方士。這一年,有人建議在輪臺(今新疆輪臺縣附近)設立屯田,他下了一紙詔書説明他不願意再煩擾天下(這是有名的輪臺之詔)。從此以後,他不再出兵。再過兩年(前八七年),這位年齡七十一歲,統治中國五十四年的老皇帝便死了。臨死前,將一個八歲的小兒子,託給他的親信霍光、金日磾預定爲繼承人。

第三章　王莽變法及西漢末期農民大起義

一　武帝以後的政治

公元前八七年（後元二年），漢武帝去世，他的八歲小兒子弗陵繼承了這個前所未有的大帝國的皇位，但是同時也遺留給他一個不甚安定的社會。當時人口減少到一半，破產人民增多，特别是武帝末年的人民起義，没有能消弭，迫使統治者不能不考慮統治政策的改變。

霍光專政——外戚專政的再現　武帝臨死，將國事託給幾個人照管，這幾個人是昭帝的姨表兄大司馬大將軍霍光，匈奴休屠王的兒子車騎將軍金日磾，霍光的親家（以後又是昭帝的太丈人）左將軍上官桀和理財家御史大夫桑弘羊。武帝只信任他身旁的親幸，丞相田千秋，雖然也挂名在託孤遺詔之中，事實上並不管事，大權從外朝移轉到了宫廷。金日磾不久便死，上官桀等想推翻霍氏，結果他和一些同謀者都爲霍光所殺。從此之後，政事完全由霍光處理。皇帝僅是虚名，丞相大抵是霍氏私人。公元前七四年，昭帝死了，没有兒子，立胞姪昌邑王賀爲帝。陰曆六月中即位，七月中，就給霍光以太后名義將他廢了。這個倒霉的昌邑王行爲大概確乎不好，如喜歡打獵、喝酒、女色等等，即位一個月，各

機構接受徵發東西的詔書，共計一千一百二十七事，就可知道他的荒唐。但是他的被廢，主要的却是他把昌邑王國官召到長安來加官晉級，將昌邑的僕役召進皇宮來，又命昌邑國相安樂爲長樂衛尉，負領兵保衛皇宮之責，這樣令霍光不能不疑心這是一個有計劃的奪取政權，以致爲霍光所廢。昌邑舊臣，一例被殺，這些人臨死時大叫：「該決定的不決定，反而遭了禍。」可以推測昌邑王被廢的主要原因，乃是由于霍光與昌邑舊臣的鬥爭。昌邑王既廢，霍光擁立了戾太子據的孫子病已，是爲宣帝。宣帝的祖父因巫蠱自殺，父親也被殺，他自己在監獄中出生，數年後，逢到大赦才得出獄。總之，武帝雖然很後悔殺掉太子，但似乎並不關心這位皇曾孫。宣帝在昭帝時，也沒有得到應得的地位。他以普通的宗室身分，在長安居住，經常往來附近各地，因此他比較的瞭解社會情況。前七三年，宣帝即位，政事全由霍光專決。宣帝坐車，霍光陪他，他覺得背上像有刺刺他那樣不安。過了六年霍光死了。當時霍氏子姪女壻分布朝廷，掌握軍政大權。宣帝不動聲色逐漸將政權移歸外朝，即自己的親戚，代掌兵權，終于將霍氏及其親戚一網打盡，將旁落的皇權重又收回。

階級矛盾的緩和　霍光爲人很猜忌，殺掉不少和他意見不合的人，在他當國時，百官都要趨奉他，寵幸的家奴馮子都、王子方，他的妻子兒女，更是奢侈荒唐。可是他當國二十年間，却將武帝末年統治者的危機緩和下來，因此在統治者的歷史上仍然享有很高的評價。他一方面繼承武帝的高壓政策，引用酷吏，他死之後，有一個廷尉史路温舒上書說：「現在的司法官吏，以嚴刻算作明察，殘酷的，獲得公平的聲名，真正公平的，反而有後禍，所以司法官吏，都要人死，他們不是恨人家，爲了保全官位，就

非要人死不可。因此市上流遍了死人的血，囚徒挨肩地站着，每年有成萬的人被處死刑。」這是武帝以來的政策，但霍光却繼續遵行。另一方面他部分地減輕了人民負擔，口錢更賦都稍有減輕，在長安一帶，准許人民將實物交賦（賦本來應交錢）。又廢除了酒的專賣制。特別是爲了鞏固統治階級間的團結，把武帝所規定的地主官僚養馬義務廢除了。當時人民困於徭役，在霍光當國期間，雖仍然對外用兵，但一般説來，較前要減少好多，因此暫時緩和了階級的矛盾。

宣帝統治時期　宣帝自他即位八年（前六六）誅霍氏，才開始親政，至前四九年死，一共統治了十七年（如果從即位開始，則爲二十五年）。他年輕時往來民間，知道社會情況，他爲人也很能幹，歷史上稱贊他「信賞必罰，綜核名實，政事、文學、法理之士，咸稱其能。至於技巧、工匠、器械，自元成間，鮮能及之」。他最重視地方官吏。他説：「要讓人民不怨恨政府，一定要政府公平，與我共同執行這個政策的只有良好的地方官。」統治者在經過人民反抗之後，變得警覺了，知道要鞏固自己的統治權，只有讓階級矛盾緩和一下。而執行這個政策，就得依靠地方官，他曾經屢次免租賦減口錢，省徭役，輕刑罰。這樣，把社會暫時安定下來。

昭宣兩朝對外的勝利，匈奴的降服　在昭宣兩朝，對外也有極大的成功。昭帝時，對匈奴没有大戰爭，在昭帝末年，匈奴攻擊烏孫，烏孫上書求救，正想出兵，昭帝死了。宣帝即位的第二年（前七二年）漢發兵二十萬，五道分進，與烏孫兵夾攻匈奴。匈奴知道漢兵勢大，驅畜産遠逃。烏孫兵從西面截擊，虜獲三萬九千人，馬牛羊驢騾和駱駝七十多萬頭，這一年冬天，匈奴又進攻烏孫，剛逢到大雪，一

天深到一丈多，出征的人民、牧畜凍死了十分之九，於是平時受匈奴壓迫的諸民族都紛紛起來向匈奴進攻，或是背叛。在這一年中，統計起來，匈奴人民死掉十分之三，牧畜死掉十分之五。所屬諸民族，盡行背叛。從此匈奴衰弱，希望和漢朝和親。而且匈奴內部又不斷發生內亂，自相攻殺，在前五七年，五個單于爭立。最後，五單于之中的呼韓邪單于，雖然取得暫時勝利，平定了他的爭立者，但內亂，還是不絕地發生。他的哥哥又自立爲郅支骨都單于，把他驅逐出單于庭（匈奴國都）。呼韓邪要維持自己的皇位，不惜卑屈地向漢朝求救，前五四年，向漢稱臣遣弟入侍，前五一年，自身也到長安來朝見。當時很有些人，建議乘匈奴大亂，乘機出兵勦滅，宣帝不從。呼韓邪既入朝，漢派兵護送他出塞，幫助他討平反對者，又大量運輸糧食救濟，將呼韓邪送歸單于庭。呼韓邪仗了漢朝的扶殖，鞏固了他的統治，從此成爲漢朝的藩臣。

在西域方面，漢朝控制了兩條大道，派一個都護駐在烏壘城（新疆庫爾勒）率兵屯田駐守。烏孫等國，都尊漢朝爲上國。在青海西藏一帶的羌人，武帝時爲漢兵驅逐出湟水流域，這時又逐漸還來。羌人本來分散爲許多部落，彼此不合作，這時大家受漢朝壓迫，就聯合起來，企圖打通和匈奴交通的道路，合兵進攻。前六三年，宣帝命大將趙充國去平定。充國到了金城（今蘭州），半夜發兵渡河，築壘堅守。過了些時，乘羌族各部不和，用金錢離間挑撥，宣布羌人能殺掉最大酋長的，賞錢四十萬，中等的十五萬，下等的二萬，並將酋長財產賞給他。因此，羌人自相殘殺，紛紛投降漢朝。於是集中攻擊最强大的先零羌，將其擊破。此後，趙充國便請罷兵，只留兵士一萬二百八十一人，在湟水流域屯田，奪

取羌人肥饒之地，又在湟水建築了橋梁七十座，以利行軍。漢朝設立了一個金城屬國管理降伏的羌人。

昭宣之世的武功，是繼承武帝開拓形勢而加以鞏固，而在内政上則是挽救了統治者的危亡趨勢。

元帝的統治政策　前四九年，宣帝死了，太子奭即位，是爲元帝。宣帝的統治政策，近於法家，元帝却喜歡儒學。他當太子時，曾向宣帝建議：「陛下用法太深，應該用儒生。」宣帝歎氣説道：「擾亂我家的人就是太子。」想要廢立，却因爲宣帝没有做皇帝前依靠岳家許氏，許皇后又被霍顯毒死，對於許皇后的獨生子不忍難爲，所以終於繼承了皇位。元帝即位後，便實行他的主張，行寬政用儒生所謂寬政，事實上只是縱容官僚豪强更無忌憚的剥削掠奪人民。

外戚專政的持續　從霍光當國以來，外戚專權已成爲慣例。宣帝大權獨攬，但是外戚史（宣帝祖母家）、王（母家）、許（岳家）諸家，在政治上仍然有特殊地位。元帝時，史、許專權和宦官弘恭、石顯任用。石顯貲産積到一萬萬之多，史高遣人到各地去「爲奸利」，許、史子弟，都奢侈横暴，元帝有時也有些覺得，却始終信任他們。前三三年，元帝死，太子驁即位，是爲成帝。成帝初即位時，岳父許嘉爲大司馬車騎將軍，母舅王鳳爲大司馬大將軍，宣帝的表兄弟王商爲左將軍，同輔朝政。不久許嘉、王商都被罷免。成帝廢掉許皇后，寵幸趙皇后姊妹，整天躲在宫中淫樂，不理朝政。王鳳弟兄子侄掌握大權，地方長官都出於王氏弟兄門下，中央官吏更不消説，王鳳弟兄五人相繼執政，終成帝一代政權在王氏手中。公元前六年，成帝身死，没有兒子，姪子欣即位，是爲哀帝。這時王莽業已當國。但哀帝有自己的外戚，

把王莽罷免，任用他祖母家傅氏，母家丁氏的親屬，又寵愛一個幸臣董賢，甚至想傳天下給他，命他爲大司馬大將軍。董賢後來抄没家財，共有四十三萬萬。哀帝於公元前一年死，元帝的妻子，王莽的姑母王太后還在，這位老太太很厲害，哀帝一死，她立刻到未央宫從董賢手中收取皇帝璽綬，召王莽到長安，下詔一切政事兵權，都歸王莽掌握。王莽一到就逼死了董賢，代爲大司馬，迎立九歲的小孩子哀帝的堂姪衎爲帝，是爲平帝。

自霍氏、上官、許、史、王、丁、傅，諸外戚相繼專權，王莽的獲得政權，便憑着這一個慣例。

二　階級矛盾的尖鋭化

從元帝之後，社會矛盾急速的發展。成哀之間，已達到最尖鋭的狀態。王莽當國後，便企圖解決這個社會問題。

社會現象表面上的繁榮　從表面上看來，成哀之間，社會經濟彷彿還很繁榮。武帝末年人口大量減少，以後逐漸恢復到平帝時，達到人口數逼近六千萬的數字。從農業上説，墾地面積到達八百二十七萬五百三十頃。皇帝的苑囿，以及由皇帝占有的江海陂湖園池，從宣帝以來逐漸開放給農民，水利工程也繼續有興建。召信臣作南陽太守，開通水道，增加可灌溉的田畝三萬頃。成帝時，農業科學家氾勝之寫成十八篇的農藝書，這部書現在業已失傳，就後來人所引用的看來，氾氏對于氣候、土壤、施肥、選種、下種、禦旱、收穫，都有精確的研究他又發明了一種防旱的區種法。工業方面，據説在宣帝時

「技巧、工匠、器械」爲後世所不及。商業都市在西漢末又加上了一個成都，原來的都市，絲毫也没有衰落的現象。

土地的急速集中和農民的窮困　可是這一種表面上的繁榮，冲淡不了實際上社會經濟的枯竭。人口是增多了，可是大多數的人民都得不到土地，皇帝開放苑囿等等，只是假與貧民，就是説將若干貧民轉變爲皇帝的佃農。由于水利和農業技術的改進而獲得的利益，絶大部分是由皇帝以至大小地主所享受，人民得不到什麽。號爲以經術起家的丞相張禹本來就是地主，做了大官以後，田畝共增至四百頃。這些田都在涇水渭水之旁，由于水利的興修，當時值價每畝一金（萬錢）。另外一個以經生爲丞相的翟方進，爲了占田不得，把汝南郡的灌溉工程鴻却陂廢去，讓大家不能種。成帝母舅王立令人到南郡去，通過地方官占墾草田數百頃。事實上這些田有的正是皇帝開發給貧民耕種的陂澤田，早經墾熟。王立占了之後，又説願意獻給政府，皇帝分付償還他錢，較市價要貴一萬萬錢以上。其他官僚兼併的，大抵類似。當時陳湯上書説：「關東富人更多，多占良田，役使貧民。」這裏所説的富人，也包括商人在内。貴族、官僚、商人紛紛的都在掠奪土地，人民只好當佃農，以至淪爲奴隸。哀帝初即位，師丹輔政。他説：「現在累世太平，豪富吏民，家資鉅萬，而貧弱的人越來越困苦。」他建議「宜略爲限止」。當時通過了一個限田辦法：　從王侯以至吏民，占田不得超過三十頃，奴婢數字，按身分占有，從二百人以至三十人，六十歲以上，十歲以下的奴婢不在數中。商人不准占田作吏。超過限數的田與奴婢，都得没收。這個辦法，準備在三年中完成。但是外戚丁傅、幸臣董賢、都不高興這樣做，哀

帝下詔稍緩實行。而且正在同時，哀帝一次賞賜董賢二千頃田，作爲對于限田辦法的一個有力諷刺。限田辦法，對于大地主的損失應該不算大，可是還行不通。王莽即位後所下的王田令詔書，說明當時社會的狀況。他說：

「秦代無道，多收賦稅，來供養自己，濫用民力來滿足慾望，破壞了聖人制定的井田制，以致有了兼併的形勢。富强的人占田成千數，窮人没有立椎之地，又建立奴婢市場和牛馬在一個欄中。生命由人家擺布。奸虐之人，乘機圖利，以致掠賣人家的妻子，這是違背了天意人倫，……漢朝減輕田租制三十稅一，但是另有更賦，老弱殘廢的人，都得交納，豪民欺凌窮人將田租給人種，收取假稅名義上三十稅一，實際上是十取五。農民一家，終年耕耘還不能生存。富人養的犬馬，還有多餘的豆子穀子，窮人連糟糠都吃不飽。」這便是西漢末年的農村情況。實際上這種情況，由來已久，只是在當時更爲顯著而已。

商人與官僚的勾結　從武帝壓制商人以來，並没有使商人一蹶不振，昭宣之後，商人的勢力似乎已恢復了。元帝時，貢禹上書稱：「富人藏錢滿室，還不滿足，民心動摇。商人四出求利，各有智巧，他們吃好穿好，每年至少有百分之二的利息，却不出租稅。」貢禹的建議，是廢除貨幣。這自然是一種復古的迂談。事實上當時大商人大抵都和官吏勾結，官吏經商的也很多。官僚地主只有在與自身利益衝突時才反對商人，如果商人馴順地將商業利益從屬于官僚地主，那麼這個地主政權，可以和商業資本勾結起來，進一步的剥削人民。漢書貨殖傳說，成都羅裒替平陵石氏經營高利貸，在長安和巴蜀

之間來往，致富千餘萬。羅褒把半數賄賂當時的權貴外戚王根、淳于長。依靠他們勢力，沒有人敢不還錢。他又轉而獨占鹽井之利，一年賺到對本的利息。這一段故事，説明高利貸商人和貴戚勾結致富，羅褒後來能够獨占鹽井之利，大概也由於政治上的勢力。官僚自己經商的例子也很多。霍光的兒子霍禹家中私營屠酤，丞相楊敞的兒子楊惲自己説他罷官之後「糴賤販貴，逐什一之利」，貢禹的疏上又説：「欲令近臣自諸臣侍中以上家，毋得私販賣，與民爭利。」更可證明近臣經營商業的一定很多。這些官僚貴戚，都是地主他們的經營商業，並不是地主向資本主義經營的轉向，而是以超經濟剥削的方式來經營商業。换一句話説，就是靠政治勢力來掠奪。從皇帝的統制鹽鐵起，直至近臣的販賣，以及和商人的勾結，都是這種性質。他們可以强迫收集與出售貨物，以政治力量保證其剥削利益，這於生産力的發展毫無好處，反而阻抑其發展。工人、市集、運輸，都掌握在他們手中，他們不需要大量生産減低成本來競爭市場，只要依靠政治勢力，就是一般商業，即使不屬於官僚地主，多少也必定與之相關，而這些商人，最後也必然轉化爲地主。

這樣，政府地主商人聯合向農村進攻，造成農民最大的困苦。哀帝時鮑宣上書説，人民有七亡：（一）水旱之災。（二）賦税繁重。（三）官吏貪污。（四）豪强大姓蠶食。（五）徭役繁苛，以致不能及時耕種。（六）負責追捕盜賊。（七）盜賊劫掠財物。人民在這樣一種狀況下生活。

革命的火星　在成哀間，我們業已看到人民的革命行動。前二三年，關東遭到大水，起義者漸多，下一年潁川（禹縣）鐵官徒（就是奴隸性的冶鐵工人）申屠勝等一百八十人，殺掉地方官奪取庫中兵器

自稱將軍。革命勢力擴展到九郡。公元前一八年，廣漢（四川梓潼）人鄭躬等六十餘人攻擊官府，放出囚徒奪取庫中兵器，自稱山君。到下一年，人數發展到萬數，經歷四縣。前一四年，尉氏人樊並等十三人起義，殺掉陳留太守，自稱將軍。同年山陽（山東金鄉縣）鐵官徒蘇令等二百二十八人攻殺地方官，奪取庫中兵器，自稱將軍，義軍擴展到十九個郡國，東郡太守和汝南都尉都被殺。哀帝死的那一年關中到處起義，焚毁茂陵（武帝陵），後來西北一帶也到處擾動這一連串事實。證明社會矛盾已達到最尖銳的程度。

三 王莽政權的建立

思想意識的反映 這種社會階級矛盾，反映到思想意識形態方面，便是以陰陽五行爲基礎的一套政治理論。這一套理論，在戰國期間業已流行。它認爲每一王朝，都配合金、木、水、火、土五行中的一種。五行相生相剋，是循環的。因此王朝也應該跟着循環。它明確地肯定沒有一個王朝能够永存。同時也肯定社會不是向高級發展，而是循環。每一個新的王朝的興起，既然應五行之德，因此就該改革制度，使人事和天道彼此配合。毫無問題，這一套學說，在當時否定了漢朝的永存與漢家制度的永存，而這些陰陽學家，上觀天象，更認爲漢朝滅亡的時期，就快到了。宣帝初，有一個儒生眭孟上書，勸漢帝應該搜求賢人，將帝位禪給他，自己退位做一個百里的諸侯和殷周的後裔一樣。眭孟和他所使的上書人，因此被殺。過了二十年，又有個蓋寬饒上書，引韓氏易傳説：「五帝公天下，三王家天下。

公天下者傳賢，家天下者傳子。四時之運，成功者退。」也勸漢帝退位，結果又被殺死。成帝時谷永上書說：「白氣起於東方，這是賤人應當興起的預兆；黃塵塞到京師，這是王道將要廢滅的預兆。」同時有一個方士甘忠可，造了一部天官曆包元太平經，內容是說：「漢朝已逢到天地大運終了之日，應更重新受上天之命。」這種重新受命的辦法，天帝派真人赤精子（這個赤精子乃是隱射漢高祖）下凡教他，他又教了三個學生。甘忠可因此下獄病死，但他的學生夏賀良繼續宣傳這道理，哀帝時，居然說服了一些近臣，將他薦給哀帝。他說：「漢運已衰，應該重新受命，成帝不遵天命，所以絕嗣。現在應該改元易號，才能延年益壽生皇子，否則洪水災火就要起來。」哀帝正在生病，想照他辦法試試，於是改年號爲太初元將元年，自稱陳聖劉太平皇帝。結果哀帝病沒有好，夏賀良終於被殺。但是，哀帝似乎還受到這個影響，因之敢于說禪位給董賢。

禪位改制的學說，說明有些知識分子，業已覺察到統治者的危機。因此企圖以和平的改朝換代方式來挽救革命的爆發，這樣就給王莽代漢以一個理論根據。

王莽的代漢　王莽是漢元帝皇后的姪子，出身於當時最大一家的外戚官僚大地主家庭中。王氏子弟非常奢侈，只有王莽恭儉勤學，自己衣服穿得像一個儒生，他的夫人，像一個婢女。他結交士大夫，慷慨好施，在當時獲得很高的聲譽。成帝末年，他就做到主持國政的大司馬，但次年，哀帝即位，便遭罷免，還到新都侯國去。在新都三年，吏民上書爲他訴冤的有百餘次。賢良對策時，更有人贊美他的功德。因此哀帝把他召還長安，來侍奉王太后。他回長安一年餘，哀帝死了，王太后下詔推舉大司

馬，幾乎全朝一致都推王莽。平帝即位的第二年，他又進號太傅、安漢公，位在諸侯王上。王太后下詔，除掉封爵須請示太后以外，其餘由安漢公和四相臣處理。平帝即位五年便死了。公元五年（元始五年），王莽選了個年齡只有二歲的子嬰爲帝。他經過群臣的建議和太后的批准，穿上皇帝的服飾，坐了皇位，稱假皇帝攝政，反而立子嬰爲皇太子。這一套把戲，據説是周公便這樣做過，這時東郡太守翟義擁立劉信爲天子，起兵反對他，爲他破滅。在他居攝第三年上，又經過一套漢高祖下降以及各種吉兆的把戲，王莽不再學周公了，老老實實的做了真皇帝，改國號曰新。

王莽怎樣建立威望 在他未做真皇帝之先八年之中，他盡力博取最大多數人的贊美。當時有許多諸侯王和開國以來大功臣的後裔失去爵邑，王莽把他們封了侯或是關内侯，還有應封而未封的，也補封了，一共有二百人獲得封邑。他又定制，官吏二千石以上，年老退職後，終身食原俸三分之一。公元二年，天下大旱、蝗災，他帶頭捐出錢百萬、田三十頃作爲賑濟。於是公卿獻田宅的有二百三十人。在長安城中，他建築了五個里，房屋二百幢，給貧民居住。他的女兒受聘爲皇后，聘禮六千三百萬，他將四千三百萬分給十一家女爲妃媵的人家和貧窮的宗族。又下令女子和八十以上、七歲以下的男子，不是特别下詔捕捉的，一概不准收禁。從武帝後雖然設立了博士弟子員，但名額甚少，而且不是正式的學校，這時他建築了太學，光是宿舍便有一萬餘間，太學生名額也增加到一萬餘人。五經博士本來每經一人，他擴充到每經五人，另外又添立了樂經。下令徵求各種人才一千餘人，到長安來討論各種問題。

此外他努力表示了自己公正無私的態度，當他罷歸新都侯國時，他的中子殺掉一個奴隸，被他勒令自殺。他的叔父王立，堂弟兄王仁，一向奢侈横暴，也被他遣還封國，不久勒令自殺。他的大兒子和平帝母家衛氏通謀，想叫他歸政衛氏。事情發覺，王莽執送兒子入獄，服毒死。爲了增加自己的威信，他令益州塞外蠻夷，自稱遠在周公攝政時入貢過的越裳氏，獻上白雉一、黑雉二。又示意匈奴單于囊知牙斯，改名爲「知」，說是仰慕漢俗。他命人以金帛誘塞外羌人，獻上青海的一片土地，建立了個西海郡。更湊巧的海外黄支國和東夷國恰來入貢，於是王莽自誇爲北化匈奴，東致海外，南降黄支，西服羌人。德化簡直不在周公之下。

王莽的威望，這時高得無比。爲平帝立后時，他自己故意推辭，請太后下詔，說王氏是自己的娘家，不在選擇中，於是庶民、太學生、郎吏等，守住宫闕上書的每天千餘人，公卿大夫，有的直到宫中，拜伏内宫門前，異口同聲，要求立王莽的女兒爲皇后，他才勉强答應。百官建議賞賜他田，他堅決不受，官吏庶民爲此上書者，先後四十八萬七千五百七十二人，宗室貴族召見者，一致說應該加賞安漢公。

王莽代漢，經過累年的布置，做出天與人歸的模樣。他才配合了古代經典，一步步的走上帝位。

人民對於劉氏並没有好感，後來人說人心思漢，在當時是不確實的。對於王莽的代漢自然不會反對，但是，人民都對于這個新政權抱有一個糢糊的希望。希望能够改善人民生活，我們現在且看王莽怎樣執行這個任務，來鞏固自己的皇位。

四　王莽的變法

王莽的代漢，是代表知識分子改良主義者的要求，其中最重要的一點，是經濟改革。這也正是自董仲舒以來認爲新王朝改易制度中的重要一環。於是王莽依據了儒家經典中的經濟學說，大刀闊斧地幹起來了。毫無問題，他這樣幹，應該多少符合於人民利益，可是收到的效果却不如是。

王田制度與解放奴隸　王莽的土地改革方案和奴隸解放方案，在他即位的第一年（公元九年）就頒布了，其内容是：

> 今更名天下田曰王田，奴婢曰私屬，皆不得賣買。其男口不盈八，而田過一井者，分餘田與九族、鄰里、鄉黨。

這裏我們可以看出，這是一種以家族爲本位的限田制度。與董仲舒、師丹的建議相似，所不同者，乃是禁止王田買賣。就這個法令看來，王莽所想打擊的，僅是大地主，中小地主、富農，並不受好多影響。法令中規定，每家男口八人，可以占有田九百畝。所謂男口，並未限于丁壯，而且也包括奴隸，那麽一家九百畝的數字，就已不算少。據漢書記載，平帝時，天下户數一千二百二十三萬三千六十二，墾田數八百二十七萬頃，平均起來每户應得田只有六十七畝餘，當然每户不一定都有八口，而且户數之中也有工商業者以及其他職業的人，不必人人分田，但是九百畝和平均數六十七畝相差太遠了。我們不能不認爲這個數字，實際上照顧了地主的利益。其次餘田的分配，先是宗族，然後鄰里鄉黨。鄰里鄉黨，

應該先分，是不錯的，因爲你不能將田分給離得太遠的人，可是宗族却有優先權，那麽單家窮人，以及田「客」，要獲得合法土地，就非常困難。結果只是宗族間的通財共濟，强化了宗族經濟組織，而不是解決土地問題。其三，法令禁止奴隸買賣，但只是將奴隸名義上提升爲私屬，並没有與奴隸主脱離關係。換一句話説，王莽是承認奴隸主的既得利益的。奴隸變爲私屬，也是家庭中的成員，那他就可以受田，而其收穫，仍然歸之於主人。然而這對奴隸也有好處，因爲不得買賣奴隸，是禁止未來，但私屬自然也不得買賣。這樣，奴隸可以部分的獲得人身自由。其四「分田劫假」，在令文上提到了，却没有禁止。那麽，擁九百畝土地的家庭，仍然可以剥削佃農。我們知道，照法令規定要使人人有田，是不可能的事，這樣就保障了佃農的存在。從以上幾點看來，這一個王田令的基本精神，只是一種限田政策，在承認既得利益的基礎上進行的改良，中小地主、富農絲毫不受影響，大地主自然有損失。但就是這一點裁抑大地主的精神，也給宗族優先受田的規定冲淡了。在解放奴隸方面，則是企圖將奴隸提高爲農奴，將奴隸主轉化爲封建主，以肅清奴隸社會的殘餘。

王田制的中止實行　然而無論如何這個法令對于大地主奴隸主是不利的。坐買賣土地奴婢得罪的人也不少。爲了向大地主妥協，在施行的第三年上，王莽不得不自行暫停實施。土地、奴隸又可以合法買賣了。最可以表示王莽自己對於這個法令的態度的，有如下的事實。他禁止私自鑄錢的法律，是一家鑄錢，五家同罪，没入爲奴隸。可見政府仍然將犯法人的家屬没爲奴隸。以後隗囂就説他「徒隸累積三十萬人」。他又分封了無數諸侯，將天下做古制分爲六服，每服規定有一千八百諸侯，合爲

萬國。這些諸侯的分封，雖然與地主占田有别，但是同樣的是封建剥削。這樣，我們就可以看到王莽對于社會的改革，是怎樣的瞭解。

五均六筦 對于王田令和奴婢令，王莽没有積極的維持，但對于抑制商賈的辦法，却推行得比較努力。始建國二年（公元十年）王莽頒布了「六筦令」。所謂「六筦」，是包括鹽、鐵、酒、山澤、錢幣、買賣賒貸，這是武帝老制度的繼續與推廣。鹽鐵專賣從武帝後始終没有廢除；山澤本來算作皇室私產，從未承認民間可以私有；貨幣，從武帝時，一向由中央統一鑄造。賣買賒貸也就是算緡和平準均輸法，只是武帝以後已經廢除；同樣，酒酤也在昭帝時開禁，這兩項乃是舊法令的恢復。所以王莽的管制商業，在原則上，並無什麽創造。可是他們的施行辦法，却異常繁苛細密，極爲具體，與王田令的粗枝大葉不同，我們現在根據漢書食貨志來分析一下：

（一）凡是能够采礦（金銀銅錫）與取獲龜貝的工人，一律要向司市（管理市場的官）報名，錢府（鑄錢機構）隨時可以徵用。

（二）凡是有田不耕的，要納三個人的賦税，城市中住宅空地，不生產的要納三個人的布。没有工作的遊民，則納一匹布，如果出不起，就到縣中去服勞役，由縣官供給衣食（這是根據周官夫布里布來的）。

（三）漁業、獵業、畜牧、蠶桑、織物工業的各種工人，醫、巫、祝，還有各種技術的人，和商販賈人，都要在所在地區報名，除本計算利息，收十分之一的「貢」。如果報告不實，没收其資本，罰

作苦工一年，政府收入的「貢」，即作爲放款給人民的本錢。

（四）各地司市規定貨物的價格，凡是出賣民生日用之物，有滯銷時，司市可以收買。物價高出規定價格一文以上，司市就平價出售官物。政府並運輸貨物到規定價格較高的市場去出售。

（五）百姓無錢辦理祭祀、喪葬及治產的，可以向司市借貸。祭祀喪葬不取利息，祭祀十天、喪葬三月歸還。用以治産的，每年納息，照純利的十分之一。

（六）官家釀酒自賣，所得利息七分入官，三分作爲原料和工資。

王莽的這些辦法像二、四、五各條都不算壞，可是第一條和第三條却太繁苛了。他在法令中不單打擊富商大賈，甚至於一切家庭手工業者和各種小生產者，都受到影響。他以算緡的辦法，來處理一切小生産者，而實際上在當時的條件下，他没有辦法處理得好。執行這些法令的官吏，據漢書食貨志所說乃是富商大賈。據云他們「乘傳（公家的車輛）求利，交錯天下和地方官吏勾結，虛立空簿，而實際上，府庫没有充實」。班固自然有意詆毀王莽，但王莽自己並没有幹部，當時官吏和大商人勾結，是必然的現象。

這些法令，鑛冶的專利，在公元十三年廢止（施行前後四年），山澤的專利，在公元二二年廢止，這時業已快滅亡了，其餘似乎都始終存在。第四項稱爲「五均司市」的，到東漢初年還有痕跡。

這些法令整個的精神，是在抑制末業。爲什麼要抑制末業，乃是要保證農業勞動力的數量不致減少，這是阻抑生產力發展的辦法，必然使人民更爲困苦，特別是第三條引起人民的反抗。

貨幣改革　最奇怪的是王莽又故意把貨幣改得五花八門。金、銀、銅、龜、貝同時並用，共分二十八品。民間對於這種貨幣的比值，既不信任，又繁複到難以計算，只好仍用五銖錢交易。王莽以嚴刑來推行他的貨幣，結果弄得「食貨俱廢，民涕泣於市道」。王莽又時常更改制度，百姓無所適從，只好用實物交易。這種貨幣政策，只是盲目的復古，此外毫無意義。

毫無意義的改革，他施行了不少。例如他依據古制，改了許多官名和增置許多官位。什麼四嶽、三公、九卿、二十七大夫、八十一元士，全部古雅異常。郡縣名稱和統屬，也時常更改，有的一改再改，以致弄不清楚究竟是什麼地名，或是一個郡，忽然没有了屬縣，因爲都分劃給他郡了。從長安附近開始，照周禮和王制分成六鄉，六遂；外面再依遠近分成六服。這些古色古香的名稱，使得官吏人民大感困難。

可是擾民最甚的還是徭役。

王莽對外的失敗　在上面我們説到昭宣期間匈奴的降服，這時匈奴分裂爲郅支與呼韓邪兩部。呼韓邪單于依靠漢朝復國，郅支單于也遣子朝貢。在元帝初（前四五年），郅支殺掉漢使谷吉，遠走康居，公元前三五年，西域副都護陳湯和都護甘延壽商議，假傳詔書，發西域各國兵和漢朝屯戍兵，一共四萬餘人，分兩道襲擊郅支，郅支受傷死，將首級傳送長安。於是呼韓邪益發感激漢朝，他娶了漢宫人王昭君，對漢非常恭謹。王莽當國時，曾命單于改胡名爲漢名，單于也答應了。他即位後，分派使者到外國，將漢朝所發的印綬收還，這還没有問題。他却要把「匈奴單于璽」改爲「新匈奴單于章」，又將西

域各國和西南的句町王都改王爲侯，以致引起匈奴和各國的反抗。公元十一年，王莽派孫建等十二員大將十道進攻匈奴，募天下囚徒、丁男、甲卒三十萬人，從江淮運糧，直到北邊。下一年又發屯田鄂爾多斯草原，作爲軍糧的準備。這樣紛紛擾擾了幾年，軍隊始終沒有能够集合，匈奴却不斷的侵犯邊境；加上屯聚了許多兵，北方邊境上經濟虛竭。王莽又不肯立即進攻，只是命天下趕快輸送兵卒糧食，於是綏遠、山西、河北一帶的居民，流亡或被迫反抗。而由于兵士和糧食等的徵發，内地人民也困苦不堪。匈奴侵犯邊境，始終沒有停止，王莽雖然集合了無數的財帛，數十萬的將士，可是一無成功。唯一的辦法，只有把匈奴單于的名號一改爲恭奴善于，再改爲降奴服于，藉以表示精神上的勝利。

他又徵發高麗兵助攻匈奴。高麗兵不願意，地方官加以强迫，於是逃出塞外，寇掠邊境，結果雖然誘斬了高句麗侯騶，把高句麗改作下句麗，但東北方面，從此不安静。

西南方面更是鬧得稀糟。爲了王莽改句町王爲侯，引起西南夷的反抗，殺掉益州大尹（王莽改太守爲大尹）。王莽徵收益州民財物十取其五，發巴蜀兵進攻，經歷三年之久，兵士死掉了十分之七，巴蜀擾動不安。他又發動甘肅、四川各郡吏民十萬人，加上運輸隊十萬人進攻，結果軍糧不繼，又死掉數萬人，但是仍然一無成功。

西域方面在匈奴亂時，也都叛歸匈奴。公元十六年，王莽派兵進攻並沒有多大成功，從此西域各國與中國絶交。

在天下已亂，外患方急之時，王莽還要在長安起造九廟。徵發天下工匠，又命吏民出錢穀助工，費

錢數百萬，工人死掉的上萬。

由改良主義走向反人民 王莽的各種改革，有些只是盲目的復古，有些是針對現社會問題的託古改制。可是，既由于他的經濟改革方案只是一種改良主義的限田制度和重本抑末主義，不能解決問題，另一方面他的改革並無重點，在短短一二年中，希望推行規模如此之大的改革，顯然要引起混亂。而且他想憑藉腐朽了的官僚制度來執行政策，必然會招致相反的效果，不但與民無利，反而擾民。此外，王莽的缺點是空洞不切實際。他以爲制度一定，天下立刻太平，日日夜夜只在討論制度，以致政事廢弛。地方長官罷免了没有代替，衛士三年不交代，他都不顧問。自己忙得晚上點燈辦事，事情却一件也不能推動，因爲他所議定的各種措施全由主觀決定，絲毫没有考慮到社會實際情況。王莽在開始時，在主觀上他是對現社會不滿而想予以改良，可是他既然抱着自上而下的恩賜觀點來處理，基本上他還是站在統治者的立場。因此在人民不滿的情緒下，最後他自己已變成了革命對象，而此時也就堅決地成爲鎮壓人民的統治者了。人民起義後，費興做荆州牧，建議赦盜賊，使其歸家，借犂、牛、種子和糧食給他們，寬其租賦，王莽大怒，費興的官也丢掉了。凡有説人民因貧困起事的，他一律予以處罰，只想靠兵力鎮壓。這時期，他不但没有站在人民的立場上，甚至連同情人民的心情都没有，認爲人民作亂，就該屠殺。這時他完全與人民對立起來，與一切統治者並没有任何不同。

經過一番亂糟糟的改革，人民在高度的徭役與官吏貪污的壓迫下起來反抗。而反動的貴族、土豪、地主，乘隙檢得了便宜。

五　農民大起義

把西漢末革命完全歸之於王莽的措置不當，是有欠公平的。我們知道土地問題從漢武帝以來已經極爲嚴重，而在成哀之間，早已有起義的火花，王莽在主觀上想要緩和這矛盾，自己才好安穩做皇帝，可是他的改革不但没有解决問題，反而製造了一些新問題。例如對小生産者的管制，便是一端，於是原來存在的各種矛盾，更深刻地、更廣泛地展開，成爲偉大的革命。

反新各階級　從前人認爲反「新」乃是人心思漢，這是一種不正確的看法。舊宗室貴族爲了喪失過去的尊榮，當然希望漢室復興，所以最早起來反抗王莽的，大抵爲諸劉。但人民對諸劉並無好感，所以在開始時，得不到群衆的擁護。劉崇、劉信、劉快都很快的被王莽消滅，就可知道人心並不思漢。大地主、大奴隸主、地方豪强，自然要反抗王莽，但從王田令與奴婢令廢止之後，他們可以和王莽妥協，只是他們感覺到這個政府不能保護自己的利益，不如漢朝，所以想恢復劉氏政權。所謂「思漢」者，基本上只是這幾類人。也就是舊統治階級，廣大人民是没有復漢的要求的。然而廣大人民却也要革王莽的命，第一類是小生産者、小商人。王莽有一次問調查各地情况的使者，爲什麽盗賊衆多，使者説：「人民爲了法令繁苛，束縛得不能舉手，勞動所獲，交貢税都不够，即使閉門不出，也將因鄰居的鑄錢、私藏銅受到牽累，因之人民困苦才起來反抗。」費興爲荆州牧，對王莽説：「荆揚的人民，大都住在山嶺湖泊旁邊，靠樵柴捕魚生活。近來頒布了六莞令，要收山澤之利，掠奪了人民利益，這幾年逢到旱

災，百姓窮困，所以要起事。」這一些記載，説明了綠林兵的起來，至少一部分是漁獵樵薪爲生活的小生產者。第二類也是最主要的乃是農民。農民本來不管王莽或是漢朝，他們只是受無窮的剥削，無法生活下去，只能起來反抗。王莽既然不能解決這個土地集中的問題，這時候正是他的政府在統治，農民反抗統治者就不能不反王莽。我們認爲無論是農民或是其他小生產者，並不會思漢，只是在後來，農民受了地主豪强宣傳的影響，才也要重立劉氏做皇帝。

赤眉起義　革命軍在地域方面可以分爲三部分：第一是起于山東濱海，由河南到陝西的農民軍，他們眉毛上塗上紅顏色作爲記號，因此稱爲「赤眉」。在公元十七年（王莽天鳳四年），瑯琊郡海曲縣（山東日照）有一個吕母，兒子吕育當縣吏，爲縣令所殺，吕母是大富人，有資產數百萬，他決心要爲兒子報仇，散家財交結人，招集了亡命數千人，攻破縣城殺掉縣令，住到海島上。山東區域，本來商業很盛，這個吕母，大概是大商人。他報了仇，就避入海中，並不想大舉。下一年吕母的同鄉樊崇等起兵于莒（山東莒縣），起先只有幾百人，轉入泰山，這時山東沿海逢到災荒，到處飢民蜂起，爲了樊崇勇猛，擁護他做領袖。他們作戰的區域，只在山東以及江蘇北部。王莽發地方軍進攻，一無效果。於是公元二二年，派太師王匡、更始將軍廉丹率領大軍去鎮壓。這些軍隊紀律非常壞，到處擄掠。東方人説：「寧逢赤眉，不逢太師，太師尤可，更始殺我」。王莽大軍被赤眉打垮。廉丹死掉。這時吕母已死，部隊也歸於赤眉。破掉王莽大軍之後，義軍進向河南境。

赤眉軍隊乃是素樸的農民軍，他們有嚴明的紀律，「殺人者死，傷人者償創」。甚至後來劉秀也不

能不稱贊，他們幾個領袖打了十幾年仗，没有换易妻子，可見他們不虜掠婦女，充分表現了農民的純潔。他們不知道什麽奪天下，立制度，因此没有文書册籍旗幟，也没有軍隊的編製，命令只用口傳，没有軍令，領袖稱三老，其次稱從事、卒史，這些名號都是鄉間以及縣中的胥吏，農民們根本不知道有更高的官號，這一種簡單樸素的軍隊，正是農民本色。

公元二三年，赤眉軍到了濮陽，知道劉玄稱帝，樊崇等立刻到洛陽去見劉玄，並受封爲列侯。可是他們見劉玄不像是人民的領袖，就不願留在那裏，不久又還得濮陽，繼續進行革命。

緑林起義　第二部分的義軍就是此時由劉玄爲領袖的一支。公元十七年，荆州大荒，人民都跑到水邊去掘野生的草充飢，王匡、王鳳當了飢民領袖。後來人數愈聚愈多，保藏在當陽縣緑林山中。和緑林同時起來的，在湖北河南一帶，還有好幾起，每部都有上萬人。公元二一年，王莽的荆州牧，募兵二萬攻緑林，大敗。義軍都是爲了無法謀生，被迫起事，他們還矇矓地希望年歲豐收，早早散兵還鄉。因此人數雖多，不攻占城市，每天搶掠每天吃，没有多餘，更不願殺地方官。這一次，緑林軍打了大勝仗，攻下了幾個城，但是並没有占領，也不殺那個被擒的荆州牧，還是退到山中。這時義軍已有五萬人，下一年逢到疾疫，幾乎死掉一半，只好分散。王常、王丹南入南郡（湖北江陵）號下江兵，王鳳、王匡、馬武等北入南陽，號新市兵（王鳳、王匡本是新市人），另外有平林（新市平林都在湖北京山縣附近）人陳牧，聚衆千餘，號平林兵，這是湖北一帶的情形。劉玄是南陽人，漢朝的宗室，這時爲了犯法，避居平林，就投入陳牧一夥。

宗室豪强混入革命隊伍　湖北棗陽本有一支漢朝的宗室聚居，這些宗室也就是地主豪紳。新市、平林兵起來時，豫南鄂北一帶震動，大商人李通和宗室地主劉縯、劉秀弟兄，二劉的姊丈豪門鄧晨，共同起事，招集了子弟七八千人。李通的堂弟李軼和鄧晨，糾合了賓客參加（賓客在當時的意義等于雇傭），這一支軍隊，乃是以宗室豪族、地主大商人爲首的宗族、佃農雇傭組成的隊伍。他們立刻就和新市、平林、下江兵結合起來，共有十餘萬人。這樣一來，湖北、河南義軍的組成，就不像赤眉軍那樣單純了，裏面包含了各種分子。正因爲劉氏混入了革命隊伍，漢朝那塊業已被丢掉了的招牌，忽然走了運，好些舊統治階級都在大肆宣傳説要興復漢朝，結果便立了劉玄爲帝。山東、河北各地義軍，直至此時，並無興復漢室的表示，立劉氏爲帝，正是混入革命隊伍中的宗室想出來的。義軍中滲合了地主武裝以後，皇帝有了，百官也有了，領袖們稱作將軍，攻占城市，文書往來，組成了漢政府。

昆陽之戰　王莽對於山東方面革命軍不太注意，却很害怕湖北、河南間的軍隊。首次發兵進攻失敗後，他組織了一支四十三萬人的大軍，帶着虎豹犀象，在公元二十三年陰曆五月中進攻，以王邑、王尋爲將。尋、邑圍攻昆陽（今舞陽南），爲劉秀所敗，幾乎全軍覆没。以劉氏宗室爲中心的政權成立之後，各地豪强大大放了心。他們不高興王莽，但更不高興農民軍，現在知道湖北河南那支軍隊以興復漢室爲號，明確表示了立場，對于各地豪强，不會采取敵對態度，因之照後漢書的記載，説「自昆陽戰後，海内豪强都起來響應，殺掉地方長官自稱將軍，用漢朝年號，等待詔命」。

昆陽之戰，劉秀的功勞最大，劉秀的哥哥劉縯，一向負有威名，在議立皇帝時，下江兵就想擁護他。

只因新市、平林兵和劉玄的關係深，又因爲他比較和柔，才立了劉玄。這時他們兄弟二人，使劉玄感到威脅，竟將劉縯殺死。劉秀兵力單簿，只好極力忍耐，假裝不關心，只在睡後哭泣，白天連孝服都不穿，這樣才使劉玄放心。

王莽的滅亡　王莽的勢力更其衰落，西北大族隗氏以隗囂爲首起兵取了甘肅南部。西南方面，也由官僚公孫述占領四川，稱帝，國號成。公元二三年八月中，劉玄的軍隊進攻武關，關中大震，長安附近豪强也都組織了軍隊。王莽率領群臣南郊（祭天所在），痛哭三天，分付老百姓有哭得傷心的，賞他官做。當時宮中黃金還有六十餘萬斤，王莽却捨不得犒賞三軍。漢兵順利地進入武關，長安四周的軍隊，都想爭先入城，把長安包圍起來。九月，城中起了內變，長安市民聚衆攻王莽，這時城外軍隊，也陸續進來，王莽躲到一個台上去，經過了激烈的鬥爭，兵士上了台，王莽爲長安城中一個商人杜吴所殺，新朝滅亡。十月中，洛陽也攻下了，劉玄建都洛陽。下一年遷都長安。

銅馬等起義與劉秀占領河北　農民起義的第三個區域是在河北，那裏的農民軍十分散漫，没有統一的指揮。有銅馬、大肜、高湖、重連、鐵脛、大槍、尤來、上江、青犢、五校、五幡、五樓、富平、獲索等，合計有數百萬人。分布的區域，傍太行山麓至河北，南至河南，西至山西，東面直到山東境内。這些起義軍，從王莽征伐匈奴時就已起來。公元二三年劉玄命劉秀經營河北，那時趙國的豪强却立了個占卜人王郎，假稱漢成帝之子子輿，稱帝於邯鄲。劉秀到河北時，情況很不利，在薊縣幾乎被圍，可是他却得到邊境官僚軍人的擁護。王莽的上谷太守耿況、漁陽太守彭寵，都發兵相助。漁陽、上谷是邊郡，在漢

代一向是精兵所在，尤其以騎兵著稱。劉秀靠了二郡的兵力，把王郎解決，這和劉秀的成敗有很大的關係。解決了王郎之後，他就帶領了十郡突騎，進攻農民軍。（十郡爲涿郡、廣陽、代、上谷、漁陽、右北平、遼西、遼東、玄菟、樂浪。）河北農民軍太散漫，没有組織，因之被劉秀逐一擊破。然而在戰爭中，農民軍表示了最大的勇敢，有一次劉秀幾乎被殺，他的大將賈復受傷幾死，最後一次追襲，戰爭激烈進行，農民軍被殺的有一萬三千餘，就可知農民軍如何英勇的抵抗。劉秀和河北義軍的鬥爭，直至公元二十六七年還很激烈。劉秀占有了河北，勢力擴大了，他和劉玄本有殺兄之仇，這時就和劉玄正式分裂，公元二五年，自立爲帝。

赤眉占領長安 這時赤眉軍在河南，老實的農民富于鄉土觀念，他們看到王莽已死，東方的災荒已過去了，就想回鄉去。樊崇等幾個領袖一商量，如果回到山東，軍隊必然要潰散，他們堅持將革命進行到底，決定進攻在長安稱帝的劉玄。公元二四年冬天，分兵兩路，一路進武關，一路進嵩縣附近的陸渾關，到達關中。

劉玄自進了長安後，大封宗室功臣爲王，劉玄自己却天天躲在宫中喝酒，寵用外戚趙萌，那些將領進入長安後，也一天天的墮落腐敗。我們知道平林、新市、下江兵的組織分子本來是不純粹、不健全的，這種不健全的腐敗習慣，沾染到農民將領身上——事實上此時真正由農民出身的將領已不甚多，政府組織不健全，不能領導將領，將領也不受政府的領導，造成「諸將擅命於山東，貴戚縱横於宇内，虜掠自恣」的局面。當時劉秀在山西、河南境内進攻劉玄部隊，赤眉從河南進攻關中，情勢十分危急，

部分將領想劫劉玄回南陽去，事情發覺，又殺掉幾個將領。公元二五年秋，赤眉進到華陰。山東方面一向崇拜漢高祖的孫兒城陽景王劉章，軍隊中仍然祭祀他。那天祭祀時，神巫忽然發狂説：「要就做天子，爲什麽當盗賊」，於是他們決定要立一個皇帝。經過劉章後裔抽籤的手續，立了個十三歲小孩劉盆子爲帝，直到此時，農民領袖才接受了官號，九月初，赤眉進攻長安，劉玄被俘。

赤眉的被鎮壓　同時劉秀的軍隊，也取了洛陽，派了鄧禹領兵從山西進入陝北。長安附近的地主武裝，在王莽快滅亡時就已組織起來，此時很想跟農民軍妥協，但是給赤眉拒絕了。因此他們仍然固守他們的堡壘，等鄧禹軍到，就要求這個地主政權保護。鄧禹不敢和赤眉作正面衝突，退處陝北邊境。公元二六年春，長安城中糧食吃完了，城外都是地主武裝的堡壘，阻止糧食流入城中。農民軍處于危急狀態之中，引起了對城市的一切仇恨，在長安放了一把火，把宫室燒掉，破毁了那個從劉邦開始一向爲統治階級在此發號施令以鎮壓農民的中樞政府所在地。然後率領軍隊西入甘肅，却爲隗囂（甘肅的豪族政權）所敗。又逢到大雪，遂退還長安，鄧禹想攔住歸路，被赤眉擊敗。當時農民軍處于四面受敵的狀態中。一是西北方面的隗囂，二是從漢中竄至長安附近的延岑（這一支軍隊可能也是飢民組成的），三是劉玄舊部宗室劉嘉（劉嘉封漢中王，追延岑到此），四是鄧禹所將的漢兵，此外還有長安城外的地主武裝。這樣惡劣的情勢，使農民軍雖然英勇地打走了鄧禹，戰敗了延岑，但終于無法維持下去。最困難的是郡縣大姓都擁兵反抗，糧食不能供給。這一年又逢到災荒，各處軍隊聚集，弄得城郭皆空，白骨蔽野，以致赤眉不能不離開關中東歸。雖然在這樣困難情況下，農民軍的作戰仍然是最

勇敢的，退兵之際，和劉秀大將馮異的阻擊軍堅持不下六十餘天。公元二七年春天，還把鄧禹、馮異的聯軍打得大敗，鄧、馮二人僅得逃走。最後馮異用詭計，把兵士裝成赤眉模樣，在戰時突然出擊，服裝相同，無法辨認，也許認爲自己軍隊叛變，始爲馮異所敗。這時赤眉還有十餘萬人，出關到宜陽，劉秀業已親自領軍擋在前面，只好投降。這一年夏天，樊崇、逢安兩位農民首領都以「謀反」被殺。

赤眉被劉秀解決之後，在山東、河南、河北等地還有許多軍隊，這些軍隊有的是劉玄舊部，有的是地方豪强，有的是宗室，純粹的農民軍没有了，結果都被劉秀所消滅。公元三四年，滅掉甘肅隗氏，三六年滅掉占有四川的公孫氏，三七年河西竇融納土入朝，四二年倚靠匈奴占有綏遠和山西北部的盧芳，被驅逐到匈奴中，於是劉秀的統一帝國成立。

第四章　地主政權的再建

一　東漢政權的本質

西漢末年的革命徹底地失敗了，地主政權篡竊了革命成果。

豪强舊勢力的繼續發展　自從王莽時期亂事發生，各地豪强紛紛起來，各立堡塢，組成武裝部隊。這些豪强，是經過漢初七十年的培養，代替古代的封建貴族，掌握了地方政治經濟，這些人是退職官僚及其子弟、郡縣掾吏、土豪惡霸（遊俠），同時這些人，必定是族大人多的大姓强宗。武帝時爲了鞏固皇權，而進行對豪强的鬥爭，結果取得了妥協。於是他們通過了選舉制度，上下通連，成爲地主政權的基礎。西漢末年，各地豪强在各種形勢下分散地、個別地反抗農民軍，也反抗王莽的軍隊，形成許多零碎的割據狀態。他們觀望風色，見勢行事，但却始終站在自己的階級利益上面，誰能承認他們的既得利益，就服從誰，由于他們是分散的，要逐個消滅，不很容易，同時是易于妥協的，所以也不遭受那些大勢力的猜忌。這樣，舊勢力在東漢初年，就幾乎原封不動地保存下來，劉秀自己也是同一階級的人物，更不願消滅他們，反之倒是要依靠這些勢力，來鞏固皇權。

東漢統治集團的分析 我們看歷史記載，在西漢末年，豪强屯聚的組織，非常普遍，在公元十四年，就有鉅鹿人馬適求想發動黄河北岸反抗王莽，事情發覺了，各地豪傑連坐的數千人，都被殺，這種各地豪傑，自然是地主階級，昆陽戰後，各地豪傑響應，已見上述。劉玄進兵長安時，附近各縣大姓，都起兵稱將軍，響應劉玄。劉秀進兵河北時，河北方面的大族，分成兩派，一派擁護王郎，一派擁護劉秀。爲了爭取河北大族的擁護，劉秀特地娶了真定（正定）大姓郭昌的女兒爲妻。這種例子，舉不勝舉。

我們更就東漢功臣中分析一下，所謂雲臺二十八將，以及光武時期的三公，除了極少數人出身不詳以外，幾乎全部屬于舊統治階級，其中父祖爲高級官吏的幾占半數，其次也是作郡縣掾屬胥吏的，本身作王莽的高級官吏的也不少。尤其是三公之中，大部分是王莽時候的官吏，例如伏湛，父親是高密太傅，他在王莽時爲繡衣執法（監察地方的官），又遷後隊屬正。侯霸出身于宦官家庭，他是個大富人，王莽時爲臨淮太尹（太守）。韓歆是南陽大姓，王莽時爲河内太守。更典型的是宋弘，父親是漢的少府，他自己在哀平間作侍中，王莽時作共工（即少府），赤眉入長安，要請他出來，他不願意，自己投水，遇救不死。我們看這些人倒是很願意爲王莽出力的。特别是宋弘，王莽時官居九卿（共工即少府，爲九卿之一），絲毫也没有爲漢之心，反之，他所厭惡的決不是王莽，而是農民軍，所以赤眉禮聘他出來，他却要爲王莽盡忠投水。我們不要忘掉這時赤眉所立的皇帝是劉盆子，這個投水只有表示他反對農民軍的堅決，和漢朝絲毫不相干，後來他願意當劉秀的大司空，倒不一定爲了他姓劉，恰恰爲了他鎮壓了農民軍這個地主階級的生死對頭。還有侯霸作王莽的臨淮大尹時，主持保境安民的政策，所謂保境安

民，就是積極抵抗農民軍的侵入，以確保舊秩序。他做到了這一點，因此受到劉秀的賞識，作了大司徒。這裏就很明顯的看出劉秀的主要任務是在反抗農民革命，其次才是反王莽。因此對于忠於王莽的群臣，倒並不十分計較。這種態度不單是劉秀如此，後漢書朱浮傳說朱浮爲幽州牧時，將王莽時的二千石官都招到幕府中，並且發各地倉庫中的穀，來贍養這些人的妻子。隗囂傳說劉玄失敗後，長安一帶的士大夫，都逃奔隗囂，他以王莽時平河大尹谷恭作掌野大夫，其他如苑逡等，都獲得官職。這些士人夫，王莽時不走，劉玄時不走，偏偏在赤眉到長安後才走，證明他們都是宋弘的同志，倒不是由于赤眉怎樣殘暴（看宋弘事便知赤眉很想優待他們），而是由于他們在階級利益上痛恨赤眉。像朱浮，隗囂的作風，正和劉秀優待侯霸、韓歆、伏湛、宋弘的作風一致。

在這樣一種狀況下，東漢初期完全保留下舊秩序，原來是豪强的在這時仍然是豪强，在東漢一代，我們看到的便是這樣一個舊秩序的恢復。

二　東漢的社會經濟

東漢初年的統治政策　東漢自光武帝劉秀平定公孫述以後，經明帝以至章帝之死，一共五十年，在歷史上也稱爲治世。這一期間的統治政策，大體上說來和西漢初年相似，不論對內對外，不輕有舉動，省官省事，可是所得的效果，更不如西漢，主要的原因，是東漢初年，幾乎是一個原封不動的舊秩序的恢復。因此，所謂「休養生息」只是讓剥削階級安心剥削，基本上舊的生產關係很少有變化，反而經

過戰爭之後，各地方豪强勢力，通過軍事以及政治的作用，鎮壓農民更爲有力，兼併也愈爲凶猛。簡單地說，西漢的休養生息，培養了許多由自耕農而發展爲中小地主的人，這些人在没有成爲中小地主以至大地主時，生産力是有向上發展可能的。東漢的「休養生息」則是一開頭就讓豪强享受更多的利益，因之生産力發展的作用就不免減少。

東漢初年的社會經濟，相當凋弊，當時人口十成只剩了二三成，邊境上尤其空虚。這些凋弊的情况，最重要的是各個地主政權的殘酷屠殺，例如吴漢破成都，大量屠殺人民，放兵劫掠，甚至劉秀也説：「聞之可爲酸鼻。」

清查土地　在公元三九年，光武帝曾經下詔，檢查墾田實數，和户口、年齡。他的主要原因，應該由于豪强的隱瞞土地數目，使財政發生問題，才有這種舉動，其意僅僅在於使地主盡納税的義務。從這一件事看來，我們就可以明白在東漢初年，地主豪强怎樣占有了土地而不納税。至於這個政策推行的結果如何呢？根據後漢書劉隆傳所説，當時的地方長官，都不公平，優待豪强，刻剥小民，以致百姓怨憤，在大路上高呼。當時各郡都派人到洛陽（東漢的都城）來奏事，陳留郡的文書上有：「潁川、弘農可問，河南、南陽不可問。」光武帝問是什麽道理，陳留郡吏不肯説，光武帝的兒子莊（即後來的明帝）很聰明，就説這是爲了檢查墾田的緣故：「河南是京都，多近臣，南陽是皇帝故都，多近親，田宅超過限度，不能作準。」光武帝於是雷厲風行，殺掉十餘個地方官。這些地方官檢查土地不實，假借清丈土地爲名，將人聚在田中，同時連房屋一起計入清丈。他們不敢得罪豪强、大地主，把清查土地的目

標，轉移在中小地主富農，以及一般農民身上。他們乘機索詐，接受賄賂，當時有名的學者歐陽歙已爲司徒，爲了在汝南太守任上因檢查田畝得賄千餘萬，死於獄中，便是個例子。自從光武帝雷厲風行了一陣，多少也觸動了豪强，因此引起了亂事，郡國大姓和兵長（就是地方豪强的武裝組織），到處發動，攻劫地方，殺害長官，在山東、河北一帶更鬧得凶。光武帝派遣使者到各地，准許反叛者自相檢舉，五人共斬一人，便予以赦免。地方官過去逗遛不進攻，或是故意迴避的都不追究，只要捕捉有效果，受賞憑捉得多少作標準，只有隱匿不報的才論罪。光武帝這一計劃得到成功，反叛者自相檢舉追捕，不久就都解散，光武帝下令將爲首的遷徙到別處，還給他們田，受政府的給養，讓他們安心生活。

這一次亂事，固然有農民參加，但本質上乃是地方豪强對政府檢查土地的反抗。後漢書酷吏李章傳說，李章作瑯琊太守時，北海安邱大姓夏長思等反，將北海太守虞興俘虜起來，瑯琊、北海都在山東境內，正是反叛最鬧得凶的區域，下面就寫李章因檢查土地不實得罪。顯然安邱大姓之反，就爲了檢查土地。這種以郡國大姓爲領導的叛亂，在本質上只是統治階級間的矛盾。政府對于那些「盜賊」，也即是受大姓利用或是身受冤屈而起來的農民是屠殺、分散，而對於那些爲首的却極爲寬大，非但不殺，却還「給予土地，政府予以給養」。就可明瞭那些爲首的是些什麼人了。

東漢初年的土地占有狀態　光武帝雖然嚴厲執行了檢查土地的命令，可是貴戚大臣、那些瞞田瞞人口的人怎樣呢？至少在史籍上没有找到處罰過那一個人。相反的，我們所見則是貴戚大臣的廣占田畝，圍繞着光武帝的四週，凡是親近，都是田宅踰制，這一點，光武和他的兒子（明帝莊）都是承

認的。

光武的外祖樊重，母舅樊宏，是南陽大地主、大奴隸主，有田三百餘頃，池魚牧畜，什麽都可以自給自足。樊宏死後，光武還賜錢千萬、布萬匹。明年又賜樊宏的子弟七人，錢五千萬。光武陰皇后家中，自西漢以來就是大地主，有田七百餘頃。郭皇后家是真定大姓。光武的岳父郭昌，曾將田宅財産數百萬讓給異母弟。郭皇后廢掉之後，光武待郭家更好了，賞賜金錢縑帛，没有一家能比得上這麽多的，因此洛陽人將郭家稱爲金穴。光武的兩個姊丈李通、鄧晨都是大富人。光武的女婿竇穆、竇固擁有奴婢千數。光武的兒子濟南王康，經營財産，大建宫室，奴婢千四百人，馬千二百匹，私田八百頃。明帝馬皇后的哥哥馬防，弟兄貴盛，奴婢各千人以上，財産以億計算，買了洛陽附近最肥美的田。章帝竇皇后的哥哥竇憲，竟至以廉價强買沁水公主的園，章帝知道了，勒令他退還給公主。他平時强奪百姓的田，就可想而知了。

光武帝的姊姊湖陽公主的奴隸白日殺人，公主藏匿了殺人犯。這時董宣爲洛陽令，有一天公主出來，這一個殺人的奴隸也在車中，給董宣捉下來殺掉。公主告訴光武，光武大怒，董宣幾乎被殺，幸而光武還知道董宣剛直，加以一番責備之後，還賜了他三十萬錢，公主却無罪。章帝時，周紆得罪竇氏，把官丢掉。這兩個都是清官，他們在後漢書中列于酷吏傳中，大概就爲得罪貴戚之故。

東漢初年生産力的發展——減輕徭役 可是我們不能完全抹殺東漢初年生産力有一定程度的發展。後漢書明帝紀永平十二年（六九年）説「這一年天下太平，人無徭役，連年豐收，百姓殷富，穀子每

石二十文，牛羊滿野」。如果説在這休養生息期間，人民還有可能發展生産的話，那麽其原因之一，是在於徭役的減輕。東漢初年的田租，從十分之一減輕到三十税一，與西漢相同，但是在當時地主階級仍然承襲西漢之舊，那麽利益，也完全歸於地主，這與西漢初年的情况不同。可是西漢徭役不論貧富都得負擔，富人可以納錢免役，窮人的徭役負擔就特别嚴重，因此在西漢，人民總希望當王國人民，不屬中央，即在於可以減輕徭役。武帝時已如上述，武帝以後至王莽代漢，雖没有規模大的戰事，常年的服役還是很重。光武帝在公元三十年，恢復了三十税一的田租，同時廢除了「郡」的都尉和「國」的中尉，從此郡縣没有了統兵官，明年下詔廢除輕車（車兵），騎士（騎兵），材官（步兵），樓船（水兵）和軍隊中的服務員，所有地方軍一律退伍爲平民，從此之後郡太守不再訓練兵卒。每年輪值一月的更卒和要當衛士一年的正卒，以及戍守邊疆三日的戍卒，都由募兵擔任，人民平時不再服兵役，這一件事從減輕徭役這一點來看，對於人民是有利的，因爲在當時作爲一個兵士的主要任務，是在于爲統治階級鎮壓人民。自然我在這裏，只是説兵役，一般的徭役還是不能免。

解放奴隸　東漢初期對於生産有利的政事可以提及的還有一件事，乃是部分解放奴隸與禁止對於奴隸的虐待。從公元二六年至三八年，屢次下詔部分的解放奴婢和賣妻賣子，明帝即位（五八年）那一年，又曾下詔「邊地人遭亂做内郡人妻子的，任令還鄉自由」，這是繼承王莽以來對于奴隸解放的努力，雖然事實上從古代以至清朝，奴隸可以合法的保有，而且由法律規定其不平等的地位，但是這一類部分的解放奴隸，是符合於社會發展規律的，因而有它的進步性。

其他經濟措施 東漢初期，在經濟方面的措置還有兩事可說。一是禁民二業。明帝時劉般奏稱：「各地爲了政府禁止人民二業，有田的（這里所説有田的，包括佃農在内）不准捕魚打獵。在江湖邊的諸郡，没有蠶桑（這應該指長江南部各地），人民都靠漁采輔助生活，而且時間在冬春二季，和農事没有妨礙。」爲什麽要禁民二業，大概如王莽一樣，乃是復古思想。而從實際上看來，從事二業，統治者認爲分去了農耕的勞動力，而田皆有主，漁捕無税，人民去打獵捕魚，不勤農事，對于地主利益是有妨礙的。其二是鹽鐵收税。西漢時期，鹽鐵一向由政府專賣，光武帝似乎廢止了這種制度，到明帝時，又曾一度恢復，不知道什麽時候又廢了。章帝時又曾恢復，據和帝時的詔書説是「廢除鹽鐵之禁，任令人民自己鑄造，和過去辦法一樣向政府繳税」。這裏説放任人民自鑄，而政府征税是老辦法，可見光武、明、章三代當廢除專賣制時就行的是收税辦法。專賣制屢廢屢復了幾次，終于廢而不復，原因不甚明瞭，我們只能推測任令人民自鑄，是和鹽鐵商人有利的。

在這期間府庫是充實了。鄭弘當大司農（財政部長）時（八三年），節省用費三億萬錢。這時天下遭逢旱災，邊境不安静，人民挨餓而府庫充實。鄭弘奏請減掉各地貢獻和徭役費用，來救濟飢民。府庫充實和人民挨餓對寫，正是一個有力的諷刺。光武帝自己説：「即位三十年，百姓怨氣滿腹」。明帝也説：「永平年間（明帝年號）的政事，百姓怨結」，光武和明帝，知道人民怨恨，總算還有自知之明。然而在土地集中的社會基礎上，所謂東漢治世的效果，也就可想而知了。

三　東漢帝國對外的勝利

匈奴的內遷及其衰落　自從王莽和匈奴失和之後，到了東漢之初，匈奴還是和漢朝處於敵對狀態中，他們經常的與占有綏遠的盧芳勾結，侵擾中國邊境。光武帝采取退守的政策。一方面建築防綫好幾道，北方大同一帶，太原至井陘、太行山南麓，西方自河套之南直到渭水北岸，都築起堡壘來層層防禦。另一方面，將山西河北邊境人民遷徙到常山南，居庸關之東；把定襄郡（山西西北部）和五原郡（綏遠境內）都省掉了，人民向南遷移。匈奴於是入居綏遠境，郡縣被破壞，人民都流亡。總之在東漢初年的戰略是放棄原有邊郡，退守內地，在這個情況下，北方空虛，邊防困難是可想而知的。

公元四七年，匈奴內部爲了繼承問題，王室有了矛盾，連年又有旱災、蝗災，人民和牛馬畜類死掉大半，單于怕漢朝乘機進攻，才派遣使者要求和親。單于的堂兄右奥鞬日逐王比想爭立，也派了使者獻上匈奴地圖，要求附屬漢朝。這件事被發覺了，單于蒲奴和比爆發了戰爭。公元四八年，比自立爲呼韓邪單于（用他祖父的舊號），降附漢朝，願意居於邊外，爲漢防禦北方，從此匈奴分裂爲南北二部。漢朝答應了他，准其入居歸綏附近。不久，爲了北匈奴的攻擊，又命南單于（即呼韓邪單于）居於西河郡的美稷（綏遠南境）。漢朝派騎兵二千人，配發充軍的步兵五百人，由西河長史率領，和駐在西河的將領共同保護單于，每年冬天出兵，夏天撤還，同時恢復了以前廢省了的沿邊各郡。北單于雖然時常攻擊南單于，但怕漢朝進攻，也遣使朝見，要求和親。而在匈奴內亂時，烏桓也叛變了，攻擊匈奴，降附

了中國。鮮卑在公元四五年入侵遼東，爲太守祭彤擊敗，幾乎全軍被消滅，本已害怕，不久南單于降附了漢朝，鮮卑越發孤單，就也遣使到遼東，以後便時常攻擊北匈奴，向漢朝領賞。在光武帝末年，漢朝利用各族間的矛盾，北方邊境解決了一部分問題。

可是北匈奴還很强盛，雖與漢朝講和，仍然也攻擊邊境。明帝即位後，又要求和親，漢朝答應了。南匈奴的南部須卜骨都侯，知道漢與北匈奴交通，心中不高興，想歸屬北匈奴，於是漢朝在綏遠的黄河北岸，設立了一個度遼營，隔絶南北匈奴的交通。公元七三年，漢朝大發沿邊軍隊，并調了羌、胡、南匈奴、鮮卑各族四路出兵攻北匈奴，追到青海，留了一部分兵士屯田伊吾盧（新疆哈密）。當時北匈奴的根據地大約在西北，武威是與匈奴貿易的地點。以後北匈奴還是有時侵入，有時講和。公元八五年（章帝元和二年），北匈奴更衰弱了，南匈奴、丁零、鮮卑、西域四面夾攻，在中國邊境站不住脚，遠逃塞外，下兩次鮮卑人進攻匈奴，殺掉優留單于，北匈奴五十八部相繼降漢。

以上所述，是光武以至章帝時漢與匈奴的交涉。爲了易於明瞭起見，在下面再叙述北匈奴的結局。

在章帝末年，北匈奴業已到達總崩潰的前夕，南匈奴已要求漢朝准許他統一南北。公元八九年（和帝永元元年），太后的哥哥竇憲有罪，命他進攻匈奴，立功贖罪。於是以竇憲、耿秉爲大將各領騎兵四千，調發南匈奴和沿邊諸族分道進攻，大破北匈奴，斬首和俘虜計有二十餘萬人。當時北單于已一再要求議和，願意自己到洛陽朝見，但南匈奴却也一再要求併吞北部。漢朝經過考慮之後，決定繼

續進攻北匈奴。公元九一年，竇憲命耿夔只帶騎兵八百人，出塞進攻，北單于逃亡不知去向。根據歐洲方面的記載，大概是沿也兒的石河上游，達到熱海（伊塞克湖）、鹹海、裏海穿過中亞以至歐洲。北匈奴還有一些餘衆，立了北單于之弟右洛蠡王於除鞬爲單于，漢朝承認了他，想照南單于一樣待遇，派人護送他還北庭（北單于都）。可是於除鞬又想叛漢，爲漢所破，單于被殺。以後北匈奴雖還存在，但已處於無足輕重的地位。

北匈奴破滅後，鮮卑人占領其土地。當時留在故地的匈奴人還有十餘萬落（落乃是一個家族單位），都附鮮卑，鮮卑人從此强大，這可以在以後再說。南匈奴很想還居故地，要求漢朝出兵幫助，漢朝没有答應，因此南匈奴仍然留在中國邊境，以後雖然與漢朝也發生戰爭，但大體上處於漢朝藩屬的地位。

平定西域　在東漢初年，班超定西域的功績是值得重視的。在上面我們已經提到王莽時，西域背漢投匈奴的事。匈奴對於西域的剥削非常凶，各國都怨恨。當時只有個莎車王不肯服從匈奴。東漢初年，莎車王康率領其他各國抗拒匈奴，成爲西域五十五國的領袖，受了漢朝封號。莎車王賢詐稱漢西域大都護，恃强要求各國賦税，並且侵略鄰國。公元四五年，西域十八國都派遣兒子到洛陽，流涕哀求漢朝派遣都護。光武帝因爲中國方才平定北方，還有戰事，送各國兒子還去，不答允派都護。莎車繼續侵略各國，鄯善（即西漢的樓蘭，在羅布泊旁）上書説：如果漢朝不派都護，只好投降匈奴。光武帝的答書是：「使者和大兵目前還不能出來，如果諸國力不從心，可以自由處理。」於是鄯善、車師

(今庫車)又附了北匈奴。不久龜茲也因不肯附屬莎車,降附北匈奴。當時在西域漢朝勢力全部退出,成爲北匈奴和莎車角逐之場。明帝初,于闐漸强,殺掉莎車所遣的鎮戍將軍,反抗莎車,不久莎車發生内亂,遂爲于闐所滅。匈奴起兵干涉,于闐王廣德乞降,答應每年向匈奴進貢。這時鄯善也漸强,自從莎車破滅之後,和于闐分别侵略各國,但在名義上兩國都服從北匈奴,匈奴脅逼諸國進攻河西。(以上所述的匈奴皆指北部。)

公元七三年,漢朝出兵攻北匈奴,在伊吾盧(哈密)屯田,車師國首先附從。主將竇固命班超爲假司馬(代理司馬),和郭洵二人出使西域。

班超首先到達的是鄯善國,鄯善王廣,待他甚爲恭謹。不到幾天,忽然對漢使的禮貌很怠慢。班超料想一定是北匈奴的使者到了,鄯善王心中疑惑,才變了態度。他從侍奉他的鄯善人口中證實了這個消息,這時他所帶的只有三十六人,便召集他們一起喝酒。酒興方酣,他向三十六人説:「你我都在外國,現在北匈奴使者只到幾天,鄯善王就不再禮敬我們。如果鄯善王將我們一起獻給匈奴,我們的骨肉都要爲豺狼吃掉,你們看事情怎樣辦?」大家都説:「現在處于危亡之地,我們死活都憑司馬打算。」班超説:「不入虎穴,不得虎子,現在只有火攻匈奴使者,殺掉了他,鄯善一害怕,事情就成功了!」班超怕郭洵是文人膽小,没有告訴他。就在這一天晚上,他率領衆人進攻匈奴使者的營帳,恰好起了大風,班超分配了各人的任務,順風縱火,鳴鼓大呼。匈奴人不知道來人有多少,十分驚慌,一共殺死了三十餘人,燒死了一百餘人。明天他召見鄯善王,將匈奴使人的首級給他看,曉諭撫慰一番。

我們知道西域各國本來不願受匈奴統治，想念漢朝的寬厚，只是畏懼匈奴，又怕漢朝没有力量保護才降附匈奴，現在就願意降漢，以他的兒子爲質。

班超憑藉漢帝國的威望，利用西域各國間的矛盾，留居三十一年，建立了並且强化了漢帝國在西域的政治軍事控制力量，可是我們不能忘掉班超最獲得西域人民擁護的。在公元七十五年，明帝曾叫他回國，走到于闐時，于闐國人痛哭挽留，抱住他的馬足不放他走。這一件事，説明在匈奴和漢朝之間，人民寧可選擇漢朝，另一方面也説明班超並不是一個單純的漢朝軍事代表，靠兵力來支持其地位。公元九四年，西域五十餘國全部降漢，下一年封班超爲定遠侯。這時班超年齡快到七十了，公元一百年，他上表求歸，又隔了兩年才回到洛陽，一共留居西域三十一年。他早已得了病，到了洛陽只一個月就死去，年齡七十一歲。

班超在公元九七年，曾派遣屬官甘英出使大秦（羅馬），到達紅海，波斯人告訴他渡海困難，遂折回。這時中國絲織品輸出，都由波斯運往歐洲，因此他們不願意羅馬與中國有直接的交易，隨時阻止雙方交通。直到公元一六六年大秦王安敦（羅馬皇帝馬可・奥利留Marcus Aurelius Antoninus）遣使從日南（越南）登陸，獻象牙、犀角、瑇瑁，才第一次有直接的來往。當然這個大秦國使者未必真是政府所遣，而只是一個大商人。

班超還國之後，繼任的都護處理西域事不得當，北匈奴此時雖已破滅，但在西北方面，還具有一部分勢力，乘機勾結西域各國反漢。一〇七年，漢朝命令都護等退出，從此西域各國又被北匈奴脅逼降

附。公元一二三年，漢安帝用班超的兒子班勇爲西域長史，帶了五百人出去，下一年到達樓蘭，説服了龜兹王白英，用龜兹兵打破匈奴，西域各國相繼附漢。

東漢經營西域，主要目的和西漢同樣爲了制匈奴，可是用費甚少而成功甚大。班超的成功除了他本人的才能以外，由于傳統的漢帝國在西域所建立的威信作爲外交後盾，特别是西域各國所受匈奴的壓迫，使他們寧肯選擇較爲寬大的漢朝。

東漢在南方的發展　東漢在南方也有發展。交州自秦以來，久已開置郡縣，當時的交州，包括越南北圻、中圻和廣東。東漢時海外交通頗爲發達，交州屬的徐聞（今廣東海康）、合浦（今廣西合浦東北）二地，是船舶所集之處。從這裏出發的使者、商人，經馬來半島、緬甸以至印度。印度起先還是從陸路通中國，後來爲了班超，此後西域交通困難才從海道來。這和大秦使者從日南來是一樣的理由。

東漢初期，公元四〇年，交趾女子徵側、徵貳姊妹起兵反抗漢朝的統治。交州各地紛紛響應，不久就占領了六十五城，自立爲王。光武徵發南邊各郡兵一萬多人，由馬援統帶南征。公元四十三年，馬援平定了亂事，殺死徵側、徵貳姊妹。正在日南郡南境，現在伐勒拉角（Cap Varella）的山上，建立兩個銅柱，表明漢朝南方的界綫。這一次戰事，雖然勝利，但漢朝損失却是很大。我們知道交州和海外交通，多珍奇的東西，地方官吏往往貪污，而且對於交趾土人，也進行殘酷剥削，因此造成叛變，我們不否認這一點。但是我們仍然可以提及一些事情。馬援征交趾，所過地方都建築城郭，開闢灌溉工程。光武時任延作九真太守，當時九真人民還是過漁獵生活，糧食時常困乏，要靠交趾接濟。任延鑄作了

農具，教他們耕種，墾地每年有增加，解決了糧食問題。錫光是西漢末年以至光武時的交趾太守，同樣的也教導了耕種技術與婚配制度。這些事情，誠然只是爲了漢帝國的利益，但是把落後的社會推進一步，提高了生產技術，却也是事實。

現在雲南西部在漢代居住着一種民族，稱爲哀牢夷。在西南各族中哀牢族的文化是相當高的，他們以農耕爲主要的生產，知道養蠶紡織，另外一種以木棉製成的布非常潔白，頗爲著名，此外他們還有染色、刺繡、毛織物、綿織物各種手工業。以前和中國没有來往，公元五一年，其王賢栗到四川邊境來請求内屬，自此始通。公元六九年，明帝在那裏設立了哀牢（雲南保山縣東）、博南（雲南永平縣東）二縣。

第五章　東漢帝國的没落

一　統治階級的内部矛盾

外戚與宦官的翻覆鬥爭　從章帝之後，東漢政權便在外戚、宦官的火併中度日子，參與鬥爭的知識分子最後和外戚合流，遭受宦官的屠殺，而人民在統治階級鬥爭中愈來愈困苦，終于爆發了大規模的起義，東漢政府也在人民面前倒了下去。

在上面已經説過，從武帝之後，宫廷政治的鞏固，外戚專政已是慣例，王莽代漢僅是順着這個趨勢的應有發展。東漢政權建立後，在初期四十年間，接受了漢的教訓，陰、郭、馬諸家，還没有實際掌握大權。章帝時，外戚竇氏開始干政。和帝之後，皇帝總是短命，嗣立的皇帝幼小，於是母后掌握了政權，外戚便乘之而起。外戚權太大了，影響到皇權，於是皇帝和最接近的人同謀打倒外戚，這種最接近的人便是宦官。不久，這個皇帝也短命死了，於是再來這一套外戚專政以至宦官擅權。翻翻覆覆，演了一百五十年。關於這些事情，我們不能再述，在下面列一張表，作一個簡略的説明。

帝號	年齡	即位年齡	太后攝政	外戚專權	宦官誅外戚
光武帝	六十二	三十歲			
明帝	四十八	三十歲			
章帝	三十三	二十歲			
和帝	二十七	十歲	竇太后攝政	竇憲爲大將軍專政。	帝與中常侍鄭衆同謀誅竇氏。
殤帝	二歲	百餘日	鄧太后攝政	鄧騭爲大將軍（鄧氏較爲謹慎）。	
安帝	三十二	十三歲	鄧太后攝政	同上。鄧氏誅後，安帝舅耿寶、閻皇后兄閻顯專權，與宦官李閏江京、乳母王聖等勾結。	帝與乳母王聖及宦官李閏、江京等同謀誅鄧氏。
北鄉侯懿	即位四月即死		閻太后攝政	閻顯專權。	

帝號	年齡	即位年齡	太后攝政	外戚專權	宦官誅外戚
順帝	三十	十一歲		梁皇后父梁商爲大將軍，商死子冀繼之。	宦官孫程等十九人誅閻氏，迎立順帝，皆封侯，專權。
冲帝	二歲	二歲	梁太后攝政	梁冀爲大將軍專權。	
質帝	九歲	八歲	同右	同右。	帝爲梁冀毒死。
桓帝	三十六	十五歲	同右	同右。	帝與宦官單超、徐璜、具瑗、左悺、唐衡五人同謀誅梁氏，五人皆封侯專權。
靈帝	三十四	十二歲	竇太后攝政	竇武爲大將軍專權。	竇武與陳蕃等謀誅宦官曹節、王甫等不成，帝與宦官共誅竇氏及陳蕃等。

帝號	年齡	即位年齡	太后攝政	外戚專權	宦官誅外戚
少帝	十七	十七歲	何太后攝政	何進爲大將軍專權。	進與袁紹等謀誅宦官十常侍張讓等，進爲張讓所殺，袁紹等盡誅宦官。

據上面的表，我們就可以知道東漢從和帝之後，外戚、宦官的鬥爭幾乎成爲一個公式，而外戚之中，太后父兄和皇后父兄的交替，又是一套公式。

外戚宦官的罪惡　無論專權的是外戚或是宦官，他們憑藉皇權，橫行不法的程度越到後越凶狠。和帝初，竇景以及家中的豪奴，倚勢欺壓平民，掠奪財貨，搶劫犯人，掠取婦女，洛陽一帶商人畏避他，像避盜賊仇人一樣。安帝時，宦官和乳母王聖用公費修蓋房屋，他們出去時，地方官奉承無所不至，徵發人民修理道路和路上歇息的房屋，往往有上萬人服役，他們的僕人，受地方官賄賂，可以每人得數百匹絹。外戚之中，特別是梁冀最貪暴，歷史上說梁氏宗親和他妻族孫氏冒名作高級官僚、地方長官的十餘人，這些人都是貪污殘酷，甚至有派遣私人到屬縣，將富人禁閉獄中，勒逼取贖的。四方貢獻，都要先孝敬梁冀，官吏犯法求免，和鑽營作官的，都要賄賂梁冀夫婦，據說「道路相望」，盡是這些人。梁冀又派使者到邊境外去和外國交通，求取奇珍異寶，這些使人在路上徵發妓女，甚至掠奪婦女。梁冀夫婦都起造最華麗的房屋，他的獵場幾乎包括半個河南省。在洛陽西圍了個兔苑，兔子毛上有記號，誰誤殺了一只兔子，立刻處死。家中逼勒人民爲奴婢數千人，謊稱「自賣人」。爲借錢不還，陷害扶風

富人孫奮，没收財産一億七千萬。

殺掉梁冀的宦官單超等並不比梁冀好一些，他們一樣的奢侈貪污，兄弟親戚做了地方官，敲詐百姓像盗賊一般。宦官侯覽、段珪在家鄉買了田地，家中人侵犯百姓，劫掠旅客。侯覽的哥哥做益州刺史，誣陷百姓，没入財物幾億，還來時三百餘輛車子，滿載着金銀財帛。侯覽一共奪取人家住宅三百八十一所，田一百十八頃，自己蓋的房屋有十六處。

以上兩舉，只是一些典型的例子，類似的事很多，而且也不限於外戚宦官。東漢從和帝後政治的腐敗，官僚的貪污，日益加甚，人民的痛苦也更加深。

可是外戚、宦官所侵犯的並不限於人民，如上所舉梁冀所害的孫奮，説是扶風人士，當然不是商人，但却是個大富人，那一定是地主。梁冀和侯覽的親族，在各地勒索富人，其中也必然有地主。他們各以自身的親族党羽成立一個集團，自相併吞，侵掠了不屬于自己一夥的别人財産，因此統治階級中的知識分子也反對他們。

二　東漢知識分子對外戚宦官的反抗

東漢選舉制度　自武帝以後，經常從地方上選拔人才來參加政治，這些被選拔的人才多半是出於各地的中小地主階級，以至世家大族的。東漢選舉仍然分詔舉、歲舉、辟舉三項。詔舉名目繁多，這是由皇帝下詔特别徵求的人才。歲舉有孝廉，郡國人口滿二十萬者每年舉一人，以比例增加，不滿二十

萬口者二年舉一人，不滿十萬口者三年舉一人。又有茂才，廉吏自中央最高長官以至各州長官，每年舉一人至三人不等。辟舉是三公以及地方長官辟召的屬員，在當時三公府和州郡長官刺史、太守以至縣令都可以自己用人，不由中央委派。另外還有一種「明經」，也按人口分配，但似乎不是常例。

太學的發展　在武帝設立博士弟子員時，已有學校的萌芽。西漢末年，有人說孔子是布衣，還養徒三千人，現在皇帝的學校中，學生太少，於是曾一度也加到三千人，王莽時，才替學生建築了宿舍一萬區。光武帝開始正式成立太學，明帝時命宿衛兵士都得念孝經，匈奴單于也派兒子來留學。質帝時，上面所說的「明經」多數送入太學，此外又命自大將軍以至六百石的官吏，都要將兒子送入太學。到了末年，太學生多至三萬餘人，這時期太學成爲批評人物、批評政治的中心。太學生的領袖在政治上有巨大力量，作爲一個太學生，他的任務不是鑽研經典，而是組織知識分子，反抗宦官外戚。

歲舉各科，明經和太學生經過考試都可以做官，辟舉則是直接受委任，不經過考試。詔舉也不經過考試，但要回答皇帝所諮詢的問題，答得不好，就不一定能做官。

知識分子的結合　這些通過選舉的知識分子，也各各在政治上成立小圈子，東漢高級官僚公卿，大都由歲舉與辟舉出身。選舉的基礎，在當時建立在鄉里清議方面，清議的標準是道德行爲，所謂「名教」，其中最重要的是孝義。義是爲人報恩或報仇，孝是家庭道德的實踐，推而至於一族、一鄉，因此選舉標準純粹是以私人所負擔的封建道德之實踐爲斷，被舉的人對于舉他的官長，稱爲舉主，被辟的人對於他的長官稱爲府主。孝廉、茂才對于舉主，掾屬對于府主，應該有道德上的義務——報恩。

這樣通過選舉制度，門生和舉主，故吏和府主，宗族間、鄉里間可以團結爲若干政治集團，在政治上起了很大作用。這些小圈子既由各種封建關係所結合，也就不可避免地爲世家大族所操縱，因爲世家大族必然能把持鄉里，而舉主府主也以出自世家大族者爲多。在章帝時已曾下詔説選舉不實，要不拘門第高下了。但是選舉重清議，就是重聲名，爲要獲得聲名，就必須以道德行爲博取好評。這樣東漢士人做出了許多不近人情的事，裝出高人一等的孝子悌弟以及廉吏義士的模樣，另一方面若干孤寒之士也可以藉此獲得聲名，而入仕爲官。所以東漢官僚除了依靠宦官、外戚之外，不是世家大族，便是道德行爲高人一等的名士，或者二者的結合。

這些人眼見東漢政府被外戚宦官鬧得太不像樣，眼見得外戚宦官的掠奪毫無厭足，以至侵犯到自身利益，爲了挽救統治階級的命運，爲了保障自身的利益，不能不起來鬥爭。如上文所説外戚宦官是人民最痛恨的人，因此反對外戚宦官和人民的利益符合，可以獲得人民的擁護。

鬥爭的開展 東漢士人以鄉里爲基礎，在各個地方，外戚宦官的勢力是遠不如士人的。可是戚宦却憑藉着太后、皇帝以及那個發號施令的政治中心——宫廷，通過中央政府的任命，也可以布置私人作地方長官，他們也可以在家鄉收合党徒，所以「士人」和宦官外戚（特别是宦官）的鬥爭，不僅在中央而且在各個地方。這個鬥爭「士人」時常失敗，但也給予宦官外戚以打擊，最後憑藉人民起義的威力，「士人」在政治上被壓迫的地位才能取消，可是他們却反過來鎮壓革命。

在梁冀統治時，因反對梁冀致死的有太尉李固，大鴻臚杜喬等，還有個十九歲的青年郎中袁著上

書請梁冀退位，被冀打死。宛令吴樹誅殺梁冀客在民間作惡的數十人，也被毒死。李固的父親李郃是一個通曉陰陽的人，官至司徒。杜喬先代累世作二千石的官。袁著是汝南人，汝南袁氏是東漢最有名的大族。他們的反對梁冀乃是世家大族知識分子與貴戚豪門在政治上的矛盾，但正因爲梁冀的罪惡大，所以在能反對梁冀這一點上，我們承認與人民利益相符合。

黨錮之禍 梁冀死後，宦官專權，士大夫與宦官的鬥爭更趨激烈。大臣陳蕃、李膺、杜密，和地方官成縉、張儉等以及太學生領袖郭泰等，在洛陽及各個地方展開了鬥爭，毫不容情的將犯法的宦官及其家屬、黨羽處死，並没收財産。這些人都遭受宦官誣害，大都免職或是被殺。甚至如趙岐只因對宦官唐衡的哥哥唐玹曾加批評，唐玹做京兆尹就將趙岐誣陷，屠殺他的宗親家屬，趙岐逃難，藏在人家夾牆中幾年，唐衡死了，才敢出來。這一次一共有二百多人受逮捕的命令，後來雖然赦免，却不准與人來往，不准做官，稱爲禁錮。反抗宦官的大部分也是世家大族，陳蕃爲河東太守之孫，李膺的祖父是太尉。

靈帝即位後，陳蕃爲太傅，和竇太后父大將軍竇武共執朝政，重新起用了上回被禁錮的李膺、杜密等，他們合謀誅宦官，也殺死了幾個。但立即遭到宦官的反攻，竇武、陳蕃都被殺，這是一六八年的事。下一年宦官布置了一個「鉤黨」的羅網，將反對宦官的名士一網打盡，李膺、杜密、范滂等一百多人下獄死，有的逃脱了，便到處搜捕，一共六七百人受死刑、遷徙、免官的處分。一七六年，有人替黨人鳴冤，靈帝大怒，重理舊事，將黨人的家屬、門生、故吏，直到五服以内的宗族一律免官禁錮，這就是著名

的黨錮之禍，直到黃巾起義，在人民力量的威脅下，才赦免黨人的罪。這一次外戚竇武和「士人」聯合向宦官進攻，却遭受殘酷的屠戮。

三　西羌反漢起義

和帝之後，外戚宦官將政治搞得稀糟，人民痛苦本已加重，却在同時又有延續一百年的對西羌的戰爭。

羌人被遷入甘肅　羌人本來居於青海，王莽在那裏立了個西海郡，收爲内地。王莽敗亡之後，羌人入侵甘肅南部，這時隗囂占有其地，想利用羌人來拒敵漢兵，才開始遷入内地。東漢初年，馬援打破羌人的一種先零羌，將他們遷徙到甘肅東南部。明帝時，羌族最强的一部是燒當羌，爲漢所破，遷徙了七千人到陝西，設立了護羌校尉，駐屯甘肅，後來駐在青海西寧。章帝時，燒當羌還是結連諸部，常來侵擾邊境（他們根據地大概在湟河、大通河間）。這又曾遷徙羌人六千餘口於甘肅南部。漢朝破燒當羌，設立了金城西部都尉，屯駐龍耆（今青海樂都縣南），建立屯田。

羌人的部落很多，分布也很廣，大部落有數萬人，小的只有數千人，各有酋長，没有統一組織。彼此之間時常發生戰爭，漢朝利用這個弱點，可以用兵力、金錢，使他們不能經常聯盟對漢。他們的生活是耕田牧畜并行，但似以牧畜爲重。

這種遷徙内地的羌人和漢人雜處，官吏和狡猾之徒經常欺侮他們，因此時常反叛。統治階級欺壓

少數雜居民族，招致了邊地人民（包括羌人在内）最大的灾禍。

羌族第一次反抗 公元一〇七年，徵發住在甘肅南部的羌人征西域，羌人怕長久留在遠地，到了酒泉，逃還了許多。各地便發兵遮截歸路，將羌人的住屋毁了不少，於是激起了若干部落的聯盟反抗。這些羌人附漢已久，没有兵器，拿了竹竿、木枝當槍刀，板桌子當盾牌，居然將怯懦的漢將鄧騭打敗。下一年羌人的首領滇零自稱天子，招集沿陝甘邊境各種族到處侵掠，東面直到山西太原、河北境，南面侵入四川，陝西一帶更不消説。陝甘交通截斷，青海各縣本來要内地糧食接濟，此時一石米值到一萬錢，由於兵事和飢餓，百姓死亡的不知其數。統治階級毫無辦法，懦怯地將邊境郡縣移入内地，勒逼人民隨同遷徙。涼州郡縣除掉河西走廊以外，幾乎全部遷入陝西。當時一位政論家王符説：「人民害怕遷徙，比受死刑還凶，死刑只有一個人，遷徙大都要滅門。」人民不願，地方長官就發兵將田裏的禾稼發掘，房屋毁掉，自衛的堡壘平掉，將生產事業全部破壞，迫使人民遷移，同時又將老弱遺棄，任其死亡，而這些被迫遷移的人民流離散亡，也大半都不能活。漢朝除掉退却之外，只有募人絡續行刺羌族領袖。

亂事直到一二〇年才稍息，總共十四年之久，用錢二百四十億，遷徙郡縣直到一二六年才還舊地。

第二次反抗 相隔不過十五年，由于地方官的剥削暴虐，羌亂重又發生。一四〇年羌人聯合邊境諸族侵掠陝西，殺害官吏，漢發兵十萬進攻，下一年將領馬賢戰死，東西兩部羌人彙合。統治者還只有老辦法——遷徙郡縣，直到一四五年，亂事始定，這一次用去兵費又是八十餘億。

第三次反抗　公元一五九年燒當等八種羌又反。當時漢朝西北將領中有名的三人，皇甫規、張奐、段熲他們意見不一致。起先用段熲，不久换了個皇甫規。他一方面招降了先零羌十餘萬，另一方面將貪污與濫殺降羌不守法的地方長官一百餘人處死或免職，羌人很信仰他，投降的更多。可是招降用去不少錢帛，他和宦官又絕不來往，又彈劾了這麽多人，於是内外合謀誣陷他靠金錢收買羌人，將他調還中央。宦官又跟他要賄賂，他置之不睬，於是將他下獄，以「餘寇不絕」免職、處罰，又用段熲爲護羌校尉，張奐爲護匈奴中郎將分别主持。段熲與西羌（涼州方面的）激烈戰事，斬殺俘虜數萬人。一六七年，西方平定了，主持東方的張奐主張招降和進攻並用，這時尚未解決。段熲認爲只有屠殺，才能制止羌人。政府又叫段熲征東羌，在陝西北部窮追羌人，逼到山谷之間。張奐建議招撫，段熲説應該「絕其本根，不使能殖」，政府聽了段熲的話。熲到處窮追，直到深山之中，殘酷地大肆屠殺，於是東羌也平定。段熲經過一百八十餘次的戰爭，被他殺死的羌人有三萬八千餘，畜類俘獲了四十餘萬。這一次用費比前較少，但也有四十四億，時間延長到十一年（一五九——一六九）。四十四億只是段熲的軍費，其他並不在内。

在與羌人戰事中間，人民遭受了最大損失，除掉上面所説邊郡人民遷徙所受痛苦之外，内地人民負擔了巨額軍費，這些錢大都流入了貪污官吏的夾袋中。將領剋扣軍餉，賄賂上官，以致兵士大批死亡，「白骨相望於野」。從安帝之後各地人民起義的就「史不絕書」，這就表示人民的被剥削更重，而羌禍是一個助長的原因。

四　東漢後期的社會經濟與政治

地主與商業資本高利貸資本的結合　東漢初年的社會就是一個豪强世界，到了中葉以後，土地集中形勢更爲嚴重。和帝時陳寵作廣漢太守，那時益州的豪右，盛行兼併，官吏貪污，陳寵加以整頓，才好一點。桓帝時劉佑爲大司農。這時宦官蘇康、管霸占有天下良田美業，山林湖澤，人民窮困，劉佑下令各地按等級没收，結果桓帝大怒，劉佑的官也丢了。苑康爲太山太守，郡中豪姓侵奪人家田宅，苑康分付一律交還原主。鄭秦是經學世家，他家中有田四百頃，交結天下豪傑，用度不足。同時地主與商業資本、高利貸資本三位一體的共同剥削農民，遠在光武帝時，政論家桓譚就已説過，「富商大賈多放錢貨，中等人家子弟像僕人一般替他們服役，他們的收入等于一個封爵的人」。這是説商業資本與高利貸資本的結合。後漢書方術許楊傳説光武帝時鄧晨修復南陽的鴻郤陂，南陽方面的豪右大姓，都想獨占工程上所需的各種材料。靈帝時向各地徵發馬，各地的豪右就獨占了馬的買賣，因此一匹馬值到二百萬錢。所謂豪右，就是大地主，説明了地主從事于商業活動，大都是倚仗政治勢力來獨占，也就是説是封建性的商業經營。

這些富人（包括地主商賈）過着奢侈的生活。漢末政論家仲長統説「豪富」的家有數百間相連，擁有膏腴的田産，「奴婢成群，徒附萬計」（他所指的徒附意思是依靠豪富的人，應即是佃農。）這些豪富到處經商，滿城都屯積了貨物，珍寶多得室中不能容納，家畜多得滿山滿谷。又説：　那些大商人，在

各地都有住宅，田畝横跨郡國。名義上雖不是官，但是有替他服役的人，享受過於封君，勢力等於太守縣令。仲長統所指責的是商人，同時也就是地主。其實當時的外戚、官僚、宦官之流，何嘗不過這樣的生活，這些人都是大地主，有時也經商。

東漢後期的臨時調發　政府所收的賦税與西漢一樣，但又時常徵發地方財物應付各項臨時需要，名爲「調」。起先只就各地所儲藏的錢物調發，後來便由人民攤派，變爲一種額外負擔。此外鄉官胥吏的車馬衣服也由人民供給。這種都是無定額、無定期的臨時徵發。在桓帝時（一六五）曾按田畝徵收税錢十文，靈帝時也曾倣行，性質上還是調。人民的負擔，自從西北羌禍之起，更加煩苛了。在這樣殘酷的剥削下，農民連生活的必需資料也被地主政權和地主剥奪了去。生子不養是極普通的事，酷吏王吉作沛國相，下令如果殺了子女，就將父母斬首，可是誰壓榨得人民生子不養呢？靈帝時有丈夫吃掉妻子，妻子吃掉丈夫的事，自然是爲了飢餓。五原人民没有衣服穿，整天躲在草中。長沙人民冬天不穿鞋，生了凍瘡，不能走路。

佃農的增多　在西漢時主要的生産者是佃農及自耕農，但奴隷生産也占很大的比例，特别在非穀物的農業及工商業上。到了東漢時期，在農業上似乎佃農生産更有發展，皇帝所有的苑囿和各地公田（皇帝的田）租借給貧民而徵收假税的更多。明帝時（六六年）下詔郡國以公田賜貧民，這一個「賜」事實上是出租。公元七〇年命令將汴渠傍淤積的田給貧民繳租耕種，不准豪右霸占。章帝時（八四年）命令窮人没有田耕種的可以遷到别處，政府賜與公田，給與農具，五年不納租，三年不收算賦。安

帝時(一〇七)又命令郡國公田假與貧民。以後這一類的記載很多,還時常看到免除山林陂池的假税。我們知道這些苑囿和公田在西漢大部分由奴隸耕種,漢武帝没收了商人的土地奴婢,設立田官管理,可以爲證。但東漢時却都假與貧人,收的是假税,也有照自耕農一樣納租的,但似乎以假税爲多。可見東漢時期佃農的擴大。上文引仲長統的話説豪富人家「徒附萬計」,也是封建剥削下的佃農。漢末政論家荀悦説:「豪强富人占田過多,貧人要把大半的收穫交給他,政府收極輕的税,人民却要繳大半之賦。」大概東漢時期的假税與西漢差不多,在百分之五十以上。

奴隸生産　然而奴隸生産仍然存在。光武帝的外祖家中「僮奴無遊手」,便是一個例子。光武又曾下令禁止炙灼奴婢,凡是殺奴婢者應抵罪。這些法令的頒布,一方面説明奴隸主的殘暴,另一方面説明當時的政權是代表封建地主階級利益的。

雇傭勞動——客　在西漢時已經常見「客」的稱號。這個「客」是雇傭。在東漢似乎也更普遍。一個縣令如果没有奴,就得要雇客,在漢末雇一個客,工資是按月一千。客和主人的關係非常密切,主人犯了罪,賓客和宗族、親戚一樣要連帶處罰,這裏的賓客,當然包括爲主人所養的各種人,但也包括田客。可見客已成爲一種「私屬」。

佃農、奴隸、客都是喪失了土地的農民。

東漢時期的政治,從安帝後日趨腐敗,加上西北的羌禍,直接間接損害了人民,人民也更困苦,反抗統治者的起義便接連發生了。

反抗統治者的起義　公元一〇九年（安帝永初三年）張伯路等在北方沿海一帶起義，山東、河北諸郡響應，直到一一一年始定。這時百姓流亡，起義的甚多，地方官怕受處分，都隱匿不報。這時期正是西北羌亂始起，政府强迫遷徙邊郡人民，徵發徭役繁重，因此促使人民起義反抗。在順帝時起義的次數更多了，特别是在長江流域幾乎每一年都有記載。桓帝時，起義範圍更爲擴大，南方從長沙零陵直到兩廣、安南，北方沂蒙山區、關中等地都插遍了義旗。

桓靈之世　桓帝之世是政治上極端腐敗的一個典型例子。桓帝前期的外戚，後期的宦官，貪污奢侈已見上述，皇帝自己浪費荒淫，宫中宫女至五六千人。靈帝更爲加甚，不但奢侈，而且要錢。他説桓帝不會弄錢，只會花錢，甚爲可惜。他要二者得兼，因此公開賣官鬻爵，三公一千萬，卿五百萬，州郡長官二千萬，本來應該輪到授官的，可以減半或是三分之一。關内侯爵價五百萬，准許傳代，直到禁衛軍士「羽林」、「虎賁」都有定價，如果没有錢，可以到任後加倍繳納。當時三公如段熲，雖有平服羌人大功，但也得繳錢，才獲得三公的尊位。有一個名士崔烈交錢五百萬，拜爲三公。受任那一天，百官齊集。靈帝坐朝，覺得後悔，回過頭來説：「如果我們再勒掯一下，也許可以賣一千萬！」他背後站的程夫人是原經手人，説道：「崔公，冀州名士，哪肯買官，虧我遷就，才出了這個數目，真是不知好歹！」應該赴任的地方官都得到西園去議定價格，始能就職。有些繳不清錢的，被迫以至自殺。他積得了許多錢，在西園立了庫房儲藏，又寄給那些得寵宦官各人數千萬。他爲了要蓋宫殿，徵收畝税每畝十文。又發山西、甘肅各地木材石料，由地方官運送到洛陽。宦官們指摘材料不好，既不能運回去，

只好廉價賣給宦官（自然是作爲商品的屯積）。宦官又不肯立刻接收，以致木材腐爛，宫殿却造不成。單是應付皇帝，人民已經負擔不起，而地方官乘機又向百姓私自徵發，更是受累不堪。而且靈帝要什麽東西，並不只是下一道命令，他秘密派遣宦官到各地去，於是到處索取賄賂。凡是地方官以至孝廉、茂才都要繳納助軍、修宫費。大郡到二三千萬，以下遞減。我們看到上述情況，官僚被皇帝勒索錢，自然向百姓加利要回，這時簡直不成一個世界，滿朝都是虎狼，在那裏吞噬人民。靈帝修宫殿時，在上一年大規模的人民起義已經起來了。

五　黄巾大起義和地主武裝的反抗

道教的流行及理論　東漢末年的農民起義特徵是在宗教的旗幟下進行的，農民要求的利益只是用宗教的辭句、宗教的形式表現出來，實質上並不改變其階級意義。

東漢時流行的宗教是道教，這是混合陰陽、儒、道、神仙、方技各家的一種迷信組合。他們崇奉的教主是黄帝、老子，所崇奉的經典是老子道德經和一部漢人所創造的太平經。

老子道德經本來不含宗教成分，但是文句簡短，又有韻，容易附會，容易誦讀，加上一向和被説成昇了天的黄帝齊名黄老，所以成爲道教經典。太平經是各種迷信的綜合，再加上儒家的理論，目的是要帝皇安樂，天下太平。道教經典中絲毫也不包含革命的理論，但是五行循環説，在漢代占有極大勢力。人民厭棄了這個王朝，就可以憑藉五行之説證明其必然滅亡，而道教中五行學説是理論的主要部

分。五行説本身在當時並不是革命理論，反而可以替統治者起鞏固作用，但人民仍憑藉它來證明東漢王朝無永久存在的理由。

自順帝以至桓帝四十年間的人民起義便大都含有宗教色彩，後漢書上稱之爲妖賊。一四四年九江起義的馬勉戴鹿皮冠、穿黄衣（鹿皮冠是隱士所戴的冠），這種服飾和後來的黄巾相似。這一年華孟攻九江，自稱黑帝。我們知道黑色代表五行中的水，漢朝是火德，顯然是以水勝火之意。一四八年桓帝以有個陳景自稱黄帝子，黄色代表五行中的土，這和王莽的自稱黄帝之後，馬勉的穿黄衣同是取火生土之意。此外有稱真人的，有稱太上皇的，都是道教經典中的尊稱。由此可見黄巾未起之先，道教的五行循環説，已作爲反抗東漢政權的理論根據。

這個宗教最早傳播的區域是在濱海區域，逐漸向中心發展。史籍上分東漢末年的道教爲「天師道」和「太平道」兩種（天師道的發展範圍在陝西南部）。其實他們崇拜的經典同樣是老子道德經和太平經。太平道是取太平經之名，而「天師」也是在太平經中占有重要地位的神仙，無論太平道或天師道都是有組織的。過去的陰陽家與神仙家雖然創造許多妖言，但是没有組織，現在却不同了，他們有了教主，有一定的儀式，有各級的宗教幹部，因此可以取消宗族、鄉里而代之以另外一種堅强團體。

太平道的教主在漢末是鉅鹿人張角。教主自稱大賢良師，傳道者拿了九節杖用符水治病，令病人懺悔，這和天師道大抵相同。張角傳教十餘年，教徒發展到十餘萬人，分布於現在的蘇北、山東、河北、河南、湖北各省，分爲三十六方（方等于將軍），大方萬餘人，小方幾千人，都有首領。他們廣泛宣傳：

「蒼天已死，黄天當立，歲在甲子，天下大吉。」四句預言，並且派人在洛陽和各地政府機構的門上用白泥寫上「甲子」二字準備到期起義。在起義時他們頭上都包着黄色的頭巾，因此稱爲「黄巾」。

這種黄色的崇拜是合乎火生土的五行循環説的。

黄巾起義 當張角還没有起事之先，這個組織業已有强大的勢力，并已引起統治者的注意。後漢書楊賜傳説：「其先黄巾帥張角等左道惑衆，自稱大賢，天下繦負歸之。」楊賜在一七九年做司徒，他知道已經不能用武力鎮壓，建議叫地方官護送各地流亡人口還本郡來分解革命勢力，可是不久他爲了得罪宦官免職，這件事也就擱起來了。楊賜的一個屬員劉陶，在起義的上一年，又曾提起這一件事，説張角等到洛陽來竊視朝政，地方官怕犯忌諱，不肯舉發，請下令捕捉張角。靈帝没有聽他，其實聽他也不中用，革命的爆發已是必然的形勢。

一八四年正是甲子年（靈帝中平元年），這是預定起義的那一年，大方馬元義等號召了長江中下游荆揚二州數萬人，約期發動。元義時常往來洛陽，利用宦官作内應。已定在三月五日，各方同時起義，這個計劃如果成功，革命形勢要比後來好得多。可是張角的一個弟子背叛，上書告密，馬元義被捕車裂殉難，洛陽屠殺了千餘教徒，其中有禁衛軍，也有人民。事情既已發覺，張角迅速通知各方，一齊發動，張角自稱「天公將軍」，角弟寶稱「地公將軍」，寶弟梁稱「人公將軍」。一時義旗插遍了華北平原。

義軍發動之後，各地地方官都棄地逃亡。安平（河北冀縣）、甘陵（清河縣附近）兩國人民將國王

擒住，響應黃巾，政府張皇失措，派兵分守洛陽附近關隘，同時發布了解除黨人的禁錮，在人民壯大隊伍的威脅下，政府重又團結那些士大夫。我們知道這些士大夫多半在地方上具有勢力，這樣一來，各個地方封建勢力就起來和義軍頑抗。這些知識分子在先反對宦官外戚，反對腐敗的政治，曾博得人民的同情，而一到人民站起來的時候，他們却爲了階級利益，絕不與人民合作，反而幫助政府執行鎮壓。這時政府命涿郡大族兼經學家盧植統兵征河北，命西涼名將皇甫嵩征河南。不久盧植圍困張角於廣宗（河北威縣），義軍堅强抵抗，不能攻下。恰爲了盧植不肯向宦官納賄賂，宦官說他不肯盡力，將他免職，用董卓代替他。黃巾乘機反攻，將董卓打敗。這時皇甫嵩、朱儁等已將河南黃巾平定，移軍攻破廣宗，殺掉張梁（張角已先死），張寶也戰敗被殺。河南方面在南陽一帶還有十幾萬人，也爲朱儁所平。由於地方豪族和政府的合作，暫時將起義鎮壓下去。

張角失敗後的義軍分布　張角雖然失敗，而響應義軍的部隊却普遍成長起來。這些起義軍是散漫的分布於各地，名號繁多，不下二十餘部，其中以黑山的聲勢最大。政府爲破壞革命力量，命黑山領袖張燕總領河北諸山的義軍，准許他每年舉孝廉和計吏（向政府報告地方政績的郡吏，也是入仕道路之一）。

戰事還是不斷的發生，涼州方面兵事不止，中原方面從張角弟兄死了之後，事實上一天也沒有真正安定，但是張角之死義軍失去了一個共同領袖，所以組織就更散漫了。一八八年山西、四川都有起義，也稱爲黃巾。到了冬天山東區域的青徐黃巾又起來了，聲勢甚爲浩大，當時有人建議，以爲天下大

亂，由于刺史權力太小，應該派遣中央有威望的大臣去出鎮。事實上建議的人業已看到漢朝的中央政府已無救藥，想藉此割據。這些派出去的重臣都是所謂「名士」、「清流」，後來割據稱雄的也就是他們。

封建割據的形勢已成，鎮壓革命不能由中央政府統籌了，地主豪强要分別自己組織武裝來執行劊子手的任務。這時期洛陽發生了一件亂事，加速這個形勢的發展。

六　董卓之亂

自從張角兄弟殉難之後，統治者得了意，皇帝照樣淫樂，宦官、外戚重又發生鬥爭，士大夫重又受宦官的壓迫。

外戚與宦官繼續鬥爭　靈帝第二個皇后姓何，靠了宦官得立。張角起義，她的哥哥何進爲大將軍，坐鎮洛陽。這時又設立了統帶禁衛軍的西園八校尉，由宦官蹇碩統領，可是除蹇碩外的七個校尉大都不附宦官而附何進。蹇碩和何進爭權，幾次想害何進，没有成功。

一八九年，靈帝死了，皇子辯即位，何太后臨朝，何進輔政。世族兼名士的袁紹和何進聯合，想殺宦官。這時擁立何太后的宦官不疑心何進，因此很順利地先將身統禁衛軍的蹇碩殺死。可是要盡殺宦官却不容易了。何太后首先不贊成，她說：「自古及今，宫中總是用宦官。皇帝才死，我怎麼好意思和士人一起討論政事呢？」而且除掉何進之外，何家老太太、弟弟都說何進不該做這事，因此好久

決定不下。袁紹替何進設計，召四方將領帶兵到洛陽來威脅太后。這些將領有野心的自然正中下懷，於是前將軍董卓進兵長安，泰山太守王匡、東郡太守橋瑁進兵成皋（滎陽），武猛都尉丁原燒孟津城，火光直照洛陽城，一致要求誅宦官。何太后還不肯決定，袁紹勸何進催促董卓進兵洛陽，何太后慌了，才命罷免宦官，只留少數何進信任的在宮中。這時何進又不想殺宦官了，袁紹假傳何進命令，叫各地長官逮捕宦官親族。事情鬧了好久，宦官們知道何進不懷好意，通過何太后的母親說情，准許宦官重又入宮，取消了罷免令。此時何進才決定盡殺宦官，可是事情泄漏，宦官騙何進進宮，將他殺死。這幾乎是竇武故事的重演。可是在竇武時，洛陽城中的禁軍都附從宦官，名將張奐又被宦官欺騙，助攻竇武，而此時却不同了。何進部下知道大將軍被殺，便攻宮門將一些宮殿都燒了。宦官帶了皇帝出走孟津，追兵趕到，出走的宦官或是被殺，或是投河。宮中宦官也先被袁紹殺死。於是盤踞宮中數百年的宦官盡數掃除。

董卓專政　事情彷彿可以完了，但是董卓的軍隊業已到達洛陽。董卓是隴西大族，一向和羌族交結，所帶的軍隊，夾雜西北方面各族，他到洛陽後又併合了洛陽城中的軍隊，兵勢大盛。他廢掉了少帝，而立陳留王（即漢獻帝），殺掉太后，專制朝政，自稱相國。東漢二百年來宦官、外戚與世家知識分子的統治權落到了西涼軍閥手中。董卓一方面起用一些被壓抑的名士，頒布了大批命令，任用他們爲三公以及州牧、刺史、太守，連曾經爲了不贊同廢立，而得罪過的袁氏弟兄袁紹、袁術都赦了罪了；另一方面却大權獨攬，事事專制。而且軍隊毫無紀律，洛陽城中貴族官僚家家堆滿了的金銀財帛，大都

被劫，這自然招致貴族世家的反對。董卓自己殘暴異常，時常無故殺人，他的軍隊也到處屠殺劫掠，有一次派兵到陽城（河南登封）剛巧逢到人民在社下集會（祭土地之祠爲社），被軍隊將男子全部屠殺，就坐了人民的車子，掠了婦女，將首級挂在車子旁，唱歌而歸，説是破敵還朝。他又廢掉五銖錢，另鑄小錢，弄得貨幣不能通行。

董卓的政權妨礙了世家大族士大夫的利益，也加深了人民的痛苦。這時爲了各處有戰事，地方上都有兵。公元一九〇年，河北、河南、山東各地的長官以袁紹爲首，起兵討卓。董卓大概爲了洛陽去自己的老鄉遠，怕陷于四面包圍之中，就强迫遷都長安，將洛陽數百萬人口盡數西遷，一路上被軍隊驅逐蹙踏，盜賊劫掠，以及飢餓而死的不計其數，路上都堆滿了死屍。洛陽宫殿、各機構公署、人民住宅，周圍二百里内，都被董卓放火燒光。又命吕布發掘漢朝各帝陵墓，收集殉葬珍寶。這個二百年來由壓榨人民血汗而建成的繁華京都，只因統治階級間自相吞噬，而變成了一片瓦礫場。

可是西北軍隊還是爲那些山東集團所懼，不敢前進。董卓遣將出關，只有長沙太守孫堅敢于迎戰，打了幾個勝仗，將董卓軍隊趕進了關。山東諸將本來都想占地盤，無意進攻，各各割據土地，將兵力集中在鎮壓起義和互相攻擊這兩面去了。

董卓在長安，越來越殘暴，經常用極其慘酷的方法來殺人。他大概爲了袁紹反對他，對于世族不放心，因此殺死不少關中的舊家，最後連他部下將領也往往被殺。

董卓被殺和長安的混戰　在一九三年四月裏，司徒王允和董卓部將吕布將董卓殺死。董卓在長

安附近建築了一個堡壘，稱爲萬歲塢，積了三十年的糧食。他説事成便雄據天下，不成也可以在這裏養老。這時攻破了塢，塢中藏有黄金二三萬斤，銀八九萬斤，其他寶物堆得像山一樣。

問題還没有解決，董卓有一支軍隊，屯駐陝縣，留他女壻牛輔統帶。董卓一死，牛輔也被殺。牛輔手下將領李傕、郭汜、張濟，正在河南進行大規模的屠殺劫掠，這時兵士都想散掉，却没有得到政府的赦罪令。同時關中的涼州人心中也不安，都擁兵自守，没有歸降。李傕等決定西攻長安。他們軍隊不過幾千人，沿路收集衆軍到長安城下已有十餘萬。吕布軍隊中有叟兵（叟是四川、甘肅的一個種族）内應，引涼州兵進城，吕布戰敗出奔，王允被殺。於是長安城中的政權重又落入涼州軍閥之手。不久他們自己又互相攻擊，李傕將獻帝劫到自己營中，放火燒宫殿。郭汜也將勸和的官吏留在營中做抵押，鬧得稀糟，最後連匈奴的右賢王都加入混戰。兵士、人民死掉的不計其數，長安變了空城，强壯的四散，衰弱的人吃人，二三年間，關中一帶幾乎没有人跡。獻帝在混戰之中，用盡方法一節節的東返洛陽，洛陽已成廢墟，天天有人餓死，而保獻帝東返的將領還是一樣横暴。獻帝采納了董承的建議，召兖州牧曹操進京，這是一九六年的事。十月裏獻帝遷都許昌，從此皇帝依存曹操生活，政權全在曹操手中。

七　東方割據形勢

當黄巾起義之後，山東方面的地主武裝業已竭力反抗，這些武裝自董卓亂後，分别爲各地割據的

首領所吸收，組成更大的軍隊，以鎮壓人民和進行彼此間的戰爭。

地主武裝的建立　張角起義失敗之後，各地義軍在地理上的分布是：①在河北的黑山以及其他各部，大概都在太行山區。②在山東、河南的青徐黄巾。河北的軍事封建領袖爲袁紹、公孫瓚。山東、河南則是曹操和袁術。黑山黄巾的消滅倒不是由於漢政府方面還有什麽力量，而是由於各地豪强的武裝勢力。這些豪强的祖宗在西漢末年業已如此，因此有允分的經驗，將宗族鄉里組織起來，成爲地主階級所領導的分散而又有一致目標的反革命武裝。上面我們説過，通過選舉制度，一方面加强了中央集權，另一方面也加强了地方豪强勢力。在當時中央機構業已解體，而地方勢力憑藉他們數百年來根深蒂固的根基，重新産生出軍事封建領袖，將中央政府業已喪失的政權，在各個區域内個别地迅速建立起來。所謂統一專制帝國，基本上建立在各個分散的地主豪紳政權的基礎上，統一帝國的崩潰，並没有使這個基礎動摇，在一定時期，這些地主豪强便可以采取封建割據的形勢，各自保衛其利益。農民軍的起來，推翻了東漢王朝，但這個王朝却不是真正的一切反動力量的集中，所以無濟於事，而要打垮基層封建勢力却不容易，在没有先進階級領導的農民起義，在這方面陷于失敗。

所謂群雄的軍事封建政府，即是大大小小各個更小的地方封建集團之聯合組織。袁紹占了冀州，爲了要得到冀州大族的擁護，所以特别優待大姓。後來曹操平河北之後，下令説：「袁氏統治冀州，使豪强横行，親戚兼併，貧弱的人民代出賦税，傾家蕩産還不够交納。」就可以知道袁紹是怎樣的討好豪强和剥削人民。兖州的曹操一開始就以討黄巾立功。他的聲望自然遠不如袁氏兄弟，但祖父是當

權的宦官曹騰，父親是（從夏侯氏過繼來的）太尉曹嵩，也是譙縣的大族。董卓廢立之後，他還到陳留郡（開封）散財起兵。這個軍事集團是以曹氏、夏侯氏兩個宗族爲核心，而團結了許多地方武裝。他的將領李典是山陽大族，有賓客數千家；呂虔是任城豪强，擁有家兵；許褚是譙縣人，他集合了宗族少年數千家，共同抵抗汝南的「盗賊」；任峻是中牟人，他也有家兵數百人。他的謀士如荀彧、荀攸、袁渙、張範都是三公子弟。這些人都是反對農民軍最頑强的分子。無論是袁紹或曹操，其政權的建立都以地方豪强的武裝爲基礎。不但袁、曹兩家，其他群雄也都這樣起來。孫堅是富春豪强，他以討江南義軍許昌起家，以後進討黄巾立功，他的軍隊也是以宗族鄉里爲核心。劉備是宗室，得到大商人張世平、蘇雙的資助，因而集衆起兵討黄巾立功。盡管這些人彼此間互相猜忌，打來打去，但在鎮壓革命這一點上是一致的。

地主武裝鎮壓義軍　山東群雄起兵討董卓没有成功，立刻就將刀鋒轉向農民軍。一九一年，黑山軍十餘萬人攻東郡（山東朝城縣），曹操這時無固定地盤，便統兵入東郡擊破黑山。這時青州黄巾進攻渤海（河北省滄縣），想和黑山軍聯絡，爲公孫瓚所破，殘酷地屠殺了好幾萬人，虜掠了七萬多人。以後黑山曾一度攻入袁紹的都城鄴（河北臨障），雖被袁紹所敗，遭受殘酷屠殺，但仍保有相當兵力。青州黄巾想和黑山聯絡的計劃給破壞了，中間隔着袁、曹大軍，不能突破，因此就轉而西向，進攻兖州（山東西部與河南東北部），兖州刺史劉岱戰敗而死。曹操此時爲東郡太守，也是兖州的一部，曹操部將東郡人陳宫（這個人可能是東郡的豪强）去遊説兖州官史，勸他們迎接曹操作兖州刺史。一九二

年，曹操大破黃巾，收降士卒三十餘萬，男女百餘萬口。徐州方面的黃巾早被陶謙擊走，此時青徐黃巾就被曹操解決了。黑山方面被袁紹大破之後，便結連了袁術，却又被曹操擊破，勢力逐漸衰弱，一部分投降了袁紹。一九八年袁紹攻幽州，公孫瓚求救於黑山，黑山大帥張燕率兵十萬救他，没有到達，公孫瓚已滅。直到曹操攻冀州，張燕投降封侯，黑山才全部解決。然而在後期，黑山領袖變了質，不再是農民起義了。張燕在公孫瓚、袁紹、曹操之間，三國志本傳説是與豪傑相結，這是不錯的，因此後期的黑山領袖業已成爲群雄之一。

東漢農民起義在地主武裝的殘酷鎮壓下被消滅了，隨之而來的，乃是一個各軍事封建集團間的混戰。而在鎮壓革命和混戰過程中，造成了前所未有的人口減少、生産低落的社會經濟衰落情況。

第六章　三國紛爭

一　軍閥混戰和三國的形成

封建割據形勢和戰爭　自從董卓將獻帝遷都到關中之後，東方各封建軍事集團分別吸收了地主武裝，對黑山、黄巾等義軍進行鎮壓。公元一九二年，袁紹、曹操攻破黑山，曹操又破青徐黄巾，義軍大部被屠殺、鎮壓。接着就是各個軍事集團的一場混戰。當時的情況是：

袁紹——據有冀州（河北）　　袁術——據南陽、後據揚州（安徽）
曹操——據有兖州（山東中部）　　孫堅——據豫州（河南）
劉表——據有荆州（湖北湖南）　　公孫瓚——據幽州（河北北部）
陶謙——據徐州（山東南部）
田楷——據青州（山東北部）

袁紹、曹操、劉表是一党；袁術、公孫瓚、孫堅等又是一党。初期的戰事是袁紹對公孫瓚；曹操對袁術、陶謙；劉表對孫堅。戰爭一開始，袁術方面就處于劣勢地位，却不料在此時忽然來了個吕

布，將曹操占有的兗州攻取大半。呂布在長安戰敗後，逃奔東方，到了陳留（開封），曹操兩個最親信的部下張邈、陳宮不知怎樣竟然背棄曹操，共迎呂布。曹操自己正在攻打徐州，急忙還兵，在河南濮陽被呂布的騎兵打敗，連手掌都被火燒傷。但是呂布也不能解決曹操的軍隊，這樣在濮陽相持不下。這一年，山東大蝗，在軍閥混戰的狀況下，人民餓死無數，曹操軍隊甚至於吃人肉，呂布也因糧盡退守山陽（山東西南金鄉）。下一年曹操打敗呂布，恢復兗州，呂布逃奔徐州。此時陶謙已死，劉備繼任徐州牧。呂布找了個機會，乘虛襲取徐州。以上是公元一九五年的事。

袁曹兩大勢力的形成　漢獻帝這時坐困洛陽，没有人理他，於是由董承建議召曹操進來。曹操到了洛陽，一九六年，就將獻帝遷到許昌。當時也有人向袁紹提意見，勸他迎接獻帝。袁紹本來反對董卓的廢立，又怕獻帝來了，自己行動反有不便，所以没有聽從。這時曹操做了這件事，不但可以假借獻帝名義頒發命令，而且占了豫州。袁紹不免後悔，想將獻帝遷到鄄城，曹操没有答應。公元一九九年，袁紹攻破易京，消滅了公孫瓚，其先他已擴充到并、青二州，這時又得了幽州，於是統一了黄河北岸，成爲最强大的勢力。可是袁紹與公孫瓚膠着在易京時，曹操就在上一年滅掉呂布，占領徐州。一九九年，袁術又生病死了，於是曹操也没有了後顧之憂，北方便只有袁、曹兩個集團，雙方本來早已翻臉，都爲了各有後方牽制，所以没有大的戰事，這時便必然要決戰了。

官渡之戰——曹操占有華北平原　公元二〇〇年，袁、曹在現在的河南省中牟縣的官渡相持了六個月。論兵隊和經濟力量，袁紹遠勝曹操，但終於被曹操擊潰了。袁紹軍隊被曹操殘酷屠殺的就有八

萬，可是曹操並不能進攻。下一年袁紹死了，幼子袁尚繼承冀州牧，和其兄在青州的袁譚兄弟相攻，袁譚打了敗仗，向曹操求救，於是曹操乘機攻入冀州。二〇四年，鄴城（冀州首府，今河北臨漳縣）陷，袁尚逃奔烏桓，曹操又和袁譚翻臉，二〇五年將其消滅。

在北方邊境的烏桓族，自東漢時遷居中國邊境（今熱河遼西），袁紹占冀州時，和他們勾結，袁尚此時投奔到那邊，曹操覺得不放心，決定進攻。二〇六年，在河北東北部開了兩條河道，以便運糧，下一年統兵出發。他得到了一個嚮導田疇，從一條久已湮塞的道路，直攻烏桓根據地柳城（興寧縣）。烏桓酋長被殺掉三個，剩下一個與袁尚投奔遼東太守公孫康，公孫康將袁尚殺掉。從二〇〇年官渡之戰，直到二〇八年，才將袁氏完全消滅，曹操占有了整個華北平原。當時，在北方只有關中涼州與遼東還不屬曹操，但已不足輕重，於是曹操要向南方發展了。

曹操攻取荆州 荆州牧劉表當袁、曹相爭之際，他却在襄陽招集文學之士，在那裏重定五經新注。官渡敗後，依靠袁紹的劉備投奔荆州，劉表命他屯駐新野。二〇八年，曹操剛從柳城回來，就進攻荆州。劉表正在這時病死，小兒子劉琮繼承，曹操兵一到，劉琮便投降了。可是劉備和曹操不能相容。這時他駐在樊城，既不能守，只好投奔劉表長子江夏太守（漢口）劉琦，在半途上被曹操追兵趕到，打得大敗。他到了江夏，要想抵抗曹操，却没有足够的兵力，正想投奔湖南去。不想在萬分困難中，却開闢一條門路。

孫策占有江東 當北方農民起義時，長江南部也有起而響應的，但是聲勢不大，而宗族鄉里爲基

礎的地主武裝，却非常的多，當時號爲宗部。江南的幾個地方長官都是些文人，武力不强。而在當時，北方軍閥所爭乃是黄河流域，還不大注意南方。孫堅是富春人（浙江富陽），本以鎮壓義軍起家。他本來占有河南，後來和劉表作戰身死，軍隊併歸袁術。他的長子孫策甚爲勇敢，袁術將孫堅軍隊又交還了他。不久他受袁術之命，去平定江東。渡江之後，他迅速地攻下各地。當袁曹官渡決戰時，他想渡江北上，却被人刺死，由其弟孫權繼承。這時孫權已擁有江浙、安徽、江西的江南岸。當時在各地山區有山越族分布，這本是古代南方土著，在漢末時許多地方武裝，都和他們聯繫，很多漢人遷入山中，所以並非盡是古代越族。孫權繼位之後，分派諸將陸續征服山越，平定宗部，以增加控制的人口和開發山地。這時曹操得到荆州，便想乘勢東下。孫權聽從魯肅、周瑜之計，決定迎敵，同時與劉備聯盟。

赤壁之戰 如果就兵力而論，曹操方面軍隊有三十餘萬，孫、劉合計却只有五萬，强弱相差很遠。但由于北方軍隊遠來疲敝，又不習慣水戰。被迫投降的荆州兵士不願意爲曹操作戰，特别是荆州人民更是憎惡曹操的屠殺。這只要看到劉備從樊城出走時，跟隨他的荆州人有十餘萬口就可知道。結果在湖北嘉魚縣的赤壁地方，將曹操打得大敗。北軍完全退出江南。這一次的戰事決定了三國分立的形勢，戰事結束後，劉備獲得了荆州，孫權保有江東，並占有江陵以下荆州的一部分。曹操還去之後，在公元二一一年，占領了關中。

劉備占領益州 長江上游的益州，在漢末時，由一個宗室劉焉占有，傳子劉璋。益州的緊鄰，占有漢中的是天師道教主張魯，在那裏實行政教合一的統治，和劉璋常有戰事。有人向劉璋建議將劉備迎

到益州，請他進攻張魯，先行將漢中占領，防止曹操南下，可以保障益州。劉璋聽從了這個建議，就遣使邀請劉備。劉璋的用意似乎想慷他人之慨，讓劉備占有漢中，對自己無損，却把曹操擋住，而劉備獲得漢中，既藉劉璋之力，自然可以結成同盟，不致像張魯那樣時刻使益州感到不安。然而劉備却不如他想象得那樣忠厚，他帶兵到了益州，却不肯進攻漢中，反而藉故與劉璋鬧翻，將益州占了（二一四）。二一二年占了涪城（四川縣陽）。二一五年曹操進攻張魯，獲得漢中。漢中地位可以威脅益州，又可截斷四川與湖北的交通，對于形勢上極關重要。二一八年劉備發動了向漢中的攻勢，曹操也親自領兵救援。劉備在陝西河縣擊斬曹氏鎮守漢中的將領夏侯淵，曹操進到陽平關，劉備收兵扼守險要，曹操無法進攻，只好退兵，於是劉備又得了漢中。著名的政治家諸葛亮在他初見劉備時便曾提出一個計劃，他說：

> 若跨有荆益，保其巖阻，西和諸戎，南撫夷越，外結好孫權，内修政理。天下有變，則命一上將將荆州之兵，以向宛洛，將軍身率益州之衆，出於秦川，百姓孰敢不簞食壺漿以迎將軍者乎？誠如是則霸業可成，漢室可興矣。

到了此時這一個計劃已實現了一半，下一半便是要「將荆州之兵以向宛洛」和「率益州之衆出於秦川」了。可是孫權方面忽而違背盟約，給予劉備一個嚴重打擊。

孫權奪取荆州，劉備反攻的失敗　還在初定益州時，孫權就曾向劉備索取荆州。這本是毫無理由的，赤壁之戰是雙方的合力，荆州由雙方平分，也是由于現實的形勢，孫權的索取，只是一種同盟的討

價，並無道理可說。劉備當時沒有答應，孫權便擅自興兵，奪取湖南東部。這時戰事已快要發生，却爲了曹操攻漢中，劉備不願開釁，雙方取得協議，把荆州東西劃分，漢口向南屬孫權，江陵向南屬劉備。當劉備攻取漢中時，就命關羽進攻樊城，大敗曹操援軍，中原震動，可是樊城却始終攻不下來。孫權聽呂蒙的話，不向北攻徐州，却陰謀西襲荆州。這時關羽將後方軍隊調往前綫，後方空虛，却給予孫權一個機會。呂蒙用了詭計，將軍士扮作商人，偷偷的進攻，守江陵、公安的將領都投降了。關羽後路斷絕，想回西去，在當陽附近的麥城，爲孫權伏兵所殺。

下一年（二二〇）曹操死了，子曹丕繼位丞相、魏王，十月裏就篡漢，國號爲魏。劉備也在次年四月稱帝。這年七月，就決定征孫權。當時有許多人勸劉備應該將重心放在對魏方面，但他受了孫權這麼人的打擊，堅決要報仇，連諸葛亮都無法勸阻。劉備的兵勢盛强，孫權十分恐慌，向曹丕求救，曹丕要坐收漁人之利，沒有答應。

劉備軍隊屯駐在猇亭（湖北宜都縣），和孫權的大將陸遜膠着了七八個月。二二二年，爲陸遜用火攻打敗，退歸魚復（四川奉節），下一年，就在當地病死。這一次的戰事，劉備損失不小，從此不能再東下荆州。二二九年，孫權也稱帝，國號吳。三國的形勢，以後就沒有多大出入。

二　三國的政治

劉備臨死，將國事託給諸葛亮。

傑出的政治家諸葛亮　諸葛亮是歷史上傑出的政治家、軍事學家與發明家。他居於襄陽城西的隆中。劉備在新野時，由于徐庶的推薦，親自三次往見，請他出來。他在隆中，分析當時形勢決定了連吴攻魏，跨據荆益的策略。由于他的努力，促成赤壁的聯盟，打敗曹操。劉備稱帝後，他做丞相，此時後主劉禪是一個昏君，一切政事、軍事由諸葛亮決定。

三國時期流行的政治理論是法家之學，諸葛亮也是這一派。他一切公平，不問親仇，該賞的賞，該罰的罰，所以雖受處罰，大家都不怨恨。猇亭兵敗之後，西蜀形勢是大爲削弱了。他運用外交，主動的和孫權結好。在内獎勵錦的生産，從此蜀錦成爲四川名産，作爲財政上的主要收入之一。這時在雲南、貴州的少數民族發生亂事，諸葛亮親自南征，直到滇池（雲南晋寧縣），將他們的領袖孟獲七擒七縱。兵退之後仍用各部首領自治，他不留一兵一將，這樣團結了少數民族。從此南方不再有戰事，而各種資源不斷地與内地交流，充實了財政。他正確地執行了外交、内政的政策，因此才有可能以小弱的西蜀，爭取戰略上的主動權，和較爲强大的魏國鬥爭。

二二七年，他經過充分準備之後，出兵攻魏。兵進至祁山（甘肅西和縣西北），甘肅南部的南安、天水、安定三郡降服，關中大震，魏明帝曹叡自己到了長安來坐鎮。却因前軍馬謖違背命令，在街亭（甘肅秦安縣西北）爲魏將張郃所敗，只好退軍。這一次蜀軍頗有損失，但諸葛亮公布了自己的過失，殺掉馬謖，繼續整訓軍隊，人心毫不動摇。此後他屢次出兵甘肅，都因爲運糧困難退兵，因此他發明了一種運糧車木牛流馬以開展運輸。同時他計劃在渭河上游屯田，作爲久住之計。二三四年，他進軍到

了陝西境内郿縣的五丈原。他的兵士且耕且戰，和居民雜處於渭水南岸，人民安心生活，絲毫不受影響，這種紀律嚴明的軍隊，在三國時是没有的。當時魏將司馬懿不敢作戰，堅守不出，和諸葛亮對抗了一百多天。在這年八月裏，諸葛亮由于積勞成病，就在五丈原病故。他死了之後，即使在退兵之際，司馬懿還是不敢追襲，直到兵退盡後，他觀察了諸葛亮所布置的陣地，歎説：「真天下奇才也。」

諸葛亮的用兵是非常愼重的，因此不肯冒險，可是他自出兵以來，却是步步前進，五丈原離開長安已經不到一百公里了，假使不死，魏國未必能守住陝西。

他死了之後，人民要求立廟祭祀他，政府没有答應，人民逢時節，就在田間私祭。

魏國政治 魏國方面，曹丕、曹叡兩代，都是荒淫奢侈。特别是曹叡，他在洛陽大起宮殿，鑄造大銅人兩個，銅鳳凰和黄龍，鳳高三丈餘，排列在宮門外；在洛陽附近圍了個獵場，週圍一千餘里，内中養虎六百頭，狼五百頭，狐萬頭，還有不少的鹿兔。這些野獸出來傷害農作物，人民防不勝防，以致滎陽附近數百里内，毫無收穫。他又掠奪兵士的妻女入宮，宮中婦女充滿，據當時人説，這筆費用和每年軍費及政務費相等。他做了十四年的皇帝，臨死將國事託給曹爽、司馬懿。

司馬氏專政 爲了對蜀戰爭，司馬懿掌握了兵權。二三八年他又平服了遼東。遼東本是漢郡，漢末本地人公孫度爲太守，割據其地。度死之後，子孫相繼嗣位，向魏稱臣。當時中原大亂，人民或是南渡長江，或是東向遼東，因此其地頗爲富實。到了公孫度的孫兒公孫淵在位時，和魏國鬧翻了，自立爲燕王。二三八年，魏命司馬懿進攻，滅掉公孫淵，於是遼東以及朝鮮北部諸郡，都歸於魏。曹叡死後，

由八歲的兒子曹芳繼承，曹爽爲大將軍，司馬懿爲太尉，共掌朝政。司馬懿既屢有戰功，曹爽感到不安，將他轉爲太傅，名爲尊重，實際上是剥奪他權力。曹爽所任用的，大抵是當時著稱的名士，而且都是曹氏親族與鄉里，他們都不願意司馬氏權太重。司馬懿這個人老奸巨猾，不動聲色，故意裝病辭職居家，暗中却在布置陰謀。二四九年，他乘皇帝和曹爽出城祭陵，便發動了政變，帶兵關閉城門，假借太后名義，將曹爽及其黨羽罷免。曹爽在城外，有個皇帝在手中，要抵抗也不一定失敗，但他及他的弟兄，顧慮城中家族，又相信司馬懿不殺他們的誑語，決定回城請罪。不久司馬懿就假借另外一個藉口將曹爽兄弟及黨羽全行族滅。從此魏國政權，落入司馬懿的手中。過了兩年，司馬懿死，子司馬師以大將軍執政，廢掉了曹芳而立高貴鄉公髦。下一年司馬師就死了，弟昭繼任大將軍。二六〇年，曹髦忍不住司馬昭的壓迫，率領了宫中奴僕，出宫決戰，爲司馬昭的黨羽所殺，立常道鄉公奂爲帝。自司馬懿執政以後，到司馬昭殺死曹髦的十二年中，魏國另一個軍事重鎮揚州方面的將帥王凌、毌丘儉、諸葛誕先後起事，想推翻司馬氏，但均失敗而死。

蜀漢滅亡　這一個時期，蜀漢方面的當國大臣蔣琬已死，費禕在二五三年也死了。後主才自理政事。他信用宦官黄皓。姜維雖爲大將軍，但不常居成都，屢次出兵甘肅均無大勝利。當時朝中大臣都不主張用兵，想奪掉他兵權，最後姜維要求在甘肅屯田，不再回成都。蜀漢將相不和，宦官弄權，加上連年戰事，人民負擔加重，國勢漸衰。

司馬氏結好世家大族，政權業已鞏固。但篡位也必先樹立威望，因此司馬昭決定伐蜀。魏蜀力

量，無論從經濟上、軍事上來説，魏國處於優勢是無疑的，但如蜀漢能够團結禦敵，也未必就滅亡，却又内外互相猜忌，而自開國以來，魏國始終没有給予蜀漢嚴重威脅，因此就十分大意。二六三年，司馬昭發動了十八萬大軍進攻，分兵兩路，鍾會統大軍從陝西的斜谷、駱谷二道進攻漢中，鄧艾率領少數軍隊從甘肅西南進向四川。鄧艾軍隊冒險深入，通過陰平（甘肅文縣西北）小道，没有人跡之地，直到江油，成都方面才知道消息。諸葛亮的兒子諸葛瞻在綿竹（四川德陽）戰死，鄧艾軍隊便進逼成都。這一支軍隊，既然出於蜀漢政府意料之外，所以成都並不作任何準備，這時措手不及，既不敢守，又不敢走，只好投降。蜀漢的軍隊並未戰敗，只是由于内外不和，粗心大意，以致滅亡。姜維本來在劍閣抵禦鍾會大軍，知道成都危急，退兵到三台，接到後主投降命令，才全軍歸降鍾會，將士都十分氣憤，拔出刀來，將石頭都斫碎了。

鄧艾年齡七十歲了，他是貧寒出身，爬到高位，立了這段大功。世家大族出身的大臣，都不高興他，特别是鍾會身爲主將，却被他搶了頭功，紛紛説他有意討好蜀人，所作所爲，形同反叛。司馬昭本來也疑忌他，就命鍾會進軍成都，將鄧艾打入囚車，起解還北。可是司馬昭對於鍾會也不放心，他一方面命鍾會對付鄧艾，另一方面却親自統領大兵，坐鎮長安，以防鍾會。據説鍾會也確有反叛司馬氏的計劃，所以有意結好姜維。這時接到司馬昭的信告訴他自己帶兵十萬駐屯長安的話，鍾會知道這不是對付鄧艾，而是對付他，因此要趕快發動。他召集了北方將領，想盡數殺害他們，可是消息泄漏出去，説鍾會、姜維合謀盡殺北方兵士。北方兵士就起來攻打成都城，被禁閉的將領，也都從屋上溜回本隊

去，結果鍾會和姜維都被殺。鄧艾在囚車中起解，他手下的將領追上去打破囚車，將他放出。可是當時捕捉鄧艾的監軍衛瓘，却怕鄧艾回來報仇，又派兵追上去將他殺死。平定西蜀的大將二人都死，司馬昭却建立了自己的威望。

司馬昭代魏稱帝　司馬昭這一年追封晉王，作了篡位準備，可是他在次年八月就病死，長子司馬炎繼承。二六四年十二月司馬炎就廢魏，自立爲帝，國號晉。司馬氏父子三世，用了陰謀詭計，取得帝位。東晉時，司馬懿的曾孫晉明帝問宰相王導：「晉朝怎樣建立起來的？」王導告訴他司馬懿怎樣殺曹爽和司馬昭殺曹髦等事跡，明帝羞得把臉伏在床上說：「照你所說，晉朝怎會能久長呢？」

吴國政治　司馬炎篡位後，就只有晉吴兩國隔江相對了。吴國的建立，本來自從赤壁戰後，曹操曾屢次南征，孫權也曾屢次反攻。當時北方的軍事重鎮是合肥，雙方交戰在安徽境巢縣合肥之間。曹操怕江北岸居民爲孫權所得，下令勸遷内地。人民不願北遷，紛紛渡江，北岸成爲廢墟。直到二一七年，孫權已準備取荆州，遣使曹操請降，沿江戰事暫停。得了荆州之後，曹丕稱帝，他又稱臣於魏，魏封他爲吴王。隔了兩年，魏國要求孫權遣兒子到洛陽做抵押，孫權以非常卑屈的詞句一再拖延。曹丕決定進攻，連年出兵，雙方翻了臉，因此在二二三年，蜀漢與吴重訂了和好條約。

二二九年，孫權稱帝，從武昌遷都建業（南京）。二五二年孫權死，子亮繼位。這時所有開國元勳都已死盡，諸葛恪（諸葛瑾之子）爲大將軍輔政，孫權自與蜀漢講和後，和魏國也時有戰事，但規模都不大。當時最關心的，還是在對付山越。諸葛恪在二三七年平定安徽、江蘇、江西交界山地的山越，獲

得人口四萬，因此聲名甚高，這時陸遜已死，就由他主持了吴國政治。可是孫氏本是富陽大族，從孫堅以來，宗室照例領兵，而且在吴國有一種特異制度，領兵等于人口的分割，可以世襲，因此宗室很有權力，與魏蜀不同。諸葛恪專政使孫氏感覺到威脅。他當國不到一年，魏興兵七萬進攻，被他殺得大敗。次年春天他決定大舉進攻淮南，大家都反對。但他似乎受諸葛亮的影響很深，認爲自己人口少，有戰鬥力的軍士不多，只有乘此時發動，過幾年雙方人口比例與軍隊比例就更差得遠了，因此不顧一切，發動了戰事。結果圍困合肥新城，三個月没有攻下，正逢大暑，兵士都生病，只好退兵，損失巨大。他於八月還建康，十月裏就被宗室孫峻殺死。以後便是一連串的宗室大臣間的彼此屠殺。孫峻死後，從弟孫綝執政，皇帝孫亮長大了，想殺孫綝，反被孫綝廢掉，立了孫休爲帝，孫休又將孫綝殺掉。二六三年，孫休病死，其姪孫皓繼立。孫吴的政治本來不清明，孫權時期就有專設特務，稱爲「校事」的人，横行不法。人民的負擔非常重，而且普遍徵發人民爲兵，分配給各個將領，受剥削更凶。孫皓即位後，大修宫室，宫人數千，奢侈浪費。他怕臣下、人民反抗，專用嚴刑酷罰來鎮壓。内及宫中，外至大臣，被他慘殺的甚多，廣大人民更不必説。他的特務有所謂察戰、彈曲等名目，可以隨便拘捕人，人民窮困，常常希望孫皓快死。（在曹操那裏也有校事。）

吴國的滅亡　自從滅蜀之後，吴國本受上游的威脅，但是司馬炎及其群臣却都不願意發動戰爭，爭論了好久，直到二七九年才決定大舉，沿長江北岸從江陵到牛渚（采石磯）布置了五路軍隊，另外四川方面軍隊順流東下。吴國人民以至士兵早已恨透了孫皓，晉兵幾乎没有遭到戰事，就順利地渡過長

江，連孫皓自己也說：「守不住並非糧不足，城池不堅固，而是兵將不願意打仗。」二七九年十一月，晉開始發動渡江，二八〇年三月，四川水軍已經到達南京城下，孫皓投降。

從董卓之亂（一九〇）算起，至晉滅吳，中國又經歷了九十年分裂的局面。

三　社會經濟的衰落

三國時期的社會經濟十分衰落，這表現在生產工具缺乏，勞動力減少，以及土地荒蕪的現象上。

生產工具的缺乏　首先是三國初期鐵的缺乏。在魏國，罪人械足的刑具也改用了木，甚至盜賊斫棺是爲了取鐵釘，耕具當然就發生了恐慌。此外牛也非常少。這時擁有耕具與牛的，只有這些大小軍閥，他們可以虜掠工匠製造，也可以直接掠奪。例如曹操後來推行屯田制，他自己就說是由於破黃巾而奪得「資業」，才可以有充足的耕牛與農具，來分配給屯田户。三國志衛覬傳說，關中逃亡到荊州的人民，絡續回來，但是無法生活，都被關中軍閥招作部曲。他向曹操建議，恢復鹽的專賣制度，賺了錢來買犂牛，供給人民，這樣遠方人民就可以招徠了。這時中原的屯田制度業已推行。衛覬的意思是要推廣到關中來。可見屯田的農民都是没有生產工具，而由政府供給的。

人口的減少　人口是驚人的減少。據當時的記載——

蜀漢亡國時：　户二十八萬，男女口九十四萬，帶甲將士十萬二千，吏四萬人。

吴亡國時：　户五十二萬三千，男女口二百三十萬，兵二十三萬，吏三萬二千。

魏國的户口，在滅蜀後與蜀合計只有户九十四萬三千四百二十三，口五百三十七萬二千八百九十一，我們減去上記蜀的户口，算來户六十六萬三千四百二十三，口大約四百二三十萬。合計起來人口數比漢朝全盛時減少了六分之五。

當然上面的數字是不確實的，因爲一方面豪强的私占，另一方面人民的流亡逃匿，真正在户籍册上登記的並非就是人口的全數。例如袁譚占了青州，派人征募兵士，有錢的納賂得免，窮人竄伏丘陵野地，放兵捕捉，等于打獵（統治者本來就永遠將人民當作畜類的）。青州有萬户的縣，户口册上登記的只有數百。呂虔作泰山太守，當時人民多藏在山中。蜀漢自諸葛亮死後，蜀郡人口隱匿的頗多，呂乂作蜀郡太守，數年之中招出了一萬多口。吴國的山越，其中不少是逃匿入山的人民。這些例子，説明由于統治者的殘暴，迫使人民避到山野，過着原始的生活。鄭渾作邵陵令（湖南寶慶），奪掉人民漁獵的工具，强迫耕種。人民爲什麽要以漁獵謀生而不願耕田呢？這不是漁獵的收穫更豐富，而是缺乏農具與漁獵生活易於藏躲之故。可是人口減少却是事實，雖然不至於減少得那麽多。譬如曹操説他的故鄉譙郡（安徽亳縣）人民死喪略盡，他還到故鄉，整天在路上遇不到一個認識的人。關中遭董卓亂後，長安一帶幾年没有人跡。西北的金城（甘肅蘭州）爲軍閥韓遂占有，屠殺剥削，死的死，逃的逃（有一些逃到氐羌諸族中），以至户不滿五百。曹操平定凉州，太守蘇則盡力招徠也還不到一千户。

土地荒蕪　由于工具與勞動力的缺乏，也就是説生産力的低落，三國時期特別在華北平原普遍發生土地荒蕪的現象。洛陽城郊，直到曹丕時，還是樹木成林，洛陽附近的滎陽，直到曹叡時，還有一個

周圍千里的大獵場。直到晉朝初年，河南境內，還有廣大的牧場存在。淮南區域，先由于袁術的殘酷剥削，以致人民相食，以後又由于魏吴的戰爭，變成一片廢墟。關中的情況也是如此，董卓亂後，人跡斷絶，就可推測土地荒蕪之狀。其他各地，也好不到那裏。勞動力的減少，甚至有土地的人也無法耕種，例如楊沛在洛陽附近有田三百畝，却因自己有病，竟至妻子凍餓，死了無錢殯葬。

糧食的恐慌 這樣生產減少，自然會招致嚴重的飢荒，而飢荒又招致人民的死亡。軍隊的劫掠，已是劫無可劫，袁紹在河北，軍士都吃桑椹。那個楊沛作新鄭縣長，叫人民收取桑椹，他徵收到一千餘石，曹操取作軍糧，人民自然没有份。吕布和曹操在兖州作戰時，逢到蝗災，程昱在他的本鄉東阿縣虜掠糧食，供給軍隊，其中却雜有人肉乾。袁術在淮南，兵士都吃草。

這樣一種人民的大災禍，完全是由這些殘暴的封建軍閥造成。董卓之事，已經説過了。曹操打徐州，在河南、山東區域間，大肆屠殺，雞犬不留，「墟邑無復行人」。袁紹屠殺黑山義軍，一次就斬首數萬級。像這種斬首數千以至數萬的例子，在三國歷史上，隨處可以看到。更由於統治者殘酷的剥削、虜掠，迫使人民飢寒而死，更迫使人民生子不養。邵陵（湖南寶慶）的人民，「生子無以相活，率皆不舉」。吴國民間，也是「生産兒子，多不起養。」（見駱統傳）這種殺子之俗在漢時已多，這時更爲普遍，人口減少這也是原因之一。

人口的掠奪和分割 由於人口減少，大小軍閥就紛紛的掠奪人口，隨意將人民遷來遷去。當時攻取一個城，如果不能守，照例要强迫人民隨同軍隊遷移。例如曹操退出漢中，就將漢中人移到關中。

孫權攻黄祖，將江夏（漢口）人民數萬口移居江南。這種例子非常多。而當時各地的豪强，也都分割了人民土地，他們都擁有家兵、部曲、賓客，作爲他們的私屬。我們知道除了强迫遷移之外，人民自動逃亡的也很多，江南、遼東就有許多中原流移的人口，此外在較近地區遷移的當然更多。人民離開了家鄉，喪失了一切，就又有爲各地豪强的奴役，也有由本地豪宗大族率領遷移的，那麽移來移去，仍然受原來的豪强所統治。總之在當時人口幾乎給一切軍閥、豪强分配完了。

屯田制度的建立　在義軍被鎮壓之後，一部分統治者感覺到這樣下去不能建立一個統一政權，來集中處理問題，是有危險的，因此企圖强化政府的力量來充分控制勞動力，一方面增加兵源，另一方面擴充糧食生産。屯田制度就是在這樣一個社會背景中産生。

曹操在將漢獻帝遷到許昌之後，開始用棗祗、韓浩的建議，在許昌附近屯田，以後推廣到各地。屯田制度，本來起於西漢邊疆，當時這些土地都視爲皇帝或政府所私有，所以所收租率和一般田租不同，而是比照佃農向地主繳納的假税征取，大約在百分之五十上下。這樣曹操所控制的政府就建築在屯田的經濟基礎上以爭取地主武裝的領導權，也就是説曹操成爲最大的一個封建領主。它的租率比漢朝更高了，照章用政府的牛是官得六分，百姓得四分，自己有牛，則是對分，而此時人民都是没有牛的。曹操的牛哪裏來的呢？他自己就説：「破黄巾，得賊資業。」所謂資業自然不單指牛，而是包括農具、土地房屋等等。總而言之，他掠取了人民財産，又將這筆財産租給人民使用，而向他納租錢。凡是屯田農民，直屬於各級農官，最高爲中央政府的大司農，下面依次設典農中郎將、典農校尉、典農都校。

地方州郡長官和農官爲兩個系統，凡當屯田民的不受地方官管理。這些屯田民，雖然説是召募，事實上却是强迫，起始便有逃亡。但是當時人民如果要逃脱這個惡劣命運是不容易的，因爲他自己没有牛，没有犂，不做屯田户就必須做豪强的佃客，二者的受剥削是相同的。而當屯田户有一種好處，就是不服兵役。曹操自推行屯田制度，充分掌握了巨額土地與巨額人口，樹立了他的威權。

不但在曹魏境内有屯田，吴國也如此。至於兵士屯田則三國都曾推行。諸葛亮屯田渭濱，姜維屯田沓中，已見上述。吴國丞相陸凱説孫權時，戰士春天耕田，秋天收稻。陸遜爲了糧食缺乏，要命諸將擴充農田面積，可見吴國兵士都要耕田。魏末鄧艾，在淮河兩岸，設立軍屯五萬人。軍屯的組織和民屯的區别，恐怕是隸屬的關係，而主要是民屯的佃農不服兵役。

這些屯田農民，本來直屬政府，就是政府的農奴，但有時可以作爲賞賜。在吴國這種例子就很多，魏末也時常以之分賜公卿，於是又變成了私人的農奴。這種私人的田客本來就存在，他們依託豪强，也可以不服兵役，所以在魏末大爲發展，「貴勢之門，動有百數」，而且還招匈奴與其他種族人民爲田客，太原一帶多的可以有幾千。屯田制度保證了中央政府的强大，但仍然要與各地豪强共同分配人民。

可是奴隸生産在三國時期減少了。一方面由於大規模畜養奴隸，大量生産以給市場的需要，在市場消滅或縮小的情況下已不可能。另一方面由於奴隸價格的高漲，使奴隸主獲利甚難。在三國志注中，曾記載奴隸價格，從十六匹漲至六十匹，這自然由於勞動力的缺乏與奴隸來源的斷絶，但是政府的

屯田與豪强的招收田客也有關係。這裏說明統治者已經知道封建剥削比奴隸剥削更爲有利。

由於生産力的衰落，由於封建割據，商業活動在三國時期受了嚴重的限制。魏國甚至於廢止了貨幣，而專事以物易物，這種辦法維持了十年。但並不是說，當時商業就全部停頓，但看三國都有關税的收入就可知道。蜀漢的錦，流通於魏吳兩國，而西域各國也還向敦煌、武威輸入寶物。魏吳二國的屯田軍士，有時也兼營商業。然而這種交换關係，似乎都由政府及其官僚、將領主持進行。例如曹爽就曾託江夏太守于經以絹二十匹和吳人貿易，葛洪說吳國的豪强除了擁有大批奴隸與土地、畜牧之外，還有「商販千艘」。左思的三都賦，雖然誇張了一番成都、建業與鄴都的商業，但三國商業決不能如漢代的活躍是顯然的。

工業方面的控制，較之漢代似乎更爲嚴格。周瑜破袁術曾虜得許多工匠，這種工匠是隨軍的，也就是說身分上是不自由的。甚至在需要時，可以向各地征發工匠。孫休就曾向交趾（越南）征發手工千餘人，因此招致交趾人的反抗。魏蜀二國都曾設立司金中郎將鑄作農具和兵器。宫廷作場，在吳魏兩國規模都很大，吳國的紡織女工，就有數千人。民間是否有手工作場存在，固然難以斷定，但即使有之，也是規模非常小的。

可是我們不能抹殺那時在某幾方面的發展。首先，科學創造仍在繼續。例如馬鈞改良了紡織機、翻車與弩機、發石車（見下）。東漢時期，杜詩已發明了利用水力鼓冶的辦法（見下），三國時韓暨作監冶官，推廣了這個經驗，說是比用馬拖拉要有三倍的利益。魏末杜預發明了連磨，利用了齒輪，用一匹

牛拖八個磨盤。這些發明是吸收了以前的經驗，而在勞動力缺乏情況下作爲補救。其次由于人民大量南徙，長江以南區域得以開發。在漢代，江南是不産絲的，可是東吴建國之後，在諸暨、永安兩地都有專供御用的絲。三國志華覈傳説，孫權廣開農桑之業，足見南方蠶桑業在那時由于統治者的提倡，更由于熟習於蠶桑業的北方人民之南徙，江南地區絲的生産有了新的發展。特别是吴國的平山越，蜀漢的平南中，開發了在漢代還是較荒僻的區域。

在三國時，我們可以肯定歷史的發展方面，一是奴隸生産的愈趨衰落，二是南方的開發，三是科學創造仍然繼續。這些發展是農民起義所推動，而統治者却只有加上破壞與束縛，除非可以利用來增加自身的收入。

自然，我們還得提及一件賦税制度上的大變更。我們知道，在漢代田租照收穫量徵收三十分之一，算賦與更賦都納錢，而算賦則是依人口計算的。可是東漢末年應付迫切需要的徵發，稱爲「調」的一項，業已居財政上的重要地位。「調」本是臨時攤派，由於徵發的是實物，所以不能按人口徵收，而改作以户爲對象（因爲有些實物如車馬布帛不能零碎徵納）。又因爲各户的貧富不等，所以要計算資産高下，分配應繳額的多少。東漢末年，各個封建軍事集團爲了剥削的方便，大約不再管什麽賦税項目，一律稱之爲調，因爲調是没有一定數目與一定物品的。曹操在平冀州後把「調」制度化了，規定按户每年征收絹二匹，綿二斤。按户徵收綿絹是一種新辦法，但也是沿襲漢末習慣，規定的絹二匹，綿二斤，是給予地方官根據户數的平均標準，不是絶對數字，貧富繳納可以多寡不等，只是通計每户不得少

於這個數目而已。此外，曹操規定田租每畝四升，根據畝數而不依收穫量，這和漢代也有不同。田租一項不算重，這是因爲此時自耕農非常少，田租之輕與漢朝一樣，乃是優待豪强地主，曹操只是要他們盡一些納税義務，政府糧食來源本來依靠屯田。屯田與户調二項是曹魏財政上重要税目，而户調直沿襲到唐代中葉才廢止。吴蜀二國的賦税狀况，我們知道得不清楚，可能還沿襲東漢之舊，而在吴國地方官「調發」，似乎不像曹魏那樣制度化。

第七章　秦漢三國時期的科學與藝術

從公元前二二一年秦帝國建立，直到公元後二八〇年晉滅孫吴，恰好五百年。在這五百年中，祖國的科學藝術不斷的發展。

勞動人民雖然受盡了封建地主、奴隸主以及國家的剥削、壓榨，以致困苦萬分，但他們在廣漠的國土上，以無比的力量，無比的智慧發展了生產，發展了並創造了科學、藝術。

生產工具　農業方面，農學家趙過發明了一種三個脚的既可犂田，又可播種的農具，名爲耦犂，大大節省了人力，提高了生產效率。從前用舊式犂，六人兩牛每天只能種二十五畝，用新式耦犂一人一牛每天可以種一百畝。他又改良了舊式土地休耕法，創造一畝三甽的耕作法，收穫增加到每畝一石以上。稍後，農學家氾勝之發明了防旱的區種法，將田畝分劃成很小的區，既便於集約施肥，特别是在天旱時，便於澆灌與節省水量耗費。

趙過發明的新式農具，西漢推廣到北方邊地，如居延城即是其一，東漢末年又推廣到敦煌。越南境内一向燒草耕種，不知道用牛，東漢初期，才由九真太守任延，教導運用中國農具和耕作法，墾田就一天天的增加。西域各國當時都不知道用鐵，也由於中國冶鑄技術的輸入，才開始以鐵來鑄造農具和兵器。

東漢末年，宦官畢嵐發明了瀧水的翻車和渴烏。翻車，傳説就是現在的龍骨車，渴烏就是吸水筒，

當時只爲了冲刷道路塵土。三國期間大科學家馬鈞在洛陽運用翻車來灌溉高地上的菜蔬，才開始在農業上應用。

水利灌溉工程　中國的水利灌溉工程是全世界最偉大與最優秀的科學創造。遠在春秋戰國時已經有了黄溝、邗溝、鴻溝、十字溝、鄭國渠、都江堰的開鑿和隄防工程。秦代統一以後，秦始皇時（前二一五），史禄在湖南興安嶺東面開鑿靈渠，溝通了湖南、廣西的水路交通。這一道渠一共有六十里，設有三十六道閘，用閘來利用水力，以溝通南北背馳的兩道水——湘水和灕水。

漢朝灌溉工程，在武帝時大大地發展。元光年間（前一三四——前一二九）爲了運輸和灌溉的需要，水工徐伯計劃了從長安到黄河的河渠，三年完成，傍兩岸的田畝都成爲沃野。前九五年，白公開鑿了一道溝通涇水、渭水的河渠，渠長二百里，灌溉了田千五百餘頃，這就是與鄭國渠齊名的白渠。這時開發洛河水利，黄土層容易崩墮，發明了井渠的辦法，井下水道相通，上面分列井口。這種方法在西域特别適宜，因爲可以利用地下儲藏水量，引出平地以施灌溉。當時將這個先進技術推廣到西域之後，後來又傳入波斯。綏遠、寧夏現在的北套和西套都開發了水利，其他各地也多所興建，不可勝數，但其中也有事先計劃不周密，以致不能得利的。以後元帝時（前四八——前三三）邵信臣在南陽開的鉗盧陂中有六道水閘以控制水流，灌溉三萬頃的田畝。東漢時灌溉工程推廣到了南方，公元一三四年馬臻在紹興築了鏡湖塘，可以溉田九千頃。這些水利工程往往徵發人民數萬來開鑿，人民的勞動，創造了偉大的水利網，發展了生産。

漢代的鑛冶　漢代的各種礦産散布甚廣。産鐵地點政府有鐵官管理，共有四十四處。分布於陝西、山西、河南、河北、山東、安徽、江蘇、四川、遼西、遼東各省，而在華北平原有二十六處。安徽宣城、江蘇句容以及分布於西康、四川等地的銅礦，江西的黄金，雲南及湖南的錫鉛，貴州咸寧的朱提銀，都是已開發的著名礦産。陝西延長與甘肅玉門的石油也已發現，知道可以燃火，漢代稱爲石漆。煤在三國時唤作石墨，大概也在漢代發見。

水力的利用　鼓鑄方法也有改進，東漢初（三一年）杜詩作南陽太守，發明了水排，利用水力轉動輪子來鼓風吹炭，以冶鑄農具。這種利用水力的方法，還有水碓和水碾磑。古時舂米用杵臼，後來發展到利用體重，用脚來踏；東漢初年，更發展到用牛馬拖拉與利用水力轉動輪子。碓用以打米，還有用以磨麪的水碾磑，魏晋間甚爲流行，當然也是漢代的發明。

武器的改進　由於冶鑄技術的進步，漢代的兵器就普遍用鐵。我們知道春秋戰國期間，農具業已普遍用鐵，但兵器却還只限於防衛用的鐵幕、鐵室，和打擊用的鐵杖、鐵椎。楚國的鐵鉅、鐵鉇似乎並未推廣到北方。主要兵器如刀、劍、戈、戟、矛等還是銅製。漢代冶鐵技術進步，就大都用鐵鑄了。由于鐵可作鋒利兵刃，所以常常禁止鐵的輸出。在這裏我們附帶提到三國時兵器的改進。一是弩：這是戰國期間就有的一種發箭機器，可以連續發出的稱爲連弩，三國時諸葛亮曾加改良，可以發得更多，但馬鈞却説如果用他的改良法，還可以比諸葛亮式加增五倍。第二是發石車，這也是馬鈞的發明，他利用輪機的轉動來發石攻城，並且可以連續發出。

機織業的發展　蠶絲和絲織品是聞名世界的中國特産，在漢代通過新疆、中亞各國、波斯運銷到羅馬。波斯人爲了要壟斷這筆買賣，曾阻止東漢使者甘英由波斯灣渡紅海到羅馬。當時絲織業中心還是在山東，精美的織物有冰紈、方空縠、吹絮綸。此外河南葵邱的刺繡與織錦，也是最著名的。東漢王充説：「齊部世刺繡，恒女無不能，襄邑（即葵邱）俗織錦，純婦無不巧。」大約從現在開封經過商邱、定陶以至曲阜，直達臨淄，這一帶是漢代絲織中心。精美的絲織品，複雜的程度，今日吃驚。西漢時，長安人陳寶光和他的妻子能織一種散花綾，要用一百二十種絲，兩個月才織一疋。這種精美織品，是用各種色彩織成各種花紋，而品質極薄極堅。因爲絲類用得複雜，一種絲一根頭，就要用一個鑷（未詳），譬如上述散花綾就得用一百二十個鑷。一般的精美織物，也得用五六十個鑷。直到三國時馬鈞才改良了「一綜一鑷」的辨法。一律只用十二鑷，節省了不少人力。

西漢後期，成都的織錦業始盛，三國以後就成爲最大的産錦區域，工人集中在成都市場附近，已不是家庭副業了。但成都更精美的紡織品倒不是錦，而是一種以特産的植物纖維織成的布，稱爲「筒中細布」，細得像蜘蛛絲一樣。普通用麻織的布，在江南流行，但北方也有若干地區織麻布。

漆器的進步　中國古代青銅器的製作極爲精美，漢代轉向到漆器的發展。盤、杯、碗、匙、桌子、匳、盒、篋、以至刀劍鞘，都有漆製品，器胎用薄木片、竹篾和夾紵脱胎。這種脱胎法是用粗絹蒙在模型上，絹上加漆，乾了之後把模型去掉，裏面再加漆，而層漆之中夾一層紵，所以稱爲夾紵，這個名稱在晉朝始見，可是戰國時，却已有實物用此種方法，漢時更爲普遍。後來在唐代傳到日本與于闐，考古學家

在羅布泊，日本人在朝鮮平壤發掘的漢代古墓，其中殉葬品有很多的漆器，製作之精良爲當時全世界所無，有許多是用各種顔色描繪出細緻花紋。尤其是樂浪古墓中，一只竹篋胎的彩畫漆篋，上面畫了人物故事，用筆細如毫髮，男女老小，神態畢肖。這種漆器分工非常細，有素工、髹工、畫工等等名目。在當時，精美漆器要比銅器貴，例如一隻有彩紋的漆杯要抵十隻銅杯。

陶器與銅器　漢代的陶器也有進步。已經知道了用釉，並倣銅器，繪上各種花紋。陶製明器中有非常精緻的藝術品。磚瓦有些用核桃油和水漿雜以鐵沙石膏製成的，堅如鐵石。

由於漆器陶器的發展，銅器應用得少了，但是仍然保存古代精緻的技術造詣。若干漢代銅器的鑄作並不比從前差，特别是銅鏡在漢代作得極爲精美。成都的彫刻金屬器，在漢代非常著名，有一種馬形的刻字刀，刀環上鏤金稱爲金馬書刀的，便是成都特産之一。漆器上面也往往用金銀來作邊緣，稱爲金銀扣，漢墓中常有發現。

石刻　我們現在知道的最古石刻是秦靈公時的石鼓文。秦始皇時，在沿海各地和泰山都立有石刻，誇張自己的功德。漢代更是廣泛的流行，直到現在我們還保存不少漢代石刻。公元一七五年，大文學家蔡邕手寫儒家經典，刻在石上，立于洛陽太學門外。以後三國時，在公元二四〇——二四九年，又立了用古文、篆、隸三種字體的石刻五經，一共有四十八碑。石經是世界最大的刻石，雖然當時還没有拓本，却也可以説是最古的書籍刻本。有些石刻，不但刻字，而且刻上圖畫，山東武梁祠便是一例。這一種石刻畫，與上述彩篋上的繪畫，充分表現了勞動人民的藝術創造。

秦漢時期的建築　秦漢期間的建築，我們已不能見到了。歷史上所述的偉大工程如秦之阿房宮，漢之柏梁臺、建章宮等等，雖然爲了統治者的享受，但却是偉大人民的勞動成果。像這類建築物，都是非常高大壯麗，假使没有科學地掌握結構學原理，是不可能完成的。這裏可以舉一個例子：洛陽的凌雲臺樓高五丈，正樑距離地面十三丈五尺七寸五分，據説各方面木材的配合，非常匀稱，刮風的時候，看起來彷彿在摇動，但並不倒。三國時，魏明帝登臺，覺得太高了，怕有危險，分付再加大木材支持，結果却因破壞了均衡，反而坍毁。這裏説明造臺工匠的技術是如何的高明。

偉大的發明——紙　我們説到漢代的偉大發明，自然不能忘掉紙。漢朝人書寫一向用竹「簡」或木「簡」，書籍就是用繩聯起來，將若干簡捲成一束，便稱爲一卷。這是相當笨重的，東方朔向漢武帝上書，就推了一車子「簡」去。有時也用帛，陳勝、吴廣的起義，便曾在帛上寫了「陳勝王」三字，叫魚吞在腹中，可是用帛價錢很貴。西漢時，已經有紙的發明，稱爲赫蹏。考古學家在羅布泊旁的漢代遺址中曾有發現，但這時還不普遍，而且每一張紙只是一片小方塊，也不能容納很多的字。大概這時期的紙，是用綿絮製成的。到了東漢和帝時（一〇五），宦官蔡倫創造了以樹皮、麻頭、破布、魚網搗爛的漿，製成像現在那樣的紙。這是古今最偉大發明之一。而蔡倫以後，幾乎一千年的長時期，歐洲還在羊皮上寫字。筆和墨發明得更早，可以直推到商代，硯子在平壤漢墓中發見，所以「文房四寶」在漢代已具備了。

馬鈞的其他發明　我們還要提一提那位機械學家馬鈞，上面已説到他的翻車、紡織機、發石車和

弩機的改良。除此之外，他曾重造指南車。指南車是古代已有的，東漢張衡曾經製造，但此時業已失傳，他運用機械原理，重新製造成功。魏明帝時，有人獻一套木偶，制作精巧，但不能動，他利用水力轉動輪機，木偶安上機括，可以打鼓、吹簫及種種把戲。

天文學的進步 爲了農業上的需要，中國古代天文學、氣象學早已有很高的造詣。秦代的吕氏春秋，漢代的淮南子，都記載了二十八宿的全部名稱。東漢時期，大科學家張衡，已知道配合官位的常明星一百二十四，有名稱的二百二十，知道的星有二千五百，海邊占星人的紀録還不在内。西漢時期，在上林苑中設有天文臺，名爲「清臺」，用專家在那裏測驗。東漢在洛陽，也有個靈臺。秦始皇時（前二四〇）已經發現哈雷彗星，史記上所記載的「明星出西方」一條就是。西漢末期（前二八年）已經有日中黑斑的紀録。這兩條紀録要比西洋早上一千四五百年。公元一一六年，張衡製造了一個渾天儀，這是球形的天體模型。球上至南北極，以黄赤二道相交成二十四度，分天體爲三百六十五度又四分度之一。在球上又分列日月五星，二十八宿、中外星官（即上所説配合官位的星）。另有一個銅器，裏面盛水，中間有孔，水漏入兩個銅壺中，運用兩壺水漏的輕重，和渾天儀聯繫而使之轉動。因爲滴漏是有一定時間的，因此球的轉動，也隨之而晝夜輪流。他製成後，在密室中作測驗，室内人看球的轉動，報告某星隱没，某星出現，和天象完全符合。這樣精密的儀器，是當時全世界所少有的。在公元一三二年他又製造了個候風地動儀，形式像酒尊，中間分爲八道，安置機括，外面有八條龍，龍口含有銅丸，下面有八個蟾蜍，張口向上，如果某一方面地震，機括震動，安在這方面的龍口張開，銅丸落入蟾蜍口中，發

出清亮的聲音，其他七龍則不動。檢查哪一方面的龍口銅丸掉了，就可知道地震方向。據説有一次機括動了，應該在西北方，但洛陽却不覺得，隔了幾天臨洮來了報告，説那天地震。傳説上他製作的東西很多，如三輪自動車，自飛木鳥等。他對於數學也很有研究，同時還是個大文學家。像張衡那樣的人物，在當時全世界找不出幾個。

數學的發展　數學在漢代也有發展，圓周率的計算，在古代已知爲徑一圓三，漢朝人知道還不够精密，所以都在努力。西漢末期，劉歆計算爲三點一五四七，東漢張衡推算得爲三點一六，都比較多一些。到了劉徽（二六三）創造了割圓術，定爲三點一四一六。正如現代數學家華羅庚先生所説：「割圓術不但奠定了計算圓周率的基礎，同時也奠定了積分學上算長度、算面積的基礎。」還有一種求一術，始見於漢時書籍孫子算經，華先生説比希臘丢喬都氏爲早，這部書中還包含聯立一次方程式的算法。東漢時，趙君卿用幾何學證明了勾方加股方等於弦方的定律（勾股弦定理）。

醫學的發展　東漢末年，醫學家華陀除了善於以針灸、湯藥治病外，他還能動大手術，如破腹之類。他已應用麻醉劑，在割治時可以毫無痛苦。華陀之前，張仲景所著的傷寒論，爲中國醫學的經典之一，其中包含的醫方，有些直到現在還在遵用。藥物學的起源很古，本草這一部書，至遲是秦以前的作品，但歷代都有增改，大體上漢以後的藥物書籍，都依據漢代改修的本草。這一部書，奠定了中國藥物學的基礎，有很高的科學價值，很多治病特效藥在那時已經發現了。這一門科學在漢代很受重視，西漢末曾召集許多本草學者，到長安來研究討論。

偉大歷史著作——史記 在公元前一、二世紀之間，天才史學家與文學家司馬遷寫出了五十萬字的綜合體歷史著作——史記。這是當時全世界最偉大的一部通史。書的内容包含了大事記（本紀）、年表、月表、人物傳記和世系譜以及各種專門史。他已經注意到社會經濟活動與文化狀態。他寫了平準書與貨殖列傳，使我們能够知道春秋以至漢代的商業活動。寫了匈奴、朝鮮、西南夷、張騫列傳，報告了古代亞洲各國、各族的狀况。這些記載幾乎是唯一的最早的珍貴材料。他寫了天官書、曆書，總結了自古至漢的天文學、氣象學、數學的發展。他的文筆非常靈動優美，將這部大著所包含的歷史人物、歷史現象，生動地表現出來。特别是他對于統治者的不滿態度，毫無隱諱地暴露了他們在政治上、社會上的黑暗，以至被稱爲「謗書」。司馬遷之後，劉向、劉歆父子，楊雄等有十餘人，繼續將史記寫下去，但都不傳。東漢初期班彪、班固、班昭父子兄妹，合寫了一部專述漢事的漢書，體裁遵守史記。其中加增了講漢代地理志和圖書目録——藝文志。地理志根據官家所藏地圖和參考其他地理著述寫成，藝文志則是根據公元前二十六年劉向所作的别録和其子劉歆所擴充的七略。别録、七略已不是單純的目録，而是依照性質分類，并注意到學術源流派别的著作。漢代的史學著述很多，無論從品質方面或是從數量方面來説，在當時足稱世界之冠。

地圖的繪製，可以追溯到更古的時代。秦朝的御史府中，就藏有地圖。漢代中央有各地的圖，各個郡或國也各有分圖。圖上具備山川險要，并載有户口分布，以及物産等。專講水道系統的，有桑欽的水經，這部書也供給漢書地理志一部分材料。

今古文經學之爭　我們如果談到兩漢的學術思想發展，就會想到爭論了二千年的今古文經學的派別問題，這裏我們不討論。所謂今古文，乃是指儒家經典兩種不同本子及其解釋而言。今文乃是根據一代代老師用口傳授，學生記憶在腦中的經典和解釋，到漢代才用隸書——這是漢代通行文字——寫出來的本子。古文則是傳授源流不明，而在更早的時期，就用古代文字寫下來的本子。古文經典大體上經過西漢末期劉歆的改編與增删。今文經典口耳相傳也容易弄錯。我們不相信誰是孔子或是其弟子所定真本。但就進步意義來説，古文經學掃除一部分今文經典的解釋中所包含的迷信氣氛，這不能不説有他的成績。無論是今文學家或是古文學家，都在以儒家理論來替統治階級服務。但由于社會的現實環境，迫使他們發展了一種社會改良主義。今文學大師董仲舒和師丹，主張限制土地的集中，限制奴隸數字，和抑制商業資本與高利貸資本對農村的剥削。到了王莽，更利用了古文經周官實施一套社會改革。他們受了階級限制，不會贊成革命，但他們却也替人民説出了「貧民衣牛馬之衣，食犬彘之食」那一種慘痛生活。

文學作品　漢代出現了不少優秀的文學作品，特別是至今保存的一些與音樂相配合的民間歌曲。漢初盛行的是南方的歌曲，所謂楚聲，這是對於古代雅歌的一個大改革。漢武帝時派人到各地去搜集民間歌曲，立了個「樂府」，由音樂家、歌曲家研究倣製。這些出於民間或是倣照民歌寫成的歌曲，生動地反映了當時民間生活。東漢時期由此發展了五言詩。三國時，五言詩人曹植等，是文學史上有數的優秀作家。

綜上所述，我們可以肯定秦漢時期各方面之創造和發展，在當時她是個最偉大與最進步的國家，若干科學發明超過了希臘、羅馬，其他也不比任何一國差。在這裏所提出的僅僅是公元前三世紀末至公元三世紀的中國，而且限於個人所掌握的材料不够，所遺漏的還多，可是已有這麽多的發明創造，這充分證明中國人民的優秀。

一九五三年五月

（壹一三）

目録

第一章　東漢王朝瓦解與三國的形成

一　董卓之亂和群雄割據

漢靈帝中平元年(一八四)震撼全國的黄巾大起義被鎮壓了。爲了集中力量鎮壓起義軍,朝廷曾經下詔赦免由於反對宦官專政而受到禁錮處罰的官僚、名士所謂「黨人」,起義軍被鎮壓後,宦官和黨人間的矛盾重又激化。

在鎮壓起義軍的過程中,地方擴大了兵力,朝廷又將部分州刺史升格爲州牧。本來刺史只是監察一州的中央特派員,品級比太守低,東漢時期刺史的品級提高了,但名義上還不是統屬太守的上級。州牧的設置掌握一州的軍政大權,統屬所管郡太守,這樣就形成了州郡縣三級的地方制度。

鎮壓黄巾起義軍的主帥皇甫嵩那時以左車騎將軍爲冀州牧,掌握强兵,當時就有人勸他徵發冀州軍隊,調動其他七州之衆,南下洛陽,翦除宦官,實行改朝换代。皇甫嵩認爲這是「非常之舉」,拒絶了。中平五年(一八八),漢靈帝要重遊他在冀州河間的舊宅,又有人勸冀州刺史王芬在靈帝到達時發動兵變,另立新主。這件事由於靈帝中止了他的行程而不能實行,王芬以爲他的密謀泄漏而自殺。

兩件政變陰謀説明部分名士爲了翦除宦官，不惜冒最大的風險，同時也説明他們把希望寄託在地方軍事力量上。兩次政變都没有實現，但以後事態的發展正是這樣。

中平六年（一八九），靈帝去世，子辯即位，是爲少帝，年只十四。按照往例，何太后（靈帝皇后）臨朝，太后兄大將軍何進與太傅袁隗共同輔政，實權由何進掌握。何進和袁隗的姪兒袁紹交好，袁家四代有五個三公，爲當今最顯赫的門閥貴族。他自己也是個名士，當年曾經掩護一些黨人免於逮捕，在大姓名士間享有很高的聲譽。何進爲大將軍，就用他爲大將軍府的屬官。靈帝逝世，他官至佐軍校尉，統領部分禁軍。靈帝死後，袁紹勸何進盡殺宦官，由於何家的發迹獲得當權宦官所謂「十常侍」的扶助，所以何太后没有同意。袁紹又勸何進召「四方猛將」領兵進京，用以威脅太后，何進采納了他的建議。召來的有屯兵河東的并州牧董卓、東郡太守橋瑁、武猛都尉丁原，都以清除宦官爲名。

宦官得知何進密謀，這年八月乘何進入宫將他殺害。何進的部下知道消息，便和統領部分禁軍的虎賁中郎軍袁術（袁紹弟）率兵攻打皇宫，焚燒宫門。宦官張讓等帶着皇帝出奔，到了小平津，張讓等知道大勢已去，投河自殺。這時，董卓領兵到達，把皇帝接回了宫。在先，袁紹已經勒兵閉宫門，宦官二千餘人盡數被殺，甚至有因無須而被誤殺的，盤踞宫廷二百餘年的宦官全部消滅。但是袁紹和官僚、名士們還來不及慶祝勝利，就發現洛陽不是他們的，掌握政權的也不是他們，一切都落在涼州軍閥董卓手中。董卓是隴西豪强，充當涼州下級軍官，由軍功逐漸上升到并州刺史兼河東太守。黄巾起義，他一度統兵鎮壓，因無功被免官。以後，又被起用來鎮壓涼州的叛亂。靈帝死前，調他到洛

陽充當少府，他不接受。又升他爲并州牧，要他將部隊交給主將皇甫嵩，他也不奉命。何進召他進京時，他正屯兵河東，這次他却奉命即行。他進入洛陽後，第一件事就是收編和併吞城內外各種軍隊，依仗兵力控制朝廷。隨即廢黜少帝，立少帝弟陳留王協，是爲獻帝，並殺死何太后。他的官職由司空、太尉而至相國，獨攬大權。在議論廢立時，袁紹堅決反對，和董卓鬧翻，出奔冀州。那時董卓還想利用黨人、名士的聲望，爲自己加添光彩，因此他以朝廷的名義，爲被宦官殺害的大臣陳蕃、竇武以及其他黨人平反，並大量起用黨人、名士，有的內召爲朝廷公卿，有的外任州牧刺史。袁紹雖然和他翻了臉，董卓聽從了一些名士勸告，任他爲渤海太守。

這次剪除宦官的鬥爭，實際並未發生真正的戰爭，洛陽城市也沒有遭到破壞。董卓却給洛陽人民帶來了巨大災禍。涼州軍劫掠財富，污辱婦女。有一次他派軍隊到陽城，正好碰到二月祭社（土地神），百姓聚集在社下，軍隊一到，男的被砍頭，把掠奪的財物、婦女裝在百姓的牛車上，車軸上掛着人頭，說是破賊回來，這類暴行當然不止一次。董卓的種種罪惡注定了他的滅亡。

獻帝初平元年（一九〇）正月，以渤海太守袁紹爲首關東諸州郡長官聯合起兵討伐董卓。由董卓委任的黨人都站到了他的對立面，大大小小的地方勢力紛紛組織武裝參加討卓聯軍，聲勢十分浩大。

那時黃巾在并州西河白波谷重又舉起了義旗，攻破河東，轉入關中，董卓派去鎮壓的軍隊不能阻擋。董卓在洛陽，前有關東軍大敵，他的軍隊主力是涼州人，又害怕起義軍襲斷他的後路，就決定遷都長安。洛陽人民幾百萬盡數劫遷，步騎驅蹙，飢餓搶劫，積屍盈路。董卓放火焚燒，不僅全城變成

瓦礫堆,而且弄得二百里内没有居人。涼州軍雜有漢族和西北羌胡各族人,在西北地區長期作戰,戰鬥力很强,先後幾次擊敗幾支關東軍。關東軍分佈今河南境内,諸將各想保全實力,不肯前進。這樣相持到明年夏初,長沙太守孫堅擊敗了董軍,董卓退出洛陽。但那時討卓聯軍業已解散。

董卓入長安前,先加官太師,到長安後,大肆刑殺,假借各種罪名,殺人抄没家財。他在郿縣築了一個萬歲塢,積聚了大量糧食。董卓死後,發現塢中藏有黄金三萬斤,糧八九萬斤,珠玉寶物不計其數。董卓説:「事成雄據天下,不成守此足以畢老。」

董卓用他的親屬、部將掌握兵權,文職仍由他在黨人、名士中選任。關東起兵後,太傅袁隗以下全家五十餘口被殺,出身高門名士的三公,楊彪、黄琬因諫阻遷都都被罷免,主管用人的大臣伍瓊、周珌被殺。這些人和關東起兵的牧守是同一類型的人物。大概文職大臣中早就醖釀推翻董卓的政變。董卓到長安後,使人告前太尉現任衛尉張温與袁術交通,笞死在市上。又以叛逆罪誅殺關中舊族。董卓曾經是張温的部將,原有嫌怨,他與袁術交通雖無確據,但和司徒王允一起謀誅董卓却是事實。關中舊族反對董卓也是必然的。董卓采取這種鎮壓措施使他與黨人、名士、大姓高門間的矛盾進一步激化。誅卓的密謀也加速進行。密謀主謀者王允是并州太原冠族,年輕時受到大名士郭泰的贊賞,他一向反對宦官,曾經被捕下獄,又由於何進、袁隗等救解,才得免於一死。靈帝死後,何進用他爲掾屬,和他商議誅宦官。這時他官居司徒,與司隸校尉黄琬(荆州大姓、大名士)、尚書鄭泰(袁紹的好友)、僕射士孫瑞、尚書楊瓚等共同籌劃誅殺董卓。但是他們都是文臣,没有兵。王允通過同鄉

關係結連了董卓愛將吕布，又通過吕布結連了另一個并州將李肅。初平三年（一九二）四月，董卓入朝，吕布、李肅刺死董卓。吕布本是并州刺史丁原的部將，何進討宦官時，丁原方以武猛都尉屯河内，奉詔進京。董卓勾通吕布殺死丁原，併吞了這支并州軍。吕布雖與董卓結爲父子，却不是涼州嫡系。他的背叛董卓多少反映着并州軍與涼州軍的矛盾，所以另一個董卓部下的并州人李肅也參與了這次政變。後來在外縣的涼州軍將李傕、郭汜等知道董卓被殺，就將在軍中的幾百個并州人全部殺掉，這就不難知道其背景。董卓之死，大快人心，長安人聚集在路上歌舞，賣去珠玉衣裳，買酒肉相慶賀的充滿店肆。

董卓雖死，涼州主力軍步騎數萬在河南西部依然存在。那時涼州軍的主將董卓壻牛輔已被部下殺死，部將李傕、郭汜派遣使者到長安，乞求赦免。王允不答應。李、郭領兵返攻長安，沿路收容其他涼州兵將，聚集了十幾萬人。只攻了八天，長安城中有來自蜀中的所謂「叟兵」叛變，引涼州兵入城。吕布戰敗出奔，涼州軍大肆劫殺，死者萬餘人。王允、黄琬被殺滅族。

從初平三年六月到建安元年七月（一九二——一九六）四年之間，涼州軍李傕、郭汜、樊稠等盤踞長安，他們的子弟侵暴百姓，城中盜賊虜掠，秩序大亂。又由於生産停頓，糧食缺乏，大量人民餓死，弄得屍骨遍地。興平元年（一九四）以後，李傕、郭汜等自相殘殺，更其加重了人民的災禍。最後長安一帶成爲一片廢墟。

董卓之亂始於宦官、外戚、官僚、名士間的矛盾，後來成爲涼州軍與關東軍的爭戰。實際上，東漢

末年，隨着地方軍隊的擴大，割據分裂形勢日益暴露。董卓其實也只是割據群雄中的一員。

在黄巾大起義的同時，河北西部山區發生了農民的武裝鬥争。中平二年（一八五），起義隊伍十餘支各有名號，屯聚在太行山，推張牛角爲帥，被稱爲「黑山賊」。張牛角戰死，由張燕（本姓褚）統率，隊伍擴大至百萬，嚴重威脅河北郡縣。

中平五年（一八八），以郭太爲首的黄巾餘部在西河白波再度舉起義旗，轉入關中。同時，汝南葛陂黄巾攻占郡縣，益州黄巾馬相攻殺刺史郗儉，自稱天子，這年冬天青、徐黄巾復起，攻略郡縣。益州黄巾不久即被鎮壓，其他幾支黄巾軍長期堅持戰鬥。初平四年（一九三），徐州牧陶謙説徐州黄巾「殊不畏死，父兄殲殪，子弟群起，治屯連兵，至今爲患。」這裏可以看到徐州黄巾英勇戰鬥的精神。

二 群雄割據與曹操統一北方

自從董卓劫獻帝遷都長安以後，山東牧守分别吸收了分散的大小地主武裝，相互兼併，最後由曹操統一北方。

曹操，沛國譙縣（今安徽亳縣）人，父親曹嵩是桓帝時當權宦官曹騰的養子，靈帝時歷任高官，靈帝賣官，曹嵩花了成億的錢，升爲三公之首的太尉。曹騰的兄弟子姪在桓、靈兩朝很多當上朝廷和地方的大官。這一家不是高門，但却是豪族，擁有大量奴隸和封建依附人口——客，亂時便得以組織家兵。

曹操二十歲時，被舉爲孝廉，當了洛陽北部尉，遷頓丘令，以騎都尉參加鎮壓潁川黄巾，以功遷濟南相。曹操出身於宦官家庭，雖然博學多才，深通古學，却不是以道德和經學取得聲譽的士人；因此他非常想望能够擠入名士之林。後來他自叙生平，説當時被舉爲孝廉，「自忖不是個知名之士，深恐被人看作凡愚之人，只想當上郡守，好好在政事教化上幹一番，以便建立名譽。」按照當時習慣，要獲得聲名必須經過名人的鑒定，稱爲「題目」。那時他已得到一些名士的賞識，官居三公的橋玄、名士魁首何顒，還有大名士李膺的兒子李瓚都十分器重他。橋玄説：「我所見天下名士很多，没有人趕得上你，天下將亂，安定天下的只有你了。」橋玄又要他結納許劭。許劭是當世最有名的人物鑒定家，曹操能和他結交，當然也就成了名士。連號稱不輕易見客的最高門閥和名士魁首袁紹也同他交好。但是要當名士，還有一個主要條件就是必須反對宦官。曹操也確實做到了這點。他當洛陽北部尉時，曾經棒殺當權宦官蹇碩的叔父。他當議郎時上書替被宦官陷害的陳蕃、竇武申辯。他當濟南相時，彈劾罷免管内貪污縣令、長，公平選拔人才，禁斷法定範圍外的祠祀。被他罷免的縣官背後都有靠山，曹操這些舉動得罪了當權宦官。他害怕造成家禍，告病還鄉。靈帝中平五年（一八八），爲了加强鎮壓人民的需要，設置一支禁軍，由八校尉分别統率，算是皇帝親自指揮的禁衛軍，實際上由上軍校尉宦官蹇碩總領，曹操被起用爲典軍校尉。宦官被殺，董卓廢立，這支禁衛軍被解散，曹操被用爲驍騎校尉。他不願和董卓合作，逃還本鄉，隨即以家財召募軍隊五千人，以奮武將軍名義參加了關東牧守的討董聯軍。這時，聯軍諸牧守進到酸棗，都害怕涼州軍，不敢進軍。曹操率本部兵和部分陳留郡兵

西進，在滎陽被涼州軍擊敗，損失巨大。隨即派遣部將到揚州召募，這批新募來的軍隊到達龍亢(今安徽懷远)營地，立即譁變。事定後，曹操收集殘軍只有千餘人，只好到河内去依靠袁紹。

這時關東牧守間開始相互兼併，大大小小的地方武装分别被收編或併吞，逐漸形成一些較强大的割據勢力。這年七月，冀州牧韓馥受到來自幽州的公孫瓚的壓力，被迫把冀州讓與袁紹。

也正在這時，河北的黑山軍和青、徐軍發展壯大，對統治者構成嚴重威脅。就在袁紹占有冀州之際，黑山軍就東下進逼冀州治所鄴城，兖州也吃緊。曹操那時還没有地盤，袁紹要他領兵趕赴東郡截擊，把黑山軍擋了回去，即以曹操爲東平太守。這年冬天，青、徐黄巾三十萬北上進入冀州渤海，謀與黑山軍會合。那時公孫瓚屯兵槃河(今河北樂陵)窺伺冀州，袁紹才站定脚跟，不敢輕易開釁，便將渤海讓給公孫瓚。黄巾軍到了渤海，被公孫瓚的騎兵擊敗，這支黄巾軍就被消滅了。但是青州黄巾軍主力五萬之衆却在明年(初平三年，一九二)春間進入兖州，在東平(今山東東平)大敗兖州軍，刺史劉岱戰死。兖州官員便到東郡去迎接曹操爲兖州牧。四月，曹操和黄巾軍在壽張(今山東陽穀一帶)會戰。黄巾軍雖屢次戰勝，但却不能突破曹軍的防衛綫。起義羣衆數萬，大半是婦孺老弱，既没有後方，也没有輜重，糧食供應嚴重困難，無法長期扼守，只好退兵。曹操乘勢進擊，追到濟北，接受降附二十餘萬，男女百餘萬口，收編精鋭戰士，號爲青州兵。從此曹操以兖州爲根本，擁有幾十萬大軍，成爲黄河流域一大勢力。

當時在封建割據勢力中最具有號召力的是袁家弟兄袁紹與袁術。關東討董聯軍初起時，就被人

認爲這是一場董、袁之爭，董卓族誅袁氏，蜂起雲湧的大小地方武裝力量都聲稱要爲袁家報仇。冀州牧韓馥在開始發動組織聯軍時，詢問部下：「今天應當助袁氏？還是助董卓？」初平至建安年間，全國的形勢是：關中、雍、涼二州爲涼州軍各種勢力所盤據。關東諸割據勢力分爲袁紹、袁術兩大派，相互混戰。

袁紹據有冀州，附從他的主要有兗州牧曹操，荆州牧劉表。

袁術據南陽，附從他的有幽州破虜都尉公孫瓚，豫州刺史孫堅，徐州牧陶謙。初期的戰爭是袁紹對公孫瓚，曹操對袁術、陶謙，劉表對孫堅。戰爭一開始，袁術這一派就處於劣勢。還在曹操占有兗州之先，袁紹與公孫瓚在界橋一戰，將公孫瓚逐出了冀州。這年，劉表也擊退孫堅的進攻，堅中流矢死。初平四年（一九三）正月，袁術進軍兗州西境，被曹操擊敗，曹軍一路追擊，將袁術逐出豫州，南奔九江（今安徽壽縣）。曹操父親曹嵩避難在瑯琊，曹操要他到兗州，他隨帶幾十輛車的財物，行到瑯琊被陶謙部將劫奪，曹嵩全家被殺。陶謙本與袁術通達，多次與曹操相攻，這時曹操以報仇爲名，大舉進攻徐州，大肆屠殺，給人民造成極大災禍。明年（興平元年，一九四）曹操再次進攻，兵鋒直達濱海郡縣，徐州人民又一次慘遭屠戮。正在這時，兗州傳來警報，説陳留太守張邈和鎮守東郡的大將陳宫背叛，迎接呂布入兗州，曹操只好退軍。

呂布自長安破後，逃奔關東，這一年來到陳留（今河南開封）。太守張邈是曹操好友，曹操起兵討董卓，曾獲得他的幫助。上年曹操攻徐州，臨行囑咐家屬：「我若不歸，可依孟卓（張邈字孟卓）家」，

交情十分深厚。不知道什麽原因，和曹操決裂。陳宫本是劉岱部下，迎接曹操充當兖州牧的官員中就有他，據説由於曹操殺死敢於藐視抗議自己的兖州大名士邊讓，他雖算不上名士，也是本州頭面人物，深怕也被幹掉，因而叛變。殺邊讓可能確是導致這次叛變的重要原因，當時像邊讓那樣的大姓名士，在社會上特别是本州是有巨大影響的，曹操不能容許在他統治區域内有人和他唱反調，損傷他的威權，所以將邊讓殺掉，這一下却使兖州人士又怕又怒，陳宫便是他們的代表人物。大概事先州内大姓、豪吏間早有聯繫，所以事變才發動，兖州郡縣除了治所鄄城(今山東鄄城北)和范、東阿二縣以外，一夕之間全部歸附吕布。

曹操自徐州還軍，和吕布在濮陽交戰，被吕布打敗，曹操的手掌也被火燒傷。但是吕布也不能消滅曹軍，雙方相持一百多天。這一年北方發生蝗災，又遭到戰禍，大量人民餓死，軍隊甚至把人肉作乾糧。這樣情况下，雙方只好各自退兵。曹操退到鄄城，吕布退到山陽(今山東金鄉縣)。下一年夏天，雙方在巨野(今山東巨野)決戰，吕布的主力被擊潰，東奔徐州，到了年底，曹操陸續恢復所失郡縣，收復兖州全境。吕布奔徐州時，陶謙已死，由劉備繼任州牧。即時吕布殘部還有一定數量的殘餘部隊，劉備讓他屯兵在下邳(今江蘇睢寧西北)城西。下一年(建安元年，一九六)春天，袁術想要奪取徐州，發兵進攻，劉備自己統兵禦敵，吕布乘虚襲取了徐州。

曹操擊走吕布，隨又鎮壓了汝南、潁川的黄巾軍，鞏固了他在兖、豫二州的統治。興平二年(一九五)秋天，在涼州諸將混亂中，漢獻帝逃出長安，經過重重阻難，建安元年(一九六)七月到達洛陽，那

時洛陽已是個廢墟，皇帝在燼餘的宫殿内住下，百官消除荆棘，在殘垣敗壁間棲身。四方州郡的供應斷絶，糧食無着，中下級官員到田間撿再生稻充飢，有的餓死在墻壁間，也有被兵士殺死，狼狽不堪。曹操采納謀士荀彧等的建議，獻帝還在赴洛陽途中，就派曹洪領兵去迎接。獻帝於七月到洛陽，八月曹操就親自到洛陽，帶來了軍隊和糧食，驅散來自長安的將領，將皇帝和百官遷到許縣（改稱許昌）。曹操讓袁紹爲大將軍，自爲司空，掌制朝政。當曹操派曹洪去迎獻帝時，也有人勸袁紹迎獻帝到鄴城。袁紹本反對立獻帝，和董卓鬧翻，又怕獻帝一來，自己行動需要請旨，因此拒絶。這時眼見皇帝落在曹操手中，不免後悔，又要求漢帝遷都鄴城，曹操當然不答應。

自從關東聯軍討董以來，曹操一直和袁紹站在一起，曹操充任東郡太守、兖州牧都是由袁紹奏請，實際上是由袁紹任命的，兩家曾聯合鎮壓黑山起義軍，擊敗袁術。袁紹認爲曹操是自己扶植起來的，只是他派往黄河南岸的一個方面軍。所以當吕布入據兖州，曹操危急之際，曾經要曹操把家屬送往鄴城，大概名義上是爲安全起見，實際上還是主將對待部下的通行辦法，所謂「質任」即是人質。曹操没有同意。這一回曹操把獻帝遷到許昌作爲自己的工具，袁紹當然明白，曹操已經是自己的敵對力量。但那時雙方都還有後顧之憂。袁紹背後有公孫瓚，曹操背後還有袁術、吕布等，彼此都有後顧之憂，因此暫時相安。

在這個動亂時代裏，農業生產遭到嚴重破壞，人民在飢餓綫上掙扎，大量死亡流散，過去曾經農業發達的肥壤沃土成爲荒地。大小軍事割據者盡管敲榨勒索也徵發不出什麽東西來，劫掠也無物可

掠，平常吃桑椹，吃螺蚌，甚至吃人肉。毫無問題這種軍隊是無法維持下去的。曹操認識到要征服群雄不但需要有兵，而且需要供軍的糧食。他剛到兗州時，謀士毛玠就勸他「奉天子以令不臣，修耕植，畜軍資。」他迎獻帝到許昌，「奉天子以令不臣」這一點是做到了，「修耕植、畜軍資」成爲最迫切的大事。無主土地有的是，流亡人民有的是，這年曹操鎮壓了汝南、潁川黃巾，掠得了許多耕牛、農具。他采納了棗祇、韓皓建議，招募流民，倣照封建大土地上的勞動組織和剥削形式，在許昌周圍大興屯田。許下屯田獲得很大效果，這年從屯田民那裏攫取了穀物百萬斛。此後把這一措施推廣到管內諸州郡，使各地糧倉都有儲積，解決了軍食問題，爲統一北方創造了條件。

那時袁紹和曹操已經處於敵對地位，但是這幾年袁紹正以全力攻擊公孫瓚，一時無暇也不可能在南綫發動戰爭。因此，曹操有機會在黃河南擴大他的領土。

建安二年——三年(一九七——一九八)間，曹操驅逐了自關中竄據南陽的涼州軍帥張繡，挫敗了張繡與劉表的聯合進攻，擊退了袁術的入侵，安定了豫州的西邊和南邊。那時劉備已被趕出徐州，投奔曹操，曹操任他爲豫州牧，要他反攻徐州，却被吕布所敗。建安三年九月曹操親率大軍，東征吕布，圍攻下邳。直到本年十二月，城内發生兵變，開城投降，吕布被擒殺。曹操占領了徐州。那時青、徐之間瑯琊、泰山一帶(今山東東部一帶)有一支以臧霸爲首的强大的地主武裝長期盤據，曹操招撫了他們，利用這支部隊堵住了袁紹南下青、徐的道路。

建安四年，曹操又遣將渡過黃河，擊敗了依附於袁紹的眭固(原是黑山軍首領，投降袁紹)，占領

河内。

據有汝南的袁術在建安二年稱帝。他驕奢荒淫，弄得「江淮空盡，人民相食」，軍隊也捱餓受凍。建安三年，他東敗於吕布，北敗於曹操，走投無路，下一年想投奔青州的袁譚（袁紹子），中途病死。揚州在這年也歸曹操，那時已經和袁紹開戰了。

到了建安四年，吕布、袁術均已消滅，曹操基本上解决了後顧之憂。也就在這幾年間，袁紹擴大了他的勢力。早在初平四年（一九三），公孫瓚退兵幽州後，黑山軍乘袁紹在外未歸，一度進入鄴城，但未能據守。事後，袁紹領兵在太行山區進行掃蕩，大肆屠殺。黑山軍雖然没有被消滅，但力量被削弱了。以後，袁紹連年進攻公孫瓚。劉虞的部下也組織胡、漢兵馬和袁紹聯合。公孫瓚在易修築了非常堅固的堡壘羣，中間城有三重，城中積穀三百萬斛，號爲易京（在今河北雄縣西北）。他集中兵力堅守易京。建安四年夏天，袁紹用挖掘地道的辦法，摧毁了重重防禦建築，易京終於被攻破，公孫瓚自焚死。

公孫瓚才被消滅，袁紹立即部署精兵十萬，騎萬匹，準備南征。那時袁紹已把勢力擴張到并、青二州，他兼有四州（冀、幽、并、青）之地（相當於今河北、山西兩省和河南北部及山東膠州半島），地廣人多，聲勢浩大。

曹操這方面也作了部署。這年八月他進軍黎陽（今河南浚縣西），控制黄河渡口的馬津，又命臧霸進軍青州，防範袁譚（袁紹子，青州刺史）擾亂徐、兖；命于禁領兵屯駐南岸。部署既定，九月，分兵

守官渡。曹操還到許昌。這一年還是雙方各自準備的階段。

爲了使曹操陷於困境，袁紹派遣使者發動各地割據力量聯合行動。他遣使到穰招張繡，張繡却聽從謀士賈詡的話，降了曹操；又遣使劉表，劉表口頭答應援助，却按兵不動，坐觀成敗。這兩處都落了空。但在這年年底，徐州却出了事。袁術在淮南走投無路，想過下邳投奔青州刺史袁譚，曹操派遣劉備、朱靈領兵到徐州攔截。軍隊還没有到，袁術就死了。劉備一到下邳，却殺死徐州刺史車冑，背離曹操。原來這時以車騎將軍董承爲首陰謀發動政變，劉備也參加了。董承是靈帝董太后之姪，他的女兒又是獻帝貴妃，是個外戚。董承自認爲董太后的同族，他又被任用爲將，和涼州軍也有關係。獻帝在洛陽，他曾建議招曹操入洛，隨即隨獻帝到許昌。他曾經是洛陽漢政府的當權將軍，他聯繫的同謀也都是洛陽舊臣僚。他們一到許昌，雖然依舊身爲貴官，却没有實權，對於曹操專權是不滿意的，因而圖謀發動政變。劉備在徐州起事大概也是當時約好了的。我們不知道他們事先和袁紹有没有聯繫，但是實際上總是配合了袁紹的反曹行動。

劉備的行動傳到許昌，曹操先是派遣部將去作戰，却都被劉備打敗。明年(建安五年，二〇〇)董承密謀泄露，被殺，曹操決定親征劉備。諸將都認爲大敵當前，不宜遠征，深恐袁紹乘機進擊。曹操料定袁紹見事遲緩，一定不會行動，留着劉備，却是後患，果斷地進兵徐州。劉備料不到曹操竟然會抛開黄河兩岸的軍事親自到來，那時他又並没有可靠的軍隊，便不戰而走，通過青州投奔袁紹。這次東征很快就解決，果然直到曹操還到官渡，袁紹並没有任何行動。

從建安四年七月到年底，雙方雖然都積極備戰，似乎一觸即發，但經過半年之久，雙方都没有正式宣戰，軍隊更没有接觸，直到建安五年（二〇〇）正月，袁紹才正式發佈討曹操的檄文。二月，袁紹統兵到黎陽，遣將攻白馬。四月，兩軍在白馬、延津（今河南新鄉東南）兩地先後交鋒，曹軍陣斬冀州名將顔良、文醜。曹操初戰得勝，振作了士氣，但並没有改變强弱形勢。袁紹初戰失利，並無大損，四月大軍渡過黄河，連營東西數十里，進逼曹操大營所在的官渡，夾官渡河相持。

當時形勢，曹操處於十分危急的情况。在前方袁軍進攻猛烈，也像攻易京那樣，挖地道進襲曹營，曹操也在營中挖地道相應；袁軍箭如雨下，走路都得蒙着盾牌；特别是糧運不繼，軍中缺糧。在後方，降附的汝南黄巾劉辟等又背曹應袁，袁紹派遣劉備領兵援助。這個肘腋之患雖然很快就平定，但在一個時期内，境内諸郡縣却很不穩定，豫州境内可靠的只剩下潁川郡。汝水以至淮河間各支武裝隊伍蜂起，「許、蔡以南，人懷異心」，不但諸郡縣不穩，許都和軍前的文武臣僚也很多和袁紹暗中通信。後來曹操破了袁軍，在袁紹大營内獲得許多這種秘密信件，曹操吩咐一起焚毁，以安衆心。

那時袁紹十萬大軍，必須從遠道運糧供應，曹操遣軍半道襲擊，糧車幾千乘盡數燒毁。十月，袁紹再次調發車輛萬餘乘運糧，派大將淳于瓊領兵萬人押運，在烏巢（今河南延津縣）宿營。那時袁紹幕下謀士許攸從袁紹那裏投奔曹操，把袁紹屯糧地點和戒備不嚴的情况告訴曹操，建議劫營。曹操采納了他的計策，連夜自帶步騎五千，打着袁軍旗幟，冒充袁紹派來幫助防禦的兵，一到屯營就放起火來，袁軍大亂。到天明，大敗押運軍隊和袁紹派來的援兵，淳于瓊被殺，糧穀又一次全部被毁。

袁紹得知劫營消息，一面遣部分騎兵去救，一面却派張郃、高覽攻曹操大營。他說即使曹操打敗淳于瓊，我破了他的大營，他也還不了。但曹營沒有攻下，烏巢的壞消息就已傳播，張郃、高覽隨即投降。袁方全軍崩潰，袁紹和他兒子袁譚只帶了八百騎，倉惶渡河。曹操盡殺降兵，前後被殺的達七萬餘人。

從本年二月袁紹軍攻白馬到袁軍潰敗，歷時九月。官渡相持有月餘，除了最後決戰外，並沒有激烈戰鬥。著名的官渡之戰結束了，曹操統一北方的事業，便不是渺茫的希望了。

官渡之戰是統治階級內部兩個軍事集團間的兼併戰爭，和其他兼併戰爭一樣，受損害的首先是人民。

直到官渡戰後，曹操才上表獻帝，列舉袁紹的罪狀。

在這次戰爭中，雙方强弱形勢非常明顯。袁紹前方就有精兵十萬、騎萬匹，曹操的軍隊遠少於此數，特別是騎兵。曹操原只有馬六百餘匹，後來從關中送來一批，至多不過二千餘匹，而且曹操還必須在許昌屯駐重兵，以防突襲。徐州靠臧霸防守，這支軍隊負責堵住青州南下之軍，不能調動。兗、豫二州本來人口寡弱，豫州諸郡「人懷異心」，很多地方官員已暗中接受袁紹任命，不能指望在那裏廣事徵發，補充兵員。曹操的後方很不穩定，而袁紹却有一個比較穩定的廣闊後方。唯一威脅冀州的力量是張燕領導的黑山軍，他大概和曹操有聯繫，但官渡戰時却沒有什麼行動。若說經濟力量，冀州富實，袁紹能夠在那裏搜括大量糧食，曹操兩次焚毁袁紹糧車就有一萬幾千輛。而曹操在最後決戰

時，軍中存糧只夠一個月的供應，而且很難再行民間强行搜括。在這種形勢下曹操却能够以弱勝强，以少勝多，表明了他卓越的軍事指揮才能。

曹操和他的謀士們對於敵我形勢有一個清醒估計，他們如實地承認敵强我弱的現狀，在這個前提下正確認識敵方的弱點。這些弱點主要在於袁紹作爲統帥，不能知人善任，又不能當機立斷，軍中令不行，賞罰不明，這些弱點抵消了他軍事上的優勢。曹操却善於聽取意見，臨事果斷，治軍嚴整，彌補了軍事上的劣弱。袁方弱點在實戰中充分暴露出來，證明曹方的估計是正確的。

曹操取得巨大勝利，削弱了對方，壯大了自己，樹立了更高的威望，但是北方形勢還没有徹底改變。袁紹還去平定了降曹操的城邑，仍然擁有四州，曹操並未取得尺寸之土。下一年，曹操渡河擊破袁紹在倉亭（在今山東陽穀縣境）的屯軍，却不敢進攻，仍然退還許都。袁紹第二次派往汝南一帶活動的劉備也在下一年才南奔荆州。

建安七年（二〇二）五月，袁紹病死。他有四個兒子（一子早死），愛的是少子尚，他在生前任長子袁譚爲青州刺史，中子熙爲幽州刺史，外甥高幹爲并州刺史，留着冀州預定由袁尚繼任州牧。對此，袁譚當然不滿。謀士中也分爲兩派，各有所主。袁紹死後，袁尚繼任冀州牧，那時弟兄還没有公開破裂。從七年九月到八年四月，曹操奪取黄河北岸的重鎮黎陽，進攻鄴城。那時大敵當前，弟兄還能合力抵禦，擊退了曹軍。曹操謀士郭嘉説：「袁家兄弟勢均力敵，各有朋黨，情況緊急，他們會合力相保，緩和了就會相争，目前不如移軍攻荆州，等待冀州發生變故。」曹操采納了郭嘉意見，退還許都，

留軍據守北岸橋頭堡黎陽，隨即移軍南向。果然不出郭嘉所料，曹軍才退，袁氏兄弟打了起來。袁尚攻圍袁譚於平原。袁譚竟然派遣謀士辛毗去向曹操求救，曹操答應袁譚請求，並許結親。這年十月曹操到黎陽，主持他兒子和袁譚女兒的婚禮。明年（建安九年，二〇四）二月，進軍攻鄴。袁尚先前聽説曹操到黎陽，曾經還鄴，這時又親自領兵去攻平原，派審配守城。二月以來鄴城攻圍戰，幾乎是官渡之戰的重演，只是攻守易位。曹操采用當年袁紹攻曹營時起土山、挖地道的辦法，審配也照鈔曹操當年在内掘長塹來防禦。這樣相持到五月，曹操改變戰術，環城築起四十里長圍，決漳水灌城。袁尚從平原還軍來救，被曹操擊潰。八月城破，審配被擒殺。

直到此時，袁家兄弟還在相攻，袁尚敗走故安（今河北易縣）。鄴城破後，曹操藉口和袁譚絶婚。明年二月，攻破袁譚據守的南皮，袁譚被殺。那時袁尚和袁熙一起在故安（今河北易縣），部下叛變，逃奔遼西的烏丸。

袁尚、袁熙奔烏丸後，支持袁家的地方勢力勾結烏丸入境。這年八月，曹操領兵入幽州，擊退烏丸，平定了幽州。并州刺史高幹在鄴城破後已經歸降，聽説曹操東征，重又起兵。十一年（二〇六）春，曹操親征擒殺高幹，平定并州。青州郡縣在袁譚死後都歸附曹操。濱海地區有一支被稱爲「海賊」的人民起義軍也在這年八月被曹操鎮壓。

到了十一年秋，冀、青、幽、并四州全部爲曹操占領。

烏丸是東漢後期東北的强大部族，分居遼東、遼西、右北平塞外，稱爲三郡烏丸。袁紹平公孫瓚，

曹操在擊退了烏丸入侵幽州之後，決定遠征。建安十二年（二〇七），兵進無終（今河北玉田），獲得劉虞舊部田疇作向導，避開雨水壅積難行的大道，從長期湮塞的盧龍塞（今喜峰口一帶）鑿山開道五百餘里，指向蹋頓所居的柳城（今遼寧朝陽縣南），到達距離柳城不到二百里的凡城，蹋頓統率三郡烏丸和袁家殘部一起迎戰，被曹軍擊敗，全軍崩潰。曹軍進攻柳城。袁氏兄弟逃奔割據遼東的公孫康，被殺。

曹操這次遠征勝利，解除了長期以來烏丸貴族酋豪對東北的侵擾，接還了被虜和流入烏丸的大量漢族的人民，充實了幽冀户口。同時也遷入了大批烏丸族人，保留了其部落組織，在他們的酋豪率領下隨從征戰。這支以烏丸族人組成的騎兵成爲「天下名騎」。

曹操平定河北以後，立即頒佈命令改革袁氏弊政。九年八月定鄴，九月就下令加重豪强兼併之法；明確制定賦税制度，田租每畝四升，按户徵收調絹二疋，綿二斤，不許在此擅自徵發，地方官嚴格檢察，不准豪强逃避賦役，致使百姓加重負擔。河北在袁紹統治施行的所謂「寬政」，連曹操的謀士荀攸也説袁紹「寬厚得衆」，實際上所謂寬政却只是縱容豪强兼併。至死不降的袁氏老臣審配便是家財巨萬，宗族隱匿逃亡人民的大地主、大豪强。袁紹確實「得衆心」，據説死時，河北士女十分傷心，就像父母死了一般。其實所得的是大族豪門之心。曹操這一改革毫無疑問只是爲了增加自己掌握的國庫收入與勞役對象。但在一定程度上也有利於貧弱百姓。

建安十年（二〇五），他兩次下令改革風俗。一是禁止復私仇、厚葬。東漢社會風氣重視倫理道

德。父兄被殺害，子弟必須報仇，父母死了必須厚葬，否則被人認爲不孝。曹操輕藐那些虚僞的倫理道德，在他看來私人復仇是輕王法，厚葬不僅浪費家財，而且也有損於國家賦役。同年又下了一道整齊風俗令，嚴厲禁止社會上分部立黨，製造輿論，自相標榜，相互詆毁，以致混淆黑白。東漢以來，由大姓名士操縱的「鄉里清議」在用人行政上具有巨大權威，曹操不能容許這種有害於中央集權的社會風氣繼續流行。這兩道命令反映了曹操與袁紹在統治術上革新與保守的差異。

曹操既然統一了北方，他的兵鋒很快就指向荆州。

三　長江流域形勢和吴、蜀建國

長江流域的荆州從初平元年（一九〇）以來一直由劉表占領。劉表剛到任時，荆州情况也相當混亂。當時長江中下游各地都有以宗族組成的武裝集團。他們建立壁壘，抗拒官府徵發，也四出劫掠，被稱爲「宗部」、「宗賊」。南部長沙一帶也有人割據郡縣。劉表結交荆州大姓蔡瑁和蒯良、蒯越弟兄。采納蒯越的計謀，誅殺和降服宗部豪帥，奪取了他們擁有的部隊。荆州治所這時也從漢壽（今湖南省北部沅江下游洞庭湖畔）移到襄陽，劉表還娶了蔡瑁（襄陽人）妹爲後妻。幾年之間，他擊退了孫堅圍攻襄陽之兵，粉碎了袁術南侵企圖。招撫了來自關中的涼州張繡之衆；平定了長沙的叛亂，擁有了今湖北、湖南兩省，成爲雄據長江中游的一大軍事集團。

當中原混戰時，荆州是一個比較安定的地區。劉表志在自保，他和張繡結交，利用這支力量在南

陽一帶替他守衛襄陽北門。官渡戰前，袁紹遣使要求劉表協助，他表面答應，却不見出兵。袁紹敗後，在汝南一帶活動的劉備奔荆州，受到劉表隆重的接待，並獲得軍隊的補充。那時張繡已降曹操，劉表安插劉備在新野屯駐，其目的也是利用這支隊伍來看守北門。

從初平元年（一九〇）擊敗孫堅以來，直到建安十二年（二〇七）十餘年間，荆州没有發生較大的戰爭，境内安定。劉表招納來自各地的文人、策士，數以千計，開設學校，延請著名經學家宋衷等撰定五經章句後定。這是一套突破漢代傳統經學，開闢治學新途徑的創新著作，荆州學派對於魏晉學術思想具有深刻的影響。他又訪求書籍，命人鈔録，遭受兵災的遺書在荆州得以保存傳播。在保存文化、啓發後學方面劉表起了卓越的組織作用。

也在這十餘年内，孫策完成了統一長江下游的事業。

孫策是孫堅的長子。孫家是吴郡富春人，並非高門，孫堅出身縣吏，以鎮壓許昌、許韶領導的會稽農民起義（熹平元年，一七二）和黄巾大起義起家。以後隨從司空張温征討凉州叛亂。中平三年（一八六），他充任長沙太守，鎮壓長沙、零陵、桂陽的農民起義軍。關東牧守聯軍討伐董卓，孫堅領兵北上參加聯軍。那時荆州刺史王叡是瑯琊高門，一向藐視出於寒門以軍功起家的孫堅，這回孫堅路過武陵（當時荆州治所），就把王叡殺掉。兵到南陽，又以不給軍糧殺死南陽太守張咨。那時袁術在魯陽（今河南魯山），孫堅取得南陽這個富實的大郡却讓給袁術，袁術奏請任命（實際上是袁術任命）孫堅爲豫州刺史，屯駐魯陽。討董聯軍諸將中孫堅是唯一能够戰敗凉州軍的人。董卓吩咐部下：

「孫堅有一點傻勁，逢着他要多慎重。」初平三年，袁術指使孫堅攻襄陽，中流矢死，所統將士都歸袁術。孫堅是個善於作戰的將領，他之所以甘心受袁術指揮，也像曹操依附袁紹一樣，在當時講究門第和聲名的社會中，他們暫時還不具備獨立爭衡的條件。

孫堅死時，孫策才十七歲，移家南歸。過了一年，他去見袁術，袁術把孫堅舊部交給他統帶。那時自稱揚州刺史的袁術派遣孫策的舅父吴景爲丹陽太守，却被漢朝廷任命的揚州刺史劉繇趕到歷陽，連年作戰。孫策要求領兵去幫助吴景平定江東，渡江時只有兵千餘，騎幾十匹，沿路招募，抵達歷陽時有兵五六千。他英勇善戰，軍令嚴肅，獲得人民擁護，很快就擊破了劉繇，諸郡守望風而逃。孫策占領丹陽，劉繇逃奔豫章（今江西南昌），不久病死。建安元年，孫策渡錢塘，占領會稽，建安三年又占領豫章，江東境内的宗部豪帥嚴白虎等也被征服。孫策自初平四年渡江，幾年間席捲江東，成爲抗衡中原的巨大力量。

孫策所以能迅速地取得這樣大的勝利，除了他英勇善戰以外，主要在於他軍紀嚴肅，不準兵士掠奪百姓，因而赢得東南人民的擁護。善於用人也是孫策取得勝利的原因，後來輔佐孫權的將相大都是孫策所識拔的。周瑜是孫策總角之交，張昭是孫策最信任的幕僚，吕蒙、蔣欽、周泰、陳武等都是孫策的左右隨從。劉繇敗後，他下令凡是劉繇舊部來降的一概不問罪，願意從軍的免除他一家賦役，不願意的也不勉强。這樣招致了士兵二萬多人，馬千餘匹。太史慈是劉繇部將，劉繇敗後繼續抗拒，被擒後却受到孫策的信任和重用。當然，他遇到的敵對力量，劉繇、王朗、華歆等都是徒

有虛名的大名士，稱不上勁敵，也是他能够迅速席捲江東的原因。

直到建安元年，表面上孫策還是袁術部將，接受袁術命令，丹陽太守重任也由袁術派遣從弟袁胤充當。建安二年，袁術稱帝，他才和袁術絶交。孫策年輕資淺，曹操只授予騎都尉，領會稽太守，下一年才進級討逆將軍，封吴侯。袁術死後，部下和家屬都歸於廬江太守劉勳。孫策用計襲破皖城（廬江郡治，今安徽安慶市），盡得袁術之衆三萬人，遷徙到江東。繼又進軍夏口，擊敗劉表援救劉勳的江夏太守黄祖。

袁曹始戰，孫策部署部隊，想要北征，却被所殺前吴郡太守許貢之客刺死，年二十六。遺命弟權繼任。

自建安五年到十三年（二〇〇——二〇八）七、八年間，孫權把大部分力量用在征服山越。山越早先是古代越族之後，這時實際上業已漢化，而且其中有大量因避兵役入山的漢人。在這個時期，所謂「山越」指的是分佈於丹陽、會稽、豫章、鄱陽、新都諸郡（今江蘇、浙江、江西、安徽境内的山嶺地帶）的山區人民，他們中間有的也自立宗部，有的和宗部有聯繫。征服山越的主要目的是要迫使山居人民下山墾種，當兵服役。部分成爲封建大土地上的依附者，以滿足貴族、官僚地主的要求。這種勞動力分配的行動以後還要繼續下去。

這幾年間，孫權曾三次進攻江夏，建安十三年，破沔口，江夏太守黄祖兵敗被殺。但孫權並不能占領江夏，只是虜得男女數萬口而還。

當時劉表與孫權分據長江中、下游，孫權並不想逐鹿中原，却覬覦荆州。曹操在建安八年(二〇三)就曾部署進攻荆州，恰值袁譚請救，還兵北征。建安十三年，他北征烏丸還軍鄴城，就開鑿玄武湖，操練水軍。七月親率大軍南征，即時他已晉陞爲丞相了。

這年八月，劉表病死。他和後妻蔡氏鍾愛少子劉琮，留在身邊，長子劉琦出任江夏太守。劉琮也是娶於蔡氏，蔡家在荆州有很大勢力，劉表死後，蔡瑁和劉表外甥張允擁立劉琮繼任荆州牧。這時曹操的大軍業已壓境。荆州官員蒯越、韓嵩、傅巽等勸劉琮投降，他們的意見大致是：曹操勢大，以朝廷的名義征討地方割據政權，抗拒則强弱不敵，名義不順，如果抗拒必須依靠劉備，而劉備是靠不住的，即使打退曹軍，荆州也將被奪取，因此不如投降。他們的分析是頗爲動聽的，劉琮采納他們的意見。曹操大軍到宛，立即遣使請降，同時通知屯在樊城的劉備。

劉備，涿郡人，東漢皇室的疏遠宗族，父祖都是州郡掾屬。他幼年喪父，家道貧窮，不得不和母親以賣履織席爲生。他獲得族人的幫助，曾經從同郡當代大經學家盧植讀書，却不太好學，喜歡交結豪徒。黄巾起義，他獲得相識的大商人資助，糾集了一批人，參加鎮壓，當上了縣尉、縣令。以後他曾召募隊伍參加關東的討董聯軍，部隊被擊潰，投奔他早年同學的公孫瓚。公孫瓚派他到青州去助刺史田楷拒敵袁紹，進陞爲平原(今山東平原)相。初平四年(一九三)曹操進攻徐州，田楷和劉備領兵救援。那時劉備有兵千餘人，從公孫瓚那裏得到一些烏丸騎兵，收編了數千饑民，到徐州後，陶謙又給他來自丹陽的士兵四千，湊合成軍。他在徐州和東海大富豪、大地主、徐州高級僚佐糜竺攀了親，娶

了糜竺之妹，又結交下邳豪族陳登，從此脱離田楷。陶謙死後，糜竺率領徐州官員請他繼任徐州牧。劉備一向追隨公孫瓚，田楷、陶謙，屬於袁術派。這時，袁術在淮南，覬覦徐州。劉備通過陳登繼任徐州牧，取得袁紹同意，這樣轉入了袁紹、曹操陣營。建安元年（一九六），自青州敗奔徐州的吕布襲取下邳，劉備兵潰求和，吕布讓他屯兵小沛（今江蘇沛縣）。建安三年，終於被吕布趕走，投奔曹操。以後他背離曹操投奔袁紹，袁紹兵敗，又投劉表。

劉備自建安六年（二〇一）到荆州後，劉表讓他屯兵新野，防禦北來之敵。幾年來他結交荆州人士，擴大他在當地的影響，聲勢漸成。他十分注意延攬人才，親自三次到隆中（今襄樊市）過訪諸葛亮。那時諸葛亮才二十七歲，劉備比他大二十歲。

諸葛亮是瑯琊高門，寓居襄陽。他的才略爲善於識拔人才的司馬徽和其他名士所推重，被稱爲「卧龍」。劉備向他請教，他詳盡地分析了當時形勢，提出了聯合孫權、跨據荆益，然後北上争衡的戰略。他的形勢估計和戰略意圖和今後事態發展完全符合。

劉備得知劉琮投降，曹操大軍壓境，樊城首當其衝，想撤退到江陵。荆州人民鑒於十餘年前曹操在徐州的暴行，隨劉備軍撤退的達十餘萬人，輜重幾千輛，每天只能前進十餘里。劉備命關羽帶了舟船幾百艘，從漢水到江陵會師。江陵儲有軍用物資，曹操也深恐被劉備占領，他到襄陽知道劉備業已過境，不及進城，便自率精騎五千星夜追趕，一天一夜三百餘里，到當陽趕上了劉備。劉備丢下妻小，只和諸葛亮等數十騎東奔，在漢水邊恰好遇到關羽軍，便乘船渡過漢水，又遇見劉琦領兵萬餘人，一

起到夏口(今武漢市),曹操没有追趕,逕自進取江陵,辦理安撫事宜,駐軍休整。

荆州是當時各種勢力争奪的焦點。曹操要統一南北,自然要先取荆州;諸葛亮初見劉備就以跨據荆、益作爲目標;魯肅初見孫權,也勸他據有荆州。劉表才死,孫權就派魯肅以弔祭爲名,觀察動静。行前,魯肅就提出兩個方案,一是如果劉表二子和劉備合作,就和他們聯合北抗曹操;二是如果荆州内部發生變故,那就另作打算,乘機進取。魯肅才到江陵,劉琮已降,他行到當陽,遇到劉備,勸劉備與江東聯合抗拒曹軍。劉備到夏口,諸葛亮奉命到柴桑(今江西九江西南)去見孫權。

那時曹操致書孫權,説荆州已定,他大軍八十萬,想與孫權「會獵於吳」,進行威脅。曹操對於孫權一向並不怎樣重視。這時,認爲書信一到,江東可以不戰而定。事實上,當時江東臣僚確有不少人主張迎降。孫權召周瑜決策,周瑜分析形勢,認爲:一,關中未定,曹操有反顧之憂;二,北兵不習水戰;三,正當冬寒,曹軍缺乏餵馬的藁草;四,北方士卒不習南方水土,必生疾病。在這樣的形勢下,有把握擊敗曹軍。周瑜要求統率精兵三萬,到夏口去拒敵。孫權同意周瑜的意見,自己進駐柴桑。諸葛亮一到,陳述劉備雖敗,還有相當戰鬥力量;曹軍遠來疲乏,不習水戰;荆州人心不服。諸葛亮的分析進一步鞏固了孫權的戰鬥意志。孫、劉聯盟成立,周瑜、程普統率士卒三萬和劉備聯軍拒敵。

這年十二月,雙方在赤壁(今湖北蒲圻)會戰。周瑜采納黄蓋建議,用輕快船艦,載着枯柴燥草,灌了油,駛往北岸,聲稱降附,乘風舉火,曹方船艦盡被焚燬,延燒岸上營砦,曹軍兵馬大量傷亡。周瑜等率領舟船繼進,北軍崩潰,曹操退軍江陵,命曹仁留守,自己北歸,江陵隨即爲周瑜攻取。

赤壁之戰，曹方號稱八十萬，實際也有二十六、七萬，孫、劉兩家聯軍只有五、六萬，衆寡懸殊，曹操戰敗正如周瑜、諸葛亮所分析，軍事上具有若干弱點。這是三國時期繼官渡戰後的大戰，官渡之戰是曹操統一北方的前奏，赤壁之戰則是開創了三國鼎立的局面。

赤壁戰後，荆州分而爲三，曹操割取了南陽郡（襄陽以北），劉備據有長江以南長沙、武陵、零陵、桂陽四郡，孫權據有南郡、江夏。這時劉備推劉琦爲荆州刺史，劉琦不久病死，劉備當了荆州牧，治公安（今湖北公安一帶）。以後，孫權讓南郡治江陵給劉備。

那時早先遺留下來的割據勢力還有關中和益州。關中以至涼州自李傕、郭汜亂後，一向處於大小軍事集團分割郡縣的混亂狀態。其中强大的是馬騰、韓遂，他們早在靈帝末期就各自形成軍事力量。割據諸將力量分散，自相劫奪，無力也無暇稱兵東向。官渡之戰前後，他們接受曹操派來的官員節制，幫助曹操掃除袁家在河東的羽黨。建安十五年（二一〇），馬騰入朝，留兒子馬超在關中。明年，曹操命鍾繇領兵遠征割據漢中的張魯。馬超等認爲征張魯必然經由關中，真實意圖在於對付自己，就和韓遂等發兵據守潼關。曹操親自統兵西征，用計離間馬超、韓遂，馬超兵敗奔涼州，曹操平定了關中。建安十九年（二一四），曹操遣夏侯淵西定隴右（今甘肅東部），馬超奔漢中，隴右平，河西走廊地區不久也都平定。通向西域的道路從漢末中斷後，重又開通。

當曹操平定關中之際，劉備也奪取了益州。

當益州牧劉焉在位時（一八八——一九四），遣張魯攻取漢中。張魯是天師道首領，取得漢中後，

在那裏發展教徒，聲勢日盛。劉焉死後，子璋繼任。張魯在漢中實行政教合一，不服從劉璋命令，連年相互攻戰。劉璋管内巴西諸郡也發生亂事。劉璋原先想藉助曹操，鞏固自己地位。赤壁戰後，曹操退出荆州，劉璋采納僚佐張松意見，遣法正到荆州去和劉備通好，還送去幾千兵幫助劉備守禦。建安十六年(二一一)，他聽説曹操派鍾繇進攻漢中，害怕曹操取得漢中，蜀地也難保，想先發制人。再次聽從張松的話，派法正去請劉備入蜀，進攻張魯。劉備本來垂涎益州，即以大量財物買通張松、法正，他們把蜀土軍事力量和地理形勢全部告訴了劉備。這時劉璋請他入蜀，正合他的意圖，這年冬天親自領兵西上。劉璋把部分益州軍隊交給劉備統率，給予大量軍需物資，駐兵葭萌。劉備入蜀後一年多按兵不動，暗中接納當地人士，陰謀奪取益州。明年(建安十七年，二一二)，張松陰謀敗露，被劉璋殺死，劉備借故與劉璋決裂，勒兵西向，圍攻雒城。相持又一年。那時劉備命關羽留守荆州，諸葛亮與張飛、趙雲率軍溯長江西上支援。這一支軍隊攻降沿江郡縣，又由岷江北上，在成都與劉備會師。建安十九年(二一四)夏攻陷雒城，進圍成都，劉璋困守了幾十天，開城迎降。劉備自領益州牧。自入蜀到取成都前後經過三年(二一二——二一四)。

孫權早就想占有荆州。赤壁戰後，他將南郡讓給劉備，又承認劉備占領江南三郡，本是權宜之計。劉備既得益州，便遣使要求割讓荆州。劉備當然不能同意。

建安二十年(二一五)，孫權發兵攻取荆州南部長沙等三郡，一面命魯肅屯兵巴丘(今湖南岳陽)，自己坐鎮陸口(今湖北嘉魚縣西南)，擺開陣勢。劉備領兵五萬東下到公安，命關羽領兵三萬到

益陽，大戰一觸即發。恰在這時，曹操占領漢中，這對劉備是極其嚴重的威脅，只好對孫權讓步，分割荆州，以江夏、長沙、桂陽三郡屬孫氏，南郡、零陵、武陵屬劉備，恢復和好關係。

建安二十年（二一五），曹操平定隴右，就自領大軍，由陳倉（今陝西寶鷄）出散關進攻漢中。七月，攻破陽平關（今陝西勉縣西）。九月，張魯放棄南鄭奔巴中（今四川嘉陵江、渠江上游，爲賨人居住地區），不久歸降。曹操兵進漢中時，攻打陽平關，三日不下，糧運困難，曾一度想退兵。這時曾有人勸曹操乘勢進攻巴蜀，曹操有鑒於進攻形勢和糧食問題，沒有聽從，留夏侯淵留守，自己還鄴。

諸葛亮隆中爲劉備決策，就是在跨有荆、益後，分兵兩路，一路由荆州北向洛陽，一路由漢中指向秦隴。而且爲了鞏固巴蜀，漢中是必争之地。建安二十三年（二一八），劉備進軍漢中，夏天到陽平關，與夏侯淵、張郃接戰。七月，曹操也發動西征。二十四年（二一九）正月，劉備南渡沔水，屯營定軍山（今陝西勉縣東南），夏侯淵領兵争奪，劉備乘夜放火燒曹營外圍防禦物，擊敗曹軍，陣斬夏侯淵。張郃收拾殘軍還陽平。曹操上年九月已到長安，聞訊立即通過斜谷（今陝西郿縣西南）趕往南鄭。劉備守險不戰，在陽平相持月餘，曹操撤出在漢中的軍隊，全軍退還長安。劉備占領了漢中。

漢中關係到巴蜀安全，是劉備必争之地。曹操的根本在黄河中下游，漢中得失只是局部問題。而且由長安到漢中必須通過横越秦嶺的谷道，道路艱險，運輸困難，也不可能在他稱之爲「天獄」的漢中作持久戰争。過去他進攻張魯，在陽平頓兵三日就曾打算退兵；占領漢中後，他陸續把大量漢中人民内遷，一次是遷到長安一帶數萬户（這批可能原是從關中流入漢中的），又一次遷到鄴和洛陽八

萬餘口。這表明曹操本來就有隨時撤退的打算。這次放棄漢中，也正在他的預計之中。

劉備才得漢中，便命關羽進軍襄樊。曹方這一道防綫的重鎮是樊城，由曹仁屯兵守衛。這年七月，曹操命于禁統率七軍支援曹仁，屯兵樊北，迎戰關羽。恰值大雨，漢水暴漲，于禁等七軍被淹，關羽乘勢攻擊，于禁投降。樊城被大水包圍，關羽乘船攻城，城守十分危急。關羽又分兵圍攻襄陽，豫州南部梁(今河南臨汝)郟(今河南郟縣)以至嵩山一帶，被稱爲「羣盜」的抗役入山的人民紛起響應，接受關羽所授官職，軍威大盛。許都以南，人心不穩，曹操曾經想把漢獻帝遷到鄴城。曹操作此打算，未必害怕關羽真的會進攻許都，他害怕的是發生内變。就在上年正月，許昌就發生了太醫令吉本、少府耿紀、司直韋晃等關中舊姓集團的武裝政變。遷都之計没有實行，曹操一面徵集新兵，調發各路軍隊，命徐晃統率救援樊城，一面采納蔣濟、司馬懿的建議，與孫權聯繫，要求孫權進攻荆州，答應以江南之地封給孫權。

孫權一向覬覦荆州，前次分得三郡，當然不能滿足。這次關羽進攻樊城，他已和吕蒙計議襲取江陵。這時也上書曹操，通知他的偷襲意圖。曹操有意將孫權的書信鈔録二份，用箭分别射到城内和關羽軍中。這樣，振奮了曹方士氣，挫傷了荆州軍鬥志。關羽正在躊躕，徐晃軍突破了荆州軍外圍，迫使關羽撤了樊城之圍。但關羽還不想立時退兵，恰在這時，警報傳來，江陵、公安均已被吕蒙襲取。關羽領兵撤退，行到麥城(今湖北當陽東南)，全軍潰散，關羽被孫權擒殺。劉備占有的南郡、零陵、武陵等郡都歸孫權。

樊城圍解，關羽敗走，曹操先在摩陂（今河南郟縣），這時返歸洛陽。次年（建安二十五年，二二〇）正月，在洛陽病死。曹操在建安十八年（二一三）封爲魏公，以魏郡等十郡爲魏國；二十一年進封魏王，立子丕爲太子。曹操既死，曹丕繼承王位和丞相，改元延康。這年十一月，通過一套羣臣上奏、漢帝下詔、三推三讓等虛文，登上帝位，建了魏朝，改元黄初，是爲魏文帝。

劉備失去荆州，遭到巨大挫折，决心要和孫權開戰。曹丕稱帝的次年（二二一）四月劉備也嗣漢稱帝，改元章武。這年七月，劉備親率大軍東征。孫權遣使求和，被劉備拒絶，八月孫權遣使稱臣於魏，接受魏所授的大將軍、吴王官爵。

蜀軍東下，孫權以陸遜爲大都督，統兵五萬拒敵。蜀軍擊退屯駐在巫（今四川巫山縣）、秭歸（今湖北秭歸縣）的吴軍前站，劉備親駐秭歸。明年二月，劉備大軍由長江南岸，沿着山路，進駐猇亭（今湖北宜都縣北），自夷陵（今湖北宜昌）以上至巫山，沿江南岸七百餘里處處結營。兩軍相持，陸遜堅守不戰。到了六月，陸遜采用火攻，大破蜀軍，陣斬大將馮習、張南。劉備退歸秭歸，收集殘兵，退到魚復之白帝城（今四川奉節縣）。這次會戰，蜀軍兵士大量死亡，舟船軍資全部損失，長江北岸的一枝兵後退無路也投降魏國，受到巨大創傷。劉備留駐白帝，慚憂成疾。

劉備發動東征時，有人向曹丕建議乘機進攻孫權。曹丕那時才稱帝，樂於接受孫權的降附，没有采納。實際上，他却在部署軍隊，準備伺機出動。劉備敗後，孫權部下將領要求乘勝追擊，進取益州，陸遜却認爲曹丕部署軍隊，名爲助吴，真實意圖却在江東，請即日還兵，備禦北方。果然，就在這年九

月，曹丕發動了對吴戰争，分兵三路進攻淮南和荆州。孫權分兵拒敵，北方情勢緊急，而劉備還在白帝，也怕他再圖興兵。這年十一月，孫權派遣使人到白帝與蜀漢議和，劉備也遣使通好，雙方修復了破裂的聯盟。這年十月，孫權自建年號爲黄武，表示自行立國。

明年(二二三)三月，劉備在白帝城病死，太子劉禪嗣位。

赤壁之戰決定了三國鼎立的形勢，夷陵之戰決定了三國的疆域，以後幾十年直到蜀漢滅亡，没有變化。

四　北方社會經濟的恢復和曹魏的統治

東漢末年，經過軍事集團間的混戰，北方社會經濟遭到最嚴重的破壞，由於屠殺和饑餓，大量人民死亡和移徙，在勞動力缺乏和不安定的處境下，農業生産無法進行，普遍存在着土地荒蕪現象。曾經歷任太守的楊沛罷官後在河南占荒田二頃，仍然不免妻子凍餓，這必是因爲他缺乏勞動力，荒田也不能開墾。鄭渾歷任縣令，他禁止人民「生子不舉」，又奪掉人民漁獵之具，迫使耕桑。「生子不舉」是因爲無力養育，寧願漁獵爲生是因爲在動亂時代裏農耕没有保障。這兩個例子都説明土地荒蕪、農業生産的極度萎縮。在混戰中，許多城市被毁滅，洛陽是東漢首都，成爲廢墟，漢獻帝從長安還來，城内剩着敗垣殘壁，地上長滿荆棘。仲長統曾説：「以及今日，名都空而不居，百里而無民者不可勝數。」赤壁戰前，孫權部將朱治也説：「中國(即中原)蕭條，或百里無煙，城邑空虚，道殣相望。」這些話

充分説明北方社會經濟遭到的破壞極其嚴重。

由於農業生産的破壞，北方普遍缺糧，軍隊起先靠劫掠人民來維持，掠無可掠，只好以桑椹、螺蚌充饑。爲了解決軍食問題，曹操首先在許下實行屯田，以後又推廣到司、豫、冀、并諸州的一些郡縣。屯田制的推行使被迫脱離了土地的農民重新與土地相結合，對於北方社會經濟的恢復起了積極的作用。

屯田分爲民屯與軍屯二類。民屯募民而種。曹操許下屯田和推廣到各郡縣的都是民屯。民屯直屬中央的大司農，凡是設置民屯的郡縣都設置農官，管理諸屯，與郡縣官分治。相當於郡一級的爲典農中郎將，下置相當於縣一級的典農都尉，典農都尉管理諸屯，屯是基層生産單位（相當於鄉），設置屯司馬。民屯上的勞動者稱爲「屯田客」、「屯田民」，他們隸屬農官，分配一定土地。其剥削額是：用官牛的以收穫物百分之六十交納給官府，自己得百分之四十，自己有牛的與官府對分。他們不再向郡縣納租調，也不承擔郡縣徵發的兵役和勞役，但仍承擔農官的徵發。農官稱爲中郎將、都尉、司馬，表明民屯官也帶有軍事編制性質。屯田上的勞動者被稱爲「客」，分成納租，不承擔郡縣賦役，這表明他們基本上與私家封建田園上的依附者「佃客」相同。曹魏後期甚至將屯田民像奴婢牛馬一樣賞賜給官僚貴族，更表明他們的身分具有農奴性質。屯田就是官有封建田園，屯田客也就是隸屬官府的封建依附者。

軍屯的設置要比民屯遲，大致要在赤壁戰後，它的大規模發展更要遲至曹魏後期。軍屯都設在

軍鎮要地，隴右的上邽(今甘肅天水西南)、關中的長安、冀州的鄴、司州的洛陽、豫州的許昌，那些地區都駐有重兵，設置軍屯，鄰接孫吳的淮南、北軍屯規模最大，上起南陽，下至壽春，長達四百餘里。軍屯生產由駐軍的各級將校管理，上屬本鎮的都督，由大司農派遣度支中郎將、度支校尉、度支都尉掌管糧食的收支。基層單位是營，每營有佃兵六十人。淮南、北軍屯的佃兵出於世襲軍户的「士家」，他們攜帶家屬，且耕且守，和屯田客一樣視用官牛與否繳納收穫物百分之五十至百分之六十。軍屯的設置安定了前沿地區，減省了軍食運輸，當然也和民屯同樣對於恢復農業生產起了積極作用。

軍屯和「士家」制、都督制有密切的關係。

爲了配合屯田的大規模開建，曹魏十分重視水利灌溉事業，修築陂塘，開通渠道，遍及幽、冀、司、豫、揚諸州，特别是豫、揚兩州興建最多。北方原來種植粟麥的陸田，爲了便於開發和增加收穫量，也引水導流，采用火耕水耨的辦法，變陸田爲水田，種植稻穀。水利灌溉工程的興建大大擴充了耕地面積，特别是擴大了稻田面積，單是在今合肥附近的芍陂就溉田數萬頃，像這樣溉田萬頃以上的不止一處。

除了大興屯田，組織流亡農民從事農業生產以外，曹操也采取措施，使流徙還鄉的人民作爲自耕農重新恢復生產。早在官渡戰前，那時關中雖仍處於諸將割據狀態，已有流入荆州的關中人民紛紛還鄉。當時曹操派往安撫關中的官員衛覬，看到這些還鄉人民缺乏耕牛農具，難以生産和生活，將被諸將招爲部曲。他向曹操建議，派人管理河東的鹽池，監賣售鹽，利用鹽利市買牛、犂，分配給還鄉流

民，使他們安定下來。

郡縣所管人户仍然是主要的賦役對象，因而有必要充實郡縣户口。官渡戰前，鍾繇曾遷徙關中人民和招撫流亡人民以充實洛陽。曹操晚年從漢中遷徙大量人户在關中、洛陽、鄴城定居，應即著籍郡縣。郡縣所管户口承擔田租、户調和力役。

漢代田租徵收收穫物三十分之一，十五歲至五十六歲每人交納算賦一百二十文，七歲至十四歲每口交納口賦二十三文。建安九年（二〇四）曹操平定河北後下令：田租每頃四升，每户出絹二匹，綿二斤。田租由分成改成定額徵收。漢代三十税一只能是個籠統的估計，實際上恐怕早就按定額徵收了，這一回只是明文規定。户調是一種新税目。漢代算賦、口賦原來按人頭納錢，此外臨時調發没有一定的徵納物。東漢中葉以後，隨着貨幣流通領域的縮小，適應男耕女織的小農經濟，算賦、口賦逐漸改納絹布；臨時調發逐漸經常化，徵納物也以機織品爲主。徵納物既然主要是絹布，絹布不能按人頭零裁割取，所以原先按丁按口也變成了按户徵收。曹魏户調制就是二者的結合與簡化。

新税制統一了和明確了管内州郡的税收制度，制止了地方將吏擅自向人民徵收勒索，客觀上對於人民是有利的。應當指出：户調規定的絹二匹、綿二斤是個平均數，實際上是按每户貲產高低徵收的，地方官每年要評定管内人户的貲產，分爲九品，貲產多的多納，少者少納。在平定河北前，兖、豫二州境内業已實行户調制，有一回譙縣（曹操的故鄉）徵發户調，評定曹操的貲產等級比曹洪高，曹操笑説「我的家貲那裏比得上子廉（曹洪字）呢」。這裏表明户調不分貴賤一律徵收，徵收多少要按家

貲分别對待。大致是統計一縣人户多少,平均達到每户絹二匹、綿二斤的數量。

曹操調整賦税,充實郡縣户口,鼓勵農桑的政策取得一定效果。曹丕統治期間,據稱諸郡的墾田數都有增加,「國用不匱」,這裏表明封建國家的財政收入更多依靠對自耕農民的剥削,民屯的作用正在減弱。

東漢末年在軍事集團混戰中,城市被摧毁,工匠流散,手工業陷於停頓。那時鐵非常缺乏,犯人脚上的刑具也只得用木製的代替。隨着北方農業生産的恢復,手工業也逐漸恢復起來。户調綿絹的徵收説明與農業相結合的家庭手工業普遍存在。曹操平定冀州後,在河北設置司金中郎將、司金都尉、監冶謁者的官職,恢復鐵冶手工業,並把它完全置於官府控制之下,取得很好效果。原來冶鐵用馬或人力鼓風,韓暨爲監冶謁者,利用水力鼓風,獲利三倍。韓暨在職七年,冶鑄的鐵器大爲充實。這種水力鼓風的設置以後又推廣到洛陽附近的穀水。水力鼓風的使用,提高了鐵的産量,降低了成本,除了製作武器之外也更多地製作農具,從而促進了農業的恢復和發展。制鹽手工業早在官渡戰前就已設置使者監賣。曹丕稱帝後,又恢復了製作奢侈精巧之器專供皇室享受的宫廷手工作坊,所謂「上方」。

工匠是一種特殊户口,他們由官府控制,子孫世襲相傳,在官府作坊服役,和屯田客一樣,他們是封建國家的依附人口。

隨着農業和手工業的恢復,商業也有起色。鄴城有三市,商販在市上設肆營業,各種器物乃至生

鐵都有人販運，在鄴市出售。三國之間的商業交往並未斷絶，蜀錦大量運往曹魏境内出售。曹丕即位之初，河西走廊已經平定，通往西域的絲綢之路重又開通。敦煌是一個貿易中心，西域來的使人常常攜帶貨物經過高昌（今新疆吐魯番）、敦煌以至洛陽。這些使人實即是商人。當時敦煌豪族往往不讓他們到洛陽去，抑價購進他們的貨物。太守倉慈對此作出了改善的措施，貨物在當地出售的，由官府評定價格，還派人護送他們出境；要到洛陽去的，給他們過所（通行憑證），因此取得了西域商人的愛戴。雖然商業有所恢復，但總的説來，這個時期商業還是很不發達的，貨幣當時已不再流通行用。曹丕即位之初一度想恢復行用五銖錢（漢代貨幣），不到幾個月又即廢罷，交换一概使用穀帛。直到明帝曹叡統治時，才重又鑄造五銖錢，但仍然以實物交换爲主。自然經濟的統治非常顯著。

屯田客和工匠都是特殊户口，另外一種特殊户口是兵士。東漢時期兵士來源是徵發、召募和弛刑徒（弛去刑具的罪犯）。由於出於召募的日益增多，東漢一朝職業兵化的傾向是顯著的。東漢末年，大姓豪門都擁有家兵。家兵除了家族成員以外，主要以奴、客組成。奴客身分卑微，因而家兵也是身分卑微的世襲兵（宗族成員除外）。曹家和部分將領都擁有家兵，後來曹魏軍隊就全部家兵化。他們世代隸於兵籍，兵士及其家屬稱爲「士家」。士家子女只能相互婚配，兵士除非立功封侯，死後的遺孀也得配嫁。爲了防止士兵逃亡，立下嚴酷法令，凡是士兵逃亡，全家老小重則處死，輕則没爲官奴婢。士家都配給官田，或者充當屯田佃兵，都是出戰入耕，這種狀態完全與家兵相同。既然有了這種專業世襲兵，一般人民除了特殊情況外只服勞役，遇有戰爭需要擴大和補充隊伍也只從士家中徵

在士家制度下，士兵子弟哪怕有高超的文才也不能擺脱兵籍，通過選舉途徑入仕爲官。

曹操統治時期，士家大部分集中在鄴城内外，包括他的嫡系部隊和收編的割據軍隊、大小豪强的家兵，構成强大的軍事力量。那時漢朝國都雖在許，鄴城却是政治、軍事中心，實際上以鄴城士家組成的部隊就是中央軍。這支軍隊一部分組成曹操的親軍，一部分奉命屯駐各地。曾經有一個時期基本上没有刺史、太守指揮的軍隊。派駐各地的軍隊由曹操派遣親信將領(主要是曹氏和夏侯氏)以都督名義統率。早先駐防軍往往隨着軍事形勢遷移，後來形勢穩定，屯駐地就逐漸固定了。

曹丕定都洛陽後，想要遷鄴城士家十萬户到洛陽，有人諫阻，遷了一半。這些分佈於洛陽城内外的士家組成了中央禁衛軍，被稱爲中軍，設置中領軍、中護軍、武衛等將軍分領諸軍。派往屯駐外地的雖稱爲外軍，仍是中央軍的分支。統率屯駐軍的都督在曹丕稱帝時有雍涼、揚州、荆州、青徐四個都督，後來增加到六至十個。軍屯屬於都督府，佃兵也即是都督所屬的兵。曹魏時期都督不一定兼所都督州的刺史。曹操統治的前期刺史、太守都不領兵，也就是没有地方軍。後期有一些州郡開始置兵。到了明帝曹叡統治時，荆、揚、青、徐、幽、并、雍、涼八州和一些郡都有由刺史、太守統率的兵。到了魏末，諸州刺史一般都加將軍號領兵。各級將領即由當地人充當。州郡兵在曹魏全部武裝力量中不居重要地位。

爲了滿足大姓高門的要求，曹魏建立了九品官人法。九品官人法保證門閥貴族的世襲特權，它是東漢時期大姓高門操縱選舉的制度化。

東漢時期選拔官吏的條件是通曉經學和值得稱道的德行。對於學行的評價則應聽取鄉里的評議即所謂「清議」。這種清議實際上由當地的大姓高門，特别是大姓高門中的名士所操縱。爲了統治人民，鞏固封建政權，曹操認爲無用的經學和虚僞的德行不可能獲得他所需要的人才，提出了「唯才是舉」的選舉標準。他多次下令申明選拔人才應該重視才能，即使負有壞名聲的人，只要有「治國用兵之術」，也得選拔出來。

曹操藐視傳統的選舉標準，尤其厭惡標榜結交，操縱選舉，他不容許利用所謂鄉里清議來干預朝廷的用人之權。他不顧一些人的反對，任用了爲鄉里清議所貶斥的郭嘉、戲志才那樣的才士。他的用人政策曾經取得顯著效果。但是出於高門的名士在經濟上、政治上處於優勢地位，文化上幾乎處於壟斷地位，他們是封建地主階級的代表，政治上最活躍的分子，因而曹操仍然只能從高門名士中選拔人才，也仍然需要依靠這些名士爲他選拔人才。他早期用人，大都由他最得力的助手潁川高門名士荀彧推薦，其中大部分都是潁川高門名士。平河北後，清河高門崔琰被任爲主管選舉的丞相府東西曹掾。平荆州時録用的人士並由荆州高門名士韓嵩品評優劣。盡管曹操蔑視所謂「鄉里清議」，但任用人才仍然訪問當地名士的意見，盡管曹操用人不拘一格，所用之人却仍以出身高門的名士爲多。實際上他並没有在原則上否定鄉里清議的傳統。

延康元年（二二〇）曹丕繼承魏王、丞相之位。他采納吏部尚書陳羣（他是潁川第一流高門）的建議，制定九品官人法，各郡設置中正，評定本郡人才優劣，由現任朝官的本郡人充任。中正將被認

爲可以充當官職的本郡人開列名單，説明他的家世門第、德才表現，加上評語，分爲九品序列，作爲吏部委任官員的依據。充當中正的既是現任朝官，而且必定是本郡高門中著名人士，這樣，原來非官方的、爲高門名士操縱的鄉里評議和中央集權官僚體系相結合，並制度化了。開始時只有郡中正，到了曹魏後期，又設立了州的大中正。

盡管中正應當結合門第和德才表現來定品，實際上却偏重門第，以至後來門第成爲唯一的定品標準。漢末以來的歷史傾向是門閥專政，九品官人法爲門閥貴族的世襲性政治特權起了保證作用。九品官人法在曹丕稱帝前夕頒佈，表明這個新王朝的建立有賴於高門士族的擁護，也表明曹魏政權中高門士族力量日益增長。

赤壁戰後，曹操曾幾度進攻孫吴，並没有取得勝利。建安二十四年（二一九）孫權與曹操聯合對付劉備，曹丕稱帝後，又對魏稱臣，接受吴王的爵位。曹丕要孫權將兒子送往魏國作爲人質（質子），孫權一再推託，兩國開釁，黄初三年、五年、六年（二二二——二二五），曹丕三次親征，後兩次自己到達廣陵（今江蘇揚州），臨江觀兵。三次都没有認真作戰，隨即退兵。黄初七年（二二六）五月，曹丕死，太子叡即位，是爲魏明帝。曹真、陳羣、曹休、司馬懿四人輔政。曹休長期鎮守揚州，一直在外，至太和二年（二二八）即已死亡，實際上不預朝政。那時諸葛亮多次出兵關隴，曹真、司馬懿相繼出鎮關中，防禦蜀漢，很少在朝。當時中樞政務實際上歸於曹丕設置的中書省，中書省的長官中書監和中書令起草詔勅，參預機密，曹叡獨攬大權，任用劉放、孫資爲中書監、令，親近用事。

在曹叡統治期間，對吴、蜀都没有重大戰爭發生，兵役和軍費支出稍有減省。曹叡是個號稱明察的皇帝，他能够駕馭羣臣；但又是個奢淫的皇帝。他在許昌特别在洛陽大規模建築宫殿，鑄造大銅人兩個，還有銅鳳凰和龍，鳳高三丈餘，排列在宫門外。人民承擔的勞役非常嚴重。他又在洛陽西面的宜陽，東面的滎陽圍地作爲獵場。滎陽的獵場周圍一千餘里，其中養虎六百頭，狼五百頭，狐一萬頭，還有大量的鹿。鹿群出來傷害附近農民的農作物，不准傷害，以致附近幾百里幾乎一無收穫。他又掠奪士家的妻女入宫，宫女多至幾千人。據當時人説，宫中費用和每年的軍費及政務費用相等。他當了十四年的皇帝，景初三年（二三九）正月去世。子曹芳只有八歲。臨死前，宫廷中曹家宗室和密親的一個集團與劉放、孫資一派展開激烈鬥争，曹叡終於采納劉、孫的主張，以曹真的兒子曹爽和司馬懿輔政。那時司馬懿剛平定遼東凱旋，還在汲縣（今河南汲縣），得到詔書，連夜趕路，一天一晚就趕到洛陽，面見曹叡接受任命。

司馬懿是河内温縣（今河南温縣）的高門，他父親司馬防官至京兆尹，曹操爲洛陽北部尉就是司馬防舉用的。曹丕爲魏王太子時，司馬懿任太子中庶子，成爲曹丕親信人物之一。曹丕即位後，他當了尚書僕射，後來又以撫軍大將軍與鎮軍大將軍陳羣共録尚書事。曹丕東征孫吴，陳羣隨軍，司馬懿留守許昌，分管前綫及後方的軍政要務。曹丕臨死，命他與曹真、曹休、陳羣輔佐曹叡。太和元年（二二七），據有上庸（今湖北竹山縣）的降魏蜀將孟達重又背魏歸蜀，那時司馬懿以驃騎大將軍都督荆揚二州軍事，鎮守宛城，奉命討伐，很快就攻下了上庸。以後他和曹真先後領兵拒敵蜀漢，自太和五

年至景初二年(二三一——二三八),他以大將軍都督雍涼,鎮長安,首尾八年。景初二年,他又統兵平定自漢末以來三代據有遼東的公孫淵,消滅了北方最後一個割據政權。這些煊赫的戰績使他獲得很高的威望。那時曹真、陳羣都已去世,曹丕的托孤大臣只剩下他一人了。

曹芳繼位之初,曹爽爲大將軍,司馬懿爲太尉,二人都加都督中外諸軍事、録尚書事,掌握軍政大權。這年二月,司馬懿遷太傅,位在大將軍上,雖然仍加都督中外軍,却削去了「録尚書事」,以便曹爽在這個政令機構中享有優先地位。與此同時,曹爽弟羲爲中領軍,訓爲武衛將軍,統率禁軍。爲了安撫司馬懿,以後幾年間,司馬懿之弟孚當了尚書令。正始四年(二四三)司馬師(懿長子)還被任爲中護軍,同掌禁軍,基本上還是兩家分享軍政大權,矛盾尚未深化。

那時,諸葛亮已死,西面的軍事形勢比較緩和。正始二年(二四一),孫吴三路進兵淮南、襄樊,下一年,吴諸葛恪駐軍皖城,南邊形勢比較緊張,司馬懿於二年、四年兩次出征,擊退吴軍。在這幾年間,司馬懿經營南面軍事,進用鄧艾,在淮南、北大興屯田,廣開水渠,取得很大效果。司馬懿的威望日高。對於曹爽甚至曹魏政權形成一種威脅。那時高門士族和老臣宿將大都傾向司馬懿。曹爽依靠的是門第不高的曹家親黨和鄉里,這些人是何晏、鄧颺、丁謐、畢軌、李勝。何晏是何進孫,隨母入曹操後庭,又是曹操的女婿;丁謐是丁斐子,沛國人,是曹操的同鄉和親信;畢軌子也娶公主;此外還有個支持曹爽的老臣桓範,也是沛國人。這些人又都標榜結交,不拘禮法,並且在樹立魏晉新學風方面起着倡導作用。曹叡統治時有一次懲治浮華朋黨案,李勝、鄧颺都在其中。何晏好服婦人之服,

粉白不去手，他研究老莊學説，注易和論語等書，魏晉盛行的玄學和不守禮法的行爲，何晏是倡導者。鄧颺「坐起傾倚，若無手足」，自然也是不拘禮法的人。司馬懿「服膺儒術」，支持他反對曹爽一伙的傅嘏、盧毓、王肅、鍾毓等都是儒學高門。何晏、鄧颺等不僅在政治上是以皇室親姻爲主的新貴與高門士族、元老重臣的鬥争，在思想、門風上也存在着差異。鄧颺等眼見司馬懿的威望日高，勸曹爽伐蜀以樹立功名。正始五年（二四三）曹爽到長安，發兵六七萬從駱谷（今陝西周至西南）入漢中，蜀兵扼守山險，不能進軍，只好撤退，被蜀軍截擊，遭到巨大損失。正始六年，曹爽廢罷中軍的中壘、中堅兩營，營兵併歸其弟中領軍曹羲統率，這樣，在兵力對比上就超過了司馬師的中護軍。這時，何晏爲吏部尚書，鄧颺、丁謐並爲尚書，尚書省全歸曹爽一黨掌握，司馬孚雖是尚書令，並無實權，遇事也往往不徵求司馬懿的意見。畢軌爲司隸校尉，李勝爲河南尹，控制了洛陽民政。司馬懿内心非常憤恨，他却不露聲色，正始八年（二四七）稱病居家。次年，李勝出任荆州刺史，向他辭行，他裝出病重昏亂的狀態，李勝信以爲真，出來告訴曹爽，曹爽放下了心，不再防備。

司馬懿和兒子們早就策劃政變陰謀，司馬師是中護軍，領有禁軍，暗中養了三千名爲他賣命的「死士」，等待時機。嘉平元年（二四九）正月，曹爽弟兄隨皇帝曹芳出城祭曹叡的陵墓（高平陵，在洛陽南九十里），司馬懿以皇太后的名義下令關閉城門，分遣軍隊占領武庫（兵器庫），親自領兵屯守洛水浮橋，司馬師領本營兵守住宫門，又派太臣盡奪曹爽兄弟所領兵。同時以太后名義下詔罷免曹爽兄弟官職。那時有人勸曹爽帶着皇帝到許昌，徵召外兵與司馬懿決戰。但是曹爽顧慮城中家屬，又

相信司馬懿罪止免官的保證，決定回城待命。過不了幾天，司馬懿就以謀反罪將曹爽兄弟和何、鄧等八家族誅。從此，曹魏政權便全由司馬懿掌握。

嘉平三年，鎮守淮南揚州的重臣王淩謀立楚王彪爲帝，被人告發，三年四月，司馬懿親自率領中軍，出其不意，由水路迅速到達百尺渠(在今河南沈丘縣)，先下詔赦免王淩。王淩卒不急防，只好乘船到軍前迎降，在送往洛陽的途中自殺。死後，他和牽連的人都被族誅。曹彪也賜死，曹魏皇室盡被遷移到鄴城，派自己的兒子司馬伷領兵監視。

下一年七月，司馬懿病死，子司馬師以大將軍繼執政權。嘉平六年(二五四)二月司馬師殺死中書令李豐、皇后父張緝和太常夏侯玄等，罪名是陰謀殺死司馬師，擁夏侯玄爲大將軍執政。夏侯玄是曹爽表弟，當時負有很高聲譽的大名士，與何晏等交好，李豐也是個名士，兒子是曹叡的女婿，曹芳待他親近。這次事件實際上是曹爽案的延續。這年九月，司馬師廢曹芳，立曹叡姪曹髦爲帝。次年(正元二年，二五五)正月，淮南再次發生了事變。

都督揚州毌丘儉是平定遼東的名將，他和夏侯玄、李豐交好，玄、豐被殺，他心中疑懼，揚州刺史文欽是譙郡人，和曹家關係密切，這時聯合起兵討伐司馬師，進軍到項(今河南沈丘縣)。淮南是最强大的軍鎮，兵士長年戰戍，號稱勁旅，毌丘儉又是名將，聲勢甚盛。司馬師那時新割眼上長的腫瘤，抱病親自統率大軍，進駐汝陽(今河南商水縣)，還徵發了豫、青、徐諸州軍截擊毌丘儉後方。兩軍在今河南項城、沈丘相持。毌丘儉的軍隊有二部分，一部分來自家在北方的士家，他們不願作戰，紛紛投

降，另外一部分是從孫吴那裏投奔來的所謂「新附農民」，他們缺乏戰鬥經驗。淮南軍終於被擊敗，毌丘儉棄城南奔，中途被殺，文欽逃奔孫吴。

作戰時，淮南軍夜襲中軍，司馬師新割眼瘤，受驚目睛突出，戰勝還軍，死在許昌。弟昭任大將軍，都督中外諸軍事、録尚書事，繼執大權。

甘露二年（二五七），淮南第三次發生變故。

平定毌丘儉後，以諸葛誕都督揚州。諸葛誕於曹叡時爲尚書，也是浮華朋黨案中人物，與夏侯玄、鄧颺等交好，被曹叡罷免。曹芳即位後復官。以後，淮南兩次事變，他都爲司馬氏出力。他和夏侯玄、鄧颺交好，内心不安。因此，他在壽春厚賞寬刑，取得人心擁護，又組織了幾千個爲他效忠的「死士」，作爲抗拒司馬氏的準備。他的活動被司馬昭察覺，甘露二年五月調他到洛陽任司空。諸葛誕不接受任命，輕兵攻襲揚州（揚州刺史治廣陵，今江蘇揚州市），殺死刺史樂琳，徵發淮南、北屯田兵十餘萬，和從孫吴那裏歸附來的丁壯四五萬人。聚集一年糧草，閉城自守，一方面派遣自己的兒子到吴請兵援助。吴遣諸將與文欽率兵三萬進軍壽春。諸葛誕大概有鑒於毌丘儉、文欽輕進致敗的教訓，所以没有北上進攻，而扼守堅城。所以才舉兵，壽春就被豫州軍包圍了。七月，司馬昭統率洛陽諸軍和徵調青、徐、荆、豫以至關中軍隊幾十萬大舉東征。爲了防止洛陽發生變故，這回出征，司馬昭不但帶着皇帝，而且連皇太后也隨軍同行。司馬昭采取堅壁不戰，坐待城中困弊的策略。壽春四面被包圍，第二批來援的吴軍兵敗撤還，城中糧食恐慌，諸葛誕的部將和吴將相繼出降，最後諸葛誕與

文欽彼此猜疑，文欽被殺。城中人心渙散，無心防禦，敵軍登城，竟然無人抵敵。諸葛誕出城被殺，淮南平定。這次戰事持續了十個月之久(甘露二年五月——三年二月)，司馬昭仗着優勢兵力，圍而不攻，坐待自斃，終於獲得勝利。

壽春破後，城中吴兵有上萬人，有人認爲吴兵家在江東，留下也會逃歸，不如盡數殺掉。司馬昭說，即使吴兵以後逃還，正好宣揚魏朝的寬大，一個不殺，都將他們安置在洛陽和鄰近郡縣。文欽的兩個兒子和早先降吴的魏將唐咨以及其他孫吴中下級軍官還給予相應位號。脅從的淮南將吏軍民大部分得到赦免。司馬昭這種政策對於以後平定蜀、吴有深遠的影響，同時也爲取代魏朝博取輿論。

那時司馬昭代魏的意圖誰都知道，曹髦是個性格剛强的青年，不甘心忍受屈辱。甘露五年(二六〇)五月，他決定作一次反擊，親自率領宮中非常寡弱的宿衛人員和宮廷內僮僕幾百人出宮進向相府。由於近臣的告發，司馬昭先已作好準備，曹髦才出宮，中護軍賈充已經率領部衆迎戰，曹髦自己拔劍督戰，被司馬昭部下將領所殺。事後，以太后名義發佈詔書，說曹髦如何不孝，舉兵是爲了殺太后，追行廢黜，立曹操孫常道鄉公曹奂爲帝。殺死曹髦的成濟弟兄却作了替罪羊，被判死刑。

從曹芳繼位到曹髦被殺經歷了二十年(二四〇——二六〇)司馬氏與曹氏兩個家族的權力鬥爭。在這長期鬥爭過程中曹魏皇帝兩被廢殺，三定淮南，曹氏親黨相繼被剪除，司馬氏代魏已成定局，但還需要進一步提高威望。自平定諸葛誕以後，司馬昭在軍事上作好進攻吴蜀的準備。蜀漢弱小，比較易取，司馬昭采納鍾會的意見，先蜀後吴，景元三年(二六二)決定大舉伐蜀。

五　諸葛亮治蜀與蜀漢衰亡

黄初四年(蜀漢章武三年,二二三)劉備臨死,將嗣子劉禪託給諸葛亮。劉備稱帝,諸葛亮爲丞相録尚書事,劉禪即位又兼益州牧,事無大小,都由他決定。

諸葛亮和曹操處於相對立的地位,在政治理論上却同樣屬於名法之學。他嚴於執法,不問親疏,賞罰分明,注重實效,反對虚僞。他曾説:「我心如秤,豈能隨人作輕重!」因此受到處罰的也心服。廖立隨劉備入蜀,先曾被諸葛亮識拔,後來因爲官位權任不滿意,譏笑被任用的人是「俗吏」,被免官爲民,遷徙到汶山郡(今四川茂汶北)。他聽到諸葛亮死,泣嘆説吾再也回不來了。李嚴是劉璋時的成都令,劉備稱帝後,官居尚書令,劉備臨死,他和諸葛亮同受輔佐劉禪的遺命。他的才能受諸葛亮的信任,後來有罪貶黜爲民,徙梓潼郡(今四川梓潼)。諸葛亮寫信給李嚴的兒子,希望李嚴自省過錯,以後再得任用。諸葛亮死,李嚴知道别人不能再用他,發病而死。在諸葛亮治蜀十餘年間,境内「道不拾遺,强不淩弱」,取得很顯著的效果。

益州物産豐富,漢末没有受到嚴重破壞,農業、手工業、商業都比較發達。成都平原的農業依靠都江堰灌溉,諸葛亮十分重視這個水利工程,經常以二百頭牛用於維修。爲了軍糧供應,諸葛亮在漢中開置屯田,設置「督農」官,由漢中太守兼領。

成都織錦一向是著稱的手工業。諸葛亮對織錦非常重視,他説「今民貧國虚,決戰之資,唯仰錦

耳。」當時蜀錦遠銷魏、吴，成爲蜀漢財政上的重要支柱。

劉備死前，已和東吴恢復和好關係。諸葛亮當政後，繼續鞏固這種關係，雙方經常使節往來。建興七年（二二九）孫權稱帝，羣臣議論以爲該與吴絶交，諸葛亮認爲與吴和好，至少可以安定自己的長江前綫，牽制魏國，派遣使人到吴祝賀。

劉備夷陵敗後，西南少數族地區漢嘉（治今四川名山縣北）、越巂（治今四川西昌縣西北）、牂牁（郡治故且蘭，今貴州凱里縣西北）、益州（郡治滇池，今雲南晉寧縣東）、永昌（治不韋，今雲南保山縣）諸郡先後背離蜀漢的統治。漢嘉距離近，立即平定。諸葛亮派遣官吏招撫他郡，有的被殺害，有的被執送東吴，拒不受命。建興三年（二二五）三月，諸葛亮親率大軍南征，分兵三路，東路馬忠很快就平定了牂牁；中路李恢從平夷（今貴州畢節縣）指向滇池。諸葛亮親統西路主力軍進向越巂。越巂不久攻下，這年五月，渡過瀘水（今金沙江），追擊孟獲統率的叛軍。孟獲是當地少數族首領，在少數族人與漢人中有一定的威望，諸葛亮采取安撫的政策，使孟獲心悦誠服，至今流傳着七擒七縱的民間傳説。諸葛亮進至滇池，南中四郡全部平定，這年十二月還成都。

南中平定，諸葛亮即用少數族首領充當地方官。當時有人不贊同這樣處理，諸葛亮認爲如果用外人治理，就必須留兵，留兵就必須運糧，這就加重了人民的勞役，外地人不容易獲得少數族人的信任，反而會導致矛盾。當時南中諸郡都上屬庲降都督府。庲降都督統兵駐建寧郡（即益州郡改名，治味縣，今雲南曲靖縣），其他諸郡縣都不留兵，果然收到了「綱紀粗定，民吏相安」的局面。那些少數

族首領被引進到蜀漢中央當官。孟獲最後官至御史中丞，另一個資深的建寧郡少數族首領爨習官至領軍將軍。御史中丞職司糾彈百官，領軍將軍統率禁軍，都是要職。長期任庲降都督的李恢也是建寧少數族人，他是爨習的内姪。諸葛亮明智的民族政策收得巨大效果，以後南中不再發生重大的軍事行動。南中生産的土特産金、銀、丹漆、牛馬，作爲貢賦輸入内地，供應北伐的軍用支出。南中的部分羌族人被遷入内地，組織成一支善於作戰的勁兵。

南中平定，消除了後顧之憂，獲得財政上的資助，又經過了一年的軍事準備，建興五年（二二七）三月，諸葛亮統率大軍，屯駐漢中。在漢中又過了一年，到建興六年春天，揚言將出斜谷道進軍，派遣趙雲、鄧芝領兵據箕谷（今陝西漢中市西北），作出由斜谷道攻郿縣的模樣；自己却統主力軍北出祁山（今甘肅西和縣北）。曹魏方面顧慮的是劉備，劉備既死，關隴一綫好幾年没有動静，不免疏忽。諸葛亮進軍祁山，南安（治桓道，今甘肅隴西縣西南）、天水（治冀，今甘肅甘谷縣）、安定（治臨涇，今甘肅鎮原縣東南）三郡軍民背魏附蜀，關中大震。曹魏方面得知蜀軍進攻消息，即命大將軍曹真都督關右諸軍事，代替不習軍事的夏侯楙。曹真駐屯斜谷北口的郿縣，扼守通往長安的道路，命右將軍張郃進兵隴右。曹叡自己坐鎮長安。蜀軍前鋒馬謖進到街亭（今甘肅秦安縣東南），違背命令，措置失宜，被張郃戰敗。諸葛亮隨即退兵還漢中。他整肅軍紀，殺掉馬謖等二將。這時趙雲、鄧芝在箕谷的一軍也因衆寡不敵被魏軍所敗，雖損失不大也受到貶官處分。諸葛亮自己上疏自責，請求貶官三等，以右將軍行丞相事。同時也提陞了街亭退軍時有功的將領王平。

從本年冬天，至建興九年(二三一)春天，四年間，諸葛亮三次北伐，分別由大散關、建威(今甘肅成縣西)、祁山出兵，都以糧盡敗退。建興八年(二三〇)魏軍由曹真、司馬懿、張郃統率分三路大舉伐蜀，遇到大雨，棧道斷絕，即行退還。諸葛亮多次進攻，除街亭一戰以外都没有失利，却總因糧食不繼只好退兵。自建興九年秋天自祁山退兵後，以兩年多的時間作好軍糧供應的準備，他在漢中沔水一帶屯田勸農，創製便於山路的運糧車叫做木牛、流馬。又在斜谷口修築儲藏糧食的倉庫(當時稱爲邸)，命諸軍運糧到斜谷口集中。建興十二年(二三四)春，諸葛亮統率大軍十餘萬從斜谷道進軍，據武功五丈原(今陝西郿縣西南)。司馬懿那時鎮守關中，率領大軍渡過渭水，兩軍在南岸相持。諸葛亮分兵在渭南屯田，作持久的打算。屯田兵士雜於渭濱百姓之間，彼此相安，這樣的行軍紀律在三國時是少見的。兩軍相持了一百多天，這年八月諸葛亮疾病卒於軍中，長史楊儀等督率全軍撤退。在相持百餘天中，諸葛亮屢次挑戰，司馬懿堅守不出。這次退軍，司馬懿不知諸葛亮已死，以爲故意誘他作戰，不敢追擊。蜀軍退後，司馬懿視察諸葛亮布置的陣地，讚嘆說：「真天下奇才也。」

前幾次諸葛亮北伐，並曾約孫吴東西齊舉，却没有獲得響應，這次，孫權却采取了行動。這年五月孫權親統大軍進攻合肥新城，陸遜率荆州軍進向襄陽，孫韶率淮南軍進向廣陵。曹叡親自東征，吴軍久攻合肥不下，七月三路吴軍並退。

諸葛亮先前上表給劉禪，説他成都有桑八百株，薄田十五頃，家屬衣食有餘。他在外任隨身衣食全由官給，没有别的什麽用途，從不經營財産，死後決不令内有餘帛，外有餘財。事實也正如他自己

所說。諸葛亮治理蜀漢的成績和他的嚴於律己獲得人民的愛戴，死後百姓都在道上田間私自祭奠。

諸葛亮死後二十年間（建興十二年至延熙十六年，二三四——二五三），蔣琬、費禕相繼以大將軍（蔣琬後遷大司馬）録尚書事、領益州刺史掌握軍政大權，他們常出鎮漢中或他地也仍然遥制朝政。那時内政遵循諸葛亮成規，對外却基本上改變了諸葛亮的攻勢戰略。這一改變的主要原因是由於蜀漢地區擔負不起浩大的軍費支出。蔣琬曾想避開出兵秦隴的交通困難，由漢水東下襲取上庸（今湖北竹山縣）、魏興（今陝西安康）以窺中原。當時議論認爲如果不能取勝，歸路困難，因而打消了這個計劃。經過蔣琬、費禕、姜維的商討，決定了聯絡少數族指向涼州的戰略部署。延熙六年（二四三）以姜維爲鎮西大將軍，領涼州刺史，經營北伐。諸葛亮四次北伐，都是動摇關中，目標指向長安，姜維的北伐目標則在於割取隴西諸郡。延興十年（二四七）姜維出兵，與魏軍戰於洮西，十二年出兵西平（今青海西寧），都没有取得重大戰果。姜維想要興兵大舉，費禕告訴他說，我們的才能遠遠比不上丞相，丞相也平定不了中原，何況我們，還不如保國治民，守住這片領土，不要輕舉妄動。因此每次出征給予姜維的兵衆不過萬人。延熙十六年（二五三），費禕被魏降將郭循刺死，姜維才擴大了他的出征隊伍，從延熙十六年至二十年（二五三——二五七），他連年出兵，勝敗相當，並没有什麽進展。蜀地雖然號稱富饒，但諸葛亮已經感到「民貧國虚」。那時各郡縣都有大姓，他們中間有的世代領有「部曲」也即是私家擁有的户口，蜀漢滅亡時國家直接控制的户口不過「户二十八萬，口九十四萬」，但却有「帶甲將士十萬二千。」這筆養兵費用平時已很龐大，戰爭時軍費支出和人力徵發當然還得增加，這

一切全部壓在二十八萬户人民頭上。吴派往蜀漢的使臣還來向孫休報告就説，一路上經過田野，人民都呈現出飢餓的顔色。朝臣中間，不少人反對繼續發動戰争，企圖罷免姜維。劉禪親信的宦官黄皓，與一些當權的大臣勾結，也想乘機以他們一伙的右大將軍閻宇代替姜維。這樣，内外之間，朝臣之間存在的複雜矛盾日益尖鋭。姜維請求到沓中（今甘肅盤曲以西、岷縣以南）屯田，藉以避禍。蜀漢就在這樣人民窮困、内外不和的情况下走向衰亡。

曹魏方面，自曹爽一度進軍漢中，無功而退，以後二十年間没有進攻蜀漢的行動。司馬氏三代專政，代魏稱帝的形勢早已形成。爲了進一步擡高自己的威望，曹奂景元四年（二六三），司馬昭決定大舉伐蜀，徵發兵士十八萬，三路進軍：鍾會統主力十餘萬從斜谷、駱谷入漢中；鄧艾統兵三萬餘入甘松（今四川松潘縣）沓中，絆住姜維；諸葛緒統兵三萬餘進軍武街、橋頭（今甘肅文縣），斷姜維歸路。原先魏延守漢中，屯兵扼守谷道險要，不讓敵軍進入平地；姜維認爲扼守山險，只能防禦，不能殲滅敵軍，定計如果敵軍將來，便命名處屯營兵糧集中到南鄭兩側的漢城（今陝西城固縣），堅守兩城和陽平關，外面布置遊軍伺虚而進。敵軍久攻不下，兵疲糧盡，必然退兵，然後諸城和遊軍合力追擊，可以全殲。這次蜀軍禦敵便遵循了這個策略。這樣，鍾會大軍便很快進入漢中，分兵圍了漢、樂二城。鍾會自己進攻陽平關，守關蜀將出關迎降，關城被攻破，魏軍長驅直入。這時姜維已擺脱了鄧艾的牽制，退兵漢中，諸葛緒没有能攔截。姜維原先打算還軍據守陽平關，知道關城已破，就和成都派來的援軍一起退守劍閣。漢中這一路魏軍十餘萬大軍一時不能前進。鄧艾定

計從陰平小道進軍，約諸葛緒同行，諸葛緒不從，逕自赴鍾會軍前，被鍾會彈劾，囚送洛陽，軍隊併歸鍾會。鄧艾率領部兵從陰平（今甘肅文縣），經過幾百里無人之地，鑿山通道，在極端艱苦的情況下到達江由（今四川江油縣），進軍涪城。成都方面本來没有防備這條道路，這時才倉卒派遣諸葛瞻（諸葛亮子）領兵抵禦。兩軍在綿竹（今四川綿陽縣）作戰，蜀軍大敗，諸葛瞻陣亡。魏軍長驅到雒縣（今四川什邡縣南）。成都並没有防禦準備，這時人心惶惶，劉禪召集朝臣商議。有的主張東奔孫吴，有的主張遁入南中，土著地主的代表譙周竭力勸降，劉禪聽從譙周，派人到雒送表投降，鄧艾進駐成都。

自劉備據有益州到劉禪降魏，一共五十年（建安十九年至劉禪炎興元年，二一四——二六三）。

這時姜維等還在劍閣與鍾會相持，接到劉禪敕令，要他停戰投降，就地降於鍾會。將士們得到放下武器的命令，有的拔刀斫石，十分憤慨。

鍾會是潁川高門，鍾繇之子，一向依附司馬昭。平定諸葛誕，他策劃軍事有功，誅鋤不附司馬氏的名士嵇康也是他的主意，他參與機密，是司馬昭最親信的心腹之一。這次伐蜀，由他制定軍事計劃，以鎮西將軍、都督關中諸軍事身統重兵，乃是主將，却被阻在劍閣，不能前進。鄧艾本是典農部民（屯田民的上層分子），出身襄城典農部小吏，家世低微，受到司馬懿的賞識，破格提陞，多年在隴右與姜維作戰，屢立軍功，當上鎮西（後遷征西）將軍、都督隴右諸軍事。這次伐蜀，他所領只是偏師，却直指成都，迫使劉禪投降，立了大功。鍾會既妬忌鄧艾，又懷有野心，就和監軍衛瓘（他也出身河東高門）以及幾個鄧艾部下將領聯名上奏，誣陷鄧艾擅自授予劉禪和蜀漢降臣官位，圖謀造反。司馬昭得

奏，一面命鍾會、衛瓘將鄧艾囚送洛陽，一面命賈充領兵萬人從斜谷進向樂城，親自統領大軍十萬帶着曹奐屯駐長安，還叫他的親戚山濤到鄴城去監督曹家宗室(那時曹家親近的宗室都集中在鄴城居住，實是軟禁)。鄧艾不料鍾會有此行動，並無防備，很快就被縛裝入囚車，送往洛陽。鍾會這時併合了鄧艾所部，又得了姜維所領蜀兵，「獨統大衆，威震西土」。那時他知道司馬昭親統大軍出鎮長安，認識到司馬昭這樣的部署並非爲了對付鄧艾，而是對付自己，因此促使他加緊行動。他在魏景元五年(二六四)正月十五日到成都，當天就囚送鄧艾，次日召集從征將領和蜀漢衆官，在蜀朝堂爲先幾個月去世的魏太后發喪，假太后遺詔，要他起兵廢司馬昭，命親信代領諸軍，把赴會的文武官一起禁閉在內，想盡殺從征諸將。消息泄漏，還有謠言説鍾會要全部屠殺魏軍。終於激起了兵變，鍾會被殺。鍾會的密謀是和姜維一起商議的，據説姜維想利用鍾會消除北來勢力，然後乘機恢復蜀漢政權。在兵變中姜維也被殺死。

事定之後，魏分遣臣僚爲益州刺史和諸郡太守。遷移蜀漢大臣家族和百姓三萬餘家到東方和關中。

滅蜀前後，司馬昭進位相國，封晉王，加九錫等；一切代魏稱帝的前奏都已完成，準備改朝換代，却在咸熙二年(二六五)八月身亡。長子司馬炎嗣位爲相國、晉王，即在本年十二月稱帝，改國號爲晉，改元泰始。又過了十五年，太康元年(二八〇)滅吴。

六　孫吳興亡和南方社會經濟的發展

建安初期，出自富春（今浙江富陽縣）低級豪門的孫策帶着他父親孫堅遺留給他的幾千將士渡江，占領了江南，創立了孫吳政權。孫權繼位後，經過赤壁之戰，鞏固了這個政權在長江下游的統治，建安末年，經過夷陵之戰，牢固地占領了長江中游地區，南達嶺南和交州。孫吳領土，包括了長江中下游和閩江、珠江流域。孫權於魏黃初二年（二二一）稱吳王，建都武昌（今湖北鄂城縣），明年改元黃武。黃武八年（二二九）稱帝，改元黃龍，遷都建業（今江蘇南京）。

赤壁戰後，曹操曾屢次南征，孫權也屢次反攻，當時北方的軍事重鎮是合肥（今安徽合肥市），雙方交戰在今安徽境巢縣與合肥之間，都没有什麽進展。

孫吳政權的基礎是以富春孫氏爲首的吳郡、丹陽、會稽、錢塘諸郡大姓豪門以及自北方南遷的人士。東漢末年，江南和北方一樣，這些大姓產生了具有高度文化修養的名士與參與中央或地方政治的官僚。在經濟上他們廣占土地，擁有若干帶有封建依附性勞動者。那時長江中下游出現許多大小宗族組織，稱爲宗部、宗伍，孫吳領域内特别是今浙江、安徽、江西、福建的山區普遍存在。由於山居人民有的還是古代越族的後裔，分布地區又是古代越族居地，因而往往被稱爲「山越」，但與漢人並没有多大區别。東漢末年，由於官府徵發賦役嚴重，包括被稱爲山越的人民以宗族爲基礎，組織隊伍，建立壁壘，抗拒官府徵發。他們的首領稱爲「宗帥」「民帥」。爲了鞏固政權，擴大兵源與勞動隊伍，

孫吴兩代以很大的力量征服這些宗帥，消除其組織，强迫這些山居人民遷移到平地上去當兵服役，「强者爲兵，羸者補户」。

孫氏家族與江東大姓與北來人士共同建立政權，抗拒北來入侵之敵，捍衛江南，也共同分割勞動人口，擴大封建依附者的隊伍，建立了諸將世襲領兵制與復客制。

東漢末年，南北大姓豪門都擁有私家武裝隊伍，曹操將歸附的私家武裝接收過來，成爲世襲當兵的「士家」，孫吴實行的則是世襲領兵制。孫氏家族和有功將領都被分給兵士和由兵士耕種的土地，原則上子孫世襲統領，兒子幼小，待成年後仍讓他繼領父兵。諸將所領的名義上是「官兵」，實際上領兵的既然世襲，兵士也是世襲，因此在頗大程度上具有「家兵」亦即部曲性質。他們雖然被稱爲兵，仍然耕種土地，也即是兵屯。這與曹魏的兵屯相似，但曹魏領兵屯的都督和將領均由國家任命，並不世襲，而孫吴的世襲領兵制使之帶有强烈的家兵性質。分配給將領的兵士來源，除了部分從民間直接徵發以外，很多即是戰爭中俘獲的敵方兵士和强力迫使出山的「山越」。吕蒙爲廬江太守，孫權曾經把從曹方俘獲的人馬分給他；諸葛恪進攻丹陽山越，所得的兵，自領萬人，餘外都分給諸將。不僅一般將領從世襲領兵制中獲得帶有封建依附性的人口，那些名家大族也通過領兵制擴大他們的依附人口。

和北方一樣，江南的大姓豪門本來就擁有多少不等田客。孫吴統治時期，原則上不容許私家將國家編户占爲私附。但是國家往往將編户或者屯田民連帶土地賞賜給有功將領，多達幾百家，土地數十以至數百頃。這些賜與的人户從此就成爲帶有封建依附性的田客。國家還往往下令給予某些

將領家有「復客」特權。所謂「復客」就是免除這些「客」對國家的賦役義務，也就是承認這些將領對於田客的庇護權。周瑜、程普死後，孫權下令，這兩家所擁有的「客」，官府不得顧問，從而承認這些客是周、程兩家的私附身分。陳武死後，孫權命令給予「復客二百家」的權利，潘璋死後，「復客五百家」。形式上這些受賜的將領和大姓豪門只有在一定限額内公開合法擁有不屬國家的私附，但實際上却是無限的。

通過世襲領兵制和復客制産生了一批新的大地主，也擴大了原來江南大姓豪門的土地和私附的占有。到了孫吳末年，那些大族「僮僕（指奴隸和封建依附者）成軍，閉門爲市，牛羊掩原隰，田池布千里」，封建大土地所有制達到這樣的規模。

西漢時期江南地廣人稀，東漢時代由於北方人口的南遷和社會經濟的發展，人口大幅度增加，荆州由西漢的三百五十九萬餘增加到六百二十萬餘；揚州從三百二十餘萬增加到四百四十三萬。東漢末期，中原大亂，關中和淮南、北人民大量流入荆、揚二州。建安十八年（二一三），曹操怕長江北岸人口被孫權掠去，命令内遷，這一下却反而迫使江北諸郡人民十餘萬口全都南渡長江，以致北岸諸郡成爲廢墟。在孫吳境内，不係户籍的山居人民被强迫出山，單就丹陽山越來說，陸遜一次進攻就獲得「精卒數萬人」。後來諸葛恪又一次進攻，又獲得强兵四萬人，老弱婦女還不在其内。此外，還有浙東、皖南、福建等地被征服的山越爲數當然也不少。毫無問題，孫吳時期的江南人口必然超過東漢。但户籍上的數字恰好相反。晉太康元年（二八〇）平吳，得户五十二萬三千，吏三萬二千，兵二十三

萬，男女口二百三十萬，後宫五千人。把兵、吏、後宫和編户一起加起來還抵不上東漢一個揚州的人口，而孫吴領土是包括東漢的荆州和交州的。人口實際大量增加而户籍上却這樣的寡少，表明大量人口(可能超過登記上籍的人口)流入私家，成爲封建依附者。

西漢時期，長江中下游的社會經濟較之中原遠爲落後，那裏地廣人稀，生産技術低下，長期停留在火耕水耨的階段，牛耕還不普遍。由於自然資源豐富，人民還依靠漁獵補充農耕生産的不足。隨着中原人民南遷，也帶來了北方先進生産技術，東漢時牛耕逐漸推廣，在會稽(今浙江紹興市)興修了鏡湖的水利灌溉工程，溉田萬頃。蠶桑和紡織手工業開始出現，冶鐵業也有發展。孫吴統治的八十餘年間(自建安三年孫策封吴侯至太康元年滅亡，一九八——二八〇)，江南社會經濟有很大的發展。像北方一樣，孫吴也推行兵屯和民屯。民屯設置典農校尉和都尉管理，兵屯直屬領兵的將領。設置民屯的地區，主要在建業以東今句容、常州、溧陽一帶。赤烏間(二三八——二五一)曾經調發他郡人民會佃毗陵，會佃的有男女數萬口之多，可知屯田區的廣闊。此外，今浙江海鹽、紹興和湖北的黄梅也都有民屯。屯田民也很多，孫吴末年曾經取屯田民萬人爲兵。兵屯是普遍的，凡是領兵將領大概都於所在屯墾，兵士都且耕且戰。牛耕那時更爲普遍，用的是雙牛的耦犂。

孫吴統治時期農業生産的發展主要在於耕地面積的擴大。這是南方土著和北來僑民辛勤勞動的成果。

手工業方面也有所發展，那時農村家庭手工業仍然紡織麻、葛布。絲織手工業還是萌芽狀態，並

不普遍。在産鐵地區大致都有鐵冶手工業，丹陽山越在山中自己采鐵置鑪冶鑄農具和兵器。孫權曾經采武昌銅鐵冶鑄刀劍。在海鹽（今浙江海鹽縣東）和沙中（今江蘇常熟縣西北）設置司鹽都尉管理鹽務。由於水道交通的需要，造船手工業在孫吴時期有很大發展，内河船舶較大的載五百斛，海船載馬八十匹。在建安的侯官（今福建福州市）、臨海的横藇船屯（今浙江的平陽縣）、廣州的番禺（今廣州市）都有規模較大的船作坊。當時常常配發罪人去造船。官營手工作坊除了使用奴婢和罪人以外，還徵發民間手工業者充當工匠。這種徵發遠及交趾，孫休統治時期一次就徵發了交趾手工業者千餘人送往建業，隨後導致了一次反徵發的起義。

西漢時期，江南社會生産落後，没有商業活動，直到東漢時，長江中下游還没有較大的城市。孫吴定都建業，成爲政治中心，爲了滿足貴族官僚以及城居軍民的需要，商業活動隨之興起，城中有兩個大市，設置司市中郎將管理。市上有來自各地的商賈，陳列着各種貨物，不少是來自交、廣的珠寶珍奇以及精緻的工藝品，比如象牙編的蓆子、輭薄的麻、葛布等奢侈品，也有小部分來自海外。但是最貴重的珍寶主要掌握在官府手中，國家采取徵税的辦法把合浦采珠人民所獲上等珍珠絶大部分掠去，其它珍奇土特産當然也是一樣。曹魏皇室和貴族官僚常常用馬來交换那些奢侈品。

當時在魏、吴交界地區設置互市場所，南北商人在那裏進行貿易，但往往被軍將劫奪。孫吴境内蠶桑業不發達，絲織品大致都通過貿易和其他渠道來自曹魏和蜀漢。

孫吴基本上也以實物交易，孫權曾經鑄造值伍十的大錢，（傳世的有「大錢五千」，但不見記載，

想不足據),當然那只是變相的掠奪,不能真正適用。

爲了政治和軍事上的需要,孫吴在建業一帶陸續開鑿幾條渠道,溝通長江、秦淮河以至雲陽(今江蘇丹徒縣),通向會稽。大體上隋代修鑿的江南河,這時已有了雛型。這些渠道的開鑿目的在於軍事上的便利和便於通過租調,把掠自各地的穀物布疋集中到都城,但客觀上也有利於商旅往來。

孫吴統治時期海上交通有很大發展。

當時臺灣稱爲夷洲,那裏住的高山族人,他們基本上還處於原始社會,生産工具和武器主要使用磨製石器,能够紡織細布。黄龍二年(二三〇),孫權派遣將軍衛温、諸葛直帶領兵士一萬出海訪尋夷洲和亶洲。亶洲没有找到,到達了夷洲。這是見於記載的大陸與臺灣間的官方聯繫,但是民間往來早就存在,這種往來在以後將要更加密切。

赤烏五年(二四二),孫權派遣將軍聶友、校尉陸凱統帶三萬兵到珠崖、儋耳(今海南島)。那時,公孫淵割據遼東,和孫吴經常由海道通使。嘉禾元年(魏太和六年,二三二)公孫淵稱臣於吴,明年,孫權派遣使人統領兵萬人帶着珍貴禮物到遼東,封淵爲燕王,這樣衆多的軍隊大概引起公孫淵的猜疑,他殺掉了使人,兵和財物一概留下。

孫吴時期還發展了和東南亞各國的聯繫。

早在漢代,南洋諸國以及遠至大秦(古羅馬)、波斯(今伊朗)、天竺(今印度和巴基斯坦)便已航行南海以達交趾。大致在黄武五年至黄龍三年(二二六——二三一)間,交州刺史吕岱派遣宣化從事

朱應、中郎康泰出使海南諸國。他們到達扶南（今柬埔寨），在那裏見到了中天竺使人陳宋，詢問天竺土俗。歸國後，朱應著扶南異物志，康泰著外國傳，這兩部書記載了下扶南以及經行和傳聞諸國的物產、土俗。此後，扶南、林邑（今越南）諸國都遣使來吴。黄武五年（二二六）大秦商人秦禄來到交阯，交阯太守送他到建業，孫權向他詢問大秦民情風俗。他在吴住了七八年，才返本國。

古代東西往來的船舶，有中國船、天竺舶、波斯舶，吴時還有扶南舶。最大的船舶可以載六七百人、上萬斛的貨物。這些船舶遠的來往於大秦、天竺與中國之間。由此可見，孫吴時期海上交通與中外貿易的發展，從而密切了中國與海外諸國的友好關係。

孫吴時期江南的社會經濟有很大發展，這是廣大人民（包括國家編户、兵、吏和私家的佃客、部曲）的勞動成果。勞動人民開發江南作出巨大貢獻，他們自己却遭受到極其嚴重的剥削。

國家的編户承擔賦役。賦税制度可能沿襲漢代，受到的剥削是嚴重的，所以陸遜曾上書要求「寬租賦」。在孫吴統治時期曾征收關税。人民常常被調發爲兵，也常被賞賜給功臣作佃客。此外，還徵發編户爲「吏」，孫吴滅亡時有吏三萬二千。吏是配給各級官府及官員聽候使唤的人員。和兵一樣，當上了吏就全家服役，有的被徵發到建業，子弟仍配給本縣以致全家無人從事耕種。吏家免除租賦，但要交納所謂「限米」，兵役雖也免除，卻要跟隨配給的官員出征。吏役成爲加給人民嚴重的苦役。

爲了適應大姓豪門的政治需要，孫吴也像曹魏一樣以朝臣品評本州人才，名爲「大公平」。也和曹魏一樣，設置中書省主管下達詔勅和呈送羣臣上奏文書。中書省設置審查文書的官員，名爲典校

或校事，典校呂壹等獲得孫權的寵任。他們從文書中找尋漏洞，舉發百官罪狀，連丞相顧雍和孫權女婿左將軍朱據都曾受到在家待罪、聽候審查的處分。典校們的活動，導致大臣諸將的不滿和不安。最後，由於陸遜和潘濬的抗爭，呂壹等被殺，孫權引咎自責，派遣使人告謝那些功臣宿將諸葛瑾等。這件事反映了孫權和諸大族之間的矛盾。

孫權的太子孫登於赤烏四年(二四一)去世，弟和繼立爲太子。孫權另一個兒子魯王孫霸覬覦帝位，宮廷中的皇位繼承之争發展到諸大臣間，形成了兩派。赤烏十三年(二五〇)，孫權廢太子和，令孫霸自殺。在這場繼承之争中，支持孫和的一派中元老大臣張昭的兒子張承、張休，顧雍的孙子顧譚、顧承，和吾粲、張純等，或死或被罷免遷居交州，驃騎將軍朱據這時兼任丞相也被杖責。孫和廢後，孫權立幼子孫亮爲太子。又過了二年(太元二年，二五二)，孫權病死，孫亮即位，年只十歲。

孫權統治前期，善於使用人才，團結南北大族，共同保衛江東，是一個有作爲的君主。在他統治的晚年，刑法酷暴，賦役繁重，皇室與大臣間的奪權鬥争日益尖鋭，孫吴政權已開始走向衰落。

孫權死時，那些開國元勳都已死盡，他將後事託給大將軍諸葛恪(諸葛瑾之子)，孫亮即位，諸葛恪爲太傅，掌握軍政大權。

諸葛恪當政那年，築了一道大堤(今安徽含山縣西南)，還築了東、西兩城，遣將駐守。這裏是魏吴兵争要地，魏命將統兵七萬進攻，企圖破壞大堤，諸葛恪興兵四萬救援，大破魏軍，死者數萬，獲得大量牲口和軍資武器。這次勝利助長了諸葛恪的驕氣，明年(吴建興二年，二五三)春天，他決定大舉進攻淮

南。當時很多臣僚以百姓貧困，不宜連續出兵。他認爲國內人口不多，具有戰鬥力的兵士更少，只有乘此進攻，再過十幾年，敵我兩方的人口和軍士比例差距更遠，那就不好辦了。於是違衆出兵，調發兵士二十萬進攻，一面通知蜀漢，要求姜維也進攻涼州。戰事發動，吴軍攻圍魏合肥新城，三個月没有攻下，正逢大暑，兵士大半生病，只好退兵。兵士傷病，有的死在路上，有的被魏軍俘虜。這次出征固然遭到挫折，基本上還算全軍而退，但出兵本就不得人心，傷亡加重了人民的怨憤。諸葛恪企圖維護他業已動搖的威權，更加專横獨斷，下令凡是他出征後政府委任的縣令、長等官員一概無效，重新選任；又用親信代替原有的禁衛軍官員，並且命令軍隊戒備，想再次進兵青、徐。他那些行動終於毀滅了自己。

諸葛恪本屬於支持孫和的一派，孫權才死，原先支持孫霸的中書令孫弘就想發動政變，推翻諸葛恪。諸葛恪得到了掌握禁軍的武衛將軍孫峻的支持，把孫弘殺掉。這時諸葛恪更換禁衛軍官員，使他感到自己地位的危險。此外，又謡傳諸葛恪想要廢去孫亮，讓孫和復位。這年十月，孫峻發動政變，殺死諸葛恪，全家親族都被誅戮。孫峻自爲丞相、大將軍，掌握大權。

孫峻是個宗室，没有什麽才能，在他執政後，曾發兵支援反對司馬師的魏淮南大將毌丘儉，想占領壽春，没有取得成功。五鳳二年（二五五）孫峻死，從弟孫綝以侍中、武衛將軍（後進大將軍）、領中外諸軍事代峻執政。太平元年（二五七），魏淮南大將諸葛誕起兵反對司馬昭，孫綝發兵支援，被魏軍擊破，受到巨大損失。孫峻、孫綝相繼專政，孫氏宗室和一些大臣將領先後多次發動激烈的鬥争，均遭挫敗，不少人被屠殺。孫亮逐漸長大，他不能忍受孫綝專横自恣的行爲。太平三年（二五八）密謀

誅綝,事泄被廢,孫綝立孫權另一個兒子孫休爲帝。孫綝以丞相繼續專政。就在這年(孫休改太平三年爲永安元年)十二月孫休與宿將丁奉、親信張奉密謀殺死孫綝,親自掌握政權。

孫休在位的第六年(永安六年),蜀漢滅亡,次年七月去世。孫休本已立子雨爲太子,那時蜀漢初亡,國内爆發人民起義,臣僚們認爲太子年幼,想要立一個成年的皇帝,因此擁立了年已二十三歲的孫和之子孫皓。

從孫權統治的晚年到孫皓統治期間二、三十年間,孫吳一直在衰亡的道路上滑下去。孫吳兵士屯田,承擔戰守和耕作任務,但也被徵發服其他勞役,早在孫權時期就曾經徵發諸將所領兵建築宫室。領兵諸將還經常私役官兵。孫休時,兵、吏在所屬將領和官員的支配下脱離農業生産,「浮船長江」,往來商販,以致良田荒廢,糧食生産日益減少。屯田民本來不服兵役,孫休統治末年,爲了補充兵力的不足,調發了屯田民萬人當兵。爲了補充兵員,孫權晚年,還從民間徵發所謂「義兵」(一般人民本來不服兵役,義兵是破格的徵發)。義兵制度從此沿襲下來,嚴重破壞了農業生産。困於賦役的百姓與吏、兵紛紛逃亡,他們的歸宿大都流入私家充當佃客。對此情況,孫吳政權從來没有采取任何使「私屬」復歸於編户的辦法,而是和大姓豪門一樣,設法把流亡人民招納爲皇室的「私屬」,名叫「占募」。這種辦法孫權統治時已經出現,那時募的還是流亡人民,孫皓時派遣宦官廣行「占募」,連逃亡兵士也一概招納。這當然使得國家編户與官、兵吏更爲減少,他們承擔的賦役也更爲嚴重,逃亡也就更多,造成無法制止的惡性循環。

正是在這樣腐朽橫暴統治下，孫休統治時期，便多次爆發人民起義。永安六年（二六三），交趾爆發了反抗徵發手工匠人的人民起義。次年，海鹽爆發了所謂「海賊」的起義，殺死了司鹽校尉。所謂「海賊」多半是以煮鹽爲業的人民組成。同年，廬陵、豫章民張節等起義，這一地區原先居住着山越，大概與長期以來山越的反抗有關。孫皓寶鼎元年（二六六），永安（今浙江永康縣）被稱爲「山賊」的施但等起義；天紀三年（二七九），廣州兵士郭馬起義。這些起義軍雖隨即被鎮壓，却説明孫吴境内階級矛盾的激化。

孫皓即位的第二年（甘露元年，二六五），司馬炎代魏稱帝。這年，孫皓遷都武昌，一切供應物品均要揚州百姓溯江運送，人民唱出了「寧飲建業水，不食武昌魚；寧還建業死，不上武昌居」的歌謡，下一年遷還建業。他害怕皇位不鞏固，即位不久即殺死擁立他的丞相濮陽興和左將軍張布；孫休的皇后米氏和二個兒子也被他所殺。宗室孫秀爲夏口督，建衡元年（二六九）孫皓派遣親信何定領兵五千到夏口圍獵，孫秀認爲是對付他，逃奔晉朝。鳳皇元年（二七二），調西陵督步闡入朝。步家自步騭以來，三代鎮守西陵（今湖北宜昌市東），忽然調動，步闡十分不滿，又怕被害，就據城降晉。那時陸抗（陸遜子）鎮守樂鄉（今湖北松滋縣），發兵攻破西陵，步闡全族被殺。孫皓是個暴君，在他統治時，很多臣僚被殺，固然被殺者往往由於直言勸諫，觸犯忌諱，表現了孫皓的殘暴愎諫，但也是孫權以來統治階級矛盾激化的結果。自孫權晚年到孫皓時代，開國元勳張昭、顧雍、諸葛瑾、步騭、吕範、全琮、朱桓的後代全被誅殺貶斥，吴郡大姓張氏、會稽大姓虞氏、賀氏都遭到禍害，清楚説明了這一點。孫皓

任用出自寒微的親倖，乃至商賈。薛瑩説吴國滅亡原因在於孫皓寵任小人，濫用刑罰，不信任大臣、大將，弄得人人憂恐，保不定哪一天被禍以致滅亡，也説明了這點。但這只是一個方面，主要的是長期以來賦役嚴重，人民窮困，社會經濟凋弊，早已危機四伏，而孫皓的嚴刑酷法，濫殺無辜，和他荒淫奢侈，建築宫室，濫用民力，加劇了階級的和統治階級内部的矛盾，終於走向滅亡。

自從滅蜀以後，吴國受上流的威脅，論國力、兵力，南北强弱形勢很明顯。但晉武帝司馬炎和羣臣都不想輕易發動，因循了十餘年之久，直到咸寧五年（吴天紀三年，二七九）才決定大舉進攻。晉於長江北岸，從江陵到牛渚（今安徽）布置了五路軍隊，另外益州軍隊順流東下，一共二十餘萬大軍，以大都督賈充爲主將，出鎮襄陽。孫吴政權早就爲人民和士兵所唾棄，吴軍渡江作戰，没有遭到什麽激烈的戰鬥就全軍潰散，晉軍順利通過長江。益州刺史王濬幾年前修造船艦，這時統率大軍乘船東下。吴國沿江城鎮自西陵以至夏口、武昌望風瓦解，孫皓派去的水軍萬人不戰而降。次年三月，益州軍和自淮南南渡的晉軍都迫近建業，孫皓遣使向東下的益州軍和南來的晉軍送上降書。王濬先到建業，接受了孫皓之降。這次晉軍滅吴，長驅直入，吴軍土崩瓦解，並没有經過真正的戰鬥，連孫皓自己也説，吴國守不住，並非糧食不足，城池不堅固，而是兵將不願作戰。

孫吴自建安元年孫策渡江至孫皓降晉共七十五年，自魏黄初三年（二二二）孫權以吴主改元算起爲五十九年（二二二——二八〇）。孫吴既亡，全國復歸於統一。

（未完稿）

魏晋南北朝隋唐史

目録

第一章　三國鼎立和西晉的興亡

一　三國鼎立局面的形成

（一）黄巾軍的主力被鎮壓以後的形勢

公元一八四年黄巾軍的主力被鎮壓了，在鎮壓起義的過程中，地方割據勢力增長，爲封建割據創造了條件。

我們知道，封建社會裏自然經濟占統治地位，因而即使是在統一的時期，也不可能消除封建割據的因素，而在一定的歷史條件下，這種割據的因素就有可能發展起來，形成公開的封建割據的局面。黄巾起義爆發時，東漢朝廷的力量已衰落，無力鎮壓起義，因而它號召地主階級組織武裝來共同鎮壓起義軍。於是各地的地主豪强都把自己的宗族和封建依附者——賓客組織起來，而各地的地方官刺史、太守等也極力擴大自己的軍隊。中央朝廷還認爲地方官的權力太小，不能勝任鎮壓人民起義的任務，便采取了提高地方官職權的措施，派出朝廷大臣充任州牧。州牧和刺史一樣，管理一個州的事務，但地位比刺史高，權力比刺史大。這樣一來，地方豪强和地方官便形成爲大大小小的地主武裝集團，而這些武裝集團又通過自相兼并和自願依附而逐漸集中到少數大頭子的名下。這些大頭子有的是原來的地方官，有的通過組織地方武裝起家之後也做了地方官，他們掌握了地方政權，於是便

形成了封建割據的形勢。三國的建立者曹操、劉備和孫權的父親孫堅，他們都參加了鎮壓起義軍的行動並在鎮壓起義軍的過程中擴展了自己的勢力。

我們認爲，這種封建割據的形勢只是東漢末年分裂形勢的繼續和發展。大家知道，早在黄巾起義以前，由於土地兼并，大土地所有制的發展，地主豪强的勢力早已經擴展了。加之，漢朝實行辟舉制度，地方官如刺史、太守以至縣令手下的掾屬照例由長官自己委任，而掾屬又照例用本地人，這樣一來，便只有本地有勢力的人最有可能充當地方機構裏的掾屬。所以地方上的地主豪强實際上早已掌握了地方政權。他們是後來封建割據的基礎。

東漢朝廷在黄巾起義的打擊下，實際上已經崩潰，它再也無力指揮地方了。而在這個時候，首都洛陽又爆發了最後一次統治階級内部的鬥争，即傳統的宦官和外戚、官僚集團之間的鬥争。這個鬥争，在黄巾起義剛爆發的時候曾經緩和過，而當起義軍的主力被鎮壓後又突出起來（鬥争的詳細過程不多談了）。在這次鬥争中，外戚國舅何進被宦官所殺，看來好像是竇武故事的重演，但事件的發展和竇武時期的情况並不一樣：宦官殺死何進後，官僚集團又將宦官全部殺光。因爲這時洛陽的兵權掌握在幾個官僚手裏，官僚的首領是袁紹、袁術兄弟。袁氏四世三公，袁紹、袁術本人又是當時的名士。統治階級内部鬥争的結果使外戚和宦官兩敗俱傷。那麽，是不是官僚集團獲得了勝利呢？也不是。因爲早在何進被殺以前，袁紹爲要掃除宦官的勢力，曾向何進建議，招四方將領帶兵入洛陽，以增强自己的力量。這些將領中有野心的自然正中下懷，於是董卓進軍洛陽。董卓是凉州的豪强，

長期擔任涼州軍的軍官，在鎮壓黄巾起義的過程中，帶領涼州兵到了中原，駐紮於河東（山西南部）。這個人本來是有政治野心的，袁紹招他進京，正是他求之不得的事。由於他擁有作戰能力相當强的軍隊，因而進京以後，便掌握了朝政。他廢掉了少帝，另外立了一個皇帝，這就是以懦弱著名的東漢末代皇帝漢獻帝。袁紹被迫出京。這就是歷史上所稱的「董卓之亂」，發生的時間是公元一八九年。

但是，董卓掌握政權以後，各地方並不服從中央的命令。這時的地方長官，都有自己的打算。他們本來就不服從中央的命令，現在朝廷既然爲董卓所挾持，中央政權實際上變成了董卓的政權，因此，便以討伐董卓爲名，正式組織了軍隊來攻擊董卓。當關東的軍隊向洛陽進攻的時候，山西地方的人民繼續起義。董卓害怕義軍切斷了自己的後路（董卓的根據地在涼州，他帶的軍隊是涼州軍，兵士都是涼州人，其中有不少是涼州地區少數族的人），便强迫皇帝和百官遷都長安。不止如此，他還强迫洛陽的人民遷徙。很多人在遷徙的過程中遭到死亡，而繁榮的洛陽城市也被董卓放火燒掉。

可是，關東的軍隊並不追擊董卓，他們只想占地盤，彼此之間也有猜忌，所以不久以後便各自解散了。他們把兵力集中在擴大自己的勢力和繼續鎮壓各地分散的人民起義方面。

董卓到了長安後，在一場政變中被殺。但是董卓盡管死了，他手下的將領仍舊繼續占據關中，自相殘殺。關中地區在這些涼州軍的統治下遭到極爲嚴重的破壞，死亡人口不計其數，土地荒蕪，據説僅僅幾年的時間，就搞得路上見不到人，呈現一片荒凉景象。西漢、東漢的兩個首都（長安和洛陽）就這樣在統治者的斷殺下遭到了破壞。而其他地方軍解散回去以後，也同樣互相兼并，大肆屠殺搶掠，

形成了一個混戰的局面，使生産陷入停頓。

董卓之亂以後（説得早一些是在鎮壓黄巾起義以後），社會經濟遭到最嚴重的破壞，人口大量減少。舉個例子來説，潁川郡是東漢時期人口最多的地方，其中的鄢陵縣原有五、六萬户，經過鎮壓黄巾起義以及後來的混戰以後，只剩下幾百户了。當時像這樣的例子還不少。這説明了兩個問題：第一個問題是當時的社會生産大幅度下降，生産萎縮，出現了大量的荒地。在這種情況下，糧食問題便成爲一個非常嚴重的問題。當時不僅人民在飢餓綫上掙扎，就是那些靠劫掠爲生的軍人也没有東西可劫掠的了。所以，袁紹雖占領了河北的大片土地，而他的軍隊只能靠吃桑葚來維持；袁紹的兄弟袁術占領淮南，其軍隊也只能靠吃蚌蛤來維持。這種情況説明當時的農業生産陷於停頓。第二個問題是人口大量減少。當時政府户籍册上的人口數字大量減少，與東漢時期比較，減少了六分之五。這減少的六分之五的人並不是都死亡了。當時死亡的人確實不少，但更多的人則是變成了地主豪强的依附者，即所謂的賓客、部曲。因爲當時處在混戰的形勢下，人民無法從事生産，而要堅持生産，便不得不依靠地主豪强的軍事保護。

我們應該指出：這一時期的人民起義雖然處於低潮階段（從黄巾軍的主力被鎮壓以後，人民起義便處於低潮階段），但人民的鬥争並没有停止。當時河北黑山軍以太行山爲根據地，活躍在河北一帶，直到曹操占領冀州以後才解散；江蘇和山東之間的青徐黄巾，也發展到幾十萬人，後爲曹操所敗，其中大多數被曹操收編爲自己的軍隊。人民起義除這兩支比較大的力量以外，用黄巾名義分散

的義軍不僅在北方，而且在長江流域，從四川一直沿江東下，到處都是。這些分散的起義軍，從公元一八四年到二〇四年一直堅持鬥争，雖然分别爲當地的統治者所鎮壓，但也教訓了那些割據的「群雄」，迫使他們認識到：單靠鎮壓是不行的，必須另外考慮一些緩和階級矛盾的辦法。

（二）三國局面的形成

北方的封建割據集團，經過互相兼并和厮殺後，除了關中地區還有凉州集團的軍人割據以外，只剩下了兩個大集團：一個是袁紹集團，袁紹的勢力很大，幾乎占領了整個黄河北岸的河北、山西以及山東的一部分；另一個是曹操集團，占領了河南和山東的一部分。這兩個大集團在黄河流域形成對峙的局面。公元二〇〇年，發生了「官渡之戰」。按照當時力量的大小來看，袁紹的力量要强得多，他的軍隊多，財力也比較强，而曹操的軍隊却較少。看來曹操是打不過袁紹的。但是，戰争的結果却是弱小的曹操打敗了强大的袁紹。曹操爲什麽能獲得勝利呢？從袁紹方面來説，當時政治非常混亂，在他的統治區域内，地主豪强到處横行，不納賦税，全部賦税負擔都落在貧弱小民的身上；袁紹手下的臣僚又各自形成許多派别，互相攻擊，而袁紹的幾個兒子之間也是不和的；袁紹本人出身於東漢時期最高的官僚家庭，所謂四世三公（他的上代四輩都是漢朝的三公），因而用人講究門第，不能真正選拔人才。所以，袁紹的强大只是表面的。從曹操方面來説，他當時已經考慮到了軍糧的供應問題，認識到軍士光靠搶掠爲生是不行的，因而實行了屯田制度。這樣一來，軍隊的糧食供應就比較充分

了。同時，曹操在一定程度上抑制了豪强勢力，用人也不拘一格，並吸取東漢以來選舉上的教訓，注意選拔有才能的人。所謂有才能的人，就是説能幫助他統治人民，在軍事上、政治上比較有作爲的人。從袁紹和曹操兩個方面來分析，可以看到：單純從軍隊的數量和占領地區的大小來説，曹操是不如袁紹的；但是從政治這個角度來説，曹操確實占優勢。因而在官渡之戰中曹操得到了勝利。但是盡管如此，曹操並不能在官渡之戰後，立即占領河北，徹底消滅袁氏勢力。直到五年之後，他才利用袁紹死後（袁紹於官渡之戰後氣死）兒子們互相攻擊的機會進軍河北。公元二〇五年，曹操占領了河北，徹底掃除了袁氏勢力。這時，除了關中地區仍爲涼州軍閥占領外，曹操已經統一了北方。

曹操消滅了袁氏勢力以後便統兵南下，攻打荆州。荆州原爲劉表所占領。這時劉表已經死了，他的兒子劉琮，看到曹操的大軍將至，便不戰而降。但新野的劉備没有投降。劉備是漢朝的宗室，也是鎮壓黄巾軍起家的，他一直想割據一塊土地，却總是遭到挫折。當曹操統軍南下時，他正寄居荆州，屯駐新野。劉備原和曹操結下了冤仇，是不可能投降的，同時他也不願意投降；但因曹操來勢很猛，他便向南逃跑。曹操垂手而得荆州，並繼續向長江下游進軍，想一舉平定江南。當時正是孫權占領着江南。孫權的父親孫堅是江南地方的小豪强，在鎮壓農民起義中起家，曾經一度占領了河南南部，但在一次戰争中他被劉表手下的將領所殺。孫堅的大兒子孫策（孫權的哥哥），於公元一九五年帶領父親的舊部回到了江南（孫氏原爲浙江人），趕走了漢朝派往當地的地方官，消滅了反對他的南方地主武裝，占領了江南。孫策死後便傳位給兄弟孫權。曹操統兵南下時，孫權的内部經過了一番

爭論（有人主張投降，有人主張抵抗），最後決定抵抗。於是孫權便和劉備聯合起來，共同抵抗曹操，這就發生了三國時期著名的「赤壁之戰」（二〇八）。這次戰爭和官渡之戰一樣，也是以弱勝强，强大的曹操被弱小的孫、劉打敗了。當時曹操號稱八十萬大軍（實際上是三十萬人）聲勢浩大，而孫、劉兩家的軍隊合起來也只有十幾萬人，但結果却是曹操失敗了。曹操之所以失敗有幾個原因：第一，曹兵的主力是騎兵和步兵，不善於水戰。他的水軍是由新降的荆州軍組成的，荆州軍和他原來没有什麽關係，都不願意替他打仗，這支水軍是不可靠的。第二，當時曹操的軍隊正逢大疫，兵士不服水土，大都生病了。第三，曹操統大軍南下，北方空虚，而北方關中地區的凉州軍始終没有平定，因而有後顧之憂。第四，這一場戰爭對曹操來説，打勝了便可以征服江南，統一全國，打敗了也依然可以保守北方，不存在滅亡的威脅，所以可能有些大意；而對孫權、劉備方面來説，這一仗則是只能勝、不能敗的，打敗了就是全部勢力被消滅，有生死存亡的威脅，因而他們拼力以爭。戰爭的結果是曹操失敗，孫權的江南得到鞏固，曹操失掉的荆州被劉備占領，形成鼎足三分的局勢。

據我個人看來，這次戰爭的正義性很難説是在哪一方面。雖説曹操統軍南下是統一戰爭，但也不能説孫、劉抵抗曹操就是阻礙了統一。因爲孫、劉也是要求統一的，只是希望由自己來統一罷了。所以，要分析這一戰爭，只能從軍事上來分析曹操爲什麽失敗，孫、劉爲什麽勝利。

赤壁戰後，公元二一一年，曹操平定了關中。公元二一四年，劉備占領了益州。劉備占有荆州時，東吴是不願意的，劉備答應將來取了益州，把荆州讓給東吴。劉備占有益州後，公元二一九年，東

吴乘鎮守荆州的關羽進攻曹氏襄樊之機，發兵攻取荆州。明年曹操病死，子曹丕繼位，代漢稱帝，國號魏。公元二二一年，劉備也稱帝，對東吴進行了反攻。於是發生了吴與蜀的「夷陵之戰」。在這次戰爭中，劉備遭到陸遜的火攻而失敗。夷陵之戰後，三國的領土再也没有多大的變化了，荆州爲孫吴占領，以後蜀也不再争奪。劉備稱帝的同年，孫權稱吴王，公元二二九年稱帝。

三國的局面是通過三次戰争而形成的：官渡之戰曹操統一了北方；赤壁之戰奠定了鼎足三分的局勢；夷陵之戰確定了孫、劉兩家的領土。

二　三國的政治與經濟

（一）曹魏的政治與經濟

曹操是一個有見識的政治家和軍事家。在當時的統治集團中，他是第一個認識到恢復生産的重要性的。上面講過，當時的社會生産，經過鎮壓農民起義軍和軍閥混戰之後，已陷入停頓的狀况，因而恢復生産便成爲最迫切的問題。而當其他的軍閥還在以搶劫爲生的時候，曹操却注意到了恢復生産的問題，實行了屯田制度。屯田制的内容，就是由國家把一些荒地分配給喪失了土地乃至於喪失了農具的流亡農民；農民没有牛的可以向政府借牛，没有農具的，政府配給農具。我們知道，在當時那種混戰的局勢下，農民要進行生産便不得不依靠地主豪强的庇護，成爲地主豪强的依附者。曹操實行的屯田制，實際上就是依照那些地主豪强占有依附農民的做法，采取了軍事管理的方法。管理

屯田的官吏叫屯田校尉、屯田都尉或者屯田中郎將，都是些武官的名稱。分配到土地的農民稱爲屯田客或屯田民，他們要向政府繳納高額地租：自己有牛的，繳納百分之五十的生產品作爲地租；借用政府的牛的，要繳納百分之六十的生產品作爲地租——即對半分和四六分。這種地租額是相當高的，相當於漢代以來佃農向地主繳納的地租額。屯田民所受的剥削非常嚴重，但是他們可以不負擔兵役和地方的各種徭役。總之，就當時的情況來説，屯田制度在恢復農業生産方面起過積極作用。

但是，屯田制度是農民在高度人身控制和官吏監督下從事生産的一種制度，其剥削非常嚴重。這種組織形式，在當時戰争還没有停息的時候，在土地大量荒蕪、農民生産時常遭到阻礙與破壞的時候，是起過積極作用的；但是國家一旦統一，改變了割據混戰的局面，這種組織形式便不能不改變，因爲它是不可能作爲一種經常性的制度的。所以我們一方面肯定屯田制度在當時恢復農業生産方面的積極作用，另一方面又認爲它不可能作爲一種經常性的制度被沿襲下來。

以上説的是由屯田民或屯田客佃種的屯田，叫做民屯；另外還有由士兵耕種的軍屯。這種士兵叫做佃兵。民屯始於許昌，後來推廣到黄河南北各地；軍屯分佈在秦隴地區（今西安及甘肅天水一帶），特别是與吴交界的淮河南北地區。

由於屯田的實行，當時的水利灌溉事業也有所發展，開闢了許多水道，灌溉了許多土地，北方普遍推廣水稻種植。同時，生産上也較多地注意了精耕細作，因而畝産量有所提高。據文獻記載，當時的水稻每畝可産幾十石穀，那時的石比現在小，只相當於現在的二斗左右，而且這個數字是被夸大了

的。即使這樣，還是可以看出，當時的畝産量有所提高。

總之，屯田制度的推行和水利事業的發展，在當時恢復農業生産方面起了積極作用。曹操在恢復農業生産上是有貢獻的。

在恢復手工業生産方面，曹操較早地注意到鐵的生産和恢復。他指派官吏專門管理冶煉鐵器，製造兵器和農具。在冶鐵技術上，還推廣了水排的辦法，即利用水力來鼓風。這個辦法在東漢的時候已經發明了，但是没有推廣，曹操時期推廣了這種先進的冶鐵技術。除此以外，曹操又設置了一些手工業作坊，並采取了和屯田制度一樣的嚴格控制辦法，把手工業置於政府的監督之下。我們知道，當時的手工業生産也是幾乎陷入停頓的，鐵器很缺乏，以致曹魏犯人脚上的刑具都是用木制的。曹操注意恢復鐵的生産，用政府的力量把手工業者控制起來。這種手工業者稱之爲「百工」，他們的地位很低微，不能自行在城市裏開業。這説明曹魏在手工業方面的組織形式也和屯田制一樣，有官府的嚴格控制。這種措施在當時起過一定的積極作用，但不能長期沿襲。

賦税制度方面，曹操整頓了東漢以來極端混亂的賦税制度，頒佈了户調制，規定每户每年繳納二匹絹、二斤棉，每畝土地徵收四升穀。這種賦税主要是向自耕農徵收的，但地主也要繳納。從税收額來看，自耕農的負擔較屯田民的負擔輕，但自耕農却要服徭役，而當時的徭役負擔又相當繁重。總的來説，户調制的頒佈是把原來混亂的、不統一的賦税制度加以調整，使税收有了一定的規定。從這個規定來看，盡管自耕農的負擔不輕，也總比没有制度的混亂搶劫要好一些。

以上所講的，是曹操在經濟方面的一些措施。總的來看，曹操在恢復生産方面是有一定的貢獻的。

在政治方面，曹操采取了抑制豪强的政策。他所委任的地方官也執行了這一政策。盡管不是所有的地方官都如此，但有一些地方官確實執行了這一政策。曹操又提倡「唯才是舉」。這是針對東漢以來傳統的選舉辦法而提出的。東漢以來的傳統政策就是所謂的名教之治，即是用儒家的封建禮教來麻痹人民。其選舉標準也是虚僞的封建道德。所以東漢時期的人爲了要做官，常常表現了許多奇奇怪怪的、不近人情的所謂道德行爲，藉以博得聲望。例如，有一個人到他姊姊家裏吃飯，吃完飯後，他要給飯錢，姊姊説是自己的兄弟不必如此，他就説：我白吃你的飯會毁我一生的聲望。於是他便把錢掛在姊姊的門上以表自己的清白。儒家的封建倫理道德是用來麻痹人民的，用這個標準選舉出來的官吏不一定有辦事能力。所謂没有辦事能力，就是説不能執行統治人民、鎮壓人民的任務。黄巾起義後，統治者受到了很大的震動，感到用過去這一套辦法選舉出來的官吏都不中用。曹操針對這種情況提出了「唯才是舉」的口號，他認爲不管一個人的道德怎麽樣，只要有才能就應提拔爲官。曹操所謂的「才」，就是統治人民的才、鎮壓人民的才，這一點是我們應該提出來的，這是一方面；另一方面，「唯才是舉」也是針對東漢時期大族名士操縱選舉的情況而提出來的。東漢時期，選舉操縱在一些名士手裏。這些名士，有的本人就是世族，有的雖然本人不是世族，也是爲世族服務的。他們的選舉標準就是上面講的那一套封建道德標準。曹操則提出相反的選舉標準，即是不講道德、只講才能的標準，還説：你們（指大族名士）批評、誹謗，我不在乎，我的用人標準和你們不一樣。所以説，

曹操所提倡的「唯才是舉」的口號的作用，還在於抑制大族名士，控制了選舉的權力。

曹操所實行的這些制度，到他的兒子曹丕執政的時候便發生了變化。我們知道，東漢以來正是大族豪强勢力發展的時期。曹魏統治者要鞏固自己的政權，就必須跟大族豪强聯繫，以取得他們的支持。這個政權也就必然要代表大族豪强的利益。曹操執政的時期是一個軍事時期，所以他能憑着自己率領群雄的地位推行了抑制豪强大族的政策，他提倡的「唯才是舉」也是有這種主觀意圖的。但是到他的兒子做皇帝的時候，便不能不加强和那些豪强大族們聯繫了。所以曹丕在剛要做皇帝的時刻便頒佈了「九品中正制」，即「九品官人法」。九品中正制是中央朝廷和地方大族名士相妥協的選舉制度。它的内容是由朝廷委任一個地方上有名望的人做中正。這個人既在地方上有名望，同時又是一個中央官吏。他的職務就是把本地有資格做官的人排一個名單，分爲九品，也就是九等。當然，被統治階級根本没有資格做官，是被排斥在政治以外的，所以九品裏面，哪怕是最低的第九品也是有做官資格的人，也就是統治階級裏面的人。中正評論人才的標準也是要講道德、才能的，同時還要講門第（講門第就是要看父親、祖父做什麽官）。東漢時期，地方上主持選舉的是州郡的功曹（刺史、太守的僚屬），功曹往往是當地的大族名士。九品中正制頒行後，這些大族名士被政府委任爲中正，仍然控制選舉。朝廷用這個辦法把地方操縱選舉的勢力同中央統一起來。同時，既然這些人都是地方上有勢力的豪强大族，那麽，這些人辦事就都是從大族利益出發的了。所以不久，他們的評論標準就把門第提到了首要地位，最後又成爲唯一的標準。他們評論人才只看出身，就是説只看被評的人的

父親、祖父做什麽官(九品中正制剛頒佈時,這也是一個標準,不過不是唯一的標準)。我們知道,九品中正制發展到後來又有高品和卑品之分。二品爲高品,爲那些世代爲官的門閥貴族所獨占(一品實際上是没有的);三品以下的爲卑品。寒門、庶族、門第不高的一般地主只能在卑品中占一個位置。所以説,九品中正制在法律上保證了門閥貴族可以世居高位,因爲只有那些門第高的人才可以評爲二品,而只有被評爲二品的人才有資格做高官。可見,九品中正制是門閥貴族在選舉上、政治上取得特權的標誌。門閥制度在魏晉南北朝時期的政治上具有十分重要的地位。我們知道,門閥的形成由來已久,東漢時已出現了袁、楊等世代爲官的家庭,但是當時還没有在法律上明文肯定他們的特權,九品中正制才在政治上用法律的形式把他們的特權確立起來。所以我們説九品中正制是門閥貴族在政治上取得特權的標誌。當然,我們並不是説所有一切門閥貴族都可以做高官。但是應該看到,只有門閥纔可以充當最高級的官,而寒門、庶族除了部分通過軍功高升之外是没有這種資格的。

以上所講的是曹魏的政治制度,説明了選舉制度從唯才是舉到九品中正制的變化。

曹魏還建立了士家制度。士家制度的内容就是把兵士和他的家屬與一般人民分别開來,士家世代爲兵,子子孫孫永遠當兵,地位非常低微,和百工、屯田客的地位差不多。假若士兵本人逃亡,那麽全家都要被没收爲官奴婢。兵士死了,政府便把他的妻子配嫁給另一個兵士,不准不嫁。士家只能與士家配婚,不准與士家以外的人通婚。除非兵士本人立了功、封爲侯,那麽他死了之後,妻子纔可以不配嫁,子女的婚事纔可以由自己作主。曹操推行這種制度,控制了一部分人以保證兵源,這樣一

來，一般人民便可以少服兵役了。當時的一般人民不是完全不服兵役，有些時候，也還是要當兵的，但是政府所徵發的兵士主要來源於士家。

曹操統治時期是戰争頻繁的時期，所以他所推行的制度多半帶有軍事管理的性質，都是力圖由政府直接控制一部分勞動力。屯田制度就是由政府直接控制一部分人民，使成爲屯田客。把手工業者變爲官府手工業作坊裏的勞動者，也是由官府直接控制一部分勞動力。士家制度也是由政府直接控制一部分人，使他們世代爲兵。總之，曹操所推行的一些制度，都是强化中央集權政策，它的作用是使朝廷在當時豪强勢力發展的形勢面前能掌握比較優越的兵力和財力，不僅對外可以和吴、蜀兩家作戰，而且對内也可以加强對豪强的抑制。但是，這些制度只是在曹操統治時期取得了一定的效果，後來屯田制因發生變化而被廢止（關於屯田制度的問題，我們以後再講），百工和士家却被保存下來。

現在講講曹魏境内的人口問題。我看當時曹魏境内的大多數人口，恐怕都成了豪强大族的依附者。整個曹魏户籍册上的户數只有九十四萬三千多户，而這還是平定了蜀漢以後的數字，若除去了蜀漢，則户數還要少。所以當時人説只和西漢時一個大郡差不多。人口到哪裏去了？就是爲那些豪强大族所占有了。所以説，盡管曹操所推行的制度是爲了抑制豪强大族的勢力，阻止大族繼續占有勞動人口，這在當時也起了一定的作用。但是這些制度並没有得到鞏固，到後來都發生了變化。

（二）蜀漢政權的建立和它的經濟、政治

劉備於公元二二一年被孫吳戰敗後，回去便死了，臨死的時候把政權交給了諸葛亮。諸葛亮是出身於世代做官的家庭。他和曹操一樣，都是法家，都是傾向於專制主義中央集權和重視吏治的。所以他的統治辦法也和曹操有類似的地方。早在劉表統治荆州時，他就曾建議從大族手裏奪取不上户籍的人口，他用人重視實才、不尚虛名，這些和曹操是一樣的。當時蜀漢的吏治比較清明，做到了有功必賞，有罪必罰，受過處罰的人不怨恨，認爲罰得公平，自己是罪有應得。

諸葛亮當時也注意到農業生產和手工業生產的發展，重視成都平原的開發。我們知道，成都平原自李冰築都江堰後，糧食生產非常豐富，諸葛亮也很重視這一水利工程，每年都要派人進行修治，以保證糧食生產。諸葛亮對蜀漢的特産——錦的生產也非常重視，設置錦官，管理織錦手工作坊。他甚至這樣説：現在民貧國虛，所靠的就是錦的生産。當時蜀漢錦的生產得到了充分的發展，向孫吳、甚至向曹魏都有輸出。

諸葛亮主張對魏進攻，並在進攻前平定了南方少數族的亂事。他對待少數族采取了一種比較恰當的方針，當時少數族的反叛是少數族中的大族豪强所發動的，孟獲、雍闓本人就是大族。諸葛亮把他們征服以後，並没有在這些少數族地區設置官吏，而是仍舊保留了他們原來的統治系統，利用原來的大族勢力進行控制。同時，諸葛亮還吸收了一部分少數族中的大族到政權組織中來，例如孟獲就

在蜀漢朝廷裏做了御史中丞。諸葛亮采取這些辦法收到了很好的效果。當時南中所生産的各種特産品都紛紛輸出，溝通了南中各少數族和漢族之間的經濟交流，同時也爲蜀漢政權開闢了財源。少數族中的大族被吸收到蜀漢政權中來，使他們接受了更多的漢族先進文化，這對民族的融合也是起了作用的。

諸葛亮平定南中以後，便發動了對曹魏的進攻。諸葛亮知道，就雙方的勢力來説，無論在經濟上或者是在兵力上，蜀漢是不能和曹魏競争的，所以他便在軍事上采取了主動進攻的方針，迫使强大的曹魏只能采取守勢。我們認爲，當時諸葛亮之所以積極對曹魏用兵，正是由於他考慮到蜀漢的地方小、人口少、力量比較弱小的緣故。這在他的出師表裏面説得很清楚。諸葛亮的這一方針在當時是確有成效的。盡管他的主動進攻没有得到特大的勝利，但是從整個形勢來看，他的屢次進兵都是向前推進的。最後一次的進攻距離長安只有百來里地了(在這次進攻中，諸葛亮死在五丈原)，迫使强大的曹魏派最高級的將領如曹真、司馬懿等來對付，甚至連魏明帝本人都想親自帶兵抵抗。這説明了蜀漢的進攻對曹魏的威脅很大。

諸葛亮和曹操一樣，也是一個政治家和軍事家。三國志評論諸葛亮説，軍事不是他的專長，他在軍事上只采取比較穩重的策略，還説他的才能主要表現在政治方面。我看，諸葛亮在軍事上也是個傑出的戰略家，他對曹魏的進攻，迫使强大的曹魏采取守勢，陷入了被動的地位，這就是他的軍事才能。所以，諸葛亮既是一個政治家，又是一個軍事家。但是我們也要説明，諸葛亮雖然和曹操一樣，

采取了阻止豪强勢力發展的政策，但他對四川方面的大族豪强還不得不讓步。例如，幫助劉備取得益州的四川豪强法正，到後來横行不法，有人要諸葛亮加以制裁，諸葛亮回答説：當初我們主公没有據有疆土，靠了法正才能取得益州，現在不妨對法正寬容一些。諸葛亮表面上是以法正有功爲名，容忍其驕横，實際上是不敢與上層的豪强對抗。他知道劉備和自己這一集團是從荆州來的，若不取得益州當地大族的支持，政權便不能鞏固。劉璋就是吃了這個虧的，劉璋時期主客之間的鬥争非常激烈。因此諸葛亮始終對土生的豪强采取讓步的態度，對南中地區的大族也是讓步的（當時南中當政的上層分子都是大族）。所以説，從整個形勢來看，諸葛亮有抑制豪强的企圖，但也有妥協的一面，因而諸葛亮死後，豪强的勢力便非常猖狂，他們都大力擴展自己的土地和勞動人口的占有。

（三） 孫吴的建國和它的經濟政治

公元一九五年，孫策占領了江南。「赤壁之戰」以後，孫吴在江南的統治已得到鞏固。當時孫吴對内首先要解決的是山越問題。山越是南方的越族人，分佈於現在的浙江、江蘇、安徽、福建等地。自東漢以來，山越人不斷地進行着反抗統治者的鬥争。東漢末年，由於賦役的繁重，大量的漢人和山越人一起逃入深山。他們在山林地區開發耕地、冶煉銅鐵、製造兵器和農具，同時還繼續進行反抗統治者的賦役壓迫的鬥争。當時，山越還遺留有氏族制的殘餘宗族組織，而且宗族首領的權力還很大，但這種組織已有了變化，帶有封建性了。

這一時期，江南地區地廣人稀，因此孫權强迫居住在深山裏的山越人和漢人遷徙於平原，編入户籍或使他們當兵。山越人對這種强迫遷居的措施進行了激烈的反抗，孫權用了很大的兵力才强迫他們出山。山越人出山是被迫的。但是，他們在遷居平原以後進行了生産，對開發江南有很大的貢獻。山越人無論在深山或在平原都是和漢族人民共同進行生産、共同進行鬥争的。他們本來已跟漢人的區别不大，經過這樣一個共同生産、共同鬥争的時期，便完全與漢人融合了。自此以後，「山越」的名稱在歷史上便很少見到。

孫吴政權完全代表大地主、大族的利益。它的統治就是建立在南方大地主、大族支持的基礎之上的，同時也得到許多北方南渡避難的大地主、大族的支持。

孫吴境内也跟曹魏一樣，實行了屯田制度。可是孫吴很早就給予官僚將軍們以經濟上的特權，准許他們占有更多的土地和勞動人口，並經常把屯田客甚至一般的自耕農賞賜給有功的臣僚、將軍們做「客」。我們知道，「客」的來源已久，到東漢時已是一種依附者的名稱，但是漢朝却從來没有公開肯定「客」是地主的依附人口，可以不承擔國家的賦役。而在孫吴統治時期的情況就不同了。當時孫吴賞賜給將軍、官僚的屯田客和自耕農的數目相當大。如吕蒙占領荆州後，孫吴曾經一次賞賜給他六百户屯田客；吕蒙死了以後，孫權又賞賜三百家屯田户看守其墳墓，另外還將吕蒙的五十頃土地（一頃爲一百畝）免除賦税。又如潘璋死後，孫權賞賜他家田地、房屋，還有客五十户，這些客都是免除賦役的。這種制度就是所謂「復客制」，「復」的意思就是免除賦役。從這裏可以看出，孫權統治

時期，私家已占有大量人口（包括自耕農和屯田客），官僚、將軍們在復客制中得到了不少好處。

孫吴還有一種由將領世代相傳、統帶軍隊的制度。原來由父親統帶的兵士，在他死後，就傳給兒子來統帶——哪怕兒子還只有七、八歲，也可以有這種繼承的權利。我們知道，當時孫吴的兵士不僅作戰，還要從事生産，因此，將領的世代領兵，實際上就是把這些兵士當作自己的依附人口，替自己勞動生産。孫吴爲什麽實行這一制度呢？這是因爲孫吴的將領都是從北方南下的，他們在南方没有根基，没有土地，全靠軍隊供養，因而孫權便把兵士作爲一種賞賜分給他們。而南方原來的大族本來就是大地主，占有大量土地和勞動人口。根據當時人的説法，這些大地主有的已「田池布千里」，有的不僅有耕地，還有牧場養牛、羊。他們田園裏「僮僕成軍」，閉門成市。由此可見，在孫吴統治區内，大土地所有制已急速發展。按照當時的情況看來，江南的人口應該是大爲增加的，因爲在鎮壓農民起義和軍閥混戰的過程中，有許多北方人、甚至有些北方地主帶領依附人口逃到南方來了。應該肯定當時南方的人口是有增加的。但是孫吴直到亡國時，户籍册上只有民五十二萬多户、兵二十三萬、吏（當時的吏是一種專有名稱，係指在衙門裏當差、服役的人）三萬二千，人口二百三十萬。這樣一個户口數比東漢時期江南的户口數要少得很多，其原因在哪裏呢？就在於大量的人口爲私家所占有，這些被私家占有的人口是不上户籍册的，所以户籍册上的人口數字也就減少了。

孫權及其子孫的統治是相當殘暴的，剥削非常嚴重，人民尤爲徭役的負擔所苦。徭役中又以當兵的負擔最爲沉重，因爲當兵不僅要作戰，還要生産，事實上成爲將軍們的依附人口。當時人民的田

租負擔非常沉重，連統治者也不得不承認。此外，刑法也非常嚴酷，對兵士的控制尤其嚴格，如同曹魏的士家制度一樣。法令規定，士兵逃跑要砍頭，甚至偷了一百文錢也要處死。總的來説，孫吴的政治比魏、蜀黑暗，對人民的壓迫剥削也更嚴重。

盡管如此，在孫吴統治的八十年間，由於人民(包括漢人和越人)的辛勤勞動，江南地區的生產仍有很大的發展。我們知道，江南地區在西漢時還很落後，地廣人稀，仍實行比較粗放的火耕水耨的耕種方法，而且交换關係也不發達。地廣人稀的情況從漢武帝的措施中便能看出。漢武帝曾將關東地區的人民遷徙於江淮地區，在征服了福建和浙江東部的越人以後，也把全部越人遷徙於江淮。(所謂全部遷徙並不是説完全、徹底的遷徙，事實上在原地還保留有若干人口，所以到三國時，當地還有越人。)西漢時期江南地區的社會經濟比北方要落後得多。東漢以後，江南經濟有了發展，開始修建了水利灌溉工程。這種發展的趨勢到孫吴時期仍在繼續。孫吴時期，許多荒地通過屯田制度的實行而得到開墾，深耕細作的方法也得到推廣，而北方勞動人民來到南方也帶來了先進的生產技術，所以經濟有了較大的發展。當時浙江東部的肥沃稻田二十畝可年産六十石稻子，這樣的收穫量顯然比西漢時的産量要高得多。

手工業方面。原來南方只有麻布和葛布而不生産絲織品，孫吴時期，南方開始推廣蠶桑，生産絲織品。瓷器業也有很大的進步，所謂的青瓷就是這一時期出現的産品。此外，孫權還特别提倡大規模的航海，他的主觀意圖只不過是想掠奪人口和奢侈品，但是由於這一提倡而使江南的造船事業得

到了迅速的發展。孫吴在福建設立有專門造船的作坊，把許多犯法的罪人分配到這些作坊裏造船。孫吴的船舶北到遼東、南到廣州和現在的越南人民共和國，還曾經到過夷州（臺灣）。我們知道，臺灣與大陸的聯繫本來就很密切，而孫吴時期，這種聯繫就更加密切了。孫吴的船舶不僅在國内航行，而且還遠航南洋、海外。公元二二六年，孫吴派遣使者帶領船隊一直到達當時的林邑（越南中部）、扶南（柬埔寨）諸國。這些使者回國後曾寫有海外見聞，可惜没能保存下來，只是宋朝的人引用了他們著作中的若干條文。

在孫吴統治的八十年時間裏，江南的社會經濟是有所發展的。但孫吴政權代表大族的利益，所以人民辛勤勞動的成果，都爲那些大地主、官僚、將軍所掠奪。人民仍舊過着窮苦的生活。

三　西晉的暫時統一及其崩潰

（一）西晉政權的建立和統一

我們知道，曹操曾經打擊過東漢以來的大族。東漢時，最大的世家大族有袁、楊兩家，袁氏已被曹操所制服，楊氏雖然没有發展爲割據勢力，也受到打擊。但是，曹操並没有也不可能消滅這些大族的勢力，他們仍然占有大量土地和勞動人口。曹操之所以能够在一定程度上制裁大族，一方面是由於這一措施得到了人民的擁護，另一方面也由於曹操掌握了兵權，親自帶兵。但到後來，情況發生了變化：大族勢力得到發展，名門大族司馬氏掌握了兵權。我們知道，當蜀漢進攻的時候，司馬懿是抵

抗蜀漢的一員大將，控制着魏國西方的兵權；公元二三八年，司馬懿又帶兵平定了遼東，（東漢末年，遼東爲公孫度所占，曹操未能征服，所以曹操統一的北方，還缺一個東北角。）威望極高。司馬氏是東漢以來世代爲官的名門大族，它的當政説明了門閥貴族的得勢。

公元二四九年，司馬懿發動政變，殺死掌握政權的曹爽，從此以後，曹魏的政權完全落於司馬氏的手中。司馬氏的權力極大，他們曾先後廢掉了兩個皇帝。

公元二六三年，司馬昭派兵進攻蜀漢。蜀漢自從諸葛亮死後，政治日益腐敗，後主劉禪昏庸，宦官黄皓專政。當時掌握兵權的大將姜維曾企圖進攻魏國，但由於政治、經濟條件都不够（國内政治不良，財政空虚），因而他的進攻只是給蜀漢人民帶來疲憊和窮困。與此同時，豪强又大肆兼并土地，分割勞動人口，因此國家掌握的人口日益減少。我們知道，直到蜀漢亡國的時候，它占領的土地並不少，有整個四川，半個陝西（即漢中），還有部分甘肅地區，但却只有二十八萬户，九十四萬人口，兵士十萬二千人；吏比孫吴稍多一點，有四萬人。它的人口爲什麽這樣少呢？可以設想，也和孫吴、曹魏一樣，人口都爲豪强所占有，所以國家户籍册上的人口數字便減少了。它的兵多達十萬人，其負擔全落在二十八萬户的人民身上，兵士之多、人民負擔之重是相當驚人的！

蜀漢本來就處於弱小的地位，而此時又政治不良，人民更加困苦，因而司馬昭進攻幾個月蜀漢便投降了。

司馬昭平定了蜀漢，爲自己樹立了更高的威望，因而想做皇帝，但不久他就死了。他的兒子司馬

炎於公元二六五年代魏稱帝，（其實曹魏的政權早已落到司馬氏的手裏，司馬氏稱帝並不存在政權轉移的問題，只是換一個朝代名稱而已。）改國號爲晉，建都洛陽，史稱西晉。西晉滅亡後，司馬氏政權遷都建康（今南京），史稱東晉。因洛陽在西，建康在東，故有西晉、東晉之稱。

公元二八〇年，西晉發動了對吳國的進攻。這時孫吳的統治者孫皓是一個極端昏暴的皇帝，既昏且暴，奢侈無度。孫吳自孫權直到孫皓的時期，由於對人民的壓迫、剥削非常嚴重，階級矛盾一直是很緊張的，人民起義經常不斷。同時，統治階級内部矛盾也很尖鋭。孫權死後，宗室内部以及和大臣之間，常常互相厮殺。我們曾經講過，孫吳的士兵本來除了作戰以外，還要耕地，而這時却被將領們派作手工業或到長江上、下游做買賣，脱離農業生産。這樣一來，很多土地便荒蕪了。這就是説，當西晉進攻的時候，吳國的階級矛盾和統治階級内部的矛盾都很尖鋭，農業生産萎縮。所以西晉的武裝進攻，幾乎没有遭到什麽抵抗就順利地打到建業（南京）城下，迫使孫皓投降。當時連孫皓也説：（孫吳）守不住並非糧不足、城不堅、兵不多，而是兵士不願意打仗。士兵爲什麽不願意打仗呢？就是因爲統治者的壓迫、剥削太嚴重了，士兵已變成將領們的依附人口，地位卑微，當然不願意打仗。

自董卓之亂以後，封建割據局面延續了幾十年的時間，直到公元二八〇年，西晉滅吳以後，全國又重新統一起來。

西晉政權的性質是代表地主階級特别是門閥貴族的利益的，西晉統治時期是門閥專政的時期。所謂門閥專政，只不過是地主階級專政的一種形式，從根本上説，仍是地主階級專政，不過是大地主階級中的門閥貴族居於高位、掌握政權而已。

（二）西晉的經濟和政治

西晉之所以能够滅掉孫吴、蜀漢而完成統一，並且在滅吴以後，曾經一度出現了經濟比較繁榮的局面，是有原因的。西晉在統一前後曾實施了一系列的政治、經濟措施，其中有些措施是符合於人民的利益的。這些措施是：

廢除屯田制。晉武帝曾兩次下詔書取消屯田制（一次於公元二六四年，一次於公元二六六年），命屯田的土地改爲由地方官管理，所有的屯田客編入地方的户籍册成爲編户。我認爲屯田制的廢除有兩個原因：（1）屯田制本身已被破壞。當時的貴族、官僚都把屯田據爲己有。曹魏後期也像孫吴一樣，將屯田客賞賜給私人，並免除他們的賦役。這就是説，原來向國家繳納高額地租的人，現在連同土地一起都被賞賜給官僚、貴族了，他們不再向國家繳納賦税和服役。因此，就屯田制來説，無論是土地或者是屯田客，不小一部分已爲私家所分割。這是曹魏後期的事情。（2）屯田制的生産組織是一種嚴格的軍事管理，在這種管理之下，屯田客受到嚴格的人身約束，生産情緒低落。這種管理方式和生産組織到此時已不再需要了。加之，管理屯田的農官對屯田民的隨意奴役，也使不少屯田民

脱離農業生産，像孫吴的兵士一樣，被農官派做手工業和做商販活動。此外，還有許多屯田民逃亡。這樣一來，便有大量的土地荒蕪，政府鑒於這一情况，便采取强迫屯田民擴大耕地面積的辦法。擴大耕地面積本來是好事情，但就當時的生産水平來説，每人耕種的面積是不能太大的，否則就會影響精耕細作。曹魏時期提倡精耕細作，當時耕地面積不大，而畝産量較高。曹魏後期情况就不一樣了，盲目擴大耕地面積，結果使單位面積産量急速下降，最後甚至於减産到收穫不足以補償所下的種子。屯田民由於受到高度的人身奴役和强迫擴大耕地面積，生産情緒非常低落。在這種情况下，屯田制便不得不被廢除。總之，屯田制是在官僚、地主的土地兼并和屯田制本身不合時宜的情况下廢除的。

屯田制廢除後，尚未被貴族官僚占有的土地爲屯田客所有，這對社會經濟的發展是有利的。一方面，原來的屯田客是國家的佃農或農奴，他們没有自己的土地，屯田制廢除後這些勞動者有了自己的土地，成了自耕農，因而在一定程度上提高了生産積極性。另一方面，原來的屯田客要繳納的賦税占産品的百分之五六十，屯田制廢除後，屯田客變成了自耕農，一般説來，他們所繳納的賦税要輕一些，因而提高了勞動者的生産情緒。但是屯田制的廢除也有利於土地的兼并。因爲原來除了由皇帝賞賜之外，任何人侵占了國家的屯田都是非法的，而當屯田制廢除後，土地爲私人所有（有的爲地主、官僚所有，有的爲自耕農所有），這便有利於土地的兼并。就總的方面説來，屯田制的廢除對社會生産是有利的。應當説明，當時只是廢除民屯，軍屯仍然保留下來。

西晉統一後，於公元二八〇年頒佈了户調式，户調式包含下列幾個内容：

（二）土地制度方面，實行占田課田制。法令規定男子（家長或者户主）占田七十畝，女子占田三十畝，就是説一夫一婦共占田一百畝。這一制度對一般人民來説，在屯田區域裏有特殊的意義。因爲一百畝的占田，大致相當於一户屯田客所耕種的土地，所以，這一制度是肯定了原來的屯田客變成編户以後，對所耕土地的占有權。我們知道，曹魏地區雖早已廢除了屯田制，土地已爲屯田民所有，但是公元二八〇年滅吴時，吴國還存在着屯田制，而廢除屯田制的法令的頒佈便使曹魏或者孫吴的屯田客的小土地占有有了法律的根據。至於原來的非屯田區（當時並不是全國的土地都實行屯田的，除屯田區外，更多地方保留有私有土地）的自耕農土地，大體上都不會超過一百畝的面積，所以説，占田的規定並不觸動自耕農的利益。占田制對於官僚來説，一方面表明承認他們合法占有大量土地，另一方面也具有限田的意味。法令規定，官僚均可按照品級分别占有土地十頃至五十頃。爲什麽説占田制對官僚有限田的意味呢？這是因爲當時土地兼并的現象太嚴重了，統一的國家鑒於土地和自耕農的喪失，不得不想法給予貴族、官僚一個限制，規定他們至多占田五十頃。但是這種規定並不能兑現，事實上，貴族、官僚所占有的土地都大大地超過了這一限制。

所謂課田制，就是要地方官根據本地的丁數規定出一個墾田的面積。每個丁男課田五十畝，次丁男（十三至十六歲的男孩子）減半（二十五畝），丁女二十畝。這就是説，課田制是要丁男、次丁男、丁女都承擔墾田的義務。這種規定是因爲當時政府所掌握的荒地非常多，需要勞動力開荒的緣故。由此可見，課田和占田是兩回事：占田是規定占有土地的多少，課田是規定耕種多少土地。任何農

民，包括原已喪失土地而尚未淪爲佃客的農民在内，都至少必須耕種五十畝土地，没有土地者可以開荒。占田課田制的作用是提高了勞動者的生産積極性：占田是肯定屯田民的土地占有權；課田是使有勞動力而喪失土地的人能和土地結合起來，使荒地得到開墾。應該看到，西晉政權推行課田制是相當努力的——如果某地區開墾的土地面積增加，那末地方官可以得到獎勵。所以説占田課田制在當時是有促進生産的作用的。

（二）賦税制規定丁男之户每年繳絹三匹、綿三斤，丁女和次丁男之户減半。這一税額比曹魏時期增高了。田租方面規定丁男課田五十畝，繳租四斛。是否每個丁男都可耕種五十畝土地呢？我看未必如此。當時有的人不願意承擔開荒、繳賦税的義務，並因此逃亡，有的人雖願意開荒，也不可能有五十畝土地供他開墾。總之，當時每個丁男不一定耕種五十畝土地，而法令却規定凡課田者每年納租四斛。這裏所説的田租是按丁徵收的，而不是按畝徵收的。所以説，田租雖與課田有聯繫，但也並不絶對如此。不能把課田五十畝、收租四斛看作是平均每畝收租八升的租額，因爲種地不足五十畝者要繳租四斛，種地超過五十畝者也是繳租四斛。四斛是當時田租的定額，它可以鼓勵人民去耕地、開荒。有人把這種制度和曹魏的制度進行比較，説曹魏規定的田租是每畝四升，西晉是每畝八升。我覺得這樣比較是不太恰當的，因爲曹魏的田租是按畝徵收的，而西晉的田租則是按丁徵收的——西晉時不管一個人耕地多少，都繳租四斛。這一賦税的規定，相對曹魏的自耕農來説，人民是加重了負擔，相對屯田民來説，人民則減輕了負擔。

（三）法令規定各級官吏有權蔭族蔭客，即是說，官吏不但自身可以免除徭役，而且有蔭親族的權利（「蔭」就是受蔭庇，可以不服役）。蔭族多的蔭及九族，上至同高祖的宗族，下至自己的玄孫；少的限於三族，即同祖的宗族。此外，還規定各級官吏可以蔭客一户至五十户（有人考證應是一户至十五户）。這一蔭族蔭客制是在既成事實的基礎上加以法律肯定的制度。我們知道，從東漢以來，那些大族豪强、貴族、官僚早已享有這種特權，他們在必要的時候，就把宗族和佃客編成軍隊以作爲自己的私家武裝。這説明，這些宗族和佃客跟封建主之間，早已建立了密切的關係，只是在法律上未予以肯定而已。孫吴在法律上雖有所肯定，也還只是以賞賜的形式加以肯定的；曹魏後期，也只是以賞賜的形式加以肯定，未受賞賜的人，並不享受這一特權；而西晉的户調式便普遍推行了這一制度，使各級貴族、官僚，人人都多少不等地享有蔭族蔭客的權利。官做得越大，享有的特權就越多，而當時能做大官的人都是門閥貴族，所以説，蔭族蔭客制是在經濟上確定了門閥貴族的特權。法令還規定，不但現任各級官吏享有蔭族蔭客的權利，而且連士人的子孫（即世代爲官之人的子孫，而不是現任的官吏）也可以享有這一權利，因而這種士人就變成士族了。我們知道，門閥制度在剛開始形成時多少是根據自己的官位來確定的，但發展到後來，士人自己做不做官並不是要緊的問題了，只要自己的祖宗是士人便可以享有同樣的特權。怎樣證明誰是士人、誰不是士人呢？這有册子可查。誰的祖先做什麽官，被中正評爲幾品，都是有册子可查的。被中正評爲二品者是士人，評爲二品以下者便不是士人。

蔭客制確定了佃客跟主人的嚴格依附關係(受蔭庇的宗族情況不同一些,雖然這些人也往往被控制,但畢竟與主人是同族關係,主人是以大家長的身分役使他們的。佃客在户籍册上没有獨立的户口,他們完全處於依附的地位,所受的人身奴役、人身控制都非常嚴格。由此可見,蔭族蔭客制的作用有兩點:(1)肯定了門閥貴族占有勞動人口的特權,這是門閥貴族在經濟上的特權;(2)在法律上肯定了佃客的卑微地位。這些佃客不是國家的公民,而是私家的依附者。用這些依附者進行生産的制度就叫做部曲佃客生産制。其特點是生産者的人身依附非常强。所謂部曲,就是由佃客編爲私家軍隊之後的名稱,部曲的地位也和佃客差不多。部曲佃客生産制是與門閥制度相聯繫的,它被作爲門閥貴族在經濟上享有特權的標誌。所以説,九品中正制是保證門閥貴族的政治特權,而蔭族蔭客制是保證門閥貴族的經濟特權。

西晉在政治上的措施是大封同姓爲王,一共封了幾十個王,甚至連較疏遠的宗室也封爲王,因而出現了許多小王國。這些王國都有自己的軍隊,大國的軍隊有五千人,次國三千人,小國一千人。它爲什麼采取這一措施呢?這是因爲西晉統治者接受了曹魏亡國的教訓。他們認爲曹魏的亡國是因爲宗室没有權力,因而被司馬氏輕易地篡奪了政權,所以他們采取大封宗室爲王的措施。盡管如此,王國擁有的軍隊畢竟不多,封國内的郡縣官通常仍由朝廷委任,他們管理行政賦役,只有小部分的租調收入撥歸王作爲俸禄。因此,王國雖多,力量不大,封王還不是導致亂事的主要原因。最嚴重的是宗室掌握了軍政大權:西晉在各個軍事要地都設置都督,統帥大軍,而都督大多由宗室擔任。此外,

朝廷大臣也往往由宗室充當。這些宗室——皇帝的兄弟、兒子和侄子，或者被委任爲朝廷大臣，或者被委任爲都督，到後來，這些宗室之間便常常發生矛盾，甚至戰争。西晉宗室當權的措施是導致西晉滅亡的重要原因。

西晉的統治是門閥專政。那些掌握政權的門閥貴族都非常腐朽、奢侈，專門講究享樂。所以西晉的吏治一開始就很敗壞，賄賂風行，賣官鬻爵。晉武帝司馬炎曾經問大臣：你看我可以比前代哪一位帝王？大臣説：可比得漢朝末年的桓帝和靈帝。他説：你講得太過分了吧！（他以爲自己是開國皇帝，怎麼只比得上漢朝的末代皇帝?!）大臣説：桓帝、靈帝賣官的錢是自己拿了，您皇上賣官的錢，自己還没有拿到却被大臣拿去了，看來你還不如桓帝、靈帝呢！晉武帝聊以解嘲地説：桓帝、靈帝時無人肯言，現在你能對我這樣講，説明我還是比他們高明。開國皇帝如此昏闇，吏治如此敗壞，統治是不會長久的。

總之，當時的統治集團以司馬氏爲首，都是門閥貴族，而門閥貴族是極其腐朽的，因而這個政權不可能長久。但是我們也應該肯定西晉初年的占田課田制以及賦税的調整，因爲它在歷史上還是起過積極作用的。當時也曾經免除了吳、蜀地區的許多賦税、徭役；曾經鼓勵開荒；限田雖無成效，但終究是頒佈了一個制度；此外，也規定了世族的依附人口數額，規定蔭族多少、蔭客多少，多了就要受罰，而在實際上也確實處罰過某些人。所有這些措施，對當時的社會生產發展都是有利的。

（三） 西晉王朝的崩潰

在門閥貴族的腐朽統治下，西晉王朝面臨着十分複雜的矛盾而終於崩潰。

首先是階級矛盾。西晉初年，由於采取了一些有利於社會生産的措施，階級矛盾一度有所緩和。但到後來，特別是在「八王之亂」以後，人民所受的痛苦便日益加深，而那些門閥貴族的土地兼并却日益猖狂，使無數的農民喪失了土地而流亡在外（有的流入城市變成了小商小販）。這樣一來，農業的勞動力喪失了，曾經一度開墾出來的土地又重新荒蕪。我們知道，歷史上人民的流亡常常就是一種鬥争的開始，就是説，人民在流亡的過程中聚集力量，爲鬥争準備了條件，如黄巾起義就是在這種情況下爆發的。總的説來，這時階級矛盾已走向尖鋭化。

其次是民族矛盾。西晉北方州郡本來已住有大量的各族人民：有的是自漢朝時遷徙來的，有的是自三國時遷徙來的，也有的是西晉時期遷徙來的。這些少數族可分爲兩種類型。一類是保留部落組織的少數族。這些部落的人民遭受到雙重的壓迫和剥削，既受到部落統治者的壓迫，又受到晉朝政權的統治。而部落的上層分子也對西晉政權不滿，因爲他們原來是部落唯一的統治者，現在西晉政權插手進來，便使他們降居於次要的地位，因而與西晉政權有矛盾。這一類可以匈奴爲代表。匈奴是東漢時遷徙於現在的内蒙古和山西西部汾河流域的，他們還保留有部落的組織。人民既受到部落貴族的統治，又確實受到西晉政權的控制。大量的人口被西晉俘虜爲奴，更多的人充當佃客。大

地主擁有的匈奴佃客很多。匈奴人脱離了自己的部落變成了封建地主的依附人口。這種壓迫主要是階級壓迫的性質。匈奴的部落上層分子跟西晉政權的矛盾與匈奴人民跟西晉政權的矛盾有本質的區别，但是兩者鬥争的矛頭都指向西晉政權。另一類是已消失了氏族組織，而變成了西晉地方上的編户的少數族。可以關中的氐、羌族爲代表。不少被遷徙的氐、羌族人民和漢族人民一樣被編在編户裏，同樣交租服役，甚至被分配給宗室、功臣爲依附人口，他們所受的壓迫主要也是階級壓迫。總的説來，少數族的人民既受到階級壓迫，又受到民族壓迫，就是説，當時西晉王朝與少數族的矛盾是民族矛盾，但這種民族矛盾是跟階級矛盾密切結合的。本來，民族矛盾就是階級矛盾的一種形式。

第三是統治階級的内部矛盾。西晉皇室之間、中央與地方之間的矛盾也很複雜。

由於門閥貴族的腐朽統治，以上三種矛盾越來越尖鋭，最後終於一起爆發。首先是在統治階級内部爆發了所謂「八王之亂」。「八王之亂」從公元二九一年一直延續到三〇六年，共達十六年之久，大致可分爲兩個階段。第一個階段是從公元二九一年到三〇〇年，由賈皇后操縱亂事。我們知道，晉武帝死後，是他的兒子晉惠帝繼位的。晉惠帝是個白痴，他聽到園中的蝦蟆叫，就問這蝦蟆是官家的還是私人的；天下饑荒，有人告訴他説人民没有飯吃了，他説：爲什麽不吃肉糜？晉惠帝的皇后是賈皇后，是一個有政治野心的人物，發動了一系列的亂事，奪取了政權。但這一階段的亂事只是發生在洛陽都城之内，還没有牽涉外地。第二個階段是從公元三〇〇年至三〇六年。公元三〇〇年，賈皇后殺死太子，而她自己却被另一個王所殺，引起了地方軍事勢力的干涉。當時的地方軍都掌握

在宗室手裏。他們看到洛陽宮室内亂便紛紛統率地方軍進入洛陽，互相殘殺。打倒一個當政者，又出現另一個當政者。打倒一個又出現一個，這種反復的混戰即爲「八王之亂」。在「八王之亂」的過程中，統治者大肆屠殺，人民受到嚴重的灾難，死者達幾十萬人。洛陽都城亦受到嚴重破壞。

「八王之亂」後期，邊境地區的少數族掀起了反晉鬥争。而各地區在饑荒和戰争威脅之下的流亡人民也掀起了起義。這就是説，流亡人民的起義和少數族的起義在「八王之亂」的後期同時爆發。

西晉初年，邊境地區的少數族經常反抗西晉的統治。晉惠帝統治時期，關中地區爆發了一次由氐族人齊萬年領導的較大規模的少數族起義。起義者進行了激烈的戰鬥，殺死了西晉的統兵大將周處。西晉對這次起義的鎮壓，帶給關中人民嚴重的灾難。加之，生産連年遭受旱灾，而統治者對水利事業又不加修理，終於造成饑荒。這時，甘肅的賨族即所謂巴氐等各族人民和漢族人民一起流亡到四川。這一流亡集團是由各族人民組成的，到了四川之後，受到當地地方官的迫害，遂掀起了反抗鬥争。這一鬥争發生於公元三〇一年，領導者是巴氐人李特。（巴氐又稱爲巴人，或者稱爲板楯蠻和賨人，他們最初居住在四川重慶一帶，後被遷到漢中，三國時曹操又把他們遷到甘肅。）李特由於在戰争中對四川地方的地主集團缺乏警惕，因而遭受到地主武裝的陰謀襲擊而犧牲。李特死後，由他的兄弟、兒子繼續領導鬥争，終於推翻了西晉在四川的地方政權。李特子李雄占領了成都，建立了王國。這個王國開始叫「成」，後改爲「漢」。起義隊伍建立政權後性質就改變了。因爲當時流亡集團的領導者有些本是大族，他們與四川地區的地主聯合，其所建立的政權基本上是代表流亡集團中的大族

和四川地區的地主利益的封建政權。但是這個政權是在激烈的階級鬥争中産生的，因而有一些進步措施，如減輕賦税、減輕徭役等。據説李雄統治的時期，四川地區比較富裕，人民的負擔比較輕。當中原正在大亂的時候，四川却是一個最安寧的地方。

長江流域的流亡人民起義發生於公元三〇三年，領導者張昌。張昌是蠻族人，他所領導的是長江中游即現在的湖北一帶的流亡人民和逃避兵役的人民的起義。起義的導火綫是上述甘肅地區的流民在四川起義，政府徵發兵士進行征討。人民不願意當兵，又由於遭受着嚴重的賦役壓迫和灾荒威脅，遂在張昌的領導下舉起了義旗。這支起義隊伍幾乎席卷了長江中下游，向北一直打到河南邊境，並沿長江東下而占領了江、揚等州（今江浙地區），發展很迅速。公元三〇五年被地方軍和地主武裝的聯合力量所鎮壓。

長江流域還有從四川流亡到湖南的人民的起義，爆發於公元三一一年。當四川鬥争激烈的時候，有不少的四川流亡人民到了湖南，因受到當地地方官和地主的欺侮而掀起了起義，領導者杜弢。杜弢是一個地主階級出身的秀才，其鬥争很不堅決，常常表現出妥協和動摇。所以這支起義隊伍被地方軍所鎮壓。

北方，河北地區有汲桑領導的起義，爆發於公元三〇五年。汲桑是西晉官府牧場的牧帥，他率領牧人舉起義旗，其部下的大將是石勒。石勒是羯族人。羯族居住在山西的山區裏，原爲匈奴所統治，是匈奴的别部，可算是匈奴同族的一個部落。但從種族上説，他們不是匈奴人，他們的眼睛很凹、鼻

子很高，接近中亞人種。這時羯族還保留着部落組織，但已很鬆懈。石勒是一個小部落的酋長，很窮，曾經替人家耕地，也做過小販。公元三〇四年山西地區發生大饑荒，部落離散，他和許多匈奴人、羯人一起被當地的刺史司馬騰所俘虜，被賣到茌平（現山東茌平）做奴隸，後來參加了汲桑的起義。這次起義從性質上來説是北方人民的起義。當汲桑犧牲後，石勒投奔了劉淵建立的匈奴族政權漢。

山東地區於公元三〇六年爆發了劉伯根領導的起義。不久，劉伯根犧牲了，起義隊伍遂由王彌統率。王彌不久就投靠了匈奴族的劉淵。王彌是懷着自己的野心參加起義隊伍的，他取得領導權以後，這支隊伍變爲山東的一支割據力量。

公元三〇四年爆發了劉淵領導的匈奴族起義。劉淵是匈奴的貴族，曾留在洛陽作人質（名義上是做官，實際上是作抵押）。劉淵在「八王之亂」的過程中得到一個機會：奉成都王穎之命回到本族，發動本族的人參加「八王之亂」的亂事。他回到本族後，立即得到匈奴貴族的擁護而做了漢王。這時，投奔劉淵的人非常多。這些人都是久居北方地區的匈奴及其他各族的人民，大多在山西地區當佃客和奴婢，飽受漢族地主的壓迫。他們投奔劉淵後，劉淵的勢力迅速發展起來。

大體説來，當「八王之亂」尚未結束之時，全國各地，無論是北方還是南方，都爆發了流民起義和少數族起義。在這些起義的打擊下，西晉政權再也不能維持下去了，首都洛陽遂於公元三一一年被劉淵的兒子劉聰所攻陷（三一一年以前，劉聰幾次進攻洛陽都未成功）。西晉在長安建立了一個政權，但也於公元三一六年被劉淵的侄子劉曜所滅。西晉政權在流亡人民起義和少數族起義的打擊下

滅亡了。

三國到西晉的歷史有如下的幾個特點：

（一）部曲、佃客生産制的形成。它的特點是生産者的人身依附關係非常强（屯田制基本上也屬於這類型）。這種生産制延續了幾百年之久才消失。它開始形成的時候，正逢軍事的時期，因而對恢復社會生産有一定的作用。如屯田制，甚至像在所謂塢營主庇護下的部曲、佃客的生産，都曾起過一定的作用。但是這種生産制是不可能發展的，所以到南北朝後期，在生産力提高的情況下便不能不廢止。

（二）這一時期是門閥制度確立的時期。門閥制度確立的標誌是：（1）政治上是九品中正制的建立；（2）經濟上是蔭族蔭客制的確立。

（三）西晉時，民族矛盾逐漸上升，後來便成爲最突出的矛盾。我們知道，大量的少數族遷徙於内地並不是壞事。但是，他們遷徙於内地後，確實受到西晉政權的嚴重壓迫和剥削，終於激起了起義。西晉政權滅亡時的主要矛盾是階級矛盾，而當西晉政權滅亡和以劉淵爲首的匈奴貴族的政權建立以後，民族矛盾便上升爲主要矛盾了。可以説，這是階級矛盾和民族矛盾升降的一個時期。

第二章　十六國北朝的民族鬥爭和民族融合

一　十六國前期（三〇四——三八三）

（一）漢與前趙後趙的更迭

十六國時期是一個非常混亂的時期。所謂「五胡」實際上並不只五個族。除匈奴、鮮卑、羯、氐、羌以外，還有漢人和賨人以及其他民族。所謂「十六」國是由十六國春秋一部書而得名的，實際上並不只十六國。「五胡十六國」是一個傳統的名稱。

公元三一一年洛陽陷落，公元三一六年長安陷落，西晉滅亡。當時北方的形勢非常混亂，存在着西晉的殘餘勢力以及北方各民族的武裝力量。漢（劉淵建立的王國，不列入十六國之內；劉淵是匈奴人，其所以稱漢國是由於他自稱漢朝外孫，企圖借此表明他的政權繼承漢朝）雖然滅了西晉，但它所直接統治的地區並不大，仍在原來的汾河流域一帶。這時劉淵已死，由他的兒子劉聰繼位。劉聰的堂弟劉曜鎮守關中，石勒割據河北，他們名義上隸屬於漢國，實際上是獨立勢力。此外，還有山西北部的西晉殘餘勢力劉琨，遼東地區的鮮卑慕容部等。所以説當時的形勢非常混亂。劉聰是一個殘暴荒淫的皇帝，在其統治末年有許多漢人和少數族人民逃往關中、河北、山西北部等地區，漢政權是不鞏固的。公元三一八年劉聰死，他的兒子以及貴族之間互相殘殺，終於爲鎮守關中的劉曜所吞併。

劉曜改國號爲趙，歷史上稱爲前趙；同時石勒割據河北，國號趙，歷史上稱爲後趙，形成前、後趙對峙的形勢。前趙的統治區域是關中。關中地區匈奴人不多，大多是氐人和羌人，更多的是漢人。劉曜用了很大的力量征服氐、羌族，同時又對石勒作戰。他的生活很奢侈，爲了給自己和皇后造墓而徵發了大量的人民服役，因而這個政權也同樣是不鞏固的。公元三二九年劉曜與石勒戰於洛陽附近地區，劉曜先勝後敗，最後被俘，前趙滅亡。後趙占領關中。

後趙的建立者石勒是一個部落的小帥（即一個小部落的酋長），曾經做過佃客，也做過奴隸，參加過汲桑所領導的人民起義。正因爲石勒有過這樣的經歷，因而他所建立的統治和别的少數族貴族的統治有所不同。石勒統治時期曾頒佈過減輕賦税的法令，規定每家每年繳納二匹絹、二斛穀，這比西晉的税額要輕一些。此外，他還派遣使者到各地督促農業生産，並設置許多學校讓同族（羯族，是匈奴的别部，住在山西武清縣）貴族的子弟上學讀書。爲鞏固統治、拉攏漢族士人，他下令不准同族人欺侮漢族士人，當然，漢族人民是不包括在這一法令之内的。石勒統治時期基本上恢復了九品官人法，保證了士族可以做官，即恢復了士族特權，只是未見設立中正的記載。我認爲石勒的政權是一個封建政權，其統治在十六國中是比較好的，開始注意到減輕剥削和重視農業生産。但是，石勒仍舊堅持胡漢分治的政策，竭力提高羯人乃至匈奴人的地位，稱他們爲「國人」，嚴禁稱「胡」，漢族人民的地位則較低。

石勒死後，後繼者是石勒的侄子石虎。石虎是五胡政權中的著名暴君，他有意識地加强民族壓

迫，苦役晉人，並在中原大規模地圈地爲獵場，徵發大量人民爲獵場修圍墻。爲了準備南侵，他徵發了大量的人民造船，派很多人上山伐木，害死了不少人。他的暴虐荒淫達到了極點，終於在公元三四九年激起了關中各族人民的起義。起義首領是梁犢，起義群衆包括漢人、身受奴役的各族人民以及石虎本族的羯人。義軍屢敗後趙軍，最後被鎮壓，但石虎也因恐懼而死於是年。這次起義的規模雖然不大，但這是各族人民在共同遭受奴役的情况下，初次打破民族界限，共同對暴政進行的反抗，這是反民族壓迫、反階級壓迫的各族人民聯合鬥爭的開端。

公元三五〇年，漢人冉閔乘石虎死後石氏的兒子爭奪皇位的機會，奪得政權，國號魏。冉閔利用當時漢族人民反對石虎殘暴統治的正當要求，使之變爲民族復仇，大殺羯人，陷入非常混亂的局面。因此他的統治根本無法鞏固，於公元三五二年爲鮮卑慕容部所滅。

前趙、後趙的統治可以概括如下幾點：（1）都堅持胡漢分治政策。對漢人和其他各族人民分而治之，加强民族隔閡，民族壓迫。這一時期民族矛盾上升爲主要矛盾，鬥爭非常激烈。（2）不論是漢或者前趙、後趙的統治者，他們一方面加强對漢人或者其他被征服各族人民的壓迫；另一方面又加强和留在北方的漢族大地主（許多漢族士族已逃往江南）的勾結。我們知道，少數族統治者入侵中原時，不僅對北方漢人和各族人民進行掠奪、屠殺，同時也損害了大族的利益，因此，當時北方的漢族大地主和少數族統治政權（石勒和劉聰政權）是有矛盾的，他們用自己的宗族、佃客所組成的部曲武裝建立了所謂塢堡或塢營來進行反抗。但是經過了一個時期以後，少數族統治政權對塢堡主進行了拉

攏。給塢主以地方官的名義：哪個塢主占領了什麽地方，就做什麽地方的官。由於少數族統治者和漢族大地主在階級利益上是一致的，因而盡管彼此之間存在着矛盾，也隨時在謀求妥協的途徑，只是由於這一時期的政權經常變更，才使這種勾結不太密切、也不太鞏固。（3）這一時期儘管漢族人民及其他各族人民負擔着十分沉重的苦役，但士族仍享受着特權。石虎那麽殘暴也曾下令免除那些從關中俘虜來的士族十七姓的徭役，士族想要回鄉的也可以自由回去。所以説，這一時期的少數族統治政權一方面壓迫漢族人民，另一方面又保存了漢族士族的特權。

（二）前燕前秦的分立和前秦的統一

前燕的建立者是鮮卑慕容部。這一部落原來分佈於遼河流域（現在的遼寧省），西晉時期還保留着完整的部落組織，是西晉東北地區的一個較强的部落。西晉滅亡以後首領慕容廆接受了東晉的封號，作爲晉在東北地區的地方官。慕容廆的兒子慕容皝被封爲燕王。當時有許多漢人遷居到東北，其中有地主階級，而更多的是漢族人民。據説遷居的漢人比原來的居民多十倍。他們在那裏開墾了大量的荒地，帶去了蠶桑技術，使東北地區開始出現了絲織業。燕統治者仿照曹魏實行屯田，收的租額原想和晉一樣采取三七分或二八分，後來還是照曹操的辦法實行對半分或四六分。這一時期前燕的社會經濟有所發展，荒地得到開墾，出現了絲織業等。慕容部的首領慕容廆爲要統治漢族人民，便吸收了漢族大地主參與政權，保護士族的政治特權。到了慕容廆的孫子慕容儁時，於公元三五二年

消滅了冉閔，自稱爲皇帝。前燕統治者自認爲過去一直是西晉的地方官，因而在稱帝以前便派使者到東晉說：北方没有皇帝，你們不來，我便暫時做皇帝了。於是與東晉正式斷絶了關係。慕容部接受漢族文化較早，因而封建化也較早，大概在其社會發展還没有進入奴隸社會時便迅速封建化了。慕容部的貴族進入河北以後也像當地的塢主一樣藏匿蔭户，官府一次檢括，查出蔭户二十多萬户。這説明鮮卑貴族和漢族地主一樣占有土地、占有依附人口，采用了封建剥削方式。

與前燕占領河北的同時，氐族苻健割據關中，國號秦，歷史上稱爲前秦。氐族原來居於甘肅南部，三國時曹操遷徙一部分氐人到關中，所以氐人割據關中是有一定的條件的。苻健死後，他的兒子也被殺，由他的侄子苻堅做了皇帝。苻堅重用漢族士人王猛以制裁氐族部落貴族。當時有好幾個氐族貴族由於不守法令，不服從皇帝的命令而被苻堅和王猛所處罰以至被殺。在此以前，漢和前、後趙乃至於燕的統治時期，皇帝的權力都不大。只有前秦才接受了漢族的專制主義中央集權制。這在當時是有積極作用的。因爲那些部落貴族權力過大就會不服從命令，既驕横，又欺壓人民；相反，若加强了皇權，削弱了部落貴族的勢力，便可以穩定封建秩序。正因爲前秦采取了加强皇權的措施，因而社會秩序比較安定，關中地區的社會經濟也迅速得到恢復。比較貧弱的前秦終於在公元三七〇年滅了前燕。前秦之所以能滅前燕是因爲前秦的政治比較優越：由於它接受了自秦漢以來的中央集權制，因而國内的政令比較統一。相反，前燕雖然領土比較大、經濟比較發達、人口也比較多，但由於鮮卑貴族占據政治上、軍事上的高位，瘋狂地剥削人民，國内的政令不統一，因而常常發生内亂。這樣

的政權是不鞏固的，終爲前秦所滅。公元三七四年前秦取東晉益州（益州原來是巴氐王國的地區，後來巴氐王國爲東晉所滅，益州遂爲東晉占領），公元三七六年占有河西走廊，滅前涼（前涼是漢族張氏政權，十六國之一。張氏原爲晉的涼州地方官，他所建立的政權在名義上一直承認是晉的地方政權。前涼的社會秩序比較安定，中原漢人來避難的絡繹不絕，因而保存了不少傳統的文化，也保持了和西域的交通，前涼政權的建立是有積極意義的）。前涼滅後，前秦統一了北方。在他統治的末年，又曾派大軍遠征西域。

前秦政權比過去的許多政權要優越一些，也鞏固一些。但前秦國内的民族關係仍舊很緊張。前秦統治者滅前燕後，曾將大量的鮮卑人遷於關中以便控制。這些鮮卑人對氐族政權是不滿的。此外，關中地區的羌人也不滿氐族政權。漢族人民更不用說了，他們長期以來向往東晉，不支持氐族政權，只是由於前秦政權相對而言還比較好，因而暫時相安無事。苻堅統一北方以後，一方面驕奢起來，另一方面又感到自己的統治有問題。他對自己的統治擔心表現在：遷徙鮮卑貴族於關中以便控制，派氐族軍隊到東方各據點駐防。這就是説，他對東方的政治感到不安，需要派軍隊去駐守、鎮壓。可是氐人本來就不多，把關中地區以氐人爲主組成的軍事力量（這時軍隊的骨幹是氐人）分散到其他地區去，那麽統治關中的軍事力量便削弱。同時，他又感到漢人雖然暫時相安無事，但終究是向往東晉的，因而決心消滅東晉。這時氐族貴族多處於養尊處優的地位，大多反對南征。那末贊成打仗的是誰呢？都是那些鮮卑貴族和羌貴族。他們唯恐天下不亂。打勝了，他們有功，打敗了，前秦會崩

潰，他們便可以從前秦的控制下解脱出來。有人告訴苻堅説：王猛臨死時曾説東晉是正統，不要輕易地對東晉發動戰争，你一向是相信王猛的，應記住王猛的遺言。這話對苻堅是很大的刺激，因爲他相信王猛就像劉備相信諸葛亮一樣，但王猛却仍然認東晉是正統，這樣就越使他急於要把東晉滅掉。公元三八三年苻堅組織百萬大軍南下攻晉，這次戰争就是有名的「淝水之戰」。東晉統治者的内部矛盾本來很突出，但在大敵當前的情況下，這種内部矛盾便得到暫時的緩和。他們知道，如果東晉一旦滅亡，那麼他們的政治地位、經濟利益都會受到損害。江南人民則是堅決反對氐族統治者的入侵的。東晉雖只有三十萬兵力，但士兵的戰鬥意志很强。所以苻秦入侵時，東晉形成了全國上下一致、共同反對苻秦侵略的局面。就戰争性質而言，東晉方面具有抵抗侵略的正義性，具有保衛江南地區正在發展的社會經濟和傳統的先進文化的意義，這對後來的歷史發展也是有利的。苻堅的軍隊雖號稱百萬，但成分很複雜，其中氐人不多，多數是漢人，此外還有鮮卑人和羌人。各族人民當然不會替苻堅力戰，因而士氣低沉。當雙方的軍隊隔淝水對陣之時，東晉大將謝玄使人告苻堅説：你把軍隊稍後退一點，讓我們渡過淝水決戰。這説明東晉將士的戰鬥情緒很高漲。苻堅有一個打算：想等晉軍半渡時派騎兵堵擊，將晉軍擠到河裏淹死。於是他把馬鞭向後一揮，叫軍隊稍退一點。他這一揮非同小可。本來不願作戰的秦兵便乘機奔退不止，無法約束，來了一個大崩潰。東晉軍隊趕上岸來乘勝猛攻。於是苻堅的百萬大軍便瓦解了。這次戰争也是以少勝多，從形式上看和赤壁之戰有相似之處，但兩者性質不同。東晉的勝利一方面是由於將士的勇猛，另一方面也由於前秦在戰争中暴露了

複雜的民族矛盾。前秦軍中的漢人、鮮卑人和羌人臨陣不戰而逃跑，這是反抗前秦統治的一種鬥争形式。前秦並不是被打敗的，而是士兵自動拋棄陣地的。「淝水之戰」以後，公元三八五年苻堅在羌、鮮卑慕容部的夾攻下爲羌人所殺，前秦滅亡。

二　十六國後期拓跋部的形成和它的統一北方（三八三——四三九）

（一）淝水之戰以後北方的分裂形勢

「淝水之戰」以後，前秦瓦解，北方重新形成分裂的形勢。公元三八四年鮮卑慕容部貴族慕容垂恢復了燕國，歷史上稱爲後燕。另外一個鮮卑貴族慕容永在山西建立西燕，西燕不屬於十六國之内。還有羌族姚萇建立的後秦，丁零人建立的魏。當時以現在的西北地區最爲複雜、混亂，在這一地區先後建立了氐族政權後凉、鮮卑族政權南凉、盧水胡政權北凉、漢族政權西凉、乞伏部（大概是隸屬西部鮮卑的高車族的分支）政權西秦等。總之，「淝水之戰」以後，北方形成了分裂的形勢。

（二）鮮卑拓跋部的强大及其統一北方

鮮卑拓跋部居住在現在的内蒙古和山西北部地區，包括九十九個氏族（加上拓跋王室共一百個氏族）和三十六個部落。西晉初期，拓跋部首領力微經常侵擾西晉邊境。西晉末年，拓跋部首領猗盧曾經占領山西北部，接受了晉的代王封號。猗盧時期，拓跋部氏族趨向瓦解，氏族成員貧富分化，出

現了階級。當時雖還未産生國家，但作爲部落聯盟軍事首領的猗盧，竭力模仿漢族皇帝，擴大自己的權力。他遭到部落貴族的反對，展開了鬥争。猗盧更多地依靠外族人，於是有許多漢族的士大夫和其他族的商人圍遶在猗盧的周圍，成爲猗盧的親信。這些人是支持王權的。當時，新舊矛盾即部落貴族和圍遶在國王周圍的新興貴族之間的矛盾很激烈。最後，猗盧在一次政變中被兒子所殺。這一父子之間的鬥争，反映了要走向封建化、建立封建王朝的猗盧和要保留部落氏族的形式、保持氏族貴族的權力的落後集團之間的鬥争。猗盧死後的一段時間内，部落聯盟的軍事首領雖然名義上由拓跋部宗室擔任，但實際上部落貴族的權力非常大。什翼犍時期，拓跋部有了進一步的發展，開始有了正式的法律。法律保護私有財産，規定盗取别人財産的要處罰。不過這時的處罰比較輕，只需十倍償還原主的財産而已。盡管如此，也説明當時的法律保護私有財産不受侵犯，且有了明文規定。此外，還規定反逆罪處死刑。什翼犍時期，由於社會向前發展而正式具有國家規模。國家的建立也説明拓跋部内部的貧富分化，階級分化又向前進了一步。但是這時拓跋部的國家還没有得到鞏固。

我們知道，拓跋部是一個部落聯盟的組織，它的鄰居鐵弗部（歷史上稱爲匈奴，實際上是匈奴、鮮卑的血統都有，鐵弗部和拓跋部非常接近，或許是表兄弟，後來由於拓跋部的鮮卑血統多一些，鐵弗部的匈奴血統多一些，因而就分開了，他們常爲争奪部落聯盟的首領地位而開戰）的首領投靠了苻堅，依靠苻堅的力量推翻了拓跋部的部落聯盟軍事首領的地位，什翼犍又爲其子實君所殺。這樣一來，拓跋部所建立的國家還没有得到鞏固便被消滅了。「淝水之戰」以後，苻秦政權顛覆，拓跋部乘機

復興。這時拓跋部的首領拓跋珪重建國家，改國號爲魏。拓跋珪是一個很有能力的君主，他繼位以後首先確立自己在本族的地位。他和後燕慕容垂和好，並於公元三九一年擊潰了經常和他争奪部落聯盟首領地位的鐵弗部。他力圖排除部落内那些阻礙他前進的力量，解散部落組織，將氏族成員一律作爲編户直接由國王管理。此外，又在他的統治區内提倡農業，實行屯田。所謂屯田，就是把土地分配給氏族成員進行農耕。這樣，拓跋部的農業生産便逐漸得到發展了。拓跋部的强大遭到後燕的猜忌。公元三九五年，後燕派遣大軍進攻魏，拓跋珪把主力調開平城（又稱代京，現在的山西大同），使後燕軍撲了一個空。當時天氣很冷，燕軍只好撤退。而當燕軍撤退之際，拓跋珪大舉反攻，在參合坡殲滅了後燕的全軍。下一年，後燕皇帝慕容垂親自統兵報復，也同樣未找到魏的主力，撲了一個空。由於慕容垂很能作戰，退兵時，拓跋珪没有追擊。據説後燕的軍隊經過參合坡時大哭上次戰死的將士，因爲這些兵士都和上次作戰的兵士是父子或兄弟。慕容垂感傷成疾，在退兵途中死了，拓跋珪乘機進攻後燕，於公元三九七年大舉南下，占領了河北地區，滅了後燕。

後燕的中心地區河北爲魏占領後，它的殘餘勢力分爲兩支：一支向北退到老根據地遼寧，延續了一個時期，於公元四〇九年被漢族政權北燕所代替，而北燕則於公元四三六年爲魏太武帝拓跋燾所滅；另一支向南逃到東晉的山東（山東原來是前秦的領土，「淝水之戰」以後爲東晉占領），慕容德稱帝，歷史上稱爲南燕，後爲東晉實際掌握政權的劉裕所滅。這時關中地區有羌族建立的後秦，因而北方是兩大勢力對峙：一是魏（原來後燕地區）；一是後秦（關中地區）。此外，在陝西北部地區又出

現了一個新興的國家，即於公元四一九年建立的夏。夏的建立者是被拓跋部打敗的鐵弗部。鐵弗部被拓跋部打敗以後投靠了後秦，得到後秦的支持，於是鐵弗部首領赫連勃勃便在陝西北部和寧夏、內蒙古交界的地區建立了夏國。夏建立以後，鐵弗部恩將讎報，經常向後秦找麻煩。後秦姚氏統治者的內部矛盾很尖鋭，弟兄之間經常爲了争奪皇位而發生鬥争。皇帝姚興是信仰佛教的，他爲了提倡佛教花了不少錢，但他召集了很多和尚把佛經翻譯出來了，這對溝通中外文化有貢獻。由於統治集團內部矛盾重重，國勢日衰，到他的兒子姚泓時，於公元四一七年也爲東晉劉裕所滅。劉裕滅了後秦以後爲了做皇帝迅速地回到江南，只留下一個十歲的兒子鎮守關中，結果，內部不和，將領們互相殘殺。於是，夏的赫連勃勃享漁人之利，於公元四一八年占領了關中。這時北方只剩下兩大勢力：一是魏，一是夏。夏的統治極爲殘暴，可以和十六國中石虎的統治相比。赫連勃勃要求所築的城（現在陝西榆林縣還有夏城遺址），連鐵錐子也錐不進去，否則就説造城的工匠不好，處死；但如果鐵錐子錐不進去，便説造鐵錐的工匠不好，也要殺頭。如此殘暴的統治是少有的。赫連勃勃死後，夏的統治不能維持，於公元四二七年爲魏所滅。此時，北方除魏以外，還有北燕和北凉。公元四三六年魏滅北燕，公元四三九年魏滅北凉。北凉的領土是凉州（現河西走廊、甘肅西部）。我們剛才講過，凉州地區曾建立過五個王國，經過一番混戰，最後北凉占領了全部凉州地區。北凉王沮渠氏是盧水胡種，曾隸屬過匈奴，所以又稱匈奴人（實際上並不是匈奴人），他名義上向魏稱臣，實際上獨立，後被魏消滅。魏遂統一北方。

我們對十六國究竟應作何評價？十六國時期在中國歷史發展過程中究竟有什麼作用？我個人認爲：十六國的統治者實行胡漢分治的政策，進行民族壓迫，依靠本族人作軍隊的骨幹，鎮壓人民，他們與漢族地主階級以及其他被征服各族的貴族分子雖有矛盾，但又不斷尋求妥協的途徑，以便共同統治人民。在當時那種混戰的局面中，各族統治者使社會經濟和文化遭受到破壞，無數的人民被强制遷徙、被屠殺，各族統治者的罪惡行爲使得北方的社會經濟一度陷入停頓。因此他們應該受到譴責。但是我們不能將十六國的歷史作用一筆抹煞。首先，各族人民曾經爲反抗西晉統治而進行鬥爭。這種鬥争具有正義性，其作用在於打擊了北方門閥貴族的勢力，使當時北方最顯貴的士族都逃到江南去了。雖然北方統治者中又會出現新的門閥貴族，但就整個發展趨勢來講，當時北方的土地兼并和大土地所有制的發展不像南方那樣突出，自耕農也有增加而不是減少。前燕的户數達二百四十五萬，與西晉的户數相等；人口有九百九十多萬，比西晉少六百萬。而前燕的領土比西晉少了江南和關中；同時，前燕的實際人口已減少，大量的人口在西晉末年已向南遷移。爲什麼前燕的户籍册上會有這麼多人口呢？這正説明了官府户籍上登記的自耕農的增多，説明北方地主所占有的土地和勞動人口比南方少一些，大土地所有制的發展相對慢一些。到北魏實行均田制以後，全國户口比西晉增加了一倍。其中主要是均田農民亦即自耕農民的增加。自耕農的增加是一件好事，説明西晉末年各族人民反抗西晉政權的起義以及長期的反對民族壓迫的鬥争是有積極作用的。同時，大量的少數族人民進入中原以後，必然接受先進的文化和生産技術，這對後來北方社會經濟的恢復和

發展是有作用的。應該說，這是各族人民的貢獻。有些少數族進入中原以後即使不從事農業生產，只專門搞軍事，但久而久之各族内部也必然貧富分化、階級分化，雖有些人上升爲統治階級，然而多數人會下降爲貧苦的群衆，他們必然會和漢族人民站在一起，通過共同的階級鬥争、民族鬥争和生産鬥争而走向融合。這種融合有利於社會的發展。就各族人民而言，他們接受了先進的文化和生産技術，對他們本身有好處；就漢族而言，在這一時期也吸取了不少少數族的東西，如畜牧生産技術、豐富的音樂、歌曲等。這些東西都爲漢族人民所吸收，變成漢族文化的一部分。同時我們還應看到北朝時期人民的鬥争一直没有停止，被征服各族（主要是漢族）人民對少數族統治者的鬥争從未中斷。

總之，我們今天對「五胡十六國」的評價是：統治者的罪惡由統治者來承擔，應該對統治者加以譴責；人民的鬥争有積極作用，這和以後大一統的、强盛、繁榮的隋唐王朝的建立有密切關係。其次，十六國時期少數族政權有好，有壞，應加以區别。苻堅統治初期，石勒在河北的統治時期，無論從人民負擔或吏治來看，都比西晉時期要好一些。當然，壞的政權也有，如石虎、赫連勃勃的統治就很壞。

三　拓跋部的社會發展——北魏前期的經濟與政治

（一）拓跋部的社會發展

鮮卑拓跋部没有經歷過成熟的奴隸社會就迅速地進入了封建社會。由於拓跋部所統治的廣大區域，長期以來一直是封建社會，因而它不可能把一個已經成熟了的、經過了幾乎上千年的發展歷史

的封建社會再重新拉回到奴隸社會的軌道上去；相反，拓跋部本身的社會發展却要受漢族的生產方式的影響，在其階級社會剛形成的時候便迅速地進入封建社會。它雖存在着奴隸制發展的傾向，但只是一個傾向而已，終因受着漢族先進生產方式的制約而不能變成奴隸社會。當時，拓跋部社會階級的結構有氏族貴族和氏族成員的關係（氏族殘餘是長期存在的），有奴隸主與奴隸的關係，但大量的、普遍的却是封建主與農民以及與受封建剥削的勞動者的關係。拓跋珪解散了部落組織，分配給部落氏族成員以土地，讓他們定居下來，這對部落氏族組織是一個打擊（這時部落氏族組織已基本解散，但殘餘還存在）。拓跋部滅前燕以後，遷徙了三十多萬漢族人民和鮮卑慕容部人民到現在的大同附近（即當時的國都平城附近），分配土地、農具給他們，並由官吏督促農耕。他們有自己的私有經濟，每年向國家繳納賦税。這是一種封建性的剥削，而不是奴隸制的剥削。當時只有牧場上的勞動者中存在着没有解散的氏族組織的氏族成員（畜牧業生產在拓跋部領土内還占有相當大的比重）。比如被征服的高車，是保留有部落組織的，仍從事畜牧業生產。拓跋部把被征服的一些部落固定在牧場上從事畜牧業生產，稱作「牧子」，地位比較低，但也不能説就是奴隸。至於拓跋部本部落的成員，只不過向國家繳納租税，服兵役。比如，規定每年繳納若干牛、羊、馬等，這也是淵源于原始的納貢的封建性的剥削。拓跋部對手工業者則繼承了魏晉以來的政策，把手工業者集中起來屬於官府作坊，叫「伎作户」，這和過去的所謂百工一樣，地位較低。可是我們也很難把伎作户作爲奴隸來看待，因爲他們有自己的私有經濟。一個伎作户家庭雖有義務在官府作坊裏勞動，但作爲個人來説，並不

一定每個工匠都要在官府作坊勞動，事實上這樣做也不可能。所以，我們很難把牧子、伎作户和那些被俘虜來從事農耕的人當作奴隸看待。説他們不是奴隸的最重要一點，是他們有私有經濟，有家庭，而有些牧子甚至還保留着部落組織。那些皇帝、鮮卑貴族，甚至於漢族地主雖占有奴隸，並使用於生産，但這種生産方式在當時不占主導地位。皇宫裏雖有許多奴婢種蔬菜、紡織和豢養家畜牛、羊等，但皇帝的主要經濟來源是對廣大人民所進行的賦役剥削。有些貴族使用較多的奴隸進行生産，甚至是進行農業生産，但貴族使用奴隸的同時，也還占有隸户。隸户與奴隸是有區别的，它以户作計算單位，地位很低，接近於奴隸，但隸户不等於奴隸。由於北魏貴族有向奴隸制發展的傾向，因而便有介於奴隸和封建依附者之間的地位的一種人——隸户出現。以上我們根據拓跋部的社會階級結構説明當時它没有經過成熟的奴隸社會而迅速地進入了封建社會。

當時，拓跋部氏族成員向兩極分化（那些隸户、牧子、伎作户都是被征服的各族人，並不是拓跋部的氏族成員），雖然它保留着濃厚的氏族殘餘。這些氏族成員既没有成爲奴隸，也没有像希臘、羅馬那樣成爲流氓無産階級，而是最後分得了土地變成了農民，或者變成牧民。他們要向國家繳納租税，而發展到後來，有的人喪失了土地，便耕種國家的土地或耕種地主的土地。可見拓跋部氏族成員在逐漸地封建化。封建化的具體例子是：國家把平城附近的土地分配給喪失土地的氏族成員；有牛的人家出牛，没有牛的人家要爲借牛的人家勞動（即一邊出牛，一邊出人力）。這種人、牛力兩半的情況雖有原來氏族傳統的因素，但在當時封建化的過程中確實變成了原始徭役地租的形式。就是説，

國家的土地和富人家的牛構成了生產資料的整體，而耕種國家的土地和向富人借牛耕種的人要提供徭役，替他們從事農業生產。這是一種變相的徭役地租，説明拓跋部的氏族成員在封建化。這是從拓跋部的階級關係來説明這一問題。

拓跋部原來是遊牧民族，但在發展的過程中，它的畜牧業逐漸退居次要地位，農業在平城周圍逐漸發展起來。拓跋珪時，一方面他命本族人屯田，另一方面又遷徙大量的漢人以及鮮卑慕容部的人到平城周圍，分配給他們以土地、耕牛、農具，讓他們從事農業生產。政府還設置了專門管理農業的官職，在平城周圍設東、南、西、北、東南、西南、東北、西北所謂八方帥，於是拓跋部的農業生產逐漸得到發展。農業生產是從漢族吸收來的，組織形式具有封建性。所以，拓跋部的農業越發展，封建化就越深，二者是互相關聯的。我們認爲，這一系列的發展農業生產的措施和拓跋珪分不開。拓跋珪在使拓跋部的社會發展越過奴隸制階段而迅速地進入一個新的封建制的階段方面，作出了重大的貢獻。對拓跋部的貢獻也就是對中國歷史的貢獻。所以，拓跋珪是一個值得肯定的人物，在他統治時期基本上奠定了統一的基礎。

我們知道，迅速走向封建社會和保留氏族殘餘與奴隸制是有矛盾的。有些部落貴族成爲革新派，他們和保守派貴族有矛盾；那些舊貴族爲了自身的利益而反對專制皇權，也不願意接受新事物，因此，拓跋珪時期存在着以拓跋珪爲首的集團和保守集團之間的鬥爭。這種鬥爭就是采取新的生產方式而迅速封建化，還是保守舊的生產方式的鬥爭，用我們現在的話來説，就是兩條路綫的鬥爭，因

而拓跋珪時期常常發生内亂，最後，拓跋珪爲自己的兒子所殺。

（二）北魏在黄河流域的統治

拓跋珪滅後燕後，將大量的人民（包括漢人和鮮卑人）以及一部分河北地區的官僚、豪强遷徙於平城附近以便控制。類似的措施苻堅也曾有過：苻堅曾將幾十萬鮮卑人遷徙到關中。雖然拓跋珪没有把被遷徙的人民當作奴隸看待，仍舊進行封建剥削，但是人民是不是願意遷徙呢？不願意，因而有反抗。那些官僚、豪强也不願遷徙。不願意遷徙的不只限於漢族，也還有各少數族。所以在北魏初期曾經發生過多次零星的反抗。這種反抗具有兩種性質，一是人民的鬥争，一是豪强的反遷徙。我們知道，黄河流域地區自西晉末年以來，雖然經過「五胡」政權長時期的統治，但地主、豪强的勢力並没有被摧毁。他們將宗族和依附者組成武裝力量。這種武裝力量由於經常的戰争和地主豪强之間的火併而有所削弱，但終究是被保存下來了。拓跋部要統治這一廣大地區的人民（主要是統治漢族人民），就必須像過去的少數族統治者的政權一樣，與當地的地主豪强合作，取得他們的支持。這時拓跋珪已死，他的兒子拓跋嗣繼位。拓跋嗣也是一個有能力的君主，他一方面保境安民，不向外擴大，以鞏固政權；另一方面則竭力争取與黄河流域的大族豪强合作，吸引這些豪强到代京做官。但這時的民族矛盾還是很尖鋭的，因而那些豪强都不願意到代京做官，相反，還起來反抗。對此，拓跋部統治者没有進行鎮壓，雖然派兵打了一下，但没有大肆屠殺，目的是想進行拉攏。拓跋嗣拉攏了最

有威望的地主崔玄伯、崔浩父子。給崔玄伯很高的地位，讓他與拓跋部貴族平起平坐。崔玄伯的兒子崔浩以後也爲拓跋嗣和拓跋嗣的兒子拓跋燾兩代所任用，拓跋燾對他是言聽計從。崔浩當權時許多郡的大族、士大夫被吸引到平城做官。拓跋嗣和拓跋燾時代，有大量漢族地主階級中的知名人物參與拓跋政權。這樣便在政治上進一步加强了拓跋部與漢族大地主之間的勾結。

北魏在經濟上實行了宗主督護制：取消了農村的基層鄉閭組織，政府再不派胥吏去徵收賦税和徵發徭役，一切事務都委任宗主負責。宗主便是那些宗族的首領，也就是地主豪强。這一制度承認那些地主豪强的勢力，也承認了宗主對其宗族成員的大家長統治和佃客的依附地位，是在政治上和經濟上肯定了宗主的權利。

拓跋統治者在政治上對漢族地主豪强的争取和經濟上對他們特權的承認，終於取得了黄河流域漢族大地主對拓跋部政權的擁護。

北魏前期在黄河流域的剥削制度還没有確立起來，非常混亂。當時，租調的定額看來很高，達到帛二匹、絮二斤、絲一斤、粟二十石，還有絹一匹二丈，叫做調外費。此外，還有大量的臨時徵發。爲什麽北魏租調的定額這麽高呢？這和宗主督護制有關。因爲當時的一户非常大，幾十個家庭組成一户，户之上有宗主。南燕統治時山東地區有所謂「百室合户，千丁共籍」的現象，就是説，一百個家庭才組成一户，人口達千人。北魏時，不會發生很大變化。可見租調的定額是按照宗主督護制的特殊情况規定的。當時，户内成員除了要負擔政府的租調外（由宗主負責向政府繳納），還要向宗主貢

納。宗主庇護下的依附人口不承擔國家賦役，但所受剥削大致相當於國家賦税的一倍，政府還有非常頻繁的臨時徵發。比如公元四七五年，一次便向各户徵發數十石穀。這種臨時徵發没有一定的規章。總的來説，北魏初期的賦税制度很混亂，人民的負擔很沉重。當時雖然實行「九品混通」的辦法，（北魏按財産將人民分爲九等。徵收租調時地方官可以進行調劑，命上等的多納，下等的少納。比如，租的一項規定爲每户二十石，但分配時，可以上等户納三十石、五十石，下等户納五石、十石等，只要求每户的平均數達到二十石穀就行了。）但地方官從中作弊，接收了有錢人家的賄賂，便將他們列入下等，真正貧窮的人家反倒列入上等。當時的地方官是三頭制，州有三個刺史，縣有三個縣令（太守也有三個，但並不到任管事，只是空名），其中一個是拓跋部皇族，一個是鮮卑貴族，還有一個是漢人，當然是漢族大地主。這些刺史和縣令是没有俸禄的，他們既然没有俸禄便只有依靠賄賂、勒索和貪污了。

總而言之，北魏在黄河流域的統治有兩個特點：一是依靠漢族大地主的支持；一是它没有經常性的制度，它的剥削方式帶有軍事掠奪性質。我們認爲北魏前期的吏治是不良的，官吏公開接受賄賂，公開貪污，宗主可以擴大自己的領民，占有更多的包蔭户。一般人民向國家繳納的賦税也爲大族所掠奪。因此北魏前期的社會矛盾極爲複雜，有階級矛盾，也有拓跋統治者和漢族大地主的矛盾以及拓跋部内部的矛盾，而最主要的矛盾仍然是民族矛盾。當時各族人民都進行了反抗鬥争，其中最大的一次起義是公元四四五年盧水胡人蓋吴所領導的起義。這是各族人民反抗拓跋統治的鬥争，他

們和官軍展開了激烈的鬥争，最後拓跋燾親統大軍才鎮壓下去。大規模的起義雖被鎮壓了，小規模的起義仍此起彼伏。拓跋統治者爲鞏固自己的統治就必須解決一系列的問題，如何緩和階級矛盾？如何擴大皇權？如何適當地抑制地主豪强的勢力？如何處理與各族人民，首先是與漢族的矛盾？而最主要的是如何加强拓跋部與那些豪强大地主的勾結以鞏固其政權？爲解決這些問題，北魏孝文帝統治時期進行了一系列的改革。

四　北魏孝文帝馮太后的改革

北魏的統一對當時社會經濟的發展是有好處的。但其前期，統治制度還没有建立起來，基本上還是軍事掠奪的性質。因而激起了各族人民的起義，孝文帝改革以前幾乎每年都有分散的起義，非常頻繁。這一類的起義首先是反抗北魏王朝的統治，同時也反抗北魏領域内各地豪强的統治。此外，拓跋部統治者内部也早已存在着新舊之間的矛盾，其鬥争有時甚爲激烈。統治者要鞏固其統治，加强拓跋部的封建化和擴大皇權，就必須進行一系列的改革。

（一）孝文帝前期的改革

孝文帝（元宏）即位時只是一個小孩子。實際掌握政權的是他的祖母馮太后，因此孝文帝前期的改革是由馮太后主持的。其改革的内容是：公元四八四年決定給予官吏俸禄（北魏的官吏原來是没

有俸禄的，因而貪污之風盛行)，整頓吏治，嚴禁貪污。有些貴族由於貪污而被處死，據説地方官由於貪污而受處罰的，甚至於處以死刑的，一次就有四十多人。北魏政權爲了支付官吏俸禄而增加賦税，加重了人民的負擔。這一措施實行以後，北魏自進入中原以來一直盛行的貪污之風有所扭轉。當然，在封建社會裏，官吏盡管有俸禄也免不了要貪污。

公元四八五年頒佈均田制度。其内容有如下幾點：

(一)所授土地分爲兩類：一類是露田，所謂露田就是未種樹的田；另一類是桑田或麻田。凡十五歲以上的男子受露田四十畝，桑田二十畝；婦女受露田二十畝，不受桑田。地廣人稀的寬鄉所受露田加倍或加二倍，以使土地輪换休耕；地狹人稠的狹鄉由於没有多餘的土地，因而所受土地不加倍乃至少於四十畝。露田是有授有還的，凡年老免役或身死即應交還。桑田可以世代相傳，實際上也分爲兩類：一類是原來私人占有的土地(不論是地主的，還是自耕農的)，用桑田的名義保留下來；超過二十畝者也可以用倍田(即加倍給的休耕地)的名義保留之，政府並不没收，只是少授或不授倍田。這一類的桑田，名義上由國家授予，實際上是私人原來占有的土地。另一類是由政府授予的桑田。如果是没有蠶桑的産麻區域則授予麻田，男子十畝，婦女五畝。麻田有授有還。

(二)根據上述情況，我們可以看到，均田制基本上以不觸動原來私有土地爲原則。私有土地均用桑田的名義保留下來，並在一定條件下可以買賣。如果桑田超過規定額就可以出售；如果在地狹人稠的地方桑田少於規定額，也可以購進補充。但這種買賣有一定的條件，即不能出賣定額以内的

桑田，也不准買進超額的桑田。至於露田，大致都是國家掌握的荒地。這種土地有授有還，不能買賣，十五歲受田，年老免役或身死即應交還。

（三）地主可以據擁有奴婢和耕牛的數目受田。奴婢受田的數目和一般農民一樣，男奴受露田四十畝、桑田二十畝，婢女受露田二十畝。耕牛一頭受田三十畝，限止四頭。關於牛受田的問題有不同的解釋，有的人說是四歲的牛受田，四歲以下的牛由於不能耕種，故不受田。我看以四頭牛爲限的說法比較正確。由此可見，地主可以利用奴婢受田和耕牛受田的原則來保留原有的超額土地。我們知道，地主就個人來説雖可以用露田、桑田的名義保留土地，也畢竟有限制，至多也不過只能保留八十畝土地，而通過奴婢受田和耕牛受田就可以保留更多的土地了。以耕牛四頭爲限來説，每頭牛三十畝，四頭牛便是一百二十畝。奴婢的數目没有限制。當時的地主除了擁有奴婢外，更多的是擁有依附人口。而依附人口也可以以奴婢的名義受田。所以説這一規定是保證地主的土地不受侵犯。

（四）所有大小地方官都在所屬區内給予公田，根據品級的高低授予土地六頃至十五頃。罷官就交給後任，不准買賣。

關於均田制問題，目前還存在意見分歧。有的同志認爲均田制是封建國家土地所有制。其理由是從均田制的條文來看，露田有授有還，所有權完全掌握在國家手裏，人民只有使用權；桑田雖可以買賣，但有嚴格的限制，所有權仍屬於國家，人民只有占有權。如果中國曾有過國家土地所有制的話，那末均田制是最能説得通的。有的同志不同意上述説法，認爲均田制仍是土地私有制。主要根

據是，原來私人占有的土地可以用桑田的名義保留下來，可以世代相傳，可以買賣，盡管其買賣有嚴格的限制。也就是説這一部分桑田是私有的。至於露田，只是在地廣人稀的地區，政府掌握了很多荒地的情況下，才能真正按照法律的規定分配給人民以土地，甚至加倍授予，實際上露田是官府荒田分配的形式。所以説均田制基本上是土地私有制。我個人認爲，均田制就法律條文而言，可以看成是土地國有制。它規定露田有授有還，所有權歸國家；桑田的買賣有限制，二十畝是基本數不能買賣，超過二十畝的才能出賣，不足二十畝才能買進。這些是具有土地國有制的性質的。但是其實際施行的情況並不如此。我們知道，中國的土地自戰國以來一直是可以買賣的，即使是西晉實行占田制時期也如此。同時也始終受到政府的干涉，這是中國的歷史傳統。根據現在所發現的北魏資料——石刻的買賣土地的文契——來看，與過去的傳統並没有多大區别。另外用抵押形式來轉移土地所有權是不禁止的。借多少錢便以土地作抵押，規定多少年爲限，錢還地還，若不還錢，田當然也不還。實際上是買賣的另一形式。所以説，均田制的條文雖是土地國有制，但它與土地買賣的傳統不相適應，因而行不通。土地的買賣從來没有由於均田制的實行而停止，只是可能受到一點阻礙而已。均田制是不是國家土地所有制的問題可以商榷。我看，重要的問題不是國有制、私有制的争論，而是均田制究竟起了什麽作用。

均田制的作用有兩點：（1）墾荒。政府把荒地分配給無地或少地的農民，使勞動力和土地結合起來，這對於恢復北方的農業生産起了積極作用；（2）西晉末年以來，由於長期的戰争而使土地的

占有者經常變换，争奪土地的現象也非常激烈。有的人於西晉末年遷徙出外，經過長期的流亡又於此時返鄉。他們原來耕種的土地已爲别人所占有，不論是農民的土地還是地主的土地都如此。在這種情況下便發生争奪土地的現象，其結果總是有勢力的人占便宜。比如流亡大族回鄉後，看到土地被農民耕種了，便算幾十年前的老賬，要回土地；假若是流亡農民的土地被别人占有了，他們一回來就無地可耕，争來争去總是地主勝利。碰到地主與地主争奪土地的時候，往往由於勢均力敵而使被争奪的土地誰也不能耕種，以致荒蕪。均田制則是在一定年限内誰占有、誰耕種的土地就算作桑田授予。這樣一來，便穩定了土地關係，農民不用擔心自己所耕種的土地，會突然被别人指爲原是他的土地，强行奪去，從而穩定了生産情緒。均田制對恢復北方的農業生産有積極作用。

至於均田制是國有制還是私有制問題，有待研究。統治者頒佈均田制並不是看到很多農民喪失土地，便把土地授予他們，而是爲了使勞動力和土地結合起來，以保證政府的租調收入、賦税收入。不過這一措施的實行，起了緩和階級矛盾的作用，使無地或少地的農民在一定程度上有地可耕。

爲了推行均田制而於公元四八六年進行户口調查，重建鄉官系統。我們知道，過去宗主督護制，是由宗主負責爲政府徵收賦税的。這些當宗主的豪强，向農民剥削了大量的勞動果實，而上繳給國家的賦税並不多。這種宗主督護制一方面對北魏的統治者不利，政府的賦税收入減少，而豪强的收入增多；另一方面也妨礙了國家力量深入農村，妨礙了北魏在農村統治的鞏固，妨礙了政府法令的貫徹。政府和宗主豪强之間既相互勾結，又有矛盾。北魏要加强對農村的統治，增加國庫收入，就有

必要調查户口，重建農村基層政權。遂於公元四八六年頒佈三長制，規定五家爲鄰立一鄰長，五鄰爲里立一里長，五里爲黨立一黨長。三長制的建立打破了大户制(宗主督護制時期，一户非常大，包括幾十家)，使家和户統一起來，一家(即一夫一妻及老小的家庭)就是一户。從而將苞蔭户轉爲均田農民。三長制的實行對豪强是一打擊，使豪强的蔭庇户減少，政府所控制的均田農民增多，從而激起了豪强的反對。頒佈均田制時還没有看到豪强的反對，而在推行三長制時，引起了一場激烈的争論。有幾個代表大族利益的官僚在馮太后面前提出三長制不可實行，認爲三長制只有壞處，没有好處。但馮太后終於采納了李沖的意見，堅決實行三長制。

爲了鼓勵苞蔭户脱離豪强的控制，還必須減輕賦税。因此在建立三長制的同時頒佈了賦税制度。這種賦税制度的特點是一律按户徵收。一夫一婦爲一户，繳納一匹絹，二石穀子。表面看來，這一税額比過去少得多，實際上並没有減少。過去一户的税額雖達六匹絹、二十石穀之多，但一户非常大，包括幾十家；而現在是家與户統一。所以説，賦税制度的改革與其説是賦税的減輕，不如説是改變了徵收賦税的方法，使農民繳納給國家的賦税比原來向宗主督護制下的宗主豪强所繳納的要少，因而鼓勵苞蔭户從地主豪强的控制下解放出來，向國家申報户口，成爲國家的均田農民。這樣一來，國庫的收入不但没有減少，相反却大大地增加了。

「均田制」和「三長制」的實行都在馮太后當政的時期。我們認爲這些措施都起了積極的作用。

還有兩件事附帶提一下。一件事是初步解放工匠，允許官府作坊的工匠到市場營業，對工匠的

控制較之過去寬鬆；再一件事是廢除長尺、大斗。我們知道，過去無論是政府還是地主，都使用長尺、大斗來加强剥削，直到這時才有一個規定，尺、斗要有一定的標準。這些措施也是有積極意義的。

馮太后當政時期主要是着手於經濟方面的改革。改革以後的二十年間，民族矛盾和階級矛盾有所緩和，人民的起義相對減少。還有一層意義是當時看不出來的，那就是這些改革制定了全國性的制度，促進了民族融合。我們知道，自「五胡」進入中原以來，很多内遷的少數族人民，實際上跟漢族没有多大區别了。而在均田制、三長制的施行過程中，不管哪一族的人民都在這一制度下耕田、納税、服役，均受同等待遇，各族人民交錯雜居。所以説，均田制和三長制的頒佈促進了自西晉末年以來，内遷於中原地區的各族人民和漢族人民的融合。這一點在當時是看不出來的，但具有久遠的意義。

經過上述的改革，北魏社會經濟有了迅速的發展，農業、手工業以及商業都有了發展。我們知道，自西晉滅亡以來，北魏境内的貨幣使用已基本停止，交换方式只是以物易物，直到北魏前期仍舊如此。而經過改革以後，市場上開始通行貨幣，雖然其行使範圍不大，只限於河南境内，但一般説來也可以説明交换關係有了發展。而交换關係的發展正證明了農業生産和手工業生産的發展。

以上所述是孝文帝前期的改革，這些改革實際上是在馮太后的主持下進行的。

（二）孝文帝的遷都和漢化政策

馮太后死後，孝文帝親自主持改革，其主要内容是實行漢化政策。公元四九三年孝文帝從平城（大同）遷都洛陽。在遷都的過程中曾遭到鮮卑貴族的反對，但終究是遷成了。孝文帝遷都的目的不外有如下幾點：（1）這時北魏的主要剥削對象是黄河流域地區的人民。遷都洛陽的目的是爲了更好地統治和鎮壓黄河流域的人民；（2）當時統治階級内部有新舊勢力的矛盾和鬥争，平城地區的拓跋部舊貴族勢力相當强大，妨礙了專制主義中央集權的加强。遷都洛陽便使皇帝擺脱了舊勢力的控制，而與漢族的封建士大夫、官僚結合得更緊，便於擴大皇權和加强專制主義中央集權；（3）此時北魏的邊境形勢發生了變化。在此以前，北魏軍事力量的部署是南北並舉，以北爲重。建都平城有利於對付北方的邊境少數族，如柔然、高車等。孝文帝時情况有所變化，北方的高車已基本上被征服，柔然的勢力亦衰弱，對北魏的威脅已不大。因而北魏此時用兵主要是南征，企圖征服江南。遷都洛陽便於向南方發展。就是説，從南、北之間的關係來看，它有必要遷都洛陽；（4）隨着北魏的統一，隨着拓跋部的封建化，代京的人口越來越增加，這裏聚集了許多兵馬、官吏和遷徙來的人口，因而每年需要消費許多糧食。平城地區的糧食生産遠遠不够當地人口的需要，大部分糧食需從黄河流域運輸而來。路途遥遠，這種運輸成爲人民的沉重負擔，人民繳納了租税後還要運到平城。盡管如此，平城的糧食仍舊供不應求，遇有灾年仍不得不叫人民到黄河流域就食。遷都洛陽是由於河南一帶的糧

食生産比代京一帶發達得多，而且便於運輸。

爲解決當時的階級矛盾、統治階級内部新舊勢力的矛盾、漢族地主與鮮卑貴族的矛盾、南北朝的矛盾以及糧食生産與供應的矛盾，孝文帝作出了遷都洛陽的決定。

遷都洛陽以後，孝文帝爲進一步推行漢化政策，遂將拓跋部的風俗進行了改革。他禁止説鮮卑話，要大家「一從正音」。所謂正音即是漢族語言。又下令改革服裝，不准鮮卑人穿本族形式的衣服，而改穿漢服。漢化政策的最重要的一點是鮮卑貴族門閥化。孝文帝確立門閥制度有兩項措施：一是定郡姓；一是鮮卑貴族門閥化。所謂定郡姓，是將全國各郡的大族列爲郡姓，一律享受士族待遇。其標準是按照祖先的官爵，凡合格者都稱爲郡姓。這是門閥貴族的又一次排隊。我們知道，魏晉時期門閥貴族曾排過一次隊，而到西晉末年，那些第一流的高門都逃到江南去了，留在北方的多數是一些中等的士族以及還未列爲士族的地方豪强。孝文帝定郡姓的措施則將門閥的隊伍大大地擴充了，就是説原來不是士族的地方豪强，現在都被列爲郡姓，同樣享受士族待遇。這一措施加强了北魏與漢族豪强地主的勾結。

與此同時，鮮卑貴族内部也按祖先、官爵進行了排隊，定出了八姓高門。八姓高門是鮮卑族中最高級的門閥。八姓以下的貴族也進行了排隊。這一措施使鮮卑貴族門閥化，使鮮卑門閥與漢族門閥處於同樣的地位，享受同樣的待遇，終於使兩個不同的集團結合起來，就是説鮮卑族統治者和漢族統治者通過門閥制度而趨向融合。我們知道，各族人民之間是通過共同鬥争、共同勞動而走向融合的，

統治者之間則通過共同鎮壓人民、統治人民而走向融合。門閥制度就像一個火爐，使兩個不同的東西熔化在一起了。此外，孝文帝還竭力提倡與漢族通婚，他自己娶了一些漢族門閥的女兒爲妃嬪。幾個兄弟原來都已結婚，他又令兄弟們另娶，除了一個王妃以外都是漢族高門，以前娶的王妃都降作姬妾。同時又采取改姓的措施，將自己的姓「拓跋」改爲「元」，又令所有各族的二字、三字複姓一律改爲漢式單姓。

通過上述措施，鮮卑貴族與漢族地主終於融合，血統上相互通婚，統治地位上都是門閥，連姓氏也是漢姓。

孝文帝的改革加强了鮮卑族的漢化，加强了中央集權，因而遭到許多舊部落貴族的反對。這些舊貴族説孝文帝的改革是由於聽信漢族士大夫，疏遠本族的結果，遂於公元四九六年發動武裝叛亂，企圖將太子搞到代京做皇帝，廢孝文帝。參加這次叛亂的有七姓高門，八姓高門中只有于姓未參預。可見鮮卑貴族對孝文帝改革的反抗很激烈。這次反抗乃是過去舊勢力反對拓跋部的封建化，要求保留氏族制度鬥争的繼續。其結果是孝文帝獲得勝利，反叛被鎮壓。

如前所述，孝文帝改革使階級矛盾、民族矛盾得到暫時的緩和，黄河流域的社會經濟，特别是農業生産有所發展。由於三長制、均田制的實行，不少苞蔭户從地主豪强的控制下解脱出來，變成國家的均田農民。這一時期北魏所控制的户口大大增加，大約比西晉統一時期增加一倍。西晉有二百四十五萬户，北魏改革後有五百萬户，三千萬口。這些户口當然均田農民居絶大多數，均田農民的增加

實際上就是自耕農民的增加，這一點是和當時南方的社會情況不相同的。南方是依附人口的增加，國家編户的減少。此外，北魏還加强了專制主義中央集權，這是由於國家所直接控制的人口大量增加，因而使國庫的收入增加，國家的實力增强的結果。

孝文帝改革也有其壞的作用。孝文帝的改革曾遇到很大的阻力。他爲了減輕這種反抗力量，便給予鮮卑貴族許多利益，授予高級官位，讓鮮卑貴族在洛陽享受榮華富貴，占有更多的土地和人口。這樣一來，洛陽的貴族官僚便日趨腐朽，他們的貪慾由於財富易得而越來越大。拓跋部内部分化更爲激烈，貴族變成了封建主，人民則越來越貧困，特别是住在北方邊境的拓跋部和各族人民更爲貧困。洛陽的貴族與北部邊境的拓跋部統治者之間，和北方邊境拓跋部和各族人民之間都有很大的距離，因此拓跋部内部的階級矛盾、拓跋部的洛陽貴族和北方邊境本部貴族之間的矛盾日益尖鋭。

拓跋部是以本族人爲主組織軍隊的。隨着拓跋部内部的階級矛盾日益尖鋭，隨着本族人民的貧困化，進入洛陽以後，不論是邊防軍或者是禁衛軍都迅速地衰落了。人民不願打仗，拓跋貴族由於安於享樂也不願打仗，其本族的軍隊不能不衰落。孝文帝幾次南征只好用漢人大將。

五　北魏末年的各族人民大起義

（一）　北魏末年的腐朽統治

孝文帝的改革在一定程度上緩和了階級矛盾，削弱了鮮卑貴族的權力，使部分苞蔭户從漢族大

地主的控制之下解脱出來。但另一方面却又給予鮮卑貴族和漢族地主若干利益。因而到孝文帝兒子的統治時期，北魏的政治便日趨腐朽，曾經一度有所抑制的貪污之風重又盛行起來。孝文帝的幾個弟兄都身居高位，享有厚禄，擁有大量土地，還經營商業，過着非常奢侈豪華的生活。根據洛陽伽藍記的記載，我們可以知道，這些鮮卑貴族的享樂是驚人的。皇帝爲了麻痹人民又大力提倡佛教，花了不少錢，徵發了大量人民來修建佛寺，這些佛寺聚集了大量的和尚。遷都以後北魏不斷南征，因而人民的兵役、徭役負擔極其沉重。此時又恢復了曾爲孝文帝所廢止的大斗、長尺。人民在沉重的剥削、壓迫下，大約在均田制、三長制頒佈二十年後重又失去土地，大部分人重新回到地主豪强門下成爲苞蔭户，還有一小部分人流入城市變成小商小販，另有一部分人聚集在一起形成武裝力量，舉行小規模的起義。公元五一五年爆發了較大規模的大乘教起義，這是一次利用宗教組織形式的起義，爲時兩年才被鎮壓。

（二）軍鎮制度和府户的地位

北魏時期的邊防軍事力量相當强大，特別是爲對付柔然和高車的北方邊防軍的力量更爲强大。最初充當邊防軍的是拓跋族人，其地位比較高。當北魏征服了邊境少數族後，也徵發少數族人充當邊防軍。再後又將判處死刑的罪人，免死服役到邊防當兵。於是邊防軍由三部分人組成：一爲拓跋族人；二爲被征服的少數族人；三爲犯人。三種人的地位原來各有不同，不久以後便都處於被剥

削、被壓迫的同等地位，受到將領們的殘酷剥削和壓迫，他們没有兵餉，全由自己墾地自給，而所耕種的却又是最壞的土地（好地都爲將領所占有）。在階級分化的過程中，北魏政府又規定邊防軍世代爲兵，不准讀書，不准脱離本地，不准到外地做官。我們知道，邊防軍的拓跋族人與洛陽的鮮卑貴族同族，而兩者的地位却异常懸殊，因而引起不滿。被征服的少數族更力圖反抗。總的説來，北方邊境的府户（所有的邊防軍統稱爲府户，即屬於軍府的户，因爲那裏不設立州郡，所以非州郡户口）都對洛陽政權不滿，終於公元五二三年爆發了以破六韓拔陵爲首的六鎮起義。

（三）大起義的爆發和發展

公元五二四年爆發了六鎮起義。所謂六鎮（在今内蒙古臨河縣以東至今赤城一條綫上）就是邊境上的六個軍事據點，起義的實際上並不止六鎮，這只不過是歷史上的通稱。關於六鎮起義的經過，此處從略。北魏政府勾結了柔然，共同鎮壓了起義。但起義並没有結束。當統治者將幾十萬起義群衆遷徙河北後，他們於公元五二五—五二八年在河北地區繼續反抗，並吸引了大量的河北人民加入起義隊伍。經過起義軍内部的變化，最後統一爲葛榮領導，聲勢浩大。這是一支聲勢最大的起義軍。

當破六韓拔陵起義之後，關隴地區（現甘肅、陝西）的氐、羌等各族人民紛紛起來響應。這支起義隊伍由羌人莫折念生領導。失敗後，高平鎮的起義軍繼續在關隴活動。這是起義的第二個區域。

起義的第三個區域在山東地區。在政府鎮壓河北起義軍的過程中，大量的河北遊民流入山東，

於公元五二八年舉起了義旗。領導者邢杲原是組織武裝抗拒葛榮起義軍的河間大族，他把這支反魏力量引導到土客民之間的鬥争，改變了起義軍的性質。

在聲勢浩大的起義軍的打擊下，北魏政權已面臨着崩潰的危機，北魏軍屢爲義軍所敗。但是，起義軍内部也存在不少問題：義軍力量分散，三支起義隊伍彼此没有聯繫，没有統一的指揮。各支義軍内部又有複雜的民族關係和階級關係。起義隊伍包括各族人民，就是説民族關係很複雜，還有一部分是乘機混入起義隊伍的統治階級人物，因而階級關係也很複雜。在這種情况下，義軍常常發生内部衝突。河北的義軍在葛榮領導下，對地方大族作了很大的妥協。我們知道，河北大族是有很大勢力的，當起義爆發後，這些大族便組織武裝，有的直接鎮壓起義，有的混入起義隊伍。這些抗拒起義的地主武裝被義軍打敗後，葛榮並没有消滅其勢力，反而把他們拉入義軍的隊伍中來。如門閥地主李元忠組織武裝抗拒義軍進入趙郡，結果被俘。葛榮不但没有殺他，反而留在義軍當將軍。葛榮對大族的妥協政策必然會使義軍遭致失敗。因爲在葛榮的妥協政策指導下，即使打敗了大族的武裝，也不能徹底消滅其勢力。把他們拉進來以後，這些地主勢力一有機會便會造反。與此同時，義軍内部的民族隔閡也還存在，當義軍進入河北後，少數族人民與河北人民之間便有民族隔閡。由於義軍存在上述問題，終於失敗。

（四）大起義的失敗

六鎮起義後，北魏政權走向崩潰，已無力鎮壓起義。它和東漢政權一樣，所依靠的是大族豪强的武力。北魏政權所依靠的第二種勢力是邊境的少數族部落。爲鎮壓六鎮起義，北魏曾利用柔然的勢力。住在山西忻縣的契胡族酋長爾朱榮，從六鎮起義爆發時起，就擔任鎮壓起義的任務。當葛榮領導的起義軍縱横河北時，他也領兵南下。然而爾朱榮並不是忠於北魏朝廷，他的真正目的既是爲了撲滅起義火焰，也是爲了乘機擴大自己的勢力，奪取政權。當他還未南下的時候，就搜羅了許多爲義軍所敗的北魏殘軍，以擴大其力量。公元五二八年他以鎮壓義軍爲名統兵南下，占領洛陽，將當政的胡太后（此時皇帝已死）丢入黄河，殺死許多文武百官，另立傀儡皇帝。於是爾朱榮實際上掌握了政權。同年，爾朱榮派兵迎擊葛榮，在河南安陽與進攻洛陽的葛榮軍相遇。葛榮驕傲輕敵，對爾朱榮的力量估計不足，他吩咐部下每人拿一條繩子，準備打敗了敵軍後將他們捆起來。結果葛榮軍爲爾朱榮所敗，葛榮被俘犧牲，河北起義被鎮壓，起義軍餘衆爲爾朱榮收編。公元五三〇—五三一年，關隴起義軍也爲爾朱榮的侄子所鎮壓。公元五二九年山東的邢杲亦被鎮壓。

以爾朱榮爲首的統治集團於公元五二八—五三一年期間，篡奪了洛陽政權，鎮壓了起義。起義軍失敗的原因主要是由於内部的民族關係、階級關係很複雜。葛榮所領導的河北起義存在一些問題，其他地區的起義也有類似的情況。

（五）魏末人民大起義的作用

（一）起義雖被鎮壓，但它沉重地打擊了北魏政權，使北魏政權迅速崩潰。

（二）盡管起義軍與漢族人民之間存在着民族隔閡，但通過共同的鬥争，隔閡正在消除。六鎮起義是最後一批鮮卑人（包括鮮卑化的其他族人）進入中原，他們進入中原以後和氐、羌、匈奴人一樣逐漸與漢族融合。所以説六鎮起義對民族融合起了很大的作用。

（三）盡管像葛榮這樣的義軍領袖對地主豪强缺乏警惕，給義軍帶來損失，但在起義的過程中確實打擊了豪强大族，遂使北方的門閥制度衰落，大族勢力有所削弱。

總之，六鎮起義主要有三個作用，即打擊了北魏的統治，推進了民族融合，打擊了豪强大族的勢力，打擊了最腐朽的洛阳鮮卑貴族。盡管洛陽政權爲爾朱榮所篡奪，但洛陽政權實力的削弱，乃至於崩潰確是義軍的作用。這次起義爲以後的民族大融合、門閥制度的掃除掃清了道路。因此説，六鎮起義對歷史發展起了積極作用。

六　北魏的分裂　齊周對立和北方統一

（一）魏末的混亂局面

河北、關隴、山東起義均被鎮壓，爾朱榮掌握了政權。但爾朱榮與北魏皇室有矛盾，結果於公元

五三〇年爲皇帝所殺，遂引起了混戰。葛榮領導的義軍餘衆雖爲爾朱榮所收編，但他們仍舊繼續鬥爭，一兩年之内反抗達二十六次之多。最後這一部分義軍餘衆爲爾朱榮部下高歡所掌握。

高歡曾參加過起義，後來叛變義軍，投降爾朱榮，並跟隨爾朱榮鎮壓起義。高歡利用義軍餘衆對爾朱榮的反抗情緒，而掌握了這部分力量，他依靠這支力量於公元五三三年倒戈消滅爾朱氏。高歡是一個起義軍的叛徒，但他消滅爾朱氏是一件好事。因爲爾朱氏的統治非常殘酷，實行軍事掠奪，人民深受其苦。高歡滅爾朱氏後掌握了洛陽政權。他與北魏皇室有矛盾，他所擁立的魏孝武帝逃往關中，投奔宇文泰。宇文泰是跟隨爾朱氏鎮壓甘陝起義而起家的，後來占領了關中。此時北方分裂爲兩大集團：一是以高歡爲首的集團，另立皇帝稱爲東魏；一是以宇文泰爲首的集團，孝武帝投奔宇文泰後稱爲西魏。至此魏國分裂爲東魏和西魏。東魏和西魏的皇帝都是傀儡，政權實際上掌握在高歡和宇文泰手裏。

（二）高氏政權的建立和代魏稱齊

高歡將皇帝由洛陽遷於鄴（現河北臨漳縣北），東魏的政權由高歡掌握。高歡死後，其子高洋於公元五五〇年代魏稱帝，改國號爲齊，歷史上稱爲北齊。（當時南朝還有一個政權稱齊。爲便於區别起見，所以稱高氏政權爲北齊。）東魏和北齊的政權都是高氏政權，只是在東魏時高氏還未稱帝，到北齊時便稱帝了。高氏政權由兩種力量組成：一是由六鎮軍人中産生的新興貴族，這些新興貴族原來

是少數族的首領或邊防軍的將領，其中有的是原來的舊貴族，有的並不是舊貴族；二是河北地區的大族豪强，這些大族的武裝曾與高歡合作，共同推翻了爾朱氏。高歡的統治是建立在上述兩種勢力的基礎上的。他一方面與河北大族高氏聯宗，用以加强和漢族豪强的聯繫；另一方面又竭力博得鮮卑貴族的歡心。可以説是雙管齊下。高洋的政策不同，他比較偏向於鮮卑貴族而對那些漢族大族進行一定的抑制。高洋是歷史上著名的暴君，曾殺掉不少官僚，遷徙了許多大族豪强。他這樣做固然是由於本人的殘暴，但也由於處在兩大勢力（鮮卑軍事貴族和漢族地主）的矛盾之間，他采取了支持鮮卑貴族的政策，而在一定的程度上抑制大族豪强。因爲六鎮起義沉重地打擊了地主豪强勢力，因而當高洋采取抑制政策時，那些豪强也不敢反抗。高洋在政治上抑制豪强，在經濟上却縱容其土地兼并。北齊時期，鄴城周圍三十里的土地都作爲公田，分給從洛陽遷來的鮮卑衛士和貴族官僚。皇帝還大肆賞賜，稱爲賜田，皇帝喜歡賞賜給誰就賞賜給誰，喜歡賞賜多少就賞賜多少，没有一定的制度，所以叫做横賜。這樣一來，盡管北齊沿襲均田制度，土地兼并却很猖獗，農民因而喪失土地，統治階級内部新興貴族和門閥地主之間也有鬥爭。有一件事情能説明當時門閥制度已走向衰落。北齊後主非常荒淫無道，賣官鬻爵，不但自己賣官，還允許得寵官僚賣官。不僅賣中央官，而且賣地方官。我們知道，自漢朝以來，州、郡、縣的掾屬按照通例必須用本地人，這幾乎成爲大族控制地方的常規。但是後主出賣這些官職，由皇帝下詔書委任地方掾屬，實際上是剥奪了門閥大族壟斷地方的特權。這件事一方面説明了北齊政治的腐敗，另方面也説明了自六鎮起義以後，河北大族的力量已大大削

弱，以致北齊末代皇帝居然能够剥奪他們傳統的操縱地方政治的權力。

北齊的統治是不鞏固的，皇帝都很昏庸殘暴，統治階級内部矛盾很尖鋭。統治者不但在統治集團之間，而且在人民之間加强民族隔閡。自高歡以來一直堅持鮮卑人當兵、漢人生産的原則，通過軍民分治以利用鮮卑武力來統治、剥削漢族人民。這種統治政策是不符合歷史發展的要求的。歷史發展的要求是各民族進一步融合起來。北齊統治者違背了歷史發展的要求，因而爲關中的宇文氏政權所滅。

（三）宇文氏政權的建立和代魏稱周

宇文氏政權和北齊政權的性質相同，它也由兩部分力量組成：一是六鎮軍餘衆中産生的新興貴族；二是關中地區的大族地主。但是宇文氏政權和北齊政權的統治有所不同，宇文泰時期比較注意吏治，他任用關中門閥地主蘇綽頒佈法令。法令中最主要的有如下幾點：

（一）關於選舉制度問題。選用官吏較少受門第的限制，寒人也可以提升，還打破了官職中清濁的界限。我們知道，過去的官職有清濁之分，只有門閥士族才能做清官，並逐漸上升爲大官，一般寒人則只能做濁官。宇文泰仿照周禮改革了漢魏以來的官制。所立官制雖有些古色古香，但並不是盲目的復古，其意圖是爲了打破清濁的界限，使其分不清哪一種官職爲清，哪一種官職爲濁。官制改革在一定程度上起了打破清濁界限的作用。

（二）重視農業生產。要求地方官鼓勵、督促農業生產。

此外有官吏升、降職的辦法等等，這裏不詳細講了。西魏、周朝也實行均田制，基本上與北齊相同。還有一種制度是歷來所重視的，即公元五五〇年宇文泰建立的府兵制。最初，只有鮮卑人和鮮卑化了的漢人充當府兵，這和東魏、北齊一樣，是以鮮卑武裝力量進行統治。但是關中地區小，宇文氏掌握的鮮卑人比北齊少，單靠這一兵源是不能與東魏、北齊相爭的。因而必須擴大兵源，徵發漢人當兵，這就必須進行軍事改革。軍事改革的初期僅徵發所謂關隴豪右，即地主豪强的子弟充當府兵；後來又將地方大族的武裝即鄉兵吸收到府兵中來，這樣便有不少漢人充當府兵了。我們知道，北朝的統治者一慣堅持胡、漢分治的政策，用鮮卑武力來統治、鎮壓漢人。而現在擴大府兵兵源的結果，便在軍隊中打破了民族隔閡，打破了胡、漢的區別，鮮卑人能當兵，漢人也能當兵。其意義是巨大的。同時，將地主武裝吸收到府兵中來，也就削弱了豪强大族的勢力，這對中央集權的鞏固是有利的。只是此時府兵兵源還不及隋、唐時期那樣廣泛。隋、唐的軍人是從均田農民中徵發的。

宇文泰死後，他的兒子宇文覺於公元五五七年代魏做了皇帝，國號周。但實權在堂兄宇文護手中。公元五七二年，宇文泰另一個兒子宇文邕殺宇文護而自己執政，是爲周武帝。周武帝是一個有能力的君主，他進行了一系列的改革：①再度改革府兵制，並由皇帝親自掌握府兵權力，從而加强了中央集權，加强了皇權。府兵兵源的擴大是在周武帝時期完成的，大量的漢人充當府兵，軍隊中的胡、漢界限消除。②釋放奴婢。公元五七六年周滅北齊後，武帝先後下詔釋放先前周齊戰爭中雙方

以俘虜充當的奴婢。西魏時期占領江陵（那時梁元帝建都江陵），曾俘虜十幾萬江陵士民爲奴婢，也在這時釋放。但詔書中稱，東土之民（即北齊境内之民）和江陵人充作奴婢的，如果主人不肯把奴婢放出去，便改爲部曲客女。部曲比奴婢高一等。周武帝釋放奴婢的措施有積極意義。③廢除佛教。我們知道，北魏盛行佛教，寺院擁有大量土地和依附人口，出現了寺院貴族。而寺院的依附人口所受的剥削非常嚴重，僧祇户每年要向寺院交六十石穀子，人身依附關係也很强烈。周武帝廢除佛教，令和尚、律還俗，使一部分寺院的依附人口變成國家的編户。這也具有積極意義。

總的來説，自宇文泰統治以來，西魏、北周的吏治比北齊整飭；在消除民族隔閡方面也比北齊好；此外北周還做了一些具有積極意義的事情。總之，北周的統治比北齊好。因而比較貧瘠的北周，於公元五七六年消滅了北齊。北方重新統一。北周統一北方爲以後全國的統一創造了條件。

這一段的歷史概括爲如下幾點：

（一）十六國到北魏的歷史，是北方由分裂走向重新統一的歷史。當時北方有其特殊的歷史條件，與南方不同，即自西晉滅亡以後，北方的民族矛盾尖鋭化，通過六鎮起義最後完成了民族融合。

（二）十六國時期内遷各族經歷了很大的變化，因而北方的社會經濟與南方不同。南方是土地兼并，大土地所有制的發展日益突出，豪强大族所占有的土地和勞動人口越來越擴大，國家的編户越來越減少。北方在當時特殊的歷史條件下，其整個趨勢是國家所直接控制的人口逐漸增加，土地兼并和大土地所有制的發展不像南方那樣突出。

（三）十六國時期仍舊保存了門閥制度。北魏孝文帝時將門閥貴族進行了一次大規模的排隊，使鮮卑貴族門閥化，地方豪强也被提升爲士族。可以説孝文帝時代是北方門閥制度發展的最高峰。經過六鎮起義，北方門閥制度逐漸走向衰落。

北朝民族的融合，門閥制度的衰落，自耕農的增加，農業生産的發展都爲隋、唐的統一王朝奠定了基礎。我們不能低估北朝的歷史作用。

第三章　東晉南朝在江南的統治　江南社會經濟的發展

一　東晉的政治

（一）東晉建國和北伐

西晉末年，全國各地掀起了流民起義和少數族起義，義陽蠻張昌領導的起義勢力曾經到達長江下游（當時占領江南的農民起義領袖石冰是張昌的部將）。

江南地區自孫吴滅亡以後，那些從東漢以來就已逐漸壯大起來的門閥勢力，便企圖割據江南。因而在西晉時常常發生亂事。石冰占領江南以後，門閥地主爲鎮壓農民起義，便和寒門地主、北方地主聯合起來。江南門閥地主推舉顧秘爲首領；江北揚州地區的寒門地主陳敏（原在廣陵做官）也統帶了人馬，於公元三〇四年共同鎮壓了石冰起義。此後，陳敏企圖割據江南，自稱楚王。這樣一來，陳敏便和門閥地主勢力發生矛盾。因爲陳敏是寒門，不是門閥，又是長江北岸的人，他的稱王是不可能爲門閥所承認的。江南的門閥於是要求和北方的門閥聯合起來共同對付陳敏。這時，北方的西晉政權已經接近於崩潰，社會秩序很混亂。在這種情況下，奉命作揚州刺史的西晉宗室瑯玡王司馬睿便集合了很多北方的門閥地主。那些要求與北方門閥聯合的江南門閥地主因此也集合在司馬睿的周圍。公元三〇五年，南北門閥勢力共同打敗了陳敏。公元三〇七年，司馬睿渡過長江，在南北門閥

貴族的擁護下做了皇帝。

由此我們可以看到，這一時期，南北地主階級共同鎮壓了農民起義以後，南北門閥地主又共同平定了寒門地主陳敏的割據。司馬睿即位，終於形成了南北門閥貴族的統治。

北方南下的門閥貴族王導，認識到要在江南建立政權是不能不依靠南方門閥貴族的支持的，因而他便執行了一種加强與南方門閥相勾結的政策，縱容他們横行不法；北方門閥渡過長江以後，也在剥削江南人民的基礎上恢復了原已喪失的財富，重建家園。可見東晉政權（因爲建都建康即現在的南京，位於江東，所以歷史上稱爲東晉）是南北門閥貴族共同的統治。

東晉統治階級内部的矛盾也是極其複雜的。門閥貴族内部，不但在南北門閥地主之間，而且在皇帝和門閥貴族之間、中央和地方之間都有矛盾。對外而言，東晉政權和北方少數族政權的矛盾很尖鋭。在這種形勢之下，東晉的統治者一方面不得不合力對抗北方少數族統治者的入侵，並曾經擊退了石勒的進攻；另一方面，又不斷發生内亂，因而也削弱了它的對外力量，使其無力向北方進攻，阻礙了爲當時南北人民所共同要求的北伐的成功。

公元三二二年到三二四年，兩次爆發王敦之亂。王敦、王導是堂兄弟。王導是東晉的宰相，王敦在長江中游掌握兵權，兩兄弟一内一外，聲勢非常大，時有「王與馬，共天下」之稱。王敦兩次作亂：第一次曾占領京城建康；第二次作亂才被平定。王敦之亂所以發生，也是由於皇室和門閥貴族的矛盾所引起的。晉元帝企圖削弱王家的權力，抑制南北門閥貴族的勢力而遭致他們的反攻，這就是王

敦之亂的性質。

公元三二七年又爆發了蘇峻之亂，這也是中央和地方矛盾尖銳化的表現。兩次亂事都説明當時東晉統治階級内部矛盾的尖鋭和複雜。統治者忙於進行争權奪利的鬥争而錯過了北伐的機會，削弱了北伐的力量。當時本有機會進行北伐而終於没有成功。

這時堅決要求北伐的是祖逖。祖逖雖是門閥地主，但他堅決要求北伐。他深知北方人民在少數族統治者的壓迫下，都寄希望於東晉，也知道北方一部分地主武裝勢力還没有完全與少數族統治者聯合，因而這部分力量也是可以争取的。鑒於這種情況，祖逖向晉元帝建議北伐，並請求自己帶兵。要求雖然被批准了，但實際上没有得到東晉政權的支持。東晉政權只給了一千兵，却不給武器。他只好率領自己的部曲（自己的宗族、賓客組成的武裝），於公元三一三年渡江北上。他在長江中擊楫發誓説：如果不恢復中原的話，就不回江南了。他的渡江流傳着非常動人的故事。祖逖到北方以後，由於得到河南人民的支持，因而在很短的時間内便幾乎收復了河南全境，打敗了石勒手下的部將。當時的鬥争非常激烈，但得不到東晉政權的支持。祖逖所依靠的只是北方的人民以及自己的部隊。他的部隊不僅要戰鬥，而且還要生産，生産和武裝鬥争是結合在一起的。史料記載説，每逢收穫農作物時，祖逖便把軍隊佈置在田間，以防石勒軍隊的破壞，保衛收穫的糧食。遇到敵情時，壯丁都拿起武器在前面迎敵，老弱在後面收穫。這些收穫的人不但要拿起鐮刀，還要準備火炬。前面萬一被打敗了，爲了使糧食不被敵人拿去，便放火將糧食燒掉。祖逖是非常重視生産的，他叫自己的兒

子、侄子跟人民一起勞動。這種説法可能過分了一些，不過反映了他能和士卒同勞苦而博得北方人民讚揚的情況。總的説來，在當時極其艱苦的條件下，祖逖依靠北方人民既恢復了河南地區的生產，又抵抗了少數族統治者的入侵，而且，那些地主武裝也都被祖逖吸引過來了。他們在表面上雖然還是擁護石勒的，算是石勒的部下，實際上都向祖逖通風報信。所以石勒的軍隊有什麽行動，祖逖事先都知道。祖逖軍隊的紀律也很好，深受北方人民的愛戴。總之，處於當時的形勢之下，祖逖北伐是大有可爲的。可是正當他要繼續北伐的時候，江南内部的王敦之亂却快要發生了。昏庸的晉元帝爲了抑制地方的勢力，不但壓制王敦，還派人去監視祖逖，以防止祖逖造反。祖逖鑒於江南的内亂正在醞釀，自己的志願受到阻礙，立了大功而受到排斥，因而氣憤成疾而死。祖逖北伐的要求是和南北人民的要求相符合的。

祖逖死後，東晉政權對北伐的事情根本不管。祖逖的兵權由他的兄弟祖約掌握。而祖約是個不成器的家伙，他不但没有繼承祖逖的志願，反而參加了統治階級内部的鬥争，後來竟然投降了石勒。

祖逖北伐以後，比較有成就的是桓温的三次北伐（桓温的北伐也遭受到東晉政權的阻礙）。他首先進攻四川，滅掉了賨人李氏在成都的漢國，建立了自己的威望，勢力逐漸擴大。公元三五四年，桓温進攻長安。這時關中地區是由氐族政權前秦占領的。東晉軍隊到達關中時，受到關中人民的普遍歡迎，許多父老都殺鷄宰牛犒賞晉軍。但桓温不能像祖逖那樣充分運用這部分力量，他只把希望寄託在大軍壓境之際，前秦能自行崩潰。然而結果却是事與願違，長安没有攻下來。他也没有盡力進

攻，後來又因爲糧餉不繼，只好撤退。公元三五六年，桓温進攻河南，趕走了占據洛陽的羌族姚萇，收復了洛陽。但没有鞏固，於公元三六五年失守。公元三六九年，桓温又組織大軍進攻前燕。這時前燕已經很腐朽了，不久以後就被前秦所滅，這説明它不是不可以戰勝的，可是桓温却在枋頭打了大敗仗（枋頭即現在的河南濬縣，是當時的重要軍事據點）。

桓温三次北伐也曾經取得一些成就，但結果却失敗了。其所以失敗，主要是由於統治階級内部的矛盾造成的：東晉政權怕桓温勢力增大以後篡位，因而不願意讓他北伐成功；同時，當時江南大族的最大理想只是保住自己的財富，北伐和他們無關，因而不支持北伐；北方的大貴族早在江南重建了家園，有了土地，掌握了若干依附人口，生活很舒適，他們可以世代爲官，何需去冒險北伐？所以他們也不支持北伐；當時的統治是建立在南北門閥勢均力敵的基礎上的，如果桓温一旦北伐成功就要凌駕於其他門閥之上，這是大家都不願意的；而桓温自己也有自己的打算，他所以要北伐，其目的只不過是想借此來建立自己的威望，好做皇帝。説他想篡位並不是假話，他的確有這樣的企圖。他的北伐並不是真正爲了恢復中原，因此他不願意在北伐中過多地損失自己的實力。總的説來，桓温北伐的失敗，有當時整個政治局勢的影響，也有他個人的因素。

東晉北伐没有成功，統治階級内部的矛盾却不斷發展。可是就全國形勢來講，民族矛盾仍是處於首要地位，因而到了公元三八三年苻堅發動淝水之戰的時候，他們那些争權奪利的内部矛盾得到暫時緩和，而共同抵抗了苻堅的侵略。

以上所講的是東晉建國和北伐。我們知道，東晉政權是在南北大族的支持之下建立起來的，外有民族矛盾，內有階級矛盾，而統治階級內部，又有皇帝和門閥之間、門閥和門閥之間、中央和地方之間的矛盾，隨時可能發生亂事。這樣的政權是不能勝任恢復中原的任務的。

（二）孫恩盧循大起義　東晉的滅亡

我們剛才說過：東晉政權是南北門閥的共同統治。南方大族要擴充所占有的土地和依附人口，北方大族到南方後要重建家園；而北方人民流亡到江南來一無所有，只得投靠地主，主要是投靠門閥地主、豪强地主，依託於他們的門下做佃客（也有不做佃客而流落於各地的）。所以東晉統治時期，大量人口，首先是北方南下的流亡人民，此外也有江南人民，很多爲地主階級所分割，變成地主的依附者，受着沉重的剝削和壓迫。同時，東晉對自耕農的剝削也不斷加重。

東晉初年曾將賦税制度改革爲「度田收租」，即恢復曹操的按土地收租的制度。這種制度主要是針對自耕農的，同時也針對地主，因而遭到占有大量土地的地主的反對。於是度田收租又改爲按人口收租，不管地主也罷，農民也罷，一概按人口收税。最初的税額是每口三石穀，以後又加到每口五石穀。這種制度完全有利於地主，而不利於自耕農民。

除了賦税以外，人民所負擔的徭役也非常沉重。東晉時丹陽尹（建康地方官，相當於現在的首都市長）覺得徭役太重，上任後減掉了六十多種徭役名目。可以想見，没有減掉的更不知道有多少。東

晉末年，范寧曾經説：古代的徭役是每年三天，現在的徭役是一年没有三天休息。由此可見，東晉的徭役是非常重的。其中最重的是運丁即運輸役。戰爭時期運輸役的負擔更重。

人民在沉重的賦税、徭役的壓迫下不斷逃亡。逃亡有兩種出路：一是投靠門閥貴族、豪强地主變成封建依附者即客或部曲；另一出路是流亡到山林湖泊，統治力量比較薄弱的地方，有的人甚至流亡到蠻族地區。這些人對開發山林湖泊作出了很大的貢獻。但當他們把土地開墾出來，生産有了成果以後，政府便來進行干涉，甚至派兵强迫他們登記，違抗者便用兵壓迫、屠殺、俘虜來做奴隸。此外，還有的人逃入海島，經海路逃往廣州、福建一帶。

東晉時期流亡的農民非常多。當時實際人口應該是大有增加的，因爲北方人民大量流入江南。據現在的人統計，當時從北方南下的人大約有幾十萬、乃至上百萬人之多。但東晉户籍册上的人口數字却没有增加。這是由於有大量人口流亡的緣故。我們知道，人民的逃亡就孕育着武裝鬥争，大規模的起義常常是從流亡開始的。比如人民在山林湖泊開荒，政府派兵强迫他們登記，這樣就會激起武裝反抗。

淝水之戰的時候，統治者内部的矛盾曾經一度緩和。淝水之戰以後，矛盾又滋長起來，皇帝和門閥、中央和地方之間矛盾重重。這時當朝的宰相是皇帝的兄弟司馬道子與他的兒子司馬元顯，他們是各種矛盾集中的焦點。

司馬元顯企圖制服地方勢力而需要擴充軍隊。當時一般平民是不服兵役的。司馬元顯便於公

元三九九年下令將免奴爲客的人徵發當兵。東晉不是奴隸社會，當時地主之所以擁有很多奴隸，只是在西晉滅亡後，很多北方人民南下以及南北戰爭中被俘爲奴這樣一個特殊的條件之下形成的。奴隸使用於生産也只是殘餘形態。地主常常把奴隸釋放爲客。因爲在當時個體生産的條件下，這樣一種封建剥削方式是比較適宜的。奴隸只是個會説話的工具，其生産的全部産品都爲主人所有。客和奴隸不同，客能從地主那裏領取一塊土地耕種，然後再向地主繳納地租，這種免奴爲客的人、被稱爲「樂屬」。東晉時期，兵的地位是非常低微的，和客的地位差不多，他們所受的剥削、壓迫不亞於奴隸。這種免奴爲客的人剛剛從奴隸的地位解脱出來，領取一塊土地耕種，向地主繳納地租。這種情況比當兵要好一些，所以他們不願意當兵；地主也不願意讓他們當兵，因爲「樂屬」是地主的依附人口，徵發出去當兵便損害了地主的利益。當時地方官還要混水摸魚，把原來就是客和自耕農的人，也當作免奴爲客者一起徵發去當兵。這些人當然就更不願意了。

當時晉中央直接控制的地方不多，只控制了長江下游（長江中游已形成地方割據的形勢）。這一措施在會稽等地區實行，激起了公元三九九年孫恩領導的起義。

起義群衆有幾類人：第一類是那些免奴爲客的人，他們不願意去當兵，不願意參預統治階級間的戰争，遂參加了起義；第二類是被地方官當作免奴爲客的自耕農；第三類是流亡的人民。這是起義的基本群衆。我們知道，會稽地區原來就是封建大土地所有制最發達的地區，門閥勢力很强，大族廣占土地和依附人口，北方來的門閥貴族所重建的田園也都在此。這裏是封建剥削、封建壓迫最集

中的地區，所以一旦爆發了起義，便能吸引大量的依附人口、佃客參加起義隊伍。

孫恩是天師道(即五斗米道)教主。他的叔父孫泰(也是教主)因謀反嫌疑被殺，孫恩避居在海島上。起義時，他率領島上流亡人民登陸，立即得到大陸人民的響應，起義隊伍由幾千人發展到幾十萬人。起義軍曾三次登陸，威脅建康，一直打到鎮江。於公元四〇二年被鎮壓。

起義失敗的原因有兩點：(1)孫恩所領導的是流亡人民，以海島作爲根據地。登陸以後，戰勝則長驅直入，戰敗則退回海島。起義軍雖然很快占領了今浙江地區乃至於江蘇南部地區，但没有能鞏固下來。一旦打了敗仗便立刻退回海島，帶有自漢代以來的「海寇」性質。這在戰略上是失策的。(2)起義隊伍中有不少大族地主，他們是因爲自己的那些免奴爲客的依附人口被政府所徵發，才參加起義隊伍的。而孫恩對他們却很信任，委任他們以重要的官職，使其占據領導地位。這些人本來没有反抗政府的決心。此外，起義軍所遇到的敵手是善於作戰的北府兵。北府兵由南遷北方人組成，是淝水之戰的主力。在這種情況下，孫恩起義便失敗了。

孫恩起義雖然失敗了，却起了很大的作用：

(一)沉重地打擊了浙江東部會稽地區的門閥地主。當時有不少的門閥地主被鎮壓，如王家、謝家等第一流的門閥貴族就有好幾個被鎮壓。在這次起義中，暴露了門閥貴族的無能。我們知道，東晉自建國以來都是由門閥貴族掌握兵權的，如王敦、祖逖、桓温等，不管他們是好人或是壞人，他們都是能打仗的；淝水之戰的統帥謝石、謝玄也是門閥貴族。但是這次鎮壓農民起義的頭子，謝安的兒

子謝琰却大敗被殺。從此以後，門閥貴族不再掌握兵權。兵權落到寒門手中。起義對門閥貴族的打擊主要是在政治上的打擊，使其逐漸喪失政治上的實權。門閥貴族力量削弱，就使以後興起的王朝有可能對門閥貴族進行一定的制裁。

總之，起義的主要作用是沉重地打擊了門閥貴族，使其走下坡路。

（二）東晉政權在這次起義後不久便滅亡了，可以説它是在起義的浪潮中滅亡的。

孫恩起義時期，統治者内部還在繼續厮殺。公元四〇三年，占領長江中游的大軍閥桓温的兒子桓玄曾進軍建康，殺死司馬道子和司馬元顯，自己做了皇帝，國號楚。但他的楚政權不鞏固。公元四〇四年掌握北府兵的劉裕（建康的兵力主要是北府兵，桓玄做了皇帝不能控制北府兵），推翻了楚政權。從此，東晉政權只是名義上存在，實際上掌握在劉裕手裏。

公元四一〇年，劉裕爲了建立自己的威望而北伐，滅了在今山東地區的南燕（南燕鮮卑慕容氏是在後燕滅亡後分出的王國）。這時，孫恩的妹夫盧循又領導起義。孫恩被鎮壓以後，盧循率領隊伍從海路到廣東，占領廣州。趁劉裕北伐的時機統兵北上，經過大庾嶺到江西，打敗北府兵的兩個大將何無忌、劉毅。何無忌自殺，劉毅逃跑。東晉政權極度恐慌，想逃往江北，投靠劉裕。這時劉裕迅速南回，於公元四一一年鎮壓了起義軍。盧循死於廣州。

盧循起義聲勢浩大，使東晉政權面臨危機。但盧循進攻建康，占領建康的決心不大，常常想按兵不動或想退回廣州，没有能抓住劉裕尚未南回，和以後南回還未站住脚跟的時機立刻進攻。一直等

到敵人將一切都準備好了以後才決戰，結果便失敗了。

史學界對盧循起義有不同的看法。有的人認爲不能稱爲起義，理由是：（1）盧循是北方大族出身。我以爲盧循雖出身於門閥貴族，但不能僅以一點來否定起義的性質。（2）盧循到廣東以後已與朝廷妥協，接受了朝廷所委任的廣東刺史的官職。（3）當時民族矛盾正處於尖銳的時候，劉裕北伐得到南北人民的支持。盧循却在劉裕滅掉南燕，正想進攻關中的時候發動起義，迫使劉裕南回，妨礙劉裕繼續北伐。我認爲孫恩、盧循起義是一回事，盧循是繼續孫恩的鬥爭，兩者很難分開。這是一點；第二點，即使民族矛盾尖鋭突出的時候，也不能要求人民不起來反抗當前壓迫他們、剥削他們的政權。盧循領導的基本群衆是流亡的人民，他們直接受到的壓迫、剥削不是來自少數族統治者，而是東晉政權以及東晉的地主。不能因爲劉裕正在北伐而非議盧循起義的正義性。盧循起義反抗封建壓迫、封建剥削應該肯定是正義的。我個人認爲，盧循的領導有錯誤，這由他本人負責，但他所領導的起義，反抗了東晉政權的腐朽統治，反抗了當時的封建剥削、封建壓迫却是應該肯定的。

盧循起義被鎮壓以後，劉裕成爲東晉統治階級的救命恩人，而他的北伐又在人民中建立了威望。劉裕終于公元四二〇年滅掉割據四川的譙縱後代晉稱帝了，改國號爲宋。

二　宋齊梁陳的更迭及其政治

（一）劉裕的改革

劉裕代晉前後進行了一些改革：第一，制止門閥地主分割勞動人口。曾頒佈命令禁止隱藏人口，爲此還把會稽的一個隱藏了一千多家依附人口的大族虞亮殺了。劉裕所以能這樣做，是由於當時門閥貴族的勢力受到農民起義的打擊而削弱了的緣故。第二，禁止豪强之家占領山林湖泊。當時地主豪强都把山林湖泊據爲己有。人民打獵、砍柴、釣魚都得向地主繳租。第三，劉裕殺死大族王愉、刁暢等。王愉是第一流的門閥貴族；刁暢雖屬第二流的門閥，但他是最大的地主，擁有土地一萬頃。劉裕將刁暢殺死後，還把他們的財産分給窮人。第四，減輕徭役賦税。劉裕本人是寒門出身，他采取的一些措施，在一定程度上緩和了階級矛盾，推動了生産的發展，爲元嘉之治打下了基礎。

公元四一五—四五〇年的元嘉（劉裕子宋文帝義隆的年號）時期，江南的社會經濟是有發展的，相對來説政治上也比較好。據史籍上説，如果没有天灾，人民是能活下去的。元嘉之治和孫恩、盧循的起義分不開，它正是孫恩、盧循起義打擊了門閥貴族的結果。但到了公元四五〇年，宋的北伐失敗，北魏軍隊南下在長江北岸實行了三光政策，大量人民被俘虜，房屋被焚燬，大大地破壞了長江北岸的社會經濟，給南朝造成巨大的損失，使劉宋走向衰危。公元四五三年由於皇族争奪皇位，自相殘殺，喪失了淮河北岸的地區。總之，公元四五〇年以後劉宋由於對外戰争的失敗，由於統治者之間不

斷地斯殺而走向下坡路。公元四七九年，劉宋政權爲蕭道成所奪取，改國號齊。

（二）齊 梁 陳的政治

齊朝是個短命的王朝，於公元四七九年建立，公元五〇二年垮臺。公元五〇二年蕭衍奪取了皇位，國號梁。

齊朝時（四八五）爆發了唐寓之領導的暴動。其導火綫是由於政府要檢查户籍。我們知道，當時的户籍非常混亂，由於晉朝以來明文規定門閥地主一概免除徭役，因而有很多寒門地主假冒士族。此外還有其他許多逃避徭役的方法。如和尚不納賦税，便有些禿子自稱和尚；父死守孝三年不出役，便有人永遠在那裏守孝。這樣一來，政府所控制的徵賦役的對象便越來越少了。然而最主要的原因還是由於大量人口變成了依附者。政府要增加賦役，又不敢得罪門閥地主，便只好檢查户籍。結果很多寒門地主和商人被清查出來了，一些逃避賦役的人民也被清查出來了，遂激起唐寓之領導的暴動。關於暴動的性質問題，目前尚有争論，值得商榷。這次暴動主要是反抗政府檢查户籍，而在檢查户籍中受到損失的主要是寒門地主、商人和比較富裕的農民。窮人是不能隱蔽户口的，因爲窮人没有辦法行賄。有人説這次暴動是統治階級内部的矛盾。這有一定的道理。不過唐寓之的基本群衆有幾類：有比較富裕的人，也有被壓迫的流亡人民。總之，暴動的性質問題值得商榷。一般的書上説是起義，也有的書上不承認是起義。

梁朝時期可以講的有幾件事：一件事是宋、齊、梁以來門閥貴族的腐朽達到了極點，但還踞高位。他們只會熏香撲粉，穿高跟木履，靠絲織品做的靠背，過着享樂的生活。他們靠着門閥的特權總能有一官半職，因而不管事，甚至連宰相也不管事，以表清高。他們瞧不起管事的人，更瞧不起軍功。宋時有一次皇帝問宰相一件事情怎麽辦，宰相説不知道怎麽辦。皇帝責駡屬下不把文件給宰相看。宰相却説文件是送來了，但不知道説的是什麽，所以不知道該怎麽辦。梁朝有個士大夫從未見過馬，看到馬一跑一跳就説這個東西很兇狠，一定是老虎而不是馬。這樣的人腐朽到了極點而仍踞高位。孫恩起義後，他們的政治實權實際上已經消失。爲了鎮壓人民，他們不得不把部分政權交給寒門地主。因此齊、梁以來門閥勢力逐漸衰落，寒門地主勢力逐漸增長。

寒門地主不能做最高級的官，只能做當權的中書舍人。當時的權力機關主要是中書省和尚書省。中書省的實權實際上掌握在中書舍人手中。這種官職多半由寒門地主、商人充當。尚書省的實權掌握在尚書令史手中。所以説，這一時期門閥地主雖仍踞高位而實際權力已轉到寒門手中。

第二件事是，門閥貴族極其腐朽，他們掠奪財富的貪慾從未厭足。寒門地主掌握了政權自然也更易於擴大自己的田園。例如，宋朝的門閥貴族孔靈符在浙江東部地區有個大田園，周圍三十多里，裏面有兩座山，果園有好幾處。這些大地主有了這些田園還不滿足，還要把山林湖泊據爲己有。大詩人謝靈運甚至要求把浙江地區的一個湖泊搞乾，變成耕地據爲己有，但没能實現。謝靈運的土地很多，他的田園裏什麽東西都生産，甚至連吃的藥也生産。他説：我有這樣的田園，不必做工商，也

不必求利了。寒門地主雖然廣占土地，但地位較低，不能免役，他們往往在荒年捐穀救濟，以便取得獎賞，免除徭役，有的一次捐助一千石。由於大地主占有大量土地，因而所控制的依附人口也越來越多，到梁朝的時候居然有大半人口都成爲部曲了。部曲是私人占有的依附者，其中有真正的部曲即私人的軍隊，而多數是佃客。

第三件事是梁武帝蕭衍統治時，鑒於前兩代王朝由於內部矛盾爆發而迅速崩潰的教訓，便實行所謂的寬政，縱容宗室、門閥、官僚地主享受各種特權。他本人是佛教徒，所謂以慈悲爲本，可是他對人民的剥削、壓迫却非常殘酷。一人逃役，全家受罰，逃役的人被捉後要上鎖鏈送往官府作坊做工。當時官府有很多作坊，多半是用犯人來充當勞動力的。蕭衍爲提倡佛教還花錢修了不少寺廟，寺廟廣占土地和依附人口。蕭衍還宣稱自己是最節約的，一頂帽子戴了三年没换。

梁武帝時期，統治階級內部矛盾雖然減少了一些，但也還是存在的，在公元五四七年爆發的侯景之亂期間，由於皇室内部矛盾而使建康不守。侯景是北朝東魏的將軍，鎮守河南，因爲與高氏政權不和而投降梁朝。梁武帝以爲可以唾手而得河南，遂派兵去支援侯景。結果打了敗仗，侄子被俘。侯景帶殘兵敗將到淮南後，梁武帝想用侯景去交换被俘的侄子，便寫信給東魏，説：你把我侄子放回來，我把侯景交給你。這件事被侯景知道了，他很生氣，遂於公元五四七年渡過長江，進攻建康。是爲侯景之亂。侯景攻破建康，八十六歲的梁武帝氣死。侯景篡位做了皇帝。他在江南的殘酷屠殺遭到人民的反抗，終於公元五四九年失敗。

侯景之亂雖然平定了，但梁武帝的兒子、孫子爲爭奪皇位又發動了戰爭，最後武帝的一個兒子由於平定侯景有功做了皇帝。是爲梁元帝（蕭繹）。元帝登位後，他的哥哥、弟弟、侄子都不服，戰爭仍舊繼續。公元五五四年他的侄子蕭詧勾結西魏派兵進攻江陵，殺梁元帝，蕭詧做了傀儡皇帝。是爲後梁。後梁領土只有江陵一帶，而且還有西魏軍長駐監督。這時長江中游、江陵以上的土地爲西魏占領。東魏變成了北齊。北齊乘機占領了淮南，長江北岸遂爲北齊占領。

經過和北齊的戰爭，陳霸先於公元五五七年建立了陳朝。其領土只有江陵以下一帶地區，它是南朝中領土最小的一個王朝。

這些戰爭中，我們認爲侯景之亂是非正義的，它給江南帶來極大的損害。西魏破江陵，把大部分江陵人民擄到關中，給江南造成很大的破壞，因而這次戰爭也是非正義的。但這兩次戰爭確實使門閥貴族受到沉重的打擊。侯景之亂期間，很多門閥貴族困守南京，有的餓死，有的逃往江陵。西魏破江陵後，又把這些人擄到關中。門閥勢力從此衰落，以後所建立的陳朝已不再依靠門閥勢力，而是依靠江南地方豪强勢力，依靠地方豪强所組織的武裝。陳朝建立以後，地方豪强的勢力有了發展，與中央有矛盾。陳朝初年一直忙於和這些土豪打交道。公元五八九年，隋朝滅陳朝，統一全國。

以上講的是宋、齊、梁、陳四個王朝的更迭。概括説來，四個王朝的更迭，主要是由於統治階級内部的複雜矛盾使政權不能鞏固而造成的，同時也由於這幾個政權不能得到人民的擁護，因而迅速崩潰。政權的性質基本上是門閥貴族專政，但同時寒門地主亦興起。在這幾個王朝的統治下，除宋朝

抑制過門閥貴族的勢力外，其他王朝的門閥地主、寒門地主都猖狂兼并土地，廣占勞動人口。在這幾個王朝的更迭中，門閥貴族逐漸走向衰微，寒門地主逐漸興起。江南的門閥貴族，從孫恩起義受到打擊以後，一直是走下坡路的，他們雖仍堅持士族和寒門之間的嚴格區別，有的士族絕不與寒門通婚，甚至不講話，可是爲了統治人民，却不得不把政權轉交給寒門。從此門閥貴族在政治上的勢力日益衰落。

三　東晉南朝社會經濟的發展和嚴重的封建剥削

東晉和南朝的政權是腐朽的，但在當時所起的一個作用却應該肯定，即在民族矛盾尖鋭的情況下，這些政權的建立有助於抵抗北方少數族統治者的入侵，從而保衛了江南社會經濟的發展。這些政權所以能存在，也就是由於它起了這樣的作用的緣故。

（一）農業的發展和農民的處境

這一時期，江南地區農業生産的發展是顯著的。農業水利事業在東漢的時候還很少興建，到南朝時便逐漸地興建起來了。很多山林湖泊也得到開墾，但這些新開墾的土地均爲門閥貴族所占領，變成他們私有的田園。除開荒外，在農業技術方面也有提高。原來比較粗放的耕作方法——火耕水耨，到這時也有了改進。雖然廣大地區仍是火耕水耨，但在農業比較發達的江蘇、浙江等地却已廢

止。這些成就是南方和北方人民共同創造的，北方人民南下提供了大量的勞動人口，帶來了先進的生產技術（當時南方落後，北方比較先進），對開墾江南的土地，提高江南的農業生產水平起了巨大的作用。南方的土著人民不僅有漢人，還有許多少數族人民，如俚人、四川的獠人等都是在極端艱苦的條件下，披荆斬棘開闢山林湖泊的，爲江南社會經濟的迅速發展作出了重大貢獻。江南經濟的發展首先應歸功於各族勞動人民。但是當時勞動人民的生活非常困苦，賦役負擔極爲沉重。梁朝時，男子名額不够，便徵發婦女服役。賦税方面原來是按土地收税的，稍後改爲按人口，最後則既按人口，又按土地收税。按人口每人收税五石穀，按土地每畝收税二升，此外還另外徵兩石穀作爲供給官吏俸禄的禄米。總共每人要交税七石穀之多，婦女減半。按地徵收的還不在内。徵收的布額各個時期不一樣，少的時候徵收兩丈，多的時候徵收四匹，再外加八尺禄絹。賦役壓迫非常嚴重，大量人口因此流亡變成依附人口，他們成爲佃客、部曲以後，受到封建地主的嚴重剥削，生活仍然困苦。因此江南的農業生產雖然有所發展，而果實却都被統治者，即整個地主階級所掠奪，其殘酷的壓迫、剥削又阻礙了生産的進一步發展。

（二）手工業的發展和手工業者的處境

這一時期手工業方面最突出的是絲織業。漢代時江南還没有絲織業。孫吴時絲織業有了萌芽，也還不普遍。南朝時期，長江流域，大致是自現在的湖北到江蘇、浙江一帶地區，絲織業大爲發展。

江南已基本上可以自給。當然就全國來説，江南地區的絲織業在技術上、數量上都還不如北方，但是江南從無到有，發展到基本上可以自給，應該肯定是一個很大的進步。當時有的統治者爲了向人民徵收絹，也曾鼓勵絲織業的發展，甚至强制每家農民種桑養蠶，其目的是爲了掠奪，但這對發展江南的絲織業也起了促進作用。

鑄鐵技術方面，西漢時鐵的生産主要是在北方，江南的鐵礦還很少開發。東漢時江南才開始有冶鐵業。孫吴時有所發展。南朝時期鐵礦開採已很多，冶鐵技術有了進步，出現了百煉鋼。

至於瓷器，南方的青瓷比北方做得好。

江南的手工業有發展，而江南的百工却一向處於卑微的地位。官府手工業作坊中的勞動者都是從手工業家庭中徵發來的，他們世代相傳地服役於官府作坊，甚至把全部時間都支付在那裏，搞得百工的家庭逃亡的逃亡，死掉的死掉，家空户空。到了齊朝公元四九四年，由於唐寓之暴動的壓力才使統治者頒佈了一條法令，允許官府作坊裏的工匠輪番服役。從這條法令的頒佈可以想見在此以前，官府作坊的百工是不輪番的，政府强迫他們通年都在官府作坊裏，而無時間自己開業。這條法令頒佈以後，江南城市手工業作坊有了發展。

（三）東晋南朝的交通城市和商業

長江的水道交通非常方便，上下船舶非常頻繁，建康（今南京）秦淮河中停泊的商船很多。有一

次遭到大風，秦淮河中停泊的數以千計的船隻都被打翻了，其中絶大多數是商船。南朝的「吴歌」「西曲」裏也反映了當時商人坐船在長江一帶來往的情況。由於長江水道很方便，商業也就在農業、手工業發展的基礎上發展起來了。大城市有建康，它包括大市和沿秦淮河的許多小市。市是由官府設立和管理的，但當時已經出現了自然形成的非官方的草市。當時南北是分裂的，南北的商業往來雖受到一定的阻礙，却從來没有斷絶。商業往來多半由商人買通雙方的駐防軍來進行，交通要道襄陽是南北貿易集中的地方。南朝對外貿易的口岸廣州也很繁榮，有許多從南洋來的外國船舶開入廣州。廣州地方官職是肥缺，據説廣州刺史只要在城門口過一下就可以得三千萬錢。當時外國貨物的半數爲地方官低價收購，另一半纔可以自由出賣。官吏則將低價收購的貨物以高價出售，大發其財。此外，益州（今四川）是對外貿易的陸路據點。外商走陸路到達甘肅以後，便可以由甘肅南部進入四川。四川的地方官職也是肥缺，皇帝常常公開向益州刺史要錢。

能説明當時江南商業發展的有如下幾點：（1）始終使用貨幣。北朝只是在孝文帝改革以後才開始鑄錢、用錢，使用的地區也只限於河南境内。北朝以前的貿易則是以貨易貨。而江南地區則從來没斷過用錢。（2）北朝没有商税，因爲北朝的商業不發達。南朝的商税是政府的重要財政來源。當時的商税名目很多，成爲人民的沉重負擔。政府在市場商業來往中抽一筆税叫做估税（根據文契上交易多少來徵收）。此外，由於水道交通非常方便，商船來往頻繁，所以在渡口（泮）、埭（壩）、桁（浮橋）等交通要道都有人把守，船隻通過都要收税，其收入很可觀。由於商業發展，盈利頗大，故士

作用。

我們也應肯定，當時南朝政權的存在還起了保障江南經濟繼續發展，免受北方少數族統治者破壞的

手工業者的地位却很低微，所受的剥削、壓迫很殘酷。統治階級剥奪了勞動人民的勞動成果。同時

南土地、提高江南農業水平的結果，商業則是在農業發展的基礎上發展起來的。可是我們看到農民、

總的說來，這一時期江南經濟不論是農業、手工業還是商業都是有發展的，這是南北人民開闢江

的推薦也可以做官。

依附者不同。門生要向自己的主人交一筆錢及其他東西纔可以取得貴族、官僚的保護，但通過主人

依靠貴族、官僚才能順利地經商，他們只好做門閥貴族的門生。門生具有依附者的性質，但與其他的

貪污的，回鄉時總要帶回去很多東西，有的甚至帶兩船草鞋。總之，當時的官僚享有特權，商人只有

時在别的地方已買不到扇子了，於是謝安的那個朋友便將扇子高價出售。當時的官僚是什麼東西都

我一把。於是他第二天出去見客就拿把扇子。由於他的名氣大，大家都學他的樣，都要買扇子。這

職的地方苦得很，因而回鄉只帶了五萬把扇子。時逢秋季，扇子賣不出去了。謝安説：不要緊，你給

任時貪污的東西運到其他地方販賣。東晉謝安問他的一位做官的朋友發了財没有？他的朋友説任

活動。士族、門閥享有免税的特權，他們的船隻都不收税。但很多貴族都是經商的好手，官僚常把在

族也都經商。但是商人的地位却是很低微的，他們只有依靠貴族、官僚的勢力才能順利地進行商業

第四章　隋的統一和隋末農民大起義

一　隋的統一和統一前後的政治經濟措施

（一）隋的統一

從三國以來，雖出現過西晉的短期統一，但總的來説，這幾百年一直是一個南北分裂的局勢。西晉滅亡以後，全國長期分裂的主要原因，是民族問題。到了南北朝後期，特别是經過了六鎮起義以後，北方民族的融合已經成熟了。過去南方政權的存在是有利於防止少數族統治者的侵入，保證南方社會經濟和文化的發展的，所以南方政權的存在有它的積極意義。但到了此時，民族已經融合了，這是有利於統一的一個方面；另一方面，在分裂時期，南北的社會經濟都是發展的，南北的經濟交流從來也没有斷絶過。隨着社會經濟的發展，南北交流也就愈多，所以南北統一的要求就更迫切了。雖然封建經濟是自然經濟，但也有它交流的必要性，即使在分裂的時候，這種交流也没有斷絶過。因而從南北長期的分裂走向統一是必然的。

公元五八一年，楊堅建立了隋朝。楊堅是府兵將領系統裏面的一員，屬於軍事貴族，但他却是漢人。他得到了軍事貴族的支持，因此在公元五八一年輕而易舉地取代北周做了皇帝，雖然後來有人反對他，但結果都被他打敗了。在江陵建立的後梁，早先是周的附庸，公元五八七年就被滅掉了。到

了公元五八九年(隋開皇九年),隋文帝大舉南下滅陳。而南方的陳朝,其政治已非常腐敗,因此迅速爲隋所滅。這樣隋就統一了全中國。但是江南地區,在侯景之亂以後,地方勢力也非常强大,如江西、湖南、廣東等地方上的豪强武裝勢力很大。隋滅陳後,他們就紛紛組織力量進行武裝對抗。但是這時統一已是南北各族人民的要求,也是南北經濟發展的要求,所以要分裂也分裂不了。這些地方武裝力量很快就被隋平定,全國的統一也就正式確定了。

我們説統一是歷史發展的必然,但是爲什麽是北方的隋來統一,而不是南朝來統一呢?原因很多,首先是北方的政治比較好,南朝的政治已經很腐敗。滅陳以前,隋文帝進行了一系列的改革,滅陳後也推行了不少改革措施;其次是北方的實力已超過了南方,無論是從兵力與財力方面,領土大小方面,人口多少方面來講,都比南方優越,現在又經過了隋文帝的改革,北方比南方就更强大了。

(二)隋在統一前後的改革措施

隋文帝有哪些政治經濟措施呢?

在經濟方面:隋文帝即位後,不久,重新頒佈了「租調令」。調整了賦税,一般説來賦税比過去減輕了一些。在北周統治時代,每一個農户交租達到五石之多,隋文帝時代減到三石;絹帛在文帝初年是一匹,後來減到半匹(二丈);在北周時規定每人每年服役一個月,有時甚至達到四十五天,隋文帝減爲二十天,同時規定了不服役就收庸的辦法,即不服徭役的,就以繳絹來代替。但是用收絹代

役，並不是由人民自己選擇的，不是説我不願意服役，就可以繳絹代替，而是政府在没有徵發徭役的人中間徵收庸絹。所以對不服役用徵絹代替這一點，不能估計過高，但它却有深遠的意義。這就是説，開始有了一個規定，用絹來代替服役，這正是以後要發展的。

隋政府還進行了户口檢查。把户口清查出來，可以保證它的賦税收入增加。檢查户口主要在過去的北齊境内。北齊的政治很腐敗，户籍特别混亂，據説有一個郡，在户籍上没有一個人登記結婚的。爲什麽呢？因爲結了婚賦税就要加倍，所以都説没有結婚。還有不少人口爲地主豪强所蔭庇，是他們的蔭户，依附人口。公元五八三年，隋文帝滅陳以前，在他統治的區域内，進行了一次大規模的户口檢查，叫「大索貌閲」。檢查結果，共得四十四萬多丁，一百六十四萬餘口。這些人口原來絶大部分是門閥豪强的蔭户，現在清查出來了。所以能清查出來，是由於賦税減輕了，人民感到充當豪强的蔭户，所受的奴役剥削更加沉重，因此，願意自己報户口，作爲政府的編户。同時，隋文帝接受宰相高熲的建議，制定了定户等的標準。因爲當時服徭役和徵收各種附加税，都是按照户等徵收的，户等高的，附加税就多徵，徭役也要先服。但當時的地方官没有一定的定户等的標準，因此往往富人定爲下等，而窮人反而定爲上等。隋文帝訂出了定户等的標準，名曰「輸籍定樣」。這樣可以使人民的負擔比較合理，地方官不能從中作弊，而依附人口也願意歸於編户。因而國家掌握的編户就大大增加，國庫也充實了，在一定的程度上打擊了占有依附人口的貴族，特别是北齊地區的門閥豪强。

全國統一以後，隋文帝又在不服役收絹（凡是政府没有徵發服役的人，用交絹代替）的基礎上，進

一步規定：凡是年齡到了五十歲的人，可以繳絹免除兵役。過去不服役的人用繳絹代替是由政府規定的，政府要你繳絹就繳絹，要你服役就服役，而現在五十歲以上的人繳絹免兵役，則是固定的，凡是到了五十歲，不願意服兵役的就可以繳絹。後來推廣到一切徭役都可以用繳絹來代替。這都是對徭役制度的改革。

隋是一個統一的國家，因此它又規定了貨幣的標準，統一了貨幣。我們知道從魏晉南北朝以來，貨幣是非常混亂的，甚至在較長時期裏，北方不通用貨幣，完全是以物易物的。貨幣的質量壞，標準也不統一。爲了適應南北統一、經濟交流的需要，隋朝統一了貨幣，重鑄五銖錢。

隋朝的水利灌溉工程也在各地區興建起來了。

以上都屬於經濟方面的一些措施。應當承認這些對人民、對社會都是有好處的。另一方面，隋文帝仍然允許貴族官僚在土地占有方面享有特權。隋朝規定，貴族官僚按品級獲得所謂「永業田」，多的可達一百頃；還給各級官僚俸禄田，叫「職分田」，從一百畝到五十畝；另外，還有皇帝特别賞賜的「賜田」。隋政府一方面對山東地區的豪强、門閥貴族進行了某些壓制；但另一方面對當權的貴族官僚又特别保護，而且還給他們土地占有的特權。這是地主階級封建政權性質所決定的，它必須爲地主階級的利益服務。

在政治方面，隋朝也實行了很多政策、措施。公元五八三年，文帝改革了地方制度。原來的地方機構分爲州、郡、縣三級，在南北朝時期，設置的州、郡越來越多，以至州、郡名爲從屬關係，實際上州

與郡大小没有什麽區别，甚至有兩個州共管一個郡的（原來是一個州管幾個郡）。這就是説，地方機構很混亂，官僚機構增多，官員也增多，人民的各項負擔加重。所以文帝把郡一級廢除了，改爲州、縣二級。後來煬帝又把州改爲郡，成爲郡、縣二級。（唐時有時又把州改郡或郡改爲州。隋唐時代，州與郡不是兩級，只不過是易稱而已。）這種改革，省掉了許多地方機構和地方官僚，同時也加强了中央集權。

文帝時代，又廢除了地方官自己委任屬員的權利。從秦漢以來，地方機構裏面的屬員，都是由地方官自己委任的。這叫做辟舉。隋文帝把這個權利剥奪了，所有地方政府機構裏面的官吏，一概由中央政府委任。本來中央政府只委任太守、刺史、縣令，其他各級衙門的屬員就不管了，由地方官自己去委任。而現在的改變，就把從秦漢以來的辟舉制度明確地廢除了。在北齊的時候，已經有皇帝委派地方屬官的情況，可是還不是作爲一種制度定下來的，現在隋朝把它制度化了。剥奪了地方官的權利，同時也就是剥奪了地方豪强在地方機構裏作屬員的特權，實際上也就是削弱了地方豪强在地方上操縱政治的權利。這對削弱門閥貴族、豪强的勢力是有積極作用的。也就在此時，實際上廢除了「九品中正制」。「九品中正制」是門閥貴族專政的工具。爲什麽説實際上廢除了呢？因爲並没有把「中正」這個官職廢掉，只是因爲隋文帝的父親叫楊忠，爲了避諱，凡是用「中」的都要改，所以州的「中正」稱爲州都，郡中正叫郡正，縣中正叫縣正，廢郡之後，郡正當然也廢了。州都縣正雖然還存在一個時期，可能煬帝時才廢除，但已不起作用了。不像過去把地方上有資格做官的人，抄一個名單送給吏部，吏部按照中正所給的「品第」分别派官，現在不這樣做了。所以在事實上是廢除了，只是

保留了官位而已。

在南北朝後期，科舉制度已經出現，通過考試取得做官的資格。在隋文帝時代，科舉制度還不十分發達，進士科相傳是在隋煬帝時代才設立。至於秀才和明經二科，這時已經有了。這樣也是對門閥制度的進一步打擊。關於科舉制度的意義，放在唐朝再講，這裏我不再詳細談它。

總之，「九品中正制」的廢除和科舉制度的確立，在門閥衰弱的情況下，是符合於一般地主階級的要求的。但不管是「九品中正制」，還是科舉制度，從它的本質來說，都是保證地主階級專政的。不過「九品中正制」是保證門閥專政，而科舉制度是通過考試，在地主階級專政的範圍內公開選拔人才罷了。這種科舉制度，在當時來說是具有積極意義的，因爲門閥制度已經是極端腐朽了。

在南北朝時期軍與民是分籍的，就是在北周執行府兵制度的時候，也是軍民各籍。公元五九〇年，隋文帝下了詔書，將所有兵士户口歸入地方，登上州、縣户籍，和一般人一樣受田，交租納税。這就把從魏晉南北朝以來的軍民分治的制度取消了。這樣的一個改革，是軍事制度上一個很大的改革。士兵多數是從農民中間徵發來的，這樣士兵和農民，二者没有多大區别了。這也是民族融合的結果。過去之所以分治，有它複雜的原因。在北朝基本上是鮮卑人當兵，目的是利用本族成員來統治被征服各族。這時各族人民與漢人基本上没有什麽不同了，才有可能把兵農合一起來。從秦漢時期起士兵由農民中徵發出來，經過魏晉到南北朝後期一直是兵農分離，發展到隋(五九〇)才又恢復了秦漢時期的制度，兵農合一。當然所徵發的不盡是農民，其中也有地主階級，但這畢竟是少數，

大多數還是農民。

在隋文帝和煬帝統治的時期，還做了一件大事，就是開鑿大運河。這件事主要是煬帝時代做的。我們認爲這是一件好事。在文帝的時代，就已經注意到南北的運輸問題。隋是統一的王朝，爲了便於把南方剥削來的物資運到長安，以供各項財政支出以及統治者享受，需要一條運輸的道路；同時爲了控制地方，特别是江南，也需要開闢一條水上通道。但是不管統治者主觀上怎麽打算，是爲了剥削還是爲了鎮壓人民，從客觀效果來説，南北當時歸於統一，經濟、文化交流頻繁，這一條運河的開鑿是有利的。而且不單是隋朝需要，一直到後來的一千幾百年，運河一直還是發揮南北水路運輸的作用。這件事基本上是隋煬帝統治時做的，可是我們把它放到前面來講，這是因爲在隋文帝的時候，公元五八七年，就已經把淮河、長江之間的運河——山陽瀆重新疏浚，同年又把在關中、河南的水道，有淤塞的也開通了。到了公元六〇五年，煬帝的時代，開了通濟渠。這是一條由黄河到淮河的大運河。同時又把山陽瀆加寬加深。公元六〇八年，又開了一條永濟渠。這一條永濟渠由河南貫通河北到天津白河入海。公元六一〇年，又開了江南河，由長江一直到錢塘江。這樣一來，永濟渠、通濟渠、山陽瀆、江南河串通起來，成爲串通南北的大運河。

在開鑿運河的時候，大量的勞動人民被徵發來了，這是勞動人民勞動的成果。隋煬帝做了許多壞事，但他開鑿運河這一件事，還是有積極意義的。

隋文帝在政治上、經濟上實行那些措施以後，全國統一了，户口也迅速增加，達到了八百九十萬

户，四千六百萬口（這個數字是煬帝初年的）。從漢以後，由政府掌握這麽多的人口，這還是第一次。户口如此迅速地增長，一方面是由於自然的增殖，因爲南北統一以後，這些輕徭薄税的措施，使人民生活有所改善，因而人口增加快，這是第一點；第二點，也是由於大規模地進行了清查人口，許多户口從地主豪强私家依附中檢查出來，重新成爲國家的編户。還應當説明一點，史籍記載隋初的北方只有二百多萬人，是有錯誤的，實際數字遠遠超過此數，所以隋文帝統治時期户口確實很快增長，但增長幅度並非如此之大。煬帝初年没有發動對高麗的戰争，這時政府的國庫收入擴大了，其徵收的對象主要是均田農民，户口的增長，實際上也是均田農民的增加。在隋文帝時代，爲了把剥削來的物資，從南方運到北方，從山東運到關中，因而在運輸要道上建立了許多倉庫，以儲藏運輸來的糧食和絹帛。這些倉庫中，以洛陽一帶的最大。洛陽附近有一個大糧倉叫洛口倉，後來爲農民起義軍瓦崗軍占領了，起義軍打開倉庫讓飢民拿糧食，當時整個河南地區的人民都來拿，一共拿了幾十天，有許多糧食掉在洛水裏面浪費了。就是這樣的拿法，洛口倉裏面的糧食也没有搬完，由此可見儲藏之多了。一直到唐朝，據説還在利用隋朝積存下來的糧食。這些糧食都是從人民身上剥削來的，國家的糧食積存這麽多，證明當時人民受的剥削不輕。但在隋文帝時代没有浪費，文帝是非常節儉的，當時認爲他簡直是吝嗇。隋文帝還在農村設置了所謂社倉，就是準備在饑荒的年代作爲救濟糧用的。他采用的辦法，開始是在當地勸募，後來是把民户分爲三等繳納，實際上已成爲賦税。這樣的社倉在各地普遍設立，起先社倉由民間掌握，後來由官吏掌握了。

據説現在的開封一帶，是當時由南到北的運輸要道，那裏裝着運往長安的絹、布的船隻往來不息。這説明什麽呢？説明在隋文帝統治的時候，隋朝是强大的，當時户口增加，國庫富裕，同時一般人民還可以生活下去。在隋朝的前期，是很興旺的。正因爲這樣，隋朝在邊境民族及其鄰近的各族之中，威望也大大提高了。

（三）隋和突厥吐谷渾西域的關係

當時在隋朝北方最强大的民族是突厥。突厥原來住在準噶爾盆地，即現在新疆北部，五世紀中葉，被住在蒙古高原上的一個民族——柔然所征服。在北朝的時候，柔然是一個很强大的奴隸制國家，它是一個遊牧民族，經常威脅北魏邊境。柔然征服突厥後，强迫他們遷徙到阿爾泰山南麓（現在的蒙古人民共和國）。突厥人在這時有很大的發展，他們善於製造鐵器。柔然人征服了他們之後，對他們加以奴役，要他們替柔然人製造鐵器。在北朝後期，突厥人對柔然奴隸主進行了反抗，滅了柔然，也把當時在蒙古高原的鐵勒族征服了。所以，在北朝後期，突厥已成爲北方的一個最强大的民族。大致在這個時候，突厥已經走上了向奴隸社會發展的階段。因爲北朝當時忙於對敵，北齊和北周兩國時常打仗，因而彼此都企圖取得北方民族的幫助，不管是柔然還是突厥，雙方都在拉攏。以致於突厥可汗（國王）揚言，我南方的兩個兒子都很孝順，還怕没有錢花。這就是指北齊和北周的兩個皇帝。可見當時突厥的强大。它與北周、北齊交界，一直到蒙古地區，在西方一直到現在的新疆和今

蘇聯境内一部分。突厥成爲强大的奴隸主國家。這個突厥國家，在公元六世紀中葉發生了王室内部的矛盾，東西突厥分裂了（在蒙古高原的叫東突厥，在現在新疆與蘇聯交界的附近地區的叫西突厥），力量也就弱了。而且東突厥統治階級内部之間經常發生矛盾。隋文帝利用了突厥内部的矛盾，使他們成爲隋的藩屬。東突厥的可汗（始畢可汗）在内部矛盾之中，希望依靠隋的幫助，要求把他的人民遷徙到隋朝境内來，成爲隸屬於隋朝的一個部族。這樣一來，在隋朝的北境上解除了從北朝以來的威脅。在西方，住在青海地區的是吐谷渾。它原來是鮮卑族，自東北遷徙到青海去的，到了青海和當地的羌人雜居，是一個遊牧民族。隋煬帝的時候，派兵征服了吐谷渾，並設置郡、縣。在西域方面，即現在的新疆地方，有許多小國，它們都紛紛來與隋朝聯繫，接受隋朝的封號，從屬於隋。

這裏特别要提到的是臺灣的高山族。隋煬帝曾經三次派人到琉球（當時叫琉球，實際上就是現在的臺灣）。他派人去的主觀意圖，不外是要宣揚他的國威，但這樣便加强了臺灣高山族和大陸的聯繫。從東漢末年以來，臺灣經常和浙江、會稽有商業的來往。隋朝三次派人到臺灣，這在加强聯繫方面有一定的作用。

從以上的一切，我們可以看到，從隋朝統一以後，在政治上、經濟上和民族關係上，都是一個向上發展的形勢。但是這個王朝，也像秦朝一樣，是一個短命的王朝。

二　隋末農民大起義

（一）隋煬帝的殘暴統治

隋文帝死後，隋煬帝繼位。在隋文帝統治的時候，正是隋朝全盛的時代，當時隋朝掌握了八百九十萬户，四千六百萬人，隋朝的版圖很大，是一個統一的國家。從對外關係來説，它也是國威遠揚的。隋煬帝認爲這樣的家當是花不完的，同時專制主義中央集權進一步發展，他就更加爲所欲爲了。現在把他統治時的暴政作一個簡單的介紹：

第一，奢侈浪費。他繼位以後，蓋宫殿、開運河、築長城，連年不斷，自己到處遊玩，叫做巡行。徵發了成百萬的人從事各種勞役，就是爲了要顯示他的闊氣。可以舉一個實例，當時西域各國的使者要來朝見他。爲了接待他們，隋煬帝下令把長安城裏街上的樹，都用絹裝飾起來。西域各國的使者看見之後，大爲驚奇地説，我們沿路來，看到有人身上没有衣服穿，爲什麽這裏把絹掛在樹上呢？隋煬帝説，我們生産的絹多了，所以拿來包樹。他這樣做並不能使西域人佩服。著名的下揚州巡行就不用説了。總之，他爲了連年大修工程，蓋宫殿、修路、開河等等，把人民徵發出來服勞役，男的不够就徵發女的，這樣就把法令規定的丁男每年服役二十天的規定完全破壞了。那時倉庫裏很充實，没有浪費完，但他要重新搜刮。關於這方面記載的材料是很多的。

第二，嚴刑酷法。煬帝繼位以後，認爲隋文帝時代的法律太重。本來文帝的法律是重的，甚至於

幾個人共偷一塊木料，發覺後，幾個人都處死刑。隋煬帝統治初年把刑法減輕了些。但是後來由於人民起義多了，他就說天下的人不要太多，多了要出亂子。某一次的「盜案」中，有「嫌疑」的二千人（實際上只有幾個人有「嫌疑」，其他的人都與此無關），他不管三七二十一全部處死。隋朝在這樣的統治下，當然要遭到人民的反抗。

第二，發動對高麗的戰爭。在隋文帝的時候，突厥已和隋朝和好了，作爲隋的臣屬國，住在隋境上；吐谷渾也被擊敗了，隋在今青海以至新疆東南部設置了郡縣；西域各國也紛紛來朝見。僅有東北的高麗，此時占有從古以來一向屬於中國的遼東。煬帝要想收復遼東，這點也是無可非議的，因爲遼東一向是中國的領土，被高麗占去了。但他的目的不只如此，他還要征服高麗。因此，戰爭發動以後，得不到廣大人民的支持。在公元六一一年煬帝做好了準備，自己到前綫，把所有的輜重物資從各地區集中到涿郡。他又在淮南、江南造五萬輛車子，徵發六十萬推車的勞力，叫鹿車夫（鹿車就是獨輪車），二人一個車，推三石糧食，從遥遠的南方運到涿郡，而這些車夫旅途的口糧都是自備。路途遥遠，自備糧食吃光了，只好吃運輸的三石糧，交不足要受重罰，只好逃走。據說爲了準備征討高麗，要在山東海邊造船，造船的人晝夜不息，半身浸在水裏，以致腐爛生蛆。運糧死掉的人以及爲了造船死在水裏的人是很多的。到了公元六一二年，他集中了一百一十三萬人，分爲二十四軍大舉進攻高麗。但是由於戰爭不能得到人民的支持，同時由於高麗人民的積極抵抗，雖然他的軍隊包圍了平壤，但結果還是被高麗人打得大敗而回。二十四軍，一百一十三萬人渡過遼河，回來的不過一千人。其中有

不少是逃亡了，因爲都不支持這種戰爭。這次打了敗仗，但他没有吸取教訓，在公元六一三和六一四年，又發動了兩次對高麗的戰爭。隋煬帝三次打高麗都没有成功。最後，由於高麗是一個小國，經不起這樣連年的戰爭，便要求和隋講和，答應國王入朝，但實際上始終没有來。那時全國的起義軍風起雲涌，隋朝已處於崩潰前夕，煬帝再也不敢組織東征了。

這樣的奢侈、嚴刑酷法和進行黷武性的戰爭，耗費太大。在這樣的情況下，農業生產幾乎陷入停頓。大量的壯丁被徵發出來從事各種各樣的徭役和兵役，動不動就是幾十萬、乃至於上百萬，使社會生産遭到嚴重的破壞，無數的人民在他的統治下死亡了。而且在這個時候，山東等地又遭受嚴重的天災。就在隋煬帝開始準備征討高麗的時候，人民起義便已經爆發，並且以後越來越發展。

（二）農民起義的爆發與發展

公元六一一年，正在隋煬帝準備征伐高麗的時候，在山東章邱長白山，爆發了以王薄爲首的農民起義。起義軍作有無向遼東浪死歌，這是人民反對隋煬帝黷武戰爭而爆發起義的最早記載。山東是隋朝征伐高麗的水軍根據地，人民受的壓迫比較嚴重，同時這地方又連年遭受水旱災害，所以就首先在這個地方爆發了起義。

從公元六一一到六一四年，也正是隋煬帝三次征討高麗的時候，各地的起義也就廣泛地爆發了。根據現在的統計，隋末農民起義，除了四川這個地方没有見到記載以外，全國各地都有。從公元

六一一年到六一四年，我們可以稱爲起義的第一個階段。其特點是：分散性大。幾千人，幾萬人形成一支，分佈在各個地方，從北方到南方都有，彼此互不相助。與此同時，統治階級内部矛盾也尖鋭了。公元六一三年，正是煬帝第二次征討高麗的時候，楊玄感起兵。楊玄感是隋朝大功臣楊素的兒子，隋煬帝之所以能做皇帝，楊素幫了不少忙。本來煬帝是文帝的第二個兒子，照例他是不能繼位的，但他博取了母親獨孤皇后的寵愛，外面依靠楊素煽動，使文帝廢掉長子，而立他爲太子。這樣隋煬帝就繼位了。楊素是最有勢力的大臣，也是關中貴族軍事首領之一。公元六一三年（楊素已死），楊玄感乘隋煬帝征討高麗的時候，包圍了洛陽。隋煬帝知道後，倉促回兵把他鎮壓了。楊玄感起兵是統治階級内部的事情，説明此時人民紛紛起義，對統治階級壓力很大，統治者内部也看到隋朝統治不下去了，於是有人想代替隋。也説明統治階級内部矛盾深化，力量削弱了。農民起義第一階段還有一個特點，就是起義軍聲勢浩大，到處都有，但由於分散，力量不集中，因而與隋政府軍作戰時，互有勝敗。

公元六一五到六一六年是第二個階段。這時隋和高麗，已在公元六一四年隋第三次出兵後講和了。隋煬帝可以騰出手來把征討高麗的軍隊調回來鎮壓農民起義軍。於是他委派楊義臣和張須陀統率軍隊鎮壓義軍，同時下令，强迫人民遷居到城市裏面來。他建築了許多城，把人民遷進去，以便控制，實行一種好像堡壘政策的辦法。公元六一五到六一六年，隋政府把它的軍隊集中在山東、河南一帶，對義軍進行了鎮壓。由於隋政府軍集中，義軍比較分散，所以在戰爭中義軍連遭挫折，

甚至有幾支義軍，特別是最早起義的幾支義軍的領袖被鎮壓了。義軍被打敗了，這就是第二個階段。

從公元六一六年以後，進入了第三個階段。在這一個階段裏，義軍由分散而逐漸集中到幾個大的起義軍的旗幟下面。這時在河南、山東一帶形成了以瓦崗軍爲首的起義軍（瓦崗在現在河南的滑縣），開始時的領袖是翟讓，隊伍並不太大。這時期內，李密參加了這個隊伍。李密也是關中軍事貴族的後裔，他的父祖幾代都是做大官的。他參加過楊玄感的起兵，在被俘以後逃跑了，投入了瓦崗軍。現在史學界對李密的評價有不同的意見。從他的階級出身來說是關中大貴族、官僚，可是我們要看他參加瓦崗軍以後做了些什麼事情。他對起義軍的貢獻較大。第一點，他團結了小股起義軍。當時義軍的特點是分散，這種分散對起義是不利的。李密參加瓦崗軍以後，向翟讓建議，由他去說服附近許多小股義軍服從瓦崗軍的領導，這樣就把河南地區許多分散的義軍的力量集中起來了。第二點，李密向翟讓建議，要奪取隋朝的糧倉。這可以鞏固自己的力量，也便於發展自己，擴大隊伍。後來實行了這個計劃。瓦崗軍奪取了洛口倉、回洛倉，把隋在洛陽附近的幾個大糧倉都占領了，打擊了隋軍，使它缺糧。而義軍有了糧食就開倉賑濟飢民，這樣很多飢民跑到瓦崗軍隊伍裏來了，鞏固和擴大了力量。第三點貢獻是，翟讓不想攻城奪地，而在李密的建議下，占領了好多城市，特別是沿黄河和運河邊的。這樣就切斷了隋的南北交通運輸，包圍了隋朝的東都——洛陽，使强大的隋朝陷入一種癱瘓狀態。

在翟讓和李密的領導下，瓦崗軍成爲隋末在河南的一支强大的義軍。張須陀的軍隊數次打敗過義軍，是隋朝一支强大的軍隊，公元六一六年被翟讓、李密領導的瓦崗軍擊敗了。公元六一七年瓦崗軍占領了黎陽倉、回洛倉，包圍了洛陽。這時隋煬帝在揚州，想回長安也回不去了，因爲中間要道爲瓦崗軍截斷了。瓦崗軍的聲威大震，成爲各路起義軍的盟主。河北方面的義軍竇建德與山東方面的起義軍都表示服從瓦崗軍，接受它的領導。這時是瓦崗軍最强大的時候。

在河北方面，有竇建德領導的起義。竇建德是在公元六一一年參加河北高鷄泊的起義的。公元六一五年，高鷄泊的義軍被隋軍打垮，領袖被殺。於是在公元六一六年，竇建德領導了河北方面的義軍。在他的領導下，不但打敗了隋朝薛世雄的軍隊，而且在公元六一七年以後，基本上占領河北。這時他們表示願意接受瓦崗軍李密的領導。這也是一支强大的起義軍隊伍，並且建立了政權，竇建德稱長樂王，後改稱夏王。

在江淮方面，起義軍很分散，有些是外來的，有些是本地的起義軍。其中有一支是杜伏威領導的，聲勢比較大。杜伏威原來參加長白山起義的隊伍，被隋政府軍打垮後，就帶領一部分隊伍南下。公元六一七年，在杜伏威領導下的義軍，打敗了隋政府陳稜的軍隊，到江南占領了丹陽。

所以，我們説從公元六一六年以後，基本上形成了這樣三支最强大的力量，即首先是瓦崗軍；其次是竇建德領導的河北起義軍；最後是杜伏威領導的江淮流域的起義軍。雖然河北起義軍表示接受瓦崗軍的領導，實際上這三支義軍還是没有統一。

（三）貴族官僚的乘機舉事　江都之變　起義軍被鎮壓

在這個時候，貴族、官僚也乘機舉事。特别是在西北地區，統治階級中許多人物紛紛起兵。這時隋煬帝在江都（現在的揚州），他的禁衛軍是從關中來的，大多數是關中人，他們要求回長安去。但煬帝知道長安回不去了，因爲幾支强大的義軍截斷了他的歸路。他想遷都到江南去，而那一批關中軍士想北上回家，結果造成了一次政變，公元六一八年煬帝被殺。這次政變是由隋煬帝寵任的一個貴族宇文化及率領一批想要回關中去的軍士發動的。這時在北方的豪强貴族，如梁師都、李軌、薛舉、李淵等，已經紛紛起來想竊取起義軍勝利的果實。煬帝死後，宇文化及率領一批軍隊北回。公元六一八年瓦崗軍進攻洛陽，没有攻下來，處於膠着狀態。這時瓦崗軍的内部發生了内訌。我們肯定李密是一個農民起義軍的領袖，他對推翻隋朝的統治是有功的。但李密有很大的缺點和錯誤，做了許多的壞事，這一點也是要提出來的。首先是他殺死了翟讓，使瓦崗軍發生了深刻的裂痕。瓦崗軍原來是李密和翟讓一起領導的，後來李密的威信高了，稱爲魏公，他怕翟讓勢力太大了不服從他，就把翟讓殺了。同時他信任一些地主階級分子。在他身邊等於左右二丞相的長史，都是地主階級分子。這兩個長史，一個勸他用米和洛陽城内交换絹帛。當時洛陽城内缺糧，但絹帛很多，要和李密交换。李密答應了這個要求。這就使得洛陽有充足的糧食堅守不降了。另一個長史唆使他殺害了翟讓。這引起許多老戰士的不滿，特别是和翟讓同時起義的農民老戰友更爲不滿，造成了内部的裂痕。這

些都是李密做的錯事和壞事。當時宇文化及統軍北上，而洛陽又没有攻下來，在這種情況下，瓦崗軍就處於南北夾攻的形勢之下了。當時在洛陽的隋朝殘餘政權要求瓦崗軍抵抗宇文化及，還説平定宇文化及，就請李密進入洛陽掌政事。李密接受了這個要求，和洛陽的殘餘政權講和了，接受了給他的官號，把主要力量用來對付宇文化及。當時一方面是宇文化及的軍隊要北上，另一方面是洛陽的殘餘政權又没有消滅，瓦崗軍處於兩面對敵的形勢。這是不利的。但洛陽隋殘餘政權不懷好意，要起義軍和宇文化及作戰，互相殘殺，他們坐山觀虎鬥。李密用了很大的力量和宇文化及作戰。結果，宇文化及的軍隊被瓦崗軍擊潰了（宇文化及帶領他的殘餘部隊跑到河北，被竇建德消滅），但瓦崗軍也受到很大的損失。洛陽城裏這時候分成兩派，但對於農民起義來説，這兩派都是不懷好意的。一派主張請李密到洛陽來，想利用這支軍隊，來恢復隋朝的統治；另一派不同意這種主張，認爲李密靠不住，把李密接到城内，政權必然歸李密。這兩派的鬥争，是統治階級内部的鬥争。結果以王世充爲首的主張拒絶李密的這一派勝利了，於是又重新和瓦崗軍打起來。隋朝的這股殘餘勢力的反攻，是在瓦崗軍擊潰宇文化及的軍隊中受到了損失以後進行的。李密打了敗仗，他手下的地主階級分子，有的私通敵人，背叛了他。在李密没有打敗仗時，受他領導的義軍很多，没有人動摇，現在李密打了敗仗，有一些人就動摇了。那時關中爲李淵所占領，當李密勢盛時，李淵曾假意擁護。李淵也是軍事貴族，和李密是同一階級出身的。這時李密想保全自己，居然丢掉了義軍，率領一部分軍隊投降了李淵，後來又想逃還河南，再圖起兵，終於被唐朝殺死。

所以，對李密這個人，我認爲他基本上是起義軍的領袖，對推翻隋朝有大功。瓦崗軍是在他的領導下壯大起來的，張須陀、宇文化及的軍隊，是在他的領導下打敗的。推翻隋朝是廣大人民的要求。但由於他本身階級的局限性，做了許多錯事，甚至於是壞事。最後動摇妥協，投降了唐朝。他留下的一批義軍，有的被打敗了，有的被消滅了。公元六一八年瓦崗軍瓦解了，這和李密的錯誤是有關係的。王世充本來只有一個洛陽城，現在領土擴大了。王世充篡位稱帝，國號爲鄭。

這時河北方面的義軍仍然存在，在竇建德的領導下，在公元六一八年至六二〇年之間，把李淵派來的軍隊驅逐了。河北義軍繼續和統治者（這時的統治者不是隋朝，而是唐朝）進行激烈的戰鬥。但是他們内部此時也發生了裂痕，幾個義軍的領袖之間不團結。竇建德本人和地主階級開始妥協，把堅決抵抗起義軍的最頑固的分子擒獲以後，不但没有殺掉，反而尊敬他們。這是錯誤的。河北義軍剛起來的時候，對山東、河北地方的許多士族子弟毫不客氣地鎮壓，而在竇建德領導時，停止了這種鎮壓，逐漸走向和地主階級妥協的道路。但是，竇建德堅持與隋、唐統治者作戰，始終没有投降，還是義軍的領袖。

這時的局面是：瓦崗軍已經被消滅；王世充占領了河南；竇建德占領了河北；李淵占領了關中；杜伏威在江南。

李淵是關中軍事貴族出身，是隋煬帝的表兄弟。隋煬帝派他鎮守太原，要他鎮壓山西地區的起義軍。他看到隋朝不行了，就於公元六一七年在太原起兵，隨即進攻關中，占領了長安。在公元六

二〇年，關隴的農民起義軍以及地主武裝，基本上都被他征服了，有的是投降的，這樣他就占領了關隴地區。瓦崗軍已經爲王世充所鎮壓。李淵代隋稱唐。唐軍進攻王世充，王世充派人向竇建德求救。竇建德内部關於如何救王世充有兩種不同的意見：一種認爲應當直接去洛陽救王世充；一種認爲不要直接派兵去洛陽，而應由河北去山西，由山西向長安，抄唐軍的後路。這兩種意見，究竟哪一種正確，現在我們很難斷定。當時竇建德是直接派兵到洛陽救王世充的。公元六二一年，夏軍救王世充時，軍力還是很强大的。當時唐軍處於被夾攻的危險之下：一面是王世充的軍隊，一面是竇建德的軍隊。李世民是率唐軍進攻王世充的大將，當時有人向李世民建議，不如把包圍洛陽的軍隊撤回來，全部迎擊夏軍。但是李世民没有采納這個建議，他認爲假若把包圍洛陽的軍隊撤回，那就會使自己處於被夾攻的形勢之下。所以，他分兵迎敵。戰鬥時，竇建德非常輕敵，結果被唐軍打敗了，竇建德本人被俘。竇建德戰敗，王世充很快就投降了，唐軍没有費多少功夫，就占領了河南、河北。也就是説，這時唐朝已經基本上統一了北方。

但是河北地區，並没有因爲竇建德的失敗而停止對唐的鬥争。公元六二一年，唐軍占領了河北。也就是從這一年起（六二一——六二三），竇建德的部將劉黑闥兩次起義反唐。這兩次起義的旗幟一舉起來，立刻得到河北人民的響應，打敗了唐朝占領軍。唐朝最有名的將領李勣、李神通、李道玄被劉黑闥的起義軍趕走或殺死。劉黑闥的兩次起義，雖然先後都被唐朝所鎮壓，但對唐朝來説，教訓是很大的。在第一次鎮壓劉黑闥的時候，李淵想把河北地區的壯丁都殺光，把老弱遷到關中來，使河北成

爲空地。由於李世民的諫阻，才没有實行，但屠殺是殘酷的。盡管如此，劉黑闥第二次又起來了。這樣就教訓了唐朝的統治者，單憑殘酷鎮壓是無用的。唐朝對河北人民特别害怕，直到唐太宗乃至於武則天的時候，都怕河北人民造反。所以太宗在河北地區没有設置府兵。爲什麽呢？就是覺得河北人民不好辦。河北地區的徭役，在唐朝初年比其他地區要輕些。這説明劉黑闥的兩次起義對統治者的教訓是很大的。到了公元六二三年劉黑闥的起義被鎮壓了，從此北方完全被唐朝統一了。

南方的情况和北方不同，南方的形勢比較複雜。杜伏威在公元六二一年，把江南的各種武裝和起義軍都征服了。但就在第二年，杜伏威被唐騙到長安（唐朝封他爲王，要他到長安來朝見），一到就被扣留了。杜伏威手下的將領輔公祏又在公元六二三年重新起義反唐，但在公元六二四年被鎮壓。這樣江南地區也被唐軍占領了，唐朝也就統一了全中國。

（四）隋末農民起義的巨大作用

我們看到，這次隋末農民大起義，是黄巾起義以後最大的一次起義。這次起義除四川之外，其他地方都有義軍的旗幟，起義的規模是大的。同時，這一次起義對山東地區的地主階級的打擊是嚴重的。這一次起義推翻了强大的隋王朝。隋王朝在煬帝統治的初年，掌握的户口之多，軍力之强，府庫的充裕是歷朝少有的，但是在農民起義的衝擊下迅速地崩潰了。這使新的唐王朝認識到人民的力量，所以唐初出現了所謂「貞觀之治」的歷史時代。從這次起義，我們還看到民族大融合的鞏固。六

鎮大起義的時候，還有各個民族的區别，而在隋末農民大起義以後，一般看不見這種區别了。各民族在南北朝後期已經融合了，但是通過這次共同的戰鬥，通過這一階級鬥争，民族融合更加鞏固了。我們也看到這次起義失敗的原因：一是由於比較分散，雖然最後瓦崗軍成爲各支義軍的盟主，但義軍基本上還是分散的；同時這次失敗，特别是瓦崗軍的失敗跟地主階級分子在中間搗亂很有關係。李密很受他們的影響。就是河北的義軍竇建德也和初期的農民起義不一樣，他優待隋朝的官吏，優待那些士族分子，這都使得地主階級分子有機會鑽到起義軍裏面去進行破壞，或者是把起義軍的方向歪曲了。

第五章　中國封建社會發展的新階段——繁榮强盛的唐王朝

一　唐朝的建立　貞觀之治

（一）李淵起兵和建立唐王朝

我們已經説過，李淵是一個軍事貴族，隋的太原留守，他於公元六一七年在太原起兵。李淵起兵是見到隋朝已經不可救藥，想代替隋朝保持貴族地主階級的統治，也由於煬帝猜忌，怕自己受禍。起兵之後，由於瓦崗軍把隋的主力軍牽制在洛陽一帶，因而他很順利地發展，迅速地進入關中，占領了長安。長安是周、隋首都，政治上有很大影響，關中又是府兵所聚，又有充實的倉庫。這樣，他在軍事和財政等力量上都超過了與他同時起來的其他地主武裝集團，因而也就使他有條件去征服西北地區的各個地主武裝集團和鎮壓關中的農民軍。當時關中農民起義軍，有的被他鎮壓了，有的動摇了，被改編吸收到他的隊伍裏去了。

由於李淵具備了這些條件，所以能够迅速鞏固他在關中的統治。他進入長安後，立了煬帝孫代王侑爲帝。公元六一八年，他自己作了皇帝，建立唐朝。以後，他繼續征服其他地主武裝和鎮壓農民起義軍，最後鎮壓了劉黑闥、輔公祏兩支起義軍，統一了全國。

（二）唐高祖統治時期的政治經濟軍事等各方面的措施

在賦役制度方面：公元六二一年，在全國頒佈了賦役制度。這個制度基本上還是隋文帝時代的，因爲在煬帝統治時代已經被破壞，唐高祖便把它恢復了並在此基礎上加以調整。其徵收的項目在隋朝是每一對成年夫婦，納年租三石；調絹二丈。獨身男子，其租調減半。成年男子每年服役二十天。而唐初規定：每丁年納租粟二石；役二十天；調絹二丈、綿三兩，或布二丈五尺、麻三斤。如不出役，每日折絹三尺，二十天就爲一匹半（唐代絹帛每匹長四十尺）。有事加役的滿十五天免調，三十日租調俱免，一共不得超過五十天。唐代這種租庸調制的剥削，比較隋煬帝時代還是有所減輕的。

關於均田制度方面：唐代的均田制度，規定丁和中（二十一歲叫丁，十八歲到二十歲叫中）都給田一頃，其中八十畝是口分田，二十畝爲永業田；工商業者，其口分田、永業田各減半給之；六十歲以上的老男，篤疾廢疾者各給口分田四十畝；寡妻妾給口分田三十畝；道士、女冠、僧尼給田二十畝。但一般婦女却不給土地。這個制度是在全國頒佈推行的。

有的同志曾經認爲唐代的均田制，只是在北方推行，而江南却沒有實行過。這個看法尚待研究。但是現存唐代法令中看不出江南不行均田制的條文。唐代的均田制正是在鎮壓了輔公祏之後的第二天或者第三天公佈的。輔公祏是在公元六二四年陰曆三月二十八日被鎮壓的，在下一天或四月一日就頒佈了各項制度，其中就有均田制。由此可見，均田制正是在平定江南之後頒佈的，不遲不早，

這正説明均田制在江南也是同樣實行了的。

這個制度看起來似乎是很整齊，每一個丁和中都有一頃土地。但實際上並不如此，一頃（一百畝）這是一個最高額，就是説最多可以達到這個標準，而每一個地區都可以按照本地區的條件不同而減少。只有在所謂寬鄉，即地廣人稀的地方才能給一頃，在地少人稠的地方，給的土地就不多了。所以，並不是真正一律按制度照辦的。唐太宗曾到靈口去考察，據説這個地方的丁和中，每人只有三十畝土地（隋代狹鄉每丁也只有三十畝）。高宗時，在今江西彭澤地方，一人最多不過有五畝到十畝土地。根據現在吐魯番地區所發現有關均田制的文獻來看，可以證明在吐魯番地方，當時的丁和中所得的土地，大概最多是十畝。由此可見，當時並不都是按照制度規定來受田的，這個制度不過是一個框框，一個範圍而已。所以，有人説，唐代在各個地方，農民的土地一般都没有受足。因爲根據敦煌和吐魯番所發現的有關文件來看，上面註明某人應受田多少，未受田又有多少，常常是未受田的數字超過已受田的數字。這就證明，實際上當時有很多的人没有得到應得的土地。我認爲像敦煌、吐魯番等地都要依靠渠道灌溉，彭澤又是一個山區，可耕的面積很少，所以，這些地方受田比較少，是可以理解的。至於有一些地方，本來在唐初是可以按規定受足田的。譬如，從河南到山東這個大平原，當時有很多的荒地，茫茫千里，鷄犬不聞，没有人烟。還有河南南部也是如此。後來玄宗統治的時代，還可以把大批的突厥人遷移去。玄宗離唐初已有一百多年了，却還有空地可以移民，可見唐初這一帶是有條件受足田的。

還有一個問題，未耕之田中，容易開墾的或者好的土地，大抵都歸政府掌握，並把它分配給貴族和官僚。荒地雖然多，剩下的多半是開墾較困難的僻遠之地，而農民的生活本來就難以維持，當然就没有開荒的條件，所以，就不願意由狹鄉遷到寬鄉。唐初頒佈均田制，雖然農民可以得到一些土地，但未開墾的荒地仍然很多，所以受田仍然是不足的。

唐代均田制的特點：

第一，婦女、奴婢過去是受田的，唐代不再受田了；奴隸、部曲、佃客過去是受田的，唐初由於這種生産制的衰落也不再受田了。婦女不受田，是因爲過去在徵收賦税時，結婚的婦女，夫妻二人比没有結婚的繳納賦税要多一倍，所以，有很多結過婚的人，都報没有結婚來抗繳賦税。北齊時，曾有一郡上報的材料中没有一個丁男結過婚。因此，唐代頒佈的均田制，婦女不受田，也不繳賦税。不管結婚與否，受田和納賦税均以男丁爲準。婦女、奴婢、部曲不受田，可能隋代已經如此，因爲隋煬帝繼位後，下詔免除婦女奴婢、部曲的賦税，按照「未受田者皆不課」的原則，可能他們在文帝統治時實際上已不受田了。但未見明文，到了唐代才明確見於法令。

第二，唐代允許在一定的條件下出賣永業田，以至於口分田。我們知道，過去也允許買賣桑田（即永業田）。但是有條件限制的，即以占有二十畝爲限，不足二十畝的可以買足，超過二十畝的就不能再買了；不足二十畝的不能賣，超過二十畝的可以出賣。但到了唐朝，這個限制就没有了。至於口分田的買賣問題，過去在法律上一律不准買賣，但實際上買賣一直是存在的。到了唐朝，法律規

定，在某種條件下可以出賣口分田。例如由狹鄉遷到寬鄉，或者願意棄農經商去，都可以出賣口分田。這就是説這個制度放鬆了，限制放寬了，農民買賣土地的限制少了。所以，均田制在唐代比過去是有一些變化的。

那麼，均田制的實行，是不是把全國的土地重新分配一次呢？照我的理解，過去没有這樣做，唐代也没有這樣做。而是在原來各户所有土地的基礎上加上政府所有的土地來調整的，政府把占有的土地分配給無地和少地的農民作爲口分田，而原來所有的土地就作爲永業田。

可是，唐代頒佈的均田制意義是很重大的，因爲這個制度的頒佈是帶有全國性的，是在大規模農民起義之後頒佈的。大規模的農民起義之後，土地所有關係必然發生變化，很多地主，特别是山東的那些貴族受到農民軍打擊，地主貴族的土地不少被農民所占有，這是農民起義的成果，是農民自己經過鬥争取得的。唐代的均田制，就是肯定了農民的這種成果，這對穩定和發展生産都起了作用。所以，我們説唐代的均田制是通過法律來承認農民自己通過鬥争而取得的成果。這在緩和階級矛盾和穩定、發展生産上都起了很大的作用。

但是，我們應當肯定，唐政府是代表地主階級利益的，是地主政權。對貴族、官僚、地主的特殊利益，當然是盡可能地保護，對他們的優待是很多的。

例如，在服役和納税方面：它規定所有官員均免除徭役和賦税，五品以上的官吏的家屬也可以

免除徭役和賦稅。官位愈高，免除的範圍就愈寬。五品官可以免除三代，就是說他的父輩、兄弟、子孫都可以免除賦役。五品以上免除的範圍就更大了。

還有在土地占有方面的優待，唐政府規定：貴族和五品以上的官，都給永業田，最少五百畝。五品以上的，可以得到五百至一萬畝之多的土地。至於六品以下的官吏就和農民一樣了。

此外，對各級官吏都給所謂職田，從一千二百畝到二百畝，作爲俸禄的一部分。這種職田，在離職時就遺交給下任官吏。

還有一種叫做公廨田，是給各機關衙門作辦公費用的，按機關衙門的高低配給。

唐代還有一種制度，叫做勛田制。凡是有軍功的，就可以得到勛。最高級的叫做上柱國，第七等的叫做武騎尉。由第一到第七等，按等級分别給予三千畝到六十畝的勛田。

所有這些土地占有形式，無論是永業田、職田、公廨田、勛田，都無非是爲了保證貴族、官僚、地主廣占土地的特權罷了。

以上這些，都是高祖時代建立的一些制度。

在政治方面：

唐初的政治制度，大都是繼承隋文帝時代的。

唐朝的官職，在中央統治機構内設三省（中書省，門下省，尚書省）。中書省的長官叫做中書令，門下省的長官叫做侍中，尚書省的長官叫做尚書令（因爲唐太宗原來作過尚書令，所以當政時，此權

不再授人，實際上的尚書省長官是左右僕射）。中書省管起草各種詔令，皇帝頒佈的各種法令都由中書省起草。門下省管審核，審核中書省起草的詔書，如果在審核時有意見、有問題，可以提出再修改。所以，中書省好像是皇帝的秘書處，門下省是一個審查機構，而尚書省則是一個執行機構。在尚書省下設有六部：吏、户、禮、兵、刑、工，是執行有關政令的機關。這是沿襲南北朝、隋以來的制度。

在中央分設三省，核批詔令要經過三省。看起來，好像是比較慎重，實際上這種制度在魏晉南北朝時代，是門閥貴族專權，皇帝的權力削弱的表現。從制度上看來，門下省的權力很大，頒佈下來的詔書，它不同意，可以提出來修改，甚至可以全部退還，要求重新考慮。這樣，一道法令的頒佈有時很遲緩。

唐代中書省有一個政事堂，三省的長官都在此堂内共同議事。所以表面上看來是三省分立，實際上是合議。此外，皇帝還有權指定某些人參加政事堂的會議。這些被指定參加的人，叫做「同中書、門下三品」，享受與中書、門下省長官同樣的待遇。另外還有許多名稱，以後統一爲「同中書門下平章事」。此外，還有九寺五監，都是分職管理具體事務的機構，他們也都是獨立的，不屬於三省。

科舉制方面：唐代的科舉制比隋朝有進一步的發展。其中有秀才科。秀才從漢以來，一直是考的。考秀才，主要是考所謂策。策，就是對國家的政治、經濟以及國際上的許多問題，擺你的看法，提出解決的辦法。問題多半是和當前的政治、經濟、軍事有關的。但實際是紙上談兵。從隋朝以來，考秀才科的除了策以外，還加上了考詩詞歌賦等文章。唐代雖然名義上還有這一科，但實際上——特

别是高宗以後，應考的人就不多了。因爲，它規定考秀才的人由地方官推選，被推選的人如果考不上，地方官就要受到處罰。這樣誰也不敢推選，誰也不敢去應考。結果成爲空名，非常難考。所以，這個科目在高宗以前還有個别人考上，高宗後基本上就没有了。

還有一類叫明經科，也是從南北朝以來就有的。這是比較容易考的。它考的是經。唐代已經把五經編成了一套書，考明經時，只要把它讀熟了就行。考試的方法，一種是考貼經，就是抽出經書裏的一句話，没有前句和後句，要你填前後的空白。另一種方法，叫做經義，就是作解釋。在作解釋時，不能各抒己見。因爲有一本書，叫做五經正義，綜合了從漢以來的解釋。所謂經義，就是把這本書上的注脚寫上去就可以了。可見考明經的主要就是考你的經書熟不熟。

第三類，就是考進士。考進士原先也是主要考「策」，高宗時加試雜文，詩詞歌賦。因爲秀才科愈來愈難考，所以很多人都去考進士。進士科的録取也比較困難，所以進士科的地位比明經科高。

除此之外，還有明算、明法科。明算就是考算術，明法就是考法律。考取明算、明法以後都去當相關技術人員。這在當時是被人看不起的，因此在科舉制裏面不占重要地位。

科舉制度南北朝已經出現，到了唐代才有進一步的發展。這是當時門閥貴族勢力衰弱，喪失世襲官僚特權的表現。要想做官，當然辦法很多，其中一條道路就是通過考試。寒門地主也可以通過考試取得官職，參加政權組織。這是符合門閥勢力衰弱，而寒門地主勢力上升的形勢的。這種辦法使得統治者可以在比較廣泛的範圍内選拔官吏，比原來的九品中正制進步。但是它還是保證地主階

級專政的。雖然農民也可以參加考試，但實際上，由於在封建社會裏勞動者被排除在文化生活之外，沒有資格學習文化，所以，能參加科舉考試的還是地主階級分子，被選拔出來的政治統治人才還是地主。

這種辦法對統治者有幾點好處：

第一，唐代土地的轉移比較頻繁。在封建社會裏，政權從屬於地權。唐朝土地在一定條件下允許買賣，而當均田制逐漸破壞後，土地買賣更爲頻繁，因此，地主階級也有變化，有的這一代是地主，下一代可能就不是地主了。那麽，通過科舉制的辦法，就可以解決政權從屬於地權的問題，因爲只有地主階級才有錢讀書。另外商人也有錢，也能讀書。但唐代規定商人不准參加科舉考試。這就保證了地主階級專政。

第二，這種辦法可以麻痹人民，欺騙人民。封建統治者可以説：我們是公平的，只要你讀書，就可以來參加考試。農民誰有條件來讀書呢？連飯都吃不飽，還能上京趕考嗎？當然也可能有個别的農民去趕考的。但從整個階級來講，農民階級是不可能參加考試的。但法律上却規定農民可以去考試，這樣就更容易欺騙人民了。可是，這種制度比原來的世襲制，從選拔人才的廣泛性方面來看，總是進步些，高明些。

與科舉制相聯繫的是學校。唐代的學校也是有等級的，有國子學、太學等。我想這些就不詳細講了，因爲在實際上没有多大作用。

還有府兵制。唐朝繼承了南北朝以來的府兵制。在公元六三六年（貞觀十年）時，約有六百三十四個府（各書記載軍府數字有很大出入，這是因爲軍府廢置不常）。府有上中下三等：上等有一千二百人；中等有一千人；下等有八百人。各府的長官叫做折衝都尉、果毅都尉。唐法律規定：如果被徵發爲府兵，要到六十一歲才免役退伍，要服四十年的兵役。這些服兵役的人絕大多數是農民，平時勞動生產，到了冬天就進行訓練。他們的任務：一個是來長安當禁衞軍，一個是打仗時出征，還有一個是戍守邊防。凡是當禁衞軍的、出征的、戍邊的都免除賦稅和其他徭役。

當時全國約有六百三十四個府，關中地區就有二百六十個，其次在山西，河南也有不少，但在江南却只有六個，少的時候還只有兩個。就是說，府的設置是不平衡的，南方少而北方多，北方的又多集中在關中。河北地方開始時没有設置，設府是以後的事。

在府兵制下服兵役的農民，平時從事生產，冬天進行訓練。這種制度一經創立就固定了，以後每年只是補充一些。服兵役的主要是均田農民，也有中小地主，六品以下官吏的子弟也要當府兵。在唐初府兵是主要的兵力，除此之外，還有臨時性的徵發，戰爭爆發之後，就廣泛徵發，還常常在府兵以外徵發農民去戍守邊防。這些府兵外徵發的兵役叫做「兵募」。兵募不上長安去當禁衞軍。在出征和戍防中兵募的數字比府兵多得多。由此可見唐朝初年實行了比較普遍的征兵制：均田農民要服兵役，六品以下的官吏和地主階級的子弟也要當兵。從地區上來說，每一個地區的人都有被徵發的可能。所以，這是比較普遍的、比較廣泛的全國性的制度。要從農民中徵發，而且作爲主要的徵發對

象，就必須保證農民承擔這種服役的條件。因爲當時當兵，特别是府兵不是簡單的事情，府兵要負擔自己的軍裝、武器裝備等，這只有生活比較富裕的人才能做到。以後均田制破壞了，大部分農民更加貧困，而地主階級又想辦法逃避兵役，徵發兵士就都落到中下層農民頭上，於是府兵制和徵發制都不能實行了。

以上我們所講的都是唐高祖統治時期的事，這些制度中也有太宗時頒佈的，爲了方便起見，我們都在這裏講了。

高祖統治的時候，頒佈了均田制，減少了賦税，把隋朝的一些不好的東西廢除了，緩和了階級矛盾。但是，唐高祖李淵這個人，是個軍事貴族。他曾洋洋得意地説：我是貴族，我手下所有的宰相也都是貴族。漢高祖是農民，他所用的人沒有一個貴族。我比他强。由此我們可以看出，他的貴族立場是很堅定的。他所用的人都是他的親戚、朋友。在他統治時，有五個大都督，其中四個是皇族，一個就是他的内侄。他手下的宰相，也基本上都是貴族，他的兒子世民（即太宗）、元吉也都做過宰相。他還一度恢復已經廢除了的九品中正官。他所用的那些貴族，都有胡作非爲的作風，當時的政治也很混亂。他的兒子皇太子和秦王世民、齊王元吉都可以發佈命令。大家都下命令，官府就很難辦事，只好以先收到者爲準。所以，我們認爲，唐高祖做過一些好事，但是，如果要按照這種情況統治下去，恐怕也要成爲短命王朝。

（三）唐太宗和貞觀之治

唐太宗在公元六二六年發動了一次政變，史稱「玄武門之變」，殺死了他的哥哥和弟弟，取得了皇位繼承權，隨後高祖就讓位給他。當時的社會經濟非常凋敝，政府户籍上所登記的户數，不過二百多萬户，隋朝是八百多萬户，還不到隋時的三分之一。河南、山東地區一片荒凉，又連續三年發生天灾（貞觀元年是水灾，二年是旱灾，三年是蟲灾）。北方突厥人的威脅又相當大。所以，太宗登臺時，雖然國家是統一的，但困難却很大。唐太宗以及他的大臣們，研究了隋朝滅亡的原因，接受了農民起義的教訓，在這樣的政治經濟情况下，基本上實行了輕徭薄賦的政策。例如，他本來想造一座宫殿，但怕徭役過重而不敢造。賦税是按制度辦事，不准另外加租、加税。當然，在他統治的時候，徭役賦税並不太輕。不過年成不好時，遇到困難的時候，他很克制自己。遇到年成好時，就控制不住了，結果還是造宫殿。

唐太宗能够聽取别人的意見，魏徵是經常向他提意見的，他怕魏徵。據説有一次唐太宗要出門，一切都準備好了，又突然不走了。魏徵問他是什麽原因？他説，我就是怕你而不敢出去。還有他要造宫殿這件事，有人説，你這樣做和隋煬帝没有什麽區别。太宗最初聽了這話很生氣，後來還是接受了意見。由此可見，唐太宗是能够納諫的。

唐太宗在用人上和過去不同，唐高祖用人狹，唐太宗用人寬。在他的宰相中，有些並不是門閥貴

族，有的出身很窮。像馬周這樣的貧寒士人他也用。他的用人原則是：第一，不限制在門閥貴族中；第二，不從個人恩怨出發。像魏徵過去是站在他哥哥方面反對他的，但是當他即位之後，魏徵却得到信任；第三，能够從後進中選拔人才，像馬周，馬周被提拔時才不過三十歲左右。還有薛仁貴是當兵出身，因爲在征討高麗時作戰勇敢，被太宗提拔爲大將。這證明他用人比較廣泛。

唐太宗在政治上注意吏治，整頓吏治。他很重視地方官，派中央官員去各地視察，把不稱職的官吏免職。他還大量裁減官吏，把隋末以來新設置的州郡合並裁減，這樣減少了一些地方官吏。大量精減之後，可以提高工作效率和節約開支。

唐太宗在位的時候，山東的門閥貴族衰弱了。唐太宗時很少有山東門閥貴族在朝廷任要職。他編一部書叫氏族志，重新排列氏族的次序，有意壓低山東門閥的地位。

但唐太宗統治的時候，也做了一些不應該做的事，例如他征討高麗。本來他用兵一向是戰無不勝、攻無不克的。但是在征討高麗時却失敗了。戰爭加重了人民的負擔。

總的來説，他統治時，還是比較注意減輕人民的負擔的。所以，當時的社會在政治、經濟上得到了恢復。但人口增長的數目還是較少，這要具體分析。在唐朝初年，户口人數的增長不大，這並不表現這時社會走向衰落。爲什麼呢？因爲隋末農民起義之後，很多農民得到了土地，但在這個時期，各項制度剛建立，還没有貫徹執行，太宗也没有過於苛求這些。在這樣的情況下，農民爲了逃避賦税、徭役，就往往不登記上册。當時農民起義的火焰剛過去，政府也來不及把這部分農民控制起來。

有這樣一批自耕農的存在，對社會經濟的發展有好處，因爲他們既逃避了賦役，地主也來不及插手剥奪他們已經占有的土地，他們的生産積極性就有所提高。所以，唐初户口人數增長得少，並不能説明它的社會經濟衰落，應該説唐初的社會經濟是在上升的。

在這樣的經濟、政治情況下，唐代的力量比較强，對來自北方突厥的威脅就抵抗住了。這牽涉到唐代與其他少數民族的關係問題，我們留下以後再講。

貞觀之治，基本上就是輕徭薄税，整頓吏治。所以這樣做，是接受了隋朝滅亡的教訓。

二 唐朝前期（七世紀至八世紀中）社會經濟政治軍事的變化和發展

（一）政治概況

唐太宗時，在政治、經濟、軍事等各方面爲唐朝全盛時期的發展創造了條件。太宗之後，高宗繼位，以後武則天專政。她統治的時間很久，從公元六六五年直到七〇五年。武則天死了之後，她的兩個兒子先後即位，這中間經過了一些政變，我們就不講了。到公元七一二年，唐玄宗（李隆基）做了皇帝。下一年底他開始真正地掌握政權（在此以前他的父親睿宗以太上皇名義執政，他没有真正掌握政權），直到公元七五五年，爆發了安禄山、史思明的安史之亂。

（二）唐代前期社會經濟的變化和發展

唐代前期社會經濟有很大的發展，唐朝全盛時期社會經濟繼續發展和變化，這爲以後唐中葉乃至宋朝社會經濟的發展奠定了基礎。

唐朝前期社會經濟有些什麽發展和變化呢？

原來的部曲、佃客生産制度進一步消除了，國家對農民的人身奴役有所改變，對農民的徭役壓迫減輕了。均田農民用繳絹代替了直接的服役。經過了一個較長的時期，到了玄宗時，一般農民繳絹一匹半，就免除徭役。唐初和隋朝一樣，起先只有多餘的勞動力未被徵發的才納絹代役，到了後來基本上一律納絹代役，即納庸。怎麽看得出來呢？可以從當時政府用絹來計算收入這一點來看。玄宗時常常不分庸調，把調和庸合在一起計算，每一個丁男繳絹二匹，其中一匹半是庸，半匹是調。這就是農民繳絹免除徭役的普遍化。當然，這仍然是一種剥削，只是剥削的方式從形式上改變了一下，緩和些罷了。因爲這樣，就可以使農民有更多的時間去從事生産。否則，農民會像以前一樣除了受較重的奴役以外，還把很多時間白白地浪費在往返的道路上。所以，這種制度的推廣，對社會發展是有利的。

另外，和雇制度也得到發展。政府更多地采用了和雇的辦法，就是用少量的工資雇傭勞動力服役，從徵收的絹中拿出一部分來作雇傭勞力的支付。這種和雇制仍然是帶有封建强制性的，因爲它

不是按照市場上一般的標準支付工資的。給得比較少，有時甚至就乾脆不給。點到了就去服役，也不是自由雇傭。從形式上來看，和雇制的施行是雙方自願的，但實際上還是徵發的、强制的，只是多少給了一點工資而已。當時認爲不給工資是不對的，這比過去的徵發徭役緩和了些。

直接進行奴役的方式有所緩和，而部曲、佃客的生產制又進一步削弱，這對社會生産是有利的。

上面説過，唐代均田制，取消了部曲、奴隸的受田。自由的（即没有人身依附關係的）租佃關係以前就有，唐代更爲推廣了。我們在吐魯番曾經發現過地主和佃人訂立的契約。從契約上看，農民對地主的人身依附没有表現出來。這裏的租佃契約很多是均田農民之間的，有佃農和地主之間的，也有農民和寺院之間的。還有一類實際上是借貸，佃人付與田主一筆財物（絹、麥、錢），取得田主所有的某塊土地的耕種權幾年。吐魯番發現的租佃契約性質是很複雜的，但有一點相同，即訂約雙方是以處於平等地位的某鄉百姓的身分出現的，即使明確爲佃農對地主的契約也是一樣。人身依附關係顯著削弱。但是，過去的部曲、佃客這種形態還是作爲殘餘形態保留下來。此時的地主階級更多地利用高利貸的形式來控制佃農的人身，借給農民種子和糧食，要他們在秋收之後歸還。地主階級通過這種債務關係把農民束縛在土地上，而不像過去那樣露骨地占有部曲、佃客的人身（雖然是不完全的）。所以，這時無論是國家或地主個人，對農民的直接人身奴役都削弱了。這種削弱對全國經濟的進一步發展是有好處的，也是社會經濟進一步發展所要求的。只有這樣才能保證農民在個體生産時有更多的時間從事生産勞動，因爲農民較少被國家和地主私人徵發干非生産的勞動，不再由於從事

各項勞役而脱離土地不能生産。人身奴役得到了些緩和，這對社會經濟的發展當然有利。

這時農業生産的工具也進步了，無論是犁還是鋤，都有改進。在歷史博物館裏陳列着一個曲轅犁。這種犁較輕便，可以用來調整翻土的深淺。在唐代就是使用這種曲轅犁。唐代在水利灌溉上，還使用了簡單的筒車。有了這種灌溉工具，就有了使丘陵地帶成爲耕地的可能。由於生産工具的改進，當時有很多從前不能耕作的土地能够耕耘了。所以，在唐玄宗時，有人説，高山都變成了耕地。根據歷史文獻的記載，唐代的耕地面積，曾經達到一千一百四十萬頃以上。當然這個數字靠不住，根據現代人估計，大約有六百多萬頃。

在手工業行業中，手工業者可以繳納一些錢來代替服役，所以也可以有較多的時間去從事手工業生産，可以在市場上出售他的産品，或者可以自由受人雇傭。他們過去要爲官府做工，現在只要有錢，繳納錢就可以代替到官府的作坊内作手工勞動。這樣私營的手工業可以發展了，作坊就多了，可以生産各種手工業品了。唐代的手工業在質量和技巧方面都有很大的提高，從發展的面來説，也是比較寬的。

當時在長安、洛陽這些地方，商業也非常發達。和過去一樣在大城市裏都設置「市」。只有在市内才開設作坊、商店和進行貿易，凡是商業活動都規定必須在市場裏進行。這種官市制度已不適應當時的發展形勢，在城市居民區以及郊區都逐漸出現了店鋪。

國内交通在玄宗統治時是很發達的。以長安爲中心，陸路向西一直發展到河西走廊，到凉州；

北邊到了現在的北京。在水路交通方面：由渭水到黄河向東，又通過運河向南，一直到達江南。政府爲了水陸交通的需要，設立了許多的驛站，作爲行路的住宿之地，當然能住在驛内的都是一些官吏。但是在大道旁也有私人開設的旅店，可供一般人住宿。大致也在這時，在水陸交通衝要地點出現了自然形成的「草市」。

不但國内如此，在國際上當時的交通和貿易也是很發達的。當時國際貿易的交通主要是海道。除了廣州、交州是老的國際貿易港口之外，還有浙江的明州、江蘇的揚州，都是當時國際貿易的重點，特别是揚州，外國商人很多，當時的海船可以直達揚州。陸路上，凉州的商業也很發達。長安住有很多外國商人，他們好多人不願意回國。從唐朝開始，在廣州設立市舶司以徵收外國商船的賦税。

所有這些，都説明唐朝在「貞觀之治」之後，經過武則天到唐玄宗時，社會經濟各方面都有重大的發展。當時的中國，不僅是亞洲乃至全世界的一個政治中心，而且也是一個文化中心。各國的使節經常來長安，各國的商人，以至於傳教士都住在長安。同時，還有留學生向唐朝求學，如日本就派了不少留學生來學習。

以上這些，都可以説明，唐代在這個時期處於封建社會全盛時代。

（三）農民的逃亡和均田制的破壞

從唐高宗以來，我們看到唐代的社會經濟是向上發展的，但是，這時的土地兼并也愈來愈嚴重。

均田農民是小農經濟，個體生産，它的經濟基礎是脆弱的。唐朝的政權仍然是封建地主階級的政權，地主階級仍然廣占土地，隨時有力量向農民進攻，隨時都在企圖吞併農民的土地。就是在均田農民中間，由於其經濟基礎不穩定，所以也有分化，有些富裕的農民成爲中小地主，而多數農民遭到破産，甚至逃亡。從高宗末年以來，國家的賦税、徭役又愈來愈重。加上邊遠地區的戰事，迫使唐政府不得不經常徵發徭役，爲邊防軍運糧。在唐高宗剛死的那一年，有人説，四川爲了供應軍糧，每一年要有五六十萬壯丁被徵發出來，充當運夫。從四川這一個地方的情况，我們就可以推想到其他的地方了。所以，當時的徭役繁重，是和當時邊境地區的形勢緊張有關的。

在地主、高利貸者進行土地兼并的情况下，均田農民的土地就保不住了。他們原來就只有五、六畝，乃至二、三十畝田，田很少，在國家賦、役和地主、商人的夾攻下，他們只好出賣自己的土地，逃亡外地。所以，農民逃亡的情况，從高宗在位以來，愈來愈嚴重。到玄宗的末年，土地兼并的情况，比西漢末年有過之而無不及。這就是説均田制在此時已破壞了。破壞的原因有兩點：一點是地主階級的兼并；另一點是國家徵税服役，特别是徭役，在一度減輕以後，又逐漸加重。盡管徭役是用繳絹代替，但是代替的只是「正役」。在正役以外，當時還有「兵役」和雜徭（臨時徵發）。

武則天時采取了一些措施，在公元七〇一年至七〇四年的這幾年裏，她檢查户口，凡是逃亡的農民，都允許回到本鄉來，不再追究過去欠下的賦税，而且將本年的賦税、徭役一概免除；逃亡在外的農民，如果在當地已經墾種土地，允許留在那裏不再回來，也不受處罰。她采取這些措施後，收到了

一定的效果。如雒縣，原來有一萬五千多人，逃亡在外的有七千多人，實行上述措施之後，這些逃亡的人都回去了。這就是武則天在安定均田農民措施方面的具體效果。在武則天統治的末年，即在公元七〇五年，户口數目達到六百一十五萬六千多户，比公元六五〇年增加了二百三十多萬户。武則天的這些做法，被唐玄宗所繼承。唐玄宗也檢查户口，並且在更寬大的條件下，允許逃亡農民留住在他鄉，不强迫回鄉；只要求繳一筆錢，此後六年的租庸調和徭役一概免除。經過檢查，當時的户數提高到七百零六萬九千，其數日又大爲增加。這就説明從武則天到唐玄宗時，放寬了對逃亡農民的處罰，免除了他們欠下的賦税，争取逃亡農民重新回到國家户口上來，這對安定社會生産是起了作用的。

當時北方軍事形勢緊張，運輸軍糧去前綫是一個大問題，加上農民破産逃亡，問題就更大了。從武則天到玄宗時期，在邊遠地區廣泛推行屯田，解決軍隊的給養和運輸問題。武則天時代這種屯田制發展很快。武則天本人很重視，派宰相婁師德專門負責這件事。婁還没有做宰相時，一直是管理屯田的，做了宰相之後，仍然管理屯田。抓住屯田，可以解決部隊的一部分食糧，減少了從内地運糧的困難。

同時還實行了和糴制，就是在當地收買糧食。這種和糴制是帶有强制性的，但比起由内地運糧來説，減少了徭役負擔，從這方面來説還是有好處的。

從武則天到玄宗的時代，邊防軍隊不斷擴大，到玄宗時達到六十二萬人。而由内地運去的糧食，

每一年却不到二百萬石。

賦税方面，在武則天時也有一些變化。一是按照户口等級徵收户税，貴族、官僚都不能免除。户税可能不是新的税制，但在武則天統治以前曾經廢除，現在重又恢復了。這就使貴族、官僚和商人也得按照他占有的財富多少納一些錢。二是土地税，這是按土地的多少徵收糧食，地多的多徵，地少的少徵。自耕農民也要負擔，但農民的土地少，納得少些，而地主的土地多，負擔的税就重。要他們繳納較多的地税是合理的。當然，自耕農民雖然納得少，但是他們窮，所以最少也是嚴重的負擔，地主即使多納一點也和他們占有的財富不相稱。但在土地兼并，均田農民破産、分化的情況下，户税和地税畢竟使那些富人多少承擔一些賦税義務。

（四）徵發制的破壞和職業軍的代起

由於均田制破壞，大量農民破産，徵兵制度再不能推行了。因而從武則天起，到玄宗統治的時候，府兵制逐漸破壞了，雖然府兵制的機構還保留着。那時推行的是募兵制。鎮戍軍是招募來的長征健兒，再不是輪流到前綫去戍守的府兵或府兵以外的兵募了（兵募也從農民中徵發出來）；長安的禁衛軍也不是由輪流上長安來的府兵充當，而是招募的一批彍騎和北門軍。這樣在軍事制度上就起了變化。

唐初鎮戍軍很分散。當時在邊防上設立了很多鎮戍。鎮戍中的軍士不多，當戰争發生的時候，

就不能不從各個地方臨時徵發軍隊來進行防禦。唐代是一個統一的大國，戰綫很長，這樣分散和臨時徵發是不利的。因此，在高宗和武則天之後，逐漸設立了許多「軍」和「守捉」。後來還嫌軍隊分散，便設立了節度使，一個節度使管若干軍和守捉。於是節度使就掌握了强大的鎮戍軍。唐玄宗時在全國有十到八個節度使，每一個節度使都帶幾萬乃至十多萬大兵。這樣的變化和當時的軍事形勢是相適應的，但節度使却成了掌握强大軍隊的軍閥了。過去出征和鎮戍的軍隊都是從内地徵發的，遠征軍打完仗之後，又都重回家園。其將領只是臨時統帥指揮一下，戰争結束後，將軍也回來了，不能再去指揮軍隊，而且也没有軍隊歸他管了。鎮戍軍數字不多，而且輪番服役，所以，不可能成爲軍閥。現在却不同了，鎮戍軍隊固定化了，而且絶大多數是在流亡人民和當地的居民中招募的，其將領（節度使）也駐在當地，成爲這一邊防區的領導，軍隊永遠爲他所掌握，這樣就形成了軍閥。

既然鎮戍軍由招募來的長征健兒所代替，禁衛軍也由招募來的彍騎和北門軍代替，那麽徵發制就被廢除了，府兵制也没有任何作用了。雖然以後的臨時徵發還是有，不過作爲制度來説，已經不存在了。這時軍隊的主力，已不是徵發的，而是招募的。軍隊都變成了職業軍。

（五）安史之亂

我們知道，在封建社會裏，即使在統一的時候，割據的因素也始終存在，因爲封建社會是自然經濟占統治地位。這種割據因素在一定的條件下，就形成公開的割據。從歷史上來看，這種公開割據

通常是因爲地方上掌握了巨大軍隊而形成。在玄宗統治時，節度使已經掌握了大量地方化的鎮戍軍隊，抗拒中央的武裝力量已經具備；其次，從隋朝以來，地方官不能自己委任手下的屬員，而現在節度使手下已經幕僚化了，通常都是由節度使提名給中央通過。凡是他們提名的，中央也没有不批准的。至於各級軍官，更是由節度使委任，高級的提名請中央任命，中下級無須奏請。而節度使所提的幕僚、軍官，部分是地方上的豪强、大地主。這樣一來，地方上大地主的勢力跟節度使的勢力結合起來了，這又是地方對抗中央的一個條件。此外，在當時的邊遠地區居住着複雜的少數民族，他們經常受唐政府的徵發（當兵）。此時，這個權力也掌握在節度使手中，節度使有權管理和統治境内的事情，包括少數民族的事務在内。這又是節度使抗拒中央的一個條件。它可以利用少數民族對中央的某些不滿情緒來煽動反抗。

在這樣的情況下，中央和地方的矛盾日益滋長。唐玄宗末年，中央的政治和中央的軍隊都愈來愈腐敗，禁衛軍的戰士都是長安的富人和地主的子弟，根本没有作戰能力。當時的宰相楊國忠（楊貴妃的哥哥）與安禄山（范陽節度使）有矛盾，所以，反抗中央首先就在安禄山身上爆發。安禄山身爲范陽節度使，又兼管平盧、河東的節度使。他父親是胡人，母親是突厥人，他長期住在東北，因而對該地區的少數民族比較熟悉。他受到唐玄宗的提拔做了節度使，掌握了大軍。他本來就有野心，到公元七五五年，安禄山從范陽起兵，安史之亂從此爆發。

安史之亂，是統治階級内部地方軍閥和中央之間的矛盾。安禄山利用了他的特殊地位，利用他

所能鼓動和控制的少數民族進行叛亂。

當時，唐玄宗派兵鎮壓，第一次派高仙芝和封常清。高、封出兵時洛陽還沒有失陷，但兵士都是臨時招募來的，没有戰鬥能力。當時長安官僚認爲安禄山的軍隊不堪一擊。但安禄山的軍隊在東北受到鍛煉，作戰能力是强的。高、封二人打了敗仗，洛陽失守，被唐玄宗殺了。以後又派哥舒翰迎敵。這時洛陽已經失守，但如果依靠潼關天險死守，還是可以守住的。同時，河北等地的人民對安禄山的叛亂是有反感的，安禄山的軍隊所經過的地方，人民遭到殘酷的屠殺，生産受到嚴重破壞，北方的人民紛紛起來反抗。唐朝在河北的某些地方官，如顔杲卿、真卿兄弟，也組織了軍隊起來反抗；朔方的節度使郭子儀和大將李光弼兩人統率他們的軍隊已經從山西進入河北。在這個時候，唐玄宗和楊國忠要哥舒翰趕快出兵打。哥舒翰説，他的軍隊只能守，不能打。於是楊國忠就懷疑哥舒翰要回長安來解決自己，所以一定要他出兵打。哥舒翰年老多病，他手下的將領也都腐朽不堪，兵士們在苦戰，而那些將領和唐玄宗派去的太監，却天天大擺酒席。這樣兵士就很不滿，出兵一戰，潼關失守。唐玄宗每一天都看平安烽火，潼關失守的這一天没有見到平安烽火，他就趕快逃奔四川。楊國忠在路上被兵士們殺掉，楊貴妃也被迫自殺。玄宗的太子逃到朔方，在靈武即位稱帝，是爲肅宗。

唐玄宗逃走之前，安禄山已在洛陽做了皇帝，這時又占了長安。但安禄山内部的矛盾不斷産生，公元七五七年，安禄山被他自己的兒子安慶緒殺掉了。這時郭子儀、李光弼統率的朔方軍成爲唐朝反攻的主力，和邊境上的少數民族聯合起來，其中回紇族派兵幫助唐朝起了很大作用。當時安禄山

死了，他的兒子不能控制部下。這樣唐朝就收復了二京（長安、洛陽）。安慶緒退兵到相州（河南安陽）。公元七五八年，唐朝進攻河北，包圍了相州，但没有攻下來，安軍大將史思明從范陽領兵來救相州。唐軍被史思明打垮。史思明是安禄山的老伙伴，安禄山出兵時，史思明留守范陽。史思明把唐軍打垮後，又把安慶緒殺了，自己作了皇帝。史思明重新攻下洛陽。但是，史思明的命運和安禄山一樣，他一做了皇帝，内部矛盾又發生了，在公元七六一年，史思明也被他的兒子史朝義殺掉了。這樣唐朝又有了一個恢復的機會。到公元七六三年，史朝義兵敗自殺，安史手下的大將，表示願意投降唐朝。唐朝接受了他們的投降，給他們節度使的官職。把河北地方分割成四個部分，由安史手下的大將分任節度使。這四鎮是（1）盧龍（河北北部）、（2）成德（河北中南部）、（3）魏博（河北、山東間）、（4）相衛（河南北部），除此以外，還有個淄青（在山東）。這實際上就是承認他們割據的事實。從此之後，唐朝在表面上是統一的，實際上已成爲封建割據形勢。特别是河北地區，一直到唐朝滅亡，仍然爲當地軍閥所割據。

安史之亂是唐代由盛到衰的轉折點。並不是安史之亂本身有什麽重大意義，而是安史之亂恰巧發生在均田制破壞，土地兼并嚴重，政治腐朽的時候。發生以後，經濟上嚴重破壞了社會生産，政治上，使唐朝由統一變成割據。唐朝就由强盛走向衰弱了。

三　唐代前期和突厥回紇吐蕃南詔西域的關係

我們已經把唐代前期的政治經濟概括地談過了，剩下一個問題，是民族關係問題。唐代前期總的説來是全盛時期，這個時期也就是唐太宗、武則天、唐玄宗這三人的統治時期。這個時期之所以比較繁盛，首先由於隋末農民起義，但是和唐太宗、武則天、唐玄宗所起的作用也是分不開的。我們上次講過，這時，特别是高宗以後，土地兼并在不斷地進行，小規模的分散的農民起義已經出現，但是，不能説在此時期，階級矛盾就已經非常尖鋭了。這時階級矛盾是在發展，但是，還没有發展到嚴重的程度。所以，發生了安史之亂以後，唐朝的統治還是能够維持下去。安史之亂是唐朝的一個轉折點。也是封建社會前後期的轉折點。在這個時期裏，從政治上到經濟上都出現了許多變化。這些變化爲中唐以後和宋代所繼承。

唐代前期的民族關係，因爲時間的關係，只能簡單地講一講。

唐代是一個統一的國家，前期，它的聲威對邊境各族的影響是很大的。在這裏我們介紹一下幾個主要的邊境少數民族。

（一）突　厥

突厥人原來住在準噶爾地區，即現在新疆的北部。以後進入阿爾泰山。到了隋朝的時候，東突

厥到了現在的内蒙和山西北部一帶。這樣，突厥人和漢人的接觸就極其頻繁，其社會生産也大有提高。隋末，他們脱離了隋的統治，曾一度把隋煬帝包圍在雁門。可以説突厥這時是極爲强盛的時代。當時北方許多地主武裝集團都受突厥的統治和向它稱臣，連唐高祖李淵起兵時，也不例外。唐初突厥的統治者爲始畢可汗和頡利可汗，經常侵擾唐的邊境，甚至一度打到渭河北岸。唐高祖等統治者异常恐慌，甚至企圖放棄長安，遷都山南以避之。這時候，有不少的漢人流亡到突厥，有的是隋末不堪煬帝的暴政，相率逃去的，有的是被俘去的。

突厥在唐初的威脅是很大的，對唐的生産力破壞也是嚴重的。但是，這時突厥内部的各種矛盾也尖鋭起來。首先是大奴隸主貴族和一般成員之間的矛盾。因爲一些軍事性的掠奪，均爲貴族所占有，而人民平時遭受剥削這時又被迫打仗；其次是貴族和可汗之間的矛盾；其三，是奴隸主貴族和被俘的漢人奴隸的矛盾；其四，突厥還統治了鄰近許多部落。突厥的貴族，爲了掠奪發動了頻繁的戰争，向被統治的各族徵發物資和軍隊。被統治各族，受到非常嚴重的掠奪，特别是鐵勒族。所以，突厥族和受他們統治的各族的矛盾也非常尖鋭。突厥國内的矛盾，既有階級矛盾，也有民族矛盾。在這種情况下，突厥的人民和被征服的各族，紛紛起來反抗。而統治階級内部，即頡利可汗和他的堂弟突利可汗又内争不休。再加上嚴重的自然灾害。他們本是遊牧民族，遭到大風雪，很多牛馬死掉了。唐太宗乘此機會，對突厥進行了反擊。公元六三〇年（貞觀四年），唐太宗發兵進攻突厥。在衆叛親離的情况下，頡利可汗的堂兄弟突利可汗投降於唐；鐵勒等各族，叛離突厥而和唐朝合作，並反

攻突厥；人民，特别是多數的漢人紛紛跑了，占領和集結在山林，準備迎接唐軍的到來。所以，突厥很快就崩潰了，頡利可汗也被俘。唐太宗給投降的突厥貴族一定的地位，讓他們在唐朝任各種官職，據説當時有一百多人擔任五品以上的官。突厥的部分人民仍留居今内蒙古，在蒙古高原的受鐵勒薛延陀部落的統治。公元六四六年，唐朝又征服了薛延陀。這時鐵勒族中的所有屬部都投降了唐朝。唐朝在其地設立了許多羈縻州，每一個部落給以州名，而部落的首領接受州的刺史和都督名義，統管各部落的人民。於是，這些部落和唐朝其他邊境的部落，共同給唐朝皇帝一個稱號，叫做「天可汗」。一般是稱可汗，加上一個天字，是在可汗之上的意思。這樣唐皇帝既是唐王朝的皇帝，又是當時各民族的天可汗。

唐朝對突厥的戰争是有積極意義的。首先對北方邊境的各族來説，不管是漢族的人民還是突厥族的人民，其生産可以穩定下來；其次，使鐵勒等各族擺脱了突厥奴隸主貴族的奴役；再次，戰争結束後，突厥族以及其他各族人民遷移到邊境，跟漢族人民的來往較頻繁，發展了各族人民和漢族人民的關係。在今内蒙古的突厥人，不久就接受了農業生産。所以，唐朝對突厥的戰争是有積極作用的。

突厥此時已經分裂，唐朝所征服的是東突厥。在西方還有西突厥。西突厥在唐太宗時，和唐朝的接觸不多。到了公元六五九年，唐朝派遠征軍，才把西突厥征服。這樣，唐代的威力一直達到了今天的葱嶺以西。

唐高宗的時候，東突厥又復興了。其可汗叫做默啜，並且屢次進犯内地。武則天統治時曾想和

默啜可汗和親，可是遭到他的拒絶。他還進一步打到了河北，對唐代的社會生産破壞很大。突厥人由於長期住在唐朝的邊境，和漢人接觸，他們的生産已經發生了變化，學會了農業生産，曾經要求武則天給予各種種子和農具，武則天都答應他們的要求。從這裏面我們可以看出，突厥内遷，發展了他們的農業生産。默啜可汗不僅進攻内地，同時對他的鄰近各族也進行了征服戰争。這些少數族被他征服了，受他的奴役。最後他招致了各族的反抗，公元七一六年，默啜可汗在鄰近各族的反抗下被殺。這樣，東突厥第二次又崩潰了。從此以後，突厥雖然存在，但在歷史上已不是一個强大的民族，特别是公元七四五年以後，突厥就完全瓦解了，這個奴隸制的國家，在歷史上便一蹶不振了。

（二）回紇

回紇也是鐵勒族裏面的一個部落，他們所住的地方，也在蒙古高原上。鐵勒族長期以來進行了反抗突厥統治的鬥争。在唐太宗打敗了突厥頡利可汗以後，鐵勒族中間的薛延陀曾經强盛一時。作爲鐵勒族内的另一個部落——回紇，在唐太宗進攻薛延陀族時幫助了唐朝。公元六四六年，薛延陀族戰敗後，回紇强盛起來了。但是在東突厥復興時期，他們又受東突厥默啜可汗的奴役。直到突厥再度衰弱，默啜可汗被殺，回紇才重新擺脱突厥奴隸主的統治。到了公元七四四年，回紇在骨力裴羅可汗的統治下，遣使告唐，受唐册封爲懷仁可汗。從此以後，回紇和唐朝的關係一直很好。此時，突厥已經崩潰，回紇成爲當時北方最强大的民族。

回紇和突厥一樣，過的是遊牧生活，他們也出現了階級，建立了奴隸制的國家。它的政治制度是兼采突厥和唐朝的，其官職分爲二十八等，是貴族世襲制，同時又采用唐代的官名，例如宰相等。安史之亂時，唐收復洛陽、長安得到了回紇的幫助。唐朝和回紇一直保持着良好的關係。回紇每年把馬匹賣給唐朝，唐朝把絹、茶葉等送到回紇，互相友好往來。唐朝中葉以後曾經三次把公主嫁給回紇可汗（這幾位公主是皇帝親生的女兒），表示和回紇的友好關係。回紇在商業上很活躍，不少商人住在長安。從這些情况來看，回紇和唐朝的關係一直是友好的。

（三）吐　蕃

吐蕃人就是現在的西藏人。他們和回紇不一樣，不僅從事遊牧業，而且也進行農業生產。大致在公元六世紀到七世紀之間，他們的氏族社會解體，進入奴隸制社會，並且也建立了國家。吐蕃國家的建立和强盛，也是在唐朝的初期。吐蕃雖是奴隸制的國家，但是和突厥等民族一樣，氏族的殘餘還嚴重存在。這些奴隸主貴族世代相傳，刑罰非常殘酷。

在唐朝初期，吐蕃的傑出國王松贊干布，統一了西藏境内的許多部落。他對漢族文化很羡慕，願意接受漢族文化。公元六四一年，唐太宗把侄女文成公主嫁與他爲妻。這件事情很重要，文成公主下嫁，不僅僅是婚姻的問題，通過文成公主的下嫁，使唐代先進的文化和生産技術，在吐蕃地區得到廣泛的傳播。因爲文成公主帶去了不少的匠人。當時唐朝的學校裏，有吐蕃學生來求學。唐蕃的關

係在唐太宗統治的時期是很密切的，雙方的關係是友好的。這個時候，吐蕃接受漢文化是十分顯著的。

但是，從高宗以後，吐蕃的奴隸主貴族經常發動對唐朝的戰爭。發動戰爭常常是爲了爭奪在西域的權利。唐朝在西域（現在的新疆境内乃至現在的蘇聯境内），曾經建立了四個軍事要點，稱爲四鎮。這四鎮爲唐代在西北的國防前綫，也是統治西域的重鎮。爲了爭奪這四個鎮，吐蕃和唐朝的衝突常常發生。這時候吐蕃很强盛，唐朝曾屢次戰敗。雖然如此，唐蕃在没有發生戰爭的時候，還是保持來往的，公元七一〇年，唐朝又把另外一個公主——金城公主嫁給吐蕃的贊普。可見，這個時期的唐蕃關係，有時是緊張的，戰爭的規模也很大，但是，雙方的友好關係也没有斷絶。

到了唐玄宗統治的後期，公元七四九年，對吐蕃進行了一次戰爭，奪回了青海的石堡城，但是唐朝的損失也非常大。到了公元七五五年，安史之亂發生後，爲了平定安史之亂，唐朝的鎮戍軍都調到内地去了，西方防務空虚。吐蕃就乘機占領了河西、隴右（現在的甘肅）一帶，其騎兵一直打到渭河的北岸，就是現在陝西的北部。雙方交界地區的軍事衝突經常發生，有的時候戰爭的規模也較大。吐蕃甚至曾一度占領了長安（代宗時），但在長安市民和軍隊的反擊下，又不得不退出長安。吐蕃的奴隸主貴族經常掠奪交界地區人民去當奴隸，其規模也是相當大的，有一次在陝西北部俘虜去幾萬人。吐蕃的奴隸主貴族與唐朝進行戰爭，不但使唐朝受到損失，而且使吐蕃人民也飽受苦難。九世紀中葉以後，唐朝衰弱了，吐蕃也不斷發生内亂，從而也走向衰弱。

雖然唐蕃的邊境衝突不斷發生，但雙方的聯繫仍然保存，使節經常來往，人民之間也有商業活動。

（四）南　詔

南詔在現在的雲南，分佈在洱海周圍，共有六個詔。所謂「詔」，就是國王的意思，六詔就是六個國王。其中蒙舍詔最爲强盛。在唐朝的前期，南詔和唐朝的關係是密切的，蒙舍詔已經把其他五個詔滅了，統一了南詔，接受了唐朝給予雲南王的封號。

南詔的農業水利相當發達，它也是一個奴隸制的國家，使用奴隸生產。對於被征服的部落人民，是采取軍事管制的方式，强迫他們勞動，所有的收穫物，除了口糧外，其餘的都要交給官府。對於自己部族的人民，統治剥削的情况略有不同，但是同樣是剥削。南詔的土地是國有的，由國家進行分配。它的政治制度也受了唐朝的影響，也有節度使一類的名稱，最高級的長官叫做清平官。南詔人民在開闢雲南方面有很大的貢獻。一方面它主要是接受唐文化的影響，接受漢人的文化；另一方面它也受了吐蕃的影響。

本來南詔和唐代的關係是很好的，但由於唐朝官吏貪污腐敗，侮辱了南詔人，所以，公元七五〇年（天寶九年）南詔人起而反抗。因爲和唐作戰，他們就歸順了吐蕃，公元七五六年，吐蕃封南詔王爲贊普鍾，其意爲吐蕃贊普的弟弟。南詔和吐蕃的結合，對唐朝的威脅更大。但是南詔的國王並不願

意長期和唐朝決裂。因爲，唐朝雖然對南詔也有徵調，但吐蕃對南詔的徵調更爲嚴重。吐蕃徵發南詔的人當兵，而唐朝就很少這樣做；吐蕃每年要南詔繳納不少的貢物，而唐朝在這方面比吐蕃寬些。這就是南詔國王不願意和唐長期決裂的原因。南詔王還特別立了一塊德化碑，在上面説明對唐的用兵是出於不得已，進一步表示如果有可能的話，希望他的子孫和唐朝恢復和好關係。南詔反唐時，唐朝進行過遠征，却是大吃敗仗。南詔和唐朝的友好關係，雖然暫時破裂了，但是和平友好時期還是主要的。這點在以後再講。

（五）西　域

西域是漢代的名稱，涼州以西今新疆以至古波斯、羅馬都在西域範圍内。這裏我們主要講的是今新疆地區。當時新疆地區有很多「小國」，這些「小國」中，有的比較進步，有的比較落後，情况不一樣。例如：高昌（現在的吐魯番）、龜兹（現在的庫車）就是文化比較發達的國家，不過，唐太宗統治的時候，已經統治了西域，高宗時期征服了西突厥，西域成爲唐代版圖的一部分。西域是當時中西交通的要道，當時中原的漢族文化在西域的影響很大，我們看到很多地方的房屋建築和内地差不多，漢文的書籍、文書也在那裏出現，而且發生很大影響。同時西方來的佛教和祆教也在這地區相當流行。

唐朝和吐蕃曾在西域爭奪四鎮，都想統治西域，而當時在西方有一個大食國（阿剌伯），也很强盛，它也企圖從西方來統治西域。所以，有一個時期西域成爲當時唐朝、吐蕃、大食三國爭奪的地點。

玄宗統治時期被大食掠奪的各國經常要求唐朝出兵救援。

公元七四七年，唐玄宗統治的時候，曾派大將高仙芝率師遠征，打到葱嶺。公元七五〇年，高仙芝的軍隊曾到石國（現在蘇聯境内的塔什干）。第一次遠征他是成功的，但第二次他失敗了。安史之亂以後，吐蕃占領甘肅，把西域和唐朝隔絶了，但還没有完全斷絶使節的來往。在歷史記載上，有西域人通過回紇到達長安的。西域各國的人，有的遷居中原，有的長期居住在中原的長安等地，不願意回去。唐朝有個大畫家，叫尉遲乙僧，他就是于闐國王的兒子，本來可以回去做國王的，但是他却願意留住長安，而不回去做國王。龜兹的音樂，從北朝以來馳名中原，是唐朝音樂的重要組成部分。西域的繪畫藝術、舞蹈藝術，也流傳到了中原。服裝，如婦女頭上戴長面紗，是由波斯通過傳統的「絲綢之路」傳到内地來的。還有西域飲食方面的一切，也都傳到中原來了。這都證明了唐朝與西域各地的經濟文化的交流是比較頻繁的。

第六章　唐代後期的階級矛盾和統治階級的內部矛盾

唐末農民大起義

一　安史之亂過程中和安史之亂以後社會經濟的破壞和階級矛盾的加深

（一）安史之亂對社會經濟的破壞和嚴重的賦役壓迫

安史之亂過程中，社會經濟遭到了嚴重的破壞。例如，在河南地區，據統計，戰爭剛結束時洛陽不滿一千五百户。東到鄭州、開封、徐州，北到黄河北岸，直抵現在的安陽一帶，西到潼關，這樣廣大的地區，居民只有千餘户，據説當時登高一望，不見人烟。這就是河南地區的情況。河北呢？河北這次也是兵争之地，當時在常山一帶戰争很激烈，田野裏據説滿地都是屍骨。關中以及淮河地區都遭到了嚴重的破壞。雖然安史的軍隊没有到長江南岸，那裏遭到的破壞較少，但是破壞還是有的，因爲唐朝的幾個將領曾經在那一帶發生過亂事。唐代這時對江南的賦役榨取是非常嚴重的，因爲唐代平定安史之亂的一切物資、用費，主要是依靠江南地區供應的，所以，江南一帶受的剥削就更重了。

公元七六一年，江南遭到大旱。現在的江浙一帶在受旱之後，又經過了一次大瘟疫，死的人非常多，據説道路上滿地都是死人，在千里以内的路上，都可以見到屍體。造成這種慘狀的原因，主要是

統治階級賦役的壓迫，當然天災也有一定的關係。

經過這樣的破壞之後，唐朝的人口大量減少。公元七五九年統計：全國的户數只有一百九十三萬多户，人口數只有一千六百九十九萬多人。我們知道，在安史之亂以前，户數曾經達到九百萬户，人口數達到五千萬，而現在減少到不足三分之一。到了公元七七六年至七七九年，代宗大曆年間，全國只剩下一百二十萬户了。由於戰爭，人民死去不少；同時，許多人口也没有登記，户籍制度非常混亂。尤其是由於戰爭、徭役和賦税的加重，人民大量流亡，但是政府徵收賦税，還是按照原來的户籍數徵收。原來全國的户數將近九百萬户，現在只剩下一百多萬户，政府就把九百萬户的徵賦數放在這一百多萬户的身上，這些人顯然是無法承擔的。

這時，人民大量脱離農業生産，由於政府强制徵發人民當兵，爲統治階級打仗，所以，田園荒蕪的情景是十分嚴重的。杜甫的詩石壕吏中説：「三男鄴城戍，一男附書至，二男新戰死。存者且偷生，死者長已矣。室中更無人，惟有乳下孫」，結果把老太婆也抓起來了。在新安史上還説，把唐朝稱爲中男的未成年人也徵發去了。

（二）江南人民的起義

賦税徭役的剥削和壓迫全國都很嚴重，特别是江淮更爲嚴重，因爲江淮是當時財政軍費支出的主要來源。代宗的時候，竟然在江淮地區將安史亂起（七五五）以後八年的欠負租調一並徵收。還

有所謂「白著」和「率貸」。「白著」就是不管任何情況，官吏派差役到百姓家去挨户檢查，檢查出有多少錢、糧，就要徵收一半甚至十分之七八，無異公開的搶劫。據説當時家有十石穀子的，官府就派人去打主意。「率貸」是借貸的意思，實際上也是强制的。許多貧困老百姓，被用「率貸」的名義掠奪走他們僅有的糧食和其他財富。江淮地區雖然未遭到安史之亂戰争的破壞，但由於沉重的賦役和「率貸」、「白著」等人禍，以及自然灾害，江南人民的生活也是痛苦的。

在這樣的情況下，江南地區的山洞裏及沿海的島嶼上，出現了許多被稱爲「草賊」的人。這種所謂的草賊，其實就是逃亡的人民聚結起來進行反抗。公元七六二年，爆發了以袁晁領導的浙東人民的起義。義軍攻克了台州，席卷浙東，一直打到了江西、江蘇境内。與此同時，在安徽南部的歙州、廣德等地有方清、陳莊等人的武裝起義。當時江南的人民起義，在一個廣闊的地區展開了。唐政府派兵鎮壓。鎮壓江南人民起義的頭子就是平定安史之亂的唐代大將李光弼，他派遣他的手下兵將去鎮壓。李光弼統率的是有戰鬥經驗、戰鬥力較强的軍隊。起義軍和他進行了英勇的鬥争，在鬥争中，不少的義軍表現了誓死不屈的精神。公元七六三年袁晁被鎮壓了，浙東人民的起義被鎮壓了。袁晁的弟弟袁瑛帶領少數軍隊跑到山洞裏面去了，官兵不敢進去，只是威脅他們投降。袁瑛誓死不屈，和起義的軍隊都餓死在山洞裏。公元七六五年方清壯烈犧牲，陳莊動摇投降。於是皖南地區的人民起義也被鎮壓下去了。

浙東和皖南的人民起義雖然在敵人强大的兵力鎮壓下失敗了，但是人民的反抗並没有終止。公

元七六五年以後，在江南還是有不少分散的人民起義發生。這次起義迅速遭到失敗的原因，是由於義軍分散，像方清和陳莊就没有什麽聯繫。袁晁他們没有成熟的進攻唐朝的計劃，他們有這樣的想法：能進攻就進攻，不能進攻，就退到海島上或山洞裏去。進攻帶有一定的盲目性，加上碰到的對手是較有戰鬥力的李光弼的軍隊，因此起義失敗了。

義軍雖然失敗了，但是這次起義的歷史作用是不小的。首先，迫使唐朝加在江淮人民頭上的部分苛捐雜税，如「白著」、「率貸」停止了；其次，在鬥爭的過程中有些地主官僚遭到了打擊，有的甚至被鎮壓了。這些，都對江淮社會經濟的發展起了積極的作用。

在江南人民起義的同時，北方也有人民起義，不過規模不大而已。例如，在終南山也曾出現過人民起義。但是北方和南方的情況有些不同，北方的兵非常多，有些地方兵多於民，所以，在北方有許多地方的人民起義，是以兵變的形式出現的，這實際上是人民起義的另一種形式。不過，這部分力量常常被某些軍官所利用，變成了他們的工具。

在當時的情況下，北方人民起義比較少，也比較零散，有的是采取兵變的形式。在安史之亂的過程中，北方人民遭受安史軍的破壞和壓迫最嚴重、最直接，所以，他們主要是反抗安史軍，對唐王朝的反抗比較少，但是也不是没有。而江南人民的起義，矛頭主要是指向唐王朝的，因爲，他們和北方人民不一樣，他們所遭受的嚴重壓迫和破壞是來自唐王朝。所以我們不能説北方人民支持唐王朝，也不能説南方人民支持安史。因爲他們都反抗直接的壓迫者和剥削者。

二 賦税制度的改革　暫時穩定局面的出現

（一）兩税制的頒佈

安史之亂後，唐代的户籍和賦税制度都是相當混亂的，前面我們已經説過。這時土地兼并更加嚴重。賦税没有一定的制度，由各個地區的地方政府自行徵收。新、舊各種苛捐雜税名目繁多，連主管人員也搞不清究竟有多少名目。新的税不斷增多，舊的又没有廢除，搞得非常混亂。户籍的情況也是如此，例如舒州實際上有三萬三千户，却只有三千五百户繳税。在這樣的情況下，過去以均田制爲基礎的租庸調制實際上已成了按丁口徵收賦税和徭役的制度了。本來租庸調是按丁徵收的，每一個丁都要徵調，但是它的徵收是以均田制爲基礎的，每一個農民都或多或少的有一些土地，盡管受田數目不足和不平衡。早在玄宗統治後期，土地兼并激化，户籍業已混亂，而租庸調還是按丁口徵收，不管有没有土地，只要在户籍上有名字，就要徵收。安史亂後這種情況更加突出。很多人已脱離户籍不納租税，富人和地主都想方設法逃脱户籍。這樣一來，賦税全加在没有辦法逃避的貧苦人民身上，從而加深了階級矛盾。

當時中央財政極端困難。地方政府各自爲政，税收也不上繳中央。不少地區還自己養兵，自己徵收賦税，中央又没有一個統一的制度。地方勢力加强了，中央的勢力削弱了。在這樣的情況下，爲了緩和階級矛盾，爲了在一定的程度上加强中央對地方的控制，就必須對賦税制度進行改革。公元

七六五年在長安一帶、關中地區，將以丁口徵税的辦法改爲按田畝徵税。每畝分爲夏、秋兩税，把土地分爲上、下二等，平均每畝將近徵税一斗。同時，還有「青苗地頭錢」，也是按土地徵收的，青苗税爲十五文，地頭税早就有的，每畝爲二十文。這種賦税徵收辦法改變了租庸調制度。上、下兩等地按畝徵收，較之過去要合理一些。

公元七六九年，又增加了户税額。户税是原來就有的，現在是增加了。將户分爲九等，一等每年徵四千文，九等每年徵收五百文。等級按財産而定，財産多的等級高，徵得多；財産少的等級低，徵税少。在長安和關中一帶，自安史之亂以後，實際上已經廢除了租庸調，而是按照土地、財産來徵收賦税的，這就是以後兩税制的先驅。

但是在江淮和其他地區，雖然有些變化，但仍保留原來的租庸調制，基本上没有改變。到了公元七八〇年（唐德宗建中元年），在宰相楊炎主持下頒佈了兩税法。其内容分述如下：

第一，規定了賦税制度。在一個地區統計租調和各種苛捐雜税合起來有多少，以這個數字爲一個定額，按土地、按户數來進行攤派。所以，全部税額並没有減少，而是進行新的攤派。

第二，在兩税制下面不分土户（或者叫主户）、客户（唐朝把原來在户口册上有名字的本地人叫做土户，户口册上没有名字的外地來的人叫客户），一律作爲現在所住地的户口納税。這是從法律上規定許多不繳税的客户應該就地登記上籍，一律繳税了。同時，不管是否丁男，完全按照貧富分定等級來向國家繳納兩税。這在兩税法裏面叫做「户無主（土）客，以見居爲簿；人無丁中，以貧富爲差」。

以貧富爲差，就是按照資産。資産在農村裏是以土地、農具、糧食、房屋、桑樹等等計算的，而以土地爲主。在城市裏，對於商人主要是估計他的店鋪的大小。每隔三年登記一次，按登記的資産來徵收。

第三，徵收的東西有糧，也有錢，但是定額是錢。

在頒佈兩税制的時候，進行了户口檢查。在檢查户口時，除了一百八十多萬土户之外，查出一百三十萬原來户籍上没有名的客户，二者合起來達到了三百二十萬户或者是三百一十八萬户。他們都負擔兩税，稱爲兩税户。

關於兩税法，我們的評價是這樣：

一，負擔比較公平了。原來是少數貧苦人民繳租服役，地主和富人中的官僚地主本來是不課户，一般地主和官僚地主還以寄莊户、寄住户的名目（即外來客户）逃避賦役。在兩税制下，負擔比較公平，在法律上任何人都要按照土地、資産分等級繳納兩税，幾處有田地就得幾處交税。

二，它把所有的新、舊苛捐雜税，統統歸併起來成爲一個定額，從而整理了混亂的徵税制度。法令規定以後不允許地方官亂加雜税，自行徵收。官吏貪污舞弊的現象當然不能根絶，但總算有個限制，同時也加强了中央對地方財政上的控制。所謂地方是指唐朝管轄的地區，至於那些割據藩鎮的情況就不同了。因此，我們對兩税制是肯定的。

但是兩税制也有許多毛病，而且這些毛病是很嚴重的，帶有根本性的。

第一，在過去的均田制下，土地兼并雖然事實上從未停止，但是在法律上還多少有些限制。在兩

税制下，土地兼并就没有任何限制了。政府只要求按照土地的多少來繳租納税，土地多就繳得多，土地少就繳得少（實際上當然不能真正執行）。至於土地屬誰所有那是不管的。所以，這有利於地主階級的土地兼并。

第二，兩税法部分徵收穀物，部分徵收錢。農民是没有錢的，因此，他們不得不把自己的生産品換錢來繳税。農民在出賣農産品的時候，農産品的價格就大大降低，商人從中得利。農民低價出售自己的生産品去繳税，實際上等於賦税的增加。譬如説：過去只要繳一匹絹，現在由於絹的價格低落了，要用兩、三匹絹才能繳足税。

第三，雖然在法律上明確規定以後不再加税，地方官擅自加税要受處罰。可是實際上在公元七八一年，唐中央政府就下命令，命令兩税法中的每一千文要加錢二百文。而且這種所謂附加税，以後還不斷地出現。兩税法還説明雜徭也包括在兩税内，今後人民不再服雜徭，實際上直到唐末雜徭仍然存在。

第四，法律上規定每隔三年，調整一次户等。但是實際上是長期不調整，長期不重定等級。這是不合理的，因爲在幾十年之中是有變化的，原來土地多的可能變少了，土地少的可能變没了，可是税額還是按照原來的標準來徵收，這顯然不合理，有利於新的兼并。

第五，各地區之間負擔是不均的。因爲各地區的賦税定額，都是按兩税法以前的税收和各地的苛捐雜税定下的。而唐初，特别是安史之亂後，賦税制度很混亂，單就數目來説，各地區也是很不平

衡的。現在没有什麽調整，而是按照各地區在兩税法頒佈前一年的各項苛捐雜税和租調的數目作爲定額。這樣，各地區之間的負擔的不平衡就十分顯著，原來多的地方就多，原來少的地方就少。

總的説來，兩税法從賦税的角度來看是比較公平的，官吏從前不繳税，現在要繳税了；從前許多地主逃避賦役，現在被查出來，也要作爲兩税户繳税了。在土地兼并嚴重，户籍制度混亂，苛捐雜税繁多的情況下，這樣做還是比較適應當時的要求的。可是它完全承認土地兼并，而且不加任何限制，它是在土地兼并嚴重這個最大的不公平的基礎上建立起來的。從此以後，土地更加集中了。這就是對兩税制的評價，由於它調整了一些政策，在緩和階級矛盾上起了一些作用。

（二）鹽法的改革　茶税和酒的專賣

除此以外，在鹽法上也進行了一些改革。鹽法改革的内容是：采用官賣商銷的辦法。政府强制鹽民把鹽廉價賣給政府，然後加價賣給商人，由那些鹽商自由出售。這是一種間接税，這辦法使政府的收入大大增加。以後的唐政府每在財政上遇到了困難時，就用加鹽價的辦法來解決，這是一件輕而易舉的事。這種鹽法的改革，看起來政府並不直接加重人民的負擔，但是政府加價賣給鹽商，鹽商再加價賣給吃鹽的人，所以，鹽的價錢就越來越貴了。唐代前期每斗鹽十文錢，到了唐中葉以後，每斗鹽爲二百錢，增加了二十倍。貧困人民無力買鹽，只好淡食。

還有茶，這也是唐政府新興的税收項目，政府要徵收茶税。酒有時由官府專賣，有時徵收酒税。

鹽、茶、酒，特别是鹽，是唐代中葉以後國庫收入的主要部分。

（三）建中以後的暫時穩定局面和社會經濟的恢復

兩税法頒佈和實施以後，唐朝暫時出現了一個穩定的局面，社會經濟得到了恢復甚至慢慢地有些發展，在南方，農田水利和商業方面尤有一些發展。唐代後期社會生產雖然得到了一些恢復，某些地區、某些生產部門甚至有些發展，但總的説來，社會生產是走向衰落，或者説是處於一個停滯狀態。唐代後期商業、手工業、城市的發展，未必是唐代後期社會經濟發展的結果。這時候，城市裏面，皇帝、貴族、官僚等吃、喝、玩、樂，奢侈享受的生活，都是依靠加緊剥削農村得來的，供他們享受的珍奇物品都是以加緊剥削農村所得到的財富交换來的。城市中住着的兵士和一切居民也都靠農村供應生活必需品，城市人口愈增加，農村的負擔就愈重。市場看來很活躍，因爲農民要把他們的穀子、絹布等生産品，换錢來繳税。前面説過，這樣的交换使得農民更加貧困、加速破産，農民除了受地主的地租剥削和受國家賦税的剥削之外，還要受商人的剥削。如前所述，在唐代的城市裏有許多逃亡的農民，他們進入城市，變成了小商小販。到了唐朝後期，這種逃入城市的小商小販就更多了。城市商業雖然活躍，但是使得農村生産停滯。所以，商業的發展和城市的發達，並不反映唐代後期社會經濟的發展。當然，不能否認唐代後期江南社會經濟、農業、手工業都是有發展的。但黄河流域原來農業生産先進的地區却大部分衰落了。西北地區也是從亂後一直没有得到恢復。因此就唐朝後期整體

來説社會經濟是衰落了。

三　安史之亂以後統治階級内部的矛盾

（一）藩鎮割據

安史之亂平定以後，幾個主要的藩鎮仍然不服從中央，他們在名義上接受了唐中央的官職，但實際上是半獨立的狀態。節度使是世代相傳的，或是由軍官們共同推舉的，唐中央只是按既成事實加委而已。當時的藩鎮割據主要是在河北，就是安、史原來占領的地方，即盧龍、成德、魏博，這三個鎮長期割據。此外還有其他一些時叛時服的藩鎮。唐德宗的時候，曾經企圖削藩，在公元七八一年至七八四年引起了戰争，主要是對河北藩鎮的戰争。因爲唐朝中央政府的軍隊不多，它只是依靠服從的藩鎮來鎮壓不服從的藩鎮。這樣削藩的企圖完全失敗。但最後的結果，用於鎮壓藩鎮的軍隊叛變了，服從的藩鎮和不服從的藩鎮都起來反抗。德宗讓步，采用了「姑息之政」，唐中央不管藩鎮的事，誰做節度使完全由藩鎮内部自己定，兒子繼承也可以，自己擁立也可以，中央承認就行了。這樣一來中央和藩鎮暫且相安無事。

在德宗之後，唐憲宗曾一度把河北的三鎮和在今山東的淄青平定了。除此之外，還把四川、河南的那些不服從中央的藩鎮都平定了，特别是平定抵抗最力的淮西。這就是在公元八〇六年到八二〇年所進行的平定藩鎮的戰争。

憲宗時代爲什麽能够鎮壓藩鎮呢？

第一，由於藩鎮之間有矛盾；第二，由於在德宗時代，搜刮了不少財富，社會局面也比較穩定，有了一些經濟力量。但憲宗死後，藩鎮又起來了，藩鎮之所以能够繼續長期存在下去，不僅僅是一個軍事上的問題，當然與兵力的强弱有關係，但是更重要的，是由於這一地區的豪强地主都成了藩鎮裏的將領，而外來的節度使和將領也都成爲當地的大地主，因此，各個藩鎮（主要是河北三鎮）形成了一個小小的王國。他們掌握的政權，都代表當地地主階級利益。地主階級掌握了地方政權，享受更大的特權，他們的利益就和藩鎮割據的形式相適應。如果藩鎮削平了，他們這些人要在中央朝廷裏得到官職就比較困難。因此他們不願意唐朝中央派節度使來。藩鎮削平後，唐朝廷委派了節度使和隨着來的其他官吏，他們就不歡迎，聯合起來，發動叛變，直到把朝廷派來的官吏驅逐出去。所以，在唐穆宗的時候，河北三鎮又復辟了。但其他地區，如四川、河南没有叛變。總之，安史之亂以後，藩鎮一直存在，但從憲宗以後，始終處於割據狀態的只有河北三鎮。

（二）宦官專權

唐中葉以後，特别是從安史之亂時起，手握重兵的節度使，往往桀驁不馴。德宗就親遇涇原軍的兵變，被趕出長安。因此，對武將重臣不敢信任，以爲宦官家奴可靠。這樣，宦官的權力越來越大，他們統帶禁軍成爲經常制度，後來他們又擔任了樞密使這個機要職務，掌握了朝政。宦官本是皇帝的

家奴，但這時却成爲廢立皇帝的決策者。從肅宗起，只有哀帝李祚是例外，其餘都經過宦官擁立。僖宗甚至稱宦官田令孜爲阿父。憲宗、敬宗，都死於宦官之手，順宗被迫讓位給兒子。這樣，宦官與皇帝之間有矛盾，宦官與官僚之間也有矛盾。所以，在公元八〇五年和八三五年，在位的皇帝和部分官僚聯合進行過兩次鏟除宦官勢力的鬥爭，但結果都失敗了。宦官不僅掌握中央禁軍，而且擔任監軍以監視主將，造成的危害極大。宦官又是長安一帶最大的地主，他們和一般官僚地主一樣，也侵奪土地，霸占民田。據説長安一帶最好的土地多爲他們所占領。地主和富商大都行賄賂，以便在宦官率領的禁軍和宦官掌握的宫廷機構内充當一官半職，甚至一名吏役，獲得宦官的庇護，便逃避了國家的賦役。宰相的進退，官吏的取舍，完全爲他們所操縱，皇帝自己也被宦官操縱。

（三）朋黨之争

唐代中葉以後，官僚派系之間的鬥爭是非常激烈的，從憲宗以後的四十年間，幾乎没有停息過。當時有所謂牛李黨之争（牛僧孺、李德裕），兩派黨争延續了幾十年之久。一派得勢，一派受排斥。這個朋黨之争，是官僚派系之間的鬥争，在一定的程度上與宦官的專權有關係。關於牛李黨争的性質，一種説法是：這個鬥争是没落門閥貴族和新興寒門地主之間的鬥争。寒門地主大都是進士科出身，出身門閥的李德裕派看不起他們。這反映了李黨的門閥觀點。也有同志不同意朋黨之争就是門閥貴族和進士科出身的寒門地主的鬥争，因爲牛僧孺、李德裕都是大地主，他們的剥削方式並没有什麽

不同。在政治上門閥貴族並没有什麽與一般官僚地主不同的特權，門閥貴族的勢力早已掃除了，只是在思想意識上還有一點殘餘。李德裕他們出身於門閥，有一些舊的門閥觀點，是完全可以理解的，然而這不是他們鬥争的一個主要矛盾。關於牛李黨争性質，可以商榷，但不管怎樣，總是反映唐朝後期政治的腐敗。

四　安史之亂以後唐朝和吐蕃回紇南詔的關係

（一）唐朝和吐蕃的關係

我們在前面説過，安史之亂以後，吐蕃占領河隴地區，經常威脅唐朝。但是唐退出河隴，吐蕃人占領以後，實際上並未根本改變原來的生産形式和一些制度。而且防止了大食人的東征，這應當説是吐蕃人起的積極作用。此時吐蕃雖然威脅唐朝，但是雙方的友好關係没有斷絶。

在公元八二二年，唐朝和吐蕃有過一次會盟，叫做長慶（穆宗的年號）會盟。直到現在會盟的紀念碑還在拉薩，上面的文字强調了雙方深切的友誼關係。雙方經濟文化的交往是没有斷絶的，政治上雙方互派使節。這些都有歷史記載。

這時，吐蕃的奴隸生産制，已經發展到了衰亡的階段。從松贊干布以來，其社會經濟得到了發展，由於和唐朝接觸，吸收了先進的生産技術、先進的文化，因而吐蕃此時强盛起來了。但發展到唐代後期，吐蕃内部的各種矛盾加深了：首先表現出來的，是奴隸和奴隸主之間的矛盾；其次是被奴

役的吐蕃人、漢人和吐蕃奴隸主貴族之間的矛盾；再次便是吐蕃奴隸主貴族之間的內部矛盾，他們因爲爭權爭利而不斷發生鬥爭。這樣一來，他們的政權就不穩定了。

到了唐朝後期，宣宗統治的時候，被奴役的漢族人起來反抗，把河隴地區全部收復了，重歸唐朝的版圖。當時河隴地區在唐朝的影響下，封建生產關係得到了發展，雖被吐蕃人占領，但並没有爲吐蕃的奴隸制所改變。相反，倒是河隴地區的封建生產關係在吐蕃人中間傳佈開了。從吐蕃人的歷史文獻裏，我們可以看到吐蕃貴族當時也有出租土地和佃農的記載。所以，我們可以説，吐蕃人占領河隴地區，對吐蕃來説是促進了他們封建主義生產方式的產生和發展。

隨之，奴隸舉行了起義，漢族和其他各族人民聚集起來，結成一個部落，叫做嗢末，擺脱了奴隸主的枷鎖。奴隸主貴族之間的鬥爭愈來愈激烈，這樣，奴隸主貴族的政權崩潰了，吐蕃的社會，在不久以後就出現了一個新的社會歷史階段，即由奴隸制社會進入封建社會。

（二）唐朝和回紇的關係

回紇和唐朝一直是友好的，但是此時回紇內部的各種矛盾也和過去一樣在不斷地發展。九世紀中葉回紇走向衰落，公元八九〇年回紇的首都——可汗牙（可汗牙所在地就是首都），爲另一個民族黠戛斯攻破了。以後的回紇就分散了：一部分遷到了現在的吐魯番，叫高昌回紇；一部分遷到了甘肅的甘州，叫甘州回紇。回紇西遷並在這些地區住下來。本來他們內部已經出現農業，建立了城市，

現在則更加發展了，從事農業生産的人更多了，更促使他們由奴隸制走向封建制。

（三） 唐朝和南詔的關係

我們曾經講過，在唐玄宗統治的時候，南詔對唐進行了反抗，並擊敗了唐軍，轉而和吐蕃合作。但是，由於吐蕃對南詔的壓榨比唐更爲嚴重，所以，在安史之亂以後，南詔重新和唐和好，聯合起來共同抗擊吐蕃。此後曾有三、四十年之久，南詔和唐的關係是友好的。到了唐代後期（八五八），唐朝委派在安南都護府的地方官，殘酷剥削、壓迫當地的人民，招致了當地人民的反抗。南詔乘機派兵去安南，還進一步地侵擾唐朝南方鄰接的州縣。於是唐朝不得不派兵交戰。從此，唐朝和南詔的戰争延續了十五年之久。戰争對唐朝是不利的，戰争的負擔是沉重的，唐朝徵調了大量的軍隊、糧食到南方，因此，内地人民的徭役、賦税也都加重了。一直到公元八六六年才把安南收復，唐朝已弄得精疲力竭，大規模的農民戰争就要爆發。南詔在這十五年的戰争中，也没有得到什麼好處，也走向了衰落。

總的説來，在唐代末期，它和邊疆上的幾個主要民族基本上是友好的：和回紇很少打仗；和吐蕃只是少數幾次鬥争，自長慶會盟以後，基本上没有發生過大戰争；和南詔是一直到唐快要滅亡的時候，才發生了戰争。所以，唐代和其他各族的關係，基本上是和平友好的，當然這並不是説没有戰争。戰争是存在的，有時候甚至還相當嚴重。

五 唐末農民大起義 唐王朝的滅亡

（一）農民大起義的社會背景

唐代在安史之亂以後，就開始走下坡路了。人民的痛苦越來越嚴重。兩税法頒佈、實行以後，雖然曾經有過幾十年的穩定時期，但是在這個時期内，政治上很腐敗，統治階級内部鬥争越來越激烈，而社會矛盾和階級矛盾在這個穩定的幾十年裏面，也越來越加深。首先，是土地兼并激化。兩税法頒佈以後，當時就有人説，富人占地數萬畝，而貧窮的人連立足的地方也没有。這就是説貧民没有土地，土地都集中了。在江南地區，當時唐朝後期的詩人杜牧説，三吴（吴郡、吴興、會稽）的地方，上田沃地都歸豪家占有。另外一個詩人元稹説，豪富兼并，廣占阡陌，繳税的只有十分之二。在四川方面呢？杜甫説，四川的土地很肥沃，但是，很多農民没有土地耕種，只好跑到豪富人家去當佃農。這些地主和富人，都是在衙門裏充當一官半職的，他們依仗政治勢力，逃避賦税，横行不法。這一類的例子很多，不勝枚舉。除了一般地主之外，還有寺院，它們占有的土地也是非常多的。唐代後期，世俗地主和寺院地主進行了鬥争。唐武宗時，把寺院都毀掉了，得到的肥沃土地數以千萬頃計。僧尼二十五萬人勒令還俗，奴婢十五萬人釋放爲良人，給予土地，編入户籍，還有依附人户幾十萬收歸户籍。

兩税法是按照土地財産徵收賦税的，土地財産多的多徵收，土地財産少的少徵收。實際上仍然有很多地主富人享有特權，不繳納賦税，特别是不服徭役。按照兩税法，已經把徵税服役都歸併到兩

税裏面去了，人民是不再服役的。但是政府用「差科」的名義，繼續徵發人民服役。而那些地主，特别是官僚地主享受免「差科」的特權。當時有所謂「衣冠户」，就是這些享有免除全家差科特權的官僚地主。這種人太多，以致政府不得不把「衣冠户」加以限制，規定只有進士科出身的纔可以算「衣冠户」，其他的官吏都不能算，除了本人以外，他的家屬應當一律當差，没有什麽特權。

總之，在唐代的後期，一是土地兼并激烈地進行着；一是地主階級，特别是官僚地主想盡各種辦法逃避徭役和賦税，享受各種特權，貧苦人民的負擔更爲沉重。這是第一點。

第二點：唐代後期農業生産萎縮了。在安史之亂過程中，無論是唐中央或者是地方都要養兵以備戰争，到處都在招兵買馬，破壞了農村廣大的勞動力。例如，田承嗣是安史的將領，後來投降了唐朝，做了魏博的節度使。他在魏博時，壯丁一概當兵，只有老弱種地生産。士兵的數量越來越大，破壞農業就越大。早就有人提出過士兵多於農夫。在唐憲宗元和二年，公元八〇七年，宰相李吉甫説，當時養兵八十三萬（這是指唐中央，不包括藩鎮），而唐中央的財政收入主要靠江淮流域，當時江淮流域的户口是一百四十四萬户。八十三萬兵就由一百四十四萬户供養，平均大致是每兩户人家養一個兵，足見養兵之多了。差不多也就在李吉甫的同時，有人曾經統計了一下，認爲現在十分之一是從事農業生産的，十分之九是脱離生産，或者是脱離農業，從事手工業生産。其實從事手工業的也很少，當和尚、尼姑的則非常多，據説約占全國人口的十分之三。這是一種估計；另一種估計，没有這麽懸殊，但也是説當時從事勞動生産的人口是十分之二，十分之七的是坐待衣食之輩。雖然有各種估計，

有的估計低一些，有的估計高一些，但總而言之，當時脱離生産的，特别是脱離農業生産的人口數量是非常大的，最少也占總人口的十分之七。在這樣的情况下，土地荒蕪嚴重，田野長滿荆棘，房屋變成瓦礫。公元八四七年，皇帝下了一道詔書，承認各地皆有閑空之地（荒地），田長蒿萊，無人開墾。這説明當時的農業生産大大地下降了。地主階級的剥削、壓迫和土地兼并日益嚴重，階級矛盾日益尖鋭。大致在九世紀中葉以後，有人説人民有所謂八苦，即官吏的貪污，高利貸的剥削，賦税、徭役的繁重，衙役的勒索，冤不得伸，病不得醫，死不得葬。情况是這樣嚴重，必然要使「舉國之人，盡爲劫賊」，這就是説全國的人民都要「造反」。早在文宗時就有人指出過，當時官吏貪污、盜賊蜂起，假若再碰到天灾的話，像陳勝、吴廣那樣的起義，赤眉、黄巾那樣的起義，就是在唐朝也會起來的。在士大夫中間，某些有遠見的人也看到了這一點。大規模的農民武裝戰争是迫在眉睫了。

就在同時，以皇帝爲首的官僚統治集團，却更加奢侈、腐化了。皇帝自己貪污，昏庸，他們要求地方官吏進奉錢物。地方官敲詐勒索人民的錢財，要交給皇帝一部分。賦税收入的一部分也要交給皇帝内庫。國庫空虚了，而皇室内庫却充實了。在接近農民起義前夕的懿宗時代，其女兒出嫁的嫁妝，豪華得驚人，連井欄都是用黄金造的。這個公主後來死了，他還專製許多精美物品焚燒，供她死後享受。至於那些貴族官僚也是一樣的，平定安史之亂的赫赫有名的大將郭子儀，就是最奢侈的一個。所以，農民痛苦越來越深，階級矛盾越來越尖鋭。

我們看到，在公元八四二年與八四五年的二次詔書中，都已提到地方所謂「盜賊」蜂起，特别提到

販私鹽。由於政府的鹽價高漲，出現了販私鹽的人，他們的鹽比政府的便宜。一般人吃不起官鹽，就買私鹽。而政府爲了保護鹽商的利益就加以禁止（鹽商虧了本，官鹽也就無法賣給鹽商了）。私鹽販就組織武裝，起來和政府鬥爭。此外販私茶的也是如此。這些私鹽販和私茶販組織起來的武裝，在和政府的武裝鬥爭過程中，積累了經驗，壯大了自己，積蓄了力量，爲以後的大起義提供了條件。黄巢、王仙芝都是販私鹽的。除了這些已經武裝起來反抗政府的所謂私鹽販和私茶販，以及其他的所謂盜賊之外，人民自發起來反抗官府的民變，已經在不斷發生。有幾處文獻記載都説到了，例如：陜州地區的人民向地方官報告旱災嚴重，要求減輕或者免除賦税。這個地方的刺史指着院子裏的樹説，你們説現在天旱，禾苗都枯死了，爲什麽我院裏的樹没有枯死呢？於是人民把這個刺史捉起來丢到厠所裏去了。像這樣人民自動起來趕走官吏的事不止這一件。

（二）大起義的先驅——裘甫領導的浙東人民起義和龐勛領導的徐州戍卒起義

公元八六〇年，爆發了裘甫領導的浙東人民大起義。這次起義是在浙東地區。關於起義的具體過程，這裏就不詳細講了。這次起義的規模是比較大的，但被政府鎮壓了。

公元八六六年，有龐勛領導的徐州戍卒起義。因爲當時唐朝和南詔發生戰爭，派遣了許多軍隊到南方駐防。徐州的一批軍隊，在桂林駐防。按例戍守三年就要輪迴。後來又强制他們延戍三年，

一共戍守了六年。他們要求回來，要求更换，政府還不准。於是他們就進行了反抗，殺將領，自動回徐州。領導者是龐勛。起義是在桂林發生的。唐政府采用欺騙手段，對他們説，你們回去好了，不追究你們的罪。事實上早已布置陰謀，等他們一回到徐州，就鎮壓。這個消息泄漏了，引起了起義群衆更大的憤怒。當時的徐州人民完全支持這支起義的隊伍。起義群衆不進徐州城，却包圍了徐州。徐州人民幫助戍卒攻打徐州，他們推了幾車柴火燒城門。就這樣，在廣大人民支持下，徐州城被起義戍卒攻破了。當時江蘇、山東、河南等地的廣大農民和原有武裝隊伍，都紛紛響應起義軍。起義軍曾一度截斷了運河，使唐政府受到了嚴重的威脅。因爲唐政府的財政主要靠江淮的糧食和其他物資來維持，而這些又必須通過運河運入長安，截斷了運河就斷絶了長安的大部分供應，所以，對唐的威脅是嚴重的。這次起義後來也被鎮壓了。義軍雖然被鎮壓了，但是直到公元八七四年，龐勛的部下還在山東各地活動，這些義軍後來參加了王仙芝、黄巢領導的大起義。

我們把裘甫、龐勛領導的起義，當成是大起義的先驅。全國性的大規模起義已迫在眉睫。但唐朝統治者並没有認識到這一點，相反，他們認爲義軍被鎮壓了，人民不敢再反抗了，於是更加爲所欲爲了，這促發了全國性的大起義。

（三）王仙芝黄巢領導的農民大起義

公元八七四年，山東、河南地區發生了嚴重的旱灾和蝗灾，而政府不顧灾情，照舊勒索賦税，徭役

又向農民百般敲詐，當地蝗災的面積相當大，餓殍遍野，人民已處在死亡綫上。就在這一年（八七四），王仙芝領導的起義爆發了。第二年，起義軍迅速地發展，從山東到了河南，直接威脅洛陽。洛陽的官吏携帶家眷紛紛逃跑。唐政府派軍鎮壓起義。義軍沒有向北方進展，而由河南南部到了安徽、湖北一帶。公元八七七年，唐政府召集地方地主武裝協同鎮壓義軍。但起義軍仍在河南、湖北之間英勇戰鬥。這是王仙芝領導的起義軍。

另一支由黄巢所領導的起義軍，公元八七六年至八七七年，在山東、河南一帶活動。歷史有這樣的記載，説王仙芝曾經動摇，想投降唐朝，由於黄巢反對，纔沒有投降。經過一些資料的考證，我認爲，此種説法是靠不住的。因爲根據資料來看，黄巢和王仙芝不是在一起的，王仙芝在河南與湖北之間，黄巢在山東、河南一帶，當時並沒有南下。公元八七八年，王仙芝失敗，犧牲於黄梅，其大將尚君長先已被擒。王仙芝犧牲後，他領導的這支義軍，有的北上投奔黄巢，有的仍留在江西、安徽一帶活動。他的部將共同擁護黄巢做領袖。黄巢自稱爲衝天大將軍，王仙芝自稱爲天補平均大將軍。但是也有這樣的記載：黄巢也是自稱爲天補平均大將軍。這個名號是革命，表現了均貧富的思想。我們知道，在隋末農民起義以前，一直到隋末農民起義，都沒有提出均貧富的要求。當時提出來的主要是反對人身奴役，反對徭役。當然農民是有平均思想的，不過過去的起義沒有明確提出均平的口號。王仙芝、黄巢領導的起義提出了這個革命口號，在實際行動中也確是做了一些均貧富的事。關於這一點，雖然沒有具體的記載，但是從反面材料裏我們可以看出來，如黄巢占領長安以後，有一些反動

的讀書人，寫了一首詩來譏笑農民軍，所譏笑的就是農民軍均貧富的主張。詩中這樣寫道：「自從大駕去奔西（指僖宗逃奔西蜀），贵落深坑賤出泥。邑號尽封元涼母，郡君变作士和妻。扶犁黑手翻持笏，食肉朱唇却吃齑。」意思是說，農民起義顛倒了貧富貴賤的秩序，農民做官享福了，富人官吏却墮入泥坑，一錢不值了。最後還有二句說：「唯有一般平不得，南山依舊與天齊。」意思是說封建統治地主階級的統治像終南山一樣是平不了的。這些反面的材料，證明了王仙芝、黄巢領導的大起義中，剥奪了富人的財産，進行了一些均貧富的活動。在當時的歷史條件下，也只能做到這樣，不能要求農民軍進行有計劃、有步驟的土地改革。這首詩譏笑農民軍，却使我們由此得到農民軍進行了均貧富的材料。

黄巢成爲起義軍的領袖之後，帶兵由淮南渡江，從北方向南方活動。

另外，公元八七六年，在浙江地區又爆發了王郢領導的起義。這支義軍，聲勢一度很大，後來被政府軍鎮壓下去了，可是浙東的人民受到了起義的洗禮。所以後來黄巢起義軍到了浙東，那裏的人民紛紛起義響應，集中到他的部下來。這時黄巢到底在哪裏都搞不清楚。記載有的說在浙東，有的說在江西。因爲各地的義軍起來後，都自稱爲黄巢的部下，接受黄巢的領導。因此，當時的記載說黄巢在什麽地方，其實不一定是黄巢自己在那裏。關於黄巢行軍路綫這個問題，現在有争論。我認爲大體上是這樣的：黄巢渡江以後，經宣州，攻杭州，轉入浙東，開山築路達八百餘里，把仙霞嶺這個山路開通了。公元八七八年至八七九年之間，黄巢的軍隊到了福州。公元八七九年又攻取了廣州。攻

取廣州前，黄巢曾要求唐朝給予廣州節度使的名義。這可能是想爭取不戰而得廣州以休整隊伍。但唐朝没有答應。起義軍攻取廣州以後，在那裏停留不久，因爲起義軍隊的主力是北方人，到了南方水土不服，很多人生病。於是公元八七九年秋天，黄巢率領軍隊重新北上。從廣東到廣西，編製了不少木筏順湘江而下，很快地由廣西到了湖南，十月就攻下長沙（當時叫潭州），又由湖南攻打湖北江陵。當時坐鎮江陵的是唐朝鎮壓義軍的頭子宰相王鐸，他企圖阻攔義軍北上，但是當義軍進攻江陵時，他就趕快逃跑了。義軍在湖北没有逗留，又很快地進入江西、浙江、安徽等地，由宣州北渡長江。當時唐政府鎮守揚州的是大軍閥高駢，他不敢出戰，黄巢順利渡江北上。這時黄巢嚴整軍紀，整隊西行，所向無敵，幾乎没有什麼戰爭。在是年十一月，唾手而得唐的東京（洛陽）。黄巢對洛陽没有一點破壞。在同年十二月（也可能是次年一月），又攻下了潼關。這時唐朝更加腐朽，僖宗即位時只有十一歲，政事由宦官田令孜當政，他們都腐朽不堪。僖宗喜歡打馬球，他的禁衛軍中有球隊，神策左右軍進行比賽，其獎品是西川節度使。黄巢大軍進攻潼關以前，田令孜的弟弟在賽球中得獎，去成都當西川節度使。黄巢進攻到潼關，田令孜就帶着僖宗逃跑到成都。唐朝禁軍中一直有很多商人和地主的子弟，他們加入軍隊是爲了逃避賦役與仗勢欺人，大都不敢打仗，要他們去鎮守潼關時，他們就臨時雇一些長安的乞丐來代替。乞丐没經過訓練，不會打仗，也不願意打這種爲統治者賣命的仗。義軍抄小路進入潼關背後，守關的兵就潰散了，潼關被義軍占領。黄巢直入長安，建立政權，國號大齊，年號金統。唐朝當時没有能力抵抗，但是黄巢没有觸動唐節度使的軍隊。就在公元八八一年—八八二

年，唐朝調動各節度使的軍隊以及沙陀（屬突厥族）軍圍攻長安。有人説黄巢進入長安以後，没有任何軍事布置，坐以待困。事實並非如此，他進入長安以後，曾派大軍駐守潼關和長安外圍的其他一些重點。但駐守潼關的軍隊，在一次錯誤的情報中南撤了；黄巢爲了誘敵曾一度退出長安，後來又進入了，但駐守在潼關的軍隊，以爲長安被敵人占領了，就率軍南下。後來鎮守軍中又有幾個將領叛變，投降了唐朝，如鎮守長安以東一個重要軍事據點同州的朱温，是農民軍裏面的一員大將，投降了唐朝。這樣長安外圍的軍事據點都失掉了，軍事力量也損失了不少，長安就陷於被包圍的形勢之下，糧食缺乏。義軍没有辦法，在公元八八三年被迫退出了長安。義軍退出長安後向東進入河南地區，在那裏逗留了將近一年。爲了攻取陳州，就花了近三百天的時間。這就使唐政府有充裕的時間把軍隊聚集起來進行追擊。公元八八四年，沙陀兵在酋長李克用的率領下進救陳州。這時義軍在軍事上陷於不利地位，和沙陀軍一戰就失敗了。義軍由河南轉入山東，三月裏，黄巢在泰山的一個山谷裏自殺了。大規模的農民起義被鎮壓下去了。

唐末農民大起義的特點：

（一）第一次提出了平均的口號。過去的農民戰争雖然也有類似的口號，但是不如這次明確。

（二）其戰略是流動戰争。從北方打到南方，一直打到廣州；後來又打回去，直到長安，在全國進行了一次大規模的、流動的戰争。有人認爲這與黄巢、王仙芝出身於私鹽販有關，因爲販私鹽的是跑江湖的。但我認爲他們之所以采取流動作戰的方式，主要是爲了利用唐中央和藩鎮以及藩鎮和藩鎮

之間的矛盾。義軍總是在他們的接合部衝來衝去，那些節度使不願意喪失自己的實力，義軍打到了他們的境内，他們就鎮壓，否則，他們就不管了。所以，采用流動方式在當時是一種戰略。當時河北三鎮的兵力很强，他們長期不服從唐朝命令，義軍就没有到河北。河北三鎮對鎮壓義軍也不賣力。可見義軍是利用了這個有利的條件的。但由於采取流動形式，義軍没有能建立根據地，這是導致起義失敗的一個重要原因。

唐末大規模的農民起義被鎮壓了，但它起的作用是什麽呢？關於這個問題，有很多人在研究。據我個人的看法，他們起義時間這樣久，經過的地區又是這樣的廣闊，凡經過的地方，不論輕重，總是對地主階級進行了打擊。在唐末那樣一個土地兼并十分激烈的時候，經過了這樣的打擊，在一定程度上，地主階級掌握的土地必然有一部分轉入農民的手裏。也就是説起義使土地關係有所調整。其二，起義軍雖然被鎮壓下去，但唐王朝也不能維持了，起義軍在事實上已經推翻了最腐朽的唐王朝。其三，進一步消除了門閥殘餘勢力。唐代門閥制度基本不存在了，但門閥貴族仍然具有殘餘勢力，無論在社會上、政治上、思想上還起着一定的作用。通過黄巢大起義，門閥殘餘勢力被徹底清除了。

農民起義軍被鎮壓以後，唐政府還没有完全垮臺，但也爲時不久了。叛徒朱温得到了唐朝的賞識，並被賜名爲朱全忠。就在公元九〇七年，這個被賜名全忠的人却代唐稱帝了。這是勢所必然。實際上在黄巢起義軍占領長安的時候，唐朝就已經崩潰了。

第七章　魏晉南北朝隋唐的文化

這裏分爲兩部分講，一部分是講魏晉南北朝的文化，另一部分是講隋唐的文化。

一　魏晉南北朝時期的文化

對於魏晉南北朝，過去一直認爲是黑暗落後的時代，並因此而認爲這時代在文化上没有什麼成就。其實並非如此，這個時代的文化成就還是很高的，它是一個承上啓下的時代。唐代的文化有一部分是繼承了魏晉時代的成果的。所以，對魏晉南北朝的文化不能估計過低。

（一）科學技術

從科學技術方面來講，有南朝數學家祖冲之，他計算的圓周率，精確到小數點後第七位數字，比歐洲人早一千多年。他的兒子祖暅也是個有成就的數學家。

在農業方面，出現了賈思勰的齊民要術一書，它總結了前代與當時農業生産的經驗，記載了優良的作物栽培技術，强調精耕細作，主張犁條小而窄，耕後要多次細耙。書裏講了幾種作物的輪栽法，僅粟這一類，就列舉了八十六種之多的種法，這八十六種種粟法又分爲四大類。書中還指出各種穀

物品種與環境的關係，並强調品種的純粹性。書中還記載了果樹的栽培與嫁接法，這種方法一直到現在河南某些地區還在使用。在畜牧方面，載有許多肥畜的方法，這些方法，到現在也還使用。所以，賈思勰的齊民要術是對農業科學的一個重大貢獻。

在醫學方面。西晉時，醫學家王叔和寫了脈經一書，這部書到現在還是中醫的經典著作。皇甫謐寫了一部甲乙經，這是第一部針灸學的專書。本草從原來的三百六十五種藥物擴大到七百三十種。

三國時，魏的馬鈞改進絲綾機，提高效率四五倍。他又創制翻車（即今之龍骨水車），對農業生産作出重大貢獻。

在煉鋼方面，南北朝時也有很大的進步。可見，科學、技術在魏晉南北朝時期，都有很大的發展。

（二）史學文學和藝術

在史學方面，有陳壽的三國志、范曄的後漢書等，都是傑出的史學著作。陳壽是三國晚年到西晉初年的人。范曄是南朝宋代人。當時還出現了「地方志」，這類書很多，全面地記載了地方上的情況。現在留下來的有常璩的華陽國志。這部書專門記載了四川、雲南、陝西南部一帶的歷史、地理沿革，風土人情。還有許多地方志没有傳下來。當時還有人寫了許多地方性的人物傳記，可惜都没有傳下來。

在地理學方面，當時也有許多著作。像酈道元的水經注，記載全國一千多條河流，凡是水道經過的地方，其地理沿革、歷史傳説、古迹、人情風俗等都有詳細的記載。這部書不僅僅是一部從地理上記録水道的好書，而且還留下了許多寶貴的歷史資料，同時，它也是一部很好的文學作品。

在文學方面，人所共知三國初期的建安文學，是文學史上的一個重要階段。曹氏父子（曹操、曹丕、曹植）都是愛好文學、提倡文學的。當時，以曹氏父子爲中心的所謂建安七子，對於五言詩都有較高的造詣。當時有一個女作家，叫做蔡文姬。郭老（沫若）十分推崇她的胡笳十八拍。有人認爲胡笳十八拍不是蔡文姬作的，是後人託名的。關於這一點，我不是研究文學的，所以不加評論。但在我看來，她的悲憤詩的確寫得好。從後漢書蔡文姬傳（即董祀妻傳）的記載來看，她的作品反映了董卓專權、軍閥混戰的時代和自己的遭遇，記録了統治者的暴行，也反映了當時人民的痛苦。五言詩是從民間來的，來源於民歌。早在漢代民歌就很發達。武帝時成立了一個機構叫做樂府，把民歌收集起來。後來文人就仿樂府作詩。五言詩成熟時代，恐怕是在建安時代。關於這方面就不詳細講了。

在西晉時代，五言詩還是在成長。南北朝時代的陶淵明、鮑照都是當時傑出的五言詩人。這些也不詳細講了。

當時的民間歌曲，也是很發達的。在現在的江蘇、浙江一帶有所謂吴歌；在現在湖北和長江中游一帶有所謂西曲。這兩種歌曲，有許多保留下來了。但由於統治者把民歌據爲己有，他們選擇傳録的是符合他們當時的要求的，因而吴歌、西曲現在留下來的多半是寫愛情的，而没有什麽豪放的，

這恐怕是統治階級選擇的結果。但在保留下來的這些民歌裏，我們也可以看到當時社會的一些情況，以及當時人民純潔的愛情。北方的民歌也有一些保留下來，當時稱這些民歌爲虜歌（南朝人把當時的北方少數族人稱爲「虜」）。這類歌起源於北方的少數民族，後來傳到南方來，並爲廣大人民所喜愛，於是仿照這些民歌的調子創造出許多的歌來，因此流傳下來的北方民歌中，有很多是漢人作的。這也反映了民族文化的融合。這些虜歌很好，有不少反映了豪放、慷慨的情感。

從魏晉南北朝以來，文學方面的形式主義日益發展。到了南北朝後期，在文章方面發展了駢文；詩也在向律詩方面發展。總的趨勢，就是注重音韵、對偶、詞藻等，也就是説注重形式。當時無論是文是詩，雖然都有傑出的作家，但文學總的傾向走向衰落，缺乏内容，有一些作品反映了不健康的情趣；有一些反映了意志消沉、頹廢的情緒。這些作品基本上應該否定，但我們也不能一筆抹煞。他們做的駢文、律詩中也有一些較好的作品。例如：在南北朝後期，庾信的哀江南賦，就是很好的作品。它是寫侯景之亂以及西魏攻陷江陵的，不僅運用詩韵、對偶、典故以及詞藻的技巧非常純熟，而且在内容方面也不是空洞無物的。它揭露了梁末政治的腐敗，譴責了統治集團的倒行逆施，抒發了詩人輾轉流離的痛苦心情，而這也正是江南人民在戰亂中的共同心情。所以文章是很有價值的。在律詩方面，唐朝的大詩人杜甫説過，陳朝時期有兩個大詩人：一個叫陰鏗，一個叫何遜，還是值得學習的。由此可見，對當時的文學不能一筆抹煞。

當時屬於小説一類的，有世説新語。用筆不多，却深刻地刻畫了這個時代士大夫的精神生活，反

映了當時的社會風貌，其文筆也是很優美的。世說新語是劉義慶編的，他是劉裕的兒子，是一個王，想來必定有人幫他編寫。

當時在文學理論上，出現了一部傑出的著作，即劉勰的文心雕龍。從三國以來，文學理論發展很快，而劉勰集這時文學理論之大成寫出文心雕龍。全書五十多篇，某些思想見解直到現在還值得肯定，是很有價值的著作。文章體例是駢文，文理明晰，可算是駢文的傑出作品。對於文心雕龍的基本理論我没有研究，只能介紹到這一步。

從藝術方面來説，東晉的時候，顧愷之以畫人物著名，他追求神似。據説，有個人畫像，畫來畫去就是不像，顧愷之看到後説，你畫是畫得很像，我再給你加幾筆吧！他在畫上人物面頰上加了三根毛，馬上就栩栩如生了。現在故宫博物院裏有一幅顧愷之繪的女史箴圖的仿製品，從這幅畫上可以看出顧愷之作品的特點。當時山水畫也開始出現了。在繪畫理論上，南朝宋謝赫總結了過去的經驗，創造了繪畫的理論——「六法論」。前秦時期開始開鑿的敦煌莫高窟是一所藝術寶庫，它保留了大量壁畫，其中一部分是隋唐以前的。這些壁畫畫的都是佛教故事，是藝術的傑作，表現了民間繪畫家的高超藝術水平。在中國的藝術中，還有一個特殊的東西是書法。從魏晉時期起，楷書與行書才流行。曹魏時代的鍾繇是當時著名的大書法家，楷書和行書成爲書法中的一種，是他奠定的基礎。東晉時的王羲之，歷史上尊崇他爲「書聖」。他的兒子王獻之，也是著名的書法家。二人被並稱爲「二王」。他們的書法爲唐代所尊崇，唐代的書法是沿着「二王」這一條道路發展的。他們當時是書

法中的革新家，有不少創造性的東西。雕塑方面的成就，主要在敦煌、雲岡、龍門三個大石窟。當時的統治者信奉佛教，鑿出這些石窟來是供奉佛的。敦煌由於石頭不適宜雕刻，所以主要是壁畫和塑像。雲岡和龍門都是雕鑿的。由於這些雕塑像不是一人一時之作，所以形象、風格不一。雲岡石窟是北魏初期的。在魏孝文帝改革以前，北魏的都城是平城（大同），改革後遷都到洛陽，又開鑿了龍門石窟。龍門早期石窟開鑿於北魏後期，龍門後期石窟開鑿於唐代。敦煌壁畫和龍門雕塑曾被帝國主義侵略者盜竊了許多，使我國文化遺產遭到嚴重的損失和破壞。

（三）思想和宗教

關於思想方面：

在魏晉時期，出現了玄學。這種玄學思想有它的社會背景。在黃巾大起義以後，統治者受到了嚴重的打擊，有些士大夫對東漢的名教之治發生了懷疑。名教即以正名分爲主的封建禮教，提倡儒家道德規範，並根據儒家道德規範來品評人物。東漢時代是名教統治的時代，所以士風一般是尚名。而名是從什麼地方來的呢？就是由當時所謂的名士來操縱的。一個人要得到名，最重要的就是要履行封建道德。魏晉時士大夫們對這一套統治方法發生了懷疑。因爲東漢雖然提倡名教之治，並據此選拔官員，結果還是發生了大起義，東漢王朝也被推翻了。這就是說，儒家的統治理論不太有效了，要鞏固統治，就必須另外找出一套理論，因此，玄學出現了。所以玄學不是空洞的虛玄之談，而是

有鮮明的政治作用的，是統治者的哲學，反映了統治者當時要求鞏固統治的一套思想。這是第一點。

第二點，在這個時候，門閥貴族執掌政權，門閥地主的勢力日益發展，他們也要求有一套理論來維護自己的利益，反映他們的要求。

第三點，單從學術方面來說，玄學是對漢代的古文經學的發展。漢代的經學有一個特點，就是繁瑣，專門講訓詁。魏晉人對繁瑣的經學不滿意。漢代的經學又夾雜有陰陽五行流於迷信的成分。玄學重說理，由繁瑣到簡要，拋棄陰陽五行的成分。所以從學術發展方面來說，它的出現也有一定的道理。

從政治上來說，玄學的出現是爲了適應統治者的需要：一是怎樣統治人民，一是怎樣維護門閥貴族的利益。玄學家們提倡道家學說。東漢時候是一套儒家的理論，即所謂名教之治，現在它提出了道家，而道家是主張自然的，以此來與儒家的名教相對抗。儒家在東漢注重名，而道家特別提出無名的主張。這套無名的主張是有理論的，他們認爲，一切事物有了一個固定之名，就有它的局限性；只有無名，才能遍天下之名而名之。認爲一切的事物都生於無，只有無才能生有，有不能自生。實際上他們認爲物質都是派生的，他們的所謂無，只能理解爲精神形態。因此這是唯心主義哲學。其次，玄學說只有無才能生有，有不能自生。先有一個無，然後才有有，既然有了有，就有了局限性。這種學說是從道家思想中來的。當時是門閥專政，門閥貴族爲了維持自己的權力，要求國君無爲。它說，作爲一個國君，應當是無名無爲，才沒有局限性。做各種官，各個機構都有一定的任務，都是有名有爲，有局限性的。國君是超於百官之上，所以是無名無爲的，他的任務是委政百官，自己不要親身干

預具體事務。從形式上來看，好像是說作爲一個領導不要局限於具體事務裏面去，實際上是要皇帝不要多管事，讓他們來專政，這完全是適應當時門閥的要求的。

玄學中有幾派：一派是正統派，以何晏、王弼爲代表，也是玄學的創始人。他們都主張無，認爲無是萬物的根本，萬物的宗主。所以這一派又稱爲貴無派。他們在理論上重視道家，特別是重視老子。同時也不反對儒家，並認爲儒家所主張的封建秩序、封建道德是合乎自然的。他們也並不反對名教。所以說，這一派是調和派，是調和儒、道兩家的。爲了替門閥服務，他們當中一個叫向秀的說，富貴出於自然。這一理論是說，社會生活中的一些東西，如「榮華」、「富貴」等，都是自然之理，人們享受榮華富貴與名教並不矛盾。所以那時的達官貴人們，一方面過着奢侈的生活，享受高官厚禄；而另一方面又對人家說：我雖然這樣，但我在思想上並不背離名教。他們把自己荒淫豪侈，貪污、腐化、墮落等惡行都歸之於自然。自然成了他們胡作非爲的理論根據。這就是正統派玄學發展的道路。這樣一種理論，再發展下去那是不堪設想的。

另一派是別派，即非正統派，以阮籍、嵇康爲代表。他們也是屬於貴無派中的一派，但他們有一個特點，就是反對封建秩序、封建道德，所以反對名教。何晏、王弼認爲名教可以與自然統一起來，而阮籍、嵇康認爲名教與自然不能統一，因此應當超越名教而追求自然。他們追求的東西有十分明顯的神秘主義傾向，即所謂内心解放。但是他們這一派有積極的方面，就是在破除封建秩序方面比較徹底。他們最反對禮法。阮籍有一篇文章，叫做大人先生傳，裏面嘲笑了那種儒家之徒，

說這些人就像褲子裏面的虱子一樣，但他們自己還覺得很舒服。他對封建秩序、封建道德以及對人束縛的東西都非常反對。由於這一派的進一步發展，到了後來出現了鮑敬言的無君論。有人説鮑敬言是唯物論者。可惜他留下來的東西太少，僅留下一篇無君論，還不完全。當時有一個維護封建秩序而反對鮑敬言的人，名叫葛洪，爲了駁斥無君論，他引用了文中的條文。由此保留下來了一個不完全的無君論的論文。因爲不知道鮑敬言的全部思想内容，所以現在我們也很難斷定鮑敬言是唯物論者還是唯心論者。無君論的思想，認爲天下大亂，都是由於有了君臣，所以應當廢除君；同時指出人民起義、反抗，就是由於受了壓迫、剥削之故。基本上是同情人民的。對於做皇帝是出於天命，是天經地義的説法，給予徹底的反駁。關於這一點，從道家的學説一直到大人先生傳都有這樣的思想傾向，但是没有人敢提出不要君，而鮑敬言敢提出無君，他是超過前人的。他在無君論裏面對現實的封建統治是不滿的，因此，這一篇無君論我們是應當肯定的。鮑敬言同情人民，也知道人民痛苦的根源是受剥削、壓迫，但他提不出解決辦法，只好尊重道家之説，主張恢復到上古的無君社會，也就是説恢復到氏族社會。對於這一點，我們是可以理解的，因爲我們不能超越歷史時代，要他在當時的歷史條件下提出一套反封建壓迫、剥削的政治鬥争綱領來，那樣的要求是不現實的。就他的思想上最本質的方面來看，他反對封建秩序、反對封建統治，這是應當肯定的。但由於歷史條件的限制，他提不出辦法來，不能向前看，只能向後看，主張去恢復古代的氏族社會，古代的無君社會。這一點正説明了他的思想的局限性。他畢竟不是代表新的生産力，新的階級，所以，只能

做到這樣。

從阮籍、嵇康一直到鮑敬言的這一派，發展下去對封建統治者當然不利。因此，當時就有人提出崇有論來反對他們。正統派從何晏、王弼以來都是貴無的。據我看，鮑敬言的無君也是貴無的。所以，當時有人提出崇有。崇有派玄學家郭象，認爲有不是無派生的。這一派仿佛有點唯物論的傾向，但是，歸根到底跳不出唯心論的圈子。因爲它承認有，有就是物質，但是這不過是物質實物的「迹」。物質是看得見，摸得着的，而另有一種物質的「迹」是神秘的，叫做生機之神。一方面承認無不能生有，認爲物質從來就是有，從來就是存在的，不是派生的；但是又認爲有個生機之神是永恒的、不變的，真正永久存在的。所以其結論還是唯心論。

關於宗教方面：

這時期道教建立起來了。

佛教方面，由於統治者的提倡，佛教很快在中國傳播起來，並翻譯了大量的佛經。其特點是與玄學相結合。

與此同時，真正的唯物論思想也有了新的發展。范縝的神滅論是當時唯物論思想發展的傑作。公元四八九年，范縝發表議論，反對佛教，主張神滅。認爲人死後没有什麽靈魂。反對佛教的那一套因果報應之説。公元五〇七年，他的神滅論正式發表。而那時正是南朝的梁武帝大倡佛教，把佛教宣佈爲國教的時候，當時認爲佛教是正教，至於佛教以外乃至於周孔之道都是邪教。范縝却不顧一

切地提出了神滅論。梁武帝讓大臣們寫文章反對他，當時有六十三人寫文章，但是都駁不倒他。范縝的神滅論認爲，精神與形體是相互結合的。所謂神就是精神，精神依靠形質而存在。如果形質不存在了，那麽神也就不存在了。形存則神存在，形謝則神亡。以此反對佛教因果報應的説法。他作了一個比喻，説神與形的關係好像是刃與利的關係。一把刀子很鋒利，但是如果刀刃没有了，其鋒利也就没有了。一個人的形質消亡了，肉體没有了，精神也就隨之而消亡。這樣一種説法，明確地提出了神附於形體而存在。以前的唯物論者，往往認爲神也是一種物質，不過是特殊的物質。而范縝則認爲神是形派生的東西，這種論點發生了很大的影響。他又認爲，人活着時候的質和死後的質不同，人活的時候有精神活動，死後就没有了。正像樹木一樣，活着的時候很繁茂，死後就成了枯木。那種認爲人死後爲鬼，鬼又變成人的佛教説法，是不能成立的。但是范縝也有他的局限性，是一種樸素唯物主義的局限性，最後歸之於宿命論。有人問他説：你説没有因果報應，爲什麽生下來的人有富貴貧賤之分呢？他解釋説，這好像是花，一陣風吹來，花落下來了，有的落在富貴人家的茵席上，有的却落在茅厠裏面了。人和花一樣，所以才有了富貴和貧賤之分。這是宿命論，是不能正確的，不能深刻地分析和正確地解釋人的貧賤和富貴之原因的由來。又有人問他，按照你的説法，爲什麽有聖人和平常人之分呢？有人聰明、有人笨拙這是什麽道理呢？他回答説，這是由於生理不同，神附於形，一個人的思想意識是由特殊器官——心來管理的，好像手管觸覺，耳管聽覺一樣。聖人與凡人的不同是心不同，聖人心有七竅，凡人的心没有七竅。這種説法，按照現在的話來説，有機械唯物論的傾

向。當然，在當時歷史條件下他有這樣的論點是可以理解的。

二　隋唐時期的文化

（一）科學技術

隋唐的文化是輝煌燦爛的，唐代的科學技術在前代的基礎上有了全面的提高。當時在數學方面有許多成就都超過了前人，有一部分超過了當時世界上其他各國的水平。當時出現了著名的天文學家劉焯、僧一行（張遂）。在醫學方面，唐代孫思邈是最傑出的，他收集了許多民間的藥方，集成一部書叫千金方。其中收集了五千三百多個醫方，廣泛地收集了流傳在民間的藥方。唐代還有王燾，著有外治秘要一書，共收集了七千六百多醫方。在藥物方面，在原來本草的基礎上有所發展。藥品中除了內地藥物之外，還收集了邊境與外國的藥品。雕版印刷大致也在這時發明。現在最早的雕版印刷書籍是在公元八六八年刻的佛教的金剛經。這種雕版印刷的出現，對唐朝文化的發展起了很重大的作用。

（二）文學史學和藝術

唐代的文學，特別是詩歌可以說達到了一個高峰，這是人所共知的。詩歌的形式各個時期有所不同，魏晉時期，五言詩達到了高峰，唐代詩歌的各種體裁都得到了發展。從文學的技巧和藝術方面

來説，都接受了前代，特别是南朝以來的成就。唐代進士科要考雜文，其中就有詩歌。所以在唐代，讀書人一般都會作詩。當時偉大的詩人有陳子昂、杜甫、李白以及後來的白居易、元稹、杜牧、劉禹錫等。唐朝是詩歌發展的最高峰。唐代民間文學也是豐富多彩的。當時出現了一種變文，變文是和尚宣傳教義所采用的一種形式。有説有唱，内容都是佛教裏面的故事，譬如目連救母、釋迦成道這一類。後來民間吸取了它的特點，也用這樣的形式，來講歷史故事和現代故事，譬如孟姜女、伍子胥等等故事。現在敦煌發現了許多變文，其内容樸素生動。詩歌的另一種形式是詞。詞是在民間傳佈，並爲民間所歡迎的。在漢魏時代，許多詩是可以唱的。唐代有許多七言絶句還是可以唱的，但以後可唱的詩不多了。詞是由民間的歌曲發展來的，調子很多，有的是内地的，有的是邊疆少數族的，也有從國外傳來的。按照調子創作的歌曲就叫詞。現在看來，在唐朝前期，主要是民間歌曲，創作詞的人，多是當時的歌手，唱歌的人自己創作歌詞。文人學士很少寫詞。到了中唐以後，文人已在作詞了，相傳最早的是李太白的清平調，是可以唱的，不過還是七言絶句的形式。另外還有菩薩蠻和憶秦娥二首，有人懷疑這不是李太白的。但是可以相信這是唐代的作品。詞在唐代還處於萌芽狀態，真正的發展是從五代開始的。

唐代的小説稱之爲傳奇，意思是傳奇故事，是一種小説的形式。大家現在讀的西廂記，其前身就是唐代元稹寫的會真記，寫的是張君瑞和崔鶯鶯悲歡離合的故事。這種傳奇小説形式的發展和當時民間流行的變文文學有關係，後來演變成爲宋代的話本。

隋、唐都是一個統一的大王朝，特别是唐朝統治時期較長。唐代的雕塑、繪畫、書法、音樂、舞蹈等藝術都是空前繁榮的。

繪畫。山水畫在此時期成熟了。著名的畫師吴道子，兼工人物、山水畫；王維，是個大詩人（玄宗時的大詩人），也是大畫家，蘇軾説他詩中有畫，畫中有詩，他是畫山水畫的能手。當時民間藝人的創造也是很偉大的，敦煌壁畫藝術就是證明。敦煌壁畫除了具有高度的藝術價值之外，還反映了當時的社會生活，作爲歷史資料也是很有價值的。

書法。唐太宗最崇拜王羲之，他自己的字也寫得很好。唐朝對南北各家的書法藝術都吸收綜合，所以唐朝的書法藝術有很强的綜合性。唐代的大書法家早期有歐陽詢、虞世南、褚遂良等，後期有顔真卿、柳公權等。

音樂。隋唐的音樂是百花齊放的。在隋朝就有所謂九種樂，其中的燕樂和清樂是舊的傳統，是南北朝時期留下來的，其他七種都是西北邊境少數族傳來的。這些兄弟民族的音樂在北朝的時候就已非常流行。北齊的宫廷裏就盛行龜兹的音樂。北朝和隋的時代，宫廷裏有不少兄弟民族的樂師。隋朝傑出的音樂家萬寶常在中國古代音樂的基礎上，學習和接受了各兄弟民族的音樂，並把二者結合起來，在此基礎上加以發展提高。他在音樂理論上也有所創造。

唐代繼承了隋朝，並在隋九種樂的基礎上發展爲十種樂（加上高昌——現在的吐魯番）。唐代在長安設置了一個機構，專門管理音樂、歌舞、雜技，叫做教坊。這個教坊是爲以皇帝爲首

的貴族官僚的享受服務的。教坊裏有音樂家、歌舞家和雜技家，有樂工一萬多人，其中優秀的就被選入宮中伺候皇帝。這個教坊雖然主要是供貴族官僚享受的，但它和民間没有脱離聯繫。唐玄宗時代，有一個傑出的歌唱家叫念奴。據説，唐明皇時元宵節洛陽放燈，念奴就在廣場上給群衆表演。還有雜技，是一個人頭上頂一根竹竿，竿子上有一個小孩爬上爬下。雖然教坊是供皇帝官僚貴族享受的，但在其中聚集了不少藝人，各行各業都有，這對音樂、舞蹈、雜技等藝術的發展起了促進作用。

這種音樂、舞蹈也傳佈到邊疆少數族地區，譬如吐蕃、南詔等地。唐朝曾派樂工到那裏去。當時，中原的音樂、舞蹈得到了西藏、雲南兄弟民族的歡迎。

（三）宗教和思想

宗教方面。從南北朝以來一直到唐，佛教是很發達的。玄奘的取經是人所共知的。這個時期的佛教出現了幾個由中國創立的宗派。印度没有。中國化的佛教有天台、華嚴和禪宗三派。天台、華嚴是綜合性的，把魏晉以來傳佈到中國來的各種佛教派別加以批判接受，自成一派。禪宗是最徹底的主觀唯心主義，認爲心即佛，主張頓悟。本來玄奘創立的叫法相宗，也叫唯識宗。這是印度有的。它是一種宗教，又是一種學問，它要求是很嚴格的，信奉的人必須要念不少的佛經。天台、華嚴也是這樣。因爲佛教的教義很奥妙，艱深難懂，不多讀很難領會。唐朝初年，禪宗派爲了幫助統治者進一步麻痹人民，便提倡頓悟。説只要静坐參禪，一旦覺悟了就可以成佛；不用念經，就可以成佛。這在

民間容易被接受。另一方面，也合乎那些達官貴人的胃口。所謂「放下屠刀，立地成佛」，就是説達官貴人做了許多的壞事，將來一旦覺悟了，也可以成佛。禪宗廉價出售升入天堂的入場券。

當時還有外國傳入的宗教，如伊斯蘭教、基督教（當時稱之爲景教，這是基督教的异端，在西方受限制）。還有摩尼教，出於波斯，崇拜光明，反對黑暗。這也是异端，在當地是受到迫害的，也傳到中國來了，是通過回紇傳來的。

思想方面。唐代韓愈是寫散文的大家，文章寫得好，他的思想對後世影響很大。他提出「道統論」，説聖道從堯、舜、禹至湯、文、武、周公、孔子、孟子，在孟子以後不得其傳，他自己又接上了這道統。這種「道統論」與佛教的禪宗有關係。「道統論」爲以後的宋代所繼承。韓愈主張人性有三等（上、中、下），性有三品。這種説法，實際上是把封建等級的觀念用到人性論方面來了。韓愈和宋朝的理學有很大的關係，所以有人認爲韓愈以及他的學生李翺是理學的創始人。詳細的内容就不講了。

當時唐朝也有以柳宗元、劉禹錫爲代表的傑出的唯物論者。韓愈提出過「天命論」，意思就是説天能安排人的命運。它遭到柳宗元和劉禹錫的反駁。他們説天没有賞善罰惡的意志。柳宗元認爲，「受命不於天於人」，這就是天不能支配人，是人自己作主，自己支配自己。劉禹錫補充了柳宗元的論點，並且有進一步的認識，他從認識論上論證人不應當相信天。他説，人在小河裏划船，有了駕船的技術，碰到大風浪也不怕，因而在小河裏行船没有人談天命；但是在大海裏行船就不然了，由於人們

的駕馭技術不能控制大風浪，不由自主，就説這是天命。這就是説，由於人們對自然規律不能完全認識，在人能控制的範圍之内，就不迷信；否則，就出現迷信。可見，並不是天能支配人。他從認識論出發分析了人之所以相信天，所以迷信的原因。這種觀點直到現在還是有價值的，這就是劉禹錫的思想，他補充發展了柳宗元的思想。柳宗元用歷史發展的觀點來反對天命論，他認爲所以出現皇帝、君臣等並不是天命所示，而是由於社會的發展，由於歷史的發展，是歷史的要求。但他很强調個人的能力，認爲皇帝、貴族、官僚等等，都是由於個人的能力超群出衆，所以能創造王朝。他這種觀點，當然不是真正的歷史發展觀點。

韓愈雖然相信天命，但他非常反對佛教，他要闢佛、闢道，當然他不是從唯物論的觀點來反對。而柳宗元、劉禹錫二人非但不反對佛教，相反還信佛教。這説明當時的思想是很複雜很矛盾的，很難從一點上來説一個人是什麽思想，他們的思想中既有唯物論觀點，也有一些唯心論的東西。

唐朝文化廣泛綜合前代文化遺産，吸收了各少數民族的文化，並吸收外國的東西來充實自己，因此唐代文化出現了輝煌燦爛、豐富多彩的局面。

第八章　士族門閥制度

關於門閥制度問題，我想講如下幾點：

一　門閥制度的形成和發展

所謂門閥制度是用來區别士族和庶族的，它一方面是階級區分的等級形式，所有一切被統治階級都是庶族、寒人；另一方面又是統治階級内部上、下層的等級區分。其所以要有這樣一種區分無非是爲了保證門閥專政。門閥專政是地主階級專政的一種形式。

魏晉以來門閥貴族掌握着政權，他們被認爲是最高貴的等級，經濟上是最大的地主，政治上則是最高級的官僚。説他們是最大的地主，並不是説每個門閥貴族都是大地主，其實有的門閥貴族甚至比較貧窮，但從整個門閥貴族集團來看却是大地主集團。他們有政治上以及經濟上的特權，能使用部曲、佃客進行生産，因而成爲部曲、佃客生産制的代表。這樣提法是否恰當可以商榷，總之，當時能擁有部曲、佃客進行生産的主要是門閥貴族，根據制度他們有權占有部曲和佃客。

考察門閥制度的形成必須探討士、庶等級的劃分起於何時？士族的政治、經濟特權於何時確立？也就是説貴族於何時開始可以世代相傳地占據高位，在經濟上於何時開始成爲部曲、佃客生産

制的代表？

我認爲：（一）從東漢時期起，已有了所謂冠族（世代爲官）、大姓、著姓，當時有不少家族世代都是大官，如楊、袁二族，此外還可以舉出不少的例子。一個郡内也很早就有了所謂著姓、大姓，他們在地方上握有大權。從經濟上説，東漢時土地兼并很盛，大土地所有制發展，這就使得在一個地方大族内出現了特别有勢力的大地主。著姓大姓中又出現了在社會上具有聲望的所謂「名士」。他們的地位超出於宗族的成員之上，而又控制着本宗族。所謂著姓、大姓好像通指全族，實際上只是指其中顯貴的支派。（二）東漢各級的地方長官雖由中央派遣，但州、郡、縣的掾屬按照通例則由地方長官委用本地人，叫做辟舉。這些人多半是當地的所謂大姓、冠族的子弟。三國時公孫瓚做幽州刺史時不用這些冠族子弟，便有人對他提意見，他講：我若委任了這些冠族的子弟，他們還以爲是理所當然而不感激我。從這一件事情上可以看到，東漢末年那些冠族子弟認爲在地方上被辟舉已是天經地義的。公孫瓚破壞了這一慣例，便被認爲不合慣例。當時地方政權通常是由本地的大姓、冠族掌握的，朝廷只是委派刺史、太守，而這些長官要依靠當地的大姓、冠族來統治人民。

通過辟舉當時還形成了一種循環報恩的風氣。一個大官舉出一個人（不僅辟舉如此，就是舉孝廉、秀才所謂歲舉也如此）做官，這個人逐步上升，而當做了大官，有資格辟舉人時，便要報恩，要把舉主（原來辟舉他的人）的子孫辟舉出來。從這裏可以看到，循環報恩對於冠族世代爲官起了一定的作用。

總的説來，門閥制度在東漢時已經有了痕迹，但還只是一種淵源，在它的基礎上才産生了魏晉時期的門閥。同時我們也可以看到，東漢時期那些大姓、著姓和所謂小族已經有了很大的區别，那些大姓、著姓往往不願意和地位低的小族來往。但是，我們並不認爲這一時期已確立了門閥制度。因爲：

（一）這一時期雖然出現了世代做官的人家，但他們的地位並没有用法律的形式加以肯定。不但在兩漢時如此，就是三國時期也還如此，東漢末期那些地位低微的所謂寒門也還有機會爬上高位。事實上魏晉時代第一流門閥中至少有一部分人並不是東漢時期的冠族、著姓，而是東漢末年的寒門。比如，潁川陳氏是魏晉時期的第一流高門，而發家者陳寔本人在年青時還做過縣吏，地位低微，後來也没有做大官，只做過太丘縣長；庾氏也是晉以後的第一流的士族，但其祖先在三國早期的地位却很低微。魏晉的第一流高門中有一部分是寒門出身。因此我們説從東漢至三國時期，門閥制度還没有完全確定下來。寒門可以爬上高位；原來的所謂大姓、著姓也有政治地位下降的。

（二）兩漢時代，所有的官吏本人都享受免除徭役的特權，這一點是没有問題的，但是官吏的同族乃至於直系子孫能否免役，免兵役範圍多大，却跟門閥制確立以後有很大的區别。西漢时連丞相的兒子也不能免役。（漢朝的制度規定每人每年在邊境上戍守三天，充當邊防軍，實際上是終身一次一年。）東漢初年，丞相司直王良是二千石級的大官，臨死的時候光武帝親自問病，王良死後，光武帝下了一道詔書，免除王良兒子的徭役。一個大官直到死後，皇帝才下詔書免除他兒子的徭役，可見當時

一般官吏的子孫是不能免役的。但這並不是説，當時官吏的子孫都老老實實地服役，實際上他們都能憑藉自己的勢力逃避徭役，只是没有法律的保證而已。

總之，從東漢至三國時期，門閥在政治上不能壟斷官職；他們的子孫以至宗族也不能免除徭役；其土地也常常轉移。因此東漢時期雖有冠族、大姓的存在，但不能説確立了門閥制度。

我認爲門閥制度在魏晉時期才確立起來。有人常常把門閥士族跟地方豪强看成一個東西。這是不對的。門閥士族與地方豪强雖有聯繫，但有區別。三國時期存在着地方豪强建立武裝、擁有部曲的情況；西漢末年，在那些建立地主武裝，鎮壓農民起義的人中間也有擁有部曲、佃客的；而門閥貴族是部曲、佃客生産制的代表，擁有部曲、佃客。可見門閥貴族和地方豪强之間有聯繫，但不是所有豪强都形成門閥。東漢至三國時期的豪强如李通、李典、許褚的子孫，在魏晉時並没有成爲門閥。

魏晉時期門閥的形成和確立有兩個關鍵：

第一是九品官人法的確立。魏晉九品官人法實行之後逐漸出現了所謂「上品無寒門，下品無士族」的情況，保證了門閥的政治特權。所以説九品官人法確立以後，門閥貴族的政治特權才有了保證，因爲當中正的人都是門閥貴族，他們把上品控制在自己這個等級裏，排斥寒門爬上高品的行列。當時又有清官、濁官之分，寒門只能被評爲九品中二品以下的等級，只能作濁官；士族才能被評爲上品亦即二品，有資格作清官。只有出自清官才能逐步上升到高級官，只有門閥貴族纔可以身踞高位。

中正的品和官品是兩回事。中正的品就是中正給一個人評一個等級，這並不是官職。對於這個

問題，過去往往搞不清楚。

九品中正制是門閥制度形成的主要關鍵，這是由來已久的看法。九品中正制保證了門閥貴族在政治上永遠享有特權。後來西晉占田制確立以後，各級官吏都可以按照品級占有土地。北魏的均田制規定地方官配給公田，作爲俸禄，以後又發展爲職分田。這就是説，世代爲官者就能保證世代占有較多的土地，士族即使自己没有土地也能根據這一規定去占有土地或享受地租。西晉占田制雖然規定各級官僚占田都有定額，但他們實際上占有的土地往往超過定額。總之，西晉占田制度保證了門閥貴族能世代占有土地，因爲九品官人法保證了門閥貴族能够世代做官。

第二是蔭族蔭客制的頒佈。蔭族蔭客制是户調式中的一部分内容，於西晉滅孫吴後頒佈。它規定各級官吏可以按照品級的高低來享有蔭庇宗族的權利。所謂蔭庇就是可以免除受庇者的徭役。這一制度中最重要的是規定了先賢之後、士人子孫可以像國家的官吏一樣蔭庇宗族。就是説不僅自己做官可以蔭庇宗族，即使自己不做官，只要祖先被認爲是「先賢」、「士人」的，也有權蔭庇宗族。我們知道，做官可以享受免役特權是自秦漢以來的慣例，不是魏晉時期的特殊東西，但是官能蔭庇宗族却是魏晉時期的特點。過去雖然實際上存在宗族受蔭庇的現象，但没有法律上的明文規定，特别是關於自己不做官，只要是士人、先賢之後也可以根據這種血統淵源而享有蔭庇宗族的特權的規定，則更是魏晉時期的特點。這樣一來，士便成爲族了。我們知道，各個時期士的含義是不同的，史料關於士的記載最早出現於周朝，周朝有天子、諸侯、大夫、士各個等級；秦漢以後也有士。周朝的士究竟

是一個什麽階級？有的人説是統治階級中的一個階層，但也是參加勞動的。其階級關係還有待研究，可以肯定的一點是周的士與秦漢的士不一樣。戰國到秦漢時期所謂士大夫的士是讀書人的意思。九品中正制確立以後，士便特殊化了，他與一般所指的讀書人的士的含義不同。我們知道，九品中正制是在曹丕還没有做皇帝而即將做皇帝的時候頒佈的。曹丕的朋友吴質在曹丕做了皇帝後也身踞高位，他既是文人又是大官，若照秦漢時的標準是應該算作士人的，可是三國志却記載説吴質的同鄉「不予士名」，不給他以士的名義，吴質很生氣，大駡同鄉人。這一記載説明什麽問題呢？這就是説九品中正制頒佈以後，士便不是一般的稱號，而是那些門閥貴族所特有的稱號了。所謂「不予士名」，是説中正不把他列爲上品的意思。總之，三國時士已顯得很突出，而到了西晉，頒佈了蔭族蔭客制，規定士人的子孫可以享受免除徭役的特權以後，這個士就是我們所説的士族了。

蔭族蔭客制規定各級官吏和士人不但可以蔭族，而且還可以蔭客，官做得越大，蔭客的數目就越大。客得到蔭庇也就確定了客對主人的依附關係，客没有獨立的户口，可以免除徭役，這是由於得到主人蔭庇的緣故，因此他對主人承擔有封建義務，需向主人繳納地租，負擔其他徭役和聽從主人的命令，打仗時要做主人的家兵，隨時受到主人的奴役。西晉户調式所規定的官吏蔭客數字不大，最高級的官能蔭客五十户。有人考證爲十五户，這可能是對的。但即使五十户，數目也不算太大，實際上當時那些大地主、貴族官僚所占有的客遠遠超過這個數字，太原地區用匈奴人作佃客的多者數千人，也可能千爲十之誤，但即使是有匈奴佃客數十人，再加上漢人，也一定會超過五十户的限制。

我們知道，只有最有勢力的人才能蔭族蔭客，而當時最有勢力的人就是門閥貴族，他們能够做大官，掌握實權，因而就有可能掌握大量的依附人口。蔭族蔭客制規定蔭族多者九族，從高祖到玄孫九代都可以免除徭役，範圍是非常寬的。蔭客的意義不在於限制官吏蔭客的多少（西晉時門閥蔭庇人口過多是要受到懲罰的，因爲當時的局面已經統一，政府要整頓户籍，要將門閥貴族所占有的人口解脱出來，使其控制於國家之手，因而才規定了官吏蔭客的數目。這含有限制的意義，但這種限制實際上没能行通），而在於明確承認了客是可以蔭庇的，也就是説客可以受主人的庇護，向主人繳納地租，承擔其他的封建義務，而不向國家承擔義務。這在三國初期是没有法律根據的，曹操時有一個大族把客藏起來不去服兵役，地方官便要他本人去當兵。從這裏可以看到三國初期蔭客是没有法律根據的。但不久之後，孫吳、曹魏都把屯田客甚至普通人賞賜給文武官僚，承認他們是私屬，不向國家承擔義務，但那時還只是特殊恩典。自從頒佈了户調式，確立了蔭族、蔭客制以後，才明確各級官僚和士人能庇護人口。這是門閥特權的表現。

總的説來，占田制、蔭族蔭客制是在經濟上肯定了門閥貴族的特權。客是門閥貴族的依附者，因而貴族便可以組織他們作爲部曲即家兵（私人武裝）；九品中正制則是在政治上肯定了門閥貴族的特權。上述制度的確立便是門閥制度形成的標誌，而這種制度都是在魏晉時期確立的，所以説門閥制度是在魏晉時期形成的。從此以後，士與庶的區別逐漸走向嚴格化（三國時期士庶雖有區别，但是不很嚴格，西晉時期才嚴格起來，但也還不及後來那麼嚴格）。士庶區别的標誌大致有兩點：

（一）婚。魏晉以後士族只跟士族通婚，寒門只跟寒門通婚，士庶之間是不通婚的。這一點到南北朝時特別嚴格起來。西晉時期還不那麼嚴格，當時太原高門王濟是晉武帝的妹夫，他看到一位兵家子很好（魏晉時期兵家子的地位很低微），便想把妹妹嫁給他。王濟的母親要親眼看看，王濟便把這個兵家子領來談話，母親偷着看了看。兵家子走後，王濟問母親的意見如何？母親說：你的眼力不錯，可惜他是一個兵家子，得很長的時間才能爬上高位，他的相貌看來不能長壽（即是說不能等待）。因而不願把女兒嫁給他。這件事說明魏晉時期門閥制度雖已確立，但寒門仍舊可以爬上高位，兵家子也有機會爬入士族的行列，只是需要較長的時間；同時也說明當時士庶之間還是可以通婚的。

（二）宦。當時的官有清濁之分。清濁之分即士庶之別，上品由清官出身一直當清官，下品除了由於特殊原因而升高其地位，便只好由濁官出身一直當濁官。爲什麽要特別重視出身官的清濁呢？這是因爲當時在品級高低和清濁之間有時不甚一致，既有品高而官濁者，也有品低而官清者。有的官則是士族能做，寒門也能做的高級官雖然都是清官，但寒門立了功，特別是立了軍功以後也可以任高官。因而要根據出身官的清濁來判定士庶。

南北朝時期士庶的區別特別嚴格，後來又發展到士族内有等級的區分，最高級爲「甲族」，次等士族稱「次門」。這種等級區分在魏晉時是很少見的，而到南北朝時便嚴格起來。

這裏附帶說明一個問題，這個問題從清朝以來便有人産生誤會。這就是趙翼二十二史劄記根據

南朝蕭道成説「朕本布衣素族，念不到此」，便認爲蕭道成出身於寒門。自從趙翼有了這一誤會以來，一直到現在通常都引用趙翼的話。其實素族並不等於寒門，這兩者有時可以聯繫，但並不是一回事。所謂素族是跟宗室或有世爵者相對而言的，素族的意思即不是皇族或没有世爵，蕭道成雖然不是當時的第一流士族，但也是屬於士族行列的。他的意思是説，自己不是宗室、公侯，如今却做了皇帝，這是意想不到的事。

二　南北朝時期南方士族與北方士族之間的區别

南方的士族主要有二類，一類是於永嘉之亂，西晉滅亡前後從北方轉移到南方的僑姓（僑居南方）；另一類是南方土生的，這是孫吴時代培植起來的士族，稱爲吴姓。南朝的門閥標準有一個特點，即只有永嘉之亂時期逃到南方去的士族才算士族，凡永嘉之亂以後，比如東晉後期或末期南下的士族便受到輕視。弘農楊氏是東漢以來的大姓，老牌門閥，但楊佺期直到東晉末年才從北方搬到南方去，因而受到輕視，被稱爲「荒傖」。南方的士族也有限制，實際上只有現在江蘇南部、浙江紹興和浙西地區有士族。其他地區的豪强在地方上也享有特權，掌握地方政權，但高門甲族不承認他們的士族地位，瞧不起他們。

南朝時期，士族業已僵化，幾乎不再有什麽提升，只有極個别的情况，比如蕭氏原來不是士族，後因與劉宋宗室聯親，劉裕的母親出於蕭氏，後來蕭氏又是齊、梁兩朝的皇室，因而成爲南方第一流的

士族，這是極個别的例外。

北方的情况與南方不同。北朝在永嘉之亂，西晉滅亡前後，那些離長江較近的河南、山東地區的士族以及少數河北、山西地區的士族都逃到南方去了。我們知道，魏晉時期河南、山東地區的士族比較多，其地位也比較高。河北地區自秦漢以來雖然經濟相當發達，但魏晉時期所産生的士族却比較少。晉書記載説河北地區連充當中正的人也不是二品，只是三品（這是次等士族）。所以説「河北少士人」。河北地區少數士族與豪强大姓在流民與少數族起義的過程中，很多没有逃往江南而是逃往遼東，有的是渡過黄河到山東，也有的則與當地少數族政權合作。總的説來，當時中原地區最高級的士族已於西晉滅亡前後逃到南方去了，而留在北方的雖然也有少數高門，但主要的却是次等的士族，或者是未列入士族行列的豪强。南方士族輕視北方士族是根據魏晉時期的標準和渡江先後，所以連楊佺期這樣的高門也瞧不起。

北魏孝文帝改革時，將統治下的整個北方地區的門閥大加調整、擴充。他的辦法有如下幾點。

（一）立郡姓。將各郡最有勢力的豪强，不管是不是魏晉時期的士族都列爲郡姓，當時除了邊境少數族没有郡姓外，其他各郡幾乎都有郡姓。孝文帝的改革便打破了魏晉時期的士族範圍，把每個郡的豪强都推舉出來列爲郡姓，凡列爲郡姓的便是士族門閥，都可以享受特權。這樣一來，士族門閥的隊伍便大大地擴充了。如北魏初期，大家都不把河東薛氏（現山西南部）看作漢人，而看作是少數族蜀人，顯然不是魏晉時期的士族。據説孝文帝定郡姓時没有把薛氏列爲河東郡姓，薛宗起（北史作

薛聰,和資治通鑑記事略有不同。究竟是誰,我們且不管,反正是薛家的子孫)便向孝文帝力爭。孝文帝説:「你是蜀人,爲什麽要列爲郡姓?」薛宗起説:「薛氏自蜀遷來,是漢丞相之後,我們算作蜀,那末陛下是鮮卑人,難道也算作『虜』不成?」於是孝文帝便將薛氏列爲郡姓了。由此可見,通過孝文帝的定姓族,凡是地方豪强多半都列爲郡姓。過去對於孝文帝的改革,通常只注意了鮮卑貴族門閥化的措施,而忽視了北方豪强列爲郡姓的措施,其實後一措施是極爲重要的,它是根據北方豪强的普遍要求以及十六國以來的實際情況而制定的,其意義是加强了拓跋族統治者和地方豪强的合作。

(二)鮮卑貴族門閥化。孝文帝按照門閥制度在鮮卑貴族中定穆、陸、賀、樓、劉、于、嵇、尉八姓爲高門,使鮮卑貴族處於與漢族最高門閥同等的地位。其他諸姓也按照祖先官爵定爲「姓」或「族」,「姓」比「族」地位高。孝文帝的門閥標準是硬性地按照祖先的官爵而定(魏晉時期的士族實際上也是按照祖先的官爵而定的,但没有硬性規定),對漢族門閥分膏粱、華腴、甲、乙、丙、丁六等(膏粱、華腴也可以合入甲姓,所以又是四姓),祖先做的官越大,列的等級就越高。孝文帝並一概承認十六國時期如前趙、後趙、前燕、後燕、前秦、後秦等做官的人家,也就是説,西晉滅亡以後的新興官僚地主都可以列爲士族。因爲北魏是繼後燕、前秦而建立的,當然要承認十六國時期官僚地主的地位。這樣一來,士族的隊伍必然擴大了。因此,北朝的郡姓跟魏晉的士族不同,跟南朝的士族也不同,它是孝文帝根據當時的實際情況制定的,其目的不外是加强政權與地方勢力的結合以鞏固其統治。

以上所述是永嘉之亂以後,南方士族與北方士族的區别。

三　門閥制度的消滅

一、門閥制度消滅的必然性。門閥貴族使用部曲、佃客，甚至使用奴婢進行生産。這些部曲、佃客在身分上具有强烈的依附性。因此部曲、佃客生産制隨着社會經濟的發展和生産力的提高而越來越與生産力發展的要求不相適應。這是生産關係落後於生産力的矛盾（但這不是生産關係和生産力性質不適應的矛盾）。因爲從當時的社會生産發展的要求和生産技術的進步來看，都要求直接勞動者有較多的時間自由支配，只有這樣才能促進生産的發展。由主人隨意支配勞動的部曲、佃客生産制必然走向衰落，部曲、佃客生産制的代表——門閥貴族也必然走向衰落。

二、門閥貴族，特别是北方的門閥貴族是由地方豪强發展而來的，他們在地方上有很大的勢力，與專制主義中央集權制有很大的矛盾。而當時的歷史趨向是專制主義中央集權制的加强。魏晉南北朝時期雖然基本上也是中央集權制，但集權的程度比較弱。門閥制度和地方分裂主義有聯繫，因而專制主義中央集權制加强，門閥制度就走向衰落。

自南北朝以來，門閥制度越來越顯著地成爲階級矛盾、統治階級内部矛盾、統一與分裂的矛盾的焦點。門閥貴族是最大的地主，又占有大量的部曲、佃客。階級鬥爭要反對整個封建地主階級便首先要打擊門閥貴族。總之，門閥制度衰落是封建社會進一步發展的必然結果，因爲門閥制度所代表的部曲、佃客生産制已束縛了社會的發展。門閥貴族要求保持落後的生産制、要發展地方勢力，這和

整個歷史趨向相背，門閥貴族本身也是越來越腐朽。門閥貴族在早期還産生了個别值得肯定的人物，而到後期由於門閥越來越腐敗，依仗自己的門第就身居高位，安享富貴，因而便産生不出人才來了。由此可見，門閥制度必然衰落。

門閥制度的衰落是有一個過程的。

南方。東晉末年孫恩起義曾經打擊了江南的士族，使其勢力大爲削弱。門閥所掌握的軍權已讓位給寒門，以後政治實權也逐漸讓位給寒門。這就是説，孫恩起義以後門閥制度已走下坡路，門閥自身已没有能力來統治、鎮壓人民，便不得不把權力交付給寒門。我認爲，孫恩起義是門閥制度衰落的轉折點。南朝宋、齊兩代士庶的區别最嚴格（我們已講過，魏晉時期士庶的區别雖嚴格，但還有個别的寒門爬入士族行列），這並不表示門閥制度的强大，恰恰相反，正是表示門閥制度的衰弱。門閥貴族看到自身力量逐漸削弱才不得不竭力抗拒寒門滲入自己的隊伍，這是門閥制度走下坡路的表現。經過侯景之亂和江陵的陷落，門閥制度更走下坡路了。

北方。六鎮起義時期，北方的大族郡姓還可以組織地方武裝鎮壓起義或混入起義隊伍，六鎮起義以後，大族郡姓的政治勢力便衰落了。關中地區，北周取消了清濁官之分，宇文泰恢復了六官制（仿照周禮上的天、地、春、夏、秋、冬），這一復古改制的意義在於打破了清、濁官的界綫，西魏、北周的清、濁官界綫已消除。齊後主賣官鬻爵，出賣地方掾屬，打破了自漢朝以來大族豪强勢力掌握地方政權的慣例。關於這一點，通典上已經指出了。總之，自六鎮起義以後，北方郡姓的力量已大不如前，

到北齊滅亡時，河北、山東地區的大族也受到一些打擊，一部分被迫遷到關中。

南北朝後期門閥的勢力雖然削弱，但其特權基本上還是保留着的，這一時期南北有更多的寒門擠入士族的行列，同樣享受特權。所有的地主階級都是特權階級，但上面所説的某些專屬於門閥貴族的特權，過去一般地主是不能享受的，現在有更多的寒門進入士族的行列，也就意味着在地主階級内部士庶等級逐漸不很分明了。

隋統一全國後，江南自魏晉以來的士族基本上已消滅了，隋朝把這一批人都遷至關中。我們看到唐朝的江南士族，實際上都住在關中，這些士族有的是在江陵陷落時遷入關中的，有的是隋統一江南後遷入關中的。總的説來，江南的僑姓、吴姓士族到了隋代都消滅了，所留下的江南地方豪强並不是南朝公認的士族。隋代雖然還有州、縣中正（因爲避楊忠諱，州中正改爲州都，郡縣中正改爲郡正和縣正。不久廢了郡，郡正自然没有了），也只是保留了一個名義。地方官辟舉的權力已不存在了，掾屬一律由中央的吏部委任，門閥貴族喪失了掌握地方政權的特權。當時的地方官也對門閥貴族加以抑制。隋文帝檢查户口，曾將山東、河北地區豪强大地主占有的部曲、佃客查出來，歸於國家編户，使門閥貴族在經濟上也受到打擊。

隋末農民大起義沉重地打擊了河北、山東地區的士族，士族子弟不少被殺。隋末農民起義後，進一步掃除了江南士族和山東郡姓的勢力。但關中地區的情況有所不同，關中地區在西魏、北周時雖然打破了清濁的界綫，但鮮卑貴族的特權却一直保留到隋唐時代，這些鮮卑貴族是府兵的將領，組成

軍事貴族集團，他們依然使用部曲、佃客、奴婢生產。隋文帝時將大量的土地、奴婢賞賜給關隴軍事貴族，因此這些軍事貴族既掌握了政治實權，在經濟上又是最大的地主，他們是部曲、佃客生產制的最後保持者，是門閥制度的最後保壘。這種情況一直保留到唐朝初期還沒有改變。

唐代門閥制度的消滅，唐太宗、武則天時期科舉制的發展，是符合當時一般寒門地主的要求的，而科舉制的發展則跟當時的土地制度、生產的發展有關。封建社會裏政權是從屬於地權的。一般説來，魏晉南北朝時期的土地世襲性很强，轉移比較緩慢，如于氏經過魏、周、隋、唐四代，其占有的土地還没有變化，南朝王導占有土地八十頃一直保留至梁朝。但是唐朝商品交換關係有所發展，均田制破壞以後，土地買賣也日益盛行，在這種情況下，科舉制才能興起。科舉制是最能體現政權從屬於地權的原則的，因爲應科舉要考試經義、詩賦等，當時能够讀書的人只有地主階級的子弟，一般農民根本没有讀書的權利。這就是説，誰能够讀書，能够做文章，誰就可以做官。這説明在土地轉移比較頻繁的情況下，科舉制實際上起了保證地主階級專政的作用。

史學界對唐代有没有門閥制度的問題尚有争論。我認爲，門閥作爲制度在唐代已消除，但門閥仍然存在，在社會上仍具有特殊地位，婚姻還有士庶的區别。唐朝雖然還保留了上述現象，但已没有了門閥制度的基礎。什麽是門閥貴族呢？那就是通過九品中正制能世代爲官；通過蔭族、蔭客制而享有經濟上的特權。唐朝已没有九品中正制了，當時雖還有不少的門閥貴族做官，不少的宰相出於崔、盧、李、鄭、王等舊門閥，但是，他們做官並不是由於九品中正制，而是通過科舉取得地位。因爲

他們是老門閥，有世代相傳的老地位，讀書的條件比較好，因而較易通過科舉取得官職。唐朝中葉以後出於舊門閥的宰相大多是通過科舉進身的。另外，唐朝初年取消了士族享受的蔭族特權，當時的蔭族特權並不是按門閥來確定，而是按官品來確定的。唐六典明確規定，凡五品以上的官除本人免役外，還可以蔭庇宗族。五品官可以蔭庇三代即父親一輩的叔伯和堂兄弟，自己的兒子和侄兒。五品以上者按品第依次遞增，最高品的官可以蔭庇九族。六品以下官只自身免役。武則天的姓氏録更明確地規定以五品爲界綫，五品以上的官列入姓氏録而稱爲士族，六品以下的官便不能列入了。所以説五六品官的界綫是唐朝初年的一個嚴格界綫。從其他方面也可以證明這一點，當時國子監分國子學、太學和四門學，凡五品以上官的子弟才能進國子學和太學讀書，六品以下官的子弟只能進四門學讀書，一般平民的子弟也能進四門學讀書。這是文的方面。武的方面規定五品以上官的子弟可以充當皇帝的侍衛，所謂親、勛、翊三衛。六品以下官的子弟和一般庶人、平民的子弟一樣充當府兵。總的説來唐朝初期門閥制度已經消除，共享有特權的階層是五品以上的官僚家庭，而充當五品官和門閥並無必然的聯繫。

當然，唐朝也有蔭任制，也有不少人通過蔭任得官。但蔭任只是説靠父祖做官而取得一定的官職，並不是依靠士族血統而取得官位。況且，雖依靠父親做官能取得一官半職，但要因此做大官却缺乏保證，當時，特别是中葉以後，只有通過科舉，尤其是進士出身，才能做大官。蔭任制一直到清朝還存在，並不是門閥制度的標誌。唐朝中葉以後只有進士科才能享受特權，他們被稱爲衣冠户。我們

不能認爲唐代的衣冠就是魏晉時代的衣冠，會昌五年的一次詔書上提出只有前進士和登科有聲名者才能稱爲衣冠户，纔可以蔭庇家族，其餘的官只能自身免役。這可以看出，享受特權的階層由唐初的五、六品官的界綫發展到唐中葉便是進士科和非進士科的界綫了。

總的説來，我們認爲門閥制度自隋朝以來已基本上衰落，僅只剩下關隴集團。而武則天時期這一集團也衰落了。自此以後門閥制度僅只在意識形態上存在着影響。但門閥制度從魏晉以來經過幾百年的發展，在社會上的影響已根深蒂固，一般人都認爲他們高貴一些。在唐朝門閥制度雖已消滅，門閥貴族仍受到大家的尊敬，還有人願意跟他們攀親，但這只是保留在思想意識上的習慣勢力，這種傳統觀念要在思想上鏟除還得有一個過程，因而在唐代門閥的殘餘勢力長期存在，徹底清除是在唐末大起義之後。

第九章　三至九世紀兵役制度的變化

一　秦漢以來兵制的變化

在講府兵制以前，首先説一説秦漢以來兵制的變化。在春秋以前，一般農民基本上是不當兵的，那時戰争中主要的戰士不是農民。從戰國以後一般農民才開始當兵，在當時這還表示農民地位的提高。農民當兵，一方面要負擔繁重的徭役，另方面，却是一條入官的道路。秦國商鞅變法時規定，凡是在戰争中立了軍功的士兵，可以得到軍爵和田宅。商君書徠氏篇上説：「使秦人作戰，三晉之人力耕。」可見那時候當兵既是一種徭役，也是一種權利，農民可以通過立軍功得到軍爵和田宅。這種軍爵從秦到漢初都是很受重視的。漢高祖即位以後曾經説：「五大夫以上皆高爵也。」又説「爵或人君，令久立吏前，甚無謂也」。漢朝的中央軍隊是從地方徵發來的衛士。西漢中葉以後，這些兵士的地位大大降低了，但是在待遇上還保留了一些過去的痕迹。據説漢朝有這樣的制度，凡是徵發到長安來的衛士，到長安城外，丞相要親自出城迎接，在他們服役期滿的時候，皇帝要大宴，在宴會上，他們可以隨便提意見。到西漢中葉以後這些制度雖然只保留了一些形式，但從這裏還是可以看出：從戰國直到西漢，士兵的地位是比較高的，在農民中間徵發兵士是普遍的。所以漢書馮唐傳説「士卒皆家人子」。這種家人子和唐朝的家人不一樣，他們是自耕農民，身分比封建依附者高。

在秦漢時期，還有另一類士兵，他們的地位比較低，即所謂發謫、發刑徒，就是把政府認爲有罪的人派去當兵。如秦末陳勝、吴廣起義的時候，秦二世曾經把替秦始皇造陵墓的驪山刑徒徵發來當兵。秦漢時期有七種發謫，被發謫的都是社會地位低下的人，其中有四種是商人：自己是商人、曾經商的人、父親是商人、祖父是商人都要被發謫。此外，犯了罪的吏和贅婿也在發謫之列。當時人贅地位很卑微，幾乎相當於奴隸的地位。

以上兩類兵士是很不相同的。一種是從農民中徵發出來的，他們可以通過立軍功得到軍爵、田宅，受到一定的尊重；另外一種是犯法的人，他們當兵是作爲一種處罰。秦漢之際，二者並重。但後者只作爲前者的補充，主要是從農民中間徵發。之所以從農民中間徵發，是由於西漢時期有較多的自耕農，特别是西漢初期，這一類自耕農的數量是不少的。

對於農民來説，當兵是一種徭役。他們到長安來當衛士，路上的一切費用都要自己承擔。因此到了漢文帝的時候，賈誼曾經這樣説：淮南地區的人民爲了充當衛士，把全部財産賣掉來籌辦自己的行裝，弄得傾家蕩産。隨着土地兼并的日益劇烈，農民越來越貧困。加之戰争規模的擴大和延長，當兵越來越爲一般農民所不能承擔。所以從漢武帝以後，逐漸出現了募兵。到了東漢，邊防軍主要是用所謂刑徒來充當。東漢初年，有所謂弛刑徒，就是把刑徒的刑具鬆了，要他們當兵，東漢有不少士兵是弛刑徒。從西漢武帝到東漢，還徵發少數族成員當兵，中央禁衛軍中就包括了胡騎和越騎。這些事實一方面意味着當時兵士的地位走向低落，同時也説明由於土地兼并，大量農民貧困化，在農

民中間普遍徵發已不可能了。所以從東漢以來，在整個魏晉南北朝時期，是士兵身分極度低落的時期。這樣的極度低落是和土地兼并、自耕農喪失土地而貧困化相關聯的。

在曹魏時期，有一種所謂士家制度，規定兵士世代相傳，成爲世襲。兵士逃亡要給以嚴格的處罰，甚至株連他的家庭。士家的兵士死了，妻子一定要嫁人，由政府做主嫁給另一個士家。士家不能和一般人聯姻，只能和士家聯姻。只有立了功，封了侯，纔可以免除這一套。這種制度可能是普遍的，三個國家都有，只是曹魏比較突出一些。在孫吳和蜀國，在户籍上把一般人民和兵士區別開來，一般人多少，兵多少，吏多少，兵在一般人民以外另立一籍。這種兵民各籍的制度在三國是普遍的。孫吳的將領是世代相傳領兵。這些現象説明，這時候兵士的地位已經和西漢時候兵士的地位完全不同了。這種情況的形成，是東漢以來長期發展的結果。

西晉時期，士卒和百工是相提並論的。現在保留下來的西晉的一些法令中，有許多條文規定士卒和百工不准穿什麼衣服，不准戴什麼裝飾，表明他們的地位比一般人民還要低。這時也是兵民分籍的，只有屬於兵籍裏面的人才服兵役，至於一般平民是不當兵的。東晉時候，有一個大臣叫庾翼，他曾經徵發過一般平民當兵，他自己認爲是「輒發良人，不顧忿咎」。足見在晉朝一般農民是不當兵的。

東晉南朝，兵士稱爲營户。營户在當時地位低下，只有立了功才能從營户的處境中釋放出來。此外，只有皇帝有特殊的命令，才能改變他們的這種地位。例如，劉裕作了皇帝以後，曾經把一部分

兵士釋放了，建立了兩個郡。宋文帝的時候，四川發生了一次農民起義。爲了鎮壓農民起義，當時四川的地方官發佈命令，把兵士釋放了，也建立了郡縣。建立郡縣的意義在於這一批軍隊不再作爲營户處理，他們取得了和一般州郡所屬的人民一樣的地位。

在南朝除了政府所屬的營户以外，還有私人部曲，即私兵。私兵或由佃客充當，或是招募來的，他們和主人之間確實存在依附關係，是主人的家兵，地位也是很卑微的。

南朝後期有時也徵發一般人民當兵，不過没有成爲一種制度，往往是一種臨時性的措施，所以南朝農民基本上也是不當兵的。

從三國到南朝的情况就是這樣。這一時期與秦漢時期比較起來兵役制度有所不同，由於農民喪失土地、貧困化，普遍徵發已被破壞。

北朝的情况和南朝不同，從十六國時期一直到北魏基本上都是部落兵，就是由本族人編成的軍隊是軍隊中間的骨幹，軍隊的主要力量是依靠自己部落的人。匈奴族是這樣，羯族是這樣，慕容部也是這樣。但是當時也存在着在各族人民中間進行的普遍徵發。譬如石虎曾經想要南征，就在他的統治區域裏廣爲徵發，徵發的主要是漢人。前燕也是爲了南征，徵發百萬大軍，除了它本族人以外，還包括了各族人民，而主要的是漢人。不過普遍徵發還不是一種經常性的制度，都是在進行大規模戰争的時候才進行，不像西漢那樣，把每個人當兵當作一種經常制度。同時，軍隊的主要力量不是廣泛徵發來的，而是它的本族部落兵。

在作戰的時候，各種兵士所受的待遇也是不一樣的。北魏的時候，拓跋燾曾經大舉南侵，徵發的兵士不少，包括漢族和其他各族的人民。他的軍隊的主力是本族人，其他各族人不是軍隊的主力，在待遇上也是不同的。那麽北魏實行均田制以後，農民究竟是否當兵呢？這個問題很不明確。在北魏的法律條文上没有見到農民有當兵的義務，但我們又的確看到有漢人當兵的記載，有征戍之役。我想北魏的軍事制度可能是這樣的情形：越在早期，它的軍隊中本族成員所起的骨幹作用越大，而到後來，被征服的各族人民逐漸多起來了，這種情况就起了變化。

北魏中葉以後的軍隊來源大致可以分爲這樣幾類：第一類，拓跋族本族成員。這一部分人首先是充當中央禁衛軍（羽林、虎賁）。根據記載，孝文帝遷都洛陽以後，他讓由平城遠來的鮮卑本族人所謂「代遷户」一律充當禁衛軍。禁衛軍的組成主要是「代遷户」，但不是絶對排除其他各族。禁衛軍中有高車人，由高車軍官統率，甚至還有漢人，不過主要是「代遷户」。其次是充當外地鎮防軍，在北方有所謂六鎮（實際上不止六鎮），在開始的時候，也是拓跋部成員組成了軍隊的主要力量。西北以至内地，諸州也有由拓跋部人充當的鎮防軍，稱爲城民，他們都駐在城内。南方前綫的情况和北方不同一些（在北魏中葉以前，對南方邊防軍不太重視，孝文帝的時候才逐漸重視起來）。有這樣的記載：當時有人向中央提出意見，説現在南方的鎮防軍中有不少是胡人（當時把匈奴、羯等族的人統稱爲胡人），他們認爲不可靠，要求用鮮卑人來代替。可見在南方的鎮防軍中，由拓跋族成員組成的軍隊數量可能比較小。第二類，被征服的其他各族人民。當時，被征服的各族，都有義務受北魏政府的徵

發。在南方鎮防軍裏有胡人，其實在北方的鎮防軍裏也同樣有其他被征服的少數族，特別是高車族（又叫鐵勒）兵士。高車族的情况和其他各族不同，它保留了自己的部落組織，北魏政府在它的部落裏面徵兵。不但在鎮防軍裏，就是在中央禁衛軍裏面也有高車人。魏書裏記載了這麽一件事，北魏政府曾派人到高車部落裏去徵發衛士，由於在徵發的時候不公平，引起了反抗。可見高車人還有當禁衛軍的。第三類，犯法的人。在北魏中葉以後，爲了要補充軍隊，曾實行過這樣的制度：凡是犯了死州的人，可以免死，發配到各地，主要是北方邊境當兵。這一類的人後來越來越多，因爲每年都有犯法發配的人去補充。從這樣的變化可以看出，拓跋本族開始是軍隊的骨幹，而後來被征服各族乃至於犯法的人逐漸多了起來。這樣三種不同來源的軍隊，到北魏後期混在一起了。那就是説，拓跋族成員原來的地位很高，而到了後來，他們的地位卑微化了，與被征服各族乃至於與犯法充軍的人没有很大的區别。

這樣的過程是和拓跋族内部貧富分化越來越激烈，更多的拓跋族成員處於無權的地位這樣一個變化分不開的，是與整個拓跋部封建化的過程相符合的。北方鎮防軍身分的卑微化，就是拓跋族成員身分的卑微化，也就是拓跋族階級分化、貧富分化的表現。地位卑微的鎮防軍原來和洛陽的貴族是同出於一源的，而現在他們受到歧視，因此不服，這是引起六鎮起義的原因之一。（關於六鎮起義的原因，北魏的人認爲是由於鎮防軍争取自己的地位。我認爲這是直接原因之一，根本的原因是廣大人民和統治者之間的矛盾。）當時六鎮的鎮防軍一概被稱爲「府户」或「鎮民」，屬於軍府，那裏不設

置郡縣，與南朝的營户差不多。六鎮起義之後，爲了緩和一下矛盾，北魏政權採取了改鎮爲州的措施，也和南朝釋放營户，改爲郡縣一樣，是把這些鎮民府户改成州郡所屬的編户。但那時起義已經爆發，改鎮爲州的措施並未起任何作用。秦隴地區、河北以及和南朝交界的淮水流域諸州都有城民，他們的地位看來比鎮民府户好一些，但不平衡。因此，與六鎮起義同時，在秦隴地區也發生了起義，城民一樣起來反抗。而河北、山東等州的城民有的幫助政府鎮壓起義，有的也武裝暴動，但很難説是起義。

以上只是從軍事制度方面來説。如果從社會矛盾來説，引發起義的不僅是鎮民府户和洛陽政權的矛盾，還有廣大的被壓迫人民和統治者之間的矛盾。所以即使解決了鎮民府户的問題，也不能解決全部問題。正因爲這樣，六鎮起義後來發展成爲各族人民的大起義。

中央禁衛軍（主要是拓跋族成員編成的）和邊防軍的情況不同，他們從孝文帝以來，一直保持着原來的權利。他們當禁衛軍，經過一定時期，有的可以由吏部授官，甚至可以作清官。和北方的鎮民府户以及西北地區的城民相比，他們的地位是比較優越的，他們這種參加選拔官吏的權力一直保持到最後。在胡太后統治的時候，有一個大臣張彝和他的兒子建議剥奪這一批禁衛軍參加選舉的權利，結果引起了禁衛軍的反對，他們打死了張彝父子，把他的房屋也燒了。胡太后没有辦法，雖然處死了幾個人，但不得不允許他們參加選舉。甚至吏部還不得不按資格授官，誰的資格老誰就可以先作官。這些情況説明：在洛陽的禁衛軍雖然也貧困了，可是他們和北方的鎮民、府户、城民的地位不

一樣，他們保持了原來的地位，到了一定的年限可以參加選舉，可以作官，還是作爲拓跋族統治階級的一部分。所以北方的鎮防軍和洛陽的禁衛軍，盡管他們原來同樣都是出身於拓跋族的成員，都是當兵，但二者是有區别的。北方的鎮防軍（除了其他少數族人民和犯法的人以外）是拓跋族成員裏面貧困化了的部分，他們和漢人及被征服的其他各族勞動人民一樣，都是屬於被壓迫、被統治的階級。而在洛陽的一部分代遷户，以及河北、山東的城民，正像金代的猛安謀克户一樣，基本上是拓跋族統治階級裏面的一部分。當然，不能否認代遷户中間也有貧富分化。

北魏以後的東魏和西魏，北齊和北周，都是六鎮起義以後建立起來的王朝，它們的統治者是從六鎮起義中間分化出來的新興貴族。前面講到，六鎮起義的直接原因是鎮防軍不滿於他們的卑微地位。因此，在六鎮起義後建立起來的兩個王朝，軍士地位有所改善。軍事制度基本上還是過去的老樣了，當兵的主要是鮮卑或鮮卑化的各族人。漢人那時也當兵，却不是主力，更不是骨幹。北齊法令規定「民年二十爲兵」，北周也有所謂八丁兵、十二丁兵。周宣帝的時候，曾經改十二丁兵爲八丁兵。所謂八丁兵就是八個丁在一年中輪番當兵，每丁服役一個半月；十二丁兵是十二個丁在一年中輪番當兵，每丁每年服役一個月。這種兵主要不是當兵，而是服徭役。周宣帝爲了修建洛陽宫殿，把十二丁兵改爲八丁兵。造宫殿與戰争無關，可見當時兵的意義主要是指徭役。北魏中期已經這樣了。北魏末在洛陽修築寺院徵發來的民丁就叫做「兵」。那麽，一般人民是不是完全不當兵呢？也不是這樣。還是有真的服兵役的，但徵發來的兵士是步兵。他們平時擔負築城、運輸的勞役，戰時步前騎

後。作戰的時候，讓步兵衝頭陣，後面的騎兵向前衝，前面的步兵也就不得不冒死向前面猛衝了。這些人往往都是作了無謂的犧牲（北魏拓跋燾時也是這樣）。當時認爲決定戰爭勝負的關鍵是騎兵，騎兵敗了，才是真的敗了。因爲步兵都是徵發來的，没有受過正式的軍事訓練，用現代話來説，只不過是充當「砲灰」。既然騎兵是軍隊的骨幹，而騎兵主要是由鮮卑人組成的，所以這樣一種兵制實際上是恢復了北魏前期的制度，即鮮卑人當兵，漢人生産服役。鮮卑騎兵的地位是比較高的，是職業兵，不從事生産。漢人即使當兵，也不是主要的力量。

現在談談府兵制。府兵制的建立。鮮卑人當兵這在東魏和西魏是一樣的。軍隊不屬州郡，而屬於軍府，他們是職業兵，不生産，這種情形也是一樣的。但是西魏、北周的府兵有一個特殊的系統：由柱國率領，下設十二大將軍、二十四開府。這樣的制度在東魏和北齊是没有的，是西魏、北周所專有的制度。西魏在大統十六年開始建立這種制度，宇文泰爲了使軍隊更加部落化（我同意陳寅恪先生的這個看法），把領兵將領的姓改成鮮卑的姓，企圖把當時實際上不存在的部落組織强加於軍隊編制，使得這些軍隊變成他統治的部落。這樣的府兵制最先在關中地區實行，那裏，軍隊的將領被認爲是部落首領，兵士被認爲是部落成員。很明顯，這是企圖把北魏初期的制度重新恢復起來。這時，兵士的地位是比較高的，可以通過軍功升爲將領，使一般部落成員都能有機會獲得高官顯爵。所以，初期的府兵制仿行部落兵制度。爲了要擴大軍隊，單純徵發鮮卑人是不够的，不能不從漢族中間徵發兵士。但最初不是從農民中間徵發，宇文泰爲了補充軍隊，把關隴地區的豪强組織到府兵裏面去。

當時一般農民還是没有資格當兵的。以關隴地區的豪强和原來的鮮卑成員所構成的府兵和以後隋唐時期的府兵是有區别的。但這樣軍隊人數還是不够，當時在關隴地區還有另外一類兵種，叫作「鄉兵」，是地方豪强所掌握的地主武裝。宇文氏的政權要在關中地區鞏固下來，就必須得到這一地區的豪强的支持。因此，他們一方面把關隴豪强組織到府兵裏面去，另方面，又把這些豪强地主所掌握的鄉兵也組織到府兵裏面去，鄉兵的首領成爲府兵的將領。到了周武帝的時候，更廣泛地從人民中間徵發。不過當時從人民中間徵發還有一定的條件，要根據貧富的情況，比較富裕的人才能當府兵，即限於在六等户以上的户中徵發。六等户以上有地主也有富裕的均田農民。這樣做使府兵制發生了一個很大的變化，部落兵制度改變了，軍隊中間的民族界限打破了。從十六國以來，軍隊中的胡漢界限是非常嚴格的，現在一般漢族農民、均田農民也可以當府兵了，所享受的待遇同原來的鮮卑族成員基本上一樣。從此，不再是鮮卑人當兵、漢人生産，或者像過去那樣，由鮮卑人充當軍隊的主力，漢人只不過是擔負開山築路的徭役或在打仗時做犧牲品，而是漢人和鮮卑人一樣作戰。這不僅僅是軍隊制度的改革，它反映了當時民族融合的趨勢，是符合歷史發展的要求的。當然，這個改革有它的局限性，民族的界限並没有完全打破。那時，凡是徵發出來的兵士在待遇上和鮮卑軍人還是有所不同。鮮卑軍人不從事生産，主要是當兵，住在所謂軍坊（堡壘式的城）裏面；而從農村中間徵發出來的鄉兵是住在鄉裏面，叫作「鄉團」。農民當兵以後就不屬於州郡，而屬於軍府，兵册和民册還是分開的。所以當時的軍事制度還没有徹底改變，鮮卑人和漢人還是有一些區别。

這種徹底改變是到隋朝才完成的。隋文帝開皇十一年下了一個命令，把所有充當府兵的人户都改屬州縣。原來從均田農民中間徵發出來的兵士要耕田，而鮮卑軍人基本上是不生產的，現在規定所有當兵的人都要生産，他們在地方上的户籍和人民一樣。這樣，隋朝的府兵和宇文泰所建立的府兵大不相同了。到了隋朝，鮮卑族和漢族基本上融合了，民族隔閡消失了。鮮卑人和漢族在生産方面基本上一樣，經過長期的發展，鮮卑人基本上也能耕田了。

開皇十一年的改革是周武帝改革的繼續，但又有了發展，同樣是府兵制，前後是不相同的。經過隋文帝改革以後，府兵制還保留着一些過去的痕迹，這些痕迹一直到唐朝的時候還存在。

二　唐朝的府兵制度

關於唐朝的軍事制度有這樣幾個問題：

一、均田制是不是府兵制的基礎。我認爲：府兵主要是從均田農民中徵發出來的，地主階級裏也有部分人被徵發爲府兵，但終究是少數。均田制在一定程度上保證了這樣一種普遍徵發，均田制一破壞，府兵制也就不存在了。所謂均田制破壞，無非就是均田農民喪失了土地。均田農民喪失了土地以後就逃亡，或成爲依附者，這樣，政府就没有辦法推行這種制度了。所以應該承認均田制是府兵制的基礎。

二、府兵制是不是普遍徵發制。我認爲單純從府兵制來説，不能認爲是普遍徵發。首先，唐朝設

置軍府的地方不普遍。當時有所謂「有軍府州」和「無軍府州」。首先設置軍府的區域是關中，那裏設置的軍府也最多；其次是河東和河南，設置的軍府也是比較多的。南方設置的非常少，根據唐書的記載，江南只設置了兩個府，根據現在考證，至多也不過五個。淮南也是比較少的。所以軍府的設置並不普遍。既然軍府不普遍，府兵徵發當然也是不普遍的。第二，府兵服役的年限非常長，二十歲徵發當府兵，到六十歲才能退伍，服役達四十年之久。當他還没有退伍的時候，無須徵發別人來代替。因而府兵建立以後，只是補充死亡、逃亡和退伍的，徵發的數量有限。初建府兵時，第一次徵發的範圍廣一些。唐太宗貞觀年間，府兵制正式建立起來了，當時馬周說：「關中、河外（今河南），悉置軍團，富室、强丁，皆從戎旅。」由此可見，當時設置軍府的時候，徵發範圍是比較廣的。但到了後來就只需要補充代替了，而不是幾年重新徵發一批。由於府兵服役期長，在府兵建立起來以後，不需要普遍徵發。無論是從徵發的範圍來看，從服役的期限來看，唐代的府兵制都不可能是普遍徵發制。

但是唐代確實實行過普遍徵發制。因爲唐朝在府兵以外，另外還有非府兵的「兵募」。兵募雖然稱爲「募」，實際上也是徵發來的。「兵募」大致在大規模用兵時徵發，是帶有臨時性質的。其任務是出征和鎮戍。鎮戍也有輪番，少則二年，多則四年。府兵要自己置辦各種裝備，兵募自備不足，由地方補助，朝廷加賜衣裝。因此，單純從府兵來講，不是普遍徵發，但府兵加上兵募，徵發就相當廣泛了。講唐代前期的兵制單講府兵是不全面的，因爲除府兵之外還有兵募，而且越往後兵募的數量越大。所以，唐朝軍事制度的變化不單是府兵制的破壞，還有普遍徵發制變成招募制。

三、唐朝的府兵制保留了西魏、北周以來的痕迹。西魏的時候府兵從漢人中間徵發，首先是關隴豪右。當時那些地主豪强充當府兵是表示他們具有較高的身分，當府兵是一條入仕的途徑。隋唐時期有了變化，基本上是均田農民當兵，但是仍然保留了原來府兵制的痕迹：唐代法令規定，府兵的來源是六品以下官的子弟和白丁（不作官的），把六品以下官的子弟和白丁聯在一起。白丁在徵發時先富後貧，先多丁後少丁。可見唐朝還保留了西魏北周府兵制的一些痕迹。爲什麽説痕迹？因爲實際情況不是這樣，只是在法律上保留了一些傳統的條文。唐朝統治階級内部也有一條界綫，這條界綫在五、六品之間，五品以上是享有特權的，六品以下與白丁同等待遇。反映在府兵制上也是這樣，六品以下官的子弟和白丁一起當府兵。唐初在法律上規定，府兵主要是徵發比較富裕的人家。

以上這些情況，一方面説明府兵制的性質到唐代已經起了變化，但是舊的傳統還反映在法律條文裏面；另方面，説明唐朝初年，在自耕農中有一個比較富裕的階層。所謂富室强丁，裏面有地主，也包括均田農民中比較富的階層。當時規定，當府兵要自備全副軍裝，從服裝乃至於弓箭馬匹。這種自備行裝的傳統是從部落兵來的。在部落兵制的情況下，部落成員從事戰争就是去掠奪，在一定意義上説來，這是他們的職業，當然由他們自己裝備。馬自己有，弓箭也是自己的，無需政府配給。唐朝主要是均田農民當兵，不具備這些東西，要自己買。這種自己籌備行裝的情況在木蘭辭裏説得很清楚。有很多人認爲木蘭辭是北朝的作品，據我看是唐朝的作品。「策勛十二轉」，只有唐朝才有十二等勛官，隋朝是十一等，這是一個很有力的證據。也可能這個作品到唐朝時修改了。此外，「出

門看火伴，火伴皆驚惶」，十人爲一火，這也是唐朝規定的。木蘭辭説到木蘭從軍時「東市買駿馬，西市買鞍韉，南市買轡頭，北市買長鞭」，不僅是馬，連馬的裝備都是木蘭自己買的。「唧唧復唧唧，木蘭當户織」，説明她不是鮮卑人，鮮卑人是不織絹帛的。也就是説，這些情况所反映的不是部落兵制，而是唐朝的府兵制。自己能買得起裝備，説明唐朝初期均田農民中有一個比較富裕的階層。我們説是一個階層，因爲不是所有的人都能自己裝備，有一些人家不能，必須由親屬、鄰里幫助。

在歷史上比較普遍的徵發只有兩個時期，一個是秦漢時期（主要是秦、西漢前期），一個是隋唐時期。這兩個時期爲什麽能够存在？無非是這兩個時期自耕農比較多，而且在自耕農中間有一個比較富裕的階層。但是在封建社會裏，普遍徵發是不可能長期存在的。首先，封建社會是階級社會，階級社會裏軍隊的主要任務是鎮壓人民，軍隊和人民是根本矛盾的。徵發農民當兵，那就是要農民來執行鎮壓自己的任務，這是不可能的。因此在階級社會裏，特别是在封建社會裏，由於階級利害關係，階級之間互相敵對，普遍徵發是不可能維持貫徹下去的。即使從農民中間徵發來了，也要轉變爲職業軍。其次，由於兵士是從均田農民也就是自耕農民中間徵發來的，要維持普遍徵發，就必須長期保持自耕農經濟的穩定性。但是自耕農經濟是不可能穩定的，在他們頭上的地主階級必然要進行兼并。地主階級不斷地擴大自己的土地占有，其主要對象就是自耕農。不僅如此，自耕農本身也不斷分化，少數富裕的變成了地主，多數貧困化了。而發展到後來，戰爭越來越頻繁。這樣，兵役就越來越成爲農民的一種沉重負擔，加速了農民的貧困化。按照原來的制度，並没有説地主可以不服役，一

般的地主，乃至於六品以下的小官僚地主子弟也要當府兵，富裕農民更不用説了。而在兵役負擔越來越嚴重的情況下，凡是能够負擔得起的地主、富裕農民必然要力圖逃避，使全部負擔落到原來不應該徵發的比較貧困的農民身上。早在唐高宗的時候，衛士中間也已經有八九等户存在了。八九等户是農民中間最貧困的。由於兵役負擔的加重，更加速了農民的貧困化。府兵制要求保持一個穩定的小農經濟，而事實上這種穩定是不可能的，因此這種普遍徵發制在當時是不可能保持下去的。第三，唐朝的軍事形勢和西魏、北周不同。西魏、北周只有一個關中地區，領土小，邊防綫短，戰争局限在和東魏、北齊之間，防綫主要是在東面的河南、山西間。軍隊在關中，出關很容易，一出潼關就打仗。而隋唐不同，是一個統一的王朝，防綫主要是在北方，東起遼東，西到河西乃至深入到新疆境内，是一條非常長的防綫。原先設立的鎮或戍兵力非常單薄，最少的只有幾十個兵士，絶不足以防禦敵方入侵，所以逢到對方大舉侵入時，必須由朝廷組織大軍出征和抗擊。而府兵都是分散在各個州郡，兵募也是從各地徵發來的。要從遥遠的地區把軍隊調到前綫去，運輸綫也是特别長的，因此不能應付臨時發生的戰事，而且運輸也有困難。所以邊防形勢的變化也必然引起原有普遍徵發制的破壞。

徵發制的破壞大致反映在這樣三個方面：

（一）逃避兵役。逃避兵役的兵士越來越多，還在唐高宗統治時期，劉仁軌在征百濟時説：凡是有錢人都向官吏行賄賂，所以能够逃避；而那些貧苦的人没有辦法行賄，只好自己當兵，「雖然是老弱，推背即來」。從這裏可以看出，在唐朝前期府兵制還没有完全破壞的時候，這種逃避兵役的現象

已經出現了。所以出現這種現象，無非是前面講的幾個原因。逃避兵役的普遍化說明徵發制在開始破壞了。

（二）勳官地位的低落。勳官不是正式的官，是根據軍功賜予的一種頭銜。一共有十二等，地位最高的是上柱國，從品級上看來，可以和最高級的中央官平起平坐。勳官在唐初很受尊重，得了勳官就可以得到勳田。在均田制裏面，大小不等的勳官都有勳田，與秦漢時期的軍爵是同樣的。在隋朝，勳官上柱國很不容易得，韓擒虎曾經對人說：我生爲上柱國，死作閻羅王，死也没有遺憾了。可見上柱國的地位是相當高的。即使唐高宗的時候，勳官的地位也還是相當高，劉仁軌和他的兩個兒子都是上柱國，因此他們住的地方就稱爲三柱里。但是由於戰争頻繁，因軍功而受勳的人越來越多，因此勳官的地位越來越低微。舊唐書上説上柱國的地位和令（中書令）、僕（尚書僕射）齊班，而實際上却和僮僕一樣被奴役。爲什麽？因爲受了勳官以後，政府凡有什麽徭役往往就先徵發這些勳官。所以受了勳非但没有好處，反而倒成爲政府首先徵發的對象了。我們從敦煌發現的户籍上看到上柱國、柱國非常多。現在有人誤解，凡是看到上柱國就認爲是官僚地主。不錯，上柱國是官僚，但是在玄宗統治時期，上柱國是不值錢的。這時，事實上已經不給勳田，勳官的地位十分低。這也是徵發制破壞的一個迹象。

（三）府兵地位的低落。府兵是從原來的部落兵演變來的，可以得勳。唐太宗的時候，對衛士很看重，太宗親自教他們騎射。後來，這些府兵被徵發到長安以後，往往被皇親國戚占去替他們私人服

役。武則天的時候，衛士簡直成了貴族官僚們的僕役，地位非常低。

這些不僅是府兵制破壞，而且是整個徵發制破壞的表現。在玄宗的時候，戰爭更加頻繁，服役的年限名義上有一定的限制，比較短的是兩年一輪換，最長的是四年一輪換。而實際上往往没有輪换，被徵發的府兵，或者是兵募，在被徵發以後，終身不得還鄉。兵士戰死以後，將領爲了邀功得賞，把失敗説成勝利，因而不把戰死的士兵向上報告，或者是以多報少，死的多，報給朝廷的少。找不見的人怎麽交代呢？就説他們逃跑了。兵士在服役期間，家裏是不繳納租調的；戰死了，家裏可以得撫恤。現在説他們逃跑了，便向他家裏要人，家裏没有人，就要繼續負擔賦税。這樣，兵士家庭受到的壓迫是極端沉重的。

以上幾個方面都反映了徵發制在破壞。從武則天以來，已經采取了許多辦法來代替這種普遍徵發制。表現在：（1）兵士職業化，從普遍徵發演變爲職業軍，或者是雇傭軍；（2）軍隊地方化。原來的軍隊是從各地徵發來的，而後來軍隊逐漸地方化了，建立了地方軍或者邊防軍。軍隊的職業化和地方化從武則天統治時期開始，一直到玄宗統治時期才逐漸完成。這時府兵制或徵發制也徹底破壞了。下面談一下職業軍化和地方化的具體情況。

自高宗以後，已經出現了所謂團結兵，就是地方軍，是從當地人民中間徵發的。他們不像府兵那樣要到中央當禁衛軍，也不出征，就是保衛地方。原先有臨時性質，戰爭結束也即解散。到了玄宗統治期間，設置團結兵的州多了，也固定化了。敦煌發現的天寶年間差科簿，不少人註明「土鎮」，「土

鎮」就是在本土鎮防，這也是團結兵（地方兵）。團結兵的數量是不少的。唐中宗神龍元年（七〇五）曾下了一個詔書説，各個地區的鎮防軍，應該盡先在當地或者附近地方徵發。這就是説鎮防軍主要是以本地人充當，表明了地方化的傾向。此外，從武則天時期開始，有了廣泛的招募。武則天曾經要組織一支大軍，招募兵士，起先没有人應募，後來命皇太子當統帥，應募的紛紛到來。史籍記下這件事，是爲了説明皇太子（即中宗）得人心。是否真的如此且不管，但説明這時組織大軍不能靠徵發，主要是臨時招募。睿宗景雲元年（七一〇）的一個詔書中提到，在北庭、朔方、凉州等地有所謂「健兒」，他們也是招募來的。

這種邊防軍的職業化和地方化，到玄宗統治時期，得到更進一步的發展。如上所述，府兵駐防名義上是有一定期限的，但實際上往往是扣留不放他們回來。中宗的時候，有一個大將張仁愿鎮守朔方，曾經要求期滿的兵士再留三年，兵士要回去，結果進行了一次屠殺，殺了一百多人。由此可見，扣留期滿士兵當時是通行的。在玄宗時代，規定如果兵士滿期以後繼續留三年，由政府賞賜他二十匹絹。名義上不是招募，實際上等於是招募。這個時候，逐漸出現了所謂「長征健兒」，就是没有輪番的固定的鎮防軍。到了開元二十五年（七三七），玄宗下詔書，命令各個防區制定健兒的名額，例如河西地區戍防要多少健兒。名額制定以後，由節度使在現有的兵士（包括府兵、兵募、健兒）中間或者客户（從别地移居來的，在當地户口册上没有户籍的逃亡農民）中間招募。凡是這一類的健兒，都允許他們把家口搬到駐防地區，由政府分配土地、房屋，每年給予衣食。這樣，他們完全是職業軍了。所有

的鎮防軍都是長征健兒，健兒都是招募來的，這樣，就使軍隊職業軍化了。這些兵士的家屬，不在當地的可以遷到當地來，這樣，就不發生回鄉不回鄉的問題了，不是本地人的也成了本地人，充分地方化了。下一年，玄宗下詔書，命令從今以後不再徵發，原來徵發的兵士一律放回去。從武則天以來邊防軍的職業化和地方化，到此基本上完成了。

鎮防軍的職業化和地方化產生了積極的後果，也產生了消極的後果。過去的鎮防軍是從各地調來的，分佈在一些鎮、戍裏面。由於軍隊單薄，分佈零散，指揮不統一，因此不能適應軍事形勢的需要。武則天在鎮、戍之間設軍或者設守捉，一個軍，一個守捉掌握的兵比原來的鎮、戍多了。所謂軍使和守捉使，不是正式的軍官，但統率的軍隊數量比較多，指揮權也比較大。後來又設立了諸軍大使，這實際上就是節度使。鎮防軍職業化、地方化以後，鎮防軍將領的權力由分散到集中，由「鎮將戍主」發展爲軍使、守捉使，又發展到節度使，這樣，就比較能够適應軍事形勢的需要了。這是積極的一方面。另一方面，由於鎮防軍將領權力的集中，形成了掌握鎮防軍的軍閥和中央朝廷對抗的形勢，最後造成了安史之亂，唐朝從此由盛而衰。

鎮防軍的變化過程大致就是這樣。

與鎮防軍職業化和地方化的同時，朝廷禁衛軍也傾向於地方化和雇傭化。原來的禁衛軍包括兩部分：一部分是各地的府兵，他們輪番到中央來宿衛。分屬十六衛，他們分佈在皇宮之南，稱爲南衙軍。另一部分是守衛皇宮的，他們不是府兵，是李淵在太原起兵的時候所率領的一批軍隊，後來跟隨

李淵進攻長安，李淵做了皇帝以後就把他們安置在關中，叫「太原元從功臣」。他們子孫世代相傳，都是當兵，防守北門（就是玄武門），稱爲北衙軍。這種所謂元從禁軍以後怎麽樣，我們不清楚。但是守衛北門的禁軍一直不屬於府兵的系統，而屬於另外一個系統，這點是很清楚的。他們的來源，有的是從府兵中間選派來的，也有的是招募來的，其中可能也有由原來那部分元從功臣承襲下來的。到唐玄宗的時候，府兵制已經破壞了，各地的府兵不再到長安來服役，即使來也是零零落落的。開元十三年，玄宗想去泰山封禪（這是封建時代的一種禮節，把自己的功績報告給上帝）。封禪真實目的是要向邊境各族炫耀自己的兵力，結果却連自己的衛隊都不完全。於是在宰相張説的建議下，臨時招募了一批所謂「長從宿衛」，都是關中、山西地區的人。長從宿衛是不輪番的永遠當禁衛軍，後來改稱彍騎。因此，唐玄宗以後，禁衛軍是包括這麽兩部分：一種是招募來的彍騎，一種是防守北門的北門軍。這兩種軍隊，後來不少由長安的商人和游手來充當（有的自己不上番，出錢雇人代替）。爲什麽他們願意充當呢？因爲當了禁衛軍以後，可以免除各種各樣的徭役，而且禁衛軍既不出征，也不戍守，就在長安城。這種情況表明，朝廷禁衛軍也職業化、地方化了。在唐玄宗天寶八年以前，還保持這樣一種形式，每年各地折衝府（統屬府兵的機構）寫一個名單給朝廷，申報有多少人來長安宿衛。中央接到文書以後就不管事了，你來也罷，不來也罷，反正算是來了。天寶八年，唐玄宗下了一個命令，取消了這種形式，從此以後，府兵到長安宿衛連空洞的形式也取消了。

以上説明，到了唐玄宗開元二十五、二十六年，特别是天寶年間的時候，府兵制乃至於徵發制全

部廢除了。但這絶對不是像唐六典上所講的，從此農民不再服兵役了。在特殊的情況下，徵發制還在繼續。譬如哥舒翰進攻吐蕃時，特别從關中地區徵發了不少軍隊。杜甫的兵車行反映了這次徵發的情況，詩中説到徵發的兵都是從關中徵發去的。還有一回是楊國忠對南詔的戰争，也徵發了好多兵士，結果他打敗了，犧牲了很多人。白居易的新豐折臂翁講的就是這次徵發的情況。從關中徵發兵士到雲南去打仗，路途遥遠，嚴重地加深了人民的困苦。不過盡管有這些臨時性的徵發，我們不能不承認開元二十五、二十六年徵發制度改變的重大意義。盡管統治者仍然徵發農民去當兵，但畢竟不成爲一種根本制度了。而在唐朝初年，對府兵、兵募的徵發，在法律上是有明文規定的，是經常性的制度。總的説來，唐朝軍隊的職業化、地方化，在開元二十五、二十六年基本上完成了，從此以後，普遍徵發制基本上不存在了。

唐長孺先生生平及學術編年

唐長孺先生，江蘇省吴江縣（今吴江市）平望鎮人。祖輩耕讀、營商、業儒，舊第謂「耕餘草堂」。父諱耕餘，生於一八九〇年，早年就讀於蘇州存養書院（東吴大學前身），後爲「南社」社員。於「新學」、「舊學」皆有鑽研，並長期致力於中國書法理論之研究與書畫收藏鑒定。晚年撰有書譜贅言上中下三卷，分傳記、著録、名言、棄擇、通會、體勢、理法、氣骨、察似、性情、摹習、觀省等一十二篇，約三十萬言，惜書稿毁於「文革」中。劫後之餘，存筆陣圖蜉化階段及其内容一文，可略見其書學、書藝之素養。一九七七年病逝於上海。

先生外家吴興（今浙江湖州）南潯劉氏，係當地名族。外公劉頌驕，晚清秀才，早殁；舅父劉承幹（一八八一——一九六三），即近代江南著名藏書樓「嘉業堂」之主人。

先生兄弟姊妹六人。姊素心，嫁恒豐洋行王星齋之子王春浦（工商業主，一九四九以後曾任一工廠之資方代理）；弟仲孺，東吴大學肄業，娶陳嘉庚之外孫女林美美，後移住新加坡；弟叔孺，太平洋戰争爆發後，於逃難途中病殁；妹露葵，嫁吴江蘆墟鎮人柳義南（原名柳子依，晚明史學者）；妹季雍，即北京大學東語系金克木教授之内子也。

自二十世紀三十年代初至四十年代中期，因社會動蕩，家族流離，宗譜散失，先生之往日世系及

幼年情況已不可得。今僅依所可查檢之史事作其生平及學術編年如次：其中，論著包括著作、主編、古籍整理、論文及譯著，大體以出版或發表時間之先後排列。相關學術活動無具體月、日記録者，皆繫於當年之下，容日後補考。

一九一一年(宣統三年)

七月四日(農歷六月初九)，出生於江蘇吴江平望鎮。

一九一七年——一九二四年

入吴江平望家塾和小學堂習業，側重國文、數學、英文。受家學影響，對詩賦、文物字畫頗感興趣，亦對當時西洋之「新學」略知梗概。同因家族親緣關係，得時常於劉氏「嘉業堂」讀書。尤喜文學。據其自傳(現存武漢大學檔案館，不完)及部分日記，常覽者有三：一爲中國古典文學；二爲「五四」以降之「新文學」；三爲十七世紀以降西洋之文學名著。

一九二四年——一九二五年

入上海南洋大學附中讀書。其間，一九二五年八月至同年十二月，轉入上海聖約翰青年中學讀書一學期。

一九二六年

入上海光華大學附中讀書。

一九二七年——一九二八年

先後於上海光華大學附中、上海正風文學院讀書。其間，休學半年。一度入蘇州崑劇傳習所從華傳浩等學崑曲，兼習彈詞。

一九二九年

入上海大同大學文科學習，主修法律等科目。撰寫並發表多篇古體詩詞，深受著名詩人金松岑賞識。謂其詩「幽澀似郊、島，又似永嘉四靈，亦受散原影響」。

進一步接受西洋諸種新思想、新學說。

期間，曾多次於上海光華大學（今華東師範大學前身）旁聽呂思勉教授授課，頗受其影響，從此關注、攻習中國古代史學。

一九三二年

上海大同大學畢業。於上海愛群女子中學任教（代課），講授中國國文、歷史。

一九三三年一月——一九三五年八月

失業在家。

一九三三年與王毓瑾女士（吴江盛澤鎮人，畢業於上海愛國女子中學體育科，曾於多所中小學任教，一九四九年之後，曾任武漢大學圖書館館員數年）結婚。

受當時學術風氣之影響，關注並研習西北史地、遼金史及蒙元史，間研習戲曲史等。

其間，曾參加章太炎、金松岑在蘇州所辦之「國學會」。

首次發表史學論文巴而術阿而的惕斤傳譯證，載國學論衡第五期，一九三五年六月；箚内亘可敦城考駁議，載國學論衡第六期，一九三五年十二月。另發表譯文數篇：海桑東遊録，載國學論衡第五期，一九三五年六月；元經世大典圖釋序，載國學論衡第六期，一九三五年十二月。

一九三五年，長子鵠臚出生。

一九三五年八月——一九三七年八月

浙江南潯中學任教，講授國文、歷史、政治制度等課程。

繼續研究遼金元史。發表耶律大石年譜，載國學論衡第七期，一九三六年四月，第八期，一九三六年十一月；周文武陵考，載國學論衡第八期，一九三六年十一月。

一九三七年八月——一九三九年八月

日本侵華戰争爆發，南潯中學解散。全家先後遷徙莫干山、上海等地。

其間，因生活所困，經友人介紹，入上海啓明書店（書局）從事翻譯工作。先後譯出富蘭克林自傳、威克斐牧師傳、金銀島、月明之夜等著作，並由啓明書店（書局）於一九三九年出版。

一九三九年八月——一九四〇年

上海聖瑪麗亞女子中學任教。講授國文、中國史地。

翻譯美國傳教士格雷比爾著新中國一書，一九三九年由上海啓明書店（書局）出版（至一九

四六年七月，前後再版三次）。

翻譯美國作家賽珍珠作品東風西風，一九四〇年由啓明書店（書局）出版。

發表韃靼考平議，載正言報一九四〇年十二月九日。

其間，上海光華大學國文教授金松岑患病（當時，金氏等創辦的「國學會」已解散），經金氏推薦，代其授課。

一九四〇年秋，由吕思勉教授介紹，任光華大學講師。講授「中國近古史」（宋遼金元史）等課程，撰寫宋遼金元史、戲曲史、歷史地理及中國制度史札記。

研讀王静安、羅雪堂有關敦煌殘卷之論考。

一九四一年

光華大學講師。授課之餘，繼續研究宋遼金元史，並將研究時段上延至先秦兩漢及魏晉南北朝隋唐時期。

翻譯美國作家賽珍珠小説大地系列兒子們續編分家，由啓明書店（書局）出版。

發表遼史匡繆舉例，載正言報一九四一年三月二十七日；遼史中漢名的考訂，載正言報一九四一年六月十九日；蔑兒乞破滅年次考證，載齊魯學報第二期，一九四一年七月。

一九四二年

赴湘任藍田國立師範學院史地系副教授。講授「中國中古史」（魏晉南北朝隋唐段）、「中國

近古史」（宋遼金元段）、「中國政治制度史」（先秦秦漢部分）等課程。

始與李劍農教授相識，並受其影響，關注於中國古代社會經濟史之研究。

撰寫中國中古史大綱、中國近古史大綱講稿。

十月，發表遼史天祚紀證釋一文，載國立師範學院史地學會編史地教育特刊。

撰寫讀文心雕龍札記、道經與道教札記。

一九四四年

發表金代行省建置述（一）、（二）、（三），載湖南中央日報史地副刊，一九四四年三月二十九日、四月十四日。

同年受聘爲遷至四川樂山的國立武漢大學文學院歷史系副教授。住樂山月珥塘單身教工宿舍。講授「中國中古史」、「中國近古史」等課程。

研讀陳寅恪唐代政治史述論稿等論著。

一九四五年

撰成唐書兵志箋正書稿。

撰寫中國中古史大綱補編十餘册，較大篇幅關注經濟社會與民生。

一九四六年

晉升爲國立武漢大學教授。

講授「中國通史」之宋元史、魏晉南北朝史、隋唐五代史。

補訂中國中古史大綱補編；　撰成中國古代行政地理（擬題）稿本。

譯著新中國，由啓明書店（書局）第三次印行。

五月，武漢大學回遷。先生自重慶乘船趕赴上海接回家眷，從此定居於武昌珞珈山。

發表讀陳寅恪唐代政治史述論稿後記，載武漢日報文學副刊，一九四六年十二月九日、十六日。

是年，金克木自印度回國，受聘爲武漢大學哲學系教授；　周煦良從愛丁堡大學回國，受聘爲武漢大學外文系教授。先生與金（克木）、周（煦良）、程千帆（自金陵大學回武漢大學中文系執教）學術品格和學術志趣接近，時常切磋學問，探討古典今俗，時稱「珞珈四友」。

一九四七年

譯著富蘭克林自傳，由啓明書店（書局）再版。

相繼發表敦煌所出郡姓殘葉題記，載武漢日報文學副刊，一九四七年三月十四日。記阻卜之異譯，載天津大公報文史周刊，一九四七年五月十六日。論金代契丹文字之廢興及政治影響，載武漢日報文學副刊，一九四七年六月二十三日。評中日經濟史綱（朱伯康、祝慈壽著），載上海大公報文史周刊，一九四七年七月十六日。論五朝素族之解釋，載武漢日報文學副刊，一九四七年十二月八日。

武漢大學發生「六・一慘案」，多名學生被槍殺，金克木等五位教授被捕。先生爲之多方營救，於武漢大學教授會抗議書上簽名，主張「罷教」以抗，並與程千帆、鄧啓東等教授具名挽聯，直斥當局指使特務迫害師生之行徑。

同年，長女珞珈出生。

一九四八年

講授「中國通史」、「魏晉南北朝史」、「隋唐五代史」、「中國歷史地理」等課程。

相繼撰寫並發表學術論文多篇：清談與清議，載申報文史，一九四八年二月二十八日。紅樓夢中的幾齣冷戲與南府劇本，載申報文史，一九四八年五月一日。蒙元前期漢文人進用之途徑及其中樞組織，載學原第二卷第七期，一九四八年十一月。唐代軍事制度之演變，載國立武漢大學社會科學季刊，復刊後第九卷第一號，一九四八年十二月。白衣天子試釋，載燕京學報第三十五期，一九四八年十二月。

一九四九年

三月，加入「新民主主義教育協會」。

五月，參與武漢大學之接管工作。

一九五〇年

修訂唐書兵志箋正等書稿。

講授「中國通史」、「新民主主義革命運動史」、「中國農民革命運動史」等課程。兼任武漢大學歷史系中國古代及中世紀史教研室（後改稱中國古代史教研室）主任。

參加武漢大學高教聯、教工會；兼任武漢市高等教育聯合會編輯；武漢大學教工會學習幹事、武漢大學教工周刊編輯等。

通讀資本論，細研反杜林論、家庭、私有制及國家的起源、俄國資本主義的發展等著作。

撰寫有關五胡政權建立及其性質、北魏國家建立與封建化等文稿。

一九五一年

繼續講授「中國通史」、「新民主主義革命運動史」、「中國農民革命運動史」等課程。

發表中國歷史上的農民革命，載新文萃第五卷第七期，一九五一年。

再次通讀資本論，深研國家與革命等著作。詳讀郭沫若、范文瀾、胡繩等人論著。

研讀佛教、道藏資料。

修改、撰寫有關山越與孫吳政權，魏晉户調制、南朝土地關係等論稿。

同年，次子剛卯出生。

一九五二年

以家庭出身、「社會關係」和「思想保守」爲由被審查。一度辭去中國古代史教研室主任。

發表讀帝國主義與中國政治（胡繩著），載長江日報一九五二年十月三十一日。

修改舊稿，撰寫新論。擬結集以魏晉南北朝史論叢之名刊行。

着手三至六世紀江南大土地所有制的發展一書之撰寫。

再次修訂唐書兵志箋正書稿。

一九五三年

繼續講授「中國通史」、「新民主主義革命運動史」、「中國農民革命運動史」等課程。

修改魏晉南北朝史論叢，初步定稿。

九月，由金克木、游國恩介紹加入九三學社。

一九五四年

授課之同時，發表南朝的屯、邸、别墅及山澤占領，載歷史研究一九五四年第三期。范長生與巴氏據蜀的關係，載歷史研究一九五四年第四期。

同年，兼任九三學社武漢直屬小組第三召集人。

是年，次女小眉出生。

一九五五年

七月，魏晉南北朝史論叢一書由三聯書店出版，收録論文十三篇。篇次爲：孫吴建國及漢末江南的宗部與山越、晉書趙至傳中所見的曹魏士家制度、西晉田制試釋、魏晉户調制及其演變、九品中正制度試釋、晉代北境各族「變亂」的性質及五胡政權在中國的統治、拓跋國家的建立

及其封建化、魏周府兵制度辨疑、清談與清議、魏晉才性論的政治意義、魏晉玄學之形成及其發展、讀抱朴子推論南北學風的異同、魏晉雜胡考。

九月，受高教部委派，主編中國通史二魏晉南北朝史講義及教學大綱（成員有賀昌群、繆鉞）。

同月，接陳寅恪教授來信。移録如下：「長孺先生左右：今日奉到來示並大著。寅恪於時賢論史之文多不敢苟同，獨誦尊作輒爲心折。前數歲曾托令妹季雍女士及金君克木轉達欽服之意，想早塵清聽矣。寅恪壯不如人，老更健忘，復以閉門造車之學不希强合於當世，近數年來僅爲諸生講釋唐詩，聊用此餬口。所研索者大抵爲明清間人詩詞及地方志乘之書，而舊時所授之課即尊著所論之範圍，其材料日益疏遠。故恐詳繹大著之後，亦止有嘆賞而不能有所質疑承教也。舊作從史實論切韵一册附呈，藉博一笑。專此復謝，敬頌著祉。寅恪敬啓。九月十九日。」

十二月，在漢主持高教部魏晉南北朝史教材編寫會議，繆鉞教授等參加。

同年受聘爲中國科學院歷史一、二所研究員及學術委員會委員。

招收首批研究生（高敏、陳國燦）。

一九五六年

被高教部評爲二級教授。

任武漢大學校務委員會委員。

二月，赴京參加中國科學院歷史二所學術委員會會議。

四月，譯著富蘭克林自傳由三聯書店再版重印。

發表拓跋族的漢化過程，載歷史教學一九五六年第一期。均田制度的産生及其破壞，載歷史研究一九五六年第二期（中國歷代土地制度問題討論集轉載，三聯書店一九五七年九月）。

六月，赴京參加哲學社會科學規劃座談會。

同年，兼任武漢大學學報（人文社科）主編。

編寫「秦漢史講義」。

一九五七年

發表西晉占田制的目的和内容是什麽？其作用如何？載歷史教學一九五七年第一期。南朝士族的衰落，載歷史教學一九五七年第二期。跋西安出土唐代銀鋌，載學術月刊一九五七年第七期。

四月——九月，赴京參加中國科學院歷史一、二所學術活動，於科學院圖書館閱讀敦煌文書縮微膠卷，抄録大量卡片。曾向歷史所所長尹達建議成立敦煌學研究室，同時建議由賀昌群主持。未果。

十月，撰著唐書兵志箋正（稿本），由科學出版社正式出版。

十二月，撰著三至六世紀江南大土地所有制的發展，由上海人民出版社出版。

同月，受聘爲國務院古籍整理出版規劃小組歷史組成員。

一九五八年

響應國家號召，夫人王毓瑾女士自武漢大學圖書館館員任上退職。

撰寫有關門閥制度、官府工匠等論文，修訂有關魏晉南北朝史論叢續編之論文。

十月——十二月，被視爲「資産階級唯心主義學術權威」，在武漢大學歷史系受到學生多次批判（參見魏晉南北朝史論叢續編之「跋語」）。

一九五九年

按照學校要求，分赴湖北襄陽、紅安、羅田農村參加「教育革命」；調查「黨史」資料。承擔公社史寫作任務。

五月，魏晉南北朝史論叢續編由三聯書店出版。收録已刊、未刊論文八篇。篇次爲：西晉户調式的意義、北魏均田制中的幾個問題、魏、晉至唐官府作場及官府工程的工匠、南朝寒人的興起、南北朝後期科舉制度的萌芽、拓跋族的漢化過程、范長生與巴氏據蜀的關係、讀桃花源記旁證質疑。

另發表關於評價曹操的幾點意見，載文匯報一九五九年五月八日。門閥的形成及其衰落，載武漢大學學報一九五九年第八期。

同年招收研究生兩名（朱雷、盧開萬）。

一九六〇年

四月、五月，評爲武漢大學、湖北省文教戰綫社會主義建設先進工作者。兼任九三學社武漢分社副主委；選爲武漢市人民委員會委員。編寫「中國通史」宋元史、明清史大綱（李涵協助）。撰寫魏晉南北朝史籍舉要。

是年底，接受中華書局點校「北朝四史」之任務，出任武漢大學歷史系「北朝四史」點校小組組長。副組長爲姚薇元，成員有陳仲安、石泉等。

一九六一年

是年初，與吴于廑一道赴京，於中華書局商談「北朝四史」之點校工作。發表中國封建土地所有制問題的探討，載新建設一九六一年第五期。關於武則天統治末年的浮逃户，載歷史研究一九六一年第六期。

九月，加入中國共産黨。

同年，建議成立武漢大學魏晉南北朝隋唐史研究室，獲得批準，兼任該研究室主任。通過北圖（今國家圖書館）購得全套斯坦因、伯希和文書縮微膠卷。並據以識讀、録出大量有關契券、社邑等經濟社會文書。

一九六二年

十月——十一月，應中共中央黨校、九三學社之邀，先後在京講授魏晉南北朝隋唐史（共九次）及「士族門閥制度」、「三至九世紀兵役制度的變化」、「三至九世紀直接勞動者地位的變化」、「對武則天的評價」等專題報告。

發表關於歸義軍節度的幾種資料跋，載中華文史論叢第一輯，一九六二年八月。關於中國古代經濟思想學説文獻簡介，收於武漢大學學術報告選編（人文科學）。

同年，應邀赴吉林大學講學。

同年，應邀參加中國科學院哲學社會科學學部中國史稿審稿會議，負責審定魏晉南北朝隋唐部分。

一九六三年

與助手陳仲安一道借調北京，入住中華書局招待所，集中精力點校「北朝四史」。

一九六四年

繼續在京點校「北朝四史」。

發表試論魏末北鎮鎮民暴動的性質（與黄惠賢聯名發表），載歷史研究一九六四年第一期。北魏末期的山胡勅勒起義（與黄惠賢聯名發表），載武漢大學學報一九六四年第四期。敦煌所出唐代法律文書兩種跋，載中華文史論叢第五輯，一九六四年六月。

同年，魏晉南北朝隋唐史（記録稿），由中共中央黨校歷史教研室印行（内部發行）。

一九六五年

八月，主編中國通史參考資料古代部分第三册（魏晉南北朝），由中華書局出版。

發表駁周谷城維護封建統治的謬論，載江漢學報一九六五年第四期。

一九六六年

繼續在京點校「北朝四史」。完成周書點校，並付型；北齊書點校亦基本完成。

「北朝四史」之魏書、北史點校工作被迫中止。回校接受批判。

期間，復一度借調中華書局。

發表歷史唯物論，還是階級調和論，載文匯報一九六六年一月十四日。

一九六七年

多次被抄家，手稿、日記、信件及部分藏書被本校「紅衛兵」以板車拖走，屢遭批鬥。無法從事正常的科研、教學工作。

一九七一年

再度赴京點校「北朝四史」之魏書、北史。陳仲安同往，具體承擔北史之點校。

一九七二年

十一月，點校本周書由中華書局出版。

繼續在京從事魏書之點校。北史之點校，亦同時進行。

十一月，點校本北齊書由中華書局出版。

一九七三年

繼續在京從事魏書之點校。

是年底，完成魏書點校任務。北史之點校亦基本完成。

一九七四年

年初，在京從事魏書、北史點校本之最後定稿工作。

國家文物局初步決定，由先生總其責，組織相關專家，對吐魯番古墓葬所出文書進行整理。擬於當年春親赴新疆考察，未能成行。

國家文物局成立古文獻研究室，聘先生爲該研究室主任。

六月，魏書點校本由中華書局出版。

十月，北史點校本由中華書局出版。

兼任武漢大學歷史系主任。

一九七五年

發表曹操法家路綫的形成及其局限性，載武漢大學學報一九七五年第一期。論曹操法家路綫的形成，載歷史研究一九七五年第一期。

四月底，赴新疆考察，先後考察了吐魯番哈拉和卓、阿斯塔那墓葬區，參觀交河、高昌故城。國家文物局局長王冶秋、復旦大學譚其驤教授等同往。五月初，赴南疆庫車考察途中，右眼視網膜脱落。眼底出血。因當地醫療條件有限，故送往北京工農兵醫院（即同仁醫院）診治，但右眼竟至失明。

同年，王冶秋局長代表國家文物局呈國務院之報告獲得批準，同意由國家文物局牽頭，組建吐魯番出土文書整理小組，由先生任組長，組織新疆博物館、武漢大學等地的專家，對吐魯番古墓葬所出文書進行系統整理。國家文物局復決定，將吐魯番出土文書之整理工作轉至北京進行。

一九七六年

是年起，約十年間，先生將主要精力投入吐魯番文書之整理工作。

年初，發表喜談史學戰綫的新變化，載歷史研究一九七六年第一期。

在京整理吐魯番文書。

一九七七年

同年，因唐山大地震，整理工作曾一度轉至上海進行。

一九七八年

在京整理吐魯番文書。

在京整理吐魯番文書。

任九三學社中央委員，繼續兼任九三學社武漢分社副主委。

發表從吐魯番出土文書中所見的高昌郡縣行政制度，載文物一九七八年第六期。

同年招收碩士研究生八名（張弓、李春潤、李文瀾、王世平、王延武、鍾國發、王素、黄正建）。

一九七九年

連任武漢大學歷史系主任。

創辦武漢大學學術刊物魏晉南北朝隋唐資料。

在京整理吐魯番文書。

發表魏晉時期有關高昌的一些資料，載中國史研究一九七九年第一期。北凉承平七年（四四九）寫經題記與西域通往江南的道路，載魏晉南北朝隋唐史資料第一期，一九七九年五月。二秦城民暴動的性質和特點——北魏末期人民大起義研究之三（與黄惠賢聯名發表），載武漢大學學報一九七九年第四期。北魏沃野鎮的遷徙，載華中師範學院學報一九七九年第五期。

同年秋，接受相關高校多名教師來校進修（齊陳駿、何汝泉等）。

一九八〇年

春，赴成都參加全國歷史學規劃會議。途經西安，下榻於西北大學招待所。與西北大學校長郭琦教授、陝西師範大學史念海教授晤面。共同發起成立全國性隋唐史研究團體之倡議。

九月下旬，中國唐史學會（原名中國唐史研究會，一九八三年改爲中國唐史學會）在西安成立，先生當選爲首届會長。

十一月，於國家文物局古文獻研究室會晤日本東京大學教授池田温。

同月，應日本京都大學人文科學研究所邀請，以「外國人客座教授」身分赴日本研究、講學。下榻於京都近衛會館。先後在京大人文科學研究所舉辦的相關研討會上發表「解放後魏晉南北朝隋唐史的研究概況」、「新出吐魯番文書中所見的有關佛教記載」、「關於桃花源記之問題」等學術報告。

同年發表：敦煌吐魯番史料中有關伊、西、北庭節度使留後問題，載中國史研究一九八〇年第三期。北齊標異鄉義慈惠石柱頌所見的課田與莊田，載武漢大學學報一九八〇年第四期。貞觀十四年（六四〇）手實中的合受田，載魏晉南北朝隋唐史資料第二期，一九八〇年十二月。西晉分封與宗王出鎮，收於魏晉隋唐史論集第一輯，中國社會科學出版社一九八〇年版。

編寫隋唐五代史籍資料；重印魏晉南北朝史籍舉要（均内刊）

同年，受聘爲中國大百科全書編委，中國歷史卷副主編，隋唐五代史分卷主編。

一九八一年

一月——三月，繼續在日本講學。一月二十五日，順訪東京大學期間，應邀在本鄉東大學士會館發表「新出吐魯番文書的發掘整理經過及文書的簡單介紹」之演講；三月十一日，東方學

會與京大人文科學研究協會於京都大學人文科學研究所召開演講會，發表題爲「魏晉南北朝時代的客與部曲」之演講。

十月，出席由湖北省人民政府主辦的辛亥革命七十周年紀念國際學術研討會。

十一月，主編吐魯番出土文書釋文本第一册，由文物出版社（下同）出版。

十月，主編吐魯番出土文書釋文本第二册出版。

十二月，吐魯番出土文書釋文本第三册出版。

同年發表：魏晉南北朝の客と部曲，川勝義雄譯，載東洋史研究第四〇卷第二號，一九八一年九月。東漢末期的大姓名士，收於中華學術論文集，中華書局一九八一年十一月版。跋吐魯番所出唐代西州差兵文書，載魏晉南北朝隋唐史資料第三期，一九八一年十一月。高昌郡紀年，載魏晉南北朝隋唐史資料第三期，一九八一年十一月。汪籛隋唐史論稿序言，收於汪籛隋唐史論稿，中國社會科學出版社一九八一年一月版。金元之際漢地七萬户（與李涵合寫），載文史第十一輯，中華書局一九八一年三月。

被國務院學位委員會聘爲首批博士生指導教師，建立武漢大學中國古代史學科博士學位授權點。

同年，經國家教委批準，成立武漢大學中國三至九世紀研究所，先生任所長兼魏晉南北朝隋唐史研究室主任。

同年，招收碩士研究生兩名（孫曉林、孫繼民）。

一九八二年

修訂魏晉南北朝史論拾遺稿本。

發表唐代の部曲と客，竹内實譯，載東方學第六十三輯，一九八二年一月。新出吐魯番文書簡介，載東方學報第五十四期，一九八二年三月。吐魯番文書中所見高昌郡軍事制度，載社會科學戰綫一九八二年第三期。跋敬史君碑，載魏晉南北朝隋唐史資料第四期，一九八二年十二月。

一九八三年

四月，主編吐魯番出土文書釋文本第四册、第五册出版。

五月，魏晉南北朝史論拾遺，由中華書局出版，收録論文篇次爲：魏晉南北朝時期的客和部曲、東漢末期的大姓名士、士族的形成和升降、士人蔭族特權和士族隊伍的擴大、論北魏孝文帝定姓族、北魏的青齊土民、西晉分封與宗王出鎮、魏晉州郡兵的設置和廢罷、王敦之亂與所謂刻碎之政、南北朝期間西域與南朝的陸路交通、北朝的彌勒信仰及其衰落、史籍與道經中所見的李弘、魏晉期間北方天師道的傳播、魏晉南朝的君父先後論、讀史釋詞等。

十月，主編敦煌吐魯番文書初探，由武漢大學出版社出版。內收先生所撰唐貞觀十四年手實中的受田制度和丁中問題、唐西州諸鄉户口帳試釋等論文。

同年另發表：魏書楊播傳「自云弘農華陰人」辨，載魏晉南北朝隋唐史資料第五期，一九八

三年十二月。唐代的内諸司使(上),載魏晉南北朝隋唐史資料,第五期,一九八三年十二月。主編中國通史參考資料古代部分第三册(修訂版),由中華書局再版。

八月末——九月中,赴日參加第三十一届亞洲北非人文科學會議。九月五日下午,在京都會場發表「唐西州諸鄉户口帳試釋」之演講;訪問東京大學東洋文化研究所、東洋文庫,並於東大出版社和琳琅閣書店等地購買日版之書籍(回國後悉捐送武漢大學中國三至九世紀研究所資料室)。

九月十三日晚,日本學者於新宿東京大飯店舉行送别宴會,宫川尚志、堀敏一、池田温、尾形勇諸氏出席。

十月,中國唐史學會在四川大學召開第二届年會,先生繼續當選爲會長。並與繆鉞、王仲犖等一同會見了堀敏一、谷川道雄、菊池英夫等日本學者。

辭去武漢大學歷史系主任。

當選爲中國敦煌吐魯番學會副會長。

周一良、田餘慶教授順訪武漢大學,先生主持學術報告會。周一良發表演講「羅卧雲——中日關係史上不應遺忘的人物」。

一九八四年

同年,招收碩士研究生一名(凍國棟)

發表唐代的内諸司使(下)，載魏晉南北朝隋唐史資料第六期，一九八四年十二月。

先後邀請北京大學鄧廣銘教授、陝西師範大學史念海教授等來武漢大學講學。

日本京都大學谷川道雄教授訪問武漢大學，先生率武漢大學中國三至九世紀研究所師生與之座談並交流。

自題聯語「著書敢期延歲月，湖山徜許小盤桓」。表達其畢生治學之心境。

同年，招收博士研究生一名(牟發松)

一九八五年

三月，主編吐魯番出土文書釋文本第六册出版。

發表吐魯番文書中所見絲織手工業技術在西域各地的傳播，載出土文獻研究一九八五年第一期。跋明張璁書扇，收於學林漫録第十一集，中華書局一九八五年八月版。讀僧㕡傳論兩晉南朝的吏力，載魏晉南北朝隋唐史資料第七期，一九八五年十二月。

同年，原撰寫魏晉南北朝史籍舉要(内刊)，經陳仲安改編，以魏晉南北朝史籍史料舉要印發(亦屬内刊)。

一九八六年

二月，主編吐魯番出土文書釋文本第七册出版。

發表論文：木蘭詩補正，載江漢論壇一九八六年第九期。讀陶淵明贈長沙公詩序論江南

風俗，收於魏晉南北朝史論集，上海華東師範大學學報叢刊，一九八六年。舊唐書中關於元和三年對策案的矛盾記載，收於中國唐史學會論文集，三秦出版社一九八六年。王梵志詩偶得，收於中國文化與中國哲學，東方出版社一九八六年版。晉郛休碑陰跋，載魏晉南北朝隋唐史資料第八期，一九八六年十二月。

五月，與山東大學王仲犖教授一道出席由中國唐史學會、武漢大學歷史系、湖北省社會科學院歷史所共同主辦的「三至九世紀長江中游社會經濟研討會」，並與中青年唐史學者座談。

六月，悉王仲犖教授逝世，甚爲傷感，大病一場，月餘方愈。

十一月，赴蘇州參加「蘇州建城二千五百周年學術研討會」。擬於會間赴吴江故宅，因患感冒未果。

同年，中國唐史學會第三届年會在四川廣元召開，先生第三次被推爲會長。

一九八七年

二月，主編吐魯番出土文書釋文本第八册出版。

六月初，以谷川道雄爲團長的日本「地域社會在六朝政治文化上所起的作用」課題組訪問武漢。先生出席座談會並就漢代與六朝時代的不同特質以及中國古代歷史分期等問題發表了看法。

十一月，擬赴常州參加吕思勉先生紀念館開幕儀式，因病未能成行，賦五律詩一首志之，略

六：「夫子今長往，開編題拂存。滄波涵德量，學海接微言。故居遺書在，名山一老尊。升堂吾豈敢，白首愧師門。」

中國古代史講座魏晉南北朝隋唐史，由求實出版社公開出版（二〇〇七年，復以大師講史之名由中共中央黨校出版社再版）。

招收博士生一名（凍國棟）。

爲博士生開設「魏晉南北朝隋唐史概論」，聽講者除博士生之外，校内外部分學者陳仲安、石泉、李涵、黄惠賢、陳國燦、朱雷、盧開萬、楊德炳、魯才全、李文瀾、王延武等亦參加。該講稿爲魏晉南北朝隋唐史三論一書之雛形。

博士生牟發松畢業論文答辯，南開大學教授楊志玖主持，尹進、石泉、張澤咸、高敏、朱雷等爲答辯委員。

一九八八年

初夏，擬出席中山大學召開的紀念陳寅恪先生之國際學術討論會，因京廣綫湖南段被洪水冲毁，未能成行。題詩三絶以寄。詩云：「燕子翩翩王謝堂，穹廬天末見牛羊。西涼舞伎龜兹樂，收入毫端説巨唐。」「勝義微言若有神，尋常史迹考文新。先生自有如椽筆，肯與錢、王作後塵？」「掩卷心慚賞譽偏，講堂著籍恨無緣。他年若撰淵源録，教外何妨有别傳。」

九月，主編中國大百科全書中國歷史卷隋唐五代史，由中國大百科全書出版社出版。

發表魏晉南北朝時期的吏役，載江漢論壇一九八八年第八期。古代長江中游的開發序，收於中國唐史學會、湖北省社會科學院歷史所編古代長江中游的開發（論文集），武漢出版社一九八八年版。

一九八九年

七月，撰著山居存稿，由中華書局出版，收録論文數十篇，篇次爲：南朝的屯、邸、别墅及山澤占領、試論魏末北鎮鎮民暴動的性質、北魏末期的山胡勑勒起義、北魏南境諸州的城民、跋敬史君碑、北齊標異鄉義慈惠石柱頌所見的課田與莊田、唐代的客户、唐代色役管見、唐修憲穆敬文四朝實録與牛李黨爭、唐代的内諸司使及其演變、跋唐天寶七載封北嶽恒山安天王銘、讀隋書札記、新出吐魯番文書簡介、魏晉時期有關高昌的一些資料、吐魯番文書中所見高昌郡縣行政制度、吐魯番文書中所見高昌郡軍事制度、吐魯番文書中所見絲織手工業技術在西域各地的傳播、敦煌所出郿縣尉判集中所見的唐代防丁、唐肅代期間的伊西北庭節度使及留後、關於歸義軍節度的幾種資料跋、遼史天祚紀證釋、記阻卜之異譯、論金代契丹文字之廢興及政治影響、金初皇位繼承制度及其破壞、金代收繼婚、張萬公諫開築界壕及東北路壕塹畢工年月、貞祐南遷後的河北砦寨與九公分封、蒙元前期漢文人進用之途徑及其中樞組織、補元史張易傳。

發表讀李波小妹歌論北朝大族騎射之風，載北朝研究一九八九年第一期。漢末學術中心的南移與荆州學派，收於（日）地域社會在六朝政治文化上所起的作用，玄文社一九八九年三月

版；襄陽師專學報一九八九年第二期轉載。唐代宦官籍貫與南口進獻，收於陳寅恪先生誕辰一百周年紀念論文集，北京大學出版社一九八九年十二月版。魏晉神仙道教——抱朴子内篇研究序，收於胡孚琛魏晉神仙道教——抱朴子内篇研究，人民出版社一九八九年六月版，另載哲學研究一九八九年第二期。

同年，在西安陝西師範大學召開的中國唐史學會第四届年會上，堅辭學會會長，改任顧問。

一九九〇年

四月，主編吐魯番出土文書釋文本第九册出版。

十二月，主編敦煌吐魯番文書初探二編，由武漢大學出版社出版，内收先生所撰吐魯番文書所見的西州府兵、唐先天二年（七一三）西州軍事文書跋兩文。

另發表太平經與太平道，收於鄭天挺紀念論文集，中華書局一九九〇年三月版。

是年，夫人王毓瑾女士病逝。

胃病時發作，間患感冒，多次赴武漢同濟醫院診治。

一九九一年

七月四日，先生八十歲生日，且適逢執教五十五周年，武漢大學舉行慶祝會，校黨委書記任心廉、校長齊民友、副校長陶德麟等及省高校工委、武漢市政協、九三學社、省市社科聯有關負責人與會。

博士生湅國棟畢業論文答辯，中山大學教授姜伯勤主持，趙德馨、張澤咸、朱雷、黄惠賢、陳國燦等爲答辯委員。

十月，主編吐魯番出土文書釋文本第十册出版，至此，吐魯番出土文書釋文本一至十册全部出齊。

撰寫諸葛亮躬耕地望論文集序言，收於高士楚等編諸葛亮躬耕地望論文集，東方出版社一九九一年版。

一九九二年

九月，谷川道雄教授率日本中國中世史研究會的十餘位學者，在參加西安召開的中國魏晉南北朝史學會年會之後，順訪武漢，專程看望先生。在家中與日本學者交談近二小時。

十月，主編之吐魯番出土文書圖録本第一册，由文物出版社出版。

中國唐史學會第五屆年會在厦門大學召開，先生再次當選爲顧問。

是年秋至年末，時患感冒，斷續於武漢同濟醫院住院治療。

一九九三年

三月，撰著魏晉南北朝隋唐史三論，由武漢大學出版社出版。

先後發表南朝高僧與儒學，載傳統文化與現代化，一九九三年第一期。論南朝文學的北傳，載武漢大學學報一九九三年第六期。錢塘杜治與三吴天師道的演變，載魏晉南北朝隋唐史資料

第十二期。

是年十一月體檢，發現癌症轉移，旋住院治療。

一九九四年

先後在武漢同濟醫院、梨園醫院治療。

已知身患絶症，坦然對之。並自撰銘曰：「生於吴　没於楚　勤著述　終無補　宜家室　同甘苦　死則同穴夫與婦」。

仍堅持寫作，繼續思考魏晉時期南北學風之問題，考訂出陸機、陸雲兄弟數十通書信寫作之時間。

同年發表：讀顔氏家訓後娶篇論南北嫡庶身分的差異載歷史研究一九九四年第一期。兵車行寫作年代質疑，載魏晉南北朝隋唐史資料第十三期。

九月，主編之吐魯番出土文書圖録本第二册，由文物出版社出版。

同月，病情急劇惡化。武漢大學和相關醫院曾多次研討搶救方案，未果。

十月十四日下午，病逝於武昌梨園醫院。享年八十四歲。

先生去世之翌年，撰著魏晉南北朝隋唐史三論獲得中國高校首届人文社會科學研究優秀成果一等奬；主編敦煌吐魯番文書初探一、二編同時獲得中國高校首届人文社會科學研究優秀成果一等奬。病重期間撰成的論文跋吐魯番所出千字文，刊於唐研究第一卷，北京大學出版社

一九九五年版。主編吐魯番出土文書圖録本第三册、第四册，於一九九六年由文物出版社出版，至此，吐魯番出土文書圖録本全部出齊。一九九九年，吐魯番出土文書（釋文本一至十册；圖録本一至四册），獲國家社會科學基金項目優秀成果一等獎。惜上述諸端先生生前未及得見也。

附識：該文在擬定過程中，曾獲得若干友人的幫助。唐剛卯兄允許我查閲唐長孺先生生前的所有資料，包括日記之類。武漢大學檔案館館長涂上飈博士對於我查閲唐長孺先生的相關檔案資料也提供了方便，兹一並致以謝忱。

執筆者　凍國棟　謹識

二〇一〇年十月九日

圖書在版編目(CIP)數據

唐長孺文集/唐長孺著. —北京:中華書局,2011.4
(2023.5 重印)
ISBN 978-7-101-05740-9

Ⅰ.唐… Ⅱ.唐… Ⅲ.中國歷史-魏晋南北朝時代-文集 Ⅳ.K235.07-53

中國版本圖書館 CIP 數據核字(2011)第 051507 號

責任編輯:李　静
責任印製:陳麗娜

唐長孺文集
(全八册)
唐長孺 著
*
中華書局出版發行
(北京市豐臺區太平橋西里 38 號　100073)
http://www.zhbc.com.cn
E-mail:zhbc@zhbc.com.cn
北京市白帆印務有限公司印刷
*
850×1168 毫米 1/32 · 127½印張 · 16 插頁 · 2990 千字
2011 年 4 月第 1 版　2023 年 5 月第 6 次印刷
印數:3301-6300 册　定價:580.00 元

ISBN 978-7-101-05740-9